陳來學術文集

陳來

文化哲學卷一

高等教育出版社·北京

目　录

我的学术历程

1982年，我大学毕业。那年夏天，我坐在山东大学的“小树林”，一边翻阅着阿尔森·古留加的《康德传》，一边思考着我的人生方向。我是北京人，因此我的家人想让我毕业后回北京工作，并为此做了大量的准备。与此同时，学院里的老师却鼓励我留在高校教书做学问，而我自己也对大学里的那方讲台充满了留恋。最终，我选择了留在山东大学，开始了我的学术之旅。

一、积淀与突破

留校之后，我选择了一个介于感性和思辨之间的专业——美学。一边教学，一边随周来祥先生继续攻读硕士学位。我在本科生阶段主要读的书是文学艺术方面的，而在硕士研究生阶段，主要阅读了西方的哲学美学经典著作。自1988年开始，我陆续为我的老师们的研究生开设了“西方美学专题”“西方美学史”等课程，当我面对着那些年龄与我相仿、学识与我相近的“听众”的时候，唯一的出路就只有发愤苦读了。于是在真正意义上的“教学相长”中，我的课由勉为其难到差强人意，并最终有了《反理性思潮的反思》这本书。这本书是我在讲稿的基础上写成的，我希望它不仅适于爱好美学的读者，而且适于一切对现代西方人文思潮感兴趣的读者。对于这些读者来讲，本书或许能够帮助他们较为便捷地接近康德、叔本华、尼采、弗洛伊德、柏格森、海德格尔、萨特等人或枯燥乏味、或晦涩难懂的思想，并发现他们之间相互承继和不断演进的关系，从而产生以下双重意义：首先，没有这一接近的理解（或理解的接近），我们就很难对现代西方人的精神追求及其这一追求的形象表征——艺术，有一个较为公正的评价和认识。其次，作为现代意义上的中国人，我们对于现代西方人文思潮的理解，还不仅仅是一种文化修养问题，它同时也具有极为迫切的现实意义。这是因为，尽管我们与西方人的历史传统和文化背景有着巨大的差异，但却同样处在一个社会转型和文化变革时期。无论是在西方还是在东方，现代人都同样面临着一个文化重建的问题。在这种情况下，我们对西方现代人文思潮的了解便绝不仅仅是一种隔岸观火式的"欣赏"，而且是一种战地考察式的"参观"了。这种"参观"的目的，无非是让我们不要无视人家已有的成果，也不要重蹈他人留下的覆辙。除了上述双重意义，这本书的撰写还隐含着一个属于我个人的特殊目的，那就是为我的学术研究打下一点必要的哲学功底，当时那一系列精疲力竭而又激动不已的阅读让我终身受益。没有想到，这本思辨性较强的学术专著，居然很受大学生和研究生们的喜爱，1994年初版、2002年再版、2012年三版，已被博士论文、硕士论文和学术期刊论文累计引用160篇次。

除了研习西方的哲学美学经典著作，我对国内的美学讨论也十分关注。1993年初春时节，我接到《学术月刊》编辑林榕立老师的电话，说她来济南办事，问我能否见面聊聊。此前，我与林编辑并不相识，只是作为《学术月刊》的作者与她有过通信联系。见面之后，她便开门见山地问我最近有没有什么满意的稿子，说《学术月刊》想要刊登几篇有分量的文章。我犹豫了一下说，文章倒是有一篇，只是贵刊未必敢用，因为有点儿风险。林编辑说，你先寄过来看看嘛，我们一定会认真处理的。于是我就将那篇本来没想发表，因而写在笔记本里的文章誊写了一遍，以《试论"积淀说"与"突破说"》为题寄到了上海。可是没过多久，我竟连续收到林榕立的三封来信。第一封信说，

《学术月刊》已决定刊用我的文章；第二封信说，《学术月刊》将把我的文章作为“头题”重点刊发；第三封信说，《学术月刊》将围绕我的文章在上海召开一个小型的学术研讨会，希望我能出席。面对着突如其来的三封来信，我真是有点儿受宠若惊了。我至今不明白，为什么林编辑会如此主动地约我写稿？因为那时候我还是个无名的讲师，似乎没有理由受到特别的重视。我更不明白，在当时的舆论环境下，为什么《学术月刊》敢于刊登我与李泽厚、刘晓波进行学术争鸣的文章，莫非当时的上海已提前获悉了“南巡讲话”的精神？这篇论文发表后曾引起一些学界同仁的兴趣，在上海举办的专题研讨会上，有20余位学者就这篇论文以及由此而涉及的美学、哲学，乃至文化问题发表了自己的看法。有些学者基本上赞同我的意见；有些学者力求在这篇论文的基础上将问题引向深入；有些学者则持有不同意见。于是，我又在《学术月刊》1995年1月号和1997年6月号，以及1997年7月12日的《光明日报》上先后发表了《再论“积淀说”与“突破说”》《“实践美学”与“实践本体”》《改造并完善“实践美学”》等文章，继续阐发自己的观点。应该说，所有这些不同观点都是以严肃的学术态度来阐发的，这在当时学术氛围低迷、美学研究疲软的情况下，不能不说是一件令人欣慰的事情。

在我看来，美学研究有三大路径可走：第一条是生物学的路径，因为人首先是动物，所以包括审美在内的人类能力必然要有生物学的基础和前提。关于这一点，不仅早期的达尔文已有过相关论述，而且近些年来西方学者在生物社会学领域的最新研究成果也为此提供了必要的前提与可能。从这一路径出发，我们会发现，以往以为是纯粹精神性活动的审美，其实是有着隐秘的生物学前提的。这一点，在人体美的欣赏中尤为突出。第二条是实践美学的路径。因为人不仅是动物，而且是能够制造和使用工具的动物。工具的制造和使用，重新建构了我们与对象世界的物质联系，也在很大程度上改变了我们与对象世界的精神联系。因此，从实践的角度入手，有助于探讨人类审美能力生成并发展的秘密。第三条是符号学的路径。因为人不仅是制造和使用工具的动物，而且是制造和使用符号的动物。人们不仅用符号来传递信息，而且用符号来表达情感，但符号在表达情感遇到障碍的时候，人们便求助于艺术形象，于是就有了审美问题。在我看来，Ästhetik不是“感性学”而是“情感学”。全部的美学问题，就是什么样的“形象”引起什么样的“情感”的问题。在国内，由于马克思主义的影响，第二条路径已经走得很远，并取得很多成就了，但第一条路径和第三条路径还有很长的路要走。关于第一条路径，我所指导的博士生在做相关的论文；关于第二条路径，我在2012年第6期的《文学评论》上曾发表过一篇论文，题目是《文学艺术与语言符号的区别与联系》。很高兴的是，这篇文章引起了学界的注意，四川大学的唐小林教授在2014年第1期的《南京社会科学》发表了题为《文学艺术当然是符号：再论索绪尔的局限——兼与陈炎先生商榷》的文章，与我进行讨论。于是，看到这篇论文后，我又写了一篇《再论文学艺术的超越符号性质——兼答唐小林先生》，在《南京社会科学》2014年的第5期发表了。我希望这一讨论能够延续下去，以引发更多的学者关注这一问题。不管是二十年前的讨论，还是近期的这次讨论，讨论双方都是严肃而认真的，相信这样的学术讨论是必要的，也是对国内的美学研究有所增益的。

二、文明与文化

美学的问题从来就不是孤立的：在西方，它属于哲学史的一部分；在中国，它属于思想史的一部分。因此，我在从事美学研究的过程中，非常重视中国思想史、中国文化史的学习和思考。

其实从20世纪90年代初开始，我的研究已经部分转向了中国思想史研究，特别是先秦诸子思想的研究，随后也出版了一本书叫《多维视野中的儒家文化》。在这本书中，我采用文化人类学的方法、两性文化的方法、符号学的方法、比较文化的方法、系统论的方法、结构主义的方法、历史唯物主义的方法、挑战与应战的模式等十种方法来全方位地解读儒家文化。我之所以关注儒家文化，并不是因为我偏爱孔子，而是觉得由孔子开创的儒学思想不仅在漫长的中国古代社会中长期居于主导地位，而且在当今世界的舞台上仍有一席之地。换言之，我感兴趣的儒家不是经学意义上的儒家，而是文化意义上的儒家；不是书本上的儒家，而是生活中的儒家；不是永垂不朽的儒家，而是不断更新的儒家；不是闭关锁国的儒家，而是面向世界的儒家。我不想作为儒学的传人以“承续慧命”的姿态来弘扬儒学，而只想站在一个当代人的立场上，跳出儒家以反观儒家，跳出东方来反观中国。我认为，儒学研究要在新的历史条件下实现新的突破，就必须同时超越“第三期儒学”狭隘的续统意识和乾嘉学派单一的研究方法，以真正实现“价值的中立”和“方法的多元”。只有在综合地扬弃国学之传统理念并批判地引进西学之研究方法的前提下，比“新儒学”更新的儒学研究方为可能，“多维视野中的儒家文化”才可能以全新的姿态展现在我们面前。比如说吧，“儒道互补”是一个传统的命题，然而对于这个问题，我们既可以从两性文化的角度上加以理解（儒家代表男权文化，道家代表女权文化），也可以从符号学的角度加以认识（儒家是礼乐符号的建构者，道家是礼乐符号的解构者），还可以从社会与自然的关系中加以探究（儒家注重人与社会的关系，道家注重人与自然的关系）。这三个维度的研究成果可以是同存的，并不存在非此即彼的关系。而正是在这种多维视野的透视中，我们才能全方位地理解中国传统文化。《多维视野中的儒家文化》于1997年在中国人民大学出版社初版，2007年在山东教育出版社再版，由原来的八章扩展到十二章，视野也由原来的七维扩展到十维。本书的许多章节都以论文的形式在学术期刊上先期发表，当年钱学森先生看到我在《哲学研究》上发表的《论儒、墨、道、法系统》一文后，曾亲笔来信表示赞许。与此同时，我也将其中的一些章节在学术会议上发表，曾在日本、韩国、美国、新加坡，以及我国的澳门、台湾等地演讲。

兼跨美学研究和文化研究两个领域，使我编写一部有别于“审美思想史”和“审美物态史”的“审美文化史”的想法成为可能。《易传·系辞》云：“形而上者谓之道，形而下者谓之器”。以此观之，国内以往的美学史著作，似呈“道”“器”分流的两种形态：一种是“形而上”的“审美思想史”，如诸多版本的《中国美学史》《中国美学主潮》《中国美学史大纲》等；另一种是“形而下”的“审美物态史”，像诸多版本的《中国陶瓷》《中国书画》《中国青铜器》等。前者常不加限定地命名为“美学史”，但其并不能囊括美学史研究的全部内容；后者虽不以“美学史”相标举，但其所关注的对象却同样是美学史研究所不可或缺的。前者不去考察先秦时代究竟存在着哪些审美风尚和审美活动，而旨在分析孔子说过什么，庄子说过什么，即要从古代文献的字里行间中发现那个时代的审美观念究竟达到了何种自觉的程度，即要从古代哲人的理论表述中来确认那个社会的审美理想究竟达到了什么样的逻辑水准；后者则不太关心思想家、哲学家的言论和著作，而着重分析陶器的形状、书画的风格、青铜器的线条与制作，即要从实证的角度发现一个时代的审美活动究竟体现为何种类型的物质形态，即要以描述的方式来证实一个社会的审美经验究竟凝结为什么样式的艺术成果。应该说，上述这两种研究都是应该的、必要的、有价值的，但同时又是不全面、不充分、有待于发展和超越的。而当这两种研究发展到一定水平的时候，它们也就为实现其自身的超越提供了前提和条件，于是，一种将二者统一起来的“审美文化史”便有可能出现了。

2000年10月，山东画报出版社出版了我和山东大学另外几位老师一起编写的《中国审美文化史》(四卷本)，次年6月，这套书便开始重印，2007年又由原来的四卷小开黑白本改为两卷大开彩印本再版，2012年10月，上海古籍出版社重排四卷本，并为这套书制定了更为精美的插图。作为第一部中国审美文化史，这套书也是生逢其时。包括我在内的四位老师在撰写该书的时候付出了一定的艰辛，但也获得了一些意想不到的荣誉：2003年，这套书获第三届“中国高校人文社会科学研究优秀成果一等奖”；2007年，我们在这套书的基础上开设的“中国审美文化史”课程被评为“国家级精品课程”；2009年，以本书为核心的“中国审美文化史课程设计及教材开发”项目先后获得山东省教学成果奖一等奖和国家级教学成果二等奖。就在这套书被不断重印和再版的同时，国内有关中国审美文化史研究的相关著作和讨论的热门话题也陆续涌现，成为美学领域颇为活跃的学术增长点。许多高校开设了有关中国审美文化史的课程，甚至有的高校自主增列了中国审美文化史博士研究生培养方向。2012年5月，浙江师范大学为此召开了一个专题研讨会，邀请这套书的作者们共同讨论中国审美文化史学科的发展问题。这些鼓励和关注给了我们在中国审美文化史领域中继续耕耘的信心和力量!

我对文明和文化有一套自己的理解，为此我专门写了学术论文，题目就叫《“文明”与“文化”》，我认为文明是文化的内在价值，文化是文明的外在形式。文明的内在价值通过文化的外在形式得以实现，文化的外在形式借助文明的内在价值而有意义。文明是一元的，是以人类基本需求和全面发展的满足程度为共同尺度的；文化是多元的，是以不同民族、不同地域、不同时代的不同条件为依据的。全球化的历史过程，正是人类文化不断提高其内在的文明总量的过程；这种全球化的历史进程，也正是人类文明不断减少其外在文化差异的进程。因此，如何在增加人类“文明”总量的同时尽量保持“文化”的多样性，便成为当今人类的重要课题。这篇文章发表之后被《新华文摘》转载，还被选进了苏教版的高中语文教材，与鲁迅的《拿来主义》放在一起供学生阅读和思考。渐渐的，我觉得中国思想史和文化史的研究比单纯的美学史研究更丰富，更复杂，也更有挑战的诱惑力。

三、艺术与技术

2012年12月，我出版了自己的第三本论文集《艺术与技术》。从客观上讲，书中论文的选题分散来源于我近些年承担的三个科研课题：一个是国家社会科学基金重大攻关项目“文明、文化与构建和谐世界”；一个是国家社会科学基金重点项目“中国儒学学科建设”；一个是教育部人文社会科学重点研究基地重大项目“文明的结构与艺术的功能”。从主观上讲，我也有自己的一些考虑。在我看来，由于专业分工的细化，使得各个领域中的专家已经有了相当细致、相当成熟的研究成果，如欲在他们反复耕耘过的田野里再发现未曾开垦过的处女地，是一件相当困难的事情。然而，也正是由于专业分工的细化，使得不同领域之间缺乏必要的联系，原本浑然一体的对象世界被人为地割裂了。于是，研究体育的不研究艺术，研究艺术的不研究工艺，研究工艺的不研究科学，而在事实上，就像七彩霓虹是由连续不断的光谱组成的一样，在体育、艺术、工艺、科学之间，也有着一个由感性到理性、由量变到质变的演变过程。不仅如此，在科学与宗教、艺术与哲学、政治与文化等不同的学科领域之间，本来所具有的极为复杂的内在联系也被人为地肢解了。而找到这种联系，并在这种联系中发现其内在的秘密，则正是我愿意做的事情。

因此，我不仅赞赏前辈学者有关“学问无古今”“学问无中西”的说法，而且还主张“学问无疆界”“学问无大小”。所谓“学问无疆界”，是说学术研究没有任何不可逾越的疆域；所谓“学问无大小”，是说学术论文的选题不应有固定容量和体积的限制，大有大的写法，小有小的写法。于是，便有了在韩非子和马基雅维里之间跨度极大的比较；于是便有了《西方音乐的数学式探索与形而上诉求》之类匪夷所思的选题；于是，便有了将“衍圣公世袭制度”“教皇选举制度”“活佛转世制度”放在一起的文化探索……

我一向认为，做学问就如同下围棋一样，至少有两种方法：一种方法是先在某个狭小的领域中深入耕耘，成为专家，然后再逐渐扩大自己的研究范围，向相关领域渗透，由专家变为大家。这就如同以“实地”取胜的棋手那样，先在棋盘上“做活”一块，然后不断扩大自己的势力范围，稳扎稳打，步步为营……另一种方法是在看似无关的不同领域中同时下手，先成为杂家，然后再发现并打通各个领域之间的内在关系，由杂家变为大家。这就如同以“外势”取胜的棋手那样，在棋盘上东投一枚、西掷一子，然后在适当的时候突然将这些分散的孤子连成一片，烈火燎原，势不可挡……毫无疑问，这种方法的不同，只不过是由于每个人性格、气质的不同所导致的风格差异罢了，彼此之间无分轩轾。在围棋界，这两种类型的棋手都有成功的经验，也都有失败的教训。在学术界，这两种风格的学者都有成功的榜样，也都有失败的例子。相比之下，后一种方法对于学术研究的风险更大，因为走前一条道路即使成不了大家也能成为专家，而走后一条道路倘若成不了大家就只能成为杂家了。然而无论如何，性格决定命运。对于兴趣广泛的我来说，是宁肯成为杂家也不愿成为专家的。

总之，我不提倡将学问做得死板而没有生气，我常对我的学生们讲，其实做学问是一件非常有意思的事情：你发现一个问题，然后读书、查资料、做论文，最终把这个问题解决了，你的工作就算完成了。我的学生说，这是我传递给他们的关于做学问的正能量。

2015.1

儒家、道家与日神、酒神

一

从思想史的角度上看，如果说儒家与道家的互补是中国文化得以持续发展的内在机制，那么酒神与日神的对立则是西方文化得以不断演进的原始动因。因此，在中西文化相互碰撞、彼此渗透的今天，进行儒家、道家与日神、酒神的比较研究，是一个饶有兴味的话题。在这里，我们不仅可以触及到中西文明之所以不同的许许多多具有原初意义的关键问题，而且能将极为抽象的理论探讨与最为具体的生活现象联系起来。

谈到日神与酒神，很容易使我们想到尼采的《悲剧的诞生》。在这部极有影响的著作中，尼采认为，由于希腊人意识到了个体生命的有限和现实生存的不幸，因而要在艺术中寻求解脱，其精神方式分为两类：一类缘自阿波罗（Apollo）崇拜，即所谓“日神精神”；一类缘自狄俄尼索斯（Dionysus）崇拜，即所谓“酒神精神”。前者是个体化原则的守护神，它以一种梦幻般的手法，制造出一种和谐、美妙的生活幻觉，通过凝视存在的形象以逃避变幻乃至死亡的痛苦；后者则剥去个体的表象而直逼存在的本质，它要在一种醉态的境界中投身于表象背后的意志，并通过现象的毁灭以获得不断的新生。

关于尼采的这一思想，笔者在《反理性思潮的反思——现代西方哲学美学述评》（山东大学出版社1994年版）一书中曾有专节论述。这里需要指出的是，尼采将“日神精神”与“酒神精神”分别对应于“表象”与“意志”的做法，显然是为了阐发叔本华和自己的“唯意志论哲学”服务的，其意义并不在如实地反映希腊宗教的原初面貌。正因如此，该书刚一问世，便即刻遭到了同行学者的强烈批评，尼采也因此而断送了使自己成为语言学家的学术前程。提出这一问题，并不是要从考据学的角度来指责作为哲学家的尼采对于希腊宗教概念的引申和发挥，而只是想提请读者注意：不能用尼采的界定来理解本文所说的“日神精神”与“酒神精神”。换言之，与《悲剧的诞生》一样，本文也无意对阿波罗与狄俄尼索斯崇拜仪式的原初意义进行一种实证性的考究与求解，而只是一种更加自觉的引申和发挥；与尼采不同的是，笔者在日神和酒神的历史背影之中似乎“发现”了西方文化远远超出艺术冲动之外的另外两种精神动力。

我们知道，宗教作为人类精神异化的产物，必然产生于社会生活自身的异化。大体说来，阿波罗和狄俄尼索斯的宗教崇拜都是父系社会后期、氏族制度解体、文明时代诞生这一历史过程的产物。相比较而言，狄俄尼索斯的崇拜可能更早一些，因为它的仪式中明显地表现出对于逝去不久的母系社会的一种追忆和留恋。据考证，参加狄俄尼索斯游行队伍的人都是女性，她们身披兽衣、头戴花冠、吵吵嚷嚷、疯疯癫癫，完全沉浸在一种感性的肉体的陶醉之中。“希腊人以野外纵酒狂欢的方式来尊奉葡萄酒之神狄俄尼索斯，在此期间，女性崇拜者们通宵达旦地一边跳舞一边狂叫。”[1]对于这种宗教仪式，罗素曾经作出了一种令人满意的解释：“正像许多开化得很快的社会一样，希腊人，至少是一部分希腊人，发展了一种对于原始事物的爱慕，以及一种对于比当时道德所裁可的生活方式更为本能、更加强烈的生活方式的热望。对于那些由于强迫因而在行动上比在情感上来得更加文明的男人和女人，理性是可厌的，道德是一种负担与奴役。这就在思想方面、情感方面与行为方面引向一种反动。”[2]从某种意义上讲，文明与异化是一对孪生兄妹。社会分工的出现使男子逐渐在主要的生产部门中占据了重要的地位，随之而来的是私

1 [美] 沃伦·霍利斯特：《西方传统的根源》，鲁品越、许苏明译，河南人民出版社，1990年，第72页。

2 [英]罗素：《西方哲·学史》上卷，何兆武、李约瑟译，商务印书馆，1963年，第38页。

有财产、阶级和一夫一妻婚姻制度的建立，人类开始迈进了文明的门槛。然而，历史总是在“二律背反”中前进的，“文明每前进一步，不平等也同时前进一步。随着文明产生的社会为自己所建立的一切机构，都转变为它们原来的目的的反面。”[3]本来，原始的人们是自由自在、无拘无束的，他们充沛的精力和原始的欲望随时都能够像山泉一样尽情地流淌。但是，在进入文明社会以后，人们便不得不用后天的道德准则来规范自己的行为，压抑自己的情欲，从而把那种最初支配人们感性行为的原始驱动力压抑到意识的底层，以至于形成了那种暂且屈服于理性而又时时准备犯上作乱的潜在的心理能量。因此，在这种情况下，据说是由色雷斯人传至希腊的酒神仪式之所以能在广大平民中得到广泛的流传，便不是一件难以理解的事情了。换言之，当感情和欲望在现实生活中找不到出路的时候，人们就只能求助于宗教了。

然而，酒神崇拜作为异化现实的一种反叛形式，不仅有其合理性，而且有其破坏性。那种粗野的、狂放的、毫无节制的感性行为，在文明的社会里不能不引起人们的担忧。于是，作为酒神精神的对立面，日神崇拜出现了。曾著有《希腊宗教史》一书的尼尔森（M. P. Nilsson）指出：“是阿波罗不仅通过斗争和抑制，而且通过许可与调节而压倒了当时流行的酒神崇拜，使这种经过调节后的迷狂丧失了其刚刚萌发出来的危险性。有大量的事实证明，是阿波罗的风尚完成了征服民众的历史任务。”[4]与狂放不羁的狄俄尼索斯不同，端庄宁静的阿波罗浑身闪烁着智慧的光芒。在著名的得尔福神示所里（Delphic oracle），有权威的男女祭司可以在一种精神迷狂的状态中获得阿波罗神圣的预言。在希腊人眼里，阿波罗是智慧和理性的化身。阿波罗不仅是希腊的日神，而且是希腊的音乐之神，他用七弦琴代替了葡萄酒，用精神的沉醉代替了肉体的沉醉，从而为遭受异化痛苦的希腊人找到了一种新的解脱方式。如果用“精神分析学”的术语来表述这一问题的话，那么狄俄尼索斯式的解脱可说是一种直接的“宣泄”，而阿波罗式的解脱则要算是一种变相的“升华”。

在日神崇拜试图战胜酒神崇拜的过程中，有一个神秘的中间人物很值得我们注意，这就是传说中的音乐家奥菲斯（Orphic）。奥菲斯是狄俄尼索斯宗教的改革者，他相信灵魂的轮回，相信音乐和一种神秘的知识可以实现

3　《马克思恩格斯选集》第3卷，人民出版社，1972年，第179页。

4　转引自《尼采论悲剧》，英文版，剑桥大学，1981年，第178—179页。

人们对彼岸世界的追求。由于他反对纵欲行为，结果被狂热的酒神侍女们（Maenads）撕成碎片。在埃斯库罗斯的戏剧中（Bassarrids），奥菲斯是作为日神教的殉道者而牺牲的，而他的思想和行为，也的确符合我们所理解的日神精神。

总之，在我们看来，日神和酒神精神是从同一现实生活中分裂出来的两种彼此对立的宗教情绪。前者是精神的沉醉，表现为一种禁欲的对精神世界、宇宙本原的不顾一切的追求；后者是肉体的沉醉，表现为一种纵欲的对感性生活、肉体存在的忘乎所以的肯定。叶秀山在《希腊奥林帕斯山上诸神之古典精神》一文中也认为："如果说，阿波罗神是光明、智慧、理智的象征，狄俄尼索斯神则代表了玄暗、野性和放纵。"[5]因而，与尼采的理解不同，前者并不限于"表象"层面的直觉与静观，后者也没有"意志"自觉的本体论色彩。

与日神和酒神精神在希腊早期社会中的产生相类似，中国古代社会中的儒家和道家思想也是作为异化现实的反动而出现的。然而由于"古典的古代"与"亚细亚的古代"在进入文明社会的具体步骤上有着重大的差异，因而也就决定了中国与西方早期精神产品的不同性质。在西方的古典时代，由于私有制的利刃较为彻底地斩断人与自然、人与社会的原始纽带，致使遭受异化痛苦的人们不得不在感性的肉体存在或神秘的彼岸世界中去寻找寄托，于是便产生了酒神与日神精神。所以，这两种精神在西方的出现是必然的，因为希腊人别无出路。但是，在早熟的中国古代社会里，由于社会分工和私有财产发展得不够充分，使得人与自然、人与社会的分裂很不彻底，这就为道家和儒家思想的出现提供了现实的可能。

同酒神崇拜一样，早期的道家思想与母系文化之间也有着影影绰绰的联系，不仅如此，同酒神崇拜一样，道家作为现实生活的反动，也是以个体的感性生存为目的的。然而，老、庄之学却不像狄俄尼索斯崇拜那样，把人与自然对立起来，在人对自然的破坏之中去证实人的感性存在（如生吞活剥野兽之类）。道家讲究"齐物"，主张"天地与我并生，而万物与我为一"（《庄子·齐物论》），把人看成是自然界的一个组成部分，在自然的怀抱中去寻求一种精神的安慰，以达到"庄周梦蝴蝶"——物我两忘的境界。

5 《外国美学》第12辑，商务印书馆，1995年，第310页。

同日神崇拜一样，早期的儒家思想也有着维护社会秩序、捍卫既有文明的功能。不仅如此，同日神崇拜一样，儒家也注重理性的探索、精神的追求，有着超越感性个体的倾向。然而，孔、孟之道却不像阿波罗崇拜仪式那样，在精神的沉醉之中把人的感性存在与宇宙的理性本原联系起来。儒家讲究“爱人”，主张“入则孝，出则悌，谨而信，泛爱众，而亲仁(《论语·学而》)，把人看成是社会的一部分，在以亲子血缘为基础的人际关系之中来确立人的价值和地位，以实现“一日克己复礼，天下归仁焉”(《论语·颜渊》)的政治理想为其最高的生活追求。

由于上述人与自然、人与社会的不同关系，儒家、道家思想与日神、酒神崇拜所体现和影响的中国与西方的“民族心理结构”出现了巨大的差异。不难看出，日神与酒神的对立，显示早期的希腊人在理性和感性的冲动上发展得比较彻底；而儒家与道家的互补，则表现古代中国人在理性和感性的分裂上表现不够充分。这一差别，不仅植根于中国与西方早期文明时代不同的社会土壤，而且作为两种相对稳定的“民族心理结构”，对于以后的“民族文化结构”和“民族社会结构”都产生了极为深远的影响。

二

由于感性与理性冲动发展得比较充分，使得西方世界狭义的“民族文化结构”以相互对立的两极最为发达：在感性方面，是体育；在理性方面，是科学。

从表面上看，东、西方都有着类似的体育活动，然而细加分析，就不难发现其中所存在着的深刻差异。在西方人看来，体育不单纯是为了锻炼身体，也不仅仅是为国争光，而是对于人的感性能力的开掘与探究，是一种肉体的沉醉。因此，凡是能够表现人的感性能力的各个方面，无论危险多大和代价多少，西方人都可以设立比赛项目。为此，他们不仅可以攀登绝壁、可以潜入海底、可以进行别出心裁的悬崖跳水和危险异常的汽车大赛，而且可以进行并不美妙的“健美比赛”和有害无益的“赛吃运动”……这一切，在我们看来都是那样的荒唐可笑，甚至被斥之为一种“吃饱了撑的”无聊之举。然而，西方人却进行得那样一本正经，甚至严肃得有些神圣。这简直是一种宗教，是由酒神精神所演变而来的奥林匹克精神。事实上，从公元前8世纪开始的奥林匹克运动会原本就是宗教活动的一个组成部分，时至今日，这其中的宗教意味还可以从点燃并传递“圣火”这一仪式中体现出来。这种精神不仅使得体育事业在整个西方文化中占有着庄严而神圣的地位，而且使得西方人的体育活动中至今仍保留着某种酒神式的迷狂。在残忍的西班牙斗牛和屡禁不止的英国球迷闹事活动中，我们难道看不出狄俄尼索斯崇拜仪式的影子吗？

这种影子不仅在体育活动中可以看到，而且在某些娱乐活动中也不难被发现。大而言之，有所谓全民参加的“狂欢节”；小而言之，有所谓个人举办的“假面舞会”。对于前者，辞书中这样写道：“按照传统，狂欢节不仅是节日，而且是打乱日常生活秩序的节日。把城市的钥匙交给愚人会议，习演妇女执政典礼同时还举行欢腾喧闹的化装游行和盛大的假面舞会，以及举行难免有失体统的讽刺剧演出和演讲会，报刊上也发表此类文章。现代狂欢节庆祝活动中仍有此类放荡行为。”[6]对于后者，也同样有书为证：“‘假面闹剧’则是13世纪到16世纪之间一种流行的（并且常常是放荡的）娱乐活动，16世纪被意大利的狂欢节化装舞会吸收。”[7]在这里，“打乱日常生活秩序”“习演妇女执政典礼”“难免有失体统的”“并且常常是放荡的”等种种特征，无疑都残存着酒神崇拜的历史遗迹。说到底，这类活动可被视为狄俄尼索斯仪式的现代范本：人们在文明的社会中分割出特定的时间与特定的空间，使那些压抑已久的感性欲望和肉体冲动得以充分的宣泄，以便于重新恢复身心的平衡。从这一意义上讲，体育和节日，在西方社会中均起到一种“安全阀”的作用，通过它们，可以释放出某种有害于社会秩序的感性冲动。

在西方，不仅充满感性冲动的体育活动与宗教有关，而且体现理性追求的科学活动也与宗教相联。只是这里所说的宗教已不再是酒气熏天的狄俄尼索斯，而是端庄宁静的阿波罗了。

从某种意义上讲，数学是全部自然科学的基础，而证明式的演绎推论基础上的数学，则是由毕达哥拉斯等人创立的。我们知道，几何学上的“勾股定

6 《简明不列颠百科全书》中译本第4卷，中国大百科全书出版社，1985年，第854页。

7 《简明不列颠百科全书》中译本第4卷，中国大百科全书出版社，1985年，第304页。

理”一直被人们称之为“毕达哥拉斯定理”。普罗克洛在《欧几里德〈几何原理〉注释》中甚至认为，就连“数学”这个词也是由毕达哥拉斯学派最先使用的。然而在历史上，所谓“毕达哥拉斯学派”不仅是一个学术团体，而且是一个宗教团体。加入这一组织的信徒，不仅要掌握有关数学、天文学、音乐等方面的知识，而且要恪守诸如“不准吃鱼”“不准吃豆子”之类的禁忌。那么，建立这个宗教神秘组织的毕达哥拉斯本人又何以偏偏对数学研究具有如此浓厚的兴趣呢？这显然是一个很有意思的问题。我们知道，在现实世界上，没有任何一条直线和一个圆形是完全符合几何学上的概念的，无论我们如何小心翼翼地摆弄我们手中的直尺和圆规，总是会留下一些不规则的破绽。因此，要对客观事物的数量关系进行证明式的演绎与推论，即建立一种严格意义上的数学，就必须将对象提升到一种形而上的高度。那么，是什么力量推动着公元前6世纪的毕达哥拉斯等人对于那些枯燥乏味的点、面、线、体进行研究呢？回答只能有一个：日神精神。一个显然荒谬而又意味深长的传说告诉我们：毕达哥拉斯是阿波罗神的儿子。除此之外，许多古代典籍都有着毕达哥拉斯被人们直接称颂为阿波罗的记载。杨布利柯在《毕达哥拉斯传》中这样描写这位数学学科的创建者在当时人们心中的地位：“有些人称他为皮提亚的阿波罗，有些人称他为许佩玻瑞的阿波罗，有些人称他为医药之神阿波罗，有些人认为他是居于月亮中的一个精灵，有些人甚至说他是另一个人形的奥林匹亚神。他向同时代人显灵，给世俗带来有益的新生活。由于他的降临，把幸福的火花和哲学带给人类，作为神的礼物，那是过去不曾有过的，也不能有更大的善了。因此，到今天还流传着，用最庄严的方式公开赞扬这个长头发的萨摩斯人。”[8]

在毕达哥拉斯接受阿波罗精神影响的过程中，奥菲斯教派或许起到了某种中介的作用。因为早在毕达哥拉斯学派开始流行之前，奥菲斯的学说已经在南意大利地区相当盛行了。因此，有学者认为，“奥菲斯教的灵魂回转世和净化说以及它的宗教伦理思想，直接影响了毕达哥拉斯和恩培多克勒的学说，对于赫拉克利特和爱利亚学派的思想也有影响。”[9]康福德在《从宗教到哲学》一书中指出，毕达哥拉斯是奥菲斯宗教内部的一个改革者，他用数学

8　转引自《希腊哲学史》第1卷，人民出版社，1988年，第251页。

9　转引自《希腊哲学史》第1卷，人民出版社，1988年，第71页。

代替音乐而使数学成为探索彼岸世界的途径和精神沉醉的手段。事实上，在毕达哥拉斯的数学研究中，音乐也确实占有着相当重要的地位。希吕托在他的《驳众异端》中指出：“他对数学作了深刻的研究，断言宇宙进行歌唱，并且是被和谐地构成的，他又是第一个将七星的运动归为旋律的人。”[10]这样一来，我们便不难理解，毕达哥拉斯为什么要用圆规和直尺来代替阿波罗和奥菲斯的七弦琴了。也就是说，在毕达哥拉斯那里，无论是天体的运行轨道，还是音乐的节奏旋律，都体现了某种神秘而和谐的数量关系，于是，从事数学研究，也便具有了形而上学的意义。正像黑格尔指出的那样，“因此我们在将宇宙解释为数的尝试里，发现了到形而上学的第一步。……所以正是毕达哥拉斯哲学的原则，在感官事物与超感官事物之间，仿佛构成一座桥梁。”[11]

毕达哥拉斯有句名言：“数学的本原就是万物的本原。”[12]说到底，数学研究在他那里并不是或主要不是解决衣、食、住、行的手段，而是探索“宇宙的本原”这一超感官对象的有效途径。据说，为了庆祝“勾股定理”的发现，毕达哥拉斯教派曾举行过一次“百牛大祭”。然而我们却很难设想，在生产力水平还相当低下的古代社会里，这一定理的发现能够在一代人的手中创造出一百头牛的价值。可见，对现实生活最有功利价值的科学，起初并不产生于功利欲求本身；毕达哥拉斯主义者之所以要进行“百牛大祭”，只是由于他们坚信，通过“勾股定理”的发现，自己已经与神明更接近了一步。

对于毕达哥拉斯学派的上述分析，使我们不得不重新思考科学的起源及其与宗教的关系。“是什么原因促使人们去追求科学呢？多数人会以为是出于对铁路、飞机一类东西的需要导致了对科学的追求。实际却并非如此。当前所谓进步的中国人为了铁路、飞机去追求科学，他们永远也无法懂得科学的真谛。在欧洲历史上，那些真正献身科学、为科学进步而努力的人们，那些使修筑铁路、制造飞机成为可能的人们，他们最初就根本没有想过铁路和飞机。他们献身科学并为科学进步做出贡献，是因为他们的心灵渴望探求这广袤宇宙那可怕的神秘。”[13]事实上，正是为了探索“这广袤宇宙那可怕的神秘”，才使得欧洲历史上的毕达哥拉斯们几乎将自己的全部身心奉献给这一在其产

10 转引自《希腊哲学史》第1卷，人民出版社，1988年，第349页。

11 [德]黑格尔：《小逻辑》，贺麟译，商务印书馆，1980年，第230页。

12 《西方哲学原著选读》上卷，商务印书馆，1981年，第18页。

13 辜鸿铭：《中国人的精神》，海南出版社，1996年，第41—42页。

生之时并无实际效用的事业；事实上，也正是由于这种超越现实功利的科学追求，才使得西方人一开始就十分重视纯理论的研究，善于使用演绎的方法，追求范畴的严密和体系的完整，而非简单地进行经验归纳，零打碎敲。这样一来，宗教与科学的结合便同时提供了动机的超越性和方法的逻辑性两方面的条件，而这两个条件的出现，也正是西方科学得以长足发展的必要前提。

由于有了超越性的动机，使得西方人在长期的历史发展中很自然地将对宗教的殉道精神逐渐转化为对科学的献身精神，从而造就了无数阿基米德、哥白尼、布鲁诺式的科学家。而他们所留下的故事，不仅使人震撼，而且令人深思。当罗马大军攻陷叙利亚城的时候，阿基米德正在沙地上演算着几何题。面对着敌人明晃晃的兵器，这位日神般的数学家镇定自若地提出了人生的最后一次请求：稍等一下，让我先解完这道题……为了确立"日心说"这一冒天下之大不韪的科学理论，哥白尼几乎耗尽了自己后半生的精力，在其生命的弥留之际终于使《天体运行论》一书公之于世……而为了坚持这一科学结论，布鲁诺曾不断遭受处分、监禁、开除教籍，直至被绑在火刑柱上烧死……这样的例子实在是太多了，以至于安徒生在其童话《光荣的荆棘路》中断言："除非这个世界本身遭到毁灭，这个行列是永远没有穷尽的！"[14]那么，究竟是什么力量支配着这个行列的人们将自己的感性生命置之度外，义无反顾地为科学而献身呢？文化的发展真可谓是一种极其复杂的现象，过去，我们只知道宗教是科学的大敌，却从来没有想到，从某种意义上讲，宗教同时又可以是科学的前身和动力。烧死布鲁诺的，固然是一群可恶的宗教徒；然而支配着布鲁诺去进行科学研究的，却同样是一种由忘我的宗教热情转化而来的无私的科学精神。唯其如此，布鲁诺才能够视感性生命于不顾，而在科学的探索中达到一种超越自我的境界。

如果说，超越性的动机促使科学家们进行着忘我的工作，那么，逻辑性的方法，则保证了这一工作系统严格地进行下去。自从赫拉克利特、毕达哥拉斯等人用数学和逻辑取代了阿波罗那美妙的旋律之后，西方人便逐渐形成了所谓的"逻各斯中心主义"。据今道友信分析："逻各斯在希腊文中主要有以下七种意思：一、理性；二、语言；三、逻辑；四、命题；五、推理；六、

14 《安徒生童话全集》第7卷，叶君健译，上海译文出版社，1978年，第78页。

理法；七、真理。……因此，哲学家的思维也就成了‘逻各斯’环绕那各个相位的内在运动。也就是说，哲学家的理性，通过语言，按照逻辑来进行推理，阐明宇宙的理法；在确立命题时获得真理。”[15]不难看出，这种由哲学家所常用的追问世界本质的思维方法，也正是后来的科学家建立其科学体系的基本方法。事实上，在科学研究中所不可或缺的“逻辑”（logic）一词就是希腊语“逻各斯”（λσγιοз）经由拉丁文的logica演变而来的。这种在形而上学中逐渐培养起来的逻辑方法，虽然较为忽视经验材料的感性积累，却提高了全民族的思辨能力。而一旦这种能力与近代的经验归纳法结合在一起，便会建构起宏伟壮观的科学体系。正像丹皮尔所指出的那样：“经院哲学的代表人采取了解释者的态度；创造性的实验研究是与他们的观念不相合的。可是他们理性的唯知主义，不但保持了而且加强了逻辑分析的精神，他们关于神与世界是人可了解的假设，也使西欧聪明才智之士产生了一种即使是不自觉的也是十分可贵的信心，即相信自然界是有规律的和一致的；没有这种信心，就不会有人去进行科学研究了。文艺复兴时代的人，一旦摆脱了经院哲学权威的桎梏，就吸取了经院哲学的方法给予他们的教训。他们本着自然是一致的和可以了解的信念，开始进行观察，用归纳的方法形成假设以便解释他们的观察结果，然后又用逻辑的推理演绎出结论，再用实验去加以检验。”[16]可见，正是由于有了经院哲学所孕育出来的理性思辨的前提背景，才使得西方科学能够在近代以来得以形成逻辑与实证的相互补充、演绎与归纳的良性互动。

当然了，正像狄俄尼索斯崇拜对西方体育文化的影响一样，由阿波罗精神所传导下来的宗教哲学对西方科学事业所产生的这一系列渗透，不仅是我们未曾重视的，而且是那些宗教哲学的创立者们所始料不及的。说到底，这一切都是西方人感性和理性精神的分裂与冲动所带来的文化成果，与其特殊的“民族心理结构”有着密切的关系。

相反，由于感性与理性分裂得不够彻底，使得中国传统的“民族文化结构”与西方世界刚好形成了鲜明的对比。在我们这里，体育和科学都不发达，突出的却是感性与理性相结合的艺术与工艺。

如果说，西方体育事业的发达是与狄俄尼索斯式的肉体沉醉有着内在联

15　[日]今道友信：《东西方哲学美学比较》，李心峰译，中国人民大学出版社，1991年，第106页。

16　[英]丹皮尔：《科学史及其与哲学和宗教的关系》上卷，李所译，商务印书馆，1975年，第153页。

系的话，那么中国体育精神的薄弱则不得不归咎于老庄清静无为、与世无争的人生态度。我们知道，与酒神崇拜一样，道家虽然也主张摆脱文明的束缚，恢复原始的人性，有着返璞归真的特点，然而它顶多“绝圣弃智”（《老子·十九章》）、贬低理性的作用，却丝毫没有反理性的、本能的冲动；它顶多“彷徨乎尘垢之外，逍遥乎无为之业”（《庄子·大宗师》），而不会有什么犯上作乱、纵欲妄为的行为。所以，从直接的社会效果来讲，道家思想的破坏性要比酒神精神小得多。然而不幸的是，任何事物都有其深刻的两面性。与酒神精神相比，道家在限制纵欲主义的同时，也就限制了正常欲望的满足；在限制反理性之冲动的同时，也就限制了必要的感性冲动。老子认为，“祸莫大于不知足，咎莫大于欲得，故知足之足，常足矣”（《老子·四十六章》），因而主张“不尚贤，使民不争”（《老子·三章》），“知其荣，守其辱，为天下谷。为天下谷，常德乃足”（《老子·二十八章》）。主体的感性冲动衰弱到了这种地步，以至于竟坚持：“我有三宝，持而保之：一曰慈，二曰俭，三曰不敢为天下先。”（《老子·六十七章》）这种拒绝冒险、回避竞争的态度显然与竞技性很强的体育精神是相互排斥的。当然，我们并不否认，老、庄思想中也有许多关于修身养性、益寿延年的内容，这些内容通过以后的道教，对于以吐纳导引为特征的气功与武术等中国式的健身方式都曾产生过重要的影响。例如，“致虚静，守静笃。万物并作，吾以观复。夫物芸芸，各归其根。归根曰静，是曰复命”（《老子·十六章》）。便可被视为气功中“意守丹田”的思想根源。又如，“古之真人，其寝不梦，其觉无忧，其食不甘，其息深深。真人息之以踵，众人吸之以喉”（《庄子·大宗师》）。则可被视为健身中“吐纳导引”的早期实践。但是，这种强身健体之术与严格意义上的体育是有重要区别的。从积极的方面看，这种活动不以健康以外的竞争为目的，不去追求某种超乎常态的体能和叹为观止的对抗，因而便不会导致身体机能的片面发展，也不会带来某些不必要的危险和牺牲。然而，从消极的方面看，这种活动既不构成人对自然的挑战，也不构成人与人的抗衡，因而既弱化了竞争的机制，也弱化了冒险的热情。现在大家都在探讨中国足球上不去的原因，在我看来，这一原因不能仅从体能、经验和制度层面去寻找，还应在更深的民族心理层面上去探求：看看我们的内心深处是否缺少着一种使足球成其为足球的狄俄尼索斯式的感性冲动。

扩而言之，道家精神对于感性冲动的限制，之于我们民族的消极影响就绝不限于体育本身了。翻开我们民族的辞典，到处可以看到知足常乐、能忍自安、无为人先、不耻人后、吃亏是福、难得糊涂、急流勇退、逆来顺受等格言名句。这种蔑视竞争意识、压抑冒险热情的文化氛围，不仅使民族的体育事业难以腾飞，而且给整个民族的发展带来了深深的惰性。长期以来，正是这种无形的惰性缠绕着东方巨人的身躯，使我们缺乏西方民族那种能动地变革现实生活的感性冲动，缺乏那种将自我放在自然的对立面上、以人的血肉之躯与物质世界相抗衡的勇气，缺乏求新的渴望与冒险的热情，而总是陶醉在所谓“宁静以致远”“以不变应万变”的格言之中。

因此，尽管道家思想中确实有一些反对趋炎附势、强调人格独立的内容，并因此而长期受到中国知识分子的欣赏与推崇；但是，从总体上说，我们不得不承认，道家思想是一种弱者的哲学。因为道家将自我从社会的约束中挣脱出来，是以将自我重新投入自然的怀抱为前提的，所以它一向思索的都是“以弱胜强”“以柔克刚”“以不变应万变”的问题，而从来不曾考虑如何以强胜强、以刚胜刚、以十万变应万变，即如何弘扬主体的力量以压倒和战胜客体的问题。作为“天人合一”这一哲学命题的思想材料，道家强调人对自然的顺应而非改造的思想，对于纠正片面征服自然的西方传统观念自有其一定的合理之处，而且这种合理之处在我们目前的研究和讨论之中已被反复地强调了。现在需要指出的是，我们切不要忘记，在这种合理的思想之中，也同样潜伏着极大的片面和弱点。

如果说，与酒神精神相比，道家的弱点在于缺少感性冲动；那么，与日神精神相比，儒家的弱点则在于缺少理性冲动。我们知道，同日神崇拜一样，儒家也不满足于肉体的沉醉，而去追求一种更高的精神寄托，然而这种寄托却无需到抽象的思辨领域或神秘的符号世界中去寻求。儒家不作抽象的形而上的玄思，对于生活现象以外的东西，儒家善于采取一种与其说是聪明毋宁说是机智的态度——存而不论。所谓“未知生，焉知死”“未能事人，焉能事鬼”（《论语·先进》）的名言，充分显示了中华民族对于现实生活的执着追求；而那种“知其不可而为之”（《论语·宪问》）的近乎悲剧精神的入世态度，也充分体现了“实践理性精神”的可贵之处。然而遗憾的是，强调理性和实践的结合，这不仅是儒家思想的一大优点，而且是其最大的弱点。正是由于儒家用狭隘的急功近利的态度去看待理性与实践之间的关系，因而在客观上限制了中国人理性思辨的能力，束缚了中国古代形而上学和逻辑学的发展，从而最终导致了科学的落后。现在有一种流行的说法，认为中国科学的落伍只是近代以后的事，在此之前，我们的科学较之其他民族则是遥遥领先的。然而，这种流行的说法是很值得怀疑的。在古代的西方人眼里，东方的汉、唐帝国是繁荣和强盛的，但是这种繁荣和强盛主要是由于军事和文化，并非由于科学。从严格的理论意义上讲，中国古代发达的根本不是科学，只是工艺。如果仔细分析就会发现，我们传统意义上的“自然科学”大都带有工艺的色彩，而我们传统意义上的“社会科学”又常常带有谋略的痕迹。由于它们所使用的思维结构大多不是“因果关系”而是“阴阳关系”，因而与西方意义上的“科学”有着很大的差距。极端的保守主义者辜鸿铭在中西文化的比较研究中曾有过很多为中国传统护短的言论，例如论证缠足、纳妾如何合理之类，然而在这一问题上却是相当清醒的，他指出：“必须承认，就中国人的智力发展而言，在一定程度上被人为地限制了。众所周知，在有些领域中国人只取得很少甚至根本没有什么进步。这不仅有自然方面的，也有纯抽象科学方面的，诸如数学、逻辑学、形而上学。实际上欧洲语言中‘科学’与‘逻辑’二字，是无法在中文中找到完全对等的词加以表达的。”[17]的确如此，仔细看看：指南针不是电磁学，造纸术不是物理学，传统的火药不是依据化学方程式配制出来的，而活字印刷也用不着电子科学的参与……如此说来，我们长期以来引以为自豪的“四大发明”并非理论科学，而是工艺技术！中国人可以通过反复测算而为圆周率的π值找到一个相当精确的数据，却不可能建立起一种欧几里德式的几何学体系；中国人可以通过反复实践而建造起天坛祈年殿式的精美建筑，却不可能建构起一个牛顿式的力学体系……中国人丝毫也不比他人愚笨，然而理性的翅膀一旦绑上实用的铅砣，就难以高飞远

17　辜鸿铭：《中国人的精神》，李晨曦译，海南出版社，1996年，第36—37页。

举了。历史竟然如此荒唐，使得每每沉湎于抽象玄思的西方人发展了科学，而念念不忘经世致用的中国却只成就了工艺。在迎接全球性科技挑战的今天，冷静地回顾和总结一下这段历史不是没有意义的。关于这一观点，笔者曾在1986年第6期的《文史哲》上撰文论及，近读1996年8月19日的《报刊文摘》转载著名科学家吴大猷发表在1996年8月10日《团结报》上的文字，也有相似的看法。吴大猷说，“中国历代的科技发明，如蚕丝、铜器的制造，都早于西方，历史学家一定可以列出很多发明事实，证明中国的科技发展在过去是优于西方的。但是大家陶醉于这些成就的当时，却忽略了这些领先都只是技术而已，中国长久以来就缺乏科学思想的扎根与探求……由于对科学与技术的分际不清，以致科学思想的扎根工作长期被忽略了，这才是中国长久以来科学发展不及西方的原因。”我完全赞同吴先生将理论科学与工艺技术加以区分的做法，只是认为“中国长久以来科学发展不及西方的原因”还需进一步深究其意。

从另一个角度来看，一个民族的科学事业是否发达，不仅与这个民族的思维习惯有着直接的联系，而且与这个民族对待科学的态度有着密切的关联。在具有毕达哥拉斯传统的西方人眼里，科学研究本身就可以成为一种生命的存在形式，是一种超越自我、求得永恒的寄托。而在孔夫子的后代们看来，真正伟大的事业只有一个，那就是“修身、齐家、治国、平天下”，做一个有道德、有修养的人。这种只面向社会而不去面向自然的理性追求，必然导致整个民族对于科学事业的忽视。在中国古代，工匠和医生的地位是很低的，属于“下九流”。直到今天，一名研究员的实际生活水平和社会待遇也未必比得上一位处级行政干部。古人云：“万般皆下品，唯有读书高。”然而读书并不是为了穷尽自然的奥秘，而是为了做官当老爷。直到今天，对于那些经过专业训练的大学生、研究生来讲，毕业后从政求仕仍不失为一种最为现实的选择。在这种文化传统的影响下，要使我们民族的科学事业赶上或超过世界先进水平，的确不是一件容易的事情。

通过以上分析，我们似乎揭示了这样一种难堪的事实，即由于感性和理性发展得不够充分，使得中国传统的“民族文化结构”既缺乏真正意义上的体育事业，又缺乏严格意义上的科学成就，但这并不是要以一种民族虚无主义的态度来全盘否定我们的传统文化。事实上，文化的奥妙就在于，一个民族的优点常常正是它的弱点，一个民族的短处又往往恰是它的长处。与日神、酒神相比，儒家、道家使感性与理性未能彻底分化这一事实，导致了我们民族在体育和科学事业上的落后，然而与此同时，却又使我们传统的艺术和工艺取得了辉煌灿烂的成就。毛泽东曾经说过，除了“四大发明”之外，还有一部《红楼梦》可以成为我们民族的骄傲。这句话着实道出了我们民族的特点。“四大发明”是工艺，《红楼梦》是艺术，而中国的工艺和艺术向来是举世闻名的。与体育和科学不同，无论是艺术还是工艺，都不要求感性和理性的彻底分裂，而要将二者有机地结合起来，这一点恰恰与我们传统的民族心理相吻合，因而便成为中国文化优于西方文化的长处所在。

与西方体育事业的性质不同，中国人的体育活动不讲究对抗而讲究欣赏，因而在很大程度上被艺术化了。譬如，武术中的花拳绣腿，当然也包含了健身和格斗的实用目的，然而其中的审美价值却是不容忽视的，它与西方人的拳击完全不是一个概念，这正如《水浒传》中高俅所踢之球不同于西方的足球一样。有人把类似蹴鞠一类的游戏称之为现代足球的前身，以此来证明中国是足球的故乡，这真是把两种完全不同类型的文化混为一谈了。直到今天，我们在国际体育竞赛中的强项大都带有艺术的成分，如体操、跳水、技巧之类。这类活动都不是单纯的感性迷狂、肉体沉醉，而是感性中有理性，肉体中有精神，因而很符合中国人的心理习惯和精神气质。最为艺术化的体育活动要算是杂技了，在这种介于体育与艺术之间的活动中，东方人往往能表现出其独特的天赋。不仅体育活动有着艺术化的倾向，其他活动也是如此，我们常把战争和外交活动称之为军事艺术、外交艺术，这其中的意味便很令人深思。

与这种“泛艺术”的倾向刚好相反，西方人却有着“泛科学”的习惯。我们知道，西方人也有自己的诗歌、小说和绘画，也曾留下内容丰富、篇幅浩繁的西方艺术史。然而在我看来，正像中国人的养生之道缺乏严格意义上的体育精神一样，西方人的绘画、雕塑也并没有抓住艺术之所以为艺术的关键所在。著名艺术评论家勃纳德·贝伦森在比较西方与东方艺术时曾经指出：“我们欧洲人的艺术有着一个致命的、向着科学发展的趋向。”[18]这句话确实击中了西方艺术的要害。以“摹仿说”为理论依据，古代的西方人以对现实生活的反映与认识为艺术活动的最终目的，因而从解剖学角度来研究雕塑，从透视学角度来研究绘画，从几何学的角度来研究园林，从历史学角度来研究小说……结果是研究来研究去，唯独忘却了艺术自身的美学目的。这种情况一直延续到近代。我们都知道，巴尔扎克是西方19世纪最为伟大的现实主义文学家了，他的《人间喜剧》包括了96部长篇小说和中、短篇小说，分为“风俗研究”“哲学研究”和“分析研究”，可谓“研究”得到家了。对此，恩格斯曾有过高度评价：“他在《人间喜剧》中给我们提供一部法国‘社会’，特别是巴黎上流社会的卓越的历史，他用编年史的方式几乎逐年地把上升的资产阶级在一八一六年至一八四八年这一时期对贵族社会日甚一日的冲击描写出来……在这幅中心图画的四周，他汇集了法国社会的全部历史，我从这里，甚至在经济细节方面（如革命以后动产和不动产的重新分配）所学到的东西，也要比从当时所有职业的历史学家、经济学家和统计学家那里学到的全部东西还要多。”[19]无论这部“历史”如何卓越，无论这其中所体现的“知识”如何丰富，然而历史只不过是历史，知识只不过是知识，“文学”毕竟不是“经济学”或“统计学”，它所包含的历史和知识与其所应该具备的美学价值完全是两个范畴的东西。

在这种将文学变成“百科全书”的科学化倾向的同时，西方人的理性冲动还有着用艺术进行“形而上思考”的宗教化、哲学化的倾向。如果我们对但丁的《神曲》、歌德的《浮士德》，甚至莎士比亚的《哈姆雷特》这些被西方人所称道的文学名著加以分析的话，我们就会发现，它们与其说是艺术上的成功，不如说是哲理上的胜利。不要以为这是个别的、暂时的问题，随着时间的发展，这种现象竟变得日益严重起来。难怪黑格尔曾发出艺术最终将让位于哲学的慨叹，现代博物馆里那琳琅满目的“观念艺术”已足以证明了这位哲学巨匠的预见能力。

如果说科学精神、哲学精神这两种缘自阿波罗崇拜的理性因素支配并扭曲着传统的西方艺术的话，那么到了现当代以后，一种缘自狄俄尼索斯崇拜的感性迷狂又趁火打劫地闯入了西方艺术的殿堂。打开电视，我们随时都可

18 转引自辜鸿铭：《中国人的精神》，海南出版社，1996年，第39页。

19 《马克思恩格斯论文学与艺术》，人民文学出版社，1982年，第189—190页。

以看到那些所谓“大投入”“大制作”的好莱坞式的“巨片”。那种以性爱、警匪为内容，以追车、枪战为模式的用金钱堆积起来的作品，不惜调动高科技手段，并通过大量的惊险动作和破坏性镜头来刺激人们的感官、满足人们的欲望。难怪马尔库塞在去世前的一次谈话中竟指责，现代西方艺术已经变成了一种智力上的自淫。除此之外，还有那些声嘶力竭的“摇滚乐”和几近疯狂的“霹雳舞”……

研究者们可以并且常常笼统地讲，西方艺术已经完成了由古代的“再现”向现代的“表现”相过渡的历史性转折。然而细加分析，我们也许会发现，无论是在古代还是现代，西方艺术在感性与理性的统一上总是显得那么生硬和艰难，这一切甚至在所谓的“现代派”的艺术“精品”中也暴露得一清二楚。面对着毕加索那幅怪模怪样的《格尔尼卡》，翻阅着乔伊斯那本人欲横流的《尤利西斯》，我们不禁要问：深刻而又狂放的西方人，这难道就是你们所要追求的艺术理想吗？

与此相反，中国人似乎天生就是艺术家。这一天赋甚至可以从我们所使用的语言中得以发现。据语言学家的分析，与印欧语系相比，属于汉藏语系的汉语在词汇上具有多意性、模糊性的特点，在语法上具有灵活性、随意性的特点，在语音上具有因声调而带来的音乐性的特点，这一切自然无助于逻辑性的表述和科学性的思维，但恰恰有利于形象性的表述和艺术性的思维。[20]精通近十种语言的辜鸿铭指出：“汉语是一种心灵的语言、一种诗的语言，它具有诗意和韵味，这便是为什么即使是古代的中国人的一封散文体短信，读起来也像一首诗的缘故。”[21]海德格尔认为：“语言乃是一圣地，也就是说，它是存在的家园。”[22]因此，一个民族的语言，不仅是一种特殊的表述方式，而且是一种独特的思维、感受乃至存在方式。从这个“存在的家园”出发，中国人自古就以一种诗性的思维和诗性的态度来对待世界。在这个“诗的国度”里，不仅留下了诗经、楚辞、汉赋、唐诗、宋词、元曲这些极有价值的、至今未被西方人体会和感受到的文化成果，而且那些非诗的文化产品，也往往具有诗的价值和意味。——与巴尔扎克将文学著作写成“编年史”的努力刚好

20 参阅加尔通、西村文子：《结构、文化和语言—印欧语系语言、汉语、日语比较研究》，《国外社会科学》1985年第8期。

21 辜鸿铭：《中国人的精神》，海南出版社，1996年，第106页。

22 阿尔伯特·霍夫达斯特根据海德格尔论文所编辑的《诗歌·语言·思想》，英文版，第132页。

相反，司马迁却使一部真正的史书具有了“史家之绝唱，无韵之《离骚》”的美学价值。这种天然的诗性思维和诗性态度使我们古代的艺术家一开始就不以一种纯然客观的态度去再现和摹仿自然，而懂得如何在“似与不似之间”获得一种“只可意会不可言传”的情感体验。这种体验，不仅能够在绘画、雕塑等具象艺术中得到淋漓尽致的发挥，而且可以在书法这一相对抽象的线条艺术中达到登峰造极的地步。漫步雕林，我们当然也会赞叹古希腊《掷铁饼者》那精确的骨骼和隆起的肌肉，然而如若将其与汉将霍去病墓前那几座稍加斧凿便浑然天成的动物雕塑加以比较的话，我们就会发现，究竟哪个民族更懂得“艺术”。漫步园林，我们自然也会赞美凡尔赛宫前那对称的喷泉、整洁的道路，以及被切割成几何图案的花卉与草坪，然而如若将其与苏州拙政园那山重水复、柳暗花明，直至将天地自然融为一体的园林艺术加以比较的话，我们就会发现，究竟哪个民族更富有“天才”……

这种艺术的民族不仅要使自己的文化产品统统打上艺术的痕迹，从而留下了商代的青铜器、汉代的画像石、唐代的三彩陶、明代的青花瓷这些美不胜收的历史文物，而且要使自己的统治者和管理者首先具有艺术的素养和创作的能力。就在西方的经院哲学家们通过逻辑或数学等手段来揭示宇宙乃至上帝的奥秘时，自隋、唐而开始的科举制度却要将写诗和作文看成是每一个官吏所首先应具备的素质。因此，中国古代的士大夫们可以不懂天文、历算知识，但必须用琴、棋、书、画来修养身心。儒家以忠孝安邦、以礼乐治国的政策自然要把文章提到“经国之大业，不朽之盛事”（《典论·论文》）的崇高地位，道家那“乘物以游心”《庄子·人间世》）的逍遥精神更容易让人们以审美的态度来对待全部生活。更为重要的是，儒、道两家不仅各自为艺术的发展提供了精神的营养和创作的动力，而且其相互之间又以“建构”与“解构”的对立统一保证了艺术发展的健康与持续。

由于感性与理性的和谐统一，使得中国艺术很少陷入一种纯粹感性的欲望宣泄，也很少进入一种纯粹理性的思辨误区。这不仅是出于“发乎情，止乎礼义”的政治需要，而且是由于中国人的精神状态很容易将感性与理性的东西亲密无间地融合在一起。因此，无论是一篇短文，还是一首小诗，都可能给人以咀嚼不完、回味无穷的余地。即使是像《红楼梦》那样洞彻古今、勘破生死的作品，也绝不会像《哈姆雷特》那样，摆出一副哲人的面孔，与读者讨论什么“to be or not to be”之类的玄学问题。因此，在阅读中国古代的文学作品时，除了文字上的障碍之外，人们很少会遇到费解或难懂的现象，有的只是能否体验或产生共鸣的问题。因为说到底，“懂”与“不懂”的问题，是一种知识问题、哲理问题，而体验和共鸣的问题，才真正属于艺术和审美的问题。从这一意义上讲，我们不能说中国艺术比西方艺术更为深刻，但可以说比其更加符合美学规律。

感性和理性的结合与统一，不仅保障了中国传统的艺术成就，而且有利于我们古代的工艺实践。说“四大发明”不是科学而是工艺，这丝毫也不意味着对这些成就的轻视或贬低。正如许多科技史家所反复陈述的那样，大约在14世纪前后，中国的“四大发明”经阿拉伯人之手而传入欧洲，对整个西方世界产生了具有历史意义的影响：火药改变了欧洲战场的局面，指南针促进了远洋运输和殖民贸易，而造纸和印刷术则大大提高了知识积累和信息传播的可能性。正像马克思指出的那样，“这些都是资产阶级发展的必要条件”。[23] 事实上，在人类创造物质财富的过程中，科学与工艺自古就有着相互促进、彼此补充的作用，二者缺一不可。

一般说来，抽象的科学理论只有通过具体的工艺技术才可能转化为生产力；而具体的工艺技术也只有依赖于抽象的科学成就才可能获得历史性的飞跃。笔者曾粗略地统计过1901年至1985年间诺贝尔物理学和化学奖的获奖人名单，其中美国75人次、英国43人次、德国37人次、法国13人次、苏联8人次、瑞典8人次、日本4人次、中国2人次。这一数据除了再一次论证了关于受日神精神影响的西方人更适于进行科学研究这一观点之外，同时也给我们留下了另外一种思考：作为同受儒家文化影响的东方国家，日本和中国人在这种纯科学的研究中获奖甚少，这一点是可以理解的；然而，何以日本人的经济发展水平能够赶上并超过类似英国这样的科学大国呢？从“明治维新”直至“二战”以后的历史来看，日本人一方面积极学习西方的科学成就，一方面又努力发展本国的技术优势，利用东方人心灵手巧的特点，将西方人所发现的科学

23 《马克思恩格斯全集》第30卷，人民出版社，1956年，第318页。

原理通过自己的工艺技术而迅速转化为商品，然后再去重新占领欧美市场。我们知道，专利技术最能够反映一个国家的工艺水平。在这方面，作为东方国家的日本所取得的成就，恰好与其在竞争诺贝尔科学奖中的弱势形成鲜明的对比。据美国专利商标局颁布的1993年在美取得专利排行在前十名的企业是：IBM公司1 085项，东芝公司1 040项，佳能公司1 038项，柯培公司1 007项，G.E.公司932项，三菱电机公司926项，日立公司912项，摩托罗拉公司729项，松下电器公司713项，富士胶卷公司632项。这其中，日本企业所占有的份额是相当惊人的。由于这种取长补短的发展战略符合了日本民族的文化特征，因而从某种意义上讲，日本在经济上的起飞，也正是一种文化策略上的成功。日本的经验不仅对于我们国家的经济发展有着直接的参考价值，而且对于整个人类的物质文明建设也有着重要的启示作用。如果说，科学理论与工艺技术是驱动人类物质文明建设的两只不可或缺的车轮，那么，加强东西方文化的交流与合作则无疑会使这两只巨轮注满活力。

由此可见，通过以上分析，我们并不是要对中国与西方的"民族文化结构"进行孰优孰劣的简单评价，而是要通过比较来发现其各自的根源和特点。正如日本学者今道友信所指出的那样："东方与西方的古典文化都必定相互给对方以补充。否则，教育和人类形成的理念就会在各自文化圈一直停留于不完善阶段。"[24]

三

日神、酒神的对立，不仅影响了西方世界的"民族文化结构"，而且决定了其特有的"民族社会结构"。由于感性与理性分裂得比较彻底，使得西方民族的社会结构也呈现为相反相成的两极对立。在感性的方面，有个性的自由；在理性方面，有严格的法律。

"狄俄尼索斯崇拜保存并恢复了人类远古时代的最为原始的存在性的'自由'。"[25]与这种感性的自由冲动相联系，西方人习惯于以个体为本位，每个人不以血亲和家族为其生活的依据，而是以财产和能力为其存在的保障，夫妻双

24　[日]今道友信:《东西方哲学美学比较》，李心峰译，中国人民大学出版社，1991年，第64页。

25　叶秀山:《希腊奥林帕斯山上诸神与希腊神话之古典精神》，《外国美学》第12辑，第313页。

方往往具有独立的产权，父子之间完全可以构成雇佣关系。这种个体经济的相对独立必然导致个体人格的相对独立，而人格的独立又使得西方社会的人际关系比起东方社会要简单得多。以称呼为例，彼尔就是彼尔，他父亲可以叫他“彼尔”，他儿子也可以叫他“彼尔”，这里面并没有什么不得体或不礼貌的问题。倘若换到中国等东方国家，这称呼里的禁忌与学问可就大了。同是一个“彼尔”，根据年龄、辈分、职位，以及与其亲疏远近的关系，东方人会有几种甚至十几种叫法。这种人际关系的不同，还表现在对于亲属的称谓上。例如，英语中的uncle包含了汉语中伯父、叔父、舅父、姑父、姨父等多重义项，除非在特殊的情况下，英国人是没有必要对其中所包含的微弱差别加以区分的。可是在中国人眼里，这其中的微弱差别标志着血缘关系的亲疏远近，因而是不可随意混淆的。

西方人的个性独立，不仅表现在与家族血缘的关系上，而且表现在与社会团体的关系上。这在陌生人之间的自我介绍，以及通信地址的书写方式等不甚起眼的生活细节中也可以看出。“东方的自我介绍方法就是使自己埋没于全体之中，逐渐让自己从其中浮现出来。西方的方法，则是首先把不可动摇的自我突出出来，然后将更大的社会背景展示出来。这两种思考方法的对立作为日常用语，也进一步体现于显示出向心的运动的日本或中国的姓名住址的写法和显示出离心运动的西方姓名住址的写法之中。并且可以从中推导出更有深意的事实来。”[26]就西方而言，这里所能推导出来的“更有深意的事实”似乎包含了两个方面。从消极的意义上讲，物重人轻、人情淡漠必然成为一种不可避免的社会现实；从积极的意义上讲，个性自由、人格平等毕竟成为一种可望实现的生活理想。为了克服前者并成全后者，西方人便使用了宗教和法律两种社会制约机制，对于孤立无援的个体灵魂加以拯救，对于我行我素的个体行为加以限制。

作为西方世界早期的宗教活动，无论是狄俄尼索斯崇拜还是阿波罗崇拜，其内在的企图，都是在一种迷狂的境界中将孤立无援的个体与社会群体或宇宙本原联系起来，以为遭受异化痛苦的希腊人寻求一种精神的寄托。有充分的材料证明，在早期希腊社会里，随着分工的形成、阶级的出现，异化

26 [日]今道友信：《东西方哲学美学比较》，李心峰译，中国人民大学出版社，1991年，第86—87页。

的社会现实也开始将“生之巨轮”变成了人类痛苦的枷锁。因此，深受异化痛苦的人们便必须在继续忍受这一痛苦或以自杀来逃避痛苦这两条道路上做一次重大的选择，而宗教正是这一选择的产物。伯奈特在《早期希腊哲学》中指出：“我们在这个世界上都是异乡人，身体就是灵魂的坟墓，然而我们决不可以自杀以求逃避，因为我们是上帝的所有物，上帝是我们的牧人，没有他的命令我们就没有权力逃避。”[27]可见，上帝使每一个孤独的个体可以得到彼此的沟通，上帝使每一个有限的存在获得无限的意义，一句话，上帝是每一个遭受异化痛苦的西方人得以在痛苦中继续活下去的借口。于是，从毕达哥拉斯那神秘的“数”，到柏拉图那超验的“理念”；从普罗提诺那光辉的“太一”，到《圣经》中那人格的“上帝”……西方人一直企图在彼岸世界中寻找一种精神的家园和生命的归宿。于是，从肉体沉醉的酒神崇拜，到精神迷狂的日神崇拜；从希腊城邦的奥菲斯宗教，到罗马帝国的基督教……西方人一直企图在非理性的状态下获得一种终极的关怀和价值的归属。因此，尽管希腊文化与希伯莱文化之间确实存在着一定的差异，然而这一差异却不像一些论者所描绘的那样是现世与来世、科学与宗教的不同。换言之，即使没有希伯莱文化的影响，作为古希腊后裔的西方人也必然会为自己创造出一套宗教体系。因为说到底，西方人的自由是以孤独为代价的，而宗教则正是补偿这一孤独的最好形式。所以，与尼采的看法不同，我认为不能把基督教文化与早期的希腊文化完全割裂开来，不能将基督教精神的崛起看成是希腊精神的毁灭，而应在历史发展的过程中透过外在形式的阶段性发现其内在精神的连续性，从而寻找到基督教精神与早期酒神精神和日神精神之间的微妙联系，并在“古典的古代”之文明背景下对这种必然的联系做出科学的解释。

如果说，对于每一个孤立的个体而言，西方人的精神寄托只能求助于宗教的话，那么对其外在行为的约束则只能求助于法律了。基督教的“原罪说”表明，西方人相信每个人包括执法者本人都可能有一种恶的犯罪动机，这种动机一方面可以通过个体信仰的宗教途径来加以消解，一方面又必须通过相互制约的法律手段来加以限制。如果说，西方人的个性自由充分体现了酒神式的感性冲动，那么西方社会的法律制度则充分体现了日神式的理性冲动。

27　转引自[英]罗素：《西方哲学史》上卷，何兆武、李约瑟译，商务印书馆，1963年，第59页。

“理智是清醒的，而所谓‘清醒’，离不开界限，万物都有‘秩序’，都有‘界限’，阿波罗是斯巴达的立法之神。”[28]霍布斯在《一位哲学家与一位英国普通法学工作者的对话》中留下了这样一段文字：“法学家：‘您凭什么说，法律的研究比起数学研究要少些合理性？’哲学家：‘我并不是这个意思，因为一切研究都是合理的，否则任何事情都会没有价值。我是说数学大师决不像伟大的法律教授们那样时常出错。’法学家：‘如果您运用理性于法律研究，或许您会有不同的看法。’”[29]由此可见，在某些西方人眼里，法律应该像数学一样具有理性的严密性，这很容易使我们联想起以上关于数学研究中所追溯到的阿波罗的崇拜仪式和作为西方传统的“逻各斯中心主义”。

西方的法律传统是悠久而成熟的，早在公元前6世纪初的“梭伦变法”，就已经显示了理性的法律制度与感性的个体自由之间的对立统一关系。在立法实践方面，梭伦的新宪法不仅使每一个雅典人都可以提出诉讼，而且保障了每一个公民向法院本身提出上诉的权力，以便对执政官的判决给予一定程度的控制。而形成于公元前5世纪中叶的《十二铜表法》，并不是由相当于皇帝的执政官下令制定的，而是由平民和贵族各推举出相等的人数，根据其彼此所能接受的条件而制定的。至于在司法实践方面，罗马时代那复杂而严格的诉讼过程，至今仍影响着西方民法法系国家的司法程序。进入资本主义社会以来，法律在西方国家更是具有了至高无上的地位，这不仅表现在法律条文的严密和司法程序的严格上，而且表现为整个法律体系和政治制度的相互制约关系。在西方，人与人之间的矛盾和冲突主要是通过法律手段来加以解决的，国家的安全和政治的稳定也主要是依靠法律来加以保障的。总统犯法也要求助于律师，弄不好就要被弹劾。个性自由的西方社会之所以没有陷入人欲横流的境地，就是因为有着健全的法律制度而构成了其“民族社会结构”中的相反一极。

与西方世界刚好相反，由于感性和理性分裂得不够彻底，使得中国古代既没有充分的个性自由，也没有严格的法律制度。同所谓“民族文化结构”一样，中国传统的社会结构也不以相互对立的两极为重点，而是让中间层次的“伦理”和“政策”去起作用。由于我们的古人在进入阶级社会的过程中

28 《希腊奥林帕斯山上诸神与希腊神话之古典精神》，《外国美学》第12辑，第312页。

29 转引自[美]埃尔曼：《比较法律文化》，贺卫方等译，生活·读书·新知三联书店，1990年，扉页。

相对完好地保存了氏族血缘的宗法关系，使得人与人之间的联系比较密切。与西方不同，中国人一向以群体为本位，个人的价值主要不取决于其自身的能力和财产，而是由其在家族和社会中的地位决定的。这种由“亚细亚的生产方式”所导致的家族血缘秩序的遗存，对中国文化的影响也是双重的。从形而上的意义上讲，中国人为此而免除了对宗教的需要；从形而下的意义上说，中国人为此而减少了对法律的重视。

在世界几大文化圈内，中国要算是唯一一个非宗教性质的文明古国了。究其原因，也许应归结为“亚细亚的古代”所保存下来的氏族血缘关系。一般而言，宗教与血缘总是相互排斥的。据《圣经》记载，上帝为了考验亚伯拉罕对自己的忠诚，就让他将其亲生的儿子作为牺牲的贡品。而无论是基督教中的牧师，还是佛教中的和尚，传统意义上的僧侣都是以“出家”为前提的。耶稣说：“不要称呼地上的人为父，因为只有一位是你们的父，就是天上的父。”[30]宗教之如此排斥甚至憎恶血缘情感，其原因是显而易见的。因为人们对于伦理亲情的重视，势必会削弱对上帝或佛陀的信仰；而“家园”的世俗温情，也必然会减少“天国”的神秘诱惑。这一切，从外来的宗教文化在中国这个世俗的社会中所遭受到的阻碍与变形的历史过程中可以看得十分清楚。受儒家文化的影响，中国人对血缘的延续是十分重视的，孟子所谓“不孝有三，无后为大”（《孟子·离娄上》）的名言，就是从否定的意义上谴责那种使祖先的“香火”遭到中断的行为。而传说中的那位北山愚公关于“我死了以后有儿子，儿子死后有孙子，子子孙孙无穷尽也”的寓言，则从肯定的意义上表达了将有限的个体生命融入到无限的种族延续之中以求得不朽的坚定信念。在这种文化环境下，任何企图让中国人放弃家族血缘的宗教传播都是注定要失败的。于是，本来是主张“四大皆空”的佛教，要在这片世俗的土壤中扎下根来，就不得不掺入“忠孝”之类的宗法内容；而本来在佛教体系中地位较低的观音菩萨，却反因其具有“送子”之功能而在中国享有了一份与众不同的盛誉……这种阻碍和变形，使得任何庄严神秘的宗教信仰在我们这个国度里都会变得伦理化、世俗化，从而失去其原来的意义。

行文至此，很容易使我们联想起人们关于儒教是不是宗教，以及它与西

30 《马太福音》，第23章，第9节。

方宗教之关系的讨论。对此，辜鸿铭认为：“就广义而言，我认为儒学、基督教、佛教同为宗教。但诸位也许还记得，我曾说儒学并非欧洲人所谓的宗教。那么二者之间有何区别呢？显然，从起源上看，一个有超自然的因素，另一个则没有。但除此之外，儒学与欧洲人心目中的宗教如基督教、佛教仍有不同。这不同就在于，欧洲人意义上的宗教是教导人们做一个善良的（个）人，儒教，则更进一步，教导人们去做一个善良的公民。基督教的教义这样发问：人的主要目的是什么？而儒教教义却是这般提醒：公民的主要目的是什么？儒教认为没有个人生活，作为个人，他的生活与他人及国家密切相关。关于人生的目的，基督教的答案是‘给上帝增光’。儒教则认为人生的主要目的，是做一个孝顺的儿子和善良的公民。”[31]显然，仅仅从字面上来论证儒教属不属于宗教是没有多大意义的，这里的关键是涉及了儒家“没有个人生活”这一要害问题。设想一下，如果说西方的宗教信仰恰恰是由于个人生活的孤独而引起的，那么在布满血缘网络从而“没有个人生活”的国人这里，宗教对于他们来说又有什么意义呢？

就信仰方式而言，中国人不需要宗教也能够获得精神的寄托；就行为方式而言，中国人不需要法律亦可以调节人际关系。从事比较法律研究的埃尔曼指出：“中东与远东国家的传统法律表现了与所确认与保护个人权力的法律制度之间的明显不同。它们否认社会成员拥有‘为法律而斗争’的权力。依照儒家思想，普遍的和谐与稳定的理想状态并不能通过法律或权利与义务之间的平衡来获得。‘礼’的基本概念构想着一个以义务为中心并仅仅以义务加以调整的社会。理想的政府并非依靠好的法律来统治，而是靠贤人来统治，贤人的使命在于以言传身教教导人民怎样过着德性的生活。在‘礼’盛行的社会里，自身利益被置于由内心反省所激发的有效的控制之下。”[32]我们知道，在原始儒学那里，“礼”是与“仁”相对应的一个概念。如果说“仁”是一种发自亲子之爱并扩而大之的人伦情感，那么“礼”则是协调长幼尊卑之间人际关系的行为规范。《礼记·曲礼》云：“礼所以定亲疏，决嫌疑，别异同，明是非也。”《礼记·中庸》说：“亲亲之杀，尊贤之等，礼所生也。”问题在于，在“家”“国”一体化的宗法制度下，人们很自然地会将父子之间的血缘情感

31　辜鸿铭：《中国人的精神》，海南出版社，1996年，第47页。

32　[美]埃尔曼：《比较法律文化》，贺卫方译，生活·读书·新知三联书店，1990年，第87—88页。

推演为君臣之间的社会关系，将“父父、子子”的家庭伦理扩展为“君君、臣臣”的政治伦理，从而使“礼”具有了调节整个社会关系的重大作用。所谓“父慈、子孝、兄良、弟弟、夫义、妇听、长惠、幼顺、君仁、臣忠，十者谓之人义”（《礼记·礼运》），所谓“君令、臣共、父慈、子孝、兄爱、弟敬、夫和、妻柔、姑慈、妇听、礼也”（《左传·昭公二十六年》），所谓“礼，经国家，定社稷，序民人，利后嗣者也”（《左传·隐公十一年》）之类的言论，充分说明了“礼”在调整人际关系、规范社会行为方面无所不及的包容性。

事实上，自从公元前2世纪的法家失势之后，由孔子所开创的儒家的这种“礼教”思想，一直有效地参与了社会的整合机制，并在很大程度上占据了法律的活动空间。关于这一点，我们可以通过秦律与汉律的比较而见出。根据1975年湖北云梦睡虎地出土的秦墓竹简来看，秦朝的法律是相当完备的。这恐怕与早期秦国的统治者先后重用商鞅、李斯，并一贯奉行法家路线有关。但是，或许正是由于这种注重法律的治国方略与“亚细亚的古代”的社会历史背景之间缺乏内在的一致性，所以才导致秦朝的迅速灭亡。而汉代的统治者，则显然接受了这方面的教训。“自汉武帝即位以后，一方面进行大规模的立法活动，另一方面又大肆提倡儒学；并使儒家的‘礼’，渗入到‘法’中去，终于形成了礼制为体，法制为用，出礼入刑，礼刑结合的中华法系的一个特点。”[33]

对于中华法系的这一个特点，我们可以从几个层面来加以分析。

第一，是“以礼为体，以法为用”。这就是说在维护社会秩序、调节人际关系上，“礼”的作用是“治本”的，因而具有根本性的意义；而“法”的作用是“治标”的，它只是作为礼制的补充手段。这种重礼而轻法的思想与儒家思孟学派对“人性善”的信念有关。我们知道，自孔子之后，儒家的孟、荀二子对人性的善恶有着截然相反的看法。荀子的“性恶论”有点类似于西方的“原罪说”，他相信人皆有贪图享乐、好逸恶劳乃至犯分乱理之欲念，因而他对“礼”的提倡必然导致对“法”的重视，即通过外在的强制力量来约束人们的行为。因此，法家的代表人物韩非子在其门下出现，便不是偶然的了。而孟子的“性善论”，则与“原罪说”刚好相反，他认为人皆有恻隐、羞恶和辞让的善心与本性，因而只要把这种善良的意愿调动出来，就能够实现“老

33　林剑鸣：《法与中国社会》，吉林文史出版社，1988年，第142页。

吾老，以及人之老；幼吾幼，以及人之幼”（《孟子·梁惠王上》）乃至“人皆可为尧舜”（《孟子·告子上》）的美好境界。在历史上，正是作为“亚圣”的孟子，以其远胜于荀子的影响使得我们的前辈没有像西方人那样重视法律而轻视伦理。“儒家学说同其他太平盛世的幻想一样，它相信人可以完善，罪恶可以根除，法律因此也可以消除了。如果说求诸‘法’而控制动乱，通过有效的制裁而背弃‘礼’，那么，它充其量不过被视为一种权宜之计。”[34]因此，与西方不同，中国人更相信道德教育而非法律制裁的作用。

第二，是“出礼入刑，礼刑结合”。在中国古代，与“礼”相提并论的概念往往不是“法”，而是“刑”。从先秦时代的“墨”“劓”“宫”“刖”“杀”，到《唐律疏义》中的“笞”“杖”“徒”“流”“死”，小至皮肉之苦，大至祸灭九族，都说明中国古代是一个重刑的国家。但这并不意味着法制的完善，因为这种刑只是对于违背礼教者的一种惩罚，而非保障公民的合法权益。事实上，除了尊礼守法之外，我们的古人既然没有独立的人格，也就没有独立的权力。“翻开中国古代的法典，从有史以来直到清末所有的成文法，几乎全部都是刑法。若以现代法学观点分类，在中国几千年之久的数百种成文法典中，纯粹与刑法无关的民法、经济法等法典简直没有一部。”[35]这样一来，“法律”几乎成了“刑罚”的同义词，“打官司”似乎就意味着让县大老爷“打屁股”。直到今天，在许多人眼里，“被告”就意味着“犯罪”，“对簿公堂”是一种既可怕又可耻的事情。这种法、刑、罚不分的历史传统，使人们只知道畏惧刑罚的权威，而不懂得如何运用法律的武器来捍卫自己的权利。

第三，是“刑不上大夫，礼不下庶人”（《礼记·曲礼上》）。既然“礼”本身就是区别尊卑贵贱的行为规范，因而只有上等人才配受到礼遇；既然“刑”只不过是惩罚犯上作乱者的工具，因而也只有用于平民百姓了。东汉的荀悦说：“礼教荣辱以加君子，化其情也；桎梏梗朴以加小人，治其刑也。君子不犯辱，况于刑乎？小人不忌刑，况于辱乎？”（《申鉴》卷一《政体》）这样一来，社会等级意义上的“大夫”和“庶民”，便被人为地等同于道德觉悟意义上的“君子”和“小人”，进而便“合乎情理”地受到了法权意义上的不同对待。这种人与人之间在法权意义上的不平等，使真正意义上的法律文化不可能健全

34　[美]埃尔曼：《比较法律文化》，贺卫方译，生活·读书·新知三联书店，1990年，第88页。

35　林剑鸣：《法与中国社会》，吉林文史出版社，1988年，第206页。

起来。我们知道，在罗马法系中，就有一个“人格”的问题，凡是获得独立“人格”的人，在民事法律关系中便被视为有同等法权能力的人。只有在这种先决条件下，严格的法律系统才有可能被建立起来。当然了，在古罗马时代，也并非一切人都具有法律意义上的“人格”，譬如奴隶便被排斥在外。然而至少在具有“人格”的人之间，其法权地位是平等的。可是在中国古代，人与人之间的地位却是千差万别的，所谓“天有十日，人有十等。王臣公，公臣大夫，大夫臣士，士臣皂……”（《左传·昭公七年》）这种人与人的区别，不仅具有社会等级的意义，而且具有法权差别的意义。这种差别也许并不是名义上的，但在事实上的确存在。因此，在中国历史上，“以权代法”“以功代法”“以钱代法”“以出身门第代法”（即所谓“荫庇”）的现象不仅是屡禁不止的，而且是习以为常的。虽说是“王子犯法与庶民同罪”，可谁又把此话当真呢？

第四，在“国”“家”一体，“法”“礼”合一的情况下，自秦以后逐渐形成的中华法系，既没有“君权神授”的特点，也没有“人权平等”的因素，有的只是“权法合一”“政教合一”的特色。我们知道，在欧洲的历史上，除了英王詹姆士和法王路易十四等少数几个被公认为狂妄自大的暴君外，没有谁像秦始皇以后的历代中国皇帝那样，公然宣布法律的源泉来自世俗的君主或国家元首，而是或将其归结为超验的宇宙主宰，或将其看成是经验的社会契约。然而，在“家天下”的历代中国皇帝看来，正如“家有千口，主事一人”的道理一样简单，作为一国之“家长”的皇帝自然也就是法律的缔造者了。这种“政法不分”“权即是法”的思想，从根本上动摇了立法的民主和司法的独立。在封建社会里，大至一个国家，小至一州一县，其行政首领或兼任司法长官，或“领导”司法长官，在这种“权大于法”的环境下，很难形成独立的司法系统和有效的制衡机制，从而不可避免地会造成周期性的社会腐败。

总之，由于儒家伦理的高度渗透，使得中国古代的法制建设很不健全，而这种伦理至上的思想观念则又与我们特有的“民族心理结构”有关。细加分析，不难看出，以“礼”为标志的伦理观念，既不是纯粹感性的个人自由，也不是纯粹理性的法律条款，而是一种笼罩着人伦情感（感性）的道德信念（理性）。这种感性与理性的统一，使人们可以不依赖任何外在的神祇与法律来确立自己的生活理想，来规范自己的社会行为，而是根据一种内在的自我约束，在“世事洞明”之中体察人生的意义，在“人情练达”之中实现社会的和谐。因此，对于一个中国人来说，最重要的不是去烧香拜佛，也不是去熟悉法律条款，而是练好如何“做人”的功夫。也就是说，他必须懂得，对待上级、长辈等高于自己的人须得如何应酬，对待下属、晚辈等低于自己的人应该怎样打发，即真正做到“非礼勿视，非礼勿听，非礼勿言，非礼勿动”（《论语·颜渊》）；就连喜怒哀乐也不可随心所欲、乱了礼法，而须做到“乐而不淫，哀而不伤”（《论语·八佾》），“怨而不怒”（《论语·阳货》朱注）。这套功夫深奥得很，需要从小学起，不断修炼，直到七老八十，也未必能达到“从心所欲，不逾矩”的境界。

除了“伦理”之外，在中国社会中，“政策”在调整社会实践、规范群体行为方面也起着相当大的作用。与相对固定的法律条款相比，政策则有着更大的灵活性、伸缩性和随意性，它可以因人而异、因事而异，时而“左”、时而“右”，时而“放”、时而“收”，因而有着一定的感性成分，同样适合感性与理性相统一的“民族心理结构”。

正如我们在“民族文化结构”的讨论中承认我们既缺乏感性冲动的体育事业又缺少理性冲动的科学精神并不意味着对自我文化传统的彻底否定一样，我们在“民族社会结构”的分析中指出我们既缺乏感性冲动的个性自由又缺少理性冲动的法律观念也不是要采取一种“全盘西化”的立场。因为说到底，文化的问题总是复杂的、辩证的。中国有中国的问题，西方有西方的难处。从表面上看，富于张力结构的西方社会既有充分的个性自由，又有严格的社会法律，似乎是两全其美了。但是，过分的感性自由使西方人缺乏一种社会的责任感和民族的向心力，尤其是在宗教哲学被不断“证伪”，从而渐渐失去其内在约束力的历史条件下，对个体行为的约束就只有依靠外在的、强制性的法律了。据统计，美国的法律从业人员有30多万人，也就是说，每270个受雇佣者中就有一个是法律职业者。且不说这需要多么大的社会开支，也不论即使在这样的情况下美国的犯罪率仍然难以控制，仅是从理论上讲，这种由法官、律师、警察充斥的社会显然不是人类行为自觉的理想体现。尽管西方的法律体系已相当严密，但是包罗万象的法律条款也难以预见和穷尽各种复杂的社会行为，更何况这些行为的动机、环境、条件等千差万别的背景了。正像马克思·韦伯所指出的那样："所有的政府都面临法律确定性的抽象形式主义与它们力图实现实体目标的愿望之间的难以避免的冲突。"[36]由此可见，法律也不是万能的。人类社会要实现一种更高境界的和谐，显然不能单单凭借法律的力量，而确实需要有更加自觉的道德约束力。在这一点上，中国文化似乎反倒比西方文化显得高明了。

事实上，我们这个民族之所以能够在经历了无数的战乱、饥饿、天灾、人祸而绵延不绝地生存下来，并相对完好地保存着自己的文化遗产，这本身已经显示了其较之其他古老民族的高明所在。从郁郁而歌、投江自尽的屈原，到笔笔见血、忍辱负重的司马迁；从金戈铁马、精忠报国的岳飞，到留取丹心、名垂青史的文天祥；从拒绝逃亡、血荐轩辕的谭嗣同，到愤然蹈海、以身殉国的陈天华……这些华夏的子孙们似乎不需要依照法律的规定也会支配自己的社会行为，似乎不需要上帝的帮助也能超越自己的现实人生；他们也许不会为某个数学命题或天体理论而从容就义，却不惜为民族的存亡或国家的兴衰而视死如归。这一切都说明这个古老的东方民族所具有的强大的社会责任感和罕见的群体凝聚力。而这一切，作为历史的经验和生活的动力，在人类未来的社会发展和文化整合中仍将具有巨大的实践意义。作为当代西方的著名学者，汤因比在与池田大作的谈话中指出："就中国人来说，几千年来，比世界任何民族都成功地把几亿民众，从政治文化上团结起来。他们显示出这种在政治、文化上统一的本领，具有无与伦比的成功经验。这样的统一正是当今世界的绝对要求。"[37]

通过上述分析，我们试图以儒家、道家与酒神、日神为中西文化比较的切入点，从而找到其各自在"民族心理结构""民族文化结构""民族社会结构"三者之间的对应关系。总的来说，曰神与酒神精神的对立，是人与自然、人与社会彻底分裂的产物。这种分裂的结果导致了精神与物质、理性与感性、灵与肉的对立。其中对立的双方各以相反相成的否定性辩证法的形式组成了西方世界特有的文化结构与社会结构。而儒家与道家思想的互补

36　转引自[美]埃尔曼：《比较法律文化》，贺卫方译，生活·读书·新知三联书店，1990年，第68页。

37　《展望二十一世纪》，国际文化出版公司，1985年，第294页。

则是人与自然、人与社会素朴协调的产物。这种协调的结果导致了精神与物质、理性与感性、灵与肉的统一。其中被统一的双方以相辅相成的补充性辩证法的形式维系着我们的文明古国所特有的文化结构与社会结构。否定性辩证法是事物发展的辩证法，补充性辩证法是事物存在的辩证法。从这里，我们似乎也可以窥见何以西方文明不断变化，而中国文明长盛不衰的奥秘。

罗素曾经指出："虽非所有的希腊人，但有一大部分希腊人是热情的、不幸的、处于与自我交战的状态，一方面被理智所驱遣，另一方面又被热情所驱遣，既有想象天堂的能力，又有创造地狱的那种顽强的自我肯定力。他们有'什么都不过分'的格言，但在事实上，他们什么都过分——在纯粹思想上，在诗歌上，在宗教上，以及在犯罪上。"[38]而我们也可以同样指出：虽非所有的中国人，但大部分中国人是冷静的、明智的，处于同自然和社会相协调的状态之中。他们既不完全被自己的肉体欲望所驱遣，去干那些丧失理性的蠢事；也不完全被自己的精神欲望所驱遣，从而陷入宗教性的迷狂。与此同时，他们既缺乏变革现实的强烈的感性冲动，又缺乏刨根问底的不懈的理性追求。他们觉得天堂太遥远，地狱又太可怕，只有处理好现实生活中的人际关系，才是最为实惠的事情。他们不仅有"过犹不及"的格言，而且把这句格言融化在血液里，落实到行动中。

在中国与西方社会各自独立发展了几千年以后的今天，分裂过度的西方人很可能会向我们古老的文化中吸收他们所需要的营养，而素朴和谐的中国人也需要在西方文化中汲取我们并不具备的活力。在我看来，未来的21世纪的世界文化，既不可能像那些"欧洲中心论者"所期望的那样，是一种西方文化的世界，又不可能像那些"新儒家"所预见的那样，是一种中国文化的天下，而很有可能是东西文化结合统一的局面。那样的话，人类将变得更加成熟、更加理智，也更加富有情感。

（就此论题，笔者曾在1986年第6期的《文史哲》上发表过《儒家、道家与日神、酒神》；在1993年第5期的《求是学刊》上发表过《再论中国的儒家、道家与西方的日神、酒神》；在1997年《外国美学》第14辑上发表过《三论儒家、道家与日神、酒神》。此文为上述三篇文章的整合版）

38　[英]罗素：《西方哲学史》上卷，何兆武、李约瑟译，商务印书馆，1963年，第46页。

宗教与准宗教

基督文化是一种宗教文化，而宗教作为人类精神异化的产物，必然产生于社会生活自身的异化。作为历史发展的“二律背反”，异化是与文明同时出现的。文明给人类带来了财富，带来了智慧，带来了生的幸福；同时也带来了剥削，带来了压迫，带来了死的渴望。有充分的材料证明，在早期的希腊社会里，随着分工的形成、阶级的出现，异化的社会现实也开始将“生之巨轮”变成了人类痛苦的枷锁。因此，遭受异化的人们便必须在继续忍受这一痛苦或以自杀来逃避这一痛苦两条道路上做一次重大的抉择。而宗教则正是这一抉择的产物，是不幸的人们必须生活下去的借口。伯奈特在《早期希腊哲学》中分析了当时人们的心理：“我们在这个世界上都是异乡人，身体就是灵魂的坟墓，然而我们决不可以自杀求逃避；因为我们是上帝的所有物，上帝是我们的牧人，没有他的命令我们就没有权利逃避。”因此，尽管“基督教”在公元四世纪末才成为罗马帝国的国教，但是，这种由希伯莱民族所创立的宗教之所以能够迅速得到西方世界的普遍认同，绝不是偶然的。换句话说，早在基督教出现以前，西方社会已为该教的出现做好了思想准备。

因此，我认为，要研究“基督文化”的形成，我们必须上溯到基督教出现之前的古希腊社会。康福德在《从宗教到哲学》中指出：“毕达哥拉斯代表着我们所认为与科学倾向相对立的那种神秘的传统的主潮。”以后，受其影响的各种体系，“都是倾向于出世的，把一切价值都置于上帝的不可见的统一性之中，并且把可见的世界斥为虚幻的。说它是一种混浊的介质，其中天上的光线在雾色和黑暗之中遭到了破坏，受到了蒙蔽。”柏拉图的“理念”和“摹仿”说，普罗提诺的“太一”和“流溢说”，也都力图为感性的个体存在（人）寻求一种理性的永恒依托（神），把无节制的理性思辨导向一种宗教的迷狂。这就是基督文化所得以出现的社会背景。

孔子文化是一种准宗教的文化，也就是说，它以一种伦理的形式来取代了宗教的功能。同基督文化一样，这种准宗教的孔子文化也是社会生活异化的产物。不同之处在于，中国古代是以早熟的亚细亚形态进入阶级社会的。所谓“早熟”，就是在生产力和生产关系尚未成熟的情况下过早地进入了文明社会。正像侯外庐等人在《中国思想通史》中所说的那样：“如果我们用‘家族、私有、国家’三项来做文明路径的指标，那么，‘古典的古代’是从家族到私有再到国家，国家代替了家族；‘亚细亚的古代’是由家族到国家，国家混合在家庭里面，叫做‘社稷’”。由于“家族”和“国家”之间缺少了一个“私有”的中介环节，致使一些原始氏族的血缘关系也被带进阶级社会中来了。因此，与西方上古社会不同，在中国古代社会里，人与人、感性与理性、存在与本质之间的关系并不一定非要通过上帝这个中介环节才能沟通。所以，遭受异化痛苦的人们便不一定非要依靠一种永恒的宇宙主宰而只需在人与人之间的关系之中就可寻找到精神上的寄托。这样，就出现了以血缘为纽带、以伦理为核心的准宗教的孔子文化。

基督文化既然是一种宗教文化，因而是可以“证伪”的，随着科学技术的发展，基督文化面临着严重的危机。于是，在“上帝死了”之后，西方人要在生死之间作一次新的抉择，这就出现了所谓“存在主义”……

而孔子文化虽然也具有宗教的功能，但由于它不是将自己的理论建立在神秘的天国之上，而是建立在现世的伦理之中，因此，它似乎是不能“证伪”的。人们可以否认上帝的存在，但不能否认“君君、臣臣、父父、子子”的纲常。因此，要突破孔子文化比突破基督文化有着更大的困难。然而不超越这种旧的文化体系，就不可能在人与人之间建立起真正平等自由的关系。

（此文为《孔子精神与基督精神——中西文化五人谈》笔谈中的一篇，发表于《山东大学学报》（哲学社会科学版）1987年第1期（复刊号））

反理性思潮的三重背景

大约从19世纪后期开始，欧美资本主义世界普遍滋生起一股强劲的反理性思潮，它从哲学领域、艺术领域一直波及日常生活领域，使传统的思想观念、行为方式和价值尺度发生了根本性的动摇。从时间上看，我们至今仍无法断定这种思潮还要持续多久；从空间上看，它的影响也远远超出了其发源地的国界线……这种规模如此之大，历时如此之久的反理性思潮绝不是凭空产生的，而是在特定的思想文化背景下出现的。因此，只有将这种特定的思潮放在特定的背景下加以考察，才可能使我们的研究避免隔膜感和简单化的通病，才能够使我们真正看清这一思潮的原貌并理解其意义。

一、社会背景——文明与异化的“二律背反”

马克思、恩格斯在《共产党宣言》中指出：“资产阶级在它的不到一百年的阶级统治中所创造的生产力，比过去一切世代创造的全部生产力还要多，还要大。自然力的征服，机器的采用，化学在工业和农业中的应用，轮船的行驶，铁路的通行，电报的使用，整个整个大陆的开垦，河川的通航，仿佛用法术从地下呼唤出来的大量人口，——过去哪一个世纪能够料想到有这样的生产力潜伏在社会劳动里呢?”[1]如果马克思、恩格斯活到今天，他们也一定会看到，在资本主义社会诞生后的第二个百年中，所创造的生产力比其第一个百年还要多、还要大。他们也许会列举电子计算机的发明，核能源的利用，空间技术的发展，白领工人的增加作为新的例证了……然而，在这种物质文明高速发展、生活水平显著提高的时代里，为什么竟会出现以孤独、焦虑、无聊、恐惧为心理特征，以性的苦闷、生的烦恼、存在的无目的为理论焦点的反理性思潮呢? 这就要求我们对于历史的发展作出辩证的分析了。

毫无疑问，与上千年来的封建社会相比，资本主义的出现显然是人类历史上的一次伟大的进步。但是，历史的发展，并不是以那些好心的人道主义者的意志为转移的，正像自然界的每一次进化同时也是退化一样，“文明每前进一步，不平等也同时前进一步。随着文明产生的社会为自己建立的一切机构，都转变为它们原来的目的的反面”[2]。这就是历史前进的“二律背反”。

首先，在人与社会的关系上，“资产阶级在它已经取得了统治的地方把一切封建的、宗法的和田园诗般的关系都破坏了。它无情地斩断了把人们束缚于天然首长的形形色色的封建羁绊，它使人和人之间除了赤裸裸的利害关系，除了冷酷无情的‘现金交易’，就再也没有任何别的联系了。它把宗教的虔诚、骑士的热忱、小市民的伤感这些情感的神圣发作，淹没在利己主义打算的冰水之中。它把人的尊严变成了交换的价值，用一种没有良心的贸易自由代替了无数特许的和自力挣得的自由。总而言之，它用公开的、无耻的、直接的、露骨的剥削代替了由宗教幻想和政治幻想掩盖着的剥削。”[3]

关于这一现象，我们很难用“善”或“恶”这类单纯的伦理学术语来加以评价，因为从历史发展的内在动力来看，“善”与“恶”本身都具有双重的含义。对此问题，恩格斯曾引用过黑格尔的辩证观点加以分析:“在黑格尔那里，恶是历史发展的动力借以表现出来的形式。这里有双重的意思，一方面，每一种新的进步都必然表现为对某一神圣的事物的亵渎，表现为对陈旧的、日渐衰亡的、但为习惯所崇拜的秩序的叛逆；另一方面，自从阶级对立产生以来，正是人的恶劣的情欲——贪欲和权势欲成了历史发展的杠杆，关

1 《马克思恩格斯选集》第1卷，人民出版社，1972年，第256页。
2 《马克思恩格斯选集》第3卷，人民出版社，1972年，第179页。
3 《马克思恩格斯选集》第1卷，人民出版社，1972年，第253页。

于这方面，例如封建制度的和资产阶级的历史就是一个独一无二的持续不断的证明。”[4]一方面，不突破封建社会旧有的血缘纽带和伦理观念，就不能彻底发展商品生产，从而为社会带来巨大的物质财富；另一方面，资本主义商品生产的结果，又必然会使商品生产的主体——人，最终也沦为一种特殊的商品，使得人与人之间超越物质联系的情感交往越来越淡薄，最终让位于赤裸裸的现金交易。这就是文明与异化的对立统一，是不以人的意志为转移的客观规律。

18世纪，早在启蒙主义的同伴们为建立平等、博爱的“理性王国”而奔走呼号的时候，卢梭就十分敏感地发现了这一问题，并以其“回到自然”的主张向这种“文明越发展，道德越堕落”的现实提出了抗议。接下去，19世纪批判现实主义的文学作品也是围绕着这一主题展开的。打开巴尔扎克的《人间喜剧》，我们处处都可以闻到刺鼻的铜臭和血腥。然而，人道主义者的抗议与鞭笞并不能改变历史前进的固有方向。到了20世纪，人际关系的社会危机非但没有得到解决，反而日益深化。据统计，就在第一个存在主义哲学家戈尔凯郭尔的故乡、拥有500万人口的欧洲最舒适的“福利国家”丹麦，每年竟有1600人死于自杀。这种无可回避的社会现实，不能不使人们将它上升到哲学的高度来加以认识，以反思在人与人之间难以沟通的社会生活中，个体存在的价值和意义。

其次，在人与自然的关系上，资本主义社会也在封建社会的基础上进一步加深了劳动者与劳动产品、劳动过程之间的双重异化。一方面，与地主以地租的方式剥夺农民的劳动成果不同，资本家是以工资的方式来占有工人的剩余劳动的。因此，在生产的过程中，农民可以把自己的劳动果实看成是自己的财富，只有在交租的时候，才不得不把这些财富中的一部分转让给占有土地的地主；而出卖劳动力的工人，则始终与其劳动成果之间有着一种疏远和敌对的关系，他们所领取的报酬往往在形式上与其生产的成果无关，而只是与其出卖劳动力的时间有关。因此，在资本主义生产方式中，劳动力与劳动产品、人与自然之间的矛盾深化了。另一方面，与封建社会中从事手工操作的农民不同，资本主义社会中从事机器生产的工人有着更为严密和细致的分

4 《马克思恩格斯选集》第4卷，人民出版社，1972年，第233页。

工。一个在田野上进行手工作业的农民可以随着农作物的生长而进行各种各样的劳动；而一个在流水线上从事机器操作的工人却只能成年累月地重复着一种单调的动作。也许后者的劳动强度比前者是减轻了，但其对人性的异化程度随之而加深了。因为在后一种劳动中，人的能动性和自由性几乎被完全窒息了。所以，正如商品生产能够把人变成商品一样，机械化劳动也能够把人变成机器。这样一来，本来是不可重复的生命，却被迫从事着无限重复的动作；本来是具有选择自由的人，却被迫过着别无选择的生活……这种情况下，反理性主义者把感性生命的独特性、主体行为的自由性等问题当做哲学命题来加以思考，便不是什么难以理解的事情了。

二、文化背景——基督教文化的崩溃

特定的社会思潮，不仅是在特定的生产方式和生活方式的基础上产生的，而且是在特定的文化环境中出现的。从某种意义上讲，反理性思潮是基督教文化崩溃之后的必然产物。

从西方文化的发展历程来看，宗教与文明之间有着既相互渗透又彼此对立的复杂联系。在上古时代，科学与艺术同原始的宗教活动是密不可分的。阿尔塔米拉洞穴中的壁画创作和毕达哥拉斯教派的数学研究都是这方面的例证。到了中世纪，科学和艺术则变成了基督教神学的婢女，成为论证上帝存在的手段和工具。亚里士多德、托勒密的天体理论和罗马—拜占庭的美术作品便是这方面的说明。然而纸里毕竟包不住火，科学与艺术最后总要突破宗教的束缚而求得自身的发展，并以一把大火烧毁宗教的躯壳。于是，哥白尼、布鲁诺的“日心说”终于告诉人们：我们所居住的这个地球并不是宇宙的中心；这便使人类创造世界的理论难以自圆其说了；进而，达尔文、赫胥黎的“进化论”则向人们宣布：自然界本无什么预定的目的，作为高等动物的人只不过是从猴子进化而来的，这就将上帝——这位人类的缔造者——置于一种非常尴尬的境地……于是，达·芬奇笔下的“蒙娜丽莎”第一次露出了人的微笑，那是一种自尊的、自信的、蔑视上苍的微笑。进而，伦勃朗笔下的“圣家族”，则完全变成了世俗生活中的人物，那是一些有感情、有个性而并不神秘的人物……

与科学和艺术的进展相同步，完整的思想文化运动出现了。文艺复兴时代，传统的基督教神学在人文主义者和宗教改革者的两路夹攻下开始发生了动摇。以拉伯雷、薄伽丘、莎士比亚为代表的人文主义者力图把宗教世俗化，用人的感性欲求来冲击基督教的禁欲主义；以路德、闵采尔、加尔文为代表的宗教改革派则否定罗马教廷对宗教信仰的垄断，主张个人可以通过对《圣经》的理解而直接与上帝沟通。人文主义者对人的感性生命的强调，必然导致对宗教教规的否定，而宗教改革者对人的理性能力的重视，则必然导致对宗教信仰的批判。

作为“文艺复兴运动”的继续和深化，“十八世纪的法国启蒙运动，特别是法国唯物主义，不仅是反对现存政治制度的斗争，同时是反对宗教和神学的斗争”[5]。在这场斗争中，“宗教、自然观、社会、国家制度，一切都要受到最无情的批判；一切都必须在理性的法庭面前为自己的存在作辩护或放弃存在的权利”[6]。就在法国的革命者公开否认上帝的时候，英、德等国的思想家也在做着同样的工作。作为彻底的经验论者，休谟认为，人的认识只限于感觉和知觉的范围之内，在这一界限以外，是否有一个包括上帝在内的客观实在，我们不知道，也无法知道，因为经验并没有为我们提供这方面的内容。二元论者康德也以无可否认的论据断言：任何要在认识领域内论证上帝存在的设想都是徒劳的，正如“物自体”不可知一样，“上帝”也是不可知的……

总之，自从文艺复兴运动以来，原有的基督教文化已经不再适应社会生活发展的需要，因而在与后者的对立之中开始解体。到了19世纪末，尼采终于说出了那句惊世骇俗而又毫不夸张的话：“上帝死了。”

“上帝死了。”这句话在我们听起来似乎平淡得很，因为作为中国人看来，我们个体的存在和价值与任何人外的宇宙主宰并没有什么关系。中国人一向以群体和血缘为本位，坚信“我死了以后还有儿子，儿子死后还有孙子，子子孙孙无穷尽也……”因而有限的个体可以在无限的种族延续之中求得不朽。但是在血缘关系十分淡薄的西方人眼里，上帝却有着十分重要的意义。因为

5　《马克思恩格斯全集》第2卷，人民出版社，1957年，第159页。

6　《马克思恩格斯选集》第3卷，人民出版社，1957年，第56页。

西方人一向以个体为本位，认为人与人之间是无法沟通的，只有上帝才永远不会抛弃我们，给我们的生命以价值和意义，使我们有限的存在可以达到无限……因此，“上帝死了”这句话对于西方人来讲，与其说是轻松的，毋宁说是沉重的，甚至是痛苦的。尽管这种痛苦具有历史的进步意义，但毕竟是一种真实的痛苦。

上帝死了，而我们却活着，我们被上帝抛弃了……上帝死了，它把我们所一向遵循的行为准则和价值尺度也一同带进了坟墓，因为这一切的一切，原本是上帝赐予我们的……上帝死了，而太阳还在发光，地球还在运转，那么宇宙的目的何在呢？难道这一切的一切不都是按照上帝的意志创造出来的吗？……这该是西方人的真实心理，是基督教文化解体之后所不可避免的精神危机。

用什么力量来抗拒这场危机呢？用理性吗？理性固然是批判宗教的有力武器，但它自身却不能解决信仰问题。用科学吗？科学固然可以减轻肉体的痛苦，但它无法减轻精神的痛苦。理性和科学告诉我们：每一个人之所以出现在这个世界上，不是由于上帝的安排，而是由于偶然的机遇。然而理性和科学却没有告诉我们：作为这个大千世界上的匆匆过客，每个人应当怎样对待自己偶然获得的生命，应该如何超越自己有限的存在，……在这种情况下，意志、欲望、本能、冲动，这些理性和科学所无法穷尽的东西便纷纷跳上了艺术的舞台，闯入了哲学的殿堂。

三、思想背景——哲学本体论的再生

反理性思潮的出现不仅要受到特定的社会土壤和文化背景的决定和制约，而且还有其自身的思想渊源。从某种意义上讲，这一思潮的出现，是西方哲学思想历史发展的必然结果。因而我们有必要将它作为西方哲学史的一个组成部分来加以考察。

全部西方哲学史，大致可以分成古代、近代、现代三个阶段，每个阶段都有其不同的中心议题。古代哲学是研究本体论的学问，即以探讨纷纭复杂的客观世界统一为何物的学问。围绕着这一中心议题，古希腊哲学家形成了具有不同倾向的两大派别。其中的一派企图从某种物质质料入手，将这种特殊的质料提升到形而上的高度；另一派则坚持要从具体事物的形式入手，企图从对象的形式中抽象出一个外在于客观世界的本原。前者由伊奥尼亚学派的泰勒斯（水）、阿那克西曼德（无定形）[7]、阿那克西美尼（气）和赫拉克利特（火）为开端，经阿那克萨戈拉（种子）、恩培多克勒（水、火、土、气）的过渡，直至留基波和德谟克利特（原子）而达到成熟；后者由南意大利学派的毕达哥拉斯（数）开端，经爱利亚学派的巴门尼德和芝诺（存在）的过渡，到苏格拉底和柏拉图（理念）而达到成熟。按照我们传统的说法，前一派叫做唯物主义的哲学路线；后一派是唯心主义的哲学路线。其实，把世界的本原说成是“水”并不比说成是“数”高明多少，二者都是古代人对宇宙本原的一种素朴的猜想而已。这样猜想方式本身就受到当时生产力水平的限制，因而不可能超出客观对象的内容和形式这两个方面。

在上述哲学家的基础上，亚理斯多德提出了著名的“四因说”（质料、形式、动力、目的）。在“四因”中，他特别重视“质料”和“形式”两大因素的地位，认为前者是事物的原料，后者是事物的本质，二者相加便构成了具体的个别事物，因而它们共同构成了世界的本原。不难看出，亚里士多德的这种观点，是对上述两大哲学派别的综合，它将前一派所注重的质料和后一派所注重的形式统一起来，从而将上述两大派别的基本思想包容在自己的哲学体系之中。如果我们只满足于为历史上的哲学来贴上“唯物主义”或“唯心主义”的标签了事，那么我们只能把亚里士多德称作“徘徊于唯物主义和唯心主义之间的哲学家”，而不可能认识到他所做的一切也正是那个时代所能够做到的一切。正是由于亚里士多德的出现，使得以后的经院哲学没有、也不可能有什么新的建树，而只不过是割裂开来的亚氏哲学：唯名论者坚持并强化其“质料”的部分，实在论者则坚持并强化了其“形式”的部分……

到了近代，本体论的研究被暂时搁置起来，哲学家的研究重点转向了认识论。当本体论的正面研究长期得不到进展的时候，认识论的探索便成为接近这一目标的迂回战术，因为只有解决了人类如何认识世界的问题，才能够

7 据叶秀山考证，阿那克西曼德的“无定形”就是水。见《前苏格拉底哲学研究》，生活·读书·新知三联书店，1982年。

对世界的本原问题作出进一步的回答；而近代自然科学的发展，则又使认识论的研究成为可能。

围绕着人类如何认识世界的问题，近代哲学家分成了英国经验派和大陆理性派两大阵营，前者注重认识的经验内容，因而从感觉经验出发，将认识成果看成是经验材料的组合与归纳；后者则强调认识的理性形式，因而从思维能力出发，把认识成果看成是理性形式的演绎与推理。从表面上看，这两派哲学家一类重质料，一类重形式，仍然是古希腊两条哲学路线的延续。然而不同的是，这种延续是在新的生产力水平的基础上进行的。经验论者大都注重自然科学的探讨，因而企图把自然科学研究中的归纳法引入认识论，使认识成果与感觉经验相符合。而唯理论者则大都在数学方面有着很高的造诣，从而设法把数学研究中的演绎推理引入认识论的研究，使认识成果具有数学命题式的确定性和自明性。

然而，由于近代科学（主要是固体力学和古典数学）的形而上学性质，致使在此基础上的哲学思想也有着一定的机械性和片面性。单靠经验的归纳，虽然可以给人带来新的知识，却难以保证这种知识的普遍有效性。因为归纳的材料总是有限的，从一百个事例中归纳出来的道理，不一定就能适合第一百零一个事例，正像不能因为太阳从东方升起，我们就有权断言它明天也一定会从东方升起一样。相反，单靠逻辑演绎，虽然可以保证推论结果的严密可靠，却无法产生新的知识，因为逻辑演绎所依据的最初前提并不是演绎自身所能提供的。而经验论者和唯理论者却各持一端，相互排斥，前者从批判先验的“天赋观念”入手，进而否认认识主体的先验条件，把人的心灵视为一个被动的“白板”；后者则从怀疑感性认识的可靠性出发，进而排斥认识的感性源泉，把认识成果看成是一种主观自明的东西。因此，经验论者注重认识的感性内容，但却无法找到认识结论之普遍有效、必然成立的根据；唯理论者注重认识的理性形式，但却无法说明认识成果之不断丰富、不断更新的原因。

正是在这种情况下，康德的二元论作为综合上述两大思潮的认识论体系出现了。一方面，康德利用并改造了霍布斯、洛克关于“偶性”“两种性质”

的学说，承认客观世界中有一个不断为我们提供认识材料的外在源泉，从而建立起了自己关于“物自体”的理论；另一方面，他又批判地继承了笛卡尔、莱布尼兹关于“天赋观念”“认识潜能”的思想，看到了人类主体自身所具备的能够组织并整理感性材料的认识能力，从而创立了自己关于时空框架和先验范畴的思想。尽管在当时的历史条件下，康德还不可能把辩证法和实践论引入认识论的研究，因而在客体一端还有着不可知论的缺陷，在主体一端还有着先验论的缺陷。但是他毕竟同时抓住了客观的感性材料和主观的认识形式这一认识活动所不可缺少的两个方面，这就使他既超越了主观唯心主义者的“天赋观念”学说，又超越了机械唯物论者的“白板”理论，从而以二元论的形式将上述哲学派别割裂开来的感性与理性、归纳与演绎、经验材料和先验形式统一在自己的哲学体系之中。因此，正像亚理斯多德对于古希腊两条哲学路线的概括和总结一样，康德对于经验论和唯理论的综合也标志着近代哲学研究所可能达到的高度。

站在历史的转折点上，康德哲学不仅是对近代认识论的高度综合，而且是对传统本体论的严峻挑战。在他看来，既然我们的认识是以主体的时空观念和知识范畴为条件的，那么超出这些认识条件的、不依我们的意志为转移的世界本原，则是不可认识的。因此，历史上那些将世界归结为“气”、归结为“水”、归结为“理念”、归结为“太一”的种种命题，统统不过是毫无根据的“独断论”，是人类理性妄自尊大的的结果。这样一来，形而上学便成为纯粹理性所达不到的领域，本体论问题以新的形式凸显出来。

面对着本体论的危机，现代西方哲学出现了科学思潮与人文思潮分流的趋势。前者由经验批判主义、逻辑实证主义、实用主义等诸多流派组成，其共同特征都是要把哲学研究的对象严格控制在经验范围之内，对经验以外的自在之物采取存而不论或干脆排斥的态度。例如，逻辑实证主义者认为，一切科学命题都是并且仅仅是对事实的判断而又可被证实的经验命题；数学和逻辑命题则是对事实无所断定的、必然的分析命题。而关于世界是物质还是精神之类的命题既不属于前者也不属于后者，因而是无法得出结论的“伪命题”。由此出发，他们提出了“取消形而上学”的主张，拒绝对本体论问题进行探讨。不难看出，这类企图把“现象界”以外的世界本体看成是人类理性所无法企及的彼岸世界而排除在哲学研究之外的主张，显然受到康德“批判哲学”的深刻影响。与此相反，由唯意志论、生命哲学、存在主义为代表的人文思潮，则企图找到一条通往形而上学的新路，以解答康德所无力解答的“物自体”之谜。在他们看来，既然康德已经证明“形而上学”是人类理性所无法达到的领域，那么便要在“意志”“欲望”“本能”等非理性因素上做做文章了；既然人们无法突破经验世界的坚硬外壳以探寻彼岸世界的宇宙本体，那么他们便要反观自身，从主体入手而切入存在的实质了。从这一意义上讲，作为理性主义的哲学巨匠，康德在客观上却成了反理性哲学的前驱和先导，因为他在为理性的运用划定范围的同时，也就为非理性的活动腾出了地盘。正是在这片理性的荒野上，反理性主义者便企图以一种全新的方式使哲学本体论得以再生。

在分析了上述三重背景之后，我们看到：西方反理性思潮的出现绝不是偶然的。如果说“凡是现实的都是合理的”这个命题并非正确的话，那么我们至少可以说：凡是现实的，都是值得我们认真对待和加以反思的。

（此文发表于《文史哲》1989年第1期）

阴 阳 辩 证

——试析中国古代的思维结构

一

本文所要研究的思维结构，是一种深层的民族心理结构，它与特定的“民族文化结构”和“民族社会结构”一样，也是在一些民族漫长的物质实践和精神实践的过程中逐渐构造、积淀下来的历史成果。所不同的是，这一思维结构较之文化结构和社会结构有着更大的隐蔽性和抽象性，它甚至可被视为一种无内容的形式，是一种思维定势和心理框架。然而这种“无内容的形式”一旦形成，便又会反过来决定和制约着具体的物质和精神成果的创造过程，即赋予那些“无形式的内容”以特定的结构方式。从这一意义上讲，我们要阐释中华民族的精神风貌和文化气质，便不可不对其特有的思维结构进行一番深入的考察。而这一考察，我们拟从“阴阳”问题入手。

《中国大百科全书》云：“阴阳：中国古代哲学的基本范畴。以农立国的中国古代，人们通过仰视俯察，接触到天地、日月、昼夜、阴晴、寒暑、水火、男女等等自然矛盾现象。随着经济分工、上下等级的出现，更面临着君臣、主奴、贵贱、贫富、治乱、兴衰等社会现象。”“西周末年，人们从矛盾现象的观察中逐步把矛盾概念上升为阴阳范畴，并用阴阳二气的消长来解释事物运动变化的原因。”

关于“阴阳”观念的缘起，学术界素有许多不同的看法，但从现存的材料看，这一思想至少可以上溯到周代的《易经》。因为尽管《易经》本文并无“阴阳”概念，但其作为基本符号的“九”（—）、“六”（--）二爻和作为思想核心的“乾”“坤”两卦则充分显示了“阴阳”之间的辩证关系。后代有人认为，“九”（—）象天之浑然一体，“六”（--）象地之水陆二分；也有人认为，“九”（—）象男性之生殖器，“六”（--）象女性之生殖器；还有人认为，《易经》的“易”字即为“日”“月”组合，所以其核心思想即在阐述日月、昼夜、明暗之关系。其实，这些说法也许都有道理，纵观《易经》全文，作为高度概括的观念符号，“九”（—）、“六”（--）正是从天地、日月、水火、山泽、明暗、昼夜、寒暑、男女等具体事物中抽象出来，并以此来表述吉凶、得失、益损、泰否等对立统一的辩证关系的。所以，从卦序上看，全书由“乾”“坤”这一最简单、最直接的矛盾形式开始，经过六十四卦的反复变幻，从而将各种复杂的矛盾形式揭示出来，最后才以“既济”和“未济”的多样性统一来结束整个辩证过程。因此，我们认为，尽管只是到了以后的《易传》中才开始将“六”（--）、“九”（—）称之为“阴爻”和“阳爻”，并有了“分阴分阳，迭用柔刚”“阴阳合德，而刚柔有体”，乃至于“一阴一阳之谓道”的说法，但是传者之语言只是对经文之思想的进一步阐发而已。似乎可以这样认为，“阴阳”虽得名于后，而“六九”已行实于先。也正因如此，学术界关于“易以道阴阳”还是“阴阳以道易”的争论，其实并无太大的意义。

从宏观上讲，中国古代以儒、道两家的思想最为盛行。儒家注重人格的力量，主张“修身、齐家、治国、平天下”；道家则注重自然的法则，主张“随遇而安”“道法自然”。儒家强调积极进取，主张“知其不可而为之”；道家则强调消极退让，主张“一曰慈，二曰俭，三曰不敢为天下先”。儒家富有阳刚之气，主张“士不可不弘毅”；道家则富有阴柔之韵，主张“知其雄，守其雌”，“柔弱胜刚强”。因此，从某种意义上讲，儒道互补，即是一个阴阳结构。不仅如此，从微观上讲，儒、道各家的思想，自身也在保持着一种阴阳平衡的内部关系。儒家将《易经》奉为经典，将阴阳之道浸透到“中庸”理论之中。所谓“中庸”，即是在承认阴阳对立的矛盾前提下，保持一种不偏不倚、刚柔并济的中间状态。例如，“质”与“文”是一对矛盾，质胜文则野，文胜质则史，所以孔子便要求“文质彬彬，然后君子”(《论语·雍也》)。“文”与“礼”也是一对矛盾，文胜礼则繁，礼胜文则简，所以孔子便要求“君子博学于文，约之以礼”(《论语·雍也》)。同样，在“礼”与“乐”这对矛盾的关系上，《乐记》说得更为详细：“乐由阳来者也，礼由阴作者也，阴阳和而万物得。”“乐者，天地之和也：礼者，天地之序也。和，故百物皆化；序，故群物皆别。”“乐者为同，礼者为异。同则相亲，异则相敬。乐胜则流，礼胜则离。合情饰貌者，礼乐之事也。”因此，“乐”和“礼”的关系，也就是“阳”与“阴”、“和”与“序”、“化”与“别”、“同”与“异”、“亲”与“敬”等一系列矛盾的集中体现。光有“乐”而没有“礼”，就会在情感宣泄中失了分寸，乱了章法；只有“礼”而没有“乐”，则又会在等级关系中缺了交融感，少了凝聚力。所以，在对待“质”与“文”、“文”与“礼”、“礼”与“乐”这类关系中，儒家学者从来不主张用矛盾的一方来压倒或取代另一方，而是采取“A”而“B”、“阴”而“阳”的中庸之道，将对立的两极统一在一起，以扬弃各自的片面性。如果说儒家学者主要将阴阳关系运用于社会历史领域，那么道家学者则更多地用这一关系来解释自然现象。老子将万物之本看成是“道”，“道可道，非常道”(《老子·一章》)，因而是一种说不清的宇宙本体，但有一点非常清楚，即“反者道之动”(《老子·四十章》)，这就是说，道本身包含着相反的东西，从而成为道之运动、发展、演变的内在动力，即所谓“有无相生，难易相成，长短相形，高下相倾，音声相和，前后相随”(《老子· 二章》)。一言以蔽之，“万物负阴而抱阳，冲气以为和”(《老子·四十二章》)。庄子进一步阐发了这一思想：“道无终始，物有死生，不恃其成；一虚一满，不位乎其形。年不可举，时不可止，消息盈虚，终则有始。”(《庄子·秋水》)“至阴肃肃，至阳赫赫。肃肃出乎天，赫赫发乎地；两者交通成和，而物生焉。”(《庄子·田子方》)总之，在老庄看来，道的精神，要通过阴阳两极的彼此消长而体现出来，正是在这种矛盾双方的盈虚变幻之中，具体的事物才得以呈现，如果说先秦儒家的社会观和道家的自然观原出自共同的思维结构的话，那么到了汉代的董仲舒那里，则重新将二者统一到一起。董仲舒认为：“物莫无合，而合名有阴阳。”“天为君而覆露之，地为臣而持载之；阳为夫而生之，阴为妇而助之，春为父而生之，夏为子而养之；秋为死而棺之，冬为痛而丧之。”（《春秋繁露·基义》）这样一来，君臣、夫妇、父子等社会现象与天地、春夏、秋冬等自然现象便被置于一种异质而同构的关系之中。于是，一套包罗万象的阴阳宇宙图式终于被确定了下来。

简而言之，如果与注重“因果”承继关系的西方人相比，我们的古人更加注重“阴阳”之间的转换关系。这一不同在思维结构上主要表现为三个方面的差异：首先是重实体与重功能的差别。强调“因果”关系的西方人必然将“因”与“果”看成是两个彼此不同、相互独立的物质实体，“因”不依赖于“果”而存在，“果”一旦由“因”而产生出来，也同样具有了独立自存的属性，这种观念必然导致“原子论”“单子论”之类的思维成果。而强调“阴阳”关系的中国人则认为，“阴”不能离开“阳”而独立产生，“阳”也不能离开“阴”而单独存在。“阴”与“阳”与其说是一种实体上的差别，不如说是一种功能上的差别。它们或者是两种彼此联系、相互依存的物质属性，或者干脆就是同一实体的两个侧面。这种观念必然导致“天人合一”“天人感应”之类的思维成果。其次是重元素与重结构的差别。在强调“因果”关系的西方人看来，“因”与“果”是两个彼此外在的元素，前者对后者的决定是单向的、外在的，这种观念必然导致“外因论”的思维定势。而在强调“阴阳”关系的中国人看来，“阴”与“阳”构成并服从于统一的矛盾结构，二者之间的制约和影响是双向的、内在的，这种观念必然导致“内因论”的思维习惯。最后，上述两大差别又必然会导致两种不同的思维趋向，即前者天然地导向“机械论”，而后者则可被视为“系统论”的原始形态。

上述思维结构的差别虽然是抽象的、纯形式的，但它为中华民族在自然科学领域和社会历史领域中创造出完全不同于西方世界的历史成果而规定了方向。

二

在许多现代人眼里，仿佛只有“因果”才是推动自然科学发展的有力杠杆，而“阴阳”则只能导致迷信，其实这种看法是一种偏见。作为人类把握世界的思维结构，无论是“因果”还是“阴阳”，所适用的范围都不是万能的，而是有限的，超出了这一范围都可能将科学变成迷信，将真理变成谬误。关于前者，康德在其著名的《纯粹理性批判》中曾经指出，作为诸知性范畴之一的“因果”只适用于现象界，一旦超出了这一范围，便必然会陷入一种“二律背反”的尴尬境地。不仅如此，他也承认，运用“因果”之类的知性范畴虽然可以解释包括星体运行在内的物理世界，但对于类似毛毛虫这样最简单的生命现象却无能为力。而另一方面，由于中国古代的思想家一直未对“阴阳”的适用范围作出明确的分析和科学的限定，而是把它当成一种百病皆医的万宝囊，所以才牵强附会出许多迷信和谬误，以至于使人们对于“阴阳”自身的价值和意义也产生了怀疑，这便是现代人普遍重“因果”而轻“阴阳”的原因所在。事实上，同重“因果”的西方人一样，重“阴阳”的中国人在漫长的历史岁月中也曾有过惊人的建树，不了解这一点，就不能认识中国古代自然科学的独特意义。

从古典意义上讲，所谓“科学”就是将经验自然纳入一定的思维结构和逻辑模式，从而发现其发生、发展、转化与消亡的规律。根据“阴阳”结构，我们的古人确乎从大量的自然现象中发现了其矛盾运动的辩证规律。例如，对于日有长短、海有潮汐这一现象，晋初的杨泉这样认为：“日者，太阳之精也。夏则阳盛阴衰，故昼长夜短；冬则阴盛阳衰，故昼短夜长；气之引也。行阴阳之道长，故出入卯酉之北；行阴阳之道短，故出入卯酉之南；春秋阴阳等，故日行中平，昼夜等也。月，水之精，潮有大小，月有盈亏。”（《物理论》）在这里，古人固然没有涉及太阳相对于地球之南、北回归线的偏离轨道问题，也没有涉及月球对于地球之海平面的引力问题，然而毕竟发现了太阳和月亮与日之长短和海之潮汐之间的内在联系。

更为重要的是，这种周而复始的阴阳变换确乎不是因果联系的机械观念所能解释的问题，它与《易经》中所谓“无往不复”“否极泰来”等观念的吻合绝不是偶然的。又如，对于雷电云雨等自然现象，古人是这样认识的：“阴阳之气各静其所，则静矣。偏则风，俱则雷，交则电，乱则雾，和则雨。阳气盛，则散为雨露。阴气盛，则凝为霜雪。阳之专气为雹，阴之专气为霰。霰雹者，二气之化也。”（《大戴礼记·天圆篇》）在这里，尽管古人还不会使用高低气压、冷暖气流、正负电荷等现代术语，但毕竟将这些现象归结为两种相互矛盾的自然力量，而没有将其看成是某种单一的物质实体。更为重要的是，能够透过复杂多变的具体气象而发现其共同的内在本质，这不能不说是中国古人的高明之处，它与所谓“得象而忘言”“得意而忘象”（王弼《周易略例·明象》）的解《易》方法是完全一致的。

最能体现中国古代思维结构的科学要算是中医了。首先，中医重功能而不重实体。我们知道，与西医不同，中医不是建立在解剖学基础之上的。虽然中医也有“藏象”理论，但中医所谓的五脏、六腑则不能与西医的种种器官等而视之。以五行学说相比附，中医主张肝、胆配木，心、小肠配火，脾、胃配土，肺、大肠配金，肾、膀胱配水。这是由于木的性能是向上舒展的，故与肝、胆善于疏散的功能同类；火的特点是炎上的，故与心和小肠开窍于舌、发赤于面的特点等同；土为生长万物之母，故而比作具有消化和吸收功能的脾、胃；金能发出声响，故而犹如上下鼓动的肺和大肠；水则具有向下流淌的特点，故而与具有排泄功能的肾和膀胱相比附。由此可见，中医的五脏、六腑完全是从功能着眼而不是从实体入手的（六腑中的“三焦”甚至没有与西医相对应的器官）。

又如，中医的经络学说至今也没有找到解剖学的依据，却在长期的实践中广泛运用。其实，企图为经络学说寻找解剖学依据的想法本身就是站在西医的立场上来解释中医。若按中医重功能而轻实体的观点来看，这种做法根本就是徒劳的。

其次，中医重结构而轻元素。与西医不同，中医没有细菌理论，却讲究寒热、虚实，因此中医一般不把疾病的原因归结于某种单纯的病原体，而是将其看成是身体各机能关系失衡的结果。以阴阳关系为指南，中医认为，机能亢进、津液消耗等热性症多属阳盛，而机能不全或减退等寒症多属阴盛。“阴胜则阳病，阳胜则阴病；阳胜则热，阴胜则寒。”（《素问·阴阳应象大论》）因此，中医的治病方针并不是要用一种物质（如抗菌素）来消灭另一种物质（如病菌），而是采取表里双解、攻补兼施的方法，使原来失去平衡的身体机能恢复常态。难怪有人竟认为，吃中药的意义不在于吃元素，而在于吃阴阳。

最后，由于上述两大特点，导致了中医有机论和系统论的理论倾向。我们知道，中医的藏象理论之所以将人之脏腑与金、木、水、火、土等五行相比附，其目的就在于发现一个相乘、相侮的有机系统。例如，木气有余而金不能对木加以正常的抑制时，则木气太过便去乘土，同时又反过来侮金；反之，木气不足，则金乘木，土又侮木。由此看来，肝、胆（木）既与肺、大肠（金）相关，又与脾、胃（土）相联，任何一元素的失衡都可能导致整体功能的紊乱。因此，某一脏腑出了毛病，不仅要对其自身加以治疗，而且也要对与之相关的其他脏腑加以调整，“虚则补其母，实则泻其子”（《难经·六十九难》），从而避免头痛医头、脚痛医脚的被动局面。如果说，藏象理论旨在确立人体有机系统的基本结构，那么经络学说则要解决这些结构之间的能量转换和信息传递等问题。按照后一理论，人体各脏腑与脏腑、脏腑与表体之间，以及表体与表体之间，分布着复杂而有序的信息渠道，从而将各部分紧密地联系在一起。因此，人们可以根据这些经络发现由不同脏腑所传达出来的信息，从而进行诊断，如全息诊断；人们也可以利用这些经络将信息传达给不同的脏腑，从而进行治疗，如针灸疗法……

总之，在中医眼里，人体绝不是一些器官的机械组合，也不能用简单的因果关系来加以解释，人体是一个复杂、生动、和谐、有序的生命系统，它有其协调、共生、循环、反馈的辩证规律。因此，尽管中医在诊断和治疗的手段方面还只停留在经验直观的水平上，因而不能与西医相提并论；但其所包含的哲学思想却不乏高明与深刻之处，甚至使西医望尘莫及。这一点也正是我国这门古老的科学至今仍具有生命力的关键所在，而这种生命力即根植于中国古代独特的思维结构。

根据以上的论述可以看出，思维是多元的，科学也是多元的，不同的思维结构必然会导致不同的科学形态，而这不同的科学形态又具有相互补充的价值和意义。正因如此，我们才有必要对中国古代的思维结构进行深入的考察和全面的反思，将这种古老的民族心理因素从封建、迷信的历史尘埃中清理出来，并通过修复和转换，使之为人类的科技事业做出新的贡献。

三

特定的思维结构不仅制约着特定的自然科学形态，而且影响着特定的社会意识形态。与西方乃至其他世界文明相比，华夏文明的一大特点即是缺少宗教精神。关于这一问题，我们可以从早期的生产方式、经济结构等社会历史层面加以研究，但同时也不可不察其思维结构上的依据。在我们看来，作为西方世界的思维模式，机械论和目的论实为一枚铜币的两面。因为以有果必有因的思维线索向上推论，西方人便不得不为感性的现实世界找出一个最初的创造者。关于这一点，我们可以从亚里士多德的“不动的推动者”和牛顿的“第一次推动者”那里得到最好的印证。相反，如果以有因必有果的思维线索向下推论，西方人又不能不为感性的现实生活找到一种最终的归宿。关于这一点，我们则可以在但丁的《神曲》和弥尔顿的《复乐园》之中得到形象的说明。我们都注意到，任何宗教都离不开“因果报应”的思想内容，然而很多人却没有注意到，所谓“因果报应”恰恰吻合了强调“因果”的思维结构。正因如此，我们才能够真正理解，为什么安瑟伦和托马斯·阿奎那等经院哲学家都企图利用“因果”去进行神学本体论的“证明”。

如果说，西方以“因果”为核心的单向的、历时的思维结构容易指向超验的彼岸世界的话，那么中国以“阴阳”为核心的双向的、共时的思维结构则易于停留在经验的现实生活之中。我们知道，先秦的儒家不搞形而上学，对于天、命、怪、力、乱、神这类彼岸世界的东西，孔子基本上采取了“存而不论”的态度，而将注意力集中在社会关系之中。在他看来，人与社会是由血缘纽带结合起来的，而血缘纽带的最初形式则应归之于男女之间的阴阳交媾：

有夫妇，然后有父子；有父子，然后有君臣，即由“家”扩展为“国”，由个体扩展为社会。因此，他主张只要处理好君臣、父子、夫妇之间的人际关系，就能达到所谓“仁”的境界。正像许慎的《说文解字》所解释的那样：“仁，从人从二，于义训亲。”

值得注意的是，在儒家学者看来，组成“仁”的两个方面，不是一种“因果”式的替代关系，而是一种“阴阳式的互补关系”。所谓“阴阳”式的互补关系，是要求既不能让矛盾的一方来取代、吞并、消灭另一方，又不能使二者居于同等重要的地位之上，而要做到亲而有礼，爱而有别。以君臣关系为例，君为阳，臣为阴，二者的主从关系必须分清，切不可君不君、臣不臣，乱了纲常，坏了礼法。然而另一方面，正如阳不能离开阴而独立存在一样，君虽为人主，对民又有其依赖的一面，水可载舟，亦可覆舟，“暴其民甚，则身弑国亡；不甚，则身危国削”（《孟子·离娄》）。因此，最好的办法应是“君使臣以礼，臣事君以忠”（《论语·八佾》）。正是在这种“君怀臣忠”“父慈子孝”“夫唱妇随”的阴阳关系之中，儒家学者才能将有限的感性生命与无限的社会群体紧密地联系在一起，从而满足了那种渴望宗教的孤独感，以实现“朝闻道，夕死可矣”（《论语·里仁》）的精神超越。

到了汉代，董仲舒又进一步将这种人与人之间的阴阳关系与天地之间的阴阳关系相比附。他主张，“仁，天心”（《春秋繁露·俞序》）；“和者，天地之所生成也”（《春秋繁露·循天之道》）；“天有阴阳，人亦有阴阳”（《春秋繁露·山川颂》）。“故变天地之位，正阴阳之序”（《春秋繁露·精华》）；“王道之三纲，可求于天”（《春秋繁露·基义》）。在这种天人合一、天人合德的宇宙模式中，有限的个体不仅与无限的社会密切相联，而且与永恒的宇宙融为一体了。

如果说，汉儒有关天人感应的思想多少还带有一些神学色彩的话，那么到了宋儒手中，则进一步将其伦理化了。同汉儒一样，宋儒也无不运用阴阳观念来论证仁学理论。二程认为：“阴阳，气也，气是形而下者，道是形而上者。”（《遗书·十五》）但因“道之外无物，物之外无道”（《遗书·四》），故“离了阴阳更无道”（《遗书·十五》），“盖天地间无一物无阴阳”（《遗书·十八》)。朱熹认为:"太极生阴阳，理生气也。"(《太极图说解》)"如天之生物，不能独阴必有阳，不能独阳必有阴，皆是对。"(《朱子语类九五·程子之书》)

陆九渊则认为:"故太极判而为阴阳，阴阳即太极也。阴阳播而为五行，五行即阴阳也。"(《大学春秋讲义》)尽管这里对"阴阳"的看法有着形而下和形而上的区别，但都将"阴阳"看成是宇宙之间永恒不变的规律，而且这种做法的最终目的也都是用自然的规律来论证社会的伦常，从而得出"天不变，道亦不变"的结论。

二程认为:"万物皆只有一个天理"(《遗书·二》);"天地之化，虽廓然无穷，然而阴阳之度，日月寒暑昼夜之变，莫不有常，此道之所以中庸。"(《遗书·十五》)朱熹认为:"鬼神不过阴阳消长而已。亭(成)毒(熟)化育、风雨晦冥，皆是。"(《朱子语类三·鬼神》)，陆九渊则认为:"日者，阳也。阳为君、为父、为夫、为中国……"(《大学春秋讲义》)如此说来，无须上帝的告诫，无须鬼神的参与，人们只需"格物致知"，努力挖掘内心固有的良知，便可处理好人世间的阴阳关系，以达到"致中和""道中庸"的境界，从而使有限的感性生命得到无限的升华，最终与天地融为一体。这样一来，宋儒便把汉儒所建立起来的外在的宇宙模式内化为主体的心性结构，使之进一步具有了准宗教的意义。正是由于儒家的这套伦理思想具有准宗教的意义，才使得中华民族不需要神灵的帮助也可以获得精神的解脱和身心平衡;也正是由于儒家的这套伦理思想具有准宗教的意义，才使得一切外来的或自创的宗教信仰很难在我们这片世俗的土地上真正占据统治地位。

当然，作为一种历史现象，文化问题常常是多义的、复杂的。正如我们不想在中医与西医之间有所取舍一样，我们也无意在伦理和宗教之间进行权衡。本文的任务只在于揭示出我们的前人在对待肉体世界和精神世界这两个方面所做出的完全不同于其他民族的文化抉择，而这种抉择的内在根据即在于注重"阴阳"的思维结构。

(此文发表于《天津社会科学》1991年第6期)

简述孙子在先秦哲学系统中的地位

在“百家争鸣”的时代，孙子曾作为兵家的代表人物加入了先秦诸子的历史性合唱。然而细想起来，兵家与儒、墨、道、法诸家并非处于一种逻辑上的并列关系，因为儒、墨、道、法都有着较为完整的思想体系、价值观念和治国方略，而兵家之所谓“兵”，则只是一种战争手段，与儒家不同，兵家没有自己的伦理体系；与墨家不同，兵家没有自己的信仰体系；与道家不同，兵家没有自己的形而上学；与法家不同，兵家也没有自己的国家哲学。乍看起来，儒、墨、道、法诸家，都是一种“体”“用”兼备的思想体系，而兵家似只有“用”而没有“体”。弄清这一问题，是我们理解和确立作为兵家代表人物的孙子与其他诸子思想联系的必要前提。

每个时代的思想都有其完整的系统，每个思想家的意义取决于他在这一系统中所充当的角色和发挥的功能，如同我们所说的每一句话（言语）只有放在特定的语言系统中才有意义一样，每一个思想家的具体主张也只有放在特定时代的思想体系中才能显示其特殊的功能和价值。我们要研究孙子在先秦时代的历史意义，不能仅仅局限于《孙子兵法》的文本结构，需要将这一结构放在更大的系统中加以定位。在这一方面，有人曾将孙子思想与老子、韩非子的哲学主张联系起来加以考察，以扩大研究的视野和思路，但由于其只注重《韩非子》"解老""喻老"与老子《道德经》之间在文本上的表面联系，不顾历史顺序而将老子看成是联系孙子与韩非子的中介环节，因而笔者不敢苟同。

关于老子及其著作产生的时代，学术界有不同看法，在二、三十年代的论争中，主张老子晚于孔子，《道德经》成书于战国的一派观点，曾一度占了上风。然而近些年来，随着学术研究的深入，不少学者则为老子先于孔子、《道德经》成书于《论语》之前的论点找到了更多的根据。我们知道，孔子与孙子大约是同时代的思想家，如果老子及其著作先于孔子及《论语》的观点成立的话，那么也必然先于孙子及其著作。因此，将老子看成是联系孙子与韩非子的中介环节的观点，主要不是从历史而是从逻辑出发的。

然而，从逻辑与历史相统一的观点来看，"历史从哪里开始，思想进程也应当从哪里开始。"[1]考察中外哲学史，我们便不难发现，作为逻辑起点的思想源头往往有着最丰富、最复杂，同时也最抽象、最模糊的内容，随着时间的推移，以后的思想家们不是简单地以这一前提为材料，从中筛选或提炼出什么观点来，而是在新的历史条件下将其中所包含的各种矛盾因素充分展开，使之渐渐地清晰、具体起来，并在分析的基础上实现新的综合。正像马克思所指出的："具体之所以具体，因为它是许多规定的综合，因而是多样性的统一。因此它在思维中表现为综合的过程，表现为结果，而不是表现为起点。"[2]这就是辩证思维"由抽象上升到具体"的逻辑行程，而这一行程与历史的发展应当是同步的。

从老子与孙子的关系来看，作为道家思想源头的老子学说，也包含着深刻而复杂的两面性：一方面，他主张消极无为、顺应自然，认为"天之道，利而不害。圣人之道，为而不争"（《老子·八十二章》，以下凡引此书只注章次）。"是以圣人自知不自见，自爱不自贵。"（《七十二章》）"是以圣人欲不欲，不贵难得之货；学不学，复众人之所过。以辅万物自然而不敢为。"（《六十四章》）因而声称："我有三宝，持而保之：一曰慈，二曰俭，三曰不敢为天下先。"（《六十七章》）竭力倡导："为无为，事无事，味无味，大小多少，报怨以德。"（《六十三章》）以及"知足不辱，知止不殆"（《四十四章》），"见素抱

1　《马克思恩格斯选集》第2卷，人民出版社，1972年，第122页。
2　《马克思恩格斯选集》第2卷，人民出版社，1972年，第103页。

朴，少私寡欲”（《十九章》）等与世无争的人生态度。因此，不少人将其称之为“遁世哲学”。

然而，与此同时，我们在老子超越世外、脱俗高蹈的身影处，又可以看到其冷酷无情、善谋权术的另一面。他写道：“天地不仁，以万物为刍狗；圣人不仁，以百姓为刍狗。”（《五章》）“是以圣人之治，虚其心，实为腹，弱其志，强其骨，常使民无知无欲，使夫智者不敢为也，为无为，则无不治。”（《三章》）“是以圣人云：受国之垢，是谓社稷主；受国不祥，是为天下王。”（《七十八章》）“欲上民，必以言下之；欲先民，必以身后之。是以圣人处上而民不重，处前而民不害。是以天下乐推而不厌。以其不争，故天下莫能与之争。”（《六十六章》）“是以圣人后其身而身先，外其身而身存。非以其无私邪？故能成其私。”（《七章》）“夫唯不争，故今下莫能与之争。”（《二十二章》）因此，又有人认为，老子哲学实际上是韬晦之计，“君人南面之术”。

那么，如何理解老子哲学这相互矛盾的两面性呢？其实与孔子哲学一样，老子哲学也有其“内圣”与“外王”的两个层面，只是这两个层面不是建立在人与社会的血缘纽带之上，而是建立在人与自然的素朴和谐之中；从自然之“道”出发，顺应自然规律并用以修身的部分即是老子哲学中的“内圣”之学，利用自然规律并用以治人的部分则是老子哲学中的“外王”之术；前者追求一种“无为”的境界，后者追求一种“无不为”的效果。照此看来，老子哲学的内在矛盾，只不过是一枚铜币的两面花纹罢了。这样理解，是否仅仅是对于儒家哲学的一种比附呢？其实不然，“内圣外王之道”的说法最早见于《庄子·天下》，可见其绝非儒家的专利，同时也是道家与兵家的理想。

《孙子》很少涉及个体心性的修养问题，淡于老子的“内圣”之学，却从“择人而任势”的角度发展了老子的“外王”之术，他全力思考外部世界的征服问题，因而从另一个层面继承和发展了老子的学说。

尽管从习惯上讲，孙子不属于道家，但其兵书开宗明义便突出了他对“道”的重视：“孙子曰：兵者，国之大事，死生之地，存亡之道，不可不察也，故经之以五事，校之以计而索其情：一曰道，二曰天，三曰地，四曰将，五曰法。”（《孙子·计篇》，以下凡引此书只注篇名）这里所说的“道”固然淡化了道家原有的形而上色彩，但与老子“道大、天大、地大、人亦大”（《二十五章》）的排列顺序却有异常相似之处。对比其全部著作来看，他们之间的相似更是不胜枚举：

（1）老子：以道佐人主者，不以兵强天下，其事好还；师之所处，荆棘生焉。大军之后，必有凶年。（《三十章》）

孙子：凡用兵之法，驰车千驷，革车千乘；带甲十万，千里馈粮；则内外之费，宾客之用，胶漆之材，车甲之奉，日费千金，然后十万之师举矣，其用战也胜，久则钝兵挫锐，攻城则力屈，久暴师则国用不足。夫钝兵挫锐、屈力殚货，则诸侯乘其弊而起，虽然智者，不能善其后矣。故兵闻拙速，未睹巧之久也，夫兵久而国利者，未之有也。故不尽知用兵之害者，则不能尽知用兵之利也。（《作战篇》）

（2）老子：兵者不祥之器，非君子之器，不得已而用之，恬淡为上。胜而不美。而美之者，是乐杀人，夫乐杀人者，则不可以得志于天下矣。《三十一章》

孙子：凡用兵之法，全国为上，破国次之；全军为上，破军次之；全旅为上，破旅次之；全卒为上，破卒次之；全伍为上，破伍次之。是故百战百胜，非善之善者也；不战而屈人之兵，善之善者也，故上兵伐谋，其次伐交，其次伐兵，其下攻城，攻城之法，为不得已。（《谋攻篇》）

（3）老子：善为士者不武，善战者不怒。（《六十八章》）

孙子：主不可以怒而兴师，将不可以愠而致战。合于利而动，不合于利而止。怒可以复喜，愠可以复悦，亡国不可以复存，死者不可以复生。故明君慎之，良将警之，此安国全军之道也。（《火攻篇》）

（4）老子：知人者智，自知者明。胜人者有力，自胜者强。（《三十三章》）

孙子：知彼知己，百战不殆；不知彼而知己，一胜一负；不知

彼，不知己，每战必殆。(《攻谋篇》)

(5)老子：图难于其易，为大于其细。天下难事，必作于易；天下大事，必作于细。是以圣人终不为大，故能成其大。(《六十三章》)

孙子：古之所谓善战者，胜于易胜者也，故善战者之胜也，无智名，无勇功、故其战胜不忒，不忒者，其所措必胜，胜已败者也。故善战者，立于不败之地，而不失敌之败也。(《形篇》)

(6)老子：以正治国，以奇用兵，以无事取天下。(《五十七章》)

孙子：凡战者，以正合，以奇胜。故善出奇者，无穷如天地，不竭如江河。……战势不过奇正，奇正之变，不可胜穷也。奇正相生，如环循之无端，孰能穷之。(《势篇》)

(7)老子：将欲歙之，必固张之；将欲弱之，必固强之；将欲废之，必固兴之；将欲夺之，必固与之。是谓微明，柔弱胜刚强。鱼不可脱于渊。国之利器，不可以示人。(《三十六章》)

孙子：兵者，诡道也。故能而示之不能，用而示之不用，近而示之远，远而示之近；利之诱之，乱而取之，实而备之，强而避之，怒而挠之，卑之骄之，佚之劳之，亲而离之，攻其无备，出其不意。此兵家之胜，不可先传也。(《计篇》)

(8)老子：上善若水。(《老子·八章》)

孙子：夫兵形象水，水之形，避高而趋下，兵之形，避实而击虚，水因地而制流，兵因敌而制胜。故兵无常势，水无常形，能因敌变而取胜者，谓之神。(《虚实篇》)

(9)老子：大音希声，大象无形，道隐无名。(《四十一章》)

孙子：故形兵之极，至于无形；无形，则深间不能窥，智者不能谋。(《虚实篇》)

(10)老子：不欲以静，天下将自定。(《三十七章》)

孙子：以治待乱，以静待哗，此治心者也，以近待远，以佚待劳，以饱待饥，此治力者也。(《军争篇》)

(11)老子：盖闻善摄生者，陆行不遇兕虎，入军不被甲兵；兕

无所投其角，虎无所用其爪，兵无所容其刃。夫何故？以其无死也。（《五十章》）

孙子：出其所不趋，趋其所不意。行千里而不劳者，行无人之地也，攻而必取者，攻其所不守也；守而必固者，守而所不攻也，故善攻者，敌不知其所守，善守者，敌不知其所攻，微乎其微，至于无形。神乎神乎，至于无声，故能为敌之司命。（《虚实篇》）

（12）老子：故善为道者，非以明民，将之愚之。民之难治，以其智多。故以智治国，国之贼；以不智治国，国之福。（《六十五章》）

孙子：将军之事，静以幽，正以治。能愚士卒之耳目，使之无知，易其事，革其谋，使人无识；易其居，迂其途，使人不得虑，……犯之以事，勿告以言，犯之以利，勿告以害。投之亡地然后存，陷之死地然后生。（《九地篇》）

（13）老子：用兵有言：吾不敢为主而为客，不敢进寸而退尺……祸莫大于轻敌，轻敌几丧吾宝。（《六十九章》）

孙子：兵非益多也，惟无武进，足以并力、料敌，取人而已；夫惟无虑而易敌者，必擒于人。（《行军篇》）

由于篇幅所限，这里不能无限制地列举下去，但从上面所举的例证中，我们不难看出老、孙二子之间的承继关系了。在他们的观点相似之处，老子所表述的一般都比较朦胧、抽象，而孙子所表述的则非常清晰、具体；老子的观点或用于解道，或用于解释政治、军事问题，孙子的观点则全部用于指导军事实践，因此，尽管《孙子》一书中没有提到老子的名字，但其思想确乎可视为老子所开创的哲学辩证法在军事领域中的具体运用。于是，我们似乎可以断言：正如孟子和荀子的思想是孔子学说的分化与展开一样，孙子则从兵家角度运用与发展了老子的辩证法思想。这种思想不仅符合承前启后的时间顺序，而且也体现了“由抽象上升到具体”的逻辑行程。

弄清了老、孙之间的承继关系，还不足以确立孙子在先秦哲学系统中的地位。因为所谓系统，绝不仅仅是一种简单的思想得到了最为充分的体现，这就是说，作为系统的一部分，不仅相同或相近学派的思想之间有着重要的联系，而且相异甚至相反学派的思想家之间也可能具有内在的联系，这种联系往往是通过不同的中介环节而逐步实现的。例如，先秦作为“显学”的儒、墨两家，曾有着激烈的争论和对峙，但这并不能妨碍它们之间有着可被调和的一面。我们知道，孔子主张仁者“爱人”，墨子进而提出“兼爱”，孟子却尖锐地批评：“墨氏兼爱，是无父也。”（《孟子·滕文公下》）似乎维护了孔子爱有差等的“仁学”理论，继续将“爱人”建立在亲子血缘关系基础之上的，而他所宣扬的人皆有恻隐之心的“且善论”，按照他的不断“扩而充之”的要求发展下去，不正是越来越接近墨子的“兼爱”理想吗？如果说孟子关于“老吾老，以及人之老，幼吾幼，以及人之幼”（《孟子·梁惠王·上》）的思想是同他所反对的墨子“兼相爱，交相利”（《墨子·兼爱中》）之理论有某种逻辑联系，那么庄子关于“天地与我并生，而万物与我为一”（《庄子·齐物论》）的思想，则又是这一原则进一步的逻辑发展的必然结果。在后者看来，不仅人与人之间是一种平等互利的关系，而且人与物之间也是一种平等互利的关系。因此，人们不仅应当“兼爱”，而且应当“齐物”。也就是说，人们不仅应当超越血缘的狭隘观念，而且应当超越族类的狭隘观念，把人与宇宙万物视为同体。这样一来，儒家所主张的人与社会的统一，经墨子的思想为中介，便与道家所主张的人与自然的统一联系起来，从而构成了先秦思想网中的一个侧面。

作为这一网络中的另一个侧面，孔子的“外王”之术又通过荀子而同法家发生了联系。我们知道，荀子不相信人性中有善的一面，只相信人性中有恶的一面。因此，他不敢把社会的治理寄托于人类内在本性的挖掘，而只能依靠外在礼义的约束。“礼起于何也？曰：人性有欲，欲而不得，则不能无求，求而无度量分界，则不能不争。争则乱，乱则穷。先王恶其乱也，故制礼仪以分之，以养人之欲，给人之求。使欲必不穷乎物，物必不屈于欲，两者相持而长，是礼之所起也。”（《荀子·礼论》）显然，这种带有外在约束力的“礼”与法家的“法”之间是十分接近的，不同之处只在于前者是一种礼有差等的规范，后者则是一种“法不阿贵”的规范，二者之间的差异就如同儒家的“仁爱”与墨家的“兼爱”一样，因而形成了一种鲜明的对照。

作为荀子的学生，韩非子一方面将儒家“刑不上大夫，礼不下庶人”的礼制改造成法家“刑过不避大臣，赏善不遗匹夫”（《韩非子·有度》）的法制，另一方面又从孙子乃至老子那里引进了不少权术和谋略，从而在儒、道之间形成了一种新的逻辑中介。有的学者，过多地强调了老子对韩非子的直接影响，而相对忽视了孙子对韩非子的直接影响，这是值得商榷的。其实，《韩非子》一书中不仅有“解老”“喻老”的内容，而且对孙子也有着直接的评价。《五蠹篇》云：“境内皆言兵，藏孙、吴之书者家有之。”《守道篇》云：“如此，故图不载宰予，不举六卿；书不著子胥，不明夫差；孙、吴之略废，盗跖之心伏。”

前者说明了《孙子兵法》在当时的广泛影响，后者则表明了作者对孙子思想的正面评价，尽管这里对于孙子的评价不如《解老》《喻老》二篇中对老子的评价来得详尽，但这并不能说明老子对韩非子的影响较之孙子对韩非子的影响更为直接。因为只要我们细加分析就会发现，同孙子一样，韩非子对老子思想的借鉴与发挥也主要集中在形而下的层面上。如果说孙子思想是老子哲学辩证法在军事领域的具体运用，那么韩非子则进一步将这种军事谋略引入了更为广泛的社会政治生活。首先，与孙子一样，韩非子也具有一种积极入世的唯物主义精神，相信人的力量，摒弃超自然的权威。其次，与孙子一样，韩非子的学说也具有十分鲜明的功利主义色彩，即将人的现实利益看成是社会行为的唯一动机，不相信伦理道德的法则与规范。最后，也是最为重要的是，与孙子一样，韩非子也十分重视谋略的作用，并将前者在战争中总结出来的经验演变为政治中的权术，将各种社会成员之间的利害关系等同于战争中敌我双方尔虞我诈的关系。有关这些问题，试举以下数例。

（1）孙子：先知者，不可取于鬼神。不可象于事，不可验于废，必取于人，知故之情者也。（《用间篇》）

韩非子：用时日，事鬼神，信卜筮，而好祭祀者，可亡也。（《韩非子·亡征》下引此书只注篇名）

（2）孙子：故用兵之法，无恃其不来，恃吾有以待也；无恃其不攻，恃吾有所有可攻也。（《九变篇》）

韩非：从是观之，则圣人之治国也，固有使人不得不爱我之道，而不恃人之爱为我也，恃人之以爱为我者，危矣；恃吾不可不为者，安矣。（《奸劫弑臣》）

（3）孙子：故善战者，求之以势，不责于人，故能择人而任势。（《势篇》）

韩非：人主之患在于信人。信人，则制于人。人臣之于其君，非有骨肉之亲也，缚于势而不得不事也。（《备内》）

（4）孙子：是故屈诸侯者以害，役诸侯者为业，趋诸侯者以利。（《九变篇》）

韩非：故善为主者，明赏设利以劝之，使民以功赏而不以仁义赐；严刑重罚以禁之，使民以罪诛而不以爱惠免。（《奸劫弑臣》）

（5）孙子：帅与之期，如登高去其梯。帅与之深入诸侯之地，而发其机，焚舟破釜，若驱羊群，驱而往，驱而来，莫知所之，聚三军之众，投之于险，此谓将军之事也。（《九地篇》）

韩非：夫驯乌者，断其下翎焉。断其下翎，则必恃人而食，焉得不驯乎？夫明主畜臣亦然，令臣不得不利君之禄，不得无服上之名。夫利君之禄，服上之名，焉得不服？（《外储说右上》）

（6）孙子：夫未战而庙算胜者，得算多也；未战而庙算不胜者，得算少也。多算胜，少算不胜，而况于无算乎！吾以此观之，胜负见矣。（《计篇》）

韩非：故君臣异心，君以计畜臣，臣以计事君，君臣之交，计也。害身而利国，臣弗为也；害国而利臣，君不行也。臣之情，害身无利；君之情，害国无亲。君臣也者，以计合者也。（《饰邪》）

作为“法”“术”“势”的集合体，韩非子的思想与商鞅、申不害、慎到三人在学术上的渊源关系已多为人所论及，然而在以上的例证中则不难看出，韩非子在“术”和“势”两个方面也大量引进和吸收了孙子的军事谋略。历史确乎如此，从老子的形而上学，到孙子的军事辩证法，再到韩非子的政治哲学，我们又一次看到了辩证思维“由抽象上升到具体”的逻辑行程。而这一行程与历史的发展顺序刚好是同步的。

行文至此，我们在先秦诸子所构成的哲学体系中，终于找到了孙子所应有的地位：作为兵家的代表人物，孙子的哲学思想固然不能与儒、墨、道、法四家相提并论；然而作为先秦诸子之一，孙子则是那个时代哲学系统中所不可缺少的一个重要环节。

（此文发表于《孙子学刊》1992年第1期）

从儒学的历史演变看传统文化的现代命运

英国学者汤因比在其鸿篇巨著《历史研究》中曾经提出过“挑战与应战”的著名观点，按照这一观点，任何一种文化的形成和发展，都是对于“挑战”的“应战”。所谓“挑战”，就是外在的自然环境和社会环境向人们提出了一些不容回避的课题；而所谓“应战”，就是人们在这些课题的要求下调动主观能动性而产生的文化对策。因此，每一次“应战”的成功，都会导致一种文化模式的出现或变革；而每一次“应战”的失败，都会导致一种文化模式的衰亡和破产。根据这种理论来审视儒家文化的历史，我们不难看到，儒学在其产生和发展的过程中曾经遇到过四次重大的“挑战”，而相对于这些挑战的每一次“应战”，都使儒学获得了一种历史性的丰富与变革。

在上古时代，由于我们的祖先受到了特殊的自然环境——黄河的“挑战”，因而不得不在生产力水平低下的情况下过早地促成了社会结构的发育，以便能够组织大量的人力和物力来抵御黄河的泛滥。例如，传说中夏朝的创始人禹就是以治水而起家的。作为夏后氏部落的首领，他联合其他部落一同疏浚河道，并在这一过程中将部落联盟演变成国家制度，致使他的儿子启得以废除部落首领经选举、禅让而产生的原始制度，过早地建立起以血缘沿袭王位的国家制度，即形成了马克思所说的“早熟的”“亚细亚的古代”社会。

在这种“早熟的”古代社会里，由于生产力的水平还很低下（据考古学证实：我国夏、商和西周时代，不仅没有铁制的农具，而且连青铜的冶炼也主要用于礼器和兵器的制造），因而私有财产不可能得到充分的发展；而私有制水平的低下，又使得原始的宗族血缘关系不可能在进入文明社会的过程中被彻底破坏。于是“国”不过是放大了的“家”，君君、臣臣不过是放大了的父父、子子，政治和经济地位的高低是伴随着血缘关系的远近而悄悄产生的……这种由自然的“挑战”而导致的社会的“挑战”，必然要求文化上的“应战”，而儒学正是这种“应战”的结果，是与“早熟的”“亚细亚的古代”相适应的文化模式。

我们知道，原始儒学的核心命题即孔子的“仁”，从文字学的角度看，“仁，亲也，从人从二。”（许慎《说文解字》）也就是说，“仁”产生于人与人之间的亲伦关系。这种原始的亲伦关系在“早熟的”“亚细亚的古代”社会中相对完好地被保存了下来，因而被孔子加以利用。孔子用这种爱有差等的人伦情感来解释礼有差等的社会制度，将父子的血缘关系与君臣的社会关系相比附，从而找到了维护周礼的思想根据。因此，当齐景公向孔子请教政治问题的时候，孔子回答说：“君君、臣臣、父父、子子。”（《论语·颜渊》）孔子的学生有子也说：“其为人也孝悌，而好犯上者，鲜也；不好犯上，而好作乱者，未之有也，君子务本，本立而道生。孝悌也者，其为仁之本与?”（《论语·学而》）正因为伦理与政治之间有着如此紧密的联系，历代统治者都非常重视和自觉地利用儒家伦理，所谓“三纲五常”“忠孝节义”等思想，也缘此而得到了发扬光大。反之，像秦朝那种只注重法律规范，不注重伦理欲求的统治者，却因其不符合国情而过早地灭亡了。因此，在先秦诸子百家的争鸣中，儒家之所以较墨、道、法更有生命力，与其说是它的思想更为完善，不如说它的观点更加适应于“早熟的”中国古代社会。这正是儒学的“应战”之所以成功的奥秘。

秦汉以后，六合尽除、天下一统，华夏民族获得了空前的大融合。在这种情况下，产生于宗族血缘的原始儒学便遇到了新的“大一统”的“挑战”。所谓“大一统”，是指不仅包括黄河流域而且包括域外地区，不仅包括汉族而且包括少数民族的政治一元化。为了适应这种高度的政治集权，儒家学者必须超越宗族血缘的固有局限，于是便引进“阴阳五行学说”作为思想框架，以改造和扩充原有的“仁学”理论。

所谓“阴阳”是指事物之间“相反”“相成”的辩证统一规律；所谓“五行”是指事物之间“相生”“相克”的矛盾运行规律。先秦时代的“阴阳五行学家”以这种简单的思维模式来解释世界万物的存在和发展，试图用古代的辩证法来统一目的论和机械论，从而给整个世界提供了一个既变化有序又封闭循环的思想图式。而“始推阴阳，为儒者宗”的汉代大儒董仲舒，则利用这一图式来作为“仁学”的新的理论基础，以建立一套“天人感应”的仁学宇宙模式。在他看来，“物莫无合，而合各有阴阳”。例如，“天地为一合，天为阳，地为阴；君臣为一合，君为阳，臣为阴；父子为一合，父为阳，子为阴；夫妻为一合，夫为阳，妻为阴。”是故仁义制度之数，尽取于天。天为君而覆露之，地为臣而持载之；阳为夫而生之，阴为妇而助之；春为父而生之；夏为子而养之，秋为死而棺之，冬为痛而丧之。王道之三纲，可求于天!”（《春秋繁露·基义》）

这样一来，阴阳五行的规律不仅适用于“天”，而且适用于“人”；不仅适用于自然，而且适用于伦理。于是，儒家的三纲五常、礼义廉耻，已不仅依赖于宗法血缘的人伦情感，而且在“天不变，道亦不变”的思想指引下，获得了一种宇宙论式的证明。这种证明显然使儒学扩大了理论基础，从而适应扩大了的社会政治生活的“挑战”。

汉末以降，佛、道日盛，经原始儒学改造而来的汉代儒学又面临了新的“挑战”。这种新的“挑战”不是来自社会政治，而是来自宗教信仰。因为以汉儒之粗疏的“天人感应”学说虽然可以解释朝代之更替、国家之一统等问题，却无法解决生命之价值、存在之意义等问题。因此，儒家文化要想继续生存下去，就必须迎接外来的佛教和本土的道教在信仰问题上的“挑战”，而这一“应战”则正是以吸收佛、道之思想材料为前提的，其结果便最终导致了宋明儒学的出现。

宋明儒学可分“理学”和“心学”两大派，以程、朱为代表的“理学”系统在周敦颐的影响下利用和改造了道教的“太极”理论，从而确立了“理在气先”的客观本体论；而以陆、王为代表的“心学”系统则显然接受和吸收了禅宗的“佛性”理论，从而确立了“宇宙便是吾心，吾心既是宇宙”的主观本体论。然而无论是程、朱的“理”还是陆、王的“心,”都要求“知”与“行”的统一、自然与伦理的统一，其最终目的都是要建立一种可以使人安身立命的“道德形而上学”。这种“道德形而上学”，不要求人们像道教所主张的那样追求长生不老，也不要求人们像佛教所宣扬的那样进入涅槃境界，而要求人们在日常行为中符合宇宙本体的规律，即在所谓“格物、致知、诚意、正心、修身、齐家、治国、平天下”的过程中实现人生的价值和意义。因此，它不是一种外在的超越而是一种内在的超越，不是一种宗教而是一种准宗教。正是由于宋明儒学不向往彼岸世界而又具有形而上的价值和功能，因而在对佛、道两教的“应战”中获得了成功，使中国保持了非宗教的文化特点。

鸦片战争以后，有着两千年历史的儒家文化又面临着一种新的、空前强大的“挑战”。这种“挑战”是世界性的，它向我们这个古老的文化提出了如何进入工业文明和实现现代化的历史性课题。面对这种“挑战”，“五四”时期的人们曾经做出过两种截然相反的“应战”方式：一种以陈独秀、鲁迅、吴虞等人为代表，他们以《新青年》为阵地，以“打倒孔家店”为口号，企图用外来文化更新本土文化的方式去迎接新世界的挑战；一种以胡先骕、梅光迪、章士钊等人为代表，他们以《学衡》《甲寅》为阵地，以“昌明国粹，融化新知”为口号，企图以固守传统文化的方式来抵御外来的进攻。前者有“全盘西化”的倾向，后者有“全盘复古”的内容。前者之所以未能成功，就在于他们脱离了中国的国情；后者之所以注定失败，就在于他们违背了历史的进程。这两种“应战”的失败，不仅为我们提供了深刻的教训，而且将这一历史性的任务也留给了后人。

在迎接全球性科技挑战和实现民族现代化的今天，回顾和总结儒家文化演变与发展的历史过程，有着十分重要的现实意义。它至少可以为我们提供以下三点启示：首先，面临“挑战”的文化不可能也不应该轻易放弃自身的文化传统，而必须像汉代儒学坚持道德本位、宋明儒学坚持入世精神那样，努力克服自己的文化弱点，积极发扬自己的文化优势。从这一意义上讲，放弃传统，也就意味着承认失败。其次，积极“应战”的文化不可能也不应该拒绝接受外来文化的内容，而必须像汉代儒学引进“阴阳五行”、宋明儒学消化“太极”“佛性”一样，主动拿来，为我所用。从这一意义上讲，能否积极地引进、并批判地吸收外来的文化因素，是使古老的文化能否更新并适应时代要求的关键。最后，没有“挑战”的文化是一种封闭而僵死的文化，无力“应战”的文化是一种衰老而怯懦的文化，只有在面对“挑战”的不断“应战”中，才能使古老的文化获得常新的生命。从这一意义上讲，“挑战”既是危机，也是机遇。只要我们勇敢地正视“挑战”、科学地迎接“挑战”，就能够把我们的民族从危机之中解救出来，而当我们把自己从危机中解救出来之后，便会发现我们的文化已经获得了一种新的、更加丰富的历史内容。

（此文发表于《社会科学家》1992第4期）

试论中国世俗伦理精神的形成

——兼与西方宗教神秘主义的形成相比较

中国精神丰富多彩，博大精深，然取其大义，择其精髓，似可归结为“世俗伦理”四字。因为在世界几大文化圈内，唯中国人可以不需要任何神祇而泰然自若地处理日常事务，唯中国人可以不依赖任何宗教而视死如归地超越现实人生。中国精神的这一特质不仅在漫长的历史岁月中渗透到政治、经济和文化艺术等各个领域，铸造着以“实践理论”而著称的华夏文明，而且至今仍以其群体的凝聚力和积极的入世态度对基督教崩溃以后的西方世界产生着巨大的魅力。因此，在中西文化相互碰撞，彼此交融的今天，研究这种世俗伦理精神所得以形成的独特的历史过程，显然具有特殊的理论意义。

一

中国的世俗伦理精神产生于祖宗崇拜而非神灵崇拜的文化背景，而这一文化背景又根植于早期文明的演进方式。因此，我们的研究必须向上追溯到文明所能追溯的极限。

人是从自然界中脱胎而来的。因此，刚刚脱离自然母体的早期人类一般在精神上都留有一根尚未剪断的原始脐带，这就是所谓“自然崇拜”，其中最为典型的是“图腾崇拜”。

“图腾”（totem）一词始见于1791年在伦敦出版的龙格著《一个印第安译员的航海探险》一书，它源于北美印第安人部落的一个方言词，意为“亲族”。因为那里的人们把自己的氏族看做是起源于某种动物或植物，便用它们的名字作为氏族的徽号，把它们当做氏族神来加以崇拜。后来，随着人类学家对现存原始部落的考察，发现这种同某种自然对象攀结“血缘亲族”关系的原始崇拜不仅为北美大陆所独有，在大洋洲也广泛存在，此外，欧、亚、北非、南美以及波利尼亚和爱斯基摩人那里也留有类似的原始崇拜形式，可见其具有普遍的人类学意义。

至于中国古代，由于历史久远，尚未在这方面发现直接而确凿的证据，但就上古文字和传说也可看出一些踪影。例如，《诗纬·含神雾》云：“大迹出雷泽，华胥履之，生伏羲。”《史记·补三皇本纪》云：“炎帝神农氏，姜姓，母曰女登，有蟜氏女，少典之妃，感神龙而生炎帝。”《竹书纪年》云：“黄帝母附宝，见电光绕北斗，枢星光照野，感而孕。”“帝颛顼高阳母见摇光之星，如虹贯日，感已于幽房之宫，生颛顼于若水。”“尧母庆都与赤龙合昏，生伊尝，尧也。”“舜母见大虹，感而生舜。”“禹母见流星贯昴，梦接意感，即吞神珠而生禹。”《史记·殷本纪》云：“殷契，母曰简狄，有娀之女，为帝喾次妃。三人行浴见玄鸟坠其卵，简狄取吞之，因孕生契。”我们知道，像伏羲、神农、黄帝、颛顼、尧、舜、禹、契这类传说中的人物，应是古代氏族部落的首领，而他们与自然界的一些特殊对象之间所具有的这种奇怪的“血缘关系”显然与所在部落的“图腾崇拜”有关。我们常说，中华民族是“龙”的传人，而闻一多在《神话与诗》一书中考证，龙的形象最初是蛇，由于强大的蛇氏族逐渐对于其他氏族的兼并，于是就以蛇图腾为基础，融合了被兼并的其他氏族的图腾，如马头、鹿角、鸟翼、狗爪、鱼鳞、兽足等，进而合成了龙的形象。

那么“图腾崇拜”与宗教是一种什么样的关系呢？学术界主要有三种观点：第一种意见，以英国人类学家泰勒为代表，认为图腾崇拜反映了早期人类对世界万物进行分类的愿望，但它与宗教无关；第二种意见以法国社会学家迪尔凯姆为代表，认为图腾崇拜虽然不同于宗教活动，但前者是后者的基础和根源；第三种意见则认为图腾崇拜本身就是宗教活动的最初形式之一。在这三种意见中，笔者倾向于第二种意见，并且认为，图腾崇拜虽然可能成为宗教活动的基础，却并不必然地转化为宗教。进一步讲，作为原始的人类活动，图腾崇拜本身包含着向两个方面转化的内在可能，一是转化为神灵的崇拜，一是转化为祖宗的崇拜。前者趋向于宗教，后者趋向于伦理。

“图腾崇拜”不同于宗教，因为宗教信奉的是超自然的力量，而图腾信奉的恰恰是自然的力量；“图腾崇拜”也不同于伦理，因为伦理信奉的是人伦关系，而图腾信奉的恰恰是超人伦的关系。但是，“图腾崇拜”又类似于宗教，因为它所崇拜的图腾已同其他自然对象区分开来，很容易演化为人格神；“图腾崇拜”也类似于伦理，因为图腾与人的超自然关系本身又带有一定的血缘性质，很容易蜕化为人伦情感。

可以推测，早期人类之所以将日月星辰、山川树木、鸟兽鱼虫视为自己的祖先并加以崇拜，一方面可能是由于对生育繁殖现象的无知，另一方面也表露出了其对刚刚脱离开来的自然界的眷恋。因此，当人类对生育繁殖逐渐有了较为明晰的认识和把握之后，人与自然的关系就会出现一种新的调整，“图腾崇拜”便会向更高层次的文化形态过渡，于是便有了神灵崇拜或祖宗崇拜。

神灵崇拜显然是将图腾对象进一步神化的结果。例如，在希腊神话中，我们可以看到，被崇拜的已不再是雷电、大海、太阳、月亮这些自然对象本身，而是掌管这些现象的宙斯、波塞冬、阿耳忒弥斯等人格神了。“希腊神都是人格化了的形象，和人不同的地方在于：他们被描写成是永生的，在各自的领域内往往具有无与伦比的威力，他们的好恶对人有决定的影响。但是神的某些别号和表征表明，在他们被人格化之前，人们曾经走过了从拜物教到万物有灵论的漫长历程。鹰被看做宙斯的圣鸟，天后被称作‘牛眼的赫拉’，阿波罗的修饰语往往是‘月桂树’的派生词或包含它的复合词，可见这些神都曾与图腾崇拜有关系。”[1]

与之相反，祖宗崇拜则显然是将图腾对象进一步人化的结果。例如，从甲骨卜辞看，大约在殷商武丁时期，中国人就开始了对“帝”的信仰。但中国人所信仰的上帝显然与西方不同。历史学家和文字学家从不同的角度入手对此进行了考证。张舜徽认为，“帝”字受义于太阳（《中国史论文集·释帝》）；章太炎认为，“帝”字是从飞鸟的形状而引申出来的；（《吴清卿（字源）手批》）王国维认为，“帝”字即是“花蒂”之蒂，此亦生殖崇拜之一例也；（《欢堂集林》卷六《释天》）刘复认为，“帝”字来源于古巴比伦的“米”字，其义为“天帝”或“人王”；（《古史辨》第二册《“帝”与“天”》）金景芳认为，“帝”是部落联盟的领袖人物。（《古史论集·谈谈中国由原始社会向奴隶社会过渡的问题》）以上观点，主要包含三层意思：（一）“帝”与某种特殊的自然对象有关；（二）“帝”与生殖血缘有关；（三）“帝”与祖帝和先王有关。由于历史久远，我们无法断定上述哪种意见更接近真理，但综合起来看，这些意见似乎表明，“帝”是由图腾崇拜向祖宗崇拜转化的过渡形态。因此，我们可以联系“祖”“宗”二字共同加以分析。

“祖”字从“示”从“且”。关于“示”字，姜亮夫指出：“考甲骨文中表示有宗教‘灵感’一类的字，都以示为偏旁，为先人精灵之所寄，则示字当即原始神字；示音与神为双声，此字乃大石文化时期的大石纪念物mehir，与古代欧洲凯尔待民族（Celtic）之基标Dolmen，或古英格兰人之iomlcch相同。现在四川、辽宁等省，还有遗存，其制在地上立一块或几块大石，上面盖一块大石。其基本样式如♀。甲骨文示字作丅、I、〒、卞，金文作示，正与之相同，大概是这样一块石或树木为祖先灵魂托足之所，子孙各输血其上（即两侧之点形），则祖先灵魂，即依凭之矣！”[2]关于“且”字，郭沫若认为，甲骨文写作且、且、且、A，类似于男性生殖器。应为古代“牡”的初字。（参见《甲骨文字研究·释祖妣》）可见，祖先之所以值得崇拜，是由于有生殖血缘能力，这种能力已不再需要借助任何非人的自然对象，而是祖先自身所具有的。至于“宗”字，从“宀”从“示”，王均云：“示者，室中之神也，天地神祇，坛而不屋，人鬼则于庙中祭之。”可见，对祖宗的祭祀，也

1　《中国大百科全书·外国文学》，中国大百科全书出版社，1982年，第1099页。

2　姜亮夫：《古文字学》，浙江人民出版社，1984年，第83页。

已不再是崇拜天地神祇等自然的超自然对象，而只是对死去的前辈们的顶礼与膜拜。

弄清了“图腾”→“上帝”→“祖宗”这一发展线索，我们就可对华夏先民的信仰问题有一个清楚的认识，并对其不同于西方文化的种种特征做出解释。

例如，与西方“人格神”的文化处理方式不同，中国古代却有着“神格人”的一系列传说。在这些传说中，人们不是将自然界的种种现象归结在超人的神的统辖之下，而是将种种并非个人所能完成的奇迹附会到一些去世的祖先身上。据《韩非子·五蠹》记载：“上古之世，人民少而禽兽众，人民不能胜禽兽虫蛇。有圣人作，构木为巢以避群害，而民悦之，使王天下，号曰有巢氏。民食果蓏，蚌蛤、腥臊恶臭而伤腹胃，民多疾病。有圣人作，钻燧取火，以化腥臊，而民说（悦）之，使王天下，号之曰燧人氏……”从“有巢氏”“燧人氏”“伏羲氏”到“神农氏”，我们的祖先都被看成是伟大的发明家；黄帝行医、仓颉造字、唐尧制定历法等故事也将人类文化的历史进程归结在列祖列宗个人身上，使其具有了“神格人”的品位。

又如，与古希腊不同，中国古代没有构造出一个以宙斯为核心的“诸神的谱系”，却留下了一个以黄帝为源头的“宗族的谱系”，《史记》中有所谓夏、商、周三代王族的谱系，并将其始祖统统追溯到黄帝身上。夏的创始人是禹，禹的父亲是鲧，鲧的父亲颛顼，颛顼的父亲是昌意，昌意的父亲就是黄帝；商的先人名契，契母简狄为帝喾之妃，而帝喾又是黄帝的曾孙子；周的祖先是后稷，后稷的母亲姜源也是帝喾之妃，自然同祖于黄帝了。如果说我们从赫西奥德所记载的“诸神的谱系”中看到了一个想象中的超验的彼岸世界，那么我们在司马迁所记载的“宗族的谱系”中则看到了一个想象中的经验的现实世界。前者的功能在于形成一种宗教的诱导力，后者的功能在于形成一种伦理的凝聚力。前者为从多神教向一神教的转化进行了历史性的准备，后者为从宗教文化向伦理文化的过渡做出了历史性的铺垫。于是，我们便可得出下面这个图示以作为归纳性的总结：

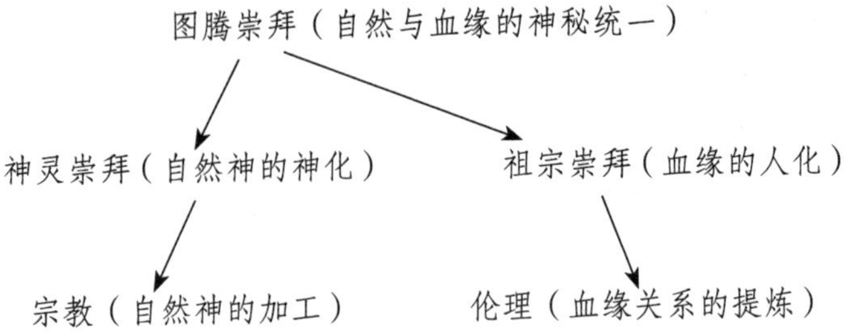

不难看出，如果我们把“图腾崇拜”作为人类文化共同起点的话，那么左右两条线路便分别代表了西方的宗教神秘主义和中国的伦理世俗精神所演进的方向。至于何以会从共同起点中引发出不同的道路呢？这就需要我们从中西文化的历史背景下寻找原因了。

二

根据恩格斯《家庭、私有制和国家的起源》中的观点，人类文明的历史应该起源于奴隶社会，在此之前的原始社会中，虽然人们过着没有阶级、没有剥削、没有压迫的生活，但是野蛮的、愚昧的、非文明的。如此说来，文明的问题便与异化的问题有了千丝万缕的联系。事实上，在前此以往的一切阶级社会中，人类辉煌灿烂的文化成果常常是在异化的痛苦中创造出来的。如果这些成果是精神性的，那么它便或多或少地带有异化的印记，而且其本身很可能就是企图减轻异化痛苦的一种解脱方式——宗教、艺术、哲学无不如此。这样一来，我们便为深入那个十分重要而又非常困难的问题找到了一个合适的契机，即从早期人类文明中的异化程度入手，来寻找中国人崇尚祖先而疏远神祇的原因和根据。

马克思在论及古代人类艺术时曾经指出：“有粗野的儿童，有早熟的儿童。古代民族中有许多是属于这一类的。希腊人是正常的儿童。”[3]而联系他与恩格斯有关“古典的古代”和“亚细亚的古代”的理论分析，我们不难看出，所谓“正常的儿童”生长于以古希腊为代表的“古典的古代”，所谓“早熟的儿童”则生长于包括中国在内的“亚细亚的古代”。对此，侯外庐在他主编的

3 《马克思恩格斯选集》第2卷，人民出版社，1972年，第111页。

《中国思想通史》中指出："如果我们用'家族、私有、国家'三项来做文明路径的指标，那么，'古典的古代'是从家族到私有再到国家，国家代替了家族；'亚细亚的古代'是由家族到国家，国家混合在家族里面，叫做'社稷'。因此，前者是新陈代谢，新的冲破了旧的，这是革命路线；后者却是新陈纠葛，旧的拖住了新的，这是维新的路线。前者是人惟求新，器亦求新；后者却是'人惟求旧，器惟求新'。前者是市民的世界，后者是君子的世界。"我们知道，原始社会的发达形态是以血缘为基础的父亲氏族制度，而奴隶社会的基本形态则应是以阶级为基础的国家法律制度。因此，由氏族演进到国家，便成为跨入文明社会的必由之路。毫无疑问，在这种对立矛盾的转化中，私有制这一中介环节占有着十分重要的地位。而恰恰是在这一环节上，"古典的古代"和"亚细亚的古代"产生了重大的差异，于是有了"正常"与"早熟"之分。

按照历史唯物主义的基本原理，"私有制"的产生显然应归结为生产力水平的提高所带来的剩余劳动产品的出现，然而根据现有的资料看，古希腊与古中国在进入文明社会的时代，生产力水平是不尽相同的。早在荷马时代，西方人已经开始使用铁制农具进行生产了；而我国的夏、商和西周时代，非但没有铁制的生产工具，甚至连青铜的冶炼也主要用于礼器和兵器制造。在龙山文化早期的庙底沟遗址和殷墟都常发现双凿木耒的痕迹。1929年殷墟的一次发掘，光石镰就出土了上千件，却无一件金属农具。1932年殷墟的另一次发掘，仅一个坑中就发现444枚收割禾穗用的石刀及几十件蚌器，而在出土的成千上万件文物中，没有一件可以称得上是青铜农具的。1973年河北藁城台西村商代居住遗址出土石器482件，其中镰、铲部农具占91%之多，而无任何金属农具。[4]据此，张光直认为，我国"在青铜时代开始之前与之后的主要农具都是耒耜、石锄和石镰。没有任何资料表示那社会上的变化是从技术上引起来的。"[5]

既然没有生产技术的历史性突破，那么作为社会生活的巨大变化，早期的国家制度又是怎样出现的呢？这大概与黄河流域的自然环境有关。我们知道，与生活于爱琴海区域的古希腊人不同，生活于黄河中游地区的古中国人

4　参阅《河北藁城台西村商代遗址发掘简报》，《文物》1979年第6期。

5　张光直：《中国青铜时代》，生活·读书·新知三联书店，1983年，第18页。

的天职不是去海上冒险，而是要兴修水利。这种工作不仅不是少数人所能完成的，甚至也不是某个部落群体单独所能胜任的，它需要大量的人力和高度的社会组织结构。大量的文化遗迹表明，中华先民的社会组织发育得相当早。从仰韶文化的一些遗址来看，其社会基层结构已经完善，集体居住地的面积一般有数万至数十万平方米，最大的如华阴西关堡、咸阳尹家村达100万平方米左右，半坡和姜寨等遗址中，包含着居住区、群体活动场所和广场、陶窖和牲畜宿场、墓地与村落防护壕沟等。专家们认为，这种村落布局可能已是几个氏族集聚的部落居址。[6]而这一切都为国家的出现创造了条件。我们不应忘记，传说中夏代的创始人禹就是以治水而起家的。作为夏氏部落的首领，他联合其他部落一同疏浚河道，并在这一过程中将部落联盟演变成为国家制度，致使他的儿子启废除了部落首领，靠选举、禅让而产生的原始制度，最终建立起以血缘沿袭王位的国家制度，从而使中国古代的第一个奴隶制国家集团过早地诞生了。

但是，“早熟”也就是不成熟。从生产力决定生产关系的角度来看，由于当时生产力水平的低下，使得剩余产品不会很多；而剩余产品的匮乏，又导致了私有财产不可能得到充分的发展；与之相关，中国古代的城市经济和贸易水平都无法与古希腊的城邦经济相比。更为重要的是，由于“私有制”这一中介环节没有得到充分的发展，致使氏族成员在向奴隶和奴隶主两极分化的历史过程也演变得不够彻底。恩格斯曾经指出：“在东方，家族奴隶制是特殊的，即是，在这里，奴隶不是直接地形成生产的基础，而仅是间接的氏族的成员。”[7]这就是说，与古希腊的文明进程不同，由于土地没有完全私有化，氏族内部的血缘关系也没有被彻底破坏。因此，当原来氏族社会中的显族演变成奴隶主阶级而其他氏族成员沦为奴隶的时候，他们之间至少在表面上仍维持着一种原始的宗族关系。

现据有关周代的历史资料看，由氏族领袖演变而来的国家统治者采取了分封诸侯和承认原有土著势力相结合的办法：一方面根据血缘和亲疏关系，将一部分土地分给自己的子弟们；另一方面则承认地方宗族势力的合法地位。前者有所谓“五等”，后者有所谓“五服”。从理论上讲，“普天之下，莫

6　参阅中科院考古所编：《新中国的考古发现和研究》第2章第1部分。

7　转引自侯外庐主编《中国思想通史》第一卷，人民出版社，1957年，第9页。

非王土”。土地属于国家而非私有。但在实际上，王侯领主们对土地的控制和使用都有着世袭权力。因而在长期的过程中便形成了一种地域性很强的管理体制。各诸侯和领主们将土地交给自己的子弟们管理，其子弟们再以井田或授田等方式将土地分给自己原有的氏族成员使用，并从中获取剥削。从表面上看，大家都是氏族的成员，仍然保留着原有的地域和血缘关系；但在实际上，血缘的远近已经转化为经济地位的贵贱和高低。从表面上看，“国”只不过是放大了的“家”，君君、臣臣只不过是放大了的父父、子子；但在实际上，亲疏远近的血缘关系已经悄悄过渡到剥削与被剥削、压迫与被压迫、奴役与被奴役的阶级关系……这大概就是“亚细亚的古代”所走过的“由家族到国家”的早熟的文明路径。因此，所谓“人亦惟旧”是指进入文明时代的人仍然是以氏族成员而非国民阶级的身份出现的；所谓“器亦维新”，是指原来宗庙祭祀的礼器已经转化成国家专政的工具，新的政体出现了。

值得注意的是，这种“由家族到国家”的“亚细亚的古代”的“维新的路线”虽然与“由家族到私有再到国家”的“古典的古代”的“革命的路线”有着“早熟”与“正常”之分，但其所达到的历史阶段却应该是同质的，问题的关键就在于前者虽然在表面上省略了“私有”这一中介环节，但其在内容上并没有省略“私有”这一历史事实，而是将这一事实糅合在家族的血缘关系中进行的。因此，尽管与西方相比，中国这一时期的私有财产发展得不够充分，但其仍然是产生文明社会的关键因素。否则，“家族”永远也不会过渡到“国家”，所谓“维新的路线”也肯定是行不通的。

但是反过来讲，我们在承认“古典的古代”与“亚细亚的古代”均为奴隶制的文明时代这一共同“质”的前提下，又不能忽略其进入文明社会方式的不同，因为这一差别恰恰是解释中国与西方不同文化传统和民族精神产生的关键。

三

美国人类学家本尼迪克特曾经指出：“我们只有先理解那个社会的情

感和理智的主要动机，我们才能理解这些行为所采取的形式。”[8]在“古典的古代”，由于私有制的利刃较为彻底地斩断了人与自然、人与社会的原始纽带，致使每一个希腊人不仅从原始的自然怀抱中被分离出来，而且也从原始的血缘关系中被分离出来，从而便在这种进化的也即是异化的历史过程中陷入孤立无援的境地。这时的人不仅有了不同于动物，而且也不同于他人的自我意识，并且感受到了生命的渺小和生活的艰辛。恩格斯曾经指出：“文明每前进一步，不平等也同时前进一步。随着文明产生的社会为自己建立的一切机构，都转变为它们原来的目的的反面。”[9]文明给人们带来了智慧，带来了财富，带来了生的幸福；同时也带来了剥削，带来了压迫，带来了死的渴望。有充分的材料证明，在早期希腊社会里，随着分工的形成、阶级的出现，异化的社会现实已开始将“生之巨轮”变成了人类痛苦的枷锁。因此，深受异化痛苦的人们便必须在继续忍受这一痛苦或以自杀来逃避痛苦这两条道路上做一次重大的历史性抉择，而宗教则正是这一抉择的产物。伯奈特在《早期希腊哲学》中分析了当时人们的心理：“我们在这个世界上都是异乡人，身体就是灵魂的坟墓，然而我们决不可以自杀以求逃避，因为我们是上帝的所有物。上帝是我们的牧人，没有他的命令我们就没有权利逃避。”[10]上帝使每一个孤独的个体可以彼此沟通，上帝使每一个有限的存在获得无限的意义。上帝是每一个遭受异化痛苦的西方人得以在痛苦中继续活下去的力量。换言之，不是由于有了上帝，西方人才信奉宗教；而是由于西方人需要宗教，于是才有了上帝。由此我们才能够理解，从毕达哥拉斯那神秘的数学王国，到柏拉图那超验的理念世界，为什么希腊人一直要将自己的心智和才华投射到抽象的观念世界中去寻找寄托；由此我们才能够理解，从希腊城邦的奥尔弗斯宗教，到罗马帝国的基督教，为什么西方人能够自觉地接受和认同由希伯莱人所创立的神学体系。总之，当人与人之间的血缘纽带在文明的进程中开始断裂的时候，人们必须设立一个超验的绝对中介来将这些破碎的生灵重新连接起来，使其在精神上获得一种完整而永恒的寄托。而这一超验的绝对中介，可以叫做“佛佗”，可以叫做“安拉”，而在西方人那里，它叫做“上帝”。

8　[美]本尼迪克特：《文化模式》，生活·读书·新知三联书店，1988年，第250页。

9　《马克思恩格斯选集》第3卷，人民出版社，1972年，第179页。

10　转引自[英]罗素：《西方哲学史》上卷，何兆武、李约瑟译，商务印书馆，1963年，第59页。

然而在“亚细亚的古代”，由于私有制的钝刀没有彻底斩断人与自然、人与社会的原始纽带，致使每一个中国人不仅没有彻底离开原始自然的怀抱，而且也没有彻底离开宗族血缘的怀抱。这种“维新的路线”既减缓了进化速度，也减弱了异化的程度，致使每一个遭受不幸的中国人无需到超验的彼岸世界中去寻找寄托，而能够在精神领域中重新加固和调整建立在宗族血缘基础之上的人伦情感。于是，一种独具特色的伦理民俗精神便应运而生了。

在我看来，所谓“宗法观念”，就是把宗族的观念法律化，即在以尊祖、敬宗、收族为目的的祖宗崇拜的祭祀活动中逐渐加入政权、族权、夫权等内容。从甲骨卜辞中可知，鼎、彝、尊、爵等青铜器皿，原来只是祭祀祖宗用的礼器，看不出什么政权和等级的内容。殷人群饮，并无严格等级观念的酒礼，但是到了周代以后，那些原来容纳酒食祭品的鼎彝逐渐演变成为国家政权的象征，于是才有了所谓“问鼎”即夺权的观念；而那些原来人人尽可使用的尊爵，也开始成为贵族阶层的专用品，于是才有了所谓“尊称”和“爵位”等概念。《诗经·大雅·文王》曰：“周虽旧邦，其命维新。”而将宗庙的礼器转化为政权的宗器，将血亲的祭祀转化为等级的仪式，这大概就是所谓“周公作礼”的意义所在。李泽厚也认为，“所谓‘周礼’，其特征确是将以祭神(祖先)为核心的原始礼仪，加以改造制作，予以系统化、扩展化，成为一套早期奴隶制的习惯统治法规(仪制)。”[11]从这里，我们也可以加深对侯外庐关于“人惟求旧，器惟求新”观点的理解。

如果说，宗法制是亚细亚古代社会的必然结果，那么儒家思想则是宗法制度的必然产物。近代有学者认为，“儒”的前身是古代专为贵族服务的巫、史、祝、卜；在春秋社会大动荡时期，“儒”失去了原来的地位，由于他们熟悉贵族的礼仪，便以“相礼”为谋生的职业。孔子早年曾以“儒”为业，他说：“吾少也贱，故多能鄙事”；“出则事公卿，入则事父兄，丧事不敢勉，不为酒困，何有于我哉?”(《论语·子罕》)然而，孔子之于“儒”却绝不仅仅是充当“司仪”之类的角色，而要使职业的“儒”成为思想的“家”。

首先，在通习三代礼制的情况下，孔子选择了“周礼”。他说：“夏礼，

11 李泽厚：《中国古代思想史论》，人民出版社，1986年，第10页。

吾能言之，杞不足微也；殷礼，吾能言之，宋不足微也。周监于二代，郁郁乎文哉！吾从周。”（《论语·八佾》）为了恢复周礼，他广招门徒；为了恢复周礼，他周游列国。危难之时，他宣称：“文王既没，文不在兹乎？”（《论语·子罕》）老之将至，他慨叹：“甚矣吾衰也！久矣吾不复梦见周公！”（《论语·述而》）其次，孔子并不只是简单地恢复周礼的外在形式，而且要为这一形式确立充实的思想内容。所谓“礼云礼云，玉帛云乎哉？乐云乐云，钟鼓云乎哉？”（《论语·阳货》）“人而不仁，如礼何？人而不仁，如乐何？”（《论语·八佾》）等言论，充分表现了孔子以“仁”释“礼”，以“礼”导“仁”的决心和用意。从文字学的角度看，“仁，亲也，从人从二。”[12]也就是说，“仁”产生于人与人之间的亲伦关系。“樊迟问仁，子曰：‘爱人’。”显然，孔子的“爱人”是建立在亲子血缘关系基础之上的，正如孟子所理解的那样，“仁之实，事亲是也”（《孟子·离娄上》）。这种事亲之爱，也就是所谓“孝”“悌”。所以孔子的学生有子才说：“孝悌也者，其为仁之本与？”（《论语·学而》）《说文解字》云：“孝，善事父母者。”“悌，善兄弟也。”然而孔子却将这种爱有差等的父子、兄弟之情扩大为宗族血缘情感，认为“宗族称孝焉，乡党称弟焉”（《论语·子路》），并进而将人伦情感与国家观念联系起来，齐景公问政于孔子，孔子对曰：“君君、臣臣、父父、子子。”这种将父子亲情扩大为君臣伦理的做法不仅与“亚细亚的古代”“由家族到国家”的演进方式相吻合，而且也为由宗庙祭祀到国家仪式的“周公之礼”找到了思想根据。在孔子看来，“仁”是内容，“礼”是形式，只有具备了“仁”之欲望的人，才能够自觉地遵循“礼”之法则去行事；反之，经常按照“礼”之法则去行事的人，也会逐渐培养起“仁”之欲望，于是最终达到“一日克己复礼，天下归仁焉”的境界。

孔子所追求的这种境界，至少包含着两大功能。首先，从政治的角度看，这种以“仁”释“礼”的学说，显然有利于维护统治阶级的现存秩序，即将人们对待父母的“孝”转化为对待君王的“忠”。有子曰：“其为人也孝弟，而好犯上者，鲜矣；不好犯上，而好作乱者，未之有也。君子务本，本立而道生。”（《论语·学而》）“或谓孔子曰：‘子奚不为政？’子曰：‘《书》

12　许慎《说文解字》。

云：孝乎惟孝，友于兄弟，施于有政，是亦为政。奚其为为政?’”正因为伦理与政治之间有着如此紧密的联系，历代成功的统治者都非常重视和自觉地利用儒家伦理，所谓“三纲五常”“忠孝节义”“修身、齐家、治国、平天下”的思想，也缘此而得到发扬光大。反之，像秦朝那种只注重法律（外在规范）不注重伦理（内在欲求）的统治者，却因其不符合国情而过早地灭亡了。因此，在先秦诸子百家中，儒家之所以较之墨、道、法更有生命力，与其说它的思想更为完整，毋宁说它的观点更适应于“早熟”的中国古代社会。

其次，从信仰的层面上看，孔子的“仁”学修复了早期氏族社会的亲伦关系，使个体的人可以通过父子、兄弟、夫妻，乃至君臣等关系，与整个社会联成一体，从而克服了早期人类所可能产生的孤独感和幻灭感，具有了准宗教的意义。普列汉诺夫曾经指出：“宗教是观念、情绪和活动的相当严整的体系。观念是宗教的神话因素，情绪属于宗教情感领域，而活动属于礼拜方面，换句话说，属于宗教仪式方面。”[13]而在儒家伦理中我们可以看到：宗族观念、血缘情感、祭祀活动正是从这三个方面引导着个体精神的超越。只是与基督教不同，这种超越不是像亚伯拉罕献子那样，以牺牲亲伦关系为代价而换来的，而恰恰是建立在亲子血缘关系基础之上的。耶稣说：“不要称呼地上的人为父，因为只有一位是你们的父，就是天上的父。”[14]而孟子却教导人们：“老吾老以及人之老，幼吾幼以及人之幼。”因此，这种精神上的超越并不指向超验的彼岸世界，而是指向现实的社会人生。——“朝闻道，夕死可矣”，是一种超越；“道不行，乘桴浮于海”，是一种超越；“志士仁人，无求生以害仁，有杀身以成仁”，也是一种超越。这些超越都将个体的人看成是人类社会的一分子、人类历史的一环节，因而在必要的时候，可以置感性的生命于不顾，以求得精神的不朽。正是这种精神，激励着历史上的仁人志士为了祖国的繁荣、民族的解放、人民的自由不惜抛头颅洒热血，一往无前；也正是这种精神，使得我们这个民族具有如此强大的历史感和凝聚力。

当然，历史在发展，时代在前进，在面向21世纪人类文明日益交融的今

13 《普列汉诺夫哲学选集》第3卷，生活·读书·新知三联书店，1962年，第363页。

14 《新约·马太福音》。

天，简单地继承这种建立在宗族血缘基础上的伦理精神是远远不够的。对于其中原始素朴的内容、封建宗法的因素，我们必须进行彻底扬弃，以实现创造性的转换。

（此文发表于《学习与探索》1992年第4期）

试论“文化哲学”在理论上的生长点与突破点

将文化研究上升为一种哲学，以至于大张旗鼓地提倡所谓“文化哲学”，这在国内不能不说是近几年来“文化热”的产物。然而在“热”过之后我们便不得不“冷”下来思考：作为一种自觉的学术形态，“文化哲学”的出现是否有其存在的合法性和发展的可能性呢？所谓“存在的合法性”，就是要考察其理论上的“生长点”；所谓“发展的可能性”，就是要研究其学术上的“突破点”。在没有弄清这两者之前，“文化哲学”即使存在，也只能是一种非自觉的存在；“文化哲学”即便发展，也只能是一种无目的的发展。然而在考察与研究中我们也许会发现，“文化哲学”在理论上的“生长点”和“突破点”往往又是很难分开的；其“生长”本身就是一种“突破”，而“突破”又使其不断地“生长”起来。

一

初看上去，将“文化“与“哲学”绞在一起，似乎是一件令人费解的事情。因为“文化”（culture）一词无论存在多少歧义（据统计，目前世界上对“文化”一词的界定大约有220种），但它毕竟是一种具体的、实用的，与人的日常生活密切相关的东西，是人类智慧的具体运用和对象化成果；而“哲学”（philosophy）的基本含义，则恰恰是抽象的、思辨的、对人类日常生活的精神超越，因此，古希腊人将其理解为“爱智慧”，而非“用智慧”。换句话说，前者是经验的，后者是超验的；前者要解决的是“现象界”（或曰感性现实世界）的问题，后者要追求的是“物自体”（或曰宇宙本原）的问题；前者涉及物的存在方式和人的生活技巧，后者涉及物的存在根据和人的生存意义；前者属于“形而下”的“器”的运用，后者属于“形而上”的“道”的追求。

“形而上学”一词，原为亚里士多德的一部书的名称，古希腊安德罗尼柯在编纂此书时，将它放在《物理学》一书的后面，题为ta meta ta physica，意即“物理学之后”，译成拉丁文时，省去冠词，便是metaphysica。我们知道，“物理学（physica）是研究经验世界中具体事物的学问，而“形而上学”（metaphysica）则是研究现实事物背后的本质和规律的学问。因此，从13世纪开始，“形而上学”便逐渐成为哲学的代名词，只是在黑格尔之后，才从思维方式的角度赋予“形而上学”以新的含义，将其与辩证法相对立。而中国的翻译家，依据“metaphysica”的原始义项，结合《易·系辞》中“形而上者谓之道，形而下者谓之器”的名言，将其译为“形而上学”。这一富有深意的翻译，为我们理解文化与哲学之间的“器”与“道”的关系提供了重要的启示。

我们知道，人类在改造物质世界和积累文化财富的同时，又会不断地向自己所面对的物质世界与文化财富提出质疑，并追寻物质背后的存在和文化之中的意义。这种面对经验的物质（器）而追求超验的存在（道）、面对感性的（形而下的）文化而追求理性的（形而上的）意义的结果，便产生出了“形而上学”，即原始意义上的哲学。从这一意义上讲，所谓“哲学”就是对于包括“文化”在内的整个客观世界和社会生活的观念性整合。然而从西方哲学史来看，大量的哲学家在这种观念性整合的过程中恰恰有意无意地将“文化”搁置了起来，从而造成了“文化”与“哲学”的分离。

古代的哲学家只能基于自己的经验和想象来对客观世界和社会生活进行整合，从而为宇宙的本质制造定义。所谓根据经验来制造定义，就是将“水”（泰勒斯）、“火”（赫拉克利特）、“气”（阿那克西曼德）、“种子”（阿那克萨哥拉）之类直观的经验对象提升到超验的高度，认定其为世界的本原。所谓依据想象来制造定义，就是将“存在”（巴曼尼德）、“理念”（柏拉图）、“太一”（普罗提诺）之类虚幻的想象产品提升到实体的地位，认定其为宇宙的本体。按照习惯，我们将前者称之为“素朴唯物主义”，将后者称之为“原始唯心主义”。但是，无论前者还是后者，都因其所在的历史条件和文明程度的限制而必然陷入“独断论”的误区。这种“独断论”的哲学一方面由于既无法证伪也无法证实而导致众说纷纭、莫衷一是的局面；另一方面也由于其既远离生活又远离社会而导致“文化”与“哲学”的隔离。

为了走出形而上学的误区，近代哲学家开始将哲学研究的重点由本体论转向认识论，即在研究世界的本原之前，首先来考察一下人类是否具有认识这种本原的能力。于是，英国经验派从认识的具体内容出发，探讨人类的认识成果之不断积累与增加的可能性；大陆理性派则从认识的抽象形式入手，探讨人类的认识成果之普遍有效、不可颠覆的必然性。与古代哲学家所依据的直观经验和素朴想象不同，由于英国经验派从近代物理学那里汲取了经验归纳的方法，大陆理性派从近代数学那里汲取了逻辑演绎的方法，因而他们的哲学研究正渐渐从“独断论”中挣脱出来。

但是，一方面，将具体的时代精神抽象为某种思维方法，这本身就是对于文化内容的遗漏。因此，在近代哲学高度思辨的语言形式中，我们只能看到近代文化极为稀薄的投影。尽管当时的维柯即已察觉到“哲学”对“文化”不应有的疏离，因而有针对性地指出：“真实的东西就是被制造出来的东西。”[1]反对那种无视人类文化产品的哲学探讨。但是，在那个思辨成风、体系盛行的年代里，维柯所致力于研究和创造的“新科学”（“文化哲学”的雏形）反而为人们所蔑视。另一方面，走出“独断论”的误区并不意味着克服了“形而上学”的危机；相反，理性的自觉使人们更能够正视哲学本体论问题的艰巨。作为英国经验派和大陆理性派的集大成者，康德曾明确指出；“每一个个别经验不过是经验领域的全部范围的一部分；而全部可能经验的绝对的整体本身并不是一个经验。”[2]这样一来，在经验的“现象界”和超经验“物自体”之间便存在着一条无法跨越的鸿沟。于是，整合世界的

1 《辞海》哲学分册，上海辞书出版社，1980年，第345页。

2 [德]康德：《未来形而上学导论》，商务印书馆，1978年，第104页。

哲学命题又面临着新的挑战。

面对这种新的挑战，现代西方哲学形成了“科学主义”与“人本主义”两大思潮。前者认为，既然人的经验能力无法把握超验本体，哲学就应该自觉地摒弃形而上学的伪命题，运用语义分析和逻辑实证等方法，只对现实的经验世界进行必要的整合。后者则认为，既然超验本体无法被人的经验能力所把握，那么人要实现形而上的追求，就必须放弃由经验上升到理性的固有途径，而依靠直觉、内省等非理性能力，通过人类主体内心欲望和本能的发掘，追求其形而上的价值与意义。不难看出，“科学主义”受到现代西方高度发达的科学技术的影响，因而有着将哲学内容全面客体化、物质化、非人化的倾向；“人本主义”则与基督教文化解体而导致的思想解放和精神危机有关，因而有着将哲学内容全面主体化、自由化、非科学化的倾向。同古代哲学和近代哲学相比，西方现代哲学与文化之间的联系似乎较为直接和密切了，但是这种联系也存在着严重的障碍：“科学主义”只看到了文化客体中的非人因素，而看不到自然对象中所包含的生生不息的人化内容；“人本主义”则只看到文化实践中的异化成分，从而将文化规范看成是压抑个体生命的外来势力。因此，前者与文化的联系是片面的，后者与文化的联系是扭曲的。

与之不同，只有马克思主义哲学要求将“文化”与“哲学”全面地、有机地、自觉地联系起来。因为，在马克思看来，客观的物质世界并不是陌生的、疏远的、与人类无关的感性存在，它本身就是人类实践的历史成果，是“人化的自然”；主观的精神世界也不是孤立的、抽象的，与文化无关的理性观念、生物本能，或“此在”经验，它本身就是社会实践的文化成果，是“自然的人化”。更为重要的是，马克思向来不主张将哲学从具体的、历史的、活生生的文化现实中分离出去，去追求所谓“彼岸世界的真理”。相反，他认为在“彼岸世界的真理消逝之后，历史的任务就是确立此岸世界的真理。”[3]因此，哲学作为包括文化在内的整个客观世界和社会生活的观念性整合，非但不应该回避和无视具体的文化现象，反而应该将这些具体的文化现象作为自己的出发点和落脚点。于是，在马克思所开创的“历史唯物主义”哲学中，我们所看到的已不再是康德那可望而不可即的“物自体”，也不再是黑格尔

3 《马克思恩格斯选集》第1卷，人民出版社，1972年，第2页。

那自存在、自发展、自否定、自回归的“绝对精神”，而是“生产力”“生产关系”“经济基础”“上层建筑”“社会存在”“社会意识”这一系列与人类文化息息相关的范畴体系。所以，我们确实可以断言，只有在马克思主义这里，西方“哲学”才真正实现了向“文化”的历史性回归。继马克思之后，卡西尔从符号学的角度建立了自己的“文化哲学体系”，斯宾格勒则从历史学的角度将人类文化的研究上升到一种哲学的高度……尽管他们的具体观点与马克思主义大相径庭，却都以人类的文化现象作为哲学研究的基本对象，因而在“科学主义”与“人本主义”这两大思潮之间形成了一种新型的中介形态。

这种新的哲学形态并不是与一切传统和现存的哲学研究简单决裂的产物，它只有在自觉地汲取传统哲学无限广阔的研究视野和高度抽象的思维成就并借助于“科学主义”和“人本主义”这两大现代思潮所形成的必要的张力的基础上，才可能在更高的层次上彻底完成“哲学”向“文化”的历史性回归，从而使哲学研究不再是抽象的逻辑体系而与活生生的文化现实相联系，从而使文化研究不再是具体的现象描述而具有异常深刻的哲学意识，即真正实现“道”与“器”的统一。

二

与西方哲学不同，中国哲学向来就主张“体”“用”不二、“道”“器”不离。因此，我们的先哲们在对客观世界进行观念性整合的过程中，从来就没有彻底抛弃文化成果。以先秦哲学为例，引起诸子百家广泛争鸣的，并不是世界统一于何物的形而上学问题，小到婚丧嫁娶、礼乐诗词，大到谋略征伐、安邦定国，先哲们所津津乐道的恰恰是这些与民族文化有关的思维方式和行为方式的问题。对此，我们似乎可以断言，中国哲学自古就是以“文化哲学”的形态出现的。

但是，从严格的理论意义上讲，我们又必须看到，这种古典的“文化哲学”却只能是潜在的，非自觉意义上的。因为真正哲学意义上的观念性整合，必须具有自我反省和文化超越的意味。也就是说，所谓“哲学”应该是人们跳出"文化"之外，再反观"文化"、整合"文化"的产物。那种尚未跳出"文化"的"哲学"思考，虽也不乏深刻的哲思和闪光的义理，但终因囿于特定的"文化"视角而无法进行更加自觉的文化反省和更大幅度的文化整合。仍以先秦诸子为例，儒家重在整合人与社会的关系，而缺乏对于人与自然关系的思考；道家重在整合人与自然的关系，而敌视人与社会关系的建立；墨家发于"非攻"而止于"兼爱"，只是一种近乎宗教的伦理哲学；法家发于"法术"而止于"权谋"，只是一种维护统治的政治哲学；此外，如惠施、公孙龙者，虽精于逻辑但止于辩术；孙武、孙膑等人，虽善于谋略然止于用兵……换言之，与其说他们是站在"哲学"的角度对"文化"现象进行全方位的整合，不如说是在"文化"本身的创造过程中内蕴了一定的哲理。因此，按照习惯，人们并不把它们叫做"文化哲学"，而是将之算在"传统文化"的范围之内。

不难看出，这种理论整合的有限性显然与理论术语的具体性有关。因为"道"是普遍的，同时又是抽象的；"器"是具体的，同时又是有限的。正如追求普遍整合的西方哲学不得不陷入抽象的逻辑思辨一样，固守具体文化的中国哲学则不得不陷于有限的经验描摹。无论是儒家的"以仁释礼"，还是道家的"道法自然"，都无法同时兼顾社会与自然两个领域，至于墨家的"尚贤""尚同""兼爱""非攻"，法家的"任法""明法""赏罚""权谋"，虽不乏具体的可操作内容，但都因概念的过分具体而无法实现更高层次上的观念性整合。

先秦思想的这一局限，在汉代即已引起了人们的不满，为了改变这一局面，汉儒试图从阴阳五行学家那里获得一种抽象的思维框架，以便将儒家所强调的人与社会的关系和道家所重视的人与自然的关系统一到一种全新的"天人宇宙图式"中来。尽管汉儒的这一体系还相当粗糙，并由于缺乏冷静的逻辑分析和必要的中介环节而充满了"天人感应"的比附与迷信色彩，但它毕竟显示了人们要在更大的范围内实现观念性整合的精神需要。不仅如此，在当时的情况下，阴阳辩证和五行流转的理论框架也确实在一定程度上提高了人们的抽象思维能力和理论综合水平，从而使文化建设更加具有哲学意味。

继汉儒之后，经过魏晋玄宗的兴起、隋唐佛教的盛行，宋明理学终于在同化佛、道思想的基础上进一步实现了这一体系的精致化和哲学化，为了实现这一目的，理学家们大量使用了“理气”“太极”“道器”“阴阳”“动静”“形而上”“形而下”等较为抽象的理论范畴和逻辑中介，从而将天地万物之原与人伦日用之道融为一体，形成了一种包罗万象、体大思精的理论体系。尽管由于缺乏自觉的辩证思维和严密的逻辑过渡，而使得程、朱等从客体角度来构造世界的“理学”系统还无法与黑格尔的“理念论”相媲美；尽管由于缺乏理性的自我批判和认识的自我反思，而使得陆、王等从主体角度来构造世界的“心学”系统尚无法与康德的“先验论”相比拟；但其思想的理性化和范畴的系统化之主导倾向则是任何人也不能怀疑的。到了这个时候，我们便更加不能将儒家思想仅仅看成是一种文化而非哲学了。

总之，中国与西方世界的精神生产刚好相反：从发生学的角度来看，西方人是为了“哲学”而遗漏了“文化”，中国人是为了“文化”而放弃了“哲学”；从发展的角度来看，西方人是使“哲学”逐渐向“文化”回归，中国人是让“文化”逐渐向“哲学”升华。正是这种双向逆转的发展趋势，才使得作为“文化哲学”形态的马克思主义，不仅是西方思想发展的历史成果，而且也容易为中国人所认同；正是这种双向逆转的发展趋势，才使得由“哲学”指向“文化”的西方思想同由“文化”指向“哲学”的中国精神最终走到了一起，从而在彼此的碰撞之中寻找着“文化哲学”在理论上的生长点与突破点。

三

通过以上分析，我们可以看出：文化与哲学之间的内部联系，为“文化哲学”在中国与西方世界的历史生成，提供了逻辑的必然性；而民族与世界之间的外部影响，则为“文化哲学”在目前东、西文化相互碰撞的历史条件下获得长足发展，提供了历史的可能性。

从逻辑的意义上讲，我们不应把“文化哲学”视为“文化”与“哲学”之间的异姓联姻，而应把它看成是一种彼此交融的新的历史形态。也就是说，一种文化要想成为自觉的文化而非随意的文化，就必须上升到哲学的高度加以反思；一种哲学要想具有现实的力量而非虚幻的寄托，就必须进行文化的参与。从这一意义上讲，“文化哲学”的出现是“文化”与“哲学”双重自觉的历史标志，因而“其存在的合法性”便是毋庸置疑的了。

从历史的意义上讲，我们则不应把“文化哲学”的发展仅仅看成是一种自发的历史过程，而应积极地去把握东、西文化相互碰撞的历史机遇。因为，正是在这种历史性的文化碰撞之中，中国社会丰厚的文化土壤和西方世界悠久的哲学精神将在相互的渗透中吸收彼此的营养，从而使“文化哲学”的发展获得空前的繁荣。也就是说，中国传统文化的研究要想获得一种历史性的突破，就必须自觉地从西方哲人那里引进和吸收理性和科学的方法，这既包括辩证唯物主义和历史唯物主义等已经被证明行之有效的方法，也包括信息论、系统论等正在被证明切实可行的方法，从而使文化研究超越经验描述的古典形态，逐渐系统化、科学化。另一方面，西方传统的哲学研究要想获得长足的进步，也必须自觉地去开采中国传统文化的丰富宝藏，这既包括中国几千年来创造出来的物质财富和文化典籍，也包括中国人特有的思维方式和行为方式，从而彻底改变欧洲中心论的狭隘立场，使哲学真正成为全人类文化的观念性整合。因此，仅就“文化哲学”目前所处的历史机遇而言，“其发展的可能性”也是不容低估的。

文化与哲学、民族与世界之间的逻辑结构和历史影响不仅决定了“文化哲学”存在的合法性和发展的可能性，而且也决定了这一存在和发展的艰巨性。首先，要在形而上的哲学精神与形而下的文化现实之间搭起一座理论的桥梁，绝不是一件轻而易举的事情，它不仅需要同时具有理论的思辨能力和现实的观察能力，而且需要创造一系列的理论模式和中介环节而将高度抽象的哲学精神和具体可操作的文化内容联系起来。否则的话，理论对实践的影响力则只能流于一种空洞的口号和虚幻的感召而已；实践对理论的推动力也只能是一种象征性的基础和随意性的前提。在这里，我们所需要的不是大而化之的原则，而是深入细致的分析。其次，要使中国与西方的文化和哲学精神获得有益的互补与双向的交流，也不是一件容易的事情，这不仅需要学贯中西的知识准备和文化素养，而且也必须懂得如何区别不同的文化视角与价值尺度。否则，我们便会在中西文化的悖论性选择中迷失方向，或在理论的超越性和现实的可行性之间徘徊不停。在这里，我们所需要的不是堂而皇之的结论，而是切实可行的方案。

尽管“文化哲学”的存在与发展是如此的困难和艰巨，然而其未来的前景却又是不可限量的。这是因为文化与哲学、民族与世界之间逻辑与历史的统一最终将决定着“文化哲学”由过去走向未来的现实意义。这意义显示着：以文化为本位的哲学研究，不仅决定着人们在物质财富和社会制度的创造与选择中的自觉程度，而且决定着人们在价值规范和信仰体系的选择与建构中的自觉程度。因为文化作为一座由物质、制度、观念所组成的三层金字塔，它一旦形成便具有了相对的稳定性和整体的系统性。马克斯·韦伯关于新教伦理与资本主义关系的研究，使人们更加清楚地认识到：一种看不见的文化因素，也将影响着一个社会的历史转型。受其影响，儒家文化与现代社会之关系的研究，便逐渐成为东亚地区发展中国家的重要课题。这一课题的意义就在于：我们能否把历史的包袱变成历史的财富，从而走出一条完全不同于西方模式的现代化之路。如果不能，我们将如何避免传统文化对现代化历程的负面影响；如果可能，我们又将如何实现传统文化的现代化转换。与此同时，汤因比和池田大作对人类21世纪的展望，则使人们更加清醒地认识到：为了不使人类的财富变成人类的灾难，人们在竞争的同时还必须学会更好地合作与协调。受其影响，东方固有的人生经验和价值体系与西方最新的文明方式和科技成果之关系的研究，则渐渐成为欧美发达国家的热门话题，这一课题的意义就在于：在高度发达的后工业社会里，人们能否在失去上帝的情况下，真正实现人与自然、人与社会和谐统一的东方理想。如果不能，人们将如何设计未来的文化模式；如果可能，人们又将如何协调群体的凝聚力和个体的创造力……正是这一系列与人类生存密切相关的重大课题，迫使人们不得不在这片荆棘丛生而又广阔肥沃的理论园地中去进行辛勤的劳作，从事一种“知其不可而为之”的“文化哲学”研究。

（此文发表于《山东社会科学》1992年第5期）

我国社会科学研究的市场化与世界化趋势

高度集中的计划经济模式向灵活机动的市场经济模式的转变过程中，中国自然科学的研究开始走上了市场化与世界化的必由之路（这主要表现为科研成果的商品性转换和知识产权的国际性认同）。展望未来，这是否也将是中国社会科学发展的必由之路呢？可以有把握地预测，我们那些既与市场无关又与世界绝缘的社会科学产品必将面临“滞销”的危险。在我们这个以经济建设为中心的并不富裕的国家里，政府也将无力维持我们这个如此庞大却又尚空谈的社会科学研究队伍的“铁饭碗”！总之，形势是如此地严峻，以至于我们已经无暇去进行类似“学术商品化必然庸俗化”的感伤与慨叹，而必须重新正视自身存在的价值与历史赋予的责任。

我们可以把那些既无法面对市场也无法面向世界的社会科学研究分成两大类，一类叫做“假学问”，一类叫做“家学问”。

造成“假学问”的原因很多，就动机而言，我们一些社会科学工作者长期以来并不是把社会科学看成是从实践中来，并用以指导实践的理论模式，而是简单地将其视为一种宣传形势、图解政策的观念体系。原本是为政府提供决策依据的社会科学研究，却仅仅变成了政府决策的宣传品和附属品，这不仅从客观上增加了政府决策失误的可能性，而且在事实上也削弱了社会科学研究本身的独立性与科学性；就方法而言，我们一些社会科学工作者长期以来就连充分的经验归纳和严格的逻辑演绎也无意遵循，只习惯于写一些“举例说明”式的文章，这种“举例”使研究成果既无法“证伪”又未能“证实”。

造成“家学问”的原因也很多，就对象而言，我们社会科学中的人文科学，有相当一部分是以中国传统文化为研究对象的，而传统文化本身的封闭性，又必然导致“国”与“家”的统一，使“国学”很容易蜕变为“家学”；就视野而言，我们的一些人文学者，只是从“乾嘉学派”那里继承了严肃、求实的考据传统，但无法从世界的角度来看待中国文化的价值与意义。这种“视野”与“对象”的重合，又进一步使“国学”蜕化为“家学”的可能性变成了必然性。

当然，并非国内所有社会科学的研究成果都算是“假学问”或“家学问”，但事实上这两种学问的存在和影响却正是我们无法面对市场、面向世界的主要原因。政府作为“单一买方市场”的存在，使得那些紧跟形势的宣传品常常处于“畅销”状态，只是这种畅销并不是消费者主动认购的结果，而是在配给制度下的“别无选择”。所谓“无法面向世界”，也并不是说这两种学问完全得不到国外的承认。事实上，那些对华夏文明颇感兴趣的国外学者，对于我们独具“家法”的传统性研究不仅是承认的，而且是尊重的，只是这种承认和尊重仅仅限于单向的了解而无法进行双向对话。

即使是在对外开放的现实生活中，社会科学也应保持一部分相对独立的民族传统。问题只在于，我们过去的主要任务将变为次要任务，我们过去的全部特色将变为部分特色；也就是说，宣传工作不是社会科学的全部任务，传统学问是少数专门家的事情。无论对于前者还是对于后者，都只是提高“质”的问题，而不是扩大“量”的问题。

就前者而言，我们首先必须改变原有的研究动机，要把社会科学研究看成是对于未来真理的“发现”过程，而不仅仅是对现行政策的“论证”活动。因为只有这种变被动为主动的发现，才可能真正引起国家、地区、部门、企业等各类决策机构的关注，引起多元性买方市场的兴趣。其次，我们也应该自觉地改进已有的研究方法，即在辩证唯物主义和历史唯物主义的基础上，引进信息论、系统论、控制论等新的研究模式，加大社会科学研究调查性、统计性、实践性的内容。由“定性”分析向“定量”分析过渡，才可能使社会科学研究真正具备可操性的价值，变成具体可行的方案。

即使是对中国传统文化的研究，也应以人类文化的总体结构作为参照系统，将其放在中西文化剧烈碰撞的历史背景下加以考察，以发掘其具有历史现代意义、世界意义的全新课题。只有这样，才能使国外学者在我们的传统文化中发现与其现实生活、与其未来命运紧密相关的东西，不仅以欣赏与猎奇的态度，而且以需求和参与的精神，加入我们的研究的对话，使“国学”研究真正具有开放性的世界意义。

要实现以上的调整与转型，当然不是一件轻而易举的事情。然而，唯有进行这种脱胎换骨的转变，才可能使我们真正把握住历史赐予我们的机遇，从而使社会科学在商品经济的历史进程中生存和发展，实现其价值和意义。

（此文发表于《社会科学报》1992年9月3日）

走出经济发展中的文化困境

在总结了十年“文革”的教训和十年“改革”的经验之后。我们这个多灾多难而又自强不息的民族，再一次摆脱了“以阶级斗争为纲”的梦魇，重新回到了“以经济建设为中心”的正确轨道上来。这种历史性的转移与回归，无疑是对于马克思历史唯物主义基本观点的又一次确证，是对于那些文化决定论、政治决定论、意识形态决定论等错误观点的进一步清除。但是，“以经济建设为中心”并不是要无视经济以外的文化因素。这是因为，作为社会发展的系统工程，经济与其他文化因素之间，既存在着相互促进、彼此推动的关系；又存在着相互矛盾、彼此制约的关系。如果我们对于这些错综复杂的关系不能正确地认识和妥善地处理，不仅会陷入一系列的文化困境，而且也会反过来阻碍经济建设的发展。

恩格斯在《反杜林论》中曾经指出：正像自然界的每一次进化同时也是退化一样，人类文明的每一次进步同时又会带来负面的影响。这种历史前进的“二律背反”不仅曾给西方的社会进步带来了许多灾难性的后果，而且正在给我们当前的社会发展制造出种种意想不到的危机。这其中最为突出的问题是：经济的增长，非但没有强化伦理的地位，反而促成了道德的解体；物质的丰实，非但没有导致精神的繁荣，反而造成了学术的匮乏。这种道德的尴尬和学术的窘迫，已构成当今文化建设中的两大困境，而只有走出这困境，才能使我们古老的华夏文明得以重建。

一、经济的发展与道德的再生

1750年，就在启蒙主义者高举“自由”“平等”“博爱”大旗在意识形态领域中进行资产阶级革命的时候，卢梭却抛出了自己的长篇征文《论科学与艺术的复兴是否促进了风俗的淳厚》。此文的获奖不仅震动了法国的思想界，而且也为当时那种盲目乐观的理性主义思潮投下了一层阴影，因为卢梭对问题的回答是否定的。其观点甚至可以概括为“文明越发展，道德越堕落。”

卢梭的这一观点，不仅在整个西方资本主义原始积累时期得到了血淋淋的印证，而且在中国今天的商品经济生活中，也日益强烈地回响在我们的耳边。不是有人在叹息80年代的道德水准远远低于50年代吗？不是有人在怀疑难道我们有必要以道德的沦丧为代价而换取经济的繁荣吗？对于如此严肃的问题，我们不能不进行深入的研究和分析。

首先，我们必须承认，以上的这类担忧和疑虑，不是毫无根据的。改革开放不仅给我们带来了经济的增长、社会的繁荣、生活的富裕，而且随之也带来了个人欲望的膨胀、金钱地位的上升、政治热情的下降。这种趋势似乎是不以我们的意志为转移的，也不是通过单纯的思想政治工作所能逆转的。因为商品经济的发展必然会使得商品生产的主体——人，最终也沦为一种特殊的商品，使得人与人之间超越物质联系的情意交往越来越淡薄，从而让位于直接的金钱关系。关于这一点，只要我们拿西北内陆地区依然有古朴的风土民情与东南沿海一带日益冷漠的人际关系加以比较，就可以看得十分清楚了。于是这种我们习以为常的温情脉脉的富于人情味的伦理准则，正在受到日甚一日的冲击！我们这个举世闻名的礼仪之邦，正在面临着道德解体的危险。

其次，我们也必须分析，这种道德的解体究竟具有什么样的意义？关于这一点，我们似乎很难用“善”或“恶”这类单纯的伦理学术语加以评价。因为从历史发展的内在动力来看，“善”与“恶”本身就具有双重的涵义。恩格斯曾引用黑格尔的具体观点来分析这一问题："在黑格尔那里，恶是历史发展的动力借以表现出来的形式。这里有双重的意思，一方面，每一种新的进步都必然表现为对某一神圣的事物的亵渎，表现为对陈旧的、日渐衰亡的、但为习惯所崇拜的秩序的叛逆，另一方面，自从阶级对立产生以来，正是人的恶劣的情欲——贪欲和权势欲成了历史发展的杠杆，关于这方面，例如封建制度的和资产阶级的历史，就是一个独一无二的持续不断的证明。"[1]

与之不同的是，在相当长的时期内，我们根本不愿意承认人的私欲在历史发展过程中的进步作用，甚至不敢承认，人有追求财富和享受的权力。而只是一味地强调人应该牺牲、应该奉献、应该专门利人毫不利己。由于这类貌似进步的口号脱离了特定时期经济发展的实际水平，因而非但很难产生积极的作用，反而在一定程度上造成了压抑社会成员劳动积极性的禁欲主义后果，形成了口号喊得越高，实际做得越少的鲜明反差。关于这一点，我们每一个人都曾经在那些高悬着"为人民服务"和"救死扶伤，实行革命的人道主义"之招牌的商店和医院的服务质量中得到过切身体验。总之，如果一个社会不对其个体成员的实际利益进行必要的承认和维护的时候，每一个社会成员都有可能对这个社会报以不负责任的工作态度。

问题的严重性还不仅在于这种恶性的循环妨碍了社会生活的正常运转，而且久而久之，还会酿成一种盲目而虚假的政治热情，即以革命的名义去实现个人的私欲。关于这一点，我们甚至可以追溯到那个历来为人们所称道、所怀念的50年代。因为正是在那个被后人所美化了的年代里，我们的国家至少发生了两件对整个社会道德产生了深远影响的大事。——1957年反右斗争的扩大化，开了整人的先例。在这一事件中，有些人开始学会了以革命的名义去打击别人，并以革命的名义来保存自己。紧接着，1958年的"大跃进"，则开了全民浮夸、全民说谎的先例。这一运动使更多的人懂得，不负责任的政治口号，尽管会给社会带来灾难性的后果，却可以维护自己的现实利益，所以从某种意义上讲，50年代的这两项运动可视为"文化大革命"的预演，是以后的极"左"路线在道德上的准备和积蓄。因此，如果说我们这个民族，确实在道德上出了问题，那么也不是自今日起。的确，与过去相比，今天的人们

1　《马克思恩格斯选集》第四卷，人民出版社，1972年，第233页。

甚至表现出了更加直接、更加露骨的私欲。

总之，正是由于过去的道德因缺乏坚实的社会土壤而具有虚假的一面，所以才面临着必要的不可避免的解体。

最后，我们还必须指出的是，尽管旧道德的解体不足为惜，但其本身毕竟是一种文化的危机。我们知道，中国文化一向以伦理为本位。这意味着，在行为方式上，中国人主要不依靠外在的、强制性的法律条文来约束自己的行为，而是依靠内在的、诱导性的道德观念来进行自我约束；在信仰方式上，中国人主要不是到处在彼岸世界的神灵那里寻找自己的寄托，而是在此岸世界的伦理中来确定人生的意义。因此，当这种身兼二任的道德开始解体的时候，中国人必然会陷入行为和信仰的双重危机。

从社会根源上讲，这种危机的出现，无疑是一种历史的必然，因为以儒学为核心的传统伦理，根植于"亚细亚的古代"保留至今的宗族血缘关系，而这种关系在商品经济的历史大潮中，必然面临着土崩瓦解的命运。从长远的观点来看，这场利益与情感、商品与血缘的历史性较量并不一定是件坏事，因为无论以儒学为核心的传统理论，怎样温情脉脉，都已经失去了历史的进步意义。正像马克思曾经指出的那样："从纯粹人的感情上来说，亲眼看到这无数勤劳的宗法制的和平的社会组织崩溃、瓦解、被投入苦海，亲眼看到它们的成员，既丧失自己的古老形式的文明，又丧失祖传的谋生手段，是会感到悲伤的；但是，我们不应该忘记：这些田园风味的农村公社、不管初看起来怎样无害于人，却始终是东方专制制度的牢固基础；它们使人的头脑，局限在极小的范围内，成为迷信的驯服工具，成为传统规则的奴隶，表现不出任何伟大的和任何历史首创精神。"[2]

问题在于，历史的首创精神却并不一定能够取代伦理道德的功能与意义。一方面，传统的道德标准已经不能适应现代中国的社会需要，因而在客观上形成了历史发展的精神阻力；另一方面，现代的商品经济，不仅冲破了小农经济的封闭性、狭隘性和保守性，同时也会荡涤温情脉脉的人伦情感，从而践踏传统文化中那些看似无害的、令人留恋的东西。由于前者，使人们对于传统文化深恶痛绝，必欲除之而后快；由于后者，又使人们对儒家伦理，

2　《马克思恩格斯选集》第二卷，人民出版社，1972年，第67页。

依依惜别，唯恐绝之而失传。这就是我们在这场文化危机中所面临的两难选择，也就是那些五花八门的文化主张所赖以产生的社会根据。

要走出这种文化困境，无疑是相当艰难的。尽管从理论上，我们可以明确指出，作为否定之否定的辩证发展，我们所要建立的新型伦理，既不是美妙而虚假的传统道德，也不是真实而冷酷的商业精神，而是二者的批判与扬弃。然而在实际上，我们又不得不承认，目前要进行这种批判的扬弃，尚缺乏足够的精神准备和物质前提，也就是说，在相当长的一段时间里，所谓"道德的重建"只是有理论和宣传的意义；与之相反，现实生活中日益加剧的，则只能是道德的解体。这正像马克思所指出的那样："一个社会即使探索到了本身运动的自然规律，它还是既不能跳过，也不能用法令取消自然发展的阶段，但是它能缩短和减轻分娩的痛苦。"[3]

目前，为了减轻道德解体这一社会分娩所带来的痛苦，我们必须彻底根除伦理中心主义的传统观念，一方面给每个人的社会实际带来更多的自由空间，另一方面又要自觉地依靠法律来约束人们的社会行为。与时同时，我们也应该不断地探索新的社会实践所可能带来的新的精神凝聚力，从而尝试建立一种以实践群体为基点而非血缘关系为前提的新道德的可能性。尽管这种新道德的存在目前看来还只是一种可能性，但是我们坚信，对于下世纪的中国人来讲，这将是一种比物质财富更加诱人的精神财富。

二、经济的发展与学术的重建

特定的社会发展模式要求与之适应的社会科学研究模式，从高度集中的计划经济模式向灵活机动的市场经济模式的转变过程中，也就是从生产决定消费向消费引导生产的转变过程中，作为精神产品的社会科学研究成果也必然发生相应的变化。于是，中国传统的社会科学模式也便进入了一个自我反省、自我批判、自我更新的历史关头。

自改革开放以来，中国工农业生产已经走上了一条市场化与世界化的必由之路。随着改革开放的深入，中国自然科学的研究也开始走上了这条市场

3 《马克思恩格斯全集》第23卷，人民出版社，1972年，第11页。

化与世界化的必由之路（这主要表现为科研成果的商品性转换和知识产权的国际性认同）。展望未来，市场化与世界化是否也将是中国社会科学发展的必由之路呢？如果是的话，我们现在的社会科学研究模式又将做什么样的调整与转型呢？

这一问题的提出，也许过于尖锐了一些，然而“轰动效应”的消失、对外交流的困难、图书界的冷遇、杂志社的疲软……都以虽不尖锐但日益严峻的形势摆在了我们的面前。可以毫不迟疑地断言，在相当长的一段时间内，随着商品经济的发展，这种严峻的形势只会加剧而不可能扭转。可以确有把握地预测，在一切社会劳动都必须转化为商品并面对世界市场的历史过程中，我们那些既与市场无关又与世界绝缘的社会科学产品，必将面临“滞销”的危险。正如产品的滞销，必然带来工厂的倒闭和工人的失业一样，在我们这个以经济建设为中心的并不富裕的国家里，政府也将无力维持我们这个如此庞大却又尚于空谈的社会科学研究队伍的“铁饭碗”。总之，形势是如此的严峻，以至于我们已经无暇去进行类似“学术商品化必然庸俗化”的感伤与慨叹。而必须重新正视自身存在的价值与历史赋予的责任。

是历史遗弃了我们，还是我们辜负了历史？这是一个值得考虑的问题。在这个问题没有解决之前，让我们先来回顾一下国内社会科学现有的状况。用一种虽然刻薄但通俗易懂的概念，我们可以把那些既无法面对市场，也无法面向世界的社会科学研究分成两大类，一类叫做“假学问”，一类叫做“家学问”。

造成“假学问”的原因很多，这其中既有研究动机的问题，也有研究方法的问题，就动机而言，我们一些社会科学工作者，长期以来并不是把社会科学看成是从实践中来、并用以指导实践的理论模式，而是简单地将其视为一种宣传形势、图解政策的观念体系。从这种动机出发，原本是为政府提供决策依据的社会科学研究，却仅仅变了政府决策的宣传品和附属品。这种次序的颠倒，不仅从客观上增加了政府决策失误的可能性，而且在事实上也削弱了社会科学研究本身的独立性与科学性。就方法而言，我们一些社会科学工作者，长期以来非但没有从自然科学研究中，自觉地学习和引进新的科学方法论，而且就连充分的经验归纳和严格的逻辑演绎也无意遵循，只是习惯于写一些“举例说明”式的文章。这种“举例”的有限性必然导致“说明”的随意性，从而使研究成果既无法“证伪”又未能“证实”。

造成“家学问”的原因也很多，这其中既有研究对象的问题，也有研究视野的问题。就对象而言，我们社会科学中的人文科学，有相当一部分是以中国传统文化为研究对象的，而传统文化本身的特点，又必然导致“国”与“家”的统一，使“国学”很容易蜕变为“家学”。就视野而言，我们的一些人文学者，只是从“乾嘉学派”那里继承了严肃、求实的考据传统，却无法从世界的角度来看待中国文化的价值与意义。这种“视野”与“对象”的重合，又进一步使“国学”蜕化为“家学”的可能性变成了必然性。

当然了，我们并不是要把国内所有社会科学的研究成果都算成是“假学问”或“家学问”，但在事实上，这两种学问的存在和影响，却正是使我们无法面对市场、面向世界的主要原因。所谓“无法面对市场”，并不是说这两种学问在任何时候都处于“滞销”状态。事实上，在过去高度集中的计划经济体制下，由于政府作为“单一买方市场”的存在，使得那些紧跟形势的宣传品常常处于“畅销”状态。只是这种畅销并不是消费者主动选购的结果，而是在配给制度下的“别无选择”。所谓“无法面向世界”，也并不是说这两种学问通通得不到国外的承认。事实上，那些对华夏文明颇感兴趣的国外学者，对于我们独具“家法”的传统性研究不仅是承认的，而且是尊重的，只是这种承认和尊重仅仅限于单向的了解而无法进行双向的对话。

指出这些问题，也并不是要简单地否定和贬低国内社会科学研究的已有成果。因为在一个主要依靠政策而非依靠法律来保障社会运行的历史时期里，社会科学充当现实政策的宣传品，不但是必然的，而且是必要的；而在一个闭关自守的历史时期内，社会科学要想进行世界性的思考和对话，不仅是不可能的，而且是不现实的。退一万步讲，即使在法制建设臻于完善的未来社会里，社会科学也不应完全推卸普及、深化和宣传政府决策的责任；即使是在对外开放的现实生活中，社会科学也有权力保存一部分相对独立的民族传统。问题只在于，随着民主与法制建设的日益完善，随着对外开放的进行，我们过去的主要任务将变为次要任务，我们过去的全部特色将变为部分特色。也就是说，宣传工作还是要搞好，但它绝不是社会科学的全部任务，传统学问还是要做的，但那只是极少数专家学者的事情。无论对于前者还是后者，都只是提高“质”的问题，而不是扩大“量”的问题。与此同时，绝大部分社会科学工作必须完成面向市场、面向世界的历史性转变，即在研究中减少“假”的成分，增加“真”的内容；减少“家”的局限，扩大“国”的意义。

就前者而言，我们首先必须改变已有的研究动机，把社会科学研究看成是对于未来真理的“发现”过程，而不仅仅是对于已有政策的“论证”活动，因为只有这种变被动为主动的独特发现，才可能真正引起国家、地区、部门、企业等各类决策机构的注意，从而引起多元性买方市场的兴趣，并用以指导以经济建设为中心的社会实践活动。其次，我们也应该自觉地改变已有的研究方法，即在辩证唯物主义和历史唯物生义的基础上，引进信息论、系统论、控制论等新的研究模式，加大社会科学研究调查性、统计性、实验性的内容，由“定性”分析向“定量”分析过渡。因为只有产生了定量性的分析成果，才可能使社会科学研究真正具备可操作性的价值，从而不再是大而化之的结论，而变成具体可行的方案。

就后者而言，我们首先应该扩大已有的研究对象，即不仅要研究中国传统文化给我们遗留下来的思想和财富，而且要重视外国文化、尤其是发达国家在其现代化过裎中总结出来的经验和教训，以确保我们的社会实践少走弯路。其次，我们更应该自觉地扩大固有的研究视野，即使是对于中西传统文化的研究，也应该以人类文化的总体结构作为参照系统，将其放在中西文化剧烈碰撞的历史背景下加以考察，以发掘其具有现代意义、世界意义的全新课题。只有这样，才能使国外学者在我们的传统文化中发现与其现实生活、与其未来命运紧密相关的东西，从而不仅以欣赏与猎奇的态度，而且以需求和参与的精神，加入我们的研究和对话，使“国学”研究真正具有开放性的世界意义。

要实现以上的调整与转型，当然不是一件轻而易举的事情，它不仅要求我们学会一些从未接触过的东西，而且迫使我们放弃一些习以为常的本领。

因此它不仅是艰难的，而且是痛苦的。然而，唯有进行这种脱胎换骨的转变，才可能使我们真正把握住历史赐予我们的机遇，从而使社会科学在商品经济的历史进程中不仅能够生存，而且能够发展下去，并实现其应有的价值和意义。

（此文为陈炎、周子健合作，发表于《社会科学家》1993年第6期）

文化的挑战与应战
——关于儒学分期的一种新阐释

关于儒学的分期问题，目前海内外似乎已有定论，即将先秦原始儒学视为第一期，宋明理学视为第二期，现代新儒学视为第三期。这样的分期大抵是从所谓“内圣外王”的角度入手的。当代“新儒学”的代表人物牟宗三曾这样写道：儒家的学问原来讲的是“内圣外王”，宋明儒则特意重“内圣”这一面，亦即强调道德意识，讲求道德意识、自我意识的自我体现。“儒家学术第三期的发展，所应负的责任即是要开这个时代所需要的外王，亦即新开外王”。[1]由此可见，这种分期的原则不仅涉及儒学演变的历史阶段问题，而且涉及儒学发展的现代命运问题；而这一原则改变和推翻则无疑会在这两个问题上均得出不同的答案。

为什么要改变和推翻这一原则呢？首先，我们不同意牟宗三关于儒家有所谓“常道性格”的学说，即不同意他下面这段话：“儒家这个学问，从古到今，发展了几千年，它代表一个‘常道’—恒常不变的道理。中国人常说‘常道’，它有两层意义，一是恒常不变，这是纵贯地讲它的不变性；一是普遍于每一个人都能够适应的，这是横地讲、广阔地讲它的普遍性，即说明这个道理是普遍于全人类的。”[2]且不说这种理论如何与辩证法思想相违背，倘果

1 《从儒家的当前使命说中国文化的现代意义》，《当代新儒家》，上海三联书店，1989年，第160、162页。

2 《从儒家的当前使命说中国文化的现代意义》，《当代新儒家》，上海三联书店，1989年，154页。

真如此的话，又何必对这种放之四海而又永恒不变的学说去进行分期呢？其次，我们也不同意将所谓“内圣”与“外王”的思想割裂开来，即不同意将儒学的第二期和第三期分别视为原始儒家上述两个部分的修复与再生。在我们看来，如果将一种文化的有机体肢解开来，其中的任何一部分也就因失去了其原来的意义而无法存活下去。因此，我们绝不相信，在儒家的所谓“内圣”之学丝毫不加改动的前提下我们能开出什么具有现代意义的“新外王”。

也就是说，与牟宗三的上述两种观点刚好相反。首先，我们认为包括儒学在内的任何一种文化现象都不是永恒的、僵死的、一成不变的，而是有生长、有发展、有起伏的。这种文化现象的演变非但没有说明其适应全人类的普遍有效性，反而经常是在不同民族的文化撞击中实现的。其次，我们认为包括儒学在内的任何一种文化现象都不是孤立的、机械的，可以随意拆解的、拼接的，而是完整的、有机的、富于内在联系和生命的。这种文化现象的内在生命非但没有说明其机械调整的任何可能，反而证实了其整体更新的唯一出路。因此，我们只有在改变和推翻旧有原则的基础上，才可能对儒学演变的历史阶段作出一种近乎客观的界定；因此，我们也只有在树立和建设新原则的前提下，才可能对儒学发展的现代命运做出一种较为科学的估价。

那么新的原则何在呢？英国学者汤因比在其鸿篇巨制《历史研究》中曾经提出过“挑战与应战”的著名观点。按照这一观点，任何一种文化的形成和发展，都是对于“挑战”的“应战”。所谓“挑战”，就是外在的自然环境和社会环境向人们提出了一些不容回避的历史课题；而所谓“应战”，就是人们在这些课题的要求下调动主观能动性而产生的文化对策。因此，每一次“应战”的成功，都会导致一种文化模式的出现或变革；而每一次“应战”的失败，都会导致一种文化模式的衰亡或破产。借用这一原则来审视儒家文化，我们不难看到，儒学在其产生和发展的过程中曾经遇到过四次重大的历史性“挑战”，而相对于这些挑战的每一次“应战”，都使儒学获得了一种历史性的丰富与变革。

一

儒家文化是黄河文明的产物，这一点是我们首先需要加以说明的。因为，若说是“常道性格”，为什么儒家学说只有在中国才出现呢？我们知道，与生活在爱琴海区域的古希腊人不同，生活于黄河中游地区的古中国人的天职不是去海上冒险，而是要兴修水利。这种工作不仅不是少数人所能完成的，甚至也不是某个部落群体单独所能胜任的，它需要大量的人力和高度的社会组织结构。在《儒家文化的人类学前提与社会学背景》一文中我们曾经推测，正是由于治理黄河的需要，使得我们那些尚未使用金属农具的祖先们过早地建立起庞大的社会组织，从而形成了马克思所说的“早熟的”“亚细亚的古代”社会。

这一推测，可以从两个方面加以印证：首先，从仰韶文化和龙山文化的一些遗址可以看出，早在新石器时代，中华先民的社会组织已经发育得相当完备了。而我国的夏、商和西周时代，不仅没有铁制的农具，而且连青铜的冶炼也主要是用于礼器和兵器的制造，故而直接成果，是出于治理黄河的需要。其次，传说中夏代的创始人禹，就是以治水而起家的。在所谓“三过其门而不入”的群体实践中，他不仅建立起了一个庞大而有序的社会组织，而且也逐渐树立起了自己的个人威信，致使自己的儿子启得以废除部落首领经选举、禅让而产生的原始制度，最终建立起以血缘沿袭王位的国家政权，从而使中国古代的第一个奴隶制国家集团过早地诞生了。

然而，“早熟”也就是不成熟。由于当时生产力水平的低下，使得剩余产品不会很多；而剩余产品的匮乏，又导致了私有制度不可能得到充分的发展。恩格斯曾经指出：“在东方，家族奴隶制是特殊的，即是，在这里，奴隶不是直接地形成生产的基础，而仅是间接的家庭成员。”[3]这就是说，与古希腊的文明进程不同，由于土地没有完全私有化，氏族内部的血缘关系也没有被彻底破坏。因此，当原来氏族社会中的显族演变成奴隶主阶级而其他氏族成员沦为奴隶的时候，他们之间至少在表面上仍维持着一种原始的宗族关系。于是“国”只不过是放大了的“家”，君君、臣臣只不过是放大了的父父、子

3　恩格斯：《自然辩证法》，神州国光社版，第279页。

子。政治、经济地位的高低是伴随着血缘关系的远近而悄悄产生的……这种由自然的“挑战”而导致的社会的“挑战”，必然要求文化上的“应战”，而儒学正是这一“应战”的结果，是与“早熟的”“亚细亚的古代”相适应的文化模式。

我们知道，原始儒学的核心命题即孔子的“仁”。从文字学的角度来看，“仁，亲也，从人从二。”（许慎《说文解字》）也就是说，“仁”产生于人与人之间的亲伦关系。这种原始的亲伦关系在“早熟的”“亚细亚的古代”社会中相对完好地被保存了下来，因而被孔子加以利用。孔子用这种爱有差等的人伦情感来解释礼有差等的社会制度，将父子的血缘关系与君臣的社会关系相比附，从而找到了维护周礼的思想根据。所谓“周礼”，作为奴隶社会的意识形态，即是在以尊祖、敬宗、收族为目的的祖宗崇拜的祭祀活动中逐渐加入政权、族权、夫权的内容，并使其制度化和法律化。从甲骨卜辞中可知，鼎、彝、尊、爵等青铜器皿，原来只是祭祀祖宗用的礼器，看不出什么政权和等级的内容。殷人群饮、并无严格等级观念的酒礼。但是到了周代以后，那些原来容纳酒食祭品的鼎彝逐渐演变成国家政权的象征，于是才有了所谓“问鼎”即夺权的观念；而那些原来人人尽可使用的尊爵，也开始成为贵族阶级的专用品，于是才有了所谓“尊称”“爵位”等概念。《诗经·大雅·文王》曰：“周虽旧邦，其命维新。”而将宗庙的礼器转化为政权的宗器，将血亲的祭祀转化为等级的仪式，这大概就是所谓“周公作礼”的意义所在。

孔子“仁学”的目的，就在“礼崩乐坏”的春秋时代为这种奴隶制的意识形态找到思想乃至情感上的依据。“樊迟问仁。子曰：‘爱人’”。显然，孔子的“爱人”是建立在亲子血缘关系基础之上的。正如孟子所理解的那样，“仁之实，事亲是也。”（《孟子·离娄上》）这种事亲之爱，也就是所谓“孝”“悌”。所以孔子的学生有子才说：“孝悌也者，其为仁之本與?”（《论语·学而》）《说文解字》云：“孝，善事父母者”；“悌，善兄弟也。”然而孔子却将这种爱有差等的父子、兄弟之情扩大为宗族血缘情感，认为“宗教称孝焉，乡党称弟焉”（《论语·子路》）。并进而将人伦情感与国家观念联系起来，“齐景公问政于孔子，孔子对曰：‘君君、臣臣、父父、子子’。”（《论语·颜渊》）这种将父子亲情扩大为君臣伦理的做法不仅与“亚细亚的古代”由家族到国家的演进方式是吻合的，而且也为由宗庙祭祀到国家仪式的“周公之礼”找到了独特的思想根据。在孔子看来，“仁”是内容，“礼”是形式，只有具备了“仁”之欲望的人，才能够自觉地遵循“礼”之法则去行事，反之，经常按照“礼”之法则去行事的人，也会逐渐培养起“仁”之欲望。于是最终达到“一日克己复礼，天下归仁焉”（《论语·颜渊》）的理想境界。

不难看出，“仁”的修养，即所谓“内圣”；“礼”的实现，即所谓“外王”。然而无论是“内圣”之学还是“外王”之术，都不是什么永恒不变而又放之四海而皆准的“常道”，而只是针对黄河文明之“挑战”而形成的特有的文化模式。因此，在先秦诸子百家的争鸣之中，儒家之所以比墨、道、法诸家更有生命力，与其说是它的思想更加完善，不如说是它的观点更加适应于“早熟的”“亚细亚的古代”社会的特殊土壤，这也正是儒家“应战”之所以成功的奥秘。

二

秦汉以后，六合尽除，天下一统，华夏民族获得了空前的大融合。在这种情况下，产生于宗族血缘的原始儒学便遇到了新的“大一统”的“挑战”。所谓“大一统”，是指不仅包括黄河流域而且包括域外地区、不仅包括汉族而且包括少数民族的政治一元化。秦始皇为了巩固统一后的封建专制主义政权，在全国范围内彻底废除了西周以来贵族世袭的封建制度，推行了在皇帝直接控制下的官僚体制。这种新的制度不仅扩大了人们政治生活的范围和视野，而且对于以宗法、地域、血亲为核心的政治伦理观念产生了重大的冲击。为了适应这种高度政治集权的新生活，儒家学者必须超越家族血缘的固有局限，于是便引进“阴阳、五行学说”作为思想框架，以改造和扩充原有的“仁学”理论。

“阴阳、五行学说”原是上古时代的一些方家术士企图用简单的思维构架来包容和囊括自然、社会规律的理论。所谓“阴阳”与《周易》中用以测算和占卜的基本单位“--”“—”二爻有着直接的关系，古代巫者以此来捕捉和描绘客观事物之间“相反”“相成”的辩证统一规律。所谓“五行”是指金、木、水、火、土五种物质元素，古代的术士以它们之间彼此更迭的功能转换来预测和推演客观事物之间“相生”“相克”的矛盾运动规律。可见，在这些学说之中，既掺杂着巫术、迷信的因素，又包含着朴素的辩证法思想。先秦时代的“阴阳五行家”将这两种思想统一起来，试图用古代的辩证法来统一目的论和机械论，从而给整个世界提供一个既变化有序又封闭循环的思维模式。而这一模式则又被汉代的儒学所利用。

汉儒分今文经、古文经两大学派，前者以董仲舒为鼻祖，后者以刘歆开先河。二者虽对阴阳、五行之说有所利用，但亦有所偏重。为了建立“天人感应”的仁学新模式，“始推阴阳，为儒者宗”的董仲舒将“阴阳”看成是决定自然乃至社会的根本规律。在他看来，“物莫无合，而合各有阴阳”。例如，天地为一合，天为阳，地为阴；君臣为一合，君为阳，臣为阴；父子为一合，父为阳，子为阴；夫妻为一合，夫为阳，妻为阴。“天有阴阳，人亦有阴阳。”（《春秋繁露·同类相应》）“君臣、父子、夫妇之义，皆取阴阳之道。”（《春秋繁露·基义》）这样一来，他便把建立在宗族血亲基础之上的儒家伦理，变成了建立在宇宙规律基础之上的道德律令，从而使孔子的“仁学”获得了更加广泛的理论基础，使之在“天不变，道亦不变”的思想武装下，以适应政治生活的变更。

如果说，董仲舒借“阴阳”之术而使儒家的“内圣”之学获得了更为宽泛的理论基础，那么刘歆则借“五行”之说而使儒家的“外王”之术获得了更加广阔的实践范围。这主要表现在，他将邹衍“相克”的五德终始说改造成为“相生”的五德终始说，以为儒家的伦理政治服务。我们知道，战国时期的邹衍将五行之间相互制约的关系运用于朝代的变迁，从而得出了一种循环往复的社会发展史观。他说：“五德从所不胜，虞土、夏木、殷金、周火。”（《文选》李善注引）其中每一朝代所代表的五行元素均为后一代所克，所以他又说：“代火者必将水”，于是秦始皇登基之后便依“五德终始说”，按水德改历服色。而刘歆在《二统历》中引用《世经》的观点，另排了一套“五德终始”的朝代序列：太昊帝（伏羲氏）继天而王，以木德创天下；炎帝（神农氏）以火承木；黄帝（轩辕氏）以土承火；少昊帝（金天氏）以金承土；颛顼帝（高阳氏）以水承金；帝喾（高羊氏）以木承水；唐帝（帝尧，陶唐氏）以火承木；虞帝（帝舜，有虞氏）以土承火；伯禹（夏后氏）以金承土；成汤（殷）以水承金；武王（周）以木承水……其中每一朝代的五行元素均为前一朝代所派生。与邹衍的“五德终始说”相比，刘歆的这套系统具有两重新的含义。首先，从直接的功利目的来讲，这套系统有利于证明新政权的合法性。因为当时有所谓“汉为尧后”的说法，既然帝尧陶唐氏以火承木而接替了帝喾高羊氏所开创的天下，那么其后代的高祖刘氏以火承木而接替武王所开创的周朝便是顺理成章的事情了。而秦以水德，在周、汉之间，故“伯而不王”，似乎也得到了合理的解释。后来王莽篡位，自称是黄帝、帝舜的后代，因而代表土德，按照五德相生的顺序，故有权取代刘氏火德之天下。为此，刘歆也便做上了“国师”。可见，这套系统对历史的解释显然是为现实政治服务的。其次，从深层的思想意义上讲，邹衍以“相克”为顺序的“五德终始说”意味着后代对前代的“征诛”；刘歆以“相生”为顺序的“五德终始说”则意味着前代对后代的“禅让”。我们知道，建立在宗法血缘基础之上的原始儒学是反对僭越的。对于孔子来说，“八佾舞于庭”尚且是“是可忍，孰不可忍”的事情，而依靠“征诛”来建立新政权，则更是罪大莫及了。因此，为了使儒家思想能够适应新的历史条件，刘歆的系统改“征诛”为“禅让”，为新王朝的出现披上了一层“奉天承运”的外衣，从而给孟子有关“禅让”和“五百年必有王者兴”的思想提供了理论基础，使其进入了更大范围的社会生活。从此以后，中国历次同一民族间的改朝换代，无不沿袭这一传统，行禅让典礼。而儒家的“外王”之术也便借“五行”理论而得到了新的扩充。

由此可见，面对秦汉“大一统”的“挑战”，汉代学者以“阴阳、五行学说”为新的思想框架，调整和扩充了原始儒家的理论基础和思维模式，以适应更加广阔的社会生活。于是，儒学的第二个发展阶段——汉儒系统就这样形成了。

三

汉末以降，佛、道日盛，经原始儒学改造而成的汉儒系统又面临着新的“挑战”。这种新的“挑战”不是来自社会政治，而是来自宗教信仰。因为，以汉儒之粗疏的“天人感应说”和“五德终始说”虽然可以解释政治伦理与朝代更替等问题，却无法解决生命之价值、存在之意义等问题。本来，为了弥补信仰方面的不足，今文学派引谶纬入经学，原有着将儒学宗教化的倾向。然而，由于这些巫术迷信的东西与儒家传统的实践理性精神相去太远，因而遭到了古文学派的强烈抵制。与此同时，在抵制今文派的斗争中，古文派却又流于文字上的训诂和考证，述而不作，在思想上缺乏新的建构。就在今文派和古文派因相互斗争而逐渐走上末路的过程中，佛、道两教却乘虚而入，终于形成了唐代儒、释、道三足鼎立的新局面。在这种情况下，儒学要想在意识形态的斗争中维护自己的统治地位，就必须去迎接外来的佛教和本土的道教在信仰问题上的“挑战”，而这一“应战”则又是以吸收佛、道之思想材料为前提的，其结果便导致了宋明儒学的出现。

宋明儒学分“理学”和“心学”两大派，它们虽然对佛、道思想均有所借鉴，但亦有所侧重。“理学”的先驱周敦颐将宋初道士陈抟所传下来的《先天图》和《无极图》改造成为《太极图》，在道教思想的影响下建立起了属于儒学系统的宇宙本体论。他这样写道：“无极而太极。太极动而生阳，动极而静，静而生阴。静极复动。一动一静，互为其根。分阴分阳，两仪立焉。……无极之真，二（两仪）五（五行）之精，妙合而凝。‘乾道生男，坤道生女’。二气交感，化生万物，万物生生而变化无穷焉。”（《太极图说》）在这里，他已将汉儒所引进的“阴阳”“五行”观念和道教的“玄道”理论融会在一起，构成了一个客观唯心主义的宇宙模式。这个先验的宇宙模式之所以属于儒家而非道教，乃是因为它不仅是自然的本体而且是道德的本体。惟其如此，周敦颐才为“立诚”“主静”的“仁学”修养找到了更高的精神寄托。他说：“诚者圣人之本。‘大哉乾元，万物资始’，诚之源也。‘乾道变化，各正性命’，诚斯立焉，纯粹至善者也。故曰：‘一阴一阳之谓道，继之者善也，成之者性也。'"（《通书·诚上》）这样一来，他便继汉儒之后，将建立在原始血缘基础之上的世俗伦理彻底演变为建立在宇宙本体之上的心性哲学。受他的影响，二程明确建立起一个以“理”为核心的宇宙本体论。朱熹也认为：“总天地万物之理，便是太极。”（《朱子语类》卷九四）他们的共同目的就是进一步将自然本体道德化，因而前者有“在天为命，在义为理，在人为性，主于身为心。其实一也。”（《遗书》卷十八）的言论；后者有“在天曰元、亨、利、贞，在人曰仁、义、礼、智。”（《仁说》）的主张。由于天与人、自然规律与社会伦理均为“理”或“太极”外化的结果，因而人们只要通过“格物致知”就可以“穷理正心”了。二程发挥了《大学》中有关“格物致知”的思想，认为：“格犹穷也，物犹理也。犹曰穷其理而已矣。”（《遗书》卷十五）格物的目的是致知，“但知止于至善，为人子止于教，为人父止于慈之类，不须外面只务观物理。”（《遗书》卷七）朱熹也指出：“所谓致知在格物者，言欲吾之知，在即物而穷理也。盖人心之灵，莫不有知，而天下之物，莫不有理。惟于理有未穷，故其知有不尽也。是以大学始教，必使学者即凡天下之物，莫不因其已知之理而益穷之，以求至乎极。至于用力之久，而一旦豁然贯通焉，则众物之表里精粗无不到，而吾心全体之大用无不明矣。”（《大学章句·补格物传》）总之，在道教“玄道”思想的影响下，理学家建立起一个类似黑格尔“理念论”式的客观本体说，其中现实世界的万事万物，无不是“理”之外化的结果。而人们通过这万事万物，又可以“即物穷理”而“格”出“理”之精髓，直至“豁然贯通”，实现对宇宙本体的精神回归。只是与“理念论”的“理”不同，“理学家”的“理”重点不在自然而在伦理，这就形成了儒家“仁学”的新体系。

就在理学家借助道教的“玄道”理论建立起属于儒家的客观本体论的同时，心学家则借助佛教的“佛性”理论建立起属于儒家的主观本体论。陆九渊明确指出：“四方上下曰宇，往来古今曰宙。宇宙便是吾心，吾心即是宇宙。”（《象山先生全集》卷二十二）“万物森然于方寸之间，满心而发，充满宇宙，无非此理。”（《象山先生全集》卷三十四）既然作为理之外化的物质世界本身就是心灵的产物，那么人们便无须通过外在的物质对象去把握理之精髓，而只要返观自身，涵泳本性，就可以实现心灵的觉悟。因此，他认为“格物致知”不是“即物穷理”，而是去掉心灵中被物欲所覆盖的污垢，以还其本来的纯洁。他说，“人心有病，须是剥落，剥落得一番，即一番清明；后随起来，又剥落，又清明，须是剥落得净尽，方是。”（《象山先生全集》卷三十五）这与禅宗所谓“身是菩提树，心为明镜台。时时勤拂拭，勿使染尘埃”的思想何其相似。只是与禅宗不同，心学家的“心”不是四大皆空之心，而是伦理道德之心。陆九渊主张：“收拾精神，自作主宰，万物皆备于我，有何欠阙？当恻隐时，自然恻隐；当羞恶时，自然羞恶；当宽裕温柔时，自然宽裕温柔；当发强刚毅时，自然发强刚毅。”（《象山先生全集》卷三十五）“四端（仁、义、礼、智）万善，皆天之所予，不劳人妆点。”（《象山先生全集》卷三十五）在他的影响下，明代的王守仁提出了“致良知”的格物说。在他看来，人心中自有良知，在良知未发之前，是无善无恶、十全十美的，但当人心发生意念活动的时候，则会因私心的加入而产生善与恶的区别；而“良知”自有辨别善恶的本能，人们只要顺从其扩充善念而克服恶念，并照此行事，就可以达到“致良知”的境界。因此，有所谓“王门四句教”云：“无善无恶是心之体，有善有恶是意之动，知善知恶是良知，为善去恶是格物”（《传习录下》）。

总之，尽管理学家和心学家在“理”与“心”的关系问题、“格物致知”的方法问题上有着全然不同的理解，但其共同的目的都是要建立一种可以使人安身立命的“道德形而上学”。这种“道德形而上学”不要求人们像道教所主张的那样追求长生不老，也不要求人们像佛教所宣扬的那样进入涅槃境界，而要求人们在日常的社会生活中符合宇宙本体的规律，发掘内心至善的本能，即在精神上获得道教式的长生，在觉悟上获得佛教式的不朽，在所谓“格物、致知、诚意、正心、修身、齐家、治国、平天下”的过程中实现生命的价值和存在的意义。因此，它不是一种外在的超越，而是一种内在的超越，它没有宗教的仪式却具有宗教的精神。正是由于宋明儒学不向往彼岸世界而又具有形而上的价值和意义，因而在对佛、道两教的“应战”中获得了成功，使其保持了世俗文化的本土特征。

四

鸦片战争以后，有着两千年历史的儒家文化又面临着一种新的、空前强大的“挑战”。这种“挑战”是世界性的，它向我们这个古老的民族提出了如何实现民主与科学，从而进入现代化的历史性课题。面对这种“挑战”，不同时期、不同文化倾向的学者曾经提出过全然不同的“应战”方案，然均因种种理由而未获成功。

戊戌变法时期，作为改良主义者的康有为曾以今文经学家的身份写下了《新学伪经考》和《孔子改制考》等著作。前者借“名物训诂”而断定刘歆所传《左传》等古文经典均为“伪经”，从而破坏了儒学经典的历史尊严；后者假“微言大义”而声称孔子所作《春秋》等著作包含着“托古改制”的思想内容，从而又在儒学经典中输入了君主立宪的社会主张。由于改良社会的政治需要，康有为试图把孔子装扮成一位进化论者和民权论者。他认为“六经”皆孔子所作，而“六经中之尧舜文王，皆孔子民主君主之所寄托……不必为尧舜文王之事实也”（《孔子改制考》）。这样一来，孔子所谓“由据乱而升平而太平”的公羊三世，便与康有为关于“由君主而立宪而共和”的进化史观相吻合了。他指出：“盖自据乱进为升平，升平进为太平，进化有渐，因革有由，验之万国，莫不同风。……孔子之为春秋，张为三世，……盖推进化之理而为之。”（《论语注》）经过这番穿凿附会的改造和微言大义的引申，原本是服务于封建政治的儒学思想反倒变成了资产阶级社会改良的理论根据。由此可见，与其说孔子“托古改制”，不如说是康有为在“托古改制”，即托儒学之古，改君主之制。为了迎接西方列强的“挑战”，他甚至企图将儒学改变成宗教，以期与西方的基督教相抗衡。在康有为的影响下，谭嗣同、梁启超等人也都将自己的改良主张与儒学思想掺杂在一起，前者有所谓新“仁学”，后者有所谓新“心学”。但是，由于他们所代表的近代资产阶级的软弱，致使这种借助于孔子权威的儒学革命也同借助于皇室力量的“百日维新”一样，只能是昙花一现而已。戊戌变法失败以后，不仅康、梁等人沦为保皇党，他们所倡导的孔教运动也被袁世凯、张勋等独夫民贼所一再利用。于是，原来服务于改良运动的思想武器倒迅速蜕变为帝制运动的理论基础，儒学又重新显示出其封建保守的思想意义。

正是在这一背景下，“五四”青年将民主与科学同传统文化对立起来，在推崇“德先生”和“赛先生”的同时，掀起了“打倒孔家店”的文化运动，被称为“中国思想的一个清道夫”的吴虞，由专制主义推想到家族制度，又由家族制度推想到儒家伦理，从而企图挖掘出中国封建文化的病根。他指出：“君主之既握政教之权，复兼家长之责，作之君，作之师，且作民父母，于是家族制度与君主政权遂相依附而不可离”[4]。这样一来，他便使儒学由父父、子子到君君、臣臣的政治用意暴露无遗了。被称为“中国文化革命的主将”的鲁迅则通过《狂人日记》《孔乙己》《祥林嫂》等文学作品深刻而形象地揭露了儒家伦理对社会的腐蚀、对人性的戕害，从而在满纸仁义道德的字里行间读出了封建礼教“吃人”的本质。总之，在他们看来，中国人不可能背着传统文化的包袱而进入现代社会，要实现民主与科学的神圣理想，就不得不推翻两千年来统治人心的纲常名教，不得不“打倒孔家店”。正像《新青年》的创办者陈独秀所宣称的那样：“要拥护德先生，便不得不反对孔教、礼法、贞节、旧伦理、旧政治；要拥护赛先生，便不得不反对旧艺术、旧宗教；要拥护德先生又要拥护赛先生，便不得不反对国粹和旧学。”[5]正是抱着这种与传统文化彻底决裂的精神，才使得“五四”青年在思想文化领域中取得了不仅超过“戊戌变法”而且超过“辛亥革命”的不可磨灭的历史贡献。但是，一种文化的历史性转换并不能仅靠引进外来文化而实现，要在我们这样一个历史悠久、人口众多的国度里进行一种文化上的“换血”，这不仅是不应该的事情，而且是不可能的事情。由于没有找到传统文化得以更新的内在机制，使得“五四”青年的文化主张不可能得到广大民众的理解和认同，因而在对外来文化的“应战”中也未获得真正的成功。

与“五四”青年刚好相反，一些儒学的捍卫者不是运用“拿来主义”——靠引进西方文化来迎接世界的挑战，而企图“返本开新”——靠弘扬传统文化来抵御外力的进攻。如果说，企图将儒学宗教化的康有为能算是今文学派的殿军，那么企图将“道统”世界化的梁漱溟则可谓是古文经学派的传人了。

4 《读荀子书后》，《新青年》第三卷第一号。

5 《本志罪案之答辩书》，《新青年》第六卷第一号。

在哲学本体论问题上，梁漱溟受叔本华的影响，将宇宙与人生的本质看成是一种非理性的“大意欲”。这种“大意欲”的要求是无止境的，而现实所能满足它的环境却是有限度的，因而二者之间的矛盾便构成了人类永恒的课题。在他看来，所谓文化，无非是用以解决这种矛盾的手段而已。依据手段的不同，他将人类文化分成三种类型。第一种以西方文化为代表，它沿着意欲要求的方向，前去克服环境的障碍，以暂时满足其要求。第二种以中国文化为代表，它保持适中的态度，以随遇而安的方式，去看待意欲的挫折。第三种以印度文化为代表，它反身向后，通过否定意欲的要求，来超越现实的痛苦。

梁漱溟认为西方人虽然在工业上已经取得了惊人的物质成就，“然而他们精神上也因此受了伤，生活上吃了苦。这是19世纪以来暴露不可掩的事实”[6]。与之相反，中国文化却似乎早熟地悟透这一问题，因而它虽未能创造出西方式的物质文明，却同时避免了人与自然、人与社会的双重异化。在前者，我们有所谓“一箪食，一瓢饮，在陋巷，人不堪其忧，回也不改其乐”（《论语·雍也》）的“孔颜乐处”；在后者，我们有所谓“老吾老，以及人之老；幼吾幼，以及人之幼”（《孟子·梁惠王上》）的“人文精神”。因此，中国人关注生命的“理性”要比西方人充当工具的“理智”高明得多。需要指出的是，梁漱溟并不全然排斥工具“理智”及其所带来的物质财富，他强调的是理智与财富都只在给人带来幸福而非痛苦的时候才有意义。也正是从这一意义上讲，他认为随着物质财富的增加，“人类文化要有一根本变革：由第一条路向改变为第二条路向，亦即由西洋态度改变为中国态度”。[7]如此说来，儒家的“道统”必将统摄西方的物质文明。

如果说，梁漱溟还主要是在文化的层面上去复兴儒学传统，那么熊十力则要将这一工作提升到哲学本体论的高度。后者指出：“西洋学者所谓本体，毕竟由思维所勾画，而视为外在的。……东方哲人一向用功于内，涤尽杂染，发挥自性力用。其所谓体认，是真积力久，至脱然离系、本体呈露时，乃自明自见。”[8]这里所谓“自明自见”的宇宙本体，就是他在《易经》影响下企图建立的体用一元、道器不二的“新唯识论”。与叔本华那无法满足的“大意欲”

6　梁漱溟：《东西文化及其哲学》三版本，商务印书馆，1921年，第63页。

7　梁漱溟：《东西文化及其哲学》三版本，商务印书馆，1921年，第166页。

8　熊十力：《新唯识论》，中华书局，1985年，第679页。

不同，当人们认识了他所谓“翕辟成变”“大化流行”的宇宙本体之后，非但不会为此而悲观而苦恼，反而会自然而然地进入一种“浑然与天地同体”的人生境界。在熊十力看来，这种境界显然要高于西方的物质文明的层次。他指出：“科学在其领域内之成就，直夺天工，吾无间然。然人类如只要科学，而废返己之学，则其流弊将不可言。返己之学废，即将使万物发展到最高级之人类内部生活，本来虚而不屈动而愈出者，今乃茫然不自识，其中藏只是网罟式的知识遗影堆集一团，而抛却自家本有虚灵之主。”[9]将熊十力这种“自家本身有虚灵之主”与梁漱溟的“三种文化观”统一起来，并加以改造，便形成了冯友兰四层次的“境界说”。

冯友兰认为，“人对于宇宙人生底觉解的程度，可有不同。因此，宇宙人生，对于人底意义，亦有不同。人对于宇宙人生在某种程度上所有底觉解，因此，宇宙人生对于人所有底某种不同底意义，即构成所有底某种境界。”[10]于是便生出自然、功利、道德、天地四种境界。其所谓“自然境界”，是指人在原始状态下与自然未经分化的境界；其所谓“功利境界”，是指以西方商品社会为代表的人与人之间的物质交换关系；其所谓“道德境界”，略同于梁漱溟宣扬的“老吾老以及人之老”的人伦情感；其所谓“天地境界”，则类似于熊十力所倡导的“浑然与天地同体”的哲学感悟。冯友兰指出，这其中每后一种境界不仅高于而且涵盖了前一种境界。这样，他便实现了用东方“天人合一”的传统宇宙观来统摄儒家的伦理道德，再用儒家的伦理道德观念来统摄西方式的工业文明的最终目的。

总之，与陈独秀、鲁迅、吴虞等人不同，梁漱溟、熊十力、冯友兰等人虽然并不排斥西方式的工业文明，却拒绝将这种文明视为可供效法的真正典范。因为他们在这种文明之中所着力发现的并不是民主与科学的双重发展，而是精神与肉体的双重异化。应该承认，看到工具理性的局限性，从而与那种将人类幸福简单地等同于现代化的生活方式的天真的科学至上主义者区别开来，这是上述儒学捍卫者的高明之处。事实上，正如有知识的人并不一定有道德一样，拥有财富的社会并不见得拥有幸福。如果我们承认人类价值选择的多元可能性，我们也就必须承认新儒家的社会理想与人生境界具有其自

9 熊十力：《明心篇》，台北学生书店，1979年，第200页。

10 冯友兰：《新原人》，商务印书馆，1943年，第57页。

身存在的合法性。但是，理论上的合法性与事实上的可能性并不常常是一致的。在全球一体化的形势下，现代化却以其特有的物质强势成为一种不可抗拒的世界潮流。在这一潮流面前，那些非现代化的民族和国家，并没有选择相反道路的实际权力。如果他们不主动地实现本民族的现代化，那些发达的国家则会争先恐后地将他们的土地和人民统统变成其发展自己民族现代化的资源。对此，一部血迹斑斑的殖民主义近代史就是最好的说明。从纯粹的理论意义上讲，新儒家的上述发现似乎有着对后工业社会的超前展望，因而自有其深刻之处；然而从具体的实践意义上看，他们企图用农业社会的精神文化来统摄工业社会的物质文明的做法又确乎暴露出了早熟式的幼稚，因而也不可能真正迎接现代化的历史挑战。这其中梁漱溟“乡村建设”的失败，就是一个典型的例证。

除了以康有为所代表的文化上的改良派、陈独秀所代表的文化上的激进派、梁漱溟所代表的文化上的保守派之外，中国近代社会的文化“应战”尚有许多更无价值的小方案，此处便不一一介绍了。然而，从这些方案的失败中，我们似乎已经朦胧地感觉到，要使儒学的“应战”得以成功，必须同时具备以下三个条件：第一，必须使应战方案符合时代潮流，舍此便无进步意义；第二，必须使应战方案适应民族传统，舍此便无实践根基；第三，必须在儒学的内部找出民族与时代相结合、相转换的真正契机，舍此便无中介环节。比照这三条原则来看，康有为等人的设想符合一、二两条，却不符合第三条，因为他将“君主立宪”（时代）的社会理想与“公羊三世”（民族）的儒学主张相结合的做法完全是一种机械的拼凑。这种人为的附会，不仅使其失去了理论上的严肃性，而且使其失去了实践上的可能性。所以，他尽可以按照自己的主张去改造书本上的孔子，却无法按照这一主张去改造人们心目中的儒学，去转换人们的文化—心理结构。与之不同，陈独秀等人的方案虽符合第一条，却不符合二、三条，因为他们用西方的价值尺度来迎接外来文化之“挑战”的同时，实际上已经宣布了儒家文化的破产。因此，即使这种“应战”在社会意义上获得了成功，在文化意义上也同样是失败的。更何况，社会意义上的成败与文化意义上的成败又常常是互为动力、互为条件的。而梁漱溟等人的方案虽符合第二条，却又不符合一、三两条，因为他们所固守的“天人合一”与“仁义道德”或许可以作为一种有价值的思想材料而为更高层次的后工业文明所吸收和利用，但在前工业文明的社会土壤中却不可能焕发出任何历史的首创精神。从辩证法的角度来看，任何未经“否定”阶段的逻辑回归只能是一种平面而非螺旋式的历史重演。从系统论的角度来看，这种企图在不触动传统结构的前提下而容纳新知的方案，也只能是一种天真的幻想。

不难看出，在我们提供的三条标准下，前两条是原则问题，后一条是手段问题。然而手段在这里也许是更为关键的问题，因为它不仅制约着原则的实现，而且影响着原则的制定。从历史上看，汉代儒学之所以完成了历史性的变革，就在于它找到了容纳阴阳、五行学说的具体方式；宋明儒学之所以迎接了历史性的挑战，就在于它发现了吸收佛、道思想的现实途径。然而，由于康有为穿凿东西、附会古今的尝试未能成功，就使得后人将这两种文化看成是无法融合的东西，或全盘西化，或全盘复古；前者企图用外来文化来冲击本土文化，后者企图用本土文化来驾驭外来文化。也就是说，他们只接受了康有为的教训，而没有吸取董仲舒、刘歆以及程、朱、陆、王们的经验。

用“挑战”与“应战”的观点来看，我们认为，继先秦儒学、汉代儒学和宋明儒学之后，儒学能否获得第四期的新发展，问题的关键主要不在于现代的儒学家能否提出比先儒更加精美的学说，而在于他们能否通过儒学的改造而迎接现代化的挑战。用这一标准来审视现在所谓的“新儒家”，似乎均“新”得有限。因为他们充其量也只是在原则上而非在实际上真正完成了传统的现代化转换。换言之，他们都没有在传统道德与现代民主、实用理性与科学精神等一系列异质因素的统一上得出令人满意的答案。耗散结构理论表明：一个开放性的系统只有通过与外界进行信息和能量的交换，才能够克服自身由于熵量的增加而导致的衰老，而这种能量与信息的交换又必须要求系统内部各要素之间存在着非线性的相互关系，即通过协调运作和整体效应而使系统由无序转为有序并形成新的稳定结构。用这一理论来研究儒学系统的发展，上述问题的解答，既取决于现代的儒学学者是否还具备前人那种开阔的胸襟，能否大胆地引进新思想；又取决于儒学的理论本身是否还具有过去那种有力的胃口，能否将引进来的新思想真正消化与吸取。而这些问题的解答与否，将决定着作为一种文化的儒学是消亡还是更新的历史命运。消亡，并非耸人听闻，汤因比在《历史研究》中就曾列举过若干种文化因无力迎接“挑战”而沦为“化石”的历史。更新，也并非毫无希望，也是这个汤因比在《展望二十一世纪》中曾经指出：“我期待着东亚（主要是指儒家文化圈）对确立和平和发展人类文明能作出主要的积极贡献。”[11]当然，我们不相信历史的宿命，也绝不靠预言而生存。在未来面临“挑战”的日子里，儒家文化能否更新，首先取决于我们的实践。

（此文发表于《学习与探索》1994年第5期）

11 《展望二十一世纪》，国际文化出版公司，1985年，第286页。

《易经》：儒道同出的哲学文本

中国哲学素以儒、道互补而著称。儒家的经典是“五经”，按汉代以后的排列，它们分别是《易》《书》《诗》《礼》《春秋》；道家的经典是“三玄”，按魏晋以后的说法，它们分别是《易》《老》《庄》。在这里，我们会发现一个饶有兴趣的现象：历史上泾渭分明的儒、道两系，竟均以《易经》为自己的哲学经典。这究竟是什么原因呢？是后世的学者争相以前人的经典作门面，还是儒、道两家本出于一源？从这一意义上讲，探明《易经》与儒、道之间的联系，便成为中国哲学史研究所应解决的首要课题。然而遗憾的是，也许是由于年代的久远、资料的匮乏、文献与传说的真假难辨，检阅诸多版本的中国哲学史，这一问题却始终未能得到充分的重视，而是有意无意地被忽略掉了。于是，谈儒者始于孔、孟，说道者肇自老、庄，而在此以前的中国哲学，则只留下混沌不清的一个疑团。要解开这个疑团，也许尚不是笔者力所能及的事情，然而与其不断地受其困扰，不如在此做一番理论的探险。

一、《易经》的世界观和方法论

从时间上看，《易经》恐怕是我国最古老的一本书了；从内容上看，这本书的直接目的显然是用于卜筮。卜筮术起于何时，至今难以考定，《周礼·春官·大卜》有所谓“一曰《连山》，二曰《归藏》，三曰《周易》”的“三易”之说。由于年代的久远，夏之《连山》、殷之《归藏》早已失传，唯周之《周易》保存了下来。现存《周易》分两部分：一部分是《易经》，记录了六十四卦的卦象、卦辞和爻辞。传说伏羲始画八卦，周文王演为六十四卦，并作了卦辞和爻辞。也有的说爻辞为周公所作。一些专家认为，这部分内容保留了殷代的故事和行文风格，当成书于殷周之际。另一部分是《易传》，这是对《易经》部分的解释和发挥，共有十篇：《彖》上下、《象》上下、《文言》、《系辞》上下、《说卦》、《序卦》、《杂卦》，又称“十翼”，传说为孔子所作，一些学者对此表示怀疑，认为成书于战国末年。

《易经》与《易传》不仅成书年代相差了数百乃至上千年，而且内容上也有相当大的距离。前者文风简朴，专注卜筮；后者着意发挥，兼及社会人伦之事。因此，哲学界有一种倾向，认为《易传》是一部哲学著作，属于儒家经典（近来亦有人认为是道家著作），而《易经》则只是一本卜筮之书，除包含了一些朴素辩证法的思想之外，没有太多的哲学价值。这种简单化的处理给我们留下了三点疑问：第一，从文本之间的关系来看，《易传》之所以能够从《易经》中引发出大量的哲学思想，难道是偶然的吗？第二，从文本之外的影响来看，如果说儒家的发挥是偶然的，那么《易经》对道家的影响也是偶然的吗？第三，在上古时代，也就是在人类的智慧刚刚形成的时代，我们难道能将卜筮思想与哲学观点截然分开吗？

所谓“哲学”，简单地说，就是人们关于世界观的学问，它包括对自然、对社会、对人类自身命运和价值的认识。在上古时代，这种认识不可能不体现在先民的卜筮活动中，因为这种知天而务事、通神而佑人的活动本身就体现了人们对宇宙万物的总体把握和规律性探寻。这种把握和探寻无论在今人看来是多么的荒谬，却是上古人类竭尽心智的努力和严肃认真的追求，因而不可能不带有世界观和方法论的意义。因此，正像马克思曾说过的那样：“希腊神话不只是希腊艺术的武库，而且是它的土壤。”[1]我们也完全有理由认为，《易经》不仅是中国哲学的武库，而且是它的土壤。这种观点绝非本文所独

1 《马克思恩格斯选集》第2卷，人民出版社，1972年，第113页。

创,《四库全书总目提要》就说:“易道广大,无所不包,……皆可引以为说。”

作为中国哲学的武库和土壤,《易经》这部古朴而神秘的著作究竟给我们透露出哪些重要的信息呢?我们知道,《易经》的主体是卦象,至于卦辞和爻辞只不过是用来解释卦象的。因此,要分析《易经》的哲学思想,首先必须从卦象入手。卦象,从微观结构上讲,是由“--”“—”二爻组成的;从宏观框架上讲,则是这两种爻象不断变化、不断组合形成的流动而封闭的系统结构。如果我们从哲学的高度加以提炼,在微观结构上,我们可以得到有关“阴阳”的世界观;在宏观的框架上,我们可以得到有关“周易”的方法论。

我们知道,《易经》中只有“--”“—”二爻,而无“阴”“阳”两字,直到《易传·说卦》中有关于“发挥于刚柔而生爻,观变于阴阳而立卦”的观点和《易传·系辞》中有所谓“一阴一阳之谓道”的说法之后,人们才将此二爻与“阴”、“阳”对称。由于这种说法似乎抓住了《易经》的核心与关键,于是便得到了后人的广泛认同。如《庄子·天下篇》概括《易经》的精髓为“易以道阴阳”,《礼记·祭义》也说:“昔者圣人建阴阳天地之情,是以有《易》。”那么《易经》中的“阴”“阳”或者说“--”“—”二爻的本意究竟是什么呢?这一“易学”领域中的“哥德巴赫猜想”曾引起许多研究者的揣测和推断。在诸多的揣测和推断中,我觉得那种认为“—”“--”二爻分别象征男女生殖器的观点最能令人信服。[2]这是因为:第一,从直观效果上看,此说似比那些将“—”比作天之混然一体、将“--”比作地之水陆二分之类的说法更接近古人发自具象的联想能力。第二,从发生顺序来说,此说似比那些认为“—”“--”缘自“九”“六”之数之类的说法更接近古人先具体、后抽象的思维逻辑。(尽管张政烺先生对于“数字卦”的研究有其出土文物的证据,但我总怀疑高度抽象的“数字卦”并非最为古老的卦象形态。值得注意的是,周初铭文中的所谓“数字卦”的部分“卦象”下面有“魁”“隗”“其”等字样,可能是原来的卦名,但皆与《周易》卦名不同,可见它们之间也许并不是一个系统的先后关系)。第三,此说不仅符合马克思主义的唯物史观,而且也最能说明《易经》与儒、道之间的内在联系。

恩格斯曾经指出:“根据唯物主义观点,历史中的决定性因素,归根结蒂

2 此论始见于钱玄同1923年所著《答顾颉刚先生书》,参阅《古史辨》第一册,第27页。周予同1927年也提出了相似的观点,参见《周予同经学史论著选集》,上海人民出版社,1983年,第86页。又见于郭沫若《中国古代社会研究》,人民出版社,1964年,第23页。

是直接生活的生产和再生产。但是，生产本身又有两种，一方面是生活资料即食物、衣服、住房以及为此所必需的工具的生产；另一方面是人类自身的生产，即种的番衍。”[3]在上古社会，种的蕃衍作为人类自身的生产，在社会生活中占有十分重要的地位，而男女交媾与蕃衍子孙之关系的发现，是人类由母系社会进入父系社会的必要条件。这一秘密的发现不仅对人类社会的进步产生了巨大的推动作用，而且也深刻地影响着先民们对于宇宙万物的总体观念。“古者包牺氏之王天下也，仰则观象于天，俯则观法于地，观鸟兽之文与地之宜，近取诸身，远取诸物，于是始作八卦。”（《易传·系辞》下）尽管《易传》的成书远比《易经》要晚，但对于今人来讲，它毕竟是人们理解《易经》的最好根据。可以想象，当伏羲氏之类的古之贤者发现了男女交媾以生育子孙的秘密之后，便把这种知识扩而大之，不仅发现动物也是雌雄交媾的产物，而且认为整个宇宙万物都是由两种相反相成的原始生殖力量共同作用的结果。于是便类比男女生殖器的形式，产生了“—”“--”二爻，并推演出八卦乃至六十四卦，以预测和把握人生、社会、宇宙的规律。因此，这里所谓的“近取诸身，远取诸物，于是始作八卦”，即是说近取自人类自身的男女之器，远取自动物之身的牡牝之器，然后引申、推演、形成八卦。这种理解决非臆断，我们可以在《易传·系辞》中找到明确的根据：“乾，阳物也。坤，阴物也。”“夫乾，其静也专，其动也直，是以大生焉。夫坤，其静也翕，其动也辟，是以广生焉。广大配天地，变通配四时，阴阳之义配日月，易简之善配至德。”我们知道，乾、坤两卦分别是由“—”“--”二爻派生出来的。对于前者的“其静也专，其动也直”，陆德明认为“专”为“抟”字，而“抟”同“团”；马王堆出土的帛书《系辞》“专”作“圈”，而“圈”通“圆”。也就是说，它安静的时候是团团圆圆的，只有在动的时候才会直起。这分明是在形容男性生殖器的两种状态，所以接下去才说“是以大生焉。”对于后者的“其静也翕，其动也辟”，宋衷注：“翕，犹闭也”；陆德明引陆绩注：“辟，开也。”也就是说，它安静的时候是合闭的，只有在动的时候才是辟开的。这分明是在形容女性生殖器的两种状态，所以接下去才说“是以广生焉”。从这一角度考虑问题，所谓“阴阳合德而刚柔有体”，“刚柔相推而生变化”（《易传·系

3 《马克思恩格斯选集》第4卷，人民出版社，1972年，第2页。

辞》)，最初并不是一种抽象的理论概括，而是有所特指的。这种理解绝非下流，它遵循了上古人类质朴而无邪的心理。在当时的人们看来，正是由于男女生殖器具有“大生”和“广生”的功能，所以才可推而广之：“广大配天地，变通配四时，阴阳之义配日月，易简之善配至德。”最后形成一种无所不包的思想体系。这也就是所谓“天地之大德曰生”、“生生之谓易”(《易传·系辞》)的真正奥秘。关于这方面的证据，《易传》中还可以找到很多，如：“天地絪缊，万物化醇；男女媾精，万物化生。”“乾道成男，坤道成女。”(《易传·系辞》)“乾，天也，故称乎父。坤，地也，故称乎母。”(《易传·说卦》)如此之类，此处便不一一列举了。需要指出的是，这些证据不仅为《易传》所独有，在《易经》的卦辞和爻辞中也可以找到同样的根据。如坤(☷)卦均由“- -”爻组成，故其卦辞曰：“利牝马之贞。”又如恒(䷟)卦六五为“- -”爻，故其爻辞曰：“妇人吉，夫子凶。”可见，这种卦象、爻象与性别之间的关系，绝非《易传》所杜撰。同样重要的是，大量出土的男女生殖器崇拜物也从另一个方面证实了早期人类对这一问题的重视程度。

与西方哲学相比，这种“阴阳”世界观的形成，至少具有以下三重意义：第一，无论中国还是西方人的哲学思想，最早都是从生产实践中来的，但是中国的哲学萌生于人类自身的生产，因而具有明显的人文性和内倾性；而西方的哲学则发源于人类生活资料的生产(如泰勒斯的“水”、赫拉克利特的“火”，都是作为生活资料和生产工具而存在的)，因而具有明显的科学性和外倾性。因此，西方人总是在外在的彼岸世界中寻找宇宙的根据和生命的寄托，而中国则是一种“反求诸己”的文化。第二，由“阴阳”而构成的中国哲学原型(此处“原型”一词，借用荣格的概念)具有一种先天的二元论倾向，不承认任何一元的、独断的宇宙本体，这种倾向弱化了中国人的形而上兴趣，并导致了对宗教的排斥力。而由“水”“火”“理念”“太一”之类组成的西方哲学原型则具有一种先天的一元论趋势，这种趋势强化了西方人的形而上兴趣，并导致了宗教的信仰动机。第三，从哲学史的角度来看，外倾的、一元的、西方式的哲学原型容易导致相互排斥的哲学派别和体系，像中世纪的唯名论与实在论、近代的英国经验派和大陆理性派、现代的科学思潮与人本主义都是如此；而内倾的、二元的、中国式的哲学原型则容易产生相互补充的哲学派别和体系，如本文所要研究的儒家和道家便是如此。

《易经》对儒、道两系的影响，不仅具有世界观的意义，而且具有方法论的意义。如果说《易经》的世界观表现为“阴阳”，那么《易经》的方法论则体现为“周易”。“周易”二字，不仅仅是书的名字，而且其本身就是一种方法论的标志。

先说“易”字,《说文》云:“秘书说曰，日月为易，象阴阳也。”如果说，男女性器为《易经》爻象的原始意象，那么日月之形则是这一意象最重要的引申。正像男女之间相互区别又彼此依赖的关系一样，日月之间相互区别又彼此消长。从男女到日月，说明了《易经》思想从生物到非生物的过渡。“是故法象莫大乎天地，变通莫大乎四时，悬象著明莫大乎日月。”(《易传·系辞》)经过这番过渡，最后才可能概括出一种高度抽象的概念——阴阳。在历代方家看来，“易”有三义：简易、变易、不易。在我理解，所谓“简易”，是说全部卦象都由“⚊”“⚋”二爻组合而成，看上去非常简单，容易把握。所谓“夫乾确然，示人易矣。夫坤隤然，示人简矣”、“乾以易知，坤以简能。易则易知，简则易从”(《易传·系辞》)，讲的就是这个道理。至于“变易”，是说“⚊”“⚋”二爻的组合自有其变化的规律，此一卦是由彼一卦变化而来的。如乾(䷀)和坤(䷁)，是由阴阳爻画完全相反互变而来的，这种变化叫做“旁通”；如屯(䷂)和蒙(䷃)，是由阴阳爻画位置颠倒互变而来的，这种变化叫做“倒象”；如夬(䷪)和履(䷉)，是由上下卦象互相交易变化而来的，这种变化就是汉人所说的“上下象易”；如鼎(䷱)和大壮(䷡)，是由卦体中的两爻互易而变成的，这种变化谓之“往来”；如复(䷗)和临(䷒)，是由卦象中一个爻画的阴阳转变而来的，这种变化叫做“消息”……所有这些变化，构成了每一卦象的特殊性质。所谓“观变于阴阳而立卦”(《易传·说卦》)，所谓“刚柔相推而生变化”，“变化者，进退之象也”(《易传·系辞》)，所谓“化而裁之谓之变，推而行之谓之通”，“刚柔相推，变在其中矣”(《易传·系辞》)，讲的都是这个道理。至于“不易”，一般被解释为不可更改的和变易的规律。而在我看来，则是说虽然六十四卦均由“⚊”“⚋”二爻组合变化而来，但其组合与变化的意义却不易掌握。在每一卦中，不仅“—”“--”各爻的数量非常重要，而且它们所处的位置也十分关键，以至于整体与局部之间有着牵一发而动全身的关系。如泰（䷊）和否（䷋），这两卦各有三“—”和三“--”，但其意义却迥然不同，《易经》云：“泰：小往大来，吉，亨。”而“否之匪人，不利君子贞。大往小来。”为什么会如此不同呢?《易传·彖》这样解释：“‘泰，小往大来，吉、亨’，则是天地交而万物通也，上下交而其志同也；内阳而外阴，内健而外顺，内君子而外小人，君子道长，小人道消也。”“‘否之匪人，不利君子贞，大往小来’，则是天地不交而万物不通也，上下不交而天下无邦也；内阴而外阳，内柔而外刚，内小人而外君子，小人道长，君子道消也。”原来☷和☰不仅有阴和阳的意思，而且还分别代表柔和刚、地和天、小人和君子，而这些意思在整个卦象中究竟会产生什么影响，还要看其搭配的状态和所处的位置。在泰（䷊）中，代表天的☰处在下卦的位置，代表地的☷处在上卦的位置，所以表示上下交通、天地合和的意思；与此同时，代表君子和阳刚的☰处在内卦的位置，代表小人和阴柔的☷处在外卦的位置，所以又表示内刚而外柔、内君子而外小人的意思。这两重意思加在一起，故泰、故吉。而在否（䷋）中，代表天的☰处在上卦的位置，代表地的☷处在下卦的位置，所以表示上下不通、天地隔绝的意思；与此同时，代表君子和阳刚的☰处在外卦的位置，代表小人和阴柔的☷处在内卦的位置，所以又表示内柔而外刚，内小人而外君子的意思。这两重意思加在一起，故否、故凶。又如剥(䷖)与复(䷗)，这两卦都各有五个“--”和一个“—”，但其意义却不同。《易经》云：“剥：不利有攸往。”“复：亨。出入无疾，朋来无咎。反复其道，七日来复。利有攸往。”为什么会这样呢?《易传·彖》解释云：“剥，剥也，柔变刚也。‘不利有攸往’，小人长也。顺而止之，观象也。君子尚消息盈虚，天行也。”“复‘亨’，刚反，动而以顺行。是以‘出入无疾，朋来无咎。反复其道，七日来复’，天行也。‘利有攸往’，刚长也。复，其见天地之心乎。”原来从爻序上看，剥卦一“—”在上，五“--”在下，在十二消息卦中为阳消将尽之卦。阳刚将被阴柔剥落殆尽，故而“不利有攸往”。如果引申到人格方面，以“--”为代表的小人得势，以“—”为代表的君子则必须谨慎行事，故“不利有攸往”。再从卦体上看，剥卦下坤(☷)上艮(☶)，“坤，顺也。艮，止也”(《易传·说卦》)。在这种情况下，君子应该顺应形势，静观其变，不可轻举妄动，故“不利有攸往”。与此卦相反，从爻序上看，复卦一“—”在下，五“--”在上，在十二消息卦中为阳气复萌之卦，阳刚之气虽然弱小，但从发展的眼光看，却有上升的趋势和前景，故曰：“反复其道，七日来复。”引申到人格方面，以“--”为代表的小人失势，以“—”为代表的君子有上升的趋势，故曰：“出入无疾，朋来无咎”。再从卦体上看，复卦下震(☳)上坤(☷)，“震，动也。坤，顺也”(《易传·说卦》)。大有顺天而行之势，故而“利有攸往”。如此说来，要在千变万化的卦象中把握住事物发展的现状、规律及其意义，确实是一件非常“不易”的事情。所谓“《易》之为书也不可远，为道也屡迁，变动不居，周流六虚，上下无常，刚柔相易，不可为典要，唯变所适”(《易传·系辞》)。所谓“阴阳不测谓之神”，“神无方而《易》无体”(《易传·系辞》)，讲的就是这种活学活用的不易之法。抛开那些牵强附会的迷信内容，我们从“简易”“变易”“不易”这三义中，可以看到《易经》所具有的丰实的辩证思想，这种思想作为一种方法论渗透到该书的全部细节之中，得到了淋漓尽致的发挥。

如果说，作为一种方法论，《周易》的辩证思想在功能上体现为“易”字，那么在结构上则体现为“周”字。很久以前，人们对《周易》的“周”字就有两种解释。一种意见以唐人孔颖达为代表，认为《周易》的“周”是一个地理——时间概念，意为周朝所著之书。另一种意见以汉人郑玄为代表，认为夏之《连山》、殷之《归藏》，皆不以地理和朝代命名，那么《周易》之“周”字也不是时期概念，而是由全书的精神实质所决定的。“《周易》者，言易道周普无所不备。”(《易赞》)这后一种意见不仅在时间上更为久远，而且也更能体现全书的精神实质。我们知道，六十四卦是一个循环往复的封闭结构，即从乾(䷀)和坤(䷁)这一最简单、最直接的矛盾形式开始，经过反复变幻，从而将各种复杂的矛盾形式揭示出来，最后才以既济(䷾)和未济(䷿)的多样性统一来结束整个辩证过程。更为有趣的是，此一过程的结束恰恰是彼一过程的开始，因而六十四卦的最后一卦叫做“未济”。未者，事之未然者也，也就是提醒人们，一切并没有结束，旧的矛盾解决了，新的矛盾又将开始。因此，严格来讲，六十四卦并没有一个线性的先后顺序，而应表述为一个首尾交接的圆形结构。这个圆形结构，也就是“周”（“周而复始”之意）。所谓“日中则昃，月盈则食，天地盈虚，与时消息”（《易传·彖》），“一阖一辟谓之变，往来不穷谓之通。”（《易传·系辞》）所谓“穷则变，变则通，通则久”，“原始反终”（《易传·系辞》），讲的都是这个道理。

与西方哲学相比，这种“周易”方法论的形成，至少具有以下三重意义：第一，无论中国还是西方，古代人的思维方式均以素朴的辩证法为主要形式，即强调对立面的转化、矛盾双方的相互渗透和彼此融合。然而相比之下，古希腊虽然也有“中庸”的哲学观点和“大宇宙”与“小宇宙”的思维框架，但远不如中国的“周易”精神那样古老、自觉和成熟。第二，从消极的意义上讲，这种“周易”精神的存在从客观上限制了形式逻辑的发展，使中国的名家学派远不如古希腊的诡辩派那样引人注目，也没产生亚里士多德《工具论》那样丰富而严整的逻辑学体系。这种影响甚至导致了中国人对于近代形而上学思维方式本能的反抗和拒斥，即用素朴直觉的“系统论”来抵御近代科学的“机械论”。第三，从积极的意义上讲，这种“周易”精神的发扬和光大，却造就了独具中国特色的古代文明，它不仅使中国古老的中医、气功、围棋、京剧至今仍具有着无穷的魅力，而且使儒家和道家的人生哲学至今仍有着深远的影响。

二、“阴阳”之世界观在儒、道两系中的历史展开

从世界观上讲，儒、道两家是对《易经》“阴阳”思想的历史性拆解。

用逻辑与历史相统一的观点来看，“历史从哪里开始，思想进程也应当从哪里开始。”[4]而作为中国哲学历史起点同时也是逻辑起点的《易经》，不仅有着最丰富、最复杂的内容，而且有着最简单、最抽象的形式。随着时间的推移，以后的儒、道各家不是简单地以这一前提为材料，从中筛选或提炼出什么观点来，而是在新的历史条件下将其中所包含的各种矛盾因素充分展开，

4 《马克思恩格斯选集》第2卷，人民出版社，1972年，第122页。

使之渐渐地清晰、具体起来，并在分析的基础上实现新的综合。这种“由抽象上升到具体”的逻辑行程，首先表现为“阴阳”观念的拆解和深化。

从《易经》文本来看，其中所包含的“阴阳”观念不仅朦胧、晦涩，而且主次不明。尽管从卦序上讲，乾（☰）位于坤（☷）之前，但这并不意味着“—”爻较之“--”爻有着更为优越的地位。分析卦辞和爻辞的内容，我们可以发现，“—”爻并非均吉，“--”爻也并非皆凶，关键要看“—”“--”二爻能否取长补短、搭配得体，做到阴阳互补、刚柔并济、相生相克、相反相成。这种精神可以从两个方面加以解释：首先，从发生学的角度来看，既然“—”“--”二爻最初是从男、女生殖器引申而来的，那么从生育、繁殖的意义来讲，它们各自都有着彼此不可取代的功能，只有相互结合，才可能繁衍、发展以至于达到“生生之谓易”的目的。其次，从历史学的角度来看，根据传说分析，《易经》由八卦到六十四卦，由卦辞到爻辞的形成，可能经历了一个非常漫长的过程，这其间也许刚好发生了由母系社会向父系社会的历史性转变。[5]关于这一点，我们甚至在《易经》自身的演变过程中也能够发现一些踪迹。如《礼记·礼运》云：“孔子曰：‘……我欲观殷道，是故之宋，而不足征也，吾得坤乾焉。’”而根据后人的理解，这里所谓的“坤乾”，即为传说中早于《周易》的《归藏》。由此推测，由《归藏》的“坤乾”到《周易》中的“乾坤”，这种卦序之变已折射出了男女社会地位的变化，只是这时还没有在男女之间形成一种压倒性的性独裁和性垄断罢了。而这一切则只能在以后的儒、道各家中得到发展。

儒家与《易经》的关系，可以从孔子与《易传》说起。相传，《易传》为孔子晚年所作，这方面的记载很多，如《史记·孔子世家》云：“孔子晚而喜《易》，序《彖》《系》《象》《说卦》《文言》。”《汉书·儒林传》云：“孔子……晚而好《易》，读之韦编三绝而为之传。”《周易乾凿度》也说：“仲尼五十究《易》，作《十翼》。”尽管这些晚出的证据是否可靠还是个问题，但孔子确实很重视《易经》，这一点是不容置疑的。《论语·述而》云：“假我数年，五十以学《易》，可以无大过矣。”可见他对《易经》是非常推崇的。比较《论语》与《易传》的内容来看，除了它们在行文上均有“子曰”的形式之外，在思想

5 参阅郭沫若《中国古代社会研究》第一篇《周易时代的社会生活》和第三篇《卜辞中的古代社会》。

上也有着共同的道德倾向。因此，即使《易传》非孔子本人所作，亦出于其后世弟子之手，当属于儒家学派对《易经》文本的阐释与发挥。

作为儒家学派的阐释和发挥，《易传》的突出特点就是将《易经》中混沌未明、主次不清的“阴阳”观念伦理化、秩序化了。这在开篇对乾（☰）坤（☷）两卦的解释中就可以看得十分清楚。《易经》的卦辞原来很简单：“乾：元亨利贞。”“坤：元亨，利牝马之贞。君子有攸往，先迷后得主。利，西南得朋，东北丧朋。安贞吉。”从“利牝马之贞”一句看，坤（☷）卦显然与雌性相联系，因而属“阴”；反之，可以推断出乾（☰）卦可能与雄性相联系，因而属“阳”。但是，我们在这种雌与雄、阴与阳之间并没有发现伦理道德的内容，也没有看到高低贵贱的差别。而这些在《易经》中原本并不存在的内容，在《易传》中却出现了。《易传・彖》曰：“大哉乾‘元’，万物资始，乃统天。”“至哉坤‘元’，万物资生，乃顺承天。”这样一来，乾（☰）、坤（☷）两卦之间，不仅有了天地合德的意义，而且有了“统”与“顺”的差别。这种由“雄”与“雌”引申而来的“天”与“地”、“统”与“顺”的差别有着十分重要的意义，因为它将成为代表父系社会伦理观念的儒家哲学的理论基础。

对于“元亨利贞”四个字，《易传・文言》作了这样的解释：“‘元’者，善之长也。‘亨’者，嘉之会也。‘利’者，义之和也。‘贞’者，事之干也。君子体仁足以长人，嘉会足以合礼，利物足以合义，贞固足以干事。君子行此四德者，故曰：‘乾：元亨利贞’。”这一番政治伦理学的阐释与发挥，使卜筮中的元、亨、利、贞与儒家的仁、礼、义、事恰相吻合，而这种吻合则又与天地、夫妻、君臣之间有别而有序、有差而有等的道德观念相呼应。于是，《易传・文言》对坤（☷）卦之用又明确解释为“地道也，妻道也，臣道也。”

我们知道，儒家“仁”学的精神实质是要将夫妻、父子之间的人伦情感上升为君臣之间的社会秩序。《说文解字》云：“仁，亲也，从人从二。”可见，“仁”学的意义就是要努力发掘未被私有制利刃所彻底斩断的原始的血缘纽带和亲伦关系。但是，儒家所说的“爱人”又不同于墨家所主张的人人平等的“兼爱”，而是爱有差等的“仁爱”。因为只有这种“仁爱”才能实现儒家有等级、有秩序的社会理想，实现“仁”与“礼”的统一。要实现这种和而不同、爱有差等的社会秩序，除需要将“君君、臣臣”的社会关系建立在“父父、子子”的人伦关系之上，还有必要将这种“父父、子子”的人伦关系建立在更加原始的自然秩序之上，以确立“天不变，道亦不变”的理论基础。而这一点，则正是《易传》的作者所要努力实现的。《易传·彖》在解释“家人”一卦时说：“家人，女正位乎内，男正位乎外。男女正，天地之大义也。”《易传·序卦》云：“有天地然后有万物，有万物然后有男女。有男女然后有夫妇，有夫妇然后有父子。有父子然后有君臣，有君臣然后有上下，有上下然后礼义有所措。”这样一来，《易经》中出自男女的阴阳之意，便获得了向自然和社会的两极延伸。在向自然的延伸过程中，男女之间的关系被上溯到天地之间的关系，从而具有了“统”与“顺”的差别；在向社会的延伸过程中，男女之间的关系又推演出君臣之间的关系，从而具有了“上”与“下”的差别。于是，一个自然（天地）——人（男女）——社会（君臣）三位一体的哲学体系便这样形成了，而这一体系又可称之为儒学。

从儒学自身的发展历程来看，以《论语》为代表的原始儒学主要致力于由人伦情感向社会关系的过渡，即通过“仁”学的建立将父子亲情扩大为君臣礼义。“有子曰：其为人也孝弟，而好犯上者，鲜矣；不好犯上，而好作乱者，未之有也。君子务本，本立而道生。孝弟也者，其为仁之本与?”（《论语·学而》）这段话充分说明了原始儒学以亲伦血缘为起点，以社会等级为目的的思想动机和理论格局。至于人伦之外的宇宙主宰，《论语》中的孔子基本上采取了存而不论、敬而远之的态度。这就是说，在自然（天地）——人（男女）——社会（君臣）这三位一体的哲学框架中，原始儒学主要致力于后两部分的建构。与之不同，以《春秋繁露》为代表的汉代儒学，为了弥补原始儒学的不足，则以“天人感应”为思想工具，将宗族的血缘关系放在更为原始的自然秩序的基础上，以完成前两部分的建构。在董仲舒看来，物莫无合，而合各有阴阳。例如，天地为一合，天为阳，地为阴；君臣为一合，君为阳，臣为阴；父子为一合，父为阳，子为阴；夫妻为一合，夫为阳，妻为阴。“天有阴阳，人亦有阴阳。”（《春秋繁露·同类相召》）“君臣、父子、夫妇之义，皆取阴阳之道。”（《春秋繁露·基义》）在此基础上，他又提出了“天数右（佑）

阳而不右（佑）阴”（《春秋繁露·阳尊阴卑》）的理论，将一切美好的、高贵的属性都归于阳，将一切丑恶的、卑贱的属性都归于阴：“阳气暖而阴气寒，阳气予而阴气夺，阳气仁而阴气戾，阳气宽而阴气急，阳气爱而阴气恶，阳气生而阴气杀。”（《春秋繁露·王道通》）这样一来，他便可以借助“天人感应”的理论工具来佐证“君权神授”的社会学说和君臣、父子、夫妇之间的纲常伦理关系，从而把建立在宗族血亲基础之上的儒家伦理变成了建立在宇宙规律基础之上的道德律令，使孔子的“仁学”获得了更为广泛的理论基础。

从这一发展顺序来看，《易传》似乎介于《论语》和《春秋繁露》之间，即处在由原始儒学向汉代儒学的转变过程之中。它可能是孔子的弟子们利用儒学来阐释《易经》、利用《易经》来佐证儒学的一种努力，其意义在于将《易经》中的“阴阳”观念伦理化、秩序化。经过这番努力，不仅使孔子“唯女人与小人为难养也”（《论语·阳货》）这类毫无根据的价值取向获得了“天经地义”的宇宙论说明，而且使汉代儒学乃至以后的宋明理学都与《易经》中的“阴阳”观念产生了极为密切的联系。从《论语》到《易传》再到《春秋繁露》，我们既可以看到儒学与易学的交会与融合，又可以看到儒学对易学的利用和拆解。这一利用和拆解的过程，使得阴阳平衡的原始观念发生了越来越严重的理论倾斜，而这种理论上的倾斜则根植于父权社会的历史性成功。从这一意义上，我们也可以理解，在两千多年的封建社会中，何以儒家哲学一直能够居于意识形态的统治地位。

与儒家哲学的命运有很大不同，道家哲学长期以来一直处在意识形态的非正统地位。造成这种现象的原因是多种多样的，如若寻找其最初的历史根据，我们便会发现，道家一开始就是作为被推翻的母权社会的代言人而出现的。研究道家的学者都会发现：在老、庄那不满现实的言辞中，常常流露出一种消极没落的情绪。造成这种情绪的原因何在呢？以往的专家总是要在他们所处的阶级地位上做文章，如以为老子是没落的奴隶主贵族、庄子是小土地所有者等等。这种分析也许自有其道理，然而倘若放在更为广阔和深远的文化背景上看，老、庄的这种没落情绪可视为被父权社会所彻底埋葬了的母权社会的历史折光。

无论是孔、孟还是老、庄，都有一种“法先王”的政治主张，也就是说，他们都把过去的某一历史阶段视为值得效法的理想社会。然而具体说来，他们的理想又各有不同。孔子曰：“夏礼，吾能言之，杞不足征也；殷礼，吾能言之，宋不足征也。周监于二代，郁郁乎文哉!吾从周。”（《论语·八佾》）由于时间的久远，夏、殷之礼的具体内容已难以详知，但据王国维考证，殷代卜辞中有大量特祭先妣的内容，这与周礼中先妣合祀于祖的祭祀方式有着重要的区别。由此可见，孔子所倡导的周礼是一种与前代不同的纯粹的男权之礼。作为孔子学说的继承人，孟子也常常谈到周代的政治制度，如“昔者文王之治岐也，耕者九一，仕者世禄，关市讥而不征，泽梁无禁，罪人不孥；老而无妻曰鳏，老而无夫曰寡，老而无子曰独，幼而无父曰孤；此四者，天下之穷民而无告者，文王发政施仁，必先斯四者。”（《孟子·梁惠王下》）仅从“幼而无父曰孤”一句就可以看出，无论孟子心目中的“文王之治”有多少想象的成分，但有一点是可以肯定的，即那是一个以男人为主体的父权社会。可是老子理想中的“小国寡民”就不同了：“小国寡民，使有什伯之器而不用；使民重死而不远徙；虽有舟舆，无所乘之；虽有甲兵，无所陈之。使人复结绳而用之。甘其食，美其服，安其居，乐其俗，邻国相望，鸡犬之声相闻，民至老死，不相往来。”（《老子·八十章》）这种“结绳而用之”的生活方式，很可能是一种经过美化了的母系社会。而作为老子思想的继承人，庄子及其后学心目中的理想社会则证实了我们这种猜测：“神农之世，卧则居居，起则于于，民知其母，不知其父，与麋鹿共处，耕而食，织而衣，无有相害之心，此至德之隆也。”（《庄子·盗跖》）这种“民知其母，不知其父”的时代只能是母系社会。由此，我们似乎发现了解开道家之谜的一把钥匙。

用这把钥匙来开启《易经》与《老子》《庄子》之间闭锁的大门，我们便会发现，道家哲学也是对“阴阳”观念的历史性拆解，只不过与儒家不同，道家的重点不在于提高“阳”的地位，而在于发挥“阴”的功能。《老子》开篇曰：“道可道，非常道；名可名，非常名。无名，天地之始；有名，万物之母。”（《老子·一章》）对于这段极为重要而又非常难懂的话，学术界历来解释不一。而从辞源学的角度入手，或许可以使我们发现一些秘密。《说文解字》云:“始，女之初也。”“母，牧也，从女，象怀子形。”即是说，“始”的本义是指未成熟的少女；而“母”的本义则是指已经怀孕的妇女。由此可见，所谓“无名，天地之始；有名，万物之母”，是说“道”作为不可名状的天地之源，就像尚未成熟的少女一样，还没有孕育出任何成果；“道”作为可以命名的天地之源，则像已经怀孕的妇女一样，成为生育万物的母亲了。这种解释是否可靠呢?我们还可以在《老子》一书中找到同样的例证。如“天下有始，以为天下母。即知其母，以知其子。既知其子，复守其母，没身不殆。”(《老子·五十二章》)在这里，作为“道”之比喻的“始”与“母”，同样是指一位女性从少女到母亲，从怀孕到生子的生长繁衍过程。又如:“有物混成，先天地生。寂兮寥兮，独立不改。周行而不殆，可以为天下母。吾不知其名，字之曰道，强为之名曰大。”(《老子·二十五章》)在这里，“母”仍旧是“道”的比喻物，是宇宙万物最大的根本。再如:“我独异于人，而贵食母。”(《老子·二十章》)根据刘师培的理解，这里的“食”字应作“德”，而“德”与“得”通，故而可以解释为:老子与众不同之处，就在于得到了“母”。毫无疑问，得到了“母”也就是得到了“道”。翻检《老子》五千言，每每可以感受到这位至高无上的“母”的存在。而在第四十二章中唯一见到的“父”字，则只是“教父”而非“生父”，这真可谓“只知其母，不知其父”了。与这种对“母”的敬重相联系,《老子》一书还表现出了对女阴的崇拜心理。现在我们再把《老子·一章》的全文抄录如下:“道可道，非常道；名可名，非常名。无名，天地之始；有名，万物之母。故常无，欲以观其妙；常有，欲以观其徼。此两者同出而异名。同谓之玄，玄之又玄，众妙之门。”联系到上面对于“始”与“母”的解释，我们似乎有理由认为，这里所谓的“玄之又玄，众妙之门”就是指女阴。关于这一点，我们可以在《老子·六章》中找到内证:“谷神不死，是谓玄牝。玄牝之门，是谓天地根。”由此可见，所谓“玄之又玄，众妙之门”也就是此处所说的“玄牝之门”，它既是女性生殖器，又是谷神(女性生殖神)的根本。扩而大之，它还是繁衍整个宇宙和天地的根本。这个根本，不是别的，就是老子“道”的原始意象，也就是《易经》中的“--”爻。所谓“天门开阖，能为雌乎?”(《老子·十章》）讲的就是这个道理。这并非我个人的主观臆测，我们可以找到字源学上的证据。我们知道，现已出土的甲骨文中并无“道”字；今人所能看到的最早的“道”字见于西周早期的“貉子卣”铭文中，其字形为“[illegible]”。“[illegible]”在甲骨文中作“行”字，罗振玉《殷墟书契考释》云：“[illegible]，象四达之衢，人之所行也。”问题的关键出在“[illegible]”之中间的“[illegible]”上。此字当为“首”字，甲骨文中写作“[illegible]”，古金文写作“[illegible]”，均为人或兽的头部之象形无疑。“[illegible]”中有个“[illegible]”，这说明它并非一般意义上的道路，或至少在其发生学意义上另有深意。对此，文达三的《老子新探》为我们揭示了这一秘密：“常识告诉我们：女人和雌兽的生殖道即阴道是胎儿娩出所必经的唯一的通道；而胎儿的正常出生一定是一个以其头部为先导的、有一定方向的运行过程。……不难看出，‘道’字初文[illegible]所展示的不是人行走的道路，而是一幅颇为生动逼真的胎儿娩出图。由此进一步推测，‘道’字的原初意义有两项：（一）女人和雌兽的生殖道，即阴道。此为名词；（二）导引。此为动词。”[6]这可真是所谓“道可道，非常道”了。然而惟其如此，我们才能对“道生一,一生二,二生三,三生万物”（《老子·四十二章》）以及“道生之，德畜之，物形之，势成之”（《老子·五十一章》）、“道生之，德畜之，长之育之，亭之毒之，养之覆之”（《老子·五十一章》）这些经常被引用的文字有一种更为深入的理解。简而言之，这里所谓的“生”，也就是“生生之谓易”的“生”，不同之处，只在于道家更加重视女性在生殖活动乃至社会创造活动中的地位而已。

从这种立场出发，道家对《易经》中的“阴阳”“雌雄”“柔刚”思想的阐释与发挥，自然有着与儒家完全不同的侧重点。《易传·系辞》曰：“阳一君而二民，君子之道也。阳二君而一民，小人之道也。”《老子·四十二章》却说：“万物负阴而抱阳，冲气以为和。人之所恶，唯孤、寡、不毂。”《易传·系辞》曰：“天尊地卑，乾坤定矣。卑高以陈，贵贱位矣。”《庄子·天下》却说：“天与地卑，山与泽平。”《论语·阳货》曰：“唯女子与小人为难养也。”《老子·二十八章》却说：“牝常以静胜牡。”《易传·象》曰：“天行健，君子以自强不息。”《老子·七十六章》却说：“人之生也柔弱，其死也坚强。万物草木之生也柔脆，其死也枯槁。故，坚强者死之徒，柔弱者生之徒。”《论语·泰

6　文达三：《老子新探》，岳麓书社，1995年，第143页。

伯》曰："士不可不弘毅，任重而道远。"《老子·二十八章》却说："知其雄；守其雌，为天下谿。为天下谿，常德不离。"《论语·宪问》主张"知其不可而为之"，《庄子·德充符》却说："知其不可奈何，而安之若命，唯有德者能之。"《孟子·公孙丑上》曰："我善养吾浩然之气。""其为气也，至大至刚，以直养而无害，则塞于天地之间。"《老子·七十八章》却说："天下莫柔弱于水，而攻坚强者莫之能胜，以其无以易之。弱之胜强，柔之胜刚，天下莫不知，莫能行。"……这种阳与阴、雄与雌、刚与柔、动与静、主动与被动、有为与无为的相互排斥，不仅表现了儒、道二系在两性文化上的明显差异，而且反映了《易经》中"⚊""⚋"二爻在逻辑上的分化与拆解。

从逻辑与历史相统一的观点来看，这种理论上的逻辑分化显然就根植于父系社会与母系社会的历史性对立，而这一对立最为集中地表现在礼乐问题上。在生产力非常低下的母系社会中，由于没有私有财产，因而也没有必要设立维护私有财产和社会等级的法律和伦理，人们以母系血缘为纽带而聚集在以老祖母为酋长的部落群体之中，过着贵阴尚柔、质朴无华、少私寡欲、自然无为的生活。只有到了父系社会后期，由于生产力水平的提高，私有财产的出现，不同的社会等级才开始产生。与之相适应的是，社会必须制定出种种法律和伦理来规范人们的行为，以维护私有财产和等级制度，于是才有了儒家所倡导的那套繁文缛节和法家所主张的那套严刑峻法。"子曰：道之以政，齐之以刑，民免而无耻；道之以德，齐之以礼，有耻且格。"（《论语·为政》）"子曰：君子博学于文，约之以礼，亦可以弗畔矣夫!"（《论语·雍也》）只有在这个意义上，我们才能够理解以孔子为代表的儒家学派何以将礼乐之事看得如此重要。毫无疑问，在当时的历史条件下，这种以维护现存秩序为指归的礼乐文化的存在和发展是有其进步意义的。但是，正像恩格斯所指出的那样："文明每前进一步，不平等也同时前进一步。随着文明产生的社会为自己建立的一切机构，都转变为它们原来的目的的反面。"[7]一方面，礼乐文化给人们带来了文明的生活方式和丰富的社会内容，从而使之与野蛮人区别开来；另一方面，礼乐文化又破坏了人们自由的生活和完整的个性，使其在俯仰屈伸之中开始了异化的历史进程。在这种"非礼勿视，非礼勿听，非礼勿言，

7 《马克思恩格斯选集》第3卷，人民出版社，1972年，第179页。

非礼勿动”（《论语·颜渊》）的文化氛围中，人的自由不能不受到限制，个性不能不受到扭曲，精神不能不受到异化。正是在这种情况下，作为母系社会的代言人，老子和庄子以反异化的姿态出现了。老子愤世嫉俗地指出：“大道废，有仁义。智慧出，有大伪。六亲不和，有孝慈。国家昏乱，有忠臣。”（《老子·十八章》）“故失道而后德，失德而后仁，失仁而后义，失义而后礼。夫礼者，忠信之薄而乱之首。”（《老子·三十八章》）因而主张“绝圣弃智，民利百倍；绝仁弃义，民复孝慈；绝巧弃利，盗贼无有。”（《老子·十九章》）作为老子思想的继承人，庄子的反文化倾向更为强烈：“故绝圣弃知，大盗乃止；擿玉毁珠，小盗不起，焚符破玺，而民朴鄙；掊斗折衡，而民不争；殚残天下之圣法，而民始可与论议。擢乱六律，铄绝竽瑟，塞瞽旷之耳，而天下始人含其聪矣；灭文章，散五采，胶离朱之目，而天下始人含其明矣；毁绝钩绳而弃规矩，攦工倕之指，而天下始人含其巧矣。……削曾、史之行，钳扬、墨之口，攘弃仁义，而天下之德始玄同矣。”（《庄子·胠箧》）认为只要绝圣弃智、绝仁弃义，就可以恢复原始的自由与平等，这种想法显然颠倒了私有制与礼乐文化之间的因果关系，因而可以说是幼稚的。但是，在老、庄这些表面幼稚的言论中却又包含了十分深刻的东西，这就是他们看到了礼乐文化在其俯仰进退之中潜伏着不自由，在其君君臣臣之中隐藏着不平等，在其文质彬彬之中掩盖着不人道。站在母权社会的原始立场来反抗父权社会的礼乐文化，显然是逆历史潮流的举动，这就使老、庄哲学不可避免地流露出一种无可奈何的感伤情绪。而站在人的立场上来控诉剥削人、压迫人的异化现实，则显然又具有着人道主义的永恒意义，这正是道家哲学经久不衰的魅力所在。因此，在两千多年的历史过程中，儒家始终以积极主动的姿态建构着以礼义著称的中国文化，而道家则始终以怀疑和批判的精神不断对这一文化进行颠覆和修正。从社会功能的角度来看，儒、道两家的这种对峙，已经远远超越了父系社会和母系社会的历史抗衡，从而在不断建构和不断解构的过程中共同创造着具有人文主义特色的华夏文明。然而从发生学的角度来看，我们不应忘记这一文明的内在张力原来植根于父系社会和母系社会不同的社会理想和历史选择。

这种不同的社会理想和历史选择还表现在儒、道两家相异的崇拜仪式和祭祀活动之中。我们知道，建立在亲子血缘基础之上的儒家哲学虽不崇拜超验的宇宙主宰，但却非常重视对祖先的祭祀活动。而儒家所祭祀的“祖”，就是已经死去的男性先人，这与儒家重男轻女的价值标准和行为规范是一致的。与之相反，道家哲学所崇拜的不是男性的生殖能力，而是女性的生殖能力，关于这一点，我们不仅可以在《老子》一书中的“谷神”和“玄牝之门”中找到根据，而且还可以在受道家影响的道教仪式中得到广泛的印证。在《墉城集仙录》和《历世真仙体道通鉴后集》等著作中，我们可以看到道教所构制的庞大的女仙谱系。道教“世以西王母为女仙之宗”(《陔余丛考》卷三十四)。《竹书纪年》和《穆天子传》中都记述了周穆王见西王母的故事。《汉武帝内传》言汉武帝曾向西王母及众女仙叩头求教，竟以女仙来压倒作为父权化身的皇帝。《遁甲经》讲九天玄女教黄帝遁甲秘术以战胜蚩尤，也是对女神的颂歌。在儒家占统治地位的男权主义时代，道教中的女性成仙却不受歧视，因而女子成道成仙的故事不胜枚举……所有这一切不能不引起我们的深思。《秘藏通玄变化六阴洞微遁甲真经》云：“凡有道之士用阴，无道之士用阳。阳则可测，阴则不可穷也。”由此可见，受道家的影响，道教已将贵阴守雌的思想贯穿到整个教义之中了。

三、“周易”之方法论在儒、道两家中的逻辑运用

如果说，从世界观上讲，儒、道两家是对《易经》“阴阳”观念的历史性拆解，那么从方法论上讲，儒、道两家则是对《易经》“周易”思想的历史性发挥。

作为儒、道同出的哲学文本，《易经》从生殖文化中引申出“阴阳”的世界观，而这种生殖文化的二元同构理论又必然要求“周易”的方法论，其精神实质，就是一种素朴而又自觉的辩证法。

首先，辩证法关于对立统一的思想，在《易经》中得到了初步的体现。因为作为生殖文化的共同根源，“阴”（--）和“阳”（—）之间既是对立的，

又是统一的。其对立之处就在于“阴”（--）和“阳”（—）具有绝对的差异性和不可调和性；其统一之处就在于“阴”（--）和“阳”（—）具有相对的互补性和共生性。这种男人不同于女人，女人也不同于男人；男人离不开女人，女人也离不开男人；男女结合才能生儿育女，即产生新的男人和新的女人的最最简单的道理，在上古的思想家那里得到了概括和抽象。它不仅构成了《易经》的核心思想，而且也对儒、道两家产生了方法论的指导意义。

我们知道，儒家致力于人与社会这两个对立面的统一，而这种统一又是通过一系列对立范畴的矛盾转化而获得的。例如，“质”与“文”是一对矛盾，质胜文则野，文胜质则史，所以孔子便要求“文质彬彬，然后君子”（《论语·雍也》）。“文”与“礼”也是一对矛盾，文胜礼则繁，礼胜文则简，所以孔子便要求“君子博学于文，约之以礼”（《论语·雍也》）。同样，在“礼”与“乐”这对矛盾的关系上，《乐记》说得更为详细：“乐由阳来者也，礼由阴作者也，阴阳和而万物得。”“乐者，天地之和也；礼者，天地之序也。和，故百物皆化；序，故群物皆别。”“乐者为同，礼者为异。同则相亲，异则相敬。乐胜则流，礼胜则离。合情饰貌者，礼乐之事也。”因此，“乐”和“礼”的关系，也就是“阳”与“阴”、“和”与“序”、“化”与“别”、“同”与“异”、“亲”与“敬”等一系列矛盾的集中体现。光有“乐”而没有“礼”，就会在情感宣泄中失了分寸，乱了章法；只有“礼”而没有“乐”，则又会在等级关系中缺了交融感，少了凝聚力。所以，在对待“质”与“文”、“文”与“礼”、“礼”与“乐”这类关系中，儒家学者从来不主张用矛盾的一方来压倒或取代另一方，而是采取“A”而“B”、“阴”而“阳”的对立统一法则。具体到人与人的关系上，儒家一方面是等级制度的倡导者，竭力宣扬“君为臣纲，父为子纲，夫为妻纲”之类的纲常之道，对于“八佾舞于庭”之类的僭越行为，孔子曾表现出了“是可忍，孰不可忍也?”（《论语·八佾》）的愤怒。然而在另一方面，正是从维护等级制度的长治久安出发，儒家学者又反对激化等级之间的矛盾和对立。他们懂得对立面之间具有相互依存的关系，深知“水可以载舟，亦可以覆舟”的道理，因而主张“君使臣以礼，臣事君以忠”（《论语·八佾》），以期达到君恩臣忠、父慈子孝、夫唱妇随的目的。正像董仲舒所指出的那样，“君臣、父子、夫妇之义皆取诸阴阳之道”。（《春秋繁露·基义》）可见，儒家这种利用辩证法则来维护等级秩序的思想与《易经》的“阴阳”观念是相通的。然而值得注意的是，从维护现存制度的立场出发，儒家对《易经》辩证思想的这种发挥和利用又有着明显的保守性和不彻底性。从《易经》的分析中我们已经看出，“易”之三义中最为关键的一条是“变易”，即通过“阴”（--）、“阳”（—）这两个对立面的不断配合而实现繁衍发展、推陈出新的目的，而儒家的辩证法则只强调对立面的相互依存，却回避其彼此否定和相互转化的规律。

与此刚好相反，儒家哲学所忽视的这一内容在道家哲学中得到了片面的发挥。道家致力于人与自然这两个对立面的统一，而这种统一也是通过一系列对立范畴的矛盾转化而获得的。老子说，“反者道之动”（《老子·四十章》），这就是说，道本身包含着相反的东西，从而成为道之运动、发展、演变的内在动力，即所谓“有无相生，难易相成，长短相形，高下相倾，音声相和，前后相随”（《老子·二章》）。庄子及其后学进一步阐发了这一思想：“至阴肃肃，至阳赫赫。肃肃出乎天，赫赫发乎地；两者交通成和，而物生焉。”（《庄子·田子方》）如此说来，“有”与“无”、“难”与“易”、“长”与“短”、“高”与“下”、“阴”与“阳”、“天”与“地”这些矛盾的对立面可以通过相互配合而推动事物的发展，乃至实现彼此的转化。具体到人与自然的关系上，道家学者反对将人与自然的矛盾绝对化，而是宣扬“人法地，地法天，天法道，道法自然”（《老子·二十五章》）的“天人观”和“天地与我并生，万物与我为一”（《庄子·齐物论》）的“齐物论”。与儒家学说相比，道家的这种思想打破了矛盾双方主次关系的僵死格局，因而更具有《易经》辩证法的否定精神。然而值得注意的是，从否定现存秩序的逆反心理出发，道家学者对《易经》思想的这一发挥，又从一种片面导向了另一种片面。当他们只看到矛盾双方转化的可能而完全忽视其转化的条件和根据时，他们就很容易从辩证法倒向诡辩论，从而得出“曲则全，枉则直，洼则盈，敝则新，少则得，多则惑。”（《老子·二十二章》）、“厉与西施，恢恑憰怪，道通为一”（《庄子·齐物论》）之类的相对主义观点。由此可见，正像儒、道两家不仅发展了《易经》的世界观，并且使其片面化了一样，儒、道两家不仅深化了《易经》的方法论，而且使其片面化了。

其次，辩证法关于质量互变的理论，在《易经》中也得到了初步的体现。我们知道，《易经》中每一卦的卦象都是由“--”“—”这两个最简单的爻象组合而成的，它们之间在“量”上的彼此消长便导致了整个卦象在“质”上的特殊规定，从而由“简易”到“变易”再到“不易”。这种物极必反、否极泰来的思想不仅体现在六十四卦的卦辞之中，而且体现在每卦六爻的爻辞之中。如乾（☰）的爻辞曰：“初九：潜龙勿用。九二：见龙在田，利见大人。九三：君子终日乾乾，夕惕若，厉无咎。九四：或跃在渊，无咎。九五：飞龙在天，利见大人。上九：亢龙有悔。”从这里我们可以看到，《易经》的作者以“龙”为喻体，将乾（☰）之六个“—”爻因不同程度的积累所标志的萌生、发展、强盛、蜕变的过程进行了一番形象的描绘。这种质量互变的思想不仅决定了《易经》卦象和爻象的意义，而且对儒、道两家也产生了方法论的指导作用。

从“潜龙勿用”到“亢龙有悔”之类的《易经》文本中，儒家提炼出了“过犹不及”（《论语·先进》）的“中庸思想”，道家总结出了“物壮则老”（《老子·三十章》）的“无为”精神。无论是儒家的“过犹不及”还是道家的“物壮则老”，都标志着古代思想家们已经自觉地意识到事物由量的发展最终会导致质的变化，从而向对立面转化的规律。但是，从不同的社会立场和历史观念出发，儒、道两家对质量互变规律的自觉运用，却有着各自的侧重点。

从维护父权社会既得的统治地位出发，儒家的“中庸”思想旨在通过限制量变而防止质变的形式来保持现有秩序的平衡和稳定。因此，在这些学者的心目中，“中庸”是一种很高层次的精神境界和行为准则。“子曰：中庸之为德也，其至矣乎！民鲜久矣。”（《论语·雍也》）《礼记·中庸》中也有“极高明而道中庸”的文句。具体到人格塑造上，“子曰：君子惠而不费，劳而不怨，欲而不贪，泰而不骄，威而不猛。”（《论语·尧曰》）“子温而厉，威而不猛，恭而安。”（《论语·述而》）就其思想根源来看，这种将“阳刚”与“阴柔”结合在一起的中庸之道，很可能是在《易经》的影响下从男女、天地的差别与对立之间中和而来的。因此，我们才能对所谓“君子之道，造端乎夫妇；及其至也，察乎天地。”（《礼记·中庸》）的说法有所理解。然而，就其理论价值来看，这种在“质”、“量”之间求得平衡的思维模式又有着一定的局限性和保守性，它只是对辩证法的部分利用而非全面发扬。

与之不尽相同的是，道家虽然也承认质量互变的辩证规律，但却不求“中庸”而宁愿“无为”。老子云：“合抱之木，生于毫末；九层之台，起于累土；千里之行，始于足下。为者败之；执者失之。是以，圣人无为，故无败；无执，故无失。”（《老子·六十四章》）这种思维逻辑的出现，自然也与道家学者所持的社会理想和所处的历史地位有关。由于他们对母权社会盛极而衰的历史经验有着痛楚的感触和记忆，因而不再期望有所作为。在他们看来，既然“物壮则老”，事物总会向其相反的方向转化，那么与其像踩钢丝一样勉为其难地维持着一种“中庸”的平衡状态，倒不如索性进入一种“见素抱朴，少私寡欲”的“无为”境界。道家的这种“无为”境界也和儒家的“中庸”理想一样，是一种根植于思维方式的生活准则，因而被反复提倡。“我有三宝，持而保之：一曰慈，二曰俭，三曰不敢为天下先。”（《老子·六十七章》）“为无为，事无事，味无味。”（《老子·六十三章》）“天下之至柔，驰骋天下之至坚。无有入无间，吾是以知无为之有益。”（《老子·四十三章》）“彷徨乎尘垢之外，逍遥乎无为之业。”（《庄子·大宗师》）“故曰：至人无己，神人无功，圣人无名。”（《庄子·逍遥游》）就其思想根源来看，这种“主静”、“守雌”的“无为”境界，可能也是在《易经》的影响下从男女、雄雌之间的关系中获得的。惟其如此，我们才能够真正理解所谓“知其雄、守其雌，为天下谿”（《老子·二十八章》）的意义所在。如果说“无为”是道家学者利用“质量互变”原理进行自我保护的一种方式，那么“促变”则是他们利用同一原理瓦解敌人的一种手段。老子说“将欲歙之，必固张之；将欲弱之，必固强之；将欲废之，必固兴之；将欲夺之，必固与之”（《老子·三十六章》），其目的无非是让那些类似父系社会的受益者，通过自作自受而自取灭亡。从理论上讲，道家的这种“促变”思想同其“无为”思想分别处于儒家“中庸”思想的两极，从而恰好形成了一种思维方法的互补关系，是《易经》中“质量互变”原理的具体运用和进一步展开。

最后，辩证法关于否定之否定的思想，在《易经》中也得到了部分的体现。我们说过，“周易”的“周”字本身就包含着周而复始、周流不息的意思。就像黑格尔的绝对理念在不断地为自身设立对立面，然后再加以否定、扬弃和发展一样，六十四卦也形成了一个自否定、自扬弃、自发展的逻辑过程。《易经》分上、下两部分，上经以标志着天地之始的乾（䷀）、坤（䷁）开始，下经以标志着人伦之始的咸（䷞）、恒（䷟）开始。这一点，也颇似黑格尔逻辑在先的绝对精神外化出整个自然界，然后再由自然界上升为精神现象的思维模式。更为重要的是，正像黑格尔的绝对精神在外化出自然界、上升为人类智慧之后，还会以艺术、宗教、哲学等方式实现向绝对精神的回归一样，《易经》的全部卦序也形成了一个首尾相连的封闭体系。因此，正如我们常说的那样，黑格尔不断发展的辩证法与其永恒不变的哲学体系之间有着不可克服的矛盾，《易经》中周流不息的变革精神与其周而复始的理论构架之间也存在着无法解除的悖论。换言之，就局部的发展变化而言，《易经》的卦与卦之间呈现出螺旋式上升的立体图案；而就整体的发展轨迹来看，《易经》的全部卦序则又呈现出一种简单回归的平面图案。这种有限的辩证法思想不仅决定了《易经》的理论格局，而且对儒、道两家也有着方法论的指导意义。

从严格的理论意义上讲，无论是孔、孟还是老、庄，心目中都没有一个创造世界、主宰万物的人格神，因为这种至高无上的理论偶像与辩证法关于否定之否定的思想是相矛盾的。但是，无论孔、孟还是老、庄，又都不是彻底的唯物论者，他们都或多或少地相信，宇宙中有某种决定人类命运的力量存在，这与《易经》中不信鬼而信命的思想是一致的。

我们知道，孔子对鬼神的态度是存而不论、敬而远之的，“子不语怪、力、乱、神”（《论语·述而》）就是明证。但是，孔子又明确指出：“君子有三畏：畏天命，畏大人，畏圣人之言。”（《论语·季氏》）所谓“文王既没，文不在兹乎？天之将丧斯文也，后死者不得与于斯文也；天之未丧斯文也，匡人其如予何?”（《论语·子罕》）所谓“道之将行也与，命也；道之将废也与，命也。公伯寮其如命何?”（《论语·宪问》）都说明孔子相信人生和社会的发展是受到命运支配的。再结合他刻意效法周公，力图恢复周礼的行为来看，他的思想中似乎包含着一种历史循环论的可能性。而在孔子的门徒孟子那里，这种可能性便发展成了“天下之生久矣，一治一乱。”（《孟子·滕文公》）、“五百年必有王者兴，其间必有名世者”（《孟子·公孙丑下》）的观点。更为重要的是，孟子的“禅让”理论后来在汉儒刘歆那里与“五行相生”的思想结合在一起，于是便成了历代统治者改朝换代的思想武器。同《易经》的思想相一致，这种在局部的环节上讲究变革的精神有其辩证法的进步意义，而其在整体的框架上主张循环的观点则又有其理论的局限性。

与孔、孟相似，老、庄基本上也继承了《易经》重命轻鬼的思想，所谓“以道莅天下，其鬼不神”（《老子·六十章》）就是明证。在他们那里，“道”就是规律，就是命运，因而只要按照“道”的原则行事，顺应命运的安排，任何鬼怪都不会起到干扰和破坏作用。那么“道”的运作有何规律、命的安排有何特点呢?在这一问题上，老、庄与孔、孟一样，也没有冲出《易经》循环论的轨道。根据老子的观察，万物的变化是循环往复的，变来变去，总要回到它原来的出发点：“致虚极，守静笃。万物并作，吾以观复。夫物芸芸，各复归其根。归根曰静，是曰复命。”（《老子·十六章》）“有物混成，先天地生。寂兮寥兮!独立不改，周行而不殆。可以为天下母。吾不知其名，字之曰道，强为之名曰大。大曰逝，逝曰远，远曰反。”（《老子·二十五章》）此类思想在庄子那里则被表述为：“其分也，成也；其成也，毁也。凡物无成与毁，复通为一。”（《庄子·齐物论》）道家的这种自然循环论与儒家的历史循环论刚好对应，相为表里地影响着中国古代人的思维方式和行为方式。

总之，如果说《易经》中以“阴阳”为代表的世界观，经儒、道两家的不同拆解而形成了泾渭分明的两条哲学路线，那么《易经》中以“周易”为代表的方法论，经儒、道两家的共同发挥则形成了相互补充的两大文化源泉。换言之，儒、道之所以有互补的价值，盖源于不同的世界观；儒、道之所以有互补的可能，盖源于共同的方法论。而所有这一切，都可以在那部古老而神秘的《易经》中找到深刻的根源。正是在这一意义上，我们才认为,《易经》是儒、道同出的哲学文本。

（这篇长文曾分成两段，分别以《〈易经〉的世界观与方法论》和《〈易经〉对儒道两系的影响》为题，发表于《中国文化研究》1994年夏之卷和1995年秋之卷）

论儒、墨、道、法系统

儒、墨、道、法是我国先秦时代著名的四大学派，它们不仅曾在“百家争鸣”的岁月里各领风骚，而且对中国文化的历史铸造也都产生了极为深远的影响。正因如此，它们既是传统国学的主要研究对象，也是今人在哲学史、思想史、文化史的研究中所不可或缺的内容。按照系统论和结构主义的原则，认识的意义并不在于描述对象本身，而在于揭示对象与其所在结构和系统的关系。正像汤因比所指出的那样，“为了便于了解局部，我们一定要把注意焦点先对准整体，因为只有这个整体才是一种可以自行说明问题的研究范围”[1]。根据这一思想，我们完全有理由将儒、墨、道、法放在一个共时的框架中加以研究，以确定其整体的结构功能及其相互依存、相互补充、相互对立、相互转化的关系。换言之，儒、墨、道、法如七宝楼台，拆散成了碎片，只有在我们观念的还原中才可能重新显示其完整的、有机的、牢不可破的结构和体系。

一

在“礼崩乐坏”的春秋时代，孔子以倡导“仁”“礼”而游说天下，从而

1　[英]汤因比：《历史研究》，曹未风等译，上海人民出版社，1986年，第7页。

形成了儒家学派的两大核心范畴。那么“仁”和“礼”之间究竟是一种什么关系呢？从“人而不仁，如礼何”（《论语·八佾》）一句来看，“仁”是根本；但从“克己复礼为仁”（《论语·颜渊》）一句来看，“礼”又是目的。这种看似矛盾的表述曾使后来的研究者们大伤脑筋，然而人们最终会发现，这只不过是一个问题的两个方面而已。

我们知道，所谓“周礼”，即是将祖宗崇拜的祭祀活动以及与之相关的人际关系制度化、法律化，使其成为约束人们社会实践的一整套行为规范，从而“礼”的破坏，就不仅是一种传统风俗的被践踏，而且是一种官方意识形态的被颠覆。为了恢复这种官方的意识形态，也就是说，为了给周礼的存在找到切实可靠的理论依据，在当时的情况下，作为思想家的孔子，似乎有两种选择的可能性：一是为“礼”寻找一种外在的信仰根据，即使本来就具有巫术成分的“礼”的运作，成为一种严格的宗教仪式；二是为“礼”寻找一种内在的情感依据，即使本来就具有伦理成分的“礼”之行为，成为一种自觉的道德追求。最终，由于“亚细亚生产方式”的特点，使孔子选择了后者而不是前者；或者严格地说，由于“亚细亚生产方式”的影响，使选择了后者的孔子获得了成功。于是，便有了“以仁释礼”的儒学建构。

所谓“以仁释礼”，就是利用“亚细亚的古代”未被彻底斩断的人与人之间的血缘纽带和亲伦关系，在情感上论证“礼”的合理性。孔子认为，“礼”作为一种社会的行为规范，既不是由外在的政治集团强加给人们的，也不是由外在的信仰体系强加给人们的，而是由人们从自身的亲子血缘情感中生发出来的自觉自愿的行为方式。所谓“孝弟也者，其为仁之本与”（《论语·学而》），有了热爱父母、关怀兄弟的亲伦情感，人们在行为举止上便自然会遵循“礼”的原则；而失去了这种“仁”的情感基础，人们即使在外在行为上表现得循规蹈矩，又有什么意义呢？因此，在孔子看来，当时世风日下的社会局面要从人们的心病中加以整治，而治病的良药，也就是他的“仁学”；而人心的整治，则必然会导致社会风气的根本好转，从而恢复“周礼”的行为规范。如此说来，从个体心性的修养上说，“仁”是根本；而从群体实践的规范上讲，“礼”是目的。

从社会功能来看，孔子这种以“仁”释“礼”的做法，至少有双重意义。首先，从内心体验上讲，孔子的“仁学”在心理上修复了早期氏族社会的血缘情感，使个体的人可以通过父子、兄弟、夫妻乃至君臣等关系，与整个社会联成一体，从而克服了早期人类所可能具有的孤独感和幻灭感，使我们那些遭受异化痛苦的先民们无须到超验的彼岸世界去寻找寄托，而是在世俗的生活与交往中保持一种精神超越的可能性。其次，在外在行为上，孔子的“仁学”显然有利于从伦理的角度来维护统治阶级的现存秩序，即将人们对待父母的“孝”转化为对待君王的“忠”，从“父父、子子”过渡到“君君、臣臣”，将“修身、齐家”同“治国、平天下”联系起来，从而使我们这个民族主要不仰仗法律而依赖伦理去进行社会的组织和集体的协作。不难看出，前者即所谓的“内圣”之学，后者即所谓的“外王”之术。而这两个方面，则分别被以后的孟子和荀子所发挥。

孟子用“性善论”的主张使孔子关于“仁”的思想得到了进一步的深化。首先，孟子清楚地认识到：“仁之实，事亲是也。”（《孟子·离娄上》）从而抓住了孔子思想的核心所在。但是，孟子的理论却不限于此，他要在这种亲伦的血缘情感背后找到更为深刻的人性依据。孟子说：“人之所不学而能者，其良能也；所不学而知者，其良知也。孩提之童无不知爱其亲者，及其长也，无不知敬其兄也。亲亲，仁也；敬长，义也；无他，达于天下也。”（《孟子·尽心上》）不仅如此，他还要把这种亲伦之爱的良知、良能推而广之，以发现其更加具有普遍意义的人类之爱。“所以谓人皆有不忍人之心者，今人乍见孺子将入于井，皆有怵惕恻隐之心。非所以内交于孺子之父母也，非所以要誉于乡党朋友也，非恶其声而然也。由是观之，无恻隐之心，非人也；无羞恶之心，非人也；无辞让之心，非人也；无是非之心，非人也。恻隐之心，仁之端也；羞恶之心，义之端也；辞让之心，礼之端业；是非之心，智之端也。”（《孟子·公孙丑上》）“仁义礼智，非外铄我也，我固有之也。”（《孟子·告子上》）由此说来，所谓“仁、义、礼、智”并不是从外界强加给人的社会规范，而是人们内心所固有的善良的本性。孟子坚决主张，这种善良的本性是人们内心所固有的善良的本性。孟子坚决主张，这种善良的本性是人人所共有的，所谓“口之于味也，有同嗜焉；耳之于声也，有同听焉；目之于色也，有同美焉。至于心，独无所同然乎”（《孟子·告子上》）。

既然人同此心，心同此理，又何以会出现贤与不肖、君子与小人之别呢？关于这一问题，孟子将之归于后天的影响。在他看来，君子与小人的区别，并不是他们先天的心性有所不同，而是由于君子在后天的社会生活中保存了自己的本性，而小人在后天的生活中则丧失了自己的本性。“孟子曰：君子所以异于人者，以其存心也。君子以仁存心，以礼存心。”（《孟子·离娄上》）“大人者，不失赤子之心者也。”（《孟子·离娄上》）因此，所谓学问之道，并不是要灌输给大家什么外加的思想，而是让人们找回那已经放弃或遗失的本性，使之回到“仁”与“礼”的正路上来，将小人还原为君子。“孟子曰：仁，人心也；义，人路也。舍其路而弗由，放其心而不知求，哀哉！人有鸡犬放，则知求之；有放心而不知求。学问之道无他，求其放心而已矣。”（《孟子·告子上》）如此说来，只要找回了自己的真心、还原了自己的本性、恢复了自己的良知良能，小可以修身，大可以治国；近可以达到“老吾老，以及人之老；幼吾幼，以及人之幼”（《孟子·梁惠王上》）的境界，远可以实现“以不忍之心，行不忍之政，治天下可运于掌上”（《孟子·公孙丑上》）的理想。

在孟子这里，尽管修身、齐家与治国、平天下是一体的事情，但相对而言，他那套发自“性善论”的哲学主张，更多的是将注意力放在个体心性的修养上，而对于安邦定国的群体实践，则缺乏系统的、可操作的指导意义。同孔子一样，孟子一生也四处游说，但在梁惠王面前，他只能说：“王何必曰利？亦有仁义而已。”（《孟子·梁惠王上》）在齐宣王面前，他只能说：“与民同乐，则王矣。”（《孟子·梁惠王下》）就是在滕文公受到齐国的军事威胁而向他请教对策的情况下，他也只能讲那套“苟为善，后世子孙必有王者矣”（《孟子·梁惠王下》）的大道理。因此，在群雄并起、诸侯纷争的战国时代，孟子的那套多少有些迂腐的理论并没有得到那些王侯们的真正采纳，他甚至还不如孔子，好歹也做过几天鲁国司寇那样的官职，而最多也只能“为卿于齐，出吊于滕”（《孟子·公孙丑下》）而已。

然而，如果说孟子于“外王”无术，但却对“内圣”有方。孟子曰：“广土众民，君子欲之，所乐不存焉；中天下而立，定四海之民，君子乐之，所性不存焉。君子所性，虽大行不加焉，虽穷居不损焉，分定故也。君子所性，仁义礼智根于心，其生色也睟然，见于面，盎于背，施于四体，四体不言而喻。”（《孟子·尽心上》）在他看来，“仁义礼智”并不是手段，其本身就是目的。当这种思想“根于心”并达到“不言而喻”的境界的时候，就可能产生一种“万物皆备于我矣，反身而诚，乐莫大焉”（《孟子·尽心上》）的愉悦。这种愉悦，似乎比面南背北、广土重民更有价值，因为它是一种真正意义上的安身立命。孟子曰：“尽其心者，知其性也。知其性也，则知天矣。存其心，养其性，所以事天也。夭寿不二，修身以俟之，所以立命也。”（《孟子·尽心上》）不难看出，孟子这种超越功利目的的心性修炼，已近似于某种宗教情绪了。孟子曰：“鱼，我所欲也；熊掌，亦我所欲也。二者不可得兼，舍鱼而取熊掌者也。生亦我所欲也，义亦我所欲也。二者不可得兼，舍生而取义者也。”（《孟子·告子上》）这种“舍生取义”的精神追求，虽不同于宗教式的禁欲主义，但同样超越了人的肉体需求和感性存在。与宗教不同的是，孟子的这套人格修炼，既不是为了使人成为佛陀，也不是为了让人皈依上帝，而是在世俗的、感性的生活中实现“人皆可为尧舜”（《孟子·告子上》）的目的。从这一意义上讲，孟子对人格境界的追求便不能被视为迂腐，而多少有些神圣了。这种神圣品位的形而上发展，必然会使孟子的思想向墨子靠拢，从而实现了儒学学派向墨家学派的逻辑过渡。

如果说，孟子用“性善论”的主张使孔子关于“仁”的思想得到了进一步的深化，那么荀子则用“性恶论”的主张使孔子关于“礼”的学说得到了进一步的发展。首先，荀子清楚地认识到：“礼者，贵贱有等，长幼有差，富贵轻重皆有称者也。”（《荀子·富国》）“礼者，人主之所以为群臣寸尺寻丈检式也。”（《荀子·儒效》）从而抓住了孔子“礼教”的社会意义。但荀子的理论却不限于此，他还要在这种社会的等级关系之中找到更为深刻的人性依据。“礼起于何也？曰：人生有欲，欲而不得，则不能无求，求而无量度分界，则不能不争。争则乱，乱则勇。先王恶其乱也，故置礼义以分之，以养人之欲，给人之求。使欲必不穷乎物，物必不屈于欲，是礼义之所起也。”（《荀子·礼论》）不仅如此，他还要把人的原始欲望推而广之，以发现更具有普遍意义的人类之恶——“人之性恶，其善者伪也。今人之性，生而有好利焉，顺是，故争夺生而辞让亡焉；生而有疾恶焉，顺是，故残贼生而忠信亡焉；生而有耳目之欲有好声色焉，顺是，故淫乱生而礼义文理亡焉。然则从人之性，顺人之情，必出于争夺，合于犯分乱理而归于暴。故必将有师王之化，礼义之道，然后出于辞让，合于文理，而归于治。用此观之，然则人之性恶明焉，其善者为伪矣。”（《荀子·性恶》）同孟子对待“性善论”的态度一样，荀子也将自己的“性恶论”视为人同此心、心同此理的原始本能。他说：“凡人有所一同：饥而欲食，寒而欲暖，劳而欲息，好利而恶者——是人之所以生而有也，是无待而然者也，是禹桀之所同也。目辨黑白美恶，耳辨声音清浊，口辨酸甜甘苦，鼻辨芬芳腥臊，骨体肤理辨寒暑疾痒，是又人之所常生而有也。”（《荀子·荣辱》）

既然人同此心，心同此理，又何以会出现君子与小人之分、尧舜与桀纣之别呢？关于这一问题，荀子也将之归于后天的影响。只是与孟子不同，在他看来，凡是能保存本性的人（即孟子之所谓“存心”者），恰恰是小人；凡是已失去本性的人（即孟子之所谓“放心”者），反倒能成为君子。荀子云：“尧禹者，非生而具者也，夫起于变故，成乎修，修之为待尽而后备者也。人之生固小人，无师无法则唯利之见耳！”（《荀子·荣辱》）因此，所谓学问之道，并不是要还原人的真心、恢复人的本能，而恰恰是通过“礼”的教育，使之从恶人变为善人，从原始的人变成文明的人。“礼者，所以正身也；师者，所以正礼也。无礼何以正身，无师安知礼之为是也。”（《荀子·修身》）

在荀子这里，尽管“内圣”与“外王”也是一体的事情，但相对而言，他那套建立在“性恶论”基础上的哲学思想，更多的是将注意力放在社会关系的整合上，而对于个体心性的修养却缺乏执着的、形而上的追求。正因如此，注重人格履践的宋明理学，大体都以孟子为孔子精神的真正传人，并从中发掘出诚意、正心、格物、致知的修养方式，而对于荀子的隆礼、尊贤之术，则常常不以为然。

然而，如果说荀子的“内圣”之学似不及孟子的醇厚，但其“外王”之术却显然要比孟子的实用。翻开《荀子》一书，我们所看到的已不再是那些真诚而迂腐的道德说教，而是现实而又冷峻的社会分析。荀子曰："故人之命在天，国之命在礼。人君者，隆礼尊贤而王，重法爱民而霸，好色多诈而危，权谋倾覆幽险而亡。"（《荀子·强国》）简短的几句话，对于当时的统治者来说，确乎起到了重要的指导作用。从《荀子》一书的"富国""强国""王制""王霸""君道""大略"这类题目中，我们已不难看出这位思想家的功利欲望和社会抱负了。尽管从现存的史料看，我们只知道荀子曾做过兰陵令，其他如"赵以为上卿"等政治身份不得确考，但韩非、李斯等在秦王霸业中产生了重大影响的人物却均出自荀子的门下，这一点绝不是偶然的，它说明了儒家学派经荀子一脉而向法家的过渡。这一问题，我们也将留在以后分析。

梁启雄说："孟子言性善，荀子言性恶；孟子重义轻利，荀子重义不轻利；孟子专法先王，荀子兼法后王；孟子专尚王道，荀子兼尚霸道；二子持义虽殊，而同为儒家宗师，初无判轩轾也。"[2]如果就学术成就和地位而言，孟、荀二子在儒学体系中确乎是无分轩轾的，但就学术走向和思想趋势而言，孟、荀二子在儒学历史上则又是花开两枝、泾渭分明的了。简而言之，孟子和荀子的思想既是孔子学说的分化，又是其进一步的具体展开：在人性问题上，他们将孔子混沌一体的"性无善恶论"分化为"性善论"和"性恶论"的两类主张；在学理内容上，他们将孔子原始的"仁礼统一论"分化为专注于"仁"之人格修养和专注于"礼"之社会规范的两条路线；在社会功能上，他们将孔子自发而一体的"内圣外王"精神分化为偏重"内圣"的形而上追求和偏重"外王"的功利实践目的两大趋向……从这一意义上讲，孔子所创立的儒家学派被孟、荀二子深化了、具体了，同时也就不可避免地片面化了。这种片面深化的结果使儒家在逻辑上分别实现了向墨家和法家的两翼展开，并与道家形成了对峙与互补的局面。

二

如果说，儒家一开始就是作为现存制度的维护者而出现的，那么道家则

2　梁启雄：《荀子简释·自叙》，中华书局，1983年，第9页。

一开始就是作为既有文明的怀疑和叛逆者而出现的。与孔子不同，在当时的历史条件下，使道家的创始人老子深感不满的并不是“礼崩乐坏”的僭越行为，而恰恰是“非礼勿视，非礼勿听，非礼勿言，非礼勿动”（《论语·颜渊》）的繁文缛节和等级规范。在他看来，正是这些貌似文明的典章制度和礼乐规范束缚了人的发展、限制了人的自由、戕害了人的个性。因此，从反文明的立场出发，他发现“道”是比“仁”和“礼”更为久远、更为本质的思想范畴：“故失道而后德，失德而后仁，失仁而后义，失义而后礼。夫礼者，忠信之薄而乱之首。”（《老子·三十八章》）故而宣扬“绝圣弃智，民利百倍；绝仁弃义，民复孝慈；绝巧弃利，盗贼无有”（《老子·十九章》）。

因此，在理论上，老子不主张以“仁”释“礼”，而主张以“道”释“德”；在实践上，老子不主张恢复周礼，而主张回归自然。所谓以“道”释“德”，就是将人的品德不是归结为以父子亲情为基础的“仁爱”，而是归结为以朴素自然为基础的“无为”。根据容庚先生的解释，“德”字在甲骨文中从直从行，与“循”字近。《庄子·大宗师》中也有“以德为循”的说法。可见，老子之所以非“礼”而重“德”，就是取其从直从行、循道而往的意思。故曰：“孔德之容，唯道是从。”（《老子·二十一章》）也就是说，在老子看来，最大的德行，并不表现为过多的人为努力和刻意求成，而恰恰是最大限度地放弃主观的能动性和创造性，使人的言论和行动顺应自然，循道而行。只有在这一意义上，我们才能真正理解《道德经》的人格含义。而所谓回归自然，就是要努力减少那些人为的礼乐规范，彻底清除那些无用的繁文缛节，使人从异化的文明枷锁中挣脱出来，还原其自然的本性。故曰：“人法地，地法天，天法道，道法自然。”（《老子·二十五章》）也就是说，在老子看来，最为理想的人类社会，并不是远离自然的文明社会，而恰恰是最质朴、最自然、最本色的上古社会。只有在这一意义上，我们才能真正理解《道德经》的社会理想。

显然，道家的人格追求和社会理想同儒家刚好是背道而驰的。在当时的历史条件下，老子作为以“周礼”为代表的既有文明的反对者，似乎有两种选择的可能性：一是以张扬肉体欲望的方式，来反抗文明的束缚；二是以回归自然怀抱的方式，来取代人与人之间的血缘情感和社会关系。最终，由于“亚细亚的生产方式”使早熟的中国古代没有彻底斩断人与自然之间的原始纽带，使老子的后一种选择成为可能；或者更确切地说，使进行了后一种选择的老子获得了成功。于是，对中国古代产生了深远影响的道家学派就这样出现了。

在社会功能上讲，老子以“道”释“德”的做法至少有以下双重意义：首先，从内心体验上讲，老子的“道学”在心理上修复了早期人类与自然浑然一体、未经分化的整体感，使个体能够通过“致虚极，守静笃，万物并作，吾以观复”（《老子·十六章》）的方式与自然联为一体，从而在摆脱了被异化的血缘情感和社会关系的情况下，使我们那些跨入文明社会的先民们无需到超验的彼岸世界去寻找寄托，而是在与自然的联系和交往中保持一种精神回归的可能性。其次，在外在行为上，由于老子只是用人与自然之间更为质朴的情感来取代“周礼”中人与人之间已被异化了的情感，而不是用张扬肉体欲望的方式来反对社会的等级制度，因此，这种思想虽然对现存秩序来说是一种挑战，却很难构成实质性的破坏和威胁。正因如此，在我国长期的封建社会中，儒道互补才能成为可能。

作为道家思想源头的老子，其“道法自然”的思想也包含着深刻的两面性。一方面，他主张消极无为，顺应自然，认为“天之道，利而不害。圣人之道，为而不争。”（《老子·八十二章》）“是以圣人自知不自见，自爱不自贵”（《老子·七十二章》），“是以圣人欲不欲，不贵难得之货；学不学，复众人之所过，以辅万物自然而不敢为”（《老子·六十四章》），因而声称：“我有三宝，持而保之：一曰慈，二曰俭，三曰不敢为天下先。”（《老子·六十七章》）竭力倡导“为无为，事无事，味无味，大小多少，报怨以德”（《老子·六十三章》）以及“见素抱朴，少私寡欲”（《老子·十九章》）等与世无争的人生态度。因此，不少人将其称之为“遁世哲学”。然而与此同时，我们在老子超然物外、异世高蹈的言辞背后，又可以看到其冷酷无情、善谋权术的另一面。他说道：“天下之至柔，驰骋天下之至坚。无有入无间。吾是以知无为之有益。”（《老子·四十三章》）“夫唯不争，故天下莫能与之争。”（《老子·二十二章》）因而主张：“欲上民，必以言下之；欲先民，必以身后之。是以圣人处上而民不重，处前而民不害。是以天下乐推而不厌。以其不争，故天下莫能与之争。”（《老子·六十六章》）“是以圣云：受国之垢，是为社稷主；受国不祥，是为天下王。”（《老子·七十八章》）“是以圣人后其身而身先，外其身而身存。非以其无私邪？故能成其私。”（《老子·七章》）因此，又有人认为，老子哲学实际上是一种韬晦之计、“君人南面之术”。

如何理解老子思想中这种相互矛盾的两面性呢？其实，与孔子思想一样，老子的学说中也暗含着“内圣”与“外王”两个层面，只是这两个层面不是建立在人与社会的血缘纽带之上，而是建立在人与自然的素朴和谐之中：从自然之道出发，顺应自然规律并用以修身的部分，即老子的“内圣”之学；从自然之道出发，利用自然规律并用以治人的部分，即老子的“外王”之术。前者追求一种“无为”的境界，后者追求一种“无不为”的后果。照此看来，所谓老子学说的内在矛盾，只不过是一枚铜币的两面花纹罢了。这种理解，是否仅仅是对于儒家学派的一种比附呢？其实不然。我们知道，“内圣外王”的说法，最早见于《庄子·天下》，可见其绝非儒家的专利。事实上，正如孔子思想的两面性分别在孟子和荀子那里得到分化和展开一样，老子学说的矛盾双方也分别在庄子和孙子那里得到了发展和深化。

作为老子思想的继承人，庄子很少谈及群体实践的行为问题，而是将注意力集中在个体心性的修养上来。这一点，颇似孟子对孔子的发挥。只是与孟子不同，庄子的心性修养与“仁爱”无关，而是对自然之道的体悟与遵循。这主要表现在世界观和人生境界两个方面。

在世界观方面，庄子使老子的“道”进一步普泛化。他从“道生一，一生二，二生三，三生万物”（《老子·四十二章》）中引申出“道无始终，物有生死，不恃其成；一虚一满，不位其形。年不可举，时不可止，消息盈虚，终则有始”（《庄子·秋水》）的思想，从而将有形的物质世界的发展变化看成是在无形的“道”的圈子里的循环过程。在此基础上，庄子提出了自己的“齐物论”。在他看来，既然人和万物一样，都是“道”的外化，并且在“道”的转换中实现着彼此的沟通，那么不仅物与物之间不存在尖锐的对立，就连人与物之间也不存在绝对的差异。这就是所谓“天地与我并生，万物与我为一”（《庄子·齐物论》）的思想。因此，正像孟子从孔子的“仁学”中发现了人与人在“人性”层面上的沟通一样，庄子则从老子的“道学”中发现了人与物在“物性”层面上的沟通。以这种“齐物论”的思想为基础，庄子便进一步提出了齐是非、齐贵贱、齐生死的世界观。所谓“齐是非”，是指认识论意义上的相对主义。在庄子看来，一切是非，都是认识主体对具体事物所下的判断，它由于认识主体所处地位的局限性而不可能具有绝对的意义。“是亦彼也，彼亦是也。彼亦一是非，此亦一是非。果且有彼是乎哉？果且无彼是乎哉？彼是莫得其偶，谓之道枢。枢始得其环中，以应无穷。是亦一无穷，非亦一无穷也。故曰莫若以明。”（《庄子·齐物论》）因此，只有从“道”的高度出发，用“齐物论”的观点看待是非，才可能从相互矛盾的判断中解脱出来，以澄明的心境去观照事物的实况。所谓“齐贵贱”，则是指伦理学意义上的相对主义。在庄子看来，既然从道的观点来看，是非即已不存，贵贱又何足为论呢？“以道观之，物无贵贱；以物观之，物自贵而相贱。”（《庄子·秋水》）任何贵贱，都只是伦理主体的一种价值判断，它由于伦理主体所处地位的局限性而不可能具有绝对的意义。因此他主张“同与禽兽居，族与万物并，恶乎知君子、小人哉！同乎无知，其德不离”（《庄子·马蹄》）。所谓“齐生死”，是指生命哲学上的相对主义。在庄子看来，既然是非、贵贱都只具有相对的意义，那么生与死之间也就没有什么了不起的分别了。为此，他曾多次举梦为例，暗喻人生不过是一场大梦，死也许只不过是梦的结束而已。他还感叹道：“人之生也，固若是芒乎？其我独芒，而人亦有不芒者乎？”（《庄子·齐物论》）并借一个骷髅的嘴巴说：“死，无君于上，无臣于下，亦无四时之事，从然以天地为春秋，虽南面王乐不能过也。”（《庄子·至乐》）因而坚信“古之真人，不知说生，不知恶死；其出不欣，其死不距；翛然而往，翛然而来而已矣”（《庄子·大宗师》）。从某种意义上讲，庄子的齐是非、齐贵贱、齐生死都只不过是“齐物论”思想的进一步展开，而只有在这种深化和展开的世界观的基础上，庄子的人生境界——“逍遥游”才成为可能。

在人生境界上，庄子也讲究德行的修养，但他的“德”，既不是孔子的“孝悌之道”，也不是孟子的“恻隐之心”，而是老子《道德经》思想的进一步发展。庄子说："死生、存亡、穷达、富贵、贤与不肖、毁誉、饥渴、寒暑、是事之变，命之行也"。(《庄子·德充符》)"知其不可奈何而安之若命，德之至也。"(庄子·人间世》)因此，在他那里，所谓德行的修养就是要勘破是非、贵贱乃至生死的界限，以进入一种"安时而处顺"(《庄子·大宗师》)、"乘物以游心"(《庄子·人间世》)的境界。要进入这种逍遥游的境界，必须冲破功名利禄、人伦情感、个体欲望三重诱惑。首先，与周游列国、四处游说，以推销政治张、实现社会抱负的孔子不同，《史记·老庄申韩列传》记载庄子素以"无为有国者所羁，终身不仕，以快吾志焉"为生活准则，《庄子》一书中也有关于他对楚威王送上门来的高官厚禄不予理睬的记录。不难理解，庄子之所以拒绝功名，就在于他把入仕行为看成是一种累赘、一种负担、一种束缚自由的社会枷锁。因此，与其让他在俯仰进退、尔虞我诈中获取功名，还不如让他像一条鱼儿一样默默无闻而又自由自在地游戏人生。所以，他反复强调："为善无近名，为恶无近刑。缘督以为经，可以保身，可以全生，可以养亲，可以尽年。"(《庄子·养生主》)"故曰，至人无己，神人无功，圣人无名。"(《庄子·逍遥游》)其次，与泛化伦理情感、宣扬人类之爱，以期用人格的力量超越自我、感化众生的孟子不同，庄子对人与人之间过多的情感纠葛采取一种断然拒绝的态度。他说："泉涸，鱼相与处于陆，相呴以湿，相濡以沫，不如相忘于江湖。与其誉尧而非桀也，不如两忘而化其道。"(《庄子·大宗师》)也就是说，人要真正获得一种独来独往、毫无牵挂的自由境界，就不需要那么多恩恩怨怨，也用不着亲情、友情或温情。最后，在拒绝了功名的诱惑和人伦的情感之后，庄子并不是要把全部的希望寄托在肉体欲望的满足上，从而走向一种玩世不恭的纵欲主义；恰恰相反，他的"逍遥游"与其说是一种肉体的自由，不如说是一种精神的自由。为了获得精神的自由，他将老子的"静观""玄鉴"发展为自己的"心斋""坐忘"，从一种认识世界的方式中引申出一种体验生命的境界来。我们知道，老子的"静观""玄览"是一种用以把握"道"的认识方式，由于"道"是一种形而上的存在，因而不能用通常的认识手段借助经验的积累而获得，而只能排除功利的欲念、超越概念的束缚，以直观的方式加以领悟。这就是所谓"为学日益，为道日损”（《老子·四十八章》），而必须“专气致柔”“涤除玄览”（《老子·十章》）的道理。然而庄子却从这种排除杂念、深入静观的认识方式中找到了一种“德有所长，而形有忘”（《庄子·德充符》）的生命体验方式，并加以发挥。在《人间世》中，他曾借仲尼之口表述了自己关于“心斋”的理解：“若一志，无听之以耳而听之以心，无听之以心而听之以气！耳止于听，心止于符。气也者，虚而待物者也。唯道集虚。虚者，心斋也。”在《大宗师》中，他又借颜回之口表述了自己对于“坐忘”的认识：“堕肢体，黜聪明，离形去知，同于大道，此谓坐忘。”显然，这里所谓的“心斋”“坐忘”已不仅仅是一种认识的手段，它本身就是一种人生体验的过程。只有在这一过程中，人们才能够进入“假于异物，托于同体；忘其肝胆，遗其耳目；反复终始，不知端倪；茫然彷徨于尘垢之外，逍遥于无为之业”（《庄子·大宗师》）的境界。这一境界，也就是比靠长翼而高举、借大风而远行的鲲鹏更加无恃的“逍遥游”。

如果说庄子的心性修养是一种“内圣”的境界，那么孙子的兵法战策则是一种“外王”的手段。将孙子看成是老子思想的另一分支，必须对以下两个问题加以说明：第一，老子与孙子的生活年代问题；第二，老子与孙子的思想渊源问题。对于前者，我基本同意这样一种观点，即认为老子是春秋末期之人并略早于孔子，而孙子的生活年代则几乎与孔子同时[3]。对于后者，我们虽然不能在老、孙二子之间找到明确的师承关系，却可以在二人的著作之间找到至少14条极为相近的文句[4]。因此，尽管人们在习惯上并不把孙子看成是道家的成员，然而在我看来，至少在客观上、在逻辑上、在共时的结构上，孙子的军事思想正是老子“君人南面之术”在战争领域的具体运用和充分发展。在这里，“《老子》是一部兵书”的说法也就得到了进一步的印证。

尽管孙子不是严格意义上的道家，但其著作开宗明义便突出了对“道”的重视：“孙子曰：兵者，国之大事，死生之地，存亡之道，不可不察也。故经之以五事，校之以计而索其情：一曰道，二曰天，三曰地，四曰将，五曰法。”（《孙子·计篇》）然而与庄子不同的是，孙子对“道”的重视与发挥主要不在世界观方面，而是在方法论方面。翻开《孙子》一书，我们几乎找不到有关个体修养和人生价值的形而上思考，所看到的只是有关军事手段和

3　参见周立升《春秋哲学》，山东大学出版社，1989年。

4　参见拙作《简论孙子在先秦哲学系统中的地位》，《孙子学刊》1992年创刊号。

战争策略的具体论述。这种价值问题的悬置，使得孙子能够更加冷静、更加客观地对待战争中复杂而多变的矛盾关系，从而趋利避害，赢得战争的胜利。换言之，在孙子看来，战争中所要考虑的不是什么道义问题，而是生死存亡、得失利弊的问题。这种看待问题的方式，显然与儒家所谓“君不行仁政而富之，皆弃孔子者也，况于为之强战”（《孟子·离娄上》）的观点大相径庭，而是老子“天地不仁，以万物为刍狗；圣人不仁，以百姓为刍狗”（《老子·五章》）之思想的进一步发挥。也正是在这一意义上，我们才能理解，何以兵家思想与经世致用的儒家无缘，却与超然物外的道家有着极为内在的渊源关系。尽管我们并不完全同意朱熹的观点，认为“老子心最毒”（《朱子语类》），然而细读《道德经》，我们不难发现，或许是由于对世态炎凉的深切体验，老子的言辞中确实隐含着一种冷静乃至冷酷的心态，而这一点正是一切兵家思想的基础和前提。老子曰：“善为士者不武，善为战者不怒。”（《老子·六十八章》）这种不动声色的铁石心肠在孙子的军事思想中得到了尽情的发挥：“主不可怒而兴师，将不可愠而致战。合于利而动，不合于利而止。怒可以复喜，愠可以复悦，亡国不可以复存，死者不可以复生。故明君慎之，良将警之；此安国全军之道也。”（《孙子·火攻篇》）老子曰：“将欲歙之，必固张之；将欲弱之，必固强之；将欲废之，必固兴之；将欲夺之，必固与之。是谓微明，柔弱胜刚强。”（《老子·三十六章》）这种欲擒故纵的韬晦之计，在孙子的军事思想中也得到了着意的表现：“利而诱之，乱而取之，实而备之，强而避之，怒而挠之，卑而骄之，佚而劳之，亲而离之。攻其不备，出其不意。此兵家之胜，不可先传也。”（《孙子·计篇》）

如果说，庄子是从“游”的人生境界入手，进一步阐发了老子之“道”的本体论内容；那么孙子则是从“术”的军事谋略出发，进一步利用了老子之“道”的辩证法因素。我们知道，作为儒、道学派的创始人，无论是孔子还是老子，都有着丰富的辩证法思想。然而相对而言，孔子的辩证法是一种静态的辩证法，即在“过犹不及”的思想的指导下，保持矛盾双方的平衡关系，以达到“中庸之道”的境界；而老子的辩证法则是一种动态的辩证法，即在“祸福相倚”思想的指导下，促成矛盾双方的合理转化，以达到“柔弱胜刚强”的目的。显然，这后一种辩证法更符合变幻莫测的战争规律，因而被孙子所发挥。众所周知，与西方古代相比，中国传统的科学精神并不发达，但军事思想却相当丰富。关于这一点，我们固然可以从社会学的角度入手，在产生军事思想的战争环境中寻找根据，然而除此之外，我认为中、西思维方式的不同也是造成这一差异的重要原因。与科学研究的思维方式不同，军事理论的思维逻辑并不是严格而周密的因果模式，而是复杂而多变的阴阳模式，这种彼此对立的而又相互消长的阴阳模式在《老子》一书中早已得到了充分的体现。继《易经》以后，老子比较系统地揭示了事物存在和发展的辩证关系，在他看来，美与丑、难与易、长与短、高与下、前与后、有与无、损与益、刚与柔、强与弱、祸与福、荣与辱、智与愚、巧与拙、大与小、生与死、胜与败、攻与守、进与退、静与躁、轻与重等一系列矛盾因素，都像阴与阳的关系一样，既是相互对立的、彼此区别的，又是相互依赖的、彼此共存的，而且在适当的条件下还可能发生相互转换、彼此更迭。这就是所谓“有无相生，难易相成，长短相形，高下相倾，声音相和，前后相随”（《老子·二章》）、“祸兮，福之所倚；福兮，祸之所伏”（《老子·五十八章》）、“正复为奇，善复为妖”（《老子·五十八章》）、“反者道之动”（《老子·四十章》）等思想。这些思想在孙子那里得到了三个层面的发挥。首先，孙子明确地意识到，战争的实质，就是处理敌我之间的矛盾关系，为了正确处理这一关系，就必须事先对矛盾双方的实际情况有所了解。因此，他从老子“知人者智，自知者明”（《老子·三十三章》）的观点中引发出“知己知彼，百战不殆；不知彼而知己，一胜一负；不知彼，不知己，每战必殆”（《孙子·攻谋篇》）的战略思想。其次，孙子认为，要取得战争的胜利，不仅我方要作出正确的判断，还必须引诱敌方作出错误的判断。因此，他从老子“鱼不可脱于渊。国之利器，不可以示人”（《老子·三十六章》）的观点中，引发出了“兵者，诡道也。故能而示之不能，用而示之不用，近而示之远，远而示之近”（《孙子·计篇》）的战略思想。最后，孙子认为，只有在我方判断正确，敌方判断失误的情况下，才可能出其不意、攻其不备，并根据敌我双方的力量对比而分化、瓦解并各个击破敌人。因此，他从老子“图难于易，为大于细。天下大事，必作于细。

是以圣人终不为大，故能成其大”（《老子·六十三章》）的观点中，引发出了“古之所谓善战者，胜于易胜者也。故善战者之胜也，无智名，无勇功，故其战胜不忒，不忒者，其所措必胜，胜已败者也。故善战者，立于不败之地，而不失敌之败也”（《孙子·形篇》）的战略思想。不难看出，这些思想都不是单向度的因果推论，而是双向度的阴阳关系，是道家辩证法思想在军事领域的具体运用。

因此，正像孔子的思想经孟、荀二子而实现了“内圣”（仁）、“外王”（礼）的分流一样，老子的思想经庄、孙两家也实现了“内圣”（游）、“外王”（术）的对峙。不仅如此，尽管庄、孙二子的“游”与“术”不同于孟、荀二子的“仁”与“礼”，但其客观上也在不自觉地向着墨、法两家分别靠拢，以寻求更大的网络联系。

在上面的分析中我们可以看出，不仅儒、道两家各有其“内圣”之学与“外王”之术，而且其彼此之间又都有着既相对立又相补充的复杂关系。就“内圣”而言，孟子的“仁”不同于庄子的“游”，前者是一种严肃而执着的人生态度，后者是一种自由而浪漫的生活理想。然而只有前者而没有后者，人生则难免枯燥；只有后者而没有前者，人生又难免散漫。因此，这种看似对立的“内圣”之学，实则可以相互兼容、彼此渗透，于是才有了“进”与“退”、“仕”与“隐”、“兼济天下”与“独善其身”的“儒道互补”。就“外王”而论，荀子的“礼”也不同于孙子的“术”，前者是一种森严而有序的社会制度，后者是一种灵活而多变的行为法则。然而只有前者而无后者，生活难免呆板；只有后者而无前者，世界难免混乱。因此，这种看似矛盾的“外王”之术，实则又可以相互补充、彼此借助，于是才有了“礼”与“权”、“常”与“变”、原则与技巧、制度与手段的“儒道互补”。

但是，我们同时也应该看到，无论在“内圣”的“仁”与“游”方面，还是在“外王”的“礼”与“术”方面，儒道两家毕竟代表着两种截然不同的生活态度和社会理想。从理论上讲，“仁”不能直接转化为“游”，“礼”也不能直接转化为“术”，因此，它们之间的彼此沟通都有赖于必要的中介环节，而这些必要的中介环节正是与儒、道齐名的墨、法两家。

三

据《淮南子·要略》记载:“墨子学儒者之业，受孔子之术，以为其礼烦扰而不说，厚葬靡财而贫民，(久) 服伤而害事，故背周道而用夏政。”可见，墨家原是从儒家中分化出来的。然而在战国时期，这支后起的学派却得到了迅速的繁荣和空前的发展，以至于成为与儒学并立的“显学”，并构成了对儒学的严峻挑战。关于这一点，孟子曾做过这样的描述:“圣王不作，诸侯放恣，处士横议，杨朱、墨翟之言盈天下。天下之言不归杨，则归墨。杨氏无我，是无君也;墨氏兼爱，是无父也。无父无君，是禽兽也。……杨墨之道不息，孔子之道不著，是邪说诬民，充塞仁义也。”(《孟子·滕文公下》) 显然，孟子在这里是作为儒家学派的捍卫者而对墨子进行批判的。然而他却没有意识到，其实他自己的思想也在自觉或不自觉地向墨子靠拢，只不过还没有墨子走得那样远罢了。换言之，从逻辑推演的角度上讲，我们完全可以在孟子的学说中寻找到“兼爱”“非攻”“尚贤”“尚同”等思想萌芽。也就是说，在共时的结构分析上，孟子恰恰是连接孔、墨之间的中介环节。

孔子与墨子的最大区别，就在于对待人与人之间的关系上:孔子讲“仁爱”，即建立在亲子血缘基础之上的亲情之爱，其表现形态为爱而有别，爱有差等;墨子讲“兼爱”，即一种超越血缘关系之上的人类之爱，其表现形态为爱而有兼，爱无差等。而既强调血缘关系又倡导“性善论”的孟子，则刚好介于二者之间。对于类似孟子“墨氏兼爱，是无父也”的批评，墨子是这样回答的:“姑尝本原之孝子为亲度者。吾不识孝子之为亲度者亦欲人爱、利其亲与? 意欲人之恶贼其亲与? 以说观之，即欲人之爱利其亲也。然即吾恶先从事即得此? 若我先从事爱利人之亲，然后人报我以爱利吾亲乎? 意我先从事乎恶人之亲，然后人报我以爱利吾亲乎? 即必吾先从事乎爱利人之亲，然后人报我以爱利吾亲也。”(《墨子·兼爱下》) 这就是所谓“投桃报李”:我们爱戴别人的父母，别人也会善待我们的父母。因此说，“兼爱”并非“无父”，而恰恰会产生于父有利的效果。而这种“老人之老，人亦老吾之老”的观点，很容易使人们联想起孟子“老吾老，以及人之老”(《孟子·梁惠王》)

的名言。由此可见，墨、孟二子并非天壤之别，而在咫尺之间。

这一点，即使不从社会功利的角度，而从人格理想的要求来分析，也是如此。我们知道，孟子倡导“性善论”，认为人皆有恻隐之心，而从其所列举的“今乍见孺子将入于井”的例子来看，这种“恻隐之心”显然已超越了狭隘的血缘关系，而面向人类之爱了。因此，作为一种社会理想，孟子心目中的“文王之治”是这样的：“昔者文王之治岐也，耕者九一，仕者世禄，关市讥而不征，泽梁无禁，罪人不孥；老而无妻曰鳏，老而无夫曰寡，老而无子曰独，幼而无父曰孤：此四者，天下之穷民而无告者，文王发政施仁，必先斯四者。”（《孟子·梁惠王下》）这种富于人道的社会理想与墨子的“兼爱”理论又相差几何呢？墨子曰：“今吾将正求与天下之利而取之，以兼为正。是以聪耳明目相与视听乎！是以股肱毕强相为动宰乎！而有道肆相教诲，是以老而无妻者，有所侍养以终其寿；幼弱孤童之无父母者，有所放依以长其身。”（《墨子·兼爱下》）由此可见，孟子虽然在表面上痛斥墨子以维护儒学，而他的“性善”理论却恰恰处在由孔子的“仁学”向墨子的“兼爱”相过渡的逻辑中介上。

从政治制度的角度上讲，孔子的“仁爱”维护了周代以血缘、家族为基础的等级制度，因而在政治行为上，他反对“僭越”，主张“正名”，要求严格划定“君子”和“小人”、“上智”与“下愚”的界限。他指出：“为政以德，譬如北辰，居其所，而众星共之。”（《论语·为政》）“君子之德风，小人之德草，草上之风必偃。”（《论语·颜渊》）甚至主张：“唯上知与下愚不移。”（《论语·阳货》）而墨子的“兼爱”则正是要消除这种嫡庶亲疏观念、礼乐等级制度，因而代表了新兴的社会政治意识。为了用“尚贤”来反对“尊尊”，墨子曾打着古人的旗号指出：“故古者圣王甚尊贤而任使能，不党父兄，不偏贵富，不嬖颜色。贤者举而上之，富而贵之，以为官长；不肖者抑而废之，贫而贱之，以为徒役。是以民皆劝其赏，畏其罚，相率而为贤者，以贤者众而不肖者寡，此谓进贤。”（《墨子·尚贤》）他甚至认为，不仅官员可以由贤者中选出，而且天子最初也是由人民选举出来的：“夫明乎天下之所以乱者，生于无政长，是故选天下之贤可者，立为天子。”（《墨子·尚同》）这种思想，显然是对于传统的宗法政治制度的一种挑战，因而为儒者所不容。然而，作为孔子之后的儒者，孟子在其所生活的战国时代已看到了家族、血缘政治的历史局限，所以又不得不在孔、墨之间有所妥协。在用人问题上，他一方面主张："所谓故国者，非谓有乔木之谓也，有世臣之谓也。……国君进贤，如不得已，将使卑逾尊，疏逾戚，可不慎与！"（《孟子·梁惠王下》）尽可能地保持传统的"世卿"制度；另一方面又认为："莫如贵德而尊士，贤者在位，能者在职，国家闲暇，及是时明其政刑，虽大国必畏之矣。"（《孟子·公孙丑上》）适当地采纳"尚贤"政策。在王位问题上，他一方面承认有"禅让"的历史事实，因而突破了孔子的思想；另一方面却又严格限定"禅让"的条件，反对贤德之士轻易获取天下："匹夫而有天下者，德必若舜、禹，而又有天子荐之者，故仲尼不有天下。继世以有天下，天之所废，必若桀、纣者也；故益、伊尹、周公不有天下。"（《孟子·万章上》）因而尽可能地维护传统的宗法制度。由此可见，正如在伦理思想上，孟子充当了孔、墨之间的逻辑中介一样，在政治观念上，孟子也处在二子之间的过渡状态中。

从"仁爱"与"尊尊"出发，孔子强调"君君、臣臣、父父、子子"（《论语·颜渊》），主张上下有等、君臣有别；从"兼爱"与"尚贤"出发，墨子则强调"上同而不下比"（《墨子·尚同》），主张上下同心、君臣一志。从表面上看，墨子的"尚同"思想是将民众的意志统一于行政长官，这似与孔子的思想相去不远；但由于在墨子那里，上至天子，下至正长的行政官员都是由"选天下之贤可者"而产生的，所以他的"尚同"理论实质上就与孔子所倡导的以等级为基础的礼乐文化大相径庭了。墨子云："古者上帝鬼神之建设国都立正长也，非高其爵，厚其禄，富贵佚而错之也。将以为万民兴利除害，富贵贫寡，安危治乱也。故古者圣王之为若此。今王公大人之为刑政则反此：政以为便嬖，宗于父兄故旧，以为左右，置以为正长。民知上置正长之非正以治民也，是以皆比周隐匿，而莫肯尚同其上。是故上下不同义。"（《墨子·尚同中》）这说明，在墨子看来，孔子所倡导的那种"宗于父兄故旧"的宗法政治，正是实现"尚同"理想的最大障碍。而介于孔、墨之间的孟子又是如何来充当这一中介环节的呢？一方面，作为孔子思想的继承人，孟子继续维护尊卑、贵贱的等线制度，宣扬“无君子，莫治野人；无野人，莫养君子”（《孟子·滕文公上》）。另一方面，他又将孔子“君使臣以礼，臣事君以忠”（《论语·八佾》）的思想改造为“君之视臣如手足，则臣视君如腹心；君之视臣如犬马，则臣视君如国人；君之视臣如土芥，则臣视君如寇仇”（《孟子·离娄上》）的民本思想，并通过“王与百姓同乐，则王矣”（《孟子·梁惠王》）的倡导，而向着墨子的“尚同”思想过渡。

与上述伦理、政治思想相关，儒、墨两家在社会理想方面也有着广泛的内在联系。我们知道，在孔子思想中，已有着明显的人道主义色彩。所谓“子为政，焉用杀”（《论语·颜渊》）、所谓“善人为邦百年，亦可以胜残去杀矣”（《论语·子路》）等言论，都表明了这一点。对于战争，孔子是不擅长的，也不喜欢。“卫灵公问陈于孔子。孔子对曰：‘俎豆之事，则尝闻之矣；军旅之事，未之学也。’明日遂行。”（《论语·卫灵公》）但是，孔子并不反对一切战争，只是主张“礼乐征伐自天子出”（《论语·季氏》）而已。比孔子更进一步，孟子详细地论述了战争给人民带来的灾难：“争地以战，杀人盈野；争城以战，杀人盈城。此所谓率土地而食人肉，罪不容于死。故善战者服上刑，连诸侯者次之，辟草莱、任土地者次之。”（《孟子·离娄上》）这种出于人道而反对战争的思想，在墨子那里表现得更加明确，这就是所谓的“非攻”：“今攻三里之城、七里之郭，攻此不用锐，且无杀，而徒得此然也？杀人多必数于万，寡必数于千，然后三里之城、七里之郭且可得也。今万乘之国，虚数于千，不胜而入；广衍数于千，不胜而辟。然则土地者，所有余也；王民者，所不足也。今尽王民之死，严上下之恶，以争虚城，则是弃所不足，而重所有余也。为政若此，非国之务者也。”（《墨子·非攻中》）也只有在这一意义上，我们才能理解，何以在权谋之士大讲攻伐之术、纵横之策的战国时代，唯独墨子研究守城之法，并成就了“止楚伐宋”的壮举；而孟子也宣扬“何必曰利”，并劝说齐宣王送还战俘于燕了。

总之，作为对立的矛盾双方，孔、墨的学说看似水火不容，实则又彼此相通。从历史的角度上讲，晚于孔、墨的孟子同时继承了二者的部分思想，因而形成了某种程度的综合。从逻辑的角度上讲，这种综合本身又成为过渡形态的中介环节，而实现着儒、墨之间的网络联系。

所谓网络联系，当然不是简单的一种线性关系。也就是说，孔子并不是纯粹的逻辑起点，墨子也不是绝对的逻辑终点。我们一方面可以在墨子“兼爱”“尚贤”“尚同”“非攻”等概念中，发现儒、墨之间的内在联系；另一方面又可以在其“节葬”“非乐”“明鬼”“天志”等范畴中，发现墨、道之间的彼此沟通。正是在这种环环相扣的逻辑过渡中，儒、墨、道、法诸家，才可能成为一种真正意义上的“系统”。

作为这一系统的有机构成，庄子在墨、老二子之间的地位，颇似孟子在孔、墨二者之间的处境。我们知道，当时儒、墨之间的分歧，直观地表现在礼乐规范和葬仪制度上。对于墨子“非乐”“节葬”的主张，庄子及其后学曾作过这样的评述：“黄帝有《咸池》，尧有《大章》，舜有《大韶》，禹有《大夏》，汤有《大濩》，文王有《辟雍》之乐，武王、周公作《武》。古之丧礼，贵贱有仪，上下有等，天子棺椁七重，诸侯五重，大夫三重，士再重。今墨子独生不歌，死不服，桐棺三寸而无椁，以为法式。以此教人，恐不爱人；以此自行，固不爱己。未败墨子道，虽然，歌而非歌，哭而非哭，乐而非乐，是果类乎？其生也勤，其死也薄，其道大觳；使人忧，使人悲，其行难为也，恐其不可以为圣人之道，反天下之心，天下不堪。墨子虽独能任，奈天下何！离于天下，其去王也远矣。”（《庄子·天下》）这是说，墨子“非乐”“节葬”等主张过于苛刻，不可能得到世人的赞同，因而其学说也难于通行天下。但是，庄子并不想回到儒家崇礼重乐、厚葬靡财、久服伤生的老路上去，因而在批评墨子的同时，又对其学说的失败抱有某种程度的惋惜：“虽然，墨子真天下之好也，将求之不得也，虽枯槁不舍也，才士也夫！”（《庄子·天下》）究其原因，在这类问题上，庄子实际上比墨子走得更远。我们知道，墨子的“非乐”“节葬”主要是从节省人力、物力等社会功利的角度出发的，而庄子的“非乐”“节葬”则是从更高的人生境界入手的。“庄子妻死，惠子吊之，庄子则方箕踞鼓盆而歌。惠子曰：‘与人居，长子、老、身死，不哭，亦足矣，又鼓盆而歌，不亦甚乎？’庄子曰：‘不然。是其死也，我独何能无慨然？察其始而本无生，非徒无生也而本无形，非徒无形也而本无气。杂乎芒芴之间，变而有气，气变而有形，形变而有生，今又变而之死，是相与为春秋冬夏四时行也。人且偃然寝于巨室，而我噭噭然随而哭之，自以为不通乎命，故止也。'”（《庄子·至乐》）“庄子将死，弟子欲厚葬之。庄子曰：'吾以天地为棺椁，以日月为连璧，星辰为珠玑，万物为赍送。吾葬具岂不备邪？何以如此！'弟子曰：'吾恐乌鸢之食夫子也。'庄子曰：'在上为乌鸢食，在下为蝼蚁食，夺彼与此，何其偏也！'”（《庄子·列御寇》）这种处理后事的方式，难道不比墨子所制定的那种“棺三寸，足以朽骨；衣三领，足以朽肉”（《墨子·节葬下》）之类的丧葬之法更加苛刻，也更难推行吗？

说到底，在对待礼乐、习俗乃至人生的态度上，庄子都把墨子的“节省”进一步推到了“解放”的高度，从而实现着在墨子的“非乐”“节葬”与老子的“清静”“无为”之间的转换与沟通。“墨子言曰：'仁之事者，必务求兴天下之利，除天下之害，将以为法乎天下，利人乎即为，不利人乎即止。且夫仁者之为天下度也，非为其目之所美，耳之所乐，口之所甘，身体之所安，以此亏夺民衣食之财，仁者弗为也。'是故子墨子之所以非乐者，非以大钟、鸣鼓、琴瑟、竽笙之声，以为不乐也；非以刻镂、华文章之色，以为不美也；非以犓豢煎炙之味，以为不甘也；非以高台、厚榭、邃野之居，以为不安也。虽身知其安也，口知其甘也，目知其美也，耳知其乐也，然上考之，不中圣王之事；下度之，不中万民之利。是故子墨子曰：'为乐，非也！'”（《墨子·非乐》）而庄子则进一步主张：“静而圣，动而王，无为也而尊，朴素而天下莫能与之争美。夫明白于天地之德者，此之谓大本大宗，与天和者也；所以均调天下，与人和者也。与人和者，谓之人乐；与天和者，谓之天乐。”（《庄子·天道》）这就是《齐物论》中所表述的那种“人籁”不如“地籁”，“地籁”不如“天籁”的思想。根据这一思想，那种人为的礼乐文章、艺术作品不仅仅是一种人力物力的浪费，而且其本身就违背了健康的审美理想，容易使人丧失本真的性情。“且夫失性有五：一曰五色乱目，使目不明；二曰五声乱耳，使耳不聪；三曰五臭熏鼻，困惾中颡；四曰五味浊口，使口厉爽；五曰趣舍滑心，使性飞扬。此五者，皆生之害也。”（《庄子·天地》）因此，庄子的“非乐”较之墨子的“非乐”似更加严厉，他不仅要“擢乱六律”“铄绝竽瑟”，而且要“塞师旷之耳”“胶离朱之目”（《庄子·胠箧》）。然而，这种“非乐”本身，又是在追求一种更高的艺术境界，即由墨子的“非以大钟、鸣鼓、琴瑟、竽笙之声，以为不乐也”，而向老子的“大音稀声，大象无形”（《老子·四十一章》）的思想相沟通。我们知道，老子的思想核心，即所谓的“道”；而“道”的具体表现，即所谓的“朴”：“道常无名，朴虽小，天下莫能臣也。”（《老子·三十二章》）“道常无为，而无不为。侯王若能守之，万物将自化。化而欲作，吾将镇之以无名之朴。无名之朴夫亦将不欲。”（《老子·三十七章》）这里所谓的“朴”，就其显现的形态而言，是一种未经雕琢的自然对象；就其潜在的境界而言，是一种无知无欲的内心体验。在前者，有所谓“朴散则为器，圣人用之”（《老子·二十八章》）的说法；在后者，有所谓“我无为而民自化，我好静而民自正，我无事而民自富，我无欲而民自朴”（《老子·五十七章》）的理想。因此，我们不难理解，何以在庄子之前，老子便已率先提出了“五色令人目盲，五音令人耳聋”（《老子·十二章》）的思想，并以其“见素抱朴，少私寡欲”（《老子·十九章》）的人生境界对庄子产生了深刻的影响。这里，很容易使我们联想起《庄子·应帝王》中所描写的那个“浑沌”：其浑沌一团时本来好好的，而一旦人为地为其凿开了七窍，则反而身亡了。这个寓言不正是对老子之“朴”的最深刻的理解吗？而反过来讲，庄子较之墨子更彻底、更深刻、更具有形而上色彩的“非乐”“节葬”的思想，不正是以一种“浑沌”的形态实现着向老子的“道”与“朴”的精神回归吗？有了以上的分析，从更大的范围来看，经过孟子和庄子等中介环节，由孔子的“崇礼重乐”到墨子的“节葬非乐”，再到老子的“至乐无乐”，这之间的思想轨迹和逻辑过渡便不再是一种难以理解的事情了。

墨子与老、庄之间的联系与区别，不仅表现在“非乐”“节葬”等问题上，而且表现在“明鬼”“天志”等范畴中。而这一联系与区别，也在客观上构成了儒、墨、道之间更大范围的网络联系。我们知道，孔子所代表的儒家学派注重人与人之间的血缘纽带和宗族情感，而这种纽带和情感可以使每一个孤独的个体在现实的此岸世界中获得精神上的慰藉和价值上的依托。这样一来，鬼、神等彼岸世界的超验主宰，在儒家的思想体系中便不再是一种不可或缺的内容了。正因如此，孔子才可能“不语怪、力、乱、神”（《论语·述而》），并以“未能事人，焉能事鬼”“未知生，焉知死”（《论语·先进》）的机智对那种彼岸世界的超验主宰采取存而不论、敬而远之的态度。然而，与孔子所代表的儒家不同，以墨子为代表的墨家志在淡论乃至超越人与人之间狭隘的血缘纽带和宗族情感，这就使其所宣传的“兼爱”与“尚同”的思想虽然伟大却失去了世俗的生活土壤。这样一来，在墨家的思想体系中，鬼、神等彼岸世界的超验主宰便不再是可有可无的了。已经失去了宗族血缘的人们只有在这里才可能为那种类似宗教情怀的“兼爱”“尚同”找到新的思想依据。这就适“天志”“明鬼”的意义所在。“子曰：天何言哉？四时行焉，百物生焉，天何言哉？”（《论语·阳货》）可见在孔子这里，“天”是非人格化的，它顶多是一种“命”而已。然而墨子的“天”则是有人格、有意志的，故曰“天志”：“我为天之所欲，天亦为我所欲。”“顺天意者，兼相爱，交相利，必得赏；反天意者，别相恶，交相贼，必得罚。”（《墨子·天志上》）“天子为善，天能赏之；天子为暴，天能罚之；天子有疾病祸祟，必斋戒沐浴，洁为酒醴粢盛，以祭祀天鬼，则天能除去之。然吾未知天之祈福于天子也。此吾之所以知天之贵且知于天子者。”（《墨子·天志中》）天是最高的统帅，万物的主宰；鬼则是诸神的谱系，天志的化身。“墨子曰：古之今之为鬼，非他也，有天鬼，亦有山水鬼神者，亦有人死而为鬼者。”“今若使天下之人，偕若信鬼神之能赏贤而罚暴也，则夫天下岂乱哉！”（《墨子·明鬼下》）如此说来，一个由天、鬼共同构成的超验的彼岸世界，统辖并制约着此岸世界的人们趋善、避恶、兼爱、尚同，于是便形成了“其事上尊天，中事鬼神，下爱人”（《墨子·天志上》）的墨家的思想体系。

不难看出，与儒、道、法等诸家相比，墨家的这一思想体系不仅最具有理想色彩和超越精神，而且也最具有神秘色彩和宗教情怀。这种一方面倡导“兼爱”“尚同”的人文精神，一方面又鼓吹“天志”“明鬼”之信仰热情的思想体系，很容易使我们联想起一方面倡导“人人平等”，一方面又鼓吹“末日审判”的基督教的思维模式，或是一方面宣扬“大慈大悲”，一方面又相信“生死轮回”的佛教的理论格局。或许，如果不是由于“亚细亚生产方式”的特殊性质，墨家的思想也会演变成一种接近于佛教、基督教、伊斯兰教的中国式的宗教。

与墨子的信仰方式不同，老子并不崇拜任何形式的人格天或人格神。在这一点上，老子与孔子倒有某些相似之处。只是与孔子不同的是，老子之所以不需要超验的宇宙主宰，并不是由于有了人与人之间的宗法血缘，而是由于有了人与自然之间的原始情感。换句话讲，具有本体论倾向的老子之所以没有导致信仰主义，只是由于他在另一意义上没有斩断人与自然的原始纽带而已。正像孔子可以通过人与人的血缘关系的理论修复而解决情感与价值的问题一样，老子则试图通过人与自然的精神沟通解决令人困扰的同样问题。老子的核心思想是“道”，然而“道”虽费解却并不神秘。所谓“人法地，地法天，天法道，道法自然”（《老子·二十五章》）即说明，道不是人格神，而是自然本身及其所具有的规律。在这种思想的支配下，老子很少谈论鬼神，偶尔提及，也总是把它们放在“道”的统摄之下，所谓“以道莅天下，其鬼不神”（《老子·六十章》）。

如果说墨子偏于有神论，老子偏于无神论，那么在逻辑上介于他们二者之间的庄子则在一定程度上表现为泛神论。在《庄子》一书中，我们可以看到一个光怪陆离的寓言世界，在这个世界里，骷髅可以说话，草木能够思考，蝴蝶也会做梦，鱼虫亦能舞蹈……所谓“夔怜蚿，蚿怜蛇，蛇怜风，风怜目，目怜心”（《庄子·秋水》）。可见大千世界的万事万物无一不是人格化的象征。对于这一问题，我们可以把它单纯地理解为一种艺术手段，一种拟人手法，但同时也可以从中发现庄子的世界观及其对待鬼神的态度。庄子曰：“夫道，有情有信，无为无形，可传而不可受，可得而不可见，自本自根，未有天地，自古以固存；神鬼神帝，生天生地；在太极之上不为高，在六极之下不为深，先天地生而不为久，长于上古而不为老。”（《庄子·大宗师》）从这一意义上讲，鬼神即使有，也没有什么可怕的，它无非是“道”的体现而已。道“有情有信”，无所不在，鬼神亦无所不在，——“在蝼蚁”“在梯稗”“在瓦甓”“在尿溺”（《庄子·知北游》）；道“无为无形”，无所在，鬼神亦无所在——不在天，不在地，不在人，不在己。只有理解了庄子对“道”的这种双重认识，才可能理解他对鬼神的真正态度。而这种泛神论的态度，既可被理解为庄子对墨子的有神论倾向和老子的无神论倾向的综合利用，又可被理解为庄子由墨子的有人格的“天志”向老子的无人格的“天道”的逻辑回归。

我们知道，墨子针对儒家思想所提出的“兼爱”“尚同”旨在取消人与人之间天生的宗法血缘差别，但是这种思想只能“齐人”而不能“齐物”，因而在墨子看来，正像人的地位高于物一样，天和鬼的意志则高于人。然而与墨子不同的是，庄子则不仅主张“齐人”，而且主张“齐物”。在他看来，人并不比物更为高贵，天和鬼也并不比人更为高贵；要说有神，草木亦可为神；要说无神，“天不得不高，地不得不广，日月不得不行，万物不得不昌，此其道与？”（《庄子·知北游》）总之，庄子的“齐物论”还是齐在一个“道”上。而在“道”的首倡者老子看来，“天道无亲，常与善人。”（《老子·七十九章》）所谓“常与善人”者，并不是说“天道”有什么特殊的意志，而恰恰是说“道”无好恶，一视同仁。惟其如此，那些善于循“道”而行，顺应自然的人，才可能得到好处。由此可见，老子所谓的“天道”与墨子意志化、伦理化的“天志”是有本质区别的。而从更大的范围来看，这种思想虽然与孔子的“天道”观有着表面上的相似之处，但其理论背后的落脚点和支撑点则又有着更大的距离：一个在自然，一个在社会。从这一意义上讲，正是通过墨子这座既在自然又在社会、既非自然又非社会的有神论的桥梁，才使得儒、道这两种不同倾向的无神论思想得到了彼此的沟通和相互的转换，从而形成了更大范围的网络联系。

四

正像墨子所代表的墨家是从儒家学派中分化出来的一样，韩非子所代表的法家也与儒家学派有着一定的师承关系。我们知道，继孔子之后，与孟子齐名的另一位儒家学者荀子曾做过韩非子的老师并对其思想的形成有着直接的影响。具体说来，由于荀子看到了人性中的恶的一面，因而他不敢像孔子那样把对社会的治理寄托于“仁”的本性的挖掘上，而是从另一个角度对孔子关于“礼”的思想作了进一步的发挥。“礼”是一种外在的规范，接近于“法”。所谓：“礼者法之大分，类之纳纪也。”（《荀子·劝学》）但荀子之“礼”是想追求一种“贵贱有等，长幼有差，贫富轻重皆有称”（《荀子·礼论》）的社会理想，即用这种外在的规范来维护宗法血缘的等级制度，因而仍然属于儒家的思想体系。然而与此同时，我们也应看到，荀子的思想中确实孕育着一些法家的思想萌芽。例如，他曾经指出：“古者圣人以人之性恶，以为偏险而不正，悖乱而不治，故为之立君上之势以临之，明礼义以化之，起法正以治之，重刑罚以禁之，使天下皆出于治，合于善也。”（《荀子·性恶》）以期达到一种“法令行，风俗美”（《荀子·王霸》）的社会理想。因此，难怪有些学者认为荀子实际上杂糅了儒、法两家的思想。而在我们看来，正是这种杂糅，使其在逻辑上充当了由儒及法的中介环节。

作为荀子的学生，韩非子在坚持“性恶论”的基础上进一步将荀子“贵贱有等”的礼，改造为“法不阿贵”的法。他指出：“夫民之性，恶劳而乐佚。佚则荒，荒则不治，不治则乱，而赏罚不行于天地者必塞。……故治民以常，唯法为治。”（《韩非子·心度》）“法不阿贵，绳不挠曲。法之所加，智者弗能辞，勇者弗敢争。刑过不避大臣，赏善不遗匹夫。故矫上之失，诘下之邪，治乱决缪，绌羡齐非，一民之轨，莫如法。属官威民，退淫殆，止诈伪，莫如刑。”（《韩非子·有度》）由荀子之“礼”到韩非子之“法”，这既是一种“量”的积累，又是一种“质”的飞跃。从此，一种超越宗法血缘的新的意识形态被确定下来了。就其对宗法血缘的历史性超越而言，法家的这种努力有似于墨家。然而与墨家不同的是，法家的超越不是仰仗精神的追求和神祇的力量，而是利用肉体的欲求和物质的力量。因此，尽管法家没有墨家那样高的精神境界和形而上追求，却有其无可比拟的现实感和可操作性。惟其如此，它才能成为实现中国统一、完成秦王霸业的思想基础。

作为法家思想的集大成者，韩非子不仅通过荀子这个中介环节而与孔子所创立的儒家思想有着一种间接的联系，而且通过孙子，乃至直接与老子所创立的道家思想有着一种网络的衔接。关于韩非子直接接受老子思想的影响问题，主要可以从《韩非子》中的《解老》《喻老》两篇中见出。虽然这两篇文章主要是韩非子对于《老子》一书的部分文本所作的注解和说明，但从解释学的角度来看，这些注解和说明本身就显示了韩非子主观的接受意向和阐释动机。不难看出，这意向和动机主要不在老子所创立的“道”的本体论层面上，而在其所具有的辩证法因素上；主要不在老子所倡导的“无为”的人生境界上，而在其所具有的“无不为”的处事手段上。关于这一点，我们还可以在《韩非子·主道》中直接见出：“道者，万物之始，是非之纪也。是以明君守始以知万物之源，治纪以知善败之端。故虚静以待令，令名自命也，令事自定也。虚则知实情，静则知动者正。有言者自为名，有事者自为形；形名参同，君乃无事焉，归之其情。……明君无为于上，群臣竦惧乎下。明君之道，使智者尽其虑，而君因以断事，故君不穷于智；贤者勑其材，君因而任之，故君不穷于能；有功则君有其贤，有过则臣任其罪，故君不穷于名。是故不贤而为贤者师，不智而为智者正。臣有其劳，臣有其成功，此之谓贤主之经也。”这样一来，他就把老子的自然之道演化为君王之道，主张君道无为，臣道有为，以无为驭有为，则无为无不为也。如此看来，韩非子对老子思想的阐释与发挥，与庄子的境界相去甚远，而与孙子的路径则刚好相通。也就是说，他们都是从形而下的层面上，从“外王”的角度上，发挥了老子关于“术”的思想。至于孙子作为中介环节而对韩非子所产生的影响，则更能显示出逻辑上的递进关系。

如果说，孙子思想是老子哲学辩证法在军事领域的具体运用，那么韩非子则进一步将这种军事谋略引入了更为广泛的社会政治生活。我们知道，在荀子“性恶论”的影响下，韩非子进一步揭示了人性中自私、阴暗的一面。他指出：“舆人成舆，则欲人之富贵；匠人成棺，则欲人之夭死也。人不贵，则舆不售；人不死，则棺不卖。”（《韩非子·备内》）在这种赤裸裸的利害关系中，要保持社会的安宁和政治的稳定，一方面要制定严格的法律，一方面要利用势力和权谋。作为“法”“术”“势”三位一体的思想家，韩非子与商鞅、申不害、慎到三人在学术上的渊源关系已多为学者所论及。然而我们同样可以看出，韩非子也在自觉地从孙子的军事谋略中汲取可用于政治谋略的思想。孙子曰：“用兵之法，无恃其不来，恃吾有以待也；无恃其不攻，恃吾有所不可攻也。”（《孙子·九变篇》）韩非子则言：“从而观之，则圣人之治国也，固有使人不得不爱我之道，而不恃人之爱为我也。恃人之爱为我者，危矣；恃吾不可不为者，安矣。”（《韩非子·奸劫弑臣》）孙子曰：“故善战者，求之以势，不责于人，故能择人而任势。”（《孙子·势篇》）韩非子则言：“人主之患在于信人。信人，则制于人。人臣之于其君，非有骨肉之亲也，缚于势而不得不事也。”（《韩非子·备内》）孙子曰：“帅与之期，如登高而去梯。帅与之深入诸侯之地，而发其机，焚舟破釜，若驱群羊，驱而往，驱而来，莫知所之。聚三军之众，投之于险，此谓将军之事也。”（《孙子·九地篇》）韩非子则言；“夫驯乌者，断其下翎焉。断其下翎，则必恃人而食，焉得不驯乎？夫明主畜臣亦然，令臣不得不利君之禄，不得无服上之名。夫利君之禄，服上之名，焉得不服？”（《韩非子·外储说右上》）这样一来，战场上的利害角逐就变成了宫廷里的尔虞我诈；将领们如何用火攻、如何打埋伏，以及如何利用间谍和反间谍的战术，就变成了人主们如何备内、如何饰邪，以及如何下毒与防毒的权谋，从而使老子哲学中那种晦涩的、朦胧的、时隐时观的“君人南面之术”，通过孙子这一中介而在韩非子这里得到了公开的、露骨的、淋漓尽致的阐释和发挥。不难看出，这种法术与权术并举、阳谋与阴谋兼施的思想，反映了封建社会现实政治中阴暗的一面，因而它既是韩非子思想中有用的因素，又是其有害的因素。事实上，韩非子本人的最终被害，也正是这种因素所产生的后果。

作为联系儒、道两家的中介环节，韩非子不仅把荀子的“性恶论”和孙子的军事谋略糅合为法、术、势三位一体的哲学，而且也在二人的影响下彻底贯彻了唯物论和无神论的思想。我们知道，在先秦诸子中，崇尚鬼神的墨子有着最为明显的唯心论和宗教神秘主义倾向。此外，在逻辑环节上与墨子思想较近的孟子和庄子则表现出了一定的准宗教和泛神论的色彩。而关系较远一些的孔子和老子虽不信鬼，却信命；虽然具有一定的唯心倾向，但又不是彻底的无神论者。而关系再远一些的荀子和孙子则情况有了更大的不同。荀子大胆地批判了传统的“天命论”，认为“天行有常，不为尧存，不为桀亡。应之以治则吉，应之以乱则凶。强本而节用，则天不能贫；养备而用时，则天不能病；循道而不忒，则天不能祸”（《荀子·天论》）。为了强调人的主观能动性，他大胆地将天、地、人放在同样的高度上，主张“天有其时，地有其财，人有其治：夫是之谓能参。”（《荀子·天论》）进而又提出了“唯圣人为不求知天”“大天而思之，孰与物畜而制之！从天而颂之，孰与制天命而用之”（《荀子·天论》）这种“人定胜天”的光辉思想。孙子则从军事实践的经验出发，反对一切非理性的神秘主义，强调人的智慧把握客观规律的重要性：“先知者，不可取与鬼神，不可象于事，不可验于度，必取于人，知敌之情者也。”《孙子·用间篇》）认为决定战争胜负的是知识、是智慧，而不是什么鬼神、天命。在荀子和孙子的影响下，韩非子对当时的各种迷信思想也进行了讽刺和批判。他讥笑那些相信巫祝、幻想不死的王侯，并举例说：“客有教燕王为不死之道者，王使人学之，所使学者未及学而客死。王大怒，诛之。王不知客之欺己，而诛学者之晚也。”（《韩非子·外储说左上》）他讽刺那些相信鬼神、依赖卜筮的国家，认为“用时日，事鬼神，信卜筮而好祭祀者，可亡也”（《韩非子·亡征》）。在破除迷信的基础上，韩非子一方面强调利用法术和权谋等方式来发挥人的主观能动性，另一方面又主张人的智慧和努力必须符合客观世界和社会发展的规律性。他说：“明君之所以立功成名者四：一曰天时，二曰人心，三曰技能，四曰势位，非天时，虽十尧不能冬生一穗；逆人心，虽贲、育不能尽人力。故得天时，则不务而自生；得人心，则不趣时自劝；因技能，则不急而自疾；得势位，则不进而名成。”（《韩非子·功名》）这种在客观经验的基础上所建立起来的唯物主义思想，已经多少带有了一些历史主义的成分了。正因如此，韩非子有关上古、中古、近古之发展变化的历史观，以及“圣人不期修（循）古，不法常可”（《韩非子·五蠹》）、“法与时转则治，治与世宜则有功”（《韩非子·心度》）的发展观，才可能达到先秦时代的最高水平。

五

总之，通过以上的分析，我们可以将儒、墨、道、法四家，以及孔、孟、墨、庄、老、孙、韩、荀八子看成是一个共时态的网络系统。在这一系统中，任何一家、一子都并不占有决定性的统治地位和解释自身的能力，其既是一种思想的发端、一种思想的终结，又是由一种思想向另一种思想过渡的逻辑中介。以图示之：

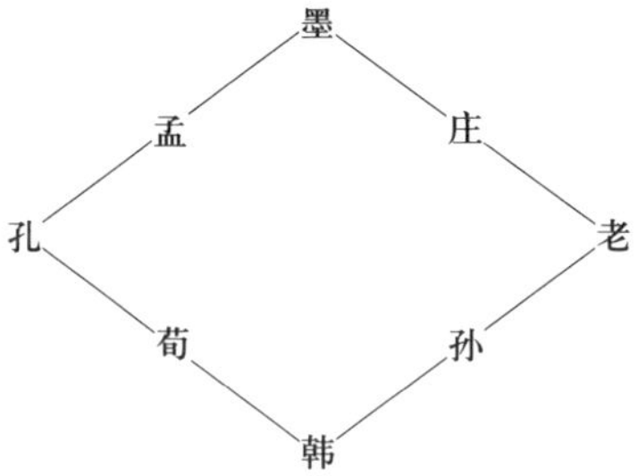

在这里，任何一种思想、一个范畴都不具有孤立的意义，它既取决于其自身的内涵，又取决于同其他思想、其他范畴之间的联系与区别。从功能上讲，这种联系与区别决定了各种思想、各种范畴之间相互补充和转化的关系。以图表的方向而论，大体说来：1.越往上，精神追求的成分越多，物质利益的成分越少；宗教神秘主义的内容越多，政治现实主义的内容越少。2.越往下，“外王”的成分越多，“内圣”的成分越少；可操作的内容越多，可信仰的内容越少。3.越往左，社会的成分越多，自然的成分越少；群体结构的内容越多，个体自由的内容越少。4.越往右，自然主义的成分越多，伦理主义的成分越少；“出世”的内容越多，“入世”的内容越少……

笼统而言，以墨子为代表的上方显示了宗教哲学的倾向，以韩非子为代表的下方显示了法哲学的倾向，以孔子为代表的左方显示了伦理哲学的倾向，以老子为代表的右方显示了自然艺术哲学的倾向。因此可以说，这一系统基本上满足了当时的人们所需要的一切意识形态，并以其相互补充的结构功能整合并塑造着中华民族的思维方式和行为方式。需要指出的是，由于“亚细亚生产方式”的特殊性质，致使上述系统中的不同要素在我们民族的历史上所产生的作用是不同的。其中以儒、道互补的横向结构长期占据着主导地位，而以墨、法相峙的纵向结构则日渐退居于次要地位，这也是我们何以成为一种伦理——艺术型的民族而非宗教——法律型的民族的原因所在。

（此文发表于《哲学研究》1994年第10期，有删节，此为原文全貌）

“儒学热”的背景与困境

回顾中国漫长的历史，恐怕没有任何一种思想体系曾经像儒学那样经受如此大起大落而又这般长盛不衰。远的不讲，20世纪以来，先是辛亥革命的一些党人在批判君主专制、扫荡封建纲常的同时，将矛头指向孔子所创立的儒家思想；后是企图复辟帝制的袁世凯和坚决拥戴溥仪的康有为分别发表了尊孔宣言；接下来是“五四”青年“打倒孔家店”那震耳欲聋的呐喊；既而以《学衡》《甲寅》为基地的南北学人以“昌明国粹，融化新知”为口号使孔子的肖像一再出现在学术杂志的封面上；“文化大革命”后期的“批林批孔运动”令当今的不少中年人仍记忆犹新；而时至今日，这些人中的一些学者又掀起了新一轮的弘扬儒学的热潮……不知是“二十年风水轮流转”，还是“三十年河东，三十年河西”的历史宿命，总之，在这一个世纪的风雨变幻中，孔子及其儒学真是倒尽了大霉而又出尽了风头。照此看来，在我们民族“集体无意识”的精神深处，恐怕真有着一个剪不断、理还乱的“孔子情绪”呢。

也许有人会说，儒学的兴衰起伏，是有规律性可循的：在中国社会处于“量变”阶段，当企图以保守或渐进的方式来解决社会矛盾的人占上风时，儒学便被人们加以弘扬和利用；在中国社会处于“质变”阶段，当企图以革命或突变的方式来解决社会矛盾的人占上风时，儒学便遭到践踏和批判。这种分析是有一定道理的，但仍然失之绝对和简单。按照这种简单而绝对的思维方式，我们过去曾把袁世凯之流的祭孔活动与梅光迪等人的学术研究相提并论；按照这种简单而绝对的思维方式，现在又有人将“五四”的“新文化运动”同“文革”的“破四旧、立四新”等量齐观了。[1]其实，现实中出现的问题往往要比我们想象的复杂得多。我们常常说，历史可以反复，但不能重复。事实上，每一次尊孔与反孔运动，都有其不同的历史背景和文化、学术动机，因而又有其不尽相同、甚至很不相同的社会意义。

从表面上看，眼下这新一轮的“儒学热”至少有两点是较前不同并值得注意的：第一，在这一热潮中，政府与知识界至少在步调上实现了空前的协调与统一。就在一些民间或半民间的学术团体与学术刊物纷纷将注意力转向以儒学为核心的传统文化的同时，一些国家首脑与党政要员也不断在其讲话中强调这一文化遗产在当今意识形态建设中的重要意义。这其中最具有象征意义的是1994年10月5日在京举行的“孔子诞辰2545周年纪念会与儒学国际学术研讨会”上，中共中央政治局常委、全国政协主席李瑞环所作的长篇发言。第二，在这一热潮中，大陆与海外至少在效果上实现了相互的烘托与配合。就在以台湾为基地的“当代新儒家”将其影响向欧美各国扩散的同时，大陆的人文学者也在程度不同地放弃了反传统的激进立场，并实现了其研究中心的重新转移。于是，在意识形态问题上长期对立的两岸学者，终于在儒学的研究中找到了共同的话题。而这一话题，似乎还真的具有了世界的意义。当然，这些值得注意的现象还只是问题的表面。在这些表面的现象背后，当有着更加深刻的背景和依据。

一

无论是在黑格尔的“理性主义时代”，还是在孔德的“实证主义时代”，西方人都不曾把现代意义上的儒家文化放在眼里。他们看来，正像太阳从东方升起而又从西方落下一样，人类的文明大致上也走过了一个自东向西的转移和运动过程。对于“人过中年天过午”的人类来说，包括儒家文化在内的

1 参见余英时：《再论中国现代思想中的激进与保守》，《二十一世纪》1992年第10期。

古老的东方文明，只属于那遥远的、神秘的、同时已不再时髦的过去了。

这种“文化一元论”的思想显然与西方国家率先进入资本主义的现代文明有关。到了20世纪初，德国著名的社会学与政治经济学家马克斯·韦伯似乎还为这种带有文化歧视特征的“欧洲中心主义”找到了令人信服的理论根据。在其影响很大的《新教伦理与资本主义精神》一书中，他根据统计学数据说明，德国资产者的职业兴趣、敬业精神以及与此相关的成功率同基督教新教的文化背景之间有着一种内在的联系。他并不否认在加尔文主义出现之前，发达的资本主义企业早已存在这一事实。然而他认为，资本主义的创业精神在此之前一直受到教会中流行观念的压抑与排斥，因而得不到充分的发展。因为过去的宗教信仰从未使人相信，财富的积累是神的永恒的恩典。而这种清教徒参与建立现代经济生活所必需的价值观念，则正是加尔文的宗教改革所提供的。如此说来，作为一种文化背景，基督教的新教旨主义与资本主义的生产方式之间有着一种内在的“亲和性”；而这种“亲和性”，则正是现代工业文明所得以产生的关键。反过来说，一向以“重义轻利”而著称的儒家文化与追逐最高利润为目的的市场经济之间不具备这种“亲和性”，因而像中国这样的文明古国便自然被排斥在现代社会的大门之外了。

尽管马克斯·韦伯的理论似乎很有道理，然而，历史的发展却并不以这位思想家的观点为转移；相反，历史的任何一种新动向，都可能会造就出一批全新的思想家。自20世纪60年代、尤其是80年代以来，就在“新教伦理与资本主义”的研究日渐式微的同时，“儒家文化与现代化”的课题则重新引起了全世界社会科学工作者的重视。显然，这种儒家文化的复萌，是在日本、亚洲“四小龙”、乃至中国大陆之现代化崛起的历史背景下出现的。也就是说，在欧美经济普遍不景气的情况下，以上属于“儒家文化圈”的国家和地区却以其持续的快速增长创造着现代化的奇迹，这显然是无法用马克斯·韦伯的理论来加以解释的，因而需要社会科学工作者做出全新的回答。于是，不少学者开始研究儒家文化中的“家族制度”与“传统伦理”同现代企业中的管理和经营方式之间的潜在联系，并力图从中发现其有助于经济增长的文化动力。

不难看出，这种与马克斯·韦伯逆向而行的思维路线事实上仍继承了其研究成果中的许多因素，这其中最为重要的是，人们已经不再把经济的发展仅仅看成是经济自身的原因，而企图在物质背景之后的文化土壤中发现更为重要的社会动力。过去，人们只知道石油是资源、煤炭是资源，而没有考虑到那种看不见、摸不着的文化也是一种极其重要的资源；更为重要的是，如果能够证明以中国为首的东亚地区是这种资源的聚集地时，其意义显然要比根据新的地质理论而甩掉“中国贫油”的帽子更令人振奋。于是，此一新的思路不仅为长期以来空喊“内圣外王”“返本开新”而找不到实际出路的海外“新儒家”开辟了通向现代化的研究前景，而且就连西方学者也不得不将这一富于挑战性的课题放在眼里。至于中国大陆，作为一个经济落后而又极欲急起直追的“发展中国家”，则恰恰需要这样一种既具有现代意义又符合中国国情的文化——经济理论以及与之相关的发展模式。这样一来，在多种因素的配合下，“传统文化的创造性转换”“二十一世纪是中国的世纪”等口号便逐渐盛行起来，“儒学热”也自然进入了一个新的高潮。

然而，在经济问题上，儒学之发展不仅有其可观的前景，而且有其相当的困境。首先，在实践上，日本以及亚洲“四小龙”的现代化崛起虽然有着传统儒学的文化背景，但又都不是儒家文化自然生成的产物。从“二战”以后的历史来看，这些地区市场经济体制的建立不能不说与美国的政治、经济与文化入侵有关。因此，这一实践虽已显示了儒家文化作为一种“软件”一旦与市场经济的“硬件”结合之后便会产生强大的推动作用这一事实，却未能证明这种“软件”和“硬件”在其结合其初始阶段是否具有良好的“兼容性”（因为这些地区的“兼容”都是在外力的强制下实现的）。换言之，这些实践尚不能彻底“证伪”马克斯·韦伯关于儒家伦理与现代经济之间缺乏“亲和性”的理论，而唯一能全面推翻这一理论的中国大陆的市场经济改革则显然还有着一段艰巨而漫长的路程。

其次，在理论上，当今的儒学研究所面临的重要问题是：不能用情感来代替科学，也不能用笼统的结论来代替具体的分析和判断。据统计，在过去的五年里，仅中国大陆发表的关于儒家文化在各个领域中之意义的论文就有数千篇，专著也有上百种之多；若加上海外的研究成果，或许还会翻上一番。在这些著作中，自然不乏涉及儒家文化与现代化关系的论述，然而迄今为止，尚未见到有像《新教伦理与资本主义精神》那样以统计和实证为基础而建立起来的学说或结论，而更多的是微言大义、引经据典、少许归纳、简单演绎式的文字。显然，这样的文字再多，也很难推翻马克斯·韦伯所提出的观点。要推翻这些观点，我们必须以大量的统计数据和严格的逻辑推理来证明：古典儒学的人生理想与现代市场的经济观念之间究竟能否真正融合？传统伦理的行为规范与现代经济的契约法则之间到底应该怎样互补？家族的人际关系在强化企业凝聚力的同时是否会限制个体才能的发挥？旧式的人伦情感在缓和劳资冲突的过程中是否会带来相应的弊端？如果我们不去进行这种冷静的、具体的、深入细致的分析和研究，而仅仅满足于热情洋溢的宣传与满怀信心的呐喊，或不断重复“批判地继承”“创造性地转换”之类虽然正确、却相当空泛的口号，那么我们的研究就很难对社会现实产生真正有效的指导、推动作用。而要真正做到这一点，则不仅需要具有传统文化的学术素养，还必须熟悉现代经济的运作过程和现代企业的管理机制。更为重要的是，所有这一切，还只是这一研究的起码条件，至于研究的成果与结论，我们绝对不能根据自己的主观需要或单纯的民族情感来加以事先的设定与规范。

二

本次“儒学热”的出现，不仅有其经济的背景，而且有其政治的原因。从国际范围来看，中国经济水平的发展必然带来政治地位的变迁，而这种政治地位的变迁也同样会引起人们文化上的兴趣。早在20世纪70年代初期，英国著名历史学家汤因比在与日本学者池田大作所作的题为“展望二十一世纪”的对话中就曾指出：“我所预见的和平统一，一定是以地理和文化主轴为中心，不断结晶扩大起来的。我预感这个主轴不在美国、欧洲和苏联，而是在东亚……并且就中国人来说，几千年来，比任何民族都成功地把几亿民众，从政治文化上团结起来。他们显示出这种在政治、文化上统一的本领，具有无与伦比的成功经验。这样的统一正是今天世界的绝对要求。……世界统一是避免人类集体自杀之路。在这一点上，现在各民族中具有最充分准备的，是两千年来培育了独特思维方法的中华民族。”[2]与此相反，美国当代政治理论权威亨廷顿则在苏、美冷战结束以后指出：“新世界的冲突根源，将不再侧重于意识形态或经济，而文化将是截然分隔人类和引起冲突的主要根源。在世界事务中，民族国家仍会举足轻重，但全球政治的主要冲突将发生在不同文化的族群之间。”“那些因为文化与能力的缘故而不想或不能加入西方的国家，借着发展本身的经济、军事及政治力量与西方竞争。它们透过推动内部发展或与其他非西方国家合作来达到这一目的。这种合作最突出的形式是儒家——伊斯兰的连结，它的出现是要挑战西方的利益、价值与势力”。[3]尽管汤因比与亨廷顿二人有着截然不同的立场和态度，但他们将中国的传统文化与现实政治结合起来加以分析并予以高度重视的做法，却同样显示了儒家文化在当今世界政治舞台上的影响。

如果说西方学者对儒家文化的重视主要是基于外交上的考虑，那么中国政府对儒家文化的弘扬则更多是出于内政上的需要。改革开放以来，中国的经济有了长足的发展，但与此同时，沿海与内陆地区之间的差距也在不断地扩大。这种经济差距的扩大，必然潜含着政治分裂的可能。从历史上看，中国并非没有分裂、割据的惨痛经验；从现实来看，苏联的解体也不能不引起中国政治家们的高度重视。在这种情况下，政府必须找到一种具有高度凝聚力的意识形态，而在这一点上，传统的儒学似乎比外来的马克思主义更为实用。我们知道，马克思主义经典作家从创立共产主义学说的立场出发，更多地强调了国家的阶级压迫性和历史局限性。马克思本人认为，工人阶级没有国界，因而在《共产党宣言》中号召“全世界无产者联合起来”。恩格斯在《家庭、私有制和国家的起源》一书中指出：“由于国家是从控制阶级对立的需要中产生的，由于它同时又是在这些阶级的冲突中产生的，所以，它照例是最强大的、在经济上占统治地位的阶级的国家，这个阶级借助于国家而在政治上也成为占统治地位的阶级，因而获得了镇压和剥削被压迫阶级的新手段。”[4]列宁在《国家与革命》和《论国家》等著作中也认为，“国家是阶级矛盾不可

2　汤因比：《展望二十一世纪》，国际文化出版公司，1985年，第294—295页。

3　亨廷顿：《文明的冲突》，见《二十一世纪》，1993年10月号，第5、18页。

4　《马克思恩格斯选集》，第4卷，人民出版社，1972年，第168页。

调和的产物和表现”，“国家是维护一个阶级对另一个阶级的统治的机器”[5]。而儒家学说则从“父父、子子”到“君君、臣臣”，依靠血缘情感的延续与扩张将“家”放大为“国”，让人们将“修身、齐家”的个体行为与“治国、平天下”的族类行为联系起来。显然，儒家的这种温情脉脉的国家观念并不比马克思等人那冷酷无情的国家学说更加科学，但在国家存在尚具有历史合理性的目前阶段却更加容易被人接受。

就在政府从稳定政局的需要出发而重新调整文化策略的同时，知识界也从中国历史的发展着眼而重新反思着自身的文化立场。在20世纪80年代曾经以激进的姿态而倡导“新启蒙”的著名学者王元化曾经这样表白：“对激进主义的批判是我这几年的反思之一。这种认识不只我一个人，大陆上还有别人也对激进主义的思潮作了新的评估。过去我并未接触这方面的问题，也许无形之中对激进主义倒是同情的。仔细分析，这也是由于受到五四以来进化论思潮的影响。……如果要探讨进化论对二十世纪中国思想界带来的消极影响，就应该着眼于今天仍在支配思想界的新与旧的观念。这种观念认为新的都是好的，进步的，而旧的都是不好的，落后的。所以谈论旧的就被目为回瞻，批评新的就被目为顽固。在进化论思潮下所形成的这种新与旧的价值观念，更使激进主义享有不容置疑的好名声。”[6]另一位著名学者李泽厚也指出：“现在海外也好，海内也好，都在对激进主义进行再认识。这是以前所没有的。我的看法是，谭嗣同是近代激进主义的开头。以前我曾专门研究过谭嗣同，我当时对他是百分之百的肯定。现在看来，他所带来的负面效应也相当大，这一效应从谭嗣同影响到革命派，甚至可以说一直影响到现在。对于辛亥革命，我从‘文革’起开始怀疑，但没法发表文章，海峡两岸都会反对。我认为，辛亥革命是搞糟了，是激进主义思潮的结果：清朝的确是已经腐朽的王朝，但是这个形式存在仍有很大意义，宁可慢慢来，通过当时立宪派所主张的改良来逼它迈上现代化和‘救亡’的道路；而一下子痛快地把它搞掉，反而糟了，必然军阀混战。所以，辛亥革命以后，就是不断革命：‘二次革命’、‘护国、护法’、‘大革命’，最后是49年的革命，并且此后毛泽东还要不断革命。直到现在，‘革命’还是一个好名词，褒词，而‘改良’则成了一个贬

5　《列宁选集》，第3卷，人民出版社，1995年，第175页；第4卷，人民出版社，1995年，第47页。

6　王元化：《关于近几年的反思答问》，见《文汇读书周报》1994年12月3日。

词，现在应该把这种观念明确地倒过来：‘革命’在中国并不一定是好事。”[7]尽管上述二人对于激进主义在中国产生影响的原因看法不一，但他们有关“新”与“旧”、“革命”与“改良”的价值重估，则共同显示着中国大陆20世纪90年代思想界的新动向。在这种新动向之中，以“克己复礼”为自觉使命的孔子及其儒学便自然又获得了新的重视。

可见，同经济上的原因一样，当今“儒学热”所得以出现的政治理由也是充分的，并且是多方面的。然而，我们在分析了这些政治背景之后，也必须看到在此背景之下所可能遇到的难题与困境。首先，从国际政治关系的角度来看，以汤因比和亨廷顿为代表的两种截然不同的观点虽然都强调了儒家文化在未来世界舞台上的重要性，但他们完全不同的立场却向理论研究提出了这样一个问题，即在文化的多元化与多元文化的相互渗透之中，未来的儒家文化将如何协调与其他民族文化之间的关系，而这一问题的解决则不仅需要理论上的假设，而且需要实践上的证明。因此，其研究的难度绝不亚于儒家文化与现代经济的融合问题。

其次，尽管从加强民族凝聚力、维护国内政治稳定的角度出发，弘扬儒家文化显然具有积极的现实意义，但是这种现实意义并不等于现代意义。因为在原始儒学那里，一切民族情感都是建立在宗法血缘基础之上的，所谓“国”只不过是放大了的“家”，因而国家的意志最终也就是作为“家长”的统治者的意志，这同近代市民社会基础之上所建立起来的国家观念是有历史性区分的。正因如此，梁启超才斥责中国历代统治者“只知有社稷而不知有国家”，从而将国家作为愚弄和统治人民的政治机器。这也就使我们想起了马克思主义经典作家同传统儒学在国家观念上的差别所在。显然，作为马克思主义者，我们要建设具有现代意义的社会主义国家，就不应该仅仅局限于传统儒学的“国”“家”观念之中；而作为华夏文化的传人，我们从现实的政治需要出发，又不可能完全放弃传统的民族情感和国家观念。如何将二者有机地统一起来，或者由儒家学说逐渐过渡到马克思主义学说，由传统文化逐渐过渡到现代化，这无论是在理论上，还是在实践上都不是一件轻而易举的事情。

7 李泽厚：《关于文化现状、道德重建的对话》，见《东方》1994年第5期。

最后，尽管近一时期，大陆知识界关于激进主义与保守主义的重新反思有着特定的政治经验和理论准备为背景，因而显示了较为成熟的姿态，但这其中却不乏有意向海外学者认同的非学术动机。我们知道，自1949年以来，以儒学为代表的传统文化在大陆与港台地区有着截然不同的境遇，究其原因，既有政治方面的，也有国际形势方面的；既有官方的，也有民间的。在中国大陆，由于政府要用马克思主义来建设社会主义乃至共产主义，自然要排斥被定位为封建文化的儒家思想；而广大知识分子所感受到的危机并不是民族文化的承传问题，而是中国如何真正摆脱封建愚昧以实现现代化的问题，因此，他们从另一个角度上也更多地看到了传统文化的负面影响，从而常常采取激进主义的文化批判态度。而港台以及居住在其他地区的海外华人则不同，他们受西方文化的影响较重，较早地进入了现代化的生活方式，因此，他们所感受到的生存压力主要不是文明程度上的不足，而是在外来文化的压力下所产生的文化认同感方面的危机。在这种危机之中，海外学者及华人世界便自然会在传统文化中寻找价值之源，于是便形成了文化上的保守主义倾向。由此可见，海内外人士对于传统文化的不同态度各有其产生的理由和存在的条件，当彼此对对方的理由和条件尚没有充分认识的情况下，其相互之间的论争便难免出现某种程度上的误解。关于这一点，我们从姜义华同余英时二人在1992年第10期的《二十一世纪》上所展开的讨论中就可以看出。由于不了解中国大陆复杂的政治背景，余英时先生便很自然地将“五四新文化运动”同所谓“文化大革命”联系起来，并视其为激进主义的恶性发展。殊不知，中国大陆自1949年以来在政治领域中的主要矛盾，与其说是什么无产阶级和资产阶级的矛盾，倒不如说是封建主义与近代启蒙主义之间的矛盾。因此，在特定的形势下，以封建专制主义与法西斯主义相混合的社会思潮便常常披着“革命”的外衣以激进主义的姿态出现，这就是极“左”思潮的“左”字何以要加上引号的原因。如果说，余英时等海外学者不了解这其中的奥秘而将外衣视为躯体，并迁怒于真正意义上的激进主义，尚有其文化的隔膜值得谅解；那么，李泽厚等大陆学者也将封建法西斯主义的“文化大革命”同近代的启蒙主义思潮混为一谈，甚至将此罪过上溯到“辛亥革命”，就很值得怀疑了。且不说作为一名严肃的学者，李泽厚这种“从‘文革’起便开始怀疑”的思想，何以同其“文革”后所出版的一系列著作大相径庭；也不说作为一个思想史家，李泽厚在否定“辛亥革命”的同时，却回避了“戊戌变法”何以失败的历史原因；单就其文化取向而言，这种思想似乎有着否定近百年来中国启蒙主义运动之历史贡献的意味了。问题在于，李泽厚的这种思想绝不仅仅是其个人的事情，它代表了中国大陆20世纪90年代以来的一种文化保守主义思潮，而这一思潮显然又有其特定的政治背景。当然，文化乃至政治上的保守主义同激进主义一样，都有其存在的合理性和必然性；但是，当一种思潮囿于特定的历史局限而风靡起来的时候，其片面性甚至危险性便应该引起人们的重视了。在这样一种情况下，弘扬传统儒学是否要以牺牲近代启蒙主义精神为代价？如何将二者之间的矛盾调和起来？这一系列问题便不容回避地摆在了我们面前，从而制造着新的困境。

三

“儒学热”的再次产生，不仅有着经济、政治的背景，而且有着文化自身的原因。“冷战”过后，以政治理想为依据的全球性的意识形态对抗虽未彻底消除，却已淡化了许多，与此同时，中国与西方社会又都存在着不同性质、不同程度的信仰危机与价值缺憾。这样，用儒学来填补信仰体系的空白或作为意识形态的再生资源便被视为一种新的可能。

从传统的文化类型来看，西方民族早在进入文明社会的过程中，由于铁器时代的生产力较为彻底地斩断了人与人之间的原始血缘关系，使得遭受异化痛苦的人们无法在世俗的环境中得到沟通和缓解，只得在超验的彼岸世界中寻找一种价值的归属和精神的寄托，于是便出现了以早期神话和哲学为代表的形而上的文化建构倾向，其结果便非常自然地认同于以后的基督教神学。从这一意义上讲，西方的古代文化可说是一种“宗教文化”。与之不同的是，中华民族是在青铜时代提前进入文明社会的，在这种“早熟的”“亚细亚的古代社会”中，由于较低的生产力未能彻底斩断人与人之间的原始血缘关系，使得遭受异化痛苦的人们无需到超验的彼岸世界中去寻找寄托，而只在宗族亲伦之间就可以找到沟通与缓解的方式，于是便出现了以修复宗族血缘关系为起点、以建立世俗伦理制度为目的的儒家学说，并以此而构筑了一套足以安身立命的观念体系。从这一意义上讲，中国的古代文化可说是一种“宗法文化”。

然而，随着时代的发展、社会的前进，西方古代的“宗教文化”所赖以存在的基础却渐渐发生了动摇。说到底，作为宗教文化之核心范畴的神学体系是可以通过科学实践来加以“证伪”的：当哥白尼的“日心说”提供了不是太阳围着地球转、而是地球围着太阳转这一事实后，基督教关于神为人而创造世界的理论便在人们心目中发生了动摇；当达尔文的“进化论”得出了人这种了不起的生灵竟是由猿猴演变而来的这一结论后，神学中关于上帝造人的理论便陷入了十分尴尬的境地……直到尼采说出了那句虽然惊世骇俗但不难理解的话之后，“上帝”这个活灵活现的形象在越来越多的西方人的心目中确确实实地“死了”。—— 上帝死了，而我们却活着，我们被上帝抛弃了；上帝死了，它把我们所一向遵循的行为准则和价值尺度也一同带进了坟墓，因为这一切的一切，原本是上帝赐予我们的；上帝死了，而太阳还在发光、地球还在运转，那么宇宙的目的何在呢？难道这一切的一切不都是按照上帝的意志创造出来的吗？……这该是西方人的真实心理，是基督教文化解体后所不可避免的精神危机。指出这一危机绝非为了耸人听闻，也不仅仅具有理论上的意义。根据前一阶段的统计，就在欧洲最舒适的“福利国家”、具有500万人口的丹麦，每年竟有约1 600人死于自杀。分析家们认为，由于丹麦已成为不受任何宗教禁忌约束的国家，因此丹麦人认为他们有权自我毁灭。[8]正如存在主义哲学家加缪所指出的那样：“一个能用理性的方法解释的世界，不论有多少毛病，总归是个亲切的世界。可是一旦宇宙的光明和幻觉都消失了，人便觉得自己是一个陌生人，他成了一个无法召回的流浪者，因为他被剥夺了对于失去的家乡的记忆，而同时也缺乏对未来世界的希望；这种人与他自己的生活的分离、演员与舞台的分离，真正构成了荒诞感。”[9]用什么力量来抗拒这场危机呢？用理性吗？理想固然是批判宗教的有力武器，但它不能解决信仰问题。用

8　参见《文摘报》1988年2月2日。

9　加缪：《西西弗斯神话》，见《现代西方文论选》，上海文艺出版社，1983年，第357页。

科学吗？科学固然可以减轻肉体的痛苦，但它无法减轻精神的痛苦。在这种情况下，理性和科学高度发展、因而物质生活也高度发达的西方人便不期然而然地将目光转向了东方，并企图在儒家文化的土壤中寻找其意识形态的再生资源。

我们知道，在世界的几大文化圈中，唯中国人可以不依靠任何宗教而泰然自若地处理日常事务，唯中国人可以不依赖任何神祇而视死如归地面对现实人生。中国人一向以群体和血缘为本位，因而不需要任何“上帝”之类的绝对中介来实现人与人之间的联系与沟通，所谓“我死了之后有儿子，儿子死后有孙子，子子孙孙无穷尽也……”，从而有限的个体可以在无限的种族延续之中求得不朽。所以中国人注重历史、注重现实、注重文化的积累和传承。这种入世态度和济世情怀显然是以儒家思想为背景、为依托的。更为重要的是，与其他一切宗教神学体系不同，儒家思想所赖以存在的亲伦血缘关系是无法用科学来加以“证伪”的。于是，牟宗三等新儒学的代表人物便将其视为一种“常道性格”加以宣扬，认为它具有一种超越时间与空间的普遍意义。这种放之四海而皆准的“普遍真理”显然对当代的西方人具有很大的诱惑力，这就难怪经历了彻底的个性自由和个体分化，以至于连夫妻、父子之间的家庭财产关系都已经法律化、契约化了的西方人要对温情脉脉的东方文化表露出留恋、乃至羡慕的心绪了。

与此同时，在经历了多次的政治运动、马克思主义已被极“左”思潮糟蹋得不成样子、社会风气也不断恶化的情况下，当今中国也存在着某种程度的精神危机。上了年岁的人对于传统道德中的合理成分多有一种难以割舍的怀旧情绪，而不少青年人则出于一种逆反心理想到长期以来遭受批判的传统文化中寻找某种精神寄托。于是，在这第三种意义上，儒家文化在中国与西方的意识形态领域中，几乎同时又有了新的接受土壤和发展空间。

但是，儒家学说果真是一种放之四海而又亘古不变的“普遍真理”吗？显然不是。事实上，就在西方传统的“宗教文化”发生危机的同时，中国传统的“宗法文化”也在渐渐地失去了其赖以存在的社会土壤。我们知道，作为“宗法文化”之思想根源的人伦血缘关系确实是普遍存在而又无法被科学技术所“证伪”的，但是这种自然的人际关系所包含的社会意义和内容却是可以、而且必然会随着社会实践的发展而发生变化的。在20世纪中，儒家学说之所以会在意识形态领域中出现大起大落的复杂局面，究其根本原因，还是由于鸦片战争以来，中国传统的宗法血缘社会在新的生产力和外来文化的影响下出现了解体的趋势，而这一历史趋势在改革开放、尤其是在当今的市场经济条件下正在日益加剧。关于这一点，我们只要拿西北内陆地区依旧古朴的风土民情和东南沿海地区已然变化了的人际关系加以简单的对比就可以看得十分清楚了。不难想象，随着金钱地位的上升，劳动力市场的出现，农业生产规模化、集约化的形成，交换关系契约化、法律化的习惯，以及城乡差距的缩小，社会保障体系的建立，计划生育的推行等不以人的意志为转移的社会变革的推进，传统的宗族血缘关系中所包含的超出公民义务之外的原始亲伦情感便不可避免地逐渐淡化，因而建立在这一基础之上的儒家学说也就不可避免地会遇到现代生活方式的挑战。当然，“淡化”并不等于消失，“挑战”也并不等于毁灭，现代化的生活方式并不见得统统抛弃民族传统的一切习惯，现代化的意识形态也并不可能完全摒弃民族文化的一切遗产。这里所强调的只是，儒学在当今的热潮之中能否为现代化的中国乃至世界做出真正的贡献，并不仅仅是一个单纯的“热”字所能够实现的。

（此文曾以《“儒学热”的背景与困境》为题，发表于《传统文化与现代化》1995年第4期，发表时略有删节，此为原文全貌）

答《当代学术信息》和《南方文坛》记者问

问：进入20世纪90年代以来，国内关于知识分子的地位、人文精神的危机等问题不断展开讨论。您能从一个人文学者的角度来谈谈对此问题的看法吗？

答：知识分子从来不是铁板一块，20世纪90年代发生危机的只是其中的一部分人，而在此危机中能够自觉反省并寻找出路的则更是这一部分人中的少数。他们大概比较集中在人文学界，因为历史的变化要求人文学者对自身的社会角色和学术功能进行重新的调整。当然了，在这一调整中，不同的人有着不同的选择。例如，有些国内人士将中国知识分子的价值取向分为“庙堂意识”“广场意识”“岗位意识”三种类型，并认为由前者向后者的过渡具有历史的必然性。而有些国外传媒则将中国的人文学者分成“国策派”“学院派”“文化批判派”三大类，并认为他们在功能上有着相互补充、同时存在的必要性。（按照这后一种分类原则，本书中所收录的早期作品，尤其是一些文学评论文章，可算是“文化批判派”；而近期作品，尤其是一些文化哲学文章，则属于“学院派”）

问：那么，您个人看来，中国的人文学界过去都存在哪些问题？在面向21世纪的今天，又应自觉地实现哪些更新与调整？

答：严格说来，这不是我所能够回答的问题。姑妄言之，我认为特定的社会发展模式要求与之相适应的人文学术研究模式，从高度集中的“计划经济模式”到灵活机动的“市场经济模式”的转变过程中，作为精神产品的人文学术研究成果也必然发生相应的转变。用一种虽然刻薄却通俗易懂的概念，我曾经把过去旧体制下的那种既无法面对市场也无法面对世界的人文学术研究分成两大类：一类叫做“假学问”，一类叫做“家学问”。

问：导致这两种“学问”的原因何在呢?

答：造成“假学问”的原因很多，这其中既有研究动机的问题，也有研究方法的问题。就动机而言，我们一些人文学者长期以来不是把人文研究看成是一种面对历史和文化、并从中总结人类经验和教训的学术活动，而是将其看成是一种面对上级领导、并为其宣传和图解政策的政治活动。从这种动机出发，原本可以在一定程度上为政府提供决策依据的人文学术，却仅仅变成了政府决策的宣传品和附属品。这种次序的颠倒，不仅从客观上增加了政府决策失误的可能性，而且在事实上也削弱了人文学科本身的学术地位和独立品格。就方法而言，我们一些人文学者长期以来并不认为人文研究也需要有严格的学术规范和内在逻辑，而是习惯于写一些“引经据典”和“举例说明”式的文章。这种经典的随意性和举例的有限性使人们对其成果既无法“证伪”又无法“证实”，从而把人文学科变成了一种能言善辩者的游戏……

造成“家学问”的原因也很多，这其中既有研究对象的问题，也有研究视野的问题。就对象而言，我们过去的人文学术研究，有相当一部分是以中国传统文化为对象的。而传统文化本身的封闭性，便可能导致“国”与“家”的统一（在以血缘纽带为基础的传统文化中，“国”只不过是“家”的放大而已），使“国学”很容易蜕变为“家学”。就视野而言，我们的一些人文学者，只是从“乾嘉学派”那里继承了严肃、求实的考据传统，但无法从世界的角度和当代人的立场来看待中国文化的价值与意义。这种“视野”与“对象”的重合，又进一步使“国学”蜕变为“家学”的可能性变成了必然性……

问：如此说来，传统的人文学科确实需要进行根本性的改造或转型了?

答：我并不是要把过去所有人文学者的研究成果都算成是“假学问”或“家学问”，但在事实上，这两种学问的存在和影响正是使我们既无法面对市场、又无法面向世界的主要原因。所谓“无法面对市场”，并不是说这两种学问在任何时候都处于“滞销”状态。事实上，在过去高度集中的“计划经济”体制下，由于政府“单一买方市场”的存在，使得那些紧跟形势的宣传品常常处于“畅销”状态。只是这种畅销并不是消费者主动选择的结果，而是在配给制度下的“别无选择”。所谓“无法面向世界”，也并不是说这两种学问统统得不到国外同行的承认。事实上，那些对华夏文明颇感兴趣的国外学者，对于我们独具“家法”的传统学术不仅是承认的，而且是尊重的。只是这种承认和尊重仅仅限于单向的了解而无法进行双向的对话。

问：那么，按照您的想法，在面向21世纪的今天，人文学科要想适应新的形势，就必须不断减少“假”的成分而增添“真”的内容，就必须逐渐超越“家”的局限而扩大“国”的意义？

答：您概括得很好。所以，在“国学热”的今天，我不赞同盲目地复兴“国学”，而是主张要搞“新国学”。所谓“新国学”，不仅是要在国学研究中拿出新的成果、得出新的结论，更重要的是要站在现代人的立场上，用现代人的方法和手段来重新审视、读解和破译传统文化，并用以指导现代人的生活。当然了，“新国学”也还是“国学”，它应自觉继承和充分利用传统国学研究中的已有成果。在过去那些闭关自守的年代里，人文学者要想进行世界性的思考和对话显然是不可能的，因此我们不能简单地指责前辈学者具有“家学”的局限。但是，在新的历史条件下，我们的国学研究却有可能、而且也必须走出一条不同于前辈学者的新路。

问：我注意到，您所倡导的“新国学”，是区别于“家学问”而言的，那么对于那种“假学问”，您又有什么超越的途径呢？

答：我觉得，人文学者要克服“假学问”的弊端，首先有必要实现一种心态的转变。所谓心态的转变，就是要超越以往“宣传”和“反宣传”的模式，使自己能够以一种冷静的、客观的、研究者的心态来面对任何学术问题。在“计划经济”（实际上是“权力经济”）时代，由于人文学术研究在很大程度上被“计划”到宣传政府方针政策的意识形态领域中去，从而把“研究”变成了一种“宣传”；加之这种宣传在一定时期内受到极“左”路线和封建专制主义权力的控制和影响，因而遭到了具有启蒙主义精神的知识分子的反抗，其反抗的形式便是一种“反宣传”。这样一来，中国的人文学界也自然就成了一个意识形态斗争的战场：其中一部分人有意迎合政府的宣传口径，另一部分人则有意反抗政府的宣传策略。然而无论前者还是后者，都自觉或不自觉地在某种程度上歪曲了学术的原有之意，难免陷入一种偏激的乃至病态的情绪中。

问：如此说来，您对以人文学术研究的方式进行启蒙主义的宣传活动也是持否定态度的了?

答：不能这样讲。从历史上看，中国的知识分子曾经在极为恶劣的环境下为进行现代化的思想启蒙作出过可贵的贡献，其历史功绩是不容抹杀的。从功能上讲，中国的启蒙主义大业直至今天也没有彻底完成，因而在相当长的一段时间内，这一历史使命还将由从事人文学术研究的知识分子部分地承担起来。我所要说的只是，我们在承认上述问题的前提下，也必须清醒地认识到，由于受历史条件的限制，过去的那种把“研究”变成一种“宣传”，或以“反宣传”来对抗“宣传”的方式，有着将人文学术研究彻底意识形态化的危险。其结果，不仅掺杂了许多偏激的、非科学的成分，而且也不利于真正意义上的启蒙。因为说到底，所谓“启蒙”只不过是以科学的方法来启迪蒙昧而已，它不是用一种情绪来代替另一种情绪，也不是用一种偏激来取代另一种偏激。回想一下，自“五四”以来，中国知识分子却常常不得不在一种极大的压力面前被迫采取极端偏激的举动，例如对待传统文化的态度便是如此。

问：目前学术界有不少人反思和批判以往的“激进主义”，从而使“保守主义”重新抬头。而您的这番话是否与之合拍呢?

答：并非如此。我觉得“激进主义”的确是需要反思或批判的，但不能站在“保守主义”的立场上对它进行反思或批判，那样的话，则又会从一个极端走向另一个极端了。作为单个的学人来说，任何极端的思想和观点都是有权利存在的，因而无论是“激进主义”还是“保守主义”，都可以在学术界占有一席之地。但是作为一种学术风气而言，无论是"激进主义"还是"保守主义"，一旦其风行起来的时候，往往都暗藏着一定的危险性。因为说到底，将学术研究简化为一种"主义"的做法，其本身就是危险的。如果说，大陆几十年来的"激进主义"思潮确有其偏激甚至病态的一面，那么海外新儒学的"保守主义"立场难道就没有偏激乃至病态的内容吗？顺便说一句，我觉得目前国内的一些学者过分地宣扬"保守主义"，不仅有偏激和病态的内容，甚至还可能有媚俗的成分。因此，在超越了"宣传"与"反宣传"的模式之后，我们还必须进一步超越"激进"与"保守"的模式，即从那种偏激的、病态的、先入为主的心境下解脱出来，换之以冷静的、健康的、实事求是的心态。这种心态就是所谓的"价值中立"，而价值中立则应是学术研究的起点。

问：在我理解，人文学科既然研究的是"人文"的东西，其中就包含着"价值取向"的问题。因此，您认为真正的"价值中立"在这一领域中是否可能呢？

答：首先，"人文学科"不等于"人文主义"。我绝不否认，当今的中国仍然十分需要自由、平等、博爱的人文主义精神，但我不能赞同将人文学科的研究简单地化约为人文主义的宣传。在我看来，人文学科也许永远也不会像自然科学或社会科学那样成为一种严格意义上的"科学"，但在"意识形态"和"科学"之间，人文学者应该努力的方向显然是后者而不是前者。创作小说是艺术家的事，分析小说则是人文学者的事；创造信仰是宗教家的事，研究信仰则是人文学者的事。前者是意识形态，后者是具有意识形态内容的人文学科。其次，每个人都有一定的世界观和政治立场，因而在进行充满社会内容的人文学术研究时，常常会自觉或不自觉地用自己的价值标准来评判和处理问题。从这一意义上讲，要在人文领域的研究中真正实现"价值中立"，确实是一件不太容易的事情。然而在我看来，不能因为其不容易做到，我们就不去提倡并为之努力了。正如科学家永远也不可能占有真理但却必须不断地追求真理一样，我们的人文学者虽然不容易做到"价值中立"，但仍然应该为此而不断努力。这也就是说，我们在进行人文学术的研究过程中，应该尽可能地不从个人的好恶出发，以避免个人世界观的局限性。从这一意义上讲，所谓“价值中立”，既是一种起码的、必须具备的研究态度，又是一种极高的、不易达到的学术境界。

问：即使“价值中立”可以达到，您不认为这种“学术境界”有着回避现实矛盾、逃避社会责任之嫌吗?

答：从表面上看，这似乎是一种缺乏勇气的表现。然而在实际上，它需要更大的勇气，既不仅要敢于面对现实，而且要敢于面对自我的勇气。惟其如此，我们才能够冷静地、坦然地分析和研究一切敏感而棘手的人生与社会问题，并给出不带偏见的答案。而给出这一答案，则正是人文学者最大的社会责任。与此同时，这种冷静而超然的科学精神，并不妨碍我们以热情而饱满的生活态度去进行政治或道德的社会实践。因为正像康德所理解的那样，“纯粹理性”和“实践理性”应属于完全不同的两个领域。事实上，我们不少的人文学者却常常把这两个领域颠倒了：在需要他们运用智慧的学术领域中，他们总爱发表一些廉价的道德义愤；而在真正需要他们拿出道德勇气的实践领域里，他们却又瞻前顾后、左右逢源，显示出了不应有的“智慧”和“聪明”……

问：那么在您看来，与“终极关怀”相联系的价值观念，只不过像康德所说的那样，是“人为自身立法”的信仰问题，它和科学并无直接的关系，也不需要人文学者加以正确引导了?

答：的确如此。如果离开了历史的具体的分析，所谓“正确引导”，本身就是一个令人生疑的概念。在科学问题上，我们一般可以通过推理或实验等方式来证明谁比谁更高明；但在信仰或价值标准问题上，我们则很难证明谁比谁更“正确”。例如“集体主义”，这在很多人看来无疑是正确的，是需要加以提倡的；而与之相反的“个人主义”，在大多数人看来则无疑是错误的，是应该加以批判的。但是，如果让我们来“证明”集体主义何以比个人主义更为“正确”，那么我们似乎只能有两种解释：一种解释是说，集体主义的意义就在于能够最大限度地保障每一个集体成员的真正利益，如果我们统统信仰个人主义，时时处处以邻为壑，那么到头来，非但集体的利益会受到破坏，而且每个集体成员的个人利益也会变得毫无保障；另一种解释则是说，集体主义考虑到了多数人的利益，比个人主义更加高尚，因而也就更加正确。那么反对者就会说，第一种解释根本不能证明集体主义比个人主义更加正确，事实上，它只能证明，集体主义只不过是一种更加聪明的个人主义而已。至于第二种解释，所引起的麻烦则会更多。反对者可能要问：如果说个人主义较之集体主义有些狭隘了，那么集体主义较之国家主义乃至人道主义不是同样狭隘吗？说到底，集体主义是以一部分人的利益为本位的，而你之所以要维护这一集体的利益，只不过是由于你自己是这一集体的成员而已。如果说集体主义只不过是一种放大了的个人主义，那么国家主义则不过是一种放大了的集体主义，他们之间确实有“五十步”与“百步”之分，但很难证明谁比谁更“正确”，倘若立论者一定要坚持利益本位的范围大小来确定价值标准的正确与否，并以此认为集体主义比个人主义更加“正确”，国家主义比集体主义更加“正确”，人道主义比国家主义更加“正确”，那么驳论者则会进一步推论说，主张“不杀生”的禁欲主义较之人道主义更加“正确”，因为它不仅以全体人类的利益为本位，而且以一切生物的利益为本位，如此说来，释迦牟尼的价值标准才是最为“正确”的世界观。而这种结论，则显然是立论者所始料不及并难以接受的。更为重要的是，任何一种伦理行为都需要行为主体为之付出代价，这正如我们一旦选择了“不杀生”的价值标准，我们就应该承受不吃肉的代价一样。否则，我们就会像鲁迅先生所讽刺的那样，成为一边“细细地咀嚼牛肉”，一边却宣称“君子远庖厨”的道学家了。事实上，我们那些喜欢用“正确的世界观”来“引导”民众的人，常常是这样一些道学家。而他们“引导”的结果，非但没有在社会上树立起什么“正确的世界观”，反倒是促成了人们的逆反心理和真正意义上的信仰危机。说到底，当我们无法代替别人去承担行为后果的时候，我们又有什么权力对其行为进行所谓“正确引导”呢？

问：听上去是有些道理。

答：我说这番话绝不是为了抬杠，只是为了表明，我们平时以为不证自明、显而易见的那些结论，其实有很多是经不起推敲的。所谓“正确的世界观”，是以价值一元论为前提的。事实上，不仅不同人的价值观念会有这样那样的差别，即使我们同一个人，也常常会有复杂的世界观和多元的价值取向。比如说我吧，我既是一个人道主义者，一个集体主义者，在某种程度上，坦率地讲，还是一个个人主义者。相信绝大多数的人也和我一样，在面临利益攸关的重大事件面前，内心深处也常常会有两个以上的价值观念在彼此矛盾和相互斗争着，迫使其进行艰难的取舍和痛苦的抉择，并最终通过这种取舍和抉择而完成其人格的塑造。正像黑格尔所说的那样："每个人都是一个整体，本身就是一个世界，每个人都是一个完满的有生气的人，而不是某种性格特征的寓言式的抽象品。"[1]因此，我绝不敢将自己的世界观说成是一种纯而又纯的思想或观念的结晶；我也绝不敢宣称，我所坚持的价值标准一定比别人的更加"正确"。说到底，我并不认为，我所从事的人文学术研究，其目的就是要宣扬自己的世界观，以便对别人进行"引导"。这使我想起了《德意志意识形态》中的一段话："共产主义者不向人们提出道德上的要求，例如你们应该彼此互爱呀，不要做利己主义者呀等等；相反，他们清楚地知道，无论利己主义还是自我牺牲，都是一定条件下个人自我实现的一种必要形式。"[2]

问：我明白，您的意思还是要区分"知"与"行"、学术与伦理之间的关系。

答：是的。弄清了这二者之间的关系后，我们便可以对欧洲人文学界在20世纪60年代由"结构主义"来取代"存在主义"之主导地位的现象有一个更加深入的理解。过去，我们常常将这一转变视为"主体性的消失""人文精神的弱化"，其实这种理解过于简单化了。因为在我看来，所谓当代意义上的"人文精神"，首先是以容忍价值标准的多元化为前提的（从这一意义上讲，当今国内某些愤世嫉俗的"人文精神"呐喊，还远远未达到这一层次）。当"存在主义"将一切"选择"的权利赋予"此在"之后，人文学者确实没有必要（甚至也没有权利）再耳提面命地号召人类主体应该如何行动了。由此，学术的功能就只剩下将对象显在的或潜在的"结构"呈现出来，至于每一个活生生的人格主体如何服从或打破这一结构，则完全是其自己的事情，它属于实践领域，即"人为自身立法"而非学术为其立法的领域。

1 黑格尔：《美学》第1卷，人民文学出版社，1958年，第295页。

2 《马克思恩格斯全集》，第3卷，人民出版社，1960年，第275页。

问：这里似乎存在两个问题，一个是“价值”问题，一个是“结构”问题。按照您的说法，前者与伦理实践有关，后者与学术研究有关。

答：与此相关，这里同时还存在两个“多元化”的问题，一个是伦理标准的多元化，一个是学术观点的多元化。前者在于承认主体实践的自主性和多样性，即在符合法律的前提下，实现行为主体的相互宽容；后者在于承认客观认识的多重性和多样性，即在尊重事实材料的前提下，允许对于同一材料进行不同的分析和解读。

问：您的看法确实大胆而新颖，然而这样一来，是否会导致道德和真理的虚无主义呢？

答：您的担心是有道理的，因为我的话还没有说完。在承认伦理和学术多元化的前提下，我们还必须看到，无论是伦理实践所凭借的价值标准，还是学术研究所发现的结构形态，都是有其历史原因和社会根据的。在社会发展的纬度上，不同的道德行为和价值取向是有其不同意义的，因此我认为，多元的伦理实践并不是等值的，惟其如此，我们在尊重他人自由选择的前提下，才会坚定自己的生活信念，并甘愿为此而付出代价；在历史生成的纬度上，不同的社会结构和文化形态也不是凭空产生的，因此我认为，社会的“结构”最终取决于历史的“建构”，惟其如此，我们在进行结构主义的研究时，仍不应放弃历史唯物主义的基础，而应使其更加牢固。

问：按照这种说法，人文领域的学术研究对人文精神的健康发展是否有所助益呢？

答：有的，但其最大的助益并不是以一种单一的价值标准进行所谓的“正确引导”，而是将社会和文化的多元结构呈现给读者，以便其进行选择和分析并自觉地建立起自己的世界观与价值体系。因此，说到底，“知”与“行”、伦理实践与学术研究虽然处在两个不同的领域，但其二者之间最终还是有联系的，只是在过分强调“知行合一”的文化背景下，我们现在更应重视的是二者的分离而非联系。只有看到二者之间的分离，才能够使学术研究获得相对的独立。

问：说到学术独立，除了“心态的转变”之外，还应注意哪些问题？

答：除了“心态的转变”之外，“话语的更新”也很重要，这其实是两个相互联系的问题。如果说，在前一个问题上，我们应该超越“宣传”与“反宣传”，乃至“激进”与“保守”的模式，那么在后一个问题上，我们则应该超越“政治话语”乃至“启蒙话语”。所谓“话语”，简单来说就是一种包括能指符号在内的言说的方式。从表面上看来，这种言说的方式是一种纯形式的东西。但在实际上，言说的方式不仅限定了言说内容的范围，而且决定了言说内容的性质，于是便体现为某种“权力”。例如，我们过去在进行中国思想史的研究中，常常要沿用“唯物”“唯心”的概念，于是便产生了两个负面的影响：第一，由于这对从西方哲学史中引进的范畴并不完全适合中国思想史的现状，因而便制约了研究工作的深入展开。列宁曾经指出：“物质和意识的对立，也只是在非常有限的范围内才有绝对的意义，在这里，仅仅是在承认什么是第一性的和什么是第二性的这个认识论的基本问题的范围内才有绝对的意义。”[3]而事实上，中国哲学史的中心内容恰恰不在认识论而在伦理学。第二，由于这对范畴在引进之后便包含了学术之外的政治内涵和价值判断，因而便限制了研究工作的自由进行。于是，在这种“话语权力”的笼罩下，人们的学术研究便不得不成为某种政治论战的畸形儿，以至于人们渐渐地习惯于只会用政治口号来谈论学术问题了。不仅这种“政治话语”需要超越，而且与之相互联系的“启蒙话语”也需要超越，因为说到底，启蒙话语也还是一种政治话语，这又回到了我们刚才的话题。

问：您谈到的这个问题很重要，目前学界一再呼吁要建立起一套具有中国特色的学术规范和话语体系。您对此前景有何看法？

答：我觉得这里面似乎存在着一个多元竞争和统一规范的辩证关系。所谓“多元竞争”，就是说人文学界的研究规范和话语体系不是由某一个人或某一个学派以权威的方式确立下来的，而是由不同的学者和不同的学派逐渐摸索出来的。因此在这种摸索的过程中，中国的人文学界必然会出现多种规范和多元话语并存的历史局面。我想这不见得是一件坏事。过去，我们似乎有些过分地追求学术规范和话语方式的统一了，以至于不同的学派甚至不同的学科都只能使用那几个简单的、大而无当的概念。在这种情况下，“多元竞

3 《唯物主义和经验批判主义》，人民出版社，1960年，第139—140页。

争”显然有利于学术的发展和繁荣。但是，多元的研究规范和话语体系之间又存在着一个如何通约的问题，如果这些规范和体系之间无法通约，则不仅会造成交流与理解的困难，而且势必会影响与妨碍不同的学派和学科之间的相互渗透与彼此整合。因此，我们不仅需要“多元竞争”，而且需要“统一规范”。在我看来，“统一规范”既不应该是某些官方机构行政命令的结果，也不可能是某些权威学者登高一呼的产物，它必须是在“多元竞争”的基础上由不同学派、不同学科的研究人员通过彼此借鉴、相互修正而逐渐认同的学术法则。这种法则的形成恐怕需要相当长的一段时间，而它的完善则是中国人文学科真正成熟的标志之一。

问：除了上面提到的问题之外，您觉得当今国内的人文学界还存在着哪些需要警惕的现象？

答：除了“心态的转变”“话语的更新”之外，“情绪的调整”也很重要。因为在我看来，目前国内的人文学者尤其是青年学人，似乎普遍存在着一种不稳定的情绪，我把这种情绪叫做“边缘焦虑”。也就是说，在许多人看来，学术研究总该有一个中心，这个中心从世界范围来看是在欧美，从中国范围来看则是在北京。于是，处在世界“边缘”的北京的学者，为了克服自己内心的“焦虑”，便不断地在研究课题上追赶世界潮流，马不停蹄地由“前现代”“现代”，一直追赶到“后现代”；而处在中国“边缘”的外埠学人，为了克服自己的内心“焦虑”，则又纷纷唯北京的学者马首是瞻。这样一来，学术界便出现了一种花样翻新、轮流炒作的局面，人人都担心自己落伍，个个都生怕自己被留在“边缘”，甚至连不少学术刊物也存在着以研究课题的时髦与否决定论文之取舍的现象，这应该说是很不正常的。我并不否认，包括“后现代”理论之引进者在内的一些国内学人在使中国人文学界了解欧美学术状况等方面，确实作出了可贵的贡献，他们的研究显然是有价值的。但是，如果大家一窝蜂地都去研究同一个问题，并在风头之后又纷纷放弃这一课题，其结果显然不利于学术研究的深入。因此，在今天，似乎有必要重提王国维有关“学无新旧中西有用无用”的说法。只有当大家都能以一种稳定的情绪来选择适合自己特点的研究课题、研究角度、研究方法的时候，中国的人文学界才可能实现一种多元化的健康发展，才可能步履从容地进入21世纪。

（此文的部分篇幅曾以《面向二十一世纪的人文学科与人文精神》为题，发表于《当代学术信息》1995年第5期；另一部分篇幅曾以《心态的转变·话语的更新·情绪的调整》为题，发表于《南方文坛》1997年第2期）

作为一种科学的人文学科如何可能

抛开种种经济的、政治的、社会历史的原因不谈，人文学科的危机首先来源于其学理上的根据。我们知道，康德曾经发出过“纯粹数学如何可能”“纯粹自然科学如何可能”之类的疑问，并从其“批判哲学”的角度对这些科学的认识论前提进行了必要的清理。那么在人文学科发生危机的今天，我们是否也有必要发出这样的疑问：“作为一种科学的人文学科如何可能?”

一般认为，人文学科是一个既不同于自然科学又不同于社会科学的知识领域，其不同的关键在于人文学科不仅要研究对象的性质，而且要判断对象的意义。也就是说，它不仅是一种知识体系的陈述，而且是一种价值观念的表达。因此，人们常常谨慎地将其称之为“人文学科”而非“人文科学”。然而，既然人文学科同时包括知识性和价值性两个方面，那么我们就有理由追问：（1）它的知识积累是否依赖于可靠的认识机能？在此基础上，它是否也应该建立起与自然科学同样严格的学术规范?（2）它的价值判断是否具有人学的本体论依据？如果没有的话，它能否克服意识形态的局限和偏见?（3）它的知识积累和价值判断是如何统一起来的？知识本身能产生价值吗？或者说价值判断能改变知识吗？显然，回答上述问题，不是本文的作者力所能及的。然而不如此，也就无法解决人文学科在学理上的困境与危机。

在回答上述问题之前，让我们先回顾一下历史。在欧洲，人文学科起源于西塞罗提出的培养雄辩家的教育纲领，而后便成为古典教育的基本内容，后来又转变为中世纪基督教的基础教育。但这时的人文学科不仅包括语言学、历史学和哲学（也就是我们现在的文、史、哲），而且还包括数学和其他自然科学。而近代意义上的人文学科，则产生于文艺复兴时期，是作为神学研究的对立面而出现的。我们知道，所谓神学，只不过是人学的异化方式，它是特定历史时期的人们将自身的价值系统转变为宗教律令的文化表征。而“神学”之所以还要“研究”，这是因为，也许是受传统的“逻格斯中心主义”的影响，西方的神学家们似乎坚信，他们所奉行的宗教信仰并不是一套异化了的价值系统，它同时也是一套值得信赖、并可加以论证的知识系统。于是，“价值”和“知识”这两套并不相干的东西便被人为地整合到宗教哲学的领域中去，并由此产生了种种繁琐无聊而又令人啼笑皆非的神学本体论证明。显然，这类“证明”是一种费力不讨好的事情，其结果非但无助于增强人们的神学信仰，反而引发了人们对于宗教教义的怀疑。因为说到底，“知识”的“证明”是要以理性精神为支撑的，而理性的张扬则最终便构成了对神祇的挑战。正因如此，近代意义上的人文学科便逐渐在神学研究的母体中孕育成长并最终脱胎而成了。

近代意义上的人文学科，存在于文艺复兴和启蒙主义的历史环境，因而它的主要任务，就是要借助理性的力量来推翻神学的信仰，将被异化了的价值体系从宗教律令中剥离出来，使之归还给人本身。显然，这里在建造着另外一个王国，即以“自由、平等、博爱”为内容的理性王国。因而这一时期从事人文学科研究的学者似乎普遍相信，理性仍然是支撑信仰的有力支柱，知识的增长、科学的进步有助于价值的确定和意义的生成。从历史的意义上讲，由“人本主义”来取代“神本主义”这无疑是一种巨大的进步；然而从学理上讲，由“人学本体论”来取代“神学本体论”仍然是以一种意识形态来取代另一种意识形态。一方面，“统治阶级的思想在每一时代都是占统治地位的思想”，另一方面，“所有历史学家（主要是18世纪以来）所固有的这种历史观必然会碰到这样一种现象：占统治地位的将是愈来愈抽象的思想，即愈来愈具有普遍形式的思想。事情是这样的，每一个企图代替旧统治阶级地位的新阶级，为了达到自己的目的而不得不把自己的利益说成是全社会成员的共同利益，抽象地讲，就是赋予自己的思想以普遍的形式，把它描绘成唯一合理的、有普遍意义的思想。”[1]为了给自己的价值体系赋予“人学”这一抽象的普遍形式，从而将其说成是唯一合理的、正确的世界观，就像中世纪代表封建贵族利益的神学家企图用知识来证明宗教天国的合理性一样，近代代表资产阶级利益的人文学者也企图用理性来证明其价值王国的永恒性。然而，无论这些学者怎样虔诚，他们的努力最终也还是要落空的。随着主题性研究的深入，人们越来越发现，理性只能给人们提供知识，不能给人们提供价值。因为一切价值，都源于从事价值判断的行为主体的自身利益及其对待世界的态度，由于任何社会结构中的行为主体都是多元的，因而价值也是多元的。这于是便产生了两个结论：（1）知识和价值是二元的，我们不可能从知识的体系中推导出价值准则，我们也没有必要用知识的体系来论证价值的合理性。这一点，在康德那里已经说得十分清楚了。（2）价值的主体是多元的，因而价值也是多元的，我们没有理由用自己的价值观念来取代别人的价值观念，我们也不可能建立一个人人都能接受的价值系统。这一点，在萨特那里也已说得十分清楚了。不难看出，这两个结论都对人文学者提出了挑战：由于第一点，人文学者还有什么必要将“知识”和“价值”混淆在自己的学科领域中呢？由于第二点，人文学者又有什么权力将自己的价值体系转化为一种知识结构（为其赋予抽象的普遍形式）而像牧师布道一样告谕给世人呢？于是，人文学科便陷入了危机。

正是为了克服这种危机，结构主义作为一种由语言学研究所生发出来的、被赋予了方法论意义之后而广泛运用于人文学科的学术思潮，自20世纪60年代以来便取代了存在主义在法国等西方国家的统治地位。例如，列维-斯特劳斯对亲族制度、图腾、神话等方面的研究，拉康对人的无意识领域的研究，福柯对思想史方面的研究，阿尔杜塞对马克思主义的研究，皮亚杰对认识机能的研究等等。不少人认为，结构主义对存在主义的这一取代显示了主体精神的衰落、人道主义的丧失，因为它不再强调社会的批判和价值的诱

1　马克思：《德意志意识形态》，《马克思恩格斯全集》第3卷，人民出版社，1958年，第52、54页。

导，而是将多元的主体淹没在社会和文本的结构之中。其实这种理解只看到了问题的表面。在我看来，正是由于存在主义已经将主体性的研究推向了极致，从而将价值的判断和选择的权力完全归还给了作为“此在”的活生生的个人，因而人文学者便没有必要再偷梁换柱地将自己的价值观念转换为具有普遍意义的知识体系，也没有权力再耳提面命地教导人们如何正确地评价历史和面对现实。于是，人文学科的内容便只剩下如何冷静地、客观地描述和分析与人类行为密切相关的各种对象的结构形态及其各个要素之间的转化关系。作为结构主义的代表人物，列维–斯特劳斯强调理性在认识中的能动作用，强调人在认识历史和文化时借助模式的重要性。在他看来，可理解的东西比可观察的东西更为重要，只有将模式投射于混乱的对象而产生现象的秩序，才可能在结构中把握对象。由于人只是对象结构中的一个成分，因而在认识事物时，不能从人出发……其实，法国结构主义者这种将人文学科科学化的努力并不是孤立的，在德国，作为马堡学派的代表人物，比斯特劳斯略早的卡西尔甚至专门出版过《人文科学的逻辑》（1942）一书来探讨这一问题。作为一名新康德主义者，卡西尔认为，必须把康德先验原则的运用范围推广到语言、宗教、神化、艺术等研究领域，从而使人文学科也具有科学认识论的基础，即广义的“逻辑”。为了实现这一理想，他将人类全部的文化创造看成是不同的符号系统并致力于把握彼此间的区别和联系，这样一来，他的《人论》研究也就不再是关于人类价值观念的本体论证明，而是对于人类文化创造的符号学分析。显然，与结构主义一样，符号学派的这种努力是为了使人文学科的研究成果也具有普遍的科学意义。“就此而论，一种‘符号形式哲学’可以保持其统一性和普遍性的资格，而这是独断的形而上学形式所必须放弃的。符号形式哲学不仅能把我们关于世界的诸多认识方式和方向统一起来，而且除此而外，它还能对领悟世界的每个尝试和人类心灵对世界所能作出的每一种分析予以评估，以及对其各种真实特征予以理解。正是通过这种方式，客观性的问题才会充分地显示出来；从这种意义上去理解，客观性问题就不仅包含了自然世界，而且包含了人文世界。”[2]倘若这种包含了人文世界的客观知识成为可能，那就是现代形态的具有科学或准科学意义的人文学科了。

2　《人文科学的逆辑》，中国人民大学出版社，1991年，第55页。

与传统的自然科学相比，这种人文学科的思维模式更为宽泛。在这一点上，不仅作为新康德主义者的卡西尔，就连生命哲学的奠基人狄尔泰也主张突破康德的范畴体系。和康德一样，狄尔泰认为，要进入历史，获得由精神建构起来的世界之知识，就必须借助于范畴。但是，在他所谓的“精神科学”中，范畴的运用不是来源于先验的自我或纯粹的理性，而是源于生命本身。“这里具有决定性意义的是：这些范畴不是以一种先天的方式从外部运用于生命的，毋宁说，它们内在地存在于生命自身的本质中。”[3]正因如此，狄尔泰没有像康德那样列出一个完整而封闭的范畴表。在他看来，这样的范畴表是永远也不可能完成的。因为生命总在延续，总有新的经验进入我们的视野，从而形成新的范畴……如果说，狄尔泰对于经验与范畴之间的联系与转化尚缺乏必要的分析的话，那么皮亚杰将结构模式与建构方式统一起来的发生心理学研究则给了我们更大的启发。通过考察儿童认识能力的发生过程，皮亚杰发现，主体的认知结构既不是先天具有的，也不是经验直接给予的，而是在人与外部世界的不断交往中、通过行为和操作逐渐内化而成的。正像李泽厚在《批判哲学的批判》中所分析的那样，如果我们将皮亚杰的个体行为扩大为群体实践，将其经验行为的“内化”扩大为历史文化的“积淀”，便有可能为科学、尤其是人文学科提供更为宽泛的认识论前提。从这一意义上讲，无论是结构主义，还是符号学理论，所依据的认识框架和思维模式都应是多元的、发展的，并随着人类实践而不断更新的。从纵的方面讲，正是由于世世代代的人文学者以不断更新的认识框架和理论模式来分析和研究历史和文化现象，我们所面对的人文世界才可能在一条漫长的“解释链”上呈现出五彩缤纷的意义和形态。而这条“解释链”的历史性延长，也就标志着人文学科的知识增长。从横的方面讲，尽管人文学科所依据的认识框架和思维模式较之自然科学更为复杂和多样，从而要在这一领域中建立起整齐划一的学术规范也就更为困难。但是，由于不同的人文学者所持有的认识框架和思维模式基于共同的人类实践而能够起到兼容和互补的作用，因而像结构主义和符号学这类不同学派之间的界限也只是相对的。纵使每个学派所使用的概念和范畴各有不同，但在基本的话语方式上还是可以相互通约的。

3　转引自《理解生命——狄尔泰哲学引论》，中央编译出版社，1994年，第108页。

与自然科学和社会科学相比，人文学科的特点不仅表现在认识框架的多样性和思维模式的宽泛性上，而且表现在解释性大于实证性的特点上。由于人文学科所面对的大多是人类复杂的精神现象，而这些现象又往往是在极其复杂的历史氛围和文化环境中出现的。因而它们常常是无法预演、无法重复的，故而许多命题和结论既无法像自然科学那样在一种标准的实验环境下加以证明，也无法像社会科学那样以统计学的经验数据为基础。在这一意义上，人文学科也许永远是“学科”而不是“科学”，或者充其量也只是一种准科学。事实上，人文学者所真正追求的也确实不是这种经验的实证性，而是对于人类历史、文化等精神现象的认识、理解和反思。这种认识、理解和反思的对象当然也包括不同历史、文化的创造体所持有的价值观念，然而值得注意的是，对观念的认识、理解和反思并不等于观念本身。因此，我倾向于认为，尽管人文学者有时很难摆脱自身社会立场和价值观念的局限，但并不能因此而简单地把人文学科看成是一种宣传意识形态的工具。换言之，人文学科虽然算不上一门严格意义上的科学，但应朝着科学的方向进行“知其不可而为之”的努力。在这里，我们要把人文学科和它所研究的对象严格地区别开来：创造小说是作家的事情，分析小说是人文学者的事情；制造信仰是宗教家的事情，分析信仰则是人文学者的事情。前者所创造的是一种独具特色而又不乏偏见的意识形态，后者则要对这种意识形态进行冷静的、尽可能科学的反思。如果我们对此问题缺乏清醒的认识或将二者有意混淆的话，那么人文学科就会成为各种意识形态纷争不休的战场。事实上，这正是人文学科尚未成熟的表现，也是我们长期以来的教训所在。

最后，倘若这种接近科学意义的人文学科得以成立的话，它与当今人们所热衷宣扬的“人文精神”又是一种什么样的关系呢？在我看来，真正意义上的人文精神，并不是给人以一种现成的文化水准和道德观念，而是给人以自由的文化创造的精神空间。在这里，我们有必要重温康德在《何谓启蒙》一文中的观点：“启蒙是人从自我招至的依赖监护的状态中解脱出来。依赖监护是指人在没有他人指导的情况下没有能力运用自己的理解力。这种依赖监护的状态是自我招致的。其原因不在于缺乏理解力，而是在于缺乏不要他人指导而运用自己的理解力的果断和勇气。Sapereaude!要敢于运用你自己的理解力! ——这就是启蒙的座右铭。"[4]因此，如果我们的人文学者真要宣扬人文精神从而进行思想启蒙的话，那么我们首先必须放弃自己"监护人"的地位。换言之，我们与其要将一些自以为正确的价值观念作为现成的研究成果灌输给人们，不如通过自己在学科领域中的研究和分析而为读者们提供独立思考和选择的可能性。

（此文发表于《文史哲》1995年第6期）

4　转引自《启蒙的两难》,《读书》1995年第3期。

儒家文化的人类学前提与社会学背景

儒家文化丰富多彩、博大精深，然取其精华，择其大义，似可概括为“伦理世俗”四字。因为与其他几大文化圈相比，只有产生于中国的儒家文化是非宗教性的。这种非宗教性的儒家文化在某种程度上影响并决定了中国人的世界观和人生态度，也就是说，与其他文化背景下的民族相比，唯中国人可以不需要任何神祇而泰然自若地处理日常事务，唯中国人可以不依赖任何教义而视死如归地超越现实人生。儒家文化的这一特质，不仅在漫长的岁月中渗透到政治、经济和文学艺术等各个领域，而且至今仍以其群体的凝聚力和积极的入世态度对基督教崩溃以后的西方世界显示着巨大的魅力。显然，这种魅力的形成与孔子及其后学的不断努力有着不可忽视的直接联系，但是，只有当我们追根溯源、透过历史人物显在的行为动机，才可能真正发现这些人物背后所隐藏着的社会发展的潜在秘密。

一

儒家的伦理世俗精神产生于祖宗崇拜而非神灵崇拜的文化背景，而这一文化背景又根植于早期文明的演进方式。因此，我们的研究必须向上追溯到文明所能追溯的极限。

人是从自然界中脱胎而来的，而刚刚脱离自然母体的早期人类一般在精神上都留有一根尚未被剪断的原始脐带，这就是所谓“自然崇拜”，其中最为典型的是“图腾崇拜”。

“图腾”（Totem）一词始见于1791年在伦敦出版的龙格著《一个印第安译员的航海探险》一书，它源于北美印第安部落的一个方言词，意为“亲族”，因为那里的人们把自己的氏族看作源于某种动物或植物，便使用它们的名字作为氏族的徽号，把它们当做氏族神来加以崇拜。后来，随着人类学家对世界各地现存原始部落的考察，发现这种同某种自然对象攀结“血缘关系”的原始崇拜不仅仅为北美大陆所独有，在大洋洲也广泛存在。此外，欧洲、亚洲、北非、南美以及波利尼亚和爱斯基摩人那里也留有类似的原始崇拜形式，可见其具有普遍的人类学意义。至于中国古代，由于历史的久远，尚未在这方面发现直接而确凿的证据，但据上古文字和传说也不难发现一些踪迹。例如，《诗纬·含神雾》云：“大迹出雷泽，华胥履之，生伏羲。”《史记·五帝本纪》张守节“正义”引《帝王世纪》云：“神农氏，姜姓也。母曰任姒，有蟜氏女，登为少典妃，游华阳，有神龙首，感生炎帝。人身牛首，长于姜水。”今本《竹书纪年》云：“黄帝母附宝，见电光绕北斗，枢星光照野，感而孕。”“帝颛顼高阳母见摇光之星，如虹贯日，感己于幽房之宫，生颛顼于若水。”“尧母庆都与赤龙合昏，生尹尝，尧也。”“舜母见大虹，感而生舜。”“禹母见流星贯昴，梦接意感，即吞神珠而生禹。”《史记·殷本纪》云：“殷契，母曰简狄，有娀氏之女，为帝喾次妃。三人行浴，见玄鸟坠其卵，简狄取吞之，因孕生契。”我们知道，像伏羲、神农、黄帝、颛顼、尧、舜、禹、契这类传说中的人物，应是古代氏族社会的首领，而他们与自然界的一些特殊对象之间所具有的这种奇特的“血缘关系”显然与所在部落的“图腾崇拜”有关。我们常说，中华民族是“龙”的传人，而闻一多在《神话与诗》一书中考证，龙的形象最初是蛇，由于强大的蛇氏族逐渐兼并了其他氏族，于是就以蛇图腾为基础，融合了被兼并的其他氏族的图腾的某些部分，如马头、鹿角、鸟翼、狗爪、鱼鳞、兽足等等，进而合成了龙的形象。

根据神话传说、出土文物以及现存原始部落的分析，尽管学术界对于图腾崇拜的文化内涵尚有不同的见解，但至少在以下四个方面基本上达成了共识：（1）各氏族都相信自己的氏族与图腾物有密切的血缘关系，因而才将图腾物视为本氏族的保护神，并常常由此而引出氏族的谱系和图腾感生神话。（2）每个氏族都对本氏族的图腾加以崇敬，并相应地形成了一系列诸如禁杀图腾物之类的禁忌。（3）氏族成员对本氏族的图腾有一套祭祀活动，并在日常生活中以图腾为标志，表明他们属于同一氏族。（4）同一图腾集团的男女之间禁止结婚，实行外婚制。[1]显然，在这四个方面中，图腾与氏族血缘之间的关系是最为关键、最为重要的内容。因而，我们便可以在此基础上来探讨图腾崇拜与祖宗崇拜乃至世俗伦理之间的联系。

那么，在另一方面，图腾崇拜与神灵崇拜乃至宗教信仰之间又是一种什么样的关系呢？学术界对此主要有三种观点：（1）英国人类学家泰勒等人认为，图腾崇拜反映了早期人类对世界万物进行分类的愿望，但它与宗教无关。（2）法国社会学家迪尔凯姆等人认为，图腾崇拜虽不同于宗教活动，但前者是后者的基础和根源。（3）还有一些学者则认为，图腾崇拜本身就是宗教活动的最初形式之一。在这三种意见中，笔者倾向于第二种观点，并且认为，图腾虽然可能成为宗教活动的基础，却并不必然地转化为宗教。进一步讲，作为原始的人类活动，图腾崇拜本身便包含着向两个方面转化的内在可能，一是转化为神灵崇拜，一是转化为祖宗崇拜。前者趋向于宗教，后者趋向于伦理。

图腾崇拜不同于宗教，因为宗教信奉的是超自然的力量，而图腾信奉的则恰恰是自然的力量；图腾崇拜也不同于伦理，因为伦理信奉的是人伦关系，而图腾信奉的则恰恰是超人伦的关系。但是，图腾崇拜又类似于宗教，因为它所崇拜的图腾已同其他的自然对象区别开来，很容易演化为人格神；图腾崇拜也有似于伦理，因为图腾与人的超自然的关系中本身就带有一定的血缘性质，很容易蜕化为人伦情感。可以推测，早期人类之所以将日月星辰、山川树木、鸟兽鱼虫视为自己的祖先来加以崇拜，一方面可能是由于对生育繁殖现象的无知，另一方面也表露出了其对刚刚脱离开来的自然界的眷

1　参见梅新林：《祖宗崇拜起源论》，《民俗研究》1994年第4期。

恋。因此，当人类对自身的繁衍过程逐渐有了较为明晰的把握和认识之后，人与自然的关系就会出现一种新的调整，图腾崇拜便会朝着一种更高的文化形态过渡，于是便有了神灵崇拜或祖宗崇拜。

神灵崇拜显然是将图腾对象进一步神化的结果。例如，在希腊神话中，我们可以看到，被崇拜的已不再是雷电、大海、太阳、月亮这些自然对象本身，而是掌管这些物象的宙斯、波塞冬、阿波罗、阿耳忒弥斯等人格神了。“希腊神都是人格化了的形象，和人不同的地方在于：他们被描写成是永生的，在各自的领域内往往具有无与伦比的威力，他们的好恶对人有决定的影响。但是神的某些别号和表征表明，在他们被人格化之前，人们曾经走过了从拜物教到万物有灵论的漫长的历程。鹰被看做宙斯的圣鸟，天后被称作‘牛眼的赫拉’，阿波罗的修饰语往往是‘月桂树’的派生词或包含它的复合词，可见这些神都曾与图腾有关”。[2]

与之相反，祖宗崇拜则显然是将图腾对象进一步人化的结果。例如，从甲骨卜辞看，大约在殷商武丁时期，中国人就开始有了对“帝”的信仰；但中国人所信仰的上帝显然与西方人不同，历史学家和文字学家从不同角度都对此进行了考证。张舜徽认为，“帝”字受义于太阳(见《中国史论文集·释帝》)；章太炎认为，“帝”字是从飞鸟的形状中引申出来的(《吴清卿〈字源〉手批》)；王国维认为，“帝”字即“花蒂”之蒂，此亦生殖崇拜之一例也(《观堂集林》卷六《释天》)；刘复认为，“帝”字源于古巴比伦的“米”字，其义为“天帝”或“人王”(《古史辨》第二册《“帝”与“天”》)；金景芳认为，“帝”是部落联盟的首领人物。以上观点，主要包含三个层次的意思：(1)“帝”与某种特殊的自然对象有关；(2)“帝”与生殖血缘有关；(3)“帝”与祖宗和先王有关。由于历史的久远，我们很难断定哪层意思更接近真理，但综合起来，这些意思似乎表明，“帝”是由图腾崇拜向祖宗崇拜转化的过渡形态。我们知道，有关三代以及三代之前的神话传说中，不少氏族始祖的名字之前都冠有“帝”的称号，如帝颛顼、帝喾、帝尧、帝舜、帝禹等。这里，我们可以联系“祖”“宗”二字共同加以分析。“祖”字从“示”从“且”。关于“示”字，姜亮夫指出：“考甲古文中表示有宗教‘灵感’一类的字，都以示为偏旁，为先

2 《中国大百科全书·外国文学》，中国大百科全书出版社，1992年，第1099页。

人精灵之所寄，则示字当即原始神字。关于“且”字，郭沫若认为，其甲骨文写作 ，类似于男性生殖器，应为古代“牡”的初字(《甲骨文字研究·释祖妣》)。可见，祖先之所以值得崇拜，是由于有生殖血缘能力，这种能力已不再需要借助任何非人的自然对象，而是祖先自身所具有的。至于“宗”字，从“宀”从“示”，王筠认为：“示者，室中之神也，天地神祇，坛而不屋，人鬼则于庙中祭之。”(《说文句读》) 如此说来，对祖宗的祭祀，也不再是崇拜天地神祇等自然的超自然对象，而只是对死去的前辈们的顶礼与膜拜。

弄清了“图腾”—“上帝”—“祖宗”这一发展线索，我们便可以对儒家文化的信仰背景有着一个清楚的认识，并对其不同于西方文化的种种特征做出解释。例如，与西方“人格神”的文化处理方式不同，中国古代却有着“神格人”的一系列传说。在这些传说中，人们不是将自然界的种种现象归结为超人的神的统辖之下，而是将种种并非个人所能完成的奇迹附会到一些早逝的祖先身上。《韩非子·五蠹》云：“上古之世，人民少而禽兽众，人民不能胜禽兽虫蛇蓏。有圣人作，构木为巢以避群害，而民悦之，使王天下，号曰有巢氏。民食果、蚌蛤，腥臊恶臭而伤腹胃，民多疾病。有圣人作，钻燧取火，以化腥臊，而民说(悦)之，使王天下，号曰燧人氏……”从“有巢氏”“燧人氏”“伏羲氏”到“神农氏”，我们的氏族首领都被看成是伟大的发明家；黄帝行医、仓颉造字、唐尧制定历法等故事，也将人类文化的历史进程归结到列祖列宗个人身上，使其具有了“神格人”的品位。又如，与古希腊不同，中国古代没有构造出一个以宙斯为核心的“诸神的谱系”，却留下了一个以黄帝为源头的“宗族的谱系”。《史记》中有所谓夏、商、周三代王族的谱系，并将其始族统统追溯到黄帝身上：夏的创始人是禹，禹的父亲是鲧，鲧的父亲是颛顼，颛顼的父亲是昌意，昌意的父亲就是黄帝；商的先人名契，契母简狄为帝喾之妃，而帝喾又是黄帝的曾孙子；周的先人是后稷，后稷的母亲姜嫄也是帝喾之妃，自然同祖于黄帝了。如果说我们从赫西奥德所记载的“诸神的谱系”中看到了一个想象中的超验的彼岸世界，那么我们在司马迁所记载的“宗族的谱系”中则看到了一个想象中的经验的现实世界。前者的功能在于形成一种宗教的诱导力，后者的功能在于形成一种伦理的凝聚力。前者为从多神教向一神教的转化进行了历史性的准备，后者为从图腾文化向伦理文化的过渡做出了历史性的铺垫。于是，我们便可以得出下面这样的图示以作为归纳性的总结：

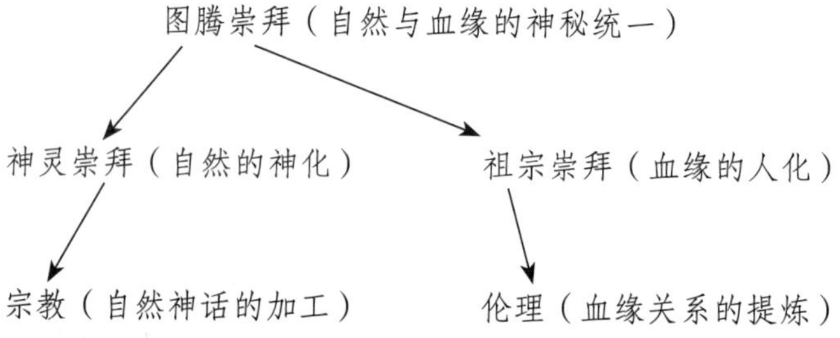

不难看出，如果我们把图腾崇拜作为人类文化之共同起点的话，那么左右两条路线便分别代表了西方的宗教神学和中国的儒家伦理所演进的方向。至于何以会从共同的起点中引发出不同的道路呢？这就需要我们从中西文化的历史背景中寻找潜在的根据了。

二

马克思、恩格斯在19世纪中叶以后开始研究东方社会，他在与恩格斯的多次通信中探讨了东方社会的特点问题，并在《政治经济学批判大纲》的《资产阶级生产以前各形态》一节和《〈政治经济学批判大纲〉导言》以及后来的《资本论》一书中均提出了所谓“亚细亚生产方式”或“亚细亚的古代”的概念。在他去世后，这个“亚细亚”的问题便引起了广泛而持久的讨论。20世纪二三十年代，由苏联史学界和经济学界所发起的讨论很快波及中国和日本学术界，这一大规模的社会史论战后因“二战”的爆发而告中断。到了六七十年代，该问题再度成为学术界的热点并引起了更大规模的探讨与争鸣。除中国、日本和苏联之外，英国、法国、匈牙利、意大利、澳大利亚以及东德等地的不少学者也纷纷参与了这场论争。论争产生了一些成果，如有些学者认为，我国的周代社会、殖民化以前非洲和哥伦布到达之前的美洲的某些社会在生产方式上有着许多共同点，均属于亚细亚式的特殊形态。还有些学者在对世界史进行分期的过程中发现，东方社会没有存在过古典时代的奴隶占有制，这些争论之所以重要，是因为涉及了人类历史的共同规律。以苏联的尼基福罗夫等人为代表，坚持马克思的“五大阶段说”；而注重特殊形式者则以法国的谢诺、匈牙利的托凯、苏联的瓦西里耶夫等人为代表，强调马克思的“亚细亚方式说”。显然，尽管这两种观点均以马克思的说法为依据，但都把“五大阶段说”和“亚细亚方式说”对立起来；与此相关，它们对待马克思的言论又都有着引经据典而又微言大义的毛病。而在我看来，第一，根据矛盾的普遍性与矛盾的特殊性之间的关系，“五大阶段说”与“亚细亚方式说”之间也许并非是不可协调的。第二，由于马克思当年占有东方历史材料的有限性，因而还不可能将这一问题表述得十分清楚。在这种情况下，我们与其仅仅围绕着那几段语焉未详的言论去进行引经据典式的注释或微言大义式的引申，还不如根据我们今天所能看到的大量历史材料将这一由马克思所提出的课题真正深入下去。

所谓“亚细亚形态”究竟是一种什么样的古代社会呢？根据历史唯物论的基本原理，生产力决定生产关系、经济基础决定上层建筑、社会存在决定社会意识，因而早期人类的文明社会最终应是与生产力的发展水平密切相关的。但是，根据现有的资料看，古希腊与古中国在进入文明社会的时代时，其生产力的水平是不尽相同的。早在荷马时代，西方人即已开始使用铁制农具进行生产了；而我国的夏、商和西周时代，非但没有铁制的生产工具，就连青铜的冶炼也主要用于礼器和兵器的制造。如果说，人们对夏代社会的认识尚因文物资料的不足而有些分歧的话，那么殷商属于文明时代当是没有问题的。然而，1929年殷墟的一次发掘，光石镰就出土了上千件，却并无一件金属农具。1932年殷墟的另一次发掘，仅一个坑中就发现了444枚收割禾穗用的石刀及几十件蚌器，而在出土的成千上万件文物中，没有一件可以称得上是青铜农具的。1973年河北藁城台西村商代居住遗址出土石器482件，其中镰、铲等农具占91%以上，然而却无任何金属农具。[3]因此，张光直先生有理由认为，我国“在青铜时代开始之前与之后的主要农具都

3　参阅《河北藁城台西村商代遗址发掘报告》，《文物》1979年第6期。

是耒耜、石锄和石镰。没有任何资料表示那社会上的变化是从技术上引起来的。"[4]

既然没有生产技术的历史性突变，那么作为社会生活的巨大变化，早期的国家制度又是怎样出现的呢？这大概与黄河流域的自然环境有关。我们知道，把社会的发展、历史的进化仅仅归结为环境因素的做法显然是简单的、片面的，容易陷入"地理环境决定论"的误区。但是，人类又确确实实是在具体的自然环境中生存和发展的，因而其发展和进化的轨迹也就不可避免地要受到自然环境的影响和制约。而且越往前追溯，越是在生产力发展的初级阶段，这种影响和制约便越为重要。格罗塞在谈到早期民族的文化形态时也指出："生产事业真是所谓一切文化形式的命根；它给予其他文化因子以最深刻最不可抵抗的影响，而它本身，除了地理、气候两条件的支配外，却很少受其他文化因子的影响。"[5]因此，我们要做的，并不是简单地回避地理环境对社会生活所可能产生的影响，而是如何恰当地分析这一影响，并在生产力和生产关系的辩证运动中来考察这一影响所可能产生的结果。

随着考古学界的新发现，人们已经在我国的24个省、市、自治区发现了旧石器时代的人类遗址，这些人类遗址不仅覆盖面已远远超出了黄河流域而遍及四川盆地、长江中下游地区、辽河流域和珠江三角洲，而且某些地区的出土文物甚至比黄河流域出土的同期文物水平还要高。在这种情况下，我们便不得不接受"华夏文化起源多元说"这一长期以来不被重视的观点了。然而不少学者在接受"多元说"的同时，又对这一结论进行了必要的补充，他们强调：虽然早期文化的起源是多元的，即在不同的区域中同时萌生、并行发展的，但以夏、商、周三代为代表的文明的中心又确实是在黄河的中下游地区建立起来的，因此，他们主张将"多元说"改造为"多元一统说"。这一观点确乎较为全面，然而留下的问题是，既然不同的区域都在为文明的产生进行着准备，为什么只有在黄河流域才使得这一准备得以实现并率先进入文明的门槛呢？这恐怕就要从地理环境的角度来加以分析了。

作为"华夏文明"的发祥地，黄河流域的冲积平原既以其松软的土质而为铁质农具发明以前的古代先民们提供了耕作的可能性，又以其频繁的洪涝

4 《中国青铜时代》，生活·读书·新知三联书店，1983年，第18页。

5 《艺术的起源》，商务印书馆，1984年，第29页。

和水灾而迫使他们提前建立大规模的社会组织。与生活于爱琴海区域的古希腊人不同，生活于黄河流域的古中国人的天职不是去海上冒险，而是要兴修水利。这种工作不仅不是少数人所能完成的，而且也不是某个部落群体单独所能胜任的，它需要大量的人力和高度的社会组织结构。大量的文化遗迹表明，黄河流域的社会组织发育得相当早。从仰韶文化的一些遗址来看，其社会基层结构已相当完善，集体居住面积一般有数万至数十万平方米，最大的如华阴西关堡、咸阳尹家村达100万平方米左右，半坡和姜寨等遗址中，包含着居住区、群体活动场所和广场、陶窑和牲畜场、墓地与村落防护沟等。专家们认为，这种村落可能已是几个氏族聚集的部落居址。[6]而最近在山东聊城景阳冈新发现的龙山文化遗址也具有相当可观的规模。或许，这种早期社会组织的形成与治理黄河有关。我们不应忘记，传说中夏代的创始人禹就是以治水而起家的。作为夏后氏部落的首领，他联合其他部落一同疏浚河道，并在这一过程中将部落联盟演变为国家制度，致使他的儿子启废除了部落首领靠选举、禅让而产生的原始制度，最终建立起以血缘沿袭王位的国家制度，从而使中国古代的第一个奴隶制国家集团过早地诞生了。

也许，从生产力决定生产关系的角度来看，这种国家形态的过早诞生似乎是难以解释的。但是只要我们细读马克思的著作，就会发现，他在对于“生产力”的分析中有时也会涉及诸如“自然状况”等环境因素。例如，他曾这样写道：“劳动的生产力，由许多事情决定，其中有劳动者的平均熟练程度，科学及其技术应用的发展程度，生产过程的社会结合，生产资料的数量和效力，以及各种自然状况。”[7]显然，这里所说的“生产力”，实际上就是“生产率”。事实上，仅由“生产力”所无法解释的上述历史事实，恰恰可以运用“生产率”这一概念加以分析。这似乎为我们协调马克思的“五大阶段说”和“亚细亚方式说”这两大历史命题提供了一条新的思路。

然而，尽管从“生产率”的角度来看，东方早期社会的“诞生”是可以理解的，但是从“生产力”的角度来看，这种社会的形成毕竟是早熟的。因此，马克思又曾经指出：“有粗野的儿童，有早熟的儿童。古代民族中有许多是属

6 参阅中国科学院考古所编《新中国的考古发现和研究》第2章，文物出版社，1984年，第1部分。

7 《资本论》，第1卷，人民出版社，1963年，第11页。

于这一类的。希腊人是正常的儿童。”[8]所谓“早熟”，也就是不成熟。从生产力决定生产关系的角度来看，由于当时生产力水平的低下，使得剩余产品不会很多；而剩余产品的匮乏，又导致了私有财产不可能得到充分的发展。这便自然会导致如下两个结果：第一，中国古代的城市经济和贸易水平都无法与古希腊的城邦经济相比。这正如马克思所分析的那样，“典型的古代的历史，这是城市的历史，不过是建立在土地所有制和农业之上的城市的历史；亚细亚的历史，这是一种城市和乡村不分的统一（在这里，大城市只能看作王公的营垒，看作经济制度上一种真正的赘瘤）”[9]。第二，氏族成员在向奴隶和奴隶主两极分化的历史过程也演进得不够彻底。这正如恩格斯曾经指出的那样：“在东方，家庭奴隶制是特殊的，即是，在这里，奴隶不是直接地形成生产的基础，而仅是间接的氏族的成员。”[10]这就是说，与古希腊的文明进程不同，由于产品的交换和社会的分工没有得到普及，土地没有完全私有化，氏族内部的血缘关系也没有被彻底破坏。因此，当原来氏族社会中的显族逐渐演变成奴隶主阶级而其氏族成员沦为奴隶的时候，他们之间至少在表面上仍维持着一种原始的宗族关系。

现据有关周代的历史资料看，由氏族领袖演变而来的国家统治者采取了分封诸侯和承认原有土著势力相结合的办法：一方面根据血缘和亲疏关系，将一部分土地分给自己的子弟；另一方面则承认地方宗族势力的合法地位。前者有所谓“五等”，后者有所谓“五服”。从理论上讲，“普天之下，莫非王土”，土地属于国家而非私有；但在实际上，王侯领主们对土地的控制和使用都有着世袭的权力，因而在长期的过程中便形成了一种血缘性、地域性很强的“宗法”管理体制。“据近人考究，‘宗法’制度大略是这样的：譬如天子世世相传，每世的天子都是以嫡长子的资格继承父位，奉戴始祖，是为大宗，他们的众子（包括嫡长子的诸母兄弟与庶子）封为诸侯，为小宗。每世的诸侯也是以嫡长子的资格继承父位，奉始祖为大宗；他们的众子各有食地为小宗。凡大宗必是始祖的嫡裔，而小宗则或宗其高祖，或宗其曾祖，或宗其祖，或宗其父，而对大宗则都称为庶。诸侯对天子为小宗，但本国则为大宗；卿大夫对诸侯为小宗，但在本族则为大宗……在宗法制度之下，从天子

8 《马克思恩格斯选集》，人民出版社，1972年，第2卷，第114页。

9 《资本主义生产以前各形态》，人民出版社，1956年，第15页。

10 转引自《中国思想通史》第1卷，人民出版社，1957年，第9页。

起到士为止，可以合成一个大家族。大家族中的成员各以其对宗主的亲疏关系而定其地位的高低。”[11]尽管这种标准的、严格意义上的宗法制度只有到了周代以后才得以完善，但是在其成熟之前显然应有着一个漫长的形成过程。而且这种“宗法”关系的意义也不仅局限于贵族阶层，其基本精神已渗透至整个中国社会。

在这里，从表面上看，“国”只不过是放大了的“家”，“君君、臣臣”只不过是放大了的“父父、子子”；但在实际上，亲疏远近的血缘关系已经悄悄过渡到了剥削与被剥削、压迫与被压迫、奴役与被奴役的阶级关系。侯外庐等人指出：“如果我们用‘家族、私有、国家’三项来做文明路径的指标，那么，‘古典的古代’是从家族到私有再到国家，国家代替了家族；‘亚细亚的古代’是由家族到国家，国家混合在家族里面，叫做‘社稷’。因此，前者是新陈代谢，新的冲破了旧的，这是革命的路线；后者却是新陈纠葛，旧的拖住了新的，这是维新的路线。前者是人惟求新，器亦求新；后者是‘人惟求旧，器惟求新’。前者是市民的世界，后者是君子的世界。”[12]所谓“人惟求旧”，是指进入文明时代的人仍然是以氏族成员而非国民阶级的身份出现的；所谓“器惟求新”，是指原来宗庙祭祀的礼器已转化为国家专政的工具，新的政体出现了。

值得注意的是，这种“由家族到国家”的“亚细亚的古代”的“维新路线”，虽然与“由家族到私有再到国家”的“古典的古代”的“革命的路线”有着“早熟”与“正常”之分，但其所达到的历史阶段却应该是同质的。问题的关键就在于前者虽然在表面上省略了“私有”这一中介环节，但在内容上并没有省略“私有”这一历史事实，而是将这一事实糅合在家庭的血缘关系中进行的。这也正是“亚细亚形态说”与“五大阶段说”并非不可协调的关键所在。总之，尽管与西方相比，中国这一阶段的私有财产发展得不够充分，但其仍然是产生文明社会的关键因素。否则的话，“家族”永远也不可能过渡到“国家”，所谓“维新的道路”也肯定是行不通的。但是反过来讲，我们在承认“古典的古代”与“亚细亚的古代”均为奴隶制文明这一共同的“质”的前提下，又不能忽略其进入文明社会方式的不同，因为这一差别恰恰是解释中国与西方不同文化传统和民族精神的关键。

11 童书业：《春秋史》，山东大学出版社，1987年，第6—7页。

12 《中国思想通史》第1卷，人民出版社，1957年，第11页。

三

在弄清了儒家伦理精神所得以产生的人类学前提和社会学背景之后，我们便可以来考察一下孔子是如何创造儒家学说的了。

处在春秋末年的孔子所面临的是一个“礼崩乐坏”的局面，用现在的话来说，就是一个行为失范和信仰危机的局面。所谓“行为的失范”，是指那些凭借实力而在斗争中逐渐取得优势的诸侯和领主们已不再把暗弱无能的周天子及其那套典章制度放在眼里，从而干起了“八佾舞于庭”，乃至“礼乐征伐自诸侯出”之类的勾当；所谓“信仰的危机”，是指那些在文明的进程中剪断了与自然母体之精神纽带的人们已开始感到了个体存在的危机，从而发出了“逝者如斯夫！不舍昼夜”乃至“鸟之将死，其鸣也哀！”之类的慨叹……这种局面，恐怕是任何一个靠金钱或暴力这种“恶的历史杠杆”而推进到文明时代的早期社会都要面临的，也是任何一个脱离了自然母体的文明人所必然要面对的，因而需要思想家们来寻找一种解决的方案。

为了寻求一种解决的方案，孔子所首先要处理的，是如何对待周礼的问题。所谓“周礼”，既是周代的政治制度和行为规范，又是周人各种社会意识的集中体现，从而也是孔子唯一可资利用的意识形态资源。侯外庐等人从“亚细亚的古代”之“维新的路线”入手，对周礼的产生做了如下的解释：“殷器有鼎彝尊爵，卜辞里也出现了这些字。但从这些神器，除了知道对祖宗一元神的祭享权而外，看不出礼器代表政权的概念，也看不出礼器象征专政的概念。殷人群饮，酒醴是不会专有的。到了周代，‘器’才‘求新’。‘新’的意义是指什么呢？即彝器表现一种政权的形式。这种‘尊’‘彝’‘鼎’‘爵’在原来仅表示所获物如黍稷与酒食的盛器，后来由于超社会成员的权力逐渐集中在个人身上，它们便象征着神圣的政权，因而尊爵之称，转化为贵者的尊称，所谓‘天之尊爵’（《孟子·公孙丑上》）。‘尊’‘彝’只有贵族专享，故尊彝成了政权的代数符号。如果殷人群饮，即是乱制，下诰杀无赦！周公时代就把这种制度合法化。所谓周公作礼就是由宗庙的礼器固定化做氏族专政的宗礼，‘礼不下庶人，刑不上大夫’，刑之所加便谓之‘非彝’。这样看来，礼器就是所获物与支配权二者的合一体，由人格的物化转变而为物化了的人格，换言之，尊爵就是富贵不分的公室子孙的专政形式。”[13]李泽厚也认为：“所谓‘周礼’，其特征确实是将以祭神（祖先）为核心的原始礼仪加以改造制作，予以系统化、扩展化，成为一套早期奴隶制的习惯统治法规（仪制）。”[14]由于周礼的上述性质，对于它的改造和利用，便有了如下两种可能：一是将“周礼”中本来就具有的祭祀内容进一步神秘化，将其引申为一套宗教的信仰体系；二是将“周礼”中本来就有的血缘内容进一步人伦化，将其落实为一种伦理的世俗精神。而事实上，正像李泽厚所指出的那样：“孔子没有把人的情感心理引导向外在的崇拜对象或神秘境界，而是把它消融满足在以亲子关系为核心的人与人的世间关系之中，使构成宗教三要素的观念、情感和仪式统统环绕和沉浸在这一世俗伦理和日常心理的综合统一体中，而不必去建立另外的神学大厦。”[15]

这一点，确实与“古典的古代”之西方社会有着明显的不同。我们知道，长期在西方文化中占有统治地位的基督教义，最初是在公元1世纪由巴勒斯坦人创立的，然而在此之前，希腊、罗马的不少学者早已在客观上为引进和接受这一教义做了大量的准备工作。大约与孔子同时而略早一点的毕达哥拉斯则正是这一工作的首创者。康福德在《从宗教到哲学》一书中指出：“毕达哥拉斯代表着我们所认为与科学倾向相对立的那种神秘的传统的主潮。”以后受其影响的各种体系“都倾向于出世的，把一切价值都置于上帝的不可见的统一性之中，并且把可见的世界斥为虚幻的，说它是一种混沌的介质，其中天上的光线在雾色和黑暗之中遭到了破坏，受到了蒙蔽。”[16]只是与基督教的上帝不同，毕达哥拉斯的上帝不是万能的“耶和华”，而是一种神秘的“数”。因此，在毕达哥拉斯那里，人们可以通过数学的研究而与永恒的宇宙相沟通。毕达哥拉斯以后，柏拉图用“理念”取代了“数”的地位。他认为感性的现实世界是有限的、相对的、变化不居的，而只有神圣的理念世界才是无限的、绝对的、永恒不变的。人的灵魂在投入肉体之前是居于这个理念世界之中的，因而可以通过“回忆”而获得理念世界的知识。“此外一切灵魂，到第一

13 《中国思想通史》第1卷，人民出版社，1957年，第15页。
14 《中国古代思想史论》，人民出版社，1986年，第10页。
15 《中国古代思想史论》，人民出版社，1986年，第21页。
16 转引自罗素：《西方哲学史》上卷，商务印书馆，1963年，第58、59页。

生终了时都要应传受审，依审判的结果，或是到地下监狱里，为他们的罪过受罚，或是飘然升到天上某一境界，过一种足以酬报在世功德的生活。”（《柏拉图对话录·斐德罗篇》）在这里，柏拉图的“理念世界”与基督教的“上帝之邦”只有一步之遥了。古罗马的普罗提诺不仅肯定了柏拉图的“理念世界”，而且干脆把最高的“理念”说成是“太一”，是“神”。太一是至善的、完满的、永恒的。从太一中“流溢”出理念，从理念中“流溢”出灵魂，再从灵魂中“流溢”出物质。这种奇特的“流溢说”与《圣经》中的“创世纪”简直具有异曲同工之妙。

如果说，毕达哥拉斯等人的努力，在客观上沿袭着“图腾—神灵—宗教”的发展路线；那么既“不语怪、力、乱、神”而又“以仁释礼”的孔子等人，则在人类学意义上完成着“图腾—祖先—伦理”的发展路径。而这一路径也正是儒家文化不同于佛教、基督教、伊斯兰教等其他文化的关键所在。在孔子看来，“仁”是内容，“礼”是形式，只有具备了“仁”之欲望的人，才能够自觉地遵循“礼”的法则去行事。而所谓“仁”之欲望，并不是对任何超验的宇宙主宰的向往与追求，而是由亲子血缘情感中所生发出来的人伦之爱。这就是所谓“仁者，爱人”“孝悌也者，其为仁之本与”的关键所在。正如李泽厚所指出的那样：“不去建立某种玄想的信仰体系，而是去建立这样一种现实的伦理—心理模式，正是仁学思想和儒家文化的关键所在。”[17]

那么，我们是否可以把这一文化构造仅仅归结为孔子及其后学的个人努力呢？表面上似乎是可以的，然而那将是极为简单化的。马克思有句名言：“人们自己创造自己的历史，但是他们并不是随心所欲地创造，并不是在他们自己选定的条件下创造，而是在直接碰到的、既定的、从过去承继下来的条件下创造。”[18]孔子所“直接碰到的、既定的、从过去承继下来的条件”是什么呢？它不仅是作为周代文化遗产和意识形态资源的周礼，而且是整个独具特色的黄河文明。在这种情况下，孔子的文化创造，从表面上看是自由的、随心所欲的，但是这种自由自在的创造必须在历史条件的严格筛选下才能够保存下来。否则的话，无论这种创造具有多么大的才华，那也将只是瞬间的辉煌。事实上，这种反面的例证是很多的。就拿当时与儒家同为“显学”的墨家来

17 《中国古代思想史论》，人民出版社，1986年，第21页。

18 《马克思恩格斯选集》第1卷，人民出版社，1972年，第603页。

说吧，其“视人之国若其国，视人之家若其家，视人之身若其身”的“兼爱”原则不可谓不崇高，其“摩顶放踵，利天下为之”的社会实践不可谓不真诚，其“尚贤”“尚同”“兼爱”“非攻”“明鬼”“天志”的理论体系不可谓不完整，尤其有趣的是，墨家学派一方面崇尚超验的宇宙主宰，一方面又注重数学和自然科学的理论倾向与毕达哥达斯学派的学术兴趣颇为相似，然而在中国的历史上，墨子并没有成为毕达哥拉斯乃至耶稣之类具有深远影响的人物，他的思想却在汉代以后逐渐“中衰”了。由此可见，中国与西方世界之所以会在共同的人类学前提下选择不同的文明路径，是由于有着不同的社会学背景在起作用。换言之，从孤立的学术造诣和人格品性来看，孔子不见得比墨子更为伟大，然而他的选择却顺应了中国文化发展的必然趋势。也就是说，正是由于“早熟”的“亚细亚的古代”较为完好地保存了早期社会的氏族血缘关系，才使得孔子在人们的心理上来修复原始的亲伦情感并以此基础来建立“仁学”体系成为可能。由此可见，在漫长的中国古代社会里，儒学之所以能够成为一股汩汩而涌、滔滔作声的文化溪流，究其实质，是由于这条溪流有“黄河”的源头活水。

（此文发表于《齐鲁学刊》1996年第2期，发表时有删节，此为原文全貌）

阴阳：中国传统的思维结构

一

我在《〈易经〉的世界观与方法论》和《〈易经〉对儒、道两系的影响》二文中（分别载于《中国文化研究》1994年夏之卷和1995年秋之卷），已论述了“阴阳”观念在《易经》中的产生及其对儒、道两系的直接影响。其实，“阴阳”观念对中国文化的影响还远远不止这些，说到底，它曾经以一种更加潜在、更加抽象同时也更加隐蔽的方式铸造着整个民族的“思维结构”，从而制约着中国传统的思维方式与行为方式。

作为一种深层的民族心理结构，“思维结构”同“文化结构”和“社会结构”一样，也是一个民族在漫长的物质实践和精神实践的过程中逐渐形成并积淀下来的历史成果。所不同的是，这一成果较之“文化结构”和“社会结构”有着更大的隐蔽性和抽象性，它甚至可被视为一种“无内容的形式”，是一种思维框架和心理定式。然而，这种“无内容的形式”一旦形成，便又会反过来决定和制约着具体的物质和精神成果的创造过程，即赋予那些“无形式的内容”以特有的结构形式。从这一意义上讲，我们要阐释中华民族的精神风貌和文化气质，我们要理解中国古代的意识形态和信仰体系，便不可不对其特有的“思维结构”进行一番深入的考察，而这一考察，又可以从“阴阳”问题入手。

提起“阴阳”，人们常常会归因于某种后起的学术流派，譬如战国至汉代的阴阳、五行学家；并且又常常会联想起一些巫术、迷信的东西，例如流传至今的风水、命相之类。然而这类归因和联想都只是停留在极为表面的层次上。如果我们希望透过现象而发现本质、透过迷信而发现科学的话，我们就应该看到，“阴阳”的现实基础，远比阴阳五行学派的存在更为深远；“阴阳”的学术价值，远比占卜、算卦之类的行为更加深刻。

从比较文化的角度来看，如果说，中国古代的思维结构是“阴阳”，那么，西方传统的思维结构则是“因果”。在许多现代人眼里，仿佛只有“因果”才是推动科学发展的有力杠杆，而“阴阳”则只能导致迷信。其实，这种看法是一种偏见。作为人类把握世界的“思维结构”，无论“因果”还是“阴阳”，都有自己的适用范围，在这个范围之内，它具有真理或科学的意义，而一旦超出了特定的阈限，则都有可能将真理发展为谬误、将科学演变为迷信。关于前者，康德在其著名的《纯粹理性批判》中曾经指出，作为诸悟性范畴之一的“因果”，只适用于经验的现象界，而一旦超出了这一有限的范围，便必然会陷入一种“二律背反”的尴尬境地。不仅如此，他还承认，运用“因果”之类的悟性范畴，虽然可以研究包括星体运行在内的物理世界，但对于解释类似毛毛虫这样最最简单的生命现象，却无能为力。而另一方面，由于中国古代的思想家们一直未对“阴阳”的应用和应用范围作出明确的分析和科学的限定，而是把它当成一种百病皆医的万宝囊，所以才牵强附会出许多迷信和谬误，以至于使人们对“阴阳”自身的价值和意义也产生了怀疑。这便是现代人普遍重“因果”而轻“阴阳”的原因所在。事实上，同重“因果”的西方人一样，重“阴阳”的中国人在漫长的历史岁月中也曾有过惊人的建树，不了解这一点，就不可能真正理解中国古代科学与文化的独特意义。

事实上，一些敏感的西方学者已开始意识到了这一问题，例如，著名的精神分析学家荣格就曾指出：“我们的科学立基于因果论上，而我们都认为因果原理是万古不易的真理。……然而，在《易经》一书所表现的中国思想，似乎专着眼于机会率（chance）。我们认为是偶然性的（即无关宏旨的），中国人却极为关心。而我们所崇拜的因果论，他们似乎不屑一顾。”[1]其实，荣格在这里只说对了问题的一半。的确，对于西方人所奉若神明的“因果论”我们的古人并不那么重视。然而，由《易经》所引发出来的思维结构却并非“机会率”而是“阴阳率”，中国古人所注重的不是事物发展的“偶然性”而是其“辩证性”。

比较分析一下这两种类型的思维方式，即可看出以下三方面的不同特征：第一，在强调“因果”关系的西方人看来，“因”与“果”是两种彼此外在、相对独立的元素，“因”不依赖于“果”而存在，“果”一旦由“因”产生出来，也同样具有了独立自存的属性，前者对后者的制约和影响是外在的、历时的、单向的。而在注重“阴阳”关系的中国人看来，“阴”与“阳”构成并服从于统一的矛盾结构，“阴”不能离开“阳”而单独存在，“阳”离开了“阴”也同样失去了其自身的意义，二者之间的制约和影响是内在的、共时的、双向的。因此，他们有着重元素与重结构的差别。第二，从“因果”关系的角度来看，元素之所以重要，就在于它本身具有实体属性。可是，从“阴阳”关系的角度来看，元素的属性并非是实体性质的，而只是功能性质的。它的功能性质不是由其本身决定的，而是由它所在的结构赋予的。这种重实体与重功能的差别，使得西方人容易产生“原子论”“单子论”之类的思维成果，而中国人则容易形成“天人合一”“天人感应”之类的理论框架。第三，由上述特征所决定，西方人习惯于从元素的角度来探察结构，强调研究不同实体之间的机械联系，有着天然的“机械论”倾向。而中国人则习惯于从结构的角度来分析元素，注重研究整体构架中的功能联系，有着素朴的“系统论”倾向。

上述思维结构的差别虽然是抽象的、纯形式的，但它以一种潜在的力量铸造并规范着中西方不同的科学形态和意识形态。

二

从古典意义上讲，所谓科学，就是将研究对象纳入一定的思维结构和逻

1 转引自《比较哲学与文化》，台北东大图书公司，1978年，第135页。

辑框架，从而发现其发生、发展、演变和消亡的规律。当这个对象是自然现象时，就是一种古典意义上的“自然科学”；当这个对象是社会现象时，就是一种古代意义上的“社会科学”。显然，这里所谓的“古典意义”，是与近代以来的实证科学相对而言的。正是在这一意义上，中国古代的“自然科学”和“社会科学”均受制于“阴阳”的思维结构。

中国是一个技术大国，但理论意义上的科学成就却相当薄弱。在这里，为了说明“思维结构”对民族文化的深刻影响，我们只能以相对突出的中医理论为比较和研究的对象了。古代的中医理论，最为集中地体现在以“阴阳五行”为理论框架的《黄帝内经》一书中。对于这部托名黄帝的古代医书，其真实作者已很难考证，其成书年代也说法不一，或说是战国，或说是秦汉之际，或说是汉代中期。然而无论如何，其思想的完备和系统程度，在浩如烟海的古代典籍中则是罕见的。“阴阳者，天地之道也，万物之纲纪，变化之父母，生杀之本始，神明之府也，治病必求于本。”（《黄帝内经·素问·阴阳应象大论篇第五》）以这种思想为基础，该书已初步建立起了一个独立而完整的中医理论体系。

首先，《黄帝内经》从“重结构，轻元素”的立场出发，建立了与西医完全不同的病理学说。中医没有细菌理论，却讲究寒热、虚实。也就是说，中医不把导致疾病的原因归结为某种单纯的病原体，而将其看作身体各机能关系失衡的结果。以“阴阳”关系为指南，中医认为，机能亢进、津液淤积等热症多属阳盛，而机能衰退、津液消耗等寒症则多属阴盛。“阳盛则身热，腠理闭，喘粗为之俯仰，汗不出而热，齿干以烦冤，腹满死，能冬不能夏。阴盛则身寒，汗出，身常清，数栗而寒，寒则厥，厥则腹满死，能夏不能冬。此阴阳更盛之变，病之形能也。”（《黄帝内经·素问·阴阳应象大论第五》）不仅如此，阴阳之间还有着一种彼此消长的辩证关系。“阴胜则阳病，阳胜则阴病。阳胜则热，阴胜则寒。”（《黄帝内经·素问·阴阳应象大论第五》）凡一切活力不够，少气、怕冷、懒言、疲倦、易累等症，均属阳虚之症；凡一切功能缺损，血少、面黄、体瘦、骨热等症，均属阴虚之症。阳虚就要补阳，补阳的药能够促进新陈代谢，增强人体活力；阴虚就要补阴，补阴的药能够补充体内的物质消耗，维持机体的正常运作。这就是所谓辩证施医、综合治疗。“阴盛而阳虚，先补其阳，后泻其阴而和之。阴虚而阳盛，先补其阴，后泄其阳而和之。”（《黄帝内经·灵枢·终始第九》）总之，中医的治疗方针并不是从“因果”关系出发，要用一种物质（如抗菌素）来消灭另一种物质（如病菌），而是从“阴阳”关系入手，采取表里双解、攻补兼施的方法，使原来失去平衡的身体机能恢复常态。难怪有人竟认为，吃中药的意义不在于吃元素，而在于吃阴阳呢！也正因如此，中药的配制和使用方法与西药完全不同，它不讲究“提纯”而讲究“配伍”，即因地、因时、因人、因症而不断调整配方，使阴阳有变而法无定法。所以，那种企图单纯通过化学分析来研究中药成分的做法，实际上与中医的药理思想恰好是背道而驰的。显然，中医的这种理论使其很难进入实证性的现代科学形态，而不得不长期停留在经验性的、前科学的水平上。但前科学并不等于非科学或伪科学。事实上，当我们发现中医所具有的经验性和随意性的缺陷的同时，也应该看到，其“同病异治”和“异病同治”的思想中又确实包含着具体问题具体分析的科学精神，而这种精神对于纠正或弥补西医长期以来逐渐形成的治疗方案程式化和规范化的倾向，显然又有着积极的意义。

其次，中医不仅有着“重结构，轻元素”的特征，而且有着“重功能，轻实体”的倾向。虽然《黄帝内经》在《灵枢·经水第十二》篇中也谈到了解剖问题，但其所建立起来的中医理论，却不像西医那样是以严格的解剖学为依据的。中医也有“藏象”理论，但其所谓的“五脏”“六腑”则不能与西医的种种器官等量齐观。以五行学说相比附，中医主张肝、胆配木，心、小肠配火，脾、胃配土，肺、大肠配金，肾、膀胱配水。这是由于，木的性能是向上舒展的，故与肝、胆善于疏散的功能相同类；火的特点是炎上的，故与心和小肠开窍于舌、发赤于面的特点相等同；土为生长万物之母，故而比做具有消化和吸收功能的脾、胃；金能发出声响，故而犹如上下鼓动的肺和大肠；水则具有向下流淌的特点，故而与具有排泄功能的肾和膀胱相比附……由此可见，中医的“五脏”“六腑”主要是从功能而非实体入手的（六腑中的“三焦”甚至没有与西医相对应的器官）。又如，中医的“经络”学说至今也没有找到解剖学的依据，却在长期的实践中广泛运用。其实，企图为“五脏”“六腑”或是“经络”学说寻找解剖学依据的想法本身就是站在西医的立场上来解释中医。若依照中医重功能而轻实体的角度来看，这种做法根本就没有多大的意义。因为说到底，中医所赖以支撑的思维结构——“阴阳”本身就是功能属性而非实体属性。从宏观的角度来看，“五脏”为阴，“六腑”为阳；而从微观的角度来看，无论是“五脏”还是“六腑”，它们之间又各有其阴阳互转、相生相克的辩证关系。“故阳中有阴，阴中有阳。”（《黄帝内经·素问·天元大问篇第六十六》）“阴中有阴，阳中有阳……内合于五脏六腑，外合于筋骨皮肤。故内有阴阳，外亦有阴阳。”（《黄帝内经·灵枢·寿夭刚柔第六》）而对于人体健康真正具有意义和影响的，不是这些脏器的实际结构，而是其相互之间的功能关系。不难看出，中医这种重功能而轻实体的思想自有其理论上的局限性，其直接的后果便是限制了外科手术的发展。然而，人体诸机能的健康与协调是否像西医所理解的那样，都能还原为各个器官的完整与健全呢？恐怕也并非如此简单，“代偿”功能的普遍存在似乎已说明了这一点。更何况，在某种意义上，人体也许正如一个“黑箱”，当我们以解剖学的方式将其“打开”之后，“黑箱”里的秘密便不复存在了。因此，传统中医这种产生于“阴阳”结构的思想倾向，虽有其自身的理论局限，却又在一定程度上弥补了传统西医的不足。

最后，与上述两大特点相联系，《黄帝内经》确立了中医有机论和系统论的理论体系。我们知道，中医的“藏象”理论之所以将人之脏腑与金、木、水、火、土“五行”相比附，其目的就在于发现一个相乘、相侮的有机系统。例如，木气有余而金不能对木加以正常抑制时，则木气太过便去乘土，同时又反过来侮金；反之，木气不足，则金乘木，土又侮木。照此看来，肝、胆（木）既与肺、大肠（金）相联，又与脾、胃（土）相关，任何一个元素的失衡都可能导致整体功能的紊乱。因此，某一脏腑出了毛病，不仅要对其自身加以治疗，而且要对与之相关的其他脏腑加以调整。所谓“五气更立，各有所胜，盛虚之变，此其常也”（《黄帝内经·六节脏象论篇第九》）。而医学的目的，就是要通过“虚则补其母，实则泻其子”（《难经·六十九难》）的方式，使人体的各个器官在相生相克、相反相成的协调运动中达到和谐与平衡的有序状态。从而，中医这种辩证施医、整体治疗的方法便避免了头痛医头、脚痛医脚的被动局面。“病在上者，下取之；病在下者，高取之；病在头者，取之足；病在腰者，取之腘。”（《黄帝内经·灵枢·终始第九》）这种在西医看来也许是不可思议的治疗方案，其中却包含着有机论和系统论的合理因素。如果说“藏象”理论旨在确立人体有机系统的基本结构，那么“经络”学说则是要解决这些与结构之间的能量转换和信息传递等问题。按照这一理论，人体各脏腑、肢体以及脏腑与肢体之间，分布着复杂而有序的信息渠道，从而将各个部分紧密地联系在一起。因此，人们可以根据这些经络发现由不同脏腑所传达出来的信息，从而进行诊断，如今人所倡导的“全息诊断法”；人们也可以利用这些经络将信息传达给特定的脏腑，从而进行治疗，如传统所常用的“针灸治疗术”。总之，在中医看来，人体绝不是一些器官的机械组合，也不能用简单的因果关系来加以解释。人体是一个复杂、生动、和谐、有序的生命系统，它有其协调、共生、循环、反馈的辩证规律。因此，尽管中医在诊断和治疗手段方面还只是停留在经验直观的水平上，因而不能与西医相提并论；但其所包含的哲学思想却不乏高明与深刻之处，甚至使西医望尘莫及。这一点，也正是我国这门古老的科学至今仍具有生命、未来更具有前景的关键所在。而这种生命和前景，均根植于中国古代独特的思维结构。

按照这种传统的思维结构，不仅人体自身是一个有机的系统组织，而且天地之“阴阳”与人体之“阴阳”也有着同形同构的联系。“黄帝曰：余闻天为阳，地为阴，日为阳，月为阴，其合之于人奈何？岐伯曰：腰以上为天，腰以下为地，故天为阳，地为阴，故足之十二经脉，以应十二月，月生于水，故在下者为阴；手之十指，以应十日，日主火，故在上者为阳。”（《黄帝内经·阴阳系日月第四十一》）尽管这类“天人合一”的思想显得过于粗糙，甚至有牵强附会之嫌，但其所暗含的人与自然之间的有机与系统联系却又是富于启发意义的。按照这种思想，人的健康与疾病，并不仅仅取决于其机体自身的调整，而且与外在的自然环境、与内在的心理状态都有着千丝万缕甚至阴阳对应的关系。“天有四时五行，以生长收藏，以生寒暑燥湿风；人有五脏化五气，以生喜怒悲忧恐。故喜怒伤气，寒暑伤形，暴怒伤阴，暴喜伤阳。厥气上行，满脉去形。喜怒不节，寒暑过度，生乃不固。故重阴必阳，重阳必阴……”（《黄帝内经·素问·阴阳应象大论篇第五》）这种将人的生理与心理乃至与整个自然和社会环境联系起来加以考察的思想无疑具有重要的建设意义。我们知道，以往的西医模式由于受西方传统的机械论的影响，因而被视为单纯的“生物医学模式”，这种模式在漫长的发展过程中已不断暴露出了其原有的局限。因此，在世界范围内，当今的医学模式正在进行着一种历史性的变革，即由单纯的“生物医学模式”向着“生物—心理—社会模式”相转变。不难看出，在这一具有历史意义的转变过程中，中医传统的思维结构显然可以为人类的医学发展提供一些宝贵的材料。

不仅中医的存在离不开“阴阳”，我们的古人在考察其他自然现象的过程中也常常利用于这种传统的思维结构，以发现自然中所存在的矛盾运动的辩证规律。例如，对于日有长短、海有潮汐这一现象，晋初的杨泉这样认为：“日者，太阳之精也。夏则阳盛阴衰，故昼长夜短；冬则阴盛阳衰，故昼短夜长；气之引也。行阴阳之道长，故出入卯酉之北；行阴阳之道短，故出入卯酉之南；春秋阴阳等，故日行中平，昼夜等也。月，水之精。潮有大小，月有盈亏。”（《物理论》）在这里，古人固然没有深入分析太阳相对于地球之南、北回归线的偏离轨道问题，也没有直接论述月球相对于地球之海平面的引力问题，然而却毕竟发现了太阳和月亮与日之长短和海之潮汐之间的内在联系。进而言之，这种周而复始的阴阳变幻与《周易》中“无往不复”“否极泰来”等“阴阳”观念的吻合绝不是偶然的。又如，对于雷电云雨等自然现象，古人是这样认识的：“阴阳之气各静其所，则静矣。偏则风，俱则雷，交则电，乱则雾，和则雨。阳气盛，则散为雨露；阴气盛，则凝为霜雪。阳之专气为雹，阴之专气为霰。霰雹者，二气之化也。”（《大戴礼记·天圆篇》）在这里，尽管古人不会使用高低气压、冷暖气流、正负电荷等现代术语，但其毕竟将这些现象归结为两种相互矛盾的自然力量，而没有将其看成是某种单一的物质实体。更为重要的是，能够透过复杂多变的具体现象而发现其共同的内在本质，这不能不说是中国古人的高明之处，难怪像杨振宁这样的现代物理学家都曾经从《周易》的“阴阳”观念中得到过启示呢!

由此可见，思维是多元的，科学也是多元的，不同的思维结构必然导致不同的科学形态，而不同的科学形态又可能像中医与西医那样，具有相互补充的价值和意义。正因如此，我们才有必要对中国古代的思维结构进行深入的考察和全面的反思，将这种古老的民族心理因素从封建、迷信的历史尘埃中清理出来，并通过修复与转换，使之为人类的科技事业做出贡献。

三

不仅“自然科学”的形态要受到思维方式的影响，而且“社会科学”的发展也要受到思维方式的制约。因为在古典的意义上，二者只不过是同一事业的两个侧面而已。事实上，我们在《黄帝内经》中已不难看到二者的统一了：“《兵法》曰，无迎逢逢之气，无击堂堂之陈。《刺法》曰：无刺熇熇之热，无刺漉漉之汗，无刺浑浑之脉，无刺病与脉相逆者。”“上工，刺其未生者也；其次，刺其未盛者也；其次，刺其已衰者也。”（《黄帝内经·灵枢·逆顺第五十五》）这很容易使人想起《孙子·军争第七》中的用兵之法：“善用兵者，避其锐气，击其惰归……无邀正正之旗，勿击堂堂之陈，此治变者也。”《六韬·军势第二十六》亦云：“善除患者，理于未生；（善）胜敌者，胜于无形；上战无与战。故争胜于白刃之前者，非良将也；设备于已失之后者，非上圣也；智与众同，非国师也；技与众同，非国工也。”既然“兵法”与“刺法”实为一法，“战术”与“医术”本为一术，那么支配它们的思维结构便应该是一致的了。事实上，中国古代与医学同样发达的兵法也离不开“阴阳”的思维结构。范蠡云：“天道皇皇，日月以为常，明者以为法，微者则是行。阳至而阴，阴至而阳；日困而还，月盈而匡。古之善用兵者，因天地之常，与之俱行。后则用阴，先则用阳；近则用柔，远则用刚。”（《国语·越语下》）由于战争的矛盾双方常常并不处于单向制约的因果关系之中，而是处在彼此消长、相互转化的阴阳关系之中，因而特别适合于以“阴阳”的思维结构将其纳入强弱、虚实、远近、明暗、真假等范畴来加以研究，正所谓：“兵者，诡道也。故能而示之不能，用而示之不用，近而示之远，远而示之近，利而诱之，乱而取之，实而备之，强而避之，怒而挠之，卑而骄之，佚而劳之，亲而离之。攻其无备，出其不意。此兵家之胜，不可先传也。”（《孙子·计篇第一》）因此，中国古代的许多军事家，如孙武、范蠡、孙膑、韩信、李靖等，都非常善于运用“阴阳”之间的辩证关系来分析和处理战争中的刚柔、奇正、攻防、主客、虚实、劳逸诸种矛盾因素，有的甚至直接用《易》理来推演兵法。

最能体现阴阳思维结构的军事思想，要数著名的《三十六计》了。这部专门采集兵家之“诡道”的谋略大全，借助于阴阳学说中的太阴六六之数，来总结古代军事史上的战争经验。其中一类计谋直接运用“阴阳”概念，将其所包容的矛盾关系辩证地展现出来。例如，“第一计，瞒天过海：备周则意怠，常见则不疑。阴在阳之内，不在阳之对。”这就是说，机密要藏在暴露的事物里面，而不应与公开的事物相对立。因此，越是公开的形式，就越容易隐藏机密。又如，“第二计，围魏救赵：共敌不如分敌，敌阳不如敌阴。”这就是说，打击集中的敌人，不如将其分而治之。打击斗志正旺的敌人，不如待其疲惫之后再加以攻击。而另一类计谋则解以卦象，直接用“卦理”来说明谋略中的奥秘。例如，“第三计，借刀杀人：敌已明，友未定，引友杀敌，不自出力，以《损》推演。”这就是说，在敌对的势力已经确定，而盟友的态度尚在游移的情况下，应诱导盟友去消灭敌人，以保存自己的实力。就像《损》卦所揭示的那样，“损下益上，其道上行。”（《周易·损·彖》）实现损（敌）与益（我）的矛盾转化。又如，“第十九计，釜底抽薪：不敌其力，而消其势，兑下乾上之象。”这就是说，当力量不能与敌人抗衡的时候，就不能硬拼，而应该采用其他方法来消解敌人，就像“兑下乾上”的《履》卦一样，通过以柔克刚的方式来实现自己的目的。可见，无论是前一种类型还是后一种方式，都离不开阴阳辩证的思维方式，所谓“六六三十六，数中有术，术中有数。阴阳燮理，机在其中”（《三十六计·总说》）。

李泽厚先生曾经指出：“中国的兵书那么早就如此成熟和发达，几千年后仍有借鉴价值，正由于它们以这种长期的、繁复的、剧烈的战争的现实经验为基础。"[2]其实，他在这里只说对了问题的一半。与其他国家相比，中国古代的军事思想确实发达，以至于像《孙子兵法》至今仍具有广泛的国际市场，而且这种思想的出现也确实与古代的战争实践有关。然而除此之外，古代兵法的成熟与完善还应该归功于我们民族所特有的思维习惯。正是以"阴阳"为核心的思维结构，使得中华民族的军事辩证法思想呈现出极为早熟而又极为完备的形态。正像传统的中医虽不是严格意义上的自然科学，但至今仍具有实用价值一样，传统的兵法虽不是严格意义上的社会科学，但至今仍具有强大的生命力。然而无论是对于前者还是对于后者，我们都不能满足于就事论事地描述，而应该寻根溯源，透过表面的社会现象来探求其潜在的、深刻的精神根据。

属于这类"科学"的当然不止于军事谋略，外交技巧亦复如此。当我们在汗牛充栋的古代典籍中翻阅《黄帝内经》的同时，也许会发现另外一本同样独特的古代奇书——《鬼谷子》。同《黄帝内经》一样，《鬼谷子》的作者也无法确考，或云为战国时代苏秦和张仪的老师，或云为苏秦本人，或云为六朝时代的伪托者；与此相应，其成书的年代也就大相径庭了。同《黄帝内经》一样，《鬼谷子》也要用阴阳辩证的思维结构来研究人的生死存亡问题，只是这里所说的生死存亡已不再起因于人体各生理因素的平衡与否，而是取决于人与人之间的协调关系。其开篇云："粤若稽古，圣人之在天地间也，为众生之先。观阴阳之开阖以命物，知存亡之门户。筹策万类之终始，达人心之理，见变化之朕焉，而守司其门户。故圣人之在天下也，自古及今，其道一也。变化无穷，各归其所：或阴或阳，或柔或刚，或开或闭，或弛或张。是故圣人守司其门户，审察其先后，度权量能，校其伎巧短长。"（《鬼谷子·捭阖第一》）那么，如何"守司其门户"呢？"口者，心之门户也。心者，神之主也。志意、喜欲、思虑、智谋，皆由此门户出入。故关之以捭阖，制之以出入。捭之者，开也，言也，阳也。阖之者，闭也，默也，阴也。阴阳其和，终始其义。"（《鬼谷子·捭阖第一》）由此可见，所谓"心之门户"者，口也。正是这一张翕动不已的嘴巴，不仅表达着人的思想和情感，而且体现着人的智慧与才能；它不仅是"心之门户"，而且是"存亡之门户"！进而言之，它不

2　《中国古代思想史论》人民出版社1986年版，第78页。

仅体现着生存之技巧，而且体现着宇宙之规律！于是，在鬼谷子看来，说话的问题，绝不仅仅是一个外交辞令的问题，它必须被提到哲学的高度来加以研究，其基本精神不是别的，正是大千世界中生生不已的辩证规律——阴阳。正因如此，鬼谷子才将“捭阖”由嘴巴之开合上升为天地之开合，并直接上升为阴阳之间的辩证关系。“捭阖之道，以阴阳试之。”（《鬼谷子·捭阖第一》）只有掌握了这种辩证规律，才能够根据不同的环境、不同的时机，针对不同的对象，制定出不同的游说方案，并在游说的过程中，依照对方的反应而做出合理的调整；知道什么时候该说，什么时候不该说；何事应该明说，何事应该暗说；对谁应该晓之以理，侃侃而谈，甚至耸人听闻，大说特说，对谁应该动之以情，娓娓倾诉，甚至苦苦相求，似说非说……其结果，便是大惊大喜，大开大合，阴阳无常，变化莫测；其结果，便是“可以说人，可以说家，可以说国，可以说天下”（《鬼谷子·捭阖第一》）。由于《鬼谷子》一书中涉及了一些宠君、制友之术，便被不少后代人视为阴谋、诡辩之学，这其实是相当片面的。从实践上讲，上述理论是对于战国时代诸侯之间错综复杂的外交活动的经验总结；从理论上讲，这一思想又是根植于我们民族阴阳辩证的思维结构。我们知道，由于受《周易》的影响，战国之后以“阴阳”为中心的学术派别相当活跃。其中一部分人比较重视从“阴阳”的角度来探讨人与自然之间的关系，可以说是“自然阴阳派”；另一部分人则比较重视从“阴阳”的角度来探讨人与人之间的关系，可以说是“社会阴阳派”。如果说前者的理论结晶是《黄帝内经》的话，那么后者的学术代表则要算是《鬼谷子》了。事实上，也正是由于这两部著作代表了华夏先哲运用阴阳辩证的思维模式在自然领域与社会领域中所分别取得的突出成果，因而才备受世界各国的重视。时至今日，不仅《黄帝内经》在海外的影响日甚一日，而且日本、菲律宾、马来西亚等地也纷纷建立起了有关《鬼谷子》的研究机构。可见，正像我们古代的军事思想至今仍具有巨大的影响一样，我国古代的外交谋略至今仍具有强大的生命力。这一切，难道不应该引起我们的深思吗?

阴阳辩证的思维结构对传统学术的渗透和影响是多方面的，除了军事和外交领域之外，兴盛于魏晋的“人物品藻”活动则又是一例。其实，早在《黄帝内经》中就已经开始从“阴阳五行”的角度来品评人物了，只不过那是从自然生理的角度着手罢了。“黄帝问于少师曰：余尝闻人有阴阳，何谓阴人？何谓阳人？……少师曰：盖有太阴之人，少阴之人，太阳之人，少阳之人，阴阳和平之人。凡五人者，其态不同，其筋骨气血各不等。”（《黄帝内经·通天地七十二》）把这种思想扩大到社会心理领域，刘劭在其著名的《人物志》中指出：“盖人物之本，出乎性情。性情之理，甚微而玄，非圣人之察，其孰能究之哉！凡有血气者，莫不含元一以为质，禀阴阳以立性，体五行而著形。……聪明者，阴阳之精。阴阳清和，则中睿外明。圣人淳耀，能兼二美，知微知章。自非圣人，莫能两遂。故明白之士，达动之机，而暗于玄虑；玄虑之人，识静之原，而困于速捷。犹火日外照，不能内见，金水内映，不能外光。二者之义，盖阴阳之别也。”（《人物志·九征第一》）如此说来，不仅人物的筋骨气血与其所禀赋的阴阳之气有关，而且人物的性格气质也是阴阳二气在其身上矛盾关系的体现：阳气偏重的人，应为外向性格，长于行动而短于思考；阴气偏重的人，应为内向性格，长于思考而短于行动。唯有阴阳平衡的人，才能兼此二美，达到思想和行动的高度和谐。进而言之，不仅性格气质与阴阳有关，而且道德品行也与五行相联。“五常之别，列为五德：是故温直而扰毅，木之德也；刚塞而弘毅，金之德也；愿恭而理敬，水之德也；宽栗而柔立，土之德也；简畅而明砭，火之德也。”（《人物志·九征第一》）正像《黄帝内经》用“阴阳五行”模式来铸造古代的中医理论一样，《人物志》则是运用同一模式来建构古代的人才学说。而无论是前一种理论还是后一种学说，都只能从我们民族特有的思维结构中来寻找依据。

四

特定的思维结构，不仅制约着特定的“自然科学”和“社会科学”等知识形态，而且制约着特定的信仰体系和意识形态。与西方乃至其他文明古国相比，华夏文明的一大特点就是缺少宗教精神。关于这一点，我们可从早期的生产方式、经济结构等社会历史层面加以研究，但同时也不可无视其民族心理和思维结构上的依据。在我看来，作为西方世界的思维模式，机械论和目的论实为一枚铜币的两面花纹而已。因为以有果必有因的思维线索向上推论，西方人便不得不为感性的现实世界找出一个最初的创造者。关于这一点，我们可以从亚里士多德的“不动的动者”和牛顿的“第一推动者”那里得到最好的印证。作为这种推论的必然结果，“上帝”的出现便是不难理解的了。相反，以有因必有果的线索向下推论，西方人又不得不为感性的现实生活找到一种最终的归宿。关于这一点，我们又可以在但丁的《神曲》和弥尔顿的《复乐园》中得到形象的说明。而作为这类推论的必然产物，“天堂”的存在便是顺理成章的了。我们都注意到，任何宗教都离不开“因果报应”的思想内容；然而却很少有人注意到，所谓“因果报应”恰恰吻合了强调“因果”的思维结构。正因如此，我们才能真正理解，为什么安瑟伦和托马斯·阿奎那等经院哲学家都企图运用“因果”去进行神学本体论的“证明”了。

如果说，西方以“因果”为核心的单向的、历时的思维结构容易指向超验的彼岸世界的话，那么中国以“阴阳”为核心的双向的、共时的思维结构则容易指向经验的现实生活。我们知道，先秦的儒家不搞形而上学，对于怪、力、乱、神之类的东西，孔子等人基本上采取“存而不论”的态度，而将注意力集中在人与社会的关系之中。在他们看来，人与社会是由血缘纽带联系起来的，而血缘纽带的最初形式则应归之于男女之间的阴阳交媾：有夫妇，然后有父子；有父子，然后有君臣。即由“家”扩展为“国”，由个体扩展为社会。在儒家看来，不仅君臣、父子之间的人际关系最初起源于阴阳交媾，而且他们在实际生活中也恰恰体现了一种阴阳互补的辩证法则。在这种关系中，我们既不能用矛盾的一方来取代、吞并乃至消灭另一方，也不能使二者居于同等重要的地位之上，而应该做到亲而有礼，爱而有别。以君臣关系为例，君为阳，臣为阴，二者的主从关系应该分清，切不可君不君、臣不臣，乱了纲常，坏了礼法。然而另一方面，正如阳不能离开阴而独立存在一样，君虽为人主，但又有其依赖臣民的一面，水可载舟，亦可覆舟，“暴其民甚，则身弑国亡；不甚，则身危国削”（《孟子·离娄》）。因此，最好的办法，应该是"君使臣以礼，臣事君以忠"(《论语·八佾》)。正是在这种"君礼臣忠""父慈子孝""夫唱妇随"的阴阳关系中，儒家学者才能够将有限的感性生命和无限的社会群体联系起来，以补偿华夏先民渴望宗教的孤独感，从而逐步建立起了崇经重史、厚爱人伦的古代世俗文明。

与儒家学派不同，道家学者不注重人与社会的关系而注重人与自然的关系，却同样推崇阴阳辩证的思维模式。首先，在他们看来，自然本身就是受阴阳关系支配的，所谓"万物负阴而抱阳，冲气以为和"(《老子·第四十二章》)。因此，自然界的发展是一种阴阳互动、相反相成的过程。"故有无相生，难易相成，长短相形，高下相倾，音声相和，先后相随。"(《老子·第二章》)其次，不仅自然，而且人与自然的矛盾也同样体现着这种阴阳互补的辩证关系。一方面，道家反对"人定胜天"的思想，不主张把人与自然设定为征服与被征服的因果关系，而强调"人法地，地法天，天法道，道法自然"(《老子·第二十五章》)。另一方面，道家虽然强调人对自然规律的服从和顺应，但也并不因此而贬低人的地位，把自然与人设定为决定与被决定的因果关系，而是主张"道大，天大，地大，人亦大"(《老子·第二十五章》)。正像儒家将君臣、父子的关系纳入阴阳辩证的思维结构来加以考察一样，道家也将人与自然的关系纳入到同一结构中来加以分析。前者追求的是一种人与社会的和谐，后者追求的是一种人与自然的统一，于是才有了庄子的"齐物论"和"逍遥游"。于是，信奉道家的人们虽然不能像儒者那样在有限的个体与无限的社会之间寻求一种精神上的联系，却可以在有限的个体与无限的自然之间获得一种信仰上的寄托，其共同的结果便是在春秋战国时代确立了所谓非宗教类型的"实践理性精神"。

作为这种精神的发展与延续，汉代的董仲舒自觉地利用"阴阳五行"的思维模式而进一步将儒家的"人人之和"与道家的"天人之和"融为一个体系。在他看来，儒家所讲的人伦之间的阴阳关系与道家所讲的天地之间的阴阳关系本为一体的事情，"天有阴阳，人亦有阴阳"(《春秋繁露·山川颂》)。而他自己的文化使命，就是"变天地之位，正阴阳之序"(《春秋繁露·俞序》)，建构起一个天人合一、天人合德的宇宙模式，使"王道之三纲，可求于天"，从而为产生于亲子血缘关系基础之上的儒家伦理找到更为广阔的理论基础，为不曾建立起宗教信仰的华夏民族寻找到更为可靠的精神寄托。

如果说，汉儒有关天人感应的思想多少还带有一些神学巫术色彩的话，那么到了宋儒手中，这种思想则进一步系统化、理论化了。同汉儒一样，宋儒也把“阴阳”看做是宇宙之间永恒不变的规律，并用来论证社会法则，以确保纲常名教的永恒不变。二程认为：“万物只有一个天理。”（《遗书·第二》）“天地之化，虽廓然无穷，然阴阳之度，日月寒暑昼夜之变，莫不有常，此道之所谓中庸。”（《遗书·第十五》）朱熹主张：“鬼神不过阴阳消长而已。亭（成）毒（熟）化育、风雨晦冥，皆是。”（《朱子语类·鬼神》）陆九渊则认为：“日者，阳也。阳为君，为父，为夫，为中国……”（《大学春秋讲义》）如此说来，无需上帝的告诫，无需鬼神的参与，人们只需“格物致知”，努力发现自然已有的天理，努力挖掘内心固有的良知，便可以处理好人世间的阴阳关系，以达到“致中和”“道中庸”的境界，从而使有限的感性生命得到无限的升华，最终与无尽的人类历史、无限的宇宙天地融为一体。这样一来，宋儒便在改造和更新汉儒所建造的外在的宇宙模式的同时，又建构起了一个与之相关的内在的主体心性结构，并使二者彼此相通，进一步具有了准宗教的意义。

如此说来，正像中医是一种非实证意义的准医学一样，儒学也是一种非严格意义的准宗教。这种中西不同的文化形态，不仅有着可以相互代偿的社会功能，而且有着彼此完全不同的心理根据。

在讨论了中华民族古老的“自然科学”“社会科学”与“意识形态”之后，相信我们对于“阴阳”问题会有一些新的看法了，这其中不仅包含着中华民族独特的思维方式，而且也表现出了与西方世界截然不同的文化选择。当然了，本文的研究还只是粗浅的、初步的，其意义仅在于引起更多学者的注意。笔者相信，随着这一研究的不断深入，我们将找到一把打开祖国文化宝库的新钥匙。

（此文发表于《孔子研究》1996年第4期）

激进与保守：一段尚未完结的对话

陈：姜先生，自从您与余英时先生在1992年4月号的《二十一世纪》上展开关于“激进主义”与“保守主义”的争鸣以来，不少华人学者都在重新反思和检讨近百年来国人在文化，乃至政治上的“激进主义”所产生的恶果。他们把“五四”与“文革”看成是一脉相承的东西，认为百年中国之所以多灾多难，盖因于“激进主义”太强而导致“不断革命”之不断破产的缘故。与此同时，“国学热”“孔子文化热”大有持续升温之势。在这种“保守主义”重新抬头的情况下，您是如何看待当年与余英时先生的那场论争呢？

姜：首先，尽管余先生的观点确乎引起了更多学者的响应，但迄今为止，我仍然坚持自己的立场，即认为，中国的“保守主义”，不是太弱，而是太强了，这也正是百年变革不断受阻的真正原因。其次，尽管在那次讨论之后我们没有再次交锋，但就争论本身而言，我认为余先生当时的答复仍有商榷的余地。

陈：一场有意义的讨论也许应持续数年之久。当后来的参与者都各抒己见之后，再来听一听您这位当事人的看法，或许会更有意思。

姜：最大问题是对“激进主义”和“保守主义”的理解上。这一对概念本身从学理上讲就是相当复杂的，而具体到中国近百年的社会实践中，所涉及的问题，则更要复杂得多。对于不同的党派，不同的社会理想，不同的政治运动，必须进行具体的、历史的分析。归纳起来，似乎应注意三个问题：

第一，不能仅看其名称和口号。无论是“三民主义”还是“共产主义”，都有其不同的思潮，不同的派别：蒋介石不同于孙中山，毛泽东也不同于王明。因此，那种以党派来划分“激进主义”与“保守主义”的做法，似乎是不可取的。

第二，不能仅看其手段。新文化运动中，陈独秀的手段是温和的，但其主张却是激进的。蒋介石主张尊孔，讲《大学》《中庸》，提倡“新生活运动”，但其手段却不温和。他对共产党人是“宁可错杀一千，也不放过一个”，在文化上连胡适也容不下，这究竟要算是“激进主义”还是“保守主义”呢？因此，那种将“激进主义”等同于“暴力革命”的做法是将问题简单化了。

第三，即使是对同一社会群体，甚至同一政党的历史实践，也不能孤立地、静止地、一成不变地加以评断。例如，现在常常被人们“检讨”的五四运动，本身就很复杂。的确，《新青年》主张“反对旧道德，提倡新道德”，“反对文言文，提倡白话文”，“反对旧文学，提倡新文学”，自有其反传统的一面。但是“五四”青年对于作为中国传统文化之一部分的俗文学，非但没有全盘否定，而恰恰是主张弘扬的；对于儒家之外的先秦诸子（如墨子），也是肯定的；即使是在“打倒孔家店”的同时，也并未全然抹杀儒学在其产生时期的历史意义。事实上，他们所反对的，只是今人对其不加分析，或别有用心地全盘继承。这种“新文化运动”，算不算“全盘反传统”？尚不应该加以肯定？再有，当时所提倡的“德先生”“赛先生”，的确是从西方传入的，但是提倡科学与民主，有没有内在的根基与动力？是不是应叫做“全盘西化”？在我看来，任何一次大规模的社会实践，都有其特定的文化背景，都有其特殊的历史意义。因此，对它的评估，不能仅看其提出了什么样的口号，而且要看其真正支持了什么，反对了什么，达到了什么样的社会目的。在这一点上，我们似可将五四运动与欧洲的“文艺复兴”“启蒙运动”作一比较。

再拿中国共产党来说，党在不同时期对五四运动也有其不同评价：

二三十年代只谈其爱国的一面，将“新文化运动”的性质基本上定位于资产阶级的文化运动，否定得比较多；直至1939年“纪念五四运动二十周年”，才有所改变，肯定得多了；而到了后来，又将其主要内容归结为吸收马克思主义，将五四人物分为左、中、右三种类型，看其是否与工农相结合，这实际上已不是原来意义上的五四新文化运动了。不难看出，中国共产党在不同时期对五四新文化运动的不同评价，事实上反映其自身在不同时期的政治倾向，20年代，毛泽东建立“岳麓山新村”，有许多农民运动的空想成分。1939年以后，他主动纠正了党在前期对知识分子的排斥态度，肯定了五四以来的社会科学成就；对传统文化主张采取“取其精华，去其糟粕”的立场，批判了过去的“民粹主义”；将“统一战线”“武装斗争”和“党的建设”视为“三大法宝”。这一切都是《新民主主义论》中最有价值的部分，也是最符合中国国情的部分。正是在这一思想的引导下，中国革命进入了一个健康发展的阶段。对于这一阶段的历史，我们究竟要算它是“激进主义”，还是“保守主义”？解放战争中的土地改革，手段虽然是激烈的，但并不能算作“激进主义”。因为按照马克思的理解，就其保留了农民原来的生产方式和生活方式而言，无论如何也不能算作是激进的。新中国成立以后搞农业合作社、人民公社，主要是为了防止两极分化，要在小生产的基础上建设社会主义，表面上看是很激进，其实很有一点太平天国“天朝田亩制度”的味道。毛泽东在给《三国志·张鲁传》所写的评语中高度赞扬了“五斗米道”的种种措施，主张吃饭不要钱、公费医疗、政社合一。而这一倾向，其实正是他过去所批评过的“民粹主义”。这究竟是“反传统”，还是“传统”？是“激进主义”还是“保守主义”？作为“文化大革命”的重要纲领之一的“五七指示”，要求人们“既要学工，又要学农，还要批判资产阶级”。把农民的生产方式和生活方式理想化，结果是搞了大规模的知识青年“上山下乡运动”。与此同时，毛泽东还要“反对资产阶级法权”，进而取消八级工资制、商品生产、价值规律……这一切，都被余英时教授统统归结为“激进主义”，不是有些简单化了吗？作为一名海外的学者，余先生对“文化大革命”很难有切身的理解，事实上，他的很多判断是通过当时的《红旗》杂志和

《人民日报》获得的。因此，我同他的分歧，便是不可避免的了，这不能不说是一种遗憾。

陈：关于这一点，我也有同感。因此，我在一篇文章中曾经写道："由于不了解中国大陆复杂的政治背景，余英时先生便很自然地将'五四新文化运动'同所谓'文化大革命'联系起来，并视其为激进主义的恶性发展。"

倘若只有少数海外学者因文化的隔膜而产生上述误解的话，我们也就没有必要在此进行讨论了。问题在于，类似余先生的这种观点竟引起了大陆学者的广泛认同，甚至包括一些很有影响的人物也纷纷表态。例如，在80年代曾经以激进的姿态而倡导"新启蒙"的著名学者王元化就曾这样说道："对激进主义的批判是我这几年的反思之一，这种认识不止我一个人，大陆上还有别人也对激进主义的思潮作了新的评估。过去我并未接触这方面的问题，也许无形之中对激进主义倒是同情的。仔细分析，这也是由于受到五四以来进化论思潮的影响。……如果要探讨进化论对20世纪中国思想界带来的消极影响，就该着眼于今天仍在支配思想界的新与旧的观念。这种观念认为新的都是好的，进步的，而旧的都是不好的，落后的。所以谈论旧的就被目为回瞻，批评新的就被目为顽固。在进化论思潮下所形成的这种新与旧的价值观念，更使激进主义享有不容置疑的好名声。"[1]另一位著名学者李泽厚也指出："现在海外也好，海内也好，都在对激进主义进行再认识，这是以前所没有的。我的看法是，谭嗣同是近代激进主义的开头。他所带来的负面效应也相当大，这一效应从谭嗣同影响到革命派，甚至可以说一直影响到现在。……辛亥革命以后，就是不断革命：'二次革命''护国、护法''大革命'，……"[2]尽管上述二人对于"激进主义"在中国产生影响的原因看法不一，但他们对"激进主义"的批判态度，似乎与余英时先生同出一辙，而其有关"新"与"旧"、"革命"与"改良"的价值重估，则共同显示着中国大陆近几年来思想界的新动向。

如果说，余英时等海外学者因不了解大陆政治的奥秘而将其"外衣"视为躯体，并迁怒于真正意义上的"激进主义"，尚有其文化的隔膜值得谅解；那么，李泽厚等大陆学者也将"文化大革命"同近代的启蒙主义思潮混为一

1 《关于近几年的反思答问》，《文汇读书周报》1994年12月3日。

2 《关于文化现状、道德重建的对话》，《东方》1994年第5期。

谈，甚至将此罪过上溯到“辛亥革命”，其动机就很值得怀疑了。且不说作为一名严肃的学者，李泽厚这种“从‘文革’起便开始怀疑”的思想，何以同其“文革”后所出版的一系列著作大相径庭；也不说作为一个思想史家，李泽厚在否定辛亥革命的同时，却回避了戊戌变法何以失败的历史原因；仅就其文化取向而言，这种思想似乎有着否定近百年来中国启蒙主义运动之历史贡献的意味了。问题在于，李泽厚的这种思想绝不仅仅是其个人的事情，它代表一种文化“保分主义”思潮。当然了，文化乃至政治上的“保守主义”，同“激进主义”一样，都有其存在的合理性和必然性，但是，当一种思潮囿于特定的历史局限而风靡起来的时候，其片面性甚至危险性便应该引起人们的重视了。在这样一种情况下，弘扬传统文化是否要以牺牲近代启蒙主义精神为代价？如何将二者之间的矛盾调和起来？这些问题便不容回避地摆在我们面前。

姜：我们的看法基本一致。李泽厚先生对“辛亥革命”的理解，我也无法苟同。将这场革命看成是几个知识分子搞起来的，是激进思潮的结果，这是对历史的误解。说清朝王朝这个形式仍然很重要，把它痛快地搞掉必然导致军阀混战，也有些似是而非。因为说到底，满清政府是自己把自己搞垮的，它搞得天尤人怨，谁能够去保它呢？当整个统治机器，以及它所赖以存在的政治基础都发生动摇的时候，保住这个形式又有什么意义呢？保住一个小皇帝就能稳定局势吗？“帝党”与“后党”的纷争是由来已久的。保住一个年号就能防止分裂吗？最初的割据在晚清时期就已经有了。事实上，并不是没有人试图去保过，康有为、梁启超不是要去保吗？可恰恰是清朝的实权人物不让他们去保啊！“辛亥革命”之前，不是没有“戊戌变法”的尝试。而是“戊戌变法”的失败，难道能仅仅归结为袁世凯叛变这一个人行为吗？历史是复杂的，是不以个人的意志为转移的，我们应力戒对历史事件作简单化的理解，尤其是要力戒用“假设”去代替真实的历史。

总之，在我看来，“辛亥革命”不是搞过头了，而恰恰是它的不彻底性。20世纪以来，在中国占主导地位的既不是“激进主义”，也不是“五四”精神，而恰恰是“保守主义”。我在《20世纪中国思想史上的政治保守主义》一文中曾经指出，在过去的90余年里，政治保守主义在中国思想界至少出现过11次，与此相对应的是，提倡“民主”与“科学”的陈独秀、胡适的影响究竟有多大？这两个五四运动的代表人物在新中国成立以后长期被否定，就连李大钊在“文化大革命”时期也被批判了，只剩下一个鲁迅，而且鲁迅也不是原来意义上的鲁迅了……面对这种局面，说近百年来中国历史实践的失误在于“激进主义”太强、“保守主义”太弱，说五四运动与“文化大革命”是一脉相承的事件，是不符合历史事实的。

陈：无论是“激进主义”还是“保守主义”，都只不过是作为实践主体的人对待历史和现实的某种态度而已。从学理上讲，这两种态度各有利弊，很难说哪一种完全对，哪一种完全错。从实践上讲，何时应该革命，何时应该改良，则要看具体的、历史的社会条件。正像我们不能认定“激进主义”必然导致动乱一样，我们也不应将“保守主义”简单地等同于极权。我倒是十分钦佩您和余英时先生在争鸣中所倡导的那种文化上的雅量。它使“激进主义”和“保守上义”能够以一种平等的地位进行对话与交流，这也许是这场论争中最富有建设性的东西。在过去相当长的一段时间里，大陆学术界确实使“保守主义”很难有发言的机会，这很不正常；可现在又有人想将“激进主义”彻底置之死地，这也同样有问题。“我觉得‘激进左义’的确需要反思和批判，但不能站在‘保守主义’的立场上对它进行反思和批判，那样的话，则又会从一个极端走向另一个极端了。作为单个的学人来说，任何极端的思想和观点都是有权力存在的，因而无论是‘激进主义’还是‘保守主义’都可以在学术界占有一席之地。但是作为一种学术风气而言，无论是‘激进主义’还是‘保守主义’，一旦风行起来的时候，往往都暗藏着一定的危险性。因为说到底，将学术研究简化为一种主义的做法其本身就是危险的。”[3] 我主张跳出“激进”与“保守”的立场之外，来重新看待“革命”和“改良”的问题。

姜：其实我也不赞成用“激进主义”与“保守主义”这两个概念来涵盖太多的东西，更无意全盘肯定“激进主义”。只是不同意尽量美化所谓“保守主义”而尽量丑化所谓的“激进主义”。我所强调的是，这个问题不可简

3 《面向二十一世纪的人文学科与人文精神》，《当代学术信息》1995年第5期。

单化地处理。

陈：对于复杂的问题需要进行深入的分析。从这一意义上讲，我们今天的讨论也许是一段尚未完结的对话了。

（此文为姜义华、陈炎合作，发表于《开放时代》1997年第2期）

儒家的“建构”与道家的“解构”

儒道互补，这在中国哲学史的研究中是个老而又老的话题了，然而在美学上，儒、道之间如何“互补”，却始终没有探出一个究竟。在相当一段时间里，国内学者根据由马克思、恩格斯所肯定的西方现实主义的价值取向，将具有“兴、观、群、怨”传统、主张用艺术来干预现实的儒家美学，看作中国古典艺术的主流；而将“灭文章，散五采，胶离朱之目”“塞瞽旷之耳”的道家思想，视为文化虚无主义和艺术取消主义的逆流。最近一个时期，作为庸俗社会学的一种反动，大陆学者则又与港台学界彼此呼应，在“大巧若拙，大辩若讷”“大音希声，大象无形”的道家美学中发现了西方现代派艺术所梦寐以求的写意的风格和自由的境界，认为这才代表了中国艺术的真正精神；相比之下，儒家的那套“发乎情，止乎礼义”的诗教传统，却因急功近利而显得过于狭隘了……应该承认，以上这两种观点各有各的道理，但放到一起，则又相互龃龉、彼此冲突。问题的关键，就在于这种非此即彼的态度只能看到儒、道一方其片面的合理性，而无法解释这二者之间彼此“互补”的辩证关系，及其在中国美学史上的整体功能。

在我看来，尽管儒道之间的关系相当复杂，可以用不同的结构模式来加以分析，但从对华夏美学的贡献而言，儒家的功能主要在“建构”，即为中国人的审美活动提供某种秩序化、程式化、符号化的规则和习惯；道家的功能则主要在“解构”，即以解文饰、解规则、解符号的姿态而对儒家美学在建构过程中所出现的异化现象进行反向的消解，以保持其自由的创造活力。正是在这种不断的“建构”和“解构”过程中，中国古典美学才得以健康而持续地发展，从而创造着人类艺术史上的奇迹。

一

从发生学的角度来看，儒家在进行礼乐文化的重建过程中，为铸造中华民族的审美心理习惯做出了特殊的贡献。我们知道，人与动物的不同，就在于人是一种文化的动物，而文化则是以符号为载体和传媒的。在这个意义上，著名符号论美学家卡西尔曾经指出，人是一种符号的动物。而以“相礼”为职业的儒者，最初恰恰是这种文化符号的掌管者和操作者。“近代有学者认为，‘儒’的前身是古代专为贵族服务的巫、史、祝、卜；在春秋大动荡时期，‘儒’失去了原有的地位，由于他们熟悉贵族的礼仪，便以‘相礼’为谋生的职业。”[1]这种看法是有一定根据的，孔子所谓“吾少也贱，故多能鄙事”“出则事公卿，入则事父兄，丧事不敢不勉，不为酒困，何有于我哉?”（《论语·子罕》）便是最好的说明。当然了，孔子所开辟的儒学事业，绝不仅限于这种外在符号的掌管与操作，他要使职业的“儒”成为思想的“家”，就必须通过以“仁”释“礼”的方式，而为外在的行为规范（符号形式）找到内在的伦理准则（价值观念）的支持，从而克服文化符号混乱无序的历史局面，以保持世人的文化品位。所谓“礼云礼云，玉帛云乎哉? 乐云乐云，钟鼓云乎哉?”（《论语·阳货》）即表明，在那个“礼崩乐坏”的时代里，礼乐的复兴在孔子那里绝不仅仅是一种简单的物质形式而已，它本身就标志着人与非人的界限。从政治的意义上讲，只有遵循礼乐本身所规范的行为法则和等级制度，才能使人与人在进退俯仰之间保持一种行而有等、爱而有差的和谐而有度的社会秩序，即所谓“博学于文，约之以礼，亦可以弗畔矣夫!”（《论语·颜渊》）从文化的意义上讲，只有掌握了礼乐本身所具备的有意味的符号形式，才能使人

1 《中国大百科全书·哲学》下卷，中国大百科全书出版社，1986年，第73页。

与人在温、良、恭、俭、让的社会交往中保持一种高于蒙昧和野蛮色彩的文明形象，即所谓“文质彬彬，然后君子”（《论语·雍也》）。尽管在孔子那里，文化的建构是要以生命的繁衍和物质的保障为前提的，“子适卫，冉有仆。子曰：‘庶矣哉！’冉有曰：‘即庶矣，又何加焉？’曰：‘富之。’曰：‘既富矣，又何加焉？’曰：‘教之。’”（《论语·子路》）然而这种“庶”—“富”—“教”的渐进过程也表明，文化的建构才是使人最终成其为人的关键。只有在这个意义上，我们才能够理解，一向强调忠孝安邦、礼义治国的孔子，何以会发出“吾与点也！”（《论语·先进》）之类的喟叹。

显然，在这种文化符号系统的建构过程中，人们产生了一种艺术的经验和美的享受。因为说到底，“艺术可以被定义为一种符号语言”，“美必然地、而且本质上是一种符号”，这类包含着艺术和美的“符号体系”，“在对可见、可触、可听的外观中给予我们以秩序”，“使我们看到的是人的灵魂最深沉和最多样化的运动”。[2]关于这一点，我们的前人在《乐记·乐本篇》中似乎已有所领悟：“凡音者，生人心者也。情动于中，故形于声；声成文，谓之音。”“乐者，通伦理也。是故知声而不知音者，禽兽是也。知音而不知乐者，众庶是也。惟君子为能知乐。”在这里，声、音、乐三者的区别，标志着禽兽与人、野蛮的人与文明的人之重要区别。所谓“情动于中，故形于声”，是说由人嘴里发出来的声音，是人之情感的自然流露；但是当这种情感的自然流露还没有进入符号系统，还只是一种无法通约的声响时，它便等同于野兽的嚎叫：虽然也表达了一定的情绪，却无法加以辨别，也没人可以听懂。只有当这种声响进入了符号的系统，它才是一种主观情感的“人的”表达方式，即“声成文，谓之音”。这里的“声成文”，既可以理解为声响通过交织、组合而具有文采，又可以理解为声响进入表义的符号网络而具有文意。事实上，只有当自然的声响进入了表义的符号系统，才可能具有无限丰富的复杂性和多样性。动物可以发出各种各样的声响，但是由于这些声响既无法在符号的意义上加以区分，更无法在区分的基础上加以组织并重构，因而总归是单调的。说到底，无论文采还是文意，都只是人才具有的，这正是人与非人的区别所在，“是故知声而不知音者，禽兽也”。进一步讲，声音一旦进入了符号

2　卡西尔《人论》.上海译文出版社1985年版，第212、175、214、189页。

系统，便不仅具有了通约的可能，而且具有了伦理的意义，即“人的灵魂最深沉和最多样化的运动”。因此，如果人们只知道声音可以传达情感而看不到这种情感背后所潜伏的只有人才具备的伦理内涵的话，那么他充其量也还只是个野蛮的人而不是文明的人，故曰“知音而不知乐者，众庶是也。惟君子为能知乐”。所谓“惟君子为能知乐”一句，抛开儒家的阶级偏见来看，它指的实际上是一种文化的人对于美的多样形式和多层内涵的理解和把握。可以想象，如果没有孔子在三代文化的基础上所奠定的这一套“郁郁乎文哉”的伦理规范和典章制度，古代人的行为方式和情感方式不仅会变得杂乱无章，而且会显得单调无趣。甚至还可以这样讲，如果没有孔子及其儒家为建构礼乐文化所进行的历史性努力，以“礼仪之邦”而著称的中华民族，将会在很长时间或很大程度上停留在蒙昧和野蛮的状态之中。这很容易使我们想起宋人的那句多少有些夸张的话：“天不生仲尼，万古长如夜。”

从“符号系统”的角度来讲，孔子所重建的这套礼乐文化囊括了诗、乐、舞三个相互联系的组成部分。关于“礼”和“乐”之间的关系，《乐记·乐论篇》中有一段言简意赅的分析：“乐者为同，礼者为异。同则相亲，异则相敬。乐胜则流，礼胜则离。合情饰貌者，礼乐之事也。”这就是说，“乐”可以沟通人与人之间的情感，“礼”可以辨别长幼尊卑之界限。光有“乐”而没有“礼”，人与人之间的情感就会放任自流，缺乏秩序感，少了等级观念；光有“礼”而没有“乐”，不同地位的人就会离心离德，缺乏沟通感，少了凝聚力。因此，最好的办法就是以“乐”助“礼”，以“礼”节“乐”，从而达到一种和而不同、爱有差等的境界。由此可见，“礼”“乐”之间的辩证关系，就是“仁”“礼”之间的矛盾运动在意识形态领域中的直接表现。而作为这一表现的情感符号，广义的“乐”又是由语言（诗歌）、旋律（音乐）、动作（舞蹈）三个要素组成的。合而言之，当这些要素共同伴随着礼仪而沟通着人们心灵的时候，它便会引起一种情感的共鸣和美的享受。所以《论语·学而》才会有“礼之用，和为贵。先王之道，斯为美”的论述。分而言之，当这些要素得到独立发展的时候，它们便会成为不同的艺术形式并各自发挥其美的功能。所以，对于诗，孔子才会有“不学诗，无以言”（《论语·季氏》）的训导；对于乐和舞，孔子才会有“三月不知肉味”，“不图为乐之至于斯也”（《论语·述而》）之类的感受。从某种意义上讲，中国古代诗、乐、舞等表现艺术相对发达的历史特征便可以在儒家以礼乐来建构文化的独特方式中找到根据。

儒家建构礼乐文化的这种历史性努力，对中华民族审美心理习惯的形成和艺术价值观念的确立的影响是巨大的、深远的，甚至夸张地说，是从无到有的。但是，这种由伦理的观念符号而衍生出来的艺术的情感符号又有其先天的弱点和局限。在形式上，由于后儒并未真正理解孔子“克己复礼”的深刻含义，因而不断地在“礼”的外在形式上大做文章，从而在《周礼》《仪礼》《礼记》等著作中为我们留下了一套举世罕见的繁文缛节，使人们在冠、婚、丧、祭、燕、享、朝、聘等一切社交活动中的举手投足都必须经受严格训练。受其影响，“乐”的形式也由简到繁，成堆砌雕琢之势。在内容上，由于“礼”的等级观念始终规范着“乐”的自由想象，致使艺术的形式发展得不到观念更新的配合与支持，以至于万变不离其宗，总是在“发乎情，止乎礼义”的情感模式中转圈子，由中庸而平庸。于是，最初是富有创造性的“建构”活动便导致了形式和内容的双重异化。在这种情况下，道家的“解构”活动便具有了特殊的历史意义。

二

黑格尔在《小逻辑》一书中指出，绝对的逻辑起点只能有一个，那就是“有”，即不加任何规定性的纯有，然而当这个“有”纯而又纯，以至于没有任何规定性的时候，它便转化为自己的对立面，变成了另一个逻辑环节——“无”。如果我们用这对范畴来理解中国文化，那么儒家的建构目标便是“有”，道家的解构目的则是“无”。同黑格尔观点相同的是，儒家的“有”在前，道家的“无”在后，二者的逻辑关系是不可易位的，否则，道家的解构就会变得毫无意义；同黑格尔观点不同的是，儒家的“有”并不是由于缺乏规定性而自觉地转化为“无”的，相反的，它恰恰是由于过多的规定性而需要用“无”来加以消解，以实现一种历史性的回归。

作为这种历史性的回归，道家的创始人首先在伦理政治的层面上对儒家的那套仁义道德提出了质疑。老子认为：“大道废，有仁义；智慧出，有大伪；六亲不和，有孝慈；国家昏乱，有忠臣。”（《老子·十八章》）因而主张“绝圣弃智，民利百倍；绝仁弃义，民复孝慈；绝巧弃利，盗贼无有。”（《老子·十九章》）庄子更为激烈，他直接对“圣人”讨伐道：“纯朴不残，孰为牺尊！白玉不毁，孰为圭璋！道德不废，安取仁义！性情不离，安用礼乐！五色不乱，孰为文采！五声不乱，孰应六律！夫残朴以为器，工匠之罪也；毁道德以为仁义，圣人之过也。”（《庄子·马蹄》）之所以如此坚决地反对儒家伦理，是因为老、庄在那套君君臣臣的关系中发现了不平等，在那种俯仰屈伸的礼仪中发现了不自由，在那些文质彬彬的外表下发现了不真诚。在这一层面上，道家的学说，确实具有反抗异化的特殊意义。但是，由于老、庄所反抗的异化现实有其历史存在的合理性，因而对这种反抗本身并不能简单地在哲学的意义上加以肯定。在反抗儒家伦理的同时，道家的创始人还进一步将批判的矛头对准儒家所建构的那套文化符号体系，并企图加以彻底地解构和颠覆。老子主张“绝学无忧”（《老子·二十章》），认为“五色令人目盲，五音令人耳聋，五味令人口爽，驰骋畋猎令人心发狂，难得之货令人行妨。”（《老子·十二章》）庄子更为激烈，干脆断言：“擢乱六律，铄绝竽瑟，塞瞽旷之耳，而天下始人含其聪矣；灭文章，散五采，胶离朱之目，而天下始人含其明矣；毁绝钩绳而弃规矩，攦工倕之指，而天下始人有其巧矣。”（《庄子·胠箧》）在这一层面上，道家的学说，又确实具有某种反文化的色彩。但是，由于道家这种反文化的倾向是具有特殊的背景和前提的，因而对这种反抗本身又不能简单地在美学的意义上加以否定。换言之，道家的“无”是针对儒家的“有”而言的，道家的“解构”是针对儒家的“建构”而言的，因此，无论是在哲学的意义还是在美学的意义上，对道家的理解都必须是以对儒家的评判为前提的。

在美学的意义上，道家对儒家所建构的礼乐文化的解构主要表现在三个方面：首先是解构文饰，即消除文明所附丽在物质对象之上的一切修饰成分，使其还原为素朴的混沌形态。我们知道，孔子在强调了“文”“质”之间的辩证关系，主张“质胜文则野，文胜质则史”（《论语·雍也》）的前提下，对“文”还是相当重视的，所谓“焕乎！其有文章”（《论语·泰伯》）就是对尧之时代所创立的雕琢文饰的感官文化的赞誉，所谓“菲饮食而致孝乎鬼神，恶衣服而致美乎黻冕”（《论语·泰伯》）就是对禹之时代所创立的绚丽多彩的礼仪服饰的褒扬，而所谓“周监于二代，郁郁乎文哉”，则正是“吾从周”（《论语·八佾》）的必要前提。在谈到人之修养的时候，孔子曰：“若臧武仲之知，公绰之不欲，卞庄子之勇，冉求之艺，文之以礼乐，亦可以为成人矣。”（《论语·宪问》）这里所谓的“文之以礼乐”，即是把礼乐作为一种文饰而附丽在人的身上，使之具有高贵的品质和文化的意味。在谈到文章辞令的时候，孔子曰：“为命，裨谌草创之，世叔讨论之，行人子羽修饰之，东里子产润色之。”（《论语·宪问》）这里所谓的“修饰之”“润色之”，显然是一种辞章的加工和语言的装饰。在谈到艺术欣赏的时候，孔子曰：“师挚之始，《关雎》之乱，洋洋乎盈耳哉！”（《论语·泰伯》）这里所谓的“洋洋乎盈耳哉”，则无疑凝聚了艺术家的手法和匠心。这种思想，在后儒那里表述得更加明确。荀子曰：“性者，本始材朴也；伪者，文理隆盛也。无性则伪之无所加，无伪则性不能自美。”（《荀子·礼论》）。然而这一类“如切如磋，如琢如磨”（见《论语·学而》引《诗经》句）的文化努力，在道家看来则恰恰是违背自然和人性的。老子认为，“明道若昧，进道若退”（《老子·四十一章》），“道之华而愚之始”（《老子·三十八章》）！如此说来，一切人为的努力、文明的追求，非但不能接近“道”的原初境界，反而背“道”而驰，创造出一大堆虚假、扭曲、芜杂的文化垃圾。——“朝甚除，田甚芜，仓甚虚，服文采，带利剑，厌饮食，财货有余，是谓盗竽。非道也哉！”（《老子·五十三章》）在这种“为学日益，为道日损”（《老子·四十八章》）的情况下，他主张，不如放弃过多的感官享受和精神欲求，“为无为，事无事，味无味”（《老子·六十三》），在简单而质朴的生活中体验纯洁而原始的生命乐趣，进入一种“见素抱朴，少私寡欲”（《老子·十九章》）的境界。庄子及其后学也对那种雕琢和文饰的人为努力持怀疑和批判的态度：“牛马四足，是谓天；落马首，穿牛鼻，是谓人。故曰，无以人灭天，无以故灭命，无以得殉名。谨守而勿失，是谓反真。”（《庄子·秋水》）因而主张“人籁”不如“地籁”，“地籁”不如“天籁”，“天地有大美而不言，四时有明法而不议，万物有成理而不说。圣人者，原天地之美而达万物之理，是故至人无为，大圣不作，观于天地之谓也”（《庄子·知北游》）。由此可见，老、庄解构文饰的这一努力，并非只具有消极的破坏作用，而是在消解文化符号的过程中寻求着一种回归自然、法天贵真的新的美学意义。

其次，道家在解构物质对象之外部文饰的基础上，还要进一步解构儒家创造文化符号所遵循的内在法则。我们说过，在孔子那里，“礼”和“乐”这类文化符号是“仁”和“礼”之价值观念在意识形态领域中的直接表现，因此，作为特殊的“情感符号”，艺术所遵循的创作法则完全是以其“过犹不及”的行为标准和“中庸之道”的思维模式来决定的。孔子一向是主张以理节情、“绘事后素”（《论语·八佾》）的，用颜渊的话来说，就是“夫子循循然善诱人，博我以文，约我以礼”（《论语·子罕》）。以这样的法则来对待艺术，才能够创造出《关雎》之类“乐而不淫，哀而不伤”（《论语·八佾》）的符合伦理道德标准的佳作，并起到“恶紫之夺朱也，恶郑声之乱雅乐也，恶利口之覆邦家者”（《论语·阳货》）之类的警示作用……然而在道家看来，既然儒家所遵循的那套伦理标准本身就是值得怀疑的，那么用这套标准来规定艺术的功利价值，则更是不得要领了。老子认为，不应该以艺术为手段来限制和扭曲人的自然情感，而应让人的生活和艺术遵循自然的法则和规律，以进入一种“人法地，地法天，天法道，道法自然”（《老子·二十五章》）的境界。在这个境界里，艺术是朴素的、自然的、非功利的，而只有以此三者为前提，人们的艺术活动才能够实现自由的想象和不断的创造，即所谓“天之道，不争而善胜，不言而善应，不召而自来，绰然而善谋”（《老子·七十三章》）。这种“无目的的合目的性”，似乎比儒家那套“发乎情，止乎礼义”的观点更加符合艺术创造的规律。庄子及其后学也认为：“正则静，静则明，明则虚，虚则无为而无不为也。”（《庄子·庚桑楚》）并在此基础上发展出了一套“乘物以游心”的人生——艺术境界。所谓“乘物”，就是遵循自然的规律和法则；只有最大限度地顺应自然，才能够“游心”——以实现精神的自由和解放。这就像庖丁解牛一样，只有“依乎天理”，“因其固然”，才能够“以无厚人有间，恢恢乎其于游刃必有余地矣”，乃至于“砉然向然”，“莫不中音，合于《桑林》之舞，乃中《经首》之会。”（《庄子·养生主》）由此可见，老、庄对艺术法则的解构，只是要摒弃人为的功利标准，并不是要践踏客观的自然规律；相反，在处理自然与自由的辩证关系上，道家的“解构”活动则是有其独到的见解和创意的。

在解构文饰、解构法则的基础上，道家思想的极端性发展便是对于文化现象之载体的语言符号体系的解构。我们知道，早在孔子之前，以礼乐为核心的文化符号体系就已存在，只是由于缺少伦理价值观念的支撑，使得这一体系十分松散、很不牢固。而儒家的所谓“建构”，就是要以“仁学”的价值观念来支撑“礼乐”的符号体系，以克服“礼崩乐坏”的局面。针对当时文化符号体系混乱的现状，孔子曾发出“觚不觚，觚哉！觚哉！”（《论语·雍也》）的慨叹。在他看来，“觚不觚”这类表层符号的混乱，意味着“君不君”“臣不臣”等深层价值观念的动摇。因此，他竭力主张以“正名”的方式来重新整顿价值观念和符号体系，并理顺二者之间的表里关系：“名不正，则言不顺；言不顺，则事不成；事不成，则礼乐不兴；礼乐不兴，则刑罚不中；刑罚不中，则民无所错手足。故君子名之必可言也，言之必可行也。君子于其言，无所苟而已矣。”（《论语·子路》）事实上，在孔子表述自己观点的过程中，我们也可以发现，他对于语言符号的运用是十分讲究并充满信心的。例如，在谈到仁人的品格时，孔子说：“恭、宽、信、敏、惠。恭则不侮，宽则得众，信则人任焉，敏则有功，惠则足以使人。”（《论语·阳货》）在谈到诗歌的艺术功能时，孔子说：“诗，可以兴，可以观，可以群，可以怨。”（《论语·阳货》）尽管儒家对逻辑学和修辞学并不太感兴趣，但所有这一切，至少能说明孔子等人对语言符号的肯定态度……然而在以“解构”为能事的道家那里，对待语言符号的态度则刚好相反。老子曰：“道可道，非常道；名可名，非常名。”（《老子·一章》）在他看来，真正本体性的内容，是不可能用语言符号来加以表述的，一旦我们用有限的符号来形容“道”的时候，这个本体的无限意蕴便不可避免地被遮蔽起来，这就是所谓的“道隐无名”（《老子·四十一》）。在他的影响下，庄子也看到了语言符号的局限性：“道不可闻，闻而非也；道不可见，见而非也；道不可言，言而非也。知形形之不形乎？道不当名。”（《庄子·知北游》）并进而指出：“世之所贵道者书也，书不过语，语有贵也。语之所贵者意也，意有所随；意之所随者不可言传也，而世因贵言传书。世虽贵之，我犹不足贵也，为其贵非其贵也。故视而可见者，形与色也；听而可闻者，名与声也。悲夫！世人以形色名声为足以得彼之情。夫形色名声，果不足以得彼之情，则知者不言，言者不知，而世岂识之哉！”（《庄子·天道》）如此说来，由形色名声所组成的整个语言符号系统，都已在解构之列了。然而庄子解构语言符号系统的目的，并不是要废除这一系统，而只是为了借助语言来达到超越符号的意义。《庄子·外物》曰：“荃者所以在鱼，得鱼而忘荃；蹄者所以在兔，得兔而忘蹄；言者所以在意，得意而忘言。”由于这种表面符号的解构同深层意蕴的追求是互为表里的，因此，同解构文饰、解构法则一样，老、庄解构符号的努力也并非是全然消极的，事实上，它恰恰在另一个层面上接近了艺术语言的奥秘。

从以上的三重解构中可以看出，道家对中国美学的历史贡献，恰恰是作为儒家美学的对立面而得以呈现的。从审美理想上看，素朴本身并不美，只有返璞归真才是美。因此，如果没有儒家所建构的远离原始形态的礼乐文化，那么道家所追求的那种“同与禽兽居，族与万物并”（《庄子·马蹄》）的生活状态便毫无审美价值可言了。从艺术门类上讲，如果说儒家美学与乐舞之间有着直接的亲缘关系，那么道家美学则对书画艺术产生了更加深远的影响。盛唐大诗人兼大画家王维主张：“画道之中，水墨最为上；肇自然之性，成造化之功。”（《山水诀》）这其中显然包含了老子“道法自然”的思想；晚唐画论家张彦远认为：“草木敷荣，不待丹绿之彩；云雪飘飘，不待铅粉而白。山不待空青而翠，凤不待五色而綷。是故运墨而五色具，谓之得意。”（《历代名画记·论画体工用拓写》）这其间无疑渗透着庄子“得意而忘言”的精神。因此，大体上如徐复观所言：“中国文化中的艺术精神，穷究到底，只有孔子和庄子所显出的两个典型。由孔子所显示出的仁与音乐合一的典型，这是道德与艺术在穷极之地的统一，可以作为万古的标程；……由庄子所显示的典型，彻底是纯艺术精神的性格，而主要又是结实在绘画上面。”[3]只是我不

3　《中国艺术精神》，春风文艺出版社1987年版，第5页。

太同意将儒、道的这两种艺术精神用“纯”与“不纯”来加以区分。如果说儒家美学是强调“善”的，其极端性发展必然导致“伦理主义”；那么道家美学是追求“真”的，其极端性发展则难免导致“自然主义”。就其终极的价值取向而言，它们谁也不是纯“美”和纯“艺术”的。然而，“美”和“艺术”却恰恰处在“善”与“真”、“伦理主义”与“自然主义”之间。因此，正如儒家的“建构”需要道家的“解构”来加以不断地清洗以避免“异化”一样，道家的“解构”也需要儒家的“建构”来加以不断地补救以防止“虚无化”。事实上，正是在儒、道之间所形成的必要的张力的推动下，中国美学才可能显示出多彩的风格并得到健康的发展。

三

总之，与儒家以“建构”的方式来装点逻辑化、秩序化、符号化的美学世界不同，道家则是以“解构”的方式寻求着一个非逻辑、非秩序、非符号的审美天地。如果说，儒家的努力是一种从无到有、由简而繁的过程，其追求的是“充实之谓美”（《孟子·尽心下》）、“不纯不粹之不足以为美”（《荀子·劝学》）的境界；那么道家的努力则是一种删繁就简、去蔽澄明的过程，其追求的是“大音希声，大象无形”（《老子·四十一》）、“朴素而天下莫能与之争美”（《庄子·天道》）的境界。

从逻辑的意义上讲，这两种境界在中国美学的范畴中有许多变体，如实与虚、动与静、繁与简、形与神、有法与无法、自觉与非自觉、阳刚之美与阴柔之美……分而言之，这些范畴可说是儒、道美学精神的进一步展开；合而言之，每对范畴的对立统一则正是“儒道互补”在美学问题上的具体呈现。过去，美学界对这些范畴不乏重视和研究，但很少有人站在儒道互补的高度上加以分析，因而难免有着知其然而不知其所以然的局限。站在儒道互补的高度上来看待这些范畴，我们就会发现，中国美学的范畴体系受制于一种民族的文化模型，致使每对范畴都可能是这一模型的全息缩影；反过来说，通过这无数个具体而鲜活的全息缩影，我们就可以把握到中国美学的真正底蕴，及其相当稳定的结构系统。

从历史的意义上讲，这两种境界在中国审美文化的演变过程中又构成了一种相互批判、彼此消长的动力形态。一般说来，当儒家思想在社会意识形态中占主导地位的时候，该时代的文学艺术作品在内容上便呈现出一种注重群众实践的、干预或美化现实的功利主义倾向，在形式上便呈现出一种注重形式、注重规则的纷繁而华丽的美；相反，当道家思想在社会意识形态中占主导地位的时候，该时代的文学艺术创作在内容上便呈现出一种尊重个体价值的、渴望或美化自然的非功利主义倾向，在形式上便呈现出一种强调自由、蔑视法则的清新而淡泊的美。

当然了，这只是就总的时代风尚而言。若具体分析，任何时期的社会意识形态都不是铁板一块，其在艺术领域中的表现也必然是复杂的、多样的。不仅魏晋与南北朝不同，即使介于阮、嵇与陶渊明之间，也难免出现像陆机、潘岳等少数追求辞藻、喜爱华丽的艺术家，只是作为偶然现象，他们已无法代表时代的主流罢了。更为重要的是，我们不能站在晋人的立场上，简单地将道家的情怀看成是比儒家的境界“更高的美”。事实上，儒道两家在中国美学史上的每一次“建构”和“解构”，都有着不同层次的审美品格和理论意义。较之先秦的“朴实无华”而言，两汉的“错采镂金”无疑是一种历史的进步，因为只有经过这一环节，魏晋的“初发芙蓉”才可能在更高的层次上回到原来的起点。从另一个角度来看，魏晋的“初发芙蓉”也绝不是一种终极意义上的理想境界。它也需要经过六朝所谓“形式主义”的重新建构才可能进入唐诗的更高阶段……从美学史的角度来看，除儒家美学和道家美学之外，楚骚美学和禅宗美学也在中国历史上产生了不同程度的影响，这不仅为古人的艺术实践增添了更多的色彩，而且也为我们以上的分析模式带来了一定的困难。然而若仅从“建构”和“解构”的意义上讲，楚骚美学更接近于儒家，禅宗美学更接近于道家，它们也以其各自的方式参与了中国美学“建构”与“解构”的历史过程。

（此文发表于《传统文化与现代化》1997年第5期）

中国的意识形态格局及其转化模式

无论是过去还是现在，中国的意识形态格局都是一个十分敏感、十分重要因而也是十分需要研究的课题。过去，人们曾受极“左”思潮的影响，过分夸大意识形态斗争在整个社会生活中的地位，制造出种种“意识形态神话”；而现在，人们又出于不同的需要和策略，有意无意地回避或掩盖意识形态领域中的矛盾与纷争，对新形式下意识形态格局的转换与调整采取视而不见的“淡化处理”。显然，无论是前者还是后者，都只是出于功利目的而非科学的动机，而这一点，则正是笔者所竭力要加以克服的。

列维-斯特劳斯在《试论结构概念与矛盾概念》中曾经指出：“可见的社会关系无论如何不是结构；结构只能出现在学者为了了解这些社会关系的组织和作用而制作的理论模式中。”[1]由于城、乡之间的巨大差异，我们在考察中国社会意识形态结构并制定相应的理论模式的时候，有必要先进行分别的处理；然而，由于国家权力和文化资源的整一性，我们在分别考察了中国城、乡意识形态状况的基础上，又必须进行综合的理解和统一的分析。

1　转引自陆金淦《现代历史科学》，重庆出版社1991年版，第350页。

一

在“计划经济”时代，中国城市中的意识形态本应该像工厂里的产品一样是按照国家的“计划”而生产的，但是，由于意识形态与普通的产品不同，它需要通过知识分子的个体劳动来加以创造，因而这一具体的“创造者”和国家的“计划者”之间就有可能出现某种程度的背离，其背离的程度取决于知识分子的独立程度。从而，在当时的情况下，中国城市中能够制造意识形态的主体便可分成两类：一类是代表国家权力的政府及其知识界的代言人，一类是具有独立或半独立意识的知识分子。从文化背景上看，作为国家权力的代表者，政府用以制造意识形态的主要资源是来自苏联的、已被“发展”了的马克思主义（所谓“十月革命一声炮响，给我们送来了马克思主义”），其任务是要对其进行进一步的中国化的处理。而作为中国启蒙主义的文化传人，具有独立或半独立意识的知识分子用以制造意识形态的主要资源则是来自于五四新文化运动所引进的西方有关“科学”与“民主”的反封建意识，任务是要对其进行进一步的中国化运用。由于这两种意识形态的资源背景已隐含着所谓“东方”与“西方”、“社会主义”与“资本主义”的潜在矛盾，加之它们又处在“二元对立”的非稳定格局之中，因而便导致了二者之间长期存在着的那种一触即发的紧张关系。

察看新中国成立以来的历次政治运动，不难发现，除了特定的权力背景之外，意识形态斗争几乎始终占据着首要的地位：这种斗争不仅常常是权力转换的外在形式，而且其本身往往确有其独立的意义。因此，只有在这种“二元对立”的结构关系中，我们才能够理解，何以一篇小说、一部电影都可能导致一场规模浩大的政治运动。从内容上看，政府与知识分子在意识形态上的“二元对立”具体呈现为是强调“阶级斗争”还是坚持“人道主义”，是注重“群体实践”还是尊重“个性自由”，是维护“民族主义”还是倾向“世界主义”等若干的观念冲突和价值背离之中。

在这些“斗争”和“运动”中，我们可以发现两个特点。第一个特点是，以制造“社会主义意识形态”为己任的政府常将异议知识分子的文化创造斥之为“资产阶级意识形态”，而很少将其命名为“封建主义意识形态”；与此同时，在这些“斗争”的过程中，政府还常常自觉或不自觉地借助传统文化的力量，并利用这种潜伏在中国广大农村的文化资源对其斗争对象进行所谓的“再教育”。这种情况说明，城市之“二元对立”的意识形态应归属于一个更大的结构系统（关于这一点我们以后还要分析）。第二个值得注意的特点是，每次斗争的结果均以知识分子的失败而告终，这说明中国知识分子仅仅是一种精神的传人或文化的载体，其本身并没有中产阶级的社会基础作为其文化权利的物质保障，因此这种意识形态的“二元对立”虽然不是虚假的，却不可能对政府的社会控制造成任何实质性的威胁。值得注意的是，尽管政府通过历次的政治运动，对知识分子的异议思想进行了一再的打击，却并没有完全毁灭这种意识形态。相反的，政府在适当的时候还会以“思想解放”的名义，来倡导知识分子进行“百家争鸣”，只有当这种“争鸣”进入“失控”状态时才可能进行新一轮的“政治运动”。这不仅是由于从发展的角度看，政府和知识分子的意识形态并不单单是矛盾的、冲突的，同时也不乏统一的、一致的地方；而且从现实的角度来看，知识分子的启蒙思想对于政府在处理农村意识形态等问题上，还有其特殊的作用（关于这一点我们也将放在后面分析）。

值得注意的是，在这种“二元对立”的结构之外，中国的市民阶层一直是作为一个沉默的“他者”（the other）而同时接受着来自政府和知识分子两个方面所制造的意识形态的影响。这个“他者”之所以是“沉默的”，是因为市民阶层既不像政府那样控制着生产资料和国家机器，也不像知识分子那样具有文化资料和参与制造意识形态的机会。因此，这个城市生活的最大主体只消费意识形态而不生产意识形态，而且这种“消费”在“计划经济”时代是没有选择余地的。但也正因如此，市民阶层在历次的“运动”中都不是主要的“斗争”对象，而不像知识分子那样“在劫难逃”。可是，这个沉默的“他者”也并非全无意义，它作为一种“受体”的存在不仅使政府与知识分子之间的意识形态纠纷显得确有价值，而且也为以后文化格局的调整做好了必要的准备。

如此说来，“改革开放”以前，中国城市意识形态格局大致可看成是一个不完整的三角结构：

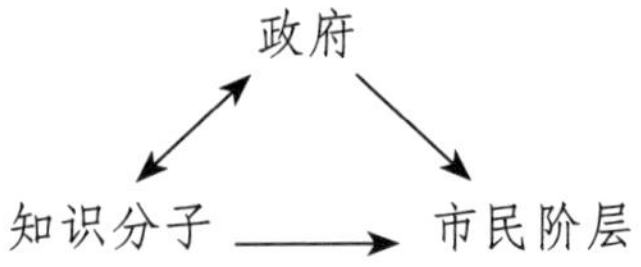

这其中，政府与知识分子在意识形态问题上是相互矛盾并相互影响的，而市民阶层则同时接受着二者的影响和制约，消费着他们所制造的意识形态。于是，稳定的“三角关系”中便隐含着一个不稳定的“二元对立结构”。

二

同城市中市民阶层的情况大体相同，在“计划经济”时代，作为农村中最广大的社会主体，农民阶层也只是意识形态的消费者而非制造者，是一个沉默的“他者”。同城市情况不同的是，由于中国农村知识的匮乏和文化的落后，广大农民除了通过不太完善的宣传系统和教育系统而接受政府意识形态的影响之外，却很少受到城市知识分子之启蒙思想的直接熏陶。然而，这并不意味着政府的意识形态在农村便完全具有了独一无二的垄断地位，因为除了它的影响之外，中国的传统文化在广大农民身上仍起着潜移默化的作用。因此，与城市的意识形态结构大体一致，当时农村的意识形态也存在着一个貌似稳定的“三角平衡关系”，并在此关系中隐含着一种不稳定的“二元对立结构”，只是这种对立不是政府与异议知识分子的对立，而是政府与传统文化的对立：

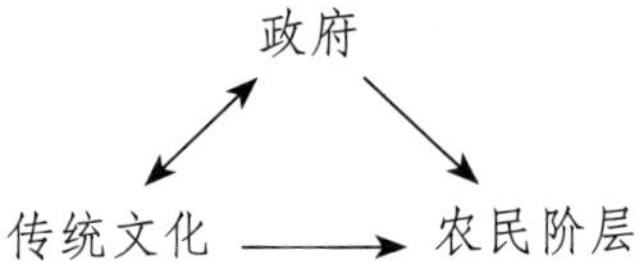

“传统文化”在农村的影响，当然也有赖于那些受过私塾教育的农村“文化人”的传播，但是，无论从数量还是从质量上看，这些传统的“文化人”已无法像城市的知识分子那样，能够作为一个阶层而产生较大的影响了。因此，作为已经失去了创造主体的意识形态，传统文化在广大农村所产生的影响，主要是以一种“自在的”方式进行的。换言之，以儒学为主体的传统文化在中国农村的影响主要不是通过语言符号，而是通过文化习俗的方式“积淀”在人们心中的。

一般说来，当一种意识形态失去了创造主体之后，也便失去了自我更新和不断完善的能力，其精华便会不断丧失，其糟粕便会不断涌现。符合这一规律，当时的传统文化对中国农村的影响也主要是一些宗法血缘和封建迷信等负面内容，这些内容不仅无助于社会的进步，而且在客观上与政府对乡村的社会主义改造和意识形态控制也产生了一定的离心倾向。因此，就在城市中不断展开意识形态斗争的同时，政府也在农村掀起了“破四旧、立四新”等“社教运动”。在这些斗争中，政府与传统文化的“二元对立”具体表现为是宣传科学、文明还是散布封建、迷信，是服从国家、集体还是注重宗法、血缘，是扩大民主、自由还是沿袭等级、专制等一系列观念冲突和价值背离之中。

在这些斗争中，我们至少可以发现两个问题。第一，与城市的历次运动不同，乡村的意识形态纷争虽然也总是以政府的胜利而告结束，但作为失败者的传统文化，除了极少数媒婆、巫婆之外，却很少有真正意义上的承担者遭到整肃。这也再次印证了我们上面关于传统文化在农村只是一种缺乏承载主体的“自在的存在”的观点。第二，稍加分析便不难看出，在上述意识形态的斗争中，政府所坚持的价值观念与其说更接近于经典意义上的马克思主义，倒不如说更接近于城市知识分子所坚持的启蒙主义思想。由此，我们便可以在一个更大的范围内发现政府之所以既不断批判和整肃知识分子又不愿彻底根除其意识形态的真正秘密。换言之，具有独立意识的城市知识分子只有在一定的范围内对于政府来说才是“异议”的，而在超出这一范围的更大系统中，他们所持有的价值观念对于政府来说则恰恰是一种用以克服和抵消传统文化的意识形态资源。从而，我们便可以而且也应该将上述城、乡意识形态的二元结构联合起来加以考察：

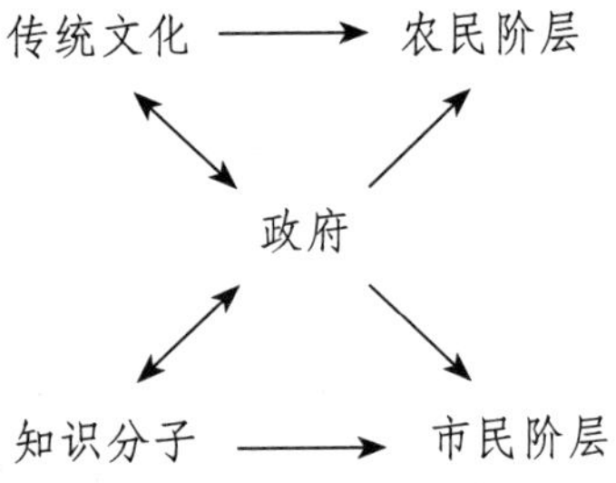

在这两个相互联系的三角结构中，如果我们将只“消费”而不“生产”意识形态的市民阶层和农民阶层忽略不计的话，其结果将是这样的：

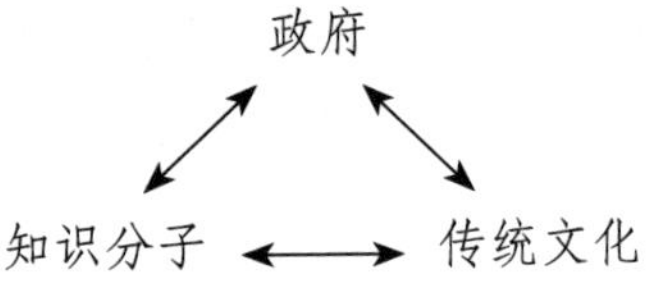

在这里，政府一方面利用来自传统文化的民粹主义精神来抑制和平衡知识分子个性自由的思想，一方面又利用来自知识分子的启蒙主义思想来抵御和克服传统文化中的封建愚昧因素，其具体的形式便表现为既通过知识分子对农民进行所谓“社会主义教育”，又通过农民对知识分子进行所谓“再教育”。这种自觉或不自觉的文化策略不仅使原来城市与乡村中意识形态领域的“二元对立因素”得到相互抵消，从而使政府在平衡城、乡意识形态的“三角稳定关系”中获得了仲裁的地位，而且这种平衡关系的获得也因其最大限度地中和了整个社会的文化资源而具有了历史的合理性。正是由于有了这一历史的合理性，才使得政府在历次意识形态斗争中，尽管采用了许多极端的甚至是极“左”的做法，却并未导致整个社会的意识形态危机。而这一点，则是我们过去的许多研究者们未曾注意到的。

三

然而，任何“历史的合理性”都会由于“历史”的发展而变得不再合理，这里所说的历史，在“改革开放”的背景下确乎发生了。

对于中国社会中的市民阶层来说，“改革开放”至少使他们已经获得或正在获得三项实质性的权利：一是对企业生产和经营的相对自主权，二是对自身劳动力支配的相对自主权，三是对占有生产资料的相对自主权。这三项权利不仅在经济上给他们带来了更多的实际利益和发展空间，而且在精神上也给他们带来了更多的自信和创造空间。表现在意识形态领域中，他们已不再像从前那样，在由政府和知识分子所构成的“二元结构”之外，仅仅作为一个沉默的“他者”去被动地接受前两者所制造的政治信仰和道德观念，而是企图跻身于创造主体的行列，去构筑和宣传属于自己阶层的价值体系和美学观念。更为重要的是，随着“市场经济”的建立与拓展，以艺术商品化为特征的精神产品的多元构成，使得这一企图正在一步一步地变为现实。

我们知道，“市场经济”是一种自发的、多元的商品经济，而这一经济的调整和运作均受制于一只“看不见的手”。这只由无数购买主体所组成的“看不见的手”不仅操纵着社会商品的经济价值，而且决定着社会商品的人文属性。因此，在这种消费决定生产的社会环境下，任何一个既想生存下去、又想对社会产生影响的文学家或艺术家，甚至是深居高校的人文学者，都会自觉或不自觉地受其精神产品之消费者的影响与制约，并根据消费者的信念、爱好和趣味来调整自己的产品结构和产品特性。这种情况，同以生产来决定消费的“计划经济”时代有着很大的不同。例如，在那个“八亿人看八出戏”的年代里，艺术欣赏几乎算不上是一种严格意义上的经济行为，作品是有限的，票价是低廉的，受国家扶植的制片厂不会因观众的好恶而改变自己的创作方式，而接受精神产品配给制度的广大观众也不可能通过自己的选择（他们实际上已别无选择）来影响精神产品的制造者。而现在的情况则完全不同了：一部电影、一本小说，在问世之前就必须首先考虑其上座率和发行量，因而其消费主体便必然会通过这只“看不见的手”而影响和制约着文学家、艺术家。在这种情况下，市民阶层左右意识形态的愿望便成为可能了：问题的关键并不在于有多少市民出身的人进入了文化圈和艺术界，而在于市民阶层已经或正在成为城市文化消费的真正主体和绝大多数。从这一意义上讲，《渴望》《编辑部的故事》《过把瘾》《北京人在纽约》的成功并不是王朔、冯小刚们的胜利，而是市民阶层的胜利。正是由于王朔等人自觉地充当了市民阶层在意识形态领域中的代言人，所以他们才可能在这个艺术商品化的时代里“玩”得那么自由，那么潇洒，那么如鱼得水。而相比之下，那些不谙世故、不明事理的文学家和艺术家们，面对市场经济的大潮，却总是显得那么紧张，那么被动，那么无所适从。换言之，如果说电视剧中的人物是王朔等人手中的牵线木偶，那么王朔、冯小刚等人则又是市民阶层手中的牵线木偶了，只是这后一只手更加隐晦、更加神秘罢了，所以它才被称为“看不见的手”。

就在市民阶层这只“看不见的手”逐渐伸向意识形态领域的同时，政府和知识分子这两只“看得见的手”也并没有完全放弃对这一领域的控制。首先，在当前的“市场经济”中，政府仍然可以通过“宏观调控”的方式对市场进行干预和制约，这在物质生产中如此，在精神生产中更是如此。例如，政府不仅以各种各样的文艺、宣传政策来直接引导和控制图书出版业和大众传媒，而且通过制定诸如“五个一工程”之类的奖励机制来鼓励人们创造符合其意识形态口径的精神产品。其次，在当前的文化市场中，知识分子不仅本身就是多元消费主体之中的一元，而且仍然是众多精神产品的主要生产者，因此，即使在他们出于商业的需要而有意迎合市民趣味的时候，也常会自觉或不自觉地将自身的价值观念和思想情绪表露出来。如此说来，在当今的“市场经济”条件下，中国城市意识形态领域中的“三角关系”并没有消失，而且反倒变得更加真实，更加稳固了。

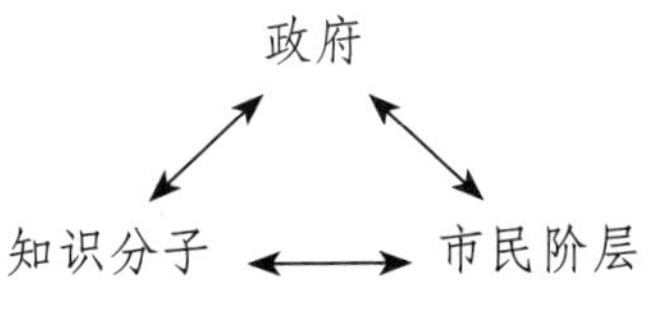

在这种稳定的“三角平衡关系”中，我们至少可以发现两个特点。第一，从三者的精神内容来看，如果说注重“国家利益”的政府和倡导“个性自由”的知识分子在其“终极关怀”的价值层面上原有着相互抵触和矛盾之处，而注重“生存环境”和倡导“人间温情”的市民阶层则并不关心所谓社会与人生的最终理想，因而也并不在价值取向上与二者发生直接的冲突。但是，这并不是说三者之间就没有矛盾了。事实上，市民阶层不仅注重的不是“终极关怀”而是“初级关怀”，而且对任何导致生存异化的政治的或道德的“乌托邦”均采取一种嘲弄和消解的态度。在这一意义上，市民阶层的意识形态又同时构成了对于政府和知识分子“神圣理想”的严峻挑战。这种挑战在某种形势下甚至迫使政府同知识分子重新联手，以便共同抵御因“终极价值”的消解而带来的信仰的危机。例如，近年来政府和知识界在弘扬民族传统文化问题上达成共识一事，便是最好的说明。第二，从三者的结构形态来看，市民阶层参与制造和控制精神产品的结果，虽然促进了中国城市意识形态的多元化倾向，却在上述结构中真正构成了三角形的稳定形态。而这种形态的形成必将在某种程度上缓和着政府与知识分子在意识形态问题上由于长期的“二元对立”而形成的紧张关系。因此，这种多元结构的出现，虽然蕴含着更多的矛盾因素，但在整体上却有益于中国城市现阶段的社会稳定。

四

与城市中市民阶层的情况大体相似，“改革开放”和“市场经济”也使中国的农民阶层获得了三项实质性的权利：一是对农业生产和经营的相对自主权，二是对自身劳动力支配的相对自主权，三是对占有生产资料的相对自主权。这三项权利的获得，不仅在经济生活中使他们可以通过农业生产的商品化、农村剩余劳动力的非农业化，以及兴办乡镇企业等方式向着市民阶层靠拢，而且在精神生活中也使得他们能够以消费主体的身份而通过对文化市场的调节来左右并影响着农村意识形态的生产。

尽管与城市相比，中国农村的文化消费比重显然要低得多，但是由于农村人口在绝对数量上要远远大于城市，因而这一随着经济增长而逐渐崛起的消费主体便不得不引起人们的重视。对于那部分在经济上“先富起来”的农民来说，他们中的少数人已不再仅仅满足于娶妻、造屋等物质享受和生活追求，而同样也要求能体现其价值取向和美学趣味的精神享受和文化服务。于是，近年来，不仅由农民出资兴办学校、游乐场、养老院的事情层出不穷，而且由农民出资拍摄反映农村生活题材的影视作品、奖励深受农民喜爱的小说的现象也时有发生。更为重要的是，随着影视等大众传媒的普及，农民的理想、爱好、趣味对精神产品的反馈式影响随时都可以通过“收视率”等指标而表现出来。这种情况，不仅改变了农民在接受政府意识形态影响时原有的那种全然被动的地位，而且也调整了这一阶层与传统文化之间的固有联系。

我们知道，自1949年新中国成立以后，中国的农村社会在不到十年的时间内便在土地改革的基础上经历了互助组、初级社、高级社、人民公社等一系列变革，打破了原有的生产关系和社会格局，建立起一整套由政府直接控制的公社—大队—生产队直至农户的行政等级管理体制。因而，自新中国成立以后，政府在农村意识形态方面的主要任务就是要克服传统文化中与这一新体制不相适应的宗法、血缘方面的内容。与此同时，失去了旧有的以家族为主体的生产、生活方式的广大农民，与传统文化方面的联系也便只剩下了一种历史积淀和文化记忆，从而由自觉转为自发，由自为转为自在了。然而，自“改革开放”以来，随着“家庭联产承包制”的实施和以宗族血缘成分占主导地位的“乡镇企业”的兴起[2]，传统文化中的某些宗法、血缘的成分对广大农民来说又重新成了维护其生产、生活方式的精神资源。在这种情况下，农民阶层对传统文化而言已不再像“改革开放”之前那样，是一种全然被动的“受体”；相反的，他们开始以修祠堂、续家谱等方式，主动地恢复传统文化中虽然原始却对其“有用”的东西，甚至从今天的需要出发，对传统文化中的某些成分加以人为的改造和变革。

以上两个方面，使得农民阶层在中国乡村的意识形态格局中的地位发生了明显的变化，即由原来的沉默的“他者”而变成了在一定程度上影响政府

2　参见陈俊杰《农村企业的家族现象剖析》，《东方》1995年第3期。

意识形态宣传和参与传统文化建设的主体之一，并与另外两个主体构成了互动和平衡的关系：

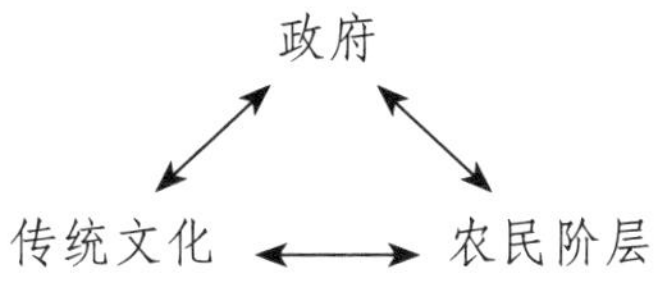

与城市中的情况相似，中国乡村意识形态格局的这一调整有利于社会的稳定，因而，我们还可以将城、乡意识形态格局中的两个平衡的“三角关系”联系起来考察：

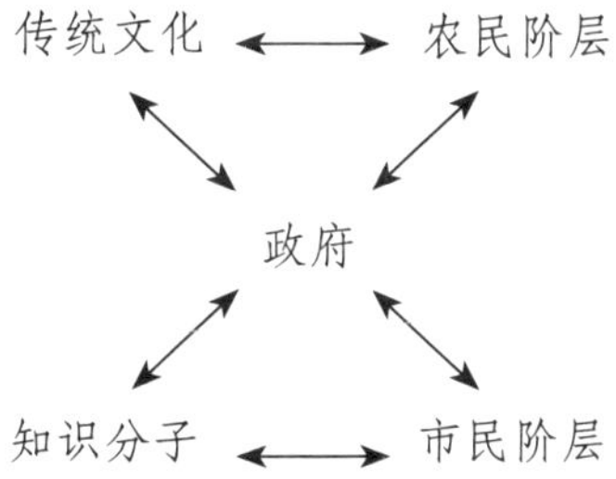

在这一整体结构中，我们又可以发现两个值得注意的动向。第一，随着城、乡生活水平的接近和大众传媒的共享，农民阶层与市民阶层在意识形态方面的需求正在逐渐接近，可以明显地看到，这两个阶层的价值观念和美学趣味的差距正在一代一代地缩小。因此，尽管在我们这样一个农业大国中要真正取消城乡差别还需要一个相当漫长的过程，但是，随着“改革开放”的深入和“市场经济”的拓展，农民和市民这两个阶层无论在物质生活方面还是在精神生活方面，都将最终合为一个统一的国民群体。第二，随着以“儒家文化圈”为特色的东亚经济的崛起，大部分当代中国的知识分子已不再将传统文化和现代文化对立起来，而是企图通过传统文化的现代化转换来实现民族意识形态的延续与更新。这种融合启蒙意识与民族意识的趋向不仅使知识分子的文化努力更容易为政府所接受，而且又确实弥补了广大农村因缺乏文化精英而长期存在的传统文化的“自在状态”。这就是说，启蒙文化与传统文化也在逐渐融合：

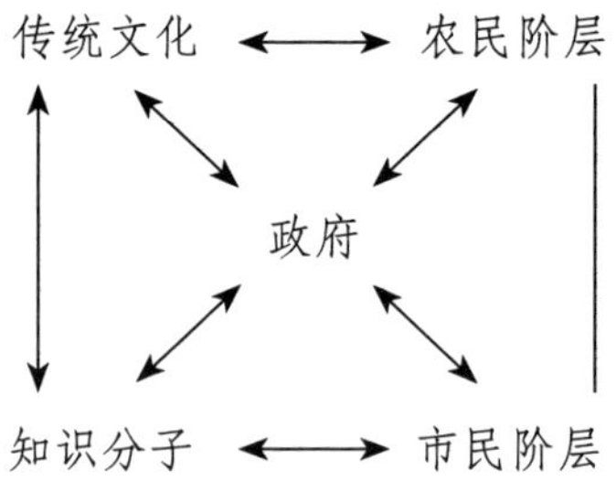

不难看出，这种融合的历史性结果终将使中国大陆意识形态结构重新简化为一种“三角平衡关系”，而如何健康地过渡到这一结构之中，则应是目前人文学术研究领域中的重要课题。

（此文发表于《天津社会科学》1997年第6期）

超越国学研究的古典境界

“国学”，本意是指对于我国传统文化、学术的研究与整理，因而属于古典范畴。然而，随着时代的演进、社会的发展，这一研究和整理的对象虽并未改变，但在研究的态度和整理的方法等方面却可以、也应该达到一种新的境界。当年，胡适在《〈国学季刊〉发刊宣言》中就曾指出：“我深信国学的将来，定能远胜国学的过去。”而时至今日，也确有不少学者在积极地探讨所谓“新国学”的问题。

当然了，提出一个新的口号和达到一种新的境界，这之间毕竟还有着相当大的距离。尽管目前在“新国学”这一面宽大而驳杂的旗帜下，聚集了研究传统学术和传统文化的不同人物，然而就其学术背景而言，大约可分成两大派别：一派以光复“乾嘉学统”而自居，一派以延续“三期儒学”为己任。前者注重学术研究的求实精神，可说是现代意义上的“古文经学派”；后者强调学术成果的现实意义，可谓是现代意义上的“今文经学派”。前者在“我注六经”的传统影响下，容易做到“价值中立”，却很难实现“方法多元”；后者在“六经注我”的传统支配下，容易实现“方法多元”，却很难做到“价值中立”。

然而在我看来，要超越国学研究的古典境界，也就是说，要使“新国学”成为可能，就必须在自觉继承“乾嘉学统”和“三期儒学”的基础上，同时扬弃“古文经学”和“今文经学”的历史局限，以实现“价值中立”和“方法多元”的真正统一。

一

也许是受康德“批判哲学”的影响，研究西学的人大多能够将“知识”和“价值”这两个东西区分开来，然而在“知行合一”的传统影响下，研究国学的人却常常自觉或不自觉地将二者混为一谈。在正常的情况下，研究哪种文化资源并不意味着对其文化情境和文化价值的认同，这正如研究马克思的人并不一定是马克思主义者，而不研究马克思的人却未必不是马克思主义者一样，其道理并不难理解。然而，研究国学的人却习惯于摆出一副“为天地立心，为生民立命，为往圣继绝学，为万世开太平”的气概，将研究主体与研究对象一损俱损、一荣俱荣地绑在一起。这种现象在所谓“新儒学”的热潮中表现得最为明显。

从时间上看，这期儒学的“复兴”是在东西方文化激烈碰撞，西学思潮席卷东方的历史条件下出现的，因而它的出现本身就适应了部分学者的“本土文化情结”，有着强烈的价值倾向。正如景海峰分析的那样：“当代新儒家有着强烈的续统意识，熊十力、梁漱溟、马一浮被他们的弟子称为‘现代三圣’，便是儒家道统观念的再现，这种自诩为承续慧命的道统观和他们自视甚高而又常怀悲苦的矛盾心境是极为吻合的，徐复观提出的‘忧患意识’概念，既是他们对中国文化传统的独特体认，也是他们本身吊影孤行的最好写照。”[1]

从空间上看，“新儒学”的研究中心后来由大陆转向海外，在一些远离中国大陆而又被外来文化严重冲击下的环境里发展起来，这本身就满足着部分学者的“文化归属需要”，因而带有着浓厚的情感色彩。正如牟宗三、徐复观、张君劢、唐君毅四人联合发表的《为中国文化敬告世界人士书》中呼吁的那样：“我们首先恳求：中国与世界人士研究中国学术文化者，须肯定中国文化之活的生命之存在。……因为忘了这些，便不能把此过去之历史文化，当做一客观的人类之精神生命之表现。遂在研究时，没有同情，没有敬意，

1　封祖盛编：《当代新儒学》，生活·读书·新知三联书店，1989年，第2页。

亦不期望此客观的精神生命之表现，能继续发展下去；更不会想到：今日还有真实存在于此历史文化大流中的有血有肉的人，正在努力使此客观的精神生命之表现，继续发展下去，因而对之亦发生一些同情和敬意。”[2]

从严格的学术意义上讲，无论是将一己的民族感情过多地投入到学术活动之中，还是用一元的价值判断来包揽研究对象之意义的做法，都可能导致研究成果的偏颇和局限。这道理，熟读并且翻译过康德《纯粹理性批判》的牟宗三并非不明白，他说：“观解理性之活动及成果都是非道德的（不是反道德，亦不是超道德）。因此，遂有‘道德中立’和‘科学之独立性’。”[3]可见，他清楚，所谓“科学之独立性”，是以“道德中立”（价值中立）为前提的。但是，如果我们在面对中国文化的研究中，不是以一种冷静的、客观的、“非道德的”态度对待之，而是像牟先生等人所恳求的那样，事先就充满了“同情”与“敬意”，那么又如何能得出公允而严肃的学术结论呢？于是，“新儒家”们在这一点上便陷入了自相矛盾的尴尬境地。牟宗三曾经指出，“第三期儒学”的“文化使命”主要有三点：一是道统之肯定，即维护孔孟所开辟的人生宇宙的本源。二是政统之继续，即认识政体发展的意义，以肯定民主政治的必然性。三是学统之开出，即由民族文化生命转出“知性主体”，以融摄希腊传统，确立学术的独立性。但是，在这三点之间，独断性的“道统”本身就有着制约“政统”和“学统”的优先地位，倘若“道统”本身的价值是不容置疑的，所谓“知性主体”的独立地位又将如何体现呢？正是这种“价值之幕”（value curtain）对事实判断的“扑杀”[4]，使得“新儒学”未能走出“老儒学”有关“仁”与“智”的矛盾误区，而是用“仁”的价值系统来代替“智”的事实判断，用“内圣”的道德哲学来统摄“外王”的政治哲学[5]；从而陷入用先验的观念形态来预设后验的研究成果，而后验的研究过程又难以推导出先验之观念形态的尴尬局面。

或许有人认为，“国学”，或至少是那部分与生活意义密切相关的非考据性的国学研究，应属于人文学科而非社会科学，它本身所涉及的人生价值等问题本身就是非科学的，也是不能用简单的经验认识来加以陈述的。况且，

2　封祖盛编：《当代新儒家》，生活·读书·新知三联书店，1989年，第8页。

3　牟宗三：《政道与治道》，台北学生书局，1978年，第8页。

4　参见殷海光：《中国文化的展望》，和平出版社，1988年，第432、467页。

5　参见朱学勤：《老内圣开不出新外王》，香港《二十一世纪》1992年2月号。

任何人都是社会存在的产物，在面对与人相关的文化问题时，都难以摆脱自己的倾向和情感，因而也就很难做到真正的“价值中立”。然而在我看来，难以摆脱自己的倾向和情感是一回事，极力“恳求”人们在研究中保持“同情”和“敬意”是另外一回事。的确，要在人文学术领域真正做到“价值中立”是很难的，可是不能因为其不容易做到，我们就不去努力了。正如科学家永远也不可能占有真理但却必须不断地追求真理一样，我们的人文学者虽然不容易做到“价值中立”但却必须为此而不断努力。否则的话，我们就很有可能会将人文学术研究变成一种意识形态的鼓动和宣传了。不错，人文学科要涉及人的价值和意义等超验层面的问题，但是对待此类问题仍然应该保持研究而非信仰者的态度。制造信仰是宗教家的事，研究信仰则是人文学者的事。前者是一种意识形态的鼓动和宣传，后者则是针对这一价值系统的判断和分析。可是遗憾的是，“新儒家”的民族使命感往往超出了他们的职业责任心，这就使得他们的在很大程度上更接近于前者而非后者了。

从研究者的角度来看，任何一种价值体系的出现都是有其社会和历史根据的，因而也就是相对的、有限的、可分析的。就拿儒家所建构的这套以“仁学”为核心的价值系统来说吧，它的出现就与中国古代以“亚细亚的生产方式”进入文明社会的历史演进形式有着密切的关联。但是信仰者们却常常要把自己所信奉的这套价值系统说成是永恒的、绝对的、不受社会历史条件所制约的，因而是放之四海而皆准的。牟宗三就曾指出：“儒家这个学问，从古到今，发展了几千年，它代表了一个‘常道’——恒常不变的道理。中国人常说‘常道’，它有两层意义：一是恒常不变，这是纵贯地讲它的不变性；一是普遍于每一个人都能适应的，这是横地讲、广阔地讲它的普遍性，即说明这个道理是普遍于全人类的。”[6]这种价值观念的一味认同，使其怎么可能以一种冷静的、客观的态度来判别和分析他所要“研究”的传统文化呢？

对于真正意义的“研究”来说，保持“价值中立”，不仅是必要的，而且是必需的。因为在事实上，任何一种文化形态甚至文化要素的意义和价值都不是纯然客观的、永恒不变的，而是与评价主体的社会环境、社会地位和功用目的密切相关的。稍加分析，我们便会发现，同一种文化现象对于不同时

6　封祖盛：《当代新儒学》，生活·读书·新知三联书店，1989年，第154页。

代、不同民族的评价者来说，其价值和意义是有很大差别的，因而是很难用“好”与“不好”这种简单的价值判断来加以概括的。进一步分析，我们还会发现，即使是同一文化形态对于同一评价主体，也会因其复杂的文化要素而呈现出多元并存的价值与意义，因而是很难用“全盘肯定”或“全盘否定”这种简单的价值判断来加以概括的。再进一步分析，我们甚至还会发现，即使是同一文化结构中的同一文化成分，对于同一评价主体来说，也会因其与整个文化体系之间的复杂关系而呈现出双重或多重的价值形态，因而是很难用“精华”或“糟粕”这种简单的价值判断来加以概括的。以中国传统文化中建立在亲子血缘关系基础之上的“孝悌”观念为例，就其所衍生出来的“尊老爱幼”的行为模式而言，显然具有人道主义的合理意义；就其所衍生出来的“尊卑有序”的人格模式而言，显然又有着削弱人权平等、限制人格自由的历史局限；就其在文化意义上所派生出来的“仁”的心理结构和“礼”的社会规范而言，更是难以用“贡献”与“局限”、“财富”与“包袱”等简单的价值判断来加以概括。说它是“礼仪之邦”的文明精华，并不过分；说它是“吃人礼教”的历史糟粕，也自有道理。更为重要的是，这种同一文化要素的正反两个方面的影响是很难分开的，它们与中国文化结构之间的系统联系也是无法剥离的。说到底，一种文化一旦形成，就是一个整体的有机的生命，而那种企图将这一生命割裂开来、分解开来，然后加以“批判”或“继承”的做法，显然是过于简单、过于机械了。

以这种简单而机械的态度来研究国学，其出发点和落脚点似乎都是要对中国的传统文化作出一种终极性的价值判断或功用阐发：或全盘肯定，或全盘否定，或主张“取其精华，去其糟粕”，或倡导“批判性地继承，创造性地转换”……这样一来，研究就变成了一种主张、一种态度，而经过一百多年来的讨论与争鸣，这种主张和态度的逻辑可能性似乎已经被人们所穷尽了。因此，在新的历史条件下，要想使“国学”研究进入一种“新”的学术形态，问题的关键，不是要采取更新的主张、更新的态度，而恰恰是要放弃这些主张和态度，从而在“价值中立”的前提下，心平气和地对中国传统文化中的各个要素进行深入分析、细致梳理，并在此基础上将其整体结构呈现出来，然后再根据不同的理论模式，深入分析其各个层次、各种要素之间相互制约、相互转换、相互协调的文化功能……这种功能当然是有价值的，然而其价值却永远是相对的。

然而遗憾的是，当今某些颇有影响的国学研究者们并没有自觉地意识到，应该在学术观念上实现对前人的超越。例如，陈来在《“国学热”与传统文化研究的问题》一文中就曾指出：“十年前，冯友兰先生在《孔子研究》创刊号上写了‘一点感想’，其中说：‘五四时期谈中西文化，其重点是对中国文化的消极方面来进行批判；现在再谈中西文化，其重点是要发现中国传统文化的积极方面，有所继承。人们常说，对于古代文化要批判地继承，这是一个程序的两个方面。随着历史的发展，人们有时注重这个方面，有时注重那个方面，所以就显示出一种转化。……一提到继承，就往往被怀疑为‘复古’，这种怀疑是多余的，因为这个程序还有批判的那一面管住，批判的影响是不会消失的。’在《孔子研究》创刊十年的时候，我们应当说，冯先生的话还未完全过时。”7然而这样一来，新的国学研究也就成了对于传统文化周而复始的重新评介或价值逆反：就其评价的角度和学者的情感而言，这种国学可能是新的；就其研究的方法和理论的层次而言，这种国学仍然是旧的。

更令人担忧的是，有些学者甚至自觉或不自觉地用“新国学”来认同于所谓“新保守主义”的文化思潮，把认识论意义上的学科建设与价值论意义上的“文化民族主义”搅在一起，将前者看成是后者的理论基础或逻辑前提，从而大谈什么“儒家文化的全球性胜利”“二十一世纪是中国的世纪”，等等。对此，汤一介在《“文化热”与“国学热”》一文中曾冷静地指出：“90年代的‘国学研究’热可能有两种走向，一是把中国传统文化放在世界文化发展的总趋势中来考察，另一种可能就是传统文化的研究离开了学术的轨道而意识形态化。”8这后一种研究的态度和方法自然也算不上“新”的了。

二

或许正是由于沿袭“宋儒”传统的所谓“第三期儒学”过多地将情感和

7 《孔子研究》1995年第2期。

8 香港《二十一世纪》1995年2月号。

价值带入知识领域，从而使其研究的成果未免空疏、浮泛，因而其后继者虽然在东亚经济持续发展的历史背景下曾经鼓噪一时，但终于未能在学理上构成稳定的知识增长。于是，进入90年代以来，在学术和非学术之原因的共同驱使下，一种“清理学术话语”“重建学术规范”，直至“回到乾嘉”的口号重新出现了。

我们知道，与后来将“宋儒”视为“第二期儒学”并力求加以超越的所谓“第三期儒学”刚好相反，历史上的“乾嘉学派”恰恰是为了反对空谈义理的“宋学”而提倡“汉学”的。皮锡瑞在《经学历史》中曾经指出：“乾隆以后，许郑之学大明，治宋学者已，说经皆主实证，不空谈义理，是为专门汉学。”而章炳麟则将其中的治学方法归纳为六点：“近世经师，皆取是为法：审名实，一也；重佐证，二也；戒妄牵，三也；守凡例，四也；断感情，五也；汰华辞，六也。”[9]从以上六点不难看出，所谓“乾嘉学派”所遵循的，无非是一种“朴学”的考据传统。而这其中的“断感情”一条，则正是为了保障研究成果之客观性所采取的“价值中立”的原则。

由于有了严谨的治学态度，使得“乾嘉学派”在文字、音韵、训诂等方面取得了远迈前贤的成就，这一点是世所公认的。然而，是否真像胡适等人所认为的那样，只有这派学术才称得上中国学说中的科学思潮呢？对此，历来有不同的看法。侯外庐指出：“‘四库全书总目提要’把两千年经学升降，以六字评述：两汉之学，其弊也‘拘’；魏晋至唐及宋初，其弊也‘杂’；宋庆历至南宋，其弊也‘悍’；宋末至元，其弊也‘党’；明末之弊也‘肆’；而清朝之弊也‘琐’。以上六字断语不皆是正确的说法，而清代汉学之‘琐’则是事实。著者有概括汉学方法论的四句话，这便是：蔽于古而不知世（古指古籍，世指社会）；蔽于词而不知人（词指‘由词通道’之词，人指个性）；有见于实、无见于行（实指其一部分认识方法，行指认识的证验、准绳）；有见于阙、无见于信（阙指对于过去的疑问，信指对于将来的追求）。所以，乾嘉汉学，只有读古书的一定的逻辑要素，但不能说代表科学方法，这是首先应加以了解的。”[10]应该看到，文字、音韵、训诂，确实是整理国学资料的基础和前提，然而它并不能代表国学研究的全部内容。而乾嘉学者的历史

9　《太炎文录初编·卷一·说林下》

10　《中国思想通史》第5卷，人民出版社，1956年，第417—418页。

局限，就在于将考据学的方法看成是国学研究的唯一方法，认为只要考证了古代的名物典章制度，就可以知古人之道、探治乱之源了。戴震云："呜呼，经之至者道也；所以明道者，其词也；所以成词者，未有外小学文字者也。由文字以通乎语言，由语言以通乎古圣贤之心志。"（《戴东原集·卷十·古经解钩沉序》）这种"由词通道"的研究途径，不仅只能使经学本身陷入非历史主义的误区，而且必然会排斥国学研究中一切非考据式的方法，其结果，只能局限在语言文字的考辨之中，逐渐显露出其"琐"的弊端了。

"乾嘉学派"的这一局限，显然与当时清朝统治者对知识分子压制、提防的文化专制主义政策有关。对此，后来的今文学家魏源曾一语拆穿了乾隆皇帝使大批知识分子"争治汉学，锢天下智慧为无用"的文化策略。当然了，乾嘉学风究竟在多大程度上吸引并影响了当时的知识分子，这在学术界还有着不尽相同的看法[11]；乾嘉学派在文字、音韵、训诂诸方面所取得的成就，也绝不应用"无用"二字来加以抹杀。但是，使相当一批有才华的知识分子陷入"皓首穷经"的考据之中，而不让他们进行更有现实意义的学术探索，这又不能不说是满清王朝日渐落后于世界历史发展速度的原因之一。从这一意义上讲，清王朝的文化策略，虽然在维护短暂的国家利益上是成功的，但在促进长久的社会发展上是失败的。关于这一问题，可以作专门的探讨，这里不便展开。本文所关心的是，进入20世纪90年代以来，随着社会环境的变化和知识分子对自身作用的反思，又有人提出了"回到乾嘉"的口号，这便不能不使人生疑了。

无论是从治学态度上，还是从研究方法上讲，"乾嘉学派"刚好呈现出与"新儒学"完全相反的学术特征。我们知道，当代"新儒学"虽然反对"价值中立"，却并不排斥"方法多元"。这是因为，从历史的学术传统来看，"新儒学"是以"第二期儒学"亦即"宋学"为其发展前提和超越目标的，因而它更偏重于义理方面的阐释，也更容易接受"今文经学派"之"六经注我"的治学方式的影响。从现实的学术环境来看，大部分"新儒学"的代表人物，尤其是海外"新儒家"，都具有某种程度的西学背景，因而很容易将西学的概念、范畴，乃至理论模式运用到国学的阐释中来。众所周知，熊十力

11　参见艾尔曼：《从理学到朴学》，江苏人民出版社，1995年。

的“新唯实论”不仅脱胎于中土法相宗，而且参照了柏格森的生命哲学和怀特海的过程哲学；而牟宗三用康德哲学来阐释儒家“仁学”的做法，亦是一个明显的例证。与之相反，“乾嘉学派”虽然坚持“价值中立”，却排斥“方法多元”。这是由于，从历史的学术传统来看，“乾嘉学派”恰恰是在反拨“宋学”空谈义理的基础上出现的，因而它以汉代的“古文经学派”为其发展的前提和超越的目标，更注重经典文本的文字研究，更容易接受“我注六经”的学术传统，从而在治学方法上也便难脱“两汉之学，其弊也‘拘’”的特点，即严谨有余、开拓不足了。从现实的学术环境来看，由于“乾嘉学派”是在异族统治和闭关锁国的环境下出现的，因而它既有着通过张扬学术传统来维系民族文化的危机意识，又有着无法与外部世界进行学术交流的现实可能，故而只能反躬自省，延续某种单一而纯粹的学术途径。

今天，这种传统的治学方式又被一些人抬到了垄断的地位。有的人主张，中国的学问只能用中国的方式来研究，否则就可能会陷入一种“洋径浜”式的尴尬局面。还有人认为，人文的学术只能用人文的方法来研究，因而要清算80年代“方法热”所遗留下来的不良影响，从态度和方法上“回到乾嘉”。

这种将“家法”扩大为“学术规范”的不妥之处主要表现在两个方面：首先，作为一种文化的重要组成部分，学术不仅是国家的、民族的，而且是全人类的。我们纵然可以确定一种学术成果的发明权，却无法限定其解释权和使用权。从理论上讲，除了情感的因素之外，我们根本不可能找到限定不同民族文化结构和学术观念相互理解和彼此阐发的合法依据；从实践上讲，正是在这种跨越国家和民族的解释和阐发上，一种学术的内涵才会不断丰富，一种文化的意义才会不断升值。其次，人文学术虽然有其自身的研究对象和历史传统，但它并没有足够的理由来排斥自然科学所能给予的启发和帮助。从理论上讲，作为人类的文明成果，人文学科与自然科学之间并不存在着方法论意义上的天然鸿沟；从实践上讲，正是在这种跨越部门和学科之间的启发和渗透之中，人文学科和自然科学之间才能够相互促进、不断繁荣，并呈现出越来越多的学术生长点。卡尔·波普尔就曾指出：“在划分（自然）科学与人文科学上费力劳神，长期以来已成为一种风气，而且已经成为一种麻烦。解决问题的方法即猜测与反驳的方法，是这两种科学都采用的。它用于恢复一篇破旧不堪的文本，也用于建立一个放射性学说。”[12]当然，我并不否认，无论是用西学的方法来治理国学，还是用自然科学的工具来从事人文学术的研究，都曾经出现过牵强附会、生搬硬套之类的失误，事实上，这类失误在任何一种新的学术尝试中都是在所难免的。但是，不能由于出现了探索中的失误，我们就要因噎废食，并以此而获得维护“家法”的神圣权力。

从更为广阔的时代背景上看，应否实现“方法多元”的分歧，不仅发生在“国学”与“西学”、“人文”与“自然”之间，而且发生在“古典”与“现代”之间。在中国，处于传统与现代之间的王国维也曾面临着由西学引进而出现的“新术语爆炸”的历史局面，对此，这位国学基础极深的学者却能清醒地认识到：“新思想之输出，即新语言之输出之意味也。”因而主张：“好奇者滥用之，泥古者唾弃之，二者皆非也。”[13]不仅如此，他还在文本考据的基础上利用出土文物和甲金文的发现而开创了“二重证据法”，并运用叔本华的悲剧理论来进行《红楼梦》的学术研究。这一切，都已经超出了乾嘉学派的历史局限。在西方，作为“现代科学之父”的爱因斯坦更是明确地指出：“经验事实（给科学家）规定的外部条件不允许他在构造概念世界时墨守一种认识论体系，因而被捆住手脚。所以，在体系的认识论者看来，他必定像一个典型的毫无顾忌的机会主义者。”[14]这种思想更是构成了对传统学术的直接挑战。

在这样一种大的学术背景下，“国学”要想跟上“新”的历史潮流，还能仅仅地固守于“乾嘉传统”吗？

三

对于国学研究之“价值中立”和“方法多元”的上述论证可能会带来如下两个问题：

一方面，当我们阐述了国学研究应该保持“价值中立”的观点以后，或许有人会提出这样的问题：“价值中立”的研究即使是可能的，然而它的社会功用也是值得怀疑的，由于研究者本人都已放弃了主观的价值准则和批评态

12 [英]卡尔·波普尔：《客观知识》，上海译文出版社，1987年，第196页。
13 《王国维文集》第五册，燕山出版社，1997年。
14 [美]希尔普编：《爱因斯坦：哲学家—科学家》，1951年，第683—684页。

度，他又如何通过这一研究来引导民众呢？

必须承认，如果我们的论辩双方都要以“引导民众”来作为学术研究的唯一目的，那么这一怀疑确实是有道理的。问题在于，我并不认为国学研究的社会功能就是要“引导民众”，我甚至并不认为国学大师们有着“引导民众”的合法权利。在这里，我不得不再一次重申康德有关“纯粹理性”与“实践理性”、科学认识与伦理实践的区别问题。

具体到“国学”问题上，“研究”的目的就是要对于我们的传统文化和学术遗产进行必要的清理并揭示其潜在的结构关系。这种显在的学术材料和潜在的文化结构都是客观的，不依我们的好恶为转移的，惟其如此，它才是有学术价值的。正像伊·拉卡托斯所指出的那样：“一个理论的认识价值与它对人们的心智的影响毫无关系。信仰、虔诚、理解是人类心智的状态，但理论的客观的、科学的价值与创造理论或理解理论的人类心智无关。它的科学价值只取决于这些猜测事实上所得到的客观支持。”[15]因此，我认为，国学研究的“社会功能”只是在“认识领域”中为人们提供理解传统文化之显在面目和潜在结构的便利条件而已，至于如何利用、改造或更新这些显在的面目和潜在的结构，则不仅对于不同的行为主体有着不同的价值和意义，而且还会使他们付出不同的代价，获得不同的利益。因此，面对同样的传统文化，是全盘肯定，还是全盘否定，抑或是肯定什么、否定什么，这完全是每一个行为主体的自由权力，用不着国学大师来耳提面命、指手画脚。一句话，这已经不再是“认识领域”中的知识问题，而是“实践领域”中的行为问题了。

当然，每一个国学研究者不仅是认识主体，而且是实践主体，在面对传统文化的社会实践中，他同样有着采取实践立场和选择实践目标的权力。但是，由于这种社会实践与其个人的社会地位和现实利益有着千丝万缕的联系，因而不可能是纯客观的、超功利的，所以他也就没有理由将一己的实践态度披上认识的科学外衣对民众加以“引导”。换言之，尊重每一个实践主体的自由权力，应该成为现代人文学者的职业道德。正是在这一意义上，卡尔·波普尔才指出，是坚持价值判断的一元决定论还是保持价值判断和事实判断的二元并存论，应被看做区分封闭社会文化与开放社会文化的重要标志。

15 《科学研究方法论》，上海译文出版社，1986年，第2页。

另一方面，当我们阐述了国学研究应允许“方法多元”的观点之后，另外一些人可能又会产生这样的疑虑，即“方法多元”会不会妨碍知识的增长，以至于导致国学研究中的无政府主义？其实，妨碍科学的“知识增长”、导致研究的“无政府主义”之真正原因，并不在于方法是否多元，而在于方法是否合理。具体说来，笔者虽然同意法伊尔阿本德在《反对方法》和《自由社会中的科学》等著作中对方法无限多元化的提倡，但并不赞成他由此而引导或暗示出的非理性主义的研究态度。在我们看来，任何研究方法都必然是理性的。所谓理性，广义地讲，就是对各种现象的发生和发展作出一种合乎历史、合乎逻辑的解释（但这并不等于合乎传统）。这些解释也许会随着新材料的发现或新经验的增加而被“证伪”掉，但如卡尔·波普尔所言，这种“证伪”恰恰是知识增长和学术进步的必要环节。如此说来，不仅每一种“猜想”（解释）需要理性，每一种“反驳”（证伪）也需要理性。由于有了理性的保障，才使得人们并没有在多元方法的运用中陷入公说公有理、婆说婆有理的混乱状态，而是使多元的“解释”之间或存在着一种更替性的知识积累、一种互补性的结构关系。

例如，对于儒、墨、道、法诸家的学术思想，我们可以从“文本”入手来分析其各自的语言内涵，我们也可以从“发生”的角度来分析其各自的社会背景；我们可以从“历时”的顺序来考察它们之间的影响和承继关系，我们也可以从“共时”的立场来考察它们之间的结构与逻辑关系……这其中每一个角度的切入和每一种方法的运用，都必然会带来一些新的方法，提出一些新的问题，其各自的研究结果并不存在着非此即彼的矛盾关系，而是多元并存的。从认识论的意义上讲，“对象怎样变成人的对象就要取决于对象的性质和与对象性质相适应的（人的）本质力量的性质；因为正是根据这二者之间的关系的具体（特定）性质才可以作出特殊的具体的肯定方式。”[16]因此，随着人认识世界的方法和角度的不断多样，随着“人的本质力量”的不断丰富，同一个研究对象就可能呈现出越来越多的、乃至无限丰富的学术内容，这也正是学术研究永无止境的真正奥秘。

总之，通过以上分析可以看出，在当今的历史条件下，“国学”研究要想

16　马克思：《1844年经济学哲学手稿》，《美学》第2辑，第10页。

开出一个“新”的局面，既不能简单地因袭“今文经学派”的研究法则，又不能机械地照搬“古文经学派”的学术规范，而应在“价值中立”的立场上学习并扩大“三期儒学”的理论视野，在“方法多元”的前提下继承并发扬“乾嘉学派”的科学精神。只有这样，再加上十倍的热情、百倍的努力，我们才能真正超越国学研究的古典境界。

（此文发表于《中国文化研究》1998年春之卷，《新华文摘》1998年第8期转载）

慧能与海德格尔

作为不同民族、不同时代的两位思想家，慧能在中国禅宗史上的地位与海德格尔在西方存在主义哲学中的地位却有某些相似之处。

按照佛教的传统说法，禅宗和其他教派一样，也是由印度传来的。在印度，自摩诃迦叶至菩提达摩，有所谓“西天二十八代”师资相承的传说。到了中国以后，由菩提达摩再到慧能，有所谓“东土六代”衣钵相传的历史。正因如此，在中国禅宗史上，慧能一向有“六祖”之称。然而，对于此类说法，学术界也有不同的见解。例如，郭朋在《隋唐佛教》一书中曾经指出，真正意义上的中国禅宗，就是由慧能创立的。慧能之前，只有禅学，并无禅宗。至于所谓禅宗中的“南宗”“北宗”之说，也只不过是一种习而不察的传说而已。或许这种意见有些武断，但慧能在中国禅宗史上首屈一指的地位，却是毋庸置疑的。

说到存在主义，人们常常要上溯到丹麦的克尔凯郭尔、俄国的陀思妥耶夫斯基、德国的尼采等人，然而无论如何，真正对这一学派具有系统的理论贡献的，当属海德格尔无疑。尽管他本人甚至不接受“存在主义”这个名称，而宁愿将自己的思想称为“存在哲学”，但正像缺了慧能将无法撰写中国禅宗史一样，没了海德格尔，西方的存在主义也将无从谈起。

我们比较慧能与海德格尔，并不仅仅是由于他们二人所具有的上述学术地位，更重要的是在于他们的学术思想中确有某种令人吃惊的相近之处。例如，在本体论问题上，慧能主张从“自性”入手来接近“真如”本性，海德格尔则主张从“此在”入手来探求“存在”本源，二者都力图从主体自身中开辟出一条通往宇宙本体的精神之路；在方法论问题上，慧能主张“明心见性”“顿悟成佛”“不假文字”，海德格尔则主张“由诗入思”“拯救语言”“去蔽澄明”，二者都力图超越寻常的逻辑思维，在概念和范畴之外来发现人与存在本体的亲和关系；在生存论问题上，慧能主张“来去自由”“心体无滞”，海德格尔则主张“沉默的呼唤”“诗意地栖居”，二者都力图在此岸世界的生活之中进入某种摆脱异化束缚的生存境界……

通过这些方面的比较和分析，我们不仅可以在相互诠释之中加深对慧能和海德格尔思想体系的理解，而且可以发现不同民族、不同时代的学术成果中所孕育着的共同的文化追求。

一

唐代是儒、释、道三教并立的时期，也是佛教思想实现其“中国化”转型的时期，处在这一历史关头的慧能，正是从禅宗教义的角度掀起了一场具有叛逆色彩的思想革命。对此，让我们先来看看下面一段对话：

> 使君问：“弟子见说，达摩大师化梁武帝，帝问达摩：‘朕一生已来，造寺、布施、供养，有功德否?’达摩答言：‘并无功德。’武帝惆怅，遂遣达摩出境。未审此言，请和尚说。”六祖言：“实无功德，使君勿疑达摩大师言。武帝著邪道，不识正法。”使君问：“何以无功德?”和尚言造寺、布施、供养，只是修福，不可将福以为功德。功德在法身，非在福田。自法性有功德，平直是德。内见佛性，外行恭敬……”（《坛经校释·三四》）

我们知道，由于汉儒在实现政治整合功能的同时无法满足人们信仰上的需求，因而便给外来文化的传入提供了某种历史性的契机。[1]佛教自东汉传入中国以后，在魏晋南北朝时期得到了充分的发展，其金钱布施之举、偶像崇拜之风，几度达到迷狂的程度。上述对话中谈到的梁武帝，便是其中的一个典型代表。《南史·郭祖深传》云："时帝大洪释典，将以易俗，故祖深尤言其事，条以为都下佛寺，五百余所，穷极宏丽，僧尼十余万，资产丰沃。所在郡县，不可胜言。"所谓"南朝四百八十寺，多少楼台烟雨中"（杜牧《江南春绝句》），就是这一历史的形象写照。时至慧能生活的时代，此一社会风气并没有发生逆转，仅以大造佛像为例，至今犹存的洛阳奉先寺主像卢舍那大佛（高17米）和四川乐山大佛（高71米）等举世罕见的巨型雕像，都是盛唐时期开凿的。这种信仰方式不仅耗费了大量的人力、物力，而且有悖于民族的文化传统，因而势必会引起人们的非议。从这一意义上讲，后来韩愈反佛的行为，便是一件不难理解的事情了。如果说，韩愈的意义，是站在儒家的立场上来反抗释家文化的外来侵袭，那么慧能的意义，则是站在佛教的立场上来调和外来文化与本土文化之间的矛盾。因此，与后来的韩愈不同，慧能不是要从外部来摧毁佛教，而是要从内部来变革佛教。

作为一种具有历史意义的宗教改革思想，慧能的理论贡献是多方面的，这其中最为重要的是，他借助儒家思孟学派心性理论的文化资源，将佛教对于彼岸世界的崇拜与向往转移到对内心世界佛性的开掘上来。这就是所谓"内见佛性，外行恭敬"的观点。在慧能看来，佛并不存在于外在的彼岸世界，也不能通过供奉与膜拜而获得：

> 世人自色身是城，眼、耳、鼻、舌、身即是城门，外有五门，内有意门。心即是地，性即是王，性在王在，性去王无。性在，身心存；性去，身心坏。佛是自性作，莫向身（外）求。自性迷，佛即众生；自性悟，众生即是佛。慈悲即是观音，喜舍名为势至，能净是释迦，平直是弥勒……（《坛经校释·三五》）

1　参见拙作《文化的挑战与应战——关于儒学分期的一种新阐释》，《学习与探索》1994年第5期。

如此说来，在人的“自性”和“真如”本体之间，有着一种先验的联系，由于后天的社会影响，使得这种联系被各种欲念阻绝或冲断，而禅宗的意义，就在于通过渐修顿悟，使人们恢复“自性”，重见“真如”。

> 世人性本自净，万法在自性。思量一切恶事，即行于恶；思量一切善事，便修于善行。如是一切法尽在自性。自性常清净，日月常明，只为云覆盖，上明下暗，不能了见日月星辰，忽遇惠风吹散卷尽云雾，万象森罗，一时皆现。(《坛经校释·二〇》)

尽管早在慧能之前，佛家学说中已包含着类似的“佛性”理论，但真正将教义的重点由外在的佛世音容转向内在的真如自性，并使二者日益对立起来的做法，则不能不说是有赖于慧能的这场革命。《五灯会元·卷一·东土祖师·六祖慧能大禅师》记云：“有蜀僧，名方辩，来谒曰：‘善捏塑。’祖正色曰：‘试塑看。’方辩不领旨，乃塑祖真，可高七尺，曲尽其妙。祖观之曰：‘汝善塑性，不善佛性。’”这段记载是很有意味的，继慧能之后，这场革命的叛逆色彩日益明显，以至于发展到了呵佛骂祖、谤经毁佛的境地。

与慧能的情况相类似的是，作为西方哲学家的海德格尔，也面临着思想史上的一场革命，只是这场革命的对象不是僵化的宗教教义和偶像本体，而是僵化的哲学教义和观念本体。我们知道，自从康德的“批判哲学”将五花八门的形而上学命题统统斥之为“独断论”之后，“存在”这一西方哲学的基本概念便开始面临了真正的危机。由此，后继的分析哲学进一步从语言和逻辑角度入手，将有关“存在”的形而上学斥之为“伪命题”的做法，便是不难理解的了。如果说分析哲学的意义，是站在本体论的立场之外来取消形而上学的合法地位，那么海德格尔的意义，则是站在本体论的立场之中来进行形而上学的理论变革，他指出：

> 形而上学从未在什么地方解答过存在的真理问题，因为它从来都没有探究过这个问题。它之所以没有探究过，是因为思维存在时，它

> 只把存在当做存在物来想象。它指的是整个存在物，谈的却是存在。它提到存在，所指的却是作为存在物的存在物。形而上学的陈述，从其开始到其完成，都是以一种奇特的方式完全把存在物与存在混淆了。[2]

所谓“存在”是指世界的本体，亦即哲学研究的对象；所谓“存在物”，则是指经验世界中存在的具体事物，它只是科学认识的对象。但是，以往的形而上学却总是想用具体的存在物或其类概念来规定存在本体，从而提出了“存在是什么”的问题，并为此而得出存在是“水”、是“火”，是“理念”、是“太一”之类五花八门的结论，在海德格尔看来，与其说这些答案有着“独断论”的错误，不如说这个问题的提法本身就存在着问题。存在即存在，这意味着存在只是其自身，并不是其他什么；这同时也意味着我们只能体验或接近存在而不能规定或描述存在。

那么，海德格尔又能够从什么角度来体验或接近存在呢？一般的存在物并不显现存在，它只是现成的、已被规定好了的东西，这类东西已经“是其所是”了，而存在并不“是什么”。所以，存在只能在没有被规定好的、尚未定型的、且具有反思能力的存在物之中才能被显示出来。在大千世界上，具备这一特征的存在物只有一个，那就是人。于是，海德格尔便在尼采的启发下，从这种“尚未定型的动物”出发，并利用胡塞尔的“现象学”理论，清除了前此以往的各家各派加在“人”上的种种定义，将其还原为“此在”[3]，试图以此来打开通往“存在”本体的新途径。

此在是一种存在者，但并不仅仅是置于众存在者之中的一种存在者。从存在者状态上看，这个存在者的与众不同之处在于，这个存在者为它的存在本身而存在。于是乎，此在的这一存在机制中就包含有：这个此在在它的存在中对这个存在具有存在关系。而这复又是说：此在在它的存在中无论以任何一种方式、任何一种表述都领会自身。这种存在者的情况是：它的存在是随着它的存在并通过它的存在而对它本身开展出来。对于存在的领悟本身就是此在的存在规定。此在作为存在者的与众不同之处在于：它存在论地存

2 《回到形而上学的基础》，《哲学译丛》1964年第2期。

3 参见拙作《反理性思潮的反思——现代西方哲学美学述评》第七章，山东大学出版社，1994年。

在。[4]这样一来，海德格尔的“此在”与“存在”本体之间的关系，同慧能的“自性”与“真如”本体之间的关系，就有着某种相似之处了。因此，正像慧能不去追求外在的偶像世界一样，海德格尔也拒绝探讨超验的宇宙本体：

> 具有生存方式的存在物，就是人。惟有人存在。高山是有的，但它不存在。树木是有的，但它不存在。马是有的，但它不存在。天使是有的，但它不存在。上帝是有的，但它不存在。[5]

海德格尔这种壮怀激烈的宣言与慧能那富有颠覆色彩的理论同样具有反对偶像崇拜的意义，只是他所要反叛的不仅是现象形态的偶像，更主要的是观念形态的偶像。尽管二人所处的民族环境与历史背景有着极大的不同，但都选择了从主体入手而进入存在本体的变革途径。

二

慧能与海德格尔不仅选择了相同的变革途径，而且采取了相似的变革方法，即由主体入手，运用超越概念、范畴和逻辑的方法来接近存在本体。

除了三论宗和法相宗之外，中国佛教的其他宗派也都讲究“一切众生，皆有佛性”，但是“顿悟”成佛说，却是禅宗所特有的，也是通过慧能而得到普遍提倡的。自慧能之后，以南禅“顿教”为代表的禅宗之所以能在各门各户的佛教派别中独领风骚，到后来竟成了中国佛教的代名词，这不仅是由于此一成佛之路较为简便易行，尤为重要的是，这一信仰方式更加符合中国传统的思维方式。我们知道，早在慧能创业之前，玄奘已于“西天”取来了不少真经，他的翻译和研究工作不仅得到了皇家的直接支持，而且也确实达到了慧能所无法企及的学术水平。然而有趣的是，满腹经纶的玄奘并没有成为中国佛教的主流，而目不识丁的慧能却结出了“五家七派”的硕果，这不能不说是一件耐人寻味的事情。究其原因，是由于佛教的大多经典和教义充斥了中国人所难以接受的逻辑思辨内容，其繁琐和复杂的程度使那些具有“实践理

4 《存在与时间》，生活·读书·新知三联书店，1987年，第15—16页。

5 《回到形而上学的基础》，《哲学译丛》1964年第2期。

性”传统的民众望而却步。而慧能自弘忍那里所继承下来的“法以心传心，当领自悟”（《坛经校释·九》）的方法，则更加符合中国的国情。

我们知道，“禅是天竺之语，具云禅那，此云思维修，亦云静虑，皆定慧之通称也。源者，是一切众生本觉真性，亦名佛性，亦名心地。悟之为慧，修之为定。定慧通名为禅。”（见《五灯会元·卷二·遂州圆禅师法嗣·圭峰宗密禅师》）因此，参禅作为“思维修”，并不是逻辑思维的演绎形式，而要靠一种极为奇特的般若直觉。对此，日本学者铃木大拙曾作过这样一番解释：

> 般若直觉不是衍生的，而是本原的；不是推论的，不是唯理的，亦非间接的，而是当下的直接的；不是解析的，而是统合的；不是知解的，亦非象征的；不是有心表现的，而是自然流露的；不是抽象的，而是具体的；不是序列的，不是有意的，而是法尔如然的，究竟终极的，不可化诚的；不是永远退缩的，而是无限含容的；如此等等。[6]

在我们看来，这种般若直觉与中国传统的道家思想之间是有着密切关联的。如果说，坐禅之“定”有些类似于老庄的“澄怀”“坐忘”，那么参禅之“慧”则有些接近于老庄的“大辩若讷”“得意忘言”了。从这一意义上讲，我们甚至认为，禅宗得之于道家的东西并不比得之于佛教的东西少，也正因如此，它才可能在中国文化的土壤中生根发芽、开花结果。

当然，禅宗的般若直觉并不是道家思维方式的简单继承，而是在借鉴基础上的极端性发展。如果说在老子、尤其是在庄子那里，我们已经明显地看到了某种超越语言逻辑的精神努力，但是这种努力还仅仅停留在借助语言来超越语言的层面上；那么在弘忍、尤其是在慧能这里，这种努力已经发展到放弃语言并践踏语言的地步了。《五灯会元·卷二·六祖大鉴禅师旁出法嗣·荷泽神会禅师》中有过这样一段记载：

6 《禅：敬答胡博士》，《禅宗历史与文化》，黑龙江教育出版社，1988年，第62页。

祖告众曰：“吾有一物，无头无尾，无名无字，无背无面，诸人还识否？”师乃出曰：“是诸法之本源，乃神会之佛性。”祖曰：“向汝道无名无字，汝便唤作本源佛性？”师礼拜而退。

从知性的角度来看，神会的回答不仅是正确的，而且是机智的，然而慧能的意思却恰恰是要超越知性的范畴。在他看来，佛性的本真含义是无法用概念来加以限定的，当我们用“佛性”一词来描述佛性的时候，便已经在某种程度上离开了我们的真实体验，而落入众人的俗窠了。因此，神会若能进一步领会这层含义的话，他便不应用语言回答，而要像世尊拈花、迦叶微笑那样，创造出某种超越语言、至少是超越日常语言的理解方式，以示体道心传了。说到底，禅的体验是一种最本己、最内在、最个人化的过程，所谓“如人饮水，冷暖自知”，即使我们能用“冷”“热”之类的字眼将自己的感受表述出来，别人真正可以借此而获得同感吗？

在慧能看来，不仅般若直觉不是依靠语言推理所获得的，而且要获得般若直觉，恰恰需要打断正常的语言逻辑，从而将人们从世俗的烦恼中解脱出来。这种破坏正常语言逻辑的办法，正是顿悟人心的不二法门。慧能自称：“吾一生已来，不识文字。”（《坛经校释·四二》）“故知本性自有般若之智，自用智慧观照，不假文字。”（《坛经校释·二八》）正因如此，自慧能之后，禅门公案中常常出现说反话、说粗话、说脏话，甚至当头棒喝、拳打脚踢的事情。这些稀奇古怪的举止常令一般人感到不可思议，事实上，参禅本来就超出了常人的知性逻辑。故曰：“理明则言语道断，何言之能议；旨会则心行处灭，何观之能思？心言不能思议者，可谓妙契环中矣。”（《五灯会元·卷二·六祖大鉴禅师旁出注嗣·永嘉玄觉禅师》）

同慧能一样，海德格尔对语言问题也有其独到的看法。在他看来，语言本应是人对整个世界的独特感悟。

语言，通过对存在物的首次命名，第一次将存在物带入语词并使之显现。唯有这一命名，才指明了存在物源于存在并达到其存在。这种言说即澄明的投射，在投射中宣告了存在物进入其敞开状态。[7]

7　阿尔伯特·霍夫斯达特根据海德格尔论文所编辑的《诗歌·语言·思想》英文版，第73页。

可见，这种原来意义上的语言是一种发现、一种创造、一种冒险。它体现了“此在”与其他“在者”之间最本己、最原初的“存在论”关系，只是依靠这种关系，整个世界对于人来说才得以真正呈现。正是在这一意义上，海德格尔才说出了那句尽人皆知的名言：“语言乃一圣地，也就是说，它是存在的家园。”[8]

但是，正像一个成长的人不可能永远依偎于母亲的怀抱一样，语言在其诞生之后也必然要离开自己所创造的这个“存在的家园”而走向人类社会。当语言成为人类社会的交际工具之后，语言的原初本性便开始受到了扭曲。在日常语言的运用中，为了使他人能够听懂，语言的“说”就必须遵循公众的规范和逻辑，因而它说出来的已不再是个体对“存在”的独特感悟，而是群体对“存在物”的普遍认识。这种情况，在报纸、电台、影视等传播媒介迅速膨胀的工业社会里，更是得到了变本加厉的发展。对此，海德格尔曾引用了里尔克在一封信中所说的话：

> 对于我们的祖父母而言，一所“房子”，一口“井”，一座熟悉的塔，甚至他们自己的衣服和斗篷，都还具有无穷的意味，无限的亲密——几乎每一件东西都是他们在其中发现人性并注入人性的容器。现在处处蜂拥而至的美国货，空乏而无味，似是而非的生命的冒牌货……一所美国人所理解的房子，一株来自美国的苹果或葡萄树，与我们祖先曾经加以沉思并寄以希望的房子和果实毫无共同之处。[9]

把语言降格为严谨而呆板的信息载体，把文字降格为刺激感官的广告商标，把朴素真实的世界降格为花花绿绿的符号网络，这大概是现代商业社会的通病。为了改变这种局面，重建“存在的家园”，海德格尔要借助于诗人的艺术的形式重新进行一种语言的冒险。

在海德格尔看来，诗人的责任就是让存在返回到诸具体在者的家园中，把我们推置一陌生的境地，因此而唤醒我们的惊异。为此，他的作品就必须成为存在自身的一种表达。因而，就艺术作品也建立一个世界同时又是诗意

8 阿尔伯特·霍夫斯达特根据海德格尔论文所编辑的《诗歌·语言·思想》英文版，第132页。

9 阿尔伯特·霍夫斯达特根据海德格尔论文所编辑的《诗歌·语言·思想》英文版，第130页。

化的一种形式而言，它必须以一种独一无二的和告诫的方式，使所有这些因素得到表现。[10]

在这里，海德格尔的“语言冒险”当然不是“顿悟成佛”的宗教形式，但是，就其“把我们推置一陌生境地”，就其“成为存在自身的一种表达”，就其“独一无二的告诫方式”而言，海德格尔的艺术又确实充满了禅意。关于这一点，我们可以在他有关梵·高绘画的那段著名的分析中看出：

> ……当暮色降临之际，这双鞋底在田野小径上踽踽而行。在这鞋里，回响着大地无声的召唤，显示着大地对成熟谷物的宁静的馈赠，表征着大地在冬闲的荒芜田野里朦胧的冬眠。这器具弥漫着对于面包来源的无怨的焦虑，以及再一次战胜了贫困的无言的喜悦，隐含着分娩阵痛时的哆嗦、死亡迫近时的战栗。这器具归属于大地，并在农妇的世界里得到保存。正是在这种保存的归属关系中，这器具在其自足的存在中得以显现。[11]

在这段充满禅意的分析中，我们会发现，如果说慧能的禅宗具有诗的意味，那么海德格尔的艺术则具几分宗教情怀了。在反抗日常语言和知性逻辑的问题上，二者又不约而同地走到了一起。

三

无论是慧能的宗教改革，还是海德格尔的哲学研究，他们的最终目的都不是为了获得某种确定的知识，也不是建立某种艺术的派别，而是要使人们摆脱异化现实的束缚，进入某种理想的自由境界。在这一点上，二者也有着共同的追求。

我们知道，同所有宗教一样，佛教为了摆脱现实的苦难，为了获得永久的解脱，也有着浓厚的禁欲主义色彩，作为佛教徒，人们必须削发出家、吃斋念佛，以便终生拒绝欲望的诱惑、彻底抵御人间的烦恼。尽管与其他派

10 威廉·H. 鲍桑特：《海德格尔的艺术理论》，《西方学者眼中的现代西方美学》，北京大学出版社，1987年，第8页。

11 阿尔伯特·霍夫斯达特根据海德格尔论文所编辑的《诗歌·语言·思想》英文版，第34页。

别相比，禅宗的戒律还算是相对宽松的，但在传统的意义上，要悟得禅之智慧，就必须读经，要修得心之佛性，就必须打坐。于是，终日枯坐，整天读经，便成为禅宗信仰者的生活方式。而作为南禅“顿教”的宗师，慧能则认为，禅意的获得是一种心性的自由和解放，因而在变革教义的同时，他也大胆地突破了读经、坐禅的传统修行方式：

此法门中，何名坐禅？此法门中，一切无碍，外于一切境界上念不起为坐，见本性不乱为禅。何名为禅定？外离相曰禅，内不乱曰定。(《坛经校释·一九》)

按照这样的解释，坐禅也好，禅定也罢，都只是一种心性的修养而已，并没有什么外在的法则和机械的规范。《五灯会元·卷二·六祖大鉴禅师旁出法嗣·吉州志诚禅师》记载，神秀曾派遣弟子志诚来打探慧能“顿悟成佛”的奥秘，结果被慧能发现，二人的对话颇能反映南、北禅宗修行方式的不同：

祖曰：“汝师若为示众?”师曰：“尝指诲大众，令住心观静，长坐不卧。”祖曰：“住心观静，是病非禅。长坐拘身，于理何益？听吾偈曰：‘生来坐不卧，死去卧不坐。元是臭骨头，何以立功过。’”

在慧能看来，禅作为一种“思维修”，不仅不是逻辑的思维方式，而且也不是刻板的操作方式。从而人们不必于日常生活之外别有用功，刻意修行，只要于相而无相，于念而无念，就可以发挥“自性”，体验禅意。进而言之，任何程式化的行为都是累赘，任何规范化的禁忌全无意义，只要能够获得一种本真的体验，甚至连出家与否都是极为次要的事情了。

大师言：“善知识！若欲修行，在家亦得，不由在寺。在寺不修，如西方恶之人；在家若修，如东方人修善。但愿自家修清净，即是西方。”(《坛经校释·三六》)

从一个方面来说，这种反对禁欲主义的宗教改革，自然会博得大批国人的赞许，自慧能以后，不少知识分子成了在家修行的“居士”，作为外来文化的佛教也便更加深入人心了。然而从另一方面来说，这种大胆的宗教改革又必然导致教派自身的瓦解。沿此下去，不仅会出现“酒肉穿肠过，佛祖心中留”之类非礼无法的奇谈怪论，而且连在教与在家的区别也变得毫无意义了。于是，外来文化在融入本土文化的同时，也便失去了其自身的特点；宗教文化在融入世俗文化的同时，也便失去了其独立的特征。经过这样一番脱胎换骨的改革，禅宗几乎已变成了一种思想、一种精神、一种诗意的人生境界。

与主张人生在世苦海无边的佛教相类似，海德格尔也认为“此在”的在世充满了“烦”。在海德格尔这里，“烦”是一个哲学概念，它主要指人生在世过程中面对无限繁杂多样的可能性进行选择的一种基本状态。“烦这一结构环节无疑是说出了：在此在中始终有某种东西悬欠着，这种东西作为此在本身的能在尚未成其为‘现实’的。从而，在此在的基本机制的本质中有着一种持续的未封闭状态。”[12]由于人是自由的，他便必然会追求自身的圆满；然而只要人在现实中生活，他又不可能获得圆满。从这一意义上讲，自由与其说是一种享受，不如说是一种负担，惟其如此，它才表现为“烦”。在日常生活中，“此在”与外物打交道叫做“烦忙”，此在与他人打交道叫做“烦神”，它们都是“烦”的具体体现。“此在”生存在世，就不可能脱离人与自然、人与社会这两大矛盾，因而也就免不了“烦忙”和“烦神”。更为重要的是，人们在“烦忙”和“烦神”的生活中往往会丧失本真的自我，从而遮蔽了“此在”与“存在”之间的联系，“沉沦”为一个没有个性和特点的“常人”。这种异化现象，在资本主义的现代工业社会中尤为突出：

在利用公共交通工具的情况下，在运用沟通消息的设施（报纸）的情况下，每一个他人都和其他人一样。这种杂然共在把本已的此在完全消解在“他人的”存在方式中，而各具差别和突出之处的他人则又更其消失不见了。在这种不触目而又不定局的情况中，常人展开了他的真正的独裁。常人怎样享乐，我们就怎样享乐；常人对文学艺术

12 [德]马丁·海德格尔：《存在与时间》，陈嘉映等译，生活·读书·新知三联书店，1987年，第284页。

怎样阅读怎样判断，我们就怎样阅读怎样判断，竟至常人怎样从“大众”中抽身，我们也就怎样抽身；常人对什么东西愤怒，我们就对什么东西“愤怒”。这个常人不是任何确定的人，而一切人（却不是作为总和）都是这个常人，就是这个常人指定着日常生活的存在方式。[13]

不难看出，这种生活的“沉沦”与语言的“沉沦”是同步的，它们虽然不是一种宗教仪式的束缚，但也足以使人丧失自我。面对这种局面，海德格尔也同慧能一样，不仅要摆脱语言规范的束缚，而且要超越行为规范的限制。当然了，这种摆脱和超越并不是让“此在”放弃语言的交际功能而陷入一种自说自话的状态，也不是让“此在”避免“烦忙”和“烦神”而同周围的物质世界和社会成员隔绝开来。而只是让“此在”在面对死亡的生命体验中来独自把握其存在的意义，而只是让“此在”在“烦”的生存结构中将自己筹划到他最本己的“能在”上去。这样一来，海德格尔对诗的追求就绝不仅仅是一种艺术形式的追求，而是一种生活境界的追求。而这种生活境界也不是一种不食人间烟火的超凡脱俗，而是不离世俗生活的“澄明”之境了。换言之，我们完全可以在普普通通的生活中摆脱“常人”的纠缠，在平平常常的岁月里保持“本真”的自我，在每时每刻的言行中考验“能在”的极限，在烦忙烦神的日子里寻找“存在”的意义……

尽管海德格尔的世界观似乎要比慧能积极而现实得多，但在这种即俗而脱俗、即凡而超凡的境界上，二者又恰好是相通的。因此，正如我们可以把慧能的宗教称之为一种“诗意的宗教”一样，人们也常常将海德格尔的哲学称之为一种“诗化的哲学”。我们知道，海德格尔最最推崇荷尔德林的一句诗，那就是“人诗意地栖居在大地上”。

——人诗意地栖居在大地上：不再被物质的利益所羁绊，不再被语言的规范所困扰；人不是自然的奴隶，也不是社会的仆人；人以其独特的方式体验存在，以其自由的身心塑造自我……这种理想境界的获得，既不靠生产力的发展，也不靠社会制度的变革，而是靠哲学的沉思和宗教的体验，靠真的澄明和美的创造……从严格的理论意义上讲，尽管海德格尔的“此在”并不

13 [德]马丁·海德格尔：《存在与时间》，陈嘉映等译，生活·读书·新知三联书店，1987年，第156页。

完全等同于慧能的“自性”，尽管海德格尔的“存在”并不完全等同于慧能的“真如”，尽管海德格尔的“去蔽澄明”并不完全等同与慧能的“明心见性”，但二人都在痴迷地向往并竭力地营造着一种自由的人生境界。他们于不同时间、不同地点、不同的文化背景下，共同徘徊于人类文明的林中小路上……

（此文为陈炎、赵建新合作，发表于《文明探索》（台湾）1998年第4期；《中国哲学史》1999年第3期）

“9 · 11事件”的文化反思

1993年，美国资深国际政治学家、哈佛大学教授亨廷顿在《外交事务》上发表《文明的冲突》一文，立即引起强烈的反响。亨廷顿的主要观点可以概括为以下三个方面：第一，他认为自近代国际制度出现以来，导致人类大规模战争的原因曾经出现过阶段性的嬗变：先由君主之间的冲突转移到民族国家之间的冲突，再由民族国家之间的冲突转移到不同意识形态国家群体之间的冲突。第二，“冷战”之后，“新的世界冲突根源，将不再侧重于意识形态或经济，而文化将是截然分隔人类和引起冲突的主要根源。在世界事务中，民族国家仍会举足轻重，但全球政治的主要冲突将会发生在不同文化的族群之间。文明的冲突将左右全球政治，文明之间的断层将成为未来的争斗线”。第三，在可见的将来，冲突的焦点将发生在西方与几个伊斯兰、儒家国家之间。

或许是出于爱好和平的美好愿望，或许是不愿将自己的民族文化置于与处在强势地位的基督教文化对立冲突的理论构架之中，亨廷顿的观点在华人学者之中几乎没有获得任何认可和赞同，相反的，批评与讨伐却不绝于耳，《文明的冲突？》甚至被视为一篇宣扬文化冲突的反面教材。细加分析，争鸣的双方自然有各自的学理和现实根据，但在这些根据的背后，几乎也隐藏着中国学者与西方学者在治学态度上的重大差异：前者常常从意愿出发，重在寻找符合主观意愿的理论依据；后者往往从现实出发，重在考虑现实矛盾中的利益格局。其实，亨廷顿并不是一个好战分子。他曾明确指出："我们并不认为文明冲突是好事，只是探讨将来可能出现的种种情况而已。"不幸的是，"9·11事件"的发生，似乎证明了亨氏的预言。

尽管西方国家一再宣称，目前的冲突绝不是基督教世界和伊斯兰教世界之间的冲突，而是整个人类的价值标准与少数恐怖分子之间的冲突。然而无论如何，"9·11事件"发生后，人们不得不更加重视文化在国际政治格局中的地位。在亨廷顿看来，文化之所以会成为引发冲突的原因，是由于不同文化系统中的族群难以在价值系统上相互沟通，从而形成彼此的认同感。这一点是至关重要的。也正是从这一点出发，他认为当今世界的冲突，在很大程度上取决于目前尚存的西方、儒家、日本、伊斯兰、印度教、斯拉夫—东正教、拉丁美洲等七八种主要的文化群体之间的摩擦，并认为这其中西方与伊斯兰和儒家之间的冲突将占据主导地位。

应该承认，亨廷顿的上述分析是冷静的、客观的、有一定道理的，但他解决问题的方法却是无法令人认同的。首先，从"质"上讲，他只看到了不同文化族群间差异和冲突的可能性和必然性，而没有看到这些不同的文化系统在现代文明中长期共存、相互沟通的可能性和必要性。其次，从"量"上讲，他没有进一步区分作为宗教的伊斯兰文化和作为非宗教的儒家文化与西方基督教文化在价值系统上相异的程度和可融合的差异度。

以同样冷静的眼光看待这种文化的冲突，我们认为：从"质"上讲，在当今世界上，儒家文化和伊斯兰文化与西方基督教文化之间确实存在着价值系统上的差异甚至冲突，但在新的"安全"概念下，这种冲突的解决不应也不可能仅仅依靠武力征服的手段，而应在冲突中学会相互忍让和解。从"量"上讲，中国传统的儒家文化不同于一神教的伊斯兰文化，也没有崇尚武力的民族传统，这使得它对西方文化的排斥性没有那么强烈，也不大会使用恐怖性的报复手段。然而在另一方面，中国传统的实用理性精神虽然不太容易使其民族成员为某种超验的信仰内容而放弃感性的肉体生命，去从事开着飞机撞大楼之类的恐怖行为；却可以使其以既勤俭又勤奋的工作态度去进行发财致富的努力。因此，在相当长的历史阶段内，如果以美国为首的西方国家在处理阿富汗和巴勒斯坦等国际问题上出现失误，便很有可能与部分甚至整个伊斯兰世界处于敌对状态。而以中国为代表的“儒教国家”虽不大可能与西方人在战场上进行武力较量，却很有可能成为他们在商场上的竞争对手。从国家功利主义的角度上看，西方世界与伊斯兰国家冲突、摩擦的规模越大、时间越长，越有利于中国这个“发展中国家”急起直追的经济形势；从国际主义和人道主义的角度来看，西方世界与伊斯兰国家冲突、摩擦的过程，既是中国发展建设国家经济的过程，也是人类文化学会相互尊重、彼此融合的过程。

（此文发表于《理论参考》2002年第3期）

“文明”与“文化”

无论是在中文还是在西语中，“文明”（civilization）和“文化”（culture）都属于使用频率极高而又极为模糊的概念。有时候它们可以混用，有时又有严格的区别。但若问混用的理由在何处？区别的根据在哪里？不仅百姓日用而不知，就连学者也未必说得清楚。在当今世界上，尽管以“文明”“文化”为题目的论文、著作、学术刊物和研究机构不计其数，但对于这两个概念及其内在关系，却始终未能达成一种广泛的共识。在前些年“文化热”的讨论中有人统计，仅“文化”一词就有140多种不同的界定方式。最近又有学者指出，“英语中文化的定义有260多种，据说是英语词汇中意义最丰富的二、三个词之一”[1]。这种现象必然会带来三重疑问：第一，造成这种歧义的原因何在呢？第二，这种歧义能否取消呢？第三，如果歧义不能取消，是否还有必要界定下去呢？

我们知道，语言中的词作为一种“能指”，其“所指”对象越抽象、越丰富，就越难以解释清楚。而无论“文明”还是“文化”，都不像“桌子”或“电脑”那样，指称某种客观存在的具体事物；恰恰相反，它们力求包含人类创造这些具体事物的总体成就和不同样态，因而其本身就与言说者看待整个“人化自然”的文明立场和文化态度有关。于是，这里面所潜藏着的“解释学

1　金元浦：《定义大众文化》，《中华读书报》2001年7月25日。

的循环”势必会导致歧义的出现。而且从逻辑上讲，这种歧义是无法从根本上消除的。但是，尽管分歧是难以避免的，讨论和界定这些概念却不是没有意义的。正如在哲学领域中，每一种对世界本质问题的独特解释都有可能引发出一种独特的哲学观念、甚至哲学体系一样；在文化领域中，每一种对文明或文化概念的独特理解都有可能引发出一种独特的文明观念或文化理论。不同的是，哲学中的元范畴是用经验中的“能指”来指称超验中的“所指”，因而带有形而上学之嫌；文化中的元范畴则是用经验中的“能指”来指称经验中的“所指”，因而可以避免独断论之弊。事实上，如果我们要对文明或文化问题进行认真、系统研究，都不能不从这两个概念的界定和反思入手。当然了，本文中的界定和反思也只代表笔者的一孔之见，它既不同于施宾格勒，也不同于汤因比，并且也不急于寻求广泛的理解和认同。

一

所谓“文明”，是指人类借助科学、技术等手段来改造客观世界，通过法律、道德等制度来协调群体关系，借助宗教、艺术等形式来调节自身情感，从而最大限度地满足基本需要、实现全面发展所达到的程度。在我看来，人作为一种“类存在”，至少具有使用和制造工具（包括一切科技手段）、依赖和凭借社会关系（包括一切社会制度）、渴望和追求情感慰藉（包括一切精神享受）这三个基本特征。惟其如此，人类才可能有对真的探索、对善的追求、对美的创作。反过来说，只有在对真、善、美的探索、追求、创造之中，人类才能最大限度地满足自身的基本需要、实现自身的全面发展。在这一点上，任何时代、任何地域、任何种族的人类群体概莫能外。从这一意义上讲，人类文明有着统一的价值标准。

换言之，人类要满足自身的基本需求，实现自身的全面发展，就必须进行真的探索、善的追求、美的创造。人类要进行真、善、美的探索、追求和创造，就必然会面临着人与自然、人与社会、人与自身之间的重重矛盾。而所谓文明，就是人类在克服这些矛盾的努力中所达到的历史进度。当我们说“资本主义时代的文明程度高于封建时代的文明程度”这句话时，既意味着资本主义时代的物质生产能力高于封建时代，也意味着资本主义时代的社会组织形式较之封建时代更能焕发人类群体改造世界的总体能力，还意味着资本主义时代的精神产品及其享受形式比封建时代更加丰富多彩。从这一意义上讲，所谓文明的尺度，也正是马克思主义有关生产力和生产关系、经济基础和上层建筑的综合尺度。

所谓“文化”，是指人在改造客观世界、在协调群体关系、在调节自身情感的过程中所表现出来的时代特征、地域风格和民族样式。由于人类文明是由不同的民族、在不同的时代和不同的地域中分别发展起来的，因而必然会表现出不同的特征、风格和样式。我们知道，考古学家对“文化”一词的经典使用方式，就是从不同地域的出土文物在建筑、工具、器皿的风格和样式上入手的。由于旧石器时代不同地域出土的器物中尚无风格和样式上的差别，因而“文化”一词只有在新石器时代以后才被使用，像“仰韶文化”“龙山文化”等。例如龙山文化的发现即是由一片黑陶引起的，由于这种黑陶器皿与仰韶文化的彩陶有着截然不同的风格和样式，从而引起了考古工作者的重视。不仅龙山的黑陶不同于仰韶的彩陶，而且良渚的玉器不同于大汶口的石器，红山的陶俑不同于马家窑的人像……正是这种风格和样式的千差万别，才使得同一个新石器时代的华夏文明表现出五彩缤纷的文化形态。华夏文明如此，整个人类文明更是如此。设想一下，如果没有不同的时代特征、地域风格、民族样式，整个人类文明的历史进程将会显得多么单调乏味。

若就这些不同风格、样式、特征的文化产品对满足人类的基本需要、对实现人类的全面发展所提供的可能性及历史水准而言，这些文化产品所包含的文明价值是有高低之分的。但就这些风格、样式、特征与其所属的民族、地域、时代之间的关系而论，文化本身并无贵贱之别。譬如穿衣，我们穿的衣料能否取暖、是否舒适、可否满足人类自身的基本需要，这其间有着一个文明的问题；至于是穿西服还是穿和服、是穿旗袍还是穿超短裙，这其间又有着一个文化的问题。在前一种意义上，我们可以说衣衫褴褛是不文明的表现；在后一种意义上，我们却不能说穿中山装是没有文化的标志。譬如吃饭，我们吃的食物能否果腹、有无营养、是否卫生，这其间有着一个文明的问题；至于是吃西餐还是吃中餐，是吃法国大菜还是吃日本料理，这其间又有着一个文化的问题。在前一种意义上，我们可以说茹毛饮血是不文明的表现；在后一种意义上，我们却不能说吃美国快餐是没有文化的标志。譬如工具，我们用的器皿会不会渗水、是不是坚固，这其间有一个文明的问题；至于是用石器还是用玉器，是用彩陶还是用黑陶，这其间又有一个文化问题。在前一种意义上，我们可以在石器时代、陶器时代、青铜器时代之间排列出一个文明的序列；在后一种意义上，我们却不能说色调单一而又质地细密的黑陶没有文化品味……

如此说来，文明与文化是两个既相联系又相区别的概念：文明是文化的内在价值，文化是文明的外在形式。文明的内在价值通过文化的外在形式得以实现，文化的外在形式借助文明的内在价值而有意义。一般来说，文明的内在价值总要通过文化的外在形式体现出来，而文化的外在形式之中又总会包含着文明的内在价值。如果说穿衣有着一种文明的内在价值，那么穿西服还是穿和服则是一种文化的外在形式，——我们很难设想有一种不带民族、时代、地域特征的，没有任何风格和样式的抽象的服装；如果说吃饭有一种文明的内在价值，那么吃中餐还是吃西餐则是一种文化的外在形式，——我们很难设想有一种不带民族、时代、地域特征的、没有任何风格和样式的抽象的饭菜；如果说使用器皿有一种文明的内在价值，那么用中式的陶瓷酒盅还是用西式的高脚玻璃杯，则是一种文化的外在形式，——我们很难设想一种不带民族、时代、地域特征的抽象的容器……

二

文明是一元的，是以人类基本需求和全面发展的满足程度为共同尺度的；文化是多元的，是以不同民族、不同地域、不同时代的不同条件为依据的。如果我们只承认文明的一元论而不承认文化的多元论，便有可能得出“欧洲中心主义”之类的邪说；如果我们只承认文化的多元论而不承认文明的一元论，便有可能得出“文明相对主义”之类的谬论。前者企图将一种文化的模式强加给不同时代、不同地域的不同民族，并肆意贬低和蔑视其他民族的文化创造；后者则企图用文化模式的多样性来抵消文明内容的进步性，并以民族特色为借口而拒绝外来文明的影响和渗透。

文化没有高低之分，却有强弱之别。所谓“强势文化”就是指能力较强、效率较高，从而包含文明价值较多的文化系统。相反，所谓“弱势文化”则是指能力较弱、效率较低，从而包含文明价值较少的文化系统。譬如语言文字，这种因民族、地域的不同所形成的不同的符号系统本没有高低贵贱之分，但其作为人类的日常交际工具和信息传递手段却有着是否丰富、是否准确、是否容易掌握、是否便于处理等差别。从这一意义上，我们固然不能说云南纳西族人保存至今的东巴文字没有价值，但这种古老的象形文字系统在当今的信息时代却难以发挥更大的影响。一种语言文字如此，而那种以语言文字为子系统的大的文化母系统更是如此。怀特把文化看成是一个能获取能量的系统，认为在其他条件不变的情况下，文化随着每年每人利用能量的增加而演化，从而满足着人们物质和精神上的各种需要。尽管从环境保护主义的立场上看，这种观点似乎是值得商榷的，但人类迄今为止的文明发展和文化创造却很难提出反面的例证。

文化的差异原本产生于时代、地域和民族的不同，但随着科技的进步、交通的改善、信息的加强，不同民族、地域之间以经济交往、文化交流、政治对话、军事征服等各种方式渐渐打破了固有的文化疆界。然而，在世界一体化（也就是时、空一体化）的过程中，不同文化系统之间的彼此影响和相互渗透并不总是自愿的，更不是等值的。在这一过程中，“强势文化”常常居于主导和支配的地位。这种影响和渗透自然有其好的一面，它使得居于劣势地位的“弱势文化”不得不改变其固有的状态，以提高其文明含量。因此可以说，这种全球化的历史过程，也正是人类文化不断提高其内在的文明总量的过程。但是，这种影响和渗透也有其坏的一面，它使得不同民族和地域之间的文化差别越来越小，文化面貌日渐趋同。因此可以说，这种全球化的历史进程，也正是人类文明不断减少其外在的文化差异的过程。

仍以语言为例，16世纪，英语还只是居住在英格兰岛上的几百万人的母语，而时至今日，世界上以英语为母语的人口已达到3.5亿之多，全球有3/4的邮件是用英语书写的，而国际互联网上的英语信息更是高达90%以上。不难想象，在英语成为世界语言的过程中，人类的交往获得了很大的便利；但与此同时，有多少个比云南纳西族更为不幸的民族文化连同它们的语言文字一同消亡了。今天，全世界有多少人穿着西服，系着领带，开着丰田牌轿车，来到星级化管理的写字楼里，坐在由IBM公司产生的电脑面前，使用着由比尔·盖茨开发的WINDOWS系统呢？或许，这一数量与全球的文明总量成正比，却与全球的文化总量成反比。尽管美国人为印第安人设置了保留地，尽管中国人为纳西古乐建立了民乐团，尽管各大旅游区都有所谓民族村之类的保留项目，但要把各个不同地域的民族文化真正保留下来，使其不在全球化的历史浪潮中被淹没，又谈何容易呢？迄今为止的历史似乎表明，人类文明程度的提高是以文化方式的趋同为代价的。换句话说，我们不仅在开垦荒地、建造工厂的过程中灭绝着自然界的稀有物种，而且在殖民统治、市场经济的进程中灭绝着人类社会的稀有文化。也许有一天，全球化的历史运动大功告成了，那么文化的概念会不会螺旋式地回到旧石器时代，再一次与文明的概念相重叠呢？

好在不同文化圈之间的影响和渗透并不总是单向的。尽管文化有强弱之分，但不仅弱势文化要从强势文化那里学习很多东西，强势文化也要从弱势文化那里汲取必要的营养。美国学者罗伯特·路威曾随手抓了一张欧洲人的菜单进行研究，分析的结果使人大吃一惊，菜肴中的3/4原料都是从外地引进的：在哥伦布出世以前，欧洲的厨师们根本就没有见过番茄、土豆、四季豆、玉米和菠萝蜜，这些都是从美洲新大陆引进的。至于饮料：1 500年前，欧洲人不知道什么叫做可可，什么叫做咖啡，什么叫做茶。前者是西班牙人从墨西哥带来的，中者最初只生长在非洲的埃塞俄比亚，至于后者，熟悉鸦片战争的人都知道它是怎样从中国被运到欧洲去的。如此说来，如果没有对外的贸易或掠夺，没有文化的交流和渗透，欧洲人的餐桌上便只剩下三样东西：面包、白米布丁和牛奶。反过来，如果我们看一看中国人自己的餐桌，也会发现比200年前丰富了许多，那上面不仅有烧饼、油条，也有面包、果酱；不仅有中国的老白干，也有德国的啤酒和法国的香槟。毫无疑问，这种你中有我、我中有你的双向交流无论对东方人还是对西方人来说都是一件好事，它纵然不能增加已有文化圈之间的差异并突出其特色，却使我们原有的文化形态更加丰富，从而享受的文明质量也随之提高。

在这一方面，或许日本的经验值得注意。在当今世界上，似乎没有哪个东方国家比日本的西化程度更高了；然而与此同时，恐怕也没有哪个东方民族比日本更善于保存传统文化了。一方面，日本人不遗余力地引进西方文化；另一方面，日本人又在十分顽固地维护着自己的民族传统。于是，在这个太平洋的岛国上，随处可以看到这样一种奇妙的文化景观：西式的摩天大厦与和式的木制建筑同时并存；西服、革履与和服、木屐并行不悖；既可以发现握手的场面，也可以看到鞠躬的情景；既有地球上速度最快的电气火车，又有世界上节奏最慢的茶道仪式；既可以观赏到标准的芭蕾舞、西洋歌剧，又可以欣赏到传统的能乐、狂言；不仅旅馆、饭店，就连厕所也能够分出“西式”与“和式”两种。真可谓是泾渭分明、并行不悖。说到底，文化只是文明的外在形式。因此，凡是具有文明价值的文化产品，无论东方西方，都可以兼收并蓄，为我所用。

三

尽管不同文化系统间的交流和渗透是一种历史趋势，但是这种交流和渗透却并不总是自觉或成功的。其原因就在于我们对文化的要素与功能、文化的结构与建构之间的复杂关系还缺乏深入的研究和理解。

文化作为一个系统，是由各种不同的要素组成的，而每种文化要素都有实现其文明价值的特殊功能，以满足人类群体的需要。以马林诺夫斯基为代表的功能主义学派将这种需要分为基本的和次生的两个层次。基本需要一般是建立在生理需求基础之上的，包括摄取营养、生殖繁衍、身体舒适、生命安全、适当休息、行动自由、健康成长等；次生需要一般是建立在社会需求基础之上的，如劳动协作、信息传递、社会交往、契约保障、情感慰藉等。人类正是在满足基本需要的过程中不断产生出次生需要，从而向文化提出越来越多的文明需求。

尽管人类的文明需求在本质上是一致的，但由于不同的人类群体生存的自然环境和社会条件不同，因而满足其文明需求的文化方式也不尽相同。以中国人的饮食为例，所谓“东酸西辣南甜北咸”，看上去似乎仅仅是一种毫无道理的习惯而已，细加分析却不难发现，这些习惯的形成或受制于不同地域的物产条件，或归因于人体在不同气候环境下的生理需求，各有各的道理。某些文化现象，在该文化圈以外的人看来似乎是毫无价值的，但经过认真考察却往往能发现其潜在的功能和意义。在这一方面，最为典型的例证是约翰·怀庭关于产后性禁忌的研究。在这一研究之前，不少人仅仅将赤道地区妇女产后长期性禁忌的文化习俗归结为一种迷信。但怀庭的研究成果却表明，由于赤道地区植物蛋白含量较低，使得新生婴儿常因患蛋白质缺乏症而夭折。在这种情况下，如果妇女在产后过早地再次怀孕，就会因缩短哺乳期而增加婴儿夭折的可能性。因此，这种连当地人也说不出原因的产后性禁忌实际上是有着潜在的科学功能和文明价值的。当然了，并不是说任何文化现象都具有天然的合法性，也不是说人类的文化现象中没有需要改造的陈规陋习。这一例证给人们的启示是，在没有弄清楚一种文化现象的文明功能之前，不要轻率地加以否定；反之，在没有搞清楚一种文化要素的文明功能之前，也不要生搬硬套。而这两种现象，恰恰是人们在文化的传播和移植过程中最为常见的错误。

文化系统不仅是由各种要素组成的，而且各要素之间亦有着内在的结构关系。一般说来，文化的诸多要素都不是孤立的，它们只有在其特定的文化结构中才可能发挥其应有的功能，从而实现其文明的价值。仍以饮食为例，筷子和刀叉作为一种文化要素，它们的功能是将烹饪好了的食物送进人们的嘴里，从而改变人类用手直接吃饭的不良习惯。但是，筷子和刀叉只有分别在中餐和西餐之不同的饮食结构中才可能实现其文明的价值，否则，无论是用筷子吃牛排还是用刀叉吃水饺都只能成为一种笑谈。从这一意义上讲，文化研究中的功能主义和结构主义之间并没有必然的矛盾和冲突，只是二者侧重的要点不同罢了。

在不同的文化结构中，有些要素虽然具有鲜明的民族或地域特征，但其内在的功能却有着相似之处。例如佛教信奉释迦牟尼，基督教信奉耶稣基督，伊斯兰教信奉穆罕默德，它们之间相互排斥，有时甚至势如水火。但从文明的角度上看，它们又都有着满足人们终极关怀的极为相似的文化功能。在这种情况下，如果人们只看到外在的文化形式的差异性而看不到内在的文明价值的一致性，就可能带来盲目的文化冲突，甚至把这种文化的冲突误认为是文明的冲突。在这一问题上，很容易使人们联想起美国学者亨廷顿的那篇颇具影响力的论文：《文明的冲突？》[2]。事实上，这种文化间的冲突非但无助于文明的进展，还常常具有反文明的性质。

在另外一些不同的文化结构中，有些文化要素之间并不存在直接对应的相互关系，而其所需功能则往往由其他文化要素加以“代偿”。例如，一般认为，宗教和法律是古代社会调节人的灵魂（精神世界）和肉体（行为领域）的两个最为重要的文化要素，但这两大要素在古代的中国却都不发达。稍加研究我们就会发现，并不是中国古人就没有灵魂和肉体的问题需要解决，而是中国古人利用不同于其他民族的方法来解决精神世界和行为领域中所存在的问题。因此，如果说中国古代的宗教和法律不像其他民族那样发达的话，那么中国古代的艺术和道德却有过之而无不及。因为在文化功能上，我们的古人主要不是依靠宗教而是依靠艺术给人们带来情感慰藉和终极关怀的，我们的古人主要不是依靠法律而是依靠道德来协调人与人之间的行为方式和社会秩序的。如果不理解这种不同文化结构之间的重要差异，就有可能用一种文化结构的标准来衡量另外一种文化结构的价值，甚至可能徒劳无功地将一种文化结构中的要素生搬硬套地移植到另一种文化结构中来。在这一问题上，很容易使人们联想起中国学者刘晓枫的那本风靡一时的著作：《走向十字架的真》。当然了，并不是说中国传统的儒家文化不需要改造，而是不可能简单地根据一种设想来加以任意改造。

2　[英]亨廷顿：《文明的冲突？》，香港《二十一世纪》1993年10月号。

一种民族文化尽管有其自恰的、相对稳定的结构系统，但这一系统并不是先验的、永恒不变的，它本身就是一个既不断建构又不断解构的过程。作为结构主义的代表人物，列维-斯特劳斯致力于不同的文化要素之间的系统研究，其成就是显著的，但他将外在的文化结构归因于人类内在心理结构的做法亦有其偏颇之处。我们知道，不同的文化模式产生于不同的自然环境和社会环境，就连不同人类群体的心理结构也是由环境造成的。在这里，我们不想否认心理结构对文化结构的影响。但从历史唯物主义的角度来看，这一切都是特定的生产力和生产关系在特定环境下的产物。仍以儒家文化为例，那种建立在亲子血缘基础之上的伦理—国家观念是黄河文明及“亚细亚生产方式”的产物，而并不是什么“恒常不变的道理”。强行改变它是不可能的，永远维护它也是办不到的。它的命运，既取决于外来文化的影响和渗透，更取决于内部土壤的分化和瓦解。随着自然经济的解体和商品生产的发展，儒家文化所赖以存在的人与人之间的原始血缘关系正在一点点地被法律契约关系所取代，儒家文化所一贯张扬的伦理道德观念正在一步步地被公民权利观念所取代……在这个问题上，如果我们只看到文化的建构过程而看不到其结构的意义，就会将文化间的影响和渗透看成是一种可以任意为之的事情；反之，如果我们只看到文化的结构意义而看不到其建构的可能，就会将某种文化的存在看成是永恒不变的事情。因此，只有将共时的结构主义与历时的建构主义统一起来，才有可能既看到文化系统的自恰性和稳定性，又发现文化变革的必然性和规律性。

（此文发表于《学术月刊》2002年第2期；《新华文摘》2002年第6期转载；2004年11月“中西交流与文化会通”国际学术会议（澳门）参会论文；修订版发表于2011年5月30日《光明日报》）

尼采的“永恒循环”：一种难以成立的形而上假说

哲学家所无法回避的工作之一，就是对于死亡的思索。叔本华如此，尼采同样如此。

“上帝死了”，人们无须再根据往日的清规戒律来束缚自己的现实生活，而可以凭借“酒神精神”“权力意志”“超人哲学”去超越自我。然而，“上帝死了”，人们不仅失去了生前的规范，而且也失去了死后的寄托。因为即便是“超人”终不免一死，而死后的归宿又在哪里呢？倘若人们超越不了生死的界限，那么现实生活中的一切自我超越都将是极为有限的；倘若人们超越不了生死的界限，那么尼采又有什么权力去改造叔本华的悲观哲学呢？因此，作为基督教的叛逆者，尼采想去彻底实现自我超越，就不仅要重新安排自己的现世，而且要重新解释人类的来生；即不仅要解释活着应该怎样，而且要解答死后将会如何。经过长时间的苦苦思索，尼采终于对此问题作出了自己的判断，这就是所谓“永恒循环”的宇宙观。

> 人生便是你目前所过、或往昔所过的生活，将来仍将不断重演，绝无任何新鲜之处。然而，每一样痛苦、欢乐、念头、叹息，以及生活中许多大大小小无法言传的事情皆会再度重现，而所有的结局也都

一样——同样的月夜、枯树和蜘蛛，同样的这个时候以及我。那存在的永恒之沙漏将不断地反复转动，而你在沙漏的眼中只不过是一粒灰尘罢了！[1]

我在那一瞬间化为乌有，灵魂也和肉体一样速朽，但是因果之纽带携带我循环——它将再度创造我！我只能属于永恒循环的因果。我与这太阳、这地球、这鹰、这蛇一同再生——但这并不是全新的、更好的或类似的生命，而只是完完全全、彻彻底底地重复着自己原有的生命，我与最伟大和最渺小的事物共同实现着永恒的循环！[2]

唉，人类永恒循环，渺小的人类也永恒循环！[3]

万事万物来而复返，存在之轮永恒旋转。万事万物死而复生，时间之轮永远运行。万事万物毁而重建，宇宙的形式不断再现。万事万物合而又散，惟一真实的是永恒的循环。[4]

在尼采那众多的理论和学说中，“永恒循环”的思想所受到的非议最多，人们常常把它同“历史循环论”“宗教轮回思想”等同起来，认为它是一种地地道道的反历史、反科学的神秘主义观点，是古印度“凤凰涅槃”和古希腊“生之大年”思想的翻版。但是，持这种批判态度的人们似乎忽视了产生这种思想的两个关键性的条件：第一，尼采并不是生活在蒙昧无知的上古时代，而是生活在自然科学高度发展的时代。在这样一个时代里，尼采是否可能全然不顾科学实践的已有成果而去追随一种显然落伍的观点呢？第二，尼采并不喜欢神学目的论，而是一个反理性主义者。作为一个一向蔑视上苍的宗教破坏者，尼采是否可能违背自己的意愿去追随一种显然荒谬的信仰呢？显然，如果忽略了这两个因素，那么我们对“永恒循环”思想的批判就很可能是肤浅的，表面化的。

的确，尼采并不否认，“永恒循环”说的产生，在灵感上曾受益于东方传

1 [德]尼采：《快乐的科学》，中国和平出版社，1986年，第230页。

2 Friderich Nietzsche.Thus Spake Zarathustra[M].Newyork:The Modern Library,1963. p247–248.

3 Friderich Nietzsche.Thus Spake Zarathustra[M].Newyork:The Modern Library,1963.p246

4 Friderich Nietzsche.Thus Spake Zarathustra[M].Newyork:The Modern Library,1963.p244

统的"凤凰涅槃"神话和西方传统的"生之大年"学说[5]，然而这种灵感上的受益并不等于理论上的照搬。在他看来，这些神话和学说之所以有价值，不在于它们可以从神学的角度加以利用，而在于它们可以从科学的角度加以改造。从他的哲学立场来看，既然没有一个上帝式的主宰存在，那么宇宙间的万事万物就不可能像目的论者所说明的那样，是一种合乎理性的设计的结果；而应该像机械论者所解释的那样，是一种物质材料的偶然组合。地球、人类以及我们每一个个体，都是这种偶然组合的结果。这种组合导源于物质世界的不断运动，同时也将毁灭于这种运动自身。因为在"权力意志"的推动下，永远奔腾的物质大潮绝不会停留在某一点上，所以从现象上看，世界除了无休止的运动、不间断的变化之外，再没有任何永恒的东西了。然而，这并不意味着世界在其自身的运动中就不可能发生任何重复了。恰恰相反，正是由于物质的运动是无目的、无理性的，所以按照概率论的原理，重复的出现是必然的。因为物质不能创生，也不能消灭，它只能在无限的过程中进行着各种各样的分解和组合，在这种分解和组合的形式中，尽管完全重复的可能性是极小极小的，但这种可能性又确确实实是存在的；尽管每一次重复的时间相隔是极其漫长的，但作为一种信仰则又是可以期盼的。这就像孩子们玩的万花筒，每转动一下，筒中的玻璃碎片就有着新的组合，并构成新的图案。这图案是复杂的、奇特的、牵一发而动全身的，因而是很难重复的。但是，只要我们不厌其烦地、坚持不懈地转下去，我们便有理由相信，同样的图案总会出现。正是在这个意义上，尼采才坚持认为，这地球、这人类，以及我们每一个活着的个体，总有一天还会出现。

你们知道"世界"在我看来是什么呢？我可以在我的镜子里把它指给你们看吗？世界就是：一种巨大无比的力量，无始无终；一种常住不变的力量，永不变大变小，永不消耗，只是流转易形，而总量不变；一份家当，没有支出和亏损，也没有增益和收入，为"虚无"所包围，以此为自己的界限，不缩减、不浪费，也不无限扩张，而是作为一定的力量被放在一定的空间中，却非放在"空空如也地"存在于

5　Friderich Nietzsche.Thus Spake Zarathustra[M].Newyork:The Modern Library,1963.p247.

某处的空间中，毋宁说是一种无所不在的力量，或各种力量浪潮的会演，亦多亦一，此起彼伏；一个奔腾泛滥的力量海洋，永远在流转易形，永远在回流，无穷岁月的回流，以各种形态潮汐相间，从最简单的涌向最复杂的。从最静的、最硬的、最冷的涌向最烫的、最野的、最自相矛盾的，在这万化如一、千古不移的状态中肯定自己、祝福自己是永远必定回来的东西，是一种不知满足、不知厌倦、不知疲劳的迁化……[6]

在这里，尼采显然要在传统的神学信仰破灭之后，给世界以一种新的“科学的解释”，而这种“科学的解释”，本身又可以满足信仰的需求。这种“科学的解释”是否科学，我们暂且不论，然而它至少不像过去那些批判者所想象的那样简单。值得注意的是，大约与尼采创造这一学说的同时，恩格斯在《自然辩证法·导言》中也有过一些类似的看法：

新的自然观的基本点是完备了：一切僵硬的东西融化了，一切固定的东西消散了，一切被当做永久存在的特殊东西变成了转瞬即逝的东西，整个自然界被证明是在永恒的流动和循环中运动着。[7]

这是物质运动的一个永恒的循环，这个循环只有在我们的地球年代不足以作为量度单位的时间内才能完成它的轨道，在这个循环中，最高发展的时间，有机生命的时间，尤其是意识到自身和自然界的生物的生命的时间，正如生命和自我意识在其中发生作用的空间一样，是非常狭小短促的；在这个循环中，物质的任何有限的存在方式，不论是太阳或星云，个别的动物或动物种属，化学的化合或分解，都同样是暂时的，而且除永恒变化着、永恒运动着的物质以及这一物质运动和变化所依据的规律外，再没有什么永恒的东西。但是，不论这个循环在时间和空间中如何经常地和如何无情地完成着，不论有多少百万个太阳和地球产生和灭亡，不论要经历多长时间才能在一个太阳系内而且只在一个行星上造成有机生命的条件，不论有无数的有机物

6 洪谦：《西方现代资产阶级哲学论著选辑》，商务印书馆，1982年，第23页。

7 《马克思恩格斯选集》第三卷，人民出版社，1972年，第453—454页。

一定产生和灭亡，然后具有能思维的脑子的动物才从它们中间发展出来，在一个短时间内找到适于生活的条件，然后又残酷地被消灭，我们还是确信：物质在它的一切变化中永远是同一的，它的任何一个属性都永远不会丧失，因此，它虽然在某个时候一定以铁的必然性毁灭自己在地球上的最美的花朵——思维着的精神，而在另外的某个地方和某个时候一定又以同样的铁的必然性把它重新产生出来。[8]

以上这段文字出自恩格斯之手，这也许是那些“永恒循环”说的批判者们始料不及的事情。在这种情况下，或许有人会改口说，这一学说并非宗教神秘主义的观点而是科学的世界观了。但是请记住我们的教训！在没有经过认真的分析和研究之前，对任何人的任何思想都不要急于下结论。

在我看来，作为一个宇宙运动的宏观假说，“永恒循环”的观点至少必须符合两条科学原理才能成立：一个是数学上的概率论原理，另一个是物理学上的热力学原理。从概率论的角度上看，“永恒循环”现象的出现有赖于以下三个条件：第一，宇宙间的物质在总体上是给定的；第二，这些物质活动的空间在总体上也是给定的；第三，这些在有限空间中的有限物质在运动的时间上是无限的。这就如同我们上面所举的那个例子：万花筒中的彩色玻璃碴无论再多，总还是有限的；而这些玻璃碴分解组合的活动空间在几块镜子的包围下，也同样是有限的；在这两个有限的前提下，只要我们无限地转动万花筒，图案的循环现象必然会以随机的形式出现。但是问题在于，宇宙不是万花筒，物质也不同于玻璃碴，在我们的理解和信念中，这二者本身也都是无限的。无限的物质在无限的空间中进行无限的运动，其重复出现的概率在分母上便不再是一个相当大的有限数字，而是一个无限大的数字了。这样一来，万花筒被打破了，“永恒循环”的假说也被打破了。

然而退一步讲，假使物质以及运动的空间是有限的，假使太阳系或者银河系相对于其他外在空间是隔绝的、封闭的，那么“永恒循环”的假说是否就能成立呢？讨论这一问题，不仅要涉及数学上的概率论原理，而且要涉及物理学上的热力学原理。显然，“永恒循环”说是建立在热力学第一定律，

8 《马克思恩格斯选集》第三卷，人民出版社，1972年，第461—462页。

即能量守恒定律的基础之上的。这一定律告诉我们，宇宙中的物质与能量是守恒的，既不能被创造，也不能被消灭，它们只有形式的改变而没有本质的变化。按照这一定律，“永恒循环”说似乎是可以成立的。但是，热力学第二定律即熵定律却告诉我们，尽管物质与能量是守恒的，但其转换的总体方向却是不可逆的。也就是说，在一个封闭的系统内部，只有一个稳定的平衡状态，而全部的能量转换在总体方向上，却只能朝着这一状态不可逆地进行，从而使熵量不断增加，最后达到僵死的“热寂”状态。这一定律表明，对于一个有限的封闭系统来说，其内部的物质运动不可能是永恒的，从而时间也必然是有限的。这样一来，即使我们假设物质及其运动的空间是有限的，却同样无法得出“永恒循环”的结论，因为这种假设的建立，是以否定时间的无限性为代价的。也就是说，假使太阳系、或者银河系相对于其他外部空间是封闭的，那么其内部的物质运动便不可能无休止地进行下去，它们总是朝着一个方向，一个“热寂”的平衡状态不断演进，使熵量不断增加、惰性不断增强，最后直至这一系统的死亡、时间的停滞。再回到我们刚才的比喻中来，万花筒中的彩色玻璃碴只有在不断地旋转之中才可能出现完全重复的图案，但现在却没有一只手来维系“宇宙”这一大的万花筒无休止地旋转下去，因为这一“宇宙”与外部空间的联系已经在我们的假设中被割断了。

总之，如果我们从概率论和热力学的角度来同时考虑这一问题，“永恒循环”学说便面临着这样一种悖论：如果我们假设时间是无限的，也就必须假设物质以及运动空间是无限的，那么无限的物质在无限的空间中进行无限的运动，其重演的必然性是不存在的。反之，如果我们假设物质及其运动的空间是有限的，也就必须假设时间是有限的，那么有限的物质在有限的空间中进行有限的运动，其结果不可能产生“永恒循环”，而只能导致“热寂”状态。当然了，上述假设只是一种逻辑上的归谬法，如果按照人们所普遍接受的“宇宙膨胀理论”来解释“永恒循环说”，也同样是不能接受的。

回到尼采这里，“永恒循环”与其说是一种科学，不如说是一种信仰，是用科学所支撑的信仰。现在其科学的价值既已被否定，让我们再来看一看其信仰的价值。海德格尔曾经指出：“永恒循环”与“权力意志”有内在紧密的统一性，忽视“永恒循环”，就不能全面理解“权力意志”的形而上学意义。这种观点在我看来是很有见地的。我们知道，尼采哲学是对叔本华唯意志论的改造，在承认“意志”的本体性、非理性的问题上，二者原本是一致的，关键的不同在二者的立足点上。叔本华在承认宇宙，乃至人的本质是“意志”的前提下，却又因为“意志”给人们带来了无穷的欲望与烦恼，而要站在人的立场上将“意志”否定掉。因此，他的整个哲学不仅是悲观的，而且是消极的。尼采也承认“意志”会给人们带来残酷的毁灭与不幸，但他不从个体人的角度出发对“意志”进行叔本华式的“控诉”，而是从“意志”本体的立场出发，让人们欣赏乃至玩味现实生活中的苦难与不幸，让人们在破坏之中感受到宇宙生命的力度，在毁灭之中体验到权力意志的永恒。因此，他的整个哲学虽然是悲观的，却是积极的。显然，这种立场上的转移要求精神上的超越，即要求人们不仅在观念上、而且在情感上都能超脱现实人生的有限束缚，而站在宇宙意志的角度去进行价值判断。但是，人生毕竟是有限的，要使人真正超越有限的生命去考虑问题，就必须在有限的生命之外去寻找无限的寄托，正是在这个意义上，尼采需要“永恒循环”这一信仰，并把它称之为“肯定生命的最高公式”。

在尼采看来，这个永远在自我创造、自我毁灭的酒神世界，就如同一场永远激动人心的悲剧，其主人公就是那不知疲倦的“权力意志”。它在创造中毁灭，又在毁灭中创造，在永恒的循环之中证明着自己、实现着自己、超越着自己。同时，它“也就是人类所曾获得的最高肯定方式”[9]，是“上帝死了”之后，人类可以求得不朽的唯一证明。“啊，我怎能不渴望永恒和结婚戒指——那代表着循环的戒指？”“一切更新，一切永恒，一切关联、纠葛和彼此亲和，啊，这样你们才会爱恋这个世界，——你们是这世界永恒的成员，你们永远地爱恋这世界，甚至你们对灾难说：从此去吧，但要再来！因为快乐要求着——永恒！”“一切快乐都渴望着万物的永恒，它渴望着蜂蜜，渴望着酒糟，渴望着沉醉的午夜，渴望着坟墓，渴望着墓旁流泪的慰藉，渴望着黄金般的晚霞——有什么不是快乐所渴望的呢？那是比一切的灾难更焦渴，更操心，更饥饿，更恐惧，更神秘：它渴望着它自己，它嚼食着它自己，循环的意

9　[德]尼采：《瞧这个人》，中国和平出版社，1986年，第76页。

志缠绕着它，——它渴望爱，它渴望恨，它过于丰富，它赠与，它抛弃，它乞求别人与它争夺，它感谢那些掠夺者，它需要被仇恨，——快乐是如此的充裕，以至于它渴望灾难，渴望地狱，渴望仇恨，渴望羞辱，渴望残酷，渴望整个世界——啊，对于这个世界，你们有着深深的理解！……快乐渴望万物之永恒，渴望那深沉而沉奥的永恒”[10]由此可见，正是由于有了“永恒循环”的精神寄托，“酒神精神”才会显得如此之放达，“权力意志”才会显得如此之蛮勇，“超人哲学”才会显得如此之坚定！

如此说来，从“酒神精神”“权力意志”到“超人哲学”“重估一切价值”再到“永恒循环”，尼采终于以诗一般的语言完成了自己的哲学“体系”，从而将其独特的艺术观、人生观、宇宙观融为一体了。然而遗憾的是，这一“体系”并非天衣无缝，除却科学价值不谈，仅从信仰角度来看，也还存在着两大缺陷。首先，从一般人的信仰需求来看，“永恒循环”说似乎迎合了人们不愿意接受生命的有限性和不可重复性这一事实的心理感受，然而，我们反过来设想一下，如果说死亡和毁灭是难以接受的，那么“永恒循环”就一定可以接受吗？如果宇宙、社会乃至我们每一个人的一切无非是在重复过去已有的活动，而在未来的无限时间里，这种重复还会一次、两次乃至无数次地进行下去，而没有任何新的内容，那么生命岂不是一件令人厌倦的事情？[11]其次，从尼采自己的理论体系来看，“永恒循环”说似乎助长了人们不畏艰险、敢于拼搏的“权力意志”，但与不断更新自我的“超人哲学”相互抵触。设想一下，如果人类自我超越的一切壮举都只不过是宇宙“永恒循环”中的一个环节而已，那么，这些壮举的意义何在呢？在这里，我们似乎又一次看到了黑格尔那不断否定而又不断回归的哲学体系的阴影。由此可见，“超越”与“永恒”真可谓人生哲学中的二律背反，许多哲学家都企图将人类的这两种渴望同时包容在自己的体系之中，而每一次尝试又总以失败而告终。从这一意义上讲，“永恒循环”似乎是尼采为人类设置的一个巨大无比的铁笼，他要在这铁笼中进行一场困兽犹斗的抗争！

（此文发表于《北京大学学报》（哲学社会科学版）2002年第2期）

10 Friderich Nietzsche.*Thus Spake Zarathustra*[M].New York:The Modern Library, 1963. pp363, 257, 364.

11 周国平：《尼采：在世纪的转折点上》，上海人民出版社，1986年，第80—81页。

古希腊、古中国、古印度：人类早期文明的三种路径

美籍华裔学者许烺光曾经指出："马克斯·韦伯对西方人的一种误解的长期流传起了推波助澜的作用，这种误解是：印度教徒、埃及人和阿拉伯人都是东方人。韦伯认为印度文明不过是东方文明的一支，其余的两支则是中国文明和日本文明。……然而，印度教的生活方式，无论是从家庭结构、政治发展、文学艺术、宗教信仰或种姓制度去观察，它同东方的差别和同西方的差别一样大。"[1]

其实，早在许烺光之前的梁漱溟就已经将印度作为一种既不同于中国又不同于西方的"第三种文化"加以研究了。在其著名的《东西文化及其哲学》中，梁漱溟写道，"所有人类的生活大约不出这三条路径样法：（一）向前要求；（二）对于自己的意思变换、调和、持中；（三）转身向后去要求。这是三个不同的路向。这三个不同的路向，非常重要，所有我们观察文化的说法都以此为根据"。"西方文化是以意欲向前要求为根本精神的"。"中国文化是以意欲自为、调和、持中为其根本精神的。印度文化是以意欲反身向后要求为其根本精神的"。[2]然而，尽管梁漱溟这种"三足鼎立"的研究格局具有重大的启发意义，但其用"意欲"之发展方向来区分这三种文化的做法却显得有些粗疏且具有独断论色彩了。

1　许烺光：《宗族、种姓、俱乐部》，华夏出版社，1990年，第1页。

2　《梁漱溟全集》第一卷，山东人民出版社，1989年，第382页、第383页。

与之不同是，许烺光在人类学研究的基础上试图从社会组织形式中找到中国、印度、西方三种文化之不同的关键所在。他认为，人之所以不同于野兽，源于人有着超出生理需要之外的社会需要，如社交、安全、地位等。这些需要不是任何一个个体的人能够独立实现的，要满足这些需要，必须借助于社会集团的力量。人类的社会需求首先要在“初始集团”中得到满足，当“初始集团”满足不了这些要求时，人们便要在“二次集团”中寻求满足。无论中国人、印度人还是西方人，他们的“初始集团”都是一样的，即家庭：“在各种人类集团中，家庭对任何社会都是至关重要而且是无处不在的。”[3]然而，中国人、印度人、西方人在“二次集团”的选择上却有着很大的不同：“以家庭为起点，我们的分析转向各个社会中的二次人类集团。在中国，我们发现极为重要的二次集团是宗族；与之对照，在信奉印度教的印度，极为重要的二次人类集团是种姓，在美国则为俱乐部（在最宽泛的意义上，它指的是亲族集团之外的所有无论出于何种目的而结成的自由协会或团体。）”[4]正是由于“二次集团”的不同，导致了三种文化的巨大差异。即中国人的“情境中心主义”和“相互依赖”，印度人的“超自然中心主义”和“单方面依赖”，美国人的“个人中心主义”和“自我依赖”。显然，与梁漱溟相比，许烺光的这些观点更具体、更细致，也更有说服力。但美中不足的是，他既没有告诉我们，家庭何以一定会成为各种文化之共同的“初始集团”？他也没有告诉我们，中国人、印度人、美国人何以会在共同的“初始集团”的基础上选择了不同的“二次集团”？

显然，回答这些问题，对于我们在经济“全球化”的背景下理解中国、印度、西方这三种文化的现实差别与历史根源有着十分重要的意义。只有在看清其现实差别的前提下，才能够谈论其相互尊重与合作发展等问题；只有在探明其历史根源的基础上，才能够谈论其现代化的转换等问题。为了回答这些问题，我们的研究视野必须进一步放宽，即不仅要考察信奉印度教的印度人何以会偏爱种姓制度，而且要考察古老的印度人何以会创造印度教；为了回答这些问题，我们的研究对象需要进行稍稍的调整，即不再以美国这一西方文化的现代版本为其代表，而是要以希腊这一西方文化的古代源头作为

3　许烺光：《宗族、种姓、俱乐部》，华夏出版社，1990年，第7页。

4　许烺光：《宗族、种姓、俱乐部》，华夏出版社，1990年，“前言”第1页。

标本；为了回答这些问题，我们的研究方法也需要进行一定的补充，既要考察这三种文化共同的人类学前提，又要分析其各自不同的社会历史背景。而这一切的一切，都要从追根溯源开始。

一

由于时间的久远、资料的匮乏，探讨人类早期文明的形成路径显然是一件颇为困难的事情，而我们的研究必须向上追溯到文明所能追溯的极限。这一极限，当然不是许烺光所谓的家庭。因为从历时的角度上看，我们人类的家庭，本来就是脱离自然界之后的文明的产物；而从共时的角度来看，无论是西方、中国,还是印度，其家庭本身的结构、功能和意义又有着这样那样的差异，因而不能成为我们研究工作的起点。

我们知道，人是从自然界中脱胎而来的，而刚刚脱离自然母体的早期人类一般在精神上都留有一根尚未被剪断的原始脐带，这就是所谓自然崇拜，其中最为典型的是图腾崇拜。“图腾”（Totem）一词始见于1791年在伦敦出版的龙格著《一个印第安译员的航海探险》一书，它源于北美印第安部落的一个方言词，意为“亲族”，因为那里的人们把自己的氏族看做是源于某种动物或植物，便使用它们的名字作为氏族的徽号，把它们当做氏族神来加以崇拜。后来，随着人类学家对现存原始部落的考察，发现这种同某类自然对象攀结“血缘关系”的原始崇拜不仅仅为北美大陆所独有，在大洋洲也广泛存在。此外，欧洲、亚洲、北非、南美以及波利尼亚和爱斯基摩人那里也留有类似的原始崇拜形式，可见其具有普遍的人类学意义。仅就本文所要探讨的古希腊、古中国、古印度而言，其早期的历史文献中也都可以找到图腾崇拜的某些痕迹。

在希腊神话中，我们可以看到，被崇拜的已不再是雷电、大海、太阳、月亮这些自然对象本身，而是掌管这些物象的宙斯、波塞冬、阿波罗、阿耳忒弥斯等人格神了。“希腊神都是人格化了的形象，和人不同的地方在于：他们被描写成是永生的，在各自的领域内往往具有无与伦比的威力，他们的好恶对人有决定的影响。但是神的某些别号和表征表明，在他们被人格化之前，人们曾经走过了从拜物教到万物有灵论的漫长的历程。鹰被看做宙斯的圣鸟，天后被称作‘牛眼的赫拉’，阿波罗的修饰语往往是‘月桂树’的派生词或包含它的复合词，可见这些神都曾与图腾有关。”[5]

在中国，上古的文字和传说中也不难发现一些类似的踪迹。例如，《诗纬·含神雾》云：“大迹出雷泽，华胥履之，生伏羲。”《史记·五帝本纪》张守节《正义》引《帝王世纪》云：“神农氏，姜姓也。母曰任姒，有蟜氏女，登为少典妃，游华阳，有神龙首，感生炎帝。人身牛首，长于姜水。”今本《竹书纪年》云：“黄帝母附宝，见电光绕北斗，枢星光照野，感而孕。”“帝颛顼高阳母见摇光之星，如虹贯日，感己于幽房之宫，生颛顼于若水。”“尧母庆都与赤龙合昏，生尹尝，尧也。”“舜母见大虹，感而生舜。”“禹母见流星贯昴，梦接意感，即吞神珠而生禹。”《史记·殷本纪》云：“殷契，母曰简狄，有娀氏之女，为帝喾次妃。三人行浴，见玄鸟堕其卵，简狄取吞之，因孕生契。”我们知道，像伏羲、神农、黄帝、颛顼、尧、舜、禹、契这类传说中的人物，应是古代氏族社会的首领，而他们与自然界的一些特殊对象之间所具有的这种奇特的“血缘关系”，显然与所在部落的图腾崇拜有关。我们常说，中华民族是“龙”的传人，而闻一多在《神话与诗》一书中考证，龙的形象最初是蛇，由于强大的蛇氏族逐渐兼并了其他氏族，于是就以蛇图腾为基础，融合了被兼并的其他氏族的图腾的某些部分，如马头、鹿角、鸟翼、狗爪、鱼鳞、兽足等，进而合成了龙的形象。

与“龙的传人”不同，生活于次大陆上的古代印度人很可能是独角兽或公牛的传人。在现存最早的哈拉巴文化遗址中，曾出土了近两千枚印章，“它们或代表权力，或代表所有权（作为商品制造者的印签等）。印章上的图形有独角兽、公牛和山羊等。这些动物形象在原始社会往往是氏族部落的图腾象征。在图形印章中，刻有独角兽的最多，约占60%；其次是刻有公牛的印章。这两类印章分布较广。据此，可以推测独角兽氏族和公牛氏族的人在哈拉巴文明的统治阶级中占有较重要的地位，国家权力机构中仍存有一些氏族制度的残余。”[6]

5　《中国大百科全·外国文学》，中国大百科全书出版社，1992年，第1099页。

6　易宁：《走进古印度文明》，民主与建设出版社，2001年，第8页。

如此说来，图腾崇拜尽管不能算作所有人类文明社会的“初始集团”，却是那些以后的各种集团所得以派生和发展的共同前提，因而有理由成为我们研究之逻辑与历史相统一的共同起点。尽管学术界对于图腾崇拜的文化内涵尚有不同的见解，但至少已在以下四个方面基本上达成了共识：(1) 各氏族都相信自己的氏族与图腾物有密切的血缘关系，因而才将图腾物视为本氏族的保护神，并常常由此而引出氏族的谱系和图腾感生神话。(2) 每个氏族都对本氏族的图腾加以崇敬，并相应地形成了一系列诸如不杀图腾物之类的禁忌。(3) 氏族成员对本氏族的图腾有一套祭祀活动，并在日常生活中以图腾为标志，表明他们属于同一氏族。(4) 同一图腾集团的男女之间禁止结婚，实行外婚制。[7]显然，在上述四个方面中，始终包含着作为图腾物的“自然对象”和这个对象与氏族之间的“血缘关系”这两大要素。在前一个要素的基础上，我们可以探讨图腾崇拜与神灵崇拜乃至宗教信仰之间的联系；在后一个要素的基础上，我们可以探讨图腾崇拜与祖宗崇拜乃至世俗伦理之间的联系。

图腾崇拜与神灵崇拜乃至宗教信仰之间是一种什么样的关系呢？学术界对此主要有三种观点：(1) 英国人类学家泰勒等人认为，图腾崇拜反映了早期人类对世界万物进行分类的愿望，但它与宗教无关。(2) 法国社会学家迪尔凯姆等人认为，图腾崇拜虽不同于宗教活动，但前者是后者的基础和根源。(3) 还有一些学者则认为，图腾崇拜本身就是宗教活动的最初形式之一。在这三种意见中，笔者倾向于第二种观点，并且认为，图腾崇拜虽然可能成为宗教活动的基础，但并不必然地转化为宗教，因为从图腾物与氏族之间的“血缘关系”中，完全可能演化为祖宗崇拜，乃至世俗伦理。从逻辑上讲，作为原始的人类活动，图腾崇拜本身便包含着向三个方面转化的内在可能，一是神话其自然的成分，弱化其血缘的成分，从而将其转化为一种与人类血缘无关的宗教信仰；二是强化其血缘的成分，弱化其自然的成分，从而将其转化为一种与宗教信仰无关的世俗伦理；三是既强化其自然的成分，又强化其血缘的成分，将二者结合在一起，从而将其转化为一种与宗教有关的种姓制度。前者是西方人选择的文明路径，中者是中国人选择的文明路径，后者

7　梅新林：《祖宗崇拜起源论》，《民俗研究》1994年第4期。

是印度人选择的文明路径。

二

图腾崇拜不同于宗教，因为宗教信奉的是超自然的力量，而图腾信奉的则恰恰是自然的力量；图腾崇拜也不同于伦理，因为伦理信奉的是人伦关系，而图腾信奉的则恰恰是超人伦的关系。但是，图腾崇拜又类似于宗教，因为它所崇拜的图腾已同其他的自然对象区别开来，很容易演化为人格神；图腾崇拜也有似于伦理，因为图腾与人的超自然的关系中本身就带有一定的血缘性质，很容易蜕化为人伦情感。可以推测，早期人类之所以将日月星辰、山川树木、鸟兽鱼虫视为自己的祖先来加以崇拜，一方面可能是由于对生育繁殖现象的无知，另一方面也表露出了其对刚刚脱离开来的自然界的眷恋。因此，当人类对自身的繁衍过程逐渐有了较为明晰的把握和认识之后，人与自然的关系就会出现一种新的调整，图腾崇拜便会朝着一种更高的文化形态过渡，于是便有了神灵崇拜或祖宗崇拜。

神灵崇拜显然是将图腾对象进一步神化的结果，这是西方人所选择的文明路径。我们知道，在赫西俄德的《神谱》中，大地母神盖亚先于一切自混沌而生，具有繁殖万物的功能。盖亚首先生了天神乌拉诺斯，然后天地和合生出俄刻阿诺斯、科俄斯、克利俄斯、许佩里翁、伊阿佩托斯、忒亚、瑞亚、忒弥斯、谟涅摩绪涅、忒修斯等一系列掌管山川河流、象征动物植物的神灵，这便是尚未褪尽图腾色彩的提坦神系。盖亚为了惩罚乌拉诺斯对其孩子的虐待，便联合小儿子克洛诺斯，割掉了乌拉诺斯的生殖器，并迫使他让位于克洛诺斯。克洛诺斯为了避免父亲的厄运，吞食了自己的儿子们。但最小的一个儿子被其母亲瑞亚保护了下来，他便是后来推翻父神的宙斯。宙斯结束了提坦神系混乱无序的状态，他不再需要母亲的保护，逐渐建立起了以男神为核心的奥林波斯神系。与带有动植物特征的提坦诸神不同，奥林波斯诸神体现了明确的社会分工，因而是以父权为中心的文明社会乃至希腊城邦制度的文化投影。

在图腾崇拜向神灵崇拜的演进过程中，有两个方面值得充分注意：（1）西方人渐渐神化了图腾崇拜中的“自然对象”，使其成为神灵自身的某种禀赋，如宙斯有释放雷电的能力，波塞冬可以控制大海的波涛，等等。（2）西方人渐渐淡化了图腾对象与崇拜者之间的“血缘关系”。尽管在提坦诸神和奥林波斯诸神之间，都有着枝蔓相连的血缘关系，而且神与人的结合还能繁衍出半人半神的英雄，但那些长生不老的神祇与肉眼凡胎的希腊人之间，已不再具有血缘上的联系。在这里，“自然对象”的神化，恰恰是以“血缘关系”的淡化为前提的。因而，每一个希腊人与其所信奉的神之间是等距离的。正是在这双重加工的基础上，西方人才有可能渐渐建立起彼岸世界的神学体系，并为以后认同于来自希伯莱的基督一神教奠定了基础。

与之相反，祖先崇拜则显然是将图腾对象进一步人化的结果，这是中国人所选择的文明路径。从甲骨卜辞看，大约在殷商武丁时期，中国人就开始有了对“帝”的信仰；但中国人所信仰的上帝显然与西方人不同，历史学家和文字学家从不同角度都对此进行了考证。张舜徽认为，“帝”字受义于太阳；章太炎认为，“帝”字是从飞鸟的形状中引申出来的；王国维认为，“帝”字即“花蒂”之蒂，此亦生殖崇拜之一例也；刘复认为，“帝”字源于古巴比伦的“米”字，其义为“天帝”或“人王”；金景芳认为，“帝”是部落联盟的首领人物。以上观点，主要包含三个层次的意思：（1）“帝”与某种特殊的自然对象有关；（2）“帝”与生殖血缘有关；（3）“帝”与祖宗和先王有关。由于历史的久远，我们很难断定哪层意思更接近真理。但综合起来，这些意思似乎表明，“帝”是由图腾崇拜向祖宗崇拜转化的过渡形态。我们知道，有关三代以及三代之前的神话传说中，不少氏族始祖的名字之前都冠有“帝”的称号，如帝颛顼、帝喾、帝尧、帝舜、帝禹等。这里，我们可以联系“祖”“宗”二字共同加以分析。“祖”字从“示”从“且”。关于“示”字，姜亮夫指出：“考甲骨文中表示有宗教‘灵感’一类的字，都以示为偏旁，为先人精灵之所寄，则示字当即原始神字。”[8]关于“且”字，郭沫若在《释祖妣》中认为，其甲骨文的字形类似于男性生殖器，应为古代“牡”的初字。由此可见，祖先之所以值得崇拜，是由于生殖血缘能力，这种能力已不再需要借助任何非人的自然对

8 姜亮夫：《古文字学》，浙江人民出版社，1984年，第83页。

象，而是祖先自身所具有的。至于“宗”字，从“宀”从“示”，王筠认为：“宗者，室中之神也，天地神祇，坛而不屋，人鬼则于庙中祭之。”[9]如此说来，对祖宗的祭祀，也已不同于崇拜天地神祇等超自然对象，而只是对死去的前辈们的顶礼与膜拜。由于每个人在血缘关系上与死去前辈的远近不同，因而与被祭祀的对象之间并不是等距离的。这便是中国之宗法文化不同于西方之宗教文化的关键所在。

在这种由图腾崇拜向祖先崇拜的演进过程中，也有两个方面值得注意：(1)中国人渐渐淡化了作为图腾物的“自然对象”的神秘色彩，最终将其还原为人的一种能力。(2)中国人逐渐强化了图腾对象与氏族社会之间的“血缘关系”，最终将二者合而为一了。

正是由于古代的希腊人与古代的中国人选择了不同的文明路径，才使得其各自对原始材料的处理上表现出不同的特色。在西方，希腊神话中的众神都具有人的特征，他们争风吃醋，好战多情，报复心重，荣誉感强，具有明显的人格化和个性化的特征。与这种“人格神”的文化处理方式不同，中国古代却有着“神格人”的一系列传说。这些传说不是将人的种种个性附会在神的身上，而是将种种并非个人所能完成的奇迹附会到一些早逝的祖先身上。《韩非子·五蠹》云：“上古之世，人民少而禽兽众，人民不能胜禽兽虫蛇。有圣人作，构木为巢以避群害，而民说(悦)之，使王天下，号曰有巢氏。民食果蓏、蚌蛤，腥臊恶臭而伤腹胃，民多疾病。有圣人作，钻燧取火，以化腥臊，而民说(悦)之，使王天下，号曰燧人氏……”从“有巢氏”“燧人氏”到“伏羲氏”“神农氏”，我们的氏族首领都被看成是伟大的发明家；黄帝行医、仓颉造字、唐尧制定历法等故事，也将人类文化的历史进程归结到列祖列宗个人身上，使其具有了“神格人”的品位。又如，与古希腊不同，中国古代没有构造出一个以盖亚为源头的“诸神的谱系”，却留下了一个以黄帝为源头的“宗族的谱系”。《史记》中有所谓夏、商、周三代王族的谱系，并将其始祖统统追溯到黄帝身上：夏的创始人是禹，禹的父亲是鲧，鲧的父亲是颛顼，颛顼的父亲是昌意，昌意的父亲就是黄帝；商的先人名契，契母简狄为帝喾之妃，而帝喾又是黄帝的曾孙子；周的先人是后稷，后稷的母亲

9　《说文句读》，上海古籍出版社，1983年。

姜原也是帝喾之妃，自然同祖于黄帝了。如果说我们从赫西奥德所记载的“诸神的谱系”中看到了一个想象中的超验的彼岸世界，那么我们在司马迁所记载的“宗族的谱系”中则看到一个想象中的经验的现实世界。前者的功能在于形成一种宗教的诱导力，后者的功能在于形成一种伦理的凝聚力。前者为从多神教向一神教的转化进行了历史性的准备，后者为从祖先崇拜向伦理文化的过渡做好了历史性的铺垫。

与古代的西方人和古代的中国人不同，古代的印度人选择了一种介于二者之间的文明路径：同前者一样，印度人在婆罗门教的创立过程中完成了对图腾对象的神学加工；同后者一样，印度人在种姓制度的创立过程中完成了对血缘关系的进一步强化。

在古老的南亚次大陆，哈拉巴文化时期便有了宗教的萌芽，其内容主要是崇拜自然，有着图腾崇拜的原始痕迹。公元前1500年左右，雅利安人大举侵入，他们与当地的土著文化相融合，于公元前1200年至公元前1000年期间编纂了原始的宗教文献《吠陀》，并在此基础上创建了婆罗门教。与世界上的其他宗教相比，由于婆罗门教诞生的时间较早，所以内容也较为庞杂。一方面，它不像基督教或伊斯兰教那样，有《圣经》《古兰经》之类的根本经典。而是将《吠陀》《奥义书》《往事书》，以及其后的各类法典统统作为教义的源泉。另一方面，它也不像基督教和伊斯兰教那样，有单一而明确的神，而是将成千上万个神明作为顶礼膜拜的对象。

与世俗生活中的种姓制度相一致，婆罗门教的神也是分层次的。最高层次的神是梵，它不是一种人格化的神，超越时空，不具有任何形式，却是隐藏在宇宙背后的绝对实在、终极本体。第二层次的神是梵的具体形态，显现为梵天、湿婆、毗湿努三大主神，以及他们的各种化身、配偶和子嗣。作为梵的具体化身，三大主神功能不同，梵天是世界的创造者，湿婆是世界的破坏者和重建者，毗湿努是世界的维护者。第三层次的神是人格化了的自然对象，如太阳神、月亮神、地母神等，种类各异、名目繁多。从这里，我们不难看出：层次越低的神，越具有图腾物的原始痕迹；图腾越高的神，越具有远离图腾物的抽象色彩。值得注意的是，“吠陀教诸神中除了占主要数量的自然神灵外，还有一些属于祖先和英雄人物的行列，他们是祖先崇拜和英雄人物崇拜观念的延伸。因此，吠陀中有一个鲜明特点就是，既崇拜自然神灵，同时又尊敬亡人。”[10]所以，从文化形态上看，《吠陀》文本不仅处在从图腾崇拜向神灵崇拜或祖先崇拜相过渡的阶段，而且同时糅合了其中的两种成分。

在婆罗门教看来，不仅神是有层次的，而且崇拜神的人也是分等级的，这便是所谓的种姓制度：第一种姓是由祭司阶层发展而来的享有文化特权的婆罗门，第二种姓是由武士阶层发展而来的享有军事特权的刹帝利，第三种姓是由农民、牧民、商人、手工业者发展而来的吠舍，第四种姓是由被征服的土著居民和失去生产资料的雇工、奴隶所组成的首陀罗。除此之外，还有更加卑贱而不入种姓的不可接触者。从社会历史的角度上分析，这四大种姓是社会分工所造成的阶级分化，其实质内涵是阶级剥削与阶级压迫，但婆罗门教却将其视为与神灵远近的结果。婆罗门（Brahmana）的名字来源于梵天（Brahma），意为梵天所生，可见与神灵最近；刹帝利（Ksatriya）的名字来源于权力（Ksatra），虽然与神灵略远，却是世俗社会中的上等人物；吠舍（Vaisys）的名字来源于氏族（Vis），是一种离神性较远的世俗人物；首陀罗（Sudra）原来是一个非雅利安人的土著部落的名字，已没有丝毫的神性可言。

在婆罗门教看来，人生的全部意义就在于实现与神的合一，而人身上的污秽却妨碍了这种努力。具体说来，越是种姓高的人，身上的污秽就越少，与神的距离也就越近；越是种姓低的人，身上的污秽就越多，与神的距离也就越远。如此说来，在图腾崇拜中原来已有的血缘关系并没有因宗教的确立而被淡化，反而以一种非世俗性的法则将其固定下来。在宣扬业报轮回的婆罗门教看来，一个人出生于哪一种姓，并不是其父母的责任，而是其生前的修为所致。如果其上辈子安分守己、敬奉神祇，这辈子就可能托生于婆罗门或刹帝利家族；如果这辈子犯上作乱、亵渎神灵，下辈子就可能会托生于首陀罗家族，或成为不可接触的贱民，直至变猫变狗……一级一级地沦落下去。

因此，从文化形态上看，尽管婆罗门教也完成了从图腾崇拜向神灵崇拜直至宗教信仰的历史性过渡，同时又在一定程度上包含了图腾崇拜中的血缘因素，并以一种奇特的方式将其内化为宗教自身的信仰之中。换言之，印度

10 《世界宗教全书》，上海人民出版社，1994年，第6页。

人既不是像西方人那样，在经历了“图腾—神灵—宗教”的过程之后，彻底斩断了人与人之间的血缘关系，以确保在上帝（神灵）面前人人平等的宗教信仰；又不像中国的儒家文化那样，在经历了“图腾—祖先—伦理”的过程之后，逐渐清除了人与神之间的宗教关系，以确保人与人之间的亲伦血缘情感；而是将氏族社会的血缘关系融入到神学体系的建构之中，一方面维系着全体民众的共同信仰，一方面制造了信仰权力上的等级制度。

三

现在的问题是，为什么古代的希腊人、中国人、印度人会在共同的人类学前提下选择不同的文明路径呢？要回答这一问题，必须去考察其各自不同的自然环境和历史背景。

我们知道，把社会的发展、历史的进化仅仅归结为环境因素的做法显然是简单的、片面的，容易陷入“地理环境决定论”的误区。但是，人类又确确实实是在具体的自然环境中生存和发展的，因而其发展和进化的轨迹也就不可避免地要受到自然环境的影响和制约。而且越往前追溯，越是在生产力发展的初级阶段，这种影响和制约便越为重要。正像普列汉诺夫所指出的那样，“自然界本身，亦即围绕着人的地理环境，是促进生产力发展的第一推动力”[11]。格罗塞在谈到早期民族的文化形态时也指出：“生产事业真是所谓一切文化形式的命根；它给予其他文化因子以最深刻最不可抵抗的影响，而它本身，除了地理、气候两条件的支配外，却很少受其他文化因子的影响。”[12]因此，我们要做的，并不是简单地回避地理环境对社会生活所可能产生的影响，而是如何恰当地分析这一影响，并在生产力和生产关系的辩证运动中来考察这一影响所造成的后果。

打开欧洲地图，我们可以看到，其文明发祥地的希腊处在地中海，及其内海的爱琴海、爱奥尼亚海的包围之中。无论是早期的克里特文明、迈锡尼文明，还是后来的希腊文明，都是在岛屿或半岛上建立起来的。考古资料显示，早在公元前2800年前后，克里特已进入金石并用的时代，青铜器皿的出

11　《普列汉诺夫哲学集》第二卷，生活·读书·新知三联书店，1974年，第227页。

12　[德]格罗塞：《艺术的起源》，蔡慕晖商务印书馆，1984年，第29页。

现，为文明社会的产生创造了条件。公元前15世纪以后，随着克里特文明的衰落，更加强大的迈锡尼文明在今天被称为希腊的巴尔干半岛的南部崛起，它克服了这一地区不利于农业生产的自然环境，以远洋运输的方式将自身的影响播撒到克里特岛乃至爱琴海的周边地区。迈锡尼时代的希腊无疑已进入了阶级社会，其硕大的墓室和豪华的城门似乎显示了一种君主制度的威力。当线形文字随着迈锡尼文明的衰落而消亡之后，希腊半岛的口头创作却因书面语言的消亡而活跃起来，留下了《伊利亚特》和《奥德赛》这两部举世闻名的宏大史诗，于是历史学家习惯于将公元前11世纪至公元前8世纪这段时间的希腊称之为“荷马时代”。

作为希腊城邦制度的准备阶段，“荷马时代”出现了两件值得注意的事情，一是有了铁器，二是大量移民。铁制农具的出现大大提高了生产力，创造了更多的剩余产品，从而为私有制这一文明社会的前提创造了条件。马克思曾经指出：“有粗野的儿童，有早熟的儿童。古代民族中有许多是属于这一类的。希腊人是正常的儿童。”[13]作为营养充足、发育良好的人类童年，希腊人为了维护私有财产，需要建立一种文明社会。从逻辑上看，这个社会也许是在维护氏族统治基础上“改良”而来的专制政体，也许是在推翻氏族统治前提下“革命”而来的民主政体。那么，究竟是什么原因使希腊人选择了后者而不是前者呢？这可能与“荷马时代”后期所出现的第二件大事有关，这便是海外移民。

大约从公元前8世纪中叶起，希腊人开始向海外大规模移民，到了公元前6世纪末，北至南俄草原，南抵尼罗河三角洲，东迄小亚细亚沿岸，西至西班牙海滨，都有希腊人建立的殖民城邦。或许，导致大量移民的原因是多样的，如人口的增多、土地的不足、战争的发生、集团的迁徙等，但其中最重要的是抢占市场的商业动机。“公元前8世纪至公元前6世纪，随着希腊社会经济的发展，希腊的各种手工业品如陶器等大量出口，与陶器一起出口的还有橄榄油、葡萄酒等农业品。与此同时，希腊人向外购进大批谷物、金属，以满足日常生活的需要，所以，从公元前8世纪开始，希腊世界的工商业迅速发展，市场也相应地要求有所扩大。而最早发起殖民的城邦，又是古典时代工

13 《马克思恩格斯选集》第2卷，人民出版社，1972年，第114页。

商业较发达的厄吉那、科林斯、麦加拉、卡尔息斯、米利都等，于是人们不由自主地把殖民活动与抢占市场联系起来。”[14]

那么，这种大规模的海上移民究竟会导致什么样的后果呢？对此，英国学者汤因比曾有过如下推测：“跨海移民的一个显著特点是不同种族体系的大混合，因为必须抛弃的第一个社会组织是原始社会里的血缘关系。一个船只能装一船人，而为了安全的缘故，如果有许多船同时出发到异乡去建立新的家乡，很可能包括不同地方的人——这一点同陆地上的迁移不一样，在陆地上可能是整个的血族男女老幼家居杂物全装在牛车上一块儿出发，在大地上以蜗牛的速度缓缓前进。跨海移民的另一个显著特点是原始社会制度的萎缩，这种制度大概是一种没有分化的社会生活的最高表现，它这时还没有由于明晰的社会意识形态而在经济、政治、宗教和艺术的不同方面受到反射，这是不朽的神和他的那一群的组织形式。”“在海上迁移中，移民的社会工具一定也要打包上船然后才能离开家乡，到了航程终了的时候再打开行囊。所有各种工具——人和财产，技术、制度和观念——都不能违背这一法则。凡是不能经受这段海程的事物都必须留在家里，而许多东西——不仅是物质的——只要携带出走，就说不定必须拆散，而以后也许再也不能复原了。在航程终了打开包裹的时候，有许多东西会变成‘饱经沧桑的，另一种丰富新奇的玩意了’。”[15]接下来，这种“新奇的玩意”又反过来对希腊本土产生影响，从而引发了一系列的社会变革。

本来，新的生产力水平所导致的私有财产的出现已经从根本上动摇了氏族社会的存在基础；现在，跨海移民的行为方式更进一步加剧了血缘纽带的断裂。正是在这种断裂的基础上，一种新的、前所未有的城邦制度出现了。希腊的城邦制度，以伯里克利时代的雅典为典范，实行了一种主权在民的民主政体。首先，每一位城邦公民都有参政议政的权力和机会，他们可以通过公民大会这一最高权力机构来表达自己的政治意愿。其次，为了避免少数富人或家族控制行政职务，雅典城邦的绝大多数官职都是通过抽签选举而产生的。最后，为了防止官员的渎职和腐败，雅典城邦官员的任职年限都很短，一般一年一届，且不得连任。这样一来，整个城邦便成为一个由

14 晏绍祥、杨巨平：《走进希腊文明》，民主与建设出版社，2001年，第29页。

15 [英]汤因比：《历史研究》上卷，上海人民出版社，1966年，第130页、第129页。

不同的阶层、不同的家族、不同的公民个体相互制约的社会组织。在这个组织中，任何人也不能凌驾于他人之上，任何人也不用依附于他人之下。公民在城邦中的地位，主要取决于他的财产和能力，而不取决于他的家族和血统。

就这样，希腊人一方面在虚无飘缈的奥林波斯山上创造着与人类毫无血缘关系的神学世界，一方面又在坚硬的海岛和岩石上创造着完全不同于氏族社会的城邦制度。这一切看似并无关系的偶然创造，实质上都是必然的、有条件的、彼此密切相关的，是希腊人在特定的自然环境下所做出的符合生产力发展水平的历史性选择。这便是我们所说的图腾崇拜（自然与血缘的神秘统一）—神灵崇拜（自然的神话）—宗教精神（自然神话的加工）的文明路径。

那么，与古代的希腊人这一“正常的儿童”相比，作为“早熟的儿童”的中国古人又是在何种环境下创造了东方的华夏文明呢？根据现有的资料看，古希腊与古中国在进入文明社会的时代，其生产力的水平是不尽相同的。如上所述，早在城邦制度繁荣之前的“荷马时代”，西方人即已开始使用铁制农具进行生产了；而我国的夏、商和西周时代，非但没有铁制的生产工具，就连青铜的冶炼也主要用于礼器和兵器的制造。考古工作者在陕西陇县边家庄发现的春秋早期墓葬群中出土的铁器，被视为迄今为止我国所发现的最早的铁制品。然而，早在这种新的生产力要素出现以前，我们的古人却同样进入了文明时代。关于这一点，如果人们对夏代社会的认识尚因文物资料的不足而有些分歧的话，那么殷商属于文明社会当是没有问题的。然而，1929年殷墟的一次发掘，光石镰就出土了上千件，却并无一件金属农具。[16]在1932年殷墟的另一次发掘中，仅一个坑里就发现了444枚收割禾穗用的石刀及几十件蚌器，而在出土的成千上万件文物中，没有一件可以称得上是青铜农具的。1973年河北藁城台西村商代居住遗址出土石器482件，其中镰、铲等农具占91%以上，然而却无任何金属农具。因此，正像张光直所指出的那样，我国“在青铜时代开始之前与之后的主要农具都是耒耜、石锄和石镰。没有任何资料表示那社会上的变化是从技术上引起来的”。[17]既然没有生产技术的历史性突变，作

16 参阅《河北藁城台西村商代遗址发掘简报》，《文物》1979年第6期。

17 张光直：《中国青铜时代》，生活·读书·新知三联书店，1983年，第18页。

为社会生活的巨大变化，早期的国家制度又是怎样出现的呢？这大概与黄河有关，于是我们的问题便再一次回到自然环境上来。

作为华夏文明的发祥地，黄河流域的冲积平原有两大特点：（1）其松软的土壤而为铁质农具发明以前的古代先民们提供了耕作的可能性。（2）其频繁的洪涝又使得人们必须建立大规模的社会组织才能加以治理。与生活于地中海区域的希腊人不同，生活于黄河流域的中国人的天职不是去海上冒险，而是要兴修水利。这种工作不仅不是少数人所能完成的，而且也不是某个部落群体单独所能胜任的，它需要大量的人力和高度的社会组织结构。大量的文化遗迹表明，黄河流域的社会组织发育得相当早。从仰韶文化的一些遗址来看，其社会基层结构已相当完善，集体居住面积一般有数万至数十万平方米，最大的如华阴西关堡、咸阳尹家村达100万平方米左右。半坡和姜寨等遗址中，包含着居住区、群体活动场所和广场、陶窑和牲畜场、墓地与村落防护沟等。专家们认为，这种村落可能已是几个氏族聚集的部落居址。[18]这一切，显然在为国家的出现创造着条件。我们不应忘记，传说中夏代的创始人禹就是以治水而起家的。作为夏后氏部落的首领，他联合其他部落一同疏浚河道，并在这一过程中将部落联盟演变为国家制度，致使他的儿子启废除了部落首领靠选举、禅让而产生的原始制度，最终建立起以血缘沿袭王位的国家制度，从而使中国古代的第一个奴隶制国家集团过早地诞生了。

过早地诞生，也就是"早熟"；而"早熟"，也就是不成熟。由于当时生产力水平的低下，使得剩余产品不会很多；而剩余产品的匮乏，又导致了私有财产不可能得到充分的发展。这便自然会导致如下两个结果：（1）中国古代的城市经济和贸易水平都无法与古希腊的城邦经济相比。这正如马克思所分析的那样，"典型的古代的历史，这是城市的历史，不过是建立在土地所有制和农业之上的城市的历史；亚细亚的历史，这是一种城市和乡村不分的统一（在这里，大城市只能看作王公的营垒，看作经济制度上一种真正的赘瘤）"[19]。（2）氏族成员在向奴隶和奴隶主两极分化的历史过程也演进得不够彻底。这正如恩格斯曾经指出的那样，"在东方，家族奴隶制是特殊的，即是，在这里，奴隶不是直接地形成生产的基础，而仅是间接的氏族的成员"。这就

18 参阅中国科学考古所编《新中国考古发现和研究》第2章，第1部分。

19 [德]马克思：《资本主义生产以前各形态》，人民出版社，1956年，第15页。

是说，与古希腊的文明进程不同，由于产品的交换和社会的分工没有得到普及，土地没有完全私有化，氏族内部的血缘关系也没有被彻底破坏。因此，当原来氏族社会中的显族逐渐演变成奴隶主阶级而其他氏族成员沦为奴隶的时候，他们之间至少在表面上仍维持着一种原始的宗族关系。

现据有关周代的历史资料看，由氏族领袖演变而来的国家统治者采取了分封诸侯和承认原有土著势力相结合的办法：一方面根据血缘和亲疏关系，将一部分土地分给自己的子弟；另一方面则承认地方宗族势力的合法地位。从理论上讲，“普天之下，莫非王土”，土地属于国家而非私有，但在实际上，王侯领主们对土地的控制和使用都有着世袭的权力，因而在长期的过程中便形成了一种血缘性、地域性很强的“宗法”管理体制。“据近人考究，‘宗法’制度大略是这样的：譬如天子世世相传，每世的天子都是以嫡长子的资格继承父位，奉戴始祖，是为大宗；他们的众子(包括嫡长子的诸母兄弟与庶子)封为诸侯，为小宗。每世的诸侯也是以嫡长子的资格继承父位，奉始祖为大宗；他们的众子各有食地为小宗。……在宗法制度之下，从天子起到士为止，可以合成一个大家族。大家族中的成员各以其对宗主的亲疏关系而定其地位的高低。”[20]这种“宗法”关系的意义不仅局限于统治阶层，其基本精神已渗透至整个中国社会。

如果说，生产力和自然环境的不同，致使中国古人选择了不同于希腊的文明路径；那么也正是为了维护这一路径的畅通，使得他们在对图腾崇拜的改造过程中没有将其中的自然对象进一步神化，而是将其中的血缘成分进一步人化，并使其成为服务于宗法社会的意识形态。于是，人们不去崇拜那些主宰自然而又与血缘无关的神祇，而是要敬奉那些既是家族长老又是权力象征的祖先。这便是我们所说的图腾崇拜(自然与血缘的神秘统一)—祖先崇拜(血缘的人化)—伦理精神(血缘关系的提炼)的文明路径。

按照英国学者汤因比有关“挑战与应战”的理论模式来看，任何一种文化的形成与发展，都是对“挑战”的“应战”。所谓“挑战”，就是外在的自然环境和社会环境向人们提出一些不容回避的历史课题；而所谓“应战”，就是人们在这些课题的要求下发挥自己的主观能动性而产生的文化对策。因

20　童书业：《春秋史》，山东大学出版社，1987年，第6—7页。

此，每一次“应战”的成功，都会导致一种文化模式的出现或变革；而每一次“应战”的失败，都会导致一种文化模式的衰亡或破产。在大致相同的自然环境下，如果说中国的华夏文化是前者的代表，那么印度的哈巴拉文化则是后者的典型。

与中国的上古时代相似，产生于印度河流域的哈巴拉文化也是以农业为基础的，而印度河沿岸的冲积平原也有着易于耕种而又容易泛滥的特点。更为相同的是，从生产力的发展水平来看，当时的人们还不会炼铁，青铜工具也不多见。但是，哈巴拉文化为什么没有像中国的夏代那样建立早熟的国家政权以治理河流的泛滥呢？关于这一点，学者们有着不同的看法。有一种意见认为，面对印度河流域的环境“挑战”，哈巴拉文化的创造者们没有采取积极的“应战”措施，去组织人力疏浚河道，而是以一种躲避的态度选择了向外迁徙。哈巴拉东方的雅木拿河、恒河和古贾拉特等地区发现的遗址，为这种观点提供了证据。然而旧的问题刚刚解决，新的问题又接踵而至。处于亚热带地区的印度河流域适于种植麦类作物和饲养山羊等牲畜，而属于热带气候的恒河领域和德干高原则适于种植稻类作物和饲养水牛等牲畜。由于从哈巴拉远道迁徙而来的居民未能掌握新的耕作方法和饲养技术，再加上自然灾害和外族入侵的出现，最终竟导致了文化的消亡。[21]

由于最早的印度先民既不像希腊人那样，在民族的迁徙中创造了新的城邦制度；又不像中国人那样，以早熟的国家形态来抗拒自然界的挑战，于是便将印度文化的再创造留给了以后入侵的雅利安人。与从事农耕生产的土著民族相比，属于游牧民族的雅利安人虽具有能征善战的优势，却不具备更高的文化水准。这些占领者一方面吸收了当地文化的营养，创造了吠陀经典；一方面却又敌视当地的土著居民，将他们视之为扁鼻子、黑皮肤的下等人。正是在这种情况下，一种既非公民社会，又非宗法社会的种姓社会出现了。在梵文中，被译为“种姓”的“瓦尔那”（Varna）有着肤色、形象、种族的意思。在其最早出现的《梨俱吠陀》一书中，白皮肤的雅利安人被称作“雅利安瓦尔那”，黑皮肤的土著人被称作“达萨瓦尔那”。随着历史的发展，后来在雅利安瓦尔那中又分化出婆罗门、刹帝利、吠舍三大种姓，而作为达萨瓦尔那

21 刘欣如：《印度古代社会史》，中国社会科学出版社，1990年，第32—33页。

的大批土著居民和战争奴隶则沦为首陀罗和不可接触者，种姓制度便由此诞生了。

由于历史的复杂因素，四个瓦尔那与雅利安人和土著民族的划分并不是严格对位的关系。据记载，一些土著部落的上层人物曾经通过与雅利安人联姻的方式融入婆罗门或刹帝利种姓，而有些下层的雅利安人也曾沦为首陀罗和不可接触者。然而尽管如此，种姓制度的确立，显然与雅利安人的入侵有关。“19世纪末，人类学家李斯累在孟加拉对种姓进行形体人类学调查，发现种姓高低与鼻型指数之间有一种奇妙的一致性：地位高的婆罗门鼻子细长，地位最低的‘贱民’鼻型扁平，其他介于二者之间的种姓，其社会地位的高低也与鼻型指数一致。由此，他得出了惊人的结论：‘印度人的社会地位与鼻子的宽度成反比。’他把种姓的起源归于白肤高鼻的雅利安人与黑肤宽鼻的土著人（达罗毗荼人）的接触与混血，尤其是雅利安人为了维持血统纯正而规定的族内婚。他假设，约在公元前3000—1500年，白皮肤的雅利安人征服了次大陆的土著人——黑皮肤的达罗毗荼人。最初到来的雅利安人主要是青年男子，他们从被征服者中娶妻，而只把女儿嫁给雅利安人。这样，虽然发生了混血，但在征服者雅利安人中仍保持着对血统的骄傲。当到了他们自己集团内的女性已足以供结婚之用时，为了阻止进一步混血，他们便停止了从土著人中娶妻妾，只在自己集团内通婚，于是种姓便产生了。”[22]而反过来，正是为了维护种姓制度的合法性，他们才别出心裁地将图腾崇拜中原本就具有的血缘因素，以业报轮回的曲折方式与人的出身联系起来，形成了一种既不同于古希腊也不同于古中国的独特的文化体系。因此，正像希腊人和中国人对于图腾崇拜的改造符合其社会的需要一样，印度人对于早期宗教的确立也与其社会的发展状况有着非常紧密的关系。

许烺光认为：“尽管存在着许多普遍性的东西，但人类对各自的环境——人、自然和超自然——作出的反应却不存在任何统一的方式。人之所以为人，在于他对相同的环境会作出不同的反应。”[23]而我们的研究则表明，正是由于古代的希腊、中国和南亚次大陆在跨入文明社会的历史进程中有着不尽相同的自然条件和社会环境，才使得其文化的创造者们将图腾崇拜中原本只在

22　尚会鹏：《种姓与印度教社会》，北京大学出版社，2001年，第17页。

23　许烺光：《宗族、种姓、俱乐部》，华夏出版社，1990年，第1页。

逻辑上具有的三种发展样式的可能性，变成了历史的现实性。这一点，恰恰说明了社会存在决定社会意识的历史唯物主义原理。

四

在弄清了古希腊、古中国、古印度三种人类早期文明之共同的人类学前提和不同的社会历史背景之后，让我们来进一步考察其各自的文化特征。

由于私有制的利刃较为彻底地斩断了人与人之间原始的亲情血缘关系，使得古代的西方人呈现为各自独立的单子状态。其最集中的体现，便是希腊城邦中的公民。“公民”这个概念，在古代的中国与印度是没有的。（1）尽管并非所有城邦的人员统统具有公民的资格，但公民无疑是希腊城邦制度的基础。亚里士多德在其《政治学》的第一章中专门探讨过这一问题。在他看来，所谓城邦，不过是为公民提供至善生活的手段而已。离开了公民，城邦本身便毫无意义。显然，这里的“公民”与中国古代之“黎民”“黔首”之类，有着不同的社会地位和文化含义。（2）尽管妇女、奴隶和外邦人被排斥在公民的行列之外，但公民并不是高贵血统的特权或专利。“比如说，古典时代的雅典，凡是自备甲胄武器和马匹，参加公民军当骑兵和重装步兵的富裕阶级或中等阶级的成年男子是公民，参加海军当桨手的贫民阶级，领取国家发给薪饷的，也是公民。”[24]这既不同婆罗门、刹帝利，更不同于首陀罗、不可接触者。在印度古代的四大种姓中，没有任何一个等级可与之对应。

在精神领域，如何将这些有着独立人格的公民统一起来呢？显然，仅仅依靠原始的亲情伦理是远远不够的，因为人与人之间的亲情血缘关系已在很大程度上被物质利益关系所取代了。要将这些被物质利益切割成单子状态的个人重新统一起来，使之获得情感上的沟通与交流，必须借助于一个超出血缘之上的绝对中介。正是出于这种需要，希腊人才创造了自己的神学体系。作为联系人与人之间的绝对中介，希腊神话中的各个神祇与每个公民之间都是等距离的。尽管与希腊社会的多元城邦制相一致，希腊神话中的神也是多元的。然而多元的奥林波斯诸神不仅为以后的西方人认同于三位一体的基督

24 《希腊城邦制度》，《顾准文集》，贵州人民出版社，1994年，第73页。

教神学进行着心理上的准备，而且其本身已具备了后代神学所应有的精神慰藉的文化功能。伯奈特在《早期希腊哲学》中指出："我们在这个世界上都是异乡人，身体就是灵魂的坟墓，然而我们决不可以自杀以求逃避；因为我们是上帝的所有物，上帝是我们的牧人，没有他的命令我们就没有权力逃避。"[25]可见，上帝式的神灵使每一个孤独的个体可以得到彼此的沟通，使每一个有限的存在获得无限的意义。于是，从野蛮而又富有图腾意味的提坦诸神，到安逸而又富有城邦特征的奥林波斯诸神，再到受尽苦难而又富有普世色彩的耶稣基督，西方人一直企图在彼岸世界中寻找一种精神的家园和生命的归宿。因此，尽管希腊文化与希伯莱文化之间确实存在着一定的差异，然而这一差异却不像一些论者所描绘的那样是现世与来世、科学与宗教的不同。[26]换言之，即使没有希伯莱文化的影响，作为古希腊后裔的西方人也必须为自己创造出一套宗教体系。说到底，西方人的自由是以孤独为代价的，而宗教则正是补偿这一孤独的最好形式。

当孤独的问题解决之后，自由的权力仍然存在。那么在行为领域中，如何将这些有着自由权力的公民意志统一起来呢？显然，仅仅依靠原有的伦理道德是远远不够的，因为原始的伦理道德所得以存在的社会基础已经发生了根本性的动摇，这就需要在保护私有财产的基础上建立起尊重个人权益并限制个人权利的法律。"城邦要有关于公民资格、公民的权利与义务的法律，要有行政机构、议事机构和法庭的选任、组织、权限、责任的法律，以及把血族复仇的古代惯例，转化为国家负责惩处犯罪行为的刑法。于是政治和法律密切相关，甚至在某种程度上是同义语。"[27]因此，不仅古希腊的"公民"不同于古中国的"臣民"，而且古希腊的"城邦"也不同于古中国的"社稷"：它不是家族的放大，而是法律的集合。

早在荷马时代，一些有权威的长者已经根据不成文的习惯法在广场上审理案件了。大约在公元前7世纪至公元前6世纪之间，希腊各个城邦陆续出现了成文法，出现了斯巴达的来库古、阿哥斯的斐登、雅典的德拉古等第一批立法者。公元前594年，梭伦被选为雅典的首席执政官，为了调和贵族与平民之间的利益冲突，他以仲裁者的身份进行立法上的改革。一方面，新的法律

25　转引自罗素《西方哲学史》上卷，商务印书馆，1963年，第59页。

26　陈炎：《宗教与准宗教》，《山东大学学报》1987年"复刊号"。

27　《希腊城邦制度》，《顾准文集》，贵州人民出版社，1994年，第80页。

废除了贵族在政治上世袭的特权；另一方面，新的法律又以财产的多寡将公民分为四等，使他们都有参加公民大会的权利。尽管梭伦的变法仍然具有时代的局限，但它却是当时的贵族和平民都能够接受的。过去，曾经有人将中国古代的管仲和商鞅与梭伦相比，认为他们都是古代法律的开创者，其实他们之间有着很大的不同。管仲和商鞅都是君主的顾问，他们制定法律的目的是治理民众；而梭伦是站在居间的地位来调节贵族与平民之间的利益。比梭伦变法更进一步，形成于公元前5世纪中叶的“十二铜表法”，并不是由执政官下令制定的，而是由贵族和平民各推举出相等的人数，根据彼此所能接受的条件而制定的。从这时开始，西方的法律便不是君王治理民众的工具，而成为不同利益集团自由权利的有限让渡。尽管由于不同集团的社会势力不同，其让渡的权限并不是完全对等的，但是对于让渡给法律的那部分权力来说，却是所有集团中的人员都必须遵循的，这便是“法律面前人人平等”的真正含义。由此可见，作为一种社会契约，法律的实质是自由权利的妥协与让渡。如果人们根本就没有自由权利，又如何让渡给法律并加以执行呢？从这一意义上讲，西方的法律恰恰是以个性自由为前提的，它们之间是一种相反相成的对立统一关系。

与西方世界不同，由于私有制的钝刀尚没有彻底斩断人与人之间的原始纽带和血缘关系，使得中国的古人既没有“上帝面前人人平等”的宗教信仰，也没有“法律面前人人平等”的行为习惯。在精神领域中，儒家所崇拜的是祖先而不是神祇。由于每个人与祖先之间的亲疏远近都是不同的，因而在祭祀活动中的服饰和举止都有着严格的区分。这种区分，便是“礼”的根源所在。它的真正意义，就是要通过与死者之间的远近来区别出与活人之间的亲疏。从这一意义上讲，每一个人都不是一个与他人隔绝的单子，而只是庞大的血缘关系网络中的一个环节。从情感上看，这样的人不是孤立的，他无须到超验的彼岸世界中去寻找精神的寄托，而可以在温、良、恭、俭、让的人际关系中获得温暖。从行为上看，这样的人也不是自由的，他不能仅凭自己的意志，以一个独立的权力承担者的身份去实现自己的政治抱负，而要在君君、臣臣、父父、子子的人际关系中扮演其君恩、臣忠、父慈、子孝、夫唱、妇随的社会角色。因此，与西方不同，中国古人主要不是依靠法律来确立行为规范，而是依靠伦理来调节人际关系，使每一个人根据自己与他人的关系来处理不同的现实事务：对高于自己的人应该怎样应酬，对低于自己的人应该如何打发，所谓“世事洞明皆学问，人情练达即文章”。这便是“半部《论语》治天下”的意义所在。

与西方人不同，尽管早期的印度人也信奉宗教，但却没有“上帝面前人人平等”的观念。按照婆罗门教的观点，由于每个人在前世的德行与罪孽不同，他与作为宇宙本体的“梵”之间的距离恰恰是不等的。婆罗门与“梵”最近，甚至可视为“地上的神”。只有这一种姓的人才有权充当各类祭司，传授《吠陀》经典。刹帝利与“梵”略远，他们不能直接染指宗教事务，但可以代替神来主管世俗事务，成为军政要员。吠舍与“梵”更远，他们只能从事农业、牧业、商业活动，并以纳税和布施等形式来供养上述两大种姓。这三大种姓虽有差异，但都属于“再生族”，可以加入婆罗门教，并在肉体生命的基础上获得宗教生命。当然了，由于他们与“梵”的距离不同，在各种宗教仪式乃至服饰上亦有这样那样的差别。例如，婆罗门在妊娠后的第八年即可举行“入门式”，刹帝利要等到第十年，吠舍则要晚至第十二年。又如，婆罗门的木杖长达发端，刹帝利的木杖长至前额，吠舍的木杖则仅及鼻端。与上述三大种姓相比，首陀罗和不可接触者离“梵”更远，他们属于“非再生族”，不能加入婆罗门教，不能学习《吠陀》经典，不能获得肉体生命之外的宗教生命。他们终身只能从事下贱的体力劳动，并被视为肮脏的动物。

与西方人不同，尽管古代的印度人也有法律，但没有“法律面前人人平等”的观念。《摩奴法典》规定，如果一个婆罗门分别娶了四个种姓的妻子，对于其财产的继承权，各个妻子所生的孩子应占有不同的比例，其中“婆罗门妇女之子得四份；刹帝利妇女之子得三份；吠舍妇女之子占两份；首陀罗妇女之子占一份。”[28]《摩奴法典》还规定，“刹帝利辱骂婆罗门则应仅处一百帕那罚金；吠舍处一百五十或二百。”然而，“最低种姓的人以骇人听闻的坏话，辱骂再生族，应割其舌。”[29]因此，与“十二铜表法”等西方法典不同，印度的古代法典不是平民与贵族之间通过实际较量而相互妥协的社会契约，而是婆罗

28 《摩奴法典》第9卷，商务印书馆，1982年，第153页。

29 《摩奴法典》第8卷，商务印书馆，1982年，第267页、第270页。

门、刹帝利等高种姓集团借助宗教迷信强加给吠舍、首陀罗等低种姓阶层的产物。

与中国人不同，尽管早期的印度人也讲究尊卑贵贱，但没有将这种等级差别归结为宗法群体的血缘关系，而是将其归结为每个人业报轮回的世代因果。对于任何一个受到儒家文化影响的中国人来说，他的肉体生命和精神生命是合二为一的，都是父母给的。因此，他与父母之间不仅有着肉体上的血缘关系，而且有着一种建立在血缘基础上的精神关系。这种建立在亲子血缘基础之上的精神关系在宗法制度下已经被神圣化了：在肉体上，只有通过子子孙孙无穷无尽地繁衍，其有限的生命才能够得到无限地延续；在精神上，只有通过子子孙孙连绵不断的香火，对前辈的祈祷才能够不断地接近于神灵。而对于任何一个信奉婆罗门教的印度"再生族"来说，其肉体的生命和精神的生命则是一分为二的：肉体的生命是父母给的，精神的生命则是宗教给的。在肉体生命的成长中，由于母亲常常比父亲对其更有帮助，因此在现实生活领域中，印度人的母子关系比父子关系还要重要；在精神生命的获得中，由于老师常常比父母对其更有帮助，因而在社会文化领域中，印度人的师生关系比家庭关系还要重要。正像《吠陀》中所说的那样，"父母因爱结合赋予儿子以生命，因为婴儿形成于母胎，所以这种出生只应被看作纯人世的。但阅读过圣典的教师，根据法律，通过娑毗陀利赞歌赋予他的生命才是真正而不会死的。"[30]在这种不同于宗法文化的宗教文化中，不仅不同种姓的人之间因害怕沾染污秽而互不来往、严重隔绝，就连家庭内部的父子、兄弟之间，也缺少父慈子孝、兄友弟恭的感情沟通。

同中国人不同，尽管早期的印度人也有着自己的生活理想，但这种理想常常不是入世的，而是出世的。我们知道，儒家文化常把中国男人的一生分为四个阶段，叫做"修身、齐家、治国、平天下"。而婆罗门教也把印度男人的一生分为四个阶段，即学生时代的"梵行期"、结婚以后的"家住期"、离家出走的"林住期"、苦行生活的"遁世期"。这其中，前两个阶段与中国人十分相似，后两个阶段则迥然不同。中国男人在修身、齐家之后要进一步为社

30 《摩奴法典》第2卷，商务印书馆，1982年，第43页。

会做贡献，从“迩之事父”，过渡到“远之事君”。因为在中国人眼里，“国”只不过是放大了的“家”，只有在这个永恒的家园之中，人的有限生命，才能够获得不朽的意义。所谓“太上立德，其次立功，其次立言”，所谓“人生自古谁无死，留取丹心照汗青”，等等，说的都是这个意思。而印度男人在修养身心并对家庭尽够义务之后，则要离群索居，并在苦行中获得自己的精神升华。因为在印度人的心目中，家庭也好，国家也罢，只不过是延绵不绝的精神生命在其业报轮回的漫长岁月中一个小小的驿站罢了，只有摆脱这些尘世的烦恼和琐事，才能够净化自己，与神沟通。正因如此，“中国人倾向于建立积极的人际关系，而对神则抱以消极的态度。印度教徒恰好相反，他们寻求与神建立积极的关系，而对人——圣人除外——则抱以消极的态度。中国人膜拜神灵，几乎完全是因为有求于神；印度教徒则把崇拜神作为平常虔敬之心的必要表现。中国人需要神时才去朝拜神，而印度教徒在任何时候都把朝拜看作重要的事。”[31]

总之，由于选择了不同的文明路径，西方人、中国人、印度人在其漫长的历史岁月中渐渐表现出了不同的文化特征：

西方人的基本单位是个体，每个人都是单子式的，他们不仅有着连父母也无权获知的个人隐私，而且有着连帝王也无权剥夺的个性自由。他们坚信，尽管每个人在年龄、辈分、财产、地位上有这样那样的差异，但其在人格上都应是平等的。在这种“自我依赖”的信念指导下，人与人之间在物质层面上的基本关系应该是交换的、对等的、契约式的；而在情感上的关系则应是相互尊重和均施博爱的。他们用法律来约束人们的行动，用信仰来凝聚人们的精神。因此，无论是在肉体和精神之间，还是在自由和法律之间，西方社会都充满了巨大的张力。

中国人的基本单位是家族，每个人都不是独立存在的单子，而是像树枝或网络一样，存在于错综复杂的人际关系之中。他们不仅没有向父母保留隐私的权力，而且也没有夫妻间分割财产的习惯。他们坚信，由于血缘上的支脉相连，每个人都不是孤立的；由于年龄、辈分、级别、地位上的种种差异，人与人之间也不可能是完全平等的。而保留适度的差异，并不妨碍彼此

31　许烺光：《宗族、种姓、俱乐部》，华夏出版社，1990年，第258页。

之间的沟通。在这种信念的指导下，人与人之间在物质层面上的基本关系应该是互惠的而非交换的，是有别的而非对等的，是情愿的而非契约的；人与人在精神层面的基本关系则应是仁爱的而非博爱的，也就是爱有差等而非一视同仁的。例如，父母可以通过责骂的方式来表达对子女的关心，子女却不能运用同样的方式来表达对父母的孝敬。“关心”和“孝敬”都有爱，却不能颠倒其表现方式；二者之间是可以沟通的，但又不是等价交换的。在这种“相互依赖”的人际关系中，中国人既不喜欢用抽象的博爱来对待亲疏不等的各类人物，也不喜欢用抽象的法律来对待贵贱有别的各类事务。父母责骂儿女绝不能被视为犯法，儿女责骂父母则一定属于忤逆。判定二者的方式是道德，而用不着法律。因此，他们不仅用世俗的伦理来约束自己的行为，而且用人间的道德来凝聚大家的思想，从而在“家—国”一体化的社会结构中形成了巨大的凝聚力。

印度人的基本单位是种姓，人与人之间不仅是有差别的，而且是有着森严等级的。由于婆罗门教徒相信较低种姓的人是龌龊的，会带来污染的，所以不仅不能与之通婚，而且在衣、食、住、行等各个方面都尽可能地与之保持距离，唯恐避之而不远。在同一种姓内部，每个人又都希望自己能够获得更加高贵、更加纯洁的位置，从而又生出名目繁多的亚种姓。在这种情况下，人与人之间在物质层面上的基本关系既不是交换式的，也不是互惠式的，而是义务式的。较低种姓的人为较高种姓的人提供服务，既不要指望获得经济上的报酬，也不要指望获得情感上的答谢，而只是一种单方面的义务。反过来，他们在宗教和行政事务方面，又要依赖婆罗门和刹帝利的超度与管理。这样的分工既不需要制定什么契约，也不需要期待什么报答，而只是按照神灵的安排完成自己今生的职责罢了。在这种“单向依赖”的情况下，人与人之间在情感上的基本关系既不是平等的，也不是可以沟通的，而是接近于隔绝的。如果我们用由石块投入水面而引起的层层涟漪来比喻中国人之间的情感传递，那么我们便可以用由断木而看到的年轮来比喻印度人之间的等级隔阂。前者的感情虽因血缘的远近而变得强弱不等，就像涟漪间的势能一样，渐行渐远，越远越弱，但其无论多少，毕竟是可以传递的；后者的情感却因种姓的不同而相互隔绝，就像断木的年轮一样，即便不处在静止状态，永远也无法实现彼此的融合。在这种情况下，每个人都希望获得神灵的惠顾，却没有兴趣与他人沟通。因此，印度人不仅从宗教中获得来世的寄托，而且用宗教来指导现世的行动。在这种宗教精神的指引下，印度文化不仅有着浓厚的出世倾向，而且形成了强烈的心力倾向。

作为人类文化的主要形式，无论是西方、中国，还是印度，都需要法律、伦理和宗教来协调社会的运转，来调解人们的感情，但其三者在不同文化中的地位是不同的，其顺序大致如下：（1）西方：法律—宗教—伦理；（2）中国：伦理—法律—宗教；（3）印度：宗教—伦理—法律。换言之，在文化功能上，西方是以法律为主的社会，中国是以伦理为主的社会，印度是以宗教为主的社会。所有这一切，都应归因于其早期的文明路径。

（此文发表于《中国文化研究》2003年冬之卷）

印度的婆罗门教、佛教与中国的儒家、道家

十几年前，印度哲学家K.S.穆尔蒂曾在中国人民大学授予其名誉教授职位的仪式上发表长篇演讲，对印度社会及哲学、科学发展的特点进行了深入探讨，其中谈到，与欧洲文化相比较，中国与印度的文化有着更多的相同、相通之处。[1]这里说的“印度”，泛指南亚次大陆。过去，我国的一些学者主要是从“影响研究”的角度出发，对于中印之间的文化交流，尤其是佛教传入中国、佛教与道家的相互联系等重要课题做了广泛的考察和细致的分析；相对而言，从“平行研究”的角度出发，将中印两大文明古国文化发生、发展、演变的具体过程加以纵向考察和比较分析的工作尚未充分开展。有鉴于此，本文愿在穆尔蒂教授那次演讲的基础上，试就中印文化发展的历史演进形式及其异同，作一种平行式的比较研究。

一

婆罗门教的根本经典《吠陀》是形成于公元前1200年至公元前1000年之间的印度古老文献的汇编。“吠陀究竟是什么? 它不是别的，只是不同时期的各种天才诗人在不同条件下，出于各种目的创作的诗歌选集。”[2]从实际内

1　K. S. 穆尔蒂：《印度的哲学和科学》，《中国人民大学学报》1989年第4期。

2　［德］恰托巴底亚耶：《印度哲学》，商务印书馆，1980年，第202页。

容上看，这是侵入印度的雅利安人与当地原始宗教文化相互融合的产物。“吠陀教的基本信仰是信仰多神，在一个十分庞大的万神殿中，住着各种各样的神灵，其中包括一些雅利安人在到达印度之前所供奉的神祇。另外一些被崇拜的神灵，如河神萨腊斯瓦蒂，则是他们到达之后才传播开来的。雅利安人征服了印度河流域的土著居民，同时也毫不费力地接受了他们的神灵，吠陀教中的母神和阳物崇拜就源于印度土著居民的原始宗教。”[3]“吠陀教诸神中除了占主要数量的自然神灵外，还有一些属于祖先和英雄人物的行列，他们是祖先崇拜和英雄人物崇拜观念的延伸。因此，吠陀中有一个鲜明特点就是，既崇拜自然神灵，同时又尊敬亡人。”[4]所以，从文化形态上看，《吠陀》文本正处于从图腾崇拜向神灵崇拜或祖先崇拜相过渡的阶段。[5]

公元前10世纪中叶，也就是《吠陀》经典的成熟之际，随着文明的发展、国家的形成，作为意识形态的宗教信仰也需要出现一些相应的调整，于是婆罗门教诞生了。婆罗门教是以《吠陀》为经典，以《梵书》《森林书》《奥义书》来诠释《吠陀》的产物。与原始的宗教崇拜相比，婆罗门教有三大不同。第一，它将原有杂乱无序的多神崇拜改造成为以梵为最高形态的多元而又统一的神学体系。“最终，随着婆罗门教一神论最后取得至高地位，吠陀的作者归诸于天帝。天帝是永恒的，吠陀也被认为是永恒的。”[6]第二，它有了专门的祭司阶层。“祭司作为一个独立阶层而出现，表现了宗教在社会生活中的重要作用。”[7]第三，它的宗教教义和祭司活动更加体系化、规范化了。“祭司的出现，使得古代宗教的经典得到了系统的整理和阐发。”[8]于是，以吠陀天启、祭祀万能、婆罗门至上为三大纲领的婆罗门教，较之原始的宗教崇拜更加系统、更加完备，也更加成熟了。

从文化形态上看，婆罗门教完成了从图腾崇拜向神灵崇拜直至宗教信仰的历史性过渡，同时又在一定程度上包含了祖先崇拜的原有成分。它既不是像西方的基督教文化那样，在经历了“图腾—神灵—宗教”的过程中，彻底

3　《世界宗教全书》，上海人民出版社，1994年，第5页。

4　《世界宗教全书》，上海人民出版社，1994年，第6页。

5　参见陈炎《多维视野中的儒家文化》，中国人民大学出版社，1997年，第一章。

6　［德］恰托巴底亚耶：《印度哲学》，商务印书馆，1980年，第204页。

7　《世界宗教全书》，上海人民出版社，1994年，第47页。

8　《世界宗教全书》，上海人民出版社，1994年，第47页。

斩断了人与人之间的血缘关系，以确保在上帝面前人人平等的宗教信仰；又不像中国的儒家文化那样，在经历了“图腾—祖先—伦理”的过程中，逐渐清除了人与神之间的宗教关系，以确保人与社会之间的亲伦血缘情感；而是将氏族社会的血缘关系融入到神学体系的建构之中，一方面维系着全体民众的共同信仰，一方面制造了信仰权力上的等级制度。这种介于西方与中国之间的“中间形态”与当时印度社会中所出现的种姓制度密切相关。

所谓“种姓”，有肤色、形象、品质等含义，是人之社会地位的血缘标志。当时的印度社会分为四大种姓：第一种姓是由祭司阶层发展而来的享有文化特权的婆罗门，第二种姓是由武士阶层发展而来的享有军事特权的刹帝利，第三种姓是由农民、牧民、商人、手工业者发展而来的吠舍，第四种姓是由被征服的土著居民和失去生产资料的雇工、奴隶所组成的首陀罗。除此之外，还有更加卑贱而不入种姓的不可接触者（旃陀罗）。从社会历史的角度上分析，四大种姓的最初形成可能与雅利安的大举入侵有关，同时也是社会分工所造成的阶级分化，其实质内涵是阶级剥削与阶级压迫：其中的婆罗门和刹帝利因分别掌握着意识形态和国家机器而成为印度社会的统治者，而吠舍则需要以纳税和布施等形式来供养这两大种姓，首陀罗以及那些不入种姓的贱民则更要以人身自由为代价来为这两大种姓当牛做马。

婆罗门教正是在这样一种文化土壤中出现的，而它的教义又反过来使这种种姓制度合法化。按照《奥义书》中有关业报轮回的思想，每个人的灵魂在其死后可以在另一个躯体中复活，而其重新转世的形态则取决于生前的行为。“如果崇信神明，奉行吠陀的规定，死后可以投入‘天道’（神的地位）；次之，可以投入‘祖道’（人的地位），转生为婆罗门、刹帝利、吠舍等；至于不信奉神明，违逆种姓义务的，则沉沦于‘兽道’，即地狱之中，来世变为旃陀罗和动植物等。”[9]按照这一信仰，人们为了获得来世轮回的报答，只得安分守己，遵守种姓义务，而不敢犯上作乱。这种思想，显然有利于维护当时印度社会特有的奴隶制体系。

从符号学的角度来看，作为早期文明社会的意识形态，婆罗门教的作用是一种“建构”，它以“祭祀万能”的形式为当时的等级社会秩序提供了一套

9　《中国大百科全书·宗教》，中国大百科全书出版社，1988年，第300页。

相当繁琐的行为规范和典章制度。不同种姓的人不仅不能通婚、共食，而且在祭祀活动中所处的地位也明显不同。“根据婆罗门法典规定，前三种姓可以诵读吠陀经并参加宗教祭仪，从父母亲那里获得第一生命，通过‘入法礼’再获得第二次生命，因而被称为再生族；首陀罗不准读或听吠陀，亦不能参加宗教仪式，被称为一生族。对各个种姓在社会地位、权利、义务和生活方式等方面都有不同的规定。”[10]显然，这套宗教仪式不仅要沟通人与神的关系，而且要区分人与人的地位。有了这套符号系统，人们的言谈举止便自然而然地具有了等级上的差别。“种姓决定了一个印度教徒应在哪里出生，应举行怎样的出生仪式，应在哪里居住和居住怎样的房子，吃什么样的食物和怎样吃，穿什么衣服和怎样穿，从事什么职业和怎样从事，应得到怎样的报酬和多少报酬，同什么样的人交往和怎样交往，同什么样的人结婚和怎样结婚，享有怎样的社会地位和权力以及负有怎样的责任，应在哪里死去和怎样死去，在哪里埋葬和怎样埋葬，甚至死后如何对待他，等等。”[11]例如，婆罗门在妊娠后的第八年即可举行“入门式”，刹帝利要等到第十年，吠舍则要晚至第十二年。又如，婆罗门的木杖长达发端，刹帝利的木杖长至前额，吠舍的木杖则仅及鼻端……这种等级差别的符号体系当然不仅仅具有神学意义，从社会历史的角度上看，等级制度的出现，恰恰是野蛮社会进入文明社会、原始社会进入奴隶社会的重要标志。作为印度早期文明社会之符号体系的建构者，婆罗门教使当时的人们离开了浑然一体的蒙昧时代，将其引入了一种尊卑有序的文明时代。

然而，历史总是在“二律背反”中前进的，正像恩格斯在《反杜林论》中所说的那样，“文明每前进一步，不平等也同时前进一步。随着文明而产生的社会为自己所建立的一切机构，都转变为它们原来的目的的反面”[12]。随着婆罗门教的发展，僧侣阶级日益强大起来，婆罗门种姓被抬到了神圣不可侵犯的崇高地位，被称为“人间的神”。婆罗门种姓本来是祭司阶级，主持监督各种祭祀，崇尚修道，但由于这一贵族等级不仅有着垄断宗教事务和文化知识的特权地位及政治势力，而且享受着处理各种布施、豁免赋税、重大犯罪免死等特权，于是许多婆罗门便利用这些特权而极力追求物质享受，大量积聚财

10　《中国大百科全书·宗教》，中国大百科全书出版社，1988年，第302页。

11　尚会鹏：《种姓与印度教社会》，北京大学出版社，2001年，第2页。

12　《马克思恩格斯选集》第3卷，人民出版社，1995年，第482页。

富。而作为婆罗门教义的各种等级制度和繁文缛节，不仅限制了人与人之间的正常交往，为不同的社会阶层之间制造了重重隔阂，而且也加剧了整个社会的离心倾向。显然，这种文明制度的出现，是以异化现实为前提的。正是作为这种异化现实的反动，佛教出现了。

公元前6世纪，一种坚决反对种姓血统论、神创四姓说的早期佛教，便从婆罗门教影响较薄弱而城市经济最发达的恒河流域中下游诸国逐渐形成。在宗教信仰上，佛教构成了对婆罗门教三大纲领的直接性挑战：针对婆罗门教“吠陀天启”的学说，早期的佛教不仅不承认《吠陀》为经典，而且主张“诸法皆空”，“它对当时在印度受到崇拜的无数常常是怪诞的神的真实性，既不维护，也不否定。它对它们置之不理。”[13]针对婆罗门教“祭祀万能”的理论，早期的佛教主张以“八正道”（正见、正思、正语、正业、正命、正精进、正念、正定）的修行和乐善好施来取代祭祀。“原始的佛教主要是一种行为的宗教，不是一种遵守仪式和献祭的宗教。”[14]针对婆罗门教“婆罗门至上”的观点，佛教僧团的内部成员不分种姓高低，仅以入教先后为序，进而提出“众生平等”的主张，认为所有的生灵在本性上都是一样的，并没有什么种姓之分，任何人都可以通过修行而得到解脱，得阿罗汉果，因而根本不需要特殊的婆罗门祭司阶层去导引人们。“它没有庙宇，没有献祭，也就没有祭司的圣职[15]。”由此出发，佛教“强调主体的自觉，并把一己的解脱与拯救人类联系起来”[16]。

婆罗门教指导人生归宿的学说是“转变说”，讲“宇宙是从一个根本‘因’转变而来，即所谓因中有果说”[17]，因果报应，认为人由梵天而来，是神我的转化。早期佛教则主张“缘起说”，认为“世界现象，都是因果相互联系，相互依存，互为条件的”[18]。这一理论在打破了婆罗门教的第一因论之后，就没有再去讨论那个与人生实际无关的何者为第一因的问题。当然，佛教的缘起论宇宙观，也还是针对婆罗门教所宣扬的“神创四姓”而来的。佛教认为，众生都是由五蕴聚合而成的，所以婆罗门教关于四姓起源的说法是站不住脚的，

13 安修：《宗教的故事》，内蒙古人民出版社，2002年，第326页。

14 安修：《宗教的故事》，内蒙古人民出版社，2002年，第326页。

15 安修：《宗教的故事》，内蒙古人民出版社，2002年，第326页。

16 赵朴初：《佛教与中国文化的关系》，《中印文化交流与比较》，中国华侨出版社，1994年，第92页。

17 吕澂：《印度佛学源流略讲》，上海人民出版社，1979年，第18页。

18 吕澂：《印度佛学源流略讲》，上海人民出版社，1979年，第21页。

至于五蕴聚合的具体形态，则要归因于“无常”和“无我”。“‘无常’就是生灭相续，它包括了‘因果相续’的意义。‘无我’就是没有主宰，既没有一身之主宰，也没有宇宙万有之主宰。‘无造物主’之义也就包括其中了。”[19]“这个道理很简单，佛教既以‘诸法皆空’（即俗语中的‘万法皆空’）为教义，当然神也是空的。神既然空，何来创造世界之事。”[20]所以佛教的“三法印”主张：诸行无常、诸法无我、一切皆苦。所以，真正有智慧的人，不是要经过现世的努力好在来世脱生于婆罗门种姓，而是要彻底脱离人生的苦海，进入无知、无欲、无我的涅槃境界。

从社会学的角度来看，如果说婆罗门教是代表统治阶级的意识形态，那么佛教则代表了广大民众的精神要求；从符号学的角度来看，如果说婆罗门教的功能是一种“建构”，即为当时的社会制度和等级规范提供一套可供遵循的文化符号和文明法则；那么佛教的功能则是一种“解构”，即以反异化的姿态对一切文化符号和文明法则进行反向的消解……

因此，从某种意义上讲，婆罗门教与佛教的关系，可视为文明与反文明、异化与反异化、崇有与尚无、建构与解构之间的辩证关系。也正是在这种关系中，将这两种印度的宗教与中国的儒家和道家进行比较，便成为一种有趣的话题。

二

同婆罗门教的创始人相类似，儒家思想的创造者也来自所谓的祭司阶层。“近世有学者认为，‘儒’的前身是古代专为贵族服务的巫、史、祝、卜；在春秋大动荡时期，‘儒’失去了原有的地位，由于他们熟悉贵族的礼仪，便以‘相礼’为谋生的职业。”[21]在古代，所谓祭司阶层，正是文化符号的创造者和掌管者。这种共同的出身，使得儒家学者也像婆罗门祭司那样对于已有的文化符号系统抱有极大的热情。然而，作为儒家学派的创始人，孔子与婆罗

19　赵朴初：《佛教与中国文化的关系》，《中印文化交流与比较》，中国华侨出版社，1994年，第91页。

20　赵朴初：《佛教与中国文化的关系》，《中印文化交流与比较》，中国华侨出版社，1994年，第92页。

21　《中国大百科全书·哲学》下卷，中国大百科全书出版社，1993年，第73页。

门祭司所面对的文化遗产不同，他们处理文化遗产的具体方式也不同。

首先，孔子所面对的文化遗产不是雅利安人遗留下来的《吠陀》经典，而是周公等人遗留下来的礼乐文化。前者虽然也包含了氏族血缘的成分，但更多的是一种宗教素材；后者虽然也包含有祭祀上苍的成分，但更多的是一种伦理素材。其次，孔子没有像婆罗门祭司那样，使原有的神学材料体系化，去建构一种更加成熟的宗教神学；而是通过“以仁释礼”的方式，将“礼崩乐坏”的文化符号重新建筑在亲子血缘的基础之上，使其变为更加具有世俗色彩的道德规范。正像李泽厚所指出的那样：“孔子没有把人的情感心理引导向外在的崇拜对象或神秘境界，而是把它消融满足在以亲子关系为核心的人与人的世间关系之中，使构成宗教三要素的观念、情感和仪式统统环绕和沉浸在这一世俗伦理和日常心理的综合统一体中，而不必去建立另外的神学大厦。”[22]

然而从另一方面看，尽管儒家学者与婆罗门祭司所选择的文明路径不同，但二者之间又有着十分相似并可供比较之处：从社会学的角度上讲，他们都要捍卫由文明所造成的等级制度；从符号学的角度上讲，他们都要维系由文明所带来的典章制度。从政治的意义上讲，只有遵循礼乐本身所规范的行为法则和等级制度，才能使人们在进退俯仰之间保持一种行而有等、爱而有差的和谐而有度的社会秩序，即所谓“博学于文，约之以礼，亦可以弗畔矣夫!”（《论语·颜渊》）从文化的意义上讲，只有掌握了礼乐本身所具备的有意味的符号形式，才能使人们在温、良、恭、俭、让的社会交往中保持一种高于蒙昧和野蛮色彩的文明形象，即所谓“文质彬彬，然后君子”（《论语·雍也》）。

不仅如此，儒家学者所建构的这套伦理符号系统也像婆罗门祭司所建构的那套宗教符号系统一样，于推进文明的同时，也具有了异化的危险。在形式上，我们在《周礼》《仪礼》《礼记》等著作中可以看到，孔子所继承并试图发扬光大的这套礼乐符号过于复杂，使不同等级、不同辈分、不同年龄的人们在冠、婚、丧、祭、燕、享、朝、聘等一切社交活动中要有不同的行为方式，其穿衣戴帽、言谈举止都必须经受严格的训练。这种举世罕见的繁文缛

22　李泽厚:《中国古代思想史论》，人民出版社，1986年，第21页。

节，必然对人们的社会生活形成一种外在的束缚。在内容上，在这套礼乐相生的符号系统中，由于“礼”的等级观念始终规范着“乐”的自由想象，致使行为的规范性远远大于情感的创造性。这种“发乎情，止乎礼义”的行为模式，必然对人们的精神世界形成一种内在的约束。于是，最初是富有创造性的“建构”活动便导致了形式和内容的双重异化。在这种情况下，道家的“解构”活动也便具有了特殊的历史意义。

如果说儒家学者的“建构”行为与婆罗门教有几分相似的话，那么道家学者的“解构”行为与佛教亦有几分相同。首先，在伦理政治的层面上，正如佛教向当时建立在种姓制度基础上的“婆罗门至上”观念提出挑战一样，道家也对儒家的那套建立在亲子血缘基础之上的等级观念提出了质疑。道家讲究“齐物”，主张“天地与我并生，而万物与我为一”（《庄子·齐物论》），认为人与人之间，甚至人与万物之间都是平等的，因而不需要去建构那套君君、臣臣、父父、子子的伦理法则。这种“道无贵贱”的思想与佛教“众生平等”的理论一样，有着反抗异化的合理内容。

其次，在行为规范的层面上，正如佛教对婆罗门教建立在种姓差别基础之上的祭祀规则提出挑战一样，道家对儒家的那套建立在等级差别基础之上的礼乐制度也发出了质疑。老子认为，“明道若昧，进道若退”（《老子·四十一章》），“道之华而愚之始”（《老子·三十八章》）。认为一切人为的努力、文明的追求，非但不能接近“道”的原初境界，反而背“道”而驰，创造出一大堆虚假、扭曲、芜杂的文化垃圾。“五色令人目盲，五音令人耳聋，五味令人口爽，驰骋畋猎令人心发狂，难得之货令人行妨。”（《老子·十二章》）庄子更加决绝，他甚至主张“灭文章，散五采”，“擢乱六律，铄绝竽瑟”，“塞瞽旷之耳”，“胶离朱之目”（《庄子·胠箧》）。这种“见素抱朴，少私寡欲”（《老子·十九章》）的人生境界，与佛教主张用修行来取代祈祷，用“八正道”来取代“祭祀万能”的婆罗门教的教规一样，有着反抗文明的“解构”功能。

最后，在削平等级制度、取缔礼乐文化的基础上，道家思想的极端性发展便是对于文化现象之载体的语言符号本身进行解构。这就是老子所谓的“道可道，非常道；名可名，非常名”（《老子·一章》），庄子所谓的“道不当名”(《庄子·知北游》)。在他们看来，真正的世界本体，是不可能用语言符号来加以表述的，一旦我们用有限的符号来形容“道”的时候，这个本体的无限意蕴便不可避免地被遮蔽起来。这种“道隐无名”(《老子·四十一》)的哲学思想与佛教“诸法皆空”的宗教理论亦有或多或少的相似之处。因此，正像佛教对婆罗门教所热衷的“吠陀天启”采取置之不理的态度一样，道家学者对儒家所热衷的“祖先崇拜”也采取存而不论的超然态度。

应该看到，道家学者的上述观点是在特定的历史境遇中，并针对特定的文化现象而提出的，因为他们在那套君君臣臣的关系中发现了不平等，在那种俯仰屈伸的礼仪中发现了不自由，在那些文质彬彬的外表下发现了不真诚。因此，尽管他们的文化解构具有反历史、反文明的消极色彩，但又不能以文化虚无主义的罪名加以简单地否定。换言之，道家的“无”是针对儒家的“有”而言的，道家的“解构”是针对儒家的“建构”而言的。因此，正如我们不应离开婆罗门教及其种姓制度的前提来单独评价佛教的历史意义一样，我们也不应抛开儒家及其礼乐文化的前提来单独评价道家的文化价值。

所有这一切，都必须在“建构”与“解构”的矛盾运动中加以辩证地认识。

三

历史的辩证运动是不会止息的，无论是佛教对婆罗门教的取代，还是道家对儒家的否定，都不可能实现问题的终极性解决。恰恰相反，正像文化建构的历史性努力最终会导致“异化”一样，文化解构的历史性发展最终也难以避免“虚无化”的危险。于是，“解构”之后又需要重新“建构”。

在打破婆罗门教三大纲领的基础上，佛教思想的极端性发展便是希望从这个充满了忧郁和痛苦的现实世界中解脱出去。十二因缘以苦为根本，四圣谛以苦为中心，只有达到涅槃这一最高理想，才能够进入不生不灭、永远超脱轮回的寂静境地。“主张出世，对世界给予了价值的否定——空，而宣讲涅槃，这是相当消极的了。”[23]从社会发展的角度上看，佛教不仅有消极颓废的一面，而且有保守倒退的一面。它不仅反抗异化，而且抵制文明。“佛陀不朝前

23　吕澂：《印度佛学源流略讲》，上海人民出版社，1979年，第17—18页。

看已经出现和日益完备的东西——正在兴起的国家政权的富丽豪华。相反，他朝后看部落集体，想要恢复马克思称之为‘幻想的部落实体’的那个东西。”“他要求人们接受出家和入僧，即‘走出’实际社会而‘进入’僧团生活。因为在僧团中情况不同——有意地模仿部落集体，没有私有财产，僧人之间有充分的平等和民主——唯独这些僧团能为实践‘古代氏族社会的纯朴道德高峰’提供真正的场所，这种社会是佛陀真正企求的。”[24]可以想象，在任何一个文明的社会中，这种消极颓废和保守倒退的思想都不可能长期占据意识形态的主导地位；而佛教关于“众生平等”的理论也显然不符合统治阶级的现实利益。于是，与佛教的世界观相对立，被称为“新婆罗门教”的印度教出现了。

“4世纪笈多王朝建立以后，婆罗门教的文化获得复兴。在笈多诸王统治时，编纂了《摩奴法典》《耶阇纳瓦尔基耶法典》和《那罗陀法典》等，是为婆罗门教和后来印度教的基本法规。史诗《罗摩衍那》《摩诃婆罗多》也在这个时期完成。以承认吠陀为权威的正统派哲学。由于制作了大批经论，使婆罗门教的哲学开始系统化。这个时期以宗教为题材的艺术创作也颇为繁荣。同时，神学家们编写了大批经典和神话集，吸收了大量的民间信仰，融合佛教、耆那教甚至希腊宗教、罗马宗教思想的内容，崇拜‘三神一体’的梵天、湿婆和毗湿奴。后由于崇拜主神的不同，又出现了各种教派，建立了寺庙等。这样婆罗门教就完成了向印度教的转化。”[25]“摩奴和印度史诗赞颂了提出最傲慢和最无耻的要求的僧侣阶级。婆罗门人在佛教衰退和驱逐佛教的基础上重申他们的至上地位。”[26]

印度教流派甚多，教义也颇为驳杂，正像马克思所说的那样，“这个宗教既是纵欲享乐的宗教，又是自我折磨的禁欲主义的宗教；既是林加崇拜的宗教，又是扎格纳特的宗教；既是和尚的宗教，又是舞女的宗教。”[27]但其作为佛教的反动和婆罗门教的复归，其文化建构的主导倾向又是极为明显的。佛教以一切变动不居的“无常”去反对婆罗门教在《吠陀》信仰上极端化发展的“常”（永恒），但一切“无常”的主张最后发展到只相信一种不可言说、不可

24　［德］恰托巴底亚耶：《印度哲学》，商务印书馆，1980年，第132页。

25　《中国大百科全书·宗教》，中国大百科全书出版社，1988年，第479页。

26　K. S. 穆尔蒂：《印度的哲学和科学》，《中国人民大学学报》1989年第4期。

27　《马克思恩格斯选集》第2卷，人民出版社，1972年，第62—63页。

思议的神秘符号“如来”时，也便走入了虚无；因而又需要新的婆罗门教（印度教）提出“声是常”（即语言永恒、吠陀永恒）的主张，来进行重新建构。

首先，在《吠陀》经典、婆罗门教义的基础上，印度教完成了“三神一体”的神学体系。从表面上看，印度教的万神庙中供奉着众多的神祇，但在教徒们看来，这些神的背后还有着一个最高的存在者——梵。梵没有任何属性，也没有任何形体，它超越任何时空，又不受因果关系的限制。与此同时，梵又是万神之神、万物之本，就连梵天、毗湿奴、湿婆这三大主神也只是这种最高存在的不同表现罢了。这种一神论的多神崇拜，意在将印度社会诸多神祇融会在同一体系之中，以建构起统一的信仰模式。

其次，同婆罗门教一样，印度教也将宗教生活建立在世俗等级的基础之上。尽管在由婆罗门教转变为印度教的过程中，印度社会发生了很大的变化，原来的吠舍已成为“逐利远近”的商人，原来的首陀罗也变成了“勤身稼穑”的农民，原有的奴隶社会已完成了向封建社会的转变和过渡，但以职业世袭、内部通婚为特征的种姓制度却依然存在。与这种社会等级制度相适应，尽管“婆罗门至上”的思想已不再过分突出，但种姓制度的观念却依然保存在印度教的教义之中。

最后，为了保障神界的秩序和人间的等级，印度教将婆罗门教的祭司和佛教的修行融为一体，为人们的现实生活建立了一套更为全面的法则和规范。“他们制定出‘人的四项目的’来约束、指导教徒们的生活。这‘四目的’是：‘宗教的社会法’（大法，Dharma）、‘经济福利’（实利，Arthe）、‘欢娱快乐’（爱欲，Kama）、和‘灵魂的拯救’（解脱，Moksha）。……这意味着，一个人的得救即灵魂解脱完全以他在生活的各个领域中的所作所为为条件。”[28]

显然，这种更为系统、更为全面、更为世俗化的神学体系和宗教法则，既是对佛教的反动，又是对婆罗门教在新的现实生活基础上的重新复归。这种重新复归，再一次以建构秩序、建构等级、建构行为规范、建构符号体系的形式，在意识形态领域中实现了对即有文明的肯定。这种重新复归既保持了婆罗门教的精神实质，又吸收了佛教的合理成分。如果用辩证法的语言来表述的话，婆罗门教是“肯定”，佛教是“否定”，印度教则是“否定之否定”。

28　《世界宗教全书》，上海人民出版社，1994年，第193页。

这一切恰恰体现了历史发展的矛盾进程。当然了，历史的矛盾进程并没有到此而止息，继印度教的重建之后，佛教又曾几次在印度的历史上死灰复燃，以或强或弱的力量，反抗着印度教对人性的异化。直到近代，还有人企图建立所谓的“新佛教”来重新解构作为新婆罗门教的印度教。然而，由于这种解构的努力与文明的社会制度之间常常存在着或多或少的抵触关系，因而只处于意识形态的边缘领域。

与印度的佛教一样，中国的道家也因其深刻的两重性而无法长期占据意识形态的主导地位。一方面，老、庄以反叛者的姿态勇敢地解构着儒家的礼乐文化；一方面，他们在反抗异化的过程中同样陷入了虚无化的误区。从个人行为上看，道家主张“为无为，事无事，味无味”（《老子·六十三》），不仅不要有所作为，而且不要有任何欲望。其消极程度，与佛教不相上下。从社会理想上看，道家心目中的理想社会，并不是远离自然的文明社会，而恰恰是最质朴、最自然、最本色，也最愚昧的上古社会，即所谓的“卧则居居，起则于于，民知其母，不知其父”（《庄子·盗跖》），“使人复结绳而用之”，“民至老死，不相往来”的“小国寡民”（《老子·八十章》）。其落后程度，与佛教之社会理想足以媲美。因此，正像挑战婆罗门教的佛教会重新遭到新的婆罗门教（印度教）的挑战一样，反抗儒家的道家也会重新遭到新的儒家学说（汉儒）的反抗。于是，历史的辩证法便不仅在印度，而且在中国出现了。

与印度宗教文化从婆罗门教到佛教再到印度教的发展过程相类似，中国世俗文化中儒家与道家的不断“建构”和“解构”，也形成着“否定之否定”式的阶段性变革。只是这种“否定之否定”的发展节奏更快，反复更多罢了。作为“儒道互补”的主要形式，儒家的不断建构与道家的不断解构在中国文化的演变过程中构成了一种相互批判、彼此消长的动力形态。先秦时期，先是周公“制礼作乐”，建构起一套旨在维护文明秩序的符号系统，后是孔子“以仁释礼”，为这套符号系统寻找理论上的合法性；与此同时，老子和庄子则以“擢乱六律，铄绝竽瑟”的态度和“大音希声，大象无形”的智慧对这套符号系统加以解构。汉魏时代，先是董仲舒打破了“无为而治”的黄老之学，在吸收阴阳五行学说的基础上重新建构起“天人合一”的儒学体系；时过不久，魏晋人士又在玄谈思辨的形式下重新发挥了道家“有生于无”的学说。宋明以降，先是儒家学者在吸收道教的“玄道”理论和佛教之“佛性”学说的基础上重新建构了“心性一体”的儒学体系；后有从“理学”过渡到“心学”之后的反叛潮流，将儒家的“六经”再次斥之为“道学之口实，假人之渊薮”……

显然，这种儒、道之间的频繁易手也不是一种简单化的历史重演或机械式的概念复归，而是一种否定基础上的否定、螺旋式的上升。正如印度教虽为婆罗门教的复归却不是一种简单化的重复一样，汉儒、宋儒虽为原始儒学的复归却不是一种机械性的复制；正如印度教在复归婆罗门教的过程中不仅汲取了其他民间信仰而且汲取了作为其对立面的佛教文化的有益成分一样，汉儒、宋儒在复归原始儒学的过程中不仅汲取了其他哲学派别而且汲取了作为其对立面的道家文化中的有益成分。惟其如此，这种不断建构、不断解构的历史进程才使得文化的发展呈现出不断丰富、不断完善的社会意义。

（此文为陈炎、邓东合作，发表于《孔子研究》2003年第4期）

卜筮与哲学

A

中国哲学素以儒、道互补而著称。儒家的经典是“五经”，按汉代以后的排列，它们分别是《易》《书》《诗》《礼》《春秋》；道家的经典是“三玄”，按魏晋以后的说法，它们分别是《易》《老》《庄》。在这里，我们会发现一个饶有兴趣的现象：历史上泾渭分明的儒、道两系，竟均以《易经》为自己的哲学经典。这究竟是什么原因呢？是后世的学者争相以前人的经典作门面，还是儒、道两家本出于一源？从这一意义上讲，探明《易经》与儒、道之间的联系，便成为中国哲学史研究所应解决的首要课题。

然而遗憾的是，也许是由于年代的久远、资料的匮乏、文献与传说的真假难辨，检阅诸多版本的中国哲学史，这一问题却始终未能得到充分的重视，而是有意无意地被忽略掉了。于是，谈儒者始于孔、孟，说道者肇自老、庄，而在此以前的中国哲学，则只留下混沌不清的一个疑团。

B

从时间上看,《易经》恐怕是我国最古老的一本书了。从内容上看,这本书的直接目的显然是用于卜筮。卜筮术起于何时,至今难以考定,《周礼·春宫》有所谓“一曰《连山》,二曰《归藏》,三曰《周易》”的“三易”之法。由于年代的久远,夏之《连山》、殷之《归藏》早已失传,唯周之《周易》保存了下来。现存《周易》分两部分:一部分是《易经》,记录了六十四卦的卦象、卦辞和爻辞;另一部分是《易传》,这是对《易经》部分的解释和发挥。《易经》与《易传》不仅成书年代相差了数百乃至上千年,而且内容上也有相当大的距离。前者文风简朴,专注卜筮,后者着意发挥,兼及社会人伦之事。因此,哲学界有一种倾向,认为《易传》是一部哲学著作,属于儒家经典或道家著作,而《易经》则只是一本卜筮之书,除包含了一些朴素辩证法的思想之外,没有太多的哲学价值。

这种简单化的处理给我们留下了三点疑问:第一,从文本之间的关系来看,《易传》之所以能够从《易经》中引发出大量的哲学思想,难道是偶然的吗?第二,从文本之外的影响来看,如果说儒家的发挥是偶然的,那么《易经》对道家的影响也是偶然的吗?第三,在上古时代,也就是在人类的智慧刚刚形成的时代,我们难道能将卜筮思想与哲学观点截然分开吗?所谓“哲学”,简单地说,就是人们关于世界观的学问,它包括对自然、对社会、对人类自身命运和价值的认识。在上古时代,这种认识不可能不体现在先民的卜筮活动中,因这种知天而务事、通神而佑人的活动本身就体现了人们对宇宙万物的总体把握和规律性探寻。这种把握和探寻无论在今人看来是多么的荒谬,却是上古人类竭尽心智的努力和严肃认真的追求,因而不可能不带有世界观和方法论的意义。因此,正像马克思曾说过的那样,“希腊神话不只是希腊艺术的武库,而且是它的土壤”。我们也完全有理由认为,《易经》不仅是中国哲学的武库,而且是它的土壤。这种观点绝非笔者所独创,《四库全书总目提要》就说:“易道广大,无所不包,……皆可引以为说。”

C

作为中国哲学的武库和土壤,《易经》这部古朴而神秘的著作究竟给我们透露出哪些重要的信息呢?我们知道,《易经》的主体是卦象，至于卦辞和爻辞只不过是用来解释卦象的。因此，要分析《易经》的哲学思想，首先必须从卦象入手。卦象，从微观结构上讲，是由“—”“--”二爻组成的；从宏观框架上讲，则是由这两种爻象不断变、不断组合形成的流动而封闭的系统结构。如果我们从哲学的高度加以提炼，在微观结构上，我们可以得到有关“阴阳”的世界观，在宏观的框架上，我们可以得到有关“周易”的方法论。那么,《易经》中的“阳”“阴”或者说“—”“--”二爻的本意究竟是什么呢?这一“易学领域中的哥德巴赫猜想”曾引起许多研究者的揣测和推断。在诸多的揣测和推断中，我觉得那种认为“—”“--”二爻分别象征男女生殖器的观点最能令人信服。这是因为：第一，从直观效果上看。此说似比那些将“—”比作天之浑然一体，将“--”比作地之水陆二分之类的说法更接近古人发自具象的联想能力。第二，从发生顺序来说，此说似比那些认为“—”、“--”缘自“九”“六”之数之类的说法更接近古人先具体、后抽象的思维逻辑。第三，此说不仅符合马克思主义的唯物史观，而且也最能说明《易经》与儒、道之间的内在联系。

D

恩格斯曾经指出：“根据唯物主义观点，历史中的决定性因素，归根结蒂是直接生活的生产和再生产。但是，生产本身又有两种。一方面是生活资料即食物、衣服、住房以及为此所必需的工具的生产，另一方面是人类自身的生产，即种的繁衍。”(《马克思恩格斯选集》第4卷，人民出版社1972年版，第2页。)在上古社会，种的繁衍作为人类自身的生产，在社会生活中占有十分重要的地位，而男女交媾与繁衍子孙之关系的发现，是人类由母系社会进入父系社会的必要条件。这一秘密的发现不仅对人类社会的进步产生了巨大的推动作用，促进了畜牧业的发展，而且也深刻地影响着先民们对于宇宙万物的总体观念。“古者包牺氏之王天下也，仰则观象于天，俯则观法于地，观鸟兽之文与地之宜，近取诸身，远取诸物，于是始作八卦。”（《易传·系辞》）可以想象，当伏羲氏之类的古之贤者发现了男女交媾以生育子孙的秘密之后，便把这种知识扩而大之，不仅发现动物也是雄雌交媾的产物，而且认为整个宇宙万物都是由两种相反相成的原始生殖力量共同作用的结果。于是便类比男女生殖器的形式，产生了“—”“--”二爻，并推演出八卦乃至六十四卦，以预测和把握人生、社会、宇宙的规律。因此，这里所谓的“近取诸身，远取诸物”，即是说近取自人类自身的男女之器，远取自动物之身的牡牝之器，然后引申、推演，形成八卦。

E

与西方哲学相比，这种“阴阳”世界观的形成，至少具有以下三重意义：第一，无论中国还是西方人的哲学思想，最早都是从生产实践中来的，但是中国的哲学萌生于人类自身的生产，因而具有明显的人文性和内倾性；而西方的哲学则发源于人类生活资料的生产（如泰勒斯的“水”，赫拉克利特的“火”），因而具有明显的科学性和外倾性。因此。西方人总是在外在的彼岸世界中寻找宇宙的根据和生命的寄托，而中国则是一种“反求诸已”的文化。第二，由“阴阳”而构成的中国哲学原型具有一种先天的二元论倾向，不承认任何一元的、独断的宇宙本体，这种倾向弱化了中国人的形而上学兴趣，并导致了对宗教的排斥力。而由“水”“火”“理念”“太一”之类组成的西方哲学原型则具有一种先天的一元论趋势，这种趋势强化了西方的形而上学兴趣，并导致了宗教信仰动机。第三，从哲学史的角度看，外倾的、一元的、西方式的哲学原型容易导致相互排斥的哲学派别和体系，像中世纪的唯名论与实在论、近代的英国经验派和大陆理性派、现代的科学思潮与人本主义都是如此；而内倾的、二元的、中国式的哲学原型则容易产生相互补充的哲学派别和体系，儒家和道家便是如此。

F

《易经》对儒、道两系的影响，不仅具有世界观的意义，而且具有方法论的意义。如果说《易经》的世界观表现为“阴阳”，那《易经》的方法论则体现为“周易”。“周易”二字，不仅仅是书的名字，而且其本身就是一种方法论的标志。简单地说，“周”为周而复始，“易”为日月交替，前者提供了一种循环往复的卦象结构，后者提供了一套“简易”“变易”“不易”的解卦原则，二者共同构成了一种素朴辩证的方法论。

与西方哲学相比，这种“周易”方法论的形成，至少具有以下三重意义：第一，无论中国还是西方，古代人的思维方式均以素朴的辩证法为主要形式，即强调对立面的转化、矛盾双方的相互渗透和彼此融合。然而相比之下，古希腊虽然也有“中庸”的哲学观点和“大宇宙”与“小宇宙”的思维框架，但远不如中国的“周易”精神那样古老、自觉和成熟。第二，从消极的意义上讲，这种“周易”精神的存在从客观上限制了形式逻辑的发展，使中国的名家学派远不如古希腊的诡辩派那样引人注目，也没产生亚里士多德《工具论》那样丰富而严整的逻辑学体系。这种影响甚至导致了中国人对于近代形而上学思维方式本能的反抗和拒斥，即用素朴直觉的“系统论”来抵御近代科学的“机械论”。第三，从积极的意义上讲，这种“周易”精神的发扬和光大，造就了独具中国特色的古代文明，它不仅使中国古老的中医、气功、围棋、京剧至今仍具有着无穷的魅力，而且使儒家和道家的人生哲学至今仍有着深远的影响。

G

从世界观上讲，儒、道两家是对《易经》阴阳思想的历史性拆解。

作为儒家学派的阐释和发挥，《易传》的突出特点就是将《易经》中原本混沌未明、主次不清的“阴阳”观念伦理化、秩序化了。《易传·彖》曰：“大哉乾‘元’，万物资始，乃统天。”“至哉坤‘元’，万物资生，乃顺天。”这样一来，“乾”“坤”两卦之间，不仅有了天地合德的意义，而且有了“统”与“顺”的差别。这种由“雄”“雌”引申出来的“天”与“地”、“统”与“顺”之间的差别有着十分重要的意义，因为它将成为代表父系社会伦理观念的儒家哲学的理论基础。

与儒家哲学的命运有很大不同，道家哲学长期以来一直处在意识形态的非正统地位。造成这种现象的原因是多方面的。如若寻找其最初的历史根据，我们便会发现，道家一开始就是作为被推翻的母系社会的代言人而出现的。在这一意义上，老、庄哲学中的没落情绪，可被视为被父系社会所彻底埋葬了的母系社会的历史折光。因此，尽管道家哲学也是对“阴阳”观念的历史性拆解，但其侧重点不在于提高“阳”的地位，而在于发挥“阴”的功能。

从这种立场出发，道家对《易经》中的“阴阳”“雌雄”“柔刚”思想的阐释与发挥，自然有着与儒家完全不同的侧重点。《易传·系辞》曰：“阳一君而二民，君子之道也。阳二君而一民，小人之道也。”《老子·四十二章》却说：“万物负阴而抱阳，冲气以为和。人之所恶，唯孤、寡、不毂。”《易传·系辞》曰：“天尊地卑，乾坤定矣。卑高以陈，贵贱位矣。”《庄子·天下》却说天与地卑，山与泽平。”《论语·阳货》曰：“唯女子与小人为难养也”《老子·二十八章》却说牝常以静胜牡。”《易传·象》曰：“天行健，君子以自强不息。”《老子·七十六章》却说：“人之生也柔弱，其死也坚强。万物草木之生也柔脆，其死也枯槁。故，坚强者死之徒，柔弱者生之徒。”《论语·泰伯》曰：“士不可不弘毅，任重而道远。”《老子·二十八章》却说：“知其雄，守其雌，为天下溪。为天下溪，常德不离。”《论语·宪问》主张：“知其不可而为之。”《庄子·德充符》却说：“知其不可奈何而安之若命，唯有德者能之。”《孟子·公孙丑上》曰：“我善养吾浩然之气。”“其为气也，至大至刚，以直养而无害，则塞于天地之间。”《老子·七十八章》却说：“天下莫柔弱于水，而攻坚强者莫之能胜，其无以易之。弱之胜强，柔之胜刚，天下莫不知，莫能行。”这种阳与阴、雄与雌、刚与柔、动与静、主动与被动、有为与无为的相互排斥，不仅表现了儒、道二系在两性文化上的明显差异，而且反映了《易经》中“—”“--”二爻在逻辑上的分化与拆解。

H

如果说，从世界观上讲，儒、道两家是对《易经》“阴阳”观念的逻辑性拆解，那么从方法论上讲，儒、道两家则是对《易经》“周易”思想的历史性发挥。

首先，《易经》中有关对立统一的辩证思想，是从男人不同于女人、女人也不同于男人，男人离不开女人、女人也离不开男人，男女结合才能生儿育女，从而产生出新的男人和新的女人这种最最简单的道理生发出来的。在此基础上，儒家致力于人与社会关系的辩证统一，道家则致力于人与自然关系的相互和谐。

其次，《易经》中有关质量互变的辩证原理，最初体现在对卦象的理解和分析上。在此基础上，从维护父权社会既有的统治地位出发，儒家的“中庸”思想旨在通过限制量变而防止质变的形式来保持现有秩序的平衡和稳定。与之不同，从对抗现有秩序的目的出发，道家则企图利用“无为”和“促变”的形式，进行消极的反抗和颠覆。它们都是对质量互变原理的具体运用。

最后，《易经》有关否定之否定的辩证思想，既有日月交替的变革精神，又有周而复始的理论局限。而这其中的贡献与局限，也在儒、道两家的思想中得到了不同程度的体现和发挥。儒家从“天下之生久矣，一治一乱”（《孟子·滕文公》），“五百年必有王者兴”（《孟子·公孙丑下》）中总结出社会循环论的思想，道家则在“万物并作，吾以观复”（《老子·十六章》），“大曰逝，逝曰远，远曰反”（《老子·二十五》）格言中表达了自然循环论的思想。然而无论是前者还是后者，都不过是《易经》中那个周而复始的卦象结构的放大而已。

（此文发表于《中文自学指导》2003年第5期）

20世纪中国与西方文化的比较研究

近百年来，恐怕没有任何课题像中西文化比较一样，能够如此广泛、持久、强烈地吸引着海内外的中国人文学者。什么“激进主义”与“保守主义”的反复争鸣，什么“科学主义”与“玄学主义”的一再论战，都不过是这一课题的变相延伸罢了。时至今日，在“全球化”浪潮日甚一日的历史条件下，此一问题非但没有得到真正解决，反而更为突出紧迫地重新摆在我们的面前。

一

近百年来，国人对中国与西方文化的比较大致可分为三种主要观点：即“全盘西化派”“维护国粹派”和“中西调和派”。

“全盘西化”派认为，中国文化与西方文化之间的差异，就是古典与现代的差异。所谓“现代化”，实际上就是西化；而传统的中国文化，也就是封建文化。因此，要摆脱封建文化的羁绊，西化得越纯粹、越彻底、越全面，就越好。只有放下民族传统的沉重包袱，人们才能轻装前进。

早在1915年，陈独秀就曾指出：“近世文明者，乃欧罗巴人所独有，即西洋文明也，亦谓之欧罗巴之文明。”[1]胡适更是大声疾呼：“我们如果还想把这个国家整顿起来，如果还希望这个民族在世界上占有一个地位，——只有一条生路，就是我们自己要认错：我们必须承认自己百事不如人，不但物质机械不如人，不但政治制度不如人，并且道德不如人，文学不如人，音乐不如人，艺术不如人，身体不如人。”[2]而比他们稍晚的陈序经则从两个方面来论证“全盘西化”的合理性：“(1) 欧洲近代文化的确比我们进步得多。(2) 西洋的现代文化，无论我们喜欢不喜欢，它是现世的趋势。”[3]在前一方面，“我们要和西洋比较科学吗？交通吗？出版物吗？哲学吗？其实连所谓礼教之邦的中国道德，一和西洋道德比较起来，也只有愧色。所以西洋文化之优于中国，不但只有历史上的证明，就是从文化成分的各方面来看，也是一样。”在后一方面，“西洋文化在今日，就是世界文化。我们不要在这个世界生活则已，要是要了，则除了去适应这种趋势外，只有束手待毙。我们试想，设想我们而始终像王壬秋、义和团那样顽固，现在的中国又要怎样呢？”[4]

应该承认，中国固有的传统文化在西方现代文化的冲击下日渐暴露出其封建、腐朽的种种弊端之后，“全盘西化”理论的出现是势所必然的。而且在当时的社会环境下，这种虽然偏颇，却不无道理的言辞，对于撕掉封建统治者的遮羞布，也确实产生过积极意义。然而，现实的紧迫感不仅会增加学理研究的热情，有时也会妨碍学理思考的冷静，这在以下三个方面有所体现。首先，“全盘西化”论者一般只以西方的价值标准来衡量中国文化，缺乏公允的尺度。其次，“全盘西化”论者一般仅以实力的强弱作为判定一种文化的现实标准，缺乏形而上的理据。最后，也是最为重要的是，“全盘西化”论者常常把中国与西方之间错综复杂的“文化”差别，看成是进步与落后的“文明”差别，从而把复杂的问题简单化了。[5]诚然，西方“强势文化”确实包含着比中国“弱势文化”更多的文明因素，却不能把所有的“文化”问题统统还原为“文明”问题。因为说到底，“文明”的种子是植根于“文化”的土壤之中的。如果我们不了解中华民族文化土壤的特殊性质，即使将西方文明的种子加以

1 陈独秀：《法兰西人与近世文明》，《青年杂志》第1卷第1号，1915年9月。

2 胡适：《介绍我自己的思想》，《胡适哲学资料选》(上)，华东师范大学出版社，1981年，第345页。

3 邱志华编：《陈序经学术论著》，浙江人民出版社，1998年，第83~84页。

4 邱志华编：《陈序经学术论著》，浙江人民出版社，1998年，第86页。

5 陈炎：《“文明”与“文化”》，《新华文摘》2002年第6期。

引进，也是难以生根发芽的。

二

尽管从“洋务运动”“戊戌变法”“辛亥革命”到“五四运动”，社会实践领域中的西化思潮日甚一日。但在意识形态领域中，对于国粹的维护和捍卫者却始终存在。这种现象并不难理解：第一，从民族感情上讲，对于一种如此悠久而又曾经灿烂的传统文化，要想在一夜之间置之脑后，反而是一件不可理解的事情。因而，总有一些自觉的捍卫者为其存在的合法性进行理论辩护；第二，从政治利害上讲，由于维护国粹在相当多的历史环境下有助于统治者权力的稳固，因而国粹派学人也会自觉或不自觉地从中得到官方的青睐；第三，尽管从国内环境看，外来文化的强势入侵似乎不利于国粹派的观点；但从国际环境看，两次世界大战的爆发却又给国粹理论提供了一些新的发展空间。在这种情况下，施宾格勒的那本并不严谨而带有预言性质的《西方的没落》畅销起来，西方人开始在东方文化中寻找他们自己所欠缺的东西。在这些因素的共同影响下，“维护国粹派”始终顽强地固守着自己的阵地，并不失时机地卷土重来了。

在“维护国粹派”的众多学者之中，最为著名的倒不是那些饱读诗书的国学大师，而是那位“精通西学而又极端保守”的文化怪杰辜鸿铭。就是这位当时少有的“欧洲通”，却以极端蔑视的态度来对待西方文化。更令人不可思议的是，他的那些国粹言论，非但没有遭到欧洲和其他国家学者的批判与驳斥，反倒引来了一片赞许。或许，辜鸿铭在国外的影响不是偶然的，这除了两次世界大战所引发的人们对欧洲文化的疑虑之外，还有他自身的学理依据。

首先，他有自己的标准。“在我看来，要估价一个文明，我们最终必须问的问题，不在于它是否修建了和能够修建巨大的城市、宏伟壮丽的建筑和宽广平坦的马路；也不在于它是否制造了和能够造出漂亮舒适的农具、精致实用的工具、器具和仪器，甚至不在于学院的建立、艺术的创造和科学的发明。要估价一个文明，我们必须追问的问题是，它能够生产什么样子的人

(What type of humanity)，什么样子的男人和女人。事实上，一种文明的本质和个性，也即显示出该文明的灵魂。"[6]这样，他便避开了那些仅以物质文明的成就大小来判断文化高下的大多数"西化派"的责难，并使自己站在了一个更高的起点上。

其次，他有自己的判断。"必须承认，今日欧洲的现代文明在征服自然方面是取得了成功，而且迄今为止，尚没有任何别的文明能达到这一点。但是，在这个世界上，除了自然力，还存在有一种较自然力更可怕的力量，那就是蕴藏于人心的情欲。自然界的物质力量对人类所能造成的伤害，是没法与人类情欲所造成的伤害相比的。"[7] "实际上，在今日的欧洲，军国主义是必要的，因为它缺乏一种有效的道德力量。可是，军国主义导致战争，而战争就意味着破坏和毁灭，这样，欧洲人民便被逼迫到了这样的绝境：如果他们要摆脱军国主义，混乱就将破坏他们的文明，假如他们要持续军国主义，那么他们的文明又将经由战争的浪费和毁灭而走向崩溃。"[8]一针见血地指出了当时欧洲文明所存在的问题，使其学说有了新的实践维度。

最后，他有自己的结论："简而言之，我要唤醒欧美人民注意的是，值此文明濒临破产的关头，在中国这儿，却存有一笔无法估价的、迄今为止毋庸置疑的文明的财富。这笔财富不是该国的贸易、铁路，也不是该国的矿藏，金银铁或煤之类。在此我要指出的是，这笔文明的宝藏，正是中国人——那拥有良民宗教且尚未遭到毁灭的真正的中国人。"[9]显然，在一个人人都是孝顺儿子和善良公民的社会里，或许会有饥饿灾荒，会有物质匮乏和经济困扰，却不会出现世界大战。

在辜鸿铭的《中国人精神》出版之后，另一位执教于北京大学的著名学者梁漱溟撰成了《中西文化及其哲学》。作为一部系统的学术论著，梁漱溟对中西文化的比较也有自己与众不同的标准："生活的根本在意欲，而文化不过是生活之样法，那么，文化之所以不同由于意欲之所以不同是很明显的。""所有人类的生活大约不出这三个路径样法：（一）向前面要求；（二）对于自己的意思变换、调和、持中；（三）转身向后去要求。这是三个不同的

6 辜鸿铭：《中国人精神》，海南出版社，1996年，第3页。

7 辜鸿铭：《中国人精神》，海南出版社，1996年，第19~20页。

8 辜鸿铭：《中国人精神》，海南出版社，1996年，第20~21页。

9 辜鸿铭：《中国人精神》，海南出版社，1996年，第25页。

路向。”[10]这样一来，他便从叔本华的“唯意志论”出发，并根据“意志”发展方向的不同，来区分不同文化的本质特征。

其次，他有自己的判断：“西方文化是以意欲向前要求为根本精神的。”“中国文化是以意欲自为、调和、持中为其根本精神的。印度文化是以意欲反身向后要求为其根本精神的。”[11]因此，西方人便在征服自然的过程中取得了巨大的物质成就，在实现自我的过程中获得了充分的个性自由。前者是我们所羡慕的“赛先生”的胜利，后者是我们所羡慕的“德先生”的成功。但是，这种一味向前追求的文化使西方人只会征服世界而不会享受世界，他们风驰电掣地征服自然，征服社会，征服他国，非但自己未能从容享受，反而给整个世界造成灾难。与之不同的是，中国人在对自然与社会的抗争中只需要适度的满足，因而这种文化并不必然地产生科学与民主，无论在物质财富方面还是在民主政体方面，均无法与西方相比肩。但是，中国人以其与自然和社会相协调的态度来对待生活，不但对物质财富的需求容易满足，而且也充满了温情脉脉的人伦情感。更加不同的是，印度人以一种禁欲主义的态度来面对世界，因而他们在改造自然和社会方面毫无建树，却可以创造出极其高明的宗教神学。

最后，他有自己的结论。梁漱溟认为，尽管从孤立的文化差别来看，希腊、中国、印度这三大文化系统各有其优缺点和长短处。但从历史的发展历程来看，这三种文化路径应该有一个先后递进的选择次序。在古代社会，也就是在人类物质文明发展的初级阶段，西方人选择的文化路径是明智的、正常的，它在物质财富和社会制度方面已取得的巨大成功即是最好的证明。然而时至今日，在一个物质文明已经相当发达的现代社会里，此一道路已走到了尽头。西方人应该从第一条路径自觉地转向第二条路径，向中国文化靠拢，才能避免现代文明的种种弊端。与之不同的是，由于受孔子智慧的影响，中国人不待把第一条路径走完，就过早地转向了第二条路径，以至于形成了一种早熟的文化形态。有鉴于此，当今中国所应采取的文化策略是：一方面要加大改造自然与社会的力度，将过早中止的第一条路径彻底走完；一方面又要汲取西方人的历史教训，避免其只知创造不会享受，只见物质不见

10 《梁漱溟全集》第一卷，山东人民出版社，1989年，第382页。

11 《梁漱溟全集》第一卷，山东人民出版社，1989年，第383页。

精神的文化弊端，从而保持其原有的文化心态。至于印度文化，虽然包含着极其深奥的智慧与哲理，却不适合当今时代，它的发展是未来的事情。

毫无疑问，梁漱溟的《东西文化及其哲学》较之辜鸿铭的《中国人的精神》更加系统，也更具有学理的深度。但是，从发生学的意义上讲，他关于希腊、中国、印度三大文化的假说是建立在所谓“天才论”的基础之上的，也就是说，不是中国的社会土壤产生了孔子，而是孔子使古代的中国人选择了早熟的文化路径。这种想法，似乎过于简单了。其次，从结构主义和功能学派的角度上讲，在他所谓的希腊、中国、印度三种文化路径之间，也缺乏内在的逻辑关系和全方位的功能指向。不仅何种国度对何种文化的最初选择是偶然的，而且何种国度中途转向何种文化路径也是偶然的。因此，同《中国人的精神》一样，尽管《中西文化及其哲学》一书不乏精彩的言论、闪光的思想，但其所建构的理论模式，并不能全面真实地反映中国与西方文化的历史现状。

三

从理论发展的规律来说，有了“正题”和“反题”，就必然会有“合题”。一般说来，片面的观点有时也包含着片面的深刻性，全面的观点或许也包含中庸的合理性。与“西化派”全盘否定中国文化和“国粹派”彻底排斥西方文化的态度不同，“调和派”认为中国与西方文化有其各自的长处和短处，因而要采取一种取长补短的折中立场，将二者融合起来，创造一种中西合璧的现代文化。近百年来，有关“中西调和”的文化论点主要有以下几种。

（一）“中道西器”

持这一观点的代表人物是早期洋务派的理论家薛福成。从其早年致书曾国藩，建议改革科举、裁减绿营、学习西方军事技术开始，到其中期先后成为曾国藩、李鸿章推行洋务运动的重要幕僚，至其晚年受命出使英、法、意、比四国，他始终坚持这一观点：“盖中国人所尚者，道为重；而西方人所尚者，器为多。”[12]中国文化重在道统的建设，于是才有了仁、义、礼、智、

12　《薛福成文集》卷二、卷九。

信之类的精神准则；西方文化重在器物的创造，于是才有了飞机、大炮、轮船、火车之类的物质手段。这一“道”一“器”各有长短，双方都应以彼之长，补己之短。说穿了，就是要用西方之“器”来卫中国之“道”，用中国之“道”来贯西方之“器”；使国人不受船坚炮利的欺负，而洋人亦接受礼仪之邦的美德。

但是，“中道西器”的说法很容易受到两个方面的质疑：从历史事实上看，西方文化未必只重“器”而不重“道”，所谓“形而上学”的发达，恰恰是西方文化重“道”的特征；中国文化也未必只重“道”而不重“器”，所谓的“四大发明”的贡献，恰恰代表了中国文化重“器”的特色。而从学理依据上看，中国自古就有“道不离器”之说。反过来讲，有什么样的“道”就有什么样的“器”。中国的伦理之道不可能生出西方的功用之器，而西方的功用之器也不可能维护中国的伦理之道。薛福成想要既保存中国的伦理之道，又发展西方的功用之器，殊不知老、庄早就有判定此路不通，从而发出了“有机巧必有机心”的预言。

（二）“中体西用”

最早用“体”“用”二字来概括中国与西方文化的，是晚期洋务运动的代表人物张之洞。1898年，他在《劝学篇》中提出“旧学为体，新学为用”的主张。在他看来，所谓“旧学”，就是以经、史、子、集为代表的中学；所谓“新学”，就是以声、光、电、化为代表的西学。而《劝学篇》又分内、外两部分，内篇以沿袭传统为主，讲的是《同心》《教忠》《明纲》《知类》《宗经》《正权》《循序》《守约》《去毒》之类的中学；外篇以开拓新知为务，讲的是《益智》《游学》《设学》《学制》《广译》《阅报》《变法》《变科举》《农工商学》《兵学》《矿学》《铁路》《会通》《非弥兵》《非攻教》之类的西学。内外两篇互为表里，正好暗合了“中学为体，西学为用”的理论模式。

严格说来，“体”“用”之说与“道”“器”之说确有不同。一方面，“体”不同于“道”。《易》云：“神无方而易无体。”易道是看不见，摸不着的，因而是无体的；另一方面，“用”不同于“器”。“器”有可用一面，亦有无用的一面。所谓无用之器，不过是摆设而已。在新的历史条件下，之所以用旧学的

"体"来代替中学的"道"，就是要从维护王权的角度出发，以抵制资产阶级改良派变革政体的要求；张之洞之所以用新学的"用"来代替西学的"器"，就是要从功利主义的角度出发，抛弃中国文化中玩物丧志的一面，将"洋务运动"的实用主义思想引向深入。

然而，尽管张之洞将注重形而上与形而下之别的"道""器"说改造为注重本体与功用之别的"体""用"说，也同样会遇到两个方面的责难：从历史事实来看，西方文化并非只重"用"而不重"体"，"本体论"的发达，恰恰是西方文化的一大特点；中国文化也并非只重"体"而不重"用"，"经世致用"的主张，恰恰是儒家文化的一大特色。从学理根据上说，前人不仅讲究"道器不离"，而且讲究"体用不二"。换言之，有什么样的体，就有什么样的用，中国式的封建政体驾驭不了西方工业革命所派生出来的应用科学，西方式的应用科学也维护不了清朝政府的腐朽体制。所以，张之洞的主张同薛福成的梦想一样，必然会在严峻的现实面前遭受破灭。

（三）"中精神西物质"

不难看出，前面所说的"道的文化与器的文化"和"体的文化与用的文化"之间，尽管有这样那样的不同，但都把中国文化与西方文化看成是一重一轻、一本一末的关系。作为这种观点的持续和扩展，是有关"精神文化与物质文化"的说法。1919年，在国内因饱受物质文化匮乏而企图到西方世界寻找救亡图存道路的梁启超终于踏上了欧洲的土地，然而他所看到的，却是第一次世界大战所造成的满目疮痍和"巴黎和会"对中国权益的野蛮分割。于是，他似乎觉得：西方物质文化发达，但精神文化落后。故发达的科技手段最终竟成为相互残杀的武器；中国精神文化发达，但物质文化落后，故高雅的礼仪之邦只能成为列强欺侮的对象。于是，他在著名的《欧游心影录》中，一方面倡导国人学习欧洲的物质文化，一方面又以批判的眼光来审视欧洲的精神文化。作为资产阶级改良派的代表人物，梁启超此时的社会影响一点儿也不比当年的薛福成和张之洞逊色。由他振臂一呼，这种观点也便家喻户晓，人人皆知了。

然而，尽管这一观点较之"道""器"之分、"体""用"之分有着更大的包容性和针对性，却同样面临着来自两个方面的责难：从历史实事上看，西方未必只在物质文化方面发达，而在精神文化方面落后。我们很难说，有着禁欲主义倾向的基督教文化是指向物质的；中国也未必只在精神文化方面发达，而在物质文化方面落后，我们很难讲，有着实践理性倾向的中国文化是纯粹精神的。从学理根据上看，物质文化的发达有赖于精神文化的支撑，精神文化的发展有赖于物质文化的铺垫。我们很难想象，一个只有牛顿、瓦特、居里夫人，而没有莎士比亚、马丁·路德、孟德斯鸠、康德的西方世界究竟会是一种什么样子，这就如同我们无法想象一种只有孔子、朱熹、王阳明，而没有鲁班、华佗、张衡、祖冲之的中国文化一样。一方面，人们不能仅靠着赤手空拳来创造物质文化，还要靠开阔的视野、敏捷的大脑和精深学理；一方面，人们也不能饥肠辘辘地去创造精神文化，还要靠自由的空间、充分闲暇和物质的保障。因此，同“道”“器”之分、“体”“用”之别的传统看法一样，那种将中国与西方之别简单地归结为“精神文化”与“物质文化”的观点也是相当浅薄和幼稚的。

（四）“西动中静”

从“道器之别”“体用之别”到“精神与物质之别”，调和论者在中国与西方文化的跷跷板板上或多或少总是倾向于中国一边，将这一立场渐渐转化的是关于这两种文化“动静之别”的论述。1918年，李大钊在《言治季刊》上发表了题为《东西文化根本之异点》的文章。在他看来，“东西文明有根本不同之点，即东洋文明主静，西洋文明主动是也。”“一为自然的，一为人为的；一为安息的，一为战争的；一为消极的，一为积极的；一为依赖的，一为独立的；一为苟安的，一为突进的；一为因袭的，一为创造的；一为保守的，一为进步的；一为直觉的，一为理智的；一为空想的，一为体验的；一为艺术的，一为科学的；一为精神的，一为物质的；一为灵的，一为肉的；一为向天的，一为立地的；一为自然支配人间的，一为人间征服自然的。”[13]

如果我们拿梁启超有关“精神文化与物质文化”的观点与李大钊有关“动的文化与静的文化”的观点加以比较的话，就会发现有两个方面的明显不同：第一，在范围上，后者比前者更加宽泛，因为它包含了前者有关“精神”与“物

13　李大钊：《东西方文明之根本异点》，《言治季刊》1918年7月。

质”、“灵的”与“肉的”的差别，却又不限于此。第二，在态度上，后者比前者更倾向于西方。就其论及的“安息”与“战争”之差别而言，李大钊似乎也承认西方文化有着不及中国文化的地方；但就其“消极”与“积极”、“依赖”与“独立”、“苟安”与“突进”、“因袭”与“创造”、“保守”与“进步”、“空想”与“体验”、“自然支配人间”与“人间征服自然”的差别而论，他似乎更强调中国文化不如西方文化的一面；至于说到“主静”与“主动”、“自然”与“人为”、“直觉”与“理智”、“艺术”与“科学”、“精神”与“物质”、“灵的”与“肉的”、“向天”与“立地”之类的差别，则只能说各有短长，无法论彼此的高低了。由此可见，作为“新文化运动”的代表人物，李大钊并不讳言中国文化的短处，同时也能跳出自身的国家立场，以更加冷静的态度来对待这一问题。

然而，尽管李大钊的观点有着更大的公允性和包容性，同样会遇到两个方面的追问：从历史事实上看，中国文化与西方文化是否始终保持着“主静”与“主动”的差别呢？翻翻史书，能说古希腊时代的欧洲人只重“体验”而不重“空想”吗？能说中世纪的欧洲只重“肉体”而不重“灵魂”吗？我们能说文艺复兴时期的欧洲人只重“科学”而不重“艺术”吗？与此相反的是，难道横扫六合的秦代不尚“战争”吗？难道开疆拓土的汉代不够“积极”吗？难道意气风发的唐代不够“进步”吗？每一个比较文化的研究者都试图通过丰富而抽象的范畴来概括中国与西方的文化特征，然而这些概念越是丰富、抽象，就越是难以包容纷纭复杂的历史事实。从学理根据上讲，任何一种民族的文化都应该同时具备“静”与“动”两个因素。只“静”不“动”，无异于僵死；只“动”不“静”，势必会混乱。然而在事实上，几千年的中国文化并没有僵死，几千年的西方文化也没有混乱，故此说来，中国文化主静、西方文化主动的说法也还是过于简单了。

除了以上几种观点之外，还有所谓“植物文化与动物文化”“人的文化与物的文化”等等说法，然而细心的读者一眼就可以看出，前者是从李大钊之“静的文化与动的文化”中演变而来的，后者是从梁启超之“精神文化与物质文化”的模式中脱胎出来的。由于它们的倡导者没有上述几家那么著名，其理论创见亦不够显著，故其影响力便不可相提并论了。当然有关中国与西方文化相互调和的折中主义观点并不局限于这几种，其学术探索也并未就此止息。30年代以降，此项研究虽因战乱和政治变故而时隐时现，却似乎从来也没有停止过。直至20世纪后期，新说歧见仍不绝如缕。今择其要者，再介绍两种。

（五）“西体中用”

从字面上看，“西体中用”说很像是“中学为体，西学为用”的翻版，因而也常被说成是“西学为体，中学为用”。然而，这种理解并不完全符合李泽厚的原意。在《“西体中用”简释》一文中，他曾经明确指出：“我用的‘体’一词与别人不同，它包括了物质生产和精神生产，我一再强调社会存在是社会本体。把‘体’说成是社会存在，这就不只包括了意识形态，不只是‘学’。社会存在是社会生产方式和日常生活。这是从唯物史观来看的真正的本体，是人存在的本身。现代化首先是这个‘体’的变化。在这个变化中，科学技术扮演了非常重要的角色，科学技术是社会存在的基石。因为由它导致的生产力的发展，确实是整个社会存在和日常生活发生变化的最根本的动力和要素。就是在这个意义上，我来规定这个‘体’。”[14]在《漫说“西体中用”》一文中，他进而指出：“就中国来说，如果不改变这个社会存在的本体，则一切‘学’，不管是何等先进的‘西学’，包括马克思主义，都有被中国原有的社会存在的‘体’——即封建小生产经济基础及其文化心理结构即种种‘中学’所吞食掉的可能。”[15]

应该承认，能够跳出意识形态的局限，站在整个社会存在和生活方式的立场上来谈论中国与西方文化的比较问题，确实是李泽厚的独到之处，而且他的观点也确实揭示出以往诸多西方之“学”未能在中国之“体”上生根发芽的原因所在。但是，这样一来，李泽厚就把中国与西方文化的比较问题简单地还原成存在决定意识的问题了。“西体中用”说确乎揭示了来自西方的现代化生产力和生产方式的重要意义，但这一观点却没有说明，为什么这种来自西方的现代化生产力和生产方式会受到中国传统文化的重重阻碍。他更没有说明，中国固有的传统文化除了具有阻碍西方式现代文化的负面作用之外，是否还有其特殊的正面价值。因为这里所谓的“中用”，除了在中国进行实用

14　李泽厚：《“西体中用”简释》，《中国文化报》1996年7月9日。

15　李泽厚：《中国思想史论》（下），安徽文艺出版社，1999年，第1161页。

之外，已经不具备独特的文化意义了。

（六）“中合西分”

持“中合西分”观点的不止一个，以张世英在《天人之际——中西哲学的困惑与选择》一书中阐发得最为系统。首先，他从哲学思维的角度出发分析了中国与西方不尽相同的天人关系：“我们可以认为，中西哲学史各自都兼有‘天人合一’式与‘主客二分’式的思想，不过需要强调的是，西方哲学史上占统治地位的旧传统是‘主客二分’式，中国传统哲学的主导思想是‘天人合一’式。”[16]其次，在此基础上，他进一步分析了两种不同的哲学思维给中国与西方文化所带来的不同特点：“中国的天人合一给中国人带来的好处是人与自然和谐交融的高远境界和思诗交融的诗意境界，但主客二分思想和主体性原则的缺乏又带来缺乏科学与缺乏民主的弊端。”[17]最后，他分析了在当今的历史条件下中国与西方文化交流的要点与对话的策略：“就中西的对话来说，如果我们能把中国传统哲学所充溢的诗意境界尽可能用西方传统哲学所擅长的理性语言和分析语言来加以剖解和表达，以期西方人理解，把西方传统哲学用理性语言不断分析言说的东西，用中国传统哲学所擅长的诗意语言和凝练的术语来加以浓缩和提炼，以期中国人领会，那很可能是沟通中西思想文化的一条可行的途径，也可能是结合诗与思的一条可行的途径。”[18]

应该看到，能够从哲学思维的高度入手来分析中西文化的不同特征，并以相对公允的态度来衡量其各自的优劣和短长，是“中合西分”说的优势所在。但是，从发生学的角度上看，这种观点没有说清楚：同为人类文化的组成部分，为什么中国古代的哲学思维以“天人合一”为主？西方古代的哲学思维以“主客二分”为主？从功能主义的角度上看，这种观点没有说清楚：在“诗”与“思”、艺术与科学的差别之外，中国与西方文化还有哪些元素与功能上的差别？进一步讲，“诗”的内容能够翻译成“思”的概念吗？“思”的内容能够表现为“诗”的意境吗？如果能够翻译和表现的话，其原有的特点还能够保留吗？如果不能翻译和表现的话，文化的交流又如何实现呢？凡此种种，都为我们留下了道道难题。

16 张世英：《天人之际——中西哲学的困惑与选择》，人民出版社，1995年，第5页。

17 张世英：《天人之际——中西哲学的困惑与选择》，人民出版社，1995年，第174页。

18 张世英：《天人之际——中西哲学的困惑与选择》，人民出版社，1995年，第285页。

四

总结20世纪国人有关中西文化的比较研究，可以得出以下经验和教训。

首先，在研究态度上，应该做到“价值中立”。所谓“价值中立”，就是要斩断研究对象和研究主体之间的情感联系，以尽可能冷静客观的态度来研究问题。这种要求在自然科学的研究中是很容易做到的，在社会科学中就难一些，而在属于人文学科的文化研究中就更难。因为我们每一个研究主体都生活于自己民族的文化之中，对其有着千丝万缕的情感联系。如果我们将这种情感带入自己的研究之中，就难以避免偏激的态度并产生片面的结论。这种情况在“全盘西化派”和“维护国粹派”那里，都有比较明显的表现。

“全盘西化”论者有感于传统文化的重负和压力，急于改变本民族的文化痼疾，以与之决裂的态度进行研究。因而便很容易将西方文化的优点与中国文化的弱点加以比较，从而走向否定传统的极端。“维护国粹”论者则以承传民族文化为己任，把中国文化作为祖宗的家产来捍卫，因而便很容易将中国文化的优点与西方文化的弱点加以比较，从而走向睥睨外来文化的极端。在这里，我们并不是说传统文化不能否定、外来文化不能睥睨，只是不应该不加分析地否定、简单粗暴地睥睨。事实上，正是过多的先入之见和情感纠葛，在很大程度上遮蔽了这两派学者的理论视野，使他们尽管发现了一些问题，讲述了一些道理，甚至达到了某种片面的深刻，但终究未能超越以偏概全的学术局限。因此，我们要对中国与西方文化的优劣得失进行一种科学的比较和权衡，既不应该以中国的标准来衡量西方文化，也不应该以西方的标准来衡量中国文化，而应该跳出中国与西方，以一种人类文明的尺度来衡量这两大区域的文化特征，以期做出科学的判断。

其次，在研究模式上，应该做到“方法多元”。所谓“方法多元”，是指对同一问题的研究，应该选择不同的角度，采取不同的方法。这在自然科学和社会科学的研究中是必要的，而在属于人文学科的文化研究中更加必要。原因很简单，因为有机物比无机物复杂，人类社会比动物界复杂，而不同人类群体之间的文化差异就更加复杂；如果我们只用某个单一的视角或某对简单的范畴来概括如此复杂的文化现象，就会得出以偏概全的答案。在这一方面，“中西调和”论者有关“道”与“器”、“体”与“用”、“静”与“动”、“合”与“分”、“精神”与“物质”、“植物”与“动物”之类的论述已做出一而再、再而三的证明。

那么，究竟哪些多元的方法对于中国与西方文化的比较研究是最为重要的呢?第一是要发现中国与西方文化基本的要素及其功能，第二是要理出中国与西方文化内部的结构及其逻辑，第三是要说明中国与西方文化系统的建构及其过程。

在功能主义者看来，无论中国文化还是西方文化，都是由诸多要素组成的，而每个文化要素都有其独特的功能。(1) 由于人的需求是多方面的，人类文化要素的功能指向也应该是全方位的。如果我们不能抓住中国与西方文化中多种基本的文化要素，而只是孤立地研究或对比其中的个别要素，我们便不可能得出令人信服的答案。(2) 由于人的基本需求是相同的，人类的文化要素也应该具有大致相似的功能，如果我们在中国与西方文化中发现了不同的文化要素，那么它们在作用上便可能具有相互代偿的功能属性。正是这种相异要素的相同功能，才构成了文化与文明之间的辩证关系。而发掘相异要素的相同功能，正是比较文化研究的意义所在。

在结构主义者看来，无论在中国还是西方，各种文化要素都不是杂乱无章地拼凑在一起的，而是系统地、有机地、彼此协调地发生作用。(1) 在每一文化系统内部，各要素之间必然会具有潜在的逻辑关系和网络系统，只有当我们以这个系统的整体结构为参照的时候，才能真正理解各个要素的文化意义。(2) 在中国与西方不同的文化系统之间，重要的差异不仅表现在要素上，而且表现在结构上。只有当我们发现了其各自不同的文化结构之后，才可能得出宏观的判断。

在历史唯物主义者看来，无论在中国还是西方，各自不同的文化结构尽管具有相对的稳定性和自洽性，但不是先验存在的。(1) 任何文化的内部结构都不是凭空产生的，而有着一个从无到有的发展过程。说到底，逻辑的结构来源于历史的建构。因此，我们的研究不仅要说明中国与西方文化的结构性差异，而且要说明这些差异产生的原因和背景。（2）一种文化的内部结构既不是永恒不变的，也不是随意可以变更的，只有当建构这种文化的社会土壤发生变革之后，其结构的改变才成为可能。因此，无论是强调文化结构的永恒性，主张祖宗家法不可更改的观点，还是强调文化结构的易变性，认为只要喊几句口号就可以改变民族文化的观点，都是幼稚的。

（此文为陈炎、张艳华合作，发表于《广东社会科学》2003年第6期）

家族血缘关系在中国文化中的作用

任何现存的文明社会中，都有着家族血缘关系。然而，在不同的文化区域中，这种家族血缘关系的功能和作用却不尽相同，其中有的简单，有的复杂，有的轻微，有的重要。对于造成此种差别的原因，笔者在《古希腊、古中国、古印度：人类早期文明的三种路径》一文中曾做过分析。这里仅就家族血缘关系在中国文化中的特殊作用问题展开论述。

中国文化博大精深、纷纭复杂，研究起来颇为不易。然而取其要义，择其精华，不可不从家族血缘关系入手。毫不夸张地说，谁若理解了中国的家族血缘关系，谁就掌握了打开中国文化之门的钥匙。

从发生学的意义上讲，家族血缘关系是古代氏族社会的遗产。所谓“氏族社会”，就是建立在一种血缘关系基础之上的人际关系。后来，随着生产力的发展，剩余产品的出现，人与人之间的财产关系，渐渐取代了血缘关系，国家取代了家族，社会契约取代了生物纽带，文明制度便开始出现了。但是，在进入文明社会的进程中，华夏先民却走上了一条“亚细亚的”“早熟的”文明路径。考古学的资料显示，与古希腊的文明程度不同，早在夏、商和西周时代，中国尚没有铁制工具，就连青铜器的冶炼也主要用于礼器和兵器的铸造。生产力的低下，使得剩余财富不会很多，因而用不着建立庞大的国家政权来保护私有财产。但是，由于特殊的地理环境，使得鲧和禹之类的部落首领不得不联合其他部落共同承担起治理黄河的历史使命，并在这一过程中将部落联盟演变为国家制度，致使他们的后代启废除了分散的部落制度，建立起统一的国家政权，从而使中国古代的第一个奴隶制国家集团过早地诞生了。[1]

这种被马克思称之为“早熟的”国家政权保留了氏族社会的原始遗产。因此，与“古典的古代”等其他文明社会相比，属于“亚细亚的古代”的中国社会保留了更多的家族血缘关系。后来，在长期农业社会的自然经济状态下，这种原始的家族血缘纽带始终没有被私有制的利刃所彻底斩断，因而在整个文化结构中产生着至关重要的作用。

一

所谓家族，是由男女之间的婚媾关系繁殖、衍生出来的社会群体。而在进入文明社会之前的父系氏族社会里，男性显然已在家族关系中占据了主导地位。《易传·序卦》云：“有天地然后有万物，有万物然后有男女。有男女然后有夫妇，有夫妇然后有父子。有父子然后有君臣，有君臣然后有上下。有上下然后礼仪有所措。”[2]如此说来，人类的社会关系原本就是从原始的自然关系中派生出来的。进而言之，自然中上下有别的“天地”与家庭中的“夫妻”、国家中的“君臣”一样，是不可易位的。事实上，中国古代的政治制度正是由这种以男权占主导地位的氏族制度中派生出来的。

现据有关周代的历史资料看，由氏族领袖演变而来的国家统治者采取了分封诸侯和承认原有土著势力相结合的办法：一方面根据血缘和亲疏关系，将一部分土地分给自己的子弟；另一方面则承认地方宗族势力的合法地位。从理论上讲，“普天之下，莫非王土”，土地属于国家而非私有，但在实际上，王侯领主们对土地的控制和使用都有着世袭的权力，因而在长期的过程中便形成了一种血缘性、地域性很强的“宗法”管理体制。“据近人考究，‘宗法’制度大略是这样的：譬如天子世世相传，每世的天子都是以嫡长的资格继承父位，奉戴始祖，是为大宗，他们的众子（包括嫡长子的诸母兄弟与庶子）封为诸侯，

1　陈炎：《多维视野中的儒家文化》，中国人民大学出版社，1997年。

2　高亨：《周易大传今注》，齐鲁书社，1979年。

为小宗。每世的诸侯也是以嫡长子的资格继承父位，奉始祖为大宗；他们的众子各有食地为小宗。凡大宗必是始祖的嫡裔，而小宗则或宗其高祖，或宗其曾祖，或宗其祖，或宗其父，而对大宗则都称为庶。诸侯对天子为小宗，但在本国则为大宗；卿大夫对诸侯为小宗，但在本族则为大宗……在宗法制度之下，从天子起到士为止，可以合成一个大家族。大家族中的成员各以其对宗主的亲疏关系而定其地位的高低。”[3]这样一来，整个社会就形成了一个巨大的金字塔形的权力结构，该塔的每个局部都可以被视为一个家族，而家族与家族之间又有着远近分明的血缘关系。其实，这种“宗法”关系的意义也不仅局限于贵族阶层，其基本精神已渗透至整个中国社会。

在这个权力结构的最底层，庶民的“庶”字显然具有“庶出”之类的血缘含义。这意味着，越是血缘关系网络中的嫡系近支，越应该在权力关系中占据重要地位；越是血缘关系网络中的旁系远支，越应该在权力关系中占据次要地位。这种家族血缘关系甚至还可以向下延伸到奴隶阶层，像恩格斯所说的那样，“在东方，家族奴隶制是特殊的，既是，在这里，奴隶不是直接地形成生产的基础，而仅是间接的氏族成员。”[4]

从表面上看，“国”只不过是放大了的“家”，“君君、臣臣”只不过是放大了的“父父、子子”，但在实际上，亲疏远近的血缘关系已经悄悄过渡到了剥削与被剥削、压迫与被压迫、奴役与被奴役的阶级关系。侯外庐等人指出：“如果我们用‘家族、私有、国家’三项来做文明路径的指标，那么，‘古典的古代’是从家族到私有再到国家，国家代替了家族；‘亚细亚的古代’是由家族到国家，国家混合在家族里面，叫做‘社稷’。因此，前者是新陈代谢，新的冲破了旧的，这是革命的路线；后者却是新陈纠葛，旧的拖住了新的，这是维新的路线。前者是人惟求新，器亦求新；后者是‘人惟求旧，器惟求新’。前者是市民的世界，后者是君子的世界。”[5]所谓“人惟求旧”，是指进入文明时代的人仍然是以氏族成员而非国民阶级的身份出现的；所谓“器惟求新”，是指原来宗庙祭祀的礼器已转化为国家专政的工具，新的政体出现了。

这种“由家族到国家”的“亚细亚的古代”的“维新的路线”，虽然与“由家族到私有再到国家”的“古典的古代”的“革命的路线”有着“早熟”与

3　童书业：《春秋史》，山东大学出版社，1987年，第6—7页。

4　恩格斯：《资本主义生产以前各形态》，人民出版社，1956年，第15页。

5　侯外庐：《中国思想通史》第1卷，人民出版社，1957年，第11页。

“正常”之分，但其所达到的历史阶段却应该是同质的。问题的关键就在于前者虽然在表面上省略了“私有”这一中介环节，但在内容上却并没有省略“私有”这一历史事实，而是将这一事实糅合在家族的血缘关系中进行的。这样一来，中国古代的阶级社会便始终与盘根错节的血缘关系缠绕在一起，从而笼罩着一层温情脉脉的伦理面纱。君王不仅是威严的统治者，而且是仁慈的父母官；百姓不仅是消极被动的奴隶，而且是积极参与的臣民。说穿了，君王是父，臣民是子；君王要像对待儿子一样对臣民负责，臣民要像对待父亲一样为君王效力。

正是在这种“家”“国”一体化的权力关系之中，建立在亲子血缘关系之上的儒家学说便派上了用场。翻检儒家经典，直接谈论政治制度的言辞并不太多，讲的多是一些父慈子孝、兄友弟恭、夫唱妇随之类的孝悌之道。然而仔细分析，这种孝悌之道却恰恰是宗法制度得以存在的基础。“有子曰：其为人也孝弟，而好犯上者，鲜矣；不好犯上，而好作乱者，未之有也。君子务本，本立而道生。孝弟也者，其为仁之本与?”（《论语·学而》）这便是“半部《论语》治天下”的秘密所在。

孔子的一生，以“克己复礼”为己任。而“礼”的关键，就是要通过人与人之间的行为方式区别出高低贵贱的不同。该磕头的磕头，该鞠躬的鞠躬，该作揖的作揖，切不可没大没小，乱了纲常。不仅礼有常规，而且乐有定制。乐的作用，绝不仅仅是为了欣赏，更重要的是要显示身份。所谓“八佾舞于庭，是可忍也，孰不可忍也!”（《论语·八佾》）就是因为季氏仗着自己的经济实力，竟敢在自家的院子里演奏只有天子才配享用的八佾舞，这种“礼崩乐坏”的行为显然是对等级制度的僭越，因而遭到了孔子的唾骂。“礼云礼云，玉帛云乎哉! 乐云乐云，钟鼓云乎哉!”（《论语·阳货》）孔子清醒地意识到，周公的“制礼作乐”，绝不是在搞一种形式主义的东西，其意识形态的特殊功能，就是为了稳固和强化等级制度的金字塔。

这种由宗族血缘关系而建构起来的权力结构，不仅需要舆论的监督，而且需要制度的保障。汉代的选管制度，之所以要“举孝廉”，就是因为统治者相信，只有家族中的孝子才能成为国家中的忠臣。在这里，“国”与“家”、

"忠"与"孝"，完全是一种同形同构的社会关系和行为模式。汉代以后，虽察举制度因大量假孝廉的出现而渐遭废弃，然继之而起的以人物品藻为内容的"九品中正制"也只能起到矫枉过正的作用。隋唐以降，能够给庶族地主阶级以入仕机会的科举考试制度渐渐取代了察举、品评制度，但直至清代为止，科举考试的内容始终以儒经为主。

由此看来，在中国这片土地上，儒学之所以长期占据官方意识形态的主导地位，绝不是偶然的。如果说家族制度是宗法社会的基本结构，那么儒学则是将家族关系放大为国家准则的黏合剂。一方面，只要家族血缘这个基本单位不被新的生产方式所破坏，它就会像一砖一石一样，为建构封建政体提供材料；另一方面，只要儒学在意识形态领域中发挥作用，它就会自觉或不自觉地维护和巩固着封建政体。正是这二者的巧妙结合，使中国社会长期以来形成了一种"超稳定"的封建格局。在这座权力和血缘相交织的"金字塔"的重压下，黎民百姓不到万不得已是不会犯上作乱的；即使造反获得成功，也只不过是封建政体的改朝换代罢了。

严格说来，这种建立在血缘关系而非社会契约基础上的"国家"毋宁被称为"社稷"。我们知道，"社"为土神，"稷"为谷神。古代君王都祭社稷，并以此来指称国家政权。《白虎通义·三》云："人非土不立，非谷不食，……故封土立社，示有土地也；稷，五谷之长，故立社稷而祭之也。"[6]有了土地，有了粮食，就可以拥有臣民。这与现代意义上的"国家"概念，显然有着截然不同的性质，难怪梁启超曾指责国人"只知有社稷而不知有国家"呢！

这种地域性、血缘性很强的社稷观念同以代议制民主为基础的国家政权观念是相互抵牾的。在这种状态下，国民不是国民，只是臣子、庶民、黔首而已。他们最大的梦想是拥有一个好皇帝，以及一系列父母官；他们最大的奢望不是民主，而是各级官员为民做主；他们最大的事业是为朝廷建功立业，以"报效"君王。正是由于这种特殊社会土壤中的特殊文化观念，使得中国近代以来"走向共和"的道路会显得如此艰难。

6 班固：《白虎通义》，上海古籍出版社，1992年。

二

在以男权文化占主导地位的中国古代社会里，国家的政治结构无疑是家族中的男子权力结构的放大而已。但是，组成家族的成员却不仅仅是男性，也包括女性。女性家族成员虽然在权力的金字塔中没有地位，但在社会的网络结构中占有一席之地。这一点，在“五服关系”中表现得十分清楚。

所谓“五服”，系古代的丧服制度，以血缘的亲疏关系为差等，规定为斩衰、齐衰、大功、小功、缌麻五种名称，统称为五服。《礼记》云：“师无当于五服，五服弗得不亲。”（《礼记·学记》）由此可见，祭奠者所穿的不同服饰，表现出他们与死者之间亲疏远近的血缘关系。五服之外，最多是同姓本家、邻里乡亲罢了。

同宗法社会的权力金字塔相同，五服关系表仍然表现出男权文化的特点。例如，叔伯、兄弟、侄子的妻子在五服之内，而姑母、姐妹、侄女的丈夫则不在五服之内，从而显示女从男而非男从女的社会关系；叔伯、姑母在五服之内，舅父、姨母则不在五服之内，从而显示父系社会关系重于母系社会关系的特征。然而，同权力金字塔不同的是，在五服关系网中，女性社会成员毕竟有了一席之地。这一地位的获得依靠两种途径：一是自身与家族之间的血缘关系，二是自身与家族之间的婚姻关系。如果说，对男子而言，血缘关系重于婚姻关系，那么对女子而言，婚姻关系则重于血缘关系。在五服关系中，与死者最近、葬服最重的，不是其儿女，而是其妻子。由此可见，如果说权力金字塔体现了“有父子然后有君臣，有君臣然后有上下”的权力关系；那么五服关系网则体现了“有男女然后有夫妇，有夫妇然后有父子”的社会关系。

五服关系不仅在丧葬制度中得到集中体现，而且在日常生活中得到广泛发挥。一般说来，五服之内的人不仅一起祭奠死者，而且共同祭拜祖先。同祭奠死者一样，在祭拜祖先时，人们也因与祭拜对象亲疏远近的不同而占据不同的地位，穿着不同的衣服。这种颇具意识形态色彩的丧葬和祭祀活动，既要产生一种家族内部的凝聚力，又要显示一种家族内部的等级制。而这种凝聚力和等级制的辩证统一，则正是儒家“仁学”思想的关键所在。

许慎《说文解字》云：“仁者，仁也。从人，从二。”也就是说，一个孤立的人格主体，不存在什么仁与不仁的问题。所谓仁，讲的就是人与人之间的关系。与什么样的人的关系呢？首先是与自己有着血缘关系的亲人的关系。所以孟子曰：“仁之实，事亲是也。”（《孟子·离娄上》）同为亲戚，又有远近不同，这种不同，在上面的五服关系表中一目了然。因此，儒家所谓的“爱人”（《论语·颜渊》）并不是像墨家主张的那样，是一种爱无差等的“兼爱”，而是一种爱有差等的“仁爱”。具体说来，对与自己血缘关系近的人，要爱得更多一些；对与自己血缘关系远的人，则爱得更少一些。如果我们把上面的五服关系表看成是一个有着同心圆的波纹结构，那么，所谓“仁爱”就像一块石头投入水中而引起的层层涟漪一样：越是接近圆心的部分，波纹越高，爱的势能也就越大；越是远离圆心的部分，波纹越小，爱的势能也就越小。显然，这里的“圆心”不是别的，正是每一个行为主体；这里的“波纹”也不是别的，正是每一层血缘关系。当然了，从理论上讲，儒家这种由内向外、推己及人的爱是没有止境的。孟子所谓的“老吾老，以及人之老；幼吾幼，以及人之幼”（《孟子·梁惠王上》），就是这种观点的最好表达。但是，正像水的势能有限一样，人的爱能也不是无限的。于是，在渐行渐远的扩散之中，水的波纹总会消失，人的爱意也总会消散的。因此，这种建立在宗族血缘基础之上的“仁爱”既不等同于“上帝面前人人平等的”博爱思想，更不等同于近代意义上的人道主义，它因其特有的族类特征而表现出一定的差异性和局限性。

进而言之，这种差异性和局限性在人格独立和法律实施的过程中都会产生一定的负面影响。在有着基督教传统的西方人那里，“上帝面前人人平等”的独立人格与“法律面前人人平等”的法权意识是同形同构、互为表里的；而在家族血缘笼罩下的中国人看来，人与人之间不仅在人格上是不平等的，而且在法权上也是不平等的。这种先天的不平等潜伏在“家”“国”一体化的血缘关系中：老子就是老子，儿子就是儿子，二者怎么可能平起平坐呢？皇帝就是皇帝，臣民就是臣民，二者怎么可能一视同仁呢？因此，在老子和儿子之间、在皇帝与臣民之间，只能讲“礼”，不能讲“理”，更不能讲“法”。于是，在权力的金字塔中，有所谓“刑不上大夫，礼不下庶人”的古训；在五服的关系网中，不到万不得已，人们也不好意思撕破脸皮而对簿公堂。在这种爱有差等、礼有贵贱的社会环境下，中国人一向缺少西方式的人权观念，也缺少西方式的法律意识。从经济学的角度上讲，与其他文化环境相比，儒家文化圈内的劳资摩擦一般较小，但人际成本却相对较高。直到今天，人们仍习惯于饭桌上借助于人际关系的口头承诺，而不太相信合同上借助于法律保护的社会契约，这种状况显然不利于现代市场经济的发展。

然而，从另一个角度看，这种网状的家族血缘结构又有着很大的包容性和凝聚力，从而有其积极的意义。与印度种姓制度封闭式的婚姻模式刚好相反，中国传统的婚姻模式恰恰是开放的。直到今天，不少地域性较强的农村仍有五服之内不可通婚的规定。五服之内禁止通婚，不仅有着遗传学意义上的合理性，而且有着文化学意义上的开放性。如果说爱有差等的层层涟漪呈现出能量扩散的趋势，那么五服之外才能通婚则呈现出能量聚敛的相反趋势。通过与没有血缘关系的外人通婚，可以将新鲜血液注入到家族血缘的关系之中，使其不断更新、不断发展、不断壮大。一家一族如此，整个民族无不如此。从历史上看，所谓中华民族原本就是多民族的统一体，就连其主体部分的汉民族也是由多种民族融合而成的。这种强大的融合能力不仅表现在生物学意义上，而且表现在文化学意义上。与其他民族相比，中华民族一向具有接纳、包容其他外来文化并加以消化吸收的特点，这也正是蒙古族、满族等少数民族在入主中原之后非但没有灭绝中华，反而与其融合的原因所在。这种文化的融合，在意识形态上可以形成一种强大的向心力，一旦有外族入侵出现，每个社会成员都会像保卫自己的家族一样来保卫自己的国家。很难想象，如果没有这种特殊的力量，中华民族可以延续到今天。

三

如果说金字塔式的五等是一种纵向的权力结构；那么蜘蛛网式的五服则是一种横向的社会关系。前者所涉及的是男子在宗族血缘关系中的权力继承问题，后者则兼顾男女两性因血缘纽带而造成的社会关系。正是在这种纵横交错的血缘关系中，一个人的社会地位被确定了下来。

因此，与单子状态的西方人不同，中国人一生下来就处在错综复杂的人际网络之中。在西方，彼尔就是彼尔，他父亲可以叫他彼尔，他儿子也可以叫他彼尔，他就是一个独一无二的行为个体。在中国，张三不止是张三，他父亲可以叫他张三，他儿子则不可以叫他张三。他不仅是张老三的儿子、张小三的父亲，而且是王四的外甥、赵五的侄子、刘六的公公、陈七的丈人；除此之外，他还是钱八的长官、孙九的部下……当然了，西方人也有着广泛的人际关系，但与中国人相比却简单得多。这一点，甚至在称呼上也可以看出。例如，英语中的uncle包含了汉语中伯父、叔父、舅父、姑夫、姨父等多种义项，除非在特殊的情况下，英国人是没有必要对其中所包含的微弱差别加以区分的。可是在中国人眼里，这其中的微弱差别标志着血缘关系的亲疏远近，因而是不可以随便混淆的。伯父、叔父在五服之内，属于至亲；舅父、姨父则在五服之外，属于外戚。即使是同为至亲的伯父与叔父，也因大小的不同而有尊卑上的差异。这种复杂的人际关系，使得人与人之间永远也不可能是等距离的，而做人的奥秘，就是要根据长幼尊卑而分出亲疏远近，根据级别大小而分出高低贵贱，懂得对长辈、对上级、对高于自己的人应该如何应酬，对晚辈、对下级、对低于自己的人应该怎样打发。这就是所谓的“世事洞明皆学问，人情练达即文章”。这套功夫深奥得很，非要做到七老八十才能达到“从心所欲，不逾矩”（《论语·为政》）的境界。

这种错综复杂的宗族血缘关系制造了千丝万缕的人际纠葛，使中国人活得很累，很不自由。然而从另一方面看，又使得中国人在世俗生活中有着更多的情感联系和精神寄托，这或许正是中国远离宗教文化的原因所在。从功能上讲，所谓宗教，就是失去精神慰藉和情感寄托的人到一个幻想的彼岸世界去寻找归宿的行为。以此而论，越是血缘淡漠、个体独立的文化环境，就越容易产生宗教。反过来说，为了维护其信仰的垄断性，宗教对家族的血缘关系又总是持排斥态度的。据《圣经》记载，上帝为了考验亚伯拉罕对自己的忠诚，就让他将其亲生的儿子作为牺牲的贡品。而无论是基督教中的牧师，还是佛教中的和尚，传统意义上的僧侣都是以“出家”为前提的。耶稣说：“不要称呼地上的人为父，因为只有一位是你们的父，就是天上的父。”[7]宗教之如此排斥甚至憎恶血缘情感，其原因是显而易见的。因为人们对于伦理亲情的重视，势必会削弱对上帝或佛陀的信仰；而“家园”的世俗温情，也必然会减少“天国”的神秘诱惑。这一切，从外来的宗教文化在中国这个世俗的社会中所遭受到的阻碍与变形的历史过程中可以看得十分清楚。受儒家文化的影响，中国人对血缘的延续是十分重视的，孟子所谓“不孝有三，无后为大”（《孟子·离娄上》）的名言，就是从否定的意义上谴责那种使祖先的“香火”遭到中断的行为；而传说中的那位北山愚公关于“我死了以后有儿子，儿子死后有孙子，子子孙孙无穷尽也”的寓言，则从肯定的意义上表达了将有限的个体生命融入到无限的种族延续之中以求得不朽的坚定信念。在这种文化环境下，历史上任何企图让中国人放弃家族血缘的宗教传播都是注定要失败的。于是，本来是主张“四大皆空”的佛教，要在这片世俗的土壤中扎下根来，就不得不掺入了“忠孝”之类的宗法内容；而本来在佛教体系中地位较低的观音菩萨，却反因其具有“送子”之功能而在中国享有了一份与众不同的盛誉……这种阻碍和变形，使得任何庄严神秘的宗教信仰在我们这个国度里都会变得伦理化、世俗化，从而失去其原来的意义。

在中国本土早期的原始信仰和后来的道教文化中，也有着崇拜神灵的行为；但是，最让中国人顶礼膜拜的不是超验的宇宙主宰，而是家族的前辈祖先。陈梦家先生对殷墟卜辞记录的祭祀对象所作的统计表明：商代人崇拜的对象可分为天神、地祇、人鬼三类。所谓人鬼，就是指死去的列祖列宗。到了周代以后，随着宗法制度的健全和实践理性精神的发展，天神和地祇的地位有所下降，而人鬼的地位则有所上升。《尚书》云：“天不可信，我道惟宁（文）王德延。”《诗经》云：“为酒为醴，蒸畀祖妣，以洽百礼。”这种远天神

7　刘意青等译：《圣经故事一百篇》，中国对外翻译出版公司，1987年，《马太福音》。

而近祖宗的发展，符合了“亚细亚的古代”的文明路径。从词源学的角度来看，“祖”字从“示”从“且”。关于“示”字，姜亮夫指出：“考甲骨文中表示有宗教‘灵感’一类的字，都以示为偏旁，为先人精灵之所寄，则示字当即原始神字。”关于“且”字，郭沫若在《释祖妣》中认为，其甲骨文的字形类似于男性生殖器，应为古代“牡”的初字。由此可见，祖先之所以值得崇拜，是由于生殖血缘能力。至于“宗”字，从“宀”从“示”，王筠认为：“示者，室中之神也，天地神祇，坛而不屋，人鬼则于庙中祭之。”(《说文句读》)可见，对祖宗的崇拜不仅有着特殊的文化功能，而且有着特殊的祭祀环境。可以想象，在一家一族的祠堂之中，安置好祖先的灵位，全家老小按照嫡庶长幼的秩序各就各位，在祭拜祖先的过程中既凝聚了血缘情感，又强化了等级制度，这便是中国式的信仰活动。不仅百姓如此，皇帝也是这样，皇城之中“左宗庙而右社稷”的格局，即说明皇帝不仅要祭祀社稷，而且要祭拜祖宗。前者具有自然性质，后者具有血缘性质。

这种对祖宗的崇拜，不仅有着世俗伦理的意义，而且有着形而上学的功能。它将个体的有限生命同族类的历史联系起来，以形成一种不同于宗教文化的超越精神。过去有一种观点认为，中国人没有真正意义上的宗教情怀，从而也就没有严格意义上的超越精神。其实，这种看法是难以成立的。所谓超越精神，是指人们不满足于对肉体存在的感性关注，而要超出有限的生命，以寻找并获得无限的意义。从这一意义上讲，我们可以说属于“亚细亚形态”的中国文化与其他宗教文化精神超越的纬度不同，却不能说中国人没有超越精神。如果说“宗教文化”是一种指向宇宙主宰乃至彼岸世界的“外在的超越”，那么“宗法文化”则是一种指向宗族血缘乃至人类历史的“内在的超越”。习惯于祭祀祖先的中国人明白，在他们自己死后，也将成为后代子孙祭祀的对象。因此，尽管其肉体生命是有限的，但其精神生命却可能是无限的。他们生前的所作所为，都将成为后人评说与毁誉的根据。所以，尽管中国人不太习惯于将自己的有限生命与无限的宇宙本体或神灵世界联系起来，却总是希望在自己的有生之年干出一番无愧于后代子孙的不朽业绩。《左传》中所谓“太上立德，其次立功，其次立言”的“三不朽”原则，就是一种既超越肉体存在，又不陷入宗教迷狂的精神寄托。有了这种寄托，中国人可以不依赖任何神祇而泰然自若地处理日常事务，中国人可以不依赖任何教义而视死如归地超越现实人生。所谓“三军可夺帅也，匹夫不可夺志也”（《论语·子罕》），所谓“志士仁人，无求生以害仁，有杀生以成仁”（《论语·卫灵公》），所谓“人生自古谁无死，留取丹心照汗青”（文天祥《过零丁洋》），讲的都是这番道理。而正是在这种精神的感召下，中国人在现实的社会生活中获得了超越性的意义空间，将自身有限的生命个体与族类的无限延续联系起来。

（此文为陈炎、张艳华合作，2003年8月“世界族谱学学术大会”（韩国庆州）参会论文；修订版发表于《思想战线》2004年第2期；《中国社会科学文摘》2004年第3期转载）

“激进”与“保守”、“左派”与“右派”

摘要：在西方民主政治的现代语境下，左、右派别体现了人们在“自由”与“平等”“博爱”之间不同的价值取向，尽管它们分别代表了不同阶层或集团的利益，但各有其存在的理由和根据，其相互之间的制衡是程序化的。在此情况下，舆论上的公开对立常常会导致行为上的互相妥协。在当代中国的政治语境下，由于历史的原因，使得左、右派往往被赋予正、反不同的价值判断，因而其存在的理由是不平等的，其相互之间的制衡是非程序化的。在这种情况下，舆论上的表面一致并不能取代现实中的矛盾。因此，对激进与保守、左派与右派进行深入反思，进而在二者之间建立起一种平等、理性、和平的制约机制，就显得尤为重要。

一

尽管“激进”与“保守”、“左派”和“右派”是中国与西方通用的政治概念，但其在不同的历史时期、不同的文化语境下却有着不尽相同的文化内涵。这种文化内涵的不同不仅妨碍了我们对其正确的理解，以至于造成了此前学术讨论中的一些混乱，而且影响了其彼此之间相互制衡的正常关系。因此，有必要追根溯源，在理论和实践两个方面加以澄清。

在英国，最早具有左、右倾向的政党是17世纪70年代在议会内部围绕着王位继承问题的讨论而形成的。其中，反对君主专制、坚持议会制度者形成了辉格党；而拥护王权统治、反对民主政体者，形成了托利党。后来，前者演变成了自由党，后者演变成了保守党。而真正在西方世界为“左”“右”二字赋予政治含义的，则是法国大革命以后的事情，“这两个词起源于1789年革命中法国国民议会在巴黎召开的一次会议，在这次会议上，赞成革命的成员坐在讲演台的左边，而不大拥护革命的成员坐在右边。1815年法国君主制度复辟后，‘左派’表示支持革命，而‘右派’表示反对革命。左派认为主权在民，赞成共和制，反对教士政策；而右派则推崇‘王权与祭坛’，即推崇以教会的价值观为基础以及维护教会价值观的专制和君主制政权”[1]

如果说左、右两派还只是两种不同政见的行为主体，那么“激进主义”和“保守主义”则是与其交织在一起的更为复杂的意识形态。在西方，“激进这个词第一次被用在政治上是在英国。一般认为C·福克斯在1797年要求实行‘激进的改革’时首先使用这个词，改革内容包括大大扩大公民权。此后，‘激进派’一词被作为一切支持议会改革运动的人在内的概括名词。”[2]与之相对应的是，“保守主义一词因不同的历史和地理背景而有不同的含义，但总的来说，是指倾向于维护历史形成的、代表着连续性和稳定性的事物。直到18世纪末，保守主义才开始发展成为反对1789年法国大革命的一种政治态度和运动。这个名词最早可能是在1815年波旁王朝复辟分子首先使用的。一般认为最早在现代意义上明确地表达保守主义思想的，是英国议会议员和政治家E·伯克。”[3]

需要指出的是，尽管“激进主义”和“保守主义”分别与“左派”和“右派”之间有着极为密切的联系，但它们之间又不是一一对应的（在特定的情况下，“左派”中会出现“保守主义”，“右派”中也会出现“激进主义”）；而且在不

1　戴维·米勒、韦农·波格丹诺：《布莱克维尔政治学百科全书》，中国政法大学出版社，1992年，第402页。

2　《简明不列颠百科全书》第4卷，中国大百科全书出版社，1986年，第177页。

3　《简明不列颠百科全书》第1卷，中国大百科全书出版社，1986年，第560页。

同的时期、不同的国度里，“激进主义”和“保守主义”的现实内容、“左派”和“右派”的历史意义也是不尽相同的。对于这些现象，我们必须做历史的、具体的分析和判断。

当然，如果从单纯的学理上讲，我们也可以抛开这些历史的、具体的偶然现象，从如下三个方面来区分“激进主义”和“保守主义”、“左派”和“右派”的基本特征：

首先，是对“人性”问题的不同看法。激进主义者和左派政治家一般相信人生来是善良的，人类之所以腐败，完全是由于罪恶的社会和政治制度使然。这种大约是源于卢梭的人性观念，使他们相信可以通过激烈的社会变革来改善人类的现有状况，并为这种革命行为赋予一种毕其功于一役的浪漫主义理想。与之不同的是，保守主义者和右派政治家一般对人类的本性持有相当大的疑虑，认为人类的不幸均根植于其自身的罪恶之中，因而是不可能彻底根除的。这种大约是来源于基督教义的人性观念，使保守主义者相信只能通过有限的调整和改良来减少社会的腐败与人类的不幸，而对于那种宏大的社会变革和乌托邦式的政治蓝图不抱任何幻想。激进主义者和保守主义者对待人性问题的不同态度，往往导致了左、右政党与传统宗教信仰的不同关系。

其次，是对“理性”问题的不同看法。激进主义者和左派政治家一般都对人类的“理性”抱有十足的信心，认为可以通过理性的设计来取代非理性的习俗，并通过合理的计划来控制和改变人们的生产和生活方式。与之不同的是，保守主义者和右派政治家对人类的理性大都没有过高的期许，他们认为任何理性的设计都有其不可避免的局限性，因而反倒对非理性的习俗持有相当大的敬意。激进主义者和保守主义者对待“理性”问题的不同看法，常常导致左、右政党与传统习俗之间的不同关系，及其对计划经济与市场经济的不同态度。

再次，是对“权利”问题的不同看法。激进主义者和左派政治家一般认为人类生而平等，应该具有同等的权利，因而反对贫富悬殊和等级制度。与之不同的是，保守主义者和右派政治家则大多认为，权利和财富不是先天具有的，而是后天获得的；权利和财富的绝对平等不仅是不可能的，而且是不必要的，那会在客观上限制个体发展的自由和社会进步的活力。激进主义者和保守主义者对待“权利”问题的不同看法，常常导致左、右政党与少数民族、弱势群体之间的不同关系，以及对待现存秩序的不同态度。

二

左派激进主义与右派保守主义的上述政治理念，在不同的时期有着不同的表现。在西方世界由封建社会向资本主义社会相转化的政治变革过程中，二者的矛盾常常集中在王权的取舍、等级的去留等问题上。而当资本主义革命普遍完成，当“自由、平等、博爱”作为一种公共理念被广泛接受之后，情况便有了新的变化。

我们知道，1789年通过的《人权宣言》不仅是法国革命的产物，而且是整个资本主义世界的理念基石。该宣言共有17条，开头便写道：“人人生而自由，权利平等。社会区别只能以共同福利为基础。”从而奠定了“自由”“平等”与“博爱”的合法性。然而《人权宣言》的最后一条又规定，“私有财产是神圣不可侵犯的权利”。这样一来，便给“自由”与“平等”“博爱”之间的矛盾埋下了伏笔。说到底，人们自由获得的“私有财产”，在多大程度上应该让渡给“公共福利”？如果前者是“神圣不可侵犯的”，那么后者又将以什么为保障呢？

随着社会的进步，西方人渐渐将“自由”“平等”“博爱”作为其共同追求的社会理想，无论是激进主义的左派，还是保守主义的右派，很少有人公开反对这一理想（公开反对“自由”和“平等”“博爱”者，已不是一般意义上的左派和右派，而被视为“极左派”和“极右派”）。但是，在现实的社会生活中，“自由”和“平等”“博爱”之间往往是有矛盾的：过分强调自由，便可导致激烈的社会竞争，社会在充满活力的同时则会陷入两极分化；过分强调平等与博爱，可以限制两极分化，社会在保持平等的同时又会失去竞争的活力。这种“自由”与“平等”“博爱”之间的矛盾，便为不同的主义和政党留下了新的发展空间。大致说来，所谓激进和保守、左派和右派，无非是针对这一矛盾所做出的不同选择而已：凡是为了“自由”而牺牲“平等”和“博爱”者，一般可称之为右派或保守主义者；凡是为了“平等”和“博爱”而牺牲“自由”者，一般可称之为左派或激进主义者。具体说来，它们之间的分歧常常表现在如下几个方面：

政治上：
“左”：主张平等高于自由；
“右”：主张自由高于平等。
“左”：关心社会公正；
“右”：关心个人权利。

经济上：
“左”：主张国家控制；
“右”：主张自由竞争。
“左”：高税收，高福利；
“右”：低税收，低福利。

文化上：
“左”：强调世界性；
“右”：强调民族性。
“左”：关心少数民族和弱势群体；
“右”：关心主体民族和社会精英。

教育上：
“左”：主张国家办学；
“右”：主张私人办学。
“左”：强调人人获得教育的平等机会；
“右”：主张通过竞争来分配教育资源。

国防上：

“左”：强调协商，主张绥靖政策；

“右”：加强军备，喜欢武力威胁。

“左”：鸽派；

“右”：鹰派。

当然了，这种划分是相当粗略的，在具体的社会历史环境下，很可能出现不尽相同的局面。在欧洲历史上，左、右差异由来已久。希特勒反对种族平等，主张通过自由竞争来重新划分生存空间，甚至不惜发动战争来实现自己的竞争目的，因而被视为极端的右派；马克思批判资本主义竞争中所出现的无政府状态，反对资本家占有工人的剩余劳动，甚至主张消灭私有财产以建立共产主义，因而被视为激进的左派。

在现实生活中，奥地利的海德尔所领导的自由党反对平等，他们认为日耳曼人比其他民族更聪明、更勤奋、更有效率，因而可以通过自由竞争而将其他民族淘汰出局，所以属于极右派。与之相反，绿党则不仅主张不同民族之间的平等，甚至认为人与其他动、植物相比也不应该有过多的优先权，因而属于极左派。介于这两派之间的是中右派的国民党和中左派的社会党，它们虽然没有自由党和绿党那样极端，但在政治、经济、文化、教育、国防等各个方面，也都因基本理念的不同而有着各自的不同倾向。

不仅政党有左、右之分，社会传统也有左、右之别。两德统一后的民意测验显示，如果需要在“平等”和“自由”之间做出选择的话，多数的东部人宁愿选择“平等”，而多数的西部人则宁愿选择“自由”。而在欧洲大陆与英、美的比较中则可以看到，相比之下，欧洲大陆有着左派传统，英、美两国则有着右派倾向。据估计，美国的百万富翁已达到900万名，与此同时，每8名美国人中就有1人生活在官方认定的贫困线以下。与之相反的是，欧洲没有那么多百万富翁，同时也没有那么多的穷人；没有那么多发财致富的机会，也没有那么多遭劫被抢的危险。

这种左、右之别甚至可以表现在极为具体的现实政策上。例如，尽管美国不断发生校园枪击事件，却很难禁止私人对枪支的拥有，原因是崇尚“自由”的美国人认为，禁止私人拥有枪支是对其应有权利的剥夺。而这一理由在欧洲人看来，则似乎是不可思议的。因此，欧洲虽然也有私人武器，但其拥有的条件却严格得多。再如，欧洲国家一般采取“公交优先”的交通政策，用从私人汽车拥有者那里征得的部分税收来补贴公共交通；而美国则注重发展私人汽车，认为过多地征收小汽车的费用是对汽车拥有者自由权利的剥夺……

导致左、右偏离的原因是复杂的。这其中既有社会历史的原因，又有现实利益的考虑。譬如东德有社会主义传统，因而有着往左倾斜的基础；西德有资本主义的传统，因而有着往右倾斜的习惯。欧洲大陆有法国大革命的传统，因而有相对偏左的基础；英、美两国受英国资本主义革命的影响，因而有相对偏右的习惯。更为重要的是，东德相对贫穷，在与西德的竞争中处于劣势，因而更珍视平等和博爱；西德相对富裕，在与东德的竞争中处于强势，因而更强调自由的价值。欧洲虽然富裕，但在与美国的竞争中又常因其不够强大而处于劣势，所以在肯定自由的同时更重视平等与博爱；美、英联盟不仅富裕，而且强大，故主张自由至上则更能体现其国家利益……

如此说来，正是应了那句老话，社会存在决定社会意识。个人也好，国家也罢，其自身的文化传统和现实条件，往往会决定其在左、右之间的选择与权衡。

对于这种不同的传统、不同的社会、不同的现实政策，不同的人有不同的理解、不同的爱好。一般来说，不少欧洲青年希望去美国发展，认为那是一个充满机会并富有活力的国家，不像欧洲这样死气沉沉；而不少美国老人则羡慕欧洲的生活，认为那里更加舒适、更加安宁，也更加人道，不像美国那样动荡不安……

在西方，由于不同的党派既代表了不同阶层的现实利益，也代表了不同人群的社会理想。于是，所谓竞选也便成为左、右派别之间的政治较量。从意识形态的角度上讲，除了超出“自由”“平等”“博爱”之共同理念的“极端势力”之外，左、右两派具有完全同样的合法性，任何一派都不会遭受价值观念上的歧视，因而可以公开宣扬自己的激进思想或保守言论。从政治运作的角度上讲，在不超出法律许可的范围内，左、右两派都可以认真实施自己的激进主张或保守政策。也正是由于这种竞争是公开的、民主的、程序化的，使得左、右政党一旦上台以后，都不得不对自己所持的激进主义或保守主义的政治纲领承担全部的责任。在这种情况下，舆论上的公开对立常常会导致行为上的互相制衡或彼此妥协。

考察西方的当代政治，左、右政党轮流执政是最为常见的制衡方式，而左、右政党联合执政则是最为常见的妥协方式。前者如美国的民主党和共和党：它们无论在朝在野，都有足够强大的民意支持，从而形成了势均力敌的制约关系。在这种情况下，一旦执政党出现政策上的失误，那些徘徊在两党之间的部分选民随时都可能转变立场，在下届选举时投在野党的票。在这种情况下，即使执政党有较为极端的政治倾向，在处理实际问题时也不能不瞻前顾后。后者如上届法国的政府格局：由全民选举而产生的总统希拉克是右派保卫共和联盟的代表，而在国民议会选举占多数的社会党人若斯潘则以多元左派联盟代表的身份出任了政府总理的职务，这种左、右共治的政治格局显然就是一种妥协的产物，它使得左、右双方都很难产生过激的行为。

事实上，正是在这种左、右两派相互制衡或彼此妥协的政治运作中，才使得西方社会避免走向某一个极端，从而在客观上满足了大多数选民的实际利益。这也正是当今的海德尔无法成为昔日之希特勒的原因所在。从这一意义上讲，用“左”“右”二字来代表两种不同的政治倾向，就如同一个人的左、右两侧须保持平衡才能站立、行走一样，其比喻是极为恰当的。

三

不仅一个国家的政治需要左、右制衡，而且国际社会也需要左、右制衡。“冷战”时代，整个世界被分成左、右两大阵营：东方的社会主义阵营试图走一条加强国家控制、减少贫富悬殊的计划经济的道路，西方的资本主义阵营坚持走一条尊重个性自由、鼓励多元竞争的市场经济的道路。这种左、右对峙的局面不仅形成了政治上的对抗，而且形成了军事上的均衡。而正是这种军事上的均衡确保了整个世界的相对稳定。

然而，自从以苏联为代表的“社会主义阵营”瓦解之后，全球性的左、右牵制便出现了严重的失衡。1989年，柏林墙的倒塌，使左、右阵营变得模糊起来。接下来，苏联的解体，使其失去了与另一个超级大国相抗衡的能力。与此同时，中国的改革也渐渐放弃了前此以往的“计划经济”路线，在经济领域中使得个性自由渐渐多了起来……所有这一切，不仅导致了整个世界“向右转”的国际趋势，而且打破了左、右之间原有的力量均衡。

我们知道，在一个民主国家内部，左、右之间的力量竞争是一种体制内部的事情。这种公开的、民主的、程序化的竞争，使得左、右政党即使得势，也不敢做出十分过分的事情。换言之，由于有着法律的约束，使得任何一种倾向的政治团体都不可能随心所欲。然而，在世界范围内，当“冷战”时代的军事平衡被打破之后，又有什么力量来制约美国这个独一无二的超级大国呢?显然，以联合国为代表的国际团体尚没有足够的力量来承担起执法者的角色。果然，1999年3月，以美国为首的北约部队在未经联合国授权的情况下轰炸了南联盟，从而开始了“冷战”之后一个没有国际法约束的国际行动。从人道主义的角度来评价这一事件，不是本文的任务所在。我们所关心的是，这种在国际范围内不受约束的军事行为将意味着什么?

显然，任何一种不受约束的军事行为都是危险的。然而，更大的危险还在继续。本来，当美国成为唯一的超级大国之后，它的较之其他国家更具有右派倾向的各项政策便对全世界产生着更大的影响。在这种情况下，美国国内代表右派共和党势力的小布什的上台，更使得这种影响达到了一种登峰造极的地步。2001年年初，当小布什战胜了民主党的戈尔而坐上头号世界强国的总统宝座后，便立即显示出“鹰派”政治家的强硬姿态。上台第二天，他便下令轰炸伊拉克。接下来，他一方面拒绝在有关限制二氧化碳排放量的“京都议定书”上签字，一方面坚持要搞“国家导弹防御系统”而退出苏美原来制定的“反弹道导弹条约”。在朝鲜半岛问题上，他阻扰正在进行的南北和谈。在日本问题上，他听任代表右翼势力的小泉首相参拜靖国神社……

中东问题一向是世界矛盾的导火索。本来，在具有左派色彩的克林顿和巴拉克时代，“巴以和谈”尽管步履维艰，总还有些朦胧的希望。可是，当美国代表右派共和党势力的小布什和以色列代表右派利库德集团势力的沙龙同时上台后，两种“强硬路线”一拍即合，以色列人便可以“自由”地开着飞机和坦克来对付巴勒斯坦人的自杀性袭击了。

在这种情况下，人们难免会提出这样一种疑问：在当今世界上，谁还有能力来抑制美国的右派政策呢？当正常的平衡机制失去之后，非正常的平衡机制是否会出现呢？——于是，便有了“9·11”。

从人道主义的角度上讲，“9·11事件”是人类历史上的一场灾难，因而这一事件的肇事者应该为此而付出代价，这一点是毋庸置疑的。然而，当各国政府异口同声地谴责恐怖主义的同时，我们是否应该想一想，究竟是什么原因使一些人能够置自己的生命于不顾，以一种同归于尽的决心驾着飞机去撞大楼呢？在这一事件发生之后，作为美国总统的小布什除了进行必要的打击之外，是不是也应该从自身的国际行为上找一找原因呢？

然而，布什政府似乎从“9·11”事件中总结的不是“教训”而是“经验”。在摧毁了阿富汗的塔利班政权之后，他一方面抛出了“邪恶轴心说”的理论，在没有充分理由的情况下悍然发动伊拉克战争，对萨达姆政权实行武力讨伐。另一方面则继续纵容以色列的右翼政权对巴勒斯坦人民乃至对阿拉法特本人的军事镇压，而全然不顾联合国、伊斯兰会议组织、中、俄，乃至欧洲联盟的意见。当联合国安理会决定对以色列当局杀害巴勒斯坦解放运动（哈马斯）的精神领袖亚辛一事进行谴责时，又是美国动用了否决权而使决议落空。在国防问题上，为了奉行自己以威慑而求安全的右派政策，布什政府不仅大大提高了美国的国防开支，而且通过透露《核势态评估报告》等方式来降低美国使用核武器的门槛，以进行核威慑。所有这一切，不仅使得国际社会无可奈何，而且也表明布什政府将在现有的右派政策的基础上越走越远。

我们常说，辩证法是不以任何人的意志为转移的。从左、右对比的角度来看，如果正常的平衡机制不能出现，那么非正常的平衡机制便必然会出现。而一旦有人以非正常的力量来寻求平衡，将是一种很难控制的事情，这也正是美国及其追随者将面临的最大危险。用所谓“超限战”或“非对称战争”的理论来讲：当今世界，由于国与国之间的军事力量日益悬殊，因而以国家为单位的军事对抗将会越来越少；但由于个人运用高科技手段而造成破坏的程度日益加大，从而少数集团或恐怖组织介入战争的可能性会越来越大。因此，倘若美国完全不考虑世界上各弱小民族与弱势群体的现实处境，置国际社会的舆论于不顾，继续奉行自己强硬的单边主义的外交路线，其结果必然会遭到非理性的、破坏性的反抗。在这种不择手段的反抗之中，美国庞大的战争机器可能会陷入一种无用武之地的尴尬境地，它甚至会在找不到对手的情况下被拖入一场极其血腥的战争。

如何避免这种血腥的战争，不仅需要人类具有足够的勇气，而且需要足够的理智和智慧。在国家范围内，许多人已经学会了通过法律的方式进行公开的、理性的自由竞争，并通过竞争来实现左、右两派的力量平衡，那么在国际范围内，我们为什么不能这样做呢？事实上，在当今面对伊拉克的问题上，各国人民和国际社会正在进行着不懈的努力。我们看到，参加反战示威的民众不仅有阿拉伯人，而且有亚洲人、欧洲人，甚至美国人。当那些“911事件”的死难者家属也投入反战行列的时候，人们看到了一种理性的力量。与此同时，法国和德国与自己“冷战”时代的宿敌俄罗斯在此问题上表现出了空前的一致，而“北约”内部却一度出现了前所未有的“裂痕”。所有这一切，恰恰显示了辩证法的力量，说明了“冷战”之后国际间左、右格局重新调整的必要性。反过来讲，如果这种新的平衡机制无法建立起来，那对人类社会而言，则将是灾难性的。

总而言之，作为一场人为的灾难，“9·11事件”不仅是美国人的悲剧，而且是当今人类的悲剧。因而，不仅美国政府，而且全人类都应该从中汲取教训。这教训至少有两点：第一，不同倾向的利益集团必须通过公开的、合法的、和平的方式进行竞争，并通过竞争来实现左、右间的平衡，在平衡中求得发展。第二，无论任何一派有多么强大，都必须给弱势群体提供足够的生存空间。否则的话，本·拉登可以被消灭，萨达姆可以被推翻，但民族矛盾不可能被缓解，恐怖主义也不可能被根除。

四

毛泽东有言，“凡是有人群的地方，就有左、中、右”。中国人比西方人多得多，自然也会有不同的观点、不同的立场，从而出现激进的左翼派别和保守的右翼群体。只是与西方不同，在相当长的时间内，中国人常常只愿意承认自己是左派，而不愿意承认自己是右派。细心的读者会发现，在国内正规的出版物上，“极左”的“左”字是要打上引号的，而“极右”的“右”字却无须打引号。这似乎意味着“左”就一定比“右”好，如果“左”实在是不好，那也只能是“形左而实右”罢了。因此，与西方人公开站在左、右立场上表示自己的政治见解不同，中国人中的左派常常是自诩的，而右派则往往是被别人“打”出来的。

与这种左、右概念相联系，在相当长的时间里，中国人一般认为“激进”是一种革命的进步姿态，“保守”则是一种反动的落后行为，而不像英国人那样，大张旗鼓地挂起“保守党”的旗帜。这种偏见，直到90年代知识界掀起有关“激进”与“保守”的重新反思，才算有所改观。例如，在80年代曾经以激进的姿态而倡导“新启蒙”的著名学者王元化就曾这样说道：“对激进主义的批判是我这几年的反思之一。这种认识不止我一个人，大陆上还有别人也对激进主义的思潮作了新的评估。过去我并未接触这方面的问题，也许无形之中对激进主义倒是同情的。仔细分析，这也是由于受到五四以来进化论思潮的影响。……如果要探讨进化论对二十世纪中国思想界带来的消极影响，就应该着眼于今天仍在支配思想界的新与旧的观念。这种观念认为新的都是好的，进步的，而旧的都是不好的，落后的。所以谈论旧的就被目为回瞻，批评新的就被目为顽固。在进化论思潮下所形成的这种新与旧的价值观念，更使激进主义享有不容置疑的好名声。”[4]另一位著名学者李泽厚也指出：“现在海外也好，海内也好，都在对激进主义进行再认识。这是以前所没有的。我的看法是，谭嗣同是近代激进主义的开头。以前我曾专门研究过谭嗣同，我当时对他是百分之百的肯定。现在看来，他所带来的负面效应也相当大，这一效应从谭嗣同影响到革命派，甚至可以说一直影响到现在。对于辛

4　王元化：《关于近几年的反思答问》，《文汇读书周报》1994年12月3日。

亥革命，我从‘文革’起开始怀疑，但没法发表文章，海峡两岸都会反对。我认为，辛亥革命是搞糟了，是激进主义思潮的结果：清朝的确是已经腐朽的王朝，但是这个形式存在仍有很大意义，宁可慢慢来，通过当时立宪派所主张的改良来逼它迈上现代化和‘救亡’的道路；而一下子痛快地把它搞掉，反而糟了，必然军阀混战。所以，辛亥革命以后，就是不断革命：‘二次革命’‘护国、护法’‘大革命’，最后是49年的革命，并且此后毛泽东还要不断革命。直到现在，‘革命’还是一个好名词、褒词，而‘改良’则成了一个贬词，现在应该把这个观念明确地倒过来：‘革命’在中国并不一定是好事。”[5]这种对于“新”与“旧”、“革命”与“改良”的价值重估，尽管有利于纠正人们有关“左”与“右”、“激进”与“保守”固有偏见，却有着从一个极端走向另一个极端的危险。

为了将对左派与右派、激进主义与保守主义的反思进行到底，我们既要从学理上弄清它们各自所持有的政治理念，又不能无视具体的、历史的社会环境，将这种理念绝对化。

首先，一般说来，激进主义者和左派政治家的理想主义倾向常常使其对已有的传统抱有或多或少的反叛情绪，有着变革现实的强烈愿望；而保守主义者和右派政治家的现实主义态度则常常使其对现存的秩序具有或多或少的维护情结，反对剧烈的社会变革。因此，前者往往被视为革命的、进步的力量；后者往往被视为顽固的、保守的力量。然而在事实上，一种政治行为是否具有进步的、革命的意义，既要看其所持有的意识形态理念，也要看其与现存政治制度之间的关系，要看其所坚持的意识形态理念在现存的历史条件下是否具有可行性，要看其所反对或维护的政治制度在具体的社会环境下是否具有合理性。从这一意义上讲，左派政党的激进行为并不一定都有进步意义，右派政党的保守行为也并不一定都有消极影响。从这一意义上讲，上述两位学者的“反思”确乎具有很强的针对性。但是，并不能因此而反过来说，左派政党的激进行为在任何情况下都只会产生破坏稳定的负面作用，右派政党的保守行为在任何条件下都具有维护社会的积极影响；更不能不加分析地将“五四”新文化运动的激进主义同“文化大革命”的封建法西斯主义等量齐

5 李泽厚：《关于文化现状、道德重建的对话》，《东方》1994年第5期。

观，从而将中国现代社会变革中所存在的问题一股脑地算在激进主义者的头上。

其次，一般说来，激进主义者和左派政治家对“平等”和“博爱”观念的重视，常常代表了下层民众和弱势群体的现实要求；而保守主义者和右派政治家对“自由”观念的伸张，常常代表了上层社会和精英集团的实际利益。因此，前者往往被视为穷人利益的代言人，后者往往被视为富人操纵的政治家。然而在事实上，左派政党对权利平等的激进诉求，并不是在任何情况下都会给下层民众带来直接的好处；右派政党对等级差别的容忍与维护，也并不是在任何情况下都会给上层社会带来直接的利益。例如，此前在奥地利执政的自由党有着明显的种族主义倾向，而该党歧视外来移民的劳工政策，并不利于资本家降低劳动成本的现实利益，而恰恰获得了那些在外来劳动力的竞争下面临失业可能的本国民众的部分支持。因此，那种将左派视为穷人的政党，将右派看作是富人的政党的做法，确乎有些过于简单了。从这一意义上讲，上述两位学者的“反思”并非没有合理性。但是，并不能因此而简单地认为，左翼阵营都是一些犯上作乱的乌合之众，右翼阵营才是一些真正有责任感的社会精英。更不能无视历史上那些代表统治阶级的极右势力，对社会进步所造成的危害。

再次，一般说来，为了彻底变革现存制度，激进主义者和左派政治家常常会采取激烈的行动，甚至会诉诸暴力；而为了维护现存秩序或进行有限的变革，保守主义者和右派政治家往往惧怕或反对暴力革命。因此，前者常常被视为暴力革命的崇拜者，后者往往被视为社会秩序的维护者。然而在事实上，一种政治诉求以何种方式实现，不仅取决于其自身的政治主张，而且取决于其所处的政治环境。在历史上，不仅激进主义者和左派政治家采取过暴力革命的手段，而且保守主义者和右派政治家也采用过武力镇压的形式。因此，那种认为激进主义者酷爱暴力革命、保守主义者喜爱安定团结的说法是没有根据的。通常说来，只有在左、右各派无法用民主与和平的方式表达并实施自己之政治见解的情况下，极端性的行为才会出现。从这一意义上讲，“革命”往往是被“保守”逼出来的。因此，不仅革命者对自己的行为负有责任，保守者也同样需要承担后果。所以，那种单单去抨击革命的行为，同仅仅去清算保守的做法一样，都是片面的、不可取的。说到底，当两种不同的政治主张发生冲突的时候，是否将冲突升级为暴力往往不是由其中的一方单独决定的。在这里，减少暴力的最佳途径不是简单地取消其中的任何一方，而是在二者之间建立一种民主的平衡机制。

总而言之，我们不应抛开具体的历史环境，将激进主义与革命、进步画等号，也不应抛开复杂的社会环境，将左派政治家看成是暴力、动乱的制造者；同样的，我们不应将保守主义与消极、反动画等号，也不应将右派政治家看成是和平、安定的守护神。

五

在理论上，对激进与保守、左派与右派进行深入反思，是十分必要的；在实践上，如何在二者之间建立起一种平等的、理性的、和平的制约机制，更其重要。

由于历史的原因，迄今为止，在中国人的政治生活中，还没有明确的、合法的左右阵营。过去，共产党与国民党之间确有左、右之别，但它们之间的竞争靠的是武力而不是选票。无论是在国民党掌权期间，还是在共产党执政以后，都希望在思想、言论，乃至政治行为上保持一致。然而，表面上的一统并不能掩盖实质上的多元。事实上，即使是在共产党的内部，左、右分歧也从来没有停止过。于是，从陈独秀、瞿秋白、李立三、罗章龙、王明、张国焘一直数下来，一部中共党史曾经被表述为“毛主席的革命路线与左、右倾机会主义者不断斗争的路线斗争史”。其实，即使是“毛主席的革命路线”也不能保证永无偏颇，所谓“无产阶级文化大革命”就是一个“史无前例”的证明。

冷静地看，这种情况并不难理解，从思想观念上看，面对错综复杂的国际和国内形势，任何人的思想路线都不可能永无偏差，不同人的思想也不可能永远一致。既然“凡是有人群的地方，就有左、中、右”，因而无论我们如何呼吁统一思想，党内也不可能铁板一块。因此，重要的不是怎样去杜绝不同意见，而是如何以民主的、理性的方式来吸收并整合这些不同意见。从现实利益上看，党内分歧不过是党外矛盾在权利结构中的反映而已。对于特定时期的社会问题，不同的人往往会站在不同的立场上发表不同的意见、表现出不同的期望与要求。当这种期望和要求在党外无法实现的时候，他们便必然会进入党内，或在党内寻找自己的代言人。这便是“党外有党，党内有派”的道理。因此，重要的不是怎样去压制社会矛盾，而是如何以法制的、民主的方式来调整和解决这些矛盾。前者是要在思想舆论上允许激进主义者和保守主义者表达自己的不同意见，后者是要在法律制度上确保左翼群体和右翼群体之间的竞争进入一种民主的、理性的、和平的程序。所有这一切，说到底，都是一个左、右平衡的问题。而党内党外、国内国外的历史经验告诉我们，表面上的分歧和竞争并不可怕，在一定的法律制度的监督下，这种思想上的表面竞争往往会导致行动上的相互妥协。与之相反的是，舆论上的高度统一也并不可喜，在缺乏理性程序的控制下，这种舆论上的表面一致往往会演变为行动上的“残酷斗争，无情打击”。当然了，要在中国现有的经济水准、教育程度、民族传统的基础上建立起左、右平衡的政治机制，绝不是一件容易的事情，也不是短期内所能够完成的，这需要一种长期不懈的建设性努力。在这一艰巨而又漫长的过程中，过于激进的行为可能会造成社会的动乱，过于保守的行为则必然会失去历史机遇。如此说来，在这种建设“政治文明”的过程中，本身也存在着如何处理左、右关系的问题。

从传统上说，中国属于社会主义国家，因而整个社会更加注重平等，甚至有过“吃大锅饭”的历史，所以按照西方的标准，当属于“左倾”社会。事实上，在以往的政治运动中，也大多是以“反右”为主攻方向的。但是自改革开放以来，在鼓励“一部分人先富起来”的政策引导下，社会开始引进市场竞争机制，注重生产效率，从而贫富悬殊越来越大。关于这一点，可以从“基尼系数”中看出（基尼系数是由意大利经济学家1922年提出的测定一个国家或社会收入分配差异程度的指标，即在全部居民收入中用于不平均分配的百分比。基尼系数最小为0，表示收入分配绝对平均；最大为1，表示收入分配绝对不平均。一般认为，基尼系数小于0.2为高度平均，大于0.6为高度不平均）。

最新的统计数字表明，中国的基尼系数已达到0.457的高位，不仅已超过0.4的国际警戒线，而且比世界上绝大多数国家都高。专家指出，由于大量富人的收入无法详细统计和监控，所以实际的贫富悬殊，比官方的统计数据要更大些。[6]早在80年代中期，我国贫富差距的现象就开始表现出来。当时的粗略估计是，10%的人拥有百分之40%的银行存款。到90年代中期，大约有20%的人拥有80%的银行存款。据抽样统计，这种悬殊在2000年以后还在增大。一方面，我们有很多城市的下岗职工和农村的贫困人口。一项全国营养调查显示，因为营养摄入不足，在我国贫困农村，5岁以下儿童生长迟缓率高达29.3%。儿童网引用国家发改委公众营养与发展中心主任于小冬在2005年10月5日开幕的首届中国公众营养国际论坛上的话说，“这个数字意味着这些地区在20年后，正常的劳动力可能会很少。儿童营养缺失的后果将不可弥补。”[7]另一方面，我国又有很多人已经进入了高消费阶层。“2005年9月15日，世界四大会计师事务所之一的安永国际会计师事务所发表了题为《中国新的奢侈豪华风气》的报告，指出2015年中国将成为继美国之后的第二大奢侈品消费国。该报告还指出，2005年至2008年，中国的奢侈品消费额年增长有望达到20%。至2015年，中国的奢侈品消费将达到上百亿美元，占全世界奢侈品消费总额的近1/3。据估计，目前中国人的奢侈品年消费规模为20亿美元，占世界奢侈品消费总额的12%。”[8]因此，若仅从经济状况上讲，中国已经由一个“左倾”的社会变成了一个“右倾”的社会。

在我看来，中国之所以选择“向右转”的社会发展模式，是由其所具有的自然条件和其所面临的历史境遇决定的。从自然条件上看，中国尽管地大物博，但由于人口众多，从而是一个人均资源相对匮乏的国家。从历史境遇上看，中国尽管历史悠久，但由于现代化的转型起步较晚，至今仍然是一个相对落后的“发展中国家”。面对自然条件和历史境遇的双重压力，中国要想奋起直追，弥补自身的已有差距，赶上发达国家的现代化水平，就必须充分发挥每一个社会成员的积极性和创造性。因此，尽管中国在对外政策上仍然是偏左的，但贫富悬殊而又充满活力的右倾社会较之贫富均衡而又惰性较强的“左倾”社会更符合中国现阶段的发展需要。换言之，在没有条件建设一

6　《“基尼系数”能降下来吗》，《经济观察报》2001年11月5日。

7　儿童网http://www.tongnian.com2005年10月5日。

8　《环球时报》2005年9月19日。

个福利社会的前提下，只有“让一部分人先富起来”，才可能最终走上共同富裕的道路。但是，我们也应该看到，这种右倾的发展模式尽管使整个社会充满了生机并富有张力，但其负面的影响也是不容忽视的：从理论上讲，这种“效益优先，公平滞后”的发展模式与我们长期所期望的人道主义、社会主义的理想境界确乎存在着相当大的差异；从实践上讲，如何保护弱势群体的现实利益，将是一个相当艰巨而又不容忽视的社会问题。

同国际关系一样，如果中国内部的左、右关系失去平衡而又无法建立起正常的约束机制的话，那么非正常的平衡机制也会打破已有的和谐，甚至会导致动乱。其实，无论对于哪一个社会阶层来说，社会动乱都不是解决问题的最佳途径。从这一意义上讲，谁也不希望动乱发生。但是，口头上反对动乱并不等于实际上防止动乱，甚至行动上镇压动乱也并不等于从根本上杜绝动乱。真正防止社会动乱的方式只有两种：一是在政策上防止左、右关系的严重失衡，二是在制度上建立起左、右平衡的约束机制。然而迄今为止，我们在这两个方面尚缺少明确的思想和自觉的行动。

前些年，学术界曾有过一场关于人文精神的讨论，它引发了人们对于经济效益和人文情怀这对矛盾的不同看法。接下来，由这场讨论延伸出了“自由主义”和“新左派”的理论对峙：前者主张自由竞争，强调社会效率，认为暂时的贫富悬殊是社会发展的必要代价；后者主张制度创新，关心弱势群体，认为不应以牺牲一部分人为代价来换取社会的进步。孤立看来，这两种观念各有各的道理，但放在一起，它们又势如水火、针锋相对。显然，这种争论是很有意义的，它似乎表现出中国当代知识界左、右阵营的自觉与雏形。

（此文发表于《河北学刊》2004年第5期；《中国社会科学文摘》2004年第6期转摘。文章发表时有删节，此为原文全貌）

退溪思想中的内在矛盾

退溪李滉，自幼熟读孔、孟，后又潜心朱子理学，素有“海东朱子”之称。近些年来，随着东方文化的渐渐崛起和“退溪学”在全球范围内的不断升温，中韩学术界对退溪先生在韩半岛推广儒学特别是朱子理学的历史贡献，早已达成共识，肯定和褒扬的文章随处可见。本文在承认上述研究成果的基础上，试图从反面入手，对退溪思想中存在的一些内在矛盾以及矛盾形成的原因作一简要分析。

一、“中道”与“异端”

中庸之道是儒家最为基本的处世原则。《论语》中言“过犹不及”“允执厥中”，《中庸》里也有“执其两端，用其中于民”的说法。朱熹《中庸章句》的解释是：“中者，不偏不倚、无过不及之名。庸，平常也。”“盖凡物皆有两端，如大小厚薄之类，于善之中又执其两端，而量度以取中，然后用之，则其择之审而行之至矣。然非在我之权度精切不差，何以与此。此知之所以无过不及，而道之所以行也。”

作为以继承孔、孟、朱子儒学为己任的韩国大儒，李退溪坚持把中庸之道作为认识与处理问题的准则和方法论来对待。在日常生活中，他主张“每事以中道自处”，“勿太锐、勿苟循，最是得中为上，中非半上落下之谓也”。[1]在治国方略中，他主张既不能“率由旧章”，也不可“一切纷更之”，而应该对“积久生弊者”略加变动，在“循旧”与“更张”二者之间，采取“取其两段，用其中”的立场。[2]在学术研究中，他同样遵循“中道”原则，如以“致知”而言，“不迷于危微，不眩于精一。而中可执，此之谓真知也”；以“力行”而言，“诚意必审于几微而无一毫之不实，正心必察于动静而无一事之不正，修身则勿陷于一僻，齐家则勿狃于一偏”[3]；以解决“无极而太极”一说中的不同解释而言，“须兼标准之义，中立而四方之所取正者看，方恰尽无遗意耳”。[4]

有趣的是，退溪在对待儒家以外的其他学派的态度上恰恰违背了这种“勿陷于一僻”“勿狃于一偏”的“中道”原则。他没有将各家学说认真地辩证分析然后折中融合，而是采取了极端的排斥态度，他几乎把朱子学以外的其他学说全部斥为异端。对于朱熹生前就早已存在的佛、道、管、商之学，他认为无一可取：“东方异端之害，佛氏为甚，而高丽氏以至于亡国。虽以我朝之盛治，犹未能绝其根柢，往往投时而炽漫。而“老庄之虚诞，或有耽尚，而辱圣坏礼之风间作；管、商之术业，幸无传述，而计功谋利之弊犹锢”[5]。至于与朱熹同时代的陆象山和后于朱熹的王阳明，在退溪看来几乎也是一无是处。陆象山“以穷理为疲精神、不做问学工夫”的“超顿悟之学”，在退溪眼里，与释氏不立文字、见性成佛如出一辙。[6]按照退溪的逻辑，只要异于朱子之道就是异端。本来朱、陆争论在方法论上，只是为学方法的不同，所以，就连朱熹本人也没有斥象山为异端，而退溪则把朱、陆异同提高到原则上来认识了。[7]他对阳明学术的批判更是有过之而无不及，所谓“贼仁义、乱天下，未必非此人也”。[8]

在退溪极力排斥的诸种异端学说中，佛、禅和老、庄尤为异端中的异端。佛学在高丽王朝时期甚盛，而身处李朝的退溪为了树立儒学的正统地

1 《答金士纯》，《退溪先生文集》册九，韩国学民文化社2001年版，第33页。

2 步近智：《退溪学与孔孟儒学》，《孔子研究》1995年第2期。

3 张立文：《退溪书节要》，中国人民大学出版社，1989年，第133-134页。

4 张立文：《退溪书节要》，中国人民大学出版社，1989年，第306页。

5 张立文：《退溪书节要》，中国人民大学出版社，1989年，第142页。

6 《李子粹语》卷四，《退溪全书》册五，第440-441页。

7 赵宗正：《试论退溪学的特点》，《人大复印资料》1985年第6期。

8 《传习录论辩》，《退溪先生文集内集》卷四十一，《退溪全书》册二，第33页。

位，甚至将高丽朝亡国的罪名加在佛学的头上。对于佛家经典，他更是视其为洪水猛兽，避之唯恐不及："我欲看佛经以核其邪，遁而恐如涉水者，初欲试其浅深，而竟有没溺之虞耳。学者但当读书……如异端文字，全然不知，亦不妨也。"[9]正如有的学者所言，他这种主张连佛经也不看的坚决态度，在学人之中是比较少见的。在一次全国性的儒生排佛风潮中，退溪针对有些人的过激行为曾明确表态："儒者以中道自处犹恐有过，况先以过激自处耶!"[10]不知退溪会对自己的斥佛行为作何解释，是否也会视为一种"过激自处"？

至于老、庄，更是被他直接置于与圣贤对立的两极，褒此而抑彼，如他在《与朴泽之》中言："人之一身，理气兼备，理贵气贱。然理无为，而气有欲。故主于践理者，养气在其中，圣贤是也；偏于养气者，必至于贼性，老庄是也。"[11]更有甚者，他对于老庄的厌恶已经蔓延到了其他凡与老庄思想有所瓜葛的学者身上，其中杨龟山就是一个典型例子："尝闻昔贤有议论过高者，亦未免此等病痛。如杨龟山极言道之高妙，而谓仁、义不足以尽道，此即庄、列小仁义而以道为窈冥昏默之说也。"[12]

如果我们从退溪所生活的时代背景出发来思考问题，对于他的这种极端排斥异端的态度或许能给予更多的理解。首先，经过了高丽朝的混乱以后，李王朝需要一种新学说收拢人心，维护社会秩序，就功能而言，性理学相对于佛学和道学显然有更大的优势；其次，要想树立性理学的正统地位，就必须抑制佛、道两家思想以及其他学派的发展，特别是先于性理学而兴盛的佛学。因此，担当此一重任的退溪似乎注定了要陷入这种矛盾中。这听起来似乎合情合理，但实质上只是一种缺乏根据的辩解之辞。"过犹不及""允执厥中"是孔孟儒学包括朱子儒学的根本原则，用一种违背儒学原则的方式来树立儒学的正统地位，显然是极为矛盾的。

二、"吾道自足"与"援引求合"

退溪曾言："吾道自足，何必匍匐于异学，而援引求合乎？向者公看《庄

9 《崇正学》,《退溪先生言行录》卷五,《退溪全书》册四，第23页。

10 《言行录》卷五,《退溪全书》册四。

11 《增补退溪全书》册一。

12 《心无体用辩》、《退溪先生文集》册七，韩国学民文化社2001年版，第167页。

子》，今觉已中其毒，异学移人之易，深可畏。”[13]应该说，退溪的这一观点与他排斥异端、维护儒学特别是朱子理学的正统地位是一致的。不过，他之所以把孔、孟、朱子以外的其他学说全部划入异端的行列而加以摒弃，除了要维护朱子儒学的正统地位以外，还有一个在他看来相当充分的理由，那就是“吾道自足”。他认为朱子儒学在做人、为学等方面已经为人们提供了一个完整的系统，足以解决人生的一切问题。既如此，又何必再费周折，于他处搜求呢？人生苦短，精力有限，多余之举总有浪费光阴之嫌；更为重要的是“异学移人之易”，一有不慎便会深中其毒。我们顺着李滉的逻辑来推论，确实会得出这样的结论，但仔细想来便又有问题。首先，朱子理学是否真的形成了一个无所不包的自足体系是值得怀疑的，自古至今大概没有一个思想家敢保证他能解决世界上所有的问题；其次，即使我们后退一步，承认朱子理学确实形成了一个自足的体系，这也不能构成反对其他学说的理由，因为这里面还存在着另一种可能，那就是朱熹的体系本身即是在“援引求合”于“异学”的基础上形成的。而事实正是如此，无数的学者已经证明：宋明理学正是传统儒学在融会释、道的基础上形成的。

不知退溪是出于有意还是无心，他对宋明理学中的佛、道文化背景采取了视之不见、听之不闻的立场。显然，这是一种消极的回避问题的方式。退溪的这种态度给他带来的直接后果，是把自己逼入了自相矛盾的尴尬境地。一方面，他极力排斥佛、禅思想和老庄学说，把二者说得一无是处，将其丑化为洪水猛兽，屡次告诫学人避而远之；另一方面，由于他本人的思想主要由宋明理学特别是朱子理学而来，因此无论他如何努力，都不可能摆脱通过宋明理学而继承下来的佛、道思想的遗传基因。下面几个例子足以证明：退溪思想确实继承了佛、道的某些遗传因子。

退溪思想中有一个突出特点，那就是重视敬以直内、涵养本原，他多次提到“只将敬以直内为日用第一义”。此处之“敬”即同于“静”[14]，因此他也称“盖无事时，固当静以存养”[15]。“敬以直内”和“静以存养”与另一观点密不可分，即“静坐”。退溪明确主张“静坐”，并身体力行。他的弟子就曾说他“平居未

13 《李子粹语》卷四，贾顺先《退溪全书今注今译》册一，四川大学出版社，1992年。

14 退溪在《抄医闾先生集附白沙、阳明抄后附书其末》中引用杨廉语曰：“明道言静，即敬字之义。伊川恐学者未悟，故加别白焉。”见张立文《退溪书节要》，第264页。

15 蔡茂松：《韩国近世思想文化史》，台北东大图书公司，1992年，第323页。

明而起，必盥栉冠衣，终日观书，或焚香静坐，常提省此心，如日初升”。[16]

“主静”思想早在原始儒家就有，如孔子就有“仁者静”之说。但“静坐”一说却是宋明理学时期才出现的新形态。实际上，“静坐”正是受佛教坐禅的影响发展而来。[17]这就使得一味反佛的退溪陷入了一种尴尬之中，为了摆脱这种尴尬，退溪本人对此作了辩解，理由是“静坐之学，发于二程先生，而其说异于禅。然在延平、朱子，则为心学之本源，而非禅也”。[18]至于二程与李侗、朱熹的静坐之学是否真的存在什么本质区别，我们最好从他们自己的论述中寻找答案。《朱子语类》卷十二记载朱子教导其弟子的原话为：“明道（即程颢）叫人静坐，李先生亦教人静坐。盖精神不定，则道理无凑泊处。”如果程颢的静坐与李侗的静坐之间果真存在本质的区别，朱熹此处断不会直接将二者相提并论而不加任何辅助说明。也就是说，二程的静坐与李侗、朱熹的静坐之间是否真的存在禅与非禅的本质区别，是很值得怀疑的。退溪此处的辩解唯一能证明的就是他已经意识到了自己的尴尬并试图摆脱这种尴尬。

除了二程、李、朱的“静坐”，退溪还继承了他们的“理一分殊”。而“理一分殊”实际上源于唐代华严宗和禅宗的思想。[19]程颐提出的“理一分殊”“理事相即”与华严宗的“理事无碍”说极为相似。朱子解释“理一分殊”时所用的“月印万川”的比喻，则直接来自永嘉大师《证道歌》：“一月普现一切水，一切水月一月摄”。

因此，尽管退溪总想绝佛学之根柢而后快，但我们从其思想中仍能感觉到他与佛学之间的一种剪不断理还乱的亲缘关系，甚至就连他的诗歌有时也会透露出与佛学间的某种亲和性，如其《题龙寿寺》：“晚过龙门醉似泥，颓然僧榻我为谁。觉来神骨清如许，正是东山月上时。”

退溪不仅无法摆脱与佛学之间的一种剪不断理还乱的亲缘关系，而且想与道家一刀两断也断无可能。《圣学十图》是他晚年的一部代表性著作，其中第一图《太极图说》的第一句即“无极而太极”。很明显，退溪接受了这一说法，并且他还曾作过详细的解说。但事实上儒家经典中并无“无极”二字，

16 《学问》，《言行录》卷一，《退溪全书》册四。

17 崔根德：《韩国儒家思想研究》，学苑出版社，1998年，第68−69页。

18 《李子粹语》卷四，贾顺先《退溪全书今注今译》册一，四川大学出版社，1992年，第929页。

19 张立文：《退溪书节要》，第22页。

"无极"最初正是来自道家，具体来说是《老子》第二十八章"常德不忒，复归于无极"。另外，退溪选用的周敦颐的《太极图说》，里面的模式图也是周氏根据道家用以修炼内丹的太极图改造而成的。而程颢《定性书》中"廓然而大公，物来而顺应"以及"内外两忘"等的论述中也可明显窥视到道家的影子。从理论上讲，我们很难相信退溪在接受程朱思想的同时，能把已经融进其血液的道家思想完全剥离出来。事实证明也确实做不到，因为我们在退溪的《答李达、李天机》中仍能看到道家影影绰绰、或隐或显的身姿。

道家学说在退溪思想中留下的印记，从他的诗学中也能清晰地辨认出来。郑惟一曾称退溪"为文本诸六经，参之诸子，华实相兼，文质得中"，这一评语放在以继承孔孟思想为己任的退溪身上并不新鲜。因为从孔子的"文质彬彬"开始，"华实相兼，文质得中"实际上已经成了儒家的诗文传统。《礼记》中就有"虞夏之质，殷周之文，至矣。虞夏之文，不胜其质，殷周之质，不胜其文"的说法。新鲜的是，郑惟一称退溪的诗歌"庄重简淡，自成一家"。[20]当然，我们说其新鲜并非是因为鲜有人提。实际上不止一人对退溪的诗作做出这样的评价，如有人称"李滉为诗清严简淡，类其为人"[21]，就连退溪本人也尝言"吾诗枯淡，人多不喜"[22]。我们此处说其新鲜，是因为这种枯淡的诗风并不见于儒家的诗文主张，实际上它恰恰源自于被退溪斥为洪水猛兽的道家，源于老庄的"大音希声""大象无形"。

既然退溪的思想中流淌着如此多的来自佛、道两家的血液，他为何听之不闻、视之不见呢?

如前所述，处于当时社会文化背景之下，退溪确实担负着树立儒学正统地位的责任，但这并不意味着他必须采取违背"中道"的极端处理方式不可。不过有一点似乎可以肯定，那就是退溪排斥佛、道可能是受到了朱熹的影响。朱熹对佛、道确实有些微词，如《朱子语类》卷一零四记载："某少时未有知，亦曾入禅学，只是李先生极言其不是，后来考究，却是这边味长，才这边长得一寸，那边便缩了一寸，到今销炼无途矣，竟佛学无是处。但总体来看，他的态度相比于退溪要温和得多；而且还有一个不争的事实：朱熹有意识地对佛、道两家学说中的有利成分作了进一步的融合和吸收，并最终纳入

20 《言行录》卷一,《退溪全书》册四。

21 《言行录》卷五,《退溪全书》册四。

22 《言行录》卷五,《退溪全书》册四。

到其理学体系之中。也就是说，朱熹在排斥佛、道的过程中基本上遵循了“允执厥中”的原则。不过这样一来，原来的问题似乎又回来了：退溪既然直接承袭了朱子思想，且始终以朱子的言行为其自身言行的标准，为什么最终却走上了“过犹不及”的路子?

或许我们能从他们各自的思想来源中找到答案。朱熹十岁左右读《孟子》，十三四岁时其父病重，遂将其托付给胡原仲、刘致中、刘彦冲三人。三人都属道学一派，既信奉程学，同时又都醉心于佛、老。这使得朱熹的学业在很长一段时间里实际上是理学、佛学与道学齐头并进的。《朱子全书·答江元适书》中记载他本人的自述说：“盖出入释老者十余年，近岁以来，获亲有道，始知所向。”此处的“始知所向”是指他最终转向理学，原因是在他三十岁时拜李侗为师。

与朱熹相比，退溪的学术经历却单纯得多。他十几岁便研读《论语》《孟子》，后接触程朱理学，并终生以孔、孟、程、朱为圭臬，至于佛、道学说似乎并未深究过。虽然《言行录》中也提到他曾接触过佛家经典，却是抱着“核其邪”的目的，犹如不通水性的人初次涉水一般，处处提防，时时小心。这种高度警惕的读书心态妨碍了他对佛、道思想的深入了解，难以保证他能够得出客观的结论。由此可以推测，退溪思想的血液中流淌着的佛、道思想是通过程朱理学被携带进来的。也就是说，退溪在接受佛、道思想时，不像朱子那样完全是有意识、有选择地接受和排斥，而是在一种无意识状态下完成的。这就为他走向“过犹不及”埋下了可能：由于他不知道理学中渗透着佛、道因素，从而有可能把原本属于佛、道的东西归之于儒家，所以他才会信心十足地宣称“吾道自足”；由于他对佛、道思想缺乏深入了解，从而有可能将朱熹排斥在外的不利于理学的佛、道成分错当成佛、道学说的全部，因此他才会胸有成竹地高喊“如异端文字，全然不知，亦不妨也”。这样看来，退溪处理儒学与佛、道学说的关系时违背中道原则倒像是出于一种误解：不是他不想“执两用中”，而是在他看来，佛、道思想中确实没有可用之处。但不管是否出于误解已被造成的矛盾作为一种现实，却依然实实在在地摆在那儿。

三、“内圣外王”与“退隐田园”

人们常常以“内圣外王”概括儒家思想，“‘内圣外王’一语虽出于《庄子·天下篇》，然以之表象儒家之心愿实最为恰当”。[23]对“内圣外王”的具体理解因人而异，言人人殊，不过，也有共同之处，那就是人们都强调：内圣是必要前提，外王是终极目的；内圣必须以外王为依托，外王则是内圣的自然延伸；二者彼此相依，不可分割。宋明儒学虽因偏于内省功夫而多为后世所诟病，但也并未忘记济世的追求。朱子的弟子曾问：“《遗书》云：‘释氏于敬以直内则有之，义以方外则未有也。’道夫未安。先生笑曰：‘前日童蜚卿正论此，以为释氏大本与吾儒同，只是末异。某与言：正是大本不同’。”又曰：“只无义以方外，则连敬以直内也不是了。”在朱子看来，佛学与儒家内圣之学的相似仅是表面现象。儒家的内圣与外王是不能分开的，“敬以直内”的内圣之学是“义以方外”之外王学的前提准备，而外王是内圣追求的终极目标，没有外王也就无所谓内圣，这正是区别儒、佛两家的本质所在。[24]现代学者余英时在谈到内圣外王时也说：“这个复杂理想的双重使命并非意指这两种使命是经由两个明显不同、各自遵循自己理路、而最后在它们发展的最高层次上相互重叠的过程。相反的，这个理想的含义是：外王是从内在完成的内圣的光辉的散发而得到的。此理想根本上立足于一个基本命题，自我的道德修养本质上不仅仅是目的，并且还是达成大同世界的一种手段。”[25]

退溪同样继承了儒家内圣而外王的思想，他在《圣学十图》第四图大学图中，遵循《大学》的逻辑思路强调修身、齐家、治国、平天下：“由是诚意正心以修其身，则所谓先立其大者，而小者不能夺。由是齐家、治国以及平天下，则所谓修己以安百姓，笃恭而天下平。”[26]此外，他还主张居则怀仁而抱义，出则尊主而庇民；他强调“世之为士者，犹知尊王道贱霸术尚正学排异教，治道必本于修身，洒扫应对可至于穷理尽性，而稍稍能兴起奋发而有为焉”。[27]

与他这种由内圣而外王的理论主张形成鲜明对比的是，现实生活中的退

23　牟宗三：《心体与性体》第一册，《宋明理学之定位》。

24　陈启智：《朱子、退溪与佛道思想》，《西南民族学院学报》1998年6月第3期。

25　余英时：《中国思想传统的现代诠释》，江苏人民出版社，1998年。

26　《大学经》，见张立文《退溪全书节要》，第32页。

27　《静庵赵先生行状》，《退溪先生文集》册八，韩国学民文化社，2001年，第243页。

溪并没有集内在修养和外在事功于一体，他似乎对“内圣”要比对“外王”更感兴趣。奇大升说他“自少好学，不喜为官”[28]；柳成龙则称其弱冠之时便“雅意林壑，不求闻达”[29]。据其学生记载：“先生趣尚高洁，常有急流勇退之志，虽处荣官，非其所乐也。”[30]嘉靖二十七年，退溪做丹阳郡守，因郡地多奇胜，他经常游玩其中，萧然有出尘之趣。[31]做官不以外王为事，反而对出世更有兴趣，这让他陷入了内圣与外王的矛盾之中，同时又再一次将他拖进了排斥佛、老而又亲近佛、老的尴尬之中。

宣祖即位以后极力规劝退溪回朝为国服务，他在给退溪的书中抓住了退溪思想中的这种矛盾：一方面他盛赞退溪自盛年以来，不以爵位为荣，常以退身求道为志，实属贤者之事；同时又告诉他，圣人有言曰：隐居以求其志，行义以达其道，二者是不可偏废的。既然不可偏废，已经隐居求志矣，今怎不可行义以达其道呢？若始终以退为义，则岂合于圣贤之道？世亦何赖于贤者，贤者岂可无益于天下国家！[32]

当然，退溪屡次辞官退隐会有一种可能，即“邦无道”。《论语·泰伯》曰：“危邦不入，乱邦不居。天下有道则见，无道则隐。”隐有时也是儒者不得已的权宜之计。我们暂时还无法排除退溪身上的这种可能，因为当时确实有很长一段时间士林党祸接连不断，动辄有杀身之虞。但是，因“邦无道”而归隐田园的儒者，必会待时而出。可是，退溪的归隐却并非如此。首先，他不是出于完全的不得已。自其中年以后“圣意尤勤”，他却屡召屡辞，以至于当时的明宗有“召贤不至之叹”[33]。其次，有足够的证据表明，他确实自小即“不喜做官”。他14岁时就酷爱渊明诗，慕其为人，自从27岁“中司马试”以后便无意举业，在哥哥、母亲的劝说下，32岁时才又赴举。他自己也说由科第取利禄并非本意，而是由于家境贫寒、亲老强使为之的结果。[34]由此可以看出，退溪的归隐以“邦无道”为由是解释不通的，更合理的解释倒像是“义以方外”本非所愿，“敬养修身”才是他的追求。

28 《退溪先生年谱》卷三，贾顺先《退溪全书今注今译》册一，第241页。
29 《退溪先生年谱》卷三，贾顺先《退溪全书今注今译》册一，第205页。
30 《退溪先生年谱》卷一，贾顺先《退溪全书今注今译》册一，第31页。
31 《退溪先生年谱》卷一，贾顺先《退溪全书今注今译》册一，第48页。
32 《退溪先生年谱》卷三，贾顺先《退溪全书今注今译》册一，第243页。
33 《退溪先生年谱》卷二，贾顺先《退溪全书今注今译》册一，第106页。
34 《退溪先生年谱》卷一，贾顺先《退溪全书今注今译》册一，第35页。

中国自宋代以后，知行问题曾经引起诸学者的普遍关注，如程颐和朱熹都主张“知先行后”；王阳明则主张“知行合一”。退溪在综合前贤诸说的基础上，提出了“知行并进”的观点，认为二者之间存在着“如两轮两翼，互为先后，相为轻重”[35]的关系。从某种意义上说，退溪在《大学经》里对修身、齐家、治国、平天下的阐述和理解可以看做一种知，他在现实生活中所践履的雅意林壑、退身求道则可以看成一种行。问题在于这种真儒之知与非儒之行可谓背道而驰，渐行渐远。

那么究竟是何种原因将退溪推向了这种知行不一的矛盾呢？从以上分析中我们得知，现实环境顶多是一个重要因素，却不足以构成最根本的因素。翻开中国古代的历史我们还会发现，生活于不同时代、不同社会环境中的儒者与文人，几乎都面临过这样的矛盾和尴尬。当不同时代的学者都面临同样的问题时，归因于时代背景和社会环境的可能性就比较小了。较大的可能则是这一学说本身的不完善，也就是说，退溪思想的这一矛盾很可能属于儒家先天遗传性的问题。

我们看到，早在儒家创始人孔子那里就已经面临着仕与隐的两难境地了。一方面，孔子渴望出仕，声称：“如有用我者，吾其为东周乎！”（《论语·阳货》）事实上，儒家始终以积极入世的实践品格与佛、道思想相区别，以至于外王几乎成了儒家寻求自身定位的界石，而这一界石就是在孔子这里被埋下的。“修己以安人”“修己以安百姓”（《论语·宪问》）则代表了儒者最高的人生理想；另一方面，孔子又从内心深处羡慕归隐，“东鲁春风吾与点”与“孔颜乐处”的典故一直为后世津津乐道。

生在“礼崩乐坏”的春秋乱世中的孔子，始终以恢复周公的礼乐制度为己任。王国维在《殷周制度论》中称，周人关于礼的制度“皆周之所以纲纪天下，其旨则在纳上下于道德，而合天子诸侯卿大夫士庶民以成一道德之团体。周公制作之本意，实在于此。”孔子思想与周公一脉相承，但二者之间仍然存在着巨大的不同。《礼记·明堂位》中言：“周公践天子之位，以治天下。六年，朝诸侯于明堂，制礼作乐，颁度量，而天下大服。”从这段话中可以获知以下信息：（一）周公是站在统治者的角度“制礼作乐”；（二）周公的礼乐

35 《答李刚而问目》，《陶山全书》（二），第188页。

制度旨在约束臣民，使其各安其位，换言之，是一种驭民术，完全站在统治者的立场说话。孔子则不同，他不属于统治者阶层，他是站在“士”的角度来考虑问题的；而且，即使孔子站在统治者的立场说话，希望天子诸侯卿大夫士庶民各安其位，但由于其“士”的身份而不可能使其完全以统治者的意志为转移，除此之外他还有自己的人生目的，即实现自己的理想人格。

正是由于这种“士”的特殊角色，使孔子的思想不同于周公而呈现出自己的特色，同时也使孔子及其后学经常陷入仕隐两难、进退维谷的境地：由于孔子不属于统治者阶层，他的思想主张便不能像周公一样，而必须依靠外力才能得以推行；由于孔子并不完全代表统治者的利益，便无法保证自己的思想一定能得到统治者的外力支持；由于孔子也站在统治者的立场说话，并且继承了周公的思想，在维护社会秩序、统治臣民上能发挥积极作用，这就使得他的学说有可能被统治者接受；由于孔子站在“士”的角度考虑问题，而且对统治者的权利和行为提出了种种限制[36]，这就使得他的学说也有可能不被统治者接受；由于孔子以天下、国家为己任，这就使得他与拥有社稷的统治者有可能取得步调上的一致，从而实现自己内圣而外王的理想人格；由于孔子只是“士”而并非统治者，这就使得他与统治者间的步调不可能取得完全一致，当两者出现冲突时外王便成为泡影，只能退而求其次，固守内圣。因此，孔子在周游列国寻找为政的机会失败之后连说“归与！归与！”（《论语·公冶长》）实在是顺理成章的事情。这样说来，儒家从一开始便与统治者阶层形成了一种若即若离、忽好忽坏的关系。从统治者的角度而言，这一思想对其具有一定的利用价值，却又限制了他的权利；从儒者的角度而言，既要依附于统治者以便实现自己的理想，又想挣脱这种依附以便保持自身的人格独立。这种微妙的关系使得一代一代的儒者们前赴后继，不断地被唤起希望又相继使希望破灭，似乎在验证一种历史的轮回：当希望升起时，便推行外王以实现自己的政治理想；当希望破灭时，便会退回到内圣以保持自身独立的人格。

造成儒家思想中仕与隐相互矛盾、内圣与外王彼此分裂的还有另一个原因：理想与现实之间的距离过于遥远。相对于佛、道两家而言，儒家的实践品格最为明显。因此，从孔子一直到李退溪始终都在强调知行两兼，不可偏

36 如主张“为政以德”，提出“君使臣以礼”，要求执政者“帅以正”等。

废。这意味着儒家的思想不是空谈亦非玄想，而是要最终付诸实践。但从孔子开始，儒家的理论便理想得几近于空想，孔门高足冉求就曾感喟“非不悦子之道，力不胜也”；孔子也承认“博施于民而能济众”的目标即使尧舜都难以达到(《论语·宪问》)。继后的孟子又提出了“性善”“仁政”“王道”以及“从道不从君”“民贵君轻”“君有大过则谏，反复之而不听，则易位”等一系列观点，使其理论几乎成了一种政治童话。确如一位学者所说：“这种不从外在的制度加以规范，而要求政治人物从内在的心灵上自我改造，以致使政治终究要变成道德的方法是一种极为不易——几乎不可能——实现的、一厢情愿的空想。”[37]孔孟之后，儒学又经过了汉代董仲舒的神秘化处理和宋明理学进一步的形而上提升，其理想与现实的距离非但没有缩小反而有加大的趋势。以至于到了朱熹，竟然宣称“尧舜三王周公孔子所传之道，未尝一日得行于天地之间也”。如此高的理想，很难想象在现实生活中还能留下多少可能实现的空间。所以儒学发展到宋明理学，几乎仅剩下了内圣的一枝独秀，知而后行的践履性品格也只有在日常生活的私人空间里才得以贯彻。退溪尽可以在“士习浮薄”的社会环境中“举止有法”，严格以礼要求自己，却无力改变别人的举止，反而要在众人的嗤笑声中经受着被别人改变的考验。[38]不过话反过来说，虽然无力改变现实，却能保持一种精神上的优越感(其实，在孔子和孟子身上就已经体现出作为没落阶层的“士”的精神优越感了，从孟子的“仁者无敌”和“从道不从君”中就可一览无余)，并以此达到内心世界的平衡。这或许正是儒家思想过于理想化的原因所在，毕竟不是每个人都可以做到“见义忘利”和“存天理，灭人欲”的。

四、“诗为末枝”与“不可无诗”

同其他几个方面一样，退溪在对待诗文书画问题上也是持一种左右摇摆的态度。最为明显的例子莫过于以下两则：“诗于学者虽最非紧切，然遇景置兴，不可无诗”和“夫诗虽末枝，本于性情，有体有格，诚不可易而为之”。[39]这两段话的逻辑是如此奇怪，几乎让人无所适从。因为在我们看来，“诗最非

37　林毓生：《中国传统的创造性转化》，生活·读书·新知三联书店，1998年，第111页。

38　《退溪先生年谱》卷一，贾顺先《退溪全书今注今译》册一，第13页。

39　《答李宏仲》,《增补退溪全书》册二，卷三六(一说无“增补”二字)。

紧切”与“不可无诗”“诗为末枝”与“诗本于性情”在逻辑上恰是针锋相对、非此即彼的。前者告诉我们：诗微不足道、可有可无；后者却意味着诗不仅不可无，甚至还具有不可或缺的重要意义。凡是对退溪的“理气”“心性”“四端七情”等理论有所了解的人都知道，他的“性情说”实质上是他思想中最为核心的部分，代表着他对整个世界、整个宇宙的理解和看法。在他看来，“最非紧切”的是做诗，最紧切的是“治心”，即所谓“治心最紧，不可忽也”。但他同时又告诉我们：“诗本于性情”，“文学岂可忽哉？学文所以正心也”。[40]

也许正是本着这种奇怪的逻辑，退溪的诗学（也包括其他艺术形式）理论才呈现出了截然相反的两种面貌，分别代表着他对于诗文书画的截然相反的两种观点。

一方面，他主张“诗为末枝”：“文章圣人之余绪，而字画又文章之末也。”[41]从这一立场出发，他批评金河西中年为诗酒所坏[42]；他耳闻李珥太尚词华，便欲抑之，不令作诗[43]；他告诉人们，真正的儒者“意味自别”，从来不以诗文辞章为务，亦即所谓的“工文艺，非儒也”[44]。

另一方面，他强调“学者不可不解文章，若不解文章，虽粗知文字，未能达意于言辞”[45]。从这一立场出发，他如此答复李宏仲：“今问欲读朱书，此书固不可不读，然卷帙不少，时月之间所不能了愿。公姑且停之。须先读《诗》，至佳至佳。孔子以不为二南为墙面，韩公以不学诗书为腹空，假使公专意此学，自古安有不学诗书底理学耶？……今问读何书？是公意以读诗为不切于心学，而不欲读之，此大误也。”[46]也是从这一立场出发，他不但“喜为诗”，而且“平生用功甚多”[47]，一生总共创作了两千余首诗歌作品。为了解决古诗“可咏而不可歌”的矛盾，他还亲手创作了《陶山十二曲》和《清凉山歌》等十几首时调作品。金河西称其为“李杜文章王赵笔”[48]；郑惟通赞其“诗文之

40　赵穆：《月川日记》，《退溪全书》册四，《类编》。《与郑子精》，《退溪全书》册二。

41　《三朝御书贴跋》，《退溪先生文集》册七，韩国学民文化社2001年，第354页。

42　《李子粹语》卷四，贾顺先《退溪全书今注今译》册一，第978页。

43　《李子粹语》卷四，贾顺先《退溪全书今注今译》册一，第991页。

44　张立文：《退溪书节要》，第566页。

45　《言行录》卷五杂记，《退溪全书》册四。

46　《文录》，《言行录》卷五，《退溪全书》册四。

47　《答李宏仲》，《增补退溪全书》册二，卷三六（一说无“增补”二字）。《文录》，《言行录》卷五，《退溪全书》册四。

48　《退溪先生年谱》卷一，贾顺先《退溪全书今注今译》册一，第13页。

美，书法之妙，举世靡不师法”[49]。学生评价他：“于是时之称荐者，或以书法之精，或以文章之妙，或以恬退，或以清白。”[50]他在艺术方面的成就是如此突出，几乎成了艺术领域的领军人物。

同一个人在同一个时期对待同一种事物，为何竟会表现出截然相反的两种态度？恐怕这与宋明儒家对待诗文的态度仍有内在牵连。退溪思想来源之一的人物程颐，对待诗文的态度就相当不客气，他明确主张“作文害道”，以为文为“玩物丧志”的表现；至于诗歌虽不至于害道，但因其颇费工夫，也有妨碍正事的嫌疑，对他而言，诗只是“闲言语”，所以程颐本人从不做诗。[51]同程颐一样，朱熹也强调“学道”乃是天下第一至大至难之事，对只为了让人称赏而作好文章者嗤之以鼻。然而，与程颐的观点不尽相同的是，他并不一概否定文的价值，所谓“文从道中流出”，凡本乎道而发之为文者皆为上品。对于诗歌，朱熹同样持两面观。在他看来，诗都是人心感于物而后形于言的产物。不同之处在于：心之所感有邪有正，感之正者，其诗亦正；感之邪者，其诗必邪。[52]前者足以为教，后者则毫不足取。与程颐最大的不同在于，朱熹本人不仅读诗、评诗，也喜欢做诗，他一生之中为我们留下了千余首作品。因此我们可以推测，在对诗歌的理解上，朱熹要比程颐深刻得多，或许正是他的创作体验使他能够认识到诗歌的重要性。

至于退溪表现在诗文上的矛盾，我们或许可以这样理解：作为程、朱儒学的继承人，同程、朱二人一样，他也把“学道”作为天下第一至大至难之事，因此与道相比，诗确为末枝；但他本人丰富的创作体验又使他对于“遇景置兴，不可无诗”深有体会。建功立业的入世理想和先人“有德者必有言”的训诫使他极力抬高道的地位，反对儒者专攻文艺；雅意林壑的出世天性和个人创作的实际经验又使他对感物而动、本于性情的诗难以割舍，明白此“诚不可易而为之”。简言之，退溪这种左右摇摆的态度正是他“谨守先儒定本之说”的忠诚与对个人实际感受的尊重并存的结果。

（此文为赵玉、陈炎合作，发表于《孔子研究》2004年第6期）

49 《李子粹语》卷一，贾顺先《退溪全书今注今译》册一，第529页。

50 《退溪先生年谱》卷三，贾顺先《退溪全书今注今译》册一，第206页。

51 郭绍虞主编：《中国历代文论选》第二册，上海古籍出版社，2001年，第284–285页。

52 叶朗主编：《中国历代美学文库》（宋辽金卷下），高等教育出版社，2004第352页。

陈炎学术文集

CHENYAN XUESHU WENJI

文化哲学卷·一

策划编辑　云慧霞　　版式设计　张申申
责任编辑　云慧霞　　责任校对　杨凤玲
封面设计　张申申　　责任印制　韩　刚

图书在版编目（C I P）数据

陈炎学术文集．文化哲学卷．一/ 陈炎著．-- 北京：
高等教育出版社，2016.12
ISBN 978-7-04-045312-6

Ⅰ．①陈… Ⅱ．①陈… Ⅲ．①社会科学－文集②文化哲学－文集 Ⅳ．①C53②G02-53

中国版本图书馆CIP数据核字(2016)第109705号

出版发行　高等教育出版社
社　　址　北京市西城区德外大街4号
邮政编码　100120
印　　刷　北京汇林印务有限公司
开　　本　787mm×960mm　1/16
本册印张　28
本册字数　400千字
购书热线　010-58581118
咨询电话　400-810-0598
网　　址　http://www.hep.edu.cn
　　　　　http://www.hep.com.cn
网上订购　http://www.hepmall.com.cn
　　　　　http://www.hepmall.com
　　　　　http://www.hepmall.cn
版　　次　2016年12月第1版
印　　次　2016年12月第1次印刷
总 定 价　298.00元

本书如有缺页、倒页、脱页等质量问题，请到所购图书销售部门联系调换

版权所有　侵权必究
物 料 号　45312-001

陳來學術文集

陳來

文化哲學卷二

高等教育出版社·北京

目　录

比“新儒学”更新的儒学研究是否可能？

我不知道“新国学”一词的发明权究竟应该属于谁，不过大家对此并不在意，因为在某某学问之前加上一个“新”字，就如同在某某主义之前加上一个“后”字一样，这本是不甘寂寞的学界人物们常玩的游戏，似也用不着太费脑筋。需要费点儿脑筋的是，国学怎样才能是“新”的？因为说到底，我发现有些主张“新国学”的学者，无论是在价值取舍上，还是在方法运用上，恰恰是在自觉地向旧传统回归，这就不能不使人感到有些纳闷了。虽说近年来学术界有些浮躁，动不动就要“炒一把”，但我相信最多也只能把“冷”的炒成“热”的，总不至于把“旧”的炒成“新”的吧。以此推论，这“新”字里面必有文章。

尽管目前在“新国学”这一面宽大而驳杂的旗帜下，聚集了研究传统学术和传统文化的不同人物，然而就其学术背景而言，大约可分成两大派别：一派以光复“乾嘉学统”而自居，一派以延续“三期儒学”为己任。前者注重学术研究的求实精神，可说是现代意义上的古文经学派；后者强调学术成果的现实意义，可谓是现代意义上的今文经学派。前者在“我注六经”的传统影响下，容易做到“价值中立”，但很难实现“方法多元”；后者在“六经注我”的传统支配下，容易实现“方法多元”，但很难做到“价值中立”。然而在我看来，要使“新国学”成为可能，就必须在自觉继承“乾嘉学统”和“三期儒学”的基础上，同时扬弃古文经学和今文经学的历史局限，以实现“价值中立”和“方法多元”的真正统一。

一、在国学研究领域中的“价值中立”是否可能？

也许是受康德“批判哲学”的影响，研究西学的人大多能够将“知识”和“价值”这两个东西区分开来；然而在“知行合一”的传统影响下，研究国学的人却常常自觉或不自觉地将二者混为一谈。在正常的情况下，研究哪种文化资源并不意味着对其文化情境和文化价值的认同，这正如研究马克思的人并不一定是马克思主义者，而不研究马克思的人却未必不是马克思主义者一样，其道理并不难理解。然而，研究国学的人却习惯于摆出一副“为天地立心，为生民立命，为往圣继绝学，为万世开太平”的气概，将研究主体与研究对象一损俱损、一荣俱荣地绑在一起。这种现象在所谓“新儒学”的热潮中表现得最为明显。

从时间上看，这期儒学的复兴是在东西方文化激烈碰撞、西学思潮席卷东方的历史条件下出现的，因而它的出现本身就适应了部分学者的“本土文化情结”，有着强烈的价值倾向。正如景海峰分析的那样：“当代新儒家有着强烈的续统意识，熊十力、梁漱溟、马一浮被他们的弟子称为‘现代三圣’，便是儒家道统观念的再现，这种自诩为承续慧命的道统观和他们自视甚高而又常怀悲苦的矛盾心境是极为吻合的，徐复观提出的‘忧患意识’概念，既是他们对中国文化传统的独特体认，也是他们本身掉影孤行的最好写照。”[1]

从空间上看，“新儒学”的研究中心后来由大陆转向港台，在一些远离大陆而又被外来文化严重冲击下的环境里发展起来，这本身就满足了部分学者的“文化归属需要”，因而带有浓厚的情感色彩。正如牟宗三、徐复观、张君劢、唐君毅四人联合发表的《为中国文化敬告世界人士书》中呼吁的那样：“我们首先恳求：中国与世界人士研究中国学术文化者，须肯定中国文化之活

1　封祖盛编：《当代新儒家》，生活·读书·新知三联书店，1989年，第2页。

的生命之存在。……因为忘了这些，便不能把此过去之历史文化，当做一客观的人类之精神生命之表现。遂在研究时，没有同情，没有敬意，亦不期望此客观的精神生命之表现，能继续发展下去；更不会想到：今日还有真实存在于此历史文化大流中的有血有肉的人，正在努力使此客观的精神生命之表现，继续发展下去，因而对之亦发生一些同情和敬意。”[2]

从严格的学术意义上讲，无论是将一己的民族感情过多地投入到学术活动之中，还是用一元的价值判断来包揽研究对象之意义的做法，都可能导致研究成果的偏颇和局限。这道理，熟读并且翻译过康德《纯粹理性批判》的牟宗三并非不明白，他说：“观解理性之活动及成果都是非道德的（不是反道德，亦不是超道德）。因此，遂有‘道德中立’和‘科学之独立性’”。[3]可见，他清楚，所谓“科学之独立性”是以“道德中立”（价值中立）为前提的。但是，如果我们在面对中国文化的研究中，不是以一种冷静的、客观的、“非道德的”态度来对待，而是像牟先生等人所恳求的那样，事先就充满了“同情”与“敬意”，那么又如何能得出公允而严肃的学术结论呢？于是，“新儒家”们在这一点上便陷入了自相矛盾的尴尬境地。牟宗三曾经指出，“第三期儒学”的“文化使命”主要有三点：一是道统之肯定，即维护孔孟所开辟的人生宇宙的本源；二是政统之继续，即认识政体发展的意义，以肯定民主政治的必然性；三是学统之开出，即由民族文化生命转出“知性主体”，以融摄希腊传统，确立学术的独立性。但是，在这三点之间，独断性的“道统”本身就有着制约“政统”和“学统”的优先地位，倘若“道统”本身的价值是不容置疑的，所谓“知性主体”的独立地位又将如何体现呢？正是这种“价值之幕”（value curtain）对事实判断的扑杀，[4]使得“新儒学”未能走出“老儒学”有关“仁”与“智”的矛盾误区，而是用“仁”的价值系统来代替“智”的事实判断，用“内圣”的道德哲学来统摄“外王”的政治哲学；[5]从而陷入用先验的价值观念形态来预设后验的研究成果，而后验的研究过程又难以推导出先验之价值观念形态的尴尬局面。

或许有人认为，国学研究属于人文学科而非社会科学，它本身就必须涉

2 封祖盛编：《当代新儒家》，生活·读书·新知三联书店，1989年，第8页。

3 牟宗三：《政道与治道》，台北学生书局，1987年，第58页。

4 殷海光：《中国文化的展望》，和平出版社，1988年，第432、467页。

5 朱学勤：《老内圣开不出新外王》，《二十一世纪》1992年2月号。

及人的价值和意义等问题，而这些问题本身就是非科学的，也是不能用简单的经验认识来加以陈述的。况且，任何人都是社会存在的产物，在面对与人相关的文化问题时，都难以摆脱自己的倾向和情感，因而也就很难做到真正的“价值中立”。然而在我看来，难以摆脱自己的倾向和情感是一回事，极力“恳求”人们在研究中保持“同情”和“敬意”是另外一回事。的确，要在人文学术领域真正做到“价值中立”是很难的，可是不能因为其不容易做到，我们就不去努力了。正如科学家永远也不可能占有真理但却必须不断地追求真理一样，我们的人文学者虽然不容易做到“价值中立”但必须为此而不断努力。否则，我们很有可能会将人文学术研究变成一种意识形态的鼓动和宣传。不错，人文学科要涉及人的价值和意义等超验层面的问题，但是对待此类问题仍然应该保持研究而非信仰者的态度。制造信仰是宗教家的事，研究信仰则是人文学者的事。前者是一种意识形态的鼓动和宣传，后者则是针对这一价值系统的判断和分析。可遗憾的是，“新儒家”的民族使命感往往超出了他们的职业责任心，这就使得他们在很大程度上更接近于前者而非后者。

从研究者的角度来看，任何一种价值体系的出现都是有其社会和历史根据的，因而也就是相对的、有限的、可分析的。就拿儒家所建构的这套以“仁学”为核心的价值系统来说吧，它的出现就与中国古代以“亚细亚的生产方式”进入文明社会的历史演进形式有着密切的关联。但是信仰者们却常常要把自己所信奉的这套价值系统说成是永恒的、绝对的、不受社会历史条件制约的，因而是放之四海而皆准的。牟宗三就曾指出：“儒家这个学问，从古到今，发展了几千年，它代表了一个‘常道’——恒常不变的道理。中国人常说‘常道’，它有两层意义，一是恒常不变，这是纵贯地讲它的不变性；一是普遍于每一个人都能适应的，这是横地讲、广阔地讲它的普遍性，即说明这个道理是普遍于全人类的。”[6]这种价值观念的一味认同，使其怎么可能以一种冷静的、客观的态度来判别和分析他所要“研究”的传统文化呢？

对于真正意义的“研究”来说，保持“价值中立”，不仅是必要的，而

6　封祖盛编，《当代新儒家》，生活·读书·新知三联书店，1989年，第154页。

且是必需的。因为在事实上，任何一种文化形态甚至文化要素的意义和价值都不是纯粹客观、永恒不变的，而是与评价主体的社会环境、社会地位和功用目的密切相关的。稍加分析，我们便会发现，同一种文化现象对于不同时代、不同民族的评价者来说，其价值和意义是有很大差别的，因而是很难用“好”或“不好”这种简单的价值判断来加以概括的。进一步分析，我们还会发现，即使是同一文化形态对于同一评价主体，也会因其复杂的文化要素而呈现出多元并存的价值与意义，因而是很难用“全盘肯定”或“全盘否定”这种简单的价值判断来加以概括的。再进一步分析，我们甚至还会发现，即使是同一文化结构中的同一文化成分，对于同一评价主体来说，也会因其与整个文化体系之间的复杂关系而呈现双重或多重的价值形态，因而是很难用“精华”或“糟粕”这种简单的价值判断来加以概括的。以中国传统文化中建立在亲子血缘关系基础之上的“孝悌”观念为例，就其所衍生出来的“尊老爱幼”的行为模式而言，显然具有人道主义的合理意义；就其所衍生出来的“尊卑有序”的人格模式而言，显然又有着削弱人权平等、限制人格自由的历史局限；就其在文化意义上所派生出来的“仁”的心理结构和“礼”的社会规范而言，更是难以用“贡献”或“局限”、“财富”或“包袱”等简单的价值判断来加以概括。说它是“礼仪之邦”的文明精华，并不过分；说它是“吃人礼教”的历史糟粕，也自有道理。更为重要的是，这种同一文化要素的正反两个方面的影响是很难分开的，它们与中国文化结构之间的系统联系也是无法剥离的。说到底，一种文化一旦形成，就是一个整体的有机的生命，而那种企图将这一生命割裂开来、分解开来，然后加以“批判”或“继承”的做法，显然是过于简单、过于机械了。

以这种简单而机械的态度来研究国学，其出发点和落脚点似乎都是要对中国的传统文化作出一种终极性的价值判断或功用阐发：或全盘肯定，或全盘否定，或主张“取其精华，去其糟粕”，或倡导“批判性地继承，创造性地转换”……这样一来，研究就变成了一种主张、一种态度，而经过一百多年来的讨论与争鸣，这种主张和态度的逻辑可能性似乎已经被我们所穷尽了。因此，在新的历史条件下，要想使国学研究进入一种“新”的学术形态，问题的关键，不是要采取更新的主张、更新的态度，而恰恰是要放弃这些主张和态度，从而在“价值中立”的前提下，心平气和地对中国传统文化中的各个要素进行深入的分析、细致的梳理，并在此基础上将其整体结构呈现出来，然后再根据不同的理论模式，深入分析其各个层次、各种要素之间相互制约、相互转换、相互协调的文化功能。这种功能当然是有价值的，然而其价值却永远是相对的。

然而遗憾的是，当今某些颇有影响的国学研究者们并没有自觉地意识到，应该在学术观念上实现对前人的超越。例如，陈来在《“国学热”与传统文化研究的问题》一文中就曾指出：“十年前，冯友兰先生在《孔子研究》创刊号上写了‘一点感想’，其中说：‘五四时期谈中西文化，其重点是对中国文化的消极方面来进行批判；现在再谈中西文化，其重点是要发现中国传统文化的积极方面，有所继承。人们常说，对于古代文化要批判地继承，这是一个程序的两个方面。随着历史的发展，人们有时注重这个方面，有时注重那个方面，所以就显示出一种转化。……提到继承，就往往被怀疑为‘复古’，这种怀疑是多余的，因为这个程序还有批判的那一面管住，批判的影响是不会消失的。’在《孔子研究》创刊十年的时候，我们应当说，冯先生的话还未完全过时。”[7]然而这样一来，新的国学研究也就成了对于传统文化周而复始的重新评价或价值逆反：就其评价的角度和学者的情感而言，这种国学可能是新的；就其研究的方法和理论的层次而言，这种国学仍然是旧的。

更令人担忧的是，有些学者甚至自觉或不自觉地用“新国学”来认同于所谓“新保守主义”的文化思潮，把认识论意义上的学科建设与价值论意义上的“文化民族主义”搅在一起，将前者看成是后者的理论基础或逻辑前提，从而大谈什么“儒家文化的全球性胜利”“21世纪是中国的世纪”等。对此，汤一介在《“文化热”与“国学热”》一文中曾冷静地指出：“90年代的‘国学研究’热可能有两种走向，一是把中国传统文化放在世界文化发展的总趋势中来考察，另一种可能就是传统文化的研究离开了学术的轨道而意识形态化。”[8]这后一种研究的态度和方法自然也算不上“新”的了。

7　陈来：《“国学热”与传统文化研究的问题》，《孔子研究》1995年第2期，第5页。

8　汤一介：《“文化热”与“国学热”》，《二十一世纪》1995年10月号，第32页。

二、在国学研究领域中的"方法多元"是否可能？

或许正是由于沿袭"宋儒"传统的所谓"第三期儒学"过多地将情感和价值带入知识领域，从而使其研究的成果未免空疏、浮泛，因而其后继者虽然曾经在东亚经济持续发展的历史背景下鼓噪一时，但终于未能在学理上构成稳定的知识增长。于是，进入20世纪90年代以来，在学术和非学术原因的共同驱使下，一种"清理学术话语""重建学术规范"，直至"回到乾嘉"的口号重新出现了。

我们知道，与后来将"宋儒"视为"第二期儒学"并力求加以超越的所谓"第三期儒学"刚好相反，历史上的乾嘉学派恰恰是为了反对空谈义理的"宋学"而提倡"汉学"的。皮锡瑞在《经学历史》中曾经指出："乾隆以后，许郑之学大明，治宋学者已尠，说经皆主实证，不空谈义理，是为专门汉学。"[9]而章炳麟则将其中的治学方法归纳为六点："近世经师，皆取是为法：审名实，一也；重佐证，二也；戒妄牵，三也；守凡例，四也；断感情，五也；汰华辞，六也。"(《太炎文录初编·卷一·说林下》)从以上六点不难看出，所谓乾嘉学派所遵循的无非是一种"朴学"的考据传统。而其中的"断感情"一条，则正是为了保障研究成果之客观性而采取的"价值中立"的原则。

由于有了严谨的治学态度，乾嘉学派在文字、音韵、训诂等方面取得了远迈前贤的成就，这一点是世所公认的。然而，是否真像胡适等人所认为的那样，只有这派学术才称得上中国学说中的科学思潮呢？对此，历来有不同的看法。侯外庐指出："'四库全书总目提要'把两千年经学升降，以六字评述：两汉之学，其弊也'拘'；魏晋至唐及宋初，其弊也'杂'；宋庆历至南宋，其弊也'悍'；宋末至元，其弊也'党'；明末之弊也'肆'，而清朝之弊也'琐'。以上六字断语不皆是正确的说法，而清代汉学之'琐'则是事实。著者有概括汉学方法论的四句话，这便是：蔽于古而不知世（古指古籍，世指社会）；蔽于词而不知人（词指'由词通道'之词，人指个性）；有见于实、无见于行（实指其一部分认识方法，行指认识的证验、准绳）；有见于阙、无见于信（阙指对于过去的疑问，信指对于将来的追求）。所以，乾嘉汉学，只

9　皮锡瑞：《经学历史》，中华书局，1959年，第341页。

有读古书的一定的逻辑要素，但不能说代表科学方法，这是首先应加以了解的。”[10]应该看到，文字、音韵、训诂，确实是整理国学资料的基础和前提，然而它并不能代表国学研究的全部内容。而乾嘉学者的历史局限，就在于将考据学的方法看成国学研究的唯一方法，认为只要考证了古代的名物典章制度，就可以知古人之道，探治乱之源了。戴震云：“呜呼，经之至者，道也；所以明道者，其词也；所以成词者，未有能外小学文字者也。由文字以通乎语言，由语言以通乎古圣贤之心志。”（《戴东原集·卷十·古经解钩沉序》）这种“由词通道”的研究途径，不仅只能使经学本身陷入非历史主义的误区，而且必然会排斥国学研究中一切非考据式的方法。其结果，只能局限在语言文字的考辨之中，逐渐显露出其“琐”的弊端。

乾嘉学派的这一局限，显然与当时清朝统治者对知识分子提防、压制的文化专制主义政策有关。对此，后来的今文学家魏源曾一语拆穿了乾隆皇帝使大批知识分子“争治汉学，锢天下智慧为无用”的文化策略。当然，乾嘉学风究竟在多大程度上吸引并影响了当时的知识分子，这在学术界还有着不尽相同的看法；乾嘉学派在文字、音韵、训诂诸方面所取得的成就，也绝不能用“无用”二字来加以抹杀。但是，使相当一批有才华的知识分子陷入“皓首穷经”的考据之中，而不让他们进行更有现实意义的学术探索，这又不能不说是满清王朝日渐落后于世界历史发展的原因之一。从这一意义上讲，清朝的文化策略，虽然在维护短暂的国家利益上是成功的，但是在促进长久的社会发展上却是失败的。关于这一问题，可以作专门的探讨，这里不便展开。本文所关心的是，进入20世纪90年代以来，随着社会环境的变化和知识分子对自身作用的反思，又有人提出了“回到乾嘉”的口号，这便不能不使人生疑了。

无论是从治学态度上，还是从研究方法上讲，乾嘉学派刚好呈现出与“新儒学”完全相反的学术特征。我们知道，当代“新儒学”虽然反对“价值中立”，但并不排斥“方法多元”。这是因为，从历史的学术传统来看，“新儒学”是以“第二期儒学”亦即“宋学”为其发展前提和超越目标的，因而它更偏重于义理方面的阐释，也更容易接受今文经学派之“六经注我”的治学方

10　侯外庐等：《中国思想通史》第5卷，人民出版社，1956年，第417—418页。

式的影响。从现实的学术环境来看，大部分“新儒学”的代表人物，尤其是港台“新儒家”，都具有某种程度的西学背景，因而很容易将西学的概念、范畴乃至理论模式运用到国学的阐释中来。众所周知，熊十力的“新唯实论”不仅脱胎于中土法相宗，而且参照了柏格森的生命哲学和怀特海的过程哲学；而牟宗三用康德哲学来阐释儒家“仁学”的做法，亦是一个明显的例证。与之相反，乾嘉学派虽然坚持“价值中立”，但排斥“方法多元”。这是由于，从历史的学术传统来看，乾嘉学派恰恰是在反拨“宋学”空谈义理的基础上出现的，因而它以汉代的古文经学派为其发展的前提和超越的目标，更注重经典文本的文字研究，更容易接受“我注六经”的学术传统，从而在治学方法上也便难脱“两汉之学，其弊也‘拘’”的特点，即严谨有余，开拓不足了。从现实的学术环境来看，由于乾嘉学派是在异族统治和闭关锁国的环境下出现的，因而它既有着通过张扬学术传统来维系民族文化的危机意识，又有着无法与外部世界进行学术交流的现实可能，故而只能延续某种单一而纯粹的学术途径。

今天，在一片“寻找本土学术话语”“重建民族学术规范”的口号声中，这种传统的治学方式又被一些人抬到了垄断的地位。有的人主张，中国的学问只能用中国的方式来研究，否则就可能会陷入一种“洋泾浜”式的尴尬局面。还有人认为，人文的学术只能用人文的方法来研究，因而要清算20世纪80年代“方法热”所遗留下来的不良影响，从态度和方法上全面“回到乾嘉”。对此，汤一介曾不无忧虑地指出：“当然对中国传统文化（不仅是中国传统文化，而且应是一切学术研究）作学术上的研究应该有一些规范，例如引用别人的研究成果应该说明，引文应有出处，标点要合乎通常规则，论点要有根据，等等，这些是不言而喻的。但是一些所谓‘学术规范’却超出了一般‘学术规范’的要求，认为只有像乾嘉学派或某西方学派那样才符合学术规范。这里我无意否定乾嘉学派或任何某一西方学派所取得的‘规范模式’，而且对乾嘉学派或西方的某一有价值的学派的‘规范’我都尊重，但是要用某一家某一派‘规范’作普遍的‘学术规范’大概是不妥当的。”[11]

这种将“家法”扩大为“学术规范”的不妥之处主要表现在两个方面：首

11　汤一介：《“文化热”与“国学热”》，《二十一世纪》1995年10月号，第35页。

先，文化不仅是国家的、民族的，而且是全人类的。我们纵然可以确定一种文化的发明权，却无法限定其解释权和使用权。从理论上讲，除了情感的因素之外，我们根本不可能找到限定不同民族文化结构和学术观念相互理解和彼此阐发的合法依据；从实践上讲，正是在这种跨越国家和民族的解释和阐发上，一种文化的内涵才会不断丰富，一种文化的意义才会不断升值。其次，人文学术虽然有其自身的研究对象和历史传统，但它并没有足够的理由来排斥自然科学所能给予的启发和帮助。从理论上讲，作为人类的文明成果，人文学科与自然科学之间并不存在方法论意义上的天然鸿沟；从实践上讲，正是在这种跨越部门和学科之间的启发、渗透之中，人文学科和自然科学才能够相互促进，不断繁荣，并呈现出越来越多的学术生长点。卡尔·波普尔就曾指出："在划分（自然）科学与人文科学上费力劳神，长期以来已成为一种风气，而且已经成为一种麻烦。解决问题的方法即猜测与反驳的方法，是这两种科学都采用的。它用于恢复一篇破旧不堪的文本，也用于建立一个放射性学说。"[12]当然，我并不否认，无论是用西学的方法来治理国学，还是用自然科学的理论来从事人文学术的研究，都曾经出现过牵强附会、生搬硬套之类的失误。事实上，这类失误在任何一种新的学术尝试中都是在所难免的。但是，不能由于出现了探索中的失误，我们就因噎废食，并以此而获得维护"家法"的神圣权力。

从更为广阔的时代背景上看，应否实现"方法多元"的分歧，不仅发生在国学与西学、人文与自然之间，而且发生在古典与现代之间。在中国，处于传统与现代之间的王国维也曾面临着由西学引进而出现的"新术语爆炸"的历史局面。对此，这位国学基础极深的学者却能清醒地认识到，"新思想之输出，即新语言之输出之意味也"；因而主张："好奇者滥用之，泥古者唾弃之，二者皆非也。"（《王国维文集·第五册·静安文集》）不仅如此，他还在文本考据的基础上利用出土文物和甲金文的发现而开创了"二重证据法"，并运用叔本华的悲剧理论来进行《红楼梦》的学术研究。这一切，都已经超出了乾嘉学派的历史局限。在西方，作为"现代科学之父"的爱因斯坦更是明确地指出："经验事实（给科学家）规定的外部条件不允许他在构造概念世界

12 ［英］卡尔·波普尔：《客观知识》，舒炜光译，上海译文出版社，1987年，第196页。

时墨守一种认识论体系，因而被捆住手脚。所以，在体系的认识论者看来，他必定像一个典型的毫无顾忌的机会主义者。”[13]这种思想更是构成了对传统学术的直接挑战。

在这样一种大的学术背景下，国学要想跟上“新”的历史潮流，还能仅仅固守于“乾嘉传统”吗？

三、由国学研究的可能性回到儒学研究的可能性

对于国学研究之“价值中立”和“方法多元”的上述论证可能会带来如下两个问题：

一方面，当我们阐述了国学研究应该保持“价值中立”的观点以后，或许有人会提出这样的问题：“价值中立”的研究即使是可能的，然而它的社会功用也是值得怀疑的。由于研究者本人都已放弃了主观的价值准则和批评态度，他又如何通过这一研究来引导民众呢？

必须承认，如果我们的论辩双方都要以“引导民众”来作为学术研究的唯一目的，那么这一怀疑确实是有道理的，问题在于，我并不认为国学研究的社会功能就是要“引导民众”，我甚至并不认为国学大师们有着“引导民众”的合法权利。在这里，我不得不再一次重申康德有关“纯粹理性”与“实践理性”、科学认识与伦理实践的区别问题。

具体到国学问题上，研究的目的就是要对我们的传统文化和学术遗产进行必要的清理并揭示其潜在的结构关系。这种显在的学术材料和潜在的文化结构都是客观的，不依我们的好恶为转移的。惟其如此，它才是有学术价值的。正像伊·拉卡托斯所指出的那样：“一个理论的认识价值与它对人们的心智的影响毫无关系。信仰、虔诚、理解是人类心智的状态，但理论的客观的科学的价值与创造理论或理解理论的人类心智无关。它的科学价值只取决于这些猜测和事实上所得到的客观支持。”[14]因此，我认为，国学研究的“社会功能”只是在“认识领域”中为人们提供理解传统文化之显在面目和潜在结构的便利条件而已，至于如何利用、改造或更新这些显在的面目和潜在的

13 ［美］P. A. 希尔普编：《爱因斯坦：哲学家—科学家》，纽约，1951年，第683—684页。

14 ［英］伊·拉卡托斯：《科学研究纲领方法论》，兰征译，上海译文出版社，1986年，第2页。

结构，则不仅对于不同的行为主体有着不同的价值和意义，而且还会使他们付出不同的代价，获得不同的利益。因此，面对同样的传统文化，是全盘肯定，还是全盘否定，抑或是肯定什么、否定什么，这完全是每一个行为主体的自由权利，用不着国学大师来耳提面命，指手画脚。一句话，这已经不再是“认识领域”中的知识问题，而是“实践领域”中的行为问题了。

当然，每一个国学研究者不仅是认识主体，而且是实践主体，在面对传统文化的社会实践中，他同样有着采取实践立场和选择实践目标的权利。但是，由于这种社会实践与其个人的社会地位和现实利益有着千丝万缕的联系，因而不可能是纯客观的、超功利的，所以他也就没有理由将一己的实践态度披上认识的科学外衣对民众加以“引导”。换言之，尊重每一个实践主体的自由权利，应该成为现代人文学者的职业道德。正是在这一意义上，卡尔·波普尔才指出，是坚持价值判断的一元决定论还是保持价值判断和事实判断的二元并存论，应被看作区分封闭社会文化与开放社会文化的重要标志。

另一方面，当我们阐述了国学研究应允许“方法多元”的观点之后，另外一些人可能又会产生这样的疑虑，即“方法多元”会不会妨碍“知识的增长”，以至于导致国学研究中的无政府主义。首先，我们必须指出，学术研究中的无政府主义也许并不一定像政治生活中的无政府主义那样可怕。保罗·法伊尔阿本德就曾明确指出：“科学是一种本质上属于无政府主义的事业。理论上的无政府主义比起它的反面，即比起讲究理论上的法则和秩序来说，更符合人本主义，也更能鼓励进步。”[15]其次，我们所谓的“方法多元”，还并不等同于法伊尔阿本德的“无政府主义”，因而更不可能妨碍“知识的增长”。具体说来，我们虽然同意法伊尔阿本德在《反对方法》和《自由社会中的科学》等著作中对方法无限多元化的提倡，但并不赞成他由此而引导或暗示出的非理性主义的研究态度。在我们看来，任何研究方法都必然是理性的。所谓理性，广义地讲，就是对各种现象的发生和发展做出一种合乎逻辑的解释（合乎逻辑并不等于合乎传统）。这种解释也许会随着新材料或新现象的发现而被“证伪”，但如卡尔·波普尔所言，这种“证伪”恰恰是知识增长和学术进步的必要环节。如此说来，不仅每一种“猜想”（解释）需要理性，每一种“反

15 ［美］保罗·法伊尔阿本德：《反对方法》，周昌忠译，上海译文出版社，1992年，第1页。

驳”（证伪）也需要理性。由于有了理性的保障，人们才没有在多元方法的运用中陷入公说公有理、婆说婆有理的混乱状态。

回到儒学研究中来，我们以“儒道互补”这一传统的学术命题为例。对于这一命题，我们可以选持多种角度、运用多种方法加以研究。从哲学背景的角度来分析，它显示了人与自然、人与社会的双重联系；从两性文化的角度来分析，它显示了父系社会与母系社会的遗留问题；从符号学的角度来分析，它显示了“建构”与“解构”的辩证关系……其中每一个新角度的切入和新方法的运用，都是对这一问题提出的一种新的解释（或曰“猜想”），它们之间并不存在非此即彼的矛盾关系，而是多元并存的。当然，对于“儒道互补”这一命题的分析绝不仅仅限于上述三种角度和方法。随着研究的不断深入，人们肯定还会提出更多更新的解释，其中任何一种解释的提出都可能导致知识的增长。反过来说，随着学术的发展、研究的深入，上述已有的三种解释也可能会由于经不起新材料的支撑而被“证伪”掉，从而在此基础上出现新的更为合理的解释。事实上，正是在这种不断“猜想”、不断“反驳”、不断“解释”、不断“证伪”的过程中，人们有关儒学的知识才会得到不断的增长，人们对于传统文化的认识才会不断地深入。

通过以上分析可以看出，在当今的历史条件下，“儒学”研究要想开出一个新的局面，既不能简单地因袭今文经学派的研究法则，又不能机械地照搬古文经学派的学术规范，而应在“价值中立”的立场上学习并扩大“三期儒学”的理论视野，在“方法多元”的前提下继承并发扬乾嘉学派的科学精神。在这一意义上，本文只是一种初步的尝试。

（此文发表于《儒林》2005年第1期）

“道”与“能量”：两个与生态学有关的范畴

德国生态哲学家萨克塞说，生态哲学的根本任务就是告诉人们用广泛关联的整体观点看问题；美国学者卡罗琳·麦茜特则认为，生态学作为一门自然哲学扎根于有机论。[1]其实不论是前者还是后者，告诉我们的无非都是同一个信息：世界上没有什么东西是孤立存在的，所有的东西都彼此联系在一起，牵一发而动全身。粗略地说这就是所谓的“生态观”。20世纪的下半叶，西方学术史上最具纪念意义的事件之一就是生态学突破了原有的学科界限，成了一种被普遍接受的全新的世界观。它与西方传统的科学世界观明显不同。在传统的科学世界观看来，世界是以一群基本而独立的物质要素为基础，按照一定的规则组合起来的，因此它给予世界的最为恰当的标示物就是一架设计精良的机器；生态世界观则把世界看作一个有机整体，各部分之间既无法完全分割开来更不能独立存在，它给予世界的最恰当的标示物则是一个生命体，一个有着内在关联的生命系统。传统的科学世界观是一种静态的世界观，它以结构为导向，结构一旦设定，功能也随之被设定，就像特定结构的机器必然发挥特定的功能而且只能发挥同样的功能一样。而生态世界观是一种动态的世界观，它以过程为导向，结构与功能总是处于互动状态，特定的结构会影响功能的发挥，而功能的调整会导致结构的相应改变，就像经

1 ［美］卡罗琳·麦茜特：《自然之死》，吴国盛译，吉林人民出版社，1999年，第110页。

常用力会使胳膊变粗，而变粗的胳膊又会更加有力一样。简言之，前者的世界是组合起来的，后者的世界则是生长起来的。由于这种世界观发端于西方而且还是在20世纪60年代，把它与中国古代的道家思想联系起来似乎有点匪夷所思，不过这种貌似不合理的联系并不是我们首创的，因为许多国外学者已经开始这么做了。比如美国学者卡普拉（F.Capra）就认为，在伟大的诸传统中，“道家提供了最深刻并且最完美的生态智慧”。澳大利亚生态哲学家西尔万（R.Sylvan）和贝内特（D.Bennet）则说：“道家思想是一种生态学的取向，其中蕴含着深层的生态意识。”[2]这至少说明两者之间的确有着某些相通之处。

要坚持生态世界观、把世界看作一个不可分割的有机整体必须具备两个前提：一是世界万物必须具有同源性，即世界上存在的所有东西都来自于同一个生长点；二是必须存在一种内在驱动力，即整个世界不是靠着某种外力被组织起来的，而是依靠着自身的内部力量逐渐生长起来的，就像一个人体。我们之所以能够理直气壮地把道家思想与生态观联系起来，并非完全来自于先行者的鼓励，更为关键的因素就在于道家思想中恰恰具备了这两个前提。如果说在生态学上符合这两个前提的东西是“能量”，在道家思想中符合这两个前提的则是“道”。

“道”是道家思想的核心范畴。“夫道也者，取乎万物之所由也。”（王弼《老子指略》）这其实就是告诉我们，天下万物都源于“道”，它是丰富多彩的物质世界最初的起源和生长点。所以《老子》言：道“先天地生”“可以为天下母”（《老子》二十五章）；《庄子》则称：道“自本自根”“生天生地”（《庄子·大宗师》）。相比之下《淮南子》说得更为具体形象：“夫天之所覆，地之所载，六合所包，阴阳所呴，雨露所濡，道德所扶，此皆生一父母而阅一和也。”（《淮南子·俶真训》）除此之外，道家先人们还常常把“道”称为“天地根”、称为“谷神”、称为“玄牝之门”等。无论哪一种说法，无一不是在强调“道”的本源地位。也正是从这种“同源”的认识出发，道家才会把整个物质世界看成一个血脉相通的有机整体，即所谓“槐榆与橘柚合而为兄弟，有苗与三危通为一家”，所谓“夫天地运而相通，万物总而为一”（《淮南子·精神训》）。

2 乐爱国：《道教生态学》，社会科学文献出版社，2005年，第6、7页。

只是有一个问题似乎让人感到困扰而且实际上也确实困扰着许多人，那就是究竟应该如何理解道家的“道”。既然“道”是万物的最初生长点而缤纷多彩的物质世界都由它产生出来，那它本身是不是也是一种物呢？站在唯物主义的角度，若是不想把道家思想归为唯心主义或者神秘主义的话，那它应该也是一种物，充其量只把它看作一种较为特殊、较为抽象的物，或者直接称其为“物质”。实际上好多学者就是这么认为的。但道家的回答却非常明确：“物物者非物”，也就是说“道”不是一种物。

可是究竟何为“道”呢？按照道家的描述，它“惟恍惟惚”“无状”“无象”，而且“视之不见”“听之不闻”“搏之不得”，“迎之不见其首，随之不见其后。”（《老子》十四章）“无为无形，可传而不可受，可得而不可见。”（《庄子·大宗师》）若从这些描述来看，“道”与我们所谓的“物”的概念确实已经相差千里。衡量“物”与“非物”的一个常见的标准就是看它是否具有广延性，这里的“道”显然并不具备。虽然老子曾说过“有物混成”的话，那也是“言不尽意”的近似表达，不必拘泥于其字面上做文章；而且他也同样明确地说过，之所以称其为“物”，完全是出于一种找不到更好表达的无奈，也即所谓的“吾不知其名，强字之曰‘道’，强为之名曰‘大’。”（《老子》二十五章）好像正是为了避免后人的类似误解，道家学者还专门把“道”称为“无”。这样一来，除非有意曲解，否则已经没有混淆的余地了。

或许正因如此，“道”又常常被以过于玄妙或者不符合唯物主义为由而遭到批判和曲解，甚至被全盘否定，因为它确实也无法融入到我们关于世界本质问题的主流观念中。在唯物主义的世界观下，怎能把物质世界的本源归于一个非物质的“道”呢？除非这个世界的本质不是物质，当然这种设想肯定会遭到更多人的批判和否定。但问题有时候就是那么奇妙，一些在最初看来是不可思议、甚至是绝对无法接受的观点往往到了最后证明却是正确的。进入20世纪以后，来自物理学领域的相对论和量子理论相继发现，物质（质量）并非是不灭的，它只是能量的一种特殊的“冰冻”形式或者可见形式，它由非物质的纯能量转化而来，并且可以重新转化成其他形式的能量。

目前的科学界普遍认为，我们现在的宇宙开始于一场大爆炸，至今已有

100亿到150 亿年的历史。在大爆炸的最初始阶段，宇宙主要是由辐射能量组成，根本就没有通常意义上的物质。各种粒子和它们的反粒子，如中微子和反中微子、正电子和负电子、质子和反质子、中子和反中子（后三对粒子都有质量，所以也可合称为物质和反物质）等，不断地从光子（它没有质量）的碰撞中产生出来，又不断地成对碰撞而湮灭为光子。在这种不断产生又不断湮灭的过程中，由于物质和反物质的对称性被打破，即出现所谓的“对称破缺”，少量的物质粒子才以过剩的方式留存下来，其主要成分是质子和中子。但这样的过剩实在是微乎其微，估计每10亿个光子才有1个质子或中子，这意味着最初的物质质量仅有十亿分之一保存下来。随着时间的流逝，宇宙一直膨胀和冷却，当温度下降到大约9亿度时（据说相当于宇宙年龄的3分钟46秒），正负中微子和正负电子先后退耦，中子和质子形成稳定的核子。温度下降到大约3000度时，原子核俘获了剩下的电子，开始形成完整的原子，以物质为主的时期这才开始取代了以辐射能量为主的时期。[3]如此看来，我们的宇宙最初确实只有能量而没有物质，只是由于成对粒子的不断产生和湮灭过程出现了“对称破缺”，才有了我们现在丰富多彩的物质世界。换句话说，宇宙初期的辐射能量是物质世界最初的源头和生长点，而物质世界的千姿万态、千变万化都是能量不断运动和转化的结果。

我们传统的科学世界观认为，世界是由一些基本的物质材料组成，这是对的，因为这确实是我们日常能够接触到的世界的样子。但确切地说这种观点又不全对，只能说“这种物质观在宏观的水平上是一种有用的近似，但是在原子水平上便不再有意义。原子由粒子组成，粒子并不是由任何物质材料组成的，当我们进行观察时绝对看不到任何物质，看到的只是不停地变为另一种形式的动态方式——持续不断的能量舞蹈。”[4]从这一意义上说，能量运动才是物质世界不断发展的内在推动力。

如果用这种现代物理学的观点进行解读的话，与其说“道”是物质，毋宁说是能量。它不仅与能量一样不具有广延性，同时也与能量一样，“周行而不殆”（《老子》二十五章）、“运量万物而不匮”（《庄子・知北游》），也就是

3　童天湘、林夏水主编：《新自然观》，中共中央党校出版社，1998年，第312页。

4　［美］卡普拉：《转折点》，卫飒英、李四南译，四川科学技术出版社，1988年，第75页。

说在本质上总与活动和过程相联。而且在道家那里，它还是自然万物不断向前发展的内在驱动力，是一种生生不已的创造力量，即所谓“天道运而无所积，故万物成。”（《庄子·天道》）这与能量无疑也是一样的。说起物质世界的起源，有个名叫采赫米斯特罗的乌克兰学者根据量子理论和现代宇宙学的一些最新成就居然得出了一个与我们的道家学者一样的结论：“宇宙从无中发生！”当然他这里的“无”指的不是“道”，而是非物质形态的纯能量，但其思想内涵确乎与道家有着不谋而合的意味。

我们把“道”等同于能量，把道家思想看作一种生态观还有一个更为充分的理由，那就是“道”的循环性运动特征恰恰与生态系统（即物质世界）中的能量循环理论不谋而合。在道家思想中，“道”是以循环的方式运行的，如“反者，道之动”（《老子》四十章）；如“周行而不殆”；如“大曰逝，逝曰远，远曰反”（《老子》二十五章）；如“终则复始”（《庄子·知北游》）；如“穷则反，终则始”（《庄子·则阳》）；如“轮转而无穷”（《淮南子·兵略训》）；如“天地之道，极则反，盈则损”（《淮南子·泰族训》）；等等。一个有趣但未必巧合的现象是，物质世界或者说生态系统中的能量运动恰恰也是以循环的方式运行的。就拿我们自身来说，要想维持肌体的生存就需要不断地吸进氧气、排出二氧化碳，否则生命很快便会停止。但是，如果地球上所有的生物都以同样的方式生存，也就是说都吸入氧气、呼出二氧化碳，那么大气中的氧气很快会被耗尽，整个人类都会面临灭顶之灾。这种现象不难理解，只要想想物理学界曾经为之恐慌一时的“热寂”就行了。但是大自然有着自我发展的辩证运动法则，我们之所以至今还能依然生存在这个世界上，是因为生态系统能够让能量循环起来，具体办法是让一部分生物也即植物用另一种方式生存，那就是通过光合作用，吸收二氧化碳而放出氧。这样便在动物、植物之间建立起了一个氧气与二氧化碳的循环系统。从这一意义上说，大自然远比我们人类聪明，我们目前面临的资源耗竭的恐慌与环境污染的困扰，究其原因就在于人类忽略了生态系统中能量循环运动的道理。我们一方面毫无节制地开发对人类有用的有限资源，另一方面却很少考虑如何去回收和利用废旧物资，从而导致了能量的单向度流动。只要看一看漫天飞舞的、难以被自然吸收的五颜六色的塑料袋，就能明白直到目前为止人们的生态意识是如何淡薄。可是我们的道家先哲们早在两千年前就已经告诉我们“反者，道之动”的道理。

当然，生态系统中的能量循环不可能都像氧气与二氧化碳的循环这样简单，但就实质而言是一样的。比如我们常见的食物链：食草动物吃植物，食肉动物吃食草动物，捕食的食肉动物吃被捕食的食肉动物，如此等等，直至在这种链条末端的食肉动物不再被任何动物捕杀，能量循环似乎走进了死胡同，但不要忘了它会自然死亡。死亡之后它的身体会被各种动物、微生物和细菌分解为基本的元素和分子，然后又会被植物吸收从而进入下一轮的循环。其实同样的道理早在《庄子》中就有记载：“万物皆种也，以不同形相禅，始卒若环，莫得其伦，是谓天均。”（《庄子·寓言》）若用我们现在的语言来说就是：世界上所有的物种都可归为一定的种类，不同种类的物种之间首尾相接，构成完整的循环系统，从而使能量得以在不同物种间均衡流动。这分明是在给我们讲授生态学知识！不过这还不是全部，《列子·天瑞》中也有一段关于不同物种相依相存、循环相生的论述：“种有几：若鼃为鹑，得水为㡭，得水土之际，则为鼃蠙之衣。生于陵屯，则为陵舄。陵舄得郁栖，则为乌足。乌足之根为蛴螬，其叶为胡蝶。胡蝶胥也，化而为虫，生灶下，其状若脱，其名曰鸲掇。鸲掇千日化而为鸟，其名曰乾余骨。乾余骨之沫为斯弥。斯弥为食醯颐辂。食醯颐辂生乎食醯黄軦，食醯黄軦生乎九猷。九猷生乎瞀芮，瞀芮生乎腐蠸，羊肝化为地皋，马血之为转邻也，人血之为野火也。鹞之为鹯，鹯之为布谷，布谷久复为鹞也。燕之为蛤也，田鼠之为鹑也，朽瓜之为鱼也，老韭之为苋也，老羭之为猨也，鱼卵之为虫。亶爰之兽自，孕而生，曰类。河泽之鸟，视而生，曰鶂。纯雌其名大腰，纯雄其名稚蜂。思士不妻而感，思女不夫而孕。后稷生乎巨迹，伊尹生乎空桑。厥昭生乎湿，醯鸡生乎酒。羊奚比乎不荀。久竹生青宁，青宁生程，程生马，马生人。人久入于机。万物皆出于机，皆入于机。”文中所提到的各种生物是否当真存在，我们大可不必追求，但这段文字讲述的道理却正与如今的生态学理论如出一辙。而且这段文字的出现显然也不是偶然的，因为几乎差不多完全一样的话语也出现在了另一部道家著作《庄子》的《至乐》篇中。这一切的一切绝非偶然，尽管古代的道家学者并不懂得什么是“生态学”，但生态学所涉及的一些关于大自然的根本性的原理问题，他们显然也已敏感地意识到了，只是这种意识还不像今天的生态学家考虑得那么清晰和严谨罢了。

相比之下，西方传统的科学世界观一直以来致力于寻找世界的基本物质要素，以及将这些要素组织起来的基本结构。受其影响，西方传统哲学努力回答的问题主要有两个：一是“世界的本质是什么”，二是“世界是怎么构成的”。而与此不同的是，我们的道家先哲们则更愿意将精力花费在另外两个问题的求索上：一是“这个世界是怎么来的”，二是“这个世界是如何运转的”。因此，与西方哲学总把Being（是或存在）或者Substance（实体）作为思考的核心不同，道家最钟情、最倾心的一个字是“生”，所谓“道生一，一生二，二生三，三生万物”；所谓“天下万物生于有，有生于无”；所谓“生天生地”……我们从“谷神”“玄牝之门”以及“天下母”等关于“道”的称谓上也不难发现道家对“生”字的重视。从这一意义上来说，我们的道家哲学从一开始便是一种有机整体论哲学，带有明显的进化论色彩。我们知道，达尔文曾被著名生物学家斯贝尔丁称为“生态学命名以前的伟大倡导者”，而其“进化论”的诞生却要比上述道家的论点晚了两千多年。更有趣的是，生态学家们颇为热衷的关于世界不断向前发展的“系统进化树”的形象比喻，在成书于秦汉时期的《淮南子》里居然也能够找到，且其精彩程度毫不逊色：“夫道有经纪条贯，得一之道，连千枝万叶。”“今夫万物之疏跃枝举，百事之茎叶条蘖，皆本于一根，而条循千万也。”（《淮南子·俶真训》）难怪那位对中国文化颇为精通的西方学者李约瑟曾经断言“中国的自然观是一种有机自然观”呢！

当然了，我们在这里论述道家之“道”与生态学之“能量”的相似之处，只是在思维方式的层面上进行的。毫无疑问，如果从实证科学的层面上看，二者之间则相去不可以道里计。

（此文为陈炎、赵玉合作，发表于《中国文化研究》2005年冬之卷）

儒家的生态观与审美观

儒家的核心范畴是一个“仁”字，所谓“仁者，仁也，从人从二”（许慎《说文解字》）。也就是说，儒学的本质是一种伦理学，所要探讨的是人与人之间的关系。那么什么是“仁”呢？子曰：“仁者，爱人。”在他看来，人与人之间的正常关系应该是一种“爱”的关系。但是，在先秦诸子中，孔子的“仁爱”不同于墨子的“兼爱”：首先，这种爱来源于父子、兄弟之间的血缘关系，是一种世俗的情感；其次，这种爱会随着血缘关系的远近而有所不同，是一种爱有差等的情感。所以才说：“孝弟也者，其为仁之本与？”（《论语·学而》）我们知道，在古代社会里，父子曰孝，兄弟曰悌，而父子、兄弟之间有着紧密的血缘关系，正是这种关系使爱成为可能。孟子说：“人之所不学而能者，其良能也；所不虑而知者，其良知也。孩提之童，无不知爱其亲者；及其长也，无不知敬其兄也。亲亲，仁也；敬长，义也。无他，达于天下也。”（《孟子·尽心上》）也就是说，这种源于亲伦血缘的原始情感是人的一种天性、本能。所以孟子才讲：“仁之实，事亲是也。”（《孟子·离娄上》）这种事亲之爱是交互的，但不是等值的。父亲爱儿子，儿子也爱父亲，但爱的方式不同，这叫作“父慈子孝”；哥哥爱弟弟，弟弟也爱哥哥，但爱的方式也不同，这叫作“兄友弟恭”……这种特定的爱既不能颠倒成“父孝子慈”“兄恭弟友”；也不能更换为“父友子恭”“兄慈弟孝”。否则，将无法维持人与人之间的“仁爱”关系。

但是，如果儒家的思想仅仅局限在父子、兄弟之间的血缘情感，便不可能成为一种具有普遍意义的社会伦理，更不可能具有一种潜在的生态观念。它的意义，显然是要从这种最为原始、最为亲密的血缘关系生发开来、推广下去，以形成一种由我及人、由人及物的“宗族—国家—万物”一体化的“泛血缘”“拟血缘”的伦理价值体系。

所谓“宗族”，是以共同的祖宗为供奉对象的社会群体，他们之间显然具有直接或间接的血缘关系。而在儒家伦理之中，这种血缘关系的远近，也便决定了人际情感的亲疏。其最为集中的表现，即是承载“仁”之内容的“礼”的形式。我们知道，在中国古代的民间社会里，“礼”之大者，莫过于葬。而以“五服”为特征的丧葬制度，也最能体现儒家的伦理道德观念。所谓“五服”，系吊唁者根据与死者的血缘和姻亲关系而穿着的斩衰、斋衰、大功、小功、缌麻五种丧服。关系越近，情感越深，丧服越重。一般说来，五服之内的人不仅一起祭奠死者，而且共同祭拜祖先。同祭奠死者一样，在祭拜祖先时，人们也因与祭拜对象亲疏远近的不同而占据不同的地位，穿着不同的衣服。这种颇具意识形态色彩的丧葬和祭祀活动，既要产生一种宗族内部的凝聚力，又要显示一种宗族内部的等级制。而这种“爱有差等”“礼有亲疏”的辩证统一，则正是儒家“仁学”思想的关键所在。

所谓“国家”，是以共同的政权体制为服从对象的社会群体。在上古以分封制为基本形式的王权时代，同一政权体制内部的权力阶层往往具有直接或间接的血缘关系。天子把国家的土地分封给自己的儿子们，是为诸侯国；诸侯再把自己的土地分给自己的儿子们，是为采邑……当然了，在夺取政权和巩固政权的过程中，那些立下汗马功劳的外姓臣子和地方割据势力也需要分得必要的权利。于是，皇帝们便常常在亲王之外分封一些外姓王侯，并将地方的割据势力纳入自己的权力系统。显然，这个被改造和扩容后的权力阶层已经在很大程度上超出了单纯的血缘关系，而皇室宗亲为了强化自己的权力纽带，又往往采取赐姓、联姻等方式与功勋阶层和地方势力结下必要的裙带关系。尽管如此，要在如此之大的国家疆域中保持原始的家族血缘关系显然是不够的。因此，“国”不仅是放大了的“家”，而且是一个有“王”居住的封闭的疆域。作为这个“血缘”+“地域”=“国家”的政治联盟的神圣主宰，皇帝居住的宫殿一般都建有两个具备意识形态功能的建筑，叫作左宗庙而右社稷。毫无疑问，宗庙是用来祭祀皇帝家族之列祖列宗的，它具有鲜明的血缘性质。而“社”为土神，“稷”为谷神，社稷所祭祀的对象显然不具备血缘属性而具有地域性质。由于中国古代没有印度婆罗门教之类的种姓通婚限制，因而地域越是接近的人群，其通婚的可能性就越大。所以从宽泛的意义上讲，“地域”与“血缘”之间，也有着潜在的必然联系。也正是从这个意义上讲，儒家学者才可能从“泛血缘”的立场出发，主张“四海之内，皆兄弟”（《论语·颜渊》），“老吾老，以及人之老；幼吾幼，以及人之幼。”（《孟子·梁惠王上》），从而将“父父，子子”的血缘情感扩大为“君君，臣臣”的社会伦理，将“迩之事父”的“孝”扩大为“远之事君”的“忠”，将“修身、齐家”的生活伦理扩大为“治国、平天下”的政治抱负，并以此而成为巩固封建宗法制度的社会意识形态。

如果说“宗族”建立在血缘关系的基础上，“国家”建立在泛血缘关系的基础上，那么“万物”则建立在拟血缘关系的基础上。所谓“万物”，既包括有血缘关系的族人，也包括没有血缘关系的他人；既包括和我们相同的人物，也包括和我们相异的动物；既包括有生命的物种，也包括无生命的自然。用现在的话来说，这个“万物”不是别的，就是人所得以存在的生态系统。正像“泛血缘”的人际关系是从父子、兄弟的人伦情感中推演出来的一样，“拟血缘”的人、物关系也是从“落井孺子”的人际关系中推演出来的。“是故见孺子之入井，而必有怵惕恻隐之心焉，是其仁之与孺子而为一体也；孺子犹同类者也，见鸟兽之哀鸣觳觫，而必有不忍之心焉，是其仁之与鸟兽而为一体也；鸟兽犹有知觉者也，见草木之摧折而必有悯恤之心焉，是其仁之与草木而为一体也；草木犹有生者也见瓦石之毁坏而必有顾惜之心焉，是其仁之与瓦石而为一体也。”（《王阳明全集》卷二十六《大学问》）从这种由我及人、由人及物的立场出发，儒家学者认为，尽管我们与鸟兽鱼虫、松竹梅兰之间没有真正意义上的血缘关系，但我们仍然可以施之以仁爱之心。这便是“亲亲而仁民，仁民而爱物”(《孟子·尽心上》)的理论推演。程颢说：“仁者，以天地万物为一体，莫非己也”（《二程集》）；王阳明也称“夫人者，天地之心。天地万物，本吾一体者也”（《王阳明全集》），这便是“厚德载物”的理论根据。

从现代科学的角度上看，儒家的这套“血缘”“泛血缘”“拟血缘”的理论推演并非没有道理。遗传学已经可以根据基因之间的近似程度而对亲子之间的血缘关系做出相当准确的判断。从这一意义上讲，血缘关系越近的人，其基因之间的相似程度也就越高。而从基因组合的角度上看，人类与其他物种之间也并非有着天壤之别。例如，人类与老鼠的基因数目大约都是3万个，其中只有约300个是各自所独有的。人类23对染色体上的29亿个碱基对与老鼠20对染色体上的约25亿个碱基对相当接近，脱氧核糖核酸（DNA）链上基因与基因之间的“空白”片断也非常相似。谁也没有料到，我们这些万物之灵长的人类与无名鼠辈竟然共同享有着80%的遗传物质和99%的基因！然而，基因组合的异同程度难道真的能够成为生态观念的物质前提吗?

道金斯在其风靡西方的著作《自私的基因》一书中指出，自从有了生物界，大自然在其千百万年的进化中便隐含着一种神秘的动力：复制基因。在这一动力的支配下，无论是卑下的动植物还是高尚的人类，都力图通过繁衍的手段将自己的基因复制下来，传承下去。这一动力如此深刻，以至于很多貌似人类文明的伦理行为背后都有着同一种“不可告人的秘密”。如果我们拿道金斯的学说来衡量儒学的话，上述“血缘”“泛血缘”“拟血缘”的理论推演也同样隐含着复制及保存基因的秘密，因而是符合“自然规律”的。

根据“血缘”“泛血缘”“拟血缘”的理论推演，儒家学者将人的社会伦理观念和自然生态观念建构在“宗族—国家—万物”三位一体的同心圆之中。这里的圆心是自我，而自我施之于对象的情感，则要根据对象距离自我血缘的远近（基因的相似程度）而定。在宗族范围内，“父慈子孝”“兄友弟恭”之所以不能变作“父友子恭”“兄慈弟孝”，就是因为不能弄错了人、我之间的血缘关系。在国家范围内，“博施于民而能济众”（《论语·雍也》）之所以不能改变“华夷之别”，就是因为不能弄乱了敌、我之间的亲疏关系；在万物范围内，“民胞物与”之所以不能改变“人定胜天”的努力，就是因为不能弄混了人、物之间远近关系。

孟子曰：“夫物之不齐，物之情也。或相倍蓰，或相什百，或相千万。”（《孟子·滕文公上》）那么对不齐之物施以不等之爱便在情理之中了：“君子之于物也，爱之而弗仁；于民也，仁之而弗亲。”（《孟子·尽心上》）对这段颇为费解的言论，赵岐做了这样的分析：“亲即是仁，而仁不尽于亲。仁之在族类者为亲，其普施于民者，通谓之仁而已。仁之言人也，称仁以别于物；亲之言亲也，称亲以别于疏。”焦循则注曰：“物，谓凡物可以养人者也。当爱育之，而不如人仁，若牺牲不得不杀也”“临民以非己族类，故不得与亲同也。”（焦循《孟子正义》）这就是说，当对待不同的对象时，亲、仁、爱的含量自有不同的差别。对于人和物都应有爱，但为了养人可以杀物，反之则不可。“惟是道理自有厚薄。比如身是一体，把手足捍头目，岂是偏要薄手足？其道理合如此。禽兽与草木同是爱的，把草木去养禽兽，又忍得？人与禽兽同是爱的，宰禽兽以养亲，与供祭祀燕宾客，心又忍得？至亲与路人同是爱的，如箪食豆羹，得则生，不得则死，不能两全，宁就至亲，不救路人，心又忍得？这是道理合该如此。”（《王阳明全集》）

如此说来，儒家的这套融人伦与自然于一体的生态观念，就像一块石头投入水中而引起层层涟漪一样，由宗亲到国人，由华夏到夷狄，由动物到植物，直至波及无机物。越是接近圆心的部分，波纹越高，爱的能量也就越大；越是远离圆心的部分，波纹越小，爱的能量也就越小。显然，这里的“圆心”不是别的，正是每一个行为主体；这里的“波纹”也不是别的，正是每一层血缘、泛血缘、拟血缘的关系。当然了，从理论上讲，儒家这种由内向外、推己及人的爱是没有止境的。但是，正像波的延伸距离有限一样，人的爱能也不是无限的。于是，在渐行渐远的扩散之中，水的波纹总会消失，人的爱意也总会消散的。从积极的方面说，儒家的生态观有着实用性、灵活性、全面性的特点。从消极的方面说，这套生态观又有着功利主义和机会主义的特点。

在人与自然的生态关系中，我们常常面临着两难的选择。一方面，尽管有关“人类中心主义”的诘难不绝于耳；但在另一方面，人类又不可能不首先为自身的存在和发展而制定行为准则。正像有人所指出的那样，人类对环境的尊重和保护，说到底也还是出于对自身安全和发展的需要。一方面，有关“热爱自然，珍惜资源”的口号随处可见；但在另一方面，人类的生存和发展又恰恰是以征服自然、消耗资源为前提的。说到底，人与自然环境之间的生态矛盾并不是由于某些幼稚的观念和古怪的想法造成的，也不是喊两句空洞的口号就可以克服的，而是客观的、深刻的，甚至可以说是命中注定的。今天，不少学者热衷于宣扬道家的生态哲学、佛家的自然观念，仿佛他们的思想可以轻而易举地实现人与自然的和谐美满一样，然而实际的情况远非如此简单。如果我们真的像道家学者所宣扬的那样，只是顺应自然，不去改造自然，那么我们的人类根本也不会发展到今天，而是早被自然界的其他物种所征服了。即使我们可以像佛门弟子所坚持的那样，不杀生，只吃素，那么我们也不可能不吃不喝，对同样具有生命的植物不加破坏，否则的话，我们自己的生命也将难以为继了。因此，从某种意义上讲，道家学者和佛门弟子的主张虽然高妙，却有其不切实际的空想成分。相比之下，儒家的这套理论便显得相对灵活并切实可行了。从血缘—泛血缘—拟血缘的关系出发，一方面，儒家学者首先肯定族类生命的优先地位，而将自然环境置于服务人类的附属地位，并从中焕发出“人定胜天”的能动性和创造性；另一方面，儒家学者又不将人与自然的对立绝对化、固定化，而是将宗族、国家、人类、万物之间看成是可以沟通并富于联系的整体，并从中引发出“民胞物与”的博大胸怀。在过去的一段时间里，为了迅速进入工业时代，我们曾只承认“人定胜天”的进步意义，而忽视了“民胞物与”的积极影响。最近一段时间，为了克服工业社会所带来的消极影响，学术界又来了一个一百八十度的大转弯，只承认“民胞物与”的积极影响，而否认“人定胜天”的进步意义。其实，这种非此即彼的观点是幼稚的，是不符合人类历史发展规律的。事实上，这两个貌似对立的生态理念都是由儒家学者所提出的，其二者相反相成、相互制约，共同构成了人与自然之间必要的张力。

如果说，儒家生态观的优点是灵活、实用；那么，儒家生态观的缺点则是太灵活、太实用。在这套血缘—泛血缘—拟血缘的生态系统中，如何处理宗族、国家、人类、万物之间的关系，并没有一种刚性的约定和严肃的法规，于是“量”的差异便会导致“质”的变化。由于缺乏道家学者那种对自然界的原始亲和力，儒家信徒在维护自身利益和宗族权利的时候，常常对自然界进行过分的索取，甚至对宗族集团之外的同类也进行残酷斗争、无情打击，以得出“非我族类，其心必异”之类的结论；由于缺乏佛教信徒那种对自身行为的严格约束力，儒家学者在维护自身利益和族类权利的时候，对自然界常常缺乏足够的敬畏之心，只是采取一种“君子远庖厨”之类的文明姿态，并不认真限制自己的私心和贪欲。这样一来，“人定胜天”的努力往往会超出“民胞物与”的制约，从而导致生态关系的失衡。“厩焚。子退朝，曰：‘伤人乎？’不问马。”（《论语·乡党》）“子贡欲去告朔之饩羊。子曰：‘赐也！尔爱其羊，我爱其礼。’”（《论语·八佾》）这里的马和羊只不过是人类的财产而已，它们的生命在儒家学者的眼里并没有独立的价值和意义。

当然了，儒家学者似乎也认识到了问题的严重性，于是在“我”与“人”、“人”与“物”之间主张采取一种中庸调和的方法。孔子云：“中庸之为德也，其至矣乎！”（《论语·雍也》）朱熹《四书章句集注》解释说：“中者，不偏不倚，无过无不及之名。庸，平常也。”于是，以不偏不倚、无过无不及的平常心态对待自然，便成为儒家学者的合理观念。所以，在对待人与自然消费与被消费的关系上，儒家既不像道家那样主张“无欲”，也不像佛家那样主张“禁欲”，而是主张适度消费的“节欲”。在原始儒学看来：“食色，性也。”（《孟子·告子上》）既然如此，那种刻意消弭人之本性的“无欲”追求是不现实的，那种刻意压抑人之本性的“禁欲”努力是不必要的。但是反过来说，如果我们刻意追求和张扬这种原始的本性，以至于达到了践踏自然、违背礼法的“纵欲”状态，也同样是对原有本性的扭曲和戕害。所以，孟子才主张说：“男女授受不亲，礼也！”（《孟子·离娄上》）所以，孔子才夸奖道：“一箪食，一瓢饮，在陋巷，人不堪其忧，回也不改其乐。贤哉，回也！”（《论语·雍也》）从人与社会的关系上看，这种适度的“节欲”可以减少人对礼法的破坏；从人与自然的关系上看，这种适度的“节欲”可以减少人对环境的破坏。我们知道，原始的儒家是以“相礼”而起家的，但孔子不赞成繁文缛礼：“礼，与其奢也，宁俭”。(《论语·八佾》) 这是因为，过于奢华的礼仪会导致资源的浪费。我们知道，在所有的礼仪之中，儒家最讲究的是葬礼，但孔子坚持认为葬礼的精神内容重于葬礼的物质形式：“丧，与其易也，宁戚”。(《论语·八佾》) 这是因为，过分的“仪文周到”(易) 会导致时间的浪费。后世儒家不明就里，只知道一味地强调繁文缛礼，以至于到了“厚葬靡财而贫民，(久) 服伤生而害事”(《淮南子·要略》) 的地步，因而没有把握住“中庸之道”的关键。“君子之中庸也，君子而时中；小人之中庸也，小人而无忌惮也。”(《中庸》第二章) 无论是肆无忌惮的饕餮之举，还是毫无节制的礼乐活动，都是对“中庸之道”的偏离。而从生态文明的角度上看，“致中和，天地位焉，万物育焉”(《中庸》第一章) 的“中庸哲学观”与“唯天下至诚为能尽其性。能尽其性则能尽人之性，能尽人之性则能尽物之性，能尽物之性则可以赞天地之化育，可以赞天地之化育则可以与天地参矣”(《中庸》第二十六章) 的“性与天道观”是相为表里的。所有这一切，都可以看成是儒家生态观念的核心所在。

总之，儒家的生态思想正是在这种贵人而不任人、用物而不弃物的两极之间形成的：过分强调人的中心地位便会超出生态观本身的范围；过分突出物的地位便会与道家趋同而失去自己的品格。这表现在具体的生态实践中便主要呈现出以下两个突出特点：一是“代天而理物”，强调人在利用自然为自身的生存和发展服务时，应该在尊重自然而不是违背自然的基础上去引导和调整自然。如《易传》主张“财(裁) 成天地之道，辅相天地之宜”(《易传·象》)，“范围天地之化而不过，曲成万物而不遗”(《易传·系辞》)；《中庸》主张“赞天地之化育，以与天地参”(《中庸》第二十二章)；荀子要求顺天而制，“应时而使之”，“理物而勿失之”(《荀子·天论》)；张载则主张“代天而理物，曲成而不害其直”(《正蒙·至当》)。二是“取物守时而有节”，即从可持续发展的角度出发，主张在改造自然的时候要遵循自然的规律，防止不加节制地粗暴索取。孟子倡导：“不违农时，谷不可胜食也。数罟(细网) 不入洿池，鱼鳖不可胜食也。斧斤以时入山林，材木不可胜用也。谷与鱼鳖不可胜食，材木不可胜用，是使民养生丧死无憾也。”(《孟子·梁惠王上》) 荀子提出：“草木荣华滋硕之时则斧斤不入山林，不夭其生，不绝其长也；鼋鼍、鱼鳖、鳅鳣孕别之时，罔罟毒药不入泽，不夭其生，不绝其长也；春耕、夏耘、秋收、冬藏四者不失时，故五谷不绝而百姓有余食也；汙池、渊沼、川泽谨其时禁，故鱼鳖优多而百姓有余用也。斩伐养长不失其时，故山林不童而百姓有余材也。”（《荀子·王制》）这就好比是在不触动本金的情况下从自然银行中提取利息一样，既能保证生态环境不被破坏，又能满足人的生活需求。

儒家的生态观念是其人与自然、人与社会思想的具体表现，儒家的美学观念也是其人与自然、人与社会思想的具体表现。与这种生态观念相对应，儒家的审美观念显然有着重社会美、轻自然美的特点。《论语》中谈到“美”的次数只有14次，其中7次作“好，好的”讲，3次作“美好的事物”讲，4次作“漂亮、美丽”讲（杨伯峻《论语译注》）。带有界定性语气的有两句，一句子是孔子说的：“里仁为美，择不处仁，焉得知”。（《论语·里仁》）另一句是子由说的：“礼之用，和为贵。先王之道，斯为美。”（《论语·学而》）前者与“仁”有关，后者与“礼”有关。而根据我们的理解，“仁”是宗法血缘关系的精神内容，“礼”是宗法血缘关系的表现形式，它们显然都属于社会范畴而非自然领域。可见在孔子等人那里，“美”和“善”之间并没有严格的界限。

在儒家学者看来，“善”产生于人与人之间的伦理情感，“美”则是这种情感的适度表达。如果这二者之间得到了很好的结合，就会达到“子谓《韶》：‘尽美矣，又尽善也。’”（《论语·八佾》）的境界；如果后者的表达失去了前者的基础，就会出现“谓《武》：‘尽美矣，未尽善也’”（《论语·八佾》）的现象；如果后者的表达颠覆了前者的内容，就会出现“八佾舞于庭，是可忍也，孰不可忍也！”（《论语·八佾》）的情况……如此说来，“善”是“美”的源泉，“美”是“善”的表征；“善”具有核心的价值，“美”只有从属的地位。“诗可以兴，可以观，可以群，可以怨”（《论语·阳货》）也好，“兴于《诗》，立于礼，成于乐”（《论语·泰伯》）也罢，“《诗》三百，一言以蔽之，曰：‘思无邪’”（《论语·为政》）也好，“恶紫之夺朱也，恶郑声之乱雅乐也，恶利口之覆邦家者”（《论语·阳货》）也罢，儒家的一切艺术标准和审美实践都是按照这套伦理优先的原则进行的。

问题在于，按照这套伦理优先的原则，儒家学者又怎样解释自然美的存在呢？这便是所谓“君子比德”的思想。孔子最早提出“知者乐水，仁者乐山”（《论语·雍也》）的主张，认为不同性格类型与道德素养的人对自然有着不同的爱好。这种将道德内涵与自然形态相比附的思想在《荀子》一书中得到了进一步的阐发，形成了“比德”一说：“夫玉者，君子比德焉。温润而泽，仁也；栗而理，知也；坚刚而不屈，义也；廉而不刿，行也；折而不桡，勇也；瑕适并见，情也；扣之，其声清扬而远闻，其止辍然，辞也。故虽有珉之雕雕，不若玉之章章。”（《荀子·法行》）由于时间的久远，我们无法确知这段文字是出自孔子言论的真实流传，还是荀子伪托所致，但它确乎符合了儒家思想的内在逻辑。因为按照儒家的“仁学”思想和“美善统一”的原则，如果不通过此类“比附”的手法便不可能找到自然美的存在依据。正如在生态观念中，人与自然的关系是由人与人的血缘关系“泛化”“拟化”而来的一样；在审美观念中，人与自然的关系也只能由人与人的伦理关系“泛化”“拟化”所致。

不仅对自然美的解释如此，对于音乐等相对抽象并富有形式色彩的艺术美，儒家学者也常常采取牵强附会的比附手法。《乐记·乐本篇》曰：“宫为君，商为臣，角为民，徵为事，羽为物。五者不乱，则无怗懘之音矣。宫乱则荒，其君骄；商乱则陂，其官坏；角乱则忧，其民怨；徵乱则哀，其事勤；羽乱则危，其财匮。五者皆乱，迭相陵，谓之慢。如此，则国之灭亡无日矣。”《史记·乐书》曰：“音乐者，所以动荡血脉，通流精神而和正心也。故宫动脾而和正圣，商动肺而和正义，角动肝而和正仁，徵动心而和正礼，羽动肾而和正智。”如此说来，自然界的音响在艺术家的操控之中便成为社会等级与人格精神的象征了。

从伦理中心主义的立场出发，儒家学者不仅习惯于将自然现象和艺术形式的审美价值统统归结于道德，而且无视人类自然情感的独立价值。因此，在对性爱作品的评价中，儒家学者常常采取“微言大义”式的解读方法，竭力捕捉和发现艺术文本中的道德内容，以至于出现了将《关雎》读解成“喻后妃之具有美德”、将《蒹葭》读解成“刺襄公之未能用周礼”的现象（《毛诗序》）。正如在生态观念上否认自然本身的独立价值一样，儒家在审美观念上也否认自然美（包括自然形式和自然情感）的独立属性。

我们知道，人与自然的关系一向是美学研究的难点和要点所在。换言之，回答大自然何以使我们感动、自然现象何以让我们产生一种美的享受要比回答人类行为何以使我们感动、艺术作品何以是我们产生一种美的享受等问题更为困难。“目的论”者将自然看成是为人类服务的附属存在，“进化论”者将自然看成是人类进化的史前阶段，“实践论”者将自然看成是“人的本质力量的对象化”的历史成果。而以儒家为代表的“道德论”者，则千方百计地将自然看成是人类伦理道德的化身，不如此，便不足以说明自然的美学价值。当然了，这种理论也同样具有两面性：其优点是有助于防止形式主义的美学倾向，但其缺点是容易导致功利主义的美学倾向。

正像儒家在生态观念上讲究中庸一样，儒家在审美观念上也讲究适度。生态观念上的中庸旨在维护人与自然之间的平衡，审美观念上的适度旨在实现理智与情感之间的和谐。说到底，理智是服从社会法则的思考与判断，情感是主观情绪的自然流露，因而理智与情感之间的和谐也还是人与自然之间的平衡。“喜怒哀乐之未发谓之中，发而皆中节谓之和。中也者，天下之大本也；和也者，天下之达道也。”（《中庸》第一章）孔子主张“乐而不淫，哀而不伤”（《论语·八佾》），认为乐而生淫、哀而伤身都是不好的，即所谓“过犹不及”（《论语·先进》）。人们欣赏社会美、自然美、艺术美的最终目的，既不是为了僵化人类的社会理智，也不是为了放纵个体的原始情感，而是要在这二者之间达成一种妥协，使原始的情感在自然的流露中自觉地被纳入社会伦理的轨道，已达到“诗教”“乐教”的目的。因此，正像儒家在人与自然的生态平衡中将重点放在人的立场上一样，儒家在理智与情感的审美平衡中将重点放在理智的立场上。正像一枚铜币的两面花纹一样，人与自然的和谐、理智与感情的和谐共同实现着“天人合一”的宇宙观念，而儒家所倡导的“天人合一”，其要点显然不在“天”（自然）而在“人”（社会），这便是儒家的生态观与审美观通通统一于“仁学”思想的原因所在。

（此文为陈炎、赵玉合作，发表于《孔子研究》2006年第1期）

文化资源论

要明确论证“文化也是一种资源”这一命题，首先需要对“文化”和“资源”这两个关键性的概念加以澄清。

在前些年“文化热”的讨论中有人统计，“文化”一词大约有140多种不同的界定方式，最近又有学者指出，“英语中文化的定义有260多种，据说是英语词汇中意义最丰富的两三个词之一”[1]。然而，笔者坚持认为，我们这里所说的文化，则是指介于存在和意识之间的一个特殊层次。对于客观的物质存在来讲，文化属于社会意识方面的东西。尽管我们可以从仰韶的彩陶和殷商的饕餮中发现那个时代的“文化”，但是我们所指的并不是这些彩陶和饕餮本身，而是指它们所反映出来的那种看不见、摸不着的东西：一种时代的风尚、一种民族的习惯、一种群体的气质。对于主观的社会意识来讲，文化似乎又属于社会存在方面的东西。因为它既不是偶然的思想观点，又不以个人的主观意志为转移；相反，它是决定具体观点、影响个人意志的一种相对稳定的社会存在。尽管这种存在并不是以物质的形态摆在人们面前，但又是每一个社会的人所无法摆脱、难以超越的。这种文化不仅体现在人们外在的行为规范和典章制度之中，而且还会渗透到人们内在的心理习惯和思维方式之中，在历史的长河中积淀成所谓“文化—心理结构”，所谓“集体无意识”。

1　金元浦:《定义大众文化》,《中华读书报》2001年7月25日。

因此，如果要用一种哲学的语言来概括上述含义的话，那么我们将把“文化”界定为：一种非物质形态的社会存在。[2]

而对于“资源”一词，词典上也有不同的解释。《现代汉语词典》将其界定为“生产资料或生活资料的天然来源”[3]。《现代汉语大词典》则将其界定为“生产资料或生活资料等的来源”[4]。不难看出，这里的“天然”一词非常重要。如果按照《现代汉语词典》的解释，我们所谓的“介于存在和意识之间”的“文化”显然不是“天然的”，而是由人类所创造的，因而不可能成为“资源”。而按照《现代汉语大词典》的解释，我们所谓的作为“一种非物质形态的社会存在”的“文化”，则只要能够成为“生产资料或生活资料等的来源”，便可被视为一种“资源”。

那么，究竟我们所说的“文化”能否成为“生产资料或生活资料等的来源”呢？马克斯·韦伯的研究为我们提供了重要的启示。1905年，在其《新教伦理与资本主义精神》一书中，这位德国学者探讨了欧洲新教伦理与资本主义制度之间的内在联系。他认为，由于受加尔文宗教改革的影响，许多欧洲人将财富的积累与对上帝的信念结合起来，从而在世俗生活领域中产生了资本主义的文化冲动，结果便创造了现代的商业文明。而像中国这样的东方国家，由于没有类似的文化动力，也就没有相应的社会变革，所以便长期停滞在农业经济的状态之中。马克斯·韦伯的观点未必正确，并随着日本、亚洲新兴经济实体与国家乃至中国大陆经济的崛起而受到了越来越多的质疑，然而，他的研究视角本身却给了我们一个重大的启发。在此之前，我们只知道，石油是一种资源，煤炭是一种资源，却从来没有想到，像宗教习俗之类看不见、摸不着的文化也是一种资源。事实上，随着跨国资本的日益发展，这种对文化资源的认识已经越来越多地影响着人们的投资理念。举个例子，假如我们有一笔资金，想要在世界范围内选择投资办厂的最佳环境，那么，影响我们抉择的因素既有自然方面的，如备选地区的物产、原料、气候等条件；也有社会方面的，如备选地区的治安条件和法律环境等；除此之外，还有文化方面的，如备选地区的民族传统、宗教信仰等。假使前两个方面的评估结果是等值的，那么后一个方面的评估结果便会起到至关重要的作用，因

2　参见陈炎：《反理性思潮的反思》，山东大学出版社，1994年，第10页。

3　《现代汉语词典》（增补本），商务印书馆，2002年，第1662页。

4　《现代汉语大词典》（缩印本），现代汉语大词典出版社，1997年，第6003页。

为它确实会影响投资的经济效益。研究结果表明：如果我们把这笔资金投入一个佛教文化地区，生产效率可能不会太高，劳资摩擦成本也不会很大；如果我们把这笔资金投入一个基督教文化地区，生产效率可能会增加，劳资摩擦的成本也会增大；如果我们把这笔资金投入一个儒家文化地区，生产效率会很高，劳资摩擦成本会很低，但人际交易成本则会上升。换言之，这种自然因素和社会因素之外的文化因素，确实会成为“生产资料或生活资料等的来源”，从而具有“资源”的性质。

一个厂家如此，一个国家和地区也是如此。第二次世界大战以后，日本、亚洲新兴经济实体与国家乃至中国大陆经济的相继崛起，不能不使人们认真考虑文化作为一种资源的潜在意义。正如美国人无法理解，第二次世界大战时期日本的“神风敢死队”成员何以会置自己的生命于不顾，驾驶着飞机去冲击美国的航空母舰一样；他们同样不能理解，何以日本的员工会在企业面临倒闭的情况下选择自杀而不是跳槽。于是，学术界便出现了“日本文化与企业的团队精神”“儒家文化与资本主义市场经济”等颇为时髦的研究课题。当然，作为一种“资源”，东方文化对于现代经济的影响并非都是正面的。研究结果表明，受儒家文化的影响，日本、亚洲新兴经济实体与国家乃至中国大陆的员工确实具有企业的团队精神，能够将自己的发展与企业的兴衰融为一体，从而减少了过多的劳资摩擦。然而，与此同时，员工对企业的人身依附又很容易导致循规蹈矩、论资排辈的管理模式，从而在一定程度上限制了其个性的发展，而不像欧美员工那样富有能动性和创造性。随着“亚洲金融危机”的出现，人们还发现，儒家文化中的人情因素不仅必然增加企业交往中的人际成本，而且也容易因重视人情而轻视法律，从而造成决策的失误和资本的流失。

“文化”即为“资源”，就有其潜在的“矿藏”。因此，除了上述针对具体问题的局部研究之外，我们有必要在更为宏观的视野下考察不同民族文化的优点与缺点、长处与短处，并加以比较。那么，与西方相比，中国文化的“富矿”究竟在哪里呢？在比较文化研究的基础上，我们认识到，由于“古典的古代”在进入文明社会的过程中所导致的感性和理性的分裂对峙，使得西方文化在两极最为发达：在感性一极，表现为体育活动；在理性的一极，表现为科学活动。与之相反，由于“亚细亚的古代”进入文明社会的“早熟”形态，使得中国文化在感性和理性的两极都不发达，发达的是感性和理性之间相互交融、彼此渗透的艺术和工艺[5]。

作为感性生命的极度表现，西方人的体育事业不仅是为了锻炼身体，也不仅是为了弘扬国威，而是对人类感性生命力的探究，是一种肉体的沉醉。因此，凡是能够考验人类感性生命极限的地方，西方人都会设立比赛项目。为此，他们不仅可以攀登绝壁，可以潜入海底，可以进行别出心裁的悬崖跳水和危险异常的汽车大赛，而且可以进行并不美妙的“健美比赛”和有害无益的“赛吃运动”……这一切在我们看来似乎荒唐可笑，然而，惟其如此，人类的感性生命才可能在奥林匹克传统中显得富有生机。作为理性生命的极度表现，西方人的科学事业不仅是为了发展生产，也不仅是为了改善生活，而是对人类理性生命力的探究，是一种精神的沉醉。因此，凡是能够考验人类理性生命极限的地方，西方人都可以进行科学实践。为此，他们不仅可以陷入抽象的玄思，可以进行体系的构建，可以探讨肉眼看不见的微观世界和肉体接触不到的外层空间，而且可以在“波”与“粒”之间发现某种超乎于经验的现象、在“时”与“空”之间构造一些有悖于常理的学说……这一切在我们看来有些不可思议，然而，惟其如此，人类的理性生命才可能在改造物质世界的过程中显得这样强大。

如果说西方文化的“富矿”存在于感性与理性两极，因而体育与科学特别发达，那么其弱点恰恰在感性与理性的中间地带，因而艺术与工艺不够发达。西方人也有琳琅满目的艺术精品，但在很大程度上，西方式的艺术常常被科学化或体育化了。以“模仿说”为理论根据，古代的西方人常常以对现实生活的反映与认识作为艺术活动的终极目的，将艺术作为理性行为的载体，因而，从解剖学的角度来研究雕塑，从透视学的角度来研究绘画，从几何学的角度来研究园林，从历史学的角度来研究小说，结果是研究来研究去，唯独忘却了艺术本身的审美目的。以“宣泄说”为理论根据，现代的西方人又往往借助艺术行为来发泄被压抑的情感和潜意识，将艺术作为感性情欲的躯

5 《陈炎自选集》，广西师范大学出版社，1997年，第91—125页。

壳，因而创造了歇斯底里的霹雳舞、声嘶力竭的摇滚乐，还有那些以性爱、警匪为内容，以追车、枪战为模式，不惜调动高科技手段，并通过大量的惊险动作和破坏性镜头来刺激人们的感官、满足人们的欲望的好莱坞大片。这些作品虽然能够像体育运动一样，起到刺激人们的生理感官、满足人们肉体欲望的目的，却失去了审美情感的独特魅力。

与西方文化的“矿脉”分布刚好相反，中国文化中的感性与理性均不发达，因而传统的体育与科学发育不良。在感性生命方面，中国文化中有一种知足常乐、能忍自安、不为人先、不耻人后的观念。这种蔑视竞争意识、压抑冒险热情的思想，不仅不利于竞技性体育事业的开展，而且使我们缺乏西方民族那种能动地变革现实生活的感性冲动，缺乏那种将自我放在自然的对立面上、以人的血肉之躯与之抗衡的勇气，缺乏求新的渴望与冒险的热情，而总是陶醉在所谓“宁静以致远”“以不变应万变”的格言之中。这种文化资源不可能酿造出奥林匹克式的体育传统，而只能派生出延年益寿的气功与吐纳导引的太极。在理性生命方面，中国文化中有一种知行合一、经世致用的精神。这种只注重实践理性而忽视思辨理性的传统，虽然有助于防止我们的民族陷入宗教神秘主义的精神误区，但同时限制了我们知识构造的自由空间和对未知世界的探索热情。中国人可以通过反复测算而为圆周率的π值找到一个相当准确的数据，却不可能建立一种欧几里得式的几何学体系；中国人可以通过反复实践而建造起天坛祈年殿式的精美建筑，却不可能建立一种牛顿式的力学体系。中国人丝毫也不比他人愚钝，然而理性的翅膀一旦绑上实用的铅砣，就难以高飞远举了。

如果说中国文化的弱点存在于感性与理性两极，因而其体育与科学均不够发达，那么，其“富矿”恰恰处在感性与理性之间的交融地带，因而其艺术与工艺特别发达。说中国是一个艺术和工艺的国度，不仅是由于我们的古人为我们留下了先秦的《诗经》、战国的《楚辞》、汉代的辞赋、六朝的骈文、唐之诗、宋之词、元之曲、明清时代的小说这些纯艺术的上乘佳作，也不仅是由于我们的祖先为我们留下了仰韶的彩陶、良渚的玉器、殷商的青铜、汉代的石像、唐代的三彩、宋代的泥塑、元代的青花、明代的园林、清代的宫殿这些泛艺术的工艺精品，而且是由于我们古人的思维方式和行为方式本身就浸泡在艺术之中。就在西方的经院哲学家们通过逻辑或数学的手段来揭示宇宙乃至上帝的奥秘时，自隋、唐开始的科举制度却要将写诗和作文看成是每一个国家官吏所应具备的必要素养。因此，与西方不同，中国古代的知识分子不必躲在幽暗阴森的教堂里去研究天文历算，却必须以琴、棋、书、画来修养身心。儒家以忠孝安邦、以礼乐治国的传统，自然会把文章提到“经国之大业，不朽之盛事”的高度；道家“乘物以游心”的处世哲学更容易让人们以艺术的态度来对待全部生活。

因此，正像西方的艺术与工艺会受到体育与科学的影响一样，中国的体育与科学反而会受到艺术与工艺的制约。在感性方面，中国人的体育活动不像西方那样，以宣泄肉体的感性生命力为能事，而是感性中有理性，肉体中有精神。这一切，都使得中国的体育活动在很大程度上被艺术化了。例如，西方式的拳击是一种感性能力的直接较量，而中国式的武术则不仅要打得准、打得狠，而且要打得漂亮，即要在花拳绣腿之间获得一种美的享受。时至今日，中国在国际体育比赛中的强项也大都具有艺术的成分，像体操、跳水、花样滑冰之类，而在像足球那样强调肉体对抗性质的体育比赛中，却常常表现出文化上的缺陷。在理性方面，中国人的科学活动也不像西方那样，以穷尽理性思辨为能事，而是强调感性与理性的统一，经验与思辨的结合，从而，在很大程度上被工艺化了。仔细分析，中国人引以为自豪的“四大发明”也无一不具有工艺的成分，而非纯粹的理论科学。所有这一切，都说明中国与西方文化各有各的特点，各有各的长处。

以上对于中国与西方文化资源结构性分布情况的勘察，是一种宏观的、粗略的、简单化的，但它或多或少可以增加我们的“文化自觉”。自“鸦片战争”以来，我们在文化问题上常常处于一种不自觉的状态，不少人认为，船坚炮利的西方科学比我们先进，因而在其他方面也一定比我们发达。因此，我们不仅在科学上要向西方学习，在艺术上也要向西方靠拢。于是，自“诗界革命”“小说界革命”以来，我们渐渐抛弃了自己悠久的艺术传统，一方面将西方式的“反映论”模式确立为艺术努力的方向，一方面将刺激感官的“好莱坞”

模式视为值得效法的楷模，结果就像邯郸学步一样，别人的东西没有学好，自己的传统反而被遗忘了。于是，我们这个曾经拥有屈原、司马迁、李白、杜甫、苏轼、曹雪芹的国度，如今却因为得不到西方人所设立的诺贝尔文学奖而痛心疾首，陷入了一种非常尴尬的境地。而上述的文化勘察则使我们认识到，任何一种民族的文化都是一个复杂的系统结构，其内在的诸元素之间有着一种自组织、自协调的关系，并通过这种组织和协调来满足人类的基本需求。因此，我们不应以偏概全地将某种文化中的单一元素视为衡量这种文化的唯一尺度，更不能不加分析地用一种文化来统摄和取代另一种文化。也许有人会说，历史证明，唯有科学才是一个民族兴旺发达的关键要素，而工艺和艺术则属于有之不多、无之不少的雕虫小技。事实上，如果我们的前人不是将自己的心智集中在诗、词、歌、赋、琴、棋、书、画的研习上面，而将主要的精力运用于数、理、化的探讨之中，也不至于在“鸦片战争”之中败在船坚炮利的西方人手里。在科学技术是第一生产力的今天，如果我们不把主要精力用于开发具有实际用途的科学知识，而仍然沉溺于审美文化的民族传统，其结果是有害无益的。其实，稍加分析便可以看出，上述貌似正确的观点是不能成立的。我们当然承认科学技术的重要作用，也毫不隐晦向西方文化学习的必要性。但是，从原则上讲，西方文化固然有其强项，亦有其弱项；中国文化固然有其短处，亦有其长处。一种健康的文化心态，应该是取人之长，补己之短，从而使之更加丰富、更加健全。这在“全球化”进程日益加剧的历史背景下，尤为重要。

具体说来，在当今的历史条件下，重视并弘扬中华民族感性与理性相结合的文化传统，至少仍具有两种重要的社会功能：在形而下的层面上，它将有助于我们的商品生产；在形而上的层面上，它将有助于我们的精神寄托。在前一种意义上，我们可以引申出“艺术也是一种生产力”的观点，从而探讨商品生产中的“审美附加值”的问题；在后一种意义上，我们可以引申出“审美也是一种终极关怀”的问题，从而探讨人类在上帝缺席状态下的“情感慰藉”问题。不要以为这两个问题无足轻重，在创意产业日益崛起、宗教冲突不断加剧的情况下，对于中国与西方文化资源的优势互补，或许可以为21世纪的人类文明提供全方位的发展思路。

（此文为教育部重大课题“当代中国文化产业与审美文化发展现状与对策研究”[01JAZJD750.11-44007]阶段成果；并获教育部高校青年教师奖励计划资助。发表于《天津社会科学》2006年第1期）

价值中立，方法多元

——陈炎教授访谈

●陈老师，您好，好久没有见到您了，记得上次见您还是6年前。这几年我游学在外，一直在反思您给我的影响，我觉得其中最大的就是“价值中立”的观点。记得当年您在和我们讨论这个问题的时候，有个同学举过一个非常极端的例子：一个普通的农民因乡镇干部多收“提留”，而与之发生矛盾，作为知识分子的我们能做些什么？您当时的回答是：一方面，我们不能鼓动农民反抗乡政府，因为我们不能为之而承担责任，一方面，我们又不能劝导农民逆来顺受，因为我们不能为之而承受损失。作为一个知识分子，我们所能做的是，既告诉这位农民，按照法律规定，他有提出申诉的权力，又告诉这位农民，目前的中国还不是一个完全意义上的法律社会，他如果提出申诉，有可能受到来自行政力量的干扰。至于这位农民怎样行动，完全是他自己的选择。换言之，真正的知识分子，不应代替别人进行选择，而只是为他人提供不同的选择方案罢了。

○是的，长期以来，我们一直把科学认识和伦理实践混为一谈。是康德使我明白，纯粹理性和实践理性有着不同的性质和适用范围：前者涉及知识，后者涉及道德；前者有共同的学术标准，后者有不同的利益主体。而在“知行合一”的文化语境下，我们的知识分子却常常混淆甚至颠倒了二者之间的关系：在需要我们冷静地凭借智慧、拿出科学成果的知识领域中，我们常常只会发表一些廉价的道德义愤，在需要我们勇敢地挺身而出、凭借道德来表达自己正义感的实践领域中，我们又往往会表现出不应有的聪明和圆滑。

●您的意思是说，在学术领域中，越是价值中立就越有可能得出科学的结论；反之，在行为领域中，每个人都有权利根据自己的价值观念进行选择？

○是的，学者也是人，也有自己的阶级立场和社会偏见，在实践领域中也有权利表达自己的政治态度和道德立场。但在学术活动中，我们应该尽量减少这些立场和偏见，用胡塞尔的语言来说，应该把这些立场和偏见暂时放在括弧里悬置起来。

●问题在于，我们有些学者却将自己的立场和偏见包装成知识而灌输给别人。

○你说得非常对！这也正是我反复提倡“价值中立”的原因所在。

●常听有人讲，即使对“价值中立”的要求是正确的，但也难以达到，因为我们每一位学者都是社会成员，都不可避免地受其生活环境和社会地位的影响和制约，从而难以清除自身的立场和偏见。

○没错，从“存在决定意识”的角度来看，我们每个人都难以克服自身的立场和偏见。但是，不能因为难以做到，我们就不去努力了。正如不能因为绝对真理无法获得，我们就放弃追求一样，不能因为“价值中立”难以实现，我们就不去倡导了。从这一意义上讲，在知识领域中，“价值中立”既是一种起码的研究态度，也是一种很高的、不易达到的学术境界。

●一般的知识领域和人文学术领域还有所不同，后者本身就涉及价值问题，又如何实现“价值中立”呢？

○的确，人文学者不仅要面对各种各样的社会现实，而且要研究情感、价值、信仰等问题，但是我们必须清楚：创造小说是艺术家的事，分析小说则是人文学者的事；制造信仰是宗教家的事，研究信仰则是人文学者的事。前者是意识形态，后者是具有意识形态内容的人文学科。也许，人文学术永远也不会像自然科学或社会科学那样，成为一种严格意义上的“科学”，但在

“意识形态”和“科学”之间，人文学者应该努力的方向显然是后者而不是前者。

●说到“意识形态”，我想到一个问题：除了“知行合一”的传统观念，您所谓的“价值中立”是否也受到来自意识形态方面的干扰呢?

○确实如此。人文社会学科是否具有科学性?应不应该独立?这在当代中国一直是个问题。直到今天，我们的学术工作仍归宣传部门领导。这种把学术等同于宣传的做法，使本来可以为政府提供决策依据的学术研究，蜕化为仅仅为政府的决策提供宣传的传声筒。

●您能否举个例子?

○我记得有一年，政府工作报告的初稿中讲，当年的国民生产总值要增长8%。于是有不少经济学家便在报纸上刊登“研究成果”，说8%如何如何合理，谁料想人代会讨论的结果发生了变化，最后通过的报告是7%，于是又有不少经济学家发表高见，说7%如何如何正确……说实话，我真为这些经济学家感到脸红！也难怪有些人看不起我们。历史上，我们在决策上的许多失误不正是建立在这些“研究成果”的基础上吗?

●但是，也会有人产生另外一种担心：如果在研究中放弃了自己的主观立场，是不是同时也就放弃了学者的社会责任?

○什么是社会责任?难道冷静地、客观地将各种人生和社会问题及其背后的复杂关系揭示出来，不正是人文社会科学工作者最大的社会责任吗?我不认为主张“价值中立”是一种缺乏勇气、逃避责任的表现。恰恰相反，它需要更大的勇气，即不仅要敢于面对现实，而且要敢于面对自我的勇气。惟其如此，我们才能够冷静地、坦然地分析和研究一切敏感而棘手的人生与社会问题，并给出不带偏见的答案。

●这种要求很高，您自己能够做到吗?

○也许我尚未做到，但我至少在自觉地朝着这个方向而努力。

●您能够举几个例子来说明自己是如何做的吗?

○你的问题越来越尖锐。比如说我做中国与西方文化的比较研究，在许多大学做过题为《儒家、道家与日神、酒神》的报告，你能说我是站在中国的立场上还是西方的立场上吗？比如说我做儒家和道家的比较研究，写过《儒家的建构与道家的解构》等文章，你能说我是站在儒家的立场还是道家的立场上吗？再比如说我发表在《河北学刊》2004年第5期上的那篇题为《“激进”与“保守”、“左派”与“右派”》的文章，你能说我是站在激进主义还是保守主义的立场上吗？也许在生活中，我更喜欢中国文化，也许在气质上，我更亲近道家思想；也许在政治上，我更倾向激进立场。但是，在学术上，我却尽可能地超越中国与西方、超越儒家与道家、超越激进与保守，惟其如此，我才有可能对这些问题加以“研究”。

●但是，您的这种研究成果又如何来引导民众呢？

○我不认为我有能力来“引导民众”，我也不认为那些自认为有能力“引导民众”的学者有资格来“引导民众”。说到底，民众如何行为，是实践领域中的事情。回到咱们谈话开始时所举的那个例子，既然在实践领域中我们无法为民众的选择承担责任和承受损失，我们又有什么资格去引导民众呢？

●也就是说，您质疑启蒙民众？

○什么是“启蒙”？把蒙在事实和真理上面的假象清除掉，才是真正意义上的启蒙。启蒙不是摇旗呐喊，不是鼓动宣传，更不是不负责任地将自己的价值观念以知识的形态强加给民众。而是在去蔽澄明的基础上尊重民众的意愿，倾听民众的呼声，从而开启民智。从这一意义上讲，中国的启蒙大业不仅远没有完成，而且启蒙的旗号还常常被盗用，我们在20世纪的历史中已经看过太多这样的现象。换句话说，所谓“启蒙”，只不过是以科学的方法来启迪蒙昧而已。它不是用一种情绪来代替另一种情绪，也不是用一种偏激来代替另一种偏激。从历史上看，中国知识分子曾经在极为恶劣的环境下进行现代化的思想启蒙，其历史功绩不容抹杀，但由于各种历史条件的限制，也存在种种偏激和非科学的成分。回想一下，自“五四”以来，中国知识分子常常不得不在一种极大的压力面前被迫采取极端偏激的举动，例如对待传统文化的态度就是如此。但从整体来看，这种矫枉过正还不是真正意义上的启蒙。

●学界曾经对启蒙问题争论不休，其中有一种看法认为，我们在谈论启蒙之前首先要想一想：我们到底有没有资格去进行启蒙？如果自己并非白璧无瑕，对别人进行启蒙的资格也很让人怀疑。

○启蒙本来就含有自我启蒙的意思。康德说，启蒙就是摆脱不敢运用自己理性的状态，其中含义有三：一是运用理性自己分析问题，二是将自己的分析结果告诉别人，三是启发别人运用他自己的理性。这个世界上从来就没有一个完人，也不需要等待自己变得白璧无瑕之后再去启蒙他人。只要学者严守“价值中立”的立场，不是从一己或集团的私利出发，不把自己的观点视为绝对真理，不去用自己的见解去“统一”别人的思想，他就有资格去进行启蒙。

●看来我们必须换一个话题了，除了“价值中立”外，您还主张“方法多元”，记得当年您给我们讲课，曾经把研究问题的方法比作电工师傅使用的各种工具，如锤子、钳子之类……

○我举这个例子有三重意思，一是反对将方法本体化，二是反对将方法神圣化，三是反对将方法单一化。

●什么叫做将方法本体化。

○最典型的就是黑格尔，他那套逻辑学的“三段论”本来只是描述世界的一种方法，可他老人家非要将其本体化，好像世界就是按照“正、反、和”三段的固定模式进行运转似的，而只要把握了这个模式，就是把握了客观世界的规律。

●是呀，我们以前学哲学时曾经举过一个例子：一颗麦粒是“正”，待其长成植物是“反”，再到结出麦穗是“合”。这样的“正、反、合”，刚好是“三段论”。

○其实你完全可以将这一过程分为五段：一、麦粒；二、麦芽；三、麦苗；四、麦秆；五、麦穗。其变化也未必是简单的“正、反、合”。

●与黑格尔不同，康德就喜欢用“四分法”来分析问题。

○是呀！过去我们总喜欢“一分为二”，庞朴先生却专门讲“一分为三”。两种分法各有各的道理，也各有各的局限。说出其中的道理，就是学术的进步，但如果将这种道理绝对化、本体化，就必然会导致僵化。说到底，世界是无限可分的，所以我主张一分为N。

●记得在这一问题上，您和您的老师周来祥先生也曾发生过分歧。

○是的，周先生受黑格尔影响太深，总认为有一种最先进的、能够把握世界本质的方法。我则认为，任何一种方法都是有限的，而不是万能的，我们的认识也永远不可能穷尽世界的本体。

●当方法不再具有本体论地位的时候，也就不再神圣了。于是所谓唯一正确的方法也就不复存在了。

○所以我才把方法比作电工师傅屁股后面挎着的工具盒，里面五花八门，应有尽有。该用锤子的时候用锤子，该用钳子的时候用钳子，该用螺丝刀的时候用螺丝刀……针对不同的问题，采用不同的方法。如果我们非要用锤子来拔螺丝钉，其结果是可想而知的。

●如此说来，我们过去在用西方的方法来解决中国的问题、用自然科学的方法来解决人文社会科学的问题时，之所以常犯削足适履的毛病，不是因为我们使用的方法多了，而恰恰是因为我们掌握的方法少了。

○是的。我们掌握的方法越多，自由度就越大，解决起问题来，就越能得心应手。记得有人讲过：如果你手中只有一把锤子，你会倾向于将面前的一切事物都想象为一颗钉子。

●而且还不是螺丝钉。

○不可否认，在过去“方法热”的时候，学术界确实出现过不少生搬硬套的现象。但我们不能因噎废食，不再尝试新的方法了。

●您的《多维视野中的儒家文化》就是一种很好的尝试。我记得在那本书中，您曾经采用过文化人类学、符号学、结构主义、两性文化、比较文学、文化冲突理论等新的方法，让我们感觉非常新鲜。

○那本书今年将由山东教育出版社修订再版，由原来的八章扩展为十二章，进一步增添了一些新的方法。

●您能否谈一谈撰写此书的心得呢？

○我所掌握的儒学资料一点儿也不比前人多，其熟悉程度甚至还不如前人。所以我要研究儒学，就必须另辟蹊径，借助西方的方法来研究中国的儒学，重新解读传统文化。

●也就是说，有了新的方法，你就可以从前人视而不见的材料中发现新的问题，得出新的结论。

○这正是我的愿望，至于是否达到了目的，还要看读者的评价。

●那本书我是认真看过的，我最大的感受是，您使用的方法很新，却没有卖弄概念之嫌。

○我们为什么要使用新的方法？难道是为了玩弄新名词、新概念吗？显然不是。我们之所以要使用新方法，无非是要在旧材料中发现新问题，并加以解决。

●问题是目的，方法只是手段。

○所以，我们要避免重蹈前人的覆辙，就必须注意两点：一是要掌握尽可能多的方法，不能只有一把锤子；二是不能为了方法而方法，而要从发现问题、解决问题出发。

●记得您曾经说过，你们这一代人，国学做不过前人，西学做不过后人，只有用西学的方法来做国学，才有可能闯出一条属于这一代学人的道路来。从这一意义上讲，您倡导"方法多元"，是不是一种研究策略呢？

○就我个人而言，用西学的方法来研究国学，确实是一种策略的选择。正像你刚才所说的那样，我们这代人，小时候既没有上过私塾，也没有参加过英文强化班。国学的基础不如前人，西学的基础不如后人。但是我们是在改革开放、国门洞开的历史背景下考入大学的，我们的眼界显然比前人开阔，掌握的方法显然较前人为多。所以，在中国与西方的学术夹缝中，我们或许可以讨得一碗饭吃。但是，从学理上说，我提倡"方法多元"不仅仅出于策略考虑。

●现在学界似乎很流行对学术方法的质疑，经常听到这样的观点，说中国借用西方的方法太多了，这样做是拿西学来阉割中国思想，原因之一就是文化不同，不同文化有不同文化的思考方式，这是20世纪80年代的说法；原因之二就是语言不同，不同的语言产生不同的理论模式，西方语言不能直接套在中国语言表达出来的思想上，这是20世纪90年代以来的说法。最纯粹的当然是中国独有的方法和术语，这就要回到国学、回到乾嘉了。这些说法都预设了中西文化、中西学术方法之间很难真正交流，有纯而又纯的西方，有纯而又纯的中国，一交流就有杂质，有杂质就不成功。

○其实，有杂质未必是不成功。这个世界本来就充满了杂质，惟其如此，才会显得生机勃勃。退一步讲，就算是一种文化有一种独特的思考方式，你思考出来的东西让别人以别的方式再来思考一遍又有什么不好呢？再退一步，从最绝对的意义上讲，一种语言确实是不可能完全转译为另一种语言的。但是，在全球化的今天，不同语言的人们不正是在这种充满"误解"和"误读"的交流中相互了解的吗？所以，从解释学的角度上讲，"误读"不仅具有消极意义，而且具有积极意义。说到底，我们纵然可以明确一种文化成果的发明权，却没有理由限制其阐释权和使用权。因此，那种认为中国的学术只能用中国的方法来研究的观点是没有根据的。换一种说法，方法本身是中性的，不存在东西方的界限问题，就看你如何使用，拿得过来就是东方的，拿不过来就是西方的。

●您说得有理。但是，我似乎还有一种顾虑，不同的方法有不同的理论基础。那么在不同的方法之间，会不会发生矛盾呢？

○恰恰相反，如果我们承认真理是相对的、多元的，我们就会发现：不同的方法及其研究结果之间是一种相互补充的关系。就像我们眼前的这只杯子，你从那个角度上看，是一种结果；我从这个角度上看，是另一种结果；除此之外，我们还可以从里往外看，从下往上看，拿着放大镜看，拿着显微镜看……每一种看法都不是唯一的，都不能穷尽这只杯子，从这一意义上讲，有关这只杯子的绝对真理永远也达不到的；但是每一种看法又都丰富了我们对这只杯子的理解和认识，从而无限地趋近于绝对真理……

●这便是您所说的"多维视野"。

○对。我们用西方的方法来研究儒家文化，并不是要否定已有的研究成果，而是对前人的成果进行补充、丰富罢了。

●按照我的理解，如果说"价值中立"的重点是学术独立，那么"方法多元"的重点是学术自由。

○是的，二者加在一起，正好符合陈寅恪先生有关“自由之思想，独立之精神”的说法。

●陈老师，跟您交谈总是这么开心，谢谢！

（此文为陈炎、王峰合作，发表于《中文自学指导》2006年第2期）

酒神与日神的文化新解

一般人认为，所谓西方文化，主要包含希腊文化和希伯来文化两大源头。希腊文化以科学为本，希伯来文化以神学为本。在希腊神话中，最有地位的是该亚和宙斯；在希伯来文化中，最有影响的是耶和华与基督。因此，在尼采之前，很少有人注意到酒神狄俄尼索斯和日神阿波罗在西方文化中的重要地位。即使在尼采那里，酒神与日神精神也只是作为希腊艺术精神的重要来源，并没有谈及这两种宗教崇拜仪式所体现出的西方人的民族心理结构及其对西方人的民族文化结构、民族社会结构所可能产生的深远影响。对此，笔者有三点不同的看法：首先，我不同意视“两希文化”为西方文化源头这一习而不察的说法。其次，我也不同意用“科学”和“神学”来分别概括希腊文化和希伯来文化这一简单化的做法。最后，尽管我承认在早期的希腊神话中，该亚和宙斯的地位确乎比阿波罗和狄俄尼索斯高得多，但其文化的影响却未必大于两者；尽管我承认在后来的西方宗教里，耶和华与基督的影响远比阿波罗与狄俄尼索斯大得多，但其后两者隐性的意义却未必不比它们更加深刻。因此，尽管我并不反对有人对该亚与宙斯或耶和华与基督的文化内涵进行深入的研究和比较，而我却宁愿继尼采之后进行一次更为大胆的尝试：对日神与酒神的精神内涵做超出艺术之外的文化挖掘，看看能否发现一些什么更为隐蔽的东西。[1]

谈到日神与酒神，很容易使我们想到尼采的《悲剧的诞生》。在这部极有影响的著作中，尼采认为，由于希腊人意识到了个体生命的有限和现实生存的不幸，因而要在艺术中寻求解脱，其解脱的精神方式分为两类：一类缘自阿波罗（Apollo）崇拜，即所谓“日神精神”；一类缘自狄俄尼索斯（Dionysus）崇拜，即所谓“酒神精神”。前者是个体化原则的守护神，它以一种梦幻般的手法，制造出一种和谐、美妙的生活幻觉，通过凝视存在的形象以逃避变幻乃至死亡的痛苦；后者则剥去个体的表象而直逼存在的本质，它要在一种醉态的境界中投身于表象背后的意志，并通过现象的毁灭以获得不断的新生。关于尼采的这一思想，笔者在《反理性思潮的反思——现代西方哲学美学述评》一书中曾有专节介绍，这里就不再赘述了。[2]需要指出的是，尼采将“日神精神”与“酒神精神”分别对应于“表象”与“意志”的做法，显然是为了阐发叔本华和自己的“唯意志论哲学”服务的，其用意并不是如实地反映希腊宗教的原初面貌。正因如此，该书刚一问世，便即刻遭到了同行学者的强烈批评，尼采也因此而断送了使自己成为古典语言学家的学术前程。提出这一问题，并不是要从考据学的角度来指责作为哲学家的尼采对于希腊宗教概念的引申和发挥，而只是想提请读者注意：请不要用尼采的界定来理解这里所说的“日神精神”与“酒神精神”。换言之，与《悲剧的诞生》一样，笔者也无意对阿波罗与狄俄尼索斯崇拜仪式的原初意义进行一种实证性的考究与求解，而只是一种更加自觉的引申和发挥；与尼采不同的是，笔者在日神和酒神的历史背影之中似乎“发现”了西方文化远远超出艺术冲动之外的另外两种精神动力。

一、酒神

我们知道，宗教作为人类精神异化的产物，必然产生于社会生活自身的异化。大体说来，阿波罗和狄俄尼索斯的宗教崇拜都是父系社会后期、氏族

1 参见拙作《儒家、道家与日神、酒神》，载《文史哲》1986年第6期；《再论儒家、道家与日神、酒神》，载《求是学刊》1993年第5期；《三论儒家、道家与日神、酒神》，载《外国美学》第15辑。

2 陈炎：《反理性思潮的反思——现代西方哲学美学述评》，山东大学出版社1994年初版，2002年第2版。

制度解体、文明时代诞生这一历史过程的产物。相比较而言，狄俄尼索斯崇拜的渊源可能更早一些，因为它的仪式中明显地表现出对于逝去不久的母系社会的一种追忆和留恋。

（一）狄俄尼索斯的出身及文化来源

西塞罗说："我们有许多狄俄尼索斯。"[3]由于历史的久远、材料的匮乏、宗教与神话的真假难辨，关于狄俄尼索斯的来源，学术界有不同的看法。

第一种意见认为，这是一种外来的崇拜对象。"在希腊神话中，有一些神是根据东方神话改造过来的神。例如爱神阿佛洛狄特、日神阿波罗、月神阿尔特弥斯、酒神狄俄尼索斯等。这些神产生于东方。但是，经过希腊诗人的改造，这些神灵都成了希腊民族的保护神。尤其是日神和酒神，后来逐渐成为希腊文化的一种象征。"[4]"希腊酒神神话是如何起源的呢？一般说来，学者们认为起源于色雷斯的野蛮氏族。这个地方盛产葡萄酒，这些氏族都是以嗜酒著名的。后来，酒神信仰被色雷斯西亚部落带到维奥蒂亚，他们在那里定居了下来。随后，维奥蒂亚移民又把这一信仰转入那克索斯岛。狄俄尼索斯的祭礼遍布那些岛屿。此后，在文化传播过程中，狄俄尼索斯的祭礼又从那儿传到希腊大陆，先传播到阿提卡，后来遍及伯罗奔尼撒半岛。在雅典，酒神的地位日益提高，非常著名。"[5]

第二种意见认为，这是一种后起的崇拜对象。"酒神神话在希腊神话中属于一种晚起的神话，在荷马史诗中和赫西俄德的《神谱》中，酒神的地位比较次要，所以没有提到。"[6]说《荷马史诗》中没有提到酒神，这显然是不准确的。事实上，无论是在《伊利亚特》，还是在《奥德赛》中，我们都看到过狄俄尼索斯的名字。例如，在《伊利亚特》的第四章中，有很长一段明确地提到了狄俄尼索斯崇拜，至少提到了其仪式的某些特定方面以及其信徒遭受迫害的种种情况。尽管此处提到狄俄尼索斯时并没有直接把他作为酒神，但以"狂热者"对其随从的称谓，似乎表明了一种把他确认为狂欢之神的倾向。而赫

3　参看吴雅凌编译：《俄耳甫斯教辑语》，华夏出版社，2006年，第58页。

4　李咏吟：《原初智能形态——希腊神学两大话语系统及其历史转换》，上海人民出版社，1999年，第42页。

5　李咏吟：《原初智能形态——希腊神学两大话语系统及其历史转换》，上海人民出版社，1999年，第228—229页。

6　李咏吟：《原初智能形态——希腊神学两大话语系统及其历史转换》，上海人民出版社，1999年，第228页。

西俄德的《神谱》中，则对狄俄尼索斯的出身作了明确的交代："卡德摩斯之女塞墨勒与宙斯恋爱结合，生下一个出色的儿子，快乐的狄俄尼索斯。母亲是凡间妇女，儿子是神。现在两人同为神灵。""金发的狄俄尼索斯娶弥诺斯之女、棕色头发的阿里阿德涅作他的妙龄妻子。"[7]然而无论如何，"在《荷马史诗》中，荷马虽然提到狄俄尼索斯，但是没有把他列为奥林匹斯的大神，这似乎说明他在贵族中并不得宠。"[8]

第三种意见认为，尽管狄俄尼索斯有着后起的、甚至外来的因素，但其基本精神却早已根植于希腊奥林波斯、甚至更为原始的泰坦诸神的血液之中了。在奥林波斯诸神中，狄俄尼索斯的出身耐人寻味。"在神话中，他被当作宙斯和凡女塞墨勒之子。当狄俄尼索斯还在母腹中的时候，神后赫拉出于嫉妒，便怂恿塞墨勒要求宙斯以大神本来的威严面貌，即带着霹雳和闪电与她相会。当宙斯以原形出现，雷电顿发，塞墨勒立刻化为灰烬。宙斯来得及做的唯一一件事，就是把尚在塞墨勒腹中的狄俄尼索斯取出，割开自己的大腿，把他放在里面。狄俄尼索斯从宙斯大腿里长成后，又第二次出生。"[9]这种极为特别的出生方式，很容易使人们联想起那位从宙斯脑袋里蹦出来的雅典娜。显然，无论是狄俄尼索斯还是雅典娜，这种奇特的出生方式都是经过神话的创造者们精心策划出来的，因而同时也就意味着这两大神祇有着与众不同的个性。

与奥林波斯诸神相比，狄俄尼索斯的宗教形象有以下几点异乎寻常之处："第一，狄俄尼索斯是宙斯和凡女的儿子，按照惯例，他最多是一个半神，并不具备成为天神的纯粹血统，尽管宙斯使狄俄尼索斯第二次出生，但是，这并不改变狄俄尼索斯血统中的凡人成分。如果说狄俄尼索斯是神，那么他是希腊宗教唯一一个人而神者；他不是天神，而是大地上的神。狄俄尼索斯被当作神这一事实，本身即是对奥林波斯神系神人相隔观念的僭越或者破坏。第二，狄俄尼索斯是奇迹之神，他超越界线、突破规律，使一切不可能的成为可能。第三，他具有解放者的形象，他使人们摆脱束缚，解除锁链；他通过自己人而神的形象在希腊宗教史上第一次取消了横亘在神人之间的巨大的

7　［古希腊］赫西俄德：《工作与时日·神谱》，张竹明、蒋平译，商务印书馆，1991年，第54页。

8　中外名人研究中心：《世界宗教全书》，上海人民出版社，1994年，第56页。

9　中外名人研究中心：《世界宗教全书》，上海人民出版社，1994年，第57页。

鸿沟，从而向人们晓谕，在酒醉或极度的迷狂状态中，人可以与他的神，与超自然的本体合而为一。最后，作为酒神，他具有了酒的精神：一方面，他使人在迷狂中获得极度的欢乐与自由；另一方面，他引导出人身上具有的那种黑暗、暧昧的成分，那种深不可测的、狂暴的破坏力量，从而加深了希腊人对于人性本质的理解。”[10]

而在尼采看来，这种特殊的神性与早期的泰坦神系有着更为隐蔽的联系：“在日神式的希腊人看来，酒神冲动的作用也是‘泰坦的’和‘蛮夷的’；同时他又不能不承认，他自己同那些被推翻的泰坦诸神和英雄毕竟有着内在的血亲关系。”[11]

认真分析起来，这三种观点或许并不矛盾。我们知道，在古老的泰坦神系中，大地母神该亚先于一切，自混沌而生，具有繁殖万物的功能，因而比男性神的地位更加重要。受其影响，泰坦巨人族除了自然的暴虐和原始的野性之外，也都具有旺盛的生殖能力，因而可视为早期母系社会的历史投影。在赫西俄德的《神谱》中，该亚生出了乌拉诺斯，又与其结合来繁衍众神和万物。于是，大地之神与天空之神的结合便象征着母系社会向父系社会的过渡。或许，这一过渡不会是一帆风顺的，这其中可能会有冲突、有反复、有斗争。果然，该亚为了惩罚乌拉诺斯对其孩子的虐待，便联合小儿子克洛诺斯，割掉了乌拉诺斯的生殖器，并迫使他让位于克洛诺斯。克洛诺斯为了避免父亲的厄运，吞食了自己的儿子。但最小的一个儿子被其母亲保护了下来，他便是后来推翻父神的宙斯。宙斯结束了泰坦神系混乱无序的状态，他不再需要母亲的保护，逐渐建立起了以男神为核心的奥林波斯神系。与带有动植物特征的泰坦诸神不同，奥林波斯诸神体现了明确的社会分工，因而是文明社会乃至希腊城邦制度的文化折光。但是，正是在这样一个文明的社会里，一种犯上作乱的信仰起死回生了，这便是所谓的狄俄尼索斯（又译“狄奥尼索斯”）神系。

正是由于上述特点，这位出身并不高贵的狄俄尼索斯便在希腊宗教信仰中具有了划时代的意义。“希腊宗教信仰，主要有三大系统，即提坦神系，奥林波斯神系，狄俄尼索斯神系。”[12]在前两个系统中，酒神尚未成形，居于次要

10　中外名人研究中心：《世界宗教全书》，上海人民出版社，1994年，第57页。

11　［德］尼采：《悲剧的诞生：尼采美学文选》，周国平译，1986年，第15页。

12　李咏吟：《原初智能形态——希腊神学两大话语系统及其历史转换》，上海人民出版社，1999年，第76页。

的地位，只有在第三个系统中，它才异军突起，起到了举足轻重的作用。

（二）狄俄尼索斯崇拜与母系社会的流风余韵

这一神系所借助的资源或许确有外来的成分，它的风靡与狂热或许确实是较晚的事情，但其内在的精神却早已埋藏在早期的宗教信仰之中，因而可视为母系社会的一种流风余韵。“不管关于狄奥尼索斯与泰坦的神话和神秘剧在起源上是本土的还是外来，或者是在相对晚近的时代才引入的，它们在本质上与信仰的原始形态一样古老，而且与此类似的现象也十分丰富。此类的寓言神话无论现身何地总是伴随着许多原始野蛮的仪式，在这些仪式中人们往往把牲畜活生生地撕碎并生着吃掉。这种恐怖的景象是神遭受痛苦的一种表述。”[13]“有迹象表明，他可能发祥自色雷斯和弗里吉亚，起先是植物神，但是，他的生根、发芽、结果以及最后酝酿为酒神，无疑是在希腊本土。到了公元前6世纪前后，他已经获得希腊民众、尤其是妇女狂热的崇拜。”[14]对于那些疯狂的酒神侍女们来说，能够满足女性热望的狄俄尼索斯遭受痛苦的历史是一种值得纪念的事情。“酒神的女性崇拜者向他倾吐爱慕之情，这种情感在古希腊宗教仪式中不时出现。”[15]于是，在纪念仪式的酒神节上，一种长期被压抑的情绪释放了出来，它可被视为母系社会对父权社会的一种反攻倒算。

“希腊人以野外纵酒狂欢的方式来尊奉葡萄酒之神狄俄尼索斯，在此期间，女性崇拜者们通宵达旦地一边跳舞一边狂叫。”[16]“我们知道，妇女通过一些类似性交的巫术仪式，在纵酒狂欢中，裸体奔行舞蹈，祈祷大地丰收。酒神之所以在这种仪式中被崇拜，主要因为酒能把妇女带入迷狂沉醉状态。”[17]

“我们从雅典卫城里的那幅红色素描的花瓶图案上，看到一个全身裸露的狂舞女正在心醉神迷地舞动着一根男性生殖器模型。在出土文物的挖掘过程中，人们不仅挖掘出大小不同的人体塑像，而且还发现了大量用石头和其他材料做成的阴茎模型。如果说狂欢乱舞的酒神原先只是代表多产之神的话，那么这种节日就是后来逐步演变而成的，象征某种更高层次思想的活

13 Andrew Lang.*Myth, Ritualand Religion*, vol.2. AMS Press New York, 1968, pp.248–249.

14 中外名人研究中心：《世界宗教全书》，上海人民出版社，1994年，第56—57页.

15 Andrew Lang.*Myth, Ritualand Religion*, vol.2. AMS Press New York, 1968, p.259.

16 ［美］沃伦·霍利斯特：《西方传统的根源》，鲁品越、许苏明译，河南人民出版社，1990年，第72页。

17 李咏吟：《原初智能形态——希腊神学两大话语系统及其历史转换》，上海人民出版社，1999年，第242页。

动。尤其是象征了人类所期望的，并且在狂欢中已经实现了的人神合一；那是一种冲动，它发自人们的内心深处；而且也正是狄俄尼索斯这个原型，它于整个希腊世界才能够久盛不衰。”[18]

在祭祀酒神的节日中，不仅有生殖器崇拜，而且要宰杀图腾。“据说，在祭祀狄俄尼索斯之后的游行中只有妇女参加。她们纷纷抛开家庭活计，扮演着狄俄尼索斯的伴侣诸巴科斯狂女：头戴常春藤，身穿兽皮，手拿神杖，随身携带宝剑、铜铙，成群结队游荡于山间林中，她们一边挥舞着手杖与火把，一边狂舞乱喊。等到疯狂状态达到高潮，她们毁灭碰到的一切。如遇到野兽或儿童，她们就把它撕成碎片，生生活吞下去。因为她们认为，这兽或儿童是狄俄尼索斯的化身，所以，把它撕裂并吞吃下去就等于是进行一次神体圣餐，通过这一行为，她们才真正与狄俄尼索斯融为一体。”[19]疯狂的酒神侍女们常常举行所谓的“公牛大餐”，甚至干出生吞活剥野兽的事情。“这种将动物活生生撕碎的风俗流风如此之远，以至于当Pentheus干扰这一习惯时，这个国王被自己家里的女性撕成了碎片。”[20]

“狄俄尼索斯崇拜的仪式一般是这样的：被附灵的信徒在山林间追逐野兽，并当场吞食鲜血淋漓的生肉。随着演变，莫那得斯妇人们改成通过祭奠中喧哗疯狂的舞蹈，进入相同的狂迷通灵（Transe）状态。神附身其上，控制并占有她们。在这狂迷之中，人仿佛扮演了神，而神则凭借人的肉体扮演了人，两者的界限不再分明。除了人神的合而为一，狄俄尼索斯崇拜还造成了人与兽的新联系。女祭司们生活于荒野之中，与兽类为伍。她们互相残杀嗜血，以人为祭祀的牺牲，并生食其肉；一如神话里说的，她们疯狂地把俄耳普斯撕成碎片。”[21]

如此说来，酒、性、女人和野兽似乎构成了狄俄尼索斯崇拜仪式中的四大因素，而从社会学角度上加以分析，这一切可否被视为女性信徒凭借酒兴以宣泄被压抑的性欲，并借助野兽的力量以恢复原始的蛮勇，进而以一种骇人听闻的方式向男权社会进行报复呢？无论是Pentheus国王，还是俄耳甫斯教

18 ［德］利奇德：《古希腊风化史》，杜之、常鸣译，辽宁教育出版社，2000年，第30—31页。

19 中外名人研究中心：《世界宗教全书》，上海人民出版社，1994年，第57页。

20 Andrew Lang.*Myth,Ritualand Religion*,vol.2.AMS Press New York,1968,p.251.

21 吴雅凌编译：《俄耳甫斯教辑语》，华夏出版社，2006年，第62页。

主，这些声名显赫的男人被疯狂的酒神侍女撕成碎片并鲜血淋漓地吃掉这一事实说明了什么?

（三）狄俄尼索斯崇拜的文化解读

为什么在一个文明的社会里，竟会出现如此狂放而又野蛮的宗教仪式呢? 这个问题常常让那些博学多识的西方学者百思而不得其解。“罗必克（Lobeck）将这些野蛮的行为，诸如撕裂狗鹿、裸体跳舞、咀嚼血淋淋的生肉，看作那些精力旺盛却未经教化的人们的本性在狂呼乱叫中的自由释放。但奇怪的是那些久经文明熏陶的人们竟然还持之以恒地保持这种原始而又野蛮的行为举止。”[22]与罗必克不同，罗素认为此事并非产生于“未经教化的人们”，而恰恰是过度的文明教化所导致的一种反叛：“正像许多开化得很快的社会一样，希腊人，至少是一部分希腊人，发展了一种对于原始事物的爱慕，以及一种对于比当时道德所裁可的生活方式更为本能、更加强烈的生活方式的热望。对于那些由于强迫因而在行动上比在情感上来得更加文明的男人和女人，理性是可厌的，道德是一种负担与奴役。这就在思想方面、情感方面与行为方面引向一种反动。”[23]

从某种意义上讲，文明与异化是一对孪生兄妹。在进入文明社会之前，人们不可能享受各种各样的文明成果，而只能过着一种茹毛饮血的生活；在进入文明社会之后，人类在摆脱了原始的生存方式的同时，却又套上了文明的枷锁。本来，原始的人们是自由自在、无拘无束的，他们充沛的精力和原始的欲望随时都能够像山泉一样尽情地流淌；但是，在进入文明社会以后，人们不仅享受了原始人所不曾享受过的文明成果，而且不得不用后天的道德准则、法律规范、宗教信仰来约束自己的行为、压抑自己的情欲，从而把那种最初支配人们感性行为的原始驱动力压抑到意识的底层，以至于形成了那种暂且屈服于理性而又时时准备犯上作乱的潜在的心理能量。

按照弗洛伊德的观点，我们的人类每天都要从自然界吸收各种各样的营养，这种物质的能量会转化为生理的能量，而生理的能量又会转化为心理的能量“里比多”。“里比多”作为一种心理能量是要寻求表达的，并在表

22 Andrew Lang.*Myth,Ritualand Religion*,vol.2.AMS Press New York,1968,p.250.

23 ［英］罗素:《西方哲学史》上卷，何兆武、李约瑟译，商务印书馆，1963年，第38页。

达中加以消耗。但是，如果这种心理能量的表达与社会的文明秩序发生矛盾，文明的“超我”便会以道德准则、法律规范、宗教信仰等方式来“压抑”人类的“自我”，并使多余“里比多”回归到“本我”的隐秘状态，久而久之便形成被“自我”所遗忘的“潜意识”。在弗洛伊德看来，在人类的各种欲望中，最容易遭到文明压抑的内容常常与性有关，因而性的欲望也便成为“潜意识”的重要成分。“潜意识”是一种意识不到的意识，它虽然意识不到，但并非不起作用。在正常意识放松的情况下，这种“潜意识”可能会暗度陈仓，以失误、梦魇等方式干扰人的正常生活、闯入人的精神殿堂。更有甚者，如果这种潜在的心理能量积攒过多，就会像一座火山一样寻找爆发的机会。而一旦心灵的火山彻底爆发，便会颠覆正常的意识控制，导致癔病的发生……如此说来，人类很多的精神疾患，并不是由于身体机能的器质性病变引起的，而是由于文明的压抑所导致的。一个人如此，一个社会群体也是如此。而在古希腊，当时受到文明压抑最为严重的社会群体正是女人。

文明的出现是以社会的分工为前提的。社会分工的出现使男子逐渐在主要的生产部门中占据了重要的地位，随之而来的是私有财产、阶级和一夫一妻婚姻制度的建立，人类开始迈进了文明的门槛。然而，历史总是在“二律背反”中前进的，“文明每前进一步，不平等也同时前进一步。随着文明产生的社会为自己建立的一切机构，都转变为它们原来的目的的反面。”[24]从阿里斯多芬的《蛙》中我们可以看到，在古希腊的城邦之中，丢弃女婴的现象并不罕见。可见，同一切男权社会一样，古希腊的男女地位是不平等的。按照城邦的法律，女人没有公民权、财产权和受教育的权利，其地位相当于奴隶。这种性别的歧视与压抑，将伴随着那些未被丢弃的女人们的一生。据考证，古希腊的年轻女子在没有出嫁以前几乎过着一种与世隔绝的生活。她们只有在节日庆典或丧葬仪式等活动中，才被允许与外人接触。就连《神谱》这部严肃的神话著作也以极端歧视的态度来谈论女性：“你千万不要上当，让淫荡的妇女用甜言蜜语蒙骗了你，她们目光盯着你的粮仓。信任女人

24　［德］恩格斯：《反杜林论》，《马克思恩格斯选集》第3卷，人民出版社，1972年，第179页。

就是相信骗子。”[25]在欧里庇得斯的《特洛伊妇女》中，我们可以听到当时的一句名言：“女人若是不呆在家里，凭这一点就可以说是她的过错。”未婚女子需要专人监护，而已婚女子只配料理家务。因此，在那部著名的史诗中，我们看到奥德赛的儿子对他的母亲说：“你还是回到自己的房间里去吧，去做你的事情，去开动你的织机和绕杆，去吩咐女仆们干活；而谈话是我们男人的事，首先是我的事，因为我是这个家的主人。”王宫贵族家庭的妇女尚且如此，平民百姓家的女人便可想而知了。“随着时间的推移，古希腊文化越来越侧重于男性文化。这一点体现在这些方面：儿童教育实际上只提供给男孩子们；而那些基本的读写知识和女工手艺的基本知识，主要是纺织方面的技术，都是由母亲在家里传授给女孩子的。”[26]这种性别的歧视与压抑不仅体现在政治、法律、教育等社会生活中，而且在两性关系上尤为明显。“从现代人的眼光来看，古希腊人虽然肯定没有‘好色’之说，但他们明显将女人分为三个等级；正如那篇驳斥尼阿拉的演讲作者所云：‘我们有妓女供我们销魂，有姘妇每天专门伺候我们，还有结发妻子保证为我们生儿育女’。”[27]在斯巴达，妇女所受的禁忌虽然较轻，但更是沦为繁殖后代的工具。根据普卢塔克在《利库尔戈斯传》中的记载，为了保障子女的强健，斯巴达的丈夫们可以暂时将自己的婚姻权力转让给另一个性功能比较强盛的男子，在这类将婚姻演变为“配种”的方式中，自然不必考虑妇女的要求与情感……

按照精神分析学的观点，为了避免因文明的压抑而导致的心理疾患，人们需要释放多余的心理能量，其最简单的方式是直接的“宣泄”。在生活中，我们曾经遇到过这样的现象：如果一个人突然遇到了意外的不幸，最常见的反应是哭泣、呐喊、捶胸顿足。如果他既不哭泣，也不呐喊，更不捶胸顿足，其状态反而更令人担忧。关心他的人会说：“你哭出来吧，喊出来吧，哭喊出来反而会好些。”为什么哭喊出来反而会好些呢？因为那会宣泄掉多余的心理能量，使其重新恢复平静。一个人的情况如此，一个社会群

25 ［古希腊］赫西俄德：《工作与时日·神谱》，张竹明、蒋平译，商务印书馆，1991年，第12页。

26 ［德］利奇德：《古希腊风化史》，杜之、常鸣译，辽宁教育出版社，2000年，第29页。

27 ［德］利奇德：《古希腊风化史》，杜之、常鸣译，辽宁教育出版社，2000年，第33—34页。

体的情况也一样。因此，在广大希腊妇女普遍受到文明的压抑从而陷入巨大不幸的状态下，据说是由色雷斯人传至希腊的酒神仪式之所以能在广大平民、尤其是在妇女中得到广泛的流传，便不是一件难以理解的事情了。“完美的狄俄尼索斯形象不仅仅代表着狂欢和艺术精神，而且还代表着年轻、健康和欢乐。不过即使在这种形象中，他依然保留了一些顽皮淘气和高深莫测的气质，这也许是早期观念的残存物，或者是有意运用象征的结果。酒神使人们的心里充满了欢乐，但他同时也启发了人们对变形的兴趣，有一句流行的话间接地提到这一点，即所谓‘借酒撒疯’。”[28]换言之，当感情和欲望在现实生活中找不到出路的时候，人们就只能求助于酒精和宗教了。

所以，从文化的意义上讲，那种野蛮而又疯狂的酒神崇拜可以说是一种对于异化文明的反抗，是被压抑的广大妇女借助狄俄尼索斯的名义而对男权社会的一种非理性的反攻倒算。如此说来，狄俄尼索斯的宗教仪式，最初是作为异化现实的反叛形式而出现的。“在这些被如此研究的众神之中，狄俄尼索斯应该说是最为杰出的一个。在许多神话学者的眼里，狄俄尼索斯是万象更新的‘精灵’，是单调生活的打碎者，是新鲜跃动的脉搏，他的这些品质在葡萄树和葡萄汁中表现得尤其明显。”[29]“在这种热烈的情绪中，人与人、人与自然的对立消融了。人获得了一种赤子般的情怀。责任、重负、羞辱心、道德感都崩解了。接着出现的只是无边的热情和激情。”[30]

可以说，狄俄尼索斯崇拜在生理上具有免除精神疾患的功能，在文化上具有反抗异化现实的意义，因而是具有人道主义色彩的。然而，这种非礼无法的宗教崇拜，不仅有其合理性，而且有其破坏性。那种粗野的、狂放的、毫无节制的感性行为，在文明的社会里不能不引起人们的担忧。奥托·基弗在《古罗马风化史》一书中详尽地描述了古罗马妇女在酒神崇拜的活动中对男子的侮辱和摧残，“她们把男人绑在绞盘上吊走，弄到秘密的洞穴里，然后对大家说：‘神把他们带走了’。被弄走的都是不肯参与犯罪，也不愿受辱的人。”[31]而且，从希腊到罗马，随着时间的推移，这种非理性

28 Andrew Lang.*Myth, Ritualand Religion*, vol.2. AMS Press New York, 1968, pp.225–226.

29 Andrew Lang.*Myth, Ritualand Religion*, vol.2. AMS Press New York, 1968, p.241.

30 李咏吟：《原初智能形态——希腊神学两大话语系统及其历史转换》，上海人民出版社，1999年，第245页。

31 ［德］奥托·基弗：《古罗马风化史》，姜瑞璋译，辽宁教育出版社，2000年，第131页。

的酒神冲动越演越烈。“最后，元老院于公元前186年颁布了一项法令，这项法令刻在铜牌上，至今犹存。它规定除了无关大局的地方性的崇拜活动以及其他一些小小的例外，今后永远禁止在罗马和意大利境内举行酒神崇拜活动。”[32]

二、日神

然而，对于一种由来已久的文化习俗而言，仅仅依靠法律的限制是远远不够的。更何况，如果罗素的猜测和弗洛伊德的理论是正确的，仅仅依靠强制性的禁令，并不能解决因文明的异化所带来的心理问题。于是，作为酒神精神的对立面，日神崇拜出现了。

（一）阿波罗的出身及特征

曾著有《希腊宗教史》一书的尼尔森（M. P. Nilsson）指出："是阿波罗不仅通过斗争和抑制，而且通过许可与调节而压倒了当时流行的酒神崇拜，使这种经过调节后的迷狂丧失了其刚刚萌发出来的危险性。有大量的事实证明，是阿波罗的风尚完成了征服民众的历史任务。”[33]安德鲁·郎格在《神话、仪式与宗教》一书中也提到，“在特尔斐城，原本用于举行太阳神庆典的冬季三个月曾一度属于狄俄尼索斯，不过现在由于阿波罗的取代，他在这几个月里的庆典也停止了。阿波罗的那个神圣的诞日盛宴也与一年的周而复始相联系”[34]。由此可见，在当时的希腊，狄俄尼索斯崇拜和阿波罗崇拜之间确乎存在着一个此消彼长的过程。

在这个此消彼长的过程中，有一个神秘的中间人物很值得注意，那就是我们在前面提到的俄耳甫斯（Orphic）。作为狄俄尼索斯宗教的改革者，俄耳普斯相信灵魂的轮回，相信音乐和一种神秘的知识可以实现人们对彼岸世界的追求。由于他反对纵欲行为，结果被狂热的酒神侍女们（Maenads）撕成碎片。在埃斯库罗斯的戏剧中，俄耳甫斯是作为日神教的殉道者而牺牲的。他的思想和行为，也确实接近并符合我们所理解的日神精神。

与纵欲妄为的狄俄尼索斯崇拜不同，“俄耳甫斯施行苦修和素食，拒绝

32　［德］奥托·基弗：《古罗马风化史》，姜瑞璋译，辽宁教育出版社，2000年，第133页。

33　M.S.Silk,J.P.Stern.*Nietzsche on Tragedy*.Cambridge University Press,1981,pp.178–179.

34　Andrew Lang.*Myth,Ritualand Religion*,vol.2.AMS Press New York,1968,p.216.

血祭和肉食。凭借这种‘俄耳甫斯教的生活方式’，人们想要洗净从起源开始就残留身体中的提坦的罪和不洁，并且保留狄俄尼索斯的神性，从而回归神和黄金时代。”[35]问题在于，这种禁欲主义的生活方式与狄俄尼索斯的所谓“神性”是相矛盾的，因而其内部的改革必然是失败的。当内部的“改革”失败之后，外部的“革命”就必然发生了。于是，继承了音乐、灵魂、禁欲这三大要素的日神崇拜便占据了与酒神崇拜分庭抗礼的地位。

“太阳崇拜是远古人类与自然之间建立的一种神秘联系。太阳每天都要出现在人们的生活中。在人们的日常经验中，太阳总是循着固定的路线运行，日出、升起、普照万物、日落。太阳给人类带来了最美好的情思，也使得人类产生一种神秘的恐惧，人们对太阳的崇拜实质上就是源于这种经验直观。”[36]那么，在这种直观的背后，希腊人所崇拜的日神究竟有哪些特征呢?“人们一再重申阿波罗的诸多属性与他起源于太阳密切相关，并且在阿波罗的名字、品质和有关他的许多节日上大做文章。有人指出阿波罗是掌管时间标尺的神，‘一年中的重要日子、每个月的月初、月中和初七、二十，还有阳历年的起始都是由阿波罗来掌管。’”[37]由于太阳神是“时间的标尺”，因而也便是规律、法则，乃至超验理性的化身。于是，阿波罗意味着法则和规律。

在希腊人看来，由于太阳普照万物，没有什么是太阳看不到的，所以太阳神便意味着一种神秘的认知能力。“如果我们打算相信阿波罗也是太阳神的话，那么‘阿波罗’就是一个更为高级纯粹的概念。他不再是那个作为凡人的太阳，而是那个在精神世界象征着太阳的存在。他能够产生太阳在实际上发光发热时所带来的功效，但达到这样的功效他只需要意念的一次简单顾盼。”[38]于是，阿波罗不仅意味着法则和规律，而且意味着对宇宙法则和规律的把握，即一种神秘的认知能力。

与狂放不羁的狄俄尼索斯不同，端庄宁静的阿波罗浑身闪烁着智慧的光芒。阿波罗不仅是希腊的日神，而且是希腊的音乐之神，他用七弦琴代替了葡萄酒，用精神的沉醉代替了肉体的沉醉，从而为遭受异化痛苦的希腊人找

35　吴雅凌编译:《俄耳甫斯教辑语》，华夏出版社，2006年，第64页。

36　李咏吟:《原初智能形态——希腊神学两大话语系统及其历史转换》，上海人民出版社，1999年，第202页。

37　Andrew Lang.*Myth,Ritualand Religion*,vol.2.AMS Press New York,1968,p.214.

38　Andrew Lang.*Myth,Ritualand Religion*,vol.2.AMS Press New York,1968,p.215.

到了一种新的解脱方式。

首先，在出身上，如果说狄俄尼索斯因具有半人半神的血统而显得不够高贵的话，那么阿波罗的父母两系均为奥林波斯之神。“阿波罗是宙斯和女神勒托的儿子，他作为射神、音乐之神和预言之神倍受人们崇敬。”[39]如果说，作为狄俄尼索斯的母亲，凡间女人代表着感性、肉体和欲望，那么作为阿波罗的母亲，女神勒托则代表着理性、精神和灵魂。这种出身上的差别似乎表明，阿波罗比狄俄尼索斯所代表的一切更加文明、更加高尚、更加具有精神色彩。

其次，在性别上，如果说狄俄尼索斯崇拜与女性文化有着或明或暗的瓜葛，那么阿波罗崇拜则与男性文化有着千丝万缕的联系。“他是光明、崇高的象征，又是男性美与青春的原型。”[40]这种性别上的差别似乎表明，阿波罗崇拜与狄俄尼索斯崇拜分别代表了父系社会与母系社会不同的文化取向。我们知道，如果说与狄俄尼索斯同样具有蛮夷色彩的泰坦诸神体现了母系社会的流风余韵，那么阿波罗所从出的奥林波斯神系则代表了父系社会的文明秩序。在埃斯库罗斯的悲剧中，俄瑞斯忒斯因为父报仇而杀了自己的母亲，阿波罗却站在父权社会的立场上为之辩护道：“母亲决不是生产他的所谓‘世系’，而不过是抚育新播的种子；父亲才是生父，养育出新的芽苗。”[41]

再次，在外貌上，如果说狄俄尼索斯雕像常常表现出一种身体倾斜、动作失衡的样子，那么阿波罗雕像则常常表现出举止优雅、表情宁静的样子。在欧里庇得斯的《酒神的伴侣》中，狄俄尼索斯不仅“头上长角如公牛”，而且“以蛇为冠饰”，经常“咆哮不止”“冲动易怒”。与之不同的是，“克拉克在《人体艺术论》中，对阿波罗神像的雕塑作了一些考察。克拉克认为希腊人从不怀疑这一点，他们坚信阿波罗是完美无缺的美构成的人。他的身体与某些比例规则一致，富有数学的神一般的美，因而是美丽的。因此，按照阿波罗的形象姿态进行艺术创作时，一切都必须十分清晰明朗。因为只有在理性的光芒照耀下审美创造才能够获得真正的自由。”[42]这种外貌上的差别似乎表

39 中外名人研究中心：《世界宗教全书》，上海人民出版社，1994年，第48页。

40 中外名人研究中心：《世界宗教全书》，上海人民出版社，1994年，第48页。

41 参见埃斯库罗斯：《奥瑞斯提亚三部曲》之三《福灵》第五幕“复审”，上海译文出版社，1983年。

42 李咏吟：《原初智能形态——希腊神学两大话语系统及其历史转换》，上海人民出版社，1999年，第216页。

明，阿波罗崇拜与狄俄尼索斯崇拜分别代表了秩序与反秩序之间的较量。

最后，在功能上，如果说狄俄尼索斯给人们带来的主要是一种原始的经验、肉体的快乐，那么阿波罗给人们带来的则主要是一种文明的享受、精神的寄托。“狄俄尼索斯崇拜并没有宣告彼世有更美好的命运，或者灵魂的不朽。这一宗教既不逃避现实，亦不提倡苦修禁欲。”[43]而阿波罗崇拜则充满了一种神秘的智慧和对彼岸世界的期盼。这种功能上的差别似乎表明，狄俄尼索斯与阿波罗崇拜分别代表了感性与理性、肉体与灵魂之间的抗争。

（二）阿波罗崇拜的特殊功能

艾英在为《希腊神话故事》一书所写的中译本后记中指出：“阿波罗原先是一个农神，同时又是一个忏悔神和医疗神。他有个儿子名叫阿斯克勒庇俄斯，是个著名的医生，可以帮助凡人抵制大地上的阴暗势力。阿波罗后来又成为艺术神。对希腊人说来，他的最大的作用在于是一位发布神谕的先知。”[44]由“时间的标尺”到“纯粹的概念”再到“神谕的先知”，希腊人似乎在阿波罗那里找到了一种超验的智慧。

这种超验的智慧最为集中地表现在阿波罗神庙中。“在整个希腊，到处都拥有阿波罗的神庙。人们到阿波罗神庙中去询问，阿波罗神通过人与神的中介者祭司西彼拉宣示他的预言。在阿波罗神庙中有不少女祭司，曼托就是一个很有名的女祭司，她后来被带到德尔斐，在那里，她献身于阿波罗祭礼。在阿波罗神庙所有祭坛中最受崇拜的是德尔斐圣坛，它建在一个深洞中，从那里发出预言的力量。女祭司坐在放于洞门的三脚祭坛上。在神的影响下，她进入昏迷状态，被预言的神智所控制，开始吐出不连贯的语句和含糊不清的词。然后祭司或德尔斐神会成员来解释这些词。在一些神话学家看来，阿波罗的语言能力似乎是最值得强调的。”[45]“德尔斐是阿波罗神的圣地。那里最古的神庙始建于公元前9世纪中叶。据神话传说，阿波罗杀死了守护山谷巨蛇皮同，在此地兴建了自己的神庙和神托所。所谓‘神托所’（Oracle），原意为‘神谕’，引申为神发布神谕之所。”[46]在神话传说中，德尔斐原来是一个十分

43　吴雅凌编译：《俄耳甫斯教辑语》，华夏出版社，2006年，第62页。

44　［德］施瓦布：《希腊神话故事》，刘超之译，宗教文化出版社，1996年，第590页。

45　李咏吟：《原初智能形态——希腊神学两大话语系统及其历史转换》，上海人民出版社，1999年，第221页。

46　中外名人研究中心：《世界宗教全书》，上海人民出版社，1994年，第53页。

偏僻的不毛之地，阿波罗在选中它为圣地之后，一时找不到新的祭司，于是他便在海上劫掠了一条克里特人的大船，使之偏离方向，驶到这里。阿波罗对船上的人说："从现在起，你们中的所有人都不能再到你们喜欢的城市了，你们再也看不到富饶的居地了。你们必须为我守护神庙。你们将知道神的意图，神的意志会使你们永远受人尊敬。你们会非常富有，你们将拥有人类各部落给我的奉献的一切。"[47]由此可见，在当时的希腊城邦中，阿波罗神谕的影响是多么的深入人心。

关于这一点，最为著名的例证莫过于索福克勒斯的悲剧《俄狄浦斯王》了。其实，这种神奇的传说绝不限于俄狄浦斯一件。就连写过《神谱》一书的赫西俄德也曾有过此类命运："赫西俄德在卡尔克斯比赛获胜之后去德尔斐，阿波罗神谕告知，他将死于尼米亚美丽的宙斯圣林里。他以为是指亚哥利斯（Argolis）的尼米亚（Nemea），于是避开这个地方去了罗克里斯（Locris）的俄诺埃（Oenmea），得到菲古斯两个安菲法尼斯和盖纽克托的款待。后来主人怀疑他勾引他们的妹妹，把他杀了抛入海中。三日后尸体被海豚负到岸边，葬于俄诺埃（普鲁塔克说，葬于阿斯克拉），谁知这里也有一个尼米亚的宙斯庙。"[48]或许，赫西俄德的传说也同俄狄浦斯的命运一样，有着某种神话的成分，但这种神话恰恰表明了希腊人的一种心理：希望掌握自己的命运而又不能的恐惧。在生产力还相当落后的古代社会里，人们常像俄狄浦斯或赫西俄德那样，为躲避厄运而请求超验主宰的神谕。然而，人们也常常像俄狄浦斯或赫西俄德那样，越是躲避就越会落入命运的圈套。聪明的俄狄浦斯可以猜中司芬克斯的谜语，却无法逃脱自己的宿命。可见，一个人要认识自己，是多么的不容易。然而这一切，非但没有减弱人们对命运的探索，反而激发了人们探索的热情。

（三）阿波罗崇拜的文化解读

在阿波罗神庙中有两句著名的格言，一句叫做"勿过"，一句叫做"认识你自己"。笔者认为，前者是对狄俄尼索斯崇拜仪式中感性泛滥的纠正；后者则是将人们的心理能量转移到自己的精神活动中来。这种心理能量的"转

47 ［古希腊］赫西俄德：《工作与时日·神谱》，张竹明、蒋平译，商务印书馆，1991年，第171页。

48 ［古希腊］赫西俄德：《工作与时日·神谱》，张竹明、蒋平译，商务印书馆，1991年，第3—4页。

移”，在精神分析学的用语中也叫做“升华”。“升华是一个与对象里比多有关的过程，是把本能引向不同于性满足和远离性满足的目标。在这个过程中强调了对性欲目标的偏离。”[49]在弗洛伊德看来，由于社会伦理等方面的原因，被“压抑”的心理能量常常得不到直接的“宣泄”，因而导致精神疾患的发生。为了免于精神疾患，人们只得改变心理能量的固有指向，将其转移到被文明社会所能认可和接受的事业上来，并在这一事业的追求中“升华”掉。于是，这一“升华”也便具有了双重的意义：在主观上使受到压抑的人免于精神疾患的困扰，在客观上创造了人类的文明，这也便是《压抑与文明》一书的要义所在。因此，与充满了原始的肉欲、野性的快感的狄俄尼索斯崇拜仪式不同，阿波罗崇拜则显得文明多了、文雅多了。它不是在肉体的狂迷中逃避文明的压抑，将原始的欲望直接“宣泄”出来，而是在精神的沉醉中寻求超验的寄托，将原始的欲望变相“升华”出来。

“酒神之所以不能纳入奥林波斯系统，因为酒神崇拜主要不是在城邦进行，它不是一个具有理性色彩的神。这样的神，只有与自然山林联系在一起，才会真正显示出它的原始性和狂野性特征。……希腊把他的粗野迷人、神力和妇人的狂欢联系在一起，更多地体现了其狂欢化本质。”“他是个酒神，他是一个林神，但是，最重要的是，他是狂欢精神的化身，他是一种超然理智之外的冲动力。”[50]而这一切的核心，便是一种野蛮的、原始的、感性的肉体冲动。无论我们人类进化到什么程度，这种野蛮的、原始的、感性的肉体冲动始终伴随着我们，并在很大程度上是我们行为的动力、生命的源泉。这便是人永远也不可能彻底脱离自然界的原因所在，也是狄俄尼索斯崇拜的最终根据。与之不同的是，“希腊神话中的日神神话虽不如印度神话那么富于想象力，但他们对日神神格的强调，无疑也体现了一种独特的希腊文化精神。例如，把赫利俄斯和洞察力联系在一起，把阿波罗和预言联系在一起。他们对太阳神洞察力和神谕能力的强调，无疑带有智慧崇拜的意义”[51]谈到智慧，人们很容易想起另一位奥林波斯女神雅典娜。“在史诗中，希腊人把她看作一个智慧女神，实际上主

49　叶秀山：《希腊奥林帕斯山上诸神之古典精神》，《外国美学》第12辑，商务印书馆，1995年，第157—158页。

50　李咏吟：《原初智能形态——希腊神学两大话语系统及其历史转换》，上海人民出版社，1999年，第234页。

51　李咏吟：《原初智能形态——希腊神学两大话语系统及其历史转换》，上海人民出版社，1999年，第208页。

要与战争相关。其他方面的智能，例如预言、先知等智慧，与雅典娜无关。因为那些智慧是由阿波罗神所代表的。因此，希腊人实际上有两个智慧之神：一个是雅典娜，一个是阿波罗。”[52]而在笔者看来，前者的智慧主要运用于经验领域。所以，除了战争之外，“在这些生产劳动中，雅典娜的智能是保护匠人和纺织者”[53]。而后者的智慧则主要运用于超验领域。所以，“阿波罗的主要神格是预言，一个预言之神能预测未来的命运，自然在希腊人心目中地位很高”[54]。“因此，就形成了一种对太阳神的崇拜，不是为了健美、生命、快乐和自由，而是为了求得神谕，从而形成一种自我认知的智慧。”[55]

我们知道，无论是经验的智慧还是超验的经验，都是人类企图用理性来掌握自身命运的一种努力。所不同的是，前者是理性的合法运用，后者是理性的非法运用。当然，在康德针对理性所作的“批判哲学”出现之前，西方人尚未对此问题产生清醒的认识。相比之下，雅典娜的智慧只能解决具体问题，所以虽然重要，却不够神秘；阿波罗的智慧则关乎生死大事，所以不仅重要，而且具有形而上的意味。“因此，后人把日神精神视作希腊文化精神的一个重要构成部分，这显然具有十分特殊的意义。”[56]这也正是我们认为阿波罗比雅典娜更值得研究的原因所在。问题在于，无论人类发展到什么地步，总有一些形而上的不解之谜等待着我们去探究。或许这种探究不能形成可靠的知识，却仍然是哲学、宗教的永恒对象，这也正是阿波罗崇拜的最终根据。

三、小结

总之，在我们看来，日神和酒神精神是从同一现实生活中分裂出来的两种彼此对立的宗教情绪。前者是精神的沉醉，表现为一种禁欲的对精神

52 李咏吟：《原初智能形态——希腊神学两大话语系统及其历史转换》，上海人民出版社，1999年，第188页。

53 李咏吟：《原初智能形态——希腊神学两大话语系统及其历史转换》，上海人民出版社，1999年，第190页。

54 李咏吟：《原初智能形态——希腊神学两大话语系统及其历史转换》，上海人民出版社，1999年，第211页。

55 李咏吟：《原初智能形态——希腊神学两大话语系统及其历史转换》，上海人民出版社，1999年，第222页。

56 李咏吟：《原初智能形态——希腊神学两大话语系统及其历史转换》，上海人民出版社，1999年，第209页。

世界、宇宙本原的不顾一切的追求；后者是肉体的沉醉，表现为一种纵欲的对感性生活、肉体存在的忘乎所以的肯定。叶秀山在《希腊奥林帕斯山上诸神之古典精神》一文中也认为：“如果说，阿波罗神是光明、智慧、理智的象征，狄俄尼索斯神则代表了玄暗、野性和放纵。”[57]因而，与尼采的理解不同：前者并不限于“表象”层面的直觉与静观，后者也没有“意志”自觉的本体论色彩。这种理解的不同不仅表现在概念的界定上，而且表现在时间的顺序上。按照尼采的说法，希腊人先是在和谐美妙的日神梦境中获得暂时的解脱；只有在意识到这一梦境的虚假之后，才又投身于酒神的怀抱。而按照笔者的理解，希腊人先是在借助酒神醉态中发泄不满、寻找快乐；只有当这种放纵的行为遭到批评或禁止之后，才转而寻求日神式的精神寄托。从社会历史的角度上看，如果说狄俄尼索斯崇拜体现了母系社会的流风余韵，代表了受到文明压抑的女性群体对男权社会等级秩序的一种反动；那么阿波罗崇拜则体现了父系社会的秩序与法则，代表了占统治地位的男性群体对既有文明的捍卫与维护。从精神分析学的角度看，如果说狄俄尼索斯崇拜是遭受压抑的文明人尽情宣泄感性欲望、释放原始快感的理由和借口；那么阿波罗崇拜则是使这种被压抑的心理能量的变相升华的手段和渠道。于是，在古希腊人的心理结构中，感性与理性、肉体与灵魂、经验与超验之间彻底分裂了……

需要指出的是，这种分裂对峙的民族心理结构，对西方人的民族文化结构和民族社会结构都产生了至深至远的影响。在民族文化结构方面，西方人对峙的两极也极为发达：在感性的一端有体育，在理性的一端有科学；在民族社会结构方面，西方人对峙的两极也极为发达：在感性的一端是自由，在理性的一端是法律。由于篇幅的原因，使我们无法在这种“同型同构”的结构中分析整体的西方文明，进一步的工作将留在以后的文章之中。

（此文为山东省“十五”重点项目“中国与欧洲的文化差异及其在审美领域中的表现”[018YJ14]阶段成果；并获“教育部高校青年教师奖励资助计划”资助。发表于《文史哲》2006年第6期）

57 叶秀山：《希腊奥林帕斯山上诸神之古典精神》，《外国美学》第12辑，商务印书馆，1995年，第310页。

面向“市场”与“世界”的人文社科研究创新

一个时代有一个时代的学术。改革开放30年来，中国高校人文社会科学研究的内部条件和外部环境都有了极为深刻的变化，在这种情况下，如何筹划并调整我们的研究理念、研究方法和研究策略，不仅与每一个研究者的学术生命相关，而且与整个高等教育人文社会科学的学术发展相联，因而也是不得不加以优先考虑的。在影响学术发展的诸多因素中，内部的“市场”条件和外部的“世界”因素又是至为根本的首要问题，于是便有了本文的题目。

“市场”常常是人文社会科学工作者望而却步的概念，仿佛这一概念只意味着低俗的金钱交易，而与高雅的学术活动毫不相干。其实，“市场”并不只是一个具体的货物交换场所，而且是一个抽象的资源配置概念。更为重要的是，改革开放以来所发生的巨大变化，无一不与这个概念相关。因此，由原来的“计划经济”时代进入现在的“社会主义市场经济”时代，并不仅仅意味着生产力的解放，物质财富的增多，生活水平的提高，国家实力的增强，也意味着我们所从事的人文社会科学研究内部条件的重大改变。

在我看来，所谓“计划经济”的实质，是“生产决定消费”。物质生产如此，精神生产也是一样。在当时的情况下，包括人文社会科学成果在内的精神产品的生产，不是由消费者决定的，而是由生产者按照国家的“计划”决定的。当时的学术市场只有一个，那就是国家。国家以“统购统销”的方式收购学者们的精神产品，再以“配给制度”的方式出卖给民众。除了以国家为主体的“单一的买方市场”之外，当时的人文社会科学成果没有任何别的出路。而现在的情况则不同了，因为“市场经济”的实质不是“生产决定消费”，而是“消费决定生产”，生产者生产的物质产品和精神产品必须面对多元的“市场”，符合不同消费群体的需要，才能实现其应有的价值。就人文社会科学研究成果而言，当前的学术“市场”至少有三个：政府的学术市场、民间的学术市场和海外的学术市场。

政府的学术“市场”，主要是指各级党组织或行政主管部门以设立科研基金等方式预先买断或后期资助、奖励科研成果，从而实现其经济和社会价值的学术渠道。由于人文社会科学研究具有意识形态属性和传承民族文化的任务，又由于我国市场经济的“社会主义”性质，使得这一“市场”对于人文社会科学学术研究具有至关重要的意义。无论是在过去，还是在未来相当长的时间里，在多大程度上占有这一“市场”，都是人文社会科学研究参与国家精神文明建设能力的首要标志。这也正是各个高校历来都十分重视承担国家社科基金和省部级科研项目并取得相关奖励的原因所在。在“十五”末和“十一五”初，除了原有的社科基金之外，教育部每年都增列了40项的重大攻关项目。除此之外，来自中宣部的“马克思主义理论研究与建设工程”和文化部的“国家清史编修工程”也都有很大的投入。这不仅说明随着经济实力的增强，政府的学术市场在不断扩大，而且说明，随着文明水准的提高，人文社会科学研究也便有了日益广泛的发展空间。在这种情况下，人文社会科学工作者要真正占有这一“市场”，不能仅仅凭借以往的学术惯性去选择课题，而应该站在国家社会科学和文化发展战略的高度上思考问题，善于为国家的经济发展和社会进步解决难题。

民间的学术“市场”，主要是指政府之外的企事业单位、民间组织乃至个人，以设立科研项目、学术奖励或直接购买学术成果，从而实现其经济和社会价值的学术渠道。这一渠道是随着我国经济生活的多元化和文化生活的多样化而开通和扩展的。虽然相对于理科、尤其是工科而言，文科的民间学术

“市场”规模不大，其意义也常常被我们的学者所忽视，但是，随着我国社会主义市场经济的迅猛发展，这一“市场”的发展有着不可忽视的潜在空间。我们必须转变思想，不能把这一“市场”仅仅看成是一种获取资源的渠道，而要将其看成是人文社会科学研究服务社会、服务地方、服务市场经济的重要标志。

海外的学术“市场”，主要是指海外的政府、国际组织、基金会、科研机构、企事业部门以设立科研项目等方式预先买断或后期资助、奖励科研成果，从而实现其经济效益和社会价值的学术渠道。这一渠道是随着“全球化”的历史进程及我国改革开放政策的推进而开通和扩展的。同文科的民间学术“市场”一样，海外的学术“市场”规模虽然不大，却具有广阔的发展空间。随着全球经济一体化进程的加速和不同民族文化交往、渗透、冲突、融合的加深，将会有越来越多的人文社会科学课题需要不同语言、不同文化和知识背景的学者共同加以研究。对于这一“市场”的占有程度也是看人文社会科学工作者能在多大程度上参与国际化交流与合作的重要标志。当然，在与境外政府和学术机构合作研究的过程中，我们必须清醒地意识到人文社会科学研究的意识形态属性，在不妨害民族利益、国家安全的前提下积极开展国际学术活动。

在“社会主义市场经济”的历史条件下，任何一个人文社会科学工作者都必须在上述三个“市场”中生活，其占有“市场”的多少在一定程度上是其学术生命力的表现。反过来说，不同学科领域的学者则可以根据自己的专业特点，有计划、有选择地占有某个学术“市场”，各取所需、各显其能。就学校的管理层面而言，也应该在确保政府学术“市场”占有率的前提下，充分承认学者们对民间学术“市场”和海外学术“市场”的开发和占有，并在政策上加以合理地引导。

如果说“市场”关系到学术资源的分配问题，那么“世界”则关系到学术观念的更新问题。随着中国对外政策的改变和国际地位的提高，我们原有的人文社会科学研究的意识、方法和手段也应随之变化和发展。

首先，今天的人文社会科学工作者所面对的世界与以往有了很大的不同，这种不同在很大程度上会改变我们的问题意识。从历史发展来看，我们从昔日的农业社会进入到今天的工业社会乃至后工业社会，时代的变革自然会给我们提出一些崭新的课题。以儒学研究为例，如果我们今天的学者仅仅将其作为一种占统治地位的经学思想加以研究，仍然从名物训诂的角度来分析儒家文本所表述的原始含义，就难以有新的突破。但是，如果我们从今天的现实出发，站在“文化也是一种资源”的历史高度来重新审视这一对象，就会引发出“儒家文化与市场经济的关系”“儒家文化与民主政治的关系”“儒家文化与现代企业制度的关系”等一系列新的、具有现实意义的课题。在这一方面，德国学者马克斯·韦伯关于“新教伦理与资本主义精神之关系”的研究具有启发意义。从国际关系来看，随着全球经济一体化进程的加速发展和信息技术手段的不断提高，今天不同国家和民族文化的交往与交流在广度和深度上亦非昔日可比，这为人文社会科学研究提供了崭新的课题。仍以儒学研究为例，过去我们只是将其作为一种孤立的对象来研究，最多将其与墨家、道家、法家等本民族文化中的不同学派加以比较，而在今天，随着不同民族文化之间的交流与碰撞，儒家文化与基督教文化、伊斯兰教文化、佛教文化之间的关系问题凸显出来，由此而引发出来的不同民族文化之间的比较研究，不同文化价值系统之间的融合研究，乃至建构全球伦理价值观念的可行性研究，都为儒学工作者的研究提供了全新的视野和空间。需要指出的是，我们并不是要否定传统的研究理论，也并非主张所有的人文社会科学工作者都去研究最新的东西。事实上，我们传统的一些“绝学”不仅有理由存在，而且是需要加以特别重视和保护的。这里我们只是强调对于绝大多数人文社会科学工作者来说，自觉的时代感和全球意识是使其有所作为的前提条件。

其次，新的时代不仅赋予我们新的学术视野，而且赋予我们新的研究方法。不可否认，在长期的学术发展过程中，我们的人文学者已经积累了一些严谨、求实而又行之有效的治学方法。在新的历史条件下，这种传统的治学方法仍有其发扬光大的必要性。但是，同样不可否认的是，仅仅沿袭这些传统的研究方法是不够的。我们传统的人文研究要在坚持传统的基础上敢于和善于从其他国家和其他学科中汲取我们所需要的新的研究方法。仍以儒学研究为例，我们不能仅仅跟随“古文经学派”进行有关名物训诂的文本辨析；我们也不能仅仅跟随“今文经学派”进行微言大义式的义理阐发；我们完全可以在盛行于西方的人类学、社会学、符号学、系统科学等领域中找到一些新的研究方法和理论工具，从而全方位地解读儒家文化。至于社会科学，本来就是从西方引进的，因而更应该大胆地借鉴西方已有的、行之有效的研究方法。

最后是研究手段的改进。科学技术的发展，不仅改变了我们的生产与生活方式，而且更新了我们的研究手段。我们知道，考据学是最为传统的科学了，可是有人却借助于最先进的计算机手段，运用词频统计的方法来考证《红楼梦》前八十回和后四十回是不是一个作者。其实这种方法也可以用在其他人文学科的研究上，即使是在最为传统的学科领域，现代化的科学技术手段也有其用武之地。而手段和技术的更新，不仅提高了我们的工作效率，而且改变了我们的治学方式。过去，我们常常对那些能够将四书五经倒背如流的学者们肃然起敬。而在古代典籍数字化处理不断发展的今天，我们则应该将更多的精力用在外语或其他相关知识的掌握上。这一点，尤其应该引起青年学者的重视。当然，要改变已有的研究现状，并不是一件容易的事情，这第一要有思想观念上的变革，第二要有知识结构上的更新，第三要有资金投入上的保障。惟其如此，我们的人文社会科学研究才可能实现一种新的、历史性的飞跃。

（此文发表于《中国高等教育》2006年第24期）

中国：走向世界的语言与文化

非常高兴也非常荣幸，在这样一个博士生论坛上和同学们有一个简单的学术交流。我的题目是《中国：走向世界的语言与文化》。大家知道，自改革开放以来，我们这个古老的民族正在努力地走向世界。先是我们的劳动力走向世界，再是我们的学生走向世界，再是我们的商品走向世界。现在我们到欧美国家去，到处可以看到我们的大学生、研究生，到处可以看到我们的商品。那么再下来就是我们的语言乃至以语言为核心的文化走向世界。在最近的两三年里，我们在国际上创办了161个孔子学院，其中我们山东大学的合作伙伴就有7家。我们为什么要这么做呢？就是使我们的语言乃至以语言为核心的文化为人类的文明做出贡献。这里首先涉及两个概念，一个是文化，一个是文明。关于文明和文化这两个概念，大家都知道是纠缠不清、众说纷纭的。我个人对这两个概念也有一个界定，我现在抛砖引玉，讲出来供大家参考。

在我看来，所谓“文明”是人类依靠科学技术等手段来改造客观世界、通过法律道德等制度来协调群体关系、借助宗教艺术等形式来调节自身情感，从而最大限度地满足其最基本需要、实现其全面发展所达到的程度。也就是说，凡是人，无论是哪里的人、什么时代的人，他都要涉及人与自然的关系，为了解决这个矛盾他都需要通过科学技术等手段来改造自然；凡是人，无论是什么地方什么时代的人，他都要涉及人与他人的关系，为了解决这个矛盾他都要通过法律道德等制度来协调群体关系；凡是人，他都会涉及人的有限性和情感、欲望的无限性之间的矛盾，也就是说涉及自己和自己的矛盾，为此他都要通过宗教艺术等形式来协调自身的情感……如果我们没有这些东西，我们就不是一个人，至少不是一个文明的人。所以从这个意义上讲，人类的文明是有一个统一的价值标准的，因为它符合了我们的“类”本质。从这个意义上讲，文明是一元的。正因如此，我们说“这个人不文明”，这是个否定性的判断；但是我们却不能说“这个人不文化”，这是讲不通的。

那么文化是什么呢？在我看来，所谓“文化”是人类在改造客观世界、在协调群体关系、在调节自身的情感过程中，所表现出来的时代特征、地域风格和民族样式。由于人类文明是由不同的民族在不同的时代和不同的地域中分别发展起来的，因而必然会表现出不同的特征、风格和样式。从这个意义上讲，文化是多元的，也就是不同的民族不同的地区可以而且应该有不同的文化。

这样一来，“文明”和“文化”有什么样的关系呢？简单地说，我认为文明是文化的内在价值，文化是文明的外在形式，文明的内在价值要通过文化的外在形式得以实现。而文化的外在形式则要借助文明的内在价值才有意义。具体说来，至少有三种关系：一个是目的和手段的关系，我们举个例子，比如说吃饭，吃饭是个文明的事件，野蛮人随意将食物塞进嘴里就可以了，但是文明人不可以这样吃饭，为什么？在他把食物送到嘴里这个过程中，不能用手直接去拿，这样不卫生，不卫生就不文明。对于任何人来说，卫生是有统一标准的，但是不同地区、不同民族的人们却可以通过不同的文化形式来实现这一过程。我们可以用刀叉将食物送到嘴中，也可以用筷子把食物送到嘴中，这是不同的文化形式。在前一种意义上，我们可以说茹毛饮血是不文明的表现；在后一种意义上，我们却不能说吃日本料理没有文化。所以说，文明是目的，文化是手段。第二个意思，文明是内容，文化是形式。咱们再举个例子，比如穿衣，如果我今天赤身裸体地在这里作报告，恐怕是不行的，为什么呢？人家说你不文明。但是我穿什么样的衣服来讲课则是个文化的问题，我可以像现在这样穿西装打领带，这是一种文化，我也可以穿唐装、穿和服、穿马褂来讲课，这代表不同的文化。在前一种意义上，我们可以说衣衫褴褛是不文明的表现；在后一种意义上，我们就不能说穿西装就一定比穿和服、穿中山装更有文化。由于我不可能穿一种抽象的服装，所以我的服装形式必然反映不同的文化。在这一意义上，文明与文化是内容与形式的关系。那么最后，这二者之间还有着一元和多元的关系。从历史上，第一次被文化这个概念加以描述的对象是在什么时候呢？是在新石器时代。在此前的旧石器时代，人类所有地区所出现的工具都是一样的，没有地域性的差别，所以在旧石器时代，文明和文化是重叠的两个概念。但是到了新石器时代，开始有了文化，为什么呢？不同地区所烧制的陶器不一样、所使用的器皿不同。我们说仰韶文化，我们首先想到的是彩陶；我们说龙山文化，我们首先想到的是黑陶；我们说良渚文化，我们首先想到的是玉器。因为不同地区的条件、环境、资源不一样，其实现文明目的的手段和形式也必然带有地域的特征。从这个意义上说，文明是一元的，文化是多元的。我们迄今为止的历史，都是在用不同的形式来实现共同的文明。所以我们不能说中国文化一定比西方文化高，也不能说西方文化比中国文化高。不能站在一种文化的立场上来鄙薄另一种文化。

文化虽然没有高低之分，却有其强弱之别。所谓强势文化，是包含着文明价值较多的文化系统；而所谓弱势文化，是包含着文明价值较少的文化系统。我们回到语言这个概念。比如说我在云南参观纳西族的文字，叫东巴文。这种文字是一种原始的象形文字，他的符号系统比较简单，表达的内容比较少，掌握起来又非常困难。它是一种文化，但它包含着的文明价值较少。所以这种文字就不可能成为一种强势文化。反过来我们看英语，大家知道，大约在16世纪的时候，英语还只是居住在英格兰岛上的几百万人口的母语，而时至今日，世界上以英语为母语的人口已经达到3.5亿之多。更重要的是，全世界有四分之三的邮件是用英文写成的，而国际互联网的英文信息更是高达百分之九十以上。不难想象，在英语成为世界语言的过程中，人类的交往获得了更大的便利。但是与此同时，有多少个比纳西族更不幸的民族，他们的文化连同他们的语言一同消亡了，这就是全球化的一个结果。

无论我们承认与否，全球化是一个事实，是一个不以人的意志为转移的历史过程。而这个历史过程，我个人以为有两个结果：一个是正面的，全球化的历史进程，就是人类文化不断提高其内在的文明总量的过程。想一想，从哥伦布发现美洲新大陆以后，全球化就开始了，而这个历史进程中，人类文明的总量是在不断地增加的。为此我们可以有信心地说，我们现在的人比过去的人更文明了。但是全球化的历史过程又造成一个负面影响，也就是说全球化的历史进程，也正是人类文明不断减少其外在的文化差异的过程。由于强势文化对于弱势文化的兼并，使得我们今天的人们越来越没有地域性的文化特征了。时至今日，我们有多少人早上起来穿着西装打着领带，然后开着日产的本田轿车，到星级化管理的写字楼，打开IBM公司生产的电脑，操纵着比尔·盖茨的微软系统，用英语进行工作呢？显然，在这个过程中，人类的工作效率在提高，创造财富的能力在提高，也就是说文明的总量在提高。但是与此同时，我们的文化面貌越来越单一化。我们知道，文化的单一化是一件危险的事情，就像物种的单一化是一件危险的事情一样。在实际上，我们人类在工业化的过程中不断地灭绝着物种，我们人类在全球化过程中在不断地兼并和灭绝着少数民族的文化。正是由于这种原因，我们中国文化要走向世界、中国的语言要走向世界便暗含着这样一个义务，就是保存人类语言和文化的多样性。

现在来看我们的汉语，汉语不是一个强势语言，但它是个大语种。大家知道，在当今世界的三千多种语言中，汉语不仅同英语、法语、西班牙语、俄语、阿拉伯语一起，成为联合国规定的六种工作语言，而且汉语也是世界上使用人口最多的语言。有人认为随着全球化进程的不断深入，人类的各种语言也会呈现为不断减少和兼并之势。有人甚至预计，在一千年之后，或许这个世界上就只有四种语言了——英语、汉语、西班牙语、阿拉伯语。这当然只是一种预言，而且我个人也不同意他的看法。我认为用不了一千年，我们人类就会创造、发明一种很简便的翻译机器，我甚至认为在我有生之年能够用上这种机器。有了这种机器，使用不同语言的人便可以非常简便地进行沟通，而这种技术的革新，也会在客观上减缓语言的兼并。然而即便是如此，语言的深层内涵是不能靠机器来加以表述的。所以无论如何，语言是一个国家软实力的重要标志。现在《哈利·波特》风靡世界，有人就分析，为什么同样是通俗小说，金庸的作品就不能产生这么大的影响呢？这里边显然和语言有关系。因此，语言作为“软实力”的标志，各国都很重视这个问题。而我们现在也希望使我们的汉语由大语言成为强语言。

成为强势语言要有什么条件？我觉得至少有三个条件。第一个是经济的基础。这个道理显而易见。第二个是文化原因。以语言为载体的文化是否具有生命力，是它能够传播的一个重要原因，这个问题我后面还要讲。第三个是语言自身的原因。我个人认为，一种语言是否能够被该系统之外的人学习和接受，既取决于这种语言的丰富程度，又取决于这种语言的简便程度。那么汉语有什么优点和缺点？我个人不是研究语言的，我说出来请同学们批评。我觉得汉语至少有这样几个特征。

第一，它是有声调的语言。汉语不是唯一具有声调的语言，我在越南旅行的时候，有人告诉我越南语有七种声调，我不知道是真的假的，反正汉语不是唯一具有声调的语言。但是有声调的语言有什么好处，同学们肯定首先会想到它音律美。如果汉语不是有声调的语言，我们就不可能想象会创造出唐诗、宋词那样精美的艺术品。因为我们的“平、上、去、入”在这里边起了非常大的作用。但是音律美还不是有声调语言的最大好处。我个人认为，有声调语言的最大好处是效率高。怎么讲呢？也就是说，有了声调使我们在单位长度的音节中可以表现出一个以上的意思。举个例子，我们说“ma”，如果没有声调我们只能说“吗”，但是有了声调我们便可以在同一长度单位中表达“吗”“麻”“马”“骂”这四种意思。如果我们是没有声调的语言，我们要表示“吗”“麻”“马”“骂”的时候，我们必须加长音节，否则就重复了，这样使得没有声调的语言的音节一定是长的，而有声调的语言音节是短的、效率是高的。这个意义是非常大的，想一想我们一个人一生要说多少话，要占用多少时间，我们的语言有了声调，我们就能节约多少时间。更为重要的是，语言是思维的外壳，我们不仅用语言来表达意思，而且用语言来思考问题。有声调的语言表达意思节省时间，思考问题是不是也节省时间呢？假使人脑是一个计算机，我们是不是一个运算速度比较快的计算机呢？我觉得这个问题值得语言学家研究，但是目前为止我还没有见到语言学家对这个问题感兴趣。当然了，在文化的问题上，优点常常是与缺点相伴随的。有声调的语言当然也有它的缺点，对于以没有声调的语言为母语的人来说，掌握起来非常困难。初学汉语的外国人说“吗”“麻”“马”“骂”的时候，脑袋在晃动，浑身都在使劲儿。所以汉语要在全球范围内进行推广，我们必须在声调问题上有一套切实可行的教学方法，这是需要我们去研究的。

第二，汉字是表意文字。表意文字有什么好处？同学们肯定会想到书法美，如果没有表意文字，我们就没有这种独具特色的线条艺术。但是我觉得书法美还不是表意文字最好的地方，最重要的地方是它比较稳定。这一点语言学家有过论述。如果汉字不是表意文字，而是表音文字的话，我们这个语言就会像欧洲拉丁文解体之后那样，出现很多很多种语言。为什么呢？如果我们的符号是跟着语音走的话，山东人听不懂广东话，山西人听不懂江西话，那么就会出现山西语、江西语、广东语、山东语，这样语言就会解体。当然了，正像我刚才所说过的那样，文化中的优点与缺点往往是相伴而生的。与拼音文字相比，我们的表意文字确实难以掌握，对于习惯于拼音写字的人来说，这种文字就像画画一样，太难了。这个问题我们怎么解决，我们需要通过简化汉字来解决。

第三，我们的语言量词多。我们知道，仅一部《现代汉语常用量词辞典》就收集了789个常用量词，恐怕世界上很少有像中国这样有这么复杂的量词系统的语言了。所以有人说，在一定意义上，量词代表了汉语的特色。那么量词多有什么好处？它的形象性强，我们说一“轮”满月，一“缕”阳光，这些量词本身就让人觉得特别感动。但是量词又特别难以掌握。我们说“一头牛”“一匹马”“一口猪”“一只羊”。外国人会问你，凭什么就叫“一口猪”？你讲不出个所以然来，人家就无从掌握，不好学习。这个问题我们也要想办法解决。

第四，规则少，语法灵活。学语言的同学都知道，我们的汉语既不是黏着语，也不是屈折语，既没有动词形态的变化，也没有性、数、格的变化，它是依靠每一个具有独立意义的词在句子中的先后顺序“意合”而成的，它更多地需要靠语境来理解。所以相对而言，语法比较灵活。举个例子，我们用汉语说：“鸟在树上歌唱”，很简单；换成英语，就得说“一只鸟正在那棵树上歌唱”；我们要用德语说呢，大概就是“一只雄性的鸟正在雌性的树上唱着中性的歌”。我不知道德国人怎么能够讲如此复杂的语言，而且我也不知道这个语言有什么用，但是我知道一个显而易见的事实，在这个世界上一流的哲学家大多都出生在德语地区，从黑格尔到康德，从叔本华到尼采，从马克思到弗洛伊德，从维特根斯坦到海德格尔。德国哲学家卡西尔告诉我们，人是符号的动物，我们和其他动物不同，我们是通过符号来进行思考，来表达自我，来解决问题的，因此我们所掌握的符号系统的性质便在一定程度上决定了我们的思维特征和情感方式。正是在这个意义上，海德格尔说“语言是存在之家”。是不是德语这种严密的符号系统，更有利于科学的、哲学的思考呢？这个问题需要研究。但是反过来说，过于灵活的汉语显然有其不够严谨的弊端，不能不说是有缺点的。

刚才我们把有声调的语言比作高效率的计算机，是讲汉语的优点；现在我讲汉语的语法不够严谨，是讲汉语的缺点。但是，正像我前面所反复陈述的那样，在文化的问题上，优点与缺点常常是相伴而生的。我们说汉语的科学性差，但是它的艺术性强。汉语灵活，它有时候好就好在这里。我们说“人闲桂花落”，那么“人闲”和“桂花落”是什么关系呢？人不闲的时候桂花就不落了吗？这显然不是一个因果关系。但是我们明明白白地感觉到，“人闲桂花落”的的确确是一句好诗。当两个物象放在一起的时候，它们之间的关系很可能会超出康德所谓的十二个范畴，如果不超出十二个范畴，它们之间是可以认知的关系，是科学的关系，而一旦超出了十二个范畴，它们之间便超出了认知的关系、科学的关系，而成为一种只可意会、不可言传的艺术关系、审美关系了。这便是我们古人所谓的“比兴”关系。我们说“关关雎鸠，在河之洲。窈窕淑女，君子好逑”，这两句话是什么关系呢？从汉代人就开始研究，研究到现在也没研究出个结果，我觉得这种关系是不可能用思辨的方式得出结果，如果一旦得出结果，这句诗就不是好诗了。所以我有一个比较荒谬的观点，我认为从古代汉语到现代汉语的转化，也就是通过《马氏文通》等一些学者的努力使它规范化了、西方化了、逻辑化了，这个过程既是语言的进步，也是语言的退步。恩格斯有句话，说大自然的每一次进化同时也是一次退化，其实人类的语言，乃至以语言为载体的文化也是这样，每一次进化同时带来负面影响。比如说我们把古人的诗翻译成现代汉语就不是味道，我们说“落花人独立，微雨燕双飞”。翻译成现代汉语：落花的时候，一个人孤零零地站在草地上，下着毛毛的细雨，燕子一对一对地飞过来了。这还叫诗吗? 这已经不是诗了。虽然我们现在的汉语已经比古代的汉语更精致、更细致了，更能够进行科学的思维了，但是我们再也写不出唐诗宋词那样的东西来了，这是一个悖论。由此而论，我认为每个民族的语言，每个民族的文化，都有它的优点和缺点。

为了使我们的汉语得以推广，作为一个外行人，我提出三点建议。一个是简化汉字的问题，我在台湾工作的时候，我跟他们谈什么都能谈得来，就是谈简化汉字他们不接受。他们说，简化汉字不好看，我说文字这个东西最重要的不是好看，而且简化汉字并不妨碍你书法家去写繁体字。他们说简化汉字不好，简化汉字使我们不会读古籍了，我说读古籍毕竟是少数人，可以专门培养学术性的人才来学古代汉语。而反过来说，简化汉字所带来的是推广的便利，使更多的人受教育的可能性大大增加，使外国人学习汉字的可能性大大提高，所以说简化汉字的方向是正确的。而且从汉字自身的演变来看，从大篆到小篆，到隶书到楷书，它本身就是一个简化的过程，这是符合规律的。现在我们需要突破政治的、地域的乃至国家的界限，和全世界使用汉字的人共同探讨简化汉字的问题。比如前几年有一个韩国代表团到我们那里讨论时说：“你们中国人简化汉字怎么不跟我们商量?”我们有一个学者就站起来说：“这是我们的主权，用不着和你们商量。”其实我觉得他们俩说的都对，又都不全对。说是主权没错，你可以改，你可以不接受别人的意见，但是语言文字这个东西既是我们民族的创造，也是人类共同的文化。所以我们和全世界不同地区乃至不同国家的人共同讨论语言文字的改革、共同制定简化汉字的方案有什么不好。比如说日本，也用汉字，但是它的简化系统跟我们不一样，如果一样了对双方都好。所以我觉得要突破各种障碍，联合全球使用汉字地区的学者共同讨论这个问题，共同推进汉字的简化。第二个建议是简化读音，或者说是进一步规范读音。我们的汉语中有不少一字多读的音，不容易掌握。比如说："发展经济保证供给。"小孩子说："发展经济保证供给(gei)。"你说："错了，你这样发音不对。""为什么就不对？""就这样，没得讨论。"这种类似的读音很多，比如说"角色"不能念成"角(jiao)色"，但是很多人都这么念，都"错了"。其实我倒觉得应该把这些不会产生歧义的多音字简化、合并到一起，使别人容易掌握。但现在的事实情况正好相反，比如今年山东省高考题目头一题就专门考那些复杂的读音、容易读错的汉字。我们把精力用在这上面有意义吗？所以，作为一个门外汉，我觉得应该进一步地合并读音。第三，简化量词。我刚才说了，汉语的量词非常多，而且很多量词多得没有意义，如一"头"牛，一"匹"马，一"口"猪，一"只"羊……把所有的哺乳动物都叫做"头"，所有的鱼类动物都叫"条"，所有的人类都叫"位"，行不行？我看没什么不行的，语言本来就是约定俗成的，只要我们的"约定"符合语言自身的规律，就会渐渐"俗成"。当然了，所有这些问题，并不像我说得这么简单，真要实现这些目标，需要做大量的工作。

最后一点儿时间我讲中国文化。中国文化不能用儒家文化加以概括，但是儒家文化毕竟是中国文化的核心。由于时间关系，我只讲四个概念。

第一个是"仁"的价值，仁是儒家也就是孔子学说的一个最核心的概念。仁是什么意思，《说文解字》说："仁者，人也，从人从二。"也就是说儒家所思考的不是一个孤立的个体的问题，也不是一个人和上帝的关系问题，而是人和人的关系问题。那么人和人是什么关系呢？《论语》说："仁者，爱人。"人与人之间一定要相爱，但大家一定要记住，这个爱和西方的"博爱"、墨子的"兼爱"是不一样的。孟子在和墨子争论时说得很清楚："杨子为我，是无君也。墨氏兼爱，是无父也。无父无君，是禽兽也。！"(《孟子·滕文公下》)怎么兼爱反倒成了禽兽呢？在孟子看来，你爱你父亲和爱你儿子一样不就是禽兽吗？所以儒家主张的“爱”是爱有差等的“仁爱”，而非人人平等的“兼爱”“博爱”。我爱我的儿子，我的儿子也爱我，但这个爱是不一样的，这叫做“父慈子孝”，如果反过来成了“父孝子慈”，中国人是不接受的。儒家正是从这种爱有差等的血缘之爱出发，将其放大成一种人伦的社会的关系，从“父慈子孝”到“夫唱妇随”，到“兄友弟恭”，到“君恩臣忠”。一个人，在家做个好儿子，在外做个好臣子，像对待父亲一样对待君王，像对待兄长一样对待领导，天下岂不太平？正因如此，中国人不需要太多的法律人们也会自觉地约束自己。所谓“半部《论语》治天下”的意义就在这里。这是“仁”的价值。

再看“礼”的功能，“仁”的这种爱是通过“礼”来表达的。我见了赵老师，他比我年长，我给他施一个深礼；我比赵老师年幼，他给我施个浅礼，这是过去的古礼。我们知道，孔子本来就是儒，儒是一种职业，就是“相礼之人”。也就是在婚丧嫁娶等典礼上告诉别人怎么施礼的“司仪”。但是在那个“礼崩乐坏”的时代，孔子不仅是个“儒”，还要成为“家”。也就是说，他不仅教别人如何施礼，而且要告诉别人为什么要施礼。怎么变成“家”呢？就是“以‘仁’释‘礼’”。孔子说：“人而不仁，如礼何？”也就是说，如果你没有仁爱之心，到处施礼又有什么意义呢？这便从反面揭示了“礼”背后所存在的意义，这个意义就是爱有差等的“仁”。我为什么要向赵老师施礼？因为我尊重他；赵老师为什么向我还礼？因为他爱护我。过去我们不知道这个内容，认为它很虚假，乃至于后来礼崩乐坏大家都不遵守了，现在孔子告诉我们，这个“礼”背后有“仁”，“仁”是我们天生的血缘的情感。所以“以‘仁’释‘礼’”，使孔子成为“儒家”。这样一来，通过“仁”、通过“礼”，使我们中国人建立起以血缘为纽带的网络关系；这个网在家里是一个金字塔状的，最高地位的是家长；在国家也是一个金字塔状的，最高地位的是君王。所以我们管君王叫父母官，什么意思？就是把家庭伦理扩大为社会伦理社会制度，这样形成了一个“崇经重史”的传统。我们往上追溯，可以追溯到我们的祖宗那去，所以大部分中国人没有宗教，但同样有寄托，即将自己的有限生命寄托在自己的家族、自己的民族上。所以中国人没有宗教却同样可以超越世俗的情感，他可以做到“人生自古谁无死，留取丹心照汗青”。“照汗青”是什么意思？把我们有限的生命刻到我们的民族的历史上去，中华民族是这样一个寄托。

接着我们讲“中庸”的内涵。所谓“致中庸，道中和”，就是不偏激、不过分。放大而言，我认为我们中华民族本身就是个中庸的民族。从民族的思维方式来讲，我们没有西方那种极端感性的狄俄尼索斯精神，也就是酒神精神；也没有西方那种极端理性的阿波罗精神，也就是日神精神。有的是偏重于感性的道家和偏重于理性的儒家。道家注重人的天机的完整，但是他对肉体追逐不到一种纵欲的地步；儒家认为人的精神高于肉体，但是这种理性的追求却不到那种彼岸世界或符号领域。所以无论是道家还是儒家，都是有限度的感性和有限度的理性。从民族文化的角度来看，我们既没有像西方那样，有一种发达的体育文化。西方的体育是对感性生命力极限的追究和探求，它不仅仅是为了锻炼身体，也不仅仅是为国争光，否则的话它就不用练出这样畸形的肌肉还告诉你这叫做健美了，否则的话它就不用搞那些动不动就车毁人亡的汽车方程式大赛了。而对于这种考验人的肉体能力极限的体育精神，我们传统上是缺乏的。另一方面，在理性的一极，我们也缺乏西方式的以探求宇宙奥秘的科学精神。从历史上看，西方人的科学最初并不是要解决衣食住行的现实问题，而是对人类理性能力的开拓和探求，是一种精神的沉醉。与之不同，中国人重视“实用理性”而非“思辨理性”，对于那种纯粹体系化的东西、符号性的东西，我们是不大感兴趣的。与西方不同，中国文化发达的部分不在感性和理性两极，而在感性和理性交织的中间部分。因此，我们的艺术、我们的工艺特别发达，我们的“四大发明”都是工艺，我们的艺术是举世无双的。在社会行为方面，我们既不像西方那样在感性方面有充分的个性自由，也没有像西方那样在理性方面有严格的社会法律。但我们同样能够非常稳定地发展到今天，因为我们靠感性与理性相结合的中间部分，靠伦理和政策来协调人们的社会行为。所以，“中庸”这个概念，可以从广义上加以理解。

最后我们讲“和谐”的意义，现在都在讲和谐。在我们民族的历史上，“和谐”这个词至少有两个来源。一个是来源于冶炼，早期冶炼青铜的时候，人们发现，单一地方的矿石冶炼出来的铜器所发出的声音并不悦耳，必须将各种地方的矿石按照一定的配方加以冶炼，铸出的铜器才悦耳、好听。“和谐”的另一个来源是饮食，古人发现光吃一种食物味道并不好，哪怕是甜的，吃多了也觉得腻；要有五味杂陈，将不同味道的食物混合在一起，烹调出来的菜肴才好吃。如此说来，两种“和谐”的来源不同，实质却一样，都是实现多样性的统一。我们望文生义地说，“和谐”还有两个意思，“和”是一个“禾”加一个“口”，它意味着人人都有饭吃。“谐”是“言”加“皆”，这意味着人人都有话说。一个有人有饭吃、有人没饭吃的社会，不是好社会；一个有人有话语权、有人没话语权的社会，也不是个好社会。“和谐”作为一种多样性的统一，就是要使不同的阶层、不同的民族、不同的国家都能获得文明的享受，都能够显现文化的特征。从这意义上讲，“和谐”是我们的国家、也是人类奋斗的目标。

回到我们的题目，我觉得中国的语言和文化在走向世界的同时，也是我们这个古老的民族变得成熟的过程。我们这个民族很古老，但古老并不意味着成熟。举个例子，一个人活到七老八十，但从来没有出过家门，不知道怎样客观地评价自己，也不知道如何不卑不亢地和别人打交道，因而他虽然古老，但并不成熟。自鸦片战争以后，中华民族虽然也和别的国家和民族打过交道，但常常是在不平等的状态下被迫进行的。在这种环境下，我们很难冷静地、客观地将自己的文化与他人的文化作比较，很难保持一种从容的文化心态。或者全盘西化，完全丧失自信心；或者高傲自大，动不动就要用自己的文化去拯救别人。现在的情况不同了，我们是在一种平等的状态下走出国门，让自己的语言和文化与别国的语言和文化打交道，这种行为容易导致文化的比较，并通过比较而实现文化的自觉。语言是这样，文化也是这样，通过走向世界使我们发现我们民族语言、民族文化的优点和缺点。我们克服缺点，发扬优点，就可以使我们更加成熟，也能够为人类的文明做出更多贡献。

（此文发表于《山东大学学报》（哲学社会科学版）2007年第5期，最初为作者在北京师范大学2007全国博士生论坛所作报告，由夏嫡等同学根据录音整理而成）

奥林匹克运动的政治动因

如果说在古代奥林匹克运动中，一个最显而易见的影响因素是宗教，那么在现代奥林匹克运动中最为重要的制约因素就得算是政治了。曾担任国际奥委会第六任主席的基拉宁先生说，在他任职的8年期间，所遇到的95%问题都涉及国内和国际政治。[1]由此可见政治与奥林匹克运动的关系已经密切到何种程度。不过就像宗教并不仅仅局限于古代奥林匹克运动，它在现代奥林匹克运动的复兴过程中也充当着重要角色一样，政治也并非只在现代奥林匹克运动中才发挥作用，实际上在古代奥林匹克运动从诞生到衰亡的整个历程中，它同样是一个甚为关键的影响因子。

一

在古代奥林匹克运动的诞生历程中，自由、平等观念的流行是重要的催产因素之一。我们知道，奥林匹克运动是一种竞技性的体育运动，而竞技性的体育运动就少不了自由参与、平等竞争这两大要素。如果当时的人们没有自由参与的权力，奥运会就无法召开；如果当时的人们没有平等竞争的地位，奥运会即使能够召开也无法保证竞赛的公平。而这一切的政治前提，便是由

1 ［爱］基拉宁：《我的奥林匹克岁月》，张明德、刘青青译，人民体育出版社，1988年，第3页。

希腊公民所组成的城邦制度。

“城邦”一词在拉丁语中写作“Polis”，最初是“指堡垒（城堡）或卫城，同乡郊相对……后世把卫城、市区、乡郊统称为一个‘波利斯’，综合土地、人民及其政治生活而赋有了‘邦’或‘国’的意义。”[2]于是，“Polis”或“城邦”代表的就不再仅仅是一块特殊的地域，而是一个特殊的政治组织或政治团体了。所以后来由“Polis”衍生出来的几个词无不与政治有关，如“Politeia”是指政治生活、政治制度、宪法等；“Politeoma”指政体和政府；“Politikos”则有国家管理者即政治家的意思。

城邦初步形成于公元前8世纪至公元前6世纪的古希腊。随着经济和海外殖民的发展，当时在希腊半岛、爱琴海周围以及小亚细亚西部地区大大小小共建立了200多个城邦。这些城邦“就其形成的方式或途径的不同，大体上可以分为三类：一是氏族部落经过自发的、长期的解体过程，国家从氏族内部发展起来的阶级对立中直接产生出来，雅典是这类城邦的典型。二是具备了国家产生的社会经济条件，通过奴役被征服的居民，从而缓解了征服者内部的矛盾，征服者本身的氏族部落组织在征服者与被征服者的对抗中转变为国家机构，斯巴达就属于这类城邦。三是通过殖民活动形成的城邦。”[3]但不论是哪种类型的城邦，一种新型的社会阶层即“公民”的出现都是其最突出的特征。

“公民”一词在拉丁语中写作“Polites”，同样由“Polis”（城邦）衍生而来，原义即为“属于城邦的人”，因此公民不仅是城邦制度的产物，同时也是城邦制度得以存在的基础和前提。或许正是从这一角度而言，亚里士多德把城邦直接定义为公民集团，也即“城邦的一般含义，就是为了要维持自给生活而具有足够人数的一个公民集团”[4]。换言之，城邦的基础不是高大的城墙、雄伟的建筑，而是有着自由权利的公民群体。这一公民群体有权参与并决定重大的政治活动，有权选举或罢免城邦的领导者。“凡享有政治权利的公民的多数决议，无论在寡头、贵族或平民政体中。总是最后的裁断，具有最高的权威。”[5]尽管“希腊各城邦制还是五花八门，各具特色，而且也变化多端……但

2　顾准：《希腊城邦制度》，中国社会科学出版社，1982年，第6页。

3　崔连仲：《世界通史·古代卷》，人民出版社，1996年，第197页。

4　［古希腊］亚里士多德：《政治学》，高书文译，商务印书馆，1981年，第113页。

5　［古希腊］亚里士多德：《政治学》，高书文译，商务印书馆，1981年，第199页。

是，大体说来，除早期和后期的僭主政治而外，我们可以有把握地说，'主权在民'与'轮番为治'总是它们的共同特色"[6]。所谓的"主权在民"，"是指城邦的政治主权属于它的公民，公民们直接参与城邦的治理"[7]。所谓的"轮番为治"，则是指城邦中的每个公民都有资格、也有可能轮流统治和被统治。

这种"主权在民"和"轮番为治"的民主政治在古希腊的两大代表城邦之一的雅典表现得尤为突出。雅典的"自由公民之中——包括各阶级的人——在政治上实无丝毫界限可分。所有他们一切的公民，自最低阶级到最高阶级，在国民大会中都有发言即选举权，这种国民大会就是最后的权威；对于各种行政位置人人皆有资格为之；在法庭当中人人均要顺序做一次陪审官……虽然各人的能力有差别，但在实际的位置上是平等的，除了那种天生的最高才能者"[8]。也就是说，每个雅典公民的财富、出身或有不同，但他们的政治、法律地位却是完全平等的。在伯里克里斯统治时期，为了使雅典公民中生活无保障的阶层确有可能参加国家大事，还规定给陪审员和议事会成员发放津贴。这样便最大限度地保证了所有雅典公民参政议政的权力，从而也尽可能地维护了公民间的平等。若就民主制度的宽度和广度而言，古希腊的另一代表城邦斯巴达似乎比不上雅典。斯巴达城邦中被称为公民的人数极其有限，在公元前5世纪的时候，27万斯巴达居民中只有9千人属于公民，绝大多数人都被排斥在这一圈子之外。但斯巴达的民主制度就其深度而言，却一点儿不亚于雅典："斯巴达人认为自己都是'平等者'。他们集体占有被征服的土地，这些土地按斯巴达人的家庭数目划分为均等的份地，分给每家。"[9]公民们"无论贫富都在一个公共食堂里吃饭，所吃的东西亦都相同，都是些粗菜粗饭。仆人、狗、马，都视为公共的财产"[10]。

正是随着这种新型城邦的建立，"统治和被统治的旧有等级关系被一种新型的社会关系所代替，这种新型关系以公民间的对称性、可逆性和相互性为基础，公民被确定为'同类人'或'平等人'""城邦呈现为一个具有中心的圆形'宇宙'，所有公民都是同类，他们应该轮流服从和指挥，按照时间的顺

6 顾准：《希腊城邦制度》，中国社会科学出版社，1982年，第134页。

7 顾准：《希腊城邦制度》，中国社会科学出版社，1982年，第10页。

8 ［英］狄金森：《希腊的生活观》，彭基相译，华东师范大学出版社，2006年，第90页。

9 崔连仲：《世界通史·古代卷》，人民出版社，1996年，第200页。

10 ［英］狄金森：《希腊的生活观》，彭基相译，华东师范大学出版社，2006年，第82页。

序依次占据和让出城邦空间的每个对称点。”[11]不论他们的出身、地位和职务有多么大的不同，在政治生活中都一律平等。尽管在社会实际生活中，公民之间有很多相互对立的地方，但在政治上，他们都认为自己是可以互换的个体，处在一个以平衡为法则、以平等为规范的体制中。”[12]而且，公民们享受的还不仅仅是政治权力的平等，他们在法律面前也同样一律平等，早在公元前6世纪梭伦变法时就已经明确规定：“所有自由人在法律面前一律平等，贵族、平民、富人、贫民都受同样的约束和惩罚。”[13]

正是在这样一种充满自由参与、平等竞争的政治环境之中，古代奥林匹克运动会诞生了。从时间上看，希腊城邦制度始于公元前8世纪，而第一届古代奥运会的召开则是在公元前776年，这显然不是一种巧合。只有具备了自由权利的公民，才能够自由地参加各项体育活动；只有具备了平等地位的公民，才能够保证竞技性比赛的公平。正像古希腊的宗教诗人赫西奥德所言：任何敌对性、任何“厄里斯”（意指争吵、冲突），都意味着关系平等，竞争永远只能在同类人之间进行。[14]试想一下，如果一个人无法自由地支配自己的身体，他又如何能够在赛场上展现自己充沛的活力？如果人与人之间不存在平等的关系，他们之间又怎样进行公平的竞争？如此说来，在人人平等的投票权和人人平行的起跑线这两个完全不同的领域中，却暗含着政治与体育间的内在联系。反过来说，如果没有在法律面前人人平等的政治环境，就不可能有在规则面前人人平等的体育赛事。

当然了，古希腊城邦时代的自由和平等也不是无限的，从而古代的奥运会也不是普世的。正如并非所有的人都有资格成为公民一样，并非所有的人都有权参加奥运会。根据规定，没有希腊血统的人是不能参加奥运会的，在政治上、道德上、宗教上、法律上被认为有污点的人是不能参加奥运会的，女人、奴隶和没有公民资格的人是不能参加奥运会的。尽管如此，在有限的自由和平等的环境中，古代奥运会在竞技比赛中也确实达到了有限的公平与

11　[法] 皮埃尔·韦尔南：《希腊思想的起源》，秦海鹰译，生活·读书·新知三联书店，1996年，第4—5页。

12　[法] 皮埃尔·韦尔南：《希腊思想的起源》，秦海鹰译，生活·读书·新知三联书店，1996年，第47页。

13　李天祜：《古代希腊史》，兰州大学出版社，1991年，第153页。

14　[法] 皮埃尔·韦尔南：《希腊思想的起源》，秦海鹰译，生活·读书·新知三联书店，1996年，第33页。

公正。为了保证赛事的公平与公正，奥运会的组织者们还设立了专门的仲裁委员会，由宙斯神殿中的专职祭祀及经过选举产生的裁判人员共同担任，以负责"审核参加者的资格，严格学习并履行比赛规则，禁止比赛参加者以各种卑鄙的手段取胜，确定优胜者并登记他们的名字，甚至可以下令体罚和鞭挞竞赛中的犯规者，等等"[15]。据说在第一届奥林匹克运动会上，唯一的一个冠军竟然是一个厨师，这说明当时的公正与平等绝非虚言。

就宏观的历史进程来看，"1000多年的古代奥运会的发展历程，大致由这样三个阶段组成：第一阶段，从公元前8世纪至公元前6世纪。这一时期，奥运会从初创到只限于伯罗奔尼撒西部城邦参加的小范围的祭祖盛会，到逐渐发展为各希腊城邦参加的盛会，古代奥运会开始初具规模；第二阶段，公元前6世纪至公元前4世纪，随着古希腊城邦进入奴隶制的全盛期，古代奥运会也达到了鼎盛；第三阶段是从公元前4世纪开始直到公元4世纪，随着古希腊先后被马其顿和罗马帝国征服，城邦奴隶制逐渐崩溃，古代奥运会也从极盛期进入衰落阶段"[16]。如此说来，古代奥运会是随着希腊城邦制度的诞生而诞生，随着它的兴盛而兴盛，同时也是随着它的衰亡而衰亡的。这表明，古代奥运会的存在绝不是一种孤立的事件。正像参天的大树需要肥沃的土壤一样，这一大型的体育赛事也需要良好的政治环境。

二

与古希腊不同，在古代的埃及、巴比伦、中国和印度等"四大文明古国"中，均未出现过与奥林匹克规模相当的大型竞技运动，也均未产生过"主权在民"与"轮番为治"民主制度，这恐怕也不是偶然的。诸如"'公民''公民权'等等，不见于我国古代，也不见于埃及、两河流域等早于古希腊或与古希腊同时的'东方'各帝国。"[17]因为与古希腊的城邦制度不同，它们实行的基本上都是集权统治和等级制度。

古埃及从第一王朝开始也即公元前3100年左右就出现了统一的趋势，并于公元前2686年至公元前2181年左右跨进了统一的专制王国时期。而作为最

15　崔乐泉：《奥林匹克运动简明百科》，中华书局，2003年，第16页。

16　崔乐泉：《奥林匹克运动简明百科》，中华书局，2003年，第30页。

17　顾准：《希腊城邦制度》，中国社会科学出版社，1982年，第12页。

早的古代文明发祥地之一，两河流域早在公元前2340年就出现了第一个统一的集权国家即阿卡德王国，随后“经乌尔第三王朝（约前2011—前2003），到古巴比伦王国汉谟拉比时代（约公元前1792—前1750），中央集权的专制制度已趋于完备”[18]。与此类似，中国古代政治制度的核心也是君主集权。模糊不清的夏代尚且不论，商、周时期的中央王国显然已具有了集权统治的某些特征，虽然在商王的统治区域内“还存在着众多相对独立的子族政权和臣族政权，但它们只是商王朝的地方政权而非相对独立的族邦。它们都要服从商王的调度，为商王尽相应的义务”[19]。虽然在周朝的统治区域内也存在着相对独立的族邦，但其首领大多数都由周王册封，在政治上隶属于周王朝。而进入秦代以后，中国便正式进入了中央集权的专制君主统治时期，并以此为主要形式一直持续到明、清。

专制统治一般都具有两个突出的特征：首先，为了从根本上防止权力的外流，王位采取终身制和世袭制，这种家天下的“社稷”显然与“轮番为治”的希腊城邦不同。其次，为了从根本上限制权力的分散，皇帝的权力是不受限制和约束的，这种“独制于天下而无所制”的状态显然与“主权在民”的希腊城邦也不同。因此在专制统治下，最高统治者往往都是集政权、军权、财权、法权、祭祀权等于一身。君主专制通常又有两种外在表现方式，一是中央集权，二是等级制度。所谓的“中央集权”，是相对于地方分权而言的，它不仅是专制统治的具体表现形式，同时也是其必然的选择，旨在保证最高统治者专制意志的顺利执行。而这种中央集权的专制制度，又决定了政治管理上必然会采取由上及下层层控制的等级制度，即所谓的金字塔模式：位于塔顶的是专制君主；处于最底端的是广大平民、奴隶；被置于两者之间的则是职位上高低不等的官吏。塔身中从下到上一级一级的石阶便代表着职位的由低到高，石级每升一层也就意味着官阶、身份高了一级。这样一来，处于金字塔中的每一个成员便都有了相对固定的位置，且总体上遵循着下级服从上级的原则。

因此，与古希腊城邦中的公民不同，专制体制下的臣子和庶民之间既不具有等距离的人际关系，也不具有法律上的平等地位，而是有着亲疏远近、

18　崔连仲：《世界通史·古代卷》，人民出版社，1996年，第84页。

19　崔连仲：《世界通史·古代卷》，人民出版社，1996年，第87页。

高低贵贱的明显差别。比如在古埃及，“法老是中央集权国家的君主，具有绝对权力。他的意志就是法律。法老之下设宰相，宰相辅佐法老统摄财政、司法、军事、祭祀和水利事业等中央部门，这一职位常由太子或皇亲贵戚充任”，地方上由州长统治，对法老负责并由法老任命，担负收税、征役和管理当地水利工程等项责任。“一切高官厚爵多由王室成员和贵族们把持，只有中下级官吏才任用平民。”[20]中国古代也同样如此，所谓“普天之下，莫非王土；率土之滨，莫非王臣”。君主高高居于金字塔的顶端，统摄着一切，君主之下则往往设有诸侯及庞大的官僚阶层。所有官僚全部由君主直接或间接任免，按君主的旨意行事，对君主负责。一方面，官僚作为君主权力的服从者和服务者，是国君的奴仆；另一方面，他们作为国君委派的管理下层的权力代表，又是普通民众的主人。这种主仆之间的关系不仅在“老爷”与“奴才”、“大人”与“草民”、“父母官”与“老百姓”等称呼中得以显现，而且在“刑不上大夫，礼不下庶人”的法律地位中得以体现。不仅如此，在不同地位的官吏之间，又形成了阶梯式、层垒式的等级关系。在这种“君治吏，吏治民，民不得抗官，官不敢抗君”[21]的社会环境中，哪里还能见得到希腊城邦制度中的“人人平等”？总之，在集权统治的专制制度下，并不存在所谓的“同类人”或“平等人”，所存在的只是不同身份的人和不同等级的人，以及被反复强化的等级关系。

与古埃及、古巴比伦和古中国相比，作为另一文明古国的印度情况稍微有些复杂，不过与前三者一致的是，它同样没有孕育出“人人平等”的政治观念，这又从根本上与古希腊区别开来。

入侵印度本土的雅利安人在吠陀时代后期纷纷由部落向国家过渡，“这些最初形成的国家是以部落的某一个中心城堡为中心建立起来的，其规模较小，故称为‘城市国家’……到了公元前6世纪，在恒河与印度河流域及其周围地区已有了二十几个国家，其中主要有十六个大国，从此开始了古代印度史上的列国时代”[22]。从外在形式上而言，这些所谓的“城市国家”与古希腊的城邦极为类似，两者形成的历史时间也大体同步。但就实质上而言，这些“城市国家”又与希腊城邦有着两点根本性的差异：一是君主政体，二是种姓制度。

20　崔连仲：《世界通史·古代卷》，人民出版社，1996年，第56页。

21　白钢：《中国政治制度史》第一卷，天津人民出版社，1991年，第99页。

22　崔连仲：《世界通史·古代卷》，人民出版社，1996年，第150页。

与希腊的“城邦国家”不同，印度的“城市国家”绝大多数都处于一人统治之下，且历代世袭，这与埃及、巴比伦和中国极为类似；其中只有极少数采取共和政体，远远不占主流，因此到了公元前4世纪就进入了君主专制帝国也即孔雀王朝时期，而在公元前4世纪的古希腊，民主制度在诸城邦中却是相当普遍。

而且在古印度的吠陀时代，随着雅利安人的入侵，整个社会便被分为彼此隔绝的四个等级：一是掌管祭司、法律和文化的婆罗门；二是把持政权和军权的刹帝利；三是由农民、牧民、商人、手工业者发展而来的吠舍；四是由被征服的土著居民和失去生产资料的雇工、奴隶所组成的首陀罗。除此之外，还有更加卑贱而不入种姓的不可接触者。四个等级在古印度被称之为“瓦尔那”，汉译佛经译为“种姓”。四个种姓之间有着严格的等级，低种姓的人不得从事高种姓的职业，低种姓的男子也不得与高种姓的女子结婚，甚至不同种姓的人在法律面前也要享受不同的权利、承担不等的义务：“各种姓间的不平等关系特别明显地表现在法律上的权力方面。诸如侮辱、伤害、通奸、盗窃和杀人等刑事罪，在四种姓之间都有不同的规定。特别是属于雅利安人的前三种姓和属于非雅利安人的首陀罗之间的不平等关系更为严格。仅以侮辱罪来说，《摩奴法典》规定：婆罗门侮辱了首陀罗只罚款几个钱，相反，如果首陀罗粗暴地辱骂雅利安人时，要割断他的舌头。”[23]从这一意义上而言，古印度这种森严的社会等级在具体表现形式上与其他三大文明古国相比虽然有所不同，但就其程度上而言比后三者只有过之而无不及。

这种严格的等级制度不仅使得公平竞争在政治领域中变得毫无可能，而且在社会文化乃至体育事业中也必然受到某种程度的限制。如上所述，竞技性体育运动的关键是自由参与、平等竞争，而在“四大文明古国”中，这两个方面均难以实现。例如在古印度，不同种姓的人有着完全不同的生活方式，他们在活动空间上几乎是被隔绝的。一个婆罗门如果在路上偶然与首陀罗相遇，都会被认为是件晦气的事情，更何谈共同参与体育竞赛了。“骑马、武器练习以及瑜伽术只有雅利安人才可以接触，非雅利安人出身的首陀罗不能参加。不同种姓之间也不进行体育比赛。刹帝利种姓认为自己

23　崔连仲:《世界通史·古代卷》，人民出版社，1996年，第173页。

决不应该从事吠舍种姓中流行的舞蹈练习、圆环操等体育项目。”[24]在埃及、巴比伦和中国古代，尽管没有如此严格的种姓制度，但豪门贵族一般也不可能与平民百姓同台献艺、同场竞争。例如，大约与古希腊兴办奥运会的同时，中国的春秋时期也有一种叫做“射礼”的体育、娱乐活动。古代的射礼分四种类型。一是大射，是天子、诸侯祭祀前选择参加祭祀的人而举行的射礼；二是宾射，是诸侯朝见天子或诸侯相会时举行的射礼；三是燕射，是平时燕息之日举行的射礼；四是乡射，是地方官为荐贤举士而举行的射礼。参加不同类型射礼的人身份不同、地位各异。王公贵族很少莅临地方官员的乡射，平民百姓也不可能出席天子、诸侯的大射。退一步讲，在一个等级森严的社会里，即使社会地位不尽相同的人们能够参与共同的赛事，也无法保障体育比赛中的平等竞争。“如埃及，举行体育对抗赛时，主要目的是体现法老的权威，而不是体现运动技术和运动水平的竞争。特权阶层人物能够依仗自己的社会地位在比赛中获得特殊待遇，如在棒槌赛中，他们得到的棒槌较长，船战时他们得到的杆子较尖，在摔跤时有权使用较多的招数。”[25]中国古代的射礼也同样如此。所谓“射者，进退周旋必中礼”（《礼记·射义》），所谓“君子无所争。必也射乎！揖让而升，下而饮。其争也君子。”（《论语·八佾》）换言之，比赛的根本目的不在“争”而在“礼”；不在对于抗而在于规矩。“射箭的先后次序按参加射箭者的等级贵贱安排。不同等级的人所用的弓、箭、箭靶的形制和伴奏的音乐也各不相同……显然，礼射是统治阶级用以进行礼治教化的一种手段，体现了鲜明的等级观念。”[26]其要义是“明君臣之义”“明长幼之序”（《礼记·射义》），而不在于感性的拼搏、肉体的较量。

总之，从政治动因的角度而言，如果说奥林匹克运动在古希腊的诞生和发展是由于城邦制度为其提供了“人人平等”的政治环境；那么同样类型、同样规模的竞技运动没能在“四大文明古国”中出现，则是因为它们所推行的集权统治和等级制度无法为其提供这样一种外在的社会环境和内在的心理习惯。

24　白钢：《中国政治制度史》第一卷，天津人民出版社，1991年，第38页。

25　谭华：《体育史》，高等教育出版社，2005年，第34页。

26　谭华：《体育史》，高等教育出版社，2005年，第52页。

三

通过前面的横向对比，我们已经看出，人人平等的价值观念的确是奥林匹克之类的竞技运动得以存在的政治前提。而从纵向的历史进程来看，人人平等的社会制度也同样是奥林匹克运动能否继续发展的政治保障。在希腊城邦制度建立之前，由于克里特、迈锡尼王国推行类似于东方的集权统治和等级制度，强化人与人之间的不平等关系，因而未曾孕育出奥林匹克运动；在希腊城邦制度消亡之后，由于罗马帝国抛弃了希腊的民主制度，否定了“同类人”的平等观念，从而又使得延续了上千年的奥林匹克运动戛然而止、销声匿迹；到了近代，随着文艺复兴、启蒙运动，以及资产阶级民主制度在西方的确立，平等观念再次深入人心，终于又使得奥林匹克运动重焕新生。

据史家考证，作为希腊文化发祥地的克里特岛，早在公元前18世纪中期到公元前15世纪，便以诺萨斯为中心建立起了统一的王国。克里特的国王被称为“米诺斯”，他像埃及的法老一样，集政权、军权、财权、法权及宗教权力于一身，而且“克里特国家中也有与埃及相似的官僚制度，有首长、监察官、司库官、检查官及其他行政、军事官吏和书记人员等，分配于行政、军事等机构。国王向人民征收谷物、油、酒等，用征收物作为薪金付给国家官吏”[27]。无独有偶，紧随克里特之后的迈锡尼王朝也与古埃及和巴比伦王朝一样，采取一种高度集权的管理体制。迈锡尼的国王处于社会组织的最高层，被称为“瓦纳卡”。他的权力遍及经济、政治、军事以及宗教生活的各个方面，集政权和王权的所有职能于一身。这种政治制度甚至直接反映到城市的建筑中：城堡形的王宫居于城市的中心，而城堡又以正厅和王位厅为中心，且带有围墙，居高临下，俯视着脚下的平原。王宫的围墙外是贵族、平民的住房，以形成向外层层扩展、向内层层拱卫的格局。这与希腊的城邦建筑完全不同，在后者那里，城市的中心是“公共集会广场”，是人人可以进出的公共场所，城市本身反倒被城墙围了起来，保护并限定着组成它的全体市民。

27　李天祜：《古代希腊史》，兰州大学出版社，1991年，第37页。

克里特与迈锡尼的集权统治自然无法孕育出奥林匹克运动，而以后的罗马帝国则又使已经诞生的奥林匹克运动中途夭折。公元前2世纪，征服了整个古希腊的罗马并未将前者的民主制度进一步发扬光大，而是又逐步回到了专制统治的道路上。从公元前48年恺撒被选为终身保民官之日起，罗马的历史便开始向专制帝国的方向前进了，此后“屋大维作为罗马帝国的开创者，没有公开采取君主统治形式，而是以共和国之名，行君主专制之实，即所谓‘元首政治’。”[28]在这种制度下，共和国的各种政治机构和官职依然存在，但名存实亡、形同虚设。行政、司法、财政、宗教等一切大权都掌握在屋大维一人手中。同时他还“着手创立中央集权的官僚制度。新设置的直接为元首办事的机构有20人委员会、元首金库、皇家侍从室等”；他把行省分为两类，由元老院和元首分别管理，但“这种行省分治并非皇帝与元老院平分秋色的二元政治，仍然是元首的一统天下。元首有权派遣全权代理官在元老院行省中招募军队、征收军税、管理地产。元首对行省管理权的充分掌握是组成其中专制统治的重要组成部分。”[29]到了公元284年戴克里克取得帝国政权以后，干脆将其正式改为君主制(即“多米那斯”，意为主人)。“他仿效东方的专制君主，头戴冕旒，身穿皇袍，臣民觐见时须行跪拜礼，宠幸宦官充斥宫中。”[30]而到了君士坦丁统治时期，又“进一步使帝国行政体制彻底官僚化，官僚机构扩充，为宫廷和君主服务的新官职多如牛毛。高级军政官员全部由皇帝任命。同时实行官阶制，以严格的等级划分全国官员，按阶品授给尊贵头衔，并享有免纳租税等一系列特权”[31]。

于是，随着罗马等级制度的逐渐完善和日益严密，原本朝气蓬勃的古代奥林匹克运动也越来越衰落、越来越边缘化了。自从公元前2世纪希腊半岛被归入罗马的版图以后，古代奥运会的规模就“逐届缩小，以致又变成了像初期那样的地方性运动会”[32]。而且比赛规则在罗马统治者的个人意志之下被几度篡改，“使奥运会面目全非”[33]。“公元前80年，罗马独裁者苏拉为庆祝他战胜

28　史仲文、胡晓林:《世界全史》第5卷，中国国际广播出版社，1996年，第53页。
29　史仲文、胡晓林:《世界全史》第5卷，中国国际广播出版社，1996年，第55页。
30　史仲文、胡晓林:《世界全史》第5卷，中国国际广播出版社，1996年，第61页。
31　史仲文、胡晓林:《世界全史》第5卷，中国国际广播出版社，1996年，第64页。
32　崔乐泉:《奥林匹克运动简明百科》，中华书局，2003年，第31页。
33　谭华:《体育史》，高等教育出版社，2005年，第118页。

黑海王米特里达特的胜利，强令把第175届奥林匹克运动会搬到罗马进行”[34]，从而使一项庄严的公共赛事变为了为其献礼的表演。而另一个罗马独裁者尼罗擅自将原定于公元65年的奥运会改在67年召开，为的只是自己能够参加。更为可笑的是，尼罗在战车比赛中未跑完全程便车倒人翻，最后却仰仗着自己的权势夺得了冠军的荣誉。随着盛行于希腊的平等思想彻底被罗马帝国的等级观念所替代，古代的奥林匹克运动也便终于走到了尽头。因此，当罗马皇帝提奥多西于公元394年把分裂了30年的帝国最后一次统一起来以后，很快便下令终止了古代奥运会的召开，“举行了293届，历史上盛开达千余年的奥运会这朵古代社会中最奇丽的‘体育之花’，终于被罗马统治者扼杀了”[35]。

不过奥林匹克运动并没有因此而终结。在沉寂了上千年之后，随着近代平等观念的再次流行和资产阶级民主制度的逐步建立，这项人类伟大的赛事就像凤凰涅槃一样，重又获得了新生。

文艺复兴运动的兴起，使平等观念与那深埋了十几个世纪的古希腊文化一起，终于又重见天日。人文主义者们开始批判君主专制和宗教神权，倡导人身自由与政治平等。莎士比亚在其《亨利五世》中宣称：皇上和我们一样，也不过用眼睛来看，用耳朵来听，也是一个人罢了；薄伽丘则主张：我们人类的骨肉都是用同样的物质造成的，我们的灵魂都是天主赐给的，具备着同等的机能和一样的效用。我们人类是天生一律平等的……既然人与人之间在自然本性上没有任何本质区别，“那么，在社会上就不应该有上下之分，贵贱之别。无论君主与人民、国王与马夫、主人与仆人、男人与女人，在政治上都应该平等相待”[36]。

在其后的资产阶级革命时期，民主思潮及平等观念更是风卷云涌。斯宾诺莎称：“在所有政体之中，民主政治是最自然、与个人自由最相合的政体。在民主政治中……所有的人仍然是平等的，与他们在自然状态中无异。”[37]洛克则指出：“人类天生都是自由、平等和独立的，如不得本人的同意，不能把任何人置于这种状态之外，使受制于另一个人的政治权力。”[38]另一民主主义者

34　崔乐泉：《奥林匹克运动简明百科》，中华书局，2003年，第30页。

35　崔乐泉：《奥林匹克运动简明百科》，中华书局，2003年，第32页。

36　柳文超，李培湘：《西方自由民主研究》，重庆出版社，1990年，第12—13页。

37　［德］斯宾诺莎：《神学政治论》，商务印书馆，1982年，第219页。

38　［英］洛克：《政府论》，商务印书馆，1964年，第59页。

卢梭把自由视为人区别于动物的根本标志，又把平等视为自由的根本保障，“没有它，自由便不能存在”[39]。由此出发，他对人类进入文明社会后的不平等现象进行了猛烈抨击，要求彻底实现人格的平等，不仅包括政治权力平等，也包括法律面前人人平等。作为法国大革命中雅各宾派著名领袖的马克西米利昂·罗伯斯庇尔，则将矛头直接对准了专制制度。他指出：“专制制度的一切罪恶都根源于它的政体，这种政体完全违背自然法则，无视人民的基本权力。因此，要真正使人民得到自由和幸福，就必须推翻专制政体，使‘国家’对于全体人民都具有真实的意义。”[40]与这一民主思潮相应，英、法、美等国相继取得资产阶级民主革命的胜利，西方的许多国家也相继建立起新的民主制度，“人人平等”的观念由此深入人心。

伴随着西方近代民主思潮的激流暗涌，沉睡了千年之久的奥林匹克运动便也开始跃跃欲试。先是16世纪在巴黎组织的“奥林匹克示范表演”，后是17世纪早期由罗伯特·多佛在科茨沃尔德创立的“奥林匹克赛会”，再后是18世纪在法兰西共和国成立庆典上举行的“仿古希腊运动会”和19世纪后期在希腊举行的“泛希腊奥运会”，无一不在暗示着现代奥林匹克运动的到来。当1896年4月6日熄灭了1500年的圣火在希腊又重新被点燃时，经历了凤凰涅槃般洗礼的奥林匹克运动终于以全新的面貌获得了新生。

通过以上的回顾与反思，我们似乎在人类文明的历史上发现了两条平行起伏而又不断延伸的曲线：一条是政治生活中的自由民主取向，一条是体育运动中的平等竞争取向，甚至在微观的细节上，二者也有着极为密切的同步关系。换言之，平等观念所涵盖的人群范围与体育赛事的规模与质量之间是成正比的。在古希腊，奥运会的选手们还只限于那些纯希腊血统、未曾有过犯罪行为的自由民，至于奴隶、战俘、异族人和女人等则都被排斥在外。1859年在雅典恢复举行的第一届泛希腊奥运会上，还依旧遵循着古奥运会的传统，规定运动员必须具有希腊血统。而进入现代社会以后，随着“同类人”范围的不断扩充，现代意义上的奥运会早已经突破了希腊的范围，成为全人类的共同赛事。1900年在巴黎举行的第二届奥运会上，有19名女子第一次出现在奥林匹克的竞技场上，尽管她们的参赛并未得到国际奥委会正式认可，

39　[法] 卢梭：《社会契约论》，商务印书馆，1980年，第6页。

40　柳文超、李培湘：《西方自由民主研究》，重庆出版社，1990年，第77页。

却开创了女子走向世界体坛的先例。1908在伦敦举行的第四届现代奥林匹克运动会上，女性运动员首次获得了参赛的资格，尽管女子参加的项目只有网球、射箭和花样滑冰，且比赛的优胜者只能领取证书，不发给奖章，但毕竟突破了性别的界限，因而具有历史的进步意义。在不断突破性别障碍的同时，奥运会也在逐渐突破种族的限制。1904年在圣路易举办的第三届奥运会上，第一次有黑人运动员参加比赛。但与此同时，组织者曾试图加以阻挠，宣扬“白人不可战胜”论，并举行侮辱有色人种的“人类学日”，因而遭到顾拜旦的痛斥。随着人类文明的进步，种族主义的倾向在奥运会上越来越不得人心。在1976年蒙特利尔举办的第21届奥运会上，30多个非洲国家和伊拉克和圭亚那共同抵制与奉行种族隔离政策的南非政权有体育交流合作关系的新西兰参加奥运会，显示出新兴的非洲国家反对种族歧视、争取独立与和平的决心和勇气。尽管时至今日，奥林匹克运动尚有亟待完善之处，但我们有理由相信，体育文明与政治文明这一对坚实的双翼，将会承载着人类的苦难与不幸，把我们带得更高、更远，飞向理想的天空。

（此文为陈炎、赵玉合作，发表于《南开学报（哲学社会科学版）》2007年第2期）

奥林匹克运动的宗教动因

——“人文奥运”探索之一

点燃圣火，是奥林匹克运动开赛前的第一项活动。虽然这项从古希腊流传下来的仪式完好无缺地保存了下来，并以花样翻新的形式在每次比赛中重现，但是，由于时间的久远、资料的匮乏、生活方式的日益改变，圣火背后的宗教精神已被世俗社会中的芸芸众生渐渐淡忘了。于是，在今人的心目中，奥林匹克运动有政治背景，有经济收益，有不同民族之间的文化交流，却唯独没有了宗教神学的内容。然而，作为一项源远流长的文化创举，奥林匹克运动是否仅仅意味着“更高、更快、更强”的形而下动机，而没有更为深邃的形而上诉求呢？进而言之，这种诉求为何只在古希腊出现并在中断之后又得以复兴呢？这便是本文所要探究的问题。

一

我们知道，1894年在法国人顾拜旦倡导下所兴起的现代奥林匹克运动会，是古希腊奥运会的再生与延续。而古希腊的奥林匹克运动会首先是一个宗教活动，其次才是一个体育活动。或者说得更为准确一点儿，是在宗教精神支配下的体育活动。

早在公元前776年，古希腊人举办了第一届奥林匹克运动会。与如今的奥运会不同，古代奥运会原本是一种泛希腊的宗教庆典，它是以各种方式来祭祀神灵的活动，体育竞赛只是其中的一部分，项目涉及赛跑、拳击、摔跤、格技、武装赛跑、战车赛跑等。这些带有宗教色彩的竞技活动不只奥运会一种，与之并列的还有皮西安、伊斯玛斯大林和尼米亚三大祭神竞技会。另外，还有专为妇女组织的赫拉竞技会。在这些竞赛中，人们通过肉体的拼搏来表达对神灵的敬意。

在英语中，与奥林匹克运动有关的词主要有五个：（1）用于地名的Olympia（奥林匹亚），指希腊南部大平原，该地区每四年举办一次竞技比赛，祭祀宙斯神；（2）用于时间的Olympiad（奥林匹得），指两次运动会之间的间隔，希腊人用以纪元和纪年；（3）用于人群名的Olympian（奥林匹安），指充当选手的奥林匹安人；（4）用于会议的Olympic（奥林匹克），指在奥林匹亚山附近召开的运动会；（5）用于山名的Olympus（奥林帕斯），指古希腊诸神的居所。由此可见，奥林匹克运动最初与希腊神话有着非常密切的联系。“相传，远古时候，英雄佩罗珀斯向皮萨国王俄诺马俄斯的女儿求婚，俄诺马俄斯要求，凡向他女儿求婚者，必须同他赛车，胜者方可得到他的女儿，败者则必须处死。在此之前，已有无数求婚者被俄诺马俄斯杀死，佩罗珀斯用海神波塞冬赠给他的飞马牵引金车，再施巧计取得了赛车的胜利，俄诺马俄斯则被摔死……等到英雄佩罗珀斯死后，他被葬在阿耳甫斯河滨的奥林匹亚，在那里被当作神受到人们的崇拜，而在他的葬礼上，为了纪念他在与俄诺马俄斯神判中的胜利，人们为他举行了竞技会。这是奥林匹克竞技的最早雏形。后来，由赫拉克勒斯将这一竞技会恢复起来，但把它献给宙斯神。经过一度中断之后，公元前776年，奥林匹克竞技会重新举行。以后每四年进行一次，这一届竞技会被当作第一届奥林匹克竞技会，这一年也成为按奥林匹克竞技会计算的希腊纪元的开始。”[1]

除了神话传说之外，考古发掘的成果也证实了古代奥运会的宗教性质。在当时用于竞赛的奥林匹亚运动场上大大小小足足设有六十多座祭坛，较典型的就有六座，它们依次是：祭祀宙斯和海神波塞冬的第一祭坛，祭祀天后

1　《世界宗教全书》，上海人民出版社，1994年，第52—53页。

赫拉与智慧女神雅典娜的第二祭坛，祭祀太阳神阿波罗与猎神阿尔忒弥斯的第三祭坛，祭祀酒神狄俄尼索斯与命运女神摩伊拉的第四祭坛，祭祀森林女神狄安娜和阿尔菲斯河神的第五祭坛，以及祭祀木星萨顿与星河仙女的第六祭坛。因此在盛会期间，几乎每天都有各种宗教仪式。其中以主神宙斯的祭祀最为隆重，它通常被安排在运动会的第一天，且以数量可观的百头公牛作为牺牲以献祭神坛。然后，隆重的奥运会便在熊熊的“圣火”中开幕。[2]

这样一来，我们又回到了本文开篇时所提到的“圣火”问题。从历史上看，点燃圣火既是奥林匹克的宗教仪式，也是其最早的竞赛项目。据说，最初的“圣火”仪式是这样的：手持火把的运动员从同一起跑线出发，争先恐后地跑到宙斯的祭坛前，其中最先到达者以点燃圣火作为其获胜的标志。在这里，火炬来自人，圣火来自神，于是，这个“点燃”的过程也便具有了象征的意味。我们知道，在希腊人的心目中，奥林帕斯山上的诸神不仅有着无限的智慧，而且有着无穷的力量，神可以从这一点跑到那一点而不占用任何时间，因为神的感性能力是无限的。与之不同的是，人的肉体能力则是有限的，人从这一点跑到那一点必须占用一定的时间，从某种意义上讲，占用时间最少的人也正是在这一向度上最接近神的人。惟其如此，他才有权点燃圣火；惟其如此，他才有权接受荣誉。这，也正是奥林匹克运动的宗教含义！

与今天的奥林匹克竞赛不同，古代的奥运会为优胜者颁发的不是具有经济价值的金牌，而是具有宗教意味的花冠；颁奖者也不是官员，而是神职人员。作为神的化身，奥运会的主教祭祀会把橄榄枝编成的花冠郑重其事地给优胜者戴在头上。这顶花冠是由一名纯希腊血统且父母双亲健在、并在道德上无任何污点的英俊少年，使用黄金制作的镰刀，在宙斯神殿后的“神圣橄榄林”（平时严禁杀生和伐木的神域）中割下并亲手制作的。与此同时，诗人会为其朗诵赞美的诗篇；音乐家会为其弹奏妙美的音乐；雄辩家会发表热情洋溢的讲话以对其进行赞美和歌颂；雕塑家则为那些在运动会中连续三次夺冠的运动员塑像留念。[3]

从世俗的角度看，一个打破百米短跑世界纪录的运动员，只不过比我们这些常人快那么几秒罢了，没有什么了不起的；一个力克群雄的拳击手，甚至

2　崔乐泉：《奥林匹克运动简明百科》，中华书局，2003年，第24页。

3　崔乐泉：《奥林匹克运动简明百科》，中华书局，2003年，第21页。

会被视为四肢发达、头脑简单的粗人。可是，在具有奥林匹克传统的西方人眼里，他却代表了人类的肉体能力在这一方面所能达到的极限，因而是伟大的，神圣的，非同寻常的。所以，尽管当时的优胜者获得的不是什么价值昂贵的金牌，而只是一个用野橄榄树的枝叶所编成的桂冠，但他在人们心目中的地位却是至高无上的。“在古希腊时期，优胜者是神的宠儿，他已达成他的人生目标。”[4]

人是有限的，神是无限的，但人与神之间的距离是可以通过一项运动来加以缩短的，这项运动便叫做奥林匹克。于是，凡是能够考验人的感性能力的各个方面，无论危险多大和代价多少，西方人都可以设立比赛项目。为此，他们不仅可以进行危险的赛车、残忍的拳击，乃至容易使身体变得畸形的举重比赛，而且可以进行别出心裁的高山滑雪和几近迷狂的足球比赛。很多人认为，古希腊人之所以举办奥运会，只是为了通过运动而达到健身的目的。这种简单而幼稚的理解无法解释那些使比赛变得危险和残忍的实事：“战车赛跑是在古代奥运会中首先出现的，也是主要的使用马参与比赛的项目……这种比赛非常危险，因为大多数战车的建造都不是十分坚固的——通常就是用木头造的，而且总是有很多新手加入进来，这也就增加了比赛的危险性。”[5]“在古代奥运会中最残忍的比赛无疑是格技比赛。虽然现代人都认为古代的奥林匹克项目的本质是平和的，通常获得格技比赛胜利的是具有高素质的运动员，但还是无法掩饰这项运动的残忍。比赛由拳击和摔跤组成，基本上没有严格规则限制，唯一禁止的是挖眼睛或者打眼部的行为。它的形式和拳击、摔跤相同，既不设置分级也不设置回合，参加这样的比赛对于运动员来说，有时候就像一场灾难。”[6]无论从哪种意义上讲，这种危险而残忍的比赛都已经大大超出了健身的目的，但西方人却有增无减、乐此不疲地进行下去。说到底，奥林匹克已不仅仅是一项简单的赛事，而且是一种宗教，一种文化，一种对于人的感性生命力的开发与探究。惟其如此，那些伤痕累累，甚至身体畸形的胜者才显得那样崇高、那样伟大、那样值得模仿，那样

4 樊正治：《运动哲学导论》，台北师大书苑有限公司，1994年，第119页。

5 ［澳大利亚］K.吐依、A.J.维尔：《真实的奥运会》，朱振欢等译，清华大学出版社，2004年，第20页。

6 ［澳大利亚］K.吐依、A.J.维尔：《真实的奥运会》，朱振欢等译，清华大学出版社，2004年，第19页。

受人尊敬。惟其如此，西方意义上的体育活动在超出了锻炼身体的现实需要之后，必然会发展为一种对感性生命的讴歌和对肉体能力的崇拜。进而，奥林匹克运动不仅超出了锻炼身体的世俗目的，而且超出了为国争光的经验范围，它超越了个体，也超越了国家，从而具有人类普遍价值的形而上追求了。

毫无疑问，人的有限性使其永远也达不到神的境界。但人却并不因此而放弃努力，他要通过极限能力的不断扩展而一步一步地与神接近，这就是奥林匹克精神中所包含的宗教内涵，也正是人们在运动会上希望不断打破纪录的意义所在。尽管这一宗教内涵在现代社会中已经在很大程度上被种种政治的考量和商业的动机所遮蔽了，但是，我们在1896年现代奥运会的《奥林匹克圣歌》（Olympic Hymn）中仍可以体会到："那古代不朽的神灵/代表着庄严伟大的造物者/随着你降临/你的光芒照耀着大地和晴空/也鼓舞着运动会中在竞技场上力争上游的斗士/戴着你所赠永远常绿的枝叶/斗士们的身体更强壮并永远被人尊敬/在深谷、高山、海洋都充满了你的光彩/白色与粉红色的庙堂满壁生辉/你的子民全部集合在你的神庙前/向你膜拜/向你膜拜。"

二

人是有限的，神是无限的。这种有限与无限的矛盾不仅构成了古希腊宗教的主题，而且构成了几乎所有宗教的主题。现在的问题是：为什么其他宗教没有孕育出奥林匹克运动，而唯独希腊宗教导致了这一传统？回答应该是这样的：尽管佛教、基督教、伊斯兰教等几大宗教也以克服人的有限性而追求神的无限性为指归，但其片面、非理性地追求灵魂而排斥肉体的禁欲主义倾向，使得它们无法从感性的维度上来缩短二者之间的距离，从而也就不可能孕育出奥林匹克精神。

与近乎乐观的希腊宗教不同，佛教是一种悲观厌世的宗教。释迦牟尼之所以创立佛教，就是有感于人世间的生、老、病、死，而生、老、病、死则恰恰是人之有限性的体现。由于佛教徒"觉悟"到人不可能在终极意义上超越自身的有限性，反而会遭到这些有限性的折磨，产生无尽的欲望，并带来无穷的烦恼，于是便主张“苦海无边，回头是岸”，放弃感性的追求生命的欲望。在佛教看来，肉身是五蕴的载体、痛苦的根源，是有限之人达到无限境界的障碍。在这种思想的指导下，尽管佛教各派别的修行方式不同，但大都提倡禁欲主义，即克制肉体的欲望、约束感性的行为，并最终进入一种弃绝人生的涅槃境界。因此，这种弃绝生命意志、贬低肉体力量的佛教不可能引发出奥林匹克精神，也不可能关注于体育事业。

同佛教一样，基督教也有着浓厚的禁欲主义色彩。《圣经》认为，人的有限性表现为两种罪恶，一种是“原罪”，一种是“本罪”。原罪是人类的始祖亚当、夏娃偷食禁果所犯下的罪恶；本罪是每个人今生今世所犯下的罪恶。无论是原罪还是本罪，均来自人的贪欲。而人类要想得救，即获得上帝的宽恕，就必须放弃感性的欲望、肉体的诉求，像耶稣基督那样，将毕生的信仰都奉献给上帝。基督的肉体是有限的，但他的精神却是无限的，在他的感召下，每一个有限存在的肉体要想获得灵魂的拯救，就必须根据宗教的戒律进行一种少私寡欲的修道过程。因此，如果说耶稣基督的“道成肉身”是一种启迪民众的宗教实践，那么基督徒的“肉身成道”则是一种皈依上帝的人生历程。在这一历程中，感性的能力和肉体的力量是无足轻重的。在这里，奥林匹克精神只会遭到泯灭，不会获得高扬。

作为与佛教、基督教并列的世界三大宗教之一，伊斯兰教认为，真主安拉是宇宙万物的创造者和主宰。与人的有限性相比，安拉是伟大的、神圣的、独一无二的。由于安拉的无限性是不能加以形容和比附的，于是，伊斯兰教反对任何形式的偶像崇拜，认为用任何有限的偶像来形容无限的安拉都是一种亵渎。无限的安拉不仅开天辟地，而且主宰众生。任何人在末日都会受到安拉的审判，并依据其生前的行为来决定其能否进入天堂。进入天堂的人能够免除疾病、痛苦、哀伤、死亡的烦恼，从而超越自身的有限性。为了实现这一目的，信仰真主的穆斯林必须按照伊斯兰教的规定进行祈祷、实行斋戒，即克制自己的肉体欲望和感性生命，将全部的身心献给安拉。显然，这种具有禁欲主义色彩的宗教也不可能派生出奥林匹克精神。

但是，或许有人会问：与佛教、基督教、伊斯兰教不同，以“儒道互补”

而著称的中国古人大都不信宗教，也没有禁欲主义传统，为什么也没有孕育出奥林匹克精神呢？我们说过，奥林匹克精神的内在动力来自人的肉体能力的有限性和神的感性能力的无限性之间所形成的巨大张力，而这一矛盾在儒、道两家那里并不突出，即使存在也无须通过体育的行为来加以解决。

毫无疑问，儒家也看到了人的个体存在的有限性并企图超越这种有限性，但其强调的是社会性超越。与基督教、伊斯兰教不同，儒家没有一个绝对无限的宇宙主宰作为其超越的目标，而是将族类生命看成是个人价值的归属。在经验层面上，儒家认为“不孝有三，无后为大”，主张通过肉体生命的世代延续将有限的个体与无限的族类联系起来，以实现薪火相传、香烟不断的目的。在超验的层面上，儒家讲究“太上有立德，其次有立功，其次有立言”（《左传·襄公二十四年》），讲究“物格而后知至，知至而后意诚，意诚而后心正，心正而后身修，身修而后家齐，家齐而后国治，国治而后天下平”（《大学》第二章），主张通过积极的社会行为把有限的个体存在和无限的族类生存联系起来，以实现“人生自古谁无死，留取丹心照汗青”的价值诉求。然而，无论是前者还是后者，都不可能派生出奥林匹克精神。与之相反，受其影响，直至今天我们还常常为体育竞赛负载过多的民族意识和族类情感，而无视其人类普遍的价值与意义，这恰恰是我们需要纠正的。

毫无疑问，道家也看到了人的个体存在的有限性，强调感性生命的意义，但并不主张通过感性生命力的充分伸张来消除这种有限性，从而向无限的神看齐。道家认为，世间的万事万物都是相对的，它们来自于道，复归于道。因而顺其自然即可，不必勉力而为。老子认为，“咎莫大于欲得；祸莫大于不知足。故知足之足，常足矣”（《老子》第四十六章），因而主张“不尚贤，使民不争”（《老子》第三章），“知其荣，守其辱，为天下谷。为天下谷，常德乃足”（《老子》第二十八章）。主体的感性冲动衰弱到了这种地步，以至于竟坚持：“我有三宝，持而保之。一曰慈，二曰俭，三曰不敢为天下先。”（《老子》第六十七章）这种拒绝冒险、回避竞争的态度显然与竞技性很强的体育精神是相排斥的，因而也不可能孕育出奥林匹克精神。当然，我们并不否认，老庄思想中也有许多关于修身养性、益寿延年的内容，这些内容通过以后的道教，对于以吐纳导引为特征的气功与武术等中国式的健身方式都曾产生过重要的影响。例如，“致虚极，守静笃。万物并作，吾以观复。夫物芸芸，各复归其根。归根曰静，静曰复命”（《老子》第十六章》），便被视为气功中“意守丹田”的思想根源。又如，“古之真人，其寝不梦，其觉无忧，其食不甘，其息深深。真人之息以踵，众人之息以喉”（《庄子·大宗师》），则被视为健身中“吐纳导引”的早期实践。但是，这种强身健体之术与西方意义上的体育是有重要区别的。

我们知道，与无神论的道家不同，有神论的道教强调人与神之间在感性能力上的巨大差异，并企图运用丹鼎、符录等手段来缩短这一差距，将有限的凡人变成无限的至人、真人、神人。然而，无论是道教的“内丹”之学，还是“外丹”之术，其目的旨在通过吐纳导引、服食丹药等方式不断打破生命长度上的极限，甚至希望长生不老、羽化升仙。从某种意义上讲，这种努力也是要弥合人的肉体能力的有限性和神的感性能力的无限性之间所形成的巨大差距，但其努力的轨道却与奥林匹克运动完全不同。从积极的方面看，这种活动不以健康以外的竞争为目的，不去追求某种超乎常态的体能和叹为观止的对抗，因而便不会导致身体机能的片面发展，也不会带来某些不必要的危险和牺牲。然而，从消极的方面看，这种活动既不构成人对自然的挑战，也不构成人与人的抗衡，因而既弱化了竞争的机制，也弱化了冒险的热情。受其影响，直到今天，我们在足球之类的体育活动中，也很难进入一种忘我的迷狂状态，这恰恰是需要我们加以反思的。

三

作为古希腊宗教神学所派生的一种文化现象，奥林匹克运动不仅随着希腊宗教的确立而崛起，也随着希腊宗教的衰落而中断。公元394年，罗马皇帝狄奥多西一世根据大主教布路瓦斯的建议，宣布基督教为国教。随后，狄奥多西借口奥运会来源于古希腊的神话和传说，是异教徒的活动，是对基督教的不敬，下令终止了它的召开。延续了上千年的奥林匹克运动会便从此中断了。

与奥林匹克运动通过感性能力的扩张而使人向神看齐的文化路径完全不同，基督教所宣扬的恰恰是要高扬灵魂而贬低肉体，主张“肉体是灵魂的坟墓”。于是，从事体力劳动而显得肉体强健的人往往被视为心灵卑下的人，认为卑污的肉体会妨碍灵魂的升华。《圣经》称“人是风吹的叶子，枯干的碎秸”；奥古斯丁则主张只有信仰上帝，用禁欲、斋戒、忏悔、出家修行等方法，才能摆脱人世间的罪恶和痛苦，得到上帝的挽救，死后灵魂才可升入天堂。在这种文化氛围中，弃绝一切肉体的欢愉、推行禁欲主义便成了基督教徒最常见的修行方式。美国学者穆尔说：“基督徒的虔诚一开始就带有禁欲倾向。起先，对基督即将到来进行审判的期望，是它的主要推动力。到这种期望幻灭以后，感官与理智、肉体与灵魂的冲突问题，便取代了它的位置。这个问题当时贯穿于人们的一切思想中，使宗教哲学，以及我们不妨称为个人宗教生活的一切，都带上了禁欲色彩。凡是向往在基督徒生活中得到更高成就的人，都多少按照通行方式折磨自己的肉体。”[7]基督徒们折磨肉体的方式可以说五花八门，通过严格的斋戒抑制食欲和情欲是最常见的做法。到了公元3~4世纪，开始流行一种类似于印度苦行僧的禁欲方式，那些修行者们离开城市，隐居到偏僻的旷野中，或者穴居于沙漠中，或者寄身于丛林里，或者吃睡在湿地上，或者干脆在坟墓或枯井中生活。他们或者一连数日不饮不食，或者长年累月终夜不眠。“那些在自我折磨上超过常人的，便被称为‘竞技者’，正如18世纪的英国神学家及哲学家巴特勒主教所说，他们乐于在苦行方面‘创造新纪录’。谁听到别人每天吃一磅面包，他立刻把自己的定量降低到五英两和少量的清水。”[8]这俨然是另一种形式的竞技比赛，可惜与奥林匹克运动南辕北辙。从13世纪开始，天主教内部又出现了一种新的禁欲苦修方式，那就是教徒们在街头排队游行，一边行进，一边用皮鞭猛抽自身，以致皮破血流，遍体鳞伤，意在通过惩治肉体以求灵魂得救，即所谓的“鞭笞派”。这种信仰方式和文化路径的不同，也表现在艺术作品里。在出土的雕塑中我们可以看到，古希腊诸神的形象都是强壮有力、体态健美的；而中世纪的雕塑和绘画中则只剩下被钉在十字架上的耶稣，以及同其一样瘦骨嶙峋、面容憔悴的门徒们。

7 ［美］G.F.穆尔：《基督教简史》，郭舜平译，商务印书馆，1981年，第112页。

8 ［美］G.F.穆尔：《基督教简史》，郭舜平译，商务印书馆，1981年，第113页。

在这种敌视肉体的文化环境中，不仅奥林匹克运动会遭到了禁止，即使是普通的体能训练活动，也都会受到无情的压制和清剿。教会利用神权，反对一切公共竞技性集会，规定基督徒如果参加竞技比赛和格斗表演，就不准参加“圣餐”仪式；而竞技者和角斗士则必须保证永远放弃这种职业才能成为基督徒。“各王国所特有的体育活动和民间保留的古希腊、古罗马体育形式遭到严重的打击和阻止。除必要的军事训练和少数统治阶级的消遣活动外，民众从事体育活动者极少。”[9]甚至连洗澡和游泳这样的活动也被迫取消，理由是它们虽然清洁了肉体却玷污了灵魂。而在由基督教会垄断和把持的学校教育中，既没有体育课，也没有任何发展体能的活动，那些擅自从事体育活动的学生则会受到严厉的体罚。可以说竞技和体育活动在中世纪差不多遭到了全盘否定，唯有在骑士教育中保留了一丁点的空间，但那也只是出于军事目的。

就这样，曾经延续了上千年的奥林匹克运动整整中断了15个世纪！在这里，我们不仅已经看到了奥林匹克运动背后的宗教动因，而且也看到了奥林匹克运动面前的宗教桎梏。显然，打破这一桎梏，不仅要依靠体育自身的动力，而且要依靠文化乃至宗教发展的动力。这一动力，先是来自文艺复兴运动，后是来自宗教改革运动。

14世纪至16世纪兴起于欧洲的文艺复兴运动，从阶级属性上说，是资产阶级的；从思想属性上说，是人道主义的；从文化属性上说，是古典主义的。“文艺复兴”这一名词源自意大利文，一般多写作法文。当时的人们认为，文艺在希腊、罗马古典时代曾高度繁荣，自中世纪以来却遭到了禁锢和摧残，需要加以“复兴”。事实上，这是在复古主义的旗帜下所展开的思想解放运动，在文艺的旗帜下所展开的人性复归运动，它要把人从神学迷信的束缚中解放出来，重新认识自身的价值，肯定其存在的意义。“人文主义者在研究和整理古希腊、古罗马的文化时，发现了古希腊体育的丰富遗产。例如，荷马史诗中的体育故事、葬礼运动会，雅典的体操学校、运动场、体操馆、泛希腊运动会、斯巴达五项竞技等；古希腊罗马哲人的体育思想重新受到重视并得以推崇”[10]。因此，这不仅是文艺的复兴，而且是体育的复兴。第一个

9 谭华：《体育史》，高等教育出版社，2005年，第134页。

10 谭华：《体育史》，高等教育出版社，2005年，第149页。

表达了文艺复兴时代教育理念的弗吉里奥主张，要通过设立体育、文学、绘画、音乐等课程对青少年进行通才教育，使他们具有“支配的理性”“顺从的身体”。另一位人文主义教育家维多里诺则在其兴办的宫廷学校里开设被称之为“快乐之家”的体育宫，并亲自带领学生骑马、爬山、游泳、击剑，以及从事各种各样的田径运动。著名的人文主义作家拉伯雷在《巨人传》中塑造了一个无论在思想上还是在体魄上都无比强大的巨人，这个巨人上午读书，从事科学研究，下午锻炼，从事体育运动。正像恩格斯曾经指出的那样，“这是一个人类前所未有的最伟大的进步的革命，是一个需要而且产生了巨人——在思想能力上、热情上和性格上、在多才多艺上和常识广博上的巨人的时代。”[11]这些巨人在各个向度上不断挑战人类的极限，重新体现了古希腊时代的文化追求和人类理想。

继文艺复兴运动之后，16世纪兴起的宗教改革运动进一步促进了体育运动的复兴。一方面，路德、加尔文等宗教改革家抨击了罗马教廷对信仰的垄断；一方面，这些新教伦理的建设者们否定了中世纪的禁欲主义。针对中世纪教徒们的修道生活，路德认为：“灵魂与肉体不是矛盾的，只有健康的肉体才能为宗教理想服务。”“上帝所能接受的生活方式是每个人完成在尘世的义务，天职与尽世俗义务是一致的；保持身体健康也是每一个基督徒的天职。”[12]因此，他没有像苦修者和“鞭笞派”那样把虐待肉体当作拯救灵魂的手段，而是号召基督教徒们“保持身体健壮”，主张“人们应有高尚和有用的运动练习”，认为参加体育活动“不仅能驱散人的烦恼、苦闷，而且使四肢得以充分发展”[13]。他还要求把体操和音乐定为德国教育的固定课程。在致德国各城市市长及议员的一封信中，他写道：“古人已慎重考虑与妥为安排，认为人们应该练习体操，这样才不致使人养成尚浮华、不贞洁、好吃、放纵与赌博的习惯。所以有两种康乐使我最感愉快，那就是音乐与体操，前一种将内心所有的牵挂与忧郁驱除干净，后者使身体产生弹性并能保持健康。”[14]

在这种思想的影响下，16世纪就开始有人试图复兴奥林匹克运动，如依奥汉涅斯·阿克维尔于1516年在巴黎组织的“奥林匹克示范表演”。17世纪早

11　恩格斯：《自然辩证法》，人民出版社，1961年，第6页。

12　谭华：《体育史》，高等教育出版社，2005年，第154、151页。

13　王其慧、李宁：《中外体育史》，湖北人民出版社，1988年，第291页。

14　杨文清：《源远流长的世界体育》，人民体育出版社，1983年，第58—59页。

期，罗伯特·多佛在科茨沃尔德创立了“奥林匹克赛会”。到了18世纪，规模壮观的“仿古希腊运动会”在1796年法兰西共和国成立庆典上隆重举行。“在19世纪后期，希腊连续举行了四届泛希腊奥运会。除此之外，瑞典的‘斯堪的纳维亚运动会’（1834，1838），法国龙多神学院的‘龙多奥林匹克竞走节’（1832—1925），英国马奇温洛克的‘奥林匹克节’（1849）和‘马奇温洛克奥林匹克协会’、加拿大‘蒙特利尔运动会’（1844）等，都是对复兴奥运会有一定影响的尝试。”[15]于是，一项被封杀了千年之久的文化壮举呼之欲出了。

总之，尽管文艺复兴时期的人文主义者和宗教改革运动中的思想先驱们没有直截了当地呼吁奥林匹克运动的复兴，也没有亲自参与任何与恢复奥林匹克运动有关的具体活动，但是他们的不懈努力，却给奥林匹克运动的复兴清除了文化上的障碍。如果没有他们的努力，就不可能有顾拜旦等人日后的成就。在这层意义上，奥林匹克运动背后的宗教动因和文化土壤是值得我们认真分析并加以思考的。

2008年，第29届奥林匹克运动会将在中国的首都北京举行。在迎接此次盛会的过程中，我们不仅要做好各个方面的物质保障，而且要做好各个方面的精神准备，这包括对奥林匹克精神的全方位的理解和反思。说到底，这不仅是一项体育的盛会，而且是一项文化的壮举。因此，我们从中所得到的，也不仅是比赛的金牌，还有文化的洗礼。

（此文为陈炎和赵玉合作，发表于《天津社会科学》2007年第3期）

15　谭华：《体育史》，高等教育出版社，2005年，第211—212页。

宗教信仰与奥运兴衰

希腊宗教所培育出来的灵肉并重、身心两全的人生理想和诸神平等、诸人平等的人格观念是古代奥运会产生的前提。其他的四大文明古国和人类的三大宗教均不具备这样的文化基础和思想前提，因而都不可能孕育出奥林匹克运动。随着希腊文明的衰落，基督教的禁欲主义精神使得奥林匹克运动遭受禁止，而马丁·路德发起的宗教改革运动又使得奥运精神得以再生。考察奥林匹克运动会由诞生到衰落再到复兴的历史过程，可以使我们认识到宗教在其中的重要作用。从这一意义上讲，奥林匹克运动会不仅是一项规模宏大的体育赛事，而且是一项含义深刻的文化运动。

一

与现代那充满了政治和商业气息的奥运会不同，起源于公元前776年的古代奥运会与宗教祭祀活动有着极为紧密的联系，或者更确切地说，它只是宗教活动的一部分，其目的主要不是为了比赛而是为了祭祀，是一个以祭祀为主的盛会。从流传下来的文字材料来看，与古奥运会有关的神话传说很多，但不论哪种都与奥林匹斯山上的诸神有关。而且在竞赛中，优胜者的奖品都是由神的化身、奥运会的主教祭司所颁发的；作为奖品的橄榄枝编成的花冠，则是从宙斯神殿后的“神圣橄榄林”（平时严禁杀生和伐木的神域）里采来的。[1] 所有这一切都充分显示了古代奥运会那浓厚的宗教气息。

目前考古发掘的成果也证明了古奥运会的宗教性质。在当时用于竞赛的奥林匹亚运动场上大大小小足足设有六十多座祭坛，仅较典型的就有六座，依次是：祭祀宙斯和海神波塞冬的第一祭坛，祭祀天后赫拉与智慧女神雅典娜的第二祭坛，祭祀太阳神阿波罗与猎神阿尔忒弥斯的第三祭坛，祭祀酒神狄俄尼索斯与命运女神摩伊拉的第四祭坛，祭祀森林女神狄安娜和阿尔菲斯河神的第五祭坛，以及祭祀木星萨顿与星河仙女的第六祭坛。在盛会期间，几乎每天都有各种宗教仪式。其中以主神宙斯的祭祀最为隆重，它通常被安排在运动会的第一天，且以数量可观的百头公牛作为牺牲以献祭神坛。然后，隆重的奥运会便在熊熊的“圣火”中开幕。[2]

其实在古希腊时期，奥运会并非唯一的竞技赛事，当时同时并存着四大竞技运动会，且无一例外都是为祭祀神祇而设：一是祭祀海神波塞冬的伊斯特摩斯运动会；二是祭祀太阳神阿波罗的皮托运动会；三是祭祀大力神赫拉克勒斯的尼米亚竞技会；四是祭祀宙斯的奥林匹亚运动会。除此之外，还有一个是为祭祀女神赫拉而设的赫拉运动会，只有女人们参加。不知是由于古奥运会祭祀的核心神祇是众神之首宙斯，还是因为古奥运会召开的场所是宙斯与其他诸神聚居不远的神圣之地奥林匹亚，与其他四个竞技会比起来，奥运会明显有些与众不同：它规模最大、流传最广、影响也最为深远，不仅绵延上千年而不衰，最终又能死而复生，重新焕发出经久不衰的魅力。

作为一种体育行为，上述运动会何以都与宗教紧密相联呢？深究起来，这恐怕既与竞技运动自身的特性有关系，更与宗教自身的特性有关系。从外在的符号体系而言，宗教可以说是用于约束人类行为的一套规则和仪式。但若从内在的社会心理而言，宗教实质上则是人类对超自然力量、特别是一般人力难及的非凡力量的敬畏与崇拜。文化人类学家弗雷泽就主张，宗教是人类对超人力量讨好并祈求和解的一种手段。换言之，宗教是源于人类对“强力”的崇拜，宗教中的神，便是那“强力”的代表。这一特性便注定了它与竞

1 崔乐泉：《奥林匹克运动简明百科》，中华书局，2003年，第21页。

2 崔乐泉：《奥林匹克运动简明百科》，中华书局，2003年，第24页。

技运动之间的必然联系，因为在我们看来，竞技运动实质上正是“力”的展示与较量、迷恋与追求。

说起对“力”的迷恋与追求，世界上大概没有哪一个民族能够像古希腊人这样突出。在荷马史诗中，“无论是人格神还是非人格神都是某种力量的拥有者，因而也都在对这个世界产生作用。希腊人对此深信不疑。荷马之后五百年，诗人米南德仍说：‘占有力者被当作神来崇拜。’这不是后来的反思，而是希腊人根深蒂固的观念。”[3]除了崇拜神灵，古希腊人还崇拜英雄。在希腊神话中，英雄多为神与凡人结合的产物，他们虽然不像神灵那样长生不死，却有着常人不可企及的非凡力量，从而与神接近。因此，他们虽然不是神灵，却比神灵更容易被人模仿。有一种说法甚至认为，竞技比赛原是由英雄们创造的，同时，四大泛希腊的竞技赛会也都是献给英雄们的。在关于古奥运会起源的诸种传说中，有一种就主张是为了纪念英雄珀罗普斯而创设的。[4]竞技比赛在英雄祭祀中是一项主要内容，而且竞技比赛中的优胜者或著名运动员，也被人们视为“英雄”，看成是神的宠儿：诗人会为其朗诵赞美的诗篇；音乐家会为其弹奏美妙的音乐；雄辩家会发表热情洋溢的讲话以对其进行赞美和歌颂；雕塑家则为那些在运动会中连续三次夺冠的运动员塑像留念；回到各自所属的城邦以后，还会享有种种常人无法享有的特权……

当然，不论是在荷马还是在古希腊人的心目中，神圣的“力”并不仅仅代表着肉体的力量，同时还意味着心灵的力量甚至是超自然的力量。因此，荷马不仅把那些能征善战的武士塑造成英雄，也把那些有特殊才能者，如游吟诗人、传令官、医生等塑造成英雄。而表现在运动会中，竞技比赛的目的也就不仅仅局限于肉体能力的挑战，它同时表现为各种能力的竞争；比赛的项目除了测试人的肉体力量如跑、跳、投等，同时也包含了展现精神力量的技艺比赛如音乐、诗歌、建筑、雕塑、绘画等。不论是祭祀海神波塞冬的伊斯特摩斯运动会，祭祀太阳神阿波罗的皮托运动会，还是祭祀宙斯的古奥运会，除了开展体质性的竞技项目外都有注重精神修养的音乐、诗歌等项目的比赛。

3 王晓朝：《希腊宗教概论》，上海人民出版社，1997年，第190页。

4 ［美］米尔恰·伊利亚德：《宗教思想史》，晏可佳、吴晓群、姚蓓琴译，上海社会科学出版社，2004年，第242—243页。

文章到此，要解释为什么古希腊的五大竞技运动会都与宗教有着如此密切的联系、古希腊人为什么喜欢用竞技运动的形式来祭祀神灵，似乎已经是顺理成章的事了。既然宗教实质上是源于人类对“强力”的敬畏与崇拜，竞技运动的本质又是对“力”的展示与较量、迷恋和追求，那么竞技比赛自然也就容易成为宗教祭祀的一部分；神既然是非凡力量的象征，那么通过“力”的展示与较量来祭祀神祇、取悦神灵并与神沟通，自然也就成了最为恰当的手段和方式。

二

然而，正是由于竞技运动与宗教在本质上有着如此密切的联系，那么以竞技的形式来祭神和娱神、以竞技比赛作为宗教祭祀的一部分，就不可能仅仅局限于古希腊了。在古代幼发拉底河和底格里斯河流域的人们，新年期间通常举行宗教性的竞技会以祭祀春天和太阳神，比赛项目包括赛车、赛跑和两队人持刀枪进行的打斗。这比古希腊人的奥运会足足早了一千多年。而如今流行于印度农村的体育活动形式如跑、跳等在古代也有着宗教的动机，如跳高是为了增加土地的肥力，各种形式的绕物跑和舞蹈中的蛇形动作，则是为灵魂转世开辟道路。古代美洲的印第安人也曾经流行棒槌和标枪的决斗等竞技形式，它们同样与宗教密切相关，实际上这些竞技活动只是用于决定谁应成为祭祀品的选择手段而已，那些竞技中的失败者将作为祭品以供奉他们崇拜的太阳神。与那些擅长标枪的印第安人不同，玛雅人更擅长的是球戏比赛。球戏在他们崇拜狩猎和祈求丰产的各种祭祀活动中都必不可少。据说如今的篮球运动就发源于美洲玛雅人的一种球戏。在如今考古发掘出来的玛雅文化区里，大都建有球场，而且所有的球场都无一例外地建在神庙旁边或者干脆与神庙融为一体，其宗教性目的一目了然。在有些球场的墙面上，还绘有球赛的场面和输家被推上神庙做人祭的场景。[5]在中国，许多少数民族的体育活动也多与原始的宗教活动分不开：云南纳西族信奉东巴教，他们在祭祀、婚丧或节日中常以多达数十人至数百人演练的集体武术活动“东巴跳”

5　谭华：《体育史》，高等教育出版社，2005年，第31、43页。

来供奉始祖丁巴什罗；云南、四川、贵州等地的彝族在其特有的民族宗教节日“火把节”进行的祭祀活动中，则往往伴随着盛大的摔跤、赛马、射箭、斗牛及舞蹈等活动；蒙古族在其萨满教最重要的祭祀仪式“祭敖包”活动中也会举行著名的“那达慕”运动会……[6]

问题是，既然几乎所有的民族都共同选择了竞技运动和竞技赛会的形式作为祭神和娱神的途径与手段，那么，为什么独独只有源于希腊民族的奥林匹克赛会能够历经千年，且规模又如此宏大呢？若从宗教的维度寻找原因，笔者认为这主要源于希腊宗教的与众不同，或者说应归功于希腊宗教的独特贡献，它具体表现为两个方面：一、它培育出了人与人之间相互平等的人格观念；二、它酝酿出了灵肉并重、身心两全的人生理想。正是在两种因素的共同作用下，才最终催生出奥林匹克这样的体育盛事。我们之所以用“共同”两字，是因为两种因素缺一不可，比如中国古代虽然有身与心和谐发展的“健康”[7]理想，却缺乏平等的人格理想；印度佛教虽然包含了平等的人格理想，却又不具备灵肉并重的人生理想。因此不论是在中国还是在印度，最终都与奥林匹克运动会这样的体育盛事无缘。

首先，竞技运动作为一种“力”的较量与比拼，公平竞争是其能够健康发展的核心前提。所谓的“竞技比赛”若不存在公平的竞争根本就无法开展起来。而公平竞争的核心前提则是“人人平等”（起码在运动员之间是人人平等的）。若没有“平等”的基本观念，公平竞争的实现也毫无可能。正如古希腊的宗教诗人赫西奥德所言：任何敌对性、任何“厄里斯”（意指争吵、冲突）都意味着关系平等，竞争永远只能在同类人之间进行。[8]因此，平等的人格观念应该是任何一种竞技运动所不可缺少的必要前提。可是逐次查阅一下其他几大文明区的宗教资料就不难看出，它们所宣扬的却恰恰是与平等思想格格不入的等级观念。

在两河流域的古巴比伦宗教中，人与神之间的距离是因人而异的。这便意味着人与人之间的关系也同样是因人而异的。国王被认为是“神的儿子”，

6　胡小明、陈华：《体育人类学》，高等教育出版社，2005年，第183页。

7　健、康二字，分别见于殷商时代。“健”字偏重于精神和意志，“康”字则偏重于身的健康无疾。健、康对举恰恰表明了中国古人身、心并重的人生理想。

8　［美］皮埃尔·韦尔南：《希腊思想的起源》，秦海鹰译，生活·读书·新知三联书店，1996年，第33页。

并享有原本只属于神的头衔、即“大地之王”或“宇宙四方之王”，他是诸神与人之间的最高中介。[9]而其他的人类之所以被创造出来，只是为了侍奉和供养神明。

古埃及也是人类文明的发源地之一，早在两万年前就有人类活动，并于公元前3000年左右开始建立起统一的奴隶制国家。但同古巴比伦一样，最高的统治者也即法老同样被认为是神的儿子，不同之处仅在于，它所谓的“神”被称为“太阳神”。法老不仅是人、神之间的最高中介，而且本身就是神。就像当时的宰相瑞克米瑞所说：“他是一个用自己的行动让我们得以存活的神”。[10]因此只有他享有太阳的不朽，那些围绕在他左右的家人和高官们，则被视作星辰，[11]不过虽然比不上太阳的耀眼光辉，但与普通百姓们相比，却也仍然是天上人间。

中国的宗教思想也同样宣扬等级观念。根据甲骨卜辞的记载，“帝”在商代被视为至高无上的天神，它驾驭着宇宙节律和自然现象，拥有绝对的权威，并超拔于世俗人间远远地支配地上的人类。但由于国王的祖先可以充当天帝与国王沟通的中间渠道，世俗统治者虽然没有像埃及的法老那样被视为神，却可以借助祖先的庇荫与“帝”建立起普通人所不具备的特殊关系。到了周代，天或上帝具有了人格神的特征。“他住在大熊座里，位于天穹正中。”[12]国王成了“天子”，成了“上帝的摄政”。祭天也就成了国王的特权，其他任何人都不具备这种资格。这样一来，世俗统治者与神界统治者之间的关系相比于商代就变得更为特殊也更为紧密。至于那些王戚、贵族们，则可以根据与“天子”之间血缘关系的亲疏远近也能和天帝建立起或近或远的关系。周代这种在宗教祭祀中固定下来的等级观念又通过孔子以“礼”的形式被传承下来，并最终成为中国文化的主流。虽然孔子及其整个儒家通常都被记载于哲学史而不是神学史、宗教史的范围之内，但美国著名的宗教史家米尔恰·伊利亚德（Mircea Eliade）的话却也有一番道理，他说：“孔子直接、间接地受到中国宗教的深刻影响。事实上，他的道德和政治改革的真实源泉是宗教的。他并不拒绝那些重要的传统观念，如道、天神和祖先崇拜。此外他赞美并且振

9　谭华：《体育史》，高等教育出版社，2005年，第67页。
10　谭华：《体育史》，高等教育出版社，2005年，第85页。
11　谭华：《体育史》，高等教育出版社，2005年，第85页。
12　谭华：《体育史》，高等教育出版社，2005年，第466页。

兴了礼和风俗行为的宗教功能。”[13]

与中国古代的宗教观念相比，来源于古印度的婆罗门教更是等级森严。它干脆把人从高到低分成了四个种姓：一是掌管祭司、法律和文化的婆罗门；二是把持政权和军权的刹帝利；三是由农民、牧民、商人、手工业者发展而来的吠舍；四是由被征服的土著居民和失去生产资料的雇工、奴隶所组成的首陀罗。除此之外，还有更加卑贱而不入种姓的不可接触者。在婆罗门教看来，种姓之间的这种差别完全取决于他们与神灵之间距离的远近。婆罗门（Brahmana）的名字来源于梵天（Brahma），意为梵天所生，可见与神灵最近；刹帝利（Ksatriya）的名字来源于权力（Ksatra），虽然与神灵略远，却是世俗社会中的上等人物；吠舍（Vaisys）的名字来源于氏族（Vis），是一种离神性较远的世俗人物；首陀罗（Sudra）原来是一个非雅利安人的土著部落的名字，已没有丝毫的神性可言。

因此，上述“四大文明古国”的宗教观念和文化氛围，使它们与奥林匹克规模的运动盛会无缘。那里所信奉的等级观念，几乎是从根本上窒息了竞技运动的健康发展。

不过在印度，还有一种宗教思想倒是有着明显的平等倾向，那就是稍后于婆罗门教而发展起来的佛教。与婆罗门教不同，佛教明确主张人与人之间的关系是完全平等的，这也即他们所谓的“众生平等”。正如苏联学者克雷维列夫所说：“在印度宗教史上，佛教首次把人的宗教尊严放在从属于人的个性及人的品行的地位，而不是放在从属于某一种姓、种族、民族或部族出身的地位上。”[14]在佛祖面前，种姓和出身已经不再代表任何意义，所有的人不分种姓和阶层都有权利加入僧团，而且每个信仰者都可以通过个人的修行获得超度、得到解脱。这种观念表明了佛教与以上其他宗教的明显不同。

但历史证明，主张“众生平等”的佛教文化仍然没有孕育出任何一种与奥运会相类似的竞技赛事。因为正如我们前面所言，能够催生出大型竞技赛事的两个必要条件它只具其一而不具其二。佛教所追求的不是灵肉并重、身心两全，而是灵与肉、心与身的分裂与对立。在它那里，心灵的超脱是在摆脱、甚至是在遗弃肉体的基础上建立起来的。因此，它不像希腊宗教那样

13　谭华：《体育史》，高等教育出版社，2005年，第474页。

14　［苏］约·阿·克雷维列夫：《宗教史》下，乐峰等译，中国社会科学出版社，1984年。

既崇尚肉体的力量也崇尚精神的力量，而是拼命地抬高后者、贬抑前者。在佛教看来，肉身便意味着痛苦，只有彻底摆脱肉身的羁绊而专注于心灵的沉思默想，才有望达到最终的涅槃境界。于是，折磨肉体便成了佛教徒们常见的修行方式。传说佛教的创始人释迦牟尼年轻时就曾经践行了长达六年的苦行，“他到了每天只吃一粒黍以维系生命的地步，进而发愿断一切食。”[15]实际上“释迦牟尼”的称号即是“释迦族的苦行僧”的意思。虽然佛陀最终放弃了苦修，但并未彻底否定其作用，而且在随后的佛教发展史中苦行的风气依然十分浓厚。

其实不只是佛教，与佛教并列为世界三大宗教的基督教和伊斯兰教也同样有禁欲主义的倾向。与体魄健美的希腊诸神不同，作为基督教的殉难者，被钉在十字架上的耶稣常常是一副瘦骨嶙峋的样子。而作为伊斯兰教的真主，安拉不具有丝毫的肉体特征，甚至是不能用任何偶像来加以形容。无论是基督徒还是穆斯林，都必须按照特定的教规进行祈祷、实行斋戒，以克制自己的肉体欲望和感性的生命，将全部的身心献给他们所信奉的宇宙主宰。显然，这种禁欲主义色彩的宗教也不可能派生出奥林匹克运动。

与以上几大文明区的宗教思想相比，希腊宗教以其独一无二的特性为奥林匹克运动开辟了道路。

首先，与佛教、基督教、伊斯兰教那种抬高精神、贬抑肉体，从而造成灵肉分裂的观念相异，希腊宗教强调的恰恰是灵与肉的完美统一。其独特之处在于，希腊宗教里的“神”，除了像佛教里的佛陀、基督教里的上帝、伊斯兰教里的真主那样具有超人的精神力量之外，他们还与人类一样是有血有肉的。住在奥林匹斯山上的众神们不仅有七情六欲、喜怒哀乐，而且也像凡人一样好色成性、争风吃醋、钩心斗角，甚至是为老不尊。换句话说，他们与人类是“同形同性”的，两者唯一的不同之处仅仅在于：神比人更健壮、更有力量，能够长生不死。因此希腊宗教里的“神”除了有着超凡的精神力量之外还有着最强壮的肉体力量。

与其他宗教不同，健美的肉体在古希腊同样具有神明般的崇高地位，那是神的另一表征。从希腊时期留存下来的许多雕塑来看，神的形象无一例外

15　谭华：《体育史》，高等教育出版社，2005年，第511页。

地都表现为强壮而健美的人体形态，甚至常常是以裸体的形象出现的。法国学者丹纳就曾经说过："希腊人竭力以美丽的人体为模范，结果敬奉为偶像，在地上颂之为英雄，在天上敬之如神明。"[16]如果有谁知道，伊利斯城邦总是挑选最健美的男子向本城邦的保护女神奉献贡品；雅典人总是选派最健美的长老在雅典娜的庆祝大会中执棕榈树枝；斯巴达人在祭奠盛会中，凡是身体不够高大、仪表不够魁伟的将军和社会名流，在向神灵祭祀游行的合唱队伍中不能居于前列……[17]那么，他就会毫不犹豫地相信，希腊人对健美体魄的钟爱已几近于偏执了。因为在希腊人看来，谁的身材最健美，谁也就与神距离最近。

也正是在这种宗教信仰的感召之下，"灵肉并重、身心两全"才成了古希腊人梦寐以求的人生理想。奥林匹克运动似乎也正是在这种人生理想的光环之下诞生的，因为这同时也是它的理想。英国学者罗素说："奥林匹亚竞赛会，是一种活的象征，表示希腊人重视身体，这也表明他们特别注重和谐，人有心灵，也有身体，二者不能不加以训练，希腊的思想家们不是近代世界从中世纪经院传统所承袭了来的那种象牙塔里的知识分子。"[18]这话是有道理的。古希腊的许多著名学者，如"哲学家苏格拉底、柏拉图、亚里士多德及诗人提摩克雷翁，早先都是出色的运动家，毕达哥拉斯据说得过拳击奖，欧里庇德斯在埃留斯运动会上得过锦标。"在古希腊，几乎"没有一个自由的公民没受过练身场的训练，唯有这样才算有教养的人。"[19]而在1991年6月16日，身、心的和谐发展又作为"奥林匹克主义"的实质被写进了奥林匹克运动的最高法律文件《奥林匹克宪章》。

其次，与古代的埃及、印度、巴比伦、中国这"四大文明古国"的宗教观念中隐含的鲜明的等级观念不同，希腊宗教所宣扬的恰恰是人人平等的人格理想。它不仅通过神与人之间的等距关系直接传达了人与人之间的平等，它还通过神与神之间的平等关系间接暗示了人与人之间的平等。

在希腊城邦文明建立之前的克里特文明与迈锡尼文明时期，也与前面所

16 ［法］丹纳:《艺术哲学》，傅雷译，人民文学出版社，1963年，第46—47页。

17 赵岷、李翠霞:《古希腊宗教神学对古奥运会产生的文化层面的影响》，《体育文化导刊》2005年第6期，第26—28页。

18 ［英］罗素:《西方的智慧》，温熙增译，商务印书馆，1999年，第34页。

19 ［法］丹纳:《艺术哲学》，傅雷译，人民文学出版社，1963年，第347页。

说的“四大文明古国”类似，宗教祭祀主要是统治阶层的特权。据说克里特国王米诺斯每隔8年都要到离克诺索斯不远的埃雷杜亚山洞与他的父亲——奥林匹斯神宙斯谈话，以接受他的启示和训导，并借以统治他的子民。[20]而被称为“瓦纳卡”的迈锡尼国王，则几乎掌管着所有的宗教事务，他详细规定宗教日程，监督宗教仪式和纪念诸神的节日典礼，甚至审定祭祀用的牺牲、植物供品和依照每人的地位征收的贡品份额。这种特权使得他与神之间建立起了普通人所不可能建立的特殊关系，统治与被统治的等级秩序也正是在这种不同中得以维持。

但随着迈锡尼文明的衰落以及希腊城邦文明的兴起，原属于某些特权阶层的祭祀职能从此变成了集体的城邦祭祀或公共祭祀。某些氏族与神力之间的特殊关系也随之不复存在。人与神之间不再需要任何中介，每个人都可以与神直接交流。“以前只有受神恩宠的人才能够受到神的保护，现在全体社会成员都能够受到神的保护。”[21]那些原来被当作威力法宝而珍藏在宫殿或祭司的深宅里的圣物，如授权用的符号、宗教象征、徽章和木偶等，现在都被移到神庙这个开放的公共场所。这就意味着，在希腊社会中，已经不存在所谓的宗教特权阶级，所有的城邦公民，不论他们的出身、地位和职务有多么大的差异，在神的面前都是“同类人”，都一律平等。

不仅人与人在神的面前是平等的，在希腊的奥林匹斯神祇体系中，即使是神与神之间相比而言也是平等的。这便从间接层面上进一步促进了人与人之间平等观念的发展与巩固。由荷马与赫西奥德构筑起的奥林匹斯众神体系，既是一个彼此有着密切血缘关系的大家族，又像一个浓缩的小城邦。十二神祇之间的关系是平等的、可逆的，不存在统治与服从，存在的只是职能的不同分工：赫拉负责婚姻；波塞冬掌管海洋；阿波罗主管光明、青春、医药、畜牧、音乐和诗歌；赫耳墨斯则主要负责制定协约，增进商业、保护道路和行人的安全……就是那身为众神之主的宙斯，也不具备绝对的权威，对于所有的大事都要通过诸神大会的讨论才可通过。他虽然有意偏袒自己的爱子赫耳墨斯，但面对后者的偷窃行为也不得不依法行事；他虽然有意保护另一个儿子狄俄尼索斯，但眼看着赫拉的迫害却又无计可施；当他的情人被

20 ［古希腊］荷马：《奥德修纪》，陈中梅译，上海译文出版社，1979年，第245页。

21 ［美］皮埃尔·韦尔南：《希腊思想的起源》，秦海鹰译，生活·读书·新知三联书店，1996年，第42页。

天后赫拉逼得无处躲藏时，他也只能暗中相助，不敢与人家公开对抗；他唆使哈德斯将得墨忒耳的女儿克瑞掠走，面对着得墨忒耳的公然反抗，他也只能多次派使者求情，并最终屈服；他与波塞冬、哈德斯推翻父亲克洛诺斯的统治后，也只是以抽签的方式决定各自的领地，且其权力也只限于天空，对于哈德斯主管的冥府和波塞冬掌管的海洋，根本无权涉足……既然信仰世界中的众神之间都没有等级的差别，那些居住在世俗世界中的凡夫俗子们又有什么理由非得区分出尊卑高下呢？既然诸神一直以来既是人们顶礼膜拜的对象又是倾心效仿的典范，那么人们又如何敢公然与神灵们的行为信条相对抗呢？

由此说来，除了灵肉并重、身心和谐的人生理想，奥林匹克运动能够最终诞生在古希腊，在很大程度上就得益于这种人人平等的人格理想。繁杂的等级制度是不可能催生出像奥林匹克这样如此规模的运动盛事的。这也正好说明了奥运会为什么诞生于希腊城邦的公共祭祀确立之时，同时也说明了它为什么在基督教被罗马帝国奉为国教时走向衰亡。希腊城邦祭祀的确立意味着克里特、迈锡尼时期的特权祭祀制度被摧毁；基督教被罗马帝国定为国教则意味着西方社会重新又回到了宗教特权的轨道上。宗教特权的存在同时也意味着人与人之间关系的不平等。

当然，竞技赛事只要在相互平等的人群中就可顺利进行。一种等级制度即使再严格，它在同一等级范围内仍会有“平等”的观念可以存在。这就是为什么在古埃及、古巴比伦、古印度、古中国，甚至是希腊城邦文明之前的克里特与迈锡尼，在有限范围内仍然会存在某种形式的竞技赛事。但有必要提醒读者的是，平等观念所涵盖的人群范围与赛事规模之间是成正比的，其涵盖的人群越广，竞技赛事的规模也就越大。由于在等级制度中平等的范围是极其有限的，这便注定了这些竞技赛事的规模不可能太大，影响也不会太远，而且永远别想与奥运会相抗衡。不要忘了，奥运会在古希腊时期就已经成为所有城邦及其所属殖民地的共同赛事，具有了泛希腊的色彩。而在如今，它早已跨越了国界，成了全世界人们共同参与的盛会。

当然我们也必须承认，即使是在古希腊时代，人与人之间的平等也不可能是完全意义上的。古代奥运会的选手们只限于那些纯希腊血统、未曾有过犯罪行为的自由民，至于奴隶、战俘、异族人和女人等则都被排斥在外。甚至在现代意义上的奥运会上，平等观念虽然远远超出了以往的范围，但性别歧视、种族歧视以及地域歧视等问题却依然存在。当然，我们也有理由相信，随着平等观念的不断扩大与强化，这些都会逐渐得到解决的。

三

既然古代奥运会的诞生主要归因于希腊宗教的独特贡献——促进了平等的人格观念和灵肉并重、身心两全的人生理想的形成，那么，随着希腊宗教精神的衰微以及两种观念的破坏，古代奥运会走向衰亡的命运也就在所难免了。

公元394年，侵占了希腊领土的罗马皇帝狄奥多西一世根据大主教布路瓦斯的建议，宣布基督教为国教。狄奥多西借口奥运会来源于古希腊的神话和传说，是异教徒的活动，是对基督教的不敬，很快便下令终止了它的召开。延续了上千年的奥林匹克运动会便从此中断了。

与希腊宗教所宣扬的平等观念不同，基督教在走向正统、占据主流以后，是以鲜明的等级观念为特征的。在教会内部，神职人员之间大大小小就分了十二个等级，其中红衣主教、总主教、大主教和主教属于教士等级，是教会里的统治阶层；再下面便是牧师、执事、副执事、辅祭、驱邪者、诵读者和看门人七个高低不同的圣职系列；最后是那些仅仅接受过洗礼仪式者。在教会与世俗社会之间，教会人员是凌驾于世俗人士的特权阶层，两者根本就不在同一个等级上。基督教的教义宣称“教会之外无救恩”，认为“唯有教会掌握着拯救的真理；唯有它能够施行圣事，使人洗净过去的罪，得到新的生命，并因分享救主的血和肉而使自己神化得到永生”[22]。因此，上帝与信徒之间必须有教会作为中介，世俗的信徒们也只有按照教会的旨意行事，如在神职人员的引领下阅读《圣经》，根据教皇、主教的训诫理解《圣经》，必须履行洗礼、圣餐等各种仪式等，其灵魂才能够得救。教会就好比是诺亚的方舟，

22　［美］G.F.穆尔：《基督教简史》，郭舜平等译，商务印书馆，1981年，第133页。

只有在方舟里的人才不致灭亡。简言之，世俗百姓必须服从教会的统治和管辖。在如此鲜明的等级秩序中，平等观念和公平竞争的理念根本不可能立足，又何况是被斥为有异教倾向的奥林匹克运动会呢?

与希腊宗教所宣扬的灵肉和谐、身心两全的人生理想截然不同的是，基督教宣扬的恰恰是灵与肉、身与心的彻底分裂和对立。它高扬灵魂，糟践肉体，主张肉体是灵魂的坟墓，认为那些因从事体力劳动而显得肉体强健的人往往心灵卑下，他们卑污的肉体会妨碍灵魂的升华。《圣经》称“人是风吹的叶子，枯干的碎秸”。奥古斯丁则主张只有信仰上帝，用禁欲、斋戒、忏悔、出家修行等方法，才能摆脱人世间的罪恶和痛苦，得到上帝的挽救，死后灵魂才可升入天堂……于是，弃绝一切肉体的欢愉、推行禁欲主义成了基督教徒最为常见的修行方式。美国学者G.F.穆尔说：“基督徒的虔诚一开始就带有禁欲倾向。起先，对基督即将到来进行审判的期望，是它的主要推动力。到这种期望幻灭以后，感官与理智、肉体与灵魂的冲突问题，便取代了它的位置。这个问题当时贯穿于人们的一切思想中，使宗教哲学，以及我们不妨称为个人宗教生活的一切，都带上了禁欲色彩。凡是向往在基督徒生活中得到更高成就的人，都多少按照通行方式折磨自己的肉体。”基督徒们折磨肉体的方式可以说五花八门，通过严格的斋戒抑制食欲和情欲是通行的做法。到了公元3、4世纪，开始流行一种类似于印度苦行的禁欲方式，那些修行者们离开城市，隐居到偏僻的旷野中，或者在沙漠中穴居，或者在坟墓或枯井里生活。他们或者睡在荆棘丛中，或者睡在湿地上，或者一连数日不饮不食，或者长年累月彻夜不眠。“那些在自我折磨上超过常人的，便被称为‘竞技者’，正如18世纪的英国神学家及哲学家巴特勒主教所说，他们乐于在苦行方面‘创造新纪录’。谁听到别人每天吃一磅面包，他立刻把自己的定量降低到五英两和少量的清水。”[23]这俨然是另一种形式的竞技比赛，可惜与运动竞技水火不容。

因此，在基督教文化的笼罩之下，不仅延续了上千年的奥林匹克运动会从此销声匿迹，所有其他的竞技赛会，即使是普通的体能训练活动，也都同样遭到了无情的清剿。教会利用神权，反对一切公共竞技集会，规定基督徒

23 ［美］G.F.穆尔：《基督教简史》，郭舜平等译，商务印书馆，1981年，第113页。

如参加竞技比赛和格斗表演，就不准参加“圣餐”仪式，竞技者和角斗士必须保证永远放弃这种职业才能成为基督徒。“各王国所特有的体育活动和民间保留的古希腊、古罗马体育形式遭到严重的打击和阻止。除必要的军事训练和少数统治阶级的消遣活动外，民众从事体育活动者极少。”[24]甚至连洗澡和游泳这样的活动也被迫取消，理由是它们虽然清洁了肉体却玷污了灵魂。而在由基督教会垄断和把持的学校教育中，既没有体育课，也没有任何发展体能的活动，那些擅自从事体育活动的学生则会受到严厉的体罚。可以说竞技和体育活动在中世纪差不多遭到了全盘否定，唯有在骑士教育中保留了一丁点儿的空间，但那也只是出于军事目的。

如此说来，只有彻底改变基督教森严的等级观念、清除其仇视肉体的禁欲主义思想，重新唤回传统的古希腊宗教精神，竞技运动才有可能重新焕发活力，那中断已久的奥林匹克运动会也才有望复兴。而在逻辑上，要摧毁阻碍奥运会复兴的基督教文化有两条路可走：一是从外部推翻，二是从内部爆破。前一条路径基本上是文艺复兴以来人文主义者们所走的道路；后一条道路则是马丁·路德、加尔文等宗教改革者们所走的道路。由于本文的宗旨主要是从宗教的维度出发探讨奥林匹克问题，因此在接下来的部分中将只讨论宗教改革对于奥运会复兴的意义。

宗教改革运动开始于16世纪，首先兴起于德国，发难者是威登堡大学的神学教授马丁·路德。1520年8月，路德发表了《致德意志民族基督教贵族的公开书》，这是他在提出一项触及各个领域的宗教改革计划之前的一份宣言。在宣言中，他抨击了他所谓的保护罗马教会的三道“护墙”。第一道护墙是教会等级和世俗等级的差别，教会提高了神职界的地位，使教士成为高踞于世俗信徒之上的一个特权阶级；第二道护墙是垄断《圣经》的解释权，认为只有神职人员尤其是教皇才拥有解释《圣经》的权力；第三道护墙是妄称唯有教皇有权召开宗教会议。针对这三道护墙，路德提出了三大原则：首先是全民神职原则，按照这一原则，教徒经过洗礼都成为教士；其次是《圣经》可理解性原则，按照这一原则，《圣经》是神的启示的文字形式，对信仰它的读者来说完全可以理解不必依靠神职人员的帮助；最后是教徒对教会的责任

24　谭华：《体育史》，高等教育出版社，2005年，第134页。

原则，按照这一原则，所有教徒都有责任在必要时“为召开真正自由的会议而努力。”[25]不难看出，这实质上是一份反对等级特权、提倡人人平等的宣言。能够反映其平等观念的除了这份宣言以外，还有“因信称义”的原则。罗马教会自封为上帝与人之间的中保，声称只有它才握有通往天国的钥匙，而且“利用由圣人的额外劳作所组成的善功宝库，可以为被赦的罪人减刑”。圣库中储存着基督为世人赎罪的无限功德，还有圣母玛丽亚和圣徒们的大量功德。教会依靠善功库，支付信徒的罪债，使他们得到赦免。[26]路德却主张，一个人的灵魂是否能够得救，主要依靠个人的虔诚信仰，而不靠善功，凡是信仰基督的人都可以得救，因此不需要进行斋戒、朝圣、施舍、购买赎罪券等善功圣事，当然也就不需要教会和教士们的帮助，这即所谓的“因信称义”。中国学者李立国称这一原则在理论上产生了一种新的理念和要求，那就是“人只要有信仰，在上帝面前就享有平等的权利和义务，因而事实上就提出了一种平等的思想观念。”[27]这一说法无疑是有道理的，不过与其说这一理念是新的，倒不如说是对古希腊宗教传统的历史性回归。但毫无疑问，路德的贡献仍然是无法磨灭的。

实际上，路德的历史性功绩还不只是使基督教中的等级观念重新回归到了希腊宗教传统中的人人平等；他同时也使基督教硬性撕开了的灵、肉关系又重新恢复了和谐状态。他指出，“灵魂与肉体不是矛盾的，只有健康的肉体才能为宗教理想服务。”[28]这就等于重新确立了希腊宗教所倡导的灵肉并重、身心两全的人生理想。针对中世纪教徒们禁欲主义的修道生活，路德认为这只是为了逃避尘世的责任，“上帝所能接受的生活方式是每个人完成在尘世的义务，天职与尽世俗义务是一致的；保持身体健康也是每一个基督徒的天职。”[29]因此他没有像苦修者和“鞭笞派”们那样把虐待肉体当作拯救灵魂的手段，而是号召基督教徒们“保持身体健壮”，主张“人们应有高尚和有用的运动练习”，认为参加体育活动“不仅能驱散人的烦恼、苦闷，而且使四肢得以

25 ［法］查理·斯托非：《宗教改革（1517—1564）》，商务印书馆，1995年，第21、22页。
26 谭华：《体育史》，高等教育出版社，2005年，第14页。
27 李立国：《宗教改革与西方教育现代化的起源》，《清华大学教育研究》2003年第6期，第67—72页。
28 谭华：《体育史》，高等教育出版社，2005年，第154页。
29 谭华：《体育史》，高等教育出版社，2005年，第151页。

充分发展。”[30]他还要求把体操和音乐定为德国教育的固定课程。在致德国各城市市长及议员的一封信中他写道：古人已慎重考虑与妥为安排，认为人们应该练习体操，这样才不致使人养成尚浮华、不贞洁、好吃、放纵与赌博的习惯。所以有两种康乐使我最感愉快，那就是音乐与体操，前一种将内心所有的牵挂与忧郁驱除干净，后者使身体产生弹性并能保持健康。”[31]

正是在这种思想的推动下，中断了上千年的奥运会又重新获得了新生。当然，作为一个宗教改革者，马丁·路德并没有直截了当地呼吁奥林匹克运动的复兴，也没有亲自参与任何与恢复奥林匹克运动有关的具体活动，但我们却仍然无法忽视他的作用。把奥林匹克运动的复兴仅仅归因于宗教改革无疑是幼稚的，但忽视宗教改革的作用却同样是极不明智的。笔者在此不想夸大它对于奥林匹克运动复兴的意义，只是将其作为一个必不可少的重要因素来探讨。毕竟基督教在西方曾经有着无可撼动的地位，而其实质上又严重阻碍了奥林匹克运动的发展。要想顺利恢复中断已久的奥运会，又不至于引起巨大的人心混乱，最好的途径就是通过基督教内部的改革清除掉与奥林匹克精神相悖的因素，使两者协调起来。当然那些宗教改革家们在对基督教进行改革时其目的并不是为了复兴中断已久的奥运会，但我们却不能否认，确实是宗教改革的巨大成果为奥林匹克运动的复兴开辟了道路。

（此文为陈炎、赵玉合作，教育部“高校青年教师奖励基金”项目的阶段成果，发表于《华中师范大学学报》（人文社会科学版）2007年第3期）

30 王其慧、李宁：《中外体育史》，湖北人民出版社，1988年，第291页。

31 杨文清：《源远流长的世界体育》，人民体育出版社，1983年，第58—59页。

奥林匹克运动的教育动因

在奥林匹克运动的诞生、发展过程中，除了宗教、政治、军事、审美等动因外，体育教育无疑也是一个不可或缺的重要影响因素，“古奥运会的比赛项目大多来自希腊教育制度的体育内容，古希腊教育制度中的一些传统，如练身场的10个月训练期及裸身运动也被奥运会所承袭，这些都是两者关系的佐证”[1]。不过在探讨这一教育动因之前，有必要对体育和奥林匹克运动的关系作一简单辨析。就共同点而言，两者都与身体的运动有关，都致力于肉体能力的扩展；就区别之处而言，两者的目的又有所不同：体育实质上是教育活动的一种，旨在锻炼体能、增强体质；奥林匹克运动则是竞技活动的一种，目的在于夺取锦标，争取体质与体能的最佳展现；在逻辑关系上，奥林匹克运动必须以体育教育为基础，是对体育教育成果的一种检测与验证；在历史顺序上，奥林匹克运动诞生在体育教育之后，是体育教育发展到一定阶段的产物。如此说来，奥林匹克运动的诞生必然要取决于体育教育的发展，一个区域或一个时期的体育教育越发达，产生类似奥林匹克运动的可能性就越大，反之就越小。奥林匹克运动的发展前景也必然取决于体育教育的受重视程度，一个区域或一个时期的体育越是受到人们的推崇和尊重，奥林匹克运动也就发展得越顺畅、越蓬勃，反之，其发展历

1　《奥林匹克运动》，人民教育出版社，1993年，第18页。

程也就越艰难、越曲折。就古代时期中西方的教育状况看，古埃及、古中国、古印度和古巴比伦等东方国家对体育的重视远远不能和古希腊相比，因此，尽管东方各国的教育相比于古希腊成熟得相对较早，却没能像后者那样最终导致奥林匹克运动的诞生；就西方自身的教育历程来看，西方社会在不同的历史时期对于体育的态度总是大相径庭，因此，尽管奥林匹克运动在古希腊诞生并蓬勃发展了近千年，却也随着体育教育在不同时期的不同命运而经历了跌宕起伏的一波三折。

一

从广义上讲，教育既然是人类世代之间传递生存经验的重要手段和方式，它在人类社会产生之前就应该存在了，不过相对成熟的教育形式即学校教育的出现却是较晚近的事情。按照中国学者曹孚、滕大春、吴式颖等人的说法，学校是奴隶社会的产物，而“进入奴隶社会最早的国家，才能是最早产生学校的国家。在人类社会发展史中，亚述、巴比伦、埃及、印度、希伯来等东方国家，先于西方的希腊、罗马建成了奴隶制国家，因而东方国家产生了人类最早的学校”[2]。比如埃及，据说早在古王国时期（大约公元前2500年左右）就已经有了宫廷学校，中王国时期则已经具备了培养政府官员的职官学校、培养宗教祭祀人员的寺庙学校，以及培养文士的文士学校等多种类型的学校。除了埃及，古代的中国、印度和巴比伦等国家也都先于西方建立起了相对成熟的教育形式。但综观东方各国的教育史却不难看出，尽管它们在具体的教育目标和教育内容上有着这样那样的差别，有一点上却是共同的，那就是体育教育在它们的教育体系中都没有获得应有的位置，反而受到了普遍的忽视和冷落。

古埃及教育的核心是培养文士。“作为一名文士，不仅要流利地书写，而且要精通律令，学有所长，以便充任官吏处理政务、管理寺庙、经营贸易等，从而决定了古埃及的教育内容包括两个方面：基础教育和专业教育。基础教育主要包括书写、阅读、简易计算等，以书写为主；专业教育主要包括

2　曹孚、滕大春、吴式颖等：《外国古代教育史》，人民教育出版社，1981年，第15页。

建筑、天文、医学等。[3]另外道德教育也是其主要组成部分，“古埃及的道德教育在整个教育中占有重要地位，其目的在于培养学生敬神、忠君、敬上、孝亲的道德品质”[4]。至于体育，埃及人基本上未曾涉及。

同古埃及类似，中国古代的教育传统向来也是重文轻武、推崇智育和德育而贬抑体育。中国古代教育中有“六艺”之说，即“礼、乐、射、御、书、数”。“礼”“乐”“书”“数”四者主要与德育和智育有关；“射”和“御”似乎都与体育有关，但总体而言似乎又不总是以体育为目的。春秋中叶以后，由于“机动灵活而攻击力又强的骑兵逐渐取代了笨重的战车，成为作战的主力，‘御’的技艺丧失了军事上的价值，驾车也就逐渐沦为仆役之事，不复成为教育和训练的主要项目。”而“此时，‘射’虽仍为统治阶级子弟所习，但除专职的武将外，‘射’主要不是作为战斗技能，而是作为礼仪中的项目来进行训练的。”[5]所以《礼记·射义》中有所谓“诸侯君臣尽志于射以习礼乐。”“射者，进退周旋必中礼。内志正，外体直，然后持弓矢审固，固持弓矢审固，然后可以言中。此可以观德行矣”（《礼记·射义》）的说法。由此说来，最可能关涉体育的“御”和“射”两项教育内容不是稍纵即逝就是成了德育的附庸，在实际生活中都未能发挥应有的效能。甚至中国古代的典籍《礼记》在谈到西周的教育内容时只提到诗、书、礼、乐，即所谓的“四术”。在接下来的历史进程中，体育的境况更是每况愈下，“汉代以后武艺和身体练习成为职业军人的专门技能……虽然不断有一些有识之士出来呼吁‘文武兼备’，但身体活动在社会和民众意识中的地位仍然越来越低”[6]。

与古埃及和古中国一样，古代的印度和希伯来也同样不重视体育的作用，区别之处只是在于，后两者的教育主要为宗教服务。

古印度的教育史前期主要以婆罗门教的教育为主，后期则主要以佛教的教育为主。婆罗门教的学校教育最初是由“古儒”创设的，其教育任务是“六科”与吠陀经义。所谓的“六科”，是指语音学、音律学、文法学、资源学、天文学和祭礼，它们是为了下一步学习吠陀经而进行的基本训练，因为

3 吴式颖、任钟印：《外国教育思想通史》第1卷，湖南教育出版社，2002年，第91页。

4 吴式颖、任钟印：《外国教育思想通史》第1卷，湖南教育出版社，2002年，第93页。

5 俞启定：《先秦两汉儒家教育》，齐鲁书社，1987年，第10页。

6 谭华：《体育史》，高等教育出版社，2005年，第67页。

只有“在六科学习的基础上，学生才会去领会吠陀经典”[7]。除此之外，印度还设有文法学校、法律学校、天文学校、哲学学校，以分授各科知识，但这些学校无不以婆罗门教义为指导思想。稍后而起的佛教教育主要以寺院为首要机构，“一般青少年可由家长申请送往寺院为僧，经许可后即赴寺院为僧徒，在清规戒律的束缚下，开始禁欲生活，须身着袈裟斋戒沐浴，每日往施主处行乞，另外则由寺院派僧人指导其学习。学习内容是佛教经典，神学气氛极浓”[8]。由于婆罗门教教育和佛教教育中都有消极厌世、向往彼岸、贬抑肉体崇尚灵魂的极端倾向，因此都把体育排除在它们的教育体系之外。

在古希伯来人的教育中，宗教神学也同样贯穿并凌驾于一切之上，其教育的最终目的只是为了培养对上帝耶和华的虔信之情，这便使得其教育内容非常狭窄。男童六岁到十岁，主要学习《圣经》和简易的读、写、算；十岁到十五岁以及十五岁以后则主要学习《米施那》和《基马拉》，两者在当时都是著名的经义注疏，这相当于中等教育。高等教育的任务一是培养僧侣，主要教授宗教理论和法律理论，并训练主持宗教活动的能力；二是培养“拉比”，即将来能够教授宗教教义的教育工作者，相当于我们现在所谓的师范教育。在高等教育中，除了教授教义之外，也教授数学、天文学、外国语和地理等科学知识，只是唯独没有体育的内容。

从以上四个东方古国的教育状况就不难看出，体育的地位在它们的教育系统中确实是微乎其微的。如果把一个人的发展分为“心”和“身”两个方面，它们普遍重视的只是“心”的发展，对于“身”的方面却是置之不理，而后者正是体育教育的核心任务。

与几个东方古国形成鲜明对比的是，来自西方的古希腊对体育教育的重视甚至超出了一般人的想象。“在古希腊，体育是一种真正的教育系统……所有的年轻人每天都去体育场或体育学校。”[9]他们“大半时间都在练身场上角斗，跳跃，拳击，赛跑，掷铁饼，把赤露的肌肉练得又强壮又柔软；目的是要练成一个最结实，最轻灵，最健美的身体，而没有一种教育在这方面做得比希腊教育更成功的了。”[10]既然奥林匹克运动必须以体育教育为基础，是体育

7 曹孚、滕大春、吴式颖等：《外国古代教育史》，人民教育出版社，1981年，第26页。

8 曹孚、滕大春、吴式颖等：《外国古代教育史》，人民教育出版社，1981年，第29页。

9 ［法］克琳娜·库蕾：《古希腊的交流》，邓丽丹译，广西师范大学出版社，2005年，第59页。

10 ［法］丹纳：《艺术哲学》，傅雷译，人民文学出版社，1963年，第43页。

教育发展到一定阶段的产物，那么它之所以能够最终诞生在古希腊而不是在那些东方古国，也就不难理解了。

大体而言，体育在古希腊的教育系统中主要以两种形式存在，一种是以服务于战争为目的的军事体育，主要以斯巴达的体育教育为代表；另一种则以人的全面发展为目的，被看作和谐教育体系的主要组成部分，主要以雅典的体育教育为代表。但不论是哪一种存在形式，显然都不只是装点门面的奢侈品，更不是可有可无的附属物。

“斯巴达的国家为一小团体的公民所组成，这些公民即是所谓正式的斯巴达人；他们周围皆是敌人，所以他们所住的真好像扎营一样；他们对于这些敌人不许他们有政治权力，并且强迫他们做工来供给他们自己的生活。公民阶级与劳工阶级界限分得极严。这种界限也许分得太过，这是因为公民是征服者，而劳工阶级则为被征服民族，所以他们虽未公开反叛，然暗杀之事时亦闻之。因为这种结果，所以斯巴达的公民小团体不得不聚集在一块，做一种精敏强干的训练。”[11]为了把人人都培养成为能征善战的战士，斯巴达对不同年龄阶段的人施行了不同的体育训练。十二岁以下的儿童，主要学游戏、投枪、掷重物、赛跑、跳跃、角力和游泳等；年满十八岁的青年接受正规的军事训练；二十岁时开始服兵役，六十岁才准许退役。对斯巴达人来说，“最紧要的事是操练，呆在家中是丢人的；军营生活占的地位远在家庭之上。新婚的男人只能偷偷地与妻子相会，他还得和未婚的时候一样整天在新兵训练班或操场上过活。由于同样的理由，儿童都是军人子弟，全部公育，七岁起就编入队伍”[12]。参加体育训练的不仅仅是男人，也包括女人，年轻的姑娘们有单独的练身场，也像男孩子一样的操练，跑，跳，掷铁饼，掷标枪。与普遍重视文化教育的东方古国相反，斯巴达的儿童很少接受文字教育，这可能是因为他们应用文字的机会不多。他们倒是也接受音乐与舞蹈教育，但“音乐是为了发扬尚武精神，舞蹈具有敬神性质，并且是军事、体育动作的模拟”[13]。不过也正是这种被强调得有些过分的体育教育使得斯巴达人在3个世纪内一直保持着体育霸主的地位，据说从公元前720到公元前576年，奥林匹亚竞技会

11 ［美］狄金森：《希腊的生活观》，彭基相译，华东师范大学出版社，2006年，第260页。

12 ［法］丹纳：《艺术哲学》，傅雷译，人民文学出版社，1963年，第309页。

13 曹孚、滕大春、吴式颖等：《外国古代教育史》，人民教育出版社，1981年，第42—43页。

的81位优胜者中，斯巴达人占46位。在竞技场赛跑的36位优胜者中，斯巴达人占21位。这样的成绩多少都使得其他城邦有些望尘莫及。

与斯巴达不同，雅典对体育教育的重视是以人的全面发展为目的。“随着工商业经济的扩大，民主政治因素的增加，在雅典人中间，逐渐形成一种身心和谐发展的教育思想。身的教育不仅着眼于军事准备，而且注意到躯体的健美匀称，动作的灵活适度。心的教育在雅典也称为‘音乐教育’，包括文字、文学和文化教育，也包括狭义的音乐教育。至于宗教、道德教育则贯穿在全部身的教育和心的教育之中。”[14]从这种注重身心和谐的全面教育目的出发，体育被雅典人推上了显要位置。他们的儿童从十二三岁开始便要接受正规的体操锻炼，学习内容有五项运动，即跳、跑、摔跤、掷铁饼、掷标枪，也学习游泳和舞蹈。富裕人家的子弟到了十三四岁则要进入体育馆，从事进一步的体育锻炼。青年到了十八岁可以进入高等学校，接受军事训练，参加竞技活动等。

相比于斯巴达，这种注重和谐发展的教育模式在古希腊似乎更具普遍性，也更具代表性。希腊人“彻底乞求身体与灵魂之各部分的完全匀称，冀求用完全的外部为内部的表现——两个分开的概念对于他们的思想几乎是不可能，似乎这种分开的概念对于他们的情感无兴趣而且不合。”[15]“在他们看来，好的身体与好的灵魂是必须相关联的；均衡与和谐即是他们所要求的唯一目的；他们几乎不能相信有精神的美，除非它反射在美的肉体之上……因此可知身体的训练即是灵魂的训练。”[16]古代奥林匹克运动会便是这种和谐教育理念的“活的象征”，它“表示希腊人重视身体，这也表明特别注重和谐，人有心灵，也有身体，二者不能不加以训练，希腊的思想家们不是近代世界从中世纪经院传统所承袭了来的那种象牙塔里的知识分子”[17]，而是能文能武的全才人物，哲学家苏格拉底、柏拉图、亚里士多德及诗人提摩克雷翁早先都是出色的运动家，毕达哥拉斯据说得过拳击奖，欧里庇德斯在埃留斯运动会上得过锦标……

14 曹孚、滕大春、吴式颖等：《外国古代教育史》，人民教育出版社，1981年，第45页。

15 ［美］狄金森：《希腊的生活观》，彭吉相译，华东师范大学出版社，2006年，第157页。

16 ［美］狄金森：《希腊的生活观》，彭吉相译，华东师范大学出版社，2006年，第110—111页。

17 ［英］罗素：《西方的智慧》，温熙增译，商务印书馆，1999年，第34页。

其实，西方早在古希腊教育思想的萌芽时期就已经开始涉及身心和谐的教育观念了，说其是由来已久也不为过。毕达哥拉斯学派便是一个代表。早期毕达哥拉斯学派敌视肉体，把肉体视为发展精神力量的障碍，因此大大影响了体育运动的健康发展。但“到了后期毕达哥拉斯学派，这种净化的观念逐步被加以修改。这时有人提出灵魂是一种和谐的观点，肉体的和谐可以促进居于其中的灵魂的和谐；并且，不仅肉体与灵魂分别要保持和谐，而且肉体与灵魂二者之间也要达到和谐的关系。因此他们改变了从前弃绝肉欲以净化灵魂的做法，而是以数学、天文和音乐净化灵魂，以体育和医药净化肉体。据说他们在听课之余从事角力、赛跑、投掷等传统的体育活动。”[18]这种观点被后来的许多学者所继承，如苏格拉底就主张：“体育教育与音乐教育一样，应该让他们从小就开始接受。而且，体育训练应该十分小心，并且要终其一生。”因为在他看来，“人们所要做的一切，身体起着决定性的作用，然而，凡是需要运动身体的事，也只能取决于健康的体格，身体是成功的希望。而且，动用身体也被认为正是最少思索的时刻，有很多人不懂得身体不健康是犯有最大的错误”[19]。他的弟子柏拉图同样主张音乐教育与体育教育相结合。他认为，“只接受音乐教育，就会精神不振，成为懦夫；而专门从事体育者也只能使身体发达、脑力迟钝，成为不学无术之人。所以二者不可偏废……音乐和体育服务于人的两个部分，即心灵和身体用音乐照顾心灵，体育照料身体。”[20]亚里士多德作为前两人的后继者，则从另一个角度出发阐述了这同一个道理。他把灵魂分为三部分，分别是：表现在营养和繁殖上的植物灵魂；表现在感官愿望上的动物灵魂；表现在思维和认识上的理性灵魂。针对三部分灵魂，他提出了三种相应的教育：体育、德育和智育。“强调把体育、德育和智育及美育紧密联系起来，使人的各部分灵魂都得到发展。”[21]奥林匹克运动能够最终诞生在古希腊，在很大程度上就是得益于这种和谐发展的教育观念。19世纪以后，现代奥林匹克运动的发起者们将奥运会的宗旨定为“使体育运动为人的和谐发展服务，以促进建立一个维护人的尊严的和平社会”，并以法

18 吴式颖、任钟印：《外国教育思想通史》第2卷，湖南教育出版社，2002年，第77页。

19 谭华：《体育史》，高等教育出版社，2005年，第126页。

20 吴式颖、任钟印：《外国教育思想通史》第2卷，湖南教育出版社，2002年，第257页。

21 吴式颖、任钟印：《外国教育思想通史》第2卷，湖南教育出版社，2002年，第305页。

律文件的形式载入《奥林匹克宪章》，恐怕与古希腊时期的这一传统也不无关系。

二

古代奥林匹克运动大约从公元前8世纪兴起以来，经历了3个世纪的积淀与发展，于公元前5世纪左右达到鼎盛时期，由最初的一个只限于伯罗奔尼撒西部城邦参加的小范围的祭神赛会一跃而成为一个由全希腊及临近城邦共同参加的泛希腊的大型盛会。但这种盛况并未持续太久，从公元前4世纪起，古代奥林匹克运动的衰微迹象就逐渐表现出来了，并于公元4世纪左右最终消失于历史的长河之中。当然其中的原因肯定方方面面，但有一点是肯定无疑的也是起了关键作用的，那就是人们对体育运动的兴趣已经越来越小了，或者说体育的地位已经远远不如以前了。

体育的边缘化倾向早在公元前5世纪的后期就已经开始表现出来了。“从荷马时代以来，希腊人所崇拜的英雄大多是在疆场勇敢善战、武艺高强的斗士。体育竞技之所以受到广泛重视，是与这种传统分不开的。”[22]但随着社会的发展，知识、智慧、智力在社会生活中的作用日益重要，特别是由于希腊城邦的民主政治在结构、组织上日益复杂，发展新的政治知识以及与此相关的道德知识便成为城邦政治的必然要求。这种趋势反映在教育上，便使得心智教育、道德教育和政治教育的地位越来越突出。生活于此一时期的德谟克里特就重视心智教育远胜于重视体育教育。他认为：“人们比留意身体更多地留意他们的灵魂是适宜的，因为完善的灵魂可以改善坏的身体，至于身强力壮而不伴随着理性，则丝毫不能改善灵魂。”[23]道德教育也是德谟克里特教育思想的核心，智慧、公正、勇敢和节制是其道德教育的主要内容。

于是，培养思维敏捷、能言善辩的政治家便成了这一时期智者们最主要的教育任务。在希腊，“智者”（Sophistes）一词在荷马时代就存在，其意思主要是指在技巧、占卜和预言方面拥有特殊才能的人，但到了公元前5世纪，“智者”一词便被赋予了特殊的含义，用以专指那些教授演讲术和辩论术以及相

22　吴式颖、任钟印：《外国教育思想通史》第2卷，湖南教育出版社，2002年，第86页。

23　北京大学哲学系：《古希腊罗马哲学》，商务印书馆，1961年，第114页。

关知识，并收取学费的职业教师。他们的教育目的是要培养城邦公民的政治才能（主要是演说才能和论辩才能）和相关的道德品性。基于这种教育观，智者们把修辞学、文法和论辩术作为主要的教学科目，也即所谓的“三艺”。此外也教授天文、地理等自然科学，但其主要兴趣还在于政治、法律、道德等问题。至于体育，虽然也偶尔涉及，但实际上已经变得可有可无。曾经在希腊创办了第一所修辞学校的著名教育家伊索克拉底（Iscorates，公元前436—前338）是智者学派的一个代表，从他的观点中我们或许能够推测出智者们对体育的基本态度。

就像智者们一贯主张的那样，伊索克拉底把培养合格的演说家视为其教育的根本目的。在他看来，一个优秀的演说家必须是一个知识渊博的人，因此修辞学、哲学及其他与心智有关的知识都在他的教育内容之列。此外，道德教育也异常重要，因为在他眼里，“雄辩术并不是一个单纯的语言修辞演说技巧问题，而是德行和智慧的产物，一个真正的演说家必须是一个道德高尚的人”[24]。从这种培养合格演说家的立场出发，他也承认体育和哲学是同样重要的教育手段：体育锻炼身体，哲学训练心智：“体育教师教他们学会进行体育比赛而设计出来的各种姿势，而哲学教师则传授给他们清晰表述思想的一切演说方式。”[25]但身心两方面相比，他更强调“心智”的发展，认为“在这两部分中，心理部分居于首位，而且具有较大的价值”。“他甚至批评‘那些首创全国运动会的人’，说：‘我真奇怪，他们竟会认为人们的过人体力值得如此大加推崇，而对那些为了公众幸福而辛勤劳动、埋头苦干并且训练自己的心智，以便也能帮助其公民同胞的人，却不分配给他们任何报偿。其实，按理说他们倒是应当为后一种人做出妥善的安排。因为，纵使所有运动员的体力都比他们现在具有的大两倍，世界上其他人的处境也并不因而好了多少；而如果仅有一个人获得智慧，则所有愿分享其见识的人都会收益。’”[26]当这种观念渐渐成为主流时，体育的命运也就可想而知了。

或许是因为智者们是西方最早的职业教师，他们的教育观在接下来的很

24　吴式颖、任钟印：《外国教育思想通史》第2卷，湖南教育出版社，2002年，第155页。

25　吴式颖、任钟印：《外国教育思想通史》第2卷，湖南教育出版社，2002年，第150页。

26　吴式颖、任钟印：《外国教育思想通史》第2卷，湖南教育出版社，2002年，第150页。

长一段时间里都占据着主流地位，其带来的后果便是，体育逐渐式微的趋势不但没有改善相反却是愈演愈烈。到了希腊化时期，雅典的教育已经不同以往，“在小学教育方面，文字学校或文字教师已经占着统治地位，音乐教师与体操教师的地位已经微不足道。教学的主要内容是读、写、算。智育几乎完全挤掉了体育与美育。在中等教育方面，文法学校或文法教师取代了体育馆的位置。教学的主要内容是文法和修辞。”[27]罗马的教育也相类似，儿童以文字教育为主，成年以后以文法和修辞教育为主，而且与智者学派一样，罗马的教育家们在强调雄辩家的培养目标时也十分重视道德教育，认为在雄辩家应具备的多种素质中，道德应排在首位。

由于体育教育越来越受到忽视和冷落，人们对于奥林匹克运动的兴趣也就越来越淡漠，随之而来的便是古奥运会的规模越来越小，参赛项目越来越少，并最终于公元394年被罗马皇帝迪奥多西以禁止异教活动为由明令废止。从表面上看来，古代奥林匹克运动在罗马时期的中断是由于宗教原因，但在宗教的背后，体育竞技在人们心目中已远没有古希腊时期那么重要恐怕也是不可否认的事实。

在接下来的中世纪里，随着基督教在西方世界的一统天下，体育差不多被完全取消了，这也致使奥林匹克运动的复兴过程又往后推迟了大约10个世纪。

基督教把身和心看成绝对对立的两极，宣扬肉体是灵魂的监狱。被称为“基督教的第二奠基人”或“基督教神学的真正创立者”的保罗在强调灵魂的拯救时就是以肉体的牺牲为代价的。他说：“我以神的慈悲劝你们，将身体献上，当作活祭，是圣洁的，是神所喜悦的，你们如此侍奉，乃是理所当然的。”[28]许多神学家甚至公开鼓吹，“强壮而活泼的身体寓有软弱而不起劲的精神。只有在单薄脆弱的身体中才能使精神更坚强而活泼地发展。”[29]

这种宗教观念直接导致了中世纪排斥体育的极端倾向。当时的教育机构多为僧院学校、大主教学校和教区学校。僧院学校的教育目的是培养学生敬仰上帝、终身不婚以保持贞洁、安于贫穷灭绝物质欲求等品质，其教育内容主要是传授基督教教义，此外也进行简单的读、写、算的基本知识教育，不过这些也只是为诵读圣经、抄写圣书和计算宗教节日服务，后来又把文法、

27 曹孚、滕大春、吴式颖等：《外国古代教育史》，人民教育出版社，1981年，第63页。

28 参见《新约·罗马书》第十二章一节。

29 周西宽等：《体育学》，四川教育出版社，1988年，第100页。

修辞学、辩证法、算术、几何、天文学和音乐等所谓的“七艺”纳入其中。大主教学校设在主教的所在地，性质和水平与僧院学校相近。教区学校设在牧师所在的村落，学校规模小、设备简陋，教学水平也相对较低，只教授一般读、写、算和基督教的初步知识。除此之外，中世纪也存在一些其他的教育机构如法国查理曼时期的宫廷学校和12世纪发展起来的一些有影响的大学，但就它们的教育内容而言，也仍然局限于“七艺”、法律、医学和神学等。古希腊时期曾经备受推崇的体育此时完全处于被排斥之列。此时的学校既不设体育课，也没有任何发展体能的活动，那些擅自从事体育活动的学生甚至会受到严厉的体罚。至于奥林匹克运动会这样的竞赛活动，在当时根本就是不可思议的。教会利用神权，反对一切公共竞技集会，规定基督徒如参加竞技比赛和格斗表演，就不准参加“圣餐”仪式，竞技者和角斗士必须保证永远放弃这种职业才能成为基督徒。甚至连洗澡和游泳这样的活动也被迫取消，理由是它们虽然清洁了肉体却玷污了灵魂。基督教为体育留下的唯一的一点生存空间是在骑士教育中，但那不论在范围上还是在影响上都是相当有限的。古代奥林匹克运动从逐渐衰微到彻底消亡正是随着体育教育本身的衰微趋势一步步完成的。

三

从前面分析可以看出，奥林匹克运动之所以会在历史的长河中尘封了长达15个世纪，与基督教的教育理念有密切关联，它的禁欲与出世观念剥夺了人们对肉体的基本尊重，同时也剥夺了人们接受体育教育和进行体育训练的基本权利。自文艺复兴后，这种局面开始改观。与基督教不同，文艺复兴时期的人文主义者不再相信禁欲与出世，而是转而肯定现世的生活乐趣与享受；不再把身体看作“灵魂的监狱”，而是重新恢复了古希腊“身心既美且善”的传统。这使得他们的教育观念与前者有所不同：不仅重新提出了身心和谐的全面教育目标，也重新“确立了曾经在中世纪的封建教育中长期被否定了的体育的地位”[30]。体育再次“被视为身心和谐发展教育的重要组成部

30　曹孚、滕大春、吴式颖等：《外国古代教育史》，人民教育出版社，1981年，第160页。

分，视为培养完美的人的一种必不可少的手段。”[31]体育价值的重新被认同，也使得他们对待奥林匹克运动的态度与前者相异：不再将其视为洪水猛兽而唯恐避之不及，而是将其奉为效仿的典范梦想着恢复其昔日辉煌。从这一意义上而言，文艺复兴不仅意味着体育的复兴，同时也意味着奥林匹克运动的复兴。

第一个表达文艺复兴教育观念的学者是弗吉里奥（Pietro Paolo Verferio，1349—1420），他认为“人文主义教育的目的在于对青少年施以通才教育以培养身心全面发展的人，而健全的身体是将来从事任何职业的前提”[32]，因此主张把体育列入青少年教育科目。另外两个代表性的人物分别是拉伯雷（Francois Rabelais，1495—1553）和蒙田（Michel de Montaigne，1533—1592），前者认为教育的目的是培养能文能武的时代巨人，他笔下的巨人卡冈都亚每天上午读书，下午进行体育锻炼，内容包括散步、角力、跳高、游泳、投枪、射箭、体操、骑马；后者认为培养目标则是体、智全面发展的贵族绅士，所以他非常重视儿童的体育，重视严格的身体锻炼，“将体育看作实际生活所必须的内容”[33]。继文艺复兴以后，人文主义者的这种教育观念便像种子落进了条件适宜的土壤，很快就生根发芽、开花结果了。

在思想层面上，越来越多的学者继承身心和谐的全面教育观，宣扬体育的必要性，这为体育的复兴奠定了坚实的理论基础。德国的安德里亚（Johan Valentin Andreae，1586—1654）、意大利的康帕内拉（Tommaso Campanella，1568—1639），分别在《基督城》和《太阳城》中提出了德、智、体、美、劳全面培养的教育思想，康帕内拉“主张采取古代雅典的体育制度。他不止一次地提到雅典式的体育学校，认为体育的目的是培养和锻炼健美的体格，从而强身健体，保卫国家。体育的内容有一般的体育活动、体操和军事训练。在太阳城里，孩子们从两三岁开始就在教师带领下进行跑步、掷铁饼和其他可以均衡发展四肢的体操和游戏等活动。稍大以后，孩子们则被带到野外练习赛跑、射击、掷标枪、打靶、猎捕野兽等。孩子们到12岁时，就开始接受军事训练”[34]。在英国，埃利奥特的《行政官之

31 吴式颖、任钟印：《外国教育思想通史》第2卷，湖南教育出版社，2002年，第322页。
32 谭华：《体育史》，高等教育出版社，2005年，第150页。
33 吴式颖、任钟印：《外国教育思想通史》第2卷，湖南教育出版社，2002年，第322页。
34 吴式颖、任钟印：《外国教育思想通史》第2卷，湖南教育出版社，2002年，第150页。

书》、克莱兰德的《年轻贵族的学校》、亨利·皮卡姆的《完美绅士》，以及培根的《论说文集》，都推崇体育在绅士培养中的意义；洛克（John Locke，1632—1704）也从培养"绅士"的教育目标出发，提出了智育、德育和体育相结合的教育模式，并由此对体育予以充分的重视，"要求在绅士教育中开展骑马、击剑、游泳、划船、舞蹈等活动，特别强调开展竞技运动。"[35]针对基督教崇尚精神贬抑肉体的极端倾向，他还主张"健康之精神寓于健康之身体"，认为"这是对于人世幸福的一种简短而充分的描绘，凡是身体精神都健康的人就不必再有什么别的奢望了；身体精神有一方面不健康的人，即使得到了别的种种，也是突然的"[36]。这无疑为体育的普及进一步扫清了道路。继洛克之后，在西方另一个比较有代表性的人物是18世纪的卢梭（Jean Jacques Rousseau，1712—1778）。不过与洛克培养绅士的教育目标不同，卢梭要培养的是"自然人"，确切地说是"身心调和发展的人，是有运动家身手的人"[37]，正是从这一立场出发，他把身体的养护和锻炼视为儿童教育最基本的组成部分，对于古代热爱体育竞技的民族更是向往，尤其钦羡斯巴达人，认为"凡是理解古人对于人生的态度的人，都把古人超胜今人的体力和心力，归功于古代的体育锻炼"[38]。

在实践层面上，体育经过了中世纪的禁锢以后重新走进了校园，成为学校教育的必修科目。最早将体育教育思想付诸实践的是意大利人文主义者维多里诺（Vitrino da Feltie，1378—1446），他于1423年创办了"快乐之家"，也称"体操馆"，以实际贯彻兼顾身心的教育宗旨，因此除了德育、智育之外，"他的学校十分重视体育。学生必需上体育课，并练习击剑、骑马、角力、射箭、游泳以及各种游戏。此外，还有军事训练，他认为健康的身体是智力良好发展的前提。更重要的原因是，他要把自己的学生培养成为能文能武、既能动笔动舌，也能用剑的政治、军事、企业活动家"[39]。1774年，德国教育家巴塞多（J.B. Basewdow，1723—1790）在德绍创办了博爱学校，把体育列为学校教育的正式课程，他还以古希腊体育传统为基础，吸取骑士体育和民间

35 《奥林匹克运动》，人民教育出版社，1993年，第32页。

36 ［英］洛克:《教育漫画》，傅任敢译，人民教育出版社，1985年，第24页。

37 滕大春:《卢梭教育思想述评》，人民教育出版社，1984年，第76页。

38 ［法］卢梭:《爱弥尔》，李平抠译，商务印书馆，1978年，第90页。

39 曹孚、滕大春、吴式颖等:《外国古代教育史》，人民教育出版社，1981年，第163—164页。

游戏，创造了著名的“德绍五项竞技”。被誉为“德国体育之父”的顾茨姆斯（J.C.F. Guts Muths，1759—1839）则根据古希腊竞技和德国、法国游戏及自己的经验，创立了“八项基本运动”，被德国学校和其他学校所采用。19世纪初期，英国的托马斯·阿诺德在拉格比公学进行了教育体制改革，建立了以竞技运动为主的学校体育体系。不仅如此，大约从19世纪起在学校教育中贯彻体育教育已经成为西方各国政府的任务之一，丹麦政府于1809年和1814年先后命令中学和小学男生必修体操；英国政府于1885年将体育列为必修课；19世纪60年代，普鲁士也将体育确定为学校教育的必修课程；法国在19世纪的后期则屡次以法律形式规定各类学校开设体育课……

随着体育教育在西方世界的全面复兴，奥林匹克运动也随之走向了复兴的历程。早在文艺复兴时期，人文主义者在重新认识到古希腊身心和谐的教育观及体育的重要性时便开始对古奥运会及奥林匹克精神充满了神往之情。他们一方面借助古希腊、罗马的古籍材料，以掌握古奥运会的概貌；另一方面则通过对希腊本土的实地考察，探寻古代奥运会的遗迹。随着工作越来越深入，如何承继奥林匹克运动的传统以重现昔日的辉煌便成了许多人的梦想。于是，1516年，依奥汉涅斯阿克维尔在巴黎组织“奥林匹克示范表演”；1662年，罗伯特·多弗在英格兰组织召开了“科茨沃尔德奥运会”；1679年，英格兰王室又出面组织了“汉普顿奥林匹克场地赛”；1779年德国举办“沃利茨奥运会”；1834和1838年，瑞典举办“斯堪的纳维亚运动会”；1844年，加拿大举办“蒙特利尔奥运会”……它们无一不是仿照古代奥林匹克运动会的形式召开的，也无一不在为现代奥林匹克运动会的诞生奠基、铺路。

四

就总体而言，在奥林匹克运动的整个发展历程中，体育以及身心和谐的教育观念始终都起着重要的推动作用，它不仅促进了古代奥林匹克运动的诞生，同时也使得现代奥林匹克运动的复兴和健康发展成为可能。正因如此，现代奥林匹克运动的建设者们都将“教育”和“身心和谐”作为这一运动的哲学目标。萨马兰奇称："奥林匹克主义是超越竞技运动的，特别是从最广泛、最完整的意义上来讲，它是不能与教育分离的。它将身体活动、艺术和精神融为一体而造就一个完整的人。"[40]1991年6月16日生效的《奥林匹克宪章》则写道："奥林匹克主义是将身、心和精神的方面的各种品质均衡地结合起来并使之得到提高的一种人生哲学。它将体育运动与文化和教育融为一体。"

但是，我们也应该看到，尽管奥林匹克运动需要借助体育教育的基础而得以萌生和光复，但它作为一种竞技运动又在一定程度上超出、甚至偏离了体育教育促进身心和谐的原有之意。这主要表现为：第一，职业化的倾向。尽管现代奥运会在创办初期曾明确提出了"非职业化、非政治化、非商业化"的三条基本原则，但是，随着金牌争夺的日益激烈，各国选手纷纷打破了"非职业化"的基本原则。毫无疑问，这种职业化道路的选择有利于运动员竞技水平的提高，却将原有的全民运动变成了职业选手的竞技场。对于一个职业选手来说，他一生所从事的主要工作就是对某种专业技能的掌握，他一生所作的主要贡献就是对某种奖牌的获得和某项纪录的超越。说到底，体育运动已不再是健身的手段，而成为专职的工作，这与"造就一个完整的人"的奥林匹克精神显然是相悖的。第二，专业化的倾向。随着竞赛项目的渐渐增多，奥林匹克运动的专业化程度也越来越高。而随着专业化程度的增高，人们对身体各个向度之体能极限的开掘也就越来越片面。于是，举重者可以不考虑身体的灵活程度，游泳者可以不考虑陆上的行为能力，马术运动员只能产生于身材矮小、体重轻盈的选手，相扑运动员则顾不得体态的臃肿、行动的不便。这种专业化的倾向，显然不利于体育运动有关"身心和谐"的原有目标。第三，锦标化的倾向。作为一种竞技活动，夺取奖牌当然是奥林匹克运动的原有之意。但是，随着政治、经济因素的介入，当夺取奖牌渐渐由促进运动的手段演变为体育运动的目的的时候，"黑哨""放水""服用兴奋剂"等丑闻便随之而出现了。

所有这一切，都可以被视为奥林匹克运动中的"异化"现象，意即奥林匹克运动对于体育精神的背离。在这种背离中，可以发现一种不同于原有体

40　崔乐泉：《奥林匹克运动简明百科》，中华书局，2003年，第57页。

育精神的价值取向，从而引发我们思考这样一个问题：奥林匹克究竟是一种促进身心和谐、全面发展的全民性的体育运动，还是一种全方位地考察人类肉体机能的各个向度，从而向极限不断挑战的夺标实验？或许，这个问题提得过于极端，过于尖锐了。毕竟，奥林匹克运动的主导倾向与体育精神是吻合的、一致的，从而也是值得追求和肯定的。

（此文为赵玉、陈炎合作，教育部“高校青年教师奖励基金”项目的阶段成果，发表于《陕西师范大学学报》（哲学社会科学版）2008年第2期）

奥林匹克运动的军事动因

奥林匹克运动必须以体育为基础，它诞生在体育之后，是体育发展到一定阶段的产物。而根据一些体育史家的观点，体育的诞生则又可以上溯到原始公社时期部落间的战斗，由于那时部落间的武装冲突激烈而频繁，在部落内部便逐渐出现了一些军事性的体育活动以及竞技比赛，目的在于锻炼部落成员的作战能力。如此说来，奥林匹克运动的诞生与战争应该也不无关系。或许可以说，在某种程度上，奥林匹克运动正是在战争的促进和推动下向前发展的。

一

在古希腊境内，大大小小共有200多个独立的城邦，它们从未牢固地团结在一个统一的政治体系中，城邦之间经常兵戎相见。因此，战争几乎成为希腊人日常生活的一部分。他们在人生的大部分时间里似乎就是战争和准备战争。在古希腊，公民的另一个名称就是"军人"，"在城邦中，战士的身份与公民的身份相吻合：谁在城邦的军事组织中占有一席之地，谁也就同时在城邦的政治组织中占有一席之地"[1]。你想在城邦中出人头地吗？

1　［法］让-皮埃尔·维尔南：《希腊思想的起源》，秦海鹰译，生活·读书·新知三联书店，1996年，第48页。

那就到战场上去勇敢地拼杀吧！这大概是每一个古希腊青年所听到的最普遍的训诫。

不过对希腊人来说，冲锋陷阵固然重要，培养熟练的作战技能似乎更为根本，因为只有这样才能保证他们在奋勇杀敌的同时不至于丢了自家的性命。这样一来，如何培养合格的战士便成了希腊人首先要考虑的问题了。从军事史的角度上看，希腊时期正好处在冷兵器时代，这意味着进行交战的双方主要以近距离的肉搏为主，而这种以肉搏为主的作战方式要求参战成员必须具备强壮的身体以及娴熟的搏斗技能。因此，强悍的体格以及敏捷的行动能力是希腊人变成合格军人的必备素质，带有很强军事色彩的体育训练项目也就因此成了他们的必修科目，并使战争与体育的关系变得更为紧密。

通过《荷马史诗》以及古希腊的一些传说故事我们已经可以看出，早在特洛伊战争时代，体育运动与培养战士就密不可分，在接下来的很长一段历史中，这种情形依然存在，或许还更加突出。就现有的资料来看，凡能留名至今的古希腊人士，如苏格拉底、色诺芬、柏拉图、亚里士多德等，大都是本着军事的目的强调体育锻炼的重要性，甚至在古罗马时期也是如此。古罗马教育家普鲁塔克就将体育锻炼的基本职能归于培养勇敢的战士，他说："为了战争的缘故，孩子们必须接受掷标枪、射箭、打猎等训练。因为在战争中，'征服的果实，是属于胜利者的'。室内的生活，不足以生产出战场上所需要的身体条件。有些士兵身体虚弱，只有通过体操训练，才能较顺利地接受军事训练。"[2]

为了培养符合战争需要的人才，古希腊人采用了各种训练方法。斯巴达城邦为了将其公民培养成能征善战的战士，针对不同年龄阶段的人施行不同的训练，"他们的婴儿一出生，即要受长老检查，健壮者始允许抚养，弱者则扔于山谷；男孩7岁开始集中训练，项目有竞走、格斗、拳击、掷铁饼、投标枪等，仅学少许文化课；18岁接受正规军训，并参加暗杀有叛乱嫌疑的希洛特的秘密行动，以培养其机智与胆识；20岁成为正式军人，直到60岁；服役期间，战时出征，平时驻于军营，集中训练，项目有体育、击剑、

 2 吴式颖、任钟印：《外国教育思想通史》第2卷，湖南教育出版社，2002年，第383页。

拳击、操练、跑步等”[3]。和其他城邦的希腊人不同，“他们不但锻炼男子，还锻炼女人，使儿童从父母双方都能禀受勇敢和强壮的天赋。年轻的姑娘有单独的练身场，不是完全裸体就是穿一件短背心，像男孩子一样的操练，跑，跳，掷铁饼，掷标枪。”[4]雅典的青年据说也是18岁时开始军训，次年便领取武器，开始进行真正的野战训练。至于其他城邦的希腊人，也是大同小异，年少时就开始学习体育，稍大以后便把大半的时间都花在训练场上。当然与斯巴达相比，他们的军事制度可能更宽松一些，军事训练的项目或许也更少一些，却都毫无例外地顺着同样的路奔向同样的目标，那就是培养能征善战的优秀军人，以备战时之需。

体育训练作为服务于战争或增强战斗力的一种手段，只是战前的必修课，对于一个城邦来说，它所开展的体育训练效果的好坏，将直接关系到日后在战争中的成败。要检验这种效果的好坏，有一个最直接的方式，那就是参加战斗。但作为城邦的统治者而言，为了保证在战争中获得最终的胜利，他们往往在战争之前就急于知道其训练效果如何，这样就便于他们随时调整训练策略而不至于走不必要的弯路。于是，他们发明了一种既能够保存其战斗实力、又能够事先看出其作战效果的检验方式，那就是举行体育竞赛。当这种竞赛在整个城邦范围内扩展开来时，统治者又可以通过它在城邦公民中选拔合格的战士。而当体育竞赛的范围再由城邦内部逐渐扩展到城邦之间时，这一检验方式便又有了另一种新功能，亦即以一种非战争的方式显示各城邦的战斗能力。城邦统治者们可利用这一方式，实现以前只有通过战争才能达到的政治目的，真可谓是一举多得！既是如此，又有什么理由不将其发扬光大呢？古代的奥林匹克运动或许就是这样被发明出来的，而古代奥运会也就成了一种和平化的战争。

这种推测或许是有道理的，不然，古代奥运赛场上那些夺冠的优胜者们又怎么会被他们的城邦公民像对待战斗英雄一样地拥护和爱戴呢？而且同意这一观点的也应该不乏其人，在我们国内体育学院的通用教材里就有这样的说法：“为了适应战争的需要，人们既要寻求发展体能的有效途径，还要寻找一种显示体能的方式，于是体操、摔跤及各种竞技运动风行一时。在

3　龙源：《新编世界军事史·世界古代中期军事史》上册，1996年，第16页。

4　［法］丹纳：《艺术哲学》，傅雷译，人民文学出版社，1963年，第311页。

此基础上，出现了奥运会和其他一些节日盛典中的竞技运动比赛。”[5]因此我们有理由推断，正是军事的需要导致了古希腊境内体育锻炼的蔚然成风，而这种文化背景，又进一步促进了古代奥林匹克运动的最终诞生及其随后的蓬勃发展。

当然，与单纯的军事训练相比，奥运赛场上的竞技比赛更多的是一种宗教祭祀活动（这一点我们在《奥林匹克运动的宗教动因》一文中已经论及）和一种非功利性的娱乐活动，其更明显的目的在于宗教祭祀和愉悦人心。但是透过其宗教和娱乐的外衣，我们仍然不难辨出奥林匹克运动服务于军事的功利性目的，这从古代奥运会比赛项目的设立上就可一目了然。在古代奥运会上，几乎所有的参赛项目都与军事有着密切的关系。澳大利亚的学者K.吐依和A.J.维尔在其著作《真实的奥运会》中，用表格的形式为我们清晰地列出了古代奥运会的比赛项目以及它们进入古奥运会的具体时间。借此我们可以知道，在公元前776年的第一届古奥运会上，只有一个比赛项目，那就是场地赛跑，距离为19 227米。在随后的500年时间里，比赛项目逐年增加，公元前708年，加入五项竞技（短跑、跳远、掷铁饼、掷标枪和摔跤，短跑和摔跤同时又是单独的竞赛项目）；公元前688年加入拳击；公元前680年又加入四马战车赛；公元前648年加入混斗和赛马；公元前520年武装赛跑也被列入比赛项目之中。所有这些项目基本上都与军事技能有关，或者干脆就是军事训练的内容，如五项竞技传说是斯巴达人为训练士兵而创造出来的，后来被其他城邦所接受；跑步、拳击、混斗、赛马以及四马战车赛等，则是各城邦训练士兵的军事内容。它们与当时以步兵、骑兵和车兵为主的作战方式密切相关，因此都带有浓厚的军事色彩。还有一点能够表明古代奥林匹克运动与战争的关系。那就是，大凡比较重视军事训练的城邦，往往都能够在奥运会上取得举世瞩目的成绩。如以军事化著称的斯巴达人曾经在长达3个世纪的时间里始终保持着体育霸主的地位。

5　全国体育学院教材委员会:《奥林匹克运动》，人民教育出版社，1993年，第19页。

二

由此看来，战争在某种程度上确实促进了奥林匹克运动的产生并进一步推动了它的发展。而奥林匹克运动之所以诞生于古希腊，恐怕正是与古希腊境内战争的频繁发生有关。

大体说来，一个国家所面临的战争威胁主要来自两个方面：一是内部的反抗；二是外族的入侵。但当时的希腊人除了要应付这两方面的威胁以外，还要时常面对第三种战争威胁，那就是城邦与城邦之间的相互倾轧与争夺。与东方古国如埃及、中国等高度中央集权的统一国度不同，希腊境内的200多个城邦始终都是各自为政、群龙无首，即使偶尔出现一些大的联合体，比如以雅典为中心的提洛同盟或以斯巴达为中心的伯罗奔尼撒同盟，其组织也是相当松散的。以提洛同盟为例，入盟的各城邦依然是独立的政治实体，都有着自己的自主权，雅典作为盟主，既没有任何特权擅自行动，又不能在未经同盟会议批准的情况下实施任何法规，更不能侵犯入盟各邦的利益。这种即使在联合体的形式之下也形如一盘散沙的独立状态，成了希腊城邦文明中最突出的特点，在某种意义上也是最鲜明的弱点，英国学者狄金森就称其为“希腊文明最大的致命伤”。这一“致命伤”的最直接表现就是城邦与城邦之间的相互倾轧与争夺。把三方面的威胁加在一起，就大大增加了古希腊境内发生战争的可能性。据军事学家考证，从公元前8世纪到公元前3世纪，也就是奥林匹克运动由诞生到兴盛的这段时间，战争似乎成了家常便饭。仅就雅典而言，“从公元前5世纪初至公元前338年，在164年中，雅典几乎有120年处于战争状态，也就是每3年里有2年多在打仗，它从未经历过10年以上的和平时期”[6]。

不过话又说回来，频繁的战争虽然的确能够促进奥林匹克运动的诞生和发展，但这并不意味着，只要是频繁发生战争的地方，就一定会有奥林匹克运动诞生，古代的中国就是一个典型的例子。

在西方的历史上，古代奥林匹克运动从诞生到繁荣的那段时间，差不多正处在中国的春秋、战国时期，同时也是中国社会急剧变革与充满战争的时

6　［法］瓦诺耶克：《奥林匹克运动会的起源及古希腊罗马的体育运动》，百花文艺出版社，2006年，第18页。

期，在政治局面上与古希腊颇为类似。中国历史进入春秋时期，统一的政治局面宣告分裂，西周王朝由一个统一的国家分裂为160余个奴隶制小国，它们之间征伐不休，齐桓公、晋文公、宋襄公、秦穆公、楚庄王、吴王夫差、越王勾践等轮流称雄，你方唱罢我登场。据统计，仅春秋时期的军事行动就多达483次，大战就有376次[7]；战国时代，“天下并争”，齐、楚、燕、韩、赵、魏、秦七雄并举，战事遂变得更为频繁。但与古希腊不同的是，中国古代却没有诞生出奥林匹克运动。

由此可以看出，仅凭战争次数的多寡还不能解开奥林匹克运动的诞生之谜，它还有文化观念和心理方面的更深层次的原因。春秋、战国时代的中国，不论是在政治局势还是在战争的发生频率上，都与古希腊极为类似。但作为不同文明土壤中培育出来的两种不同的民族，彼此的文化观念和社会心理又是如此的大相径庭。统观中国历史我们会发现，虽然战乱频仍，但中国古人对待战争的态度却异常的消极，似乎总是透露着一点儿不得已而为之的无奈。代表着中国文化核心的几个影响最大的学派，大都反对武力或轻视武力：儒家从“和为贵”的仁义立场出发，主张“为政以德”不以武力治天下。如孟子声言“威天下不以兵革之利”（《孟子·公孙丑下》），荀子则要求“不战而胜，不攻而得，甲兵不劳而天下服”（《荀子·王制》）。道家从战争带来的巨大危害出发，也同样反对“以兵强天下”，如老子认为“兵者，不祥之器”，正所谓“师之所处，荆棘生”（《老子》第三十章），“故有道者不处”，应该“不得已而用”（《老子》第三十一章）。庄子也说：“兵，恃之则亡”（《庄子·列御寇》），告诫人们“无以战胜人”（《庄子·徐无鬼》）。墨家更是本着“兼爱”的宗旨反对战争，如墨子言：“繁为攻伐，此实天下之巨害也”（《墨子·非攻下》），因此主张“非攻”。

如果说这还只是代表着中国文人的立场，可能多少会有一些“重文轻武”的偏见在里边，那么兵家的观点和官方的态度就足以打消我们的疑虑了。素有“兵学之祖”之称的孙武虽然善于论战，却也并非好战之徒。他主张“非危不战”，若能以和平的方式解决则为军中上策，正所谓“百战百胜，非善之善也，不战而屈人之兵，善之善也。”（《孙子兵法·谋攻》）而根据军事研究

7　龙源：《新编世界军事史·世界古代中期军事史》上册，中国国际广播出版社，1996年，第4页、第8页。

者的考证，在中国古代，官办的军事学校，史料中仅见前秦的教武堂和宋明武学。[8]这说明，那些发动战争的统治者们在培养作战人员方面也不是非常地在意。既使遇到了武力攻伐，也“往往本着‘不战而屈人之兵’的战争策略，尽量把战争的破坏程度限制到最低，常常先采取政治和外交攻势，采取劝降和招服战术，让敌人自动奉献城池，归顺自己”[9]。

与中国古人相比，古希腊人对待战争的态度却是截然相反。如果说中国人所想的是如何避免战争，那么希腊人所想的则是如何应对战争。因此与中国古人大都反对武力或轻视武力不同，古希腊人的血液中似乎流淌着一种“尚武”的精神。或许正是他们这种积极应战的态度和普遍的“尚武”精神，才是促进奥林匹克运动最终诞生的关键性因素。因为也只有这种应战态度和“尚武”精神，才能使与军事密切相关的体育运动成为希腊人关注的焦点，并使建立在体育基础上的奥林匹克运动得以产生。

古希腊人对待战争的积极态度不仅是古代中国人无法相比的，甚至也是我们现代中国人难以想象的。按照古希腊时期的学者色诺芬的说法，农业和战斗是希腊人“两种最高尚最必要的事业”[10]；若是按照法国学者丹纳的说法，希腊人最重要、最核心的任务应该是公共事务与战争：“公共事务与战争便是公民的职责。他必须懂政治，会打仗；其余的事在他眼里都无足重轻；他认为一个自由人应当把全部心思放在那两件大事上。”[11]在农业和公共事务之间，究竟孰重孰轻，处于今天的我们恐怕很难分辨清楚。不过从上述两人的观点来看，参加战斗在古希腊人的头脑中应该占有很重要的地位，这是毫无疑问的。甚至在三者之中，它很可能是最为重要的。因为根据其他的相关资料我们能够看出，希腊人几乎把战斗当成人生的首要工作来完成。在斯巴达，城邦公民一生差不多就干两件事，那就是训练和打仗，其职责就是征服或战死。对他们来说，“最紧要的事是操练，呆在家中是丢人的；军营生活占的地位远在家庭生活之上。新婚的男人只能偷偷地与妻子相会，他还得和未婚的时候一样整天在新兵训练班或操场上过活。由于同样的理由，儿童都是军人

8　萧占中：《国防与军队建设史研究》，《军事历史》2001年第2期。

9　龙源：《新编世界军事史·世界古代中期军事史》上册，中国国际广播出版社，1996年，第8页。

10　龙源：《新编世界军事史·世界古代中期军事史》上册，中国国际广播出版社，1996年，第42页。

11　［法］丹纳：《艺术哲学》，傅雷译，人民文学出版社，1963年，第41—42页。

子弟，全部公育，七岁起就编入队伍”[12]。其他城邦虽没有如此极端，但其差别也仅止于程度的大小而已。比如在雅典，培养合格的军人也是其体育教育的重要任务之一；城邦内的全体自由人皆为公民兵，18岁开始军旅生活，60岁才准退役。

与这种积极的备战态度相联系，古希腊人的“尚武”精神也异常地突出，“在公元前7世纪，人们可以在全希腊发现尚武的理想”[13]。所以希腊人崇拜的偶像都有着坚实的身板和超强的体力，如《荷马史诗》中的战神阿伽门农、阿契里斯、赫克托耳和充满冒险精神的航海英雄奥德修斯以及用暴力维持秩序的宙斯，可以说个个都是战斗中的英雄。这与中国人所崇拜的开天辟地的盘古、教民农作的神农以及善于治水的大禹形成鲜明的对比。

古希腊人对待战争的积极态度和“尚武”精神，直接导致了体育锻炼的备受青睐，以至于他们也像对待战争一样“把体育锻炼当成头等大事”[14]。关于其间的内在联系，下面一段话可以帮助我们更好地理解：“当时希腊各城邦的统治者非常需要身体强健、行动敏捷、勇敢耐劳的人，以备将来参加战争时，忍受各种意外的艰苦，因之极力提倡尚武的风气，训练作战的技能。当时运动的技能与作战的技能可以说是一件事情，希腊各城邦的统治者特别重视体育锻炼和比赛自然是可以理解的。”[15]

当然，在古希腊，从培养合格战士的宗旨出发提倡体育运动和竞技比赛的不仅仅是各城邦的统治者，还有古希腊时期的许多著名学者。苏格拉底要求每个雅典公民都要成为称职的军人，“每个市民决不能成为体育的门外汉，应该具有最坚实的身体条件，一旦国家危急便能随时出征，尽自己保卫国家的义务”[16]。柏拉图也极为重视体育的军事作用，认为体育的目的就是为了战斗作准备。[17]“亚里士多德特别强调公民具有作战能力。所以他认为，对儿童进行体育锻炼，使他们具有强健的体魄，在军事上具有重大意义……因此，必须加强青少年的体育锻炼，培养他们具有崇武精神和坚强意

12 ［法］丹纳：《艺术哲学》，傅雷译，人民文学出版社，1963年，第41—42页。

13 ［法］瓦诺耶克：《奥林匹克运动会的起源及古希腊罗马的体育运动》，百花文艺出版社，2006年，第26页。

14 全国体育学院教材委员会：《奥林匹克运动》，人民教育出版社，1993年，第19页。

15 李天枯：《古代希腊史》，兰州大学出版社，1991年，第370—371页。

16 全国体育学院教材委员会：《奥林匹克运动》，人民教育出版社，1993年，第19页。

17 吴式颖、任钟印：《外国教育思想通史》第2卷，湖南教育出版社2002年，第258页。

志。因为在征战中，‘得胜的应该是高尚雄强的心怀，只有真正勇毅的人们才能正视危难而毫无畏缩’。”[18]这与中国学人大多反对战争和轻视武力又有着明显的不同。

三

随着热兵器时代的到来，人类在作战方式上发生了巨大的变革，敌我双方近距离的肉搏已不太多见。这意味着，军人在体能方面的要求已不必像古希腊时期那样严格，体育和竞技训练在培养军人方面也不再像古希腊时期那样重要，但奥林匹克运动与军事的关系却并未因此而结束。相反，军事因素在促进奥林匹克运动的复兴方面，甚至起到了与古希腊时期同样的作用。在19世纪的欧洲大陆，由于矛盾交错、政局不稳，“各国都很注意体育的军事效能，强调体育与军事训练结合。因此各种体操体系比较盛行”[19]。这为随后现代奥林匹克运动的复兴提供了良好的基础。1871年，普法战争以法国的惨败告终，被称为“奥林匹克之父”的皮埃尔·德·顾拜旦，同所有的法国人一样，蒙受着失败带来的巨大耻辱。“色当之耻”引起了顾拜旦对法国战败的深刻反思。在他看来，普鲁士人之所以能够轻而易举地取得普法战争的胜利，一个关键性的原因就是他们的士兵拥有坚实的体格，而法国人民的身体却不够强壮。长期以来，法国过多地注重智力方面的教育而忽视了体育和运动，这让顾拜旦痛心不已，他深信，体育运动是帮助法国获得强大国力的最便捷途径，依靠它可以让法国重新获得欧洲霸主的地位。有一种说法认为，顾拜旦之所以极力主张要重新复兴奥林匹克运动，一个根本性的原因就是普法战争的惨败让他清醒地认识到体育运动的巨大军事价值。“法国在这场普鲁士战争中的失败激起了顾拜旦的渴望，他希望奥运会能帮助他的祖国走向强大。”[20]

当然，我们并非要把古代奥林匹克运动的诞生仅仅归因于军事，正如我

18　吴式颖、任钟印：《外国教育思想通史》第2卷，湖南教育出版社，2002年，第258页。

19　全国体育学院教材委员会：《奥林匹克运动》，人民教育出版社，1993年，第34页。

20　［澳大利亚］K.吐依，A.J.维尔：《真实的奥运会》，清华大学出版社，2004年，第40页。

们曾经在《奥林匹克运动的宗教动因》[21]《奥林匹克运动的政治动因》[22]等文章中所分析的那样。战争与和平之间往往具有一种相反相成的辩证关系，当我们分析了战争对奥林匹克运动所产生的促进作用之后，又必须承认这样一个前提：即这种促进和推动作用只有在非战争时期才能发挥出来。在硝烟弥漫、生死不保的状态下，人们是没有精力、更没有心情从事竞技比赛的。这大概也正是奥林匹克运动史上为什么会存在“神圣休战”约定的原因了。

据传说，奥林匹亚是众神居住的圣地，位于伊利斯城邦境内，斯巴达人想夺为己有，双方僵持不下。伊利斯的国王伊菲托斯，从供奉太阳神阿波罗的宗教圣地获得了一个神谕：人们忽视奥林匹亚祭典，已经引起了宙斯的愤怒，只有恢复这一祭典，才会获得和平。伊利斯国王向斯巴达城邦传达了圣谕，并与对方达成协议，决定恢复奥林匹亚的宗教盛典。为了使运动员和观众能够按时到达并安全返回，双方同意在此期间的1个月停止战争。这就是著名的“神圣休战”。关于休战的具体协议被铭刻于一个铁饼上，存放在奥林匹亚的赫拉神庙里。从此以后，“神圣休战”便成了奥林匹克运动的一部分，贯穿历时1100多年的293届古代奥运会。每当盛会举行之前，伊利斯城邦都会选派三名经过严格挑选的纯希腊血统的运动员，在宙斯神殿的“圣火坛”前，接过希腊少女经过宗教仪式用凹凸镜点燃的太阳火炬，跑遍希腊全境各个城邦，告知奥林匹克竞技会即将举行的消息，并宣布“神圣休战”约定正式生效。从宣布休战之日起每个参赛城邦都必须严格遵守休战协议，擅自违背休战协定的人或者城邦，按照协议都将受到惩罚。公元前420年，斯巴达人在“神圣休战”期内攻打了伊利斯城邦的一个镇子，随之便接到了一张相当于20万只羊的罚单，斯巴达人以不知“神圣休战”已宣布为由拒不交罚金，结果被逐出了那届奥林匹克运动会。

在这前后1 100多年的时间里，“神圣休战”的协定保证了历届古代奥运会的顺利召开，奥林匹克运动也才得以健康发展下去。但所谓的“神圣休战”并非真的具有神圣不可侵犯的性质，相反却常常在战争面前变成一纸空文，奥林匹克运动也就因之失去了和平的保障而常常面临着中断的危险。

公元前5世纪末开始的长达27年的伯罗奔尼撒战争，将处于鼎盛时期的奥

21　陈炎、赵玉：《奥林匹克运动的宗教动因》，《南开大学学报》2007年第2期。

22　陈炎、赵玉：《奥林匹克运动的政治动因》，《天津社会科学》2007年第3期。

林匹克运动送上了通往衰败的道路。位于奥林匹亚圣地的伊利斯城邦由于4年一度的奥林匹克运动会几乎成了“和平”的代名词，伊利斯也由此成为一个理想的中立城邦。但公元前420年，斯巴达人打破了伊利斯的宁静与和平，随后抢走了它一半的领土；公元前365年，阿卡迪亚人又抢走了奥林匹亚城占据了差不多有3年之久。第104届奥林匹克运动会期间，伊利斯人才又重新将其抢回。在此期间，4年一度的奥林匹克运动会虽然依旧照常举行，但经过血腥洗礼之后，它早已不再有昔日的辉煌了。

如果说奥林匹克运动的命运此时已经变得很糟糕，那么这还不算是最糟糕的。公元前388年，马其顿人征服了希腊。为了笼络人心，马其顿王菲利普及其子亚历山大仍然保留了定期举行奥运会的传统，但与以前的高涨热情和盛大场面相比则不可同日而语。主要以希腊人为主的奥林匹克运动在希腊人失去自由之后的发展前景是可想而知的。公元前146年，罗马人又征服了马其顿人，希腊被再次易手，变成了罗马的一个行省。罗马统治者随心所欲地篡改奥运会规则，并像对待战利品一样对待奥林匹克运动。

神圣的奥林匹克运动不再神圣了，继承亚历山大帝位的统帅泰勒斯福公元前313年占领了伊利斯后，掠走了奥林匹亚神庙中的大部分财宝用以招募雇佣军；罗马将军苏拉又再次洗劫了奥林匹亚以充军饷；并随即将公元前80年的奥运会从奥林匹亚搬到了罗马；罗马的皇帝尼禄则把原本定于公元65年的奥运比赛推迟到67年，目的只为了便于自己参加比赛……而当比赛中摔下马车的尼禄派人把优胜者的塑像扔进茅坑，头戴橄榄花环返回罗马时，奥林匹克运动已经成了一种儿戏了。更糟糕的是，“由于罗马人对希腊的‘赤身运动’甚为反感，所以在一段时期内几乎废弃了希腊的节日竞技运动”[23]。到了公元394年，历时一千多年的古奥运会被完全地从历史上抹去了，奥林匹克运动就此中断。

所幸的是，时间进入19世纪以后，沉睡了大约1 500年的奥林匹克运动终于又以一种崭新的面目出现在世人眼中。但战争就像甩不掉的幽灵，一有机会便跳出来兴风作浪。

奥林匹克运动面临的第一场大灾难是爆发于1914年的第一次世界大战。

23 崔乐泉编著：《奥林匹克运动简明百科》，中华书局，2003年，第31页。

这一长达4年之久的世界战争将30个国家卷入其中，给无数的城市和乡村带来了灭顶之灾；1 000万人在这次战争中丢了性命，还有2 000万人受伤。它给奥林匹克运动带来的损失也令人触目惊心：原定于1916年在柏林召开的第6届奥运会被迫取消；为了逃避战乱，国际奥委会总部被迫由法国巴黎迁到了瑞士洛桑；32名奥运会选手在战争中丧失性命，其中有16名曾经获得过奥运会奖牌。[24]大战结束后的第7届奥运会是在战争的废墟上召开的，比利时的安特卫普获得了这届奥运会的承办权，饱受战争之苦、几乎是满目疮痍的安特卫普市只能靠着法国、意大利、美国、英国等盟军的物资援助才得以将奥运会举办起来。

给奥林匹克运动带来更大灾难的是第二次世界大战的爆发。据有关方面的资料，这一历时6年的世界大战共将61个国家、20多亿人口卷入其中；直接财产损失多达4万亿美元以上；战火燃遍了欧洲、亚洲、非洲以及大西洋、太平洋、印度洋的广大地区；参战兵力超过1亿人，大约9 000万士兵和平民伤亡，3 000万人流离失所。这其中究竟有多少奥运会的参赛人员及后备力量已经无法统计了。而且由于这次战争，1940年的第12届冬季、夏季奥运会和1944年的第13届冬季、夏季奥运会都被迫取消。接下来的第14届奥运会也不得不在几乎被夷为平地的伦敦废墟上筹备召开。

奥林匹克运动面临的第三次灾难来自一场特殊的战争，那就是发生在第20届慕尼黑奥运会上的谋杀事件。1972年的9月5日凌晨，8名巴勒斯坦“黑九月”组织的恐怖分子闯进奥运村，劫持了9名以色列运动员作为人质，要求以方释放在押的200名政治犯。在对峙之中以色列的9名运动员和1名教练被枪杀，恐怖分子被全部击毙。这次袭击给奥运会的参赛人员带来极大的恐慌，以色列当即退出比赛，许多代表团也都打算打道回府，最后是当时的国际奥委会主席布伦戴奇的铁腕风格挽救了那届奥运会。

奥林匹克运动在战争面前的无助与脆弱使人们清楚地认识到，“神圣休战”对奥林匹克运动的健康发展确实是必需的。于是1992年巴塞罗那奥运会上，国际奥委会重新提出了“奥运休战”的协议，并立刻得到联合国的高度认可。1993年第48届联合国代表大会上通过了《奥林匹克休战》提案。该提案

24　刘晓非：《奥运风云录》，清华大学出版社，2004年，第45页。

倡议在奥运会期间以及奥运会前后各一周，各成员国停止战争行为。此后联大又连续七次通过奥林匹克休战决议，号召所有会员国遵守奥林匹克休战协定。在2007年的第62届联合国大会上，由中国提出、186个会员国联署的《奥林匹克休战决议》草案又获得一致通过，要求各会员国在2008年北京奥运会和残奥会期间，遵守奥林匹克休战协定。相信只要这一休战传统能够顺利延续下去，奥林匹克运动就能够继续朝着健康的方向发展。

综上所述，从某种意义上讲，正是战争与和平的辩证逻辑，推动着奥林匹克运动的历史进程。人类因战争而发展体育，体育为人类而创造和平，这或许就是奥林匹克运动的意义之所在。

（此文为赵玉、陈炎合作，发表于《东岳论丛》2008年第3期）

奥林匹克运动的生物学动因

迄今为止，世界上大概没有哪个事件能够比奥林匹克运动更具国际性了。2004年雅典奥运会上，参赛国家和地区已经达到202个，而到2008年的北京奥运会，参赛国家和地区还有可能会增加到205个。[1]如此众多的不同地区和不同种族竟然会对同一种活动产生同样的兴趣，这恐怕很难单单从文化的层面上解释清楚，其背后肯定还有着比文化因素更为遥远、也更为根本的生物学动因。也就是说，人们之所以对奥林匹克运动有着共同的兴趣和爱好，很可能是由于他们共同的生物本能在起作用。

英国动物学家戴思蒙·莫里斯（Desmond Morris）说："人是动物，我们有时很可怕，有时很伟大，但总是动物。我们也许一厢情愿自诩为堕落红尘的天使，但实际上我们只是站直了身子的猴子。"[2]这话虽然直白得让人感到难堪，却属实情。

当然，即使人类与黑猩猩的遗传基因有98.4%是相同的，那剩下的1.6%的差别也足以使两者在本质上区别开来。尽管黑猩猩在遇到其他动物的攻击时，可能会从树上扯下一段树枝掷向对手，却没能发明出标枪;尽管它有时也会从地上捡起一个石块，狠命地抛向河沟对面的行人，却不会制造铅球；尽管它与同伴发生争执时，也会用肉搏的方式解决问题，却没有人类意义上的

1　参见http://2008.sports.tom.com/84028857.html.

2　［英］戴思蒙·莫里斯:《人这种动物》，杨丽琼译，华龄出版社，2002年，第1页。

拳击和摔跤比赛。

不过话又说回来，具体的工具和方式上的差别所能代表的，也只是不同的手段而已。虽然动物既不会使用标枪和铅球，也不懂得拳击和摔跤套路，但它们在使用树枝、石块以及它们的爪子和牙齿时所要达到的目的，却和那些投掷标枪、铅球，以及进行拳击和摔跤比赛的奥运选手们是一样的，那就是要击败对方。黑猩猩的举动，明显属于一种攻击行为。而动物学家也宣称："不容置疑地，运动具有攻击动机。"[3]如此说来，在生物学的意义上，奥运选手与黑猩猩的行为背后，说不定就是源于同一种生物本能，即攻击冲动。

一

攻击行为在动物界是如此的普遍，以至于我们没有办法也没有必要加以否认。按照社会生物学家E.O.威尔逊在其著作《论人的天性》(或译为《攻击与人性》) 中的观点，动物的攻击行为可多达23种，且至少可划归7类。[4]不过在我们看来，尽管动物的攻击行为形形色色，但大体可以划分为两大类，一类是异类攻击，另一类是同类攻击。异类攻击主要包括对捕食对象的攻击和对捕食者攻击的反击等；同类攻击主要包括对争夺食物或性伴侣的攻击(特别发生在雄性之间)，对争夺巢穴或领地的攻击，对争夺地位或等级的攻击等。无论是异类攻击还是同类攻击，都可以细分为个体性攻击和集体性攻击两种形式，但由于同类的集体性攻击具有特殊意义，所以我们把它单列出来加以分析。所谓同类的集体性攻击，是指某一团体内的成员对外来者的攻击或者两个团体之间的攻击行为。至于团体的单位，可以小到配偶，大到族群。这样一来，我们就把动物之间的攻击行为分成了三种类型：异类攻击、同类个体性攻击、同类集体性攻击。

在异类攻击中，不论是捕食对象的攻击还是对捕食者的反击，其结果往往是你死我活，几乎没有和平解决的时候。但在同类的个体性攻击中，情况却未必如此。不论攻击的理由是争夺食物、异性，还是争夺巢穴、领地，同类之间的争夺常常会"适可而止"。狼的猎杀行为是以残暴著称的，但它很少

3 [奥地利] 康拉德·劳伦兹：《攻击的秘密》，王守珍译，中国和平出版社，2000年，第319页。

4 参见http：//www-med8th-com/readingroom/lrdtx/5.html.

用同样的方法对待自己的同伴。当两只狼发生争斗时，弱者一方为了结束战斗，会做出一种惊人的举动以承认自己的失败，那就是把自己最易受伤的颈项呈现给对手，但胜利者绝不会一口撕破对方的喉咙，而是立即停止攻击。

从生物学角度来讲，如果说异类攻击的残杀行为是为了物种的延续，那么个体间避免残杀的同类攻击行为也同样是为了这一目的。"假如一个物种要生存下去的话，它当然承受不了大规模的自相残杀。物种内的相互进攻必须加以限制和控制，某一特定动物杀戮猎获物的手段越残暴，则用这种手段来对付种内纠纷的做法就越受到禁止。"[5]因此，与异类攻击不同，同类个体性攻击的目的，通常只是为了制服对方，而非杀死对手。

为了把同类攻击的伤亡降到最低限度，动物之间逐渐演化出了种种仪式化的攻击方式。劳伦兹在《攻击的秘密》中列举了一个小鹿打架的例子："这种动物中，高度仪式化的角战以显示侧身的方式进行……无伤的角力赛类似嘴战的杰克·丁姆西（一种鱼），胜利必属于忍受最久的那一个。"[6]聪明的读者不难看出，这已经很接近于我们人类的体育比赛了。

在动物的同类攻击行为中，集体性攻击相对特殊，它似乎介于异类攻击和同类个体性攻击之间。就攻击的对象而言，它同于后者；就攻击的性质而言，它又类似于前者。老鼠就属于这样一种动物，它们"对待自己团体里分子的行为就像是社会规范下的标准道士，但是当它们遇到另一个社会的同类分子时，马上转变成可怕的野兽"。而且这种动物往往会"集合团体的攻击性来对抗另一个团体"[7]，这在形式上颇类似于我们人类的战争。而按照动物学家的观点，人类的战争恰恰源于这种动物本能。

既然攻击性是普遍存在于动物界的一种本能和天性，那么它必须有其存在的合理性。换句话说，它必须具有进化上的优势，否则在自然选择的压力下很可能早就被淘汰了。那么，攻击性的进化优势究竟在哪里呢？

在异类攻击中，这种优势是显而易见的。对于一个物种（特别是食肉动物）而言，不论是作为捕食者对被捕食者的攻击，还是作为被捕食者对捕食

5　［美］R.莫瑞斯：《裸猿》，周兴亚等译，光明日报出版社，1988年，第104页。

6　［奥地利］康拉德·劳伦兹：《攻击的秘密》，王守珍译，中国和平出版社，2000年，第130页。

7　［奥地利］康拉德·劳伦兹：《攻击的秘密》，王守珍译，中国和平出版社，2000年，第178页。

者的反击，对于这一物种的延续都是必不可少的。作为捕食者，如果没有捕杀猎物的能力，它很快就会饿死；而作为被捕食者，如果不具备有力的抵御能力，它就会很容易被吃掉。因此，异类攻击具有维护物种延续的功能。

那么同类之间攻击的意义何在呢？劳伦兹曾经对同类攻击的护种功能做过详细的解释。首先，就争夺巢穴或领地的攻击而言，它有利于扩展动物种类的生活疆域，使之尽可能地分布在可以利用的空间里。其次，就争夺异性的同性攻击而言，它有助于挑选出最强壮的父亲和最健康的母亲，以便更好地繁衍后代，抚育幼小。再次，就争夺地位的等级性攻击而言，它有助于形成一个相对固定的"等级次序"，从而保持团体的稳定。因此，劳伦兹认为："攻击性没有传统精神分析学家所想的毁灭本质，而实在是与生俱来，为保存生命的结构中不可少的部分。虽然会意外地走入错误的方向而引起毁灭，但它仍然是任何制度中实用而有作用的部分。"[8]

就同类间的集体性攻击而言，"自相残杀"的情况确实存在。劳伦兹也由此将其视为没有任何目的可言的残忍的创造，是一种病态的进化现象。不过在我们看来，它应该与其他两类攻击形式一样，同样具有护种的功能。当同一物种的数量过多，或者在一定区域的分布密度过大时，大自然便会以团体性攻击的方式牺牲掉其中的一部分，从而使有限的资源能够维持物种的延续。而且，这种攻击还会使同一物种的不同群体扩展到更为广泛的空间环境中，以最大限度地利用地球上的资源。

二

到此为止，我们所谓的攻击行为还仅仅是涉及人类之外的其他动物，那么人类又如何呢？当人类最终告别灵长目祖先，而踏上一条全新的进化道路时，是否也同时告别了动物固有的攻击天性呢？在我们看来，这种可能性基本上不存在。

一方面，既然人类也是一种动物，尽管是一种非常特殊的动物，那么攻击性作为一种动物的本能肯定会以遗传的形式在其身上有所延续。事实上，

8　［奥地利］康拉德·劳伦兹：《攻击的秘密》，王守珍译，中国和平出版社，2000年，第35页。

分子生物学家已经从遗传基因的角度来解释人类的攻击行为了，美国学者格兰特·斯蒂恩就提出："所有的人都可能具备在特定环境下导致暴力的基因。"[9]

另一方面，攻击性的护种功能起码在人类进化的早期阶段依然发挥着重要作用，因而它不可能在自然选择过程中被淘汰掉。英国心理学家威廉·麦克杜格尔就曾经将攻击行为视为人类作为社会生物在进化中最重要的因素。[10]许多著名的动物学家，包括劳伦兹、D.莫里斯和E.O.威尔逊等，都主张人类仍然具有与生俱来的攻击性。D.莫里斯在《裸猿》一书中为我们大体概括了人类的进化过程。被他称为"裸猿"的人类祖先最初属于灵长目的一种。大约在1500万年前的某个时期，气候发生了变化，森林大幅度减少，它们被迫走出密林，与早已适应地面环境的动物竞争，从而变成了一种食肉动物。

这意味着，从树上来到地面的人类祖先将会面临远比灵长目动物多得多的异类攻击现象。他们既要像其他食肉动物一样，靠捕猎为食，又必须随时准备着抵御其他猛兽的袭击。而作为灵长目动物与食肉动物的混合种类，同类攻击现象也就普遍存在。关于人类之间的同类攻击，莫里斯也有过明确的论述，他说："动物间的相互斗争有两个很明显的理由：一个是为了在一个社会等级中建立起它们的统治地位；另一个是为了在一块特定的地盘上确立自己的领地权。有些物种完全是等级性的，却没有固定的领地，有些物种则完全是领地性质的，而无等级问题。有些物种的等级是建立在它们的领地之上的，因而以上两类进攻方式兼而有之。我们属于最后那种：我们为了以上两种理由而相互进攻。"[11]莫里斯虽然没有提及争夺异性的同性攻击行为，但中世纪的决斗之风、某些少数民族马上比武的习俗，以及如今频繁出现的两个男孩为同一女孩而大打出手的事件提醒我们，攻击本能在人类社会中依然存在。

而且与动物相仿，人类在进化过程中也采用了尽量避免伤亡的仪式化攻击策略。当人们发生争执时，一上来就大打出手的情况很少发生。最初的方式通常是口头辱骂。"这也许会极为恶毒，但不会造成流血事件。我们也可以采用许多凶恶的脸部表情及身体姿势来对抗敌人，同样地这也不会引起流血

9　［美］格兰特·斯蒂恩：《DNA和命运——人类行为的天性和教养》，李恭楚、吴希美译，上海科技出版社，2001年，第223页。

10　许德琦：《人类行为之谜》下册，中国工人出版社，1990年，第520页。

11　［美］R.莫瑞斯：《裸猿》，周兴亚等译，光明日报出版社，1988年，第94页。

事件。即使在极少数情况中，当我们被迫采取武力这项极少见的策略时，所谓的打架通常也只不过是动几下拳脚，大不了留下一个黑眼圈或受伤的脸颊而已。”[12]至于集体性攻击的例子，在人类社会中则更为普遍，古今中外连绵不断的战争便是最好的证明。与老鼠比起来，人类对待族外同类的残忍程度并不逊色。劳伦兹称：“人的社会组织非常像老鼠，在自己的族群里是个爱社交且和平的生物，但是对待那些不属于自己团体的同类种族，就完全换成一副魔鬼嘴脸。”[13]当然了，无论是就人类与异类之间的攻击，还是就人类个体之间和集体之间的同性攻击而言，其情况和性质远比其他动物复杂得多，这是因为人类在继承了动物本能的同时又发展出了自己的文明。

三

虽然人类身上依然保存着动物性的攻击本能，但在高度发展的文明社会中，这种本能却渐渐失去了其维护种族繁衍和发展的原初作用。

早期的异类攻击与人类的狩猎生活密切相关，而随着农业文明、工业文明、后工业文明的演进，狩猎的生存方式早已成为历史。时至今日，“我们不再需要装备着特殊的武器出发进行长时间的追逐，不再需要和强大危险的动物格斗，便可以从地方上的超级市场携带食物回家”[14]。而且，随着武器装备的提高，人类可以轻而易举地消灭其他物种，因而过分的异类攻击反倒会破坏人类所依赖的生态环境。

与没有了放矢之地的异类攻击不同，人类同类间的攻击并不缺少目标和对象；相反，随着生产力水平的提高，全球的人口数量正在急剧地增长。只是在文明社会中，无论是个体性的同类攻击，还是集体性的同类攻击，都面临着无法与环境相协调的困境。

就个体性的同类攻击而言，一方面，随着社会组织结构的日趋严密，人类个体之间的矛盾已被纳入道德评判或法律制裁等社会解决方式，个人之间

12　[英] 戴思蒙·莫里斯:《人这种动物》，杨丽琼译，华龄出版社，2002年，第118页。

13　[奥地利] 康拉德·劳伦兹:《攻击的秘密》，王守珍译，中国和平出版社，2000年，第270页。

14　[英] 戴思蒙·莫里斯:《人这种动物》，杨丽琼译，华龄出版社，2002年，第100页。

的攻击和决斗已被禁止。另一方面，随着道德素养的逐渐提高，人们也越来越倾向于通过协商、辩论等更加文明的方式来化解冲突，肉体之间的攻击渐渐为人类所不容。在物质条件匮乏、精神文明低下的原始状态下，两个人可以为一块食物、一个异性大打出手。而在物质条件充足、精神文明发达的现代环境下，人类已学会用更加文明的方式来解决问题。

就集体性的同类攻击而言，一方面，社会文明与道德的高度发展，限制了此类攻击冲动的正常释放。另一方面，攻击方式的巨大改变使得集体性攻击不仅无法发挥正常的护种功能，反而有可能毁灭整个人类。在血与火的历史进程中，当资源有限而无法养活同一物种的所有成员时，大自然就会以集体性攻击的方式牺牲掉一部分成员以便保存物种的延续，牺牲掉的必然属于战斗力较弱的团体。可以猜想，人类最初的部落战争很可能就是在这种意义上发生的，如今弥漫于世界各地的战争可能仍然具有这种潜在的意义。但是，与我们祖先不同的是，现今的人类在具体的攻击方式上已经发生了巨大的变化，特别是核武器的使用，足以导致整个人类物种的灭绝。这显然已经违背了集体性攻击存在的意义。

既然异类攻击和同类个体性攻击、同类集体性攻击都已经无法发挥原有的功能，那么人类身上的这种攻击本能为何没有在生物进化中被淘汰掉呢？原因在于，与日新月异的文明发展相比，物种的生物进化速度要慢得多，在自然进化中，“要使一个全新的物种日臻完善，得花几百万年的功夫”[15]，但从人类告别茹毛饮血的狩猎生活到现在的工业和后工业时代，顶多只有一万年的时间。人类的生物进化速度已经远远跟不上文化的进化速度。于是，我们的攻击性本能与文化制造的新环境发生了矛盾。而在我们看来，奥林匹克运动就是作为这一矛盾的解决方案之一被创造出来的。

四

首先，就异类攻击而言，文化的快速发展使我们早已脱离了原始的狩猎生活；生物进化的远远滞后又使我们依然保留着往日的狩猎欲望和本能，

15 ［美］莫瑞斯:《裸猿》，周兴亚等译，光明日报出版社，1988年，第9页。

而这种欲望依然需要得到满足，于是体育竞赛便成为一种合理合法的替代方式。

按照莫里斯的说法，“高级食肉动物觅食（捕杀）和进食是分开的。它们已经成为两个独立的动机系统，其中只有部分牵连”。也就是说，捕猎本身已成为食肉动物的一种目的和消遣，“当一只狗随主人外出散步、追逐叼衔主人的手杖时，它就是在满足捕食的基本需要，这是任何罐头食品无法替代的。即使饱餐后的家猫，仍会夜间觅食或扑向毫无戒备的小鸟”[16]。人作为一种狩猎猿，就这一点而言，在本质上与其他高级食肉动物并无二致。他像猫和狗一样，捕、杀、准备食物，每一个动作本身都是一种目的，不会因为其他步骤的实现而满足。这便意味着，如今已经饱食无忧的人们依然需要狩猎活动来满足他们的原始动机。反过来说，既然原始的狩猎生活已不复存在，那么我们只好求助于狩猎活动的象征性替代品。

正如莫里斯所说，我们的人类祖先实际上是灵长类动物与食肉动物的混合种类。当他们从以树木为家的果实采集者被迫变成肉食性的草原居民时，以狩猎和自卫为主的异类攻击行为已成为他们日常生活的必要行为。与原来的灵长类动物的行为习惯不同，“一旦游猎活动展开之后，就有长途跋涉的需要，同时必要时也需要快跑。这项追逐成为男性生活的主要活动，并需要具有运动精神、体力，以及坚毅的品格”“一旦到达猎物范围或将它逼迫到一隅之后，就得将它杀死，这就需要瞄准，我们必须成为此项特别技术的专家，同时也得具有勇气”[17]。另一方面，当我们的人类祖先从树上来到地面时，他们还面临着猛兽攻击的危险，快速逃跑、利用人工武器进行远距离投掷，也同时成为必要的逃生和自卫手段。而这种狩猎生活将我们最终与灵长类动物区别开来。我们那迥异于灵长类祖先的肌肉发达的两腿或许就是这样发展起来的；而我们所特有的许多人工武器，诸如弓箭、标枪等可能就是在这种需要下发明的。

正是从这种意义上，我们才能够对跑步、跳高、跳远、标枪、铅球、铁饼等田径比赛中的许多项目，以及游泳、赛艇、马术、射击、射箭等奥运赛

16 ［英］戴思蒙·莫里斯：《人这种动物》，杨丽琼译，华龄出版社，2002年，第18、10页。

17 ［英］戴思蒙·莫里斯：《人这种动物》，杨丽琼译，华龄出版社，2002年，第96、97页。

事有一种更加深刻的理解。从奥运会体育项目的发展和演变历程来看，越是早期的项目，就越接近狩猎活动的原初面貌；反之，越是后来新增的项目，离狩猎活动的具体形式越远。然而，无论是早期的武装赛跑，还是后来的铁人三项；无论是早期的投掷标枪，还是后来的移动靶射击；无论是早期的跳高、跳远，还是后来的艺术体操，都以不同的形式展示着“狩猎者”的身体机能，并宣泄着“攻击者”的原始欲望。从这一意义上讲，奥林匹克运动便可视为人类攻击本能的表达和释放途径。

不仅比赛本身可被视为象征性的追捕或猎杀活动，而且在比赛过后，还有着象征性的猎物等待着奥运选手。“大部分运动比赛都有锦标可得——奖杯、奖牌、雕像及奖章——好让我们得意洋洋地带回家，这些闪耀生光的奖品是现代假猎人的战利品，作为漫长奋斗最终高潮的象征。”[18]

其次，就同类个体性攻击而言，随着野蛮的肢体搏斗被禁止，人们发明了有着严格规则限制的拳击、摔跤、柔道等比赛；随着危险的决斗活动被取缔，人们发明了花剑、重剑、佩剑等击剑项目。至于乒乓球、羽毛球、网球等单人之间的对抗赛，亦可视为同类个体性攻击渐行渐远的表达方式。

我们还记得，在动物界，除了争夺食物和巢穴、领地之外，同类攻击的一个主要目的是为了争夺异性。这种特别容易在雄性动物之间发生的同类攻击，在奥林匹克运动中也以曲折的方式有所表现。当敏捷的击剑运动员战胜自己最后一个对手，然后摘掉面罩向看台上的观众致意的时候；当勇敢的摔跤运动员放倒自己最后一个对手，然后发出志得意满的狂笑的时候；尤其是当虎背熊腰的拳击运动员与身穿比基尼的举牌女郎同时出现在赛场上的时候……我们很容易联想起两只雄鹿在一只母鹿面前所玩弄的犄角游戏。或许，运动员们并没有意识到自己是在炫耀旺盛的生殖力，然而女子拉拉队的出现显然会刺激其荷尔蒙的分泌。顺便说一句，雄性激素一直是体育竞赛之违禁药品的主要成分，因为它确实能够提高运动员的攻击能力。

作为一种被高度仪式化了的同类攻击行为，参加个人对抗比赛的奥运选手都必须严格遵守比赛规则，目的只是为了打败对方而非置之于死地，就像

18　［英］戴思蒙·莫里斯：《人这种动物》，杨丽琼译，华龄出版社，2002年，第103—104页。

狼的争执、鹿的角斗一样。从这里，我们仍然可以看到人的行为与动物行为之间的延续。

最后，就同类集体性攻击而言，随着残酷的战争行为日渐减少，被压抑的原始欲望也同样要寻找一些替代性的文化产品，于是便有了奥林匹克运动中的集体对抗项目。无论是挥舞大棒，围追堵截的棒球、垒球；还是前锋后卫，战略战术分明的篮球、足球；无论是挥杆击球，围歼敌方的曲棍球、冰球；还是徒手进攻，封杀对手的手球、排球……奥运赛场上的集体对抗项目均可视为战争场面的缩影。这里虽然没有战壕和掩体，但同样需要排兵布阵；这里虽然没有国仇家恨，却照样敌我分明、同仇敌忾；这里虽然没有炮火硝烟，却同样一触即发、充满杀机。在本质上，这些集体性的对抗比赛与真正意义上的集体性攻击一样，都需要聚合整个团体的力量一致对外。反过来说，一个团体所面临的敌人越强大，团体成员的结合与协作便会越紧密，相应地，其战斗力也会越突出。

总之，无论是异类攻击，还是同类个体性攻击、同类集体性攻击，我们都可以在奥林匹克运动中找到其具有文化象征意味的替代品。具体地说，我们甚至能够为动物争夺地位的等级性攻击、争夺领地的疆域性攻击和争夺异类的同性攻击找到各自的隐喻方式。比如，奥运会中的每位参赛运动员几乎都抱着同一个目的，即争夺冠军或者一个好的名次，这实质上即是一种争夺地位的等级性攻击行为。而据F.M.科恩福的说法，在神话时代，奥林匹亚竞技会是决定谁来做该地区王位的一种方法。[19]这也使我们不禁联想到动物界里通过仪式化攻击产生团体首领的过程。奥林匹克运动中的某些项目，还象征性地给运动员划定了自己的巢穴或领地。例如，在足球、手球、冰球等比赛中，选手们一方面竭力保护象征着自己巢穴的球门不被对方攻破，一方面又想方设法去用象征着弹药的球来攻击对方的球门；在乒乓球、羽毛球、网球等项目中，选手们一方面竭力保护象征着自己领地的球台或球场不被对方侵犯，另一方面又想方设法用象征着弹药的球来攻击对方的领地。与这种争夺巢穴和疆域的攻击模式相类似，同类之间争夺异性的攻击行为也在奥林匹克运动中得到了象征性的表演。自古以来，拳王

19 ［法］瓦诺耶克：《奥林匹克运动会的起源及古希腊罗马的体育运动》，百花文艺出版社，2006年，第64页。

和球星们都是广大妇女追逐和爱戴的对象，惟其如此，他们才会在赛场上冲锋陷阵，奋不顾身。正像法国学者瓦诺耶克所说的那样，“体育竞赛及体能的竞争是符合某种需要的。人的本能促使他们进行殊死的搏斗以确立他们对其他对手的优势”[20]。

弗洛伊德晚期曾把人的本能分为“爱欲的本能”（性本能）和“死亡的本能”（攻击本能）两部分，并把人的行为解释成本能不断追求释放的过程。他认为，如果人类的本能无法得到正常性宣泄、替代性表达或者变相性升华时，就会带来精神疾患。劳伦兹则把人类的攻击冲动比作密闭容器中上升的水和水蒸气，除非把压力泄掉，否则便会突然出现泄漏或大爆炸[21]。或许，生活中的人与人之间的冲突，乃至集团与集团、国家与国家之间的战争，就是在这种欲望本能的推动下才最终爆发的。

因此，从心理学意义上讲，只有为这种攻击性冲动找到一种合适的宣泄渠道，或者找到一种替代性的攻击对象，才可能在一定程度上减少人类产生精神疾患或发动战争的内在动因。而在我们看来，奥林匹克运动恰恰为人类攻击本能提供了一种极为合适的表现舞台。它可以成为一种象征的异类攻击，也可以成为同类个体性攻击和集体性攻击的替代活动，从而使人类的攻击本能获得一个和平的出路和释放渠道。就像劳伦兹所说的，奥林匹克运动会是唯一的一个当某一国国旗升起时不会引起他国敌视的场合。它的最大功能就是替那些最不可或缺，但又最危险的攻击类型加上一个健康而且安全的活门[22]。1889年，顾拜旦在由法国政府派往北美研究体育教育的问题时，也已经意识到了这一问题，因而把体育竞争的本质视为一种“和平时代的战争”[23]。

当然，我们必须承认，奥林匹克运动是一种相当复杂的社会现象。尽管我们可以从生物学的角度来研究这一运动的潜在动因，却无法将其还原为一种生理现象。同样，从功能上讲，虽然奥林匹克运动可以在一定程度上化解人类的攻击冲动，但在解决人类的心理疾患和减少战争方面所起到的积极作

20　［法］瓦诺耶克：《奥林匹克运动会的起源及古希腊罗马的体育运动》，百花文艺出版社，2006年，第2页。

21　许德琦：《人类行为之谜》下册，中国工人出版社，1990年，第521、526页。

22　［英］康拉德·劳伦兹：《攻击的秘密》，王守珍译，中国和平出版社，2000年，第320页。

23　刘晓菲：《奥运风云录》，清华大学出版社，2004年，第6页。

用不应被无限夸大。尽管我们可以将其视为“心理治疗的手段”，却不能指望它能够完全替代精神病院；尽管我们可以称其为“和平时代的战争”，却不能指望它能够完全替代战争。

（此文为赵玉、陈炎合作，教育部“高校青年教师奖励基金资助”项目的阶段成果，发表于《天津社会科学》2008年第4期）

奥林匹克运动中的女性：告别沉默的“他者”

在竞技体育中，女性所获得的尊重与关注远逊于男性。这种不合理现象有着广泛的世界背景。古代奥运会的历史，实际上是一种男权文化的集中体现。男性以女性存在先天生理缺陷以及无权涉足公共领域为由，将其长期排除在奥林匹克运动之外。随着女性主义者的不断抗争，现代奥林匹克运动才逐渐呈现出三个方面的历史性进步：女性运动员从无到有以及参赛人数和参赛项目的增加，女性独特项目的设置和增多，以及男女混合项目的设立和增多。但奥林匹克运动中的两性平等仍然是一种亟待实现的梦想。

一

不论是在古代奥林匹克运动史上还是在现代奥林匹克运动史的初期阶段，“女性”都是一个沉默的“他者”。这一词汇后面所代表的庞大到足以与男性数量相匹敌的那一独特群体，在历时长达一千多年的古代奥运会上几乎隐匿不见：她们既没有参赛的资格，也没有观看的权利。“根据所有文献前后一致的证明，古希腊人不允许女人进入他们的体操馆和体育场。换言之，任何女性都不得涉足那些专门用来对男子进行教育的场所——甚至在那些全国性节日的大型运动会上，女人也不得作为观众前往参加。”[1]古希腊200多个城邦中，斯巴达的妇女是一个例外，与其他城邦的女同胞们相比，她们几乎享受着与男性平等的体育训练机会。本着生育健康公民与合格战士的宗旨，斯巴达城邦要求斯巴达女性锻炼身体以塑就强壮的体格。然而，即使能够像男性公民一样也可以把大部分时间花费在练身场上，斯巴达的女人们却仍然没有充分的空间来施展自己的竞技才能，古代奥运会的大门并不向斯巴达女性敞开。如此看来，古代奥林匹克运动的历史基本上是一段男性霸权的历史，女性作为一种沉默的“他者”，则被完全排斥在这一世界之外。

这种性别缺失的情况，直到现代奥林匹克运动开始之时，也并未得到太大的改善。在1896年举行的第一届现代奥林匹克运动会上，国际奥委会严格继承古希腊传统，坚决禁止女性参赛。唯一令人欣慰的是，女性们获得了观赏的权利。在1900年的第二届奥运会上，情况似乎发生了质的变化。从这一届起，女运动员的身影开始出现在赛场上。当时共有19名女性运动员参加了比赛，虽然只占全部参赛人数的1%，但在整个奥林匹克运动史上却成了具有划时代意义的事件，它似乎是奥林匹克运动史上女性抗击男性霸权的第一次胜利。然而，如果认真了解一下这段历史，便不难发现，这个胜利是大打折扣的。在那届奥运会上，允许女性参加的比赛项目仅限于网球和高尔夫球。这两个比赛项目更像是一种表演和消遣。而且，她们虽然参加了比赛，却没有获得真正的法定参赛权。更具讽刺意味的是，女性之所以能够在那届奥运会上抛头露面，完全是由于国际奥委会权力失控的结果。当国际奥委会主席顾拜旦兴冲冲地把奥运会带进巴黎时，却没有得到巴黎政府的足够重视。当时法国政府最关心的是在巴黎举办的世博会。于是，第二届奥运会的筹备工作便成了世博会筹委会的附带任务，奥运会也随之成了世博会的附带项目，或者干脆说是为世博会增添花絮的工具。女子网球和女子高尔夫球的比赛就是在这种背景下被列入奥运会的。在接下来的1904年第三届奥运会上，有8位女性参加比赛，她们全部都是来自美国的射箭手，而射箭在当时并不属于奥运会的正式比赛项目。这意味着，女子的射箭比赛在实际上只是一种表演。而

1　［德］利奇德：《古希腊风化史》，辽宁教育出版社，2000年，第99页。

且同1900年的奥运会一样，这届奥运会仍然是世博会的附属项目，国际奥委会也仍然没有太多的主动权。这或许就是女性运动员再次出现在奥运会场上的主要原因。1908年伦敦奥运会上，女性运动员的人数有所增加。据来自国际奥委会国际组织部的资料，这届奥运会中女性运动员达到了36人，共参加了2个大项、3个小项的比赛。尽管在所有参赛运动员中所占的比例不足2%，她们毕竟有了与男性运动员同场竞技的机会。不过在国际奥委会内部，是否允许女性运动员参加奥运会至此还是一个争论不休的议题，在接下来的很长时间里这一问题都没能得到解决。尽管有女性运动员出现在奥运会赛场上，但她们仍然不具备合法的参赛权利。国际奥委会只是采取了一种相当含混的态度，既不禁止，也不承认。

顾拜旦一贯坚持“非女性化”原则，在1912年的《奥林匹克评论》中，他给奥运会的定义是：“以国际主义为基础的，以忠诚为手段的，以艺术为环境的，以女性的喝彩为奖赏的，庄严的，周期性的男子体育精神展示。”[2]在他看来，奥运会是男人的世界，女性在此只是一群应被彻底排除在外的“他者”。1920年，顾拜旦曾经强烈要求将女性驱逐出奥运会赛场。[3]当时持有相同态度的绝不只顾拜旦一人。直到1924年国际奥委会第23次会议上，允许女子参加奥林匹克运动会的决议才正式通过。

但这并不意味着从此女性运动员便与男性运动员完全平等了。国际奥委会在允许女性参赛的前提下，又做出了种种的限制。当巴耶·拉图尔继顾拜旦担任“国际奥委会主席”后，也同时继承了顾拜旦对女性运动员的歧视态度。在1930年的奥林匹克大会上，他就曾经建议将女子项目严格限制在“具有美感的项目”，甚至还为此列出了一个清单，包括花样滑冰、网球、体操和游泳等符合所谓“女性气质”的项目。因为按照传统的观点，男性与女性在“气质”上是不同的：男性天生好斗，擅长攻击；女性则生性温和，惯于顺从。男性是阳刚而强健的；女性则是阴柔而优雅的。像田径这种要求极强爆发力和攻击性的项目，是不符合所谓的“女性气质”的，自然也就应排除在女性项目之外。

2 转引自范长云：《妇女在奥运会中地位的转变与提高》，《山东体育学院学报》2004年第4期。

3 ［澳大利亚］K.吐依、A.J.维尔：《真实的奥运会》，清华大学出版社，2004年，第201页。

二

作为一种全民性的体育赛事，为什么奥林匹克运动在相当长时间里将占有人口数量一半的女性排斥在外呢？究其理由，无外乎两个，一个是公共权利方面的，一个是生理条件方面的。而在这二者之间，又有着内在的复杂联系。

古代奥林匹克运动是在公共领域中进行的公共行为，其行为的主体是“公民”。我们知道，“公民”是古希腊城邦制度的政治基础和存在前提，所有的公民作为城邦的一员，都拥有参与政治、法律、军事等公共事务的平等权利。然而遗憾的是，这些权利却与女性无关。由于她们的性别，先天地便失去了成为公民的可能性。以雅典为例，在政治上，女性没有参政权，她们不能在公民大会上发言、投票，也不能参加公民大会，更不能担任民众法庭的陪审员和任何与城邦有关的行政职务；在法律上，女性和未成年人一样被视为无行为能力者，她们一生都要处在男人（包括她的父亲、同父兄弟、丈夫和儿子）的监护之下；在经济上，女性没有财产继承权，她们永远不能成为财富的真正拥有者和管理者，而只能成为男性传递财产的渠道；在婚姻上，女性没有自主权，她们不得不服从监护人的安排，成为男性传宗接代和结盟的工具。[4]在军事上，女性没有参战权，男人们去打仗时，她们只能在家等着，一旦男人们战败，她们便只能沦为奴隶……

这样一来，以广场、战场、运动场为代表的公共空间便只属于男人，而女人则只能留守在家庭的私人空间之中。据考证，古希腊的年轻女子在没有出嫁以前几乎过着一种与世隔绝的生活。她们只有在节日庆典或丧葬仪式等活动中才被允许与外人接触。欧里庇得斯的《特洛伊妇女》中有这样一句名言：“女人若是不呆在家里，凭这一点就可以说是她的过错。”未婚女子需要特别有人监护，而已婚女子则只配料理家务。因此，在著名的史诗《奥德赛》中，我们看到奥德赛的儿子对其母亲说：“你还是回到自己的房间里去吧，去做你的事情，去开动你的织机和绕杆，去吩咐女仆们干活；而谈话是我们男人的事，首先是我的事，因为我是这个家的主人。”于是，狭小的私人空间便

4 裔昭印：《古希腊的妇女——文化视域中的研究》，商务印书馆，2001年，第66—83页。

成为古希腊女人的生活天地，她们少女时代能做的，就是等待一个婚姻，准备从一个家庭进入另一个家庭；她们成年之后能做的，就是相夫教子，以便守住一个家庭。

当女性一生的活动范围都被限制在家庭之内时，她们被排斥在奥林匹克运动之外便不难理解了。因为不论从哪个角度看，奥林匹克运动都是属于家庭之外的、公共领域的事情。曾经遍布古希腊各城邦的练身场除了供男人们锻炼身体、提高运动技能以外，还是他们进行哲学探讨、辩论国家大事的重要场所。据说亚里士多德等许多知名学者都曾把训练场作为讲学的地点，而它后来实际上也已经发展成为兼授哲学和论辩术等课程的综合学堂。更何况，奥林匹克运动背后还有着现实的政治和军事目的。而不论是协调城邦关系的政治目的还是培养与选拔合格战士的军事意图，都是与女性无关的公共事务。说到底，在希腊人的观念中，“男人的天职是从事家庭外部事务，而女人则是主内。”[5]两性各自的活动领域不可混淆，更不可互换。

进入现代社会以后，尽管女性的社会地位获得了显著的提高，但是这种“男主外、女主内”的传统观念却根深蒂固地影响着奥林匹克运动的开展，以至于像顾拜旦这样一位现代奥林匹克运动的缔造者也宣称：“女人的荣耀来自她生孩子的数量和质量。在体育方面，她们最大的贡献应该是鼓励自己的儿子创造好成绩，而不是自己去破纪录。”[6]当然，随着社会的进步、文明的发展，公然从政治权利的理由来反对女性参加奥运会的观点已不得人心，于是有人便从生理条件的角度入手，企图为禁止女性参赛寻找新的借口。

作为一种体育竞赛，奥林匹克运动注重开发和检验人的体能，但传统的观点认为，女性在生理方面有永远也无法克服的先天性缺陷。亚里士多德就曾指出，雄性是运动的本原，雌性只是作为质料存在；而且就胎生的动物来看，雌性的体积明显小于雄性，体内的血管也远没有雄性那样清晰，因而在体格上雌性与雄性相比存在着明显的缺陷。[7]这种观点很容易被

5　古希腊学者色诺芬的原话，转引自吉尔·里波韦兹基：《第三类女性——女性地位的可变性与不变性》，湖南文艺出版社，2000年，第184页。

6　转引自厉智：《巾帼不让须眉》，http//www.china,com.cn/chine8e/zhuanti/ay/626903.htm,2004—6—15.

7　裔昭印：《古希腊的妇女——文化视域中的研究》，商务印书馆，2001年，第42页。

使用于人类，因为在通常的情况下，女性在体格上确实要小于男性，这成为她们的力量和体能都相对较弱的“明证”，女性也由此被看作需要男人保护的弱势群体。在现代奥林匹克运动走向复兴的时候，这种观点依然存在。那些以保护女性健康为由的男人们“不允许妇女参加激烈的体育活动，有人甚至认为妇女跳远的长度不能超过她们身长的三分之二，跳过的高度不能超过自己的膝盖，如越过这个极限，会损坏她们的身体器官，并对她们所生子女的健康产生不良影响。”[8]学者PatriciaVertinsk在其研究报告《受到永恒伤害的妇女》中，曾详细“证明了19世纪末涌现的医学专业，是如何找到妇女为什么不应该从事运动或大强度身体活动的形形色色生理原因的，即如果她们参加体育运动，她们就不会有能量来发育成熟，她们会损害怀孕能力，她们会看起来像男人。”[9]

1928年以前，国际奥委会之所以要把现代奥运会中女子的参赛项目严格限制在诸如网球、射箭、游泳、花样滑冰等不需要太多体力付出的项目类别上，恐怕也是受了这种观念的影响。至于那些在体能上要求较高的田径项目，在很长的一段时间里都是女性运动员无法涉足的禁区。由于当时的一个叫做“世界女性体育联合会”的女性体育组织的强烈抗议，1928年第9届奥运会上才勉强增加了跳高、铁饼、400米障碍、100米和800米赛跑等女子项目。但是，只是由于一些女运动员在800米冲刺时表现出了痛苦的神情，于是有人便认为这项比赛超出了女性的生理极限。“之后，国际奥委会以此为借口，重拾奥运会举办之初排斥女性参赛的观点，结果，近40年里女子运动员仅仅被允许参加一些短距离的径赛项目，田赛中一些对力量要求较大的项目也从女子比赛项目中删除。”[10]

假若女性在力量和体能上真的存在无法克服的先天性生理缺陷，那么将她们排斥在奥林匹克运动之外，或者对其参赛资格做出相应的限制是可以理解的。但问题在于，这一假设是否真的符合事实？答案恐怕是否定的。薄伽丘就曾经说过：“人类的骨肉都是用同样的物质造成的，它的灵魂都是上帝赐

8　项立敏：《现代奥林匹克运动》，中国矿业大学出版社，2005年，第266页。

9　PatriciaVertinsk, “Gender,SportandThirdWaveFeminisminthe21stCentert”《体育与科学》2006年第2期。

10　［澳大利亚］K.吐依、A.J.维尔：《真实的奥运会》，清华大学出版社，2004年，第202页。

给的，因而任何人都具备同等的机能与效用。”[11]孟德斯鸠甚至对“男强女弱”的传统说法进行了批判。他说，按照自然法则，不论是在体力上，还是在才能和知识上，男人并不比女人强，甚至女子在某些方面还可以胜过男子。[12]狄德罗在写于18世纪70年代的《生理学基础》一书中也提到，妇女和男子的生理结构是不同的，但是特定的生理器官，在组织上和功能上却完全和男性器官一样。目前这一观点已经被科学证实，“解剖学和生理学的发现证明，除了生殖器官明显的差异外，男性和女性之间的相同点远远多于不同点”[13]。

当然我们也不否认，男性与女性在生理特点和体能特征上确实存在某些差异，甚至女性在体力上有可能处于相对的弱势，但我们从这种差异和弱势中并不能推导出女性具有先天性生理缺陷的结论，更不能推导出女性不应该参加奥林匹克运动的结论。正如法国女性主义学者西蒙·德·波伏娃所说：“在运动界，目标并不是与身体条件无关之成功，而是在每种体型限制下之达到完善：轻量级之拳击冠军，并不亚于重量级之冠军；女滑雪冠军，并不次于比她快的男滑雪冠军。他们属于两种不同之类别。”[14]而且我们也不否认，现实生活中女性比男性柔弱的现象非常普遍，但就像许多女性主义学者已经指出的，这种后果的产生更多地应该归咎于后天的教育和环境。与有着大量身体锻炼机会的男性不同，女性似乎从小就被剥夺了体育锻炼的机会。在从古希腊到19世纪的这段时间里，情况基本上都是如此。她们被家人及周围的所有人告知，户外活动只是男孩子的游戏，女孩子就应该安安静静地待在家里。如果有哪个女孩不听大人的劝告，硬是加入到男孩的游戏当中，那就要冒受大人训诫、遭同伴排斥的危险，她会由此被视为既不属于男孩亦不像女孩的“假小子”。波伏娃说，男孩们在大约十三岁的时候，会经历一场道地的暴力实习，此时他们的侵略性发展而成，他们争权，喜好竞争；而就在同一时期，女孩却放弃了粗野的游戏。扭打与攀登都成为被禁止之事。她们不许探索，冒险，伸展“可能性”之界限。特别是青年男子们最重视的竞争态度，她们几乎已经完全不知。而造成这种差别的，不是荷尔蒙或者所谓的自然本性，而是后天的教育。

11　转引自田雨：《女权主义的划界、反思与超越》，2006年吉林大学博士学位论文，第27页。

12　张广利：《后现代女权理论与女性发展》，天津人民出版社，2005年，第9页。

13　［澳大利亚］K.吐依、A.J.维尔：《真实的奥运会》，清华大学出版社，2004年，第221页。

14　［法］西蒙·波伏娃：《第二性》，湖南文艺出版社，1986年，第94页。

在古希腊的绝大多数城邦里，体育教育都只提供给男孩子，女孩子们甚至没有权利接受正规的学校教育，她们被要求学习的只是女工手艺和家务劳动。随着年龄的增长，她们会由儿童变成少女，但情况却并没有改观。“在她们出嫁之前，必须得过着一种与世隔绝和我们现在看来毫无乐趣的生活……人们只有在一些特殊场合，也许在观看节日庆典游行的人群中，或在这种游行的队伍里，或者是在葬礼上，才可能在大街上见到成群结队的年轻女子。”[15]而当她们再由少女变成别人的妻子之时，体育活动对于她们来说更是犹如天上的月亮遥不可及。在整个古代社会里，女性的状况基本如此。进入现代社会以后，她们的境遇也并没有得到迅速的改善，传统的观念仍然认为，女人应该待在家里，她们唯一的人生目标就是服务丈夫、生养子女、操持家务。如此说来，一个从小被剥夺了体育教育的权利、并与室外活动隔绝的女性，又怎么能在力量和体能上与那些把大部分时间花在练身场上的男子们相比呢?

反过来说，如果赋予女性与男性同样的教育和运动环境，她们的力量和体能或许也会达到某种理想的程度。在这一点上，古希腊的斯巴达便是一个典型的例证。与其他城邦不同，斯巴达的女童也接受符合法规的学校教育，而且体育在其中占有首要位置；[16]斯巴达的成年女性也像男性们一样，把一生中大部分的时间都花在训练场上以从事各种体育活动。这使得斯巴达的女性在古希腊以健壮出名。“阿克曼在合唱颂歌中把斯巴达少女比作小马。他在描绘斯巴达少女阿吉多时，说她在合唱队中格外引人注目，像是被放在牧地的畜群中的赛马，健壮惊人。在阿里斯托芬的戏剧《吕西斯特拉忒》中，一个叫做拉姆皮托的斯巴达妇女身体显得很棒。作者形容她健壮地能够勒死一头牛。”[17]这也恰好证明了，女性的体弱在很大程度上不是先天的，而是后天被剥夺了体育训练的机会所造成的。

同样不能否认的是，在大部分男人比大部分女人强壮的现实下，还存在

15 ［德］利奇德：《古希腊风化史》，辽宁教育出版社，2000年，第30页。

16 ［法］瓦诺耶克：《奥林匹克运动会的起源及古希腊罗马的体育运动》，百花文艺出版社，2006年，第19页。

17 裔昭印：《古希腊的妇女——文化视域中的研究》，商务印书馆，2001年，第166页。

着另一个现实，那就是，也有一部分男人还不如一部分女人强壮。就目前而言，最好的男子跳高运动员可能要比最好的女子跳高运动员强，但最好的女子跳高运动员仍然可以相当轻易地战胜大部分男子跳高选手。而且事实也已经证明，只要给予女性与男性平等的教育、训练以及参赛机会，她们同样能够有着不凡的表现，在某些方面甚至会超过男性。在1912年第5届奥运会上，女子游泳被正式列入比赛项目，而现代奥运史上第一位自由泳项目的女冠军、澳大利亚选手杜拉克在100米预赛中创造出的1分19秒8的成绩，比该项第一位男子冠军的成绩快2秒4；1928年第9届奥运会上第一次设立了女子田径比赛项目，美国女选手鲁宾逊在100米赛跑中以12秒2的成绩夺冠，该成绩竟然高于第1届奥运会大多数男选手的成绩；女子马拉松项目是在1984年第23届奥运会上被正式列入比赛名单的，美国女选手贝努瓦以2小时24分52秒的成绩夺冠，这一成绩比1956年第16届男子马拉松冠军的成绩还要好，而与同届男子马拉松冠军的成绩也仅仅相差15分31秒。再以同届、同项目的比赛成绩相比，“50米自由泳，1988年汉城奥运会男女成绩相差3秒65；1992年巴塞罗那奥运会男女成绩相差2秒88；1996年亚特兰大奥运会男女成绩仅相差2秒47，游泳的成绩越来越接近。田径成绩也在逐渐逼近男子。如男子100米，1928年男子百米第一名成绩为10秒8，1996年为9秒84；1928年女子百米第一名成绩为12秒2，1996年为10秒82。男子在68年间提高了0.96秒，而女子则在68年间提高了1.36秒，提高的速度大大超过了男子。男女百米第一名的成绩差距也从第14届的1.6秒变成为第24届的0.65秒，大有‘巾帼不让须眉’的气势。”[18]“洛杉矶加州大学分析过去10年来男女比赛成绩后，大胆预测，用不了多长时间，女性跑马拉松的速度将和男性一样快，甚至更快。他们的依据是，自1955年以来，女子马拉松成绩提高了60%，而男性只提高了18%。而到了21世纪中叶，在短距离赛跑中，女人则可能跑得和男人一样快。而在田径比赛方面，女子提高的速率大于男性，是男子的2到3倍。专家预计三级跳和马拉松将在2020年左右，万米长跑和400米游泳将在2040年左右，女子运动员的成绩将超过男子。事实上，在游泳、马拉松方面，澳大利亚的雪莉泰勒·史密斯已做到了这点。”[19]这无疑是对“女子天生不如男”的传统观点的最好反驳。

18　范长云：《妇女在奥运会中地位的转变与提高》，《山东体育学院学报》2004第4期。

19　罗慧兰：《女性性别优势与管理风格》，《中华女子学院学报》2001年第3期。

至于激烈的体育运动会损伤女性的健康和身体机能的说法，更是无稽之谈。“德国女医生普瑞弗等在对一些从事过体育锻炼的女子进行身体测验后，以充分的科学证据告诉人们：女子大运动量活动并不影响女性身体机能。”[20] 当然，这并不等于否认女性的身体在承受能力上存在生理极限，但女性的生理极限远非像人们所设想的那样脆弱或者一成不变。作为同样的血肉之躯，男女之间并没有什么本质上的区别。作为同样的体育竞赛，也都是对生理极限的挑战。

三

真实情况或许是这样的，女性在体力上的相对弱势，使得男子在主要的生产部门中占据了主要地位，从而建立起了男权社会。而男权社会的确立，又使得男子在公共领域中极力排斥女性参与，从而又进一步弱化了女性的体能。古代奥运会的历史，便是这样一种男权文化的集中体现。不过随着女性主义运动的兴起以及对男权文化的挑战，奥林匹克运动也逐渐向女性敞开了大门。

现代奥林匹克运动的复兴与女性主义运动的兴起差不多是同步的。当法国的奥林匹克运动爱好者们在巴黎提议举办世界性奥运会时（1790），同是法国人的奥伦·德·古日（Olympe de Gouges）针对男人们的《人权宣言》发表了《女权宣言》（1791），英国的女作家玛丽·沃斯通克拉夫特（Mary Wolktonecreft）则完成了历史上第一部重要的女权主义理论著作——《女权辩护》（1792）；当北美的一个叫做“奥林匹克俱乐部”的体育组织在加拿大成立（1842）并成功举办“蒙特利尔奥林匹克运动会”（1844）时，美国的女性主义者们在纽约的塞纳卡福尔斯按照《独立宣言》的模式发表了她们的《观点宣言》（1848）；当英国各地兴起举办“全国奥林匹克联盟运动会”的热潮时（1866—1868），随着英国第一个妇女组织“郎汉姆女士”成立“促进女性就业协会”，英国的女权主义运动也兴起了（1859）；而当现代奥林匹克运动正式

20 范长云：《妇女在奥运会中地位的转变与提高》，《山东体育学院学报》2004第4期。

诞生、奥运会得以顺利召开之时，女权主义运动已经掀起了第一次浪潮。[21]

由此我们设想，现代奥运会在女性参赛问题上，之所以没能像古代奥运会那样，将女性完全排斥在外，恐怕就与女性的觉醒以及女性主义运动的兴起有关。为了对抗国际奥委会对女性运动员的歧视态度，以艾利斯·米利亚特为首的国际女子体育联合会（FSFI）于1921年正式成立，并于1922年在蒙特卡洛举行了第一届“女子奥运会”。“她们的成功使得国际奥委会向比赛组织者提出了抗议，反对她们在比赛的名字中使用‘奥林匹克’的字眼，国际女子体育联合会随即将比赛重新命名为‘世界女子运动会’。”[22]但问题是，否认它的合法性非常容易，完全无视它的存在却比较困难。于是，1928年，女子田径最终被增加进入了奥运会的比赛项目。

因此，尽管在现代奥林匹克运动的初期阶段，女性运动员还没能获得国际奥委会的正式认同，尽管在获得法定参赛权以后的很长一段时间里，她们还要忍受国际奥委会强加的种种限制，但是经过不懈的努力和反复的抗争之后，不甘放弃的女性们还是在奥林匹克世界里慢慢立住了脚跟。根据哈格里夫斯的观点，女性参与现代奥运会的过程可分为三个阶段：1896年到1928年为第一阶段，也就是女性受到公然排斥的阶段；1928年到1952年为第二阶段，这一阶段中，女性运动员虽然在道义上获得了初步的胜利，但在参赛项目和成绩标准等方面受到这样那样的限制；1952年至今是第三阶段，为女性向男性霸权挑战的时期。[23]

而在我们看来，女性在争取奥林匹克运动权利的成功，大约表现在如下三个方面。

首先，是女性运动员从无到有以及参赛人数和参赛项目的增加。通过历届奥运会上女性运动员的人数变化以及女子项目的设置，我们可以看出，现代奥林匹克运动正在从男性霸权的局面向两性平等的格局过渡。以夏季奥运会为例，1908年第4届伦敦奥运会上，女性运动员只有36人，在所有参赛运动员中所占比例不足2%，参赛项目仅有2个大项、3个小项；到1928年第9届阿姆

21 普遍的观点认为，女权主义运动先后掀起了三次浪潮：第一次浪潮发生在19世纪中至20世纪初，起源于法国；第二次浪潮发生于20世纪60—70年代，最早发生在美国。第三次浪潮又称后现代主义女权主义，发生在20世纪80—90年代，当代西方占主导地位的女权主义思潮。

22 ［澳大利亚］K.吐依、A.J.维尔：《真实的奥运会》，清华大学出版社，2004年，第201页。

23 ［澳大利亚］K.吐依、A.J.维尔：《真实的奥运会》，清华大学出版社，2004年，第198页。

斯特丹奥运会，女性运动员已达到290人，所占比例接近10%，参赛项目扩展到4个大项14个小项；到了1980年第22届莫斯科奥运会，女性运动员是1928年参赛人数的4倍，在全体运动员中的比例已经达到了21.53%，所设项目是1928年的3倍；而到了2004年的第28届雅典奥运会，女性运动员的参赛人数则已经占到44%，奥运会所设的28个大项中，只剩下拳击一项为男子独有。据中国奥委会网的报道，国际奥委会主席罗格在2004年雅典奥运会召开前夕曾经预测说：奥运会男女运动员人数持平的目标最迟也会在10年后实现，这种情况甚至很有可能在北京奥运会时就会出现。

其次，是女性独特项目的设置和增多。在古代的男权社会里，作为游戏规则的缔造者，男子在设置奥林匹克运动项目时只考虑男性的生理特点和体能特征，全然不顾女性的实际情况；而当女性在这些项目中落后时，他们又反过来指责女性在生理上的缺陷与无能。事实上，男女的生理特点不同，体能特征也不同。例如，男子的爆发力或许占据优势，但在耐力方面可能处于劣势。有研究表明，“女性的新陈代谢率较男性为低，消耗的热量更少，同时女性血液中较高的雌性激素含量可能对血液循环具有促进作用，从而使女性具有更强的耐受性。”[24]因此，单纯地强调男女在所有项目中的完全平等，并非女性主义者的最佳策略，而根据女性自身的生理特长设计出适合其特点的项目，则是更能体现女性权益的最佳途径。在这一点上，男女体操项目的不同，就是一个最好的例证。我们没有必要一定让女子运动员在单杠和吊环这类力量性突出的项目上与男子运动员一争高低，我们也没有必要一定让男子运动员在高低杠和平衡木这类柔韧性很强的项目上与女子运动员一比高下，我们需要的是设计出适应于男女不同生理特点和体能特征的不同项目，在不同的维度上挑战人类的极限。在这一方面，1984年第23届洛杉矶奥运会引人入胜的花样游泳和艺术体操，都是专门为女性开设的比赛项目。

最后，是男女混合项目的设立和增多。由于男女两性在生理特点和体能特征上确实存在着某些差异，我们不可能也不应该完全打破运动员的性别界限，要求男女运动员在同一个项目上相互竞争。然而，也正是由于男女两性在生理特点和体能特征上的些许不同，使我们有可能、也有必要在某些项目

24　罗恕兰：《女性学》，中国国际广播出版社，2002年，第75页。

上进行男女混合，从而在刚柔互补中发挥其各自的优势。这种比赛，不仅体现在乒乓球、羽毛球的混合双打等球类项目上，而且体现在男女双人花样滑冰、体育舞蹈等比赛项目上。在男尊女卑的古代社会里，女子参与公共活动的事情是很难想象的，男女同台表演、共同竞争的事情更是不可思议的。然而在男女趋向平等的现代社会里，这类男女混合的比赛项目，恰恰是最有魅力、最受欢迎的项目，因为它最能体现人类的完整天性。

由此看来，与自己的过去相比，女性在奥林匹克运动中的地位以及所获得的权利确实改善了许多，这是女性自我抗争的结果。但是我们仍然无法否认，与男性相比，她们还依旧处于相对的弱势。如今，女性运动员的经济待遇与男性运动员相比还相对较低，女性运动员所受的社会关注与男性运动员对照还相对较少，甚至还承受着某种程度的偏见；女性在教练和体育决策部门所占的比率还明显不足，在目前国际奥委会的115名委员中，只有16名女性，而在15人的执委会中只有1名女性……所有的这些不平等现象，则要归咎于传统文化的强大惯性，女性在奥林匹克运动史上抗争之路的如此艰难，也足以说明这一点。

若从这一大的世界背景来看，如今中国奥林匹克运动领域里女性所面临的尴尬境遇就不难理解了。她们的尴尬正与这种世界大背景密切相关。一方面，世界女性争取奥林匹克运动权利的成功，使得中国女性有机会在奥运会的舞台上将自身的能力充分展现出来，并造成了奥林匹克运动中“阴盛阳衰”的事实。另一方面，长期并广泛存在的传统文化偏见，又使得她们展现出来的非凡能力得不到普遍认同，“阴盛阳衰”的事实更是不被正视。中国女性运动员的尴尬境遇也再一次证明，奥林匹克运动中的两性平等仍然是一种亟待实现的梦想。

诚如18世纪末英国女作家玛丽·沃斯通克拉夫特所说，男女之间是彼此相倚的，任何一方的低落都会阻碍另一方的进步。医学实验也表明，与异性隔离的人群中，只要有微弱的异性气味扩散其中，就会化焦虑为平静，使烦躁的心情恢复安宁，并大大提高工作效率。[25]从这一意义上讲，在奥林匹克运动中实现男女的真正平等，不仅仅是女性主义者单方面的胜利，同时也是人

25　罗慰兰：《女性学》，中国国际广播出版社，2002年，第81页。

类整体的进步与成功。因此，我们仍然有理由相信，当男性霸权的局面被男女平等的未来彻底取代时，奥林匹克运动也会由此而变得更加和谐、更加理想，从而也更加完美。

（此文为赵玉、陈炎合作，发表于《南京大学学报（哲学·人文科学·社会科学）》2008年第4期）

“宗教”与“科学”

宗教与科学的关系颇为复杂，不同类型之宗教与不同定义之科学的关系亦不可一概而论。在很多人看来，宗教是麻醉人民的鸦片，科学是造福人类的良药，二者之间势如水火，是完全对立的。然而情况远非如此简单，因为宗教有感性的，如狄俄尼索斯崇拜；也有理性的，如阿波罗崇拜。前者固然与科学南辕北辙，后者却与科学有着千丝万缕的联系。因此，在论述这一问题之前，我们需要对“宗教”与“科学”这对概念进行一番简单的界定。

什么是宗教？从疯狂放纵的酒神崇拜，到禁欲克制的日神崇拜；从主张超越轮回的佛教，到祈求长生不老的道教……有神的、无神的、禁欲的、纵欲的、理性的、非理性的，古今中外历史上的宗教真可谓是光怪陆离、五花八门。然而从人类文明的角度上看，这些宗教莫不是精神异化的反叛形式。辩证法告诉我们，人类的进化过程同时也是异化过程。只有当人离开了自然的怀抱，并且挣脱了社会的束缚之后，才能以一个独立的个体的身份成为真正意义上的人。于是，一个真正意义上的人，便不得不感受到生命的短暂与孤独，便不得不遭受到人与自然、人与社会的矛盾纷扰。换言之，人是一种生存于时间和空间、自然和社会中的有限存在物。无论凭借肉体的力量还是精神的力量，人都不能完全超越其有限的时间和空间、超越其给定的自然和社会而进入一种永恒和自由的境界。于是，为了摆脱这种文明的宿命，人类制造了各种不同的信仰，并以各种不同的途径、各种不同的仪式来探索和获得这些信仰，于是便有了各种不同的宗教。简言之，作为一种实为有限却渴望无限、实为必然却渴望自由的存在者，人需要制造一种意识形态以获得终极的关怀和精神的慰藉，当这种关怀和慰藉以信仰的形式出现时，便有了宗教。在历史上，人类获得宗教信仰的途径是多种多样的，大致可以分为感性与理性两种形式，前者如肉体迷狂的狄俄尼索斯崇拜，后者如精神迷狂的阿波罗崇拜。[1]从人类的文明谱系来看，前者在感性的层面上与体育活动相关，后者在理性的层面上与科学相联。

那么什么是科学呢？同什么是宗教一样，这也是一个颇难回答的问题，从古典的理性主义到近代的实证主义，从波普尔的证伪主义到库恩的范式主义，人们对“科学”一词的理解随实践的发展而不断更新。“传统的观念，只有数学化、逻辑化的知识，才是科学理论，否则都是低级的技术和经验。在一般人心目中，称得起为‘科学’的知识，都有一套专门的术语和概念，并且有一套严密的推理把它连结成一个复杂而庞大的知识体系。类似的思想，以不同的方式，表现在许多学者的著作里，写在各国的百科全书中。这类概念，可称为科学的‘严格概念’。”[2]按照这种传统而又严格的概念，我们可以将科学看成是人类有关客观世界的知识系统或理论系统。“科学作为一种知识系统或理论系统，它一般由以下几个部分有机构成：（1）实验事实（这是整个知识系统的基础）。（2）基本概念（由实验事实中抽象出概念，再从诸多概念中提炼或挑选出基本概念）。（3）原理及定律（基本概念之间的关系，一般由归纳得出或假设提出，它们作为理论系统的逻辑基础）。（4）逻辑推演系统（由逻辑概念出发，利用逻辑法则及数学方法进行推理）。（5）一系列具体结论（逻辑演绎的结果，可与实验事实直接比较）。”[3]按照这种观点，科学活动虽然是以经验事实为基础的，但它必须经过由经验归纳到演绎推理，即超越具体的感性经验而上升到抽象的理论层面的逻辑过程。

在对“宗教”和“科学”这对概念进行了简单的界定之后，让我们来看

1　参见拙作《酒神与日神的文化新解》，《文史哲》2006年第6期。

2　李申：《中国古代哲学和自然科学》，上海人民出版社，2002年，第1页。

3　钱时惕：《科学与宗教关系及其历史演变》，人民出版社，2002年，第1—2页。

看二者之间的辩证关系。宗教与科学的关系具有深刻的两面性：一方面，宗教追求的是“信仰”，科学追求的是“知识”，二者是有本质区别的。这种区别，既有可能导致宗教势力对科学行为的禁锢和迫害，又有可能诱发科学成果对宗教信仰的颠覆和批判。另一方面，如果宗教以理性为工具来追求信仰的话，就会在追求的动力和方法上与科学相联系。这种联系，既有可能促成科学的产生，又有可能促进科学的发展。在以往的研究中，人们常常只注意到宗教与科学之间相互冲突的一面，忽视了二者之间彼此联系的一面。而在西方的历史上，宗教的追求与科学的产生、宗教的热忱与科学的动力、宗教的信仰与科学的方法之间，都曾有过密切的联系。

一

我们知道，数学是全部自然科学的基础和前提，而建立在严格的概念、范畴基础上，并以演绎和推理为工具的数学，则是希腊人发明的。

当然了，希腊人的数学研究也不是凭空产生的，他们的思想显然受到了埃及和巴比伦等文明古国的影响。例如，早在古埃及时代，人们为了计算谷物、土地和金字塔的需要，便已发明了简单的代数和几何。但是，“埃及人的数学，产生于生活和生产实践，又广泛应用于生活和生产实践。他们计算赋税、丈量土地、测量距离、计算时间，并没有使用高深的抽象数学理论，而只是运用简单的算术，以具体图形提供实际的解决办法”。所以，“对埃及人来说，一条直线只不过是一段拉紧了的绳子，或者在沙土地上画出的一条线，一个矩形就是将一块田地围起来的篱笆”[4]。埃及人将代数上的“未知数”称之为“堆”，表示“一堆谷物”的意思；而将“几何学”（geometry）一词的意思，归结为“土地测量”，这与中国古代的筹算法颇为相似。

如此说来，尽管古埃及等文明古国的数学研究也曾取得了不少的成绩，但又普遍存在着抽象不足的局限。“希腊时代以前所有的数学，都以经验积累为其特征。”“希腊人却仍然坚持，所有的数学结论只有通过演绎推论才能确定。由于坚持这种方法，希腊人抛弃了通过经验、归纳或其他任何非演绎

4 ［美］克莱因：《西方文化中的数学》，张祖贵译，复旦大学出版社，2005年，第30页。

的方法得到的所有规则、公式和程序步骤，而这些方法在以前数千年的文明里，一直被看作是数学整体中的有机组成部分。”[5]

“为什么希腊人偏偏要坚持在数学中运用演绎证明呢？为什么他们要抛弃像归纳、试验和类比这样一些有用、富有成效的获得知识的方法呢？通过他们精神活动的特点，剖析希腊社会的本质，我们不难找到答案。希腊人是天才的哲学家，他们热爱理性，爱好精神活动，这就使他们与其他民族有着重大区别。”[6]然而，如果我们进一步追问，是什么原因使希腊人热爱理性、爱好精神活动呢？这恐怕就要在希腊的早期宗教中去寻找原因了。

我们知道，几何学上的“勾股定理”一直被人们称之为“毕达哥拉斯定理”。普罗克洛在《欧几里得〈几何原理〉注释》中甚至认为，就连“数学”这个词也是由毕达哥拉斯学派最先使用的。然而在历史上，所谓“毕达哥拉斯学派”不仅是一个学术团体，而且是一个宗教团体。“毕达哥拉斯教派是一个有着严密教规的秘密宗教团体。它的主要教义原则是相信灵魂不死和灵魂轮回，但是，可以通过宗教实践净化灵魂，使灵魂摆脱轮回而与天上的神灵合一。”[7]作为此一教派的他们在入会的时候要举行一系列的神秘仪式，入会之后则有着很多的宗教禁忌，如不穿毛衣，不吃豆子等。他们过着简朴、禁欲、自制而又服从的生活，几乎将全部的身心奉献给数学的研究，并将这些研究成果视为不可泄露的组织秘密。他们相信数学研究可以使自己的灵魂得到升华，与超验的宇宙主宰融为一体。

那么，建立这个宗教神秘组织的毕达哥拉斯本人又何以偏偏选择了数学研究作为其宗教信仰的寄托方式呢？这显然是一个很有意思的问题。正像杨振宁指出的那样，“数学的基本方向与目的都是和实际相脱离的”[8]。我们知道，在现实世界上，没有任何一条直线和一个圆形是完全符合几何学上的概念的，无论我们如何小心翼翼地摆弄我们手中的直尺和圆规，总是会留下一些不规则的破绽。因此，要对客观事物的数量关系进行证明式的演绎与推论，即建立一种严格意义上的数学，就必须将对象提升到一种形

5 ［美］克莱因：《西方文化中的数学》，张祖贵译，复旦大学出版社，2005年，第26—27页。

6 ［美］克莱因：《西方文化中的数学》，张祖贵译，复旦大学出版社，2005年，第27页。

7 中外名人研究中心：《世界宗教全书》，上海人民出版社，1994年，第52—53页。

8 杨振宁：《我的读书和教学经验》，《北大最佳讲座》，长江文艺出版社，2002年，第161页。

而上的高度。那么，是什么力量推动着公元前6世纪的毕达哥拉斯等人对于那些枯燥乏味的点、面、线、体进行研究呢？回答只能有一个：日神精神。一个显然荒谬而又意味深长的传说告诉我们：毕达哥拉斯是阿波罗神的儿子。除此之外，许多古代典籍都有着毕达哥拉斯被人们直接称颂为阿波罗的记载。杨布利柯在《毕达哥拉斯传》中这样描写这位数学学科的创建者在当时人们心中的地位："有些人称他为皮提亚的阿波罗，有些人称他为许佩玻瑞的阿波罗，有些人称他为医药之神阿波罗，有些人认为他是居于月亮中的一个精灵，有些人甚至说他是另一个人形的奥林匹亚神。他向同时代人显灵，给世俗带来有益的新生活。由于他的降临，把幸福的火花和哲学带给人类，作为神的礼物，那是过去不曾有过的，也不能有更大的善了。因此，到今天还流传着，用最庄严的方式公开赞扬这个长头发的萨摩斯人。"[9]

我们知道，在阿波罗的诸种功能中，音乐具有神秘的性质。而康福德在《从宗教到哲学》一书中指出，毕达哥拉斯用数学代替音乐而成为探索彼岸世界的途径和精神沉醉的手段。事实上，在毕达哥拉斯的数学研究中，音乐也确实占有着相当重要的地位。希吕托在他的《驳众异端》中指出："他对数作了深刻的研究，断言宇宙进行歌唱，并且是被和谐地构成的，他又是第一个将七星的运动归为旋律的人。"[10]这样一来，我们便不难理解，毕达哥拉斯为什么要用圆规和直尺来代替阿波罗的七弦琴了。正像一些学者所推测的那样，"首先意识到数学理性力量的希腊人，他们虔诚地认为诸神在设计宇宙时利用了数学，并且敦促人类去揭示这种设计的图式。希腊人不仅在他们在文明中给予数学以重要的位置，而且首先创造了对人类文化有深刻影响的数学思想的榜样"[11]。也就是说，在毕达哥拉斯那里，无论是天体的运行轨道，还是音乐的节奏旋律，都体现了某种神秘而和谐的数量关系，于是，从事数学研究，也便具有了形而上的意义。正像黑格尔指出的那样，"因此我们在将宇宙解释为数的尝试里，发现了到形而上学的第一步。……所以正是毕达哥拉

9 转引自汪子嵩、范明生、陈村富、姚介厚：《希腊哲学史》第1卷，人民出版社，1988年，第251页。

10 转引自汪子嵩、范明生、陈村富、姚介厚：《希腊哲学史》第1卷，人民出版社，1988年，第349页。

11 ［美］克莱因：《西方文化中的数学》，复旦大学出版社，2005年，前言vii。

斯哲学的原则，在感官事物与超感官事物之间，仿佛构成一座桥梁”[12]。

总之，“从毕达哥拉斯教派开始，希腊人产生出一部宗教与哲学浑然一体的宗教新形式，它以理性的方式探讨宇宙的神性本质。这种宗教无论与传统的奥林匹斯宗教，还是与狄俄尼索斯的神秘宗教相比都非常不同。对传统的奥林匹亚宗教来说，神以一种秩序高高在上地统治着人们，而神本身是非理性、非伦理的；而现在，神开始转变为宇宙的本源或宇宙秩序，它是人们凭借理性可以认识到的，同时它又与人类身上的神性部分——灵魂同源。对狄俄尼索斯神秘宗教来说，神作为宇宙的超自然本体，只有在极端非理性的状态中才能与人合一；而现在，恰恰相反，人只有采取超然旁观的理性态度，才能认识神的本质”[13]。

毕达哥拉斯有句名言：“数学的本原就是万物的本原。”[14]因而说到底，数学研究在他那里并不是、或主要不是解决衣、食、住、行的手段，而是探索“宇宙的本原”这一超验存在的有效途径。据说，为了庆祝“勾股定理”的发现，毕达哥拉斯教派曾举行过一次“百牛大祭”。然而我们却很难设想，在生产力水平还相当低下的古代社会里，这一定理的发现能够在一代人的手中创造出一百头牛的价值。由此可见，对现实生活最有功利价值的科学，起初并不产生于功利欲求本身；毕达哥拉斯主义者之所以要进行“百牛大祭”，只是由于他们坚信，通过“勾股定理”的发现，自己与神明更接近了一步。这种对待科学的宗教态度，当然不仅仅限于数学。“像大多数哲学家一样，希腊哲学家是天文学迷。他们研究天空，以探求宇宙的种种神秘现象。但是，对于天文学在航海和历法方面的应用，古典时期的希腊人却几乎没有关心过。”[15]

这种不是出于物质的需求而是出于宗教的需要去从事科学研究的做法究竟有什么好处呢? 克莱因认为，“希腊人坚持演绎推理是数学证明中唯一的方法，这却是最为重要的贡献。它使得数学从木匠的工具盒、农民的小棚和测量员的背包中解放出来了，使得数学成了人们头脑中的一个思想体系。在这以后，人们开始靠理性，而不是凭感官去判断什么是正确的。正

12 ［德］黑格尔：《小逻辑》，贺麟译，商务印书馆，1980年，第230页。

13 中外名人研究中心：《世界宗教全书》，上海人民出版社，1994年，第58页。

14 《西方哲学原著选读》上卷，商务印书馆，1981年，第18页。

15 ［美］克莱因：《西方文化中的数学》，张祖贵译，复旦大学出版社，2005年，第34页

是依靠这种判断，理性才为西方文明开辟了道路。因此，希腊人以一种比其他方法更为高超的方法，清楚地揭示了他们赋予了人的理性力量以至高无上的重要性。”“在最广泛的意义上，数学是一种精神，一种理性精神。”[16]而在笔者看来，从发生学意义上讲，希腊的数学研究也是一种宗教精神，一种阿波罗精神。

对毕达哥拉斯学派的上述考察，不得不使我们重新考虑科学产生的原因和动力问题。西方学者指出：“一些‘具有社会头脑’的作家断言，数学完全或者主要是由于实际需要，如需要建筑桥梁，制造雷达和飞机而产生或发展的。这种断言也是错误的。数学已经使这些对人类方便有用的东西成为可能，但是伟大的数学家在进行思考和研究时却很少把这些放在心上。有些人对实际应用漠不关心，这可能是因为他们成果的应用在百年之后才实现。毕达哥拉斯和柏拉图的唯心主义数学玄想，比起货栈职员采用‘+’号和‘—’号的实际行动来（这曾经使某一作家深信‘数学史上的一个转折点仍是由日常的生活所致’），所做的贡献要大得多。”[17]中国学者辜鸿铭也指出：“是什么原因促使人们去追求科学呢？多数人会以为是出于对铁路、飞机一类东西的需要导致了对科学的追求。实际却并非如此。当前所谓进步的中国人为了铁路、飞机去追求科学，他们永远也无法懂得科学的真谛。在欧洲历史上，那些真正献身科学、为科学进步而努力的人们，那些使修筑铁路、制造飞机成为可能的人们，他们最初就根本没有想过铁路和飞机。他们献身科学并为科学进步做出贡献，是因为他们的心灵渴望探求这广袤宇宙那可怕的神秘。”[18]事实上，正是为了探索“这广袤宇宙那可怕的神秘”，才使得欧洲历史上的毕达哥拉斯们几乎将自己的全部身心奉献给这一在其产生之时并无实际效用的事业；事实上，也正是由于这种超越现实功利的科学追求，才使得西方人一开始就十分重视纯理论的研究，善于使用演绎的方法，追求范畴的严密和体系的完整，而非简单地进行经验归纳，零打碎敲。这样一来，宗教与科学的结合便同时提供了动机的超越性和方法的逻辑性两方面的条件，而这两个条件的出现，也正是西方科学得以长足发展的必要前提。

16　［美］克莱因：《西方文化中的数学》，张祖贵译，复旦大学出版社，2005年，第29页、第9页。

17　［美］克莱因：《西方文化中的数学》，张祖贵译，复旦大学出版社，2005年，第4—5页。

18　辜鸿铭：《中国人的精神》，海南出版社，1996年，第41—42页。

二

由于有了超越性的动机，使得西方人在长期的历史发展中很自然地将对宗教的殉道精神逐渐转化为对科学的献身精神，从而造就了无数阿基米德、哥白尼、布鲁诺式的科学家。而他们所留下的故事，不仅使人震撼，而且令人深思。公元前221年，当罗马大军攻陷叙拉古城的时候，阿基米德正在沙地上演算着几何题。面对着敌人明晃晃的兵器，这位日神般的数学家镇定自若地提出了人生的最后一次请求：稍等一下，让我先解完这道题。为了确立“日心说”这一冒天下之大不韪的科学理论，哥白尼几乎耗尽了自己后半生的精力，在其生命的弥留之际终于使《天体运行论》一书公之于世。而为了坚持这一科学结论，布鲁诺曾不断遭受处分、监禁、开除教籍，直至被绑在火刑柱上烧死。同样是由于坚持真理，伽利略晚年饱受罗马教廷的囚禁和迫害，然而在双目失明的情况下继续进行科学研究，并最终完成了现代物理学史上的第一部杰作《关于两门新科学的讨论》。牛顿原本是一个虔诚的新教徒，正是出于对上帝的信仰和对无神论的恐惧，才使他以毕生的精力来探讨宇宙的秩序，从而发现了“万有引力定律”。不仅如此，就连“相对论”的创立者爱因斯坦也有着浓厚的宗教情绪，并进而将这种炽热的宗教情绪转化为执着的科学研究。文化的发展真可谓是一种极其复杂的现象，过去我们只知道宗教是科学的大敌，却从来没有想到，从某种意义上讲，宗教同时又可以是科学的前身和动力。

翻阅一下西方科学史，我们就会发现，许多伟大的科学家都与宗教有着千丝万缕的联系。哥白尼出生于波兰托仑城的一个虔诚的基督教家庭，早年丧父后由身为大主教的舅父瓦琴罗德扶养成人。在波罗尼亚求学期间，他认识了意大利著名数学家、天文学家诺瓦拉，并追随其一起研究天象。而后者深受毕达哥拉斯思想的影响，认为上帝所创造的宇宙结构应该可以用简单的数学关系加以表达，而不会像托勒密体系那样烦琐。“值得注意的是，《天体运行论》一书的出版，成为自然科学向神学统治的挑战，这一点，是哥白尼本人没有想到的。动机与效果相悖，是体现在许多信教的科学家科学活动中的一种历史现象，哥白尼是一个典型。”[19]

布鲁诺青少年时代曾进入那不勒斯最为著名的圣多米尼克修道院接受教育，并因才华出众而受到过教皇的接见。但是，他的研究成果最终使其与《圣经》的表述发生矛盾。在《论无限、宇宙与众世界》一书中，他表达了比哥白尼更为激进的宇宙观念，即认为哥白尼所描绘的太阳系在宇宙中不止一个，而是无数个。然而，这里所谓的“激进”，并不是出于唯物主义的无神论，而是基于一种更为古老的神学思想。研究布鲁诺的著名学者耶茨指出：“布鲁诺混杂着宗教使命的哲学思考，深深地浸透着文艺复兴时期的巫术和赫尔墨斯源泉。”[20]赫尔墨斯·特利斯墨吉斯忒斯（Hermes Trismegistus）是古埃及的智慧之神，相传曾著有巫术、宗教、占星术、炼金术等方面的著作。凭借这种古老宗教的力量，布鲁诺坚信上帝的创造力是无限的，只有无限的无中心的宇宙才能体现上帝无限的创造力，“上帝的荣耀不仅在于一个，而在于无数个太阳；不仅在于一个，而在于成千上万个地球，我要说，在于无限个世界”[21]。过去，我们只知道，烧死布鲁诺的是一群可恶的宗教徒；然而我们却不知道，支配着布鲁诺去进行科学研究的，同样是一种由忘我的宗教热情转化而来的无私的科学精神。惟其如此，布鲁诺才能够视感性生命于不顾，而在科学的探索中达到一种超越自我的境界。

同布鲁诺一样，开普勒也曾在宗教冲突中受到过天主教徒的惩罚和恫吓，并因此被迫离开奥地利而逃往匈牙利，但这并不能说明他是无神论者。这位发现了行星运行的椭圆形轨道，从而创立了行星定律的天文学家，在《宇宙的秘密》一书的前言中曾激动地写道：“献身天文学的人是多么幸福啊！他们淡薄世人庸俗的乐趣，上帝的杰作对他们来说是超乎一切的，而他们的研究将为自己带来最高尚的快乐。”[22]

伽利略早年曾进入卡马多斯修道院学习，并加入修道会。1610年，他用自己制造的天文望远镜发现了木星周围的卫星、金星的盈亏现象，以及太阳黑子。这些观察的结果，使他体会到哥白尼的宇宙体系比托勒密的体系更为科

19 钱时惕：《科学与宗教关系及其历史演变》，人民出版社，2002年，第91页。

20 FRANCES YATES, *Dictionary of Scientific Biography*VOL，CHARLESSCRIBNERRS SONS, New York。

21 ［美］埃伦.G.杜布斯：《文艺复兴时期的人与自然》，浙江人民出版社，1988年，第116页。

22 ［美］克莱因：《西方文化中的数学》，张祖贵译，复旦大学出版社，2005年，第119页。

学，并在此基础上撰写了一篇依据地球运动而解释潮汐现象的文章。显然，他这样做的目的并不是为了触犯宗教，否则他就不会将文章送到红衣主教奥西尼的手上。当然了，事件在后来的发展已完全超出伽利略的预料。钱时惕在《科学与宗教关系及其历史演变》一书中写道，“我们没有把哥白尼、伽利略描述成反对神学统治的自觉斗士，因为，这不是历史事实。但是，并不因此，而贬低哥白尼、伽利略在反对神学统治中的历史地位。事实上，在基督教神学占统治地位的历史年代，敢于对基督教会支持的托勒密学说提出挑战，尽管是从维护教会权威的主观愿望出发，也是要足够的勇气与胆识。”[23]问题在于，是谁赋予了伽利略这种足够的勇气和胆量？还是让伽利略用自己的话来回答吧：“上帝在自然界万千变幻中向我们展示的令人赞叹的东西，并不比《圣经》字句中的少。”[24]因此，违背《圣经》并不意味着反叛上帝。

波义耳在重新界定元素的基础上将化学确立为科学。他早年受伽利略的影响，其著名的《怀疑派化学家》就是模仿伽利略《关于两大世界体系的对话》一书撰写而成的。与伽利略一样，波义尔也主张对自然的研究应以观察和实验入手，他的名言是：“人之所以能效力于世界，莫过于勤在实验上下功夫”。但是，波义尔为什么要效力于这个世界呢？他在死后的遗嘱中表达了这一超验动机：用自己的遗产设立一个年俸50英镑的讲座，由神学家或牧师一年讲道8次，要求他们根据自然科学的研究成果来论证神圣的上帝和基督教义。

牛顿出生于英国林肯郡的一个有着深厚宗教传统的家庭，他的继父、舅舅都是牧师，抚养他长大的外祖母和母亲都是虔诚的基督徒。青年时代，牛顿进入培养神职人员的剑桥三一学院学习数学、物理和神学，为的是通过研究上帝创造的自然来理解和证明上帝的伟大。因此，这位“万有引力定律”的发现者却又主张“引力可以使行星运动，但是没有神的力量就决不能使它们作现在这样的绕太阳而转的圆周运动；因此，由于这个原因以及其他原因，我不得不把这个宇宙系统的设计归于一个全智的主宰”[25]。这就是所谓的“神的第一推动力”。不要以为这种说法只是牛顿对待神学的语言策略，到了晚年，牛顿真的把主要的精力直接运用于神学的研究和思考。

23 钱时惕：《科学与宗教关系及其历史演变》，人民出版社，2002年，第146页。

24 ［美］克莱因：《西方文化中的数学》，张祖贵译，复旦大学出版社，2005年，第106页。

25 《牛顿帮助牧师本特雷论证上帝存在的信》，《自然辩证法研究通讯》1963年第1期。

达尔文早年在剑桥大学攻读神学，在他进行环球旅行之前还是一个虔诚的基督徒。尽管在后来的科学考察中，他渐渐发现了《旧约》中有伪造自然历史的痕迹，尽管其《物种的起源》一书摧毁了上帝造物的神话，但我们仍然不能断定，达尔文本人已变成了一个彻头彻尾的无神论者。用他自己的话来说："因为我们极其困难或甚至不可能把这个广大的奇异的宇宙，包括人类及其对遥远的过去和未来的洞察能力在内，想象成为盲目的偶然或必然的结果。我在作这样的思考时，就感到不得不诉诸造物主，他具有高度的理解力，在某种程度上类似于人类的理性；也就是说，我应该被称为有神论者了。"[26]

最后，让我们再来看一看20世纪最伟大的科学家爱因斯坦吧。在这位科学家的心目中，始终充溢着一种"宇宙宗教感情"。他说："我们认识到有某种为我们所不能洞察的东西存在，感觉到那种只能以其最原始的形式使我们感受到的最深奥的理性和最灿烂的美……正是这种认识和这种情感构成了真正的宗教感情；在这个意义上，而且也只是在这个意义上，我才是一个具有深挚的宗教感情的人。"[27]"宇宙宗教感情是科学研究的最强有力、最高尚的动机。只有那些作了巨大努力，尤其是表现出热忱献身——要是没有这种热忱，就不能在理论科学的开辟工作中取得成就——的人，才会理解这样一种感情的力量，唯有这种力量，才能做出那种确实是远离直接现实生活的工作。"[28]

这些不胜枚举的事实使我们不得不重新考虑宗教与科学之间的复杂联系。正如没有狄俄尼索斯式的感性迷狂，就不可能有西方意义上的竞技体育一样；如果没有阿波罗式的精神沉醉，就不可能有西方意义上的理论科学。

三

如果说，超越性的动机促使着科学家们进行忘我的工作；那么，逻辑性的方法则保证了这一工作系统而严格地进行下去。自从赫拉克利特、毕达哥拉斯等人用数学和逻辑取代了阿波罗那美妙的旋律之后，西方人便逐渐形成了所谓的"逻各斯中心主义"。据今道友信的分析："逻各斯在希腊文中主要

26 《达尔文回忆录》，商务印书馆，1982年，第56页。
27 《爱因斯坦文集》第3卷，商务印书馆，1979年，第45页。
28 《爱因斯坦文集》第1卷，商务印书馆，1976年，第279页。

有以下七种意思：一、理性；二、语言；三、逻辑；四、命题；五、推理；六、理法；七、真理。……因此，哲学家的思维也就成了‘逻各斯’环绕那各个相位的内在运动。也就是说，哲学家的理性，通过语言，按照逻辑来进行推理，阐明宇宙的理法；在确立命题时获得真理。”[29]不难看出，这种宗教哲学家追问世界本质、建构信仰体系的思维方法，也正是后来的科学工作者追问物质本质、建构科学体系的基本方法。事实上，在科学研究中所不可或缺的“逻辑”（logic）一词就是希腊语“逻各斯”（λσγos）经由拉丁文的logica演变而来的。而作为希腊人思维方式的理论概括，亚里士多德的《工具论》也成为演绎推理的集大成者。

这种传统是如此的巨大，以至于即使进入了黑暗的中世纪，西方人也没有停止理性的思辨训练。“阿奎那（Saint Thomas Aquinas）着手为神学提供坚实的逻辑结构，将基督教教义与亚里士多德哲学糅合在一个理性的体系中。他努力的结果，是他那本《神学大全》（Summa Theologiae）的问世。这部著作对基督教神学给出了自创建以来最透彻、最全面的解释。而这本书中材料的组织安排，使他这部著作赢得了‘神学中的欧几里得’的美誉。”“因此，中世纪晚期的学者，特别是经院哲学家，不仅为近代数学和科学的诞生提供了理性环境，而且给文艺复兴时期的大思想家传授了这样的观点：自然界是上帝创造的，上帝的方法能为人们所领悟。”[30]于是，人们便在领悟上帝的过程中进行概念、判断、推理；于是，人们便在领悟上帝的过程中成就了科学。

这种由希腊人开创、并在中世纪的经院哲学中逐渐强化的逻辑演绎的方法，虽然较为忽视经验材料的感性积累，其直接的思辨结果也很难转化为生产力，从而在客观上导致了西方中世纪文明的裹足不前。然而，如果我们从更为长远的观点上看，它却在一个很高的水准上保持了西方人的思辨能力，从而为未来的科学崛起奠定了坚实的基础和前提。而一旦这种传统的逻辑思辨能力与建立在科学实验基础上的经验归纳方法结合在一起，便会获得历史性的飞跃，从而建构起近代科学的体系。正像丹皮尔所指出的那样：“经院哲学的代表人采取了解释者的态度；创造性的实验研究是与他们的观念不相合的。可是他们理性的唯知主义，不但保持了而且加强了逻辑分析的精神，他

29　［日］今道友信：《东西方哲学美学比较》，中国人民大学出版社，1991年，第106页。

30　［美］克莱因：《西方文化中的数学》，张祖贵译，复旦大学出版社，2005年，第95页。

们关于神与世界是人可了解的假设，也使西欧聪明才智之士产生了一种即使是不自觉的也是十分可贵的信心，即相信自然界是有规律的和一致的；没有这种信心，就不会有人去进行科学研究了。文艺复兴时代的人，一旦摆脱了经院哲学权威的桎梏，就吸取了经院哲学的方法给予他们的教训。他们本着自然是一致的和可以了解的信念，开始进行观察，用归纳的方法形成假设以便解释他们的观察结果，然后又用逻辑的推理演绎出结论，再用实验去加以检验。”[31]于是，一个新的时代到来了。

当伽利略用长短不一的绳子吊起同样重量的铅铊以观察其摆动的周期时，当伽利略将质量不同的球体从比萨斜塔上丢下以观察其降落的速度时，自然界的物理现象开始向精通数学和逻辑的研究者们坦露出自己一向深藏的秘密。“近代科学成功的秘密，就在于在科学活动中选择一个新的目标。这个由伽利略提出的、并且为他的后继者追求的新的目标，就是寻求对科学现象进行独立于任何物理解释的定量的描述。如果把近代科学与以前的科学活动进行比较，那么我们将会更加懂得科学中这一新观念的革命意义。”[32]换言之，近代科学不仅是以经验为前提的，而且是以逻辑为保障的；不仅是以定性为前提的，而且是以定量为保障的；不仅是以实验为前提的，而且是以数学为保障的。这个时代的科学家凭借着自身的理性能力，一只手抓住实验，一只手抓住原理：在实验基础上归纳原理，在原理的指导下再进行反复实验，这其中数学仍然起到了定量分析的重要作用。“伽利略的规划包含三个主要的特征：第一，找出物理现象的定量描述，并使它们能包含在数学公式中；第二，分离出并且测量最基本的现象的性质，这些在公式中就是变量；第三，在基本的物理原理基础上，建立演绎科学。”[33]于是，从亚理士多德的《工具论》，到培根的《新工具论》，西方人将传统的逻辑思维与现代的实证精神结合起来，从而创造了人类科学史上的奇迹。

“在伽利略研究科学的方法中，还有另一个基本要素，后来这一要素被证明也十分重要。应该为科学建立数学模型。”“随着自然科学内容的变化，其术语和方法也发生了变化。这些术语越来越接近数学术语：精确、清晰、简

31　［英］丹皮尔《科学史及其与哲学和宗教的关系》上卷，商务印书馆，1975年，第153页。

32　［美］克莱因：《西方文化中的数学》，张祖贵译，复旦大学出版社，2005年，第184页。

33　［美］克莱因：《西方文化中的数学》，张祖贵译，复旦大学出版社，2005年，第188页。

便和普遍符号化。科学也开始大规模使用更为抽象或理想的概念。”[34]我们知道，公元前6世纪的毕达哥拉斯之所以研究枯燥乏味的数学问题，是为了宗教哲学的目的，他不可能想象两千多年后的比尔·盖茨会通过微软的视窗操作系统将人类带入一个“数字化生存”的时代。同样的，如果西方的科学家只对身边的感官对象和日常生活发生兴趣，而没有一种形而上的精神追求，就不可能开辟出宏观的外层空间和微观的物理世界，就不可能产生出基因技术、核能技术、超导技术、纳米技术等无数与人类生存密切相关的科学成果……时至今日，当我们重新反思宗教与哲学之间错综复杂的关系时，耳边再次响起毕达哥拉斯那句神秘的格言：“数的本原就是万物的本原。”

（此文发表于《文史哲》2008年第6期）

34　［美］克莱因：《西方文化中的数学》，张祖贵译，复旦大学出版社，2005年，第187、242页。

儒家与道家对中国古代科学的制约
——兼答“李约瑟难题”

尽管李约瑟对中国古代科学技术史的研究做出了杰出的贡献，但由于对“科学”与“技术”的分际不清，使其所确立的学术目标出现了某种程度的偏差，从而引发了学术界至今纠缠不清的“李约瑟难题”。要回答这一难题，首先必须厘清“科学”与“技术”的不同内涵，进而对儒家的“实用理性精神”、道家“相对主义”和“不可知论”，以及道教的“经验主义”传统对科学事业的制约作用进行必要的反省和认识。

一

1922年，冯友兰在《国际杂志》上发表英文论文：《中国为什么没有科学?》。文中指出，那是因为“中国的哲学家们，没有科学的确实性的需要，他们所要知道的是他们自己。同样的情形下，哲学家们也不需要科学的力量，因为他们所要征服的也是他们自己。”五四运动之后，冯友兰的观点受到了许多学者的抨击。“对这一似是而非的论断，提出有力反驳的，是英国李约瑟博士，经过他三十多年的辛勤耕耘而成的《中国之科学与文明》巨著问世以后，才使中国人对科学与工艺方面的成就，以及对西方文明的影响，逐渐大白于世。”然而情况并不像韦政通先生所说的那样简单，冯友兰先生的观点固然有些“似是而非”，李约瑟先生的研究却未必使得这一问题“大白于世”。作为一个中国学者，冯友兰竟然说中国古代没有科学，这显然“有损于中国人的自尊心”，[1]因而不可避免地遭到了同行学者的讨伐；作为一个西方学者，李约瑟却潜心研究中国古代的科学技术，因而理所当然地受到了中国学者的爱戴。但是，如果我们抛开狭隘的民族感情，以一种冷静、客观的态度对待这一问题，就不难发现，其实这两位学者各有各的道理，也各有各的局限。

冯友兰先生的道理是，他勇敢地正视了中国文化中的薄弱环节；而他的局限，则是将这个问题简单化、绝对化了。李约瑟先生的道理是，他认真地研究了中国古代的科技发展；而他的局限则是，没有在理论上将“科学”与“技术”的概念加以严格地区分开来。与冯友兰不同，笔者认为，首先，不能说中国古代没有科学，而只能说中国古代的科学确实不够发达；其次，不能将中国古代科学不够发达的原因仅仅归结于哲学家们“不需要科学的力量”，而应该进行更为深入、更为细致的分析。与李约瑟不同，笔者认为，首先，不能把中国古代的“科学”与“技术”混为一谈，从而把诸多工艺性的发明成果通通看成是科学的成就；其次，不能只强调中国文明中有利于工艺技术的一面，还应该看到中国文明中不利于理论科学的一面。显然，要真正澄清这一问题，就必须再一次从“什么是科学”这一基本的概念入手。

从词源学的角度上讲，“science这个字在14世纪时成为英文字，其最接近的字源是法文science、拉丁文scientia——意指知识knowledge。science这个字的早期用法相当广泛。它是一个意指知识（knowledge）的字汇，例如‘上帝是具有知识（sciens）的主宰’（1340）”。“在1725年时有一段文献记载：‘science这个字通常指的是有规则、方法的观察observation与命题（proposition）……有关任何深奥的学科。’这虽然与science这个字的现代定义仍有差距，但这个定义已包含观察、命题以及‘关于任何学科’的意涵。这个用法与scientific（十六世纪末时，最接近的字源为拉丁字scientificus）这个字的早期用法相符，意指‘理论上’（theoretical）或是一个论证（demonstrative proof）。Scientific这个字早期与拉丁字liberal互为同字，用来区别‘学而习得的知识’与‘机械式

1　以上引文皆转引自韦政通：《中国人的智慧》，台北牧童出版社，1975年，第14—15页。

（Mechanical）的技能’的不同。”[2]

在中国引进“科学”一词之前，常用所谓的“格物致知”来表述相近的意思，即通过对具体事物的接触来获得有关这一对象的知识，亦可简化为“格致”，如明末清初来华的传教士熊明遇的《格致草》、汤若望的《坤舆格致》等书就采用了这个词。一般认为，最早使用“科学”一词的学者是康有为，他在《日本书目志》中就列举了《科学入门》《科学之原理》等书目。所以，有人认为“科学”一词是从日本传入中国的。辛亥革命时期，国人使用“科学”一词的频率逐渐增多，出现了“科学”与“格致”并存的局面，五四运动时期对“德先生”与“赛先生”的提倡才使“科学”一词完全取代了“格致”。

显然，与来自西方的“科学”不同，中国传统的“格致”带有更多的经验性和实用性特征，因而在国人的心目中打下了“科”“技”不分的深刻印记。而李约瑟经过三十多年的辛勤耕耘所写下的皇皇巨著“Science and Civilisation in China”，虽然可直译为《中国之科学与文明》，但由于其实际内容不仅包含科学成就，而且包含工艺技术，所以通行本译名为《中国科学技术史》。

那么“科学”与“技术”之间究竟是一种什么样的关系呢?“科学以认识自然，探索未知为目的；而技术是以对自然界的认识为根据，利用得到的认识来改造自然为人类服务。”“科学和技术同样以自然界为对象，但严格地说，自然科学研究的目的是为了认识自然，包括认识自然界发生的各种现象，剖析自然界存在的所有物质，揭示主宰自然现象的内在规律和相互联系。大至宇宙中的日月星辰，小至组成一切物质的基本粒子，都是科学认识的对象。不仅要认识其宏观和外观，还要认识其内部各个层次上的精细结构、运动特点及运动规律。而技术侧重以我们对自然界的认识去利用自然，向自然索取，改造自然以适应人类越来越复杂、越来越高标准的生活需求。”[3]显然，“科学”与“技术”的基本差异是一个理论性强，一个应用性强；一个思辨性强，一个经验性强。

由于在现实生活中，“理论”和“应用”之间、“思辨”和“经验”之间本来就有着千丝万缕的联系，因而将“科学”与“技术”融为一体，写一本《中

2　［英］雷蒙·威廉士：《关键词：文化与社会的词汇》，刘建基译，台北巨流图书公司，2003年，第346—347页。

3　邹承鲁、王志珍：《科学与技术不可合二为一》，《科学的精神——中国科学院研究生院演讲录（第五辑）》，科学出版社，2004年，第23页。

国科学技术史》自然是一件无可厚非的事情。问题在于，由于对“科学”与“技术”的分际不清，使李约瑟为自己所确立的学术目标出现了偏差，这就是学术界至今纠缠不清的“李约瑟难题”。

我们知道，作为一部内容丰富、篇幅浩瀚、雄心勃勃的学术著作，李约瑟的“Science and Civilisation in China”被简称为SCC计划。“整个SCC计划有个中心目标，就是解释为什么近代科学首先在西方兴起，与此有关的是，为什么在中世纪西方处在黑暗时期时，中国却发出灿烂的科技之光，而后来中国又为什么没有自发地出现近代科学。这些理论性很强的问题好久就提出来了，各国也不时有讨论者。但总的说似乎还缺乏深入而系统的研究，没有得出较为满意的完整答案，就像数学中的哥德巴赫猜想那样。”这个科技史上的“哥德巴赫猜想”，就是所谓的“李约瑟难题”。具体说来，这个问题也可以分为三个层次加以表述：“(1）为什么与系统的实验和自然假说的数学化相联系的近代科学及随之而来的工业革命首先在西方迅速兴起?(2）为什么在公元一至十五世纪的漫长岁月里，中国在发展科学技术方面比西方更为有效并遥遥领先? 中国到底都有哪些科技成就及其贡献如何?(3）为什么中国传统科学一直处于原始的经验主义阶段，而没能自发地出现近代科学及随之而来的工业革命? 可以说，他的SCC计划就是为了回答这些基本问题而写的。”[4]

第一个层面是真问题，因为与系统的实验和自然假说的数学化相联系的近代科学确实是在西方兴起的，随之而来的工业革命也确实是在西方发生的。这种近代科学与工业革命不仅改变了西方世界的生活面貌，而且左右着人类社会的发展方向，因而是需要高度重视并认真研究的。问题是，这一切何以偏偏会在西方发生?

其实回答这一问题并不困难。如上所述，西方不仅近代科学发达，古代科学本不落后。也许是受阿波罗精神的影响，[5]西方人自古就将探索世界的奥秘与安身立命的准则联系起来，从而不仅有了超验的学术动机，而且有了严谨的逻辑法则。尽管这种理论形态的科学成就并不一定能立刻转化为生产力，从而为古代的西方世界带来直接的财富和福祉，但为近代的科学发展奠定了牢固的基础和前提。17世纪之后，当传统的演绎法与归纳法相结合、传

4　潘吉星主编:《李约瑟文集·导言》，辽宁科学技术出版社，1986年，第19—27页。

5　本文中所说的“阿波罗精神”与尼采等传统的解释不同，
参见拙作《酒神与日神的文化新解》，《文史哲》2006年第6期。

统的理论科学与实验科学相结合之后，西方人便开始在理论假说的基础上进行系统的科学实验，并将实验得来的科学数据进行数学化的分析与处理。于是，古典意义上的传统科学便发生了现代意义上的转换，毕达哥拉斯、欧几里得、亚里士多德等的科学思想便在伽利略、牛顿、笛卡尔的手中得以升华。如此说来，如果没有灿烂的古希腊，乃至黑暗的中世纪的长期积累和准备，就不可能有西方近代科学发展的奇迹。在这一点上，李约瑟的研究成果也提供了令人满意的答案："毫无疑问，在近代科学出现之初，当力学、动力学以及天体物理学和地球物理学以其近代形式出现时，希腊做出了最大的贡献。在'新科学或实验科学'诞生之际，欧几里得的演绎几何和托勒密的行星天文学以及其分支科学无疑是重要的因素，就任何祖先起的作用而言，我们不应该低估其独创性。"[6]

第二个层面包含两个问题，其中第二个是真问题，且已被李约瑟篇幅浩瀚的《中国科学技术史》做了相对完满的回答。经过半个多世纪的研究，他主持撰写的这部7卷本、近30册的皇皇巨著：第1卷是导论，第2卷论述中国传统的哲学派别和科学思想，第3卷介绍中国数学、天文学和地理学的历史，第4卷分别梳理中国在物理学、机械工程、土木工程和航海术等方面的成就，第5卷阐述了古代中国炼金术和原始化学的历史，还介绍了纺织、军事技术、冶金、采矿、制陶、印刷等工艺，第6卷考察了中国古代的农业和医药，第7卷论述了上述学科得到发展的背景。在此之前，没有任何人对"中国到底都有哪些科技成就及其贡献如何"的问题做出如此详尽的回答。在这一方面，李约瑟是居功至伟的。

而第一个则是半真半假的问题，因而需要我们具体分析。何以称之为半真半假的问题呢？如果把这个问题表述为："为什么在公元一至十五世纪的漫长岁月里，中国在发展技术方面比西方更为有效并摇摇领先？"则为真问题，因为中国古代的技术（工艺）不仅确实有其领先的文化根据，而且其成就也是《中国古代科学技术史》中最为重要的内容；如果把这个问题表述为："为什么在公元一至十五世纪的漫长岁月里，中国在发展科学方面比西方更为有效并摇摇领先？"则为假问题，因为中国古代的科学并未曾领先于西方，更何谈

6　潘吉星主编：《李约瑟文集》，辽宁科学技术出版社，1986年，第219页。

“遥遥”二字？如果像上面的引文那样，将这个问题表述为：“为什么在公元一至十五世纪的漫长岁月里，中国在发展科学技术方面比西方更为有效并遥遥领先？”则就是半真半假的问题了。看来问题还是出在“科学”与“技术”的分际不清上。

我们曾经指出，由于“科学”与“技术”在现实生活中所存在的密切联系，将二者联系起来写一本《中国科学技术史》本是无可厚非的事情。但是，由于“科学”与“技术”确实存在着实质性的差异，因而将二者混在一起，笼统地说“在公元一至十五世纪的漫长岁月里，中国在发展科学技术方面比西方更为有效并遥遥领先”，则便是不够准确和审慎的了。

其实在我看来，所谓“李约瑟难题”之所以有伪命题的成分，并不是像一些学者所指出的那样，是因为李约瑟与鲁桂珍的相恋和结婚使其产生了对东方信仰的“皈依”；也不是像一些学者所分析的那样，是由于李约瑟其书对自然科学的涉猎过于广泛而导致了不少的“硬伤”。所谓“李约瑟难题”之所以有伪命题的成分，是由于他的《中国科学技术史》没有将理论科学和工艺技术这两个密切相关却迥然有别的概念真正区别开来，从而使人们误以为中国古代由于工艺技术的进步而造就的灿烂文明较之西方是一种科学的领先。

我们知道，工艺技术本来就与物质生产密切相关，因而它的发展很容易转化为生产力并带来直接的物质财富。与之不同的是，理论科学本来就与现实生活距离较远，因而不容易转化为生产力并带来直接的经济效益。如此说来，工艺技术发达的中国古人创造了辉煌灿烂的古代文明，这本是情理之中的事情；而理论科学发达的西方古人没有创造出高于中国的物质文明，这也是情理之中的事情。不仅如此，尽管理论科学不太容易转化为生产力，可是它一旦与具体的工艺技术相结合，就会带来一种翻天覆地的巨大变化。所以，经过长期的准备和积累，西方的理论科学到了17世纪以后才释放出巨大的能量，从而与工艺技术相结合，导致了西方文明的长足发展，这也是情理之中的事情。把这三样“情理之中的事情”放在一起思考，何来“难题”之有？

其实李约瑟的观点是具有一定代表性的，长期以来国内有一种流行的说法，认为中国科学的落伍只是近代以后的事，此前，我们的科学较之其他民族则是遥遥领先的。然而，这种流行的说法是很值得怀疑。在许多西方人眼里，东方的汉、唐帝国是繁荣和强盛的，但是这种繁荣和强盛主要的是由于技术，而并非由于科学。著名哲学家罗素就曾指出："中国文化有一个弱点：缺乏科学。"[7]事实上，李约瑟本人的研究成果也充分地表明，中国古代领先于西方的主要是"技术"而非"科学"。

请看下面的引文："如果说，西方数学开始似乎比中国数学高出一筹。那是由于随着时间流逝，中国数学家已经不像宋元数学家那样精通自己的专长了。但他们的技巧逐步恢复，弥补不足——不过缺乏演绎几何仍然是中国数学的缺陷。""在文艺复兴前和文艺复兴期间，中国在技术方面的影响占支配地位。在本文中，我们将提到高效马具、冶炼钢铁技术、火药和纸的发明、机械钟的基本的机械装置，诸如水排、龙骨车和把旋转运动变为直线运动的标准方法，同时还可以列举弧形拱桥和船尾舵航海技术。古代和中古时期默默无闻的中国工匠对世界的贡献要远比亚历山大的力学家和能言善辩的理论家多得多。"[8]因此，我们既不能像冯友兰那样，简单地认定中国古代只有技术而无科学；也不应像李约瑟那样，笼统地宣称中国古代的科学技术领先于西方。

第三个层面也是一个真问题，尽管中国古代存在着墨子那样充满科学智慧的思想家，但为数不多；尽管中国古代存在着公孙龙子那样爱好逻辑思辨的哲学家，但不占主流；尽管中国古代存在着以阴阳五行为基础的理论体系，但不够严谨。从总体上讲，中国古代的科学确乎"一直处于原始的经验主义阶段"，因而也不可能"自发地出现近代科学及随之而来的工业革命"。为了回答这一问题，李约瑟曾从中国与西方社会的经济结构、政治体制、思想方法和地理环境等诸多方面的差异进行过分析。例如，他指出："中国文化从未真正试图把自然科学看成是人类认识世界的唯一工具。由于一种并非建立于超自然约束力的伦理学体系，已在两千年来中国社会里占有完全的统治地位，这就使这种情况更为如此，因此知识界的女皇是历史学，而不是神学，也不是物理学。这种道德的统治，完全由当今中国的口号'政治统帅一切'所

7　［英］罗素：《中国问题》，秦悦译，学林出版社，1996年，第39页。

8　潘吉星主编：《李约瑟文集》，辽宁科学技术出版社，1986年，第219—220页。

体现。”[9]应该承认，指出中国古代“伦理中心主义”的文化环境对自然科学的妨碍是李约瑟的一大贡献，然而在笔者看来，所谓“伦理中心主义”只是儒家思想制约科学发展的一个层面，要全面了解中国古代文化对科学的制约，至少要从儒道互补的“民族心理结构”入手。

二

诚如李约瑟所言，“在研究自然现象时，人类都是平等的”[10]，但由于中国人与西方人的文化环境不同，因而对待自然现象的态度却不是同样的。如果说，在西方人的“民族心理结构”中，理性一极的阿波罗精神对科学的发展曾起了强大的推动作用；那么，在中国人的“民族心理结构”中，偏重于理性的儒家思想对科学发展的推动力却是相当有限的。

同日神崇拜一样，儒家也不满足于肉体的沉醉，而去追求一种更高的精神寄托，然而这种寄托却无须到抽象的思辨领域和神秘的符号世界中去寻求。儒家不作抽象的形而上玄思，对于生活现象以外的东西，儒家善于采取一种与其说是聪明毋宁说是机智的态度——存而不论。“季路问事鬼神。子曰：‘未能事人，焉能事鬼？’曰：‘敢问死。’曰：‘未知生，焉知死？’”（《论语·先进》）这种“敬鬼神而远之”的态度，充分显示了中华民族对于现实生活的执着追求，也充分体现了“实用理性精神”的可贵之处。正像李泽厚所指出的那样，“所谓‘实用理性’就是它关注于现实生活，不作纯粹抽象的思辨，也不让非理性的情欲横行，事事强调‘实用’‘实际’和‘实行’，满足于解决问题经验论的思维水平，主张以理节情的行为模式，对人生世事采取一种既冷静又理智的生活态度”[11]。由于有了这种生活态度，使国人很少陷入一种信仰的偏执与宗教的迷狂。正当西方人为信奉耶稣基督还是穆罕默德而展开十字军东征的时候，中国人却可以使不同的宗教派别相安无事地生活在一起。直至今天，华夏民族也很少出现宗教极端主义者，至于那些动不动就进行“人体炸弹”式自杀性的抗议方式，不仅是中国人所难以接受的，而且是中国人所无法理解的。这种积极务实的生活态度，显然有利于国家的稳定与安宁，从

9　潘吉星主编：《李约瑟文集》，辽宁科学技术出版社，1986年，第322页。

10　潘吉星主编：《李约瑟文集》，辽宁科学技术出版社，1986年，第215页。

11　李泽厚：《中国思想史论》，安徽文艺出版社，1999年，第1148页。

而使我们能够在如此漫长的历史和如此广大的疆域中井然有序地发展，成为“四大文明古国”中唯一能够延续至今的国家。

然而，人类文化中的优点与缺点常常具有同时并存的两面性。换个角度看，强调理性和实用的结合，不仅是儒家思想的一大优点，而且是其最大的弱点。“现在可以看到儒家的两个根本矛盾的倾向，一方面有助于科学之发展，另一方面又成为科学发展的阻力。在发展方面说，儒家根本重理性，反对一切的迷信，甚至反对宗教中的超自然部分……但在另一方面，儒家的集中注意于人与社会，而忽略其他方面，使得他们只对‘事’的研究而放弃一切对‘物’的研究。因此不只在中国，也不只是历史上唯一的例子，理智主义对于科学的进展，反不如神秘主义。”[12]举个例子，《论语·述而》云：“子不语怪，力，乱，神。”这句话常常被作为正面的观点加以理解。然而从科学的角度上讲，“对于自然界之注意，始于不正常的现象如彗星、地震、怪胎、非常生态的分布，夏日飞雪、枭鸟昼鸣、晴空雷鸣等等的反常”[13]。正是这些非常态的自然现象，引发人们的问题意识，并在常态与非常态的比较中，发现自然的奥秘。正如乔治·汤姆森在《科学的灵感》中指出的那样，“科学上最伟大的发现，往往是通过表面上无足轻重甚至稀奇古怪的事，为理解自然界最深刻的原理提供了线索”[14]。如果人们不去关注这些反常的自然现象，也就很难发现其背后的客观规律。

儒家不仅不去关注反常的自然现象，而且不去研究没有直接用途的学理问题。从先秦时代的“子以四教：文，行，忠，信”（《论语·述而》），到明清时代主张的“经世致用”，儒家学者一向主张学以致用、知行合一，而不务抽象、虚玄、无用的学问。这种脚踏实地、注重实效的治学理念固然有其明智的一面，但也不乏急功近利、目光短浅的局限。对于此类“明智”之举，古希腊时代的亚里士多德曾有评价：“所谓明智，可见于明智的人。它就是善于考虑对全部生活的有益之事。一个明智的人就是善于考虑的人。考虑可以

12　［英］李约瑟：《中国古代科学思想史》，陈立夫等译，江西人民出版社，1990年，第16页。

13　［英］李约瑟：《中国古代科学思想史》，陈立夫等译，江西人民出版社，1990年，第18页。

14　潘吉星主编：《李约瑟文集》，辽宁科学技术出版社，1986年，第225页。

变事物为对象。所以明智不是科学。”[15]为什么说明智不是科学呢？因为科学所探讨的是自然和社会的各种现象，以及这些现象背后的规律和法则，无论这些现象、规律和法则是否对于我们的现实生活有直接的助益，我们都要去研究。否则，居里夫人就不会对镭元素感兴趣；否则，爱因斯坦就不会去思考相对论问题。“科学史上的许多重大突破，以百年来的诺贝尔奖获得者为例，相当大的一部分获奖者是从本人的兴趣出发而进行工作的，有的甚至是工作中的偶然发现，是原先完全没有预料到的事情。”[16]而那些满脑子“经世致用”的明智之人，不仅不会去探讨“一个针尖上究竟能够站几个天使”之类的神学命题，也不会从一只苹果落地的现象中追问出地心引力。

长期以来，我们只看到“知行合一”的功利主义传统在防止理性越界，从而避免陷入宗教性迷狂的积极的一面；却往往忽视了其限制理性发展，从而束缚科学进步的消极的一面。甚至在很多人眼里，所谓科学只是一种改造人们生存条件的功利手段，进而将“科学”与“技术”混为一谈。针对国人的这种习惯性认识，甘子钊院士提出了自己完全不同的看法：“什么是科学精神，广义地说：根本是一种非功利的……”[17]如果从“知行合一”的功利主义观念出发，人们既不可能发现电子、核能之类最初对人完全无用的东西，更不可能创造出相对论、量子力学之类与经验事实完全不符的理论。如果我们按照中国文明固有的逻辑发展下去，我们或许永远也不会发展出计算机、生物技术和航天工业。实事上，当今人类所享受到的那些“有用的”科学成就，在最初的意义上往往是建立在非功利的科学精神之基础上的。为此，英国哲学家怀特海甚至极端地指出：“没有理由怀疑个别中国人进行科学探索的原本能力。但中国科学在事实上是可以忽略而不可取的。可以相信，如果听其自然，中国永远也不会产生任何的科学进步。”[18]

正是由于儒家用狭隘的急功近利的态度去看待理性与实践之间的关系，因而在客观上限制了中国人理性思辨的能力，束缚了中国古代形而上学和逻

15　转引自刘潼福、郑乐平：《古希腊的智慧》，台北鸿世国际股份有限公司，1996年，第39页。

16　邹承鲁、王志珍：《科学与技术不可合二为一》，《科学的精神——中国科学院研究生院演讲录（第五辑）》科学出版社，2004年，第25页。

17　甘子钊：《科学精神与人性》，《北大最佳讲座》，长江文艺出版社，2002年，第296页。

18　转引自姜生、汤伟侠：《中国道教科学技术史·汉魏两晋卷》，科学出版社，2002年，第4页。

辑学的发展，从而最终导致了科学的落后。在西方，自柏拉图发端而至中世纪定型的“七艺”是：“文法、修辞学、辩证法、算术、几何学、天文学、音乐理论。”[19]在中国，自孔子所创立的“六艺”是“礼、乐、射、御、书、数”。两相比较便不难发现，前者更重视理论，后者更重视实践。王国维曾经指出：“抑我国人之特质，实际的也，通俗的也；西洋人之特质，思辨的也，科学的也，长于抽象而精于分类，对世界一切有形无形之事物，无往而不用综括（Generalization）及分析（Specification）之二法，故言语之多，自然之理也。吾国人之所长，宁在于实践之方面，而于理论之方面则以具体的知识为满足，至于分类之事，则除迫于实际之需要外，殆不欲穷究之也……故我中国有辩论而无名学，有文学而无文法，足以见抽象与分类二者，皆我国人之所不长，而我国学术尚未达自觉（Selfconsciousness）之地位也。”[20]我们知道，先秦时代的公孙龙子、惠施等人曾有“离坚白”“和同异”“白马非马”之类的辩论，但不曾像写下《工具论》的亚里士多德那样，建立起严格意义上的逻辑学。而由他们代表的所谓“名家”学派，虽然试图摆脱“实践理性”的功利目的，却也未能完全上升到逻辑思辨的抽象立场。关于这一点，徐复观说得明白：“自从严复以‘名学’一词作为西方逻辑学的译名以后，便容易引起许多的附会。实则两者的性格并不相同。逻辑是要抽掉经验的具体实事，以发现纯思维的推理形式。而我国名学则是要扣紧经验的具体事实，或扣紧意指的价值要求，以求人的言行一致。逻辑所追求的是思维的世界，而名学所追求的是行为的世界。”[21]

这种“务实”“尚用”的功利主义传统，使我们往往只重视眼前那些有形的东西，将知识束缚在具体事物的描摹上，而不去关注那些看不见、摸不着而又更具根本性的问题，从而束缚了科学的发展。极端的保守主义者辜鸿铭在中国与西方文化的比较研究中曾有过很多为中国传统护短的言论，例如论证缠足、纳妾如何合理之类。然而在这一问题上他却是相当清醒的：“必须承认，就中国人的智力发展而言，在一定程度上被人为地限制了。众所周知，在有些领域中国人只取得很少甚至根本没有什么进步。这不仅有自

19 魏传义：《艺术教育学》，重庆出版社，1999年，第30页。

20 王国维：《论新学语之输入》，《王国维文集》第三卷，中国文史出版社，1997年，第40—41页。

21 徐复观：《公孙龙子讲疏》，民主评论社，1960年，第7页。

然方面的，也有纯抽象科学方面的，诸如数学、逻辑学、形而上学。实际上欧洲语言中‘科学’与‘逻辑’二字，是无法在中文中找到完全对等的词加以表达的。”[22]

儒家学者不仅更重视实践，而且更重视内省。“中国的经、史、子、集，其中尽管也包括许多门类的知识，但古人学习它们，不是抱着‘为知识而知识’的态度，主要的目的，是为了求取出仕的凭借，尽教化的责任，尤其重要的是为了修身。因此，古代‘学’的意义主要在求‘觉悟’，许慎说文即训为‘觉悟’，班固的白虎通义也有同样的解释：‘学之为言觉也，以觉悟所不知也。’觉悟是一种身心方面的活动，它透过文字的媒介，敲开心灵的混沌，激发道德的潜能，将文字中所含的旨意，化为行动，提升人格，这就是传统中国所特重的修身之学，也就是荀子所说的‘入乎耳，箸乎心，布乎四体，形乎动静’的君子之学。一个知识分子，必须在修身方面有了相当的成效，然后对社会才足以尽教化之责，一旦出仕，才能扮演一个理想的儒吏角色。”[23]《孟子·尽心上》曰：“尽其心者，知其性也。知其性，则知天矣。”不去面对外在的客观自然，而去面对内心的精神世界，这便是儒家学派的知识论倾向。

儒家还主张中庸，认为做任何事情都要不偏不倚、平衡适度。“不勉而中，不思而得，从容中道，圣人也。”（《中庸》第二十四章）这种“过犹不及”（《论语·先进》）的人生智慧，或许有利于处理日常事务，但不利于进行科学研究。杨振宁指出：“中国哲学里的中庸之道我认为对科学是不利的。欧几里得的精神之一是打破砂锅问到底，中庸之道与这种精神是相背的。”[24]

无论从知识论的角度上，还是从伦理学的角度上，儒家都把人分成三等：“或生而知之，或学而知之，或困而知之，及其知之，一也。或安而行之，或利而行之，或勉强而行之，及其成功，一也。”（《中庸》第十九章）这里所谓的“生而知之”“安而行之”者，是指圣人；“学而知之”“利而行之”者，是指贤人；“困而知之”“勉强而行之”者，是指凡人。从知识论的角度上讲，不论是圣人、贤人，还是凡人，都能达到至诚的境界；从伦理学的角度上讲，不论是圣人、贤人，还是凡人，都能达到至善的境界。而至诚与至善的

22　辜鸿铭：《中国人的精神》，海南出版社，1996年，第36—37页。

23　韦政通：《中国人的智慧》，台北牧童出版社，1975年，第2—3页。

24　杨振宁：《我的读书和教学经验》，《北大最佳讲座》，长江文艺出版社，2002年，第162页。

统一，也就是“天道”与“人道”的统一，即“天人合一”。如此说来，儒家学者并不是把“天道”看成是一种外在于人类主体的、不以人的意志为转移的客观规律去加以探求，而是把“天道”看成是一种可以内化为“人道”的普遍准则来加以体验。“子曰，‘道不远人，人之为道而远人，不可以为道。’”（《中庸》第十二章）说到底，儒家学者所孜孜以求、念念不忘的“道”，是以“人道”统摄“天道”，“天道”佐证“人道”的二位一体的东西。所谓“天不变，道亦不变”的思想，与其说是承认自然规律的永恒性，不如说是论证伦理法则的永恒性：“天下之达道五，所以行之者三。曰君臣也，父子也，夫妇也，昆弟也，朋友之交也，五者天下之达道也。知、仁、勇三者，天下之达德也，所以行之者一也。”（《中庸》第十九章）

说到底，儒家的核心范畴不是“道”而是“仁”。许慎《说文解字》云：“仁者，人也。从人，二。”也就是说，“仁学”所要探讨的不是人与自然的关系，而是人与人之间的关系。因此，儒家学者认识世界的目的，不是为了改造自然，而是为了改造自我，并通过改造自我进而改造社会。因此，儒家学者的人生目的，不是去探索宇宙的由来、自然的规律，从而在客观世界中寻找精神慰藉，而是“修身、齐家、治国、平天下”，做一个有修养、有道德的人。中国人常用的一副对联是：“事业从五伦做起，文章本六经得来。”然而无论是“五伦”还是“六经”，都与自然科学毫无关系。中国人虽然有科举考试的历史传统，但自隋、唐至明、清的科考内容，也均与科学知识无关。因此，尽管中国人有“万般皆下品，唯有读书高”的古训，然而读书的目的却不是为了穷尽宇宙自然的奥秘，而是“学而优则仕”（《论语·子张》），为了当官做老爷。直至今天，对于许多经过专业训练的大学生、研究生来说，毕业后从政求仕、跻身于公务员阶层仍不失为一种明智的选择。这种只面向社会不面向自然的人生追求，显然不利于科学的发展。

三

与儒家不同，道家学者的基本倾向是逃避社会而回归自然的。因此，道家的核心范畴不是“仁”而是“道”。“道家所说的道，不是人类社会所依循的人道，乃是宇宙运行的天道；换言之，即自然的法则。”[25]这样说来，道家的精神追求似乎比儒家更接近于科学了。问题在于，“道可道，非常道”（《老子》第一章），道家的“道”有着不可认识的神秘性。“道之为物，惟恍惟惚。惚兮恍兮，其中有象；恍兮惚兮，其中有物。窈兮冥兮，其中有精；其精甚真，其中有信。自古及今，其名不去，以阅众甫。吾何以知众甫之状哉！”（《老子》第二十一章）“夫道，有情有信，无为无形；可传而不可受，可得而不可见；自本自根，未有天地，自古以固存；神鬼神帝，生天生地；在太极之上而不为高，在六极之下而不为深，先天地生而不为久，长于上古而不老。”（《庄子·大宗师》）这种神秘莫测的“道”显然不是科学认识的对象，而是哲学体悟的本体了。这就是为什么老子既“道法自然”（《老子》第二十五章）又“希言自然”（《老子》第二十三章）的原因。

因此，用不着西方的“批判哲学”，中国古代的思想家一开始就意识到了人类认识能力的局限性，因而在形而上的本体面前望而却步。同儒家“敬鬼神而远之”的态度大体相似，道家学者也主张“六合之外，圣人存而不论”（《庄子·齐物论》）。同样，用不着西方的“分析哲学”，中国古代的思想家一开始就意识到了人类语言能力的局限性，因而在形而上的本体面前保持沉默了。同儒家“不语怪、力、乱、神”的态度基本相同，道家学者也主张“夫大道不称，大辩不言”（《庄子·齐物论》）。“道不可闻，闻而非也；道不可见，见而非也；道不可言，言而非也。知形形之不形乎！道不当名。”（《庄子·知北游》）因此，尽管与儒家相比，道家多了一点形而上学的色彩，然而老、庄对于“道”的追求，却没有进入一种逻辑思辨的领域。在这种情况下，中国古代的知识结构大抵不过是“德性之知”和“见闻之知”两部分，前者实为伦理素养，后者只是生活经验。至于这两大知识之外的思辨科学，却常常被列入“存而不论”的“玄学”领域被悬置起来。

与强调人类的理性能力出发，进而走向形而上学乃至信仰主义的阿波罗精神刚好相反，从贬低人类的理性能力入手，道家学者进而走向了认识论意义上的相对主义和不可知论。在庄子看来，一切是非，都是认识主体对具体

25 杨振宁：《我的读书和教学经验》，《北大最佳讲座》，长江文艺出版社，2002年，第162页。

事物所下的判断，它由于认识主体自身能力及所处地位的局限性而不可能具有绝对的意义。“是亦彼也，彼亦是也。彼亦一是非，此亦一是非。果且有彼是乎哉？果且无彼是乎哉？彼是莫得其偶，谓之道枢。枢始得其环中，以应无穷。是亦一无穷，非亦一无穷也。故曰莫若以明。”（《庄子·齐物论》）“故知止其所不知，至矣！”（《庄子·齐物论》）正是基于同样的道理，老子才主张“为学日益，为道日损”（《老子》第四十八章），“绝智弃辩”（《老子》第十九章）。这种弱化主体认识能力的哲学显然不利于科学的发展。

如果说道家之于科学的制约作用是比较明显的，那么道教与科学的关系则更为复杂。在说明这一关系之前，让我们先来看看道家与道教的关系，这其中也有两面性。一方面，作为一种中国的宗教，道教可能利用的本土资源之一就是道家哲学。道教徒以道家的创始人老子作为自己的教主，将其神话为太上老君。不仅如此，他们还将《老子》尊奉为《道德经》，将《庄子》尊奉为《南华经》，尽量神化其哲学内容。因而其二者之间总有或多或少的精神联系。另一方面，道家是哲学，道教是宗教，二者之间又有着本质的差异，正像冯友兰所说的那样：“道家与道教的教义不仅不同，甚至相反。道家教人顺乎自然，而道教教人反乎自然。举例来说，照老子、庄子讲，生而有死是自然过程，人应当平静地顺着这个自然过程，但是道教的主要教义则是如何避免死亡的原理和方术，显然是反乎自然而行的。”[26]我们知道，任何宗教都有其面对死亡的独特方式。作为中国本土的宗教，道教既不像基督教那样，企图通过现世的禁欲而死后进入“天堂”；也不像佛教那样，将生命视为苦难的渊薮，从而主张超越轮回，进入“涅槃”境界；道教认为生命是可以无限延续的，延续的方式就是通过修道而成为至人、真人、神人。这样一来，道教就把《老子》中作为精神不朽的“长生久视之道”变成了一种肉体上的养生疗法，把《庄子》中作为人格境界的“至人”“真人”“神人”变成了一种生理上的追求。如何实现这种追求呢？作为中国的宗教，这就要从道教可以利用的本土文化的另一资源——民间巫术中去寻找了。

按照弗雷泽《金枝》一书的理解，所谓巫术，是人类凭借自身的力量，以想象的法则来征服自然的行为。与宗教不同，巫术所依赖的不是神祇的力

26　冯友兰：《中国哲学简史》，北京大学出版社，1985年，第5—6页。

量而是人类自身的力量；与科学不同，巫术所凭借的不是“自然的规律”而是“想象的法则”。这种原始而又愚昧的行为，在世界各地的早期文明中是普遍存在的。因为当时的人们还不能真正了解自然界的法则和规律，又急于改造自然、征服自然，于是只能根据自己臆测的原理，用咒语、魔法、秘方等巫术手段来实现自己的目的。“巫术的严重缺点，不在于它对某种由客观规律决定的事件程序的一般规定，而在于它对控制这种程序的特殊规律的性质的完全错误的认识。”[27]

如果说道教在形而上的领域中广泛汲取了道家心斋坐忘、主静全真、逍遥自在的精神营养，那么在形而下的领域中则大力发展了民间寻丹觅药、吐纳导引、驱妖降魔等巫术手段。将悬苇刻桃发展为驱邪的符箓，将膏唾禁祷发展为逐魔的咒语，将祭祀巫仪发展为求仙的斋醮……这种神仙、养生、服丹、避疾之术无非是表现了道教所追求的终极目的——生存的欲望和享乐的欲望。

然而，这条沿着巫术继续发展的道路却未必没有任何收获。因为，“巫术与科学在认识世界的概念上，二者是相近的。二者都认定事件的演替是完全有规律的和肯定的。并且由于这些演变是由不变的规律所决定的，所以它们是可以准确地预见到和推算出来的。一切不定的、偶然的和意外的因素均被排除在自然进程之外。对于那些深知事物的起因、并能接触到这部庞大复杂的宇宙自然机器运转奥秘的发条的人来说，巫术与科学这二者似乎都为他开辟了具有无限可能性的前景。于是巫术同科学一样都在人们的头脑中产生了强烈的吸引力；强有力地刺激着对于知识的追求”[28]。基于宗教的信念，道教徒在使用巫术手段来冶炼金丹、探测风水、勘测星象的反复实践中，暗中摸索着控制和改造自然的方法。一方面，他们以“歪打正着”的方式发现了许多自然的奥秘；一方面，他们在不断修正巫术的尝试中，使“想象的法则”向“自然的规律”靠拢。研究成果表明，火药的爆炸和指南针所依据的磁极现象，都是道教徒在炼丹和堪舆时偶然发现的。“最早的爆炸混合物是在希望得到长生不老药的鼓舞下，系统探索大批物质的化学和药学性质的过程中产生的。”“在中国堪舆罗盘中发现指针偏差，这是一个重要的事实。”[29]至于中医

27 ［英］弗雷泽：《金枝》，徐育新译，中国民间文艺出版社，1987年，第76页。
28 ［英］弗雷泽：《金枝》，徐育新译，中国民间文艺出版社，1987年，第76页。
29 潘吉星：《李约瑟文集》，辽宁科学技术出版社，1986年，第233页。

的发展，则更与道教有着千丝万缕的联系。“要实践不死的追求，就必须与医学发生密切关系，进而必须在药物的辨识与炼制、人体科学、天文学、地理与博物学等多领域进行探索。不死的目的不能达到，但其寻求长生的方法许多是积极合理的。”[30]于是，原为精神探索的宗教便与改造物质世界的能力之间有了内在的契合点。就像西方的宗教哲学家们为了在神秘的宇宙中找到人类灵魂栖居的场所而无意中发展了“科学”一样，中国的道教徒们为了在大千世界上找到人类肉体永恒的丹药而无意中发展了“工艺”。

笔者之所以将道教的主要贡献称之为“工艺”（或曰“技术”），而没有像李约瑟等学者那样将其称之为“科学”，是有一定理由的。因为道教的主要兴趣不在理论而在实践，主要不是为了探讨物质世界的法则，而是求得人类自救的良方。大量的历史材料表明，道教有着极强的实践能力和全方位探索自然的欲望。这种能力和欲望曾在天文、地理、医药、卫生、矿物、植物、动物等各个领域大施拳脚，并结出无数物质文明的果实。然而，或许是受道家思想的影响，道教并未建立起一套准确的科学术语和严密的逻辑法则，而这一切正是自然科学得以发展的基础和前提。就连李约瑟本人也曾惋惜道：“可惜道家对实验的方法，既未加以明确的说明，对自然的观察，也未建立一套严密的系统。由于道家感于自然变化之不可捉摸，便处处依赖经验主义，加上缺乏像亚里士多德对事物加以严格分类的勇气，所以当同时代的墨家和名家皆争相建立一套科学逻辑时，道家却不朝这方向努力。”[31]

科学是理论形态的，常识是经验形态的。科学不是对常识的一种量的积累，而是一种质的飞跃。用20世纪的法国思想家巴什拉的话来说，它们之间有着一种“非连续性的关系”：“科学的进步总是在日常知识和科学知识之间揭示出断裂、永恒的断裂。”[32]日常知识面对的是由感官直接获得的经验世界，而科学所面对的则是这一经验世界的一级一级的概括、抽象。因此，不仅科学和常识之间存在着“非连续性关系”，就连科学与科学之间也存在着这种“非连续性关系”：从欧几里得的几何学体系，再到非欧

30　姜生、汤伟侠：《中国道教科学技术史·汉魏两晋卷》，科学出版社，2002年，第30页。
31　［英］李约瑟：《中国古代科学思想史》，陈立夫等译，江西人民出版社，1990年，第194—195页。
32　伽廷：《加斯顿·巴什拉的科学认识论》，《自然科学认识论问题》1998年第1期。

几里得的几何学体系；从牛顿的时空观念，到爱因斯坦的时空观念……科学的出现及其日后的每一步重大发展，无不伴随着思维的跳跃和经验的断裂。这种跳跃和断裂既表现为理论模式的不同，又表现为研究手段的不同。而所有这一切，都必须从最基本的概念、判断、推理开始。

遍观中国古代思想史，真正从概念、判断、推理入手来进行严密思考的学派并不多见，除名家之外，只有墨家最为明显。《墨子》中有六篇被称为“墨经”的文章:《经上》《经下》《经说上》《经说下》《大取》《小取》，特别具有逻辑学、数学和自然科学的价值，其表述方式也与先秦时代的各家各派迥然不同。例如:“平，同高也。”意思是说，所谓平的事物是高度一样的；“直，相参也。”意思是说，三点对齐才能形成直线；“中，同长也。”意思是说，与周围边界等距离的位置才是中心的所在；“圆，一中同长也。”意思是说，周围边界上每一点到圆心的距离相等才能构成一个圆。在这种对点、线、面、体严格界定的基础上,《墨经》在数学、逻辑学和自然科学等领域，一方面进行了严谨的演绎和推论，一方面进行了大胆的实验和测试，其取得的诸多成就不仅在当时的世界上是领先的，而且和我们今天所学的内容也是相同的。可以想象，如果我们的古人沿着墨家学派所开创的这条道路一直走下去，中国古代的科学成就绝对不会比西方逊色。然而遗憾的是，或许是由于“亚细亚生产方式”之社会土壤的限制，在先秦时代曾与儒家同为“显学”的墨家到了汉代以后却不幸“中衰”了。难怪李约瑟叹息:“吾人感到中国科学史上最大之悲剧，或者即是道家自然主义之卓见未能与墨家逻辑之相融合耶。”[33]

道教在科学史上的局限，不仅表现为理论抽象的不足，而且表现为向内转的趋势。晚唐五代以后，道教“外丹学”的主导地位逐渐被“内丹学”所取代，从外在自然获取长生不老秘方的想法逐渐转变为向内心世界寻求终极解脱的门径。在道教徒看来，“既然万物皆有道性，人自身自然也含有道性。如此，则人类不必再向外界谋求任何可以使他具有道性的物质条件，而应专心致志地在自身内在条件的梳理和自我强化上下功夫，在自己身内还炼出作为道之‘聚形’的大丹”[34]。在形而下的层面上，这种“内丹学”引进了传统巫术

33　［英］李约瑟:《中国古代科学思想史》，陈立夫等译，江西人民出版社，1990年，第231页。

34　姜生、汤伟侠:《中国道教科学技术史·汉魏两晋卷》，科学出版社，2002年，第48页。

中吐纳导引的修炼方式，发展出了房中术、太极拳之类强身健体之术；在形而上的层面上，这种“内丹学”已不在祈求肉体上的羽化升仙，而是希望精神上的与道契合。

从外在原因上看，这种向内转的倾向可能与诸多服食丹药者中毒身亡的教训有关；从内在的原因上看，这种向内转的倾向仍可归因于其理性精神之原动力的不足。无论如何，这种转变之于科技事业的影响是不利的。“在这里，所有的外部价值未被否定，而是被内在化地吸收了。它引导人们从自我出发，又回到自我，最后宣布了自我的解放。外丹时期的外向型攫能取向，已被引回到精神的世界。这无疑在精神的层面上弱化了对自然界的攻击性，而把矛头指向自我。到后期道教阶段，人们就只能顺乎道德戒律而行，以心性之真证仙之不虚。道教对科学的包容结构，终于转变为一种柔性的桎梏。”[35]

如此说来，无论是主张“实用理性精神”的儒家、倡导“相对主义”和“不可知论”的道家，还是依赖“经验主义”的道教，都未能使中国建立起自然科学所必需的逻辑术语和理论平台。与之相反，“欧洲没有儒家拒绝研究自然的现象，因此也就没有道家不信赖理性和逻辑的倾向”[36]。于是，尽管西方人曾陷入宗教的偏执和迷狂，却为科学的发展奠定了必要的基础和前提；尽管我们聪明而又勤奋的古人创造了包括“四大发明”在内的无数工艺成就，却使“中国传统科学一直处于原始的经验主义阶段，而没能自发地出现近代科学及随之而来的工业革命”。这便是笔者对“李约瑟难题”的解答。得出这一答案，当然不是要长西人之威风、灭国人之志气，而是要正视并克服中国传统文化中的痼疾，并为21世纪的文化发展提供一个必要的参照系。

总之，由于我们古人的理性思辨能力受到了文化的束缚，由于我们古人的生活信仰目标受到了文化的制约，从而在很大程度上限制了科学的发展。于是，中国人可以通过反复测算而为圆周率的π值找到一个相当精确的数据，却不可能建立起一种欧几里得式的几何学体系；中国人可以通过反复实践而建造起天坛祈年殿式的精美建筑，却不可能建构起一个牛顿式的力学体系……中国人丝毫也不比他人愚笨，然而理性的翅膀一旦绑上实用的铅砣，

35　姜生、汤伟侠：《中国道教科学技术史·汉魏两晋卷》，科学出版社，2002年，第37页。

36　[英]李约瑟：《中国古代科学思想史》，陈立夫等译，江西人民出版社，1990年，第197页。

就难以高飞远举了。历史竟然如此荒唐，使得每每沉湎于抽象玄思的西方人发展了科学，而念念不忘经世致用的中国却只成就了工艺。在迎接全球性科技挑战的今天，冷静地回顾和总结一下这段历史不是没有意义的。

（此文为国家社科基金规划课题“儒、释、道的生态观与艺术观”的阶段成果，发表于《清华大学学报（哲学社会科学）》2009年第1期;《高等学校文科学术文摘》2009年第2期转载;《人大复印资料》2009年第4期转载;《新华文摘》2009年第13期转载; *Frontiers of Philosophy in China* 2010年第3期转载）

中西饮食文化的古代、现代、后现代特征

从最原初的意义上讲，饮食是人类获得个体生命存在与种族繁衍所需能量的基本手段，是一种本能。然而，随着人类生产能力的提高，当这种直接的需要被满足之后，负载其上的间接意义便逐渐出现并被累加起来。于是，从果腹到营养，从充饥到美味，从社会地位、宗教信仰到审美情趣，人们在食物的生产、加工、分配、享用的过程中加入了很多基于物质而又超越物质的精神元素。于是，饮食不仅有了内容，而且有了形式——一种“有意味的形式”。于是，对于一个文明的人来说，“吃”不仅是一种生理行为，而且是一种社会现象，从而不可避免地打上了时间和空间、历史与民族、文明与文化的种种印记。在这种情况下，比较中国与西方的饮食文化，并梳理其古代、现代、后现代的时代特征，也便成为一个饶有兴味的话题了。[1]

1 “西方”既有地理空间意义，又有文化史上的指向意义，本文中“西方”的含义，主要指后者。姜守明等人在《西方文化史》中对文化意义上的西方做出了界定：“古代的西方是指以希腊罗马文化所代表的文明区域；中世纪的西方是指基督教信仰所及地区，所谓的‘基督教大世界’；近代以来，西方特指天主教势力和新教势力直接统治下的欧美地区。在现代国际政治中，‘西方’概念更偏重于历史文化含义，主要指工业发达国家，不但包括欧洲和北美的工业发达国家，也可以包括澳洲的澳大利亚、新西兰，亚洲的日本、新加坡等国”。见姜守明、洪霞：《西方文化史》，科学出版社，2004年，第2页。

一

自进入文明时代以后，无论中国还是西方，饮食除了要为满足人类自身的食欲并提供必要的营养之外，还被赋予了超出生理需求和物质需要之外的文化内涵——一种形而上的精神指向。在具体的文化氛围中，这种超越性的功能指向显然不是偶然的、孤立的，而是与其民族的价值系统密切相关的。古代的西方人和古代的中国人都有神秘的宗教追求，也都有世俗的伦理准则。从这意义上讲，他们在饮食背后所赋予的价值常常是交叉的：既有宗教的内涵，又有伦理的意义。然而，就其同中有异的相对差别而言，西方古代的文化可称之为“宗教文化”，因而其饮食观念更多地受神学影响，背后的深度内涵以宗教为主；中国古代的文化可称之为“宗法文化”，因而其饮食观念往往与伦理价值有关，背后的所指意蕴以伦理为主。

早在古希腊时代，人们对奥林帕斯诸神的崇拜构成了其原始宗教的两大特色：一是虽有信仰但并不极端的多神教特色，二是崇拜彼岸而并不压抑此岸的感性特色。[2]在这种既尊重肉体也尊重心灵的文化氛围的影响下，希腊人的饮食简朴而不吝啬，丰盛而不奢华，从而形成了至今仍被视为有益于健康的“地中海饮食结构”。在通常状态下，“他们的食物都很清淡，肉很少见，只在宴会上出现。日常食品主要是粮食做的烘饼，配上干菜做的酱、几个无花果和橄榄。希腊人也吃鱼，但量不多”[3]。尽管古希腊人善于酿造葡萄酒及蜂蜜酒，并以酒会作为重要的交际方式。然而，除了祭祀酒神狄俄尼索斯等宗教活动之外，一般的酒会并不以酗酒和饕餮为主要内容，而是穿插着舞蹈表演、游戏以及颂诗、哲学或者时政讨论。[4]古希腊人主张适当地节制口腹之欲，并以此为美德。[5]正如德谟克利特所说：“对一切沉溺于口腹之乐，并在吃、喝、情爱方面过度的人，快乐的时间是很短的，就只是当他们在吃着、喝着的时刻才是快乐的，而随之而来的坏处却很大。”[6]

2　参见赵林：《西方宗教文化》，长江文艺出版社，1997年，第52—53页。

3　裔昭印：《世界文化史》，华东师范大学出版社，2000年，第104页。

4　参见李长林、杜平：《古典时代希腊社会风俗研究》，《湖南师范大学社会科学学报》2008年第4期，第127—128页。

5　周辅成：《西方伦理学名著选辑》上卷，商务印书馆，1964年，第18页。

6　北京大学哲学系外国哲学史教研室：《古希腊罗马哲学》，生活·读书·新知三联书店，1986年，第118页。

然而，进入希腊化时代和古罗马初期，随着希腊城邦制度的解体和奥林帕斯神学体系的式微，人们的口腹之欲冲破了宗教的堤坝，洪水猛兽般地泛滥起来。举办奢侈的宴会成为古罗马人炫耀财富和权力的主要方式，完整的罗马宴会包括七道程序，时间可长达十小时。宴会的前半部分主要是蛋类、沙丁鱼和蘑菇等普通食物；后半部分则是丰盛的主菜，不乏蜜汁松鼠、烩火烈鸟的舌头、蒸大象鼻子等珍馐美味。由于时间太长，宴会上的贵族男女们不是坐在餐桌前分享食物，而是倚在靠垫上享用美餐。客人们通过大声打饱嗝来表示自己喜欢宴会上的菜肴，有的客人还用羽毛搔弄自己的喉咙，直到把吃下的东西全吐出来，然后重新开始吃。[7]

物极必反，矫枉过正。当基督教的一元神取代了奥林帕斯多神教的统治地位之后，感性和理性的对立在加剧，灵魂和肉体的矛盾被突出，饮食成为物质诱惑、灵魂堕落的象征而遭到了从未有过的严酷节制。一方面，基督教将人类的食物视为上帝的赐予，从而将人的饮食活动作为感谢上帝、蒙受圣恩的精神活动。按照《圣经》中的记载，人类的一切食物都是由上帝安排的，神说："看哪，我将遍地上一切结种子的菜蔬，和一切树上所结有核的果子，全赐给你们作食物。"[8]"使草生长，给六畜吃，使菜蔬发长，供给人用，使人从地里能得食物，又得酒能悦人心，得油能润人面，得粮能养人心。"[9]为了报答神的恩赐，基督教徒在每顿饭前都要进行餐前祈祷，有时还会有餐后祈祷。祈祷可以有固定的语言程式，也可以根据具体情况进行。简单的餐前祈祷还可以采用基督教《赞美诗》中的"谢饭歌"，其内容为："我们会食同心感谢，一粥一饭来处不易，上帝恩赐同胞汗血，欢喜领受为人服役。"[10]另一方面，基督教将饮食欲望视为肉体快感，从而将节制欲望、压抑快感作为考验信仰、磨炼意志的途径。作为基督教的前身，早期的犹太教对食物进行了洁净与不洁净的区分，《旧约·利未记》中记载了"有关食物的条例"，详细规定了哪些食物可吃，而哪些食物不可吃："凡蹄分两瓣、倒嚼的走兽，你们都

7 ［英］费欧纳·钱德勒、［英］山姆·塔普林、［英］珍·宾汉姆：《探索·古罗马》，于维雅译，光明日报出版社，2005年，第89页。

8 《圣经·旧约·创世纪》，中国基督教三自爱国委员会、中国基督教协会，2000年，第2页。

9 《圣经·旧约·诗篇》，中国基督教三自爱国委员会、中国基督教协会，2000年，第104页。

10 《赞美诗（新编）》编辑委员会：《赞美诗》，中国基督教协会，1983年，第381页。

可以吃。但那倒嚼或分蹄之中不可吃的乃是骆驼，因为倒嚼不分蹄，就与你们不洁净。……兔子，因为倒嚼不分蹄，就与你们不洁净。猪，因为蹄分两瓣，却不倒嚼，就与你们不洁净。这些兽的肉，你们不可吃；死的，你们不可摸，都与你们不洁净。……凡在水里、海里、河里，有翅有鳞的，都可以吃。凡在海里、河里，并一切水里游动的活物，无翅无鳞的，你们都当以为可憎。”[11]此外，《旧约·利未记》还规定凡用掌行走的四足走兽，凡有翅膀而不会跳的昆虫，凡地面上的小爬虫，无论是用肚子爬的、用四只脚步走的，还是用很多脚走的，都是不洁净的，如果吃了即是玷污自己，如果谁摸了它们或它们的尸体，谁就要不洁净到晚上，甚至死了的鼬鼠、鼹鼠、壁虎等爬物，掉到什么东西上，什么东西就不洁净，需要浸在水中清洗，如果掉到瓦器里，则不管瓦器中装了什么，都需要将瓦器打破。[12]这种对食物洁与不洁、可食与不可食的划分，显然已经远远超出了生理卫生和地理、生态、环境的需要，而有着深刻的宗教内涵。一方面，对部分食物进行禁忌可以适当压抑人们的肉体欲望，并将其“升华”为精神的追求；另一方面，信奉同一食物禁忌的人们可以增加宗教上的凝聚力和信仰上的认同感。尽管随着基督教的改革，犹太教“有关食物的条例”被解除。在《圣经·新约·罗马书》中，保罗宣称：“我凭着主耶稣确知深信，凡物本来没有不洁净的；唯独人以为不洁净的，在他就不洁净了。”[13]但是不洁净的食物使人堕落，妨碍人们进入宗教圣洁的世界的观念，却对西方世界的饮食文化观造成了深远的影响。

在基督教历史的大部分岁月里，忠实的信徒一直在四旬斋和各种教会节日期间实行禁食或节食。所谓“禁食”，是指一天只吃一顿饭，通常在下午三四点钟的时候，而“节食”则是指不吃某些食物。在不同时期，节食禁吃的食物也有所不同，一般包括动物的肉，或者乳制品和蛋类。为了纪念耶稣星期五在十字架上遇难，基督教世界规定星期五为节食的日子。

在基督教教义中，满足口腹之欲的食物是必坏的食物，唯有精神食粮才是永生的粮食，而这种精神食粮就是耶稣自己。据《新约·马可福音》记载，

11 《圣经·旧约·利未记》，中国基督教三自爱国委员会、中国基督教协会，2000年，第166—167页。

12 《圣经·旧约·利未记》，中国基督教三自爱国委员会、中国基督教协会，2000年，第167—168页。

13 《圣经·新约·罗马书》，中国基督教三自爱国委员会、中国基督教协会，2000年，第284页。

耶稣在最后的晚餐上，“拿起饼来，祝了福，就擘开，递给他们说：‘你们拿着吃，这是我的身体。’又拿起杯来，祝谢了，递给他们，他们都喝了。耶稣说：‘这是我立约的血，为多人流出来的。我实在告诉你们：我不再喝这葡萄汁，直到我在神的国里喝新的那日子。’”[14]基督教教义认为，耶稣的这番行动和话语，是暗示门徒以后应以这样的方式纪念他，于是便在后来的弥撒仪式中要求基督徒领食象征基督身体的无酵饼和象征基督血液的葡萄酒以示纪念。这样一来，西方的饮食活动也便具有了“人神合一”的特殊意味。

在《旧约·创世纪》中，人类始祖亚当与夏娃获罪并被逐出伊甸园的直接原因是偷食了禁果。人类始祖所犯下的这一“原罪”是基督教神学的出发点，这种“原罪”意识深深地植根于西方人的主观世界中，成为信仰的一种痛苦的心理保证。而偷食禁果这一说法本身，已使人们相信饮食是物质的诱惑，是堕落的象征，所以追求美食既是罪恶的，也是危险的。[15]基督教用撒旦的七个恶魔形象来代表七宗罪，其中就包括了饕餮（Gluttony）。为了最终获得灵魂的赎救，人应该全身心地信赖耶稣，控制自己包括食欲在内的各种欲望，进行苦修。在早期基督徒的隐修者中，“没有酒或肉的简陋饮食，加上定期的严格斋戒，成了大家赞许的抑制食欲和情欲的方法”[16]。

从生理的角度上讲，追求美味应该成为饮食活动的一种本能；然而在教义的指导下，限制美味却又成为饮食文化的一种必要。于是，这两种不同的价值取向便构成了西方中世纪漫长阶段饮食文化的内在矛盾。据说巧克力最先是由以安娜王后为首的西班牙人引进到法国的，当时这种加入了肉桂和龙涎香调料的食品却因其极为诱人而一度遭到教会的强烈抵制，理由是这种饮料会将信徒们领受圣餐之前强制性的空腹效果完全抵消了。[17]在这种追求快感却又惧怕诱惑的矛盾心态下，西方古代的饮食总体上是简单的、素朴的，而没有朝着美味方向发展下去。

与西方古代不同的是，中国古代的文化以伦理世俗为主。因而《论语·乡党》中已有了“食不厌精，脍不厌细”的说法；在《孟子·告子上》中，则进

14　《圣经·新约·马可福音》，中国基督教三自爱国委员会、中国基督教协会，2000年，第91页。

15　赵林：《西方宗教文化》，长江文艺出版社，1997年，第52、53页。

16　［美］G. F. 穆尔：《基督教简史》，郭舜平等译，商务印书馆2000年，第112页。

17　［法］图珊-萨玛：《布尔乔亚饮食史》，管筱明译，花城出版社，2007年，第90页。

而从人性的角度上论证了饮食欲望的合理性：“食色，性也。”因此，中国古代的饮食文化极为注重对美味的追求，并将中国菜发展到了一种登峰造极、举世无双的地步。然而，中国古代的饮食文化并非没有形而上的追求，只是由于“宗法文化”的影响，这种追求不在人与神之间展开，而在人与人之间延续。

中国古代的饮食观念与礼乐社会的产生及发展密切相关。先周社会之礼，主要指原始宗教的祭祀活动，《说文解字》释“礼”为“事神致福”。王国维认为，“礼”的古字即甲骨文的“豊”字，一切祭祀神灵之事皆谓之“礼”。[18]与祭祀之礼相联系，上古社会饮食简陋。《礼记·礼运》说：“夫礼之初，始诸饮食，其燔黍捭豚，汙尊而抔饮，蒉桴而土鼓，犹若可以致其敬于鬼神。”[19]周人灭商之后，在文化上进行了大胆的变革，即在巫教祭祀的基础上引进了宗法伦理的精神内涵，将巫教祭祀文化体系改造成礼乐文化。在这以后，与礼的作用相一致，饮食也便成了调节人与人之间关系的重要手段。

“礼别异”，周礼对于人际关系的调节作用是通过区分人的亲疏远近、尊卑长幼和贵贱等级，以确立尊卑有等、长幼有序的社会秩序。因此，与西方宗教文化背景下人通过克制食欲以拯救灵魂的办法不同，中国古代将食欲作为人类本性之一给予了肯定，地位越高的人，越拥有满足食欲的优先权，从而在饮食的选料、品种、数量，以及器皿的使用上，都要体现尊卑长幼的等级差别。在食品的区分上，中国古代有“天子食太牢为尊”的说法[20]，《国语·楚语下》中，观射父区分了不同社会等级在盛宴及祭祀时所用食物的等级，并指出食物等级的意义：“天子举以大牢，祀以会；诸侯举以特牛，祀以太牢；卿举以少牢，祀以特牛；大夫举以特牲，祀以少牢；士食魚炙，祀以特牲；庶人食菜，祀以魚。上下有序，则民不慢。”韦昭注：“举，人君朔望之盛馔。”“太牢，牛、羊、豕也。会，会三大牢，举四方之贡。”“特，一也。”“少牢，羊、豕。”“特牲，豕也。”[21]而据《战国策·韩一》，张仪说韩王时还提到更底层的“民”，称“民之所食，大抵豆饭藿羹”。[22]不仅不同地位的人所食不

18　王国维：《观堂集林》（卷六）第一册，中华书局，1991年，第291页。

19　《礼记正义》，中华书局缩印阮元校刻十三经注疏本，第1415页。

20　《册府元龟》卷536，文渊阁《四库全书》本。

21　《国语》卷18，文渊阁《四库全书》本。

22　《战国策》卷26，文渊阁《四库全书》本。

同，即使在同一场宴席上，不同身份的人也各有差等。《礼记·燕义》中记载燕礼中君、卿、大夫、士、庶子所用之“俎、豆、牲体、荐、羞，皆有等差，所以明贵贱也。”根据《礼记·礼器》的规定，饮食规格越高，一餐所用的食器便也越多，因此食器的多寡也与地位的高低成正比：“礼有以多为贵者……天子之豆二十有六，诸公十有六，诸侯十有二，上大夫八，下大夫六。(《礼记·礼器》)”乡饮酒礼中，食器数目则按年龄的长幼有所差等：“六十者三豆，七十者四豆，八十者五豆，九十者六豆，所以明养老也。”(《礼记·乡饮酒义》) 如此说来，人们饮食的好坏及其所用器皿的多少，绝不仅仅是一种经济能力的问题，而且是一种宗法关系的问题、社会地位的问题，从而也就是一种严肃的政治问题。饮食规格要与人的身份地位相当，不能僭越，否则便有祸殃。《尚书·洪范》中称：“惟辟作福，惟辟作威，惟辟玉食。臣无有作福、作威、玉食。臣之有作福、作威、玉食，其害于而家，凶于而国。”“辟”指君，“玉食”即美食、珍食。孔安国《传》：“言惟君得专威福，为美食。”[23] 天子、诸侯、卿、大夫、士、庶人因地位不同而饮食各有等差，于是食器就成了身份地位的象征，本来用于炊具的鼎便成了君主权力的象征，“问鼎”即指图谋篡权，“迁鼎”则指政权灭亡。

在中国古代，与饮食相关的空间与时间因素，也被用来区分长幼尊卑。在空间上，主要体现为席位。《礼记·燕义》中记载了上层统治阶级燕礼的席次：“席，小卿次上卿，大夫次小卿，士、庶子以次就位于下。”也就是说，在燕礼上设置席位，小卿的席位在上卿之下，大夫的席位又在小卿之下。士和庶子依次在阶下就位。《礼记·乡饮酒礼》中则记载了乡饮酒礼中的席次：宾客坐于西北方，宾客的辅助者称“介”，坐在西南方，主人坐于东南方，主人的辅助者称“僎”，坐在东北方。在中国古代“天人合一”的哲学思想背景下，天地四方皆被赋予了不同的意义，而宾主的席次正是以此为依据。所谓“天地严凝之气，始于西南而盛于西北，此天地之尊严气也，此天地之义气也。天地温厚之气，始于东北而盛于东南，此天地之盛德气也，此天地之仁气也。主人者尊宾，故坐宾于西北，而坐介于西南以辅宾。宾者，接人以义者也，故坐于西北；主人者，接人以仁、义德厚者也，故坐于东南；而坐僎于东北，以辅主人也。仁义接，宾主有事，俎、

23　[汉]孔安国传、[唐]孔颖达正义：《尚书正义》，中华书局缩印阮元校刻《十三经注疏》本，第190页。

豆有数，曰圣。圣立而将之以敬曰礼，礼以体长幼曰德。德也者，得于身也。故曰：“古之学术道者，将以得身也，是以圣人务焉。’”（《礼记·乡饮酒义》）这样一来，宴席的位次便获得了一种天文宇宙学依据，以符合天人之间的同构关系。

在时间上，中国古代的等级关系体现为同一餐饭中不同地位的人饮酒及进食的先后顺序上。《礼记·燕义》中记载了燕礼中饮酒的次序：“献君，君举旅行酬，而后献卿；卿举旅行酬，而后献大夫；大夫举旅行酬，而后献士；士举旅行酬，而后献庶子。”《礼记·内则》则记载了寻常家庭的餐桌饮食的次序，体现了家族内部的宗法等级关系：“父母在，朝夕恒食，子妇佐馂，既食恒馂。父没母存，冢子御食，群子妇佐馂如初。旨甘柔滑，孺子馂。”父母健在，平常早晚吃饭，儿子与儿媳要在旁劝食，等父母吃完饭后，再吃父母吃剩的食物。如果父亲死了母亲还健在，就由长子陪母亲吃饭，由其他儿子和媳妇在旁劝食并吃母亲吃不完的食物。父母吃剩下的好吃、甜美、柔滑的食物要让幼儿吃。吃饭的优先权，意味着生存的优先权，意味着饮食主体在社会及家庭中的地位，这真是“民以食为天”的绝妙写照。

总之，在古代社会里，虽然中国与西方的饮食都有着超出物质需要之外的精神追求，但这种追求又因其“宗法文化”与“宗教文化”的不同影响而有所不同。当然，这种民族文化间的差异并不是绝对的。事实上，古代的西方人在食物的分配和就餐的形式上也有着一定的等级制度。例如，公元10世纪至11世纪期间，地主阶级曾经利用限制性的狩猎法规而使农民阶级无法获得任何野味，从而造成了吃肉的上层阶级同吃不到肉的农民阶级之间的饮食鸿沟。又如，文艺复兴前，欧洲人用手指进餐，平民用五个手指，上层人士用三个手指。而有了刀叉之后，使用这种简单的餐具也一度成为上层贵族的特权。[24]不仅如此，西方人的宴会席位也并非没有讲究，一般来说，席位高低以离主人座位的远近而定，同时又遵循“右高左低”的原则，并要将男女宾客穿插排位。以女主人的座位为准，主宾坐在女主人的右上方，主宾夫人坐在男主人的右上方。[25]所有这些都说明，西方古代的饮食文化中也有着一定的宗法等级因素，只不过同中有异，这些宗法等级的因素不像中国古代那样严

24 史仲文、胡晓林：《世界全史——世界中世纪生活习俗史》，中国国际广播出版社，1996年，第53页。

25 参见朱燕：《现代礼仪学概论》，清华大学出版社，2006年，第239页；门书春、李文霞：《现代社交礼仪》，经济管理出版社，1996年，第124页。

格，那样细致，那样体系化、制度化罢了。反过来说，中国古人在食物的获取和分配的过程中也并非没有宗教成分，如狩猎、屠宰之前的祭祀，祭祀之后对供物的分享，等等，只不过同中有异，这些宗教内容不像西方古代那样严格、那样细致、那样随处可见、那样深入人心罢了。

需要指出的是，无论是西方古人对饮食文化的宗教性发挥，还是中国古人对饮食文化的宗法性利用，都在一定程度上背离了饮食自身的生理需求，从而导致了异化。在西方“宗教文化”的背景下，节制食欲被赋予了抵制肉体诱惑以拯救灵魂的神学意义，绝食与饥饿被赋予了某种“神圣性”。这种价值取向不仅在很大程度上抑制了烹调技术的发展，而且也带来了禁欲主义的不良后果。极端的节制食欲很容易造成厌食症，对人的健康十分不利。英国学者贝尔（Rudolf Bell）在《神圣的厌食症》（Holy Anorexia）一书中，研究了1200年以来曾生活于意大利半岛的受教皇宣福礼之死者或圣职人员中的261位女性的经历，其中有1/3的人因历史记录太少而无法确知情况，其余170位左右的女性，有一大半表现出厌食症迹象，她们中包括凯瑟琳（Catherine of Sienna）和玛丽（Mary Magdalen de Pazzi）等知名人物。[26]除了对健康不利之外，信徒们一日三餐的祈祷，也需要花费一些不必要的时间和精力。与之不同的是，在中国古代“宗法文化”的背景下，饮食的好坏已不仅是生理的需要，而成为身份的标志、权力的象征。《周礼·天官·膳夫》规定：“凡王之馈，食用六谷（稌、黍、稷、粱、麦、苽），膳用六牲（牛、羊、豕、犬、雁、鱼），饮用六清（水、浆、醴、凉、醫、酏），羞用百有二十品，珍用八物，酱用百有二十瓮。”[27]这种为显示其尊严和地位的饮食，显然会造成极大的浪费。所谓上行下效，各级官员也纷纷以饮食的铺张来显示自己的身份，将宴会的排场发挥到了淋漓尽致的地步。正是在这样的文化心理驱动下，清代官场才会出现菜式多达200多款，有着“八小吃”“十大菜”之称的“满汉席”。[28]除了巨大的浪费之外，饭桌上俯仰屈伸、动辄得咎的规矩和礼仪，也给原本是一种享受的饮食活动带来了不应有的烦恼和压力。

26 参见［英］菲奥纳·鲍伊：《宗教人类学导论》，金泽、何其敏译，中国人民大学出版社，2004年，第95、96页。

27 钱玄、钱兴奇、王华宝、谢秉洪注译：《周礼》，岳麓书社，2001年，第31页。

28 参见张茂华、亓宏昌：《中华传统文化粹典》，山东人民出版社，1996年，第135页；［清］袁枚：《随园食单》，关锡霖注释，广东科技出版社，1983年，第26页。

二

进入现代社会之后，随着理性的崛起和人性的复归，西方的“宗教文化”与中国的“宗法文化”相继衰落，传统饮食文化中的非功能指向发生了动摇：西方人不再强调饮食活动中人与神的宗教关系，中国人也不再强调饮食活动中人与人的宗法关系。在工业化生产和科学精神至上的条件下，西方和中国的饮食文化开始摆脱异化的束缚，向人类自身的生产与生活需要回归。

现代饮食文化的出现不是偶然的。首先，建立在现代工业、农业、交通运输业基础上的食品工业的出现，为现代饮食文化提供了必要的物质基础与技术前提。其次，工业化的发展、城市化的进程改变了人们的生活节奏，使人们有必要改变自己的饮食方式以适应新生活的需要。最后，也是最为重要的是，理性精神和科学精神的崛起使人们不再将人与人的关系和人与神的关系看得比人自身更为重要，当“大写的人”的观念出现之后，一种与之相应的新的饮食文化便呼之欲出了。

当附着在饮食活动之上的形而上要素被剥离之后，卫生、营养、便捷成为现代饮食的三大追求。从理性的角度上讲，饮食的第一要义，就是在具有卫生保障的前提下给人提供必要的营养，而且这种营养的提供越便捷越有效率。现代化食品工业的出现需要两个前提：一是现代化的工业手段对食品所进行的大批量生产，二是现代性的城市居民对食品所提出的大规模需求。在两者一拍即合的情况下，一种来自工业生产线而非厨房的方便食品出现了。1810年，罐装食品实验成功并开始为人们提供食品；1836年约瑟夫·科林公司生产的沙丁鱼年产量10万罐。1880 年法国西海岸的食物罐装工厂每年产出5亿罐沙丁鱼罐头；[29]1833年，蒸汽动力机器被运用到面包生产中，强有力的机器使面包轻而易举地被大批量生产；19世纪30年代末，乔纳森·迪克森·卡尔（Jonathan Dickson Carr）发明了饼干塑形机，将大量饼干从一条面团上切下来，以最便捷的方式制成大小一致的几何图形，这些都是独立工匠用手工难以完成的；[30]1865年，采用李比希发明的氧络方法把牛肉利用机器压成块状，

29　［美］菲利普·费尔南德斯·阿莫斯图：《食物的历史》，何舒平译，中信出版社，2005年，第255页。

30　参见朱基富：《新航路开辟：欧洲饮食文化的新篇章》，东北师范大学世界史硕士学位论文，第25页。

使南半球过剩的牛肉成为北半球人们餐桌上的快餐；1874年，浓缩牛肉汁被大量生产和销售……[31]目前，世界上的方便食品已超过一百多万种。工业化生产和规模化经营使食品产量提高，质量稳定，标准趋向统一，从而更能满足人们对于食物卫生、营养等方面的需求。

在制糖厂、肉类加工厂、水产加工厂、香肠厂、饼干厂、罐头厂、饮料厂等各种食品加工厂以前所未有的效率与规模为人类提供方便食品的同时，人们的用餐方式也因功能化追求而发生了很大的变化。20世纪60年代至70年代，快餐在世界各地开始流行起来，汉堡包、热狗、三明治、意大利面、比萨饼、美式炸鸡、法式炸薯条等快餐店以烈火燎原般的速度占领着全球市场。到了1995年，美国快餐店有12.8万家，占全美餐饮业的42.6%。而创建于1930年的美国炸鸡快餐连锁企业肯德基迄今已在全世界80多个国家拥有11 000多家的连锁店。近些年来，除了肯德基、麦当劳之外，还有必胜客、吉野家、德克士、塔可钟、罗杰斯、乐天利等为数众多的洋快餐品牌涌进中国市场。在洋快餐的启示下，为适应人们的生活需求，中国许多地方风味小吃也开始做起快餐连锁经营，如深圳的面点王、浙江的九百碗、甘肃的马兰拉面、天津的狗不理、北京的万方园、河南的红高粱、上海的荣华鸡、台湾的永和豆浆等。[32]为了适应东方人的饮食习惯，以一道特色主菜加上数种常见配菜的"定食"，也率先从日本、韩国，以及中国的台湾、香港等地发展起来。从消费的角度上讲，食客可以通过选择不同的主菜来满足自己的偏好；从生产的角度上讲，厨师则可以利用常备的配菜来提高工作效率。

在宗教或伦理至上的古代社会，饮食的超功能指向受到了突出强调；而在科学和理性至上的现代社会，饮食的功能性追求则得到了充分的发挥。在现代化的食品加工厂里，一切都在计算机的控制下进行智能化操作，选材与配料、干度与湿度、油温与水温、热量与糖分、蛋白质含量与维生素成分……都要经过精确的计算，以确保不同车间的流水线或不同地区的连锁店所提供的同一品牌的食品具有同样的营养、同样的口味。这些方便食品和快餐还注重制作、包装、运输、储存过程中的卫生环节，在开启、食用等方面力求方便顾客。在食品的消费环节，则根据人们的习惯和要求，提供相应的

31　李波：《口腔里的中国人》，东方出版中心，2007年，第85页。

32　参见陈芬森：《西方饮食在中国》，中国社会科学出版社，2007年，第57—58页。

条件和对策。如麦当劳根据交通规则中“红灯停，绿灯行，黄灯要慢行”的要求，将店牌设计成红底黄字的大“M”，以便使途径该店的司机下意识地减速停车，不自觉地下车就餐。不仅如此，有些麦当劳还与加油站相配合，使行车的路线经过售餐的窗口，让人们在加油的瞬间获得可口的快餐。根据“人体工程学”的原理，麦当劳将柜台高度统一设置为92厘米，因为在这一高度，顾客很容易把钱掏出来付账，不会耽误后面等待的顾客点餐。研究表明，面包厚度为17毫米时，进入人口中味道最好，而可乐在4摄氏度时最为爽口，于是麦当劳所有面包都保持17毫米厚，可乐温度始终保持为4摄氏度。[33]

科学和理性的发展，加速了饮食对功能性追求的步伐。生物技术的科学研究与应用提高了食物的产量，改善了食物的营养成分；冰箱及各种新型烹饪器具的发明，则大大提高了食物储存和烹饪技术。高科技设备使厨房变得俨如实验室，而厨师则摇身一变成为科学家。时至今日，如果我们走进某些著名餐馆的厨房，可能会误以为走进了化学实验室。在这些高科技装备的厨房里，配备着大罐装的压缩二氧化碳和液态氮、能够以0.1摄氏度的精确度显示水温的容器、由玻璃瓶和冷却管组成的蒸馏仪器以及被标着“藻酸盐”“乳酸钙”和“默克蓝色闪粉”的瓶子包围的精准天平。在这里，厨师们能够利用液体氮迅速冷却尚未加工的食品材料或半成品食物，从而使食物外部冰凉松脆，但内部绵软可口。他们也可以利用低压燃烧室使水在室温状态下沸腾，既煮熟了食物，也将热量损耗降到最低限度。他们还可以利用测量精准的便利厨具，在最短时间里做出鲜嫩多汁的肉和鱼。[34]现代化的烹饪设备不仅提高了饭店的工作效率，而且改善了家庭的炊事条件。电冰箱、电烤箱、微波炉等厨房电器的广泛应用，大大解放了家庭主妇的生产力，从而使原本复杂的烹饪变得容易起来。

方便食品的大规模生产，快餐连锁店的蓬勃发展以及厨房电器的广泛使用，使人们不必像以往那样，将一日三餐视为家庭中的重要事件，非要在同一时间、同一张餐桌旁共同进食；而可以因人而异，随时进行，甚至可以一边盯着电脑或电视机一边解决进餐问题。而简便易行的就餐方式，不仅淡化了人与人之间相互依赖的关系，而且将人从复杂的就餐行为中解放出来。对

33　陈芬森：《西方饮食在中国》，中国社会科学出版社，2007年，第71—73页。

34　参见《未来厨房更像化学实验室》，《羊城地铁报》2008年1月3日；王靓：《大厨要像化学家，厨房变成实验室》，《东方早报》2007年11月7日。

于一个随时随地都能获得足够营养的现代人来说，要想通过吃饭来显示对上帝的虔诚或炫耀自己的地位，无疑是一种愚昧而可笑的行为。因此，越来越多的青年人接受了“AA制”的合作方式，人们觉得，这种各付各账的一起用餐比拉拉扯扯地争相埋单更加轻松自然。因此，越来越多的集体聚会选择了“自助餐”的形式，人们觉得，这种自选自助的用餐方式比主客之间的相互劝酒更加方便自由。[35]总之，对于那些不再试图通过吃饭来显示“人神关系”或“人人关系”的现代人来说，吃饭只是获得营养的必要途径而已。因此，他们更倾向于用最便捷、最有效的方式解决吃饭问题，以便腾出更多的时间去工作，去旅游，去休闲，去娱乐。

三

与古代的饮食文化相比，现代的饮食文化打碎了以往的形而上枷锁，恢复了饮食活动的本来目的，因而有其积极的进步意义。然而，就像现代文明的其他方面一样，机械化、标准化的饮食活动也会带来意想不到的负面影响。千篇一律的麦当劳、肯德基似乎成了人体机能的加油站，这种便捷、有效的就餐形式不仅忽视了每个人的个性需求，而且使民族的、地域的、文化的色彩付之阙如了。于是，作为对于现代饮食标准化模式的反动，强调异质性的“后现代饮食”潮流出现了。

如果说中国与西方古代的饮食文化是二元的，现代的饮食文化是一元的，那么后现代的饮食文化则是多元的。这种多元化的追求是以信仰的多元性、趣味的多样性为前提的。如果说中国与西方古代的饮食文化是面向宗教和宗法的，现代的饮食文化是面向理性和科学的，那么后现代的饮食文化则是面向审美和享受的。这种审美和享受是以充裕的物质条件和充分的闲暇时间为前提条件的。

毫无疑问，所谓后现代文明是在现代文明高度发展之后的产物。从物质层面上看，现代文明的高度发展为后现代的饮食活动提供了极为丰富的物质

35 据考证，自助餐起源于8～11世纪北欧的斯堪的纳维亚半岛，最初是那些不喜欢繁文缛节的海盗们发明出来的就餐方式。进入现代社会以后，这种自选资助的就餐方式因其方便、自由而又节俭的优点而被不同阶层广泛接受。参见李廷富:《环球美食自助餐》，江苏科学技术出版社，2004年，第1页。

保障。在经济全球化的今天，我们随便走进一家超级市场，就有可能买到荷兰的乳猪、非洲的鸵鸟、澳大利亚的龙虾、新西兰的羊肉、非洲的鲈鱼、美洲的象拔蚌、南美的烤火鸡、俄国的鱼子酱，以及法国的香槟、德国的啤酒、俄国的伏特加、印度的咖喱、日本的酱油、韩国的泡菜……这些来自世界各地的原料、佐料和食品为后现代饮食的多样化创造提供了丰富的物质基础。从精神层面上看，现代文明的高度发展，为后现代的饮食活动提供了极为广阔的精神空间。尊重不同信仰、尊重少数族群、尊重每个人的独特选择和偏好，已成为当今世界的共识。正是在这种情况下，五彩缤纷、光怪陆离的后现代饮食粉墨登场了。

从空间上看，汇聚各个民族的不同风味，从而为我们的嗅觉和味觉提供各种选择的可能性，是后现代饮食的不懈追求。时至今日，我们不仅可以在世界各地找到中国餐馆，而且可以在中国的都市里吃到法国的大菜、意大利的美食、巴西的烧烤、日本的料理……正如后现代消费理论家波德里亚所说，“某种对烹饪、文化、科学、宗教、性欲等等的普遍好奇由此苏醒。‘TRY JESUS!’一句美国口号如此说道。‘尝试一下耶稣！’一切都要尝试一下。因为消费者总是怕‘错过’什么，怕‘错过’任何一种享受。我们永远都不知道这种或那种接触、这种或那种经历［加那利群岛的圣诞节、威斯忌酒烹鳗鱼、普拉铎（le Prado：西班牙国家绘画雕刻博物馆。——译者注）、麦角酸二乙基酰醯胺（L.S.D.：一种迷幻剂烈性麻醉药——译者注）、日本式爱情］会不会在您身上造成某种‘共鸣’。这里起作用的不再是欲望，甚至也不是‘品味’或特殊爱好，而是被一种扩散了的牵挂挑动起来的普遍好奇——这便是‘娱乐道德’，其中充满了自娱的绝对命令，即深入开发能使自我兴奋、享受、满意的一切可能性”[36]。在“尝试一切”的后现代饮食氛围中，各种旨在向消费者介绍各地美食的图书也应运而生了，如《北京美食地图》《上海美食地图》《欧洲浪漫美食旅》《欧洲经典美食游》。而《纽约时报》知名记者兼美食专栏作家R.W.阿普尔则在去世之前的著作《全球美食地图》中，列举了包括生蜗牛在内的美国之外10个国家的10家餐厅的经典菜式。[37]

36　［法］波德里亚：《消费社会》，刘成富、全志钢译，南京大学出版社，2000年，第72—73页。

37　参见张代蕾：《值得打“飞的”去吃的全球十家餐厅》，《新民晚报》2006年11月24日。

从时间上看，汇集古往今来的各种情调，从而为我们的听觉和视觉提供各种享受，也是后现代饮食文化所惯用的伎俩。时至今日，人们已经不再满足于在窗明几净的餐馆里吃饭，而要在欧洲的古堡、苏丹的王宫、蒙古人的帐篷、吉普赛人的大篷车里享受一种独具特色的美餐；就餐也不仅仅是满足于口腔部位的快感，而要一边吃饭一边欣赏北美的爵士乐、南美的探戈舞、中国的昆曲、日本的歌舞伎、中东的肚皮舞……至于欧洲人的壁炉、波斯人的地毯、非洲侍者的装束、日本人的榻榻米，以及五花八门的灯光、音响，都可以成为就餐环境的陪衬和点缀。在这里，人们享用的不仅是美味，而且是美声、美景。需要指出的是，在既满足了生理需要又消除了“深度模式”的后现代社会里，这些美味、美声、美景的组合，既不再具有形而下的卫生和营养价值，也不再具有形而上的宗教或伦理意义，而变成了一种没有所指的能指系统，在符号的延宕中满足着人们的好奇心。正如波德里亚所言：“赋予消费以社会事件特征的，并非它表面上所具有的那些天性（如满足、享受），而是它赖以摆脱那些天性的基本步骤（这一步骤将它规定为编码、制度、组织系统）……这并不是说需求、自然用途等都不存在——这只是要人们看到作为当代社会一个特有概念的消费并不取决于这些。因为这些在任何社会中都是存在的。对我们来说具有社会学意义并为我们贴上消费符号标签的，恰恰是这种原始层面被普遍重组为一种符号系统，而看起来这一系统是我们时代的一个特有模式，也许就是从自然天性过渡到我们时代文化的那种特有模式。”[38]与现代饮食的功能性取向不同，后现代饮食不再满足于食物自身的营养成分，而将人们引向超越功利的审美体验；与古代饮食的意识形态取向不同，后现代饮食不再满足于任何给定的价值系统，而将人们引向一种游戏般的消费和享受。

因此，在空间和时间的交错中，后现代饮食将古代的、现代的、东方的、西方的、宗教的、世俗的各种物质的成分和精神的材料汇聚起来，装进自己那五光十色的万花筒，并借助各种高科技手段来探索人们感官享受的种种可能，以“实现存在之最大化”。[39]在这种后现代饮食中，人们已经既超出了古代饮食的形而上诉求，又超越了现代饮食的功能化取向，而是以审美为指归了。

38 ［法］波德里亚：《消费社会》，刘成富、全志钢译，南京大学出版社，2000年，第70—71页。

39 ［法］波德里亚：《消费社会》，刘成富、全志钢译，南京大学出版社，2000年，第73页。

需要指出的是，由于中国社会城市和农村、东部和西部的巨大差异，以及外来文化和传统观念的交互影响，致使我们今天的饮食文化中既有古代的成分，又有现代的成分，还有后现代的成分。就前者而言，且不说在一些边远的山村乡下，女人仍不具有“上桌权”的现实；[40]就连一些城市里的国家干部，还要在饭桌上一本正经地按照官衔来排列座次；[41]至于通过举办豪华宴会来显示社会地位和经济实力的虚荣心理，更是普遍存在。2007年3月11号的“人民网”披露：“据资料显示，我国一年公款吃喝至少在2 000亿元以上。”这一切显然都是具有封建色彩的古代饮食观念在作祟。就中者而言，我们那些“朝九晚五”的“上班族”们，则已经养成了在单位食堂和快餐店解决午餐的习惯，孩子们的“小饭桌”、成人们的“AA制”、宴会中的“自助餐”蔚然成风，现代性饮食观念已被越来越多的城市居民所接受。就后者而言，尽管我们仍属于发展中国家，但一些超前消费的富裕阶层已经有声有色地拉开了后现代饮食的历史帷幕。在北京、上海等各大都市里，人们不仅可以尝到世界各地的美味佳肴，而且可以出入一些创意奇特的饮食场所。据说北京一位老板将餐馆装饰成牢房，让侍者穿着号衣给客人上菜，居然搞得门庭若市、生意兴隆，足见后现代饮食的吸引力……这种古代、现代、后现代相互叠加的奇妙景观，不仅表现为整个民族的不同阶层，而且在我们每个人身上都有可能交互出现：平日里在家中吃饭，我们可能喜欢现代饮食的简单快捷；工作时在餐馆里应酬领导和客户，我们又不得不遵守古代饮食的传统习俗；偶尔外出旅游，我们也不妨尝试一下后现代饮食的新鲜体验……

在一个价值观念多元化、生活方式多样化的时代里，我们应该尊重每个人的个性自由，而没有理由强迫人们接受某个民族、某个时代的饮食观念。本文的意义只在于将不同民族、不同时代的饮食观念展现给读者，以便给人以更加开阔的选择视野和更加多样的选择空间。

（此文为陈炎、李梅合作，教育部人文社会科学重点研究基地重大课题“文明的结构与艺术的功能”[07JJD751079]的阶段成果，发表于《中国文化研究》2009年秋之卷）

40 李波：《口腔里的中国人》，南京大学出版社，2000年，第128—129页。

41 现代国人宴会的席次与古代略有不同，通常的讲究是以面向大门的位置为主陪，背向大门的位置为副陪，客人则依其地位的高低依次坐在主陪和副陪的右侧和左侧。

人文版的“四大发明”
——陈炎教授访谈录

○陈教授，您好！首先感谢您在百忙之中接受我们的采访。以前听过您的讲座，感觉您对文化与文明有自己独到的见解。今天我们要谈论的话题是“中国元素的时代变迁”。近期，上海召开了以“中华元素：诠释、演绎和现代表达”为主题的2009年文化论坛，集中讨论了中华元素在未来的可能性，引发了人们对中华元素与中国传统文化以及中国模式的深层次思考。首先，我想请您给中国元素下个定义，您觉得怎样解读它比较合适？

●所谓“中国元素”应该是中国文化最为集中、最有特色的表现形式。这种元素至少应该具备三个条件：首先，它是直观的，即可以在日常经验中直接感知的。其次，它是独特的，即对于域外文化的受众有一种新奇感、陌生感。最后，它是有一定内涵的，可以体现中华民族的思维方式、行为方式和情感方式，因而具有可供咀嚼的文化意味。

○“直观性”和“独特性”比较好理解，那么什么是“中国人特有的思维方式、行为方式和情感方式”呢？

●中国人思维方式、行为方式和情感方式的特点很多，如注重形象而非抽象、注重综合而非分析、注重阴阳而非因果、注重和谐而非对抗，等等。

○按照这一标准，您认为最有代表性的中国元素有哪些？

●我认为最具有代表性的是汉字、中餐、中医、武术这四项，它们最为集中地体现了中国人特有的思维方式、行为方式和情感方式，因而与指南针、造纸术、活字印刷、火药等科技版的“四大发明”同样重要，可称之为人文版的“四大发明”。

○首先说汉字。一般认为，从象形文字到拼音文字，是人类文字发展的普遍规律。按照这一观点，汉字与世界上许多能够直接表音的拼音文字相比是落后的，因而早晚也要走拼音化、乃至拉丁化的道路。您不这样认为吗?

●首先，汉字有象形的成分，但不是象形文字。“象形”只是作为汉字构造法则的“六书”中的一种。除了象形之外，它还有写意的成分，如“会意”；除了写意之外，它还有表音的成分，如“形声”。而且随着汉字的发展，形声字越来越多。所以，不能简单地将汉字说成是落后文字。其次，尽管汉字确实有许多需要改革的地方，其改革的道路还颇为漫长，但随着汉字数字化输入技术的发展，其改革的目标却未必要走拉丁化的道路。最后，汉字确实有难写、难认的缺点，但也有直观、优美的优点。甚至有研究成果表明，掌握汉字有助于开发人的右脑，对形象思维有好处。

○随着汉语国际化的日益加剧，作为汉语的物质外壳，您认为汉字是否需要改革，以及如何改革，才能有助于此一“中国元素”的世界普及呢?

●首先，与那些反对简化汉字的人不同，我认为只有尽可能地克服汉字难认、难写、难记、难辨的缺点，才能使其得到最大限度的普及，因此汉字是需要改革的，而且离理想的境界还很遥远。其次，我认为汉字的改革需要坚持一些根本性的原则，如在笔画上减少繁字、增加简字，即通过改革而使汉字的笔画越来越少，减少乃至消除那些难认、难写、难记、难辨的字；在构字上减少象形、会意、指事等造字方法，增加形声字，即通过改革而使汉字在原有的造型框架的基础上越来越具有表音的成分，做到表音与表义的结合，从而更加容易被理解和掌握；在分类上要合并异体字、减少多音字，即通过改革将那些在写法上不同但在意义上相同的字合并在一起，将那些在读音上不同但在写法上相同的字变成同一读音，从而增加汉字的集约性和有效性。最后，我认为在当今的国际环境下，我们有必要也有可能联合世界上所有使用汉字的国家和地区共同简化汉字，这包括日本等东北亚国家、新加坡等东南亚国家，更包括我国的台湾、香港等地区，因为汉字是中国的，也是世界的，而步调一致的改革，不仅可以使这些国家和地区的人民共享汉字改革的成果，而且可以最大限度地减少因汉字改革而造成的新的文化隔膜。

○如果说汉字体现了中华民族“注重形象而非抽象”的特点，那么中餐是否体现了中华民族“注重综合而非分析”的特点?

●你说得很对，中华民族自古以来就讲究综合。这其中的来源至少有两个，一个是冶炼，即青铜器的制造。我们的祖先发现，用同一种矿石炼成的铜器硬度和光泽并不理想，铸成的乐器所发出的声响也并不悦耳。于是他们就选择不同的矿石，并按照一定比例综合搭配，冶炼并铸造出美妙礼器、悦耳的乐器，并进而用不同的乐器综合搭配，创造出不同的交响。中国古人讲究综合的另一个来源就是饮食。我们的祖先发现，用同一种原料做出的食品，色泽单一、口味单调。于是他们就选择不同颜色、不同味道的原料，并按照一定的方法综合搭配，以烹饪出色、香、味俱全的佳肴，并进而用不同的佳肴组合成丰盛的宴席。冶炼和烹调还只是中国古人在“综合”问题上的具体实践，更为重要的是，他们在这种实践的基础上提升出了一个由“综合”而实现“和谐”的理论法则，这就是西周时代的伯阳父所说的“声一无听，物一无文，味一无果，物一不讲”的“和而不同”原则。

○如此说来，中餐的背后还真有着丰富的文化内涵呢！那中医呢?

●如果说中餐体现了中国人“注重综合而非分析”的特点，那么中医还体现了中国人“注重阴阳而非因果”的特点。中医不把导致疾病的原因归结为某种单纯的病原体，而将其看作身体各机能关系失衡的结果。因此，与西医不同，中医的治疗方针并不是从“因果”关系出发，要用一种物质（如抗菌素）来消灭另一种物质（如病菌），而是从“阴阳”关系入手，采取表里双解、攻补兼施的方法，使原来失去平衡的身体机能恢复常态。也正因如此，中药的配制和使用方法与西药完全不同，它不讲究“提纯”而讲究“配伍”，即因地、因时、因人、因症而不断调整配方，使阴阳有变而法无定法。

○我注意到您不把中医看成是科技版的“四大发明”，而归结为人文版的

“四大发明”，其用意何在？

●西医的传统模式是“生物医学模式”，即把人看成是一种生物，甚至是一台机器，出了毛病的时候便可以按照物理、化学的方式来加以修理和调整。按照这一思路，医学就应该属于科技，而与人文无关。可是传统的中医则不然，它不把人看成是一个单纯的生物或一台机器，而是重视人的心理、社会内容。《黄帝内经》首先是一本哲学书，然后才是一本医学书。时至今日，西医已经注意到了其自身的缺陷，因而有人想把原有的“生物医学模式”改造为“生物—心理—社会医学模式”，这其中就吸收了中医的一些理论。

○最后让我们来谈一谈武术吧？

●武术有强身健体的功能，也有自卫防身的功能，但中国武术的最高境界不是对抗而是和谐，即体现了我们“注重和谐而非对抗”的民族精神。从造字学的角度上讲，“武”字是由“止”“戈”两个字结合而成的，足见习武的目的不是为了征服别人，而是为了制止暴力。所以古人对习武者的德行要求很高，嗜杀好斗的人是不配习武的。从具体的形态上讲，中国武术虽然门派很多、技巧各异，但大都讲究攻守结合、刚柔并济。这种对“和谐”的追求不仅表现在外在的动作上，而且表现在人与人之间、身与心之间，最典型的如太极拳，那绝不是单纯的骨骼与肌肉的运动，而要达到精、气、神三者的统一，以进入一种出神入化的境界。也正因如此，中国武术才显得多姿多彩、赏心悦目，而非一味地使用蛮力。如果我们将西方的拳击和中国的武术加以比较的话，便不难发现，前者是一种力量和速度的对抗，后者则不仅要打得准、打得狠，而且要打得漂亮。惟其如此，“中国功夫”才具有更多的审美价值，从而被世人所欣赏。

○陈老师，照您这么一说，汉字、中餐、中医、武术这些“中国元素”的背后还真是体现了中国人独特的思维方式、行为方式和情感方式呢！

●上面的介绍还只是相对而言的，其实中国人的思维方式、行为方式和情感方式是一体的，它们综合地体现在所有的文化现象之中：汉字不仅注重形象，也注重综合；中餐不仅注重综合，也注重阴阳；中医不仅注重阴阳，也注重和谐；武术不仅注重和谐，也注重形象……

○除了您所说的人文版的"四大发明"之外，还有哪些"中国元素"或"中国发明"需要说的吗?

●中华民族有悠久的历史、灿烂的文化，自然有很多值得称道的发明与创造，如京剧、国画、书法、围棋等。这些"中国元素"或"中国发明"不仅体现了我们民族独特的思维方式、行为方式和情感方式，而且至今仍为世人所享用。但我之所以没有将它们列入人文版的"四大发明"，是因为其影响的深度和广度比不上汉字、中餐、中医、武术。随着汉语国际化的普及与推广，不仅日本、新加坡、越南、马来西亚的街道上满眼都是汉字，就连西方国家也开始使用汉字来装点自己的橱窗和产品了，尽管这种使用还仅仅停留在"中国元素"的外在层面上。随着全球人口流动性的增强，几乎有人的地方就有中国人，而有中国人的地方就有中餐馆。不仅中国人喜欢中餐，其他国家的人民也都爱吃中国菜。过去，一些欧美国家视中医为巫术，在法律上禁止中医看病。但随着"中国热"的持续升温，不仅许多国家和地区取消了对中医的禁令，而且中医、中药渐渐成为一种时髦的东西。至于充斥在银幕和荧屏上的"中国功夫"，更以其眼花缭乱的姿态让世人看得目瞪口呆，有着持续不断的票房价值……

○这种情况说明了什么?

●说明了中国的和平崛起渐渐被世人所认同，说明了中国的古老文化渐渐焕发出现代生机。

○在这种情况下，我们应该注意什么?

●当别人轻视自己的时候，不要自卑；在别人重视自己的时候，也不要自大。中国文化只是世界文化的一部分，我们要有自立于世界民族之林的资格，就应该为人类文明做出自己独特的贡献。在这一点上，我们的前人做到了，我们今人和后人也一定能做到。

（此文发表于《中国社会科学报》2009年9月17日）

基督教与儒家生态思想的似与同

说起给中西文化带来最大影响的两种思想体系，在西方要算基督教，在中国则属儒家。而作为两种彼此独立的思想体系，它们又是源于完全不同的两种文化背景，因此其差异之大也是显而易见的。但当我们从生态智慧的角度对两家思想进行考察时却发现，二者竟存在着惊人的相似、甚至相同之处，本文的宗旨正是要对二者生态思想的共通之处进行分析比较。

一、“神”与“天”：人与万物共同的创生之源

当判断某一思想体系有无生态智慧时，首要的标准便是看它是否把自然界作为一个有机整体来看待。而就某种程度而言，基督教和儒家的思想显然都符合这一标准。不仅如此，二者在建构有机整体观念时还选择了同样的策略，那就是为宇宙万物预设一个共同的创生源头，区别之处仅在于二者对这一创生源头的称谓不同。

基督教把宇宙万物的创生源头称为“神”，也即“天主”。《圣经》称，是“永生的天主，一举创造了万物”（《圣经·德训篇》18：1）。在《创世纪》的第一章里，我们可以看到天主创造世界的整个过程，即他不仅创造了天地，

创造了天上的光和空气，还创造了地上一切动植物，包括人类。在基督教教义中，创造世界万物的“神”除了被冠以“天主”之名外，还有另一种称谓，那就是“天父”。如《马太福音》：“你们饶恕人的过犯，你们的天父也必饶恕你们的过犯。你们不饶恕人的过犯，你们的天父也必不饶恕你们的过犯。”（《圣经·马太福音》6：14—15）另如《路加福音》：“你们虽然不好，尚且知道拿好东西给儿女。何况天父，岂不更将圣灵给求他的人吗？”（《圣经·路加福音》11：13）对多数人而言，基督教以“父”尊称天主并不让人感到意外，因为通观整部《圣经》，天主给予人类的那种慈父般的关爱是显而易见的。但笔者认为，基督教以“天父”尊称上帝还有更深的用意，那就是回应“神创万物”的故事。就“创生”与“被生”的关系层面而言，“神”与“万物”（包括人类）的关系亦即“父”与“子”的关系。而基督教教导人们“彼此相爱”“爱人如己”的深层理论根基，也正是建立在对这种“一父所生”的共同血缘的认同之上。不过这种极具人伦色彩的象征关系，绝不仅仅止于人与人之间的亲缘。既然上帝的创生物中还包括人类之外的所有其他物种，那么这种象征关系也必然会彰显出人类与其他物种的亲缘。而当人类与所有其他物种都被赋予了共同的亲缘色彩时，自然界的有机整体性也便随之显露出来。

在《圣经》中，神的荣耀和完美化正是靠着自然界的有机整体性展现出来的。这种整体性不仅表现为自然界的井然有序，也同时表现为万物间的相互依存。一方面作为上帝的杰作，整个自然界都是井然有序的。“太初，上主造化了万物，在创造时，分别了万物的种类，永远把自己的化工布置就绪，连续给它们派定了统帅，它们不感觉饥饿，也不感觉疲劳，因为统帅总不停止自己的工作。它们彼此不相侵犯，永远不违背他的安排。”（《圣经·德训篇》16:26—29）另一方面万物之间又是相互依存的，“泉源涌在山谷，流在山间。使野地的走兽有水喝，野驴得解其渴。天上的飞鸟在水旁住宿，在树枝上啼叫。”“上主的乔木饱餐水泽，黎巴嫩香柏，主手所植；鸟类在那里垒窝筑巢，鹤群以树梢为家安卧。高山峻岭作羚羊的洞府，绝壁岩石作野兔的居处。”（《圣经·诗篇》104：9—18）“遍地上一切结种子的菜蔬和一切树上所结有核的果子”是专门为人类准备的，而青草则是为“地上的走兽和空中的飞鸟，并各样爬在地上有生命的物”准备的(《圣经·创世纪》1：29—30)。在这种相互依存的关系网络中，每一物都能各按其时显示出独特的自身价值。“一切受造物都有自己的用途。”(《圣经·德训篇》39:26)“他所造的完满无缺，物各有所长，互成其美。”(《圣经·德训篇》42:25)而基督教的生态智慧，恰恰在自然界的井然有序与自然万物的相互依存中彰显出来。

与基督教一样，儒家也同样为宇宙万物预设了一个共同的创生源头，只是没有将其名为“神”或天主，而是称其为“天”或天地。翻检儒家的经典会发现，早在孔子那里，就已经有了“天何言哉？四时行焉，百物生焉”(《论语·阳货》)的说法，孟子也说“天之生物也，使之一本”(《孟子·滕文公上》)。除此之外，《周易》中的“大哉乾元，万物资始，乃统天”(《乾·彖传》)，董仲舒的“天者，万物之祖，万物非天不生”(《春秋繁露·顺命》)，以及二程的“天之生物无穷”[1]等，也都在以不同的描述方式重复着相同的观点。

而当儒家把“天”作为宇宙万物的共同源头时，实际上也等于宣布了自然界的有机整体性。有趣的是，同基督教类似，儒家也通常称“天”为“父”，有所谓“天父地母”之说。[2]因此与基督教相同，在“创生”与“被生”的关系层面上，儒家也把“天”与“万物”(包括人类)的关系类比为“父”与“子”的关系。不论是人类、动物还是植物，也不论是有生命的还是无生命的，在儒家那里都只代表着同一大家庭中的不同成员而已。在对人类与其他物种共同血缘的认同上，儒家甚至比基督教表现得更加自觉，他们不仅明确地把“家”的观念扩大为“国”，承认“四海之内皆兄弟”；同时还非常明确地把“国”的观念进一步扩大到了整个自然界也即“天下”，主张“凡有血气，皆其昆弟赤子之亲”[3]。与此相应，他们不仅将“父慈子孝”“兄友弟恭”的“亲亲”扩展为“泛爱众”的“仁民”，同时又将“泛爱众”的“仁民”进一步扩展为“体万物而与天下共亲”(戴震：《原善》)的“爱物”。于是，在儒家思想中，世间所有存在物(包括人类)也同样因为“一父所生”的关系而血脉相连，并

1　《二程集》，中华书局，1981年，第85页。

2　《尚书·周书·泰誓上》记载周武王的话：“惟天地万物父母，惟人万物之灵。”《尚书》传说为孔子所修订，虽然这一说法在如今的学术界有赞有弹，但它起码可以说明，《尚书》特别是其中的“周书”部分与儒家思想肯定有着内在的一致性。宋代的“二程”也有类似的说法，参见《二程集》(上册)，中华书局，1981年，第117页。

3　王阳明：《传习录》，山东友谊出版社，2001年，第214页。

进而构成一个不可分割的有机整体。他们甚至像现今的某些生态学家那样，直接把地球看成了一个生命体："夫人者，天地之心，天地万物，本吾一体者也。"[4]"仁者，以天地万物为一体，莫非己也。"[5]如此一来，人成了自然界的心脏，天地万物则成了与心脏紧密相连的五官与四肢。随着这种一体性观念的不断深化，儒家思想的生态价值也彰显无疑。

二、"神的形象"与"万物之灵"：人在自然中的位置

美国学者沃斯特说："在这生态学的历史上，我们所关注的中心一直都是道德上的，我们尤其注重的是这门学科如何形成人对其本身在自然中的位置的看法。"[6]既然如此，人在自然中该如何定位便成了任何一种具有生态智慧的思想体系都无法回避的问题，不论是基督教思想还是儒家思想，概不例外。而二者对这一问题的回答也显然有其相同之处。简言之，人优于万物，但不脱离自然。

在基督教思想中，人与其他物种并非是完全平等的，人在自然中的位置也显然与其他物种有所不同，具体可表现为两点：其一，于万物之中，唯独人是上帝按照自身的形象和样式创造出来的。"神说，我们要照着我们的形象，按着我们的样式造人。""神就照着自己的形像造人，乃是照着他的形象造男造女。"（《创世纪》1：26、27）这意味着，与其他物种相比，人与上帝的距离要近得多。而距离上帝越近，其地位自然也就越高贵，反之，距离上帝越远，其地位也就越低下。由此而言，人类显然要高于其他物种。其二，于万物之中，唯独人受到了天主特殊的眷顾与偏爱。天主将遍地上一切结种子的菜蔬和一切树上所结有核的果子"（《创世纪》1：29）全赐给人类作食物，而不是相反；委任他"管理海里的鱼，空中的鸟，和地上各样行动的活物"（《创世纪》1：28），而不是相反；赋予他为动物命名的权力，而不是相反。这同样可以说明，人类在自然中是明显优于其他物种的。对于这一结论，《圣经》还有更明确的证据。《马太福音》记载，耶稣对他的信徒们说："你们看

4　王阳明：《传习录》，山东友谊出版社，2001年，第306页。
5　《二程集》，中华书局，1981年,第15页。
6　［美］唐纳德·沃斯特：《自然的经济体系：生态思想史》，商务印书馆，1999年,第255页。

那天上的飞鸟，也不种，也不收，也不积蓄在仓里，你们的天父尚且养活它。你们不比飞鸟贵重得多吗？”（《圣经·马太福音》6:26）“人类优于其他物种”这一观点本身没什么问题，问题是，当这种优越性被片面夸大时，人类就有可能被超拔于万物之上，并最终成为凌驾于自然界之上的、仅次于上帝的第二主宰。这一观点，或许就成为西方人开发自然、驾驭自然、征服自然的思想源泉。

不过通观《圣经》我们会发现，其中似乎还暗含着另一个完全相反的结论，那就是，人与其他物种是平等的。通过《圣经》中“神造万物”的故事可以看出，人与万物之间具有一个本质性的共同点，即都是由神一手创造的，神是他们共同的本原。“神在万物之上，为万物之主。”（《圣经·哥林多前书》15:28）这说明，就同属于受造物而言，人与万物之间的确是平等的。除此之外，人与动物之间还存在另一个本质性的共同点，即都源于同一种基质。《圣经》称，人与兽“都出于尘土，也都归于尘土”（《圣经·传道书》3：19—20），因此，“世人遭遇的，兽也遭遇。所遭遇的都是一样。这个怎样死，那个也怎样死。气息都是一样。人不能强于兽。都是虚空。都归一处。”（《圣经·传道书》3：19—20）这又说明，就来源于共同的基质而言，人与动物之间也应该是平等的。而且除了来源于共同的基质，他们还有着同样的气息，同样的归宿。当人类与其他物种的本质共同性得到认同时，人类就不再可能与其他物种彻底地分道扬镳，而是仍在自然界之中，并成为自然界的一部分。

现在的问题是，我们对这两种完全相反的结论究竟该如何理解？在笔者看来，两种观点貌似矛盾，实际上却并不冲突。前者强调的是人类相对于其他物种的优等性，后者强调的则是人类与其他物种的一体性或不可分离性。正如我们既承认法律面前人人平等，又不否认一个人的能力优于另一个人，我们同样既可以承认人类在智能上优于其他物种，又可以承认人类与其他物种有着同源性从而实为一体。两种结论之所以不同，仅仅是由于看问题的角度不同。而我们对于某一问题的全面理解，则常常得益于不同角度的综合。因此，当我们将两种结论综合起来看时，就可以大体把握基督教思想对于人类在自然界中的地位问题了，那就是，既优于其他物种，又仍在自然之中。

于是，基督教那独特的生态智慧，便在这两方的张力之间表现出来：它将人类置于所有自然物之上，却并不将其视为游离于自然之外、并仅次于上帝的第三者，而是仍然将其视为自然界的成员之一；它将上帝的特殊眷顾加诸人身，却并未因此将其从自然整体中抽离出来并放在自然的对立面，而是依然保持着人与自然的一体性。

与基督教极为类似的是，儒家也基本上做到了两者兼顾。

其一，儒家明确主张人“为万物之灵”（邵雍：《观物外篇》）、人“最为天下贵”（《荀子·王制》），强调人类相对于其他物种的优越性。从“厩焚。子退朝，曰：‘伤人乎？’不问马”（《论语·乡党》）的故事来看，重人贱畜、以人为贵的思想在孔子那里已经一目了然。到了荀子那里就更为明显：“水火有气而无生，草木有生而无知，禽兽有知而无义，人有气、有生、有知，亦且有义，故最为天下贵也。”（《荀子·王制》）后继的儒者对此更是给予了应有的重视。

其二，儒家也坚持人仍然隶属于自然，是自然界不可分割的一部分。当儒家将人类与其他物种视为同一大家庭中的成员和手足兄妹，主张“民吾同胞，物吾与也”（张载：《西铭》）时，关于人与自然的一体性观念就已经是一目了然了。其所谓的“亲亲而仁民，仁民而爱物”（《孟子·尽心上》），所谓的“质于爱民，以下至于鸟兽昆虫莫不爱。不爱，奚足谓仁？”（《春秋繁露·仁义法》）等，无不在强调人与万物的不可分割性；而其所谓的“天父地母”“以天地万物为一体”[7]的观念，又无不在强调人类对自然界的隶属性。

于是，儒家的生态智慧也同样在这种优于万物而又在自然之中的人类定位中显露出来：它主张“人之超然万物之上”（《春秋繁露·天地阴阳》），却又要求“以天地万物为一体”；它强调爱有差等、亲有远近，却又坚持“仁者无不爱”（《孟子·尽心上》）、仁者“体万物而与天下共亲”（戴震：《原善》）；它最大可能地抬高了人类的地位，却又依然保持着对天地自然的敬畏与尊重；它明确宣扬“以物养人”的合理性，却又不忘对自然万物施以人文关怀。

7 《二程集》,中华书局，1981年，第15页。

三、“看管者”与“辅助者”：人在自然中充当的角色

基督教与儒家对人类在自然界中的相同定位，使得人类在自然中充当的角色也极为类似：前者将人视为上帝委派的看管者，后者则把人视为天地的辅助者。而无论是看管者还是辅助者，都能做到既尊重人类的能动性，又可抑制其个性的过度膨胀；既能保障人类满足自身要求的正当权益，又可尽量避免生态失衡。

许多西方学者都曾把生态危机归咎于基督教，认为基督教培养了极度的人类中心主义，如雷切尔·卡森批评犹太教——基督教教义使人类错将自己视为地球万物的主宰；林恩·怀特和帕斯莫尔则指责基督教鼓励人们以统治者的态度对待自然，并将自己视为自然界的绝对主人。[8]但是如上所述，当我们重新审视基督教教义时，却发现了与此不尽相同的内涵。按照《圣经》的原意，人类与其他物种一样，都应该是自然界的一部分，而既然是自然界的一部分，那么大自然的真正主人或统治者就绝不可能再是人类本身；按照《圣经》的原意，整个自然界、包括人类自身又都是上帝一手创造的，而既然是上帝的创造物，那么自然就应该依然属于上帝，而不是人类。而且《圣经》中明确指出：“天和天上的天，地和地上所有的，都属耶和华你的。”（《圣经·申命记》10:14）当然与其他物种相比，人类的确是高贵的，上帝把“治理世上事物的权力”赐给他，“使一切生物都畏惧他，使他能制服禽兽”（《圣经·德训篇》17:2—4），并把它们都交付他的手中。但是若与上帝相比，人类又何其渺小！为了惩罚人类的过错，上帝曾经制造了一场决意消灭所有生灵的巨大洪灾，然而当人类面对如此的大灾难时，除了被动接受之外并无其他选择。这也恰恰说明，自然界是人类根本无法控制的。而人类既然无法控制自然，又怎么可能成为自然界的主人或统治者呢？更何况，“天主看了他造的一切，认为样样都很好”（《圣经·创世纪》1：31），他的造物已经完美无缺。面对自然的无法控制和完美无缺，人类又哪里来的能力和必要去随意干涉自然并改变自然呢？

也有学者指出，基督教之所以要为生态危机负责，是因为它主张只有人

8 王诺：《〈圣经〉的人与自然观及其批判》，《江汉大学学报》（人文科学版）2003年第3期。

的存在是目的，其他存在物只是服务于人类生存的手段。的确，上帝创造了人类之后“就赐福给他们，又对他们说，要生养众多，遍满地面，治理这地。也要管理海里的鱼，空中的鸟，和地上各样行动的活物”（《圣经·创世纪》1：28），而不论是“治理”（kabas）还是“管理”（rada），在希伯来语中都有“践踏”“压榨”之意。这似乎意味着，世界是上帝专门为人类创造的，因此他就可以按照自身的意愿随意处置自然。但《圣经》中也明确指出：“人并不优于走兽。”（《圣经·传道书》3:19）人与万物应该是平等的。而且，《德训篇》第17章“天主造人的目的”中还明确指出，天主造人时之所以“按照自己的本性赋给他德能，依照自己的肖像造成了他”，并“赐给他们理智、唇舌、眼目、耳朵和能思想的心”，只是为了“好使他们能赞美他的圣名，光荣他奇妙的化工，并传述他伟大的工程”。如此说来，人类的存在也同样是手段，他同其他物种一样，都是为了显示天主的荣耀而存在。既然如此，人类就更没有理由去统治自然并任意改变自然了。

不过话又说回来，人类虽然不是大自然的拥有者，更无法成为大自然的统治者，但优于万物的特性可以使他成为上帝委派的大自然的“看管者”。亨利·巴尼特在《教会与生态危机》中，就把人看作是“地球大家庭的管家、看护者、监护人”[9]。如果说“拥有者”或“统治者”的角色定位会让基督教思想表现出强烈的反生态色彩，那么“看管者”的角色定位却会让基督教思想流露出明显的生态保护意识，因为若是作为“拥有者”或“统治者”，自然将会变成人类的私有财产，并进而成为被利用、被压榨的对象，人类可以随其所欲地对待它；若是作为“看管者”，自然则“仍然是上帝的财产，人类无权提出要求。它只能被当作信托财产来租赁和保管。它必须根据神圣的公义标准，而不能根据与人类利欲有关的价值观来处理”[10]。更为重要的是，若是作为“看管者”，人类最大的义务将是尽力维护上帝赋予大自然的完美秩序，而不是破坏它。

与基督教类似，儒家对人类优越性的强调也曾经被一度曲解，其中一个最典型的例子便是荀子。荀子有一段被广为引用的文字，那就是：“大天而思之，孰与物畜而制之？从天而颂之，孰与制天命而用之？望时而待之，孰与

9 孙雄：《生态神学——当代基督教对人与自然关系的新认识》，《现代哲学》2001年第3期。

10 莫尔特曼：《创造中的上帝——生态的创造论》，生活·读书·新知三联书店，2002年，第45页。

应时而使之？因物而多之，孰与骋能而化之？思物而物之，孰与理物而勿失之也？愿于物之所以生，孰与有物之所以成？故错人而思天，则失万物之情。”（《荀子·天论》）这段话可称为儒家思想中强调人类自主性和能动性的最具代表性的表述。许多学者把荀子这种“制天命而用之”的思想解释为一种“人定胜天”的观念，这其实也是一种明显的曲解。所谓的“人定胜天”，实质上意味着人类对自然的控制和征服。它把人拔高为宇宙自然的主宰者，并将其脱离于作为创生源头的“天”之外。若是按照这种解释，人类在自然中扮演的将是一个征服者的角色。但这显然违背了儒家思想的原意。

儒家思想的与众不同之处在于以孝为本，主张“孝弟也者，其为仁之本与”（《论语·学而》）。“天地之性，人为贵。人之行，莫大于孝。”（《孝经·圣治章》）这便意味着，在儒家那里，父的权威与尊严是不容侵犯的。按照儒家的伦理体系，“国”是放大了的“家”，“天下”则是进一步放大了的“国”；君王是民之父，天则是人与万物之父。作为儒家的代表人之一，荀子的观点并未超出这一范围之外。他不仅延续了君臣父子的传统，有所谓“臣之于君也，下之于上也，若子之事父，弟之事兄”（《荀子·议兵》）的主张；同时他也坚持了“天父地母”的观念，有所谓“天地合而万物生”（《荀子·礼论》）、“天地者，生之始也”（《荀子·王制》）的论述。他甚至还有明确的“上事天，下事地”（《荀子·礼论》）以及“不与天争职”（《荀子·天论》）的说法。既然如此，又有谁会相信，在一个以“孝”为本、以“天”为父的思想体系中，竟会有“人定胜天”的观念呢？

这种解释不但扭曲了儒家思想的本来面目，同时也削弱了儒家思想的生态价值。儒家虽然强调人类的优越性和自主性，但同时也抱有“民胞物与”“天父地母”的信念，这便使得他们在坚持人为“万物之灵”“天地之心”的同时不至于走得太远。在处理人与宇宙自然的关系上，他们虽然高扬人类的自主性和创造性，主张“制天命而用之”，却并未将这种自主性抬高到可以控制和征服自然的程度，而是强调人在利用自然为自身的生存和发展服务时，应该顺天而制，在尊重自然而不是违背自然的基础上去引导和调整自然，亦即“财（裁）成天地之道，辅相天地之宜”（《周易·泰卦·象传》）、“范围天地之化而不过，曲成万物而不遗”（《周易·系辞上》）。也就是说，儒家所主张的，绝不是要把自然控于股掌之中，而只是要对自然过程采取积极的参与和调整；儒家所宣扬的，也绝不是要把自然作为征服和奴役的对象，而只是要辅助自然管理万物。所谓“天地生之，圣人成之”（《荀子·大略》），“天地变化，圣人效之”（《周易·系辞上》），讲的无非都是这一道理。这样说来，儒家给人类在自然中的角色定位绝不是一个自大的控制者，而只是一个尽职的代理人或代言者；绝不是一个自傲的征服者，而只是一个谦逊的学习者或辅助者。

为了突出人类在自然中的优越定位，儒家还提出了“人与天地参”的观点。荀子说过：“天有其时，地有其财，人有其治，夫是之谓能参”（《荀子·天论》）。董仲舒也说过，众生之中“唯人道为可以参天”（《春秋繁露·王道通三》）。宋儒陆九渊的说法则是，“人生天地之间，灵于万物，贵于万物，与天地并而为三极”[11]。由此可以看出，在儒家先哲们眼中，人类在自然中的地位是高于万物之上的，因此他才有资格超出万物而与天地并列为三。但是，将人与天地并列为三并不意味着人从此可以与天地平起平坐、无分上下。人之所以有资格与天地并列为三，只是因为他有足够的能力辅佐天地化育万物，可以利用自己的自主性“以心代天意，口代天言，手代天工，身代天事”（邵雍：《观物篇》）。所谓的“赞天地之化育则可以与天地参矣”（《中庸·二十六章》），讲的正是这个道理。由此看来，儒家的“人与天地参”，也同样是一种谦逊但不谦卑、自信却不自傲的“辅助”观。而儒家的生态思想也正是在这种贵人又不任人、用物却不弃物的两极之间塑造起自己的个性和品格。它“强调人道，但又不将人与自然的关系切断。它高扬人的价值，但又不否定自然存在物的价值。因为在儒家的观点看来，天地是一个生生不息的创造本源，而人则是宇宙创造过程的辅助者和促进者”[12]。

（此文为赵玉、陈炎合作，国家社科基金项目“儒、释、道的生态观与艺术观”[05BZW008]的阶段成果，发表于《孔子研究》2010年第1期）

11 《陆九渊集》，中华书局，1980年，第17页。

12 佘正荣：《中国生态伦理传统的诠释与重建》，人民出版社，2002年，第121页。

文化的谱系

在以往的研究中，我们习惯于将不同的文化现象割裂开来，孤立地分析其特有的价值与功能。这种形而上学的研究方法虽然显得十分具体、十分专业，但无助于对许多问题的理解。事实上，就像色彩的谱系中不仅有单纯的红色和橙色，也有介于这二者之间的橙红色一样；文化的谱系中不仅有单纯的体育和艺术，也有介于这二者之间的杂技或冰舞。七彩虹霓是不同波长的电磁波作用于我们的视网膜所产生的结果，在各种文化现象之间也有着一种从感性到理性相互连续的谱系。为了便于研究，我们将这一谱系简化为四种最为重要的文化形态。其中感性的一极是体育，理性的一极是科学，而连接体育与科学并介于感性与理性之间的是艺术和工艺。本文的任务就是把文化的谱系简化为“体育”“艺术”“工艺”“科学”四种形态，并探讨其相互之间由“量变”导致“质变”的逻辑关系。

一

从形而下的层面上，我们习惯于将“体育”看成是一种锻炼身体的活动；从形而上的层面上，我们习惯于将“体育”视为一种为国争光的行为。然而这两种似是而非的解释，都是经不起推敲的：如果体育活动是为了锻炼身体，人们为什么要设立危险异常的高台滑雪和动辄车毁人亡的汽车方程式大赛？如果体育活动是为了国家的荣誉，奥林匹克运动员为什么非要远离国土，到希腊去点燃圣火？或许从文化的意义上讲，体育活动不单纯是为了锻炼身体，也不仅仅是为国争光，而是另有深意在。——体育，是对于人的肉体能力的开掘与探究，是最大限度地焕发人类感性生命力的文化形态。为此，人们不仅可以攀登绝壁、可以潜入海底、可以进行别出心裁的悬崖跳水和危机四伏的汽车大赛，而且可以进行令人精疲力竭的“铁人三项”和并不美妙的“健美比赛”……这简直就是一种感性的宗教，是由狄俄尼索斯精神所演变而来的奥林匹克精神。[1]

公元前8世纪开始的奥林匹克运动会原本就是宗教活动的一个组成部分，时至今日，其中的宗教意味还可以从点燃并传递“圣火”这一仪式中体现出来。点燃并传递“圣火”的仪式起源于古希腊时代的祭神活动：在夏至日，到宙斯神庙进行朝拜的人们通过赛跑的方式来遴选火炬手，胜利者获得授权，从大祭司手中接过火炬来点燃祭坛上的圣火。

在希腊人的心目中，神的能力是无限的，神可以从这一点跑到那一点而不占用任何时间；人的能力则是有限的，人从这一点跑到那一点一定要占用时间。从绝对的意义上讲，人永远也达不到神的境界。但是人类并不因此而放弃努力，他要通过极限能力的不断扩展，而一步一步地与神接近。所以，从相对的意义上讲，跑得最快的人也就是最接近于神的人，因此他才有权利点燃圣火。这样一来，体育比赛也便具有了神圣的内涵，它似乎意味着人与神之间的距离可以通过体育运动来加以缩短。如果说，神可以达到“无限高”“无限快”“无限强”的境界，而人则只能通过“更高、更快、更强”的努力而不断地接近于神。这正是人们在运动会上希望不断打破纪录的原因所在，也正是奥林匹克精神中所包含的感性生命无限扩张的文化内涵。

惟其如此，我们才能够理解，一个打破百米短跑世界纪录的运动员，何以在人们的心目中会占有如此崇高的地位；一个打破世界举重纪录的大力士，何以会赢得如此崇高的荣誉。时至今日，尽管科学技术已经为我们发明

1 陈炎：《酒神与日神的文化新解》，《文史哲》2006年第6期。

了汽车、火车、飞机之类更加快捷便利的工具，然而无论如何，人的肉体能力始终是支配一切机器设备的最终源泉，因而也是一切文化行为的原动力。无论历史如何发展，无论文明怎样进步，人总归是一具血肉之躯，因而其感性能力的极限是需要不断追求和探索的。正是在这种不断的追求和探索中，人类创造出了五花八门的体育项目。事实上，也正是在这些体育运动项目之中，人的感性能力的各个向度无一不受到锻炼和考验。

从宽泛的意义上讲，任何考验人的感性行为、肉体能力的活动均可被视为体育活动。而当这种活动被纳入一定的规则并进行竞争时，也便形成了竞技体育。在这里，行为是感性的，规则是理性的，于是体育运动也就成了在理性规则下的感性拼搏。由于有了理性的规则，使得体育运动不同于任何原始而又野蛮的肉体行为；由于有了感性的内容，使得体育活动能够释放人的感性欲望、焕发人的原始情感。我们在足球场上便常常可以看到这样一种仿佛自相矛盾、实则相得益彰的情景：一方面是如临大敌式的进场搜身，一方面是全民狂欢式的场内呐喊；一方面是执法如山的黄牌、红牌，一方面是竭尽生命本能的拼抢、射门……在这里，感性与理性、原始与文明、自由与规则、肉体与精神、本能与荣誉这些原本对立的因素裹挟在一起、交织在一起，产生一种巨大的力量，形成一种文化的魅力。

作为感性内容与理性规则相互统一的文化形态，体育活动的实质是偏于感性的，因而在整个人类的文化谱系中处在感性的一极。但是在体育活动的内部，又有着一个由感性导向理性、由量变导向质变、由体育导向艺术相过渡的形态。从绝对的意义上说，任何体育活动都不是感性能力的简单释放，而要受到理性法则和动作技巧的约束，因而在感性之中有理性。但是相对而言，在田径、游泳、拳击等拼搏力量和速度的项目中，感性的成分更多一些，理性的成分更少一些。而在更多注重战术和技巧的球类比赛中，看似本能释放的感性行为中则积淀了不同成分的理性法则和战略战术，是一种斗智斗勇的统一。在不同的球类项目之中，理性与感性、“智”与“勇”所占的成分亦有不同，我们可以在橄榄球、足球、篮球、棒球、排球、网球、乒乓球、高尔夫球等不同的球类项目之间，看到一个由感性向理性相过渡的文化谱系。越往这个序列的前端，感性拼搏的成分越多，理性法则的成分越少；越往这个序列的末端，灵活技巧的成分越多，力量速度的成分越少。因而越往这个序列的前端，就越具有肉体迷狂的色彩；越往这个序列的末端，就越具有艺术表演的成分。比球类项目更接近于感性与理性的统一，从而更接近于艺术的项目还有体操、跳水、滑冰等。而在这每一种运动项目的内部，又会呈现出一个由感性到理性相过渡的文化谱系。以滑冰为例，从速度滑冰到花样滑冰和冰舞，其力量、速度的抗衡渐渐过渡到技巧、姿态的较量。当冰舞选手身着曼妙的服装，伴随动人的音乐，在光洁的平面上翩翩起舞时，我们已经忘记是在观看一场体育比赛还是在欣赏一场艺术表演了。

二

正像人们常常把“体育”看成一种锻炼身体的活动一样，人们也常常把“科学”看成一种改进生活的手段，其实这种想法同样是肤浅的。不错，科学的发展确实在很大程度上改变了人类的生活方式，提高了人类的生活质量；然而，科学的历史告诉我们，从微观世界的原子构造到宏观世界的相对论原理，许多伟大的科学发现并不起源于改善生活条件的功利目的。不仅如此，毕达哥拉斯、柏拉图、亚理士多德等科学家，都曾经明确表示过对功利实践活动的蔑视。“阿基米德虽然在实用发明方面做出了巨大的贡献，但他更为珍爱的依然是在纯科学方面的发现，而认为任何一种与日常生活有联系的技艺，都是可耻的和粗俗的。”[2]

在这里，我们需要把“科学知识”与“工艺技术”区别开来：“传统的观念，只有数学化、逻辑化的知识，才是科学理论，否则都是低级的技术和经验。在一般人心目中，称得起为‘科学’的知识，都有一套专门的术语和概念，并且有一套严密的推理把它连结成一个复杂而庞大的知识体系。类似的思想，以不同的方式，表现在许多学者的著作里，写在各国的百科全书中。”[3]因此，如果说“体育”的要义不是简单的锻炼身体，而是对于人的肉体能力的开掘与探究；那么“科学”的目的也不是简单的改善生活，而是对人的精神能

2　［美］克莱因：《西方文化中的数学》，张祖贵译，复旦大学出版社，2005年，第28页。

3　李申：《中国古代哲学和自然科学》，上海人民出版社，2002年，第1页。

力的开发与探究。这两种文化形态分别处在人类文化谱系中的两极：前者是在感性的极限上接近神明的努力，后者是在理性的维度上挑战神祇的行为。[4]说到底，人类不仅具有物质的躯体，而且具有精神的内涵；不仅具有感性的行为能力，而且具有理性的思辨能力。因而对于理性能力的开发与探究，同样是拓展人类极限的重要向度。“事实上，数学科学中一些伟大的成就——影射几何、数论、无穷量理论和非欧几何……都是为了解决纯智力的挑战。”[5]正是这种超越现实功利的不懈追求，才使得科学家们从具体的经验世界中提炼出抽象的点、面、线、体，形成严谨的概念与范畴，运用经验归纳与逻辑推理的方法，建构起科学体系的大厦。

从更加宽泛的意义上讲，“科学作为一种知识系统或理论系统，它一般由以下几个部分有机构成：（1）实验事实（这是整个知识系统的基础）。（2）基本概念（由实验事实中抽象出概念，再从诸多概念中提炼或挑选出基本概念）。（3）原理及定律（基本概念之间的关系，一般由归纳得出或假设提出，它们作为理论系统的逻辑基础）。（4）逻辑推演系统（由逻辑概念出发，利用逻辑法则及数学方法进行推理）。（5）一系列具体结论（逻辑演绎的结果，可与实验事实直接比较）。”[6]按照这种观点，科学活动虽然是以经验事实为基础的，但它必须经过由经验归纳到演绎推理，即超越具体的感性经验而上升到抽象的理论层面。显然，这种被称为“科学”的活动，是一个由感官所及的现象世界到思想所及的理论世界的上升过程。

然而，无论这种理论的提升过程如何玄妙，毕竟是以现实生活为基础的。因此，正像偏重于开发感性能力的体育活动需要有理性的法则约束一样，偏重于挑战理性能力的科学活动也需要有感性的经验相支撑。因此，尽管从相对的意义上讲，“体育”与“科学”分别处在人类文化谱系中感性与理性的两极；但是从绝对的意义上讲，正如体育活动的内部有着一个由感性向理性逐渐过渡的序列一样，在科学活动的内部则有着一个从理性向感性逐渐过渡的序列。这个序列，我们可以简单地概括为数学、物理、化学、生物。

数学是研究客观世界所有事物数量关系的学问。由于客观世界上的万事万物都有数量关系，因而数学又成为所有自然科学研究的基础和前提。为了

4　陈炎：《“宗教”与“科学”》，《文史哲》2008年第6期。

5　［美］克莱因：《西方文化中的数学》，张祖贵译，复旦大学出版社，2005年，第4页。

6　钱时惕：《科学与宗教关系及其历史演变》，人民出版社，2002年，第1—2页。

研究客观事物的数量关系，数学家采用了抽象的符号语言和缜密的推理逻辑。首先，数学家舍弃客观世界所有事物“质”的差别，仅仅把握其“量”的差别；或者换一种说法，即把客观世界上所有事物“质”的差别都还原为“量”的差别而进行研究。惟其如此，数学家才可能建立起一整套严密的、可以相互通约的符号体系。其次，在这套符号体系的基础上，数学家依靠演绎法进行不断地假设、推理、求证，以得出必然的、可逆的、真理式的结论。“欧几里得的《几何学原本》只用了5个公理、5个假设和23个定义证明了467个命题，是最早的完整的公理化体系。在天文学、静力学、地理学和光学等几个特殊的科学领域里，希腊人成功地将它们数学化，并提出了高度量化的结论。它们不仅在古代世界达到了该领域最高水平，更重要的是，对近代科学的诞生起了一种示范作用。”[7]在数学的内部，几何还不是最为抽象的，因为它有时还需要借助图形来表达思想，而更加抽象的代数则只存在于数字与符号的世界之中。这种抽象而又严密的数学语言确实在很大程度上支撑着所有科学的思维逻辑，并进而向其他文化领域相渗透。“几乎每个人都知道，数学在工程设计中具有极其重要的实用价值。但是很少有人懂得数学在科学推理中的重要性，以及它在重要的物理科学理论中所起的核心作用。至于数学决定了大部分哲学思想的内容和研究方法，摧毁和建构了诸多宗教教义，为政治学说和经济理论提供了依据，塑造了众多流派的绘画、音乐、建筑和文学风格，创立了逻辑学，而且为我们必须回答的人和宇宙的基本问题提供了最好的答案，这些就更鲜为人知了。作为理性精神的化身，数学已经渗透到以前由权威、习惯、风俗所统治的领域，而且取代它们成为思想和行动的指南。最为重要的是，作为一种宝贵的、无可比拟的人类成就，数学在使人赏心悦目和提供美学价值方面，至少可与其他任何一种文化门类媲美。”[8]

与抽象地研究数量关系的数学不同，以物理、化学、生物为代表的自然科学是研究某一类具体的自然对象物质结构与变化规律的学问。尽管这些科学常常以其数学化程度的高低来判定其自身的成熟程度，但由于这些科学要面对感性而具体的自然现象，不可能将所有的现象都还原为简单的数字符号

7　朱清时:《风物长宜放眼量》,余翔林等编:《科学的精神——中国科学院研究生院演讲录（第五辑）》，科学出版社，2004年，第105页。

8　［美］克莱因:《西方文化中的数学》，张祖贵译，复旦大学出版社，2005年，前言，第vi页。

并进行演绎推理，因而其感性经验的成分多于数学，其理性思辨的成分又少于数学。一般说来，自然科学所面对的自然现象越复杂，其数学化程度也就越低，其经验的程度也就越高。相对而言，化学现象比物理现象复杂，生命现象又比化学现象复杂，因而在物理、化学、生物学之间，又可以看到一种由理性向感性、由逻辑向经验、由演绎法向归纳法相过渡的序列。当然，这种对于物理、化学、生物的简单分类，也只具有相对的意义。事实上，就像数学对所有自然科学的影响和渗透一样，在物理和化学之间，在化学和生物之间，也有着极为紧密的学科交叉和相互渗透，从而形成了一个由理性向感性、由抽象向具体的过渡系列。

三

如果说，“体育”和“科学”分别位于人类文化谱系中感性与理性的两极，那么“艺术”与“工艺”则分别处在二者之间的中介状态。

与“体育”相比，“艺术”虽然以感性的现实生活为基础，但更趋向于理想境界的追求、精神内涵的把握，因而是感性与理性相统一的文化形态。我们可以从速度滑冰、花样滑冰与冰舞的对比中来看待“体育”与“艺术”之间的关系。速度滑冰是在不同的跑道和距离内比赛运动员的滑行速度，它主要考验的是运动员的生理极限，因而是一种典型的竞技体育。花样滑冰则重在考验运动员所能达到的技术难度，虽然支撑这一难度的是力量、速度、协调、柔韧、平衡、稳定等能力，但除此之外也包括运动员的组织编排能力和形体表演能力，因而已包含了一定的艺术成分。而作为花样滑冰的一种，冰舞对技术难度的要求减少了，对情感表达的要求却增加了。冰舞没有跳跃动作，且不允许使用高位托举，但对舞姿、音乐、服装的要求则更为考究。与此同时，从速度滑冰到花样滑冰和冰舞，判定比赛胜负的方式也不仅从由客观的时间测量改为主观的裁判打分，而且还要考虑到舞蹈编排、艺术表现、音乐理解、服装设计等相关要素。换言之，后者所要考验的主要不是运动员的体能极限，而是在一定体能和技术的基础上所呈现出来的形体塑造能力和情感表达能力。在动人的音乐和美妙的服饰衬托下，翩翩起舞的花样滑冰和冰舞选手给予我们的已不再是竞技体育所常有的刺激与迷狂，而是感性与理性、肉体与精神的融合与交响，是一种美的享受。这样一来，花样滑冰和冰舞就在很大程度上从“体育”的领域跨入“艺术”的领域。

上述比较不仅有利于我们认识“体育”和“艺术”这类文化现象由量变导致质变的联系与过渡，而且有利于我们对舞蹈、声乐等建立在肉体机能之上的人类艺术的理解。我们知道，无论是舞蹈演员还是声乐演员，都需要具备一定的生理条件、先天素质，并在这种条件和素质的前提下进行刻苦的训练。从表面上看，这种训练也像体育一样，是对人的肉体能力的开发和探究。但是，跳得最高的人并不一定能够成为舞蹈家，嗓门最亮的人也不一定能够成为歌唱家。舞蹈家是要在一定体能训练的基础上创造出或刚健、或优美、或滑稽的动作和姿态，歌唱家是要在一定发声训练的基础上创造出或豪放、或委婉、或诙谐的旋律和音色。他们所追求的并不是“更高、更快、更强”的体能极限，而是形象的塑造和情感的表达，是借助感性能力所达到的理性目的，是借助肉体能力所达到的精神境界。

如果说，建立在肉体机能基础之上的舞蹈、声乐等艺术与体育相联系；那么，建立在技术手段基础之上的器乐、绘画、雕塑、建筑等艺术则与工艺相联系。器乐演奏是依靠乐器发出音响，而乐器本身就是一种工艺产品。作为一种艺术活动，器乐演奏家也并不是要把乐器的发声能力发挥到极限了事，而是通过美妙的旋律和节奏表达出如泣如诉、如怨如慕的人类情感。同样，绘画所使用的颜料和画笔，雕塑所使用的刻刀和模具也都是一定历史条件下的工艺产品。作为一种艺术活动，画家和雕塑家也不同于一般的匠人，简单地利用现有的工具而达到再现自然的目的，而要在似与不似之间创造特有的形象、表达独特的情感。在所有艺术中，最受工艺条件限制的当然要数建筑了。从某种意义上讲，不同的材料和不同的技术决定了不同建筑的可能性。但是，尽管工艺水平决定了建筑艺术的可能性，但建筑艺术创造美的必然性则是由艺术家的想象和情感能力决定的。否则，人人都可以建造埃菲尔铁塔和悉尼歌剧院了。正像歌唱家不是简单地追求声音的高度和难度一样，建筑师也不是简单地追求建筑的高度和难度，他们都要在挑战高度和难度的过程中表达人类的情感，创造美的奇迹。

除了建立在肉体机能基础之上的舞蹈、声乐和建立在技术手段基础之上的器乐、绘画、雕塑、建筑之外，还有一种艺术是建立在语言基础之上的文学，以及与文学相关的戏剧、电影、电视等，这些艺术也无不处在感性与理性之间，或更接近于主体先天能力的开发（如语言能力），或更接近于工艺技术的采用（如摄影技术），或两者交织在一起而成为“体育”与“工艺”之间的过渡形态。

四

从传统意义上讲，“艺术”与“工艺”这两个概念的区分并不严格。在古希腊，“艺术”这个概念“包括一切人工制作在内，不专指我们所了解的艺术”[9]，“自从十七世纪末，art专门意指之前不被认为是艺术领域的绘画、素描、雕刻的用法越来越常见，但一直到十九世纪，这种用法才被确立，且一直持续到今”[10]。在中国古代，从孔子时代的“六艺”和“游于艺”等用法来看，“艺”这个概念也有着相当广泛的内涵。只有到了现代，“艺术”也才同“工艺”彻底分家，成为专供欣赏的审美对象。

与“工艺”相比，“艺术”更偏重于文化谱系中的感性一极，与“体育”更加接近，表现出一定的超功利色彩；与“艺术”相比，“工艺”更加偏重于文化谱系中的理性一极，与“科学”更加接近，表现出一定的实用目的。然而，超功利的艺术活动可以为人类的想象能力和情感能力提供更加自由的创作空间，而人类想象能力和情感能力的培养又可以反过来推动有功利目的的“工艺”实践；功利的“工艺”实践可以为超功利的“艺术”活动提供更多的条件与设备，而这些条件与设备又使得超功利的“艺术”活动有了更为广阔的创作空间。

不仅“艺术”与“工艺”之间有着千丝万缕的联系，而且“工艺”与“科学”之间也有着错综复杂的关联。在上面的文字中我们曾经强调，传统意义上的

9 朱光潜：《西方美学史》上卷，人民文学出版社，第70页。

10 ［英］威廉士：《关键词：文化与社会的词汇》，刘建基译，台北巨流图书公司，2003年，第14页。

“科学”有着一种从感性经验出发，进而超越经验世界上升为逻辑思辨的理性冲动。而现代意义上的“工艺”则需要借助“科学”研究所获得的原理性成果，反过来解决感性世界中存在的现实问题。19世纪之前，西方理论科学与工艺技术之间的联系还较为松散。在很长的一段时间里，科学只是作为哲学的衍生物存在，这也正是它为什么又被称为“自然哲学”的原因。进入19世纪以后，人们才真正地认识到科学知识对工艺技术进步的重要性，发现了抽象的理论科学与具体的工艺实践相联系的方法，并且看到了两者共同进步的无限前程。欧洲从此便进入了工业化时代。[11]

“工艺”是感性的，它要运用具体的方法，解决实际的问题。“工艺”也是理性的，它对方法的掌握、对问题的解决，必须符合客观世界固有的规律。在传统意义上，“工艺”实践对客观规律的掌握往往是经验形态的，就像“庖丁解牛”和“轮扁斫轮”一样，只是经过反复实践而掌握的技巧。然而现代意义上的“工艺”却已经远远不能满足于这种经验形态的技巧，它要在解剖学的基础上建立肉类加工厂，它要在物理学的基础上建立汽车生产线。只有这样，传统意义上的工艺技巧才可能在理论科学的帮助下获得一种长足的发展，从而为人类文明创造出巨大的物质财富。反过来说，也正是通过工艺实践的感性桥梁，才使得原本抽象思辨的理论科学有了为人类服务的用武之地。

总之，通过上述分析，我们可以将人类的文化行为视为一种从“感性”到“理性”相互联系的谱系。作为这一文化谱系中的“感性”一极，“体育”要挑战人类肉体能力的极限，是一种感性生命力的张扬与释放，其特点是肉体的拼搏，常常具有迷狂的色彩；作为这一文化光谱中的“理性”一极，“科学”要挑战人类认识能力的极限，是一种理性生命力的开掘与探索，其特点是逻辑思辨，常常具有抽象的品格。说得极端些，人类在从事“体育”活动的时候，一般不需要认识活动的参与，否则反而会造成过多的心理负担；人类在从事“科学”活动的时候，一般也不需要肉体欲望的参与，否则反而会造成过多的心理干扰。而处在这一文化谱系的中间层次，“艺术”和“工艺”则与之不同，它们一方面受“感性”的制约，与肉体欲望和行为能力相联系；一方

11 ［英］怀特海：《科学与近代世界》，何钦译，商务印书馆，1989年，第95页。

面受“理性”的制约，与价值观念和思辨能力相联系。换言之，只有肉体欲望而无价值观念的行为不是“艺术”，只有行为能力而无思辨能力的活动也不是“工艺”。无论“艺术”还是“工艺”，都是“感性”与“理性”相互渗透、彼此融合的文化产品。

（此文为教育部人文社会科学基地重大课题“文明的结构与艺术的功能”[07JJD751079]的阶段成果，发表于《社会科学辑刊》2010年第4期，发表时有删节，此为原文全貌）

佛家与佛教

在佛学源起至今的2500多年里，人们在佛学究竟是宗教还是哲学这个问题上始终存在诸多的分歧，大致可以分为四种观点。第一种观点认为佛学是一种纯粹的宗教信仰，是人们对佛陀教义的崇拜认同而导致的身心皈依，并体现在特定的宗教仪式和宗教活动中。这种观点十分流行,《中国大百科全书》就明确将其视为“与基督教、伊斯兰教并列的三大宗教之一”[1]。第二种观点认为佛学不是宗教，而只是一种人生的智慧与哲学，如章太炎所言：“佛法本来不是宗教……一切大乘的目的，无非是断所知障，成就一切智者，分明是求智者的意思，断不是建立一个宗教，劝人信仰。”[2]谢·亚·托卡列夫也认为：“曾几何时，所谓佛教世界观，与其说是宗教体系，毋宁说是哲学——伦理体系。”[3]第三种观点认为佛学“亦宗教亦哲学”，如方东美所主张的那样，佛教既通过真、善、美、圣之境给人以灵魂的慰藉，又是一套独立的世界观和方法论；既可以从宗教的角度加以信仰，又可以从哲学的立场加以理解。[4]第四种观点则认为佛学“非宗教非哲学”，应该把它从宗教、哲学的框架中独

1　罗竹风主编：《中国大百科全书·宗教卷》，中国大百科全书出版社，1988年，第116页。

2　章太炎：《论佛法与宗教、哲学以及现实之关系》，见黄夏年主编：《章太炎集、杨度集》，中国社会科学出版社，1995年。

3　［苏］谢·亚·托卡列夫：《世界各民族历史上的宗教》，魏庆征译，中国社会科学出版社，1985年，第508—509页。

4　参见方东美：《华严宗哲学》上册，台北黎明文化事业公司，1981年，第2页。

立出来，将其视为一种独特的文化体。[5]粗粗看来，这些观点各有各的道理；细细体察，这些分歧既来自佛学自身文献的多样性，又来自佛学传播和演变过程的复杂性。而弄清这些分歧的办法之一，就是像学术界将“佛家”与“佛教”区别开来的做法一样，将“佛家”与“佛教”这两个概念区分开来，将前者视为哲学，将后者视为宗教，并进而阐明两者在时间顺序和义理内涵上的可区别性和可联系性。事实上，早期佛学在印度出现的时候，也是中国先秦式的思想争鸣的结果，只有到了后来才渐渐形成了一个仪式化、信仰化、宗教化的体系。需要特别指出的是，阐明这二者之间的联系与区别，不仅有利于理解整个佛学运动的发展过程，而且有助于厘清佛陀无我论与佛教轮回主体的矛盾、佛陀涅槃论与佛教极乐世界的矛盾、佛陀无神论与佛教有神崇拜的矛盾。

一、从佛陀“无我”的主体性解构到佛教“轮回”的主体性重建

从社会历史的角度上看，佛学在古代印度的出现不是偶然的，作为当时沙门思潮的重要组成部分，它在诞生之际是对当时盛行的婆罗门教的反叛。

现代语言文字学家和体质人类学家的研究成果证明，如今生活于印度次大陆上的居民并不纯然是原始土著人的后代，而是入侵的雅利安人和当地土著人混血的后裔。“约在公元前3000—前1500年，白皮肤的雅利安人征服了次大陆的土著人——黑皮肤的达罗毗荼人。最初到来的雅利安人主要是青年男子，他们从被征服者中娶妻，而只把女儿嫁给雅利安人。这样，虽然发生了混血，但在征服者雅利安人中仍保持着对血统的骄傲。当到了他们自己集团内的女性已足以供结婚之用时，为了阻止进一步混血，他们便停止了从土著人中娶妻妾，只在自己集团内通婚，于是种姓便产生了。”[6]作为与种姓制度相适应的社会意识形态，古代的印度人创造了一种独特的宗教。

根据婆罗门教的教义，绝对超验的“梵”是宇宙的终极本体。“梵”既没有任何具体的形式，又不能用抽象的概念加以表达，它只与人的灵魂（阿特

5 圣凯：《“佛法非宗教非哲学”之辩》，中国社会科学出版社，1995年。

6 尚会鹏：《种姓与印度教社会》，北京大学出版社，2001年，第17页。

曼）相沟通。但人的灵魂与“梵”之间并不是等距离的，其距离的近与远与种姓的高与低成正比。为了实现“梵我一如”的人生境界，人们只有循规蹈矩地按照婆罗门教的教义行事，才可能在“业报轮回”的生死轮替中使自己的灵魂得到超度，使自己的种姓得以上升：由“吠舍”转世为“刹帝利”，由“刹帝利”转世为“婆罗门”，甚至由“祖道”（人的地位）上升为“天道”（神的地位）；反之，如果人们亵渎神明、违背种姓义务，其灵魂将在生死轮替中变得越来越昏暗，其种姓也会由“婆罗门”转世为“刹帝利”、由“刹帝利”转世为“吠舍”、由“吠舍”转世为“首陀罗”，直至变猫变狗，由“祖道”沦为“兽道”……

作为一种独具特色的意识形态，婆罗门教虽然具有维护统治阶级现存秩序的作用，但其吠陀天启、祭祀万能、婆罗门至上的思想也造成了严重的迷信、大量的浪费和社会的不平等。婆罗门种姓不仅有着垄断宗教事务和文化知识的特权地位，而且享受着处理各种布施、豁免赋税、重大犯罪免死等特权，甚至被抬到了神圣不可侵犯的崇高地位，被称为“人间的神”。而作为婆罗门教教义的各种等级制度和繁文缛节，不仅限制了人与人之间的正常交往，为不同的社会阶层之间制造了重重隔阂，也加剧了整个社会的离心倾向。于是，到了公元前6世纪，一种坚决反对种姓血统论、神创四姓说的早期佛教，便从婆罗门教影响较薄弱而城市经济最发达的恒河中下游地区逐渐形成。

从政治学的角度来看，如果说婆罗门教代表了掌控意识形态的僧侣贵族的利益，那么，佛教则代表了掌管行政大权的世俗贵族的利益。“政治经济的变化改变了当时社会阶级力量的对比，使种姓制度发生了变化。国家权力的加强，使执掌经济及行政大权的世俗贵族刹帝利种姓的势力日益上升。这是一个刹帝利的时代，刹帝利的力量超过了婆罗门。佛教的创始人释迦牟尼和耆那教的创始人大雄，都是出身刹帝利种姓。”[7]

必须承认，除了“梵我一如”和“三道轮回”的基本假设之外，婆罗门的教义是周延的、自洽的，没有自相矛盾的地方。因此，从宗教哲学的角度上讲，佛教要想动摇婆罗门教的统治地位，就必须从颠覆其最基本的理论假设“梵我一如”入手，于是便有了著名的“缘起说”。“缘起或缘生的思想散见于

7　尚会鹏：《种姓与印度教社会》，北京大学出版社，2001年，第62页。

佛教种种经论，不论是对佛教的哲学理论，还是对佛教的社会实践，其影响都是首屈一指，无与伦比，所以也有学者把佛教的思想特色就归结为‘缘起’说”。[8]所谓“缘起说”的精神实质，就是强调世间的万事万物都是有条件的、相互依存的，“此有则彼有，此生则彼生，此无则彼无，此灭则彼灭”[9]，因而是偶然的、暂时的、没有“自性”的。譬如人，就是由“五蕴”（色蕴、受蕴、想蕴、行蕴、识蕴）和合而成的存在体，任何一蕴都不能单独构成并承载其生命的存在。这样一来，上至被婆罗门教视为宇宙本体的“梵”，下至被婆罗门教视为灵魂的“阿特曼”，中至被婆罗门教视为理论支柱的“梵我一如”，便统统失去了存在的根据。从这一意义上讲，“缘起说”确实是佛教投向婆罗门教的一颗重磅炸弹。

既然世间万物都是由各种条件和合而生的，生命的每一情境也是机缘巧合的结果，人生前便不受任何神祇的主宰，死后也不受任何灵魂的支配，这种早期“缘起”乃至后来“性空”的思想颇有一点儿“唯物主义”的味道了。至此，佛陀并没有用一种宗教来取代另一种宗教，而是用一种哲学来取代一种迷信。换言之，释迦牟尼并不想强迫人们去崇拜任何神灵，去信奉任何教义，而只是将自己在菩提树下领悟到的宇宙人生之哲理讲给众人，从而使他们放弃对有限生命的留恋、对个体自我的执着，以进入离苦得乐的至高境界。如果佛学只是发展到这一地步，便显然不是什么宗教，而只是一种哲学，或者我们只应该将其称之为“佛家”而不是“佛教”了。更为重要的是，如果佛学只是发展到这一地步，便不会有什么矛盾，其独具特色的世界观虽然是悲观的、绝望的，却也是严谨的、缜密的，能够自圆其说的。

但是，要用一种悲观绝望的哲学来抗拒一种极具诱惑力的宗教，这在理论上或许是可行的，在实践上却又是行不通的，尤其是在婆罗门教具有深厚传统的印度社会，对广大民众来说更是如此。或许正是出于一种策略上的考虑，佛教在用“缘起说”解构了婆罗门教有关“梵我一如”的理论假说之后，却没有进一步颠覆其“业报轮回”的另一种理论假说，而只是在两个方面进行了改造。在内容上，佛教将婆罗门教建立在“灵魂不灭”基础上的轮回思想改为以“业力说”为其理论支点，指出了人们的命运决定于自己相续流转

8　杜继文:《汉译佛教经典哲学》上卷，江苏人民出版社，2008年，第19—20页。

9　《杂阿含经》卷十二，见高楠顺次郎:《大正新修大藏经》第二卷，日本大正一切经刊行会，1934年，第85页（以下所有《大正藏》引文皆出自此版本）。

的身、口、意三业，从而将有情众生流转轮回的动因归结为自身的业力。比如《杂阿含经》中说："有情以业为自体，为业之相继者。以业为母胎，以业为眷属，以业为所为者。凡此上下一切之区别，均为业所分配"；"世间依业而转。有情依业而转。有情为业所缠，犹如车之依轴而行"[10]；"彼众生者，因自行业，因业得报。缘业、依业、业处，众生随其高下处妙不妙"[11]。尽管这种改造有着否定"梵"之造物主地位、强调人之能动性的积极意义，但其从前门驱逐了"灵魂"之后又从后门请回了"业力"，从而陷入了"无我"之主体与"业力"之轮回之间的矛盾。在形式上，佛教将婆罗门教的有关天道、祖道、兽道的"三道轮回"，改造为天道、阿修罗道、人道、畜生道、饿鬼道、地狱道的"六道轮回"，并建立"十二因缘"思想以解释之。我们知道，在婆罗门教那里，作为婆罗门、刹帝利、吠舍的前三大种姓被视为"再生族"，他们可以通过诵经、祭祀、修行，轮回直至上升到天道的地位，与"梵"结合；而作为第四种姓的首陀罗则是被视为"一生族"，他们没有权力参与宗教事务、获得精神生命，从而在"三道轮回"中也不具有与其他种姓相同的机会。而佛陀则无视四姓之别，提倡众生平等，认为每个人在"六道轮回"中都有相同的机会。《长阿含》云："婆悉吒，汝今当知，今我弟子种姓不同，所出各异，于我法中出家修道，若有人问：汝谁种姓？当答彼言：我是沙门释种子也。"[12]《杂阿含》有记载："复问：大王，如是四姓悉皆平等，有何差别？当知大王，四种姓者皆悉平等，无有胜如差别之异。……是故大王当知，四姓，世间言说为差别耳，乃至依业，真实无差别也。"[13]这种改造，虽然具有削弱种姓特权、提倡众生平等的社会意义；但从学理上讲，这种将"三道轮回"变为"六道轮回"的做法，实无本质性的区别。

除了策略上的考虑之外，佛陀在"业报轮回"问题上的妥协或许与其自身的知识背景有关。因为释迦牟尼在"觉悟"之前，曾经受业于婆罗门教，对其教义颇为熟悉，在受到婆罗门教思想多年的浸染之后，难免会在批判的同时或多或少地保留以往思想的某些痕迹。然而无论是出于宣传策略的考虑，

10 转引自木村泰贤：《原始佛教思想论》，欧阳瀚存译，台湾商务印书馆，1993年，第142页。

11 《中阿含经》卷四十四，《大正藏》第一卷，第704页。

12 《长阿含经》卷六，《大正藏》第一卷，第37页上。

13 《杂阿含经》卷二十，《大正藏》第二卷，第142页中。

还是出于知识背景的浸染，佛学的此一退让，不仅将哲学蜕变成了宗教，而且使佛教自身充满了难以化解的矛盾：那个被“缘起说”解构掉了的灵魂，又如何承担“六道轮回”的主体之职呢？

首先，受到这一悖论困扰的是佛门弟子，从《中阿含经》第62经的记载中我们可以看到，佛陀在世时就有弟子提出了这样的困惑：“若无我，谁活？谁受苦、乐？”[14]在《杂阿含》第58经中更是提出了“若无我者，作无我业，于未来世谁当受报？”[15]的疑问。继而，当时印度的外道也开始向佛教的“无我”论发难：“若我实无，为何造业？”“若无我体，谁之我执？”“我体若无，谁有苦乐？”“若我实无，谁能作业，谁能受果？”[16]按照“缘起说”的观点，世间万物都是多种条件因素机缘巧合的结果，因而是没有“自性”的，既然没有“自性”，何来“轮回”？智慧高深如佛陀者，当然不会不知道这里面的矛盾，于是便在“有我”与“无我”等问题上模棱两可起来。佛教元典记载，有普行沙门请教佛陀，到底是“有我”还是“无我”？世尊默然不答。阿难后来问佛陀为何对此不予回答，佛陀回答说，如果回答“有我”，则会与以往的“常住论”者一样；如果回答“无我”，又怕他走向虚无断灭之见。[17]佛陀认为“此（无我）甚深处、难见、难知、应需甚深照，微妙至道，聪慧所了；凡（俗）众生类未能辩知”[18]。因此，当弟子在询问有关“死后不灭”与“轮回主体”的问题时，他一直都是缄口不语。如果弟子给出自己的见解，还会被其训斥，可见这个问题在佛陀那里也是讳莫如深的。

然而，这一问题是如此之大，是不能靠“缄口不语”“讳莫如深”来加以了断的。于是，从部派佛教开始，诸多佛陀弟子开始着力解决这个问题，并开始寻找变相的“我”或“灵魂”的存在，力图使“无我”与“轮回”能够在矛盾中求得统一。小乘上座系的犊子部率先提出了“不可说的补特伽罗”，他们认为“若定无有补特伽罗（我），为谁说流转生死？不应生死自流转故”[19]。这里的“补特伽罗”指的就是变相主体的“我”，这也为后来法相宗提出“阿赖耶识”奠定了前期理论基础。继犊子部率先提出“不可说的补特伽罗”之

14 《中阿含经》卷十一，《大正藏》第一卷，第498页。

15 《杂阿含经》卷二，《大正藏》第二卷，第15页。

16 《阿毗达摩俱舍论》卷三十，《大正藏》第二十九卷，第158页中。

17 参见《俱舍论疏》卷三十，《大正藏》第四十一卷，第808页上。

18 《杂阿含经》卷五，《大正藏》第二卷，第32页上。

19 《俱舍论疏》卷三十，《大正藏》第四十一卷，第808页下。

后，经量部也提出了“胜义补特伽罗”，认为“补特伽罗”是由永恒的体性“一味蕴”所构成的，它是由前生转到后世的主体。这种解释显然违背了“五蕴”说的原初思想，因而被后来的大乘佛教指摘有“漏”。为了在弥补小乘之“漏”的基础上用更好的方法缓解矛盾，以龙树为代表的“中观学派”尝试着运用“缘起之有”与“自性之空”的辩证观点来加以解决：从“俗谛”来看，世界万物确实是“有”的，但这只是一种假名，即假借概念而存在；从“真谛”来看，世界万物的终极本质是“空”的，因为它们没有自性。龙树认为只有既不执着于有，又不执着于空，或者说以有观空，以空解有，才能勘破万物之实相。显然，龙树这种带有诡辩论色彩的学说并没有使所有人满意，佛教发展至唯识宗之时，仍然有人想在作为“五蕴”之一的“识蕴”中找到超越肉体存在的精神依据，于是便在眼识、耳识、鼻识、舌识、身识、意识这“六识”之外又加上了第七识“末那识”和第八识“阿赖耶识”。他们认为人死后，前七识也都随之消亡，唯独第八识还存在；而人一生所造的所有善业和恶业都保存在“阿赖耶识”中，人死后“阿赖耶识”不会消灭并作为“业的积聚”而继续轮回。然而，这种“三界唯心，万法唯识”的思想不仅与早期的“五蕴”说相矛盾，即使人死后“阿赖耶识”能够存在，又怎么能单独决定与其他万物之间的因缘关系呢？诸多矛盾，至今都不能解决。但在这个过程中，“印度佛教各派总是千方百计用各种曲折、隐晦、神秘的说法，竭力避免把轮回报应的承担者讲成一个独立、不灭的实体，而尽力把它描绘为一种非实体、无实体的意识活动或行为作用等”[20]。这种在哲学与宗教、无神论与有神论之间进退维谷、首鼠两端的态度，充分说明了早期佛学在佛家与佛教之间的尴尬处境，而当此种特质在佛学传入中国以后，随着宗教化趋势的日渐加强，灵魂“实体化”的趋势也日渐明显起来。

在佛学传入中国后，为了在重视祖灵的全新环境中生存，佛教徒们开展了神灭神存的讨论来应对世俗的挑战，并逐渐背离了在“无我”理论基础上探讨轮回的轨迹，主体之“我”开始不断凸显。汉代佛教迅速与中国民间传统的黄老道术结合，开始探讨灵魂不灭和因果报应问题。《后汉记》中说道：“以为人死精神不灭，随复受形，生时所行善恶皆有报应。故所贵行善

20　方立天：《慧远评传》，见《中国古代著名哲学家评传》（先秦两汉），齐鲁书社，1980年。

修道，以炼精神而不已，以致无为，而得为佛也。”[21]对此，汤用彤认为：“佛教自来华以后，经译未广，取法祠祀。其教旨清净无为，省欲去奢，已与汉代黄老之学同气。而浮屠作斋戒祭祀，方士有祠祀之方。佛言精灵不灭，道求神仙却死。相得益彰，转相资益。”[22]东晋、南北朝很多佛教学者如慧远、宗炳、萧衍、沈约等纷纷写文支持神不灭论，以确保因果报应的承担者。其中慧远在《沙门不敬王者论》中证明神不灭论，为轮回理论打下基础：“夫神者何耶？精极而为灵者也。精极则非卦象之所图，故圣人以妙物而为言。虽有七智，犹不能定其体状，穷其幽致。”[23]这些佛教学者所讨论的“神”，在个体存有生命之时是内蕴于形体之中的，在个体形体消灭后则作为具体的存在物流转于六道之中，这显然是一种承认灵魂存在的做法。故而，有学者认为：“印度之所以没有把形体和神作为独立面加以研究，其奥妙就在于这会导致对形体实在性的承认，故宁愿不谈。而中国佛教把形和神作为一对范畴加以分析时，本身已是或多或少地肯定了有形体这种东西。”[24]

由此衍生出了中国佛教大谈“佛性”的问题。按照佛陀最初的理论，世界上不存在永恒不变的存在物，万物都没有“自性”，又何来永恒的“佛性”呢？事实上，印度早期的原始佛教和部派佛教中，涉及“佛性”言论非常少。之后的大乘佛教瑜伽行派的世亲著有《佛性论》一书，认为“佛性”有三种：一是凡夫本来具有之佛性（住自性），二是经过修行显现之佛性（引出性），三是达到佛果后所具之佛性（至得性），并且认为有的众生没有佛性，没有成佛的可能。但在中观学派之后，佛教开始从“真空”走向“妙有”，《法华经》《涅槃经》等就开始宣传一种众生普遍具有的“佛性”。特别是佛学传到中国之后，因其“人人皆可成佛”的主张与中国传统的“人人皆可成尧舜”的说法相似，故而受到佛教各大主流宗派的迎合与发挥。中国佛教徒结合《般若经》“缘起性空”与《涅槃经》“佛性妙有”的理论，从众生的本性来谈佛性，提出了“一切众生皆有佛性”的主张。这个“佛性”是指众生成佛的内在依据和原因，是众生中普遍存在的价值，可以理解为“众生成佛的可能性”或者

21 《后汉记》卷一O，1879年江西蔡学苏重刊本，第5页。

22 汤用彤：《汉魏两晋南北朝佛教史》，上海书店出版社，1991年，第77页。

23 慧远：《沙门不敬王者论·形尽神不灭》，见石峻等编：《中国佛教思想资料选编》（第1卷），中华书局，1981年，第85页。

24 陈世强：《中国早期佛教形神论与其他形神论之比较研究》，《中国哲学史研究》1984年第4期。

是“成佛觉悟的本性”。它像恒河之沙不可计数，却同时又被人们的无明与妄念所屏蔽，只有众生彻底觉悟，其自身佛性就会呈现出来。尽管从社会意义上讲，这种“佛性”说的主张可以为“众生平等”的观点提供理论支持，有利于吸收更为广泛的教徒和信众；却与“四大皆空”的佛教哲学形成了尖锐的冲突。

二、从佛陀无所寄托的涅槃寂静到佛教有所寄托的极乐净土

作为一种极为悲观的人生哲学，佛学认为由机缘巧合所造就的人生是短暂的、无常的、荒谬的、无法控制的，因而也是充满痛苦的。佛陀对“人生是苦”的描述十分详尽，有“三苦”和“八苦”之说。“三苦”包括天灾人祸、饥寒交迫的“苦苦”，曲终人散、乐极生悲的“坏苦”，世事无常、生离死别的“行苦”；“八苦”则除了生、老、病、死四苦之外，还包括“爱别离苦”“怨憎会苦”“求不得苦”“五盛阴苦”。无论人的地位有多高、财富有多少，只要我们在无常的命运中执着于有限的自我，便会陷入苦海无边的不幸之中。因此，与婆罗门教不同，佛陀并不认为社会财富的增多或种姓地位的上升能够给人带来真正的幸福，因而主张用“涅槃”的境界来超越“轮回”的宿命，以进入一种空、幻、寂、灭的状态。

按照“缘起说”的观点，既然世间万物没有“自性”，人类也就没有“灵魂”；既然人类没有灵魂，个体本不应该有什么烦恼。佛陀认为，人世间的一切烦恼和痛苦都是由于个体“我执”造成的，只有勘破宇宙人生缘起的真相，放弃对自我的执着，才能获得真正的解脱。“涅槃原意是火的息灭或风的吹散状态。佛教产生以前就有这个概念；佛教用以作为修习所要达到的最高理想境界。含义多种：息除烦恼业因，灭掉生死苦果，生死因果都灭，而人得度，故称灭或灭度；众生流转生死，皆由烦恼业因，若熄灭了烦恼业因，则生死苦果自息，名为圆寂或解脱；永不再受三界生死轮回，故名不生；惑无不尽，德无不圆，故又称圆寂；达到安乐无为，解脱自在的境界，称为涅槃。”[25]

因此，作为“觉悟”了的人生哲学，早期佛学并没有为人们摆脱现世的

25　罗竹风主编：《中国大百科全书·宗教卷》，中国大百科全书出版社，1988年，第290页。

痛苦去寻找来世的寄托，其解脱痛苦的理论终点和修为境界止于“涅槃寂静”，即“贪欲永尽，瞋恚永尽，愚痴永尽，一切烦恼永尽，是名涅槃”[26]。所以，佛家所谓的“涅槃”不应被简单地解释为肉体的消亡，它与其说是一种对死后来世的寄托，不如说是一种对现世欲念的摒弃，是个体通过自我执着的破除所达到的智慧与德行圆满的境界。具体说来，佛陀提出的“涅槃”思想主要有两种形式，其一是“有余涅槃”，即“彼断已，无所著。不着故，安隐乐住。安隐乐住已，名为涅槃”。[27]这是人生在世期间所达到的破除“我执”的境界，它并没有捐弃生命来另寻理想的彼岸世界，而是通过提升自身的德行和智慧来获得超越性的生存状态，也同时被认为是不完全、不彻底的解脱形式。其二是“无余涅槃”，即“我生已尽，梵行已立，所作已作，自知不受后有”[28]。这是个体生命死后永脱轮回的自由境界，但其对灰身灭智、永死永灭状态的追求中仍带有消极悲观主义的色彩。

如果佛学只是主张“有余涅槃”，还只是一种人生哲学而已，是一种破除我执、弃绝欲望、摆脱烦恼的人生境界；即便是主张“无余涅槃”，也还不能被视为一种严格意义上的宗教，因为释迦牟尼并不想用彼岸世界美妙而虚幻的承诺来置换此岸世界苦难而烦恼的人生，而只是寄希望于超越生死轮回、摆脱无限烦恼。然而，“无余涅槃”毕竟以生前的修行为条件，为死后的状态找出路，因而便为以后的“西天净土”“极乐世界”埋下了伏笔。

从理论渊源上说，佛陀的“涅槃”学说承袭于印度婆罗门教的“解脱”理论，婆罗门教早期思想中也主张现实的世界是痛苦的，只有严守吠陀天启、祭祀万能、婆罗门至上的宗教法则，在三道轮回中节节攀升，才能获得最终的解脱，达到“梵我一如”的境界。“按字义说，‘梵’是‘清静、离欲’的意思”[29]，同样具有禁欲主义的色彩。就像《广林奥义书》中所说的：“认识梵者，直升天界，达到解脱。”[30]由于此说在历史上产生久远、影响很大，在内容上主张出世、消极无为，因而被佛陀所继承和发展。然而，与婆罗门教的“解脱”理论相比，佛教的“涅槃”思想却显得更悲观、更彻底、更决绝，它

26　《杂阿含经》卷十八，《大正藏》第二卷，第126页中。

27　《杂阿含经》卷二，《大正藏》第二卷，第8页中。

28　《杂阿含经》卷二十八，《大正藏》第二卷，第203页上。

29　杜继文：《汉译佛教经典哲学》上卷，江苏人民出版社，2008年，第13页。

30　S.Radhakrishman,The Principal Upanisads,London:George Allen & Unwin Ltd,1953,p.274.

所强调的是对现世苦难的理解和摆脱，而非对来生幸福的寄托与憧憬。

然而，与婆罗门教相比，这种悲观绝望的人生哲学却更难满足广大民众的需求。宗教之为宗教的特征之一，就是通过现世的信仰而获得来世的救赎。因此，如何用佛家自身的哲学来说服广大民众，则决定于它所给出的理想世界是否能够满足民众的需要以及通向理想之门的方便与可信程度。于是，当世人的宗教理想与佛学的原始义理发生矛盾时，为了实现广泛传播并争取信众的功利目的，对佛家自身的批判和改造就开始了。大乘佛教批驳小乘佛教是“自了汉”，认为它只要求个人离苦得乐而不追求众生的解脱。因此，从吸引更多信徒的角度出发，大乘佛教不仅主张佛法无边、普度众生，而且开始为广大信众寻找寄托来世的理想处所，由此也引出了净土宗以鼓吹“西方净土”“极乐世界”的来世信仰来代替早期佛学“涅槃”思想的重要转变。净土宗作为最为世俗化的佛教宗派之一，在其经典《佛说阿弥陀经》中将西方净土世界实体化，其空间定位于西方，“过十万亿佛土，有世界名曰极乐，其中有佛，号阿弥陀。”“其国众生，无有众苦，但受诸乐，故名极乐。”这些对净土世界的经典描述增加了对民众的吸引力，使他们心甘情愿地为获得来世的幸福而进行现世的祈祷、布施、赎罪；同时，佛学也便从哲学主张、人生态度彻底变成了一种宗教信仰。

佛教之所以将极乐世界等定位在西方，并非只是从佛学的发祥地来说的，换言之，西方世界与娑婆现世之间的距离，并非只是一种物理上的空间概念，而是为了唤起超越凡俗世界的神圣性，所以在《无量寿经》《阿弥陀经》中都用“十万亿刹”来表示。佛教传入中国以后，这种“极乐世界”的美妙图景被描绘得越来越清晰，而人们达到“西方净土”的途径却变得越来越容易。在唐代以前的弥勒信仰中，众生必须借助个人恒持精进的自力才能成为佛祖普照的主体；唐代以后，众生则可借助他力方便来立地成佛。在这种渐行渐远的发展中，佛学原本的哲学意蕴变得越来越淡薄，其宗教的气息则变得越来越浓厚，而人们由此而获得的救赎也变得越来越廉价了。

三、从佛陀的觉者教诲到佛教的偶像崇拜

林世敏将佛的特色归纳为十点：佛是人而不是神；佛是真平等者；佛不是生而知之者；佛教不承认有顽劣不可教化的人；佛不是独一无二的，人人皆可成佛；佛教不承认有创造万物的神；佛法是因材施教因地制宜的；佛法是入世的；佛教没有排他性；佛教是民主和自由的。[31]以上这十点与我们通常所理解的宗教相比较，确乎存在着很大的差异。我们知道，宗教的英文词Religion来源于拉丁语"Religare"或"Religio"，据何光沪分析，"前者义为'联结'，指人与神的联结；后者义为'敬重'，指人对神的敬重"[32]。可以说，所有宗教的共同特征是对神祇的信仰，体现为人与神的关系，是人们试图借助非现实的力量，即幻想中的神灵之存在来解决现实中的实际问题。可是在佛学这里，我们所面临的一个重要的难题却是：佛究竟是人还是神？释迦牟尼究竟是有神论者还是无神论者？

"'佛'的梵文为Buddha，意即'觉者'，即'觉悟了真理的人'。此外，他还获得了'如来'（获得正觉的人）、'释迦牟尼'（释迦族的圣人）等称号。"[33]从这些原初的称谓看，释迦牟尼显然是个人，而不是神。当然了，他也不是一个普通的人，而是一个具有超凡智慧并领悟了宇宙人生本质的人。这种人，更接近于我们所谓的哲人。林世敏也认为："'佛'是理智、情感和能力都同时达到最圆满境地的人格，换句话说：佛是大智、大悲（或谓全智、全悲）与大能的人。这里请注意佛法与其他宗教的不同点：佛不是万能，佛不能赐我们以解脱，他只能教导我们，我们还是要凭自己的努力才得解脱。佛不能使我们上天堂，或判我们入地狱。要为'佛'下一个定义，委实不是一件容易的事。简单地说，佛就是'觉者'，'一个觉悟的人'。也许更明确一点，应该说佛是一个对宇宙人生的根本道理有透彻觉悟的人。"[34]

从《阿含经》等大量的历史文献中，我们也可以看出，现实中的释迦牟尼并非是那具端坐在大雄宝殿中的金身偶像。他既没有异乎寻常的能力，也

31 林世敏：《佛教的精神与特色》，香港佛教学书局，1989年，第6—18页。

32 何光沪：《多元化的上帝观——20世纪西方宗教哲学概览》导言，贵州人民出版社，1991年。

33 尚会鹏：《印度文化史》，广西师范大学出版社，2007年，第65—66页。

34 林世敏：《佛教的精神与特色》，香港佛教学书局，1989年，第9—10页。

没有与众不同的行为，他只是怀着对人生命运的思考、对现实苦难的关怀来尝试各种苦行、静坐和冥想，并以此来探寻世界和人生的本质。后来他在菩提树下觉悟，由此获得了至高的生存智慧，继而将其彻悟到的理念传授给公众，并要求其徒弟四处奔走、广为传播。他认为佛不是唯一的，无限时空中存有无数的佛，任何一个通过修行而获得人生最高智慧的人，都可以成佛。因此，他既没有成为偶像被崇拜的愿望，也没有垄断真理而唯我独尊的气派。正如佛陀在《增一阿含经》所说：“比丘当知。三十三天著于五欲。彼以人间为善趣。于如来得出家。为善利而得三达。所以然者。佛世尊皆出人间。非由天而得也。”[35]对此，赵朴初先生在《中国佛教协会三十年》一文中指出：“佛陀出生在人间，说法度生在人间。佛法是源出人间并利益人间的。”[36]释迦牟尼在世时传播其佛学思想长达49年，弟子遍布恒河流域，却从来没有大建庙宇、颁布经典、大肆搞宗教仪式等，这说明他无意于成为教主；他为了实现度人济世的理想，建立了僧团，却从不高人一等，并且认为待自己灭度后，也不需要一个统治者。根据南传《大般涅槃经》第二章记载，直至去世之前，释迦牟尼还告诫弟子阿难，不要到别的地方寻找皈依，只有以自己为明灯，才是人生的指引，也才算得上是他的弟子。其根本意思是反对将自己神化，也没有流露出丝毫唯我独尊的意思。

我们知道，佛学一开始就是以反抗婆罗门教有神论的姿态出现的，为了批判婆罗门教的“祭祀万能”的观点，原始佛学反对那些通常被宗教所利用的巫术行为。释迦牟尼在宣讲佛学的过程中，从不宣扬神创论。相反，他认为弟子应本着“八正道”原则来判断问题或自我拯救，不要相信有任何形式的创造者及其对万物的惩罚奖励。他还反对巫术祭祀等宗教仪式，认为仅仅在形式上从事禁食、沐浴、祭祀等行为，对个人的净化都没有帮助。从理论建构的需要出发，释迦牟尼在打破我执、破除神创论之后，是不会将自己再重新放置于“神”的位置上的。从学理上说，佛教主张“缘起”，认为万物皆因缘和合而生，因而没有全能的造物主存在，也进而从本体上排除了立于万物之上的独尊之佛存在的可能性。另外，佛教主张“平等”的观念也从理论上确立了众生平等、皆可成佛的基础。《大般若经》《大智度论》《华严经》等

35 《增一阿含经》卷二十六，《大正藏》第二卷，第694页上。

36 赵朴初：《赵朴初文集》上卷，华文出版社，2007年，第550页。

经典都说明原始佛学中根本没有偶像崇拜的观点，佛的地位与众生的地位是平等无二的。正如缪勒所说："佛陀的宗教从一开始就是清一色的无神论。"[37]

然而，这种无神论的哲学又怎么会变成有神论的宗教呢？我们可以从《大涅槃经》《普曜经》等经典中来侧面见证佛陀由人间之佛变成天上之佛的轨迹。《大涅槃经》中对佛的涅槃做了神话般的描述，记载佛进入涅槃时，诸天神物极为悲痛，气氛庄严肃穆。佛入灭后，马上现出三十二相八十种金身，并以千幅轮相出放棺外，以视众门徒。《普曜经》中云："佛初生时，放大光明，照十方界。地涌金莲，自然捧足。东南西北，各行七步，观察四方。一手指天，一手指地，作狮子吼：'天上天下唯我独尊！'"甚至连《阿含经》中都存有对佛陀降生的神化记叙，说佛祖的生母到毗罗苑游玩，"见婆罗树花可爱，举右手攀枝，菩萨（即佛祖）从右胁而诞生"[38]。当然，这些对佛陀的神化传说同他当时所处的时代环境密切相关，当时的印度社会一直被"神权"的迷雾所笼罩。于是，释迦牟尼去世后，其追随者将人间真实的智者颠倒为天上佛陀，并加以神化，以此来引导人们追寻"佛"所达到的境界，增加其宗教信仰的魅力。

从历史上看，对佛陀的神化有一个不断加深的过程。虽然上座部还依然主张佛陀是历史的人物，其伟大之处在于精神和智慧。但随着佛教派别的不断分化，再加上佛陀的弟子中有不少原来婆罗门教的信徒，他们虽然改信了佛教，但是其传统的信仰、观念无法根除，故而将婆罗门教偶像崇拜的思想带到了佛教。因此，从部派佛教开始，就已经出现了对佛陀的崇拜。人们习惯性地以天神的观点来看待佛陀，认为人间的佛陀过于平凡，应该将其请到天上最高处的摩醯首罗天，使其具有至高无上的权威性。其中大众部将佛祖人格夸张，描绘成三十二相、八十种好的神；佛祖分为真身和肉身，是威力无穷，遍布宇宙本体的。大乘佛教则以成佛为最高目标，在对佛身的神化过程中，提出了法身、报身、化身，并且佛不仅只有释迦牟尼一个，而是包括一切觉行圆满者，三世十方，皆有佛在。诸如未来弥勒佛、东方药师佛、西方阿弥陀佛等，从而为其信众的崇奉与修行树立了各种各样的偶像。渥德尔曾经在理论特征上比较过大乘佛教与小乘佛教的异同，认为大乘佛教具有明显

37　缪勒：《宗教学导论》，陈观胜译，上海人民出版社，1989年，第58页。

38　静、筠二禅师编：《祖堂集》卷一之"释迦牟尼佛"，张华点校，中州古籍出版社，2001年，第16页。

的经验主义倾向，这种经验主义倾向集中地表现在其崇拜和巫术的倾向上。[39]

与佛陀同样被神化的还有菩萨，“菩萨”是巴利文 Bodhisatto 的音译“菩提萨埵”的简称，其中“菩提”的意思是“觉悟”，“萨埵”的意思是“众生”或“有情”（一切有感情的众生），合起来就是“觉悟的众生”，可见其原初的含义也是人，而不是神。在佛教初创的小乘时期，释迦牟尼是唯一的佛，且此时的释迦牟尼还是一个孔子式的历史人物。但在后来的大乘佛教中，菩萨获得了仅次于佛的地位。这些觉悟了的众生又以觉悟他人为己任，是协助佛陀传播佛法，救助众生的人物。凡是立下宏愿，上求佛道，下化众生的释迦牟尼的追随者都称之为菩萨。菩萨的任务是将所有轮回中的众生度化成佛，因而其本身也成为仅次于佛的神，如观音菩萨、地藏菩萨、文殊菩萨、普贤菩萨等。这样，整个佛教就构成了一个由佛陀、菩萨组成的诸神的谱系。

佛教在进入中国之初，与神仙方术结合，其偶像崇拜的努力有增无减。佛在汉代即已成为了恍惚变化、分身散体、能大能小的神。《后汉书·楚王英传》中记载，东汉楚王刘英“诵黄老之微言，尚浮屠之仁词，洁斋三月，与神为誓”。汉代牟子著《理惑论》中说佛能“恍惚变化，分身散体，或存或亡，能大能小，能圆能方，能老能少，能隐能彰，蹈火不危，履刃不伤，在污不染，在祸无殃，欲行则飞，坐则扬光，故号为佛”[40]。此时，原本哲学性的佛家已彻底转化为宗教性的佛教，而佛陀也由一个历史人物被逐渐演变成为能呼风唤雨、点铁成金、起死回生、有求必应的神，由人生智慧的觉者与传授者异化为宗教信奉与崇拜的偶像。除了佛陀之外，菩萨的神化也愈演愈烈，原来并不显赫的观音菩萨、地藏菩萨、文殊菩萨、普贤菩萨也纷纷在普陀山、九华山、五台山、峨眉山找到了自己的“道场”，并大显“神灵”。与此同时，在印度原本男身的菩萨也随着中国民众的需求女身化，以体现母性般的慈悲与关爱。尤其是以“送子”著称的观音娘娘，更是获得了广大信众的喜爱和崇敬。至此，原本反对神创论、提倡缘起说的佛陀却反被信徒塑成了金身偶像，被加以顶礼膜拜，这不能不说是一种讽刺；原本主张禁欲、力求实现涅槃的佛学却反因能够满足人们的欲望、能够延续世人的血缘而受到追捧，这不能不说是一种悲哀。

39　参见渥德尔：《印度佛教史》，王世安译，商务印书馆，1987年，第348页。

40　《弘明集》卷一，《大正藏》第五十二卷，第2页上。

宗教信仰主要是建立在有神论的基础之上的，而有神论的出现也是有着诸多现实原因的。对此，托卡列夫将其归纳为三点：其一是民众的需要，因为不奉行一神或多神的宗教，会为人民大众所摒弃；其二是传播的需要，佛教需要日益改变自身的传统来适应不同国家的原始信仰；其三是对抗需要，佛教在前与婆罗门教、后与道教对抗的过程中也需要改变自身获取胜利。[41]

通过以上的分析，不难看出释迦牟尼在当时的社会思潮中，出于对婆罗门教种姓制度的反叛以及对人生之苦的揭示与超越，在“缘起说”的理论基础上建构了一种没有灵魂、没有寄托、没有偶像的悲观主义人生哲学——佛家。然而，或许是由于其本人并没有完全摆脱婆罗门教早期对他的影响，或许是由于佛学经典的形成过程中掺杂了别人的言论，因而使得其思想的表述并不彻底、其理论的构成也不单纯。更为重要的是，在佛学随后的传播过程中，不断加入的修行者与信仰者，为了添加宗教信仰的理论依据，增加公众的信仰砝码，开始从功利主义的角度出发，对原始佛学的人生哲学思想做了较大的修改与变动。他们将佛陀的人生哲学思想与婆罗门教关于灵魂轮回、偶像崇拜等思想掺杂在一起，形成了一种有灵魂、有偶像、有寄托的宗教信仰——佛教。可以说，佛陀人生哲学世俗化的过程，同时也是其自身由哲学向宗教蜕化的过程，即在“觉悟者的教导”基础上附加了宗教形式，使其在具有哲学内涵的同时又具有了信仰的实践性。这一切既源于佛学真谛（根本思想）与俗谛（方便法门）的互动生成，也源于佛家的哲学与佛教两种维度的彼此互动。因此，对于佛学性质的考察，应该从哲学的进程以及宗教的信仰角度来进行双向考察，才能把握住佛陀最初的哲学建构到实现佛教信仰不断异化的过程。尝试从“佛家”的人生哲学和“佛教”的宗教信仰两个概念切入，可以在一定程度上厘清和解决佛教自身发展过程中存在的诸多理论矛盾，比如，佛陀无我论与佛教轮回主体的矛盾，佛陀涅槃寂静与佛教极乐世界的矛盾，佛陀无神论与佛教有神崇拜的矛盾等。

由此可见，灵魂轮回、极乐世界、偶像崇拜等理论，并非佛学理论初创时就具有的，而是佛陀学说发展的必然结果，也是佛教宗教信仰形成的必要因素。对此，日本学者小野秀原说道：“关于他世、再生及罪福报应的佛教教

41　参见［苏］谢·亚·托卡列夫：《世界各民族历史上的宗教》，魏庆征译，中国社会科学出版社，1985年，第513—516页。

义已不是佛陀在世时期的佛教教义，而是佛陀逝世以后，由其弟子们所完成的一套完整的教义……因为如果不把佛陀神化，并承认神的存在和彼岸世界的存在，而且还得有通向彼岸世界的桥梁——现世善行及自我的精神修养，就会失掉对被压迫生灵的诱惑力。佛陀逝世之后，随着佛陀的神化，佛教才最终形成。”[42]因此，佛教正是在佛家人生哲学的基础之上，从巩固自身阵营、保持派别争斗优势、吸引信众队伍等功利角度出发，大量吸收了印度传统宗教中的有神、祭祀、戒律等内容，而这种吸收和变化也同样导致了佛教与婆罗门教的同化及其在印度的过早消亡。

然而，这种由人生哲学到宗教信仰的转变，至中国禅宗时期又发生了一次否定之否定的变化。只有在这一意义上，我们才能理解何以佛门弟子却要呵佛骂祖、打破偶像，甚至到了见神杀神、见佛杀佛的地步；何以出家之人却要主张担水劈柴、无非妙道，甚至到了放下屠刀、立地成佛的地步；何以念佛之人却要主张“菩提本无树，明镜亦非台”，甚至到了“本来无一物，何处惹尘埃”的地步……至此，被异化已久的佛学传人真是到了一种骨鲠在喉、不吐不快的地步。从这一意义上讲，中国禅宗、尤其是后期禅宗的出现，可视为被异化了的佛教向佛家回归的一种努力。

总之，当我们界定佛学是“家”之时，是从其原初的理论构成上讲的；当我们界定佛学是“教”之时，是从其后来的信仰内容上讲的。两者在佛教的发展过程中既是一体两用的关系，也是一种变异蜕化的过程。佛陀所创立的哲理，是一种力图解决人生根本问题的学问，这与一般的宗教信仰有着本质的区别，故而哲学比重较大；而佛教所宣扬的济世法则，则是一种吸引信众的手段，这其中具有很多的巫术、迷信的成分，故而其宗教色彩浓厚。我们可以通过对佛家和佛教二者关系的厘清，梳理出佛学中一些固有矛盾的根源。

（此文为陈炎、李琳合作，国家社科基金项目“儒、释、道的生态观与艺术观”[05BZW008]的阶段成果，发表于《清华大学学报》2010年第5期）

42 ［日］小野秀原：《佛教哲学》，张绂译，商务印书馆，1925年，第297页。

“衍圣公世袭制度”“教皇选举制度”“活佛转世制度”的文化特征

作为一种有别于世俗政权的文化权力，儒家、基督教、藏传佛教的文化命脉需要获得一种稳定的传递模式，而“衍圣公世袭制度”“教皇选举制度”“活佛转世制度”的出现，则刚好符合其各自的文化土壤和信仰特征，因而在漫长的历史过程中得以维系：“衍圣公世袭制度”注重血缘的延续，有着明显的世俗伦理色彩；“活佛转世制度”注重灵魂的转世，有着浓厚的宗教神秘主义特征；“教皇选举制度”既注重世俗权力的平衡，又注重信仰内容的传递，有着半世俗半信仰的成分。分析和对比这三种独特的权力继承模式，有助于我们更深刻地理解和把握儒家、基督教、藏传佛教的文化内涵。

一

由于创立了符合中国国情因而被众多朝代的统治者作为官方意识形态的儒家思想，生前身为布衣而只在短期内做了鲁国司寇的孔子，死后却屡屡受到了不同朝廷的加封：“孔子是在公元前479年逝世。当时，鲁国国君哀公亲制诔文悼念孔子，诔文中称孔子为‘尼父’。这是有别于封号的尊称。孔子有封号始于公元元年，汉平帝刘衎追封孔子为公爵，称‘褒成宣尼公’。北魏孝文帝于太和十六年（492），改称孔子为‘文圣尼父’。北周静帝于大象二年（580），恢复公爵之封，号‘邹国公’。隋文帝杨坚开皇元年（581），尊孔子为‘先师尼父’，取消封号。唐太宗李世民于贞观二年（628），尊孔子为‘先圣’，十一年又改称‘宣父’。乾封元年（666），唐高宗李治尊孔子为‘太师’。天授元年（690），武则天女皇恢复公爵，改号‘隆道公’。开元二十七年（739），唐玄宗李隆基升孔子为王爵，谥号‘文宣王’。宋真宗于大中祥符元年（1008），加号孔子为‘玄圣文宣王’，五年（1012），又改为‘至圣文宣王’。元武宗于大德十一年（1307）加号孔子为‘大成至圣文宣王’。明世宗朱厚熜于嘉靖八年（1529），改称‘至圣先师’。清世祖顺治二年（1645），加号孔子为‘大成至圣文宣先师’，十四年（1657），又复称‘至圣先师’。民国年间，‘国民政府’派员祭祀孔子的祭文仍称孔子为‘大成至圣先师’。”[1]

我们知道，所谓“谥号”是中国古代皇宫贵族死后因其生前的功业所受到的追封。除皇帝皇后之外，这种追封的最高品级即为“王”。而在孔子所受到的历代追封中，“大成至圣文宣王”则是最为显赫的谥号了。所谓“大成”，是称赞其集古代先贤智慧之大成；所谓“至圣”，是称赞其达到了古代先贤人格之最高境界；所谓“文宣”，是称赞其在中国文化教育方面所做的伟大贡献。所以时至今日，“大成至圣文宣王”仍是人们对孔子的最高称谓，而祭祀孔子的孔庙主体建筑，也便有了“大成殿”的名称。

中国古代的皇宫贵族不仅在死后会享受“谥封”的荣誉，而且其后人也能获得“庇荫”的恩泽。按照封建社会的世袭制度，不仅皇帝死后可以把权力传给自己的儿子，而且某些等级的贵族也可以把自己的名号、爵位和财产按照血缘关系世代相传。当然了，在不同朝代，具体的世袭制度是不同的。例如，先秦时代实行世卿世禄制度，上至诸侯、公卿，下至大夫、士，他们的封邑、爵位、官职、财产都是父子相承的。汉代虽然在法律上废除了家族承袭特定职务的制度，但在官员委任的实际操作中仍然留有世袭制度的痕迹。魏晋时代重新恢复了世袭制度，但权力和爵位的家族遗传又被分为“世袭罔替”和普通的“世袭”两种。前者的世袭次数是不受限制的，而且世袭的爵位始终不变；后者的世袭次数则有限，而且每承袭一次，原有爵位则降低一级。不仅如此，魏

1　侯新伟：《三孔掌故》，文物出版社，2005年，第50—51页。

晋时期的封爵多为虚衔，没有实际的封地，世袭的采邑徒有虚名。初唐时期，虽实封者可以从封地征收一定的赋税供自己享用，但玄宗以后又取消了封君直接从封地征收赋税的权利，改为按爵位高下、食邑和实封数目多寡在政府领取相应的收入。从宋朝开始，出现了爵位只可终身享有，不能世袭的规定。元朝延用蒙古旧制，恢复了封君的实际封地。明、清则按照爵位等级发给俸银和禄米、与官员无异。所有这一切，都显示着皇室与其统治集团内部其他成员在权力分配上的博弈。然而这一切，都没有影响孔子后人对其文化权力的继承。

很难想象，史载最早对孔子后裔进行加封者竟是秦始皇。秦始皇二十八年（前219），东行郡县，曾“观礼于鲁”（《水经注·泗水》），因孔子九代孙孔鲋精通六艺，召封其为鲁之“文通君”。后因秦下令焚书，孔鲋藏《论语》《尚书》《孝经》等于孔子旧宅壁中，隐嵩阳，教授弟子。当然了，秦始皇所封“文通君”还仅仅是名誉上的称谓，并非祭祀孔子的专事封号。汉高祖十二年（前195），“自淮南过鲁，以太牢祀孔子”，同时封孔子九代孙孔腾（孔鲋之弟）为“奉祀君”，专主孔子祀事。汉元帝永光元年（前43）拜孔子十三代孙孔霸为太师，赐爵关内侯，食邑八百户，号褒成君，以所食邑奉孔子祀。并赐黄金二百斤，宅一区，户籍迁往长安。“霸为人谦退，尝称禄位太过，何德以堪之。上欲之相位，霸让至三、四，上知其诚乃止，以是敬之，赏赐甚厚”。（［金］孔元措撰《孔氏族庭广记》）元帝批准了孔霸的请求，为祀孔子，将其长子户籍由长安迁回曲阜。孔霸七十二岁卒，元帝素服亲临吊丧，赐东园秘器钱帛，谥曰烈君。汉成帝时由孔霸长子孔福袭封关内侯，这便是孔子后裔爵位世袭的开始。《阙里志·子孙封爵》卷十二记载：“孔子嫡孙刚承大爵，自秦始皇始封孔鲋为文通君，历代封爵不一，有加无已，悉载史册可考，至宋仁宗始封衍圣公，历金元至明洪武二年仍封为衍圣公，赐正一品服色，麟袍玉带，治银印一颗，列文武班首，历传至今……”于是便有了著名的“衍圣公世袭制度”。1039年，孔子四十六代孙孔宗愿获授国子监主簿，6年后，改封“衍圣公”。哲宗元祐元年（1086）孔子四十七代孙孔若蒙继承父职，为“奉圣公”，专主祀事。元符元年（1098）因坐事废封，改由其弟孔若虚袭封“奉圣公”。孔若虚死后，仍以孔若蒙之子孔端友袭封。宋徽宗大观年间（1107—1110）复改封孔端友为“衍圣公”。自此以后，

“衍圣公”这一封号历经宋、金、元、明、清、民国，直至1935年国民政府改封孔子七十七代孙孔德成为“大成至圣先师奉祀官”为止，先后延续了八百多年。

从中国古代世袭制度的历史沿革来看，随着中央集权的加剧，封建皇室是不太情愿以世袭的方式将政治、军事或经济权力分配给统治集团中的其他成员的，因为那会导致家族地方势力的膨胀，从而构成对中央政权的挑战与威胁。但是，何以历代帝王唯独对孔子的后裔们宠爱有加，以至于虽经朝代更迭反而恩渥倍增呢？因为说到底，历代“衍圣公”们所承袭的既不是什么政治权力，也不是什么军事权力、经济权力，而是一种特殊的文化权力。一方面，历代“衍圣公”都享有优厚的俸禄和曲阜那规模宏大的衍圣公府。从某种意义上说，作为衍圣公府的孔府，俨然是一座小皇宫：“皇帝有六大部，孔府有六大厅；皇宫有三大殿，孔府有三大堂；皇帝有东宫、西宫，孔府有‘东书院’‘西书院’，简称‘东学’‘西学’；皇宫有御花园，孔府有后花园；皇宫有三道紫禁城，孔府有内府墙、外围墙、曲阜城墙（孔府有权指挥城门开关，南城门钥匙归孔府掌管），都属于保护孔府的围墙；皇宫有东西大栅栏门，孔府亦有东西栅栏门和后宰门；皇帝有钟鼓二楼，孔府亦有钟楼和鼓楼。”[2]不仅如此，皇帝有太庙，孔家有孔庙；皇家有陵墓，孔家有孔林。另一方面，除了在国家祭孔活动中伴有礼仪性的角色之外，自明代以后的“衍圣公”并不具有任何实际的军政权力，不可能对朝廷构成威胁。洪武六年（1373），朱元璋对孔希学说：“今尔为袭封，爵至上公，不为不荣矣，此非尔祖遗荫欤？朕以尔孔子之裔，不欲以流内铨注，以政事烦尔，正为保全尔也，尔若不读书，辜朕意矣。”[3]因此，从某种意义上讲，“衍圣公”只不过是一种世袭的文化符号而已。

那么历代帝王为什么要花费那么大的资财来维系这一文化符号呢？这又要回到孔子所创立的儒家思想上来。“近代有学者认为，‘儒’的前身是古代专为贵族服务的巫、史、祝、卜；在春秋大动荡时期，‘儒’失去了原有的地位，由于他们熟悉贵族的礼仪，便以‘相礼’为谋生的职业。”[4]不幸的是，出身儒者的孔子却恰恰遇上了一个“礼崩乐坏”的时代。问题在于，孔子不仅是“儒”，而且是“家”。也就是说，为了挽救这个时代，他不仅要从技术层面教导人们如何去施礼作乐，而且要从思想的层面上教导人们为何要施礼作乐。子曰：“人而不

2 孔繁银、孔令龄：《孔府内宅生活》，齐鲁书社，2002年，第2页。

3 见孔府二门《对话碑》。

4 《中国大百科全书·哲学》下卷，中国大百科全书出版社，2004年版，第73页。

仁，如礼何？人而不仁，如乐何？”（《论语·八佾》）在孔子看来，所谓“礼”的形式，只不过是“仁”之内容的外在表现而已。这样一来，“仁”便成了儒家思想的核心范畴。根据《说文解字》的理解：“仁，亲也，从人二。”这就是说，“仁”的内涵，取决于人与人之间的关系。那么，什么样的关系才符合孔子对“仁”的理解呢？“樊迟问仁。子曰：‘爱人’。”（《论语·颜渊》）我们知道，世界上没有无缘无故的爱，那么，孔子所说的爱基于什么样的理由和根据呢？孔子的学生有子说得明白：“君子务本，本立而道生。孝弟也者，其为人之本与！”（《论语·学而》）如此说来，孔子的“仁爱”思想，是建立在亲子血缘关系基础之上的。惟其如此，它才不同于后来墨子所说的人人平等的“兼爱”，而是一种爱有差等的“仁爱”。譬如父爱子，子爱父，但前者为“慈”，后者为“孝”，二者爱而有差，不能将“父慈子孝”颠倒为“父孝子慈”；兄爱弟，弟爱兄，但前者为“友”，后者为“恭”，二者爱而有差，不能将“兄友弟恭”颠倒为“兄恭弟友”。明白了爱有差等的“仁”，也就懂得了礼有别异的“礼”。正像孔子的后学荀子所说的那样：“礼者，贵贱有等，长幼有差，贫富轻重皆有称者也。”（《荀子·礼论篇》）儿子之所以要向父亲磕头，是为了表达自己的“孝心”；父亲则无须向儿子磕头，只要拍拍儿子的肩膀就足以表达自己的“慈爱”了。弟弟之所以要向哥哥鞠躬，是为了表达自己的“恭敬”；哥哥则无须向弟弟鞠躬，只需要点点头就足以表达自己的“友爱”了。一句话，之所以要向不同的人施以不同的礼，是因为我们对不同的人有不同的爱。如果孔子以“仁”释“礼”的学说只限于父慈子孝、兄友弟恭的家庭伦理层面，也就不会引起后代帝王的高度重视了。问题在于，他要从亲子血缘关系出发，从“父父、子子”，推广到“君君、臣臣”，将家庭伦理放大为社会伦理。在孔子看来，就像儿子不给父亲磕头、弟弟不向哥哥鞠躬一样，“八佾于舞庭”之所以会成为“是可忍也孰不可忍”（《论语·八佾》）的事情，就在于身为大夫的季孙氏，已经不再把天子放在眼里了。如此说来，孔子“克己复礼”的努力，便不仅要捍卫家庭的伦理，而且要重建社会的秩序，即从“亲亲”到“尊尊”，从“迩之事父”到“远之事君”（《论语·阳货》），从而为以家族、血缘、地域为基础的皇家政权提供了理论上的保障。在这里，我们可以把刚才援引过的有子的话全文奉上："其为人也孝弟，而好犯上者，鲜矣；不好犯上，而好作乱者，未之有也。君子务本，本立而道生。孝弟也者，其为人之本与！"（《论语·学而》）这样一来，"孝弟"便不仅是"仁学"的思想基础，而且成为整个封建伦理制度的理论前提。只有在这一意义上，我们才能懂得"半部《论语》治天下"的深刻含义。

正是由于孔子为后世帝王的皇权统治提供了坚实的理论基础，历代帝王才会反过来善待孔子的后世子孙。"衍圣公世袭制度"的存在，既给整个民族树立了一个绵延永续的文化标本，又为世人提供了一种活生生的生活样板，使人们在这个"兴国咸休，安富尊荣公府第；同天并老，文章道德圣人家"（孔府对联）的"圣府"中来体会其行为的准则、做人的道理。正因如此，当南宋政权偏安一隅的时候，由北方的金所扶植的伪齐政权也选择孔子的后代子孙为"衍圣公"，从而形成了"南宗"与"北宗"并立的局面。此后，作为异族入侵者的元世祖忽必烈、清世祖顺治，也都承认"衍圣公"在前代所享受的全部特权，以期用这一文化符号来笼络人心。民国二年（1913），图谋恢复帝制的袁世凯下令保留清廷为"衍圣公"所提供的所有特权，并颁发给孔令贻一等大绶宝光嘉禾章。1949年，当国民党政权瓦解的时候，仍不忘带身为"大成至圣先师奉祀官"的孔德成退守台湾，以保留其在文化上的正统地位。

作为中国伦理制度的基础，孔子的"仁学"思想是以亲子血缘关系为基础的。而作为中国家庭的样板，"衍圣公"的权力也自然是以长子继承制为准则的。"孔子后裔的封爵仅限于嫡长，除非长子受劾才有次子短时代替，但下代还是由长子的长子继承。"[5]除了个别衍圣公没有子嗣以及像宋、金、元等朝代变革等特殊情况外，这种嫡长的世袭制度比较完整地保存下来，一直延续了七十七代。在"家天下"的古代封建社会里，这种亲子血缘的承续关系，既是一种绵延永续的文化象征，也是皇家政治权力的历史缩影。

二

与中国的儒家文化不同，在西方的基督教文化中，扮演传承角色的不是"衍圣公"，而是"教皇"。"从圣彼得到约翰·保罗二世，这2 000年的历史中，

5　侯新伟：《三孔掌故》，文物出版社，2005年，第115页。

信徒和历史学家均在沉思。世界上最古老的制度，教皇制，即使有时在教皇的继承时不乏争议，但毋庸置疑，它首先是天主教徒真正的精神遗产。其次，它有时令人困惑，甚至引发争辩，但假如联想到西方文明的源泉及当今这个对比时代的种种变异，则教皇制度始终是个不可磨灭的现象。”[6]

说起教皇，不能不提及教会；提及教会，又不能不从圣彼得说起。圣彼得不是耶稣的长子，而是他的门徒。在耶稣的十二个门徒中，圣彼得具有特殊的地位。他是耶稣弥留之际被特许召见的三人之一，也是耶稣复活见证者名单中的头一个。在耶稣之后，他决定对异教徒传播福音。正因如此，他也和耶稣一样受到了世俗势力的迫害，成为基督教义的殉道者。彼得殉道之后，被葬在罗马城的地下墓室里。他的墓室刚好位于今日梵蒂冈教堂的圣坛底下。因此，非洲主教西普里安曾指出：“教会建筑在彼得的肉体之上，捐弃了它的人如何能自称是教会的一分子？”[7]当然，在圣彼得生前筚路蓝缕的传教过程中，教会组织还处在自发状态，教阶制度还没有形成，甚至连“教皇”这个称谓也没有被专门固定。然而，毫无疑问的是，在基督教日后漫长的发展过程中，历代教皇都自认为是圣彼得的继承者，从而梵蒂冈的圣彼得教堂也便成为天主教的核心、罗马教廷的所在。

“教皇一词来源于希腊文Pappas，意为‘爸爸’。起初只是古代基督教对其神职人员的一般尊称。后来，随着教会内部教阶制度的发展，这一名称只限于称呼罗马、君士坦丁堡、亚历山大里亚、安提阿和耶路撒冷五大城市的主教。中世纪时，这一名称被罗马主教所垄断。最后，罗马主教宣称此衔为西方教会领袖的尊号。罗马教皇的全称是：罗马城主教、罗马教省都主教、西方教会宗主教、梵蒂冈君主、教皇。此外，罗马教皇还有以下几个称号：圣彼得的继承者、圣父在人间的代表、天主的众仆之仆、基督在人间的代表、普世教会至高无上的祭司等。”[8]

在历史上罗马教廷的绝对权威并不是一天形成的，教皇的神圣地位也不是一天奠定的。首先，基督教在其传教之初，是不被世俗政权所认可的，即

6　［法］保罗·波帕尔：《教皇》，肖梅译，商务印书馆，2000年，第1页。

7　转引自［法］保罗·波帕尔：《教皇》，肖梅译，商务印书馆，2000年，第34—35页。

8　乐峰、文庸：《基督教知识问答》，宗教文化出版社，2009年，第38页。

使是在公元392年基督教被确立为罗马的国教之后，王权与神权之间的矛盾也没有完全终止。“公元1至5世纪，是王权和神权真正较量的500年。起初，王权似乎以其强大战胜了神权。这个时期的30位教皇，有18位殉道，8位大概因信仰被处死，3位死在流亡中，1位被囚禁。这个悲惨的现实未能阻挡罗马教皇统治他的教会。对远方的教会来说，他始终是信仰的卫士和统一的象征。”[9]因此，与完全受皇权认可和扶植的“衍圣公制度”不同，“教皇制度”有其自身的独立性。不仅如此，在相当长的时间内，世俗的王权不得不反过来接受教会神权的加冕和认可，甚至从属于教皇的神权统治。“从格列高利一世，亦称格列高利大帝（590—604）开始，教皇制最终在西方站稳了脚跟。此后1 000多年，教皇制在西方行使真正的权力。由于对信徒具有巨大影响，教皇往往利用精神武器来巩固俗权。从726年起，格列高利二世自任罗马最高行政长官。艾蒂安二世（Etienne Ⅱ）为法王丕平加冕后，后者承认前者的俗权；公元800年查理曼大帝由利奥三世加冕，也肯定了利奥的俗权。建立在加洛林王朝赠地基础上的教皇领地不断扩大，中世纪后具有相当规模。”[10]在历史上，罗马教廷所直接控制的领地也被称为“教皇国”，它位于亚平宁半岛中部，其面积随教廷势力的变化而有所增减。1861年，教皇国的绝大部分领土被并入撒丁王国，即后来的意大利王国。1870年罗马城也被并入意大利，教皇国领土退缩至梵蒂冈。至此，梵蒂冈的教廷就像曲阜的孔府一样，最终成为一种文化的符号。

其次，基督教在其发展的历史上，不仅要和教外的世俗政权进行斗争，而且要和教内的其他派别展开博弈。尽管所有的基督徒都信奉《圣经》，但在具体教义和信仰仪式上却有着这样那样的分歧。“公元451年的卡尔西顿会议明确了基督教会内部权利的平衡，并宣布基督教的五个权威中心为君士坦丁堡、罗马、耶路撒冷、亚历山大和安提克。罗马教主自命为彼得的继承人，声称自己拥有绝对最高管理权。君士坦丁堡主教自称是‘普世教主’，以此与罗马教主抗衡。两大中心之间的互不信任日渐加深。”[11]“到了拉丁—日耳曼的西方完全脱离拜占庭帝国之后，使政治上的纽带也松弛了；但教皇仍企图干预

9 ［法］保罗·波帕尔：《教皇》，肖梅译，商务印书馆，2000年，第16—17页。

10 ［法］保罗·波帕尔：《教皇》，肖梅译，商务印书馆，2000年，第18—19页。

11 ［英］凯伦·法林顿：《宗教的历史》，秦学信、杨春丽译，希望出版社，2004年，第117页。

君士坦丁堡大主教区的内部事务，确立对整个教会的首脑地位；而在希腊方面，保守的正教对较进步的西方持怀疑态度，凡背离它的信条和习惯的，一概被斥为异端。这样终于导致了1054年的最后分裂，这一年，教皇的使节在索菲亚大教堂祭台上投下了教皇的诏书，宣布把君士坦丁堡主教开除教籍，后者马上针锋相对，也把教皇开除出教。东方的大主教们当然与他们的君士坦丁堡同僚站在一起，反对罗马的专权。"[12]因此，即使在基督教世界的内部，教皇的统治权威也不是无限的。从"教阶制度"来看，天主教把"教皇"视为基督教会的最高统治者，以下依次为"大主教"（红衣主教）、"主教"、"神甫"、"修士"和"修女"；而东正教则把"牧首"视为基督教会的最高统治者，以下依次为"都主教""大主教""主教""大司祭""司祭""辅祭""修士"；改革后的基督新教不再把教会视为信仰的必由途径，教阶层次也随之而大大简化，主要有"牧师"和"传道员。"[13]这一切都说明，教皇的权威在不同的时代、不同的地域、不同的基督教派别中有着不尽相同的意义。然而尽管如此，作为一种宗教的符号和文化的象征，罗马教皇的地位仍是不可替代的。

那么，这个不可替代的教皇又是怎样产生的呢?"在东、西教会大分裂前，罗马主教一般由世俗君主或贵族遴选或指定。1059年，教皇尼古拉二世决定教皇由枢机主教选举产生。1179年的第三次拉特兰大公会议和1274年的第二次里昂大公会议进一步确定了教皇的选举法，仍承认法、西、奥三国君主对教皇具有否决权，直到20世纪初，这项否决权才被取消。1973年教皇保罗六世决定：今后选举教皇时，将吸收一些非枢机主教参加。教皇当选后终身任职。除犯有异端罪外，不得任意罢免。教皇可自行辞职，但无权指定继承人。"[14]与中国的"衍圣公"不同，西方的"教皇"不是世袭的，而是经选举而产生的。这一点不难理解，因为基督教即为宗教，本身对世俗的血缘关系有一定的排斥性。从法律上看，教会法反对长子继承制，因而也就不可能以血缘的关系来继承教皇的神职。然而，作为一种神职，教皇在选举上却又掺杂了一些世俗君主的权力，这一点似乎是难以理解的。究其原因，是因为教会在漫长的历史发展中，既要借助世俗政权的力量，又要平衡教派内部的势

12 ［美］G.F.穆尔：《基督教简史》，郭舜平等译，商务印书馆，1981年，第145页。

13 参见龙敬儒：《宗教法律制度初探》，中国法制出版社，1997年，第18—19页。

14 乐峰、文庸：《基督教知识问答》，宗教文化出版社，2009年，第39页。

力；因而教皇的选举和产生既要体现宗教精神的延续，又要实现各种权力的妥协。在这种情况下，半宗教半世俗的选举制度，也便成为唯一的选择。

三

在这个世界上，除了儒家的“衍圣公世袭制度”、基督教的“教皇选举制度”之外，还有另外一种文化权力的传递模式，那便是藏传佛教的“活佛转世制度”。“活佛转世是藏传佛教所独有的一种宗教首领的传承方式，不仅在其他宗教中没有这种传承方式，在世界各地的佛教的不同派别中，即使是与藏传佛教同属于大乘佛教的汉传佛教、朝鲜佛教、日本佛教中，都没有发展出这种首领传承方式。”[15]所谓活佛转世，是相信作为某一教派领袖的活佛死后“灵魂”[16]不灭，转世投胎到另一个新人身上，因而通过寻访、认定、坐床等程序，重新确立其身份，以接替前世活佛的地位。“通俗一点儿就是一个经过认真修行成道的喇嘛死后，其灵魂入胎附体，通过特定的途径和方法寻觅、确认的被称为活佛转世灵童。该灵童在经过必要的训练，成人以后，以前世的名号，继位传承前辈的遗业。而如此循环往复，周而复始。”[17]

“在活佛转世制度创建之前，西藏各大教派的传承主要有两种方式，一种是父子或家族传承，一种是师徒传承。”[18]“自1284年噶玛噶举开创活佛转世制度以来，格鲁派、宁玛派、萨迦派、觉囊派等大小教派纷纷建立了活佛转世系统，其中最大的活佛系统为格鲁派的达赖喇嘛和班禅额尔德尼系统。”[19]我们知道，格鲁派是从15世纪开始在西藏地区兴起的宗教派别。“在早期，格鲁派仍然采用师徒传承的方式，因为宗喀巴亲自担任甘丹寺的第一任住持，以后的历任甘丹寺住持被认为是宗喀巴法座的继承人，所以教派的最高首领为甘丹寺的历任住持……藏语称为甘丹赤巴。”“后来，由于教派之间的斗争

15 陈庆英、陈立健：《活佛转世及其历史定制》，中国藏学出版社，2010年，第1页。

16 严格说来应该是“心识”更为准确，也就是佛教中所说的“阿赖耶识”，或曰“中阴身”。现在世俗学者一般用作“灵魂”，这只是一种中国民间方便的说法，包括本文中所引用的一些文字中也使用“灵魂”，故沿用之。

17 巴桑罗布：《活佛转世传承的文化内涵》，《藏传佛教活佛转世制度研究论文集》，中国藏学出版社，2007年，第32—33页。

18 陈庆英：《达赖喇嘛转世》，五洲传播出版社，2004年，第8页。

19 徐丽华：《藏传佛教探秘》，巴蜀书社，2001年，第156页。

形势发展，在格鲁派受到其他教派和世俗贵族的排斥和打压的形势下，格鲁派中担任甘丹赤巴的僧人年龄较大，活力不足，而且更换频繁，缺乏宗教上的神圣光环和神秘感，不足以建立宗教和政治上的稳定的长期的权威，使得甘丹赤巴选任制度逐渐暴露出自己的弱点。格鲁派为了不断增加凝聚力，培养自己的强有力的领袖传承，在保留甘丹赤巴选任制的同时，也逐步采用了活佛转世制度。”[20]与重视亲子血缘关系的儒家不同，“藏传佛教的师徒关系比父子关系还要重要”，因为，父子关系只是一种肉体的世俗联系，而师徒关系则已是一种精神的信仰联系。然而，尽管徒弟是师傅的“心传弟子”，但毕竟还是两个不同的人，二者之间的觉悟程度和修养水平还是有差异的。因此，在现实生活中，往往会出现徒弟不如老师，从而导致信仰传承中的退化现象。“当师徒传承和家庭承袭不足以满足当时社会发展需要时，便以活佛转世的办法来补充继承法的缺陷。”[21]

当然，除了现实的需要之外，活佛转世制度的形成也与藏传佛教的教义有关。有学者认为，“活佛转世传承的理论依据最起码包括灵魂观念、轮回思想、修行成佛和利乐众生说等方面的内容。这四个方面缺一不可，如果缺一个就不能成为活佛转世的理论依据”[22]。我们知道，原始佛教主张“缘起”，而大乘佛教空宗则接着从“缘起”中推出“性空”，于是大谈“缘起性空”，认为万物都没有“自性”，因而并没有灵魂存在的余地。但是后来大乘佛教有宗提出了“阿赖耶识”理论，以其本身就是“缘起性空”的“心识”作为个体存续的载体，这种“心识”观念后来被密教所全盘接受。在佛教传入之前，西藏地区盛行的苯教却相信灵魂的存在，这种思想与密教的“心识”思想结合之后便构成了藏传佛教有关灵魂不灭的思想。其实细究起来，这种灵魂不灭的思想与佛教由婆罗门教那里继承而来的轮回思想倒是相通的。“佛教的轮回说认为，从前世转到今世，这就是灵魂的转生。人死了以后，灵魂不灭，或者投生为人，或者投生于其他动物，并进一步解释为一个人的命运有善有恶之分，善人死后，他的灵魂就会得到好的转生，即转生为贵族，如果是恶

20　陈庆英、陈立健：《活佛转世及其历史定制》，中国藏学出版社，2010年，第36、40页。

21　巴桑罗布：《活佛转世传承的文化内涵》，《藏传佛教活佛转世制度研究论文集》，中国藏学出版社，2007年，第33、34页。

22　巴桑罗布：《活佛转世传承的文化内涵》，《藏传佛教活佛转世制度研究论文集》，中国藏学出版社，2007年，第38页。

人做坏事就转生为动物，甚至被打入地狱，一辈子受苦。这种因果关系和轮回的学说，根据人的前生、后生，及其未来出现了六道轮回的宗教伦理。”[23]这种轮回的思想激励人们多做善事，修行成佛。而就大乘佛教的理想来说，修行成佛的目的是要进一步普度众生，因而有些高僧大德死后还会脱胎入世，再度弘扬佛法。这样一来，有关活佛转世的思想就顺理成章了。

在格鲁派内部，由于已经有了以甘丹赤巴作为宗喀巴法座的继承制度，因而并没有建立起宗喀巴大师的转世系统，此后作为第一世达赖的根敦珠巴和第一世班禅的克杰珠，都是后人追认的。然而随着历史的发展，这两个活佛转世系统却成了格鲁派中最为强大的势力，影响和控制着西藏地区的宗教文化。“经宗喀巴宗教改革后形成的格鲁派虽然其教理、教义和教规都比其他教派完整、系统、正规，而且影响越来越大，教徒越来越多，但在噶玛噶举的压制和打击面前却显得束手无策。1498年噶玛噶举派支持仁布巴武装占领拉萨，对格鲁派大肆迫害和压制，格鲁派深感自己缺少有威望、有号召力的杰出领袖来巩固、发展自己，反抗异派迫害，削弱对方力量。于是它仿效噶玛派的做法建立活佛转世传承法。”[24]早在宗喀巴大师圆寂的时候，后来被追认为第一世达赖的根敦珠巴还只是一个年轻的追随者，因而不可能成为甘丹寺的住持。但在以后的修行中，他不仅因精通佛理而获得了“遍知一切”的美誉，而且在日喀则首领的支持下兴建了宏伟的扎什伦布寺。二十多年后，扎什伦布寺成为格鲁派在后藏地区的主寺，与拉萨的三大寺齐名，根敦珠巴也因此而成为格鲁派中的重要领袖，甚至被认为是观音菩萨在人间的化身。根敦珠巴圆寂的时候，在他的弟子中已开始有关于他灵魂转世的议论，但由于其本人并没有相关的计划和安排，因而扎什伦布寺住持的职位仍然沿用了师徒传承的方式。然而没过多久，一个显示出诸多灵异的男孩在达那地区诞生了，人们纷纷传说他就是根敦珠巴的转世灵童。扎什伦布寺显然也获悉了这一消息，于是便在这个孩子长到10岁的时候将其请进寺庙，并给他剃度受戒，起名根敦嘉措。前两个字取自根敦珠巴，后两个字取自时任住持的隆日嘉措。“嘉措在藏语中意为大海，是藏族人名中常用的一个词，在隆日嘉措给根敦嘉措起名时并没有特别的用意，但是根敦嘉措的转世灵童索南嘉措的名

23　蔡志纯、黄颢：《活佛转世》，中国社会科学出版社，1992年，第11页。

24　巴桑罗布：《活佛转世传承的文化内涵》，《藏传佛教活佛转世制度研究论文集》，中国藏学出版社，2007年，第38页。

字也保留了这两个字，而俺达汗给索南嘉措赠与称号时，特别将‘嘉措’两个字翻译成蒙古语的‘达赖’，加上藏语称上师的‘喇嘛’，形成一个专有的名词‘达赖喇嘛’，成为从根敦珠巴开始的这个活佛转世系统的专门称号。而与此相应，以后的历辈达赖喇嘛的名字中都有‘嘉措’两个字，以显示活佛转世系统的连续性。”[25]或许隆日嘉措有过将根敦嘉措作为根敦珠巴转世灵童加以培养的计划，但由于他过早地辞去了住持的职位，而继任的意希莫孜却与根敦嘉措发生了矛盾。神奇的是，被迫出走的根敦嘉措也像他的“前世”根敦珠巴一样，在传法的过程中建立了崇高的声望，并在沃卡兴建了著名的曲科杰寺。曲科杰寺的兴建不仅给根敦嘉措带来了荣誉，而且使处在衰落状态的格鲁派僧众看到了希望，就连当年曾经排挤过他的意希莫孜也表示出和解的真诚愿望，并请他回扎什伦布寺继承根敦珠巴的法座。于是，根敦珠巴被追认为第一世达赖，根敦嘉措成为第二世达赖，有关达赖活佛转世的制度就这样被建立起来了。

与世袭制度和选举制度相比，转世制度自有其独特的魅力，也更符合佛教教义的学理内涵。对于藏传佛教来说，转世灵童的出现不仅可以增加信众的神秘感，为宗教领袖身上加上一个神圣的光环；而且可以从小对转世灵童加以专门的教育，有利于培养出一代富有朝气和活力的宗教领袖。从实际情况看，继根敦嘉措之后，确有几世活佛对格鲁派做出了重要的历史性贡献。例如，三世达赖喇嘛索南嘉措通过去青海传教而使俺答汗等蒙古首领信奉了格鲁派，并获准以西藏宗教领袖的身份向明朝进贡，这不仅扩大了格鲁派的势力范围，而且确立了该派在藏区的主导地位。出身于蒙古王室的四世达赖喇嘛云丹嘉措虽然只活到28岁，但他进藏时所带来的蒙古武装力量对于当时处境困难的格鲁派无疑是一种重要的支持。五世达赖喇嘛阿旺罗桑嘉措于1652年进京觐见了入关不久的顺治皇帝，从而在朝代更替的过程中获得了中央政府的正式册封。

然而，世袭制度容易保持权力传递的稳定性，选举制度容易形成权力关系的连续性，这一切又是转世制度所欠缺的。首先，寻找和认定转世灵童，这本身就是一个容易产生歧义并可能被人们所操纵的事情。为了解决这一问

25 陈庆英、陈立健：《活佛转世及其历史定制》，中国藏学出版社，2010年，第49页。

题，藏传佛教逐渐建立起一整套包括寻访、认定、坐床在内的活佛转世制度。所谓“寻访”，就是在前世活佛圆寂之后，根据其生前的遗言、遗体的朝向，以及打卦占卜、吹忠降神的结果来确定转世灵童出生的方向、远近及地貌特征，从而派高僧去进行寻访。所谓“认定”，就是通过观察寻访地区伴随吉兆出生的新生男孩的言谈举止，并令其辨识上世活佛的遗物来初步确定转世灵童的预备人选。为了防止误认或作弊现象的发生，乾隆皇帝于1793年所颁布的“钦定善后条款”中专门规定了“金瓶掣签制度”：御赐金瓶一尊，置于宗喀巴像前，将备选灵童的名字用满、汉、藏三种文字写在签牌上，通过祈祷、掣签的方式选出真正的灵童。所谓“坐床”，就是在得到中央政府的批准认可的前提下，令高僧大德为转世灵童披衣剃度、敬定法名、正式登位。其次，在转世灵童通过严格的程序被找到后，并不能立刻成为有实际能力的宗教领袖。在上世活佛圆寂、转世活佛年幼的阶段，很容易形成一个权力的真空期，这又成为活佛转世制度中的一大问题。“扎什伦布寺的寺主四世班禅罗桑却吉坚赞（1567—1662）是格鲁派历史上十分重要的人物。在四世达赖逝世以后，五世达赖年幼之时，他主持格鲁派的教务，并使格鲁派在藏族社会上取得绝对优势的地位，可以说罗桑却吉坚赞为格鲁派立下了卓越的功勋。”[26] 从此之后，虽然没有明确的规定，但在可能的情况下，达赖喇嘛和班禅大师互为经师的现象多次发生，已成为格鲁派内部的一种习俗。从身份上看，达赖被视为观世音的化身，班禅被视为阿弥陀佛的化身，二者在藏传佛教中都有崇高的地位。从地域上看，达赖主管包括拉萨、昌都等城市及周边地区的“前藏”地区；班禅主管包括日喀则及整个藏西北在内的“后藏”地区。他们之间既分工又合作且互为师徒的关系，很大程度上解决了佛教内部的权力继承问题，从而使这两大活佛体系共同维系着格鲁派的发展。

四

从上述分析中可以看到，作为文化和信仰权力的维护和继承模式，无论是儒家的“衍圣公世袭制度”、基督教的“教皇选举制度”，还是藏传佛教的

26　蔡志纯、黄颢：《活佛转世》，中国社会科学出版社，1992年，第94页。

“活佛转世制度”，都在强调其权力继承的合法性与神圣性，并使这种继承方式制度化。只不过由于文化的环境和信仰的内涵不同，其强调的重点有所不同罢了。“衍圣公世袭制度”强调的是家族血缘的纯正性，正因如此，孔氏的家谱才会成为中国所有家族中最系统、最完善者；“教皇选举制度”强调的是宗教信仰的延续性，正因如此，梵蒂冈才成为既具有地缘优势又吸引基督教世界的权力中心；“活佛转世制度”强调的是灵魂转世的神圣性，正因如此，他们才会心甘情愿地将教派的权力奉献给一个出生不久的儿童。

站在不同的文化和信仰的立场上看待这些权力继承模式，也许会觉得费解：从宗教的立场出发，人们会觉得“衍圣公世袭制度”颇为庸俗；从世俗的观念出发，人们会觉得“活佛转世制度”不那么严谨；而从彻底的宗教立场和彻底的世俗观念出发，人们又会觉得“教皇选举制度”有些不伦不类。然而，如果我们将这些现象放在具体的、历史的文化环境中加以考察便会发现，这些文化权力的继承模式不仅各有其合理性，甚至各有其创造性。正是由于有了这种不同的权力继承模式，才使得儒家、基督教、藏传佛教的文化延续获得不同的符号表征，并在具体的历史语境中发挥着不可替代的作用。

粗略地说，“衍圣公世袭制度”注重血缘的延续，有着明显的世俗伦理色彩；“活佛转世制度”注重灵魂的转世，有着浓厚的宗教神秘主义特征；“教皇选举制度”既注重世俗权力的平衡，又注重信仰内容的传递，有着半世俗半信仰的成分。需要指出的是，上述差别只是相对而言的，说到底，文化权力并非存在于真空之中，因而不可能不受世俗环境、尤其是政治权力的影响。更何况，无论是儒家、基督教还是藏传佛教，在其发展的历史上都曾经借助政治的力量来强化自己的势力，甚至达到政教合一的程度。因此，在西方，教会的法律必须服从世俗的法律；在中国，衍圣公的世袭和活佛的转世也必须获得中央政府的认可才具有合法性。

（此文为国家社会科学基金重点项目“中国儒学学科建设”[09AZD051]的阶段成果，发表于《天津社会科学》2011年第1期，收入本书时有较大改动）

韩非子与马基雅维里的政治哲学

韩非子（约前281—前233）是我国战国时代法家思想的集大成者，马基雅维里（Machiavelli，1469—1527）是意大利文艺复兴时期的政治思想家，两人民族不同、国籍不同、时代不同，彼此之间也没有任何的影响。然而这两位看似风马牛不相及的人物又有着许多相同或相似的地方。首先，他们都出身贵族：韩非子是韩国宗室的公子；马基雅维里的祖辈是佛罗伦萨的贵族，曾经出过十三名政府首长和五十三名执政官。相似的家庭背景使他们都对政治生活有着深刻的了解和浓厚的兴趣。第二，他们都身处动荡的年代：韩非子生活在齐、楚、燕、韩、赵、魏、秦七雄争霸的战国时代；马基雅维里生活在米兰公国、威尼斯共和国、佛罗伦萨共和国、那波利王国和教皇辖地五国争雄的时期。动荡的岁月都使他们渴望获得政治的变革和永久的秩序。第三，他们都身处弱小的国家：韩国是战国七雄中最弱的一个，也是第一个被强秦所灭的国家；佛罗伦萨不仅受教皇辖地的蚕食，而且成为法国和西班牙这两个大国在意大利角逐的牺牲品。自己国家被列强欺凌的历史，使得他们两人饱尝了人间的冷暖、世态的炎凉，并试图“观往者得失之辨”，探索战争的原因、国家的秘密。第四，他们都渴望以自己的思想影响当政者，成为智囊式的人物：韩非子曾多次向韩王上书进谏，劝其励精图治、变法图强，并写下《说难》《孤愤》，以抒发不见容于时的愤懑；马基雅维里的《君主论》则是专门奉献给洛伦佐·梅迪奇殿下的礼物。第五，他们的思想都曾产生了深远的影响，并受到了毁誉不一的评价：韩非子集法、术、势于一体的政治哲学，既被誉为秦王统一中国的思想武器，也被视为秦朝暴政行为的思想渊薮；马基雅维里对君主权力的理解和对共和政治的分析，既被誉为西方政治哲学的奠基石，也被视为欧美“霸道”思想的策源地。

凡此种种的相同之处，使我们不得不去思考这样三个问题：首先，韩非子和马基雅维里的政治哲学究竟有哪些学理上的贡献？换句话说，他们在人类的政治学史上有没有特殊的地位？其次，在韩非子和马基雅维里的政治哲学背后，究竟隐藏着什么样的思想动机？换句话说，他们是从什么样的理想和信念出发去看待和理解政治生活的？最后，在韩非子和马基雅维里的学术思想取得历史性成就的同时，是否也存在着理论和实践上的重大局限？换句话说，在民族国家尚未解体、全球图景已然展开的新的历史条件下，我们将如何反思和超越以往的政治哲学？

对于上述三个问题的解答，便是本文的意义所在。

一

早在韩非子之前，中国古代已有许多思想家在思考和研究政治问题了，但这些思考和研究常常与宗教、道德，乃至经验和习俗混杂在一起，难以形成独立的理论体系。

“天命玄鸟，降而生商。”（《诗经·商颂·玄鸟》）为了强调政权的合法性，商代统治者制造了“君权神授”的神话传说，在进行生杀予夺、攻伐征战等一切政治事务时都必须求筮问卜，从而使政治成为宗教的附庸。正如陈梦家在《商代的神话和巫术》中所言：“王者自己虽为政治领袖，同时仍为群巫之长。”[1]这一切，在我国最早的历史文献《卜辞》和《易经》中都已经得到了充分的体现。

“周虽旧邦，其命惟新”（《诗经·大雅·文王》）与“殷人尊神，率民以

1　陈梦家：《商代的神话和巫术》，《燕京学报》第20期，第535页。

事神，先鬼而后礼”（《礼记·表记》）的行为方式不同，周初的统治者吸取了商代灭亡的教训，提出了“以德配天”的维新主张。他们认为，“天”或“帝”是天下各族所共有的神。因而天命属于谁，就要看谁的德行能够配得上天意。所谓“德”主要包括“敬天”“敬宗”“保民”三项基本内容，也就是要求统治者尊崇天命、敬奉祖宗、爱护臣民，做有德有道之君。这种将“崇帝”改变为“尚德”的维新主张，自然有着历史的进步意义，然而在这种环境下，刚刚从宗教怀抱中挣脱出来的政治，却又成了道德的附庸。

韩非子生活在周朝政权已然解体的战国时代，在这样一个“礼崩乐坏”“诸侯争霸”的时代，上帝已不起作用，道德也无能为力，严酷的政治环境使他既不满于商人的宗教信仰主义，也不满于周人的道德理想主义，而是走上了一条政治功利主义的思维路径。一方面，他讽刺那些相信鬼神、依赖卜筮来治理国家的愚蠢做法，认为“用时日，事鬼神，信卜筮而好祭祀者，可亡也”（《韩非子·亡征》）。另一方面，他也拒绝那些陈腐的道德说教，指出其“度量虽正，未必听也；义理虽全，未必用也”（《韩非子·难言》）。“且夫百日不食以待粱肉，饿者不活；今待尧、舜之贤乃治当世之民，是犹待粱肉而救饿之说也”（《韩非子·难势》）。在破除宗教信仰主义和道德理想主义的基础上，韩非子将商鞅之“法”、申不害之“术”、慎到之“势”的思想熔为一炉，形成了一套完整的政治理论学说。

我们知道，任何一个文明的社会都必须具有行为规范，否则便会天下大乱。这种行为规范的建立，主要来自于宗教、道德、法律三个方面。韩非子既然抛弃了宗教信仰主义和道德理想主义，就只能寄希望于法律了。然而韩非子所推崇的“法”，并不像古希腊的“梭伦变法”或古罗马的“十二铜表法”那样是由“公民大会”协调不同利益群体所达成的社会契约，而是由国君强加给臣民的行动准则。在他看来，“法者，编著之图籍，设之于官府，而布之于百姓者也”（《韩非子·难三》）。这种“立法于君”的思想虽然具有强烈的独裁色彩，但有着“刑过不避大臣，赏善不遗匹夫”（《韩非子·有度》）的积极意义。与儒家所倡导的“礼不下庶人，刑不上大夫”（《礼记·曲礼上》）的等级制度不同，法家至少在君王之下，是强调“法不阿贵，绳不挠曲”（《韩非子·有度》）的。因此，在韩非子看来，“法”是立国之本，是君王协调众生、规范臣民的行为规范。这种行为规范，有着超越宗法等级的普遍意义。

君主掌握控制朝政，仅仅依靠“法”是不够的，还要运用“术”。所谓“术”是指控制操作上下级关系的技巧、手段。“术者，藏之于胸中，以偶合众端而潜御群臣者也。”（《韩非子·难三》）“法”是刚性的，是一视同仁的；“术”是柔性的，是因人而异的。“故法莫如显，而术不欲见。是以明主言法，则境内卑贱莫不闻知也，不独满于堂；用术，则亲爱近习莫之得闻也，不得满室。”（《韩非子·难三》）换言之，“法”是看得见的规则，“术”是看不见的手段。在韩非子看来，君王用“术”的最高境界，不是亲历亲为、率先垂范，而是最大限度地调动每个人的积极性和能动性，使其心甘情愿地为自己效力：“明君之道，使智者尽其虑，而君因以断事，故君不穷于智；贤者敕其材，君因而任之，故君不穷于能；有功则君有其贤，有过则臣任其罪，故君不穷于名。是故不贤而为贤者师，不智而为智者正。臣有其劳，君有其成功，此之谓贤主之经也。”（《韩非子·主道》）作为统治者治理国家的手段和策略，韩非子的“术”包括所谓刑名之术、察奸之术等具体内容：“术者，因任而授官，循名而责实，操杀生之柄，课群臣之能者也。”（《韩非子·定法》）

众臣为什么会心甘情愿地为君王效力呢？是因为君王手中掌握着充分的权力资源。“君执柄以处势，故令行禁止。柄者，杀生之制也；势者，胜众之资也。”（《韩非子·八经》）所以韩非子在强调“法”“术”的同时，也十分重视对“势”的运用，主张：“凡明主之治国也，任其势。”（《韩非子·难三》）所谓“势”，既是一种政治资本，也是一种权力资源，君王如果失去了这些资本和资源，便不可能实现自己的政治目的。“国者，君之车也；势者，君之马也。”（《韩非子·外储说右上》）“圣人德若尧舜，行若伯夷，而位不载于世，则功不立名不遂。”（《韩非子·功名》）因此，一个真正的统治者，必须牢牢掌握并最大限度地发挥自己的政治资本和权力资源，形成对臣下的威慑力、对百姓的统治力。

总之，在韩非子看来，“法”是行为规范，“术”是交际技巧，“势”是权力运作，只要处理好这三者，即可以驾驭任何复杂的政治局面。这里，无论是作为行为规范的“法”、作为交际技巧的“术”，还是作为权力运作的“势”，都不是依赖某种宗教信仰或伦理信念而确立的，而是根据利害关系确定的。与那些强调上下同德、君臣一志的信仰与说教不同，韩非子从不讳言君臣之间的利害冲突：“主利在有能而任官，臣利在无能而得事；主利在有劳而爵禄，臣利在无功而富贵；主利在豪杰使能，臣利在朋党用私。”（《韩非子·难三》）正是由于君王与臣民之间有着这样或那样的利益纷争，才需要用“法”来治理，用“术”来调节，用“势”来驾驭。而在这些利益纷争之中，韩非子的立场又总是站在君王一边的。惟其如此，他才极力主张立法权归君王所有，统治术为君王所用，权力资源为君王掌控。这种集“法”“术”“势”于一体的理论模式显然符合了中央集权的政治需求，因而才被秦王所用。从这一意义上讲，韩非子不仅在理论上使政治脱离了宗教和道德的羁绊，从而成为一种独立的学说；而且在秦王统一六国并建立中央集权国家的历史过程中，产生了极为重要的政治作用。

与韩非子的情况大致相同，早在马基雅维里之前，西方的古希腊时代虽已出现过亚里士多德的《政治学》专著，但在整个中世纪，政治则沦为道德和宗教的婢女。于是，作为恢复古希腊罗马文化之“文艺复兴”的一部分，马基雅维里使政治学起死回生，再度成为独立于道德和宗教的思想体系。正像马克思所评价的那样：“从近代马基雅维里……以及近代的其他思想家谈起，权力都是作为法的基础的，由此，政治的理论观念摆脱了道德，所剩下的是独立地研究政治的主张，其他没有别的了。”[2]他们“已经用人的眼光来观察国家了，他们是从理性和经验中而不是从神学中引出国家的自然规律”[3]。正是在这一意义上，马基雅维里赢得了“资产阶级政治学奠基人”的学术地位。正如斯塔克在为《马基雅维里主义》一书所写的《英译本编者导言》中所说的那样，“马基雅维里不仅是现代政治的鼻祖，也是现代历史主义的鼻祖”[4]。

作为“资产阶级政治学奠基人”，马基雅维里一生撰写了两本重要的政治理论著作：《君主论》对君主制度进行了解剖，《论李维》对共和制进行了分析。在前一部著作中，马基雅维里以大量的事实作为例证，不仅分析了君

2　《马克思恩格斯全集》第三卷，人民出版社，1976年，第368页。
3　《马克思恩格斯全集》第一卷，人民出版社，1976年，第128页。
4　［德］弗里德里希·迈内克：《马基雅维里主义》，时殷弘译，商务印书馆，2008年，第37页。

主国的种类及其延续的方式，而且分析了君主如何利用自己或他人的武力获得权力的先例，甚至还分析了君主如何利用邪恶的伎俩获得权力的途径；他不仅分析了市民与君主的关系，而且分析了教会与君主的关系，尤其分析了军队与君主的关系；他不仅分析了君主受到赞扬或责难的原因，而且分析了君主表现仁慈或残酷的理由，他更加深入地分析了君主维护政权的手段和技巧。而在后一部著作中，马基雅维里则通过对李维《罗马史》前十卷的评注，研究了罗马的起源与共和国的种类，研究了执政官、护民官、元老院之间的矛盾，研究了谁是共和国的主导者、侵夺者、守成者，研究了在权力制衡中的自由及其限度，研究了宗教信仰和社会舆论对国家的影响，研究了经济行为和军事行为与政权的关系，研究了权力的腐败对国家的影响。

如果我们简单地浏览前一部著作，很可能会认为马基雅维里是一个君主制的狂热的追随者；如果我们粗略地翻阅后一部著作，很可能会认为马基雅维里是一个共和制的积极的捍卫者；进而言之，我们甚至会认为有两个不同立场的马基雅维里。但是，当我们认真地阅读并比较这两部著作之后，我们便会发现：一方面，“《君主论》讨论的主题是由于意大利腐败，内忧外患混乱状态不得不采取的君主政体制，《论李维》则着重阐扬作者理想的以古罗马共和国制度为楷模的共和制”[5]；另一方面，“《君主论》比表面看上去有着更多的共和主义倾向，同样，《论李维》也有着更多的君主论倾向，它把专制和共和制融为一体，对古典时代和基督教的道德观有着更多的批判，所以，它的原创性，要多于它给人的表面印象”[6]。作为一个政治学家，马基雅维里既不是君主制的推崇者，也不是共和制的捍卫者，在他看来，人类的各种政治制度是在不断发展和蜕变的：“君主制易于蜕变为专制统治，贵族制易于蜕变成寡头制，民主制变得肆无忌惮，亦非难事。”[7]“因此我要说，上述类型皆有弊端，三种好的短命，三种坏的恶劣。故精明的法律实施者，在认识到这些不足之后，便会避开这些类型，择一兼容并包的统治形式，认定其更为稳固而

5 潘汉典：“译者序”，引自［意］马基雅维里：《君主论》，潘汉典译，商务印书馆，2009年，第14页。

6 哈维·曼斯菲尔德：“导论”，引自［意］马基雅维里：《论李维》，上海人民出版社，2005年，第13页。

7 ［意］马基雅维里：《论李维》，冯克利译，上海人民出版社，2005年，第50页。

持久；在同一城邦内兼行君主制、贵族制和民主制，它们可以相互守卫。”[8]在他看来，历史上这种理想的混合政体，既有古希腊时代的斯巴达，又有古罗马时代的共和国：“它只综合了上述三种体制中的两种，即君主制和贵族制的品质，故仍需为民治留出一席之地。因此，当罗马贵族由于下面谈到的原因而变得傲慢自大时，平民起而反抗他们。这种反抗并未全盘推倒重来，仅限于给平民留出他们应该得到的地盘，执政官和元老院仍握有相当大的权力，在共和国里依然保持着自己的地位。护民官的创设即由此而来，由于三种统治形态各得其所，此后共和国的国体更加稳固。命运对它如此眷顾，虽然经历了从君主统治到贵族统治再到平民的统治，其过程和原因一如上述，但它在授权于贵族时，未全然放弃君主制的品质；在授权于平民时，亦未攫尽贵族的权力。在这一混合体制下，它创建了一个完美的共和国。”[9]如此说来，马基雅维里并不是某种政治制度的单一追随者，而是各种政治权利相互平衡的现实主义者。

与韩非子不同的是，马基雅维里并不是在任何时候都无条件地站在君主的立场上，将“法”“术”“势”的运作集于一人，而是更多地考虑到不同利益集团之间的关系。与韩非子相同的是，马基雅维里也彻底摆脱了以往的宗教信仰主义和道德理想主义，从而走上了一条政治现实主义的道路。在他那里，政治制度的支撑点和政治活动的出发点既不是道德，也不是信仰，而是人与人之间的利益。因此，“马基雅维里对古典时代和基督教的道德与信仰的批判，既见于《君主论》，也见于《论李维》；这种批判意味着不但要让君主国的统治者，也要让共和国或其领袖，摆脱这种道德或信仰”[10]。马基雅维里关于不同利益集团相互制衡的理论，甚至对近代西方社会“三权分立”的学说都产生了极为深远的影响。

二

政治如果不仅仅是一种权谋和伎俩，而能够被称之为“思想”或“哲学”之类的学说，其背后必然会暗藏着一些深刻的东西。这些深刻的东西，便是

8　［意］马基雅维里：《论李维》，冯克利译，上海人民出版社，2005年，第51页。
9　［意］马基雅维里：《论李维》，冯克利译，上海人民出版社，2005年，第52页。
10　［意］马基雅维里：《论李维》，冯克利译，上海人民出版社，2005年，第52页。

对人类本性的理解和人类社会的预期。在抛弃了宗教信仰主义和道德理想主义的幻想之后，韩非子和马基雅维里不约而同地将自己的政治理论建立在“人性恶”的哲学基础之上，并提出了各自对社会的理想预期。

我们知道，先秦时代最早主张“人性恶”的是荀子。在荀子“性恶论”的影响下，韩非子进一步揭示了人性中自私、阴暗的一面，他指出：“舆人成舆，则欲人之富贵；匠人成棺，则欲人之夭死也。人不贵，则舆不售；人不死，则棺不卖。”（《韩非子·备内》）在这种赤裸裸的利害关系中，要保持社会的安宁和政治的稳定，仅仅依靠礼教是不够的，而要同时运用“法”“术”“势”才行。因此，在韩非子的著作中，既没有宗教的信仰，也没有伦理的温情，有的只是赤裸裸的权利关系：“人主之患在于信人。信人，则制于人。人臣之于其君，非有骨肉之亲也，缚于势而不得不事也。”（《韩非子·备内》）“夫驯乌者，断其下翎焉。断其下翎，则必恃人而食，焉得不驯乎？夫明主畜臣亦然，令臣不得不利君之禄，不得无服上之名。夫利君之禄，服上之名，焉得不服？”（《韩非子·外储说右上》）必须承认，敢于正视人与人之间的利害关系，并将这种关系作为政治研究的基础和前提，有其现实主义的积极因素。因为，政治就是一种处理和研究人与人之间利害关系的行为和学说。然而，这种法术与权术并举、阳谋与阴谋兼施的思想，又反映出封建社会政治生活中阴暗的一面，因而它既是韩非子思想中有用的因素，又是其有害的因素。事实上，韩非子本人最终被害，也正是这种因素所产生的后果。

“上帝不包办一切，这样就不至于把我们的自由意志和应该属于我们的一部分光荣夺去。”[11]尽管与韩非子的文化背景不同，马基雅维里所要着力反对的不是封建迷信和血缘伦理，而是基督教信仰；然而，与韩非子大致相同的是，在驱逐了宗教信仰主义和道德理想主义之后，“马基雅维里希望证明，人类能够主宰以往的哲学家认为无法主宰、被宗教交由上帝处理的事务”[12]。因此，“他只能把人类的必然因素，作为政治的原始动力，不必顾及人类的虔

11　［意］马基雅维里：《君主论》，潘汉典译，商务印书馆，2009年，第124页。

12　［美］哈维·曼斯菲尔德：《导论》，引自马基雅维里：《论李维》，冯克利译，上海人民出版社，2005年，第26页。

诚”[13]。在马基雅维里看来，我们无法对抗自然赋予我们的禀性，而这种禀性，就是私欲。“因为关于人类，一般的可以这样说：他们是忘恩负义、容易变心的，是伪装者、冒牌货，是逃避危难，追逐利益的。”[14]“人若不是因迫不得已而争斗，便会因野心而争斗，盖那方寸之间，野心之盛，使他无论擢升于何等高位，它也不会放过他们。此乃上天造人之时，便令其欲壑难填，守成乏术。”[15]从这种“性恶论”的思想出发，马基雅维里也像韩非子一样，毫不掩饰地揭露了人与人之间的利害关系，并毫不讳言地怂恿君主使用权术。他指出：“任何人都认为，君主守信，立身行事，不使用诡计，而是一本正直，这是多么值得赞美呵！然而我们这个时代的经验表明：那些曾经建立丰功伟绩的君主们却不重视守信，而是懂得怎样运用诡计，使人们晕头转向，并且终于把那些一贯守信的人们征服了。因此，你必须懂得，世界上有两种斗争方法：一种方法是运用法律，另一种方法是运用武力。第一种方法是属于人类特有的，而第二种方法则是属于野兽的。但是，因为前者常常有所不足，所以必须诉诸后者。因此，君主必须懂得怎样善于使用野兽和人类所特有的斗争方法。”[16]“因为一个人如果在一切事情上都想发誓以善良自持，那么，他侧身于许多不善良的人当中定会遭到毁灭。所以，一个君主如要保持自己的地位，就必须知道怎样做不良好的事情，并且必须知道视情况的需要与否使用这一手或者不使用这一手。”[17]“因此事情必须是这样安排：当人们不再信仰的时候，就依靠武力迫使他们就范。”[18]“你要显得慈悲为怀、笃守信义、合乎人道、清廉正直、虔敬信神，并且还要这样去做，但是你同时要有精神准备作好安排：当你需要改弦易辙的时候，你要能够并且懂得怎样作一百八十度的转变。必须理解：一位君主，尤其是一位新的君主，不能够实践那些被认为是好人应做的所有事情，因为他要保持国家，常常不得不背信弃义，不讲仁慈，悖乎人道，违反神道。”[19]

13 ［美］哈维·曼斯菲尔德：《导论》，引自马基雅维里：《论李维》，冯克利译，上海人民出版社，2005年，第27页。

14 ［意］马基雅维里：《君主论》，潘汉典译，商务印书馆，2009年，第80页。

15 ［意］马基雅维里：《论李维》，冯克利译，上海人民出版社，2005年，第141页。

16 ［意］马基雅维里：《君主论》，潘汉典译，商务印书馆，2009年，第83页。

17 ［意］马基雅维里：《君主论》，潘汉典译，商务印书馆，2009年，第37页。

18 ［意］马基雅维里：《君主论》，潘汉典译，商务印书馆，2009年，第27页。

19 ［意］马基雅维里：《君主论》，潘汉典译，商务印书馆，2009年，第85页。

然而，既然这二人对人性抱有如此绝望的态度，又是什么信念促使他们进行政治研究呢？换句话说，他们有没有自己的政治理想或社会预期呢？为了回答这一问题，让我们再一次回到韩非子与马基雅维里所生活的历史环境中去。

我们知道，作为先秦诸子的殿军，韩非子生活在战乱频仍的战国时代，用他自己的话说："上古竞于道德，中世逐于智谋，当今争于气力。"（《韩非子·五蠹》）面对已然瓦解的东周王朝，孔子所谓"天下有道，则礼乐征伐自天子出"（《论语·季氏》）的时代已不复存在，孟子所谓"苟为善，后世子孙必有王者矣"（《孟子·梁惠王下》）的言论也显得过于陈腐，此外如墨子的"非攻"思想、老庄的"无为"之术都不能解决现实问题。在这种情况下，为了结束战乱、实现统一、获得秩序，韩非子只能将希望寄托于一位英明的君王身上，用"法""术""势"三者将其武装起来，以实现其宏图大业。正像他自己所标榜的那样："而圣人者，审于是非之实，察于治乱之情也。故其治国也，正明法，陈严刑，将以救群生之乱，去天下之祸，使强不陵弱，众不暴寡，耆老得遂，幼孤得长，边境不侵，群臣相亲，父子相保，而无死亡系虏之患，此亦功之至厚者也。愚人不知，顾以为暴。"（《韩非子·和氏》）在韩非子看来，正是由于人性是恶的，所以只能以恶制恶，通过残暴的手段来获得稳定的秩序。

同样处在战乱年代的马基雅维里，也极为渴望有一位强有力的君主来实现意大利的统一与完整。在《君主论》一书的结尾处，这位一向冷酷的学者却不无深情地说："我无法表达，在备受外国蹂躏的一切地方，人们将怀着怎样的热爱、对复仇雪恨的渴望、多么顽强的信仰，抱着赤诚，含着热泪来欢迎他！"[20]马基雅维里不仅所处的环境与韩非子相似，他所采取的政治策略与韩非子也颇为相同："以毒攻毒，'美德'肩负逼退'命运'的任务。'命运'是恶毒的，'美德'在别无他法时，也必须恶毒。这很明白地表达了马基雅维里主义的真正精神来源，那就是如下声名狼藉的信条：在国家的行为中，甚至肮脏的手段也是有理的，只要关系到赢得或维持国家必需的权势。"[21]"正是在整个这一环境中，'国家理由'的全部本质——有纯洁的与污浊的、崇高的

20　［美］马基雅维里：《君主论》，潘汉典译，商务印书馆，2009年，第126页。

21　［德］弗里德里希·迈内克：《马基雅维里主义》，时殷弘译，商务印书馆，2008年，第96页。

与可鄙的两类成分混合而来的本质，获得了一种无情的表达。”[22]

由此看来，结束战乱、实现统一、获得秩序从而形成一种强有力的国家秩序，是韩非子和马基雅维里对人类社会的共同预期。在这个“国家理由”的神圣旗帜下，人们无需信奉宗教的权威和伦理的观念，而只能依靠自然赋予我们的智慧和勇气；人们既可以接受不同的制度，也可以采取不同的手段；人们可以循规蹈矩，也可以为所欲为，这便是韩非子和马基雅维里对人类政治生活的理解。

三

千百年过去了，韩非子和马基雅维里的思想却并没有过去。“韩非虽然身死于秦，但他的学说实为秦所采用，李斯、姚贾、秦始皇、秦二世实际上都是他的高足。”[23]不仅如此，尽管汉代先后推行了黄老思想和独尊儒术，法家自此而失去了在意识形态中的统治地位，但是在漫长的中国封建社会里，“阳儒而阴法”的现象却长期存在。在很多帝王心目中，儒家的信仰是可以大张旗鼓地宣传的，法家的手段却只能悄无声息地实施。如此看来，尽管以韩非子为代表的法家思想没有以孔子为代表的儒家思想那么显赫，但同样具有很强的实践意义。秦汉已降，在学术上研究韩非子的人更是不绝如缕，以至于形成了一门“韩非学”。从实践区域上看，“韩非学”已经大大超出了政治生活，而深入到经济生产、企业管理、人际交往等相关领域；从学术内容上看，“韩非学”既包含对法律、规则、制度的研究，也包含对沟通策略、交际技巧、管理手段的认识。

文艺复兴以后，西方人对马基雅维里的热情也一直持续不断，以至于形成了一种“马基雅维里主义”。可以将马基雅维里的思想体系称作自然主义、意志主义和理性主义“三位一体”。这种以自然欲求为动力、权力意志为基础、理性分析为特色的思想，不仅成为西方诸多学派政治理论的共同基础，而且成为西方许多国家政治实践的指导思想。

但是，韩非子和马基雅维里的政治哲学既是有用的，又是有害的。首

22 ［德］弗里德里希·迈内克：《马基雅维里主义》，时殷弘译，商务印书馆，2008年，第88页。

23 郭沫若：《十批判书》，中国华侨出版社，2008年，第282页。

先，他们都将自己的理论原点建立在“人性恶”的假设之上，但是这一假设是很值得怀疑的。从分析哲学的角度上看，由于我们不能从个别的经验和事例中概括出普遍的人性，有关人类的本性问题本身就是一个既不能证伪又不能证实的“伪命题”。因此，建立在这一命题之上的思想体系也同样是值得怀疑的。如果我们站在比较中庸而辩证的立场上，承认人性中既有“恶”的因素，也有“善”的因素，那么政治哲学就应该兼具“法治”与“德治”、“制衡”与“互助”的双重内涵。从这一意义上讲，韩非子与马基雅维里的政治哲学至少是不全面的。其次，他们都将自己的政治追求定位在“国家理由”之上，但是这一定位也是值得怀疑的。尽管在相当长的历史时期内，民族国家的存在有其合理的现实意义，但是从内部上讲，国家既可以为民众的生活提供安全与秩序，也可能造成对民众的统治和奴役。由于韩非子和马基雅维里只强调了前者而忽视了后者，甚至无条件地把后者作为前者存在的必要代价和前提，因而都有着“极权主义”的政治倾向。难怪郭沫若曾将二者相提并论：“韩非就是这样的一个极权主义者，他的议论实在足以使欧洲中世纪的麦迪威理（Machiavelli，1469—1527）减色，而德国的查拉图斯屈拉们也当沦为弟子。”[24]迈克尔也曾批判马基雅维里：“他对国家是何等敬仰，对一个个的人又是何等鄙视！”[25]从外部讲，国家既可以成为保护某个民族的安全屏障，也可能成为侵略其他民族的强权势力。“创立‘国家理由’这个名目当然很好，但在这么做时，一个人就创设了两类理性。其中一类是扭曲、荒谬和肆无忌惮的，适用于任何劫掠和丑行；它被冠以‘国家理由’之名，被付托给各国政府。另外一类则是简明、直接和坚定不移的，它被完全驱逐出了治理国家的大业，局限于仅仅处理司法问题。”[26]尤其是在民族国家尚未解体、全球图景已然展开的今天，韩非子与马基雅维里的思想很容易成为“霸权主义”的理论基础。面对今天这个动荡不安的世界，那些出自“国家理由”的征战和讨伐不是很值得我们反思吗?

（此文发表于《复旦学报》（社会科学版）2012年第1期）

24 郭沫若：《十批判书》，中国华侨出版社，2008年，第281页。

25 ［德］弗里德里希·迈内克：《马基雅维里主义》，时殷弘译，商务印书馆，2008年，第92页。

26 ［德］弗里德里希·迈内克：《马基雅维里主义》，时殷弘译，商务印书馆，2008年，第111页。

古代奥林匹克运动会的文化表征

自从1896年在顾拜旦的倡导下“恢复”奥林匹克运动会之后，人类每四年都要举办一次盛大的体育盛会，以体现“更快、更高、更强”的“奥运精神”，以及《奥林匹克宪章》所主张的“相互理解、友谊长久、团结一致和公平竞争”的竞赛原则。当然了，与这些精神和原则相匹配的，还有“自信、自强、自尊”“和平、友谊、团结”等一系列理念，仿佛这些精神、原则和理念都是从古代奥运会中原封不动地承袭下来的。与这种精神上的承袭相联系，人们在形式上还承袭了奥林匹克圣火的传递仪式，以体现这一盛会的文化传统。然而，如果我们拨开历史的迷雾，或许会惊讶地发现，源自希腊的奥林匹克精神并非如此单纯。我们并不情愿地看到，这其中既有宗教的信仰，也有纵欲的狂欢，甚至还有血腥的娱乐。正视这些问题，不仅可以在某种程度上还原一段真实的历史，而且可以重新加深我们对西方体育文化的认识。

体育是人类重要而又特殊的文化现象，这种现象在古今中外普遍存在。然而，在中国与西方，这种文化现象的重要程度是不同的，其特殊的意义也是不同的。如果我们随便问一个中国人，我们从事体育的目的是什么？一般人会回答说，体育是为了锻炼身体。如果我们继续追问：锻炼身体为什么要搞“铁人三项运动”，把人累得死去活来？锻炼身体为什么要搞危险异常的“拳击比赛”，把人打得面目全非？在这种质问之下，对方可能会换一种方式回答说，体育不仅是为了锻炼身体，更重要的是为国争光。那么我们则要进一步追问：为国争光为什么要去希腊采集并点燃“圣火”？圣火的“圣”字是国家概念吗？

因此，尽管从表面上看，中国与西方都有着类似的体育活动，然而细加分析，却不难发现其中所存在着的深刻差异。在西方人看来，体育不单纯是为了锻炼身体，也不仅仅是为国争光，而是对于人的感性能力的开掘与探究，是一种肉体的沉醉。因此，凡是能够表现人的感性能力的各个方面，无论危险多大和代价多少，西方人都可以设立比赛项目。为此，他们不仅可以攀登绝壁、可以潜入海底、可以进行别出心裁的悬崖跳水和危险异常的汽车大赛，而且可以进行并不美妙的“健美比赛”和有害无益的“角力拳赛”……这一切，在我们看来都是那样地荒唐可笑，甚至被斥之为一种“吃饱了撑的”无聊举动。然而，西方人却进行得那样一本正经，甚至严肃得有些神圣。这简直是一种宗教，是由酒神精神所演变而来的奥林匹克精神。

说到奥林匹克精神，我们不得不溯源到从公元前776年就开始的奥林匹克运动会。然而遗憾的是，由于时间的久远、资料的匮乏，有关这一重要赛事的确切知识少得可怜，一些辗转流传下来的记载又多有矛盾。于是我们只能凭借着这些记载的片段，面对着奥林匹克运动场的历史遗迹发思古之悠情了。根据有限的历史记载，拨开重重的历史迷雾，我们会发现，公元前776年就开始的古代奥林匹克运动会与公元1896年在法国人顾拜丹倡导下所“恢复”的现代奥林匹克运动会并不完全是一回事儿。这二者之间既有相同的地方，又有相异的地方，其相异的地方主要表现在三个方面：宗教的仪式、纵欲的狂欢、血腥的娱乐。

一

我们知道，古希腊的神话、史诗、戏剧、建筑、雕塑、哲学等文化中的精华部分，都与宗教信仰有着千丝万缕的联系，其实体育也不例外。古代奥林匹克运动会并不是一种单一的体育赛事，其本身就是宗教活动的一个组成部分。“事实上，各种泛希腊赛会的兴起，都是由于各地希腊人两年或四年一度来到相同的地点聚会，祭拜共同的神祇而兴起的。比方说，奥林匹克赛会主要是祭宙斯的，地点在伯罗奔尼撒半岛西北部伊利斯的奥林匹亚”[1]这些带有宗教色彩的竞技活动逐渐形成许多竞技赛会，主要的有奥林匹亚、皮西安、伊斯玛斯大林和尼米亚四大祭神竞技会。另外，还有专为妇女组织的赫拉竞技会。在这种竞赛中，人们通过肉体的拼搏来表达对神灵的敬意。

“相传，远古时候，英雄佩罗珀斯向皮萨国王俄诺马俄斯的女儿求婚，俄诺马俄斯要求，凡向他女儿求婚者，必须同他赛车，胜者方可得到她的女儿，败者则必须处死，在此之前，已有无数求婚者被俄诺马俄斯杀死，佩罗珀斯用海神波塞冬赠给他的飞马牵引金车，再施巧计取得了赛车的胜利，俄诺马俄斯则被摔死。……等到英雄佩罗珀斯死后，他被葬在阿耳甫斯河滨的奥林匹亚，在那里被当作神受到人们的崇拜，而在他的葬礼上，为了纪念他在与俄诺马俄斯神判中的胜利，人们为他举行了竞技会。这是奥林匹克竞技的最早雏形。后来，由赫拉克勒斯将这一竞技会恢复起来，但把它献给宙斯神。经过一度中断之后，公元前776年，奥林匹克竞技会重新举行。以后每四年进行一次，这一届竞技会被当作第一届奥林匹克竞技会，这一年也成为按奥林匹克竞技会计算的希腊纪元的开始。”[2]佩罗珀斯与皮萨国王俄诺马俄斯比赛的故事，很容易使人联想起俄狄甫斯向狮身人面怪兽斯芬克斯挑战的故事。二者都是一种以生命为代价的拼死一搏，不同之处只在于：一个拼的是体力，一个拼的是智力；一个属于酒神型的竞争，一个属于日神型的竞争。这两种竞争中都有着宗教的意味，即以生命为赌注而请求“神判”的裁决。从这一意义上讲，西方式的体育，绝不仅仅是为了锻炼身体，而有着形而上的宗教意味。

在英语中，与奥林匹克运动有关的词主要有五个：（1）用于地名的Olympia（奥林匹亚），指希腊南部大平原，该地区每四年举办一次竞技比赛，祭祀宙斯神；（2）用于时间的Olympiad（奥林匹得），指两次运动会之间的间隔，希腊人用以纪元和纪年；（3）用于人群名的Olympian（奥林匹安），指充

1　阮炜：《另一个希腊》，上海三联书店，2010年，第243—244页。

2　中外名人研究中心：《世界宗教全书》，上海人民出版社，1994年，第52—53页。

当选手的奥林匹安人；（4）用于会议的Olympic（奥林匹克），指在奥林匹亚山附近召开的运动会；（5）用于山名的Olympus（奥林波斯），指古希腊诸神的居所。由此可见，奥林匹克运动最初与希腊的神话传说和宗教信仰有着非常密切的联系。关于这一点，我们甚至可以在1896年现代奥运会的《奥林匹克圣歌》（Olympic Hymn）中加以体会：

那古代不朽的神灵
代表着庄严伟大的造物者
随着你降临
你的光芒照耀着大地和晴空
也鼓舞着运动会中在竞技场上力争上游的斗士
戴着你所赠永远常绿的枝叶
斗士们的身体更强壮并永远被人尊敬
在深谷、高山、海洋都充满了你的光彩
白色与粉红色的庙堂满壁生辉
你的子民全部集合在你的神庙前
向你膜拜
向你膜拜

“这首歌的歌词，上行为希腊文，下行为罗马拼音。其歌词中的造物者、神灵、庙堂、膜拜等宗教语言，象征近代奥运会在本质特性上，仍具有古代奥运会祭典竞技的传统。可见历史文化传统的影响力，历经千年，万代不朽。明乎此，乃可谈奥林匹克哲学。”[3]尽管随着时代的发展，奥林匹克原有的宗教意味已被后来居上的政治色彩和商业意味大大冲淡了，然而时至今日，这其中的宗教精神还可以从奥林匹克运动会点燃并传递“圣火”这一仪式中体现出来。

由于时代的久远，点燃并传递“圣火”的最初含义已很难确考，最常见的说法有这样几种。第一种说法是，古希腊在每届奥运会举行以前，人

3　樊正治：《运动哲学导论》，台北师大书苑有限公司，1994年，第119页。

们都要高举着在赫拉神庙前点燃的火炬，奔赴各个城邦，传递停战的神谕和“奥运会”召开的消息。第二种说法是，奥林匹克火炬接力跑起源于古希腊时代百姓祭月活动中的一种宗教仪式。在夏至那一天，到雅典朝圣宙斯的信徒通过赛跑的方式决定点燃祭坛上圣火的人选，胜利者获得授权从大祭司手中接过火炬来点燃祭坛上的圣火。据史料记载，公元前776年，在第一个被人所知的“奥运会”上，一个叫卡拉波斯的人曾赢得了这场赛跑，并获此殊荣点燃了圣火。第三种说法是，相传古希腊的奥林匹斯山是众神的栖息之地，人们为求风调雨顺、五谷丰登，每隔四年就要祭祀众神。祭祀前要进行短跑竞赛。参赛运动员中，谁先跑到祭司前接过火把，将火神普罗米修斯像前圣坛上的圣火点燃，他就是胜利者，被人们视为英雄而受到尊敬。以后，短跑竞赛逐渐演变为体育竞技大会，成了祭祀活动中规模最大、最吸引人的一项活动。而点燃圣火的仪式也就一直伴随着体育竞技大会而延续下来，成了奥运会开幕式上一项必不可少的仪式。第四种说法是，奥林匹克火炬起源于古希腊神话是普罗米修斯为人类上天盗取火种的故事。为了纪念这位神话中的英雄，古代“奥运会”采取了通过赛跑而点燃圣火的仪式。第五种说法是，圣火起源于古希腊神话传说。古希腊神普罗米修斯为解救饥寒交迫的人类，瞒着宙斯到阿波罗太阳神偷取火种，带到人间，火到人间就再也收不回去。宙斯只好规定，在燃起圣火之前，必须向他祭祀。于是古奥运会开幕前必须举行隆重的点火仪式，由祭司从圣坛上燃取奥林匹克之火，所有运动员一齐向火炬奔跑，最先到达的三名运动员将高举火炬跑遍希腊，传谕停止一切战争，开始四年一度的奥运会……显然，这几种说法大同小异，它们都包含了对神的崇拜。我们可以在想象中还原一下当时的场景：一些手持火炬的男子从同一起跑线上一起出发，跑到宙斯神庙的神龛面前点燃圣火，他们当中只有一个人能担此重任，那就是跑得最快的那个人。这一过程意味着什么?

我们知道，在希腊人的心目中，奥林波斯山上的诸神不仅有着无限的智慧，而且有着无穷的力量。神的感性能力是无限的，神可以从这一点跑到那一点而不占用任何时间；人的肉体能力是有限的，人从这一点跑到那一点则一定要占用时间。从绝对的意义上讲，人永远也达不到神的境界。但是人类并不因此而放弃努力，他要通过极限能力的不断扩展，而一步一步地与神接近。所以，从相对的意义上讲，跑得最快的人也就是最接近于神的人。因此，这种比赛也便具有了象征的意味，它似乎意味着人与神之间的距离可以通过体育运动来加以缩短。如果说，神可以达到“无限高”“无限快”“无限强”的境界，而人则只能通过“更高、更快、更强”的努力而不断接近神的境界。这正是人们在运动会上希望不断打破纪录的原因所在，也就是奥林匹克精神中所包含的宗教内涵所在。

或许在我们眼里，一个打破百米短跑世界纪录的运动员，只不过比我们这些常人快那么几秒罢了，没有什么了不起的；如果与高速的现代交通工具相比，更算不了什么。可是在具有奥林匹克传统的西方人眼里，他却代表了人类的肉体能力在这一方面所能达到的最高极限，因而是伟大的，神圣的，非同寻常的。所以，与现代奥林匹克运动会的奖励方式不同，“希腊人竟然只奖励冠军，而不正式设立其他名次。也就是说，希腊人只给优胜者发‘金牌’，而并没有‘银牌’和‘铜牌’的概念。”[4]因为只有一个优胜者才是最接近神的人！当然了，这里所谓的“金牌”只是一种比喻的说法，有一种记载指出，当时的优胜者获得的不是什么价值昂贵的金牌，而只是一个用野橄榄树的枝叶所编成的桂冠，这一点很容易让那些异域文化中的人感到费解。“西元前480年，当少许斯巴达人在温泉关奋力抗击波斯大军入侵时，数万名希腊壮士正在奥林匹亚声嘶力竭地为一场摔跤比赛助威喝彩。这让波斯国王薛西斯手下一位将军百思不解。希腊人是什么人？对这种芝麻大小的事何以如此狂热？当得知优胜者的奖品竟然是一圈橄榄枝冠时，他的诧异就禁不住转变为对希腊人的鄙夷了。”[5]然而，无论优胜者的奖品是一圈橄榄枝冠，还是像另外一种记载那样有着500德拉马克的奖金，这一点并不重要，重要的是希腊人将这一比赛赋予了宗教的意义！

无论文明如何进步，无论科技怎样发达，人始终都是一具血肉之躯，人类的所有文明成果都是由这具血肉之躯创造出来的！惟其如此，人的感性能力的开发才可能具有如此重要的价值！惟其如此，人的肉体机能的极限才可

4　阮炜：《另一个希腊》，上海三联书店，2010年，第257页。

5　阮炜：《另一个希腊》，上海三联书店，2010年，第254—255页。

能具有如此重要的意义！惟其如此，在希腊人的心目中，奥林匹克冠军才可能受到如此高度的肯定！“事实上，一个优胜者在母邦会获得终生免税权，所得钱物、粮食、橄榄油或其他物品的奖励足够他享用终生。优胜者的崇拜者、亲戚或母邦人还会集资给他树一座大理石塑像，安放在他的家乡，或奥林匹亚圣所或其他节庆举办地，供所有人瞻仰。……优胜者不仅青史留名，甚至可能被尊为神。”[6]“在古希腊时期，优胜者是神的宠儿，他已达成他的人生目标。”[7]反过来说，在一个没有宗教信仰的国度里，我们直到今天也不能完全理解一个球星、一个拳王在西方人心目中的地位。

尽管现代奥运会与古代奥运会有很大的不同，但仍然是西方文明的产物，因而在很大程度上又是对古代奥林匹克传统的发展和继承。在这项薪火相传的事业中，西方人对体育所倾注的精力，是我们所难以想象的；而体育在西方文化中所占有的重要地位，也是我们难以估量的。如果我们进行一项统计调查，便会发现，作为日常生活中两种最重要的消闲方式，中国人与西方人在艺术和体育欣赏中所占用的时间比例是不同的，他们观看电视连续剧和体育比赛的兴趣也是不同的。在意大利，仅足球一项体育活动所创造的价值，就比钢铁生产所获得的利润还要高。这对我们来说，似乎是不可思议的。当然了，在这种商业行为的背后，有着文化的意义在。说到底，体育活动不是别的，它只是那个曾经被禁止的狄俄尼索斯崇拜活动的现代缩影。

二

说到狄俄尼索斯崇拜活动，我们不得不提及古代奥运会的另一特点：性欲的放纵。我们知道，在以往的酒神崇拜仪式中，性欲的放纵是一种极为显著的文化特征。“希腊人以野外纵酒狂欢的方式来尊奉葡萄酒之神狄俄尼索斯，在此期间，女性崇拜者们通宵达旦地一边跳舞一边狂叫。”[8]“秘密的酒神

6　阮炜：《另一个希腊》，上海三联书店，2010年，第258页。

7　樊正治：《运动哲学导论》，台北师大书苑有限公司，1994年，第119页。

8　［美］C.沃伦·霍利斯特：《西方传统的根源》，鲁品越、许苏明译，河南人民出版社，1990年，第72页。

节拜神活动通常在夜间进行，只有妇女参加，其宗教狂热达到极点”[9]“我们知道，妇女通过一些类似性交的巫术仪式，在纵酒狂欢中，裸体奔行舞蹈，祈祷大地丰收。酒神之所以在这种仪式中被崇拜，主要因为酒能把妇女带入迷狂沉醉状态。”[10]“我们从雅典卫城里的那幅红色素描的花瓶图案上，看到一个全身裸露的狂舞女正在心醉神迷地舞动着一根男性生殖器模型。在出土文物的挖掘过程中，人们不仅挖掘出大小不同的人体塑像，而且还发现了大量用石头和其他材料做成的阴茎模型。如果说狂欢乱舞的酒神原先只是代表多产之神的话，那么这种节目就是后来逐步演变而成的，象征某种更高层次思想的活动。尤其是象征了人类所期望的，并且在狂欢中已经实现了的人神合一；那是一种冲动，它发自人们的内心深处；而且也正是狄俄尼索斯这个原型，它于整个希腊世界才能够久盛不衰。”[11]

而作为肉体生命的极端性展现，体育比赛也很容易导致性欲的放纵。所不同的是，酒神崇拜的对象是狄俄尼索斯，奥林匹克运动会祭祀的神是宙斯；参加酒神游行队伍的是女人，参加古代奥运会的是男性。“古代运动员不仅全是男性，而且裸体。……尽管在一定程度上气候解释了古代奥林匹亚赛会何以会演变为裸体运动会，但‘裸奥会’跟男性生殖崇拜的关系可能更为密切。希腊人非但不像现代人那样为‘私处’感到难为情，反而对其有一种十分虔诚的敬畏。事实上，希腊人用一种近乎宗教般的尊崇来对待私处，认为那是神秘的繁殖工具，是自然、繁殖和永不枯竭的生命力的象征。”[12]在这一点上，古代奥运会与酒神崇拜仪式极为相似。“在古希腊，性与体育绝非泾渭分明。既然如此，希腊人对裸体美的痴迷便不可能是出于纯粹审美的冲动；在这种痴迷的背后，不可能没有力比多的驱动作用。考古发掘表明，各地练身馆里几乎无例外供奉着一尊爱洛斯（Eros，司性欲之神；爱洛斯意义上的性欲也是驱使人们去追求一切值得追求之食物——如权力、财富、战争或竞赛的胜利、文学艺术成就等——的激情，亦即欲求、欲望、贪欲；eros也译作‘爱欲’‘爱若斯’‘厄洛斯’）雕像。这表明，希腊人不仅认为性欲与体育关系紧

9　［德］奥托·基弗：《古罗马风化史》，姜瑞璋译，辽宁教育出版社，2000年，第129页。

10　李咏吟：《原初智能形态——希腊神学两大话语系统及其历史转换》，上海人民出版社，1999年，第242页。

11　［德］利奇德：《古希腊风化史》，杜之、常鸣译，辽宁教育出版社，2000年，第130—131页。

12　阮炜：《另一个希腊》，上海三联书店，2010年，第248页。

密，性力跟体育成绩的好坏关系密切，而且把性欲和性力普遍化、人格化、神圣化。所以很难说希腊人不吝资财、不惧艰辛、跋山涉水来到伊利斯的奥林匹亚，仅仅是为了观赏、参加体育比赛和宗教祭典。在很大程度上，他们也是冲着伊利斯的男色来的。从古代文献可知，伊利斯青年男子在全希腊享有英俊帅气的名声。但这并不意味着在运动会期间希腊人不追求男女之间的性狂欢；从阿里斯托芬的戏剧《忒斯莫弗里亚的女人》可知，在十月份忒斯莫弗里亚运动会（Thesmophoria）之前，所有想去观看运动会的女性在赛会开始前九天必须禁欲，'狡猾的祭司要求他们以此表示对神的虔诚，而真正的意图却是让她们在长时间禁欲之后能够更加无拘无束地纵情狂欢'。"[13]"希腊道德家们甚至鼓吹：举行奥林匹亚之类的宗教赛会时，乱交应当受到鼓励，因为只有在自由地宣泄性欲之后，人们才能做到行为检点，忠于其伙伴。既然练身馆堂而皇之供奉着爱洛斯，希腊人把这里当作红灯区，当作一个力比多无比丰盈之地，不足奇怪的。……希腊各地普遍存在的阴茎崇拜（不仅爱神狄俄尼索斯和爱洛斯用阳具来象征，受到广泛崇拜，不仅半人半羊的萨提尔长有硕大的男根，在古典时代就连雅典民主派的保护神赫耳墨斯也可以用一根巨大的阳物来代表）同样是不奇怪的。"[14]直到今天，奥运看台上的那些女性观众对拳王、球星之类运动健将的崇拜，也很难说不含有性的意味。而借助奥运盛会的纵欲狂欢，也一直是西方文化中常有的现象。

三

除了宗教的仪式、纵欲的狂欢之外，古代奥运会还是一种血腥的娱乐，这一点与狄俄尼索斯崇拜也有几分相似之处。我们知道，在祭祀酒神的节日中，不仅有生殖崇拜，而且要宰杀图腾。"据说，在祭祀狄俄尼索斯之后的游行中只有妇女参加。她们纷纷抛开家庭活计，扮演着狄俄尼索斯的伴侣诸巴科斯狂女：头戴常春藤，身穿兽皮，手拿神杖，随身携带宝剑、铜铙，成群结队游荡于山间林中，她们一边挥舞着手杖与火把，一边狂舞乱喊。等到疯狂状态达到高潮，她们毁灭碰到的一切。如遇到野兽或儿童，她们就把它撕

13　阮炜：《另一个希腊》，上海三联书店，2010年，第249—250页。

14　阮炜：《另一个希腊》，上海三联书店，2010年，第252—253页。

成碎片，生生活吞下去。因为她们认为，这兽或儿童是狄俄尼索斯的化身，所以，把它撕裂并吞吃下去就等于是进行一次神体圣餐，通过这一行为，她们才真正与狄俄尼索斯融为一体。”[15]疯狂的酒神侍女们常常举行所谓的“公牛大宴”，甚至干出生吞活剥野兽的事情。“狄俄尼索斯崇拜的仪式一般是这样的：被附灵的信徒在山林间追逐野兽，并当场吞食鲜血淋漓的生肉。随着演变，墨那得斯妇人们改成通过祭奠中喧哗疯狂的舞蹈，进入相同的狂迷通灵（Transe）状态。神附身其上，控制并占有她们。在这狂迷之中，人仿佛扮演了神，而神则凭借人的肉体扮演了人，两者的界限不再分明。除了人神的合而为一，狄俄尼索斯崇拜还造成了人与兽的新联系。女祭司们生活于荒野之中，与兽类为伍。她们互相残杀噬血，以人为祭祀的牺牲，撕成碎片，并生食其肉；一如神话里说的，她们疯狂地把俄耳甫斯撕成碎片。”[16]

与酒神崇拜的疯狂行为颇为相似，古代奥林匹克运动会也充斥着残暴与血腥。在上面有关引起奥运会的英雄佩罗珀斯与国王俄诺马俄斯的赛车中我们已经看到，这种车毁人亡的较量是以生命作为赌注的，因而也是相当危险的。而这种以生命为赌注的危险行为甚至构成了古代奥运会中不可或缺的一大景观。我们知道，古代奥运会的比赛项目远远没有现代奥运会那么多，在210码赛跑、立定跳远、铁饼、标枪、摔跤、拳击、角力拳、五项全能等少数比赛项目中，至少有三项比赛具有明显的对抗性并伴有血腥的意味。古代的拳击比赛非但不像现代拳击比赛那样具有各种各样的防护装备，而且拳击手还可以戴上一幅装有羊毛垫的硬皮手套，以最大限度地增强其杀伤能力。比赛也不分等级，不分回合，对手倒地后还可以继续击打，直至其表示服输为止。因此，一场拳击赛的后果，常常会打得血肉模糊、面目全非，而看台上的观众却为此欢呼雀跃、呐喊助威。

然而，在古代奥运会中，拳击还不是最野蛮的游戏。在比拳击更为血腥的角力拳比赛中，运动员不仅可以拳脚并用，而且可以从背后进行袭击。除了不能用手指挖眼睛和用牙齿咬对手之外，运动员可以无所不用其极，甚至可以攻击对手的腹部和阴部。“不妨看一看西方学者如何根据图画描述古代那场最著名的角力拳比赛，即在公元前564年奥林匹亚赛会的角力拳决赛。仍然活

15　中外名人研究中心：《世界宗教全书》，上海人民出版社，1994年，第57页。

16　吴雅凌编译：《俄耳甫斯教辑语》，华夏出版社，2006年，第62页。

着的输家竖起指头表示服输，但胜利者已经奄奄一息：

> 他在胜利时刻已濒于死亡……他好像不仅征服了对手，也征服了观众……尽管他已经两次赢得奥林匹克优胜冠冕……赢得这第三次却是以生命为代价的……阿里基翁的对手抓住他的腰部并想杀死他，而且他已把前臂插到阿里基翁的喉咙下面想扼死他，他的两腿已缠住腹股沟，脚尖弯曲到阿里基翁的两个膝盖后面；而且为了阻止他反抗而勒他，直至昏昏欲睡的死亡笼罩着他的意识。然而，他没有打乱阿里基翁的计划，而是放开了双腿的挤压。阿里基翁蹬开他的双脚，而且在这样做的同时，使其对手的右侧处于危险中，因为他的膝部悬着没有支撑；然后他紧紧地用他的腹股沟压住他——他已不再构成对手了——并向他的左侧弯曲。阿里基翁用他的膝部锁住对方的另一条腿（左腿），并靠猛烈的扭曲使其脚踝的隆起部位脱臼。随着灵魂的离去，阿里基翁的身体变得虚弱，但仍有力量完成自己的意图。扼着他的那个人……像死人一样，并用手发出认输的信号……阿里基翁微笑着，就像意识到获得胜利的活人一样。

这里阿里基翁用生命来追求优胜和荣誉固然精神可嘉，但是角力拳作为一种运动的残酷性却是不可否认的。”[17]面对这种野蛮而又血腥的比赛，如果我们再说什么体育运动是为了锻炼身体的话，就显得有些幼稚而可笑了。对于看台上的观众来说，他们观赏这样一场残酷而又血腥的比赛，仿佛参与了一场狄俄尼索斯的祭祀仪式一样：他们在纵欲中欢呼、在血光中呐喊，在欢呼和呐喊中宣泄着自己反抗异化、进而反抗文明的心理能量……

时至今日，人类的体育活动虽然已经安全多了、文明多了。但是在足球之类对抗性很强、从而也最能吸引观众的比赛中，仍然潜伏着暴力和骚乱：

> 所谓足球比赛，可视为酒神仪式的一种现代化的隐喻：在特定的时间、特定的地点、特定的规则下，那些被人类文明所压抑的原始欲

17 阮炜：《另一个希腊》，上海三联书店，2010年，第262—263页。

望粉墨登场了。早就有人指出，足球中的射门具有“性”的意味；至于比赛中的暴力释放，更是一个无法回避的问题。惟其如此，我们才能够对屡禁不止的球迷闹事做出一个合乎逻辑的解释；惟其如此，我们才能够理解，何以一只小小的足球，竟会引起十几亿、甚至几十亿人的颠狂。——仿佛长期被压抑在生命底层的原始欲望终于在绿茵场上得到了释放：那疯狂似的进攻、那闪电般的反击，那竭尽生命创造力的临门一脚，把我们带入了狄俄尼索斯式的沉醉与迷狂。当然了，你可以说足球比赛是为了锻炼身体，你可以说这项运动就是要为国争光，你还可以借助足球比赛而获得巨大的经济效益，也许你说得和做的都没有错，但是倘若你有意回避了那潜藏在文明背后的非文明要素，倘若你视而不见那驱动着人类潜在情感的原始的力量，你便永远不会发现足球运动的奥秘所在。[18]

我们知道，文明与异化是一对孪生兄妹。正像恩格斯在《反杜林论》中的揭示的那样：“人类每前进一步，不平等也同时前进一步。随着文明产生的社会为自己建立的一切机构，都转变为它们原来目的的反面。”[19]因此，我们的日常生活越是文明，就越需要一种反文明的发泄方式；而这种反文明的发泄方式又必须在文明的规则下加以进行。如果我们混淆了二者之间的界限，那么体育运动就会导致疯狂，导致骚乱，导致暴力和血腥；如果我们掌握了二者之间的辩证关系，那么体育运动则会成为一种文明、伟大而又富于人道主义色彩的活动。事实上，只有掌握了二者之间的辩证关系，我们才能真正理解体育运动的奥秘；只有掌握了二者之间的辩证关系，我们才能真正理解古代奥林匹克运动会的文化表征。

（此文为教育部人文社会科学重点研究基地重大课题“文明的结构与艺术的功能”的阶段成果，发表于《民俗研究》2012年第3期）

18　陈炎：《足球比赛：酒神仪式的现代隐喻》，《粤海风》2002年第4期。

19　《马克思恩格斯选集》第3卷，人民出版社，1995年，第179页。

儒、释、道的体育精神

从词源学的角度上看，“我国古代没有‘体育’一词，‘体育’一词是在19世纪80年代，清政府为了改革图强发起‘洋务运动’，由西洋翻译而来。最初译为‘体操’，其意是身体操练；以后改为体育，其意是在身体锻炼的过程中还能培育意志品德。我国古代虽然没有体育这一总的名称，但是，许多具体项目，养生的身体锻炼、军事的练武活动、竞技的游戏娱乐，都曾经广泛地开展过”[1]。

就其本质而言，“体育”是对人之身体机能的开发和训练。在不同的历史条件下，身体机能的开发和训练绝不仅仅是一个生理问题，而且是一个文化问题。不同的文化、甚至同一文化中不同的宗教、哲学派别对身体都会有着不同的理解和追求，因而在开发身体机能的程度、向度和方法上各有不同。在西方，发端于古希腊的狄俄尼索斯崇拜对感性生命的迷狂影响了后来的奥林匹克精神。因而在西方人的眼里，体育绝不仅仅是为了锻炼身体，也绝不仅仅是为了国家的荣誉，而是对人的感性能力的开发与探究，是对人的肉体极限的挑战与追求。

中国文化素以“儒道互补”而著称，汉代以降，外来的佛教和本土的道教又进一步弥补了信仰体系上的缺失，从而形成了儒、释、道三足鼎立的局

1 刘秉果：《中国古代体育史话》，四川出版社，2007年，第1页。

面。因此，探讨这三种不同的思想体系对人体机能的理解和认识，以及由此而派生出来的不同体育精神，应该是一件饶有兴趣的事情。需要说明的是，本文中所说的“道”，既包括作为哲学流派的道家，也包括作为宗教派别的道教。

一

儒家学派创始人孔子以“克己复礼”(《论语·颜渊》)作为其毕生的事业。“克己”，就是克制自己的欲望;“复礼”，就是要恢复周礼。无论是“克己”还是“复礼”，均不利于竞技性体育的发展。

从行为动力的角度上看，西方竞技性体育活动旨在开发人的肉体潜能、张扬被文明所压抑的感性生命，因而常常与纵欲主义相联系。所以，无论是拳击场上的暴力，还是足球场上的迷狂，往往都带有放纵欲望的特征。但是在主张“克己复礼”(《论语·颜渊》)、强调“过犹不及”(《论语·先进》)、宣扬“中庸之为德也”(《论语·雍也》)的儒家眼里，人的感性生命过于放纵，只会带来犯上作乱的不良恶果。儒家的这一思想虽然有利于社会的稳定，却不利于体育的开展。例如，南宋时期，钱塘江一带曾经风靡一种别具特色的弄潮活动，是一种不可多得的体育盛事。然而在当时的儒者眼里，这些运动健儿却被视为“无赖不惜性命之徒”。有人专门撰写了《戒约弄潮文》予以规劝:“厥有善泅之徒，竞作弄潮之戏，以父母所生之遗体，投鱼龙不测之深渊，自谓矜夸，时或沉溺，精魄永沦于泉下，妻孥望哭于水滨，生也有涯，盍终于天命;死而不吊，重弃于人伦。推予不忍之心，伸尔无家之戒。”(《梦粱录·卷四·观潮》)这种占统治地位的儒家思想最后左右了官方的意志，于是禁止弄潮。

在这种反对冒险、规避竞争、倡导“温、良、恭、俭、让”(《论语·学而》)的文化氛里，中国古代的竞技性体育活动很难得到充分的发展，能够开展的往往只是一些无伤大雅而又缺乏对抗性的娱乐活动。这其中最为典型的，要算是由射箭比赛演变而来的投壶活动。与射箭相比，投壶所需要的臂力更为有限，也更能体现“过犹不及”的中庸思想。正像司马光所说的那样，“投壶者不使之过，亦不使之不及，所以为中也；不使之偏颇流散，所以正也；中正，道之根柢也。”（《投壶新格》）通过这种活动，人们所获得的，不是体质的强健，臂力的增长，而是明白了“过犹不及”的道理。再比如自战国时代便已出现、隋唐时代曾经风靡一时的蹴鞠活动，原本在形式和内容上都与西方的足球相类似，但在宋代以后，随着理学的兴盛而渐渐蜕变：从双球门的对抗到单球门的比赛，再到无球门的表演，最后竟沦为一种杂耍和游戏。

《毛诗序》云：“发乎情，民之性也；止乎礼义，先王之泽也。”在这种中庸思想的支配下，任何原本属于个人的感性行为，都被赋予了过重的伦理意义和社会责任，从而对民族的体育事业造成了消极的影响。这种伦理至上、道德至上、国家至上，而非感性至上、个体至上、体育至上的儒家观念，至今仍潜移默化地影响着国人的思想和行为。

不仅儒家的“克己”无助于感性生命力在体育活动中的释放，儒家的“复礼”也不利于创造公平竞争的比赛环境。因为孔子所渴望恢复的周礼是一种父子有亲、君臣有义、长幼有序、嫡庶有礼、男女有别的等级规范，它要求不同的人明确不同的社会地位、享受不同的生活待遇、采取不同的行为方式，正像孔子的后学荀子所说的那样：“礼者，贵贱有等，长幼有差，贫富轻重皆有称者也。”（《荀子·富国篇》）上至祭祀、朝觐、封国、巡狩、出游、会盟等国家大典，下至言谈举止、穿衣戴帽、婚丧嫁娶等民间琐事，都必须体现出不同人的社会地位。这种强调等级差别的行为模式显然不利于营造公平竞争的体育环境，因为体育竞赛的本质是以探索人的感性能力为目的的，而人的感性能力是以个体生命为单位的。在这里，人与人是平等的，他们要通过平等的竞赛来考验每个人的肉体极限。

我们知道，“西方古代也是等级社会，阶级之间，如奴隶主和奴隶、贵族和平民，是绝对不平等的，所以在欧洲的古代和中世纪，便没有普遍于所有人的竞技运动。但阶级内部，情况却有所不同。古希腊古罗马的公民制度和中世纪的封建贵族制度，保障了奴隶主和贵族内部的相当的民主权利，使得奴隶主和贵族们，都享有同等的政治地位。等级内平等体现于体育运动，也就是：奴隶是绝对不能进入奥林匹克竞技场的，平民是绝对不能和贵族交手、决斗的；但是在竞技和决斗中，所有贵族都拥有一样的机会，当然也拥有一样的平等。"[2]然而，在儒家文化占据主导地位的中国古代社会里，不仅贵族与平民之间有着天壤之别，就连贵族与贵族、平民与平民之间，也有着千差万别的等级关系。所谓"天有十日，人有十等。下所以事上，上所以共神也。故王臣公，公臣大夫，大夫臣士，士臣皂。"（《左传·昭公七年》）而这种"君君，臣臣，父父，子子"（《论语·颜渊》）的人际关系，正是儒家学者所竭力维护的。

儒家的这一思想不能不对体育活动造成一定程度的影响和束缚，例如《丸经·贵和章》云："捶丸虽若平等相近，而尊卑之序不可紊乱。"又比如，"辽穆宗'击鞠无度'，谏议大夫马得臣上书称：击鞠'不宜者有三，故不避斧钺言之。窃以君臣同戏，不免纷争，君得臣愧，彼负此喜，一不宜；跃马挥杖，纵横驰骛，不顾上下之分，争先取胜，失人臣礼，二不宜；万乘之尊，图一时之乐，万一有衔勒之失，其如社稷太后何？三不宜。'"[3]在这种"非礼勿视，非礼勿听，非礼勿言，非礼勿动"（《论语·颜渊》）的文化环境下，以平等竞争为原则的竞技性体育运动是很难被推广和普及的。

关于这一点，我们还可以在作为"六艺"之一的"射"中看得十分清楚。我们知道，在奥林匹克运动会上也有射箭比赛项目，但在那里，每个参赛选手的机会都是同等的；然而儒家所说的射箭表演，却要将比赛之"射"纳入宗法之"礼"。古代的射礼分为大射、宾射、燕射、乡射四个等级。天子、诸侯、卿大夫等不同等级的人物在举行不同类别的祭祀或庆典活动时便举办不同类型的"射礼"。据《周礼·天官·司裘》记载："王大射，则共虎侯、熊侯、豹侯，设其鹄；诸侯，则共熊侯、豹侯；卿大夫，则共麋侯：皆设其鹄。"郑玄注云："侯者，其所射也。以虎、熊、豹、麋之皮饰其侧……虎侯，王所自射也；熊侯，诸侯所射；豹侯，卿大夫以下所射。"如此说来，不同类型的射礼不仅参加的人物不同，而且使用的标靶、伴奏的乐舞、佩戴的服饰均有严格而又烦琐的等级规定。我们知道，在奥林匹克运动会上，一些诸如举重、拳击之类的项目也是分等级的，但这些项目的等级是以人的体重这一生理条

2　程大力：《体育文化历史论稿》，四川大学出版社，2004年，第105页。

3　程大力：《体育文化历史论稿》，四川大学出版社，2004年，第107页。

件为标准的；而儒家“射礼”的等级则有所不同，它不是以人的生理条件为根据，而是以人的社会地位为标准的。在如此森严的等级规定中，我们不能想象一个平民射手可以和王公贵族一比高下；我们也不能想象，这种射箭比赛真正能够考量射手的体魄和技能。说到底，这里的体育活动已经在很大程度上被扭曲为伦理仪式了。

尽管儒家文化与竞技体育难以兼容，却对有中国特色的武术行为情有独钟。对于古代的中国人来讲，“武术”的意义有两个：进可以防身，退可以养生。从积极的意义上讲，“武”为“戈”“止”。在冷兵器时代，人体机能在战争中起着非常重要的作用。而“武术”，便是通过身体训练而成为合格将士的有效途径。从消极的意义上讲，在缺医少药的古代社会，即使是在没有战争的和平年代里，武术也可以起到强身健体的功能，因而颇似于西方的体育。儒家对武术的影响，主要是对“武德”观念的树立。由于儒家注重德行的修养，因而主张习武之人首先要修炼品德。早在春秋时代，就有“武德”有七的说法：“禁暴、戢兵、保土、定功、安民、和众、丰财。”（《左传·宣公十二年》）随着时代的发展，“武德”的含义也在不断地发展变化，既有尊师重道、孝悌正义、扶危济困、除暴安良、虚心求教、屈己待人、戒骄戒躁等正面的引导，又有不可轻师、不可忘义、不可逞斗、不可欺人、不可酗酒、不可赌博、不可吸烟、不可戏色、不可炫耀、不可无礼等负面的劝诫。武林中的各家各派，也都有自己的“门规”和“戒律”。这种道德至上的精神，使得中国武术不会流于肉体的迷狂和暴力的泛滥，而是负有冷静的社会责任感。与此同时，儒家地域性、血缘性的家族观念又强化了中国武术的门派意识，形成了诸如立牌位、续家谱、传男不传女之类的习俗，以及严守门规、恪守祖训的传统，有着一定的保守性和封闭性。

二

与注重宗法血缘、强调等级制度的儒家不同，来自西域的佛教一开始就是作为种姓制度的对立面而出现的。针对婆罗门教“婆罗门至上”的观点，佛教提出了“四姓平等”乃至“众生平等”的主张，认为所有的生灵在本性上都是一样的，并没有什么高低之别、种姓之分；任何人都可以通过修行而得到解脱，得阿罗汉果。这种在信仰面前人人平等的思想，似乎有利于建构一种公平竞争的体育环境。然而遗憾的是，佛教虽然强调平等，却反对竞争。

在世界观上，佛教主张“缘起说”，主张包括我们自己在内的世间一切事物和现象皆由因缘和合而成，因而是有条件的、非自足的，就像《杂阿含经》卷十二中所说的那样：“此有故彼有，此生故彼生，此无故彼无，此灭故彼灭。”因此，如果人对自我过于执着，就必然会带来无限的痛苦。在佛教看来，人的欲望有五种：财、色、名、食、睡；这些欲望表现为三种形式：占有、比较和竞争。尽管不同的佛教派别对欲望的态度不尽相同：或节欲、或离欲、或化欲。然而无论哪家哪派，都不主张强化人的欲望，因而也都反对占有、比较和竞争。佛教讲究随缘，不与人争，不与命争。因为“争”是“执”的表现，它只会强化自我的烦恼，加剧人生的不幸。所以，佛教虽然主张人格平等，却不主张在人人平等的环境下进行体能的对抗与竞赛。凡出家为僧者，都必须甘于贫穷和寂寞，在暮鼓晨钟、青灯黄卷中悉心领悟人生的苦难，在静坐修禅、托钵乞讨中不断培养慈悲的情怀。所有这一切，均与体育无关。

在方法论上，与儒家所倡导的“中庸”相似，佛家主张“中道”。《大形容词积经》卷一百一十二云：“常是一边，无常是一边，常无常是中，无色无形，无明无知，是名中道诸法实观；我是一边，无我是一边，我无我是中，无色无形，无明无知，是名中道诸法实观。”无论是在“名”与“实”之间，还是在“色”与“空”之间，无论是在“肉体”与“灵魂”之间，还是在“感性”与“理性”之间，佛家都反对偏执、不走极端，而是主张适可而止、中道而行。《中论·观四谛品》云：“众因缘生法，我说即是无，亦为是假名，亦是中道义。”这种不慕虚名、不求极限的思维方式，与竞技性体育的精神追求是南辕北辙的。

尽管佛家的世界观和方法论均不利于竞技体育的开展，但对人体机能的开发也并非无所作为。如果说儒家对武术的影响主要在品德的修养，那么佛家对武术的影响主要在心性的修炼。佛教虽然门派众多，但万法唯心，都要通过对心的控制来取消人的妄念。正如《胜天王般若波罗蜜经》中所说的那样："若能伏心，则众法伏。"(《大正新修大藏经》第8册）在佛教用于控制心性、陶冶心性、净化心性的诸多方式中，最有特色的是"禅定"。"禅"作为古印度梵语的汉语译音词"禅那"的简称，意为"静虑"，是一种思想的修为方式。禅宗通过坐禅等方式让人们凝神去知、摆脱世间的烦恼，而心理的变化不仅会导致人们的行为方式的变化，而且会导致生理状态的变化。这种由内而外的修炼方式直接影响了中国武术的精神，因而闻名天下的"少林武功"正是由禅宗门派的少林寺所创造的。人们所熟知的少林"一指禅""金刚禅"，以及"打坐""站桩"等练功方式，也都是由"禅定"出发的。或许，佛家对心性的开掘有着一定的神秘主义色彩；或许，佛家"禅定"对武术功力的实际作用被后人有所夸大。然而无论如何，"心"与"身"的关系在武术活动中是十分重要的，而佛教对这种关系的发掘也刚好符合中国人感性与理性相互统一的民族心理。

在佛家看来，"欲学技击先学不动心。人之一身，其主宰在乎一心。心者，君也；手足者，臣民也。君有乾纲独断之明，而后臣民效指挥如意之势。即儒家所谓天君泰然，百体从令者也。夫技击之练习，无事之时，本极从容；仓促应变，则气息上浮，手忙脚乱。如是则虽平日技击工深，终觉不能收效果于俄顷。此技击所以归功于不动心，能达此地步，技击始有超神入化之境。否则终属野禅，纵能具有好身手，究非正法眼。"[4]一方面，佛门弟子将苦行僧的意志运用于武术训练，在训练的过程中彰显自己的般若智慧，开发自己的内在潜能；另一方面，武林人士将"禅定"的方法引入武术，用其打开内功修炼的不二法门。于是，佛门与武林的结合，进一步强化了中国武术内外兼修、形神一体的特点，这正是中国体育不同于西方体育的文化特征。

我们知道，西方的文化是身心二元的，狄俄尼索斯宗教开发身体的潜能，阿波罗宗教开发心灵的智慧；前者导致了体育的发展，后者导致了科学的繁荣。中国文化则是身心一体的，无论儒家、道家还是佛家，都不把人体机能看成是可独立开发的对象，而是在身心的关系上做文章。因此，中国人

4 尊我斋主人：《少林拳术秘诀》，《少林资料集》，书目文献出版社，1982年，第133页。

对身体机能的开发，不会导致感性的泛滥、肉体的迷狂，而会进入一种出神入化、灵肉合一的境界。

三

在儒、释、道三教中，对中国体育、尤其是武术精神影响最大的还应属道教。作为中国本土的宗教，道教于东汉后期逐渐兴起。在理论上，道教一方面尊《老子》为《道德经》，尊《庄子》为《南华经》，从道家哲学中汲取了“道法自然”的生命智慧；另一方面又吸收了包括“阴阳”“五行”“太极”“八卦”等诸多古代思想元素，并将其熔为一炉。在信仰上，道教一方面尊奉老子为太上老君，另一方面又编造了一套包括元始天尊、王母娘娘，以及“四大天师”“五大真人”在内的诸神的谱系。在修行上，道教一方面杂糅了诸多的鬼神信仰和民间方术，企图炼制出能够使人长生不老的仙丹妙药；另一方面又十分重视吐纳导引式的身体训练，企图寻求到一种长生不老、羽化升仙的现实途径。道教与中国体育、尤其是武术活动之间便有了更为直接、更为紧密的联系。

与主张“众生平等”的佛家思想相类似，道教所崇拜的道家哲学倡导万物等值的“齐物论”、主张无所顾忌的“逍遥游”。这种蔑视等级、拒斥礼法的精神似乎有利于营造公平合理的竞争环境。然而遗憾的是，道家将自我从社会的制约中解救出来，是以将其重新投入自然的怀抱为前提的。老子主张：“人法地，地法天，天法道，道法自然。”（《老子·二十五章》）认为人只要回归自然、顺道而行就可以了，而不要进行过分的努力和竞争。他认为：“祸莫大于不知足。咎莫大于欲得故知足之足，常足矣。”（《老子·四十六章》）因而主张“不尚贤，使民不争。”（《老子·三章》）“知其荣，守其辱，为天下谷。为天下谷，常德乃足。”（《老子·二十八章》）主体的感性冲动衰弱到了这种地步，以至于竟坚持：“我有三宝，持而保之。一曰慈，二曰俭，三曰不敢为天下先。”（《老子·六十七章》）这种拒绝冒险、回避竞争的生活态度显然与竞技性很强的体育精神是相互排斥的。与老子相类似，庄子也主张“至人无己，神人无功，圣人无名”(《庄子·逍遥游》)倡导“堕肢体，黜聪明，离形去知，同于大通，此谓坐忘”(《庄子·大宗师》)。宣扬“唯道集虚。虚者，心斋也。”(《庄子·人间世》)在这种“无己”“心斋”“坐忘”的状态下，人们又怎么可能去参与充满对抗与竞争的体育赛事呢?

然而，与儒、释两家相类似，道家和道教虽然不可能孕育出西方式的竞技体育，却有助于中国式的武术健身活动。如果说，儒家对武术的最大影响在“德”，佛家对武术的最大影响在“心”，那么道教对武术的最大影响在“气”。我们知道，武术的本质是对身体的训练，而“体”是外在的，“德”与“心”则是内在的。因此，要使内在的“德”与“心”对外在的“体”产生影响，就需要有一个由内而外的中介环节——“气”。虽然，儒家和佛家也讲“气”，前者有“我善养吾浩然之气”(《孟子·公孙丑上》)之类的言论，后者有“金刚数息法”之类的方法。但是，真正对“气”进行深入研究，并将其大量运用于武术的还应说是道教。

早在《老子·十章》中，就有“专气致柔，能如婴儿乎?”的说法，道教循之，始创“胎息法”。胎息的本义是胎儿在母腹中的呼吸，引申义是以下丹田为中心的“内呼吸”，如同胎儿在母腹中的“呼吸”一样。《抱朴子·释滞》云:“得胎息者，能不以鼻口嘘吸，如在胞胎之中。”这种呼吸方法的训练是从意念开始的，即所谓“意守丹田”。它要求练功之人心平气和，有意识地诱导思想专注于丹田(关元穴)，使呼吸自然放松、节奏均匀有序，意气合一。而这种“存想丹田”“抱元守一”的做法，显然实现了由“心”而“体”、由“神”而“形”的过渡。早在《庄子·刻意》中，就有“吹响呼吸，吐故纳新”的说法。《庄子·大宗师》中又说:“古之真人，其寝不梦，其觉无忧，其食不甘，其息深深。真人之息以踵，众人之吸以喉。”道教循之，完善了“导引术”，即通过动作与呼吸的配合来打开身体的各条经络，使气血畅通、筋脉平衡。中医将人体的经脉网络称之为“周天”:“小周天”是指任督两脉，“大周天”是指全身的所有经脉。道教认为，正确地运用吐纳导引之术，可以打通人体的经脉，从而焕发人的潜能。有了“胎息法”，有了“导引术”，气功就有了前提与基础。

我们知道，所谓“气功”是一种通过调心、调息、调形而增强体魄、开发潜能的身心锻炼术。气功的种类繁多，主要可分为静功和动功两大类。静功一般以“胎息法”为基础，身体不动，只靠意识、呼吸的自我控制进行修炼；动功一般以“导引术”为基础，用身体的运动与气息的活动相配合。气功不仅具有锻炼身体的功效，而且也是中华武术的魂魄所在。中国武术主要内容包括搏击技巧、格斗手法、攻防策略和武器使用等技术。而所有这些技术都可以与气功融为一体，带气运行。这样一来，无论是徒手肉搏，还是使用器械，中国武术从来都不主张使用蛮力，而是倡导阴阳互助、刚柔相济。

从文化源头处看，道教不仅以老庄的道家思想相标榜，而且祖述《易经》《黄帝内经》中的“阴阳”“五行”思想。我们知道，《易经》从人类两性及动物雌雄关系入手，引申出推动大千世界发展变化的两种力量：阴与阳。于是，道教便将这种阴阳之间的辩证关系演绎为武术中的刚与柔、动与静、虚与实、开与阖、内与外、进与退、起与伏、攻与守、始与终等一系列对立统一的行为方式。而且，由于道教所推崇的道家哲学有着“贵柔”“守雌”的女性特征，因而道家武术的总体倾向是含蓄的、内敛的，这与西方体育张扬、外露的总体倾向截然不同。

最能代表道家思想乃至中国武术精神的是太极拳。“太极”一词始见于《易传·系辞》：“易有太极，是生两仪。两仪生四象，四象生八卦。”从宇宙发生论的角度加以引申，便可以理解为“太极谓天地未分之前，元气混而为一”（孔颖达《周易正义》）。从这种“元气”出发演绎出来的拳法，便是“太极拳”。当然了，作为一种重要的拳法，太极拳也不是一天形成的，从它的前身“绵拳”“软手”等名称可以看出，这是一种相当柔软的拳法。学术界一般认为，明末清初产生于清代河南温县陈家沟的陈氏太极拳，是以后杨式、武式、吴式、孙式、和式等各家各派太极拳的母体。此一拳法基于太极、阴阳观念，用意念统摄全身，通过入静放松、以意导气、以气催形的反复习练，达到修身养性、陶冶情操、健全体魄、益寿延年的目的。广义的太极拳包括太极养生理论、太极拳术套路、太极器械套路、太极推手等训练方法。其总体特征是含蓄内敛、内外兼修、连绵不断、以柔克刚、急缓相间，这种行云流水的拳术风格使练习者的意、气、形、神圆融统一，进入一种出神入化的至高境界，因而成为中国武术精神的典型代表。

作为太极拳的理论总结，署名王宗岳的《太极拳经》历来为各家太极高手所尊崇，其思想内涵也确实体现了这一非物质文化遗产的主要特征："太极者，无极而生，动静之机，阴阳之母也。动之则分，静之则合。无过不及，随曲就伸。人刚我柔谓之走，我顺人背谓之粘。动急则急应，动缓则缓随。虽变化万端，而理为一贯。由著熟而渐悟懂劲，由懂劲而阶及神明。然非用力日久，不能豁然贯通焉。虚灵顶劲，气沉丹田。不偏不倚，忽隐忽现。左重则左虚，右重则右杳。仰之则弥高，俯之则弥深，进之则愈长，退之则愈促。一羽不能加，蝇虫不能落，人不知我，我独知人。英雄所向无敌，盖皆由此而及也。"[5]显然，这种强身健体之术与源自西方的竞技体育活动是有重要区别的。"因为那些体育均是刻意施加的、限于外炼的，而道家的养生重视的是生命体的内炼，讲究的是自然致柔之道，这就注定了道家养生手段与生命和谐、与大自然和谐，于是有了合于自然的仿生运动（如五禽戏、大雁功、鹤翔功、形意拳），合于生命的太极拳、八卦掌。"[6]这种精神与肉体和谐一致、密不可分的中国功夫与中华民族感性与理性相对统一的心理结构是高度吻合的，因而有着深厚的文化土壤。

然而文化研究的深入又会使我们发现，一个民族的优点往往就是其缺点，一个民族的长处往往正是其短处。从积极的方面看，以太极拳为代表的中国功夫不以健康以外的竞争为目的，不去追求某种超乎常态的体能和丧失理性的对抗，因而便不会导致身体机能的片面发展，也不会带来某些不必要的危险和牺牲。从消极的方面看，这种"安时而处顺"（《庄子·养生主》）、"乘物以游心"（《庄子·人间世》）的活动既不构成人对自然的挑战，也不强调人与社会的抗衡，因而既弱化了竞争的机制，也淡化了冒险的热情。

总之，如果我们不是把体育仅仅看作一种单纯的生理现象，而是看成是一种复杂的文化现象，就会在中国古代的儒、释、道传统中寻找到完全不同于西方世界的体育精神。在全球化运动加速发展的今天，进行这种文化的反

5 唐豪：《王宗岳太极拳经·王宗岳阴符枪谱·戚继光拳经》，山西科学技术出版社，2008年，第1页。

6 于晓东、顾渊彦：《道家体育、教学传统对现代体育教学的启示》，《体育文化导刊》2007年第2期。

思是十分必要的：它既可以在我们的传统中发现不及西方体育精神的一面，从而加以改造和提升；也可以在我们的传统中发现优于西方体育精神的一面，从而加以发扬和光大。或许，人类未来的体育事业应该是融东西方文化于一体的。到那个时候，人类的体育活动将更加丰富，更加多彩，也更富有人性！

（此文为教育部人文社会科学重点研究基地重大课题“文明的结构与艺术的功能”[07JJD751079]的阶段成果，发表于《华东师范大学学报》（人文社会科学版）2014年第1期）

“阴阳”“五行”学说的文化反思

古代中国人与古人西方人不仅看待世界的态度不同，而且思考问题的方法不同。这种“世界观”与“方法论”的不同，不仅构成了中国与西方不同的哲学形态，而且决定了中国与西方不同的科学形态。

与古代西方人以语言—逻辑为核心而不断展开“因果”推理、“逻辑”演绎的“逻格斯中心主义”不同，古代中国人习惯于将客观事物和社会生活放在“阴阳”“五行”的思维模式和理论框架中加以理解和论证。这种特定的思维模式和理论框架既有其素朴、幼稚的内容，又有其辩证、合理的因素，既导致了许多封建迷信的文化糟粕，又造就了一些独具特色的科学成果。面对这种局面，以往的学者或强调其素朴幼稚的内容、封建迷信的糟粕，从而将其视为文化的垃圾而简单地丢弃；或强调其辩证合理的因素、独具特色的成果，因而将其视为民族的瑰宝而一味地推崇。而在笔者看来，上述两种观点或许均有其合理的因素，但又各有其片面的局限，因而有必要站在今人的立场上，将“阴阳”“五行”的思维模式和理论框架放在特定的历史背景和特殊的文化语境中加以重新反思。

一

反思“阴阳”“五行”的思维模式，有必要先追溯一下“阴阳”“五行”观念的起源。在这个问题上，梁启超的《阴阳五行说之来历》一文曾经产生过重要影响。他通过对老子、孔子之前的《诗经》《书经》《易经》《仪礼》所载“阴”“阳”二字逐一排查后发现：第一，从数量上看，“《诗经》言阴者八，言阳者一。《书经》言阴言阳各三”。也就是说，在孔子、老子之前的可靠典籍中，“阴”“阳”二字的使用率是很低的。第二，从文字搭配上看，“阴阳二字连用者，惟《公刘》‘既景乃岗，相其阴阳’一语，谓在山冈上测日影，察其向背云尔，与后世所谓阴阳之义迥别”。也就是说，在老子、孔子之前的可靠典籍中，“阴”“阳”二字往往孤立使用，并没有形成一个固定的合成词，即使偶有连用，也与今义不同。第三，从语义上看，“商周以前所谓阴阳者，不过自然界中一种粗浅微末之现象，绝不含有何等深邃之意义”。也就是说，在老子、孔子之前的可靠典籍中，“阴”“阳”二字只是指具体的生活物象，还没有上升为抽象的哲学范畴。第四，从典籍的分布看，除《诗经》《书经》之外，《仪礼》中并无“阴”“阳”二字，“最奇者《易经》一书，庄子所谓‘易以道阴阳’者，卦辞爻辞中，仅有此‘中孚九二’之一条，单举一阴字”。据此，梁启超认为：“然则此语只能作孔子所赞之《易》解。”[1]也就是说，《庄子·天下》“易以道阴阳”中的“易”并不是指原始的《易经》，而应是传为孔子所著的《易传》。

梁启超在这篇文章中不仅对“阴阳”二字的来历进行了研究，而且对“五行”一词的出处进行了梳理：第一，《尚书·甘誓》中虽有“有扈氏威侮五行，怠弃三正”的最早记述，但毕竟语焉未详，难以确考。第二，《尚书·洪范》对“五行”虽然有着更为明晰的解释：“一曰水，二曰火，三曰木，四曰金，五曰土。”然“此不过将物质区分为五类，言其功用及性质耳，何尝有丝毫哲学的或术数的意味？”[2]第三，“除《书经》此两文外，《诗经》《仪礼》《易》经传乃至《老子》《论语》《孟子》，皆不见有以五行二字连文者。……惟《墨子·经

1 梁启超：《饮冰室文集》，吴松等点校，云南教育出版社，2001年，第3278页。

2 梁启超：《饮冰室文集》，吴松等点校，云南教育出版社，2001年，第3280页。

下》及《经说下》云：‘五行毋常胜，说在宜。’‘五合，水火土，火离然。火烁金，火多也。金靡炭，金多也。合之府水，木离木……’”[3]以及《荀子·非十二子》中："案往旧造说，谓之五行，甚僻违而无类，幽隐而无说，闭约而无解。案饰其辞而祇敬之曰：此真先君子之言也。子思唱之，孟轲和之"等只言片语。因此认为："五行说之极怪诞而又组织者，始见于《吕氏春秋》之十二览。"并根据以上的发现，最后得出结论说："春秋战国以前，所谓阴阳，所谓五行，其语甚希见，其义极平淡，且此二事从未尝并为一谈。诸经及孔、老、墨、孟、荀、韩诸大哲，皆未尝齿及。然则造此邪说以惑世诬民者谁耶？其始盖起于燕、齐方士。而其建设之，传播之，宜负罪责者三人焉：曰邹衍，曰董仲舒，曰刘向。"[4]

由于梁启超未能看到后来在湖北省荆门市郭店村楚墓中出土的楚简，因而不可能知道《太一生水》篇中对"阴阳"的论述和《五行》《德圣》中对"五行"的描写。而从时间上看，这三篇文章应不在《吕氏春秋》之后；即使与邹衍的年代相近，楚简也未必会受到齐人的影响。所以，梁启超的观点是值得商榷的。

郭店楚简的《太一生水》篇中写道：

> 所生也。湿燥者沧热之所生也。沧热者四时之所生也。四时者阴阳之所生也。阴阳者神明之所生也。神明者天地之所生也。天地者太一之所生也。
>
> 是故太一藏于水，行于时。周而或始，以己为万物母；一缺一盈，以己为万物经。此天之所不能杀，地之所不能厘，阴阳之所不能成。君子知此之谓道也。

在《太一生水》这篇文字中，已有多处用到"阴""阳"二字，不仅连用成词，而且涉及宇宙发生论的问题，因而不能不说是哲学范畴。

郭店楚简的《五行》篇中写道：

3　梁启超：《饮冰室文集》，吴松等点校，云南教育出版社，2001年，第3281页。

4　梁启超：《饮冰室文集》，吴松等点校，云南教育出版社，2001年，第3282页。

五行：仁形于内谓之德之行，不形于内谓之行。义形于内谓之德之行，不形于内谓之行。礼形于内谓之德之行，不形于内谓之行。智形于内谓之德之行，不形于内谓之行。圣形于内谓之德之行，不形于内谓之（德之）行。

五行皆形于内而时行之，谓之君子。[5]

这篇文字不仅明确使用了“五行”的概念，而且详细论述了仁、义、礼、智、圣这五种品格由“形于内”到“显诸外”的过程，强调了君子由内“德”而外“行”的修炼过程。这种论证方式，似乎显示了由金、木、水、火、土之自然界的“五行”，向仁、义、礼、智、圣之人格理想的“五行”的引申与发挥。

与《五行》篇一样，《德圣》篇也将“五行”作为君子之德的必备条件，因而也同样应该引起重视。

德圣：四行成，善心起，四行形，圣气作；五行形，德心起，和谓之德，其爱谓之一。其爱谓之天，有之者谓之君子，五者一也。[6]

郭店楚简所提供的这些新材料似乎在一定程度上证伪了梁启超的观点。首先，先秦时代的“阴阳”“五行”思想并不像梁启超所说的那样稀薄，至少在战国时代，这种观念已经相当广泛并深入人心了。其次，从思想来源上看，有学者认为，《太一生水》属于道家著作，《五行》《德圣》则可能出自儒家学派的子思，因而与梁启超关于“造此邪说以惑世诬民者谁耶？其始盖起于燕、齐方士”的观点并不吻合。也就是说，“阴阳”“五行”观念并不一定出自左道旁门，或许在所谓正统学派中也有一席之地呢！

二

那么古人何以会产生这种奇特的思维模式和理论框架呢？

先说“阴阳”，此种思维模式并非什么地方术士、左道旁门的创造，而恰

5 荆门市博物馆：《郭店楚墓竹简》，文物出版社，1998年，第149页。

6 国家文物局古文献研究室编：《马王堆汉墓帛书》，文物出版社，1980年，第39页。

恰来自中国古代最为重要的学术典籍《易经》。尽管从文字表述上看,《周易》古经中只有“--”“—”二爻而无“阴”“阳”二字，只有到《易传·说卦传》中有了“观变于阴阳而立卦，发挥于刚柔而生爻”的观点和《易传·系辞上》中有了“一阴一阳之谓道”，以及《庄子·天下》中有了“易以道阴阳”的说法之后，人们才将原来的“--”“—”二爻与“阴”“阳”二字对应起来。但后人的这一阐发，又恰恰涉及了《周易》思想的核心与关键。

人们看到的《周易》一书是由《易经》与《易传》两部分组成的,《易经》又是由“象”与“辞”两部分组成的。反过来，从解释的顺序来看:《易传》是用来解释《易经》的,《易经》中的“辞”是用来解释“象”的，而《易经》中的每个卦象又是由“--”“—”二爻组成的。于是，对于“--”“—”二爻的理解便成为理解整个《周易》思想的核心。这个问题解释对了，后面的阐发才有可能找到门径；这个问题解释错了，后面的阐发则必然会南辕北辙。

那么《易经》中的“阴”“阳”或者说“--”“—”二爻的本意究竟是什么呢? 这一“易学”领域中的“哥德巴赫猜想”曾引起许多研究者的揣测和推断。在诸多的揣测和推断中，那种认为“—”“--”二爻分别象征男女生殖器的观点最大胆，也最能令人信服。[7]尽管这种解释因触犯了后人的伦理观念因而很难让人接受，却非常符合古人的生活条件与生命需求。我们知道，从男女交媾到繁衍子嗣，这其间一般要经过十个月左右的时间，因而其因果链条并不是那么容易被发现的。因此，在出生人口死亡很高、人口平均寿命又很短的上古时代，人们自然会对男女生殖器在生育中所产生的作用抱有极大的好奇心，而男女交媾与繁衍子孙之关系的发现，也便具有石破天惊的重大意义：在生产方式上，它是人类由狩猎向畜牧业发展的一个关键因素；在社会关系上，它是人类由母系社会进入父系社会的必要条件。这一秘密的发现不仅对人类社会的进步产生了巨大的推动作用，而且也深刻地影响着先民们对于宇宙万物的总体观念。

7 此论可见1923年钱玄同“答顾颉刚先生书”，收入《古史辨》，上海古籍出版社，1982年，第一册中编，第77页(原文:“我以为原始的易卦，是生殖器崇拜时代底东西；‘乾’‘坤’二卦即是两性底生殖器底记号”)；周予同1927年也提出了相似的观点，见《周予同经学史论著选集》，上海人民出版社，1983年，第86页；又见于郭沫若:《中国古代社会研究》，人民出版社，1964年，第25页；《章太炎全集》第3册，上海人民出版社，1984年，第380页。

古者包犧氏之王天下也，仰则观象于天，俯则观法于地，观鸟兽之文，与地之宜；近取诸身，远取诸物，于是始作八卦。(《易传·系辞下》)

可以想象，当伏羲氏之类的古之贤者发现了男女交媾以生育子孙的秘密之后，便把这种知识扩而大之，不仅发现动物也是雄雌交媾的产物，而且认为整个宇宙万物都是由两种相反相成的原始生殖力量共同作用的结果。于是便类比男女生殖器的形式，产生了“—”“--”二爻，并推演出八卦乃至六十四卦，以预测和把握人生、社会、宇宙的规律。因此，这里所谓的“近取诸身，远取诸物，于是始作八卦”，即是说近取自人类自身的男女之器，远取自动物自身的牡牝之器，然后引申、推演，形成八卦。

这种理解绝非臆断，我们可以在《易传·系辞上》中找到明确的根据：

乾，阳物也。坤，阴物也。

夫乾，其静也专，其动也直，是以大生焉。夫坤，其静也翕，其动也辟，是以广生焉。广大配天地，变通配四时，阴阳之义配日月，易简之善配至德。

由于乾、坤两卦分别是由“—”“--”二爻派生出来的。对于前者的“其静也专，其动也直”，陆德明认为“专”为“抟”字，而“抟”同“团”；马王堆出土的帛书《系辞》“专”作“圈”，而“圈”同“圆”。也就是说，它安静的时候是团团圆圆的，只有在动的时候才会直起。这分明是在形容男性生殖器的两种状态，所以接下去才说“是以大生焉”。对于后者的“其静也翕，其动也辟”，宋衷注：“翕，犹闭也”；陆德明引陆绩注：“辟，开也。”也就是说，它安静的时候是合闭的，只有在动的时候才是辟开的。这分明是在形容女性生殖器的两种状态，所以接下去才说“是以广生焉”。从这一角度考虑问题，所谓“阴阳合德而刚柔有体”“刚柔相推而生变化”(《易传·系辞传》)，最初并不是一种抽象的理论概括，而是有所特指的。这种理解绝非下流，它遵循了上古人类质朴而无邪的心理。

从早期的出土文物看，人类不少地区的史前遗址中都曾大量存在着生殖崇拜的现象。如辽宁省喀左县东山嘴红山文化遗址中的椭圆形祭坛附近发现的两尊孕妇裸体陶像，辽宁省朝阳市牛河樑红山文化遗址的“女神庙”中出土的几尊女性泥塑，青海省乐都县柳湾出土的一件女性人像陶壶，都极力突出其生殖器官的描绘；而作为男性生殖器官的陶祖，也在属于仰韶文化的陕西省铜川市李家沟、西安市临潼姜家寨，属于大汶口文化的山东潍坊市罗家口遗址，属于屈家岭文化的湖北省京山县屈家岭遗址，属于龙山文化的陕西省华县泉护村遗址、长安县客省庄遗址、河南省信阳市三里店遗址等地反复出现。除了男女生殖器官的单独表现之外，中国的先民们还对男女交媾的场面进行了摹写。如新疆维吾尔自治区呼图壁岩画中，有一个巨大的女性群舞场面，在这些细腰肥臀的女性旁边，斜卧着一个男子的身躯，其勃起的阴茎直指那群跳舞的女子，性的意味十分明确；而在画面的另外一处，赤裸裸地站着两个正在交媾的男女，男子的阴茎得到了极度的夸张，俨然是一个横亘在那里的“—”爻。当然了，从男女生殖器官的具体描写到“—”“--”二爻的高度概括，这之间可能还有着许多过渡形态，或许新石器时代大量出土的玉琮和玉璧便具有这种意味。而这一外在形象的抽象过程，也正是一种对立统一的辩证思维的形成过程。

恩格斯（F.V.Engels，1820—1895）认为：“根据唯物主义观点，历史中的决定性因素，归根结蒂是直接生活的生产和再生产。但是，生产本身又有两种。一方面是生活资料即食物、衣服、住房以及为此所必需的工具的生产；另一方面是人类自身的生产，即种的蕃衍。”[8]如果说“阴阳”观念来源于“人类自身的生产”，那么“五行”观念则来源于“生活资料的生产”。

客观世界是无限复杂的，而人们的认识能力则是极为有限的。要用有限的认识能力去理解无限的客观世界，最为直接的方法就是将其简化。因此，那种将无限复杂的物质世界简化为几种元素并加以把握的企图在早期人类文明中是普遍存在的。例如，古希腊的哲学家恩培多克勒（μπεδοκλ，前490—前430）曾提出过著名的“四根说”，认为火、土、气、水是组成万物的根本元素。古印度也有地、水、火、风“四大元素”的说法。与这些观点不同

8 《马克思恩格斯选集》第4卷，人民出版社，1972年，第2页。

的是，中国古代的“五行”说无论是从要素的选择上，还是从功能的理解上，抑或是从结构的联系上，都有着更为合理、更为丰富、更为复杂的精神内涵。

首先，在要素的选择上，中国古代的“五行”说认为，物质世界是由金、木、水、火、土这五种基本元素构成的，而这五种元素的选择，与当时人们的生产和生活有着极为密切的关系。在上古时代，人们的生产方式极为简单，所使用的生产资料和生产工具也极为有限，其中最为重要的不外乎金、木、水、火、土。金属冶炼技术的掌握，是文明产生的首要条件。有了金属，人们就可以制造锋利的武器和坚硬的农具，以进行狩猎活动，从事农业生产。考古学发现，中国的夏、商、西周时代的金属农具尚不多见，青铜的冶炼也主要用于礼器和兵器的制造，而大量的农具则是由石器、蚌器和木器构成的。因此，比石器和蚌器更为可塑的木器，也便成为仅次于金属的重要元素。木头不仅可以制造工具，而且可以建造房屋，使原始的人们免于野兽的侵袭。“上古之世，人民少而禽兽众，人民不能胜禽兽虫蛇；有圣人作，构木为巢，以避群害，而民悦之，使王天下，号之曰有巢氏。”（《韩非子·五蠹》）考古学家发现，新石器时代的房屋主要是用木头建造的。与木同样重要的是水，水不仅可以滋养林木，而且可以灌溉粮田。“中古之世，天下大水，而鲧、禹决渎。”（《韩非子·五蠹》）一些历史学家认为，正是在“大禹治水”之类的治理水患的过程中，黄河流域才渐渐形成了最初的国家形态。水的温度是要由火来煮沸的，上古时代“民食果蓏蚌蛤，腥臊恶臭而伤害腹胃，民多疾病；有圣人作，钻燧取火，以化腥臊，而民说（悦）之，使王天下，号之曰燧人氏。”（《韩非子·五蠹》）火的利用，不仅改变了人类的饮食习惯，而且促进了青铜器和陶器的生产。陶器的胚胎是由泥土做成的，而土壤不仅可以烧陶，更是农业生产所不可或缺的前提……如此说来，中国的古人之所以将金、木、水、火、土称之为“五行”，是因为这五种元素在当时的生产和生活中发挥着极为重要的作用。古人甚至有理由认为，生活中的万事万物，都是由这五种元素创造出来的。例如，有了金、木、土，人们就可以创造出房屋；有了土、水、火，人们就可以创造出陶器……

其次，中国古人心目中的“五行”，不仅代表着五种不同的元素，而且代表着五种不同的功能。《尚书·周书·洪范》云:“水曰润下,火曰炎上,木曰曲直,金曰从革,土爰稼穑。润下作咸,炎上作苦,曲直作酸,从革作辛,稼穑作甘。”这种性质和功能的拓展可以是多角度和全方位的。例如,“五行”可以代表五种不同的颜色:金,白色;木,青色;水,黑色;火,赤色;土,黄色。“五行”可以代表五种不同的气象:金,燥;木,风;水,寒;火,暑;土,湿。“五行”可以代表五种不同的方位:金,西方;木,东方;水,北方;火,南方;土,中央。不仅如此,“五行”还可以代表五种不同的味道:苦、酸、甜、辛、咸。“五行”还可以代表五种不同的音阶:宫、商、角、徵、羽。“五行”还可以代表五种不同的品德:仁、义、礼、智、信……尽管这些元素的性质和功能有些牵强附会,然而正是对各种元素不同功能的理解和利用,才形成了古人素朴唯物的世界观和普遍联系的方法论。

最后,古代人认为,构成物质世界的五种元素不仅有不同的功能,而且彼此之间还有着一物降一物的辩证关系。《黄帝内经·素问·保命全形论》对“五行”之间的关系进行了这样的解释:“木得金而伐,火得水而灭,土得木而达,金得火而跌,水得土而绝。”从直观的经验看:金克木,是因为金属铸造的工具可以砍伐树木;木克土,是因为木制的农具可以耕耘土壤;土克水,是因为泥土可以修筑堤坝以防水患;水克火,是因为水可以熄灭燃烧的火焰;火克金,是因为炽热的火焰可以熔解金属。不仅“五行”之间有着相反、相克的关系,而且它们之间也有着相成、相生的关系:金生水,是因为所有金属都可以融化为像水一样的液态;水生木,是因为水的灌溉能够使树木生长;木生火,是因为木头可以作为燃料而烧火;火生土,是因为火燃烧后会成为灰烬;土生金,是因为金属的矿石蕴藏于泥土之中……尽管这些相生相克的比附过于简单,然而古人正是由此出发而试图掌握客观事物之间矛盾运动的规律,并进而揭示其相互之间循环往复的生态联系。

总之,“阴阳”的思维模式和“五行”的理论框架其实并不神秘,它们不过是中国古人从“人类自身的生产”和“生活资料的生产”中总结出来的原始经验,并将其上升到认识世界和改造世界的理论高度,在日常生活中加以发挥和运用罢了。就其产生的历史条件而言,这种思维模式和理论框架无疑是幼稚的、素朴的；就其所包含的思想内容而言，这种思维模式和理论框架则又有着辩证的、合理的因素。

三

从近年来学术界研究的结论看，最早将“阴阳”“五行”观念合二为一，并运用于医学研究的著作是《黄帝内经》《皇帝八十一难经》。尽管对这部假托黄帝、岐伯等人言论的著作成书年代还有分歧（或说是战国，或说是秦汉之际，或说是汉代中期），但两书奠定了中国医学的理论框架并对后世产生了深远影响是毫无疑问的。

与从“因果”关系入手来看待人体疾病的西医不同，中医不把疾病的出现看成是某种病原体（如细菌）对人体侵害的结果，而是把疾病看成是人体阴阳关系失衡的结果：

> 黄帝曰：阴阳者，天地之道也，万物之纲纪，变化之父母，生杀之本始，神明之府也，治病必求于本。（《黄帝内经·素问·阴阳应象大论》）

以“阴阳”关系为指南，中医认为，机能亢进、津液淤积等热症多属阳盛，而机能衰退、津液消耗等寒症则多属阴盛。阳虚就要补阳，补阳的药能够促进新陈代谢，增强人体活力；阴虚就要补阴，补阴的药能够补充体内的物质消耗，维持机体的正常运作：

> 阴盛而阳虚，先补其阳，后泻其阴而和之。阴虚而阳盛，先补其阴，后泄其阳而和之。（《黄帝内经·灵枢·终始》）

所以，中医的治疗方针并不是从“因果”关系出发，要用一种物质（如抗菌素）来消灭另一种物质（如病菌），而是从“阴阳”关系入手，采取表里双解、攻补兼施的方法，使原来失去平衡的身体机能恢复常态。也正因如此，中药的配制和使用方法也与西药不同，它不讲究“提纯”而讲究“配伍”，即因地、因时、因人、因症而不断调整配方，使阴阳有变而法无定法。

与从“机械论”入手来看待人体机能的西医不同，中医不把人体的各种器官看成是孤立运作的物质实体，而是注重各种器官的功能及其相互转化的关系。以“五行”相比附，中医把肺、肝、肾、心、脾称之为“五脏”：肺配金，故而能像金属器皿一样发出声响；肝配木，故而具有像木一样善于疏散的功能；肾配水，故而具有像水一样排泄流淌的功能；心配火，故而具有像火一样发赤于面的特点；脾配土，故而具有像土一样消化吸收的功能……就像金、木、水、火、土之间的任何一种元素的泛滥都会导致整体的失衡一样，肺、肝、肾、心、脾之间的任何一种器官的失序都会导致整体功能的紊乱。因此，某一器官出了毛病，不仅要对其自身加以治疗，而且要对与之相关的其他器官加以调整，即通过“虚则补其母，实则泻其子”（《黄帝八十一难经》）的方式，使人体的各个器官在相生相克、相反相成的协调运动中达到和谐与平衡的有序状态。

依照这种“阴阳”“五行”的思维模式，尽管中医在疾病的成因方面没有像西医那样建立起精准的细菌、病毒理论，尽管中医在人体的理解方面没有像西医那样建立起切实有效的解剖学原理，这一切都使得中医的诊断和治疗手段还只是停留在经验直观的水平上，因而不能与西医相提并论；但其所包含的辩证思想和系统观念却不乏高明与深刻之处，甚至使西医望尘莫及。这一点，也正是中国这门古老的科学至今仍具有生命、未来更具有前景的关键所在。

如果说，在自然领域，最能体现“阴阳”关系的是中医；那么在社会领域，最能体现“阴阳”关系的是军事。范蠡云：“天道皇皇，日月以为常，明者以为法，微者则是行。阳至而阴，阴至而阳；日困而还，月盈而匡。古之善用兵者，因天地之常，与之俱行。后则用阴，先则用阳；近则用柔，远则用刚。”（《国语·越语下》）由于战争的矛盾双方常常并不处于单向制约的因果关系之中，而是处在彼此消长、相互转化的阴阳关系之中，因而特别适合于以“阴阳”的思维结构将其纳入强弱、虚实、远近、明暗、真假等范畴来加以研究：

兵者，诡道也。故能而示之不能，用而示之不用，近而示之远，远而示之近。利而诱之，乱而取之，实而备之，强而避之，怒而挠之，卑而骄之，佚而劳之，亲而离之。攻其无备，出其不意。此兵家之胜，不可先传也。(《孙子·计篇》)

因此，中国古代的许多军事家，如孙武、范蠡、孙膑等，都非常善于运用“阴阳”之间的辩证关系来分析和处理战争中的刚柔、奇正、攻防、主客、虚实、劳逸诸种矛盾因素，有的甚至直接用《易经》的原理来推演兵法。直至今天，《孙子兵法》仍然是中外许多军事院校的必读书，可见其仍具有深刻的理论意义。

就在“阴阳”观念在军事领域中广泛运用的同时；“五行”观念也在政治领域中大展拳脚。其代表人物，显然是那个“以变化始终之论，卒以显名”(《盐铁论·论儒》)的邹衍。根据《史记·孟子荀卿列传》记载，这位稷下诸子的代表人物曾著“《终始》《大圣》之篇十余万言”，其学说“迂大而宏辨”。只可惜，这些著作早已佚失，我们只能在《吕氏春秋》《淮南子》等著作中窥见其只言片语了。邹衍说：“五德之次，从所不胜，故虞土、夏木、殷金、周火。”[9]这样一来，邹衍就把“五行相克”的自然规律用于解释朝代演变的有序更迭。按照这种解释，以往每一个朝代都体现了“五行”中的一种元素，虞代表“土”、夏代表“木”、殷代表“金”、周代表“火”；而按照木克土、金克木、火克金的逻辑关系，夏取代虞、殷取代夏、周取代殷，也就成为王朝更迭对自然规律的体现。由于邹衍生活在社会动荡的战国时代，照此类推，将来取代周代者，则必然是代表“水”的新王朝了。《吕氏春秋·有始览·应同》讲得更为具体：

凡帝王者之将兴也，天必先见祥乎下民。黄帝之时，天先见大螾大蝼。黄帝曰：“土气胜。”土气胜，故其色尚黄，其事则土。及禹之时，天先见草木秋冬不杀，禹曰：“木气胜。”木气胜，故其色尚青，其事则木。及汤之时，天先见金刃生于水，汤曰：“金气胜。”金气胜，故其色尚白，其事则金。及文王之时，天先见火赤乌衔丹书集于

9 ［汉］刘安:《淮南子·齐俗训》，中华书局，2009年，［汉］高诱注引《邹子》。

周社，文王曰："火气胜。"火气胜，故其色尚赤，其事则火。代火者必将水，天且先见水气胜。水气胜，故其色尚黑，其事则水。

这样一来，邹衍发明的"五德终始说"便成为一种改朝换代的理论工具，受到历代新王朝建立者的信奉。于是，秦始皇登基之后便依"五德终始说"，按水德改历服色。

到了汉代，"阴阳""五行"的思维模式在董仲舒那里发展到了一种登峰造极的地步。在他看来，"天有阴阳，人亦有阴阳"（《春秋繁露·同类相动》），"君臣、父子、夫妇之义，皆取诸阴阳之道"（《春秋繁露·基义》），从此而决定了"君为臣纲，父为子纲，夫为妻纲"的伦理秩序。与此同时，他还把金、木、水、火、土的"五行"元素对应于仁、义、礼、智、信的"五常"法则，以及东、南、西、北、中的空间方位，以土居中央的重要性来突出"大一统"的皇权思想。他认为，天子是上天派来管理众生的，从王公大臣到黎民百姓，任何人违背了"三纲""五常"都会受到相应的制裁。而天子如果违背天意，则上天会以自然灾害的方式加以"谴告"；如果天子一意孤行、不思悔改，上天则会帮助后起的王朝取而代之，以实现"五德终始"的朝代变迁。如此"天人感应"的理论模式，利用"阴阳""五行"的思维框架，将人伦的秩序建立在自然法则的基础之上，使原本出于亲子血缘的儒家伦理获得了宇宙论的形而上支撑，成为一种"天不变，道亦不变"的永恒法则，既维护了封建社会的现存秩序，又解释了朝代变迁的历史现象，从而在整个中国封建社会中产生了深远的影响。

四

在以往的文化反思之中，不少学者已充分认识到了"阴阳""五行"观念的消极作用，甚至将其看作封建迷信的渊薮。例如，梁启超曾经站在批判的立场指出："阴阳五行说，为两千年来迷信之大本营，直至今日，在社会上犹有莫大势力。"[10]顾颉刚也以反省的态度入手，认为"五行，是中国人

10 梁启超：《饮冰室文集》，吴松等点校，云南教育出版社，2001年，第3277页。

的思想律，是中国人对于宇宙系统的信仰；二千余年来，它有着极强固的势力”[11]。钱穆则批判其“立论汗漫，比附圆滑，惝恍谬悠，莫可究诘。遂以并包众说，兼罗群好”[12]。应该承认，这些批判是不无道理的。纵观中国古代的迷信方术，尽管五花八门、名目繁多，但大多不超出“阴阳”“五行”的模式与框架。

古代的易学本来就是运用“阴阳”的思维模式预测人生命运的术数系统。人们通过蓍草分堆的方式将49根蓍草以特定的程式排列组合，并通过奇偶的数量关系与六十四卦中的卦象、爻象相对应，然后借助卦象、爻象所体现的阴阳关系以及卦辞和爻辞的文字解释而进行微言大义地演绎和发挥，以达到所谓推事析理、见微知著、彰往察来、预先测后的效果。在具体的操作上，这种占筮的方式尽管有许多变体，如投骰子、掷硬币、乃至数姓名的笔画等，然而所有这些无非是企图将偶然的数字概率转化为体现阴阳关系的卦象与爻象，以窥视冥冥之中的命运安排。

除了“阴阳”的思维模式之外，中国古人也常用“五行”的理论框架来把握命运。我们知道，人是存在于时间和空间中的生命，于是传统的命相、堪舆之术便将时间和空间的两个纬度纳入五行的框架中加以理解：前者如算命先生将人的生辰八字换算成金、木、水、火、土，看看这个人“五行”缺什么，然后再在名字的汉字结构中将其所缺的东西补上，已达到所谓的平衡；后者如风水大师以人的居住场为中心（土），考察其与左青龙（木）、右白虎（金）、前朱雀（火）、后玄武（水）之间的关系，看看这个场所“五行”搭配如何？风水是否有利？

中国古人不仅运用“阴阳”“五行”学说预测未来，而且企图利用这种思维模式和理论框架改变命运。于是，人们在体现乾、坎、艮、震、巽、离、坤、兑方位的“八卦炉”中放入代表金、木、水、火、土性质的不同物质，企图冶炼出能够使人长生不老的丹药。当然了，人们很难达到“服金者寿如金，服玉者寿如玉”的目的，却常常因服用了过量的铅、汞、硫、砷等有毒物质而暴病身亡。

这种简单，甚至幼稚的占筮、命相、堪舆、炼丹之术显然属于文化的糟

11 顾颉刚：《五德终始说下的政治和历史》，1930年6月《清华学报》第六卷第一期，后收入1934年出版的《古史辨》第五册下编，第404页。

12 钱穆：《国学概论》，商务印书馆，1931年，第63页。

粕，是需要加以摒弃的。事实上，也正是由于“阴阳”“五行”学说的上述影响才导致了人们对这种思维框架和理论模式的批判和唾弃。然而，我们在扬弃这些文化糟粕的同时是不是也应该做一些辩证的思考，从而披沙拣金地发现“阴阳”“五行”学说所暗含的合理意义？

长期以来，在许多现代人眼里，仿佛只有“因果”才是推动科学发展的有力杠杆，而“阴阳”则只能导致迷信。其实，这种看法是一种偏见。诚然，人类已经和仍在利用“因果”关系来认识并改造客观世界，并产生出许多科学成果。但是“因”与“果”之间的关系是外在的，“因”可以决定“果”，“果”却不可以决定“因”。这种简单的线性关系虽然可以解释许许多多的物理现象，但无法解释更为复杂的生命现象。以一棵树为例，是树叶（因）吸收的阳光决定了树根（果）的发育？还是树根（因）吸收的水分决定了树叶（果）的生长？因此，正像康德（I.Kant，1724—1804）所说的那样，运用“因果”之类的知性范畴，虽然可以说明包括星体运行在内的物理世界，但对于解释类似毛毛虫这样最最简单的生命现象，却无能为力。与之相反的是，“阴”与“阳”之间的关系是内在的：离开了“阴”，“阳”不可能单独存在；离开了“阳”，“阴”也不可能单独存在。这种双向的负反馈关系虽然在机械的物理世界中并不常见，却是有机的生命现象中不可或缺的。因此，从科学方法论的角度上讲，“因果”之所以短，恰恰是“阴阳”之所长。

换言之，“因果论”更适于研究事物之间的外部联系，因而具有形而上学的色彩；“阴阳论”更适于研究事物自身的内部联系，因而具有辩证法的特征。问题在于，外在的“因果”关系比较容易把握，因而以往的西方学者可以通过排他性的实验手段将“因”与“果”的关系实证化，即确保在其他条件不变的情况下，只要“因”出现，“果”就必然会出现。而内在的“阴阳”关系则相对复杂，因而以往的中国学者很难在实验的条件下将“因”与“果”的关系实证化，从而掺杂了很多猜想的成分。例如，中医所讲的“阴阳”失衡会导致身体机能下降的问题，这在理论上是没有错的；然而具体到某一个人的身上，是阳盛还是阴盛？是阳虚还是阴虚？虽然有望、闻、问、切之类的诊断方式，但这些方式都是直观的、经验的，难免掺杂了一些猜想的成分，甚至会被一些江湖郎中说得天花乱坠、玄之又玄。于是，正像梁漱溟在《东西文化及其哲学》一文中所批判的那样，“中国人既然无论讲什么，都喜欢拿阴阳等等来讲，其结果一切成了玄学化，有玄学而无科学”[13]。然而值得思考的是，我们是否应该因玄学的内容尚未科学化就彻底否定其存在的价值呢?

除了无法证实的模糊处理之外，作为一种理论框架，传统的“阴阳”模式还应遵循以下限制：首先，无论是“因果”还是“阴阳”，作为人类认识世界的思维模式，其适用范围都是有限的。它们只能运用于经验世界，而无法运用于超越领域。关于这一问题，康德在其著名的“批判哲学”中曾做过出色的论证。在他看来，人类的知性范畴只能运用于“现象界”，不能运用于“物自体”，否则就会因知识的“僭越”而陷入“二律背反”的尴尬境地。而中国的古代思想者并没有进行过这类自我能力的批判，他们不仅从“阴阳”观念中推导出“阴间”和“阳间”的对立，而且从“阴阳”观念中推导出“天子”与“上天”的关联，从而很容易由科学导向了迷信。

其次，即使在有限的经验领域中，“阴阳”的思维模式也不能滥用。就像事物的结构有不同层次一样，事物内部的矛盾也有不同的层次。不同事物之间的“阴阳”关系，只在对立统一的同一层次上，即在具体的矛盾关系中方有意义。如果离开了具体的矛盾关系，将此一事物的“阴阳”上升到彼一事物的“阴阳”中加以理解，就会出现像鲁迅在《父亲的病》一文中所描述的庸医那样，显得荒唐可笑：

> 最平常的是“蟋蟀一对”，旁注小字道：“要原配，即本在一窠中者。”似乎昆虫也要贞节，续弦或再醮，连做药资格也丧失了。[14]

蟋蟀的雄雌特性，在其繁殖活动中确乎构成了“阴阳”关系；但作为中药成分，其原有的“阴阳”关系已退居另一层次，不应作类比性的要求和思考。问题在于，在中医的诊疗活动中，这种类比性的要求和思考却随处可见。

最后，用“阴阳”观念来看待世间万物的矛盾运动，确有其素朴辩证法的合理成分。但其对立统一的二分模式并不能穷尽事物矛盾的复杂关系。

13　梁漱溟：《东西文化及其哲学》，商务印书馆，2010年，第43页。

14　《鲁迅全集》第二卷，人民文学出版社，2005年，第296页。

在抽象的数学领域中，不仅有正和负，而且有零；在具体的社会领域中，不仅有左派和右派，而且有中间派；在以往的历史上，不仅有南北朝的二分格局，而且有魏、蜀、吴的三国鼎立……为此，庞朴曾写过一本书，题目就叫《一分为三》。在他看来，“一分为三的最神奇也是最理想状态是三者构成的动态平衡。儿童游戏有‘石头、剪刀、布’者，三物循环相克，胜负机会相等，没有绝对强者弱者，在动态中得到平衡；它是大自然生态平衡机制的绝妙写照，也是对理想社会的童心呼求”[15]。

其实，如何看待复杂的客观世界，既取决于主体的认知框架，又取决于客体的存在方式。就拿最简单的物质来说吧，水的分子结构是由两个“氢”（H）原子和一个“氧”（O）原子组成的：“H_2O”。在这里，如果我们把“H”和“O”分别看成是一个单位，那便是一分为二；但如果我们把每一个原子看成是一个独立的单位，那便是一分为三。问题在于，物质世界是无限复杂的，比水分子远为复杂的分子结构多得很。面对如此复杂的关系与结构，不仅一分为二不够，一分为三也不够，需要一分为“N”。反过来说，为了便于理解复杂的对象世界，我们又可以抓住主要矛盾因素，将其简化为“阴阳”关系，甚至是“因果”关系。比如当今世界的政治格局，人们可以看作中、美两极，也可以看作中、美、俄三极，还可以看作中、美、俄、欧四极，以及中、美、俄、欧、日五极……而在这无限多样的矛盾纠葛之中，我们又可以删繁就简、抓住主要矛盾加以理解和处理。

总而言之，用“因果”模式来把握对象世界，可能揭示最为简单的线性关系；在此基础上，人们可以用双向的“因果”模式来把握对象世界，即把“因果”模式上升为“阴阳”模式，从而揭示对象世界非线性的复杂关系。但“阴阳”模式也并非是人们认识世界的终极模式。随着人类认识能力的不断提高，还会出现更为复杂的高端模式。然而任何高端模式的出现，并不妨碍人们采取简便的方法而继续利用以往的低端模式。问题在于，早熟的中国文化却是在没有对“因果”关系这一简单的低端模式研究透彻的情况下，过早地介入了“阴阳”关系这一复杂的高端模式，因而很容陷入用“玄学”代替“科学”的理论误区。

15　庞朴：《一分为三》“自序”，海天出版社，1998年，第5页。

分析了“阴阳说”的历史局限之后，让我们再来反思一下“五行说”。如果说阴阳关系体现了朴素的辩证法，那么五行关系体现了原始的系统论。尽管“系统”一词来源于古希腊语，即由部分构成整体的意思，但在相当长的历史时期内，影响西方人的主要世界观是机械论而非系统论。尽管这种机械论的理论模式也曾在历史上产生过积极的影响，并推动了古典力学的发展；然而，当人类科学向更为复杂的生命领域进展的时候，它的局限性便暴露无遗了。进入20世纪以后，英国哲学家怀特海（A.N.Whitehead，1861—1947）主张用“机体论”代替“机械论”，认为只有把动物看成一个有机整体，才能解释复杂的生命现象。美籍奥地利生物学家贝塔朗菲（L.V.Bertalanffy，1901—1972）则进一步主张用数学模型来研究生物学的方法和机体系统论的概念，把协调、有序、目的性等范畴用于有机体，形成研究生命体的三个基本观点，即系统观点、动态观点和层次观点，从而为“系统论”奠定了基础。按照“系统论”的观点，世界是多样的，是由不同元素组成的，而不同元素之间的复杂关系则决定了事物的不同性质。因此，整体性、关联性、时序性、结构性、动态平衡性是所有系统的共同的基本特征。

与西方传统的机械论不同，中国古代的“五行说”一开始就认为，世界是多样的，是由不同元素组成的；不同的元素之间所构成的复杂关系，决定了事物的存在方式。这种整体大于局部、多样寓于统一的观点，显然孕育着“系统论”的萌芽，也在漫长的历史中促进了传统医学的发展。与将人体看作一架机器，从而头痛医头、脚痛医脚的西医不同，中医讲究辩证施医、整体治疗。“病在上者，下取之；病在下者，高取之；病在头者，取之足；病在腰者，取之腘。”（《黄帝内经·灵枢·终始》）这种在西医看来也许是不可思议的治疗方案，其中却包含着有机论和系统论的合理因素。中医的“藏象”理论不把人体的各种器官看成孤立运作的零件，而注重其“相克”的彼此影响和“相生”的代偿作用；中医的“经络”学说不把人体的各个部位看成简单的拼凑和机械的组合，而是注重其相互之间的能量转换和信息传递。按照这一理论，人体各脏腑与脏腑、脏腑与肢体、肢体与肢体之间，分布着复杂而有序的信息渠道，从而将各个部分紧密地联系在一起。因此，人们可以根据这些经络发现由不同脏腑所传达出来的信息，从而进行诊断，如号脉；人们也可以利用这些经络将信息传达给特定的脏腑，从而进行治疗，如针灸。总之，在中医看来，人绝不是一些器官的机械组合，也不能用简单的因果关系来加以解释。人是一个复杂、生动、和谐、有序的生命系统，它有其协调、共生、循环、反馈的辩证规律。不仅人类的肉体机能依赖于复杂的关系系统，而且肉体与心理、个体与社会也有着复杂的密切联系。于是，中医不把疾病看成单纯的生理现象，而是看成一种生物、心理、社会现象。据此，今人有理由认为，应该把西医单纯的“生物医学模式”，发展为“生物—心理—社会医学模式”。事实上，“五行”的思维模式不仅可以为人类的医学发展做出新的贡献，而且可以为生态的系统保持、资源的循环利用，以及许多更为复杂的自然科学和社会科学提供可资借鉴的理论资源。

然而，正像古代的“阴阳说”自有其素朴的不足一样，古代的“五行说”也难免其原始的局限。

首先，“五行说”对世界多样性的认识是经验的、直观的，因而也是不准确的。现代科学告诉我们，物质世界是丰富的、复杂的，绝不止金、木、水、火、土五种。物质的最小单位是分子，“分子”（Molecule）是能单独存在、并保持纯物质的化学性质的最小粒子。分子是由原子组成的，“原子”（atom）是能够产生化学反应的基本微粒，原子在化学反应中不可分割。单质分子由相同元素的原子组成，化合物分子由不同元素的原子组成。元素，指自然界中一百多种基本的金属和非金属物质，它们只由一种原子组成，其原子中的每一核子具有同样数量的质子，用一般的化学方法不能使之分解，并且能构成一切物质。门捷列夫（Д.И.Менделéев，1834—1907）发现，元素的物理和化学性质随原子量的增减而发生周期性的变化，于是他在1869年编成了第一张《元素周期表》，并于1871年进行了必要的修正。到2007年为止，总共有118种元素被发现，其中94种存在于地球上。因此，从元素的意义上，如果说门捷列夫的《元素周期表》是依据微观分析的科学预测，那么，中国古代的“五行说”则只是依据经验直观的朴素猜想。

其次，“五行说”不仅对五种元素的理解是直观的、粗糙的，而且对元素之间关系的理解也是简单的、模式化的。在社会领域中，这种简单的、模式化的理论图式很容易会陷入历史唯心论和历史循环论的误区；在自然领域中，这种简单的、模式化的理论图式很容易让人们用主观的猜想来代替客观的实验。例如，人的各种脏器之间确实存在复杂的联系，因而不应该像看待机器零件一样孤立地对待某一脏器的功能。然而，这些脏器之间是否真的就像中医所说的那样以“五行”的方式相乘、相侮呢？按照中医的观点，木（肝）有余而金（肺）不能对其加以正常抑制时，则木（肝）太过便去乘土（脾），同时又反过来侮金（肺）；反之，木（肝）不足，则金（肺）乘木（肝），土（脾）又侮木（肝）。从表面上看，这种理论周密严谨、头头是道。然而在事实上，它不是从现实的关系中发现真理，而是从既有的观念中推测出现实的关系。正像恩格斯对德国古典哲学的批评那样，它是“用理想的、幻想的联系来代替尚未知道的现实的联系，用臆想来补充缺少的事实，用纯粹的想象来填补现实的空白”[16]。由于缺乏实验的手段，这种想象和臆测的现象在中医里大量存在：“譬如这个人面色白润就说他肺经没病，因为肺属金，金应当是白色，现在肺现他的本色就无病。又姜若泡黑了用，就说可以入肾，因为肾属水其色黑。诸如此类，很多很多。”[17]

总之，作为中国古人的世界观与方法论，“阴阳”“五行”的思维模式和理论框架尽管包含了辩证法和系统论的合理因素，但也难逃人类早期智慧的历史局限。而今天的我们，既不应该以一种国粹主义的态度为其护短，无视其特有的历史局限；也不应该以一种虚无主义的态度对其批判，否定其所包含的民族智慧；而应该在人类文化的历史背景下对其反思，在批判的继承中焕发其不朽的生命！

（此文发表于澳门大学《南国学术》2014年第2期）

16 《马克思恩格斯选集》第4卷，人民出版社，1972年，第242页。

17 梁漱溟：《东西文化及其哲学》，商务印书馆，2010年，第43页。

从不语怪力乱神到奢谈天道性命

——从认识论角度对儒学发展史的反思

作为儒家学派的开创者，孔子本着“知之为知之，不知为不知”的理性精神，“不语怪、力、乱、神”，对经验世界之外的信仰本体采取“存而不论”“敬而远之”的态度。这种朴素的“理性精神”不仅避免了原始儒学宗教化的发展方向，而且区分了经验世界与超验世界的知识阈限，暗合了现代化的知识标准。然而自子思、孟子以降，后儒们为了将建立在亲子血缘关系之上的儒学本体化，便试图在天、道、性、命之中寻找人伦法则的先验依据，从而僭越了经验世界与超验世界的知识阈限，背离了原始儒学的理性精神，陷入了形而上学的思辨误区。因此，剔除这些独断论的话语体系，不仅可以还原儒学的本来面目，而且有助于建构一种符合现代知识标准的、能够与世界对话的中国儒学。

一

《论语》中所说的“怪、力、乱、神”，泛指那些荒诞不经的、无法被生活经验所证实的各种事物。对于这些现象，孔子是不会主动谈及的，即便是被人所询问，也常以符合经验事实的逻辑加以解释，或巧妙地加以回避。这种情况，在《论语》之外的其他典籍中也有记载。例如，“哀公问于孔子曰：‘吾闻夔一足，信乎？’曰：‘夔，人也，何故一足？彼其无他异，而独通于声。’尧曰：‘夔一而足矣。’使为乐正。故君子曰：‘夔有一足。非一足也。’”（《韩非子·外储说左下》）对神话传说予以合乎常理的解释，这是孔子以理性来把握经验现实的必然结果。因此，“子不语怪、力、乱、神”（《论语·述而》）。这句话常常被视为孔子排斥神秘主义、秉持理性精神的重要依据。然而从认识论的角度将此言放在儒学发展史的角度上加以分析，我们又能发现什么样的问题和启示呢？

我们知道，在“儒”成为一种“学”、成为一种“家”之前，它首先是一种职业。“近代有学者认为，‘儒’的前身是古代专为贵族服务的巫、史、祝、卜；在春秋大动荡时期，‘儒’失去了原有的地位，由于他们熟悉贵族的礼仪，便以‘相礼’为谋生的职业。”[1]照理说，上古时代的巫、史、祝、卜是最接近于怪、力、乱、神的神职人员，作为其传人的儒者为什么偏偏对这些荒诞不经的现象缄口不言呢？这是由于在殷周之际的历史巨变中，周初的统治者改变了“殷人尊神，率民以事神，先鬼而后礼，先罚而后赏”（《礼记·表记》）的宗教神秘主义倾向，通过“制礼作乐”的方式将原来的宗教礼仪转化为世俗规范，形成了一套以亲亲、尊尊为核心的伦理世俗秩序，实现了“周人尊礼尚施，事鬼敬神而远之”（《礼记·表记》）的文化转型，而主张“周监于二代，郁郁乎文哉！吾从周”（《论语·八佾》）的孔子显然要秉持这种人文精神。因此，由上古的巫、史、祝、卜到先秦“相礼”的儒生，不仅称呼变了、地位变了，思想观念也变了。

这种变化最典型地表现在祭祀活动中。尽管祭祀活动本来就是针对神鬼而进行的，但《论语·八佾》中却偏说：“祭如在，祭神如神在。子曰：‘吾不与祭，如不祭’”。祭祀祖先就如同祖先真的在那里一样，祭祀神祇就如同神祇真的在那里一样。如果自己不亲自祭祀，而委托别人代祭，那就如同不祭一样。在这里，祭祀活动的重点已不再是作为神鬼的祭祀对象，而是作为活人的祭祀主体。就如同今天清明节扫墓的人们未必都是有神论者一样，人们这样做的目的只不过是为了表达一种慎终而追远的哀思罢了。那么我们是否可

1 胡乔木编：《中国大百科全书·哲学》（下卷），中国大百科全书出版社，1988年，第73页。

以就此而论定孔子是一位无神论者呢？也未必，因为孔子既没有说鬼神在，也没有说鬼神不在，活生生的一个“如”字，给人们留下了想象的空间和回味的余地。《中庸·第十五章》中也记载：“子曰：‘鬼神之为德其盛矣乎！视之而弗见，听之而弗闻，体物而不可遗，使天下之人齐明盛服以承祭祀，洋洋乎如在其上，如在其左右。’”还是这个“如”字，把这些看不见、听不到、摸不着的鬼神看成一种可祭祀而不可言说的对象。

类似这种模棱两可的表述在《论语》中随处可见。如“季路问事鬼神。子曰：‘未能事人，焉能事鬼？’曰：‘敢问死。’曰：‘未知生，焉知死？’”（《论语·先进》）季路请教：怎样去事奉鬼神？孔子却答非所问地说：我还没能事奉好人，怎么能事奉鬼神呢？季路问：死是怎么回事？孔子却顾左右地回答：我还没处理好与活人之间的关系，哪里知道死是怎么回事儿呢？在这里，孔子既并没有回答鬼神是否存在的问题，也没有回答人死之后有没有灵魂的问题。对于这些属于怪、力、乱、神之类的范畴，孔子三缄其口，尽量不予以正面表述。所以，当樊迟问知（智）的时候，孔子才会说：“务民之义，敬鬼神而远之，可谓知矣。”（《论语·雍也》）作为中国历史上的第一位老师，孔子的治学态度是相当严谨的，那就是所谓“知之为知之，不知为不知，是知也”（《论语·为政》）。因此，对于鬼神之类我们生前所无法知道的事情，我们只能存而不论了。

从这种朴素的治学态度出发，孔子不仅不语怪、力、乱、神，而且罕言天、道、性、命。虽然在危难的时候孔子也曾宽慰道：“天生德于予，桓魋其如予何？”（《论语·述而》）“天之将丧斯文也，后死者不得与于斯文也；天之未丧斯文也，匡人其如予何？”（《论语·子罕》）虽然在赌咒的时候孔子也曾发誓道：“吾谁欺？欺天乎！”（《论语·子罕》）“予所否者，天厌之！天厌之！”（《论语·雍也》）虽然在慨叹的时候孔子也曾形容道：“巍巍乎！唯天为大，唯尧则之。”（《论语·泰伯》）然而这种情绪化的语言，并不能说明孔子相信有人格的天存在。在这里，天作为一种莫名的寄托和信念，支撑着孔子在挫折面前奋然前行，但孔子并不认为这种个体的寄托和信念可以作为一种普遍的知识加以传达和推广。所以孔子才说：“不怨天，不尤人，下学而上达。知我者其天乎！”（《论语·宪问》）正因为信仰只具有个体的有效性，所以孔子才无法对他人进行传授，才会向子贡感慨“予欲无言”，而当子贡对此表示担忧时他才会说：“天何言哉？四时行焉，百物生焉，天何言哉？”（《论语·阳货》）“天”什么都没有说，可一年四季照样轮回，圣灵万物照样兴衰。在孔子那里，“天”最多只是一种莫名的信念和无形的规律而已，绝不是一种可以干预现实生活的人格神。所以子贡才说：“夫子之文章，可得而闻也；夫子之言性与天道，不可得而闻也。”（《论语·公冶长》）教育只能传授知识，而不是把某种无法证明的信仰强加给受教育者，否则就成为宗教神学中的布道行为了。

孔子虽然也谈论“道”，但不把它神秘化，而是回到日常经验领域。如“士志于道，而耻恶衣恶食者，未足与议也”（《论语·里仁》）；“道不行，乘桴浮于海”（《论语·公冶长》）；“朝闻道，夕死可矣”（《论语·里仁》）。这里所说的“道”指的是做人的准则，是可以“迩之事父，远之事君”（《论语·阳货》）的道理，是“人道”而非天道。《中庸》记载：“子曰，‘道不远人，人之为道而远人，不可以为道。’”（《中庸》第十二章）正像曾子所理解的那样：“夫子之道，忠恕而已矣。”（《论语·里仁》）超越日常经验领域的“天道”是无法言说，也不应该被言说的，我们只能在经验领域里践行日常人伦之道。

秉持这一原则，孔子对于人性是善还是恶的问题也不曾妄下断语，翻检《论语》一书，他只留下了一句“性相近也，习相远也”（《论语·阳货》）而已。

在《论语》一书中，孔子共有五次提到“命”的问题，如“不知命，无以为君子也”（《论语·尧曰》），如“五十而知天命”（《论语·为政》），如“亡之，命矣夫！斯人也而有斯疾也”（《论语·雍也》），如“道之将行也与，命也；道之将废也与，命也。公伯寮其如命何！”（《论语·宪问》）一般认为，头一句是指“使命”，后面几句虽然有某种宿命论的情绪，但却同样表明孔子认为命这一问题只关乎个体的信仰。这一点在《论语·季氏》中讲得最明确：“君子有三畏：畏天命，畏大人，畏圣人之言。小人不知天命而不畏也，狎大人，侮圣人之言。”是否畏天命成为君子与小人的重要区别，然而成为君子或小人的选择权却仍然在个体手里，在这里并没有用必然命令来代替个体选择。说到底，同对“天”“道”“性”的理解一样，孔子对“命”的理解也只关乎信仰而非知识。

在孔子的思想体系中，最复杂、最重要的要数“仁”了。但“仁”内涵并不神秘，正像他的后学弟子们所理解的那样，“仁者爱人”(《孟子·离娄下》)。“孝弟也者，其为仁之本与!”(《论语·学而》)在上古时代，儿子爱父亲叫做“孝”，弟弟爱哥哥叫做“悌”。因此，所谓“仁”者，无非是建立在亲子血缘基础之上的人伦关系，并没有什么宗教神秘主义的情绪或形而上学的色彩。所以，纵观孔子一生的思想和言论，是朴素的、温馨的，而不是神秘的、思辨的。他所要建立的既不是神学，也不是形而上学，而只是充满人生经验的伦理学而已。

总的来看，《论语·子罕》中的一句话或许可以概括孔子的治学理念：“子绝四：毋意，毋必，毋固，毋我。”不凭空臆测，不妄下断语，不固执己见，不唯我独尊。这里既有对经验现实的看法，也有对信仰世界的态度。对于经验现象的理解要以事实为依据，不能凭空臆测，更不能妄下断语；对信仰世界的态度要尊重他人的选择，不能以自己的意志为标准。如果我们站在今天的角度上看，在这种朴素的话语中，既包含了知识的标准问题，又包含了信仰的自由问题，有很多宝贵的、可待开发的内涵。然而遗憾的是，孔子之后，情况却发生了变化。

二

按照《韩非子·显学篇》的说法，“自孔子之死也，有子张之儒，有子思之儒，有颜氏之儒，有孟氏之儒，有漆雕氏之儒，有仲良氏之儒，有孙氏之儒，有乐正氏之儒。”而《荀子·非十二子》则将这八派中的子思、孟子连在一起，认为他们是前后相续、一脉相承的：“略法先王而不知其统，犹然而材剧志大，闻见杂博。案往旧造说，谓之五行，甚僻违而无类，幽隐而无说，闭约而无解。案饰其辞而祗敬之曰：此真先君子之言也。子思唱之，孟轲和之，世俗之沟犹瞀儒，嚾嚾然不知其所非也，遂受而传之，以为仲尼、子游为兹厚于后世，是则子思、孟轲之罪也。”于是便有了“思孟学派”的说法。考虑到荀子为儒家学者，其观点应更为可信。然而遗憾的是，《汉书·艺文志》中所谓的“《子思子》二十三篇”在唐代以后已失传，所以我们对子思的了解并不充分。

司马迁在《史记·孔子世家》中明确指出：“子思作《中庸》。”汉代的郑玄，唐代的陆德明、孔颖达，宋代的程颢、程颐、朱熹等人也都认为，《中庸》作为《礼记》中的一篇，确为子思所作，因此我们可以从中窥探子思的思想。与罕言“性与天道”的孔子不同，《中庸·第一章》开篇便说：“天命之谓性，率性之谓道，修道之谓教。”从而把儒家的伦理教化建立在“性与天道”的基础上。《中庸·十一章》云：“君子之道，造端乎夫妇，及其至也，察乎天地。”《中庸·二十六章》云：“唯天下至诚为能尽其性，能尽其性则能尽人之性，能尽人之性则能尽物之性，能尽物之性则可以赞天地之化育，可以赞天地之化育则可以与天地参矣。”《中庸·二十八章》云：“至诚之道，可以前知。国家将兴，必有祯祥；国家将亡，必有妖孽。见乎蓍龟，动乎四体。祸福将至，善必先知之，不善必先知之。故至诚如神。”《中庸·三十五章》云：“故君子之道，本诸身，征诸庶民，考诸三王而不缪，建诸天地而不悖，质诸鬼神而无疑，百世以俟圣人而不惑。质诸鬼神而无疑，知天也。”《中庸·三十八章》云：“唯天下至诚为能经纶天下之大经，立天下之大本，知天地之化育。夫焉有所倚？肫肫其仁，渊渊其渊，浩浩其天。”《中庸·三十一章》云：“是以声名洋溢乎中国，施及蛮貊，舟车所至，人力所通，天之所覆，地之所载，日月所照，霜露所队，凡有血气者莫不尊亲，故曰配天。”这样一来，所有的怪、力、乱、神、天、道、性、命都成了子思论证儒家伦理的理论基础，以至于到了“以德配天”的地步。

1993年，人们在湖北荆门郭店所发掘出土的竹简中有《缁衣》、《五行》、《尊德义》、《性自命出》、《六德》等体现儒家思想的学术著作，学界多认为出自子思一派。这些竹简中确有一些内容与《中庸》相通，如《性自命出》中有关“性自命出，命自天降”的观点与《中庸·第一章》有关“天命之谓性，率性之谓道”的思想一致，《尊德义》的体例与《中庸》篇也颇为近似。这似乎进一步证明了子思学说的特点。

子思是孔子的嫡孙，其晚年已进入战国时代。而“受业子思之门人”（《史记·孟子荀卿列传》）的孟子，则已是战国中期的人物了。顾炎武曾比较“春秋”与“战国”时代的差异：“春秋时犹尊礼重信，而七国则绝不言礼与信矣；春秋时犹宗周王，而七国则绝不言王矣；春秋时犹严祭祀、重聘享，而七国则无其事矣；春秋时犹论宗姓氏族，而七国则无一言及之矣；春秋时犹宴会赋诗，而七国则不闻矣；春秋时犹有赴告策书，而七国则无有矣。邦无定交，士无定主，此皆变于一百三十三年之间。”（《日知录》卷一三）随着国与国之间兼并、征伐的加剧，中原地区对少数民族地区的拓展，原有的宗族血缘关系遭到了严重的破坏。在这种情况下，继续承袭孔子那种将社会伦理建立在家族血缘之上的做法已显得不合时宜，于是孟子继子思之后，要为儒家的理论观念找到更为深刻的依据——人性。

如果说《中庸》中有关“天命之谓性，率性之谓道”的表述还是比较笼统的，孟子则更进一步，鲜明地提出“性本善”的观点。孟子是用什么样的方法来证明人的本性是善的呢？首先是比喻的方法。“告子曰：‘性犹湍水也，决诸东方则东流，决诸西方则西流，人性之无分于善不善也，犹水之无分于东西也。’孟子曰：‘水信无分于东西，无分于上下乎？人性之善也，犹水之就下也。人无有不善，水无有不下。’”（《孟子·告子上》）其次是举例的方法。“所以谓人皆有不忍人之心者，今人乍见孺子将入于井，皆有怵惕恻隐之心，非所以内交于孺子之父母也，非所以要誉于乡党朋友也，非恶其声而然也。”（《孟子·公孙丑上》）在儒学发展史上，孟子的这一观点影响很大。然而从认识论的角度上讲，比喻只能说明问题，不能证明问题；举例只能得到或然的知识，不能得到必然的知识。孟子可以用“水无有不下”的比喻来说明“人无有不善”，荀子也可以用同样的比喻来说明“人无有不恶”；孟子可以举“今人乍见孺子将入于井”的例子来推论“人性善”，荀子也可以举一个相反的例子来论证“人性恶”。在日常生活中，我们都见过两个儿童在争抢一个玩具之类的情景，难道由此便可以证明人性恶吗？

孟子之所以要用这种牵强附会的方法来论证“人性善”，其目的就是要将孔子所倡导的仁、义、礼、智等道德标准建立在人的本性的基础上。他从“今人乍见孺子将入于井”的例子引申出“恻隐之心，人皆有之。羞恶之心，人皆有之。恭敬之心，人皆有之。是非之心，人皆有之。恻隐之心，仁也。羞恶之心，义也。恭敬之心，礼也。是非之心，智也。仁义礼智，非由外铄我也，我固有之也”（《孟子·告子上》）。孟子不仅要把仁、义、礼、智这“四德”，建立在恻隐之心、羞恶之心、恭敬之心、是非之心这“四端”的基础之上，将心之“四端”建立在“性本善”的基础之上，还要将人的“本性”建立在“天”“命”的基础之上：“尽其心者，知其性也。知其性，则知其天矣。存其心，养其性，所以事天也。夭寿不贰，修身以俟之，所以立命也。”（《孟子·尽心上》）这样一来，在孔子那里原本不可言说的天、道、性、命，在孟子这里却变成了大谈特谈的热门话题；在孔子那里原本是经验的伦理，在孟子这里却似乎找到了先验的根据。在这里，如果我们重温一下荀子对“思孟学派”的批评，似可对“僻违而无类，幽隐而无说，闭约而无解”三句话获得更深的理解。然而，这种既无法证实、又无法证伪的玄谈却进一步启发了汉儒。

作为汉儒的代表人物，董仲舒为了适应“大一统”的政治局面，力图将原本建立在家族血缘基础之上的儒家伦理纳入“天人感应”的宇宙模式，主张“道之大原出于天，天不变，道亦不变”（《汉书·董仲舒传》）。天不仅是永恒的存在，而且是有人格的主宰；天不仅是自然的造化，而且是伦理的源泉。“天令之谓命，命非圣人不行；质朴之谓性，性非教化不成；人欲之谓情，情非度制不节。是故王者上谨于承天意，以顺命也；下务明教化民，以成性也；正法度之宜，别上下之序，以防欲也：修此三者，而大本举矣。”（《汉书·董仲舒传》）于是，“唯天子受命于天，天下受命于天子”（《春秋繁露·为人者天》）。于是，“人之受命于天也，取仁于天而仁也”（《春秋繁露·玉杯》）。这样一来，无论是皇权的合法性还是伦理的永恒性，统统可以在“天”那里找到根据。不仅如此，董仲舒还把“阴阳”“五行”的理论框架纳入“天”“人”之间的逻辑关系，主张“天有阴阳，人亦有阴阳”（《春秋繁露·同类相动》），“君臣、父子、夫妇之义，皆取诸阴阳之道”（《春秋繁露·基义》）。与此同时，他还把金、木、水、火、土的“五行”元素对应于仁、义、礼、智、信的“五常”法则，以及东、南、西、北、中的空间方位，以土居中央的重要性来突出“大一统”的皇权地位。

如果说董仲舒“天人感应”的宇宙模式还略显粗疏的话，那么宋明理学所努力建构的道德形而上学就精致多了。理学的开山鼻祖周敦颐撰有《太极图说》，试图从宇宙发生论的角度建立一个融自然与道德于一体的“天人合一”的理论模式：“无极而太极。太极动而生阳，动极而静，静而生阴，静极复动。一动一静，互为其根。分阴分阳，两仪立焉。阳变阴合，而生水火木金土。五气顺布，四时行焉。五行一阴阳也，阴阳一太极也，太极本无极也。五行之生也，各一其性。无极之真，二五之精妙合而凝。乾道成男，坤道成女。二气交感，化生万物。万物生生，而变化无穷焉。惟人也得其秀而最灵。形既生矣，神发知矣。五性感动，而善恶分，万事出矣。圣人定之以中正仁义而主静，立人极焉。故圣人与天地合其德，日月合其明，四时合其序，鬼神合其吉凶。”这种阴阳互补、五行流布的宇宙模式，使自然本体通过自生成、自否定、自发展、自外化、自回归的形式而与人伦精神统一到了一起。

朱熹继承周敦颐和程颢、程颐的思想，并兼采释、道各家的学说，形成了一个庞大的哲学体系。首先，他认为世界的本质是“理”，或曰“道”“太极”。“理”是先于自然现象和社会现象的形而上者，“理”在“气”先。但这种先后并不是时间上的顺序，而是逻辑在先：万物各有其理，理却不能离开气而独立存在。“理未尝离乎气。然理形而上者，气形而下者，自形而上下言，岂无先后？”（《朱子语类》卷一）其次，他认为“理”既是自然规律，也是人伦法则。“万物皆有此理，理皆同出一原，但所居之位不同，则其理之用不一。”（《朱子语类》卷十八）自然现象也好、社会规律也罢，都以“理一分殊”的形式分有了宇宙的本体。最后，他通过编纂汇辑《四书》的过程而推崇《礼记·大学》中有关“致知在格物，物格而后知至”的思想，主张人们可以通过经验现象而领悟超验知识，最终领会“理”的奥秘。朱熹说：“所谓致知在格物者，言欲致吾之知，在即物而穷其理也。盖人心之灵莫不有知，而天下之物莫不有理。惟于理有未穷，故其知有不尽也。是以大学始教，必使学者，即凡天下之物，莫不因其已知之理而益穷之，以求至乎其极。至于用力之久，而一旦豁然贯通焉，则众物之表里精粗无不到，而吾心之全体大胜无不明矣。此谓物格，此谓知之至也。”（《补〈大学〉格物致知传》）

与“程朱理学”通过“格物致知”的方法到外在的宇宙本体处去寻求人伦法则的路径不同，“陆王心学”则要从内在的心性入手去领悟宇宙的精神。所谓《王阳明四句教》云：“无善无恶心之体，有善有恶意之动，知善知恶是良知，为善去恶是格物。”在王阳明看来，“良知”是人心之本体，这个本体在没有发动之前，是无所谓善恶的；当人们运用心体产生意念活动的时候，把这种意念加在事物上，就有了善恶之分；而人们判断善恶的标准就是“良知”，即是否符合“天理”，于是“良知”便是“天理”；在“天理”和“良知”的支配下，人们为善去恶的行为才是真正的“格物”。从这种主观唯心主义的路径出发，王阳明甚至推导出“心外无物”“心外无理”的结论：“心者身下主宰，目虽视而所以视者，心也；耳虽听而所以听者，心也；口与四肢虽言动而所以言动者，心也”，“凡知觉处便是心”（《传习录》下）。“位天地，育万物，未有出于吾心之外者”（《紫阳书院集序》）。“心”不仅是万事万物的最高主宰，也是社会伦理的普遍法则。

总之，从战国时代的“思孟学派”到以董仲舒为首的“汉代儒学”，从宋明以降的“程朱理学”到“陆王心学”，后儒们不断进行着一种形而上的努力，即要为原本建立在宗法血缘基础之上的伦理价值体系寻找到一种宇宙本体论或内在心性论的哲学依据。于是，子不语怪、力、乱、神的传统变了，子罕言天、道、性、命的传统也变了。理、气、天、道、心、性、命、神、良知、良能、无极、太极之类形而上的范畴成为人们热衷思辨的话题。对于儒学发展史的这一转向，今人常给予很高的评价，或曰其符合了当时的社会需要，或曰其达到了理性思辨的高度。然而，一种思想是否符合当时的社会需要，是否产生了积极的历史作用，是一回事儿；这种思想是否符合学理的标准，能否经得起时间的考验，则是另一回事儿。毋庸置疑，宋明理学在理论思辨的水准上确实达到了中国古代思想史的高峰，然而这种哲学的思辨却同时导致了理性的僭越，因而需要拿到“批判哲学”的高度上加以反思。

三

所谓“批判哲学”是人们对康德哲学的特殊称谓。与儒家学说从人伦经验开始逐渐建构起宇宙本体论的哲学路径刚好相反，西方哲学家一开始关注的就是“始基”问题，也就是纷繁复杂的客观世界统一为何物的学问。围绕着这一中心议题，古希腊的哲学家们提出了各种各样的观点：泰勒斯认为世界的本原是“水”，阿那克西美尼认为是“气”，赫拉克利特认为是“火”，恩培多克勒认为是水、火、土、气“四因”，阿那克萨戈拉认为是“种子”，留基波和德谟克利特认为是“原子”，毕达哥拉斯认为是“数”，巴门尼德和芝诺认为是“存在”，苏格拉底和柏拉图认为是“理念”……这些不同的观点之间相互指责、彼此批判，却始终不能形成一致的结论与共识。面对这种局面，18世纪的德国哲学家康德提出了一种相反的思路：我们与其去批判别人，不如先批判自己，即反思一下人类的理性究竟是否具备探寻世界的本原这类形而上学问题的能力。这种对认识能力和理性限度的批判，也就形成了康德的“批判哲学”。

人类的知识是如何产生的呢？康德有句名言：“悟性不能直观，感官不能思维。唯有二者联合，始能发生知识。”[2]在他看来，人类首先要通过感官而获得存在于时间和空间中的经验材料，然后再运用悟性（知性）能力将这些材料纳入逻辑范畴加以思考，方可获得切实有效的知识。而宇宙“本原”、万物“始基”之类的对象并不存在于时间和空间之中，无法为我们的感官所感知，因而我们也就不可能获得关于它们的“知识”。“盖因其所使用之原理，超越经验之限界，已不受经验之检讨。此等论争无已之战场即名为玄学。”[3]所以，在康德看来，古人有关本体论的种种观点统统属于“独断论”，即不加证明地一口咬定世界的本原是“水”“火”“土”“气”“种子”“理念”“存在”“太一”等，这些都是人类理性妄自尊大的结果。

2　［德］康德：《纯粹理性批判》，蓝公武译，商务印书馆，1960年，第73页。

3　［德］康德：《纯粹理性批判》，蓝公武译，商务印书馆，1960年，第3页。

如果我们按照康德的标准加以衡量，儒学自“思孟学派”以降所努力建构的宇宙本体，恰恰是一种旧形而上学（玄学）。那种将宇宙的本原称之为“理”、称之为“气”、称之为“道”、称之为“心”、称之为“无极”、称之为“太极”的种种观点，统统属于缺乏学理根据的“独断论”！或许有人会说，“宋明理学”并不总是排斥感性经验的，朱熹不是强调“理一分殊”而主张“格物致知”吗？的确，朱熹曾以禅宗“月印万川”的比喻来说明“理一分殊”的道理，并主张人们可以运用“格物致知”的方法，通过经验世界之众“相”而获得超验世界之一“理”。必须承认，这个比喻是极为巧妙的。然而我们曾经说过，比喻只能说明问题，不能证明问题。正如我们不能运用“水无有不下”的比喻来证明“人无有不善”的道理一样，我们也不能运用“月印万川”的比喻来证明“理一分殊”的道理。因为“月印万川”是物理，而“理一分殊”却要将物理归结为天理。朱熹认为：“天地中间，上是天，下是地，中间有许多日月星辰，山川草木，人物禽兽，此皆形而下之器也。然而这形而下之器之中，便各自有个道理，此便是形而上之道。所谓格物，便是要就这形而下之器，穷得那形而上之道理而已。”（《朱子语类·卷六十二》）很显然，朱熹只是把经验世界中的物理作为认识超验世界的阶梯，与董仲舒的天人感应理论并无实质上的不同，只是更加精致而已。康德则更加清醒地指出：“每一个个别经验不过是经验领域的全部范围的一部分；而全部可能经验的绝对的整体本身并不是一个经验。”[4]因此，我们既不可能从“物理”的现象中格出“天理”的道理，也不可能从“自然”的现象中格出“人文”的道理，这也正是王阳明格竹子失败的原因所在。说到底，理学家们之所以要将打通“物理”与“天理”、“人文”与“自然”的关系，并将前者建立在后者的基础之上，无非是想将儒家的经验伦理建立在超验法则的基础之上，为有限的价值体系找到无限的永恒根据罢了。

在康德“批判哲学”的影响下，“分析哲学”渐渐成为西方哲学中的主流学派。作为一种以语言分析为主要方法的现代西方哲学思潮，“分析哲学”首先要对哲学命题进行语言逻辑的分析，并由此而主张通过对“伪命题”的剔

4　［德］康德：《纯粹理性批判》，蓝公武译，商务印书馆，1960年，第3页。

除来消灭形而上学。其中的逻辑经验主义学派沿用康德的观点，将有效的学术命题分为分析命题和综合命题两种，并强调一切综合命题都是以经验为基础的，因而只有在符合“可证实性原则”“可检验性原则”“可确认性原则”的情况下才具有认识意义；而有关本体论的形而上学命题既不是分析命题，又不具备综合命题的基本条件，因而既不能被证实，也不能被证伪，纯属毫无意义的“伪命题”。按照这一原则，不仅古希腊哲学家们所提出的世界统一为何物的“始基”问题属于“伪命题”，而且中国古代学者所提出的儒家伦理所源出的“天、道、性、命”问题也属于“伪命题”。这也正是孟子的“性善论”说服不了荀子的“性恶论”、董仲舒“天人感应”的理论说服不了周敦颐“无极而太极”的学说、张载的“气”既说服不了朱熹的“理”也说服不了王阳明的“心”的原因所在。如果任凭这种“伪命题”的讨论继续下去，人们还可以提出更多五花八门的观点，却永远也不可能得出一个可靠的结论。

受分析哲学的影响，西方哲学家们的兴趣渐渐从外在的物理世界和内在的心理世界转移到语言本身，实现了“语言学的转向”。从语言符号学的角度上讲，作为符号的概念，都必须有“能指”和“所指”两部分。“能指”是有识别功能的符号形式，“所指”是有确切意义的符号内容，只有两者齐备，才能实现符号的功能。而在古代“独断论”的创造者手中，“能指”是滑动的，“所指”是空洞的。例如，泰勒斯所说的作为世界本原的“水”，绝不是自然科学意义上的H_2O；张载所说的作为世界本体的“气”，也绝不是物理学意义上的氢气、氮气、氧气。至于“理念”“太一”“无极”“太极”，更是一些说不清、道不明的“能指”。又如，无论是“始基”“存在”“本体”“天道”，还是“心”“性”“命”“理”，都是一些空洞无物的“所指”。用上述说不清、道不明的“能指”来指涉空洞无物的“所指”，无异于同义语反复，没有任何意义。谁能知道“无极而太极”是如何发生的？谁能知道“天命之谓性”有何意义？

20世纪以来，与“语言学转向”并驾齐驱的还有“现象学运动”。在“现象学”的创始人胡塞尔看来，既然我们不可能获得有关世界本体的有效知识，就不如将人类的一切知识建立在“现象”这一唯一可靠的基础之上。而在现象之外，无论是客观的本体还是主观的意念都不能构成纯粹的知识，都必须放在括号里加以“悬置”。这种“悬置”起来的方法很有点儿像孔子“存而不论”的处理方式。当然了，孔子既不会“现象还原”的方法，也不懂“本质直观”的理论，他之所以不语怪、力、乱、神，罕言天、道、性、命，以存而不论、敬而远之的态度对待那些荒诞不经、无法直观的对象，只是出于一种朴素的治学态度而已。然而，这种最最朴素的态度，却恰恰符合了最最严谨的方法。

作为胡塞尔的学生，海德格尔认为，能够成为“现象”的是具体的“在者”，而不是抽象的“存在”。而古代的哲学家却总是想用具体的“在者”来规定“存在”，从而提出了“存在是什么”这一错误的形而上学问题，于是才招致了那种将世界的本原归结为“水”、归结为“火”、归结为“气”之类千奇百怪的说法。海德格尔认为，“存在”不仅不是具体的存在物，甚至也不是一切存在物的类本质。“如果存在者在概念上依照种和属来区分和联系的话，那么‘存在’并不是对存在者的最高领域的界定：存在不是种。存在的‘普遍性’超乎一切种的普遍性。”[5]因此，存在不仅不是“水”、不是“火”、不是“气”，而且也不是“理念”、不是“太一”、不是“绝对精神”。存在不是摆在那里供我们去认识的现成对象，也不能由这些对象推理或演绎而得出。这样一来，海德格尔便从方法论上彻底截断了传统本体论研究通往存在的哲学之路，把前此以往的形而上学统统称之为“无根的本体论”。按照这一标准，不仅古代西方人对宇宙本原的探索属于“无根的本体论”，古代中国人对道德本原的探索也属于“无根的本体论”。显然，这里的关键并不是所谓的“中西之分”，而是“古今之别”。

总之，从对“旧形而上学”的批判到对“独断论”的唾弃，从对“伪命题”的分析到对“无根本体论”的清理，现代西方哲学将传统的哲学本体论研究纳入认识论的角度加以考察，其目的并不是为了贬低古代哲人的理论贡献，而是为了避免重蹈前人的历史覆辙。然而对于中国哲学家来讲，这项至关重要的工作，我们却没有系统地加以完成。因此，面对古人的学术成果，我们不能进行有效的清理和分析，而只能进行一些歌功颂德式的评价；面对国外的

5 ［德］海德格尔：《回到形而上学的基础》，《哲学译丛》1964年第2期。

学术界，我们常常埋怨人家不和我们对话，却不知我们自己尚未找到对话的前提和术语。

四

20世纪以来，继传统儒学之后，海内外出现了所谓“新儒学”。照理说，新的儒学形态应该建立在新的学理依据的基础之上，使儒学的发展和研究实现一种现代化的转型。然而遗憾的是，现代“新儒家”并没有在全球化的背景下重新研究儒家伦理所产生的历史原因，也没有在认识论的前提下重新检讨儒学发展所出现的学理问题，而只是以一种“承续慧命”的态度对待儒家的文化遗产，以一种“发扬光大”的精神延续儒学的理论建设，于是便出现了诸多问题。

首先，“新儒家”常常不是从孔子入手，追根溯源地考察儒家伦理所形成的社会历史条件，反而以思、孟以降的性理学派入手，进一步将儒学本体化。熊十力在《新唯实论》中开宗明义地指出：“今造此论，为欲悟诸究玄学者，令知一切物的本体，非是离自心外的境界，及非知识所行境界，唯是反求实证相应故。”[6]“或有难言：‘孔门之学，教人即事实上致力，曷尝谈本心、说仁体耶?《论语》一书，可考见也。’答曰：《论语》载门下问仁者甚多，汝乃不考，何哉?孔子寿至七十以上，门下三千，通六艺与闻至道者七十二人。其平生讲说极繁富可知。《论语》仅一小册耳，其所不载者何限。然即此小册，所载问仁诸条，已于全书，甚占地位。夫门下径直问仁，则必孔子平生专以求仁为学，可知也。后儒如王阳明，以致良知为学，亦与孔子言仁相类。夫良知即本心，凡为阳明之学者皆知之。”[7]孔子“专以求仁为学”是一回事儿，“曷尝谈本心、说仁体”是另一回事儿。熊十力在这里显然混淆了这两个概念。观其所谓“新唯实论”，与其说是孔子儒学的发展，不如说是阳明心学的延续。另一位“新儒家”徐复观则干脆越过孔子，直接从孟子说起：“孟子性善之说，是人对于自身惊天动地的伟大发现。有了此一伟大发现后，每一个人的自身，即是一个宇宙，即是一个普遍，即是一个永恒。可以透过一个

6　熊十力：《熊十力集》，群言出版社，1993年，第81页。

7　熊十力：《熊十力集》，群言出版社，1993年，第174页。

人的性，一个人的心，以看出人类的命运，掌握人类的命运，解决人类的命运。即每一个人即在他的性、心的自觉中，得到无待于外的、圆满自足的安顿。”[8]只可惜，这一“惊天动地的伟大发现”却缺乏学理上的可靠依据，因而也不可能如此轻而易举地“解决人类的命运”问题。

其次，与传统儒学不同，“新儒家”虽然对西学有些了解，但他们或者涉猎不深，误认为西学只注重形而下的科学，不注重形而上的本体；或者站在中国文化的立场上，为我所用地曲解西学。熊十力公然宣称：“西洋哲学和科学都缺乏妙义，没有研讨的价值。”[9]方东美认为：“近代西洋哲学中，哲学的发展是依据逻辑科学方法所指点的路径，再去认识主观世界或客观世界，重点在知识论上面。但是由这种途径想了解中国哲学，只能了解战国时代的刑名家（惠施、公孙龙）或墨家（别墨）而已，但是这些思想在秦代以后就已经不行了。所以我在这里不采取逻辑与知识论的途径。”[10]殊不知，西方近代哲学之所以转向认识论途径，就是为了防止重蹈古代本体论的覆辙。这种用“中西之分”来掩盖“古今之别”的看法在“新儒家”那里大有人在。张君劢就认为：“此东西哲学相去甚远之中，实有一大问题在。此问题中，简单言之，包括三点：一、东方注重人生，西方注重物理世界。二、东方注重‘非善即恶’，即西方所谓价值，而西方认为这是次要的。三、东方将道德置于智识之上，西方将智识置之道德之上。”[11]这种对东西方哲学的流行对比，显然是肤浅的。

在“新儒家”中，对西方哲学最有研究的莫过于牟宗三了，他不仅翻译过康德的“三大批判”，而且致力于中西哲学的融会贯通。然而遗憾的是，从建构儒学本体论的需要出发，牟宗三非但没有深刻理解康德极富原创性的《纯粹理性批判》，反而对其不甚成功的《实践理性批判》进行了为我所用的改造和发挥。为了论证自己的观点，牟宗三借鉴并改造了康德对于“现象界”和“物自体”的区分。在康德那里，人们只能认识存在于时间和空间中的“现象界”，而不可能认识现象背后的、超出时间和空间之外的“物自体”。牟宗三则一方面拒绝将“物自体”当作一个事实概念，一方面又拒绝承认“物自体”不可知；而是认定“物自体”乃人类价值的源泉，是一种伦理实体、道德实体，人们

8　徐复观：《徐复观集》，群言出版社，1993年，第281页。

9　萧公权：《问学谏往录》，传记文学出版社，1972年，第111页。

10　方东美：《方东美集》，群言出版社，1993年，第46页。

11　张君劢：《张君劢集》，群言出版社，1993年，第406页。

完全可以凭借“智的直觉”来体认它。这样一来，他就把康德从“认识论”意义上所无法建构的形而上学交给了传统儒学中的“功夫论”，即通过一种“智的直觉”来领悟所谓“道德本体”。问题在于，康德的认识论是以人类共有的时空感知能力为前提的，因而是具有普遍意义的；而牟宗三的“智的直觉”则是从阳明心学那里传袭下来的，因而是无法证实的。我们知道，王阳明曾通过立志、静坐、事上磨练等几项功夫“明心而见性”，达到所谓“一悟本体，即见功夫，物我内外，一齐尽透”（《传习录》）的境界。这种带有参禅意味的“功夫”颇有几分宗教神秘主义的色彩，与现代认识论的哲学前提风马牛不相及。因为你有你的功夫，我有我的功夫，如果用你的功夫达不到我的境界，就说明你的功夫不到家，而我的功夫的合法性又得不到你的认可。所以，那种企图绕过严格的认识论判断而直达本体论的做法，虽然看上去简洁、实用，但在学理上是行不通的，其结果只能重蹈信仰主义的覆辙。

最后，既然“新儒家”试图将中国古代特有的价值理念建立在一种超越时空的哲学本体论的基础之上，也就很容易反过来将这种儒家伦理看成是“普世价值”。牟宗三断言：“儒家这个学问，从古至今，发展了几千年，它代表一个‘常道’——恒常不变的道理。中国人常说‘常道’，它有两层意义：一是恒常不变，这是纵贯地讲它的不变性；一是普遍于每一个人都能适应的，这是横地讲、广扩地讲它的普遍性，即说明这个道理是普遍于全人类的。”[12]我们每个人都生活在特定的文化境遇之中，从小获得前人所给予我们的价值理念。因此，我们很容易相信这种价值理念是完全正确的，甚至是唯一合理的。对于一个生活在儒家伦理环境下的中国人来说，君臣、父子、兄弟、夫妻之间“爱有差等”的人际关系显然是一种“恒常不变的道理”。然而，对一个生活在基督教环境下的西方人来说，人的生命是上帝给的，在上帝面前人人平等，并不存在君臣、父子、兄弟、夫妻之间的人格差异，因而也就没有这种“常道性格”。对于一个生活在婆罗门教环境下的印度人来说，人的肉体生命虽然是父母给的，但灵魂是其通过“业报轮回”而获得的，因此也没有这种“常道性格”。

在历史上，为了强化意识形态的作用，许多国家的思想家们都曾试图将

12　牟宗三：《从儒家的当前使命说中国文化的现代意义》，《当代新儒家》，生活·读书·新知三联书店，1989年，第154页。

其所秉承的伦理标准本体化。为此，中国人主张“天不变，道亦不变”；为此，西方人倡导“天赋人权”。然而在事实上，天是在变的，道也是在变的，这世界上没有什么不变的东西!“人道”并不是僵死的，而是生成的；“人权”也不是天赋的，而是争来的! 因此，在全球化的历史背景下，任何企图将某一民族的价值系统本体化，并企图强加给其他民族的做法都是有害的，甚至是危险的。因此，我们与其像井底之蛙一样将自己秉持的伦理价值说成是放之四海而皆准、恒常不变的道理。不如在各种不同的意识形态背后寻找其存在的社会原因和历史根据。按照历史唯物主义的观点，一个民族的价值体系既不是从天上掉下来的，也不是人们头脑里所固有的，而是在特定的历史条件下建构起来的。惟其如此，中国人的价值系统不可能完全等同于西方人、印度人的价值系统。惟其如此，在全球化的历史背景下，不同民族的价值系统也才会渐渐趋同。

总之，笔者并不否认包括原始儒学、汉代儒学、宋明理学在内的儒家学说的各个阶段都曾产生过重要的影响，甚至发挥过积极的作用。然而时至今日，在全球化的历史背景下，如果我们真想让儒学的发展能够成为一种稳定的“知识”积累而不是众说纷纭的“意见”，如果我们真想让儒学的交流能够实现国际性的“对话”而不是自说自话的“言说”，如果我们真想让儒学的影响为人类做出“贡献”而不是引发文化的“冲突”，我们就必须沉下心来，从现代认识论的角度入手，来重新反省儒学。

（此文为陈炎和孟庆雷合作，国家社科基金重点项目“中国儒学学科建设”[09AZD051]的阶段成果，发表于《复旦学报》（社会科学版）2014年第6期）

如何理解马克思笔下的三种“儿童”
——探索人类早期文明的不同路径

“有粗野的儿童，有早熟的儿童。古代民族中有许多是属于这一类的。希腊人是正常的儿童。”[1]对于马克思的这段话，一些中国学者并不重视，认为那只不过是随口一说罢了，甚至怀疑其具有“西方中心主义”的倾向。但是如果我们结合马克思、恩格斯有关“亚细亚生产方式”的理论加以分析，就会发现，这句话既不是什么无关宏旨的戏言，更没有歧视东方文化的色彩，而是深刻地揭示了古希腊、古中国、古印度在进入文明时代的不同路径。

按照历史唯物主义的基本观点，生产力决定生产关系、经济基础决定上层建筑、社会存在决定社会意识，而作为“正常儿童”的古希腊文明，恰恰体现了这一规律。我们知道，早在公元前11世纪至公元前8世纪的“荷马时代”，西方人已经发明了铁器。铁制农具的出现大大提高了生产力，创造了更多的剩余产品，从而为私有制这一文明的社会奠定了基础。继而，为了给剩余产品开辟市场，希腊人从公元前8世纪开始向海外大量移民。正像英国学者汤因比所分析的那样，私有财产的出现已经开始用金钱关系代替人与人之间原始的血缘关系，而大规模的海外移民又进一步加剧了血族关系的瓦解。因此，迅速“单子化”的希腊人一方面要在物质生活领域中建立一种足以维护私有财产的政治制度，一方面要在精神生活领域中建立一种足以维系共同信仰

1 《马克思恩格斯选集》第2卷，人民出版社，1972年，第114页。

的意识形态。于是，他们一方面在坚硬的海岛和岩石上创造着完全不同于氏族社会的城邦制度，一方面又在虚无缥渺的奥林波斯山上创造着与人类毫无血缘关系的神学世界。这便是马克思所说的孕育成熟、呱呱坠地的“正常的儿童”。

与古希腊的生产力水平不同，我国的夏、商和西周时代，非但没有铁制的生产工具，就连青铜的冶炼也主要用于礼器和兵器的制造。正像张光直所指出的那样，我国“在青铜时代开始之前与之后的主要农具都是耒耜、石锄和石镰。没有任何资料表示那社会上的变化是从技术上引起来的”[2]。既然没有生产技术的历史性突变，作为社会生活的巨大变化，早期的国家制度又是怎样出现的呢？这大概与我们的祖先所处的生活环境有关。作为华夏文明的发祥地，黄河流域的冲积平原有两大特点：一是其松软的土壤为铁质农具发明以前的古代先民们提供了耕作的可能性，二是其频繁的洪涝又使得人们必须建立大规模的社会组织才能加以治理。我们知道，治理黄河的工作可不是少数人所能完成的，也不是某个部落群体能单独胜任的，它需要大量的人力和高度的社会组织结构。这种活动，显然在为早熟的国家创造了条件。我们不应忘记，传说中夏代的创始人禹就是以治水而起家的。作为夏后氏部落的首领，他联合其他部落一同疏浚河道，并在这一过程中将部落联盟演变为国家制度，致使他的儿子启废除了部落首领靠选举、禅让而产生的原始制度，最终建立起以血缘沿袭王位的国家政权，从而使中国古代的第一个奴隶制国家集团过早地诞生了。这也正是马克思所说的“早熟的儿童”的意义所在。

与古希腊的文明进程不同，由于产品的交换和社会的分工没有得到普及，土地没有完全私有化，氏族内部的血缘关系也没有被彻底破坏。因此，当原来氏族社会中的显族逐渐演变成奴隶主阶级而其他氏族成员沦为奴隶的时候，他们之间至少在表面上仍维持着一种原始的宗族关系。正如恩格斯在《自然辩证法》中指出的那样，“在东方，家族奴隶制是特殊的，即是，在这里，奴隶不是直接地形成生产的基础，而仅是间接的氏族的成员”[3]。在这里，不是私有财产的多寡决定着人们的社会关系，而是血缘关系的远近决定着人们的社会地位。关于这一点，如果说夏、商两代由于没有文字记载而无法证

2 张光直：《中国青铜时代》，生活·读书·新知三联书店，1983年，第18页。

3 转引自《中国思想通史》第1卷，人民出版社，1957年，第9页。

实的话，那么周代的情况则是比较清楚的。

现据有关周代的历史资料看，由氏族领袖演变而来的国家统治者采取了分封诸侯和承认原有土著势力相结合的办法：一方面根据血缘的亲疏关系，将一部分土地分给自己的子弟；另一方面则承认地方宗族势力的合法地位。《荀子·儒效》记载，周初“立七十一国，姬姓独居五十三人”。这样一来，“国”只不过是放大了的“家”，“君君、臣臣”只不过是放大了的“父父、子子”。正是为了配合这种分封制的政治制度，周公才搞了一套“制礼作乐”的意识形态，即从伦理而非法律的层面上对不同血缘和社会地位的人的行为方式加以规定。也正是为了维护这套意识形态的合法性，孔子才用亲伦之爱的“仁”来解释尊卑有等的“礼”，将内在的血缘情感与外在的政治制度统一起来，以实现“半部《论语》治天下”的社会目的。

与造就中华文明的黄河流域颇为类似，产生哈拉巴文明的印度河流域也有着易于耕种而又容易泛滥的特点。更为相似的是，从生产力的发展水平来看，当时的人们也还不会炼铁，青铜工具也不多见。但是，当洪水肆虐的时候，哈拉巴文化的创造者们并没有像我们的祖先那样建立早熟的国家政权以治理河流的泛滥，而是以一种躲避的态度选择了向东方的雅木拿河、恒河和古贾拉特等地区进行迁徙，并在迁徙的过程中逐渐消亡了。这样一来，历史便将印度文化的再创造留给了以后入侵的雅利安人。

作为一种“野蛮的儿童”，属于游牧民族的雅利安人虽具有能征善战的优势，却不具备更高的文化水准。这些占领者一方面吸收了当地文化的营养，创造了吠陀经典；一方面却又敌视当地的土著居民，将他们视之为扁鼻子、黑皮肤的下等人。正是在这种情况下，一种既非公民社会，又非宗法社会的种姓社会出现了。据专家考证，“约在公元前3000—前1500年，白皮肤的雅利安人征服了次大陆的土著人——黑皮肤的达罗毗荼人。最初到来的雅利安人主要是青年男子，他们从被征服者中娶妻，而只把女儿嫁给雅利安人。这样，虽然发生了混血，但在征服者雅利安人中仍保持着对血统的骄傲。当到了他们自己集团内的女性已足以供结婚之用时，为了阻止进一步混血，他们便停止了从土著人中娶妻妾，只在自己集团内通婚，于是种姓便产生了。”[4]

4 尚会鹏：《种姓与印度教社会》，北京大学出版社，2001年，第17页。

正是为了维护种姓制度的合法性，印度文化的缔造者们才创造了一种奇特的婆罗门教。根据这一教义，绝对超验的“梵”是宇宙的终极本体。“梵”既没有任何具体的形式，又不能用抽象的概念加以表达，它只与人的灵魂相沟通。而人的灵魂与“梵”之间并不是等距离的，其距离的近与远与种性的高与低成正比。为了实现“梵我一如”的人生境界，人们只有循规蹈矩地按照婆罗门教的教义行事，才可能在“业报轮回”的生死轮替中使自己的灵魂得到超度，使自己的种姓得以上升，反之则会逐次沦落，由“婆罗门”转世为“刹帝利”、由“刹帝利”转世为“吠舍”、由“吠舍”转世为“首陀罗”，直至变猫变狗，由“祖道”沦为“兽道”……

如此说来，马克思笔下的三种“儿童”无非是人类早期文明三种不同路径的形象表述，而这三种不同的文明路径也就在很大程度上决定了西方、中国、印度三大人类群体的“文化基因”。

传统西方人的基本单位是个体，每个人都是单子式的，他们不仅有着连父母也无权获知的个人隐私，而且有着连帝王也无权剥夺的个性自由。他们坚信，尽管每个人在年龄、辈分、财产、地位上有这样那样的差异，但其在人格上都应是平等的。在这种“自我依赖”的信念指导下，人与人之间在物质层面上的基本关系应该是交换的、对等的、契约式的；而在情感上的关系则应是相互尊重和均施博爱的。他们在形而下的层面上用法律来约束人们的行动，在形而上的层面上用信仰来凝聚人们的精神。因此，无论是在肉体和精神之间，还是在自由和法律之间，西方社会都充满了巨大的张力。

传统中国人的基本单位是家族，每个人都不是独立存在的单子，而是像树枝或网络一样，存在于错综复杂的人际关系之中。他们不仅没有向父母保留隐私的权力，而且也没有夫妻间分割财产的习惯。他们坚信，由于血缘上的枝脉相连，每个人都不是孤立的；由于年龄、辈分、级别、地位上的种种差异，人与人之间也不可能是完全平等的。而保留适度的差异，并不妨碍彼此之间的沟通。在这种信念的指导下，人与人之间在物质层面上的基本关系应该是互惠的而非交换的，是有别的而非对等的，是情愿的而非契约的；人与人在精神层面的基本关系则应是“仁爱”的而非“博爱”的，也就是爱有差等而非一视同仁的。在这种“相互依赖”的人际关系中，中国人既不喜欢用抽象的博爱来对待亲疏不等的各类人物，也不喜欢用抽象的法律来对待贵贱有别的各类事务。他们不仅用世俗的伦理来约束自己的行为，而且用人间的道德来凝聚大家的思想，从而在“家—国”一体化的社会结构中形成了巨大的凝聚力。

传统印度人的基本单位是种姓，人与人之间不仅是有差别的，而且是有着森严等级的。不同种姓的人之间不仅不能通婚，而且在衣、食、住、行等各个方面都尽可能地保持距离。在这种情况下，人与人之间在物质层面上的基本关系既不是交换式的，也不是互惠式的，而是义务式的。较低种姓的人为较高种姓的人提供服务，既不要指望获得经济上的报酬，也不要指望获得情感上的答谢，而只是一种单方面的义务。反过来，他们在宗教和行政事务方面，又要依赖婆罗门和刹帝利的超度与管理。这样的分工既不需要制定什么契约，也不需要期待什么报答，而只是按照神灵的安排完成自己今生的职责罢了。在这种“单向依赖”的情况下，人与人之间在情感上的基本关系既不是平等的，也不是可以沟通的，而是接近于隔绝的。

在历史唯物主义者看来，任何一种文化观念都不是上帝赐予的，也不是人们头脑中所固有的，而是在特定的物质环境下逐渐建构起来的。时至今日，随着全球范围内人员的往来和资讯的交流，无论是西方人、中国人还是印度人，都在渐渐淡化其固有的传统；与此同时，他们也在从其他民族文化中汲取必要的营养。然而无论如何，不同民族在进入文明过程的独特路径所形成的“文化基因”又是不容易被轻易改变的，这就需要我们在这个全球化的时代里加以相互认识、相互理解、相互尊重。

（此文为国家社科基金重大招标项目“文明、文化与构建和谐世界”[12&ZD010]的阶段成果，发表于《光明日报》2014年5月5日，发表时有删节，此为原文全貌）

如何“将形而上学进行到底”？

——向俞宣孟研究员请教

翻阅2014年第2期的《南国学术》，一则震撼人心的标题扑入眼帘：《将形而上学进行到底》！我之所以对这个题目感兴趣，是因为多年前阅读康德“批判哲学”时所留下的遗憾：难道康德止步的地方已经被我们中国学者超越了？于是，带着几分激动，我便如饥似渴地阅读起来。然而令人遗憾的是，气壮山河的口号并不能代替严肃认真的研究，俞宣孟先生宣称：“形而上学深入下去就是性命之理，将形而上学进行到底就是学会自觉转换自身生存状态，增强生命的自觉性。中国哲学的形而上学精神的核心是‘道’，基本意思是通达，即事情能够进行下去、展开出来，包括‘上’和‘下’两个方面。它是要站在‘性命之理’这个根本、长远的立足点来规划和实践个人、群体乃至人类的生活，所谓‘极高明而道中庸’。在中国人的实际生活中，形而上学的精神其实已经有了很好的体现——在全域与局部的关系中对全域的倚重，在长远与眼前的关系中对长远的照应，在义与利的关系中对义的强调，这个上上下下地转换自己生存状态的过程，就是形而上学的活动。”[1]在这段核心话语中，我们看到的只是中国传统哲学中旧形而上学术语和伦理道德观念的杂糅而已，看不到任何重建形而上学的学术路径。且不论“形而上学深入下去”是否就是“性命之理”；就算是的话，作为并非算命先生的我们又如何知道这

1　俞宣孟：《将形而上学进行到底》，《南国学术》2014年第2期，第70页。

种神秘的道理呢？让我不解的是，如果作者只想将这种旧形而上学进行到底的话，又何必用大量篇幅介绍康德以后的西方哲学呢？如果作者认为这种东方式的旧形而上学真能超越康德的“批判哲学”，是不是有点儿太过容易？因此，要将形而上学进行到底，我们还要从西方哲学谈起。

一

我们知道，西方哲学是从研究世界的“本原”开始的，也就是探讨纷纭复杂的客观世界统一为何物的“始基”问题。这个哲学本体论的问题后来被亚里士多德一部学术著作的编纂者安德罗尼柯表述为“形而上学”（ta meta ta physica），意思是“物理学之后”，译为拉丁文，便是metaphysica。当时，安德罗尼柯实在没有办法给这部奇特的著作命名，它所探讨的不是大千世界上的具体事物，而是这些事物背后的“本原”。由于安德罗尼柯所编纂的亚里士多德的前一部著作是《物理学》（physica），所以只能将这部著作命名为《物理学之后》（ta meta ta physica）。在古希腊时代，广义的物理学就是自然科学，它是研究物质世界具体“现象”的学问；而广义的形而上学就是哲学，它是研究大千世界各种物质现象背后之“本原”的学问。由于客观世界的具体事物是看得见、听得到、摸得着的，而这些现象背后的“本原”则是看不见、听不到、摸不着的；因此，当翻译家将“物理学之后”（ta meta ta physica）译成中文时，就根据《易传·系辞上》“形而上者谓之道，形而下者谓之器”一句，将其译为“形而上学”。

围绕着世界的本原问题，也就是形而上学这一中心议题，古希腊的哲学家们形成了不同倾向的两大派别。其中的一派企图从某种物质的“质料”入手，将这种特殊的质料提升到形而上的高度；而另一派则坚持要从具体事物的“形式”入手，企图从对象的形式中抽象出一个外在于客观世界的本原。前者由伊奥尼亚学派的泰勒斯（水）、阿那克西曼德（无定形）[2]、阿那克西美尼（气）和赫拉克利特（火）为开端，经阿那克萨戈拉（种子）、恩培多克勒（水、火、土、气）的过渡，直至留基波和德谟克利特（原子）而达到成熟；后者由

2　叶秀山认为，阿那克西曼德的“无定形”就是水。参阅《前苏格拉底哲学研究》，人民出版社，1983年。

南意大利学派的毕达哥拉斯（数）开端，经爱利亚学派的巴门尼德和芝诺（存在）的过渡，到苏格拉底和柏拉图（理念）而达到成熟。按照我们传统的说法，前一学派叫做“唯物主义”的哲学路线，后一学派则是“唯心主义”的哲学路线。其实，把世界的本原说成是“水”并不比说成是“数”高明多少，二者都不过是古代人对宇宙本原的一种素朴的猜想而已。这种猜想方式本身就受到当时生产力水平的限制，因而不可能超出客观对象的“质料”和“形式”这两个方面。

在上述哲学理论的基础上，亚里士多德提出了著名的“四因说”（质料、形式、动力、目的）。在“四因”中，他特别重视“质料”和“形式”两大因素的地位，认为前者是事物的原料，后者是事物的本质，二者相加便构成了具体的个别事物，因而它们共同构成了世界的本原。实际上，亚里士多德的这种观点，只是对上述两大哲学派别的综合而已。如果我们只满足于为历史上的哲学家贴上“唯物主义”或“唯心主义”的标签了事，那么我们只能把亚里士多德称作“徘徊于唯物主义和唯心主义之间的哲学家”，而不可能认识到他所做的一切也正是那个时代所能够做到的一切。正是由于亚里士多德的出现，使得以后中世纪的经院哲学家没有、也不可能有什么新的建树，而只不过是割裂开来的亚氏哲学：“唯名论”者坚持并强化了其“质料”的部分，“实在论”者则坚持并强化了其“形式”的部分。

到了近代，本体论的研究被暂时搁置起来，哲学家的研究重点转向了认识论。这一具有历史意义的转折是有着双重原因的。一方面，当本体论的正面研究长期得不到进展的时候，认识论的探索便成为接近这一目标的迂回战术，因为只有解决了人类如何认识世界的问题，才能够对世界的本原问题做出进一步的回答；另一方面，随着生产力的发展，人们不仅要求哲学去被动地解释自然，而且要求哲学去能动地认识自然，即对自然科学所取得的巨大成就进行高度的概括和总结，以确定人类认识自然的方式和能力。

围绕着人类如何认识世界的问题，西方近代哲学家分成了“英国经验派”和“大陆理性派”两大阵营：前者注重认识的经验内容，因而从感觉经验出发，将认识成果看成经验材料的组合与归纳；后者则强调认识的理性形式，因而从思维能力出发，把认识成果看成是理性形式的演绎与推理。从表面上看，这两派哲学家或重“质料”或重“形式”，仍然是古希腊两条哲学路线的延续。然而不同的是，这种延续是在新的生产力水平的基础上进行的。经验论者大都注重自然科学的探讨，因而企图把自然科学研究中的归纳法引入认识论，使认识成果与感觉经验相符合；唯理论者则大都在数学方面有着很高的造诣，因而企图把数学研究中的演绎推理引入认识论的研究，使认识成果具有数学命题式的确定性和明晰性。然而，单靠经验的归纳，虽然可以给人带来新的知识，却难以保证这种知识的普遍有效性；单靠逻辑演绎，虽然可以保证推论结果的严密可靠，但无法产生新的知识。在这种相互对立、相互批判的论争中，经验论和唯理论都暴露出了自身的矛盾和缺陷，因而也为更高层次上的综合创造了条件。

作为“英国经验派”和“大陆理性派”的综合与总结，康德提出了一种相反的思路：我们与其去批判别人，不如先批判自己，即反思一下人类的理性究竟是否具备探寻世界的“本原”这类形而上学问题的能力。这种对认识能力和理性限度的批判，也就形成了康德的“批判哲学”。人类的知识是如何产生的呢？康德有句名言：“悟性不能直观，感官不能思维。唯有二者相联合，始能发生知识。”[3]在他看来，人类首先要通过感官而获得存在于时间和空间中的经验材料，然后再运用悟性（知性）能力将这些材料纳入逻辑范畴加以推演，方可获得切实有效的知识。而宇宙的“本原”、万物之“始基”之类的对象并不存在于时间和空间之中，无法为我们的感官所感知，因而我们也就不可能获得关于它们的有效知识。“因为理性所使用的原则既然超出了一切经验的界限，也就不能再用任何来自经验的试金石加以检验了。这个纷争不息的战场，就叫形而上学。”[4]所以，在康德看来，古人有关本体论的种种观点统统属于“独断论”，即不加证明地一口咬定世界的本原是“水”“火”“土”“气”“种子”“理念”“存在”“太一”等，这些都是人类理性妄自尊大的结果。

尽管康德反对如“独断论”者那样运用理性的僭越来创立形而上学，但是他也不像“怀疑论”者那样企图取消形而上学；相反，他曾经表白：“爱形而上学是我的命运。”作为一位严肃的哲学家，康德一生都在被这样一个重

3　［德］康德：《纯粹理性批判》，蓝公武译，商务印书馆，1960年，第71页。

4　［德］康德：《纯粹理性批判》，蓝公武译，商务印书馆，1960年，第1页。

要的问题所困扰："人类理性在它的某一个知识部门里有一种特殊的命运：它老是被一些它所不能回避的问题纠缠困扰着；因为这些问题都是它的本性向它提出的，可是由于已经完全越出了它的能力范围，它又不能给予解答。"[5]在他看来，形而上学是人类理性发展的一种必然要求和归宿，是人类全部知识和价值的最终基础，这个问题解决不了，理性就永远也得不到满足，而解决这一问题也正是哲学家的使命。因此，他才煞费苦心地为《纯粹理性批判》的简写本取了一个冗长而又拗口的书名：《任何一种能够作为科学出现的未来形而上学导论》。很明显，康德所向往的不是过去已有的旧形而上学，而是新的"未来形而上学"。这种"未来形而上学"可能不止一种，但它必须是"能够作为科学出现的"，也就是说，它不再是理性的滥用，而是建立在批判哲学的基础之上的，而康德的"纯粹理性批判"，还不是这种"未来形而上学"，而只是它的"导论"。

继《纯粹理性批判》之后，康德还写了《道德形而上学原理》和《实践理性批判》，试图建立一种"道德形而上学"来弥补这一遗憾。在康德看来，人们只能认识存在于时间和空间之中的经验现象，超出时间和空间之外的"物自体"我们是无法认识的；但是，这个无法被认识的"物自体"却可以成为人们伦理实践的道德源泉，以一种"意志自律"的方式支配着人们做出超越利害之外的伦理抉择。"一个什么样的规律，它的表象能规定意志，而不预先考虑其后果，使意志绝对地、没有限制地称之为善呢？既然我已经认为，意志完全不具备由于遵循某一特殊规律而来的动力，那么，所剩下来的就只有行为对规律自身的普遍符合性，只有这种符合性才应该充当意志的原则。这就是，除非我愿意自己的准则也变成普遍规律，我不应行动。"[6]然而正像黑格尔所批评的那样，"但什么是这个道德律的内容呢？这里我们所看到的又是空无内容。因为所谓道德律除了只是同一性、自我一致性、普遍性之外不是任何别的东西。形式的立法原则在这种孤立的境地里不能获得任何内容、任何规定。"[7]这样一来，"形而上学"的问题，仍然没有得到真正的解决。

5　［德］康德：《纯粹理性批判》，蓝公武译，商务印书馆，1960年，第1页。

6　［德］康德：《道德形而上学原理》，苗力田译，人民出版社，1986年，第51页。

7　［德］黑格尔：《哲学史讲演录》第4卷，贺麟、王太庆译，商务印书馆，1978年，第290页。

二

康德之后，第一个试图重建形而上学的，就是黑格尔。简单地说，黑格尔的形而上学是这样建立的。在他看来，这个世界可以什么都没有，但不能没有“有”。因为如果这个世界上连这种纯而又纯的“有”都没有的话，这个世界就真的不存在了。所以，他认为有理由把“有”作为形而上学的逻辑起点。但是当这个“有”纯而又纯，而不带有任何规定性的时候，它就自然而然地转化为自己的对立面：“无”，所以“无”便成为从“有”中派生出来的第二个哲学范畴。正是由于“有”和“无”的对立统一，才派生出第三个逻辑范畴“质”，因为我们对任何对象做出“质”的规定的时候，都伴随着“有”和“无”的逻辑内涵。而任何“质”的规定，都必须有“量”的规定相伴生：没有无“质”的“量”，也没有无“量”的“质”，这样一来，又派生出第四个范畴……就这样，在一系列正、反、合的辩证运动之中，黑格尔从“有”这个逻辑起点出发，一直推演出“绝对精神”这个逻辑终点。如果说作为逻辑起点的“有”是单纯的、稀薄的，那么作为逻辑终点的“绝对精神”则是复杂的、丰富的。但是“绝对精神”并不止步于抽象的逻辑形态，它还要经过自身的否定“外化”为物质世界。由“绝对精神”外化而来的物质世界，也会从低级到高级地不断发展：从无机物到有机物再到人。当“绝对精神”在物质世界的否定性阶段发展达到终点时，它还会通过人的精神活动重新“回归”到“绝对精神”，即通过艺术、宗教、哲学的方式重新把握“理念世界”。

与康德相比，黑格尔的最大贡献不是世界观而是方法论，也就是他对辩证法的理解和运用。在他看来，世界上的万事万物都不是孤立的、片面的、静止的，而是联系的、全面的、运动的，这种思想启发了以后的马克思。然而马克思却同时接受了费尔巴哈对黑格尔世界观的批判，不满意黑格尔投足倒置的“理念论”，他要从现实世界的生产力和生产关系入手，在经验的大地而不是超验的天国里发现人类历史的发展规律。因此，马克思不搞形而上学。

早在费尔巴哈和马克思之前，最早批判黑格尔“形而上学”体系的是其同时代的哲学家叔本华。在叔本华看来，康德哲学已经不容置疑地指出：人类永远也不能超越自身的认识能力去认识经验之外的超验本体，而黑格尔却一口咬定：我们所见到的物质世界是从“绝对精神”外化而来的。那么黑格尔又是如何完成这一认识的呢？这位哲学大师竟然说：“每个人的自我意识不同，对事物的反应也不同，和原则性的意识有所偏移，但是对于一个正常的人来说，这种偏移是有限度的，这种限度取决于他的正常状态，取决于他对上帝的尊敬程度。要了解这种概念的程度，属于形而上学的范畴。”[8]这种信仰主义的态度怎么能使叔本华不为之愤慨呢？因此，他一脚踢开这位当时的学术权威，把自己的哲学与康德联系起来：“无论如何，我不承认在他（康德——引者注）和我之间，在哲学上已发生过什么新事情，所以我是直接上接着他的。”[9]

叔本华非常清楚，要通过表象（也就是康德所谓的“现象界”）来认识“物自体”是完全行不通的事情，因为“表象是一个封锁的全整体，在表象自己的那些办法中没有一条线索是导向种类完全不同的、自在之物的本质的”[10]。“这就好比一个人枉自绕着一座王宫而寻不到进去的入口，只落得边走边把各面宫墙素描一番。然而这就是我以前一切哲学家所走的路。”[11]那么叔本华又是如何另辟蹊径，从内部攻克堡垒的呢？他指出：“除了我自己的身体以外，我对一切事物所知道的只是一面，表象的一面；而其内在的本质，即令我认识其变化所从出的一切原因，对于我依然是不得其门而入的，是一个深藏的秘密。只有比较一下当动机推动我而我的身体发出一个动作时在我自己里面发生的东西，比较一下那是我自己的，被外在根据所决定的变化之内在本质的东西，我才能对无机体如何随原因而变化的方式获得理解，这样才能体会它的内在本质是什么；而对于这本质所显现的原因的知识，则只能是我以其进入时间、空间的规律而已，此外再没什么别的。我之所以能作这样的比较，那是因为我的身体乃是那唯一的客体，即我不但认识其一面，表象的一面，而且还认识其第二面，叫作意志的那一面的客体。”[12]既然我们之外的物质世界都只是我们认识的表象，而这表象背后的一切对我们的认识来说永远是沉默的，因

8　郝士钊编：《西方先哲思想全书》，中国城市出版社，2011年，第208页。
9　［德］叔本华：《作为意志和表象的世界》，石冲白译，商务印书馆，1982年，第567页。
10　［德］叔本华：《作为意志和表象的世界》，石冲白译，商务印书馆，1982年，第683页。
11　［德］叔本华：《作为意志和表象的世界》，石冲白译，商务印书馆，1982年，第150页。
12　［德］叔本华：《作为意志和表象的世界》，石冲白译，商务印书馆，1982年，第185页。

此，要认识这现象背后的本质，唯一的办法，就是将我们的认识目光从外在世界中收回来，使其反观自身，因为我们自身是唯一的不对我们保持沉默的客体。换句话说，我们自身就是现象和本质的统一体：作为活动于时间和空间之中、受制于因果规律的感性存在来讲，我们自己就是现象，就是认识主体的表象；但是除此之外，我们还可以确确实实地体验到，在我们的身体内部，始终存在着一个支配我们外在行为的内在动力，这种内在的动力不是表象，因而是我们之外的其他认识主体所认识不到的，而只能被我们自己所体验到。这种内在的动力不是别的，就是生命意志。因此，叔本华断言，意志是作为表象的我之背后的本质。不仅如此，他还大胆地进一步推论出：意志同样也是作为表象的整个世界之背后的本质，意志就是“物自体”。因为作为现象和本质相统一的每个人，只不过是大千世界的一员，我们在本质上不可能与外物有什么区别，只不过外物的本质我们看不到罢了。因此，在叔本华看来，意志是一切客观事物所具有的共同本质，尽管这种本质在不同级别、不同种类的事物中所表现出来的形态不同，但在根本上是同一的。男人走向女人，动物奔向食物，葵花面朝太阳，磁针指向北极……这一切的一切，只能用生命意志来加以解释。因此，纷纭复杂的物质世界是统一的，它统一于意志。这样一来，叔本华似乎终于找到了康德所无法认识的“物自体”，建立了康德所未能建立的“形而上学”。他指出，正如这世界的一面自始至终是“表象”一样，而另一面则彻头彻尾的是“意志”。正是由于这一原因，他才将自己呕心沥血写下的那部哲学著作命名为《作为意志和表象的世界》。

从哲学史的角度上看，叔本华的探索具有转折意义。他不仅将西方人一向面对外在世界来建构形而上学的努力转移到面向内心世界，而且将西方人一向依靠理性认识来建构形而上学的努力改变为依靠非理性的体验，从而引发了反理性的哲学思潮。于是，继叔本华的“生命意志”之后，又有了尼采的“权力意志”、弗洛伊德的“欲望本能”、柏格森的“生命冲动”……然而，人们的内心世界是复杂的，将自我的本质归结为某种生物本能和归结为某种道德品性的做法同样是简单化的，而在此之上进行由我及人、由人及物的推论也同样是认识能力的僭越行为，因而需要用更加严谨的方法加以清理。于是，便有了"现象学运动"。

在"现象学"的创始人胡塞尔看来，既然我们不可能获得有关世界本体的有效知识，就不如将人类的一切知识建立在"现象"这一唯一可靠的基础之上。而在现象之外，无论是客观的本体还是主观的意念都不能构成纯粹的知识，都必须放在括号里加以"悬置"。也就是说，不仅外在的"理念"和"太一"应该被悬置起来，就连内在的"意志"和"欲望"也应该被悬置起来。从这一意义上讲，叔本华等人所建立起来的形而上学，仍然是不严谨的、非科学的。

作为胡塞尔的学生，海德格尔认为，能够成为"现象"的是具体的"在者"，而不是抽象的"存在"。而以往的哲学家却总是想用具体的"在者"来规定"存在"，从而提出了"存在是什么"这一错误的形而上学问题，于是才招致了那种将世界的本原归结为"水"、归结为"火"、归结为"气"之类千奇百怪的说法。海德格尔认为，"存在"不仅不是具体的存在物，甚至也不是一切存在物的类本质。"如果存在者在概念上依照种和属来区分和联系的话，那么'存在'并不是对存在者的最高领域的界定：存在不是种。存在的'普遍性'超乎一切种的普遍性。"[13]因此，存在不仅不是"水"、不是"火"、不是"气"，而且也不是"理念"、不是"太一"、不是"绝对精神"、不是"生命意志"。存在不是摆在那里供我们去认识的现成对象，也不能由这些对象推理或演绎而得出。这样一来，海德格尔便从方法论上彻底截断了传统本体论研究通往存在的哲学之路，把前此以往的形而上学统统称之为"无根的本体论"。

为避免重蹈前人之覆辙，海德格尔认为，必须利用"现象学"的方法，将现象之外的未加证明的东西统统"悬置"起来，只对"现象"本身进行分析，并通过这一分析而达到对"存在"的把握。具体说来，就是要从"在者"发出，不是将"在者"等同于"存在"，而是从"在者"身上将"存在"拷问出来。那么，究竟什么样的"在者"能够在我们的拷问下将"存在"及其意义显现出来呢？在大千世界上，具备这一特征的"在者"只有一种，那就是人。一般的"在者"并不显现"存在"，它们是现成的，已经被规定好了的东西；而人则不被规定，相反的，人要追问"存在"的意义。海德格尔把这种存在于

13　[德]海德格尔：《回到形而上学的基础》，《20世纪西方宗教哲学文选》下卷，上海三联书店，1991年，第930—931页。

时间和空间之中，却要追求永恒意义的“在者”称之为“此在”。“此在是一种存在者，但并不仅仅是置于众存在者之中的一种存在者。从存在者状态上看，这个存在者的与众不同之处在于：这个存在者为它的存在本身存在。于是乎，此在的这一存在机制中就包含有：这个此在在它的存在中对这个存在具有存在关系。而这复又是说：此在在他的存在中无论以任何一种方式、任何一种表述都领会自身。这种存在者的情况是：它的存在是随着它的存在并通过它的存在而对它本身开展出来的。对存在的领悟本身就是此在的存在规定。此在作为存在者的与众不同之处在于：它存在论地存在。”[14]这样一来，海德格尔就把西方哲学中“本质先于存在”的传统命题彻底颠倒了过来，变成了“存在先于本质”。也就是说，没有任何超越时间和空间的形而上本体先于“此在”而“存在”，只有处在时间和空间中的“此在”不断去追问和探索“存在”的价值和意义。反过来，对于处在时间和空间中的“此在”来说，“存在”的意义和价值并不是现成的、固定的、僵死的，而是通过“现身”“领会”“言谈”等环节不断地理解和建构起来的。正因如此，海德格尔才将自己那部最为重要的哲学著作命名为《存在与时间》。从方法上讲，海德格尔的“基本本体论”确实比传统的哲学本体论更严谨、更纯粹；从内容上讲，海德格尔却又抽空了以往旧形而上学的基础和前提，使任何超越时间和空间的先验本体无处藏身了。

康德的“批判哲学”不仅间接地逼出了后来的“反理性思潮”[15]，而且直接导致了现代的“科学思潮”，使“分析哲学”渐渐成为西方哲学中的主流学派。作为一种以语言分析为主要方法的哲学思潮，“分析哲学”首先要对哲学命题进行语言逻辑的分析，并由此而主张通过对“伪命题”的剔除来消灭形而上学。其中的逻辑经验主义学派沿用康德的观点，将有效的学术命题分为分析命题和综合命题两种，并强调一切综合命题都以经验为基础的，因而只有在符合“可证实性原则”“可检验性原则”“可确认性原则”的情况下才具有认识意义；而有关本体论的形而上学命题既不是分析命题，又不具备综合命题的基本条件，因而既不能被证实，也不能被证伪，纯属毫无意义的“伪命题”。

14 ［德］海德格尔：《存在与时间》，陈嘉映、王庆节译，生活·读书·新知三联书店，1987年，第15—16页。

15 陈炎：《反理性思潮的反思》，高等教育出版社，2012年。

于是，在“现象学运动”和“语言学转向”的两面夹击下，西方的形而上学确实到了山穷水尽的地步，没有人轻言要“将形而上学进行到底”。敢于喊出这一口号的一定是像俞宣孟那样的中国学者，说什么“西方传统的形而上学终止了，新的形而上学必将繁荣起来”[16]。这话听起来很轻松，也很令人振奋，但我不知道这个“必将”背后的学理依据在哪里。

三

既然俞宣孟“要发扬中国历史上一贯宣传的那种形而上学精神”，那就让我们再回到中国。

在“儒道互补”的中国哲学中，道家对形而上学的建构应早于儒家。尽管老子的“道”最初也有形而下的原型，然而它一旦被抽象为宇宙本体的范畴之后，也便具有了形而上的意义。[17]老子说：“有物混成，先天地生。寂兮寥兮，独立不改，周行而不殆，可以为天下母。吾不知其名，强字之曰‘道’，强为之名曰‘大’。”（《老子·二十五章》）这个先天地而生的“道”与柏拉图视为宇宙本体的“理念”很相似。老子说：“道生一，一生二，二生三，三生万物。”（《老子·四十二章》）这个生生不息的“道”，和黑格尔的“绝对精神”由简单到复杂、并最终外化为现实世界的过程也很相似。在老子那里，“道”既有宇宙发生学意义，又有哲学本体论意义，这和西方古典哲学的形而上学建构基本上是一致的。然而，老子还不能算是一个严格意义上的“独断论”者，因为他没有轻言“道”是什么，而是反复讲：“道可道，非常道。”（《老子·一章》）“道之为物，惟恍惟惚。惚兮恍兮，其中有象。恍兮惚兮，其中有物。”（《老子·二十一章》）“道之出口，淡乎其无味，视之不足见，听之不足闻，用之不足既。”（《老子·三十五》）“视而不见，名曰‘夷’；听之不闻，名曰‘希’；搏之不得，名曰‘微’。此三者不可致诘，故混而为一。其上不皦，其下不昧，绳绳兮不可名，复归于无物。是谓无状之状，无物之象，是谓惚恍。迎之不见其首；随之不见其后。执古之道，以御今之有。能知古始，是谓道纪。”（《老子·十四章》）“古之善为士者，微妙玄通，深不可识。夫不唯不可

16　俞宣孟：《将形而上学进行到底》，《南国学术》2014年第2期，第70页。

17　陈炎：《多维视野中的儒家文化》，山东教育出版社，2006年，第四章。

识，故强为之容：豫兮若冬涉川；犹兮若畏四邻；俨兮其若客；涣兮其若释；敦兮其若朴；旷兮其若谷；混兮其若浊；孰能浊以静之徐清；孰能安以动之徐生。保此道者，不欲盈。夫唯不盈，故能蔽而新成。”（《老子·十五章》）老子似乎懂得，“道”作为超越时间和空间之上的宇宙本体，是看不见、听不到、摸不着的；它是没有色彩、没有声音，也没有形状，因而无法对其加以界定。这种“道”，既不是一种人格的上帝，也不是一种观念的实体，而毋宁说是一种自然的规律。因此，老子一方面主张尊重“道”、敬畏“道”，一方面又倡导顺应自然、回归自然。故曰：“人法地，地法天，天法道，道法自然。”（《老子·二十五章》）

庄子一方面继承了老子以“道”为本的形而上学观念，主张“行于万物者，道也。”（《庄子·天地》）“且道者，万物之所由也，庶物失之者死，得之者生，为事逆之则败，顺之则成。”（《庄子·渔父》）“夫昭昭生于冥冥，有伦生于无形，精神生于道，形本生于精，而万物以形相生，故九窍者胎生，八窍者卵生。其来无迹，其往无崖，无门无房，四达之皇皇也。邀于此者，四肢强，思虑恂达，耳目聪明，其用心不劳，其应物无方。天不得不高，地不得不广，日月不得不行，万物不得不昌，此其道与！”（《庄子·知北游》）另一方面，他又继承了老子对“道”的谨慎态度，认为：“夫道，有情有信，无为无形，可传而不可受，可得而不可见；自本自根，未有天地，自古以固存，神鬼神帝，生天生地；在太极之上而不为高，在六极之下而不为深，先天地生而不为久，长于上古而不为老。”（《庄子·大宗师》）庄子清醒地认识到，浑然一体的“道”是不能被逻辑的语言概念加以分割和描述的，因而很难被人的智力所达到。“古之人，其知有所至矣。恶乎至？有以为未始有物者，至矣，尽矣，不可以加矣。其次，以为有物矣，而未始有封也。其次，以为有封焉，而未始有是非也。是非之彰也，道之所以亏也。”（《庄子·齐物论》）“夫道未始有封，言未始有常，为是而有畛也，请言其畛：有左，有右，有伦，有义，有分，有辩，有竞，有争，此之谓八德。六合之外，圣人存而不论；六合之内，圣人论而不议。”（《庄子·齐物论》）因此，庄子并不从认识论角度进一步深究“道”的内容，而是从价值论的角度、从“道”的意义上获得启迪。

“物固有所然，物固有所可。无物不然，无物不可。故为是举莛与楹，厉与西施，恢恑憰怪，道通为一。其分也，成也；其成也，毁也。凡物无成与毁，复通为一。”（《庄子·齐物论》）既然万事万物从“道”而来，又复归于“道”，人就不必为短暂的是非得失、荣誉毁誉而烦恼。因此，如果说老子从“道法自然”中获得了一种“见素抱朴”的人生态度，庄子则从“道通为一”中获得了一种“乘物以游心”的逍遥精神。

魏晋时代的玄学家继续老庄的形而上探索，他们将《老子》《庄子》和《周易》并称之为“三玄”。“玄”这一概念，出自老子的“玄之又玄，众妙之门”（《老子·一章》），其本身就具有形而上学的意味。汉代的扬雄曾说：“玄者，幽摛万类，不见形者也。”（《太玄·玄摛》）这种看不见踪迹的对象是很难用语言加以表述的。因此，作为魏晋玄学的代表人物，王弼一方面将老子的哲学本体论与《周易》的宇宙发生论结合起来，一方面又将庄子的语言观与《周易》的符号论结合起来。首先，在世界观上，他把老子“天下万物生于有，有生于无”（《老子·四十章》）的思想与《易传·系辞》中“易有太极，是生两仪，两仪生四象，四象生八卦”的思想统一起来，进一步演绎为“道者，无之称也，无不通也，无不由也，况之曰道。”（《论语释疑·述而》）于是，在他那里，“道”和“太极”就等于“无”，而本体之“无”却又是现象之“有”的基础和前提。其次，在方法论上，他将庄子“言不尽意”的思想与《周易》“立象尽意”的观点统一起来。我们知道，庄子曾指出：“世之所贵道者，书也。书不过语，语有贵也。语之所贵者，意也，意有所随。意之所随者，不可以言传也，而世因贵言传书。世虽贵之，我犹不足贵也，为其贵非其贵也。故视而可见者，形与色也；听而可闻者，名与声也。悲夫！世人以形色名声为足以得彼之情。夫形色名声，果不足以得彼之情，则知者不言，言者不知，而世岂识之哉！”（《庄子·天道》）《周易》则认为：“子曰：书不尽言，言不尽意。然则圣人之意，其不可见乎？子曰：圣人立象以尽意，设卦以尽情伪。”（《易传·系辞上》）前者强调语言符号的局限性，后者强调语言符号的必要性，而王弼则加以辩证地理解：“夫象者，出意者也。言者，名象者也。尽意莫若象，尽象莫若言。”（《周易略例·明象》）所谓“尽意莫若象”，并不是说“象”

能穷尽“意”，而是说没有比“象”更接近“意”的了；所谓“尽象莫若言”，并不是说“言”能穷尽“象”，而是说没有比“言”更接近“象”的了。把这种语言观运用于哲学研究，形而上的本体就成为语言符号无法表达却又不断接近的对象了。最后，需要指出的是，与先秦道家一样，魏晋玄学探讨自然本体的目的也是为了倡导一种生活态度。因此，王弼将老子“人法地，地法天，天法道，道法自然”（《老子·二十五章》）解释为：“人不违地，乃得全安，法地也。地不违天，乃得全载，法天也。天不违道，乃得全覆，法道也。”（《老子》二十五章注）因此，王弼抛开汉代的象数易学，以老庄的无为思想解读《周易》，从而给“非汤、武而薄周孔”（嵇康《与山巨源绝交书》）、“越名教而任自然”（嵇康《释私论》）的魏晋风度奠定了理论基础。

如果说道家建构形而上学的目的是为了颠覆宗法伦理，那么儒家建构形而上学的目的恰恰是为了强化宗法伦理。孔子最初创立儒学的时候，只不过是用建立在亲子血缘之上的人伦情感来解释周礼的内涵和意义，并没有什么形而上的动机。孔子不仅“不语怪，力，乱，神”（《论语·述而》），而且罕言“性”与“天道”。所以子贡才说：“夫子之文章，可得而闻也；夫子之言性与天道，不可得而闻也。”（《论语·公冶长》）对于人的本性是善还是恶的形而上问题，孔子的确不曾妄下断语。翻捡《论语》一书，他只留下了一句“性相近也，习相远也”（《论语·阳货》）而已。而孔子所说过的“道”，也常常指的是做人的道理、准则，是“人道”而非天道。如“朝闻道，夕死可矣”（《论语·里仁》），如“道不行，乘桴浮于海”（《论语·公冶长》），如“士志于道，而耻恶衣恶食者，未足与议也”（《论语·里仁》）。《中庸·十二章》也曾记载：“子曰：‘道不远人，人之为道而远人，不可以为道。’”正像曾子所理解的那样：“夫子之道，忠恕而已矣。”（《论语·里仁》）总之，纵观孔子一生的思想和言论，是朴素的、温馨的，而不是神秘的、思辨的。他所要建立的既不是神学，也不是形而上学，而只是充满人生经验的伦理学而已。

然而孔子之后，情况却发生了变化。与罕言“性与天道”的孔子不同，据信是由子思所作的《中庸》开篇便说：“天命之谓性，率性之谓道，修道之谓教。”企图为儒家的伦理教化找到形而上的前提。《中庸·十一章》云：“君子之道，造端乎夫妇，及其至也，察乎天地。”《中庸·二十六章》云：“唯天下至诚，为能尽其性，能尽其性则能尽人之性，能尽人之性则能尽物之性，能尽物之性则可以赞天地之化育，可以赞天地之化育则可以与天地参矣。”《中庸·二十八章》云：“至诚之道，可以前知。国家将兴，必有祯祥；国家将亡，必有妖孽。见乎蓍龟，动乎四体。祸福将至，善必先知之；不善必先知之。故至诚如神。”《中庸·三十五章》云：“故君子之道，本诸身，征诸庶民，考诸三王而不缪，建诸天地而不悖，质诸鬼神而无疑，百世以俟圣人而不惑。质诸鬼神而无疑，知天也。”《中庸·三十八章》云：“唯天下至诚为能经纶天下之大经，立天下之大本，知天地之化育。夫焉有所倚？肫肫其仁！渊渊其渊！浩浩其天！”《中庸·三十七章》云：“是以声名洋溢乎中国，施及蛮貊，舟车所至，人力所通，天之所覆，地之所载，日月所照，霜露所队，凡有血气者莫不尊亲。故曰配天。”这样一来，所有的怪、力、乱、神、天、道、性、命都成了子思论证儒家伦理的理论基础，以至于到了“以德配天”的地步。

如果说《中庸》中有关“天命之谓性，率性之谓道”的表述还比较笼统，孟子则鲜明地建立了“性本善”的心性本体论。孟子是用什么样的方法来证明人的本性是善的呢？首先是比喻的方法。“告子曰：‘性犹湍水也，决诸东方则东流，决诸西方则西流，人性之无分于善不善也，犹水之无分于东西也。’孟子曰：‘水信无分于东西，无分于上下乎？人性之善也，犹水之就下也。人无有不善，水无有不下。’”（《孟子·告子上》）其次是举例的方法。“所以谓人皆有不忍人之心者，今人乍见孺子将入于井，皆有怵惕恻隐之心，非所以内交于孺子之父母也，非所以要誉于乡党朋友也，非恶其声而然也。”（《孟子·公孙丑上》）在儒学发展史上，孟子的这一观点影响很大。然而从认识论的角度上讲，比喻只能说明问题，不能证明问题；举例只能得到或然的知识，不能得到必然的知识。孟子可以用“水无有不下”的比喻来说明“人无有不善”，荀子也可以用同样的比喻来说明“人无有不恶”；孟子可以举“今人乍见孺子将入于井”的例子来推论“人性善”，荀子也可以举一个相反的例子来论证“人性恶”。在日常生活中，我们都见过两个儿童在争抢一个玩具之类的情景，难道由此便可以证明人性恶吗？说到底，对于“人性善”还是“人性恶”

这类形而上学命题，是无法用经验的事实加以论证的。

孟子之所以要用这种牵强附会的方法来论证“人性善”，其目的就是要将孔子所倡导的仁、义、礼、智等道德标准建立在形而上的基础上。他从“今人乍见孺子将入于井”的例子引申出“恻隐之心，人皆有之。羞恶之心，人皆有之。恭敬之心，人皆有之。是非之心，人皆有之。恻隐之心，仁也。羞恶之心，义也。恭敬之心，礼也。是非之心，智也。仁义礼智，非由外铄我也，我固有之也。”（《孟子·告子上》）孟子不仅要把“四德”建立在“四端”的基础之上，将心之“四端”建立在“性本善”的基础之上，还要将人的“本性”建立在“天”“命”的基础之上：“尽其心者，知其性也。知其性，则知天矣。存其心，养其性，所以事天也。夭寿不贰，修身以俟之，所以立命也。”（《孟子·尽心上》）这样一来，在孔子那里原本不可言说的天、道、性、命，在孟子这里却变成了大谈特谈的热门话题；在孔子那里原本是经验的伦理，在孟子这里却似乎找到了先验的根据。然而，这种没有学理依据的形而上学却进一步启发了汉代儒学。

作为汉儒的代表人物，董仲舒为了适应“大一统”的政治局面，力图将原本建立在家族血缘基础之上的儒家伦理纳入“天人感应”的宇宙模式，主张“道之大原出于天，天不变，道亦不变。”（《汉书·董仲舒传》）天不仅是永恒的存在，而且是有人格的主宰；天不仅是自然的造化，而且是伦理的源泉。“天令之谓命，命非圣人不行；质朴之谓性，性非教化不成；人欲之谓情，情非度制不节。是故王者上谨于承天意，以顺命也；下务明教化民，以成性也；正法度之宜，别上下之序，以防欲也；修此三者，而大本举矣。”（《汉书·董仲舒传》）于是，“唯天子受命于天，天下受命于天子”。（《春秋繁露·为人者天》）这样一来，无论是皇权的合法性还是伦理的永恒性，统统可以在“天”那里找到根据。不仅如此，董仲舒还把“阴阳”“五行”的理论框架纳入“天”“人”之间的逻辑关系，主张“天有阴阳，人亦有阴阳”（《春秋繁露·同类相动》）。“君臣、父子、夫妇之义，皆取诸阴阳之道。”（《春秋繁露·基义》）与此同时，他还把金、木、水、火、土的“五行”元素对应于仁、义、礼、智、信的“五常”法则，以及东、南、西、北、中的空间方位，以土居中央的重要性来突出“大一统”的皇权地位。

如果说董仲舒“天人感应”的宇宙模式还略显粗疏的话，那么宋明诸子所努力建构的融自然本体与人伦法则于一体的“理学”可就精致多了，其思辨的程度甚至可以与黑格尔的“理念论”相媲美。首先，理学的开山鼻祖周敦颐认为：“无极而太极。太极动而生阳，动极而静，静而生阴，静极复动。一动一静，互为其根。分阴分阳，两仪立焉。阳变阴合，而生水火木金土。五气顺布，四时行焉。五行一阴阳也，阴阳一太极也，太极本无极也。五行之生也，各一其性。无极之真，二五之精妙合而凝。乾道成男，坤道成女。二气交感，化生万物。万物生生，而变化无穷焉。惟人也得其秀而最灵。形既生矣，神发知矣。五性感动，而善恶分，万事出矣。圣人定之以中正仁义而主静，立人极焉。故圣人与天地合其德，日月合其明，四时合其序，鬼神合其吉凶。”（《太极图说》）这种阴阳互补、五行流布的“太极”宇宙模式，很像黑格尔自生成、自否定、自发展、自外化、自回归的“绝对精神”。其差别只在于，周敦颐运用的是“阴阳”“五行”法则，黑格尔运用的是“正反合”“三段论”模式，他们都试图用有限的逻辑框架来规范无限的宇宙人生。其次，同周敦颐一样，理学大师朱熹也认为，世界的本质是“理”，或曰“道”“太极”。“理”是先于自然和社会现象的形而上者，“气”是具体承载世界本质的形而下者。“理”在“气”先：“理未尝离乎气。然理形而上者，气形而下者，自形而上下言，岂无先后？”（《朱子语类》卷一）这种逻辑而非时间上的先后次序与黑格尔“逻辑在先”的本体论原则也是一致的，他们都试图将宇宙发生学转化为哲学本体论。然而，无论是宇宙发生学，还是哲学本体论，“无极而太极”也好，“有无相生”也罢，都不过是用经验的想象来推测超验的本体，用此岸的法则来推测彼岸的逻辑，因而很难摆脱“独断论”的窠臼。最后，朱熹强调：“理”既是自然规律，也是人伦法则，“万物皆有此理，理皆同出一原，但所居之位不同，则其理之用不一”（《朱子语录》卷十八）。无论是自然现象，还是社会规律，都以“理一分殊”的形式分有了宇宙的本体，因此，人们可以通过经验现象而领悟超验知识，通过“格物致知”而领会“理”的奥秘。这与黑格尔哲学体系中人类通过艺术、宗教、哲学的方式而回归“绝对精神”的路径又有几分相似。然而，正像康德所指出的那样：“每一个个别经验不过是经验领域的全部范围的一部分；而全部可能经验的绝对的整体本身并不是一个经验。”[18]因此，我们既不可能从“物理”的现象中格出“天理”的规律，也不可能从“自然”的现象中格出“人文”的道理。

通过以上简单的梳理，我们看到，中国古代的形而上学也相当发达，甚至不比西方落后。朱熹比黑格尔早生640年，仅此一点已足以让我们感到骄傲了。然而遗憾的是，与西方相比，中国哲学没有出现近代认识论的转向，没有出现康德式的“批判哲学”，这就使得中国古代的本体论研究始终停留在旧形而上学阶段。因此，如果后人不想重蹈前人的覆辙，就需要站在现代哲学的角度上，重新反省古代的形而上学，而不是简单地弘扬和延续。

四

在研究古代哲学的中国学者身上，常常存在这样一种矛盾：一方面希望西方学者与自己对话，一方面又处处强调中国哲学的独特性，不愿意依照通行的语法规则对话。其实，尽管中国与西方哲学确有这样那样的不同，但既然人类的思维和认识能力是一样的，其建构形而上学的动机、方法、功能也相去不远。

就动机而言，人类任何意识形态的努力，都是为了解决现实问题。在古希腊时代，铁制农具的使用造成了私有财产的增加，而跨海贸易的移民行为又进一步促进了原始氏族的解体。在这种情况下，“单子化”程度很高的西方人就需要找到一种绝对的“中介”将人与人在精神本质上重新联系起来，于是一元本体论的形而上探索就成为一元神宗教的理论前提。伯奈特在《早期希腊哲学》中分析了当时人们的心理：“我们在这个世界上都是异乡人，身体就是灵魂的坟墓，然而我们决不可以自杀以求逃避；因为我们是上帝的所有物，上帝是我们的牧人，没有他的命令我们就没有权利逃避。”[19]因此，那种以为希腊人研究自然本体是为了探索自然科学的观点是简单的、幼稚的，尽管这种研究在最终的效果上确实有助于自然科学。从泰勒斯到黑格尔，西方人

18 ［德］康德：《未来形而上学导论》，庞景仁译，商务印书馆，1978年，第104页。
19 ［英］罗素：《西方哲学史》上卷，马元德译，商务印书馆，1963年，第59页。

一直企图建立一种“理性的宗教”，以便为“单子化”的个体找到安身立命的精神家园。与古希腊不同，古中国是在没有铁制农具、甚至连青铜的冶炼也主要用于礼器和兵器的情况下提前进入文明社会的。为了抗击黄河的泛滥，古代的先民们将原始的氏族部落联合起来，建立起以血缘沿袭王位的国家政权。于是，在“家”“国”一体的分封制度下，“父子”“君臣”的儒家伦理便成为精神的需求和社会的保障。然而，随着春秋时代的“礼崩乐坏”和战国时代的“诸侯征伐”，原本建立在亲子血缘基础之上的儒家伦理必须找到更为深刻的理论依据。于是从“思孟学派”到“宋明理学”，中国人一直企图建立一种“道德的哲学”，以便为“网络化”的个体找到安身立命的理由和根据。[20]从表面上看，西方的“理性宗教”和中国的“道德哲学”动机不同，但都必须建构一种超越经验世界的形而上本体。

就方法而言，西方人建构形而上学的路径是从外到内的，即先从外在的自然世界中去寻找“始基”，再到内在的主体世界去发现“本原”；中国人建构形而上的路径则是内外结合的，一方面去外在的自然本体中寻找“道”“理”，一方面到内在的主体世界去发现“心”“性”。然而，无论是西方的从外到内，还是中国的内外结合，其最终的结果都是要建立某种一元化的形而上学，以满足一元化的宗教和道德需求。而这种形而上学的建构，又都是人类理性对自身能力僭越的结果，因而是无根的、独断的。

就功能而言，无论西方还是中国，人们建构形而上学的目的都是企图将某种有限的意识形态永恒化、本体化。为此，中国人主张“天不变，道亦不变”；为此，西方人倡导“天赋人权”。然而在事实上，天是在变的，道也是在变的，这世界上没有什么不变的东西!“人道”并不是僵死的，而是生成的；“人权”也不是天赋的，而是争来的!因而，尽管在历史上，这些形而上学的建构或曾产生过积极的作用，然而我们却无法保证这种积极的意义在今天仍然能够延续。相反的，在全球化的历史背景下，任何企图将某一民族的价值系统本体化、永恒化，并强加给其他民族的做法都是有害的，甚至是危险的。“欧洲中心主义”如此，“儒家中心主义”也同样如此。

总之，在理论上，“将形而上学进行到底”，不是一个我们愿意与否的

20 陈炎：《如何理解马克思笔下的三种“儿童”？》，《光明日报》2014年5月5日。

问题，而是我们能够与否的问题；不是一个中国人能够与否的问题，而是人类能够与否的问题。在没有对人类自身的理性能力及其适用范围考察批判之前，最好不要轻言这一问题。在实践上，“将形而上学进行到底”，未必是一种重建中国伦理道德的理论前提，更未必是一种解决当今世界文明冲突的理论前提。中国文化是历史生成的，西方文化也是历史生成的，在全球化运动不断加剧的今天，中国的价值体系和西方的价值体系必然会出现逐渐趋同的趋势，但这种趋同的走向有赖于具体的实践而非抽象的本体。

（此文为中国社科基金重点项目“中国儒学学科建设”（09AZD051）的阶段成果，发表于澳门大学出版社《南国学术》2015年第1期，《人大复印资料》2015年第6期全文转载）

儒家文化的历史生成

中华文明的主干是儒家，儒家文化的基础是家族。家族作为一个血缘单位，在迄今为止的任何文明社会中都是一个不可或缺的研究对象。然而研究结果却告诉我们，在不同的文化环境下，家族的社会地位是不尽相同的，其所承载的社会功能也并不一样。伏尔泰就曾指出，中国“是唯一把一切都建立在父权基础上的国家”[1]；黑格尔也曾认为，“中国纯粹建筑在这一种道德的结合上，国家的特性便是客观的‘家庭孝敬’”[2]。随着西方学者对中国认识的逐渐深入，这种观点也得到了进一步深化，如恩格斯的“家内奴隶制”理论、韦伯的“父系家长制”理论、许烺光的“二次集团选择”理论，都深刻地论述了中国家族社会的特点。从这一意义上讲，家族血缘关系不仅是中华民族的核心要素，也是我们区别于其他文化的标志性特征。“家族是中国文化的基本单位，也是中国文化的微缩景观。毫不夸张地说，谁若理解了中国的家族血缘关系，谁就掌握了打开中国文化之门的钥匙。”[3]

然而，尽管中外学者对此问题多有分析，且已基本达成共识，但这些分析大多是从静态的社会现象入手的，这些共识也主要是基于中国文化的宏观特征。因此，要更加深入地理解中国古代家族与社会的关系，我们的研究有必要从静态转向动态，由宏观转向微观，详细地梳理这一文化现象生成的历

1 ［法］伏尔泰：《哲学辞典》，王燕生译，商务印书馆，2009年，第340页。

2 ［德］黑格尔：《历史哲学》，王造时译，上海书店出版社，2001年，第122页。

3 陈炎：《多维视野中的儒家文化》，山东教育出版社，2006年，第35页。

史，认真地考察这一文化现象与社会结构之间的关系。

一

谈到人类不同文化的起源问题，人们常常会引用雅斯贝尔斯在《历史的起源与目标》一书中所提到的“轴心时代”的观点，即将希腊文化、犹太文化、印度文化、儒家文化的形成归结为公元前5世纪前后所出现的那些著名的思想家。然而细想起来，“轴心时代”的概念是相当粗疏的，且不说雅斯贝尔斯将以婆罗门教为主体的印度文化归结为释迦牟尼的做法已犯了常识性的错误，而且他将某种文化归结为某几个思想家的做法也难免有些简单化的嫌疑。其实这种观点也并不新鲜，我们宋代的古人不就有过“天不生仲尼而万古如长夜”的慨叹吗？然而慨叹归慨叹，研究归研究。我们的研究不仅要准确地判定作为思想家的孔子对儒家文化所做出的实际贡献，而且要深入地说明，为什么偏偏在华夏文明的土地上会出现孔子这样的思想家？

无论东方还是西方，随着地下考古资料的发现，人们逐渐认识到，人类各文化板块形成的历史较之所谓“轴心时代”更为久远。也就是说，在雅斯贝尔斯所称颂的那些人物诞生之前，世界各主要文化区域就已经形成了相对完备且各具特性的文化制度。正如吕思勉所言：“先秦诸子之学，非至晚周之世，乃突焉兴起者也。其中前此，旁薄郁积，蓄之者既已久矣。”[4]因此，要寻找儒家文化生成的动因，我们需要越过孔子而上溯三代，在夏、商、周的历史中寻找答案。

中国古代的历史年表始自夏代，但夏代是什么样子，其实我们并不十分清楚。因为夏代没有文字，还不是严格意义上的信史。根据文献传说和出土文物，历史学家一般认为，夏朝大约存在于公元前21世纪至公元前16世纪之间，是一个有着多个部落联盟或复杂酋邦制度的国家。它的核心区域西起河南省西部、山西省南部，东至河南省、山东省和河北省三省交界处，属于黄河中游地区。考古学上的河南二里头文化被视为夏代遗存的重要标志，这一区域的出土文物中有一定数量的青铜和玉制的礼器，属于早期青铜时代。[5]这

4 吕思勉：《先秦学术概论》，中国大百科全书出版社，1985年，第4页。

5 中国社会科学院考古研究所编著：《中国考古学·夏商卷》第一、二章，中国社会科学出版社，2003年。

一时期夏后氏的中央王室与十一支姒姓部落之间有着血缘上、政治上、经济上的多重关系 。

马克思曾经指出："有粗野的儿童，有早熟的儿童。古代民族中有许多是属于这一类的。希腊人是正常的儿童。"[6]从"生产力决定生产关系"的角度上看，与希腊文明这一"正常的儿童"相比，华夏文明只能算是"早熟的儿童"。因为早在公元前11世纪至公元前8世纪的"荷马时代"，西方人已经发明了铁器。而我国的夏、商和西周时代，非但没有铁制的生产工具，就连青铜的冶炼也主要用于礼器和兵器的制造。正像张光直所指出的那样，我国"在青铜时代开始之前与之后的主要农具都是耒耜、石锄和石镰。没有任何资料表示那社会上的变化是从技术上引起来的"[7]。既然没有生产技术的历史性突变，作为社会生活的巨大变化，早期的国家制度又是怎样出现的呢? 这大概与我们的祖先所处的自然环境有关。

英国学者汤因比在《历史研究》中曾经提出过"挑战与应战"的著名观点。按照这一观点，任何一种文化的形成和发展，都是对于"挑战"的"应战"。所谓"挑战"，就是外在的自然环境和社会环境向人们提出了一些不容回避的历史课题；而所谓"应战"，就是人们在这些课题的要求下调动主观能动性而产生的文化对策。因此，每一次"应战"的成功，都会导致一种文化模式的出现或变革；而每一次"应战"的失败，都会导致一种文化模式的衰亡或破产。我们知道，今天的巴尔干半岛只有五分之一的土地适于农业生产。要在这片贫瘠的土地上拓荒耕作，希腊人就必须发明坚硬的铁质农具；而为了在较少的土地上养活较多的人口，希腊人就必须漂洋过海，从事远洋贸易。一方面，生产力的发展催生了私有财产；另一方面，远洋贸易的活动又破坏了血缘关系。于是，当原有的氏族血缘关系瓦解后，为了约束自由民的肉体行为，希腊人不得不在海岛上建立起以法律为基础的国家政权；而为了凝聚自由民的精神寄托，希腊人又不得不在虚幻的奥林波斯山上建立起以超越血缘的神学体系。于是，作为对自然"挑战"的社会"应战"，希腊文明诞生了。

与希腊文明不同，生活在黄河流域的先民们既不需要发明坚硬的铁制农具去耕耘贫瘠的土地，也不必为了远洋贸易去进行海外移民。作为华夏文明

6 《马克思恩格斯选集》第2卷，人民出版社，1972年，第114页。

7 张光直:《中国青铜时代》，生活·读书·新知三联书店，1983年，第18页。

的发祥地，黄河流域的冲积平原有两大特点：一是其松软的土壤为铁质农具发明以前的古代先民们提供了耕作的可能性，二是其频繁的洪涝又使得人们必须建立大规模的社会组织才能加以治理。“根据考古学和历史地理学所提供的证据表明，在距今4600至4000年之间，黄河经由豫东南、淮北平原、苏北平原的淮河一线入海；夏商周三代，黄河又改道河北平原入海。而尧舜禹时期正是黄河由南线入海改道为由北线入海的时期。当时的河水泛滥成灾特别严重，周秦文献里有许多这方面的记录。”[8]《尚书·尧典》记载当时：“汤汤洪水方割，荡荡怀山襄陵，浩浩滔天。”《孟子·滕文公上》也说：“当尧之时，天下犹未平，洪水横流，泛滥于天下……禹疏九河，瀹济、漯而注诸海，决汝、汉，排淮、泗而注之江，然后中国可得而食也。当是时也，禹八年于外，三过其门而不入，虽欲耕得乎？”我们知道，治理黄河的工作不是少数人所能完成的，也不是某个部落群体能单独胜任的，它需要大量的人力和高度发达的社会组织结构。这种活动，显然为早熟的国家创造了条件。作为夏后氏部落的首领，夏代的创始人禹联合其他部落一同疏浚河道，并在这一过程中树立了自己的权威，整合了其他部落，从而将部落联盟演变为国家制度，致使他的儿子启废除了部落首领靠选举、禅让而产生的原始制度，最终建立起以血缘沿袭王位的国家政权，从而使中国古代的第一个奴隶制国家集团过早地诞生了。

马克思在谈及“亚细亚生产方式”的特点时曾经指出：“在这种情况下，那些通过劳动而实际上占有的公共条件，如在亚细亚各民族中起到过非常重要作用的灌溉渠道，以及交通工具等等，就表现为更高的统一体，即高居于各小公社之上的专制政府的事业。”[9]在此基础上，美籍德裔学者魏特夫在《东方专制主义》一书中提出了饱受争议而又影响深远的“治水社会”说。他指出：“如果灌溉耕作取决于有效地管理大量的水源供应，那么水的明显的特性——大量聚集——就在制度上变成为具有决定性意义的事了。只有投入大量的劳动力才能疏导和储积大量的水，而这大量的劳动力还必须进行协调，赋予纪律和加以领导。因此，许多迫切希望征服干旱低地和平原的农民只好被迫采用组织手段，而在机器时代以前的技术基础上，这些手段只有一个

8　江林昌：《考古发现与文史新证》，中华书局，2011年，第117页。

9　《马克思恩格斯全集》第46卷上册，人民出版社，1966年，第474页。

成功的机会：他们必须与同伴合作，并使自己服从于一个进行指挥的权威力量。”[10]于是，一种特殊的社会组织乃至文化形态出现了。“一个已知的治水经济在空间上（和组织上）结合的程度，主要取决于它的用水供应是否联成一气。治水国家在只有一个主要水源的地区倾向于建立一个单一的或多或少连接在一起的灌溉和防洪体系。”[11]从考古学的角度上看，我国南北东西各地都有许多早期文化的历史遗存，但文明的突变却发生在黄河流域，这并非没有原因的。因为面对如此庞大的天然水系，必须建立起庞大的社会组织；而庞大的社会组织不仅可以发挥治水的功能，还可以兼并其他的周边地区。因为治水地区不仅具有自然资源上的优势，而且具有社会组织上的优势。正是在这种情况下，多元一体的中华文化出现了。

由于夏王朝是先民们针对黄河流域自然环境严峻“挑战”而做出的“应战”结果，这便决定了早熟的中华民族注重宗族血缘的文化特征。我们知道，无论在东方还是在西方，人类最初的社会群体都是由血缘组成的。然而，在从原始部落向国家形态演进的过程中，不同地区的人们所面临的条件不同，血缘关系的变化也就不同。由于古希腊的商业交易和海外移民逐渐打破了原始的血缘纽带，从而形成了以公民个体为基础的早期共和制国家。而古代中国的缔造者却必须在具有竞争关系的部落之间发展壮大自己，通过强化宗族内部的凝聚力而在众多的部落之中脱颖而出，成为部落联盟的共主。在这种情况下，原始的血缘关系不仅没有被破坏，反而被不断地加强了。见于《竹书纪年》《史记》《国语》等古籍中的少量资料表明，夏王朝不仅开创性地采取了以血缘来继承最高统治地位的制度性安排，而且以保存完好的姒姓部落为新型国家的统治基础。据《史记·夏本纪》记载，“夏”是姒姓夏后氏、有扈氏、有男氏、斟鄩氏、彤城氏、褒氏、费氏、杞氏、缯氏、辛氏、冥氏、斟灌氏十二个氏族组成的部落的名号，以“夏后”为首，因此建立夏朝后就以部落名为国号。当然了，尽管姒姓部落在国家政权的整合中起到了至关重要的作用，但在当时的情况下，这种血缘关系的范围还是有限的。“夏商周断代工程推定夏代始年为公元前2071年，夏商之交为公元前1600年，在这471年夏代的历史阶段中，整个黄河中下游地区实际上仍然处于部落联合体的状

10　魏特夫：《东方专制主义》，徐式谷等译，中国社会科学出版社，1989年，第9页。

11　魏特夫：《东方专制主义》，徐式谷等译，中国社会科学出版社，1989年，第164页。

态，各个部落都以血缘为单位自行管理。其中夏部落率先建立了国家机器，步入文明时代，因其强大、影响深远，而成为中原部落联盟的共主。这共主的威力只能对联合体中的其他部落产生外在的影响，而无法渗透到其内部，因为各部落内部仍然实行其本族的血缘管理。”[12]

总之，在治理黄河的过程中，尽管夏朝草创了华夏式国家的基本模式，但其制度并不完备、基础并不牢固。单从帝位的传承来看，在启之后即有太康失国的纷乱，说明夏与其他部族之间仍然处在激烈的争斗中，夏朝内部的权力继承还没有稳定的制度保障。夏要压制其他部落就需要有足够的实力不断征伐，传说中的九夷部落就曾成为夏的主要对手。而夏朝本身也需要在与各部落斗争中保持自己的强势地位，一旦实力不济就会造成王朝权力的旁落。《汲冢纪年》云：“自禹至桀十七世，有王与无王，用岁四百七十一年。”说明夏在王权统治的过程中可能出现过断裂失位的情况，这也从一个侧面说明夏朝的国家形式还很不稳固，它所确立的血缘制度还没有形成有效的约束机制。然而无论如何，作为华夏文明的第一个王朝，夏代并没有用新的国家机器来取代旧的血缘关系，而是借助于旧的血缘关系形成新的政治制度。这一特点对中国文化日后的发展起到了极为重要的作用。

二

甲骨文是商代后期才出现的文字，最早的不超过公元前1300年，大多反映盘庚迁殷至纣王间270年间的历史，对商代早期生活的记载不多；且甲骨文本为卜辞，绝大多数是记录占卜活动的文字，对整个社会的描述不全。然而无论如何，结合后代的文献传说和出土文物，我们对商代的了解毕竟比夏代详尽多了。

早在传说中的尧、舜、禹时代，商作为一个部族就已经存在了。相传商的始祖契原本领导着一个以畜牧业为主的东方部落，后因帮助夏朝的创始人禹治水有功而受封于商。夏朝末年，商的势力由黄河下游发展到中游，渗透到夏的统治地区，建立了强大的部落联盟，开始向奴隶制过渡。“夏商周断代

12 江林昌：《考古发现与文史新证》，中华书局，2011年，第128页。

工程”认为，商取代夏而成为中原联盟共主的时间约为公元前1556年，至公元前1046年被周所灭，共510年。在这五百多年的时间里，商曾多次迁都，其中多个都城在河南境内。考古学家在河南安阳发现了出土甲骨文的殷墟，在商丘、郑州、偃师、温县、辉县、新郑等地发现商朝文化遗存。这些遗存表明，商朝的畜牧业、农业、手工业发展比较快，青铜器的冶炼与制造技术相当成熟。商朝的势力范围也要比夏朝大得多，不仅包括黄河流域，而且波及长江流域。

从生产方式的角度讲，商人大约经历了一个由畜牧业到农业的发展过程。“周灭殷，称商人为夷。……夷字从大，从弓，从弓就是表示他们善于射猎之意。龙山文化是夷族的文化，所以他出土的箭镞比仰韶文化中多得多，而且种类也很多。”[13]甲骨文中就有狩猎的“狩”字，其字形很像捕兽之物与被捕之兽。与狩猎相联系，商人的畜牧业也很发达。徐中舒指出：“畜牧在殷商也是普遍的。马、牛、羊、鸡、犬、豕六畜和象都有，而且都是家畜。”[14]杨升南认为：“畜牧业在商代已成为一个独立的经济部门，其标志是它已作为当时人们食物的主要来源之一。”[15]我们知道，从事畜牧业的人要逐草而生，“而商人之所以屡迁，正与他们仍处于游牧流动生活有关”[16]。此后，随着社会的发展和进步，商人的农业生产渐渐取代了畜牧业的地位。据1929—1932年所发掘的安阳殷墟的7处灰坑统计，出土石镰达3640件，其中一个灰坑即有444件。[17]在农业社会中，雨量的多寡是关乎国家命运的大事，因而甲骨文中记录了大量占卜求雨的事件，甚至多次为求雨而焚人。从维系血缘关系的角度看，守土重迁的农业生产显然要比不断迁徙的畜牧业生产更有利于血缘关系的稳定。

从政治制度的角度讲，商朝大致经历了一个由游动为主的氏族联盟向以城邑为中心的方国制度发展的过程。殷人的都邑是经过多次迁徙的。王国维在《说自契至于成汤八迁》一文中论证自契至于成汤都邑迁徙过八次的过程。张守节在《史记·殷本纪》的《正义》中说：“汤自南亳迁西亳，仲丁迁隞，

13　徐中舒：《徐中舒先秦史讲义》，天津古籍出版社，2008年，第40页。

14　徐中舒：《徐中舒先秦史讲义》，天津古籍出版社，2008年，第63页。

15　杨升南：《商代经济与科技》，中国社会科学出版社，2010年，第181页。

16　江林昌：《考古发现与文史新证》，中华书局，2011年，第175页。

17　石璋如：《第七次殷墟发掘：E区工作报告》，《安阳发掘报告》1933年第4期。

河亶甲居相，祖乙居耿，盘庚渡河南居西亳，是五迁也。”说明成汤以后又迁徙了五次。从时间上来看，前八次迁徙所占的时间短，后五次迁徙所占的时间长，这说明农业生产有一些发展，用不着通过频繁的迁徙来改变地理条件了。而到了商代后期，商王朝最终稳定下来，形成了以殷墟为核心的权力辐射地带。“这时，方国联盟发展到十分成熟的阶段，商民族居于‘中商’‘大邑商’之内，成了方国联盟的真正共主。而且在行政上，出现了地域管理的观念。商族称商王与贵族所居的‘中商’‘大邑商’为内服，而‘中商’以外的广大地区，按亲疏关系分为侯、甸、男、卫、邦伯五个层次，合称外服。”[18]这种地域与血缘同形同构的关系，为以后西周的分封授土授民制度奠定了基础。

从权力更迭的角度讲，商民族的统治者有着连续的血缘承续系统，而不像夏王朝那样出现过“有王与无王”的混乱局面，但是商王朝的血缘承续又有着一个从“兄终弟及”到“父死子继”的演变过程。我们知道，甲骨卜辞的记载的商王共29位，其承续系统与《史记·殷本纪》中记载的31位大体一致。王国维指出：“特如商之继统法，以弟及为主，而以子继辅之，无弟然后传子。自成汤至于帝辛三十帝中，以弟继兄者凡十四帝（外丙、中壬、大庚、雍己、大戊、外壬、河亶甲、沃甲、南庚、盘庚、大辛、小乙、祖甲、庚丁）；其以子继父者，亦非兄之子，而多为弟之子（小甲、中丁、祖辛、武丁、祖庚、廪辛、武乙）。惟沃甲崩，祖辛之子祖丁立；祖丁崩，沃甲之子南庚立；南庚崩，祖丁之子阳甲立：此三事独与商人继统法不合。”[19]后人据此进一步分析，商朝前期与后期又有着明显的不同。商朝的前期，王位传承采取“兄终弟及”与“父死子继”两种方式，“兄终弟及”甚至还略占上风；商代后期，自康丁（庚丁）开始不再采取“兄终弟及”的方式，而只采用“父死子继”的方式，直至商代灭亡。有学者推测，“兄终弟及”的继承方式可能和早期商人与北方有娀族实行“普那鲁亚婚”有关。在这种婚姻制度下，兄弟共妻对方氏族的姐妹，姐妹共夫对方氏族的兄弟。兄弟之间共同生产、共同生活，并按照年龄大小而依次掌管共有的财产，从而为“兄终弟及”的王位继承制度奠定了基础。显然，这种兄弟关系重于父子关系的社会习俗反映了当时社会还处在早期人类由母系社会向父系社会转变的过程之中，而随着父系社会的完全确

18 江林昌：《商族先公的起源与相关史事》，《考古发现与文史新证》，中华书局，2011年，第173页。

19 王国维：《古史新证》，湖南人民出版社，2010年，第34—36页。

立，以男性为中心的亲子血缘关系才真正建立起来，于是有了“祖甲改制”。《国语·周语》云：“玄王勤商，十有四世而兴，帝甲乱之，七世而陨。”当然，祖甲改制未必就是导致商朝灭亡的真正原因，因为由“父死子继”的制度来取代“兄终弟及”的传统实际上是父系社会发展成熟的必然结果。有了这种制度上的保障，以男权为中心的家族血缘关系才能够真正建立起来，从而为以后的分封制度奠定基础。

从意识形态的角度讲，商朝则大致经历了一个由宗教信仰到祖先崇拜的过程。从有限的资料可知，商代是一个充满巫术迷信和宗教信仰的时代。殷墟卜辞中所记载的祭法与祭名，计有上百种之多。王室贵族上自国家大事，下至私人生活，如祭祀、气候、收成、征伐、田猎、病患、生育、出行，无不求神问卜，以得知吉凶祸福并决定行为举止。除了占卜之外，各种祭祀活动也无处不在，各种天神地祇笼罩着整个王朝，即使是青铜器上的饕餮纹饰，也充满了一种恐怖与神秘的气氛。所有这一切，与后来《礼记·表记》关于“殷人尊神，率民以事神，先鬼而后礼，先罚而后赏”的表述是完全吻合的。因此，学术界多认为，殷商文化基本上是一种神本文化。然而，通过对甲骨卜辞的分期研究，人们发现，越是早期的甲骨卜辞，有关祭祀自然神的内容就越多，越是晚期的甲骨卜辞，有关祭祀祖先神的内容就越多。宋镇豪认为：“商代武丁之后，王权相对稳定，先王先妣神的致祭大盛，并日趋规范化，而早先带有自然神属性的诸神，几乎汰去十之七八。”[20]商代后期，家族血缘观念开始向规范化方向发展，因而从政治需要出发，那些带有自然神属性的原始崇拜便只能让位于先王先妣的祖先崇拜了。自祖甲开始，商王朝对祭祀活动进行了改制，重新规定了祀典的规则和礼仪，创立了周祭制度。所谓“周祭制度”，就是殷人运用五种方式对其祖先周而复始地轮番祭祀，一个王世接着一个王世持续不断地举行，并在甲骨卜辞中记录下来。这种制度的意义就在于通过祭祀先王来确立后王的合法性，与嫡长子继承制的王位传承相为表里，可以看作宗法血缘制度化建设的重要标志。

总之，无论是从不断迁徙的畜牧业生产到守土重迁的农业生产，还是从以游动为主的氏族联盟到以城邑为中心的方国制度；无论是从“兄终弟及”的

20　宋镇豪：《商代史论纲》，中国社会科学出版社，2010年，第332页。

王位继承到“父死子继”的权力演变，还是从自然崇拜的宗教信仰到祖先崇拜的祭祀方式，作为黄河文明的产物，商代在夏代的基础上进一步发展和维系了氏族血缘关系在社会政治生活中的地位，从而为周代宗法制度的建立奠定了基础。

三

凭借文献记载、历史传说和考古资料的发现，我们对周代的了解要比夏、商两代详尽得多。相传，周人的历史与夏、商一样悠久，其祖先是黄帝曾孙帝喾之妻姜嫄的儿子弃，也就是被后世称为农神的“后稷”。这个以农业起家的姬姓氏族因受游牧部落的侵扰而多次迁徙，直到古公亶父时才在陕西关中渭河流域岐山下的平原安定下来。在周原这片肥沃的土地上，姬姓自称周人，其农业经济得到了快速的发展。为了保障部族的安全，古公亶父与占据中原的商朝建立起稳定的同盟关系，以方国的身份在商的保护下积聚力量。古公亶父传位季历，季历与商联姻，成为商王朝在西方最为重要的一位方伯。后来，商王为扼制周族势力的发展，以确保商朝的地位不受威胁，杀了不再那么听话的季历。季历的儿子姬昌即位后忍辱负重、励精图治，一方面发展生产，一方面武力扩张，先是兼并了周边的方国，后又蚕食商朝的领土，并迁都于今陕西省西安市户县沣河西岸的丰都，准备进取殷商。姬昌死后，其子姬发即位，率重兵与商军决战于今河南汲县的牧野。结果是商军倒戈，周军大胜，商纣王于鹿台兵败自焚。姬发以武王名义建立周朝，追封父亲姬昌为文王。

“武王克殷二年，天下未宁而崩。”（《史记·封禅书》）据说武王在临终前要把王位传给德才兼备的弟弟姬旦——周公。周公涕泣不止，不肯接受。武王死后，太子诵继位，是为成王。“成王少，周初定天下，周公恐诸侯畔周，公乃摄行政当国。”（《史记·周本纪》）为了巩固新生的政权，周公平定了“三监”的叛乱，保卫了新生的国家政权；迁徙殷之遗民，将前朝旧族拆散瓦解；实行了周朝的分封政策，将姬姓宗族的血缘纽带扩展到全国各地；营建了东都洛邑，扩大了对中原地区的影响；建立了礼乐制度，形成了一整套维护国家制度的行为规范……在完成了这些丰功伟绩之后，周公并没有自称天子，而是将整顿好的国家还给武王的儿子成王。

关于周公还政于成王的原因，后人有不少揣测。有人认为周公并非不想篡权，实在是迫于各种压力而不得不功成身退的。其实这种揣测不仅没有史料的根据，也不合情理。事实上，即使没有武王传位于周公的允诺，周公自称为天子的条件也是相当充分的。第一，周公的出身很高贵，他以文王之子的身份继承王位，是完全可以被接受的。况且武王有一位兄长，他本人也并非长子。姬发因其兄伯邑考被商纣王所杀而得以继位，姬旦也同样有理由因其兄姬发早逝而得以继位。第二，周朝所取代的商朝本身就存在着“兄终弟及”和“父死子继”的两种惯例。况且当时周朝初立，采取何种继承形式完全是可以重新约定的。第三，周公不仅辅佐武王打败了殷商，而且继武王之后捍卫了国家，有功于这个新生的王朝。况且当时他大权在握，于名于实都可以自称为天子。第四，武王去世时其子只有12岁，周公还政时成王也只有19岁，一个文韬武略的政治家不太可能是被一个黄口小儿逼下台的。况且从周公退位后写给成王的文字看，现存于《尚书》中的《无逸》篇完全是一种长辈告诫晚辈的口吻，丝毫没有被迫让位的口气……因此，正像王国维所指出的那样：“舍弟传子之法，实自周始。当武王之崩，天下未定，国赖长君，周公既相武王克殷胜纣，勋劳最高，以德以长，以历代之制，则继武王而自立，固其所矣。而周公乃立成王，而已摄之，后又反政焉。摄政者，所以济变也，立成王者，所以居正也。”[21]既然如此，周公为什么一定要还政于成王呢？这其中必然隐含着超出权力之上的更高的政治信念和精神追求，即创建一种新的、有利于长治久安的国家政体：以长子继承制为核心的宗法分封制度。

我们知道，周朝之前的商朝是传弟和传子并存的。由于任何人的兄弟都是有限的，因而传弟终究还要传子。这样一来，在传弟和传子的过程中不仅会出现传长与传贤的矛盾，而且会出现传兄之子与传弟之子之间的矛盾。这些矛盾往往会引发王室内部的纷争，导致王权的衰落。或许正是为了杜绝这一隐患，殷代从康丁以后便不再采取“兄终弟及”的传位方式而连续采取“父

21 徐洪兴编：《王国维文选》，上海远东出版社，2011年，第329—330页。

死子继”的传位方式。然而尽管如此，以长子继承制为核心的宗法制度还没有真正建立起来。不仅商朝如此，就先周的姬姓氏族的传位方式来看，周公之前也没真正确立嫡长制。我们知道，继周太王古公亶父之位的不是长子太伯和次子虞仲，而是少子季历。而周公以身作则，一方面杜绝了“兄终弟及”的传位方式，一方面确立了嫡长子制的继承法则。自此以后，周朝历经成王、康王、昭王、穆王、共王、懿王，除去孝王外直到幽王都是传子的，这不是偶然的。这种嫡长子继承制的确立不仅避免了王室内部的权力纷争，而且为分封制的实施奠定了基础。正像《吕氏春秋·慎势》中所说的那样，“立天子不使诸侯疑焉，立诸侯不使大夫疑焉，立嫡子不使庶孽疑焉。疑生争，争生乱。是故诸侯失位则天下乱，大夫无等则朝廷乱，妻妾不分则家室乱，嫡孽无别则宗族乱。”因为除了嫡长子之外，那些无权继承天子、诸侯之位的王子、王孙们，也可以通过分封而获得自己的邦国或采邑，将自己的权力欲望在外部世界得以实现，并通过这种实现而反过来拱卫王室，从而形成“家庭”与“国家”一体、“血缘”与“权力”同构的宗法网络系统。正像王国维在《殷周制度论》中所分析的那样：“是故有立子之制，而君位定；有封建子弟之制，而异姓之势弱，天子之位尊；有嫡庶之别，于是有宗法，有服术，而自国以至天下为一家。”[22]从这一意义上讲，作为中国历史上极为重要的一个朝代，周朝虽然是由文王奠定的基础、武王打下的天下，却是周公建立的制度。周公所建立的这个制度主要包括“分封诸侯”与“制礼作乐”两部分组成，前者是这个王朝的权力架构，后者是王朝的行为准则。

有人认为，商代自“祖甲改制”后，即已有“大宗”“小宗”之分，出现了宗法制的雏形。但真正成熟的宗法分封制，显然是周初开始的。《左传·昭公二十八年》记载：“昔武王克商，光有天下。其兄弟之国十有五人，姬姓之国四十人，皆举亲也。”《左传·僖公二十四年》记载：“昔周公吊二叔之不咸，故封建亲戚以蕃屏周。管、蔡、郕、霍、鲁、卫、毛、聃、郜、雍、曹、滕、毕、原、酆、郇，文之昭也。邘、晋、应、韩，武之穆也。凡、蒋、邢、茅、胙、祭，周公之胤也。”《荀子·儒效》则曰：“周公兼制天下，立七十一国，姬姓独居五十三人。”尽管这几处记载分封诸侯的时间或有不同，

22　徐洪兴编：《王国维文选》，上海远东出版社，2011年，第338—339页。

但都是从周初开始的。考虑到武王克商后两年即薨，即使是由他开始的，也是在周公辅佐下完成的。尽管这几处记载的封国的数量有些出入，但以姬姓为核心的宗法分封制度确实建立起来了。

“据近人考究，‘宗法’制度大略是这样的：譬如天子世世相传，每世的天子都是以嫡长的资格继承父位，奉戴始祖，是为大宗，他们的众子（包括嫡长子的诸母兄弟与庶子）封为诸侯，为小宗。每世的诸侯也是以嫡长子的资格继承父位，奉始祖为大宗；他们的众子各有食地为小宗。凡大宗必是始祖的嫡裔，而小宗则或宗其高祖，或宗其曾祖，或宗其祖，或宗其父，而对大宗则都称为庶。诸侯对天子为小宗，但在本国则为大宗；卿大夫对诸侯为小宗，但在本族则为大宗。”[23]“在宗法制度之下，从天子起到士为止，可以合成一个大家族。大家族中的成员各以其对宗主的亲疏关系而定其地位的高低。”[24]诸侯受封于天子，必须服从于天子的号令，为天子镇守疆土、交纳贡赋，并定期朝觐述职。卿大夫受封于诸侯，为诸侯承担劳役和作战任务。“分封在外的诸侯，一方面是华夏的代表，一方面也与各地方原有的文化接触与交流。西周三百多年来，华夏意识渗入中原各地，自西徂东，无往而没有分封网的触角伸入各地，当地文化层次，一方面吸收取新成分，一方面反哺华夏文化，经过三千多年的融合，西周代表的华夏世界终于铸成一个文化体系，其活力及韧度，均非政治力量可比拟。这一过程中，政府不复仅以人治为本而趋于组织化与制度化。封建的分封制度不再只是点状的殖民与驻防，而趋于由邦国与田邑层级式的组织。”[25]也就是说，与殷人不同：商朝的统治者主要依靠强大的武力威慑而使周边的方国俯首称臣；周代的统治者则主要依靠以血缘为纽带的政治制度将国家的权力渗透到周边地区。“于是周人的世界，是一个‘天下’，不是一个‘大邑’；周人的政治权力，抟铸了一个文化的共同体。”[26]显然，这个“文化的共同体”是建立在“血缘的共同体”基础之上的，这便是所谓的宗法制。诚如《礼记·大传》中所说的那样：“亲亲故尊祖，尊祖故敬宗，敬宗故收族，收族故宗庙严，宗庙严故重社稷，重社稷故爱百姓，爱百姓故刑罚中，刑罚中故庶民安。”

23 童书业：《春秋史》，山东大学出版社，1987年，第6页。

24 童书业：《春秋史》，山东大学出版社，1987年，第7页。

25 许倬云：《历史分光镜》，上海文艺出版社，1998年，第194页。

26 许倬云：《历史分光镜》，上海文艺出版社，1998年，第193页。

从血缘—地域关系的历史整合来看，周朝的这种宗法联盟显然要比夏朝的部落联盟和商朝的方国联盟更具有凝聚力。因为部落的聚集地是游动的，血缘只限于内部的统一，因而部落间的联盟常常是临时的、松散的；方国的聚集地虽然相对固定，方国与共主国之间也会出现一些联姻，但共主国的血缘统治并没有渗透到各方国的内部，因而其联盟也是靠不住的。而在周朝的宗法分封制度下，“国”就成为放大了的“家”，“君君”“臣臣”就成为放大了的“父父”“子子”，从而形成了以天子—诸侯—卿大夫—士为阶梯的权力金字塔。这种权力的金字塔很像一个家族的族谱：在这个权力结构的最底层，是比“士”更低的“庶民”，这里的“庶”字显然具有“庶出”之类的血缘含义。这意味着，越是血缘关系网络中的嫡系近支，越应该在权力关系中占据重要地位；越是血缘关系网络中的旁系远支，越应该在权力关系中占据次要地位。

“这个宗法制度，将周人的姬姓联系在一起；但这还不够，还有许多异姓，即不同姓的国家、不同姓的部落。于是周代就用婚姻将他们联系在一起。”[27]“以齐国来说，齐国的统治者是姜姓（姜太公的后代），姜姓跟姬姓，是世世代代结婚姻的，姜姓的夫人们，常常姓姬，姜姓的女儿，经常嫁给姓姬的人家去。”[28]就这样，通过同姓的血缘关系和异姓的婚姻关系，整个国家的统治者都成为周人的亲属。不仅如此，这种血缘—权力关系甚至还可以向下延伸到奴隶阶层，就像恩格斯所说的那样，“在东方，家族奴隶制是特殊的，即是，在这里，奴隶不是直接地形成生产的基础，而仅是间接的氏族成员。”[29]田昌五认为：“中国古代社会结构的特点在于其中存在着不同层次的宗族，自由人和非自由人都是笼罩在宗族之中的。奴隶虽无宗族，但他们的主人是有宗族的，因而他们也通过自己的主人和宗族发生了联系。这样就形成了一种宗族社会结构，其奴隶制的特征为宗族奴隶制。奴隶也好，奴隶主也好，都是生活在宗族社会结构之中的。只有抓住这种特征，我们才能够理解中国古代社会。”[30]这种融“血缘地位”与“政治地位”为一体的政治制度，最大限度地利用了“黄河文明”所保存完好的家族血缘关系，有利于“家”“国”一体的政治稳定。

27 许倬云：《历史分光镜》，上海文艺出版社，1998年，第214页。

28 许倬云：《历史分光镜》，上海文艺出版社，1998年，第215页。

29 马克思：《资本主义生产以前各形态》，人民出版社，1956年，第15页。

30 田昌五：《中国古代社会发展史论》，齐鲁书社，1992年，第263页。

四

如果说“分封诸侯”是一种权力构架，那么“制礼作乐”则是一种行为法则。《说文解字》云：“礼，履也，所以事神致福也。”作为沟通人神关系的一种规则和仪式，夏、商时代即有了一定的“礼制”，而周公则十分巧妙地将这套礼乐制度改造成为行为规范，从而服务于周朝的宗法制度。

首先，从对象来看，周人之礼不是以祭拜鬼神为主，而是以祭祖、祭天为主。周人祭祖的规矩与商人不同。“故商人祀其先王，兄弟同礼；即先王兄弟之未立者，其礼亦同，是未尝有嫡庶之别也。”[31]尽管这种制度在祖甲改制之后有所改善，但仍不完备。而周人的祭祖则与宗法制度紧密相关。按照嫡长子继承制的规定，嫡系大宗不会增加，旁系的小宗则会蔓延。而祭祖的意义，既是要通过共同的祖先而获得同族人内部的凝聚力，又是要区分族内的血缘关系以厘清彼此的长幼、嫡庶关系。譬如，作为文王的继承者，武王是大宗，而被封为诸侯的其他王子则为小宗。这些王子们没有单独祭祀文王的权利，只能在武王的统领下参与祭祀。祭祀时，与文王血缘关系远近不同的人穿戴不同的服饰，占据不同的位置，做出不同的仪态。从表面上看，此礼是面对死去的前辈，即祖先的；但在实际上，其更重要的意义是要明确家族内部的血缘关系，以辨别长幼、嫡庶的尊卑关系。以此类推，各被封的诸侯在本国内则为大宗，死后接受其继承者的祭祀。诸侯的其他儿子作为小宗无权单独举行祭祀活动，只有在作为其继位者的嫡长子的率领下才能进行祭祀。这便是《礼记·郊特性》中所谓的：“诸侯不敢祖天子，大夫不敢祖诸侯。”从宫廷直至民间，这类敬祖、收族的活动成为周代礼制的核心内容。《礼记·大传》云：“有百世不迁之宗，有五世则迁之宗。”一般来说，除了天子、诸侯家族之外，只是共有高祖、曾祖、祖父、父亲的五代人之间才会进行共同的祭祖活动，而这种祭祖活动与丧礼中的“五服制度”又是完全吻合的。按照这一制度，祭拜者根据其与死者血缘远近的不同，需要穿着不同的丧服：亲者服重，疏者服轻，依次递减，是为斩衰、齐衰、大功、小功、缌麻。“丧服的等级，因亲疏远近而有严格的等级。因此，丧礼也是厘定社会关

31　徐洪兴编：《王国维文选》，上海远东出版社，2011年，第329页。

系的场合。整个丧葬事实上表现社会关系的意义，大于个人的情感意义。丧葬一方面表现了纵的封建等级，另一方面也表现了横的宗族联系。”[32]这种贯穿于宫廷与民间的祭祀活动与分封制度的权力构架、宗法制度的社会土壤是相为表里的。

除了祭祖之外，周人也祭天。但正如祭祖是一种权利一样，祭天也是一种权利，而且是一种特殊的权利。《礼记·王制》云："天子祭天地，诸侯祭社稷，大夫祭五祀。"《礼记·曲礼》云："天子祭天地，祭四方，祭山川，祭五祀，岁遍。诸侯方祀，祭山川，祭五祀，岁遍。大夫祭五祀，岁遍。士祭其先。凡祭，有其废之，莫敢举也；有其举之，莫敢废也。"周代的最高统治者不称"皇帝"，而称"天子"，以示其具有天之骄子的独特地位，同时也就占有了祭祀天地的独特权利。然而，周人对天的态度与殷人不同。商王宣称："我生不有命在天。"（《尚书·商书·西伯戡黎》）因而只要供奉丰厚的祭品就可以永远获得上天的护佑；周王则认为："天命靡常，唯德是辅。"（《尚书·多士》）"天降丧于殷，罔爱于殷，惟逸。"（《尚书·周书·酒诰》）"惟不敬阙德，乃早坠阙命。"（《尚书·周书·召诰》）因而不仅要祭天、敬天，还必须按照天的意志勤政爱民，才能够永远获得上天的护佑。这样一来，敬天、尊祖、保民就成了周天子三位一体的宗教—政治哲学和礼仪—行为规范。

其次，从主体来看，周礼不仅注重祭祀对象的功能，而且更加注重祭祀主体的权利。不同血缘身份和政治地位的人不仅参与礼乐活动的权利不同，而且拥有祭祀活动的资源也不同。周代实行"庙数制度"："天子七庙，诸侯五庙，大夫三庙，士一庙，庶人祭于寝。"（《礼记·王制》）与"庙数制度"相一致的是周代的"鼎彝制度"："天子九鼎，诸侯七，大夫五，元士三。"（何休注《公羊·桓公二年传》）这样一来，原本以信仰为主体的宗教—神秘活动就变成了以权利为主体的伦理—世俗行为；原本是用于祭祀活动的场所和器皿，却被赋予了超出祭祀活动的权力等级，这就是所谓的"藏礼于器"。换言之，周代的礼乐制度并不只是一种与信仰相关的行为方式，而且是一种与政治相关的权利法则。如果有人违背了这一法则，便是"逾制"，而严重的"逾制"是要被杀头的。说到底，周初的统治者之所以制定这套礼乐制度，就是

32　许倬云：《历史分光镜》，上海文艺出版社，1998年，第186页。

要让不同身份的人们在制度所规定的范围内循规蹈矩地生活，而不要有逾越制度的幻想和贪欲。而当人们都安分守己、各就各位之后，国家的秩序也就自然得到了保障。正像许倬云所说的那样："礼仪的系统化与制度化，一方面意味着一个统治阶层的权力已由使用武力作强制性的统治，逐步演变到以合法的地位的象征。另一方面，规整的礼仪也代表统治阶层内部秩序的固定，使成员间的权利与义务有明白可知的规律可以遵循，减少内部的竞争与冲突，增强了统治阶层本身的稳定性。"[33]

最后，从范围来看，周礼有着将宗教仪式转化为世俗规范的泛化倾向。根据现有的资料可知，周礼的内容极为广泛，无论是冠、婚、葬、祭、享、燕，还是朝聘、衣服、车马、宫室，都可以被纳入礼乐的规范之中。从衣、食、住、行到婚、丧、嫁、娶，无处没有礼乐的法则，无处没有等级的规定。如《礼记·聘义》记载："聘礼：上公七介，侯伯五介，子男三介，所以明贵贱也。"《周礼·大宗伯》记载："以玉作六瑞，以等邦国：王执镇圭，公执桓圭，侯执信圭，伯执躬圭，子执谷璧，男执蒲璧。"《周礼·巾车》记载："服车五乘：孤乘夏篆，卿乘夏缦，大夫乘墨车，士乘栈车，庶人乘役车。"《礼记·燕义》记载："献君，君举旅行酬，而后献卿；卿举旅行酬，而后献大夫；大夫举旅行酬，而后献士；士举旅行酬，而后献庶子。"不仅人们生前的衣着配饰、行为举止要受到这种法则的约束，就连死后的埋葬方式也要受这些规定的限制。所谓"天子棺椁七重，诸侯五重，大夫三重，士再重"（《庄子·天下》）。可见，《礼记·礼器》中所说的"经礼三百，曲礼三千"绝非夸大其辞。正像王国维指出的那样："且古之所谓国家者，非徒政治之枢机，亦道德之枢机也。使天子、诸侯、大夫、士各奉其制度典礼，以亲亲、尊尊、贤贤，明男女之别于上，而民风化于下，此之谓'治'，反是，则谓之'乱'。是故天子、诸侯、卿大夫、士者，民之表也。制度典礼者，道德之器也。周人为政之精髓，实存于此。"[34]谁要是违反了礼仪、居室、服饰、用具等的具体规定，便视为非礼、僭越。李泽厚也认为："所谓'周礼'，其特征确实是将以祭祀（祖先）为核心的原始礼仪加以改造制作，予以系统化、扩展化，成为一套早期奴隶制的习惯统治法规（仪制）。"[35]

33　许倬云：《历史分光镜》，上海文艺出版社，1998年，第183页。

34　王国维：《古史新证》，清华大学出版社，1994年，第45页。

35　李泽厚：《中国古代思想史论》，人民出版社，1986年，第10页。

总之，西周的礼乐规范就是这样一整套建立在宗法血缘政治上的典章制度，它将殷商时代的宗教仪式转化为世俗的伦理法则，并将其与每个人的血缘身份和政治地位联系在一起，使所有社会成员都处在礼仪的层级网状结构中。一方面，由于这套体制以人们先天的血缘关系为纽带，其条件是自足的；另一方面，由于这套体制与人们后天的等级制度相适应，其功能又是自洽的。有了这套制度，人们的肉体行为不需要借助法律也可以实现自我的约束；有了这套制度，人们的精神追求不需要借助宗教也可以找到寄托。于是，在周公舍弃天子地位而为之奋斗的努力下，一种新的政治制度出现了。诚如王国维所指出的那样："此种制度，固亦由时势之所趋，然手定此者，实惟周公。原周公所以能定此制度，以公于旧制，本有可以为天子之道，其时又躬握天下之权，而顾不嗣位而居摄，又由居摄而致政，其无利天下之心，昭昭然为天下所共见，故其所设施，人人知为安国家、定民人之大计，一切制度，遂推行而无所阻矣。"[36]从人类历史的发展来看，一种新的政治制度的确立，往往需要某些伟大的政治家做出表率乃至牺牲。从这一意义上讲，将三千年前的周公比作中国历史上的华盛顿，似乎并不为过。因为华盛顿的急流勇退只是杜绝了美国总统的终身制，而周公的功成身退则不仅奠定了周朝的宗法分封制度，而且在一定程度上铸造了古代的华夏文明。

五

或许正是由于作为权力构架的"分封诸侯"与作为行为规范的"制礼作乐"相为表里、相得益彰，才使得周朝成为一个相当稳定的王朝。从公元前1046年至公元前256年，作为中国历史上最为漫长的朝代，周朝一共延续了790年之久。然而，从西周初期的周公到春秋末年的孔子，五百多年过去了。在五百多年的光阴里，家族的社会地位发生了悄然的变化：原来一些身份显赫的贵族，其后代渐渐衰落了；原来一些地位卑微的官吏，其子孙渐渐发达了。衰落者已不再有能力继续享受周礼所规定的奢华生活，发达者也不再甘心继续忍受周礼的约束了。于是，一个"礼崩乐坏"的时代来临了。

36　徐洪兴编：《王国维文选》，上海远东出版社，2011年，第339页。

生活于这一时代的孔子，以“克己复礼”为己任，其毕生最敬仰的人物正是周公。他曾慨叹道：“甚矣吾衰也！久矣吾不复梦见周公！”（《论语·述而》）正因如此，当他得知鲁国的大夫季氏不顾周公之礼的规范，在家里演奏天子应享受的舞蹈时，才会愤怒地指出：“八佾舞于庭，是可忍也，孰不可忍也。”（《论语·八佾》）显然，孔子在这种践踏礼乐的行为中预感到了一种“山雨欲来”的社会危机。也许有人会问：季氏的僭越行为与孔子何干？孔子究竟是干什么的呢？我们知道，孔子是“儒”。

徐中舒认为，甲骨文中的“需”字即为“儒”字，因而“儒在殷商时代已经存在了”[37]。“需”在甲骨文中的字形有沐浴濡身之状，与《礼记·儒行》所谓“儒有澡身而浴德”相吻合，表明“儒”的身份与沐浴斋戒的祭祀活动有关。章太炎认为：“儒之名盖出于需。需者，云上于天，而儒亦知天文，识旱潦。……庄周言儒者冠圜冠者知天时，履句履者知地形，缓佩玦者事至而断，明灵星舞子吁嗟以求雨者谓之儒，故曾皙之狂而志舞雩，原宪之狷而服花冠，皆以忿世为巫，辟易放志于鬼道。”[38]许慎《说文》云：“需，须也。遇雨不进止须也。从雨，而声。”“近代有学者认为，‘儒’的前身是古代专为贵族服务的巫、史、祝、卜；在春秋大动荡时期，‘儒’失去了原有的地位，由于他们熟悉贵族的礼仪，便以‘相礼’为谋生的职业。”[39]从祈雨的术士到相礼的儒生，其功能的转变正与殷、周之际由宗教崇拜向世俗伦理的历史性变化相同步。

事实上，在孔子将“儒”变成一种“家”、变成一种“学”之前，他所从事的“儒”确确实实是一种职业。所谓“俎豆之事，则尝闻之矣；军旅之事，未之学也”（《论语·卫灵公》），所谓“出则事公卿，入则事父兄，丧事不敢不勉，不为酒困，何有于我哉”（《论语·子罕》），都是明证。不仅如此，我们还清楚地知道，作为“儒”的孔子所施行的“礼”既不是夏礼，也不是殷礼，而是周礼。因为孔子明确地表示：“夏礼，吾能言之，杞不足征也；殷礼，吾能言之，宋不足征也。”（《论语·八佾》）“周监于二代，郁郁乎文哉！吾从周。”（《论语·八佾》）惟其如此，我们才能够理解，为什么孔子常常梦见周公；

37　徐中舒：《甲骨文所见的儒》，《四川大学学报》1975年第4期，第70—73页。

38　《章太炎学术史论集》，中国社会科学出版社，1997年，第192页。

39　胡乔木主编：《中国大百科全书·哲学》下卷，中国大百科全书出版社，1988年，第73页。

惟其如此，我们才能理解，为什么孔子在得知季氏僭越周礼的时候会如此愤慨。——如果人人都像季氏这样践踏周礼的话，还要我们这些“儒”干什么？然而孔子不仅是“儒”，而且是“家”。如果孔子仅仅是个职业的相礼者，他就会告诉季氏：按照周礼，以你的身份不应该享受八佾舞，而只能享受四佾舞。但是作为思想家的孔子，不仅要告诉人们应该怎样做，而且要告诉人们为什么要这样做。

“子曰：礼云礼云，玉帛云乎哉？乐云乐云，钟鼓云乎哉？”（《论语·阳货》）难道礼乐只是玉帛钟鼓之类好看好听的外在形式吗？不是，礼乐的背后一定有着深刻的内容。“子曰：人而不仁，如礼何？人而不仁，如乐何？”（《论语·八佾》）一个“人”如果没有“仁”的思想和情怀，施礼作乐又有什么意义呢？可见“礼”是形式，“仁”是内容。“礼”是周公的遗产，“仁”是孔子的贡献。许慎《说文解字·人部》云：“仁，亲也，从人二。”也就是说，孤立的一个人，没有“仁”的问题，所谓“仁”的问题，必须涉及人与人之间的亲情关系。“子曰：仁者人也，亲亲为大；义者宜也，尊贤为大。亲亲之杀，尊贤之等，礼所生焉。”（《礼记·中庸》）所以，孔子的学生有子才会说：“君子务本，本立而道生。孝弟也者，其为仁之本与！”（《论语·学而》）我们知道，在中国古代的人际关系中，父子曰孝，兄弟曰悌。所以，孔子的“仁爱”，绝对不是外加的，更不是从上帝那儿获得的，它来源于人与人之间的血缘情感。父亲爱儿子，儿子也爱父亲。这对于中国人来说，是最好理解不过的事情了。但是由于人们的血缘地位并不是并列的，这种来自血缘的亲伦之爱也不是平等的。父亲爱儿子叫做“慈”，儿子爱父亲叫做“孝”，这种“父慈子孝”的关系绝不能颠倒过来。在倡导“博爱”的基督教文化中，时时处处强调人与人在上帝面前的人格“平等”；而在主张“仁爱”的儒家文化中，时时处处强调的是人与人在血缘之中的人格“差等”：在父与子之间，在兄与弟之间，在夫与妻之间……说得极端一点儿，在任何两个传统的中国人之间，都不可能是完全平等的，哪怕是双胞胎，也有兄弟之分、姊妹之别。这种不平等的爱，要通过不平等的礼表现出来。过年的时候，儿子要给父亲磕头，而父亲却不能给儿子磕头，父亲拍拍儿子的肩膀，就算是还礼了。周公制礼作乐的实质，无非要区分出人的长幼尊卑而已。这样一来，孔子便在“亚细亚生产关系”的社会土壤中，为周公所规范的行为准则重新找到了心理依据。正像李泽厚指出的那样，“孔子没有把人的情感心理引导向外在的崇拜对象或神秘境界，而是把它消融满足在以亲子关系为核心的人与人的世间关系之中，使构成宗教三要素的观念、情感和仪式统统环绕和沉浸在这一世俗伦理和日常心理的综合统一体中，而不去建立另外的神学大厦。”[40]

如果说，“分封诸侯”是一种权力构架，“制礼作乐”是一种行为规范，那么“以仁释礼”则是一种意识形态。它的功能，就是将存在裂痕前两部分有机地黏合在一起，以实行“一日克己复礼，天下归仁焉”（《论语·颜渊》）的政治理想。正是由于孔子在人们的内心深处找到了遵循周礼的情感依据，才使得“儒”从一种职业上升为一种思想、一种理论、一种学说，乃至一种文化。一般认为，孔子所创立的儒学，具有“内圣”与“外王”两个方面。

所谓“内圣”，就是在国人的内心深处找到一种做人的价值尺度、超越的精神向度。在一些不懂儒家文化的外国人看来，中国人不信仰任何宗教，简直就是行尸走肉。殊不知，中国人在肉体之上，也有更高的精神追求。“子曰：朝闻道，夕死可矣。”（《论语·里仁》）只是这里所说的“道”不是“天道”而是“人道”。“子曰：道不远人，人之为道而远人，不可以为道。”（《中庸·第十二章》）所以，中国人的精神追求，不是指向彼岸的天堂，而是指向此岸的历史。即通过“太上有立德，其次有立功，其次有立言”（《左传·襄公二十四年》）的现实努力，而达到“人生自古谁无死，留取丹心照汗青”（文天祥《过零丁洋》）的不朽境界，使人们不通过外在的信仰主体也可以超越现实人生。正因如此，在世界几大文化圈内，唯有中国人保留下煌煌的十三经和泱泱的二十四史，以一种“崇经重史”的方式将有限的个体与无限的族类联系起来。

所谓“外王”，就是在国人的外在行为中形成一种规范和秩序，将个人、家庭、社会井然有序地凝聚到一起，这就是“半部《论语》治天下”的意义所在。读过《论语》的人都知道，在这部语录集中，孔子很少使用政治术语，更多的是一些伦理学说。“或谓孔子曰：‘子奚不为政？’子曰：书云：‘孝乎惟孝，友于兄弟，施於有政。’是亦为政，奚其为为政？”（《论语·为政》）子曰：

40 李泽厚：《中国古代思想史论》，人民出版社，1986年，第21页。

"为政以德，譬如北辰居其所而众星共之。"(《论语·为政》)子曰："道之以政，齐之以刑，民免而无耻；道之以德，齐之以礼，有耻且格。"(《论语·为政》)可是，在这些伦理学说中却潜含着治国、平天下的深刻哲理，这就是所谓的"以德治国"。孔子的学生有子说得好："其为人也孝弟，而好犯上者，鲜矣；不好犯上，而好作乱者，未之有也。君子务本，本立而道生。孝弟也者，其为仁之本与！"(《论语·学而》)孔子本人也曾指出："弟子，入则孝，出则悌，谨而信，泛爱众，而亲仁。"(《论语·学而》)这种将家族伦理社会化的行为模式，在以宗法血缘为基础的分封制度下有其深厚的社会土壤。因为在"家""国"一体的政治环境下，血缘和地域的关系是相对稳定的，血缘和政治的关系也是相对稳定的。直到今天，中国的农村还保存着一些以家族—姓氏为名称的传统村落，从而保存着浓厚的乡土观念；直到今天，中国人仍然习惯让自己的子女称异姓的同事为叔叔、阿姨，以泛血缘和拟血缘的方式来对待他人；直到今天，中国人仍然称呼所在区域的行政领导为"父母官"。在这种文化环境下，中国人很容易推己及人，即通过"老吾老，以及人之老；幼吾幼，以及人之幼"(《孟子·梁惠王上》)的方式而实现家族伦理的社会化；而儒学也正是利用了这种文化因子而实现着"迩之事父，远之事君"(《论语·阳货》)，从"亲亲"的伦理法则过渡到"尊尊"的政治秩序，将"修身""齐家"与"治国""平天下"统一起来。正像汤因比在与池田大作的谈话中指出的那样："就中国人来说，几千年来，比世界任何民族都成功地把几亿民众，从政治文化上团结起来。他们显示出这种在政治、文化上统一的本领，具有无与伦比的成功经验。"[41]而这种经验的萃取，就是所谓的儒学。

总之，所谓儒学，并不是凭空产生的，也不是孔子一人所创造的。在孔子之前，至少还有周公。我们知道，在唐代以前，儒家的文庙一直是以周公为主祀、孔子等先贤为陪祀的。后因唐玄宗李隆基不能容忍周公在武王逝世、成王年幼时期一度"摄政"的行为，而出于"正统"的意识形态需要才下令取消周公在文庙中被供奉的资格，改以孔子为主。从原始儒学的两大范畴来看，"仁"固然是孔子发明的，"礼"则是周公创造的。因此，如果我们不能将周公视为儒家学派的创立者，至少也可以称之为儒学的先驱。如果说，孔

41 汤因比、池田大作：《展望二十一世纪》，荀春生等译，国际文化出版公司，1985年，第294页。

子的成功有赖于周公的铺垫，那么周公的成功则根植于夏、商、周三代的历史。正是由于早熟的“亚细亚的生产方式”完好地保存了早期国人的家族血缘关系，才使得儒学将家族伦理社会化的理论建构成为可能。有了这种理论建构，中国文化的要义便不在形而上的宗教，也不在形而下的法律，而在形而中的伦理。正因如此，与其他文化背景下的民族相比，唯中国人可以不需要任何法律而井然有序地处理日常事务，唯中国人可以不需要任何宗教而视死如归地面对现实人生。

（此文为国家社会科学基金重大招标项目“文明、文化与建构和谐世界”（12&ZD010）的阶段成果，发表于《天津社会科学》2015年第4期）

形而上的诱惑与本体论的危机
——兼论康德、牟宗三、李泽厚的得失

“虽然‘本体论’（ontology）这个词直到17世纪才出现，但是人们一般都把它当作是从柏拉图到黑格尔的西方传统哲学的主干，或‘第一哲学’。这意味着它是各个哲学分支的理论基础，是理论中的理论、哲学中的哲学；其他哲学问题都是围绕着建设、运用或怀疑、反对本体论而展开的。现代西方哲学的主要流派大多也是通过对本体论的不同程度的批判而发展起来的。治西方哲学史而不识本体论，犹如入庙而不识佛。”[1]其实，岂止是从柏拉图开始，当比柏拉图早两百年的泰勒斯说出“万物源于水”这一西方哲学史上的第一句名言时，就已经是“本体论”的哲学命题了。因为他所说的“水”，已不再是眼前的经验之水，而是万物背后的超验本体。其实，岂止是西方哲学，当中国古代最早的哲学家老子说出“道可道，非常道”这一中国哲学史上的第一句名言时，也已经是“本体论”的哲学命题了。因为他所说的“道”，已不再是脚下的经验之道，而是万物背后的超验本体。因此，我非常认同“本体论”在哲学史、尤其是古代哲学史上的重要地位；也非常赞同那种将“本体论”当作哲学殿堂“庙中之佛”的巧妙比喻。问题在于，这座本体论的“庙中之佛”究竟是金刚不坏之体，还是肉眼凡胎之作呢？究竟是我们“不识庐山真面目”，还是“菩提本无树，明镜亦非台”呢？于是，我们不得不重新拾起哲学史上那个古老的命题，从创建

1　俞宣孟：《本体论研究》，上海人民出版社，2012年，第3页。

“本体论”的动机、类型，及其在理论上的合法性说起。

一

尽管“本体论”这个词是17世纪以后才出现的，但在它之前，还有一个含义颇为相近的词：“形而上学”（ta meta ta physica）。这个词最早源于古希腊哲学家亚里士多德一部遗作的书名。亚里士多德去世后，其著作的编纂者安德罗尼柯在整理过他的《物理学》（physica）之后，又发现了他留下的一部非常奇特而难以命名的书，于是便将其名之为“形而上学”（ta meta ta physica），意思是“物理学之后”，译为拉丁文，便是metaphysica。在古希腊时代，广义的物理学就是自然科学，它是研究存在于时间和空间中的物质世界之具体“现象”的学问；而广义的形而上学就是哲学，它是研究超越时间和空间之上的大千世界各种物质现象背后之“本体”的学问。于是，“形而上学”便与“本体论”连在了一起。由于客观世界的具体事物是看得见、听得到、摸得着的，而这些现象背后的本体则是看不见、听不到、摸不着的；因此，当翻译家将“物理学之后”（ta meta ta physica）译成中文时，就根据《易传·系辞上》“形而上者谓之道，形而下者谓之器”一句，将其译为“形而上学”。

人们研究广义的物理学，也就是自然科学的动机是很容易理解的，因为存在于时间和空间之中的人们需要通过改造自然而生存下去，需要利用经验资料来满足自己的衣食住行。可是人们研究形而上学，也就是超验世界的宇宙本体的动机就不太容易理解了，因为这种学问百无一用，人们为什么要劳神费力地去研究它呢？我们知道，人是这个世界上最聪明的动物，也是这个世界上最贪婪的动物。人的聪明使其清醒地意识到自身的有限性，人的贪婪又使其不甘心这种有限性。人们清醒地意识到，我们存在于时间和空间中的有限生命不可避免地是会消亡的，因而必须在时间和空间之外找到一种永恒不变的本体作为精神依托的根据。只有当我们有限的个体与这个无限的本体发生联系的时候，我们才能获得永恒的价值和意义。正像有学者指出的那样，“人不但有对自我的意识，有探索人生意义的愿望，而且有对终极存在或宇宙本原（尽管有不同的理解）的意识，有探索它并同它和谐一致的愿望。要理解人与世界，就必须研究形形色色的人生观和世界观，其中包括这种精神性的终极关切，包括这种超越自我而与终极存在和谐一致的愿望。”[2]从这一意义上讲，古希腊的哲学家之所以要进行本体论研究，与其说是出于科学研究的需要，毋宁说是出于人文信仰的需要。

正是从这一需要出发，古希腊的哲学家们展开了五花八门的探索，并形成了不同倾向的两大派别。其中的一派企图从某种物质的“质料”入手，将这种特殊的质料提升到形而上的高度；而另一派则坚持要从具体事物的“形式”入手，企图从对象的形式中抽象出一个外在于客观世界的本原。前者由伊奥尼亚学派的泰勒斯（水）、阿那克西曼德（无定形）[3]、阿那克西美尼（气）和赫拉克利特（火）为开端，经阿那克萨戈拉（种子）、恩培多克勒（水、火、土、气）的过渡，直至留基波和德谟克利特（原子）而达到成熟；后者由南意大利学派的毕达哥拉斯（数）开端，经爱利亚学派的巴门尼德和芝诺（存在）的过渡，到苏格拉底和柏拉图（理念）而达到成熟。

对于前一学派学者，海德格尔指出：他们想研究超越时空的“存在”，但他们只能看到存在于时空之中的“在者”，于是便用经验的“在者”来规定超验的“存在”，得出了将世界的本体归结为“水”、归结为“火”、归结为“气”之类千奇百怪的说法。对于后一派学者，海德格尔认为，他们无法获知超越时空的“存在”，而只能将存在于时空之中的具体“在者”抽象化，将其概念视为“存在”。“如果存在者在概念上依照种和属来区分和联系的话，那么‘存在’却并不是对存在者的最高领域的界定：存在不是种。存在的‘普遍性’超乎一切种的普遍性。”[4]因此，存在不仅不是“水”、不是“火”、不是“气”，而且也不是“数”“理念”、不是“太一”。“存在”不是摆在那里供我们去认识的现成对象，也不能由这些对象推理或演绎而得出。这样一来，海德格尔便从方法论上彻底截断了传统本体论研究通往“存在”的哲学之路，把前此以往的形而上学统统称之为“无根的本体论”。

2　何光沪：《〈宗教与世界〉丛书总序》，《神学与形而上学》，朱代强等译，四川人民出版社，1997年，第2页。

3　叶秀山认为，阿那克西曼德的“无定形”就是水。参阅《前苏格拉底哲学研究》，人民出版社，1983年。

4　［德］海德格尔：《回到形而上学的基础》，《20世纪西方宗教哲学文选》下卷，上海三联书店，1991年，第930—931页。

按照我们传统的说法，前一学派叫做“唯物主义”的哲学路线，后一学派叫做“唯心主义”的哲学路线。其实，把世界的本原说成是“水”并不比说成是“数”高明多少，二者都不过是古代人对宇宙本原的一种素朴的猜想而已。由于这种猜想方式本身就受到当时生产力水平的限制，因而不可能超出客观对象的“质料”和“形式”这两个方面。在上述两派哲学理论的基础上，亚里士多德提出了著名的“四因说”（质料、形式、动力、目的）。在“四因”中，他特别重视“质料”和“形式”两大因素的地位，认为前者是事物的原料，后者是事物的本质，二者相加便构成了具体的个别事物，因而它们共同构成了世界的“本体”。实际上，亚里士多德的这种观点，只是对上述两大哲学派别的综合而已。如果我们只满足于为历史上的哲学家贴上“唯物主义”或“唯心主义”的标签了事，那么我们只能把亚里士多德称作“徘徊于唯物主义和唯心主义之间的哲学家”，而不可能认识到他所做的一切也正是那个时代所能够做到的一切。正是由于亚里士多德的出现，使得以后中世纪的经院哲学家没有、也不可能有什么新的建树，而只不过是割裂开来的亚氏哲学：“唯名论”者坚持并强化了其“质料”的部分，“实在论”者则坚持并强化了其“形式”的部分。

二

说经院哲学家毫无建树，也未必公允，他们的最大建树就是将古希腊的“自然本体论”转化为中世纪的“神学本体论”。我们知道，在古希腊的“自然本体论”背后，本来就隐藏着终极关怀的超验动机，只不过这一动机指向纯然客观的宇宙本体而已。而当人们将这种形而上的宇宙本体精神化、人格化之后，哲学也便成了神学。从这一意义上讲，我不赞同那种将希腊文化归结为科学，将希伯来文化归结为宗教的简单化的分类方式，而认为后来的罗马帝国将基督教视为国教的做法是符合西方文化发展之内在逻辑的。“吉尔松承认这中世纪哲学家之间是有差异的，奥古斯丁、安瑟伦、阿奎那和邓·斯各脱的哲学方向和哲学结论是真正的不同的。但是，他认为，他们的差异是在这些哲学家意见一致的更广泛的框架内的差异。这更广泛的框架由两部分组成：希腊的形而上学传统和犹太教与基督教共有的宗教传统。”[5]

事实上，早在由柏拉图主义向新柏拉图主义发展的历史过程中，这种转向就已初露端倪了。新柏拉图主义被认为是用古希腊思想来建构宗教哲学的典型，它的特点在于：建构了超自然的世界图式，以明确人与神在其中的位置，从而强化了哲学和宗教的同盟，其代表人物是公元3世纪的普罗提诺。普罗提诺将柏拉图的“理念”改造为“太一”：作为神本身，“太一”是自足的、圆满的；而根据“物满则溢”的原则，“太一”流溢出“理智”，“理智”流溢出“灵魂”。如果说“太一”是绝对的“一”，理智则是“一”和“多”的统一，它可以通过有限的范畴而认识“同”与“异”、“动”与“静”、“思维”与“存在”之间的区别与联系。如果说“理智”是“一”和“多”的统一，“灵魂”则既是“多”，又是“一”。当“灵魂”与物质相结合、趋向于自然、执迷于个体的时候，它是“多”；当“灵魂”挣脱物质、直觉本体、皈依“太一”的时候，它是“一”。普罗提诺把人皈依“太一”的过程分为三个阶段：第一是净化灵魂的阶段，使灵魂摆脱物欲的束缚，指向纯粹的心智；第二是理性沉思的阶段，表现为纯粹的概念活动；第三是出神或直觉阶段，排斥一切感性因素和理性判断的成分，与神合一。当然了，一般的凡夫俗子是很难达到这种“出神状态”的，据普罗提诺的学生波菲利的回忆，在他与老师相处的六年中，也只看到普罗提诺有四次达到这种境界。换言之，人们认识本体的方式不是依靠经验，而是依靠直觉、依靠信仰。这样一来，普罗提诺就将柏拉图的客观唯心主义哲学、基督教神学观念与东方神秘主义等思想熔为一炉，从而为奥古斯丁等人的神学思考铺平了道路。

作为古罗马帝国时期天主教的圣师、中世纪天主教神学的重要思想家，奥古斯丁把哲学与神学结合起来，以神为核心，以信仰为前提，系统地论证了基督教的基本教义。我们知道，在古希腊的诸神与基督教的上帝之间有着一个显著的差别：前者是存在于奥林波斯山上的具体的“存在者”，后者则是一种超越时空的“存在”。在《忏悔录》中，奥古斯丁写道：“你创造天地，不是在天上，也不在地上，不在空中，也不在水中，因为这些都在六合之中；你也不在宇宙之中创造宇宙，因为在造成宇宙之前，还没有创造宇宙的场

5 ［美］麦吉尔主编:《世界哲学宝库》，中国广播电视出版社，1991年，第1022页。

所。你也不是手中拿着什么工具来创造天地，因为这种不由你创造而你借以创造其他的工具又从哪里得来的呢？哪一样存在的东西，不是凭借你的实在而存在？因此你一言而万物资始，你是用你的'道'——话语——创造万有。"[6]这样一来，有人格的上帝就成了超越时空的哲学本体。因此，奥古斯丁喜欢用"本体"（essence）多过"本质"（substance），因为"本质"意指一个有着具体属性的存在者，"本体"则意指一种超越时空的存在。在奥古斯丁看来，这种超越时空的存在就是圣父、圣子、圣灵三位一体。这样一来，他就把普罗提诺的"太一"改造成了"上帝"。

奥古斯丁著有《论秩序》一书，他认为，上帝作为造物主所创造的秩序是宇宙中一切存在和一切运动的基础和结构。大千世界中的有序结构并不是自然本身的属性，而是上帝在自然对象上面打下的烙印。有限事物是可分裂的、杂多的，在努力反映上帝的整一时，就只能在杂多中见出整一，这就是和谐。和谐代表有限事物所能达到的最接近上帝的那种整一，因而是美的。越是完美的事物，其整一的程度就越大。没有事物完全没有整一性，也没有事物具有完美的整一性。这证明整一绝非完全是物质性的，完美的整一只属于上帝自身。人作为万物与上帝之间的一种存在者，其自身也体现着一定程度的秩序和整一。人比万物更有秩序，因而具有灵魂；但人的灵魂却低于上帝，因而不够完美。因此，灵魂要主宰肉体，服从上帝。

奥古斯丁认为，哲学涉及两个最重要的问题：第一是灵魂；第二是上帝。前者使我们认识自己，后者使我们认识我们的本源。那么人的灵魂是如何认识上帝的呢？我们知道，无限的上帝并不在有限的世界中呈现自身，而肉体的欲望也不关心世界的内在秩序。人们要想认识"我们的本源"，就必须从肉体的快感中解脱出来，通过上帝所创造的世界秩序而发现上帝本身。"根据你的法律，斗转星移，月辉日耀。光去暗来，乃是一天，月盈月亏，乃是一月，四时更迭，乃是一年，太阳周行，乃成周年，恒星复始，乃成大时代，整个感官所及的世界就这样保持着令人惊异的稳定。根据你永久的法律，事物的变化运动不会搅乱而会回复到相对的稳定。根据你的法律，灵魂的选择乃是自由，赏善惩恶依照无情且普遍的命运。所有好事都来自你，而我们免

6　［古罗马］奥古斯丁：《忏悔录》，周士良译，商务印书馆，1963年，第236—236页。

染所有恶事，也是靠你。高于你，外于你，没有你便无物存在。低于你，内于你，有了你便万物存在。”[7]“这时我才懂得‘你形而上的神性，如何能凭所造之物而辨认洞见’。”[8]这样一来，哲学本体论便与神学目的论统一到了一起。

作为中世纪经验哲学的代表人物，托马斯·阿奎那将上帝给予人类的启示分为两种：一般的启示和特别的启示。“一般的启示”可以透过观察上帝创造的自然秩序而获得，进而通过逻辑的思考而推论出上帝的存在。“神圣学问的主要目标在于教授关于上帝的知识，不仅是关于上帝本身的知识，而且是作为万物源泉和最后目的的知识，尤其是关于理性受造物（rationalis creaturae）的源泉和最后目的的知识。”[9]为此，他在《神学大全》中提出了关于上帝存在的五种证明：第一，是从运动出发的证明。我们知道，这个世界是运动的，凡运动着的事物，总是要受其他事物的推动，因而任何运动者都是由在它之前的另一个运动者引起的，这样一直推论下去，“我们达到没有任何别的事物推动的第一推动者是非常必要的。而这第一推动者（primum mavens）正是我们人人了解的上帝。”[10]第二，是从动力因的本性出发的证明。在运动的世界背后，我们会发现有一个动力因的序列，因为任何动力都是有原因的。“所以，承认第一动力因是非常必要的，而每个人也都是把这第一动力因（causam efficientem primam）称作上帝的。”[11]第三，是从可能性和必然性出发的证明。我们知道，世界上的万事万物都是可能存在，又是可能不存在的。如果这种可能不存在的事情同时发生，这个世界就会终止。“所以，我们必须承认某件事物的存在在其自身具有它自己的必然性，这种必然性不是从另一件事物接受过来的，而毋宁说是在其他事物身上引起它们的必然性的。所有的人都把这种其存在在其自身有它自己必然性的事物称作上帝。”[12]第四，是从事物的等级出发的论证。世界上的万事万物

7　［古罗马］奥古斯丁：《论自由意志——奥古斯丁对话录二篇》，成官泯译，上海人民出版社，2002年，第6—7页。

8　［古罗马］奥古斯丁：《忏悔录》，周士良译，商务印书馆，1963年，第131页。

9　［意］托马斯·阿奎那：《神学大全》第一集第一卷，段德智译，商务印书馆，2013年，第27页。

10　［意］托马斯·阿奎那：《神学大全》第一集第一卷，段德智译，商务印书馆，2013年，第34页。

11　［意］托马斯·阿奎那：《神学大全》第一集第一卷，段德智译，商务印书馆，2013年，第35页。

12　［意］托马斯·阿奎那：《神学大全》第一集第一卷，段德智译，商务印书馆，2013年，第36页。

既然有着高低贵贱、善恶美丑之分，“所以，必定也存在某种东西为所有事物的存在、善和所有其他完满性的原因。而这个，我们就称之为上帝”[13]。第五，是从世界的目的出发的论证。世界上的一切事物似乎都在朝着特定的目的，有规律地运动着，以求获得最好的结果。“所以，某个理智的存在者是存在的，而且正是由于它的存在，所有自然的事物才得以安排达到它们的目的。而这一存在者，也就是我们所谓的上帝。”[14]

尽管托马斯·阿奎那有关上帝存在的本体论证明比奥古斯丁的论证更全面、更细致、更烦琐，但仍然存在着一个重要的难题：以这种“由果及因”的方式推论下去，必然会陷入一种无限的循环，即使人们得出了上帝创造世界的结论，又会生发出什么创造上帝的问题。所以，在“一般的启示”之外，他还要乞灵于“特别的启示”。在阿奎纳看来，耶稣基督显示了上帝的存在便是“特别的启示”之一。而许多基督教的重要神学教义，例如三位一体的概念，也都需要透过教会和经籍的传播才能得知，而不能只透过逻辑思考获得。他指出：“那些超乎人的认识能力的东西，人固然是无法藉理性予以探究的。可是，既然它们经由上帝启示出来了，则它们就必定能够藉信仰为人们所接受。”[15]于是，有关上帝存在的本体论证明，最终仍然要由理性交还给信仰。托马斯·阿奎那认为，证明上帝存在的最好方法，便是先排除那些不可能是上帝的东西，从而保留其可能拥有的五种属性：第一，上帝是简单的，他没有任何类似身体与灵魂、内容与形式相分离的组成部位。第二，上帝是完美的，他没有任何破绽与瑕疵。第三，上帝是无限的，他不受任何实体、智能、情绪上的限制。第四，上帝是永恒的，他的本质和特征永远也不会改变。第五，上帝是一致的，他没有任何自相矛盾的地方。一言以蔽之：“上帝存在”这个命题根植于人们对《圣经》的信仰，而非哲学的论证。“神所启示（divinitus inspiratam）的《圣经》并不属于哲学的范围。因为哲学是由人的理性构建起来的。因此，在哲学学科之外，另有一门源自神的启示的科学，是有益的。我的回答是：在由人类理性所探究的哲学学科之外，另有一门源自神的启示的学问，对于人类救赎是必要

13　［意］托马斯·阿奎那：《神学大全》第一集第一卷，段德智译，商务印书馆，2013年，第37页。

14　［意］托马斯·阿奎那：《神学大全》第一集第一卷，段德智译，商务印书馆，2013年，第37页。

15　［意］托马斯·阿奎那：《神学大全》第一集第一卷，段德智译，商务印书馆，2013年，第4页。

的。这首先是因为，人之指向上帝，即是指向一个超出人的理性理解范围的目的。”[16]这样一来，托马斯·阿奎那就将上帝存在的本体论证明凌驾于人类的理性能力之上，将哲学视为神学的奴婢。

三

自然本体论与神学本体论的破产，使人们不得不思考这样一个问题，即人类的理性有没有能力探讨本体论这一哲学领域的基本问题？如果有，它是怎样运作的？如果没有，我们将如何面对这一问题？于是，进入近代社会以后，哲学家的重点便由本体论的探讨转向了认识论的研究。

英国经验主义哲学家休谟认为，人的一切知识，均来自感觉获得的经验，然而有关世界的本体、上帝的存在之类的形而上命题，并没有来自感官的经验材料可供我们研究。“但是经验在这里，事实上，理论上，都是完全默不作声的。”[17]既然我们并不占有关于世界本体的经验材料，因而在我们的感觉之外是否存在一个与之相对应的客观本体，我不知道，我不能说它有，也不能说它没有，于是只剩下了一个“不可知”。

休谟的“不可知论”将康德“从独断论的迷梦中唤醒”，使其开启了一种与传统形而上学相反的路径：我们与其断言自己知道了什么，不如先反思一下自己是如何知道的。这种对认识能力和理性限度的批判，也就形成了康德的“批判哲学”。康德宣称：“悟性不能直观，感官不能思维。唯有二者相联合，始能发生知识。”[18]也就是说，人类首先要通过感官而获得存在于时间和空间中的经验材料，然后再运用悟性（知性）能力将这些材料纳入逻辑范畴加以推演，方可获得切实有效的知识。而所谓“宇宙的本体”“上帝的存在”并不呈现于时间和空间之中，无法为我们的感官提供经验材料，因而我们也就不可能获得关于它们的有效知识。

康德认为，在超越时空的形而上领域，我们不仅没有可资研究的经验材料，而且连理性推理的已有法则亦无计可施。当人类理性试图超越有限的经

16 ［意］托马斯·阿奎那：《神学大全》第一集第一卷，段德智译，商务印书馆，2013年，第3页。

17 ［英］休谟：《人类理解研究》，关文运译，商务印书馆，1972年，第135页。

18 ［德］康德：《纯粹理性批判》，蓝公武译，商务印书馆，1960年，第71页。

验世界而去把握宇宙本体的时候，就会陷入“二律背反”（antinomies）的尴尬境地。所谓“二律背反”，是指双方各自依据普遍承认的原则建立起来的、公认为正确的两个命题之间的矛盾冲突，康德从四个方面进行了列举。第一，正题：世界在时间上有开端，在空间上有限；反题：世界在时间上无开端，在空间上无限。第二，正题：世界上的一切都是由单一的东西构成的；反题：世界上的所有东西都是复合的。第三，正题：世界上有出于自由的原因；反题：世界只遵循必然的法则。第四，正题：在世界原因的系列里有某种必然的存在体；反题：世界上的各种现象都是偶然的。……在这四组命题中，孤立看来，每个命题都有道理；合在一起，它们又相互矛盾、彼此冲突。于是我们发现，在有关本体论的研究领域中，不仅我们的经验不足，而且我们的智力也不够。中世纪经院哲学家以“目的论”的方式来推演神学本体的逻辑法则也是无效的。说到底，“因为理性所使用的原则既然超出了一切经验的界限，也就不能再用任何来自经验的试金石加以检验了。这个纷争不息的战场，就叫形而上学。”[19]所以，在康德看来，无论是古希腊的“自然本体论”还是中世纪的“神学本体论”，统统属于这类旧形而上学，即以“独断论”的方式一口咬定世界的“本体”或“上帝”的存在。这一切，都是人类理性妄自尊大的结果。

康德并不反对神学，他认为信仰上帝是每个人的权利。他只是反对将神学信仰知识化，即牵强附会地去进行神学本体论的证明。在他看来，“宗教（从主观方面来看）就是把我们的一切义务都认作是上帝的诫命。通过这一定义，将防止对一般宗教概念的一些错误解释。首先，就理论上的认识和认信而言，并不因为如果缺少了我们对超感性对象的洞见，这种认信就已经可能是虚伪的了，从而在宗教中要求有实然（assertorisch）知识（即便是对上帝存在的实然的认识），而是只要求一种根据思辨对事物的最高原因做出的或然（problematisch）假设（假说）。但是，就我们在道德上颁布命令的理性指示我们去造成的对象而言，一种预示理性的这种终极意图之结果的、实践的、因而也是自由的实然信仰，却是被当做了前提条件。这种信仰只需要上帝的理念，所有严肃的（因而也是虔诚的）、向善的道德修养，都会必然不可避免地导向这个理念，但这种信仰并不用自以为能够凭借理论上的认识保证这个理

19 ［德］康德：《纯粹理性批判》，蓝公武译，商务印书馆，1960年，第1页。

念的客观现实性。”[20]换言之，上帝只是人们信仰的对象，而非认识的对象。因而有关上帝的存在，只是一种出于自由意愿的“假说”或“悬设”，而不需要“认识”或“证明”。正因如此，一种信仰是不应该被另一种信仰所亵渎的。也正因如此，任何人也没有权力将自己的信仰强加给他人。

康德也不反对形而上学，他只是反对如“独断论”者那样，运用智力的僭越来创立“自然本体论”或“神学本体论”之类的旧形而上学。在他看来，由于受先验的时空观念和悟性范畴的限制，人类只能认识有限的经验世界，永远也无法认识现象界背后的“物自体”。既然无法认识，康德为什么要假设“物自体”的存在呢？为什么不像休谟那样，止于“不可知”呢？在《纯粹理性批判》第二版序言中，他透露出来其中的玄机：“必须舍弃知识以为信仰留地盘。”于是，“物自体”这个在认识领域中所无法到达的彼岸世界，在实践领域中却成了不可缺少的精神源泉。于是，继《纯粹理性批判》之后，康德又写下了《道德形而上学原理》和《实践理性批判》，试图从伦理道德的角度去探讨形而上的本体。

在康德看来，科学与伦理是互不相干的两回事。科学解决的是“知”的问题，使人们认识自然，为人们提供和整理经验世界的材料和规律。然而，“知”本身并不能解决“行”的问题。人们知道了客观世界的利弊得失，可以根据感性欲求的需要近利而远弊，也可以根据另外一套价值标准而做出完全不同的选择。否则，人类历史上那些赴汤蹈火、舍生取义的行为便会成为不可思议的事情了。显然，要解决这些“行”的问题，就需要有一套超越知识标准的价值体系，它不是科学研究的内容，而是伦理学探讨的对象。正是为了寻找到一种凌驾于科学之上的伦理精神，康德才把“物自体”这个纯粹理性所不可企及的彼岸世界留给了实践理性。在《道德形而上学原理》中，他明确表示：“这一思想当然包括和适用于感性世界的自然机械学不相同的序列和立法的观念；这就是使意志世界的概念，把全部有理性的东西看作自在之物的概念成为必要了。”[21]在康德看来，科学认识所获得的自然规律虽然在经验的现实世界中始终是有效的，但是这些规律却不能支配人的伦理行为；因为人的肉体虽然属于“现象界”

20　［德］康德：《单纯理性限度内的宗教》，李秋零译，中国人民大学出版社，2003年，第158页。

21　［德］康德：《道德形而上学原理》，苗力田译，上海人民出版社，1986年，第114—115页。

并接受自然规律的支配，但是人的精神却来自高于“现象界”的“自在之物”——“物自体”。这样一来，康德便建立起了自己的道德形而上学。

其实，康德有关道德形而上学的建构，仍然是对人类认识能力的僭越。人们或许会问：既然上帝作为信仰的对象是无法证明的，那么道德作为行为的准则便是可以证明的吗？既然任何人都没有权力将自己的宗教信仰强加给别人，那么他又有什么权力将自己的伦理信念说成是普遍法则呢？然而遗憾的是，康德这种形而上的僭越行为并没有得到知识界、尤其是中国知识界的认真检讨，反而被一些学者大加继承。曾翻译过康德“三大批判”的台湾学者牟宗三非常重视康德这种“由道德的进路展露本体”的形而上建构，并试图用中国传统的心性哲学加以改造。他说：“直承道德意识而来的‘存在的应当’之决定，若剥落一切，打开混沌，它便直接是来自‘良知’底决定，并不来自任何别处。由此，吾人直接说‘独慎’。‘无声无臭独知时，此是乾坤万有基。’因此，我们由‘存在的应当’之决定直接展露一超越的、道德的实体。此实体，我们直接名之曰知体、心体或性体。意志自由即在此知体、心体或性体处说，亦即是此知体、心体或性体之本质的属性。”[22]问题在于，牟宗三所说的“知体”“心体”“性体”与康德所说的“物自体”是不是一体呢？如果是的话，它们的内容是否一致？如果不是的话，它又怎么能成为超越时空的形而上“本体”呢？

在康德那里，具有本体论高度的道德律令是相当空泛的，用他自己的话说：“既然我已经认为，意志完全不具备由于遵循某一特殊规律而来的动力，那么，所剩下来的就只有行为对规律自身的普遍符合性，只有这种符合性才应该充当意志的原则。这就是，除非我愿意自己的准则也变成普遍规律，我不应行动。”[23]因而，正像黑格尔所批评的那样，“但什么是这个道德律的内容呢？这里我们所看到的又是空无内容。因为所谓道德律除了只是同一性、自我一致性、普遍性之外不是任何别的东西。形式的立法原则在这种孤立的境地里不能获得任何内容、任何规定。”[24]

我们知道，按照历史唯物主义的基本观点，包括伦理道德在内的一切意识形态，都必然根植于特定时代的社会生活，尽管二者之间的联系并不一定都

22　牟宗三：《现象与物自身》，《牟宗三先生全集》21卷，台北联经出版社，2003年，第66页。

23　［德］康德：《道德形而上学原理》，苗力田译，上海人民出版社，1986年，　第51页。

24　［德］黑格尔：《哲学史讲演录》第4卷，贺麟、王太庆译，商务印书馆，1978年，第290页。

要采取直接的、共时的、反映与被反映的形式，而可能是以间接的、复杂的、长期积淀的形式确立下来的，然而无论二者之间的中介环节有多么复杂，前者的最终根源和依据，却必须在后者之中加以寻求。但是，正像康德将人类的认识能力归结为先验的时空观念和悟性范畴一样，他也将人类的实践能力归结为先验的伦理法则，这就彻底斩断了道德律令与社会实践之间的内在联系。在他看来，人的实践理性不仅不能与个体的生活经验有任何瓜葛，而且也不能与群体的社会实践有任何牵连，否则就会失去其超越现象界的本体论地位。这样一来，所谓“普遍立法”便只能成为无源之水、无本之木了。

但是，要想始终保持这种先验本体论的纯洁性，也不是一件容易的事情；一旦接触到具体问题的时候，他便不得不在先验的形式规则之下偷运一些历史内容了。关于这一点，我们可以从其著名的“人是目的”的法则中看出。康德写道：“我认为：人，一般说来，每个有理性的东西，都自在地作为目的而实存着，他不单纯是这个或那个意志所随意使用的工具。在他的一切行为中，不论对于自己还是对其他有理性的东西，任何时候都必须被当作目的。”“于是得出如下的实践命令：你的行为，要把你自己人身中的人性，和其他人身中的人性，在任何时候同样看作是目的，永远不能只看作是手段。”[25]显然，这种以人为本的人权思想，与封建时代所宣扬的“君要臣死，臣不得不死；父要子亡，子不得不亡”的价值观念是大相径庭的。如果说，康德关于“意志自律”的学说充分体现了资产阶级在上升时期所坚持的反封建的“自由”精神，那么康德关于“人是目的”的理论则集中表达了同一阶级在同一历史时期所极力倡导的“平等”和“博爱”理想，这显然不同于牟宗三所宣扬的东方传统伦理。

关于这一点，牟宗三也很清楚，却又加以辩解：“如果我们只看表面的字眼，谁能想到于佛家的‘缘起性空’处可以说‘物之在其自己’？谁能想到诚体成己成物之事事物物是事事物物之在其自己？谁能想到知体明觉之感应中之物与事是物与事之在其自己？不特此也，纵使庄子之逍遥无待之自在亦不容易被想到即是康德所说之‘物之在其自己’。然而如果知康德所说的‘物之在其自己’是对上帝而言，对其所独有的智的直觉之创造性而言，则在自由无限

25　［德］康德：《道德形而上学原理》，苗力田译，上海人民出版社，1986年，第80页、第81页。

心前为‘物之在其自己’乃必然而不可移者。如是，在实相般若前可以开出一个无自性的‘物之在其自己’，亦是必然的；在明觉感应中之物为‘物之在其自己’，这亦是必然的；至于逍遥无待中之自在，乃至玄同中之有，归根复命中之物，其为‘物之在其自己’更不必言矣。中国传统中的三家以前虽无此词，然而通过康德的洞见与词语，可依理而捡出此义。”[26]显然，这种牵强附会的解释是难以令人信服的。因为所谓道德，既不来自抽象的心体、性体，也不体现为抽象的良知、良能，它是有民族的、历史的具体内容的。即使我们抛开表面的字眼，也抛开儒家以外的文化支脉，仅从其核心范畴“仁爱”来说，也与康德所宣扬的“博爱”有着深刻的差异：从思想内容上看，前者强调的是“爱有差等”的人伦秩序，后者强调的是“爱无差等”的人权法则；从文化背景上看，前者来源于氏族血缘的宗法社会，后者来源于基督神学的宗教社会。因此，无论前者还是后者，都根植于中国与西方不同的社会背景和文化土壤，而不是什么玄之又玄的“物自体”。因此，无论是康德还是牟宗三，其制造道德形而上学的努力都是落空的。

由于牟宗三在翻译康德原著中所做的大量工作，更由于他在海外新儒家中的崇高地位，当然了，还由于康德哲学本身的晦涩难懂，致使在相当长的时间内，没有人敢质疑他对康德哲学所作的解释和发挥，这使得在研究康德哲学中同样下了很大工夫的中国大陆学者李泽厚有些忍不住了。李先生不满于牟先生对康德的读解与发挥，他曾一针见血地指出：“使我非常惊异的是，下了大工夫，翻译了三大批判的牟宗三，却对康德哲学的基本概念作了完全误解或有意歪曲，如‘智的直觉’和所谓‘内在超越’。”[27]“康德是排斥神秘主义的，康德认为只有上帝才有无分本体现象的智的直觉，牟宗三强调人也有。康德是讲认识论，牟宗三把它搬入伦理学，即道德形而上学。从而牟的‘智的直觉’并不是认识、逻辑的理性问题，而是有关道德—宗教的根本底线的神秘经验。”[28]

在新儒家那里，这种“有关道德—宗教的根本底线的神秘经验”的获得，被视为“功夫论”。与康德不同，牟宗三拒绝承认“物自体”是一个事实

26 牟宗三：《现象与物自身》，《牟宗三先生全集》21卷，台北联经出版公司，2003年，第19页。

27 李泽厚：《循马克思、康德前行》，《批判哲学的批判：康德述评》，生活·读书·新知三联书店，2007年，第462页。

28 李泽厚：《实用理性与乐感文化》，生活·读书·新知三联书店，2005年，第96页。

概念，也拒绝承认“物自体”不可知；而是认为，“物自体”乃是一种有着高度价值意味的概念，是一种伦理道德实体，因而人们完全可以凭借“智的直觉”来认识它。那么人们怎样具有“智的直觉”呢？依靠“破执”的“功夫”！牟宗三认为，人们对世界的把握可分为两个层次：一为“无执的存有论”，一为“执的存有论”。在前者，我们可以按照事物的本来样子来认识世界，从“物自体”那里发现伦理道德的源泉；在后者，我们只能将事物放在具体的时空中加以理解，从“现象界”那里获得自然科学的知识。“物自身与现象之分既只是主观的，则现象依止于识心之执，那么，物自身亦必依止于一主体而始成为物自身。物自身既不是另一个对象，但只是关于同一对象底表现之另一面相，则它必依止于主体而后见。此主体当然是智心，真心，其作用即是智的直觉。”[29]那么，人们如何能够破处“心识之执”并保有“智的直觉”呢？在佛教，便是“定慧不二”“因色悟空”；在道家，便是“涤除玄览”“致虚守静”；在儒家，便是“正心诚意”“知体明觉”。而所有这些“因色悟空”“定慧不二”“涤除玄览”“致虚守静”“正心诚意”“知体明觉”均为功夫：你若功夫到了，自然会拥有“智的直觉”，并据此而把握“物自体”；你若没有“智的直觉”，并无法把握“物自体”，那只是由于你的功夫不到，还需要慢慢修炼。这样一来，康德明明白白的“认识论”就变成了牟宗三神秘莫测的“功夫论”，前者在认识领域中所无法把握的“物自体”却成为后者神秘的直觉对象，这不能不说是对康德哲学的“完全误解或有意歪曲”。因此，正如余英时在《钱穆与新儒家》一文中所指出的那样，“如果我们仔细观察新儒家重建道统的根据，便不难发现他们在最关键的地方是假途于超理性的证悟，而不是哲学的论证，康德—黑格尔的语言中他们那里最多只有缘助的作用，而且经过了彻底的改造。只有在承认了‘心体’‘道体’的真实存在和流行不已这一前提之后，哲学论证才能展开。但这一前提本身则决不是任何哲学论证（或历史经验）所能建立的。所以如果我们把新儒家的道统观简单地看作一般意义下的哲学史研究，那便不免会时时发生‘每逢厄难，上帝出现’（deus ex machina）的错愕。因为每在紧要关头，哲学和历史都无济于事时，出而直下承担的必是超越的证悟。其实这正是新儒家特显精神之处。只要我们了解新儒家所讲

29　牟宗三：《执相与无执相底对照》，《牟宗三集》，群言出版社，1993年，第465页。

的并不是普通意义上的哲学，而是具有宗教性的道体，是理性和感官所不能及的最高领域，上述的错愕便可以避免了。”[30]“根据我个人的了解，新儒家的主要特色是用一种特制的哲学语言来宣扬一种特殊的信仰。”[31]“所以我想称新儒家的心态为‘良知的傲慢’。”[32]

四

然而，李泽厚的“批判”却没有到此而止步，他指出：“由康德开始的德国古典哲学中的‘理性’，主要和基本是抽象化了的人的社会本体。在他们那里，‘自我’‘理性’，都有着超个体超自然的某种社会性的意义，从而所谓高于现象的本体，所谓优于科学、认识的伦理、宗教，这个不可知的‘物自体’，实际是以唯心主义抽象方式，指向不是作为自然存在而是作为社会存在的人，是唯心主义化的作为社会存在的人的能动性。……于是，不可知的‘物自体’和纯粹理性，被归结为唯心主义神秘化的人类历史。”[33]正如康德批判旧形而上学的目的并不是要取消形而上学一样，李泽厚批判康德和牟宗三道德本体论的目的也不是要取消本体论。他要从马克思唯物主义的实践论出发，把这种头足倒置的唯心主义的本体论改造为“历史本体论”。

李泽厚认为，人与一般动物的不同之处就在于，人不是被动地适应自然，而是通过制造和使用工具来能动地改造自然。人在改造自然的过程中，一方面变原始的自然为“人化的自然”，一方面变野蛮的人为文明的人，即形成某种属于人的“文化—心理结构”。在他看来，无论是认识论领域中的“时空观念”和“悟性范畴”，还是伦理学领域中的“道德律令”和“普遍立法”，都不像康德所理解的那样是人类所具有的先验能力，而是在长期的社会实践中“积淀”而成的。尽管这种“积淀”的过程是缓慢的、复杂的，而不像反映与被反映的认识活动那样是直接的、即时的，但其最终的渊源仍然是社会实践的。不仅如此，当这种“经验变先验”“心理成本体”的过程一旦形成，又

30 余英时：《犹记风吹水上鳞——钱穆与现代中国学术》，台北三民书局，1991年，第72—73页。

31 余英时：《犹记风吹水上鳞——钱穆与现代中国学术》，台北三民书局，1991年，第97页。

32 余英时：《犹记风吹水上鳞——钱穆与现代中国学术》，台北三民书局，1991年，第93页。

33 李泽厚：《批判哲学的批判：康德述评》，生活·读书·新知三联书店，2007年，第361—362页。

会反过来影响甚至决定着人们的认识活动、伦理行为、审美判断，这便是他所谓的“历史本体论”。用他的话说：“‘善’，不是来自那个超人间的康德的‘纯粹理性’，也不是来自黑格尔的‘绝对理念’，而是来自实践。‘善’是作为历史总体的人类社会实践的根本性质。这也就是说，社会实践（人类存在与发展的基础）本身就是‘本体的善’，其他一切的善都由它派生而来。从而，维护社会生存、推动历史发展的社会实践（生产等等）才是伦理道德的根源。在这基础上由历史积淀的人性能力的理性凝聚，便是善的主观心理载体。所以，伦理道德及其法则、要求、命令的内容都是历史具体的，必须放在一定历史发展的基础上。”[34]“可见，由先验走向经验，由个体走向人类，由与经验无关、与幸福无关的纯粹理性（如三条道德律令）走向人类本体、历史进程、世界和平、集体幸福（而且首先是人类物质生存方面的幸福），便自然成为不同于传统康德研究的新的‘路向’，而《批判哲学的批判》在三十年前所提出的，也正是这种人类学的新路向。”[35]

必须承认，李泽厚对康德哲学的批判是卓有建树的，他所要开辟的“历史本体论”的“新路向”也是相当诱人的。然而，问题仍然存在，就连其本人亦有几分踌躇：“本来，本体论一词搬用于中国，未必恰当。它的‘存在论’‘是论’不同译名便显出这一点。因为它们探究的是一切实在万物的最终本质、本性或‘最终实在’（The Being of being）或如Quine所说，‘本体论’就是问‘What is there? ’（有什么）从而出现了各种假定：上帝、理性、绝对精神、物质世界，等等。而中国‘不即不离’，即现象与本体既不等同又不分离的传统中从根本上便很难提出这个‘最终实在’的‘本体’问题。其极端者如郭象干脆认为‘物偶自生’，并无共同本质或最终实在。其实，上述从生活出发的Marx、Dewey等人也反对这种‘最终实在’的‘本体论’。”[36]而在我看来，问题的关键并不在于“本体论”一词如何翻译，也不在于中国学者是否习惯，甚至还不在于马克思等人会不会反对；问题的关键在于“本体论”一词所原有的超越时间和空间的先验品格与“历史”一词所具有的发生于时间与空间中的

34 李泽厚：《批判哲学的批判：康德述评》，生活·读书·新知三联书店，2007年，第367页。

35 李泽厚：《循马克思、康德前行》，《批判哲学的批判：康德述评》，生活·读书·新知三联书店，2007年，第460页。

36 李泽厚：《历史本体论·己卯五说》，生活·读书·新知三联书店，2002年，第19页。

经验现象之间的矛盾。从逻辑上讲，所谓“历史本体论”，就像说“永恒的时间”“无限的空间”“超验的经验”一样，充满了内在的悖论。

我们知道，“历史”是具体的，形而下的。任何历史现象都是在特定的时间和空间中发生的，因而不可避免地具有时代性和地域（民族）性。而“本体”则是抽象的、形而上的。任何形而上的本体都不可能落入时间和空间的窠臼之中，从而带有时代和地域（民族）的色彩。在前者，我们有古代的历史、近代的历史，西方的历史、中国的历史；在后者，我们则不可能有古代的本体、近代的本体，西方的本体、中国的本体。于是，在这一问题上，“历史本体论”便不可避免地陷入了一种尴尬的境地。正如李泽厚所说的那样，“‘我意识我活着’是在一定的‘客观’时空即历史条件下培养起来的，它是一定时空下的社会（集体）产物”。[37]而将这种在特定时空即历史条件下培养起来的价值观念抽象为没有时代、民族、地域色彩的形而上“本体”，是难以办到的。于是，就像康德的“道德律令”不可避免地陷入越是表述得“具体”就越显得“空洞”的矛盾一样，李泽厚的“历史本体”也不可避免地陷入越是接近“本体”就越是远离“历史”的矛盾之中。

李泽厚似乎也意识到了这一问题，于是在主张“历史本体论”的同时又提出了“情感本体论”：“郭店竹简说，‘道由情生’。它的形而上的逻辑是‘天’—‘命’—‘性’—‘情’—‘道’。情者，情感，情况。情感与情况相交叉，就是非常现实非常具体并具有客观历史性的人与万事万物相处的状态。情况与情感两者交互作用，而成为‘人道’。《论语》：‘得其情，则哀怜而勿喜’。《周易》：‘以类万物之情’。‘情’在这里正是某种本体的存在。”[38]让我们感到惊诧的是，一向以严谨著称的李泽厚在此处的逻辑混乱并不亚于牟宗三对“智的直觉”的分析，而他之所以颇费周折地要把“历史本体论”改造为“情感本体论”，其目的就是要超越“历史”的时空限制：“在工具理性到心理本体的行程中，时间也由客观的空间化派生出主观的情感化，即时间不只是供计算的钟表数字（人在群体活动中的生物—生理—生活—社会的参照系统），而成为

37 李泽厚：《历史本体论·己卯五说》，生活·读书·新知三联书店，2002年，第19页。

38 李泽厚：《历史本体论·己卯五说》，生活·读书·新知三联书店，2002年，第101—102页。

某种情感的强力绵延。在情感中，空间化的时间停止了，时间成为超时间。”[39]如果时间真如柏格森的“绵延”那样，成为一种纯粹心灵化的体验，那么这种纯粹主观的情感也就不再具有历史“本体”的客观意义了。于是，李泽厚的“历史本体论”恰恰遭到了其“情感本体论”的解构，正如他自己所说的那样，“‘情本体’恰是无本体，是以现象为本体。这才是真正的‘体用不二’。”[40]

“历史本体论”不仅受到“时间”与“空间”的限制，而且饱受“经验”与“超验”的龃龉。我们知道，“历史”是经验的，而不是先验的。任何社会历史现象都是人们创造的，因而是变化不居的。而“本体”则是先验的，而不是经验的。真正的本体是不以人的意志为转移的，因而也是永恒不变的。正是这种不变的先验本质使来自本体的宗教信仰或道德律令具有了刚性原则，使人们在执行的过程中不求变通、不打折扣。然而李泽厚的“本体”则是在历史中“积淀”而成的，这意味着它始终处在一种未完成的开放状态。在这里，每个时代的每个主体，既可以承袭历史“积淀”给我们的传统观念，又有权“突破”这些观念以创造新的价值。换言之，在这种不断“积淀”而又重新“突破”的开放状态中，每一个行为主体既可以是历史财富的承袭者，又可以是历史局限的超越者。[41]对于这一问题，李泽厚似乎也有察觉，他指出：“人是从‘个体为整体而存在’发展为‘整体为个体而存在”的，强调后者而否定前者是非历史的，强调前者而否定后者，是反历史的。自由主义偏重‘整体为个体而存在’，甚至以之为先验原理（如天赋人权说）是非历史的，社群主义偏重‘个体为整体而存在’，在今日中国则可以是反现代化潮流，从而是‘反历史的’（在西方则不是）。”[42]其实，人类的历史始终都处在“积淀”与“突破”的矛盾运动之中。当亚里士多德第一个主张“我爱我师，但我更爱真理”的时候，他是在创造历史；当陈胜第一个提出“王侯将相宁有种乎”的时候，他也是在创造历史。然而李泽厚的“历史本体论”只强调历史本体对人们的影响，却不重视每个行为主体突破历史本体的权利，因而主张：“‘天地国亲师’也即是‘天道’和‘天命’，它们与此际人世、与人的肉体存在相关连。不只是灵魂寄托。他们并不完全离开‘我活着’这个感性生命的存在者，却又并不完全

39　李泽厚：《历史本体论·己卯五说》，生活·读书·新知三联书店，2002年，第107页。
40　李泽厚：《历史本体论·己卯五说》，生活·读书·新知三联书店，2002年，第108页。
41　陈炎：《试论“积淀说”与“突破说”》，《学术月刊》1993年第5期，第1—7、35页。

42　李泽厚：《历史本体论·己卯五说》，生活·读书·新知三联书店，2002年，第67页。

等同于你—我—他（她）的全部总和，这就是‘乐感文化’的‘神’。”[43]把活生生的历史凝固为僵化的道德律令，凝固为“‘乐感文化’的‘神’”，这不正是李泽厚所批判过的“被归结为唯心主义神秘化的人类历史”吗?

李泽厚自称：“‘历史本体论’提出了两个本体，前一本体（工具本体）承续Marx，后一本体（心理本体）承续Heidegger，但都作了修正和‘发展’。结合中国传统，前者得出‘实用理性’，后者得出‘乐感文化’。”[44]从海德格尔那里得出“乐感文化”，实在是令人费解的事情。首先，在海德格尔看来，超越时间的本体是不可能存在的，所以他才为自己的那部重要的哲学著作取了一个意味深长的名字：《存在与时间》。其次，在海德格尔看来，每个人出现在这个世界上，都是偶然的，被抛的。“此在”既已“被抛”在世，就进入了时间的流程之中。往前看，“此在”找不到一个“抛者”的主体（如上帝、理性）来为自己的存在提供道德依据和伦理准则，因而“此在”并没有如康德所说的什么先验的道德律令；往后看，“此在”未来的生活内容也将是无法预知的，因而“此在”也无法按照一种预定的模式来塑造自己的人生。最后，在海德格尔看来，在未知的将来中只有一点是可以肯定的，那就是死亡。因此，海德格尔提倡的不是什么“乐感文化”，而是“向死而生”。

海德格尔指出，只有当我们真正意识到了死的必然性、不可替代性的时候，才可能将自己从“常人”的生活模式之中解救出来。因为死亡总是个体的事实，而不是“常人”的事情；我们将生的意义托付给“常人”，而“常人”却并不能代替我们去死。所以，“死亡是此在的最本己的可能性。向这种可能性存在，就为此在开展出它的最本己的能在，而在这种能在中，一切都为的是此在的存在。”[45]“人能够为他最本己的诸种可能性而自由存在，而在这种为他最本己的诸可能性自由存在（筹划）之际成为他所能是的东西，这就叫人的完美（perfectio）。”[46]于是，面对死亡，此在的任何选择都是自由的、开放的；于是，面对死亡，此在对perfectio（完美）的理解和设计都是独特的、与众不同

43 李泽厚：《历史本体论·己卯五说》，生活·读书·新知三联书店，2002年，第112页。

44 李泽厚：《历史本体论·己卯五说》，生活·读书·新知三联书店，2002年，第91页。

45 ［德］海德格尔：《存在与时间》，陈嘉映、王庆节译，生活·读书·新知三联书店，1987年，第315页。

46 ［德］海德格尔：《存在与时间》，陈嘉映、王庆节译，生活·读书·新知三联书店，1987年，第284、241页。

的；于是，面对死亡，任何先于此在的上帝、理性、历史本体都变得毫无意义了。“‘世界良知’是一种可疑的发明：而只因为在根基上和本质上良知向来是我的良知，此在才能搞出这件发明。[良知向来是我的良知]，这不仅意味着被召唤的向来是最本己的能在，而且也因为呼声来自我向来自身所是的那一存在者。”[47]这样一来，海德格尔就把康德所企图建立的人为自身立法的“道德律令”，从群体的“普遍性”改造为个体的“本真性”，从而大大地激发了人的自主性和创造性。

然而脱离了历史的维度之后，海德格尔的“此在”似乎又成了孤魂野鬼，找不到确切的方向。于是，他便从前期的思想解放者变成了后期的神秘主义者，试图在天、地、人、神的“四方游历”中安顿自己那漂泊的心灵：“只有人去死，而且不断地去死，只要他存在于大地之上，天空之下，诸神之前。当我们说到短暂者时，就已经想到了与之共存的另外三者。”[48]在这里，李泽厚的“积淀说”原本可以对海德格尔的思想进行建设性的补充：一方面，诚如海德格尔所言，面对死亡的人是自由的，他可以不按照任何“世界良知”和“先验法则”等道德说教而做出自己独特的价值判断和人生抉择；另一方面，诚如李泽厚所言，来自历史的人是自觉的，他的选择不是偶然的、任意的，而是基于他对自然、社会全部历史的理解和对人类未来的真诚向往。在这里，“历史”只是“此在”赖以做出决断的心灵资源，而非规定“此在”的先验“本体”。在这一意义上，我们才能真正理解，为什么创建了历史唯物主义学说的马克思反对建构任何“最终实在”的“本体论”；在这一意义上，我们才能真正理解，为什么奠定了存在主义理论基础的海德格尔坚持“存在先于本质”。然而，让我们感到遗憾的是，不断提及马克思和海德格尔的李泽厚却仍然念念不忘地要建构什么“历史本体论”“情感本体论”。因此，我们不得不遗憾地指出：正如牟宗三“对康德哲学的基本概念作了完全误解或有意歪曲”一样，李泽厚对马克思和海德格尔的基本概念也作了完全误解或有意歪曲。

（此文为国家社科基金重点项目“中国儒学学科建设”（09AZD051）阶段成果，发表于《清华大学学报》2015年第4期）

47 [德]海德格尔：《存在与时间》，陈嘉映、王庆节译，生活·读书·新知三联书店，1987年，第332—333页。

48 [德]海德格尔：《诗歌·语言·思想》，彭富春译，文化艺术出版社，1991年，第150页。

问题与思路

德国学者马克斯·韦伯（Max Weber）在其著名的《新教伦理与资本主义精神》一书中指出，发生在西欧的基督教改革原本是出自信仰动机，但新教伦理所表现出的现世的禁欲精神、努力劳动的观念、理性的生活方式却无意中暗合了经商逐利的市场行为，从而促进了现代经济的发展，而印度教、佛教、儒教、道教、伊斯兰教、犹太教等没有经过宗教改革的各大宗教，其古老的宗教伦理中缺乏上述精神内涵，因而也就成为这些地区进入现代市场经济的障碍。应该承认，马克斯·韦伯的这一研究在方法论上是具有启发意义的，因为他从一个独特的角度出发，试图寻找人类现代化进程的文化动力。过去，人们只知道石油是资源、煤炭是资源，而没有意识到看不见、摸不着的文化也是一种资源，而且是一种取之不尽、用之不竭的资源。

但是，从20世纪60年代开始，随着日本、亚洲新兴经济实体与国家、中国大陆经济的相继崛起，马克斯·韦伯的具体观点却遭遇到了现实的挑战。人们开始意识到：以世俗伦理为核心的儒家文明并不像他所理解的那样，是与现代社会无法兼容的一具僵尸，而是潜藏着人们尚未认识的巨大活力。正是在这样的背景下，全球范围的儒学研究热潮逐渐升温，儒家文明所包含的内在价值正在被学术界重新估量和评判。进而，儒家文明的现代转型问题也越来越受到学术界的关注。显然，这种文化的研究是具有战略意义的。放眼世界的竞争：从资源的竞争到资本的竞争，从军事的竞争到科技的竞争，从人才的竞争到教育的竞争，从制度的竞争到文化的竞争……文化的内生动力越来越受到人们的重视，文化的软实力越来越受到人们的青睐。

然而，有竞争就会有冲突，文化间的竞争也会导致文化间的冲突。哈佛大学教授塞缪尔·亨廷顿（SamuelP.Huntington）认为：冷战之后，意识形态的冲突仍然存在，但已退居次要地位，代之而起的将是文明的冲突。“人们用祖先、宗教、语言、历史、价值、习俗和体制来界定自己。他们认同部落、种族集团、宗教社团、民族，以及在最广泛的层次上认同文明。”他认为，不同的文化价值系统是很难兼容的。如果法律允许，一个人是可以有双重国籍的；然而我们却难以设想，一个穆斯林同时也是基督徒。在这种情况下，所谓的“文明的冲突”就在所难免了。因此他预言：“在这个新世界中，区域政治是种族的政治，全球政治是文明的政治。文明的冲突取代了超级大国的竞争。”“西方是而且在未来的若干年里仍将是最强大的文明。然而，它的权利相对于其他文明正在下降。……其他儒教社会和伊斯兰社会则试图扩大自己的经济和军事力量以抵制和‘用均势来平衡’西方。因此，后冷战时代世界政治的一个主轴是西方的力量和文化与非西方的力量和文化的相互作用。”就在《文明的冲突与世界秩序的重建》一书出版不久，震惊世界的“9·11事件”爆发了。接下来的阿富汗战争、伊拉克战争，乃至“基地组织”和所谓“伊斯兰国”（IS）等极端恐怖集团的兴起，好像都在为这部著作增添着注脚。因此，站在西方的立场上，如何在全球化的历史背景下避免出现儒家文明与伊斯兰文明结盟而对抗基督教文明的局面，又成为一个亟待研究的重要课题。

当然了，不仅西方人关心儒家文明的当代命运，关心这一问题的，首先应该是中国。自鸦片战争以来，古老的中华文明便开始了艰难而痛苦的现代化转型。1949年以后，新中国在前无古人的情况下渐渐选择了一条有中国特色的社会主义道路，而这个“特色”在很大程度上就是如何实现传统的儒家文明的现代转型问题。习近平总书记在视察孔子的故乡曲阜时要求理论工作者要把四个问题讲清楚：“要讲清楚每个国家和民族的历史传统、文化积淀、基本国情不同，其发展道路必然有着自己的特色；讲清楚中华文化积淀着中华民族最深沉的精神追求，是中华民族生生不息、发展壮大的丰厚滋养；讲清楚中华优秀传统文化是中华民族的突出优势，是我们最深厚的文化软实力；讲清楚中国特色社会主义植根于中华文化沃土、反映中国人民意愿、适应中国和时代发展进步要求，有着深厚历史渊源和广泛现实基础。”这是有关建设中国特色社会主义的重要课题，也是时代赋予我们的重要使命。

近些年来，随着传统文化热的兴起，研究儒家文明的学术机构、学术组织、学术刊物、学术论著、学术会议大量涌现，产生了不小的影响，也取得了不少的成绩，但也存在着一些问题：第一，在选题方面，不少研究者缺乏问题意识，无法将传统的学术研究与现代的社会问题结合起来，爱做死学问，缺少新思路。第二，在视野方面，不少研究者缺乏全球化的学术视野，不能跳出儒学来看待儒学，在世界范围的文化比较中来研究儒学，从而也无法使儒学研究成为全球瞩目的世界课题。第三，在态度方面，不少研究者喜欢将自己的民族情感或乡土观念带进学术研究，将冷静客观的研究与激情澎湃的宣传混为一谈，从而也就难以保持一分为二的科学精神。第四，在方法上，不少研究者受制于传统学术范式的影响，喜欢延续传统经学的理路，不是对经学文本进行名物、训诂、考证，就是对圣人的思想进行微言大义的引申与发挥，而未能使研究的水准达到现代学术的高度。第五，在学科上，不少学者受制于自身专业的限制，不会从跨学科的角度思考和研究儒学，从而也就难以获得突破性的进展。第六，在手段上，不少学者仍然习惯于书斋式的演绎、推论的研究方法，既不会做社会学的统计分析，也不愿意做人类学的田野调查，从而限制了学术的进步。针对这种局面，要使儒学研究实现一种历史性的突破，就必须联合不同学科、不同专业、不同学校、不同国家的学者进行协作攻关，并搭建“文化基因”“文化实力”“文化转型”“文化安全”这四个研究平台。

所谓“文化基因”研究，当然是一种比喻性的说法，即从“讲清楚每个国家和民族的历史传统、文化积淀、基本国情不同，其发展道路必然有着自己的特色”出发，考察儒家文化的义理结构及其构成的历史原因：为什么在四千年前的黄河流域，会出现这样一种非宗教性的世俗伦理文化？如果说，此前的“夏商周断代工程”是要从“时间”这一“量”的角度上判定中华文明产生的渊源，那么我们的此项研究是要从“义理”这一“质”的角度上判定中华文化产生的原因：其生命的源头在哪里？其本质的规定是什么？所谓“文化实力”研究，即从“讲清楚中华优秀传统文化是中华民族的突出优势，是我们最深厚的文化软实力”出发，通过不同文化的比较研究，判定儒家文化的优点和缺点，长处和短处，找到传统文化的“富矿”，以说明我们的“软实力”究竟在哪里？以及如何在新的历史条件下发挥其功效的问题。所谓“文化转型”研究，当然是一种迫切的现实需要，即从“讲清楚中华文化积淀着中华民族最深沉的精神追求，是中华民族生生不息、发展壮大的丰厚滋养”出发，研究原属于农业社会的儒家文明如何在新的历史条件下扬弃其历史性的糟粕，弘扬其民族性的活力，并寻找到实现现代政治、经济、文化的转型的有效途径。所谓“文化安全”，同样是一种迫切的现实需要。从国内的情况看，要研究儒家文化如何“走向基层”“走向民间”，从而有效地抵御各种邪教组织的入侵，恢复基层民众的道德素养，克服整个社会的伦理危机，确保和谐稳定的社会局面；从国际的范围来看，要研究儒家文化如何“走出亚洲”“走向世界”，从而与基督教文化、伊斯兰文化、印度教文化等其他域外文化相互补充、彼此共荣，防止误解、避免冲突等问题。

以上这些既是历史问题，也是现实问题，既是中国的问题，也是世界的问题，既是专业的问题，也是非专业的问题，而所有这些，都是关乎儒家文明现代命运、关乎中国社会未来走向的重要问题。

（此文发表于《光明日报》2015年4月14日）

再谈马克思笔下的“三种儿童”

——兼答王汝良先生

“有粗野的儿童，有早熟的儿童。古代民族中有许多是属于这一类的。希腊人是正常的儿童。”由于马克思这段话高度概括，更由于古代民族的文明过程材料有限，因而留下了很大的解释空间。笔者曾在2014年5月5日的《光明日报》上发表《如何理解马克思笔下的三种“儿童”》一文，认为所谓“正常的儿童”是指古代的希腊，那是在铁制农具产生之后，为了保护私有财产而建立的国家政权；所谓“早熟的儿童”是指古代的中国，那是在生产力水平并不发达、剩余劳动也不充分的情况下为了治理黄河而提前缔造的国家政权；所谓“野蛮的儿童”是指古代的印度，那些来自北方的雅利安人为了巩固自己的野蛮统治，利用宗教观念建立的种姓制度。文章发表后，见到王汝良先生在2015年2月2日《中国社会科学报》发表的《也谈马克思笔下的三种“儿童”——与陈炎先生商榷》对此问题提出了一些不同的看法。所谓真理越辩越明、学术越论越清，这里在感谢之余仅就王文中的几点意见做一简单的回应。

正常的儿童

王文认为：“‘正常的儿童’确指希腊，但并非由于经济基础对上层建筑的决定作用，而是对物质生产同精神生产之间的不平衡关系的一种论证，是对人类童年时期仅存的天真与烂漫的一种赞美。”其理由在于“马克思在《〈政治经济学批判〉导言》中提及‘三种儿童’，是为论证物质生产同艺术生产之间有时存在的不平衡关系而特别提出的。”的确，我们在理解前人的言论时不能离开特定的语境，而马克思在那篇文章中确实谈到了希腊神话的问题。然而从更大的语境来看，这段话语出自《〈政治经济学批判〉导言》，它要解决的不是艺术问题，而是社会生产问题，正如其开篇所言，其“面前的对象，首先是物质生产。在社会中进行生产的个人，——因而，这些个人的一定社会性质的生产，自然是出发点。”[1]

针对这一问题，马克思当时所应使用的理论工具又是什么呢？当然是“历史唯物主义”。关于历史唯物主义的形成，我国学术界主要有三种意见：第一种意见认为，其始自于《1844年经济学哲学手稿》；第二种意见认为，其形成于1845年的《关于费尔巴哈的提纲》；第三种意见认为，其成熟于1846年《德意志意识形态》。而《〈政治经济学批判〉导言》是马克思于1857年撰写的。因而，无论从哪种观点看，此时的“历史唯物主义”已经成熟，马克思在研究政治经济问题的过程中不可能不以此为理论工具。而根据历史唯物主义的基本观点，生产力决定生产关系、经济基础决定上层建筑、社会存在决定社会意识，作为“正常儿童”的古希腊文明，恰恰体现了这一规律。

我们知道，生产工具是“生产力”中的重要因素。而早在“荷马时代”，希腊人就有了铁制农具。铁制农具的使用创造了剩余财富，出现了私有制；私有制的利刃斩断了原始社会的氏族血缘关系。而正是为了维护私有制，失去氏族血缘关系的希腊人才必须建立国家政权。就像“十月怀胎、一朝分娩”那样，在生产力水平的充分孕育下，希腊文明这一“正常的儿童”诞生了。我认为，这种想法是符合马克思“历史唯物主义”思维方式的。反之，如果像王文所理解的那样，这只是“对物质生产同精神生产之间的不平衡关系的一种论证”，就显得有些奇怪了；如果这只是“对人类童年时期仅存的天真与烂漫的一种赞美”，那么所谓“早熟的儿童”和“野蛮的儿童”又应该如何解释呢？

1 《马克思恩格斯全集》第46卷上册，人民出版社，1966年，第18页。

早熟的儿童

王文认为："'早熟'的儿童应指（或至少包括）过早创立奴隶制国家政权的中国。但该文在寻找政权产生的原因时，将治水工程需要大规模组织协同才能完成列为主要因素，却有不妥。"其理由是："早在20世纪八九十年代，美国学者卡尔·魏特夫夸大治水工程的作用，提出'治水社会'理论并作为东方专制主义的基础，已受到学界的批判。"

在我看来，一种观点是否正确，不在于提出的早晚，也不在于是否受到过批判，而在于是否符合历史事实。其实，早在中国学界的批判之前，卡尔·魏特夫的《东方专制主义》一书就曾受到苏联学界的猛烈批判。苏联解体之后，一些中国学者再一次举起了批判的旗帜，有人认为，"魏特夫理论的政治目的在于攻击苏联，将苏联的'极权主义'与半亚细亚主义联系起来'找到'其社会、政治、经济和历史根源。这本就是一种先有结论，然后找证据进行论证的非科学做法，已经超出了学术的范畴。其次，魏特夫的'治水'这一核心概念完全不足以说明东方国家的社会、政治、经济结构，治水肯定对东方国家的社会、政治、经济产生了影响，但将其描述为决定东方国家社会结构、政治结构、经济结构的核心因素，就未免太夸大其辞了。东方国家的复杂性岂能是治水一事就可概括的。最后，魏特夫对东方的价值批判决定了他不可能客观地剖析东方社会政治结构。与西方历史上所有的东方专制主义理论一样，魏特夫也是'项庄舞剑，意在沛公'。"[2]

究竟谁是"项庄"？谁在"舞剑"呢？因为魏特夫既没有用"治水"一事来"概括"东方国家的复杂性，也没有将此事"夸大"为决定东方国家社会结构、政治结构、经济结构的核心因素，更没有不顾历史事实地从"结论"出发，而只是从发生学的意义上谈论"治水"一事对东方文明产生的历史影响。诚如在该书1957年版的"导论"指出的那样，"从已有的资料来判断，这种治水制度是一切具有历史性重要意义的农业专制制度的地区出现的原因。"

尽管上古的文献极为匮乏，但"已有的资料"并非杜撰，"根据考古学和历史地理学所提供的证据表明，在距今4600至4000年之间，黄河经由豫东

2 常保国：《西方历史语境中的东方专制主义》，《政治学研究》2009年第5期，第107—113页。

南、淮北平原、苏北平原的淮河一线入海；夏商周三代，黄河又改道河北平原入海。而尧舜禹时期正是黄河由南线入海改道为由北线入海的时期。当时的河水泛滥成灾特别严重，周秦文献里有许多这方面的记录。”[3]《尚书·尧典》记载当时：“汤汤洪水方割，荡荡怀山襄陵，浩浩滔天。”《孟子·滕文公上》也说：“当尧之时，天下犹未平，洪水横流，泛滥于天下……禹疏九河，瀹济、漯而注诸海，决汝、汉，排淮、泗而注之江，然后中国可得而食也。当是时也，禹八年于外，三过其门而不入，虽欲耕得乎？”《庄子·天下篇》说：“昔者禹之湮洪水，决江河而通四夷九州也，名川三百，支川三千，小者无数。”《吕氏春秋》曰：“禹娶涂山氏女，不以私害公，自辛至甲四日，复往治水。”《山海经·海内经》云：“禹娶涂山氏女，不以私害公，自辛至甲四日，复往治水。”不独文献记载，考古资料也有佐证。根据中国社会科学院考古研究所实地考察发现，位于安徽省蚌埠市西郊涂山南麓的淮河东岸的禹会村遗址，也称禹墟，是淮河流域目前发现最大的一处龙山文化遗址，总面积为50万平方米。而这里，或许正是改道前的黄河。

我们知道，治理黄河的工作绝不是少数人所能完成的，也不是某个部落群体能单独胜任的，它需要大量人力和高度的社会组织结构。这种活动，显然在为早熟的国家创造了条件。作为夏后氏部落的首领，鲧、禹父子都是因治水而起家的，他们联合其他部落一同疏浚河道，并在这一过程中树立了自己的权威，整合其他部落，从而将部落联盟演变为国家制度，致使禹的儿子启废除了部落首领靠选举、禅让而产生的原始制度，最终建立起以血缘沿袭王位的国家政权，从而使中国古代第一个奴隶制国家集团过早地诞生了。

如果按照夏鼐提出的用于衡量文明起源的城市、金属、文字“三要素”加以对照，我们早在仰韶文化晚期已经出现了大规模的城市遗址，龙山文化晚期也已发明青铜的冶炼，但时至今日，我们发现的最早的系统文字是直到商代后期才出现的甲骨文。换言之，我们的祖先不仅是在没有铁质农具的情况下“提前进入”了文明社会，而且是在没有文字的情况下“提前进入”了文明社会。就像一个没有足月的婴儿呱呱坠地一样，这种“提前进入”不能不说

3　江林昌：《夏代早期国家是如何建立起来的》，《考古发现与文史新证》，中华书局，2011年，第117页。

是一种“早熟”。而魏特夫那被“批判过了”的理论，恰恰为这种“早熟”提供了有力的支撑。因此，无论是从语气上，还是从证据上，笔者反倒认为那些火药味十足的批判文章有些用意识形态来压倒学术研究的味道了。

除了“攻击苏联”的罪名之外，魏特夫的观点还常被扣上“地理环境决定论”的大帽子。我们知道，把社会的发展、历史的进程仅仅归结为环境因素的影响显然是简单的、片面的。但是，人类又确确实实是在具体的自然环境中生存和发展起来的，因而其发展和进化的轨迹也就不可避免地要受到自然环境的影响和制约。而且越往前追溯，越是在生产力发展的初级阶段，这种影响和制约便越为重要。正像普列汉诺夫所指出的那样，“自然界本身，亦即围绕着人的地理环境，是促进生产力发展的第一推动力。”[4]因此，真正的马克思主义者，并不是要回避或无视自然环境对人类社会的影响，而是要在特定自然环境中找到社会发展的特殊根据。

其实，华夏文明的这种“早熟”现象，并不违背生产力决定生产关系的“历史唯物主义”。孙冶方在《什么是生产力以及关于生产力定义问题的几个争论》一文中指出：“社会生产力是由生产者、生产手段（或生产工具）和劳动对象三要素结合而成的。”[5]事实上，只有在这三者的交互作用中，有效的生产才能发生。作为华夏先民（生产者）的发祥地，黄河流域的冲积平原（劳动对象）有两大特点：一是其松软的土壤为铁质农具发明以前（生产工具）的古代先民们提供了耕作的可能性，二是其频繁的洪涝又使得人们必须建立大规模的社会组织才能加以治理。这种特殊的自然环境，不恰恰是为早熟的“亚细亚生产方式”创造了条件吗？王文认为：“作为对前资本主义东方社会经济基础一般特征的概括，‘亚细亚生产方式’才是考察东方文明发端、发展的社会基础。其中，长期存在的土地公有制、小农业和家庭手工业的紧密结合，以氏族血缘为基础构成共同体，是‘亚细亚生产方式’的基本特点。”难道“亚细亚的生产方式”是从天上掉下来的吗？难道这种特点不正是出于治水的需要而在私有制并不发达、血缘关系仍然存在、土地公有为治黄所需的情况下形成的吗？

4 《普列汉诺夫哲学集》第二卷，生活·读书·新知三联书店，1974年，第227页。

5 孙冶芳：《什么是生产力以及关于生产力定义问题的几个争论》，《经济研究》1980年第1期，第28—37页。

野蛮的儿童

王文认为:“早期印度文明不是‘粗野的儿童’。”其理由有三:“首先,由于承载印度河流域文明的古印章文字至今尚未得到科学释读,人们对印度河流域文明的衰亡原因未有定论。对印度河文明的缔造者是否躲避水患选择东迁不宜决断,更不宜对哈拉巴文化是否已建立早熟国家政权作出决断。”“其次,即便避开印度河文明与印度文明的关系,仅就雅利安人为主创造的印度文明而论,这个游牧民族入主印度(这一点还有争议),遵循‘野蛮的征服者总是被那些他们所征服的民族的较高文明所征服’这一规律,在文化上渐被土著文化同化,创造出一种新的印度文明。”“最后,若如《三种“儿童”》所言,雅利安人入主印度决定了早期印度文明‘路径’,那么是否可以将一切游牧民族入侵农耕文明地区带来的变化,都视为该文明产生的‘路径’?……显然,外来因素的介入只能影响后来文明的进程,而非起决定作用。”

首先,“对印度河文明的缔造者是否躲避水患选择东迁”的问题,不是笔者做出的“决断”,而有着考古学成果的支撑。哈拉巴东方的雅木拿河、恒河和古贾拉特等地区发现的遗址,为这种观点提供了证据。因此,一些学者有理由推测:处于亚热带地区的印度河流域适于种植麦类作物和饲养山羊等牲畜,而属于热带气候的恒河流域和德干高原则适于种植稻类作物和饲养水牛等牲畜。由于从哈拉巴远道迁徙而来的居民未能掌握新的耕作方法和饲养技术,再加上自然灾害和外族入侵的出现,最终竟导致了文化的消亡。[6]

其次,我们将北方而来雅利安征服者所创造的文明称之为“野蛮的儿童”,是指他们通过暴力而建立的国家政权。在这里,征服者与被征服者的关系体现为种姓制度。一方面,征服者吸收了当地文化的营养,创造了吠陀经典;一方面,他们又敌视当地的土著居民,将他们视之为扁鼻子、黑皮肤的下等人。正是在这种情况下,一种既不同于古希腊之公民社会,又不同于古中国之宗法社会的种姓社会出现了。在梵文中,被译为“种姓”的“瓦尔那”(Varna)有着肤色、形象、种族的意思。在其最早出现的《梨俱吠陀》一书中,白皮肤的雅利安人被称作“雅利安瓦尔那”,黑皮肤的土著人被称作“达萨瓦尔那”。随着历史的发展,

6 刘欣如:《印度古代社会史》,中国社会科学出版社,1990年,第32—33页。

后来在雅利安瓦尔那中又分化出婆罗门、刹帝利、吠舍三大种姓，而作为达萨瓦尔那的大批土著居民和战争奴隶则沦为首陀罗和不可接触者。

除了语言学的证据之外，人类学也提出了合理的证明。“19世纪末，人类学家李斯累在孟加拉对种姓进行形体人类学调查，发现种姓高低与鼻型指数之间有一种奇妙的一致性：地位高的婆罗门鼻子细长，地位最低的‘贱民’鼻型扁平，其他介于二者之间的种姓，其社会地位的高低也与鼻型指数一致。由此，他得出了惊人的结论：‘印度人的社会地位与鼻子的宽度成反比。’他把种姓的起源归于白肤高鼻的雅利安人与黑肤宽鼻的土著人（达罗毗荼人）的接触与混血，尤其是雅利安人为了维持血统纯正而规定的族内婚。他假设，约在公元前3000—1500年，白皮肤的雅利安人征服了次大陆的土著人——黑皮肤的达罗毗荼人。最初到来的雅利安人主要是青年男子，他们从被征服者中娶妻，而只把女儿嫁给雅利安人。这样，虽然发生了混血，但在征服者雅利安人中仍保持着对血统的骄傲。当到了他们自己集团内的女性已足以供结婚之用时，为了阻止进一步混血，他们便停止了从土著人中娶妻妾，只在自己集团内通婚，于是种姓便产生了。”[7]

最后，关于“是否可以将一切游牧民族入侵农耕文明地区带来的变化，都视为该文明产生的‘路径’？”这并非本文所要回答的问题，但笔者至少不同意王文关于“外来因素的介入只能影响后来文明的进程，而非起决定作用”的论断。因为历史是复杂的，不同文明产生的条件是不同的，很难一概而论。进而言之，即使是外来因素的影响在文明的创造中起了决定作用，也并不违背“生产力决定生产关系”的历史唯物主义。因为人恰恰居于“生产力三要素”中的首要地位。从最终的意义上讲，作为人类早期文明的三种类型，马克思笔下的“三种儿童”都是由生产力决定的。只是相对而言，“正常的儿童”更多地决定于“生产工具”，“早熟的儿童”更多地决定于“劳动对象”，“野蛮的儿童”更多地决定于“劳动者”。

（此文为国家社科基金重大招标项目“文明、文化与构建和谐世界”（12&ZD010）的阶段成果，发表于《中国社会科学报》2015年5月18日）

7　尚会鹏《种姓与印度教社会》，北京大学出版社，2001年，第17页。

陈炎学术文集

CHENYAN XUESHU WENJI

文化哲学卷.二

策划编辑　云慧霞　　版式设计　马　云
责任编辑　云慧霞　　责任校对　陈旭颖
封面设计　张申申　　责任印制　韩　刚

图书在版编目（CIP）数据

陈炎学术文集. 文化哲学卷. 二 / 陈炎著. -- 北京：高等教育出版社，2016.12

ISBN 978-7-04-045312-6

Ⅰ. ①陈… Ⅱ. ①陈… Ⅲ. ①社会科学－文集②文化哲学－文集 Ⅳ. ①C53②G02-53

中国版本图书馆CIP数据核字(2016)第098804号

出版发行	高等教育出版社	网　　址	http://www.hep.edu.cn
社　　址	北京市西城区德外大街4号		http://www.hepmall.com.cn
邮政编码	100120	网上订购	http://www.hepmall.com.cn
印　　刷	北京汇林印务有限公司		http://www.hepmall.com
开　　本	787mm × 960mm　1/16		http://www.hep.cn
本册印张	28.5	版　　次	2016年12月第1版
本册字数	400千字	印　　次	2016年12月第1次印刷
购书热线	010-58581118	总 定 价	298.00元
咨询电话	400-810-0598		

本书如有缺页、倒页、脱页等质量问题，请到所购图书销售部门联系调换

物 料 号　45312-002

陳炎學術文集

陳炎

文藝美學卷一

高等教育出版社·北京

目　　录

美的本质与人的本质

应该承认，新中国美学界自形成以来，所从事的花费最大精力探讨的课题，莫过于“美的本质”问题。应该承认，经过20世纪50年代和80年代的讨论与争鸣，我们对于“美的本质”的研究，的确取得了可喜的成果。同时也应该承认，问题并没有完全解决，研究也不应就此止步。从现有的研究成果来看，与“客观—自然”派和“主观—意识”派相比，“社会—实践”派美学已获得了越来越多的支持者，在美学界占据了主导地位。但是，“实践派”美学现有的观点也并非无懈可击。

首先，有同志指出，“实践派”美学关于“美是人的本质力量的对象化”“人化的自然就是美的本质”的命题来自马克思《1844年经济学哲学手稿》（以下简称《手稿》）。而马克思在同一部手稿中又明确指出：“生命活动的性质包含着一个物种的全部特性，它的类的特性，而自由自觉的活动恰恰就是人的类的特性。”[1]他们认为，马克思这里所说的“人的类的特性”同以后在《关于费尔巴哈的提纲》（以下简称《提纲》）中所指出的“人的本质并不是单个人所固有的抽象物。在其现实性上，它是一切社会关系的总和”[2]的论断是相互对立的两个命题，前者是黑格尔的唯心论和费尔巴哈人本主义的产物，后者才是马克思历史唯物主义的结论。既然马克思《手稿》中关于“人的类的特

1 [德]马克思：《1844年经济学哲学手稿》，刘丕坤译，人民出版社，1979年，第50页。

2 [德]马克思：《关于费尔巴哈的提纲》，《马克思恩格斯选集》第1卷，人民出版社，1972年，第18页。

性”的思想是不成熟的，那么以此为前提的“人化自然学说”也是不成熟的。这样一来，“实践派”美学所赖以存在的理论基础似乎便发生了动摇。反过来讲，“实践派”美学要坚持“人化的自然就是美的本质”“美是人的本质力量对象化”等命题，就必须首先澄清，这里所谓的“人”“人的本质力量”究竟是指什么；就必须首先说明，马克思《手稿》中的“人的类的特性”和《提纲》中的“人的本质”的两种说法，究竟是一种什么关系。

其次，有同志指出，“实践派”美学只能解释社会美，却无法解释自然美，尤其是不能解释那些未经人类加工、改造过的审美对象，因为硬要把这类事物也划进“人化的自然”范畴之内的做法，的确是难以令人信服的，它与其是用“人化的自然”来解释审美对象，不如说是用审美对象来确立“人化的自然”。既然星星、月亮、大海、火山都可以算作“人化的自然”，那么宇宙间又有哪些事物必须排斥在这一概念之外呢？一旦一切事物都可被算作“人化的自然”，那么审美对象也就失去其理论上应有的限定了。这样一来，“实践派”美学在解释审美现象的具体应用中，似乎又暴露了自己的局限。反过来讲，“实践派”美学要坚持用“人化自然”学说来解释审美对象，就必须对自然美，对那些未经人类改造又确已成为审美对象的自然事物做出合理的解释。

笔者认为，上述“美的本质”的研究中所出现的两个关键问题，都与“人的本质”的研究有着密切的关系。因此，我们不妨把“人的本质”与“美的本质”这两个学术界长期以来争论不休的问题联系起来加以思考，或许能够得到一些新的发现。

笔者的美学观点与一般的“实践派”不尽相同，但我愿在此说明，马克思在《手稿》与《提纲》中对于人的本质的不同论述，并不是截然对立的两个命题，而是揭示了一个问题的两个方面。人的本质，就是“自由自觉的活动”和“一切社会关系的总和”的有机统一。因此，“实践派”美学的理论基础是牢固的。同时，笔者还认为，“实践派”美学过去对自然美的解释的确有不少牵强之处，这又与美学界过去在对审美对象的分类上所存在着的混乱有着紧密的联系，而这些问题也需要放在“人的本质”和“美的本质”的联系之中加以解决。

一

首先，让我们来看看马克思在《手稿》中关于"人的类的特性"的思想与黑格尔、费尔巴哈思想的联系与区别。

毋庸讳言,《手稿》中关于"人"的论述确有黑格尔、费尔巴哈影响的痕迹：第一，所谓"自由自觉的活动"与黑格尔的"自由意志"显然有某些相似之处；第二,"类"这个概念，又有从费尔巴哈那里借来的嫌疑。

我们知道，马克思主义的哲学大厦不是凭空出现的，而是建立在全人类以往文明基础之上的。因此，马克思本人从来也不否认自己对于德国古典哲学的借鉴；反过来讲，这种借鉴也恰恰说明了以往哲学在其僵死的尸体上还存在活着的细胞。所以，问题不在于《手稿》中关于"人"的论述与黑格尔、费尔巴哈的思想是否有某些相似之处，而在于它们之间是否还有某些不似之处，即马克思在继承前人思想遗产的同时是否还有某些新的创见。回答应该是肯定的。

黑格尔说："人类心胸中一般所谓高贵、卓越、完善的品质都不过是心灵的实体——即道德性和神性——主体（人心）中显现为有威力的东西，而人因此把他的生命活动、意志力、旨趣、情欲等等都只浸润在这有实体性的东西里面，从而在这里面使他的真实的内在的需要得到满足。"[3]很明显，黑格尔在这里所说的"人"也是一种"自由自觉"的人，而且是一种超出自然规律和社会规律的神灵的使者。简言之，在黑格尔那里，人的理性就是绝对精神在个体身上的体现。然而马克思在《手稿》中所理解的"人"却有所不同,"他"虽然是一种能够按照自己的需要改造自然、征服自然的"自由自觉"的人，但是这种"自由自觉"必须是建立在客观规律的基础上的，是一种与必然相统一的自由。第一，在马克思这里，人的存在不是什么绝对精神外化的结果，它本身就是自然界的产物，是自然界的一个组成部分。第二，马克思所说的人的"自由自觉的活动"也不是为所欲为的精神活动，而是一种能动的、客观的社会活动，即用物质力量改造物质世界的实践活动——"当站在牢固平稳的地球上吸入并呼出一切自然力的、现实的、有形体的人通过自己的外化

3　[德]黑格尔:《美学》第一卷，商务印书馆，1979年，第226页。

而把自己的现实的、对象性的本质力量作为异己的对象创立出来时，这种创立并不是主体：它是对象化的本质力量的主体性。对象性的存在物对象地活动着，而只要它的本质规定中没有包含对象性的东西，那么它就不能对象地活动。它所以能创造或创立对象，只是因为它本身是为对象所创立的，因为它本来就是自然界。因此，并不是它在创立活动中从自己的‘纯粹的活动’转向对象之创造，而是它的对象性的产物仅仅证实了它的对象性活动，证实了它的活动是对象性的、自然的存在物的活动”（重点号为引者所加）。[4]“非对象的存在物是一种（根本不可能有的）怪物”。[5]马克思这里所批判的那个“怪物”，那个“非对象的存在物”，那个“从自己‘纯粹的活动’转向对象之创造”的东西，正是黑格尔的从绝对精神派生出来的人类主体。因此，我们怎么能说马克思《手稿》中对“人”的理解与黑格尔相同呢？

至于费尔巴哈对“人”的理解，马克思在《提纲》中曾批判：“他只能把人的本质理解为‘类’”，“理解为一种内在的、无声的、把许多个人纯粹自然地联系起来的普遍性。”[6]这就是说，费尔巴哈是仅从自然的、生物学的角度来理解人的本质的。费尔巴哈用生物学上的人来反对黑格尔神学意义上的人，这在当时的历史条件下自然有其进步意义，但是由于他看不到人的社会本质，所以不可能在社会历史领域内把唯物主义贯彻到底；当他推翻了旧的宗教之后，便不得不创立一个新的“爱”的宗教，于是只得把人的本质重新归结为“理性、意志、心”了。而马克思在《手稿》中对“人”的理解却绝非如此。在马克思看来，人的“自由自觉的活动”不仅是一种客观的、物质的活动，要受到自然规律的制约，否则就会在自然面前碰壁；而且是一种社会的、历史的活动，要受到社会规律的制约，在一定的历史条件下会遭到异化——“人同自己本身的关系只有通过他同其他人的关系，才对他来说成为对象性的、现实的关系。因此，如果说人同他的劳动产品、同他的对象化了的劳动的关系，是同一个异己的、敌对的、强有力的、不依赖于他的对象的关系，那么，他所以同这一对象发生这种关系，是因为有另一个异己的、敌对的、强有力的，不依赖于他的人是这一对象的主人。如果说人自己本身的活

4　[德]马克思：《1844年经济学哲学手稿》，刘丕坤译，人民出版社，1979年，第120页。

5　[德]马克思：《1844年经济学哲学手稿》，刘丕坤译，人民出版社，1979年，第121页。

6　[德]马克思：《关于费尔巴哈的提纲》，《马克思恩格斯选集》第1卷，人民出版社，1972年，第18页。

动对人说来是一种不自由的活动，那么，这是因为人自己本身的活动是替别人服务、受别人支配的、处于别人的强迫和压制之下的活动”。[7]这时，马克思已经十分清楚地看到了异化劳动与阶级对立的关系，看到了人的“自由自觉的活动”的社会条件。因此，我们怎么能够仅仅根据马克思沿用了“类”这个概念，就把他对“人”的理解同费尔巴哈的“人本主义”混为一谈呢?

总之，我们认为，马克思在对“人的类的特性”的理解上既继承了前人，又超越了前人。对于黑格尔的“人”，他继承其能动性而扬弃其主观性；对于费尔巴哈的“人”，他继承其客观性而扬弃其生物性。所以，马克思在《手稿》中所说的“人”，既不是神学意义上的“人”，也不是生物学意义上的“人”，而已经是社会的、历史的、哲学意义上的“人”了。

当然，马克思对于人的本质的探索也不是一次完成的，这一过程大约是从1844年的《手稿》开始，到1845年的《提纲》完成的。

二

下面，就让我们来分析一下马克思《手稿》中关于“自由自觉的活动”和《提纲》中关于“一切社会关系的总和”这两个命题之间的关系。

对于任何事物的本质，都不能孤立地加以研究，而应该把它放在同其他事物的联系和比较之中加以研究。所谓“类的特征”和“本质属性”，其实是一个意思，即是指某类事物所必然具有的，并与其他各类事物相区别的属性。而对于同一事物，我们又可以从不同的角度来总结其本质属性。如我们说人是“有语言的动物”，人是“会思维的动物”，人是“能制造工具的动物”……这种概念在一定意义上说都是正确的。那么，从哲学的高度加以分析，人的最本质的属性，也就是人与其他动物最根本的区别究竟是什么呢?恩格斯在《自然辩证法》中做了明确的回答：“一句话，动物仅仅利用外部自然界，单纯地以自己的存在来使自然界改变；而人则通过他所作出的改变来使自然界为自己的目的服务，来支配自然界。这便是人同其他动物的最后的本质的区别，而造成这一区别的还是劳动。”[8]我们说，是劳动产生了会说话的嘴

7 [德]马克思：《1844年经济学哲学手稿》，刘丕坤译，人民出版社，1979年，第53页。

8 [德]恩格斯：《自然辩证法》：《马克思恩格斯选集》第3卷，人民出版社，1972年，第517页。

巴，是劳动创造了能思维的大脑，是劳动决定了工具的制造……一句话，劳动创造了人。因此，我们要研究人的本质，必须从研究人的劳动入手。

一个事物的本质属性，从表面上看，是该事物与他事物的区别所在；从根本上讲，这种外表的区别则植根于内在的矛盾。事物的本质是由事物矛盾的特殊性决定的，而对于事物的矛盾，则必须进行联系的、发展的、全面的研究，而不是进行孤立的、静止的、片面的研究；即应该采取所谓从抽象上升到具体的辩证思维方式，而不是采取所谓从具体上升到抽象的知性思维方式。但是长期以来，国内学术界却有人习惯于这样看问题：既然人的最主要的属性是社会性，那么人的本质就只能是社会性；进而，既然在阶级社会中人的最主要的社会属性是阶级性，那么人的本质就只能是阶级性。这种思维方式貌似抓住了主要矛盾和矛盾的主要方面，其实是将人的本质的丰富内容蒸发为最简单、最稀薄的抽象品。问题不仅在于这些同志把马克思在《提纲》中所说的“一切社会关系”进一步“提炼”为“阶级关系”，而且还在于他们把这一命题作为唯一的、排他的“人的本质”的概括，同马克思、恩格斯在其他著作中对于“人”的理解形而上学地对立起来。

笔者认为，要研究人的本质，必须从剖析劳动的矛盾开始，人的劳动中所潜在的任何一种矛盾和矛盾方面，都是构成“人的本质”这个活生生的有机整体的不可缺少的因素。而从哲学、社会科学的角度来看，劳动起码具备以下二重矛盾：

一方面是人与自然的矛盾。正如恩格斯所说的那样，人不像动物那样只是被动地适应自然，而是要运用自己的力量能动地改造自然，征服自然，化自在之物为为我之物，使自然向人生成。但是自然却有其不依人的意志为转移的客观规律，并总是以这种顽强的规律迎接着人类的挑战；一旦人类在改造自然的过程中违背了客观规律，自然就会以无情的力量加以报复。这样，人与自然便构成了矛盾，这就是自由与必然的矛盾。然而人毕竟是人：“动物只是按照它所属的那个物种的尺度和需要来进行生产塑造，而人则懂得按照任何物种的尺度来进行生产，并且随时随地都用内在固有的尺度来衡量对象……”[9]动物的活动是被限制在它的类的特有的生物本能之中的，它只是以

9　[德]马克思：《1844年经济学哲学手稿》，刘丕坤译，人民出版社，1979年，第51页。

固定的方式同外界自然发生关系，而不懂得根据对象的规律来改造对象；人却能够在改造物质世界的过程中不断地总结经验教训，根据对象的规律来调节自己生产活动的方式与手段，从而在改造对象的过程中实现自己内在的目的。这样，自由与必然的矛盾在人类的反复实践中便逐步趋向于统一。所以马克思才说：“自由自觉的活动恰恰就是人的类的特性。”

人的活动既是自由的，也是自觉的。说它是“自觉的”，就是说人具有有目的的、能动的行为，人不仅要适应自然，而且要通过自己的活动来改造自然；说它是“自由的”，就是说人能够根据自然界的客观规律自由地改变和调节自己的生产方式的手段，人不仅要改造自然，而且能改造自然。当人类通过自己“自由自觉的活动”在陌生的大自然中复现自己、肯定自己、打上自己的烙印、创造出自己的新天地的时候，“人的本质”便得到了“对象化”。于是，美，这个人类所独有的物质对象便产生了。所以，人也按照美的规律来塑造物体。

另一方面，人的生产活动从来就不是个体的、孤立的行为，而是集体的、社会的行为。所以，在劳动中，人不仅同自然界构成了矛盾，而且同人自身，即同人类社会组织构成了矛盾。人的本质不仅是由前一重矛盾决定的，而且也是由后一重矛盾决定的。“自然界的属人的本质只有对社会的人来说才是存在着的；因为只有在社会中，自然界才对人说来是人与人间联系的纽带，才对别人说来是他的存在和对他说来是别人的存在，才是属人的现实的生命要素；只有在社会中，自然界才表现为他自己的属人的存在的基础。只有在社会中，人的自然的存在才成为属人的存在，而且自然界对人说来才成为人”。[10]可见，马克思在《手稿》中丝毫没有忽视人的社会属性；恰恰相反，正是由于他看到了上述双重矛盾的相互影响，才在唯物史观的高度上改造了前人的“异化”理论。

众所周知，马克思在《手稿》中所谈的异化，既不是黑格尔的绝对理念的异化（外化），也不是费尔巴哈的人之造神的异化，而是指阶级社会中劳动的异化。本来，劳动是人的本质力量对象化的过程，因此它应该是自由的、能动的、创造性的、美的活动。但是在阶级社会中，由于人与人之间的关系

10 [德]马克思：《1844年经济学哲学手稿》，刘丕坤译，人民出版社，1979年，第75页。

破坏了人与自然之间的正常关系，使得劳动者与劳动发生了分离，劳动产品的拥有者又与劳动发生了分离。于是，劳动者创造的价值越多，他自己就越无价值，越下贱；劳动不是肯定自己，而是否定自己；劳动不是有意识、有目的的积极的活动，而只是维持个体生存的消极手段；人与人之间的关系已不再是最初在劳动中所结下的相互协作、相互依存的关系，而变成了剥削与被剥削、压迫与被压迫、反抗与被反抗的关系。……于是，“人的本质的对象化”变成了“人的本质的异化。”

可见，虽然马克思在《手稿》中没有明确地提出人的本质是“一切社会关系的总和”的命题，但绝不能说马克思在当时还缺乏这种思想。进而还可以认识到，这种思想与马克思在《手稿》中所提出的“自由自觉的活动恰恰就是人的类的特征”的命题也绝非处于非此即彼的排他状态之中，而恰恰相反，它们是人在劳动中所形成的相互影响、相互渗透的双重本质，是一个问题的两个方面。因此，那种只知其一，不知其二，或者用其一来反对其二的观点，都是不科学的，都不是对马克思关于“人的本质”的丰富思想所作的全面把握。

三

现在，我们可以从“人的本质”的分析回到“美的本质”的研究中来了。

如前所述，对于所谓“自然美”的解释，是国内各派美学争论的焦点。“社会—实践”派为了把“人化自然学说”贯彻到底，便极力把那些未经人类加工改造过的“自然美”也看成是“人化的自然”，认为它体现了人类实践在整体上对自然的占有。这种任意扩大“人化自然”处延的做法，显然有着让现实适应于原则、使审美实践服从于美学理论的嫌疑，因而遭到了“客观—自然”派和“主观—意识”派的强烈反对。“自然派”认为，原始的自然不是人类实践的社会成果，它之可能美，恰恰证明了他们关于美是脱离人类社会实践的自然现象这一基本观点。“意识派”则认为，原始的自然与人类的物质实践毫无关系，因而没有客观的社会价值，它之可能美，只能证明他们关于美的本质不在客观对象，而在主观意识的观点……这样的鼎足之势从50年代一直保持到今天，其中的任何一派也不能把其他两派说服。

笔者认为，真正改变这一局面，不仅要从三派理论的不同点入手，而且要从其共同点入手。上述三派的观点尽管针锋相对，各持一端，但其争论却是建立在这样两个共同点的基础之上：第一，他们都把一切自然界的美统称为“自然美”，认为其中经过人类加工和未经人类加工的对象，都具有同等的审美价值。第二，他们都认为，只有承认这类“自然美”都是“人化的自然”，才能证实美的本质的社会性；反之，只要看到了这类“自然美”中有非“人化自然”的成分，就等于否定了美的本质的社会性。同理，只有承认这类“自然美”都具有独立的客观价值，才能证实美的本质的客观性；反之，只要看到了这类“自然美”中有依赖审美主体的成分，就等于否定了美的本质的客观性。对于上述三派的这两种共同意见，笔者是持否定态度的。

我们认为，自然美问题的长期聚讼，首先是由于审美对象分类上的混乱造成的。迄今为止，国内大部分学者认为，所谓“社会美”，顾名思义，就是指社会生活中的美；所谓“自然美”，当然就是指自然事物的美了。然而这种想当然的、经验性的分类是肤浅的、非科学的，因为它只是停留在对象的感性形态上，而没有透过现象看到本质，没有抓住造成不同外在形态的内在差异。而笔者认为，作为人类的审美对象，无论是社会美还是自然美，都是人的本质力量对象化的产物，不同之处只在于它们各自着重体现了“人的本质”的不同侧面罢了。

如上所述，人的本质是由社会实践的性质决定的，人在实践中与自然界所构成的主客体矛盾决定了人的“自由自觉的活动”这一本质侧面；而人在实践中与他人所构成的群体关系则决定了人的“一切社会关系总和”的这一本质侧面。人的对象化的活动自始至终会活动，而人的社会活动自始至终又都有着对象化的能力。所以，无论是在改造自然，还是在改造社会的实践中，人的本质的上述两个侧面始终是相互联系、相互渗透、相互包容在一起的，只是侧重面和着眼点不同罢了。而这种侧重面和着眼点的相对差异，则正是构成自然美和社会美相对差异的关键。一般说来，人类在改造自然的对象化活动中，着重体现了其“自由自觉的活动”这一本质侧面，其对象化的成果，就是“自然美”；人类在改造社会的对象化活动中，着重体现了其“一切社会关系的总和”这一本质侧面，其对象化的成果，就是社会美。因此，所谓自然美，是在人与自然的对象性关系中所形成的，体现了人改造自然、驾驭自然的“自由自觉的活动”能力的审美对象。所谓社会美，是在人与社会的对象性关系中所形成的，体现了处在“一切社会关系的总和”之中的人的理想、愿望、品德和力量的审美对象。自然美偏重于感性形式，形式整一而抽象；社会美偏重于理性内容，内容多样而具体，自然美偏重于真，常将目的性寓于规律性之中；社会美偏重于善，常在规律性之中突出体现着目的性。自然美有着更多的审美效果的普遍性，常常能成为人类共同的审美对象；社会美有着更多的审美效果的差异性，常常为不同时代、不同民族、不同阶级的欣赏者带来不同的审美感受，因此，并非所有的社会生活中的美都是社会美，也并非所有自然事物的美都是自然美，而要以这种审美对象所得以产生的本质根源来加以区分。例如，大量的建筑物、家具、工艺品都不是自然界所先天固有的，而是人类为满足和丰富自己的社会生活而创造的，然而这类创造偏重于体现人对自然规律的掌握和运用，较多地体现了人类驾驭自然、巧夺天工的“自由自觉的活动”能力，而较少地体现了人与人之间的“一切社会关系”，因而它们是自然美而非社会美。

那么，那些未经人类改造过的原始自然是自然美还是社会美呢?这就要具体问题具体分析了。单就对象自身来说，那些未经人类改造过的自然事物，不是“人化的自然”，因而它既不是自然美，也不是社会美。只有当人们根据这些对象所特有的形式，把它们同人类的实践精神或实践成果加以对比、联想和移情的时候，才可能把这类自然事物当作审美的对象。仅在这一点上，笔者同意“主观—意识”论者对于这类对象的解释。“意识论”者反对把这类未经人类改造过的自然也当作实践产品加以分析，而认为它们之所以美，只是由于主体联想或移情的结果。这种观点，在我看来是正确的。但是，他们却进一步认为，既然这类审美对象与人类实践没有直接的关系，本无客观的价值，那么进而就可以断言，所有的审美对象都是欣赏主体社会意识的产物。他们没有看到，人们之所以能对这类对象进行审美的联想和移情，恰恰是以人类的实践活动和实践成果为前提的。也就是说，作为人类的审美对象，“人化的自然”是“本”，原始的自然是“末”；“末”固然不同于“本”，但必须以“本”为前提。如果说“实践论”者的错误在于舍末逐本，硬要末也同于本，那么“意识论”者的错误在于舍本逐末，硬要本也同于末。

从历史上讲，人类对于原始自然的欣赏要远远晚于对劳动工具、劳动成果的欣赏；从逻辑上讲，正是由于人类在实践过程中反复创造和欣赏了大量的自然美和社会美，才为其自身提供了进一步观照原始自然的心理基础，使其对原始自然的审美联想有了对象，对原始自然的审美移情有了主体。因此，我们不像“自然派”和“意识派”那样，从未经人类改造过的自然事物这类非本质的审美对象入手，进而全面否定审美对象与物质实践的联系，我们也无须像一些“实践论者”那样，为了捍卫审美对象与物质实践的联系，便硬把那些未经人类改造过的客观事物也算在“人化自然”的领域中去。

笔者认为，人类实践的对象性成果，即上文所界定的自然美和社会美，是具有本质意义的审美对象；而那类尚未打上实践烙印的原始自然，则只有当人们对其进行审美联想和审美移情的时候，才能成为审美的对象，因而它是非本质的、派生的审美对象。本质的审美对象是派生的审美对象所得以产生的基础和前提，因而前者的性质决定了后者的性质。换言之，看一个原始的自然物是自然美还是社会美，取决于我们对它所进行的联想和移情的内容。当我们把这类对象与人的自然美的形式，与人的“自由自觉的活动”加以联系的时候，也就是把它当作自然美来欣赏了；而当我们把这类对象与人的社会美的内容，与处在“一切社会关系的总和”之中的人的社会意识、社会心理加以联系的时候，也就是把它当作社会美来欣赏了。“小时不识月，呼作白玉盘”，“月下飞天镜，云生结海楼”，是将原始的自然化为自然美来欣赏的例证。这里，人化自然的形成（盘、镜、楼）成了我们对原始的自然（月、云）进行审美联想的基础。“未出土时先有节，至凌霄处尚虚心”，是将原始的自然化为社会美来欣赏的例证。这里，实践主体的品质（气节、虚心）成了我们对原始自然（竹子）进行审美移情的前提。

当然，人们对于原始自然的审美联想与移情并非都是如此直接、明了的，而常常是间接、朦胧的，也即是说，联想的基础和移情的前提往往是复杂的、多意的；联想的方式和移情的途径也往往是曲折的、多变的。这一切，正有待于我们作进一步深入细致的研究与分析。

总之，笔者认为，“人化自然学说”不仅仅是马克思早期的思想，而且是其历史唯物主义全部学说的一个不可缺少的组成部分。充分利用这一学说来研究美的本质，是“社会—实践”派美学的巨大贡献。但是，以往的“实践论者”常常把美的本质和审美对象简单地等同起来，看不到在复杂的审美现象和深刻的审美根源之间，还存在着许多以审美经验为过渡的中介环节，因而生硬地用“人化自然学说”来解释全部自然的审美对象，结果并未完全达到预期的目的——把马克思的历史唯物主义科学地贯彻到美学领域。

（此文发表于《青海社会科学》1987年第2期）

唐代审美理想的宗教、哲学背景

唐代既是中国封建社会的鼎盛之年，又是中国古典艺术的黄金时代。从美学史的角度来看，唐代社会在其近三百年的非凡岁月中，历史地完成了审美理想的发展与嬗变。所谓“发展”，是指它将中国古代社会前期所一向追求的壮美理想（阳刚之美）发展到了一个新的高度；所谓“嬗变”，是指它将这一发展到了极致的壮美理想及时转变为一种新的优美理想（阴柔之美），从而为中国封建社会后期的美学思考与艺术追求开辟了新的途径……

按照马克思主义的观点来看，历史是人们创造的，但是人们只能在历史所给定的条件下去创造历史。同样，唐代美学史是这一时期的思想家和艺术家共同创造的，然而他们又不可能脱离这一时期所特有的政治、经济和文化条件去任意创造，而只能在这一特定的历史背景下去完成历史所赋予他们的使命……与宗教和哲学观念相比，审美理想是更高的、更远离社会存在的意识形态，因而它常常要以宗教和哲学为中介环节而接受社会政治和经济生活的决定和制约。

从表面上看，唐代前期的儒、释、道三家相斗争、彼此对峙的局面，与当时的政治斗争显然有着密切的关联。李氏宗族虽系北周贵姓，但依传统的观点来看，这种关陇贵族远不能与山东贵族相提并论。因此，出于政治上的需要，初唐的李渊、李世民都自称李耳的后代，利用道教来抬高自己的门第，以同门阀势力相抗衡。直至高宗、中宗、玄宗等皇帝，也都给道士以很高的地位，把道教排在儒、佛的前面。相反，当武则天、韦皇后代表外戚势力争夺皇位的时候，又都弘扬佛教而迫害道教，置僧尼于道士之上。在佛、道两教因政治斗争而彼此消长的同时，儒家学派则作为第三势力而不时被它们利用或排斥，以保持斗争的均势。这样，便在客观上形成了唐代前期儒、释、道三家的鼎足之势。

不仅如此，这一局面的形成还有着更为深刻的思想根源。我们知道，自董仲舒“罢黜百家，独尊儒术”之后，儒家思想便成为中国封建社会的官方哲学，在意识形态领域中起着重要的支配作用。董仲舒把孔、孟的“仁学”纳入阴阳五行学家的框架，形成了一套以“天人合一”为理论基础，以“血缘纽带”为思想内容的“天人宇宙论图式”。这种图式的实际意义就是利用比附的手法而为原始儒学找到一个更为广阔的理论基础，企图用自然规律来论证伦理纲常的合理性，从而维护大汉帝国的统一与安定。尽管汉儒的这套理论体系的确有着极大的包容性和稳定性，因而产生了极为深远的影响，占有近似于官方宗教的地位。然而伦理总是伦理，毕竟代替不了宗教。汉儒的这套理论只能为人们生前的行为制定规范，却不能为人们死后的存在提供保障；而后者则恰恰是宗教在不同民族普遍存在的重要的心理依据。因此，继董仲舒之后，东汉的“今文经学派”之所以进一步引谶纬思想入儒家学说，其内在的用意，就是将儒学宗教化。但是这一企图却因遭到“古文经学派”的强烈抵制而导致失败。与此同时，佛教的引入，本来是可以解决这一问题的，但是来自印度的佛教理论，有着中国人难以接受的思辨内容，不容易在民间得到广泛的传播；而且佛教主张无父无君的出世态度，又与汉民族传统的伦理观念相悖离，因而造成了统治者的戒心。在这种情况下，作为汉民族自己的宗教，道教便有了一席之地。道教是用老子来改装佛教的结果。《老子化胡经》说：“我令尹喜，乘彼月精，降中天竺国，入乎白净夫人口中，托荫而生，号为悉达，舍太子位，入山修道，成无上道，号为佛陀……”（《全唐文》卷九五）这样一来，释迦便成了尹喜的后身、老子的徒弟，从而使中国人既获得了宗教，又满足了不甘步胡人后尘的心理。另一方面，道教在大肆剽窃佛教教义的同时，又补充上儒家关于孝悌、忠义之类的学说，从而使华夏之民既有了死后的寄托，又不破坏生前的行为。但是道教的上述长处，也恰恰是它的短处，因为它始终是儒、佛二家的拼盘，自身并没有一套完整、独立的思想体系。因此，东汉以来，道教一般不太受上层士人的重视，而只在民间有广泛的影响。也许正是由于这一缘故，本来可以为统治阶级作为“精神鸦片”来毒害人民的道教，却常常反过来成为组织民众、反抗统治者的工具，例如张角的太平道和张鲁的五斗米道就是如此。所以，同对待佛教的态度一样，魏、晋以来的统治者对道教也常常采取既利用，又控制的态度，时而倡导，时而禁止。就这样，经过三百多年的历史，佛教和道教在相互制约中缓慢地发展了起来，逐渐取代了汉代独尊儒术的局面，从而形成了唐初儒、释、道三足鼎立的新格局。

那么，这种新格局的形成对于唐代前期壮美理想的发展有着什么关联呢？我们知道，无论是原始儒学还是汉儒，其中心内容都是要在人与社会的关系中来确定人的行为规范和价值尺度，因而具有着面向客观世界的强烈的入世态度。在人的本质力量对象化的过程中强调主体的能动性和创造性。这种儒家精神在审美活动中必然表现为在中和之美中偏重于阳刚之气的倾向，把美看成是一种充实饱满、盛大刚烈的形象。孔子说：“周监于二代，郁郁乎文哉！吾从周。”（《论语·八佾》）“大哉！尧之为君也。巍巍乎！唯天为大，唯尧则之。荡荡乎！民无能名焉。巍巍乎其有成功也，焕乎其有文章！”（《论语·泰伯》）孟子曰：“可欲之谓善，有诸己之谓信，充实之谓美，充实而有光辉之谓大，大而化之之谓圣，圣而不可知之之谓神。”（《孟子·尽心》）“我善养吾浩然之气。”“其为气也，至大至刚，以直养而无害，则塞于天地之间。”（《孟子·公孙丑》）而唐代前期的陈子昂、颜真卿、杜甫、韩愈等人正是在这种思想的基础上去进行美学思考和艺术创作的。他们的作品，或慷慨悲歌，或沉郁顿挫，或气势开张，或汪洋恣肆，充分显示了阳刚宏烈的儒家精神，从特定角度把壮美理想推向了新的高峰。

在这一时期内，不仅儒家思想对壮美理想的发展有着积极的推动作用，而且作为宗教的佛、道两家也产生了同样的影响。宗教艺术向来就是宗教精神的直接体现。从印度传入的佛教，一方面以生死轮回为思想基础，通过艺术，向人们展示了壮丽无比的极乐世界，这就是我们今天在敦煌等地仍然可以看到的“经变”壁画，另一方面，佛教又以因果报应为理论前提，通过艺术，为人们塑造了法力无边的宇宙主宰，这就是至今在洛阳等地仍然保存着的“佛像”石刻。这些壁画大都以宏阔的画面、浓烈的色彩、夸张的笔法来烘托西方净土的堂皇与富丽，而这些石刻又都以巨大的体魄、静穆的姿态、宏伟的气势来渲染佛圣主的智慧和力量。除了宗教自身的原因外，这种规模浩繁的佛教艺术的出现，显然与唐代前期国力的强盛，以及寺院经济的迅速膨胀有着密切的关系。出于政治斗争的需要，武则天、韦皇后等人都曾大力扶植寺院经济，以至于“天下十分之财力而佛有七八”，“出财依势者尽度为沙门”。有了雄厚的经济基础，佛教艺术家便可以大兴土木、争高斗奇、肆意铺张，直至开凿了像乐山大佛那样举世罕见的巨型雕像。而这一切，表现在审美理想上，便是把秦、汉以来的壮美理想推向了一个新的高潮。

道教以《山海经》《庄子》《楚辞》等古代典籍中的神话传说为思想材料，构造了一个等级森严、体系庞大的神仙系谱，描绘了一群长生不死、童颜永驻、悠哉游哉的神人、仙人、圣人。同时，道教还网罗了当时医学、化学、物理学的成果，一方面把老、庄哲学中固有的主静全真的理论变成养生疗法，一方面又企图炼出使人长生不老的仙丹妙药。除此之外，道教还广泛采集了南方的巫术，将悬苇刻桃发展为驱邪的符箓，将訇唾禁祷发展为逐魔的咒语，将祭祀巫仪发展为求仙的斋醮。这类神仙、养生、服丹、避疾之术无非表现了道教所追求的终极目标——生存的欲望和享乐的欲望，但它在客观上却又大大激发了人们艺术想象的能力。当艺术家也像道士那样想入非非的时候，其笔下的现实图景就变成了梦幻般的世界。王勃要升天了：“翕然登霞首，依然蹑云背。电策驱龙光，烟途俨鸾态。乘月披金帔，连星解琼佩。”（《忽梦游仙》）李白也不甘落后：“西上莲花山，迢迢见明星。素手把芙蓉，虚步蹑太清。霓裳曳广带，飘拂升天行。”（《古风·十九》）李颀竟构思了武皇与王母会见的情景：“武皇斋戒承华殿，端拱须臾王母见。霓旌照耀麒麟车，羽盖淋漓孔雀扇。”（《王母歌》）王翰则描绘了樵人与婵娟恋爱的经过：“蛾眉婵娟又宜笑，一见樵人下灵庙。仙车欲驾五云飞，香扇斜开九华照。”（《赋得明星玉女坛送廉察尉华阴》）为了追求一种逍遥于天地之间的任侠气度，诗人用奇妙的幻想和大胆的夸张勾勒出一幅幅气象万千、金碧辉煌的图画，使读者也跟随他们的想象漫游于天际之间。因此，在道教思想的影响下，人们的审美对象无论是在时间方面还是在空间方面都得到了尽可能的扩展，因而在客观上形成了一种阳刚宏烈之气。

总而言之，唐代前期的儒、释、道三家，都对壮美理想的发展提供了便利条件。正是在各种意识形态所形成的这种合力的推动下，才使得这一时期的壮美理想发展到了一个前所未有的高度。

但是，从社会发展的需要来看，儒、释、道三足鼎立的局面并不适应江山一统的政治局势，因而它的存在只能是暂时的。从思想发展的趋势来看，这种理论体系的多维对峙必然会导致新的融合，因而其各自的独立也只能是暂时的。在这种暂时的对峙状态中，任何一种理论要获得新的发展，就必须能够更多地吸收其他理论的优点而丰富和完善自身，就必须能够更好地满足唐代社会的需要并符合华夏民族的国情。否则，便只能在相互斗争中被淘汰。

我们知道，自董仲舒以后，儒家学说作为官方哲学已经深深地渗透到汉民族的政治体制、伦理行为和日常观念之中，即使在佛、道两教极盛的时代，也未能从根本上使之动摇。然而如上所述，由于汉儒的理论体系不能解决信仰问题，因而自魏晋以来一直受到佛、道两教的挑战，以至于渐渐放弃其一家独尊的地位而不得不与佛、道两教平分秋色。自南北朝以来，儒家只能以政治利益、伦理行为等社会效用为依据来抵抗佛、道两家的进攻，直至中唐的韩愈也未能拿出什么新的武器来。韩愈可谓是抨击佛老的勇士了，但他自己却因渴望长生服用硫磺而丧生（见白居易《思旧诗》），其自身的矛盾已足以说明汉儒体系的缺陷了。因此，儒学思想再度取得统治地位，就必须进行大规模的改造，以弥补其信仰方面的不足。而这种改造的结果，就是宋明理学。同汉代儒学一样，宋明理学的核心内容仍然是伦理学，但汉儒注重研究的是伦理行为的外在规范，而宋儒则注重研究伦理行为的内在根据；前者是面对外在世界的行为哲学，后者则是面对内在世界的心性哲学。正是由于宋明理学更重视个体灵魂的自我观照，因而便在客观上弥补了汉儒体系的不足，具有了准宗教的性质。汉儒与宋儒的不同不仅表现在上述社会功能方面，而且表现在审美理想方面。由于前者强调的是经世致用、“修、齐、治、平”，是实现自我的价值和作用，因而在审美上更倾向于鲜明浓烈的阳刚之美；而后者注重的则是穷理正心、格物致知，是领悟生命的存在和意义，所以在审美上则侧重于含蓄淡泊的阴柔之美……从中唐到宋初，正是汉代儒学向宋明理学转化的过渡环节。一方面，旧的汉儒系统已经开始失去其原有的生命力。唐初，孔颖达奉太宗的旨意撰《五经正义》，这虽然结束了经学内部今文、古文，郑学、王学，南学、北学的长期争论，但同时也束缚了儒学自身的研究和发展。为了冲破这种束缚，中唐的啖助、赵匡、陆淳师徒三人撰写了《春秋集传纂例》《春秋微旨》《春秋集传辨疑》等著作，一反“疏不破注”的旧规矩，开创了“舍传求经”的新学风，从内部宣告了汉儒体系的破产。然而另一方面，新的宋学体系还没有建立起来，因为这一新的理论体系的建立，还有待于为它提供思想材料的禅学的发展。因此，从某种意义上讲，韩愈抨击佛老的理论，只不过是汉儒精神的回光返照。

与儒学相同，道教自中唐以后也开始陷入了低潮。如前所述，唐初统治者对道教的推崇本来是有其政治原因的。然而到了中唐以后，随着门阀阶层固有势力的丧失和外戚集团篡夺王位企图的破产，情况便发生了变化。当做了十几代皇帝的李氏宗族已无需再借助老子的力量来抬高自己社会地位的时候，道教便开始受到冷落，像司马承祯、吴筠、李含光那样既受士大夫信赖，又得皇帝恩宠的威望极高的道士再也不会出现了。不仅道士的社会地位在下降，而且道教信仰上的危机也日益加重。为了吸引更多的信徒，与佛教分庭抗礼，道教不是去保证人们来世的解脱，而是要延长人们现世的生命。然而道教的这种许诺不仅比佛教更直接、更现实、更具有吸引力，同时也更难以兑现。因为死后能否成佛是谁也说不清的事情，而生前能否成仙却可以在生活中得到证明。当人们吃了长生药而纷纷丧生的时候，道教所带来的希望便即刻变成了失望。刘叉在失望中愤懑地指出："世上道人多忤人，披图醮录益乱神。此法哪能坚此身，心田自有灵地真。"（《修养》）在无情的事实面前，人们不得不放弃昔日的迷狂与热忱而在清冷和淡泊的心境中求得安宁。于是，向外的道教逐渐转化为向内的道教。道士们逐渐放弃了斋醮符咒、服饵炼丹等巫术手段而向着避世全真、养气静心的老庄哲学回归……与此同时，道教给艺术活动所提供的营养也不再是天马行空的幻想而成为冲淡含蓄的韵味了。可见，道教在这一时期的衰落也与审美理想的嬗变相同步。

在儒家和道教跌入低谷的同时，佛教却登上了自己的高峰。

一般说来，佛教传入中国以后，有着南、北的差异。北方注重功德的积累，南方注重佛理的研究。因此，从魏晋以来，北方留下了大量的佛教石窟，南方则积累了丰富的佛经典籍。然而对于重精神不重物质、重直觉不重思辨的华夏民族来讲，大量的金钱施舍并不能使人们在心理上得到解脱，抽象的理论思辨又容易使人们感到精神上的厌倦。于是，为了使来自印度的佛教能够在中国的文化土壤中生根发芽、获得新的生命，融佛教义理与老庄精神为一体的禅宗便应运而生了。

从历史渊源上讲，中国的禅宗是从印度的禅学衍生而来。但是，真正使禅宗具有独立的世界观和方法论并成为独特的中国佛教的人，不是南北朝时期的达摩，而是唐代的慧能。正是在慧能的改造下，禅宗才具有了与印度佛教完全不同的以下特征。首先，禅宗不崇拜任何外在的偶象与权威，不相信有什么能够拯救人类命运的救世主。"这里无佛无祖，达摩是老臊胡，释迦、老子是干屎橛，文殊、普贤是担屎汉。"（《五灯会元·卷七·青原·德山宣鉴禅师》）"金佛不度炉，木佛不度火，泥佛不度水，真佛内里坐。"（《赵州语录》）在否定了外在的宇宙主宰的同时，禅宗把宗教信仰转向了内在的心灵世界。所谓"真佛内里坐"，就是指人们内心中固有的佛性。因此，无论是渐修还是顿悟，都是要冲破尘世欲念的纠葛，以发掘和培养人们自我的本心——佛性。所以，从世界观上讲，禅宗把倾向于客观唯心主义的印度佛教，改造成了倾向于主观唯心主义的中国佛教。其次，与其他派别的佛教大师不同，禅宗的代表人物慧能非但不宣扬自己博学多识，反而公开承认自己不识文字。因为在他看来，“一切般若智，皆从自性而生，不从外人”（《坛经·般若品》）。佛性的有无，并不取决于知识的多寡。于是，禅宗便抛弃了传统佛教所擅长的理论思辨，而主张依靠个人的直觉去参禅悟道。“回曰：外面黑，潭点纸烛度与师。师拟接，潭复吹灭。师于此大悟，便礼拜。”（《五灯会元·卷七·青原·德山宣鉴禅师》）这里点纸复灭的意思，是为了告诉对方：不应借助外在的光线，而应循由自己的本性去征服黑暗。然而这种禅意若是用语言概念来表达，就会失去原有的韵味，因而只能借助某种隐喻或暗示。这样一来，佛门弟子的思想交流就不再是讲经说法、读书穷理，而是变成拈花微笑、体道心传了。所以，从方法论上讲，禅宗用老庄哲学所推崇的感性直观来代替了印度佛教所常用的理性思辨。除了这两大变革之外，禅宗还在一定程度上摒弃了印度佛教的禁欲主义成分，认为只要依靠内心的修养，无须进行肉体的磨炼，就可以成佛。“问：‘和尚修道，还用功否?’师曰：‘用功。’曰：‘如何用功?’师曰：‘饥来吃饭，困来即眠。’曰：‘一切人总如是，同师用功否?’师曰：‘不同。’曰：‘何故不同?’师曰：‘他吃饭时不肯吃饭，百种须索。睡时不肯睡，千般计较。’”（《景德传灯录·卷六》）这种不以牺牲个体感性生存为代价的理性追求，恰恰符合了华夏民族所特有的文化心理结构。

正是这种既适应民族传统而又简便易行的特点，使得禅宗在中唐以后得到了迅速的发展。“唐代后期，禅宗几乎代替了其他宗派，垄断了佛教，甚至禅学和佛学成了同义词。”[1]在唐代士大夫中，王维较早地接受了禅宗的影响，他与慧能的弟子神会交往甚厚，曾受后者之托撰写了《能禅师碑》。王维以后的皎然则步入空门，做起地地道道的和尚来了。白居易晚年号香山居士，把自己的诗集存入禅院。贾岛也曾落拓为僧。晚唐的张彦远、司空图等人也都在不同程度上接受了禅宗的影响……文人士大夫对禅宗的认同，又反过来提高了佛教徒的艺术修养。中唐以后，大量的诗僧、文僧、琴僧、书僧、画僧出现了。在这种文人信佛，僧人能文的情况下，禅宗精神对唐代中期审美理想的嬗变产生了极为深刻的影响。

1　任继愈：《中国哲学史》第三册，人民出版社，1964年，第83页。

与佛教在世界观上的转变相同步，当人们把外在的追求变为内心的领悟的时候，那一幅幅绚丽多彩的“经变”壁画便顿时显得黯然失色了，那一座座雄伟高大的“佛像”石刻也仿佛一下子被抽去了灵魂。人们不再去关心这些华而不实的美景和虚张声势的偶像，而是把目光转向现实生活的一山一水、一草一木，企图在这些平凡的景物中领悟到人生的真谛。所谓“青青翠竹，尽是法身。郁郁黄花，无非般若”（《景德传灯录·卷六》）。因此，盛唐金碧辉煌的佛教壁画开始衰落，代之以中唐的山水画和晚唐的花鸟画，题材越来越窄小、越来越接近世俗生活……与此同时，洛阳奉先寺、四川乐山等规模宏大、气势雄伟的巨型雕塑，也开始向着体型娇小、姿态优美的大足石刻过渡了……

与佛教在方法论上的转变相同步，当人们不再局限于文字的表面意义而要在语言之外另觅韵味的时候，那种尽情的渲染和大胆的夸张便不再是最佳的艺术语言了。时代引导着人们去寻求一种淡泊含蓄而又回味无穷的韵致。于是，禅宗“不立文字”的主张就变成了皎然的“两重意已上，皆文外之旨”，司空图的“不着一字，尽得风流”，张璪的“外师造化，中得心源”，张彦远的“玄化亡言，神工独运”……与此同时，意境阔大、气度非凡的唐诗开始向笔触细腻、情感缠绵的宋词过渡；色彩浓烈、格调鲜明的唐三彩开始向清幽隽永、精致古雅的宋磁发展；骨力劲健、法度森严的唐书开始向笔简意繁、情趣横生的宋书演变……

简而言之，世界观的转变，使佛教对艺术的引导，由壮美转向优美；方法论的嬗变，使佛教对审美的追求，由阳刚转向阴柔。

在分析了唐代审美理想所得以产生和发展的宗教、哲学背景之后，我们似乎有必要回顾一下恩格斯对于历史进程中的因果联系所作出的如下论断：“历史是这样创造的：最终的结果总是从许多单个的意志的相互冲突中产生出来的，而其中每一个意志，又是由于许多特殊的生活条件，才成为它所成为的那样。这样就有无数互相交错的力量，有无数个力的平行四边形，而由此就产生出一个总的结果，即历史事变。”[2]作为中国美学史上具有转折意义的重大事变，唐代审美理想的发展与嬗变不也是这样一种由许多相互冲突的力

2　[德]恩格斯：《致约·布洛赫》，《马克思恩格斯选集》第4卷，人民出版社，1972年，第478页。

量所导致的最终结果吗？也许，儒、释、道三家所组成的合力还只是那无数个“平行四边形”中的一个，除此之外的原因，还有待于我们去进一步探求。

（此文发表于《山东大学学报》（哲学社会科学版）1988年第2期）

唐代美学主潮在诗文理论中的体现

唐代美学主潮，表现为审美理想的发展与嬗变。所谓“发展”，是指它将中国封建社会前期所一向追求的壮美理想（阳刚之美）发展到一个新的高度；所谓“嬗变”，是指它将这一发展到了极至的壮美理想及时转变为一种新的优美理想（阴柔之美），从而为中国封建社会后期的美学思考和艺术追求开辟了新的途径。把握住审美理想这一发展与嬗变的过程，便是把握住了唐代美学主潮，便是把握住了这一时代的美学思考与艺术实践在整个中国美学史上的地位。本文拟将唐代各时期有代表性的美学思想家的理论成果作为历史发展的特定环节来加以考察，以期用逻辑与历史相统一的形式，寻找到唐代审美理想发展的脉络和转折的契机，描绘出唐代美学思想辩证运动的发展轨迹。

一、唐代前期壮美理想的开端与确立

我们认为，中唐以前，中国封建社会的审美理想，从总体上看是偏重于阳刚之美的，这绝不是说此一时期没有任何阴柔的成分；相反，在这一总的“质”的规定前提下，各不同阶段中确实存在着“量”的差别。这其中，秦、汉是作为一个强环节而出现的，而介于汉、唐之间的两晋与南朝则是作为一个弱环节出现的。作为否定之否定的逻辑环节，唐代前期的美学思想则是作为两晋、南朝在壮美理想的前提下所滋生的优美趣味的反动而出现的。严格说来，这一“反动”并不始于唐人，早在齐、梁时代的刘勰，就以其博大精深的《文心雕龙》批判了当时柔弱绮靡的文风。但是，由于某种历史的原因，刘勰的观点未能左右世人的思想，与南朝文风相吻合的不是刘勰的“风骨论”，而是钟嵘的“滋味说”。

刘勰的理想虽然未能实现，但他的思想却留给了后人，唐代前期的美学思想就是围绕着“风骨”（“风神”“骨力”“风力”）这一核心范畴的使用和深化而展开的。

在唐代美学史上，最早企图扫荡文场、扭转诗风的闯将，是著名的“初唐四杰”。作为大唐帝国的第一代臣民，王、杨、卢、骆是在蒸蒸日上的太平盛世中成长起来的。他们从未感受过战乱的恐怖和饥饿的威胁，生活使他们放任、果敢、狂妄、热情；他们年少而才高，官小而名大，当建功立业的主观理想在现实生活中无法实现的时候，他们便不得不把自己的才华转移到文学事业上来，在诗坛和文苑中干出了一番轰轰烈烈的事业。

> 君之生也，含章是托。……观览旧章，翺翔群艺。随方渗漉，于何不尽？在乎词翰，倍所用心。尝以龙朔初载，文场变体，争构纤维，竞为雕刻。糅之金玉龙凤，乱之朱紫青黄，影带以徇其功，假对以称其美，骨气都尽，刚健不闻，思革其弊，用光志业，薛令公朝右文宗，托末契而推一变；卢照邻人间才杰，览清规而辍九功。知音与之矣，知己从之矣。于是鼓舞其心，发泄其用。八纮驰骋于思绪，万代出没于毫端，契将往而必融。防未来而先制，动摇文律，宫商有奔命之劳；沃荡词源，河海无息肩之地。以兹伟鉴，取其雄伯，壮而不虚，刚而能润，雕而不碎，按而弥坚，大则用之以时，小则施之有序，徒纵横以取势，非鼓怒以为资。长风一振，众萌自偃，遂使繁综浅术，无藩篱之固；纷绘小才，失金汤之险。积年绮碎，一朝清廓，

翰苑豁如，词林增峻。反诸宏博，君之力焉。

通过杨炯《王勃集序》中的这段文字，足可窥“四杰”伟业于一斑了。正如闻一多所指出的：“宫体诗在初唐，依然是简文帝时那没筋骨、没心肝的宫体诗。不同的只是现在词藻来得更加细致，声调更流利，整个的外表显得更乖巧，更酥软罢了。”[1]而四杰以此作为批判对象，认为这种南朝文风的余韵已经到了“骨气都尽，刚健不闻”的地步，因而“思革其弊，用光志业”，要去创造一种“壮而不虚，刚而能润，雕而不碎，按而弥坚”的艺术，从而使“翰苑豁如，词林增峻”。因此，他们追求的是“骨气”，是“刚健”，是“壮”是“坚”，“是增峻”，是“宏博”。一句话，是一种阳刚之气、雄健之美。此外，卢照邻关于“邱明之风骨”“公干之奇伟”（《南阳公集序》）的赞叹，王勃关于“文章可以纬天经地，器局可以蓄泄江河”（《山亭思友人序》）的感慨。骆宾王关于“澄五际之源，救四始之弊”（《和学士闺情诗启》）的抱负，也都可以作为这一审美理想的注解。可见，作为新的壮美理想的开端，“四杰”重新扬起了“风骨”的旗帜，在唐代美学史上写下了具有开拓意义的第一页。

然而，由于历史的局限，这第一页毕竟是不成熟的。首先，“四杰”在理论上缺乏新的建树。他们虽然不满于六朝以来的柔靡文风，却简单地将这种现象看成是圣人的不肖子孙“遗雅背训”的结果，大谈什么“自微言既绝，斯文不振”（王勃《上吏部裴侍郎启》），甚至把屈、宋和建安诗人看成是“弄词人之柔翰”（卢照邻《驸马都尉乔君集序》）的“始作俑者”。由于他们没有在历史材料的扬弃中找到真正可供利用的东西，因而不可能超越先儒关于“甄明大义，矫正末流”的“诗教”传统，因此，当他们操起春秋时代锈迹斑斑的青铜长戈去开辟唐代文场的时候，就难免有些力不从心了。

其次，从创作上看，“四杰”虽然丰富了文学的题材，开拓了诗赋的意境，但并没有彻底摆脱六朝余韵，正像杜甫在《戏为六绝句》中所批评的那样：“王杨卢骆当时体，轻薄为文哂未休。尔曹身与名俱灭，不废江河万古流。”“纵使卢王操翰墨，劣于汉魏近风骚。龙文虎脊皆君驭，历块过都见尔曹。”明人张颐也指出：“有唐之兴，文运渐启。虽四杰四友称美于时，然其流

1 闻一多：《唐诗杂论》，上海古籍出版社，1956年，第19页。

风余韵渐染既久，未能悉除。”（《陈伯玉集序》）

总之，尽管“四杰”在唐代美学史上开了壮美理想的先河，但这毕竟只是一个不完善的开端。于是，历史在产生了王、杨、卢、骆之后，又造就了一位更为重要的人物——陈子昂。

陈子昂在理论和实践两个方面，都比“初唐四杰”有了更大的发展。在理论上，“四杰”虽已基于对时风的不满而重新高扬起“风骨”的旗帜，但由于他们紧操着封建教化的价值尺度，只是重弹儒家关于“经邦治国”“贯道济义”的老调，而没有在艺术流变的历史长河中寻找到真正可供人们效法的审美范例。他们所谓的“风骨”，主要是吸收了刘勰关于“感化”“风教”方面的内容，并未把它看成是一种具有独立价值的审美理想，因而在理论上有着很大的缺陷。而陈子昂则对过去的审美历程有着较为清醒的认识。他把“四杰”的“邱明风骨”变为“汉魏风骨”，表明了他对旧的“诗教”传统的超越。我们知道，刘勰虽然对“慷慨以任气，磊落以使才”（《文心雕龙·明诗》）的建安作家给予很高的评价，但并未直接使用过“汉魏风骨”一词；而陈子昂的这一创造，则不仅是继刘勰之后再次给建安文学以正确的评价，而且为以后的艺术创作树立了一个新的审美范例。这样一来，陈子昂的复古主义旗帜就有了更为鲜明的时代特色，因而在反对柔靡文风的斗争中具有更大的感召力。

陈子昂不仅在理论上超越了“四杰”，而且在创作上也比前人有更大的突破。如果说王、杨、卢、骆在扭转时风的努力中也不能尽脱六朝余韵的话，那么陈子昂的三十八首《感遇诗》则具有矫枉过正的意义。因此，卢藏用把他看成是一个划时代的人物：“道丧五百岁而得陈君……崛起江汉，虎视函夏，卓立千古，横制颓波，天下翕然，质文一变。”（《右拾遗陈子昂文集序》）

其实，陈子昂的美学思想并不丰富，其诗文创作的艺术成就也不太高，他之所以具有如此影响，在于他能够站在历史的高度上抓住审美理想和创作原则这两个最最重要的问题，从而把“四杰”所开创的事业确立下来。康德说：“天才……为艺术制定法规。”而陈子昂的“风骨”和“兴寄”，就是为中唐以前的文学创作所制定的“法规”。一般说来，“安史之乱”以前的文学家更多是在审美理想上接受其“风骨”理论的影响的，如高适、岑参、李白等；

而“安史之乱”以后的文学家则更多是在创作原则上接受其“兴寄”理论的影响的，如杜甫、白居易、元稹等。

二、唐代中期壮美理想的发展与蜕变

到了中唐，韩愈将“初唐四杰”和陈子昂所确立的壮美理想中的不和谐因素，发展到了接近“崇高”的临界点。

韩愈发展并综合了孟子的“养气说”、曹丕的“文气说”和司马迁的“发愤著书说”，并以此作为艺术创作的心理根源，从而规定着对壮美理想的追求。

首先，同曹丕一样，韩愈也看到了文艺创作与艺术家内在气质之间的联系，认为：“气，水也；言，浮物也；水大而物之浮者大小毕浮。气之与言犹是，气盛则言之短长与声之高下者皆宜。”（《答李翊书》）

其次，韩愈发展了孟子关于“我善养吾浩然之气”的思想，克服了其中固有的神秘主义色彩，为气质的后天培养指出了明确的途径：“行之乎仁义之途，游之乎《诗》《书》之源，无迷其途，无绝其源，终吾身而已矣。”（《答李翊书》）认为只有在长期进行社会实践和不断学习文化遗产的过程中，才能使人们的气质和修养得到逐渐完善，使作家的创作水平得到不断提高。从“戛戛乎其难哉”到“汩汩然来矣”，“然后浩乎其沛然”。这样一来，韩愈既承认了创作主体的能动性和稳定性，又看到了这一主体发展和变化的历史过程，因而比较辩证地解决了创作主体的能力问题。

更为重要的是，韩愈不仅看到了创作主体发展和变化的历史过程，而且看到了决定这一过程的社会环境。他在《柳子厚墓志铭》上写道：“然子厚斥不久，穷不极，虽有出于人，其文学辞章，必不能自力，以致必传于后如今，无疑也。”这样一来，他就从孟子的“养气说”、曹丕的“文气说”过渡到了司马迁的“发愤著书说”。

我们知道，司马迁在《太史公自序》中曾经有过“《诗》三百，大抵圣贤发愤之所为作也”的著名论述。然而司马迁这里所注意的，还主要是生活经历与创作动机之间的联系。在他看来，当人们在现实生活中无法实现其政治抱负和社会理想的时候，就可能把自己的精力转移到写作上来，像他自己那样发愤著书，但是他没有进一步分析，这种不幸的生活将会酿造出什么样的艺术。因此，他虽然看到“屈原之作《离骚》，盖自怨生也”；但同时又认为：“《国风》好色而不淫，《小雅》怨诽而不乱。若《离骚》者，可谓兼之矣。”（《史记·屈原贾生列传》）因而在美学思想上，并没有突破“乐而不淫”“哀而不伤”“怨而不怒”的传统诗教。而韩愈则紧紧抓住客观的社会生活—作者的创作动机—艺术的审美特质这三个环节之间的联系，并将这种联系上升到哲学的高度来加以分析。

大凡物不得其平则鸣，草木之无声，风挠之鸣；水之无声，风荡之鸣，其跃也或激之，其趋也或梗之，其沸也或炙之。金石之无声，或击之鸣。人之于言也亦然，有不得已者而后言，其歌也有思，其哭也有怀。凡出乎口而为声者，其皆有弗平者乎！（《送孟东野序》）

夫和平之音淡薄，而愁思之声要妙；欢愉之辞难工，而穷苦之言易好也。（《荆潭唱和诗序》）

这样，他就与“温柔敦厚”“发乎情，止乎礼义”的传统诗教相背离，去追求一种近乎崇高的壮美理想了。关于这一点，可以从韩愈对他人作品的评价中看出。在同辈文人中，韩愈最推崇的是孟郊和贾岛，在他看来，孟、贾二人的诗文之所以好，就在于它的险怪奇谲。

先生讳郊，字东野……及其为诗，刿目钵心，刃迎缕解，钩章棘句，掐擢胃肾，神施鬼设，间见层出。（《贞曜先生墓志铭》）

有穷者孟郊，受材实雄骜，冥观洞古今，象外逐幽好。横空盘硬语，妥帖力排奡。敷柔肆纡余，奋猛卷海潦。（《荐士》）

不仅如此，韩愈还要用自己的创作来探索和追求这一审美理想。

今我及数子，固无莸与薰。险语破鬼胆，高词媲皇坟。至宝不雕琢，神功谢锄耘。（《醉赠张秘书》）

我愿生两翅，捕逐出八荒。精诚忽交通，百怪入我肠。刺手拔鲸牙，举瓢酌天浆。腾身跨汗漫，不著织女襄。顾语地上友，经营无太忙。乞君飞霞佩，与我高颉颃。（《调张籍》）

对于韩愈的诗文，李汉评之为："汗澜卓踔，奫泫澄深，诡然而蛟龙翔，蔚然而虎凤跃，锵然而韶钧鸣。"（《昌黎先生集序》）皇甫湜评之为："及其酣放，毫曲快字，凌纸怪发，鲸铿春丽，惊耀天下。"（《韩文公墓志铭》）苏洵评之为："韩子之文，如长江大河，浑浩流转，鱼鼋蛟龙，万怪惶惑，而抑遏蔽掩，不使自露；而人望见其渊然之光，苍然之色，亦自畏避不敢迫视。"（《上欧阳内翰第一书》）苏轼评之为："文起八代之衰，而道济天下之溺，忠犯人主之怒，而勇夺三军之帅，岂非参天地、关盛衰，浩然而独存者乎！"（《潮州韩文公庙碑》）

物极必反，是事物发展的辩证规律。如上所述，韩愈的美学思想，是"四杰"和陈子昂思想的必然发展，然而这种极度的发展又必然使前人所确立下来的壮美理想面临新的困境。这是因为韩愈把壮美理想中的不和谐因素发展到了接近"崇高"的临界点之故。

"壮美"与"崇高"不同。壮美是在量上的扩大而非在质上的转变。壮美的对象中虽然允许有矛盾、有冲突，但这种矛盾和冲突的因素最终不能破坏整体的和谐；壮美的欣赏者尽管会振奋、会激越，但这种振奋和激越的心理毕竟不能超出快感的范围。倘若将壮美欣赏中主、客体双方的矛盾因素无限制地扩大下去，那么量变终将导致质变，和谐将变为对立；壮美也就会转化为崇高甚至丑了。

韩愈美学思想发展的这种不幸，是历史的必然。因为封建时代的政治经济条件只为素朴和谐的美的艺术（这其中包括优美与壮美两种形态）提供了社会基础，而以对立、冲突为特征的崇高艺术（包括丑的艺术）则只是资本主义现代生产和阶级斗争的必然产物。因此，从这一意义上讲，韩愈的审美理想，已经发展到了他那个时代所允许的极限，如果照此发展下去，则必将因失去生活基础而导致蜕变。所以，韩愈的美学思想非但没有发展为近代的崇高理论，反而导致了壮美理想自身的瓦解。而在当时的情况下，壮美理想的瓦解与蜕变则集中地体现在白居易功利主义的美学思想之中。

白居易前期的诗歌主张，似乎完全放弃了对艺术审美价值的追求，而将其等同于政治事业的工具。

> 夫文，尚矣，三才各有文：天之文，三光首之；地之文，五材首之；人之文，六经首之。就六经言，《诗》又首之。何者？圣人感人心而天下和平。感人心者，莫先乎情，莫始乎言，莫切乎声，莫深乎义。诗者，根情，苗言，华声，实义。上自圣贤，下至愚骇，微及豚鱼，幽及鬼神，群分而气同，形异而情一，未有声入而不应，情交而不感者。(《与元九书》)

在对美(文)进行了一番"本体论"意义的考察之后，白居易认为,《诗经》之所以能够占据人文之端、六经之首的地位，就在于它具有"感人心而天下和平"的作用。不少同志称赞白居易在这里抓住了艺术作品的情感特征，从而也就看到了艺术的独特价值。其实问题绝非如此简单。这句话的全部内容应该是"圣人"用艺术来"感人心"；通过感人心而实现"天下和平"。因此在这里，"圣人"是主体，"感人心"是手段，"天下和平"是目的。从而，艺术的全部价值就在于它可以利用"感人心"的特殊手段而实现的"天下和平"的政治目的罢了。只有这样，我们才能够理解"根情–苗言–华声–实义"的逻辑程序。初看上去，白居易非常强调情感的地位，把它看成是诗歌创作的根本；但实际上，当诗歌之根尚未扎入生活土壤之前，白居易就已经为它未来的果实作了明确的规定。因此，这一逻辑程序无非是"发乎情，止乎礼义"的老调重弹而已。正是在这一意义上，白居易才十分重视文学艺术的作用，把它看成经邦治国所不可缺少的工具。

我们知道，文学艺术作为一定社会的意识形态，必然要受到某种政治思潮和道德观念的影响，并转过来对它们产生反作用，因此，儒家强调文艺与政治、道德之间的广泛联系，这本身并没有错。但是，如果只强调文艺的政治和教化作用，而忽视其自身的审美价值，进而把文艺简单地等同于伦理教化的手段和政治事业的工具，那么就难免要把真理发展为谬误了。而白居易则恰恰是把儒家这种狭窄的功利观念发展到了极端，他把“为君、为臣、为民、为物、为事而作”同“为诗而作”（《新乐府序》）对立起来，从而也就把政治与艺术、功用与审美割裂开来，并企图用前者来吞并后者。

不可否认，白居易曾写过许多“救济人病，裨补时阙”的讽喻诗，这对于一个皇帝身边的谏官来说，的确是难能可贵的。问题在于，这种进步的政治企图并不能保证其艺术观念和美学思想的合理性。事实上，当白居易把实现政治目的（尽管这种政治目的本身是无可指责的）看成是艺术作品的唯一功能的时候，他就在观念上把艺术引进了一条异常狭窄的死胡同。当白居易用这种急功近利的态度去看待文化遗产的时候，一部丰富多彩的文学史便成了诗道崩坏、“六义”沦丧的历史。

> 洎周衰秦兴，采诗官废……于时六义始刓矣。
>
> 国风变为骚辞，五言始于苏、李……于时六义始缺矣。
>
> 晋、宋以还，得者盖寡。以康乐之奥博，多溺于山水；以渊明之高古，偏放于田园……于时六义浸微矣，陵夷矣。
>
> 至于梁、陈间，率不过嘲风雪、弄花草而已……于时六义尽去矣。（《与元九书》）

在这里，白居易已经完全用诗歌的政治、伦理功用吞噬了审美价值。在他看来，除了讽喻之外，艺术再也没有其他任何独立的价值和功能了。

白居易在取消了艺术之审美价值的同时，自然也就取消了陈子昂等人所着力追求的壮美理想。在陈子昂那里，“风骨”和“兴寄”是并行不悖、各有独立价值的两面旗帜；而在白居易这里，为了“兴寄”已容不得“风骨”的存在了。在陈子昂那里，“复古”只是为了在更高层次上重新追求汉、魏时期的壮美理想；而在白居易这里，“复古”则意味着回到“辞达而已矣”的上古艺术。所谓“首句标其目，卒章显其志”，“其辞质而径”，“其言直而切”（《新乐府序》）；所谓“非求宫律高，不务文字奇”，“药良气味苦，瑟淡音声稀”（《寄唐生》）；所谓“诗成淡无味，多被众人嗤，上怪落声韵，下嫌拙言词”（《自吟拙什因有所怀》），等等，都是这种思想的佐证。白居易、元稹所倡导的“新乐府运动”，一反韩愈、孟郊等人的险怪作风，力图以通俗平淡而另辟蹊径，进而从一个极端走上了另一个极端。他们的作品，虽然在政治上有着强烈的人民性，但在艺术上却不乏浅、直、露的缺陷，因而为后人所诟病，明人钟惺认为：“元白浅俚处皆不足病，正恶其太直耳。”清人王士祯则指出，白诗“于盛唐诸家兴象超诣之妙，全未梦见”。尽管这些论者也有其狭隘之处，但也确是切中要害的。因此，白居易的出现，标志着唐代前期壮美理想的瓦解与蜕变。

需要指出的是，作为唐代前期壮美理想的蜕变，白居易美学思想的出现，绝不是偶然的，如前所述，早在韩愈美学思想中，就已经埋下了这种蜕变的种子。因此，我们不能把壮美理想的蜕变这一不可逆转的历史命运，简单地归咎于白居易个人的努力上。同时，我们还应看到在白居易的理论与实践之间，在他的早期和晚期思想之间，也还存在着很大的矛盾和差异。这种矛盾和差异，正是中唐时期新、旧审美理想相转换的时代精神在白居易身上的体现。

三、唐代后期优美理想的萌发与成熟

唐代中期审美理想的转变，并不是一次完成的。在一些人不得不放弃旧的壮美理想之前，另一些人则已经开始酝酿着新的优美理想了。

作为中唐著名的诗僧，皎然比韩愈和白居易约早生五十年。然而他最重要的美学著作《诗式》，却系暮年所著，成书于贞元五年（789）。在此前不久，韩愈已中进士；在此后不久，白居易也步入诗坛。而皎然的诗歌主张，在客观上却成为韩、白二人美学思想的反动，从而开辟了唐代后期优美理想的先河。

如前所述，韩愈在“不平则鸣”的思想基础上，将陈子昂所确立的壮美理想推向了极致，并在诗坛上掀起了一种险怪奇异的新风尚。在当时的历史条件下，韩愈的理论与实践都缺乏应有的社会土壤，因而必然会遭到人们的反对。白居易从一个极端走向另一个极端，他以“新乐府运动”来对抗“险怪派”的诗风，以功利主义的美学思想来否定艺术自身的审美价值，从而使唐代前期的壮美理想开始瓦解并陷于绝境。而皎然对这两种将要出现的美学思潮似乎早有觉察，并提醒人们加以警惕。

> 诗有六迷：以虚诞而为高古；以缓慢而为淡泞；以错用意而为独善；以诡怪而为新奇；以烂熟而为稳约；以气劣弱而为容易。
>
> 诗有四不：气高而不怒，怒则失于风流；力劲而不露，露则伤于斤斧；情多而不暗，暗则蹶于拙钝；才赡而不疏，疏则损于筋脉。
>
> 诗有二要：要力全而不苦涩；要气足而不怒张。（《诗式》卷一）

不仅如此，皎然还十分敏感地将这种破坏和谐美的思想根源向上追溯到陈子昂。首先，他就卢藏用对陈子昂的评价提出了异议，认为：“藏用欲为子昂张一尺之罗盖，弥天之宇，上掩曹、刘，下遗康乐，安可得耶?”（《诗式》卷三）我们知道，中唐以前，由于壮美理想的确立和发展，使陈子昂的历史地位越来越受到人们的重视，卢藏用关于“道丧五百年而得陈君”的评价已为世人所普遍接受。而皎然要建立一种新的审美理想，就必然要首先粉碎这一旧的偶像。其次，皎然在否定陈子昂之历史地位的同时，还对他关于“文章道弊五百年矣。汉、魏风骨，晋、宋莫传”的具体论述提出了不同看法，认为齐、梁的一些诗作“格虽弱，气犹正，远比建安，可言体变，不可言道丧”（《诗式》卷四）。

那么皎然是不是要重新恢复齐、梁繁缛雕琢的形式主义诗风呢?不是的。关于这一点，皎然曾明确指出：“沈休文酷裁八病、碎用四声，故风雅殆尽。后之才子，天机不高，为沈生弊法所媚，懵然随流，溺而不返。”（《诗式》卷一）历史的发展，是以螺旋式的曲线向上升腾的。正像陈子昂崇尚汉、魏，并不是要退回到建安时代一样，皎然为齐、梁正名，也不是要走南朝的老路。其实这些"复古"，都是在更高层次上的回归。前者摆脱了建安的质朴，而充实了外在的光华；后者则扬弃了六朝的雕琢，而增添了内在的韵味。所以，皎然虽然不反对华丽，却反对着力去追求华丽。在他看来，刻意求工就像刻意求险一样，都会显得不自然，而失去了自然，也就失去了美。因此，皎然最终的理想，是让险怪和华丽都回归于自然。

诗有六至：至险而不僻；至奇而不差；至丽而自然；至苦而无迹；至近而意远；至放而不迂（《诗式》卷一）。

正是从崇尚自然的角度出发，皎然才反对用事，尤其是反对机械用事，认为："诗有五格：不用事第一；作用事第二；直用事第三；有事无事第四；有事无事情格俱下第五。"（《诗式》卷一）

正是从崇尚自然的角度出发，皎然才反对拘于声律和对仗，认为"律家之流，拘于多忌，失于自然，吾常所病也"（《诗议》）。

也正是从崇尚自然的角度出发，皎然才认为，陈子昂所宣扬的建安文学并不是无可挑剔的。作为新时代的审美范例，他最推崇的是晋、宋之交的谢灵运。"建安三祖、七子，五言始盛，风裁爽朗，莫之与京。然终伤用气使才，违于天真，虽忘忌容，而露造迹。"（《诗论》）"曩者尝与诸公论康乐为文，真于情性，尚于作用，不顾词彩而风流自然……故能上蹑风骚，下超魏晋。"（《诗式》卷一）

可见，皎然所崇尚的平淡自然，绝不是一种原始的自然、乏味的平淡，而是一种人工创造的自然，是一种看似无奇而又回味无穷的艺术境界。这也正是皎然与白居易的区别所在。

评曰：或云，诗不假修饰，任其丑朴，但风韵正，天真全，即名上等。予曰：不然。无盐阙容而有德，曷若文王太姒有容而有德乎？

又云：不要苦思，苦思则丧自然之质。此亦不然。夫不入虎穴，焉得虎子？取境之时，须至难至险，始见奇句。成篇之后，观其气貌，有似等闲，不思而得，此高手也。（《诗式》卷一）

因此说，在中国美学史上，皎然较早地开始了对“意境”问题的探讨。他曾经指出：“诗情缘境发”；“夫诗人之思初发，取境偏高，则一首举体便高；取境偏逸，则一首举体便逸”（《诗式》卷一）。这里所说的“境”，显然不是纯粹客观的自然景物，而是与诗人主观情感相暗合的、能够寄托作者诗情的表象。所谓“静，非如松风不动，林狖未鸣，乃谓意中之静。远，非如渺渺望水，杳杳看山，乃谓意中之远”（《诗式》卷一）。只有当抽象的情感与具体的表象相融合、相渗透的时候，才能够“假象见意”“采奇于象外”，使素朴的自然充满生机和韵味。这样看来，皎然对于“自然”的追求，对于“意境”的探讨，都是为了实现那种含蓄和朦胧的阴柔之美。

因此，在皎然看来，任何外在的渲染和夸饰，都是无济于事的。真正值得追求的，不是眼前的形象，而是形象背后的韵味。而这一点，恰恰是韩愈和白居易以及中唐以前的大多数艺术家所普遍忽略的。他们只注重艺术作品的外在形象与价值，而往往忘记了形象背后的意趣。皎然则要另辟蹊径，为美的艺术开拓出一种新的天地。

评曰：两重意已上，皆文外之旨，若遇高手如康乐公，览而察之，但见情性，不睹文字，盖诗道之极也。向使此道尊之于儒，则冠六经之首；贵之于道，则居众妙之门，精之于释，则彻空王之奥。（《诗式》卷一）

这样一来，皎然便一反过去对形象的追求而转为对形象的超越，因为只有超越了外在的形象，才能够捕捉到内在的韵味，即所谓“文外之旨”。与此同时，皎然也就放弃了阳刚宏烈的壮美理想，而转向阴柔含蓄的优美理想。

如果说，新的优美理想在中唐皎然的诗论中已经露出了端倪，那么这种理想在晚唐司空图的诗论中，便得到了进一步的发展和完善。

文之难，而诗之难尤难。古今之喻多矣，而愚以为辨于味，而后可以言诗也。江岭之南，凡足资于适口者，若醯，非不酸也，止于酸而已；若鹾，非不咸也，止于咸而已。华之人以充饥而遽辍者，知其咸酸之外，醇美者有所乏耳。……噫！近而不浮，远而不尽，然后可言韵外之致耳。

今足下之诗，时辈固有难色，倘复以全美为工，即知味外之旨矣。(《与李生论诗书》)

从美学史上看，司空图"韵味"说的影响是极为深远的。清人许印芳在《与李生论诗书跋》中指出："自表圣首揭味外之旨，逮宋沧浪严氏，专主其说，衍为诗话，传教后世。"其实不仅宋代的严羽受其影响，直至清人王士祯的"神韵说"都可说是司空图美学思想的继续。自司空图以后，这种追求"韵外之致""味外之旨"的"韵味说"，便逐渐取代了追求"风力遒劲""骨气刚健"的"风骨论"，从而占据了诗歌美学的统治地位。"韵味说"对"风骨论"的这一取代，不仅仅是两个美学范畴的更替，而是标志着中国古代前期的壮美理想向后期的优美理想的历史转折。因此，作为这一转折的理论缔造者，司空图在中国美学史上便占据了一个十分重要的地位。

如果说，司空图的"韵味说"是皎然追求"文外之旨"的美学思想的发展；那么司空图的"二十四诗品"，则是皎然风格理论的完善。皎然在《诗式》中，就曾把不同的风格归之于不同的品类，制定了"跌宕格二品"（越俗、骇俗）、"淈没格一品"（淡俗）、"调笑格一品"（对俗）。司空图扩而大之，丰富成"二十四品"。关于这"二十四品"的含义，历史上也有不同的看法。一般认为，司空图在此是用二十四首诗来描绘二十四种不同的艺术风格。而许印芳则认为："然品格必成家而后定，如《雄浑》《高古》之类，其目凡十有二；至若《实境》《精神》之类，乃诗家功用，其目亦十有二。"（《二十四诗品跋》）

这样，他就把“二十四诗品”一劈两段，前十二品归之于风格论，后十二品归之于技巧论。我们认为，尽管司空图“二十四诗品”中确有一些凑数的品类，不必强把每品都看成是一种独立的艺术风格，但许氏的划分却失于机械，因为后十二品中的《疏野》《清奇》《飘逸》《旷达》绝不仅仅是技巧问题，“二十四诗品”主要还是风格论。同时我们还认为，尽管司空图在表面上一视同仁，对各种风格均给予同样篇幅的描绘，但这并不等于说司空图本人就毫无个人的倾向与爱好了。我们觉得，这种倾向与爱好并非体现在卷首的《雄浑》一品上，而是体现在其中的《自然》与《含蓄》两品之中。由于《自然》与《含蓄》两品，最能体现“韵味说”的审美理想，所以在“二十四诗品”中，它们既是两种独立的艺术风格，同时又是两种比艺术风格更加广泛、更加内在、更加稳定的审美趣味，决定并渗透到其他各品中。

同皎然所崇尚的“自然”一样，司空图的《自然》也不是原始的自然，粗野的自然，而是高度人工努力所创造的自然，它表现得炉火纯青，不露痕迹，仿佛自然天成一般。

> 俯拾即得，不取诸邻。俱道适往，著手成春。如逢花开，如瞻岁新。真与不夺，强得易贫。幽人空山，过雨采苹。薄言情语，悠悠天钧。(《诗品·自然》)

司空图认为，这种“俯拾即得”“著手成春”的自然，是创作中最难达到的境界。他在《与李生论诗书》中指出：“盖绝句之作，本于诣极，此外千变万状，不知所以神而自神也。岂容易哉？”过去有人批司空图此句为神秘主义，其实它正如实地反映出艺术家创作的甘苦。作为创作过程，它是一种建立在长期实践基础上的自由的境界，是一种渗透着理性内容的直觉活动；作为创作成果，它则是一种建立在人工基础上的自然，是一种看似平淡而又隽永的艺术形象。对于司空图的这种理论，许印芳倒颇能正确理解：“表圣论诗，味在酸咸之外。因举右丞、苏州，以示准的。此是诗家高格，不善学之，易落空套。唐人中，王、孟、韦、柳四家，诗格相近，其诗皆从苦吟而得。人但见其澄澹精致，而不知几经淘洗而后得澄澹，几经熔炼而后精致。”（《与李生论诗书跋》）可见，与皎然推崇谢灵运的目的一样，司空图之所以赞扬王维和韦应物，也是为了追求一种高难度、高层次的自然境界。

“自然”既然成为“二十四诗品”的主旋律，因而就不可能不影响到其他品类，在司空图看来，任何风格都必须是自然天成的，否则便没有底蕴。在《雄浑》，是“持之非强，来之无穷”；在《含蓄》，是“是有真宰，与之沉浮”；在《精神》，是“妙造自然，伊谁与裁”；在《实境》，是“情性所至，妙不自寻”；在《缜密》，是“是有真迹，如不可知”；在《疏野》，是“倘然适意，岂必有为”……总之，要实现韵味无穷的艺术境界，就必须首先进入这种无为而无不为的“自然”状态。

既然司空图的“自然”是一种令人回味无穷的自然，那么这种“自然”便与“含蓄”相为表里了。因此，在“二十四诗品”中，还有着另一个与“自然”相反相成的主旋律。

> 不着一字，尽得风流。语不涉难，已不堪忧。是有真宰，与之沉浮。如渌满酒，花时返秋。悠悠空尘，忽忽海沤。浅深聚散，万取一收。（《诗品·含蓄》）

如果说，皎然是在不自觉的情况下构成了白居易美学思想的反动，那么司空图则是自觉地与白居易美学思想相对立了。与白居易“意激而言质”的诗歌主张刚好相反，司空图在《白菊》一诗中明确指出：“诗中有虑犹须戒，莫向诗中著不平。”力戒用政治义愤来代替艺术情感。正是从这一角度出发，司空图对白居易和元稹所创作的“新乐府”评价很低，认为它们过于外在而不够含蓄：“元白力勍而气孱，乃都市豪估耳。”（《与王驾评诗书》）为了创造含蓄、朦胧的审美意境，司空图特别注重实与虚、有限与无限的有机统一。他在《与极浦书》中指出：“戴容州云：‘诗家之景，如蓝田日暖，良玉生烟，可望而不可置于眉睫之前也。’象外之象，景外之景，岂容易可谭哉？”这里第一个“景”，第一个“象”，是实景、实象；第二个“景”，第二个“象”，是虚景、虚象。前者是可以感知的，然而又是有限的；后者不能感知、只能想象，然而却又是无限的。靠前者，审美才有了观照的对象；靠后者，审美才不拘泥于有限的对象。无前者，艺术就不能有滋有味；无后者，艺术就不能有韵外之致、味外之旨，给人以无穷无尽的滋味。正像许印芳所理解的那样，“功候深时，精义内含，淡语亦浓；宝光外溢，朴语亦华。既臻斯境，韵外之致，可得而言。其妙处皆自现前实境得来，表圣所云：‘直致所得，以格自奇’也。”（《与李生论诗书跋》）所以，在司空图那里，正如不“自然”便无境界一样，不“含蓄”便无高格。

既然“含蓄”也是“二十四诗品”的主旋律之一，因而它也不可能不渗透到其他品类中去。在《雄浑》，是“超以象外，得其环中”；在《形容》，是“离形得似，庶几斯人”；在《飘逸》，是“识者期之，欲得愈分”；在《超旨》，是“远引若至，临之以非”；在《缜密》，是“语不欲犯，思不欲痴”；在《沉着》，是“如有佳语，大河前横”……

总之，我们可以把司空图的“二十四诗品”比作一部由奏鸣曲式构成的交响乐，其中的《自然》和《含蓄》组成相反相成的两大主题。在全曲中，这两个主题既有单独出现的机会，又可以在其他乐段中得到不同形式的变奏，从而最终推出了“韵味说”所揭示的审美理想。

综上所述，本文认为，作为意识形态的一个组成部分，唐代各种美学思想的出现都不是孤立的、偶然的，而是在历史所提供的特定环境和条件下创造出来的，因而是有规律可循的。从总体上讲，整个唐代美学思想完成了两个历史性的回归，即前期向秦、汉的回归和后期向六朝的回归。但这两个历史性的回归都不是简单的重复，而是螺旋式的上升。前者扬弃了秦、汉的质朴而增添了外在的光华，后者则扬弃了六朝的雕琢而充实了内在的韵味。从更为宏观的角度来看，在上述两个历史性回归之间，唐代审美理想又完成了一个更为深刻的历史性转折，这就是从中国封建社会前期的壮美理想转向了后期的优美理想，从而对中唐以后的艺术实践产生着极为深远的影响。

（此文为周来祥、陈炎合作，发表于《烟台大学学报》（哲学社会科学版）1989年第1期）

从中西美学的不同形态看美学的历史与未来

在比较美学的研究中，我们首先需要着手研究的，还不是对具体的美学命题或美学范畴的分析和对照，而是对于不同美学形态的总体考察。因为美学这门古老而又年轻的科学在不同的民族、不同的时代、不同的文化背景和不同的美学家手中，并不总是呈现为某种单一的形态，而且直到今天，人们对美学科学所应当具有的形态也没有一个统一的认识。从一定意义上讲，缺乏形态学的反思，使美学研究常常带有很大的盲目性，而真正选择了自觉的形态，才是美学科学成熟的标志。

通过中西美学的比较，我们至少可以发现四种不同形态的美学，而在其各自利弊得失的分析和权衡中，或许可以为未来美学的发展提供某些历史性的借鉴。

一、中国古代的经济美学和西方古代的理论美学

鲍桑葵在谈及东方古代的艺术和美学时曾经指出："这种审美意识还没有达到上升为思辨理论的地步……因此，我虽然不否认它的美，但我认为这是另外一种东西，完全不能把它放到欧洲的美感自相连贯的历史中来。"[1]这

1 [英]鲍桑葵：《美学史》，张今译，商务印书馆，1985年，第2—3页。

并不是对中国古代美学的有意贬低，而是一种恰切的评判。不可否认，中国古代美学有着直至今天仍不失其光辉灿烂的思想和丰富多彩的内容，包含着我们东方民族特有的智慧和独特的感受；然而同样不可否认的是，从总体上讲，中国古代美学尚处在一种前近代科学的经验形态。得出这一结论的根据主要有三点：一是缺乏严格的美学范畴，二是缺乏严密的论证手段，三是缺乏严整的理论体系。

中国古代的美学范畴，一般都没有严格的内涵和外延，因而带有很大的随意性、多义性和模糊性。像“兴象”“气韵”“滋味”“妙悟”之类最常用的概念都缺乏严格的界定，因而在不同的朝代、不同的文人笔下也就往往具有不尽相同的含义，这就给后人的研究和理解带来了很大的困难。就拿“风骨”一词来说吧，有人认为“风是情，骨是辞”，有人认为“风是情，骨是理”，有人认为“风是内容，骨是形式”，有人则认为“骨是内容，风是形式”……真是众说纷纭，莫衷一是。其实，这种争论本身就说明了中国古代美学范畴的非理论性和不可证伪性。

与这类范畴相适应，中国古代美学的论证手段也不是判断、推理，而是形容、比喻，即从“以诗论诗”一直发展到“以禅喻诗”。正像严羽在《沧浪诗话》中所说的那样，“大抵禅道惟在妙悟，诗道亦在妙悟”，所谓“羚羊挂角，无迹可求”“透彻玲珑，不可凑泊”只是依靠个体的感性经验和直觉能力，一路妙悟下去，最后达到一种只可意会不可言传的境界。应该看到，强调不经逻辑演绎的直觉把握，这的确符合艺术鉴赏的本质特征。问题在于，鉴赏并不就是理论，鉴赏活动是只可意会不可言传的，而理论活动则不仅可以意会而且必须言传，否则这种“理论”只能是一种前近代科学的“经验”。

由于缺乏严格的美学范畴和严密的论证手段，使得中国古代很少出现严整的美学体系。翻开我们的美学史，除刘勰的《文心雕龙》、叶燮的《原诗》等少数著作略有内在的体系之外，绝大部分美学著作都是以诗话、语录、笔记、批注的方式出现的。就连《文心雕龙》这种“体大而思精”的作品也缺乏一以贯之的精神，致使今天的论者还在为其属儒、属道还是属佛而大伤脑筋，加之其骈文的形式本身又增添了理论表述的困难，从而给后代的诠释者留下了很大的余地。

与中国古代美学的经验形态刚好相反，西方古代美学的理论性质也是由三个方面决定的。尽管西方古代的美学范畴没有中国这么丰富，却较为严格。柏拉图在《大希庇阿斯》中就执意要将作为美学范畴的“美本身”与作为具体审美对象的“美的东西”区别开来。而亚里士多德在谈论悲剧之前则先要对这一范畴做出一个严格的界定：“悲剧是对于一个严肃、完整、有一定长度的行为的摹仿；它的媒介是语言，具有各种悦耳之音，分别在剧的各部分使用；摹仿方式是借人物的动作来表达，而不是采用叙述法；借引起怜悯与恐惧来使这种情感得到陶冶。”[2]尽管不靠这种学究式的注解人们也自然会知道悲剧究竟是怎么回事，但是这种严格的范畴界定对于理论本身却是十分必要的。柏拉图、亚里士多德的这种做法对后代的影响是深远的，以致没有严格的理论范畴，西方人就无法进行美学思考。

在论证手段上，西方学者表现出了对于形式逻辑的充分尊重。柏拉图在其著名的对话录《斐多》中常常借助苏格拉底之口使用反诘和归谬的方法推导出敌对观点的矛盾所在，从而以去伪存真的方式由浅入深地论证自己观点的合理性。亚里士多德（又译亚里斯多德）则善于运用概念、判断、推理和“三段论”形式从正面阐发自己的观点。因此，他们的行文都力求丝丝入扣而绝非信马由缰。尽管他们的作品也具有一定的文学价值，但如果离开了作品的内在逻辑，其自然流畅的文风便失去了独立的意义。这种重雄辩而不重文采的特点，使他们的作品既不同于孔子的格言，又不同于庄子的寓言。受他们影响的后代论著也越来越严谨，越来越抽象，直至出现了像《判断力批判》这样完全依靠逻辑演绎而编织出来的美学著作。

如果我们把理论范畴比作砖石，把逻辑推理比作结构，那么这砖石和结构的最终目的是要建立起一座座自成体系的思想大厦。西方古代的思想家似乎都有着某种建立体系的欲望，并将自己的美学思想放在这一体系中的特定位置上。柏拉图认为“理念”是永恒的、不灭的，现实仅仅是对理念的摹仿，而艺术则又是对现实的摹仿，因此，人们应该摒弃摹仿艺术而在迷狂之中达到对理念世界的回忆。普罗提诺主张“太一”是至善的、完满的，从太一中流

2　[古希腊]亚里斯多德：《诗学》，罗念生译，人民文学出版社，1982年，第19页。

溢出理性，从理性中流溢出灵魂，再从灵魂中流溢出物质；因此，人们必须摆脱物质世界的束缚，通过宗教的信仰来实现美的追求。黑格尔不仅把他的美学看成是哲学体系的一个组成部分，而且他的美学理论自身又可以成为一个独立的思想体系，即以“美是理念的感性显现”这一命题为核心，将理念显现的逻辑形式与艺术发展的历史进程统一起来，企图将不同时代的审美活动在其特定的理论框架中加以研究……

作为人类古代的思想成果，为什么中、西美学会具有如此显著的形态差异呢？日本学者中村元指出：“思想往往与人类的社会存在不可分割。思想或哲学历来就是人类的各文化圈内部成长发展起来的。”[3]那么，中西方古代的社会存在和文化结构究竟有哪些不同呢？侯外庐等人认为：“如果我们用‘家族、私有、国家’三项来做文明路径的指标，那么，‘古典的古代’是从家族到私产再到国家，国家代替了家族；亚细亚的古代是由家族到国家，国家混合在家族里面，叫作‘社稷’。因此，前者是新陈代谢，新的冲破了旧的，这是革命的路线；后者却是新陈纠葛，旧的拖住了新的，这是维新的路线。”[4]这就是人们常说的中国古代社会的早熟问题。所谓“早熟”，是指在生产力水平相当低下，私有财产尚未完备的情况下提前进入文明社会的一种特殊现象。大约是由于治理黄河的需要，中国古代社会一开始就选择了土地国有的路径，即在铁器农具尚未出现的情况下便进入了“千耦其耘”的社会化生产。天子将国家的土地分给自己的儿子，叫作诸侯国；诸侯再将土地分给他们的儿子，叫作采邑……这样一来，“国”不过是放大了的“家”；换言之，这种特有的东方文明不是建立在私有财产基础之上的，而是与家族血缘紧密相连的。

这种特有的社会存在决定了特殊的文化结构：在古代的西方社会，由于社会分工和私有财产在一定程度上破坏了人与自然、人与社会的原始纽带，使得遭受异化痛苦的人们不得不在感性的肉体生存或神秘的彼岸世界中去寻找寄托，于是便产生了酒神精神与日神精神，感性和理性出现了初步的分裂。然而在古代的中国，由于社会分工和私有财产发展得不够充分，致使人与自然、人与社会始终是混沌未分的，在这种情况下，人的感性能力常常会依附于自然，而人的理性能力则往往会依附于社会（前者如道家后者如儒家），二

3 [日]中村元：《比较思想论》，浙江人民出版社，1987年，第1页。

4 侯外庐：《中国古代思想通史》第1卷，人民出版社，1957年，第11页。

者都不可能得到独立的发展。因此，与西方占统治地位的思辨理性、宗教文化不同，中国古代占统治地位的是实用理性、伦理文化。

西方的思辨理性注重理性思辨的严密性与系统性，因而逻辑学比较发达，早在以传授知识为业的“智者学派”那里，就已将文法、修辞、逻辑作为“三艺”建立起来，亚里士多德则以其著名的《工具论》而成为包括三段论在内的形式逻辑的奠基人。相反，中国的实用理性则不注重理性自身的逻辑形式而注重其经验内容，即要求理性思考与实际生活直接挂钩。尽管战国时代的惠施与公孙龙也曾有过“合同异”与“离坚白”的论争，但是喜欢逻辑思辨的刑名学派却必然要被擅长经世致用的儒家思潮所淹没。因此，中国古代的教育内容不是“三艺”，而是“六艺”，即礼、乐、射、御、书、数，其实用因素显然占有绝对的优势。与上述思维习惯相对应，西方的宗教文化要求对世界的本原进行形而上的思考，以便为偶然的经验世界和有限的个体存在找到一种必然的依据和永恒的寄托。无论是巴门尼德的“存在”还是柏拉图的“理念”，无论是阿那克萨哥拉的“种子”还是德谟克利特的“原子”，都是以探求“始基”为内容的本体论哲学，它们以探求真、善、美的本质而成为基督教哲学的前奏。相反，中国的伦理文化则要把注意力集中在人们的生活行为和伦理规范上来，即从以亲子血缘为基础的人际关系之中找到人生的价值和意义。尽管道家对于“道”的追求有着一定的本体论意义，但是道家主要是作为一种生活态度而不是作为一种宇宙观而成为儒家哲学之补充的。在广大的中国人看来，老子关于“道可道，非常道；名可名，非常名”的思考绝不如孔子“未知生，焉知死”“未能事人，焉能事鬼”的态度更为明智……

不难看出，西方古代的思辨理性、宗教文化直接影响着其美学研究的分析性和系统性，在那里，美的探索与超验的理性追求和宗教的形而上冲动是紧密联系在一起的。而中国古代的实用理性、伦理文化也必然导致了其美学研究的直观性和经验性，在这里，美的把握则与艺术的直观效果与审美的经验感受息息相通。

二、中国现代的理论美学与西方现代的经验美学

任何发展着的事物，都有着自身否定的可能性。与古代的经验美学不同，进入现代社会以后，中国美学便舍弃了其固有的经验传统而朝着理论形态发展。尽管王国维的《人间词话》还不能尽脱传统美学的感受性和评点性窠臼，然而观其整体思想和全部著作便不难发现，这位处在时代转折点上的思想家已开始有意识地对美的根源、美的种类、美的创造、美的欣赏以及艺术进化原则等一系列问题进行条理化和系统化的处理了。蔡元培则企图进一步改变古代美学只重美感经验而缺乏本体反思的习惯，主张用美育来代替宗教，通过审美观照来洞彻“实体世界”。50年代后期，新中国美学界所展开的第一场大规模的学术论争便是围绕着美的本质问题而进行的，这场中断了二十年的学术讨论能够在70年代后期得以继续进行，充分显示了中国美学界对于基本理论问题的关注与执着。在这场论争中，尽管有人主张美在主观，有人主张美在客观；有人坚持美在社会，有人坚持美在自然；有人认为美是实体属性，有人认为美是关系属性……但是大家都企图从具体的审美经验中归纳出美的本质和规律，并通过逻辑上的演绎与推论来证明自己观点的合理性，他们的共同目的是要在辩证唯物主义和历史唯物主义的指导下，建立起一套具有严格理论范畴和论证手段的美学思想体系。因此，这些不同的观点和学说便共同构成了中国美学的理论化趋势。

就在中国美学由经验转向理论的同时，西方美学却似乎走着一条截然相反的道路，即由理论走向经验。以罗素、维特根斯坦为代表的逻辑实证主义者从语义分析的角度指出，传统美学所提出的许多根本性的问题本身是经不起分析的，像“美是什么”“艺术是什么”之类的问题永远也不可能得出一个正确的答案。因此，现代美学的任务不是去发展和深化古人的研究，而是要排除和取消前人所提出的这类非科学的“伪命题”，把美学从无休无止的思辨当中解放出来。与此同时，以杜威、桑塔耶纳为代表的实用主义、自然主义者则从绝对经验的立场出发，否认审美经验与日常经验、艺术作品与一般产品之间的根本区别，认为审美经验产生于有机体与环境之间平衡关系的重

建，它与日常经验的区别仅仅表现为经验的完整性、精炼性和新颖性的程度不同而已。由此说来，美学只是关于审美经验的心理学，应该从研究人的生理和心理机能入手来考察审美活动。在此基础上，门罗则干脆主张建立一种不带任何理论色彩、不受任何哲学制约、不追求任何超验价值与原因、而仅仅满足于对审美经验作现象描述和实证分析的“科学美学”，从而在英美哲学和现代科术的基础上进一步发展了费希纳所企图建立的“实验美学”。在这股科学浪潮的推动下，安海姆把“知觉场”“同形论”等完形心理学术语引入美学研究，企图在审美主体与审美对象之间找出一种同形同构的对应关系。就在上述学者以科学实验的态度进行美学研究的同时，另外一些专家则试图从心理分析的角度入手来探测美学的奥秘。弗洛伊德从个体性意识的理论出发，把艺术看成是受到压抑的原始欲望得以“升华”的手段；容格从集体无意识的假说入手，将审美看成是遭到分裂的意识与无意识、个体无意识与集体无意识得以综合的途径。总之，西方本世纪以来的大部分美学家都纷纷放弃了旧有的角度和方法，不再以美的本质的解答来作为建立美学体系的基点，也不再以单纯的理论思辨来作为解答美学问题的途径，而是从具体的审美经验和艺术问题入手，企图通过现象的描述、经验的考察、心理的分析得出具体而确切的答案。这样一来，美学便不再是思维哲学的一个分支，而开始与生理学、心理学、统计学等具体的科学技术手段联盟了。这就是西方所谓“自上而下的美学”让位于“自下而上的美学”的历史趋势。

不难看出，中西方现代美学的这种双向逆转的历史发展也同样有其深刻的文化背景和思想根源。在中国，导致经验美学向理论美学转变的原因主要有两点：一方面是由于人们已不再满足于古代美学的经验感受和零打碎敲，而要建立一种统一的、完整的思想体系。另一方面，西方思想的传入又使得这种希望成为可能。鸦片战争之后，亡国灭种的危机使我们不得不正视西方世界的船坚炮利；思想启蒙的浪潮使我们也不能再沉湎于东方古国的礼乐诗文了。于是有效仿，有追随，有拿来，有改造。在这样一个矫枉过正的时代里，擅长于经世致用的中国人最感兴趣的西方思想不是英国经验派，而是大陆理性派。无论是作为王国维榜样的叔本华，还是作为蔡元培楷模的康德，甚至我们今天所追随的马克思，都毫无例外地属于那个最富于思辨传统的德意志民族。这种富有意味的选择与认同自然和德国思想界所取得的理论成就有着直接的关系，然而除此之外不也正说明了同质相斥、异质相吸的文化融合规律吗?

在西方，导致理论美学向经验美学转变的原因也主要有两点，一是与哲学本体论的危机相关联，美的本质的研究也因其无法验证的超验属性而陷入了困境。人们越来越对于旷日持久而又众说纷纭的美学论争感到绝望，认为照此下去再争论几百年也难以得出一个让各派学者都能满意的定论；退一步讲，即使得出这样一个定论也未必能够解释丰富多彩的审美活动。在这种情况下，美学的探索者便企图反转过来，从具体的审美活动和艺术问题入手，进行就事论事的经验分析，从而把哲学美学转变成一种实证科学。另一方面，现代科学技术的发展又为这种新的美学研究提供了条件。我们知道，在十八世纪，与大陆理性派相对立的英国经验派已经开始注意到审美主体的生理和心理方面的因素了，如夏夫兹博里和哈奇生关于“内在感官”的理论，爱迪生关于想象与乐趣和休谟关于趣味与审美之关系的研究，以及博克关于美感和崇高感中的生理、心理机制问题的考察，等等。然而，由于受到当时科学技术水平的限制，使得英国经验派的这些探索还只能停留在一种简单的描述和猜测的水平上，因而与体系庞大、逻辑严密的德国古典美学相比，似乎并不起眼，然而到了十九世纪之后，建立在实验生理学基础之上的实验心理学出现了；20世纪以来，在实验心理学进一步完善的同时，电子计算机的发明和使用又大大提高了信息处理的能力，这一切都使得经验美学的科学化和定量化成为可能。因此，随着“自上而下的美学”被“自下而上的美学”所取代，所谓“国际美学中心”也从具有思辨传统的德国转向继承了英国经验传统的美国，[5]甚至有人主张重新考察美学的历史，即不再以德国思想家鲍姆嘉通的《美学》为标志，而要把18世纪的英国看成是美学科学的发祥地……这就是说，正当中国人开始接受德国理论美学之影响的时候，西方人则恰恰在放弃这一传统。

5　托马斯·门罗认为：“美国是悠久的英国哲学和艺术心理学传统的直接继承者。”见[美]托马斯·门罗：《走向科学的美学》，安宗升译，中国文艺联合出版公司，1984年，第180页。

三、从中西美学的比较中展望未来的美学形态

通过历史的分析和民族的比较，我们大致已经分出了四种不同类型的美学形态，那么它们各自的优劣之处又在哪里呢?

中国古代美学具有直观性和经验性的特点，它丰富、具体、形象、生动，其论者一般都具有较高的文学修养和艺术造诣，因而常常会从切身的审美经验入手，去发现艺术实践不同于科学认识的独特品性。因此，中国古代美学包含了很多关于形象思维、艺术风格、审美趣味等问题的经验之谈，比如说“意在笔先，画尽意在”，比如说“以形写神”“迁想妙得”，比如说“外师造化，中得心源”等等，常常是只言片语，却令人回味无穷，充分体现了东方古人的智慧和修养。但是，由于中国古代美学缺乏严格的理论范畴和严密的论证手段，致使这些宝贵的经验得不到进一步的分析和加工，从而只能停留在经验感受的水平上。

与此不同，西方古代美学具有思辨性和系统性的特点，它抽象、深奥、宏阔、严谨，其论者一般都有着坚实的哲学功底，因而常常会从总体的理论框架入手，把审美活动放在主体与客体、人与自然的关系之中加以考察，并通过概念、判断、推理等逻辑形式引发出一定的命题和结论，比如像“美是感性认识的完善”，比如像“美是对象的合目的性形式”，比如像“美是理念的感性显现”，等等，常常以一个命题来概括某种思想体系，这就避免了中国古代美学式的直观性和随意性。但是，这种单纯思辨性的理论推演如果不建立在具体生动的审美经验之上，就可能陷入一种脱离实际的超验玄谈，甚至会被唯心主义和宗教神学所利用。

中国现代的理论美学虽与西方古代的理论美学之间存在着一定的继承关系，但有着质的不同，它将西方美学的思辨形式建立在唯物史观的基础之上，不再将美的本质当成是一种抽象的、永恒不变的概念来加以考察，而是把它看成是人类社会实践的历史成果来加以分析，力图将理论与实践、逻辑与历史统一起来，去建立具有中国特色的马克思主义美学体系。然而困难在于，由于受到国内科技条件的限制，使得我们的美学研究尚未进入实证阶

段，因而很多问题只能做出本质的、定性的分析而无法得出现象的、定量的考察。例如，得出审美对象是“人化的自然”这一结论，固然有着深刻的哲学意义，然而“人化的自然”这一概念又过于抽象，过于宽泛了，如果用它来衡量具体艺术作品的审美特性，显然是不相适宜的。这是因为，在抽象的原则和具体的对象之间，还需要许多中介环节的过渡，而这种过渡最终必将以科技手段的介入才能完成。

正如中国现代的理论美学不同于西方古代的理论美学一样，西方现代的经验美学也不同于中国古代的经验美学。如上所述，中国古代的经验美学是建立在感观经验、直觉经验基础之上的，因而只是一些素朴经验的总结；而西方现代的经验美学则是用一定的科技手段来分析和验证人们的审美经验，以得出科学的结论。前者具有很大的模糊性和随意性，而后者则力求清晰、准确。例如，费希纳的矩形图实验表明，21∶34 的矩形图案在所有矩形中有着最高的审美价值。这显然已不仅是定质的分析而是定量的判断了。由于有了新的科术手段，使得西方现代美学已率先进入了实证阶段。问题在于，这种新的经验美学的建立是以牺牲旧的理论美学为代价的。几乎所有经验美学的倡导者都企图完全否定理论美学的固有成就，而主张另起炉灶，从头开始，这就使他们的经验分析失去了理论的向导，从而显得支离破碎，缺乏系统。

由此看来，上述四种美学形态都各有其长处和短处、贡献和局限，因此，未来的理想形态的美学不应是其中任何一种形态的简单延续，而应是在这四种美学形态的基础上所建立起来的经验与理论相统一、思辨与实证相统一的新型美学。具体说来，就是要把马克思主义的理论美学与现代科技手段有机地结合起来，集人类历史的全部智慧去揭开美学领域的全部奥秘。

（此文为周来祥、陈炎合作，发表于《文学评论》1989年第3期）

西方历史上的五大文艺思潮

在文艺领域中，一些具有共同审美理想、共同艺术趣味、共同创作主张的文学艺术家所进行的具有共同倾向的艺术实践，便形成了所谓“文艺思潮”。打开西方文艺史，能够称之为“主义”的这类思潮形形色色，给人以目不暇接之感，然而有的思潮只是昙花一现，有的思潮却可以形成大波大澜；有的思潮如过眼烟云，有的思潮却给后人留下永恒的纪念。究其原因，尽管任何文艺思潮的出现都是以一些集团性艺术家的涌现为前提的，因而都带有一定的偶然性和随机性。但是相比之下，有的文艺思潮只适应了一些艺术家的个人趣味，有的文艺思潮却同时符合了整个社会的时代潮流，因此历史便无情地抛弃了前者而选择了后者，这就是“偶然性为必然性开辟道路”的历史规律在文艺领域中的具体表现。

在源远流长而又丰富多彩的西方文艺史上，本文之所以只选择了古典主义、浪漫主义、现实主义、表现主义、自然主义这五个文艺思潮加以研究，并不是由于笔者个人的趣味所致，而是由于这五大文艺思潮分别代表了西方不同历史时期的审美理想，是时代的必然产物；因而对于这些具有典型意义的文艺思潮的解剖与分析，必然会加深我们对于西方世界审美流变的历史认识，或许还可以在其中发现某种具有规律性的东西。

一、古典主义

“古典主义”有广、狭二义，广义的古典主义是指前资本主义时代的一切以和谐、以美为目的，以寻求表现与再现、理想与现实、情感与理智诸对立因素素朴统一的艺术创作；狭义的古典主义则是指发生于17世纪法国的戏剧界、波及整个欧洲和其他艺术部门的文艺实践。作为文艺思潮的研究，我们所指的显然是后者而不是前者，但是我们不久将会发现，尽管过去的文学史家将我们的研究对象称之为“新古典主义”或“伪古典主义”，以便与古希腊罗马时期的艺术实践相区别，然而从美学意义上讲，这一思潮既不新，也不伪，它恰恰是整个西方古典时期的审美理想最集中、最自觉、最明确的体现。因此，从“解剖麻雀”的意义上讲，研究狭义的古典主义，正好便于我们理解广义的古典主义。

如上所述，强调表现与再现、理想与现实、情感与理智诸对立因素的和谐统一，是一切古典主义文艺作品的共同特征，而17世纪法国的剧作家和文艺评论家们，则将这一特征更加集中地凝聚在自己的作品和言论之中。首先，在表现与再现的关系问题上，新古典主义的理论权威布瓦洛提出了“我们永远也不能与自然寸步相离”的主张。初看上去，这似乎是一条再现主义的美学原则了，然而布瓦洛所说的“自然”，是从亚里士多德那里继承下来的一个概念，而后者关于“艺术摹仿自然”的理论则是一个古典主义而非现实主义的美学原则。《诗学》中曾有这样一段话：“如果有人指责诗人所描写的事物不符合实际，也许他可以这样反驳：‘这些事物是按照它们应当有的样子描写的。’”[1]由此看来，亚里士多德所谓的“艺术摹仿自然”并不是要求艺术作品“符合实际”，而是要求艺术作品按照“应当有的样子”去描写生活。惟其如此，艺术形象才能够超越偶然的生活物象而获得普遍的典型意义；惟其如此，写诗才显得比写历史更具有哲学意味。问题在于，究竟什么样的形象才算是“应当有的样子”呢？究竟什么样的典型才会具有普遍意义呢？关于这一点，亚里士多德的《诗学》语焉不详，而布瓦洛的《诗的艺术》却为此作出了最好的注解：“谁知道什么是风流浪子、守财奴，什么是老实、荒唐，什么是

1 [古希腊]亚里斯多德：《诗学》，罗念生译，人民文学出版社，1962年，第93—94页。

糊涂、嫉妒，那他愈能成功地把他们搬上剧场，使他们言、动、周旋，给我们妙呈色相。”[2]如此说来，所谓“应当有的样子”无非是我们所理解的同类事物所应当具有的共同属性罢了。这与其说是客观事物的本来面貌，不如说是我们对于它所抱有的认识成见。按照这一理论去进行创作，人们甚至不需要去观察和体验现实生活就可以穷尽其“应当有的样子”了。因此，在我们看来，亚里士多德的“摹仿说”并不如后世的研究者们所一再评论的那样，是什么“现实主义的艺术理论”，而只是古典主义的美学原则。因为这种按照“应当有的样子”去进行描写的“摹仿论”本身就有其自相矛盾之处，而这里的矛盾也恰恰表现了古典主义艺术家再现生活的不彻底性。我们知道，生活是客观的，观念（我们对于生活的认识）是主观的；前者丰富多彩而又包含了很多偶然的因素，后者整齐明确却又失去了许多生动的精华。古典主义艺术家在再现前者的同时又不愿意放弃后者，因而只能将那些与观念相吻合的生活内容纳入自己的艺术作品，而将那些不符合认识范式的生活内容全部舍弃。正像法国另一位古典主义理论权威沙波兰所指出的那样：“艺术所要求的是事物的普遍性，它需要把历史由于它严格的规律而不得不容纳的特殊的缺点和非正规的东西从这些事物里排除出去。”[3]这样一来，他们在排斥了生活之偶然性的同时，也就不可避免地失去了生活的丰富性。这种生活与观念、再现与表现的素朴融合，便导致了“类型化典型”的出现，因此，活跃于17世纪法国戏剧舞台上的人物，都是某种观念或情致的化身，而不是活生生的、有血有肉的个体。于是，我们虽然在熙德身上看到了“荣誉”，在贺拉斯身上看到了“义务”，在安德洛玛克身上看到了“贞节”，在阿巴贡身上看到了“吝啬”，然而除了这一系列伦理道德的禀赋之外，我们却什么也没有看见。正像普希金所批评的那样，“莫里哀笔下的伪君子追求自家恩人的妻子时是伪善的，侵占财产时是伪善的，讨一杯水时也是伪善的”[4]。这种“寓言式的抽象品”，这种“范本式的人物”，在整个古典主义艺术中都具有普遍意义，因为它正是按照“应当有的样子”去“摹仿”生活的最终结果，是表现与再现、观念与自然

2 [法]布瓦洛：《诗的艺术》，见伍蠡甫主编《西方文论选》上卷，上海译文出版社，1979年，第301—302页。

3 [法]沙波兰：《法兰西学院关于悲喜剧〈熙德〉对某方面所提意见的感相》，见中国社科院文学研究所编《古典文艺理论译丛》第5册，人民文学出版社，1963年，第105页。

4 转引自《俄国文学史》3卷本，新文艺出版社，1956年，第387页。

素朴结合的必然产物。

表现与再现的统一，必然导致理想与现实的和解，这实际上是一个问题的两个方面。作为表现与再现的调和论者，古典主义艺术家不敢正视理想常常被毁灭的社会现实，因而只能在想象中使之相互妥协、归于和解，即按照“应当有的样子”对现实进行理想化的处理，以获得一种精神上的平衡与满足。此类平衡与满足，在亚里士多德的悲剧理论中还只是通过一种特殊的艺术功能——Katharsis而实现的。[5]也就是说，在亚里士多德那里，审美心理的平衡与满足，恰恰只是由不和谐的手段所最终达到的和谐的目的，而作为这种不和谐手段的悲剧其本身仍然要在一定程度上展示理想与现实的尖锐冲突。然而到了17世纪，法国的剧作家们干脆连手段自身的不和谐因素也要加以进一步地清除了。我们知道,《熙德》是当时最有影响的一部悲剧，但是高乃依却以喜剧的手法来结束了悲剧的冲突。当罗狄克和施曼娜在爱情与伦理的矛盾中不得不做出牺牲的时候，作者竟然采用了“机械降神”式的解围手法，请国王出面做主完婚，使两位青年终成眷属，从而既维护了现实伦理的尊严，又实现了情感理想的意愿。我们知道,《伪君子》是当时最著名的喜剧，然而这部喜剧的结局本应是悲剧性的。因为答尔丢夫利用奥尔恭对自己的信任，已经抓住了足以置后者于死地的把柄，可以依据法律轻而易举地将奥尔恭一家扫地出门。但是，为了不让好人落难，坏人得逞，莫里哀便只能求助于既明察秋毫又宽容大度的“青天大老爷”来挽回这难以收拾的局面。当然了，死尸满台的悲剧也是有的，拉辛著名的《安德洛玛克》便是如此。但是只要我们略加分析便可以看出，死者全部是追逐情欲、丧失理性的人物，而作者唯一歌颂的安德洛玛克却恰恰在不幸之中幸存了下来。当时法国著名的批评家艾弗蒙曾一语道破了这些艺术家的创作动机：“对于我们说来，罪恶都逃不掉惩罚，美德也很少没有善报。”[6]这样一来，理想与现实的矛盾冲突，并没有像历史的本来面目一样得到充分的展开和完成，而是在一种“大团圆”式的艺术梦幻中被人为地化解和冲淡了。

在创作过程中，理想与现实的统一，必然表现为情感与理智、天才与勤奋的结合，这也是古典主义艺术实践的又一普遍特征。早在古罗马的贺拉斯

5　参见[古希腊]亚里斯多德：《诗学》，罗念生译，人民文学出版社，1982年，第19页。

6　[法]艾弗蒙：《论古代和现代悲剧》，见伍蠡甫主编《西方文论选》上卷，上海译文出版社，1979年，第271页。

那里就曾经写道："有人问：写一首好诗，是靠天才呢？还是靠艺术？我的看法是：苦学而没有丰富的天才，有天才而没有训练，都归无用；两者应该相互为用，相互结合。"[7]而对于17世纪的法国艺术家来说，无论是情感与天才，还是理智与勤奋，都只有在理性法则的约束下才有意义。我们知道，法国古典主义艺术号称是理性至上的艺术，然而这里的"理性"与其说是一种科学的认知精神，毋宁说是一种伦理的先验法则，是王权时代的必然产物。在当时的历史条件下，作为平衡封建贵族和市民阶层这两大势力的中介人物，路易十四一方面要用人的理性来否定宗教的迷狂，以便同教会势力作斗争；一方面又要用先验的理性来压抑感性的欲望，以便同市民阶层作斗争。而作为意识形态的审美活动，法国古典主义艺术家所张扬的"理性"也便具有了内容与形式的两层内涵。理性的内容就是宣扬公民义务、民族情操、国家观念等一整套服务于君主专制制度的伦理精神，从而在审美心理上培养人的道德观；理性的形式就是坚持规范的语言（经过选择和提炼的新法语）和规范的结构（从古希腊继承下来的"三一律"），从而在审美意识上培养人的秩序感。然而无论是理性的内容还是理性的形式都不能仅仅依靠情感和天才去完成，也不能单单依靠理智和勤奋去实现，而只能令二者交互作用，使之既不因前者的天马行空而冲出了理性的界限，也不因后者的过分执着而瓦解了先验的法则。为此，布瓦洛告诫当时的艺术家："从从容容写作吧，不管人怎样催逼，万勿以敏捷自豪，求迅速只是傻气：你说你笔头很快，一篇诗走笔而成，这不说明你多才，只说明你欠精审。我宁爱一条小溪流过细软的沙土，徐徐地蜿蜒流过那开花的草场，而不爱泛滥的洪流像骤雨一般翻滚，在泥泞的地面上夹着砂石而奔腾。劝你从容地忙着，总不要失掉耐心，还要十遍、二十遍修改你的作品：要不断润色它，润色、再润色才对。"[8]不难想象，依照这种艺匠式的操作而反复推敲出来的作品，既不会有情感的华彩，也不会有理智的深度，剩下的就只有典雅的形式了；而后者则正是古典主义艺术的长处所在。

从政治制度、阶级关系和哲学背景等角度来看，法国新古典主义文艺思潮的出现自有其特定的原因和根据。例如，由于表现与再现相统一而导致的"类型化典型"的出现，显然与当时壁垒森严的等级制度有关；由于理智与现

7　[古罗马]贺拉斯：《诗艺》，杨周翰译，人民文学出版社，1962年，第158页。

8　[法] 布瓦洛：《诗的艺术》，见伍蠡甫主编《西方文论选》上卷，上海译文出版社，1979年，第294—295页。

实相妥协而导致的“大团圆结局”的出现，显然与新兴市民阶层的软弱性相连；由于情感与理智相制约而导致的“艺术法则”的出现，则又与笛卡尔的理性哲学有着或多或少的内在联系。但是，倘若选择更高的历史视点加以考察的话，我们将会发现，这一切的一切都是在前资本主义时代人与自然、人与社会未经彻底分化的历史背景下出现的，从而也是与古代人强调联系、强调转化、强调对立面统一的素朴辩证的思维方式相吻合的。正因如此，17世纪法国的古典主义文艺思潮，在整个西方的古典艺术中不是一个特例，而是一个范例。在这个范例中，古代人所一向追求的平衡、稳定、整一、和谐已经到了一种无以复加的地步。按照耗散结构理论来讲，这种无以复加的稳定结构同时也就是熵量最大并趋于僵死的结构，所以也正是在这里，古代的美走上了末路。

二、浪漫主义与现实主义

作为完整而自觉的文艺思潮，浪漫主义和现实主义18世纪末19世纪初，就在第三等级的炮火猛烈轰击巴士底狱的时候，一大批热情奔放而又桀骜不驯的艺术家急风暴雨式地横扫了古老而又宁静的西方文坛。在文学界，有英国的拜伦、雪莱，法国的雨果、乔治·桑，德国的歌德、席勒，俄国的普希金、莱蒙托夫；在音乐界，有德国的贝多芬，奥国的舒伯特，意大利的帕格尼尼，波兰的肖邦；在美术界，还有法国的籍里柯、德拉克洛瓦……这些尽情讴歌自由、平等、博爱的理想境界，并企图借想象的翅膀冲出封建社会黑暗牢笼的艺术家，便组成了我们所要研究的浪漫主义文艺思潮。然而在现实生活中，理想的境界并没有出现。资本主义对于封建主义的胜利只不过是用一种罪恶取代了另一种罪恶；随着资本主义制度的建立和巩固，其自身的矛盾和弊端便很快暴露出来。面对着新世界的铜臭与血腥，艺术家们便不得不收回想象的翅膀，重新正视和批判冷酷的现实。于是，19世纪30年代以后，一大批目光敏锐而又富于批判精神的艺术家便不约而同地走上了艺术的殿堂，并取代了浪漫主义的主导地位。在文学界，有法国的司汤达、巴尔扎克，英国的狄更斯、哈代，俄国的托尔斯泰、屠格涅夫；在美术界，有法国的库尔贝、马奈，俄国的列宾、苏里科夫，德国的门采尔、珂勒惠支；在戏剧界，还有挪威的易卜生，爱尔兰的萧伯纳……这些竭尽全力去寻找、发现、暴露乃至批判现实生活中的一切苦难和罪恶，并企图通过批判来加以克服的艺术家，便组成了我们所要研究的现实主义文艺思潮。

如果说，古典主义所要追求的是表现与再现、理想与现实、情感与理智诸矛盾因素的和谐与统一，那么浪漫主义和现实主义则要实现上述矛盾因素的分裂和对立。于是，一种混沌而完整的文艺思潮便从逻辑上分化为两大清晰而对立的文艺思潮：前者是表现的艺术、理想的艺术、情感的艺术，后者是再现的艺术、现实的艺术、理智的艺术；前者是浪漫主义，后者是现实主义。

首先，在表现与再现的关系上，浪漫主义和现实主义不再遵循古典主义按照"应当有的样子"去进行"摹仿"的既定原则。在他们看来，"应当有的样子"出自作家的主观理想，它应该属于表现的艺术；而作为"摹仿"的再现艺术，则应忠实于"本来如此"的客观生活，这二者是不能加以混淆的。关于这一点，乔治·桑曾对巴尔扎克明确指出："你既有能力而且也愿意描绘人类如你所眼见的，好的，我，总觉得有必要按照我希望于人类的，按照我相信人类应当的来描绘它。"[9]浪漫主义面向自我的内心世界，独抒心灵的情与意，因而并不要求这种主观表现的内容具有客观生活的普遍性；现实主义面向外部的客观世界，摹写生活的血与肉，因而也不要求这种客观再现的内容符合主观认识的必然性。因此，与古典主义不同，在艺术典型的创造中，无论是浪漫主义还是现实主义，都不注重艺术形象的普遍性、必然性，而注重其特殊性、复杂性，即不是用共性来包容个性，而是用个性来显现共性。歌德曾这样写道："诗人究竟是为一般而找特殊，还是在特殊中显现一般，这中间有一个很大的分别。由第一种程序产生出寓意诗，其中特殊只作为一个例证或典范才有价值。但是第二种程序才特别适宜于诗的本质，它表现出一种特殊，并不想到或明指到一般。谁若是生动地把握住这特殊，谁就会同时获

9　[法]乔治·桑：《〈法兰西巡历的友人〉序》，转引自勃兰兑斯《法国作家评传》，侍珩译，国际文化服务社，1951年，第2页。

得一般而当时却意识不到，或只是到事后才意识到。”[10]依照前一种程序，只能够创造出“类型化典型”；依照后一种程序，则可以创造出充满生气的“个性化典型”。然而当时的歌德并没有认识到，是“为一般而找特殊”还是“在特殊中显现一般”，是创造“类型化典型”还是创造“个性化典型”，这绝不仅仅取决于艺术家个人的爱好与趣味，而是一种历史的进步，是近代艺术对古代艺术的超越。

表现与再现的分离，也就是理想与现实的对立。与古代艺术家不同，近代艺术家绝不用理想来美化现实，也不让理想来迁就现实。在他们看来，“应当如此”的生活和“本来如此”的生活是截然对立的，如果将二者人为地掺杂在一起，便只能导致一种虚假的团圆模式。因此，作为浪漫主义者的雪莱，要求艺术“在我们的人生中替我们创造另一种人生”[11]。这“另一种人生”，可以是失去的世界（消极浪漫主义），也可以是未来的世界（积极浪漫主义），但绝不是现存的世界。这就是浪漫主义艺术为什么具有反叛色彩的原因。相反，作为现实主义者的契诃夫，则要求“按生活的本来面目描写生活。它的任务是无条件的、直率的真实”。[12]这种“无条件的、直率的真实”既可以包含生活中的真、善、美，也可以包含生活中的假、恶、丑；而且，当现实生活与人的理想相悖离的时候，揭露生活中的假、恶、丑甚至成为艺术家更为重要的历史责任。这就是现实主义艺术为什么具有批判精神的原因。总之，无论是浪漫主义者，还是现实主义者，都反对理想与现实的素朴融合；也恰恰在这一点上，他们视古典主义为其共同的敌人。对此问题，席勒的分析是十分精到的。在他看来，“素朴的诗”产生于古希腊、罗马时代，那时的人性尚未分裂，人与自然的关系非常和谐，人本身就是自然，因此其艺术创作中并不存在理想与现实的尖锐对立；而“感伤的诗”则产生于近代社会，此时的人性已经分裂，人在自然中找不到自己的归宿，于是需要在艺术中将这种理想与现实的矛盾展示出来。因此，所谓“素朴的诗”和“感伤的诗”，并不像人们所常解释的那样，是什么现实主义与浪漫主义的原则分野，而是古典艺术

10 [德]歌德《关于艺术的格言和感想》（1824），转引自《西方美学史》下卷，人民文学出版社，1979年，第416页。

11 [英]雪莱：《为诗辩护》，见中国社会科学院文学研究所编《古典文艺理论译丛》第1册，人民文学出版社，1963年，第107页。

12 [俄]契诃夫：《写给玛·符·基塞列娃》，《契诃夫论文学》，汝龙译，人民文学出版社，1959年，第35页。

与近代艺术的历史区别。换言之，所谓“感伤的诗”本身就同时包容了理想与现实的两条途径。用席勒的话来说，“感伤诗人经常都要关心两种相反的力量，有表现客观事物和感受它们的两种方式，也就是说，现实的或有限的，以及理想的或无限的……于是，一个新的课题被提出来了：诗人是把他自己附丽于现实呢？还是附丽于理想？是把现实作为反感和嫌恶的对象来附丽呢？还是把理想作为向往的对象来附丽？因此，每个诗人在处理同一主题时，他或者是讽刺的，或者是哀伤的……在这两种感情方式中，每一个感伤诗人都必须会附丽于这一种或那一种”。[13]由此可见，“附丽于理想”者，便是浪漫主义；“附丽于现实”者，便是现实主义。正因如此，恩格斯才称雪莱为伟大的“预言家”，因为他预示了美好的理想；正因如此，丹纳才称巴尔扎克为杰出的“科学家”，因为他剖析了残酷的现实。

理想与现实的分裂对峙，必然导致创作手法的极端性发展。浪漫主义以情感、想象、天才为法宝，尽情地去讴歌主观的理想；现实主义则以理智、思维、勤奋为武器，冷静地去剖析客观的现实。在这里，古典主义关于情感与理智、天才与勤奋同提并重的固有格局，也得到了拆解。作为浪漫主义的大师，布莱克指出，“只有一种力量足以造就一个诗人：想象，那神圣的幻景”，“一个人如自问心中并无灵感，就不该妄想当艺术家”。柯勒律治也认为，意象“只有在受到一种主导的激情”和由此“引起的联想的制约之后，才能成为诗的”。济慈这样表白：“我只确信心灵所爱的神圣性和想象的真实性”，“我但求过感觉的生活，而不是思想的生活”。赫兹利特也坚决主张诗歌是想象和激情的语言，而不是“字面的真实或抽象的理性”。[14]与此相反，作为现实主义的巨匠，巴尔扎克指出，作家应该“从分析中创造真理”。福楼拜也认为，一位真正的艺术家“首先是一个观察者，而观察的第一个特质，就是要有一双好的眼睛”。屠格涅夫这样表白，“从来没有任何先入为主的倾向在指挥着我”，“我抱着出奇的冷静写作”。托尔斯泰也坚决主张，“艺术所传达的情感是在科学论据的基础上产生的”。[15]不难看出，上述两派艺术家对

13　[德]席勒：《素朴的诗和感伤的诗》，见伍蠡甫主编《西方文论选》上卷，上海译文出版社，1979年，第491页。

14　以上见外国文学研究资料丛刊编辑委员会编《欧美古典作家论现实主义和浪漫主义》，中国社会科学出版社，1981年，第252—304页。

15　以上见段宝林编《西方古典作家谈文艺创作》，春风文艺出版社，1983年，第285—527页。

于创作心理因素的发掘和利用各有其片面性；然而惟其如此，才可能达到某一个方面的深刻性，即在情感、想象、天才与理智、思维、勤奋相互排斥的情况下充分发掘其单项心理因素的可能性。

应该看到，作为近代艺术的总体特征，这种某一方面的深刻性是在人与自然、人与社会彻底分裂的资本主义时代出现的，也是与近代形而上学的思维方式相并行的。无论是浪漫主义者还是现实主义者，都已不再满足于古典艺术那浅薄的全面和虚假的和谐，而要在表现与再现、理想与现实、情感与理智诸矛盾因素中进行片面的选择和单项的突破，以便使矛盾双方得到充分的展开和必要的激化。因此，以浪漫主义和现实主义为代表的近代艺术所追求的已不再是那种宁静的、典雅的、四平八稳的、无懈可击的和谐之美，而是动荡的、粗犷的、起伏不定的、震撼人心的对立的崇高了。用耗散结构的理论来讲，这种不和谐因素的引进，无疑是给趋于僵死的审美平衡态带来了新的“负熵”，从而使之获得了新的生命，即成为一种显示出不和谐的新平衡态。用美学的术语来讲，这种被引进的不和谐因素也就是丑，“没有丑这一要素，美的具体的变化就不可能产生”。[16]因此，人们在欣赏浪漫主义和现实主义作品的时候，所获得的快感常常是由痛感转化而来的，而这种转化本身，也就是崇高艺术由不和谐重新趋向和谐的心理体验。

三、表现主义与自然主义

继浪漫主义和现实主义之后，西方艺术便开始进入了一个无中心、无主流的多元化时代，然而在那纷纭复杂的“主义”和“流派”之中，仍然可以发现两个最具有代表性和倾向性的文艺思潮，这就是我们所要研究的自然主义和表现主义。作为浪漫主义的“反动”和现实主义的“发展”，自然主义产生于十九世纪七十年代法国的文学界，不久便发展成了一个跨国界的文艺思潮。其代表人物有法国的左拉、莫泊桑和龚古尔兄弟，德国的霍尔茨、霍普特曼和哈尔特兄弟，英国的班奈特、乔治·吉辛和乔治·莫尔，美国的诺里斯、德莱赛和杰克·伦敦，此外还有西班牙的伊巴涅斯、比利时的勒蒙尼

16　[英]鲍桑葵：《美学史》，张今译，商务印书馆，1985年，第511页。

耶、意大利的维尔加等。而作为现实主义的“反动”和浪漫主义的“发展”，表现主义则产生于20世纪初期的法国美术界，不久便发展成为一个跨部门的文艺思潮。其代表人物有美术界的基尔希纳、马克和康定斯基，文学界的贝歇尔、卡夫卡和乔伊斯，戏剧界的斯特林堡、奥尼尔和赖斯，音乐界的贝尔格、赫德米特和斯特拉文斯基，等等。

如果说，浪漫主义和现实主义是古典主义历史性分化的必然产物，那么表现主义和自然主义则又是浪漫主义和现实主义极端性发展的必然结果。在国内通行的教科书中，我们常常过多地强调了自然主义与现实主义的区别而忽视了两者之间的承继关系。事实上，一些现实主义者（如果戈理）并不反对称自己为“自然派”；而一些自然主义者（如莫泊桑）也创作了不少现实主义的作品。这是因为，在面对物质世界、再现社会生活方面，二者实际上是一致的，即都是一种指向客体的艺术；不同之处，只在于自然主义要将艺术的再现功能发展得更加绝对、更加彻底罢了。这主要表现在两个方面：从“量”上讲，自然主义者要求反映更加广泛的、无所不包的真实，在他们看来，现实生活中的任何事物都可以成为艺术再现的对象，即便是卑污的事物、丑陋的事物、尴尬的事物、使人的道德观念所无法容忍的事物，都有如实进入艺术领域的权力。正像柳鸣九所指出的那样，“应该看到，由于自然主义，人类的文学才完全超出了沙龙、舞会、林荫道、乡间别墅的天地，而才有了矿井、坑道、小酒店、贫民窟、洗衣坊、工场里的车间、农村里的市集、大城市中的菜市场，以及农民在地里头的劳动、工人的操作技术、乡间酿酒的程序、交易所里的各种金融业务。而且，所有这些都不是作为背景被粗略地加以勾画，而是作为文学表现的内容被加以细致详尽的描写”。[17]从“质”上讲，自然主义要求以更加客观、更加冷静的态度去反映不带任何抽象和粉饰的社会现实。为了保留客观世界的“原生质”，自然主义者宁肯牺牲典型化、本质化的艺术手段，因为在他们看来，所谓“典型的真实”“本质的真实”都只是人对现实的认识成果而非现实本身，也就是说，它们都与主体已有的生活经验和思维模式有着直接或间接的联系，是人们抽象和概括的结果。所以，过分地强调典型和本质很可能会将某些与主体观念相悖离的生活

17 柳鸣九：《自然主义·前言》，见[法]左拉著《自然主义》，柳鸣九译，中国社会科学出版社，1988年，第4页。

现象当成非典型、非本质的东西加以排斥，从而使生活失去其原有的丰富性和复杂性。因此，左拉认为："作家和科学家的任务一直是相同的，双方都须以具体的代替抽象的，以严格的分析代替单凭经验所得的公式。因此书中不再是抽象的人物，不再是谎言式的发明，不再是绝对的事物，而只是真正历史上的真实人物和日常生活中的相对事物。一切都从头再来过，首先须从人生的真源来认识人，然后才像一些发明典型的理想主义者那样来作出结论。"[18]于是，他主张排斥一切小说性、戏剧性的成分，只描写平凡的、偶然的、随处可见的生活细节。这种照相式的写实原则，最后终于发展成了绘画中的"照相写实主义"。从古典主义的"类型化典型"到现实主义的"个性化典型"再到自然主义的"反典型"，似乎清晰地显示了再现艺术从有条件向无条件发展、从观念向感觉突入的逻辑行程。与这种历史走向刚好相反，从古典主义、浪漫主义再到表现主义的演变，则恰恰指向了表现艺术逻辑发展的另一个极端。被称为"野兽派"创始人的表现主义者马蒂斯认为，"我所追求的，首先是表现"，"对我来说，表现不存在于表露在人脸上的情绪中，或由剧烈运动表达出的情绪中。我的画的整个安排都是表现性的：人群熙攘的场面，围绕他们的空旷的空间和比例，一切都各得其所。构图是一种艺术，它按画家表现情感的要求，用一种装饰的方式来安排各种要素"。[19]尽管马蒂斯的绘画还没有完全摆脱对客观物象的摹写，然而这里已经清楚地表明：具有背离可见自然的、抽象的审美构图，优于自然主义的再现。换句话说，艺术形象的意义并不取决于其中所包含的各再现成分的客观价值，它本身就是一个不可分割的、主观表现的符号。在这一方面，康定斯基走得更远，他认为色彩和形体在绘画中具有独立的表现意义，就如同音响和节奏在音乐中的作用一样。这样一来，他便从具象的表现主义走向了抽象的表现主义。用他的话来说，"抽象画家接纳他的各种刺激，不是从任何一自然片断，而是从自然整体，从它的多样性的表现，这一切在他内心里累积起来，导致作品。这个综合性基础，寻找一个对于他最合适的表达形式，这就是'无物象的'表达

18　[法]左拉：《戏剧上的自然主义》，见伍蠡甫主编《西方文论选》下册，上海译文出版社，1979年，第246页。

19　[法]马蒂斯：《一个画家的笔记》，见[英]哈德罗·奥斯本《20世纪艺术中的抽象和技巧》，阎嘉、黄欢译，四川美术出版社，1988年，第63—64页。

形式。抽象的绘画是比有物象的更广阔，更自由，更富内容”。[20]这种“无物象的表达方式”在卡夫卡等人的小说和斯特林堡等人的戏剧中常常表现为幻想式的反常、观念式的抽象、扭曲的变形、刻意的怪诞，以及人为的陌生化处理等等。而当客观世界的固有程序被这种新的艺术语言破坏之后，便自然也就没有什么典型可言了。

由于表现与再现的彻底决裂，表现主义和自然主义在理想与现实的两极分化中也比浪漫主义和现实主义走得更远。从广义上讲，无论是现实主义还是自然主义，都可以称之为“写实主义”，因为它们都是以现实而不是以理想为其审美依托的。但是现实主义并不全然排斥主观理想，只是要求艺术家的主观倾向性应该从场面和情节中自然而然地流露出来，而不应当特别地把它指点出来；自然主义则根本反对任何政治的或道德的主观倾向，它要求艺术家在创作中保持绝对的中立态度，像左拉所指出的那样：“我看见什么，我说出什么，我一句一句地记下来，仅限于此；道德的教训，我留给道德家去做。”[21]当主观的社会理想和道德倾向被完全放弃之后，自然主义便进入了一种事无巨细的摹仿、毫无节制的描绘，并常常将酗酒、色情、凶杀、暴力作为非社会性、非道德性的生活内容加以淋漓尽致地渲染……另一方面，从广义上讲，浪漫主义和表现主义都可以称之为“理想主义”，因为它们都是以主观愿望而不是以客观生活为其审美依托的。但是，浪漫主义所要表达的主观愿望还主要停留在社会理想、社会意愿的层面上，因此它并不全然抛弃现实生活，只是主张通过对现实生活进行想象和幻想性的加工处理而将理想展现出来。然而表现主义所要表达的主观愿望则已经超出了理性的范围和社会的层面，它要为潜意识中的生命欲求寻找出路了。正像表现主义剧作家奥尼尔所指出的那样：“我们在洗刷耻辱，并进而向那还不了解的领域迈进，在那里，我们那由于孤独和难以表露的性欲和失去理性的心灵，将逐渐找到表达人类共同性的新语言。”[22]当生的烦恼、性的苦闷、死的畏惧等一系列潜意识的、非理性的情绪寻求表露的时候，仅仅依靠浪漫主义所固有的想象和夸张等传

20 [俄]康定斯基:《论艺术的精神》，见[德]瓦尔特·赫斯《欧洲现代画派画论选》，宗白华译，人民美术出版社，1985年，第131页。

21 [法]左拉:《书简》，转引自《中国大百科全书·外国文学》第2册“自然主义”条，中国大百科全书出版社，1986年。

22 王宁主编:《诺贝尔文学奖获奖作家谈创作》，北京大学出版社，1987年，第129页。

统手段已经远远不够了。为了最大限度地表现主体的欲望和情感，艺术家需要打破原始的生活物象，超越正常的生存形态，使主体的意趣不是在客观物象的精心描绘中得到自然的流露，而是在客观物象的肆意破坏中得到反向的衬托。于是便出现了甲虫一般的身躯、地洞一样的世界、人鬼交流的舞台、机器横行的时代……

最后，在创作心理因素的发掘和利用方面，表现主义与自然主义也在浪漫主义和现实主义将情感与理智、想象与思维相互排斥的基础上有了更加极端性的发展。比现实主义更进一步，自然主义不仅要求艺术家具有科学的精神，而且要求使用科学的方法，即通过艺术来进行实验。左拉宣称："我将努力证明，既然实验方法引导人们认识了肉体现象，它也可以引导人们认识情感和精神现象。这不过是同一条道路上的不同阶段，由化学发展为生理学，然后由生理学发展为人类学和社会学，实验小说即为其终点。"[23]在他看来，社会环境是一群活着的人所造成的结果，而这些活着的人绝对地服从着物理的和化学的生物规律，这些规律对于他们的精神生活一如对于没有思想乃至没有生命的物质一样起着决定性的制约作用，因此，艺术家的任务就是把人物放在各种各样的环境中，以便试验出他的情感在自然法则决定下的活动规律。这样一来，他便在生物学的决定论的基础上，将艺术创作和科学实验完全等同起来，让艺术家"继续进行着生理学家和医生的业务"。在这种思想的影响下，自然主义艺术家大都十分重视发掘人物行为的生理学、病理学、遗传学方面的依据，企图将人的社会属性转化为自然属性加以考察，将艺术等同于科学。另一方面，比浪漫主义更进一步，表现主义不仅要求发挥艺术创作中的情感和想象因素，而且更加依赖于幻想和直觉。正像埃德施米特所宣称的那样，"表现主义艺术家的整个用武之地就在幻象之中。他并不看，他观察；他不描写，他经历；他不再现，他塑造；他不拾取，他去探寻。于是不再有工厂、房舍、疾病、妓女、呻吟和饥饿这一连串的事实，有的只是它们的幻象"。[24]当然了，这种由幻想和直觉而造成的艺术境界并不是凭空产生的，而是在一种非理性的生命体验的基础上出现的。从这一意义上讲，艺

23　[法]左拉：《实验小说论》，见柳鸣九主编《自然主义》，中国社会科学出版社，1988年，第467页。

24　[德]埃德施米特：《创作中的表现主义》，见伍蠡甫主编《现代西方文论选》，上海译文出版社，1983年，第152页。

术实际上就是生命哲学的一种表述方式，即以独特的幻象来展示感性生命的异化和个体存在的危机这一类用概念、判断、推理等逻辑形式所难以穷尽的生命体验。

文艺思潮实际上只是社会思潮在审美领域中的体现，从这一意义上讲，表现主义与自然主义的两极分化与现代西方“人文思潮”与“科学思潮”彻底分裂的历史趋势是完全同步的，而后者又可以放到资本主义后期人与自然、人与社会进一步分裂的历史背景下加以考察。除了社会历史的原因之外，这种主、客体艺术的进一步分化也是由其自身发展的美学规律所决定的。如果说，在以浪漫主义和现实主义为代表的近代艺术中，作为不和谐因素的丑的渗透，还只是以一种“负熵”的形式起到有限的调剂作用，那么在以表现主义和自然主义为代表的现代艺术中，随着这种“负熵”的逐渐增大，彻底的无序状态终于出现了。在这里，丑终于开始了它那登堂入室的历史性表演。“丑作为美的否定，必须是崇高的积极的倒错，必须是悦人的东西的积极的倒错，或者必须是单纯美的积极的倒错”。[25]正是在这一系列“积极的倒错”中，过去一向被认为不稳定、不和谐、不舒服的形式要素在表现与再现、理想与现实、情感与理智的进一步分化和对立之中终于进入了人们的审美视野……因此，从美学而不是从伦理学的意义上讲，我们似乎可以断言：西方古代艺术是和谐的艺术，是美的艺术；西方近代艺术是对立的艺术，是崇高的艺术；西方现代艺术是反和谐的艺术，是丑的艺术。这一历史走向是本文所要阐明的，然而它所蕴藏的社会意义又是极为复杂的，这其中既包含着资本主义工业社会对于人性的异化和扭曲，包含着基督教文化解体之后西方人的迷惘与困惑，同时也包含着人类审美视野的延伸与开拓。因此我们的研究既要有辩证理性的批判精神，又要有具体细致的肯切分析；既不要一味吹捧，奉之为楷模、方向，也不要一律排斥，拒绝有益的汲取与借鉴。

（此文为周来祥、陈炎合作，发表于《文艺研究》1990年第2期）

25　[英]鲍桑葵：《美学史》，张今译，商务印书馆，1985年，第513页。

当代西方美学的内在张力

——从《当代西方美学思潮评述》谈起

“一部当代西方美学的内容含量，绝不亚于一部本世纪以前的全部西方美学史。其发展潮流的多元趋向，美学流派代表人物的彼起此伏，地域分布的广阔幅度，都为研究者带来很大的困难。因此，如何宏观地驾驭把握，科学地合理分类，自然成为本书写作成功与否的重要标志。令人兴奋的是作者以恢宏的气势，站在较高的起点上，首先将诸多的美学流派梳理成章，遴选了15个流派，33个代表人物，并从纵向和横向交叉结合上系统地加以评述，从其特点和局限上加以钩沉，进而将这些美学思潮和流派分为人本主义美学和符号学美学两大类，并把人本主义美学视为两大派别中的主潮。这就在美学界树起了一面挑战的大纛”（王大路为《当代西方美学思潮评述》所写序言）。细读《评述》，方知上述文字并非出自编辑的偏爱之心，而是一种中肯的评价。王国维在《人间词话》中曾经指出：“诗人对宇宙人生，须入乎其内，又须出乎其外。入乎其内，故能写之。出乎其外，故能观之。入乎其内，故有生气。出乎其外，故有高致。”岂但作诗如此，做学问也不例外，尤其是像“述评”之类的文章，非要既入乎其内又出乎其外不可。所谓“入乎其内”，就是要从被述对象的时代、民族和社会出发，设身处地地考虑问题，从而对其研究成果有一种准确的、客观的、深入细致的理解和认识；所谓“出乎其外”，就是要从评者自身的立场、观点和理论素养出发，高屋建瓴地研究问题，从而对其评价对象做出历史的、具体的、一分为二的分析和批判。从这一意义上讲，入乎其内，故能述之；出乎其外，故能评之。只有这样，才能使我们的研究既改变那种缺乏根据的盲目崇拜，又摆脱那种不讲道理的盲目批判。也只有这样，才符合马克思主义认识历史、认识世界、认识人类文化的原则。而《评述》之所以值得人们关注，就在于作者通过辛勤的阅读和缜密的思考而努力接近了这一原则，使之成为广大美学爱好者涉猎西方当代美学著作的桥梁，从而在一定程度上弥补了近几年来评介跟不上翻译的缺陷。

当然，从学术意义上讲，这面“挑战的大纛”自然也会引起应战的回声。由于国内对于西方当代美学的研究尚处在起步阶段，因而看法上的分歧便是在所难免的。枝节问题且不论，单就宏观把握方面，就有值得商榷的地方。我们知道，国内曾有学者将当代西方美学分为“科学美学”和“分析美学”两大思潮，这种分法虽然比较适合于英美学派的发展趋势，却无法囊括全部西方当代美学。在这种情况下,《评述》所提出的“人本主义美学”和“符号学美学”两大思潮的新的归类法，确乎起到了补偏救弊的作用。然而在我们看来，这种新的提法却又存在着一种矫枉过正的倾向。所谓“人本主义美学”，在《评述》中是一个相当宽泛的概念，即把人作为世界的本原、艺术的本原和美的本原，从人出发去演化自己的美学体系。以此出发，又把人本主义美学细分成四个分支：其一为以人的生命为本体的人本主义美学；其二为以人的形式功能为本体的人本主义美学；其三为以人的存在为本体的人本主义美学；其四为以人的经验为本体的人本主义美学。我们知道，任何审美和艺术活动都是人的活动，都与人有着千丝万缕的联系，因此，任何美学研究都不可能完全离开人的能力、人的感受而进行。所以，如果将与人相关的美学研究通通称之为“人本主义美学”的话，那么就连作者与之并列的“符号学美学”也不例外。因为所谓“符号”也只是人的符号，完全可以归结到“以人的形式功能为本体的人本主义美学”之中。更何况这派美学中的代表人物之一卡西尔正是《人论》的著名作者，他的美学思想恰恰是从“人是符号的动物”这一哲学命题生发而来的。不难看出，“人本主义美学”的泛化，势必会排挤和侵占“科学美学”的地盘。在这一原则指导下，作者所能承认的科学美学家，便只有托马斯·门罗一人了。总之，在我们看来，如果说传统的分类法过于强调了“自下而上”的科学主义思潮而忽视了“自上而下”的人文主义思潮，那么《评述》所提出的这种新的分类法则过于强调了“自上而下”的人文主义思潮而忽视了“自下而上”的科学主义思潮。

我们认为，无论是当代西方美学中的科学思潮还是人文思潮，其源头都可以上溯到康德。在康德以前，真、善、美作为哲学研究的终极本体，常常是混淆在一起的。只有到了康德那里，“纯粹理性”和“实践理性”才成为双峰对峙的两大领域，而人的“审美判断力”则只是作为连接这两大领域的桥梁才出现的。在康德看来，作为真与善的过渡，人类的审美活动既要涉及对象的感性形式，又要涉及主体的心意机能；既要涉及“纯粹理性”的认识功能，又要涉及“实践理性”的伦理意志，因而是现象与本体、经验与超验的有机统一。问题在于，康德的“批判哲学”通过对人类的理性能力及其适用范围所进行的批判性研究，使人们相信，理性只能把握经验的“现象界”而不能把握超验的“物自体”，这样一来，美学研究的方法论问题并没有得到真正的解决。自康德之后，凡是在现象、经验领域中进行研究的美学家，便形成了所谓“科学思潮”，这一思潮之所以是“科学”的，就在于这派学者要求用理性的方法将美学研究严格限制在经验领域，以防止理性进入“形而上学”的误区。属于这一思潮的有：分析美学、现象学美学、符号学美学、自然主义美学、完型心理学美学、结构主义美学等。相反，凡是在本体、超验领域中进行研究的美学家，便形成了所谓“人文思潮”，这一思潮之所以是“人文”的，就在于这派学者认为既然用理性的方法无法探寻形而上学的奥秘，那么他们便不得不用非理性的方法去进行一种新的尝试，而这种尝试的唯一突破口，不是客观世界的宇宙本体，而只能是人自身。属于这一思潮的有：唯意志论美学、直觉主义美学、表现主义美学、精神分析学美学、存在主义美学等。不难看出，如果康德对于审美领域的整体把握是正确的话，那么无论是上述的“科学思潮”还是“人文思潮”，都不可能解决审美活动的全部问题，因为它们都是极端的、片面的，都没有发现在审美活动乃至人类全部精神活动中连接现象与本体、经验与超验的中介环节。然而值得注意的是，这种片面的研究不仅导致了片面的深刻，而且以其相反相成的两个极端构成了当代西方美学的内在张力。相对而言，“科学思潮”倾向于摆脱“自上而下”的传统方法，使美学借助于语言学、统计学和实验心理学等科学手段，去剖析和描述艺术作品的组成要素和审美经验的结构功能；而“人文思潮”则力图更新“自上而下”的传统方法，使美学借助于哲学、伦理学和分析心理学等人文成果，去发掘和阐示审美活动的外在动力和艺术作品的超验内涵。因此，就像古希腊的“质料派”和“形式派”、中世纪的“唯名论”和“实在论”、近代的“英国经验派”和“大陆理性派”一样，这种相辅相成的对立思潮不仅符合了西方意识形态的原型结构，而且也是其辩证发展的内在动因。因此，只有把握了这种富有张力的内在结构，才能真正感受到西方当代美学的时代脉搏和整体风貌。

真理是一元的，但把握真理的方式却是多元的。因此，在学术研究中，我们不仅应该允许，而且需要提倡对于同一对象所做出的不同的分析和描述。从阐释学的意义上讲，这些不同的分析和描述之间也许并不存有一种非此即彼的排他关系，反倒往往会由于研究主体视野与角度的不同而具有相互不可替代的包容内涵。正是从这一意义上讲，我们决不会因不同意《评述》的分类方法便否认这部著作的学术价值。恰恰相反，即使从我们的角度出发，也应该感谢这部新作所具有的特殊的启发意义。

（此文为周来祥、陈炎合作，发表于《中国图书评论》1990年第4期）

比较美学的意义与方法

进行中西美学的比较研究具有最为突出的理论意义和直接的现实意义，而微观比较与宏观比较相统一的方法、同中求异与异中求同相并行的方法、静态比较与动态比较相结合的方法都是切实可行的。比较美学的研究已逐步开展起来，这里我们拟对它的意义和研究方法谈些看法，以期促进这一研究的深入发展。

一、比较美学的意义

（一）比较是导致科学理论得以长足发展的普遍有效的方法

唯物辩证法告诉我们，任何事物都处在相互联系、相互依存、相互转化、相互斗争之中，因而任何孤立的、静止的、片面认识世界的方式都不可能得到科学的结论，这就是人们所常说的“没有比较就没有鉴别”。这句话不仅适用于具体事物的考察，而且适用于一般科学的研究。马克思、恩格斯在谈到解剖学、植物学、语言学等科学时就曾指出：“这些科学正是由于比较和确定了被比较的对象之间的差别而获得了巨大的成就，在这些科学中比较具有普遍的意义。”[1]由此可见，比较不仅是美学科学而且是许多其他科学得以发展的重要手段。

然而，由于美学是一门古老而又年轻的科学，也就是说，虽然在古代人那里就有过关于美学基本问题的思考和研究，但是美学作为一门具有独立思想体系和理论形态的科学被确立下来，还是比较晚近的事情。所以，尽管最近一时期国内外的一些学者已开始注意运用比较的方法来从事这门科学的研究，并写出了一些很有价值的文章，但是总的来说还比较零散，不够系统。在这种情况下，我们主张在近年来所从事的比较美学研究的基础上，应对中西美学的主导倾向进行一种总体性的比较，以把握其各自的特征。

（二）进行中西美学的比较研究具有突出的理论意义

为什么在众多的地域和民族中要选择出中国与西方民族的美学思想加以比较呢？为什么在此之前不首先进行中日、中印、中苏美学的比较研究呢？这一选择显然是有着理论上的考虑的。我们知道，中西美学各有其不同的社会土壤和文化环境，各有其独立发展的长期历史，各有其鲜明的民族特色，也就是说，在世界各大文化圈中，中西美学是最为古老、最具特色而至今仍最有影响和活力的两大思想体系。而除此之外，日、苏、印等国的美学思想虽然也都有其独具的民族特色，但相比之下却显得较为逊色。我们知道，日本美学自古受中国美学的影响，俄苏美学也曾受西方美学的波及，因而它们既不是典型的东方形态也不是典型的西方形态；印度美学虽然比较典型也比较悠久，但由于古代文明的瓦解和外族文化的入侵，致使印度的古代美学未能完整地延续下来，故此对当今世界的影响远不如中国和西方美学。当然，我们绝不是说进行中日、中苏、中印，以及其他民族和地域之间的美学比较没有意义，恰恰相反比较美学的视野应该是广阔的，比较美学的课题也应该是无限的，我们只是要说明：在众多民族和地域美学的比较中，进行中西美学比较研究应具有最为突出的理论意义。

（三）进行中西美学的比较研究具有直接的现实意义

除了理论自身的意义之外，进行中西美学的比较研究还有着更为直接的现实意义。我们知道，自鸦片战争以来，传统的中国文化始终面临着西方文

1　[德]马克思、恩格斯：《德意志意识形态》，人民出版社，1961年，第508页。

化的挑战。借用汤因比的话说："在这里，我们碰到我们不能回避的挑战，而我们的命运就依靠我们的应战。"[2]这就是说，"挑战"可以使我们的文化遭受毁灭，"挑战"也可以使我们的文化得以更新，这一切都取决于我们是否有勇气和有能力去接受这种挑战。不难看出，这种"应战"的唯一姿态不是闭关自守而是改革开放。

要改革开放，就必须在政治、经济、文化等各个方面与西方世界进行全方位的比较和竞争，并在比较和竞争中求得生存和发展的权力。正像马克思、恩格斯所指出的那样："法国人、北美洲人、英国人这些大民族无论在实践中或理论中，竞争中或科学中经常彼此进行比较。而害怕比较和竞争的德国人，都是些小店主和小市民，他们躲到哲学标签的制造商为他们准备好的无比性的挡箭牌后面去。"[3]可以想象，我们的美学事业要获得长足的发展，也必须自觉地从那张"无比性的挡箭牌后面"冲出，去迎接包括西方美学在内的整个西方文化的挑战。除此之外，任何回避比较、害怕竞争的做法，都只能加剧民族文化的惰性，不利于美学事业的发展。

总之，在中国与西方文化剧烈碰撞、彼此渗透的今天，进行中西美学的比较研究，不仅有助于我们了解西方的学术思想，加速理论界的改革和开放，而且有助于我们反观自身，建立起既符合民族传统，又具有现代水平的马克思主义美学体系。

二、比较美学的方法

（一）微观比较与宏观比较相统一的方法

我们的研究不应是就事论事地抓住某些个别的思想成果加以比较，以证明中西美学孰高孰低、孰短孰长；而应该在客观地描述中西美学发展历史的前提下，抓住其各自发展的主流和规律，再将这些具有代表性和规律性的内容加以比较，以发现不同的民族特征和共同的科学规律。要达到这一目的，就必须采取微观比较与宏观比较相结合的方法。

所谓微观比较，就是从某些具体的思想家、著作，甚至范畴出发，来

2　[英]汤因比：《历史研究》中册，徐波等译，上海人民出版社，1962年，第391—392页。

3　[德]马克思、恩格斯：《德意志意识形态》，人民出版社，1961年版，第508页。

发掘和寻找中西美学的相同点和相异点。这种研究严密、细致，可以做到实处。但是，仅靠这种研究所得出的结论只具有局部真实的意义。例如，我们可以通过孔子与柏拉图的比较而发现中西美学的一些相异之处，我们也可以通过庄子与柏拉图的比较而发现中西美学的一些相同之处。孤立起来，这两种结论都是正确的，然而放到一起，又是彼此抵牾的。显然，要解决好这种矛盾，仅靠微观的比较是不够的，必须将微观比较与宏观比较结合起来。而所谓的宏观比较，就是从某些倾向、某些思潮、某些总体特征入手，来寻找和确定中西美学的相同和相异之处。此类研究全面、概括，力求高屋建瓴。但是，这种宏观的把握必须建立在微观研究的基础上，否则便会显得空洞、武断，因而也不可能真正反映出中西美学的总体特征。例如，如果我们对柏拉图、亚里士多德和孔子、庄子这些思想家的美学观缺乏准确的理解和认识，那么我们又怎么能确定他们在古代美学思潮中所代表的倾向和占有的地位呢?

由此可见，所谓微观比较和宏观比较相结合的方法，实际上也就是局部认识和总体认识的统一。

（二）同中求异与异中求同相并行的方法

黑格尔曾经指出："假如一个人能看出当前即显而易见的差别，譬如，能区别一支笔与一头骆驼，我们不会说这人有了不起的聪明。同样，另一方面，一个人能比较两个近似的东西，如橡树与槐树，或寺院与教堂，而知其相似，我们也不能说他有很高的比较能力。我们所要求的，是要能看出异中之同和同中之异。"[4]在中西美学的比较中，简单的求同或简单的求异是不难做到的，困难的是要进一步发现同中之异和异中之同。例如，发现中西古典美学具有追求和谐的共同特征并不困难，困难的是要进一步发现偏于再现的西方美学主要体现为对象形式要素的和谐；而偏于表现的中国美学则主要体现为主体心理要素的和谐。同样，发现中西古典艺术具有表现与再现的差异也不困难，难的是要在这差异之中发现其古典和谐的共同性质，即无论是中国古代的表现艺术还是西方古代的再现艺术，都不曾将主体因素与客体因素完全隔离开来，对立起来。

4　[德]黑格尔:《小逻辑》，贺麟译，商务印书馆，1980年，第253页。

由此可见，所谓同中求异，就是去着力发现中西美学之不同的地域、文化与民族特征；所谓异中求同，则是去尽力发现这代表不同地域、文化与民族的中西美学所体现出来的人类审美活动和美学发展的共同规律。

（三）静态比较与动态比较相结合的方法

无论是中国美学还是西方美学，都不是一成不变、万古如斯的，而是随着历史的更替，时代的推移而不断演进的。这就是说，它们既有其相对稳定的民族特征，又有其不断变化的时代内容；因此，仅仅是静态的比较或仅仅是动态的比较都是不够的，必须将二者有机地结合起来。

所谓静态的比较，就是阶段性的平行比较，即从中西美学史上较为稳定的发展阶段中总结出相对静止的民族特性来加以比较。而所谓动态的比较，就是发展性的总体比较，即从宏观上比较中西美学各自发展的总体趋势。例如，我们可以把中国明中叶以前在和谐中偏于表现的美学思潮作为一种相对静止、相对稳定的民族特征与西方相应时期在和谐中偏于再现的美学思渐加以对照，从而得出中西古典美学所具有的表现与再规的民族差异。不仅如此，我们还可以将明中叶的浪漫洪流被清中叶直至近、现代的现实主义主潮所取代的总体过程与西方相应时期表现派压倒写实派的总体过程相比较，从而得出中西美学在表现与再现的总体特征方面双向逆转的发展趋势。

没有静态的比较就会陷入诡辩论和相对主义，没有动态的比较就会陷入机械论和形而上学；只有将二者有机地结合起来，才符合辩证法的认识规律。

（此文为周来祥、陈炎合作，发表于《西北师大学报》（社会科学版）1991年第1期）

超越古典

——中西近代美学比较研究

实践的变革与理论的变革常常是互为因果而又同步进行的，随着古代艺术向近代艺术的历史性演进，浪漫主义对于主体因素的发掘和现实主义对于客观对象的深入必将产生对古典主义“意境论”和“典型论”的冲击，致使前者由“无我之境”转为“有我之境”，后者由“类型典型”转为“个性典型”。一方面，就客体艺术而言，古典主义艺术在再现生活的时候，偏重于显现必然的、有序的、可理解的、与主体观念相吻合的生活内容；而现实主义艺术则要求把握活生生的、无条件的真实。因而在艺术典型的创造上，前者侧重于类型、共同性、普遍性，后者则侧重于个性、特殊性、复杂性。这两者之间的区别，实际上就是从观念出发还是从生活出发的问题。歌德指出：“诗人究竟是为一般而找特殊，还是在特殊中显出一般，这中间有一个很大的分别。由第一种程序产生出寓意诗，其中特殊只作为一个例证或典范才有价值。但是第二种程序才特别适宜于诗的本质，它表现出一种特殊，并不想到或明指到一般。谁若是生动地把握住这特殊，谁就会同时获得一般而当时却意识不到，或只是到事后才意识到。”[1]依照前一种方式，只能塑造出公式化、概念化的艺术形象；依照后一种方式，才能真实地反映出活生生的社会和人生。因此，现实主义艺术家常常不是在某种观念的统摄下对不同的生活素材

1　[德]歌德：《关于艺术的格言和感想》（1824），转引自朱光潜《西方美学史》下卷，上海人民出版社，1987年，第416页。

进行机械的筛选和剪裁，以获得一种平均数值式的经验规范；而是从具有个性特征的生活原型入手，通过必要的改造和加工去体现生活的本质。这样一来，现实主义虽然失去了那种无可挑剔、无可指摘、完美无缺的艺术范本，却获得了一种不可重复、不可穷尽、丰富多彩的艺术个性。别林斯基曾以嘲讽的口吻形容古典主义的类型化处理方式："细细观看你所碰到的美人吧，从这个人描来鼻子，从那个人描来眼睛，从第三个人描来嘴唇，以此类推，就这样，你画成了一个美人，比他好的连想象也难以想象出来了。"[2]这种希腊雕塑式的形象之所以能够达到一种完美无缺的境界，是以失去个性特征为代价的。与此相反，车尔尼雪夫斯基认为，真正的艺术家"从来不会花长时间去一颗颗选择珍珠；这不由得使人想到，一种诗的金刚石，只要是天生的，它就用不着像从巴西的矿砂中淘出来的金刚石一样，花长时间去琢磨"。[3]因此，现实主义艺术家不从完美的艺术观念出发，而十分注重"天生的"社会素材，即通过个别来显现一般。在这种思想的指导下，现实主义艺术画廊中的人物便不再是观念的化身，而具有了丰富的个性。关于这一点，我们可以拿俄国19世纪文学史上所出现的一系列"多余人"的形象加以说明。作为既不满现实又缺乏理想、既不甘心与统治者同流又不愿意与劳动人民结合的贵族知识分子，"多余的人"是俄国封建农奴制没落时期的必然产物，因而具有普遍的社会意义。然而同是"多余人"的代表，普希金笔下的奥涅金却不同于屠格涅夫笔下的罗亭。前者冷漠、忧郁、无所作为而又自甘寂寞，后者急躁、热情、夸夸其谈而又与事无补。同样，莱蒙托夫笔下的毕巧林也不同于冈察洛夫笔下的奥勃洛摩夫。前者将自己旺盛的精力浪费在无聊的情场和决斗之中，却无法真正满足自己对生活的渴望；后者则宁愿在睡梦中实现自己美妙的幻想，却不敢在生活中越雷池一步。因此，尽管他们都是现实生活中的"多余人"，但因每个人都有独特的性格、气质、生活经验和文化背景，所以其"多余"的方式又各有不同。正因如此，这些形象的反复出现，在文学史上才不会是多余的。正像黑格尔所倡导的那样："每个人都是一个整体，本身就是一个世界，每个人都是一个完满的有生气的人，而不是某种孤立的性格特征

2 [苏]别林斯基：《别林斯基论文学》，[苏]别列金娜选辑，梁真译，新文艺出版社，1958年，第129—130页。

3 [苏]车尔尼雪夫斯基：《车尔尼雪夫斯基论文学》中卷，辛未艾译，上海译文出版社，1978年，第226页。《西方古典作家谈文艺创作》，春风文艺出版社，1980年，第495页。

的寓言式的抽象品。"[4]如果我们将上述"有生气"的"多余人"与莫里哀笔下"寓言式"的"悭吝人"加以比较，就不难看出"个性化典型"与"类型化典型"的历史区别了。

与西方一样，随着写实主义的兴起，中国的艺术家也开始由共性的追求转为个性的强调。明后期的散文家张岱曾著有《西湖七月半》一文，旨在揭示西湖赏月者的不同心态，抄录如下："西湖七月半，一无可看，止可看看七月半之人。看七月半之人，以五类看之。其一楼船箫鼓，峨冠盛筵，灯火优傒，声光相乱，名为看月，而实不见月者，看之。其一亦船亦楼，名娃闺秀，携及童娈，笑啼杂之，环坐露台，左右盼望，身在月下，而实不看月者，看之。其一亦船亦声歌，名妓闲僧，浅斟低唱，弱管轻丝，竹肉相发，亦在月下，亦看月而欲人看其看月者，看之。其一不舟不车，不衫不帻，酒醉饭饱，呼群三五，跻入人丛，昭庆断桥，嚣呼嘈杂，装假醉，唱无腔曲，月亦看，看月者亦看，不看月者亦看，而实无一看者，看之。其一小船轻幌，净几暖炉，茶铛旋煮，素瓷静递，好友佳人，邀月同坐，或匿影树下，或逃嚣里湖，看月而人不见其看月之态，亦不作意看月者，看之。"尽管这篇散文还没有完全摆脱古典主义的类型法则，但它所注重的显然已不是异中之同而是同中之异了。与张岱同时代的文人叶昼也从小说评论的角度阐发了这一思想："且《水浒传》文字妙绝千古，全在同而不同处有辨。如鲁智深、李逵、武松、阮小七、石秀、呼延灼、刘唐等众人，都是急性的。渠形容刻画来各有派头，各有光景，各有家数，各有身份，一毫不差，半些不混，读去自有分辨，不必见其姓名，一睹事实，就知某人某人也。"（《明容与堂刻水浒传》第三回回末总评）清初的小说评论家金圣叹也认为："《水浒》所叙，叙一百八人，人有其性情，人有其气质，人有其形状，人有其声口。"（《第五才子书施耐庵水浒传》序三）我们知道，从总的情况看，施耐庵的《水浒传》还算不上近代意义上的现实主义，其人物塑造也以类型居多。然而叶昼和金圣叹在此处的评点却显然具有新的历史意义。正是在这种新思潮的影响下，曹雪芹那具有划时代意义的《红楼梦》便应运而生了。从哲学的意义上讲，所谓个性，就是无限多样的统一体，因此，艺术中的个性典型，并不取决于其性格的单一性，而

4　[德]黑格尔：《美学》第1卷，商务印书馆，1982年，第303页。

恰恰是由其内在的丰富性和复杂性所决定的。作为现实主义的艺术大师，曹雪芹深恶传统小说中满纸闭月羞花、通篇沉鱼落雁式的类型模式，因而要打破那种千部一腔、千人一面的历史局限，用艺术的笔触去探索复杂的精神世界。关于这一点，我们可以在脂砚斋对贾宝玉这一人物形象的评价中加以认识。——“听其囫囵不解之言，察其幽微感触之心，审其痴妄委婉之意，皆今古未见之人，亦是未见之文字；说不得贤，说不得愚，说不得不肖，说不得善，说不得恶，说不得正大光明，说不得混账恶赖，说不得聪明才俊，说不得庸俗平（缺一字——引者），说不得好色好淫，说不得情痴情种……”（《脂砚斋红楼梦辑评》第十九回批语）真可谓说不完、道不尽的贾宝玉。值得注意的是，人物形象的这种丰富性和复杂性的特征，并不是由作者简单堆积而成的，而是在生活经验的基础上精心塑造的结果。因为各种不同的性格侧面既是矛盾的，又是统一的，由此才组成一个完整而生动的精神世界。可见，尽管中国近代美学史上没有出现过黑格尔式的典型理论，然而在艺术形象的塑造上，也同样达到了超越古典主义的历史水准，即由“类型化典型”发展为“个性化典型”。

另一方面，就主体艺术而言，古典主义所要表现的主观理想，一般并不超出客观现实所可能认可的范围，因而在艺术表现上，也常常要将理想的境界附着于现实的环境之中，从而实现情与景、言志与咏物的素朴结合；而浪漫主义所要表现的理想，不仅得不到现实生活的认可，而且其澎湃的激情也往往要溢出有限的景物而直接喷发出来。因此，如果说现实主义对古典主义的超越，表现在典型问题上，是由重共性向重个性的发展，那么浪漫主义对古典主义的超越，表现在意境问题上，则是由重景物到重情感的推进。我们知道，王国维就曾将意境分成“有我之境”与“无我之境”两种：“有我之境，物皆着我之色彩。无我之境，不知何者为我，何者为物。”（《人间词话》）尽管在王国维这里，无论是“有我之境”还是“无我之境”，均未能超出古典主义的总体和谐，然而他毕竟看到了意境之中主、客体成分所可能具有的量的差别。更值得注意的是，他还把这种差别看成是优美与崇高的不同：“无我之境，人唯于静中得之。有我之境，于由动之静时得之。故一优美，一宏壮也。”（《人间词话》）我们知道，优美是内容与形式的统一，这表现在古典主义艺术中，就是一种情景交融、含而不露的“无我之境”。就像梅尧臣所要求的那样：“作诗无古今，唯造平淡难。”（《读邵不疑学士诗卷》）因此，古代的艺术家大都推崇那种情感含蓄、意趣淡远的境界，如“羚羊挂角，无迹可求”“蓝田日暖，良玉生烟”之类；而崇高则是内容压倒形式，这表现在浪漫主义的艺术中，就是无限的情感要溢出有限的形式而得到尽情的宣泄。因此，与古代的诗人不同，近代诗人很少进入那种怡然自得、物我两忘的境界，而常常是一种以自我为中心的情感辐射。袁枚主张“为人，不可以有我……作诗，不可以无我”（《随园诗话》卷七）。而过多地强调“有我”，必然使近代诗歌冲破原始意境的和谐。袁宏道曰：“大概情至之语，自能感人，是谓其诗可传也。而或者犹以太露病之，曾不知情随境变字逐情生，但恐不达，何露之有？”（《袁中郎全集》卷三《叙小修诗》）袁中道云：“大丈夫意所欲言，尚患口门狭，手腕迟，而不能尽抒其胸中之奇，安能嗫嗫嚅嚅，如三日新妇为也。不为中行，则为狂狷。”（《珂雪斋文集》卷二《淡成集序》）从某种意义上讲，真正的浪漫主义艺术家确实要有一点狂狷的味道。郭沫若就大声疾呼：“我要高赞这最初的婴儿，我要高赞这开辟鸿荒的大我。”（《创造者》）“上帝，我们是不甘于这样缺陷充满的人生，我们是要重新创造我们的自我。”（《创造工程之第七日》）徐志摩也振臂呐喊：“我想——我想开放我的宽阔的粗暴的嗓音，唱一支野蛮的大胆的骇人的新歌；我想拉破我的袍服，我的整齐的袍服，露出我的胸膛，肚腹肋骨与筋络；我想放散我一头的长发，像一个游方僧似的散披着一头的乱发；我也想跳我的脚，跳我的脚，在巉牙似的道上，快活地，无畏地走着……”（《灰色的人生》）在这里，作为诗人的“我”已经从优美和谐的景物背后冲了出来，赤裸裸地站在读者面前。

与中国的情况大体相同，西方古代也比较注重“无我之境”的创造。黑格尔认为，“古典艺术的独立自主性在于精神意义与自然形象互相渗透”，[5]精神融化在自然之中，而没有外溢出来。这就是温克尔曼所谓的“高贵的单纯和静穆的伟大”。然而到了近代社会，“浪漫型艺术并不求表现出既自由生动而又

5 [德]黑格尔：《美学》第2卷，朱光潜译，商务印书馆，1982年，第162页。

绝对静穆的存在以及肉体里渗透着灵魂的气象，它并不以这种最足以见出内在本质的生活为它的目的，它对美的这种顶峰掉头不顾”。[6]“因为浪漫型艺术的原则在于不断扩大的普遍性和经常活动在心灵深处的东西，它的基调是音乐的，而结合到一定的观念内容时，则是抒情的。抒情仿佛是浪漫型艺术的基本特征，它的这种调质也影响到史诗和戏剧，甚至于像一阵由心灵吹来的气息，也围绕造型艺术作品（雕刻）荡漾着，因为在造型艺术作品里，精神和心灵通过其中每一型象向精神和心灵说话”。[7]这样一来，古代的“无我之境”便自然演变为近代的“有我之境”了。从某种意义上讲，席勒关于“素朴的诗”和“感伤的诗”的分类，也同样涉及了这两种艺术境界的历史变迁。对于这一点，西方艺术史上的大量作品已经作出了最好的说明。

总之，无论在中国还是在西方，古典主义艺术向着浪漫主义和现实主义艺术的历史性演变，不仅表现为表现与再现、理想与现实、情感与理智诸矛盾因素的分裂和对峙，而且表现为“无我之境”向“有我之境”“类型典型”向“个性典型”的历史性发展。

（此文为周来祥、陈炎合作，发表于《文论月刊》1991年第12期）

6　[德]黑格尔:《美学》第2卷，朱光潜译，商务印书馆，1982年，第286页。

7　[德]黑格尔:《美学》第2卷，朱光潜译，商务印书馆，1982年，第287页。

三足鼎立的文艺学

一

与日新月异的文艺实践相比，我国文艺学科的理论建设不能不说是一个相当滞后的领域，20世纪50年代从苏联继承过来的那套理论模式至今仍占据着大学中文系的讲坛。尽管蔡仪、以群和国内其他学者也曾为扭转这一局面进行过必要的努力，然而局部的改进并不能突破其总体的格局。至今，我们既未找到文艺理论研究的逻辑起点，也未建立其学科的范畴体系，至于应该以什么样的方法和角度来显示这门学科的独立特征则更是一件说不清楚的事情。显然，在既定的模式中进行修修补补的工作已不能满足文艺学科的发展，我们要确立全新的视野和观念，就必须打破旧有的理论格局。

按照传统的说法，文艺理论主要是研究文学艺术的两类规律：一类是所谓的“外部规律”，即研究作为一种意识形态的文学艺术与经济基础、政治制度和宗教、哲学等其他意识形态之间的外部联系；另一类是所谓的“内部规律”，即研究作为一种特殊的意识形态的文学艺术在把握现实生活的过程中所显示出来的独特属性和本质特征。表面上看，前者注重联系，后者注重区别；前者注重研究文学艺术的非审美功能，后者注重研究文学艺术的独特本质，这似乎就构成了一种表里互补、内外统一的理论格局。问题在于，我们面对文学艺术的不同侧面所采取的研究方法和研究角度是否也应该有所不同？而这种不同的方法和角度是否有必要混在一起？也许，正是由于这种无原则的混淆才使得我们的理论显得如此庞大、驳杂而又不成体系；也许，正是由于这种无原则的混淆才使得任何一种研究方法和角度都得不到真正的发展和深入。于是，我们的这种研究既缺乏实证的经验基础，又上升不到理论的逻辑层次；于是，我们只能用哲学认识论去代替文艺理论的具体方法……

鉴于上述种种原因，本文认为，在目前的情况下，任何试图建立一种包罗万象的文艺理论体系的做法都将是徒劳的和没有意义的。一门科学的合理发展是以其内部学科的合理分类为前提的，而文艺学除去文艺史和文艺批评之外至少应该包括文艺社会学、文艺美学、文艺心理学这三大学科。

不难看出，文艺学的三个分支均属交叉学科，即以文学艺术为对象，分别以社会学、美学（哲学）和心理学三种不同的角度和方法进行研究所形成的学科。由于方法和角度的不同，致使不同学科涉及文艺现象的不同层面，而这种不同方法、不同角度、不同层面的交叉与互补，便形成了文艺学科的全部内容。

二

文艺社会学是有关文艺社会行为和社会效用的学科。我们知道，作为一种社会意识形态，任何一种文艺活动都必须受到政治、经济、伦理、宗教等社会生活的决定和制约；反之，任何一种文艺活动又必然对上述生活内容产生直接或间接的影响与渗透。正是由于文艺和整个社会生活之间的这种千丝万缕的联系，才使得我们有必要从社会学的角度对文艺活动进行科学的研究。简单地说，文艺社会学应大致包括以下几方面的内容：首先是文艺生产的社会条件和社会动机；其次是文艺传播的社会媒介和社会手段；第三是文艺消费的社会功能和社会价值；最后是文艺管理的社会组织和社会制度。从生产、传播、消费、管理这四个环节对文艺现象进行社会学的研究，其目的是为了确定文艺在社会生活中的合理位置，并促使文艺在同其他意识形态的协调与共生中对社会生活产生积极的影响。不难看出，这里所谓文艺对社会生活的“影响”已远远超出了审美活动的范围，而研究文学艺术的非审美功能则正是文艺社会学的重点所在。

从方法论上讲，我们的文艺社会学自然要以辩证唯物主义和历史唯物主义为指导思想，这一点是毫无疑义的。问题在于，马克思主义的世界观只能包括而不能代替文艺研究中的社会学方法，“正如它只能包括而不能代替物理科学中的原子论、电子论一样”（毛泽东《在延安文艺座谈会上的讲话》）。如果只有世界观而没有方法论，那么我们的文艺社会学也将像过去的文学理论那样，只能得出一些概括的原则，而得不出任何具体的结论。

作为一门交叉学科，文艺社会学的方法论自然要从社会学中汲取；而作为一门新兴的科学，社会学的出现最初便与实证主义的研究方法有着极为密切的联系。我们知道，“社会学”一词最早见于孔德1839年出版的《实证哲学教程》一书，在他看来，人类的智力发展大致经历了神学、形而上学和实证科学三个阶段，而只有用实证的方法对社会现象进行描述、归纳和概括，才能建立起具有科学意义的社会学。在这种思想的影响下，尽管社会学在以后的发展中从其他社会科学，尤其是从自然科学中引进了许多新的方法和手段，却始终保持着经验实证和现象描述的基本特征。对于这一问题，我们应该进行具体的分析。一方面，我们必须看到，孔德所主张的重归纳而轻演绎的实证方法带有明显的经验主义特征，这一方法的极端性发展必将把社会学研究搞得支离破碎，缺乏系统。另一方面，我们也必须看到，他关于演绎必须以归纳为前提，原则必须以经验作保障的思想，却又有其科学的一面。长期以来，我们在文艺理论的研究中，往往采取的是由原则到原则的方法，只注意用经验事例来说明既定原则的合理性，而不注重从经验本身中去不断发现新的原则和规律。由于个别的事例只能说明真理而不能证明真理，因而在没有统计学数据的情况下，经验事例往往只会成为先验原则的点缀。从这一意义上讲，由孔德所开创的西方现代科学的实证精神，则正是我们所缺乏的。

那么，在我们的文艺社会学研究中，如何既汲取实证方法的科学精神又扬弃其经验主义的不良倾向呢？唯一的出路是以马克思主义的世界观来指导和统摄经验实证的具体方法，即从辩证唯物主义和历史唯物主义的角度出发，去分析和研究由各种社会调查所获得的统计数据，将定性的分析和定量的分析结合起来，以不断得出切实可靠的结论。当前，建立文艺社会学的难点在于发展必要的实证手段。由于我们长期以来习惯于关在书斋里去发现那些想当然的原则和规律，而不愿意深入到文艺生产、传播、消费和管理的各个环节中去进行踏踏实实的社会调查，也由于我们在民意测验、社会统计和数据处理等方面缺乏必要的机构和设备，致使这一工作很难在个别学者的组织或倡导下独立进行。目前，全国有无数大大小小的宣传机构，但没有一家从事文艺社会调查的专门机构；全国有几十家文艺评论的专业杂志，但却没有一块专门发表文艺调查报告的园地。如果这些现实得不到及时的扭转，都将成为文艺社会学发展的制约因素。

三

文艺美学是有关文艺的审美特征和美学规律的学科。与文艺社会学的研究重点刚好相反，如果说前者注重的是文学艺术的非审美因素，那么后者则恰恰要以这些因素作为自己的对象，去研究文艺内部的、不同于其他社会意识形态的独特的本质和规律。简单地说，文艺美学应大致包括以下几方面的内容：首先是文学艺术的审美本质和审美特征；其次是文艺作品的存在方式和审美类型；第三是文艺思潮的历史发展和美学规律；最后是艺术风格的民族特征和审美趣味。

从传统意义上讲，诞生于西方的美学原本是哲学的一个分支，即从哲学的角度和方法来研究人与现实审美关系的学科。由于人与现实的审美关系最为集中地体现在文艺实践的过程中，因此西方历史上的美学家或对审美本质进行一般的、形而上学的探讨，或对审美活动进行具体的、艺术问题的研究。前者如柏拉图、康德，后者如亚里士多德、黑格尔；前者的发展导致了我们今天的基础美学，后者的延伸则产生了我们今天的文艺美学。然而无论前者还是后者，它们的差别只在于着眼点和侧重点的不同，其方法和角度则均由哲学而来，这也就是黑格尔将自己的文艺美学称之为“艺术哲学”的原因所在。

从方法论上讲，哲学是一种以概念和范畴为中介，以演绎和推理为手段的人类理性思辨活动，因此，作为“艺术哲学”的文艺美学不仅在对象和目的上与文艺社会学泾渭分明，而且在方法和角度上也与文艺社会学恰成互补。前者自上而下，注重逻辑演绎和体系建构；后者自下而上，注重经验归纳和社会调查。前者的关键是用缜密的范畴来保障思维结构的严整性，后者的关键则是用准确的数据来保障经验归纳的普遍性。文艺美学和文艺社会学的上述区别，便自然形成了文艺学研究的内在张力。

然而从思维传统上看，中国古代所沿袭下来的那种“实用理性精神”则恰恰是一种缺乏张力的精神：它既不是现代意义上的实证科学精神，也不是西方传统意义上的思辨理性精神，而是一种感性经验和理性法则未经分化的东方古典精神。这种东方古典精神虽有其合理与宝贵之处，但对于文艺美学同对于文艺社会学的建立一样，都可能成为一种天然的思维屏障。正是由于这一屏障的存在，才使得中国历史上始终未能出现像亚里士多德的《诗学》和黑格尔的《美学》那样博大精深的范畴体系；也正是由于这一屏障的存在，才使得我们今天所出版的文艺美学著作仍普遍存在着抽象不足的弱点。因此，要真正建立起具有中国特色的文艺美学体系，就必须彻底改变那种就事论事、零打碎敲的思维习惯，尽快实现对“实用理性精神”的历史超越。

在西方哲学史上，每一位巨人的出现都伴随着思维形式的更新。例如，亚里士多德曾将形式逻辑的范畴法则引入哲学的研究，从而开始了体系的构造；康德则一反过去对理性自身的盲目崇拜，前无古人地在批判理性的前提下去进行理性的思考；黑格尔发现了理性自身的辩证规律，从而发明了由抽象上升到具体和逻辑与历史相统一的思维法则；而马克思则批判地发展了前此以往的理性哲学，把抽象思辨的精神大厦建筑在感性现实的土壤之中，从而实现了唯物论与辩证法的有机统一……这一切对于我们今天建立自己的文艺美学体系，都将具有重大的借鉴和指导意义。

四

文艺心理学是有关文艺的心理特征和心理机制的学科。它从文艺实践的主体入手，着重研究人在从事这项活动中的心理问题。简单地说，文艺心理学应大致包括以下几方面的内容：首先是文学艺术家的心理条件及其类型；其次是文艺创作的心理机制及其过程；最后是文艺欣赏的心理效应及其标准。

从方法论上讲，诞生于西方的心理科学大致可以分成“实验心理学”和“分析心理学”两大学派，前者是由冯特在一百年前的莱比锡建立心理学实验室开始的，后者则是由弗洛伊德在一百年前的维也纳从事病理学临床研究的结果。相对而言，“实验心理学”更加注重心理活动的生理基础，企图通过实验的手段来实现一种类似生理解剖的心理解剖，因而具有实证主义的科学倾向；“分析心理学”则更加注重心理活动的意识内容，企图通过分析的方法来找到意识背后的潜在力量，因而具有思辨哲学的推理性质。然而，由于人类心理活动的独特性和复杂性，致使前者不可能完全等同于建立在外在经验基础上的实证科学，后者也不可能完全等同于建立在内在推理基础上的思辨哲学。因此，从某种意义上讲，心理学的方法可视为一种介于实证科学和思辨哲学之间的中间道路，这种中间道路不仅决定了普通心理学的独特属性，而且也决定了文艺心理学在方法论上介于文艺社会学和文艺美学之间的特殊性质。

一方面，文艺心理学必须从艺术家和欣赏者的心理经验出发，以此来获得特定的研究素材；另一方面，文艺心理学又必须将这些感性的心理经验纳入必要的实验程序和理论模式之中，以此而获得严肃的科学结论。有了前者，才能够保证这一研究与文艺实践的密切联系，而不致陷入那些隔靴搔痒的心理实验；有了后者，才能够保证这一研究所应当具有的心理科学的真正高度，而不会使之停留在创作心得和欣赏体会的经验水平上。相对而言，西方文艺心理学界对前者的重视往往不够，因而在一些孤立的感官实验中常常混淆了审美经验与生理快感之间的差别；而国内的文艺心理学研究则往往对后者缺乏理解，常常满足于对艺术感受的现象描述和经验归纳，而没有足够的理论模式和实验手段来加工和分析这些现象与经验。由此可见，要进行文艺心理学的研究，就必须同时具备文艺实践和心理科学的双重知识，只有这样，才能够利用心理科学的现有成就和手段来解释和分析艺术实践中的具体问题。

我们知道，作为人类高级的精神活动，文艺实践中的心理问题是极为复杂的；而作为一门新型的科学事业，心理学的现有水平则又极为有限的。因此，对于文艺实践中所存在的大量的心理学问题，我们目前尚不能作出科学的解释，从这一意义上讲，无论是就国内还是就国际范围而言，建立和完善文艺心理学的工作都将是十分艰巨而复杂的。

在对文艺社会学、文艺美学和文艺心理学的对象、范围、角度和方法等问题进行了大致的分析与界定之后，我们必须指出，上述三大学科的合理分类不仅有利于文艺研究的专业化，而且有利于这一工作的系统化。就研究的方法和角度而言，每一学科的专业化程度越强、特点越突出，就越容易深入下去；然而就研究的结论和成果而言，这三学科之间又可以形成一种相互转让、相互协调、相互补充的整体效应。只有在这种三足鼎立、相得益彰的情况下，文艺学的发展才能获得坚实的基础和内在的动力。

（此文发表于《文学评论家》1991年第2期）

要使美学研究从哲学背景中凸显出来

新中国成立以来的美学研究大致经过了两个阶段，而这两个阶段的研究成果又都在为未来美学的发展规定着方向。第一个阶段是50年代的美学大讨论，这一讨论最初是在认识论范围内展开的，其结果却是对认识论的突破；第二个阶段是80年代的美学大讨论，这一讨论最初是在实践论范围内展开的，其结果却是对实践论的超越。换言之，这两个阶段的学术讨论都是将美学作为哲学研究的一部分而进行的，其结果则是发现了美学既不同于认识又不同于实践从而具有超出一般哲学认识论和本体论的独立特征。从这一意义上讲，美学探讨的深入过程，也就是美学自身的独立过程。时至今日，我们所面临的美学课题当不再是“美是主观，还是客观”的原则争论，也不再是“美是在社会，还是在自然”的哲学探讨，而是要在以往研究成果的基础上对人与现实审美关系中的诸范畴、诸形态、诸心理要素进行具体的而非原则的分析、定量的而非定质的把握。一句话，就是要“从抽象上升到具体”，使美学从哲学的背景中凸显出来，从而解决以艺术为中心的人类审美活动的具体问题。

这种总结并不是要否定以往的美学论争，显而易见，如果没有辩证唯物主义的哲学背景，具有中国特色的美学科学是无论如何也凸显不出来的。我所强调的只是，美学大厦的地基已经筑就，未来的任务是要在此基础上建构起能够供人使用的房屋。从这一意义上讲，使美学研究超越形而上学的思辨，从而走向科学、走向现实，这既是世界美学发展的总体趋势，也是中国美学发展的具体任务。同样，这种总结也并不是要否定前两个阶段的讨论所应具有的独立价值，显而易见，除了为未来的美学研究进行准备之外，这种阶段性的成果也自有其独特的理论意义；我所强调的只是，这种阶段性的成果所具有的价值还主要是非美学或泛美学的。必须看到，“文革”前后所出现的两次“美学热”具有特殊的历史背景。当人文科学的大批学者纷纷集结于美学这个最抽象、最思辨、最远离社会生活的领域时，其意识形态意义便远远超出了美学自身的范围。因此，随着社会生活的开放和学术空间的拓宽，那种全国上下的美学热潮将永远成为历史。

要使美学的研究从哲学的背景中凸显出来，必须注重学科的建设。在我看来，除了进行美学史和技术美学、劳动美学以及美育工作的研究之外，从文学艺术这一人类审美活动的集中体现着眼，当前急需在方法和角度上区分文艺美学、文艺社会学和审美心理学这三大学科的界限。

文艺美学是有关文艺的审美特征和美学规律的学科，它大致包括以下几个方面的内容：首先是文学艺术的审美本质和审美特征，其次是文艺作品的存在方式和审美类型；第三是文艺思潮的历史发展和美学规律，最后是文艺风格的民族特征和美学趣味。不难看出，文艺美学实际上就是基础美学在文艺领域的延伸和继续，它要以基础美学的逻辑终点作为自己的逻辑起点，从而以范畴运动的方式将文学艺术的审美特征和美学规律具体化。因此，文艺美学亦可称为“艺术哲学”。从方法论上讲，文艺美学仍需以理性思辨为主，注重逻辑演绎的缜密和严谨，从而保留哲学研究的理性传统。

文艺社会学是有关文艺社会行为和社会效用的学科，它大致包括以下几个方面的内容：首先是文艺生产的社会条件和社会动机，其次是文艺传播的社会媒介和社会手段，第三是文艺消费的社会功能和社会价值，最后是文艺管理的社会组织和社会制度。与文艺美学不同，文艺社会学主要研究的不是文学艺术的审美特征和内部规律，而是其社会特征和外部规律。因此，从方法论上讲，文艺社会学作为文艺与社会学研究的交叉学科，则主要应吸取社会学所常用的经验实证和现象描述的方法，即不是自上而下的推演，而是自下而上的归纳，从而以相反的方式来弥补文艺美学所遗留下来的空白，使其向自然科学靠拢。

文艺心理学是有关文艺心理特征和心理机制的学科，它主要包括以下几个方面的内容：首先是文学艺术家的心理条件及其类型，其次是文艺创作的心理机制及其过程，最后是文艺欣赏的心理效应及其标准。从方法论上讲，作为文艺与心理学研究的交叉学科，文艺心理学自然要以心理学的方法为基础。而诞生于西方的心理学大致又可分成“分析心理学”和“实验心理学”两大派别。由于人类心理活动的独特性和复杂性，致使前者不可能完全等同于建立在内在推理基础上的思辨哲学，后者也不可能完全等同于建立在外在经验基础上的实证科学。因此，从某种意义上讲，心理学的方法可视为一种介于思辨哲学和实证科学之间的中间道路，而这种中间道路不仅决定了普通心理学的独特属性，而且也决定了文艺心理学在方法论上介于文艺美学和文艺社会学之间的特殊性质。

总之，要在哲学美学的基础上建立起上述具体学科，既需思维方法的多元展开，又需要科技手段上的多元应用，而这一切对于我们这个实用理性传统很浓而科学技术又相对落后的民族来说，无疑是十分艰巨的。然而不如此就无法使美学研究找到真正的出路。

（此文发表于《文论月刊》1991年第4期）

中国的言志说和意境论与西方的摹仿说和典型论

艺术实践是美学理论的“物化形态”，美学理论是艺术实践的“观念形态”，二者形态各异，但又互为表里。从实践上讲，中国的古代艺术是以“诗”为主，“诗中有画”；西方的古代艺术是以“画”为主，“画中有诗”。从理论上讲，中国的古代美学以“言志说”开端，发展为“意境论”；西方的古代美学以“摹仿说”开端，发展为“典型论”。前者从抒发主观的意志开始，最终实现了主体与客体的统一；后者从再现个别的物象开始，最终实现了个性与共性的统一。二者从不同的方向和角度出发，共同完善了古代美学的和谐理想。

“摹仿”就是对客观事物的摹拟、仿制，它是西方以再现为主的古典主义艺术所不容回避的理论问题。“在许多重要的事情上，我们是摹仿禽兽，做禽兽的小学生的。从蜘蛛我们学会了织布和缝补；从燕子学会了造房子；从天鹅和黄莺等歌唱的鸟学会了唱歌”。[1]德谟克利特的这句话常被当作西方“摹仿说”的理论源头而被引用，其实这位“原子论”的创始人在这里尚未涉及文艺作品的内容与其所摹仿的社会生活之间反映与被反映的关系问题。因此，在我们看来，“摹仿说”的真正创立者不是德谟克利特而是柏拉图。

然而这位“摹仿说”的创立者一开始便为文学艺术的摹仿制造了两大难

1 [古希腊]德谟克利特：《著作残篇》，见伍蠡甫主编《西方文论选》上卷，上海译文出版社，1979年，第4–5页。

题。首先，从自己客观唯心主义的"理念论"出发，柏拉图认为艺术是对现实世界的摹仿，而现实世界又是对理念世界的摹仿。如果说现实世界本身就是理念世界的影子，那么艺术世界便只能是"影子的影子""摹仿的摹仿"。这样一来，他便首先否定了摹仿对象的基元属性。其次，从反映与被反映者的关系出发，他认为摹本必然低于蓝本，因而现实必然低于理念，艺术又必然低于现实。所以依靠摹仿达不到对理念世界的真正把握，"艺术与真理隔了三层"。这样一来，他便进而否定了摹仿主体的能动性。

在这种情况下，为了使"摹仿说"得到坚持和发展，亚里士多德便不得不对其老师所提出的这两大难题做出正面的解答。首先，在摹仿对象的问题上，他驳斥了柏拉图关于"理在事先"的唯心主义观点，认为文学艺术所摹仿的现实生活本身就是基元的、第一性的，而柏拉图的整个"理念世界"只不过是从这个感性的、活生生的现实世界中抽象出来的。这就打破了所谓影子背后的影子、摹仿背后的摹仿。其次，在反映与被反映者的关系问题上，他认为摹本未必低于蓝本、艺术未必低于现实，因为艺术不是对客观现实的照搬，而是对生活内容的提炼。"因此写诗这种活动比写历史更富于哲学意味，更被严肃地对待，因为诗所描述的事带有普遍性，历史则叙述个别的事。"所谓"有普遍性的事"，指某一种人，按照可然律或必然律，会说的话，会行的事，诗要首先追求这目的，然后才给人物起名。[2]这样一来，他便由"摹仿说"发展成了"典型论"。

由"摹仿说"导向"典型论"，这反映了古典主义再现美学的必然趋势。从原初的意义上讲，"摹仿"只是对现实世界中个别的感性对象而言的，因而在反对片面、追求和谐的古典主义艺术中，必然会得到自身的纠正，即由感性走向理性，由个别走向一般，并实现诸对立因素的和谐统一。事实上，这种感性与理性、个别与一般的统一，也同样是对象与主体尚未分化的结果。亚里士多德曾经指出："如果有人指责诗人所描写的事物不符合实际，也许他可以这样反驳'这些事物是按照它们应当有的样子描写的'。"[3]由此可见，亚里士多德所谓的"艺术摹仿自然"，并不要求艺术作品"符合实际"，而是要求艺术作品按照"应当有的样子"去描写生活。惟其如此，艺术形象才能够超

2 [古希腊]亚里斯多德：《诗学》，罗念生译，人民文学出版社，1962年，第29页。

3 [古希腊]亚里斯多德：《诗学》，罗念生译，人民文学出版社，1962年，第93—94页。

越偶然的生活物象而获得普遍的典型意义；惟其如此，写诗才显得比写历史更具有哲学意味。

问题在于，究竟什么样的形象才算“应当有的样子”呢？究竟什么样的典型才会具有普遍意义呢？关于这一点，亚里士多德的《诗学》语焉不详，而贺拉斯的《诗艺》和布瓦洛的《诗的艺术》却为此作出了最好的注解。贺拉斯从年龄的角度入手指出：“如果你希望观众赞赏，并且一直坐到终场升幕，直到唱歌人喊‘鼓掌’，那你必须（在创作的时候）注意不同年龄的习性，给不同的性格和年龄以恰如其分的修饰。……我们不要把青年写成个老人的性格，也不要把儿童写成个成年人的性格，我们必须永远坚定不移地把年龄和特点恰当配合起来。”[4]布瓦洛从性格的模式入手，认为：“写阿迦麦农应把他写成骄横自私，写伊尼阿斯要写出他敬畏神祇；写每个人都要抱着他的本性不离。”[5]“谁知道什么是风流浪子、守财奴，什么是老实、荒唐，什么是糊涂、嫉妒，那他就能成功地把他们搬上剧场，使他们言、动、周旋，给我们妙呈色相。”[6]如此说来，所谓“应当有的样子”无非是同类事物所应当具有的共同属性罢了。这与其说是客观事物的本来面貌，不如说是我们对于它所抱有的成见。按照这一理论去进行创作，人们甚至不需要去亲自观察和体验现实生活就可以穷尽其“应当有的样子”了。因此，在我们看来，由亚里士多德开创的这套“摹仿说”并不像现代的研究者们所一再评论的那样，是什么“现实主义的艺术理论”，而只能是古典主义的美学原则。因为这种按照“应当有的样子”去进行“摹仿”的理论本身就有其自相矛盾的地方，而这里的矛盾也恰恰体现出古典主义再现生活的不彻底性。

我们知道，生活是客观的，观念（我们对生活的认识）则是主观的。前者丰富多彩而又包含了许多偶然的因素，后者整齐明确却又失去了许多生动的精华。古典主义艺术家在再现前者的同时又不愿意放弃后者，因而只能将那些与观念相吻合的生活内容纳入自己的艺术作品，而将那些不符合认识成见的生活内容全部舍弃。正像法国的一位“新古典主义”理论权威沙坡兰所表

4 [古罗马]贺拉斯：《诗艺》，杨周翰译，人民文学出版社，1982年，第145—146页。

5 [法]布瓦洛：《诗的艺术》，转引自朱光潜著《西方美学史》上卷，人民文学出版社，1963年，第189—190页。

6 [法]布瓦洛：《诗的艺术》第三章，见伍蠡甫主编《西方文论选》上卷，上海译文出版社，1979年，第301—302页。

明的那样："艺术所要求的是事物的普遍性，它须要把历史由于它严格的规律而不得不容纳的特殊的缺点和非正规的东西从这些事物里排除出去。"[7]这样一来，他们在排除了生活之偶然性的同时，也就不可避免地失去了生活的丰富性；甚至以固定的认识视角和僵化的价值标准为尺度，将那些并非偶然的生活内容也一并裁掉了。这种生活与观念、再现与表现的素朴融合，便导致了"类型化典型"的出现。

从词源学的角度来看，"'典型'（Tupos）这个名词在希腊文里的原意是铸造用的模子，用同一个模子脱出来的东西就是一模一样。这个名词在希腊文中与Idea为同义词。Idea本来也是模子或原型，有'形式'和'种类'的涵义，引申为'印象''观念'或'思想'。由这个词派生出来的Ideal就是'理想'。"[8]感谢朱光潜先生的这番考证，因为他刚好说明了我们所要论证的两个问题。第一，"典型"作为再现生活的一种模式，它最初不仅与客观的社会生活有关，而且与主观的"观念"和"理想"有关，这种主客体之间的相互渗透，恰恰说明了"典型"这一艺术范畴在其产生之时的古典主义性质。第二，"典型"作为依照观念去把握生活的一种方式，其最初的结果便很容易使生活简单化、规范化、概念化。这种似模子脱出的"类型化典型"是在古代艺术中经常可以见到的。仅以法国新古典主义戏剧作为例子，我们虽然可以在熙德身上看到"荣誉"，在贺拉斯身上看到"义务"，在安德洛玛克身上看到"贞节"，在阿巴贡身上看到"吝啬"，然而除了这一系列伦理道德的禀赋之外，我们却什么也没有看到。正像普希金所批评的那样，"莫里哀笔下的伪君子追求自家恩人的妻子时是伪善的，侵占财产时是伪善的，讨一杯水时也是伪善的"。[9]不仅法国"新古典主义"剧作如此，整个西方的古代艺术大抵都是按照同一种方式塑造形象的。正如塞万提斯借助小说人物之口所称道的那样，"他可以写攸力栖兹的诡计，写伊泥河斯的虔诚，写阿溪里斯的勇敢，写赫克托的不幸，写赛嫩的奸谋，写尤利爱拉斯的友善，写亚历山大的慷慨，写恺撒的英明，写图拉真的宽和端直，写曹比拉斯的忠义不渝，写伽图的聪明盖世。总

7　[法]沙波兰：《法兰西学院关于悲喜剧〈熙德〉对某方面所提意见的感想》，见中国社科院文学所编《古典文艺理论译丛》第5册，人民出版社，1963年，第105页。

8　朱光潜：《西方美学史》下卷，人民文学出版社，1963年，第695页。

9　转引自《俄国文学史》三卷本，新文艺出版社，1956年，第387页。

之，凡是一个完美英雄所由组成的种种品性，他无一不可形诸笔下”。[10]这种“寓言式的抽象品”，这种“范本式的人物”“石头般的英雄”在整个古典主义艺术中都具有普遍意义，因为它正是按照“应当有的样子”去“摹仿”生活的最终结果，是表现与再现、观念与自然朴素结合的产物。

尽管与西方相比，中国古代缺少系统的“摹仿说”和“典型论”，然而古典主义的共同本质却又决定了古代人在艺术创作中所采取的共同方式。墨子认为：“夫辩者，将明是非之分，审治乱之纪，明同异之处，察名实之理，处利害，决嫌疑。焉摹略万物之然（状）论求群言之比。以名举实，以辞抒意，以说出故，以类取，以类予。”（《墨子·小取》）从“摹略万物之然（状）”到“以类取，以类予”，我们在这种广义的文学观中似亦也可以寻找到由“摹仿说”到“典型论”的思想轨迹，只不过这种思想还没有真正整理完善、表述清楚罢了。在这种思想的指导下，墨子主张，要颂扬一个人，就要“聚敛天下美名而加之；要否定一人，就要聚敛天下恶名而加之”。在这个问题上。刘勰也认为：“观夫兴之托喻，婉而成章，称名也小，取类也大。”（《文心雕龙·比兴》）清代的李渔说得更加明白：“欲劝人为孝，则举一孝子出名，但有一行可纪，则不必尽有其事，凡属孝亲所应有者，悉取而加之，亦犹纣之不善不如是之甚也。一居下流，天下之恶皆归焉。其余表忠表节，与种种劝人为善之剧，率同于此。”（《闲情偶记·词曲部·审虚实》）这种按照“所应有者”时样子去进行描写的方式，与西方古代按照“应当有的样子”去进行“摹仿”的思想是完全一致的，因而所创造的结果也只能是“类型化的典型”。因此，正像堂·吉诃德是主观幻想的典型，哈姆雷特是忧虑多思的典型一样，在中国古代文学史上，我们也很难超越诸葛亮式的智慧、曹操式的奸诈、刘备式的“仁”、关羽式的“义”。更有甚者，在中国的戏剧舞台上，人物的类型特征，甚至要表现在唱腔、做派乃至脸谱等各个方面。如京剧中有生、旦、净、末、丑行当，而每种行当又可以细分成几类，像旦角中的老旦、小旦、花旦，生角中的老生、小生、武生等。各类角色在唱、念、做、打、身、眼、手、步，乃至服装、道具等方面均有严格的规范。因此曹操永远是白脸，关羽永远是红脸，张飞永远是黑脸……

10 《堂吉诃德先生传》，人民文学出版社，1978年，第547页。

中西古代艺术的类型化特征，甚至还表现在偏于主观表现的音乐之中。古希腊人将音乐分成七种乐调，并认为每种乐调都适于表现一种特定的情绪，其中E调安定、D调热烈、C调和蔼、B调哀怨、A调发扬、G调浮躁、F调淫荡。[11]与之相类似，中国古代的《乐记》则根据情感的类型将曲调分为六种："其哀心感者，其声噍以杀；其乐心感者，其声啴以缓；其喜心感者，其声发以散；其怒心感者，其声粗以厉；其敬心感者，其声直以廉；其爱心感者，其声和以柔。"（《乐记·乐本篇》）这种将情感固定化、典型化的做法，与古代诗、词、书、画中的品类区分是一致的。像司空图的《二十四诗品》，实际上就是二十四种不同类型的情感境界，如雄浑、冲淡、豪放、婉约、浓艳、含蓄……当然了，"典型"这一美学范畴，主要产生并适用于再现艺术，而以主观表现为特征的诗歌和音乐，绝不仅仅满足于情感类型的区分。因此，在分析了古代美学中由"摹仿说"到"典型论"的这一逻辑线索之后，我们将继续讨论由"言志说"到"意境论"的另一个理论分枝。

如果说，"摹仿说"和"典型论"主要产生于以再现客体为主要内容的西方艺术土壤之中，那么"言志说"和"意境论"则主要产生于以表现主体为主要内容的中国艺术土壤之中。所谓"言志"，就是对主体意志、愿望的抒发和表达，它是以诗、乐为主的中国古代艺术所不容回避的问题。《尚书》云："诗言志，歌永言，声依永，律和声。"（《虞书·舜典》）从而开辟了"言志说"的美学先河。此后的孔子与孟子从创作和欣赏两个角度进一步完善了这一理论。孔子曰："礼云礼云，玉帛云乎哉!乐云乐云，钟鼓云乎哉！"（《论语·阳货》）意思是说，礼乐活动绝不能仅仅停留在钟鼓玉帛等外在形式上，而必须利用这种外在的感性形式来包容内在的理性内容。在他看来，这种深刻的理性内容并不来自客观的物质世界，而是主体自身的意志和愿望。具体说来，也就是他所一贯倡导的"仁"。因此，"人而不仁，如礼何?人而不仁，如乐何？"（《论语·八佾》）孟子曰："说诗者，不以文害辞，不以辞害志；以意逆志，是为得之。"（《孟子·万章上》）这就是说，文学欣赏不能纠缠于作品表面上的个别词句，而必须透过这些词句去揣摩和体会作者所要表达的主观志向。而他所要领会的主观志向，也主要是以"仁""义"为内容的伦理意愿。

11　参阅朱光潜著《文艺心理学》，《朱光潜美学文集》第1卷，上海文艺出版社，1982年，第315页。

所谓“仁之实，事亲是也；义之实，从兄是也；智之实，知斯二者弗去是也；礼之实，节文斯二者是也；乐之实，乐斯二者，乐则生矣；生则恶可已也，恶可已，则不知足之蹈之手之舞之。”（《孟子·离娄上》）由此可见，无论是从创作的角度还是从欣赏的角度来看，我们的古人所着力把握的，并不是文艺作品与社会生活之间反映与被反映的关系，而是文艺作品与艺术家之间表达与被表达的关系。这种思想在汉代的《毛诗序》中得到了更为明确的表述：“诗者，志之所之也，在心为志，发言为诗。情动于中而形于言，言之不足故嗟叹之，嗟叹之不足故永歌之，永歌之不足，不知手之舞之，足之蹈之。”

这种由内而外的“言志说”，显然与由外而内的“摹仿说”有着原则上的区别。前者是主观意愿的外化，后者是客观物象的摹拟。然而，就像西方的“摹仿说”竟由感性的个别对象走向理性的本质特征而导致“典型论”一样，中国的“言志说”也由主观的情感意志走向客观的景物形象而导致了“意境论”，古典主义的本质特征决定了中西古代的艺术理论都必须在对立面之中寻求平衡。

由“言志说”发展到“意境论”，其间有着一个“缘情说”的中介环节。从上面的分析中我们可以看出，汉代以前的“言志说”所谓的“志”，不仅包含着伦理意志而且也包含着道德情感，只是先秦、两汉的学者尚未将这种包容在意志之中的情感单独抽绎出来罢了。直到西晋的陆机才在《文斌》中提出了“诗缘情而绮靡”的新语，并以“情瞳胧而弥鲜，物昭晰而互进”的思想首先接触到了“意境”问题。因为“意”与“境”的关系常常是需要通过“情”与“景”的关系加以体现的，所以当陆机把“言志说”改造成为“缘情说”之后，便马上涉及主客体之间的关系问题。在他看来，文艺创作的最大困难便是“恒患意不称物，文不逮意”（《文赋·序》），因而要求艺术家既要“会意也尚巧”，又要“为物也多姿”，去寻求主客体之间的和谐对应，利用客观的物象表达主观的情意，即达到“意”与“境”的统一。陆机的这一思想在南朝的刘勰那里得到了更为明确的表述。后者云：“神用象通，情变所孕。物以貌求，心以理应。”（《文心雕龙·神思》）“夫情动而言形，理发而文见，盖沿隐以至显，因内而符外者也。”（《文心雕龙·体性》）我们知道，艺术家的情感和意志是内在的、看不见摸不着的，要把这种情感和意志传达给别人，就只能将它们融化为具体的、活生生的外在物象，即所谓“思理为妙，神与物游”，“登山则情满于山，观海则意溢于海”。(《文心雕龙·神思》)因此，从“言志说”到“缘情说”的发展，必然导向对于情与景、意与境之辩证关系的分析和研究，于是“意境论”便应运而生了。

大约与陆机同时代的王弼已开始从哲学的角度来探讨意与象(境)的关系问题了。他认为：“夫象者，出意者也；言者，明象者也。尽意莫若象；尽象莫若言。言生于象，故可寻言以观象；象生于意，故可寻象以观意。意以象尽，象以言著。”(《周易略例·明象》)意要得到表现，必须借助于象；象要得到说明，必须借助于言。因此，只有通过言，才能理解象；只有通过象，才能领会意。换言之，作为纯粹主体的意，必须外化为具体可感的物象和言词，才可能得到有效的传达和表露；反之，要把握朦胧虚幻的意，也只有从具体可感的言词和物象入手了。但是，这并不意味着意的所有内容都可以转化为象，象的所有内容都可以转化为言；也不意味着只要抓住了言就一定能理解象，只要抓住了象就一定能穷尽意。因为王弼不仅看到了意与象、象与言之间的相互联系，而且也发现了它们之间的彼此差异。从严格的意义上讲，作为纯粹主体的意，常常是微妙的、复杂的、无限丰富而又不可名状的；同样，作为表达主体的象，也常常是具体的、生动的，不以概念为中介而又令人回味无穷的。因此，所谓“意以象尽，象以言著”只是具有相对意义的。事实上，意在转化为象、象在转化为言的过程中，都不可避免地要失去很多内容。所以王弼指出：“存言者，非得象者也；存象者，非得意者也。”(《周易略例·明象》)这样一来，他便在意与象、象与言之间的关系中发现了主体与客体、无限与有限的双重矛盾，从而在哲学的高度上将“意境”问题深化了。王弼认为，只有看到了意与象、象与言之间的巨大差异，才可能实现由后者向前者的超越，其超越的方法不是别的，还是通过明言而观象、明象而观意，只有这种观察方法已不再是停留在语言逻辑和物象外观上的机械理解，而是要通过领悟语言和物象背后的东西去实现对语言和物象本身的超越。正是在这个意义上，他才在老庄思想的启发下提出了一个看似荒谬而实

则入理的主张："忘象者乃得意者也，忘言者乃得象者也。得意在忘象，得象在忘言。"（《周易略例·明象》）

如果说，魏、晋之际的王弼还主要是从哲学的角度来阐发意与象（境）之间的辩证关系，那么晚唐的司空图则开始明确地将这种思想运用于审美活动和艺术形象的分析与研究了。一方面，继刘勰有关"神与物游"的观点之后，司空图明确提出了"思与境偕"的主张，反对脱离物象的思想表白，倡导"不着一字，尽得风流。语不涉己，若不堪忧"（《二十四诗品》）的含蓄风格，即将艺术家的意趣与情感内蕴于客观物象的描摹之中。另一方面，继王弼关于"得意在忘象，得象在忘言"的观点之后，司空图又明确提出了"象外之象，景外之景"的学说，反对拘泥于外在物象的有限形式，赞同戴叔伦关于"诗家之景，如蓝田日暖，良玉生烟，可望而不可置于眉睫之前也"（《与极浦书》）的主张，即通过有限的艺术形象去领会无限的情感和意蕴。正是在这两大观点的基础之上，司空图才建立起自己著名的"韵味说"，以追求"韵外之致""味外之旨"（《与李生论诗书》）的美学效果，即通过客观的"景"来把握主观的"情"，通过有限的"境"来把握无限的"意"。

由于司空图已将"意境"理论基本确立下来，因而后世文人只需要做一些补充和完善的工作了。北宋的文学家欧阳修认为："'书不尽言，言不尽意'，然自古圣贤之意，万古得以推而求之者，岂非言之传欤！圣人之意所以存者，得非书乎！然则书不尽言之烦，而尽其要；言不尽意之委曲，而尽其理。"（《欧阳文忠公文集》卷一百三十《系辞说》）因此，真正的文学家"必能状难写之景如在目前，含不尽之意见于言外"（《六一诗话》），即要求在最大的限度上实现情与景、言与意之间的包容与渗透。南宋的诗论家严羽则认为："诗者，吟咏情性也。盛唐诸人惟在兴趣，羚羊挂角，无迹可求。故其妙处透彻玲珑，不可凑泊，如空中之音，相中之色，水中之月，镜中之象，言有尽而意无穷。"（《沧浪诗话》）即要求在最大限度上实现有形与无形、有限与无限之间的结合与统一。清代的王夫之说得更加明确："情景虽有在心在物之分，而景生情，情生景，哀乐之触，荣悴之迎，互藏其宅。"（《姜斋诗话》卷一）"情景名为二，而实不可离。神于诗者，妙合无垠。巧者则有情中景、

景中情。”（《姜斋诗话》卷二）“景中生情，情中含景，故曰：景者情之景，情者景之情也。”（《唐诗评选》选四）

从理论上讲，“意境”这一概念，包含了情与景、心与物、人与自然等一系列矛盾。在这些矛盾中，意、情、心是主观的，境、景、物是客观的。前者属于表现的范畴，后者属于再现的范畴。二者本是处在相互对立的位置上，然而古代的艺术家却在努力调和它们之间的关系，以致得出“妙合无限”“互藏其宅”“一切景语，皆情语也”（王国维《人间词话》）的结论。这种主客体朴素和谐的理论充分显示了古代艺术主观表现的不彻底性。在这种理论的指导下，中国古代的艺术实践并未因表现主体的需要而远离客观物象，反而要将主体的意愿和情感深藏在客观的景物之中，以致到了一种“羚羊挂角，无迹可求”的地步。因此，正如我们不能将西方古代的“摹仿说”误认为是现实主义的美学原则一样，我们也不能将中国古代的“言志说”错当成浪漫主义的艺术理论。前者从摹写感性的个别物象开始，最终走向了感性与理性、个别与一般、现象与本质相结合的典型论；后者从抒发主体的情感意愿开始，最终走向了意与境、情与景、心与物相统一的意境论，这一切恰恰是古代美的和谐理想在中西方艺术中的不同体现。

（此文为周来祥、陈炎合作，发表于《文艺理论研究》1991年第6期）

中国古代的伦理美学与西方古代的宗教美学

一、从肉体快感中挣脱出来的精神享受

“美”是随着“人”同时出现的历史范畴，在人类产生之前，自然界无所谓美；在人类出现之后，人类以外的动物也无法欣赏人类所创造的美。美的创造和美的欣赏都是人类的特权，是社会现象。从这一意义上讲，能否创造美和欣赏美，也是区分人与动物的标志之一。然而事情并非如此简单，问题在于，人本身就是从动物进化而来的，所以人类的这种超生物的精神享受又必然是从生物性的肉体快感中逐渐脱胎而来的。过去，我们一般只是强调二者之间的差别，而往往忽略了它们之间的联系，从而把人类与动物、人类的历史与自然的历史决然地割裂开来，这其实并不符合辩证法的思维方式。事实上，正像人不同于动物却又是从动物进化而来的一样，人类的历史不同于自然的历史却又是从自然的历史发展而来的。——人类进化的起点恰恰是自然进化的终点。用这种观点来分析问题，我们一方面必须分清人类的美感与动物性快感之间所存在的原则性差异，另一方面又要看到人类的美感恰恰是动物性的快感演变、发展、升华的历史结果。

动物性的快感是与其个体和族类的生存欲望密切相关的，前者表现为

"食"，后者表现为"性"。在原始人那里，最初的食、性活动还只是为了满足肉体的生物本能，然而随着劳动生产和社会实践的出现，这些生物性本能渐渐演化为精神性享受：食不仅仅是为了果腹，而且是一种美味；性也不单单是为了交配，而且是一种爱情。这就是动物性快感向人类美感进化的历史过程。在这一历史过程中，不同的民族有着不尽相同的侧重点和倾向性。从现有的资料看，中国古代的审美活动最初显然与"食"有着密切的联系，而西方古代的审美活动最初或许与"性"更加相关。这大概也就是人们将中国文化称为"食文化"，将西方文化称为"性文化"的原因之一吧。

"进化论"的创始人达尔文认为，早在动物进化成人以前，就已经具备了对美的爱好与欣赏能力，而且这种能力仅仅表现在性选择方面。也就是说，他认为动物在选择配偶的时候有"选美"的心理活动，能领略异性色相的美。他的意见可以用下面的一段话来概括："当我们看到一只雄鸟在雌鸟面前展示它的色相俱美的羽毛而惟恐有所遗漏的时候，而同时，在不具备这些色相的其他鸟类便不进行这一类表演，我们实在无法怀疑，这一种的雌鸟是对雄鸟的美好有所心领神会的。……各种蜂鸟的巢、各种凉棚鸟的闲游小径都用各种颜色的物品点缀得花花绿绿，颇为雅致；而这也说明它们这样做决不是徒然的，而是从观览之中可以得到一些快感。但就绝大多数的动物而论，这种对美的鉴赏，就我见识所及，只限于对异性的吸引这一方面的作用，而不及其他。……如果雌鸟全无鉴赏的能力，无从领悟雄鸟的美色、盛装、清音、雅曲，则后者的展示或演奏中所花费的实际劳动与情绪上的紧张岂不成为无的放矢，尽付东流？而这是无论如何难于承认的。"[1]在这里，达尔文显然是将动物的快感与人类的美感混为一谈了。动物只是按照遗传基因所决定的行为模式对某种声、光、味、色、形作出积极或消极的生理效应，而不可能具有超出这一范围的精神愉悦。用马克思的话来说，"一个物种的全部特性就在于物种的生活活动的方式，而人的物种的特性就在于他的活动是自由的、有意识的。"[2]雌鸟只能"欣赏"雄鸟美丽的羽毛，却无法欣赏野兽美丽的皮毛，这与人的审美活动显然具有完全不同的性质。因此，达尔文的观点便十分自然地遭到了许多美学工作者的反对。

1 [英] 达尔文：《人类的由来》，吴氲等译，商务印书馆，1983年，第136页。

2 [德] 马克思：《1844年经济学哲学手稿》，《美学》第2期，第5页。

问题在于，我们能否在批判达尔文的同时，又在其所列举的事实中获得某种有益的启示呢？也就是说，我们能否在明确动物的快感不同于人类的美感的同时，又发现动物间的两性吸引潜藏着某种类似于审美活动的形式要素呢？根据考古学家的发现，西方现存的最早的艺术作品是雕塑，它们的出现甚至比洞穴壁画还要早。而被绝大多数学者推测为最早的雕塑作品是法国洛塞尔出土的“持角杯的女巫”，又称“洛塞尔的维纳斯”，它是雕刻在一块石板上的女性裸体浮雕。除此之外，欧洲的许多地方也都出土了一些女性裸像。这些作品的共同特征就是对于肉体性特征的过分夸张，其中以奥地利出土的“温林多府的维纳斯”最为著名。她高约4英寸，由石灰石雕刻而成，其面部不显、四肢萎缩，而夸大其乳、腹、臀等与生殖有关的部位；与此同时，头发则被雕成精细的波浪形，据推测可能是当时妇女的时髦发式。对于这些最早的艺术品，我们很难弄清当时作者的创作动机主要是出于性的考虑还是出于美的需求；如果就那硕大的乳房容易使我们接受前一种答案，那么精致的发型则容易使我们得出后一种结论。无论如何，这也许是一种典型的过渡形态，即由动物性快感向人类美感历史性演进的中介点。由此点向前，我们只能看到达尔文所发现的伴随着动物性快感的形式愉悦；由此点向后，我们则可以看到艺术家所创造的清除了肉体需要的精神产品。当我们打开古典艺术的精美画卷，而对着那纯洁无瑕、静穆典雅的“米罗的维纳斯”的时候，我们是否会考虑到她的前身竟是那丰乳肥臀、富于性感的“温林多府的维纳斯”呢？

“维纳斯”是古罗马人对于女爱神的叫法，相当于古希腊的“阿佛洛狄忒”。关于她的出身有两种传说：一说最初天神被儿子杀死，把尸首砍碎投到海里，海里起了一片白浪，就变成了阿佛洛狄忒；另一说是荷马史诗所采用的，认为她是大神宙斯和他的亲生女儿狄俄涅配合所生的。根据这两种传说，有人认为爱神也有两种，并将前一种称为“高尚女爱神”，后一种称为“凡欲女爱神”。“凡欲女爱神引起的爱情确实也是人世的，凡欲的，不分皂白地实现它的目的，这种爱情只限于下等人。它的对象可以是年轻人，也可以是女人；它所眷恋的是肉体而不是心灵；最后，它只选择最愚蠢的对象，因为它只贪求达到目的，不管达到目的的方式美丑。”反之，“为着品德而去眷恋一个情人，总是一件很美的事。这种爱情是天上阿佛洛狄忒所感发的；本身也就是属于天上的，对于国家和个人都非常地宝贵，因为它在情人和爱人的心里激起砥砺品德的热情。此外一切爱情都起于人世阿佛洛狄忒，都是凡欲的。”[3]由此可见，所谓“凡欲女爱神”和“高尚女爱神”，“人世阿佛洛狄忒”和“天上阿佛洛狄忒”，分别代表了两种不同的性爱方式：一种是动物性的、肉体吸引，一种是人性的、精神恋爱。前者是动物性快感，后者是人类的美感，尽管二者植根于同一种原始的生存本能，然而它们却具有完全不同的历史内容。关于这一点，希腊人已有了较为明确的认识，柏拉图在其著名的《会饮篇》中引用泡赛尼阿斯的话说：“一切行为，专就它本身来看，并没有美丑的分别。比如我们此刻所做的一些事，饮酒，唱歌，或谈话，这一切本身都不能说是美，也不能说是丑，美和丑是起于这些事或行为怎样做出来的那个方式。做的方式美，所做的行动也就美；做的方式丑，所做的行动也就丑。爱是一种行动，也可以应用这个道理。我们不能对一切爱神都不分青红皂白地说：‘他美，值得颂扬’，只有驱遣人以高尚的方式相爱的那种爱神才是美，才值得颂扬。”[4]从这段文字以及上面的分析中，我们可以得出两个结论：第一，西方人所一直宣扬的超欲望、超功利的审美活动，最初恰恰是从最原始的欲望和功利——性交与繁殖中逐渐演化而来的。第二，当这种审美活动从动物性的快感中分离出来之后，西方人便企图到超自然的宇宙主宰——神那里去寻找根据。

至今为止，中国的考古学家还没有发现华夏民族原始时期的女神造像，然而我们可以从字源学的角度发现审美活动的另一种起源。许慎云：“美，甘也。从羊，从大，羊在六畜主给膳也。”（《说文解字》卷四）对于原始的游牧民族来讲，羊是其生活的主要来源，羊肉好吃、羊奶能饮，故而“羊在六畜主给膳”，故而“羊大则美”。这里的美显然也未脱离人的生理快感，只不过这里的快感不是“性”而是“食”。所以许慎又说：“甘，美也，从口含一。”（《说文解字》卷五）在原始人那里，“美”与“甘”是一回事，都是味道好吃的意思。许慎的解释，绝非望文生义，因为在先秦的典籍中，我们常常可以看

3 《柏拉图文艺对话集》，朱光潜译，人民出版社，1963年，第225—226、231页。

4 《柏拉图文艺对话集》，朱光潜译，人民出版社，1963年，第225页。

到将“味”“声”“色”与“美”联系起来的说法。例如，“人之情，口好味而臭味莫美焉；耳好声而声乐莫大焉；目好色而文章致繁，妇女莫众焉……”（《荀子·王霸》）直至两汉以后的美学思想家，如钟嵘、皎然、司空图等人，还常常用“滋味”的好坏形容艺术作品的美学性质。

然而，正像“温林多府的维纳斯”并不纯然是审美的对象一样，“羊大则美”的美也并不纯然是精神的享受。从果腹到美味和从交配到爱情一样，都要经历一个漫长的历史过程。这个使动物性的快感逐步上升为人类美感的历史过程，首先必须有足够的物质条件作保障，正像墨子所说的那样，“食必常饱，然后求美；衣必常暖，然后求丽；居必常安，然后求乐”(《墨子佚文》)。只有当人们不再为直接的生理需求所困扰的时候，人们才能突破动物性快感的限制，而进行社会人的精神追求。根据《左传》的记载，当齐侯问晏婴“和同之异”的时候，晏婴回答了一番耐人寻味的话：“和如羹焉。水、火、醯、醢、盐、梅，以烹鱼肉，燀之以薪。宰夫和之，齐之以味，济其不及，以泄其过。君子食之，以平其心。君臣亦然。君所谓可而有否焉，臣献其否以成其可。君所谓否而有可焉，臣献其可以去其否。是以政平而不干，民无争心。故《诗》曰：‘亦有和羹，既戒既平。鬷嘏无言，时靡有争。’先王之济五味，和五声也，以平其心，成其政也。”（《左传·昭公二十年》）从这段文字和以上的分析中，我们也可以得出两点结论：第一，中国人所一再强调的超出物质需求之外的审美活动，最初恰恰是从最为原始的物质需求——饮食中逐渐演化而来的。第二，当这种审美活动从动物性的快感中分离出来以后，中国人便开始向人类的社会关系——政治伦理方面加以引申。

当然了，说中国的美学起因于“食”，就像说西方的美学起因于“性”一样，都是一种挂一漏万的总结。事实上，每个民族的审美发生都是一件十分复杂的事情，这其中可能同时存在着许多并行的渠道和途径。例如，从考古学的角度上讲，我国古代虽然不像西方那样，留下诸多的女神造像，但作为一个特例，青海省乐都县柳湾三坪台原始社会文化遗址出土的那件人像彩陶壶也能说明一些问题，尽管其中那（母）形裸体人像的性别尚待进一步考证（或以为是男女同体），但那丰满的四乳显然与生殖或性爱有关。[5]又如，从字

5　参见《考古》1976年第6期彩色版。

源学的角度来看，不仅汉字之“美”与饮食有前，而且其他语言中之“美”，同时具有审美、鉴赏和口味、味道的含义。由此可见，由于人类的美感都是由动物性快感演化而来的，而原始人在动物机能上的共同欲求，便决定了其美感发生的共同规律；其差别只在于，中国与西方民族在这共同的审美发生中有着不同的侧重点和倾向性罢了。这便是我们通过上面的比较所得出的要点。

严格来讲，行文至此，我们的比较研究还没有真正进入美学阶段，还只是在前美学的历史进程中进行一些准备性的工作。因为只有当这些准备工作基本就绪的时候，我们才有可能进行美的本质的比较研究。

二、指向血缘和上帝的审美追求

西方古代的美学思想，大体可以分成古希腊和中世纪两个阶段，前者是对美的本质进行哲学抽象的阶段，后者是对美的根源进行神学演绎的阶段；尽管这两个阶段具有完全不同的性质，然而从客观上讲，前者正是在为后者进行必要的思想准备；至于介于这两者之间的古罗马美学，只不过是这二者之间的一个过渡阶段罢了。它本身并不具有独立的性质。

在上一段中我们已经看到，西方人的审美生成最初与性爱活动有着密切的联系，但是进入文明社会之后，人们便不再满足于肉体的快感和形体的愉悦，而要在此背后去寻求更加深刻的精神内容了。毕达哥拉斯和他的信徒们首称对人体的美做出了超越性感之外的解释：“实际上按照许多医学家和哲学家的学说，身体美确实在于各部分之间的比例对称。”[6]按照这一标准，丰乳肥臀的“温林多府的维纳斯”当然算不上美，而身态匀称的“米罗的维纳斯”才是理想之所在。然而毕达哥拉斯主义者并不以此为满足，在他们看来，“数的原则是一切事物的原则”，因此，美的形体所赖以存在的和谐比例便具有了形而上的意义。所谓毕达哥拉斯派，“曾经从事数学的研究，并且第一个推进了这个知识部门。他们把全部时间用在这种研究上，进而认为数学的本原就是万物的本原。……所以他们认为数目的某一种特征是正义，另一种是灵魂

6　北京大学哲学系美学教研室编：《西方美学家论美和美感》，商务印书馆，1980年，第14页。

和理性，另一种是机会，其他一切无不如此；由于他们在数目中间见到了各种各类的和谐的特征和比例，而一切其他事物就其整个本性来说都是以数目为范型的，数目本身则先于自然中的一切其他事物，所以他们从这一切进行推论，认为数目的元素就是万物的元素，认为整个的天是一个和谐，一个数目，因此，凡是他们能够在数目和各种和谐之间指出的类似之外，以及他们能够在数目与天的特性、区分和整个安排之间指出的类似之外，他们都收集起来拼凑在一起”。[7]由此看来，毕达哥拉斯主义者之所以进行数学研究，其首要的目的并不是解决日常生活中的诸问题，而是满足信仰的需要，即具有哲学本体论的意义。在这种思想的指导下，他们认为，所谓客观事物的美，无非是体现了组成这一事物的各个因素之间的一种数量关系。比如说，他们指出：“一切立体图形中最美的是球形，一切平面图形中最美的是圆形”。[8]因为在这两种图形中，球形和圆形到达球面和圆周的距离都是相等的，它们充分体现了某种神秘而奇妙的数量关系。可见，经验界的具体事物之所以美，只是由于它体现了超验界的抽象数据，前者只是现象，后者才是本质。

柏拉图的《会饮篇》是一部专门谈论爱情的对话，然而在这篇对话中，作者却借助于苏格拉底等人的言论将性爱问题上升为美学：“一个人如果随着向导，学习爱情的深密教义，顺着正确次序，逐一观照个别的美的事物，直到对爱情学问登峰造极了，他就会突然看见一种奇妙无比的美。他的以往一切辛苦探求都是为着这个最终目的。这种美是永恒的，无始无终、不生不灭、不增不减的。它不是在此点美，在另一点丑；在此时美，另一时不美；在此方面美，在另一方面丑，它也不是随人而异，对某些人美，对另一些人就丑。还不仅此，这种美并不是表现于某一面孔，某一双手，或是身体的某一其他部分；它也不是存在于某一篇文章，某一种学问，或是任何某一个别物体，例如动物、大地或天空之类；它只是永恒地自存自在，以形式的整一与它自身同一；一切美的事物都以它为泉源，有了它那一切美的事物才成其为美，但是那些美的事物时而生，时而灭，而它却丝毫不因之有所增，有所

7 [古希腊]亚里斯多德：《形而上学》，见《西方哲学原著选读》，商务印书馆，1985年，第18页。

8 北京大学哲学系外国哲学史教研室：《古希腊罗马哲学》，上海三联书店，1957年，第36页。

减。"[9]在柏拉图看来，人们所爱恋的具体对象只是个别的"美的事物"，它们是相对的、变化不居的；只有其背后的"美本身"才是绝对的、永恒不变的。根据其唯心主义的"理念论"，这个抽象的"美本身"并不是从具体的"美的事物"中概括出来的；恰恰相反，具体的"美的事物"只是由于"分有"了这个"美本身"才会显得美。由此看来，与毕达哥拉斯不同，柏拉图不是把美的本质归结为超验的"数"，而是将它看成是更加神秘的"美本身"——"理念"。

从毕达哥拉斯与柏拉图，我们不难发现古希腊美学思想的以下三点追求：第一，他们都不满足于将审美活动等同于单纯的生理快感，而是企图发现其中所包含的超出物质享受的精神内容，即有着走出动物性快感的禁欲主义倾向。第二，他们都不满足于就事论事地分析审美活动，而是企图透过具体的审美对象去发现其共同的审美本质，即有着超越个别现象的本质化倾向。第三，他们都不满足于在物质世界之中去发现美的本质，而是企图在感性现实之外的超验领域中去寻找美的根源，即有着脱离客观世界的唯心主义倾向。这三大特点既标志着古希腊美学的思想水平和理论深度，同时又为中世纪神学美学的出现做好了精神准备。

当然了，毕达哥拉斯和柏拉图的美学思想只代表了古希腊美学的主导趋向，并不能囊括其全部内容。在他们之外，一些具有唯物主义倾向的美学思想家也取得了显著的成绩，这其中最负盛名、也最少神学色彩的美学思想家要算是柏拉图的弟子亚里士多德了。这位爱真理胜过爱老师的学生批判了柏拉图关于"理在事先"的唯心主义学说，企图在客观对象的物质结构本身发现美的根据。然而遗憾的是，由于亚里士多德的《诗学》在其死后长期被埋没，因而他的美学思想只有到了文艺复兴之后才开始产生广泛的影响。[10]

存在于希腊哲学和基督教神学之间的美学思想家，是古罗马的新柏拉图主义者普罗提诺。他不仅继承了柏拉图的"理念"论，而且把最高的"理念"说成是"太一"，是"万物之父"。"我这样说，是因为创造万物的'太一'本身并不是万物中的一物。所以它既不是一个东西，也不是性质，也不是数

9 《柏拉图文艺对话集》，朱光潜译，人民出版社，1963年，第272—273页。

10 北京大学哲学系外国哲学史教研室：《古希腊罗马哲学》，上海三联书店，1957年，第36页。参见罗念生为《诗学》所写的《译后记》，[古希腊]亚里斯多德：《诗学》，罗念生译，人民文学出版社，1962年。

量，也不是心智，也不是灵魂，也不是运动，也不是静止，也不是在空间中，也不在时间中，而是绝对只是一个形式的东西，或者无形式的东西，先于一切形式，先于运动，先于静止。因为这些东西都属于存在，存在创造了这些繁多的东西。”再者，“为了使万物能够是实在的存在物，‘太一’便不是一个存在，而是各种存在的父亲。存在的产生，乃是第一个产生的活动。‘太一’是完满的，因为它既不追求任何东西，也不具有任何东西，也不需要任何东西，它是充溢的，‘流溢’出来和东西便形成了别的实体。”[11]于是，从“太一”中流溢出“理性”，从“理性”中流溢出“灵魂”，再从“灵魂”中流溢出“物质”。根据这个道理，“太一”既然是万物之父，也毫无例外的是美之源泉，“因为任何一件美的东西都是后于它的，都是从它派生出来的，就像日光从太阳派生出来的一样。”[12]不难看出，普罗提诺的“太一”较之柏拉图的“理念”具有更大的能动性和创造性，然而它毕竟还不是一种人格神。也就是说，它仍然是借哲学的范畴所表现出来的宗教情绪，而不是用神学的术语将这种情绪赤裸裸地倾吐出来。这后一种方式也并不遥远，它是随着基督教世界的降临而出现的。

奥古斯丁十分坦率地指出：“如果问我们在宗教上所信仰的是什么，那么，我们不必如希腊人所说的物理学家那样考问事物的本性；我们也无需唯恐基督徒不知道自然界各处原素的力量和数目——诸天体的进行，秩序及其亏蚀；天空的形状；动、植、山、川、泉、石的种类与本性；时间及空间的意义；风暴来临的预兆；以及哲学家所发现或以为发现了其他千万事物……我们基督教，不必追求别的，只要无论是天上的或地上的、能见的或不能见的一切物体，都是因创造主（他是唯一的神）的仁慈而受造，那就够了。宇宙间除了上帝以外，没有任何存在者不是由上帝那里得到存在。”[13]这样一来，美的本质问题便从形而上学的一个组成部分彻底变成了神学的附属品。从而美的事物之所以美，不再是由于数目的体现，不再是由于理念的分有，也不再是由于太一的流溢，而是上帝一手创造的结果。

11　[古罗马]普罗提诺：《九章集》，见北京大学哲学系外国哲学史教研室编《西方哲学原著选读》上卷，商务印书馆，1981年，第214、215页。

12　[古罗马]普罗提诺：《九章集》，见北京大学哲学系外国哲学史教研室编《西方哲学原著选读》上卷，商务印书馆，1981年，第215页。

13　[古罗马]奥古斯丁：《教义手册》，见北京大学哲学系外国哲学史教研室编《西方哲学原著选读》上册，商务印书馆，1981年，第219页。

正像托马斯·阿奎那所断言的那样，“一切自然的东西都是由神的艺术所创造的，可以称之为上帝的艺术品。”[14]“事物之所以美，是由于神住在它们里面。”[15]“只有人才能从可以感知的事物中欣赏美的本身；人们的脸是向上的，而不是向下的。”[16]总之，正是这种“向上的”目光，将美的本质指向那种神秘的、可望而不可即的彼岸世界，指向那虚无缥渺的神学殿堂……

中国古代的美学思想，也以两个阶段最为重要：第一个阶段是先秦时期的“仁学”美学，第二个阶段是宋、明时期的“理学”美学。前一阶段的主要内容是将审美活动从感官愉悦中区分开来，使之具有伦理的意义；后一阶段的主要任务则是将包括审美在内的伦理情感本体化、宇宙化，直至僵化。而处在这两个阶段之间的两汉、南北朝，以及唐代的美学思想，虽然也有着相当丰富的思想内容，但其总体上却属于由前一段向后一阶段转化的过渡时期。

前面我们已经提到，中国古代的审美发生，最初显然与食欲快感的满足有着直接的联系，然而进入文明社会之后，古代的思想家们便不再以这种生理性的快感为最高境界，而是力图获得更高层次的精神享受。“子在齐闻《韶》，三月不知肉味，曰：不图为乐之至于斯也。”（《论语·述而》）可见，对孔子来说，音乐的美要远远高于食物的美，这大概就是医和与子产等人均以味一色一声这一秩序来讲述“五味”“五色”“五声”之类的缘故吧。见《左传》昭公元年和《左传》昭公二十五年。因为这一秩序刚好说明了古代的审美活动如何一步步离开肉体而走向精神的过程。

那么孔子又是如何理解这种精神的审美享受的呢?“子曰：里仁为美。择不处仁，焉得知？”（《论语·里仁》）这句话绝不像“美即理念”那么超凡脱俗、那么高深莫测、那么富于哲学色彩，它讲的是人们在日常生活中应当如何选择居住环境的问题，是一种普通的生产经验。然而在这句并不起眼的格言中，既包含了我们所要研究的那个“美”，又包含了孔子所宣扬的那个“仁”。我们知道，孔子的哲学即“仁学”，所谓“仁”，既不是什么彼岸的主宰，也不是什么超验的法则，而是以亲子血缘为基础的人伦情感。在孔

14 [意]托马斯·阿奎那:《神学大全》，见伍蠡甫主编《西方文论选》上卷，人民文学出版社，1963年，第151页。

15 《圣托马斯的哲学文选》，见北京大学哲学系美学教研室编《西方美学家论美和美感》，商务印书馆，1980年，第66页。

16 [意]托马斯·阿奎那:《神学大全》，见伍蠡甫主编《西方文论选》上卷，人民文学出版社，1963年，第151页。

子看来，正是这种原始的人伦情感，决定了人们的生活准则和行为规范，即对于“礼”的自觉遵循，所谓“其为人也孝弟，而好犯上者，鲜矣。不好犯上而好作乱者，未之有也。君子务本，本立而道生，孝弟也者，其为仁之本欤？”（《论语·学而》）用这种内在的伦理意愿来解释外在的纲常伦理，这就是孔子和“以仁释礼”。这一点不仅决定了孔子哲学的伦理倾向，而且决定了孔子美学的伦理倾向。“子张曰：何谓五美？子曰：君子惠而不费，劳而不怨。欲而不贪，泰而不骄，威而不猛”。（《论语·尧曰》）君子成人之美，不成人之恶。小人反是”。（《论语·颜渊》）联系到“里仁为美”的格言，不难看出，孔子在这些地方所说的“美”实际就是某种“善”的品德和修养，而这种善的品德和修养，也就是他所谓的“仁”。所以，从某种意义上讲，孔子的“美”=“善”=“仁”，于是，“里仁为美”的格言便可以同“美即理念”的命题相提并论了。

那么，孔子是否就没有关于“美”“善”不同的言论呢？有，但并不重要。因为在他将“美”“善”区分开来的时候，也正是要将“善”凌驾于“美”之上的时候。“子谓《韶》尽美矣，又尽善也。谓《武》尽美矣，未尽善也”。（《论语·八佾》）正是从这种“美”必须服务于“善”的思想出发，孔子才对不仅尽“美”而且尽“善”的《韶》乐大加赞赏，以致为此而“三月不知肉味”。也正是从这种“美”不能背离“善”的思想出发，孔子才对季氏家中的大型舞蹈极为反感，从而表现了“八佾舞于庭，是可忍，孰不可忍”（《论语·八佾》）的愤怒。

这种将“美”“善”等同的思想不仅影响了孔子对艺术美的认识，而且制约着孔子对自然美的看法。如上所说，所谓“善”在孔子那里是一种自觉的伦理意愿（“仁”），它表现为人类主体合乎规范的道德行为（“礼”）。然而在主体之外的自然对象方面，这种伦理意愿和道德行为是否存在呢？如果自然本身不具备这些“善”的品性，那么又怎样来解释自然的美呢？关于这一点，孔子自有孔子的想法。“子曰：知者乐水，仁者乐山。知者动，仁者静，知者乐，仁者寿。”（《论语·雍也》）这就形成了所谓“君子比德”的思想。“子张曰：仁者何乐于山也？孔子曰：夫山者，岿然高。岿然高，则何乐焉？夫山，草木生焉，鸟兽蕃焉，财用殖焉，生财用而无私为，四方皆伐焉，每无私予焉。出云雨以通乎天地之间，阴阳和合，雨露之泽，万物以成，百姓以飨。此仁者之乐于山也”。(《尚书大传》卷六)“子贡问曰：君子见大水必观焉，何也?孔子曰：夫水者，君子比德焉；遍予而无私，似德；所及者生，似仁；其流卑下句倨皆循其理，似义；浅者流行，深者不测，似智；其赴百仞之谷不疑，似勇；绵弱而微达，似察；受恶不让，似包，蒙不清以入，鲜洁以出，似善化；至量必平，似正；盈不求概，似度；其万折必东，似意。是以君子见大水，观焉尔也。”(《说苑·杂言》）由此可见，正像毕达哥拉斯在一切审美对象之中都要发现神秘的“数”一样，孔子则要在一切山川景物中都要发现可贵的“德”，即将“仁”“义”“智”“勇”“无私”“善化”这类人类自身的美好品德赋予特定的自然对象，从而使君子在这种拟人化了的自然对象之中发现自己的本质力量，在物我交融的审美境界中培养人的道德情操。

作为孔子的门徒，孟子也要从低级的生理快感上升为高级的精神享受。他指出：“口之于味，有同耆也，易牙先得我口之所耆者也。如使口之于味也，其性与人殊，若犬马之与我不同类也，则天下何耆皆从易牙之于味也?至于味，天下期于易牙，是天下之口相似也，惟耳亦然。至于声，天下期于师旷，是天下之耳相似也。惟目亦然。至于子都，天下莫不知其姣也，不知子都之姣者，无目者也。故曰；口之于味也，有同耆焉；耳之于声也，有同听焉；目之于色也，有同美焉。至于心，独无所同然乎?心之所同然者何也?谓理也，义也。圣人先得我心之所同然耳。故理义之悦我心，犹刍豢之悦我口。”(《孟子·告子》）在这里，孟子企图以类比的方法，从感官享受的普遍有效性推论出审美愉悦的普遍有效性，并进而得出了伦理感受的普遍有效性，即从易牙的烹调出发经由师旷的音乐和子都的美貌，最终落实到圣人的经典上面，从而得出了“岂以仁义为不美也”(《孟子·公孙丑》）的结论。

在先秦诸子中，并不是任何人都以仁义为本，因而对于声音色味之美的看法也自然有所不同。与儒家相对立的道家学派便另有一套主张，老子认为：“五色令人目盲；五音令人耳聋；五味令人口爽；驰骋畋猎，令人心发狂；难得之货，令人行妨。是以圣人为腹不为目，故去彼取此。”(《老子》十二章）庄子认为:“且夫失性有五:一曰五色乱目,使目不明;二曰五声乱耳,使耳不聪;三曰五臭熏鼻,困惾中颡;四曰五味浊口,使口厉爽;五曰趣舍滑心,使性飞扬,此五者,皆生之害也。”(《庄子·天地》)如果说孔、孟不满于感官的享受,是为了将其提升为伦理的情感,那么老、庄不满于感官的享受,是为了使其复归于自然的心境。

与儒家注重发掘审美对象中的社会因素不同,道家则注重发掘审美对象中的自然因素。前者强调的是主体的目的性,后者强调的则是客体的规律性。庄子云:“天地有大美而不言,四时有明法而不议;万物有成理而不说。圣人者,原天地之美而达万物之理,是故至人无为,大圣不作,观于天地之谓也。”(《庄子·知北游》)“夫天地者,古之所大也,而黄帝尧舜之所共美也。”(《庄子·天道》)照此看来,美的本质并不在于社会的“仁”,而是在于自然的“道”。从这一意义上讲,老庄的美学思想倒有些近似于西方的柏拉图,他们都企图在人类主体的实践活动之外去寻求纯然客观的美的本质。然而老庄的“道”毕竟不同于柏拉图的“理念”,因为它并不是某种超验的法则,而只是一种自然的规律。所谓“人法地,地法天,天法道,道法自然”。(《老子》二十五章)因此,老庄的美学思想并不具有任何神秘色彩,而只是主张虚静恬淡,寂寞无为,顺应自然,返璞归真,从而最终达到一种庄周梦蝴蝶——物我两忘的境界。由此可见,尽管儒、道两家的美学思想具有重“仁”与重“道”的差别,然而它们都是以“人”(人的社会、人的自然)为理论基点,而不以超自然、超社会的“神”为思想核心的,这正是中国美学不同于西方美学的关键所在。

秦汉以后,儒、道美学思想以相互渗透的形式得到了进一步的发展。为了适应汉代中央集权的政治制度,董仲舒在“罢黜百家,独尊儒术”的口号下以“群儒首”的身份出现。他将原始儒学的“血缘纽带”纳入阴阳五行学说的“天人感应”系统,企图将“仁学”建立在“天道”的基础之上,以自然的规律和法则来论证社会之伦理道德的合理性。因此他认为“仁之美在于天。天,仁也。天覆育万物,既化而生之,有养而成之,事功无已,终而复始,凡举归之以奉人。察于天之意,无穷极之仁也”。(《春秋繁露·王道通》)我们上面提到孔子讲仁之美而不讲天之美，庄子讲天之美而不讲仁之美，前者的美在社会，后者的美在自然，而董仲舒却将社会与自然合在一起，提出了“仁之美在于天”的主张，企图用儒家的伦理学来同化道家的自然观。在这里，天似乎被人格化了，因为它不仅能够滋养万物，而且可以达乎人伦，即具有道德的品性。但是，这个被人格化了的天，毕竟不同于基督教的上帝。因为与其说董仲舒是为了牺牲人以敬奉天，不如说他是为了要求天以捍卫“仁”。因为在他那里，三纲五常可求于天，天不变，道亦不变。所以，正像孔子的创见是以“仁”释“礼”一样，董仲舒的发明在于以“天”释“仁”，即为人类主体的伦理意愿找到一个更为广阔的物质前提，从而形成一套以“天”为基础、以“仁”为核心、以“礼”为目的的天人宇宙论模式，开始了由先秦的“仁学”美学向宋明的“理学”美学相过渡的最初尝试。

正因为汉儒的核心在“仁”而不在“天”，所以董仲舒并不致力于发现审美对象的自然属性，而是注重于发现审美对象的伦理属性。因此，在对待自然美的态度上，他非但没有超出先儒关于“君子比德”的观点，而且将这种观点推而广之，不仅将其运用于山水之美的解释（《春秋繁露·山川颂》），进而还用它来分析“凡执贽，天子用畅，公侯用玉，卿用羔，大夫用雁”这种古人赠送礼品的习俗。他认为，天子之所以用畅为赠品，是因为畅这种佳酿“有似于圣人者，纯仁淳粹，而有知之贵也，择于身者尽为德音，发于事者尽为润泽……其淳粹无择，与圣人一也，故天子以为贽”。而公侯之所以要用美玉来做赠品，是因为“玉有似于君子……玉至清而不蔽其恶，内有瑕秽，必见之于外，故君子不隐其短。不知则问，不能则学，取之玉也。君子比之玉，玉润而不污，是仁而至清洁也；廉而不杀，是义而不害也；坚而不磬，过而不濡。视之如庸，展之如石，状如石，搔而不可从绕，洁白如素，而不受污，玉类备者，故公侯以为贽”。同样，卿以羔羊为赠品，是由于“羔有角而不任，设备而不用，类好仁者；执之不鸣，杀之不啻，类死义者；羔食（于）其母，必跪而受之，类知礼者；故羊之为犹祥也”。至于大夫用大雁为赠品，则是由于“雁乃有类于长者，长者在民上，必施然有先后之随，必淑然有行列之治……”（《春秋繁露·执贽》）这种牵强附会的审美原则便直接导致了《毛诗序》那种微言大义的诠诗方法。

从两汉到南北朝，先秦的“仁学”美学进一步向宋明的“理学”美学过渡。与董仲舒将人伦之美归之于天地之道一样，刘勰也借自然之道来发挥自己的人伦之美。他在《文心雕龙·原道》中开宗明义地指出：“文之为德也，大矣；与天地并生者，何哉？夫玄黄色杂，方圆体分，日月迭璧，以垂丽天之象；山川焕绮，以铺理地之形。此盖道之文也。仰观吐曜，俯察含章；高卑定位，故两仪既生矣。惟人参之，性灵所钟，是谓三才。为五行之秀，实天地之心。心生而言立，言立而文明，自然之道也。傍及万品，动植皆文。龙凤以藻绘呈瑞，虎豹以炳蔚凝姿。云霞雕色，有逾画工之妙；草木贲华，无待锦匠之奇。夫岂外饰，盖自然耳。至于林籁结响，调如竽瑟；泉石激韵，和若球锽。故形立则章成矣，声发则文生矣。夫以无识之物，郁然有彩；有心之器，其无文欤？”这里所说的“文”显然要比“文学”或“文章”宽泛得多，它实际上就是自然美和社会美的总和。读这段文字，很容易使人联想起庄子“人籁”“地籁”“天籁”的描述。然而不同的是，庄子是由人及天，目的是使人顺应自然；刘勰则是由天及人，目的是为了用天之文来论证人之美。于是，刘勰在“原道”之后，马上便转向“征圣”和“宗经”，将孔老夫子奉为人文之首，把儒家经典视为众美之端，所以，刘勰的美学思想仍然没有超出汉儒体系的框架，只不过比董仲舒的观点更加条理、细致、更加接近于以后的“理学”美学罢了。

到了唐代，大诗人白居易进一步继承了这一思想，并将其中的功利主义因素推向了极端。他说：“夫文尚矣，三才有各文：天之文，三光首之；地之文，五材首之；人之文，六经首之。就六经言，《诗》又首之。何者？圣人感人心而天下和平。感人心者，莫先乎情，莫始乎言，莫切乎声，莫深乎义。”（《与元九书》）从这种“发乎情，止乎礼义”的观点出发，他竭力推行“新乐府”，倡导“讽喻诗”，主张“补察时政”“泄导民情”“为君、为臣、为民、为物、为事而作，不为文而作”（《新乐府序》）。我们知道，在刘勰那里，尚主张“风教”与“骨力”并举，“情志”与“辞彩”兼得；而到了白居易这里，却将“为君、为臣、为民、为物、为事而作”同“为文而作”对立起来。从“夫文尚矣”到“不为文而作”，这不仅表现了白居易个人思想上的矛盾，而且表现了整个儒家美学所固有的矛盾，即“美”与“善”之间的矛盾，只不过在白居易之前，人们更多的只是注意到“美”“善”之间的统一，而相对忽视了它们之间的矛盾罢了。实际上，白居易也只是暴露了这一矛盾而已，真正加深这一矛盾的还要算宋明理学。

宋明理学是原始儒学的系统化、条理化、宇宙化，乃至僵化。我们知道，原始儒学只是一种建立在亲子血缘基础上的伦理学体系，即以“仁”释“礼”的道德学说，这种道德学说并不与宇宙万物发生联系，因而也就不具备哲学本体论的意义。因此，为了弥补原始儒学的这一缺陷，自汉代以来，儒家学者便试图将“仁学”的“血缘关系”纳入阴阳五行学说的“天人感应”系统，从而将人道与天道统一起来。但是汉儒的这种拼凑掺杂了很多谶纬迷信的东西，在理论上也十分粗糙，这就需要宋儒的进一步加工，而“理学”正是这一加工的结果。理学的所谓“理”，同时囊括了天道与人道两个方面的内容。理的内容就天道言，为元、享、利、贞，即生、长、遂、成的生生不息的过程；就人道言，为仁、义、礼、智，即君、臣、父、子的纲常名教的法则。这样一来，“理”既是宇宙的本体，又是人伦的根据。“天下之物皆能穷，只是一理”；“万物只是一个天理，已何与焉？”（《二程遗书》）“理”不仅具有巨大的包容性，而且具有绝对的先验性，“有是理便有是气，但理是本”，“理气本无先后之可言，然必欲推其所以来，则须说先有是理”（《朱子语类》）。也就是说，“理”是一种逻辑在先的本质和规律，有了形而上的“理”才可能具有形而下的“气”。“未有这事，先有这理。如未有君臣，已先有君臣之理；未有父子，已先有父子之理”（《朱子语类》）。因此，如果说先秦儒学是以“仁”释“礼”，汉代儒学是以“天”释“礼”，那么宋明理学则是以“理”释“礼”。这样，原始儒学富有人情味的伦理情感，便被宋明理学所宣扬的绝对超验的伦理法则取而代之了，于是为学之道就在于存天理，灭人欲，变化人的气质之性、恢复人的义理之性。尽管程、朱“理学”和陆、王“心学”在如何获得这种伦理法则的途径上有着向外和向内的差别，但是他们都有着将这种伦理法则系统化、条理化、宇宙化乃至僵化的倾向。

这种倾向自然也就决定了儒家美学的发展和变化。我们知道，原始儒家的美学任务是将生理快感上升为伦理情感，在这里，前者与后者之间虽有着野蛮与文明的原则分野，却都具有感性和个别性，具有活生生的人情味。然而，当亲切自然的伦理情感被冷酷严峻的伦理法则取代之后，以此为基点的审美活动也随之而失去了活力，甚至显得有些多余了。朱熹认为："道者文之根本，文者道之枝叶。惟其根本乎道，所以发之于文皆道也。三代圣贤文章。皆从此心写出，文便是道。"（《朱子语类》卷一三九）陆九渊也主张："棋所以长吾之精神，瑟所以养吾之德性。艺即是道，道即是艺，岂惟二物，于此可见矣。"（《象山全集》卷二五）这里所谓的"文便是道""艺即是道"的实质，就是用伦理之道来取代文学艺术本身的独立意义，用伦理法则来取消审美情感。正像邵雍所指出的那样："性者，道之形体也，性伤则道亦从之矣。心者，性之郛郭也，心伤则性亦从之矣。身者，心之区宇也，身伤则心亦从之矣。物者，身之舟车也，物伤则身亦从之矣。是知以道观性，以性观心，以心观身，以身观物，治则治矣，然犹未离乎害者也。不若以道观道，以性观性，以心观心，以身观身，以物观物，则虽欲相伤，其可得乎？""诚为能以物观物，而两不相伤者焉。盖其间情累都忘去尔，所未忘者，独有诗在焉。然而虽曰未忘，其实亦若忘之矣。何者？谓其所作异乎人之所作也。所作不限声律，不沿爱恶，不立固必，不希名誉，如鉴之应形，如钟之应声。"（《伊川击壤集序》）所谓"以道观道，以性观性，以心观心，以身观身，以物观物"，也就是"明心见性""因物则性"，即用"性"取代"情"。究其实质，不外是扫除一切情感的屏障，用空明澄澈的心性来观照一切事物，像一面明镜一般，照出宇宙万物之中的"理"，以达到"人和心尽见，天与意相连"（邵雍《谈诗吟》）的境界。由此可见，这种完全排除了主体情感的审美观照，其实只不过是理学的所谓"格物致知"罢了。陆九渊说得更加明白："主于道则欲消而艺亦可进，主于艺则欲炽而道亡，艺亦不进。"（《象山全集》卷二十二）这种禁欲主义的美学主张在明代理学家王守仁那里也得到了继承，他指出："学弈则谓之学，学文词则谓之学，学道则谓之学，然而其归远也。道，大路也，外是荆棘之蹊，鲜克达矣。是故专于道，斯谓之专，精于道，斯谓之精。专于弈，而不专于道，其专溺也，精于文词，而不精于道，其精僻也。夫道广矣，大矣，文词技能，于是乎出，而以文词技能为者，去道远矣。”（《王成文公全书》）不难想象，当情感和技巧被僵死的伦理法则完全取代之后，任何文学艺术都将变成多余的事情。在这种“美”与“善”、文艺与道德的矛盾之中，儒家的美学思想终于走上了自己的末路。正像西方古代的美学思想最终被宗教神学所取代一样，中国古代的美学思想也终于被儒家伦理所淹没。

通过以上的比较，我们大抵可以得出以下三点结论：第一，西方古代的美学思想家注重于发现审美对象的超验品性，并常常将这种品性同其哲学研究中的本体、乃至于具有人格特征的本体——上帝联系起来；而中国古代的美学思想家则注重于审美对象的经验功能，并常常将这种功能同其哲学研究的核心——乃至于具有人伦色彩的核心——道德联系起来。由此可见，中西古代美学虽然已冲出了生物快感的自然领域，但并未获得真正的独立。在当时的历史条件下，它们分别只是神学和伦理学的附属品。第二，西方古代的美学思想家注重于发现“美”与“真”之间的共同点，并常常将这种共同点看成是某种并非理性所及的超验对象；而中国古代的美学思想家则注重于发现“美”与“善”之间的相似处，并常常将这种相似处看成是某种永恒不变的经验人生。由此可见，中西古代美学非但没有找到审美活动的独特本质，而且它们所赖以发挥的“真”和“善”也都是被宗教和伦理所扭曲了的范畴。西方古代的“真”并不是人们所认识到的客观规律，而常常是某种超自然的精神实体，中国古代的“善”也不是符合历史发展的行为准则，而常常是某种禁锢人性的道德戒律。第三，西方古代的美学思想家常常将以艺术为核心的审美活动看成是追求真理、乃至追求上帝的信仰活动；而中国古代的美学思想家则常常把以艺术为核心的审美活动看成是某种传播教化、乃至移风易俗的功利行为。由此可见，中西古代的美学思想家都没有真正确立艺术活动的美学价值，而只是将艺术作为实现某种外在目的的手段来加以看待。当手段和目的相适应的时候，他们便利用艺术；当手段与目的相矛盾的时候，他们便扼杀艺术。于是，西方艺术由“宗教的象征”最终沦为“宗教的婢女”，中国则由“文以载道”最终变成“文明害道”。总之，在这种美学思想的指导下，古代艺术也不可能得到健康的发展。

得出这三点结论并不是偶然的，对于刚刚进入文明社会的古代人来说，摆脱肉体的束缚，实现精神的追求，显然是一个当务之急的历史课题。因此，无论是中国还是西方的古代学者都不满足于将审美活动感官化、肉体化。事实上，基于感官而又超于感官、源于肉体而又高于肉体，也正是审美欣赏作为人类的精神活动不同于动物性官能享受的前提条件，从这一意义上讲，中西古代的美学思想家从其各自的目的需要出发，共同迈出了这具有历史意义的第一步。然而，在生产力水平和社会分工都极为低下的古代社会里，作为人类主体本质力量的知、意、情三者尚未得到彻底的分化和充分的发展，而常常是相互渗透、共同作用的。因此，与这些本质力量相对应的真、善、美三者也不可能不被联系甚至混淆在一起。所以，古代人尽管可以把审美活动同动物性的官能享受区分开来，但不能将它同认识和实践这些人类的社会活动加以进一步的区别。不仅如此，同对审美活动的把握一样，古代人对认识和实践活动也缺乏深刻的理解：他们或对认识能力作超验的要求，而当认识满足不了这一要求的时候，便由认识倒向信仰，将“真”与宇宙的主宰——上帝联系起来；他们或把实践局限于人际交往的范围之内，当实践不超出这一范围的时候，便由实践倒向伦理，将“善”与原始的血缘——人伦等同起来。因此我们认为，古代的东西方学者不仅没有真正抓住审美活动的独特本质，而且也没有彻底弄清认识和实践活动的独特本质。所以，他们关于“美”“真”统一和“美”“善”统一的思想与学说，不仅带有社会的习俗和民族的偏见，而且包含着时代的误差和历史的局限。当这种习俗与偏见、误差与局限混合在一起的时候，古代人便不仅不能够对美的本质有科学的认识，而且也不能够对审美活动有正确的运用了。在信仰至上的西方社会里，连科学认识都已经成为论证上帝存在的手段，那么艺术活动又怎么可能幸免于难呢？而在伦理至上的中国社会里，当宗教信仰都难以同伦理血缘相抗衡的时候，艺术活动也只能是在劫难逃了。

然而，人类的社会实践是在发展的，美的创造和美的思考也是在发展的，这不仅表现为古人的审美活动常常会突破宗教和伦理的禁锢而放射出令人神往的异彩，而且表现为前人的思想探索也在为后人的理论研究开辟着道路——尽管后人的道路也不见得更为平坦，但后人至少可以避免重犯前人所犯过的错误。

三、中国的“宗法文化”和西方的“宗教文化”

日本学者中村元曾经指出：“思想往往与人类的社会存在不可分割。思想或哲学历来就是人类的各文化圈内部成长发展起来的。”[17]那么作为思想或哲学的一个组成部分，中国古代的伦理美学和西方古代的宗教美学又是从哪两种不同的“文化圈”内部成长发展起来的呢？这两种不同的“文化圈”又是由何种不同的社会存在决定的呢？要回答这些问题，必须上溯到中西古代文明的形成过程。

侯外庐等人指出：“如果我们用‘家族、私有、国家’三项来做文明路径的指标，那么，‘古典的古代’是从家族到私产再到国家，国家代替了家族；‘亚细亚的古代’是由家族到国家，国家混合在家族里面，叫做‘社稷’。因此，前者是新陈代谢，新的冲破了旧的，这是革命的路线；后者却是新陈纠葛，旧的拖住了新的，这是维新的路线。”[18]在西方，由于私有制的利刃在一定程度上破坏了原始家族的血缘纽带，便使得刚刚进入文明社会的人们同时也饱尝了异化的痛苦。换言之，西方人的“国家”，是以失去“家族”为代价的，每一个持有私财的国家公民不仅是自由的，而且是孤立的，这孤立的社会处境使他们开始感受到个体与群体、人与社会、有限与无限的难以沟通，为了获得这种沟通，他们必须建立一个绝对的中介环节来维护生存的信仰，而这一绝对的中介环节便只能是上帝。伯奈特在《早期希腊哲学》中分析了当时人们的心理：“我们在这个世界上都是异乡人，身体就是灵魂的坟墓，然而我们决不可以自杀以求逃避；因为我们是上帝的所有物，上帝是我们的牧人，没有他的命令我们就没有权利逃避。”[19]由此可见，对于

17 [日]中村元：《比较思想论》，吴震译，浙江人民出版社，1987年，第1页。

18 侯外庐等：《中国思想通史》第1卷，人民出版社，2011年，第11页。

19 [英]罗素：《西方哲学史》上册，何兆武译，商务印书馆，1982年，第59页。

古代的西方人来讲，宗教是一种必不可少的精神武器，是遭受异化痛苦的人们必须生存下去的借口。因此，尽管影响最大的基督教是在公元4世纪才成为西方世界的普遍信仰，然而前此一节的意识形态无不带有宗教的情绪和信仰的内容。可是在早熟的中国古代，情况却全然不同。大约是由于治理黄河的需要，中国古代社会一开始就选择了土地国有的路径，即在铁制农具尚未出现的情况下便进入了“千耦其耘”的社会化生产。天子将国家的土地分给自己的儿子，叫做诸侯国；诸侯再将土地分给他们的儿子，叫做采邑……这样一来，“国”不过是放大了的“家”。不难看出，这种特有的东方文明不是建立在私有财产的基础之上的，而是与家族血缘紧密相连的。换言之，中国人在进入国家的时候，并不是以失去家族为代价的。作为新陈纠葛的“维新的路线”，这种亚细亚的文明方式较之古典的古代显然是不彻底的，然而进化的不彻底同时也伴随着异化的不深入。在早熟的中国古代社会里，由于社会分工和私有财产发展得不够充分，致使个体与群体、人与社会、有限与无限之间始终是混沌未分的，个人的价值和意义并不取决于他自身所拥有的能力和财富，而是取决于他在家族中的地位。这种尚未离开家族怀抱的“早熟的婴儿”自然不会感受到个体存在的危机，因而也就无须创造一个上帝来解除这一危机，因为血缘、家族、伦理完全可以取代上帝的功能。关于这一点，我们可以拿中西古代哲学加以比较。从毕达哥拉斯关于“灵魂”轮回的学说，到柏拉图关于“理念”不灭的思想；从普罗提诺关于“太一”万能的理论，到基督教关于“上帝”永恒的信条……古代的西方人似乎具有一种先天的形而上学的倾向，总想在自然和社会之外去寻找一种永恒的精神寄托，从而导致了本体论研究的异常发达。而中国古代哲学却不太注重本体，不太注重感性生命以外的绝对观念。道家讲“齐物”，主张“天地与我并生，而万物与我为一”，把人看成是自然的一个组成部分，因而可以“不知说（悦）生，不知恶死”，“无古今而后不死不生”，在自然的怀抱中寻求精神上的安慰，以达到一种“无知、无欲、无我”的“死而不亡”的超然境界……儒家讲究“爱人”，主张“入则孝，出则悌，谨而信，泛爱众，而亲仁”，把人看成是社会的一个组成部分，从而声称“未知生，焉知死”“未能事人，焉能事鬼”，在以亲子血缘为基础的人际关系之中来确定生命的价值和意义，以实现“修身、齐家、治国、平天下”的生活抱负。

由此可见，不同社会存在决定了不同的文化环境，不同的文化环境又决定了不同的美学倾向。西方古代的宗教美学只能在“宗教文化”的特有环境下才可能出现，而中国古代的伦理美学也只能是“宗法文化”的必然产物。所有一切，显然是对“经济基础决定上层建筑”“社会存在决定社会意识”这一历史唯物主义基本原理的又一次证明。

（此文为周来祥、陈炎合作，分上下两部分，分别发表于《学术论丛》1991年第6期和1992年第1期）

中西古代审美理想的比较研究

一、心理的和谐与物理的和谐

无论是在东方，还是在西方，古代人都以“和谐”为美的最高理想。甚至可以认为，“美”与“和谐”在古人那里只不过是一个概念的两种表述方式罢了。相对来讲，他们似乎对后者有着更大的偏爱；因而对“和谐”的论述较之对“美”的分析更加具体、更加生动；所不同的是，尽管都讲和谐，西方人主要侧重的是审美对象的物理属性，中国人则主要侧重的是审美主体的心理功能，这是二者的首要差别。

在古代希腊，毕达哥拉斯学派曾将数学的理论运用于音乐的研究，并建立起最早的音程学。他们发现，“音乐是对立因素的和谐与统一，把杂多导致统一，把不协调导致协调。”[1]赫拉克利特也认为：“互相排斥的东西结合在一起，不同的音调造成最美的和谐；一切都是斗争所产生的。”[2]这些是指声音的和谐，它的准则是高低相称。

罗马作家西塞罗则认为：“美是物体各部分的适当比例，加上悦目的颜

1 [古希腊]尼柯玛赫：《数学》，见北京大学哲学系美学教研室编《西方美学家论美和美感》，商务印书馆，1980年，第14页。

2 [古希腊]赫拉克利特：《古希腊罗马哲学》，上海三联书店，1957年，第19页。

色。”[3]这里所“加上”的是颜色的和谐，它的准则是明暗适度。

由此可见，西方古代的学者十分重视审美对象在声音、形体、颜色等物理属性上的和谐，并从中概括出了整一、适度、多样性等规律。

在古代中国，无论是孔子还是和孔子同样影响深远的庄子，都不曾像毕达哥拉斯等人那样，对人体或琴弦等审美对象进行过量的测试和数的计算，他们讲的“和谐”自然是另一种和谐。孔子的学生有子曰：“礼之用，和为贵。先王之道，斯为美，小大由之。有所不行，知和而和，不以礼节之，亦不可行也。”（《论语·学而》）可见，孔子之徒所讲的“和”首先是一种情感上的协调，正像《礼记·中庸》所解释的那样：“喜怒哀乐之未发谓之中，发而皆中节谓之和。”也就是说，由衷的情感最终还需要受到理智的节制，从而达到情与理的统一。这就是“乐而不淫，哀而不伤”（《论语·八佾》）的审美理想。这种理想，在孔子对《诗经》的评价中得到了充分的体现。与古希腊学者不同，孔子并不重视艺术作品的形式特征，而是注重其思想内容。“子曰：《诗》三百，一言以蔽之，曰：思无邪。”（《论语·为政》）但是思想内容的纯正并不意味着对情感因素的排斥，相反，他主张诗“可以兴”“可以怨”，可以有“洋洋乎盈耳”的艺术感染力，只是情感的表达要适度，不能越了礼法，乱了纲常，这就是雅与淫的差别所在。那些桑间濮上的民间俚曲之所以会成为有害无益的亡国之音，就是因为它们过于放纵了人的原始情感，从而使正常的道德秩序受到了威胁。对此，孔子是要坚决加以排斥的。“子曰：恶紫之夺朱也，恶郑声之乱雅乐也，恶利口之覆邦家者。”（《论语·阳货》）显然，“郑声”“利口”之所以可恶，就是因为它们全然违背了“温柔敦厚”的诗教传统，破坏了情与理的和谐。

如果说，儒家的审美理想是情与理的统一，那么道家的审美理想则是心与物的统一。同孔子一样，老子也不太重视审美对象在物理形式上的特征，相反，他提出“大音希声，大象无形”的命题（《老子》第四十一章）。这种思想，恐怕是毕达哥拉斯和亚里士多德等人所难以理解的。庄子云：“夫天下之所尊者，富贵寿善也；所乐者，身安厚味美服好色音声也；所下者，贫贱夭恶也；所苦者，身不得安逸，口不得厚味，形不得美服，目不得好色，耳不

3 [古罗马]西塞罗：《论文集》，见北京大学哲学系美学教研室编《西方美学家论美和美感》，商务印书馆，1980年，第56页。

得音声；若不得者，则大忧以惧，其为形也亦愚哉！”（《庄子·至乐》）这就是说，人不能为外在的物质条件和感官形式所左右，否则便永远不能满足，也永远不得安宁。因此，理想的美，并不是对象的物理形式而是主体的心理状态——“静而圣，动而王，无为也而尊，朴素而天下莫能与之争美。夫明白于天地之德者，此之谓大本大宗，与天和者也；所以均调天下，与人和者也。与人和者，谓之人乐；与天和者，谓之天乐。”（《庄子·天道》）由此可见，庄子也讲究“和谐”，不过这种“和谐”不是物质对象自身的完整、适度或多样性统一，而是与人之和，与天之和。由于庄子把他人看成是自然的一部分，因此无论是与人之和还是与天之和，都是心与物的统一，从中获得“乘物以游心”的精神境界，就像庄周梦蝶那样：“不知周之梦为蝴蝶与？蝴蝶之梦为周与？”（《庄子·齐物论》）只有解剖这种心物两忘的精神境界，才能真正理解老子关于“大音希声，大象无形”的道理。

老庄的这一审美理想，对于中国古典文化产生了巨大而持久的影响。《吕氏春秋》云：“物也者，所以养性也，非所以性养也。”（《孟春纪》）“欲之者，耳、目、鼻、口也。乐之弗乐者，心也。心必和平然后乐。心必乐，然后耳、目、鼻、口有以欲之。故乐之务在于和心，和心在于行适。”（《仲夏纪》）对于审美状态来说，重要的不在于感官的快适，而在于心理的协调，即不在于“物和”而在于“心和”。《淮南子》云：“圣人不以身役物，不以欲滑和。是故其为欢不忻忻，其为悲不惙惙。万方百变，消摇而无所定，吾独慷慨遗物，而与道同出，是故有以自得之也。乔木之下，空穴之中，足以适情，无以自得也。虽以天下为家，万民为臣妾，不足以养生也。能至于无乐者，则无不乐，无不乐则至极乐矣。”（《原道训》）也就是说，重要的不在于对象的物质形式，而在于主体的精神修养，即不能“以外乐内”而应“以内乐外”。

我们看到，无论是儒家所追求的情与理的统一，还是道家所向往的心与物的统一，都主要是一种心理状态的和谐，而不是物理对象的和谐。这种和谐自然也需要依赖审美对象的物质结构，但其更为重要的还在于审美主体的心理结构。因此，尽管中国与西方古代的美学理论都不约而同地以“和谐”为美的最高境界，但其各自的侧重点显然是不同的。

二、“人人之和”与“人神之和”

看到中西古代的和谐理想具有心理与物理的不同倾向，这只是发现了问题的表层特征，还没有发掘出更为深层的意义。其实，无论在中国的心理结构还是在西方的物理形式的背后，都还隐藏着更为深刻的思想内容，这就是中国的“人人之和”与西方的“人神之和”这两种根本不同的文化机理。这一差别，显然是由中国的“宗法文化”和西方的“宗教文化”所决定的。

乍看上去，毕达哥拉斯等人对于音乐的研究似乎已具有实证科学的意义了。事实上，他们最早发现了发音体的差别（长短、粗细、厚薄等）与音程之间的比例关系。然而古希腊人创制音乐，却不是为了感官的需要，而是为了超验的目的。也就是说，他们要在这些和谐悦耳的声音背后找到一个可供信仰的终极实体——数。正如美国学者吉尔伯特和库恩（联邦德国）在《美学史》中所分析的那样：“数把整个世界变成了世界所是的那种东西，又把世界上的每一个对象变成了它们所是的那种个别本质；数促进了人的得救和他们对周围事物的理性认识。在艺术家的意识上，悬着永恒的智慧之数。美以及存在本身的本质，就是数。这样一来，美是形式的和谐的定义，也成了宇宙学、宗教实践以及人类思维的原则。”[4]同毕达哥拉斯一样，赫拉克利特一方面分析了音调本身的和谐及其规律，一方面又明确指出：“看不见的和谐比看得见的和谐更好。”[5]这样一来，审美理想便通过经验的审美对象而指向了超验的彼岸世界，从而具有了形而上学的意义。

也许有人认为，与毕达哥拉斯和赫拉克利特不同，亚里士多德对和谐之美的论述完全不具有超验的意义。但是，只要我们对后者的哲学思想进行深入的研究，就不难发现，亚里士多德之所以将美规定为一个有机体，一个“活东西”，是与其哲学目的论紧密相联的。在他看来，“自然是一种原因，一种为了一个目的而活动的原因”[6]。因此，在“第一推动者”直接或间接的推动下，只有作为这原因之结果的有机体、“活东西”，才可能成为审美的对象。所以，在亚里士多德所规定的经验形式之外，也还是有一些超验的内容在起

4　转引自《美学译文》第1辑，中国社会科学出版社，1980年，第183页。

5　[古希腊]赫拉克利特：《古希腊罗马哲学》，上海三联书店，1957年，第23页。

6　[古希腊]亚里斯多德：《物理学》，见北京大学哲学系外国哲学史教研室编《西方哲学原著选读》上卷，商务印书馆，1982年，第149页。

作用的，尽管美直接地表现为这种经验形式的和谐与整一。

到了普罗提诺那里，亚里士多德的“第一推动者”便很自然地被改造成“理式”或“太一”，从而向宗教神学过渡了。普罗提诺认为：“感官可以察觉到的和谐是由感官察觉不到的那些和谐音调形成的；通过那些感官觉察不到的和谐音调，心灵才能见出音调的美，因为它们把同一性带到一个和心灵不同的领域里。”[7]这个“和心灵不同的领域”就是“神圣的上帝之邦”。于是，古希腊超验的和谐理想最终便在中世纪的基督教神学之中找到了自己的实践力量。

奥古斯丁早年曾宣扬毕达哥拉斯关于美在事物的整一、和谐的理想，并就审美对象的形式问题写下了题为《论美与适合》的专门论著。但是到了晚年，他似乎认识到，自己过去所钟情的那些物理形式，只不过是造物主投在人世间的一些模糊的影子，不可能同上帝的“整一”这种高级的、无限的美相比拟。他认为只有当灵魂受到宗教的洗涤与净化之后，才可能透过物体的和谐直观上帝的和谐，从而在精神上与上帝融为一体。由此可以看出，这种最高的审美理想，就是人与神的和谐统一。

托马斯·阿奎那指出，理性与信仰或哲学与神学是有区别的，前者的对象是“理性真理”，后者的对象是“天启真理”。在前一种意义上，他把美的理想归结为对象的形式要素，并明确指出：“美有三个要素：第一是一种完整或完美，凡是不完整的东西就是丑的；其次是适当的比例或和谐；第三是鲜明，所以鲜明的颜色是公认为美的。”[8]然而在后一种意义上，他又认为“神是一切事物的协调和鲜明的原因。”[9]上帝一方面以潜在的方式将灵魂与知识放入人心，另一方面又通过外物发射出种种“意象”或“形态”来启发人心。人见到和谐与鲜明的事物便会产生情感上的共鸣，并通过这种共鸣来实现人对神的皈依。

由此看来，西方古代关于“和谐”的审美理想，一向就有着表里不同的两个层次。表层的和谐是指可以被感官所直接把握的审美对象、物质形态，

7 [古罗马]普罗提诺：《九卷书》，见北京大学哲学系美学教研室编《西方美学家论美和美感》，商务印书馆，1980年，第55页。

8 [古罗马]奥古斯丁：《神学大全》，见北京大学哲学系美学教研室编《西方美学家论美和美感》，商务印书馆，1980年，第65页。

9 《圣托马斯哲学文选》，见北京大学哲学系美学教研室编《西方美学家论美和美感》，商务印书馆，1980年，第66页。

即所谓“鲜明”“整一”“多样性统一”等形式特征；里层的和谐则是指感觉器官所无法直接把握的审美对象的精神内容，即所谓“数”“理念”“第一推动者”乃至“上帝”等超验的宇宙实体。从表层的和谐到里层的和谐，即由经验的对象到超验的实体，这中间有着一个神秘的精神飞跃。在古代的西方人看来，只有完成了这一精神飞跃，才可能真正达到美的理想境界，这一境界便是“人神之和”。

与西方不同，中国古代虽也有“八音克谐，无相夺伦，神人以和”（《尚书·虞书·舜典》）的说法，但自先秦理性精神确立之后，超验的神便退到了一个并不重要的位置上，“神人以和”让位于人与社会、人与自然的和谐统一。

儒家讲情与理的统一，其目的就是通过道德情操的陶冶来实现人与社会、个体与群体的协调。孔子曰：“礼云礼云，玉帛云乎哉！乐云乐云，钟鼓云乎哉！”（《论语·阳货》）“人而不仁，如礼何？人而不仁，如乐何？”（《论语·八佾》）在他看来，礼乐之事绝不是一种仅为满足人们感官需要的空洞的形式，而是为了培养和强化人们仁爱之心的有意义的手段。《说文解字》云：“仁，亲也，从人从二。”可见，对于孤立的个体人来说，是无所谓“仁”与“不仁”的；仁者，爱人，它必然涉及不同个体之间的人际关系。说得具体一点，就是要在宗法血缘的基础上维持一种爱而有别的人伦操守。“子张问仁于孔子。孔子曰：能行五者于天下为仁矣。请问之。曰：恭、宽、信、敏、惠。恭则不侮，宽则得众，信则人任焉，敏则有功，惠则足以使人。”（《论语·阳货》）可见，通过“礼”“乐”来实现人与人之间的协调统一，才是孔子强调“情”“理”和谐的最终目的。正因如此，孔子才会把这类审美活动当成安身立命、兴邦治国的大事来抓。所谓“不学《诗》，无以言”；“不学礼，无以立”（《论语·季氏》）。所谓“兴于《诗》，立于礼，成于乐”（《论语·泰伯》）。所谓“志于道，据于德，依于仁，游于艺”（《论语·述而》）。都可以从这个意义上加以理解。

受孔子的影响，孟子和荀子也都把协调人心、稳定社会看成是审美活动的最高理想。前者云：“仁言不如仁声之入人深也，善政不如善教之得民也。善政，民畏之；善教，民爱之。善政得民财，善教得民心。”（《孟子·尽心》）

后者云："夫声乐之入人也深，其化人也速，故先王谨为之文。乐中平则民和而不流，乐肃庄则民齐而不乱。"（《荀子·乐论》）这种思想在《乐记》中表述得更为精当："乐者为同，礼者为异。同则相亲，异则相敬。乐胜则流，礼胜则离。合情饰貌者，礼乐之事也。"（《乐记·乐论》）这就是说，作为审美活动，音乐可以沟通人们的情感，礼仪可以辨明人们的身份。如果光有音乐而没有礼仪，人们就会在情感的共鸣之中忘掉了尊卑长幼的界限；反之，如果光有礼仪而没有音乐，人们之间的等级关系又会显得过于生硬而难以通融。因此，最好的办法是以乐化礼，以礼节乐，从而使人与人之间达到一种和而不流、敬而不远的理想境界，即通过情与理的统一而达到人与人的和谐。

如果说，儒家强调情与理的统一，是为了实现人与社会的和谐；那么道家强调心与物的统一，则是为了实现人与自然的和谐。尽管庄子同时确认："与人和者，谓之人乐；与天和者，谓之天乐。"但是联系到他关于"人籁"不如"地籁"、"地籁"不如"天籁"的比喻可以看出，庄子最为推崇的不是"人乐"而是"天乐"，不是"与人和"而是"与天和"。从这一意义上讲，道家的审美理想似乎与西方的美学理论，更加接近了。但是，正像老子的"道"不同于毕达哥拉斯的"数"一样，庄子的"天"也不同于普罗提诺的"理式"，它们虽然都是客观的，不以人的意志为转移的，却有着经验与超验、自然与超自然的重大区别。庄子云："圣人之生也天行，其死也物化。静而与阴同德，动而与阳同波。不为福先，不为祸始，感而后应，迫而后动，不得已而后起。去知与故，循天之理。故无天灾，无物累，无人非，无鬼责。其生若浮，其死若休。不思虑，不豫谋，光矣而不耀，信矣而不期。其寝不梦，其觉无忧。其神纯粹，其魂不罢。虚静恬淡，乃合天德。"（《庄子·刻意篇》）这种"备于天地之美"的理想，显然只是一种顺乎自然的人生境界，绝没有任何宗教色彩和神秘气息。因此，尽管道家的人生哲学与儒家的人生哲学确实存在着很大的差别（前者主张"主静全真"，后者主张"修齐治平"），但是他们都企图将审美活动看成是一种完善理想人格的重要手段。在古代中国哲人看来，审美活动的最终目的不是外在的神，而是内在的人。这一点，正是中西审美理想的差别所在。

从一定意义上讲，以董仲舒为代表的汉代美学思想，是先秦时期儒、道两家思想的进一步综合。通过上面的分析我们已经了解到，儒、道两家都以中和之美为其最高的理想境界，只不过儒家的中和偏重于人，道家的中和偏重于天罢了。而董仲舒却认为，天之和即人之和，两和实为一和——“天地之美恶，在两和之处，二中之所来归而遂其为也。……中者，天下之所始终也，而和者，天地之所生成也。夫德莫大于和，而道莫正于中。中者，天地之美达理也，圣人之所保守也。……和者，天（地）之正也，阴阳之平也，其气最良，物之所生也。……中者天之用也，和者天之功也，举天地之道而美于和”（《春秋繁露·循天之道》）。从字面上分析，这里所说的“和”指的是阴阳二气的和谐交融，然而按照董仲舒的“天人感应”的思维方式，“天有阴阳，人亦有阴阳”——天之阴阳是自然的法则，人之阴阳是社会的伦理，二者之间似乎存在着一种同形同构的对应关系。因此，中和之美既是天之道又是人之德，既是“物之所生也”又是“圣人之所保守也”。表现在自然美上，“春秋杂物其和，而冬夏代服其宜，则当得天地之美，四时和矣”（《春秋繁露·循天之道》）。表现在社会美上，“世治而民和，志平而气正，则天地之化精，而万物之美起”（《春秋繁露·循天之道》）。由此可见，董仲舒的中和确乎是一种人与自然、人与社会高度统一的审美理想。当然了，联系董仲舒的全部思想，我们不难看出，他所描绘的自然法则最终是为论证其伦理规范服务的，也就是说，他的天之和最终还是要导向人之和的。这正是董仲舒开阔儒家视野的关键所在。

如果说，西汉董仲舒的中和思想还主要是一种宇宙观和人生观，那么南朝刘勰的中和理想则更为集中地体现在艺术上。后者在总结《文心雕龙》一书的写作目的时曾经指出：“夫铨序一文为易，弥纶群言为难。虽复轻采毛发，深极骨髓，或有曲意密源，似近而远，辞所不载，亦不胜数矣。及其品列成文，有同乎旧谈者，非雷同也，势自不可异也；有异乎前论者，非苟异也，理自不可同也。同之与异，不屑古今；擘肌分理，唯务折衷。”（《序志》）由此看来，以“擘肌分理，唯务折衷”为原则，对以前各派的文论思想进行一次综合性的总结，扬弃其各自的片面性，吸收其各自的合理性，从而建立起自己的文艺学体系，这就是一部《文心雕龙》的基本思想。从这一思想出发，刘勰在内容与形式、情感与辞彩、复古与革新、天才与勤奋等一系列问题上，始终采取折衷主义的态度。因此，尽管《文心雕龙》没有专门探讨审美理想问题，然而观其全部内容，却又无时不在寻求着中和之美。

作为儒家思想的进一步发展，宋明理学所追求的不是外在的人伦情感，而是内在的心性体验，因而它所倡导的审美理想便带有一定的禁欲主义的成分。邵雍曰："以物观物，性也；以我观物，情也。性公而明，情偏而暗。人得中和之气则刚柔均，阳多则偏刚，阴多财偏柔。"（《皇极经世全书解·观物外篇十》）这简直是一种死一般的静穆、寂一样的和谐。当主体的情感欲望被泯灭后，"乐而不淫，哀而不伤" 的中和之美已不再是"发乎情，止乎礼仪" 的外在的需求，而是一种 "以物观物" 的内在的心性体验了。王守仁也认为："文也者，礼之见于外者也；礼也者，文之存于中者也。文显而可见之，礼也。礼微而难见之，文也。是所谓体用一源，而显微无间者也。"（《王文成公书》卷七）这无疑是一种无对立的统一、无差别的和谐。当"礼" 与"文"（相当于《乐记》中的 "礼" 与 "乐" ）之间的关系不再是"同则相亲，异则相敬"，而变为"体用一源，显微无间" 的时候，二者之间的和谐便无须"合情饰貌" 的外在努力，而只剩下 "先养得人心和平，然后作乐"（《王文成公书》卷三）的内心修养了。正像西方古代的审美理想最终由经验的和谐走向超验的和谐一样，中国古代的审美理想最终也由经验的体验走向超验的体验。尽管前者追求的是"人神之和"，后者追求的是"人人之和"，然而一旦这种和谐达到稳定、超饱和状态之后，便都会形成对精神享受和艺术创作的禁锢和抑制。

总而言之，中国古代关于"和谐" 的审美理想，一向也有着表里不同的两个层次。表层的和谐是指与审美对象直接关联的、当下体验到的心理活动，这主要是"情" 与"理"、"心" 与"物" 的协调一致；里层的和谐则是指通过这种心理活动所达到的间接的社会目的，这主要是人与社会、人与自然的和谐统一。正是从这一意义上讲，中国古代审美活动的最高境界便是"人人之和"。

三、古代人的“素朴辩证法”

作为相对稳定的意识形态，中西古代审美理想的相同和相异之处都不是偶然的。就其相异之处而言，这显然是中国的“宗法文化”与西方的“宗教文化”在审美领域的具体表现；就其相同之处而言，则是由古代人共同的思维方式所决定的。

恩格斯指出：“这个原始的、素朴的但实质上正确的世界观是古希腊哲学的世界观，而且是由赫拉克利特第一次明白地表述出来的：一切都存在，同时又不存在，因为一切都在流动，都在不断地变化，不断地产生和消失。但是，这种观点虽然正确地把握了现象的总画面的一般性质，却不足以说明构成这幅总画面的各个细节；而我们要是不知道这些细节，就看不清总画面。”[10] 事实上，这种强调运动、强调转变、强调联系、强调多样性统一的素朴辩证法，不仅是古希腊人的思维方式，而且是古代中国人的思维方式；它不仅被赫拉克利特所表述，而且被老子所发明。老子曰：“孔德之容，惟道是从。道之为物，惟恍惟惚。惚兮恍兮，其中有象。恍兮惚兮，其中有物。”（《老子》第二十一章）这种只见整体而不见局部，只见森林而不见树木的思维方式是由古代人素朴的直观经验和落后的科技水平所决定的，这种思维方式必然以某种方式影响到人们对于审美理想的塑造和追求。与近代人不同，古代人从不着眼于某种单纯的物理元素或心理元素，而是追求诸元素之间的协调一致所产生的综合效果。例如，赫拉克利特关于“自然是由联合对立物造成最初的和谐，而不是联合同类的东西”[11]，以及史伯关于“声一无听，物一无文，味一无果”的思想都是如此。

受素朴辩证法的影响，古代人不仅要求统一中的多样性，而且要求多样中的统一性。恩格斯指出：“古希腊的哲学家都是天生的自发的辩证法论者，他们中最博学的人物亚里士多德就已经研究了辩证思维的最主要的形式。”[12] 这里所说的“辩证思维的最主要的形式”就是指对立统一律。关于这一点，

10 [德]恩格斯：《社会主义从空想到科学的发展》，《马克思恩格斯选集》第3卷，人民出版社，1972年，第417页。

11 [古希腊]赫拉克利特：《古希腊罗马哲学》，北京大学哲学系外国哲学史教研室编译，上海三联书店，1957年，第19页。

12 [德]恩格斯：《社会主义从空想到科学的发展》，《马克思恩格斯选集》第3卷，人民出版社，1972年，第416页。

我们可以引用亚里士多德自己的一段话来加以印证。他是这样说的："美德是牵涉到选择时的一种性格状况，一种适中，就是说，一种相对于我们而言的适中，它为一种合理原则所规定，这就是那具有实践智慧的人用来规定美德的原则。它是两种恶行——由于过度和由于不足而引起的两种恶行——之间的中道。"[13]无独有偶，中国古代"最博学的人物"孔子也论述过"过犹不及"（《论语·先进》），"中庸之为德也，其至矣乎！"（《论语·雍也》）。这种不偏不倚，不走极端，强调对立面的统一，矛盾双方相互渗透的思维方式显然是和古代人与自然、人与社会素朴和谐的历史境况相一致的，而这种思维方式一旦形成，也必然会影响到人们对于审美理想的追求。与近代人不同，古代人不去追求诸物理元素、诸心理元素，以及物理元素与心理元素之间的对立和冲突，而是要求矛盾双方的妥协和渗透。因此，无论中国还是西方，古代人的审美理想尽管包含了多样的、复杂的因素，然而其最终的结果却总是和谐的、稳定的，不掺杂痛感的、美的。

（此文为周来祥、陈炎合作，发表于《东方丛刊》1992年第1期）

13 [古希腊]亚里斯多德：《尼各马可伦理学》，见北京大学哲学系外国哲学史教研室编《西方哲学原著选读》上册，商务印书馆，1982年，第156页。

近代中国美学中的反伦理倾向与近代西方美学中的反宗教倾向

如果说西方古代美学思想的核心是宗教，那么，西方近代美学思想的核心则是反宗教；如果说中国古代美学思想的核心是伦理，那么，中国近代美学思想的核心则是反伦理。尽管由于二者出发点不同而导致了其具体内容上的差异，但是它们的共同目的都是要将审美活动从封建意识形态的束缚下解放出来，从而获得独立的价值和意义。

一、从伦理情感和宗教情感中挣脱出来的美感享受

西方的近代思潮，发轫于"文艺复兴"运动。这场思想文化革命的斗争矛头，指向了被封建教会所垄断的基督教神学。

将美的本质归结于超验的宇宙主宰，是宗教美学的首要特征。然而在新的思想家眼里，使一切事物协调和鲜明的原因不是什么神，而是自然本身。意大利建筑师阿尔伯蒂指出："美是各个组成部分各在其位的一种和谐与协调，它们要符合和谐，即大自然的绝对要素和根本要素所要求的严格的数量、规定和布局。"[1]意大利诗人塔索也认为："美是自然的一种作品，因为美在于四肢五官具有一定的比例，加上适当的身材和美好悦目的色泽，这些条件

1 [意]阿尔伯蒂：《论建筑的十卷书》，转引自[苏]奥夫相尼科夫《美学思想史》，刘宁译，陕西人民出版社，1986年，第77页。

本身原来就是美的，也就永远是美的。”[2]在这里，中世纪一直遭受埋没的亚里士多德的美学思想开始重新抬头了。这种具有唯物主义倾向的美学思想之所以受到重视，显然具有反对宗教神学的历史意义。因为神与自然的对立实际上也就是神与人的对立，所以讴歌自然便成为解放人类的首要前提。

在审美活动中，用灵魂来束缚肉体，用理性来压抑感性，是宗教美学的又一特征。与此相反，人文主义者却偏偏要通过审美活动来冲破禁欲主义的束缚，因此他们把解放肉体看成是解放灵魂的首要条件。法国的思想家蒙台涅指出：“美乃是人们关系中的伟大力量；而美首先是吸引人们互相接近。任何人都会在不同程度上被这种美的魅力所感动，不管他多么怪癖和阴郁。”[3]意大利著名的自然哲学家布鲁诺也认为：“高尚的热情热爱肉体或肉体美，因为后者是精神美的表现。”[4]这种对肉体快感的大胆肯定显然是对基督教美学的全盘否定。在人文主义者看来，要想进入美的境界，就必须首先获得全身心的解放。

如果说宗教美学在美的本质问题上采取信仰主义的态度，在美感问题上采取禁欲主义的观点，那么在艺术问题上则必将采取驱逐主义的立场，前两个特征也就自然地决定了这第三个特征。早在古希腊的柏拉图那里，就已经主张要将诗人们驱逐出“理想国”的大门，古罗马的经院哲学家奥古斯丁也为其早年酷爱艺术而感到悔恨。[5]在这种思想影响下，整个中世纪的艺术便彻底沦为宗教神学的婢女。起初，先是艺术题材的宗教化，文艺成了宣扬基督教神学的寓言和标语；继而，不仅世俗艺术遭到破坏，而且连宗教艺术也开始受到敌视。这种禁欲主义的美学思想最终便导致了长达120年之久的“破坏偶像运动”。[6]与此相反，文艺复兴时期的巨人们就是要将艺术从宗教信仰的禁锢下解放出来，使之获得独立的美学地位。意大利文学家卜迦丘认为：“我说神学和诗可以说差不多就是一回事，如果他们用的题材是一样的；我甚至说，神学不是别的，正是上帝的诗。《圣经》里基督时而叫做狮，时而叫做

2　[意]塔索：《论英雄体诗》，《世界文学》1961年8、9期（合刊），第222页。

3　[法]台涅：《随笔集》，转引自[苏]金斯塔科夫《美学史纲》，上海译文出版社，1986年，第144页。

4　[意]布鲁诺：《论英雄主义热情》，转引自[苏]金斯塔科夫《美学史纲》，上海译文出版社，1986年，第119页。

5　[古罗马]奥古斯丁：《忏悔录》，周士良译，商务印书馆，1963年，第31页。

6　参见[英]鲍桑葵：《美学史》，张今译，广西师范大学出版社，第182页。

羊，时而叫做虫，时而叫做龙，时而叫做岩石，这不是诗的虚构是什么呢？《福音》里救世主的话又是什么，如果不是含有言外之意的布道词呢？用一个大家所熟悉的名词来说，那就是寓言。从此可见，不仅诗是神学，而神学也就是诗……”[7]在这里，与其说是用神学来解释诗，不如说是用诗来解释神学，只不过作者还没有勇气将诗学和神学彻底分开罢了。画家达·芬奇说得更加明白：“欣赏——这就是为着一件事物本身而爱好它，不为旁的理由。”[8]只有在这种思想的指导下，才可能出现彼特拉克的诗、拉伯雷的小说、莎士比亚的戏剧、米开朗基罗的雕塑、拉斐尔的绘画……才可能出现一个繁花似锦的艺术时代。

大约与西方的“文艺复兴”时代同时，中国的明中叶也开始出现了早期的资本主义萌芽，与此同时，也出现了一批具有近代思想的古代人物。他们在思想理论和艺术创作上遥相呼应，表现出一种具有反叛色彩的市民倾向，从而形成了中国历史上的“文艺复兴”。

与西方的人文主义者一样，中国明中叶的这批精神斗士也是以实现人的自由和个性的解放为目的的。李贽的“童心说”、汤显祖的“至情说”、袁宏道的“性灵说”，无不带有资产阶级人性论的色彩。然而，由于文化背景的显著差异，李贽等人所面临的具体任务不是将人从宗教神学的枷锁下解放出来，而是将人从封建礼教的束缚下解放出来，因此，他们所抨击的对象不是教会，而是儒学。

儒家美学的首要特征是将美的本质建立在封建礼教的基础之上，从而赋予其特定的伦理内容。这一点，正是明中叶的文化叛逆者所需要首先批判的。李贽认为，天下至美之文，不是出于伦理教化的结果，而是出于天真无邪的童心。在《焚书》中，作者不仅无情地揭露了封建礼教的虚伪性，而且愤怒地控诉了这种伪善的仁义道德对于审美创造能力的扼杀和束缚。其目的显然是要颠覆上千年来的封建礼教，以解放被压抑的人性。继李贽之后，“公安派”的代表人物袁宏道也对封建礼教束缚审美情趣这一社会现实进行了大胆的揭露和批判。与文艺复兴时期的西方学者一样，明中叶的人文主义者也喜欢使用“自然”这一概念。不同的是，他们所说的“自然”主要不是指客观事

7　《但丁传》，《世界文学》1961年第8、9期合刊。

8　[意]达·芬奇：《笔记》，见北京大学哲学系美学教研室编《西方美学家论美和美感》，商务印书馆，1980年，第69页。

物的本来面目，而是指主观情感的真实流露；他们所说的“自然”主要不是用来抵御超自然的宇宙主宰，而是用来抵御不自然的行为规范。这种不同显然与东西方不同的文化背景有着直接的关联，然而有一点却是共同的，这就是东西方的人文主义者都企图以“自然”为武器，来实现其反封建的历史任务，从而使审美活动通过“自然”而走向“自由”。

儒家美学的第二大特征，就是在审美活动中用理智来束缚情感，从而将审美情感纳入特定的伦理轨道。荀子曰：“夫乐者，乐也，人情之所必不免也。故人不能无乐，乐则必发于声音，形于动静；而人之道，声音动静，性术之变尽是矣。故人不能不乐，乐则不能无形，形而不为道，则不能无乱。先王恶其乱也，故制《雅》《颂》之声以道之，使其声足以乐而不流，使其文足以辨而不諰，使其曲直、繁省、廉肉、节奏足以感动人之善心，使夫邪污之气无由得接焉；是先王立乐之方也。”（《荀子·乐论》）这就是所谓“出乎情，止乎礼义”的“温柔敦厚”的审美规范。这一点，同样是明中叶的人文主义者所不能接受的。李贽云：“盖声色之来，发于情性，由乎自然，是可以牵合矫强而致乎？故自然发于情性，则自然止乎礼义，非情性之外复有礼义可止也，惟矫强乃失之，故以自然之为美耳，又非于情性之外复有所谓自然而然也。”（《焚书》卷三）反对用外在的礼义来束缚内在的情感，正是思想解放的一个重要方面。汤显祖十分清楚：“世有有情之天下，有有法之天下。”（《玉茗堂文之七·青莲阁记》）正是这二者的尖锐对立，才产生出无数的艺术佳品。因此，继李贽的“童心说”之后，他建立起自己的“至情说”，以情感至上的观点来反抗封建礼法的约束。在他看来，“情”之于人，就像“气”之于物一样，是一种无法压抑的本质力量，当这种力量受到阻碍的时候，便会在艺术创作中寻求解脱，“因情生梦，因梦生戏”，从这一意义上讲，真正的艺术作品，恰恰是情感活动的自由天地。继汤显祖之后，袁宏道的“性灵说”也主张任性而发，尽情而作，“不效颦于汉魏，不学步于盛唐，任性而发，尚能通于人之喜怒哀乐嗜好情欲，是可喜也！”（《袁中郎全集》卷三）正是这股强大的情感洪流，猛烈地冲击着封建礼法的精神堤坝，使之动摇，使之决口，使之崩溃……由此可见，正像文艺复兴时期的西方学者在高扬欲望合理的问题上有着特殊的进步意义一样，中国明中叶的人文主义者在肯定情感自由的问题上也作出了特殊的历史贡献。

儒家美学的第三大特征，也是由前两个特征所决定的，当儒家学者在美的本质和美感享受等问题上采取了节情制欲的伦理主义立场的时候，文学艺术在他们眼里便只能是一种道德教化的工具而已。我们知道，就在柏拉图立志要将那些伤风败俗的诗人们驱逐出“理想国”的时候，孔子却亲自整理诗乐，使“《雅》《颂》各得其所”（《论语·子罕》）。这是不是说明伦理美学较之宗教美学更加重视文学艺术自身的价值呢？不是的。在孔子及其门徒的眼里，文学艺术的主要作用也不是为了审美，而是为了“学道”，因此，当文学艺术有利于“学道”的时候，它便被视为经典和法宝；而当文学艺术不利于“学道”的时候，则同样会被儒生们拒之门外。这就是从“文以载道”到“文以害道”的历史变迁。“盖文章，经国之大业，不朽之盛事。”（曹丕：《典论·论文》）“故正得失，动天地，感鬼神，莫近于诗。先王是以经夫妇，成孝敬，厚人伦，美教化，移风俗。”（《毛诗序》）此为“文以载道”的典型论述。“或问：作文害道否？曰：害也。凡为文不专意则不工，若专意则志局于此，又安能与天地同其大也？《书》云：‘玩物丧志’，为文亦玩物也”（《二程遗书》卷十八）。此为“文以害道”的典型论述。值得注意的是，无论是“载道论”，还是“害道论”，都没有真正看到文学自身的审美价值，而只不过是将文艺看成是实现某种政治目的的工具而已。当这个工具能够为政治目的服务时，它便被采纳，被利用；当这个工具不能为政治目的服务时，它便被抛弃，被践踏。因此，尽管“载道论”和“害道论”对文学艺术的具体态度迥然不同，但是它们内在的价值观念却是一致的，即都是一种无视审美价值的工具论。与这种观点刚好相反，明中叶的人文主义者不仅强调审美情感在文学艺术中的独特价值，而且专门推崇那些被历代文人视为不登大雅之堂、无以传道授业的小说、散曲以及民间艺术。徐渭非常赞赏民歌民谣，认为它们“正与《国风》一类”，“此其天机自动，触物发声，决不可以意义说者”（《徐文长集·奉师季先生书》）。李贽不顾世人的成见，亲自评点《水浒传》，从而开辟了中国小说美学研究的先河。汤显祖不仅写下了《牡丹亭》等反抗封建礼法的传奇作品，而且公然宣称“以人情之大窦，为名教之至乐”（《玉茗堂文之七·宜黄县戏神清源师庙记》）。冯梦龙的小说创作真正代表了新兴市民阶级的审美情趣。除此之外，他还专门收集那些不被正统文人所重视的民歌、散曲、小说、传奇，并将汤显祖的话改造为“借男女之真情，发名教之伪药”。（《序山歌》）与此相同，袁中道也得出了“真诗其果在民间”（《珂雪斋文集》卷三）的结论。从这里我们看到，新的美学思想必然带来新的艺术观念，而新的艺术观念又必然导致新的创作成果。尽管明中叶的“浪漫洪流”尚不足以同西方文艺复兴时期的累累硕果相提并论，然而在中国的文学史上也同样留下了富有思想解放意义的光辉灿烂的一页。

通过以上的比较，我们看到，西方的文艺复兴时期和中国的明代中叶，都是资本主义萌芽初露端倪而市民意识刚刚崛起的时代。在这样一个时代里，美学思想作为意识形态的一个组成部分，也必然被赋予反封建的历史内容。在美的本质问题上，西方人企图以“自然”来取代“上帝”，从而在根本上动摇宗教美学的理论基石；中国人则企图用“自然”来否定“礼法”，从而在根本上截断伦理美学的思想根源。在美感问题上，西方人反对“灵肉对立”的传统观念，从而重新确立了感官愉悦的合法地位；中国人则反对“以理节情”的一贯主张，从而重新争得了情感活动的自由天地。在艺术问题上，西方人强调艺术作品的世俗价值，以抗拒禁欲主义的思想传统，中国人则重视艺术作品的民间活力，以抵御工具主义的艺术观念……尽管由于文化背景的重大差异，使得中西美学反抗封建的斗争方式不同，然而它们都具有强调自然、强调感性、强调艺术独立性的共同倾向。这就是要使长期以来被宗教信仰和伦理教化所压制和束缚的审美活动获得新的生命，从而为人的自由和解放作好精神上的准备。

无论是在西方还是在中国，这一时期的美学思想虽然富有战斗气息和反叛色彩，但同样缺乏理论上的深度。无论是把美的本质简单地归结为自然，还是片面地强调美感享受中的感觉和情感因素，都缺乏辩证的思维和严密的论证。如果将它们进行孤立的分析，甚至还难免不具有感觉主义和自然主义的嫌疑。但是，如果我们把这些思想放在整个中西美学的历史长河中加以考察，我们就会懂得，在此特定的历史阶段中，美学上的最大需要不是“立”而是“破”。正是在这一意义上，中西方早期的人文主义者分别在其特定的社会历史环境下出色地完成了历史赋予他们的重大使命；也正是在这一意义上，他们在思想上的标新立异和理论上的矫枉过正，不仅是可以理解的，而且是完全必要的。

二、指向自由的审美追求

“彼岸世界的真理消逝之后，历史的任务就是确立此岸世界的真理”。[9]如果说，人文主义者的历史任务就是去消灭“彼岸世界的真理”，那么启蒙主义者的历史使命则是去确立“此岸世界的真理”。如果说，前者的任务主要是“破”，那么后者的使命则主要是“立”。

在西方，当人们把美从上帝的怀抱中解救出来之后，又将如何赋予其现实的生命呢?“英国经验派”和“大陆理性派”寻找着两种截然不同的道路。前者由感性经验入手，企图把审美活动归结为一种特殊的感官愉悦；后者从理性认识入手，企图把审美对象归结为一种特殊的认识成果。作为英国经验派美学的代表人物，夏夫兹博里认为，人们对于美的感受就像眼睛对于光的感受一样，是一种建立在生理基础之上的心理反应，所不同的只在于对美的感受不是依靠外在的视觉器官而是一种看不见的“内在的眼睛”罢了。他的学生哈奇生进一步指出把这种较高级的接受观念的能力叫做一种“感官”，是恰当的，因为它和其他感官在这一点上相类似：所得到的快感并不是起于对有关对象的原则、原因或效用的知识，而是立刻就在我们心中唤起美的观念。[10]这种“内在感官”的学说虽然抓住了审美活动的直觉特征，但并未使其超出生理快感的水平，而这一机械生物论的倾向到了博克那里便表现得更加明显了：“我们应该得出这样的结论：美大半是物体的一种性质，通过感官的中介，在心灵上机械地起作用。”[11]

9　[德]马克思：《〈黑格尔法哲学批判〉导言》，《马克思恩格斯选集》第1卷，人民出版社，1972年，第2页。

10　[英]哈奇生：《论美与德行两个概念的根源》，北京大学哲学系美学教研室编《西方美学家论美和美感》，商务印书馆，1980年，第99页。

11　[英]博克：《论崇高与美》，北京大学哲学系美学教研室编《西方美学家论美和美感》，商务印书馆，1980年，第121页。

与这批经验论者相反，作为唯理论美学的代表人物，莱布尼茨则认为，人们对于美的把握和对于善的把握一样，都是一种认识成果，所不同的只在于对美的把握依赖于一些无法言明的“混乱的感觉”而不是明确的理性推论罢了。他的信徒沃尔夫则进一步指出：“美在于一件事物的完善，只要那件事物易于凭它的完善引起我们的快感。”[12]这种将“快感”与“完善”联系起来的观点虽然肯定了审美活动的理性内容，但并未使其超出认识论的范畴，而这一思想在鲍姆嘉滕那里表述得更加明确：“美学的目的是感性认识本身的完善（完善感性认识）。而这完善也就是美。”[13]

作为英国经验派和大陆理性派的思想总结，康德既不同意博克等人的经验论观点，也不赞成鲍姆嘉滕等人的唯理论学说。在他看来，前者混淆了精神享受与肉体享受的原则区别，从而把审美活动看成是一种高级的生理活动；后者则搅乱了情感判断与知识判断的原则区别，从而把审美活动当成是一种低级的认识活动；而康德的《判断力批判》就是要克服经验主义和理性主义的上述缺陷，从而真正抓住审美活动既不同于功利实践又不同于科学认识的关键所在。在“美的分析”中，康德重点分析了“无目的的合目的性”这一审美活动的基本特征。为了与经验论划清界限，康德在“质”的分析中曾明确指出：“鉴赏是凭借完全无利害的观念的快感和不快感对某一对象或其表现方法的一种判断力。”[14]这就取消了外在的目的；为了与唯理论划清界限，康德在“量”的分析中又明确指出：“美是那不凭借概念而普遍令人愉快的。”[15]从而又取消了内在的目的。因此，这种既不涉及利害，又不涉及概念的审美活动便是一种“无目的”的活动。然而“无目的”的活动又何以能引起人们的情感愉悦呢？这是因为在审美活动中，想象力和理解力（知性）在这种无目的的活动中进入一种和谐自由的状态，从而适应了主体心理的需求。于是审美活动虽然没有明确的目的，但又符合了某种并非确定的目的，从而引起情感上的愉悦，这就是所谓“无目的的合目的性”。康德的“美的分析”从消极的意义上讲，是要同经验论与唯理论划清界限；从积极的意义上讲，则是要在主体与

12 转引自朱光潜编：《艺术美学辞典·外国艺术美学史》，上海辞书出版社，2012年，第488页。

13 [德]鲍姆嘉滕：《美学》，简明等译，文化艺术出版社，1987年，第18页。

14 [德]康德：《判断力批判》上卷，宗白华译，商务印书馆，1964年，第47页。

15 [德]康德：《判断力批判》上卷，宗白华译，商务印书馆，1964年，第57页。

客体、人与自然、感性与理性之间找到一种自由和谐的对应关系，以确定审美活动既不同于功利实践又不同于科学认识的独特品性。

继康德之后，席勒进一步从人与自然的关系之中来寻找美的自由境界。在他看来，康德虽然发现了审美活动所应当具有的超功利、超认识的自由属性，却无法解释这种属性的由来，最终只能将它归之为一种神秘而先验的“共通感”，而他本人却要从人的主体能力入手来揭示美的“客观标准”。席勒认为，人类有两种截然相反的自然要求或冲动，即“感性冲动”和“形式冲动”，前者“把我们自身之内必然的东西转化为现实”，后者“使我们自身之外现实的东西服从必然性的规律”[16]。通常状态下，这两种冲动各行其是，或受制于感性内容，或受制于理性形式，因而都是不自由的。只有在一种特殊的“游戏冲动”中才能将二者有机地统一起来，其统一的结果便是美。“感性冲动的对象用一个普通的概念来说明，就是最广义的生命。这个概念指全部物质存在以及一切直接呈现于感官的东西。形式冲动的对象也用一个普通的概念来说明，就是同时用本义与引申意义的形象，这个概念包括事物一切形式方面的性质以及它与各种思考、力的关系。游戏冲动的对象用一个普通的概念来说明，可以叫做活的形象。这个概念指现象的一切审美性质，总之是指最广义的美”[17]。在席勒看来，人在现实生活中，既要受到感性自然的制约，又要受到理性法则的制约，是不自由的。审美活动则不然：它既不是真正的实践活动，因而不受感性自然的制约；又不是严格的认识活动，因而也不受理性法则的制约，所以是自由的。通过这种自由的活动，人们可以把在日常生活中被分割开来的经验内容和先验形式统一起来，使自己成为既超越“感性人”又趋向“理性人”的“自由人”。所以，正像康德把审美判断力视为连结纯粹理性和实践理性的“桥梁”一样，席勒也认为：“从感觉的受动状态到思维和意志的能动状态的转变，只有通过审美自由的中间状态才能完成。……总之，要使感性的人成为理性的人，除了首先使他成为审美的人没有其他途径。”[18]

如果说，席勒的贡献在于突破了康德的审美静观而将这一自由的境界建

16 [德]席勒:《美育书简》，徐恒醇译，中国文联出版公司，1984年，第74页。

17 [德]席勒:《美育书简》，徐恒醇译，中国文联出版公司，1984年，第86页。

18 [德]席勒:《美育书简》，徐恒醇译，中国文联出版公司，1984年，第116页。

立在主体行为的基础上，那么黑格尔的贡献则在于进一步将这种主体行为建立在社会历史的基础上。由康德经席勒一直发展到黑格尔，美论研究中的主观唯心主义逐渐演变为客观唯心主义。在黑格尔那里，自然、社会以及全部人类的精神生活，都是“绝对理念”自外化、自发展、自回归的过程，而审美活动，只不过是“绝对理念”通过人类主体而反观自身的一种方式。用他的话来说，“美就是理念的感性显现”。作为理念的感性显现，美并不是自然界中所存在的偶然的感性形象，因为自然本身只是理念发展的低级形态，还不具备显现自身的能力。只有到了理念发展的高级形态，到了具有精神活动的人这里，理念的显现才成为可能。在黑格尔看来，人对理念的把握共有三种方式：第一种是借助形象的艺术把握，第二种是利用象征的宗教把握，第三种则是通过概念的哲学把握。从这一意义上讲，人类的审美活动只不过是“绝对理念”自我观照的初级阶段而已。尽管在黑格尔这里，审美活动一开始便笼罩着“理念论”的阴影，但是他毕竟在唯心主义的形式下涉及了人与现实的关系问题，即人如何在外在世界中将理念显现出来的问题。“自然界事物只是直接的，一次的，而人作为心灵却复现他自己，因为他首先是作为自然物而存在，其次还为自己而存在，观照自己，认识自己，思考自己，只有通过这种自为的存在，人才是心灵。人以两种方式获得这种对自己的意识：第一是以认识的方式，他必须在内心里意识到他自己，意识到人心中有什么在活动，有什么在动荡和起作用，观照自己，形成对于自己的观念，把思考所发见为本质的东西凝定下来，而且在从他本身召唤出来的东西和从外在世界接受过来的东西中，都只认出他自己。其次，人还通过实践的活动来达到为自己（认识自己），因为人有一种冲动，要在直接呈现于他面前的外物之中实现他自己，而且就在这实践过程中认识他自己。人通过改变外在事物来达到这个目的，在这些外在事物上面刻下他自己内心生活的烙印，而且发见他自己的性格在这些外在事物中复现了。人这样做，目的在于要以自由人的身份，去消除外在世界的那种顽强的疏远性，在事物的形状中他欣赏的只是他自己的外在现实，儿童的最早的冲动就有要以这种实践活动去改变外在事物的意味。例如一个小男孩把石头抛在河水里，以惊奇的神色去看水中所见的圆圈，觉得这是一个作品，在这作品中他看出他自己活动的结果。这种需要贯穿在各种各样的现象里，一直到艺术作品里的那种样式在外在事物中进行自我创造（或创造自己）”[19]。在这里，尽管人的本质力量说到底还只是一种抽象的观念，尽管人的实践冲动说到底还只是一种精神上的活动，尽管人的审美创造说到底还只是绝对理念自我回归的一个环节，但是，强调人通过改变外在事物来认识他自己，强调人通过对象化的行为来消除他与外在世界之间所固有的疏远性，强调人通过美的创造与欣赏而获得精神上的和谐与自由……这一切较之康德的“审美共通感”和席勒的“游戏冲动”，显然具有更多的辩证法色彩和更浓的实践论气息。从这一意义上讲，黑格尔的美学思想是在马克思主义产生之前，西方近代美学所取得的最高成就。同康德、席勒一样，黑格尔美学思想的核心也是自由。在他看来，与一般的功利实践不同，美的创造并不是由某种现实的目的和欲望而产生的，从而要用主体来消灭对象的自由；与一般科学认识不同，美的欣赏并不预先假定客观对象的独立自在性，从而要用对象来限制主体的自由。因此，“无论就美的客观存在，还是就主体欣赏来说，美的概念都带有这种自由和无限；正是由于这种自由和无限，美的领域才解脱了有限事物的相对性，上升到理念和真实的绝对境界”。[20]

总之，以德国古典美学为最高成就的近代西方美学将其最终的归宿与目的牢牢落在“自由”二字之中。从美学研究的自身意义来看，这种“自由”就是为了使审美活动摆脱功利实践和科学认识的束缚，以获得独立的意义；从美学研究的文化环境来看，这种“自由”就是为了使人的精神活动从宗教、迷信等一切封建意识形态中挣脱出来，以获得健康的发展；从美学研究的政治背景来看，这种“自由”就是以“自由、平等、博爱”为口号的资产阶级革命精神在美学领域中的折光与倒影，是“法国革命的德国理论”。

然而在中国，走向自由的道路并不平坦。如果我们把明中叶的人文主义思潮比做“文艺复兴”的话，那么这一思潮过后，并没有紧跟着出现一场更深刻的“启蒙运动”。直到鸦片战争之后，不甘落伍的国人才重新开始那曾被历史延误了的“思想启蒙”。

作为中国近现代美学的奠基人，王国维在审美自由的问题上，深受康

19 [德]黑格尔:《美学》第1卷，朱光潜译，商务印书馆，1979年，第148页。

20 [德]黑格尔:《美学》第1卷，朱光潜译，商务印书馆，1979年，第38—39页。

德、叔本华影响。他指出："吾人于此桎梏之世界中，竟不获一时救济欤？曰：有。唯美之为物，不与吾人之利害相关系；而吾人观美时，亦不知有一己之利害。"（《静庵文集·叔本华之哲学及其教育学说》）然而与康德、叔本华不同的是，王国维之所以坚持审美活动的超功利属性，并将这一活动与个体生命的解脱联系在一起，其目的并不是为了摆脱感觉至上的经验哲学，而是为了反抗经世致用的儒家伦理。

蔡元培则不仅介绍了康德关于"美的分析"的四个契机，而且对于其中的人道主义内容进行了着意发挥："夫人类共同之鹄的，为今日所堪公认者，不外乎人道主义，既如前节所述。而人道主义之最大阻力为专己性，美感之超脱而普遍，则专己性之良药也。"[21]因此，他主张"以美育代宗教"，用人道主义的情感教育来取代尊孔、忠君的道德宣传，改造国民性。

如果说，王国维和蔡元培对于西方美学思想的借鉴还停留在理论上的引进，那么周作人则进一步将这种理论上的引进转向了实践上的发挥。同王国维一样，周作人也十分关注个体生命的价值和意义；同蔡元培一样，周作人也积极倡导群体关系中的"人道主义"精神。然而与王国维不同，他不是以悲观主义的态度来否定人的生命欲求，而是从乐观主义的精神来肯定人的生命欲求，用他的话来说，就是："我们所信的人类正当生活，便是这灵肉一致的生活。"[22]与蔡元培不同，他不是将"人道主义"看成是理想的"利他原则"，而是人间的"本位主义"，用他的话来讲，即是："我所说的人道主义，并非世间所谓'悲天悯人'或'博施济众'的慈善主义，乃是一种个人主义的人间本位主义。这理由是，第一，人在人类中，正如森林中的一株树木。森林盛了，各树木也都茂盛。但要森林盛，却仍非靠各树各自茂盛不可；第二，人爱人类，就只为人类中有了我，与我相关的缘故。墨子说'兼爱'的理由，因为'己亦在人中'，便是最透彻的话。"[23]我们知道，在近代社会中，张扬个体的价值和地位，显然具有反封建的历史意义。因此，与王国维、蔡元培相比，周作人同传统文化之间有更加尖锐的，乃至不可调和的矛盾。他指出："中国文学中，人的文学，本来极少。从儒家道德出来的文章，几乎都不合

21　蔡元培：《美的观念》，《蔡元培美学文选》，北京大学出版社，1983年，第66页。

22　周作人：《人的文学》，《新青年》第5卷第6号。

23　周作人：《人的文学》，《新青年》第5卷第6号。

格。……全是妨碍人性的生长，破坏人类平和的东西，统应该排斥。”[24]所以，他既反对“兽的文学”，也反对“神的文学”，而坚持倡导“人的文学”，以促进“灵肉一致”的正常生活，促进人的健康发展。在这一点上，他似乎与席勒的美育思想有着相通之处。

从王国维、蔡元培到周作人，我们可以看到，在西方美学，尤其是在德国古典美学的影响下，中国近现代的美学思想也是作为启蒙主义的一个组成部分，围绕着“美的自由”和“人的自由”这一历史课题而展开的。相比之下，中国美学的实践需求较之理论需求更为迫切，因而对于西方美学的接受过程便明显地呈现为一个实践上逐渐强化而理论上逐渐淡化的过程。在王国维、蔡元培那里，美的本质问题还占有相当重要的地位，审美活动不同于科学认识和伦理实践的独立品性始终是他们理论研究的焦点与核心；然而到了周作人这里，关于美的哲学思考便很快退到一个次要的地位，思想家最感兴趣的问题是如何通过审美活动直接服务于反封建的社会变革。也就是说，对于“人的自由”的思考越来越多于对“美的自由”的思考。进而，当“美的自由”与“人的自由”在特定的历史条件下发生矛盾的时候，也就是说，当艺术活动的审美品格和社会实践的功利目的产生矛盾的时候，如何科学地处理这一矛盾，便成为美学研究中的主要课题。

正像黑格尔美学是对全部德国古典美学的概括和总结一样，鲁迅则可说是中国近现代美学思想的集大成者。早在1907年，他的《摩罗诗力说》不仅介绍了赞美个性自由的西方浪漫诗人，而且还十分推崇尼采“强力意志”的思想和易卜生“独战多数”的精神。1924年，他通过翻译日本文论家厨川白村的《苦闷的象征》，间接地接受了叔本华、弗洛伊德的思想。在他的杂文集《野草》中，我们甚至可以看到他对于“存在与虚无”这一存在主义命题的深刻思考。鲁迅对世界的荒谬、怪诞、阴冷感，对死和生的强烈感受是那样地锐敏和深刻。然而，这种对于个体生存的深刻体验并没有妨碍他对于民族命运的深切关注。作为“民族魂”的伟大思想家，鲁迅不仅吸收了西方现代哲学中的人文精神，而且继承了中国传统文化中的入世态度，从而以一种“知其不可而为之”的悲剧精神同一切有害于民族发展的黑暗势力进行殊死搏斗。似乎可以

24　周作人：《人的文学》，《新青年》第5卷第6号。

这样讲，作为中国近现代美学思想史上的三位大师，王国维深刻但不积极，周作人（早期）积极而欠深刻，鲁迅则同时发展并扬弃了他们。他不仅具有与前者同样深刻的人生体验和现代意识，而且具有比后者更加积极的入世态度和战斗精神，这两者的结合正是鲁迅的伟大之处。

在当时的历史条件下，如何将艺术实践的功利目的与审美活动的自由品格结合起来，这是鲁迅不容回避的美学课题，因而寻求这二者的有机统一便构成其美学思想的核心内容。一方面，他憎恶轻浮的唯美主义；另一方面，他也批判浅薄的功利主义。他蔑视麻痹战斗意识的“小摆设”，同时又反对无限夸大审美活动的社会作用，他主张艺术家应该自觉地服务于社会的政治变革，从而倡导“遵命文学”；同时又反对取消艺术家的独立人格，认为“偏不遵命，是有的”。他呼唤描写革命斗争的文艺作品，主张“无产文学，是无产阶级解放斗争底一翼，它跟着无产阶级的社会的势力的成长而成长”[25]；同时又反对主题先行的公式化倾向，认为“现在能写什么，就写什么，不必趋时，更不必硬造一个突变式的革命英雄”[26]。值得注意的是，当他通过译介普列汉诺夫、卢那察尔斯基的美学著作而接受马克思主义影响之后，便开始将上述对立统一的矛盾双方放在社会实践基础上加以思考。在他看来，审美愉悦的直接性本身就包含了社会功利的间接性。从发生学意义上，鲁迅也开始认识到人类最初的审美活动与劳动、宗教等功利活动之间的内在联系。在《中国小说历史的变迁》中，他得出了“诗歌起于劳动和宗教”的结论。这一切都意味着鲁迅已开始对“不期”而“致用”、“无目的的合目的性”这一审美活动的本质特征进行历史唯物主义的科学分析了。尽管这种分析尚处在萌芽阶段，但他毕竟代表了中国近现代美学思想的最高成就，并预示了中国当代美学的发展方向。

回顾中西近代美学的发展历程，我们可以发现以下几个方面的共同点。第一，与古代美学的出发点不同，近代美学思想家不仅要将审美活动同原始的生理快感区别开来，更重要的是要将审美活动从宗教神学和封建伦理的禁锢下解放出来。也就是说，他们不仅要确立这一活动不同于动物性享受的属人的文化品性，而且要确立这一活动不同于宗教和伦理的特殊的文化品性。

25　鲁迅：《对于左翼作家联盟的意见》，《鲁迅全集》第6卷，人民文学出版社，1957年，第385页。

26　鲁迅：《关于小说题材的通信》，《鲁迅全集》第4卷，人民文学出版社，1957年，第292页。

因此第二，与古代美学的理论层次不同，近代美学思想家的历史任务，不是去发现美与善、真之间的相互联系，而是去发现它们彼此之间的区别，即发现审美活动既不同于科学认识又不同于功利实践的独立品性。于是第三，与古代美学的历史意义不同，近代美学思想家不是要用理性的必然性来代替感性的偶然性、用人的能动性来代替动物的受动性，而是要在理性与感性、必然与偶然、能动性与受动性之间寻找到一个和谐自由的情感领域，从而不仅为人的确立，而且为人的自由和人的解放做出精神上的准备。

（此文为周来祥、陈炎合作，发表于《烟台大学学报》（哲学社会科学版）1992年第1期）

古典主义艺术的美学原则

无论是古代的中国，还是古代的西方，大都尊崇“诗画一律”的艺术主张。宋代的大艺术家苏东坡有句名言：“味摩诘之诗，诗中有画；观摩诘之画，画中有诗。”（《东坡志林》）与他同时代的文人张舜民也认为：“诗是无形画，画是有形诗。”（《画墁集·跋百之诗画》）不仅中国如此，西方也不例外。古罗马的大文豪普鲁塔克指出：“诗是有声的画，画是无声的诗。”与他同时代的艺术理论家贺拉斯也有着“诗如此，画亦然”的著名论断。这种“诗画一律”的艺术主张，显然已远远超越了两种艺术门类相互渗透的技巧问题，而是关系到表现与再现、理想与现实、情感与理智诸矛盾因素有机统一的美学原则。而这种为中西古代所共同遵循的美学原则，就是本文所要研究的“古典主义”。

“古典主义”有广、狭二义。狭义的“古典主义”是指发源于17世纪的法国，波及当时整个欧洲的“新古典主义”文艺思潮。广义的“古典主义”则是建立在素朴辩证法基础之上的，以调和矛盾、回避冲突、向往和谐为主要特征的美学原则。我们认为，在中西文艺史上，前资本主义时代，尤其是封建时代的绝大部分文艺作品，都是这一原则的产物。

我们说中西古代艺术都属于“古典主义”，这并不意味着否认其中的不同民族和其中的具体作品有着偏于表现、偏于理想、偏于情感、偏于“诗”和偏于再现、偏于现实、偏于理智、偏于“画”的差别，而只是强调这些差别的有限性，即是说这些差别都是以不破坏表现与再现、理想与现实、情感与理智的整体和谐为限度，都是以“诗画一律”为原则的，因而与近代意义上的“现实主义”和“浪漫主义”有着根本性的不同。一言以蔽之，它们所追求的最高境界是美而不是崇高，是和谐而不是对立。因此，这种艺术原则与古代人对于美的本质的认识以及对于审美理想的追求是完全吻合的。

相对来说，西方是“画”的故乡，古代的再现艺术比较发达，在雕塑、戏剧、小说等领域中取得了很高的成就；而中国是“诗”的国度，古代的表现艺术比较发达，在书法、诗歌、乐舞等领域中得到了长足的发展。以造型艺术为例，西方的雕塑注重人身解剖，绘画讲究焦点透视，即都以再现客观对象为主要目的；而中国的书法则注重笔墨情趣，绘画则讲究传神写意，即都以表现主观情感为核心内容……以语言艺术为例，西方的史诗和小说蔚为壮观，鸿篇巨制，动辄万言，叙事内容丰富而具体；而中国的抒情诗和散文则极为昌盛，篇幅短小，语言凝练，抒情形式典雅而考究……再以综合艺术为例，西方的戏剧以说为主，着力于情节的叙述和事件的交代，再现成分占主导地位；而中国的戏剧则以唱为主，着重于表演的形式和演唱的技巧，表现因素占明显优势。故亚里士多德以为，情节是戏剧的第一要素；而王骥德则指出，曲之美听，在于声调。这之间的差别也同样表现出中西古代艺术对于表现与再现的不同倾向。

但是，如果我们将观察的视野向下延伸，即以近代艺术为参照对象的话，那么上述“诗”与“画”、表现与再现的民族差异就会显得微不足道了。因为在当时的历史条件下，无论是西方的再现艺术，还是中国的表现艺术，都不可能将自己的特定倾向发展到极致，而最终总是要实现对立面的统一，表现与再现的结合。即中国以“诗”为主，“诗中有画”；西方以“画”为主，“画中有诗”。如上所述，建立在解剖学和光学基础之上的西方雕塑和绘画十分重视对象的物理属性；然而这绝非近代意义上的再现艺术，因为古典艺术所要追求的并不是现实主义的“无条件的真实”，而只是一种符合理想的真实。古代艺术的人物造型一般不以个别的模特儿为对象，而是杂取众美，合而为一。据说希腊著名画家宙克西斯曾把克罗通城邦中的五个最美丽的女子集合在一起，再把她们各自身上的优点熔铸为一人，这才画成了著名的《海伦后》。因此，在古代西方的雕刻和绘画中，我们所看到的并不是一个个具有鲜明个性的人物，而是一种理想化、模式化的范本。正因如此，古代艺术家才可能回避现实生活中的一切丑陋及不和谐的因素，从而实现对美的追求。关于这一点，著名的雕塑《拉奥孔》便是一个典型的例证。如果按照现实主义的再现原则加以处理的话，被长蛇缠绕的拉奥孔父子绝不可能表现出静穆的神态，而只能是恐怖的、痛苦的、绝望的，甚至是丑的。但是在古代人的手中，拉奥孔的哀号就变成了叹息，生活中的不和谐因素在艺术处理的过程中被有意淡化掉了。这与其说是再现现实，不如说是表现理想，是在再现现实的同时来表现理想，亦即我们所说的“画中有诗”。另一方面，中国的书法要算是偏于表现的艺术了。然而古人的文字是从象形的图画演变而来的，即使在字形摆脱了图画之后，人们在观念上仍然习惯于将抽象的线条与具体的物象相比附，从而使之获得一定的再现内容。东汉的蔡邕曾经指出：“凡欲结构字体，皆须像其一物，若鸟之形，若虫食禾，若山若树，纵横有托运用合度，方可谓书。”（《佩文斋书画谱》卷五，《后汉蔡邕笔论》）东晋的卫夫人曾写下著名的《笔阵图》，她对于每一种笔画的具体要求都是用物象来形容的，如“千里阵云”“高峰坠石”“陆断犀象”“百钧弩发”“万岁枯藤”“崩浪雷奔”“劲弩筋节”等。这种思想直接影响了隋朝智永的“永字八法”和唐初欧阳询“八诀”的形成。因此，我们在以后的书论中便可常常看到“如担夫之争路”“如策马之用鞭”之类的比喻，这说明古代的书法家们总是要在抽象的线条和具体的物象之间寻找一种对应关系，即在表现情感节奏的同时不忘再现物象的形象。古代最擅长主观表现的书法艺术莫过于张旭的狂草了，然而就连张旭的创作也同样要受到客观物象的启迪。对此，韩愈曾作过这样的描述：“观于物，见山水崖谷、鸟兽虫鱼、草木之花实、日月列星、风雨水火、雷霆霹雳、歌舞战斗、天地事物之变，可喜可愕，一寓于书，故旭之书，变动犹鬼神，不可端倪，以此终其身而名后世。”（《送高闲上人序》）这一切都说明，中国古代的书法艺术及其美学思想并没有彻底斩断象形与写意、再现与表现之间的原始纽带，因此，它与现代西方的抽象艺术并不能完全等量齐观。书法如此，绘画更是这样。中国古代一向就有“书画同源”的说法，其美学原则自然也相去不远，尽管国画主要倾向于写意，反对“气韵不周，空陈形似。笔力未遒，空善赋彩”的写实追求，然而古人的写意又往往是通过写实而实现的，这就是所谓“以形写神”“应目会心”；“尽该毫末，备得人情”；“外师造化，中得心源”。由此可见，形与神、物与心在这里并不是截然对立的。谢赫的“六法”云：“一气韵生动是也，二骨法用笔是也，三应物象形是也，四随类赋彩是也，五经营位置是也，六传移模写是也。”（《古画品录》）这一具有广泛影响的法则说明，古代画家虽然将“气韵生动”“骨法用笔”这类具有表现倾向的品格置于首位，但却并未完全抛弃“应物象形”“随类赋彩”之类具有再现倾向的品格……不仅造型艺术如此，语言艺术也不例外。如上所述，西方古代的史诗篇幅浩大、情节曲折，有着丰富的生活内容，然而史诗毕竟是“史”和“诗”的结合，从形式上讲，史诗的节奏和韵律尽管不十分严谨，但它毕竟以一定的格式限制了语言再现生活的自由度；从内容上讲，史诗对生活的摹仿又常常与作者的理想和幻想混杂在一起，使人难以分清究竟哪些属于再现的内容，哪些属于表现的成分。在西方，严格意义上的小说当属近代社会的产物，而作为史诗和小说之间的过渡形态，古代的骑士故事和英雄传奇也同样具有想象夸张的表现色彩，这些特点我们甚至在拉伯雷的《巨人传》和塞万提斯的《堂·吉诃德》中仍然可以看到。另一方面，中国的古诗尽管以抒情著称，然而古代的抒情诗也并非直抒胸臆，而是情景交融。与绘画中的“六法”相类似，中国古代的诗歌讲究“六义”，即“风、雅、颂，赋、比、兴”。这其中的“比”“兴”偏重于抒情想象，而“赋”则偏重于直言叙事。因此，“赋、比、兴”的结合同样体现了叙事与抒情、状物与写意的统一，亦即我们所说的“诗中有画”。艺术再现与表现成分的相互渗透，在综合性艺术门类中体现得更为突出。西方的古代戏剧虽一向以对话为主，但语言并不同于现代话剧中的口语，而是讲究节奏和韵律的。这种语言形式的长处是有一种近似于音乐的表现能力，而缺点则是在一定程度上减弱了再现生活的真实感。与此同时，合唱队的存在也起到了抒发情感、烘托气氛的作用，使这种偏重于再现的西方戏剧也不仅仅以摹拟现实生活为其最终目的了。另一方面，中国的戏剧虽然以唱为主，具有很强的音乐成分，但是中国古代的音乐一向是重声轻器的，所谓“丝不如竹，竹不如肉”，即强调声乐的认知功能而贬低器乐的表情作用。因此，正如西方的史诗是“史”与“诗”的结合一样，中国戏曲也是“戏”与“曲”的结合，其中有利于抒发情感的歌唱成分也必须承担起叙述剧情的再现任务。

古典主义关于表现与再现的统一，必然导致理想与现实的和解，二者实为同一问题的两个方面。从某种意义上，“诗”的艺术不仅是表现的艺术，而且是理想的艺术、主体的艺术；“画”的艺术不仅是再现的艺术，而且是现实的艺术、客体的艺术。然而在“诗中有画、画中有诗”的古典主义艺术中，表现与再现的相互渗透，正是为了服务于主体与客体混沌未分、理想与现实彼此妥协的古代精神。在现实生活中，主体与客体、理想与现实的尖锐对立，只能通过切实的社会实践和社会斗争才能获得统一，然而古代人既缺乏进行这种实践和斗争的主体精神，又不忍正视理想常常被毁灭的社会现实，因而只能在想象中使之相互妥协，归于和解，以换取一种精神上的满足与安慰。在西方，这种精神上的满足与安慰首先是通过一种特殊的艺术功能——Katharsis而实现的。如上所述，西方的古代艺术是以“画”为主，“画中有诗”，因而在再现客观世界的同时也必然在一定程度上反映出现实的苦难和生活的不幸。这一点，在古希腊的悲剧中就已经明确地体现出来。用现代人的观点看，所谓“命运悲剧”，无非是反映了在生产力水平极为低下的上古社会里，人类主体因无法驾驭自然和社会客体而造成的不幸；只是由于古代的艺术家还不能完全正视人与自然、人与社会的尖锐对立，于是才将这种不幸归结为某种超自然的“命运”，并附之以悲剧主人公所犯下的“过失”。用亚里士多德的话来说，“这样的人不十分善良，也不十分公正，而他之所以陷于厄运，不是由于他为非作恶，而是由于他犯了错误”。[1]这样一来，“历史的必然要求和这个要求的实际上不可能实现之间的悲剧性的冲突”，[2]便被悲剧主角个人身上的某些缺点和过失所掩盖了（这一点，直至文艺复兴时期的所

1 [古希腊]亚里斯多德：《诗学》，罗念生译，商务印书馆，1962年，第38、11页。

2 [德]恩格斯：《致斐·拉萨尔》，《马克思恩格斯选集》第4卷，人民出版社，1972年，第346页。

谓“性格悲剧”也是如此)。因此，尽管希腊悲剧中常常可以见到悲歌盈耳、死尸满台的情景，但是主体与客体、理想与现实之间的矛盾冲突已经得到了一定程度的缓解。所以，亚里士多德有关悲剧的理论告诉我们，希腊悲剧之所以要引起人们的怜悯和恐惧之情，只是为了使这种情感得到“Katharsis”。Katharsis，作宗教术语，意思是“净洗”，作医学术语，意思是“宣泄”，作伦理术语则为“陶冶”。“净化”也罢，“宣泄”“陶冶”也罢，其目的只是为了通过不和谐的手段而达到和谐的目的，即通过揭示主体与客体之间的矛盾而实现理想与现实的和解。这种倾向直至到了黑格尔的悲剧观中都没有被完全清除。后者认为，“通过这种冲突，永恒的正义利用悲剧的人物及其目的来显示出他们的个别特殊性(片面性)，破坏了伦理的实体和统一的平静状态，随着这种个别特殊性的毁灭，永恒正义就把伦理的实体和统一恢复过来了”，“因此在单纯的恐惧和悲剧的同情之上还有调解的感觉。这是悲剧通过揭示永恒正义而引起的”。[3]如果说，在希腊悲剧那里，为了达到和谐的最终目的，艺术家所使用的不和谐的手段毕竟要在一定程度上接触到理想与现实的矛盾冲突；那么在“新古典主义”悲剧中，剧作家干脆连手段自身中的不和谐因素也要加以进一步的清除了。我们知道，《熙德》是17世纪法国最有影响的一部悲剧，但是高乃依却以喜剧的手法来结束了悲剧的冲突。当罗狄克和施曼娜在爱情与伦理的矛盾中不得不做出牺牲的时候，作者便采用了希腊悲剧中所常有的“机械降神”式的解围手法，请国王出面做主完婚，使两位青年终成眷属，从而既维护了现实伦理的尊严，又实现了情感理想的意愿。我们知道，《伪君子》是“新古典主义”思潮中最为著名的一部喜剧，而这部喜剧的结局本应是悲剧性的，因为“伪君子”答尔丢夫利用奥尔恭对自己的信任，已经抓住了足以置后者于死地的把柄，可以依据法律轻而易举地将奥尔恭一家扫地出门。但是，为了不让好人落难、坏人得逞，莫里哀便只能求助于既明察秋毫又宽容大度的“青天大老爷”来挽回这难以收拾的局面。当然了，死尸满台的悲剧也还是有的。拉辛著名的《安德洛玛克》便是如此，但是只要我们略加分析便可以看出，死者全都是追逐情欲、丧失理性的人物，而作者唯一歌颂的主人公安德洛玛克却恰恰在不幸之中幸存了下来。法国“新古典主义”

3 [德]黑格尔:《美学》第3卷下册，朱光潜译，商务印书馆，1979年，第287、289页。

的著名评论家艾弗蒙曾一语道破了这些艺术家的创作动机："对于我们说来，罪恶都逃不掉惩罚，美德也很少没有善报。"[4]这样一来，理想与现实的冲突并没有像历史的本来面目一样得到充分的展开和完成，而是在一种"大团圆"式的艺术梦幻中被人为地化解和冲淡了。

如果说，"画中有诗"的西方艺术并没有将现实的矛盾充分揭示出来的话，那么"诗中有画"的中国艺术也并未使理想的意愿得到彻底的表现。表现理想历来是中国艺术中的主要内容。屈原上下求索，是寻求光明。李白放浪形骸，也是不甘寂寞。中国古代艺术中的"团圆模式""状元模式"，以及"青天模式"，事实上都是为了表现对于理想的追求，但是理想是不可能实现的，理想与现实有着不可调和的矛盾。这样，理想的必须实现与现实的不可触犯，二者之间的调和与妥协便自然成了艺术中上述这些模式的思想基础。

从艺术的创作过程来看，理想与现实的统一，必然表现为情感与理智、天才与勤奋、体验与表现的结合，这是"古典主义"的又一特征。在西方，早在古罗马时代的郎加纳斯，就曾给"情感"以很高的地位。他指出："对于人，音律的和谐不仅是进行说服和引起快感的天然的工具，而且是作出壮语和表达感情的奇妙的工具。譬如，笛可不是能授予听者一些感情，似乎要使他们悠然神往，如醉如狂吗？"[5]但这并不能说明郎加纳斯是一位唯情论者，因为他同时还认为："激昂的情绪，若不以理性控制，任其盲目冲动，随波逐流，有若无舵之舟，必定更加危险。"[6]17世纪法国的"新古典主义"理论权威布瓦洛也认为，艺术家的情感要受到理智的适当约束，否则便会走火入魔，导致情欲的泛滥。他说："一个有道德的作家，具有无邪的诗品，能使人耳怡目悦而绝不腐蚀人心；他的热情绝不会引起欲火的灾殃。"[7]在强调情感与理智彼此协调的同时，古代的西方学者也十分重视天才与勤奋的相互结合。郎加纳斯承认天才的存在，但同时又指出："虽然这是天生而非学来的能力，我们也要

4 [法]艾弗蒙：《论古代和现代悲剧》，见伍蠡甫主编《西方文论选》上卷，人民文学出版社，1963年，第271页。

5 [古罗马]郎加纳斯：《论崇高》，转引自缪朗山著《西方文艺理论史纲》，中国人民大学出版社，1985年，第160页。

6 [古罗马]郎加纳斯：《论崇高》，转引自缪朗山著《西方文艺理论史纲》，中国人民大学出版社，1985年，第167页。

7 [法]布瓦洛《诗的艺术》，范希衡译，人民文学出版社，1959年，第65页。

努力陶冶我们的性情，使之达到高远的意境，仿佛使之孕育着高尚的美感。”[8]与他同时代的另一位美学思想家贺拉斯说得更为明确：“有人问：写一首好诗，是靠天才呢？还是靠艺术？我的看法是：苦学而没有丰富的天才，有天才而没有训练，都归无用；两者应该相互为用，相互结合。”[9]情感与理智的统一，在创作上表现为天才与勤奋的结合，在表演上则体现为体验与表现的互补。作为独立的表演体系，无论是以斯坦尼斯拉夫斯基为代表的“体验派”，还是以布莱希特为代表的“表现派”，都是近代社会以后的产物，在此之前占统治地位的表演方式，则是一种程序化的“匠艺”。在西方，这种“匠艺”的表演方式产生于古希腊的圆形剧场，经过中世纪的教堂和17世纪的宫廷剧场而臻于完善。“总的看来，古典主义的表演艺术作为一种‘规范’……是属于‘虚假的’传统；是程序化的东西：朗诵应该怎么样，什么人物应该怎么演，都有一套规定。”[10]斯坦尼斯拉夫斯基在《演员的自我修养》一书中，将这种规范化、程序化的古典“匠艺”放在“表现艺术”和“体验艺术”之前，认为它是两大体系尚未分化的前身。“体验”与“表现”尚未分化的表演方式，显然与古代人情感与理智交互渗透的艺术精神是完全同步的。

与西方古代一样，情与理的统一也是中国古代文艺美学中的重要思想。《乐记》云：“乐也者，情之不可变者也；礼也者，理之不可易者也。乐统同，礼辨异，礼乐之说，管乎人情矣！”（《乐情篇》）没有情感的艺术，干巴巴、冷冰冰，算不上真正的艺术；不受制约的情感，则会宣泄无度，泛滥成灾，也不会产生优秀的作品。因此，最好的办法是以情入理、以理节情，发乎情，止乎礼义。就像《礼记》中所说的那样，“喜怒哀乐之未发谓之中，发而皆中节谓之和。中也者，天下之大本也；和也者，天下之达道也”（《中庸》）。根据这一原则，喜怒哀乐等各种情感不是不表达，也不是随心所欲地表达，而是在伦理原则的控制下进行适度地表达，使情感的流露不超出理智许可的范围之内。与这种情与理的关系相适应，我们的前人在天才与勤奋的关系上也采取了一种中和主义的态度。唐代的书论家孙过庭在谈及书法艺术时指出，书法家须有一定的才气和悟性，光靠死学是不行的；反过来讲，只凭才

8 [古罗马]郎加纳斯：《论崇高》，转引自缪朗山著《西方文艺理论史纲》，中国人民大学出版社，1985年，第168页。

9 [古希腊]贺拉斯：《诗艺》，杨周翰译，商务印书馆，1962年，第158、155页。

10 郑雪来：《斯坦尼斯拉夫斯基体系论集》，中国戏剧出版社，1984年，第45页。

华而不下苦功则同样不行。“盖有学而不能，未有不学而能者也”。(《书谱》)宋代的诗论家严羽一方面指出：“夫诗有别才，非关书也；诗有别趣，非关理也。”(《沧浪诗话》)强调诗歌创作须得“妙悟”，并非读书穷理所能致。另一方面又认为：“然非多读书，多穷理，则不能极其至。”(《沧浪诗话》)因为读书虽不能代替“妙悟”，然“妙悟”又不能不以读书为基础，二者的结合也正是天才与勤奋的统一。古代人的创作与表演，在美学倾向上应该是一致的。王国维曾经指出：“诗人对宇宙人生，须入乎其内，又须出乎其外。入乎其内，故能写之。出乎其外，故能观之。入乎其内，故有生气。出乎其外，故有高致。”(《人间词话》六十)体现在表演艺术中，这种“入乎其内”与“出乎其外”的统一，也就是“体验”与“表现”的结合。与西方古代的“匠艺”传统比较，中国古代的表演艺术更是强调程序美，并注重演员与角色之间的出入关系，所谓“看我非我，我看我，我也非我；装谁像谁，谁装谁，谁就像谁”。[11]在此基础上，才有了“既是杨贵妃，又是梅兰芳”的梅氏表演体系。因此，在所谓世界三大表演体系中，“梅氏体系”并不如一些学者所认为的那样，是“斯氏体系”和“布氏体系”的进一步综合，而是对于中国古代表演艺术的一种概括和总结。它所追求的既不是“体验”的真，也不是“表现”的善，而是一种程序的美。关于这一点，梅兰芳曾深有感触地说：“我对于舞台上的艺术，一向是采取平衡发展的方式，不主张强调出某一部分的特点来的。”“总而言之，‘万变不离其宗’，要在吻合剧情的主要原则下，紧紧地掌握到艺术上‘美’的条件，尽量发挥各人自己的本能。”[12]这种在平衡中追求美的表演体系，充分体现了古典主义素朴和谐的美学原则。

最后，从艺术功能上讲，古典主义协调表现与再现、理想与现实、情感与理智的精神，必然会产生教育与认识素朴结合的审美作用。在西方，寓教育、认识于审美娱乐的思想在古代社会中一直占据统治地位。亚里士多德认为摹仿的艺术不仅给人以快感，而且给人以知识，即在产生快感的同时获得知识。与这种“寓知于乐”的思想相呼应，贺拉斯提出了“寓教于乐”的著名观点。他指出：“诗人的愿望应该是给人益处和乐趣，他写的东西应该给人以快乐，同时对生活有帮助。”[13]在此基础上，布瓦洛把认识的“真”和伦理的

11 梅兰芳：《舞台生活四十年》，平明出版社，1952年，第118页。

12 梅兰芳：《舞台生活四十年》，平明出版社，1952年，第179页。

13 [古罗马]贺拉斯：《诗艺》，杨周翰译，商务印书馆，1962年，第158页。

“善”同时统一于艺术的“美”。他呼吁：“作者们，我有忠言，请为我侧耳静听。你那丰富的虚构是否受人欢迎？那么，你的缪司要多发些说论鸿言，处处把善和真与趣味融成一片。”[14]初看上去，古典主义艺术要求把认识作用、教育作用与审美娱乐作用统一起来的思想，是对于艺术社会功能的全面把握，因而有其理论上的合理性。问题在于，古代人所要求的这种多功能统一，是在认识、教育、娱乐各单项功能均未得到充分发展的情况下进行的；而单项功能的充分发展，则又不可能在彼此之间的相互纠葛中进行。因此，古典主义的这一特征，既有其理论的合理性，又有其历史的局限性。

与西方一样，中国古代自孔子开始便强调认识、教育和审美娱乐的统一。“子曰：‘诗，可以兴，可以观，可以群，可以怨。迩之事父，远之事君；多识于鸟兽草木之名。’”（《论语·阳货》）这里所涉及的认识作用，除了“多识于鸟兽草木之名”的生活常识之外，主要是“观”，即“观风俗之盛衰”；这里所涉及的教育作用，除了“迩之事父，远之事君”的日常伦理之外，还有“群”，即“群居相切磋”。由此可见，儒家学者对于文艺作品之认识内容和教育内容的发掘，也主要局限于“兴邦治国”“贯道济义”的范围之内。这一思想以《乐记》和《毛诗序》为中介，在白居易的《与元九书》中得到了进一步的强化。在后者看来，文艺的认识作用就是“补察时政”，文艺的教育作用就是“泄导民情”，这两种作用在审美情感的渗透下便容易深入人心，从而起到“上下通而一气泰，忧乐合而百志熙”的作用，于是，“五帝三皇所以直道而行，垂拱而理者，揭此以为大柄，决此以为大宝也”（《与元九书》）。这也就是“文以载道”“文以明道”的理论根据。所以，正如西方古代艺术一样，中国传统艺术中的认识功能和教育功能也只是为同一个“道”服务的。“审美”也不具有独立的娱乐价值。古典主义关于“认识”“教育”“审美”的综合功能，只能在一种素朴调和的状态下产生作用。

总而言之，无论在中国还是在西方，古代艺术家都要求实现“诗”与“画”的素朴结合，亦即表现与再现、理想与现实、情感与理智、教育与认识诸矛盾因素的直接统一。不同的只是“诗中有画”的中国古代艺术以表现、理想、情感、教育为矛盾的侧重点和主导方面，而“画中有诗”的西方古代艺术则以

14　［法］布瓦洛：《诗的艺术》，转引自缪朗山著《西方文艺理论史纲》，中国人民大学出版社，1985年，第412页。

再现、现实、理智、认识为矛盾的侧重点和主导方面，二者虽各有偏重，但均无偏废。这种要求对立面的统一、矛盾双方素朴融合的艺术，就是古代的美的艺术，亦即广义的“古典主义艺术”。这种艺术所塑造的艺术形象通常是稳定的、和谐的、不掺杂痛感的，同时也是缺乏深度的。

（此文为周来祥、陈炎合作，发表于《文艺研究》1992年第1期）

追求对立的近代美——崇高

在审美范畴中，从古代“和谐”向近代“崇高”的历史性转换，是我国美学界目前讨论的“热点”之一。这里紧密结合中外美学史发展的实际状况，从“生活本身的裂变”必然引起人们的思维方式和审美理想的变迁这一基本观点出发，对此作了深入浅出的论证，并进而论述了随着“崇高”的崛起，作为构成美的要素的“丑”的渗透，不仅使“审美对象显得多样化”，而且使审美主体的“审美情感也变得更加多样化”。最后还简要地分析了与“崇高”的审美理想相并行的是“形而上学”的思维方式及其原因。

一、“崇高”的崛起

素朴的理想，植根于宁静的生活，而随着生活本身的裂变，人们的思维方式和审美理想也必然地发生着历史性的变迁。于是，伴随资本主义商品经济的出现，矛盾、对立、冲突等不和谐因素便渐渐闯入了审美的殿堂，近代的崇高理想取代了古代的美的理想。

在西方美学史上，最先涉及崇高问题的，不是古代的郎吉弩斯（又译郎加纳斯），而是近代的博克。尽管前者以其著名的《论崇高》一书而闻名于世，但那本书中所谈论的问题实在还算不上崇高，而只是壮美，即优美对象在量上的扩大而非质上的变更。用他的话来说："和谐的乐调不仅对于人是一种很自然的工具，能说服人、使人愉快，而且还有一种惊人的力量，能表达强烈的情感。"[1]然而这种情感无论怎样强烈，仍属于美感而非崇高感，因为引起这情感的原因在"和谐"而非"对立"。只有到了博克这里，美与崇高的这一原则区别才第一次被真正地揭示出来了。博克认为，美与崇高植根于人类的两种基本情欲，即"社会交往"和"自我保存"。前者所产生的快感是积极的、不含痛感的；后者所产生的快感则是消极的，由痛感转化而来的。当对象与主体和谐对应而又不涉及欲念的时候，人们所产生的快感便是美感；当对象与主体冲突对立而又不带来危害的时候，人们所产生的快感便是崇高感。"它们确实是性质十分不同的观念，后者以痛感为基础，而前者则以快感为基础；尽管它们在以后可能发生变化，违背它们的起因的直接本性，可是这些起因却仍然使它们保持着永恒的区别"[2]。在我们看来，这种和谐与对立的"永恒的区别"，显然并不像博克所说是由于人的生物本能所造成的，而是由于社会的历史发展所决定的。正因如此，生活于罗马帝国时代的郎吉弩斯没有也不可能发现"崇高"这一历史范畴的真正奥秘。

继博克之后，康德从理性主义的角度对美与崇高作了进一步的区分。他指出，从对象上讲美是由于和谐的形式引起的快感；而崇高的对象则属于"无形式"，即以其数量的无穷和力量的无限使主体对其形式无从把握，因而首先引起痛感。从主体上讲，美感享受是直接的，即由对象的形式而引起的想象力和知解力（知性）的协调运动；而崇高感的享受则是间接的，当想象力和知解力在对象的压迫下无计可施的时候，人们必须借助伦理的力量以超越感性自我的局限，即唤醒人类的意志力来解除想象力和知解力的困境，从而压倒和战胜自然对象的威胁，化痛感为快感。他这样写道："高耸而下垂威胁着人的断岩，天边层层堆叠的乌云里面挟着闪电与雷鸣，火山在狂暴肆虐之中，飓风带着它摧毁了的荒墟，无边无界的海洋、怒涛狂啸着，一个洪流的高瀑，诸如此类的景象，在和它们相较量里，我们对它们抵拒的能力显得太

1 [古罗马]郎加纳斯：《论崇高》，见北京大学哲学系美学教研室编《西方美学家论美和美感》，商务印书馆，1980年，第49页。

2 [英]博克：《论崇高与美》，见北京大学哲学系外国哲学史教研室编《古典文艺理论译丛》第5期，第65页。

渺小了。但是假使我们发现自己却是在安全地带，那么，这景象越可怕，就越对我们有吸引力。我们称呼这些对象为崇高，因它们提高了我们的精神力量越过平常的尺度，而让我们在内心里发现另一种类的抵抗的能力，这赋予我们勇气来和自然界的全能威力的假象较量一下。”[3]这就是说，人类文明不仅使我们能够在肉体上免于自然力的摧残，而且使我们能够在精神上与可怕的自然界相抗衡。从而在人与自然分裂对峙的社会背景下，崇高便历史地进入了人们的审美视野。

如果说康德所谓的“崇高”主要是表现了人与自然的冲突和斗争，那么黑格尔的悲剧理论则主要揭示了人与社会的矛盾与对立。黑格尔对于悲剧理论的最大贡献，是从对立统一的原则入手，将冲突原则引入了悲剧。在他看来，没有冲突就没有悲剧，“但是在真正的美里，冲突所揭示的矛盾中每一个对立面还是必须带有理想的烙印，因此不能没有理性，不能没有辩护的道理。各种理想性的旨趣必须互相斗争，这个力量反对那个力量”[4]。就冲突双方的各自立场来看，它们都带有理性或伦理上的普遍性，因而代表这一理想的人物有理由将它们付诸实施。但是就冲突双方彼此的关系来看，每一种理想的实现又都必须以损害另一理想为前提或代价，因而又都有其片面性。于是这种彼此对立而又两败俱伤的矛盾冲突就必然是悲剧性的。黑格尔认为，只有通过这种悲剧性的冲突，才能扬弃矛盾双方的片面性，从而在更高的层次上向和谐的境界回归，用他的话来说：“理想的美在于它的未经搅扰的统一性、静穆和自身完满。冲突破坏了这种和谐，使本身统一的理想有了不协调的矛盾。要表现这种破坏，理想本身也就会受到破坏，这里艺术的任务可以在两个方面，一方面是使自由的美在这种差异中必不致遭到毁灭，另一方面是使分裂和连带的斗争只暂时现出，接着就由冲突的消除而达到和谐的结果，只有这样，美的完满的本质才能现出。”[5]因此，正像在康德的崇高理论中痛感是获得快感的准备一样，在黑格尔的悲剧理论里，冲突则是导致和谐的前提。尽管黑格尔的悲剧观看上去十分抽象，完全似从“理念论”中演绎而来的，然而拨开其唯心主义的迷雾，我们便不难发现其中所折射出来的时代曙光。他在《哲学史讲义》中这样写道：“在世界史中凡是开创新世界的英雄

3　[德]康德:《判断力批判》上册，宗白华译，商务印书馆，1964年，第101页。

4　[德]黑格尔:《美学》第1卷，朱光潜译，商务印书馆，1979年，第279页。

5　[德]黑格尔:《美学》第1卷，朱光潜译，商务印书馆，1979年，第261页。

们的情况一般都是如此，他们的原则和旧原则发生矛盾，把旧原则破坏了。他们代表着暴力破坏法律者。所以作为个人，他们遭受到死亡，但是在惩罚中遭到毁灭的只是他们个人而不是他们的原则。”[6]尽管在悲剧冲突的结局问题上，黑格尔使新旧人物两败俱伤的态度表现出了他在政治上的软弱性和保守性，然而就其通过人物的毁灭而实现对原则的肯定这一点上，他的悲剧理论毕竟属于新生的资产阶级而非没落的封建阶级。正是在这种新旧原则的历史对抗中，黑格尔将人与社会的冲突纳入了人们的审美视野。

就在西方学者以近代的崇高来开拓审美视野的时候，中国的文人也不再满足于静穆典雅的审美追求了。早在明中叶，当近代的资本主义萌芽在我们这片古老的土地上刚刚露头的时候，素朴和谐的审美理想便开始受到了怀疑和冲击。首先，我们可以从比李贽稍早一点的徐渭那里，找到这种新思想的端倪。徐渭是位文学家、画家，在谈到绘画时，他曾说过这样两段话：“奇峰绝壁，大水悬流，怪石苍松，幽人羽客，大抵以墨汁淋漓，烟岚满纸，旷如无天，密如无地为上。”（《徐文长集》卷一七）“送君不可俗，为君画风竹。君听竹梢声，是风还是哭？若个能描风竹哭，古云画虎难画骨。”（《徐文长集》卷五）从严格的理论意义上讲，我们当然不能把徐渭的这两段文字与康德的崇高理论相提并论，然而前一段文字中对于快感之上的痛感的兴趣，又确实与康德的思想有着某种程度的相通之处。

比徐渭略晚的屠隆是一位不太受美学界重视的戏曲作家、文学家，然而他在《唐诗品汇选释断序》中却提出了“悲壮可喜”这一十分重要的美学观点。他说：“夫性情有悲有喜，要之乎可喜矣。五音有哀有乐，和声能使人欢然而忘愁，哀声能使人凄怆恻恻而不宁。然人不独好和声，亦好哀声，哀声至于今不废也，其所以不废者，可喜也。唐人之言，繁华绮丽，优游清旷，盛矣。其言边塞征戍离别穷愁，率感慨沉郁，顿挫深长，足动人者，即悲壮可喜也。”（《由拳集》卷二）从严格的理论意义上讲，我们当然不能把屠隆的这一观点与黑格尔的悲剧学说相提并论，然而他关于“哀声”可以由“悲”转化为“壮”、由“不宁”升华为“可喜”的美学思想，又不能不说与黑格尔的悲剧“冲突论”有着某种相近之处。

6　转引自朱光潜著《西方美学史》下册，人民文学出版社，1979年，第505页。

"新世魂奇异境生，更搜欧亚造新声"（《康有为诗文选·与菽园论诗兼寄任公、孺博、曼宣》）。如果说明中叶的崇高意识与西方思想的近似还只是一种历史性的巧合，那么"五四"前后的崇高理想则是对西方美学的自觉引进。当"鸦片战争"的炮火将人们从美妙和谐的团圆大梦中惊醒之后，觉醒了的国人已经不再满足于温柔敦厚的催眠小曲，而要吟咏一曲动人心魄的时代悲歌了。如果说黄遵宪、梁启超等人所掀起的"诗界革命""小说界革命"还只是在社会学意义上对于古典文学的一种挑战，那么王国维、蔡元培所宣扬的"崇高理论""悲剧精神"则是在美学意义上对于古典理想所展开的进攻。

在叔本华的影响下，王国维系统地论述了"优美"与"壮美"的区别："美之为物有两种：一曰优美，一曰壮美。苟一物焉，与吾人无利害之关系，而吾人之观之也，不观其关系，而但观其物；或吾人之心中，无丝毫生活之欲存，而其观物也，不视为与我有关系之物，而但视为外物，则今之所观者，非昔之所观者也。此时吾心宁静之状态，名之曰优美之情，而谓此物曰优美。若此物大不利于吾人，而吾人生活之意志为之破裂，因之意志遁去，而知力得为独立之作用，以深观其物，吾人谓此物曰壮美，而谓其感情曰壮美之情。"（《静庵文集·红楼梦评论》）这里所谓的"壮美"，显然已超出了主客体和谐对应的古代理想，而是"生活之意志为之破裂"的产物，因而其内涵当属于近代意义的"崇高"。正是从这一思想出发，王国维才对《红楼梦》的美学价值做出了极高的评价，认为这部作品通过"通常之道德，通常之人情，通常之境遇"，即通过普通人司空见惯的生活摩擦和情感纠葛，反映了人世间不可逃脱的悲剧命运，"可谓悲剧中之悲剧也"（《静庵文集·红楼梦评论》）。尽管王国维的这一思想带有明显的悲观色彩和厌世情绪，然而他毕竟揭开了由和谐美满的封建秩序所掩盖着的充满矛盾和痛苦的人生真象，因而具有背离传统、反抗封建的进步意义。在他看来，所谓"壮美"（崇高），不徒是气势恢弘的外在形式，更重要的是心灵的矛盾和情感的冲突，像《红楼梦》中宝玉与黛玉最后相见一节，便是"最壮美之一例"，从这一意义上讲，"此书中壮美之部分，较多于优美之部分"（《静庵文集·红楼梦评论》）。这种对于不和谐因素的美学追求，显然具有近代色彩。

如果说王国维是在叔本华的影响下去阐述崇高境界和悲剧原则的，那么蔡元培则是在康德的启迪下完成着同样的工作——“例如崇闳之美，有至大至刚两种。至大者如吾人在大海中，惟见天水相连，茫无涯涘。又如夜中仰数恒星，知一星为一世界，而不能得其止境，顿觉吾身之小虽微尘不足以喻，而不知何者为所有。其至刚者，如疾风震霆、复舟倾屋、洪水横流、火山喷薄，虽拔山盖世之气力，亦无所施，而不知何者为好胜”[7]。倘若换上康德的术语，这里所说的“崇闳之美”就是“崇高”，而所谓“至大”“至刚”之两种就是“数量的崇高”与“力量的崇高”。同王国维一样，蔡元培也十分推崇悲剧的美学意义，并为此而注入了反封建的时代精神。他说：“其他美育中如悲剧之美，以其能破除吾人贪恋幸福之思想。《小雅》之怨诽，屈原之离忧，均能特别感人。《西厢记》若终于崔张团圆，则平淡无奇，唯如原本之终于草桥一梦，始足发人深省。《石头记》若如《红楼后梦》等，必使宝黛成婚，则此书可以不作。原本之所以动人者，正以宝黛之结果一死一亡，与吾人之所谓幸福全然相反也。”[8]当上千年来的团圆大梦彻底破灭之后，人们便不能不去直面惨淡的人生和正视淋漓的鲜血了。

继王国维、蔡元培之后，鲁迅进一步将崇高与悲剧的审美境界同反封建的思想斗争紧密地联系起来。提倡“伟美”“雄美”“崇美”，是鲁迅毕生的审美追求。他推崇“摩罗”诗人那富于血性、充满蛮力的创作激情，而蔑视那些不阴不阳、“徘徊于有无生灭之间的文人”；他喜欢黑白分明、动人心魄的现代木刻，而讨厌那些“靠着低诉或微吟，将粗犷的人心，磨得渐渐平滑”的“小摆式”。对古人，他指出：“历来的伟大的作者，是没有一个‘浑身是静穆的’”[9]；对今人，他指出：“站在沙漠上，看看飞沙走石，乐则大笑，悲则大叫，愤则大骂，即使被沙砾打得遍体粗糙，头破血流，而时时抚摩自己的凝血，觉得若有花纹。”[10]对“崇高”的追求，总是与对“悲剧”的推崇联系在一起的。同王国维一样，鲁迅也十分赞赏那种平凡的、“几乎无事的悲剧”，并通过祥林嫂、闰土等一系列小人物的悲剧命运，来控诉那罪恶的社会，惊醒愚昧的国民。同蔡元培一样，鲁迅也坚决反对“大团圆”“十景病”等民族审

7　蔡元培：《以美育代宗教说》，《蔡元培美学文选》，北京大学出版社，1983年，第71页。
8　蔡元培：《以美育代宗教说》，《蔡元培美学文选》，北京大学出版社，1983年，第71页。
9　鲁迅：《“题未定”草（九）》，《鲁迅全集》第6卷，人民文学出版社，1981年，第56页。
10　鲁迅：《华盖集·题记》，《鲁迅全集》第3卷，人民文学出版社，1981年，第4页。

美活动中的惰性心理，并号召艺术家“睁着眼睛”，走出“瞒和骗的大泽”。与前人相比，鲁迅的悲剧思想不仅具有积极的入世态度和强烈的反抗精神，而且具有独特的理论建树，他指出：“悲剧将人生的有价值的东西毁灭给人看，喜剧将人生的无价值的东西撕破给人看。”[11]作为最简洁而又最广义的戏剧观念，鲁迅关于悲剧和喜剧的这一定义，至今仍不失其理论的光辉……似乎可以得出这样的结论：在王国维、蔡元培那里，对于崇高理想和悲剧精神的贡献，还主要是对于西方美学思想的引进和传播。只有到了鲁迅手中，才真正将此近代社会的审美理想深深植根于中国社会反封建的文化土壤之中了。

总之，由于近代资本主义因素的产生和发展，破坏了东西方古代社会所固有的和谐与安宁。表现在审美理想方面，人与自然、人与社会的分裂便导致了以对立为原则的崇高理想，企图在感性与理性、对象与主体的分裂对峙之中，来显示后者的力量，从而给人们以正视现实的勇气和改造自然的信心。因此，从总体上讲，东西方审美理想的这一历史性变迁，都是具有进步意义的。

二、“丑”的渗透

如果说和谐、均衡、稳定、有序是美的标志，那么与此相反的对立、冲突、动荡、无序则是丑的标志；如果说美可以给人带来快乐，那么丑则可以给人带来痛感。从这个意义上说，由对立转向和谐、由冲突转向均衡、由动荡转向稳定、由无序转向有序、由痛感转化为快感的近代崇高，本身就掺杂着丑的成分。正像有人所指出的那样：“没有丑这一要素，美的具体的变化就不可能产生。”[12]

在西方美学史上，第一个打破丑的禁令的美学思想家是莱辛，他的名著《拉奥孔》表面上致力于区别诗与画的界限，实际上是区别古代造型艺术和近代诗歌艺术，即古代的优美和近代的崇高之间的界限。他从传达媒介、表现题材和感受方式三个方面对诗与画这两种艺术体裁进行了区分，认为绘画艺术是用色彩和线条来再现空间中静止的对象，以适于观众的视觉器官，因此

11 鲁迅：《坟·再论雷峰塔之倒掉》，《鲁迅全集》第1卷，人民文学出版社，1981年，第297页。

12 见[英]鲍桑葵：《美学史》，张今译，商务印书馆，1985年，第511页。

它必须以美为最高的理想；而诗歌则是使用语言符号来叙述时间中流动的事物，以诉诸听众的听觉器官，因此它既可以追求美也可以包含丑。由这一原则出发，他比较了“拉奥孔”这一题材在古代雕塑和诗歌中的不同处理，批驳了贺拉斯关于“画如此，诗亦然”的古典主义美学信条，将温克尔曼关于“高贵的单纯，静穆的伟大”的审美理想限制在造型艺术的范围之内，从而为语言艺术的审美追求开辟了更为广阔的天地。这个美学天地之所以更为广阔，是因为它除了静穆与和谐的固有内容之外，还增添了“动态的美（媚）”和“无害的丑”这两种新的因素。“媚就是动态中的美，因此，媚由诗人去写，要比由画家去写较适宜。画家只能暗示动态，而事实上他所画的人物都是不动的。因此，媚落到画家手里，就变成一种装腔作势。但是在诗里，媚却保持住它的本色，它是一种一纵即逝却又令人百看不厌的美。它是飘来忽去的。因为我们回忆一种动态，比起回忆一种单纯的形状或颜色，一般要容易得多，也生动得多，所以在这点上，媚比起美来，所产生的效果更强烈”。[13]如果说“动态的美”是对于“静穆”原则的超越，那么“无害的丑”则是对于“和谐”理想的超越。“诗人不应为丑本身而去利用丑，但他可以利用丑作为一组成因素，去产生和加强某种混合的情感。在缺乏纯然愉快的情感时，诗人就须利用这种混合的情感，来供我们娱乐。这种混合的情感就是可笑性和可怖性所伴随的情感。”[14]由此看来，由于“丑”的渗透，使审美对象显得更加多样，使审美情感也变得更加丰富。

关于这一点，雨果认识得更加深刻。他指出：“美只有一种典型；丑却千变万化。因为，从情理上说，美不过是一种形式，一种表现在它最简单的关系中、在它最严整的对称中、在与我们的结构最为亲近的和谐中的一种形式。因此，它总是呈现给我们一个完全的、但和我们一样有限的整体。而我们称之为丑的那种东西则相反，它是我们所没有认识的那个庞然整体的一部分，它与整个万物协调和谐，而不是与人协调和谐。这就是为什么它经常不断向我们呈现出崭新的，然而不完整的面貌的道理。”[15]雨果不仅对于“丑”的审美功能作了详尽的阐述，而且对于“丑”的历史地位也作了科学的分析。他指出：“古代的丑怪还是怯生生的，并且总想躲躲闪闪。可以看出它还没有正式

13 [德]莱辛：《拉奥孔》，朱光潜译，人民文学出版社，1979年，第121页。

14 [德]莱辛：《拉奥孔》，朱光潜译，人民文学出版社，1979年，第130页。

15 [法]雨果：《〈克伦威尔〉序》，《雨果论文学》，上海译文出版社，1980年，第37页。

上台，因为它在当时还没有充分显示出其本性。它对自己还一味加以掩饰。半人半羊的神、海神、人鱼都只稍稍有点畸形。司命神、人面鹰身的三妖妇只在外形上丑恶，其本性并不可怕，罪罚女神甚至还很美丽，人们称之为‘欧美妮德’，意即‘温和’‘慈善’。而在其他的丑怪身上，也都披上了一层伟大而神圣的外衣。”“相反，在近代人们的思想里，滑稽丑怪却具有广泛的作用。它无处不在：一方面，它创造了畸形与可怕；另一方面，创造了可笑与滑稽。”[16]

因此，如果说莱辛迫于时代和国度的限制还不敢公然打出反传统的旗帜，而只能将新、旧之争掩藏在诗、画之别的影子下进行，那么雨果则无须顾忌，可以直截了当地提出美、丑并存的原则了。“现在是时候了，一切富有学识的人应该抓住那一条总是把我们称之为美的东西和我们根据偏见称之为丑的东西联结了起来的纽带。缺陷——至少我们是这样称呼的——往往是品格的一个命定的、必然的、天赋的条件。”[17]于是道貌岸然而又心怀邪念的佛罗洛和相貌丑陋却心地善良的加西莫多同时出现在小说《巴黎圣母院》之中，雨果以这种美丑对比的鲜明笔触，开辟了新时代的审美理想。

在中国的艺术舞台上，丑的出现也是明清以后的事情。王国维认为：“惟丑之名，虽见《元曲选》，然元以前诸书，绝不经见，或系明人羼入。”又说：“元明之后，戏剧之主人翁，率以末旦或生旦为之，而主人之中多美鲜恶，下流之归，悉在净丑。由是脚色之分，亦大有表示善恶之意。国朝以后，如孔尚任之《桃花扇》，于描写人物，尤所措意。其定脚色也，不以品性之善恶，而以气质之阴阳刚柔，故柳敬亭、苏昆生之人物，在此剧中，当在复社诸贤之上，而以丑、净扮之，岂不以柳素滑稽，苏颇倔强，自气质上言之当如是耶？”[18]由此看来，丑角地位的日益突出表现在几个方面：一是形式丑与内容丑的统一，这就是角色之分有“表示善恶之意”，“下流之归，悉在丑角”；二是形式丑与内容美的对立，同《巴黎圣母院》中的加西莫多一样，《徐九经升官记》《七品芝麻官》中的正面人物也都是丑角扮的。此外还有一种在对立斗争中略带崇高色彩的人物，需要用不和谐的丑的形式加以强调和突出，这就是柳敬亭、苏昆生之取丑的原因。他们的“倔强”与“滑稽”其实并不局限于

16　[法]雨果：《〈克伦威尔〉序》，《雨果论文学》，上海译文出版社，1980年，第32、33页。

17　[法]雨果：《〈克伦威尔〉序》，《雨果论文学》，上海译文出版社，1980年，第84页。

18　《王国维戏曲论文集》，中国戏曲出版社，1957年，第195、196页。

个人气质方面，而是具有更多的时代特征和美学意义，这一点是王国维所未能发现的。

在理论上，明中叶以来的美学思想家虽没有莱辛、雨果那样有系统的理论突破，然而在言谈之中也常常流露出新的渴望。与莱辛“化美为媚”的思想相一致，徐渭在谈及书法艺术的时候，也说过这样一段话：“真行始于动，中以静，终以媚。媚者，盖锋稍溢出，其名曰姿态。”（《徐文长集》卷二一）在追求“动态的美”的同时，当时的思想家也发现了“无害的丑”。袁宏道在评论其弟袁中道的诗作时曾经写道：“大都独抒性灵，不拘格套，非从自己胸臆流出，不肯下笔。有时情与境会，顷刻千言，如水东流，令人夺魂。其间有佳处，亦有疵处，佳处自不必言，即疵处亦多本色独造语。然余则极喜其疵处……”（《袁中郎全集》卷三）这种对“疵处”的欣赏，显然不仅仅属于个人的癖好，而是一种打破和谐、寻求刺激的时代风尚。这种风尚，我们可以从汤显祖关于艺术、张岱关于民俗的描绘中看得清楚。前者写道：“吾乡丘毛伯选海内合奇文止百余篇。奇无所不合，或片纸短幅，寸人豆马；或长河巨浪，汹汹崩屋；或流水孤村，寒鸦古木；或岚烟草树，苍狗白衣；或彝鼎商、周、《丘》、《索》、《坟》、《典》。凡天地间奇伟灵异高朗古宕之气，犹及见于斯编。神矣化矣。夫使笔墨不灵，圣贤减色，皆浮沉习气为之魔。士有志于千秋，宁为狂狷，毋为乡愿。”（《汤显祖集·玉茗堂文之五》）后者记载：“秦淮有灯船无龙船，龙船无瓜州比，而看龙船亦无金山寺比。瓜州龙船一、二十只，刻画龙头尾，取其怒；傍坐二十人持大楫，取其悍；中用彩蓬，前后旌撞绣伞，取其绚；撞钲挝鼓，取其节；艄后列军器一架，取其锷；龙头一人足倒竖，战敠其上，取其危；龙尾挂一小儿，取其险。”（《陶庵梦忆·金山竞渡》）

这种对于“奇伟灵异”和“怒悍危险”的审美追求在清代思想家那里也有所表露。金圣叹曾对《水浒传》中宋江浔阳江遇险一段写过这样的批语：“此篇节节生奇，层层追险”，“令人一头读，一头吓”。又说：“上文险极，此句快极，不险则不快，险极则快极也。”在六十回批中又说道：“极险之情，极趣之笔。”“骇杀人、乐杀人、奇杀人、妙杀人。”“读之令人心痛，令人快活。”（《第五才子书施耐庵水浒传》）这种由“奇险”“惊吓”“心痛”带来的“快活”，显然已不同于一唱三叹、悠然自得的古典心境，而带有明显的从痛感转化为快感的近代意识了。另一位评点大师脂砚斋也要求打破美、丑之间的绝对界限，指出：“可笑近之野史中，满纸羞花闭月，莺啼燕语，殊不知美人方有一陋处，如太真之肥，飞燕之瘦，西子之病，若施于别个不美矣。”（《红楼梦》第二十四回回批）这种对于偶然性、个别性和特殊性的审美追求，已经脱离了范本式的古典理想，即依靠丑的渗透，使千篇一律的审美对象向多元性发展。

“五四”运动以来，这种对于丑的、不和谐因素的审美追求，更加自觉地表现出对于丑的、不和谐社会的控诉和批判。同鲁迅一样，郭沫若也曾一度推崇厨川白村关于“文学是苦闷的象征”这一定义，他指出：“个人的苦闷，社会的苦闷，全人类的苦闷，都是血泪的源泉，三者可以说是一根直线的三个分段，由个人的苦闷可以反射出社会的苦闷来，可以反射出全人类的苦闷来。”[19]徐志摩说得更加明白：“我的思想是恶毒的，因为这个世界是恶毒的，我的灵魂是黑暗的，因为太阳已经灭绝了光彩，我的声调是像坟堆里的夜枭，因为人间已经杀尽了一切的和谐……”[20]正因如此，利用审美对象中的不和谐因素从而强化文艺作品的力度，以期产生反抗封建专制的冲击波，则是当时的文学青年所共同努力的方向。正像李健吾指出的那样：“没有比我们这个时代更需要其力的。假如中国新文学有什么高贵所在，假如艺术的价值有什么标志，我们相信力是五四运动以来最中心的表征。它从四面八方来，再奔四面八方去。它以种种面目出现，反抗是它们的共同特点。销毁如《沉沦》，铿锵如《死水》，隐遁如《桥》，轻鄙如《飞絮》，感伤如《海滨故人》，未尝不全站在传统的边沿，挣扎而前，希冀对于人性有所贡献。”[21]

总之，这是一个动荡不安的时代，因而便需要跌宕起伏的艺术；这是一个黑白分明的世界，因而会产生美丑对比的理想。进入近代社会以来，无论是西方还是中国，随着超稳定的社会结构的瓦解，超和谐的审美理想也随之而遭到了突破。这种突破，无论就其对社会生活的反作用而言，还是仅就

19 郭沫若：《论国内的评坛及我对于创作上的态度》，《文艺论集》，光华书局，1925年，第177—178页。

20 徐志摩：《毒药》，转引自《走向世界文学》，湖南文艺出版社，1986年，第358页。

21 李健吾：《叶紫的小说》，《李健吾创作评论选集》，人民文学出版社，1984年。

审美活动自身的丰富性而言，都有着重大的进步意义。按照“耗散结构”的理论来说，任何一个有机体要避免因熵量的增加而导致的僵化和死亡，就必须引进负熵、打破固有的平衡态。因此，作为审美领域中的负熵，“丑”的渗透便带来了新的活力。正像夏斯勒所认为的那样：“丑在本质上可以参与一切美，不但这样，还是一种活跃的要素或者说是辩证的否定。审美兴趣正是由于这种活跃的要素或辩证的否定，才被迫去创造形形色色的确定的或富于特征的美。”[22]由于“丑”的渗透，导致了美的单纯性的破坏和瓦解，促使广义的“美”的形态进一步分化，于是才有了“崇高”“滑稽”“悲剧”“喜剧”等相互对立的审美范畴，审美对象由单调变得丰富，由一元走向多元……

三、近代的“形而上学”

中西审美理想由古代的“和谐”向近代“崇高”的历史性转变，既有其社会生活的依据，又有其思维方式的影响。在社会生活方面，如果说古代的“和谐”理想是和人与自然、人与社会素朴和谐的农业社会相同步的，那么近代的“崇高”理想则是和人与自然、人与社会相互对立的工业社会相并行的。在思维方式上，如果说古代的“和谐”理想是与强调对立面的统一、矛盾双方相互转化的素朴的辩证思维相同步的，那么近代的“崇高”理想则是与强调对立面的冲突、矛盾双方不可协调的形而上学的思维方式相并行的。关于这后一方面，需要我们略加分析。

在上一节中我们曾经指出，由于受素朴的直观经验和原始的科技水平的限制，使得古代人对客观世界的认识呈现为一种混沌而模糊的状态，他们强调整体而忽视局部，强调功能而忽视元素，他们虽然懂得客观世界本身所具有的内在联系和多样性组合，却并不清楚其联系和组合的真正内容。由于他们只见森林而不见树木，因而也不可能真正理解森林的性质；所以，整个客观世界在他们眼里便只能呈现为一幅“没有细节的画面”。只有进入近代社会以后，随着历史境况的改变和科学技术的发展，一种分门别类地研究问题的方法才开始占据统治地位，并形成了一种新的思维方式。正像恩格斯所分析

22　见[英]鲍桑葵：《美学史》，张今译，商务印书馆，1985年，第533页。

的那样：“把自然界分解为各个部分，把自然界的各种过程和事物分成一定的门类，对有机体的内部按其多种多样的解剖形态进行研究，这是最近四百年来在认识自然界方面获得巨大进展的基本条件。但是，这种做法也给我们留下一种习惯：把自然界的事物和过程孤立起来，撇开广泛的总的联系去进行考察，因此就不是把它们看做运动的东西，而是看做静止的东西；不是看做本质上变化的东西，而是看做永恒不变的东西；不是看做活的东西，而是看做死的东西。这种考察事物的方法被培根和洛克从自然科学中移到哲学中以后，就造成了最近几个世纪所特有的局限性，即形而上学的思维方式。”[23]由此可见，作为人类思维方式的历史性成果，形而上学的出现既有其科学性又有其片面性。由于有了形而上学的思维方式，使得人们可以个别地、具体地、分门别类地研究和认识事物，也使得人们更多地注意发现事物及其各元素之间的差别、矛盾、对立和冲突。因此，与这种思维方式相同步，近代人的审美范畴更加丰富、具体、多样，近代人的审美理想也更加强调对象与主体以及对象诸元素之间的冲突与对立，这就是由古代的和谐的美的理想向近代的对立的崇高理想相过渡的重要的历史根据。

值得指出的是，由于中国的近代科技和资本主义因素发展得不够充分，因而形而上学的思维方式也不像西方那样得到充分的发展和普及。正因如此，中国近代的审美理想中虽然包含着指向崇高的进步趋势，但同时也掺杂了不少素朴和谐的古代因素，只是作为一种历史性的趋向，我们所重视的是前者而不是后者罢了。

（此文为周来祥、陈炎合作，发表于《西北大学学报》1992年第2期）

23　[德]马克思：《社会主义从空想到科学的发展》，《马克思恩格斯选集》第3卷，人民出版社，1972年，第418页。

盛唐之音·中唐之响·晚唐之韵

——唐代审美理想发展与嬗变的艺术呈现

唐代审美理想的发展与嬗变，不仅以思辨的形态体现在不同思想家所构成的逻辑的环节上，而且以感性的形态体现在不同艺术家所组成的历史长河中。经过初唐时期的准备与过渡，盛唐艺术作为六朝文风的反动，将壮美理想推向了空前未有的高峰，从而在一个新的水平上实现了秦汉精神的回归；经过中唐时期的分化与裂变，晚唐艺术作为盛唐文风的反动，则又将优美理想引向了前所未有的深度，从而在一个新的层次上实现了六朝情致的回归。正是在这种不断的反动与回归之中，唐代艺术才呈现出绚丽多姿的审美形态，于是便有了气势恢弘的盛唐之音、色彩斑斓的中唐之响、委婉含蓄的晚唐之韵。尽管这个时代没有留下几部大气磅礴的理论著作，却创造了无数绚丽多姿的艺术珍品。在这一时期里，诗歌、书法、绘画、乐舞、雕塑、建筑都以成熟而完美的姿态出现了，其中每个领域内都出现了不同的艺术流派，每个流派中都产生了第一流的艺术大师，而每个艺术大师又都成就了精美绝伦的艺术杰作。面对着如此丰富多彩的艺术现象，为了不使我们的理论研究完全迷失在感性材料的追索之中，我们只能有选择地抓住不同阶段有影响、有代表性的流派、作家和作品，粗线条地勾勒出唐代审美理想发展与嬗变的艺术轨迹。

一、双重旋律的“盛唐之音”

唐代前期壮美理想的波涛，最终推出了“盛唐之音”的高潮。在诗歌领域中，起初是“四杰”“由宫廷走到市井”“从台阁移到江山与塞漠”的创作，扩大了原有的题材和意境；继而是陈子昂“前不见古人，后不见来者”的革新，扫荡了昔日的柔气与颓风；最终才迎来了李白与杜甫的鸾凤齐鸣。在书法领域中，先是“八体尽能，笔力劲险”的欧阳询，突破了王羲之的旧法；后是“俊拔刚断，尚异好奇”的孙过庭，超越了王献之的陈规；最终才有了张旭和颜真卿的各领风骚。在绘画领域中，一方面是由阎立本首创“泥银打底”的作画方法，直至发展为李思训“金碧山水”的色彩；另一方面则由尉迟乙僧“屈铁盘丝”的线条，最后发展为吴道子“吴带当风”的笔法。谈及雕刻，是潇洒飘逸的“昭陵六骏”引出了气宇轩昂的“乾陵双狮”。说到乐舞，则由发扬蹈厉的“破阵舞”（120人舞）迎来了热烈壮观的“神宫大乐舞”（900人舞）。规模越来越宏伟，气势越来越浩大，骨力越来越刚健，色彩越来越鲜明。

经过了大约半个世纪的演进与过渡，唐代的壮美艺术由初露端倪到蔚为大观，几乎在各个领域中都达到了后世所不可企及的高度。根据历史资料看，唐代著名的建筑大都完成于初唐至盛唐时期，这些城郭、宫殿、寺庙、墓塔无论是在规模的宏大上，还是在装饰的华丽上，都使中唐直至明、清各代莫敢望其项背。从现存的佛像看，像洛阳奉先寺的主像卢舍那大佛（开凿于咸亨三年，高17米）和四川乐山大佛（始凿于开元元年，高达71米）那样的巨型雕刻也大都开凿于中唐以前，它们充分体现了气魄非凡的盛唐气象。盛唐的时风尚肥，不仅佛像越塑越大，而且人物画中出现了张萱所开创的体态丰腴的“绮罗人物”，动物画中出现了韩干所独创的浑圆有力的“照夜白马”，书法中也出现了颜真卿那气势开张的“颜氏家庙碑”。盛唐不仅尚肥，而且尚艳。从敦煌石窟所保留的壁画看，盛唐壁画绚丽多彩，设色极艳，而中唐以后则渐渐失色，去而不返。考古资料表明，大批出土的“唐三彩”都集中在公元8世纪初，可见这种色彩浓重、线条鲜明的工艺品也是在盛唐时期达到了它的艺术顶峰。盛唐不仅崇尚肥硕和艳丽，而且崇尚刚健有力。唐代的舞蹈分健舞和软舞两大类，前者如“破阵舞”“胡旋舞”，后者如“六么”“凉州”之类。相对而言，中唐以前健舞比较盛行，中唐以后软舞比较盛行。像公孙大娘、裴旻将军这样的健舞能手，都擅名于盛唐时期，就连安禄山这样的节度使也因善“胡旋舞”而讨得皇帝的欢心。而到了中唐以后，便成了“六么水调家家唱，白雪梅花处处吹”（白居易《杨柳枝》），“唯有凉州歌舞曲，流传天下乐闲人”（杜牧《河湟》）了。盛唐对刚力的推崇，更突出地表现在诗歌之中。在陈子昂的影响下，盛唐诗人多以“建安风骨”为创作的楷模和批评的标准。李白赞扬“蓬莱文章建安骨”（《宣州谢朓楼饯别校书叔云》），并宣称“自从建安来，绮丽不足珍”（《古风》其一）。高适赞美友人的诗为“纵横建安作”（《淇上酬薛三据兼寄郭少府微》）。殷璠的《河岳英灵集》专选盛唐诗作，评高适“多胸臆语，兼有气骨”，评崔颢“晚节忽变常体，风骨凛然”，评薛据“为人骨鲠有气魄，其文亦尔”。他认为：“自萧氏以还，尤增矫饰。武德初，微波尚在。贞观末，标格渐高。景云中，颇通远调。开元十五年后，声律风骨始备矣。”（《河岳英灵集序》）王慎中则干脆断言：“盛唐诗篇篇有风骨。”（《与道原弟书十五》）

总之，浩大的气势、丰满的音响、辉煌的旋律、刚健的力度……合在一起，就构成了史无前例的“盛唐之音”。

谈到盛唐艺术，不能不提大诗人李白，是他在张若虚、孟浩然、王之涣等清新明丽的“写景诗”和高适、岑参、王昌龄等雄浑奔放的“边塞诗”的基础上，把“盛唐之音”推向高潮的。从内容上讲，李诗在和谐的意境中加入了一些不和谐的成分，在《将进酒》《蜀道难》《梁甫吟》《宣州谢朓楼饯别校书叔云》等名篇中，诗人桀骜不驯的气质和匡世济俗的胸怀同环境的险恶、仕途的艰难形成了鲜明的对比和强烈的冲突，致使诗的意境波浪起伏、动荡不安。其气魄之宏大，其言辞之激烈，是前所未有的。从形式上看，李诗在稳定的结构中，加入了一些不稳定的因素。他的诗虽然以七言为主要格式，但随着情感的起伏而又不时打破这一格式，既以七言为主，而又长短不一；在用韵上，诗人也十分随便，仿佛一时性起，冲口而出，时而合辙，时而换韵，不受约束，浑然天成。这样一来，李白诗作给人的感受便不再是单纯的舒适和轻松的快感了，而是一种在动荡中引起的振奋，在冲突中获得的高扬。

然而，“盛唐之音”的主旋律并非只有一个。在李白放声歌唱的同时，杜甫则在垂首低吟。从创作过程来看，如果说李白仰仗的是天才，是“敏捷诗千首，飘零酒一杯”；那么杜甫则凭靠的是勤奋，是“读书破万卷，下笔如有神”。从作品内容来看，如果说李诗以激情胜，如黄河决口、洪水泛滥，一泄而不可收拾，所谓“笔落惊风雨，诗成泣鬼神”，那么杜诗则以境界胜，似深山老林、古潭幽涧，数探而不可见其底，所谓“为人性僻耽佳句，语不惊人死不休”。从艺术形式来看，如果说李白是以无限的激情冲破了有限的形式，那么杜甫则是在有限的形式中开拓着无限的意境。杜甫虽然讲究格律，但不拘泥于格律，他不像南朝及唐初诗人那样寻章摘句，而已将这些外在的追求积淀为内在的需要。正所谓“文质半取，风骚两挟。言气骨则建安为传，论宫商则太康不逮”（殷璠《河岳英灵集集论》）。因此，他能够将严明的法度和开张的气势完美地结合在一起，从而在更高的层次上演奏着秦汉的壮美乐章，使人们在抑扬顿挫的诗句中感受到“风骨”的力量。从历史贡献来看，如果说李白是以独特的气质冲破了南朝文学的藩篱和桎梏，那么杜甫则是以罕见的才华，使得晋、宋以来对音韵规律的探索自觉地服务于艺术境界的追求。而这气质、这才华，则非盛唐诗人所不能具有，非盛唐作者所无法驾驭。相比之下，杜诗虽不及李诗那样宏伟、瑰丽，却自有李诗所不及的雄浑、沉勇。杜诗虽然苍凉，但绝不凄惨；尽管悲怆，却并不绝望。在那“星垂平野阔，月涌大江流”的诗句中，我们仍然可以感到一种盛唐诗人特有的胸怀，一种在压力面前崛然而起的雄健之风；在那“无边落木萧萧下，不尽长江滚滚来”的诗句中，我们仍然可以感到一种盛唐诗人独具的气魄，一种在危难之中从容不迫的阳刚之气。

因此，我们认为，李诗和杜诗虽然有着无法与有法之分，狂放与沉郁之分，但是从审美理想上看，它们却又是以不同的形式和风格对新的壮美理想的共同探索和追求。所以，我们不主张把杜诗排斥在“盛唐之音”以外，而是把它看成是“盛唐之音”的另一主旋律。这种双重旋律的“盛唐之音”不仅在诗歌中，而且在书法、绘画、乐舞等领域中也都得到了充分的体现。因此，我们不仅可以在张旭那行云流水、淋漓酣畅的草书中看到李白式的狂放，在颜真卿那从容不迫、气势开张的真书中看到杜甫式的气度，而且可以在相传是吴道子那笔力动险、神采飞动的“疏体”画和李思训那着色浓重、金碧辉煌的“密体”画，以及在文献中所记载的裴将军那变化多端、洒脱自然的剑舞和“圣寿乐”等整齐化一、声势热烈的队列舞中，找到各自对应的风格。正是在这种双重旋律的合奏交响之中，新的壮美理想才能够以丰富的感性形式达到真正的高潮。

二、三部合唱的“中唐之响”

中唐艺术家所面临的历史任务与盛唐不同，当前人将壮美理想推向高峰之后，后人则必须在这种无以复加的峰峦之巅去探索出一条新的道路。于是，在封建社会前期的壮美理想趋于解体之时，不同的艺术家便纷纷开始了各自新的追求，辉煌灿烂的盛唐艺术也就演变成为五光十色的中唐艺术。

这一时期，在绘画创作中，与人物画相并行的山水画有了进一步的发展。山水画又分南宗与北宗两派，以水墨山水和青绿山水相抗衡。而且水墨山水画也出现了不同的技法，由王维的“破墨”到王洽的“泼墨”，前者意在淡泊，后者旨在怪异。与此同时，宗教人物画也日益世俗化，维摩诘成了智慧的长者，观世音变为美丽的妇人，盛唐时期尚存的那点静穆的氛围正在渐渐消失。在书法创作方面，怀素在张旭之后，“以狂继颠”，但晚年终趋于平淡；柳公权的气势已不及颜真卿，但仍不失骨力的劲健；李阳冰显然要在书体方面另辟蹊径，但尚未找到符合时代需要的审美理想。诗歌创作上的探索，更是五彩缤纷：“大历、贞元中，则有韦苏州之雅淡，刘随州之闲旷，钱、郎之清赡，皇甫之冲秀，秦公绪之山林，李从一之台阁，此中唐之再盛也。下暨元和之际，则有柳愚溪之超然复古，韩昌黎之博大其词，张、王乐府，得其故实，元、白序事，务在分明，与李贺、卢仝之鬼怪，孟郊、贾岛之饥寒，此晚唐之变也。”（高棅《唐诗品汇·总序》）按照通常的分期，从大历至元和均属中唐，因而此处的“晚唐之变”仍属中唐之变。

首先值得我们注意的，是以韩愈为首的“险怪派”。我们知道，在美学理论上，韩愈以其“不平则鸣”的思想为基础，把陈子昂所确立下来的壮美理想发展到了崇高的边沿。而在艺术实践上，韩愈也正是用自己的诗文来实现着这一审美理想的探索。如果说，丰厚博大、气势磅礴的韩文是在散文领域中将壮美理想推向了极致；那么险怪晦涩、峭刻饥寒的韩诗，则是在壮美理想的限度以外所做的进一步探索。在韩愈的影响下，中唐出现了孟郊、卢仝、刘叉、李贺等一批以险怪见长的诗人。他们的作品汇成了一种奇异、怪诞、晦涩、饥寒的诗潮，在一定程度上冲破了壮美理想的堤岸，向着崇高甚至丑逼近。

关于“险怪派”的这些特点，我们首先可以列举韩愈的《苦寒》和孟郊的《寒地百姓吟》而看出。从题材上看，这两首诗与岑参的《白雪歌送武判官归京》和《走马川行奉送出师西征》相似，即都是以对寒冷气候的渲染为主要内容的。然而细品起来，它们给人的感受却有着很大的差异。在岑参那“轮台九月风夜吼，一川碎石大如斗”，“忽如一夜春风来，千树万树梨花开”的诗句中，我们所看到的奇寒并不可怕，而是一幅壮观动人的北国风光。但是在韩愈的诗句中，不但虎豹蛟螭被活活冻死，就连拉着太阳行走的六龙也把胡须冻掉了，那些鸟雀更是寒冷难熬，真想被人一箭射死，也好在油锅里暖暖身子。面对着如此可怖的情景，读者也禁不住毛骨悚然、浑身战栗了。在岑参的诗句中，对寒冷气候的渲染只是为了反衬出边塞将士的英雄气概，因而将“马毛带血汗气蒸，五花连钱旋作冰，幕中草檄砚水凝”的描写最终归结为“虏骑闻之应胆慑，料知短兵不敢接，车师西门伫献捷”。而在孟郊的诗句中，对寒冷气候的渲染只能导致人们的绝望，在“霜吹破四壁，苦痛不可逃”的情况下，冻得半死的人们只有“半夜皆立号”，宁愿变为飞蛾，“烧死彼华膏”。因此，作为审美对象，岑参诗给人的快感是直接的，是不掺杂痛感的；而韩愈、孟郊的诗给人的快感则是间接的，是通过痛感转化而来的。前者是壮美，后者则属于崇高。

与韩愈、孟郊相似，李贺的诗歌也常常以奇特的想象构成怪诞、恐怖而又瑰丽的意象。如“羲和敲日玻璃声(《秦王饮酒》)、“老兔寒蟾泣天色”(《梦天》)、“麻衣黑肥冲北风”(《野歌》),“老鱼跳波瘦蛟舞”(《李凭箜篌引》)、“莲花去国一千年,而后闻腥犹带铁”(《假龙吟歌》)、“几回天上葬神仙,漏声相将无断绝”(《官街鼓》)等等。

“险怪派”诗人对于崇高的追求,不仅表现在内容上,而且表现在形式上,即在前人的基础上实现了对诗歌格律的进一步突破。我们曾经提到,作为盛唐之音的代表人物,李白的许多七言古体诗已经在用字用韵上有所变通,然而中唐“险怪派”的许多诗歌,如李贺的《苦昼短》,刘叉的《冰柱》,卢仝的《月蚀诗》《与马异结交诗》,韩愈的《醉留东野》《嗟哉董生行》等,从字数上已很难说是七言、五言,还是四言、三言了;在韵律上也很难说是诗歌还是散文。如果说李白的诗还只是根据内容的需要而对形式的扩大和修正,而李贺、刘叉等人的诗则是内容压倒形式,趋于无形式了。因此,前者属于壮美的范畴,而后者则是崇高。

“险怪派”不仅追求崇高,而且也追求丑,从我们上面列举的诗句中已可看出了。最为典型的例证还要算韩愈的《陆浑山火和皇甫湜用其韵》和卢仝的《客请蛤蟆》。在这两首诗里,什么妖魔鬼怪,什么腥臊恶臭,都可以成为审美观照的对象了。

应当承认,在当时的情况下,“险怪派”诗人对于崇高和丑的追求,不仅丰富了艺术作品的风格,而且扩大了审美对象的范围,因而是有积极意义的。但是,由于“险怪派”的这种探索缺乏坚实的社会土壤,超越了当时的历史阶段,因而不可能获得时人的广泛欣赏,所以只能成为一种昙花一现的历史。

在“险怪派”诗人极力使诗歌变得怪诞、晦涩,从而超越现实的同时,另一批诗人则反其道而行之,尽力把诗歌写得通俗、平易,以切近生活。这后一批诗人在文学史上被称为“浅切派”,主要包括元结、顾况、张籍、王建、白居易、元稹。与“险怪派”诗人不同,“浅切派”诗人不是把诗歌当作玩味和倾吐苦闷的途径,而是把诗歌当成揭露和拯救时弊的工具,因此,他们的乐府诗无论是沿用古题还是自创新题,都力求用朴实无华的语言来反映黑暗与腐蚀的现实生活。

从思想内容上看，这些诗歌都能从不同的角度来反映人民的苦难，鞭笞社会的罪恶，有着丰富的生活内容和较高的人民性。这些特点对于封建文人的艺术创作来说，是非常难能可贵的，因而在文学史上是值得大书特书的。但是从艺术形式、从审美要求上看，这些作品又都存在着以下不足之处。首先，这些诗歌在语言上多用口语，缺乏必要的修饰和润色，所谓“其辞质而径，欲见者易谕也”，因而尽管通俗易懂，但缺少艺术光泽，犯了“浅”的毛病。其次，这些诗歌在结构上往往千篇一律，一贯到底，缺乏多样的安排和应有的变化，所谓“其言直而切，欲闻之者深诫也”，因而尽管条理清晰，但缺少跌宕起伏的艺术效果，犯了“直”的毛病。最后，这些诗歌在艺术表达上常因规劝心切而加入作者的议论，将创作的主观意图直接交给读者，所谓“首句标其目，卒章显其志”，因而尽管主题鲜明，但缺少令人想象和回味的余地，犯了“露”的毛病。关于这些弱点，如果我们拿元结的《农臣怨》、顾况的《囝》、张籍的《征妇怨》、王建的《水夫谣》、白居易的《红线毯》、元稹的《田家词》等作品与杜甫的“三吏”“三别”加以比较，就可以看得十分清楚了。尽管杜甫也常以口语入诗，但他能够在口语中寻个性，在浅显中现新颖；尽管杜诗的叙事也能够做到条理清晰，但其在结构的安排上又勇于创新，绝不雷同；尽管杜诗也有着强烈的人民性，但作者又能够将自己的主观意识和思想情感融会于客观景物的描摹之中，让事件本身去感染读者，因而能够做到含而不露、婉而多讽。由此可见，“浅切派”虽然在杜甫的影响下注重了文学与社会生活之间的广泛联系，并在其创作中表现出了难能可贵的政治倾向；但总的来讲，他们并未能超越杜甫的成就。尽管他们的社会批判有着不可否认的历史意义，但作为一种美学倾向，“浅切派”并没有找到任何新的审美理想。于是，随着唐代“中兴”幻影的破灭，“浅切派”也同“险怪派”一样，迅速失去了自己的主导地位。

中唐诗歌创作中的第三种美学思潮，大体可以上溯到王维，而下及刘长卿、韦应物、贾岛等人。

王维虽与李白同年而生，并且在前期也写过一些色彩明丽、气势恢弘的写景诗与边塞诗，如《从军行》《陇西行》《燕支行》《观猎》《出塞作》等，以

“大漠孤烟直，长河落日圆”（《使至塞上》），“郡邑浮前浦，波澜动远空”（《汉江临泛》）等名句而加入了盛唐之音的合唱。就连他前期的一些田园诗，也同样表现出闲适从容的盛唐气象。但是到了后期，由于时代氛围的改变和禅宗思想的影响，致使他在蓝田辋川过着亦官亦隐的生活，并写下了有别于“盛唐之音”的一些作品，如《鹿柴》《鸟鸣涧》《辛夷坞》《归辋川作》等。在这些诗中，空山的人语、无言的落花、惊月的山鸟、远山的暮影……这些并不起眼的景物每每拨动着诗人的心弦。这里既有白云那舒卷自如、无所窒碍的禅趣的象征，又有杨花那身不由己、随风飘零的人生的暗示，从而以多重意象内蕴着诗人朦胧、复杂而又意味深长的情趣。在这里，人与自然的关系已经发生了根本性的变化：人的能动性在减弱、受动性在加强。原来那种改造自然、占有自然的外在的行为冲动已经无影无踪，代之以感受自然、皈依自然的内在的心灵体验。摆脱了尘世纠葛和功名欲望的人正在与静谧、神奇的自然融为一体，这些诗使人“读之身世两忘，万念皆寂”（胡应麟《诗薮》）。

王维这种物小情深、语淡意浓的诗境对中唐诗人产生了深刻的影响。像刘长卿的“春风倚棹阖闾城，水国春寒阴复晴。细雨湿衣看不见，闲花落地听无声”（《别严士元》），韦应物的“独怜幽草涧边生，上有黄鹂深树鸣。春潮带雨晚来急，野渡无人舟自横”（《滁州西涧》），贾岛的“闲居少邻并，草径入荒园。鸟宿池边树，僧敲月下门”（《题李凝幽居》），都在寻求一种清、寒、幽、寂的意境。与“盛唐之音”相比，这里的创作主体已不再渴望成就一番轰轰烈烈的事业，而要在静静的自然之中寻找一点精神的慰藉和情感的陶冶。像刘长卿的“日暮苍山远，天寒白屋贫。柴门闻犬吠，风雪夜归人”（《逢雪宿芙蓉山主人》）；韦应物的“怀君属秋夜，散步咏凉天。山空松子落，幽人应未眠”（《秋夜寄丘二十二员外》），贾岛的“闽国扬帆去，蟾蜍亏复团。秋风生渭水，落叶满长安”（《忆江上吴处士》），都能在平凡的生活现象中发掘出深厚的意韵，在朴素的自然景物中寄托以复杂的诗情。与“盛唐之音”相比，这里的题材由宽变窄，境界由阔变狭，色彩由浓变淡，情感由粗变细。

与“险怪派”和“浅切派”诗人不同，中唐诗坛上的这第三批诗人既没有提出共同的创作纲领，也没有掀起明确的诗歌运动，而大多是在不相往来的情况下分别进行着各自的探索。但是从美学倾向上看，他们又的确是在不知不觉地形成着一个共同的潮流。与“险怪派”不同，他们的诗歌毫不晦涩艰深，也绝不怪诞离奇；与“浅切派”不同，他们的作品虽然平易，却不直露，不仅自然，而且含蓄。也许，他们是在精神上最先进入封建社会后期的一批知识分子，在他们身上已经见不到昔日的艺术家那种饱满的热情和阔大的襟胸，同时却又有着前人所没有的细腻的情感和敏感的心灵。也许，他们的创作比不上“险怪派”和“浅切派”诗人所取得的成就，在当时也不是什么引人注目的事情，但他们却真正找到了能够取代壮美理想的新途径。

三、一种调式的“晚唐之韵”

正像乐曲中的大调转入小调一样，雄壮有力的“盛唐之音”经过丰富多彩的“中唐之响”，最终转变为哀婉深沉的“晚唐之韵”。与双重旋律的“盛唐之音”和三部合唱的“中唐之响”不同，“晚唐之韵”重新趋于一种新的统一，即走向更为细腻的心灵感受和更为含蓄的情感体验，从而标志着中国封建社会后期新的优美理想的确立。

在这一时期的绘画领域中，雍容华贵的宗教人物画已经失去其一向占据的正统地位，金碧辉煌的青绿山水也渐渐被含蓄淡远的水墨山水所压倒，花鸟画得到了长足的发展。从边鸾、滕昌祐到刁光胤，出现了一批专画花鸟鱼虫的画家，他们的目光从边塞和宫廷转移到狭窄的日常生活上来，笔法也逐渐趋于精巧细腻。釉陶的生产质量在逐渐下降，瓷器的制造工艺则越来越高，色彩浓烈的唐三彩正在向淡泊古雅的宋瓷过渡。雕刻艺术也在发生着根本性的变化。佛像不必定要正襟危坐，变化的姿势可以使它们更加接近生活；作品不必尽如庞然大物，娇小的体态可以使它们更加容易把握。于是，雄伟壮观的乐山大佛正在向优美动人的大足石刻过渡。在书法艺术上，唐人重法，宋人重意，而晚唐五代的杨凝式则真正开始了这一转折。他的作品，不以间架结构取胜，而以笔墨意趣见长，有着破方为圆，删繁就简之妙，即在减少直观因素的同时增加了品味的成分。

最值得我们注意的，当然还是诗歌创作了。晚唐诗风的代表人物当属以“温李”齐名的温庭筠和李商隐。就成就来讲，温、李二人一词一诗，贡献各异；就特色来说，温词细腻，李诗含蓄，风格有别。但是从美学的角度来看，他们又是从不同的方面追求和完善着共同的审美理想，从而为中国封建社会后期的诗歌创作开辟了道路。

最能代表李商隐诗歌美学特征的，自然要算是那几首脍炙人口而又令人琢磨不透的“无题诗”了。有人说这是爱情诗，有人则认为这是借无法实现的爱情来寄托事业上的苦闷。然而无论怎样，这争议本身就说明李诗的隐晦和含蓄，而这类隐晦和含蓄的诗风正是晚唐文学所独具的特色。如果换上盛唐诗人，无论是写爱情，还是写仕宦，都会比这明快得多。我们知道，若就仕途的坎坷而言，李白绝不比李商隐更幸运，但李白对自己的抱负与苦恼却从不隐讳。得意的时候，他高唱“仰天大笑出门去，我辈岂是蓬蒿人”（《南陵别儿童入京》）；失意的时候，他狂呼“大道如青天，我独不得出”（《行路难》）。有的只是大悲大喜，却丝毫没有凄凄惨惨的情调。由于他对命运的不满是建立在充分自信的基础上的，因而他不仅敢出怨言，而且还企图进行抗争：“我欲攀龙见明主，雷公砰訇震天鼓”；“阊阖九门不可通，以额扣关阍者怒”（《梁甫吟》）。这种悲剧性的搏斗充分显示了盛唐士人昂扬的气质和蓬勃的生机。至于说到性爱方面，李白不仅过着骏马娇妾、美酒名妓的生活，而且连天上的仙女也要拥入自己的怀抱：“玉女四五人，飘摇下九垓。含笑引素手，遗我流霞杯。”（《游泰山》）如此潇洒风流的举止鲜明地烘托出盛唐士人视世界为己有的自信心和向外开拓的生活态度。然而在李商隐的诗里，我们看到的却只是一种毫无希望的执着，一种充满痛苦的深情；听到的也只是一种无能为力的慨叹。在这里，诗人已经失去了“天生我材必有用，千金散尽还复来”（李白《将进酒》）的自信，有的只是“春蚕到死丝方尽，蜡炬成灰泪始干”（李商隐《无题》）的呻吟。在这里，诗人已经失去了“欲穷千里目，更上一层楼”（王之涣《登鹳雀楼》）的勇气，有的只是“夕阳无限好，只是近黄昏”（李商隐《乐游原》）的叹息。然而细想起来，这种自我信念的失落不正是时代的夕阳投在诗人身上的暗影吗？所以，我们在李商隐的《无题》诗中所听到的，既不仅仅是求偶的苦闷，也不仅仅是求仕的抑郁，而是有着一种世纪末的声响。这声响宣告着大唐帝国的毁灭，这声响也预示着中国封建社会开始走上了下坡路。

自我信念的失落和内在感受的加强似乎是同步的，在这里，诗人们将一切向外的触角统统收了回来，轻轻抚摸着内在的创伤，细细吮吸着心灵的苦水。因此，作为艺术家，李商隐等人虽不像李白那样潇洒豪迈，却有着李白所不具备的敏感和多情。在他那幽奥婉丽的诗篇中，我们时时可以通过一些复杂的暗示和微妙的象征来体验诗人所特有的那种惝恍迷离的心绪，从而获得一种水中观月、雾里看花式的审美享受。这就是所谓阴柔之美的独到之处。

如果说李商隐的诗是以含蓄取胜，那么温庭筠的词则是以细腻见长。据《旧唐书·音乐志》记载，词这种新的艺术形式在初、盛唐时期就已经有了，但那只是诗人偶然为之的结果，是作为诗的补充形式而存在的。真正所谓词家的出现，温庭筠可算是头一个。词之于诗，不仅有着音律上的变化，而且有着境界上的差异。正像王国维所说：“词之为体，要眇宜修，能言诗之所不能言，而不能尽言诗之所能言。诗之境阔，词之言长。”（《人间词话》）一般说来，诗是一句一境，整首含义阔大，形象众多；词则一阙或一首为一境，形象细腻，含义精微。因此，相对而言，含义阔大的诗境较利于表现中唐以前的阳刚之美，含义精微的词境则更便于表现晚唐以后的阴柔之美。这也就是唐诗最终被宋词所取代的根本原因。而温庭筠的贡献，就在于为宋词的出现开了先河。

在他的长短句中，我们已看不到盛唐诗歌中常有的那种广阔无垠的边塞风光和色彩缤纷的自然景物了，见到的只是潺潺的流水、款款的落花，以衬托那一片春心、几缕愁绪。与此同时，盛唐诗歌中常见的那种扭转乾坤的胸怀和建功立业的抱负也已似烟消云散，代之以日常生活、身边琐事、爱的苦恼、闲的寂寥。所谓“千里恨，恨极在天涯。山月不知心里事，水风空落眼前花。摇曳碧云斜”（《梦江南》），所谓“梳洗罢，独倚望江楼。过尽千帆皆不是，斜晖脉脉水悠悠。肠断白蘋洲”（《梦江南》）。词人正是用这些剪不断、理还乱的情感具体而微妙地拨动着读者的心弦，给人以咀嚼不尽、回味无穷的艺术享受。这就是所谓“阴柔之美”，也就是以后的宋词不同于唐诗的关键所在，它体现了中国封建社会后期占统治地位的审美理想。

从双重旋律的“盛唐之音”经三部合唱的“中唐之响”最终过渡到一种调式的“晚唐之韵”，这既表现了唐代艺术家多样化的审美追求，又体现了特定的社会历史生活对于这种追求的规范和引导。按照马克思主义的观点来看，历史是人们创造的，但是人们只能在历史所给定的条件下去创造历史。因此，历史是有规律可循的。

（此文发表于《文史哲》1992年第2期）

不尚礼法尚风流：初唐民俗与服饰中的美学倾向

隋、唐不仅是政治统一的时代，而且是文化融合的时代。虽然早在南北朝时期，外族文化即已大量流入中国北方地区，但当时文化冲突的一面远重于文化融合的一面。在战乱频仍、南北隔绝的情况下，文化融合的积极效应尚未充分地释放出来。而隋、唐帝国的出现，给这种能量的释放提供了空前广阔的历史空间。

据史家考证，隋、唐皇室均有浓厚的异族血统：隋炀帝杨广、唐高祖李渊的母亲，都出自拓跋鲜卑的独孤氏；唐太宗李世民的生母出自鲜卑族纥豆氏；长孙皇后父母两系皆为鲜卑人，故唐高宗李治的汉族血统只占四分之一。有人据此认为，隋、唐时期的汉族是以汉族为父系、以鲜卑为母系的“新汉族”[1]。

或许，这种“新汉族”的意义主要还不在血缘上，而在文化上。胡、汉文化的融合不仅改变了人们的生活方式，而且改变了人们的精神面貌。长期受

1　参见王桐龄：《中国民族史》，文化学社，1934年，第322页。

礼教熏陶的汉族农业文化中似乎被注入了一种豪侠健爽的强心剂；而长期处于野蛮状态的鲜卑游牧文化中也逐渐被加入了一种文质彬彬的精神内涵。这样一来，那过分儒雅而又有些孱弱的南朝文化和那过分刚烈而又有些原始的北朝文化，便通过隋、唐的融合而扬弃了其各自的片面性，一种新的时代面貌出现了。

首先，这种新的时代面貌表现在男人身上，便形成了文人崇武、儒生慕侠的社会风尚。由于科举制度的建立，使隋、唐社会出现了严格意义上的文官政府。那些意欲治国平天下的有志男儿一般都要走“学而优则仕”的儒生之路。但是，或许是受异族文化和皇室遗风的影响，唐代儒生的理想人格却并不是那种只会吟诗作画的谦谦君子，而常常是敢于打家劫舍、善于放浪形骸的豪侠之士。

事业上，儒生们出经入史、饱读诗书、文韬武略、目空前人。正像王勃在《上刘右相书》中所说的那样，“伏愿辟东阁，开北堂，待之以上宾，期之以国士，使得披肝胆，布腹心，大论古今之利害，高谈帝王之纲纪”。一副天下英雄，舍我其谁的气概。这种气概，并非王勃所独有，就连“貌柔野、少威仪”而且体弱多病的陈子昂也从小“奇杰过人”“弛侠使气”。据载，子昂初到京师，以千缗市胡琴，引起众人惊异。次日集会，他又当众击碎此琴，并趁机散发文稿，“一日之内，声华溢都”。此类行为，恐怕只有唐人做得出来。初唐士子不仅善于炫耀自己的文学才华，而且急于施展自己的政治抱负。为了引起朝廷的重视，他们爱发盛世危言，敢于离经叛道。得志时，他们之中不乏李峤之类竭才尽志、大展宏图的文官；失意时，他们之中也常有骆宾王那样铤而走险、拼死一搏的儒生。因此，在他们的锦绣文章背后，我们总能看到一种风流倜傥、桀骜不驯的气质。这气质，既不同此前的魏晋风度那样多少有些病态，也不像以后的宋人风采那样显得过于老成，它挟带着民族的精华，也掺杂着异域的野性。

生活上，儒生们则骏马宝刀，美酒胡姬，拥抱世界，享受生活。从这一意义上讲，卢照邻的《长安古意》既是一首托古咏今的艺术作品，也是当时士子生活的真实写照。“长安大道连狭斜，青牛白马七香车。玉辇纵横过主第，金鞭络绎向侯家。……借问吹箫向紫烟，曾经学舞度芳年。得成比目何辞死，愿作鸳鸯不羡仙。……挟弹飞鹰杜陵北，探丸借客渭桥西。俱邀侠客芙蓉剑，共宿娼家桃李蹊。……专权意气本豪雄，青虬紫燕坐春风。自言歌舞长千载，自谓骄奢凌五公。”最让士子们得意的是进士及第之后，除了拜谢考官、参谒宰相、结识同年等各种各样的礼仪性活动之外，还有名目繁多的游艺活动，其中最为隆重的是慈恩题名、曲江宴和杏园探花宴。甚至那些平素见钱眼开、唯利是图的娼家妓院，也为新科进士敞开大门，只需一张“红笺名纸”，就可以“游谒其中”，尽情享乐。从审美文化的角度上讲，这种风气并非只有消极的意义。一方面，文人与妓女的交往，不仅使他们从一个侧面更加了解和接近下层社会，而且常常触发他们的创作激情，写出或赞美其歌舞技艺，或描摹其美貌姿容，或申述其不幸遭遇的文学作品。检阅唐代的文人创作，此类题材并非罕见。另一方面，文人与妓女的交往，不仅提高了她们的审美趣味，而且常常通过她们来消费、传播艺术作品，乃至进行二度创作。翻阅唐代的笔记和野史，此类趣闻亦不胜枚举。

闲暇之时，初唐的男子非常喜爱从事体育活动，而最能体现其刚烈果敢之性格者，当属由西域传来的马球。史载，太宗时，都城中已有西蕃人爱打马球。中宗时，“上好击球，由是风俗相尚”（《资治通鉴》卷二〇九）。当时进京迎接金城公主的吐蕃使者曾在宫中与汉人比赛，中宗派临淄王李隆基（后来的玄宗）等四人与之对阵，“玄宗东西驱突，风回电激，所向无前”（《封氏闻见记》卷六）。可见已有相当高的技艺。沈佺期的《幸梨园亭观打球应制》里有“俯身迎未落，回辔逐傍流”的诗句，以形容人在马上俯仰屈伸、球在身旁流星闪烁的样子。由于这种运动非常适合文人崇武、儒士慕侠的时代风尚，因而很快由宫中传向了社会，成为有唐一代具有代表性的体育运动。从章怀太子墓出土的壁画中，我们可以看到当时驰骋于球场的情景。

其次，这种新的时代面貌表现在女人身上，则更是惊艳绝伦、五光十色。我们知道，北朝的鲜卑文化既无悠久的历史，亦无深厚的根基，其间甚至还残存着一些母系社会的流风余韵。北魏三后的女主专政，便表现了与华夏传统截然不同的文化特征；而花木兰式的巾帼英雄，也不可能出现在江南地区。对此，由南入北的颜之推曾作过一番精彩的比较："江东妇女略无交游，其婚姻之家或十数年间未相识者，唯以信命赠遗致殷勤焉。邺下风俗，专以妇持门户，争讼曲直，造请逢迎，车乘填街衢，绮罗盈府寺，代子求官，为夫诉屈。此乃恒、代之遗风乎？南间贫素皆事外饰，车乘衣服必贵整齐，家人妻子不免饥寒；河北人事多由内政，绮罗金翠不可废阙，羸马悴奴仅充而已，倡和之礼或尔汝之。"（《颜氏家训·治家篇第五》）而隋、唐时代妇女的地位和风俗，显然受到北朝文化的影响。史载，早在李渊自太原起兵时，其后来被封为平阳公主的三女儿不仅支持自己的丈夫柴绍逃离长安，去协助父亲兴唐反隋，而且还疏散家产，亲自拉起了一只"娘子军"，与秦王李世民的队伍并肩作战，为唐朝的建立做出了很大贡献。按照封建社会的传统观念，妇女本不应该参与政治的，而隋文帝却"唯妇言是用"（《隋书·高祖纪》），唐太宗也喜欢同长孙皇后探讨国家大事。只有在这种特殊的文化环境下，武则天才可能以裙钗压须眉，成为中国历史上唯一的一位女皇帝。除此之外，武则天的女儿太平公主、中宗的皇后韦氏、中宗与韦氏的女儿安乐公主都曾积极地参政议政，后者甚至要做什么"皇太女"，企图名正言顺地继承王位，这在中国几千年的历史上都是未曾有过的事情。

妇女政治地位的提高与社会地位的提高往往是同步的，表现在婚姻方面，唐律虽然沿袭古代惯例明确男子废除妻子的"七出"之法，从而保障了男子在婚姻关系中的优越地位，但同时也明确规定了"三不去"的原则："三不去者，一经持舅姑之丧，二娶时贱后贵，三有所受无所归。"（《唐律疏议》）从而也在一定程度上保障了妇女在婚姻关系中的权益。此外，唐代妇女夫死再嫁甚至主动离婚的事例并不罕见，这也从另一方面说明了妇女地位的提高和礼教约束的松弛。

在日常生活中，隋、唐妇女并非谨守深闺，足不出户，她们有单独、公开的社会活动，甚至可以结社。在与异性的交往中，隋、唐妇女不拘礼法、相对自由，后妃女官不避外臣，平民女子也不避男宾。与"女子无才便是德"的思想观念不同，唐人是主张女子读书的，上层社会更重视女子的文化教育。除读书习字外，富家女子还普遍学习音律丝竹。隋、唐妇女可以同男人一样骑马、射箭、拔河、打球，还可以荡秋千、斗百草，从事女子所独有的娱乐活动。

每逢良辰美景、佳节丽日，妇女们便浓妆艳抹、三五成群，或赏月，或观灯，或看花，或踏青。《隋书·音乐志》记载，炀帝时代，“每到正月，万国来朝，留至十五日，于端门外，建国门内，绵亘八里，列为戏场，百官起棚夹路，从昏达旦，以纵观之，至晦而罢。伎人皆衣锦绣绘彩，其歌舞者，多为妇人服，鸣环佩，饰以花毦者，殆万人”。其时间之长，场面之大，可谓惊人。而武后时代，每逢谷雨前后，通往花都洛阳的道路上，则冠盖盈野，美人如云，赏花者衣袂飘舞，裙带当风；饮酒者春风拂面，举止雍容，真可谓貌比芍药美，人似牡丹红。她们欣赏着美，她们也在创造着美。其情景之美，效果之佳，可谓绝后。

一个时代的民风、民俗，最为集中和外在地表现在人们的衣着、装束上。隋及唐初，正在接近中国封建社会的鼎盛时代。物质资源的丰富、社会风气的开放，都为其服饰文化的发展创造了条件。而最能体现这一时期审美风尚的，当属女装的发展变化。当崛起于关陇地区的军人集团刚刚建立起王朝统治的时候，服饰还比较俭朴，制度也相对严格。自隋炀帝开选女之例，在民间大选宫女之后，华丽之风便逐渐由宫廷波及民间。几千宫女浓装艳抹、朝红暮绿；不少民女纷纷效尤、日趋考究。于是，自此而及至整个隋、唐，“宫装”便成了领导服装新潮流的样板。正像王涯《宫词》所说的那样：“一丛高鬟绿云光，宫样轻轻淡淡黄。为看九天公主贵，外边争学内家装。”

除了宫廷的引导作用之外，妇女地位的提高对女式装束的演变当起着更为直接、重要的作用。这一点，我们可以在唐代妇女头饰的变化中看得十分清楚。《旧唐书·舆服志》云：“武德、贞观之时，宫人骑马者，依齐、隋旧制，多着羃离。虽发自戎夷，而全身障蔽，不欲途路窥之。王公之家，亦同此制。永徽之后，皆用帷帽，拖裙到颈，渐为浅露。”羃离是一种用罗纱制成的大块方巾，戴时不仅包裹头部，而且遮蔽全身，既难看清面目，又无美观可言。

而随着妇女社会地位的提高，尤其是到了女皇帝当政的时代，这种带有禁欲主义色彩的服饰自然会遭到社会的唾弃。“则天之后，帷帽大行，羃离渐息。中宗即位，宫禁宽弛。公私妇人，无复羃离之制。”(《旧唐书·舆服志》)所谓帷帽者，是一种高顶宽檐的笠帽，只在周围或两侧缀有一层网状的面纱，下垂至颈，戴在头上，不仅要比羃离轻松灵便，而且具有一定的装饰美观作用。从遮蔽全身的羃离，到半露姿容的帷帽，是妇女服饰史上的进步，也是审美文化史上的进步。在封建礼教的长期束缚下，广大妇女行不露足，笑不露齿，既不能展现自己的美貌，亦无法表露自己的个性。而初唐服饰的这一变革，显然应归功于这个万象更新的时代。

社会是不断前进的，服饰也是不断发展的。帷帽普及以后，唐代妇女又对自己的头饰进行了一次革命，干脆去掉了这层面纱，只用一块皂巾包裹在头的两侧，将全部面庞袒露在外，从而使其美丽的容颜堂而皇之地面对这一美丽的世界了。在著名的永泰公主墓出土的壁画中，我们甚至可以看到唐代妇女袒胸露臂式的服装，令人惊叹不已。

除头饰之外，初唐妇女的衣着也很开放，以披肩为例，多在轻薄的纱罗上印有美丽的图案，先将两米多长的画帛搭在肩上，然后再盘绕于两臂之间。走路时纱罗随手臂的摆动而上下飘舞，非常美观。

总之，这是一个男人打马球、女人荡秋千的时代，这是一个不拘礼法而尚风流的时代，这是一个万象更新的时代。

（此文发表于《淄博学院学报》1999年第2期）

从马克思的《手稿》到毛泽东的《讲话》
——兼论“实践美学”的历史发展

实践是辩证唯物主义和历史唯物主义的理论根基，也是马克思主义美学的出发点和落脚点。从马克思的《1844年经济学哲学手稿》（以下简称《手稿》），到毛泽东1942年的《在延安文艺座谈会上的讲话》（以下简称《讲话》），我们可以看到马克思主义“实践美学”由逻辑起点到历史展开，由哲学的抽象概括到文艺的具体指南，由普遍的科学真理到中国革命的具体运用的光辉的发展历程。总结和回顾这一历程，不仅可以加深我们对于马克思主义“实践美学”的理解和认识，而且可以促进我们在这一理论的指导下，去从事新的历史时期的社会实践。

一

关于马克思的《手稿》及其所包含的美学思想，学术界一向存在着不同的评价。有些学者根据《手稿》中大量使用的“人性”“异化”“类本质”等概念，认为其并未摆脱费尔巴哈人本主义的影响，因而是马克思早期尚未成熟的思想。有些学者则认为，《手稿》包含了“天才的理论发现”，其哲学意义和深刻程度甚至是马克思后期的理论著作所未能企及的。在我看来，这两种意见虽有其合理之处，也都有其偏颇之处：前者虽然看到了《手稿》中所包含的不成熟的因素，却相对忽视了《手稿》在理论上的重大突破；后者尽管发现了《手稿》在理论上的重大突破，却相对忽视了《手稿》中存在的不成熟的因素。二者的共同失误即在于：他们都仅从一些现象出发，自觉或不自觉地将马克思的早期思想与晚期思想割裂开来、对立起来，而没看到它们之间一以贯之的、内在本质的共同点。而这种一以贯之的、内在本质的共同点，就是实践，以及在实践基础上总结出来并反过来为实践服务的辩证唯物主义和历史唯物主义。

关于这一问题，我们可以在《手稿》的文本分析中得出答案。首先，《手稿》在肯定了客观物质世界的基本属性的前提下，又与以往的机械唯物主义思想划清了界限，“从前的一切唯物主义——包括费尔巴哈的唯物主义——的主要缺点是：对事物、现实、感性，只是从客体的或者直观的形式去理解，而不是把它们当作人的感性活动，当作实践去理解，不是从主观方面去理解。”[1]而马克思的《手稿》却提出了“人化自然”的科学命题。马克思指出：“通过实践来创造一个对象世界，即对无机自然界进行加工改造，就证实了人是一种有意识的物种存在，也就是说，人是把物种存在当作自己的存在来对待，或是把自己当作物种存在的那种存在来对待。”[2]动物只是被动地适应自然，人却可以能动地改造自然，即在物质世界本身打上理想、目的、愿望的烙印，“通过实践创造一个对象世界”。因此，对于人来说，事物、现实、感性不应“只是从客体的或直观的形式去理解”，而且还要“把它们当作人的感性活动，当作实践去理解”，否则的话，我们便无法理解，人在客观的审美对象面前，何以会产生主观的情感愉悦；因而只能像以前的唯心主义者或旧唯物主义者那样，到神秘的理念世界或肉体的生理机能上去寻找人与自然之间进行情感交流的美学基础了。事实上，在马克思看来，这一基础既不是上帝赋予的，也不是人类先天所具有的，而是在长期的物质实践所构成的对象化行为中逐渐培养和积累起来的。“因此，社会人的各种感觉不同于非社会人的各种感觉。只有通过人的本质力量在对象界所展开的丰富性才能培养出或

1 [德]马克思：《关于费尔巴哈的提纲》，《马克思恩格斯选集》第1卷，人民出版社，1972年，第16页。

2 [德]马克思：《1844年经济学哲学手稿》，《美学》第2期，第5页。

引导出主体的即人的敏感的丰富性。”[3]这样一来，马克思便首次科学地确立了人与自然之间的辩证关系，并将人对自然的情感观照建立在人对自然的物质改造的前提上，从而奠定了“实践美学”的哲学基础。

其次，《手稿》在强调了人的主观能动性的同时，又与以往的历史唯心主义思想划清了界限。我们知道，旧唯物主义者根本无法理解人与自然之间的辩证关系，他们既看不到自然之中的人化内容，又看不到人类背后的客观规律。因此，他们的自然观必然是机械的，而在社会历史领域中，他们又不得不倒向历史唯心主义。例如，在自然科学领域中曾经痛斥黑格尔唯心主义“理念论”的费尔巴哈，在社会历史领域中却又不得不重新祭起了“人本主义”的大旗，即把人的本质看成是一种抽象的、孤立的、永恒不变的“类”。这种思想，在马克思的《手稿》中遭到了明确的批判。马克思有针对性地指出：“吃、喝、生殖之类固然也是些真正的人性的功能，但是在把这些功能和其他人性的活动分离开的抽象化之中，把它们变成唯一的最终目的，它们就变成动物性的了。”“在实践方面，人的普遍性正在于人使整个自然界成为他的无机的肉体”，“所以正是在改造对象世界之中，人才真正证实他自己是一种物种存在。”[4]因此，尽管马克思在这里尚未得出“人的本质并不是单个人所固有的抽象物，在其现实性上，它是一切社会关系的总和”[5]这样一个高度概括的结论；尽管马克思在这里仍在沿用“类本质”“物种存在”等人本主义者所常用的概念，但在精神实质上，却已经明确摒弃了费尔巴哈的抽象人性论，并首次将人的本质纳入社会实践的历史范畴来加以研究。这一重大的理论突破是不容忽视的。正是由于人的本质与人的社会实践是紧密相联的，而作为人的本质力量对象化的美才具有了社会性、历史性和阶级性。从客观方面讲，“工业的历史和工业已建立的客观（对象性）存在就是一部揭示人的本质力量秘密的书”[6]，从主观方面讲，“五种感官的形成是从古到今的全部世界史的工作成果”（同上）。这样一来，马克思既不像旧唯物主义者那样，将美的本质归结为某种永恒不变的对象形式，又不像唯心主

3 [德]马克思：《1844年经济学哲学手稿》，《美学》第2期，第11页。

4 [德]马克思：《1844年经济学哲学手稿》，《美学》第2期，第45页。

5 [德]马克思：《关于费尔巴哈的提纲》，《马克思恩格斯选集》第1卷，人民出版社，1972年，第18页。

6 [德]马克思：《1844年经济学哲学手稿》，《美学》第2期，第11页。

义者那样，将审美标准归结为某种万古如斯的心灵感受，而是在社会实践的基础上，在人与自然所构成的审美关系之中历史地、具体地、变化发展地把握和分析人类的审美活动。这就是“实践美学”不同于以往一切美学体系的关键所在。

二

马克思的《手稿》虽然为“实践美学”奠定了理论基础，但这一工作还只是初步的，有待于进一步展开。这主要表现在两个方面；首先，马克思这里所说的“实践”还只是一般哲学意义上的劳动实践，当它落实到具体的社会生活之中时，还需要做出进一步的规定；其次，马克思这里所谈的“审美”还只是一般哲学意义上的情感观照，当它落实到具体的艺术活动之中时，也需要做出进一步的分析。如果用辩证思维的理论术语来加以表述的话，马克思的《手稿》只是“实践美学”发展历程的逻辑起点，这其中所包含的思想萌芽需要在具体的社会实践和艺术生产中得到进一步的展开，即“由抽象上升到具体”。尽管马克思、恩格斯和列宁在以后的一些书信和短文中也曾试图运用这一思想来指导具体的艺术实践，但终因篇幅和所涉问题的限制而未能得到全面的展开。

1937年，毛泽东写下了《矛盾论》和《实践论》这两部重要著作，完成了辩证唯物主义和历史唯物主义中国化的哲学阐释，并对“实践”这一马克思主义的出发点和落脚点进行了进一步的分析。他指出：“人的社会实践，不限于生产活动一种形式，还有多种其他的形式，阶级斗争，政治生活，科学和艺术的活动……”[7]而在此基础上，他于1942年发表的《讲话》正是辩证唯物主义和历史唯物主义在中国革命实践中的具体运用，是马克思主义的“实践美学”在文艺问题上的具体发展。

首先《讲话》开宗明义地指出：“我们是马克思主义者，马克思主义叫我们看问题不要从抽象的定义出发，而要从客观存在的事实出发，从分析这些事实中找出方针、政策、办法来。我们现在讨论文艺工作，也应该这样做。”[8]这样，他便把审美和艺术活动的实践条件及其内容进一步具体化、中国

7　毛泽东：《实践论》，《毛泽东选集》第1卷，人民出版社，1968年，第283页。

8　毛泽东：《在延安文艺座谈会上的讲话》，《毛泽东选集》第3卷，人民出版社，1968年，第853页。

化了。也就是说，《讲话》所涉及的审美和艺术问题并不是、或主要不是抽象的、一般意义上的理论问题，而是具体的、特殊意义上的现实问题，即在当时的历史条件和战争环境中，如何“使文艺很好地成为整个革命机器的一个组成部分”的问题。惟其如此，我们才能够理解《讲话》何以会将“为什么人的问题”作为一个根本的问题、原则的问题加以研究；惟其如此，我们才能够理解《讲话》何以会将文艺与政治之间的关系看得这么重要；惟其如此，我们才能够理解《讲话》何以会提出“我们的文学艺术都是为人民大众的，首先是为工农兵的，为工农兵而创作，为工农兵所利用的”[9]这样一个在当时看来不仅十分必要，而且十分迫切的问题。原因很简单：在当时的历史条件下，以工农兵为代表的人民大众是社会实践的主体。无视这一实践主体，抛开当时的社会斗争，侈谈什么“文艺的基本出发点是爱，是人类之爱”，是当时流行的看似高明、实则无知的唯心主义美学观点，而牢牢地抓住这一实践主体，积极地参与社会斗争，则正是毛泽东坚持马克思主义“实践美学”的关键所在，是他将马克思主义的普遍真理与中国革命的具体实践相结合的典范运用。

其次，《讲话》不仅使《手稿》中有关“实践”的观点得到了具体的运用，而且使《手稿》中有关“审美”的理论得到了充分的展开。围绕着“为什么人的问题”，《讲话》对于文艺实践中有关“普及与提高”“艺术与生活”“批判与继承”“政治与艺术”“世界观与创作方法”等一系列矛盾关系进行了深入的分析，而且在这些分析之中充满了辩证思想。例如，在“艺术与生活”的关系问题上，《讲话》一方面首先确立了社会生活的基元属性，指出人民生活中本来就存在着文学艺术原料的矿藏，这是自然形态的东西，是粗糙的东西，但也是最生动、最丰富、最基本的东西；“在这一点上说，它们使一切文学艺术相形见绌，它们是一切文学艺术的取之不尽、用之不竭的唯一的源泉。”[10]并在此基础上分清了“泉”与“流”之间的关系，从而杜绝了唯心主义的美学思想。另一方面，《讲话》又指出：“但是文艺作品中反映出来的生活却可以而且应该比普遍的实践生活更高，更强烈，更有集中性，更典型，更理想，因此就更带普遍性。”[11]从而杜绝了形而上学的美学思想。又如，在“世界观与创作

9 毛泽东：《在延安文艺座谈会上的讲话》，《毛泽东选集》第3卷，人民出版社，1968年，第863页。

10 毛泽东：《在延安文艺座谈会上的讲话》，《毛泽东选集》第3卷，人民出版社，1968年，第860页。

11 毛泽东：《在延安文艺座谈会上的讲话》，《毛泽东选集》第3卷，人民出版社，1968年，第861页。

方法”的关系问题上,《讲话》一方面指出“学习马克思主义，是要我们用辩证唯物论和历史唯物论的观点去观察世界，观察社会，观察文学艺术”[12]，从而强调了世界观对创作方法的影响。另一方面,《讲话》又明确指出：“马克思主义只能包括而不能代替文艺创作中的现实主义，正如它只能包括而不能代替物理科学中的原子论、电子论一样。”[13]从而肯定了创作方法的相对独立性。所有这些论述，都使得马克思在《手稿》中对于“审美”问题的研究得到进一步系统化、具体化、专业化了。从这一意义上讲，毛泽东的《讲话》不仅是马克思主义的普遍真理同中国革命具体实践相结合的产物，而且是马克思主义的美学原理同文学艺术的具体实践相结合的产物。

三

正如学术界对于马克思的《手稿》向来存有不同的认识一样，理论界对于毛泽东的《讲话》也一直有着不同的评价。在我看来，有的学者虽然看到了《讲话》的永恒价值，却忽视了其中所不可避免的历史局限，另一些学者虽然看到了《讲话》的历史局限，却忽视了其中确实存在的永恒价值。二者的共同失误即在于：他们都没有从实践的角度出发，将《讲话》作为实践的产物，而发掘其实践的意义。

马克思曾经指出：“社会生活在本质上是实践的。凡是把理论导致神秘主义方面去的神秘东西，都能在人的实践中以及对于这个实践的理解中得到合理的解决。”[14]首先，我们必须指出，毛泽东的《讲话》本身就是社会实践的产物，其中的许多观点都是针对当时的实践主体和实践任务而提出的。而实践本身却是永恒的、常青的、永远也不会停留在同一水平上的。当社会实践的主体和社会实践的任务发生了历史性的变化之后,《讲话》中所具有的社会局限性就会不可避免地暴露出来。如果我们无视这一事实，硬要把其中一切观点都说成是永恒不变的真理，我们就会将《讲话》神秘化；如果我们无视这一事实，硬要用其中的一切标准来衡量社会主义时期、改革开放条件下的新

12 毛泽东:《在延安文艺座谈会上的讲话》,《毛泽东选集》第3卷，人民出版社，1968年，第874页。

13 毛泽东:《在延安文艺座谈会上的讲话》,《毛泽东选集》第3卷，人民出版社，1968年，第874页。

14 [德]马克思:《关于费尔巴哈的提纲》,《马克思恩格斯选集》第1卷，人民出版社，1972年，第18页。

文艺，我们就会犯教条主义的错误。关于这一点，胡乔木曾经指出："我们不能用'句句是真理'或者'够用一辈子'那样的态度来对待《在延安文艺座谈会上的讲话》，那种态度根本不是马克思主义的，而是完全违反马克思主义的。"长期以来，有些人唯我独"左"，他们只会在口头上坚持毛泽东思想，而不会在实践中运用毛泽东思想，硬要把毛泽东在新民主主义革命时期、在战争环境下提出的一些具体观点不加分析地直接套用在社会主义革命和社会主义建设时期的文艺实践上来，从而把必要的功利实践变成了狭隘的功利主义，给我们的文艺创作和文艺批评带来了很多不利的影响。事实上，这些貌似革命的主张恰恰从根本上违背了"实践美学"活的灵魂，它们置实践主体与实践内容的变化发展于不顾，硬要把《讲话》中从具体的实践环境出发、并针对具体的实践任务而提出的一些具体观点说成是永恒不变的真理，其结果只能把毛泽东美学思想变成一种僵死的教条。

其次，我们也必须指出，《讲话》虽然是一种特定环境的产物，因而有其不可避免的历史局限性，但其中又确实存在着永恒的价值和意义，这种永恒的价值和意义就是马克思主义的实践精神。马克思曾经指出："哲学家们只是用不同的方式解释世界，而问题在于改变世界。"[15]只有从改变世界的社会实践出发，艺术才有价值、美学才有生命、毛泽东的《讲话》才能够真正被理解。而那些无视《讲话》的实践意义，只是用现在标准来指责《讲话》过时了的人，则只能对《讲话》进行庸俗的理解和批评。和那些貌似"革命"的人一样，这些貌似"科学"的人也只是抓住了《讲话》的只言片语然而完全丢掉其活的灵魂。

在纪念《讲话》发表50周年的今天，在改革开放的新的历史条件下，重新理解马克思主义的"实践美学"和《讲话》的精神实质，有着特殊的重要的意义。因为，尽管与50年前的延安相比，我们的实践主体提高了，我们的实践范围扩大了，我们的实践内容变更了，但是我们的实践精神则应是永存的。

（此文发表于《理论学刊》1992年第3期）

15 [德]马克思：《关于费尔巴哈的提纲》，《马克思恩格斯选集》第1卷，人民出版社，1972年，第19页。

中西审美文化发生异途之假说

近几年来，中西美学的比较研究得到了长足的发展，不少学者将精力投注在中国与西方这两条源远流长而又各具特色的美学思潮之中，并发现了许多等值而又异趣的内容，例如，中国人在审美和艺术活动中具有品味性强、直观性差，写意性强、写实性差，伦理性强、宗教性差等特征，而西方人的审美和艺术传统则与之刚好相反。这些等值而又异趣的内容显然是在中国和西方民族长期的社会生活和历史发展中逐渐形成和积累起来的，然而从发生学的意义上讲，这种现象形态的差异是否有着更为悠久的文化基因呢？也就是说，作为特殊的社会意识形态，中国与西方民族的审美和艺术活动是否在其产生之日起就有着不同的文化途径，而这种不同的文化途径又潜伏下其后差异的历史根据呢？由于年代的久远，材料的匮乏，我们一时很难对如此复杂的问题做出一个简单而又明晰的结论。姑且做以下三点假说。

一、“食”与“性”
——由快感演变为美感的不同途径

我们知道，“美”是随着“人”同时出现的历史范畴。在人类产生之前，

自然界无所谓美；在人类出现之后，人类以外的动物也无法欣赏人类所创造的美。美的创造和美的欣赏都是人的特权，是社会现象。从这一意义上讲，能否创造美和欣赏美，也是区分人与动物的标志之一。然而事情并非如此简单，问题在于，人本身就是从动物进化而来的，所以人类的这种超生物的精神享受又必然是从生物性的肉体快感中逐渐脱胎而来的。过去，我们一般只强调二者之间的差别，而往往忽略了它们之间的联系，从而把人与动物、人类的历史与自然的历史决然地割裂开来，这其实并不符合辩证法关于普遍联系的思维方式。正像人不同于动物却又是从动物进化而来的一样，人类的历史不同于自然的历史却又是从自然的历史发展而来的——人类进化的起点恰恰就是自然进化的终点。鉴于此，我们一方面必须分清人类的美感与动物性快感之间存在的原则性差异，另一方面又要看到人类的美感是动物性快感发展、演变、升华的历史结果。

动物性的快感是与其个体和族类的生存欲望密切相关的，前者表现为“食”，后者表现为“性”。在原始人那里，最初的食、性活动还只是为了满足肉体的生物本能，然而随着劳动生产和社会实践的出现，这些生物本能便渐渐演化为精神享受：食不仅仅是为了果腹，而且是一种美味；性也不仅仅是为了交配，而且是一种爱情。这就是动物性快感向人类美感进化的历史过程。在这一过程中，不同的民族有着不尽相同的侧重点和倾向性。从现有的资料看，中国古代的审美活动最初显然与“食”有着密切的联系，而西方古代的审美活动最初或许与“性”更为接近。这大概也应是人们将中国文化称为“食文化”，将西方文化称为“性文化”的原因之一吧。

“进化论”的创始人达尔文认为，早在动物进化成人以前，就已经具备了对美的爱好与欣赏能力，而且这种能力仅仅表现在性选择方面。也就是说，他认为动物在选择配偶的时候有“选美”的心理活动，能领略异性色相的美。他写道：“当我们看到一只雄鸟在雌鸟面前展开它的色相俱美的羽毛而唯恐有遗漏的时候，而同时，在不具备这些色相的其他鸟类便不进行这一类表演，我们实在无法怀疑，这一种的雌鸟是对雄鸟的美好有所心领神会的。……如果雌鸟全无鉴赏能力，无从领悟雄鸟的美色、盛装、清音、雅曲，则后者在展示或演奏中所花费的实际劳动与情绪上的紧张岂不成为无的放矢、尽付东流？而这是无论如何难于承认的。”[1]在这里，达尔文显然是将动物的快感与人类的美感混为一谈了。我们知道，动物只是按照遗传所决定的行为模式对某种声、光、色、形作出积极或消极的生理反应，而不可能像人那样具有超出这一范围的精神愉悦，用马克思的话来说，“一个物种的全部特性就在于物种的生活活动的方式，而人的物种的特性就在于他的活动是自由的，有意识的”。[2]雌鸟只能“欣赏”雄鸟美丽的羽毛，但无法欣赏野兽美丽的毛皮，这与人的审美活动显然具有完全不同的性质。

问题在于，我们能否在批判达尔文的同时，又在其所列举的事实中获得某种有益的启示呢？也就是说，我们能否在明确动物的快感不同于人类的美感的同时，又发现动物间的两性吸引潜藏着某种类似于审美活动的形式要素呢？根据考古学家的发现，西方现存的最早的艺术作品是雕塑，它们的出现甚至比洞穴壁画还要早。而被绝大多数学者推测为最早的雕塑作品是法国洛塞尔出土的“持角杯的少女”，又称“洛塞尔的维纳斯”，它是雕刻在一块石板上的女性裸体浮雕。除此之外，欧洲的许多地方也都出土过一些女性裸像。这些作品的共同之处就是对于女性特征的过分夸张，其中以奥地利出土的“温林多府的维纳斯”最为著名。她高约4英寸，由石灰石雕刻而成，面部不显，四肢萎缩，而夸大其乳、腹、臀、阴等与生殖有关的部位；与此同时，头发则被雕成精细的波浪形，据推测可能是当时妇女的时髦发式。对于这些最早的艺术品，我们很难弄清当时作者的创作动机主要是出于性的考虑还是出于美的需求；如果其硕大的乳房容易使我们接受前一种答案的话，那么其精致的发型则容易使我们得出后一种结论。无论如何，这也许是一种典型的过渡形态，即由动物性快感向人类美感历史性演进的中介点。由此点向前，我们只能看到达尔文所发现的伴随动物性快感的形式愉悦；由此点向后，我们则可以看到艺术家所创造的清除了肉体需要的精神产品。当我们打开西方古典艺术的精美画卷，而对着那纯洁无瑕、静穆典雅的“米罗的维纳斯”的时候，我们是否会考虑到她的前身竟是那丰乳肥臀、富于性感的“温林多府的维纳斯”呢？

1 [英]达尔文：《人类的由来》，吴疆等译，商务印书馆，1983年，第136页。

2 [德]马克思：《1844年经济学哲学手稿》，《美学》1980年第2期，第5页。

从中国的出土文物看，虽然新石器时代的考古中也积累了一些有关人体形象的材料，但不仅在时间上比西方晚、在数量上比西方少，且多为器物上的贴塑、附饰，形体特征都很简略、性特征也多不明显。唯红山文化遗址中出土的几件陶塑和泥塑人像与“温林多府的维纳斯”有些类似，但显然不具有普遍意义。然而我们可以从字源学的角度发现审美活动的另一种起源。许慎云：“美，甘也。从羊，从大。羊在六畜主给膳也。”（《说文解字》卷四）对于原始的游牧民族来讲，羊是其生活的主要来源，羊肉好吃，羊奶能饮，故而“羊在六畜主给膳”，故而“羊大为美”。这里的美感显然也未脱离人的生理快感，只不过与西方不同，这里的快感不是“性”而是“食”。所以许慎又说：“甘，美也，从口含一。”（《说文解字》卷五）可见在原始的中国人那里，“美与“甘”是一回事，都是味道好吃的意思。然而，正像“温林多府的维纳斯”并不纯然是审美的对象一样，“羊大为美”的美也并不是纯然的精神享受。从字源学的角度来看，不仅汉字之“美”与饮食有关，而且英文的“taste”和德文的“Geschmak”，都同时具有审美、鉴赏和口味、味道的涵义。由此可见，由于人类的美感都是由动物性快感演化而来的，而原始人在动物机能上的共同欲求，便决定其审美发生的共同规律；其差别只在于，中国与西方民族在共同的审美发生中有着不同的侧重点和倾向性罢了。

重要的是，这种同中之异的微妙差别，不仅决定了中西审美文化在其发生之时的不同倾向，而且为其以后各自的发展埋下了性质不同的历史基因。显而易见的是，西方古代的裸体艺术特别发达，直到现在，有关性爱生活的描写仍然是西方艺术的重要内容。与此相适应，西方人的审美感受一般比较粗犷，因而在艺术上喜欢追求强烈生动的戏剧性效果，直观性大于品味性。相反的是，中国古代虽也不乏描写爱情生活的艺术作品，但大都比较含蓄、隐晦，直到今天，我们对于那种过于直露的性爱描写仍然无法接受。与此相适应，中国人的审美感受一般比较细腻，喜欢将“滋味”“韵味”这类与味觉感受相关联的词汇作为美学范畴加以使用，在艺术上不追求富于刺激性的直观效果，而向往隽永、含蓄、耐人寻味的境界。由此可见，中国与西方这种等值而又异趣的审美风尚是有其深刻的历史根源的。

二、“工具”与“对象”
——由劳动演变为艺术的不同途径

关于艺术的起源问题，目前学术界存在着种种不同的说法。然而不可否认的是，人类的精神生产最早是在物质生产的基础上脱胎而来的，因而劳动实践在早期的艺术实践中不可避免地占有着十分重要的地位。所谓劳动，就是人类借助工具以改造自然的物质活动。在这里，除了劳动者本身之外，劳动对象和劳动工具是两个不可或缺的必要前提，那么，在这两个前提之中，究竟是何者成为人类艺术创造的最初动因呢？在此问题上，中国与西方的史前“艺术家”们似乎也有着不同的取舍。

从目前的考古资料看，西方早期艺术的典型范例，就是以法国多尔多涅地区、比利牛斯山区和西班牙北部地区为代表的旧石器时期的洞穴壁画。从内容上看，这些壁画的主要题材是野兽，其中包括野牛、野马、熊、大象和驯鹿等。从形式上看，这些壁画轮廓清晰、线条生动，其中的一些还涂有色彩。值得注意的是，许多野兽的身上有被长矛或棍棒打击过的痕迹。据此，不少学者认为，早期的人类绘制这些壁画的目的，是企图通过巫术的手段对猎物（也就是当时的劳动对象）加以控制，以期获得丰硕的劳动成果。然而，正像马克思所指出的那样，“只有通过人的本质力量在对象界所展开的丰富性，才能培养或引导出主体的即人的敏感的丰富性，例如一种懂音乐的耳朵，一种能感受形式美的眼睛”[3]。久而久之，人们在这种直接的功利活动中渐渐培养出超功利的审美趣味，并最终将手段转化为目的，于是，劳动对象便逐步变成了审美对象，巫术活动也最终演变成了艺术活动。这也就是阿尔塔米拉洞穴壁画上的野牛，至今仍具有审美价值的原因所在。

然而迄今为止，在中华民族的发祥地区并未发现旧石器时期的洞穴壁画，有人甚至将此称之为中国艺术考古的“最大憾事”。这种慨叹显然是以中西艺术发展同源论为前提的，也就是说，既然西方的早期艺术是从原始洞穴中发展而来的，那么中国的早期艺术也必然如此，只是我们的考古学家尚未将这种肯定存在过的洞穴壁画发掘出来罢了。但是，如果我们抛弃“同源论”

3　[德]马克思：《1844年经济学哲学手稿》，《美学》1980年第2期。

的设想而代之以“异途论”的假说，我们也许就会怀疑，这些始终未被发现的洞穴壁画是否真的存在过。难道中国的史前艺术也一定要从劳动对象而不可能从其他方面演变而来吗？我们不妨用这种观点来重新审视一下目前已有的考古成果。

我国学术界一般公认的最早具有审美价值的史前文物，就是山顶洞人曾经戴过的“串饰”，它是由钻了孔的砾石组成，类似于今天妇女佩戴的项链。但是正如欧洲的洞穴壁画最初并不是为了审美而是出于功利目的的考虑，山顶洞人的“串饰”最初也不是艺术，而是记数、记事的标志，只是由于长期的物质实践而积淀下来的情感内容，才使得这些功利对象逐渐具有了审美的价值。于是，“壁画”越来越生动，“串饰”也越来越精致了。然而，与西方史前的洞穴壁画不同，中国史前的串饰作品显然不是由劳动对象发展而来的。有学者认为，它“很可能是小型的投掷、切削、打击等工具逐渐演化而成。在它最后成为审美的串饰之前，曾经有着一段较长的过渡阶段。”[4]也就是说，这些最初的艺术品不是由劳动对象而是由劳动工具演变而来的。这种假设，在其他一些出土文物的演变过程中似乎得到了印证。

我们前面在对欧洲原始壁画的分析中已经看出，早期的艺术品与巫术活动有着紧密的联系，而巫术又是以生产实践为前提的。在先秦典籍中，我们同样可以看到，像圭、壁之类的工艺品，最早也是作为人神交际的媒介而出现的。不仅如此，这些后来变为审美对象的巫术制品，也是由劳动工具演化而来的。一些考古学家认为，圭最初是一种测日的工具，而从大量出土的史前文物来看，石斧、石锛、石铲等生产工具，又可能是圭的前身。在大汶口、仰韶和龙山等文化遗址中，就曾发现了一些形为工具，而实已不具备使用价值的物品。山东日照出土的玉铲，体簿而美巧，显然不适于铲地，而其形状和圆孔，又与圭相类似。[5]从时间顺序来看，圭的这种由生产工具到巫术工具再到艺术品的发展过程，与欧洲的洞穴壁画由生产对象到巫术对象再到艺术品的发展过程刚好是对应的，其区别只在于一个是由劳动工具转化而来的，另一个则是由劳动对象转化而来的。

指出这种相对的差异是十分重要的，因为正是这些差异决定了以后的西

4　于民：《春秋前审美观念的发展》，中华书局，1984年，第17页。

5　参阅《中国美术全集·工艺美术篇·玉器》，上海人民美术出版社，1992年。

方艺术再现性强、写实性强，而中国艺术表现性强、写意性强的不同特征。我们知道，无论是劳动对象还是劳动工具，都是以具象的形态呈现在人们面前的，然而要将它们演变为艺术品，却有着完全不同的途径：将劳动对象转化为艺术品，最初必然是以再现和写实为指归的，即在作品的内容和细节方面下功夫，争取使艺术形象尽可能地实现对生活本身的还原，这与西方美学史上的“模仿说”是完全一致的；而将劳动工具转化为艺术品，则必须以表现和写意为指归，即在作品的形式和风格方面下功夫，争取使艺术形象尽可能地超越工具本身的实用性，从而在似与不似之间获得一种主观表现的装饰性效果，这与中国美学史上的“写意说”刚好是合拍的。这样一来，我们就为中西艺术的不同风格找到了发生学意义上的历史根据。

三、“祖宗”与“神灵”
——由图腾崇拜演变为审美文化的不同途径

从系统论的角度来看，各民族的审美文化只是其民族文化的一个有机的组成部分，其性质在很大程度上取决于民族文化的整体特征。例如，中国审美文化的伦理倾向与其民族整体文化的世俗特征有着不可分割的联系，而西方审美文化的宗教倾向与其民族整体文化的超验特征也有着十分密切的关联。现在的问题是，中国与西方这种截然不同的审美、民族文化是否存在着共同的人类学前提。如果存在，那么又是怎样从这一共同的前提之中演变而来的呢?

当我们将研究的视点上溯到文明所能追溯的极限时，我们就会发现，无论在中国还是在西方，人都是从自然界中脱胎而来的。不仅如此，刚刚脱离自然母体的早期人类在精神上都留有一根尚未剪断的原始脐带，这就是所谓图腾崇拜。“图腾”（totem）原是北美印第安部落的一个方言词，意为“亲族”。因为那里的人们认为自己的氏族源于某种动物或植物，便用它们的名字作为氏族的徽号，将其作为氏族神来加以崇拜。后来，随着人类学家对现存原始部落的考察，发现这类同某种自然对象攀结“血缘关系”的原始崇拜不仅为北美所独有，在大洋洲也广泛存在。欧、亚、北非、南美以及波利尼亚和爱斯基摩人那里也留有类似的原始崇拜形式，中国所谓“龙的传人”也是图腾崇拜的结果，可见其有普遍的人类学意义。

如来我们将“围腾”视为中西文化的共同的人类学前提，那么从这一前提之中又如何演化出西方式的宗教神秘主义和中国式的伦理世俗精神呢？图腾崇拜不同于宗教，因为宗教信奉的是超自然的力量，而图腾信奉的恰恰是自然的力量；图腾崇拜也不同于伦理，因为伦理信奉的是人伦关系，而图腾信奉的恰恰是超人伦的关系。但是，图腾崇拜又类似于宗教，因为它所崇拜的图腾已同其他自然对象区分开来，很容易演化为人格神；图腾崇拜也类似于伦理，因为图腾与人的超自然关系本身又带有一定的血缘性质，很容易蜕化为人伦情感。正是由于图腾本身蕴含着向两个方面发展的内在可能，才使得以后的中西文化出现了两种截然不同的演进方式。

西方的宗教型文化是早期神灵崇拜的历史延续，而神灵崇拜又是将图腾对象进一步神化的结果。例如，在希腊神话中，被崇拜的已不再是雷电、大海、太阳、月亮这些自然对象本身，而是掌管这些现象的宙斯、波塞冬、阿耳忒弥断等人格神了。“希腊神话都是人格化了的形象，和人不同的地方在于：他们被描写成是永生的，在各自的领域内往往具有无与伦比的威力，他们的好恶对人有决定的影响。但是神的某些别号和表征表明，在他们被人格化之前，人们曾经走过了从拜物教到万物有灵论的漫长历程。鹰被看作宙斯的圣鸟，天后被称作‘牛眼的赫拉’，阿波罗的修饰语往往是‘月桂树’的派生词或包含它的复合词，可见这些神都曾与图腾崇拜有关系。”[6]

与之不同，中国的伦理型文化是早期祖宗崇拜的历史延续，而祖宗崇拜又是将图腾对象进一步人化的结果。从文字学的角度来考察，“祖”字义“示”从“且”。关于“示”字，姜亮夫指出：“考甲文中表示有宗教‘灵感’一类的字，都以示为偏旁，为先人精灵之听寄，则示字当即原始神字；示音与神为双声，此字乃大石文化时期的大石纪念物。”[7]关于“且”字，郭沫若认为，甲骨文字形类似于男性生殖器，应为古代“牡”的初字（《甲骨文字研究·释祖妣》）。可见，祖先之所以像神那样值得崇拜，是由于有着生殖能力，而这种能力已

6 《中国大百科全书·外国文学》，中国大百科全书出版社，1982年，第1099页。

7 姜亮夫：《古文字学》，浙江人民出版社，1984年，第83页。

不再需要借助任何非人的自然对象，它是祖先自身所具有的。至于“宗”字，从“宀”从“示”，王筠《说文句读》云：“宀示者，室中之神也，天地神祇，坛而不屋，人鬼则于庙中祭之。”[8]可见，对祖宗的祭祀，也已不再是崇拜天地神祇等超自然对象，而只是对死去的前辈们的顶礼与膜拜。因此，与西方“人格神”的文化处理方式不同，中国古代却有着“神格人”的一系列传说。在这些传说中，人们将种种并非个人所能完成的奇迹附会在一些早逝的祖先身上。这是一种伦理凝聚力的体现。

早期中西文化这种逆向选择的历史动因，不是本文的研究课题。我们所要指出的是，这种不同的选择又为以后中西审美文化的历史形成提供了重要的根据。在宗教型的文化氛围中，西方人的艺术实践一直充满着神学与信仰的主题，从《俄狄浦斯王》到《浮士德》，很多古典名著都展示了人与命运、人与魔鬼的较量；而像《等待戈多》《局外人》这样的现代名著，又多呈现出人在“上帝死了”之后的孤独感和荒诞感。不仅如此，西方的美学理论也以追求审美形而上学为开端，力图透过经验的审美对象来把握超验的审美本质，因而具有着重思辨而轻经验的历史传统。与之相反，在伦理型的文化氛围中，中国人的艺术实践一直充满有道德与教化的主题，从《离骚》到《水浒传》，很多古典名著中都体现了“文”与“道”之间的张力与转换，而在《红楼梦》与《阿Q正传》这些晚近的著作中，又常常表现出对传统伦理道德与人生观念的反思与批判。不仅如此，中国的美学理论也以追求审美的社会功能为开端，力图通过经验的总结而把握艺术与社会政治的密切关联，因而具有重实践而轻思辨的历史传统。

总之，当我们将中西美学种种不同的民族传统放在人类学的宏观背景下加以考察之时，我们或许没有“看到”，但已经“猜到了”传统背后的历史秘密。

（此文发表于《辽宁大学学报》1992年第6期）

8　王筠：《说文句读》，上海古籍出版社，1983年，第980页。

既追求对立又追求和谐的现代美

在古代和近代，中国与西方的审美理想尽管有这样那样的不同，然而在总的趋势和总的性质上则基本上是一致的。但是到了现代，由于社会制度的巨大差异，情况却发生了根本性的变化：西方在近代对立原则的基础上，进一步强化了不和谐的因素，从而将“崇高”的理想完全推向了“丑”；中国则企图扬弃近代对立原则中的矛盾因素，从而重新强调和谐，以期由“崇高”的理想向“美”回归。根据这种情况，我们必须对中西现代的审美理想按照两个标题加以分别论述。

一、对立的加剧

在近代的崇高理想中，丑的因素已经出现了，但在当时的情况下，丑是作为一种积极的否定因素而不是作为一种消极的破坏因素出现的。也即是说，由于丑的渗透，突破了原始的和谐，导致固有的、僵化的审美平衡态的瓦解，但并未将此平衡态完全归于无序状态；由于丑只是作为一种有限的负熵被引进审美领域中来的，所以最终的结果仍是由不和谐而导向和谐，即建立起一种“远离平衡态的平衡态”，这就是近代的崇高理想。然而现代西方美学却并非如此。由于丑的不断渗透，量变终于导致了质变，彻底的无序状态终于出现了。在这种情况下，“丑”已不是作为一种营养，一种调料，一种负熵供和谐的审美机体所吸收，所消化，而是作为审美领域中的主人高坐在艺术殿堂之上，从而与古代的“美”、近代的“崇高”分庭抗礼了。

作为当代反理性思潮的精神鼻祖，叔本华最早发现了世界的偶然性和荒谬性，并把这种思想表现在其美学理想之中，从而确立了丑的地位。在他看来，所谓意志就是一种非理性的本能、无目的的冲动、没有止境的生命欲求。当这种生命欲求得不到实现的时候，人们就痛苦，就烦恼；而当某个具体的欲望暂时得到满足的时候，人们就无聊，就厌倦；然后再生出新的痛苦和新的无聊、新的烦恼和新的厌倦。照此说来，人生就好像一只上好了发条的时钟，在痛苦和无聊之间来回摆动。为了得到那点可怜的金钱、名誉、权威和地位，人们必须相互排挤、彼此倾轧；为了防止那不可避免的疾病、衰老，乃至死亡，人们又必须担惊受怕、劳而无功地与命运之神相抗争。与基督教的世界观完全不同，在叔本华眼里，这个世界与其说是一切可能有的世界中最完美的一个，毋宁说是最糟糕的一个，在这样一个世界里，我们还能期待何种美妙而崇高的理想出现呢？因此，他在论述悲剧时指出：“文艺上这种最高成就以表现人生可怕的一面为目的，是在我们面前演出人类难以形容的痛苦、悲伤，演出邪恶的胜利，嘲笑着人的偶然性的统治，演出正直、无辜的人们不可挽救的失陷；而这一切之所以重要，是因为此中有重要的暗示在，即暗示着宇宙和人生的本来性质。”[1]可见，同黑格尔一样，叔本华也十分重视悲剧冲突的必然性。不同的是，黑格尔是站在“绝对精神”的立场上，宣告悲剧的意义在于否定冲突双方所代表的伦理价值的片面性，进而在两败俱伤的冲突中高扬“绝对精神”的胜利；叔本华则是站在个体人的立场上，发现悲剧的意义在于反映了无辜的人们不可避免地相互摧残，进而在玉石俱焚的冲突中宣告了宇宙本身的荒谬性。也许叔本华比黑格尔更加真诚，因为他拒绝充当“绝对精神”的传教士，而只想用一种普通人的眼睛去观察这个世界所具有的不幸。也正因如此，在他看来，悲剧艺术所反映出来的人生命运，既不是优美的，也不是崇高的，而只是丑的。

1　[德]叔本华：《作为意志和表象的世界》，石冲白译，商务印书馆，1997年，第850页。

当理性的迷雾被无情的思想拨开之后，非理性的本能就要粉墨登场了。在尼采看来，既然整个宇宙说到底都是一种荒谬绝伦的无序结构，那么还有什么法则可以约束人生呢？因此，他从叔本华的绝望之中似乎又找到了新的希望，这种新的希望就是一种全无理性的悲剧人生。“肯定生命，哪怕是在它最异样最艰难的问题上；生命意志在其最高类型的牺牲中，为自身的不可穷竭而欢欣鼓舞——我称这为酒神精神，我把这看作通往悲剧诗人心理的桥梁。不是为了摆脱恐惧和怜悯，不是为了通过猛烈的宣泄而从一种危险的激情中净化自己（亚里士多德如此误解）；而是为了超越恐惧和怜悯，为了成为生成之永恒喜悦本身——这种喜悦在自身也包含着毁灭的喜悦……”[2]既然强力意志已经超出了个体的有限生存而具有了本体论的地位，既然这种作为宇宙和人生本体的强力意志如此丰富，如此过剩，如此不可摧毁，那么我们便丝毫也没有必要为个体的毁灭而感到悲观和烦恼，相反，我们甚至还可以在这毁灭之中体验到“生成之永恒喜悦本身”，体验到不可遏止的生命冲动。凭借这种生命冲动，我们便可以冲破一切伦理的羁绊，克服一切理性的烦恼，使感性的肉体生命在其痛苦、灾难甚至死亡的过程中都可以得到空前未有的伸张……这就是尼采所倡导的悲剧人生。“在某种状态中，我们置光彩和丰盈于事物，赋予诗意，直到它们反映出我们自身的丰富和生命的欢乐；这些状态是：性冲动；醉；宴饮，春天；克敌制胜，嘲弄，绝技；残酷；宗教感和狂喜。三种因素是主要的，即性冲动、醉和残酷，它们都属于人类最古老的节庆之快乐，也都是原初的‘艺术家’身上占居优势”。因此，“对艺术和美的渴望是对性欲颠狂的间接渴望”。[3]由此可见，尼采的悲剧观及其审美理想虽然比叔本华较为乐观，却更加无序。在“酒神精神”的冲动中，什么和谐，什么典雅，什么平衡对称，什么整齐划一，通通都是束缚生命的清规戒律，必须彻底加以清除。

同尼采一样，弗洛伊德也把整个人类文化看成是压抑感性生命的理性屏障。在他看来，人们在意识中尽管承认这种文化屏障的合理性，然而在潜意识之中却深深地埋藏着一种见不得人的反叛情绪，而审美和艺术活动正是这

2 [德]尼采：《偶像的黄昏》，《悲剧的诞生：尼采美学文选》，生活·读书·新知三联书店，1986年，第334—335页。

3 [德]尼采：《强力意志》，《悲剧的诞生：尼采美学文选》，生活·读书·新知三联书店，1986年，第351、354页。

种非理性的生命本能（主要是性本能）经过乔装打扮而粉墨登场的结果，因此，一切艺术创作和审美动机都潜伏着一种反道德、反文明的犯罪感。“很难说是由于巧合，文学史上的三部杰作——索福克勒斯的《俄狄浦斯王》、莎士比亚的《哈姆雷特》和陀思妥耶夫斯基的《卡拉玛卓夫兄弟》都表现了同一个主题——弑父。而且，在这三部作品中，弑父的动机都是为了争夺女人，这一点也十分清楚。”[4]如果说在尼采那里，性欲的艺术表现还体现着一种生命的快乐；那么在弗洛伊德这里，这种生命的快乐同时也就是生命的罪恶了。当艺术家将此类最阴暗的心理情结传达给欣赏者的时候，还有什么美与崇高可言呢?

与此同时，存在主义者也在失去上帝的情况下苦苦追寻着人生的价值和意义，并将这种非理性的生命体验表现在其特定的艺术作品之中。就在他们将哲学范畴由现象、本质、规律、理念转变为恐怖、绝望、厌烦、恶心的时候，他们也将艺术形象由乐观向上的费加罗变成了冷默倦怠的莫尔索，由英勇无畏的浮士德变成了徒劳无功的西西弗斯……在“存在即虚无”“他人即地狱”的口号下，一切庄严而美妙的艺术境界都会显得滑稽可笑，一切崇高与和谐的审美理想都会变得荒诞不经了。

如果说，存在主义者还主要是“依靠高度清晰、逻辑严谨的说理来表达他们所意识到的人类处境的荒诞无稽，而荒诞戏剧则公然放弃理性手段和推理思维来表现他所意识到的人类处境的毫无意义”[5]。在这种艺术中，语言的艺术魅力完全消失了，它或者啰里啰嗦、唠唠叨叨，或者信口开河、词不达意，或者干脆被没有生命的物体和道具所取代。于是，一向华贵典雅的舞台上，竟出现了堆积如山的杯子、摆也摆不下的椅子、呈“几何级数增长症”的尸体，长在同一张脸上的好几个鼻子……

这种现象绝不仅仅出现在戏剧舞台上，也绝不仅仅是所谓“荒诞艺术”的独家产品，而是整个现代西方审美活动的主导倾向，翻开那些装帧精美的诗集、小说和画册，我们所看到的不是赏心悦目的图景，而是触目惊心的画面。把天空比作尸布（托马斯）、把大陆看作荒原（艾略特）、把住宅当成地

4 [奥地利]弗洛伊德：《陀思妥耶夫斯基与弑父者》，《弗洛伊德论美文选》，张唤民等译，知识出版社，1987年，第160页。

5 [英]埃斯林：《荒诞派戏剧》，见伍蠡甫主编《现代西方文论选》，上海译文出版社，1979年，第358页。

洞（卡夫卡）、把牛头变成人脸（毕加索）……一位名叫沃兰德的批评家不无感慨地指出："从艺术的观点来看，难道现代艺术不是魔鬼的作品吗？难道舞台上各种精神错乱和歪扭鄙丑的动作都是艺术吗？各种艺术趣味的感受的否定，所有那些过去被看作丑的和令人厌恶的东西——那些垃圾癖和裸体癖——难道都是艺术吗？"[6]

总之，自从进入现代后工业社会之后，西方世界的审美理想再一次发生了历史性的变迁，即从古代的和谐经由近代的不和谐最终走向反和谐，从古代的美经由近代的崇高最终走向丑。这一历史事实是不容否定的；然而它所蕴藏的社会意义又是极为复杂的，这其中既包含着资本主义工业社会对于人性的异化和扭曲，包含着基督教文化解体之后西方人的迷惘与困惑，同时也意味着人类审美视野的进一步拓宽。因此，我们对此问题的研究，既要进行严肃的分析批判，也要防止出现简单化的倾向。

二、和谐的复归

与西方审美理想的历史走向完全不同，中国现代的美学倾向不仅是对立因素的加强，而更是和谐理想的复归。尽管中国现代的美学思想家在美的本质问题上有着这样那样的分歧，然而在审美理想问题上却基本上是一致的，或者说，他们都在以不同的角度和方法探求着共同的理想——和谐。

有学者采用了社会学的方法，即认为"美的事物就是典型的事物，就是种类的普遍性、必然性的显现者。在典型的事物中更显著地表现着客观现实的本质、真理，因此我们说美是客观事物的本质、真理的一种形态，对原理原则那样抽象的东西来说，它是具体的"。[7]因此，美的理想应该是感性与理性、现象与本质、个别与一般相统一的典型形态，就像中国古代的文学家宋玉在《登徒子好色赋》中所描写的那位"增之一分则太长，减之一分则太短，着粉则太白，施朱则太赤"的东家之子一样，是一种高度和谐的理想范本。

有学者则采用了心理学的方法，即认为美是主客体之间的心理感应，"就是客观方面某些事物、性质和形状适合主观方面意识形态，可以交融在一起

6　[德]沃兰德：《德国的哲学美学和经验研究》，《国外社会科学》1978年第4期，第38页。

7　蔡仪：《新美学》，见《美学论著初编》上册，上海文艺出版社，1982年，第247页。

而成为一个完整形象的那种性质”。[8]因此，这里所说的主客体的统一就是一种神与物游、物我两忘的精神境界。就像“庄周梦蝴蝶”那个著名的故事一样，使人进入一种心物和谐的理想状态。

还有人从实践论的角度入手，把美看成是“人的本质力量对象化”的历史成果，“在实践基础上，对客观必然性的能动反映，产生符合必然性的主观目的，这就是‘理想’。理想既符合客观必然性，通过客观性的实践活动，便能得到实现。这样，一方面，‘善’得到了实现，实践得到肯定，成为实现了（对象化）的‘善’。另一方面，‘真’为人所掌握，与人发生关系，成为主体化（人化）的‘真’。这个‘实现了的善’（对象化的善）与人化了的真（主体化的真），便是‘美’”。[9]由此看来，美的理想便是主体与客体、人与自然、善与真、目的性与规律性通过实践而达到的和谐统一。因此，人类的审美活动，便是现实与历史、个体与社会高度和谐的理想境界。

我们则从辩证法的角度出发，认为我们时代的审美理想应该是近代崇高理想的否定和古代和谐理想的复归，即一种对立统一的新型和谐。“随着无产阶级革命的胜利和社会主义建设的发展，特别是四个现代化的迅速进展，主观和客观、理想和现实的对立，在新的实践基础上，在更高的水平上辩证地统一起来。”[10]

应该看到，上述理想的出现既有其思想理论方面的根据又有其社会存在方面的原因。从大的背景上看，“十月革命”一声炮响，给我们送来了马克思主义。而马克思的共产主义学说，是对于资本主义异化现实的批判和超越。在这种思想的指导下，我们在新民主主义革命胜利之后，并不是要在中国实现资本主义制度，而是要建立更高层次的社会主义制度。因此，自新中国成立以来，我们在意识形态方面的建设主要注重了与资本主义的区别，即要在批判后者的前提下建立起更加先进的社会主义意识形态。表现在思想方式上，我们力图避免陷入近代形而上学的片面性，而强调对立统一的辩证法。表现在审美理想方面，我们则力图防止近代崇高对立的极端性发展，而希望

8 朱光潜：《论美是客观与主观的统一》，《朱光潜美学文集》第3卷，上海文艺出版社，1982年，第71页。

9 李泽厚：《美学三题议》，《美学论集》，上海文艺出版社，1980年，第161—162页。

10 周来祥：《我们时代的美是对立的和谐统一——关于美的一点浅见》，《东岳论丛》1980年第3期。

在对立因素的基础上实现更高层次的和谐。

按照唯物辩证法的观点来看，矛盾双方在分裂对立的基础上必将导致新的融合与统一，因而古代的素朴和谐——近代的崇高对立——现代的辩证和谐，很可能会成为人类审美理想否定之否定的螺旋上升图景。这也正是上述和谐理想的价值所在。问题在于，矛盾双方统一的水平必须以矛盾双方展开的程度为条件，只有通过矛盾双方的彻底展开和充分对立，才可能实现更高层次的和谐与统一；否则，科学的辩证法便会沦为素朴的辩证法，螺旋式的上升便会沦为平面式的回归。因此，上述审美理想的真正实现与其说是简便易行的，毋宁说是曲折艰难的。我们知道，我们这个社会主义国家并不是在高度发达的资本主义近代文明的基础上建立起来的，而是从极端落后的半封建半殖民地的旧中国脱胎而来的，这便决定了我们这个社会主义的“初级阶段”性质。在整个社会主义初级阶段中，我们在意识形态领域里既要反对资产阶级的“自由化”，又要反对封建主义的“僵化”。这表现在审美领域中，既要超越排斥统一的“冲突模式”，又要扬弃回避矛盾的“团圆理想”，惟其如此，才可能真正实现对立统一的和谐理想。然而回顾40年的历史，我们在这两个方面的教训都是深刻的。尽管我们在理论研究和艺术实践方面确有某些成果已经达到了辩证思维和对立统一的高度，然而不少作品还没有超出近代形而上学和崇高对立的水平。尤其值得注意的是，也有的东西甚至连近代的水平还没有达到，却以素朴的统一来冒充辩证的和谐。关于这一点，“样板戏”的艺术实践便是一个典型的例证。

总之，自从进入社会主义社会以来，中国的审美理想再一次发生了历史性的变迁，即通过崇高理想的否定而实现和谐理想的复归。尽管这一复归在不同的历史时期、不同的思想家和艺术家那里所具有的层次是不同的，然而其总体趋势却是明确的。

三、现代人的“科学辩证法”

如果说，作为人类普遍的思维方式，近代形而上学是对于古代素朴辩证法的否定，那么现代的科学辩证法则是对于古代素朴辩证法的否定之否定。如果说，古代的素朴辩证法是“只见森林，不见树木”，因而只能以一种混沌的、笼统的、直觉的形式来把握客观世界的总体特征；而近代的形而上学是“只见树木，不见森林”，因而只能对客观世界的局部特征进行孤立的、静止的、片面的研究；那么现代的科学辩证法则是“既见树木，又见森林”，也就是说它在局部世界的研究中吸收并扬弃了形而上学的思想成果，从而在整体世界的把握中能以更高的形态向着古代的辩证方法回归。

我们知道，形而上学作为一种思维方式，是随着近代科学的产生而建立起来的。“文艺复兴”之后所产生的近代科学要打破包罗万象而又直观随意的古代科学，就必须把客观世界的全部内容和各个过程分成一定的门类来加以研究。为了进行这种解剖式的研究，人们不得不暂时斩断客观世界的内部联系，以进行具体的把握和定量的分析。毫无疑问，这种孤立的、静止的、片面的思维方式曾在近代科学的发展过程中产生了历史性的推动作用，然而近代科学的深入发展又必然反过来扬弃这种机械的思维方式。因为无论是在宏观的天体物理场还是在微观的亚原子领域，人们对客观世界的把握越深入，便越能够发现客观对象之间的普遍联系和不断发展的固有特征，而这种特征与凝固对立、非此即彼的思维方式是相互排斥的。“因此，要精确地描绘宇宙、宇宙的发展和人类的发展，以及这种发展在人们头脑中的反映，就只有用辩证的方法。”[11]于是，人类思维方式的新的历史性飞跃便必然地出现了。

辩证法是普遍联系的方法，它反对对任何事物和思想成果进行孤立的、片面的把握，而要求把握思想和事物的存在环境及相互关系。辩证法是不断发展的方法，它反对对任何事物和思想成果进行僵化的、静止的把握，而要求把握思想和事物的历史轨迹和动态过程。由这两大特点所决定，辩证法也就是对立统一的方法，因为对象的普遍联系，便导致了矛盾关系的形成，而对象的不断发展也正是矛盾对立的结果。因此，正像列宁所指出的那样，“可以把辩证法简要地确定为关于对立面的统一的学说。这样就会抓住辩证法的核心”[12]。辩证法所揭示的对立统一，不是直接的统一而是间接的统一，不是素朴的和谐而是辩证的和谐。如果这种对立统一是客观世界之普遍规律的话，

11 [德]恩格斯:《社会主义从空想到科学的发展》,《马克思恩格斯选集》第3卷，人民出版社，1972年，第420页。

12 [苏]列宁:《黑格尔〈逻辑学〉一书摘要》，人民出版社，1965年，第160页。

那么它也将影响并决定着人类未来的审美理想。依照这一规律，我们必须注意，现代中国的审美理想在向着和谐复归的历史过程中，必须涵盖对立崇高的近代成果；依照这一规律，我们可以预言，现代西方的审美理想在经过彻底的分裂和对立之后，也将出现新的统一，从这一意义上讲，正如共产主义社会是人类未来的共同社会一样，对立统一的新型和谐也将是人类未来的共同理想。

（此文为周来祥、陈炎合作，发表于《学术月刊》1992年第8期）

审美与犯罪

——一种跨学科研究的可能性与必要性

审美是人的本质力量的对象化，是一种超然忘我的自由观照；犯罪是人的本质力量的异化，是一种铤而走险的功利行为。将这两样具有天壤之别的事情联在一起进行研究，这至少在国内学术界还是破天荒式的尝试。因此，这一研究的起点首先是要证明这种研究本身的可能性与必要性。

一、审美与犯罪在社会学意义上的联系

从社会学意义上讲，所谓犯罪有广、狭二义。狭义的犯罪是指违反法律、危害社会因而要受到制裁的行为。“被称之为犯罪的这一类行为，是国家的刑事法律应当给予刑罚处罚的行为。也就是说，只有刑事法律规定应受刑罚处罚的行为，才是犯罪。”[1]这就是说，狭义的犯罪一定要具有危害性、违法性和应受惩罚性这三大特征。而广义的犯罪还包括违反一切社会习俗和社会道德的行为。这种行为因或多或少地危害社会的安定和他人的利益，而会受到社会舆论的谴责。正像雷洁琼所理解的那样：“犯罪的行为就是违反社会的习俗和法律。”[2]所谓“违反社会的习俗”，就是我们通常所说的越轨行为，用西方学者的话来说，“越轨是对某一社会集团成员所理解的行为准则或价值

1　张智辉：《犯罪学》，四川人民出版社，1989年，第72页。

2　罗大华等编：《犯罪心理学》，群众出版社，1989年，第1页。

观念的违反”[3]。

由此看来，无论是狭义的犯罪还是广义的犯罪，都是个人与社会之间冲突的结果，前者是个人行为与社会法律之间的冲突，后者还包括个人行为与社会道德之间的冲突。那么，社会的法律和道德又是怎样形成的呢？从历史唯物主义的角度来看，任何法律和道德都不是天然存在、永恒不变的，而是人们在长期的社会实践中，在一定的历史条件下为行为个体所规定的准则，道德则是以观念的力量来维护个体的行为准则。从这一意义上讲，法律是“硬道德”，道德是“软法律”，其二者的实质是一样的，都是社会群体对行为个体的历史性制约。由于这些行为准则限制了个体人的破坏性行为，因而对整个社会来说是必需的、合理的。任何一个社会要获得稳定和发展，都必须建立一定的法律制度和道德秩序。然而从另一个角度来看，由于这些行为准则总是建立在一定生产力和与之相适应的阶级关系的基础之上的，因而它在限制人的破坏性行为的同时，也必然在一定程度上限制了人的个性要求和自由发展，所以对于每一个行为个体来说又可能是受限制的、不合理的。任何人要想无止境地满足自己的个体欲望和行为自由，都会与现存的法律和道德相冲突。于是，在个人与社会的冲突之中，犯罪发生了。

如果说，犯罪是个人与社会冲突的结果，那么审美则是个人与社会妥协的产物。审美也存广、狭二义。狭义的审美是欣赏者对优美对象的把握。由于优美的对象或以其小巧、纤柔的形式体现了人类对自然界的征服和改造能力，或以其和谐、稳定的内容直接体现了社会群体之间彼此友爱、互助的精神，因而无疑是个人与社会协调的产物。而广义的审美还包括欣赏者对崇高对象的把握。由于崇高的对象或以其巨大、粗犷的形式体现了人类征服自然的难度，或以其矛盾、冲突的内容直接体现了社会群体之间的斗争，因而表面上似乎并不是个人与社会协调的产物。但是，正像人们所指出的那样，“优美与崇高是客体与主体的矛盾在事物中呈现的两种客观状态。优美作为美的一般形态，侧重于展示客体与主体在实践中经由矛盾对立达到的统一、平衡、和谐的状态。崇高则不同，它主要体现实践主体的巨大力量，更多地展示着主体和客体在现阶段相冲突和对立的状态；并且在这一对立的冲突中，

3　[美]杰克·D·道格拉斯、弗兰西斯·C·瓦克斯勒：《越轨社会学概论》，张宁、朱欣民译，河北人民出版社，1987年，第18页。

显示出客体和主体相统一的历史必然性”[4]。因此，如果说，优美体现了主体与客体、个人与社会的直接统一，是不掺杂痛感的快感；那么崇高则体现了主体与客体、个人与社会的间接统一，是经痛感转化而来的快感。正因为崇高在对立中预示着统一的前景，在艰难中包含着胜利的信心，因而它才和主体与客体、个人与社会彻底分裂的丑相区别。

既然犯罪是个人与社会冲突的结果，而审美是个人与社会协调的产物，那么它们之间的关系又在哪里呢？事实上，恰恰是这种截然相反的特征，才使得它们彼此隐秘地联系在一起。因为犯罪中个人与社会的冲突是一种现实性的冲突，而审美中个人与社会的协调则是面对一种不可避免地要与社会群体发生的冲突，因而才需要在审美幻象中实现这种协调；也正是由于人们在审美幻象中实现了这种协调，因而才可能诱导或消解人与社会的现实冲突。于是，人人都可能犯罪，人人都需要审美。

卢梭曾在《社会契约论》中开宗明义地指出：“人是生而自由的，但无往不在枷锁之中。”[5]按照社会契约论的观点，人们在创造文明社会的过程中，为了免于相互间的掠夺和残杀而制定了包括法律并隐含道德在内的社会契约，即把个人行为自由的一部分让渡给社会，而同时又可以从社会那里得到一份安全与保障。这样一来，文明便给人类套上了枷锁。而随着文明的发展，这种枷锁也日益沉重：先是社会契约的订立保障了穷富之间的差别；继而是权力机构的设置确立了强者和弱者的区别；最后是暴君专制的出现划分了主人与奴隶的区别。……社会契约走向其原意的反面。这种观点虽然有些简单，但真实地反映了人与社会之间必然发生的矛盾和冲突。人是生而自由的，但这种自由必须受到社会的限制。人的欲望是无限的，但社会满足人们欲望的条件却是有限的。正是这种自由与必然、有限与无限的历史性冲突，导致了犯罪的发生，而正是这种犯罪的发生，需要审美来加以抑制。

那么，以文学艺术为核心的审美活动，与包含法律和道德在内的社会契约之间又是一种什么样的关系呢？古罗马的学者贺拉斯认为：“诗人的愿望应该是给人益处和乐趣，他写的东西应该给人以快感，同时对生活有帮助。……寓教于乐，既劝谕读者，又使他喜欢。”[6]这里所谓的“劝谕读者”显

4　王朝闻主编：《美学概论》，人民出版社，1981年，第49—50页。

5　[法]卢梭：《社会契约论》，何兆武译，商务印书馆，1980年，第8页。

6　[古罗马]贺拉斯：《诗艺》，杨周翰译，人民文学出版社，1962年，第155页。

然是一种伦理教化作用，即使人们在审美愉悦中潜移默化地受到现存秩序和价值观念的熏陶。中国汉代的《毛诗序》也阐述了审美活动这种“发乎情，止乎礼义”的作用，从而认为“先王是以经夫妇，成孝敬，厚人伦，美教化，移风俗”。历史上所谓“文以载道”“文以明道”的说法，所强调的都是文学艺术之审美功能与孔孟儒学之道德戒律相契合、相一致的地方。

然而与此同时，中外美学史上的另外一些思想家也发现了审美艺术活动与道德法律制度相矛盾、相冲突的一面。古希腊的柏拉图就曾指出，诗歌和艺术常常会勾起人们的情欲，以产生伤风败俗的影响，因此，“真正的立法者会劝导诗人们，如果劝导不行，就强迫诗人们在节奏、形象、曲调各方面用美丽而高尚的文学，去表现有自制力和勇气并且在一切方面都很善良的人们的音乐”[7]。如果劝导和强迫均无济于事，城邦的捍卫者们就应该坚定地将诗人们赶出“理想国”。与此同时，中国先秦时代的老子也有着“五色令人目盲，五音令人耳聋，五味令人口爽；驰骋畋猎，令人心发狂；难得之货，令人行妨”的议论（《老子·十二》），主张“见素抱朴”“少私寡欲”“为腹不为目”。因此，中国古代不仅有“文以载道”“文以明道”之说，而且有“文以害道”之说。

究竟审美活动对道德和法律会产生维护的作用还是颠覆的影响呢？其实，这两个截然相反的观点分别都只揭示了文艺审美功能的一个侧面。如果我们考察一下中外文学史，就不难发现，这两类作品实际上都大量存在。以西方文学史为例，从奥德修斯的家族义务感（《奥德修记》）到狄克的国家伦理观念（《熙德》）；从《伊索寓言》的道德讽喻到《神曲》的宗教信念……这些作品都以极大的热忱表现出了对传统道德和现存秩序的自觉维护，并取得了一定的成功。而从普罗米修斯发出的挑战（《被缚的普罗米修斯》）到于连向上流社会所进行的僭越和冒犯（《红与黑》）；从《十日谈》对清规戒律的亵渎到《局外人》对人间温情的冷漠……这些作品都以极大的勇气表现出了对传统道德和现存秩序的怀疑，并取得了一定的突破。再以中国文学史为例，从屈原“虽九死而未悔”的忠君思想，到杜甫“穷年忧黎元”的爱国观念；从《三国演义》“拥刘反曹”的政治导向，到《聊斋志异》“善有善报”的道德信念……

7　[古希腊]柏拉图：《柏拉图文艺对话录》，朱光潜译，人民文学出版社，1963年，第310页。

这些作品充分表现出了艺术家对传统道德和现存秩序的认同感。而从庄子那目空一切的《逍遥游》到陶渊明那蔑视礼教的《桃花源记》，从汤显祖“是这般花花草草由人恋，生生死死随人愿，便酸酸楚楚无人怨”的《牡丹亭》到曹雪芹“好就是了，了就是好”的《红楼梦》……这些作品充分体现了艺术家对传统伦理和现存秩序的厌恶感。

从理论上讲，文艺作为社会意识形态的一部分，必然会与包括道德和法律观念在内的其他意识形态产生相互的影响。这种影响，可能是维护性的，也可能是颠覆性的。而无论哪种影响，都可能与犯罪有着错综复杂的关联。当文艺作品对现存的道德和法律观念进行维护的时候，它可能会给欣赏者以安全感和秩序感，从而满足现状而不去犯罪；它也可能使欣赏者产生压抑感甚至逆反心理，以致渴望打破现存的秩序铤而走险。当文艺作品对现存的道德和法规进行颠覆的时候，它可能会助长人们的不满心理从而进行现实的反叛；它可能宣泄人们的破坏情绪而减缓行为的冲动……所有这一切，既取决于现存道德和法律的合理与进步程度，又取决于欣赏者的精神需求与心理承受能力，还取决于艺术作品加工生活的方式与审美表现的水平。因而不仅需要进行概括的、抽象的、形而上的把握，而且必须进行深入的、具体的、实证性的分析。事实上，以往的美学和文艺社会学对此问题的看法是相当笼统的和片面的，一般只强调文艺作品的道德教化作用，而没有看到欣赏者所需求的心理宣泄功能；而以往的犯罪学研究则仅仅停留在具体案例的分析上，一般只根据犯罪者的欣赏经验来推测文艺的负面影响，而没有根据常人消解犯罪的经验来分析审美的正面影响。因此，如果我们设问：倘若这个世界没有了文艺和审美活动，犯罪率究竟是会上升还是会下降呢？美学家和犯罪学家的回答也许刚好相反。当然了，提出这种设问是没有什么意义的，有意义的是对此问题进行深入细致的跨学科研究。

二、审美与犯罪在心理学意义上的联系

从心理学意义上讲，审美导致心理上的平衡，而犯罪则是起因于心理上

的失衡。

我们知道，审美是一种情感愉悦活动，而情感的愉悦则取决于意志与理智这两大心理要素的平衡关系。意志是人的主观愿望、要求、目的的集合点，是“决定达到某种目的而产生的心理状态，往往由语言和行动表现出来”[8]。理智则是人对客观存在的现象、特点和规律的判断与分析能力，并能根据这些判断和分析的结果来制约主体的行为。只有意志而丧失理智的人，是狂人、疯人，这种人只有情绪而没有情感；只有理智而没有意志的人，则只能是“机器人”“冷血动物”，这种人只会判断也没有情感。对于意志和理智健全的人来说，当理智的客观判断符合意志的主观愿望的时候，就会产生愉悦、欣喜、满足、乐观等快感；当理智的客观判断悖离意志的主观愿望的时候，就会产生烦恼、沮丧、失望、悲观等痛感。可见，所谓情感，并不是一种独立的心理要素，而是意志和理智这两大心理要素之间的“关系质”。换言之，意志追求主观的“善”，理智追求客观的“真”，情感则追求主、客观之间的协调关系，而这种协调关系就是“美”。

当然了，审美心理上的这种协调关系，也不是以单一模式建立起来的。康德认为，对优美的欣赏，是想象力和知解力（理智）在协调运动中，与意志契合的结果。而对崇高的欣赏，则是在想象力和知解力（理智）无法把握对象的情况下，求助于意志力以获得心理平衡的结果。前者的快感是直接的，后者的快感则是间接的，是通过痛感转化而来的。[9]然而无论直接还是间接，其最终结果都是一种心理上的平衡。

与审美不同，犯罪不是一种精神活动而是一种物质活动，但是这种物质活动同样要受到人的情感支配，而且这种支配往往起因于犯罪者心理上的失衡。这可以从三个方面加以分析。首先，从犯罪动机看，人们之所以要犯罪，往往起源于对现实的不满。而这种不满从心理学意义上讲，则是由人们对现实的客观认识（理智）与人们自我的主观要求（意志）相矛盾、相悖离的结果。这种失衡的心理状态发展到一定程度就可能导致越轨的社会行为；相反，那些心理上始终平衡的人是不会犯罪的。其次，从犯罪过程来看，犯罪心理学的统计数字表明，有相当大比例的犯罪活动是在情感冲动的状态下进

8 《辞海·教育心理》，上海辞书出版社，1980年，第115页。

9 参见[德]康德：《判断力评判》上册，宗白华译，商务印书馆，1964年，第83—106页。

行的，而这种情感冲动，就是理智与意志强烈失衡的结果。在一般情况下，理智思考对意志行为是有着制约能力的。但是当理智的判断与分析和意志的目的与要求发生强烈冲突的时候，人们就可能不顾理智的制约铤而走险。最后，从犯罪的结果来看，有相当数量的犯罪者案发后对自己的行为感到后悔，而这种后悔本身就证实了其心理上的不平衡……由于心理上的不平衡，致使犯罪活动既不同于赏心悦目的优美感，也不同于壮怀激烈的崇高感，而常常是在痛苦矛盾、焦虑不安的情况下进行的。

审美与犯罪在心理结构上的这种对立，恰恰导致了其功能上的转移。历史上的哲学家和美学思想家已大致看到了这一问题。

从唯意志论的哲学立场出发，叔本华认为，人的本质是意志，而理智则只是实现意志的手段和工具。意志是一种非理性的生命欲求，它欲壑难平，要求无限地满足。“在欲求已经获得的对象中，没有一个能够提供持久的、不再衰退的满足，而这种满足的对象永远只是像丢给乞丐的施舍一样，今天维系了乞丐的生命以便在明天〔又〕延长他的痛苦。——因为这个缘故，所以说如果我们的意识还是为我们的意志所满足，如果我们还是听从愿望的摆布，加上愿望中不断的期待和恐惧，如果我们还是欲求的主体，那么，我们就永远得不到幸福，也得不到安宁”[10]。因此，叔本华曾借用加尔德隆的话说：“人的最大罪恶，就是：他诞生了。”要摆脱这种原始的犯罪欲念，他认为有两条道路可走：一是禁欲，一是审美。所谓禁欲，就是压抑主体的生命意志，以期进入一种无知、无欲、无我的涅槃境界。这种境界虽然令叔本华心向往之，却不是我们这些常人所能达到的，就连叔本华自己也达不到。因为生命意志既然是人的本质所在，我们又如何能够用非本质的东西来压抑和禁锢本质的东西呢？因此叔本华只能退而求其次，即在审美中获得短暂的安宁。在他看来，所谓审美，包括对优美与壮美（崇高）两类对象的把握。在对优美对象的观照中，人们不知不觉地摆脱了各种功利和欲望的烦恼，以“物我双会”的方式沉浸在对象和谐、典雅的形式中。这种精神享受显然是要在心灵中使过多的生命意志缓解下来，以杜绝罪恶的欲望。而在对壮美（崇高）对象的观照中，人们则会通过对象与主体之间的剧烈冲突而发现意志本身的无

10 [德]叔本华：《作为意志和表象的世界》，石冲白译，商务印书馆，1982年，第273页。

意义，以一种“痛定思痛”的方式超越繁琐的生命欲求。这种精神上的磨炼显然是要强化理智的制约作用，从而使各种犯罪心理得到净化。

弗洛伊德显然不赞同叔本华的禁欲主张，因为他从自己所从事的职业角度认为，人的欲望“本我”如果受到理智“自我”的太多压抑，就会患精神病，而避免患此病症的途径有二：一是现实性的越轨（广义的犯罪），一是幻想性的升华（广义的审美）。在他看来，所谓审美和艺术活动，无非是将那些不被社会道德和法律所接受而被压抑到潜意识深处的犯罪欲念以一种乔装打扮的方式重新召唤出来。这种活动既避免了真实的犯罪，又可以将那些潜在的犯罪情绪宣泄出来，使人恢复身心的健康。

比较叔本华与弗洛伊德的思想，我们可以发现三个有趣的问题：第一，尽管他们从各自不同的哲学体系出发，但都对人的心理冲突与犯罪欲念的关系有着充分的认识；第二，尽管他们一个是禁欲主义者，另一个是反禁欲主义者，但都对用审美来消解犯罪而抱有信心；第三，尽管他们对审美和艺术的心理功能有着完全不同的揣测，但都认为这种特殊的心理功能有利于减轻犯罪欲念。更为有趣的是，如果我们将叔本华观赏优美的“陶冶说”和观赏壮美（崇高）的“净化说”与弗洛伊德有关艺术升华的“宣泄说”加在一起，刚好符合两千多年前亚里士多德有关艺术“卡塔西斯”（Kafharsjs）功能的三重义项。

作为西方文艺学的开山鼻祖，亚里士多德在谈到悲剧艺术的心理功能时曾经指出：“悲剧……借引起怜悯与恐惧来使这种情感得到Kafharsjs。”[11]以后，Kafharsjs一词便成为聚讼纷争的一个概念，不同的理论家从道德、宗教、医学等不同角度对此进行了不同的引申，或解释为“陶冶”，或解释为“净化”，或解释为“宣泄”。我们认为，对于这种现象，不能仅从辞源学的角度来加以分析，而应上升到阐释学的角度来加以研究。因为，后世的理论家之所以会从上述三个角度来诠释Kafharsjs，乃是由于他们分别从三个侧面体验到了审美活动的心理内容。而无论这三种心理内容有着多么大的差异，其最终的结果，都是通过调整理智与意志之间的相互关系，使不稳定的心态趋于平衡。“陶冶”自不待言，它是一种道德修养的过程，可以使人达到“卒然临

11 [古希腊]亚里斯多德：《诗学》，罗念生译，人民文学出版社，1962年，第19页。

之而不惊，无故加之而不怒”的境界。具有这种境界的人，一般是不会有过激行为的，更何谈犯罪了。“净化”也很明确，它是一种宗教洗礼的过程，可以将人的罪孽洗净，从而获得新生。因此，《诗学》中有“净罪礼”一词。“宣泄”在医学术语中是“求平衡”的意思，即是将过分强烈的心理动机倾泄出来，使人重新恢复稳定的常态。通过这一过程，人们原本是要诉诸行动的欲念和冲动就会得到适当的缓解，从而也可以达到避免犯罪的目的。

正因为审美从心理功能上有着消解犯罪的意义，因而它作为一种“修养”不仅是每一个文明人所必需的，而且是每一个文明社会所不可缺少的。但是，文明社会的审美和艺术活动又常常有着不文明的表现：“陶冶”可以退化为一种道德说教，从而使人产生逆反心理；“净化”可以退化为一种宗教禁锢，从而使人产生恐惧心理；“宣泄”可以退化为一种生理刺激，从而使人产生放纵心理……所有这一切非但不能减少犯罪的发生，反而会增加犯罪的出现。因此，对于审美与犯罪在心理学意义上的联系，我们也必须进行具体的、历史的、科学的分析。

三、审美与犯罪在哲学意义上的联系

从哲学的意义上来讲，审美是人的本质力量的对象化，而犯罪则是人的本质力量的异化。

从发生学的角度看，审美和犯罪可说是人类早期社会的一对孪生兄弟，他们都是人类实践的历史产物，但有着完全不同的历史价值和哲学意义。我们知道，人是从动物进化而来的。在动物阶段中，人与自然界、人与其他人类个体之间是浑然一体的。这种未经分化的原始统一，使人与外在世界之间尚未形成对象化的关系，因而也不可能进行审美观照和感情交流。在原始人看来，整个自然界既是可依赖的，又是陌生的，因为这时的人只不过是整个自然躯体的一部分。而劳动实践的出现，则不仅使人的自然进化过程发生了历史性的飞跃，而且使人与整个外在世界的关系发生了历史性的变异。正像马克思所指出的那样，“通过实践来创造一个对象世界，即对无机自然界进行加工改造，就证实了人是一种有意识的物种存在”，“通过这种生产，自然界就显得是他的作品和他的存在。所以劳动的对象就是人的物种生活的对象化；因为人不仅在意识中以理智的方式，而且也以实际工作活动的方式，从而在自己所创造的那个世界中观照到他自己”[12]。这时的人已不再是自然界消极被动的躯体，自然界反倒成了人类生命的延伸和继续。因此，人类可以在对象化的世界中发现自己的本质力量，从而获得一种精神上的满足和欣喜——审美就这样出现了。

但是，正像自然界的每一次进化同时也是退化一样，人类在由动物进化成人的过程中，也不可避免地要承受异化的痛苦。首先，劳动的出现使人不再将自然界看成是自己生命的本体，而将其视为改造与征服的对象，然而自然这一对象却不是容易被改造和征服的，因为它自身就是一个独立运行的系统，存在着生态平衡的法则与规律。因此，正像恩格斯在《自然辩证法》中所分析的那样，我们从自然那里获得的每一点东西，自然都以同样的方式报复了我们，即便是在后来也是如此。这样，人与自然的关系便出现了异化。由于人与自然的对象性关系已经形成，而生产力水平低下的人类又不能完全认识和掌握自然规律，因而总是在那些看不见摸不着的自然法则面前碰壁。久而久之，人类对自然的崇拜和恐惧心理逐渐形成，与此同时也就产生了犯罪感。关于这一点，我们可以从古希腊的早期神话和《圣经》的“原罪”理论中找到根据。尽管早期的人类还不会制定生态保护法，却总是针对自然而规定一些图腾和禁忌，而那些冒犯图腾和禁忌的行为，便被视为最早的犯罪。关于这一点，我们可以从现存原始部落的考察中获得充分的证据。其次，就在人与自然结成对象性关系的同时，人与社会的对象性关系也获得了确立。这是因为，人对自然的征服，一开始就是以群体的方式出现的。劳动的发展不仅需要而且必然使人类群体的联系越来越广泛，越来越密切，随着完全形成的人的出现而产生了新的因素——社会[13]。社会最初是一种分工协作的劳动组织，而劳动的分工不仅提高了生产力，创造了剩余财富，而且导致了私有财产和贫富间的差距。诚如恩格斯所分析的那样，“如果说在野蛮人中间，像我们已经看到的那样，不大能够区别权利和义务，那么文明时代却使这两者

12 [德]马克思：《1844年经济学哲学手稿》，《美学》第2期第5页。

13 《马克思恩格斯选集》第3卷，人民出版社，1972年，第512页。

之间的区别和对立连最愚蠢的人都能看得出来，因为它几乎把一切权利赋于一个阶级。另方面却几乎把一切义务推给另一个阶级”[14]。在所谓“文明时代”里，剥削阶级不仅拥有大量的私有财产，而且还享有各种受法律所保护的特权；被剥削阶级成年累月地辛勤劳作，而且还要履行法律所规定的各种义务。在这种人与社会关系的异化状况中，当被剥削者连起码的生存权利都得不到满足的时候，就“不可避免地采取粗暴的野蛮的暴力形式，即犯罪的形式”[15]，而剥削者也由于本性的异化不惜“以损害人们的其他一切禀赋为代价而使之变本加厉的方法”来扩大自己的私欲，“就敢犯任何罪行，甚至冒绞首的危险”[16]。总之，人与自然、人与社会的双重分裂，既是进化的起点，又是异化的标志，它使人在对象化的历史进程中陷入了异化的痛苦——犯罪就这样出现了。

从社会功能的角度来看，审美与犯罪不仅是同时出现的孪生兄弟，而且具有相互逆转的社会作用力。犯罪是人性异化的结果，而审美则具有反异化的历史进步意义。当早期的人类开始陷入异化的痛苦境地，为了能够顽强地生存下去，他们必须在精神的领域里开辟出一片自由的天地。关于这一点，尼采曾经做过这样的分析："希腊人知道并且感觉到生存的恐怖和可怕，为了能够活下去，他们必须在它面前安排奥林匹斯众神的光辉梦境之诞生。对于泰坦诸神自然暴力的极大疑惧，冷酷凌驾于一切知识的命数，折磨着人类伟大朋友普罗米修斯的兀鹰，智慧的俄狄浦斯的可怕命运，驱使俄瑞斯忒弑母的阿特柔斯家族的历史灾难，总之，众神的全部哲学及其诱使忧郁的伊特鲁利亚人走向毁灭的神秘事例——这一切被希腊人在奥林匹斯艺术中的世界不断地重新加以克服，至少加以掩盖，从眼前移开了。为了能够活下去，希腊人出于至深的必要不得不创造这些神。我们也许可以来设想这一过程：从原始的泰坦诸神的恐怖秩序，通过日神的美的冲动，逐渐过渡而发展成奥林匹斯诸神的快乐秩序，这就像玫瑰花从有刺的灌木丛里生长开放一样。这个民族如此敏感，其欲望如此强烈，如此特别容易痛苦，如果人生不是被一种更高的光辉所普照，在他们的众神身上显示给他们，他们能有什么旁的办法感受

14 《马克思恩格斯选集》第2卷，人民出版社，1972年，第608页。

15 《马克思恩格斯选集》第3卷，人民出版社，1972年，第87页。

16 《马克思恩格斯全集》第23卷，人民出版社，1972年，第829页。

这人生呢？”[17]当资本主义的工业生产使人变成商品，变成机器，变成“单面人”的时候，人们也同样需要艺术来反抗异化的现实。关于这一点，马尔库塞曾经这样写道：“我将提出如下一个命题：艺术的基本品质，即对既成现实的控诉，对美的解放形象的乞灵，正是基于这样一些方面，艺术在这里超越了它的社会限定，摆脱了既定的言行领域，同时又保持其势不可拦的存在风貌。因此，艺术创造了使艺术推翻经验的独特作用成为可能的领域：艺术所构成的世界被认为是在既成现实中被压抑，被歪曲的一种现实。这种经验终于导致（爱与死、犯罪与失败，以及欢乐、幸福和成就等方面的）极端的紧张场面，这些场面则以一种通常不被承认、甚至闻所未闻的真实性的名义，爆破了既有的现实。艺术的内在逻辑发展到底，便出现了向为统治的社会惯例所合并的理性和感性挑战的另一种理性、另一种感性。”[18]说得更彻底一点，“艺术不能变革世界，却有助于变革能够变革世界的男女们的意识和倾向”[19]。从而积极地实现其反抗异化的历史功能。

从人类命运的角度来看，审美与犯罪的矛盾和冲突体现了人类由“必然王国”向“自由王国”不断演进的历史进程。在阶级社会的“必然王国”中，由于异化现实的普遍存在，犯罪现象是不可避免的；而审美作为反抗异化现实的精神活动，则只能被限制在极其狭窄的领域和范围内。只有在进入无阶级的共产主义社会之后，“任何人都没有特定的活动范围，每个人都可以在任何部门内发展，社会调节着整个生产，因而使我们有可能随着自己的心愿今天干这事，明天干那事，上午打猎，下午捕鱼，傍晚从事畜牧，晚饭以后从事批判，并不因此就使我们成为一个猎人、渔夫、牧人或批判者”[20]。由于异化劳动的彻底废除，不仅从根本上杜绝了犯罪的发生，而且使一切社会实践都具有了精神的创造性和审美的愉悦性，正像马克思所指出的那样，“共产主义就是作为人的自我异化的私有制的彻底废除，因而就是通过人而且为着人，来真正占有人的本质；所以共产主义就是人在前此发展出来的全部财富

17 [德]尼采：《悲剧的诞生——尼采美学文选》，生活·读书·新知三联书店，1986年，第11—12页。

18 [美]马尔库塞：《美学方面》，《现代美学析疑》，绿原译，文化艺术出版社，1987年，第7页。

19 [美]马尔库塞：《美学方面》，《现代美学析疑》，绿原译，文化艺术出版社，1987年，第23页。

20 [德]马克思：《1844年经济学哲学手稿》，朱光潜译，《美学》第2期第8页。

的范围之内，全面地自觉地回到他自己，即回到一种社会性的（即人性的）人的地位”。[21]到了那个时候，每件工作都是一种审美活动，每个人都是一位艺术家。到了那个时候，人们也就没有必要再去研究审美与犯罪的关系问题了。

（此文为陈炎、李有祥合作，发表于《宝鸡师院学报》1993年第2期）

21 《马克思恩格斯全集》第3卷，人民出版社，1960年，第87页。

艰难的审美变革

——评《和谐与崇高的历史转换》

古典的审美理想是和谐，近代的审美理想是崇高，这一宏观的理论概括已被美学界所广泛认同。但是，如何由古典的和谐转向近代的崇高，这在西方，尤其是在中国的审美实践中却有着艰难曲折的历史过程，而在理论上描述、分析，乃至研究这一过程，同样是一件艰巨而又复杂的事情。所幸的是，邹华的近作《和谐与崇高的历史转换——20世纪中国美学研究》一书，以逻辑与历史相统一之方法，终于完成了这一艰巨而又复杂的工作。

在西方，审美理想的转换在理论上表现出像雨果的《〈克伦威尔〉序》那样的自觉意识，在实践上则表现出像《艾那尼》公开上演时那样的剧烈震荡。相比之下，在中国，由和谐向崇高的转换，却远比这种变革隐晦、曲折、复杂和漫长。这一切，都可以从中国近代社会发展的反复性和不彻底性中找到最后的根据。明代中叶，文艺界也出现过所谓“浪漫洪流”，我们可以从中明确地感觉到近代审美趣味的萌生和崛起。但是，这一文艺思潮并没有像德国的“狂飙突进运动”那样，彻底改变人们的审美趣味。这以后，由于中国近代化历史进程的阻塞，非主体准审美的古代和谐以及文艺上的古典主义，严重地封闭或抑制了崇高美理想的生成和发展，直到清代中叶，以《红楼梦》《儒林外史》为代表的小说创作，才从现实主义的角度重新发起了对古典主义的冲击，但这一文艺思潮同样没有像欧洲批判现实主义那样，真正树立起新的审美理想。因此，从严格的意义上讲，中国近代审美理想的真正确立，是从本世纪才开始的。然而即便如此，和谐与崇高的交织和矛盾也没有结束，古典主义对浪漫主义和现实主义两大近代文艺思潮的反动甚至经常占据主导地位，审美方式的主客对峙也经常消解在古代审美理想的回归中。进入20世纪现代行程的中国美学，同样呈现出曲折、艰难而又复杂的形态。这种形态本身，无疑给以后的研究者带来了极大的困难。因此，正像邹华所看到的那样，迄今为止的20世纪中国美学距离我们最近，关系也最为密切，但实际上它恰恰是我们最感陌生和困惑的领域。

邹华的研究之所以能成功地完成这一艰巨而又复杂的工作，缘于他明显地突破了我国美学界常常囿于具体观点的不断更新而抓不住贯穿某一时期真正属于美学的、具有历史意义的核心问题，以及囿于具体思想家的美学兴趣而看不到这些兴趣背后的内在联系的局面。首先，在范畴上，邹华紧紧抓住了“和谐”与“崇高”这两个具有历史意义的深层概念，并剖析了它们在不同思想家身上的内在表现。他认为，古代人的审美理想是“和谐”，它主要表现为个体与社会、感性与理性、主观与客观这三种相互联系并转化的和谐关系的综合概括。但是，由于这种审美关系偏重于客体对象的整体结构，因而决定了古典审美理想所追求的和谐在本质上是一种外在于主体的和谐，即个体消融在社会中的和谐、感性受制于理性的和谐、主观依附于客观的和谐。而20世纪的中国美学之所以划开了它与古典美学的历史界限，就在于实现了“崇高”对“和谐”的历史性更替，从而使“崇高”所包含的主体性原则和矛盾对立原则由此而进入了中国美学的发展历程。

主体性原则表现为人的主题的形成，理论家们对人的问题以及人与美、人与艺术的关系问题的关注和思考始终贯穿于这一时期的美学研究之中，并成为推动其发展的直接而强大的动力。在人与社会的关系上，它肯定人的存在和意义；在感性与理性的关系上，它张扬感性的功能和意欲；在主观与客观的关系上，它强调主观的能动性和创造性。但是，由于这种新的历史要求与古典美学的和谐理想是相矛盾的，因而主体性原则的实现有赖于对立原则对古典美学结构的历史性拆解。这表现在概念上，就出现了主体实践与主体存在、社会崇高与自然崇高、理性认知与感性意欲、客观再现与主观表现、个性典型与生命意境等一系列双峰对峙的范畴体系。不同的美学思想或侧重于前者，或侧重于后者，从而形成了客观论美学和主观论美学这两个具有近代意义的理论系统，它们在对峙中相对独立甚至片面地发展起来，并构成了本世纪中国美学发展的内在张力。

这样一来，邹华在研究中便把“崇高”这一抽象范畴与上述具体范畴联系起来，从而使每一个理论家的每一种具体思想既能纳入相应的具体范畴来加以分析，又可以上升到抽象的总范畴来考察其历史意义。其次，由于这种范畴体系的确立，使其运用逻辑与历史相统一的研究方法成为可能。所谓逻辑的方法，是一种主观的、抽象的、理论演绎的方法：所谓历史的方法，是一种客观的、具体的、现象描述的方法。由于这两种方法分别处于主观与客观、必然与偶然、本质与现象这一系列矛盾的两极，因而将它们作为一种共同的方法而统一在具体问题的研究中便成为一件非常困难的事情。弄不好，不是让逻辑阉割了历史，就是让历史淹没了逻辑。而邹华的研究则基本上是成功的，其成功的关键就在于他建立了一套能够随着历史而不断流动的逻辑体系。在这一体系中，不同美学思想家的理论建树，都将作为不同的环节按照他们之间的逻辑关系连接在一起：前人的结论包含着后人见解得以发展的思想胚芽，而后人的见解则又在更加晚近的学者那里得到了进一步的展开……从历史上讲，这是理论的不断积累、不断更新的过程；从逻辑上讲，这是概念的不断分化、不断具体的过程。这两个过程之所以能够完好地统一在一起，是由于逻辑的展开根植于历史的进步。换言之，以“崇高”作为总范畴的逻辑体系的展开，实际上恰恰吻合了中国近现代社会发展的历史内容和客观趋势。正因为如此，只有在这一体系中充当了逻辑环节的美学观点才可能具有历史的意义，否则将仅仅是一种历史的存在而已。从这一立场看，20世纪中国美学的内在规律，并不孤立地体现在任何一位思想家所代表的任何一个逻辑环节和片段上，也不是若干抽象定理或结论的组合，而是表现为全部过程，表现为全部理论家及其思想的逻辑——历史运动。因此，这将是一个流动的体系，一个开放的体系，一个自我否定、自我扬弃的体系。在这个体系中，任何一个环节都不会因导向后继环节而失去自身的价值，也不会因承接了前一个环节而终止了发展的轨迹。在这个体系中，我们既看到了“和谐”理想逐渐瓦解的逻辑过程，又看到了“崇高”精神不断确立的历史意义。从这一意义上讲，这是一部独具特色的中国20世纪美学史。

作为一部独具特色的中国20世纪美学史，邹华的著作也不可能没有其自身局限。除却具体细节和材料不谈，在宏观把握上，我认为这主要表现为对“丑”的过多忽略。这并不是说全书中没有涉及“丑”的问题，而是说他没有把“丑”作为与“崇高”紧密联系的、具有历史意义的重要范畴来加以看待，在我看来，如果说“美”是和谐，“崇高”是不和谐，“丑”则是反和谐，从这一意义上讲，“崇高”本身就带有“丑”的因素，而且还将被“丑”所取代，关于这一点，鲍桑葵早有认识，他指出：“没有丑这一要素，美的具体的变化就不可能产生。”[1]雨果分析得更清楚：“美只有一种典型；丑却千变万化。因为，从情理上说，美不过是一种形式，一种表现在它最简单的关系中、在它最严整的对称中，在与我们的结构最为亲近的和谐中的一种形式。因此，它总是呈现给我们一个完全的、却和我们一样有限的整体。而我们称之为丑的那种东西则相反，它是我们所没有认识的那个庞然整体的一部分，它与整个万物协调和谐，而不是与人协调和谐。这就是为什么它经常不断向我们呈现出崭新的、然而不完整的面貌的道理。”[2]雨果不仅对于“丑”的审美功能作了详尽的阐述，而且对于“丑”的历史地位也做了科学的分析。他指出，“古代的丑怪还是怯生生的，并且总想躲躲闪闪。可以看出它还没有正式上台，因为它在当时还没有充分显示出其本性。它对自己还一味加以掩饰”。“相反，在近代人的思想里，滑稽丑怪却具有广泛的作用。它无处不在：一方面，它创造了畸形与可怕；另一方面，创造了可笑与滑稽”。[3]翻一翻西方艺术史，雨果的观点似乎已被大量的事实所印证：从古典艺术和谐典雅的牧歌，到近代艺术严肃激烈的批判，再到现代艺术冷酷绝望的荒诞，这一切似乎都显示着“丑”的精灵对美学殿堂的不断冒犯与侵占。同时我们也不得不面对中国艺术的实践：从刘索拉那令人激动不已而又无可奈何的《你别无选择》，到徐星

1　[英]鲍桑葵：《美学史》，张今译，商务印书馆，1985年，第511页。

2　[法]雨果：《译文随笔·雨果论文学》，柳鸣九译，上海译文出版社，1980年，第37页。

3　[法]雨果：《译文随笔·雨果论文学》，柳鸣九译，上海译文出版社，1980年，第32—33页。

那令人大彻大悟而又似懂非懂的《无主题变奏》；从方方那片肮脏丑陋的《风景》，到刘震云那堆杂乱无章的《一地鸡毛》……这里似乎也没有什么“崇高”可言，有的也只是丑陋与荒诞。在我看来，这种现象的出现绝非偶然，除了社会的、文化的原因之外，从美学的角度上讲，人们之所以能够将这些不和谐、甚至反和谐的对象拿来欣赏，恰恰显示了现代人审美心理上的健全和强悍。如果用邹华的理论加以推导的话，对象由和谐到不和谐再到反和谐的发展，恰恰反证了主体由古代到近代再到现代的发展，这一发展既是审美主体不断提高的过程，也是审美对象不断扩大的过程。然而遗憾的是，邹华并没有用他的主体性理论来解释和分析这一中外共有的审美实践。作为“20世纪中国美学研究”，我认为应当给予“丑”这一美学范畴足够的重视和研究，因为这不仅是一件实实在在的事情，而且是一个十分棘手而又急需解决的问题。需要指出的是，这一建议不仅是对邹华提的，它至少对我自己也同样适用。因为即使对于我们这些从事美学研究的人来说，要从思想上乃至感受上真正实现审美理想的历史性变革，也是一件非常艰难的事情。

（此文发表于《东方论坛》1993年第3期）

美学研究的市场化与世界化

由消费决定生产，而不是由生产决定消费，这是市场经济不同于计划经济的关键所在。在新的历史条件下，市场这只“看不见的手”将不仅决定着物质生产的运行机制，而且也会暗暗地操纵着精神生产的发展趋势。这种趋势也就是我所说的“市场化”与“世界化”（参见拙作《我国社会科学研究的市场化与世界化趋势》，《社会科学报》1992年9月3日）。换言之，在一切社会劳动都必须转化为商品，并拿到面向世界的开放市场上进行竞争的时候，那些不能实现市场化与世界化历史性转变的社会科学研究成果，必将面临“滞销”的危险。

毋庸讳言，这种危险，在美学领域已经有了突出的表现：轰动效应的消失、对外交流的困难、出版界的冷遇、杂志社的疲软，这一切的一切，说到底就是由于我们这个曾一度成为显学的学问已经卡在了“市场”与“世界”的夹缝中间。既无法转化为商品，又失去了与世界进行对话的可能。因此，要真正使中国美学走出低谷，就必须从这两个方面入手，以实现“市场化”与“世界化”的历史性变革。

自从鲍姆嘉通创造了“Asthetik”一词之后，西方的美学发展历来就有着两条完全不同的路线：一条是“英美经验派”，一条是“大陆理性派”。而在我看来，所谓“自下而上的美学”和“自上而下的美学”，实际上正是不自觉地朝着“市场化”与“世界化”这两个方向逼近的。前者追求的是审美经验的应用规律，后者寻找的则是审美活动的人文价值。弄清楚这一点，对于中国美学的历史性转型是至关重要的，因为它在客观上为我们揭示了两条全然不同的途径。

一、艺术的商品化和商品的艺术化

在计划经济时代，艺术与商品之间似乎有着一条人为的鸿沟，艺术不必转化为商品，商品也无须借助于艺术，艺术的生产是政策规范性的，商品的消费是社会配给式的。然而，进入市场经济之后，艺术的价值必须首先作为一种商品才能得以实现；商品的竞争又绝对少不了艺术的因素，这种艺术的商品性和商品的艺术性为美学研究的市场化趋势提供了可能。

首先，艺术的商品性要求美学对艺术的指导不再是抽象的、思辨的、形而上的，而是具体的、经验的、形而下的。对于那些电视剧的制作者来说，重要的不是“美是什么”，而是什么样的题材、情节、人物、语言方式、画面处理能够引起观众的美感，从而带来可观的经济效益。这就使我们想起托马斯·门罗对路易十四和路易十五时代建筑风格差异的曲线分析。这种分析看上去是机械的、烦琐的、经验的，但是可效法、可操作的。显然，这种美学上的转变不仅是一种观念问题，而且是一种方法问题。长期以来，我们的美学研究始终停留在一种概念和范畴的演绎之中，很少借助于心理学、统计学的方法。目前，全国有13家文学批评杂志，却没有一家杂志、甚至没有一个固定的栏目是专门刊载文艺社会学调查报告和统计数字的。这种方法上的局限使我们的美学研究与文化市场之间形成了严重脱节的局面：一方面是理论家的自说自话，一方面则是艺术家的盲目探索。事实上，只有将二者结合起来，才能够为理论家找到“市场”，为艺术家找到“货源”。而二者的结合又必须以一种崭新的美学观念、崭新的研究方法为中介环节。

其次，商品的艺术性则要求美学成为一种生产力，即要求美学因素能够给产品带来附加的价值。在现代社会中，人们所消费的商品已不仅仅是一种物质的因素，而且往往包含着很大的文化因素。在这些文化因素中，美学的含量一般都占有突出的地位。一件商品，从形式的要求、装潢的安排，到品名的设计、广告的宣传，没有任何一项能够抛开美学的因素。从这一意义上讲，美学在现代商品社会中是大有用武之地的。显然，在这种情况下，要真正实现美学的价值，也必须进行观念和方法的战略性转移。在这种转移中，劳动美学、技术美学、商品美学等一系列不曾为我们重视的分支学科将得到长足发展。其发展的方向，是将理论美学中的抽象原理具体化、实用化。

二、哲学的美学化和美学的哲学化

如果说，由理论美学向应用美学的转移是美学研究中的一条下行路线，那么由美学理论向哲学理论的渗透则是美学研究中的一条上行路线。前者是"英美经验派"式的，后者是"大陆理性派"式的；前者是走向市场化的，后者是走向世界化的。换言之，在现代社会中，这两条路线都是必要的。因此，在竭力倡导美学转型的同时，我并不主张完全否定新中国美学界所已经取得的成就。相反，我认为这种研究的进一步深入有可能获得国际性的认同，而这种认同的意义已远远超出了美学自身的价值，从而与世界范围内的人生信仰与存在价值等哲学问题联系在一起。

从世界范围看，就在艺术的商品化和商品的艺术化发展的同时，哲学的美学化和美学的哲学化也在逐步得到深入。我们知道，美学原本就是哲学的一个分支，从"批判哲学"（康德）的意义上讲，它是介于本体论与认识论之间的一个中介环节。但是，随着哲学自身批判能力的日益加强，本体论的危机日趋严重，当"存在先于本质"的命题出现之后，西方传统的本体论研究也如同基督教信仰一样，陷入了一种十分尴尬的局面。只有在这一意义上，我们才能够理解，为什么海德格尔在其晚期的哲学研究中将注意力转向了荷尔德林的诗歌。因为在他看来，当传统本体论的庙宇被推倒之后，人们只有在艺术的领域中才能寻找到某种形而上的情感寄托。毫无疑问，这种研究重点的转移使原来在哲学中只具有中介地位的美学意义扩大了。而这种使哲学美学化的趋势绝非海德格尔所独有。就连维特根斯坦这样严格的分析哲学家在其后期的“语言游戏理论”中也掺杂了很多艺术的成分，而萨特、加谬等人更是直接用艺术形式来表达自己的哲学见解……

如果说，哲学的美学化表达了西方人在基督教文化解体之后的新的情感要求，那么美学的哲学化则满足了中国人在儒家文化解体之后的新的精神寄托。粉碎“四人帮”之后，美学这门高度思辨的学问之所以能够“热”起来，绝不仅仅是一个审美问题，也绝不仅仅是一个艺术问题，而首先是一个信仰问题。在我看来，所谓“人的本质力量的对象化”与其说是解决了美的本质问题，倒不如说是阐明了个体存在的超越问题。这种超越使个人与社会、现实与历史、有限与无限，通过实践活动联系在一起，从而使人们不再需要通过君君、臣臣、父父、子子的血缘——权力纽带而找内心的寄托。毫无疑问，这一研究的意义已经远远超出了美学的范围，从而实现着美学的哲学化。正因如此，哲学界所谓的“实践本体论”研究，最初恰恰是从美学界开始的。然而遗憾的是，许多美学家并没有认识到自己工作的真正价值，更没有认识到这种价值的世界意义。这种研究者本身的不自觉状态，显然限制了研究成果的世界化趋势，从而忽视了中国美学研究与世界文化建设相衔接的可能性。事实上，“后宗法”的中国社会与“后宗教”的西方社会虽然有着历史背景与文化传统的巨大差异，但在信仰问题的或缺与要求上有着惊人的相似之处。换言之，无论是挣脱了上帝的西方人，还是斩断了血缘纽带的中国人，都迫切地需要一种新的人文关怀和情感寄托。如果在这个最关键的问题上，中国美学能够为中国文化乃至世界文化做出新的贡献，岂不是功德无量？

总之，在新的历史条件下，美学研究的市场化与世界化转型尽管是艰难的，却是可能做到的。在市场化方面，我们必须走出固有的思辨范畴；在世界化方面，我们必须步入广阔的人文领域。换言之，在市场化方面，我们必须使美学研究有利于现实生活的提高与改善；在世界化方面，我们必须使美学研究有助于人生意义的确立与升华。前者是知识的问题，后者是价值的问题。或者说，前者要解决物质的需求，后者要满足精神的渴望。令人欣慰的是，在新的历史条件下，无论是前者还是后者，都将有着更为广阔的研究领域和发展空间。

（此文发表于《艺术广角》1993年第4期）

试论“积淀说”与“突破说”

如果说20世纪50年代的美学大讨论有着什么重大成果的话，那就是“积淀说”的建立；如果说80年代的美学大讨论有着什么引人注目的事情，那就是“突破说”的出现。尽管刘晓波对李泽厚的批判暴露出了其自身在理论上的极端与片面，然而他却以一种虽然幼稚但尖锐的方式揭示出了李泽厚学说在另一个极端上所隐藏着的片面。在特定的历史条件下，当这两种截然不同的思想各以其极端的形式出现的时候，都曾给一筹莫展的美学研究带来了新的活力；然而今天，我们只有在扬弃二者之片面性的前提下，才可能使美学研究获得一个新的起点。

一

要真正理解一种学术观点，必须首先察明其思想根源。然而刘晓波对李泽厚的批判，从一开始便陷入了错误的判断。他认为：“黑格尔用‘理念’解释一切，李泽厚用‘积淀’解释一切，二者的差别只是名词的不同而已。……李泽厚虽然专门研究过康德，但是康德对人类自负的批判，在李泽厚那里似乎没有留下一丝印痕，他仍然想成为黑格尔式的哲学家。”[1] 而笔者的结论则

1　刘晓波：《选择的批判——与李泽厚对话》，上海人民出版社，1988年，第15页。

与此刚好相反，在我看来，李泽厚对康德的继承绝不限于对“批判哲学”的忠实阐释，而在于他首先是以一种批判的态度对康德哲学进行了“选择的批判”。关于这一点，从《批判哲学的批判——康德述评》一书的书名和内容，乃至李泽厚的全部思想中，都可以得出明确的答案。

康德的哲学亦可称为“先验哲学”，即通过批判性的研究来确定人类主体先验能力的条件和范围：在认识，有所谓先验的“时空框架”和“知性范畴”；在实践，有所谓先验的“道德律令”和“自我立法”；在审美，有所谓先验的“共通感”和“无目的的和目的性”……在我国当时的情况下，这种唯心主义的先验论早已是被批倒、批臭了的东西，然而李泽厚却在这里发现了可供改造和利用的思想材料。在他看来，尽管康德的先验论在总体上是不可取的，但他在唯心论和二元论的基础上强调了人类主体自身能力的独立性和稳定性，而这一切则恰恰是我们学术界长期以来极端忽视的内容，也是马克思主义哲学中所强调不够的。于是，他便试图运用马克思的“实践论”来改造和利用康德的“先验论”，即将人类主体自身能力的界限和范围放在社会实践的历史长河中加以考察，既承认这些能力自身的独立性和稳定性，又看到这种独立和稳定的主体能力本身就是社会实践的历史成果，从而为先验的能力找到了经验的基础，使其再也不是僵死的框架和永恒的范畴，而成为不断丰富、不断完善的“文化—心理结构”了。这种将结构主义与建构主义联系起来的做法，也许曾受到皮亚杰“发生认识论”的影响和启发，但是李泽厚的“文化—心理结构”已经远远超出了认识论的范围，综合了康德关于认识、实践、审美三方面的内容，从而上升到整个文化意识的高度。也许有人会指出，李泽厚的“文化—心理结构”与荣格的“集体无意识”有着某种血缘关系，然而荣格的心理学有着一种超越时代的神秘感，而李泽厚的“积淀说”所强调的恰恰是一种历史和时代的实践成果。尽管我们不敢妄言李泽厚从未受到过皮亚杰和荣格的影响，但对李泽厚影响最大的不是他们，而是马克思和康德。一言以蔽之：只有用马克思的“实践论”来改造康德的“先验论”，才可能产生李泽厚的“积淀说”。

“积淀说”的提出，在当时国内的学术界有着重要的现实意义。在此之前，机械的反映论和庸俗的社会学长期阻碍着人文科学的发展，前者企图将一切精神现象统统纳入认识论的范畴来加以研究，并在一种“镜子”或“白板”的形式下取消人类主体自身所具有的独立性和能动性；后者则要在经济基础和上层建筑以及整个意识形态的种种现象之间找到直接的因果联系，从而将二者之间决定与被决定的关系简单化、庸俗化。这种机械反映论和庸俗社会学的直接后果，就是大大阻碍了对于人类精神现象和社会文化现象自身规律的探讨和研究：谁要是重视前者的存在，就会被扣上“主观唯心主义”的大帽子；谁要是强调后者的意义，就会被视为“历史唯心主义”的鼓吹者。所以，要使中国的人文学科有新的起色，就必须首先冲破这双重障碍，而“积淀说”的出现，在当时的学术界则恰恰起到了振聋发聩的作用。由于李泽厚强调了对主体心理和文化因素的研究，于是便对纠正机械反映论和庸俗社会学的不良倾向起到了一定的作用；由于李泽厚强调将这种主观心理和文化因素放在人类实践的历史长河中加以考察，同时也就避免了导致主观唯心论和历史唯心论的危险。因此，“积淀说”的出现，很快得到了学术界的承认，并产生了重要的影响：从客观世界外在规律的把握，到主观世界内在秘密的探求；从物质形态的历史材料的整理，到非物质形态的“文化—心理结构”的剖析；从逻辑结构的显意识的描述，到非逻辑结构的潜意识的揭示……50年代关于美的本质问题的讨论，70年代关于形象思维问题的讨论，80年代关于主体性问题的讨论，直至今天余热未消的关于传统文化问题的讨论，都是沿着这条线索发展而来的。而李泽厚本人也在上述学术思潮中扮演了十分重要的角色。

然而，李泽厚的“积淀说”是否已经尽善尽美、无可指责呢？当然不是。首先，就“积淀说”的理论本身而言，尚有不少亟待完善之处。例如，作为个体的人是通过什么途径获得所谓“文化—心理结构”的呢？仅仅是后天的文化教养还是兼有先天的遗传因素？在这方面有无自然科学上的依据？作为一种深层的心理模式，“文化—心理结构”显然已经远远超出了由个体记忆所获得的内容。那么这种超个体的内容是怎样凝结在个体身上的呢？对于如此重要的问题，仅用“积淀”一词加以搪塞显然是不够的。其次，就“积淀说”的适用范围而言，它旨在研究意识形态和文化心理方面的内容，而这些内容只是庞大的上层建筑中的一小部分。因此，即使是在人文学科的领域中，“积淀说”的适用范围也是有限的。若因看不到这一点而无限夸大“文化—心理结构”的作用，就可能将意识形态和文化因素在整个社会生活中的地位提到一个并不适当的高度。而这种倾向，在前一阶段的“文化热”中确实存在。毫无疑问，中国经济的落后现状，有其文化上的原因，然而这个原因并不是最为重要的。关于这一点，如果我们不能通过与西方社会的比较而发现的话，至少可以从与日本等亚洲发达国家的比较中看出。因此，那种将一切落后原因都归结为文化、归结为祖宗的做法，显然是不可取的。最后，也是最为重要的是，就“积淀说”的思想局限而言，这种学说旨在说明某种文化意识和心理结构的独立性、历史必然性，而并非着重于强调如何改造和更新这种现存的“文化—心理结构”，因此，它更适合解释历史，而不足以说明未来。因为所谓“积淀”只是历史留给我们的精神遗产，它既是财富，也是包袱；既有其历史的合理性，又有其现实的不合理性。因此，每一个生活于历史进程中的人，不仅需要依照历史遗留给我们的“文化—心理结构”去判断世界的真、善、美，而且有权力去自觉地改变和更新我们现有的知识结构、价值尺度和审美标准。当然，从原则上讲，李泽厚所说的“文化—心理结构”不是先验的、僵死的、永恒不变的，而是在社会实践中产生并随着实践的深入而不断发展的。问题在于，在现实生活中，每一个感性的、活生生的、个体的人，如何通过实践来更新固有的“文化—心理结构”呢？这不是“积淀说”所能解决的。谈到“实践”，李泽厚每每强调的是其群体性和社会性；然而群体性的社会实践，不恰恰是由每一个实践中的个体组成的吗？如果说，离开了人类社会，个体人的活动便不成其为实践，那么离开了个体人的活动，社会性的实践又将是什么呢？因此，从某种意义上说，每个人都是创造历史的主人，都是更新“文化—心理结构”的动力。也就是说，他不仅必然是传统的文化结构和心理模式的承载者，而且应该是这些固有结构和模式的叛逆者；他不仅有权力继承前人所留下来的文化遗产，而且有义务站在传统的脊梁上进行新的选择和批判……然而遗憾的是，李泽厚强调的主要是前者而不是后者，他所要建立的“主体性论纲”始终是群体而不是个人。设想一下，如果历史上没有第一个人站起来声称：不是太阳围着地球转，而是地球围着太阳转！那么人类的知识结构怎么能够更新？如果没有第一个人站起来宣告：上帝死了！他把昔日的道德规范也一同带进了坟墓，那么人类的伦理标准如何能够发展？如果没有第一个人穿起牛仔裤而周游于大庭广众之中，那么人类的审美趣味又何以能够演变？……而当上述“第一个人”作出与众不同的选择和实践的时候，他实际上正是对传统的“文化——心理结构”的背叛！而“积淀说”的最大缺陷，就在于忽视了这种“背叛”。

当李泽厚赢得了广泛的赞誉乃至崇拜之时，刘晓波却开始了自己的“背叛”。

二

从严格的理论意义上讲，刘晓波并不是进行这种“背叛”的“第一个人”，因为在他之前的高尔泰早已露出了“突破说”的思想端倪，只不过高尔泰的思想常常被他那诗一般的语言所掩盖，而刘晓波在表述上则更加直接，在理论上也显得更加片面。从这一意义上讲，刘晓波对李泽厚的挑战，可视为李、高之争的继续和发展。

从思想根源上看，刘晓波“突破说”的产生也主要得利于两位西方学者，但那已不再是马克思和康德，而是弗洛伊德和萨特了。尽管与李泽厚引经据典的理论建设相比，刘晓波激扬文字的思想表述显得过于混乱，但剖开那些情绪化的语言，我们仍然可以看到其背后的理论根据。如果说，用马克思的“实践论”来改造康德的“先验论”，便形成了李泽厚的“积淀说”，那么，用萨特的“选择”理论来补充弗洛伊德的“压抑”理论，便形成了刘晓波的“突破说”。我们知道，全部“精神分析学”是建立在弗洛伊德关于“压抑”的假说之基础上的。在他看来，作为文化的人，受到来自社会性“超我”的伦理观念和价值标准的影响，便自觉不自觉地将“自我”心中那些与现有文明相冲突的欲望和要求压抑到意识的阈限之下，于是便形成了潜意识的“本我”

世界。而所谓“美”和“艺术”，只不过是潜意识的心理内容以乔装打扮的形式来逃避压抑，从而在意识领域内得以“升华”的结果。在这种“压抑”理论中，刘晓波看到了已有的文化成果对于主体创造精神的负面影响，于是便提出了所谓“心理板结层”的概念。在他看来，以往的社会实践不仅以对象化的形式构成了外在的物质世界，而且以积淀的方式规范着内在的精神世界，即在一种无意识的状态下将已有的思维方式、价值尺度和审美标准作为先验的规范凝固起来，结成一种僵死的“心理板结层”来限制和压抑着主体的创造力。人若屈服于这种“心理板结层”的压力，就会变得因循守旧、故步自封，既缺乏实践的革新精神，又失去了美的创造力。如此说来，被李泽厚视为美之根本的文化“积淀”，在刘晓波这里则恰恰成了美的障碍物。“因此，对于人类来说，理性积淀必须被突破，注定被突破。理性积淀的不断突破意味着生命的活力，而长时期地没有被突破则意味着感性生命的麻木、僵死。人类也好，个人也好，最可怕的莫过于感性生命中长期地积淀着理性，这种长期积淀会因为得不到来自感性生命力的经常冲击而形成一种无意识心理板结层或‘第二天性’，用自身的教条性、保守性、有限性去主宰感性生命，使之在任何情况下都很难摆脱理性的束缚”。[2]那么，人们将如何挣脱这一束缚而在自由的心态下去创造美呢？在这一问题上，刘晓波似乎又在萨特的“选择”理论中找到了根据。萨特的“选择”理论是在其“存在先于本质”的命题下凸显出来的。在他看来，人既不是上帝的造物，也不是理性的玩偶，人实在是被“抛”在世界上的一个极其偶然又具有主观能动性的存在物。人的这种偶然性与能动性便决定了人与其他存在物的根本性区别：一张桌子，作为人类的造物，它必须符合人类使用的种种规定。也就是说，它的本质是在其存在之前就已被规定好了的。一颗松子，作为自然的造物，它只能长成一棵松树而不是柳树。也就是说，它对自身的存在方式没有选择的权力。然而，人的存在却不负有任何先验的本质，人是整个世界上唯一能够自我设计、自我规定、自我创造、自我实现的存在物。“懦夫是自己造成懦夫，英雄是自己造成英雄。”总之，人的本质实际上是在其一生的活动中自己创造出来的，这就是所谓“存在主义的第一原理”。在这种“存在先于本质”的前提

2　刘晓波：《选择的批判——与李泽厚对话》，上海人民出版社，1988年，第17—18页。

下，人所面临的可能性便不再是单一的，而是无限的了。面对着无限多的可能性，人不可避免地要作出不断的“选择”，这种选择既是自由的，又是非理性的。说“选择”是自由的，就是说“你不可能不选择，因为不选择也是一种选择，那就是你选择了不选择”。说“选择”是非理性的，就是说你的选择是没有任何规定、任何标准、任何文化前提可资遵循和依傍的，它完全是无条件的、无根据的、绝对主观的。而这种选择的自由性和非理性，则正是刘晓波用以打破“心理板结层”的有力武器。在他看来，只有像萨特那样，充分承认人的存在先于人的本质，充分发挥人在“选择”中的自由性和非理性因素，才可能“突破”一切文化负载和心理约束，从而将在弗洛伊德那里遭受“压抑”的生命本能释放出来。而这种生命本能的自由释放，也就是他所理解的美。“因此，美的永恒价值不在理性的、社会的‘积淀’，而在于美作为一个开放而具有无限可能性的、永远指向生命本身的、活的有机体，能够不断地唤醒在理性法则、社会规范之中沉睡的感性个体生命，为人的自由开辟通向未来的道路。”[3]总而言之，美不在于“积淀”而在于“突破”，审美不是一种对于已有文化成果的“享受”，而是一种对于现实人生境界的“超越”，从而美学不应指向历史而应面向未来。

毫无疑问，“突破说”的出现打破了由于“积淀说”长期垄断美学界所造成的思维惰性，因而具有某种思想解放的意义。长期以来，在“积淀说”的影响下，美学界基本上已经形成了一种“向后看”的思维定势：似乎全部美学的任务即在于如何解释历史上已经存在的审美对象，而不在于考虑怎样超越这些已有成果，去创造更新、更美的对象。事实上，人类的审美实践以无数的例证表明：任何一件能够在艺术史上占有地位的作品，都不是对于“积淀”传统的简单因袭，而是主动超越。禁欲主义的中世纪，绝不可能“积淀”出达·芬奇那充满人类自信微笑的《蒙娜丽莎》和卜迦丘那张扬人类肉体快感的《十日谈》；“新古典主义”的美学传统，也永远不会“积淀”出巴尔扎克那充满铜臭与血腥的《人间喜剧》和贝多芬那强化对比与冲突的《命运交响曲》；库尔贝之所以不能进入“世界博览会”的艺术殿堂而不得不进行“对抗性画展”，正是由于他的作品突破了已有的艺术规范；尤奈斯库的剧作之所以被称

3　刘晓波：《选择的批判——与李泽厚对话》，上海人民出版社，1988年，第34页。

之为“荒诞派”而不被世人所理解，也恰恰说明了它们已经超越了传统的美学趣味……用一句似乎具有理论价值的俗话来说：“第一个将美人比做鲜花的是天才，第二个这样做的人是庸才，第三个则只能是蠢才。”换言之，那些只注重“积淀”而不善于“突破”的艺术家，绝不可能为人类留下不朽的作品。正是在这一意义上，刘晓波的“突破说”刚好弥补了“积淀说”的不足，从而使其自身不仅具有“情感价值’，而且具有“理论价值”。

与李泽厚的“积淀说”一样，刘晓波的“突破说”也存在着不足和缺陷。首先，在弗洛伊德的影响下，刘晓波不仅看到了个体与群体、生命本能与社会规范之间的矛盾和冲突，而且将其绝对化了。也就是说，他只看到了已有的文化成果对主体发展的负面影响，而没有看到其正面影响；他只看到了创造性主体的反文化特征，而没有看到这种反文化的主体本身就是一种文化的产物。因此，他只认为“过去的一切最重要的价值就在于它为现在的发展提供了一个否定性的起点，即作为被否定、被突破的对象而具有价值”[4]。而没有认识到，过去的一切最重要的价值还在于它为人对现实所进行的历史性超越提供了一个肯定性的前提，即作为被肯定、被发扬的内容而具有意义。事实上，正是由于这一前提的存在，人这种文化的动物才可能对现有的文化尺度进行文化的超越。否则的话，人非但无法实现新的文化超越，就连属于人的新的文化要求也不可能真正提出来。由于刘晓波看不到文化与历史的连续性和继承性，因而他所主张的“突破”也和弗洛伊德的“升华”一样，具有明显的反文化、反文明的特征；他心目中的人也和弗洛伊德心目中的精神病患者一样，只不过是一种肉体本能受到压抑的生物而已。其次，在萨特的影响下，刘晓波不仅看到了感性与理性、自由与法则之间的矛盾和冲突，而且也把这种矛盾和冲突绝对化了。也就是说，他只看到了理性法则对感性自由的约束和限制，而没有看到理性法则对感性自由的规范和引导；他只看到了感性自由冲破理性法则的必然性与合理性，而没有看到这种必然与合理的感性自由只有在特定的历史条件下、针对特定的理性法则才有意义。因此，他简单地认为：“理性积淀的枷锁一旦七零八落，人的面前就是一个全新的、充满生机的宇宙。狂迷的酒神酩酊大醉，创造着最伟大的生命之舞。”[5] 而没有认识

4　刘晓波：《选择的批判——与李泽厚对话》，上海人民出版社，1988年，第17页。

5　刘晓波：《选择的批判——与李泽厚对话》，上海人民出版社，1988年，第19页。

到，面对全新的、充满生机的宇宙，并非任何酩酊大醉的生命之舞都具有“伟大”的意义。事实上，在突破旧的理性法则的过程中，只有那些与人的新的理性能力相适应的感性存在方式才具有真正的美学价值。否则的话，发酒疯便可成为文学，脱衣舞亦可成为艺术了。由于刘晓波不理解感性与理性、自由与法则之间的辩证关系，因而他所谓的“突破”也和萨特的“选择”一样，具有明显的非理性、无目的的特征。正如萨特将自由的“选择”看成是等值的选择一样，刘晓波也把自由的“突破”误认为是等值的突破了（从这一意义上讲，刘晓波只是在《存在与虚无》的层次上而没有在《辩证理性批判》的层次上，对萨特的思想进行全面的理解和发挥）。总而言之，刘晓波的“突破说”只具有否定性价值而没有肯定性价值，也就是说，他在突破了李泽厚的“积淀说”之后，并没有为自己的“突破”制定出合理的方向。因此，尽管他的美学思想不是面向历史而是面向未来的，但他所面向的未来只是一种前途未卜、祸福难料的未来。

三

综观李泽厚和刘晓波的美学观点，我们可以看到两种片面的、截然对立的思想倾向。正如刘晓波自己所总结的那样：“在哲学上、美学上，李泽厚皆以社会、理性、本质为本位，我皆以个人、感性、现象为本位；他强调和突出整体主体性，我强调和突出个体主体性；他的目光由‘积淀’转向过去，我的目光由‘突破’指向未来。”[6] 如果说，真理从来都具有两面性的话，那么李泽厚与刘晓波则分别只说出了其中的一面。这倒不是笔者有意在搞中庸调和，因为美确实来源于社会与个人、理性与感性、必然与自由之间所形成的必要的张力。它既不是对过去历史的简单重复，也不是割断历史的一味超前，而只发生在过去与未来相交的那一不断变动的结合点上。一言以蔽之，它是“积淀”基础上的“突破”。

这绝不是一种言辞华丽的诡辩。事实上，一些哲学家、心理学家甚至自然科学家的研究成果，已从不同的角度为这一理论的形成作出了贡献。例

6 刘晓波：《选择的批判——与李泽厚对话》，上海人民出版社，1988年，第19页。

如，作为哲学家的杜威，曾提出了“艺术即经验”的美学命题。在他看来，“经验”的性质取决于有机体与外部环境之间的交互作用，是人为了适应和改造环境而使之形成的对象化行为的结果。在这种对象化的行为中，人一方面利用环境的因素来满足自己，从而形成二者之间有限的平衡关系；另一方面却又基于已经满足而需要更新的主体欲望去打破原有的平衡，从而在无序状态下去寻求新型关系的重建。如果有机体长期满足于与环境之间所形成的平衡状态，那么生命就会停滞，以至于萎缩；如果有机体长期打破与环境之间所形成的平衡关系而得不到重建的话，那么生命就会出现危险，甚至死亡。因此，人的生命实际上就是在不断打破并反复重建与环境的平衡关系中得以维系和发展的，而审美经验就产生于生命竭力去恢复它与环境之间被破坏了的平衡关系的那一瞬间。“因为我们所生活的现实世界，乃是运动与终结、破裂与再统一的结合，唯有如此，一个生物的经验才能具备审美的素质。有生命的存在断断续续地丧失和重建它和它的环境的均衡。由纷扰过渡到和谐的一刹那便是最强烈的生命的一刹那。”[7] 一个宣告完成或终了的世界，既失去了危机感，又失去了崭新的生命体验，因而不可能是美的；一个全然纷扰而又动荡不宁的世界，虽具有冒险的热情，却无法把握变革的方向和成功的希望，因而也不可能是美的。这就是说，审美经验既不产生于无休止的“积淀”，也不产生于无目的的“突破”，它只存在于二者之间所形成的最富有张力的那一瞬间。当然，“在生命的过程中，取得平衡的时期也就是与周围环境形成的一种新的关系的开始，这种新的关系具有通过斗争获得协调的潜在能力。于是大功告成之日，也就是重新开始之时。”[8] 这就是说，“积淀”本身就孕育着“突破”的潜在力量，而“突破”也只有在“积淀”的基础上才可能真正实现。“积淀”与“突破”的这种辩证关系，在艺术中表现为习惯与陌生、法则与创新、情理之中与意料之外的矛盾统一。我们知道，艺术作品只有承认传统的规则方式，尊重人们的审美习惯，方可能获得欣赏者的认同。但是，承认传统的规则方式，并不等于因袭以往的创作模式；尊重人们的审美习惯，并不等于迁就人们的欣赏水平；只有在此基础上进行适度的革新与创造，才可能在既不萎缩又不夭折的情

7 Joseph Rather选编：《杜威哲学》下册，赵一苇译，台北，“教育部”，1979年，第643页。

8 [美]杜威：《艺术即经验》，见伍蠡甫主编《现代西方文论选》，上海译文出版社，1983年，第226页。

况下保持艺术的生命，而这一生命也正是“积淀”与“突破”的历史结晶。

又如，作为心理学家的阿恩海姆，曾在“格式塔”心理实验的基础上指出：“依照视觉的基本规律，在特定条件所允许的范围内，视知觉倾向于把任何刺激式样以一种尽可能简单的结构组织起来。”[9] 也就是说，为了使纷纭复杂的对象世界变得易于把握和理解，人有着通过“简化”的手段将对象的形式组合成完整、有序而又单纯的“完形”来加以感知的心理倾向。于是那类符合或接近“完形”的对象便由于与人的心理积淀形式相吻合而给人以舒适的感觉；反之，那些疏远或偏离“完形”的对象则由于突破了视觉经验的习惯形式而给人带来一种心理压力。“因为任何非同质的刺激物都会招致张力的出现，从而使得视域的简化性大大减少。”[10] 但是，单纯的舒适并不等于美，在艺术作品中，由张力而带来的心理压力在某种情况下反倒是必要的。因此，“艺术家们在创作中又偏偏喜欢采用倾斜的方向和变形的几何形状。这就是说，在艺术中又广泛地存在着一种偏爱非简化的式样的趋势。”[11] 然而，这种背离“完形”的努力也不是无限度的。“随着这些原来的静态概念的逐渐‘活化’，人们会感到愈加愉快。但是，当它转变成一种更加复杂的型态时，就唤起了人们的某种忧虑。”[12] 说到底，真正有意味、有美学价值的对象既不是极为简单与规则的，也不是极为复杂和无序的，它恰恰是介于二者之间的那种既富于新鲜感又通过努力可以把握的。值得注意的是，这里所说的简单和复杂的标准并不是一成不变、截然对立的，而是随着人的视觉经验不断生成，并随着经验的积淀不断发展的。如果我们用这种历史的观点来理解阿恩海姆的思想，我们便可以在人类艺术产品由简单到复杂、由和谐到不和谐的发展历程中找到充分的例证。因此，即使从心理学的角度上讲，人类的艺术史也可被看作是一个由“积淀”到“突破”、由再“积淀”到再“突破”的不断更新的过程。在这个过程中，每一件艺术品不仅要经得起时代的考验，而且要经得起心理的考验，即在尊重心理习惯和超越心理“积淀”之间，找到

9 [德]阿恩海姆：《艺术与视知觉》，腾守尧等译，中国社会科学出版社，1984年，第79页。

10 [德]阿恩海姆：《艺术与视知觉》，腾守尧等译，中国社会科学出版社，1984年，第607页。

11 [德]阿恩海姆：《艺术与视知觉》，腾守尧等译，中国社会科学出版社，1984年，第607页。

12 [德]阿恩海姆：《视觉思维——审美直觉心理学》，腾守尧译，光明日报出版社，1987年，第413页。

一个恰如其分的“突破”点。

再如，作为自然科学家的薛定谔、贝塔朗菲、普利高津等人曾从“热力学”的角度探讨了与审美问题相关的生命的秘密。“热力学第一定律”也就是“能量守恒定律”指出，能量不会消失，也不会凭空产生，它只能从一种形式转化为另一种形式。而“热力学第二定律”也就是“熵定律”则又指出，能量虽然不会消失，但它只能不可逆转地沿着一个方向转化，即从对人类来说是可利用的到不可利用的状态、从有效的到无效的状态转化。物理学意义上的“熵”，就是这种不能再被转化作功的能量的总和。因此，随着熵量的不断增加，自然界的发展便会呈现出从有序到无序、从复杂到简单的退化过程。这与“进化论”所揭示的生命现象刚好相反。为了在“热力学第二定律”的基础上进一步探讨生命进化的奥秘，薛定谔曾在玻尔兹曼的影响下引进了“负熵”的概念，他这样写道：“每一个过程、事件、事变——你叫它什么都可以，一句话，自然界中正在进行着的每一件事，都是意味着它在其中进行的那部分世界的熵的增加。因此，一个生命有机体在不断地增加它的熵——你或者可以说是在增加正熵——并趋于接近最大值的熵的危险状态，那就是死亡。要摆脱死亡，就是说要活着，唯一的办法就是从环境里不断地汲取负熵，我们马上就会明白负熵是十分积极的东西。有机体就是赖负熵为生的。或者，更确切地说，新陈代谢中的本质的东西，乃是使有机体成功地消除了当它自身活着的时候不得不产生的全部的熵。”[13] 这就是说，如果有机体只是在封闭的状态下自我积淀，其结果只能导致熵量的增加，直至死亡。这与审美心理积淀中惰性的不断积累是一致的。要使有机体克服这种危险状态，就必须从外在环境中引入“负熵”以突破封闭性的自我积淀，产生新陈代谢。这与文学创作只有通过不断突破、不断更新才能保持其生命力的现象也是一致的。关于这一点，贝塔朗菲表述得更加清楚：“每个生命有机体本质上是一个开放系统，它只是在连续不断地吸入与排出之中，在不断构成或破坏组成成分之中来保持它自己的。只要当它是活的，它就不会处于化学与热力学平衡的状态，而是处于与此不同的所谓稳定状态之中。”[14] 既然生命有机体在

13　[奥地利]薛定谔：《生命是什么》，罗来瓯等译，上海人民出版社，1973年，第78页。

14　[美]贝塔朗菲：《一般系统论的意义》，王伟光译，见《自然科学哲学问题丛刊》1981年第1期，第72页。

本质上是一个开放系统，那么与这个有机体相适应的人的审美心理和艺术创作也必然是一个开放的系统，在这个系统中也必须不断地吸入与排出、构成与破坏、“积淀”与“突破”，才可能防止其僵化与衰亡。而这种在远离平衡态的状况下通过系统和外界进行种种交换而形成的稳定的充满活力的结构，也就是普利高津所谓的“耗散结构”。在后者看来，产生耗散结构，除了要求一个远离平衡态的系统从外界吸收负熵流之外，还需要系统内部各要素之间存在着非线性的相互作用。这种相互作用会使系统产生协同作用和相干效应，通过随机的涨落，系统就会从无序转化为有序，形成新的稳定结构。也就是说，负熵的引进并不是任意的突破，它只有与系统内部非平衡的稳定结构相适应，并借助系统内部各要素之间非线性的相互作用所产生的随机性涨落，才可能使系统向着更为复杂的有序结构进化。在进化过程中，个体性“突破”虽然具有至关重要的意义，却不是轻而易举所能实现的，它必须在特定时机、特定区域并善于利用“积淀”下来的已有成果和结构关系才能完成。这种思想，无论对于艺术作品的流变还是对于审美心理的发展这类具有“生命”的东西，无疑都具有普遍的指导意义。

以上这些研究成果使我们认识到，具体到美学领域中，“积淀”与“突破”的关系问题，将有着极为广阔而复杂的研究前景。而本文的任务则只是在分析和批判李泽厚、刘晓波美学思想的基础上，对“积淀”与“突破”之间的辩证关系进行一种初步的确定。马克思曾经写道：“人们自己创造自己的历史，但是他们并不是随心所欲地创造，并不是在他们自己选定的条件下创造，而是在直接碰到的、既定的、从过去承继下来的条件下创造。”[15] 过多地强调“从过去承继下来的条件”而忽视“人们自己创造自己的历史”，是李泽厚“积淀说”的局限；过多地强调“人们自己创造自己的历史”，甚至企图“随心所欲地创造”，是刘晓波“突破说”的局限。这种局限不仅表现在他们的美学思想上，而且表现在他们的文化哲学上。由于一味强调“积淀”，使李泽厚在文化问题上常常表现出一种温和的保守主义倾向；由于一味强调“突破”，则使刘晓波在文化问题上往往表现出一种

15 [德]马克思：《路易·波拿巴的雾月18日》，《马克思恩格斯选集》第1卷，人民出版社，1972年，第603页。

激进的虚无主义倾向。分析这两种倾向，当然已不是本文的任务，让我们留待以后讨论吧。

（此文的前两部分曾以《李泽厚与刘晓波的美学歧见》为题，发表于香港《二十一世纪》1993年4月号。全文发表于《学术月刊》1993年第5期，发表时略有删节，《新华文摘》1993年第10期转载。此为原文全貌）

再论“积淀说”与“突破说”

拙作《试论“积淀说”与“突破说”》在《学术月刊》1993年第5期上发表以后，引起了一些学界同仁的兴趣，该刊曾就此问题在上海举办了一个专题讨论会。会上，有20余位学者就拙文以及由此而涉及的美学、哲学乃至文化问题发表了各自的看法，其中朱立元、陈引驰、夏中义、邱明正四位专家的意见已作为论文在《学术月刊》上陆续发表。此外，并未出席这一会议的曹俊峰、徐梦秋、晓声三位先生也撰文参与了此次争鸣。从已经发表的文章来看，有些学者基本上赞同笔者的意见，并力求在拙文的基础上将问题引向深入，如邱明正、徐梦秋；有些学者对李泽厚的“积淀说”和刘晓波的“突破说”也提出了质疑，但各有其独自的视角，并不直接涉及拙文的观点，如夏中义、曹俊峰；有些学者则持有不同意见，并对拙文进行了有针对性的批评，如朱立元、陈引驰。应该说，所有这些不同观点都是以严肃的学术态度来阐发的，这在当前学术氛围低迷、美学研究疲软的情况下，不能不说是一件令人欣慰的事情。而对于我个人来说，这三种意见同样都能起到启迪和教益的作用。具体说来，对于前者，我表示感谢；对于中者，我表示尊重；对于后者，我则想在感谢和尊重的基础上提出一些反驳的意见，以期将研究引向深入。

一

我与朱立元先生的首要分歧，是关于李泽厚在美学上的贡献及其“积淀说”的形成问题。我在那篇文章的开头曾写道：“如果说50年代的美学大讨论有着什么重大成果的话，那就是‘积淀说’的建立。”对此，他提出了两条批评意见：“第一，李泽厚的观点只是这场讨论所取得的‘重大成果’之一，如果只提李泽厚一家，而不提其他三家，或只把李泽厚的观点看成‘重大成果’，而置其他各派于‘重大成果’之外，认为不值一提，都是不公正的，也是不符合事实的。第二，李泽厚的实践论美学决不等于‘积淀说’，‘积淀说’在那个时候尚未形成，至多只具有某些萌芽。”[1]对于这两条批评意见，我是持保留态度的。这里面既涉及文章的语境问题，又涉及我对李泽厚美学思想的理解和评价问题。就语境而言，我那篇文章旨在探讨李泽厚之“积淀说”与刘晓波之“突破说”的关系，而不是要全面总结50年代美学论争的历史功过。因此，这里面似乎并不存在什么“只提李泽厚一家，而不提其他三家”的问题。事实上，我在过去发表的文章和出版的著作中曾多次提到其他三家的美学主张，并给予了肯定的评价，只是在这里没有重谈而已。就对李泽厚美学思想的理解和评价而言，我确实觉得在当时的历史条件下，李泽厚的见解在总体上是高于其他三家的，因而将其称之为“重大成果”。至于其他三家的成果，我认为也很重要，但算不上“重大”。显然，不重大并不等于不重要，更不等于“不值一提”。

我们知道，50年代国内关于美的本质问题主要有四种观点：一种意见以蔡仪为代表，认为美在客观，美在自然；另一种意见以吕荧为代表，认为美在主观，美在观念；第三种意见以朱光潜为代表，认为美在主、客观的统一，是主观的观念统一客观的自然。不难看出，这三种意见都是从认识论的角度来探讨美的问题的，亦即要弄清审美主体与审美对象之间谁是第一性、谁是第二性、谁决定谁的问题。而从逻辑上讲，从认识论的角度最多也只能得出这三种观点。那么，为什么在这三种观点之外，还会出现第四种意见，即李泽厚的美在客观、美在社会的观点呢？这是因为，由认识论所提出来的

1　朱立元：《对“积淀说”之再认识》，《学术月刊》1993年第11期。

思维和存在的同一性问题并不能在认识论范围内得以解决。对于这一点，当时的朱光潜似乎已经意识到了，因而他曾经提出过不仅要在认识论而且要在社会意识形态领域中来研究美学问题的设想。但是，他只不过是要给审美主体赋予更多的社会意识而已，实际上并没有真正超出主、客体之间在认识范畴上的对应关系。正因如此，朱先生企图在观念的领域中将“物甲”与“物乙”统一起来的努力虽然是可贵的，却是徒劳的，因为他并没有真正找到使二者得以统一的中介环节。而这一环节，则只有在另一个层面上，即不是在认识论，而是在实践论层面上才能被找到。在我看来，李泽厚的贡献即在于此。

朱立元先生认为：“五六十年代，李泽厚把美的本质看成是实践对真理的感性肯定，说明他的实践观并未超脱认识论范畴，尚不具备‘积淀’的含义。”这是不符合事实的。我们知道，尽管在当时的历史条件下，李泽厚在谈及美感与美的关系时，仍坚持反映论的立场。“当然，这里所说的种种‘反映’，绝不是简单直线式的反映，而是经过一连串的中介的复杂过程的。这里的说法只是就美感与美的归根结蒂的关系来立论的。”[2]然而，在谈到审美对象的产生、审美主体的建构、美的本质的规定时，他的思想已经真正深入到了社会实践的历史领域。早在1956年，李泽厚就已引述马克思《1844年经济学哲学手稿》中的观点阐发了自己对于“人化的自然”的理解：“自然对象只有成为‘人化的自然’，只有在自然对象上‘客观地揭开了人的本质的丰富性’的时候，它才成为美。”“认识美的社会性，这绝不是一件简单的事，这是一个长期的人类历史过程。在这个过程中，人类创造了客体、对象，使自然具有了社会性，同时也创造了主体、自身，使人自己具有了欣赏自然美的能力。”[3]这种“人化的自然”的实践观怎么可能“并未超脱认识论范畴”呢？尽管在这里，李泽厚还没有直接使用“积淀”这个概念，但其通过漫长的历史过程而使自然的对象赋予社会的属性，使人类的感官具有审美能力的观点，显然已包含了“积淀说”的基本内容。后来，在回忆到这篇文章时，李泽厚曾这样说：“从那时起，我就一直认为，要研究理性的东西是怎样表现在感性中，社会的东西怎样表现在个体中，历史的东西怎样表现在心理中。后来我造了‘积淀’这个词，就是指社会的、理性的、历史的东西累积沉淀了一种个体的、感性

2　李泽厚：《关于当前美学问题的争论》，《美学论集》，上海文艺出版社，1980年，第82页。

3　李泽厚：《美学论集》，上海文艺出版社，1980年，第25、28页。

的、直观的东西，它是通过‘自然的人化’的过程来实现的。”可见，李泽厚的美学思想，并不是像朱先生所说的那样，“在‘文革’前后发生了重大的变化”，而是始终如一，不断完善的。因此，正像我不能理解朱先生何以一方面认为李泽厚的“实践观并未超脱认识论范畴”，一方面却坚持将其“文革”前的思想称之为“实践论美学”一样，我同样不能理解朱先生何以一方面承认李泽厚的美学思想为“实践论美学”，一方面却又坚决断言这一美学思想中“尚不具备‘积淀’的含义”。试问，如果实践论美学中尚不具备积淀之“含义”的话，那么，“实践”将怎样和“美学”发生关系呢?

总之，与朱立元先生不同，我之所以将李泽厚的美学思想视为50年代美学讨论的“重大成果”，即认为他确实超出了前三家美学所局限的认识论的层面而进入了实践论的新领域。因此，在我看来，这四家美学观点的正确表述不应是1、2、3、4，而应是1、2、3、A。那么，作为实践论层面的客观论者，李泽厚（A）又是怎样实现了向蔡仪（1）的回归呢?这就是，他一方面坚持了蔡仪“美在客观”的主张，另一方面又引进了吕荧（2）的“美在观念”的内容，即以“实践”为中介，将主观的“观念”物化到客观的“自然”上面去，从而将美的本质看成是人的本质力量对象化的产物。正是由于以李泽厚所代表的这第四种观点与前三种观点并不处在同一逻辑层面上，所以它在进入80年代以后，仍具有较强的生命力。

二

我与朱立元先生的第二个分歧，是关于对刘晓波美学观点的评价问题。因为朱先生不仅反对我将李的理论称为50年代美学讨论中的“重大成果”，而且不赞成我将刘的观点称之为80年代美学论争中“引人注目的事情”，其理由是：“80年代，是我国美学取得前所未有的大发展的时期，这一时期美学繁荣的基本特征是多元竞争格局的形成和美学史研究的深化。……严格说来，刘晓波的‘突破说’虽然亦是一说，但在多元格局中，似乎还达不到与上述诸说处于同一水平的层次。”“‘突破说’能否成为与‘积淀说’平起平坐的理论对立面尚属悬案。"[4]对于这一批评，我同样持保留意见。说80年代"美学繁荣的基本特征是多元竞争格局的形成"，这显然不符合事实。众所周知，我国美学领域中的多元格局早在五六十年代就已形成，否则，朱先生也不会对我"只提李泽厚一家，而不提其他三家"抱有意见了。至于说到80年代"美学史研究的深化"问题，则似与拙文无关，因为我要研究的是刘晓波与李泽厚在美论问题上的分歧，根本不涉及美学史的研究问题。诚如朱先生所言，国内关于美学史的研究在80年代确实取得了长足的进展，很多学者做了量的、卓有成效的工作，但这些工作与同一时期围绕着美的本质问题所展开的大讨论并不是同一件事情。

显然，问题的关键还不在这里，而在我与朱先生对刘晓波美学观点的评价上。同朱先生一样，我也并不认为刘的学术地位和理论修养能够与李相提并论。同朱先生一样，我也并不赞同刘的美学观点及其表述方式。但是，与朱先生不同的是，我并不认为只有当两个人的学术成就乃至理论观点到了"平起平坐"的地位时，才能够进行比较性研究；我并不认为只有当一个人自身的理论建树能够完全成立的时候，他对其他人的批评才有意义。我们知道，刘晓波对李泽厚的批评是情绪化的，刘晓波所要建立的美学观点也是片面的。事实上，正是这种片面的、情绪的东西使得刘对李的挑战在当时的许多学者、尤其是中老年学者眼里已失去了应有的严肃性，甚至仅仅被视为一种极端的、破坏性的犯上作乱。同这些学者一样，我也不同意刘的观点，甚至也看到了其思想本身所具有的危险性和破坏性的一面。但是，我认为不能因为刘晓波的立论是荒谬的，我们就把他对李泽厚的驳论也看成是荒谬的。换言之，不能用刘晓波的错误来证明李泽厚的正确。在我看来，刘晓波的意义，就在于他用一种情绪化的、公开的极端与片面，揭穿了李泽厚在理论术语下所隐藏着的另一种极端与片面。

那么，李泽厚的学说是否真像我所理解的那样，"隐藏着另一种极端与片面"呢？这是朱先生与我之分歧的关键所在。应该承认，要在李泽厚的著作中找出极端与片面的文句是困难的，因为他并不像刘晓波那样赤裸裸地将自身的片面暴露给读者，而是不断运用极为辩证的语言来阐述自己的观点。

4　朱立元：《对"积淀说"之再认识》，《学术月刊》1993年第11期。

如他一再强调，通过长期的积淀，“感性之中渗透了理性，个体之中具有了历史，自然之中充满了社会；在感性而不只是感性，在形式（自然）而不只是形式，这就是自然的人化作为美的基础的深刻含义，即总体、社会、理性最终落实在个体、自然、感性之上。”“在这里，人类（历史总体）的积淀为个体的，理性的积淀为感性的，社会的积淀为自然的。”[5]等等。给人最初的印象是，他既顾及了群体又顾及了个体，既考虑到了理性又考虑到了感性，既看到了社会又兼顾了自然，仿佛是十分全面而辩证的。但是，如果我们结合其“积淀说”的理论实质而对这些文句加以认真分析的话，就会发现，这里的个体、感性、自然，完全是被动的，它们只不过是承受群体、理性、社会的载体而已。正如夏中义在以后所评论的那样，在这里，“群体为实，个体为虚，群体是个体赖以生存的终极归宿，个体是显示群体权势的偶然道具”。[6]因此，在当时的情况下，刘晓波对李泽厚的挑战，绝不是毫无道理的，从而刘、李之争也绝不是像朱先生所理解的那样，仅仅是一种基于“先入之见”的误读而产生的学术误会。其实，当时发现“积淀说”这一理论弱点的，也不止刘晓波一个人，在这里，我应该感谢晓声先生在材料方面为拙作所作的补证。[7]只不过，刘晓波是第一个以如此尖锐而大胆的形式对“积淀说”进行全面清算的人罢了。这也就是我所说的“以一种虽然幼稚却尖锐的方式揭示出了李泽厚学说在另一个极端上所隐藏着的片面”。当然，这里所谓的“隐藏”，并不是一种有意为之的“障眼法”。也就是说，从主观意愿上讲，李泽厚未必不想真的追求一种辩证与全面，只是这种追求并没有达到其预期的后果而已。这就是他总是怕被别人“误解”而又总被“误解”的原因。看来问题出在理论本身，出在他对“实践”、对“积淀”、对“人的本质力量”的理解和运用上。

我们知道，李泽厚的“实践论美学”是在一种抽象的整体意义上来谈论实践的，也就是说，在他那里，实践并不是个人的、具体的物质活动，而是人类的、整体的历史过程。具体的活动可以改造或征服某个具体的对象，但这个对象可能并不美，如我们随手制作的一件物品；整体的实践也许并不直接改造或征服某个具体的对象，但那个对象可能是美的，如他所一再列举的月亮。为了说明这种整体意义上的实践之与众不同的历史意义，李泽厚在其

5　李泽厚：《批判哲学的批判》，人民出版社，1979年，第413、435页。

6　夏中义：《〈选择的批判〉之批判》，《学术月刊》1994年第2期。

7　晓声：《是谁先弥补了“积淀说”之不足》，《学术月刊》1994年第7期。

根源问题上抽象出了“人的本质力量”这个概念，在其过程问题上则概括出了“积淀”这一术语。但是，正是由于过多地强调了“人的本质力量”这种人类超生物存在的族类本质，使得他的理论虽然能够澄清人与动物的差别，但无法摆正个体与群体的关系（在这里，群体是高于个体，本质是先于存在的）；正是由于过分地强调了“积淀”这种历史赋予现实的既成事实，使得他的学说只长于解释历史，而不足以说明未来（在这里，“积淀”只是主体对于历史成果的承受，而非对于未来世界的创造）。而所有这一切，都给刘晓波张扬个体、主张“突破”的挑战留下了必要的理论空间。

从理论研究的意义上讲，无论是李泽厚的“积淀说”，还是刘晓波的“突破说”，都已经超出了认识论的范畴，而进入了社会实践的历史领域。因此，如果我们把“文革”以前的四派美论主张表述为“1、2、3、A”的话，那么，刘晓波的观点则可表述为“B”，即在实践层面上的主观派。这派观点并不是刘晓波所首创的，也不是像晓声所补证的那样是由其他什么人率先提出的，而是高尔泰“美在主观说”的发展和继续。国内不少美学工作者习惯于将高尔泰与吕荧的思想归为一体，其实二者是有很大区别的，这一区别在“文革”以后表现得尤为明显，并形成了对李泽厚的有力挑战。然而遗憾的是，强调80年代美学“多元化”的朱先生并没有看到这一点，因而也就意识不到高与刘之间的精神联系。在我看来，刘晓波主要是从两个方面发挥了高尔泰有关“主体性”的思想：一是将其进一步个性化了，二是将其进一步生物化了（这二者之间的矛盾已由夏中义指出）。正是由于这双重变化，使得这种思想对于李泽厚的挑战而言，更加尖锐了，也更加片面了。

必须承认，这种尖锐而片面的挑战是很有效力的。否认这一点的朱先生曾在李泽厚的《美学四讲》和《华夏美学》中援引了大段大段强调个体与感性的文字，如“回到人本身吧，回到个体、感性和偶然吧。从而也就回到现实的日常生活来吧。不要再受任何形而上观念的控制支配，主动迎接、组合和打破这积淀吧……”等等，给人的感觉是，刘晓波用个体来突破群体、用感性来突破理性，从而用“突破”来取代“积淀”的思想，早已是李泽厚的原有之意和“积淀说”的部分内容了；从而刘对李的所谓“挑战”，就变成一种毫无意义的理论误解和没有根据的无的放矢了。的确，如果仅从这些引文来看，刘对李的批评仿佛真是多余的了，因为这里的李泽厚似乎比刘晓波还刘晓波了。但是问题的关键在于，《美学四讲》和《华夏美学》都是1989年以后的产物，而刘晓波对李泽厚的批评则发生在1986年。因此，与其说是刘对李的文本产生了“误读”，不如说是李的文本发生了变化；从而，它非但不能证明刘的“挑战”是无的放矢，反而恰恰证明了这一挑战的有效性。在我看来，正是在高尔泰和刘晓波的有力批评下，李泽厚才不得不对自己一向强调群体和理性而忽视个体和感性的思想进行必要的调整，从而，李泽厚思想发生的“重大变化”，并不在“文革”前后，而是在80年代中期以后。

对于这一事实，就连朱先生也不能完全否认，因而他补充道：“退一步说，即使李真的受到刘的某些启示对自己‘积淀说’的某些片面性作局部的修正、补充，使之更趋于完善、成熟，亦属正常。我们不能只抓住其尚未完善时的观点而猛批其‘片面性’，而置其修正了的理论表述于不顾。”[8]问题在于，理论研究并不等于政治表态，因为任何一种理论体系都有其自身的完整性，因而其观点的可包容性总是有限的。所以，在“积淀说”这样一种完整的思想体系内部，加上几句强调个体、强调感性的语言，并不能使这一理论本身显得更加完善、更加成熟，反而使之显得更为庞杂、更为混乱了。这一点，在李泽厚的《美学四讲》等近期著作中，似乎表现得格外明显。在这些著作中，他一方面沿着“积淀说”的固有思路，坚持了对所谓普遍而共同的“人性心理”的探寻，指出：“人从动物界脱身出来，形成了人性心理。这人性心理是通过社会群体的各种物质的和精神的活动而实现的。……人性心理在这基础上，通过世代的文化承袭而不断丰富、巩固、变异和发展，并随着人际关系的扩展而获有越来越突出的人类普遍性和共同性。”[9]另一方面，他又为了摆脱这种普遍性和共同性的“人性心理”而呼吁回到感性和偶然，并指出：“个体先天的潜力、才能、气质将充分实现，它迎接积淀、组建积淀却又打破积淀。于是积淀常新，艺术常新，经验常新，审美常新；于是，情感本体万岁，新感性万岁，人类万岁。”[10]一方面，他沿着“积淀说”的固有思路指出：“我所说的

8 朱立元：《对“积淀说”之再认识》，《学术月刊》1993年第11期。
9 李泽厚：《美学四讲》，生活·读书·新知三联书店，第111页。
10 李泽厚：《美学四讲》，生活·读书·新知三联书店，第251页。

‘新感性’，就是指这种由人类自己历史地建构起来的心理本体。”[11]另一方面，他又似乎意识到了这种“心理本体”的理论局限，因而表白：“但这个‘本体’又恰恰是没有本体；也就是说，以前一切本体，不管是‘理’也好，‘心’‘性’也好，或者西方的‘理性’‘存在’也好，都是构造一个东西来统治着你，即所谓权力——知识结构。”[12]凡此种种突兀的转折、惊人的跳越，不仅使读者无所适从，而且也暴露了他自身的尴尬局面。由此可见，要想在“积淀说”内部来调整群体与个体、理性与感性、历史与未来的关系，似乎是不可能的。这就要求我们跳出“积淀说”的圈子，以更为广阔的视野来看待这一问题。

那么，以更为广阔的视野来看待这一问题，刘晓波的“突破说”与李泽厚的“积淀说”究竟是一种什么样的关系呢？作为高尔泰美学思想的继续和发展，刘晓波又是怎样在实践的层面上坚持主观论的呢？如果说，李泽厚（A）是在实践的层面上实现了向蔡仪（1）的回归，那么刘晓波（B）则是在这一层面上实现了向吕荧（2）的回归。这就是，他一方面坚持了吕荧“美在主观”的主张，另一方面又引进了蔡仪“美在自然”的内容。因为在他看来，主观的东西与其说是一种“观念”，不如说是一种“自然”，即一种比观念更隐蔽、更深刻、更不以人的意志为转移的生命本能和原始欲望。这种生命本能和原始欲望与理性无关，同时也不是积淀的产物，而恰恰是打破“积淀”、创造美的永恒动因。因此，正像李泽厚（A）是综合了吕荧（2）的内容而回到了蔡仪（1）的立场一样，刘晓波（B）则是综合了蔡仪（1）的内容而回到了吕荧（2）的立场。至此，围绕着美论问题的五种观点便在认识和实践这两个层面上得以展开，它们的表述方式应该是1、2、3、A、B。这样一来，在第二个层面上，美论研究就出现了一个逻辑上的缺环，这 就是“C”。这个“C”应该是在综合并扬弃李泽厚（A）和刘晓波（B）美学思想的基础上，重新回到朱光潜（3）的立场。显然，这一回归不仅要实现“主观”与“客观”的统一、“观念”与“自然”的统一，而且应处理好“群体”与“个体”、“积淀”与“突破”的辩证关系。而实现这一回归，则正是拙文所努力的方向。

11 李泽厚：《美学四讲》，生活·读书·新知三联书店，第111页。

12 李泽厚：《文化分层、文化重建及后现代问题的对话》，《学术月刊》1994年第11期。

三

那么，拙文的这一努力是否真的具有理论上的建设意义呢？这是我与朱先生最后的分歧所在。他尖锐地批评道："这样一个基本思想并不新鲜，不但李泽厚已经在80年代明确提出，而且实质上，它是一个老而又老的、在原则上早已为德国古典哲学、美学解决了的问题。黑格尔提出的质、量互变的思想，恩格斯后来又加以发挥，深刻揭示了量变（渐变）与质变（突变）的辩证运动……"[13]在这里，为了将"积淀"与"突破"的关系说成是一个"老而又老的问题"，朱先生武断地将其简化为"量变"与"质变"的关系，这是笔者所不能接受的。其实这种观点，朱先生本人也未必真的接受，因为他曾经断言，就连李泽厚自己也只有在70年代末才"最初提出'积淀说'"。何以"积淀"与"突破"的关系"早已为德国古典哲学、美学解决了"呢？我们知道，"量变"与"质变"的关系，是事物发展的普遍关系；而"积淀"与"突破"的关系，则是指人与历史、人与社会、感性与理性乃至意识与潜意识之间的特殊关系。由普遍关系所总结出来的普遍规律，一定适用于特殊关系，但这一普遍规律却无法涵盖在特殊关系中所总结出来的特殊规律。换言之，在"积淀"与"突破"之间的关系中，自然包含着"量变"与"质变"的规律，但前一种关系不能简单地还原为后一种规律。

事实上，"积淀"与"突破"之间所包容的特殊关系，远比朱先生所想象的要复杂得多，也深刻得多。它非但不是什么早已为德国古典哲学解决了的问题，仅就其何题的提出，也必须具有现代西方哲学的理论背景。所谓现代西方哲学，在我看来，有着学理和文化上的双重课题，前者是要应付由康德的"批判哲学"而引发的本体论的危机，后者是要应付由基督教的破产而引发的信仰的危机。由于康德通过对理性的批判而令人信服地指出，人类永远也不能超越自身的认识能力去认识客观世界，因而那种纯粹客观的、不以人的认识能力为条件的存在"本体"是永远也不可能被认识的。这样一来，"形而上学"是否可能的问题，便在哲学领域中凸显了出来；传统的"本体论"研究，面临着一场历史性的挑战。为了迎接这一挑战，由经验批判主义、实

13　朱立元：《对"积淀说"之再认识》，《学术月刊》1993年第11期。

用主义、逻辑实证主义等学派所汇成的“科学思潮”力求将哲学研究严格地控制在可以通过实践加以验证的经验范围之内，对经验以外的所谓“本体”采取存而不论或干脆排斥的态度。应该看到，这种努力对于清除哲学领域中的各种“伪命题”和“独断论”，乃至强化哲学研究的科学价值，确实有着积极的意义。但是，这一思潮在取消“本体论”研究的同时，也就回避了哲学本身所固有的终极关怀和价值问题，而这些问题则随着基督教文化的瓦解而日益突出地呈现在现代的西方人面前。因此，与这一思潮不同的是，由唯意志论、生命哲学、存在主义等学派所汇成的“人文思潮”则坚持着对“存在”问题的探索。只是与传统哲学不同，在这些流派的哲学家看来，既然康德的“批判哲学”已经判定了理性对存在本体的无能为力，那么他们只好反过头来，通过主体自身的非理性体验而感悟生命本身的存在与意义。显然，这种存在与意义，非但不是理性认识所能获得的，而且也不是基督教文化所能赋予的。于是，他们企图在传统文化的背景之外为人类主体乃至整个世界找到更为本源、更为深刻的存在根据。就这样，叔本华和尼采通过对原始欲望的发掘，将人生乃至宇宙的本质归结为一种“生命意志”或“权力意志”；狄尔泰和博格森利用直觉与内省的特殊途径，发现了生命本身的“绵延”过程与“创化”运动；弗洛伊德和荣格借助精神分析的特殊方法，将思维与存在的传统问题转化“意识”与“潜意识”特殊关系；海德格尔和萨特运用现象学的还原法，将存在的意义寄托于“此在”的“能在”与“自由”的“选择”……必须承认，这些学者对主体存在的多方位、多层次的研究和理解是具有双重意义的，这就是，在学理上彻底颠覆了以往的形而上学，在文化上完全突破了过去的基督教义；从而最大限度地发掘了人的能动性与创造性，使主体自身从历史的地平线上自觉地凸显了出来。因此，不难理解，我们所要研究的“突破说”，只有在这样的哲学背景下才能够真正呈现。

但是，我们也必须看到，当这些学者冲破了理性的负载和文化的桎梏之后，他们不仅使主体具有了更多的创造自由和选择可能，而且也使这些创造和选择失去了可资参照的理性标准和文化依据。也就是说，他们使主体更加自由了，也更加荒诞了；他们为主体增添了能动性，却取消了归属感。这就是现代西方反理性的“人文思潮”始终笼罩着一种悲观情绪的原因所在。事实上，随着这一思潮的不断发展，随着其片面性的日益暴露，一些学者也在其不断“突破”的主体背后寻找着文化“积淀”的历史根据。例如，萨特在其晚年的著作中，就曾设想将其存在主义的“人学”建立在历史唯物主义的坐标之上。他十分真诚地指出，“唯一的问题是：今天我们是否有方法来创立一种构成的和历史的人学呢？这种人学在马克思主义哲学的内部找到了它的地位”。“历史唯物主义提供了对历史的唯一合理的解释，而存在主义则仍然是接近现实的唯一的具体道路。”[14]也许萨特的努力并不是成功的，但他所提出的问题是值得我们认真对待的。

我们知道，马克思主义是在批判和改造黑格尔哲学的基础上出现的。从哲学史的角度来看，黑格尔在康德的“批判哲学”之后，仍然继续坚持“独断论”的研究立场，建造以“理念论”为中心的本体论大厦，因而遭到了叔本华等人的猛烈抨击，并被视为缺少现代意义的“古典哲学”，这是不难理解的。但是，马克思在继承黑格尔辩证法思想的同时，却扬弃了其独断论的观念体系，即不是在思辨的范畴中，而是在历史的过程里来发现规律性的东西。这样一来，历史唯物主义便具有了现代意义。从某种程度上讲，由马克思所开创的这一指向历史的哲学思潮，可被视为既不同于“科学思潮”也不同于“人文思潮”的第三种现代思潮。由于这一思潮注重从宏观的角度来研究人类历史的发展规律，因而它不仅可以为个体生命的感性存在提供一个可资参照的理性坐标，而且也能够揭示人与世界在血肉之躯和自然背景之外的文化意义。所以，不难理解，我们所要研究的“积淀说”，也只有在这一基础上才能够呈现出来。

然而与此同时，我们也必须看到，正是由于这一思潮注重于从宏观的角度上来研究人类历史的客观规律，因而对微观的、主体的、个性的存在，缺乏足够的研究和充分的重视。这一点，在被视为“积淀说”之理论根据的马克思的《1844年经济学哲学手稿》中表现得尤为明显。由于受黑格尔乃至费尔巴哈的影响，在这部早期著作中，他反复指出：“人是类存在物”；“正是在改造对象世界中，人才真正地证明自己是类存在物。这种生产是人的能动力

14　[德]康德：《辩证理性批判》第一分册，宗白华译，商务印书馆，1963年，第218页。

的类生活。”[15]不难看出，这里的“类存在物”正是所谓“人的本质力量”的理论依据。显然，这种将人的类本质放在个体存在之优先地位上的做法是有缺陷的，或至少是不全面的。因而，正像一些论者所指出的那样，“‘美是人的本质力量对象化’和‘美感是对人自身的认识和观照’这个命题缺少一个人必须要证实自己的动力机制和物质前提”。[16]而在我看来，这一动力机制和物质前提则正是以现代“人文思潮”为理论背景的“突破说”所着力探寻的。当然了，正如人们所看到的那样，马克思在其以后的著作中，不仅放弃了“类存在物”这一概念，而且间或也提到过“个性解放”等问题。甚至在马克思的一些言论中，也已蕴涵着“积淀”与“突破”的辩证关系。然而，毋庸讳言的是，由于马克思的注意力始终集中在人类历史的宏观发展问题上，因而对个体存在的微观研究，并未得到充分的展开。而这一切，则需要今天的马克思主义者在批判地吸收现代西方“人文思潮”的前景下，进行历史性地充实与发挥。它决不可能退回到德国古典哲学的水平上去，而应充分利用“积淀说”与“突破说”所取得的已有成果，并借助其彼此之间所形成的张力。

四

与朱立元先生不同，陈引驰先生的文章并未对拙文进行点名批评，但他提出的主要观点显然是有针对性的。这就是：“李泽厚、刘晓波之间的分歧不能以美学的学术规范予以界定，他们之间的对立从根本上并不是（从刘晓波的主观意向上看决不是）美学的对立，那么可以说，李泽厚和刘晓波的对立，主要在文化、意识形态上。……我的意思是，对学科意义上的美学应予反思，作为一种人文性的存在，它的内容是否具有永恒性？”[17]陈先生不想局限在美学的范围内来谈论李、刘之争，这我是完全赞同的。其实，我在那篇文章中，也已经涉及这场争论在文化领域中的意义。为此，朱先生曾指责我说：“作者还将问题扩大到整个文化哲学领域，批评‘由于一味强调“积淀”，使李泽厚在文化问题上常常表现出一种温和的保守主义倾向’。我以为，以上的批评亦缺乏根据。”等等。对于朱先生的这些指责，我已经不想作更多的反

15 《马克思恩格斯全集》第42卷，人民出版社，1979年，第95、96页。

16 封孝伦：《走出黑格尔——关于中国当代美学概念的反思》，《学术月刊》1993年第11期。

17 陈引驰：《文化的现实选择与美学的意识形态》，《学术月刊》1993年第11期。

驳了，因为李泽厚最近有关"要改良，不要革命"的口号以及"回到'天、地、国、亲、师'传统"的主张已经提供了足够的根据。[18]我要说的只是，所谓"保守主义"，本身并不是一种价值判断，作为一种文化选择或政治立场，它和"激进主义"一样，自有其存在的理由和根据。前一阶段，余英时和姜义华两位先生在《二十一世纪》上就此而展开的讨论，已经说明了这一问题。因此，我说李泽厚有一种"温和的保守主义倾向"，并没有什么恶意。至于我本人是否赞同这一倾向，则完全是另外一回事。

回到原来的论题。我和陈引驰的分歧，显然不在文化问题上，而是在美学问题上。陈先生之所以坚持要将美学问题与文化问题、意识形态问题截然分开，其根本原因恐怕并不在于"积淀说"与"突破说"所涉及的问题本身，而在于对"学科意义上的美学"所进行的"反思"。说得彻底一点，他担心，如果从分析哲学的角度上看，"美的本质"也同"世界的本质"这类形而上学问题一样，本身就是一个"伪命题"，那么我们在这个问题的范围之内来谈论"积淀"与"突破"的关系，岂不显得十分落伍且毫无意义？对于这个十分重要的问题，其实美学界已经反思许久了。只是不同的人有不同的理解方式而已。我的理解是，在经过"科学思潮"的洗礼之后，我们应该自觉地意识到，美学作为一门人文学科，确实与自然科学乃至严格意义上的社会科学有着重要的区别。因此，我不敢像李泽厚先生那样，期望随着心理学等自然科学的发展，人们的审美感受也将被纳入数学公式而进行定量分析。[19]然而另一方面，我也不赞同对"美的本质"这类问题采取断然拒绝的取消主义立场。我认为，人文学科的话题自有人文学科的言说方式，既然我们能够以这一方式来谈论文化问题、意识形态问题，那么我们为什么不能够以这一方式来谈论美学问题呢？

具体到"积淀说"与"突破说"的关系上。我觉得这一问题的讨论至少具有以下双重意义：首先，就形而下的经验范围来看，这一问题的澄清确实有助于对人类的审美现象作出合理的解释。关于这一点，我在那篇文章中已经从文学创作的历史上列举了许多例证；这里，再从艺术欣赏的角度上加以说明。"接受美学"的研究成果告诉我们，人们在欣赏一部作品之前；本身就

18 李泽厚：《文化分层、文化重建及后现代问题的对话》，《学术月刊》1993年第11期。

19 参见李泽厚：《批判哲学的批判》，人民出版社，1979年，第415页。

具有一种“期待视野”。这个“期待视野”不是凭空产生的，而是人们在长期的生活实践和艺术实践的过程中“积淀”而成的。当艺术作品完全背离了这一“期待视野”时，就会遭到欣赏者的排斥，从而出现无法欣赏或拒绝接受的现象。但是，当艺术作品仅仅吻合了“期待视野”，使人们没有任何意外的发现时，欣赏者同样会产生厌倦情绪。由此可见，所谓“期待”，并不仅仅是对于“积淀”成果的期待，而且是对于“突破”这一历史成果的期待。正是在这种“积淀”与“突破”的矛盾运动中，人们的审美需求才可能不断地被满足，艺术创作才可能不断地被发展，“期待视野”才可能不断地被更新。因此，对于这种普遍的审美现象，仅仅用李泽厚的“积淀说”是难以解释的。其次，就形而上的理论意义来看，“美的本质”问题自古就具有超越审美经验而指向终极关怀的价值所在。这一点，在西方基督教文化已全面崩溃、东方儒家伦理也面临解体的历史条件下，有着格外突出的意义。因此，正如哲学上的“实践本体论”之最重要的意义并不在于解决具体的实践问题一样，美学上的“积淀”与“突破”之最重要的意义也并不在于解决具体的审美和艺术问题。说到底，它涉及人在个体与群体、感性与理性、历史与未来、创造与享受等错综复杂的关系中，对于自身存在及其意义的理解问题，即涉及所谓“价值之源”的问题。在这个问题上，我尤其不能满足于李泽厚的“积淀说”了。

（此文曾以《再论“积淀说”“突破说”——兼答朱立元、陈引驰先生》为题，发表于《学术月刊》1995年1期）

“实践美学”与“实践本体”

一

作为20世纪50年代留给80年代的美学遗产，“实践美学”在90年代又面临着新的危机和挑战，以至于形成了大约四种不同的意见：

第一种意见，可称之为“捍卫实践美学”。持此观点的人认为，“实践美学”并不像一些批评者所指责的那样，存在着所谓“注重群体而忽视个体”“注重理性而忽视感性”“注重历史的沿袭而忽视文化的突破”等一系列原则问题；也不像一些论者所倡言的那样，存在着整体超越的可能性；更不像有些学者所忧虑的那样，其命题本身即缺乏分析哲学的严格批判，因而是所谓过时了的“伪命题”。相反，他们认为“实践美学”有着极为广阔的发展前景。

第二种意见，可称之为“改造实践美学”。持此观点的人认为，“实践美学”确有着巨大的理论价值和广阔的发展前景，但其价值和前景必须通过重要的修正与改造而重新获得。也就是说，要使“实践美学”得以延续和发展，必须正视上述批评者所提出的种种问题，对其学派的已有成果中所存在的理论偏颇进行必要的纠正。由于此一纠正仍然是在“实践美学”的总体框架中进行的，因而是“改造”而非“超越”。

第三种意见，可称之为“超越实践美学”。持此观点的人认为，“实践美学”所存在的问题，是无法局限在该学派的范围之内来加以解决的，必须彻底超越“实践”这一基本范畴，重新确立诸如“生存”“生命”之类的新的逻辑起点，并最终以新的美学形态超越之。

第四种意见，可称之为“取消实践美学”。持此观点的人认为，“实践美学”的错误，不是或不仅仅是解决问题的错误，而首先是提出问题的错误。从分析哲学的立场来看，“美的本质”问题本身就是一个既不能证伪也不能证实的旧形而上学命题。因而对待“实践美学”，“捍卫”也好，“改造”也好，“超越”也好，均无意义。中国美学要真正发展，必须取消“实践美学”所提出的“伪命题”，重新选择确有价值的研究课题。

二

在以上四种意见中，我基本持第二种立场，即主张改造“实践美学”，并为此而发表过《试论“积淀说”与“突破说”》(《学术月刊》1993年第5期）和(《再论“积淀说”与“突破说”》)(《学术月刊》1995年第1期）等文章，现补充如下：

我与“捍卫”论者一样，认为在美论问题上，“实践美学”是国内迄今为止最有历史价值、也最有发展前景的一派学说。此一学说在50年代的美学大讨论中开始萌生并逐渐占据主导地位，到80年代的“美学热”中则进一步聚集了众多学者的研究力量并形成蔚为壮观之势，究其原因，是由于它找到了“实践”这一联系审美主体与审美对象的中介环节，找到了沟通物质世界与心灵世界的真正桥梁，从而得以超越是对象决定主体（蔡仪），还是主体决定对象（吕荧）的二元对峙局面，在真正的意义上实现了主客观统一论者（朱光潜）所未能达到的目的。因为只有通过“实践”而形成的对象世界和心灵世界的同步建构，才使得两者之间“异质同构”的精神联系成为可能，才使得人能够以“情感的方式”来把握世界。

但是，与“捍卫”论者不同的是，我认为迄今为止的“实践美学”成果并非无可挑剔，而是存在着较为严重的问题。这其中最为重要的问题是：在“实践”的性质上过多地强调主体的群体特征而忽视其个体的独特价值；在“实践”的过程中过多地强调理性的必然法则而忽视其感性的偶然作用；在“实践”的结果上过多地强调历史的“积淀”功能而忽视其现实的“突破”意义……在这些方面，我与“超越”论者对“实践美学”持同样的批评态度。

然而，与“超越”论者不同的是，多认为上述对于“实践”问题的种种误解和偏见，只能在“实践美学”的内部加以纠正，而不应该、也不可能在诸如“生存”和“生命”等“前实践”范畴中得到解决。本来，“实践”作为逻辑起点，之于“美学”已经显得过于抽象了：作为“实践”主体的“人的本质力量”，是知、情、意三者未经分化的统一；而作为“实践”对象的“人化的自然”，则是真、善、美三者浑然一体的形态。故而，“实践”只能区分人与动物的不同，却无法进一步区分认识、伦理、审美之三种人类活动的不同。在这一意义上，以“生存”或“生命”为基本范畴的所谓“后实践美学”，不是对“实践美学”的真正超越，而恰恰是一种后退。因为，所谓“生存”或“生命”，是人与其他生物所共有的，因而，它不仅无法区分知、情、意或真、善、美的不同，甚至无法区分人与动物的不同。从这一意义上讲，所谓“后实践美学”，有着从马克思退回到费尔巴哈之嫌。作为一定历史条件下的思想体系，“实践美学”也许终将会被更高的理论形态所超越，但这种超越必须建立在更高的哲学背景之上，而在此之前，侈谈“超越”，似乎为时过早。

具体说来，“超越”论者为“实践美学”所列举的强调理性、物质性、现实性、社会性而忽视超理性、纯精神性、超现实性、个体性等十大问题，并不可能在离开“实践”之外的“生存”或“生命”等范畴中得到完满的解决，反而会使问题显得更加棘手。因为，所谓“超理性”“纯精神性”“超现实性”等内容，不可能是凭空产生的，离开了持定历史条件下的“实践”方式和“实践”水平，这些问题的研究便无从谈起。例如，所谓非理性或反理性的“潜意识”问题，似乎与“实践”无关，但是其研究本身又离不开“实践”。按照弗洛伊德的后期定义，所谓“潜意识”，是由持定社会意识形态中形成的“超我”通过“自我”来压抑与现实道德相悖离的那部分“本我”而造成的。从表面上看，“本我”似乎是纯生物性的，是人与其他动物所共有的。但是，“本我”之所以能够成为“潜意识”的内容，恰恰是与特定“实践”状态下的社会意识形态和伦理道德标准密切相关的。从严格的意义上讲，动物既没有“超我”也没有“自我”，既没有“意识”也没有“潜意识”，这一切在动物那里都是混沌一片、浑然一体的。而人的“潜意识”内容，即使是“性”内容，也并非是纯然生物性的，而是有着历史和社会特征的。因此，倘若我们离开了“实践”，以及与之相联系的社会意识形态和伦理道德标准来研究这一问题，或用“生存““生命”等更加抽象的概念加以分析，则只能对复杂的问题进行简单化的处理。

我不仅与“捍卫”论者和“超越”论者有着上述的分歧，而且也不同意“取消”论者的观点。应该承认，已有的“实践美学”命题并未经过语言逻辑哲学的严格分析，因而对诸如“人的本质力量”“自然的人化”“积淀”“有意味的形式”等范畴应该进行必要的清理和重新的厘定，该取缔的取缔，该清除的清除，该进行语义分析的进行语义分析，该寻找科学依据的寻找科学依据。这一切，可以使我们避免重蹈“独断论”的历史误区，从而使“实践美学”的研究真正具有现代形态。在这一方面，“取消”论者的观点确乎具有积极的警示作用。但是，与之不同的是，我并不认为“实践美学”在本质上属于旧形而上学，因为它并不是以一种概念描述的方式来界定一种超验的本体，而是从“实践”的角度入手，将一个在纯粹的逻辑分析中不可能解决的问题纳入发生学的历史轨道，并使其在经验的形态上呈现出来。此一分歧，可能来源于我们对现代西方哲学的不同理解上：第一，我虽然赞赏分析哲学从语言和逻辑入手而严格限定命题和范畴的科学精神，但对其彻底取消本体论研究的做法是持保留态度的；第二，我虽然赞赏存在主义借助现象学还原的方法而继续探讨存在问题的努力，但对其将“此在”与历史和文化割裂开来的做法是持保留态度的；第三，我虽然承认黑格尔的哲学体系在总体上属于旧形而上学范畴，但对其将逻辑纳入历史的做法（这一做法直接影响了马克思）却抱有深深的期冀。在我看来，康德以后西方哲学史上所出现的“科学思潮”“人文思想”和“历史思潮”这三条路线实际上都在自觉或不自觉地回答着康德所提出的同一个问题，亦即“形而上学如何可能”的问题。而今天的人们要使康德所梦寐以求的“能够作为科学出现的未来形而上学”真正成为可能，就必须同时借鉴上述三种探索中的有益成分，而又避免陷入其各自的误区，也正是在这一意义上，由马克思的历史唯物主义生发而来的“实践美学”将具有重建本体论的重要意义。

三

建立本体论，无疑是哲学这门“爱智慧”的学问之首要而终极的任务，它的功能并不是要满足人对大千世界的求知欲望，而是为人的生命找到一种存在的价值和精神的家园，从而使因获得文明而付出异化代价的人在对“本体”的精神皈依中重新取得人与自然、人与社会的普遍联系，使有限的个体获得无限的意义。然而由于受到思维方法的重重限制，使得人们建立本体论的种种尝试一次又一次地陷入误区，以至于出现了那种将世界的本质归结为“水”、归结为“火”、归结为“气”、归结为“种子”之类的千奇百怪的说法，形而上学领域成了一片众说纷纭而又莫衷一是的“战场”。正像康德所指出的那样：“每一个个别经验不过是经验领域的全部范围的一部分；而全部可能经验的绝对的整体本身并不是一个经验。”[1]的确，人们似乎只能从自己的经验出发来认识世界，但经验总是有限的，当人们用这种有限的经验来形容或描述无限的本体世界时，便势必会陷入“独断论”的误区。于是，在有限与无限、经验与超验、现象与本体之间，似乎横亘着一条无法逾越的鸿沟。

在相当长的历史时期里，由于哲学无法逾越这一鸿沟，宗教便起到了某种替代的功能。宗教不从有限的经验出发，而是在幻想中直接制造出一个无限的本体、全能的上帝，并以此为绝对中介而将在文明的进程中已经支离破碎了的人与自然、人与社会的关系重新联系起来，使人们获得某种虚幻的满足、精神的慰藉。但是，随着科学的进步和知识的普及，宗教的教义却越来越受到经验的挑战和理性的批驳，以至于出现了由上帝之死而带来的精神危

1 [德]康德：《未来形而上学导论》，庞景仁译，商务印务馆，1978年，第104页。

机。于是，在这种新的历史条件下，如何在科学的意义上重建哲学本体论，便具有了理论和实践的双重意义。

"实践美学"所要建立的本体论，不是传统的"自然本体论"或"神学本体论"，而是全新的"实践本体论"。其新意即在于：它既不是从经验现象出发，用有限的现象来描述或囊括无限的本体；它也不是从主观幻想出发，用超验的幻想来解释或界定存在的意义；它要真正抓住人与自然、人与社会之间的中介环节，从"实践"入手而将破碎的世界统一起来。往前看，人与自然、人与社会本来是浑然一体的，是"实践"造成了主体与客体、个体与群体的真正分离；往后看，随着"实践"水平的不断提高，人与自然、人与社会的相互关系又会经过历史的否定阶段而重新趋于和谐和统一；而处于过去与未来之间的我们，也只有在具体的"实践"活动中才能够真正找到人与自然、人与社会的平衡关系，从而使有限的个体获得无限之意义……这样一来，由"实践"而造成的有限与无限、经验与超验、现象与本体之间的逻辑鸿沟，也只有通过"实践"在现实上、观念上和情感上加以填平。

因此，我认为，"实践美学"的最大意义并不在美学自身，而是从美学的角度为"实践本体论"所提供的支持。当然，为"实践本体论"所提供支持的，当不止于"实践美学"，还应有"实践认识论"和"实践伦理学"。事实上，正如只有从"实践"的角度出发才能够真正阐明人类审美活动的奥秘一样，只有从"实践"的角度出发才能够真正阐明人类认识活动和伦理活动的奥秘。然而相比之下，由于美学较之认识论和伦理学更能接近人的情感世界，因而也就更容易从"终极关怀"的角度为人们提供心灵上的慰藉。而美学也只有达到"实践本体"的这一高度，才能够真正实现蔡元培所预期的"以美育代宗教"的社会功能，即通过瞬间的艺术体验和审美观照而打破感性与理性、创造与享受、历史与未来之间因异化劳动所导致的隔阂与障碍，在无须上帝的帮助下而恢复人与自然的亲和感和人与社会的凝聚力。需要指出的是，"实践本体论"并不是要用"实践"这一抽象的概念来简单地取代"上帝"的社会功能，以建立起一个外在于"此在"的文化本体。正像我曾一再强调的那样，"实践"既是群体的也是个体的、既是理性的也是感性的、既是自然的也是社会的、既是承继历史的也是面向未来的……因此，真正的“实践本体论”绝不应该是一种外在于感性个体的文化宿命论，而是与“此在”的“在世结构”密切相关的文化承继论和文化发展论。

时至今日，此种意义上的“实践本体论”还远远没有建立起来，但是我们在“实践美学”的研究、改造和发展中已经隐隐约约地看到了一抹希望的曙光。

（此文发表于《学术月刊》1997年第6期）

有别于“审美思想史”和“审美物态史”的“审美文化史”

一

《易传·系辞》云：“形而上者谓之道，形而下者谓之器。”以此观之，国内迄今为止的美学史著作，似呈“道”“器”分流的两种形态：一种是“形而上”的“审美思想史”，如刘纲纪等主编的《中国美学史》，周来祥主编的《中国美学主潮》，叶朗主编的《中国美学史大纲》等；另一种是“形而下”的“审美物态史”，像冯先铭主编的《中国陶瓷》，杨仁恺主编的《中国书画》，马承源主编的《中国青铜器》等。前者常不加限定地命名为“美学史”，但并不能囊括美学史研究的全部内容；后者虽不以“美学史”相标举，但所关注的对象同样是美学史研究所不可或缺的。前者不去考察先秦时代究竟存在着哪些审美风尚和审美活动，而旨在分析孔子说过什么，庄子说过什么，即要从古代文献的字里行间来发现那个时代的审美观究竟达到了何种自觉的程度，即要从古代哲人的理论表述中来确认那个社会的审美理想究竟达到了什么样的逻辑水准；后者则不太关心思想家、哲学家的言论和著作，而着重分析陶器的形状、书画的风格、青铜器的线条与制作，即要从实证的角度发现一个时代的审美活动究竟体现为何种类型的物质形态，要以描述的方式来证实一个社会的审美经验究竟凝结为什么样式的艺术成果。应该说，上述这两种研究都是应该的、必要的、有价值的，但同时又是不全面、不充分、有待于发展和超越的。而当这两种研究发展到一定水平的时候，它们也就为实现其自身的超越准备了前提和条件，于是，一种将两者统一起来的“审美文化史”便有可能出现了。

“文化，是一个十分宽泛、十分模糊的概念，上至风俗、礼仪，下至工具、财物，似乎都可以包容在这个范畴之中，据有人统计，目前世界上对‘文化’一词的界定有一百四十多种。而我们这里所说的文化，则指的是介于存在和意识之间的一个特殊层次。对于客观的物质存在来说，文化属于社会意识方面的东西。尽管我们可以从仰韶的彩陶和殷商的饕餮中发现那个时代的‘文化’，但我们所指的并不是这些彩陶和饕餮本身，而是指通过它们所反映出来的那种看不见、摸不着的东西：一种时代的风尚、一种民族的习惯、一种社会的心理、一种集团的气质……对于主观的社会意识来讲，文化似乎又属于社会存在方面的东西。因为它既不是偶然的思想观点，又不以个人的主观意志为转移；相反，它是决定具体观点、影响个人意志的一种相对稳定的社会存在。尽管这种存在并不是以物质的形态摆在人们面前的，却又是每一个社会的人所无法摆脱、难以超越的。这种文化不仅体现在人们外在的行为规范和典章制度之中，而且还会渗透到人们内在的心理习惯和思维方式之中，在历史的长河中积淀成所谓‘文化—心理结构’，所谓‘集体无意识’……因此，如果要用一种哲学的语言来概括上述含义的话，那么我们将把‘文化’界定为：一种非物质形态的社会存在。”[1]正是由于文化的这种处在“道”“器”之间的中间性质，使得“审美文化史”既不同于逻辑思辨的“审美思想史”，又不同于现象描述的“审美物态史”，而是以其特有的形态来弥补两者之间存在的裂痕：一方面用实证性的物态史来校正和印证思辨性的观念史，一方面用思辨性的观念史来概括和升华实证性的物态史。从这一意义上讲，“审美文化史”的出现，并不像有些人所理解的那样，仅仅是美学史研究对象的扩大和丰富，它标志着美学史研究形态的真正成熟。

1　陈炎：《反理性思潮的反思》，山东大学出版社，1994年，第9—10页。

二

学术上最为成熟的形态往往也正是最为复杂的形态。在逻辑上，“审美文化史”要介于“审美思想史”和“审美物态史”之间；在对象上，“审美文化史”要包容“审美思想史”和“审美物态史”的内容；在操作上，“审美文化史”则要综合并超越“审美思想史”和“审美物态史”的方法：既不是一种单纯的思辨推理，也不是一种单纯的实证分析，而是一种建立在思辨成果和实证材料基础上的解释和描述。与“思辨”和“实证”相比，“解释”与“描述”既是一种最为自由、最为随意的方式，也是一种最为复杂、最为艰难的方法。说它自由而随意，是因为解释和描述者既不用对思辨所得的成果进行逻辑的演绎和推论，也无须对实证所得的材料进行历史的考辨与验证，而只是在两者之间进行一种自圆其说的阐释和分析。说它复杂而艰难，是由于这种阐释和分析所要涉及的条件因素千头万绪，因而常常使解释和描述者很难避免知识匮乏的个体局限，难以考虑周全；是由于这种解释和分析要同时受到思辨之演绎逻辑和实证之经验归纳的限定和制约，因而常常使解释者陷入捉襟见肘的尴尬境地，很难自圆其说。正因如此，即使是名家的《美的历程》一书亦曾受到毁誉不一的评价。其实，平心而论，尽管该书尚不是一本严格意义上的通史，而有删繁就简、避重就轻的“讨巧”之嫌；尽管该书急于印证作者个人的美学思想，因而不乏主观随意、简单武断的“牵强”之处；但观其全书，且不论那些闪光的思想、优美的言辞，以及独具慧眼的分析和判断，仅就其从形而下的审美物象来透视形而上之美学观念的努力，便有着开创“审美文化史”这一新的研究课题的重要贡献。面对这一事实，我们所能做的，当然不仅限于眼高手低地评头论足，也不必因为惧怕这些评论将来会落到自己头上而畏缩不前；相反，我们只有认真地总结前人的教训和经验，再进行第二次、第三次的探索与尝试，才有可能使这种新的学术形态逐渐成熟起来。

其实，《美的历程》的作者当时已经意识到了问题的复杂性，他在“结语”中写到艺术与经济、政治发展的不平衡，艺术各部类之间的不平衡，使人猜疑艺术与社会条件究竟有无联系？能否或应否去寻找一种共同性或普遍性的文艺发展的客观规律？民生凋敝、社会苦难之际，可以出现艺术高峰；政治强盛、经济繁荣之日，文艺反而萎缩。同一社会、时代、阶级也可以有截然不同、彼此对立的艺术风格和美学流派。这都是常见的现象。客观规律在哪里呢？韦勒克就反对作这种探究（见其与沃伦合著《文学概论》）。但我们并不能同意这种看法，因为所有这些，提示人们的只是不应作任何简单化的处理，需要的是历史的具体的细致研究；然而，“只要相信人类是发展的，物质文明是发展的，意识形态和精神文化最终（而不是直接）决定于经济生活的前进，那么这其中总有一种不以人们主观意志为转移的规律，在通过层层曲折渠道起作用……”[2]只是在当时的条件下，他还没有从理论上将这种“层层曲折渠道”剖析开来，以进一步指导其学术研究。

根据历史唯物主义的观点，一个时代的“美学思想”和“审美物态”之间之所以有着内在的联系，因为它们共同受制于那个时代的社会生产。然而，在生产力这个最基本、最活跃的“决定因素”和意识形态这一“更高地悬浮于空中的思想领域”[3]之间，尚有着层层的曲折渠道和中介环节；倘若我们不对这些曲折渠道和中介环节的作用加以足够的重视，便会陷入经济决定论和庸俗社会学的误区。从这一意义上讲，“审美文化”作为一个民族“情感方式”的内容之一，必然受制于该民族特定时代的“生产方式”“生活方式”“信仰方式”“思维方式”等多重因素的渗透和影响，试以论之。

第一，“生产方式”这一最为基本的条件因素，不仅通过“生活方式”“信仰方式”“思维方式”等中介环节决定着“情感方式”的民族特征和时代特色，而且也决定着该民族的审美和艺术活动在其整个文化结构中的地位和作用。由于受古典奴隶制生产方式所导致的人与自然、人与社会彻底分化的异化现实的影响，使得西方人的感性冲动和理性冲动也分化得比较彻底，这就使其文化结构亦以其相应的两极最为发达：在感性方面，是体育；在理性方面，是科学。反之，由于受“亚细亚生产方式”所导致的人与自然、人与社会未经分化的“早熟”形态的影响，使得中国人的感性冲动和理性冲动都没有得到独立而彻底的发展，这就使其体育和科学这些文化结构中的两极均不

2　李泽厚：《美的历程》，文物出版社，1981年，第211—212页。

3　[德]恩格斯：《致康·施米特》，《马克思恩格斯选集》第4卷，人民出版社，1972年，第434页。

发达，发达的则是感性和理性结合与渗透的艺术和工艺。[4]尽管中国自古也有体育活动，但只要将西方的拳击和足球与中国的武术和蹴鞠加以比较，我们便会发现，中国的体育并不陷入感性偏颇的肉体沉醉，而在很大程度上被艺术化了。尽管中国自古就有科学活动，但只要将西方欧几里得的几何学框架和牛顿的力学体系与中国的“四大发明”加以比较的话，我们便会发现，中国的科学并不陷入理性自律的精神沉醉，而是在很大程度上被工艺化了。因此，中国虽然没有奥林匹克式的体育传统，却留下了《诗经》、楚辞、汉赋、唐诗、宋词、元曲这些极有价值的艺术作品。因此，中国虽然没有逻各斯中心主义的科学精神，却创造了马踏飞燕式的工艺制品和天坛祈年殿式的精美建筑。这种艺术的民族不仅要使自己的文化产品统统打上艺术的痕迹，从而留下了商代的青铜器、汉代的画像石、唐代的三彩陶、明代的青花瓷这些美不胜收的历史文物，而且要使自己的统治者和管理者首先具有艺术的素养和创作的能力。就在西方的经院哲学家们通过逻辑或数学手段来揭示宇宙乃至上帝的奥秘时，自隋、唐而开始的科举制度却要将写诗和作文看成是每一个国家官吏首先应具备的素质。因此，中国古代的士大夫们可以不懂天文、历算知识，但必须以琴、棋、书、画来修养身心。儒家以忠孝安邦、以礼乐治国的政策自然要把文章提到“经国之大业，不朽之盛事”（《典论·论文》）的崇高地位，道家那“乘物以游心”（《庄子·人间世》）、“无为而无不为”（《老子》第三十七章）的逍遥精神更容易让人以审美的态度来对待全部生活。因此，与西方人将艺术科学化、宗教化的倾向相反，中国人一向有着将政治谋略、行政管理、军事战争、饮食起居等一切社会活动统统美学化的“泛艺术倾向”。从而，这种特殊的“文化结构”不仅为我们的研究提供了极其丰富的对象和素材，而且为我们的工作确立了特殊的价值和意义。

第二，在“生产方式”的基础上，“生活方式”对于“审美文化”的影响和渗透更是广泛而多样的。无论是仰韶的彩陶，还是龙山的黑陶，首先是一种生活器皿，其次才发展为观赏对象；无论是北京的故宫，还是苏州的园林，首先是一种居住环境，其次才谈得上艺术价值。因此，无论是鲁迅的《魏晋风度及文章与药及酒之关系》，还是宗白华《论〈世说新语〉和晋人的

4　参见陈炎：《多维视野中的儒家文化》第1章、第5章，中国人民大学出版社，1997年。

美》，都不是就文学来谈文学，就艺术来谈艺术，而是将那个时代的艺术趣味和美学理想放在特定的生活环境之中来加以考察。事实上，没有魏晋时代的庄园经济和士族阶层的隐逸生活，就不可能有那个时代的玄言诗和田园诗；没有唐宋时代的科举制度和庶族阶层的步入政坛，就不可能有那个时代的边塞诗和讽喻诗；没有元明时代的城市经济和知识分子的世俗生活，就不可能有那个时代的杂剧、传奇和长篇小说……“生活方式”不仅有时代和阶级的差别，而且有民族和地域的特征，中国自古幅员辽阔，人口和种族众多，所谓东夷、西戎、南蛮、北狄，所谓东辣、西酸，南甜、北咸，生活方式的不同也必然表现在性格气质和审美文化上，于是便有了“铁马秋风冀北，杏花春雨江南”的说法……这一切，都需要我们将一个时代的“情感方式”还原到其特定的“生活方式”之中来加以理解。

第三，如果说“生活方式”关系到人们的衣食住行，那么“信仰方式”则涉及人们的精神寄托。在很多情况下，这种精神寄托与审美愉悦常常是彼此交融、相互渗透的。如果不了解商人对上帝的信仰，我们就很难理解青铜器上的饕餮纹样；如果不了解汉人对亡灵的认识，我们就很难理解画像石上的雕刻图案。尽管中国古代基本上属于一种非宗教的世俗文化，但外来的佛教和本土的道教在超出宗教信仰的审美文化领域都曾有其广泛而持久的影响。那“南朝四百八十寺，多少楼台烟雨中”（杜牧《江南春绝句》）的岁月自不必讲，即使是今天的名山大川，仍随处可见那壮观的庙宇、幽雅的道观、精美的石窟、传神的造像……不仅佛教和道教各有其独立的信仰体系和美学风格，就连非宗教的儒家和道家也自有其生命的归属和精神的寄托。这种归属和寄托不仅以人与社会、人与自然的不同趋向将个体生命的有限价值不断地升华和扩展开去，而且也影响着人们对社会美、自然美的认识和理解。一般说来，当儒家思想在社会意识形态或创作主体身上占据主导地位时，审美活动在内容上便呈现出一种注重群体实践的、干预或美化现实的功利主义倾向，在形式上便呈现出一种注重形式、注重规则的纷繁而华丽的美；相反，当道家思想在社会意识形态或创作主体身上居于主导地位时，文学艺术在内容上便呈现出一种尊重个体价值的、渴望或美化自然的非功利主义倾向，在形式上便呈现出一种强调自由、蔑视法则的清新而淡泊的美。

第四，与“生产方式”“生活方式”乃至“信仰方式”相比，“思维方式”有着更大的隐蔽性和抽象性，它甚至可被视为一种“无内容的形式”，是一种思维框架和心理定式。然而，这种“无内容的形式”一旦形成，便又会反过来决定和制约着具体的物质和精神成果的创造过程，即赋予那些“无形式的内容”以特有的结构和风貌。与西方注重“因果”的思维方式不同，中国有着注重“阴阳”的思维方式。从这一角度加以分析，我们或许会对建筑中的方位格局、戏剧中的团圆结局、绘画中的黑白布局、书法中的刚柔用笔，乃至文章中的骈俪句式、诗词中的平仄韵律有着一种更为深刻的认识。在人类所进行的全部社会实践中，或许再没有什么比审美活动更自由、更浪漫、更无拘无束、更随心所欲的了，但是，当一种看似偶然获得的文学语言或艺术形式被一而再、再而三地重复下去，以至于形成某种风格化、模式化的东西之后，其背后所隐藏着的民族心理和思维方式就需要加以认真而深入的探求了。尽管形象思维和逻辑思维有着彼此独立的自身规律，但是一个民族的科学活动与艺术活动之间又有着千丝万缕的内在联系。

当然，细加分析，影响和制约审美文化的条件因素远不止这些，在下面的分析中我们还将看到，即使是这些主要因素与审美文化之间的关系也并非只是简单的、递进的、单向的，而常常是复杂的、重叠的、双向的。一种原因可能会产生多种结果，而一种结果又可能是由多种原因造成的。

三

当我们澄清了审美文化得以形成和发展的条件背景之后，便可以在此背景的基础上解释和描述中国审美文化发展的脉络和流变的历程。显然，此项研究绝不能停留在对具体的审美物态和审美活动就事论事的描摹之中，而是要从中总结或提升出某种规律性的东西。这里，似乎要涉及如下关系范畴。

第一，是自由与法则的关系。审美是一种自觉自愿而又自由自在的活动，但作为审美对象的情感符号和文化产品，又须有一定的法则和规范才能够得到普及和推广。这个法则和规范的形成过程，既是该艺术种类发展和完善的过程，又是其违背自由本性而僵化和衰老的过程。于是便有了从“自由”到“规范”，然后再打破“规范”，重新获得“自由”的发展规律：诗歌由自由到格律再到自由，文章由散体到骈体再到散体，书法由无法到有法再到无法……所有这一切，不仅符合各门艺术否定之否定的发展规律，而且适应审美趣味不断更新的辩证需求。从文化背景与符号制作的关系来看，儒家作为礼乐符号的缔造者和掌管者，有着将礼乐符号审美化的内在要求，故而其艺术活动便常常表现为维护法则、追求秩序、尊重规范的自发倾向；道家作为礼乐符号的颠覆者和破坏者，则有着超越礼乐规范的反抗欲望，故而其艺术活动便常常表现为践踏法则、无视秩序、解构符号等特点。以此观点入手，我们不仅可以对汉代规范而整饬的隶书与魏晋洒脱而自由的行书之间趣味变化的文化背景有一个比较清醒的认识，我们还可以对“读书破万卷，下笔如有神”的杜甫与“敏捷诗千首，飘零酒一杯”的李白之境界不同的文化价值有一种相对公允的评价。显然，这是两种不同的美学倾向，其交相更替的发展变化不仅使一部审美文化史显得丰富多彩，而且使每个艺术家显得各具风姿。

第二，是素朴与繁华的关系。素朴是自然的本色，繁华是人为的结果，而审美和艺术也便在两者之间寻找着自己恰当的位置。孔子曰：“周监于二代，郁郁乎文哉，吾从周。”（《论语·八佾》）因而把繁华作为一种文明的象征。庄子云：“天地有大美而不言，四时有明法而不议，万物有成理而不说。”（《庄子·知北游》）因而把素朴作为一种自然的标志。质言之，倘若永远地素朴下去，人们只能停留在粗糙而愚昧的原始阶段；倘若一味地繁华下去，人们又会因文明的异化而走火入魔。于是，在意识形态领域儒、道易手的过程中，金玉满眼、铺张扬厉的汉赋在极尽其铺张、夸饰之能事之后，便不得不让位于魏晋时代那以少驭繁、含蓄隽永的五言诗。“从这个时候起，中国人的美感走到了一个新的方向，表现出一种新的美学理想。那就是认为‘初发芙蓉’比之‘错采镂金’，是一种更高的美的境界”。[5]当然，这种更高的美学境界也不可能是永恒不变的。经过六朝的准备与过渡，它便再度让位于一种更新更美的繁华景象，这便是不仅外表华丽铺张而且内容充实丰满的“盛唐气

5　宗白华：《美学散步》，上海人民出版社，1981年，第29页。

象”。于是，中国的审美文化再次完成了一个“否定之否定”的历史过程。

第三，是通俗与典雅的关系。在古代社会里，几乎任何一种艺术种类的发展都会经历由“俗”而“雅”、由民间而宫廷的过程。诗最初是各国的民歌，大约有不少“桑间濮上”的“靡靡之音”，后经宫廷的采集、官方的整理、知识分子的修订，才逐渐确立起“经”的地位，以至于达到“《诗》三百，一言以蔽之，曰：思无邪”（《论语·为政》）的境地。就连“关关雎鸠”也被解释为“后妃之德”，足见“雅”得可以。词原来是抒发儿女私情的民间艺术形式，士大夫阶层在最初采用的时候故将其视为难登大雅之堂的“诗余”之作。但其曲折多样的形式与生动细腻的情感日渐得到密切无间的配合，不仅风格上出现了“豪放”与“婉约”两派，格调上也逐渐典雅起来，直至取代了诗之一统天下的主导地位。“曲与词同源，词者诗之余，曲者词之余也。”（姚华《论文后编·目录下》）曲的最初创作因掺杂了很多口语甚至俚语而显得有些低俗，但经过士大夫阶层的改造和利用，其灵活自由的形式也同样可以表现相对典雅的生活内容，从而在上层社会得到广泛传播。小说更是民间说唱艺术的产物，知识分子的介入同样使这种起源于勾栏瓦肆的东西逐渐讲究起来，以至于到了“开卷不谈《红楼梦》，纵读《诗》《书》也枉然”的境地……由此可见，唐诗、宋词、元曲、明清小说之间的交替繁荣，就像农作物的田间轮种一样，既体现了具体艺术种类自身发展的客观规律，又以此为载体而满足着同一时代的人们对雅俗艺术的不同需求。当然，不仅相同的时代有着对雅俗艺术的不同需求，而且不同的时代亦有着雅俗风格的不同倾向。从社会历史原因来看，魏晋挥麈谈玄、超凡脱俗的雅风与门阀士族的优越地位有关；而元代浅露直白、浓妆艳抹的俗趣则与知识分子被贬为“下九流”的遭遇相联。从审美文化自身的发展规律来看，嵇叔夜的“广陵散”和王羲之的“兰亭序”是作为汉代世俗倾向的反动而出现的，但当“雅”到极处，遍地附庸风雅的时候，标新立异的士族阶层便只能反其道而行之了。于是便有了钻狗洞、学驴叫等一系列“以俗为雅”的勾当，不仅矜持安稳的名士变成了放达不羁的贵族，而且“声无哀乐”的美学理想也在向“诗缘情而绮靡”的艺术风尚过渡。最终，两汉之“俗”经魏晋之“雅”的否定而再次回到了六朝之“俗”的位置上，这或许又是一次“螺旋式的上升”了。

第四，是写实与写意的关系。从原则上讲，单纯的主观表现和单纯的客观再现都不易成为审美对象，真正的艺术品应该是写实与写意的辩证统一。但是，在不同的艺术、不同的时代、不同的创作个体之间，写实和写意的成分往往是不同的。虽然绘画中也有“传神写意”之说，但毕竟长于客观再现，写实的成分比较多；尽管书法中也有“类物象形”之论，但毕竟长于主观表现，写意的色彩比较重。虽然辞赋中也有抒情作品，但毕竟长于描摹物象，写实的成分比较多；尽管诗词中也有叙事作品，但毕竟长于抒发情感，写意的色彩比较重。当一个时代不仅叙事的艺术门类比较发达，就连抒情的艺术门类也偏重于发挥其叙事功能的时候，这种倾向便值得重视了；反之，当一个时代不仅抒情的艺术门类比较发达，就连叙事的艺术门类也偏重于发挥其抒情功能的时候，这种倾向也值得研究了。研究的结果使我们发现，同自由与法则、朴素与繁华、通俗与典雅等范畴一样，在中国审美文化史上，写实与写意这两种倾向也有着交互发展的辩证关系。

第五，是壮美与优美的关系。尽管古代的美以和谐为主，与近代充满对立冲突的崇高有着本质的不同，但其和谐的形式中毕竟有着阳刚与阴柔两种倾向。秦汉时代，天下一统，国力强盛，审美领域中亦呈阳刚势态，故而有威武雄壮的兵马俑、铺张扬厉的汉大赋、气势非凡的汉乐舞。六朝以降，社会凋敝，人心内敛，审美领域中则呈阴柔势态，故而有含蓄隽永的田园诗、淡泊宁静的山水画、潇洒飘逸的佛陀像。到了隋唐，随着国势的再度强盛，审美趣味亦转阴为阳，于是有了气势开张的建筑、骨力劲健的书法、汹涌澎湃的诗歌。如果说隋唐是秦汉时代艺术活动在更高层次上的再度重演，那么两宋则是六朝时代审美经验在更高层次上的历史回归。不用我们分析，读者自会举出细腻委婉的宋词、尚意轻法的宋字、素雅纯净的宋瓷等一系列例证。

当然，仅仅从上述五种关系入手还远不能囊括审美文化史的丰富内容，除此之外，像社会与自然、出世与入世、直观与品味等方面，也都需要我们去进行认真的探索。而且，即使就上述五种关系而言，也不能作简单的、机械的描述和勾勒。例如，说一个时代以阳刚之美或阴柔之美为主要趣味，同说一个时代是注重自由还是注重法则，是讲究素朴还是讲究繁华，是偏重通俗还是偏重典雅一样，都只是相对的。更为重要的是，所谓否定之否定的螺旋式发展，绝不是一种简单的重复和平面的复归。面对这种局面，我们既不能用简单的逻辑框架来阉割历史的复杂进程，从而无视那些偶然的、孤立的、难以被理性法则所囊括的审美现象；又必须善于透过纷纭复杂的历史现象来把握一个时代审美活动的基本精神和主导趣味。我们既不能简单地沉湎于历史材料的表面现象，从而无视这现象背后所隐藏着的规律性的东西；又不能将这些规律理解成一种简单的格式或完美的框架，而必须注意到历史在“扬弃”过去的进展中所“升华”出来的实质性内容。因为说到底，正是这些实质性的内容，构成了审美文化史的演进轨迹。

（此文发表于《东方丛刊》1998年第2期）

论盛唐乐舞

音乐、舞蹈在唐代，尤其是盛唐时代的繁荣，有多方面的原因和条件。首先，同建筑、雕塑等大型艺术一样，音乐、舞蹈的发展也较多地依赖于外在的经济因素。而直至“安史之乱”以前，唐代社会在这些方面的积累，刚好为音乐、舞蹈的繁荣创造了条件。在那个“忆昔开元全盛日，小邑犹藏万家室。稻米流脂粟米白，公私仓廪俱丰实。”（杜甫《忆昔》）的日子里，不仅很少会有墨子“非乐”之类的理论主张，而且民间自发的散乐、百戏、杂技中的歌舞成分也极为发达。其次，从礼乐文化的角度来看，音乐、舞蹈历来是封建政治教化体系中的重要组成部分。而隋、唐帝王为了加强其集权统治，便迫切地需要重建在南北朝时期遭到破坏的礼乐秩序。于是，隋设清商署，唐增设教坊，开辟梨园等专职机构，均大力挖掘和抢救前代各朝遗留下来的音乐、舞蹈艺术，并加以整理和修订。这在客观上也促进了音乐、舞蹈的繁荣。最后，最值得重视的是，中、外文化的广泛交流致使外来的音乐、舞蹈艺术大大地充实和完善了汉民族原有的乐舞体系，为唐代的审美文化注入了新鲜的血液，使其进入了一个空前繁荣的时代。

公元七八世纪，就在西方社会跌入腐朽黑暗的中世纪的同时，东方文化却处在辉煌灿烂的盛世之巅。在这里，“建立了唯中国的军事政治势力马首是瞻的外围领土地带；也许更为重要的是，它们建立了由若干个独立国家组成的隔离地带，中国的文化、思想体系、文学、艺术、法律和政治制度和使用的文字在这些国家中处于支配地位”[1]。处在这样一个泱泱大国之中，没有人会担心外来的文化会侵袭或腐蚀本土的文化；相反，一种容纳百川的胸襟能够将一切外族乃至外国文化中优秀的成分吸收、融会进来。于是，伴随着僧人、商贾、外交使者和留学生的大量涌入，龟兹、西凉、疏勒、高昌、天竺、高丽，以及百济、扶南、骠国、林邑、鲜卑、吐古浑、部落稽等地的音乐舞蹈也被携带进来，并与汉民族传统的礼乐文化融为一体，重新繁荣、发展起来。

经历了南北朝三百余年的纷争和战乱，天下礼崩乐坏，儒家原有的典章制度及乐舞体系在北方丧失殆尽。及至隋文帝在立国后诏令太卿牛弘等人增修雅乐时，仅于郊外寺庙征得祭神所用《黄钟》一曲，足见其情景凄凉。开皇九年，隋灭陈国，才获得江东乐工及四县乐器。于是调音弄律，重整五夏、二舞、登歌、房中等14调，于宫廷演奏。文帝叹曰：“此华夏正声也。非吾此举，世何得闻？”（《旧唐书·音乐志》）自此，隋代有了清商乐，并特设音乐机构——清商署。

所谓“清商乐”，是古代汉族民间音乐的总称，它是由南北朝期间的相和歌曲融合南北方不同的传统和风格而逐渐发展起来的。因而，它既不同于正统的“先王之音”，亦有别于外来的“胡乐”。清商乐又名之为“清商伎”或“清乐”，在隋开皇年间所制定的“七部乐”、大业年间所制定的“九部乐”，以及唐武德年间的“九部乐”、贞观年间的“十部乐”中均有一席之地：

隋七部乐：清商伎、国伎、龟兹伎、安国伎、天竺伎、高丽伎、文康伎。

隋九部乐：清乐、西凉乐、龟兹乐、疏勒乐、康国乐、安国乐、天竺乐、高丽乐、礼毕。

唐九部乐：燕乐、清乐、西凉乐、龟兹乐、疏勒乐、康国乐、安国乐、天竺乐、高丽乐。

1　崔瑞德编：《剑桥中国隋唐史》第1章《导言》，中国社会科学出版社，1990年。

唐十部乐：燕乐、清乐、西凉乐、高昌乐、龟兹乐、疏勒乐、康国乐、安国乐、天竺乐、高丽乐。[2]

从这些音乐的来源看，除隋代延续下来的“清商乐”和唐代增加的“燕乐”分别属于汉族民间和宫廷的俗乐之外，原出自东晋庾亮府邸的“文康伎”（后改名为“礼毕”）这一汉族音乐系统到唐代反而被删除了；除此之外，剩余和增加的部分则均有外来文化的成分。据崔令钦《教坊记》载，盛唐时教坊共有杂曲278首，其中清商乐仅68首，其余来自民间和外族的乐曲则三倍于清商乐。再仔细分析，除来自朝鲜半岛的“高丽乐”和来自印巴次大陆的“天竺乐”之外，这些外来的音乐成分又大都来源于西北地区，如西凉（今甘肃武威）、龟兹（今新疆库车）、疏勒（今新疆疏勒）、高昌（今新疆吐鲁番）等。对于这一问题，有学者曾经从隋、唐两代皇室及权力集团的郡望因素加以分析，即认为原籍华阴（今陕西华阴）的杨隋皇族虽以华夏正声自诩，但从其语言、文化、地理方面的先天因素来看，则易于接受西凉、龟兹诸乐的影响。这其中，将胡、汉杂糅的“西凉乐”称之为“国伎”，便是一个有利的佐证。至于祖籍狄道（今甘肃临洮）的李唐王朝，更是在皇室周围笼络了一批陇右人士，像安禄山这样擅长《胡旋舞》的胡臣胡将比比皆是。何况李渊的七世祖李高本是西凉的创建人，这些因素也自然会强化唐代音乐与西域之间的亲和关系。而从乐舞艺术实践的地理分布来看，除天竺与高丽一向以音乐、舞蹈而驰名之外，今天的甘肃、新疆，乃至乌兹别克斯坦一带的民众也确实以能歌善舞而著称。于是，在文化的因素、郡望的因素和艺术自身的因素之共同影响下，隋、唐的音乐、舞蹈体系便出现了“新声奇变，朝改暮易”（《隋书·音乐志》）的局面。

乐器是决定一个乐队表现形式和演出风格的前提条件，也是一个时代音乐、舞蹈艺术的物质基础。由于民族与文化背景的不同，当时不同的乐队有着不同的乐器组合。如清乐乐队一般使用编钟、编磬、琴、瑟、击琴、琵琶（阮）、箜篌、筑、筝、节鼓、笙、笛、箫、篪、埙等15种乐器，其中除击琴为南齐时创造的新乐器之外，其他均为汉民族的传统乐器。与之不同，一个龟

2 欧阳予倩:《唐代舞蹈》，上海大学出版社，1980年，第49页。

兹乐队需要使用竖箜篌、琵琶(曲项)、五弦琵琶、笙、横笛、箫(排箫)、筚篥、毛员鼓、都昙鼓、答腊鼓、腰鼓、羯鼓、鸡娄鼓、铜钹、贝等15种另具民族特色的乐器。而一个西凉乐队，则既需要使用钟、磬、弹筝、搊筝、笙、箫、长笛等汉族传统乐器，又需要使用琵琶、五弦琵琶、大小筚篥、腰鼓、铜钹等龟兹乐器，因而可以说是汉族与龟兹的混合乐队。显然，不同民族和地域间的乐器各有其独特的音域、音质和音色，它们之间的相互影响和彼此渗透有利于音乐表现能力的增强，从而扩大着唐代音乐的美学含量。

如果说“七部乐”“九部乐”和“十部乐”的分类使我们容易把握隋、唐乐舞的文化来源，那么“坐部伎”和“立部伎”的分野则使我们容易了解当时乐舞的表演规模。中国古代的音乐、舞蹈本为一体化的艺术形式，直至唐代仍然没有分离开来。故无论是“坐部伎”还是“立部伎”，均为载歌载舞，“乐”“舞”同欢。唐代的“坐部伎”和“立部伎”，是按照宫廷乐舞的演出场合与表演形式划分的。坐部伎于“宫中宴用坐奏”(《新唐书·礼乐志》)，表演人数约在3至12人之间，规模虽小，但技艺精湛，演出风格也比较典雅。如玄宗继位后，为纪念其寓所喷泉而创作的《龙池乐》，便是一曲由12个演员组成的坐部舞蹈。在优雅的音乐伴奏下，演员们头戴象征着荷花的帽子，姗姗移走，轻歌曼舞，宛如莲花浮出水面，情景优美动人。

立部伎则于“殿庭宴用立奏”(《新唐书·礼乐志》)，表演人数约在64至180人之间，规模浩大，气势雄伟，讲究排场。如武后时期的《圣寿乐》，便是一首著名的立部舞蹈。该乐以140人的舞蹈队伍，在俯仰屈伸和跑动变换中有条不紊地相继组成“圣超千古，道泰百王，皇帝万岁，宝祚弥昌”16个字，气势雄伟，场面热烈。到了玄宗开元年间，此舞中又加入了回身换衣的技巧，令舞者在瞬间改变衣服的颜色，从而将字形的变化与服饰的变换巧妙地结合在一起，令人眼花缭乱，叹为观止。

与雕塑的规模越来越大的演变发展大体同步，初唐伊始的乐舞规模亦有不断扩大的趋势。如太宗时代的《破阵乐》和高宗时代的《上元乐》，原有的定制分别为120人和180人，规模已经很大，而到了玄宗时期，曾令几百宫女从帷幕中出来表演这两首舞曲，使场面更为壮观。这种乐舞规模的逐渐壮大与唐代政府对音乐机构的不断调整有着密切的关系。虽然自唐初起便在西安和洛阳二京设立了大乐署、太常寺和教坊，但当时这些中央音乐机构的地位并不重要。开元二年，玄宗改组大乐署，并单独成立了四个外教坊和三个梨园，强化了这些音乐机构与皇室之间的联系。地方府、县原有的“县内音声”也在盛唐之后纷纷改建为“衙前乐”，加强了其组织和表演功能。《新唐书·礼乐志》记载：“唐之盛时，凡乐人、音声人、太常杂户子弟……至数万人。”这些从中央到地方的各级音乐机构不断地征集、选拔、推举艺术人才，为大型乐舞的表演提供了保障。

盛唐的乐舞艺人不仅数量多，而且水平高，像许和子、李龟年的歌唱，贺怀智、裴兴努的琵琶，李谟的笛子，张野狐的箜篌等，都达到了极高的水平。有一次，玄宗在勤政楼与民同乐，场内人声鼎沸，吵得演出无法进行。玄宗为之大怒，但也无能为力。高力士献策说，只要让许和子出来演唱，即可以制止喧哗。玄宗采纳了这一建议，结果该女婉转歌喉，举袂一曲，余音绕梁，全场顿然鸦雀无声，可见其魅力之大。开元中，乐工李龟年、李彭年、李鹤年兄弟三人皆以技艺超群闻名。彭年善舞，龟年、鹤年能歌，三人常常出入于王侯将相的府邸，而为少年时代的杜甫所闻。大历五年，杜甫在潭州偶遇流落江湖的李龟年，不禁感慨万分，遂写下了那首《江南逢李龟年》：“岐王宅里寻常见，崔九堂前几度闻。正是江南好风景，落花时节又逢君。”除民间和教坊中的艺人外，当时的各大寺院中也培养了不少专学“鼓舞”的“净人”，其水平亦不在俗人之下。就连开元天子李隆基本人，也是一个既擅羯鼓又会编舞的艺术全才。他不仅常常观赏、评价梨园弟子的乐舞表演，而且还亲自创作了许多作品供他们排练。在这种近乎狂热的艺术氛围中，盛唐的音乐、舞蹈真正进入了黄金时代。

无论是“立部伎”还是“坐部伎”，其曲目大都是初唐至盛唐时期的大曲新作。前者如《破阵乐》《庆善乐》《大定乐》《上元乐》《圣寿乐》《光圣乐》，后者像《长寿乐》《天寿乐》《鸟歌万岁乐》《龙池乐》《小破阵乐》等。唐代大曲，是在当时民歌、曲子的基础上，继承了汉魏以来清乐大曲的传统而发展起来的一种大型乐舞体式，一般有“散曲”“歌”“破”三个组成部分，每部分又可分为若干段落。“散曲”是一种节奏自由的引子，以器乐演奏为主，起酝酿情绪的作用；“歌”为抒情性的慢板演唱，并配有舞蹈，风格典雅细腻；“破”为热烈的舞蹈，伴之以音乐，将全曲推向高潮。从音乐结构的角度上讲，这种大曲的形式十分讲究节奏的变化和舞蹈与声乐、器乐的配合，因而具有很高的审美价值。从审美文化的角度上讲，这种跌宕起伏、气魄宏大的音乐形式很符合盛唐气象的美学理想，因而在玄宗时代极为盛行。

开元、天宝年间的社会背景比较复杂，一方面是经济的繁荣、国力的强盛、意识形态的相对宽松；一方面则是朝廷的享乐、权贵的奢靡、社会矛盾的酝酿积蓄。在这种情况下，大曲创作的思想内容也极为丰富：有歌颂玄宗诛杀韦后、夺取政权的《夜半》，也有不满朝廷穷兵黩武、怀念征人的《伊川》；有极尽宫廷享乐、纵情歌舞升平的《胡旋》，也有抒发乐工苦难、表达民间悲情的《何满子》……主题和题材的多样性发展不仅拓展了人们的艺术视野，开阔了人们的审美空间，而且也丰富了音乐、舞蹈的表现形式。

在唐代大曲中，清乐大曲不仅产生最早，而且水平也最高。开元以后，西凉、龟兹、疏勒、高昌等少数民族的音乐、舞蹈，也在吸收汉族乐舞文化的基础上，突破了原有歌曲、舞曲的简单形式，形成了本民族的大曲。其中的一部分以“胡部新声”的名义在天宝年间传入长安，引起了极大的反响。《新唐书·礼乐志》记载，当时的玄宗还特意公布了“道调法曲与胡部新声合作”的诏令，使得此类大曲在社会上风靡一时。

除“胡部新声”之外，“法曲”也是唐代大曲中成就较高的一种。“法曲”的出现最初与佛教音乐有关，是佛门弟子所创作的世俗大曲，后又掺杂了一些道教音乐的成分，形成清悠幽远、别具一格的风味。“法曲”在隋代即已出现，而玄宗最为酷爱，他不仅经常观看梨园弟子演奏的这类节目，而且还亲自创作了著名的《霓裳羽衣舞》。从内容上看，此曲描写玄宗登三乡驿、望女儿山，向往神界而去月宫会见仙女的神话。中唐诗人刘禹锡有诗云：“开元天子万事足，唯惜当时光景促。三乡驿上望仙山，归作《霓裳羽衣曲》。”可见，此曲带有明显的道教神话因素。而当天宝四年册封杨玉环为贵妃时，此曲的演奏亦与女道士杨太真的身份恰相适应。从形式上看，据说玄宗创作此曲时曾受西凉都督杨敬述所献《婆罗门曲》的影响，因而应有西方天竺音乐的气息。晚唐诗人王建有《霓裳辞》云：“一声声向天头落，效得仙人夜唱经。”可知，此曲亦带有一定的佛教色彩。《霓裳羽衣曲》不仅在天宝年间大获成功，而且为后代的君王臣子所钟爱。中唐诗人白居易曾写过一首《霓裳羽衣歌》，描述了此曲的演出盛况：

> 我昔元和侍宪皇，曾陪内宴宴昭阳。千歌万舞不可数，就中最爱霓裳舞。舞时寒食春风天，玉钩栏下香案前。案前舞者颜如玉，不着人家俗衣服。虹裳霞帔步摇冠，钿璎累累佩珊珊。娉婷似不任罗绮，顾听乐悬行复止。……飘然转旋回雪轻，嫣然纵送游龙惊。小垂手后柳无力，斜曳裾时云欲生。烟蛾敛略不胜态，风袖低昂如有情。上元点鬟招萼绿，王母挥袂别飞琼。繁音急节十二遍，跳珠撼玉何铿铮。翔鸾舞了却收翅，唳鹤曲终长引声……

由此可知：第一，此曲内容丰富、结构复杂，寻求一种起承转合、张弛有度的节奏变化。第二，此曲的舞蹈语言与音乐动作相互配合，在时快时慢的节奏中，展示或刚或柔的舞姿变化。第三，此曲不仅融声乐、器乐于一体，而且注重服装的修饰和舞台的环境，是一种综合性极强的艺术形式。到了白居易生活的中唐时代，繁荣富强的“开元盛世”已成为不可复得的美好理想，梦想“中兴”的宪宗皇帝也只有在《霓裳羽衣曲》那如诗如画、绚丽多彩的舞台形象之中去追忆那往日的辉煌了。

从艺术风格和审美趣味来看，唐代的乐舞又可分为“健舞”和“软舞”两大类型。“健舞”的音乐节奏明快、铿锵有力，舞蹈动作刚健、爆发力强；“软舞”的音乐节奏舒缓、余音绕梁，舞蹈动作柔美、婉转多姿。一般说来，单纯的“健舞”和“软舞”多为单、双人的小型乐舞，比较复杂的“大曲”则常常兼而有之，或于二者之中有所侧重。据《教坊记》和《乐府杂录》记载，当时的“健舞”有《阿辽》《拂菻》《拓枝》《大渭州》《黄獐》《达摩支》《棱大》《剑器》《阿连》《胡旋》《胡腾》等曲目，“软舞”则有《垂手罗》《春莺啭》《乌夜啼》《回波乐》《兰陵王》《凉州》《屈拓枝》《团圆旋》《绿腰》《甘州》等曲目。

在“健舞”艺术中,《胡旋》和《胡腾》是盛唐时期最有影响的曲目。仅从其名称中即可得知，二曲的共同之点在一个“胡”字，说明它们都是由西域传入中原的民族舞蹈，表演者常常是高鼻深目的男性胡人，其绣花的胡衫、缀珠的胡帽、柔软的胡靴也颇具异域色彩。二曲的不同之处则是前者以“旋”为主，在舞蹈中以轻盈、快速的连续旋转取胜；后者以“腾”为主，在舞蹈中以矫健、活泼的腾跃见长。由于这类反映游牧民族粗犷、豪爽性格的“健舞”艺术正好符合了盛唐时自由、奔放的时代精神，因而在开元、天宝年间十分盛行，出现了“五十年来制不禁”“臣妾人人学圜转”的“胡舞热”。

除《胡旋》《胡腾》之外，作为“健舞”之代表的《剑器》曾流行于甘肃一带，大约在开元年间传入长安，被纳为宫廷教坊的舞曲节目。其舞者所使用的器具今说法不一，有人认为是双剑，有人认为是流星彩球，还有人认为是空手戎装。盛唐时代的《剑器》高手当首推公孙大娘，杜甫在《观公孙大娘弟子舞剑器行》一诗中描述了他在大历二年于夔府欣赏公孙大娘的弟子李十二娘表演《剑器》的场面，并生动地回忆起其幼时于开元五年在郾城亲眼目睹公孙大娘本人表演此舞的情景：

> 昔有佳人公孙氏，一舞剑器动四方。观者如山色沮丧，天地为之久低昂。㸌如羿射九日落，矫如群帝骖龙翔。来如雷霆收震怒，罢如江海凝清光。绛唇珠袖两寂寞，晚有弟子传芬芳。临颍美人在白帝，妙舞此曲神扬扬。与余问答既有以，感时抚事增惋伤。先帝侍女八千人，公孙剑器初第一。五十年间似反掌，风尘澒洞昏王室。梨园弟子散如烟，女乐余姿映寒日。金粟堆南木已拱，瞿唐石城草萧瑟……

此诗不仅以文学的笔法形容了《剑器》舞来如雷霆、罢如江海的刚健气势，以及能让观者为之沮丧、天地为之低昂的艺术震撼力，而且以感伤的情绪描述了乐舞艺术在中唐以后凋谢零落的凄惨景象。就总体风貌而言，开元及天宝前期，可谓是音乐、舞蹈的黄金时代，“安史之乱”以后，大唐乐舞随国力的衰减而江河日下，大批梨园弟子流落江湖，宫廷无力支撑“立部伎”中各大型乐舞的演出活动，只得拿一些杂技节目代为充数；及至熹宗、昭宗年间，气势浩大的“十部乐”也逐渐消亡了。就审美的趣味而论，盛唐时代《剑器》《胡旋》《胡腾》等刚劲有力的“健舞”因反映了热烈、昂扬的时代精神而颇受世人的爱戴；到了中、晚唐以后，柔弱抒情的“软舞”则更加适应了人们感伤、怀旧的社会情绪，其地位也便渐渐超过了“健舞”，变成“六么水调家家唱，白雪梅花处处吹”（白居易《杨柳枝词八首》），“惟有凉州歌舞曲，流传天下乐闲人”（杜牧《河湟》）的局面了。

如果说《胡旋》《胡腾》《剑器》是“健舞”中的代表，那么《春莺啭》《六幺》则是“软舞”中的典范。据《教坊记》载，高宗李治曾听莺歌婉转而大悦于心，遂命宫廷乐师创作了一首歌曲，后人据此编创了女子独舞。张祜《春莺啭》诗云：“兴庆池南柳未开，太真先把一枝梅。内人已唱春莺啭，花下傞傞软舞来。”可知此舞至迟在玄宗时即已成形，表演时为轻歌曼舞，婀娜多姿。《春莺啭》曾流传国外，朝鲜的《进馔仪轨》和日本的《大日本史·礼乐志》均有记述。其中前者的演出情况与我国的史料记载大致相同，并附有舞姿图示：一女子头戴簪花、脚踩绣毡、广衣博带、长袖长裙，在歌舞和旋转中构成妙曼美丽的图案，给人以无限的遐想。从舞者的服饰和动作来看，《春莺啭》虽为“软舞”，尚带有华丽、热烈的盛唐气息。

《六幺》又名《绿腰》《录要》《乐世》，先是在民间广泛流传，后被宫廷记录并改编，是一曲优美而抒情的女子独舞。五代画家顾闳中的《韩熙载夜宴图》中绘有著名舞伎王屋山在韩家表演《六幺》的场景。舞者身穿丝绸衣裙，体态玲珑，虽背对观众，却生气盎然，以扭动的身段和半侧的脸庞来体现一种千娇百媚的动感，充分显示出女性的柔美。此舞对后世影响深远，直到宋代的欧阳修还留下“贪看六么花十八”的诗句。然而从审美趣味上讲，这种妩媚含蓄的舞蹈艺术与恢弘壮阔的盛唐气象已相去甚远了。

总之，唐代尤其是盛唐时代的乐舞艺术由于在富裕而又强大的社会环境下吸收了外来文化中的审美元素，因而较之前此以往的音乐、舞蹈有了一种巨大的扩容和显著的提高，形成了自汉代以来又一次乐舞艺术的高峰。然而遗憾的是，作为一种时间性的艺术形式，在没有录音、录像设备的情况下，唐代的乐舞艺术已不可能以其本来的面貌为今人所欣赏了。我们只能借助于壁画、雕塑和文献中的记载，在想象中去重温那昔日的辉煌了。此外，敦煌莫高窟中所保留下来的那些珍贵的曲谱和舞谱残卷或许能给我们留下一些窥视乐舞圣境的线索。为了解读它们，一些研究者们已经付出了艰辛的劳动。

（此文发表于《东方丛刊》1999年第4期）

中国“诗性文化”的五大特征

中国传统的“诗性文化”产生于“亚细亚的古代”人与自然、人与社会、感性与理性未经彻底分化的“早熟”状态，其主要特征为：（一）在所有的艺术产品中，诗歌具有主导和扩散的地位；（二）在所有的文化产品中，艺术具有主导和扩散的地位；（三）“礼乐文化”的行为准则使人们的言谈举止均具有艺术的特征；（四）“世俗文化”的信仰空缺使艺术具有了准宗教的功能；（五）属于汉藏语系的民族语言所具有的模糊性、多义性和音乐性特征与艺术的表达之间有着一种天然的亲和关系。通过对中国“诗性文化”上述特征的分析，旨在进一步揭示中国传统文化的深层底蕴，并对当今中国的美学理论和艺术实践进行审视和反思。

一

一个民族有一个民族的习性，一种文化有一种文化的特征。说到中华民族，人们常用“诗性民族”“泛美文化”等概念加以概括，然而在这些习而不察、语焉未详的概念背后究竟有多少根据呢？对于它们的理解是否有助于我们的文化反思呢？笔者在拙作《多维视野中的儒家文化》（中国人民大学出版社1997年版）一书中曾将中国文化与西方文化作过一番比较，认为由于“古典的古代”与“亚细亚的古代”在生产方式和生活方式上的不同，使得西方人在进入文明时代的进程中将人与自然、人与社会分裂得比较彻底，从而在思维方式和行为方式上也将感性和理性分裂得比较彻底；而中国人则更多地保存了人与自然、人与社会的天然联系和原始情感，从而在思维方式和行为方式上也更多地保持了感性和理性相互渗透的原初状态。表现在文化结构上，西方人以相互对立的两极最为发达，在感性方面有体育，在理性方面有科学；而中国古代既没有奥林匹克式的体育传统，也没有毕达哥拉斯学派式的科学精神，相反的，在中国的文化结构中，艺术和技术则占有了极其重要的地位。因为无论艺术还是技术，都既非单纯的感性，也非纯粹的理性，而是将二者统一在一起的。这不仅符合了中华民族特有的心理结构，而且也为“诗性民族”“泛美文化”等课题的研究廓清了一些障碍。本文将在此研究基础上，从艺术产品、文化产品、行为方式、信仰方式、语言特征等五个方面另作分析，并进一步反思我们自近代以来在艺术和美学方面所走过的弯路。

（一）说中国文化是“诗性文化”，首先是因为“诗”这种文化产品在中国艺术中占有特殊的地位。从春秋的“诗经”到战国的“楚辞”，再到汉魏的“乐府”；从“唐诗”到“宋词”再到“元曲”，诗这种形式虽然千变万化，却始终占据着中国艺术的主导地位，并渗透到以后出现的其他艺术形式之中：不仅戏曲“以诗为词”，小说“有诗为证”，而且书法也要写诗，绘画也要题诗。所谓“诗中有画，画中有诗”的真正含义，是将“意境”作为一切艺术所追求的最高目的。从这一意义上讲，传统的中国是一个“诗的国度”。

（二）说中国文化是“诗性文化”，不仅是因为诗的精神主宰着中国艺术的整体精神，而且也由于以诗为灵魂的艺术精神影响和左右着艺术之外的文化产品。在感性活动方面，中国的体育并不以开发人的肉体极限为目的，也从来不陷入狄俄尼索斯式的迷狂，而是在感性宣泄中强调理性的制约，在肉体的拼搏中注重智慧的较量。中国的武术不同于西方的拳击，它不仅要打得准、打得狠，而且要打得巧妙、打得漂亮，即要在花拳绣腿之中创造一种“有意味的形式”。最能代表中国体育精神的不是足球，而是太极拳。它不是一种忘乎所以的肉体迷狂，而是强调身与心的统一、气与力的和谐。直到今天，我们在国际体育竞赛中的强项大都带有艺术的成分，如体操、跳水技巧之类，而在足球、田径等单纯感性较量、张扬肉体迷狂的项目中，则常常处于先天的弱势地位。说到底，中国人的体育观念和西方人有着明显的不同：中国人不仅要以力量、以速度为原则，更要以美为原则；而在西方人那里，即使是所谓的“健美”活动，也不惜为了考察人的肉体极限而将其变得畸形。在理性方面，中国的科学并不以开发人的理性能力为目的，也从不陷入阿波罗式的精神沉醉，而是使理性的运演不脱离经验的内容。正如中国的体育活动往往具有艺术特征一样，传统的科学活动也常常具有审美的性质。例如，张衡的“地动仪”既可以看作是一件科学仪器，也可以看作是一件艺术精品；而传统的许多中医方剂则采取歌诀体。这同西方人将科学的发展引向逻辑化、思辨化、超验化的轨迹完全不同。正因如此，中国人可以经过反复测算而为圆周率找到一个相当精确的数值，却不可能建立起一种欧几里得式的几何学体系；中国人可以通过反复实践而建造起天坛祈年殿式的精美建筑，却不可能建构起一个牛顿式的力学体系。中国的文化传统使人们长于实践理性而短于思辨理性，因而不少科学成果都具有工艺特征。例如，指南针不是电磁学，造纸术不是物理学，传统的火药不是依据化学方程式配制出来的，而活字印刷更不具备理论科学的特征。如此说来，我们长期引以为自豪的“四大发明”可以说并非科学，而只是工艺。总之，中国的文化产品有着感性和理性相互融合的整体特征，这使得一切文化产品都在向艺术和工艺靠拢，甚至我们常把战争和外交活动称之为军事艺术、外交艺术，这其中的意味便很令人深思。

（三）不仅中国古代的文化产品渗透了艺术精神，而且中国古人的行为方式也具有审美的品格。与依靠法律来约束人们外在行为的西方不同，中国古代主要仰仗伦理来调节人们的社会活动。《乐记·乐本篇》云：“乐者为同，礼者为异。同则相亲，异则相敬。乐胜则流，礼胜则离。合情饰貌者，礼乐之事也。”这样一来，“乐”这种广义的艺术，便不仅成了“礼”的合法补充，而且是其不可或缺的有机构成。只有从这一意义上讲，我们才能够理解孔子“不学诗，无以言”“不学礼，无以立”（《论语·季氏》）的意义所在。在“礼乐文化”的构架内，人们的一言一行、一举一动不仅要符合“礼”的规范，而且要具有“乐”的儒雅，即具备审美的特征。因此，就在西方的经院哲学家们通过逻辑或数学等手段来揭示宇宙、乃至上帝的奥秘时，自隋、唐而开始的科举制度却要将写诗和作文看成是每一个国家官吏所首先应具备的素质。这种对国家的统治者和管理者的美学要求，在世界范围内都是极为罕见的。与儒家不同，道家是反抗礼乐文化的，但其“乘物以游心”（《庄子·人间世》）的逍遥精神更容易让人们以审美的态度来对待全部生活。无论是在老子的“大音希声、大象无形”（《老子·四十一》），还是庄子的“彷徨乎尘垢之外，逍遥乎无为之业”（《庄子·大宗师》）中，都显得比儒家更加接近于艺术的境界。因此，中国古代的士大夫们可以不懂天文、历算知识，却必须用琴、棋、书、画来修养身心。这种特有的行为方式和休养方式，难道不正是“诗性文化”的显著标志吗?

（四）从信仰方式的角度上讲，中国的传统艺术的过分发达，在功能上有着弥补宗教信仰的特殊意义。我们知道，在具有宗教传统的西方社会，艺术在相当长的时间里起着引导人们走向上帝的中介作用。与之相反，在没有宗教传统的中国社会，艺术的境界可以抚慰人们的情感，陶冶人们的性情，从而起着准宗教的作用和功能。正因如此，被称为中国思想主要支柱的儒、道、骚、禅四家，无不以审美和艺术为其最高境界。孔子毕生“克己复礼”，但在关键时刻还是道出了“吾与点也”（《论语·先进》）的名言；庄子毕生“绝圣弃智”，但其“以卮言为曼衍，以重言为真，以寓言为广”（《庄子·天下》）的文章，显然是一部不可多得的艺术精品；楚骚思想自不待言，其中的神人、仙女并不是信仰的对象，而是审美的化身；佛教本来是从印度一带传入的宗教，但中国化了的禅宗却扬弃了其中的思辨内容和行为戒律，把它引向了充分自由的审美境界。惟其如此，我们才能理解，中国古代为什么没有《圣经》，却有了《诗经》。这种“以诗为经”的文化现象，在世界范围内也是独一无二的。

（五）从语言的角度上讲，说中国文化是“诗性文化”，也有着相当重要的理论根据。与印欧语系相比，属于汉藏语系的汉语在词汇上具有多义性、模糊性的特点，在语法上具有灵活性、随意性的特点，在语音上具有平仄声调的音乐性特点。这一切自然无助于逻辑性的表述和科学性的思维，但恰恰有利于形象性的表述和艺术性的思维。[1] 一个民族的语言，不仅是一种特殊的表述方式，而且是一种独特的思维、感受、乃至存在方式。从这个“存在的家园”出发，中国人自古就以一种诗性的思维和诗性的态度来对待世界。精通近10种语言的辜鸿铭指出：“汉语是一种心灵的语言、一种诗的语言，它具有诗意和韵味，这便是为什么即使是古代的中国人的一封散文体短信，读起来也像一首诗的缘故。[2]”

二

通过上面的分析，我们发现，文化的比较不应该局限于元素性、整体性的，而应该扩展为结构性、功能性的。从结构性、功能性的角度来看，感性和理性彻底分裂的西方人有其相应的文化优势；而感性和理性分裂得不够彻底的中国人亦有其相应的文化优势。如果说，用西方的科学标准来衡量中国，“必须承认，就中国人的智力发展而言，在一定程度上被人为地限制了。……这不仅有在自然方面的，也有纯抽象科学方面的，诸如数学、逻辑学、形而上学。实际上欧洲语言中‘科学’与‘逻辑’二字，是无法在中文中找到完全对应的词加以表达的”。[3] 反之，如果用中国的艺术标准来衡量西方，也会发现其陷入的误区。

著名艺术评论家勃纳德·贝伦森在比较西方与东方艺术时曾指出：“我们欧洲人的艺术有着一个致命的、向着科学发展的趋向。”[4] 以“摹仿说”为理论依据，西方自古希腊以来便以对现实生活的反映与认识作为艺术活动的最终目的，因而从解剖学角度来研究雕塑，从透视学角度来研究绘画，从几何学角度来研究园林，从历史角度来研究小说……结果是研究来研究去，唯独

1 参见[挪威]加尔通、西村文子：《结构、文化和语言——印欧语系语言、汉语、日语比较研究》，《国外社会科学》1985年第8期。

2 辜鸿铭：《中国人的精神》，海南出版社，1996年，第106页。

3 辜鸿铭：《中国人的精神》，海南出版社，1996年，第36—37页。

4 转引自辜鸿铭：《中国人的精神》，海南出版社，1996年，第39页。

忘却了艺术自身的美学目的。这种情况一直延续到近代。我们知道，巴尔扎克是西方19世纪最为伟大的现实主义文学家了，他的《人间喜剧》包括了96部长、中、短篇小说，分为“风俗研究”“哲学研究”和“分析研究”，可谓“研究”得到了家。对此，恩格斯曾有过高度评价：“他在《人间喜剧》里给我们提供了一部法国‘社会’，特别是巴黎‘上流社会’的卓越的现实主义历史，他用编年史的方式几乎逐年地把上升的资产阶级在1816—1848年这一时期对贵族社会日甚一日的冲击描写出来，……我从这里，甚至在经济细节方面（诸如革命以后动产和不动产的重新分配）所学到的东西，也要比从当时所有职业的史学家、经济学家和统计学家那里学到的全部东西还要多。”[5] 无论这部“历史”如何卓越，无论这其中所体现的“知识”如何丰富，然而历史只不过是历史，知识只不过是知识，“文学”毕竟不是“经济学”或“统计学”，它所包含的历史和知识与其所应该具备的美学价值完全应是两个范畴的东西。

在这种将文学变成“百科全书”的科学化倾向的同时，西方人的理性冲动还有着用艺术进行“形而上思考”的宗教化、哲学化的倾向。如果我们对但丁的《神曲》、歌德的《浮士德》，甚至莎士比亚的《哈姆雷特》这些文学名著加以分析的话，就会发现，它们与其说是艺术上的成功，不如说是哲理上的胜利。不要以为这是个别的、暂时的问题，随着时间的发展，这种现象竟变得日益普遍起来，难怪黑格尔曾发出“艺术最终将让位于哲学”的慨叹。西方现代博物馆里那琳琅满目的“观念艺术”已足以证明了这位哲学巨匠的预见能力。

如果说科学精神、哲学精神这两种缘自阿波罗崇拜的理性因素支配并扭曲着传统的西方艺术的话，那么到了现当代以后，一种缘自狄俄尼索斯崇拜的感性迷狂又趁火打劫地闯入了西方艺术的殿堂。打开电视，我们随时都可以看到那些所谓“大投入”“大制作”的好莱坞式的“巨片”。那种以性爱、警匪为内容，以追车、枪战为模式的用金钱堆积起来的作品，不惜调动高科技手段，通过大量的惊险动作和破坏性镜头来刺激人们的感官，满足人们的欲望。难怪马尔库塞在去世前的一次谈话中愤然地指出，现代西方的艺术已经变成了一种智力上的自淫！除此之外，当然还有那些声嘶力竭的“摇滚乐”

5 [德]恩格斯：《致玛·哈克奈斯》，《马克思恩格斯选集》第4卷，人民出版社，1995年，第683—684页。

和几近疯狂的"霹雳舞"……如果说前一种误区是将艺术引向科学，那么这后一种误区则是将艺术引向体育。事实上，服用兴奋剂是摇滚歌手和体育明星们常犯的错误，而这一错误则刚好表现了这种文化的误区。

研究者们可以并且常常笼统地讲，西方艺术已经完成了由古代的"再现"向现代的"表现"过渡的历史性转折。然而细加分析，我们也许会发现，无论是在古代还是现代，西方艺术在感性与理性的统一上总显得那么的生硬和艰难，这一切甚至在所谓的"现代派"的艺术"精品"中也暴露得一览无余。面对着毕加索那幅怪模怪样的《格尔尼卡》，翻阅着乔伊斯那部人欲横流的《尤利西斯》，我们不禁要问：深刻而又狂放的西方人，这难道就是你们所要追求的艺术理想吗？

与西方相反，在具有"诗性文化"的古代中国，无论是自发的艺术创作，还是自觉的艺术理论，都没有将感性和理性割裂开来，也没有使艺术沦为科学或体育。在雕塑和绘画方面，中国人一开始就不以纯粹科学的手法来摹仿自然，而是懂得如何在一种"似与不似之间"获得"气韵生动"的美学效果。在诗歌和小说方面，中国人一开始就不以纯粹客观的态度来再现生活，而是懂得如何"想象以为事，惝恍以为情"（叶燮《原诗内篇下》），以达到一种"登山则情满于山，观海则意溢于海"（刘勰《文心雕龙·神思》）的精神境界。在戏曲艺术方面，中国人一开始就不去追求舞台时空的真实幻觉，而是懂得如何利用程序化的规则和虚拟化的手段将舞台和道具都变成与表演不可分割的组成部分，以获得一种"只可意会，不可言传"的情感体验。在园林艺术方面，中国人一开始就不追求简单的对称和机械的构图，而是懂得如何处理阴阳、动静、虚实之间的辩证关系，以实现一种"神与物游"（刘勰《文心雕龙·神思》）"物我两忘"的审美理想。甚至，在书法写作之中，中国人都懂得如何发挥自己的想象，如何孕育自己的情感，从而于"意在笔先"（王羲之《题卫夫人笔阵图后》）"得意忘言"（《庄子·外物》）的创作中将单纯的笔墨线条演绎为一种登峰造极的艺术形式。所以，欣赏雕塑，我们当然也会赞叹古希腊《掷铁饼者》那精确的骨骼和隆起的肌肉，然而如若将其与汉代名将霍去病墓前那几座稍加斧凿便浑然天成的动物雕塑加以比较的话，就会发现，究竟哪个民族更懂得“艺术”；漫步园林，我们自然也会赞美凡尔赛宫前那对称的喷泉、整洁的道路，以及被切割成几何图案的花卉与草坪，然而如若将其与苏州拙政园那山重水复、柳暗花明、直至将天地自然融为一体的园林艺术加以比较的话，就会发现，究竟哪个民族更富有“天才”……正因如此，与巴尔扎克将文学著作写成“编年史”的努力刚好相反，司马迁却使一部真正的史书具有了“史家之绝唱，无韵之《离骚》”[6]的美学价值；正因如此，即使是《红楼梦》那样洞彻古今、勘破生死的作品，也绝不会像《哈姆雷特》那样，摆出一副哲人的面孔，与读者讨论什么“to be or not to be”之类的玄学问题。

在“诗性文化”的土壤中生长起来的中国艺术，很少陷入一种纯粹感性的欲望宣泄，也很少进入一种纯粹理性的思辨误区。这不仅是出于“发乎情，止乎礼义”（《毛诗序》）的政治需要，而且是由于中国人的精神状态很容易将感性与理性的东西亲密无间地融合在一起。因此，无论是一篇短文，还是一首小诗，都可能给人以咀嚼不完、回味无尽的余地。在阅读中国古代的文学作品时，除了文字上的障碍之外，人们很少会遇到费解或难懂的现象，有的只是能否体验或能否共鸣的问题。因为说到底，“懂”与“不懂”，是一种知识、哲理的问题，而体验和共鸣，才真正属于艺术和审美的问题。从这一意义上讲，我们不能说中国艺术比西方艺术更为深刻，但更加符合美学规律。

三

不幸的是，近代以来，由于理论和实践上的双重原因，这种“更加符合美学规律”的“诗性文化”却不同程度地中断或被扭曲了。在理论上，我们常常有一种误解，认为一种文化较之另一种文化，或者是具有全面的优势，或者是具有全面的劣势。按照这一思路，不少人以为，既然船坚炮利的西方科学比中国发达，西方的艺术也毫无疑问地应当成为我们效法的对象。于是，从“以旧风格含新意境”（梁启超《饮冰室诗话》）并“竭力输入欧洲之精神思想，以供来者诗料”（梁启超《夏威夷游记》）的“诗界革命”“小说界革命”，

6　鲁迅：《汉文学史纲要》，人民文学出版社，1957年，第54页

到具有“全盘西化”色彩的“五四新文化运动”，乃至新中国成立以后从苏联引进的以“反映论”为基础的“文艺理论”体系，我们便一步一步地引进和确立了西方的艺术观念，并用它来评价和批判我们的传统艺术，用它来指导和规范我们的现实创作。在实践上，由于近现代以来中国反帝、反封建的历史任务过于沉重，致使文学艺术不得不承担起其美学使命之外的思想启蒙的任务，因而上述理论的转向也恰恰符合了实践的需要。所以，从“谴责小说”到“普罗文学”，从“白话新诗”到“抗战戏剧”，艺术的理性内容日渐突出了，艺术的政治观念愈发明确了，艺术越来越变得更像匕首、更像投枪了，然而与此同时，艺术的美学价值也就越来越淡薄了。

由于政治和经济的诸多原因，我们当然不能脱离这一阶段的社会背景来简单地否定“诗性文化”的上述转型。但是，当我们从启蒙主义的政治立场上充分肯定近代以来上述“革命”之重大成就的同时，是不是也应考虑一下它在文化和美学上的缺失呢?当然，我们没有权力简单地责备前人，如果我们处在他们的历史背景，我们也会义无反顾地将文学艺术投身于更为重要的社会变革；然而处在今天的历史条件下，我们是否有权力沿袭并发展前人所无法克服的历史局限，并将其导向更为极端的误区呢?

反思是必要的，反思又是艰难的。在思想原则上，我们必须勇敢地打破那套习以为常的整体文化观念；在理论操作上，我们必须谨慎地把握好以下尺度：第一，人类的共同性是绝对的，而文化的差异性则是相对的。无论是“古典的古代”，还是“亚细亚的古代”，都是人类的古代。因此，我们切不可将中国与西方文化结构上的差异绝对化。正如感性与理性分裂得不够彻底的中国人也有自己的体育与科学一样，感性与理性彻底分裂的西方人在艺术和工艺方面依然留下了杰出的成果。第二，文化结构的差异导致了艺术观念的差异，但艺术观念的差异并不简单地等同于艺术成就的高低。必须看到，在对具体艺术作品的评价中，我们不仅要考虑其审美价值，还必须考虑其再现社会生活、表达人生理想等政治、历史影响以及材料、工艺、技法等多重因素，所有这一切，并不是一个单纯的艺术观念所能决定了的。但是，正如康德在承认“依存美”比“纯粹美”更为普遍的前提下还要探讨“纯粹美”一样，我们也必须充分地意识到，探讨文学艺术的文化本质是何等的重要，其重要性并不是要论证中国古代的艺术成就高于西方，而在于论证我们传统的艺术观念更具有美学价值，因此沿着这条道路可以为人类文化做出新的贡献，而没有必要舍本逐末地效法西方。第三，由于审美活动与意识形态以及整个社会生活之间的复杂关系，我们很难用“革命”与“保守”等标准来简单地评价一个民族、一个时期的艺术实践和文化转型，我们也很难用“进步”与“落后”等尺度来简单地判断一股思潮、一部作品的文化价值和美学意义。

在澄清上述界限之后，我们便可以对过去、现在和未来的诸多问题进行重新的思考。比如，我们是否应该重新审视中西文化中已被公认的艺术经典？我们应该如何评估中国近代以来为启蒙事业所付出的美学代价？白话文运动在何种意义上是成功的，在何种意义上又是失败的？自由体新诗在什么地方突破了格律体旧诗的束缚，又是什么原因未能留下唐诗、宋词式的经典作品？还有，我们是否应该以争取诺贝尔奖作为严肃文学发展的方向？我们是否应该以美国“大片”作为通俗艺术学习的楷模？如何评价艺术作品中的科技含量？怎样看待艺术作品中的理性内容？最重要的是：在世界趋向一体化的今天，中国的文学艺术究竟应该如何保持自己的民族个性并为人类作出独特的贡献？

（此文发表于《理论学刊》2000年第6期）

文艺美学、文艺社会学、文艺心理学的学科分野

一

文学艺术是一种极为复杂的精神活动，其性质的复杂性、功能的多样性也便决定了研究视角的多种可能。例如，我们可以从伦理道德的角度研究文学艺术，以形成文艺伦理学；我们可以从科学教育的角度研究文学艺术，以形成文艺教育学；我们可以从文化传播的角度来研究文学艺术，以形成文艺传播学，等等。在这一意义上，我们甚至可以夸张地说，有多少种不同的角度、有多少种不同的方法，就可以建立起多少种不同的文艺学科。但是，我们唯独不可能从文艺自身的角度来研究文艺，这是因为：第一，文艺不是一种科学活动，其自身不可能提供一种科学的方法；第二，文艺不是一种独特的视角，拉不开必要的距离，以文艺的视角来观察文艺，恰恰形成所谓的“盲点”。正因如此，中国传统上的“以诗论诗”形不成真正的学科；而西方传统意义上的“诗学”，恰恰不是从文艺的角度，而是从哲学的角度来看待文艺的。从这一意义上讲，所谓“文艺学”，所规定的只是一种研究领域而已，它自身不可能提供一种单一的视角、独特的方法，因而也不可能建立起一种完整的体系。所以，那种动不动就要“建立有中国特色的马克思主义文艺学体

系”的说法，是不够审慎的。

尽管文艺学不是一个独立的学科，不可能使用一种单一的方法，但在这一学术领域中却可能建立起不同的、各具独立系统的分支学科。从理论上讲，这种学科的门类可能是无限多样的，但是，根据文学艺术性质和功能层面的重要程度，也根据相关学科在方法论上所达到的成熟程度，在目前的情况下，最有可能建立和健全的文艺学科只有三个，那便是文艺美学、文艺社会学和文艺心理学。

关于这三大学科之间的分野，笔者早在十年前便形成了一个粗浅的认识，可表达为下列图示：

美学
↓
文艺美学
↓
社会学 → 文艺社会学 → 文艺实践 ← 文艺心理学 ← 心理学

在这里，文艺实践为这三个学科提供了共同的研究对象，而美学、社会学、心理学则为这三个学科提供了不同的研究视角和研究方法。[1]

也许有人认为，这个问题的提出有些过时了，因为在我国，这三个学科早已经存在了。然而在我看来，目前重提这一问题，比十年前讨论这一问题时的意义小不了多少。因为我们的学科建设远没有达到自觉的程度，甚至在很大程度上，我们的学科分类常常只是名异而实同罢了。由于受苏联文艺理论研究和教学模式的影响，长期以来，我国的文艺理论体系基本上是从政治经济学模式套用下来的。问题在于，这种政治经济学的视角和方法却不仅要研究文艺与经济基础以及整个社会生活之间的外部联系，而且要研究文艺作为一种特殊的意识形态的内部规律，甚至还要研究文艺创作和欣赏中的一系列心理问题。如此包打天下的企图虽然全面，却由于无法从一个恰当的角度深入下去而失之空泛。例如，当年学术界有关形象思维问题的讨论不可谓不重要，不可谓不严肃，不可谓没有意义，但是为什么不了了之了呢？这是因为

1　陈炎：《三足鼎立的文艺学：文艺社会学、文艺美学、文艺心理学研究的原则分野》，《文学评论家》1991年第2期，第31—35页。

形象思维的问题说到底是一个心理学的问题，必须用心理学的方法才能真正解决，而我们的讨论却仅仅停留在哲学的层面上，或引用名人的语录，或描摹作家的感受，唯独不能用心理科学的方法来揭示文艺创作和欣赏活动的真正秘密。其结果自然是公说公有理、婆说婆有理，尽管有些观点获得了多数人的赞许，也只能从经验上而无法从科学上证明其合理性。又如，对文艺社会效应问题的研究也是如此。由于人们没有进行必要的社会调查和统计分析，其结果便常常是想当然的推论而已。尽管上述现象在近些年来有了一定的改观，但由于缺乏内部的合理分工和自觉的学科意识，而未能实现整体性的突破。面对这种局面，我们不仅需要在具体的学术观点上进行战术上的探索，而且需要在整体的学科建设上进行战略上的调整。正因如此，在目前的情况下，重新提倡这三个学科之间的理论分野，有助于摆脱传统文艺理论包打天下而又混沌未分的原始状态。

近些年来，国内关于文艺美学的学科属性意见颇多，仅2001年5月于济南召开的"文艺美学学科建设讨论会"上就出现了以下几种不同的观点：有人认为它属于传统美学的一个分支学科，有人认为它属于文艺学和美学之间的一个新兴的交叉学科，有人则认为它只是一个研究领域而不是一个独立的学科，有人甚至认为它也算不上一个独立的研究领域而只是一个有中国特色的研究学派。[2] 在这里，我想先将后种观念一一排除，然后再论证第一种观点的合理性。

在我看来，一个完整而独立的学科，必须具备如下三重属性：第一，它要有相对固定的研究对象。第二，它要有相对独特的研究角度。第三，它要有相对统一的研究方法。以此而论，尽管文艺学被列入教育部颁布的二级学科目录，但是如上所述，它只有相对固定的研究对象，而不具有相对独特的研究角度和相对统一的研究方法。既然从学理上讲，所谓文艺学本身并不是一个独立的学科，而只是综合了各种有关文学艺术研究的一个学术领域，所以那种望文生义，认为文艺美学就是文艺学与美学之交叉学科的观点是难以成立的。反过来说，如果有人坚持认为文艺美学是一种交叉学科，便须首先论证文艺学作为一种独立学科的合法性。其次，那种认为文艺美学只是

2　夏冬红：《"文艺美学学科建设与发展"研讨会综述》，《文史哲》2001年第4期，第124—125页。

一个研究领域而非独立学科的观点也是不能成立的。因为从上述图示中可以看出，文艺美学和文艺社会学、文艺心理学都以文艺实践为其共同的研究对象，它们之间只是研究角度和研究方法的不同，而非研究对象和研究领域的不同。这一点，颇似中医与西医的差别。因此，正如单纯地强调研究领域的独特性无法真正体现中医的独特性一样，单纯地强调研究领域的独特性也无助于我们对文艺美学的理解。最后，我们也不同意那种将文艺美学视为一种学派的说法。在同一研究领域中，所谓学科与学科之间的差别，是角度和方法的不同；而所谓学派与学派的不同，则只是风格和特色的不同。诚然，在学术史上，有些不同的学派可以渐渐发展为不同的学科，但这其中毕竟有一个量变到质变的过程。因此，正像我们不能轻率地将中医解释为医学发展的中国学派一样，那种将文艺美学称之为美学发展的中国学派的说法也是不够审慎的。

在我看来，所谓文艺美学，是美学这一基础学科在文学艺术领域中所生发出来的一个分支学科。它以美学为视角，以概念的设定、范畴的演绎、体系的建构为方法，来研究文学艺术的审美特征和美学规律。其研究内容主要包括：文学艺术的审美本质和审美类型，文艺作品的存在方式和物质媒介，文艺思潮的历史发展和美学规律，文艺风格的民族特征和审美趣味。在此问题上，我同意周来祥先生的观点："如果说，相对于普通美学而言，文艺美学是特殊；那么相对于各部门美学来说，文艺美学则又是一般。普通美学研究的是人与现实审美关系的一般规律，文艺美学则专门研究人与现实审美关系在艺术领域中的特殊规律；文艺美学研究的是各门类艺术共同的美学规律，而部门美学（如音乐美学、舞蹈美学、建筑美学等）则专门研究某一艺术种类独具的美学规律。文艺美学以普通美学的逻辑终点作为自己的逻辑起点，而部门美学则又以文艺美学的逻辑终点作为自己的逻辑起点……这样，就形成了整个美学科学中的不同层次、不同系统、不同学科。"[3]

我们知道，美学是研究人与现实审美关系的学科，而这一审美关系最为集中地体现在文艺实践之中。因此，无论是西方还是中国，历史上的许多美学思想家在探求人与现实审美关系的同时也往往关注于艺术实践中的美学问

3　周来祥：《文艺美学的对象与范围》，《文史哲》1986年第5期，第63页。

题；而那些研究艺术问题的学者，也常常会反过来，在人与现实审美关系的美学思考中获得理论上的支持。只是，由于缺乏自觉的学科意识，人们并没有在称谓上将二者有意地区别为“美学”和“文艺美学”罢了。

例如，黑格尔《美学》的第一卷集中探讨了人与现实的审美关系问题，并得出了“美是理念的感性显现”这一核心命题。然后在第二卷里，他便将这一命题的理解运用在人类文艺实践的发展过程之中，从而将不同时期的艺术实践表述为：理念借助感性形式之不完全表现的“象征艺术”、理念与感性形式和谐一致的“古典艺术”、理念溢出感性形式的“浪漫艺术”这三个历史阶段；在第三卷里，他又将这一命题的理解运用于人类各门艺术的分类之中，从而将不同类型的艺术表述为理念借助感性形式之不完全表现的建筑、理念与感性形式和谐一致的雕刻、理念溢出感性形式的绘画和音乐。于是，第一卷中有关人与现实审美关系的抽象命题，便在第二、第三卷的文艺实践中得到了历史和逻辑的展开。因此，如果我们把第一卷视之为美学，那么第二卷、第三卷则可视之为文艺美学。在这里，美学的逻辑终点恰恰是文艺美学的逻辑起点。

不仅西方如此，中国古代也有类似的情况。如刘勰的《文心雕龙》，开篇通过《原道》《征圣》《宗经》三章，以“道沿圣以垂文，圣因文而明道”的主张将道家的“自然之道”与儒家的“夫子文章”融为一体，综合了前者的自然美学观和后者的社会美学观，以“唯务折衷”的方法将先秦以降的两大美学思想凝聚为“衔华佩实”的审美理想，并以此为基点来解决文艺问题。此后，从《辨骚》到《书记》的21篇为文体论，分别论述了骚、诗、乐府、赋、颂、赞、祝、盟、铭、箴、诔、碑、哀、檄、移、封禅、章、表、奏、启、议、对、书、记等35种文体的艺术功能和美学特征；从《神思》到《总术》的19篇为创作论，分别论述了文学构思、文学修养、文学风格、文学演变、文学规则，以及篇章的裁剪、布局的谋划、声律的运用、词藻的搭配等一系列创作问题；从《时序》到《程器》的5篇为批评论，分别从时代风貌、自然环境、创作才能、鉴赏水准、品德层次等方面论述了文学评论和文学鉴赏中的若干问题。但是，无论是“论文叙笔”的文体论，还是“割情析采”的创作论和批评论，都以“衔华佩实”的美学理想为原则，论《明诗》则赞美“神理共契，政序相参”，论《风骨》则要求“风清骨峻”“情与气偕”，论《通变》则主张“变则其久、通则不乏”……处处都是两点论，处处都是辩证法，处处都是“衔华佩实”思想的逻辑展开和历史呈现。因此，如果我们说《文心雕龙》是一个相对完整的文艺美学体系的话，那么前此以往儒、道两家的美学思想恰恰为这一体系的出现奠定了理论基础，提供了逻辑前提。

近些年来，我国的文艺美学研究之所以有了较为长足的发展，应归结为历史和现实的双重动力。从历史上讲，西方传统的学术研究常从一般的概念入手、抽象的命题出发，因而普通美学的成果相对较多；而中国传统的学术研究则常从特殊的现象出发、具体的事物入手，因而部门美学的材料更为丰富。在这种前提下，一旦我们有了明确的学科意识，就有可能在西方的普通美学和中国的部门美学之间架起一座文艺美学的桥梁，从而实现由抽象到具体之间的逻辑转换。从现实上讲，新中国成立以来，由于长期受苏联文艺理论研究模式的影响，我们对文学艺术与政治、经济之间的外部联系较为重视，而对文学艺术自身的美学规律则研究较少。在这种前提下，文艺美学的研究在“文革”之后也便受到了越来越多的学者的重视。从1986年全国首届文艺美学讨论会的召开，到2001年教育部第一家文艺美学重点研究基地的成立，我国已出现了一支正在不断壮大的文艺美学研究队伍；从1984年周来祥先生出版的《文学艺术的审美特征与美学规律（文艺美学）》，到1992年杜书瀛先生主编的《文艺美学》，我国已出现了一批有关文艺美学的研究专著和学术论文；从1985年胡经之先生主编的《文艺美学论丛》到2001年曾繁仁先生主编的《文艺美学研究》，我国已出现了一些发表文艺美学研究成果的学术园地。

然而，在取得上述成就的同时，我国的文艺美学研究尚存在以下不足：首先，像上面所提到的那样，理论界对文艺美学的学科定位问题尚没有达成共识，很多精力消耗在重复性的、低水平论争之中，而未能用于理论建设。其次，与之相关的是，对文艺美学的研究内容和研究方法也没有达到充分的理论自觉，不少成果缺乏必要的逻辑起点，各范畴的演绎之间也没有内在的矛盾动力，很多人仍习惯于“举例说明”式的论证方式，一些以“文艺美学”为题目的文章和著作并没有完全脱离传统文艺理论的研究框架。所有这一切都需要我们进行必要的反思，并在与文艺社会学和文艺心理学的分工协作中真正实现文艺美学的学术使命。

二

文艺社会学是有关文艺社会行为和社会效用的学科，其研究内容主要包括：文艺生产的社会条件和社会动机，文艺传播的社会媒介和社会手段，文艺消费的社会功能和社会价值，文艺管理的社会组织和社会制度。1979年版的《苏联大百科全书》认为，文艺社会学有两重含义：在广义上，它研究整个社会生活状况同作为特殊的社会活动领域——文艺之间的相互依赖性；在狭义上，它是社会学的一个部门，借助社会学研究的所有方法，考察文艺对观众的影响、文艺作品传播的社会机制和手段、观众的趣味、观众的分类，以及这种趣味对文艺作品的影响。广义的文艺社会学由来已久，譬如史达尔夫人所著《从文学与社会制度的关系论文学》、马克思以希腊神话为例探讨艺术生产与物质生产之关系的研究，均属此类。而狭义的文艺社会学，则不仅要有社会学的视野，而且要有社会学的方法。

我们知道，“社会学”一词最早见于孔德1839年出版的《实证哲学教程》一书。在他看来，人类的智力发展大致经历了神学、形而上学和实证科学三个阶段，而只有用实证的方法对社会现象进行描述、归纳和概括，才能建立起具有科学意义的社会学。如此说来，作为一门新兴学科，社会学不是形而上学的延伸，而恰恰是作为其反动出现的。在这种思想的影响下，尽管社会学以后从其他社会科学、尤其是从自然科学中引进了许多新的方法和手段，却始终保持着现象描述和经验实证的基本特征。受其影响，丹纳在《艺术哲学》中有关文艺生产与种族、环境、时代之关系的研究，即开始了由广义的文艺社会学向狭义的文艺社会学过渡。

进入20世纪，尤其是“二战”以后，社会学成为西方世界的“显学”，运用社会学方法来从事文艺现象的研究渐渐多了起来。这其中以法国波尔多大学教授埃斯卡皮在1958年出版的《文学社会学》最为著名。该书不仅首次从文学的产生、传播、消费等方面较为系统地研究了其社会活动的全部过程，而且采用了大量的统计资料和调查数据。例如，他试图从书籍种类和数量的统计中来确定一个国家的文学生产和消费能力；他试图通过作家的出身、职业、成名年龄和受资助情况的调查之中来分析文学创作的社会条件；他试图找到19世纪上半叶英国戏剧舞台萧条与版税低廉之间的内在联系；他试图将数据统计转换为图表分析，以预测不同作家群体出现的年代周期……尽管依现在的标准看，该书的材料有些琐屑甚至凌乱，该书的论点亦不乏简单甚至幼稚之处，但是从学科的发展来看，它所使用的方法，它所开辟的领域，在当时确乎给人以耳目一新，甚至振聋发聩的印象。作为对此项研究成果的肯定，当时法国著名的社会学家乔治·古尔维奇在其主编的《社会学概论》中为“文学社会学”设立了专章；在官方的支持下，波尔多大学文学系正式成立了“文学事实研究中心”，后易名为“文学和大众艺术技术研究所”。显然，前者意味着社会学界已承认了文学社会学作为其分支学科的存在；后者则在“事实”和“技术”这两个关键词中体现出了在传统的历史文献研究方法之外，社会学的统计和调查方法在文艺研究中得到了应有的重视。

在此之后，西方的文艺社会学研究获得了长足的发展：首先是成果众多，据1973年的统计，该类著作已多达250余种；其次是机构众多，不仅许多高校和地方成立了文艺社会学研究中心，而且在联合国教科文组织的领导下，国际社会学协会还成立了专门的文艺社会学委员会；最后是学派众多，不仅出现了文学社会学、音乐社会学、电影社会学、戏剧社会学等分支学科，而且出现了一些富有特色的研究手段和学术派别。

受其影响，我国的文艺社会学在近些年来也有了一些发展，先后有刘崇顺、王铁、马秋风的《文艺社会学概说》，司马云杰的《文艺社会学论稿》，滕守尧的《艺术社会学描述》，花建、于沛的《文艺社会学》，姚文放的《现代文艺社会学》等专著和一系列文章问世。但与西方相比，还有着很大的差距。首先，在学科定位问题上，尚存在一些分歧甚至偏颇。例如，李泽厚

1981年在《美学的对象和范围》一文中就曾指出，美学是美的哲学、审美心理学和艺术社会学三者的某种形式的结合。这种将艺术社会学隶属于美学的观点，在很大程度上取消了其独特的学科属性。其次，在研究方法上，尚处在不够自觉的阶段。或许是受李氏观点的影响，不少从事文艺社会学研究的人相当轻视全方位的社会视野和统计与调查等实证手段，只是忙着演绎什么命题，建构什么体系。而这一切，恰恰与真正意义上的文艺社会学相去甚远。最后，在研究手段上，还存在着严重的滞后现象。迄今为止，我们还没有建立一家严格意义上的文艺社会学调查机构。以上述论著为例，我们关于文艺社会学研究所使用的数据，或借助于相当简略的统计年鉴，或借助于翻译而来的国外资料，像花建和于沛《文艺社会学》那样真正从一个地区的文艺社会实践入手，从抽样调查、民意测验、数据统计等做起，然后再归纳、分析、总结出结论的工作，却很少有人去做。

将上述问题仅仅归咎于某种思想的影响，似乎并不公允。这其中，既有经济条件的滞后，亦有传统观念、甚至科研体制的影响。长期以来，我们既缺乏严格的逻辑思辨，又懒得进行调查研究，只是习惯于“举例说明”式地撰写文章。美其名曰是用宏观的视野来统驭微观的材料，实际上则是用经验的材料来佐证先验的观点。这种研究最简便、最快捷、最容易出成果，但由于经验材料的多样性和先验观点的随意性而无法保证二者的结合有什么意义。说到底，举例只能说明问题，却无法证明问题。事实上，许多具体的文艺问题，是不可能依靠“举例”来加以“证明”的。例如，对影片中的暴力镜头所可能产生的社会影响这一问题，不同的人就有不同的见解。一种意见认为，暴力镜头的出现自然会唤醒人们的犯罪欲念，从而诱发社会犯罪。另一种意见则认为，人们的犯罪欲念是社会造成的，而不是电影造成的；影片中的暴力镜头不但不会诱发犯罪，反而会使人们的暴力情绪在欣赏电影的过程中得到必要的宣泄，从而减少犯罪。这两种针锋相对的观点不仅都能自圆其说，而且都可以举出各自的例证。对此，我们既不能依据某种理论体系来证明孰是孰非，也不应根据一己的经验和爱好而决定谁对谁错，唯一合理的办法是进行认真细致的社会调查。在调查中我们也许会发现，对于不同历史时期、不同社会传统、不同文明程度、不同年龄层次的观众来说，影片中的暴力镜头所产生的社会效果可能是不尽相同、甚至截然相反的。于是，这些调查结果又反过来引发出了许多新的研究课题，以及对电影实行分级管理等社会手段，这一切，正是文艺社会学研究的意义所在。

在此，我们可以简单地对比一下文艺美学和文艺社会学在研究对象和研究方法之间的互补关系：在对象上，前者注重研究文学艺术的审美特征和美学规律，而后者则侧重研究文学艺术的社会功能和社会影响。埃斯卡皮认为，文学社会学不应为此而受到指责，因为“文学”一词原本就是指一种社会文化事实而不仅仅是一种审美的存在。因此，完全可以“将作家当作某种职业的人来研究，将文学作品当作交流方式来研究，将读者当作文化商品的消费者来研究”。[4] 在研究方法上，前者从抽象命题出发，进行“自上而下”的演绎和推论，它要在范畴的严密和体系的完整之中体现出理论自身的逻辑力量；后者从具体的经验事实出发，进行“自下而上”的归纳和总结，它要在经验的真实性和数据的可靠性之中来确证学术研究的现实品格。正像李斯托威尔所说的那样，“社会学派对美学的永恒贡献，不在于它关于艺术和美的一般理论，而在于它对艺术和社会的历史关系所作的勤勉的、详尽的研究”。[5] 正是由于上述互补关系，才使得这两门学科各有各的弱点，也各有各的长处；各有各的适用范围，也各有各的发展空间。

但是，如果说我们的文艺美学研究在观念的抽象程度、范畴的严谨程度、体系的严格程度上有所欠缺的话，那么我国的文艺社会学研究则在经验的具体程度、调查的深入程度、数据的准确程度存在着不少问题。因此，正像许多冠之以“文艺美学”的论著缺乏美学的高度一样，不少冠之以“文艺社会学”的文章则缺乏社会学的品格。结果搞来搞去，制造了不少名词和术语，而实际上却与苏联文艺理论的研究模式相去不远，无法在两个学科之间形成必要的张力。

4 [法]罗贝尔·埃斯卡皮：《文学社会学》，于沛译，浙江人民出版社，1987年，第270页。

5 [英]李斯托威尔：《近代美学史评述》，蒋孔阳译，上海译文出版社，1980年，第187页。

三

文艺心理学是有关文艺心理特征和心理机能的学科，其主要研究内容包括：文学艺术家的心理条件及其类型，文艺创作的心理机制及其过程，文艺欣赏的心理效应及其标准。

正如文艺美学是普通美学的分支学科、文艺社会学是普通社会学的分支学科一样，文艺心理学则是普通心理学的一个分支学科。如果说普通心理学研究的是人类在通常状态下的心理活动及其规律，那么文艺心理学则要研究人类在文艺实践这一非常状态下的特殊的心理活动及其规律。同样地，正如文艺美学的研究受制于普通美学的研究视角、文艺社会学的研究受制于普通社会学的研究方法一样，文艺心理学的研究也必须以普通心理学的研究成果为支点，进一步探讨审美活动中的心理问题。

从方法论上讲，诞生于西方的心理科学大致可分成“实验心理学”和“分析心理学”两大学派。前者是由冯特在一百年前的莱比锡建立心理学实验室开始的，后者是由弗洛伊德在一百年前的维也纳从事病理学临床研究的结果。相对而言，前者更加重视心理活动的生理基础，企图通过实验手段来进行类似生理解剖式的心理解剖，因而具有实证主义的科学倾向；后者则更加重视心理活动的社会内容，企图通过心理分析的方法来找到意识背后的潜在力量，因而具有思辨哲学的推理性质。因此，从某种意义上讲，心理学的方法可被视为一种介于实证科学和思辨哲学之间的中间道路，而这条道路也便决定了文艺心理学在方法论上介于文艺社会学和文艺美学之间的特殊性质。

一百年来，西方的文艺心理学研究成绩显著，取得了一些或扎扎实实、或影响深远的成果。在实验心理学派方面：费希纳在《美学导论》中所提出的16项原则，至今对审美心理和艺术实践的研究仍具有指导意义；吉布森对个体知觉和群体知觉相互转换的研究，启发了人们去思考艺术家的个人风格与社会风尚相互影响的问题；贝里尼在60年代所提出的“唤醒理论”，对艺术家如何唤醒并保持欣赏者的注意力有着重要的启示作用；阿恩海姆的“格式塔”理论，对视觉艺术的研究已引起广泛的关注；泽基试图通过人类大脑视觉系统和言语系统的进化研究，来探索绘画艺术的奥秘……在分析心理学派方面，弗洛伊德的“潜意识”假说及其“升华”理论，曾经产生过震惊世界的影响；荣格的“集体无意识”学说及其“原型”理论，亦曾演变为文艺理论中的原型批评学派；阿德勒用其对“自卑情结”的发现，来解释艺术家“追求优越”的创作动机；拉康则用自己的“镜像理论”，来说明绘画艺术存在的意义……

在这里，有两点是需要指出的：第一，作为一门科学，尽管分析心理学派有着不少超验的假设和哲学的玄思，但其结论必须有临床实验案例和统计数据作为支撑；第二，即便如此，在西方，不少严格的实验心理学家仍认为分析心理学派的方法和手段不够严谨，甚至算不上科学。因此，相对而言，尽管在美学领域中，分析心理学派在表面上的影响要远远大于实验心理学派，但其未来的前景尚难预料，很可能会形成一种各领风骚、平分秋色的局面。

然而在我国，尽管朱光潜先生早在30年代就撰写了《悲剧心理学》《变态心理学》《文艺心理学》三部书稿（其中前者在国外出版，后两者在国内出版），并要求“抛开一切哲学成见，把文艺的创造和欣赏当做心理的事实去研究”，[6]但是，由于我国的普通心理学研究比较落后，再加上相当时期的政治影响，致使“文革”之后重新启动的文艺心理学研究并没有取得实质性的进展。例如，金开诚的《文艺心理学论稿》尽管一时洛阳纸贵，但究其内容，则无非是用中国古代的名诗佳句来阐发曹日昌的《普通心理学》术语罢了。在此之后，吕俊华的《艺术创造与变态心理》和鲁枢元的《创作心理研究》分别用“激情”“情绪记忆”等范畴突破了金开诚以“表象”为核心的认知范畴，因而曾造成很大影响，但其思想解放的作用远远大于学科建设的意义。

在西方，从事文艺心理学研究的人大多数是职业心理学家或医生；而在我国，从事此项研究的人则一般为文艺理论工作者。这种差别的优势是，我国学者对文艺实践的特点及其规律比较熟悉，因而其研究内容与美学活动较为贴近；其劣势则在于，我国学者对心理学的特点和规律较为隔膜，因而很难具有科学性和原创性相统一的理论建树。正如我国至今尚没有一家文艺社

6　《朱光潜全集》第1卷，安徽教育出版社，1993年，第193页。

会学调查机构一样，我国至今也没有一所文艺心理学实验室。正如我国曾出版过一些既没有社会调查又没有统计数据的文艺社会学著作一样，我们也曾发表过不少既没有实验结论又没有临床基础的文艺心理学文章。最常见的方法有两种，一是从西方心理学的范畴和体系出发，来演绎作家、欣赏者、乃至理论家自身所面对的文艺现象；一是从作家、欣赏者、乃至理论家自身的艺术经验出发，总结和概括出所谓文艺心理学的范畴和体系。前者只是西方已有心理学成果的美学运用，因而很难具有原创价值；后者只是有限经验的概括和总结，因而很难具有科学意义。因此，尽管我们的研究中充满了古人的名言和今人的警句，尽管我们的著作中充斥着像模像样的概念和井然有序的体系，但究其实质，这些名言和警句常常因个体经验的不同而有着很大的偶然性和随意性，这些概念和体系常常因既不能证实也无法证伪而处在前科学状态。

当然了，同文艺美学和文艺社会学一样，我国文艺心理学的研究也并非一无是处，除了对艺术经验的总结和创作观念的推进之外，不少学者在译介西方成果和编写中国教材方面都做了实实在在的工作。前者如滕守尧先生撰写的《审美心理描述》，后者如童庆炳、程正民先生主编的《文艺心理学教程》。所有这些工作都不断加深着我们对文艺心理学这门学科的认识程度，使我们的学科建设渐渐由术语的挪用而走向理论的自觉。

事实上，走向理论的自觉，正是本文的目的所在。作为文艺领域中的三大学科，文艺美学、文艺社会学、文艺心理学的研究成果将会获得更高层次上的彼此分享和相互参照，这一点是毫无问题的。但在当前的情况下，我们要做的，还不是什么更高层次上的综合，而是基本层面上的分工。也就是说，我们首先需要做的是：使我们的文艺美学具有真正的逻辑力量，使我们的文艺社会学具有真正的实证品格，使我们的文艺心理学具有真正的学科意义。惟其如此，我们才能真正打破长期以来文艺学领域中所存在的那种名异而实同、混沌而未分的研究模式，使各个学科获得健康而持续的发展。

（此文发表于《文史哲》2001年第6期，《当代作家评论》2002年第1期论点摘编）

建立东方美学的可能性与必要性

建立“东方美学”是必要的，但其必要性并不仅仅在于满足我们东方人特有的民族情感，也不仅仅在于解释东方人独特的审美活动；建立“东方美学”是可能的，但其可能性并不仅仅在于梳理已有的概念和范畴，也不仅仅在于向西方美学的逻辑形式靠拢。在我看来，建立“东方美学”之所以是必要的，是因为已有的“西方美学”存在着自身难以克服的矛盾和问题。在我看来，建立“东方美学”之所以是可能的，其可能性恰恰不是要向西方美学的逻辑形式靠拢，而是要保留东方智慧的独特品性。

一

众所周知，“美学”（Asthetics）作为一个学科，是由18世纪的西方人所创立的，在这一学科传入东方之前，无论是中国人、日本人，还是韩国人，不仅没有“美学”这个专有名词，而且也没有与西方美学相类似的、以探讨“美的本质”为核心的范畴系统和演绎过程。为此，不少东方学者深感遗憾，认为东方传统哲学和文化中虽然也有关于美的研究和思考，但长期处在不自觉、不系统的非逻辑状态，并力争发愤图强，在中国、日本、韩国等东方国家的传统哲学和文化中梳理像“意境”“风骨”“风流”“游”之类至少对于东方诸国具有普遍意义的概念，并进一步将其逻辑化、系统化、科学化，从而建立起足以同西方美学平分秋色的“东方美学”。

应该承认，上述东方学者的努力是难能可贵的，在一定范围内甚至可以说是富有成效的。但这种成效背后似乎潜藏着一个问题：美学究竟是一门普世的学科呢？还是一种具有地理和历史语境阈限的文化描述？如果说美学是一门具有普世意义的学科，那么我们就没有必要去寻找和澄清那些在西方人的审美活动中并不具有普遍意义的“意境”“风骨”“风流”“游”之类的概念；如果说美学只是一种具有地理和历史阈限的文化描述，那么我们就没有必要将东方的美学概念纳入西方式的逻辑系统。

同上述学者一样，笔者也认为建立“东方美学”是必要的，但其必要性并不仅仅在于满足我们东方人特有的民族情感，也不仅仅在于解释东方人独特的审美活动。同上述学者一样，笔者也认为建立“东方美学”是可能的，但其可能性并不仅仅在于梳理已有的概念和范畴，也不仅仅在于向西方美学的逻辑形式靠拢。在我看来，建立“东方美学”之所以是必要的，是因为已有的“西方美学”存在着自身难以克服的矛盾和问题。在我看来，建立“东方美学”之所以是可能的，其可能性恰恰不是要向西方美学的逻辑形式靠拢，而是要保留东方智慧的独特品性。

二

在我看来，人类所面对的世界至少有三个：一个是形而上的纯粹理性的思辨领域，一个是形而下的纯粹感性的现实领域，而在这两者之间，还有着一个形而中的感性和理性相交融的情感领域。而对于理性和感性相对分裂的西方人来说，形而上的问题主要依靠逻辑演绎的方法来研究，这与其传统的“逻格斯中心主义”是相适应的；形而下的问题主要依靠经验归纳的方法来研究，这与其在17世纪以后所建立起来的“实证科学”的方法是相适应的；而“形而中”者则既不适用于单纯的逻辑法则，也不适用于具体的实证经验，所以并不是西方人所擅长的研究领域。事实上，如果我们认真考察一下西方美学的发展历程，便会发现西方人在这一领域中的成就并不值得羡慕，因为他们至今也没有找到一条正确的研究途径。

从传统上讲，西方美学原属于哲学的一个组成部分，而哲学作为一种“爱智慧”的思辨活动，注重的不是经验归纳，而是逻辑演绎。我们知道，西方人在哲学研究中所不可或缺的“逻辑”（logic）一词是希腊语“逻各斯”（λóros）经由拉丁文的logica演变而来的。而根据今道友信的分析：“逻各斯在希腊文中主要有以下七种意思：一，理性；二，语言；三，逻辑；四，命题；五，推理；六，理法；七，真理。……因此，哲学家的思维也就成了‘逻各斯’环绕那各个相位的内在运动。也就是说，哲学家的理性，通过语言，按照逻辑来进行推理，阐明宇宙的理法；在确立命题时获得真理。”[1] 问题在于，审美活动的本质是情感而不是真理，而情感活动的微妙之处恰恰是“只可意会不可言传”的。从这一意义上讲，不要说人们无法找到“美的本质”“美的真理”，即便是有一天，人们真能用一种概念来囊括了这一本质、掌握了这一真理，它对于具体鲜活的审美活动也了无帮助。因此，尽管西方美学史上有着关于“美的本质”的各种各样的说法，就连西方学者自己也不得不承认，他们陷入了一种形而上学的误区。

为了走出“哲学美学”的研究误区，现代的一些西方学者又打出了“科学美学”的新旗号。与以往“自上而下”的美学研究不同，这些学者反对从抽象的命题出发，进行逻辑的演绎和推理；而是主张“自下而上”，从具体的现象入手，进行经验的归纳和总结。“从广义上理解，美学研究中的实验态度，应该是那种尽量利用各种可能的研究途径和方式中所得到的有关审美经验的本质的全部线索的态度。这就是说，要把一切可能得到的线索合并在一起，在此基础上，通过归纳和对假设的验证，提出一些初步的综合。”[2] 且不说要把那些与审美经验的本质相关的“全部线索”合并起来谈何容易，即使人们真能合并起来进行研究，也未必能够找到真正的原因或根据。一方面，你不知道究竟是达·芬奇笔下的哪条线条触动了观众的审美感知；一方面，当你

1 [日]今道友信：《东西方哲学美学比较》，李心峰译，中国人民大学出版社，1991年，第106页。

2 [美]托马斯·门罗：《走向科学的美学》，石天曙、滕守尧译，中国文艺联合出版公司，1984年，第18页。

千辛万苦地找到了那条线条之后，观众的审美感知条件可能已经在具体的历史文化语境中发生了变异。说到底，画布或颜料的分子结构可以分析，但作为审美对象的“蒙娜丽莎”并不是一种单纯的经验事实，它的美感效果和艺术价值在不同的历史和文化氛围中是不断变化的。于是，正像“自上而下的美学”遭遇到了分析哲学对于“美的本质”这一“伪命题”的质疑一样，“自下而上的美学”则陷入无限复杂的经验材料而难以自拔。结果是，研究来研究去，竟应了两千年前的那位希腊哲人所留下的谶语：“美是难的。”

应该承认，对于西方人的思维传统来说，美学研究确乎是难的。它难就难在西方人总是要用一种逻辑和概念来规范情感活动，而情感活动的意义又恰恰在于它是无法被任何一种逻辑和概念所规范的；它难就难在西方人总是要将审美对象化约为一种单纯的经验事实，而审美对象的秘密又恰恰在于它不是一种单纯的经验事实。换言之，无论是“自上而下”的“哲学美学”还是“自下而上”的“科学美学”，都无法抓住美之为美的关键所在。美之为美的关键，不在纯粹理性的思辨领域，不在纯粹感性的现实领域，而在感性和理性相交融的情感领域。对于感性和理性彻底分裂的西方人来说，这一领域将他们带入“英雄无用武之地”的尴尬境地，使他们一向擅长的演绎法和归纳法统统失灵了。

三

在西方，作为“美学之父”的鲍姆嘉通（A.G.Baumgarten）曾经这样界定美学：“美学（作为自由的艺术理论、低级认识论、美的思维的艺术与类理性思维的艺术）是感性认识的科学。”“美学的目的是感性认识的完善，而这也就是美”[3] 如此说来，鲍姆嘉通并没有抓住美学作为一个学科的独立属性，而只不过是将其看成是认识论的一个组成部分，从而审美活动也只不过是认识活动的一个初级阶段。因此，尽管鲍姆嘉通第一个使用了“美学”这一概念，但从其有关“低级认识论、美的思维的艺术与类理性思维的艺术”之类的描述可知，他对人类情感活动的理解其实是相当肤浅的。

3　A.G.Baumgarten.Theoretische Ästhetik. Hamburg：F.Meiner，1983。

鲍姆嘉通之后，真正为美学开辟独特领域的是康德（Immanuel Kant）。他在完成了《纯粹理性批判》和《实践理性批判》这两部著作后发现，在人的认识领域与实践领域之外，还存在着一个独特的情感领域。在这一领域中，人类的审美活动虽然诉诸其自身的情感，但不像伦理实践那样具有现实的利害关系。在这一领域中，人类的审美情感虽然具有普遍可传达性，但不像科学认识那样以概念和范畴为依据。如此说来，人类的审美活动并不是什么认识活动的低级阶段，而有其独特的法则与机能——情感判断力。因此，在我看来，尽管鲍姆嘉通将自己的著作命名为《美学》，但其并没有为美学开辟出独特的学术空间；尽管康德将自己的著作命名为《判断力批判》，却是真正意义上的“美学之父”。

康德不仅为美学研究开辟了独立的学术空间，也为其提出了巨大的挑战。在他看来，人类的审美活动是“想象力”和“知性”之间的协调运动，而这种运动方式是不以概念为中介的。当一种活动不以概念为中介时，我们又如何以概念的方式加以描述和把握呢？于是，康德为西方人打开了美学的大门，却无法引导他们深入进去。在康德之后，西方美学所陷入的危机已不仅仅是学术命题的危机，而且是话语形式的危机了。为了扩大人类对自身能力的反思空间，新康德主义马堡学派的代表人物厄恩斯特·卡西尔（Ernst.Cassirer）将概念和范畴扩展为符号，认为包括语言、神话、艺术、科学在内的人类一切精神文化现象都是一种符号行为。在此基础上，其学术继承人苏珊·朗格（Susanne.K.Langer）进一步将符号分为“推论性符号”和“表现性符号”两大类：前者是人们常用的语言，后者则是与语言并列的艺术。在她看来，语言尽管是人类最重要的符号系统，却不是唯一的，更不是万能的。在人类需要表达的范围内，还存在着一些用语言所无法表达而又非要表达不可的内容，这便是艺术之所以存在的意义。这样一来，康德所留下的问题就更加明确了：美学所使用的“推论性符号”又如何跨越到“表现性符号”的领域去分析和研究审美和艺术问题呢？

其实，与具有“逻格斯中心主义”传统的西方人不同，中国的古人很早就已经意识到了语言的局限性。《老子》开篇云：“道可道，非常道；名可名，非常名。”讲的就是这个道理。《庄子·秋水》说得更加清楚：“可以言论者，物之粗也；可以意致者，物之精也；言之所不能论，意之所不能致者，不期精粗焉。”在他们看来，人类的语言和逻辑虽然有用，但也有限。在大千世界上，总有一些语言所触及不到的精微之处有待于我们去表达和探究。如何表达和探究这些内容呢？在庄子“得鱼忘筌”“得意忘言”思想的启发下，王弼在《周易略例·明象》中指出：“夫象者，出意者也。言者，明象者也。尽意莫若象，尽象莫若言。言生于象，故可寻言以观象。象生于意，故可寻象以观意。意以象尽，象以言著。故言者所以明象，得象而忘言。象者所以存意，得意而忘象。犹蹄者所以在兔，得兔而忘蹄；筌者所以在鱼，得鱼而忘筌也。”如果我们把这里所说的卦象之“象”扩展为艺术之“象”、卦辞之“言”扩展为语言之“言”的话，便可获得巨大的启发意义。在这里，作为表达“意”的符号系统，“象”和“言”之间虽然有着具体与抽象、表现与推理的重大区别，却不是截然分离、彼此对立的。如果说，“象”的特点是具体鲜活而又无限丰富的，那么“言”的特点则是抽象概括而又逻辑严谨的。一方面，我们必须承认前者并不是后者的初级阶段，后者也并不是前者的高级形式，它们之间谁也代替不了谁。一方面，我们又必须承认，尽管后者不能穷尽前者的无限意蕴，却可以在相对的意义上趋近前者。而如何运用概念和范畴在相对的意义上趋近于审美活动的无限意蕴，也正是美学研究的关键所在。

过去，我们总是觉得逻辑严谨的西方概念有着无往而不胜的学术优势。现在，人们似乎发现，越是清晰的概念、严谨的逻辑，就越发难以趋近人类复杂的审美情感。因此，与西方美学不同，中国人一开始便不去探讨抽象的“美的本质”，而采取一种“以诗论诗”的灵活态度，用一种虽不严谨却贴切的语言形容之、描述之。这样做的目的，并不是要得到一种准确无误而又一劳永逸的逻辑命题，而是让人们在“得意忘言”的过程中去体悟艺术、情感和美的奥秘……或许，这种体悟的方式不仅更接近于东方的智慧，而且更接近于美学的应有之义。只有在这一意义上，我们才能够理解，为什么在词源学研究上有着很深造诣的海德格尔（Maitin.Heidegger），在其晚年却需要借助荷尔德林的诗句和凡·高的绘画来表达自己对于存在和艺术的体悟；只有在这一意义上，我们才能够理解，为什么曾经翻译过康德《判断力批判》的宗白华，在其晚年却要通过诗意化的《美学散步》而去追寻中国文化的美学奥秘；只有在这一意义上，我们才能重新对东方古代那些并不严谨却韵味十足的审美范畴加以利用；也只有在这一意义上，我们才能够建立起真正意义上的“东方美学”。

总之，在我看来，美学作为一门具有普世意义的人文学科，应该具有与其他学科所不同的独特的话语系统和言说方式。这种独特的话语系统和言说方式既不应该以实证为指南、以归纳为工具，也不应该以命题为指归、以逻辑为依据，而应该注重启迪人们“得意忘言”的悟性智慧，借助语言而超越语言，以探索人类无限丰富的情感类型和精神世界。从而，东方美学的真正意义，并不是要在原有的西方美学的体系之内再补充上几个具有东方特色的概念和范畴，也不是对东方古代原有的概念和范畴进行逻辑化的系统整理，而恰恰是要利用东方古代的文化与智慧，为西方美学注入活力。

（此文为2002年8月第二届东方国际美学学术讨论会（日本）发言稿）

和谐论美学体系的由来与得失

周来祥先生“和谐论”的美学思想体系，是用马克思的“唯物论”来改造黑格尔之“理念论”的结果。但是，由于他没有彻底冲出黑格尔体系哲学的精神误区，使其不可能将唯物论和辩证法贯彻到底，而依然坚持了一条将历史逻辑化，将逻辑本体化的研究道路。对此，我们可以得出的经验和教训是：作为理性观念的完整表达，“体系”的建构倘若不是开放的而是封闭的、不是有限的而是无限的、不是多元的而是一元的，那么这一建构便难免会陷入“独断论”的精神误区。这种由黑格尔哲学所带来的负面影响，值得引起当今学术界的广泛注意。

一

在当今中国的美学界，周来祥先生确乎形成了一套属于他自己的思想体系。从表面上看，这套“体系”横跨中西、纵贯古今，而且史论结合，像一座辉煌而严整的大厦，具有很大的诱惑力；然而，只有当我们走进并走出这座建筑之后，才可能真正发现它的意义和缺失。

作为周先生的入室弟子，笔者不仅曾深受这一体系的熏陶和影响，而且也亲身参与了这一“建筑”的施工和改造工作（与之合作过《中西比较美学大纲》和《中国美学主潮》等著作）然而，这既为本文的撰写提供了最大的方便，也造成了最大的不便：其方便之处在于学术上的理解，其不便之处在于人际上的纠葛。我清楚的是，在当今中国的知识界，人们对待学术本身的热忱远远低于人际关系的考虑；我不清楚的是，笔者的老师是否能够接受这种来自弟子的不同意见。想起先生多年来对自己的培养，心中无限惶恐！然而无论如何，在几经思虑和几度踌躇之后，我还是拿起了这支令我不安的笔，因为唯有这种严肃认真的学术探索，才是对先生事业的最好继承。况且，这不仅是对于先生学术的反思，而且也包含着对本人思想的检讨。说来说去，还是应了希腊哲人的那句老话：我爱我师，我更爱真理。

一个理论体系的秘密，并不在于它所使用的概念和范畴，而在于它所依据的哲学背景。由于特殊的历史原因，当今中国学术界的诸种体系大多带有西方哲学、尤其是德国古典哲学的某种痕迹，在此种意义上，我曾分析过李泽厚先生的“积淀说”[1]；在同一意义上，我将剖析周来祥先生的“和谐论”。

如果说，用马克思的“实践论”来改造康德的“先验论”，便形成了李泽厚的“积淀说”；那么，用马克思的“唯物论”来改造黑格尔的“理念论”，便形成了周来祥的“和谐论”。我们知道，黑格尔在其三卷本的《美学》巨著中，曾勾勒出了一个逻辑与历史相统一的思想体系。其逻辑命题是：“美是理念的感性显现”；而随着“理念”显现的“感性”程度，黑格尔便为我们描述了一个三段论的历史命题：第一个阶段由原始的象征艺术加以体现。在这一阶段中，人类心灵对理念的把握还很朦胧，尚找不到合适的感性形象加以显现，因而便采取了符号象征的形式，如用金字塔、十字架等符号来象征某种神秘而暧昧的理念。第二个阶段由古代的古典艺术加以体现。在这一阶段中，人类的心灵对理念的把握已较为成熟，精神已发展到足以与物质相契合的程度，因而可以通过感性的形式完美地将其表达出来，从而形成了以希腊雕塑为代表的和谐、静穆的艺术作品。第三个阶段由近代浪漫艺术加以体现。在这一阶段中，人类精神的进一步发展以使其对理念的把握溢出了物

1 陈炎：《试论“积淀说”与“突破说”》，《学术月刊》1993年第5期，第1—7页、第35页。

质形式的有限束缚，从而要求以绘画、音乐和诗歌等较少受物质材料所制约的艺术形式加以体现，并形成了感性与理性、精神与物质、灵与肉的对立和冲突。……不难看出，这三个历史阶段显示了理念不断发展、进入并逐渐超越感性形式的逻辑进程：象征艺术是物质压倒精神的阶段，古典艺术是物质与精神平衡吻合的阶段，浪漫艺术则是精神溢出物质而寻求独立表现的阶段。显然，作为在否定之否定中不断演变的绝对精神，理念的发展是没有止境的，它的进一步发展将势必超越浪漫艺术而要求以抽象概念的逻辑形态将理念直接表述出来。这样一来，“理念的感性显现”将让位于“理念的理性表达”，艺术将让位于哲学。……

将上述思想体系放在西方美学的整体流变之中，我们不难看出，黑格尔较之前人的学说至少有两大发展：第一，在他那里，美学问题的研究已不再是单纯的逻辑思辨，而是与具体的艺术实践有着内在的关联。第二，在他那里，具体的艺术实践已不再是偶然的个人行为，而是随着理念的显现过程呈现出有规律性的阶段和变迁。但是，黑格尔的这一体系又有着一个致命的缺点，那就是，“美是理念的感性显现”这一支配历史现象的逻辑命题本身只不过是一个既无法证伪也无法证实的“独断论”的精神产品。于是，为了克服这一缺点，周来祥便引入了马克思的“唯物论”。

我们知道，按照历史唯物主义的观点，人类的思维方式、艺术成果，乃至全部的文化生活统统根植于物质资料的生产和再生产，并随着生产力和生产关系的矛盾运动而呈现出由低级向高级的阶段性运动。根据这一思想，周先生认为，美的本质不是“理念的感性显现”，而应规定为‘和谐”。这种“和谐”不是简单的对象形态，而是人类在长期的社会实践中所形成的主体与客体、个体与社会、心理与物理、感性与理性等一系列矛盾运动中的关系形态。因此，随着人类社会的不断发展，“美是和谐”这一逻辑命题，也将展现出阶段性的历史形态。第一个阶段体现为古代的和谐艺术：在这一阶段中，人类的生活方式建立在奴隶社会和封建社会的自然经济的基础之上；人与人之间的等级层次比较多，尚未形成相互对立的两大阵营；其思维方式以素朴的辩证法为主导，即强调对立面的相互妥协、矛盾双方的彼此渗透。与这种生产方式、生活方式乃至思维方式相适应，古代的艺术追求素朴的和谐，即要求在艺术的创造和欣赏中实现表现与再现、理想与现实、情感与理智诸矛盾因素的原始统一。因此，古代的艺术是一元的，既没有单独追求表现、追求理想、追求情感的真正意义上的“浪漫主义”，也没有独立追求再现、追求现实、追求理智的真正意义上的“现实主义”，而只有人为地将矛盾因素调和在一起的“古典主义”。由于这种古典艺术没有丰富的矛盾内涵，因而是单纯的、素朴的、没有个性没有痛感的，这也就是他所谓的“古代的美”（包括“优美”和“壮美”）。第二个阶段体现为近代的崇高艺术：在这一阶段中，人类的生活方式建立在资本主义的商品生产的基础之上；人与人之间由于资本的分割而形成了相互对立的两大阵营；其思维方式以形而上学为主导，即强调对立面的相互排斥、矛盾双方的彼此斗争。与这种生产方式、生活方式、乃至思维方式相适应，近代的艺术追求对立和冲突，即要求在艺术的创造和欣赏中实现表现与再现、理想与现实、情感与理智诸矛盾因素的分裂对峙和独立发展。因此，近代的艺术是多元的，在独立追求表现、追求理想、追求情感的主体艺术方面，有“浪漫主义”，乃至更为极端的“表现主义”“荒诞派戏剧”等；在彻底追求再现、追求现实、追求理智的客体艺术方面，有“现实主义”，乃至更为极端的“自然主义”“新小说派”等。由于这些近代艺术有着丰富的矛盾内涵，因而是复杂的、多样的、有个性有痛感的，这也就是他所谓的“近代的崇高”（包括“崇高”“丑”和“荒诞”）。第三个阶段体现为现代的新型艺术：在这一阶段中，人们的生活方式建立在社会主义的生产方式的基础之上；人与人之间因剥削关系的消除而重新进入一种协作、互助的自由状态；其思维方式以辩证法为主导，即强调对立面的发展而又扬弃、矛盾双方的对立而又统一。与这种生产方式、生活方式，乃至思维方式相适应，现代的艺术既追求对立和冲突，又追求和谐与统一，即在对立冲突的基础上实现真正意义上的和谐与统一。换言之，如果说古代的艺术是“肯定”，近代的艺术是“否定”，那么现代的艺术则是“否定之否定”，它要在一个更高的逻辑层面上实现对和谐美的历史性回归。因此，现代的艺术又应是一元的，它要求在艺术的创造和欣赏中既实现表现与再现、理想与现实、情感与理智诸矛盾因素的充分发展，又要求通过这些发展而实现真正意义上的对立统一。于是，这种一元的艺术又应是丰富的一元，复杂的一元，包含了无限多样化的一元，这也就是所谓的“现代的辩证和谐美”。周先生认为，从总体上讲，这种新型的美和艺术尚未大量出现，但是“毛泽东同志《在延安文艺座谈会上的讲话》中提出的‘革命的政治内容和尽可能完美的艺术形式的统一’的原则，以及1958年提出的革命的现实主义和革命的浪漫主义相结合的方法，这两个要求从不同的侧面指出了社会主义创作的规范和艺术批评的标准，为社会主义新型的美的艺术勾画了一个轮廓。”[2]

两相比较，我们不难发现，通过一番改造与更新，周先生的美学体系似乎比黑格尔的美学体系更容易被人们理解和接受。在逻辑命题上，他排除了“理念论”的神秘色彩，仿佛将自己的“和谐说”建立在一种不以人的意志为转移的客观规律的基础之上，从而使人类的物质生产成为美的精神生产的逻辑前提。在历史命题上，他将黑格尔的“象征艺术”作为前艺术的形态加以处理，使其成为理论的背景；他将黑格尔的“古典艺术”作为初始的艺术形态加以处理，使其成为历史和逻辑的双重起点；他将黑格尔的“浪漫艺术”作为近代的艺术形态加以处理，使其成为历史的发展和逻辑的转折；最后，他将黑格尔所没有涉及的“现代艺术”作为未来的形态加以处理，使其具有了历史的终点和逻辑的归宿。……这一切都安排得那样妥帖、那样周严、那样井然有序、那样能满足人类理性的秩序感，仿佛人类全部的审美文化都被装入了“和谐说”的万宝囊。于是，面对着这座富丽堂皇的美学大厦，周先生在《古代的美·近代的美·现代的美》一书的前言中踌躇满志地说：“我从抽象的简单的美（和艺术）的范畴出发，观察了古代的美（壮美、优美）、近代的美（崇高、丑、荒诞）和现代的美等历史形态，我的逻辑导向和归结到当今的美（和艺术）的现实。我在逻辑上已走完从古至今的历史行程。我的话大体上已说完了，但我的逻辑符合历史吗？我的观念符合实际吗？那只有请实践和历史去判断吧！我期待着。”[3]

呼应周先生的上述期待，让我们先来分析一下这座大厦自身的结构，看其是否真的那样完美绝伦、无懈可击。

2　周来祥：《古代的美·近代的美·现代的美》，东北师范大学出版社，1996年，第235页。

3　周来祥：《古代的美·近代的美·现代的美》，东北师范大学出版社，1996年，“前言”。

二

检验一个体系是否完美，首先要看其对历史上既已发生过的现象是否具有足够的解释能力。迄今为止，我仍然认为，“和谐论”的部分内容确实具有很强的概括力，如对于古代一元艺术（“古典主义”的一统天下）和近代多元艺术（“浪漫主义”与“现实主义”、“表现主义”与“自然主义”的双峰对峙）的定性分析，然而，即使对于这一部分中的某些范畴的使用及其历史定位，亦有补充、调整和修正的必要。

我们知道，周先生也认为“优美”和“壮美”是古代艺术的两种主要形态，但是他似乎认为，这两种形态之间有着某种“历时”的关系，也就是说，古代的前期以“壮美”为主，后期以“优美”为主，然后再过渡到近代的崇高。“如先秦老庄提倡的大美，经司空图冲淡的优美，到李贽、汤显祖带有近代崇高性的审美趣味，是走了一个螺旋的圆圈。”[4] 然而在我看来，这种分析无论是在理论上，还是在实践上，都缺乏足够的根据。稍加分析便不难看出，我国中唐以前，优美艺术有时也曾居于主导地位，如魏晋时代的书法、雕刻，南朝时期的散文、诗歌，等等；而晚唐以后，壮美艺术也并不总是居于次要地位，如元代的散曲、杂剧，清代的小说、诗歌，等等。在我看来，“优美”和“壮美”都是贯穿古代社会于始终的最为重要的美学范畴，其中何者在何时占据主导地位，这与意识形态上的尊儒还是崇道，政治形势上的强盛还是黯弱，地域文化上的崇北还是重南，民族关系上的趋分还是融合等因素，都有着千丝万缕的复杂联系，似不应以“前期”与“后期”的方法加以简单化的处理。

不仅如此，周先生在近代美学中忽视了与“崇高”相对峙的“滑稽”范畴，并对“丑”与“荒诞”进行历时化处理的作法，也是我所不敢苟同的。我们知道，“崇高”与“滑稽”都显示了主体与客体、情感与理智、理想与现实之间相互冲突的近代特征，而强调主体、强调情感、强调理想的“崇高”范畴在“浪漫主义”艺术中得到了充分的体现，强调客体、强调理智、强调现实的“滑稽”范畴在“现实主义”艺术中得到了充分的发挥，这似乎是一件显而易

4 周来祥：《中国美学主潮》，山东大学出版社，1992年，第5页。

见的事情。可是，周先生却将“现实主义”和“浪漫主义”的美学特征混为一谈，将其不加区分地归之于“崇高”范畴，这不仅使人们很难对狄更斯的《匹克威克外传》、果戈理的《钦差大臣》、契诃夫的《变色龙》、萧伯纳的《武器与人》、巴尔扎克的《欧也妮·葛朗台》，乃至吴敬梓的《儒林外史》、李宝嘉的《官场现形记》、吴沃尧的《二十年目睹之怪现状》等大量作品进行合理的解释，而且也使得“滑稽”这个在传统美学中至关重要的范畴，在周先生的所谓“近代的美”中付之阙如了。

如果说“崇高”和“滑稽”分别对应于“浪漫主义”和“现实主义”的话，那么“荒诞”和“丑”则应分别对应于“表现主义”和“自然主义”，因为说到底，它们都是主体与客体、情感与理智、理想与现实的矛盾冲突进一步深化的结果。从逻辑的角度上讲，如果说“崇高”与“滑稽”是“不和谐”的两种形态，那么“荒诞”和“丑”则是“反和谐”的两种形态，只是前者偏重于主观、偏重于意志、偏重于实践精神的高扬或失落，后者偏重于客观、偏重于认识、偏重于解释现实的无情或无奈罢了。从历史的角度上看，西方美学中的“荒诞”范畴来自“荒诞派戏剧”的出现（在我看来，“荒诞派戏剧”也属于广义的“表现主义”[5]）在思想根源上，“荒诞派戏剧”显然是以“存在主义”这一标准的现代派哲学为理论背景的，而并非像周先生所理解的那样属于什么“后现代”（在周先生那里，西方历史上的“现代”和“后现代”思潮统统属于“近代”的逻辑范畴。关于这一问题，我们下面还要分析）。事实上，通常人们所理解的“后现代”是以失去“深度模式”的“平面化”为主要特征的，可“荒诞感”却恰恰是求深度、求意义而又得不到时的困惑与无奈。设想一下，假如人们不再设定并要求一种意义的“深度模式”，而只是满足于感觉的享受和现象的直观，那样的话，又有什么“荒诞”可言呢？因此，正像我不认为“壮美”和“优美”这两个古典范畴有着什么历时性的先后关系一样，我也不认为“丑”和“荒诞”这两个现代范畴有着什么历时性的先后关系。

至此，我们至少可以对周先生的范畴体系进行一种必要的改造，即将其“古代的美（壮美、优美）、近代的美（崇高、丑、荒诞）和现代的美等历史形态”[6]改造为古代的“优美”与“壮美”、近代的“崇高”与“滑稽”、现代的“荒

5　周来祥、陈炎：《西方历史上的五大文艺思潮》，《文艺研究》1990年第2期，第23—32页。

6　周来祥：《中国美学主潮》，山东大学出版社，1992年，“自序”。

诞”与“丑”这六大范畴，以增加其对历史的解释能力。

拉卡托斯曾经指出：“在一个进步的研究纲领中，理论导致发现迄今不为人们所知的新颖事实。相反，在退化的研究纲领中，理论只是为了适应已知的事实才构造出来的。”[7] 因此，考察一个体系是否完美，不仅要看其对历史上既已发生过的事实是否具有足够的解释能力，而且要看其对未来尚未发生的事情是否具有足够的预测能力。如果说在前一种意义上，周先生的学说尚能差强人意的话，那么在后一种意义上，周先生的理论就有些捉襟见肘了。

诚如周先生所言，他为这一体系的建立大约花了35年的时间，因而有着一个不断发展和完善的过程。早在20世纪80年代初，他曾经指出：“从人类文艺思想的发展、美学思潮的发展来看，大体上经历了三个阶段。这就是从古希腊到文艺复兴、启蒙运动，包括中国封建社会，这是一个阶段，即几千年的古典主义阶段；第二个阶段，从浪漫主义兴起到批判现实主义（或者叫现实主义，因为现实主义的产生就是批判的），现实主义和浪漫主义在美学思想根源上是相同的，寻根究底是一个原则，虽然形态截然不同，为什么把它们划到一个时期呢？就是这个道理。再一个是无产阶级革命以来，在社会主义经济基础上产生的社会主义艺术，这个艺术趋向于两个方面的结合。它是对现实主义和浪漫主义的否定和扬弃，向古典主义的复归，螺旋形的复归，即革命现实主义和革命浪漫主义相结合的阶段。……这样看来，美学思潮、文学艺术也走了一个‘之’字的路，走了一个否定之否定的路，古典主义，现实主义和浪漫主义，现实主义和浪漫主义的否定，向古典主义新的复归。从大轮廓来看，人类美学思潮就是这样一个辩证运动。”[8] 这无疑是搬用了黑格尔辩证法之“三段论”。问题在于，用这种否定之否定的逻辑模式来囊括人类全部的美学思想和所有的艺术活动，似乎过于简单了。

在当时的情况下，由于国内学者对于西方现代艺术的了解还十分有限，因而周先生便将古典主义和“两结合”之间的人类艺术统统归结为现实主义和浪漫主义，从而形成了一个“肯定”—“否定”—“否定之否定”的“之”字结构。然而随着西方现代艺术资料的大量涌入，我们不难发现，西方人在经历了现实主义和浪漫主义的分裂之后，并没有像周先生所预测的那样，向着

7 [英]拉卡托斯：《科学研究纲领方法论》，兰征译，上海译文出版社，1986年，第7页。

8 周来祥：《美学问题论稿》，陕西人民出版社，1984年，第397—398页。

“新的和谐”实现其历史性的复归，而是沿着主客体相互悖离的方向继续分裂下去。因此，当周先生与我在上世纪90年代初期合作撰写《中西比较美学大纲》的时候，便不得不在“现实主义”和“浪漫主义”之后加上了“表现主义”和“自然主义”，在“崇高”之后加上了“丑”。不过周先生坚持认为，这种分裂的加剧，只不过是否定阶段的历史延续而已，因而他再次预言，正如西方社会最终也会实现社会主义和共产主义一样，西方的艺术早晚也会实现“两结合”。

问题在于，在可见的时段内，西方既没有进入社会主义，也没有实现“两结合”，而是在现代艺术两极分化的基础上，进入了更加多元、更加无序的后现代艺术。于是周先生又在“表现主义”和“自然主义”之后加上了“荒诞戏剧”和“新小说”，在“丑”之后又加上了“荒诞”，并指出：“荒诞艺术把崇高和丑中的对立，推到混乱、颠倒的极致，‘物极必反’，对立达到极端之后，必然要出现一个更高的统一，更高的综合，更高的和谐。人类在经过近代崇高、丑、荒诞的对立、动荡、颠倒、无序的痛苦分裂和百般折磨之后，一种向往新的平衡、新的宁静、新的和谐的情感在萌动。”[9] 细心的读者一定会发现，这已是周先生的第三次预言了……如此说来，在周先生的体系中，“否定”的阶段就像一个可以被无限延长的大口袋，能够随时将一切并不和谐的新的艺术现象装入其中，并宣称这些艺术的出现只不过是为更高形态的“新的和谐”提供历史性的准备而已。

尴尬的局面还不止于此，由于西方的现代艺术和后现代艺术并没有像周先生所预料的那样，实现所谓的“螺旋式复归”，这便打破了他关于历史与逻辑相统一的梦想。然而周先生却决不甘心放弃这一梦想，于是便采取了既不承认西方的现代艺术具有现代意义，也不承认西方的后现代艺术具有后现代意义的做法，声称它们虽然在时间上属于现代和后现代，而在性质上则仍属于近代范畴。我真担心周先生的第三次预言再度落空，那样的话，“近代”的历史又将再一次被延长了……如此说来，不仅历史的事实可以装进不断延伸的逻辑框架，就连历史的概念也具有了可任意命名的逻辑伸缩性。这种历史概念的逻辑化处理，其结果只能使历史与逻辑的统一沦为逻辑与逻辑的统一。

9 周来祥：《崇高、丑、荒诞——西方近现代美学和艺术发展的三部曲》，《文艺研究》1994年第3期，第33页。

依此看来，要解决上述问题，仅仅停留在周先生的体系之内进行修修补补的改造是远远不够的，我们似乎有必要跳出这一体系，从方法论的角度来审视这一问题。

三

如上所述，在方法论上，周先生十分自觉地吸收了黑格尔泛逻辑的思想体系。而对于这一体系，我在与周先生合作撰写《中西比较美学大纲》的过程中已渐渐产生了怀疑，并于1994年独立出版的著作中表述了自己的复杂情绪："一方面，我钦佩黑格尔那恢弘的历史感和高度的概括能力，他教会我们如何将纷纭复杂的社会现象纳入纯洁而有序的概念体系，并为一切事物的发展都找到正、反、合的规律；另一方面，面对着被纳入逻辑范畴中的历史活动，我又常常感到一种类似'宿命论'式的厌倦和危机。我怀疑：规范历史的行为本身是不是在阉割历史？然而如果不规范历史、不找出所谓规律性的东西，社会科学又将具有什么意义？我怀疑：作为一种完整观念的完整表达，所谓'体系'是否本身就必然意味着封闭？然而放弃了范畴、放弃了逻辑、放弃了体系，科学的语言岂不只能还原为素朴的格言或感伤的诗句？我怀疑：人的存在是否仅仅是为了实现历史目的的一种工具？然而如果离开了社会的进程和历史的规律，人的存在又将到哪里去寻求意义？我怀疑：人的理性是否真的将我们带入一个自由的王国而非生命的牢狱？然而离开了理性，感性的生命又将与野兽何异？……带着这些怀疑，我离开了黑格尔，并企图在黑格尔的反对派那里找到一点新的东西。因此，当我发现叔本华以极尽嘲讽的口吻向黑格尔那金碧辉煌的体系发起了致命的一击，心中便产生了一种隐隐的快意。因此，当我看到尼采用铿锵作响的诗句去解构西方自苏格拉底以来所努力建造的禁锢生命的观念体系，自身竟感到一种喜悦的战栗。接下去，由弗洛伊德而博格森，由海德格尔而萨特……我在这一系列精疲力竭而又激动不已的阅读中，确实发现了一种与传统理性哲学迥异的东西。[10] 请原谅我这样大段大段地重复自己的言论，但那确实是我当时真实的心理和转变的动机。

其实，在当今的青年学人中，具有这种反黑格尔主义情绪的人并不止我一个，例如，范景中等人在为贡布里希的著作所作的“译者序”中就曾指出：“我甚至认为，‘体系崇拜’已经成了理论界最大的障碍。因为到头来这些体系不过是黑格尔历史决定论的一版不如一版的翻版。平心而论，没有人不愿意加入建立体系的思想冒险——这毕竟不是生死攸关的冒险。但是真正的学术冒险攀登的是真理的顶峰，而不是所谓的体系的金字塔顶。更糟糕的是，这类所谓的体系非但没有促进学术的进展，反而迫使学术的航船搁浅，成了那些想当预言家，想当开创者，想当理论领袖的人的手中玩具”[11]。然而，与范景中等人不同的是，我不想对那些体系建造者的人格与动机进行诅咒和攻讦，我也不想站在反理性主义者的立场上来彻底否认建立体系的任何意义。具体到美学问题上，我认为周来祥从黑格尔那里所接受到的负面影响，比范景中等人所批评的李泽厚要更为典型、更加具体，但即便如此，我也不认为“这些体系不过是黑格尔历史决定论的一版不如一版的翻版”而已。因为这一结论的得出，不仅涉及对于“体系”这一理论构造方式之有效性的认识问题，而且涉及对于“理性”这一认识能力之限度的看法问题。

认真分析叔本华对黑格尔的批判，使我认识到，黑格尔的思想之所以荒谬，并不在于他对时代精神的总体把握，也不在于他对历史发展的规律性探询，而在于他企图将人类无限丰富复杂的历史现象都纳入到自己整齐而有序的观念体系之中的妄自尊大的努力。这是理性的妄自尊大，而理性的妄自尊大则必然会陷入“独断论”的精神误区：在内容上，是那个全知全能而又莫名其妙的“绝对精神”；在形式上，是那个包治百病而又屡试不爽的“三段论模式”。如上所述，周先生最初有着一种改造黑格尔“独断论”体系的精神努力。当他用马克思的唯物论来改造黑格尔的唯心论，即当他不再把人类艺术的演变和发展建立在“绝对精神”的基础之上，而企图为其寻找物质生活的根基与前提的时候，他的努力还是很有意义的。事实上，即便我们充分承认

10 陈炎：《反理性思潮的反思——现代西方哲学美学述评》，山东大学出版社，1994年，第173—174页。

11 引自[英]贡布里希：《理想与偶像——价值在历史和艺术中的地位》“译者序”，范景中译，上海人民美术出版社，1989年，第24页。

个体的选择与创造在推动历史活动中的重要作用，也并不妨碍对于包括文学艺术在内的人类意识形态和全部上层建筑的规律性探询。正像德国史学家兰普雷希特所说过的那样，俾斯麦在他权势最高的时候，也不可能把德国拉回到自然经济的时代去。而荷马纵然有天大的才华，也不可能演奏帕格尼尼式的小提琴。从这一意义上讲，周先生企图将人类的艺术活动放在生产力和生产关系的基础之上而寻求其美学规律的做法，不仅是无可厚非的，而且是值得称道的。但是，由于没有彻底冲出黑格尔的精神误区，周先生在此之后，却至少犯了两个关键性的错误：一是没有将辩证法真正落实，二是没有将唯物论坚持到底。

本来，辩证法是以普遍联系和不断发展的观点来看待事物的方法。以艺术问题为例，一种文艺运动、一种美学思潮产生的最终根源，虽然可以追溯到生产力和生产关系、生活方式和思维方式之中，但它们之间并不是一种简单的一一对应的关系，因为在此之外，还可能有而且必然有着更加直接、更加复杂的中介环节和偶然因素在起作用。正因如此，我们才不能用简单的、直接的、线性因果的眼光来分析和对待人类的审美活动。正因如此，我们才必须敢于正视艺术史上所出现的丰富复杂的偶然现象并对其进行具体的、历史的、深入细致的分析。然而在黑格尔那里，历史上出现的大量现象只不过是用于说明其精神辩证法之“三段论”的材料而已，凡是符合这一“规律”的现象，他便加以保留、重视，并着意渲染，将其看成是“绝对精神”的一个“环节”；反之，则被视为偶然的意外而加以曲解或干脆不提。正像罗素所批评的那样，“这是一个有趣的论点，它使人间事务的种种变革获得了同一性和意义。这论点也和其他历史理论一样，如果想说来似乎有道理，需要对事实作一些歪曲。”[12] 遗憾的是，黑格尔这种用“逻辑”来剪裁“历史”的方法并没有被周先生自觉地“扬弃”，而是不加批判地继承了下来。于是，为了说明古代的艺术是一种“和谐的美’，我们便不得不将中国的青铜饕餮排斥在“前艺术”领域，并将死尸满台的希腊悲剧说成是最终体现了原始的和谐；于是，为了说明近代的艺术是一种“崇高的美”，我们便只谈籍里柯而不谈安格尔，只谈贝多芬而不谈莫扎特，甚至只谈贝多芬的《命运》而不谈他的《田园》；

12 [英]伯特兰·罗素：《西方哲学史》下，马元德译，商务印书馆，1976年，第282页。

于是，为了说明现代的艺术是一种否定之否定的“新和谐”，我们便拒不承认大量的西方现代艺术具有“现代性质”，而将毛泽东的诗词说成是“两结合”的范例……这样一来，我们的确是获得了一个整齐划一、井然有序的历史画卷，然而这一画卷越是规范、越是完美、越是容易把握、越是符合逻辑也就越失真、越远离历史事实。

事实上，理性的概括能力和感性的保真效果是很难真正兼顾并两全其美的，从而体系的高度概括性便常常是以具体事实的忽略和感性经验的丧失为代价的。公允地讲，这其实也怪不得体系的建构者，只要他能正视理性的这一弱点，在尽可能的范围内加以弥补并作出适当的解释也就不错了。从这一意义上讲，我并不一概排斥体系的建造。只要这种体系不是封闭的、企图包容人类一切智慧的，而是开放的、自觉地处在未完成状态的；只要这种体系不是无限的、声称可以解决一切问题的，而是有限的、自认为只能解释部分现象的；只要这种体系不是一元的、独此一家别无分店的，而是多元的、承认需要其他体系来加以补充的……一句话，只要体系的制造者们不把理性抬高到一种妄自尊大的地步，体系的建造未必不是一件好事，它至少可以为我们提供一种看待世界的角度和方法。然而遗憾的是，那些建造体系的人们却往往宁肯将理性神化，也不肯承认理性的有限和无能。正像拉卡托斯所指出的那样，“他们不会只因为事实与理论相矛盾就放弃理论。他们通常发明某种挽救假说以说明他们届时称为只是一种反常的东西，如果不能说明这一反常，他们便不会理它，而将注意力转移到其他的问题。”[13] 于是，泛理性也就成了泛逻辑，丰富复杂的物质世界也就成了整齐划一的精神木偶。

更为极端的是，体系的建构者们不仅要用理性来解释已经发生的事情，来预测尚未发生的事情，而且还要囊括人类全部的事情，即用逻辑的终点来设定历史的终点。正像黑格尔敢于对人类的宗教、艺术、哲学的终极归宿做出大胆的预言一样，周先生也曾经满怀信心地指出：“革命现实主义和革命浪漫主义相结合的创作方法，彻底地解决了文学和现实的矛盾。它把文艺反映现实又推动现实前进的作用提高到最高的水平，发挥其最大效能。掌握这一创作方法，就会使我们的文艺既是现实的一面深刻而正确的镜子，又是最嘹

13　[英]拉卡托斯：《科学研究纲领方法论》，兰征译，上海译文出版社，1986年，第5页。

亮的共产主义时代的号角。"[14] 读了这段文字之后，我们已经不只是担心这一历史性的预言是否能够实现的问题了；我们还要担心，倘使这一创作方法真的使文艺达到了"最高水平"，发挥了"最大功能"，并"彻底地解决了文学和现实的矛盾"，那么人类的审美活动是否会永远地停滞在那里？正如恩格斯在分析黑格尔哲学时所指出的那样，"假定一切矛盾都一下子永远消除了，那末我们就会达到所谓绝对真理，世界历史就会终结，而历史是一定要继续发展下去的，虽然它已经没有什么事情可做了。这样就产生了一个新的、不可解决的矛盾。……这样给哲学提出任务，无非就是要求一个哲学家完成那只有全人类在其前进的发展中才能完成的事情，那么全部以往所理解的哲学也就终结了。"[15] 没有人对黑格尔提出这种要求，也没有人对周先生提出这种要求，然而他们却勇于以有限的个体来包揽全部人类的智慧。殊不知，正是这种封闭性的理论体系，束缚了他们所一再强调的辩证法的勃勃生机。当然了，生活中的辩证法，是任何体系也束缚不住的。正像哲学没有因黑格尔的存在而终结一样，美学也不会因周先生的出现而终结。需要终结的只是古典意义上的哲学、古典意义上的美学，亦即他们自己的独断论体系。

辩证法的不彻底，也必然带来唯物论的不彻底。众所周知，历史唯物主义曾经告诉我们一个十分简单而又非常重要的道理：生产力决定生产关系、经济基础决定上层建筑、社会存在决定社会意识，从而包括审美在内的一切精神活动都必须、也可以在人类的物质生产中找到最终的根据。然而，为了捍卫自己的"和谐"理想，周先生却一方面否认物质生产水平高度发达的西方社会的文学艺术具有现代和后现代意义，一方面则又将生产力水平相对落后的中国看成是产生"辩证和谐"的艺术土壤："在我们的时代则根本不同了，我们的理想和现实达到了高度的自觉的辩证统一……在这里现实是理想光照下的现实，理想是现实斗争中迸发出来的理想。在这里既有细致、丰富、深广的现实内容，又有激越的、跳动的、奔放的热情和美好的远大理想。既有高度的认识价值，又有巨大的鼓舞力量。"因此，"革命现实和革命理想相结合的艺术是一种新型的美的艺术"。因此，"我们时代的美是对立的和谐统

14　周来祥：《美学问题论稿》，陕西人民出版社，1984年，第313页。

15　[德]恩格斯：《路德维希·费尔巴哈和德国古典哲学的终结》，《马克思恩格斯选集》第4卷，人民出版社，1972年，第10—11页。

一”[16]。这很容易使我们想起黑格尔关于人类文明的总体描绘：“世界历史一向就是历经从中国的‘纯有’（关于中国，黑格尔除知道有它而外毫无所知）到‘绝对理念’的各范畴而进展的，绝对理念看来在普鲁士国家即使没有完全实现，也接近实现了。”[17] 关于这一点，恩格斯在《路德维希·费尔巴哈和德国古典哲学的终结》一书中曾深有感触地说：“这个结论的特殊形式当然是由下列情况造成的：黑格尔是一个德国人而且同他的同时代人歌德一样拖着一根庸人的辫子。歌德和黑格尔各在自己的领域中都是奥林帕斯山上的宙斯，但是两个人都没有完全脱去德国的庸人气味。”[18] 正如黑格尔的局限不仅仅是他个人的问题一样，周先生的局限也自有其普遍的社会原由。

（此文发表于《学术月刊》2002年第9期）

16 周来祥：《美学问题论稿》，陕西人民出版社，1984年，第323页。

17 转引[英]伯特兰·罗素：《西方哲学史》，马元德译，商务印书馆，第282页。

18 [德]恩格斯：《路德维希·费尔巴哈和德国古典哲学的终结》，《马克思恩格斯选集》第4卷，人民出版社，1972年，第9—10页。

东西方建筑的古代、现代、后现代特征

西方古代建筑是以神庙和教堂为主，宗教引导着世俗；中国古代建筑则以家居和皇宫为主，世俗改变着宗教。这种建筑功用上的差别，在很大程度上影响了其各自对建筑材料的选择。在西方，石制建筑有利于高耸而不利于采光的特点，刚好可以满足宗教建筑神秘、幽暗而又指向上苍的要求；石制建筑不利于建造而有利于保存的特点，又刚好可以满足宗教建筑不求急用、唯求永恒的理念。在中国，木制建筑不利于高耸而有利于采光的特点，刚好可以满足世俗建筑宽敞、明亮而又安居大地的要求；木制建筑有利于建造而不利于保存的特点，又刚好可以满足世俗建筑不求永恒、唯愿速成的需要。进入现代社会以来，随着西方“宗教文化”与中国“宗法文化”的相继衰落，使得东西方建筑的主要目的不再是体现人与神之间的宗教关系，也不再是体现人与人之间的伦理关系，而只是服务于人自身的生产与生活需要。与此同时，作为一种新的建筑材料，钢筋混凝土以其不仅密度较高而且跨度较大，不仅施工周期短而且使用寿命长的综合优势，同时取代了东方的木头与西方的石头。这样一来，东西方建筑原来因功用与材料的不同而导致的造型上的差别渐渐减少。面对着现代建筑因工具理性和经济效益引导下的趋同性发展，一种新的、融会古今、杂糅东西的后现代主义建筑正在涌现。

一

关于中西方建筑艺术的得失与优劣的论述，历来有不少文章和专著。从根本上说，它们的差异首先来自于材料的不同：传统的西方建筑（包括被西方视为东方的埃及、印度、伊斯兰的建筑）长期以石头为主体；而传统的东方建筑（包括中国、日本、越南、朝鲜半岛等国家和地区的建筑）则一直是以木头为构架的。这种建筑材料的不同，为其各自的建筑艺术提供了不同的可能性。

石头是一种密度很高的建筑材料。它的缺点是施工周期长；它的优点是使用寿命长；它的特点是足以承担巨大的压力，宜于向高空发展。与之刚好相反，木头是一种密度较小的建筑材料。它的缺点是使用寿命短；它的优点是施工周期短；它的特点是容易建造较大跨度的窗框和飞檐，宜于横向发展。

相对于石头的优点和缺点，西方的经典建筑往往具有几十年、甚至上百年的施工周期，可一旦落成又可经受千百年的考验。作为欧洲建筑史上早期哥特式教堂的典范，著名的巴黎圣母院始建于1163年，竣工于1345年，历时182年之久。然而时至今日，它还完好无损地屹立在巴黎市中心塞纳河的斯德岛上。比它更晚、更高，也更具有哥特风味的科隆大教堂的整个建筑时间跨越了近5个世纪，仅石料就用了16万吨。其垂直向上、高耸入云的双塔尖顶，凝结了德意志民族几代人的艰辛和努力。说到西班牙，人们一定会想到巴塞罗那的那座至今尚未竣工、却已被写进建筑艺术史的圣家族教堂。这座由著名艺术家高迪设计的造型奇异的庞然大物，从19世纪开始施工，已经建造了一百多年，而按照预期的建设计划，还需要建造一百多年才能完工……在欧洲的建筑史上，这样的例子不胜枚举。由于宗教信仰比世俗政权更加稳定而长久，所以这些建筑不会因世俗政权的更迭与替换而遭受毁灭。不仅如此，在这种宗教建筑的典范作用下，西方人渐渐培养起一种对于古老建筑的尊崇与敬意。在西方，每座城市中的“主教堂”不仅是规模巨大的，而且是历史悠久的。它不仅是一种信仰的体现，而且是一种历史、一种文化，是一代又一代人生命的延续。

相对于木头的优点和缺点，中国的经典建筑则常常只具有几年或几十年的施工周期，偌大的一个大兴城（即后来唐代的长安城）只用了九个月的时间就建造成了，北京紫禁城的施工周期也只用了十几年的时间，其建设速度不可谓不惊人。然而，来得容易去得快，由于这些宫殿和城池都是世俗政权的象征，因而它们在改朝换代的过程中很难幸免于难。当年的项羽打入秦都后，一把火便烧了阿房宫，此后很多新生的朝代，都有着废旧都、建新宫的习惯。明朝的开国皇帝朱元璋，似乎比项羽富有远见，但也要把元大都的宫殿统统拆尽，将木料运到南京另建都城。待到明成祖朱棣重新迁都北京的时候，只好在元大都宫殿的遗址上再仿造南京的故宫另建紫禁城了……这样的建筑材料和观念，使得今天的人们只有在杜牧的《阿房宫赋》中来领略秦代建筑那“五步一楼，十步一阁，廊腰缦回，檐牙高啄，各抱地势，钩心斗角”的精美之处了。不仅秦代如此，两汉、南北朝的大量建筑也已因潮湿、虫蛀、地震和火灾而灰飞烟灭了。迄今为止，我们所能看到的最为古老的木制建筑，只有唐代的佛光寺和辽代的应县木塔了。不仅如此，朝廷破旧立新的建筑理念也影响了百姓喜新厌旧的住房态度。直至现在，中国人对待建筑的态度仍然是以新为贵，以旧为耻的。没有人像美国的总统克林顿那样，宁愿出巨资也要购买一座百年老宅搬进去住住。

与石头的特点相关，西方建筑的基本姿态是拔地而起，指向苍穹的。无论是拜占庭式、哥特式，还是文艺复兴式的建筑，都要在穹顶、尖顶或圆顶上做文章。从外部形态上看，这些建筑都容易呈现挺拔、伟岸的身躯。从内部结构上看，这些建筑又都有些阴冷、幽暗。因为密度过高的石头自身的重量较大，因而不利于建造较宽的窗框，从而不利于采光。

与木头的特点相连，中国建筑的基本姿态则是横向展开，居于大地的。古代的亭、台、楼、阁，并不过于追求绝对的高度，而是在飞檐上做文章。从外部形态上看，这些建筑常常显得稳重而不轻灵，温馨而不神秘，威严而不刻板。从内部结构上看，这些建筑又都有着宽敞、明亮、舒适的特点。因为密度较小的木头不仅可以制造跨度较宽的门窗，而且可以通过梁、檩、椽之间的相互叠加，而将纵向的重力转向横向的延展。

二

为什么西方人的建筑以石头为主，中国人却偏爱木制的材料呢？是不是因为欧洲山石过多而中国盛产木材呢？实际情况并非如此，有资料显示，古希腊“最早的神庙是用木头和泥石在石地基上建成的。到了公元前7世纪末，较为奢华和耐久的石头，开始被选作建筑材料”[1]。与之相反，“现代地理学的研究告诉我们，在远古时代，黄土高原上除了少数的特殊地区，从未存在过森林”[2]。因此，中国与西方的古代建筑大师之所以对木头与石头有着不同的偏好，不能归因于地理资源上的差异。那么，究竟是什么原因使得这些不同地域的民族在建筑材料上最终做出截然不同的选择呢？这或许与东西方建筑不同的社会功用有关。

在西方，大凡经典的建筑都不是俗人的居住场所，而是神灵的栖息之地。即使是一个偏远的乡村，最好的建筑也不是富家的农舍，而是精美的教堂。就像贡布里奇在《艺术的故事》一书中所描绘的那样，一座教堂对那个时期的人意味着什么，在今天是难以想象的；只有在乡间的一些古老的村落里，我们还能窥见教堂的重要性。教堂过去往往是它临近地区中唯一的一座石头建筑物，是方圆若干英里之内唯一高大的建筑物，它的尖顶是所有从远处过来的人辨向定位的标志。在礼拜日和进行宗教仪式时，全城的居民都可能在教堂聚会，那巍峨的建筑和它的绘画、雕刻，跟那些居民居住的简陋的原始房舍必定有天壤之别……一般说来，农舍可以是木制建筑，而教堂则往往是石制建筑。一方面，石制建筑有利于高耸而不利于采光的特点，刚好可以满足宗教建筑神秘、幽暗而又指向上苍的要求。另一方面，石制建筑不利于建造而有利于保存的特点，又刚好可以满足宗教建筑不求急用、唯求永恒的理念。对于相信上帝不死的西方人来说，建造教堂并不是为了给有限的肉体提供一个舒适的寓所，而是为了给无限的灵魂寻找一个栖息的圣地。作为一项不朽的善事，人们不惜用一代人或几代人的努力来建造一座教堂，并希望其千秋万代永存下去。不仅如此，在教堂的规范和引导下，就连帝王的王宫和贵族的城堡也常常是石头的。尽管这种建筑材料的选用与当时的军事防

1 [英]苏珊·伍德福特：《剑桥艺术史》第1卷，钱乘旦译，中国青年出版社，1994年，第50页。

2 史建：《大地之灵》，山东画报出版社，1998年，第212页。

御有关，但其神秘而幽暗的空间结构显然是与宗教建筑一脉相承的。

与之不同的是，在一个非宗教的世俗社会里，中国古代建筑的核心不是神灵栖居的寺庙，而是皇帝居住的宫殿。尽管中国古代也有寺庙和墓塔，但是这些从西域引进的建筑形式发生了宫殿化、世俗化的演变。从源流上看，印度寺庙的核心原来是墓塔而非殿堂，而且墓塔一般是由砖石建造的。进入中国以后，不仅殿堂取代了墓塔的核心地位，而且塔的质料也渐渐由石头转向木材，塔的功能也渐渐由收藏佛骨的陵墓而转向观光览胜的场所了。因此，如果说西方古代建筑是以神庙和教堂为主，宗教引导着世俗，那么中国古代建筑则以家居和皇宫为主，世俗改变着宗教。这种建筑功用上的差别，不仅是由西方的“宗教社会”和中国的“宗法社会”之截然不同的历史传统所决定的，而且在很大程度上也影响了其各自对建筑材料的选择。一方面，木制建筑不利于高耸而有利于采光的特点，刚好可以满足世俗建筑宽敞、明亮而又安居大地的要求；另一方面，木制建筑有利于建造而不利于保存的特点，又刚好可以满足世俗建筑不求永恒、唯愿速成的现实需要。谁都知道，神是不死的，而人却是必死的。因此，对于任何一个必死的君王来说，都要在有生之年尽早地享用华丽的皇宫和优美的御花园，而不希望这些建筑像巴塞罗那的圣家族教堂那样长期处在一种未完成的施工状态。这也正是他们有足够的耐心，可以花90年的时间来雕凿一座乐山大佛，却匆匆忙忙地要在9个月之内营造一个大兴城的原因所在。在中国，大量的佛窟都是由石头雕成的，而除了死后埋葬的地宫之外，从皇亲国戚到平民百姓，大多数人们都不会生活在石头的房子里。

三

不同的建筑材料、不同的社会功用，使得中国与西方的古典建筑有着不同的“艺术语言”。

我们说过，西方的石制建筑一般是纵向发展，直指上苍的。这样一来，能否将高密度的石制屋顶擎入云霄，便成为建筑艺术的关键所在，而执行这一任务的柱子也便成了关键中的关键。所以，西方建筑的“基本词汇”是柱子，即那些垂直向上、顶天立地的石头。

古罗马时代的维特鲁威在其著名的《建筑十书》中告诉我们：当初希腊人在神庙中布置柱子的时候，需要同时解决两个问题：一是这些柱子不能太细，太细了便没有足够的支撑力；二是这些柱子又不能太粗，太粗了便显得不够美观。为此，人们试着在人体的比例中寻找启示。当他们发现男人的脚长是身长的六分之一时，便将这个比例运用到石柱上，以柱身下部粗细尺寸的六倍作为全部柱子的高度，使高耸的柱子像男人的身躯一样挺拔。于是，简洁明快而又刚健有力的“多利克柱式”便这样诞生了。多立克柱式是直接安放在台阶上的，在柱子和台阶之间没有垫石。拔地而起的柱身从地上三分之一高处开始由粗渐细，柱身上刻满了纵向的凹槽，槽与槽之间形成锋利的棱角，显得刚健而富有力量。柱子的顶端有一块方形的垫石，简洁明快地将纵向的支撑力传达给屋顶的横梁，并由圆形的柱子向方形的建筑过渡。

在根据男人的比例确定了“多利克柱式”之后，希腊人又根据女人的脚与身高之间的比例创造了“爱奥尼柱式”，即将柱子的粗细做成高度的八分之一，并在下部垫石上雕刻出靴状的突出线脚，在柱头上用石头凿成左右下垂的卷发样式。于是，一种窈窕多姿的女性石柱（爱奥尼柱式）便足以同强悍有力的男性石柱（多利克柱式）平分秋色了。

作为爱奥尼柱式的改造和发展，希腊人进一步将柱头的卷发装饰成秀丽的花瓣，使其宛如少女头上的花冠，越发婀娜多姿，于是又有了“科林斯柱式”。毫无疑问，同“爱奥尼柱式”一样，“科林斯柱式”仍然是女性的化身。所不同的是，前者仿佛是风韵犹存的少妇，后者则更像是天真烂漫的少女。

除了这三种柱式之外，希腊人还大胆地创造了“人像柱式”，即干脆将石柱雕刻成人形的躯体，用其美妙的头部顶住房梁，支撑起屋宇的分量。

直到今天，西方的建筑仍然以这四种石柱为其“基本词汇”，即使是在厚重的墙体中，也常常使用这些柱形作装饰。在这些柱式的交互运用中，不同类型的建筑或同一建筑的不同部分显得或壮美，或优美，或阴柔，或阳刚，或庄严雄伟，或韵味十足。

如果说柱子是西方建筑艺术的“基本词汇”，那么屋顶则是其“主要句式”。屋顶的不同，导致了其风格类型上的差异。我们知道，希腊神庙的基本格局是由四周的廊柱和倾斜的屋顶所构成的长方体。这种简洁明快而又开放的建筑类型反映了希腊人与奥林匹斯之多神宗教之间原始而又和谐的关系。

到了罗马时代，建筑艺术出现了两个新的发展方向：一是创造了万神庙式的穹顶，从而向以后的拜占庭式教堂过渡；二是用两排石柱将希腊的神庙结构举向空中，并用厚重的墙壁构筑了石柱两旁的侧廊，形成了罗马式教堂的建筑格局。然而无论前者还是后者，都是向高空发展的，这似乎意味着在多神教向一神教的发展过程中，人与神之间日益疏远的情感联系。

进入中世纪以后，这种已被疏远的人神关系变得更加神秘，于是哥特式教堂便在以法国为首的西欧地区大行其道。在这种建筑中，不仅纤细的石柱取代了厚重的墙壁，而且采用了尖拱作为连续的穹顶，使得教堂的高度上升到一种绝弃尘寰的地步，令人感到惊心动魄而又叹为观止。因此，“我们必须在一种充满激情的紧张状态下去体验哥特式建筑的魅力，这是与我们在优雅、静穆的氛围中悠然欣赏希腊神庙完全不同的欣赏方式”[3]。

显然，哥特式建筑为坚硬的石头注入了更多的神性。在高耸入云的教堂面前，神显得更加崇高了，人却显得更加渺小了。为了纠正这种深度异化了的人神关系，文艺复兴时代的艺术巨匠们必须以全新的形式来诠释教堂的意义。于是，从佛罗伦萨的花之圣母百花大教堂，到梵蒂冈的圣彼得大教堂，一种比直刺云霄的尖顶钟楼更加宽敞、更加明亮，也更具有人文气息的圆顶占据了教堂的中心位置。它比哥特式建筑更加低矮了，也更加艺术化、人性化了。它用壮美取代了崇高，使人们惊叹而不惊恐。正像当时的建筑师阿尔贝蒂所称颂的那样，“弥漫着一股春天的苏醒气息”。

如果说文艺复兴式的圆顶教堂标志着人性的回归，那么继之而来的巴洛克式建筑则在修饰和完善这种圆顶的过程中进行了更加优美、更加人化的努力。在这里，生硬的直角被涡卷的装饰物所掩盖，教堂的内部也变得更加柔美、更加明亮、更加华丽。如果说文艺复兴式建筑对哥特式建筑的取代是用壮美代替了崇高，那么巴洛克式建筑则进一步用优美取代了壮美。

3　史建：《大地之灵》，山东画报出版社，1998年，第57页。

作为巴洛克式建筑的极端性发展，罗可可式建筑则进一步将人性发展为世俗，将华丽发展为繁琐。在这里，装饰的技巧已经压倒了神性的庄严，艺术家几乎将全部的创造力都集中在细节的处理上。为了通过标新立异的手段来达到惊世骇俗的效果，他们不惜使用奢华的金箔装饰和肉欲的女性裸体，因而被视为伤风败俗的艺术。事实上，他们确实在很大程度上摆脱了宗教的常规和约束，从而走上了一条感官主义、唯美主义的道路。

如此说来，尽管西方的建筑艺术流派纷呈、变化多端，但其核心的矛盾无非是要处理人—神之间的关系，即由古希腊的优美和谐，到中世纪的崇高对立，再一次回到文艺复兴以后的和谐状态。于是，尽管跪在神龛面前的人没有变，人与神的关系却因其背后的教堂而发生了历史性的变化。而教堂作为神的化身，在人的心目中也便制造出不同类型的美感。

与西方不同，中国古代的木制建筑不是纵向升腾的，而是横向展开的，这便决定了其基本的“语言单位”不是柱子，而是斗拱。所谓“斗拱”，是由“斗”型的木块与肘形的曲木（拱）在柱头相互叠加而成的，它的功能是在梁柱与屋檐之间搭起有力的骨架，把木柱的纵向支撑力逐层往横向传递、扩展，以托起高大的飞檐和厚重的屋顶，这是形成中国建筑的关键。与西方古代的柱子类型化的发展趋势不同，中国古代的斗拱则根据飞檐的需要或疏或密，或简或繁，它不仅创造着飞檐那动人的曲线，其自身也有着类似爱奥尼或科林斯柱头式的装饰作用。

如果说斗拱是中国古代建筑的“基本词汇”，那么飞檐则是其“主要句式”。

同西方建筑的屋顶一样，中国古代的飞檐也有许多类型，或低垂，或平直，或上挑。其不同的形式制造出不同的艺术效果，或轻灵，或朴实，或威严。不仅亭、台、楼、阁都要用飞檐来标明自己的身份，表达自己的情感，而且飞檐的高低、长短往往会成为建筑设计的难点和要点。正所谓“增之一分则太长，减之一分则太短”（宋玉《登徒子好色赋》），飞檐的设计必须恰到好处才能显得轻灵而不轻佻、朴实而不机械、威严而不呆板。

如果说西方的建筑主要体现了人与神之间的关系，那么中国的建筑则主要体现了人与人、人与自然之间的关系。前者主要表现为家居式建筑，后者主要表现为园林式建筑。

最能体现儒家文化之人伦关系的建筑，要算是北方的传统民居“四合院”了。在这种相对封闭的建筑系统中，我们可以清楚地看到人与人之间尊卑有等、长幼有序、嫡庶有别的等级关系。无论是几进几出的四合院，其正中的堂屋必然是面南背北、至高无上的。它体现了尊者、长者、嫡者不可替代的正宗地位。在它的周围，不仅东西厢房的格局较小，就连左右耳房的高度也较低。它们体现着卑者、幼者、庶者偏离中心的辅助地位。其实，如果从采光的效果上讲，东西厢房的设计本来并不是科学的。但是，为了体现儒家文化“爱有差等”的人伦秩序，它们的出现又是极为必要的。一般说来，堂屋的飞檐可以较高，甚至上挑，体现出堂堂正正、气宇轩昂的姿态。而厢房和耳房的飞檐则必须下垂，甚至没有，一副低眉顺眼、逆来顺受的表情。在堂屋那高大的飞檐庇护下，左右耳房侍奉两旁，宛如端茶送水的如夫人，绝不敢与明媒正娶的大太太平起平坐；东西厢房则侧身而立，就像一对儿女恭候着正襟危坐的父亲一样，面对着不是，背对着更不是，只好俯首帖耳，侧身而立了。儒家文化不仅讲究等级的差异，而且讲究情感的融合。在堂屋、耳房和厢房之间，有一道曲径通幽的抄手回廊将它们连在一起，仿佛是一种血脉的沟通、情感的联系。每个建筑各就各位、各司其职，在天圆地方的“四合院”内共同享用着天理伦常。这便是自西周时期已开始出现，直至民国时期仍普遍存在的“四合院”，它那漫长的岁月似乎与儒家文化的发展历程刚好同步。

在具有宗法传统的中国社会里，“国”只不过是放大了的“家”。因此，国家的“皇城”不过是百姓之“四合院”的放大而已。查看历朝历代的皇城图纸，尽管规模不同、地势各异，但其建筑的理念与结构同普通的“四合院”是一脉相承的。以北京现存的紫禁城为例，从前门、天安门到午门，从太和殿、中和殿到宝和殿，这一条中轴线意味着王道的正统。在这条中轴线上，所有的一切都是为皇帝建造的，因而其门楼必高耸，道路必宽阔，殿堂必宏伟，宝座必辉煌。在这条中轴线的两侧，无论是太子常住的东宫，还是皇后常住的西宫，都必须在正殿飞檐的庇护下，处于相对低矮的陪衬地位，切不可没大没小，乱了分寸。至于更加边缘化的东西厢房，则更像侧身而立的文武百官，恭恭敬敬地侍奉在皇室的周围，护卫着神圣的王权。

从建筑功能上讲，皇城是执政者临朝理政、正襟危坐的地方，园林则是官吏们解甲归田、逍遥自在的场所。在“儒道互补”的文化环境中，前者最能体现儒家思想有关人与人之间的等级与秩序，后者则最能体现道家哲学有关人与自然之间的和谐与自由。与家居建筑讲究等级，讲究对称，讲究秩序的严整格局刚好相反，中国的园林建筑则恰恰反对机械的程序，反对刻板的模型，反对匠艺的规划。同西方古代以几何图案来设计园林的营造理念不同，中国园林讲究因地制宜、道法自然，因而在“山重水复疑无路，柳暗花明又一村”的变幻之中体验自然的奥秘，追求自由的境界。漫步在凡尔赛宫那气势开阔、结构严整，乃至将森林也规划得井然有序的园林里，我们会体验到人对自然的征服。而徜徉在拙政园那峰回路转、曲径通幽，以实现“人法地，地法天，天法道，道法自然”的园林里，我们则会体验到人向自然的皈依与靠拢。

四

不同的语言，表达着不同的思想，流露出不同的情感；不同的建筑，承载着不同的文化，体现着不同的信念。从抽象的意义上讲，我们不能说西方建筑就一定比中国建筑伟大，我们也不能说中国建筑就一定比西方建筑高明。面对当今人类的生存状态，我们需要考虑的问题似乎只有两个：第一，在西方的“宗教文化”与中国的“宗法文化”相继衰落的今天，人类的建筑艺术应该怎样自觉地从上帝或血缘的笼罩下抽身出来，进一步实现主体性的回归，即真正实现其“人性化”的努力。第二，在经济全球化、文化多样化、文明一体化的今天，我们将如何汲取东西方建筑艺术的优秀传统，实现“古为今用”“洋为中用”的历史性努力。

首先遇到的问题仍然是材料。进入现代社会以来，由于钢筋混凝土的广泛使用，使得古代西方建筑所偏爱的石头和古代东方建筑所偏爱的木头渐渐退居次要地位。从性能上讲，钢筋混凝土材料不仅密度较高，足以承载巨大的压力，可以实现纵向的发展；而且跨度较大，容易制造宽大的门窗，可以实现横向的发展。不仅如此，钢筋混凝土建筑几乎同时具备了木制建筑施工周期短和石制建筑使用寿命长的优点，因而具有综合性的优势。与之相反，随着现代人对资源的保护，对效率的追求，原有的木头和石头作为建筑材料越来越不适应时代的要求，从而面临着被淘汰的危险。这样一来，东西方建筑原来因材料的不同而导致的造型上的差别渐渐减少。

其次要提到的问题仍然是功用。由于西方“宗教文化”与中国“宗法文化”的相继衰落，使得东西方建筑的主要目的不再是体现人与神之间的宗教关系，也不再是体现人与人之间的伦理关系。当这些外在的制约消失之后，建筑的唯一目的只剩下服务于人类自身的生产与生活需要。这样一来，如何最大限度地节省材料，如何最为合理地分布空间，如何最为充分地利用光线，便成为东西方建筑共同努力的方向。于是，同古代建筑相比，现代建筑因功用不同而导致的地域形态上的差异也越来越小。

毫无疑问，东西方建筑由古代向现代的这一发展有着理性化、科学化的进步意义。但是，我们也应该看到，这种在工具理性和经济效益引导下的趋同性发展，不仅使东西方建筑渐渐失去其超越使用功能之外的文化内涵，而且其民族性、地域性的美学特征也不可避免地在渐渐消亡。这或许是人类历史发展中的又一个悖论。

海德格尔曾这样描写希腊神庙：“它质朴地置身于巨岩满布的岩谷中。这个建筑作品包含着神的形象，并在这种隐蔽状态中，通过敞开的圆柱式门厅让神的形象进入神圣的领域。贯通这座神庙，神在神庙中在场。神的这种现身在场是在自身中对一个神圣领域的扩展和勾勒。但神庙及其领域并非飘浮于不确定中。正是神庙作品才嵌合那些道路和关联的统一体，同时使这个统一体聚集于自身的周围；在这些道路和关联中，诞生和死亡，灾祸和福祉，胜利和耻辱，忍耐和堕落——从人类存在那里获得了人类命运的形态。这些敞开的关联所作用的范围，正是一个历史性民族的世界。”[4]换言之，这神庙作为一座建筑物，不仅是一个遮风避雨的场所，而且将天、地、人、神融为一体了。但是，在一间宽敞明亮的现代居室中，我们虽然可以欣赏那华丽的壁纸、闪亮的门窗，以及洁白无瑕的天花板；然而除此之外，我们既无法获得庄严肃穆的宗教信念，也无法体验温情脉脉的伦理情感。尽管这座建筑的结构是那样合理，材料是那样坚固，但其背后的形而上指向已付之阙如了。

就在现代建筑之文化内涵渐渐稀薄的同时，其固有的民族特色也在不断减少。当巴洛克式的装饰背后已不再具有神圣的理念，它的存在便是多余的累赘；当复杂的斗拱已不再具有经济效益的时候，它的消失便成为势所必然。于是，评价一座现代化的宾馆，已不再以“中式”或“西式”为标准，而是以“三星级”还是“五星级”为标志了。科学化必然带来标准化，标准化又必然带来模式化。以普遍的人性为依据，以普世的科学为准则，以共同的材料为基础，人类建筑又有什么理由不走向共同的、乃至单一的美学模式呢?

当宗教不再成为人们心中的信仰，伦理不再指导人们当下的实践的时候，留在建筑物上的任何宗教标志和伦理符号都会变得滑稽可笑；当贸易的发展打破了国家的界限，生活的方式也在渐渐趋同的时候，刻意追求建筑风格上的民族特色就会显得很不自然。这便是古典主义与伪古典主义、民俗与伪民俗的差别所在。尽管日本人曾试图用钢筋混凝土来仿造木制斗拱那动人的曲线，尽管中国人曾努力在一个火柴盒式的西式楼房上建造一个东方式的大屋顶来保存所谓的民族传统，然而这一切悲壮的努力所取得的实际效果毕竟是有限的。事实上，此类悲壮的努力不仅为东方所独有。1957—1960年间弗兰哥·阿尔比尼摹仿传统的罗马式格局而建造的博物馆和百货商店，1957年托拉·维拉斯加摹仿中世纪风格所建造的塔楼均属此类。简言之，在一个经济全球化、信息一体化的现代社会里，任何企图固守传统理念与民族特征的建筑努力都将是徒劳的。

然而，如果我们不是将这种努力视为一种宗教或伦理精神的简单复活，一种“知其不可而为之”的回到前现代之民族风格的历史性努力，而只是一

4　孙周兴选编:《海德格尔选集》上卷，上海三联书店，第262页。

种建筑技巧上的美学策略，一种后现代艺术家运用古典语言来解构现代建筑的具体实践，其结果就应另当别论了。正像加拿大学者泽德勒在《后现代建筑与技术》一文中所说的那样，“对现代建筑的普遍抵制，并不是建筑在反对其原则的基础上，而且基于它们造成的千篇一律的形式，后现代主义建筑试图重现丰富多彩的历史形式是非常合乎情理的反应”。一方面，后现代主义者并不承认古典建筑背后所隐藏的那种深层的宗教观念与伦理情感；另一方面，后现代主义者也不认为现代建筑的科学准则就一定高于古典建筑的宗教或伦理精神。在取消“深度模式”并实现“价值多元”的基础上，后现代艺术家试图同时汲取古典建筑的多元技法和现代建筑之科学精神，将它们唯我所用地拼凑在一起。正因如此，有人将后现代建筑的主要精神称为“激进的折衷主义”。

首先，后现代主义建筑之所以是“折衷”的，就在于它的建筑模式、建筑语言、建筑材料、建筑风格统统是“混血”的，它不忌讳古典与现代的混血，不忌讳东方与西方的混血，更不忌讳宗教与世俗、宗教与伦理，乃至各不同宗教派别之间的混血。在后现代主义者看来，纯种的古典，纯种的现代，纯种的哥特式教堂，纯种的四合院建筑都过于单一了。而后现代主义建筑的复杂性、多样性，恰恰来源于这种杂交优势。于是，他们一方面削平了各种建筑之间的价值差异，一方面又将其为我所用。不仅如此，他们甚至还要从雕塑、绘画、音乐、文学等非建筑艺术中汲取营养，并大胆利用石头、木头、钢铁、塑料等非主流的建筑材料。

其次，后现代主义建筑之所以是“激进”的，就在于它的折衷手段不是为了获得一种新的和谐，而是尝试各种不同的可能性。为了穷尽建筑艺术的可能性，后现代主义建筑师们并不忌讳指鹿为马、似是而非，以及一切大胆妄为的艺术举动。与古典建筑的程序化和现代建筑的理性化不同，他们“以复杂性和矛盾性针对简洁性，宁要模棱两可和紧张感而不要直陈不误；宁要‘两者兼具’而不要‘非此即彼’；要双重功能性元素而不要单打一；要混杂的，不要纯粹的元素；要总体上的乱七八糟，而不要一目了然的统一”[5]。因此，后现代主义建筑不仅可能是优美的、壮美的、崇高的，而且可能是荒诞的、滑稽的、眼花缭乱的、光怪陆离的。

显然，与古典主义相比，后现代主义建筑已失去了宗教和伦理的神圣感，从而显得有些浅薄，然而它毕竟更加自由了。显然，与现代主义相比，后现代主义建筑已失去了科学和理性的庄严感，从而显得有些随意，然而它毕竟更加轻松了。或许，这种自由与轻松是一种“生命中不能承受之轻”，但其毕竟为人类的建筑艺术提供了更为广阔的想象空间、更为多样的创造可能。

或许，从个人的趣味和爱好来看，笔者并不喜爱后现代主义建筑，然而从学理上分析，它的出现又具有历史的必然性。在《文明与文化》一文中，笔者曾经指出：一方面，人类文明程度的提高是以文化方式的趋同为代价的；另一方面，随着人类文明程度的提高，作为整体性的生活方式的民族文化在减少，作为元素性的生活要素的人类文化却在增加。[6]如果这一“规律”确乎有效的话，那么在未来的建筑世界里，“东方”与“西方”作为整体性的概念将会成为古董，而它们之中的各种元素却又会在东西方不同的建筑艺术中获得再生。

（此文发表于《天津社会科学》2003年第3期）

5 王岳川、尚水：《后现代主义文化与美学》，北京大学出版社，1992年，第394、370页。

6 参见陈炎：《“文明”与“文化”》，《学术月刊》2002年第2期，第68—73页。

探索中国文化的“富矿”

——《中国审美文化史》(光盘版)前言

在众多的大学文科教材中，增加这样一种在内容和形式上全新的《中国审美文化史》，一定要有充分的理由。从内容上看，在一个注重实用价值的市场经济时代，人们除了学习外语、学习电脑、学习专业技术知识之外，是否有必要花费自己宝贵的时间去学习这样一门看似并无实际用途的“文化课”？从形式上看，即便是需要学习这门课程，为什么一定要使用这种新型的多媒体、超文本的教材形式，它的优点在哪里？从目的上看，通过这门课的学习，我们究竟要使学生在哪些方面有所收获？这一切，都需要我们在这里加以说明。

一

在谈及《中国审美文化史》的意义之前，我们首先需要阐述一种观点：“文化也是一种资源。”

1905年，德国社会学家马克斯·韦伯在其出版的《新教伦理与资本主义精神》一书中探讨了基督教新教伦理与资本主义制度之间的内在联系。韦伯认为，加尔文宗教改革的影响，使得许多欧洲人将财富的积累与对上帝的信念结合起来，从而在世俗生活领域中产生了资本主义的文化冲动，结果创造了现代的商业文明。而像中国这样的东方国家，没有类似的文化动力，也就没有相应的社会变革，所以便长期停滞在农业经济的状态之中。尽管马克斯·韦伯的观点未必正确，并随着日本、“亚洲四小龙”，乃至中国大陆经济的崛起而受到了越来越多的质疑，然而，韦伯的研究视角本身却给了我们一个重大的启发。在此之前，我们只知道，石油是一种资源，煤炭是一种资源，却从来没有想象到，那种看不见、摸不着的文化也是一种资源，而且是一种取之不尽、用之不竭的资源。

那么，与西方相比，中国文化的“富矿”究竟在哪里呢？在比较文化研究的基础上，我们认识到，“古典的古代”在进入文明社会的过程中所导致的感性和理性的分裂对峙，使得西方文化在两极最为发达：在感性一极，表现为体育活动，在理性一极，表现为科学活动；而在感性与理性相结合的工艺和艺术方面，却有着文化上的缺陷。西方人也有艺术，但在很大程度上，西方式的艺术常常被科学化或体育化了。一方面，以“模仿说”为理论根据，古代的西方人常常以对现实生活的反映与认识作为艺术活动的终极目的，因而从解剖学的角度来研究雕塑，从透视学的角度来研究绘画，从几何学的角度来研究园林，从历史学的角度来研究小说，结果是研究来研究去，唯独忘却了艺术本身的审美目的；另一方面，以“宣泄说”为理论根据，现代的西方人又往往借助艺术行为来发泄被压抑的内心欲望和潜意识，像歇斯底里的霹雳舞，像声嘶力竭的摇滚乐，还有那些以性爱、警匪为内容，以追车、枪战为模式的好莱坞大片，虽然都能够起到刺激人们的生理感官、满足人们的肉体欲望的目的，却失去了审美情感的独特魅力……与之不同的是，“亚细亚的古代”进入文明社会的“早熟”形态，使得中国人的感性和理性分裂得不够彻底：表现在文化上，是体育和科学的不发达，发达的是感性和理性之间相互交融、彼此渗透的艺术和工艺。中国人也有体育，但中国人的体育活动不像西方式的体育那样以宣泄肉体的感性生命力为能事，而是感性中有理性，肉体中有精神。这一切，都使得中国的体育在很大程度上被艺术化了。例如，西方式的拳击是一种感性能力的直接较量，而中国式的武术则不仅要打得准、打得狠，而且要打得漂亮，即要在花拳绣腿之间获得一种美的享受。时至今日，中国在国际体育比赛中的强项也大都具有艺术的成分，像体操、跳水、乒乓球之类，而在类似足球那样强调肉体对抗性质的体育比赛中，中国人却常常表现出文化上的缺陷。中国人也有科学，但中国人的科学活动不像西方式的科学那样，以穷尽人的理性思辨力为能事，而是强调感性与理性的统一，经验与思辨的结合，因而在很大程度上工艺化了。中国人可以通过反复测算而为圆周率的π值找到一个相当精确的数据，却不曾建立起一种欧几里得式的几何学体系；中国人可以通过反复实践而建造起天坛祈年殿式的精美建筑，却不曾建构起一个牛顿式的力学体系。即使是中国人引以为自豪的四大发明，也无一不具有工艺的成分，而非纯粹的理论科学。然而，西方文化的长处，正是它的短处；中国文化的弱点，也正是它的优点。与巴尔扎克将文学著作写成“编年史”的科学努力刚好相反，司马迁却使一部史书真正具有了“千古之绝唱，无韵之《离骚》”的美学价值。这种天然的诗性思维和诗性态度，使得我们古代的艺术家一开始就不以纯粹理性的态度去“模仿”外在的社会生活，也不以纯粹感性的态度来“宣泄”内在的肉体欲望，而是懂得如何在“似与不似之间”、感性与理性之间获得一种情感传达的可能性。漫步雕林，我们固然也会赞叹古希腊《掷铁饼者》那精确的骨骼和隆起的肌肉，然而如若将其与汉将霍去病墓前那几座稍加斧凿便浑然天成的动物雕塑相比较的话，我们就会发现，究竟哪一个民族更懂得“艺术”。漫步园林，我们当然也会赞美凡尔赛宫前那对称的喷泉、整洁的道路以及被切割成几何图案式的花卉和草坪，但是如若将其与苏州拙政园那山重水复、柳暗花明，直至将天地自然融为一体的园林艺术加以比较的话，我们才会发现，究竟哪一个民族更具有“天才”。

总之，所有这一切，都说明中国文化的长处不在感性，不在理性，不在体育，也不在科学。但在感性与理性相结合的艺术与工艺方面，中国人取得了举世闻名的成就。

也许有人会说，即使确如我们所言，找到了中国文化的“富矿”所在，但仍然于事无补。因为历史证明，唯有科学才是一个民族兴旺发达的关键要素，而工艺和艺术则属于那类有之不多、无之不少的雕虫小技。事实上，如果我们的前人不是将自己的心智集中在诗、词、歌、赋、琴、棋、书、画的研习上面，而将主要的精力运用于数、理、化的探讨之中，也不至于在“鸦片战争”之中败在船坚炮利的西方人手里。在科学技术是第一生产力的今天，如果我们不把主要的大学课程用于开设具有实际用途的科学知识，而仍然沉湎于审美文化的人文学术，其结果是有害无益的。

其实，稍加分析便可以看出，上述貌似正确的观点是不能成立的。我们当然承认科学技术的重要作用，也毫不隐讳向西方文化学习的必要性。但是，从原则上讲，西方文化固然有其强项，亦有其弱项；中国文化固然有其短处，亦有其长处。一种健康的文化心态，应该是取人之长，补己之短，从而使之更加丰富、更加健全。这在“全球化”进程日益加剧的历史背景下尤为重要。而从现实需要考虑，在当今的历史条件下，学习中国古代的审美文化，至少仍具有两种重要的社会功能：（1）在形而下的层面上，它将有助于我们的商品生产；（2）在形而上的层面上，它将有助于我们的精神文明。在前一种意义上，我们可以引申出“美学与艺术也是一种生产力”的观点，从而探讨商品生产中的“审美附加值”的问题。在后一种意义上，我们可以引申出“以美育代宗教”的问题，从而探讨“终极关怀”的问题。

二

关于“美学与艺术也是一种生产力”的观点，以前有人提过，但没有充分论证，更没有得到学术界的广泛认同。其实这个道理并不难懂，举个例子：农民收获一斤棉花，在市场上可以卖几毛钱；工人将其织成布，可以卖几块钱；裁缝将其做成衣服，可以卖几十块钱；如果经过类似皮尔·卡丹式的艺术大师设计成时装，就可能卖到几百块，甚至几千块钱。可见，由几毛钱的棉花变成几百块、上千块的时装，这其中有科学技术的附加值，更有美学艺术的附加值。因此，我们为什么只承认科学技术是一种生产力而不承认美学艺术也是一种生产力呢？

其实，越是在科学技术全面发展的历史条件下，越是在商品生产已基本满足了人们生活之实用目的的前提下，美学艺术的生产力功能就越发重要。就像人们吃饭一样，先要果腹、吃饱、有营养，才能讲究色、香、味俱全。一件商品，当满足了人们的使用功能之后，其审美的艺术功能才会渐渐地凸显出来。我们还记得，十几年前，当移动电话还像砖头一样大小的时候，设计者的最大愿望就是减少其体积和重量，使人们用起来方便。时至今日，当手机达到这一目的之后，设计者除了进一步强化其使用功能之外，便将更多的注意力转移到美观、时尚方面来了。在商店里我们可以看到，一款样式新颖、别致、美观的手机，与同样功能但样式平平的手机相比，在价格上会有着惊人的差异。手机如此，其他商品无不如此。在一件商品的造型上，几种颜色的搭配，几条弧线的设计，甚至一个包装的选择，都有可能带来无限的商机。除此之外，商品在宣传促销上也少不了借助艺术的魅力。在市场激烈竞争的环境中，美轮美奂的广告宣传可以吊起顾客那日益疲倦的胃口。尼尔森媒介研究的数据显示，2002年中国大陆的广告花费总额增长20%左右，达到100亿美元，这一增长的主要推动力来自于电视广告的增加。与此同时，新兴的网络媒体也在向传统媒体发出挑战，仅新浪网一家全年的广告收入就已超过了一亿元人民币。尼尔森媒介研究亚太区董事长霍本德（Forrest L.Didier）预测：“因为中国广告市场保持着每年两位数的增长率，中国有望在2010年以前超过日本，成为仅次于美国的全球第二大广告市场。”（《中国媒体资讯》2003年6月30日，摘自《北方晨报》）显然，广告传达的是商业信息，而商业信息的传达又需要美学和艺术来加以包装。因此，无须更多的论证，“美学与艺术也是一种生产力”的观点，已经在我们周围的一切生活用品和交换方式中得到了充分的体现。

当然，实用商品中的审美附加值，还只是艺术作为生产力要素的间接体现，交换方式中的广告宣传，还只是艺术作为生产力要素的辅助手段。更为重要的是，随着人民生活水平的提高，美和艺术已日益成为人们直接的消费对象。在古代社会里，审美和艺术活动基本上属于少数有闲阶层的事情，且与宗教和政治紧密相连，它主要是一种意识形态活动而非商业行为。进入市场经济之后，人类的审美活动几乎全部被纳入商品生产的轨道。过去是生产决定消费，现在是消费决定生产。广大民众对美的任何渴望都将直接左右着艺术的生产，从而也就将美学与艺术的生产力要素最大限度地释放出来。据统计，2001年美国好莱坞的票房收入为83.5亿美元，而作为全世界录像制品巨头的大明星娱乐公司的年营业额已高达100亿美元，其老板韦恩·赫伊岑格也成了美国最富有的人之一。与此同时，电脑娱乐业也奋起直追，大有后来者居上的趋势。据美国普华永道会计师事务所公布的一项报告显示，在全球经济不甚景气的情况下，2002年娱乐与传媒产业的收入仍有较大规模的增长，并首次突破1万亿美元的大关。从文学作品到舞台演出，从唱片录音到影视欣赏，从艺术展览到电脑游戏，这其中仍免不了科学技术所提供的条件，但其中最为直接、最为重要的已不是技术而是艺术，已不是科学而是美学。尤其是在物质生活日益富足的情况下，人们有着越来越多的金钱和闲暇来进行艺术的消费。时至今日，花上百元钱的门票去听一场音乐会，看一场艺术表演，出席一场电影的首映式，已不是什么天方夜谭的事情。张艺谋执导的歌剧《图兰朵》在韩国汉城演出了11场，票价炒到2000美元1张，共有14万左右的观众观看了演出，组织者将盈利30亿韩元……面对着这种不胜枚举的事例，我们怎么能够否认“美学与艺术也是一种生产力”这样一个显而易见的事实呢?

从历史发展的角度看，人们对“美学与艺术也是一种生产力”的认识，是随着产业结构的调整而出现的。在以农、牧、渔业为代表的第一产业占主导地位的前工业时代，社会生产力的主要因素是人力和畜力；在以机器制造业为代表的第二产业占主导地位的工业时代，社会生产力的主要因素是科学和技术；而在以服务业为代表的第三产业占主导地位的后工业时代，美学和艺术作为生产力的要素也便具有了越来越重要的地位。历史的特殊原因，使得当代中国已将前工业、工业、后工业三个历史阶段压缩到共时的社会环境之中。因此，仅就我国当前的情况而言，科学与技术无疑仍具有“第一生产力”的重要地位。但是，我们同时也应看到，美学与艺术作为生产力要素，已经产生并将继续产生着越来越大的作用。

如果我们承认了“美学与艺术也是一种生产力”的事实，我们又将采取何种措施来提高这种生产力水平呢？过去，我们曾有过一种错误的认识，以为西方的科学与技术进步，其美学与艺术也一定比我们高明，因而便毫无保留地放弃了我们古老的艺术传统，邯郸学步似地跟在别人后面爬行。结果非但没有赶上西方人的艺术水准，反而将自己原有的宝贵经验也丢失了。具有讽刺意味的是，我们这个曾经产生过无数艺术巨匠，就连科举考试也要写诗做赋的审美大国，现在却因本土作家拿不到诺贝尔文学奖而痛心疾首。试想一下，如果该奖在2000年前颁发，屈原是不是一个合适的人选呢？如果该奖在1000年前颁发，李白、杜甫是不是很有竞争力呢？如果该奖在200年前颁发，谁还敢与曹雪芹一比高低呢？因此，在21世纪的今天，是到了我们总结经验教训，回到中国传统的审美文化中来，从中汲取营养的时候了。

翻开《中国审美文化史》，我们随处可以看到一种感性与理性浑然一体、和谐统一的文化类型。无论是商代的青铜器、汉代的画像石、唐代的三彩陶，还是元代的青花瓷；无论是春秋的诗经、战国的楚辞、汉代的辞赋，还是唐诗、宋词、元曲、明清小说；无论是那远播西方的四大发明，还是那百读不厌的《红楼梦》……中国文化最具有价值、最为不朽的部分都集中在感性与理性的结合部，从而使中国成为一个名副其实的工艺大国、艺术大国、审美大国。对这一资源的开发与利用，可以使古老的东方文化展现新的魅力，可以使民族性与世界性得到高度的统一。

三

中国传统的审美文化不仅有助于我们的商品生产，而且有助于我们的精神文明。中国文化丰富多彩，博大精深，然取其精华，择其大义，似可概括为“伦理世俗”四个字。因为与世界上其他几大文化圈相比，只有“儒道互补”的中国文化具有非宗教的性质。这种特殊的文化形态在某种程度上影响并决定了中国人的世界观和人生态度。也就是说，与其他文化背景下的民族相比，唯中国人可以不需要任何神祇而泰然自若地处理日常事务，唯中国人可以不依赖任何教义而视死如归地超越现实人生。那么，在没有神灵的感召下，中国人如何能够超越个体的有限存在？在没有天堂的诱惑下，中国人又怎样能够寻找自己的情感寄托呢？答案似乎并不复杂：一是靠伦理，二是靠艺术。

儒家的伦理精神力图修复人与社会的原始联系，在亲子血缘的基础上构建起庞大的人际网络，将个体的有限存在寄托于族类的无限延续之中。从“父父，子子”的亲伦情感，到“君君，臣臣”的政治关系；从“老吾老，以及人之老；幼吾幼，以及人之幼”（《孟子·梁惠王上》）的日常行为，到“人生自古谁无死，留取丹心照汗青”（文天祥《过零丁洋》）的不朽业绩……这种文化既不陶醉于纵欲式的享乐，也不沉溺于禁欲式的修行；既不依赖于神灵的护佑，也不奢望于来世的报答。它只是实实在在地从事着有限的社会实践，却同样可以超越短暂的现实人生。

道家的素朴情怀则力图修复人与自然的原始联系，在物我交融的状态下反抗人性的社会异化，将个体的有限存在寄托在自然的无限延续之中。从“庄周梦蝶”式的联想，到“庖丁解牛”般的状态；从“梓庆削木”式的举止，到“大鹏展翅”般的境界……这种文化既不寻找一种体育比赛式的肉体宣泄，也不追求一种科学思辨式的精神追求；既不会将艺术活动曲解为酒神式的沉醉，又不会将文学实践变成一种日神式的迷狂。它无意于艺术，却又无时无刻不在从事着艺术。对它来说，艺术不是一种情感寄托，而近乎于一种终极关怀。

儒道之间因社会与自然、建构与解构的对立，形成了必要的文化张力。而两者之间，又有着互补和统一的关系。从某种意义上讲，儒道两家的最高理想，都是一种审美境界。尽管儒家注重伦理道德，讲究社会功用，以“善”为宗旨，但其最高的理想是要达到“善”与“美”的统一。所谓“周监于二代，郁郁乎文哉！吾从周”（《论语·八佾》），难道不是一种审美的境界吗？所谓“暮春者，春服既成，冠者五六人，童子六七人，浴乎沂，风乎舞雩，咏而归”（《论语·先进》），难道不是一种审美的人生么？尽管道家追求自然，反对异化，以“真”为目的，但其最高的理想是要实现“真”与“美”的统一。所谓“天地有大美而不言，四时有明法而不议，万物有成理而不说。圣人者，原天地之美而达万物之理”（《庄子·知北游》），难道不是一种审美的境界吗？所谓

“静而圣，动而王，无为也而尊，朴素而天下莫能与之争美”(《庄子·天道》)，难道不是一种审美的人生么？更为重要的是，不仅儒家所追求的社会美与道家所追求的自然美之间有着相互补充的可能，它们都有着慰藉情感乃至终极关怀的作用。或许，正是中国审美文化的过于发达，才在某种程度上替代了宗教文化的功能：使遭受异化痛苦的人们可以在诗情画意中寻求慰藉，而无须求助于上帝的关怀。因此，发掘这一文化的潜在功能，不仅可以提高我们的艺术鉴赏力，而且可以增强我们的民族凝聚力；不仅可以增加我们的民族自豪感，而且可以使我们懂得如何去面对“后宗法”和“后宗教”时代的社会生活。这也是蔡元培“以美育代宗教”的用意所在。

从这一意义上讲，《中国审美文化史》作为一门真正意义上的“素质教育”课程，已经远远超出了吹、拉、弹、唱的技巧层面，而上升到一种形而上的高度。

四

作为本教材的前身，我们所编写的四卷本《中国审美文化》已由山东画报出版社于2000年正式出版。作为第一部中国审美文化通史，该书不仅得到了专家的好评，获得了教育部第三届人文社会科学优秀成果一等奖，而且受到了读者的厚爱，首次印刷的4000套在不到半年的时间里就已经售空，2001年重印的3000套在一年之后业已告罄，2002年又印刷了2000套……

既然排印本的《中国审美文化史》已获得了上述令人满意的社会效益和经济效益，我们为什么还要耗费如此大的精力来制作这部光盘版教学软件呢？其理由有四：第一，从形式上看，尽管原书有着图文并茂的优势，仍不能完全满足审美文化全方位诉诸视、听感官的要求。如果追求完美，就需要制作一种融文字、图片、声音三位于一体的多媒体教材。第二，从内容上看，原有的四卷本专著共110万字，如果不采用一种新的教材形式和新的教学方法，仍然按部就班地根据原有的方式进行逐章逐节地讲授，是不可能在较短的课时内完成如此巨大的教学任务的。第三，从价格上看，原有的《中国审美文化史》定价124.5元。如果作为教材，是学生们难以承受的，这就需要有一个更加廉价的版本。第四，从教学改革的方向来看，原有的《中国审美文化史》无法适应未来的远程教育。正是基于以上四个方面的考虑，我们在光盘版教材的制作过程中，进行了全新的尝试。

第一，本教材除了完全录入原有的110万字的文本内容和大量图片之外，还增添了“作家小传”“名词解释”“思考题”和“名篇朗诵”。不仅针对教学的实际需要进一步充实了内容，而且真正做到了文字、图片、声音的三位一体。这种由“单媒体”向“多媒体”的转变，可以全方位地诉诸学生的视听器官，更加符合审美文化的教学特点。第二，本教材在“正文”“作家小传”“名词解释”“图片欣赏”“名篇朗诵”等几个部分之间进行“超链接”处理，使学生可以通过点击“热单词”“热图片”而简便易行地进行检索、查询和欣赏，不仅大大地节约了学习时间，而且大大地提高了阅读趣味。这种由“文本”向“超文本”的改变，在本课程的教学中具有重要的变革意义。第三，与原有的文字版相比，本教材既增添了内容，又丰富了形式，却大大降低了制作成本，使学生们可以做到人手一张，随时浏览。第四，光盘版教材与网络版教材在技术制作方面有着很大的相似性，一旦时机成熟，马上可以根据远程教育的需要而改编为网络版。

不难看出，在上述四点之中，前两个方面有着更为实质性的重要意义。换言之，无论是由“单媒体”向“多媒体”的转变，还是由“文本”向“超文本”的转变，都不仅仅是一种单纯的技术性变革，而是由《中国审美文化史》这门课程的特殊性质所决定的。就前者而言，审美文化本身就具有多样性和直观性这两大特点，可以直接诉诸人的视听器官。因此，如果不配有相关的音像资料，而只是用语言符号来加以描述，便难以使读者产生共鸣。就后者而言，本课程的教学目的不只是要学生们了解中国古代审美文化发展的相关史实，更重要的是要提高学生们的艺术素养和审美趣味。在这一意义上，接近于形象思维的“超文本”阅读比接近于逻辑思维的“文本”阅读更能够激发学生的热情，也更加符合本课程的特点。

本课程的内容虽多，但并不难懂，不需要老师逐章逐节地讲授，可以让学生们在引譬连类的点击和浮想联翩的阅读中不断获得美感，增长见识。在这种新型的课程中，教师的任务将由原来的以讲授为主、以答疑为辅，变为现在的以答疑为主、以讲授为辅。学生们的主要工作也由原来的被动接受、死记硬背，变为现在的主动参与、激情漫游。所有这一切，都只是为了一个目的，即不仅要使学生掌握一些知识，而且要使学生获得一种素养。

（此文为全国教育科学规划项目成果，并获高等院校优秀青年教师教学科研奖励基金资助，发表于《东方丛刊》2004年第2期）

陈炎学术文集

CHENYAN XUESHU WENJI

文艺美学卷 · 一

策划编辑　云慧霞　　　　责任校对　杨凤玲
责任编辑　云慧霞　　　　责任印制　韩　刚
版式设计　张申申

图书在版编目（CIP）数据

陈炎学术文集. 文艺美学卷. 一 / 陈炎著. -- 北京：高等教育出版社，2016.12

ISBN 978-7-04-045312-6

Ⅰ. ①陈… Ⅱ. ①陈… Ⅲ. ①社会科学－文集 ②文艺美学－文集 Ⅳ. ①C53 ②I01-53

中国版本图书馆CIP数据核字(2016)第105442号

出版发行　高等教育出版社
社　　址　北京市西城区德外大街4号
邮政编码　100120
印　　刷　北京汇林印务有限公司
开　　本　787mm×960mm　1/16
本册印张　23.5
本册字数　330千字
购书热线　010-58581118
咨询电话　400-810-0598

网　　址　http://www.hep.edu.cn
　　　　　http://www.hepmall.com.cn
网上订购　http://www.hepmall.com.cn
　　　　　http://www.hepmall.com
　　　　　http://www.hep.cn
版　　次　2016年12月第1版
印　　次　2016年12月第1次印刷
总 定 价　298.00元

本书如有缺页、倒页、脱页等质量问题，请到所购图书销售部门联系调换

物 料 号　45312-003

陳炎學術文集

陳炎

文藝美學卷 二

高等教育出版社·北京

目　　录

（按文章发表时间先后排序）

人类审美意识的发生

辩证法关于普遍联系的学说告诉我们，人类进化是自然进化的结果。用这种观点来分析问题，我们一方面必须分清人类的美感与动物性快感之间所存在的原则性差异，另一方面又要看到人类的美感恰恰是从动物性快感中演变、发展、升华的历史结晶。人类的原始快感大致分为“食”与“性”两个方面，前者有着保护个体生存的功能，后者有着维系群体繁衍的意义。然而，尽管中国与西方人的审美意识最初都是从“食”“性”之类的审美快感中升华出来的，但是由于“宗法文化”和“宗教文化”的不同性质，致使二者在相当长的时间内有着不同的依附对象。

一、从动物的快感到人类的美感

“美”是随着“人”同时出现的历史范畴。在人类产生以前，自然界无所谓美；在人类出现之后，人类以外的其他动物也无法欣赏人类所创造的美。美的创造和美的欣赏都是人类的特权，是社会现象。从这一意义上讲，能否创造美和欣赏美，也是区分人与动物的标志之一。然而事情并非如此简单，问题在于，人本身就是从动物进化而来的，所以人类的这种超生物的精神享受又必然是从动物性的快感中逐渐脱胎而来的。过去，我们一般只是强调二者之间的差别，而往往忽视了它们之间的联系，从而把人与动物、人类的历史与自然的历史截然地割裂开来，这其实并不符合辩证法关于普遍联系的思维方式。事实上，正像人不同于动物却又是从动物进化而来的一样，人类的历史不同于自然的历史却又是从自然的历史发展而来的。用这种观点来分析问题，我们一方面必须分清人类的美感与动物性快感之间所存在的原则性差异，另一方面又要看到人类的美感恰恰是从动物性快感中演变、发展、升华的历史结果。

动物性快感与个体和族类的生存欲望密切相关，前者表现为“食”，后者表现为“性”。可以想象，如果没有“食”的欲望，人的个体生命就无法延续；如果没有“性”的欲望，人的群体生命就无法繁衍。从目的论的角度讲，大自然要想使人类生存与繁衍下去，就必须赋予其“食”与“性”的快感；从进化论的角度讲，那些并不具备这些快感的动物或许曾经存在过，但恰恰是因为没有“食”与“性”的欲望而自行灭绝了。或许，动物性快感本身就是多层次的，其中甚至可能潜伏着许多不为人知的“科学因素”。例如，人在“吃饱”的前提下何以会生出“吃好”的欲望呢？人对不同“美味”的欲求是否恰恰符合了营养多样化的需要呢？又如，人在与异性“交配”的前提下何以会产生“择偶”的欲望呢？人对不同“美色”的欲求是否恰恰符合了繁殖合理化的需求呢？有人就曾经指出，选美活动中女性的“三围”指数，恰恰是最易受孕者的体型指标。

在原始的人类那里，最初的食、性活动还只是为了满足遗传学意义上的生物本能。然而随着劳动生产和社会实践的出现，这些动物性本能渐渐演化为精神性享受：食不仅仅是为了果腹，而且是一种美味；性不仅仅是为了交配，而且是一种爱情。当然了，这种由动物性快感到人类美感的演进过程是漫长的、曲折的，难以量化分析的，然而我们仍然可以从一种宏观的尺度上加以把握。

“进化论”的创始人达尔文认为，早在动物进化成人以前，就已经具备了对美的爱好与欣赏能力。而且这种爱好最为集中地表现在择偶时的“选美”

活动中，即能领略异性的色相之美。“当我们看到一只雄鸟在雌鸟面前展示它的色相俱美的羽毛而惟恐有所遗漏的时候，而同时，在不具备这些色相的其他鸟类便不进行这一类表演，我们实在无法怀疑，这一种的雌鸟是对雄鸟的美好有所心领神会的……如果雌鸟全无鉴赏能力，无从领悟雄鸟的美色、盛装、清音、雅曲，则后者在展示或演奏中所花费的实际劳动与情绪上的紧张岂不成为无的放矢，尽付东流？而这是无论如何难于承认的。”[1]在这里，达尔文显然是将动物性的快感与人类的美感混为一谈了。动物只是按照遗传基因所决定的行为模式对某种声、光、色、相做出积极或消极的生理反应，而不可能具有超出这一范围的精神愉悦。用马克思的话来说：“一个物种的全部特性就在于物种的生活活动方式，而人的物种的特性就在于他的生活是自由的、有意识的。”[2]雌鸟只能“欣赏”雄鸟的羽毛，却无法欣赏野兽的皮毛，这与人类的审美活动显然有着完全不同的性质。因此，达尔文的观点便十分自然地受到了许多美学研究者的反对。

问题在于，我们能否在批判达尔文的同时在其所列举的事例中获得某种有益的启示呢？也就是说，我们能否在明确动物性快感不同于人类美感的同时，又发现动物间的两性吸引潜藏着某种类似于审美的形式要素呢？根据考古学家的发现，西方最早的艺术作品是雕塑，它们的出现甚至比壁画还要早。而被绝大多数学者推测为最早的雕塑作品，是法国洛塞尔出土的“持角杯的少女”，又称“洛塞尔的维纳斯”。它是雕刻在一块石板上的少女浮雕。除此之外，欧洲的许多地方也都出土了一些类似的女性裸像。这些作品的共同特征就是对肉体性特征的过分夸张，其中以奥地利出土的“温林多府的维纳斯”最为著名。它高约4英吋，由石灰石雕刻而成，其面部不显，四肢萎缩。而特大其乳、腹、臀、阴等与生殖有关的部分；与此同时，头发则被雕刻成精细的波浪纹，据推测可能是当时妇女的时髦发式。对于这些最早的艺术品，我们很难弄清楚当时作者的创作动机主要是出于性的考虑还是美的需求：如果说那硕大的乳房容易使我们接受前一种答案，那么其精致的发型则容易使我们得出后一种结论。无论如何，这是一种过渡形态，即由动物性快感向人类美感演进的中介点。由此往前，我们只能看到达尔文所发现的伴随

1　［英］达尔文：《人类的由来》，潘光旦、胡涛文译，商务印书馆，1983年，第136页。

2　［德］马克思：《1844年经济学哲学手稿》，朱光潜译，上海人民出版社，1979年，第5页。

着动物快感的形式愉悦；由此往后，我们则可以看到艺术家所创造的清除了肉体需求的精神产品。当我们走进卢浮宫，面对着那纯洁无瑕、静穆典雅的“米罗的维纳斯”的时候，我们是否会考虑到，她的前身竟是那丰乳肥臀、富于性感的“温林多府的维纳斯”呢?

“维纳斯”是古罗马人对女爱神的叫法，相当于古希腊的“阿佛洛狄忒”。关于她的出身有两种传说：一说最初天神为儿子所杀，尸首被砍碎而投入海中，海里便泛起一片白浪，变成了阿佛洛狄忒；另一说是荷马史诗所采用的，认为她是天神宙斯和他的亲生女儿狄俄涅配合所生的。根据这两种传说，有人认为爱神也分凡俗的与高尚的两种：“凡俗女爱神引起的爱情确实也是人世的，凡俗的，不分皂白地实现它的目的，这种爱情仅限于下等人。它的对象可以是年轻人，也可以是女人；它所眷恋的是肉体而不是心灵；最后，它只选择最愚蠢的对象，因为它只贪求达到目的，不管达到目的的方式美丑。”[3]反之，“为了品德去眷恋一个情人，总是一件很美的事。这种爱情是天上阿佛洛狄忒所感发的，本身也就是属于天上的，对于国家和个人都非常宝贵，因为它在情人和爱人的心里激起砥砺品德的热情。此外一切爱情都起于人世阿佛洛狄忒，都是凡俗的。”[4]由此可见，所谓“凡俗女爱神”和“高尚女爱神”、“人世阿佛洛狄忒”和“天上阿佛洛狄忒”，分别代表了两种不同的性爱方式：一种是动物性的、肉体的吸引，一种是人性的、精神恋爱。前者是动物性的快感，后者是人类的美感。尽管二者根植于同一种原始的生存本能，但其所达到的历史水准、所具备的社会内容却是完全不同的。

与“洛塞尔的维纳斯”和“温林多府的维纳斯”相类似，中国距今约5 500年的大地湾遗址和5 000多年前的红山文化遗址中也曾发现了古代女性的造像。前者是将人头作为陶器和瓶颈而将身体作为陶器的腹部，后者则是体态各异的女性裸体泥塑。从艺术的水准上说，前者也像“温林多府的维纳斯”一样，有着头发的修饰；从性别特征上看，后者也像“温林多府的维纳斯”一样，突出其肉感成分。两相对照便不难看出，这其中既有动物的快感，又有人类的美感。

如上所述，人的动物性快感不仅包括性欲，而且包括食欲。后者又是怎

3 ［古希腊］柏拉图：《文艺对话集》，人出文学出版社，1963年，第225—226页。

4 ［古希腊］柏拉图：《文艺对话集》，人出文学出版社，1963年，第231页。

样升华为美感的呢？许慎云：“美，甘也。从羊，从大。羊在六畜主给膳也。”[5]对于原始的游牧民族来讲，羊是其生活的重要来源。羊肉好吃，羊奶好喝，故“羊在六畜主给膳也”，故羊大为美。这里的“美”显然尚未脱离人的生理快感，只不过这里的快感不是“性”，而是“食”；不以族类的繁衍为基础，而以个体的生存为前提。所以许慎又说：“甘，美也。从口含一。”[6]在原始的人那里，“美”与“甘”是一回事，都是味道好吃的意思。许慎的解释绝非望文生义，因为在先秦典籍中，我们常常可以看到将“味”“声”“色”与“美”联系起来的说法。例如，“人之情，口好味而臭味莫美焉；耳好声而声乐莫大焉；目好色而文章致繁，妇女莫众焉……”[7]直至汉魏以后的许多美学家，如锺嵘、皎然、司空图等，还常常用“滋味”的好坏来形容艺术作品的美学性质。正像李泽厚、刘纲纪所指出的那样，“我国古代文献的记载说明，最初所谓的‘美’，在不与‘善’相混的情况下，是专指味、声、色而言的。这对于了解我国古代美学思想的发展有重要意义。从人类审美意识的历史发展来看，最初对与实用功利和道德上的善不同的美的感受，是和味、声、色所引起的感官上的快适分不开的。其中，味觉的快感在后世虽然不再被归入严格意义的美感之内，但在开始时却同人类审美意识的发展密切相关。”[8]

其实，我们不仅可以从汉语的辞源学角度来发现“食”之快感与人类早期美感活动之间的密切联系，而且可以从西语中找到同样的证据。英文中的“taste”与德文中的“geschmak”，都同时具有审美、鉴赏和口味、味道的含义。由此可见，人类早期美感的发生，在“食”“性”这两大渠道上大致是相同的，即都是在动物性快感这一共同的生理基础上演变而来的。

二、从内容的占有到形式的玩味

无论“温多林府的维纳斯”还是红山文化的“女神造像”，都很难说是为纯粹审美的目的而创造的。因此，学术界对它们的看法尚存有这样那样的异议，但是，仰韶文化中的彩陶文饰是出于审美的目的而绘制的，这一点已基本

5 许慎：《说文解字》卷四，中华书局，1978年。

6 许慎：《说文解字》卷五，中华书局，1978年。

7 荀况：《荀子新注·王霸》，中华书局，1979年。

8 李泽厚、刘刚纪：《中国美学史》第1卷，中国社会科学出版社，1984年，第79页。

形成共识。达成共识的理由是，这些文饰不具有实用的价值，也看不出有什么功利目的。实际上，如果我们从这些抽象文饰的背后去探讨其原初的内容时，我们也会发现它们与“食”“性”之间的曲折联系。

首先，这些文饰大都被刻画在陶器上，而这些陶器恰恰是古人用于饮食的器皿。以西安半坡出土的50多万件陶器、陶片为例，仅陶罐的样式就有23种类型和45种样式，可以想象，如果不是对烹煮烧烤的多种讲究，怎么会有如此细致的器皿分工呢?如此说来，作为由“吃饱”到“吃好”再到“吃美”的延伸，用于欣赏的图案最初出现在用于饮食的器皿上，便成为顺理成章的事情了。

其次，这些文饰中的具象内容大多是可食的对象，如鱼、蛙、鸟之类。不难想象，我们的古人在用陶制器皿烹煮了这些渔猎而来的食物之后，含着满口的余香而将这些吃过的猎物仔仔细细地描绘在陶器上，无非是为了将这些美好的感受永久地保存下来罢了。但是，在这一保存的过程中，人们渐渐有了远离味觉的视觉获得，有了形式美的理解和把握。当然，对于这些鱼、蛙、鸟的具体作用，学术界有不同的理解。例如，有人就从《诗经·商颂·玄鸟》之“天命玄鸟，降而生商”的诗句中获得灵感，认为鱼、蛙、鸟这些产子、产卵的动物符合了上古人类关于卵育生命的生殖意象，因而才被绘制于陶器上的。“在一些重要的器物上尽情刻画上生殖力旺盛的鱼、蛙、鸟，你很难具体分出他们这是在祈祷粟黍稻谷的丰收、渔猎养殖物的收获还是人丁的兴旺，这原本都是他们的希望；而且，在他们的物我交感观念中，这些刻画也可以用于促进各种增殖的作用。”[9]如果这种假设能够成立的话，那么这些“作品”的内容当与“性”有关，同样是原始快感的延伸与升华。

最后，无论是起于“食”的诱导，还是“性”的诱惑，早期人类在这些具体对象的描摹中渐渐从内容的占有演变为形式的玩味，从而有了抽象的文饰。关于仰韶的彩陶，最为迷人的部分当不是其具象的图案，而是其绘饰在陶体上的直线、曲线、水纹线，以及三角形、漩涡形、锯齿形等千姿百态的抽象图案。对于这些图案的产生，学术界有两种不同的猜测。一种意见认为，这种抽象的图案先于具象的图案，它的产生与陶器的发现有关。可以

9　廖群:《中国审美文化史》先秦卷，山东画报出版社，2000年，第34页。

设想，在发明陶器以前，人们只能用泥土塑成坛坛罐罐。但由于泥土过于松软，所以人们便在编织好的箩筐上面抹上一层泥土，使其容易定形。不知过去了多少年，一次偶然的火灾将这样的泥坯烧成了陶器，而泥土外面的箩筐则变成了附在陶器上面的文饰。后来，人们不但学会了自己烧制陶器，而且也开始将这种抽象的文饰自觉地绘制在陶器的表面。而另一种意见则认为，这种抽象的图案晚于具象的图案，它是在具象的图案不断简化、不断省略的过程中脱胎而来的，这就是李泽厚所说的"有意味的形式"[10]。由于李先生借用了考古学中的图像分析方法，将鱼纹、蛙纹、鸟纹的图案演变过程以直观的形式一步一步地呈现出来，因而已获得了不少学者的赞许。更为重要的是，李先生的这种解释不仅与人类先具象、再抽象的认识过程相一致，而且有助于佐证其著名的审美"积淀说"。按照这一理论，先民们先是抱着直接的功利目的将鱼、蛙、鸟类的图形尽可能逼真地描绘在陶器上；久而久之，这种最初的功利活动渐渐变成了装饰的需求；而为了装饰的便捷，人们便将具象的图案渐渐简化为抽象的文饰。当人们可以用审美的眼光来玩味这种抽象图案的时候，其"形式"背后的"意味"隐然存在：那便是由快感"积淀"而成的美感。

无论李泽厚先生的解释是否正确，这种从内容的占有到形式的玩味的"积淀"过程，确乎符合着审美意识发展的演变规律。它也是人类能够超越自身的物种局限，从而自由地欣赏万物的基本条件。对此，我们也可以在由"食"而"美"的发展中见出。《左传》中记载了晏子这样一段有关"和""同"之异的话："和如羹焉。水、火、醯、醢、盐、梅，以烹鱼肉，燀之以薪。宰夫和之，齐之以味，济其不及，以泄其过。君子食之，以平其心。……声亦如味，一气，二体，三类，四物，五声，六律，七音，八风，九歌，以相成也。清浊，小大，短长，疾徐，哀乐，刚柔，迟速，高下，出入，周疏，以相济也。君子听之，以平其心。"[11]这种对于"和"的认识，也许最初是从饮食中感受到的，因为任何单一滋味的食物都不能最大限度地满足我们味觉系统的需要。要创造出真正意义上的美味佳肴，就必须将酸甜咸辣等各种调料配合在一起，使其产生一种"和"的效果，以避免"同"的单调。这种经验后来又在金属的冶炼、器乐的演奏，乃至政策的实施中得到了推广与印证，因而

10 李泽厚：《美的历程》，文物出版社，1981年。

11 《左传》，岳麓书社，1988年，第333页。

具有了普遍的意义。从“和如羹”到“声亦如味”，这期间或许经历了一个漫长的过程。但是，当以和为贵的审美理想产生之后，人们便不仅可以用这样的标准来鉴赏美食、美味，而且可以欣赏美声、美色，即不仅可以用味觉来鉴赏人类的食物，而且可以用听觉和视觉来欣赏与我们的营养需求毫无关系的任何对象了。这种在主体方面超出自身的物种局限，在客体方面超出对象的功利内容，以“情感”来把握“形式”的活动，正是美感不同于快感的关键所在。

三、从感官的愉悦到精神的追求

从感官的愉悦到精神的需求，显示出人类的审美实践已经从原有的生理活动进入到了社会历史领域。但是这并不意味着审美活动一旦脱离了生物性快感，就可以获得独立自由的发展。恰恰相反，在生产力相当落后的上古社会里，人类的审美活动常常只不过是宗教和伦理活动的附属品罢了。关于这一点，我们可以听听柏拉图有关审美教育途径的论述：“第一步应从只爱某一个美形体开始”，“第二步他就应该学会了解此一形体或彼一形体的美与一切其他形体的美是共通的。这就是要在许多个别美形体中见出形体美的形式”，再进一步就要学会“把心灵的美看得比形体的美更可珍贵”，如此进步，由“行为和制度的美”到“各种知识的美”，最终达到理念世界的最高形态，“这种美是永恒的，无始无终，不生不死，不增不减的。”[12]在这种不断抽象、不断上升的过程中，审美活动不仅离开了其最初的生理基础，而且完全走向了它的反面。显然，这种具有禁欲主义色彩的“理念”世界，为西方人的审美活动在中世纪倒向神学的怀抱铺平了道路。

与西方的审美走向大致同步，在摆脱了单纯的生理快感之后，中国古代的审美活动也有着向宗教和伦理活动倾斜的历史阶段。如果说，仰韶彩陶中的文饰有无宗教内容的问题尚存有争议的话，那么良渚的玉器和殷商的青铜器上面的文饰显然已经超出了感官愉悦的欣赏领域。当然了，对于良渚玉琮上狰狞的人面兽纹和殷商铜器上恐怖的饕餮图案，不同学者仍有不同的解释。

12　[古希腊] 柏拉图：《文艺对话集》，人出文学出版社，1963年，第271—272页。

但有一点是毫无疑问的，在进入父系社会的权力角逐中，人类的审美活动中被注入了一种更为复杂、更为强悍的力量。这种力量不是来自“本我”的生理基础，而是来自“超我”的社会观念。按照一些学者的分析，那种似虎非虎、似羊非羊、似牛非牛的饕餮文饰的原型是一种代表图腾的夔纹，即甲骨文中记载的“高祖夔，[13]由此可以推断，与西方通过“理念”之类的超验对象而指向彼岸世界的宗教崇拜不同，中国古代的审美和崇拜对象是一种“祖”“神”一体化的精神寄托。这其中既有超验的宗教色彩，又有经验的血缘成分。而到了周代以后，前者的因素被逐渐淡化，后者的成分被不断地加强，从而审美活动便从宗教的怀抱中解脱出来，而成为伦理的附庸。这也正是前面所引晏子之语将“和”“同”问题归于心理—政治问题的原因所在。在《国语》中，史伯也有一段关于“和”“同”之辨的话：“夫和实生物，同则不继。以他平他谓之和，故能丰长而物归之；若以同裨同，尽乃弃矣。故先王以土与金木水火杂，以成百物。是以和五味以调口，刚四支以卫体，和六律以聪耳，正七体以役心，平八索以成人，建九纪以立纯德，合十数以训百体。出千品，具万方，计亿事，材兆物，收经入，行姟极。故王者居九畡之田，收经入以食兆民，周训而能用之，和乐如一。夫如是，和之至也。于是乎先王聘后于异姓，求财于有方，择臣取谏工而讲以多物，务和同也，声一无听，物一无文，味一无果，物一不讲。王将弃是类也而与钊同。天夺之明，欲无弊，得乎？”[14]

至此，我们似乎可以看出，尽管中国与西方人的审美意识最初都是从“食”“性”之类的生理快感中升华出来的，但是由于“宗法文化”和“宗教文化”的不同性质，致使二者在相当长的时间内有着不同的依附对象。只有到了近代以后，西方人的审美意识才真正从宗教信仰的怀抱中挣脱出来，中国人的审美意识才渐渐从宗法伦理的笼罩下突围出去，向着独立的精神享受而自由发展。

（此文曾发表于《北京师范大学学报》2004年第2期，《人大复印资料·美学》2004年第5期全文转载）

13　廖群：《中国审美文化史》先秦卷，山东画报出版社，2000年，第128页。

14　《国语》，上海古籍出版社，1998年，第515—516页。

走出“失范”与“失语”的中国美学和文论

中国美学和文论在20世纪的发展中所遇到的问题不外乎两个：一个是“失范”，一个是“失语”。

在与西方文化的接触中，人们发现，传统意义上的西方美学和文论是“自上而下”的，它既有严格的学术范畴，又有严密的论证手段，还有严整的理论体系。就拿亚里士多德的《诗学》和黑格尔的《美学》来说吧，它们一开始就要对“悲剧”和“美”这样的范畴下一个定义，然后再一步步地推演开来、论证下去。而现代意义上的西方美学和文论，又常常借助于统计学和心理学的方法，走“自下而上”的道路，先要找到具体的审美经验和艺术作品，然后进行实证的考察和试验的分析，以建构“科学”的学术命题。在这里，无论是前者的演绎，还是后者的归纳，都有其自身的“规范”。而中国古代的美学思想和文论学说则认为“道可道，非常道”和“诗无达诂”，既不想对“美”和“诗”这类基本范畴进行界定，也不曾对审美经验和艺术实践进行实证分析，而只是喜欢用“幽眇以为理，想象以为事，惝恍以为情”的“以诗论诗”的方法进行描摹和阐释，因而是没有规范的。

当我们发现了中国古代美学思想和文论主张“失范”的缺陷之后，便力图在西方美学和文论的引导下建立自己的规范。其方法无外乎两种：一种是将西方美学和文论的范畴原封不动地移植过来，然后再加以改造；一种是对中国古代美学思想和文论范畴进行梳理，使其能够被纳入西方学术的体系。然而，正当这种努力获得部分的成功之后，人们却突然发现，中国的美学和文论学者已经不会、或至少不会在原来的意义上使用自己民族的语言，而只会鹦鹉学舌地操练着西方的术语了。换言之，当我们刚刚解决了“失范”的问题之后，“失语”的问题却又不期而遇地冒了出来。而这一问题绝不仅仅是一种民族自尊心的伤害，更重要的是那种外来的、或借助外来方式改造过的术语并不足以解释我们民族自身的审美经验和艺术问题。于是，美学也好，文论也罢，最后只成为同行学者讨论的话题，对具体的审美活动和艺术实践并无助益。

这样一来，中国美学和文论的发展便陷入了一种进退维谷的境地：如果我们继续沿袭中国古代美学思想和文论主张的言说方式，中国美学和文论将永远处于“前科学”的经验形态；如果我们继续学习西方人体系化、科学化的研究方法，中国美学和文论将与我们民族自身的审美实践和艺术活动渐行渐远，直至分离。对于如此重要而又重大的问题，学术界自然有各种各样的解决方案，这里想要指出的是，我们是否可以换一个思路，在确立中国美学和文论的发展方向之前，先来看看西方美学和文论是否也存在着同样的问题。

在我看来，无论是西方美学还是西方文论，都存在着无法克服的内在危机，而且这些危机均与符号的误用有关。具体说来，西方美学的误区是用经验的“能指”来指称超验的“所指”而造成的。这个理论上的“陷阱”在苏格拉底区分“美的事物”与“美本身”的时候就已经挖好了：“美的事物”是经验对象，是可以用语言来描摹的；“美本身”却不是一个经验对象，因而无法用语言来描摹。所以，当人们用“精致的陶罐”或“美丽的女子”来形容“美本身”的时候，便必然会犯下用经验的“能指”来指称超验的“所指”的错误，从而受到苏格拉底的讥讽。当然了，人们也可以换一种方式，即用超验的“能指”来指称超验的“所指”。就像柏拉图那样，用“理念”来指称“美本身”。但是，“理念”和“美本身”一样，都是一种看不见摸不着的超验对象，因而这样的结论是既不能证伪也无法证实的。所以，柏拉图之后，普洛提诺还会提出美不是理念，而是“太一”的学说。这样一来，美学领域也便成为一个众说纷纭、莫衷一是的场所，这正是后来的分析哲学家所要着力批判的。如果说，西方美学的误区是用经验的“能指”来指称超验的“所指”，那么西方文论的误区是用推论性的“能指”来指称表现性的“所指”。在卡西尔符号学的基础上，苏珊·朗格进一步将人类常用的符号分为“推论性符号”和“表现性符号”两大类：前者是人们常用的语言，后者则是与语言并列的艺术。在她看来，语言尽管是人类最重要的符号系统，但不是唯一的，更不是万能的。在人类需要表达的范围内，还存在着一些用语言所无法表达而又非要表达不可的内容，这便是艺术之所以存在的意义。而西方美学家的误区就在于过分相信推论性符号的作用，他们之所以要将文艺理论纳入体系化和科学化的轨道，就是相信文学艺术的内涵是可以通过逻辑的范畴和科学的命题来加以表述的。事实上，我们可以用逻辑的符号来表述艺术作品的社会功能，却无法表述它的美学奥秘；我们可以用科学的方法来检验文学作品的社会效果，却无法分析它的艺术体验。这样一来，使用“推论性符号”的文艺理论又如何跨越到“表现性符号”的领域去分析和研究文学和艺术问题呢?

换一个角度，我们从研究对象的特殊性质中也可以看出：由于审美对象和艺术作品不是一个抽象的观念符号，因而它就不可能运用逻辑演绎的方法“自上而下”地加以解决；由于审美对象和艺术作品不是一个单纯的物理实事，因而它就不可能运用经验归纳的方法“自下而上”地加以解决。“自上而下”的逻辑演绎和“自下而上”的经验归纳虽然可以使西方的美学和文论具有了所谓的“理论形态”和“科学形态”，却无法解决它们所要真正解决的实质问题。这种分析不得不引起我们更进一步的思考：美学和文论究竟是一种共同的科学呢，还是一种具有地理和历史语境阈限的文化描述? 如果它们是一种共同的科学，那么我们就没有必要在中国的传统文化中去寻找和澄清那些在西方人的审美活动和艺术实践中并不具有普遍意义的概念（如“风骨”“意境”之类），甚至没有必要建立所谓的中国美学和中国文论；如果说它们只是一种文化描述，那么我们就没有必要将东方传统的美学和文论概念纳入西方式的逻辑或科学系统，去建构什么体系。

同许多学者一样，笔者也认为建立东方美学和中国文论是必要的，但其必要性并不仅仅在于满足我们特有的民族情感，也不仅仅在于解释我们独特的审美活动。同许多学者一样，笔者也认为建立东方美学和中国文论是可能的，但其可能性并不仅仅在于梳理已有的概念和范畴，也不仅仅在于向西方的“逻辑形式”和“科学形态”靠拢。在我看来，建立东方美学和中国文论之所以是必要的，是因为现有的西方美学和西方文论存在着自身难以克服的矛盾和问题。在我看来，建立东方美学和中国文论之所以是可能的，其可能性恰恰不是要向西方的“逻辑形式”和“科学形态”靠拢，而是要保留东方智慧的独特品性。

在我看来，人类所面对的世界至少有三个：一个是纯粹理性的思辨领域，一个是纯粹感性的现实领域，一个是感性和理性相交融的情感领域。而对于理性和感性相对分裂的西方人来说，前者主要依靠逻辑演绎的方法来研究，这与其传统的“逻格斯中心主义”是相适应的；中者主要依靠经验归纳的方法来研究，这与其在17世纪以后所建立起来的“实证科学”的方法是相适应的；而后者则既不是适用于单纯的逻辑法则，也不适用于具体的实证经验，所以并不是西方人所擅长的研究领域。

从中西互补的思维结构看，西方人不太擅长的工作恰恰是中国人能够胜任的事业。与具有“逻格斯中心主义”传统的西方人不同，中国的古人很早就已意识到了语言的局限性。《老子》开篇中的名句自不待言。《庄子·秋水》说得更加清楚：“可以言论者，物之粗也；可以意致者，物之精也；言之所不能论，意之所不能察致者，不期精粗焉。”在他们看来，人类的语言和逻辑虽然有用，但也有限。在大千世界上，总有一些“言之所不能论，意之所不能致”的精微之处有待于我们去表达和探究。如何表达和探究这些内容呢？在庄子思想的启发下，王弼在《周易略例·明象》中指出："夫象者，出意者也。言者，明象者也。尽意莫若象，尽象莫若言。言生于象，故可寻言以观象。象生于意，故可寻象以观意。意以象尽，象以言著。故言者所以明象，得象而忘言。象者所以存意，得意而忘象。犹蹄者所以在兔，得兔而忘蹄；筌者所以在鱼，得鱼而忘筌也。"[1]如果我们把这里所说的卦象之"象"扩展为审美之象、艺术之象，卦辞之"言"扩展为学术之言、语言之言的话，便可获得巨大的启发意义。在这里，作为表达"意"的符号系统，"象"和"言"之间虽然有着具体与抽象、表现与推理的重大区别，却不是截然分离、彼此对立的。如果说，"象"的特点是具体鲜活而又无限丰富的，那么"言"的特点则是抽象概括而又逻辑严谨的。一方面，我们必须承认前者并不能通过后者来加以穷尽，找到其所谓的本质。另一方面，我们又必须承认后者可以在相对的意义上趋近于前者。而如何运用概念和范畴在相对的意义上趋近于审美和艺术活动的无限意蕴，这才是美学和文论研究的关键所在。换言之，如果我们只用是否具有"逻辑性"与"科学性"来衡量美学和文论是否成熟，便必然会陷入一种缘木求鱼的境地。

过去，我们总是觉得逻辑严谨的西方概念有着无往而不胜的学术优势。现在，人们似乎发现，越是清晰的概念、严谨的逻辑，就越发难以趋近人类复杂的审美情感。因此，与西方美学和文论不同，中国人一开始便不去探讨抽象的美的本质、艺术的本质，而采取一种"以诗论诗"的灵活态度，用一种虽不严谨但却贴切的语言形容之、描述之。这样做的目的，并不是要得到一种准确、严谨而又一劳永逸的逻辑命题，而是让人们在"得意忘言"的过程中去体悟艺术、情感和美的奥秘……或许，这种体悟的方式不仅更接近于东方的智慧，而且更接近于审美和艺术的应有之义。只有在这一意义上，我们才能够理解，为什么在语言的原初意义上有过深入探讨的海德格尔，在其晚年却需要用荷尔德林的诗句来表达他对存在的理解；只有在这一意义上，我们才能够理解，为什么曾经翻译过康德《判断力批判》的宗白华先生，在其晚年却出版了《美学散步》而向中国传统文化回归；只有在这一意义上，我们才能重新对中国古代那些并不严谨但却韵味十足的

1 《王弼集校注》上，中华书局1980年，第609页。

审美范畴加以利用；也只有在这一意义上，我们才能对中国美学和文论中的“失范”和“失语”问题加以重新的理解，并在此基础上建立起真正意义上的东方美学和中国文论。

（此文发表于《文学评论》2004年第2期）

美学与艺术也是一种生产力

人们对“生产力”的认识，是随着人类文明的发展和产业结构的调整而不断深入的。在以农、林、牧、渔为代表的第一产业占主导地位的前工业时代，人的体力和经验是最为重要的生产力要素；在以机器制造业为代表的第二产业占主导地位的工业时代，科学和技术跃居于生产力要素的首位；而在以服务业为代表的第三产业占主导地位的后工业时代，美学和艺术作为生产力的要素也便具有了越来越重要的地位。这种新的生产力要素主要是通过三种途径加以实现的：首先是制造直接用于审美欣赏的精神产品，其次是这种产品的衍生物，最后是实用产品中的审美附加值。

一

“生产力”是政治经济学中的一个重要的概念，也是历史唯物主义中的一个核心范畴。根据后者的理解，生产力决定生产关系、经济基础决定上层建筑、社会存在决定社会意识……在这种层层演绎、不断推进的人类文化结构中，生产力便成为最革命、最活跃、最具有根本意义的力量。按照《中国大百科全书·经济学》的权威解释，所谓生产力，也就是“人类在与自然的物质变换过程中把自然物改造成为适合人类需要的物质资料的力量”[1]。具体说来，“生产力是由劳动者和劳动资料、劳动对象等要素组成的。具有一定的生产经验（或科学知识）及劳动技能的劳动者，是生产力的主体，在生产过程中发挥着主导地位”。[2]

认为劳动者是生产力的主体，在生产的过程中发挥着主导地位，这无疑是正确的，但是，将这种生产力的“主体”能力归结为“生产经验”“劳动技能”“科学知识”三个方面的说法，却存有值得商榷之处。在我看来，作为生产力主体的劳动者，至少具备体力、智力、审美判断力（包括情感和想象能力）三种与生产相关的主体能力，而这三种能力的历史性展开，便显现为生产力发展的三个阶段。

在以农、林、牧、渔业为代表的第一产业占主导地位的前工业时代，人们要利用自身的肉体力量与外在自然进行直接的物质交换，即通过肩挑手挖的原始方式来对自然界进行改造。在这一时期，社会生产力的主要因素无疑是人的体力。正因如此，人的体能受到了高度的重视。关于这一点，我们可以从农村公社时代的工分制度中得到直观的印证。除了体力之外，人们在打猎、捕鱼、放牧和耕作中也需要一定的经验，故而人的经验也是这一时期生产力的重要因素。经验与科学不同，它作为个体的生产者日积月累而获得的感性知识，尚未演变为理论化、系统化的知识形态，因而只能在具体的生产过程中直接传授，不宜通过教育途径间接获得。在这种情况下，人的生产经验常常随着年龄的增长而增长，甚至随着个体的消亡而消亡，这也正是古代社会普遍尊重长者的原因所在。当然，在这一时代里，牲畜在生产活动中也占有重要的地位，但是无论如何，任何畜力都是由人力控制和驾驭的，否则它便不可能成为一种生产力要素。从这一意义上讲，畜力只不过是生产工具而已。

到了以机器制造业为代表的第二产业占主导地位的工业时代，社会生产力的主要因素出现了变化，即人的体力和经验让位于科学和技术。当然，这并不是说人的体力和经验不再是生产力要素，而是说单纯的体力和直观的经验已不再是生产力的重要因素。在这一时代里，由于有了机械化生产，人们

1 《中国大百科全书·经济学（光盘版）》，中国大百科全书出版社，2000年。

2 《中国大百科全书·经济学（光盘版）》，中国大百科全书出版社，2000年。

更多地不是通过肌肉的力量与自然对象发生直接的物质交换，而是借助机械的力量间接地改造自然。正如在渔猎和农耕时代，任何畜力都是由人来控制和驾驭的一样，在工业时代，任何机械都是由人来制造和使用的。不同之处在于，控制和驾驭牲畜主要依靠的是人的体力和经验，而制造和使用机械主要依靠的是人的科学和技术。科学和技术不同于体力和经验，它们不是先天具有的，也不是在生产过程中逐渐积累下来的，而是通过系统的教育和培训才能够掌握的。因此，在工业化时代，教育的普及与提高，便成为一个社会提升其劳动群体生产力水平的主要途径。在科学的发明与技术的创造过程中，人的脑力劳动渐渐显得比体力劳动重要起来，智力的优越者比体力的优越者受到了越来越多的重视，学历和文凭渐渐取代了日积月累的生产技能，有知识的精英也便取代了有经验的长者而成为社会生产的核心力量。当机械化的生产流水线作业取代了打猎、捕鱼和田野耕作的时候，四肢发达、头脑简单的“壮劳力”便渐渐失去了用武之地。与此同时，科学技术在生产活动中的“贡献率”也越来越高，人与人之间天然的肉体能力差别和后天的经验积累差距已显得不太重要。于是，“尊重知识、尊重人才”也便代替了“尊重体力、尊重经验”而成为一种历史的必然。也正是在这样一个时代里，人们提出了“科学技术是第一生产力”的历史性主张。

然而，随着物质财富的积累和生活水平的提高，人类产业结构的调整还在继续。正像马克思所说的那样，“社会为生产小麦、牲畜等等所需要的时间越少，它所赢得的从事其他生产，物质的或精神的生产的时间就越多”。[3]农、林、牧、渔业的充分发展，满足了人们直接的物质需求；机器制造业的充分发展，使人们的物质需求有了更多的剩余和保障。在物质财富相对充裕的情况下，人们有可能用更多的时间来从事精神财富的生产，从而使产业结构发生新的变化。

早在20世纪20年代，澳大利亚和新西兰就产生了一种有关产业结构的区分，人们把农业称之为“第一产业”，而把工业称之为“第二产业”。在此基础上，费希尔提出了“第三产业”的概念，用以概括满足人类物质需求以外的更高级的精神需求的生产活动。“随着现代经济的发展，满足物质生活需

3 《马克思恩格斯全集》第46卷（上），人民出版社，1979年，第120页。

要以外的更高级的需要的产业迅速发展起来。于是在社会经济的发展中出现了这样的趋势：在农业中就业的人数相对于工业中就业的人数趋于下降，接着，在工业中就业的人数相对于服务业中的就业的人数也趋于下降。经济学界把这种经济发展趋势称之为‘配第一克拉克定律’。”[4]20世纪70年代以来，世界上绝大多数国家的第三产业发展速度超过了第一产业和第二产业，时至今日，第三产业已成为发达国家国民经济增长的主要部门。

按照一般的分类原则，“第一、第二产业是直接从事物质资料生产的产业部门，第三产业不是直接从事物质资料生产的部门，它们在产品上有物质形态和非物质形态的区别”。[5]然而在我看来，这一区别毋宁从消费经验的角度上入手更为合理：第一产业和第二产业主要诉诸人们的物质需求，而第三产业则更多地诉诸人们的精神需求。正是在这种以诉诸人们的精神需求为主要形式的“第三产业”中，劳动者除体力、智力之外的审美判断力便有了更多的用武之地。也正是在这一意义上讲，在以服务业为代表的第三产业占主导地位的后工业时代，美学和艺术作为生产力的要素也便具有了越来越重要的地位。

二

在“后工业时代”，美学与艺术作为生产力的主要因素，主要是通过以下三种途径来加以实现的。

首先，是制造直接用于审美欣赏的精神产品。艺术作为直接用于审美欣赏的精神产品，并不始于今日，而是古已有之。但是，在生产力低下的古代社会里，由于广大的劳动者既没有足够的剩余时间来进行精神享受，也没有足够的文化素养去进行艺术追求，更没有足够的资讯手段来获得审美资源。于是，在古代社会里，审美和艺术活动基本上属于少数有闲阶层的事情，且与宗教和政治紧密相连，它主要是一种意识形态活动而非商业行为。无论是在奴隶时代，还是在封建时代，贵族阶级都曾拥有数量可观、质量上乘的艺术作品，但这些作品很少进入流通领域，以商品的形式来实现其普遍的社会

4 《中国大百科全书·经济学（光盘版）》，中国大百科全书出版社，2000年。

5 《中国大百科全书·经济学（光盘版）》，中国大百科全书出版社，2000年。

价值。

只有到了工业社会、尤其是后工业社会以后，由于生产力水平的提高，使广大民众在必要的劳动之外获得了较多的金钱时间，从而有条件进行审美和艺术活动。由于劳动的科技化要求，使得广大民众必须具备一定的文化素养，从而能够进行审美和艺术活动。由于大众传媒的出现，使得广大民众可以借助便捷的资讯手段来获取审美和艺术资源，从而便于进行审美和艺术活动。在这种情况下，审美和艺术活动才真正从皇室贵族的殿堂中走了出来，成为广大民众消费的对象。而在一个消费决定生产的商品经济时代里，审美与艺术虽然仍具有意识形态功能，但其最为重要的是商品属性。换言之，能否为商家带来足够的经济回报，是一本小说、一部电影、一台戏剧能否问世的关键所在。在这只“看不见的手”的操纵下，艺术家的情感和想象能力，便成了创造财富的可贵资源，美学与艺术的生产力要素也便最大限度地被释放出来。

谈到这里，人们首先想到的是电影业。据统计，2001年美国好莱坞的票房收入为83.5亿美元。而《京华时报》2002年5月8日提供的数据显示，美国电影史上单日票房纪录如下：1.《蜘蛛侠》（首天）4 141万美元。2.《哈利·波特》（第二天）3 351万美元。3.《哈利·波特》（首天）3 233万美元。4.《盗墓迷城2》（第二天）2 859万美元。5.《星战前传之魅影危机》（首天）2 854万美元。一部电影能够创造如此之大的经济价值，这是以往任何时代都不能想象的事情。在这一方面，我们不必尽举美国的例子。在国内，张艺谋的《英雄》虽不及上述影片卖座，但也取得了令人瞩目的经济效益。仅在横跨2002~2003年度的播映中，投资方新画面影业公司便获得了8 000万元人民币的票房收入。在物质生活日益富足的情况下，人们有着越来越多的金钱和闲暇来进行艺术的消费。时至今日，购买上百元钱的门票去听一场音乐会，去看一场艺术表演，去出席一场电影的首映式，已不是什么天方夜谭的事情了。张艺谋执导的歌剧《图兰朵》在韩国汉城演出了11场，票价炒到2 000美元1张，共有14万左右的观众观看了演出，组织者约赢利30亿韩元。

与电影、戏剧这些传统艺术行业分庭抗礼的是音像制品业。作为全世界录像制品巨头的大明星娱乐公司的年营业额已高达100亿美元，其老板韦恩·赫伊岑格也像比尔·盖茨一样成为全世界最富有的企业家之一。不同之处只在于，比尔·盖茨是依靠科技而起家的，而韦恩·赫伊岑格则是依靠艺术而致富的。这两种不同的致富途径是否体现了当今时代二种不同的生产力要素呢？当然了，正像科技界的精英不限于比尔·盖茨一人一样，娱乐界的大腕也不限于韦恩·赫伊岑格一个。时至今日，除了传统的电影娱乐界之外，广告传媒界、游戏制造业也成为越来越多的“淘金者”的乐园。据美国普华永道会计师事务所公布的一项报告显示，在全球经济不甚景气的情况下，2002年娱乐与传媒产业的收入仍有较大规模的增长，首次突破1万亿美元大关……面对这种不胜枚举的事例，我们怎么能够否认“美学艺术也是一种生产力”这样一个显而易见的事实呢？

其次，审美和艺术作为生产力的要素，还可以通过生产艺术作品的衍生物来加以实现。所谓艺术作品的“衍生物”也常被称之为“影视后产品”，它是借助影视作品的轰动效应而将其中的人物、情节加以衍生、扩展后所派生出来的玩具、服装等时尚物品。我们知道，希尔顿的小说《消失的地平线》曾衍生出“香格里拉饭店”的五星级品牌；而迪斯尼的电视剧《米老鼠与唐老鸭》曾衍生出“迪斯尼乐园”的主题公园，《星球大战》和《黑客帝国》播映后，市场上不仅充斥了相关的仿真玩具，而且出现了电影中的T恤衫、帽子以及风衣等大大小小上百种商品。至于随之而来的电影海报、音像制品、电子游戏、图书、邮票之类更是数不胜数。据统计，美国电影后产品约占电影业总收入的73%。如此算下来，美国电影业的实际收入将是其票房收入的2~4倍。在这一方面，中国的影视业虽觉悟甚晚，也开始尝到了甜头。《英雄》一片不仅创造了国产影片的票房之最，也开始了国内研发“影视后产品”的先河：以1 780万元出售DVD和VCD版权；跟踪《英雄》拍摄的纪录片《缘起》卖到了30万元的好价钱；接下来，根据《英雄》改编的同名小说已开始印刷，与中国邮票总公司合作发行的《英雄》人物邮票也在筹措之中。[6]这种借助艺术作品来刺激消费的商业行为，显然会使当年导致“洛阳纸贵”的《三都赋》相形见绌了。

6　杜爽：《电影后产品：财富续集也疯狂》，《中国经营报》2003年8月25日。

最后，也是最为重要的是，美学和艺术作为生产力的主要因素，不仅可以通过直接的观赏对象及其衍生作品加以实现，还可以通过赋予实用产品以“审美附加值”的形式打上其自身的烙印。举个例子：农民收获一斤棉花，在市场上可以卖几块钱；工人将其织成布，可以卖几十块钱；裁缝将其做成衣服，可以卖几百块钱；如果经过类似皮尔·卡丹式的艺术大师设计成时装，就可能卖到几千块、甚至上万块钱。可见，由几块钱的棉花变为成千上万块钱的时装，这其中既有“科技的附加值”，更有“审美的附加值”。因此，我们为什么只承认科学技术是一种生产力而不承认美学艺术也是一种生产力呢？

其实，越是在科学技术全面发展的历史条件下，越是在商品生产已基本满足了人们生活实用目的的前提下，美学艺术的生产力功能就越发重要。就像人们吃饭一样，先要果腹、吃饱、有营养，然后才能讲究色、香、味俱全。过去，人们能填饱肚子就已经十分满足了，而现在的饭店，不仅要厨艺精良，还要讲究装潢、氛围和格调。这一切，无不渗透了人们的情感和想象，并以“审美附加值”的形式实现其经济效益。再以建筑为例，现代建筑与后现代建筑的最大差别表现为：前者是功能主义的，后者则有着超越使用功能之外的精神追求；前者是科学至上的，后者则有着超越科学之外的人文含量。更为重要的是，后现代建筑的这种精神追求、人文含量，又不同于古代建筑宗教化、伦理化的内容，而是以审美为核心要素的。从这一意义上讲，一座后现代建筑显然要比一座现代建筑有着更多的“审美附加值”。饮食和建筑如此，其他商品生产或消费行为无不如此。一件商品，当满足了人们的使用功能之后，其审美的艺术功能才会渐渐地凸显出来。我们还记得，十几年前，当移动电话还像砖头一样大小的时候，设计者的最大愿望就是减少其体积和重量，使人们用起来方便。时至今日，当手机达到了这一目的之后，设计者除了进一步强化其使用功能之外，便将更多的注意力转移到美观、时尚方面来了。在商店里我们可以看到，一款样式新颖、别致、美观的手机，与同样功能但样式平平的手机相比，在价格上会有着惊人的差异。手机如此，其他商品无不如此。在当今的市场上，几种颜色的搭配，几条弧线的设计，甚至一个包装的选择，都有可能决定着商品身价的高低。

除此之外，在市场经济时代，商品在宣传促销上也少不了借助于艺术的魅力。在“供大于求”的竞争环境下，美轮美奂的广告宣传可以吊起顾客那日益疲惫的胃口。尼尔森媒介研究中心的数据显示，2002年，中国内地的广告花费总额增长20%左右，达到100亿美元。这其中，仅“新浪网”一家全年的广告收入就超过了1亿元人民币。该研究中心亚太区董事长霍本德（Forrest L.Didiei）预测：“因为中国广告市场保持着每年两位数的增长率，中国有望在2010年以前超过日本，成为仅次于美国的全球第二大广告市场”。[7]显然，广告传达的是商业信息，而商业信息的传达又需要美学和艺术来加以包装。难怪有人认为，在电视和网络媒体普及的情况下，我们已经进入了一个“眼球经济”的时代。也就是说，在供大于求的市场条件下，谁能通过大众传媒来吸引消费者的视线，制造出新的消费热点，谁就能在竞争中立于不败之地。

因此，无须更多的论证，“美学与艺术也是一种生产力”的观点，已经在我们周围的一切生活用品和交换方式中得到了充分的体现。当然了，从文学作品到舞台演出，从唱片录音到影视欣赏，从艺术展览到电脑游戏，这其中仍免不了科学技术所提供的条件，但其中最为直接、最为重要的已不是技术而是艺术，已不是科学而是美学了。

三

通过上述分析，我们看到，说生产力的主要因素是人，是没有错误的，但在不同时代，生产力对人之不同能力的需求却有着不同的侧重。从这一意义上讲，列宁关于“全人类的首要的生产力就是工人，劳动者”[8]的说法只适用于工业社会。在前工业时代，全人类的首要的生产力显然不可能是工人，在后工业时代，全人类的首要生产力也未必是工人。当然了，同工人一样，工业时代的科学家和后工业时代的艺术家也都是劳动者，只不过他们劳动方式不同，劳动所依据的体力、智力或审美判断力不同罢了。说得彻底一点儿，人类生产力要素的历史性丰富，也正是人的体力、智力和审美创造力的逻辑性

7 《中国媒体资讯》，《北方晨报》2003年6月30日。

8 《列宁选集》第3卷，人民出版社，1972年，第843页。

展开。

认清这一点，不仅使我们的研究更具有历史唯物论主义的科学性质，也有助于我们更加自觉、更加有力地发掘生产力的潜在资源。由于历史的特殊原因，使得当代中国已将前工业、工业、后工业三个历史阶段压缩到共时的社会环境之中。如果非要为我国现阶段的社会性质作出评价的话，我们只能说是以工业社会为主导的，兼有前工业社会和后工业社会经济要素的发展中国家。因此，仅就我国当前的情况而言，科学与技术无疑仍占有“第一生产力”的重要地位。但是，我们同时也应该看到，由于中国城乡经济发展的不平衡性，更由于进入WTO以后，中国经济与外国经济日益紧密的交往关系，使得我国经济生活和文化生活中的后现代因素日益增加。在这种情况下，美学与艺术作为生产力要素，已经产生并将继续产生着越来越大的历史作用。

针对我国现有的发展状况，1995年党中央国务院提出了“科教兴国”的发展方略，2003年党的十六大报告首次将大力发展社会主义文化产业的问题提到了议事日程上，而江泽民同志有关社会科学与自然科学“同等重要”的观点，也可从这一角度上加以理解。从历史的高度看待这一问题，我们有必要在教育发展和文化战略两个方面提出相应的对策。

在过去，由于对“审美和艺术也是一种生产力”的认识不到位，致使我们的教育发展长期以来有着重理而轻文、重智力开发而轻情感培养的偏颇和局限。作为一种新的生产力要素的前提条件，人的“审美判断力”包括情感和想象能力，它不仅不同于体力，而且也不同于一般所谓的智力。有鉴于此，心理学家于“智商”之外，又增加了一个“情商”的指标，以衡量人们的审美判断力。而“情商”的提高，主要依靠的不是人的逻辑思辨能力，而是形象思维能力；主要依靠的不是科学知识，而是人文素养。从这一意义上讲，大力发展我国的人文社会科学，不仅有利于精神文明建设，而且有利于物质文明建设。最近一个时期，人们开始意识到素质教育的重要性，但人们所说的素质教育又常常拘泥于政治素质。正因如此，学校常将党史、农民战争史作为提高学生政治素质的主要课程，而相对忽视了审美文化教育也是“素质教育”的有效途径。事实上，从形而上的层面看，审美文化教育的实施，对于我们这样一个没有宗教传统的民族来说，有着沟通人类情感、获得精神寄托的重要意义。这也正是当年蔡元培先生提出“以美育代宗教”的原因所在。从形而下的层面看，审美文化教育的实施，有助于全面发掘我国劳动力资源的潜在能量，并能进而将这种潜在能量转化为显在的价值。

过去，由于对“审美和艺术也是一种生产力”的认识不到位，致使我们的文化建设有着重科学而轻艺术，重西方而轻东方的偏颇与局限。在不少人看来，西方的科学技术比我们发达，西方的审美与艺术也一定比我们先进。结果是非但没有赶上西方人的艺术水准，反而将自己原有的宝贵经验也丢失了。具有讽刺意味的是，我们这个曾经产生过无数艺术巨匠，就连科举考试也要写诗作赋的审美大国，现在却因本土作家拿不到诺贝尔文学奖而痛心疾首。可试想一下，如果该奖在两千年前颁发，屈原是不是一个合适的人选呢？如果该奖在一千年前颁发，李白、杜甫是不是很有竞争力呢？如果该奖在两百年前颁发，谁又敢与曹雪芹一比高低呢？因此，在21世纪的今天，是到了我们总结经验教训，回到中国传统的审美文化，从中汲取营养的时候了。

要真正使美学与艺术成为一种能够创造社会财富的生产力，不仅要改变我们已有的教育目标和文化策略，也要改变我们已有的美学模式和艺术观念，使美学走出逻辑思辨的象牙之塔而走向五彩缤纷的审美实践，使艺术走出“文以载道”的政治壁垒而走向热火朝天的现实生活。只有当美学能够指导具体的艺术实践而且艺术能够满足人们日常生活需要的时候，“美学与艺术也是一种生产力”的口号才能由上述的理论设想变为真正的物质力量。

（此文为教育部十五规划重大课题[01JAZJD750.11-44007]阶段成果，发表于《文史哲》2004年第3期，《高校学报文摘》2004年第4期全文转载，《人大复印资料·美学》2004年第7期全文转载）

《易经》：作为儒、道美学思想萌芽的卜筮观念

从“—”“--”二爻象征男女生殖器这一基本的表意单位出发，《易经》将世间的万事万物统统视为两种相反相成的原始力量共同作用的结果，并用这种观点来揭示宇宙和人生的奥秘。这种卜筮思想不仅为以后的儒、道两家分别站在父系社会和母系社会不同的立场上进行哲学阐释奠定了基础，而且导致了“阳刚之美”与“阴柔之美”的不同选择。

一

自有文字记载以来，《周易》可谓是中国古代最为古老和神秘的一本书了。《周礼·春官·大卜》中有所谓“一曰《连山》，二曰《归藏》，三曰《周易》”的“三易”之法。由于时代的久远，夏之《连山》，殷之《归藏》均已失传，唯周之《周易》保存了下来。现存的《周易》分两部分：一部分是《易经》，记录了六十四卦的卦象、卦辞和爻辞。传说伏羲始画八卦，周文王演为六十四卦，并作了卦辞和爻辞。也有的说爻辞为周公所作。一些专家认为，这部分内容保留了殷代的历史资料和行文风格，当成书于殷周之际。另一部分是《易传》，这是对《易经》部分的解释和发挥，共有十篇：《彖》上下、《象》上下、

《文言》、《系辞》上下、《说卦》、《序卦》、《杂卦》，又称“十翼”，传说为孔子所作，一些学者对此表示异议，认为成书于战国末年。

《易经》与《易传》两部分不仅成书年代相差了数百乃至上千年，而且内容上也有着相当大的距离。前者文风简朴，专注卜筮；后者着意发挥，兼及社会人伦之理。更为重要的是，从诠释学的角度上看，这两个文本虽然是一种诠释与被诠释的关系，但是，作为诠释者的《易传》显然已加入了后代儒家学者的“前理解”在里面。因而其所言之理，未必尽合《易经》文本的原有之意。因此，要探讨中国美学的理论源头，就不能将《易经》与《易传》混在一起，更不能用《易传》的思想来代替《易经》，而应回到《易经》文本的历史起点。在这里，《易传》只是便于我们理解《易经》的工具罢了。

从历史与逻辑相统一的观点来看，“历史从哪里开始，思想进程也应该从那里开始。”[1]而作为中国思想历史起点同时也是逻辑起点的《易经》来说，它不仅被汉代的儒家奉为“五经”之首，而且被后代的道家奉为“三玄”之尊。那么，作为儒、道两家同出的精神资源，《易经》对中国美学究竟产生了哪些重要的影响呢? 这一点，常常是海内外诸多名家保持沉默或欲言又止的地方。朱光潜写过一篇《中国古代美学简介》，对《诗经》《乐记》《说文》《文心雕龙》均有论述，唯独对《易经》避而不谈；宗白华写过一本《美学散步》，对中国古代的文化典籍如数家珍，唯独对《易经》中的卦象浅尝辄止；方东美不敢怠慢这部开山之作，然而从艺术的角度却只能用“宇宙之大美”的话来加以笼统地概括；牟宗三对易学非常重视，可谈到美学处却只是用“此段甚美”之类的话一笔带过；此外如徐复观的《中国艺术精神》和李泽厚的《美的历程》这两部颇为流行的艺术理论和美学著作，都不曾为《易经》留有一席之地；刘纲纪执笔的《中国美学史》和叶朗出版的《中国美学史大纲》虽均有涉及，但前者《经》、《传》合论，尽量捕捉其中与“文”“辞”“意”“象”相关的因素与内容，却未能达到提纲挈领的效果，后者则干脆弃《经》而言《传》，未能探及古经文本的源头活水……

造成这种局面的原因有两个：一方面，《四库全书总目提要》云，易道广大，无所不包，……皆可引以为说。因此，对于绝大多数的美学史家而言，

1　《马克思恩格斯选集》第二卷，人民出版社，1972年，第122页。

要想否认《易经》一书对中国美学思想史的影响，是一件难以启齿的事情。但是，另一方面，《易经》一书确乎讲的是卜筮而非艺术。因此，对于绝大多数的美学史家而言，要想牵强附会地将那些卜筮的用语解释为美学的概念，又是一件难以办到的事情。

在认清上述两点事实之后，我们要想了解《易经》对中国美学的真正作用，就应该避免以往学者或是从《易经》文本入手，对那些与审美有关无关的只言片语，进行微言大义的阐发；或是放弃简单而质朴的《易经》文本，转而向《易传》求援的研究方式，而真正从方法论的角度来探讨其潜在而深刻的影响。换言之，我们既然承认《易经》是一本卜筮之书，而非美学之作，我们就不必硬要从中寻找到什么美学范畴。与此同时，我们又要看到，所谓卜筮，无非是上古先民们对自然、对社会、对人类自身命运的把握和探寻活动，这其中也自然包括着人与现实的情感联系。找出这种联系的纽带和根源，才是我们应该完成的工作。

二

《易经》的主体部分是卦象，至于卦辞和爻辞，都不过是对卦象的解释罢了。因此，要分析《易经》与现实人生的情感联系，首先必须从卦象入手。作为《易经》中最小的基本单位，每个卦象都是由“--”“—”中的一种或两种符号组合而成的。因此，对这两种符号的理解，便成为我们解释《易经》思想的关键。

那么，《易经》中的“--”“—”二爻究竟是什么意思呢？这一易学领域中的“哥德巴赫猜想”，曾引起许多研究者的揣测和推论。在众说纷纭的各家中，我觉得那种认为“—”“--”二爻分别代表男女生殖器的观点最能令人信服（此说始见于钱玄同1923年所著《答顾颉刚先生书》。参见《古史辨》第一册，第27页。周予同1927年也提出了相似的观点。参见《周予同经学史论著选集》，上海人民出版社1983年版，第23页。又见于郭沫若《中国古代社会研究》，人民出版社1964年版，第23页）。这是因为，第一，从直观效果上看，此说似比那些将“—”比作天之浑然一体、将“--”比作地之水陆二分之类的说法更接近古人发自具象的联想能力。第二，从发生顺序上说，此说似比那些认为“—”“--”缘自“九”“六”之数的说法更接近古人先具象、后抽象的思维逻辑（尽管张政烺等人对于“数字卦”的研究成果有其出土文物的证据，但我总怀疑高度抽象的“数字卦”并非最为古老的卦象形态。值得注意的是，周初铭文中的所谓“数字卦”的部分“卦象”下面刻有“魁”“隗”“其”等字样，可能是原来的卦名，但皆与现今版本的《易经》不同，可见其并不是同一系统的先后关系）。第三，此说不仅符合马克思主义的唯物史观，而且也最能在审美文化现象中找到相应的根据。

恩格斯曾经指出：“根据唯物主义观点，历史中的决定性因素，归根结蒂是直接生活的生产和再生产。但是，生产本身又有两种。一方面是生活资料即食物、衣服、住房以及为此所必需的工具的生产；另一方面是人类自身的生产，即种的蕃衍。”[2]在上古时代，种的蕃衍作为人类自身的生产，在社会生活中占有着十分重要的地位，而男女交媾与蕃衍子孙之关系的发现，曾经对人类社会的进步产生了非常巨大的推动作用：在生产方式上，它是人类由狩猎向畜牧业发展的一个关键的因素；在社会关系上，它是人类由母系社会向父系社会发展的一个必要的前提。而生产方式和社会关系的发展又不可能不影响到人的意识形态，受此启发的先民们不仅认为人与动物都是雄雌交媾的产物，而且“有理由认为”整个宇宙的万事万物都是由两种相反相成的原始生殖力量共同作用的结果。

“古者包牺氏之王天下也，仰则观象于天，俯则观法于地，观鸟兽之文与地之宜，近取诸身，远取诸物，于是始作八卦。”（系辞）尽管《易传》的成书年代远比《易经》要晚，但对于今人来说，它毕竟是人们了解《易经》的最好根据。可以想象，当伏羲氏这类的古之圣贤发现了男女交媾以生儿育女、雄雌交媾以蕃衍动物的奥秘之后，便可以把这种知识扩而大之，进一步认为整个宇宙万物都是由两种相反相成的原始生殖力量共同作用的结果。于是便模拟男女生殖器，创造了“—”“--”二爻，并推演出八卦乃至六十四卦，以预测和把握自然、社会、宇宙、人生的规律。因此，这里所说的“近取诸身，

2　《马克思恩格斯全集》第21卷，人民出版社，1965年，第29页。

远取诸物，于是始作八卦”，既是说近取诸人类自身的男女之器，远取诸动物的牡牝之器，然后引申、推演、形成卦象。

这种解释绝非臆断，我们可以在《易传·系辞》中找到明确的根据：“乾，阳物也。坤，阴物也。”“夫乾，其静也专，其动也直，是以大生焉。夫坤，其静也翕，其动也辟，是以广生焉。广大配天地，变通配四时，阴阳之义配日月，易简之善配至德。”我们知道，“乾”“坤”两卦分别由“—”“--”二爻派生出来的。对于前者的“其静也专，其动也直”，陆德明认为“专”为“抟”字，而“抟”同“团”；马王堆出土的帛书《系辞》中的“专”作“圈”，而“圈”同“圆”。也就是说，它安静的时候是团团圆圆的，只有在动的时候才会直起。这分明是在形容男性生殖器的两种状态，所以接下来才说“是以大生焉”。对于后者的“其静也翕，其动也辟”，宋衷注：“翕，犹闭也”；陆德明因陆绩注：“辟，开也。”也就是说，它安静的时候是闭合的，只有在动的时候才会辟开。这分明是在形容女性生殖器的两种状态，所以接下来才说：“是以广生焉”。从这一角度考虑问题，所谓“阴阳合德而刚柔有体”，“刚柔相推而生变化”（系辞），最初并不是一种抽象的理论概括，而是有所特指的。这种理解绝非下流，它恰恰反映了上古先民朴实无邪的心理。在当时的人们看来，正是由于男女生殖器具有“大生”和“广生”的功能，所以才可以推而广之：“广大配天地，变通配四时，阴阳之义配日月，易简之善配至德。”（系辞）最后形成一种无所不包的思想体系。这也就是所谓“天地之大德曰生，生生之谓易”（系辞）的真正奥秘。关于这方面的证据，《易传》中还有很多，如“天地絪缊，万物化醇；男女媾精，万物化生。”（系辞）“乾道成男，坤道成女。”（系辞）“乾，天也，故称乎父。坤，地也，故称乎母。”（说卦）等等。

需要指出的是，这些证据不为《易传》所独有，在《易经》中也可以发现一些蛛丝马迹。如坤卦（☷）卦均由“--”爻组成，故其卦辞曰：“利牝马之贞”。又如恒（䷟）六五为“--”爻，故其爻辞曰：“妇人吉，夫子凶。”可见这种卦象、爻象与性别之间的关系，绝非《易传》所曲解。我们知道，《易经》中只有“--”“—”变换的二爻，并无“阴”“阳”对举的两字，直到《易传·说卦》中有关于“观变于阴阳而立卦，发挥于刚柔而生爻”的观点和《易传·系辞》

中有所谓“一阴一阳之谓道”的说法之后，人们才将此二爻与“阴”“阳”对称。而由具体的男女生殖器概括出来的“--”“—”二爻进一步上升到更为抽象的“阴”“阳”观念，则显示出中国人哲学观念的基本形成。

就哲学与美学的相关性而言，与西方相比，这种“阴阳”世界观的形成至少具有以下三重意义：第一，无论中国人还是西方人，其早期的思想都是从生产实践中得来的。但西方人的哲学萌生于生产资料的生产（如泰勒斯的“水”，赫拉克利特的“火”，都是作为生产资料和生产工具而存在的），因而具有明显的科学性与外倾性；而中国人的哲学则萌生于人类自身的生产（即种的蕃衍），因而具有明显的人文性和内倾性。这种差别体现在审美实践上，使得西方古代的再现艺术特别发达，中国古代的表现艺术则相对优越。第二，由“水”“火”等生产资料或生产工具而构成的西方哲学原型（此处的“原型”一词借用荣格的概念），具有先天的一元论倾向，这种倾向强化了西方人的形而上学兴趣，进而也就导致了美学上的本体论研究。而以“阴阳”构成的中国哲学原型，则具有一种先天的二元论倾向，不承认任何唯一的、独断的宇宙本体。这种倾向不仅使得我们的古人对“美的本质”之类的本体论问题缺乏足够的兴趣，而且使其美学和文论范畴都是成双成对的，像“实”与“虚”、“动”与“静”、“风”与“骨”、“形”与“神”、“意”与“象”、“繁”与“简”之类。第三，外倾的、一元的，西方式的哲学原型容易导致对立的美学形式或冲突的艺术境界，像“崇高”与“滑稽”、“悲剧”与“喜剧”之类；而内倾的、二元的、中国式的哲学原型则容易导致和谐的美学形式和圆融的艺术境界，像“乐而不淫”“哀而不伤”“怨而不怒”“和而不同”之类。

三

将男女生殖器视为《易经》“—”“--”二爻的原始意象，不仅有着文献资料上的依据，而且有着出土文物的佐证。这一点，与审美实践有着更为密切的关联。

辩证法关于普遍联系的学说告诉我们，人类进化的起点恰恰是自然进化的终点。用这种观点来分析问题，我们一方面必须分清人类的美感与动物性快感之间所存在的原则性差异，另一方面又要看到人类的美感恰恰是从动物性快感中演变、发展、升华的历史结晶。人类的原始快感大致分为“食”与“性”两个方面，前者有着保护个体生存的功能，后者有着维系群体繁衍的意义。在原始的人类那里，最初的食、性活动还只是为了满足遗传学意义上的生物本能，然而随着劳动生产和社会实践的出现，这些动物性本能渐渐演化为精神性享受：食不仅仅是为了果腹，而且是一种美味；性不仅仅是为了交配，而且是一种爱情。

考察中国审美文化的发生，我们不难发现，“食”“性”这两大渠道都曾产生过重要的作用。关于“食”对审美观念的影响，不少学者已从《说文解字》有关“羊大为美”的辞源学角度，以及《左传》、《国语》中所载晏子和史伯的言论中进行了充分的肯定。正像李泽厚、刘纲纪所指出的那样，“我国古代文献的记载说明，最初所谓的‘美’，在不与‘善’相混的情况下，是专指味、声、色而言的。这对于了解我国古代美学思想的发展有重要意义。从人类审美意识的历史发展来看，最初对与实用功利和道德上的善不同的美的感受，是和味、声、色所引起的感官上的快适分不开的。其中，味觉的快感在后世虽然不再被归入严格意义的美感之内，但在开始时却同人类审美意识的发展密切相关。”[3]那么除了“食”的渠道之外，“性”的影响又在哪里呢？这在李、刘二人的《中国美学史》中是语焉未详的。而在我看来，这也正是他们未能深刻理解《易经》美学意义的关键所在。

作为中国早期雕塑艺术的代表，我们在距今约5 500年的大地湾遗址中发现了一个人首瓶身的女性陶俑，其修饰的额发显然具有了审美的意味，其丰润的胴体则似乎象征着生殖的功能。如果说这尊陶塑尚不够“性感”的话，那在距今5 000多年前的红山文化遗址中所发现的两尊女性裸体造像，则充分体现了肉体的力量。“整个形体最引人注目的是那圆鼓的腹部，人物左手都‘满足’地扶在上面，似乎‘露出’孕妇特有的骄傲神情。下体明显刻着妇女的性器官，肥硕的双腿和臀部也极其富于女性特征。”[4]这些文物的年代相当于黄河领域的仰韶文化时期，尚处在母系社会阶段。而到了新石器晚期，随着男性

3　李泽厚、刘纲纪：《中国美学史》第一卷，中国社会科学出版社，1984年，第79页。

4　廖群：《中国审美文化史》先秦卷，山东画报出版社，2000年，第52页。

在生殖活动中所起的作用被发现，类似内蒙古阴山壁画、新疆呼图壁画中，又出现了对男子生殖器的推崇。“阴山壁画中，伸开双臂展示舞姿的裸体男子，其生殖器官不但被特意画出，而且极度的夸张，作画意图十分明显。呼图壁崖画展示的则是一幅幅蔚为壮观的群舞画面。整个画面东西长约14米，上下高9米，面积120多平方米，上面用浮雕手法刻出了总达数百个大小不等、身姿各异的人物，有男有女，有站有卧，有衣有裸，大者比真人稍大，小者只有10至20厘米。画面的主体部分是一个巨大的女性群体舞蹈，一个个细腰宽胯的葫芦状身形和举过头顶的手臂凸显着女性的窈窕；而在这群女子的斜上方，还画有一个斜卧的裸体男子，该男子全身涂着红色，那被特意刻画出的生殖器，恰恰指向舞蹈的女子。画面的另外一处更画着两个性特征十分明显的舞蹈男女，男性用手持着十分夸大的生殖器官指向对面的女性，表示出‘男女媾精’的意味。”[5]这种“男女媾精”的壁画图案不恰恰是《易经》“—”“--”二爻的生动原型吗?

从人类学的角度上讲，这种古代雕塑和壁画的创作动机或许是多元的、复杂的。这其中既包含着对男女生殖能力的祈祷与崇拜，又包含着利用巫术手段而助长繁衍后代的仪式与表演；既重温性爱过程的生理快感，又有激发形式意味的美学内容。或许，人类的动物性快感本身就是多层次的，其中甚至可能潜伏着许多不为人知的“科学因素”。例如，人在“吃饱”的前提下何以会生出“吃好”的欲望呢?人对不同“美味”的欲求是否恰恰符合了营养多样化的需要呢?又如，人在与异性“交配”的前提下何以会产生“择偶”的欲望呢?人对不同“美色”的欲求是否恰恰符合了繁殖合理化的需求呢?有人就曾经提出，当今选美活动中女性的“三围”指数，恰恰是最易受孕者的体形指标。而这种易于受孕的标准体形，恰恰是上述壁画中“细腰宽胯的葫芦状身形”。这种现象不能不引起我们的思考。当然了，我并不是说上面列举的古代雕塑和壁画仅仅体现了先民们的生理快感，而是说只有在这种生理快感的基础上才可能衍生出更为复杂的审美情感。换言之，当人们将“细腰宽胯”的形体要素从男欢女爱的生理快感和生儿育女的功利目的中提升出来之后，才可能进入到更为复杂的社会领域并成为真正意义上的审美对象。

5 廖群:《中国审美文化史》先秦卷，山东画报出版社，2000年，第52页。

或许，这种由性爱到情爱、由快感到美感、由生殖到艺术的发展过程是极为漫长的。这种过渡形态，我们甚至在汉代画像砖上反复出现过的“伏羲女娲人首蛇身交尾图”中还可以看到。在这些后代的作品中，原来暴露无遗的生殖器官被隐藏了起来，原来刻意袒露的人肉躯体被置换成他物，原来并不讲究的线条与构图已变得精致，但是其“男女媾精”的原始意象却依然存在。尤为有趣的是，这里具备繁衍功能的图腾对象不是别人，正是《易传》所说的那个“近取诸身，远取诸物，于是始作八卦”的伏羲！作为一种过渡形态，这里的伏羲既有强大的生殖能力，因而是图腾崇拜的对象；又有奇特的体态和造型，因而是审美观照的对象。往前看，我们可以追溯到红山的雕塑和阴山的壁画，乃至那神秘莫测的“--”“—”二爻；往后看，我们将会发现那净化了生理快感并保留了形式意味的各种艺术。

因此，如果说由《易经》中象征男女生殖器的“—”“--”二爻，到《易传》中具有普遍意义的“阴”、“阳”概念，代表了卜筮思想向哲学思想的发展与提升；那么由史前泥塑与壁画中的男女裸像到汉代画像砖上的“伏羲女娲人首蛇身交尾图”，则体现了人类原始的生物性快感向社会性美感的演化与升华。

作为由生物性快感向社会性美感的演进过程，“食”与“性”虽然取法不同，但却殊途同归。其归结点，即在一个“和”字。《左传》中记载了晏子这样一段有关“和”“同”之异的话：“和如羹焉。水、火、醯、醢、盐、梅，以烹鱼肉，燀之以薪。宰夫和之，齐之以味，济其不及，以泄其过。君子食之，以平其心。……声亦如味，一气、二体、三类，四物，五声，六律，七音，八风，九歌，以相成也。清浊，小大，短长，疾徐，哀乐，刚柔，迟速，高下，出入，周疏，以相济也。君子听之，以平其心。”这种对于“和”的认识，也许最初是从饮食中感受到的，因为任何单一滋味的食物都不能最大限度地满足我们味觉系统的需要。要创造出真正意义上的美味佳肴，就必须将酸甜咸辣等各种调料配合在一起，使其产生一种“和”的效果，以避免“同”的单调。这种经验后来又在金属的冶炼、器乐的演奏，乃至政策的实施中得到了推广与印证，因而具有了普遍的意义。

无独有偶，“性”的秘诀也在于“和而不同”。首先，正常的性爱应该在异性之间发生，两个男人或两个女人之间就像“声一无听，物一无文，味一无果，物一不讲”（《国语·郑语》）一样，不仅索然无味，而且也不可能产生出爱的结晶。其次，不同的伴侣之间又必须取长补短、彼此配合，才能达到“时乘六龙，以御天也。云行雨施，天下平也”（乾卦）的境界。关于这一点，我们可以在《易经》之“否”“泰”两个卦象中看出。在否（䷋）中，尽管代表男性的三个“—”处在上卦的位置上，代表女性的三个“--”处在下卦的位置上，但由于二者并未交和，因而并不美满，故辞曰“否之匪人，不利君子贞，大往小来”而在泰（䷊）中，代表男性的三个“—”处在下卦的位置上，代表女性的三个“--”处在上卦的位置上，显示男女交合、上下交通，十分美满，故辞曰：“泰，小往大来，吉，亨。”如此说来，无论是“食”的体会，还是“性”的经验，最终都会被归入一个“和”的观念上来。当这个观念脱离了具体的食品和异性而上升到一种形式的要素来加以把握之后，这两条渠道的溪流就可能汇集到一起，共同奠定了中国古代“和为贵”的审美理想。

四

《易经》所奠定的和谐理想，不仅有着最为复杂、最为丰富的内容，而且有着最为简单、最为抽象的形式。随着历史的演进、时间的推移，以后的儒、道两家不是简单地以这一前提为基础，从中筛选或提炼出什么观点来，而是在新的历史条件下将其中所包含的矛盾因素充分展开，使之逐渐清晰、具体起来，以利于后人在分析的基础上实现新的综合。这种“由抽象上升到具体”的逻辑行程，表现在哲学上即是“阴阳”观念的拆解，表现在美学上便是“和谐”理想的分化。

从《易经》文本来看，其中所包含的“阴阳”观念不仅朦胧、晦涩，而且主次不分。尽管从卦序上看，乾（䷀）处于坤（䷁）之前，但这并不意味着“—”爻较之“--”爻有着更为优越的地位。分析卦辞和爻辞的内容，我们可以发现，“—”爻并非均吉，“--”爻也并非皆凶。关键要看“—”“--”二爻能否取长补短、搭配得体，做到阴阳互补、刚柔并济，相生相克、相反相成。这种现象可以从两个方面来理解：从发生学的角度上看，既然“—”“--”二爻都是从男女生殖器引申而来的，那么在生育、繁殖的意义上，它们各自都有着无可或缺的功能，很难说孰高孰低。从社会学的角度上看，既然《易经》由八卦到六十四卦、由卦象、爻象到卦辞、爻辞的成书过程经历了一个漫长的历史阶段，因而它便不会单独体现父系社会或母系社会的价值取向。而这一切，在以后的儒家和道家那里却得到了片面的伸张。

作为儒家学派的阐释和发挥，《易传》的突出特点就是将《易经》中原本主次不清、混沌未明的“阴阳”观念伦理化、秩序化了。这在其开篇对乾(☰)、坤(☷)两卦的解释中就可以看得十分清楚。《易经》的卦辞原来很简单：“乾：元，亨，利，贞。”“坤：元，亨，利牝马之贞。君子有攸往，先迷，后得主，利。西南得朋，东北丧朋。安贞吉。”从“利牝马之贞”一句看，以“--”爻组成的坤卦显然与雌性相联系；反之，可以推断出以“—”爻为主的乾卦与雄性相联系。但是，在这种雄雌之间并没有发现伦理道德的内容，也没有看到高低贵贱的差别。而这些在《易经》中原本并不存在的内容，在《易传》中却出现了：“大哉乾元，万物资始，乃统天。”“至哉坤元，万物资生，乃顺承天。”(象)这样一来，乾坤两卦之间不仅有了天地合德的意义，而且有了“统”与“顺”的差别。这种由“雄”与“雌”引申而来的“天”与“地”、“统”与“顺”的差别有着十分重要的意义，因为它将成为代表父系社会伦理观念的儒家哲学的理论基础。

对于“元亨利贞”四字，《易传·文言》做了这样的解释：“元者，善之长也。亨者，嘉之会也。利者，义之和也。贞者，事之干也。君子体仁足以长人，嘉会足以合礼，利物足以和义，贞固足以干事。”经过这一番伦理学的阐释与发挥，使卜筮中的元、亨、利、贞与儒家的仁、义、礼、事恰相吻合，而这种吻合则又与天地、夫妻、君臣之间有别而有序、有差而有等的道德观念相呼应。于是《易传·文言》对坤卦之用又明确解释为：“地道也，妻道也，臣道也。”。

我们知道，为了实现“克己复礼”的社会目的，孔子进行了“以仁释礼”的理论探索。即为外在的行为规范，寻找内在的心理根据。而“仁”的基础和前提，恰恰是父系社会所遗留下来的亲子血缘关系。“有子曰：其为人也孝弟，而好犯上者，鲜矣；不好犯上，而好作乱者，未之有也。君子务本，本立而道生。孝弟也者，其为仁之本与？”（学而）我们知道，父子曰孝，兄弟曰悌，这种晚期氏族社会的血缘情感显然是以男权为中心的。因此，无论《易传》是孔子所为，还是其弟子或再传弟子所作，这部充满了“子曰”的作品都是利用儒学来阐释《易经》，利用《易经》来佐证儒学的一种努力。这种努力使《易经》中阴阳平衡的原始观念发生了越来越严重的理论倾斜，而理论上的这种倾斜则根植于父权社会的历史性胜利。从这一意义上，我们也可以理解，在两千多年的封建社会里，儒家哲学何以能够长期居于意识形态的统治地位。

与儒家哲学的命运不同，道家哲学长期居于意识形态的非正统地位。造成这种现象的原因是多种多样的，如果寻找其最初的历史根据，我们便会发现，道家一开始就是作为被推翻的母系社会的代言人而出现的。从表面上看，老、庄与孔、孟一样，也有着一种“法先王”的政治倾向，但仔细分析便不难看出，其所法先王已不是什么“郁郁乎文哉”（八佾）的“文王之治”（梁惠王下），而是“民知其母，不知其父”（盗跖），“使民复结绳而用之”的“小国寡民”（八十章）时代。这种理想显然是对母系社会的追忆和留恋。

不仅如此，作为《老子》核心范畴的“道”字，其最早的铭文形态为写作“”。与罗振玉《殷墟书契考释》中关于“象四达之衢，人之所行也”的解释不同，文达三认为：“常识告诉我们：女人和雌兽的生殖道是胎儿挽出所必经的唯一的通道；而胎儿的正常出生一定是一个以其头部为先导的、有一定方向的运行过程。……不难看出，道字初文所展示的不是人行走的道路，而是一幅颇为生动逼真的胎儿娩出图。由此进一步推测，“道”字的原初意义有两项：（一）女人和雌兽的生殖道，即阴道。此为名词；（二）导引。此为动词。”[6]这可真是“道可道，非常道”了。然而唯其如此，我们才能对“道生一，一生二，二生三，三生万物”（四十二章），以及“道生之，德畜之，物形之，势成之”（五十一章），“道生之，德畜之，长之育之，亭之毒之，养之覆之”（五十一章）这些经常被引用的文字有一种更为真切的理解。简而言之，这里所说的“生”也就是生产、生育、“生生之谓易”的“生”，不同之处只在于道家更加重视女性在生殖

6　文达三：《老子新探》，岳麓书社，1995年，第143页。

活动中的地位罢了。

这种解释并非孤证，早有学者指出：《老子》开篇中的“玄之又玄，众妙之门”，就是指女阴；而《老子》十章中所谓的“天门开阖，能为雌乎？”说的也是同一个道理。翻检五千言，我们随处可以看到一个至高无上的“母”的存在，如“天下有始，以为天下母。既得其母，以知其子。既知其子，复守其母，没身不殆。”（五十二章）“有物混成，先天地生。寂兮寥兮，独立而不改，周行而不殆，可以为天地母。吾不知其名，强字之曰‘道’，强名之曰‘大’。”（二十五章）等等。而在四十二章中唯一见到的“父”字却只是“教父”而非“生父”，这真可谓是“只知其母，不知其父”了。

如果说，在哲学上，儒、道两家是对《易经》中“—”“--”二爻的历史性拆解；那么在美学上，儒、道两家则是对《易经》中“和谐”观念的历史性分化。我们知道，站在原始的生殖立场上看，男女、雄雌之间只有达到刚柔相济、阴阳互补的和谐状态，才能获得美妙的境界。然而儒、道两家却从其各自的立场出发，分别倾向于两性中的一极，并对其延伸出的美学精神进行了发扬与光大。《易传》云：“阳一君而二民，君子之道也。阳二君而一民，小人之道也。”（系辞）《老子》却说：“万物负阴而抱阳，冲气以为和。人之所恶，唯孤、寡、不毂。”（四十二章）《易传》云：“天尊地卑，乾坤定矣。卑高以陈，贵贱位矣。”（系辞）《庄子》却说：“天与地卑，山与泽平。”（天下）《论语》说：“唯女子与小人为难养也。”（阳货）《老子》却说：“牝常以静胜牡。”（六十一章）《易传》曰：“天行健，君子以自强不息。”（象）《老子》却说：“人之生也柔弱，其死也坚强。草木之生也柔脆，其死也枯槁。故，坚强者死之徒，柔弱者生之徒。”（七十六章）《论语》云：“士不可以不弘毅，任重而道远。”（泰伯）《老子》却说：“知其雄，守其雌，为天下谿。为天下谿，常德不离。”（二十八章）《论语》主张：“知其不可而为之。”（宪问）《庄子》却说：“知其不可奈何，而安之若命，惟有德者能之。”（德充符）《孟子》说：“我善养吾浩然之气。”“其为气也，至大至刚，以直养而无害，则塞于天地之间。”（公孙丑上）《老子》却说：“天下莫柔弱于水，而攻坚强者莫之能胜，以其无以易之。弱之胜强，柔之胜刚，天下莫不知，莫能行。”（七十八章）……

这种阳与阴、雄与雌、刚与柔、动与静、主动与被动、有为与无为的相互排斥，不仅表现了儒、道二家在两性文化上的偏向与取舍，而且反映了《易经》中原始和谐的审美观念正在向“阳刚之美”与“阴柔之美”两极分化。因此，尽管直到清人姚鼐那里，才真正有了“阳刚之美”与“阴柔之美”的明确提法，但其根源却可以上溯到儒家与道家，以及其同出的《易经》文本。

值得注意的是，既然从发生学的意义上，儒家的“阳刚之美”与道家的“阴柔之美”均根植于《易经》建立在两性生殖文化之上的卜筮观念，那么这种它们之中的任何一种都只能成为一种偏向，而不可能成为一种偏废。正像男人离不开女人、女人也离不开男人一样，阳刚之美与阴柔之美也必须在相反相成中得到相互的补充、共同的发展。也正是在这一意义上，儒家的阳刚之美与道家的阴柔之美都必须符合中国古代更高的审美理想，这个理想不是崇高、滑稽和荒诞，而是壮美、优美与和谐。

（此文获教育部普通高等院校人文社会科学重点科研基地经费资助，发表于《复旦学报》2004年第6期）

席勒美学思想的时代感与现代性

——重读《素朴的诗和感伤的诗》

哈贝马斯在《论席勒的〈美育书简〉》一文中指出："这些书简成为了现代性的审美批判的第一部纲领性文献。席勒用康德哲学的概念来分析自身内部已经发生分裂的现代性，并设计了一套审美乌托邦，赋予艺术一种全面的社会—革命作用。由此看来，较之于在图宾根结为挚友的谢林、黑格尔和荷尔德林在法兰克福对未来的憧憬，席勒的这部作品已经领先了一步。"[1]在纪念席勒逝世二百周年的日子里，这段话具有重要的启发意义。因为哈贝马斯不再将席勒的美学思想作为一种孤立的理论话语加以分析，而是将其放在现代化进程的历史语境中加以研究，以凸显其重要的时代感与现代性。但是，和以往的学者一样，哈贝马斯也将研究的重点放在著名的《美育书简》一书中，而并未涉及席勒的另一篇常被人们提起却很少深入研究的文章——《素朴的诗和感伤的诗》。事实上，在笔者看来，后者比前者更为集中地体现席勒美学思想的时代感与现代性。

如果我们认真思考，便不难发现，所谓"德国古典美学"是沿着两条线索发展下来的：一条是"论"的线索，即由鲍姆嘉通的《美学》，经由康德的《判断力批判》，到席勒的《美育书简》，再到黑格尔《美学》的第一卷。这条线索将美学问题当成是一种纯粹的逻辑命题，注重发现人类的审美活动与科

1　[德] 席勒：《素朴的诗和感伤的诗》，见《西方文论选》，上海译文出版社，1979年，第489页。

学认识活动、伦理实践活动的联系与区别。另一条是“史”的线索，即由温克尔曼的《古代艺术史》，经莱辛的《拉奥孔》，到席勒的《素朴的诗和感伤的诗》，再到黑格尔《美学》的二、三卷。这条线索将美学问题与艺术实践联系起来，注重发现人类的审美活动在不同的艺术门类尤其是不同的历史时期的不同表现。作为德国古典美学的集大成者，黑格尔在三卷本的《美学》巨著中，实现了这种“论”与“史”，即逻辑与历史的统一。而在此之前，由于美学学科尚处在不太成熟的阶段，前一条线索常常依附于哲学原理的研究，后一条线索常常依附于艺术史的研究。但前者对人类情感判断特殊方式的重视，后者对艺术实践审美类型的思考，又使得它们渐渐摆脱了其各自所依附的原有学科，融会为一种史论统一的美学研究。在这一过程中，席勒的两篇美学论著，即属于前一条线索的《美育书简》和属于后一条线索的《素朴的诗和感伤的诗》，具有同样重要的学术史意义。但是，由于在以往的研究中，前一条线索已受到美学史家的高度重视，后一条线索却没有受到应有的关注，这也正是《美育书简》常常提及而《素朴的诗和感伤的诗》常常被忽视的原因所在。而只有将这篇文章放在后一条学术发展的线索之中，我们才能发现其特有的时代感与现代性特征。

作为这条线索的开端，温克尔曼的《古代艺术史》之所以具有超出普通艺术史的美学意义，就在于它通过对古希腊造型艺术的阶段性考察而总结出了“高贵的单纯、静穆的伟大”这样一种具有时代精神的审美理想。而莱辛的《拉奥孔》虽然是对具体艺术品的考察与分析，却在“论绘画与诗的极限”的背后，隐藏了对古代艺术与现代艺术的历史性抉择。而到了席勒的《素朴的诗和感伤的诗》中，研究者的历史感和现代性已达到了近乎自觉的程度。

首先，席勒明确指出，作为人类艺术的表现形式，“素朴的诗”与“感伤的诗”不是来自两种不同类型的诗人性格，而是来自两种不同时代的社会土壤。“诗人或则就是自然，或则寻求自然。在前一种情况下，他是一个素朴的诗人；在后一种情况下，他是一个感伤的诗人”[2]“如果我们只把现代诗人和古代诗人，不根据他们所可能采取的偶然形式，而根据他们的精神，加以比较，我们将会易于相信这一想法所含的真理。古代诗人打动我们的是自然，

2　[德] 席勒：《素朴的诗和感伤的诗》，见《西方文论选》，上海译文出版社，1979年，第490页。

是感觉的真实，是活生生的当前现实；近代诗人却是通过观念的媒介来打动我们。”[3]在这里，席勒已经明确地使用了“古代”“近代”之类的概念，他显然已不再把艺术风格与美学理想看成是个人心性的产物，而是力图在诗人背后的历史土壤中寻找更为深刻的社会根据。这种以“史”人“论”的研究理路，显然对以后的黑格尔美学有着直接的启发意义。从这一意义上讲，《素朴的诗和感伤的诗》具有前所未有的历史感。

其次，席勒在人类历史的广阔背景下进一步探讨了导致审美变异的社会根源，他明确指出：“只有当人还处在纯粹的自然（我说纯粹的自然，而不是说生糙的自然）的状态时，他整个的人活动着，有如一个素朴的感性统一体，有如一个和谐的整体。感性与理性，感受能力和自发的主动能力，都还没有从各自的功能上被分割开来，更不用说，它们之间还没有相互的矛盾。……但是，当人进入了文明状态，人工已经把他加以陶冶，存在于他内部的这种感觉上的和谐就没有了，并且从此以后，他只能够把自己显示为一种道德上的统一，也就是说，向往着统一。前一种状态中事实上所存在的和谐，思想和感觉的和谐，现在只能存在于一种理想的状态中了。”[4]在这里，席勒虽然没有使用“异化”之类的概念，但他显然已经发现了所谓“文明状态”对人与自然原始关系的破坏，对人类自身感性能力与理性能力的肢解……这种思想显然对以后的黑格尔，乃至马克思都具有重要的启发意义。换言之，作为一个启蒙主义时代的思想家，席勒已经敏锐地感受到了工业文明对人类精神状态的污染，并力图通过艺术来加以缓解或克服。从这意义上讲，《素朴的诗和感伤的诗》无疑具有着鲜明的现代性特征。

最后，席勒从上述历史感与现代性的基础上进一步深入到艺术自身规律的探寻。他认为：“如果素朴的诗产生不同的印象，——当然，我所说的不是与主题的性质相关联的印象，而只是依存于诗歌手法的那些印象——这种不同印象的全部差别也只在程度方面。这里，只有一种感觉的方式，而差别只在于感觉的由多到少；甚至外部形式的多样变化，也并不改变审美印象的实质。无论形式是抒情诗的或史诗的，戏剧的或描述的，我们所得到的印象可

3　［德］席勒：《素朴的诗和感伤的诗》，见《西方文论选》，上海译文出版社，1979年，第489—490页。

4　［德］席勒：《素朴的诗和感伤的诗》，见《西方文论选》，上海译文出版社，1979年，第490—491页。

以较强或较弱，但是，如果我们撇开主题的性质不谈，我们的感受都将经常是一样的。我们所经验到的感情是绝对地同一的；它完全从一个单一的和相同的因素出发，以至我们很难加以区分。”[5]在这里，席勒对于广义的“古典主义”创作方法的分析是深刻的。在他看来，古代人依据这种方法而创作的艺术作品，或许也有偏于主观或偏于客观、偏于表现或偏于再现的相对差异，但这只是量的差别而不是质的差别，只是有所偏重而不是有所偏废而已。说到底，它们所呈现的素朴和谐的艺术形象是根植于古代社会人与自然素朴和谐的社会土壤之中的。这种观点，显然要比那些将上述差别说成是“浪漫主义”与“现实主义”的理论来得深刻。席勒进一步指出：“感伤诗就完全不同了。感伤诗人沉思客观事物对他所产生的印象；只有在这一沉思的基础上，方才奠定了他的诗歌的力量。结果是感伤诗人经常都关心两种相反的力量，有表现客观事物和感受它们的两种方式；也就是，现实的或有限的，以及理想的或无限的；他所唤起的混杂感情，将经常证明这一来源的二重性。因此，感伤诗人由于容许了一个以上的原则，就需要知道谁将在诗人身上占主导地位。这样，就可以采取不同的处理方式。于是，一个新的课题被提出了：诗人是把自己附丽于现实呢，还是附丽于理想？是把现实作为反感和嫌恶的对象而附丽呢，还是把理想作为向往的对象而附丽？显然，“附丽于现实”者，即为“现实主义”；“附丽于理想”者，即为“浪漫主义”。因此，无论是“现实主义”还是“浪漫主义”，都不是什么古已有之的永恒现象，而是近代社会人与自然、人与社会分裂、对峙的产物。而正是由于现实与理想的尖锐对立，才使得“现实主义”常常具有批判的色彩，“浪漫主义”往往具有反叛的精神。从这一意义上讲，所谓“素朴的诗”只有一种审美类型，它不是“现实主义”，而是“古典主义”。所谓“感伤的诗”则有两种审美类型，它不仅包括“浪漫主义”，而且包括“现实主义”。席勒这种基于审美理想基础上的艺术考察，较之其后那些只从现象形态入手来进行创作方法和艺术流派的分析和研究，无疑具有远为深刻的哲学意味。

上述三个方面，只是笔者对席勒的这篇文章所作的挂一漏万的总结而已。但是，仅凭这三点内容，就足以使《素朴的诗和感伤的诗》被载入西方

5　［德］席勒：《素朴的诗和感伤的诗》，见《西方文论选》，上海译文出版社，1979年，第191页。

美学的学术史册了。席勒使我们认识到，所谓美学问题，不是一种脱离时间状态的纯粹的逻辑命题，而是一种与时代精神密切相关的历史命题；席勒使我们认识到，所谓美学问题，不是一种脱离价值维度的纯粹的科学命题，而是一种与人类生存环境密切相关的文化命题；席勒使我们认识到，所谓美学问题，不是一种脱离艺术文本的纯粹的哲学命题，而是一种与审美实践紧密相连的情感命题。作为一个思想上的启蒙主义者、艺术上的狂飙突进者，席勒曾经毫不留情地对封建文化的残根余孽射出了锐利的响箭；而作为一个美学家和哲学家，席勒又极其敏锐地感受到了工业文明对人性的肢解与异化。席勒不是幼稚地讴歌现代文明给人类带来的福祉，也不是简单地控诉工业社会给人类带来的祸殃，而是企图用艺术的手段提供一种精神的慰藉，用美学的方法提出一种疗救的途径。尽管席勒的思想带有审美乌托邦色彩，但其敏锐而深刻的思想在二百年后的今天仍足以令人警醒。

（此文发表于《江西社会科学》2005年第6期，《人大复印资料·文艺理论》2005年第10期全文转载）

中国与西方服饰的古代、现代、后现代特征

服饰大致应满足人类三个方面的需要，即调节体温、保护身体的生理需要；区别身份、表达信仰的社会需要；遮蔽弱点、突出个性的审美需要。无论中国的服饰还是西方的服饰，都在满足这三方面需求的过程中，获得了各自内在的文明价值。同时，中国和西方不同的文化背景，又使其各自的服饰具有了不同的文化形式，并表现出不同的文化指向。

在古代文明尚未建立起来的蒙昧时代，西方与中国的服饰都是以满足人的生理需要为目的的。在进入文明时代以后，服饰的社会需要开始膨胀，甚至在某种程度上高出了生理的需要，出现了超出使用功能之外的形而上指向。所不同的是，在西方古代宗教文化的背景下，这一指向主要是超验的宗教神学；而在中国古代的宗法文化背景下，这一指向主要是世俗的伦理纲常。进入现代社会以后，科学精神取代了宗教和伦理的统治地位。在工具理性的支配下，西方与中国的服饰不约而同地抛弃了形而上的文化诉求，自觉地向着人体生理需求回归。但是，这种功能主义的追求又必然地导致了服饰的科学化、模式化、单一化。作为这种现象的反动，西方与中国的后现代服饰又都开始了全新的探索。在材料和技法上，无论西方还是中国的后现代服饰都在跨越国界、跨越时间的范围内进行着大量的

文化吸收，即将古今中西的服饰经验作为自己文化创造的符码和工具，以博采众长的方式加以利用。在价值和内涵上，无论西方还是中国的后现代服饰都在进行着没有深度的平面尝试，即不再寻求服饰背后的形而上意蕴，从而将上帝和伦理驱除出服饰文化的领地，或采取戏谑和反叛的方式加以消解。在功能和意义上，无论西方还是中国的后现代服饰，都在进行推陈出新的探寻，它们所要满足的，已不再是单纯的生理需要，也不再是沉重的宗教和伦理需求，而是个性的张扬和审美的尝试。

一

所谓文明，始于一种深度模式的建造。也就是说，人们不仅要通过“对象化”的行为改造这个世界，而且要赋予物质世界以“人化”的意义。所以，服饰是一种符号，它有着“能指”和“所指”的双重意蕴。但是，由于西方与中国文化的具体模式不同，其“所指”的内涵和“人化”的意义也就有着这样那样的差别。总的来说，古代的西方人和古代的中国人都有神秘的宗教追求，也都有世俗的伦理指向。所以，他们在服饰背后所赋予的价值常常是交叉的：既有宗教的内涵，又有伦理的意义。然而，就其同中有异的相对差别而言，西方古代的文化可称之为宗教文化，因而其服饰背后的深度内涵以神学为主；中国古代的文化可称之为宗法文化，因而其服饰背后的所指意蕴以伦理为主。

西方宗教的发展，改变着人们对待肉体的态度，而人们对待肉体的态度，又深深地影响了西方古代服饰的发展和变化。在古希腊时代，人们对奥林帕斯诸神的崇拜构成了原始宗教的主要内容。这些被尊奉的诸神是多元的、富有人性欲望的。不仅神有七情六欲，而且人、神之间也可以沟通，二者结合的产物叫做英雄。因此，这是一种“此岸性的充满了肉感和人情味的观念形态”，其基本特点是“直观的自然崇拜和明朗的感觉主义”，这一特点“典型地体现在对人的自然形体和现世生活的赞美之中”，因此，这一时期的希腊人“对肉体的重视更甚于对精神的关怀，对现实生活的关注更甚于对彼岸世界的向往”[1]。在这种情况下，希腊人“竟把肉体的完美看作神明的特性”[2]。而作为遮蔽身体的装饰物，古希腊的服装只是人体的“一件松松散散的附属品，不拘束身体，可以随心所欲在一刹那之间扔掉”，而且“在衣服飘动的时候或者接缝中间，随时会暴露肉体”[3]。

古希腊人的基本服饰被称作“基同”（chiton），它是将一块宽大的布料做成筒状然后用别针在人体上扣合而成的。“基同”外面，有时还穿一种叫做“希玛修”（himation）的长外衣。它“面积较大，穿用时伸缩自由，外出时可以拉起来盖在头上防风雨，睡觉时可以脱下当铺盖”[4]。在离开了身体之后，“希玛修”只是一块宽大的布料，只有当它被披裹在人体之上时，优雅自然的躯体才赋予其“服饰”的造型。从这意义上讲，是人的躯体把布料塑造成了衣服。换言之，在古希腊时代，身体是服饰的主人，而服饰只是身体的附属。在日常生活中，古希腊的男子也可以不穿“基同”，直接穿“希玛修”。至于在竞技场上的裸体运动，则更是习以为常的事情。

进入中世纪以后，基督教的一元神取代了奥林帕斯多神教的统治地位。在这种新的宗教世界观中，感性和理性的对立在加剧、灵魂和肉体的矛盾被突出。在这种情况下，用于遮蔽肉体的服饰便被赋予了超越肉体的功能指向，要能够“抵挡魔鬼的诡计”[5]，有助于灵魂的得救。

按《旧约·创世纪》中的说法，耶和华神用泥土造了男人亚当，又用亚当的肋骨造了女人，并让他们住在伊甸园里。“当时夫妻二人赤身裸体并不羞耻”[6]。女人在蛇的诱惑下，与亚当一起吃了神禁止他们吃的善恶树上结的果子，于是“他们二人的眼睛就明亮了，才知道自己是赤身裸体，便拿无花果树的叶子，为自己编作裙子”[7]当耶和华神再次来到园里时，亚当和他妻子便躲到树木中，因为自己赤身裸体不敢见神。耶和华于是知道他们吃了善恶树上的禁果，便将他们逐出了伊甸园。这个“失乐园”的故事，把人类服饰的起

1 赵林：《西方宗教文化》，长江文艺出版社，1997年，第52、53页。

2 ［法］丹纳：《艺术哲学》，人民文学出版社，1983年，第45页。

3 ［法］丹纳：《艺术哲学》，人民文学出版社，1983年，第278页。

4 张乃仁、杨霭琪著译：《外国服装艺术史》，人民美术出版社，1992年，第39页。

5 《圣经·新约·以弗所书》，中国基督教三自爱国委员会、中国基督教协会，2000年，第343页。

6 《圣经·旧约·创世纪》，中国基督教三自爱国委员会、中国基督教协会，2000年，第4页。

7 《圣经·旧约·创世纪》，中国基督教三自爱国委员会、中国基督教协会，2000年，第4页。

因，解释成人在能够辨明善恶之后对自己的肉体所产生的羞耻感。这种将灵魂与肉体对立起来，抬高前者而贬低后者的做法，显然是宗教禁欲主义的思想体现。正如海涅在《论德国宗教和哲学的历史》中所说："邪恶的撒旦和善良的基督对立着，基督代表精神世界，撒旦代表物质世界；我们的灵魂属于精神世界，肉体属于物质世界；从而，整个现象世界，即自然，根本是恶的；撒旦，这黑暗的主宰者，就想用它来引诱我们堕落；因此，必须谢绝人生中一切感性快乐，对我们的肉体，这个撒旦的采邑，加以折磨，这样才能使灵魂越加庄严地升到光明的天国，升到基督光辉灿烂的国度"[8]。在这种情况下，服饰的文化内涵便发生了历史性的深刻变化。

1370年前后，西方流行一种袖口上装饰有各种皮革的女装，因为它的袖窿开得很宽大，露出了过多的肌肤因而被指责为是"地狱之门"[9]。而14~15世纪流行的安尼帽和两个角的高帽子，则被教会称作是"魔鬼的创造物"。尽管这种帽子模仿的是哥特式教堂建筑，但由于它们的造型与生殖器颇为相似，因而必须加以唾弃[10]。在这个漫长而黑暗的时代里，一方面，禁欲主义思想让男人和女人都穿上能够严密遮盖身体的宽大保守的服装。一般基督徒们穿着色彩单调呆板的土布麻衣；女人们则一度戴上了长可及肩的面罩或者从头上垂下遮掩全身的面纱。另一方面，在"荣耀主"的旗号下，又出现了各种夸张华丽的奇装异服。拜占庭贵族们穿着锦缎制成的叫做"达尔马提亚"（damatica）的宽松连衣裙式的服装，上面饰有华丽繁复的刺绣，还缀着五光十色的珠宝或贵金属。而在哥特式时期（公元12~15世纪）的西欧，贵族男子们则穿着绣有自己族徽或爵徽的"柯达弟亚"（cotardir）。这是一种色彩鲜艳的分色服，衣身、垂袖和裤袜的颜色往往左右不对称，如有时左边裤腿为红色，右边裤腿则为绿色，这种服装"不禁使人想到教堂里那些色彩对比强烈、风格华丽的彩色玻璃窗"[11]。

以上第一种情况下的服饰，当然是出于对肉体的否定和对灵魂得救的企盼，而第二种情况下的服饰，"光彩夺目，简直像镶嵌壁画般灿烂，令人感觉

8 日海涅：《论德国宗教和哲学的历史》，商务印书馆，1972年，第16页。

9 孙世圃编著：《西洋服饰史教程》，中国纺织出版社，2000年，第58页。

10 参见李方明：《服饰审美的社会性》，《安徽师范大学学报》1994年第4期。

11 张乃仁、杨蔼琪著译：《外国服装艺术史》，人民美术出版社，1992年，第75页。

到它具有否定人类的抽象的、绝对的宗教性”[12]，依然是以服装的修饰美取代了人体的自然美，以上帝的荣耀取代了人的尊严。说到底，这两种表面上截然相反的服饰倾向，都将使超验的“所指”指向神秘的彼岸世界，不再为肉体存在保留观赏的空间。

基督教的禁欲主义理念对西方服饰的影响还表现在对服饰形制的直接规定上。首先，是《圣经》中对服饰直接做出的规定。如《新约·哥林多前书》中说，女人在做礼拜时，必须要蒙着头巾。“凡男人祷告或是讲道，若蒙着头，就羞辱自己的头”，“男人本不该蒙着头，因为他是神的形象和荣耀”，“凡女人祷告或是讲道，若不蒙着头，就羞辱自己的头”，因为“女人乃是为男人造成的。因此，女人为天使的缘故，应当在头上有服权柄的记号”[13]。其次，是基督教教义对服饰样式的影响。上文提到的古希腊的“基同”，在古罗马时期，演变成一种叫做“丘尼卡”（tunica）的连袖筒形衣；到了古罗马帝国末期，“丘尼卡”进一步发展，不再将一块宽大的布料制成筒形再套到身上，而是将一块布料裁成十字状，在十字中间开孔，作为领口，在袖下和体侧分别缝合，然后从肩膀到下摆装饰着两条紫红色的条饰。这种十字形套头衫深受基督教徒的喜爱，其原因除了在于它的简单实用外，还在于十字形正是基督教信仰的符号。这种形制的衣服，也就是被称作主教法衣的“达尔马提亚袍”（damatic），后来成为基督教专门的祭服。又如，中世纪流行的一种叫做“苏尔考特”（surcot）的女式罩袍，是将多余的长裙在腹前掖入腰带，“前面的堆褶使腹部凸起好像孕妇，据说这是因对圣母玛利亚的崇拜而造成的流行样式。因玛利亚在未婚嫁时就从圣灵受孕而怀孕基督，所以她有孕时的形象也被看作是圣洁美好的”[14]。此外，基督教对各种颜色寓意的规定，对服饰也产生了影响。

此外，宗教理念对西方古代服饰所产生的影响，往往还是通过宗教建筑的影响而间接实现的。例如，古希腊时代的“基同”也像神庙的柱子一样分成“多利克式”和“爱奥尼式”。前者有纵向的凹槽，后者有肥大的褶皱。

12　［日］千村典生：《图解服装史》，中国纺织出版社，2002年，第17页。

13　《圣经·新约·哥林多前书》，中国基督教三自爱国委员会、中国基督教协会，2000年，第302页。

14　张乃仁、杨蔼琪著译：《外国服装艺术史》，人民美术出版社，1992年，第75页。

前者与多力克式的柱身相类似，后者与爱奥尼式的柱头相仿佛。哥特式时期的服装，喜欢将人体的外形有意拉长，以追求一种苗条纤细、挺拔向上的视觉效果。尖尖的皮鞋和高高的帽子极尽夸张之能事，与直刺苍穹的教堂和钟楼相映成趣。进入文艺复兴时期以后，“过去那种又长又尖的鞋不复存在，鞋的造型有了根本改变，鞋头变成宽肥的方形，比后跟还要宽大，尤其在西班牙最盛行方头鞋。也有按脚形做得比较瘦窄的鞋，但鞋头是圆尖形的或小方形的”[15]这又与文艺复兴时期圆顶教堂的流行有关。到了巴洛克建筑盛行的时代，服饰也变得华丽而雕琢，其曲折多变的线条颇似教堂上漩涡形的装饰品。作为巴洛克艺术的极端性发展，罗可可式的服装更为繁琐，女装从胸衣到裙摆都装饰着层层的花边、缎带及蝴蝶结，裙子上更是饰满了缎带和鲜花，和教堂上的饰物一样不厌其烦……

从古希腊身体作为服饰的主人，到中世纪之后服饰把人体塑造成统一样式的造型；从古希腊时期建筑对人体比例的推崇（如根据人体的比例来设定柱子的粗细）及服饰对人体自然美的烘托，到中世纪之后服装忽视人体的自然美，反倒以建筑为模型硬要对自然体型进行改造……这其中服饰与肉体的关系，经历了一个从肯定到否定的过程。而这一过程的要义，就是在服饰自身的使用功能之外去追求一种形而上的宗教理念。

二

如果说在宗教文化的背景下，西方古代是通过服饰和肉体的关系，来调节人和神的关系；那么在宗法文化的背景下，中国古代则是通过对不同服饰的等级区分，来调节人和人的关系。

《周易·系辞下》说：“黄帝、尧、舜垂衣裳而天下治，盖取诸乾坤。”[16]《周易集解》引《九家易》解释说：“衣取象乾，居上覆物，裳取象坤，在下含物也。”[17]那么，上衣下裳取象于天地又有什么意义呢？《礼记·乐记》说：“天尊地卑，君臣定矣。卑高已陈，贵贱位矣。”[18]天尊地卑，决定了君臣之间君尊

15 张乃仁、杨蔼琪著译：《外国服装艺术史》，人民美术出版社，1992年，第113页。

16 阮元校刻：《十三经注疏》，中华书局，1980年据世界书局缩印本影印，第87页。

17 见李鼎祚撰《周易集解》卷十五，中国书店，1984年版，第4页。

18 阮元校刻：《十三经注疏》，中华书局，1980年据世界书局缩印本影印，第1531页。

臣卑的等级关系。这样，从对自然界天在上、地在下的感性认识出发，中国古代赋予天地以尊卑的等级结构，进而又把这一等级结构作为社会等级制度的依据。而上衣下裳的冠服制度，则成了标志和维护这一等级制度的重要手段。所以《周易正义》卷八中王弼注说："垂衣裳以辨贵贱，乾尊坤卑之义也。"孔颖达疏说："取诸乾坤者，衣裳辨贵贱，乾坤则上下殊体，故云取诸乾坤也。"[19]按照儒家的理想，只要衣冠服饰各有等级，尊卑贵贱判然有别，帝王只需拱手而立，社会便能秩序井然。在这种宗法文化的背景下，中国古代服饰没有在肯定肉体还是否定肉体间挣扎，而是忽略了人的肉体，遮蔽人的个性，以凸显其昭名分、辨等威、分贵贱、别亲疏的社会特征，致力于把个体编入一个尊卑有序、贵贱有等的社会整体之中，从而被纳入"礼治"的范畴，形成了一套全面、系统、细致、繁琐的冠服制度。

作为礼仪制度的重要组成部分，中国古代的冠服制度在夏、商两代初见端倪，至周代已经较为成熟。这其中最为人们所重视的服饰形制，是吉服和凶服。吉服和凶服，都被分为五个等级，又称作"五服"。《周礼·春官》载："小宗伯之职……辨吉凶之五服。"[20]

吉服的五服，指天子、诸侯、卿、大夫、士在隆重的祭祀场合，为区别等级尊卑所穿用的五种服饰。这些服饰的差别，主要在于衣裳上纹样的不同。《尚书·益稷》记载舜对禹说："予欲观古人之象，日、月、星辰、山、龙、华虫，作会；宗彝、藻、火、粉米、黼、黻，絺绣，以五采彰施于五色作服，汝明。"[21]这段话里提到古帝王上衣所绘的六种图案，即日、月、星辰、山、龙、华虫，和下裳上所绣的六种图案，即宗彝、藻、火、粉米、黼、黻，合起来是十二种，这十二种纹样就是后来所谓的"十二章"。东汉郑玄注说："此十二章为五服，天子备有焉，公自山、龙而下，侯伯自华虫而下，子男自藻、火而下，卿大夫自粉米而下。"[22]就是说，只有天子的衣裳上，才可以有十二章纹；公的衣裳上只能用从山、龙以下的章纹，也就是九章；侯伯只能用华虫以下的章纹，也就是七章；子男、卿大夫的章纹依次递减。十二章纹

19 阮元校刻：《十三经注疏》，中华书局，1980年据世界书局缩印本影印，第87页。

20 阮元校刻：《十三经注疏》，中华书局，1980年据世界书局缩印本影印，第766页。

21 见江灏、钱宗武译注，周秉钧审校：《今古文尚书全译》，贵州人民出版社，1990年，第59页。

22 阮元校刻：《十三经注疏》，中华书局，1980年据世界书局缩印本影印，第142页。

并非单纯审美的装饰图案，而是各有取义，分别代表不同的品格。对此，宋代蔡沈《书经集传》卷一解释说："日、月、星辰，取其照临也；山取其镇也；龙取其变也；华虫，雉，取其文也；宗彝，虎蜼，取其孝也；藻，水草，取其洁也；火，取其明也；粉米，白米，取其养也；黼，若斧形，取其断也；黻，为两己相背，取其辩也。"[23]十二章纹既各有其象征意义，其数量依次减少，自然其象征的意义也随之减少，而不同等级的差异，也就由此而生。比如，皇帝穿十二章纹的吉服，公爵只能是九章纹，因为前三章纹，也就是日、月、星辰照临下土的品格，只有天子才能与之相配。由此可见，不同形制的冠服，其差异不仅仅在于图案多少，更在于其背后象征意义的差异及这种差异所昭示的等级秩序，如果违背服制，就是僭越，不仅是对礼仪制度的破坏，更重要的是对社会等级秩序的破坏。

凶服，又称丧服，是人们在吊唁、守孝活动中根据自己与死者亲疏关系的不同而分别穿用的五种服饰。即斩衰、齐衰、大功、小功、缌麻五种服制。根据《仪礼·丧服》[24]，其形制主要为：（一）"斩衰"，用最粗的麻布制成，所谓斩，是指露着衣服边侧的断口，以表示内心悲痛，无心修饰边幅。儿子、未嫁女为父母，诸侯为天子，父为嫡长子，妻为夫，妾为君（家长），公卿、大夫的众臣为其主人等都要服斩衰。斩衰为礼最重，需要服丧三年。（二）"齐衰"，用粗麻布制成，所谓齐，指缝齐衣服边侧。子为母、继母、庶母服齐衰三年。众孙为祖父母，大夫的庶子为其嫡兄弟，已嫁女为其父母，妻子为丈夫的国君，媳妇为公公、婆婆等服齐衰一年。一族中的男女为宗子及宗子的母亲和妻子，为有过厚恩的上司及上司的母亲和妻子，女子为曾祖父母等服齐衰三个月。齐衰为礼，仅次于斩衰。（三）"大功"，用熟麻布制成。父母为夭亡的子女，过继作为他人后嗣者为自己的兄弟，妻子为丈夫的祖父母、伯父母、叔父母等服大功。大功为礼，次于齐衰，服期一般共为九个月。（四）"小功"，用比大功细的熟麻布制成。小功是为外祖父母，子侄及未婚嫁子女为姨母等所服，服期一般五个月。（五）"缌麻"，用缌布制成，可以洗濯使其洁白，但不能加石灰使之爽滑。缌麻是为曾祖父的亲兄弟及其配偶、祖父的堂兄弟及其配偶、父亲的从祖兄弟、外甥、

23 《书经集传》，文渊阁四库全书本。

24 见彭林译注：《仪礼》，岳麓书社，2001年，第279—322页。

舅舅、妻子的父母等所服。缌麻是为礼最轻的一种丧服，服期一般为三个月。由于丧葬活动是古代最为重要的族群活动，每个人在宗族内的身份和地位，也就在丧服的形制和穿着中彰显出来，从而将每个个体固定到了一个尊卑有序、秩序井然的宗族体系中去。

不难看出，吉服的五服，主要体现的是中国古代人与人之间尊卑等级的社会差异；而丧服的五服，主要处理的则是中国古代人与人之间亲疏远近的血缘关系。这两种服制，构成了中国古代“礼治”的重要内容之一，从而将每一个穿着服装的文明人编织到纵横交错的社会——人际网络之中。

我们强调中国古代服饰尊卑有序的等级差异，并不是要否认西方古代服饰也有类似的情况。例如，在哥特式建筑流行的年代里，不同等级的欧洲人鞋尖的高度有着不同的规定。王族的鞋尖长度可以是脚的两倍半，爵爷可为两倍，骑士达到一倍半，富人为一倍，庶民则仅为脚的二分之一。14世纪，英国爱德华三世的法令中曾对贵族、自由民、工匠的穿扮细节进行了具体的规定。17世纪，欧洲男子只有贵族的鞋上才许用踢马刺，女子以拖裙的长度表示穿着者等级，王后裙长17码，公主10码，王妃7码，公爵夫人4码……[25]但是，与中国古代宗法背景下庞杂的冠服制度不同，西方古代服饰的等级划分相对简单，其影响也比较小。此外，在西方，天主教神职人员的法衣也有等级区分，天主教教会按教阶将法衣分成斗篷式长袍（cope）、白色长袍（surplice）及主教的无袖长袍（chinere）等，但这种等级划分在宗教改革中受到了激烈的反对，英国16世纪的清教改革运动中，一项重要内容就是拒穿天主教神职人员的法衣[26]。同样的，西方古代也有丧服习俗，如为死者吊唁须穿黑衣等。然而，从总体上看，西方古代的丧服制度远远没有中国古代这样完备而繁琐，其文化内涵也较为单纯。

从这一意义上讲，中国真可谓是“衣冠王国”了。由周朝建立的这套以吉服和凶服为核心的服饰制度已经相当完备，以后各代更是踵事增华，日益烦琐。除了依靠章纹数量来区别等级高低、依靠材料的粗细来区别亲疏远近之外，后来的冠服等级还靠衣裳、冠冕的颜色及形制，佩饰的有无、数量、颜色及形制等来加以规定。如据《旧唐书·舆服志》记载，隋大业六年（610）曾

25 孙世圃编著：《西洋服饰史教程》，中国纺织出版社，2000年，第58页。

26 参见柴惠庭：《英国清教》，上海社会科学院出版社，1994年，第59、74、118页。

诏令规定了不同等级的服色："五品以上，通著紫袍，六品以下，兼用绯绿。胥吏以青，庶人以白，屠商以皂，士卒以黄"[27]。到了唐高宗总章元年（668），又规定"始一切不许着黄"[28]。从此黄色成为唯帝王专用的颜色，直到清朝灭亡。除了颜色的规定之外，唐代还增加了佩挂鱼袋的制度，三品以上官员佩金鱼袋，四品、五品官员，则佩带银鱼袋[29]。明代为区别官员等级，又增加了一项新的标志，即补子。补子又称补褂，是缀在官服的前胸和后背上用金线彩丝绣成的图像徽识。明洪武二十六年（1393）以后，"定职官常服用补子：公、侯、驸马、伯，用麒麟、白泽。文官一品用仙鹤，二品用锦鸡，二品用孔雀，四品用云雁，五品用白鹇，六品用鹭鸶……武官一品二品用狮子，二品四品用虎豹，五品用熊罴，六品七品用彪……"[30]总之，冠服制度随着封建制度的逐渐完备日益走向繁杂，这种趋势一直持续到辛亥革命清王朝的灭亡。

《大戴礼记·劝学》说："君子不可以不学，见人不可以不饰。不饰无貌，无貌不敬，不敬无礼，无礼不立。"[31]明确地将"饰"与"礼"联系起来。这样一来，穿衣戴帽也就成为中国古代"礼乐文化"中不可或缺的组成部分。《礼记·丧服四制》说："凡礼之大体，体天地，法四时，则阴阳，顺人情，故谓之礼。"[32]具体到服饰上，"体天地"，就是要使服饰衣、裳分开，以体现天尊地卑的关系。据说萌生于周代、成熟于战国的深衣，乃是一件披在身上的长衣，但为了不违背"上衣下裳"的古制，在剪裁时要将上衣和下裳分开来裁，然后再缝成长衣[33]。"法四时"，就是要根据春夏秋冬四季的变化改变服装的款式与颜色，像《礼记·月令》中所记载的帝王服色那样，春"衣青衣，服仓玉"，夏"衣朱衣，服赤玉"；夏秋之间"衣黄衣，服黄玉"；秋"衣白衣，服白玉"；冬则"衣黑衣，服玄玉"[34]。"则阴阳"，就是要根据婚丧嫁娶等不同场合穿着"吉服"与"凶服"等不同装束。"顺人情"，则是要根据喜怒哀乐等不同情绪穿着不同色彩、不同款式的服装……凡此种种，

27 《旧唐书·舆服制》，中华书局点校本。

28 《旧唐书·舆服制》，中华书局点校本。

29 参见陈茂同：《中国历代衣冠服饰制》，新华出版社，1993年，第139页。

30 周汛、高春明：《中国历代服饰》，学林出版社，1984年，第228页。

31 王聘珍：《大戴礼记解诂》，中华书局，1983年，第134页。

32 阮元校刻：《十三经注疏》，中华书局，1980年据世界书局缩印本影印，第1694页。

33 万棣：《关于"深衣"之探索》，《天津工业大学学报》2003年第6期。

34 阮元校刻：《十三经注疏》，中华书局，1980年据世界书局缩印本影印，第1355—1384页。

就使得中国古代的冠服制度，在儒家思想结合阴阳五行学说的基础上，获得了一个天人感应的宇宙论模式。

三

如此说来，与西方一样，中国的古代服饰，也始终保持着某种实用目的之外的超功能指向。只不过在西方宗教文化的背景下，这一指向是宗教神学；而在中国宗法文化的背景下，这一指向是封建伦理。这种实用之外的超功能指向，不仅使古代服饰成为一种人类文化的特殊符号，有了“能指”与“所指”双重的深度模式；而且使人类服饰的文明内容，有了中国与西方不同的文化形式，呈现出各具特色的民族风格。从技法上看，西方古代服饰的最大贡献是从13世纪开始的立体剪裁法的发明。这种立体剪裁法的出现，或许与西方服饰习惯于模拟宗教建筑的创造方法相关。而中国古代服饰的最大贡献，则是对图案设计锲而不舍的追求。这种绘、绣、染、织手段齐备的工艺图案，或许与中国人为了通过服饰而彰明身份等级的目的相联。这一切，都是古代西方与中国服饰为人类文明所做出的贡献。

然而，从另一个方面来讲，无论是指向宗教神学，还是指向封建伦理，这种超越功能之外的价值诉求都会导致服饰的异化。在古希腊，是“人穿衣”的时代，因为彼时的衣服只是人体的附属品而已。为了凸显人体的美，衣服可以弃之身外。而进入中世纪之后，随着实用之外的超功能指向的日益强化，服饰的异化现象也不断加剧，甚至进入“衣穿人”的时代，因为此时的人体反倒成了被衣服遮蔽的对象，为了强化衣服的禁锢作用，人们甚至不惜戕害自己的身体。“十四世纪中叶，男女服装的造型开始分化，男服上重下轻富机能性，女服上轻下重富装饰性”[35]，为了造成这种对立状态，男子的上身衣内填充了很厚的棉花或羊毛，以使胸部显得宽厚健壮；下身则在短裤下面穿着紧瘦的长筒袜，以使双腿显得挺拔有力。与之不同的是，女子上身的紧身胸衣要把腰围尽力缩小；下身则穿上厚重而多层的裙子，并用鲸鱼骨加以支撑。这种将男人变成V形而把女人变成A形、甚至X形的做法，显然违背了人体的

35　江平、石春鸿等编：《服装简史》，中国纺织出版社，2002年，第77页。

固有结构，因而会带来极大的戕害。据说，到了英国伊丽莎白及法国梅狄奇时代，紧胸上衣已发展成为一种酷刑，“那时，紧身衣用铁丝或木条制成，并紧贴皮肉，往往擦伤皮肤，造成令人难以想象的痛苦。”[36]许多贵族只有在他人帮助的情况下才能完成自己的装束。而那些因穿紧身胸衣引发心脏病、造成内脏移位、妨碍血液循环、影响生育功能的例证更是不胜枚举。除了紧身胸衣，裙撑也极大地束缚了女性的行动。16世纪西方的裙撑有三种：西班牙式、英国式、法国式，其中，西班牙式裙撑和英国式裙撑给女子出门落座、甚至如厕都造成极大的不便[37]。

正像西方古代有着不是“人穿衣”而是“衣穿人”的时代一样，中国古代也有着不是“人穿鞋”而是“鞋穿人”的历史。缠足是中国古代特有的一种陋习，即把女子的双脚用布帛缠裹起来，使其变成为又小又尖的“三寸金莲”。这种习惯起于何时，学术界说法不一，但至少在宋代文献中已有缠足的记载。同西方古代的束腰一样，缠足也是颠倒服饰与人体关系的典型例证。在这一例证中，同样隐含着把女人视为玩偶的男权主义偏见和几近变态的禁欲主义情绪。

四

进入现代社会之后，随着西方“宗教文化”与中国“宗法文化”的相继衰落，西方与中国古代服饰背后的“所指”发生了动摇，因而前者的主要目的不再是体现人与神之间的宗教关系，后者的主要目的也不再是调节人与人之间的伦理关系。当这种“深度模式”消失之后，服饰的唯一目的只剩下服务于人类自身的生产与生活需要了。这样，昔日曾被过分强调的服饰的超功能指向，就逐渐被日益突出的功能性特征所取代。

欧洲资产阶级革命，使西方男装早在18世纪就已出现简洁化、朴素化和功能化的发展趋势。从燕尾服演变而成的方便利索的无尾西服，到19世纪中期开始得到普及。最初的时候，这种服装只限于郊游、散步等休闲时穿用。而随着工业革命的实现、生活节奏的加快，这种不登大雅之堂的服装却渐

36　赫洛克：《服装心理学》，纺织工业出版社，1986年，第151页。

37　张乃仁、杨蔼琪著译：《外国服装艺术史》人民美术出版社，1992年，第110页。

渐上升为欧洲男装的经典品种，进而成为国际交往中的礼服。进入20世纪以后，又因为这种套装多为活跃于政治、经济领域的“白领阶层”穿用，也被称作“职业套装”（Bussiness Suit）。显然，这种“职业套装”之所以能够脱颖而出，成为欧洲男装的礼服，不是因为它最奢侈、最豪华、最具有宗教意味，而是因为它的用料最经济、剪裁最合理，最符合男人的身体结构和白领阶层的行为方式。换句话说，它是一种最能体现人类理性的服装。

西方女装则一直要到20世纪才开始向着功能化方向发展。1910年前后，法国的保尔·波阿莱（Paul poiret）倡导使用胸罩，第一次彻底将女性从紧身胸衣的桎梏下解脱出来，他借鉴古希腊“基同”及东方宽衣样式设计出来的女装，免除了服装对女性身体的束缚，再现了女性身体的天然姿态。1914年法国的夏奈尔（Gabrielle Chanel）因根据男式套头衫和水手装设计出女性水兵服而一举成名，此后她所设计的紧凑简练、强化功能的各种服装，风靡了整个西方世界。现代社会，一方面由于宗教压力的减轻和对男女平等地位的追求，一方面由于对服装功能性的强调，使得男装和女装不再处于绝然对立状态，而有时变得十分相似起来。[38]

与宗教或伦理至上的古代社会不同，现代社会是科学和理性至上的社会。科学和理性的发展，加速了服饰对功能性追求的步伐。诞生于“一战”期间的“人体工程学”，专门研究产品与人体的关系，为服装向着功能性迈进提供了科学指导和理论依据。与此同时，服装生产的工业化进程，又使得这种工具理性得到了淋漓尽致地发挥。在古代社会，豪门贵族有着自己专门的裁缝。每一个裁缝都有其独特的手艺，甚至是秘不外传的“绝活儿”。因而，每一次大规模的社交活动就如同一场别出心裁的服装表演。而在现代社会里，人们的服装则带有大工业生产的流水线性质，多了标准严格的工艺手段，少了匠心独运的个性特征。

在中国，1911年的“辛亥革命”和1919年的“五四运动”，基本上废弃了昭名分、辨等威的封建冠服制度，服装的样式也发生了革命性的变革。当西方借鉴东方的宽衣样式，服装由紧窄变得相对宽松以利于人体健康时，中国则吸收了西方服装的立体三维结构，服装由宽袍大袖而变得相对紧身以方

38　参见张乃仁、杨蔼琪著译：《外国服装艺术史》，人民美术出版社，1992年，第334—337页；张竞琼主编：《现代中外服装史纲》，中国纺织大学出版社，1998年，第12—27页。

便人体活动。孙中山所倡导的“中山装”在西方服式的方形轮廓和中国服饰的封闭立领的基础上，加上了对称式四口袋设计，突出了服装庄重实用的特点，被称为“国服”。尽管上衣正面的五个扣子和每支袖口上的三个扣子有所谓象征“五权宪法”和“三民主义”的说法，但就整体设计而言，其实用之外的超功能装饰已经变得微乎其微了。

与此同时，中国的女装则在原有旗袍的基础上缩短长度，又吸收了西方服装的立体造型原理，增加了胸省、腰省，形成了更简洁轻便、适体合身的改良旗袍，成为“东方女装”的代表。尽管作为清朝政府统治者的旗人没有缠足的陋习，并且从康熙到慈禧，直至以孙中山为临时大总统的“中华民国”，都曾下达过禁止妇女缠足的法令，但直至新中国建立以后，才真正结束了中国广大妇女缠足的历史。1949年以后，随着女性社会地位的提高，中国现代的男女服饰也像西方一样，有了性别趋同的历史走向。其间先后流行过的列宁装、人民装、红卫兵的绿军装，及由“老三色”（蓝、黑、灰）构成的“老三装”（中山装、军便装和青年装），既是特殊政治背景下人们革命热情的体现，也可以看作是在经济困难的条件下追求服装功能性的极端表现[39]。

改革开放以后，人们的生活水平显著提高，生活节奏也日益加快，因而服饰虽渐渐丰富多彩，但并未离开功能主义的主导方向。由于各种人造纤维纺织品在服装上的大量使用，以及大规模成衣工业的发展，使得时装价格大大降低，平民百姓也开始普遍穿上了作为舶来品的西服、夹克，服装的阶级界限和民族界限逐渐变得模糊起来。此外，由于功能性服装的简单风格使对服装样式的仿制变得十分容易，再加上时装杂志的大量发行以及电影、电视对服装新样式的展示和传播等因素，使得时装风行的速度大大加快。在这种情况下，各种风靡一时的时装潮流，不仅轻易地湮没了人的个性特点，也毫不留情地卷走了服饰原本具有的民族性、地域性美学特征。

五

现代文明消除了服饰背后形而上的宗教和伦理背景，使服饰的创造转移

39　江平、石春鸿等编：《服装简史》，中国纺织出版社，2002年，第30—35页、第149—150页。

到为人体服务的自身功能上来，这显然具有人性解放的进步意义。但是，现代化的科技理性，又使得服饰创造进入了规范化、模式化的工业流程，使得原本具有民族、地域色彩的服饰文化变得日渐统一，进而成为全球一体化的单一模式。换言之，现代化恢复了人性，却湮没了个性。在这种情况下，一种新的“后现代服饰”思潮出现了。

所谓“后现代”是对现代文明的一种反动。作为一种“否定之否定”的新的逻辑、历史形态，后现代服饰要在否定单一化模式的现代服饰的基础上，朝着具有多元化色彩的古代服饰进行历史性地复归。这种“否定”不是简单地抛弃，而是辩证地“扬弃”；这种“复归”不是“平面化地返回”，而是“螺旋式地上升”。换言之，这种“否定”既要摒弃现代服饰单一目的性的急功近利观念，又要采纳现代服饰符合规律性的科学技术手段；这种“复归”既要摒弃古代服饰戕害人性的宗教、伦理模式，又要恢复古代服饰多元并生的民族、个性色彩。

首先，在材料和技法方面，无论西方还是中国的后现代服饰都在跨越国界、跨越时间的范围内进行着大量的文化吸收，即将古今中西的服饰经验作为自己文化创造的符码和工具，以博采众长的方式加以利用。由于不满现代服饰的规范化模式，后现代服饰的倡导者在服饰材料、剪裁手法、缝制方式、穿着搭配等方面不断进行新的尝试，将各种古典服饰语言和民族服饰语言一一拆解之后混合使用，表现出一种强调多元化发展的后现代特征。

1977年伦敦朋克乐队充满荒诞和怪异的摇滚演奏，吸引了当时的年轻人，而乐队成员在舞台上的奇装异服，更是为许多年轻人所模仿。在“自己动手”的信条下，年轻人从旧货市场淘来廉价旧衣，搭配上墨镜、金属链条、手镯、狗脖圈，并认为这种装束更能展现自我。20世纪90年代以后，越来越多的人开始对原来有着较为固定的穿着原则的服饰，进行随心所欲的搭配。有人这样描写2003年香港街头的服饰：“女孩子大热的天戴着围巾，穿着靴子；逛马路穿着晚装裙；一个四五十岁的女人穿着小姑娘的娃娃装；一个少女拿着她妈妈的手提袋；有个女孩儿将内衣穿在了外边；一个小伙将牛仔裤的裤脚穿在了袜子里面；那个一身职业打扮的上班族怎么穿了一双草编鞋；这位女士为什么在穿裙子的同时又穿有裤子；那些看似未完成的作品（到处是明线、毛边）究竟美在哪里？还有那些扮相不男不女的装束更是多不胜举。”[40]反季节、反性别的穿着打扮，内衣外穿、外衣内穿的反常搭配，以及各种别出心裁的装点和佩饰，显示了后现代主义者鲜明的反叛精神。他们并不是要寻求一种新的和谐，而是试图通过穷尽各种穿衣打扮的可能性，在千人一面的流行服饰的汪洋大海中保持独立的个性。

除了把各种服饰反常规、反传统地搭配在一起穿着，时装设计师们往往拥有比穿着者更丰富的后现代主义的服饰表现手段。在服饰材料上，他们除了采用各种高科技新型面料，还尝试用铝线、金属圈、金属片、塑料片等组合成各种服装。2004年3月，法国圣·迪奥公司的后现代服装设计大师约翰·加里亚诺（Juhn Galliano）让模特们穿着用“报纸”拼凑的裙子亮相。在剪裁手法和缝制方式上，服装设计师们忽而强调传统的裁剪缝制手法，忽而提出不要裁缝的构思，忽而采用东拉西扯的不规则剪裁。20世纪80年代初，反传统时装派的设计师使用有孔的、水洗的、石磨的、皱巴巴的等看上去很破烂的艺术纺织品，采用撕碎、补丁、开绽、拧曲、破口、翻里等手法构成时装。这一派的代表人物，日本设计师川久保玲、山本耀司于1983年巴黎的高级成衣服装新作发布会上推出的“破烂装”和“乞丐装”，以黑色为基调，有意把下摆裁成斜的，让衣服边毛茬暴露在外，或者保留粗糙的缝纫针脚[41]。这种令人目瞪口呆的破烂式样或乞丐式样，既是对女装传统的倾向于华丽高雅的审美习惯的反叛，也是对强调功能性、强调搭配原则的现代服装理念和着穿意识的消解。

其次，在价值和内涵上，无论西方还是中国的后现代服饰都在进行着没有深度的平面尝试，即不再寻求服饰背后的形而上意蕴，从而将上帝和伦理驱逐出服饰文化的领地，或采取戏谑和反叛的方式加以消解。当宗教不再成为人们心中的信仰，伦理不再指导人们当下的实践的时候，宗教文化背景及宗法文化背景下盛行的那些具有明显的超功能指向的服饰，就丧失了曾经拥有的超越使用功能之外的文化内涵，只剩下一个空洞的外壳；当贸易的发展打破了国家的界限，生活的方式也在渐渐趋同的时候，在世界服装一体化

40　李莉婷：《不协调美——今夏香港街头服饰有感》，《装饰》2003年第12期。

41　参见［日］千村典生：《图解服装史》，中国纺织出版社，2002年，第154—177页；江平、石春鸿等编：《服装简史》，中国纺织出版社，2002年，第30—35页，第136页。

的大潮中刻意保持古典服饰或民族服饰，也会显得很不自然。因此，欧洲18世纪末开始被当作正式礼服的燕尾服，如今则多由马戏班子的男演员所穿。2001年在中国上海举办的APEC首脑会议期间，各国政要身着对襟“唐装”的集体亮相，与其说是一种民族文化的认同，不如说是一种流行款式的表演。

虽然在一个经济全球化、信息一体化的现代社会里，服饰不可能固守原有的传统理念和民族特征，但是丧失了原有文化内涵的古典服饰因素和民族服饰因素，却可以被后现代的服装设计师们拿来演绎他们自己的服饰理念。20世纪70年代后期，服装设计师圣·洛朗、里克·高修、高田圣三等设计师根据北非摩洛哥人的服饰风格、俄国哥萨克舞蹈演员的服饰风格、美洲印第安人的服饰风格以及东方各国的服饰风格，设计出各种具有异国情调的新奇服装，成为应用各种古典服饰及民族服饰语言的成功典范[42]。其后，后现代的服装设计师们更加大胆地将脱离了原有情境、丧失了原有文化涵义的各种服饰符号拆解之后混合使用，设计出各种稀奇古怪、冲突强烈的服饰。根据中国纺织网及搜布网的消息，2002年，约翰·加里亚诺曾推出将印第安人七彩条子、墨西哥花卉图案、日本仕女图、卡通人物、少数民族的珠串饰物、长靴上的手工绣花等各种服饰元素混杂在一起的时装作品。根据纺织服装在线网的消息，加里亚诺在2004年3月6日的巴黎冬季时装发布会上，又把类似猎人穿的大衣的布料用在有衬架的长裙上、把玻利维亚帽子和斜纹法兰绒搭配、把小丑裤和色彩鲜艳的裙装相叠加，产生一种跟观众们“开玩笑”的效果。

最后，在功能和意义上，无论西方还是中国的后现代服饰，之所以要进行推陈出新的探寻，已不再是出于单纯的生理需要，也不再是出于沉重的宗教和伦理信念，而只是一种没有深度模式的个性的张扬和没有统一标准的审美的尝试。如果说，现代服饰凭借科技理性的动力，打破了宗教的、伦理的、民族的、阶级的层层壁垒，是为了创造一种最为符合人性的、科学的服装；那么后现代服饰利用东方与西方、传统与现代、宗教与世俗、男装与女装的种种手法，既不是为了恢复真正意义上的民族传统，也不是为了张扬真正意义上的理性精神，而是试图通过综合利用人类服饰丰富多彩的历史经

42 ［日］千村典生:《图解服装史》，中国纺织出版社，2002年，第154—158页。

验，来实现对现代功能性服饰千篇一律模式的抵御和反叛。后现代主义者一方面不承认各种古典服饰、民族服饰背后所隐藏的那种深层的宗教观念与伦理情感，另一方面也不认为现代服饰的科学准则和功能性追求就一定高于古典服饰和民族服饰的宗教或伦理精神，他们在取消"深度模式"并实现"价值多元"的基础上，将古典服饰及民族服饰的多元技法和现代服饰的科学手段唯我所用地拼凑在一起。因此，可以将学者们对后现代建筑主要精神的概括借用到后现代服饰上来，即后现代服饰的主要精神，也表现为一种"激进的折中主义"[43]。

后现代主义服饰之所以是"折衷"的，就在于它的服饰模式、服饰语言、服饰材料、服饰风格统统是"混血"的，它不忌讳古典与现代的混血，不忌讳东方与西方的混血，更不忌讳宗教与世俗、宗教与伦理，乃至各不同宗教派别之间的混血。在后现代主义者看来，纯种的古典，纯种的现代，纯种的东方宽衣模式，纯种的西方立体裁剪，都过于单一了。而后现代主义服饰的复杂性、多样性，恰恰来源于这种杂交优势。于是，他们一方面削平了各种服饰之间的价值差异，一方面又将其各种手段拆散并混杂在一起为我所用。后现代主义服饰之所以是"激进"的，就在于它的折衷手段不是为了获得一种新的和谐，而是为了尝试各种不同的可能性。为了穷尽服饰艺术的各种可能性，后现代服饰设计师既不忌讳对古典服饰和民族服饰指鹿为马、似是而非的借鉴，也不在乎现代服饰的各种剪裁缝制技巧和规则，而敢于把一切能够想象得到的大胆妄为、荒诞滑稽的艺术构思付诸实践。

与古代服饰相比，后现代服饰因失去了宗教和伦理的深层意蕴而显得有些浅薄，但它毕竟更加自由了；与现代服饰相比，后现代服饰因失去了理性准则和功能性的追求而显得有些随意，但它毕竟更加轻松了。与其他后现代主义艺术相似，这种自由与轻松可能也是一种"生命中不能承受之轻"，但它也毕竟为人类服饰艺术提供了更广阔的想象空间和更多样的创造可能。尽管一方面后现代主义各种流派的服饰变化多端，令人惊叹不已；另一方面这些令人眼花缭乱的服饰又往往是昙花一现，在给人短暂的感官冲击之后，很快便销声匿迹。但是，在后现代主义服饰风起云涌的变化背后，却存在着一些相

43　陈炎：《东西方建筑的古代、现代、后现代特征》，《天津社会科学》2003年第3期。

对稳定的创作方法，即不择手段、唯新是求。

后现代服饰的这一特征，恰好印证了人类文明与文化二律悖反的关系：即人类文明程度的提高，要以文化方式的趋同为代价，随着人类文明程度的提高，作为整体性的生活方式的民族文化在减少，作为元素性的生活要素的人类文化却在增加[44]。由此也可以预见，在未来的服饰发展中，“东方”“西方”作为整体性的概念将会成为古董，而它们之中的各种元素却又会在东西方不同的服饰艺术中获得再生。

（此文为陈炎、李梅合作，教育部重大科研项目“当代中国文化产业与审美文化发展现状与对策研究”中期成果，发表于《文艺研究》2005年第8期）

44　陈炎：《文明与文化》，《新华文摘》2002年第6期。

审美也是一种终极关怀

文明的人不仅需要肉体的温饱，而且需要精神的慰藉，其慰藉的最终指向便是一种终极关怀。大致说来，人类的终极关怀主要有三种形式：一种是给多样的现实世界以统一之本体存在的哲学承诺；一种是给有限的个体生命以无限之价值意义的宗教承诺；一种是给异化的现实人生以情感之审美观照的艺术承诺。随着人类文明的发展，哲学之本体论和宗教之形而上学纷纷面临着学理上的危机。在这种情况下，艺术之文化形式需要自觉地承担起为人类提供终极关怀的历史使命。

一

在西方哲学史上，终极关怀的问题最初是以"形而上学"的命题出现的。因此，研究这一问题，首先需要知道"形而上学"是怎么回事。在西方，这个词最早是一部著作的名字。亚里士多德过世后，安德罗尼柯承担起为其整理和编纂遗著的工作。在编完了《物理学》一书之后，他遇到了一个难题：下一部的著作无以命名，因为它探讨的是一种看不见、摸不着的宇宙本体，是一个与现实世界完全不同的超验领域。为了慎重起见，安德罗尼柯便将其命名为ta meta ta physica，意为“物理学之后”，译为拉丁文便是metaphysica。再后来，这个词被传入中国，翻译家根据《易传·系辞》中“形而上者谓之道，形而下者谓之器”一句，而将其译为“形而上学”。

所谓“器”，像酒壶、茶杯一样，是一种实实在在的物品，宽泛地讲，是人类所面对的各种各样的现实事物；所谓“道”，如理念、太一之类，是一种抽象玄思的对象，宽泛地讲，是人类看不见、摸不着的超验本体。对于前者的研究，是自然科学的任务；对于后者的研究，则是哲学的使命。在古希腊时代，自然科学还没有划分出光学、化学、电磁学之类的学科，所以亚里士多德心目中的自然科学，就是广义的“物理学”；在古希腊时代，哲学还没有划分出认识论、伦理学、美学之类的分支，所以亚里士多德心目中的哲学，就是广义的“形而上学”（本体论）。物理学要研究各种各样的现实事物，这些研究可以改善我们的现实生活，其意义是显而易见的。形而上学要研究看不见、摸不着的超验本体，这种研究的意义何在呢？

在希腊人看来，有关现实事物的知识是有效的，同时又是有限的。在这些经验现实的背后，还隐藏着更为内在、更为本质的超验对象，即所谓的“存在”“始基”“本体”之类。研究经验现实的物理学或自然科学，可以给我们增添改善生活的智慧；研究超验对象的形而上学或哲学，虽然不能给我们带来直接的好处和现实的利益，却可以满足我们的精神需要，它不是智慧而只是“爱智慧”（philosophia）。爱是一种精神的需求、情感的需要。那么，古希腊人何以一定要“爱智慧”呢？

在我们所知的一切物种中，人是最为聪明的，也是最为贪婪的。人不仅要创造出大量的物质财富来满足自己的肉体需要，而且要创造出大量的精神财富来满足自己的精神需要。聪明使人意识到，他的存在是有限的；贪婪使人不满于如此短暂的有限生命，而要追求无限的存在。从埃及法老修筑的金字塔到中国皇帝建造的地下宫殿，人们总是希望有限的肉体生命能够无限地存活下去。不幸的是，肉体生命只能延长，不能永驻。因此，人们不得不在肉体之外寻找精神的寄托，这也便是“爱智慧”的动因所在。古希腊时代的哲学家之所以不满足于对现实世界进行就事论事的研究，而要超出自然科学的领域去探讨超验而永恒的宇宙本体，与其说是为了给自然科学的研究提供一个更为坚实的基础，不如说是为了给人类的存在寻找一个更为永恒的家园——终极关怀的存在依据。这便是形而上学，或曰“本体论”研究的意义所在。

围绕着纷纭复杂的客观世界统一为何物的问题，古希腊的哲学家形成了判然有别的两大阵营。其中的一派企图从某种物质质料入手，将这种特殊的质料上升到形而上的高度；另一派则坚持从某种物质形式入手，企图从对象的形式中抽象出一种外在于客观世界的形而上本体。前者由伊奥尼亚学派的泰勒斯（水）、阿那克西曼德（无定形）[1]、阿那克西美尼（气）和赫拉克利特为开端，经阿那克萨戈拉（种子）、恩培多克勒（水、火、土、气）的过渡，直至留基波和德谟克利特（原子）而达到成熟；后者由南意大利学派的毕达格拉斯（数）开端，经爱利亚学派的巴门尼德和芝诺（存在），至苏格拉底和柏拉图（理念）而达到成熟。按照我们传统的说法，前一派叫做唯物主义的哲学路线，后一派叫做唯心主义的哲学路线。其实，把世界的本质说成是“水”并不见得比将其说成是“数”更为高明，二者都不过是古代人对宇宙本原的一种素朴的猜想而已。这种猜想的方式本身就受到当时生产力水平的限制，因而不可能超出内容和形式这两个方面。

在上述哲学的基础上，亚里士多德提出了自己著名的“四因说”（质料、形式、动力、目的）。在“四因”中，他特别重视“质料”和“形式”两大因素的地位，认为前者是事物的原料，后者是事物的本质，二者相加便构成了具体的个别事物，因而它们共同构成了世界的本原。实际上，亚里士多德的这种观点，只是对上述两大派别的综合而已。正是由于亚里士多德的出现，使得以后的经院哲学没有、也不可能有什么新的建树，而只不过是割裂开来的亚氏哲学：唯名论者坚持并强化其“质料”的部分；实在论者坚持并强化其“形式”的部分。

到了近代以后，由于本体论的研究长期得不到深入，哲学家们便把研究的重点转向了认识论。因为只有解决了人类如何认识世界的问题，才能够对

1 叶秀山认为，阿那克西曼德的“无定形”也就是“水”。参见叶秀山：《前苏格拉底哲学》，人民出版社，1982。

世界的本原问题做出进一步的回答。而围绕着人类如何认识世界的问题，近代哲学家分成了英国经验派和大陆理性派两大阵营。前者注重认识的经验内容，因而从感觉经验出发，将认识成果看成是经验材料的组合与归纳；后者注重认识的理性形式，因而从思维能力出发，将认识成果看成是理性形式的演绎与推理。从表面上看，这两派哲学家一类重质料、一类重形式，仍然是古代两条哲学路线的延续。然而不同的是，经验论者从近代自然科学中吸收了归纳法，唯理论者从近代数学中汲取了演绎法，使得这种延续获得了新的生产力水平的基础与前提。然而，单靠经验归纳，虽然可以使我们获得新的知识，却难以保证这种知识的普遍有效性，因为归纳的材料总是有限的，其结果只能是或然而非必然的；反之，单靠逻辑演绎，虽然可以保证推论结果的严密可靠，却无法产生新的知识，因为逻辑演绎所依据的最初前提并不是演绎自身所能提供的。

正是在这种情况下，康德融感性和理性、归纳和演绎、经验材料和先验形式于一体的二元论出现了。康德认为，感性不能思维，知性不能直观，唯有二者的结合始能获得知识，从而较好地回答了“先验的综合判断如何可能”的认识论难题。但是，按照康德的理论，人类的一切知识都是以具备先验时空观念的主体从外在世界中获得感官经验的具体材料为前提的，而超验的宇宙本体并不处在时间和空间之中，因而是不可认识的。这样一来，康德的认识论成果非但未能为形而上学的研究提供新的路径，反倒构成了对传统本体论研究的巨大挑战。因此，康德无奈地说出了那句意味深长的话：我爱形而上学，形而上学却不爱我。

康德之后，以唯意志论、生命哲学、存在主义为代表的人本主义哲学，虽然企图从人类主体的意志、欲望、本能入手，寻找到一条窥视宇宙本体的独特门径，但由于缺乏必要的工具，却只能使这种研究停留在体悟和推测的基础上。与之相反，以经验批判主义、逻辑实证主义、实用主义为代表的科学哲学，则主张将世界的本质这类形而上学命题视为既无法证实也无法证伪的“假命题”排除在哲学研究的大门之外，从而使本体论的研究再次被悬置了起来——终极关怀没有了着落。

二

在人类的文化行为中，不仅哲学具有本体论的内容，而且宗教也具有形而上的意义。与哲学不同的是，宗教不是以理性的方式来探讨宇宙的本体，而是以信仰的方式来追随世界的主宰。与哲学不同的是，宗教不是将宇宙的本体抽象化，而是将世界的主宰人格化。然而，无论是哲学的“爱智慧”，还是宗教的“爱神祇”，其内在的原因是共同的，其至深的动力都是要为有限的人类寻找一种无限的寄托和依据：终极关怀。

正像费尔巴哈所指出的那样，“宗教是人类精神之梦”。人类的现实生命是短暂的、脆弱的、有限的，而人类的愿望却是自由的、万能的、无限的。为了克服这一矛盾，人类才发明了宗教，企图在幻想中构造一个神圣的天国来满足人类的渴望、实现人类的理想。他指出，宗教的本质就是人的本质的对象化，人同自己分裂，将理想化的人格视为超人的宇宙主宰，然后再加以尊崇与膜拜，并指望其来挽救自己有限的存在。人的本质在宗教的对象化过程中受到了异化：神越是被人类塑造得完美，就越反衬出人类的软弱和无能；神越是被人类捧得高高在上，就越反衬出人类的卑贱低俗；人越是肯定神，就越是否定自身……以至于神成了至高无上的主宰者，而人类反倒成了罪孽深重的奴隶。而事实上，不是神创造了人，而是人创造了神。

正像历史上的哲学家们力图论证本体存在的科学性一样，历史上的宗教家们也在不断地论证其神祇存在的合法性，这种论证的重要工具便是“目的论”。从目的论的角度来看，万事万物的存在都不是任意的、偶然的，而是这个宇宙的主宰、至高无上的神有意安排的。鸟之所以有翼，是为了能飞；兽之所以有腿，是为了能行。而在许多宗教家看来，这世界上之所以有鸟、有兽，是为了更高的目的——人的存在。换言之，至高无上的神祇之所以创造这个世界，无非是为了给他的子民——人类提供一个生存环境罢了。明白了这一点，我们才能够理解神的智慧；明白了这一点，我们才懂得感谢神的恩惠；明白了这一点，我们才能够皈依神的怀抱……问题在于，随着人类文明的深化，以目的论为主要工具的神学和以机械论为主要工具的科学之间产生了越来越多的分歧。哥白尼、布鲁诺的“日心说”告诉人们：我们所居住的这个地球并不是宇宙的中心，而只是太阳系的一颗行星，这便使上帝为人类创造世界的理论难以自圆其说了。达尔文、赫胥黎的“进化论”告诉人们：自然界的发展本无什么既定的目的，作为高等动物的人只不过是从猴子进化而来的，这便使上帝缔造人类的学说显得有些荒诞不经了……

从学理上讲，由于宗教家所憧憬的天国不是经验的此岸世界，而是超验的彼岸世界，它无法为我们的感官提供任何确切的经验材料，因而是无法认识的。用康德的理论来说，它可以构成信仰的实体，却无法成为知识的对象。换言之，信奉哪路神仙完全是信仰者自己的事情。他可以坚持自己的信仰并为之献身，却没有权力将这种信仰说成是一种放之四海而皆准的真理让他人也来信奉。正是在这种情况下，尼采才说出了那句惊世骇俗而又颇为无奈的话：“上帝死了!”

上帝死了，而我们却活着，我们被上帝抛弃了；上帝死了，他把我们所一向遵循的行为准则和价值标准也一同带进了坟墓，因为这一切的一切，原本是上帝赐予我们的；上帝死了，而太阳还在发光，地球还在运转，那么宇宙的目的何在呢？难道这一切的一切不都是按照上帝的意志创造出来的吗？……这是西方人、乃至一切面临信仰危机的有神论者的真实心理。用什么力量来抗拒这场危机呢？用理性吗？理性固然是批判宗教的有力武器，但它自身却不能解决信仰问题。用科学吗？科学固然可以减轻肉体的痛苦，却无法减轻精神的痛苦。理性和科学告诉我们：每一个人出现在这个世界上，不是由于上帝的安排，而是由于偶然的机遇。然而理性和科学却没有告诉我们：作为大千世界的匆匆过客，每一个人应该怎样对待自己偶然获得的生命，应该如何超越自己有限的人生……正像法国著名的存在主义者加缪所说的那样：“一个能用理性的方法解释的世界，不论有多少毛病，总归是个亲切的世界。可是一旦宇宙的幻觉和光明都消失了，人便觉得自己是一个陌生人，他成了一个无法召回的流放者，因为他被剥夺了对于失去的家乡的记忆，而同时也缺乏对未来世界的希望；这种人与他自己的生活的分离、演员与舞台的分离，真正构成了荒诞感。[2]

2 ［法］加缪：《西西弗神话》，选自《现代西方文论选》，上海译文出版社，1983年，第357页。

麻烦还不限于此。正像不同的哲学家所构造的宇宙本体不同一样，不同的人创造的神也是不同的，犹太教徒创造了耶和华，基督教徒神话了耶稣、基督，佛教徒尊崇释迦牟尼，穆斯林则独信真主安拉……这些由不同教派所尊崇的宇宙主宰不仅莫衷一是，而且彼此对立。从“十字军东征”到“9·11事件”不同的宗教极端势力试图运用武力来征服乃至摧毁异教徒。但是，要建立一种普世认同的宗教就像建立一种普遍认同的哲学一样，至今还只是一种梦想。这样一来，正像哲学本体论的建立渺渺无期一样，宗教形而上学的努力也似乎变成了泡影——人类的终极关怀又一次落空了。

三

人类还有什么办法来完成对自身的终极关怀呢？或许，最后的希望应寄托于艺术。

在西方的传统观念中，艺术的功能主要是用来摹仿或再现客观的现实世界。这种由柏拉图所创立的“摹仿说”，虽然经过亚里士多德的改造而获得了更多的合理性，即将所谓“影子的影子”“摹仿的摹仿”“与真理隔了三层”变成了“写诗这种活动比写历史更富于哲学意味，更被严肃地对待；因为诗所描述的事情带有普遍性，历史则叙述个别的事”[3]。然而无论如何，认识毕竟是认识，摹仿毕竟是摹仿，如果包括写诗在内的艺术活动仅仅具有认识论的功效，那么其独特的价值与意义又该如何确证呢？

在中国的传统观念中，艺术的功能主要是用来规范和诱导人们的社会行为。这种由孔子所创立的“诗教”“乐教”的理论，虽经后世的儒者多方面的补充而获得了更多的内容，即将原来的“兴、观、群、怨”变成了“经夫妇，成孝敬，厚人伦，美教化，移风俗”[4]“补察时政”“泄导人情”[5]的工具。然而无论如何，教化毕竟是教化，伦理毕竟是伦理，如果包括诗、乐在内的艺术活动仅仅具有道德教化的功效，那么其独特的价值与意义又该怎样寻求呢？

显然，作为不同人类群体共有的文化现象，艺术的出现应有其更为深

3　［古希腊］亚里士多德：《诗学》，人民出版社，1962年，第29页。

4　《毛诗序》，选自《中国历代美学文库（秦汉卷）》，高等教育出版社，2003年，第24页。

5　白居易：《与元九书》，选自《中国历代美学文库（隋唐五代卷）》，高等教育出版社，2003年，第91页。

刻、更为独到的功能。在我看来，艺术作品中虽然包含着认识内容，但认识内容的多少不是艺术价值的关键所在。否则，徐悲鸿笔下那幅不太合乎解剖学规范的《奔马》便不会价值连城了。在我看来，艺术实践中尽管包含着教化的成分，但教化成分的强弱也不是艺术价值的关键所在。否则，贝多芬谱写的那首不含道德内容的《月光》便不会被千古称颂了。在我看来，艺术之所以为艺术，不在于认识，不在于教化，而在于给人以情感的慰藉。这种慰藉可以有不同的层次，但都是对遭受异化痛苦的人们所进行的精神关怀，我们可以将其简单地分为初级关怀和终极关怀。所谓初级关怀，是对人们生活情绪的放松、抚慰、宣泄，并通过这种形式使其恢复到健康状态。比如我们在一天的辛苦劳作之后，到影院去观赏一部惊心动魄的美国大片，到歌厅去唱几首脍炙人口的流行歌曲，虽然没有什么强烈的精神波澜、深刻的灵魂触动，但总归是一种浅层次的精神享受。所谓终极关怀，则是对人类生存意义的感悟、理解、追问，并通过这种形式获得一种精神的升华。比如我们在孤独、寂寞或遇到情感危机的时候，去音乐厅欣赏一部交响乐，去歌剧院观看一部悲剧，虽然不见得开心、解闷儿，但常常会有一种心灵的触动、情感的升华。对于不同层次、不同状态、不同境遇中的欣赏者来说，这两种艺术各有其存在的理由。但是，就艺术自身的价值而言，后者显然要比前者更有意义。这也正是《三字经》比不上《古诗十九首》、《金瓶梅》比不上《红楼梦》的原因所在。

一部优秀的艺术品，哪怕是写平平常常的生活琐事，也总能上升到终极关怀的高度来加以理解。譬如唐代大诗人白居易的五言律诗《草》："离离原上草，一岁一枯荣。野火烧不尽，春风吹又生。远芳侵古道，晴翠接荒城。又送王孙去，萋萋满别情。"从字面上看，通俗易懂，仿佛没有什么深奥的哲理，但它之所以被人们千古传颂，自有其终极关怀的重要意义。这是一首送别诗，首联写送别的场景：荒原古道上长满了离离青草，那"一岁一枯荣"的生命历程就像代代不息的人生一样，在宿命的轮回中不断燃起新的希望。颈联借题发挥，进一步追索草的生命历程，"野火烧不尽"显然寓意了人生的苦难，"春风吹又生"则暗示了生命的顽强。溯往日，追来者，人类不正是从这种具有悲剧意味的苦难现实中一步步地走过来的吗？腹联再次回到“草”的描摹中来，以“芳”“翠”二字使草的气味和颜色跃然纸上，而“古道”和“荒城”则在时间和空间的双重维度下引发了对自然与社会、个人与历史关系的自由联想，并通过联想而重温生命的价值与意义。尾联最终落脚到送别的主题上来。巧妙的是，诗人不去直接抒发自己对友人的依依惜别之情，而是以拟人的手法将此情融入此景，以草的“萋萋”来承载人类所难以承载的情感……一首短诗如此，一场戏剧、一部电影、一篇小说更是如此。从《俄狄浦斯王》绝望的挣扎，到《浮士德》顽强的探索；从《哈姆雷特》沉痛的反思，到《等待戈多》麻木的期待；从《离骚》的上下求索，到《归去来兮》的古今游荡；从《牡丹亭》的生死之恋，到《红楼梦》的色空之谜……古今中外，凡是超越民族和地域从而具有永恒价值的艺术品，无不具有形而上的终极关怀。

需要特别指出的是，艺术作品的终极关怀，既不像哲学那样诉诸人的理智，也不像宗教那样诉诸人的意志，而是以诉诸人的情感为主要特征的。因此，这种终极关怀并不是要给多样的现实世界提供某种统一的存在本体，也不是要给有限的个体生命寻找某种无限的灵魂归宿，而是要给异化的现实人生呈现某种审美的情感慰藉。由于这种慰藉能够将有限的生活境遇指向无限的生命意义，因而便有了足以同哲学和宗教相媲美的价值与功能。

在西方的历史上，不少思想家早已看到了艺术所具有的这种终极关怀的价值与功能，并将其作为反抗异化现实的有力武器。卢梭认为，人类越发展，道德越堕落，理性并不能给人类自身带来真正意义上的幸福，因而祈灵于浪漫主义的艺术活动。康德认为，艺术活动中的审美判断力可以使人的想象力和知性得以协调，从而将分裂的纯粹理性和实践理性结合起来，成为一种知、情、意相统一的整体。席勒认为，只有艺术所创造的“活动形象”，才能重塑现实生活中支离破碎的人格，以进入一种审美的乌托邦。黑格尔认为，艺术和宗教、哲学一样，是“绝对精神”自我回归的必由之路。叔本华认为，艺术可以使走火入魔的“意志”得到暂时的麻痹，从而使骚动不安的主体获得片刻的安宁。尼采认为，真理是丑恶的，宗教是虚伪的，只有艺术能够给人的生命以积极的力量。弗洛伊德认为，同宗教与科学一样，艺术可以将被文明所压抑的“本我”解放出来，将其“升华”为审美的情感。韦伯认为，在宗教的救赎失去作用的情况下，艺术的救赎便成为抵御文明异化的有效途径。海德格尔认为，诗歌可以使被异化的语言得以复归，艺术可以使被遮蔽的存在重新澄明……

与西方社会相比，中国古代的哲学本体论并不发达，宗教也并不占据意识形态的主导地位，因而古人的终极关怀往往是通过艺术的审美观照而加以实现的。这种文化的“代偿功能”是中国古典艺术特别发达的主要原因。我们知道，文明的人类之所以陷入异化的痛苦，乃是因为生产力和生产关系的利刃斩断了人与自然、人与社会的原始纽带。因此，作为治疗异化痛苦的古典艺术，最常用的方式是将人与自然、人与社会的断痕重新修复起来，从而将短暂的现实人生与永恒的自然存在联系起来，将有限的个体生命与无限的族类生活联系起来。于是，人们可以在“采菊东篱下，悠然见南山”的意境中获得一种“此中有真意，欲辨已忘言”的感悟；于是，人们可以在“前不见古人，后不见来者”的境遇中释放一种“念天地之悠悠，独怆然而涕下”的悲情；于是，人们可以在“人有悲欢离合，月有阴晴圆缺”的遗憾中寻找一种“但愿人长久，千里共婵娟”的慰藉……换言之，无论是思乡还是怀旧，无论是事业还是爱情，如果我们沿着这种世俗情感的延长线不断追索的话，便总能在人与自然、人与社会的衔接处找到一种指向无限的生命意义。这一意义也许永远也不能完全揭晓或彻底实现，但这种追索本身已具有了终极关怀的功能与价值。

在现代化的工业社会中，艺术的终极关怀有着尤为突出的现实意义。一方面，西方传统的哲学与宗教渐渐式微；另一方面，中国传统的人与自然、人与社会的原始联系也渐遭破坏。随着世俗化、商业化、现代化生活的到来，人们的物质生活越来越丰富，人们的精神世界越来越孤独。在这种情况下，艺术的认识功能、政治导向在下降，艺术之终极关怀的人类学意义在上升。在一个商业化、信息化、全球一体化的时代里，艺术的这种功能使其有望成为超越哲学观念、宗教信仰的强有力的意识形态，打破国界、种族的坚硬壁垒，实现人类精神的重新整合。只有在这一意义上，我们才能真正理解蔡元培有关“以美育代宗教’的深刻含义。

（此文为教育部重大课题项目[01JAZJD750.11-44007]阶段性成果，发表于《中国人民大学学报》2006年第2期）

《学术月刊》与我的学术成长

《学术月刊》是我非常珍爱的一本杂志，因为在我学术成长的道路上，它曾起过至关重要的作用。

记得那是1993年初春时节，我接到《学术月刊》编辑林榕立的电话，说她来济南办事，问我能否见面聊聊。此前，我与林编辑并不相识，只是作为《学术月刊》的作者与她有过通信联系。见面之后，她便开门见山地问我最近有没有什么满意的稿子，说《学术月刊》想要刊登几篇有分量的文章。我犹豫了一下说，文章倒是有一篇，只是贵刊未必敢用，因为有点儿风险。林编辑说，你先寄过来看看嘛，我们一定会认真处理的。

那篇文章的原名叫做《李泽厚的学说、刘晓波的观点和我的一点看法》。从这个篇名也可以看出，它不像是一篇论文，倒像是一篇读书笔记。事实上，我写这篇东西的时候并没有打算发表，所以它不是被抄在稿纸上，而是被写在笔记本里。为什么没有发表的打算呢？这与当时的社会环境有关。那是在邓小平"南巡讲话"发表之前，我文章中涉及的两个人物还处于"敏感"期。为什么不想发表还要撰写呢？因为我在此前发现了刘晓波对李泽厚美学观点的批评中一个真实的学术问题：一方面，我不同意刘晓波将美的根源视为感性生命"突破"理性规范的观点；另一方面，我也不同意李泽厚将美的根源视为理性内容“积淀”为感性形式的观点。换言之，我虽然不同意刘晓波的立论主张，但认为他的驳论内容是有意义的；我虽然承认李泽厚的历史贡献，但认为他的理论本身确有缺陷。在我看来，美的根源，既不在单纯的感性，也不在单纯的理性；既不在一味的“突破”，也不在一味的“积淀”；而是在二者之间所形成的一种历史性的张力。现在看来，这篇文章或许也没有什么了不起的创见，其观点也相当持重，但在当时的情况下，我无论如何也不相信《学术月刊》敢于刊用它。于是我在给林编辑寄去稿件时并没有抱任何希望，并同时将一份复印件寄给了香港中文大学中国文化研究所主办的《二十一世纪》杂志。

可是没过多久，我竟连续收到林榕立的三封来信。第一封信说，《学术月刊》已决定刊用我的文章；第二封信说，《学术月刊》将把我的文章作为“头题”重点刊发；第三封信说，《学术月刊》将围绕我的文章在上海召开一个小型的学术研讨会，希望我能出席……面对着突如其来的三封来信，我真是有点儿受宠若惊了。我至今不明白，为什么林编辑会如此主动地约我写稿？因为那时候我还是个无名的讲师，似乎没有理由受到特别的重视。我也不明白，为什么《学术月刊》敢于刊登我的文章，莫非当时的上海已提前获悉了“南巡讲话”的精神？

此后不久，《二十一世纪》和《学术月刊》两家杂志几乎同时发表了我的这篇文章。前者的题目为《李泽厚与刘晓波的美学歧见》，后者的题目为《试论“积淀说”与“突破说”》。是年暮春时节，有关这篇文章的讨论会在上海如期举行。会上，有二十余位学者就拙作及其所涉及的美学、哲学乃至文化问题发表了各自不同的看法。其中，有些人基本上赞同我的观点，并力求在此基础上将问题引向深入，如邱明正、徐梦秋；有些人虽也对李泽厚的“积淀说”和刘晓波的“突破说”提出了质疑，但有着与我不同的理论视角，如夏中义、曹俊峰；有些人则持有不同的观点，并对拙作进行了有针对性的批评，如朱立元、陈引驰……应该说，所有这些观点都是以严肃的学术态度来阐发的，这在当时学术氛围低迷、美学研究疲软的情况下，不能不说是一件令人欣慰的事情。而对我个人来说，这三种意见同样都能起到启迪和教育作用。对于前者，我感谢；对于中者，我尊重；对于后者，我则在感谢和尊重的基础上提出了一些反驳。于是，我又在《学术月刊》1995年1月号和1997年6月号，以及1997年7月12日的《光明日报》上先后发表了《再论“积淀说”与“突破说”》《“实践美学”与“实践本体”》《改造并完善“实践美学”》等文章，继续阐发自己的观点……

从20世纪50年代的“美学大讨论”以来，李泽厚的“积淀说”在中国美学界长期居于主导地位，因而对他的批评很容易引起学术界的关注。或许是这个缘故，我的这篇具有挑战意未的文章竟也获得了意外的重视，不仅被《新华文摘》1993年第10期转载，而且还获得了“山东省社会科学优秀成果一等奖”。更为重要的是，围绕这篇文章，有关“实践美学”与“后实践美学”的讨论全面展开，《学术月刊》就此而刊载了数十篇文章，争鸣长达数年之久。

尽管后来言及当代中国美学的不少著作都提起过这篇文章，然而从严格的学术史的角度上讲，我不知道这篇并不成熟的文章究竟能有多少价值。但是有一点是可以肯定的，那就是对于我个人的学术发展来说，它是至关重要的。现在回想起来，我真是一个幸运儿。如果当年没有林榕立编辑的约稿，我的这篇文章或许还躲在笔记本里。所以，这些年来，每当有学生问我，如果自己有一些见解而又得不到赏识怎么办？我总是回答说，先写在笔记本里，只要你的见解是科学的、严肃的，总有一天会见天日的。每当有学生问我，如果自己有一些文章而又得不到发表怎么办？我总是回答说，你可以投给《学术月刊》，只要你的文章是有新意、有价值的，相信这家刊物会采纳的……。

（此文发表于《学术月刊》2006年第3期）

西方公共领域的发展与审美经验的变迁

沿袭阿伦特与哈贝马斯的研究路向，本文所说的“公共领域”是指一个社会向所有公民开放的舆论空间与对话场所。在这个空间和场所中，人们可以自由地参与进来，就共同关心的社会问题表达各自的意愿、交换彼此的观点，并根据更佳论据的原则而展开平等论争，在理性辩论的基础上达成共识，从而对共同体的社会行为进行民主监督、参与和控制。

沿袭杜威的研究路向，本文中所说的“审美经验”并不是一种与日常生活经验完全隔绝的特殊经验，而是生命和环境相协调的瞬间。当人们将对过去的追忆和对未来的期待融入当下的体验之中，所形成的具有整一性、丰富性、积累性和圆满性的经验，就是审美经验。[1]

这样一来，有关“公共领域”与“审美经验”这两个似乎并无关系的研究路向就有了交叉融合的可能，并为本文的研究提供了一个独特的视角。

一

在西方学术史上最早使用“公共领域”概念的，正是潜心研究古希腊城邦制度的阿伦特。她将希腊人的生活分为两大部分：“私人生活领域与公共生活

1　参阅［美］杜威：《艺术即经验》，商务印书馆，2005年，第37—43页。

领域的区别相应于家庭领域与政治领域的区别。”[2]在她看来，人们在私人领域中的行为基本上是吃、喝、拉、撒、睡之类动物性的，是一种“消极的生活”；人们在公共领域中的行为则是出于城邦利益的思考、辩论和行动，是一种“积极的生活”。在古希腊城邦制度中，那些不具有公民资格的奴隶、女人和孩子们是无权进入公共领域的，他们只能躲在私人领域中过一种动物性的生活；只有具备合法权利的城邦公民才能够“穿越横亘在他们面前的那条鸿沟，越过狭窄的家庭领域，‘升入’政治领域”[3]。因为“公共领域是专供个人施展个性的。这是一个人证明自己的真实的不可替代的价值的唯一场所”[4]。

显然，阿伦特这种将“私人领域”与“公共领域”截然分割的做法是相当幼稚的。一方面，正如美食不同于果腹、爱情不同于性交一样，人作为一种社会性的存在，即使是在厨房和卧室等私人领域中也并非纯然是动物性的。另一方面，在一个私有制的阶级社会中，即使是“城邦公民”也不可能完全超越其个人、家庭、阶级的局限而考虑问题，他们在广场和殿堂等公共领域讨论城邦事务的时候也不可能完全没有私人利益的驱使。因此，在“家庭生活”与“政治生活”、“私人领域”与“公共领域”之间，并不存在着一个阿伦特意义上的“鸿沟”，而是相互连接、彼此延续的。事实上，如果没有私人利益的驱使，古希腊的公民们也许根本没有什么兴趣到那些公共领域中去表达自己的意愿和主张。他们之所以热衷于介入政治生活，就是想用那些代表私人利益的政治见解来说服别人，并使之成为城邦决策的依据。但是，阿伦特的看法也并非毫无价值，她有关“公共领域”的研究路向至少揭示了希腊城邦制度的某些特点：作为支撑“城邦法律”这一政治“硬件”的补充形式，“公共领域”作为一种公民议政的舆论空间，起着不可或缺的“软件”功能。不难想象，携带不同私人见解的城邦公民在“公共领域”相互论争的过程，也就是诸种私人利益在城邦利益的旗帜下相互博弈的过程，是不同的个体取得最大公约数的过程。这一过程既可能左右城邦的政策，也可能影响城邦的法律。这一过程也正是社会个体民主参与城邦实践的有效途径。

2　［美］阿伦特：《公共领域与私人领域》，见汪晖、陈燕谷：《文化与公共性》，生活·读书·新知三联书店，2005年，第62页。

3　［美］阿伦特：《公共领域与私人领域》，见汪晖、陈燕谷：《文化与公共性》，生活·读书·新知三联书店，2005年，第66页。

4　［美］阿伦特：《公共领域与私人领域》，见汪晖、陈燕谷：《文化与公共性》，生活·读书·新知三联书店，2005年，第73页。

那么，古希腊社会这种“公共领域”的存在会为人们的“审美经验”造成什么样的影响呢？如果我们上面的推断是有道理的，也就是说，如果这一“公共领域”的存在旨在通过合理性的辩论而将不同的个人意见上升为城邦的集体意志，从而找到最佳途径的话，那么这其中至少隐含着如下几点足以影响人们“审美经验”的理论预设。第一，每一个城邦公民的个人意志及其人格既是自由的又是有限的，正因如此，他不能单独左右城邦的抉择。第二，各种不同的自由意志和个人意见汇集在一起，必然会发生矛盾，甚至产生冲突。第三，矛盾和冲突的最终目的不是导致分裂而是实现统一，即通过扬弃各自的有限性而达成共识，以此上升到一个完美的境界。从政治的角度上讲，这是一个统一意志的过程；从道德的角度上讲，这是一个完善人格的过程；从美学的角度上讲，这是一个追求理想的过程。

我们知道，最能体现古希腊人审美经验的艺术品是悲剧和雕塑。关于希腊悲剧的本质，黑格尔曾经举《安提戈涅》为例，以其唯心主义的哲学体系加以诠释。他认为，安提戈涅为了维护家族的荣誉，执意要为其死去的兄弟下葬，是有其合理性的；克瑞翁为了捍卫国家的尊严，一定要让安提戈涅的兄弟这个国家的败类暴尸街头，也是有其合理性的；但是这两个来自于“绝对精神”的合理性在两个个体人的身上又都表现为有限性和片面性，当他们将自己的合理性建立在否定对方之合理性的基础上的时候，冲突就在所难免了。在黑格尔看来，这出悲剧的本质既是要肯定安提戈涅和克瑞翁的合理性，又是要扬弃其两者的片面性，从而在“否定之否定”中最终证明“绝对精神”的伟大。然而，如果我们丢掉黑格尔那子虚乌有的“绝对精神”，将《安提戈涅》放在古希腊城邦“公共领域”的历史境遇中加以思考的话，便不难发现，这种荒诞离奇的悲剧冲突其实是有着社会历史原因的。这其中既包含了对自由意志的尊重，也包含了对个体偏见的批判：通过矛盾和冲突而扬弃个体的有限性，以便在更高的层面上形成集体的抉择和意志，并不是出于“绝对精神”的需要，而是城邦利益的需要。在这里，古希腊人的生活经验和审美经验像一触即发的高压电弧一样，在这出悲剧中闪耀出迷人的火花……如果说索福克勒斯的《安提戈涅》是在人与社会群体的矛盾中思考城邦公民的行为准则，那么索福克勒斯的《俄狄浦斯王》则是在人与自然命运的冲突中肯定城邦公民的进取意志；如果说埃斯库罗斯的《被绑的普罗米修斯》是从正面的意义上提倡希腊公民为城邦献身的价值导向，那么欧里庇得斯的《美狄亚》则是从反面的意义上告诫人们不要执着于个人的感情和欲望……

不仅古希腊人的悲剧艺术与其“公共领域”中的社会实践有着“审美经验”上的联系，而且其同样著名的雕塑艺术也不例外。作为古典主义艺术的崇高典范，古希腊的雕塑至少在两个方面与以后的现实主义和浪漫主义艺术有所不同：在形体结构上，它不去追求个别对象的体貌特征，而去寻找普遍意义的标准形体；在人物表情上，它不去表达内心世界的强烈欲望，而去净化人物的复杂情绪。前一种特点导致了“单纯”，后一种特点导致了“静穆”，于是便有了“高贵的单纯，静穆的伟大”。但是，古希腊雕塑的这一特点并不像温克尔曼在《论古代艺术》一书中所理解的那样，仅仅是一种美学上的追求，它同样有着社会生活的历史印记。如上所述，城邦公民将具有私人特点的观点和意愿带到“公共领域”中加以表达，其目的并不是为了突出个体意见的特殊性，而是要通过不同意见的交流与碰撞扬弃其各自的片面性，在相互之间取长补短的过程中实现妥协、达成共识。与这种寻求最大公约数的社会经验相一致，古希腊人的审美经验也自然倾向于从个体对象出发，超越特殊性而趋于普遍性。我们知道，古希腊雕塑艺术的主要题材是神而不是人，可生活中没有哪位肉眼凡胎的妇女能够像维纳斯那样美轮美奂。不难想象，要塑造这样一位完美无缺的天仙，艺术家就不可能在生活中简单地选择一两位现成的模特儿，而应该将米罗岛上所有女性的优点集于一身（传说中确有类似的创作过程），这一过程便叫做“典型化”。“‘典型’（tupos）这个名词在希腊文里的原意是铸造用的模子，用同一个模子里托出来的东西就是一模一样。这个名词在希腊文中与Idea为同义词，引申为‘印象’‘观念’或‘理想’。”[5]不仅人物雕塑的形体结构是理想化的，其面部表情也需要做理想化的处理。作为特洛伊城阿波罗神庙的祭祀，拉奥孔因警告同胞不要中希腊人设下的“木马计”而开罪于希腊的保护神雅典娜，后者派两条巨蟒将拉奥孔和他的两个儿子活活缠绕致死。对于这样一场人间惨剧，艺术家并没有渲染拉奥孔父子

5　朱光潜：《西方美学史》下卷，人民文学出版社，1979年，第695页。

痛苦乃至可怕的表情，避免使他们的面容因扭曲而变得丑陋。将哀号淡化为叹息。对于这座希腊化时代著名的雕塑，莱辛曾专门写下同名著作，从“诗与画的界限”入手，分析了其中的美学追求。莱辛认为，与诗歌不同，雕塑和绘画是一种直接诉诸视觉器官的空间艺术形式，因而不宜表现过于激烈的情绪，一旦涉及也必须淡化处理，否则就会因失去常态而变得丑陋。对拉奥孔的处理恰恰表现了古希腊艺术家的高明所在，这也符合了“高贵的单纯，静穆的伟大”的古典精神。其实，从古希腊城邦的社会实践来看，这种“审美经验”与“公共领域”同样是相通的。正如在观念的层面上，城邦公民进入公共领域是一种扬弃个性而获得共性的过程一样，在情感的层面上，城邦公民进入公共领域是一种扬弃感性而获得理性的过程。这样一来，原本是模仿艺术的雕塑，非但没有导向对生活原型的再现，反而导向对主观理想的表现。而这种客观与主观、个别与普遍、感性与理性的协调统一，正是希腊城邦所孜孜以求的理想境界。

二

如果说古希腊“公共领域”的核心场所是在广场，那么中世纪“公共领域”的核心场所则是在教堂。这种由广场向教堂的转移不仅意味着物理空间的缩小，而且意味着精神空间的扭曲。因为广场是一种开放的社会场所，而教堂则是一种封闭的宗教场所。前者涉及多元的政治见解，后者则指向一元的信仰体系。希腊文化衰落之后，罗马文化的早期，尤其是共和时代，公共领域还有着多元政治的舆论自由，但在恺撒实行独裁统治之后，元老院的作用大大降低，公民大会名存实亡。公元391年，罗马皇帝狄奥多西一世宣布基督教为国教。公元476年，罗马帝国在内部矛盾和外族入侵下分裂为以君士坦丁堡为核心的东正教系统和以罗马为中心的天主教系统，从而开启了政教合一的“中世纪”。

中世纪的欧洲，由国王、贵族和骑士等大大小小的封建主构成了金字塔般的等级制度，世俗政权处在分裂格局而又软弱无力的状态。与此同时，强大的教会系统则不仅垄断了人们的信仰，而且干预世俗生活。与古希腊时代的民主政体不同，中世纪的封建国王和地方领主不需要也不允许不同政见的存在；与古希腊时代的多神宗教不同，中世纪的基督教不需要也不允许异端思想的出现。从表面上看，代替了广场的教堂仍然是不同民众共同出入的场所，但是这个“公共领域”已不再是言论自由的空间和民主对话的场所。13~19世纪天主教会设立了宗教裁判所，用于侦察和审判一切反教会、反封建的异端人士。任何不同于正统教派的言论和行为都有可能遭到侦讯、控告和审判。对不认罪、不悔过者，刑讯逼供，从严定罪。一旦定罪，轻者处以苦行、斋戒、离乡朝圣，在公开的宗教仪式中遭受鞭打或凌辱，重者绑在火刑柱上活活烧死。仅在1483~1820年间，受宗教裁判所迫害者多达30余万人，其中三分之一被判处火刑。不少反封建斗士、进步思想家、科学家、民间魔师、术士皆为宗教裁判所打击迫害的对象。因此，中世纪幽暗阴森的教堂，已不再是真正意义上的“公共领域”，而只是祈祷者、膜拜者、忏悔者的场所。

这种“公共领域”的缺失又对人们的“审美经验”产生了什么样的影响呢？与古希腊的艺术家可以在综合人体美的基础上自由地塑造神的形体不同，中世纪的教会曾一度禁止偶像崇拜。其理由是：人的形体是有限的、丑陋的；神的形体是无限的、美好的；因而用前者来比附、想象和塑造后者，便只能是对神的亵渎。因此，尽管在偶像崇拜解禁之后，人们在教堂中所看到的，也常常是那个瘦骨嶙峋的被钉在十字架上的基督了。

就在雕塑褪去了感性生命的同时，音乐也失去了精神的活力。与禁止偶像崇拜活动的理由相类似，公元4世纪，教会也曾一度反对在教堂里使用音乐。正如恺撒利亚的主教所言：“我们以生命的诗篇赞颂上帝。全体基督信徒的和谐对上帝来说比任何音乐都更为亲切和愉快。我们的齐特拉琴就是我们整个身体，我们的心灵以此向上帝高唱赞美之辞。”[6]尽管后来的管风琴得以与声乐一起成为宗教仪式的一部分，但这种将有限的感性形式与无限的宗教内容对立起来，以贬低前者来抬高后者的审美倾向却一直存在。作为纯粹宗教音乐的典型而为欧洲大部分地区使用达数世纪的格里戈利音乐，是极其庄严朴素的，没有伴奏，仅靠人的歌唱，并且只有合唱，歌词完全取自赞美诗，而

6　［波］塔塔科维兹：《中世纪美学》，褚朔维译，中国社会科学出版社，1991年，第89页。

且从不为适应曲调而加以改动。事实上，这里只有歌者，没有听众，或许唯一的听众就是上帝。没有任何艺术能比这更少具有满足感官的色彩，而艺术也从未像此刻这样超然于现实生活之上。但是，它对心灵却有着无比强大的征服力和震撼力，能够产生一种面向彼岸世界的精神追求。这种早期的宗教音乐具有的审美经验效果十分独特：它是一种受制于外界目的的审美经验，明显的目的就是灵魂的超越与净化；它是禁欲主义的，注重崇高甚于注重优美，注重神性之美甚于注重感性、世俗之美。

其实，最能体现中世纪“审美经验”的艺术门类既不是雕塑，也不是音乐，而是建筑。因为建筑者所建筑的正是那个时代神的栖息之地——教堂。当奥林匹斯山上那富有人性特征的诸神系统引退之后，宽敞、明亮的帕特农神庙也随之变成了历史的残骸，古希腊原本开放的建筑形式也像其“公共领域”一样向着封闭、保守的罗马形态过渡。“正如基督教的精神集中到内心生活方面，建筑物也是在四方面都划清界限的场所，供基督教团体的集会和收敛心神之用。收敛心神，就要在空间中把自己关起……在这种通过自禁闭而忘去外在自然和有限生活中纷纭扰攘的情况之下，建筑方法就必然不再用与世俗生活密切联系在一起的那种希腊式的敞开的院子和柱廊之类形式，这些形式被移到建筑的内部，完全改头换面了。同理，阳光或是被遮住，或是让阳光透过彩画玻璃窗投入比较黯淡的光辉，为着避免黑暗，窗子还不得不开。在这种教堂里，人所需要的东西不是外在自然所提供的，只有求之于专为人虔诚默祷、清心凝神而设，而且由人自己创造出来的内心世界。”[7]如果说，封闭的结构表现出人与自然、人与社会的隔绝，那么，高耸的体态则表现出人与神的疏远。无论是拜占庭式的穹顶，还是罗马式的斜山顶，都是向高空发展的，这似乎意味着在多神教向一神教的发展过程中，人与神之间日益疏远的情感联系。进入中世纪以后，这种已被疏远的人、神关系变得更加神秘，于是哥特式教堂便在以法国为首的西欧地区大行其道。在这种建筑中，不仅纤细的石柱取代了厚重的墙壁，而且采用了尖拱作为连续的穹顶，使得教堂的高度上升到一种绝弃尘寰的地步，令人感到惊心动魄而又叹为观止。因此，“我们必须在一种充满激情的紧张状态下去体验哥特式建筑的魅力，这是与我们在优雅、静穆的氛围中悠然欣赏

7　[德]黑格尔：《美学》第三卷上册，朱光潜译，商务印书馆，1982年，第88—89页。

希腊神庙完全不同的欣赏方式”[8]。对于宗教来说，“艺术的最佳状态就是象征价值实现的时候，就是物质感官对象被再现为精神的和超验性的东西的符号的时候”[9]。在这种象征主义的艺术背后，隐藏着神秘主义和禁欲主义的宗教情绪。说到底，“通过可见的影像，我们的心灵会随着灵魂的升华而追寻那不可见的伟大神祇”[10]。

三

在黑暗而又漫长的中世纪之后，欧洲的历史上出现了文艺复兴、宗教改革、启蒙运动等一系列思想文化运动，终于在重建民族国家的基础上迎来了资本主义的现代社会，“公共领域”也像凤凰涅槃一样，随之得以再生。文艺复兴运动以复兴古希腊传统为旗帜，旨在重新恢复人的价值和地位；宗教改革运动以重建人神关系为理由，旨在排除教会系统对信仰的垄断；启蒙运动以尊重人的理性为目标，旨在清除一切非理性的精神干扰……所有这一切，都为建设一个自由的、理性的、多元的现代社会提供了必要准备。

与古希腊的城邦制度相类似，这种在民族国家基础上建立起来的现代社会以法律制度为“硬件”，因而也需要“公共领域”的“软件”加以支撑。但时代不同了，由于新兴的民族国家人口的繁多、疆域的广大和现代社会事务的复杂，使得它们不再采取古希腊城邦制度中曾经使用过的由公民大会决定城邦事务的直接民主形式，而普遍选择了代议制的间接民主形式，与之相关的是政党政治的出现和左、右阵营的形成。在西方世界，由封建社会向资本主义社会转化的政治变革过程中，左、右政党的矛盾常常集中在王权的取舍、等级的去留等问题上。而当资本主义革命普遍完成，当“自由、平等、博爱”作为一种公共理念被广泛接受之后，情况便有了新的变化。从理论上讲，自由、平等、博爱都是正面的、值得追求的价值理想，但在现实的社会生活中，它们之间又往往存在着矛盾：过分强调自由，便可导致激烈的社会竞争，社会在充满活力的同时则会陷入两极分化；过分强调平等与博爱，可

8　史建：《大地之灵》，山东画报出版社，1998年，第212页。

9　［波］塔塔科维兹：《中世纪美学》，褚朔维译，中国社会科学出版社，1991年，第183页。

10　［波］塔塔科维兹：《中世纪美学》，褚朔维译，中国社会科学出版社，1991年，第46页。

以限制两极分化，社会在保持平等的同时又会失去竞争的活力。大致说来，所谓激进和保守、左派和右派，无非是针对这一矛盾所作出的不同选择而已：凡是为了“自由”而牺牲“平等”和“博爱”者，一般可称之为右派或保守主义者；凡是为了“平等”和“博爱”而牺牲“自由”者，一般可称之为左派或激进主义者。[11]显然这种激进与保守、左派与右派的对峙，不仅影响着民主社会的政权形式，而且充斥于现代社会的“公共领域”。在这里，古代社会那种完整无缺、独一无二的价值系统分裂了，这种分裂，不仅直截了当地影响着人们的政治信念，而且潜移默化地影响着人们的审美经验。

与古典主义的一元艺术不同，无论是在文学、音乐还是在美术、戏剧领域中，西方的现代艺术都呈现出浪漫主义与现实主义的二元对峙。浪漫主义作为一种思潮，是伴随着法国大革命而登上历史舞台的。18世纪末19世纪初，就在第三等级的炮火猛烈袭击巴士底狱的时候，一大批热情奔放而又桀骜不驯的艺术家疾风暴雨式地横扫了古老而又宁静的西方文坛。在文学界，有英国的拜伦、雪莱，法国的雨果、乔治·桑，德国的歌德、席勒，俄国的普希金、莱蒙托夫；在音乐界，有德国的贝多芬，奥国的舒伯特，意大利的帕格尼尼，波兰的肖邦，俄国的柴可夫斯基；在美术界有法国的籍里柯、德拉克洛瓦……与讴歌人权价值，并以此来引导人们的浪漫主义相对峙，19世纪30年代以后，伴随着资本主义世界铜臭和血腥的日益暴露，一大批目光敏锐而又富有批判精神的现实主义艺术家也不约而同地走进了艺术的殿堂。在文学界有法国的司汤达、巴尔扎克，英国的狄更斯、哈代，俄国的托尔斯泰、屠格涅夫；在美术界，有法国的库尔贝、马奈，俄国的列宾、苏里科夫，德国的门采尔、珂勒惠支；在戏剧界，有挪威的易卜生，爱尔兰的萧伯纳……

就像激进与保守、左派与右派的政治家努力去分割自由与平等、博爱的社会理想，并将其一点推向极致一样，浪漫主义与现实主义艺术家也在努力去拆解被古典主义艺术家加以调和的表现与再现、理想与现实、情感与理智，并将其一点推向极端。乔治·桑曾对巴尔扎克指出：“你既有能力而且也愿意描绘人类如你所见的。好的，我，总觉得有必要按照我希望于人类的，按照我相信人类应当的来描绘它。”[12]与之相反，契诃夫则要求艺术“按生活的本来面目描

11　参见陈炎：《文明与文化》，山东大学出版社，2006年，第307—327页。

12　转引自勃兰兑斯：《法国作家评传》，国际文化服务社，1951年，第2页。

写生活。它的任务是无条件的、直率的真实”[13]。雨果肯定并赞扬拜伦：“他所有的作品都深深印记着他的个性。读者像通过丧服的黑纱一样，在他的每首诗里总看到有个阴沉而高傲的形象出现。”[14]与之相反，福楼拜则主张：“艺术家不该在他的作品里露面，就像上帝不该在自然里露面一样。”[15]布莱克指出，“只有一种力量足以造就一个诗人：想象，那神圣的幻景”，“一个人如自问心中并无灵感就不该妄想当艺术家”[16]。与之相反，福楼拜认为，一个真正的艺术家应该“首先是一个观察者，而观察的第一个特质，就是要有一双好的眼睛”[17]……总之，浪漫主义是表现的艺术，理想的艺术，情感的艺术；现实主义则是再现的艺术，现实的艺术，理智的艺术。前者依靠的是灵感和想象，后者凭借的则是观察和体验；前者面向自我的内心世界，抒发心灵的情与意；后者面向外部的客观世界，摹写生活的血和肉。前者是“有我之境”，后者是“无我之境”；前者注重讴歌，后者注重批判……[18]

当然了，正像政坛上的激进与保守、左派与右派并不总是体现为两个政党一样，文坛中的理想与现实、情感与理智也并不限于两大流派。比浪漫主义更为极端的有象征主义，比现实主义更为彻底的有自然主义。然而无论如何，所有这一切，都显示了“公共领域”与“审美经验”之间直接或间接的联系。于是，作为中世纪的反动和古希腊的回归，现代艺术不仅世俗了、感性了，而且分裂了、多元了。

四

现代社会的发展导致了经济的全球化、文化的多样化、信息的一体化，进而造就了一个不同于现代社会的后现代环境。对于这个正在形成之中的“后现代”，笔者尚无力作出一种理论上的总结和界定，然而从“公共领域”的角

13 《契诃夫论文学》，人民文学出版社，1959年，第35页。

14 《雨果论文学》，上海译文出版社，1980年，第16页。

15 转引自《中国大百科全书·外国文学》第二卷，中国大百科全书出版社，1981年，第1121页。

16 《欧美古典作家论现实主义和浪漫主义》，中国社会科学出版社，1981年，第252页。

17 《西方古典作家谈文艺创作》，春风文艺出版社，1983年，第285页。

18 参见周来祥、陈炎：《中西比较美学大纲》，安徽文艺出版社，1992年，第206—227页。

度上看，它无疑是现代社会的进一步拓展。如果说古希腊“公共领域”的核心场所在广场，中世纪“公共领域”的核心场所在教堂，现代社会“公共领域”的核心在议会，那么，在一个失去了中心的后现代社会里，“公共领域”的核心场所在哪里呢？它也许同时在广场、在教堂、在议会，它也许同时在电影院、在展览馆、在体育场，它也许同时在电视台、在杂志社、在互联网……处在后现代社会中的人们，可以轻而易举地对政治的、经济的、军事的、宗教的各种各样的问题发表自己的主张和看法，其发表的对象和言论的空间也已不限于民族的领域和国家的疆界。与此同时，没有一种固定的价值可以约束民众的心理，没有一种主流的观点可以统一民众的嘴巴……显然，后现代社会“公共领域”的多元化和多样化也必然会对“审美经验”的多元化和多样化造成深刻的影响。

走进后现代社会的美术馆，种种“主义”和“流派”让人数不胜数、目不暇接，优美的、壮美的、崇高的、滑稽的、荒诞的，甚至丑的艺术作品随处可见，就连艺术与非艺术的界限也日益模糊起来。于是，有人认为：黑格尔的预言实现了，艺术已经让位于哲学了！于是，有人断言：艺术终结了，一个日常生活审美化的时代随之而到来了！于是，有人放弃为艺术的本质制定概念、构筑体系的美学研究，转身面向媒体、广告和旅游休闲……由于后现代社会尚处在刚刚起步的建设阶段，总结其中的利弊得失还为时尚早，但有一点应该是清楚的，那就是这个时代的“审美经验”已经越来越深入地根植于“公共领域”的复杂空间，因而会变得愈发多样、愈发多元。

（此文为陈炎、王彦章合作，发表于《学术月刊》2007年第6期）

奥林匹克运动的审美动因及其历史嬗变

一

美国女学者依迪丝·汉密尔顿认为，有两样东西使我们人类与世界上的其他动物区别开来，那就是理性和精神。理性用来理解可见的经验世界，而精神则用于探索不可见的超验领域，“在这个领域，构成这个可眼见、可体察、可耳闻的世界所有的一切外在的事物，只扮演间接的角色”[1]。换言之，理性着眼于此岸的现实世界，而精神则着眼于彼岸的信仰世界。她还进一步指出，理性“产生于希腊并在所有古代社会中仅存于希腊，希腊人是最早的理智论者”[2]。这使得希腊从非理性占主导地位的古代世界中脱颖而出，不仅与埃及、两河流域等文明分道扬镳，同时也与东方文明（主要指印度）区别开来。更为重要的是，崇尚理性的希腊人并不放弃精神的追求，“希腊与印度和埃及的不同之处不是其精神的羸弱，而是其思想的高度发达”[3]。

按照汉密尔顿的观点：一方面，与埃及、巴比伦和印度一样，希腊人也

1　［美］依迪丝·汉密尔顿：《希腊精神：西方文明的源泉》，葛海滨译，辽宁教育出版社，2003年，第5页。

2　［美］依迪丝·汉密尔顿：《希腊精神：西方文明的源泉》，葛海滨译，辽宁教育出版社，2003年，第4页。

3　［美］依迪丝·汉密尔顿：《希腊精神：西方文明的源泉》，葛海滨译，辽宁教育出版社，2003年，第24页。

有丰富的精神世界，有一个可供信仰的彼岸以安顿灵魂，有各种各样的神庙以供奉神灵，而且有一个相对成熟的神灵谱系；另一方面，与埃及、巴比伦和印度不同，希腊人在崇尚彼岸的精神世界的同时并不排斥此岸的现实世界，而是利用理性的工具来探索这一世界。也就是说，当他们走进彼岸世界以寻求安慰的同时却保持了对此岸世界的关注与好奇，当他们对神灵进行顶礼膜拜的同时却又认为自己乃为“万物之主”。因此，在希腊人眼里，此岸世界不像印度人所言是彼岸世界的幻影而是真实的存在，两个世界之间也并不存在无法逾越的天堑与鸿沟，它们是一致的、可沟通的：希腊的神灵有着人一样的外貌与形体——五官匀称、强壮健美、有血有肉，这即所谓的“同形”；还有着人一样的情感与品性——争强好胜、勾心斗角、争风吃醋，这即所谓的“同性”。古希腊人既继承了非理性的信仰文化，留存了对神的敬仰与崇拜，又保持了生的愉悦、人的尊严，以及对现实生活的热爱。在这种情况下，希腊人独特的审美风尚就是把健美的人体视为主要的也是最理想的审美对象。

在一些宗教至上的文化如古代印度的婆罗门教中，由于现实被视为虚幻而不真实的，因之作为永恒存在的神的形象往往是以非现实的面目出现的。最高的梵自不待言，那是一种抽象的、没有形体的宇宙主宰。等而下之的梵天则被描述成了红皮肤、四只手臂、四个头颅的怪物；湿婆则头戴“火焰冠”，有着蓝色的喉咙、五个面孔、四条手臂和三只眼睛。与此相反，“希腊人的神是完全一个像人的东西”[4]。他们不仅像人，而且还是最美、最理想的人，“如果一定要指出希腊的神的形体同人有什么差别的话，那就是神具有最美的人体。‘神是最美的人’——古希腊人这样认为”[5]。另一方面，人则“是神依照自己的样子创造出来的”[6]，希腊神话说，“第一个女人潘多拉则是众神共同的创造，为使她臻于完美，每位神都出了力。她是众神的杰作。因此，人体是最美的，是神圣的。因此，无论是人还是神，都喜欢欣赏人体。敬神的方式之一就是将最美的人体裸露给神看”。古希腊最负盛名的雕塑家菲迪亚斯说：“再也没有比人体更

4　［英］狄金森：《希腊的生活观》，彭基相译，华东师范大学出版社，2006年，第4页。

5　刘成林：《祭坛与竞技场——艺术王国里的华夏与古希腊》，社会科学文献出版社，2001年，第14页。

6　刘成林：《祭坛与竞技场——艺术王国里的华夏与古希腊》，社会科学文献出版社，2001年，第27页。

美的了，因此我们把人的形体赋予我们的神灵。”[7]

神既然成了人体美的化身，健美的肉体在希腊也就随之具有了崇高而神圣的意味：古希腊人从来“不怕在神前和庄严的典礼中展览肉体。有一门研究姿态与动作的学问，叫做‘奥盖斯底克’，专门教人美妙的姿态，做敬神的舞蹈。……风气所趋，希腊人竟把肉体的完美看作神明的特性。西西里某个城邦有一个美貌出众的青年，不但生前受人喜爱，死后还有人筑坛供奉”[8]；奥林匹克运动会上的优胜者、当时希腊最美的男子克罗多人菲利普死后也被当作神来供奉，据说希罗多德在世的时候祭礼还在举行[9]。这或许能够为我们解答在古希腊，人与神之间的距离为何会如此接近的原因；同时也可以告诉我们，健美肉体在古希腊人心目中究竟有着多么重要的地位!

这种崇尚健美人体的独特审美风尚明显地反映在古希腊人的艺术作品中。当时最著名的抒情诗人品达几乎终其一生都在歌颂奥林匹克运动会上那些有着健美裸体的运动英雄们，而令后人难以望其项背的雕塑艺术也是以健美的裸体人物为主要题材的。当希腊被归入罗马版图之后，罗马人在清理希腊遗物时发现，“广大的罗马城中雕像的数目竟和居民的数目差不多。便是今日，经过多少世纪的毁坏，罗马城内城外出土的雕像，估计总数还在六万以上。”[10]这些雕塑作品大体可被划归为两种类型：一类是有着人一般健美形体的神，另一类则是有着神一般崇高与静穆的同样健美的人。前者如藏于奥林匹亚考古博物馆的普拉克西特利斯的《赫尔墨斯》，藏于雅典国立考古博物馆的《波塞冬》，藏于罗马梵蒂冈博物馆的《观景楼的阿波罗》，以及端坐在奥林匹亚宙斯神庙里的宙斯，原位于帕特农神庙现藏于伦敦大英博物馆的《三女神》等；后者如米隆的《掷铁饼者》，波利克里托斯的《持矛者》，利西普斯的《刮污垢者》，以及无名氏的《波尔格兹的拳击手》等。二者之间虽然有着人与神的、在我们看来似乎是难以逾越的身份差别，却同样都闪耀着人体美的光辉。只是，神灵们由于被赋予了健美的肉体，才少了一分神秘，多出了一分亲切与温情；健美的凡人则由于本身具有的完美肉体而少了一分尘俗，增加了一

7 刘成林：《祭坛与竞技场——艺术王国里的华夏与古希腊》，社会科学文献出版社，2001年，第40页。

8 ［法］丹纳：《艺术哲学》，傅雷译，人民文学出版社，1963年，第45页。

9 ［法］丹纳：《艺术哲学》，傅雷译，人民文学出版社，1963年，第318页。

10 ［法］丹纳：《艺术哲学》，傅雷译，人民文学出版社，1963年，第47页。

分神圣。

与古希腊人主张"美的灵魂寓于美的身体之中"的观点不同，印度的婆罗门教以及西方的基督教极力主张心灵的超脱而遗弃肉体的羁绊。"在我们自己看来，身体总是居于次要的地位；在年龄稍长以后，很少人能把身体训练视为他们的生命中之要素；故在我们的估价中，体格多半是居于最不重要的地位。希腊人不然，在他们看来，好的身体与好的灵魂是必须相关联的……他们几乎不能相信有精神的美，除非它反射在美的肉体上。"[11]在希腊人那里，"心灵并不占着至高无上的地位，高踞在孤零零的宝座上，贬斥用途不甚高雅的器官，打入冷宫。"[12]他们认为，"肉体有肉体的庄严，不像现代人只想把肉体隶属于头脑。"[13]"雕塑家必须使雕像的躯干与四肢显得和头部同样重要，必须对肉体生活像对精神生活一样爱好。——希腊文化是唯一能做到这两个条件的文化。文化发展到这个阶段这个形式的时候，人对肉体是感兴趣的；精神还不曾以肉体为附属品，推到后面去；肉体有其本身的价值。观众对肉体的各个部分同等重视，不问高雅与否；他们看重呼吸宽畅的胸部，灵活而强壮的脖子，在脊骨四周或是凹陷或是隆起的肌肉，掷铁饼的胳膊，使全身向前冲刺或跳跃的脚和腿。在柏拉图的著作中，一个青年批评他的对手身体强直，头颈细长；阿里斯托芬告诉年轻人，只要听他的指导，一定会刚强健美：'你将来能胸部饱满，皮肤白皙，肩膀宽阔，大腿粗壮……在练身场上成为体格俊美，生气勃勃的青年。'"[14]

古希腊人这种崇尚健美肉体的审美风尚甚至影响到他们的建筑艺术。石柱在古希腊建筑中是最主要的艺术语言，主要有三种类型：陶立克式、爱奥尼亚式和科林斯式。据古罗马建筑家维特鲁威《建筑十书》中的记载，陶立克人在建造阿波罗神庙时，为了使神庙的石柱既能承受荷载又能保持公认的美观，便"试着测量男子的脚长，把它和身体来比较。结果了解到男子的脚长是身子的1/6，所以就把同样的情形搬到柱子上来，而以柱子下部粗细尺寸的6倍作为包括柱头在内的柱子的高度。这样陶立克柱子就在建筑上开始显出男子身体比例的刚劲与优美。"后来爱奥尼亚人"试想用新的种类的外貌建造

11 ［英］狄金森：《希腊的生活观》，彭基相译，华东师范大学出版社，2006年，第110页。

12 ［法］丹纳：《艺术哲学》，傅雷译，人民文学出版社，1963年，第294页。

13 ［法］丹纳：《艺术哲学》，傅雷译，人民文学出版社，1963年，第47页。

14 ［法］丹纳：《艺术哲学》，傅雷译，人民文学出版社，1963年，第293—294页。

狄安娜神庙，以这样的脚长改用到女子的窈窕方面。为了显得更高一些，首先把柱子的粗细做成高度的1/8。在下部安装好像靴状的凸出线脚，在柱头上布置了左右下垂的卷蔓像头发一样，在前面代替头发布置了混枭线脚和花彩来装饰，在整个柱子上附以纵向沟槽，像女子风尚的衣服褶纹一样。”这样一来，两种不同风格的柱子便代表了两种不同性别的人体美：“一种是没有装饰的赤裸裸的男性姿态，另一种是窈窕而有装饰的均衡的女性姿态。[15]

二

我们之所以用这么多的篇幅来讲述希腊人对人体美的偏爱，是为了说明，奥林匹克运动会之所以诞生在古希腊而不是其他什么地方，除了宗教、政治、军事等因素之外，还有一个审美风尚方面的重要原因。当所有的人都对肉体的健美顶礼膜拜时，如何获得这种美以及如何展示这种美也就成了他们必须关注的问题，而奥林匹克运动恰恰是希腊人能够找到的最佳解决方案。

既然“古希腊崇尚裸体美，健美的人体是一切艺术家关注的对象，是人人追求的目标。那么，怎样才能使自己的肉体更健美呢？在古希腊人看来，体育锻炼和运动竞技无疑是最好的途径”[16]。因此在希腊大大小小200多个城邦中，几乎“没有一个城邦没有练身场；练身场成为希腊城邦的标志之一。雅典最早的练身场设于公元前700年。梭伦当政的时代有三个大规模的公共体育场，还有许多小型的。16到18岁的青年整天在练身场上过活，像现在走读的中学生，但不是为了训练头脑，而是训练身体”[17]。“他们视肌肉松弛、身体虚弱、发育不良为耻辱，而把裸体竞技优胜者视为人体美的代表，并作为绘画雕塑的题材，表达了雅典人对运动健将的仰慕。”[18]而那由世代相传的体育锻炼所培养出来的人才卡尔米特，则曾受到柏拉图、苏格拉底等人的高度赞誉。苏格拉底说：“我觉得卡尔米特的身段和美貌都令人赞叹……我们成年人

15　刘成林：《祭坛与竞技场——艺术王国里的华夏与古希腊》，社会科学文献出版社，2001年，第54页。

16　乐泉：《奥林匹克运动与文化艺术》，大众文艺出版社，2000年，第13页。

17　［法］丹纳：《艺术哲学》，傅雷译，人民文学出版社，1963年，第313页。

18　谭华：《体育史》，高等教育出版社，2005年，第121页。

有这种感觉还不足为奇，但我们注意到孩子们也对他目不转睛，便是最小的儿童也这样……所有的人望着他像望神像一般”；克雷封的说法又更进一步：“他的脸真好看，是不是？苏格拉底？可是他要愿意脱下衣服的话，他的相貌就相形见绌了，因为他整个的身体才美呢。”[19]难怪英国学者狄金森称赞“希腊人是天然的艺术家，把狂热的游戏沉入于极优美的情感当中，使他们有诗歌的意味与艺术的幽美，即使他最粗野的竞争也染有极丰富的美的空气，真不愧被品达选择来作诗歌的题目而献奉于美惠女神之前”[20]。在希腊诸城邦中，斯巴达人对于身体训练的重视也尤为突出，不论老少、不分男女，几乎毫无例外地都把一生中绝大多数的时间花费在身体训练上。当然，对于尚武好战的斯巴达人来说，锻炼身体的实用目的或许多于审美目的，但这一行为本身的后果却无疑造成了审美的结晶。当时的著名学者色诺芬就曾经指出，由于“天天不断的终身锻炼”，“斯巴达人是所有希腊人中最健全的，他们中间有希腊最美的男子，最美的女人”[21]。

既然希腊人普遍以健美的肉体为荣，那么他们就会千方百计地寻找一种场所将其展示出来。如何展示呢？奥林匹克运动会就是最好的展览场。因此，古代奥运会不仅是古希腊审美风尚的自然结果，同时还是希腊人展示健美、满足审美欲求的最佳场所。作为一种敬神的宗教庆典，踊跃参加的运动员们在古奥运会中与其说是为了夺标，不如说是为了向神展示自己那健美的体魄。“古希腊人认为，神有最美的人体，也就最喜欢最美的人；向神展示自己的美的体魄，自然会讨得神的青睐。他们为此创办各种体育比赛。”[22]

或许出于对健美肉体的情有独钟，古希腊人在面对裸体时并无丝毫的羞耻感与猥亵感，有的却是荣耀感与神圣感。对于裸体的荣耀感和神圣感在古希腊由来已久，据说早在他们的宗教祭祀中就有裸裎的习惯；萨拉米斯战役以后，以俊美出名的悲剧诗人索福克勒斯年方十五，就毫无羞涩地在战利品前面一边裸体跳舞，一边唱贝昂颂歌；亚历山大东征大流士途经小亚细亚时，也曾在阿喀琉斯墓旁和同伴裸体竞走，以表示对古英雄的敬仰。

19　［法］丹纳：《艺术哲学》，傅雷译，人民文学出版社，1963年，第317页。

20　刘成林：《祭坛与竞技场——艺术王国里的华夏与古希腊》，社会科学文献出版社，2001年，第114页。

21　［法］丹纳：《艺术哲学》，傅雷译，人民文学出版社，1963年，第312页。

22　刘成林：《祭坛与竞技场——艺术王国里的华夏与古希腊》，社会科学文献出版社，2001年，第40页。

从字源学的角度考察，我们如今所谓的“体育”一词在古希腊被称为“体操”，因此当时的体育场所往往被称为“体操馆”或“体操学校”，而“古希腊的‘体操’一词，就来源于‘裸体的’”[23]。我们由此也可以见出崇尚人体美的审美风尚与体育锻炼之间的内在联系。在这样的风气之下，像古代奥林匹克运动会这样的大型体育赛事，运动员裸体出场也就成了最自然不过的事情了。传说在最初的几届古代奥林匹克运动会上，运动员还不曾以全裸的形式参加比赛。“选手在比赛时于腰上束一种叫做‘兜裆布’的东西。相传这是从荷马时代传下来的习惯。后来之所以出现‘赤身运动’，据说是由于一次偶然事件引起的。在公元前720年的第15届奥运会上，墨加拿城邦年轻的运动员奥耳西波斯，在赛跑比赛中不慎把束在腰上的‘兜裆布’散落了，但他仍然坚持比赛。赤身露体的奥耳西波斯使观众耳目一新，人们从他身上看到了肌肉的健美，感到男性特有的魅力，觉得裸体竞技更能体现运动员形体的健美和姿态的动人。从此以后，运动员开始不再着任何服饰，而以裸体的面貌出现在奥运会的赛场上。后来，‘裸体竞技’便形成一种风尚而风靡一时。”[24]那些“参加竞技会比赛的人，个个赤身露体，一丝不挂。他们认为筋肉突出的强健体格是最值得骄傲示人的，最喜欢把它暴露在阳光空气之中，而且认为身体的软弱、残废和疾病是最可耻的事情。他们看不起波斯人藏在长袍里面的柔弱的身体，所以希腊人的竞技会也可以说是锻炼得最完美最健壮的人体博览会”[25]。

崇尚健美的审美风尚促进了奥林匹克运动的蓬勃发展，而奥林匹克运动的大规模展开反过来又进一步激发了人们对健美人体更大的审美兴趣，并进而提高了人们的审美能力。“因为在希腊的竞技中，有裸体的实习，所以这种竞赛的本身就变成艺术品了。不仅当时的雕刻家从这种竞赛中得着为后人所不能了解的灵感，并且人体形式的美与竞赛者自身及旁观的人的印象，比竞赛的勇武还强得多，而体育变为审美的训练，正如完全体格的训练一样，或者比完全体格的训练还要加甚。”英国学者狄金森干脆把希腊的竞技会概括为

23　［法］丹纳：《艺术哲学》，傅雷译，人民文学出版社，1963年，第317页。

24　崔乐泉：《奥林匹克运动简明百科》，中华书局，2003年，第27页。

25　李天祜：《古代希腊史》，兰州大学出版社，1991年，第369页。

"神圣的壮美"[26]。于是，审美与竞技变得相互促进、相得益彰，并最终将古代奥林匹克运动会推上了前所未有的辉煌。

三

但随着时代的变迁，尤其是基督教对希腊宗教的取代，理性和精神逐渐由原来的并驾齐驱变得泾渭分明起来，彼岸世界距离此岸也越来越远并最终走向了后者的对立面。灵魂开始将肉体打入冷宫而独自高踞在至上的统治地位，人们的审美风尚也随之发生了巨大转向："第一世纪时，练身场的风俗和异教趣味都还留存，男子还穿着便于脱卸的宽大的衣服，经常进公共浴场，裸着身体锻炼，观看圆场中的搏斗，心领神会地欣赏肉体的活泼的姿势。他们的雕塑家、画家、艺术家，周围尽是裸体的或半裸体的模型，尽可以加以复制。所以在庞贝依的壁上，狭小的家庭神堂里，天井里，我们能看到许多美丽的跳舞女子，英俊活泼的青年英雄，胸脯结实，脚腿轻健，所有的举动和肉体的形式都表现得那么正确，那么自在，我们今日便是下了最细致的功夫也望尘莫及。以后五百年间，情形逐渐变化。异教的风俗，锻炼身体的习惯，对裸体的爱好，一一消失。身体不再暴露而用复杂的衣着隐蔽，加上绣件，红布，东方式的华丽的装饰。社会重视的不是技击手和青少年了，而是太监，书记，妇女，僧侣；禁欲主义开始传布，跟着来的是颓废的幻想，空洞的争论，舞文弄墨，无事生非的风气。拜占庭帝国的无聊的饶舌家，代替了英勇的希腊运动员和顽强的罗马战士。关于人体的知识与研究逐渐禁止。"[27]

这种审美风尚的转变，甚至明显地体现在人们的穿衣戴帽中。作为遮蔽身体的装饰物，古希腊的服装只是人体的"一件松松散散的附属品，不拘束身体，可以随心所欲在一刹那之间扔掉"，而且"在衣服飘动的时候或者接缝中间，随时会暴露肉体"[28]。中世纪的服装却因其浓厚的象征意味而具有了神圣不可侵犯的地位，肉体本身却成了这一神圣象征符号的附属品。古希腊人的基本服饰被称作"基同"（chiton），它是将一块宽大的布料做成筒状然后用别针在人体上扣合而成的。"基同"外面，有时还穿一种叫做"希玛修"

26 ［英］狄金森：《希腊的生活观》，彭基相译，华东师范大学出版社，2006年，第112页。

27 ［法］丹纳：《艺术哲学》，傅雷译，人民文学出版社，1963年，第14—15页。

28 ［法］丹纳：《艺术哲学》，傅雷译，人民文学出版社，1963年，第278页。

（himation）的长外衣。它“面积较大，穿用时伸缩自由，外出时可以拉起来盖在头上防风雨，睡觉时可以脱下当铺盖”[29]。在离开了身体之后，“希玛修”只是一块宽大的布料，只有当它被披裹在人体之上时，优雅自然的躯体才赋予其“服饰”的造型。在日常生活中，古希腊的男子也可以不穿“基同”直接穿“希玛修”。但到了中世纪，男人和女人却都穿上了能够严密遮盖身体的宽大保守的服装。一般基督徒们穿着色彩单调呆板的土布麻衣；女人们则一度戴上了长可及肩的面罩或者从头上垂下遮掩全身的面纱。古希腊的“基同”先是演变成一种叫做“丘尼卡”（tunica）的连袖筒形衣，进而将一块布料裁成十字状，在十字中间开孔，作为领口，在袖下和体侧分别缝合，然后从肩膀到下摆装饰着两条紫红色的条饰。这种十字形套头衫既具有基督教信仰的符号特征，也满足了其禁欲主义的宗教传统，因而深受基督教徒的喜爱。

由于“中世纪的人精神生活过分发展，一味追求奇妙与温柔的梦境，沉湎于痛苦之中，厌恶肉体，兴奋过度的幻想和感觉竟会看到天使的幻影，专心一意地膜拜神灵”，使得现实生活中的人们个个瘦骨嶙峋、面容憔悴。因此与古希腊艺术中那些肌肉丰满、体格强壮而又比例匀称的神灵和运动员不同，中世纪“绘画和雕塑中的人物都是丑的，或是不好看的，往往比例不对称，不能存活，几乎老是瘦弱细小，为了向往来世而苦闷，一动不动地在那里期待，或者神思恍惚，带着温柔抑郁的修院气息或是出神入定的光辉；人不是太单薄就是精神太兴奋，不宜于活在世界上，并且已经把生命许给天国了”[30]。

而所有的这些，都在传递着同一个信号，那就是，裸露的人体不再是人们争相欣赏的审美对象，转而成为一种耻辱；肉体也因此丧失了自身的尊严，变成了束缚心灵的严重桎梏。在这种仇视肉体的审美风尚之下，古代奥林匹克运动遭受排斥并最终被窒息而亡也就成了一种必然。公元394年，基督教被奉为国教，崇尚人体健美的古希腊审美风尚被贬为异端，与健美人体密切相关的奥林匹克运动随之也遭到废止。在从此以后的整个漫长的中世纪里，它始终被尘封在无人问津的角落，直到近代以来，理性推翻了精神的压迫，现实占据了信仰的地盘，肉体摆脱了灵魂的霸权并重新获得了自身的地位和尊严，崇尚健美又重新成为人们的审美风尚时，奥林匹克运动才与古希腊文化

29　张乃仁：《外国服装艺术史》，人民美术出版社，1992年，第39页。

30　［法］丹纳：《艺术哲学》，傅雷译，人民文学出版社，1963年，第290页。

一起，得以重见天日。而这一新的历史则开始于文艺复兴。

随着文艺复兴的到来，“人的处境普遍有所改善，重新发现了古代而有所了解，由此得到的榜样使人的精神获得解放，看着自己伟大的发明感到骄傲，开始活跃：在这种情形之下，异教的思想感情和异教的艺术重新有了生机”[31]。这里的“异教”即古希腊时期的宗教。从思想感情的角度而言，原本产生于希腊的理性此时终于推翻了精神长达十几个世纪的霸权统治并代替后者开始占据主导位置；人的地位开始上升并逐渐摆脱上帝的控制而重新找回了“宇宙之精华！万物之灵长”的自信心和自豪感；人们的兴趣和眼光也由彼岸回到了现实，开始注重世俗的欲求与幸福。从艺术和审美的角度而言，健美的人体再次成为人们的主要审美对象和表现主题，“艺术作品也一反把人体裸露作为邪恶象征的传统，突出歌颂人体的均衡发展和健康美”[32]。

当然也不能否认，“即使是在文艺复兴的全盛时期，许多著名的艺术家仍受雇于教皇和大主教，把艺术创作献给教堂的装饰。雕塑、绘画的题材仍多为宗教神话和圣经故事，但其内容和形式却有了本质上的变化，神的形象实际上是人的情貌风范的再现”[33]：“殉道的圣徒好像是从古代的练身场出来的，基督不是变作威风凛凛的丘比特，便是变作神态安定的阿波罗，圣母足以挑引俗世的爱情，天使同小爱神一般妩媚，有些马特兰纳竟是过于娇艳的神话中的女妖，有些圣·赛巴斯蒂安竟是过于放肆的赫拉克勒斯；总之，那些男女圣者在苦修与受难的刑具中间保持强壮的身体，鲜艳的皮色，英俊的姿势，大可在古代的欢乐的赛会中充当捧祭品的少女，体格完美的运动员。”[34]

于是，文艺复兴以及以后的启蒙运动成为奥林匹克运动重生的开始，古代奥运会的具体实践和精神主旨也通过人文主义学者们及其后人的文学作品得到推广并产生了深远影响。终于，在1896年，雅典奥运会的成功举办以其全新的面貌标志着现代意义上的奥林匹克运动会的正式诞生。

（此文为赵玉、陈炎合作，教育部“高校青年教师奖励基金”项目成果，发表于《理论学刊》2007年第6期。）

31　［法］丹纳：《艺术哲学》，傅雷译，人民文学出版社，1963年，第291页。

32　谭华：《体育史》，高等教育出版社，2005年，第148页。

33　重昭岗：《人文体育——体育演绎的文化》，中国海关出版社，2002年，第200页。

34　［法］丹纳：《艺术哲学》，傅雷译，人民文学出版社，1963年，第291页。

“艺术”与“工艺”

一

“艺术”与“工艺”既是人类特有的、不可或缺的两种行为，又是人类特有的、不可或缺的两类作品。历史上，这两个范畴曾经发生过一定程度的混淆，或者说它们原本就在同一个范畴之中，直到后来才渐渐独立、分道扬镳；然而直至今日，它们之间的复杂联系也没有得到彻底的澄清。

在古希腊，“艺术”这个概念“包括一切人工制作在内，不专指我们所了解的艺术”[1]；“自从十七世纪末，art专门意指之前不被认为是艺术领域的绘画、素描、雕刻的用法越来越常见，但一直到十九世纪这种用法才被确立，且一直持续至今。”[2]在中国古代，从孔子时代的“六艺”和“游于艺”等用法来看，“艺”这个概念也有着相当广泛的内涵。到了现代，“艺术”才同“工艺”彻底分家，成为专供欣赏的审美对象。

当“艺术”作为一种独立的对象与“工艺”分离之后，美学和文艺理论研究者们便要面对“艺术的本质”这一难以界定、众说纷纭的问题。然而从分析哲学的角度出发，有人认为这本身就是一个无法解决的伪命题；有人则

1 朱光潜：《西方美学史》上卷，人民文学出版社，1963年，第70页。

2 ［英］威廉士：《关键词：文化与社会的词汇》，刘建基译，台北巨流图书公司，2003年，第14页。

主张，要在五花八门的艺术品中找到统一的属性是困难的，它们之间只具有一种“家族相似”的特征。

显然，探讨艺术的本质问题，不是本文所要完成的任务。然而从文化形态的角度，可以肯定的是：艺术活动既不是纯粹感性的肉体拼搏，也不是纯粹理性的精神探索，而是一种介于感性与理性之间的情感活动。一方面，任何艺术作品都不是抽象的理论文本和思辨的逻辑形态，它需要有可以感受的物质载体与可以想象的生活内容，因而与感性相联系；一方面，任何艺术活动都不能局限于感官的刺激和肉体的快感，它需要获得精神的享受与社会的认同，因而与理性相联系。从这一意义上，我们可以把“艺术”定位于介于感性与理性之间的文化形态。

介于感性与理性之间的文化形态不仅表现为“艺术”，而且表现为“工艺”。所谓“工艺”，是人们为了实现主观的功利目的，凭借自己的想象和创造能力改造自然的活动及其成果。无论在西方，还是在中国，人类早期的工艺制造和艺术创作原本是二而一的，这种原始的创造活动，引发了工具的使用和制造。只有到了后来，二者才分道扬镳：工艺成为制造工具的必备手段，艺术则只用于满足审美需求的精神享受。从这一意义上讲，“艺术”可谓超越了功利目的的“工艺”；“工艺”则是带有实用目的的“艺术”。

举个例子，原始人没有狮子那样锋利的爪牙、没有狗熊一般强悍的体魄，要在物竞天择的大自然中生存下来，便需要制造和使用某种工具。于是，他们成年累月地敲打并研磨山间的石块，按照自己朦胧的想象来改造其原有的形态。终于有一天，他们创造出了一件全新的作品，人类历史上第一把石斧诞生了。这把石斧是大自然中原本不存在的东西，它完全是人们想象和创作的成果。那么，是什么力量推动着原始人去想象并创作这把石斧呢？是猎取野兽的目的。而猎取野兽的背后又潜藏着食欲的本能和饥饿的欲望，因而有其感性的基础。那么，是什么条件使这种想象和创造能力得以实现呢？是因为这种想象和创作活动符合了客观世界的规律性，而掌握客观世界的规律性则需要理性的力量。也许在这把石斧产生之前，原始的人类还有着各种各样的其他想象，但都因违背自然而未能如愿。直到这一天，主观的目的性和客观的规律性终于获得了统一，感性的欲望与理性的谋划结合在一起。于是，一把宽窄适度、大小得体的石斧就这样出现了。或许，这种目的性与规律性的结合是偶然，是一种不期然而然的奇迹。用康德的话来说，是一种“无目的的合目的性形式”。于是，这把闪闪发光的石斧，作为“人化自然”的历史成果，饱含了人类的情感，因而是一件艺术品；这把锋利便捷的石斧，作为人类改造自然的现实工具，实现着人类的欲望，因而是一件工艺品。

如果说，人类的这第一把石斧是“艺术”与“工艺”合二而一的产物，那么在此之后，当人们按照一种规则和模式，成批地研磨和生产石斧的时候，就将“创作”简化为“制造”，将“艺术”蜕化为“工艺”，“无目的的合目的性形式”也便成了“有目的的合目的性形式”。然而无论如何，感性与理性、目的性与规律性的统一，仍然是“艺术”与“工艺”共有的文化特征。

现在让我们反过来设想，如果人类没有艺术的想象能力，不仅不可能创造出那把石斧，而且也不可能创造出任何一样自然界中本不存在的器物。如此说来，整个的“人化自然”在其发生学的意义上统统依赖于人类的“艺术想象力和创造力”这一我们过去不太重视的功能。过去，我们曾将人类定义为“能够使用和制造工具的动物”。而现在，我们似乎也可以将人类定义为“具有艺术想象和创造能力的动物”，可见“艺术”真还不是可有可无的奢侈品。

二

无论是“艺术”成果，还是“工艺”产品，都是大自然中本不存在的东西，是一种“人化的自然”，属于“文化”的范畴。然而人类的文化行为又不仅限于“艺术”和“工艺”，至少还包含“体育”“科学”等其他不同的内容。简略地说，如果我们将人类的文化行为视为一种从“感性”到“理性”相互联系的谱系，那么其感性的一极应为“体育”，其理性的一极应为“科学”；偏于感性的中间部分应为“艺术”，偏于理性的中间部分应为“工艺”。于是我们便得到了如下的一组文化光谱：

（感性）←体育　艺术　工艺　科学→（理性）

作为这一文化光谱中的一极，“体育”最具有“感性”的特征，它要挑战人类肉体能力的极限，是一种感性生命力的张扬与释放，其特点是肉体的拼搏，带有迷狂的色彩；作为这一文化光谱中的另一极，“科学”最具有“理性”的特征，它要挑战人类认识能力的极限，是一种理性生命力的开掘与探索，其特点是逻辑思辨，具有抽象的品格。说得极端一点，人类在从事“体育”活动的时候，一般不需要认识活动的参与，否则反而会造成过多的心理负担；人类在从事“科学”活动的时候，一般也不需要肉体欲望的参与，否则反而会造成过多的心理干扰。而处在这一文化光谱的中间层次，“艺术”和“工艺”则与之不同，它们一方面受“感性”的制约，与肉体欲望和行为能力相联系；一方面受“理性”的制约，与道德观念和思辨能力相联系。换言之，只有肉体欲望而无道德观念的行为不是“艺术”，只有行为能力而无思辨能力的活动也不是“工艺”。无论“艺术”还是“工艺”，都是“感性”与“理性”相互渗透、彼此融合的文化产品。

在分析了“艺术”与“工艺”的共同特征之后，让我们再来看看其不同之处。作为偏于感性的文化形态，“艺术”较之“工艺”有着更多的情感因素与个性色彩，因而也更需要依靠创造性的想象能力。作为一种“类本质”，“艺术的想象和创造能力”应该是每一个人所共有的，但其在不同的人身上又有着较大差别的个体特征。因此，康德将那些充满“艺术的想象和创造能力”的人称之为“天才”：“天才就是那天赋的才能，它给艺术制定法规。既然天赋的才能作为艺术家天生的创造机能，它本身是属于自然的，那么，人们可以这样说：天才是天生的心灵禀赋，通过它自然给艺术制定法规。”[3]这里所谓艺术家“天赋的才能”，是与“后天的习得”相对而言的。从大的方面说，我们可以通过人工的训练而使狮子钻火圈，使海豹顶皮球，但绝不可能使人之外的其他动物创造出一件艺术品。从小的方面说，我们可以通过系统的专业训练，而培养出会计、医生、工程师，却无法按照一定规则培养出诗人和小说家。从这一意义上讲，人类的创造才能“是属于自然的”，艺术家的创造才能“是一种天生的心灵禀赋”。

3　［德］康德：《判断力批判》，宗白华译，商务印书馆，1985年，第152—153页。

具体来说，康德将“天才”的能力归结为四点：“(一)是一种天赋的才能，对于它产生出的东西不能提供任何特定的法规，它不是一种能够按照任何法规来学习的才能；因而，独创性必须是它的第一特性。(二)也可能有独创性的，却无意义的东西，所以天才的诸作品必须同时是典范，这就是说必须是能成为范例的。它自身不是由模仿产生，而它对于别人却须能成为评判或法则的准绳。(三)它是怎样创造出它的作品来的，它自身却不能描述出来或科学地加以说明，而是它(天才)作为自然赋予它以法规。因此，它是一个作品的创造者，这作品有赖于作者的天才，作者自己并不知晓诸观念是怎样在他内心里成立的，也不受他自己的控制，以便可以由他随意或按照规则想出来，并且在规范形式里传达给别人，使他们能够创造出同样的作品来。……(四)大自然通过天才替艺术而不替科学立法规，并且只是在艺术应成为美的艺术的范围内。”[4]

其实，不仅西方的哲学家看到了天才这种稍纵即逝、不可传授、无迹可求的特点，中国的古人对此也多有论述。例如，曹丕在《典论·论文》中说：“文以气为主，气之清浊有体，不可力强而致。譬诸音乐，曲度虽均，节奏同检，至于引气不齐，巧拙有素，虽在父兄，不能以移子弟。”这种“虽在父兄，不能以移子弟”的创作能力岂非“天才”？苏轼在《自评文》中说：“吾文如万斛泉源，不择地皆可出。在平地滔滔汩汩，虽一日千里无难；及其与山石曲折，随物赋形，而不可知也。所可知者，常行于所当行，常止于不可不止，如是而已矣。其他，虽吾亦不能知也。”这种“吾亦不能知也”的创作能力岂非“天才”？严羽在《沧浪诗话》中说：“诗者，吟咏情性也。盛唐诸人，惟在兴趣，羚羊挂角，无迹可求。故其妙处，透彻玲珑，不可凑泊。”这种“羚羊挂角，无迹可求”的创作能力岂非“天才”？

由此可见，康德对艺术创造无逻辑规律可循，因而难以表达、不可传授等特点的发现是准确的、有一定道理的，其不足之处只是将“天才”的能力过于绝对化和神秘化了。而在我看来，与科学家不同，艺术家依靠的不是概念、判断、推理等逻辑行为，而是无规则、无目的的想象行为，只有当这种行为暗合了某种规则、暗合了某种目的之后，它才能成为某种法则供后人模

4 ［德］康德：《判断力批判》，宗白华译，商务印书馆，1985年，第153—154页。

仿，而后起的模仿者已不再是艺术创造者而成为工艺制造者了。

作为偏于理性的文化形态，“工艺”与“艺术”至少有如下四点不同：

第一，“艺术”创作是无目的、无功利的，“工艺”实践是有目的、有功利的。康德认为：“艺术也和手工艺区别着，前者唤作自由的，后者也能唤作雇佣的艺术。前者看做好像只是游戏，这就是一种工作，它是对自身愉快的，能够合目的地成功。后者作为劳动，即作为对于自己是困苦而不愉快的，只是由于它的结果（例如工资）吸引着，因而能够是被迫负担的。”[5]按照这种观点，“艺术”的行为是无功利的，如果一定要发现其潜在的功利价值的话，那就是通过反复的艺术实践，人类在不断地训练和提高着自己的想象能力和创造能力，这或许就是审美教育的意义所在。与之不同的是，“工艺”的活动是有功利目的的，它要将艺术家天才的想象力和创造力转化为有实际效用的工具、装饰和摆设，从而改变我们的生产和生活方式。

第二，“艺术”创作是无榜样、无规则的，“工艺”实践是有榜样、有规则的。俗话说，第一个将美人比作鲜花的人是天才，第二个是庸才，第三个是蠢才。艺术作品的价值就在于原创性的大小，而所谓“原创性”，就是一种无榜样可模仿、无规则可遵循的原始创新。与之不同的是，工艺产品的价值是如何在前人实践的基础上巧妙地利用客观规律来达到主观目的，因而是有榜样可模仿、有规则可遵循的。正因如此，与艺术家“羚羊挂角，无迹可求”的创作经验不同，工艺师可以将具体的工艺流程和制作方法讲述得头头是道。也正因如此，与“虽在父兄，不能以移子弟”的艺术能力不同，工匠艺人的口耳相传、乃至世代相传都是极为普遍的事情。总之，如果说艺术家更仰仗天才，那么工艺师更依靠勤奋。

第三，“艺术”的妙处是只可意会、不可言传的，“工艺”的好处是既可意会、又可言传的。人们在艺术作品中要获得一种微妙的情感享受，这种情感一般是很难用抽象的语言、思辨的概念所表达清楚的。反之，如果一部艺术品的内容真能被逻辑的语言囊括殆尽的话，恰恰说明它不是一部上乘佳作了。从符号学的角度上讲，作为一种“情感符号”的艺术品一定要比“规定符号”的理论文本丰富得多、复杂得多、隐晦得多，这也正是人们常说的“形象大于思想”

5　［德］康德：《判断力批判》，宗白华译，商务印书馆，1985年，第149页。

的意义所在。与之不同的是，由于人们在工艺制品中要获得解决问题的途径和效果，而这些途径和效果一般是可以用抽象的语言、思辨的概念表达清楚的。正因如此，人们可以用各种各样的辞藻来形容一件人工制品的做工如何考究、工艺何等精良，甚至可以将工艺流程描述出来，申请为“专利”。

第四，“艺术”的作品是独一无二、不可模仿的，“工艺”的制品则是可以模仿并批量生产的。从创作的角度讲，艺术作品的价值就在于独一无二、与众不同，这也正是珍品价值连城、赝品却一文不值的原因所在；从欣赏的角度上讲，一部艺术作品可以被不同的人所反复欣赏，因而也不需要批量生产。与之不同的是，工艺品的制作本来就是根据某种程序进行的，因而是可以模仿的；工艺品的消费需要为每一个受众提供具体的功能，因而是需要大量复制的。

三

在澄清了“艺术”与“工艺”的相同点和相异点之后，让我们再来看看它们之间的复杂联系。

首先，“艺术”为“工艺”的发展开辟着道路。尽管“艺术”的创作也要受各种媒介条件的制约，如石料和刀斧之于雕刻、颜料和画笔之于绘画、乐谱和乐器之于音乐、服装和道具之于舞蹈，等等，然而艺术毕竟不是一种现实性的物质活动，其假定性和虚构性的品质为其在最大限度上摆脱时间、空间和物质条件的限制提供了可能。这种可能极大地解放了人的想象力和创造力，使艺术家可以进入一种海阔天空的自由境界，从而为工艺实践的努力开辟了无限的前景。例如，“嫦娥奔月”是一种艺术的想象，“探月卫星”却要包含诸多的工艺流程。前者无需克服空气阻力、地心引力等实际问题，因而容易得多；后者则必须克服各种各样的具体难题，因而复杂得多。但是，正是前者的想象能力诱导和激发了后者的实践行为，成为其奋斗的目标和努力的方向。

其次，“工艺”为“艺术”的发展提供了可能。尽管“艺术”创作具有很大的假定性和虚构性，但毕竟需要一定的物质媒介为基础，需要作为“工艺”产品的材料和工具参与其间。从这一意义上讲，“工艺”水平的提高又可以反过来为“艺术”创作提供新的条件和平台。例如，没有照相机在技术手段上的发明，就不可能有摄影艺术的出现；没有国际互联网在工艺媒介上的创新，也就不可能有网络艺术的诞生。在西语中，“工艺”与“技术”具有很大的同源性：“Technology从十七世纪起，指的是对技艺（art）做有系统的研究的描述，或者是指描述某一种特殊技艺的词汇。其最接近的字源为希腊文tekhnologia、现代拉丁文technologia，指的是有系统的处理。其字根为希腊文tekhne，指的是一种技艺和工艺。在十八世纪初期，technology基本的定义就是‘对于技艺的描述’，尤其是对机械的器械（the Mechancal，1706）的描述。Technology意涵专指‘实用技艺’（practical art）主要在十九世纪中叶；这个时期也是一种technologist（工艺、技术专家）的时期。”[6]与这种概念的演进同步，本雅明认为，人类越发展，工艺技术的革新速度越快，从而给艺术实践所提供的平台越高。一个进步的艺术家，不仅要有进步的艺术观念，而且要善于使用先进的工艺媒介和技术手段。“伟大的革新会改变艺术的全部技巧，由此必将影响到艺术创作本身，最终或许还会导致以最迷人的方式改变艺术概念本身。”[7]例如，大众传媒的出现，改变了艺术家与人民大众的关系，使二者之间成为了“合作者”，进而也就使原有的艺术观念发生了变革。

再次，“艺术”的发展可以提高“工艺”的境界。表面无功利、无目的的艺术，之所以受到人们的普遍重视，是因为其隐含着提高人类想象力和创造力的潜在功能。艺术家之所以伟大，是因为其将人类的想象力和创造力发挥到了一个令人叹为观止的境界。这种境界，显然对工艺师们具有启发和教益作用。正像康德所说的那样，“美的艺术是一种境界，它只对自身具有合目的性，并且，虽然没有目的，仍然促进着心灵诸力的陶冶，以达到社会性的传达作用”[8]。因此，如果我们要做一个杰出的工艺师，就必须具有很高的艺术修养。反过来讲，历史上的工艺高手也常能使普普通通的技术行为达到出神入化的自由境界，所谓“庖丁解牛”“轮扁斫轮”的故事讲的就是这番道理。那种“以神遇而不以目视，官知止而神欲行”“得之于手而应于心”“以无厚入有

6 ［英］威廉士：《关键词：文化与社会的词汇》，刘建基译，台北巨流图书公司，2003年，第399页。

7 ［德］本雅明：《摄影小史、机械复制时代的艺术作品》，许绮玲译，江苏人民出版社，2006年，第107页。

8 ［德］康德：《判断力批判》，宗白华译，商务印书馆，1985年，第151页。

间。恢恢乎其于游刃必有馀地矣”的状态，确乎已达到由“技”入“道”、由“工艺”入“艺术”的境界了。

最后，我们还必须看到，“工艺”的进步也可能掩盖“艺术”的光辉。前文曾经说过，艺术作品因其特有的独创性而无法批量生产，可是随着“机械复制时代”的到来，这种独一无二的艺术品却受到了摄影技术、印刷技术、媒体技术、数字技术的极大挑战。以普通的肉眼来看，一幅工艺精湛的复制品，几乎与卢浮宫里的《蒙娜丽莎》没有什么差别。因此，从欣赏而非收藏的意义上讲，珍品和赝品的地位渐渐被拉平了。正像本雅明所分析的那样，这样做的好处是将艺术品的“膜拜价值”还原为“展览价值”，从而使之不再是广大民众遥不可及的“神秘之物”，而成为随手可得的欣赏对象。然而与此同时，这种廉价的复制行为又确实使艺术作品原有的光韵渐渐消失，使它不再是令人尊敬的精神产品，而成为唾手可得的消费对象。另一方面，工艺技术的改进不仅为艺术实践的发展提供了新的平台，而且也在不知不觉地消解着艺术家独有的创作个性。阿尔多诺曾经分析过电影工业对创作个性的扼杀：在一部电影的制作中，原本可以凭借个性进行独立创作的导演，却要受到题材的选择、作品的改编、演员的遴选、场景的设置、音响的合成、市场的营销等各种因素的制约，成为复杂的工艺流程中的一个环节。问题的严重性还不仅在于导演只是这诸多创作者中的一员从而不得不迁就其他主创人员的意见，更重要的是，在所有这些创作因素的背后，都有着投资商那只“看不见的手”在起作用。在这种“总体性”的格局中，导演的创作个性势必会受到某种程度的扼杀，甚至会成为投资人的附庸。

如此看来，在人类两大重要活动的“艺术”和“工艺”之间，确乎有着既相同又相异、既相互促进又彼此制约的复杂联系。探明这些问题，有助于我们更加自觉地处理好二者之间的关系，使人类的“艺术”创造和“工艺”实践处于一种良性互动的发展过程之中。

（此文为教育部人文社会科学基地重大项目“文明的结构与艺术的功能”[07JJD751079]的阶段成果，发表于《学术月刊》2009年第3期）

建构“道”“器”之间的“审美文化史”
——陈炎教授访谈

○陈老师，去年是改革开放三十周年，不少学者都在“盘点”自己三十年来的学术历程，您能谈谈自己的学术经历吗?

●我的“经历”很简单，“学术经历”就更简单。三十年前我考入山东大学中文系，毕业后留校任教，从事美学研究和教学工作。从学科属性上讲，美学研究的主要对象是以艺术为核心的审美现象，但其研究的出发点和立足点却是哲学和文化。所以在大学本科期间，我主要读文学和艺术史方面的书；研究生和工作期间，则重点读了一些哲学和思想史方面的著作。

○读这些书对您都产生了哪些影响?

●影响当然是多方面的：读文学和艺术史著作，可以提高我的感受能力；读哲学和思想史著作，可以提高我的思辨能力。而一个从事美学研究的人，就应该同时具备这两种能力。

○记得您在《积淀与突破》一书的“后记”中说，您自己的性格就是介于“感性”和“理性”之间的。

●是的，每个人的个性不同。有人情感丰富，属于“创作型”；有人思维严谨，属于“思辨型”。只要发挥好自己的特点，这两种人都能做出很大的成就。前者如歌德，后者如康德。其实我很喜欢甚至羡慕这两种人的个性，但我自己不是：我这两个方面的能力都有，但又都不突出。说得好听一点，我这种人比较全面，不走极端；说得难听一点，我这种人比较平庸，没什么特点。

〇所以您就选择了美学这种既需要一定的感受能力，又需要一定思辨能力的专业了？

●其实这倒不是我主观设计的，而是时代造成的。在我上大学的时候，国内正闹“美学热”，而我的性格刚好和这种学问相吻合，所以就误打误撞，选择了这个专业。

〇当时国内的美学家对您影响较大的有哪些？

●比如说当时名气最大的李泽厚先生，比如说我自己的研究生导师周来祥先生，都对我影响不小：前者的文章使我感到深邃，后者的著作让我感到宏阔。

〇可是您既批评过李泽厚先生，也批评过周来祥先生。

●是的，这两位前辈学者对我的学术研究都有过启发，也都有过束缚。前者过于强调群体性的文化“积淀”对人类审美能力的塑造作用，却忽视了个体性的艺术创造对人类审美经验的更新过程；后者过于相信三段论式的理性法则对感性经验的概括能力，却忽视了感性世界的无限可能性和多样性。由于受他们影响的不只是我个人，所以我都认真写过批评文章。

〇什么时候写的？

●我在《学术月刊》1993年5月号上发表《试论“积淀说”与“突破说”》，公开批评当时的学术权威李泽厚先生。当时我还是个年轻的讲师，可《学术月刊》却专门围绕着我这篇文章在上海开了一个专题讨论会，并由此而引发了长达数年之久的有关“实践美学”与“后实践美学”的讨论与争鸣。后来，我又在《学术月刊》2002年9月号上发表了《“和谐美学”的由来与得失》，公开批评我自己的老师周来祥先生，也获得了一些反响和回应。

〇这些反响和回应是正面的还是负面的？

●都有，有从学术上肯定或否定的，也有从非学术角度赞誉或指责的。

〇您当时是不是有些冒险？

●是冒了一定的风险，也受到了一些压力。不过事后看来这样做是对的，因为在学术史上，后人批评前人应该属于常态。我批评这两位前辈学者，并不意味着我对他们学术贡献的全盘否定，更不意味着不尊重他们的学术地位。

●不把真理放在学术之上，而把人际关系放在学术之上，这正是中国道统观念的弊端。试想一下，如没有“真理”，哪儿来的“师生”？我想将来有一天，我的学生或许也会批评我的。到那个时候，我绝不会埋怨他们，而会像我的老师那样，坦然面对的。

○除了批评前人之外，您是如何将“所学”变为“所用”的？换句话说，您是如何将“知识”转化为“成果”的？

●其实我做研究在很大程度上凭的是兴趣，喜欢什么就研究什么。最初对西方哲学感兴趣，写了一本《反理性思潮的反思——现代西方哲学美学述评》。它是在我给研究生讲课的教案的基础上写成的。我很早就给研究生讲课，自己当时三十岁左右，比听课的学生大不了多少，压力很大，就看了不少哲学书，其中对西方现代反理性思潮最感兴趣，于是就重点讲这部分内容，后来于1994年在山东大学出版社出版了这本书。

○这本书很受研究生的欢迎，因为它不像许多哲学史著作那样生涩、难懂，“以其昏昏，使人昭昭”，写得很清晰，很有条理，有助于我们对现代西方哲学、美学的理解，2002年还再版了。

●是的。这本书的好处确实是比较有条理，在写作的过程中也的确提高了我的思辨能力。但正像我在书的“后记”中所说的那样，由于我在语言和文化方面的局限，这本书只是一种差强人意的“读解’，还算不上真正意义上的“研究”。

○真正意义上的研究应该表现在《多维视野中的儒家文化》一书了？

●是的，至少我自己是这么认为的。尽管美学界的朋友们不太了解这本书，尽管它所产生的影响和带来的荣誉不如我其他的一些文章和著作，但那才是我自己迄今为止较为满意的一本书。

○从“现代西方”到“古代中国”，从“哲学美学”到“儒家文化”，这两本书之间的跨度是不是太大了?

●说大也不大。写前一本书的时候，既锻炼了我的思辨能力，又使我掌握了一些西学的方法；而用西学的方法来做国学的内容，则正是后一本书的特色所在。从这一意义上讲，如果没有前一本书的写作和训练，后一本书是写不好的。

○记得您在后一本书里曾倡导“价值中立”和“方法多元”，主张进行一种比“新儒学更新的儒学研究”，这些和前一本书有关吗?

●当然有关。一方面，研究中国思想史的学者们读过康德批判哲学的不多，所以常常把“知识”和“信仰”混为一谈，研究什么就“继承”什么，研究什么就“弘扬”什么。有鉴于此，我才主张跳出儒学来研究儒学，跳出传统来审视传统，这便是我倡导“价值中立”的由来。另一方面，研究中国思想史的学者们大都不了解西学的方法，甚至在很大程度上排斥西学的方法，除了“名物训诂”就是“微言大义”很难搞出新的东西来。有鉴于此，我才尝试从人类学、符号学、生态学、系统论、结构主义、两性文化等不同视野去重新审视儒家文化，这便是我主张“方法多元”的由来。这本书最初是1997年在中国人民大学出版社出版的，2006年由山东教育出版社再版重印，我在内容上也作了很多修订，由原来的八章扩展为十二章，由原来的“七种视野”扩展为“十种视野”。

○您写的几本书都再版了，很值得祝贺!

●其实这应该是很正常的事情。古人有所谓“三不朽”的追求：“太上立德，其次立功，其次立言。”作为“立言”的著书立说本来是追求不朽的行为，但在“著书只为稻粱谋”的环境下，我们不乏“著作等身”的学者，但其著作往往只是从印刷厂到造纸厂的过程中，其学术生命尚不如肉体生命长久，令人悲哀。

○如果从再版重印的数量上看，您主编的四卷本的《中国审美文化史》应该比我们上面提到的那两本书更令人骄傲了。那是第一部中国审美文化通史，2000年出版后曾不断重印，2007年山东画报出版社又将原来的四卷本改为大32开的两卷本，在原来的黑白插图之外还增加了彩色插图，很受读者的喜爱，听说还获得了“中国高校人文社会科学优秀成果一等奖”。

●我是个俗人，没有勇气像萨特那样“拒绝一切来自官方的学术荣誉”。但我也清楚，一本著作的学术价值与其发行的数量和获奖的高低并不一定成正比。况且那部书是我们四位学者合作的产物，我只是全书的主编和第三卷的作者。

○但那套书确实在国内美学界的“文化转型”中起了不小的作用，听说您2008年7月在西宁召开的“中外文艺理论年会”上有一个发言谈及此事，曾引起与会学者的兴趣，能谈谈具体的观点吗?

●由于那次会议的主题是“中国当代文论改革和审美文化研究”，所以我就顺便谈了谈我们山东大学四位教授合作撰写那部《中国审美文化史》的体会。其实，在2000年，还有一部多卷本的同类著作出版，那是由中国社会科学院许明研究员主编的《中国审美风尚史》，那套书也获得了一个大奖：“国家图书奖”。这似乎说明我们不约而同选择的研究路径符合了学术发展的潮流，所以获得了专家和读者的认可。

○我注意到你们这种从中国传统中走出来的“审美文化史研究”与陶东风、金元浦等人从国外引进的“文化研究”合流之后，导致了21世纪美学研究的“文化转型”。自那以后，不少关注美学史的学者都转向了审美文化史的研究，不少关注当代审美实践的学者都转向了文化现象的研究，可见其具有较大的影响。因此，我特别关心的是，导致这种影响的最初创意是什么? 这也正是我对您在那次会上的发言感兴趣的原因。

●我的发言题目是“介于‘道’‘器’之间的审美文化研究”，这题目来自我们那本《中国审美文化史》绪论部分的一个小标题，意在建构一种有别于“审美思想史”和“审美器物史”的“审美文化史”。《易传·系辞》云：“形而上者谓之道，形而下者谓之器。”所谓“道”，是一种看不见、摸不着的抽象的观念；所谓“器”，是一种看得见、摸得着的具体的物品。本来，作为一种观念形态的存在，“道”是从“器”中抽象出来的；作为一种具体可感的人工制品，“器”是在“道”的指导下创造出来的；“道”“器”之间互为表里，有着极为密切的关系。然而在以往的美学史研究中，“道”“器”之间却出现了分流的局面。我把以往的美学史研究分为两大类，一种是“形而上”的审美思想史，一种是“形而下”的审美器物史。前者如诸多版本的《中国美学史》《中国美学主潮》《中国美学史大纲》等；后者如诸多版本的《中国陶瓷》《中国书画》《中国青铜器》等。前者常不加限定地命名为“美学”，但其并不能囊括美学史研究的全部内容；后者虽不以“美学”相标榜，但其关注的对象却同样是美学史研究所不可或缺的内容。前者不去考察先秦时代究竟存在着哪些审美风尚和审美活动，而旨在分析孔子怎样论美，庄子怎样谈美，即要从古代文献的字里行间中发现那个时代的审美观念究竟达到了何种自觉的程度，从古代哲人的理论表述中确认那个社会的美学思想究竟达到了什么样的逻辑水准；后者则不太关心思想家、哲学家的言论和著作，而着重分析陶器的形状、书画的风格、青铜器的线条与制作，即要从实证的角度发现一个时代的审美活动究竟体现为何种类型的物质形态，以描述的方式来证实一个社会的审美经验究竟凝结为什么样式的艺术成果。前者的研究思路基本上是受西方美学的影响，因为西方人把美学视为哲学的一个分支，注重对美的“形而上”思考；后者的写作方式大体受中国传统诗论、画论的启发，因为中国人本无审美的思辨哲学，喜欢就事论事地对艺术作品进行“形而下”的具体描述……应该说，上述这两种研究都是应该的、必要的、有价值的，但同时又是不全面、不充分、有待于发展和超越的。而当这两种研究发展到一定水平的时候，它们也就为实现其自身的超越提供了前提和条件，于是，一种将二者统一起来的“审美文化史”便有可能出现了。

○这就是您所倡导的有别于“审美思想史”和“审美器物史”的“审美文化史”吧？

●是的，不过在我“倡导”之前，已经有人在身体力行了。那就是李泽厚先生的《美的历程》。应该说，《美的历程》对我们《中国审美文化史》的研究和撰写是有直接启发意义的。因为李先生所要探讨的，正是介于“道”“器”之间的文化形态。所谓“文化”，是一个十分宽泛、十分模糊的概念，上至风俗、礼仪，下至工具、财物，似乎都可以包容在这个范畴之中，据有人统计，目前世界上对“文化”一词的界定有两百多种。而我在《反理性思潮的反思》一书中，曾对这一概念进行了一番诠释：“我们这里所说的文化，则指的是介于存在和意识之间的一个特殊层次。对于客观的物质存在来说，文化属于社会意识方面的东西。尽管我们可以从仰韶的彩陶和殷商的饕餮中发现那个时代的‘文化’，但我们所指的并不是这些彩陶和饕餮本身，而是指通过它们所反映出来的那种看不见、摸不着的东西：一种时代的风尚、一种民族的习惯、一种社会的心理、一种集团的气质……对于主观的社会意识来讲，文化似乎又属于社会存在方面的东西。因为它既不是偶然的思想观点，又不以个人的主观意志为转移；相反，它是决定具体观点、影响个人意志的一种相对稳定的社会存在。尽管这种存在并不是以物质的形态摆在人们面前的，却又是每一个社会的人所无法摆脱、难以超越的。这种文化不仅体现在人们外在的行为规范和典章制度之中，而且还会渗透到人们内在的心理习惯和思维方式之中，在历史的长河中积淀成所谓‘文化—心理结构’，所谓‘集体无意识’……因此，如果要用一种哲学的语言来概括上述含义的话，那么我们将把‘文化’界定为：一种非物质形态的社会存在。”

○这种“介于存在和意识之间的特殊层次”也就是您所说的介于“道”“器”之间的特殊层次。而李泽厚先生的《美的历程》正是探讨这一中间层次的作品，所以才会使你们产生共鸣。

●是的，例如他不是就陶器说陶器，而要在仰韶彩陶纹样的背后发现其特有的“意味”；他不是就铜器说铜器，而要在商周青铜饕餮的背后发现其特有的“信仰”……所有这一切，正是我们所理解的“审美文化”。

○既然《美的历程》已经完成了这项使命，还有必要再去撰写《中国审美文化史》吗？或者反过来说，李泽厚先生的研究还有什么缺憾需要你们去弥补吗？

●当然，任何人的研究都是有缺憾的，像李泽厚先生这样的大学者也不例外。具体就《美的历程》而言，除了其篇幅短小、内容单薄之外，至少还存在两大局限。就内容而言，它不是一部严格意义上的通史，而有其删繁就简、避重就轻的“讨巧”之嫌。例如，偌大一个元代，只以一笔“山水意境”轻轻带过，却忽略了最能体现那个时代苦难精神和美学成就的戏曲艺术。就观点而言，它没有一种兼收并蓄各家意见的持中立场，而是急于印证李泽厚先生自己的美学思想，而有其主观随意、片面取材的“武断”之处。例如，为了印证“积淀说”有关“内容积淀于形式”的观点，该书便回避了彩陶纹样产生和发展的多种可能，只理出一个“从具体向抽象”的逻辑轨迹。

○在您看来，难道彩陶纹样还存在一种相反的“从抽象到具体”的发展可能吗?

●当然有了。陶器是怎样产生的?有人就认为，最初的陶器是抹在箩筐等编织物上的黏土在无意中被烧制而成的。我们可以设想，古人为了在箩筐中储藏食品，便在其内壁上抹上一层黏土，一次偶然的火灾，将黏土烧成了陶器，被烧成灰烬的藤条便在陶器的表面上留下了一些抽象的几何线条。而当古人发现了火烧黏土可以变成陶器并自觉地进行制作时，便延续了那些偶然获得的图案，在陶器的表面画上了抽象的几何纹路。正是在这些抽象的纹路的启发下，他们才在日后将鱼、鸟等具体物象画在陶器上……

○这么说来，与李泽厚先生相反的假说也同样是说得通的。

●所以我们写史的人就不能只选择自己擅长或感兴趣的对象，也不能只选择那些能够佐证自己观点的材料和假说，而应该尽可能地全面、公允。

○为了做到尽可能地全面、公允，你们在方法论上都做了哪些努力呢?

●这确实是问题的关键。在以往的人文社会科学研究中，人们最常用的方法有两种：一种是逻辑演绎的方法，一种是经验归纳的方法。前者虽然可以从已有的前提中推论出可靠的结果，却无法产生新的知识；后者虽然可以在有限的材料中归纳一般的结论，但这种结论只具有或然性而非必然性。尽管演绎法和归纳法各有各的局限，却是人们普遍使用的方法。相对而言，以往的“审美思想史”注重不同范畴之间的推演，因而更多地使用逻辑演绎的方法；以往的“审美器物史”则注重相似现象的归类，因而更多地使用经验归纳的方法。而我们所要建构的“审美文化史”则要综合并超越“审美思想史”和“审美物态史”的方法：既不是单纯的思辨推理，也不是单纯的经验归纳，而是一种建立在思辨成果和经验材料基础上的解释和描述。

○这种“解释和描述”能否成为一种相对严谨的学术语言?换句话说，

它会不会因其过于主观而变得随意呢?

●这不仅是问题的关键，而且是我们工作的难点。与归纳法和演绎法不同，解释和描述的方法既不用对思辨所得的成果进行逻辑的演绎和推论，也无须对实证所得的材料进行历史的考辨与验证，而只是面对具体的艺术家和艺术作品进行主观的理解和阐发，有着独特的个人色彩和巨大的想象空间，很容易因其随意性而失去学术价值。为了防止这种现象的出现，我们对解释和描述的方法进行了必要的限制：在“形而上”的层面上，它不得超越“审美思想史”所提供的逻辑演绎的结果，超越了就是“过度阐释”；在“形而下”的层面上，它不得突破“审美器物史”所提供的经验归纳的材料，突破了就是“常识错误”。这样一来，解释和描述的自由行为便被限制在一种“箱体”的空间之内：其“箱盖”是“审美思想史”的成果，其“箱底”是“审美器物史”的成果。而“审美文化史”的建构，就是用观念形态的思想成果来解释现象形态的实践活动，用现象形态的物质活动来阐发观念形态的思想成果。这种限制确实在一定程度上压缩了作者的自由空间，却保证了“审美文化史”研究的严肃性和可靠性，因而是必要的。

○看来你们在方法论上还真是下了一番功夫。除此之外，还有哪些经验和教训呢?

●经验不多，教训不少。尽管我们四位作者都作了必要的准备，且写作时间长达六年之久，但仍有不少力不从心和不如人意的地方。因为与“思辨”和“实证”相比，“解释”与“描述”既是一种最为自由、随意的方式，也是一种最为复杂、艰难的方法。说它复杂而艰难，既由于这种解释和描述要同时受到思辨之演绎逻辑和实证之经验归纳的限定和制约，因而常常陷入捉襟见肘的尴尬境地，很难自圆其说；也由于这种阐释和描述所要涉及的条件因素千头万绪，因而很难避免知识匮乏的个体局限，难以考虑周全。现在看来，要写好一部“审美文化史”，不仅要同时具备“审美思想史”和“审美器物史”的学术素养，而且要对一个民族、各个时代的生产方式、生活方式、信仰方式、思维方式有足够的理解，只有在此基础上，才能够准确地把握其情感方式的演变历程。在这些方面，我们的学术功力和生活素养都远远不够。当年凭着一股热情率尔操觚，现在想起来都有些后怕。因此，我们愿意接受学术界和读者的批评指正，也希望有更为成熟的同类作品尽快面世。

○在等待批评和超越的同时，你们还做了些什么？

●可做的事情很多：在学术研究上，我继《中国审美文化史》之后又主编了《当代中国审美文化》一书，已于2008年由河南人民出版社出版，其目的是将审美文化的研究由古代推向当代；在学科建设上，我们山东大学在中文一级学科之下自主增列了审美文化研究方向的博士点，并已正式招生，此外如西北大学等高校也有类似的举动；在教材建设方面，我们在四卷本专著的基础上撰写了一卷本的《中国审美文化简史》，已于2007年由高等教育出版社作为教材出版，同时还开发了光盘版和网络版的多媒体教材，这些教材和我们多年的课堂教学一起于2007年被评为“国家级精品课程”，现已有近十所高校开设了“中国审美文化史”课程，这样就可以将科研成果转化为教学成果……

○是什么原因促使你们开设“中国审美文化史”课程的呢？

●我以前在山东大学中文系上过“美学”课，从“美的本质”开始，给大家讲美是主观的还是客观的，且不说此类思辨性很强的内容学生们能否听懂，即便是听得懂也没有多大的用处。而“中国审美文化史”则不同，它生动、具体，既可以使大学生了解中国的历史和文化，又可以提高其审美能力和艺术素养。在“艺术也是一种生产力”“审美也是一种终极关怀”“文化也是一种资源”的当今社会里，这种课程正是大学生所需要的。

○能对这三个“也是”做一点儿详细的说明吗？

●这其实是我已经发表的三篇文章的题目。首先，作为生产力主体的劳动者，人有三种能力可以构成生产力的要素，那就是体力、智力和审美创造力。而随着人类由前工业社会、工业社会向后工业社会的历史性发展，这三种能力也便获得了逻辑性的展开：在以农、林、牧、渔为代表的第一产业占主导地位的前工业时代，人的体力是最为重要的生产力要素；在以机器制造业为代表的第二产业占主导地位的工业时代，人的智力所掌握的科学和技术跃居于生产力要素的首位；而在以服务业为代表的第三产业占主导地位的后工业时代，人的审美创造力在生产和生活中便具有了越来越重要的地位。其次，审美不仅创造财富，而且慰藉人生，一般说来，人类有三种终极关怀的主要形式：一种是给多样的现实世界以统一之本体存在的哲学承诺，一种是给有限的个体生命以无限之价值意义的宗教承诺，一种是给异化的现实人生以多样之审美观照的艺术承诺。随着人类文明的发展，哲学之本体论和宗教之形而上学分别面临着学理和信仰上的危机，在这种情况下，艺术之审美形式需要自觉地承担起为人类提供终极关怀的历史使命。最后，艺术的创造力来源于文化。作为“一种非物质形态的社会存在”，文化也是一种资源，而且是一种取之不尽、用之不竭的资源。与西方文化相比，中国文化的感性和理性两极并不发达，因而在体育与科学活动中常显得动力不足；但在感性和理性相结合的中间层次，我们却有着极为肥沃的文化土壤，因而艺术和工艺特别发达。在中国与西方文化全面交汇的今天，我们既应该看到西方文化的优点，也应该发扬民族文化的特长，从而为人类文明作出新的贡献。

（此文发表于《学术月刊》2009年第3期，访谈者为陈静）

“美学”=“感性学”+“情感学”

一

一般认为，“美学”作为一个独立的学科，是由德国哲学家鲍姆加登创立的。早在1735年，鲍姆加登就在他所发表的学位论文《关于诗的哲学沉思》中首次提出了这一学科的名称，他于1750年出版的《美学》（*Ästhetik*）一书则标志着这门学科的产生。但是，这种长期以来被学术史家视为“定论”的观点是很值得商榷的，它至少会带来以下两点疑问。

首先，从词源学角度上讲，Ästhetik一词来源于希腊语aesthesis，其最初的涵义是“用感观去感知”；在德语中，它更贴切的翻译应该是“感性学”，而不是后来经中江兆民由日文びがく转译过来的“美学”。这似乎意味着，将德文的Ästhetik译为中文的“美学”，有误译之嫌。朱光潜先生就曾对把“aesthetics”翻译为“美学”，把“aesthetic”翻译为“审美(的)”大表遗憾。在他看来，把它们分别翻译为“感觉学”和“感觉的”要好得多。这是因为人们太容易把“审美”的“美”字理解为“beauty”（美）了[1]。

其次，从内容上看，尽管鲍姆加登将人的心理活动分为知、情、意三个

1 参见［意大利］克罗齐：《美学原理·美学纲要》，朱光潜译，外国文学出版社，1983年，第167页，注释⑧。

方面。并主张研究知识或人的理性认识活动的有逻辑学，研究意志或道德活动的有伦理学，而研究情感或艺术活动的有美学（Ästhetik）。然而，如果我们仔细分析就会发现，在鲍姆加登那里，人类的情感活动还不是一种独立的行为，它只相当于认识的感性阶段。具体来说，他认为人类的认识活动有"明晰的认识"和"朦胧的认识"两种形态，研究前者是逻辑学的任务，研究后者则是美学（Ästhetik）的任务。他在《美学》（*Ästhetik*）一书中明确指出："美学对象就是感性认识的完善。"这似乎意味着，Ästhetik只研究认识活动的低级阶段，还无法成为一门独立的学科。在这种情况下，如果人们将"美学之父"的桂冠戴在鲍姆加登的头上，就有些勉强了。

在鲍姆加登之后，进一步为人类的情感活动开辟出独立的学术空间的是康德。同鲍姆加登一样，康德也将人类的心理活动分为知、情、意三个方面，并试图在主体的心意机能方面为这三种活动的普遍有效性寻找到先验的根据。在《纯粹理性批判》一书中，他试图在人类主体的"时空观念"和"知性范畴"中为认识活动找到普遍有效性的先验依据；在《实践理性批判》一书中，他试图在人类主体的"自由信仰"和"理性范畴"中为实践活动找到普遍共通性的根据；在1790年出版的《判断力批判》一书中，他则试图在人类的"想象力"和"知性范畴"的协调运动中为审美的情感活动找到普遍有效性的根据，在人类因"想象力"和"知性"不足而唤醒"理性"的活动中为崇高的情感活动找到普遍有效性的根据。换言之，尽管康德认为人类的情感活动不像科学认识和道德实践那样有着独立的心意机能，却可以在这两种心意机能的协调运动中获得普遍有效的先验根据。因此，正像《判断力批判》成为连接《纯粹理性批判》和《实践理性批判》的桥梁一样，人类的"情感活动"也便成为连接"认识活动"和"实践活动"的纽带。

在这里，康德与鲍姆加登至少有两点重要的差别。首先，在书名上，康德不把自己的著作称之为《美学》（*Ästhetik*），而是命名为《判断力批判》（*Kritik der Urteilskraft*）。其次，在内容上，该书也不把人类的情感活动视为认识活动的低级阶段，而将其看作联系认识活动和伦理活动的中介环节。

康德为什么不沿袭鲍姆加登的做法将该书命名为《美学》（*Ästhetik*）呢？

因为在他看来，人类的情感活动并不像“感觉”或“感性”行为那样肤浅。他之所以没有沿袭鲍姆加登的思路而将情感活动视为认识活动的初级阶段，这与《判断力批判》在他的“批判哲学”体系中的地位有关。在《纯粹理性批判》中，康德解决了人类认识活动的必然性问题；在《实践理性批判》中，康德解决了人类实践活动的自由性问题。在此之后，康德发现，在必然的感性领域与自由的超感性领域之间，存在一条深不可测的鸿沟，分割出两个世界。正是为了填平这一鸿沟，从而在《纯粹理性批判》和《实践理性批判》之间架起一座桥梁，康德才撰写了《判断力批判》。他认为，“判断力”既与“知性”相关，又与“理性”相联；既与“规律性”相关，又与“目的性”相联；从而可以成为“感性世界”与“超感性世界”这两个领域之间的中介；使人从“必然”走向“自由”成为可能。

在《判断力批判》的上卷中，这个过渡是通过“美的分析”和“崇高的分析”来完成的。美感动着人，崇高引领着人。前者与有限的对象相关联，通过“想象力”与“知性”的协调运动而获得，从而与“必然”相联系；后者则与对象在数量或力量上所表现出来的无限性相联系，因“想象力”与“知性”无法把握这些无限的对象而唤醒了“理性”的力量，从而与“自由”相联系。无论是“美感”还是“崇高感”的获得，都是“主观的合目的性判断”，即“情感判断”，而在《判断力批判》的下卷中，这种判断将继续通过“客观的合目的性判断”，即“目的论判断”的过渡来加以完成。在“目的论判断力的批判”中，康德先是讨论了动植物有机体的合目的性问题，并进而论述了整个自然界的目的论问题。他认为，自然的合目的性特征，不是科学认识的结果和依据，但可以作为一种“范导性原理”来启发人们去探求世界的根据；而作为自然的合目的性特征的集中体现，“人”便成为整个自然界的终极目的，是一种道德的实体。这样一来，《纯粹理性批判》经由《判断力批判》的过渡，便最终与《实践理性批判》相联系。

尽管康德撰写《判断力批判》的主观动机，是为了打通《纯粹理性批判》与《实践理性批判》的关系，从而在人类的“科学认识”和“伦理实践”之间架起一座“情感判断”的桥梁，但其在客观上却为人类的情感活动开辟了独立的活动空间。有了这种独立的活动空间，才有可能确立一门独立的学科属性，且不论这门学科应该叫“美学”“感性学”还是别的什么。换言之，尽管鲍姆加登率先使用了“美学（Ästhetik）”一词来标志一门学科的存在，但他将审美活动视为“感性认识的完善”的观点，并没有为这门学科的独立存在提供一个合法性的基础；尽管康德没有用“美学（Ästhetik）”这一名词来标榜自己的探索，但其研究的结果却在客观上为包括审美在内的人类情感活动奠定了独立的学科基础。从这一意义上讲，如果“美学”真正应该作为一门独立的学科而存在的话，“美学之父”不应是鲍姆加登，而应是康德。或者退一步讲，如果我们一定要将鲍姆加登称为“美学之父”的话，康德就是“美学之母”——他虽然没有给这门学科以姓氏，但孕育了它的躯体。

继鲍姆加登之后，再次使用“美学”一词的是黑格尔，他在《美学》（或译为《美学讲演录》）中将“美”视为其“绝对理念”自生成、自发展、自否定、自回归的一个环节，定义为“美是理念的感性显现”。他认为，作为世界本体的“绝对理念”在经过其自身发展的逻辑行程之后，自我否定“外化”为客观世界，并经由无机物、有机物、植物、动物发展到人；而作为“绝对理念”外化发展的最高阶段，人则需要通过艺术、宗教、哲学等形式实现对“绝对理念”的回归，完成其“否定之否定”的逻辑行程：艺术是“绝对理念”感性状态下的显现形式，宗教是“绝对理念”朦胧状态下的象征形式，哲学是“绝对理念”逻辑状态下的表述形式。这样一来，以艺术为核心的人类情感活动也便成为其哲学体系中的一个环节。只是与康德不同，在黑格尔这里，人类的“情感活动”不再是“科学认识”与“伦理实践”的中介环节，而成为人类精神向着“绝对理念”过渡的初级形态。

具体说来，黑格尔将人类的早期艺术称为“象征型艺术”，此时的艺术所包含的“绝对理念”尚处在朦胧阶段，只能勉强用一些感性的形式加以象征，因而存在着形式大于内容的现象。继而，“绝对理念”开始成熟，但尚没有发展为逻辑形态，最适于用感性的形式加以显现，于是进入了“古典型艺术”阶段。此时的艺术最符合“美是理念的感性显现”的标准。但是，“绝对理念”并没有停止其发展的过程，而是进一步过渡到“浪漫型艺术”阶段。

此时的“绝对理念”已渐渐由形象脱胎为观念，并开始离开艺术，进而向宗教和哲学发展了……不难看出，虽然黑格尔的“美学”是为其客观唯心主义哲学体系服务的，但它在内容上也涉及到了人类在进行情感判断时所包含的感性与理性之间的辩证关系。更为重要的是，由于黑格尔继续沿用了鲍姆加登的“美学”概念，这不仅在客观上进一步巩固了鲍姆加登在学术史上的地位，而且使“美学”这门学科得以强化。

然而，黑格尔是在何种意义下使用“美学”这一概念的呢？他自己开宗明义说得明白：“这些讲演是讨论美学的；它的对象就是广大的美的领域，说得更精确一点，它的范围就是艺术，或则毋宁说，就是美的艺术。对于这种现象，‘伊斯特惕克’（Ästhetik）这个名词实在是不完全恰当的，因为‘伊斯特惕克’的比较精确的意义是研究感觉和情感的科学。就是取这个意义，美学在沃尔夫学派之中，才开始成为一种新的科学，或则毋宁说，哲学的一个部门；在当时德国，人们通常从艺术作品所应引起的愉快、惊赞、恐惧、哀怜之类情感去看艺术作品。由于‘伊斯特惕克’这个名词不恰当，说得更精确一点，很肤浅，有些人想找出另外的名称，例如‘卡力斯惕克’（Kallistik）。但是这个名称也还不妥，因此，我们姑且仍用‘伊斯特惕克’这个名称，因为名称本身对我们并无关宏旨，而且这个名称既已为一般语言所采用，就无妨保留。我们的这门科学的正当的名称却是‘艺术哲学’，或则更确切一点，‘美的艺术的哲学’。”[2]如此说来，尽管黑格尔仍然沿用了鲍姆加登的概念，却赋予了“美学”一词不同的含义：“艺术哲学”。这个排斥了“自然美”范畴的“美学”显然比鲍姆加登和康德的使用方式更狭窄、更集中，也更专门化了。它似乎意味着，审美的问题就是，或至少主要是艺术问题；反过来说，艺术的问题也就是，或者主要是审美的问题。

二

然而问题并不如此简单。随着人类艺术实践的发展，审美和艺术之间的等值关系渐渐被打破了。我们随手翻阅一本《西方艺术史》，便不难发现，

2　［德］黑格尔：《美学》，朱光潜译，商务印书馆，1979年，第3—4页。

在鲍姆加登、康德、黑格尔之前及其生活的时代，欧洲的主要艺术作品确乎是或主要是以美的形式出现的，无论是古希腊罗马时代的雕塑、文艺复兴时期的绘画，还是巴洛克风格的建筑、古典主义的音乐，无不以追求和谐为旨趣的，这也正是黑格尔使用“美的艺术”这一概念的原因所在。然而，自从19世纪末20世纪初的“浪漫主义”和“现实主义”思潮相继出现之后，原本和谐的艺术世界便被卷入了“崇高”和“滑稽”的历史漩涡，此后的“现代主义”思潮更是变本加厉地将“荒诞”乃至“丑陋”也一并掩入了艺术的殿堂。面对着贝多芬的《命运》、罗丹的《老妓》、巴尔扎克的《人间喜剧》、波德莱尔的《恶之花》、毕加索的《格尔尼卡》、贝克特的《等待戈多》，如果我们再用“美”这个概念来形容“艺术”的话，显然就有些削足适履了。正如论者所言：“艺术和美被认为是同一的这种看法是艺术鉴赏中我们遇到的一切难点的根源，甚至对那些在审美意念上非常敏感的人来说也同样如此。当艺术不再是美的时候，把艺术等同于美的这种假设就像一个失去了知觉的检察官。因为艺术并不必须是美的，只是我们未能经常和十分明确地阐明这一点。无论从历史的角度，还是从社会的角度去考察这一问题，我们都发现，不管是过去或现在，艺术通常是件不美的东西。”[3]于是，“美的艺术”这个最早由文艺复兴时期的弗朗西斯科·达·奥兰达用葡萄牙文使用，后被黑格尔用德文发扬光大了的概念便陷入了历史性的危机。

为了挽救这种危机，从而继续维系“美学”与“艺术”之间合法性的对应关系，一些美学工作者便炮制出了一个“广义美”的概念。他们认为，“美学”确实是研究“美”的学说，但这个美是广义的，它不仅包括以和谐为特征的狭义的“美”，而且也包括“崇高”“滑稽”“荒诞”乃至“丑陋”，所有这些都可以称之为“美学范畴”。然而，正如有学者所指出的那样，“这个广义的美的概念与美这个词语的日常用法毫无关系，因为这样一个美的概念是无所不包的（这就表明它的空虚），它甚至把人们在日常语言中肯定会称之为‘丑’的对象统统囊括其中——因为究竟如何定义一个术语，这毕竟只能由那个下定义的理论家说了算。”[4]既然“美”和“艺术”之间的对应关系只是偶然的、历史性的、非本质的，那么美学将不应是“关于美的学说”，而应该被理

3 转引自朱狄：《当代西方艺术哲学》，人民出版社，1994年，第4页。

4 王祖哲：《论美与艺术之间不存在本质关系》，《文史哲》2003年第6期。

解为“艺术哲学”：“一个艺术家创造出来的艺术品是美的或者丑的，这并不是一个值得进行哲学思考的问题；值得思考的问题是：艺术家的作品，无论美丑，所具有的想象性和创造性。”[5]这样一来，“美学”作为“艺术哲学”已不再是关于“美的艺术”的学科，而关于艺术之“想象性和创造性”的学科。其实，持这种观点的人在西方已不在少数，“现代美学已逐渐等同于艺术哲学或艺术批评的理论。”[6]

与这种观点相联系，也有一些学者认为，应该回到Ästhetik的原初涵义，将“美学”还原为“感性学”：“西文的美学（Ästhetik，Esthétique，Aesthetics）一词，原本就是感性学。所谓美学，是近代西方人对感性学狭义取舍后的学科定位。美学的滥觞和片面的发展，也是人类不成熟的一种理论表现。审美文化的贵族化倾向，审美情结的弊端，美学的偏颇，理论研究的狭隘，现当代国际文艺思潮中丑学的崛起，美学的教条化与庸俗化……这些事实都表明，拓展人类的判断力必须美丑皆审，应当用感性学涵摄、补正和滋润美学。”[7]

那么“感性学”的内容究竟是什么呢？是否如所谓“艺术哲学”那样，是关于“想象性和创造性”的学科呢？如果是的话，似乎这两种观点就可以合流了。然而即便如此，我们仍然会存有如下疑问：第一，人类的情感问题能够还原为“感性认识的完善吗”？第二，“想象性和创造性”能够涵盖艺术的本质特征吗？前一点涉及美学能否从哲学认识论中独立出来的问题，后一点涉及到美学研究能否涵盖艺术的本质问题。

三

综合鲍姆加登、康德、黑格尔的上述贡献，笔者主张采取一种兼收并蓄的态度。首先，在鲍姆加登那里，我们应该吸收其“美学”的概念，及其对人类感性和感觉能力的关注。因为无论“美学”这个概念如何褊狭，毕竟已为广大学者所接受；无论“感性”一词如何肤浅，毕竟是一切情感判断得以发生的前提条件。其次，在康德那里，我们应该吸收其“判断力”的精神实

5 王祖哲：《论美与艺术之间不存在本质关系》，《文史哲》2003年第6期。

6 转引自朱狄：《当代西方艺术哲学》，人民出版社，1994年，第3页。

7 栾栋：《感性学发微》，商务印书馆，1999年，“内容简介”。

质，以及对为人类的情感活动所开辟的独立空间。因为无论是优美、壮美、崇高、滑稽、荒诞或是丑陋，都是人类的情感判断，而人类的情感判断既不同于认识活动也不同于实践活动，有着独立的发生机制和学理空间。最后，在黑格尔那里，我们应该吸收其对艺术问题的关注和执着。因为艺术问题毕竟是美学问题，或者说人类的情感问题最为集中、最为复杂、最为突出的体现。说得概括一点儿，我们主张把鲍姆加登的“名”和康德的“实”，以及黑格尔的“研究对象”统一起来。这样一来，“美学”便成为有关人类“情感判断力”的学科，它所研究的主要对象是“艺术问题”。

现在，我们将这个逻辑顺序反过来加以探讨。首先，“艺术问题”的关键是什么？像一些学者所理解的那样，是“想象性和创造性”吗？我认为是，但不全是。诚然，任何艺术品都需要想象性和创造性的参与，然而这种参与的目的不是为了形式上的花样翻新，而是为了给人制造复杂而精微的情感体验。尽管这种体验不一定是美的，也可能是崇高的、滑稽的、荒诞的、甚至是丑陋的。“托尔斯泰的看法是：‘不但感染性是艺术的一个肯定无疑的标志，而且感染的程度也是衡量艺术价值的唯一标准。’鲁迅先生亦曾这样讲过：‘文学和学说不同，学说所以启人思，文学所以增人感。’这感，当然可以是美感，也可以是丑感、痛感、悲感、怒感、惧感等等。”[8]

那么，人类的情感是怎样发生的呢？回答这一问题，需要我们再次回到鲍姆加登有关人之心理活动知、情、意的三分法上来。然而与鲍姆加登不同，我们并不认为人类的情感活动只是认识活动的低级阶段，而是在康德的启发下，将情感判断置于“知”与“意”、“认识”与“实践”的关系中加以思考。一方面，情感的产生不是与对象无关的，而是建立在对客观对象的感觉和认识的基础之上的。这样一来，情感判断便必然与认识活动发生联系。另一方面，情感的产生不是与主体无关的，而是直接与间接地与主体的欲望和意志相联的。这样一来，情感判断便必然与实践活动发生联系。具体说来，当我们感觉和认识到客观的对象符合主观的欲望与意志的时候，就会产生一种积极的情感，如美感、崇高感等；当我们感觉和认识到客观的对象背离主观的欲望与意志的时候，就会产生一种消极的情感，如丑陋感、荒诞感等。一言

8　杨守森：《文学：审什么“美”？》，《文史哲》2008年第4期，第22—35页。

以蔽之，情感来自客观与主观、感觉与欲望、认识与意志之间所形成的必要的张力，而不仅仅是什么“感性认识的完善”。换言之，情感活动既要与认识发生联系，又要与意志发生联系，它产生于客观的规律性与主观的目的性之间所形成的顺向或逆向、肯定与否定的关系。

需要说明的是，这种关系是复杂的，其感情的内容也是多种多样的：有悲的，有喜的，也有悲喜交加的；有爱的，有恨的，也有爱恨交织的；有美的，有丑的，也有美丑并举的；有阳刚的，有阴柔的，也有刚柔并济的……从共时的角度上讲，一部作品艺术价值的高低，在很大意义上取决于其能够引发人们情感的复杂程度；从历时的角度上看，人类越往后发展，其艺术作品所包含的情感便越复杂。

如果我们进一步追问：艺术作品以什么形式来承载和引发这种复杂的情感呢？是形象！正如不能引发情感的作品不是艺术品一样，没有形象的文本也不是艺术品。这样一来，“形象”便和“情感”一样，成为艺术作品不可或缺的内容，是艺术的“本质属性”。其实除了“形象”之外，“概念”也能承载人类的情感，但这种情感往往是明晰的、确定的、简单的，因而也是不能令人满足的。从符号学的角度上讲，作为“逻辑符号”的概念是人类从具体的经验中高度抽象出来的，它在获得明晰性的抽象过程中却渐渐失去了其原有的复杂性。显然，这种抽象的结果有利于科学的表述，却不利于艺术的表达。正是为了还原这种情感的丰富性，人们需要在“逻辑符号”之外用音响、旋律、色彩、线条、动作、姿态等更加原始的形式去编制和创造一种超越符号的情感形式，这便是艺术“形象”的由来；即使是以语言为载体的文学创作，也要通过辞藻的妙用与叠加、语法的变换与超越等特殊手段，使原有的“逻辑符号”上升为“情感符号”——文学形象。惟其如此，它才能够产生一种“言有尽而意无穷”的诗的意味。

说到底，逻辑符号是内涵与外延清晰的、有着固定语法规则的概念系统。它不仅是约定俗成的，而且可以反复使用的。情感形象内涵与外延则是模糊的、没有固定语法规则的象征系统。它不仅必须是独创的，而且是不能重复使用的。这样一来，艺术创作首先涉及的确乎是人的感性经验的问题，是形象的创造问题，因而是“感性学”的问题。但是，艺术家所独立创造的、从未使用过的形象何以能够打动人们的“情感”，产生康德所谓的“无概念的普遍有效性”？这就不仅仅是一个“感性学”的问题，而要涉及“判断力”或曰“情感学”的问题了。

没有“形象”，“情感”无从表达；没有“情感”，“形象”毫无意义。前者是“有意味的形式”，后者是“形式背后的意味”。由于“形象”与“情感”就像一枚铜币的两面花纹一样是密不可分的，因而“感性学”和“情感学”也是互为表里、密不可分的，它们合在一起，称之为“美学”。

需要说明的是，我们将“美学”视为“感性学”与“情感学”的总和，虽然以艺术为主要的研究对象，但并不排除艺术之外人与自然的情感联系。同艺术一样，这种联系既可能是轻松的、愉快的、美的，也可能是紧张的、激越的、崇高的，还可能是矛盾的、抵触的、荒诞的。同艺术一样，这类复杂而多样的“情感”也必须通过“形象”而加以获得。

从辞源学的角度上讲，将“美学”视为“感性学”与“情感学”的总和，并不是没有根据的，黑格尔就曾明确指出：“‘伊斯特惕克’的比较精确的意义是研究感觉和情感的科学。”只是鲍姆加登强调了“感觉”而忽视了“情感”，康德强调了“情感”而忽视了“感觉”，黑格尔则在其客观唯心主义哲学的基础上把“感觉”和“情感”的问题变成了“理念”的“显现”方式问题。现在，是应该让“感觉”和“情感”回到“美学”中原有的地位上来的时候了。

（此文发表于《美学》2010年第3期）

六大情感范畴的历史发展与逻辑关系

本文之所以命名为“情感范畴”而非“审美范畴”，是因为笔者并不认为人类的艺术活动仅仅是对“美”的欣赏，可以用“美感”来概括。事实上，艺术所涉及的“情感”是比“美感”更为广阔的领域。从这一意义上讲，aesthetics确实不应该被翻译成“美学”，甚至也不应该被译成“感性学”，而应该被理解为“情感学”。或者换一种说法，“美学”=“感性学”+“情感学”。因为说到底，aesthetics所要解决的问题，无非是由什么样的形象引发什么样的情感问题[1]。

从绝对的意义上讲，人类艺术活动中的情感现象是无限丰富的。我们可以像在《二十四诗品》中看到的那样，将其分为雄浑、冲淡、纤秾、沉着、高古、典雅、洗练、劲健、绮丽、自然、含蓄、豪放、精神、缜密、疏野、清奇、委曲、实境、悲慨、形容、超诣、飘逸、旷达、流动；也可以像在《歌德论艺术与文学》一书中看到的那样，把它分为奥妙、发明、可塑性、崇高、个性、精神性、高贵、敏感、品位、适当性、合适性、效能、高尚、体贴、完整、丰富、温暖、妩媚、优雅、韵味、技巧、轻巧、生动、精致、华丽、繁复、时髦、韵律、和谐、纯粹、正确、完善……然而，无论这个名单列得多长，也无法囊括人类艺术情感中的全部类型。但就人类艺

1　参见陈炎：《“美学”=“感性学”+“情感学”》，《美学》2010年第3期。

术活动中的情感内容的普遍性而言，我们又可以将其归结为“优美”与“壮美”、“滑稽”与“崇高”、“荒诞”与“丑陋”等六种主要范畴。对于这六大情感范畴，美学界或多或少都有所论及，但论者常常只注意到它们各自的独立特征，而较少关心其历史发展的必然性和逻辑演进的规律性。周来祥先生在《美学问题论稿：古代的美、近代的美、现代的美》一书中虽然较早地论述了这些范畴间的历史联系，但其主要涉及的只是古代社会素朴和谐的美、近代社会对立冲突的崇高、现代社会对立统一的美[2]。尽管在以后的著作中，他也涉及现代艺术中的“审丑”问题，但仍然是将其作为一个“审美范畴”来加以对待的。在这里，我们不仅要抛开“审美”的桎梏，面对更为复杂的情感世界，而且要剖析历史演进背后的逻辑关系；我们不仅要把周先生关于古代、近代、现代的历史框架改造为古代、现代、后现代，而且要在其“美”的旁边加上“壮美”“崇高”的旁边加上“滑稽”“丑”的旁边加上“荒诞”[3]。

在古代，人类尚处在素朴的辩证思维阶段，追求人类与自然、主体与客体、感性与理性未经分裂的和谐统一。相应地，这一时期的情感范畴主要有以和谐为基础的“优美”和“壮美”两种。就情感价值而言，“优美”与“壮美”既符合主体的目的性，又符合客体的规律性，因而会引发愉悦的快感。

在现代，各种矛盾得以展开，既有腐朽势力虽已退出历史舞台但伪装强大的可笑嘴脸，又有新生力量在崛起和抗争中的灭亡与升华。相应地，这一时期的情感范畴主要有以对立冲突为基础的“滑稽”与“崇高”两种。就情感价值而言，“滑稽”是欣赏者以否定的态度俯视对象的结果，“崇高”是欣赏者以肯定的态度仰视对象的结果。

在后现代，一切都处于极度的分裂与对立之中，如果说矛盾冲突在现代是明确的、有序的，那么在后现代则是含糊的、混乱的：既有主体被抛弃在这个异化世界的扭曲感，又有客体不能被整合为一个有机整体的无序感。相应地，这一时期的情感范畴主要以反和谐为基础的“荒诞”与“丑陋”两种。就情感价值而言，“荒诞”是由于主体的扭曲所引发的情感，“丑陋”是由于客体的无序所引发的情感。

2 周来祥：《美学问题论稿：古代的美、近代的美、现代的美》，陕西人民出版社，1984年。

3 参见陈炎：《和谐论美学体系的由来与得失》，《学术月刊》2002年第9期。

需要指出的是，这几种情感范畴在各个时代的出现不是更替式的，而是叠加式的。随着人类社会向前推进，人类的情感世界日趋多元化、复杂化，人类的精神食谱也在不断丰富。

一、古代：和谐的“优美”与“壮美”

在古代社会，人类的认识水平和实践能力还比较低下，不强调人类与自然、个体与社会、感性与理性、情感与理智等因素的对立，在物我关系上不自觉地趋向于素朴的和谐，在心理上还处于知、情、意不分的直觉活动状态。首先，此时人们的理智和意志还没有自觉地分离开来，常常混迹于朦胧的情感之中。因此，这个时期的情感还是笼统的、一元的，没有丰富的内容和复杂的变化，主要引发于直接的感官感受。其次，此时的生产力水平相对低下，人类对自然、个体对社会在很大程度上还处于依附的状态，顺应自然、皈依群体成为必然的、也可以说是无可奈何的选择。追求人类与自然、个体与社会的和谐统一是这一时期朴素辩证思维的必然结果。故而，直接与人的感官相契合的和谐之美，便成为这一时期占主导地位的情感类型。而这种和谐，不但表现在审美对象内容与形式的关系上，而且还表现在这种审美主体理智与意志的关系上。

古代人“和谐”理想的确立，或许是从生活经验中得来的。中国古人认为，不仅用不同矿石冶炼出来的青铜器是好看的，用不同佐料烹调出来的菜肴是好吃的，用不同乐器演奏出来的音乐也是好听的……这种从生活经验中得到的“和而不同”的理念不断积累，最终上升为一种哲学原则和美学理想。《尚书·舜典》云：“诗言志，歌永言，声依永，律和声；八音克谐，无相夺伦，神人以和。”在这里，“八音克谐”的形而下属性与“神人以和”的形而上诉求得到了同形同构式的统一，从而为追求“和谐”的审美理想奠定了哲学基础。在西方，“和谐”理想的确立，也是从生活经验中得到的。“毕达哥拉斯发现整数决定着音乐的和谐，这使他确信，复杂的宇宙背后是和谐与精心的安排。他推断，如果整数创造了与噪声迥然不同的和声，那么宇宙每一层面——从行星的轨道，到七弦琴的琴弦——的和谐必定也有数在起作用。"[4]在这里，听得见的声音与看不见的数字之间也形成了一种同形同构式的关系，从而为追求"和谐"的审美理想奠定了理论基础。除毕达哥拉斯之外，赫拉克利特、柏拉图、亚里士多德等人也持有类似的观点。

由是观之，无论是中国古代还是西方古代都以"和谐"为审美理想。这种和谐，体现在情感类型上，又可以分为两种：一是"优美"，二是"壮美"。总体而言，"优美"与"壮美"在本质上都是和谐的，都是顺应于主体感官和心理需求的形象引发而来的正面的、肯定性的情感，但"优美"是以委婉柔和的形象引发平静的愉悦感，"壮美"则以刚毅巨大的形象引发激昂的愉悦感。

"优美"在形式上是宁静、和谐的，表现为精致、轻盈、素静、柔媚、清新、秀丽、淡雅等等。一朵小花、一只飞鸟、一条山泉……都具有这种和谐的外形特征，属于优美。和谐的形式反映了和谐的内容，优美的对象不仅在形式上表现为诸要素的中庸协调，而且在内容上表现为诸功能的和谐统一。过于深刻的理智思考，过于强烈的意志诉求，过于动荡的情感体验都不适于优美形象的塑造。适于这种形象塑造的，则是乐而不淫、哀而不伤、怨而不怒的古典情绪。"江南好，风景旧曾谙。日出江花红胜火，春来江水绿如蓝。能不忆江南?"白居易这首《忆江南》之所以是优美的，因为它虽然饱含着隐隐的乡愁，但还没有表现出过多的痛苦。这种内容的和谐与形式的和谐相为表里，共同塑造着优美的形象。

古代人追求的是人类与自然、个体与社会的和谐，这在"优美"的情感类型中表现得极为充分。因为对象在形式和内容上的和谐属性很容易适应主体的感官需要和精神需求，产生赏心悦目的快感。于是，人们对优美情感的获得，常常是简单的、直接的、轻松而又愉悦的。优美是对象"合规律"与主体"合目的"的内在统一。我们说这种统一是"内在"的，也就是直接的、舒缓的、不留痕迹的。按照康德在《判断力批判》中的理解，这种美感的获得既不涉及现实的利害关系，又不凭借概念的判断推理，而且还没有明确的目的性，它仅仅凭借对象的形式，引起主体想象力和理解力的协调运动，获得一种愉悦的心理状态。因此，在欣赏优美的对象时，既不需要理智的过多

4 ［英］斯金纳：《神圣几何》，王祖哲译，湖南科学技术出版社，2010年，第16页。

思考，也不需要意志的过多参与，人们会在悠然自得中获得一种温馨中的满足、宁静中的欢愉。因此我们说，优美不仅在于对象形式和内容的和谐，在内涵上更是对人的主观欲望的满足、主体地位的肯定。这种对象的和谐与完整同主体的满足与肯定即是合目的性与合规律性的统一。而这种统一所体现出来的“优美”，也正是前辈古人所深切向往的。如孔子“吾与点也”之乐，周敦颐“窗前草不除”之趣，陶渊明“采菊东篱下，悠然见南山”式的逸情，刘禹锡“无丝竹之乱耳，无案牍之劳形”式的清悠，司空图“玉壶买春，赏雨茅屋，坐中佳士，左右修竹”式的典雅……诸如此类活泼泼的生命状态，正是主客体浑然无间、合目的性与规律性完美统一的典型体现。

和“优美”一样，“壮美”也是人类古代社会主要的情感类型。在中国，“壮美”一词出现得很早，如汉代郑玄注笺《诗·大雅·文王》“殷士肤敏”：“殷之臣壮美而敏，来助周祭。”在西方美学史上，古希腊的毕达哥拉斯学派把音乐的审美风格划分为刚柔两种，也就是今天所说的“壮美”与“优美”。古罗马时代朗吉努斯《论崇高》中的“崇高”概念，是在“壮美”的内涵上使用的：“在本能的指导下，我们决不会赞叹小小的溪流，哪怕它们是那么清澈而且有用，我们要赞叹尼罗河、多瑙河、莱茵河，甚或海洋。”[5]两种美的等级高低姑且不论，所谓“小小的溪流”当指“优美”，而对“尼罗河、多瑙河、莱茵河，甚或海洋”的赞叹则更接近于“壮美”。因为后者虽然壮阔，但仍是均衡的、和谐的，还未形成现代“崇高”范畴的对立特征。

“壮美”与“优美”是一对既相异、又相似的情感范畴。说其相异，是因为它们在形式上的不同；说其相似，是因为二者都以和谐为基本特征，无需经由理性的思索和转换而直接引发主体情感的愉悦，是主客体的直接的、单纯的契合。古希腊人在神庙中布置柱子的时候，试着在人体的比例中寻找启示。首先，他们根据男子身高与脚长的比例，创造出了简洁、明快而又刚健有力的“多利克柱式”。但希腊人并不满足，因为他们发现如果所有建筑都用这同一种石柱，就像这世界上只有男人而没有女人一样，显得有些单调。于是他们又根据女人的身高与脚长的比例创造了“爱奥尼亚柱式”。于是，一种纤细而优美的爱奥尼亚式石柱便足以同强悍有力的多利克式石柱平分秋色了。用

5　章安祺：《缪灵珠美学译文集》第一卷，中国人民大学出版社，1998年，第114页。

我们现在的情感范畴来说，爱奥尼亚式石柱属于“优美”，多利克柱式石柱则属于“壮美”。其实，这种将艺术对象比作男女形象的做法并非为希腊人所独有，我国古代也同样存在。据宋代俞文豹《吹剑录》记载，苏轼曾问幕下士：“我词何如柳七?”幕士对曰：“柳郎中词，只合十七八女郎，执红牙板，歌‘杨柳岸，晓风残月’。学士词，须关西大汉，铜琵琶、铁绰板，唱‘大江东去’。”这一典故确实精确而又形象地指出了柳永词与苏轼词的不同：前者婉约、阴柔，后者豪放、阳刚；前者为“优美”，后者为“壮美”。

无论是“优美”还是“壮美”，在内容上都是感性与理性的统一，是一种和谐的对象。也就是说，虽然壮美在形式上是粗犷、强烈、疾速和阳刚的，但其在内容上并不包含剧烈的矛盾和冲突，不会引起主体的恐惧感和压抑感，而是直接地与主体积极向上的昂扬情感相呼应。只是，在“壮美”对象那高大的形体、恢弘的气势、孔武的力量背后，常常暗含着坚强的意志、广博的情怀、果敢的精神。也正因如此，人们在欣赏壮美的同时，常常隐含着一种伦理的诉求，这是在欣赏“优美”时所不常有的。总之，无论“优美”还是“壮美”，从本质上讲都是和谐，都是美。但相对而言，“优美”更偏于感性，“壮美”更偏于理性。前者隐含着情感的愉悦，并提供了向“滑稽”过渡的可能性；后者隐含着伦理的诉求，并提供了向“崇高”过渡的可能性。

二、现代：不和谐的“滑稽”与“崇高”

现代社会的发展是一个人对自然加剧开发的过程，也是一个社会结构急剧变化的过程。在这一现代化的进程中，人类与自然、个体与社会、感性与理性、自由与必然之间的固有矛盾渐渐得到了展开、分裂、对峙。在这种展开、分裂、对峙的过程中，现代人的情感偏好也在发生着深刻的变化。上面我们说过，古代人的“优美”中有某种欢欣和愉悦的成分；古代人的“壮美”中有某种理性和伦理的诉求。但由于古代人的情感方式停留在感性与理性、理智与意志、内容与形式的统一之中，因而这种情感主要还是和谐的、美的。然而，当现代人的情感方式突破了古代社会的窠臼，以对立、冲突的方式加以表现的时候，“优美”中的欢欣和愉悦就可能发展为“滑稽”中的嘲笑与戏谑，“壮美”中的理性和伦理就可能发展为“崇高”中的赞叹与讴歌。

这是一个“量变”导致“质变”的过程，也是一个“冲突”取代“和谐”的过程。与追求理智与意志、内容与形式和谐统一的“优美”与“壮美”不同，“滑稽”是对象的主观目的性违背客观规律性，从而受到欣赏者理智嘲讽的一种复杂情感；“崇高”是对象的客观现实性窒息了主观目的性，从而受到欣赏者意志讴歌的一种复杂情感。从欣赏主体的角度上讲，“滑稽”更多地调动了主体的理智判断能力，“崇高”更多地激发了主体的意志实践能力。因此，欣赏“滑稽”和“崇高”并不是像欣赏“优美”和“壮美”那样，是理智与意志相互协调、平均用力的。从欣赏对象的角度上讲，“滑稽”是对象的形式大于内容，从而显得空洞而可笑；“崇高”是对象的内容大于形式，从而显得充实而凝重。因此，“滑稽”与“崇高”的对象也不像“优美”和“壮美”那样，是内容与形式协调统一的。

需要指出的是，作为一对情感范畴，“滑稽”与喜剧艺术、“崇高”与悲剧艺术之间有着极为密切的联系。而无论是在西方的古希腊的喜剧和悲剧中，还是在中国的唐传奇和元杂剧中，“滑稽”和“崇高”作为艺术欣赏的情感类型也早已存在。只是进入现代社会以后，这对情感范畴才一跃而超过了“优美”和“壮美”，成为不同门类艺术作品的主要内容。如果说，古典主义的主要情感模式是“优美”和“壮美”，那么随着古典主义向现实主义和浪漫主义的分化，“滑稽”伴随着现实主义的批判精神，“崇高”伴随着浪漫主义的理想情怀，便充斥在各种各样的艺术门类之中[6]。

从理论上看，尽管中国早在《楚辞》和《史记》中就已出现了“滑稽”一词，西方早在古希腊时期的柏拉图和亚里士多德已开始对“滑稽”现象进行分析，但对于这一情感范畴的集中研究却是现代的事情。在西方现代美学史上，对“滑稽”的理解至少有四种观点：第一种是“鄙夷说”，霍布斯认为，“滑稽”的对象有某种令人鄙视的弱点，当外表尊贵的人物暴露出这些弱点的时候，便容易引人发笑。这笑声中既隐含着对对象的嘲讽，也隐含着主体自身的优越感。例如在博马舍的喜剧《费加罗的婚礼》中，道貌岸然的伯爵

6　本文对“古典主义”“浪漫主义”“现实主义”的使用，参见周来祥《论美是和谐》，贵州人民出版社，1984年。

不仅暴露出贪欲好色的本性，而且反遭费加罗等人嘲弄的情景便十分滑稽。当我们突然发现那些声名显赫的衮衮诸公实际上比我们更愚蠢、更可笑的时候，我们便会获得一种“突然荣耀”，一种居高临下的优越感。第二种是“机械说”，柏格森认为，生命本身是一种自由性压倒机械性的现象，当某些人身上的机械性反过来压倒自由性的时候，便会显得呆头呆脑、滑稽可笑。例如卓别林在电影《摩登时代》中表现的那位被累昏了的机械师所不断重复的拧螺丝的动作，就显得滑稽可笑。这笑声既是对生命之自由性的礼赞，也是对异化之机械性的批判。第三种是“乖讹说”，康德曾经指出，“在一切引起活泼的撼动人的大笑里必须有某种荒谬悖理的东西存在着。（对于这些东西自身，悟性是不会有何种愉快的）。笑是一种从紧张的期待突然转化为虚无的感情。”[7]他举例说，一个印第安人在英国人的筵席上看见一个啤酒瓶子打开时，啤酒化为泡沫喷出，于是大声惊呼不已。英国人问他有何可惊之处？印第安人说，我并不是惊讶那些泡沫是怎样出来的，而是惊讶它们怎样搞进去的。在这里，那位印第安人觉得啤酒化泡沫是一种有悖常理的事情；而我们又在他的“发现”中发现了一种似是而非的逻辑，于是便觉得滑稽可笑。第四种是“释放说”，为斯宾塞和弗洛伊德所提倡，他们认为当思想从严肃的观念突然转到轻松的观念时，过多的精神能量没有消耗掉，于是便充溢出来成为滑稽性的快感，笑声就是能量的释放。例如，有这样一则笑话：一裸男上了一辆出租车，女司机目不转睛地盯着他看。男怒：看什么看？没见过男人的身体吗？女司机说：我在琢磨你待会儿从哪儿掏钱！这个笑话显示，“滑稽”是本能冲动丢弃社会责任感而获得的一种情感释放。当我们和笑话中的男人都把精力集中在男女道德问题上的时候，女司机却只关心乘客会不会付钱的小事情。于是，原来的紧张化为乌有，剩余的精力得到宣泄。尽管以上这四种观点都有一定的道理，且都能解释一部分滑稽现象，但其深刻性和全面性仍有待于提高。

从表面上看，“滑稽”是指对象在形式组合上的不伦不类，在内容上的有悖常理，以及在与主体关系上与人无害从而显得可笑的现象。从理论上分析，“滑稽”则是对象事物的主观目的违背了客观规律而引起的令人发笑的行

7　［德］康德：《判断力批判》上卷，韦卓民译，商务印书馆，1964年，第180页。

为或现象。与自然界的其他事物不同，人是一种有目的性的存在物。当人的主观目的性与客观现实性相一致的时候，便会引发单纯而又美好的情感，当人的主观目的性与客观现实性不相一致的时候，便会引发复杂而又乖张的情感。当然了，有些动物也有主观目的性，当我们看到一头笨拙的大熊猫千方百计地要把一个皮球放到斜坡顶上而屡屡失败的时候，我们也会感到滑稽可笑。但是，动物的目的性毕竟是十分有限的，因而从普遍意义上讲，“滑稽”主要不属于自然界，而存在于社会历史领域。我们不能说，那座山样子很滑稽，那棵树长得很滑稽，但却经常说，这个人看上去很滑稽。

具体说来，当人的主观目的性过于膨胀，从而违背了客观的规律性的时候，他与客观现实之间的冲突便常常会制造滑稽感。因此，面对滑稽的现象，人们常常采取一种讽刺和批判的态度。从历史发展的角度上看，一度占据统治地位的邪恶势力往往高估了自己的实力，要把自己的主观意愿强加给整个世界，因而显得自不量力而滑稽可笑。这就像卓别林在电影《大独裁者》中所扮演的以希特勒为原型的兴格尔那样，以为把个地球仪把玩在手里，就可以主宰整个世界了。从这一意义上讲，“滑稽”的本质是对恶的批判，只是这种恶还不足以给欣赏主体带来任何实质性的伤害，因而人们可以用一种鄙夷的态度加以欣赏。正如马克思所说的那样：“历史不断前进，经过许多阶段才把陈旧的生活形式送进坟墓。世界历史形式的最后一个阶段就是喜剧。”[8]需要指出的是，并非只有反动的、没落的、垂死的阶级才能成为滑稽的对象，一些有缺点的好人也会成为滑稽的对象。例如，国产电影《李双双》中的喜旺，自以为成了双双的丈夫就可以颐指气使、独断专行了。结果，他那保守、自私、又爱占小便宜的行为却在双双那里屡屡碰壁，显得十分滑稽。鲁迅在《再论雷峰塔的倒掉》一文中指出：“喜剧将那无价值的撕破给人看。”所谓“人无完人”，无论是在日常生活中，还是在艺术作品里，我们经常可以看到，一些正面的、有价值的人身上也可能存在一些无价值的、值得讽刺和嘲笑的缺点和弱点，从而成为“滑稽”的对象。只是我们对于这些对象的嘲讽，常常是善意的。

无论是恶意的讥笑，还是善意的嘲讽，都使得人们在欣赏滑稽现象的时

8　《马克思恩格斯选集》第一卷，人民出版社，1972年，第5页。

候带有或多或少的批判态度。在这里，欣赏者作为客观规律的代表，居高临下地讥讽或嘲笑违背客观规律的欣赏对象。从这一意义上讲，“滑稽”常常是在欣赏比我们自己更为卑下的对象。可笑的是，这些对象本身却又常常表现出虚张声势、自以为是的样子。但在事实上，他们既然无法实现自己的主观目的，便也无法造成实质性的危害，就像那一戳就破的纸老虎一样。所以我们常说，“滑稽”是一种形式大于内容的现象。

如果说“滑稽”是“优美”的发展和质变，“崇高”则是“壮美”的发展和质变。尽管中国早在《国语》和《易传》中就已出现过“崇高”一词，但却没有作为一个情感范畴来加以分析。在西方美学史上，较早提出“崇高”概念的有古希腊的柏拉图和古罗马的朗吉弩斯，虽然他们都还是在“壮美”的内涵上使用这一范畴的，但由此也可看出“壮美”与“崇高”之间的一些相似性，以及由前者向后者过渡的可能性。爱迪生论述过人们在无边的景象面前会感到一种伟大的、激动人心的乐趣：“对着这些无边的景象，我们就被投入一种既愉快又惊奇的心境；抓住了它们，灵魂中就感觉到一种可喜的平静和惊奇。”[9]如果说这种仅限于形式特征的看法还处于“壮美”阶段，那么荷迦兹则从主体情感的转化看到了“壮美”向“崇高”的过渡：“宏大的形态，纵使样子难看，然而由于它们的巨大，无论如何会引起我们的注意，激起我们的赞美。巨大的、无定形的岩石本身具有一种惹人喜欢的恐怖，广阔的海洋以其巨大的容量使我们敬畏；但是，当大量的美的形状呈现在眼前时，心中的快乐增加了，而恐怖则缓和下来变成了崇敬。”[10]如果说，前一种快感还是直接获得的，仍然是和谐的壮美感；那么后一种快感则再向前一步，是间接的，由痛感（恐惧）转化而来的，因而就属于崇高感了。

博克从形式及情感转化的角度出发，认为崇高感以痛感为基础，是由痛感转化而来的快感，是一种纯粹经验性、生理性的情感；康德则超越了博克，认为崇高感不是来源于感性的、经验的、生理的，而是来源于理性的、道德的、伦理的力量。在康德看来，如果说美是由于对象的有限形式引起主体想象力与理解力之间的协调运动，从而产生直接的快感；那么崇高感的获

9 北京大学哲学系美学教研室编：《西方美学家论美与美感》，商务印书馆，1980年，第96页。

10 中国社会科学院文学研究所编：《古典文艺理论译丛》卷二，知识产权出版社，2010年，第859页。

得则是由于对象的无限形式（数量的无穷和和力量的无限）而窒息了主体的想象力，使主体的感性能力无法将对象作为一个整体来加以把握，从而产生痛感。然而，由于人不仅具有自然属性，而且具有道德属性，数量无穷和力量无限的对象只能超出了人们的感官界限，但却无法阻挡人们的伦理追求。相反，它迫使主体求助于内心深处的道德理性，从而战胜对象，化痛感为快感。因此，崇高感的获得不是直接的，而是间接的；崇高感的根源不是感性的，而是理性的——它是人类自身的精神胜利和主体意志的高扬。

正是由于人的主体意识和道德力量是在历史的进程中不断建构起来的，因而崇高感的普遍获得是现代社会的历史产物。可以想象，在生产力极为落后的古代人眼里，荒凉的戈壁、茂密的森林、一望无尽的原野都是恐怖的、难以用感官加以把握的；但在现代人眼里，这些无限形式的感官对象却恰恰激发了我们征服自然的决心和勇气，从而化痛感为快感。在这里，我们与其说欣赏的是自然对象，不如说是在欣赏人类自身，是对人类主体能力的一种讴歌和赞美。

我们曾经说过，人的生活是有目的性的，当人的主观目的性与客观现实性相一致的时候，便会引发单纯而又美好的情感；当人的主观目的性与客观现实性不相一致的时候，便会引发复杂而又乖张的情感。但是这种复杂而又乖张的情感却不止"滑稽"一种。如果说，当人的主观意愿过于膨胀，从而违背了客观规律性的时候，他与客观现实之间的冲突便常常会制造滑稽感；那么，当人的主体力量过于弱小，尚不能战胜客观现实性的时候，他与客观现实之间的冲突则常常会引发崇高感。马克思曾经指出："黑格尔在某个地方说过，一切伟大的世界历史事物和人物，可以说都出现两次。他忘记补充一点：第一次是作为悲剧出现，第二次是作为笑剧出现。"[11]从社会发展的角度上看，任何一种历史的角色都经历着一个由弱小到强大再到空虚并伪装强大最后归于毁灭的历史过程。当一种腐朽的势力已经空虚却伪装强大的时候，它在与新生力量的斗争中便会显得丑态百出，这一过程常常表现为"滑稽"；反之，当一种新生事物虽然弱小但却具有价值的时候，它在与强大的现实力量作斗争的过程中可能会遭受挫折甚至毁灭，这个过程常常表现为"崇高"。这类

11 《马克思恩格斯选集》第一卷，人民出版社，1972年，第603页。

作品在现代艺术中广泛存在，歌曲如法国的《马赛曲》、中国的《义勇军进行曲》，绘画如籍里柯的《梅杜萨之筏》、德拉克洛瓦的《自由领导人民》，小说如雨果的《悲惨世界》、歌德的《浮士德》，音乐如柴可夫斯基的《悲怆》、贝多芬的《命运》……

需要指出的是，并非只有上升的阶级才可能成为悲剧式的英雄。由于历史发展的复杂性，一些行将走下历史舞台的没落者身上也有可能保存一些有价值的精神遗产，当这些有价值的精神遗产连同他们的政治前途一同被历史所埋葬的时候，同样是令人扼腕叹息的。例如，盛唐皇帝李隆基，因重用外戚，放纵节度使，致使“安史之乱”爆发，成为大唐帝国由盛而衰的转折点，因而算不上一个好皇帝，但他与杨贵妃之间的爱情却又是无可厚非的。这个爱情故事在中唐诗人白居易的《长恨歌》、元代剧作家白朴的《梧桐雨》以及清初剧作家洪昇的《长生殿》中都得到了悲剧性的演绎和处理，并得到了精神性的升华。还有一些好坏参半的中间人物，由于身上的某些缺点而铸成大错，也同样会酿成悲剧并引发人们的同情，如莎士比亚笔下的奥赛罗、李尔王等。正如鲁迅在《再论雷峰塔的倒掉》一文中所指出的那样，“悲剧将人生的有价值的东西毁灭给人看”。无论是什么样的人，只要他身上具有“有价值的东西”，都可能成为悲剧主角，从而为我们提供崇高感。

如果说，“滑稽”是人们以一种俯视的态度观看比自己低劣的人物在自以为是的行为中陷入窘境；那么“崇高”则是人们以一种仰视的态度观看比自己优秀的人物在奋力拼搏中遭遇不幸。因此，面对滑稽的现象，人们常常采取一种讽刺和批判的态度；而面对崇高的对象，人们则常常采取一种同情和讴歌的态度。从情感发生的过程上看，“滑稽”与“崇高”都以美丑的斗争为内容：在“滑稽”中，丑的事物在美的背景下自我暴露，并通过暴露而受到嘲弄，这其中有一个从紧张的期待到突然消失于虚无的放松过程；在“崇高”中，美的事物在丑的力量的迫害下遭到毁灭，并通过毁灭而得到高扬，这其中有一个由痛感转化为快感的心理过程。从内容与形式的关系来看，“滑稽”是形式压倒内容，以至于无内容（空洞而又虚假）；“崇高”是内容压倒形式，以至于无形式（数量的无穷或力量的无限）。从情感体验的效果来看，“滑稽”

一般以“喜”为心理内容，以“笑”为反应形式；“崇高”一般以“悲”为心理内容，以“哭”为反应形式。然而，无论是“滑稽”中的笑，还是“崇高”中的哭，都不仅仅是一种简单的生理现象，而有着复杂的心理内容。当人们开怀大笑地离开剧场或泪流满面地走出影院的时候，人们的情趣得到了陶冶，人们的精神得到了升华。

三、后现代：反和谐的“荒诞”与“丑陋”

如果说，现代社会破坏了古代社会人类与自然、个体与社会的固有和谐，使二者之间的关系紧张起来，那么后现代社会则进一步加大了二者之间的分裂和对峙。一方面，在宗教解体、道德失范的过程中，人变得更自由、更独立了，也变得更孤独、更无助了；另一方面，在知识经济、商品生产的过程中，自然变得更有用、更可塑了，也变得更疏远、更陌生了。在这种情况下，人类的情感方式也随之而发生了进一步的变化：不仅可以欣赏“优美”“壮美”，也不仅可以欣赏“滑稽”“崇高”，而且开始对“荒诞”“丑陋”的事物发生了兴趣。

作为一对具有现代意义的美学范畴，“崇高”与“滑稽”都不是单纯的美，而已经包含了“荒诞”或“丑陋”的成分。作为“滑稽”对象的旧事物，原本是空虚和没有意义的，但却以虚假的包装和貌似的强大来掩盖自身，因而显得有些“荒诞”；作为“崇高”对象的新生事物，原本是充实而富有意义的，但却在强大的恶势力面前遭受毁灭，因而显得有些“丑陋”。然而，“滑稽”中的“荒诞”还是表面的，无伤大雅的，从而可以引发人们的快感；“崇高”中的“丑陋”虽然能够毁灭人的肉体，但却无法战胜人的精神，反而会引发人们的激情。

进入后现代社会之后，“滑稽”和“崇高”中原本就有的这两种因素得到了进一步的放大，并由量变导致了质变。如果说“滑稽”是主观的目的性背离了客观的规律性，那么“荒诞”则是主观的目的性走向了自己的反面，以一种荒诞不稽的态度来面对客观世界的固有法则；如果说“崇高”是客观的现实性压倒了主观的目的性，那么“丑陋”则是客观的现实性走向了自己的反面，以一种紊乱无序的状态来面对主观目的和价值理想。因此，从某种意义上说，“荒诞”和“丑陋”分别是“滑稽”和“崇高”的极端性发展。如果说“优美”和“壮美”是和谐的，“崇高”和“滑稽”是不和谐的，那么“荒诞”和“丑陋”则是反和谐的。因此，无论是对“荒诞”的欣赏还是对“丑陋”的把握，都需要有更为强健的心理素质。

尽管中国的古人早已使用过“荒诞”一词，如唐李白《大猎赋》：“哂穆王之荒诞，歌《白云》于西母。”宋欧阳修《菱溪大石》诗：“争奇斗异各取胜，遂至荒诞无根原。”清纪昀《阅微草堂笔记·滦阳消夏录六》：“虽语颇荒诞，似出寓言；然神道设教，使人知畏。”但真正作为一个重要的情感范畴，“荒诞”兴起于西方，是后现代社会人类与自然、个体与社会矛盾发展的结果，也是人类情感由单一向多元逐步发展的必然产物。

从传统意义上讲，西方人的价值和意义主要来自于宗教，是上帝赋予的。但进入现代社会以后，随着科学的进步和理性的发展，基督教的信仰内容越来越受到人们的质疑。当尼采说出“上帝死了”那句惊世骇俗的话之后，西方人不仅获得了前所未有的精神解放，同时也陷入了前所未有的信仰危机。“用什么力量来抗拒这场危机呢？用理性吗？理性固然是批判宗教的有力武器，但它自身却不能解决信仰问题。用科学吗？科学固然可以减少肉体的痛苦，但却无法减少精神的痛苦。理性和科学告诉我们：每一个人之所以出现在这个世界上，不是由于上帝的安排，而是由于偶然的机遇。然而理性和科学却没有告诉我们：作为这大千世界的匆匆过客，每一个人应该怎样对待自己偶然获得的生命，应该如何超越自己有限的存在。”[12]因此，当现代主义者用理性和科学冲破了宗教的樊篱，并在物质财富的创造上高奏凯歌之际，他们却突然发现自己失去了生活的意义。

对此，法国存在主义艺术家加缪说：“究竟哪种难以估算的情感剥夺了精神赖以生存的睡眠呢？一个哪怕是能用邪理解释的世界也不失为一个亲切的世界。但相反，在被突然剥夺了幻想和光明的世界中，人感到自己是局外人。这种放逐是不可挽回的，因为对失去故土的怀念和对天国乐土的期望被剥夺

12　陈炎：《反理性思潮的反思》，山东大学出版社，1994年，第17页。

了。这种人与其生活的离异、演员与其背景的离异，正是荒诞感。”[13]当这种荒诞感弥漫于整个西方后现代社会的时候，荒诞艺术便应运而生了。例如，英国作家贝克特的戏剧《等待戈多》便是一部极具荒诞色彩的世界名作。从表面上看，这部作品充斥着琐碎的闲聊和无望的等待，没有任何意义。可是仔细想一想，我们真实的生活不也常常处在这种没有意义的闲聊和等待之中吗？除了荒诞派戏剧之外，“新小说”“黑色幽默”“波普艺术”“超现实主义绘画”等后现代西方艺术中也大量表现了荒诞内容，使之成为一种审美时尚。

对于荒诞艺术而言，除了宗教信仰的缺失之外，还有哲学本体论的困境。由于后现代哲学已经抛弃了旧形而上学的本质主义，使人们不得不重新正视无中心、无秩序、无深度、无意义的多元世界，找不到客观世界的本质属性和价值之源。在这种情况下，人们的情感体验也便没有了相对应的本质力量，甚至找不到控诉和发泄渠道，不像“滑稽”和“崇高”那样有着一个需要遵循的客观真理和值得坚持的主观意志，而是像约瑟夫·海勒的小说《第二十二条军规》那样，使人陷入一种进退维谷、哭笑不得的“荒诞”境地。与这种“荒诞”的内容相联系，在艺术形式上，荒诞派艺术也便不再遵循已有的时空法则，而是随意处理感官材料。例如，毕加索的立体主义手法使画面看上去杂乱无章、支离颠倒，给人一种反和谐的、混乱的荒诞感。

就价值理想而言，“荒诞”不是主观意志和愿望无法达成的痛苦，而是主体失去了意义和愿望的悲哀。就像加缪笔下的莫尔索一样，成为自己生活的《局外人》。从历史上看，人们从理性主体发展到非理性主体，进而成为丧失生活目标的“局外人”的过程，是从迷信某种确定意义，到怀疑某种确定意义，再到追求而又得不到任何确定意义的过程。“荒诞”主体不是不求深度、不求意义，而是求深度、求意义而不得。因此，荒诞感的获得，与其说是一种悲哀，不如说是一种无奈。如蒙克的作品《呼号》表现的不再是人与世界的和谐或对抗，而是人与世界无涉的绝望，它是对人类自身情感深层次的挖掘。观看这样的绘画，我们也掉进了这座情感的炼狱。

和“荒诞”一样，“丑陋”在古人的情感世界中也只是作为偶然的陪衬而存在的。庄子在《人间世》和《德充符》两篇文章中就曾描述过一些身体残

13　柳鸣九：《加缪全集·散文卷》，上海译文出版社，2010年，第79页。

缺、畸形，外貌丑陋的人，但这些外形丑陋的描写却是为了突出或反衬其内在的德行。在传统的西方艺术中，“丑陋”同样只是作为美的陪衬物而存在的。德国美学家莱辛认为，古代艺术以美为最高法则，即使表现丑，也只能是美的衬托；换言之，对丑的表现是为了更好地突出美。在这种观念的指导下，古代艺术家对丑的描写和刻画必须以整体的和谐为目的，必须衬托出整体的令人愉悦的美。正是从这一意义上，我们说古代的艺术是美的艺术；也正是从这一意义上，我们说“丑陋”作为一种情感范畴，在古代尚没有独立的地位。

进入现代社会以后，情况发生了变化。随着人类与自然、个体与社会矛盾对立的加剧，进化与退化、文明与异化、进步与保守、革命与反动的冲突也在加剧。这种生活状态的变化，也在潜移默化地影响着人们情感方式的变化。人们开始发现美丽与丑陋、善良与邪恶之间并不像非黑即白一样，是一种简单的对立，而还可能存在着更为复杂的内在联系。现代人对“丑陋”的情感体验，不仅包含在它与美丽的对比之中，还常常被包含在对“滑稽”与“崇高”的欣赏之中。在“滑稽”与“崇高”这两个现代性的情感范畴之中，已经包含了一些主观与客观、目的性与规律性相背离的成分，这也就是“丑陋”的成分。随着人们对“滑稽”与“崇高”的欣赏，人们对“丑陋”的情感接受能力也越来越强。然而，即使到了这个时候，“丑陋”还没有作为一个完全独立的对象在艺术领域中出现。也正因如此，“丑陋”在现代社会仍然还没有成为一个完全独立的情感范畴。

“丑陋”在人类情感体验中的量的积累，只有到了后现代社会才发生了质的变化，从而获得了独立的地位。因为只有到了后现代社会，人们才有了足够的勇气，开始正视主观与客观、目的性与规律性之间不可调和的矛盾与冲突。过去，人们总是相信自然是进化的、社会是进步的。今天，人们终于明白，自然界的每一次进化，同时也伴随着退化；人类社会的每一种进步，同时也伴随着异化。于是，原本那位一往无前的浮士德，却突然变成了劳而无功的西绪福斯。在这种情况下，无论是“自然向人生成”的哲学命题，还是“人类不断进步”的宏大叙事，都不能使我们幸免于主观与客观、目的性与规律性的矛盾与冲突。随着宗教信仰的消失和理性哲学的破产，人们开始意识到，与其站在上帝的立场上去宣扬永恒的和谐，毋宁以人的血肉之躯去面对这些不可避免、难以回避的矛盾与冲突。在这种情况下，丑陋才终于从一个附属或陪衬的角落里冒了出来，堂而皇之地走上艺术的殿堂，进入了艺术的领域。

“丑陋”在西方呈现出独立价值的萌芽大约始于19世纪。在理论方面，德国美学家卡尔·罗森克兰兹的专著《丑的美学》于1853年出版。罗森克兰兹认为，丑不在美的范畴之内，不是美的陪衬而是对美的否定。在艺术方面，罗丹的雕塑《欧米哀尔》和波德莱尔的诗歌《恶之花》可以说是描绘丑陋、使丑陋具有独立情感价值的典型代表作。随着时间的流逝，有关“丑陋”的理论和实践不断深入。走进后现代的美术馆，我们已经很难看到优美的身躯、和谐的线条、悦目的色彩，充斥我们眼帘的反而是残缺不全的躯体、歪七扭八的构图、混乱不堪的色彩、触目惊心的场景。一句话：我们看到的不再是“优美”和“壮美”，也不再是“滑稽”和“崇高”，而是“荒诞”和“丑陋”，甚至让我们感到恶心！

在内容上，“丑陋”表现为无目的、无价值、无意义的生活内容。就像尼采所说的那样：“现代艺术乃是制造残暴的艺术。——粗糙的和鲜明的勾画逻辑学；动机化简为公式，公式乃是折磨人的东西。这些线条出现了漫无秩序的一团，惊心动魄，感官为之迷离；色彩、质料、渴望，都显出凶残之相。”[14]人们随意肢解着自身以及自己所栖居的世界，这样的主客关系，当然不再是合规律与合目的性的，也不再是通过斗争而获得统一的，而干脆就是反和谐的。在形式上，丑陋表现为不统一、不完全、不规则的反和谐特征，呈现出残缺的、扭曲的、变态的形式。可以说，丑陋作为情感对象，其意义并不在于外在的形式，而在于主体在对“丑陋”形式的观照中反观人类自身与整个世界关系的扭曲和对立。在情感上，“丑陋”对应于人的负面情感，是一种夹杂着道德厌恶和生理拒斥的刺激感和痛感。这种感受是对社会和人类自身的复杂性、多元性以及人生苦难或阴暗面等人性深度的体验，是情感多元化发展的必然结果。

14 ［德］尼采：《权力意志——重估一切价值的尝试》，张念东等译，商务印书馆，1991年，第359页。

以上便是我们对人类六大情感范畴历史发展与逻辑关系的初步理解。需要指出的是，从古代的“优美”和“壮美”，到现代的“滑稽”和“崇高”，再到后现代的“荒诞”和“丑陋”，人类的情感范畴不是相互更替的，而是不断叠加的。如果用一个图示来加以表述的话，它就像一个不断扩大的同心圆(如下图所示)，显示着人类情感世界的不断丰富，不断完善。

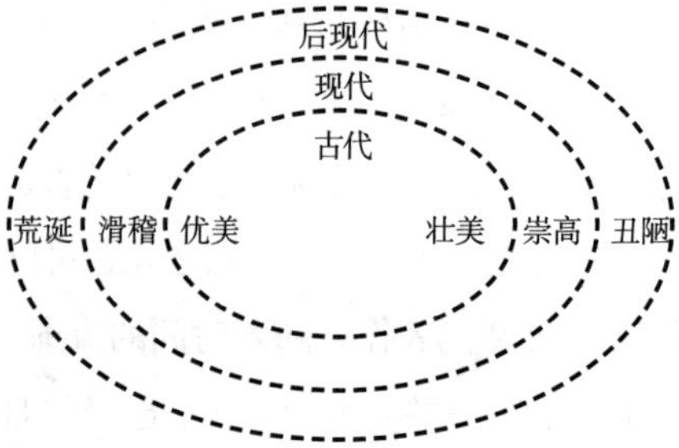

（此文为陈炎、马正应合作，教育部人文社会科学重点研究基地重大项目“文明的结构与艺术的功能”的阶段成果，发表于《文艺理论研究》2011年第5期）

论艺术表现的形式与情感特点

文学艺术不是一种抽象的存在，在文艺作品里，无论是客观再现的声音、物象和生活内容，还是主观表现的意志、愿望和社会理想，都需要通过特殊的形式来加以呈现。什克洛夫斯基在《词语的复活》一文中指出："如果我们要给诗歌感觉甚至是艺术感觉下一个定义，那么这个定义就必然是这样的：艺术感觉是我们在其中感觉到形式（可能不仅是形式，但至少是形式）的一种感觉。"[1]一旦离开具体的形式，艺术便无法诉诸人的感官，也不可能引起人们情感的变化。然而，大千世界的万事万物都有其形式，但它们却不都是艺术，即便是人工制造的有形式的物品也不都是艺术。可见，艺术需要具备一种特殊的形式，即"有意味的形式"。

一

人所面对的客观世界是无限丰富和复杂的，在人的感觉器官的阈限之内，我们可以获得来自客观世界的各种信息，如听得到的声音、看得到的颜色等。任何信息都以其独特的形式而存在，这一切构成了人类认识世界的外在源泉，使之获得"感性认识"。人的认识以这种感性经验为起点，对陌生的形

1　［法］茨维坦·托多罗夫：《俄苏形式主义文论选》，方珊等译，中国社会科学出版社，1989年，第29页。

式加以分辨、整理和归纳，将其上升为一定的概念和范畴，并以此为基点进行判断、推理等活动，于是便有了“理性认识”。显然，由“感性认识”上升到“理性认识”的过程，也是人们起于具体“形式”而终于抽象“概念”的过程。

在西语中，形式（form）一词的来源颇为复杂，“其最接近的字源为古法文字forme及拉丁文forma——意指shape（形状、形态）。英文的form一直重复拉丁语系的复杂演变，其中有两个主要相关意涵：其一是肉眼可以见的或外部的形体，具有强烈的实体感……其二是基本‘型塑原则’（shaping principle）能将飘忽不定的事物化为明确、特定的事物。”[2]不难看出，form的前一种意涵显示了“感性认识”的起点和源泉，form的后一种意涵则有着朝向“理性认识”的趋势了。在传统的认识论领域中，人们对“感性认识”这一复杂的知觉过程缺乏足够的重视，直到出现了被誉为“美学之父”的鲍姆加登。

鲍姆加登指出：“希腊的哲学家和教会的神学者曾经慎重地区别感性事物与理性事物。显而易见，他们并不把理性事物同感性事物等量齐观，因为他们以这名称尊重远离感觉（从而，远离形象）的事物。所以，理性事物应该凭高级认识能力作为逻辑学的对象去认识，而感性事物（应该凭低级认识能力去认识）则属于知觉的科学，或感性学（Aesthetica）。”[3]鲍姆加登认为，人类认识理性法则的高级认识能力和认识感性事物的低级认识能力应该分别属于两种科学来加以研究。前者属于逻辑性，后者属于感性学；前者面对抽象的范畴，后者面对具体的形式。在鲍姆加登之前，德国的唯理论者之所以忽视感性而重视理性，是因为他们觉得感性经验是混乱无序的，理性范畴则是明晰有序的。而鲍姆加登则指出：“混乱也是发现真理的必要前提，因为本质的东西不会一下子从暗中跃入思想的明处。从黑夜只有经过黎明才能达到正午。”[4]感性认识作为理性认识的基础和前提，是发现真理的必要条件，因而是不容忽视的。但是，尽管鲍姆加登为强调感性认识的重要性而建立了所谓“感性学”，但显而易见的是，他仍然是将这一学科作为低级认识论来加以理解的。

2 ［英］雷蒙·威廉士：《关键词：文化与社会的词汇》，刘建基译，台北巨流图书公司，2003年，第147页。

3 ［德］鲍姆加登：《关于诗的哲学默想录》，转自《缪灵珠美学译文集》第2卷，中国人民大学出版社，1987年，第130页。

4 ［德］鲍姆加登：《美学》，简明等译，文化艺术出版社，1987年，第15页。

那么，鲍姆加登的“感性学”又何以被理解为“美学”呢？在他看来，美的欣赏问题就是艺术的理论问题，而艺术理论问题就是感性的认识问题。所以，他在《美学》一书中开宗明义指出：“美学（作为自由艺术的理论、低级认识论、美的思维的艺术和理性类似的思维的艺术）是感性认识的科学。”“如果说逻辑思维努力达到对这些事物清晰的、理智的认识，那么美的思维在自己的领域内也有着足够的事情做，它要通过感官和理性类似的思维以细腻的感情去感受这些事物。”“美在于一件事物的完善，只要这件事物易于凭它的完善来引起我们的快感。”[5]在这里，与鲍姆加登相同的是，我们认为审美和艺术活动确实要面对的是具体的感性形式，而不是抽象的理论思辨；与鲍姆加登不同的是，笔者并不认为审美和艺术活动是一种低级的认识活动，也不认为审美和艺术活动仅仅要获得的是一种感性“认识”的完善。

如前所述，由“感性认识”上升到“理性认识”的过程，是一种起于“形式”而终于“概念”的过程。“形式”是个别的、具体的，因而是丰富的。“概念”是一般的、抽象的，因而是明晰的。从前者上升为后者的过程，既是一个提纯、定性的过程，也是一个凝练、简化的过程。通过这一过程，人们可以将纷纭复杂的客观对象纳入简单明晰的语言体系和逻辑框架进行认识和思考，但与此同时，人们也失去了许多微妙的感官享受与复杂的情感体验。所谓“茶素不是茶”“酒精不是酒”，即如此。尽管我们可以从不同种类的茶叶中提炼出共同的茶素，并以此完成对茶叶的普遍认识，却不可能用提纯后的茶素来替代具体的花茶、绿茶、红茶、乌龙茶，更不可能从茶素中获得对黄山毛峰、西湖龙井、冻顶乌龙的真切体验。尽管人们可以从不同种类的酒中提炼出共同的酒精，并以此完成对酒的抽象理解，却不可能用提纯后的酒精来替代具体的白酒、红酒、黄酒、啤酒，更不可能从酒精中获得对山西汾酒、贵州茅台、四川五粮液的真切体验……因此，从“感性”上升到“理性”、从“形式”上升到“概念”、从“现象”上升到“本质”的过程，既是一种获得的过程，也是一种失去的过程。从这一意义上讲，“感性认识”并不低于“理性认识”，也不仅仅是理性认识的初级阶段，而有其独特的价值。开掘这一价值，正是“感性学”（Aesthetica）的意义所在，也是“美学”（Aesthetica）的意义所在。

5　［德］鲍姆加登：《美学》，简明等译，文化艺术出版社，1987年，第2、43、288—289页。

在我们看来，Aesthetica作为“美学”，并不是要追求什么“感性认识的完善”，而是要获得一种“只可意会、不可言传”的情感体验。换言之，如果我们的对象既不可“意会”，也不可“言传”的话，便无法把握任何信息；如果我们的对象既可“意会”，又可“言传”的话，便会将其提升到概念、范畴的高度来加以认识。但是，无论我们的语言体系多么丰富、理论范畴多么完善，也总是无法将所有的感觉形式都上升到语言逻辑的范畴来加以理解。也就是说，总会有一些“只可意会、不可言传”的东西需要表达，而这种表达的形式就是艺术。因此，面对一部成功的艺术作品，我们总有一种说不清、道不尽的情感体验，就像品尝一杯美酒、一壶好茶一样。因此，对于一部成功的艺术作品来说，“形象大于思想”是一种普遍的现象。说穿了，所谓“形象大于思想”，就是感性的艺术形式所承载的信息多于理性的逻辑描述，这也是一部真正的艺术作品无法被任何高明的艺术评论所取代的真正原因。

比如，达·芬奇的油画《蒙娜丽莎》，所画的不过是一个端庄而又美丽的妇女而已。但在她那神秘的微笑中，人们却可以感受到很多只可意会、不可言传的东西，以至于每一次看她，都会获得某种不同的感受：有时觉得她笑得舒畅而温柔，有时觉得她笑得严肃而矜持，有时觉得她的笑容略带哀伤和忧郁，有时又觉得她的笑容里暗含着讥讽和揶揄……围绕着这幅名画，学术界曾演义出所谓的真伪之谜、背景之谜、死因之谜、遗骸之谜、字符之谜、身份之谜。但说到底，还是人类的经验之谜、艺术的情感之谜。再比如，曹雪芹的《红楼梦》所写的不过是一群贵族男女的日常生活而已。但在他的描写中，我们却可以感受到人生说不尽的喜怒哀乐、道不完的悲欢离合，以至于不同的人会感受到不尽相同的东西。正像鲁迅所说的那样，单是命意，就因读者的眼光而有种种：经学家看见《易》，道学家看见淫，才子看见缠绵，革命家看见排满，流言家看见宫闱秘事。产生这种现象，既表现了读者角度的多样性，又反映了作品内容的丰富性。故从这一意义上讲，越是感性的内容、具体的形式，也就越丰富、越复杂。

二

德国哲学家恩斯特·卡西尔认为，人是一种“符号动物”。因为除人之外的其他动物都是靠天生具有的肉体机能与外在世界发生关系的，而人则不仅要靠天然的肉体机能，更要依靠后天对符号的学习和掌握与外在世界发生关系。“因此，我们应当把人定义为符号的动物来取代把人定义为理性的动物。只有这样，我们才能指出人的独特之处，也才能理解对人开放的新路——通向文化之路。”[6]

从结构主义语言学的角度来看，所谓符号，应包含“能指”和“所指”两层含义。所谓“能指”，是指符号本身诉诸人们感官并能够加以辨别的色彩、形象、声音等表征形式；所谓“所指”，是指作为符号本身的表征形式所代表的事物、概念、意义。而“能指”和“所指”之间的关系则是人们约定俗成的。例如，在交通规则上，人们把“红色”规定为“停止”，把“绿色”规定为“通行”，把“黄色”规定为“警示”；与之相应，警察在指挥交通时也会用不同的动作等表征形式来代表“停止”“通行”和“警示”的“所指”意义；同样，警察还可以发出不同的口令，用声音这一“能指”来表达不同的意义。

对于人类来说，交通信号是比较简单、次要的符号系统，更为复杂和重要的符号系统是语言。同其他动物一样，人类所面对的大千世界是感性的、具体的、丰富多彩的。与其他动物不同的是，人类绝不会仅仅满足于直观地感受大千世界，而要把对象世界符号化。首先，人们要对客观事物加以命名，于是便出现了专有名词。比如，名字就是一种符号，“张三”“李四”“王五”这些不同符号的“能指”所对应的“所指”就是我们每一个不同的人。其次，人们不仅要对客观事物命名，而且要加以分类，于是在专有名词的基础上出现了具有概念性的名词。例如，我们发现了“张三”“李四”“王五”之间的共同点，把他们都称之为“人”“男人”“成人”等。与“人”“男人”“成人”这些概念相对应，我们还归纳出“狼”“羊”“草”之类的不同动植物名词。“命名活动本身即依赖于分类的过程。给一个对象或活动以一个名字，即把它纳

6　[德] 恩斯特·卡西尔:《人论》，甘阳译，上海译文出版社，1985年，第34页。

入某一类概念之下。”[7]

如果说词汇是一种归纳抽象的结果，那么语法则使演绎推理成为可能。所谓语法，就是要使不同概念（词）之间的关系逻辑化。于是，我们在名词之外又有了动词、形容词、量词等；于是，我们便有了“人打狼”，“狼吃羊”，“羊啃草”之类的句子，即将不同的概念放在一起，来考察它们之间的关系。“‘归纳逻辑’的创始人约翰·斯图亚特·穆勒曾明确说过，语法是逻辑最基本的部分，因为它是对思维过程进行分析的起点。”[8]有了归纳而来的概念，有了演绎而来的逻辑，于是就有了科学理论。“与科学的术语相比较，普通言语的词汇总是显出来某种含糊性，它们几乎无例外地都是这么模糊不定和定义不确，以致经受不住逻辑的分析。但尽管有这种不可避免的固有缺陷，我们的日常语词逻辑和名词仍然不失为走向科学概念之路的路标。正是运用这些日常语词，我们形成了对于世界的最初的客观视域或理论视域。”[9]从某种意义上讲，人类理论科学的发达程度，既取决于概念的抽象程度，又取决于逻辑的缜密程度。正因如此，所有理论科学都有着由日常语言向专业语言乃至数学语言发展的趋向。因为专业语言比日常语言更精确，数学语言比专业语言更严谨。

然而，辩证法告诉我们，自然界的每一次进化同时也是退化，人类文明亦复如此。“从单纯理论的观点来看，我们可以同意康德的话，数学是‘人类理性的骄傲’。但是对科学理性的这种胜利我们不得不付出极高的代价。科学意味着抽象，而抽象总是使实在变得贫乏。”[10]大千世界原本是无限丰富的，每一个个体都是无限规定的总和。正像德国哲学家莱布尼兹所说的那样，世界上没有两片完全相同的树叶。但是，人们为了形成具有普遍意义的概念，必须在异中求同，舍弃每一个体鲜活的个性，从中归纳出抽象的概念。因此，这一抽象的过程，同时也是简化的过程。

譬如，所谓颜色，无非是长短不同的电磁波作用于我们视网膜的结果，这其间有着一个由明到暗、连续不断的谱系；但为了将人们对颜色的感觉符号化，只能将其归纳为赤、橙、黄、绿、青、蓝、紫七种颜色。所谓音高，

7　［德］恩斯特·卡西尔：《人论》，甘阳译，上海译文出版社，1985年，第171页。
8　［德］恩斯特·卡西尔：《人论》，甘阳译，上海译文出版社，1985年，第162页。
9　［德］恩斯特·卡西尔：《人论》，甘阳译，上海译文出版社，1985年，第172页。
10　［德］恩斯特·卡西尔：《人论》，甘阳译，上海译文出版社，1985年，第183页。

无非是物体在空气中震动的频率作用于我们耳膜的结果，这其间有着一个由高到低的连续不断的谱系，但为了将人们对音高的感觉符号化，只能将其归纳为1、2、3、4、5、6、7七个音阶。所谓情感，无非是理智与意志之间形成的纠葛和张力，这其间既有简单的、单纯的情感，也有复杂的、矛盾的情感。但是，为了将对情感的表达符号化，人们只能将其归纳为喜、怒、哀、乐、爱、恶、欲等有限的概念……正像前面说过的那样，由经验上升为符号的过程，既是一个由具体到抽象的过程，又是一个由复杂到简单的过程。这其中，有得亦有失。

不仅符号的形成如此，符号的运作亦复如此。我们说过，作为语言的符号运作，揭示了不同概念之间的逻辑关系，使逻辑思维成为可能。但是，正像概念的抽象是一个简化的过程一样，逻辑的推理也是一个简化的过程。本来，万物之间的关系是极为复杂的，但形式逻辑只能在“质”上分为肯定判断和否定判断，在“量”上分为全称判断、特称判断和单称判断；在“关系”上分为同一律、矛盾律、排中律和理由充足律等有限形式。因此，如果说概念之“言”不可避免地会漏掉一些生活之“意”的话，那么逻辑之“网”也不可避免地会漏掉一些经验之“鱼”。正是在这种情况下，“得意而忘言，得鱼而忘筌”的艺术便有了其用武之地。

首先，艺术所使用的媒介往往是具体的、生动的，如音乐中的节奏和旋律、绘画中的色彩和线条、舞蹈中的肢体和动作、雕塑中的材料和形状……从符号学的意义上讲，这些节奏和旋律、色彩和线条、肢体和动作、材料和形状还不是严格意义上的“能指”，因为它们自身并不规范，也没有明确的“所指”。然而，这些节奏和旋律、色彩和线条、肢体和动作、材料和形状并不是没有意义的，由于它们与我们的日常生活有着千丝万缕的联系，因而能够引发人们的情感。分析起来，这些现象可能与我们的生理和心理经验有关，比如，一个健康的、洋溢着生命力的形象自然会引发我们正面的情感，一个病态的、苟延残喘的形象自然会引发我们负面的情感；这些现象可能与人的生产实践有关，人类在改造自然的生产实践中，培养了自己观察自然、感受世界的能力，从而对色彩、节奏、形状、运动有着极为细致的情感反应。这些现象还与人的社会习俗有关，比如红色和白色不仅有冷暖之分，而且在不同的社会语境中会引发人们不同的联想，有不同的功能划分。

由于这些错综复杂、千丝万缕的关系，使得许多“对象”对于我们来说已不是纯然“客观”的了。正如杜威在《经验与自然》一书中指出的那样：“从经验上讲，事物是痛苦的、悲惨的、美丽的、幽默的、安定的、烦扰的、舒适的、恼人的、贫乏的、粗鲁的、慰藉的、壮丽的、可怕的。”[11]如果我们把这些节奏和旋律、色彩和线条、肢体和动作、材料和形状也当作“能指”的话，那么它们所暗含的“所指”不是确切的事物或概念，而是复杂而精微的情感。在这里，由于“能指”与“所指”之间的关系不是约定俗成的，而是潜移默化的，因而还不能说是一种严格意义上的符号。正因如此，它们之间的关系常常是多元的、复杂的、似是而非的，而不是清晰的、明确的、溢于言表的。这便是艺术作品“形象大于思想”的原因所在。正因如此，它们之间的关系又常常是超越民族和社会的。莫扎特是奥地利人，他所说的德语中国人听不懂，但中国人完全可以欣赏他那轻松而又欢快的《小步舞曲》；阿炳是中国人，他所说的汉语外国人听不懂，但他那凄楚而又悲凉的《二泉映月》却完全可以引起外国人的情感共鸣。总之，如果说艺术也是一种语言的话，一方面，这种语言在一定程度上是模糊的、暧昧的；另一方面，这种语言在一定程度上又是超越民族、超越国界、超越时代的。

其次，艺术创作的法则常常是跳跃的、非逻辑的。艺术家往往利用想象和联想、隐喻和象征等方式将音乐中的节奏和旋律、绘画中的色彩和线条、舞蹈中的肢体和动作、雕塑中的材料和形状组合起来，形成特定的形象和作品，而不是依靠概念、判断、推理的方式。由于艺术创作既没有固定的语法，也没有缜密的逻辑，因而也不是严格意义上的符号行为。所以，人们常将艺术活动称之为“形象思维”，而与科学活动中的“逻辑思维”相区别。事实上，艺术家对各种材料的运用也确实不需要遵从形式逻辑，而需要遵从情感的逻辑，即在符合情感表达的基础上对材料加以组合，对形象加以塑造。贝聿铭为什么要在卢浮宫前建造一个玻璃金字塔式的入口？乌特松为什么将悉尼歌剧院建造成白帆或贝壳的形状？这一切很难用逻辑和推理说清楚。或

11　［德］恩斯特·卡西尔：《人论》，甘阳译，上海译文出版社，1985年，第100页。

许，正是由于艺术创作活动是超越逻辑推理的，因而艺术家很难按照某些规则训练而成；或许，正是由于这种艺术的“语法”非约定俗成，因而可以获得超越民族、超越时代的普遍认同。人们也许会说，上述艺术类型中缺少了一个重要的门类——文学，而文学恰恰是以语言符号为载体的，因而需要特别说明。不错，包含诗歌、散文、小说在内的文学是以语言符号为载体的，但即使是作为语言艺术的文学，也是要借助语言来超越语言、通过概念来超越概念的。“这一点，只有当诗人具有把日常语言中的抽象和普遍的名称投入他诗意想象力的坩埚，把它们改铸为一种新的形态时，才是可能的。他由此便能够表现快乐和忧伤、欢愉和痛苦、绝望和极乐所具有的那些精巧微妙之处，而这却是其他所有表现方式所不可企及和难以言说的。”[12]一方面，文学语言往往比日常语言更丰富、更复杂、更精致，即通过形容、比喻、象征、夸张、对偶、排比、拟人、通感等各种复杂的修辞手段对客观世界和主观心理进行更加透彻和细腻的描写；另一方面，文学语言尤其是诗歌语言常常采取陌生化、反常规、超逻辑的手法突破日常语言的修辞方式和语法规则，从而形成对传统符号体系的挑战。

譬如，如果用逻辑思维的标准来看，我们很难说清楚“人闲”与“桂花落”之间是一种什么样的关系，但如果用形象思维的标准来说，“人闲桂花落”无疑是一句绝妙的好诗。如果用逻辑思维的标准来看，我们很难说清楚“关关雎鸠，在河之洲”与“窈窕淑女，君子好逑”之间是一种什么样的特定关系。尽管从汉代以降，便有很多学者对此作过各种各样的研究，提出过各种各样的解释，但至今也没有获得学术界的普遍认同。因为说到底，这些研究和解释都是以逻辑思维的方式入手的，而艺术创作则是以形象思维的方式进行的。按照康德的认识论原理，只有两个概念之间的关系可以被纳入十二个范畴时，它们之间的关系才是可以被认知的。而在我们看来，当两个对象之间的关系不能被纳入有限的逻辑范畴时，它们之间的关系虽然不能被明确地认知，却同样可以被感受。这种感受的方式便是审美和艺术。因此，就像卡西尔所指出的那样，“任何伟大的诗人都是一伟大的创造者；不仅是他的艺术领域的创造者，而且也是语言领域的创造者。他不仅具有运用语言的

12 ［德］恩斯特·卡西尔：《人论》，甘阳译，上海译文出版社，1985年，第109页。

膂力，而且还具有改铸和创新语言的膂力，把语言注入一新的模式。”[13]元代文学家马致远曾做过一首《天净沙·秋思》：“枯藤、老树、昏鸦，小桥、流水、人家，古道、西风、瘦马。夕阳西下，断肠人在天涯。”如果从逻辑思维的角度出发便很难理解这首词的真正含义，故只有从形象思维的角度入手才能真正感受到其中所包含的复杂的人生经验和丰富的情感内涵。

其实，不仅诗歌如此，即使是在小说、散文等具有相当长度的叙事文体中，文学家也不能仅仅按照逻辑思维的方式谋篇布局，而是要按照形象思维的方式进行创作，以达到“情理之中，意料之外”的叙事效果。当然，在具有叙事成分的文学作品中，人们会获得很多的人生经验，因而其创作又必须符合一定的生活逻辑。对此，美国学者杜威曾经下过“艺术即经验”的断语。然而，细加分析便不难看出，“经验”之所以不同于“经历”，还在于其中所包含的丰富而复杂的“情感”。例如，在长篇小说《三国演义》中，每一个人物的动机、愿望、理想与其所处的环境、条件、地位之间会发生各种各样的冲突，在“意志”与“理智”之间会形成错综复杂的“情感”，这里面有勾心斗角、尔虞我诈，也有肝胆相照、义薄云霄！而每一个读者的主观意愿又会与作品的实际内容之间产生必要的张力，使我们对其中的人物产生或尊敬、或爱慕、或鄙视、或憎恶的情感，期许他们的未来，牵挂他们的命运，甚至废寝忘食地沉浸在小说的故事情节之中。而如何编排故事的情节、如何塑造人物的行为、如何调动读者的兴趣，也不仅仅是逻辑推理的结果。在这里，感情的逻辑仍然重于思维的逻辑。

总之，从人类文明的角度来看，无论是音乐中那梦幻般的节奏和旋律、舞蹈中那超越生活的肢体和动作、绘画中那高度夸张的色彩和线条，还是诗歌中那陌生化、反常规、超逻辑的语言，都旨在使人们从惯常的逻辑思维和异化了的现实生活中解放出来，获得一种超越日常生活的情感体验，以获得一种超越语言描摹的心理慰藉。正像马尔库塞所指出的那样：“在一个以异化劳动为基础的社会中，人的感性变得愚钝了：人们仅以事物在现存社会中所给予、造就和使用的形式及功用，去感知事物；并且他们只感知到由现存社会规定和限定在现存社会内的变化了的可能性。因此，现存社会就不只是在

13 ［德］恩斯特·卡西尔：《符号·神话·文化》，李小兵译，东方出版社，1988年，第107页。

观念中（即人的意识中）再现出来，还在他们的感觉中再现出来。”[14]正是从这一意义上讲，艺术作为“美学”的承载者，有着更新人们感性经验和情感世界的特殊意义。

三

人们在日常生活中积累的经验，并不是所有的全能上升到理论的水平和概念的层次，比如我们可以敏感地观察到一个人的面孔转悲而喜的微妙变化，但很难说清楚究竟是哪一块肌肉、哪一条皱纹体现了这种变化；我们可以敏感地察觉到一个人时而痛苦时而欢愉的呻吟，但很难说清究竟是哪一个音符、哪一种旋律承载了这种情感。而艺术家则不同，他们不仅有着比普通人更加敏锐的观察和感受能力，而且能够通过对肌肉和线条的组合、对音响和旋律的搭配而将这种微妙的情感捕捉、再现甚至创造出来。于是，便有了惟妙惟肖的雕塑和如泣如诉的音乐；于是，便有了传神写意的绘画和动人心魄的舞蹈。

从这一意义上讲，所谓艺术，就是对人的生活经验的浓缩和情感体验的再现。只是，与科学家不同，艺术家不是使用逻辑严谨的规范性符号，而是运用具体生动的感性材料，如线条、色彩、动作、节奏、音响等。正因如此，人们常常习惯用一种比拟性的说法，来指称所谓“肢体语言”“音乐语言”“绘画语言”……“在某种意义上，所有艺术都可以被看作是语言，不过是一种特殊的语言罢了。它并非一种言语符号的语言，而是直观符号的语言。那种不能感受色彩、形态、空间形式和类型的人，遂被排除在艺术作品大门之外；由此，他不仅被剥夺了审美快感，而且还丧失了向最深层的实在切近的可能”[15]。

既没有固定的词汇，也没有严格的语法，那么艺术家是怎样利用这种“特殊的语言”来实现自己的创造呢？与科学家从物质现象中抽象出概念相类似，艺术家也需要对生活经验进行一定的抽象，只是这种抽象不是指向逻辑范

14 ［美］赫伯特·马尔库塞：《审美之维》，李小兵译，广西师范大学出版社，2001年，第132页。

15 ［德］恩斯特·卡西尔：《符号·神话·文化》，李小兵译，东方出版社，1988年，第134—135页。

畴，而是始终保留在经验世界里。以绘画为例，一个真正的画家并不是事无巨细地描摹对象，而是要用最为简洁、最为有力的笔触将对象的情感特征呈现出来。正因如此，画家笔下的线条才能比常人手中的线条更准确地把握客观对象的形态和表情，画家笔下的色彩才能比日常生活中的色彩更突出地体现对象的特征和个性。以舞蹈为例，一个真正的舞蹈家，并不是原封不动地还原生活中的各种动作，而是用最为美妙、最为动人的动作将主观的情感内容呈现出来。正因如此，舞蹈家的行为举止才会比常人更有韵味，举手投足才会比生活更加精彩。同样，在这种类似披沙拣金的努力中，音乐家从杂乱无章的音响中“抽象”出美妙的旋律，文学家从纷纷攘攘的词汇中“提炼”出动人的言词。

这种“抽象”和“提炼”，既需要一定的生活经验积累，更需要一定艺术技巧的长久训练。在生活经验的积累方面，由于“情感”是产生于“意志”与“理智”之间的“关系质”，因而一个真正的艺术家需要有足够的生活经验：既要理解不同人的价值取向、行为方式、生活情趣，又要懂得人生的冷暖、世态的炎凉、历史的规律，从而在错综复杂的社会生活中“提炼”出最生动、最形象、最有典型意义的故事情节和人物形象。这一点，在叙事性较强的文学作品中尤为重要。在艺术技巧的训练方面，由于“情感”是通过“形式”来加以呈现的，因而一个真正的艺术家需要具备娴熟的艺术技巧：既要对形体、线条、颜色、音响、节奏、语言等各种感性材料有高度的敏感性，又要有驾驭这些材料的能力，从而在杂乱无章的感官材料中“抽象”出最形象、最动人、最美妙的艺术形式。这一点，在叙事性较弱的音乐、绘画、舞蹈中尤为重要。为了实现上述目的，一个真正的艺术家既要深入生活，体验人生的喜怒哀乐，又要加强训练，掌握艺术的各种技巧。所谓“登山则情满于山，观海则意溢于海”（《文心雕龙·神思》）说的是前者；所谓“操千曲而后晓声，观千剑而后识器”《文心雕龙·知音》说的是后者。

这种“抽象”和“提炼”的结果，便形成了“有意味的形式”。英国艺术家克莱夫·贝尔在《艺术》一书中指出：“在各个不同的作品中，线条色彩以某种特殊方式组成某种形式或形式的关系，激发我们的审美感情。这种线、色的关系和组合，这些审美的感人的形式，我视之为有意味的形式。有意味的形式就是一切艺术的共同本质。”[16]在这里“形式”和“意味”之间的关系，犹如符号中的“能指”与“所指”之间的关系，不同之处在于：“能指”与“所指”之间的关系是明确的、约定俗成的，“形式”和“意味”之间的关系则是隐晦的、令人回味的。事实上，“形式”背后的“意味”并不是别的，而是“情感”。在艺术中，由于那种特殊的、微妙的情感不能够用有限的概念加以表达，因而只能借助于“形式”，或者说由“形式”组成的“形象”来加以呈现。于是，“形式”和“形象”便成为艺术作品中不可缺少的因素。“形式”和“形象”承载着“内容”与“情感”，它们之间存则俱存，亡则俱亡。从消极的意义上讲，任何艺术品都必须有“形式”，抽象的艺术品是不存在的；从积极的意义上讲，一部作品美学价值的高低之别，不在于“形式”是否繁杂，而在于这一形式的背后承载了多少“意味”。

（此文发表于《河北学刊》2012年第5期）

16 ［英］克莱夫·贝尔：《艺术》，薛华译，江苏教育出版社，2005年，第4页。

文学艺术与语言符号的区别与联系

德国哲学家恩斯特·卡西尔（Enst Cassirer，1874—1945）认为，人是一种“符号动物”。因为除人之外的其他动物都是靠天生具有的肉体机能与外在世界发生关系的，而人则不仅要依靠天然的肉体机能，更要依靠后天对符号的学习和掌握与外在世界发生关系。这样一来，人便不再生活于一个单纯的物理世界之中，而是生活在一个符号世界之中。人类利用符号来创造文化，人类利用符号来表达情感。人类的符号能力进展多少，单纯的物理世界就退却多少。“因此，我们应当把人定义为符号的动物（animal symbolicum）来取代把人定义为理性的动物。只有这样，我们才能指出人的独特之处，也才能理解对人开放的新路——通向文化之路。”[1]

卡西尔认为，不仅我们使用的语言是符号，神话、科学、艺术也是符号。他明确指出：“艺术可以被定义为一种符号语言”，“美必然地、而且本质上是一种符号”，这类包含着艺术和美的“符号体系”，“在对可见、可触、可听的外观中给予我们以秩序”，“使我们看到的是人的灵魂最深沉和最多样化的运动”。[2]卡西尔的这一观点获得了美国学者苏珊·朗格的响应和支持，并在美学和艺术理论界产生了重要的影响。然而，卡西尔本人只是文化哲学家而不是语言符号学家，他并没有真正界定过什么是“符号”，也没有令人信服地

1　［德］恩斯特·卡西尔：《人论》，甘阳译，上海译文出版社，1985年，第34页。

2　［德］恩斯特·卡西尔：《人论》，甘阳译，上海译文出版社，1985年，第212、175、214、189页。

论证过为什么“艺术可以被定义为一种符号语言”，为什么“美必然地、而且本质上是一种符号”。尽管在《人论》一书中，卡西尔有一节专论艺术，但在论及“艺术”与“符号”之间的关系时，却始终没有一种清晰而又明确的表述。卡西尔说：“像所有其他的符号形式一样，艺术并不是对一个现成的即予的实在的单纯复写。它是导向对事物和人类生活得出客观见解的途径之一。它不是对实在的模仿，而是对实在的发现。”[3]“艺术确实是符号体系，但是艺术的符号体系必须以内在的而不是超验的意义来理解。”[4]……坦率地讲，这样的“理解”只能使人们更加“费解”。人们不禁要问：卡西尔关于“艺术可以被定义为一种符号语言”的观点究竟意味着什么？我们能否在符号学的意义上重新理解和阐释卡西尔的这一论断？

如果我们把卡西尔的观点放到符号学的语境中加以检视，就必须重新回答以下三个问题：第一，艺术究竟是不是一种符号？第二，如果是的话，它的特点在哪里？如果不是的话，它又如何传递信息呢？第三，作为一种特殊的艺术形式，文学与符号是一种什么样的关系？

一

在讨论“艺术究竟是不是符号”这一问题之前，我们需要对“符号学”做一个简单的介绍，或者至少要说清楚，我们所说的“符号”是哪种符号学派意义上的概念。

我们知道，“符号学”（Semiology或Semiotics）是研究符号种类及其传递信息原理的一门人文学科，它所研究的对象极为广泛，涉及记号、信号、音符、字符、手语、密码、图片等。然而，或许正是由于其涵盖范围过于广泛，它在20世纪以前并未被凝练成一个统一的学科。尽管“符号学”作为一门正式的学科出现较晚，但发展迅速，相继在瑞士、俄国、法国、美国、意大利等国家出现了不同的学派，而这些不同的符号学派对“符号”的理解也不尽相同。

在“符号学”这门学科的创立过程中，瑞士语言学家索绪尔有着开创先

3　［德］恩斯特·卡西尔：《人论》，甘阳译，上海译文出版社，1985年，第182页。

4　［德］恩斯特·卡西尔：《人论》，甘阳译，上海译文出版社，1985年，第200页。

河的历史贡献，尽管他还没有着手建立这门学科，却预示了这门学科的出现：“我们可以设想有一门研究社会生活中符号生命的科学；它将构成社会心理学的一部分，因而也是普通心理学的一部分；我们管它叫符号学（semiologie，来自希腊语semeion‘符号’）。它将告诉我们符号是由什么构成的，受什么规律支配。因为这门科学还不存在，我们说不出它将会是什么样子，但是它有存在的权力，它的地位是预先确定了的。语言学不过是这门一般学科的一部分，将来符号学发现的规律也可以应用于语言学，所以后者将属于全部人文事实中一个非常确定的领域。”[5]顺便说一句，“符号学”在英语中有两个意义相同的术语：semiology和semiotics，它们的区别就在于，前者是由索绪尔创造的，欧洲人出于对他的尊敬，喜欢用这个术语；操英语的人喜欢使用后者，则出于他们对美国符号学家皮尔斯的尊敬。

索绪尔不仅为“符号学”的产生预设了理论的地盘，也不仅预示了符号学与语言学之间的从属关系，更重要的是他首创性地揭示了符号内部“能指”与“所指”之间的联系。法国当代符号学家罗兰·巴特曾经指出：“在索绪尔找到能指和所指这两个词之前，符号这一概念一直含混，因为它总是趋于与单一能指相混淆，而这正是索绪尔所极力避免的。经过对词素与义素、形式与理念、形象与概念等词的一番考虑和犹豫之后，索绪尔选定了能指和所指，二者结合便构成了符号。”[6]因此，本文将延用索绪尔的经典概念，从“能指”与“所指”的关系入手来理解“符号”。

按照这种传统的经典定义，符号就是代表某种意义的标识：一方面，它具有能被感知和辨识的客观形式；另一方面，这种形式承载着某种特定的意义。索绪尔在《普通语言学教程》中把语言符号看作是一个概念和一个有声意象的统一体，有声意象又称能指，概念又称所指。从广义的符号学的角度上看，“能指”是指符号本身诉诸人们感官并能够加以辨别的色彩、形象、声音等表征“形式”，“所指”是指作为符号本身的表征形式所代表的事物、概念、信息等“意义”。例如，在交通规则上，人们把“红灯”规定为“停止”，把“绿灯”规定为“通行”，把“黄灯”规定为“慢行”；与之相应的是，警察在指挥交通时也可以使用不同的手势或口令作为“能指”来代表“停止”“通行”

5　［瑞士］索绪尔：《普通语言学教程》，高名凯译，商务印书馆，1980年，第38页。

6　［法］罗兰·巴特：《符号学原理》，王东亮译，生活·读书·新知三联书店，1988年，第133页。

和“慢行”的“所指”意义。这样一来，与一般的物象不同，作为符号的物象就如同一枚硬币的两面花纹一样，有了“能指”与“所指”、“标识”与“意义”之间的内在联系。我们可以把这种内在联系看成是一种“深度模式”。

如果以这个最宽泛的定义为标准来衡量，艺术似乎可以被称之为符号。因为从创作的角度上讲，艺术确实是某种意义的载体、精神的外化；从欣赏的角度上讲，艺术确实有可被感知的客观形式。以绘画为例，比如凡·高的《向日葵》，它所给予我们的当然不只是一种“大型菊科草本植物”，也不是色彩和线条本身，而是这种植物和这些色彩和线条背后的“意义”。以音乐为例，比如莫扎特的《小步舞曲》，它所给予我们的当然不只是“D大调、3/4拍、三部曲式”，也不是节奏和旋律本身，而是这种曲式和这些节奏和旋律背后的“意义”。当然了，对于艺术作品背后的意义，不同的学者有不同的理解。有人认为是“经验”，如美国的约翰·杜威；有人认为是“意味”，如英国克莱夫·贝尔；有人认为是“情感”，如美国的苏珊·朗格……尽管不同的学者对艺术“形式”背后所隐藏的“意义”有着不同的理解和阐发，但他们都不否认某种意义的存在。这样一来，艺术作品也像符号一样，有了一种“能指”与“所指”、“标识”与“意义”之间的“深度模式”。所以，从表面上看，艺术作品也可以被称之为是一种符号。但是，在艺术中，“标识”与“意义”之间的关系是怎样建立起来的呢？这种关系是否符合符号的基本特征呢？如果我们这样追问下去，情况就有些复杂了。在索绪尔看来，“能指和所指的联系是任意的”[7]，是作为社会群体的人们“约定俗成”的。比如说在交通规则上，人们把“红灯”规定为“停”，把“绿灯”规定为“行”，这完全是任意的，没有缘由的。如果我们反过来，把“红灯”规定为“行”，把“绿灯”规定为“停”，也未尝不可。只要大家都按照这种新的“约定”来行车，同样可以保证交通安全。与之不同的是，艺术虽然有色彩、形象、声音等表征形式，即所谓的“标识”或“能指”；虽然也有形式所代表的事物、概念、信息，即所谓的“意义”或“所指”；但是其“标识”和“意义”、“能指”和“所指”之间的关系却不是“约定俗成的”。凡·高的《向日葵》代表什么意义？没有人事先告诉我们。莫扎特的《小步舞曲》代表什么意义？也没有人事先告诉我们！所以，我们不能按照

7　[瑞士]索绪尔：《普通语言学教程》，高名凯译，商务印书馆，1980年，第102页。

事先约定的法则去理解作品，而只能在观看和聆听作品的过程中独自去“领悟”其中的意义。更为重要的是，虽然凡·高没有对《向日葵》的意义进行约定，但我们可以在其朴拙的笔触和炽热的色彩中隐约地感受到一种原始的力量和生命的冲动；这种感受绝不可能等同于欣赏毕加索的《格尔尼卡》！虽然莫扎特没有对《小步舞曲》的意义进行约定，但我们可以在其欢快的节奏和优雅的旋律中大致体验到一种生活的喜悦和生命的热情；这种体验绝不可能等同于欣赏舒伯特的《小夜曲》。也就是说，在艺术作品中，“标识”和“意义”、“能指”和“所指”之间的关系既不是“约定”的，也不是“任意”的。所以，从严格意义上讲，艺术作品不是符号。需要指出的是，在西语中，索绪尔所使用的“符号”是sign，他并不赞同像卡西尔那样在“符号”的意义上使用symbol：“曾有人用symbol一词来指语言符号，我们不便接受这个词……symbol的特点是：它不是空洞的，它在能指与所指之间有一种自然联系的根基”[8]。与之不同的是，皮尔斯虽然主张在“符号”的意义上使用symbol，但他和索绪尔一样，也认为符号“标识”所承载的“意义”是人们规约的、任意的，因而有悖于卡西尔所说的艺术。

那么，艺术作品的“标识”和“意义”、“能指”和“所指”之间的关系为什么不能像符号那样“约定俗成”呢？这里面至少有三重原因：首先，一般符号的“标识”和“能指”都是事先规定好的，譬如我们在考取驾照之前，要专门学习和掌握交通符号的辨析；而每一部艺术作品都是“创作”而来的，不仅创作者没有办法事先与欣赏者进行“约定”，甚至连他本人也无法准确地预知创作的最终结果。其次，一般符号的“标识”和“能指”在规定好了之后便具有相对的稳定性，是人们习以为常、反复使用的，如“红灯”“绿灯”“黄灯”之类。全世界的交通警示灯都是一样的，否则便无法“约定”；而每一部艺术作品都必须是独创的、与众不同的，凡·高的《向日葵》不仅不同于高更的《向日葵》，而且他一生所画的十幅《向日葵》也各有不同；莫扎特的《小步舞曲》不仅不同于鲍凯里尼的《小步舞曲》，而且他一生所创作的每一首《小步舞曲》也各不相同。最后，一般符号的“意义”或“所指”都是明确的、可以表述清楚的，如红灯所指的“停”、绿灯所指

8 ［瑞士］索绪尔：《普通语言学教程》，高名凯译，商务印书馆，1980年，第103—104页。

的“行”、黄灯所指的“慢行”，否则便无法“约定”。而艺术品的“意义”或“所指”却常常是复杂的、含混的，“只可意会、不可言传”，常常连作者本人都说不清楚，因而又如何“约定”呢？比如，凡·高能把《向日葵》意义言说清楚吗？谁又能穷尽舒伯特的《小夜曲》的情感内涵呢？恰恰相反，越是能够用语言所穷尽的作品越不是好的作品，越是能够被词语解释清楚的艺术越不像真正的艺术。

因为说到底，大千世界是无限丰富和复杂的，我们能感受到的只是其中的一小部分，而能够用语言符号所表述的又只是感受到的一小部分。所谓“茶素不是茶”，“酒精不是酒”。尽管我们可以从不同种类的茶叶中提炼出共同的茶素，并以此完成对茶叶的普遍认识，但是，我们却不可能用提纯后的茶素来替代具体的花茶、绿茶、红茶、乌龙茶，更不可能从茶素中获得我们对黄山毛峰、西湖龙井、冻顶乌龙的真切体验。尽管我们可以从不同种类的酒中提炼出共同的酒精，并以此完成对酒的抽象理解，但是，我们却不可能用提纯后的酒精来替代具体的白酒、红酒、黄酒、啤酒，更不可能从酒精中获得我们对山西汾酒、贵州茅台、四川五粮液的真切体验。再说得极端一点儿，同是一种西湖龙井，不同地点生长、不同月份采摘的也有差别；同是一种贵州茅台，不同年份酿造、不同时间窖藏的也有差别。虽然我们可以品尝出这种微妙的差别，但很难用语言加以描述。因此，从认识论的角度看，由“感性”上升到“理性”、由“形式”上升到“概念”、由“现象”上升到“本质”的过程，既是一种获得的过程，也是一种失去的过程。从这一意义上讲，“感性认识”并不低于“理性认识”，也不仅仅是理性认识的初级阶段，而有其独特的价值。开掘这一价值，正是“感性学”或称“美学”（Aesthetica）的意义所在。

所以，在笔者看来，Aesthetica作为“美学”，并不是要追求什么“感性认识的完善”，而是要获得一种“只可意会、不可言传”的情感体验。换言之，如果我们的对象既不可“意会”，也不可“言传”的话，我们便无法把握任何信息；如果我们的对象既可“意会”，又可“言传”的话，我们便能够将其提升到概念、范畴的高度，在符号系统中加以理解。但是，无论我们的符号系统多么完善，无论我们的语言体系多么丰富，我们总是无法将所有的感觉形式都上升到符号概念和语言逻辑的高度来加以理解。也就是说，我们总会有一些“只可意会、不可言传”的东西需要表达，而这种表达的形式，就是艺术。因此，面对一部成功的艺术作品，我们总有一种说不清、道不尽的情感体验，就像我们品尝一杯美酒、一壶好茶一样。因此，对于一部成功的艺术作品来说，“形象大于思想”是一种普遍的现象。说穿了，所谓“形象大于思想”，就是感性的艺术形式所承载的信息多于理性的逻辑描述，这也就是一部真正的艺术作品无法被归约为符号的真正原因。

抛开对符号的结构分析，即使是在接受效果上，艺术作品的这种非符号特征也表现得十分明显。由于符号系统是“约定俗成”的，因而凡是掌握了这一“约定”的人都能理解符号的意义，否则便不能。这如同人们掌握一门语言一样，中国人之所以懂得汉语，是由于我们在生活和学习中掌握了这种符号体系的特殊“约定”；反之，如果我们不去学习德语，不去掌握德国人在“能指”和“所指”之间的一系列“约定”，我们便永远也无法理解德语。

需要指出的是，我们认为艺术作品不是符号，这只是从本质上说的，而并不否认艺术创作可以利用符号。比如在生活中，人们常把“玫瑰花”作为“爱情”的象征，把“百合花”作为“纯洁”的象征。于是，“玫瑰”与“爱情”之间、“百合”与“纯洁”之间也便具有了“能指”与“所指”的关系。从而作为植物的鲜花，也就具有了符号的意义。因此，画家画一幅《玫瑰花》和画一幅《百合花》，也就可能引起人们不同的联想和感受。当然了，要使这幅《玫瑰花》或《百合花》能够像凡·高的《向日葵》那样成为一幅真正的艺术品，其中所包含的“意义”，一定要超出“爱情”或“纯洁”的符号学概念。说到底，“艺术中的符号”并不等同于“艺术符号”！艺术家在创作中对符号的使用，并不能改变艺术超越符号的美学属性。于是，我们便可以得出与卡西尔完全不同的观点：艺术无法被定义为一种符号语言，美必然地、而且本质上具有超越符号的特征。

二

既然艺术作品不是一种“约定俗成”的符号，那么它又如何传递信息呢？换句话说，我们又如何看懂、听懂呢？这是本文要讨论的第二个问题。

我们知道，艺术所使用的媒介往往是具体的、生动的，如音乐中的节奏和旋律、绘画中的色彩和线条、舞蹈中的肢体和动作、雕塑中的材料和形状……从符号学的意义上讲，这些节奏和旋律、色彩和线条、肢体和动作、材料和形状还不是严格意义上的“能指”，因为它们自身并不规范，也没有明确的“所指”。然而，这些节奏和旋律、色彩和线条、肢体和动作、材料和形状并不是没有意义的。由于它们与我们的日常生活有着千丝万缕的联系，因而能够引发人们的情感。分析起来，这些现象可能与我们的生理经验有关，比如：一个健康的、洋溢着生命力的形象自然会引发我们正面的情感，一个病态的、苟延残喘的形象自然会引发我们负面的情感；这些现象也可能与我们的生产实践有关，人类在改造自然的生产实践中，培养了自己观察自然、感受世界的能力，从而对色彩、节奏、形状、运动有着极为细致的情感反应；这些现象还可能与我们的社会习俗有关，比如：不同的颜色和形状，不仅有冷暖之分、刚柔之别，而且在不同的社会语境中会引发人们不同的联想……

更为重要的是，在艺术欣赏中，这种来自生理经验、生产实践、社会习俗等方面的因素可能会错综复杂地交织在一起，潜移默化地影响着我们。比如，我们欣赏一个古代的瓷瓶，可能会从其造型中联想到古代侍女的溜肩细腰，也可能从其釉面中联想到古代侍女的冰肌玉骨。就像《天工开物·陶埏》中所说的那样：“陶成雅器，有素肌玉骨之象焉，掩映几筵，文明可掬。”比如，我们欣赏凡·高的《向日葵》，可能会从其纯黄的底色中联想到盛夏季节那一望无际的原野，可能会从其倔强的笔触中联想到农作物顽强向上的生长状态。比如，我们欣赏莫扎特的《小步舞曲》，可能会从其明亮、欢快而又有些刻板的节奏与旋律中联想到18世纪欧洲宫廷的建筑、装饰、礼仪、社交……其实，这些能够被说出来的联想还只是显在的、意识层面的，在真正的艺术欣赏中还有许多潜在的、无意识层面的经验在起作用。

正是由于人们与对象世界这种错综复杂、千丝万缕的联系，使得许多对象的形式对于我们来说已不是纯然“客观”的，而是带有一定“情感”的了。正如杜威在《经验与自然》一书中指出的那样，“从经验上讲，事物是痛苦的、悲惨的、美丽的、幽默的、安定的、烦扰的、舒适的、恼人的、贫乏的、粗鲁的、慰藉的、壮丽的、可怕的”[9]。因此，如果我们把这些节奏和旋律、色彩和线条、肢体和动作、材料和形状也当作“能指”的话，那么它们所暗含的“所指”不是确切的事物或概念，而是复杂而精微的情感。在这里，由于“能指”与“所指”之间的关系不是约定俗成的，而是潜移默化的，因而还不能说是一种严格意义上的符号。正因如此，它们之间的关系常常是多元的、复杂的、似是而非的，而不是清晰的、明确的、溢于言表的。这便是艺术作品“形象大于思想”的原因所在。然而也正因如此，它们之间的关系又常常是超越民族、超越社会的。这也正是中国人能够理解莫扎特那轻松而又欢快的《小步舞曲》、奥地利人能够欣赏阿炳那凄楚而又悲凉的《二泉映月》的原因所在。

不仅艺术家使用的媒介不具有符号的特征，而且艺术家的创作方法也不同于符号的运作。在较为复杂的符号体系中，不仅“能指”和“所指”之间的关系有明确的约定，而且不同“能指”之间的运作，也有着某种约定俗成的规则。这种规则旨在揭示符号与符号之间的逻辑关系。以语言为例，每一种语言体系不仅包含“约定俗成”的词汇，而且具有“约定俗成”的语法。语法的意义，在于揭示词与词之间的逻辑关系，从而使符号体系内部的运作成为可能。“‘归纳逻辑’的创始人约翰·斯图亚特·穆勒（John Stuart Mill）就明确说过，语法是逻辑最基本的部分，因为它是对思维过程进行分析的起点。”[10]有了概念和逻辑，于是就有了思维。正是从这一意义上讲，人们说“语言是思维的外壳”。然而，艺术创作的法则并不是规定好了的，它常常是跳跃的、非逻辑的。艺术家往往利用想象和联想、隐喻和象征等方式将音乐中的节奏和旋律、绘画中的色彩和线条、舞蹈中的肢体和动作、雕塑中的材料和形状组合起来，形成特定的形象和作品，而不是依靠概念、判断、推理的方式。更为重要的是，艺术家所使用的想象和联想、隐喻和象征必须具有较高的原创性。人们常说，第一个把女人比作鲜花的是天才，第二个是庸才，第三个

9　［德］恩斯特·卡西尔：《人论》，甘阳译，上海译文出版社，1985年，第100页。

10　［德］恩斯特·卡西尔：《人论》，甘阳译，上海译文出版社，1985年，第162页。

是蠢材。因为只有第一个比喻才具有原创性的艺术价值，而重复这个比喻就已经陷入符号的窠臼了。这很容易使我们想起康德的那些名言：“天才就是一个主体在自由运用其诸认识能力方面的禀赋的典范性和独创性。”[11]“为了把美的对象判断为美的对象，要求有鉴赏力，但为了美的艺术本身，即为了产生这样一些对象来，则要求有天才。”[12]其实，不仅西人如此，中国古代也不乏这方面的论述，庄子在《外物》篇中曾有过“得鱼而忘荃”“得意而忘言”的主张，严羽在《沧浪诗话》则把这种“不涉理路，不落言筌”的创作方法形容为“羚羊挂角，无迹可求”。

由于艺术创作既没有固定的语法，也没有缜密的逻辑，因而绝不是严格意义上的符号行为。所以，人们常将艺术活动称为“形象思维”，而与科学活动中的“逻辑思维”相区别。事实上，艺术家对各种材料的运用也确实不需要遵从形式逻辑，而需要遵从情感的逻辑，即在符合情感表达的基础上对材料加以组合、对形象加以塑造。贝聿铭为什么要在卢浮宫前建造一个玻璃金字塔式的入口？乌特松为什么将悉尼歌剧院建造成白帆或贝壳的形状？这一切是很难用逻辑和推理能够说清楚的。或许，正是由于艺术创作活动是超越逻辑推理的，因而艺术家是无法按照某些规则训练而成的；或许，正是由于这种艺术的“语法”不是约定俗成的，因而又可以获得超越民族、超越时代的普遍认同。

三

也许人们会说，上述艺术类型中缺少了一个重要的门类——文学，而文学恰恰是以语言符号为载体的，因而需要特别说明。

不错，包含诗歌、散文、小说在内的文学是以语言符号为载体的，因而它具有更多的符号特征。正因如此，文学比其他任何艺术形式都能够传达更加复杂的思想信息，文学比其他任何艺术形式都能够反映更为丰富的社会生活。然而，正是由于文学使用了约定俗成的符号载体，也就使其具有了民族语言的局限。不会德语的人可以听得懂莫扎特的《小步舞曲》，却看不懂歌德

11 ［德］康德：《判断力批判》，邓晓芒译，人民出版社，2002年，第163页。

12 ［德］康德：《判断力批判》，邓晓芒译，人民出版社，2002年，第163页。

原版的《浮士德》；不会法语的人可以看得懂凡·高的《向日葵》，却看不懂雨果原版的《悲惨世界》。如果我们要欣赏另外一个民族的文学作品，就不得不首先掌握这个民族的语言符号。从这一意义上讲，文学确实与其他种类的艺术有着非常重要的区别。我们知道，中国古人一向是不把“诗文”当作“艺术”的。直到今天，我们还常常使用“文艺”这个概念，从而把“文学”与“艺术”并列起来。不仅如此，我国在体制上也设立了“作协”和“文联”两个机构。这一切的背后，或许有着符号学的内在根据。然而从另一方面讲，即使是使用“文艺”这个概念，“文学”与“艺术”也总是连在一起的。更何况，西方人常常把文学视为一种“语言的艺术”呢？可见，尽管“文学”与其他“艺术”之间有着重要的差异，但二者之间一定也有着更为重要的联系。这种联系也应该在符号学的意义上加以解释。

毫无疑问，在人类所有符号体系中，语言具有极为重要的地位。语言不仅是“人类最重要的交际工具”，而且是人类“思维的外壳”。在现实生活中，人们用语言来传递信息，用语言来思考问题，用语言来表达情感。因此，在很大程度上，语言作为一种符号体系的可能性，便决定了人类思维方式、情感方式、信息传达方式的可能性。这很容易使我们联想起海德格尔的那句名言：“语言乃是一圣地，也就是说，它是存在的家园。”[13]在海德格尔看来，语言之所以可以被称之为“存在的家园”，乃是由于它体现了人对周遭世界最初的理解和领悟。“语言，通过对存在物的首次命名，第一次将存在物带入语词并使之显现。唯有这一命名，才指明了存在物源于其存在并达到其存在。这种言说即澄明的投射，在投射中宣告了存在物进入了其敞开状态。”[14]从这一意义上讲，最初的语言就是诗歌，就是艺术。但是，正像一个成长的人不可能永远依偎在母亲的身边一样，语言在其诞生之后也必然要离开自己所创立的这个“存在的家园”而走向人类社会。当语言成为人类社会的交际工具之后，语言的原初本质便开始受到了扭曲和异化。在日常语言的运用中，为了使他人能够听懂，语言的“说”就必须遵循公众的规范和逻辑，因而它说出来的已不再是个体对“存在”的独特感悟，而是群体对“存在物”的普遍认识。于是，语言的功能已不复是“思”而变成了“用”，其原有的诗意便大大削弱了。

13 [德]海德格尔：《诗歌·语言·思想》，刘华文译，文化艺术出版社，1991年，第132页。

14 [德]海德格尔：《诗歌·语言·思想》，刘华文译，文化艺术出版社，1991年，第73页。

从人类语言符号的发展趋势来看，日常语言比原初语言精密，专业语言比日常语言精密，数学语言比专业语言更精密，因此几乎所有的理论科学都有着使用数学语言加以表达的趋势。“从单纯理论的观点来看，我们可以同意康德的话，数学是‘人类理性的骄傲’。但是对科学理性的这种胜利我们不得不付出极高的代价。科学意味着抽象，而抽象总是使实在变得贫乏。”[15]于是，从原初的语言到日常语言、从专业语言到数学语言，人类语言的符号化进程，也正是其诗意减退的过程。于是，为了重建“存在的家园”，诗人必须重新进行了一种语言的冒险。在“海德格尔看来，诗人的责任就是让存在返回诸具体在者的家园中，把我们推置一陌生的境地，因此而唤醒我们的惊异。为此，他的作品就必须成为存在自身的一种表达。因而，就艺术作品也建立了一个世界同时又是诗意化的形式而言，它必须以一种独一无二的和告诫的方式，使所有的这些因素得到表现”[16]。诗使死亡的语言复活，使凝固的概念燃烧，使沉沦的常人苏醒，从而以独特的感受和心智去寻觅存在的意义。

正像语言必须超越一切逻辑规范才能回归于“思”的本质一样，文学也必须超越一切符号模式才能达到其“诗”的境界；正像真理必须在不断地“去弊”中才能够不断地“澄明”一样，作品也只有在不断地创新之中才能够永葆其精神的魅力。所以，在海德格尔看来，与文明社会远离家园的规范语言不同，文学创作必须恢复语言在其本真意义上的“独创性”，即将文学家对存在的独特感受用独特的艺术方式“表达”出来。那么，从文学史的经验来看，文学家是如何实现这一目的的呢？我们知道，真正的文学家首先应该是语言大师，即有着熟悉语言、运用语言的超凡能力。据英国人统计，无论是古代的莎士比亚，还是现代的丘吉尔，他们所使用的词汇量都远远多于当时的普通民众，他们对英语的发展都有着独特的贡献。一方面，文学语言往往比日常语言更丰富、更复杂、更精致，即可以通过形容、比喻、象征、夸张、对偶、排比、拟人、通感等各种复杂的修辞手段对客观世界和主观心理进行更加透彻、更加细腻的描写。另一方面，文学的语言、尤其是诗歌的语言常常采取陌生化的、反常规的、超逻辑的手法而突破日常语言的修辞方式和语法规则，从而形成对传统符号体系的挑战。“这一点，只有当诗人具有把日常

15　［德］恩斯特·卡西尔：《人论》，甘阳译，上海译文出版社，1985年，第183页。

16　［美］鲍桑特：《海德格尔的艺术理论》，转自《西方学者眼中的西方现代美学》，北京大学出版社，1987年，第8页。

语言中的抽象和普遍的名称投入他诗意想象力的坩埚，把它们改铸为一种新的形态时，才是可能的。他由此便能够表现快乐和忧伤、欢愉和痛苦、绝望和极乐所具有的那些精巧微妙之处，而这却是其他所有表现方式所不可企及和难以言说的。”[17]

譬如，如果用逻辑思维的标准来看，我们很难说清楚“人闲”与“桂花落”之间是一种什么样的关系，难道人不闲桂花就不落了吗？但是，如果用形象思维的标准来说，“人闲桂花落”无疑是一句绝妙的好诗。我们可以想象，人闲方知桂花落，因为整天陷于仕途经济、忙忙碌碌的人们是不可能察觉到桂花飘然而落这一自然界的微妙变化的。我们也可以想象，“人闲”与“桂花落”这两种状态之间有着某种微妙的相似之处，它们俩俩相对，构成了一种天人合一的美妙意境……然而所有这些解释都只是想象的、未定的、非规范性的。同样的道理，如果用语言逻辑的标准来看，我们也很难说清楚“关关雎鸠，在河之洲”与“窈窕淑女，君子好逑”之间是一种什么样的关系。尽管从汉代以降，便有很多学者对此进行过各种各样的研究，提出过各种各样的解释，但至今也没有获得学术界的普遍认同。因为说到底，这些研究和解释都是以逻辑思维的方式入手的，但艺术创作则是以形象思维的方式进行的。按照康德的认识论原理，只有当两个概念之间的关系可以被纳入十二个范畴的时候，它们之间的关系才是可以被认知的。然而在我们看来，当两个对象之间的关系不能被纳入有限的逻辑范畴的时候，它们之间的关系虽然不能被明确地认知，但同样可以被感受。这种感受的方式便是审美和艺术。因此，就像卡西尔所指出的那样，“任何伟大的诗人都是一伟大的创造者；不仅是他的艺术领域的创造者，而且也是语言领域的创造者。他不仅具有运用语言的膂力，而且还具有改铸和创新语言的膂力，把语言注入一新的模式”[18]。元代文学家马致远曾做过一首《天净沙·秋思》：“枯藤、老树、昏鸦，小桥、流水、人家，古道、西风、瘦马。夕阳西下，断肠人在天涯。”如果我们从逻辑思维的角度出发，便很难理解这首词的真正含义；只有从形象思维的角度入手，才能够真正感受到其中所包含的复杂的人生经验和丰富的情感内涵。在这一点上，就连卡西尔的追随者苏珊·朗格也不得不承认：“因为艺术没有使各种成分组合起来的现成符号或规律，艺

17 [德]恩斯特·卡西尔：《符号·神话·文化》，李小兵译，东方出版社，1988年，第109页。

18 [德]恩斯特·卡西尔：《符号·神话·文化》，李小兵译，东方出版社，1988年，第107页。

术不是一个符号体系。它们永远是未定的，每一个作品都从头开始一个全新的有表现力的形式。”[19]

因此，尽管我们并不否认文学家所使用的语言是一种符号体系，尽管我们并不否认文学家借助这种符号体系传达了很多社会信息。但是，文学之所以能够成为一门艺术，就在于它有着借助语言而超越语言、借助符号而超越符号的功能。进而言之，超越语言的目的是为了抒发比语言更为精微的情感，超越符号的目的是为了表达比符号更为复杂的意义。

总之，从人类文明的角度来看，无论是音乐中那梦幻般的节奏和旋律、舞蹈中那超越生活的肢体和动作、绘画中那高度夸张的色彩和线条，还是诗歌中那陌生化的、反常规的、超逻辑的语言，都旨在使人们从惯常的逻辑思维和异化了的现实生活中解放出来，以获得一种超越日常生活的情感体验，以获得一种超越语言描摹的心理慰藉。正像马尔库塞所指出的那样，“在一个以异化劳动为基础的社会中，人的感性变得愚钝了：人们仅以事物在现存社会中所给予、造就和使用的形式及功用，去感知事物；并且他们只感知到由现存社会规定和限定在现存社会内的变化了的可能性。因此，现存社会就不只是在观念中（即人的意识中）再现出来，还在他们的感觉中再现出来。”[20]正是从这一意义上讲，艺术作为“审美”活动，有着更新人们感性经验和情感世界的特殊意义。

（此文为教育部人文社会科学重点研究基地重大课题“文明的结构与艺术的功能”的阶段成果，发表于《文学评论》2012年第6期）

19　［美］苏珊·朗格：《情感与形式》，刘大基等译，中国社会科学出版社，1986年，“译者前言”第12页。

20　［德］赫伯特·马尔库塞：《审美之维》，李小兵译，广西师范大学出版社，2001年，第132页。

我们应如何建构审美文化史

拙著《中国审美文化史》2000年由山东画报出版社出版，最初的四卷本当月就上了“风入松排行榜”，而且于当年年底重印，后来又不断重印。《中国审美文化史》作为一个科研成果，这套书获得了第三届中国高校人文社会科学优秀成果一等奖；作为一个教学成果，又获得了国家级教学成果二等奖。说实话，这些荣誉既给了我们很大的鼓励，也使我们感到非常惶恐。笔者在此主要阐述一下，我们在审美文化领域的开拓中对几个关键性问题的思考。

一

第一个问题是我们对“文化”问题的思考，说得具体一点，是有关“文明”与“文化”关系问题的思考。我们知道，无论是在中国，还是在西方，“文明”（civilization）和“文化”（culture）都是使用频率极高的两个概念，同时又是众说纷纭的两个范畴。因此，要撰写“中国审美文化史”，首先应该说明我们对这两个概念的理解。

先说“文明”。笔者认为，“文明”是指人类依靠科学、技术等手段来改造客观世界，通过法律、道德等制度来调节群体关系，借助宗教、艺术等形式来调节自身情感，从而最大限度地满足基本需要、实现全面发展所达到的程度。任何一个“文明”的人，无论男人还是女人、老人还是小孩、黄种人还是白种人都必须依靠科学技术来改造客观世界，不然的话就无法生活；都必须依靠法律、道德等秩序来调节群体关系，不然的话就不能构成社会；都必须依靠宗教、艺术来调节自身的情感，不然的话就不能丰富自我……所以“文明”体现了人的“类本质”。因此，我认为人类的文明有着统一的价值标准，文明是一元的。

而“文化”这个概念是指人在改造客观世界、在协调群体关系、在调节自身的情感过程中所表现出来的时代特征、地域风格和民族样式。由于人类文明是由不同的民族在不同的时代和不同的地域中分别发展起来的，因而必然会表现出不同的特征、风格和样式。因此文化是多元的。

从考古学的意义上说，“文化”这个概念是针对新石器时代才开始使用的。在旧石器时代，人类在不同的地方敲敲打打地改造自然，尽管敲打的方式有差别，但差别不大。所以在那个时代，“文明”与“文化”这两个概念是重合的。但是到了新石器时代，情况发生了变化。新石器时代的人们不仅敲打石头，而且发明了研磨技术，更重要的是出现了陶器。不同地域烧制陶器的泥土不同，工艺、色彩、形制、图案、纹样也不可能相同，于是便有了文化的差别。我们说“仰韶文化”，马上会想到彩陶；我们说“龙山文化”，马上会想到黑陶。然而无论是彩陶还是黑陶，都要实现贮藏食物和饮料的目的，有着人类共同目标，于是“文明”与“文化”的概念便发生了分离。

自从“文明”与“文化”的概念分离之后，二者之间便处在一种错综复杂的关系之中。我个人认为，“文明”是“文化”的内在价值，“文化”是“文明”的外在形式；“文明”的内在价值要通过“文化”的外在形式得以实现，而“文化”的外在形式则因承载了“文明”的内在价值而有意义。简单地说，“文明”与“文化”是内容与形式的关系、目的与手段的关系、一元与多元的关系。

举个例子，穿衣服是一个“文明”行为，只要是文明的人就不能不穿衣服。但是穿什么样的衣服则是一个“文化”问题。一个人可以穿西装，也可以穿唐装。从“文明”的意义上，可以说衣衫褴褛是不文明的表现；但是在“文化”的意义上，我们却不能说穿唐装就没有文化。事实上，服装的“文化”恰恰要体现民族和地域的特征，所以一些国家元首一起开会，专门穿当地的民族服饰，就是要体现对当地“文化”的尊重。所以，“文明”与“文化”是一种内容与形式的关系。

我们再举个例子，比如吃饭这件事也是一个文明行为，凡是文明人吃饭都必须经过烹调。然而，正如我们不能穿一件抽象的，没有任何民族、地域色彩的衣服一样，我们也不能吃一种抽象的，没有任何民族、地域色彩的食品。我们可以吃中餐，也可以吃西餐，更可以吃日本料理。从“文明”的意义上，我们可以说饮血茹毛是不文明的表现；但是在“文化”的意义上，我们却不能说吃日本料理没有文化。事实上，餐饮作为一种“文化”恰恰是要凸显某种民族和地域的特征的。所以，文明与文化又是一种目的与手段的关系。

这种内容与形式的关系、目的与手段的关系便造成文明与文化之间一元与多元的关系。在古代社会，人们在不同的地区独自探索实现文明的方式，于是便形成了不同的文化区域，它们之间是不相往来的。但是，随着文明力量的发展和文化区域的膨胀，世界上原本独立成长起来的文化板块之间出现了接触、碰撞和融合，便有了“全球化运动”。在这一运动中，也便出现了“强势文化”与“弱势文化”。按照我们对于“文明”与“文化”关系的理解，所谓“强势文化”是指包含文明价值较大的文化系统；而所谓“弱势文化”是指包含文明价值较小的文化系统。

举个例子，比如说语言文字，作为人类重要的交际工具和信息载体，它是一种“文化”形式，因而任何民族的语言文字都应该受到同样的尊重。但是，有些语言文字，譬如说我们记载纳西族语言的东巴文字，由于它尚处在象形文字的阶段，其包含的词汇量比较少，掌握起来比较困难，因而便属于“弱势文化”。与之不同的是，作为承载英语的拼音文字，其包含的词汇量比较多，掌握起来比较容易，因而便属于“强势文化”。不难想象，在英语成为世界语言的过程中，人类的交往获得了多大的便利；但与此同时，多少个比云南纳西族更为不幸的区域文化连同它的语言文字一同消失了。

因此，“全球化”的历史进程，既是人类“文化”不断提高其内在的“文明”总量的过程，也是人类“文明”不断减少其外在的“文化”差异的过程。时至今日，这个世界上有很多人是这样生活的：早上起来穿上西装戴上领带，开着日本丰田牌的轿车，到星级管理的写字楼，打开联想集团生产的电脑，利用微软公司提供的视窗操作系统，用英语进行工作……在这种状态下，我们一天所创造的文明总量，也许比过去的一个月甚至一年创造的还要多；但与此同时，我们的生活方式越来越趋同，越来越没有地域的文化特征了。这就是“全球化运动”所带来的两面性。我甚至认为，“全球化”大功告成之日，也就是“文明”与“文化”这两个概念再次重叠之时。到了那个时候，也就不再有中国文化与西方文化的差异了。

二

然而，尽管“全球化运动”正以加速度的形式不断推进，但在我们有生之年，似乎还看不到其终结之日，于是我们还要探讨第二个问题，也就是中国与西方文化都有哪些特点的问题。

我曾经写过一篇题为《儒家、道家与日神、酒神》的文章，试图把中华民族与西方民族的精神文明、物质文明和制度文明做一个结构性的比较。比较的结果使我发现，西方民族感性与理性分裂得比较彻底：在信仰上有酒神狄俄尼索斯和日神阿波罗的两极冲动，在文化上有体育和科学的两极追求，在行为上有自由和法律的两极制衡。而中华民族在感性与理性的分裂上则不够充分：在信仰上有偏重于感性的道家和偏重于理性的儒家的相互补充；在文化上有偏重于感性的艺术与偏重于理性的工艺的彼此融合；在制度上有偏于感性的伦理与偏于理性的政策相互支撑。换言之，我认为中国与西方文化各有各的优势，各有各的短处。中华民族的长处不在挑战肉体极限的体育事业和挑战精神极限的科学事业上，而恰恰是在感性与理性相互渗透的艺术和工艺上。这也正是我们撰写《中国审美文化史》的原因所在。

当然，我们对中国与西方文化所进行的结构性比较，绝不仅仅是为了提高民族自信心，更为重要的是，通过比较使我们不再以西方的价值标准来衡量中国的审美文化。由于感性与理性分裂得比较彻底，使得西方人不是从感性的欲望宣泄的角度来看待艺术，就是从理性的科学认识的角度来看待艺术。与这种"泛体育""泛科学"的倾向相反，中华民族恰恰是一种"泛艺术""泛工艺"的民族。而艺术和工艺，既不是对感性生命极限的表达和挑战，也不是对理性生命极限的追求和探索，而是感性与理性、肉体与精神之间的协调与互动。只有从这一意义上，我们才能够理解儒家为什么要倡导"发乎情，止乎礼"，道家为什么要主张"乘物以游心"。只有在这一意义上，我们才能够理解什么是"离形写神"，什么是"气韵生动"，什么是"画道之中水墨为上"，什么是"意料之外，情理之中"，什么是"只可意会，不可言传"。而不是像西方人那样，从解剖学角度来研究雕塑，从透视学角度来研究绘画，从几何学角度来研究园林，从历史学角度来研究小说，结果唯独忘却了艺术自身的美学目的。

所以，我们要写的《中国审美文化史》，必须是从中国文化自身的价值理念出发的，而不是像一些文学史或艺术史那样，是从西方式的认识论、反映论的角度入手的。

三

上面我用了不少篇幅分析了什么是"文化"，分析了西方文化和中国文化各自的特点，那么下面自然就过渡到第三个问题：什么是"审美文化"？

这里有几个问题需要我们思考。首先，什么是"审美"和"美学"？我们知道，aesthetic这个概念是德国哲学家鲍姆加登创造的，这个概念在学术界引发了很多争议，并派生出了一个学科——"美学"。我们有那么多美学家写了那么多美学的书，但什么是"美学"？有人认为美学是关于美的学问，这个说法很难成立。因为美学不仅研究"美"而且研究"崇高"，甚至研究"滑稽"和"丑"。也有人认为美学是感性学，就像鲍姆加登所说的那样，美就是感性认识的完善，从而感性学就成了认识论的初级阶段。这个观点也有很多问题，因为如果我们把审美活动看成是认识活动的一个阶段，无疑就取消了美学的独立空间。而我个人认为，“美学”应该是研究情感问题的学问；或者说得更确切一点儿，aesthetic应该翻译成“情感学”。

那么“情感”是怎么发生的？我认为“情感”是“理智”和“意志”之间的一种“关系质”。当我们的理智和意志协调一致的时候，我们获得的是一个正面的情感；当我们的理智和意志相互背离的时候，我们获得的是一个负面的情感；当我们的理智和意志之间发生矛盾的时候，我们会获得一种复杂的情感。因此，一个光有意志而没有理智的人，就像堂·吉诃德那样，顶多有情绪，而不会有情感；一个只有理智而没有意志的人，就会像得道高僧那样，能够做到“身如槁木，心似死灰”，也不会有情感。所谓“太上无情，其次不及情。情之所钟，正在我辈耳！”我们一般人既有理智又有意志，所以我们有情感。

其次，美学和认识论、理学之间有什么样的关系呢？如果说研究“理智”的学问是认识论，研究“意志”的学问是伦理学，研究“情感”的学问是美学，那么美学之于认识论和伦理学之间的关系，就像情感之于理智和意志之间的关系一样，是一种过渡和桥梁。这个问题在康德那里已经有了充分的论述。康德所说的“判断力”问题，就是一个对象何以引起我们的情感变化问题。这其中不仅有对美的判断，也有对崇高的判断，而无论是对美还是对崇高的判断，都是一个情感判断。情感的问题有多复杂，美学的问题就有多复杂。

在生活中，有些情感产生的原因是十分明确的：你夸我一句，我可能就会产生正面的情感；你骂我一句，我可能就会产生负面的情感。正是由于这些因概念引起的情感比较明确，因而不需要我们在美学中加以研究。与这些由概念所引起的情感不同，一些由形象引起的情感则比较复杂，比如我们面对凡·高笔下的向日葵所产生的情感，这就需要我们在美学中加以研究。美学中有一个与“情感”相伴而生的问题，便是“形象”。在我看来，全部美学问题就是“形象”如何引发“情感”，以及引发什么样的“情感”问题。当然了，这里所说的“形象”是宽泛的，包括线条、色彩、节奏、旋律等。

按照符号学的观点，人类的符号可以分两种，一种是逻辑符号，一种是情感符号。我们面对的大千世界是五彩缤纷、无限多样的，而我们将其纳入到逻辑符号中的概念却是有限的。比如说，我们可以把色彩概括为“赤”“橙”“黄”“绿”“青”“蓝”“紫”，但我们实际感受到的色彩却绝不限于这七种；我们可以把感情归纳为“喜”“怒”“哀”“乐”“爱”“恶”“欲”，但我们实际所获得的却不限于这七种。我们的理论抽象能力越强，我们失去的感性经验和情感体验就越多。而审美和艺术就是要把那些不能直接诉诸于思想但能够获得的情感找回来。所以，与逻辑思维不同，审美和艺术永远属于只可意会、不可言传的情感世界：作为广义的艺术，凡是“能够”诉诸我们的感官、引起情感变化的现象，都可以称之为审美文化；作为狭义的审美文化，凡是“专门”为了诉诸我们的感官并引发情感变化的对象，都可被称之为艺术。所以，审美文化史的研究对象要比艺术史宽泛得多，它主要涵盖艺术和工艺两大领域，也就是我们刚刚说到的中华文明中最具特色的领域。从这一意义上讲，中华民族几千年创造的最优秀的文化产品，都在我们这套书里了。

四

那么，如何研究审美文化史呢？这是我们要讨论的最后一个问题。关于这个问题，我在《中国审美文化史》的“绪论”部分专门做过论述。我们的目的是要建构一种“有别于审美思想史和审美器物史的审美文化史”。在我看来，过去有两种意义上的美学史：我们通常所说的美学史，实际上是审美思想史，这种美学史的撰写方式是从西方引进的，它主要研究历史上各种美学思想家的观念演进，比如说先秦时代孔子怎么论美、孟子怎么论美、老子怎么论美、庄子怎么论美。与这种形而上的“思想史”不同，我们还有一种形而下的“器物史”，比如说中国陶瓷史、中国青铜器史、中国建筑史。这些历史的撰写虽然不以“美学”相标榜，但同样是美学研究的分内之事，它把各种各样能够引起我们情感变化的事物进行现象的归纳和总结，比如说青花瓷的产地、质料、颜色、工艺研究方法不是逻辑演绎而是经验归纳。在以前，形而上的审美思想史和形而下的审美器物史彼此脱离、互不相关。而我们要建构的审美文化史则要介于这二者之间，可以说是“形而中”的。

作为“形而中”的审美文化史，我们的研究方法既不是单纯的逻辑演绎也不是单纯的经验归纳，而是一种经验描述的方法。《中国审美文化史》出版后，读者反映很好看，很精彩，因为这其中有很多情感描述的内容。但是情感描述何以能成为一种学术，这对我们却是一种挑战。谁都知道，情感描述常常具有主观的成分，如何保证你的描述不是偶然的、随意的，而具有相对的科学性和学术性呢？为了实现这一目的，我们将自己的情感描述限定在一个基本的空间之内：上不要超越审美思想史的演绎结论，下不要突破审美器物史的归纳成果。所以，我们的审美文化史是要借助“审美思想史”和“审美器物史”的已有成果，在其所预留的“箱体空间”间进行运作。反过来，正是通过我们这种“形而中”的努力，才把以往的“思想史”和“器物史”联系起来，以形成完整意义上的“美学史”。

现在，《中国审美文化史》正由上海古籍出版社再版，即将出版的第三版仍然是四卷本，但比前两版做了一些改动，其中第一、二、四卷的文字进行了必要的修订，全书的插图和封面也做了重新设计，与此同时还要出精装本。除了这部《中国审美文化史》之外，我还主编了《当代中国审美文化研究》一书，已由河南人民出版社出版。所有这些努力，都是为了一个目标，即为中国的美学事业作出我们应有的贡献。由于我们所做的工作仍处在探索阶段，更由于我们学养和能力的不足，肯定有许多失误或缺憾。在此，笔者仅提出一些思路，恳请学界提出宝贵意见。

（此文发表于《探索与争鸣》2012年第9期，《人大复印资料·美学》2012年第11期全文转载）

论审美教育对人类想象能力的开发

作为一种文明的动物，人类的生存不仅要依靠先天的遗传机能，而且要依靠后天的素质培养。素质培养的系统化行为，便是教育。大致说来，人类的教育可分为德、智、体、美四项内容。正像席勒在其著名的《美育书简》中所指出的那样："有促进健康的教育，有促进认识的教育，有促进道德的教育，还有促进鉴赏力和美的教育。"[1]现在，也有人将"德""智""体""美"之外，再加上一个"劳"字。而在笔者看来，"德""智""体""美"与"劳"之间，并不是一种并列的关系。从某种意义上讲，我们之所以要进行"德""智""体""美"这四项教育，都是为了提高人的劳动生产与协作能力，从而使人成为一个合格的劳动者。因此，本文依然沿用席勒的分类原则来谈论美育问题。当然了，在具体的教育实践中，这四项内容并不总是分离的，在很多的情况下它们是交织在一起的，只是在理论研究中才有必要对其进行独立的分析。

席勒指出，美育的目的在于"培养我们感性和精神力量的整体达到尽可能和谐"。[2]蔡元培也认为："美育者，应用美学理论于教育，以陶养感情为目的者也。"[3]因此，正如从宽泛的意义上讲，所谓"美学"就是一种"情感学"

1　［德］席勒：《美育书简》，徐恒醇译，中国文联出版公司，1984年，102页。
2　［德］席勒：《美育书简》，徐恒醇译，中国文联出版公司，1984年，108页。
3　蔡元培：《蔡元培美学文选》，北京大学出版社，1983年，第174页。

一样；从宽泛的意义上讲，所谓“美育”就是一种“情感教育”。[4]然而在中国，作为“情感教育”的美育，常常处在德育与智育的附属地位，即不过是一种“寓教于乐”的手段而已。仿佛美育之“美”只是包装德育之“善”、智育之“真”的形式而已，并不具有独立的价值与意义，它对于人类的生产劳动也没有什么直接的促进作用。关于这一点，就连强调美育作用的席勒也没有完全说清楚。

美育的实质确实是一种“情感教育”，但从符号学的角度上讲，人类复杂而又多样的情感是无法被约定俗成的符号所穷尽的，这便是艺术存在的理由和根据。[5]换言之，当有限的符号无法穷尽无限的情感的时候，艺术家便会借助形象来加以表达。所以，从本质上讲，艺术形象并不是生活物象的机械模仿，而是在感情的推动下有所取舍、有所夸张、有所变形。反过来说，欣赏者也正是通过这种已被取舍、已被夸张、已被变形的形象来感受和体验其承载的微妙情感。正因如此，“形象”也就和“情感”一样，成为艺术行为、乃至美育活动所不可或缺的内容。

如果说，美育的本质是“情感”，那么美育的现象则是“形象”。在美育实践中，人们对“形象”的把握能力与对“情感”的理解能力是相为表里的。在形象之“表”与情感之“里”之间，有一个居间的心理能力在起作用，这一居间的心理能力便是“想象”！想象是人类试图突破时间与空间限制的一种心理机能。正是运用丰富的想象力，人类创造了瑰丽的神话和美妙的传说，创造了神奇而富有魅力的艺术世界。而审美教育，则有着开发人类想象力的特殊功能。

一、审美教育有助于人类完形能力的提高

“完形心理学”也叫“格式塔心理学”，是西方现代心理学的主要流派之一。在格式塔心理学家看来，知觉到的东西并不是诸种感觉的简单相加。也就是说，知觉到的东西要大于眼睛见到的东西。譬如月亮，我们看到的是扁的，但可以根据已有知识的修正而知觉到月亮是圆的。任何一种经验的现

4 陈炎：《“美学”=“感性学”+“情感学”》，《美学》2010年第3期。

5 陈炎：《文学艺术与语言符号的区别与联系》，《文学评论》2012年第6期。

象，其中的每一成分都牵连到其他成分，每一成分之所以有其特性，是因为它与其他部分具有关系。换言之，整体并不取决于局部元素的集合，局部元素的意义反倒取决于整体的内在统一性。

“完形心理学”的代表人物考夫卡认为，经验世界与物理世界并不一致，他把观察者知觉现实的观念称作心理场（psychological field），被知觉的现实称作物理场（physical field）。他通过一系列的实验表明，观察者常常是在一定“完形”观念的支配下去“感受”对象的，从而把并非“整体”的对象感受为“整体”。例如，我们手写的每一个汉字都是不标准的，但我们可以将其“感受”为一个个标准的汉字并加以理解。那么，这种作为理解前提的“完形”能力又是如何培养的呢？格式塔心理学家非常重视研究艺术：一方面，他们认为人们对艺术的理解能够说明其“完形”理论的合理性；另一方面，他们又认为艺术实践可以培养人的“完形”能力。

例如，德国心理学家雨果·明斯特伯格和威特海默就曾以格式塔的“完形”原理解释电影放映中的似动现象所造成的幻觉，认为这种连续幻觉的产生不仅依赖于视觉经验的暂留现象，而且依赖于把影像组织成更高层次的动作整体的“完形”过程，是大脑的积极参与的结果。反过来说，欣赏电影的过程则有助于人类“完形”能力的提高。格式塔心理学还用注意、记忆、想象、情感等心理范畴对应说明电影的特写镜头、视角变化、剪辑形式和叙事结构，用“自愿受骗”解释观众认同银幕形象的“心理学游戏”。德国心理学家鲁道夫·爱因汉姆在《电影作为艺术》一书中系统研究了视觉表现手段的发生学原理，根据格式塔心理学所强调的“完形”理论提出“局部幻象论”，并强调无声电影的艺术表现力及其对欣赏者“完形”能力的开发作用。法国电影理论家让·米特里的《电影美学与心理学》也借用格式塔心理学的“完形”原理研究影像、全景镜头、主观镜头、景深镜头、移动镜头、彩色运用、蒙太奇和音乐诸电影元素。

除电影之外，完形心理学在音乐、绘画等领域中也得到了广泛地运用。比如我们中国人喜爱的书法艺术是以汉字为对象的，但标准的汉字并不等于书法，从楷书、行书到草书，书法家的汉字与标准的汉字有着越来越远的距离，因而对欣赏者的“完形”能力形成了越来越大的挑战。再比如，古典音乐的节奏和旋律比较规范，比较容易被人们把握。而由古典音乐到浪漫音乐再到现代音乐的发展，其节奏和旋律越来越复杂，就像从楷书、行书到草书的发展一样，不稳定、不规范的成分越来越多，从而对欣赏者的“完形”能力形成了越来越大的挑战。人们不仅在克服挑战的过程中会产生美感，而且在形成美感的过程中培养了自己的“完形”能力。

既然人的“完形”能力是认识活动的前提和基础，因而通过艺术实践而培养人的“完形”能力也便具有了认识论上的重要意义。人们通常认为，进行艺术创造和欣赏会占据学习的时间；却并不了解，从事艺术实践也会提高人的学习能力。历史上，许多大科学家都是艺术的爱好者。爱因斯坦有很高的小提琴演奏水平，他认为，这个世界可以由音乐的音符组成，也可由数学的数字组成，因而艺术和科学是相通的。李四光也是一位音乐的爱好者，他于1920年在巴黎创作的《行路难》是中国人所创作的第一首小提琴独奏曲。钱学森会吹圆号、弹钢琴。他认为，科学家不是工匠，科学家的知识结构中应该有艺术，因为科学里面有美学。李政道也大力倡导科学与艺术的结合，他曾多次出席中国高等科学技术中心举办的“科学与艺术研讨年会”，参加会议的不仅有世界一流的中外科学家，而且有著名的艺术家，如李可染、吴作人、黄胄、华君武、吴冠中等。这种科学家与艺术家的对话，绝非仅仅只用一种艺术的手段来图解科学的命题，而是探求在一种深层的意境中进行科学和艺术间的沟通。因此，美育的问题绝不仅仅是一个“寓教于乐”的问题，而有着远为深刻的意义。

二、审美教育有助于人类联想能力的培养

由于大众传媒和数字技术的发展，使得图像的复制和传输变得十分便捷起来，于是有人惊呼：人类已经进入了一个“读图时代”。的确，在家家都有电视机、人人都用互联网的今天，视觉图像几乎替代了文字符号而向着传统的文学样式发起了挑战。与传统的文字符号相比，视觉图像很少受到语言习

惯和教育水准的制约，不需对文字认知进行专业的训练就可获得视觉上的直观感受。不仅如此，它还以强烈的直观方式直接诉诸人的感觉器官，因而被越来越多的人所喜爱。然而，尽管“读图”的方式比“读书”的方式更省心，更便捷，但也在一定程度上限制了人们的想象空间，甚至导致了人类想象力的衰退。

在这里，我们可以将“读书”与“读图”做一个简单的比较。比如我们阅读曹雪芹的小说《红楼梦》，必须通过再造性的想象能力而将作品中的文字还原为头脑中的图像，以想象“粉面含春威不露，丹唇未启笑先闻”的王熙凤究竟是什么样子？而在电视连续剧《红楼梦》中，我们则无需启动自己的想象能力，而只是被动地接受演员为我们塑造好了的人物形象。相比较而言，看电视剧比看小说更省心、省力，也更直接；但与此同时，欣赏者也就更被动。由于省心、省力，使得很多欣赏者宁愿选择看电视剧，而不是读小说；由于更被动，使得人们的想象能力受到了人为的制约。原来，一千个读者眼中有一千个王熙凤；现在，一千个观众眼中却只剩下了一个王熙凤。一方面，直观的感觉强烈了；另一方面，联想的空间却缩小了。正像有学者指出的那样，“在电影或电视连续剧改编的名著中，一帧接一帧连续出现的视觉情景吸引着观众的注意，同时剥夺了观众的文学想象力……当人们通过观念和图像越来越熟悉经典艺术的时候，真正的经典艺术却可能越来越远离了当代人”。[6]

因此，在这个“读图”的时代里，适当地阅读一些文学作品是十分必要的，它可以保持和激发我们的想象能力。根据联想主义心理学（Associatilnism Psychology）的观点，人的一切心理活动实质上只有感觉和联想两种。感觉是一切知识的来源，它是由外部对象通过感觉器官和神经传导而在人脑内部所引起的表象或观念。而联想则是一种表现或观念依据“相似律”或“对比律”而引发另一种表现或观念的过程。联想的本质是调动以往的经验，因为相似的事物和能够对比的事物容易唤起我们以往的经验，从而将表象或观念联想出来。比如我们看到《红楼梦》中对王熙凤的文字描写，就会调动我们以往对此类女人的印象和记忆，在脑海中“再造”出一个王熙凤的形象。

6　高小康：《狂欢世纪——娱乐文化与现代生活方式》，河南人民出版社，1998年，第109页。

《论语·阳货》记载：“子曰：小子，何莫学夫《诗》?《诗》可以兴……”《集解》引孔安国注云：“兴，引譬连类。”所谓“引譬连类”就是一种联想能力。比如我们读《诗经》中的《蒹葭》：“蒹葭苍苍，白露为霜。所谓伊人，在水一方。溯洄从之，道阻且长。溯游从之，宛在水中央。”从诗歌语言所提供的虚拟环境中，我们可以联想出无数痴男怨女美丽而又凄楚的爱情故事，甚至每一次阅读时所产生的联想都不一样。

联想能力不仅有助于艺术实践，而且有助于科学研究。据说，地理学上著名的“大陆板块漂移说”就是由一张碎报纸的联想中引发出来的。1910年，德国的地球物理学家阿尔弗雷德·魏格纳在偶然翻阅世界地图时发现：大西洋的两岸（欧洲和非洲的西海岸遥对北美洲和南美洲的东海岸）轮廓非常相似，这边大陆的凸出的部分正好能与那边大陆凹陷的部分相对应，这究竟是为什么呢？有一天，眼前的一张被撕碎的报纸引发了他的联想：原来地球上的大陆会不会像一张完整的报纸那样在外力的作用下被“撕碎”成现在这个样子的呢？反过来说，我们能不能像拼凑一张碎报纸那样将已被“撕碎”的大陆板块重新拼凑起来呢？在这一联想的启发下，他小心翼翼地将地图上的“陆地”一块一块地剪下来，再进行重新的拼接，结果真的拼成了一个大致上吻合的整体：远远深入大西洋南部的巴西的凸出部分，正好可以嵌入非洲西海岸几内亚湾的凹进部分。于是，“大陆板块漂移”的科学假说出现了。他推测：大约在距今三亿年前，地球上所有的大陆和岛屿都连接在一块，构成一个庞大的原始大陆，被辽阔的海洋所包围着。后来从大约距今两亿年的时候，随着地壳的运动，原始的大陆先后在多处出现了裂缝。裂缝逐渐扩大，海水不断侵入，直至形成了今天人们熟悉的陆地分布状态。以后，魏格纳又通过调查研究，从古生物化石、地层构造等方面找到了一些大西洋两岸相同或相吻合的证据，印证了自己的假说。

在科学史上，像这类由联想而引发的研究不胜枚举。甚至有人认为，缺乏联想能力的人，根本就不可能成为科学家。

三、审美教育有助于人类变形能力的拓展

艺术实践不仅能够提高人的联想能力，而且能够拓展人的变形能力。从心理学上讲，如果说“联想”主要属于再造性想象，那么“变形”则主要属于创造性想象。再造性想象是人们在图像、文字等符号的提示或启发下，调动以往的生活经验而在头脑中再造出某个对象的心理过程。创造性想象则是在未经提示或启发的情况下，根据主观的意志和愿望而创造出全新观念或形象的过程。

我们说，艺术是生活的反映与摹写，但这种反映与摹写又不是机械的、被动的，而是渗透着艺术家主观的理想和意愿的。在创作中，艺术家主观的理想和意愿往往不是赤裸裸地言说出来，而是通过夸张、变形等方式曲折地表现出来，供人们在欣赏中加以体悟，这也就是绘画和摄影不同于普通相片的关键所在。我们知道，普通的照相也有选取角度和光线方面的讲究，但角度和光线的选择旨在清晰地呈现对象的形象，而画家和摄影艺术家则不同，他们不是或不仅仅是按照事物原有的形象去描绘和呈现它们，而是在色彩的选择、光线的对比、图案的构造、形态的变化中实现某种情感的表达。惟其如此，绘画和摄影才能够被称之为艺术。

当然了，对于不同的艺术种类和艺术流派而言，夸张、变形的程度和方式或有不同：有潜移默化的，也有明目张胆的；有似非而是的，也有似是而非的；有神形兼备的，也有遗形写神的……而从人类艺术史发展的宏观尺度上看，即由古代艺术、到现代艺术、再到后现代艺术的发展趋势来看，其夸张、变形的程度是逐渐增强的。随着艺术作品与生活物象之间差距的增强，人类把握艺术作品的难度也就越来越大。换句话说，只有具备较大的心理张力，具备较高变形能力的人，才可能欣赏后现代艺术。

从心理学的角度上看，无论是我们上面所说的完形能力、联想能力，还是变形能力，都可以归之为人类的想象能力，我们对其中任何一种能力的培养，都有助于对人类想象能力的增强。而人类的想象能力不仅是艺术创作的前提，而且是科技发明的基础。我们知道，美国人1945年就研制成功了原子

弹，比苏联人提前了4年。由于第二次世界大战期间许多欧洲科学家都移民美国，使得美国人自认为是世界上科技最发达的国家。但是，1957年11月，苏联却率先将第一颗人造地球卫星送上太空，这使得美国人十分震惊，他们开始怀疑自己在教育上出了问题。于是，在经过一番对比和研究之后，美国的一些教育家指出：美国的科技教育是一流的，但艺术教育却远远落后于苏联，美、苏两国科技人员在艺术素养上的差异，导致了美国空间技术的落后。在这种调查和反思的基础上，哈佛大学于1967年制定出了一个《零点计划》，计划用20年的时间，从美国的一些小学生开始，进行艺术能力的培养，以开发其想象能力。之所以叫做《零点计划》，是由于他们勇于承认自己以往对艺术教育认识的无知，并计划从零开始，培养出全新的人才。《零点计划》后来的执行主席霍华德·加德纳还提出了一种“多元智能理论”，与20世纪初由法国人发明的“智力商数”（IQ）相对立。加德纳认为，传统的“智商”只能测量人的数理逻辑能力，而不能测量人的情感想象能力，因而是十分片面的。他认为，一个健全的人至少有七种智能：一是数理逻辑能力，二是语言沟通能力，三是音乐感受能力，四是身体运动能力，五是空间感知能力，六是人际交往能力，七是自我反思能力。这七种能力中的很大部分，是依靠艺术教育来加以培养的。

由此可见，美育的问题不仅是艺术本身的问题，而且是涉及一个民族的科技创造能力的大事情。爱因斯坦说过：“想象力比知识更重要，因为知识是有限的，而想象力概括世界上的一切，推动着进步，并且是知识进化的源泉。”[7]法国文学家雨果则认为：“想象就是深度。没有一种精神机能比想象更能自我深化，更能深入对象，这是伟大的潜水者。科学到了最后阶段，便遇上了想象。”[8]因此，在中华民族历史性崛起的今天，通过审美教育而开发全民族的想象能力，是一件至关重要的事情。

（此文为教育部人文社会科学重点研究基地重大课题“文明的结构与艺术的功能”阶段性成果，发表于《广西民族大学学报》2013年第2期）

7 ［美］爱因斯坦：《论科学》，《爱因斯坦文集》第一卷，许良英、范岱年译，商务印书馆，1979年，第284页。

8 杨周翰选编：《莎士比亚评论汇编》，中国社会科学出版社，1979年，第411页。

艺术本质的动态分析

“艺术”，似乎是一个人人都心里明白，而人人又说不清楚的概念。说人人都心里明白，是因为我们每个人都与艺术有着或多或少的联系：或从事艺术的创作，或参与艺术的传播，或进行艺术的欣赏；说人人又说不清楚，是因为我们很难用一种标准的语言为“艺术”定性：对它进行现象的描述，对它进行概念的梳理，对它进行逻辑的把握。

即便是学者也很难对“艺术”这一概念进行逻辑的分析。古往今来，尽管有许许多多的美学工作者曾试图对“艺术”进行一种一劳永逸的界定，但结果却很难获得学界的认同。甚至有人怀疑：在五花八门的艺术门类和艺术作品之中，是否真的存在一种共同的“本质”？有人指出关于“艺术是什么”的问题在当代美学尤其是英美分析哲学美学中已被认为是一个没有实体的自我循环的假命题而被质疑。其实在这之前，狄尔泰就已经意识到了这一问题，他曾十分敏锐地指出：“艺术”只有在上下文中才有意义；艺术只有在特定的历史中才有意义；艺术在人们的关注中才有意义；因此不存在所谓没有前提的艺术，故而不必对艺术的本体问题做那种形而上的追寻，应当从对艺术本体的探讨退出而讨论艺术的意义。那种想对“艺术”做出精确性定义的绝对主义理想，想采用像自然科学下定义的方式来对“艺术”加以界定的方法早已在艺术理论的研究中被证明是行不通的；由于“艺术”这一命题基本上没有实指，所以“艺术是什么”这一命题本身就是“伪命题”。因此，美国美学家莫里斯·韦兹和肯尼克，都根本否定给艺术下定义的做法，宣称艺术是不可定义的[1]。

笔者认为，艺术的本质之所以难以求得，只缘于我们常常以静态的观点来看待这一问题，而没有把艺术的本质看成是一种不断生成的历史过程。事实上，概念是死的，艺术是活的。于是，“存在先于本质”这一命题不仅适用于对人的理解，而且适用于对艺术的分析。——人们不是先有了艺术的概念，才根据这一概念去从事艺术活动，而是在具体的艺术活动中不断建构着艺术的本质。因此，我们与其像分析哲学那样，从静态的概念入手去界定什么是艺术，不如从历史过程出发，对艺术的本质进行一种动态的分析。

从艺术史的角度出发，可以发现：所谓艺术，就是人们在生活经验的基础上，凭借丰富的想象力，利用物质媒介或观念符号所创造的、能够诉诸欣赏者感觉器官并引发情感体验的人工制品。上述概念至少包含五层含义：第一，从现象来说，艺术是一种“人工制品”。第二，从目的来说，艺术旨在引发人们的“情感体验”。第三，从创作来说，艺术需要凭借人们的“想象能力”。第四，从媒介来说，艺术需要利用“物质材料或观念符号”而诉诸人们的“感觉器官”。第五，从源泉来说，艺术来自“生活经验”。下面将逐层分析。

一

在西班牙北部的坎塔布连山区所发现的“阿尔塔米拉洞穴壁画”一向被认为是人类最早的艺术现象。据考证，这些洞穴中所保存的野牛、野马、野鹿等形象是旧石器时代的先民们留下的。然而在一万多年前，人们在洞穴的石壁上绘制那些形象生动、色彩艳丽的动物形象并非是为了单纯的“审美”，而可能有渴望狩猎成功的巫术动机。因为在那些奔跑跳跃的牡鹿和垂死挣扎的野牛身上，大都留有被长矛刺中的痕迹。英国人类学家弗雷泽在《金枝》一书中指出，人类对自然界的理解和掌握大致经历了巫术、宗教、科学三个

1　李彤：《‘王小二’是书法家吗？》，《中国书法》2005年第11期，第65—68页。

阶段。所谓“巫术”，是人们凭借自己的想象力以一种并非科学的方法来征服自然的行为。借用这种理论来分析“阿尔塔米拉洞穴壁画”，可以设想：那些以狩猎为生的旧石器时代的先民们，十分渴望通过绘画的形式来掌控那些形影无踪的野兽，他们在岩洞的石壁上绘画各种动物的形象，并在它们的身上刻下长矛的痕迹，其目的是为了获得狩猎的成功。或许在次日的狩猎中他们确实获得了成功，他们便相信自己的绘画具有某种神奇的魅力。所以，他们便在这个神奇的洞穴中反复进行着这种神奇的努力，于是便留下了这些神奇的作品。尽管这些作品并不是为了单纯的欣赏，而是有着强烈的功利目的，但是先民们在从事这类实践的过程中，却同样怀抱着强烈的生活热望和情感寄托，并渐渐掌握了构造形象的技巧。

当然了，这种以巫术的手段来控制自然的行为是不可能屡试不爽的。开始的时候，人们可能将失败的原因归结为绘画的位置和形象不够理想，于是便在那些曾经“灵验”过的石壁上反复绘画并尽力提高自己的绘画技巧，从而留下了这样的痕迹。但是，久而久之，先民们终于发现，自己在石壁上的绘画与在山林中的狩猎之间并没有任何实质性的因果联系。于是他们便放弃了这种“艺术努力”，而转向另外一种“艺术实践”。

按照弗雷泽的观点，当先民们发现巫术失灵之后，便对自己的能力产生了怀疑，转而将希望寄托在一种超人的神灵之上，“巫术”便历史性地让位于“宗教”了。所谓“宗教”，是将人类的希望寄托在某种超人的神祇之上，认为可以通过祈祷、献祭等方式而获得神灵的佑助。于是，在这种宗教热情的趋遣之下，另外一些“艺术品”便出现了。今天我们在博物馆中所看到的古代艺术品，至少可以上溯到古希腊的雕塑，如米罗的维纳斯。这尊创作于公元前2世纪末的古希腊雕像被誉为“黄金时期的缩影”。雕像虽然失去了双臂，但沉静的表情里有一种坦荡而自尊的神态，从头、肩、腰、腿到足的曲线变化是那样的自然、优美，使人体以无比圣洁的姿态展现在人们眼前，因而被认为是女性美的原型、古代艺术的典范。但不要忘记，古罗马的维纳斯相当于古希腊的阿芙罗狄忒，是一位女神的名字。古代人之所以为其塑像，不是为了单纯的审美，而有着宗教的祈祷意义。正像旧石器时代的先民们在那些野兽的绘画中寄托了狩猎的喜悦和希望一样，古希腊的先民们也在这座女神的塑像中寄托了爱情的渴望与理想。

当然，正像野兽不能通过巫术而猎取一样，爱情也不能通过祈祷而获得。当巫术和宗教统统失灵之后，人们需要借助科学来实现自己的理想。所谓“科学”，是通过物质的力量按照客观规律来认识和改造自然和社会，以实现主观目的的努力。于是，在许多博物馆里，我们不仅可以看到古人用来朝拜的神像，而且可以看到古人用于汲水的陶罐。我们知道，古希腊哲学家柏拉图在《对话录》中曾将“美的陶罐”与“美的女人”“美的马”“美的竖琴”相提并论，而当代美国文学批评家克林斯·布鲁克斯在《精致的瓮》一书中，则用陶罐的造型与光晕比喻诗歌的美。尽管在历史上，陶罐的最初制作并不是用来欣赏的，但是作为汲水的用具，由于它寄托了人们改造客观自然的热望和建立美好生活的憧憬，从而可供欣赏。其实不仅是陶罐，“对于我们的祖父母而言，一所‘房子’，一口‘井’，一座熟悉的塔，甚至他们自己的衣服和斗篷，都还具有无穷的意味，无限的亲密——几乎每一件东西都是他们在其中发现人性并注入人性的容器”。[2]惟其如此，这些“作品”才可能引发我们复杂而丰富的情感体验。

总之，从现象上看，无论是阿尔塔米拉洞穴中的壁画还是卢浮宫中的维纳斯塑像，甚至是博物馆展柜中的陶罐，都可以被当作艺术品来加以欣赏。而且从效果上看，它们也确实能够引发人们的美感享受，即获得一种令人回味的情感。但从创造目的来看，由于这些“作品”并不是为了“欣赏”而创作的，因而不是一种纯粹的艺术品。

二

在古代，纯粹为了“欣赏”而“创作”的东西并不多：神话与宗教信仰密不可分，史诗有着记录史实的目的，喜剧由收获季节祭祀酒神的狂欢游行演变而来，悲剧则起源于祈祷亡灵的仪式……在这种情况下，古代的西方人并没有严格意义上的“艺术”概念。在西文中，“Art这个字原来的普遍意涵是指各种

2　See Hostadter，Albert，trans.&comp.Martin Heidegger：Poetry，Language，Thought. New York：Harper Colophon Books，1971.113.

不同的技能[skill]”，它既可以用来形容人们建造房屋的能力、裁剪服装的水平，也可以指称人们捕鱼捉蟹的技巧、治病救人的医术。中世纪的“七艺”，泛指文法、逻辑、修辞、算术、几何、音乐和天文学。“自从十七世纪末，art专门意指之前不被认为是艺术领域的绘画、素描、雕刻与雕塑的用法越来越常见，但一直到十九世纪，这种用法才被确立，且一直持续到今”[3]。

与西方的情况大致相同，中国早期社会也没有专门用于欣赏的艺术活动，青铜器的铸造与祭祀活动密不可分，韵文的撰写同时也是应用文体，就连看似纯粹的诗、乐、舞也只是行为规范、典章制度的一部分。所以，先秦时代的“六艺”泛指礼、乐、射、御、书、数等六种技艺。一直到了魏晋时代，随着“诗言志”的传统让位于“诗缘情”的功能，于是才有了鲁迅所说的“文学的自觉”，乃至艺术的自觉时代。

在文学艺术尚未“自觉”的时代里，人们没有将工艺制造与艺术创造加以区分，没有将物质产品与精神产品加以区分，也没有将一个产品的使用价值和欣赏价值加以区分。但在客观上，他们在改造客观世界、实现主观目的的活动中，也创造了一些价值不菲的艺术珍品。其中的有些作品就像我们前面所提到的维纳斯雕像一样，其原有的使用价值渐渐被人们所淡忘，其艺术的情感价值反而越来越变得突出。然而无论如何，在艺术尚未“自觉”的时代里，人们绝大多数的创作实践都要受到实用目的的左右和现实条件的限制，因而其艺术想象力的解放程度和情感表现力的复杂程度都是会受到一定的制约。只有到了艺术“自觉”之后，纯粹的艺术创作才真正摆脱了实用目的和现实条件的制约，从而展开想象的翅膀，在情感的世界里自由地翱翔。

历史唯物主义告诉我们，人类的精神需求是建立在物质需求基础之上的。早期社会里，人类首先要满足的是自己的物质需求，因而生产资料和生活资料的创造和使用便成为其主要的生活内容。只有当人们满足了其基本的生活需求之后，才会将更多的精力投入到精神产品的创造和享受中来。于是，纯粹的艺术创作便应运而生了。与一般的生活实践不同，艺术实践没有直接的功利目的，而是在想象力的驱动下，使人们获得一种情感的体验、精神的满足。在艺术这个虚拟的世界里，忘掉具体的实用目的，超越物质条件

3 雷蒙·威廉士:《关键词：文化与社会的词汇》，刘建基译，台北巨流图书公司，2003年，第14页。

的限制，观赏到生活中并不存在的物象，聆听到现实中并不存在的音响，人们可以体验到无法亲历的生活，实现生活中根本无法实现的梦想……

人的生命是有限的，其生活内容和情感体验更为有限。对于一个常人来说，我们既无法体验王子的快乐，也无从感受囚徒的艰辛；既不能改变自己的种族、性别，也很难改变自己的地域和生活环境；既不可能生活在古代社会里，也不可能生活在未来世界中。“一个人在现实生活中假如必须经历所有那些我们在观看索福克勒斯或莎士比亚的悲剧时所体验到的情感，那么，他不仅会被这些情感的力量压得透不过气来，而且会被这些力量粉碎和消灭。然而在艺术中我们就不会面临这样的危险。我们在艺术中感受的东西即是那种没有物质性内涵的完满的情感生活。我们已从肩上卸下了激情的重负；剩下来的只是我们的激情在摆脱了它们的重力、压强、引力后，那种微微颤动的内在情感”[4]。艺术中的情感体验与生活中的情感体验并没有什么本质的不同，但由于前者是在虚拟的世界中所获得的，因而可以更加自由、更加复杂、更加多样。总之，艺术可以使我们超越已有的生活条件，超越有限的时间空间，去获得更加丰富、多彩的情感体验。

自从独立的艺术观念形成以后，也就是人类进入艺术自觉的时代之后，这种自由、复杂、多样的情感世界，便异常迅猛地扩充着艺术的领地：从古代的壮美和优美，加入现代的滑稽和崇高，再加入后现代的荒诞和丑陋……此时的人类，就像一个吃饱了大鱼大肉的食客一样，开始尝试着酸、甜、苦、辣、咸等各种滋味，甚至偶尔也要弄一块臭豆腐，尝一尝榴莲果。如此说来，获得只可意会、不可言传的情感，感受只能身体、不能力行的人生，便成为艺术之所以为艺术的关键所在。

因此，在人类文明的谱系中，如果说体育是对人类体力极限的挑战，科学是对人类智力极限的挑战，那么艺术则是对人类情感能力极限的挑战。小而言之，这种挑战能够使人们的生活变得丰富多彩；大而言之，这种挑战可以使我们的人生获得某种终极关怀。当然，所有这一切，都要靠人类一种特殊的能力：想象。

4 ［德］恩斯特·卡西尔：《符号·神话·文化》，李小兵译，东方出版社，1988年，第111页。

三

就像艺术欣赏中的情感与现实生活中的情感没有什么本质的不同一样，艺术创作中的想象与现实生活中的想象也没有什么本质上的不同。但是，这种基于现实而又超越现实的精神活动非常重要，如果没有想象能力，人类不可能创造出一把自然界本不存在的石斧，也不可能创造出一只自然界本不存在的陶罐。从这一意义上讲，想象能力是人类这一物种的基本属性。反之，如果没有想象能力，也就不可能有人类的物质文明！

但是，在人类物质文明的创造中，人们的想象力会受到功利目的和实践手段的双重限制，因而不可能得到充分的伸展和自由的发挥，这也正纯粹的艺术实践得以存在的重要理由。“Art现在普遍与creative［具创造的］和imaginative［具想像力的］有关，这确实可以追溯到十八世纪末与十九世纪初”[5]。事实上，只有在艺术自觉的时代里，人类的想象力才可能在纯粹的艺术实践中得到无拘无束地发挥、天马行空地伸展。

就艺术自身的目的而言，想象力的发挥并不是要创造任何现实的物质产品，只是为了使人获得多样而复杂的情感体验；就人类的自我发展而言，人们从事艺术欣赏和创造的过程，也是锻炼和提高自身想象能力的过程。就像儿童的游戏是为了成年后的生产和生活做准备一样，艺术中毫无功利目的的欣赏也为现实中的功利实践做准备。反之，就像先有嫦娥奔月的神话后有阿波罗飞船一样，艺术的想象总是走在生活的前面。因而，艺术不仅是生活的总结，而且是生活的先导。

具体说来，从事艺术活动有助于人类完形能力的提高，人类联想能力的培养和人类变形能力的拓展。而所有这一切，都将有助于人类文明的创造。爱因斯坦说过：“想象力比知识更重要，因为知识是有限的，而想象力概括世界上的一切，推动着进步，并且是知识进化的源泉”[6]。雨果也认为：“想象就是深度。没有一种精神机能比想象更能自我深化，更能深入对象，这是伟大的潜水者。科学到了最后阶段，便遇上了想象”[7]。

5 雷蒙·威廉士：《关键词：文化与社会的词汇》，刘建基译，台北巨流图书公司，2003年，第15页。

6 爱因斯坦：《论科学》，《爱因斯坦文集》第一卷，许良英、范岱年译，商务印书馆，1979年，第284页。

7 杨周翰选编：《莎士比亚评论汇编》上册，中国社会科学出版社，1979年，第411页。

四

艺术家的想象是无拘无束的，但要将想象的成果呈现出来，又需要一定的媒介。媒介在整个艺术实践活动系统中起着至关重要的作用，它是沟通艺术家与欣赏者的桥梁。没有媒介，想象只能停留在创意阶段，无法传达给欣赏者。而媒介与创意的结合，不仅需要想象和情感，而且需要技巧和经验。从理论上讲，任何能够诉诸人的感官并能引发情感的物质材料都可以成为艺术媒介。从实践上讲，那些最容易诉诸我们的感官并引起情感变化的材料，也就最容易成为艺术媒介。如雕塑以石头、木材或金属为媒介，在三维空间中创造出立体的形象；绘画以画布或纸张为媒介，在二维平面上描绘出动人的图案；音乐以音响为媒介，在时间中传达不同的旋律；舞蹈以人体为媒介，在时空中展现出美妙的动作；文学以语言为媒介，以实现描写生活、表情达意的效果……

艺术形象的复杂性取决于想象内容的丰富性和媒介选择的多样性，而每种媒介都有其独特的优点与缺点：石头、木头和金属可以塑造立体的形象，却很难表现复杂的题材；画布和纸张可以描绘色彩缤纷的图画，却只能在平面上呈现；音响可以构造出复杂的旋律，却拙于物象的描绘；身体可以组成流动的物象，却受制于人体机能的限制；语言有着极为丰富的表现能力，却无法将象形直接呈现出来。由于使用不同的媒介所创作的艺术作品的存在形式不同，因而艺术作品大致可分为空间艺术、时间艺术、语言艺术、综合艺术。

所谓空间艺术，是指在空间中呈现出来的诉诸人们视觉器官并进而引发人们情感体验的艺术形式，因而也被称之为视觉艺术，如绘画、雕塑、建筑等。绘画是一种在二维的平面上以手工方式临摹客观对象、表达主观情感的艺术形式，又因具体媒介的不同而细分为油画、版画、水粉画、水墨画等，其题材可分为人物、静物、山水、花鸟等。作为一种古老的空间艺术，绘画的长于客观再现而短于主观表现，有着逐渐接近于客观物象的发展趋势。但进入20世纪以后，随着摄影技术的出现和发展，绘画的再现能力受到了很大的挑战，因而有着离开物象模拟而转向主观表现的发展取向，即通过夸张、变形等手法来表达艺术家的态度和情感。与绘画相同，雕塑也是捕捉客观物象的瞬间，并将其凝固下来艺术形式。所不同的是，绘画只能在二维平面上加以描绘，而雕塑则可以在三维空间中加以呈现。与绘画相比，雕塑更加立体，更加直观，但也更难以再现多样的生活场景和复杂的社会内容。所以，古代雕塑多以人体为对象，往往具有纪念意义；现代雕塑多为抽象的造型，往往具有象征意义。与雕塑相同，建筑也是一种在三维空间中构造起来的立体艺术，只是这种艺术的主旨不是模拟客观的物象，而是为人类提供某种居住的空间，并在空间的营造中表达艺术家主观的情感。广义上来讲，园林也是建筑的一部分。

著名小提琴家谢林有言："建筑是凝固的音乐。"德国音乐家普德曼又说："音乐是流动的建筑。"这两句常被引用的名言充分说明了空间艺术与时间艺术的异同。所谓时间艺术，是指在时间中呈现出来的诉诸人们听觉器官并进而引发人们情感体验的艺术形式，因而也被称之为听觉艺术，主要指音乐。我们知道，物体规则震动发出的声音称为音响，由有组织的音响来表达人们思想感情、反映现实生活的艺术就是音乐。与建筑相似，音乐也不以再现客观物象为己任，而是以其特有的节奏和旋律表达主观的情感，长于表现而短于再现。与建筑不同，音乐作品不在空间中呈现，而在时间中流淌；不是诉诸人的视觉，而是诉诸人的听觉。具体说来，音乐又分器乐和声乐两大类。器乐以乐器为物质基础，借助乐器的性能特征，结合演奏技巧的应用，表现一定的情感与意境；声乐则借助人的歌喉，结合发音技巧的运用，表现一定的情感和意境。在所有的艺术类型中，音乐尤其是器乐是最为抽象的艺术；而声乐艺术由于常常使用语言，所以又与语言艺术相接近。

如果说空间艺术诉诸人的视觉，时间艺术诉诸人的听觉，语言艺术则诉诸人的观念。从某种意义上讲，语言是思维的外壳，是人们进行范畴运用、观念推演的有效工具。然而语言的作用又不限于逻辑思维，它还可以诉诸想象来进行艺术活动。所谓语言艺术，是指在运用语言符号所创作出来的诉诸人们想象能力并进而引发人们情感体验的艺术形式，如诗歌、散文、小说等。与空间艺术和时间艺术不同，语言艺术所创造的形象不是直接的，而是间接的，是读者通过想象而还原出来的。然而，语言艺术的这一弱点同时也是其优点，它可以不受时间和空间的限制而更加自由。借助人类最重要的交际工具，语言艺术可以揭示隐秘的心理活动，可以描述复杂的生活过程，因而可以更加具体、更加多样。

所谓综合艺术，是指在综合了不同的艺术媒介，在空间和时间中同时呈现出来的、诉诸人们视听器官并进而引发人们情感体验的艺术形式，如舞蹈、戏剧、电影等。舞蹈是一种人体动作的艺术，它综合了空间的造型艺术和时间的音乐艺术，仿佛是一种流动的雕塑。舞蹈按照音乐的节奏和旋律安排人体动作，以模仿现实生活、表达主观情感。当舞蹈的动作安排有了故事情节、形成戏剧冲突之后，它便成为戏剧艺术的一种特殊形式：舞剧。戏剧是以舞蹈、音乐、语言等形式反映社会生活、表达主观情感的艺术形式。当舞台上的表演以歌唱为主的时候，它便成为戏剧艺术的第二种特殊形式：歌剧。当舞台上的表演以会话为主的时候，它便成为戏剧艺术的第三种特殊形式：话剧。无论是舞剧、歌剧还是话剧，戏剧艺术为了吸引观众、产生效果，一般都需要形成必要的故事情节和矛盾冲突。而依照这些矛盾冲突的社会性质及其解决方式，戏剧又可以分为悲剧、喜剧和正剧。作为一种综合艺术，舞剧虽然兼具了音乐、舞蹈、文学等不同艺术的表现形式，却受到舞台时空的限制。而随着现代科技手段的介入，以画面和声音为媒介，在运动着的时间和空间里创造银幕形象，反映社会生活、表达主观情感的电影艺术便应运而生了。

作为现代科技手段和传统艺术形式相结合的产物，电影几乎综合了前此以往所有艺术种类的元素和技巧，同时诉诸于人的视听器官，给人以丰富的情感体验。与舞台形象不同，银幕上的世界是一个特殊的时空复合体。这一复合体是由画面与画面、画面与音响、音响与音响之间的关系组成的，而组合这种关系技巧和手段，被称为电影中的“蒙太奇”。“蒙太奇”是法语montage的译音，原是法语建筑学上的一个术语，意为构成和装配。后被借用过来，用来指称电影制作中的剪辑和组合，直至完成电影的创作。简要地说，蒙太奇就是将一部影片的内容进行分别的拍摄和录制，然后再根据影片所要表达的内容和观众的心理活动，按照原定的构思将画面与画面、画面与音响、音响与音响组接起来，直至完成一部影片的创作。由于有了蒙太奇的叙事技巧，电影便可以将银幕上的物理时空与观众的心理时空对接起来，创造出一种生动、直观、复杂、细腻的“生活幻觉”。作为一种综合性很强的新型艺术，自从1895年法国艺术家卢米埃尔兄弟首次播放《火车进站》《水浇园丁》等短片以来，电影在短短一百多年的时间里有了长足的发展和进步，几乎成为人类最重要的艺术形式。随着电视机和互联网等科技产品的出现，电影的播放和传播形式也在发生着变化，这些变化不仅改变着人们艺术欣赏的习惯，而且改变着人们日常生活的方式。

绘画、雕塑、建筑、音乐、舞蹈、文学、戏剧、电影，是迄今为止人类最常见的艺术种类，亦被称之为“八大艺术”。其实人类的艺术形式远不止这些。比如，木偶是一种艺术，杂技是一种艺术，魔术是一种艺术，书法也是一种艺术，等等。说到底，凡是凭借丰富的想象力，利用物质媒介或观念符号所创造的，能够诉诸欣赏者感觉器官并引发情感体验的人工制品，都可被称为艺术。

五

艺术源于生活，而又高于生活。这句家喻户晓的名言，说出了艺术与生活之间的辩证关系。从“广义的艺术”到“狭义的艺术”的发展过程来看，艺术的原初形态本来就和人们的日常生活有着千丝万缕的联系。从阿尔塔米拉洞穴中的壁画，到毕加索笔下的野牛；从米罗的维纳斯，到罗丹的思想者……古人留下的艺术品自然离不开巫术、宗教等生活内容，就是现代的所谓纯艺术作品里，我们仍然可以随处看到生活的影子。

生活是孕育思想果实的大树，多彩的人生阅历、丰富的生活体验显然有助于艺术家的创作。日本诗人松尾芭蕉长年徒步游历名山大川，于是才有了《奥之细道》的名篇佳作。俄国作家果戈里熟悉农奴制的俄国社会，所以才可能在普希金故事的启发下写成了长篇小说《死魂灵》。英国作家托尔金在研究盎格鲁·萨克森语的过程中广泛接触到英国以及北欧各地神话和民间传说，从而完成了魔幻史诗般的作品“指环王系列”。这些绝非只是他们的神来之笔，而是灵感的火花点燃了他们头脑中贮存的生活经验，并以此进行创造想象的结果。类似的例证，在中国古代也广泛存在，南朝画家宗炳一生遍访名山大川，“凡所游履，皆图之于室，谓之抚琴动操，欲令众山皆响”（《南史·宗炳传》）。清代的画家石涛也曾主张“搜尽奇峰打草稿”，通过游历山川而使胸中自有丘壑。有了出塞慰问、访察军情的经历，才使得王维写出了“大漠孤烟直，长河落日圆”的壮丽诗句。如果没有得罪权贵、贬谪江州的经历，白居易也就不可能写下“同是天涯沦落人，相逢何必曾相识”的《琵琶行》。北宋画家范宽生活在北方，长年累月漫步于终南山、太华山一带，被西北关中一带的雄山壮景深深震撼，由此才能创造出雄奇险峻、气势磅礴的《溪山行旅图》；而南宋画家米芾、米友仁父子生活在烟雨空蒙的江南，他们长年观察、体验，创造出“烟云变灭，林泉幽壑，生意无穷”的“米点山水”。所有这一切无不说明，生活是艺术的唯一源泉。

首先，艺术中的情感与生活中的情感没有什么本质的不同，只不过更集中、更曲折、更复杂、更细腻罢了。正因如此，没有情感经历的人，是创作不出好的艺术作品的。所谓“少年不识愁滋味，爱上层楼，爱上层楼，为赋新词强说愁”，讲的就是这个道理。没有生活阅历的人，也不可能真正体会艺术作品的奥秘。所谓“满纸荒唐言，一把辛酸泪。都云作者痴，谁解其中味？”讲的就是这个道理。因此，要创作出好的艺术品，都必须深入生活、体验生活；要提高对艺术作品的鉴赏能力，也必须观察生活、理解生活。

其次，艺术中的想象与生活中的想象也没有什么本质的不同，只不过更自由、更大胆、更夸张、更奇特罢了。正因如此，见多识广的人，才能够创作出好的作品。所以古人才主张“读万卷书，行万里路”。任何奇妙的想象，都是以生活经验为前提的。所以古人才强调“登山则情满于山，观海则意溢于海”（《文心雕龙·神思》）。没有游历过名山大川的人，是不可能写出“飞流直下三千尺，疑是银河落九天”这样的诗句的；没有经历过国破家亡的人，是不可能写出“感时花溅泪，恨别鸟惊心”这样诗句的。说到底，想象的背后有情感，情感的背后有经验。

最后，艺术媒介与人们的生产、生活方式也有着千丝万缕的联系。舞蹈所凭借的身体、声乐所凭借的歌喉都有赖于我们的生理条件，文学所凭借的语言是人类最重要的交际工具，这一切都和日常生活密切相关；绘画、雕塑、建筑所用的工具和材料，乐器的发明与创造，都与科技的进步紧密相关；作为综合艺术的舞蹈、戏剧、电影，则更是利用各种科技手段来创造一种“生活的幻象”。

艺术不仅“源于生活”，而且“高于生活”。作为一种想象的产物，艺术是生活中原本没有的东西，这种东西虽然在一定程度上是生活的反映或再现，却不是生活的记录和照搬。也许，最初的歌唱来源于劳动的呐喊，但花腔女高音毕竟不同于艄公的号子。也许，最初的舞蹈来源于对动物的模仿，但杨丽萍的舞姿毕竟不同于孔雀的开屏。如果生活中有什么样的物象，艺术就原封不动地加以还原，艺术也便失去了其独特的价值和意义。作为一种审美的对象，艺术不以解决实际问题为己任，而只是诉诸人们的感官并进而获得一种情感体验。这种情感体验是现实生活中所难以获得的，因而可以激发人们去创造更加丰富、绚丽而美好的生活。可以说，艺术不是跟在生活后面的追随者，而是走在生活前面的引导者。

（此文为教育部人文社会科学重点研究基地重大项目“文明的结构与艺术的功能”阶段性成果，发表于《文艺理论研究》2013年第3期）

建构、解构、重构
——儒、释、道的艺术功能

尽管儒、释、道之间的关系相当复杂，可以用不同的结构模式来加以分析，但从对华夏民族的艺术贡献而言，儒家的功能主要在“建构”，即为中国人的审美活动提供某种秩序化、程式化、符号化的规则和习惯；道家的功能则主要在“解构”，即以解文饰、解规则、解符号的姿态而对儒家美学在建构过程中所出现的异化现象进行反向的消解，以保持其自由的创造活力；佛家的功能则在于“重构”，即以在空、幻、寂、灭的基础上重构色空一体的意象世界，从而为艺术创造开辟新的空间……正是在这种不断“建构”“解构”“重构”的过程中，中国古典美学才得以健康而持续地发展，从而创造着人类艺术史上的奇迹。

一

从发生学的角度来看，儒家在进行礼乐文化的重建过程中，为铸造中华民族的审美心理习惯做出了特殊的贡献。我们知道，人与动物的不同，就在于人是一种文化的动物，而文化则是以符号为载体和传媒的。在这个意义上，著名符号论哲学家卡西尔曾经指出，人是一种符号的动物。而以“相礼”

为职业的儒者，最初恰恰是这种文化符号的掌管者和操作者。

据章太炎的说法："儒"在古文字中本来是写作"需"的，而"需"则是求雨的巫觋；近来又有人从《周易·需卦》的卦辞中考证，"需"是"术士所操之术的动作行为"，或是殷代巫士制礼时所带的礼冠，因而与儒者的装束和行为有关。另有人考证说，儒的起源，与乐师即早期掌管教育和仪式的乐官有关。[1]"近代有学者认为，'儒'的前身是古代专为贵族服务的巫、史、祝、卜；在春秋大动荡时期，'儒'失去了原有的地位，由于他们熟悉贵族的礼仪，便以'相礼'为谋生的职业。"[2]无论是沟通天人之际的祈雨活动，还是规范人际交往的礼仪活动，都需要特殊的装束和举止，因而是一种特殊的符号行为。

这种看法是有一定根据的，孔子及其弟子很可能就是继承了巫、史、祝、卜中有较高实用理性传统的"君子儒"。这一切，可以在孔子所谓"俎豆之事，则尝闻之矣；军旅之事，未之学也"。（《论语·卫灵公》）"吾少也贱，故多能鄙事"，"出则事公卿，入则事父兄，丧事不敢不勉，不为酒困，何有于我哉？"（《论语·子罕》）等言论中得到说明。从墨子对儒家"盛容修饰以蛊世，弦歌鼓舞以聚徒，繁登降之礼以示仪，务趋翔之节以观众"（《墨子·非儒》）的批评上来看，儒者也确实擅长符号性的展示与表演。

然而不幸的是，孔子所生活的春秋末年，既是一个"绝地通天"的时代，又是一个"礼崩乐坏"的时代。所谓"绝地通天"，是指人们不再相信人神之间的沟通关系，从而不再指望巫觋之类的巫术法则。《尚书孔氏传》说："帝命羲、和，世掌天、地、四时之官，使人、神不扰，各得其序，是谓'绝地天通'。"在这种天地相分、人神不扰的世界里，作为儒者前身的巫、史、祝、卜于是便失去了存在的社会土壤。如果说"绝地通天"体现了天人关系的松弛，那么"礼崩乐坏"则体现了人际关系的松弛。在这个时代里，人们不仅不再相信巫觋之类的行为可以影响天的意志，也不再相信周公制定的礼乐规范足以束缚自己的意志。于是便出现了"桑间濮上"之类的"亡国之音"和"八佾舞于庭"之类的"不伦之事"。原本是沟通天人关系、规范君臣等级的礼乐文化，渐渐沦为满足感官享受的娱乐工具。

1 葛兆光:《中国思想史》第一卷，复旦大学出版社，2004年，第88页。

2 《中国大百科全书·哲学》下卷，中国大百科全书出版社，2004年，第73页。

不难想象，这种局面是儒者所不能接受的，这无疑是对其神圣职业的一种挑战。然而孔子要从职业的“儒”成为思想的“家”，就不仅要从技术的层面教导人们如何去施礼作乐，而且要从思想的层面上教导人们为何要施礼作乐。“子曰：人而不仁，如礼何？人而不仁，如乐何？”（《论语·八佾》）在他看来，所谓“礼”的形式，只不过是“仁”之内容的外在表现而已。这样一来，“仁”便成了儒家思想的核心范畴。根据《说文解字》的理解：“仁，亲也。从人，从二。”这就是说，“仁”的内涵，取决于人与人之间的关系。那么什么样的关系才符合孔子对“仁”的理解呢？“樊迟问仁。子曰：‘爱人’。”（《论语·颜渊》）我们知道，世界上没有无缘无故的爱，那么孔子所说的爱又是基于什么样的理由和根据呢？孔子的学生有子说得明白：“君子务本，本立而道生。孝弟也者，其为人之本与？”（《论语·学而》）如此说来，孔子的“仁爱”思想，是建立在亲子血缘关系基础之上的。惟其如此，它才不同于后来墨子所说的人人平等的“兼爱”，而是一种爱有差等的“仁爱”。譬如父爱子，子爱父，但前者为“慈”，后者为“孝”，二者爱而有差，不能将“父慈子孝”颠倒为“父孝子慈”；兄爱弟，弟爱兄，但前者为“友”，后者为“恭”，二者爱而有差，不能将“兄友弟恭”颠倒为“兄恭弟友”。明白了爱有差等的“仁”，也就懂得了礼有别异的“礼”。正像孔子的后学荀子所说的那样：“礼者，贵贱有等，长幼有差，贫富轻重皆有称者也。”（《荀子·富国篇》）儿子之所以要向父亲磕头，是为了表达自己的“孝心”；父亲则无须向儿子磕头，只要拍拍儿子的肩膀就足以表达自己的“慈爱”了。弟弟之所以要向哥哥鞠躬，是为了表达自己的“恭敬”；哥哥则无须向弟弟鞠躬，只需要点点头就足以表达自己的“友爱”了。一句话，我们之所以要向不同的人施不同的礼，是因为我们对不同的人有不同的爱。在孔子看来，就像儿子不给父亲磕头、弟弟不向哥哥鞠躬一样，“八佾于舞庭”之所以会成为“是可忍也，孰不可忍也？”（《论语·八佾》）的事情，就在于身为大夫的季孙氏，已经不再把天子放在眼里了。如此说来，孔子“克己复礼”的努力，便不仅要捍卫家庭的伦理，而且要重建社会的秩序，即从“亲亲”到“尊尊”，从“迩之事父”到“远之事君”（《论语·阳货》），从而为以家族、血缘、地域为基础的国家政权和社会制度提供了理论上的保障和行为上的规范。在孔子看来，有了这种保障和规范，人才能像个君子的样子，是一种文化的人而非野蛮的人。

因此，从符号学的角度上讲，所谓“仁”释“礼”，就是要为外在的行为规范（符号形式）找到内在的伦理准则（价值观念）的支持，从而克服文化符号混乱无序的历史局面，以保持世人的文化品位。所谓“礼云礼云，玉帛云乎哉？乐云乐云，钟鼓云乎哉？”（《论语·阳货》）即表明，在孔子眼里，礼乐行为绝不仅仅是一种简单的符号形式而已，它本身就标志着人与非人的界限。从政治的意义上讲，只有遵循礼乐本身所规范的行为法则和等级制度，才能使人与人在进退俯仰之间保持一种行而有等、爱而有差的和谐而有度的社会秩序，即所谓“博学于文，约之以礼，亦可以弗畔矣夫!”（《论语·颜渊》）从文化的意义上讲，只有掌握了礼乐本身所具备的有意味的符号形式，才能使人与人在温、良、恭、俭、让的社会交往中保持一种高于蒙昧和野蛮色彩的文明形象，即所谓“文质彬彬，然后君子。”（《论语·雍也》）尽管在孔子那里，文化的建构是要以生命的繁衍和物质的保障为前提的，“子适卫，冉有仆。子曰：‘庶矣哉!’冉有曰：‘既庶矣，又何加焉？’曰：‘富之。’曰：‘既富矣，又何加焉？’曰：‘教之。’”（《论语·子路》）然而这种“庶”—“富”—“教”的渐进过程也表明，文化的建构才是使人最终成其为人的关键。

显然，在这种文化符号系统的建构过程中，人们产生了一种艺术的经验和美的享受。因为说到底，“艺术可以被定义为一种符号语言”，“美必然地、而且本质上是一种符号”，这类包括着艺术和美的“符号体系”，“在对可见、可触、可听的外观中给予我们以秩序”，“使我们看到的是人的灵魂最深沉和最多样化的运动”[3]。关于这一点，我们的前人在《乐记·乐本篇》中似乎已有所领悟：“凡音者，生人心者也。情动于中，故形于声；声成文，谓之音。”“乐者，通伦理也。是故知声而不知音者，禽兽是也。知音而不知乐者，众庶是也。惟君子为能知乐。”在这里，声、音、乐三者的区别，标志着禽兽与人、野蛮的人与文明的人之重要区别。所谓“情动于中，故形于声”，是说由人嘴里发出来的声音，是人之情感的自然流露；

3 ［德］恩斯特·卡西尔：《人伦》，甘阳译，上海译文出版社，1985年，第212、175、214、189页。

但是当这种情感的自然流露还没有进入符号系统，还只是一种无法通约的声响时，它便等同于野兽的嚎叫：虽然也表达了一定的情绪，却无法加以辨别，也没人可以听懂。只有当这种声响进入了符号的系统，它才是一种主观情感的“人的”表达方式，即“声成文，谓之音”。这里的“声成文”，既可以理解为声响通过交织、组合而具有文采，又可以理解为声响进入表义的符号网络而具有文义。事实上，只有当自然的声响进入了表义的符号系统，才可能具有无限丰富的复杂性和多样性。动物可以发出各种各样的声响，但是由于这些声响既无法在符号的意义上加以区分，更无法在区分的基础上加以组织并重构，因而总归是单调的。说到底，无论文采还是文义都只是人才具有的，这正是人与非人的区别所在，“是故知声而不知音者，禽兽也”。进一步讲，声音一旦进入了符号系统，便不仅具有了通约的可能，而且具有了伦理的意义，即“人的灵魂最深沉和最多样化的运动”。在孔子看来，如果人们只知道声音可以传达情感而看不到这种情感背后所潜伏的只有人才具备的伦理内涵的话，他就像只知道“礼”的形式而不懂得“仁”的内容一样，充其量也还只是个野蛮的人而不是文明的人，故曰“知音而不知乐者，众庶是也。惟君子为能知乐”。所谓“惟君子为能知乐”一句，超出儒家特定的伦理内涵来看，它指的实际上是一种文化的人对于美的多样形式和多层内涵的理解和把握。可以想象，如果没有孔子在三代文化的基础上所恢复和奠定的这一套“郁郁乎文哉”的伦理规范和典章制度，古代人的行为方式和情感方式不仅会变得杂乱无章，而且会显得单调无趣。甚至还可以这样讲，如果没有孔子及其儒家为建构礼乐文化所进行的历史性努力，以“礼仪之邦”而著称的中华民族，将会在很长时间或很大程度上停留在蒙昧和野蛮的状态之中。这很容易使我们想起宋人的那句多少有些夸张的话：“天不生仲尼，万古如长夜。”

从“符号系统”的角度来讲，孔子所重建的这套礼乐文化囊括了诗、乐、舞三个相互联系的组成部分。关于“礼”和“乐”之间的关系，《乐记·乐论篇》中有一段言简意赅的分析：“乐者为同，礼者为异。同则相亲，异则相敬。乐胜则流，礼胜则离。合情饰貌者，礼乐之事也。”这就是说，

“乐”可以沟通人与人之间的情感，“礼”可以辨别长幼尊卑之界限。光有“乐”而没有“礼”，人与人之间的情感就会放任自流，缺乏秩序感，少了等级观念；光有“礼”而没有“乐”，不同地位的人就会离心离德，缺乏沟通感，少了凝聚力。因此，最好的办法就是以“乐”助“礼”，以“礼”节“乐”，从而达到一种和而不同、爱有差等的境界。由此可见，“礼”“乐”之间的辩证关系，就是“仁”“礼”之间的矛盾运动在意识形态领域中的直接表现。而作为这一表现的情感符号，广义的“乐”又是由语言（诗歌）、旋律（音乐）、动作（舞蹈）三个要素组成的。合而言之，当这些要素共同伴随着礼仪而沟通着人们心灵的时候，它便会引起一种情感的共鸣和美的享受。所以《论语·学而》才会有“礼之用，和为贵。先王之道，斯为美”的论述。分而言之，当这些要素得到独立发展的时候，它们便会成为不同的艺术形式并各自发挥其美的功能。所以，对于诗，孔子才会有“不学诗，无以言”（《论语·季氏》）的训导；对于乐和舞，孔子才会有“三月不知肉味”，“不图为乐之至于斯也”（《论语·述而》）之类的感受。从某种意义上讲，中国古代诗、乐、舞等表现艺术相对发达的历史特征便可以在儒家以礼乐来建构文化的独特方式中找到根据。

儒家建构礼乐文化的这种历史性努力，对中华民族审美心理习惯的形成和艺术价值观念的确立是影响巨大的、深远的，甚至夸张地说，是从无到有的。但是，这种由伦理的观念符号而衍生出来的艺术的情感符号又有其先天的弱点和局限。在形式上，由于后儒并未真正理解孔子“克己复礼”的深刻含义，因而不断地在“礼”的外在形式上大做文章，从而在《周礼》《仪礼》《礼记》等著作中为我们留下了一套举世罕见的繁文缛节，使人们在冠、婚、丧、祭、燕、享、朝、聘等一切社交活动中的举手投足都必须经受严格训练。受其影响，“乐”的形式也由简到繁，成堆砌雕琢之势。在内容上，由于“礼”的等级观念始终规范着“乐”的自由想象，致使艺术的形式发展得不到观念更新的配合与支持，以至于万变不离其宗，总是在“发乎情，止乎礼义”的情感模式中转圈子，由中庸而平庸。于是，最初是富有创造性的“建构”活动便导致了形式和内容的双重异化。在这种情况下，道家的“解构”活动便具有了特殊的历史意义。

二

黑格尔在《小逻辑》一书中指出，绝对的逻辑起点只能有一个，那就是“有”，即不加任何规定性的纯有，然而当这个“有”纯而又纯，以至于没有任何规定性的时候，它便转化为自己的对立面，变成了另一个逻辑环节——“无”。如果我们用这对范畴来理解中国文化，那么儒家的建构目标便是“有”，道家的解构目的则是“无”。同黑格尔观点相同的是，儒家的“有”在前，道家的“无”在后，二者的逻辑关系是不可易位的，否则，道家的解构就会变得毫无意义；同黑格尔观点不同的是，儒家的“有”并不是由于缺乏规定性而自觉地转化为“无”的，相反，它恰恰是由于过多的规定性而需要用“无”来加以消解，以实现一种历史性的回归。

作为这种历史性的回归，道家的创始人首先在伦理政治的层面上对先儒的那套仁义道德提出了质疑。当然了，从时间上讲，这里所谓的“先儒”未必是指孔子，因为在孔子之前，至少已有周公进行过“制礼作乐”的文化努力。这里涉及一个问题，就是老子和孔子孰先孰后的问题。对此，尽管学术界有不同的看法，但笔者仍然沿用司马迁《史记》中的观点，即认为老子是与孔子生活在同一时代且年龄更老一些的学者。由于老子生活的时代与孔子相同，因而他也面临着“礼崩乐坏”的局面；由于老子年龄比孔子更老，所以《老子》一书中并未提及当时尚未产生学术影响的孔子。尽管老子也不满于“礼崩乐坏”的局面，但他立场和态度却与孔子截然不同。老子认为：“大道废，有仁义；智慧出，有大伪；六亲不和，有孝慈；国家昏乱，有忠臣。”（《老子·十八章》）在他看来，以仁义道德为内容的礼乐制度的出现，本身就是一种虚假的文化现象。因而正确的方法，不是去“克己复礼”，而是要“绝圣弃智”，即抛弃文明的条条框框，回归原始的单纯：“绝圣弃智，民利百倍；绝仁弃义，民复孝慈；绝巧弃利，盗贼无有。”（《老子·十九章》）老子的传人庄子更为激烈，他直接对“圣人”讨伐道：“纯朴不残，孰为牺尊!白玉不毁，孰为珪璋!道德不废，安取仁义！性情不离，安用礼乐！五色不乱，孰为文采！五声不乱，孰应六律！夫残朴以为器，工匠之罪也；毁道德以为仁义，圣人之过也”（《庄子·马蹄》）。之所以如此坚决地反对儒家伦理，是因为老、庄在那套君君臣臣的关系中发现了不平等，在那种俯仰屈伸的礼仪中发现了不自由，在那些文质彬彬的外表下发现了不真诚。在这一层面上，道家的学说，确实具有着反抗异化的特殊意义。但是，由于老、庄所反抗的异化现实有其历史存在的合理性，因而对这种反抗本身并不能简单地在哲学的意义上加以肯定。

在反抗伦理制度的同时，道家的创始人还进一步将批判的矛头对准先儒所建构的那套文化符号体系，并企图加以彻底地解构和颠覆。老子主张“绝学无忧”（《老子·十九章》），认为“五色令人目盲，五音令人耳聋，五味令人口爽，驰骋畋猎令人心发狂，难得之货令人行妨”（《老子·十二章》）。庄子更为激烈，干脆断言：“擢乱六律，铄绝竽瑟，塞瞽旷之耳，而天下始人含其聪矣；灭文章，散五采，胶离朱之目，而天下始人含其明矣；毁绝钩绳，而弃规矩，攦工倕之指，而天下始人有其巧矣。”（《庄子·胠箧》）在这一层面上，道家的学说，又确实具有某种反文化的色彩。但是，由于道家这种反文化的倾向是具有特殊的背景和前提的，因而对这种反抗本身又不能简单地在美学的意义上加以否定。换言之，道家的“无”是针对儒家的“有”而言的，道家的“解构”是针对儒家的“建构”而言的，因此，无论是在哲学的意义还是在美学的意义上，道家对儒家的理解都必须是以对儒家的评判为前提的。

在美学的意义上，道家对儒家所建构的礼乐文化的解构主要表现在三个方面：首先是解构文饰，即消除文明所附丽在物质对象之上的一切修饰成分，使其还原为素朴的混沌形态。我们知道，孔子在强调了“文”“质”之间的辩证关系、主张“质胜文则野，文胜质则史”（《论语·雍也》）的前提下，对“文”还是相当重视的，所谓“焕乎！其有文章”（《论语·泰伯》）就是对尧之时代所创立的雕琢文饰的感官文化的赞誉，所谓“菲饮食而致孝乎鬼神，恶衣服，而致美乎黻冕”（《论语·泰伯》）就是对禹之时代所创立的绚丽多彩的礼仪服饰的褒扬，而所谓“周监于二代，郁郁乎文哉”则正是“吾从周”（《论语·八佾》）的必要前提。在谈到人之修养的时候，孔子曰：“若臧武仲之知，公绰之不欲，卞庄子之勇，冉求之艺，文之以礼乐，亦可以为成人矣。”（《论语·宪问》）这里所谓的“文之以礼乐”，即是把礼乐作为一种文饰而附丽在人的身上，使之具有高贵的品质和文化的意味。在谈到文章辞令的时候，孔子曰：“为命，裨谌草创之，世叔讨论之，行人子羽修饰之，东里子产润色之。”（《论语·宪问》）这里所谓的“修饰之”“润色之”，显然是一种辞章的加工和语言的装饰。在谈到艺术欣赏的时候，孔子曰：“师挚之始，《关雎》之乱，洋洋乎盈耳哉！”（《论语·泰伯》）这里所谓的“洋洋乎盈耳哉”，则无疑凝聚了艺术家的手法和匠心。这种思想，在后儒那里表述得更加明确，荀子曰：“性者，本始材朴也；伪者，文理隆盛也。无性则伪之无所加，无伪则性不能自美。”（《荀子·礼论》）然而这一类“如切如磋，如琢如磨”（见《论语·学而》引《诗经》句）的文化努力，在道家看来则恰恰是违背自然和人性的。老子认为，“明道若昧，进道若退”（《老子·四十一章》），“道之华而愚之始”（《老子·三十八章》）！如此说来，一切人为的努力、文明的追求，非但不能接近“道”的原初境界，反而背“道”而驰，创造出一大堆虚假、扭曲、芜杂的文化垃圾。“朝甚除，田甚芜，仓甚虚，服文彩，带利剑，厌饮食，财货有余，是谓盗竽。非道也哉！”（《老子·五十三章》）在这种“为学日益，为道日损”（《老子·四十八章》）的情况下，他主张，不如放弃过多的感官享受和精神欲求，“为无为，事无事，味无味”（《老子·六十三》），在简单而质朴的生活中体验纯洁而原始的生命乐趣，进入一种“见素抱朴，少私寡欲”（《老子·十九章》）的境界。庄子及其后学也对那种雕琢和文饰的人为努力持怀疑和批判的态度：“牛马四足，是谓天；落马首，穿牛鼻，是谓人。故曰，无以人灭天，无以故灭命，无以得殉名。谨守而勿失，是谓反真。”（《庄子·秋水》）因而主张“人籁”不如“地籁”，“地籁”不如“天籁”，“天地有大美而不言，四时有明法而不议，万物有成理而不说。圣人者，原天地之美而达万物之理，是故至人无为，大圣不作，观于天地之谓也。”（《庄子·知北游》）由此可见，老、庄解构文饰的这一努力，并非只具有消极的破坏作用，而是在消解文化符号的过程中寻求着一种回归自然、法天贵真的新的美学意义。

其次，道家在解构物质对象之外部文饰的基础上，还要进一步解构儒家创造文化符号所遵循的内在法则。我们说过，在孔子那里，“礼”和“乐”这类文化符号是“仁”和“礼”之价值观念在意识形态领域中的直接表现。因此，作为特殊的“情感符号”，艺术所遵循的创作法则完全是以其“过犹不及”的行为标准和“中庸之道”的思维模式来决定的。孔子一向是主张以理节情、“绘事后素”(《论语·八佾》)的，用颜渊的话来说，就是“夫子循循然善诱人，博我以文，约我以礼”(《论语·子罕》)。以这样的法则来对待艺术，才能够创造出《关雎》之类“乐而不淫，哀而不伤”(《论语·八佾》)的符合伦理道德标准的佳作，并起到“恶紫之夺朱也，恶郑声之乱雅乐也，恶利口之覆邦家者”(《论语·阳货》)之类的警示作用……然而在道家看来，既然儒家所遵循的那套伦理标准本身就是值得怀疑的，那么用这套标准来规定艺术的功利价值，则更是不得要领了。老子认为，不应该以艺术为手段来限制和扭曲人的自然情感，而应让人的生活和艺术遵循自然的法则和规律，以进入一种“人法地，地法天，天法道，道法自然”(《老子·二十五章》)的境界。在这个境界里，艺术是朴素的、自然的、非功利的，而只有以此三者为前提，人们的艺术活动才能够实现自由的想象和不断的创造，即所谓“天之道，不争而善胜，不言而善应，不召而自来，绰然而善谋。”(《老子·七十三章》)这种“无目的的合目的性”，似乎比儒家那套“发乎情，止乎礼义”的观点更加符合艺术创造的规律。庄子及其后学也认为：“正则静，静则明，明则虚，虚则无为而无不为也。”(《庄子·庚桑楚》)并在此基础上发展出了一套“乘物以游心”的人生—艺术境界。所谓“乘物”，就是遵循自然的规律和法则；只有最大限度地顺应自然，才能够“游心”——以实现精神的自由和解放。这就像庖丁解牛一样，只有“依乎天理”，“因其固然”，才能够“以无厚入有间，恢恢乎其于游刃必有馀地矣”，乃至于“砉然向然”，“莫不中音，合于《桑林》之舞，乃中《经首》之会”(《庄子·养生主》)。由此可见，老、庄对艺术法则的解构，只是要摒弃人为的功利标准，并不是要践踏客观的自然规律；相反，在处理自然与自由的辩证关系上，道家的“解构”活动则是有其独到的见解和创意的。

最后，在解构文饰、解构法则的基础上，道家思想的极端性发展便是对于文化现象之载体的语言符号体系的解构。我们知道，早在孔子之前，以礼乐为核心的文化符号体系就已存在，只是由于缺少伦理价值观念的支撑，使得这一体系十分松散、很不牢固。而儒家的所谓“建构”，就是要以“仁学”的价值观念来支撑“礼乐”的符号体系，以克服“礼崩乐坏”的局面。针对当时文化符号体系混乱的现状，孔子曾发出“觚不觚，觚哉！觚哉！”（《论语·雍也》）的慨叹。在他看来，“觚不觚”这类表层符号的混乱，意味着“君不君”“臣不臣”等深层价值观念的动摇。因此，他竭力主张以“正名”的方式来重新整顿价值观念和符号体系，并理顺二者之间的表里关系：“名不正，则言不顺；言不顺，则事不成；事不成，则礼乐不兴；礼乐不兴，则刑罚不中；刑罚不中，则民无所措手足。故君子名之必可言也，言之必可行也。君子于其言，无所苟而已矣。”（《论语·子路》）事实上，在孔子表述自己观点的过程中，我们也可以发现，他对于语言符号的运用是十分讲究并充满信心的。例如，在谈到仁人的品格时，孔子说：“恭、宽、信、敏、惠。恭则不侮，宽则得众，信则人任焉，敏则有功，惠则足以使人。”（《论语·阳货》）在谈到诗歌的艺术功能时，孔子说：“诗，可以兴，可以观，可以群，可以怨。”（《论语·阳货》）尽管儒家对逻辑学和修辞学并不太感兴趣，但所有这一切，至少能说明孔子等人对语言符号的肯定态度……然而在以“解构”为能事的道家那里，对待语言符号的态度则刚好相反。老子曰：“道可道，非常道；名可名，非常名。”（《老子·一章》）在他看来，真正本体性的内容，是不可能用语言符号来加以表述的，一旦我们用有限的符号来形容“道”的时候，这个本体的无限意蕴便不可避免地被遮蔽起来，这就是所谓的“道隐无名”（《老子·四十一》）。在他的影响下，庄子也看到了语言符号的局限性：“道不可闻，闻而非也；道不可见，见而非也；道不可言，言而非也。知形形之不形乎？道不当名。”（《庄子·知北游》）并进而指出：“世之所贵道者书也，书不过语，语有贵也。语之所贵者，意也。意有所随；意之所随者，不可以言传也。而世因贵言传书。世虽贵之哉，我犹不足贵也，为其贵非其贵也。故视而可见者，形与色也；听而可闻者，名与声也。悲夫！世人以形色名声为足以得彼之情。夫形色名声，果不足以得彼之情，则知者不言，言者不知，而世岂识之哉！”（《庄子·天道》）如此说来，由形色名声所组成的整个语言符号系统，都已在解构之列了。然而庄子解构语言符号系统的目的，并不是要废除这一系统，而只是为了借助语言来达到超越符号的意义。《庄子·外物》曰：“荃者所以在鱼，得鱼而忘荃；蹄者所以在兔，得兔而忘蹄；言者所以在意，得意而忘言。”由于这种表面符号的解构同深层意蕴的追求是互为表里的，因此，同解构文饰、解构法则一样，老、庄解构符号的努力也并非是全然消极的，事实上，它恰恰在另一个层面上接近了艺术语言的奥秘。

从以上的三重解构中可以看出，道家对中国美学的历史贡献，恰恰是作为儒家美学的对立面而得以呈现的。从审美理想上看，素朴本身并不美，只有返璞归真才是美。因此，如果没有儒家所建构的远离原始形态的礼乐文化，那么道家所追求的那种“同与禽兽居，族与万物并”（《庄子·马蹄》）的生活状态便毫无审美价值可言了。从艺术门类上讲，如果说儒家美学与乐舞之间有着直接的亲缘关系，那么道家美学则对书画艺术产生了更加深远的影响。盛唐大诗人兼大画家王维主张：“画道之中，水墨最为上；肇自然之性，成造化之功。”（《山水诀》）这其中显然包含了老子“道法自然”的思想；晚唐画论家张彦远认为：“草木敷荣，不待丹绿之彩；云雪飘飘，不待铅粉而白。山不待空青而翠，凤不待五色而綷。是故运墨而五色具，谓之得意。”（《历代名画记·论画体工用搨写》）这其间无疑渗透着庄子“得意而忘言”的精神。

徐复观认为：“中国文化中的艺术精神，穷究到底，只有孔子和庄子所显出的两个典型。由孔子所显示出的仁与音乐合一的典型，这是道德与艺术在穷极之地的统一，可以作为万古的标程；……由庄子所显示的典型，彻底是纯艺术精神的性格，而主要又是结实在绘画上面。”[4]这里有两个问题值得商榷：第一，笔者不太同意将儒、道的这两种艺术精神用“纯”与“不纯”来加以区分。如果说儒家美学是强调“善”的，其极端性发展必然导致“伦理主义”，那么道家美学是追求“真”的，其极端性发展则难免导致“自然主义”。就其终极的价值取向而言，它们谁也不是纯“美”和纯“艺术”的。然而，“美”和“艺术”却恰恰处在“善”与“真”、“伦理主义”与“自然主义”之间。因

4　徐复观：《中国艺术精神》，春风文艺出版社，1987年，第5页。

此，正如儒家的“建构”需要道家的“解构”来加以不断地清洗以避免“异化”一样，道家的“解构”也需要儒家的“建构”来加以不断地补救以防止“虚无化”。事实上，正是在儒、道之间所形成的必要的张力的推动下，中国美学才可能显示出多彩的风格并得到健康的发展。第二，笔者也不认为中国文化中的艺术精神“只有孔子和庄子所显出的两个典型”，尽管儒、道两家确实在中国美学的发展中起到了至关重要的作用，但我们也不应该忽视第三种艺术精神的影响，那就是佛教。

三

作为一种外来的宗教，佛教在产生之初也是以一种解构和批判的姿态出现的，只是其解构和批判的对象不是代表宗法制度的儒家，而是代表种姓制度的婆罗门教。[5]与原始的印度宗教崇拜相比，婆罗门教有三大不同。第一，它将原有杂乱无序的多神崇拜改造成为以梵为最高形态的多元而又统一的神学体系。“最终，随着婆罗门教一神论最后取得至高地位，吠陀的作者归诸于天帝。天帝是永恒的，吠陀也被认为是永恒的。”[6]第二，它有了专门的祭司阶层。“祭司作为一个独立阶层而出现，表现了宗教在社会生活中的重要作用。”[7]第三，它的宗教教义和祭司活动更加体系化、规范化了。“祭司的出现，使得古代宗教的经典得到了系统的整理和阐发。”[8]换言之，以吠陀天启、祭祀万能、婆罗门至上为三大纲领的婆罗门教，是对印度原始宗教原本杂乱无章的符号系统体系化、完备化的结果。

当然了，这套完备而系统的符号体系也不仅仅是出于信仰的需要，在维系全体民众共同信仰的宗教背后，婆罗门教也在为印度社会的种姓制度提供了理论上的合法性。所谓“种姓”，有肤色、形象、品质等含义，是人之社会地位的血缘标志。当时的印度社会分为四大种姓：第一种姓是由祭司阶层发展而来的享有文化特权的婆罗门，第二种姓是由武士阶层发展而来的享有军事特权的刹帝利，第三种姓是由农民、牧民、商人、手工业者发展而来的吠

5　参见陈炎：《多维视野中的儒家文化》第六章，山东教育出版社，2007年。

6　［印度］德·恰托巴底亚耶：《印度哲学》，王世安译，商务印书馆，1980年，第204页。

7　《世界宗教全书》，上海人民出版社，1994年，第47页。

8　《世界宗教全书》，上海人民出版社，1994年，第47页。

舍，第四种姓是由被征服的土著居民和失去生产资料的雇工、奴隶所组成的首陀罗。除此之外，还有更加卑贱而不入种姓的不可接触者（旃陀罗）……从社会历史的角度上分析，四大种姓的最初形成可能与雅利安的大举入侵有关[9]，同时也是社会分工所造成的阶级分化，其实质内涵是阶级剥削与阶级压迫，但婆罗门教却为其提供了一套“业报轮回”的理论依据。在相信灵魂转世的婆罗门教看来，一个人出生于哪一种姓，并不是其父母的责任，而是其生前的修为所致。“此世行善者将得善生，或生为婆罗门，或生为刹帝利，或生为吠舍。而此世行恶者将得恶生，或生为狗，或生为猪，或生为贱民。”（《歌者奥义书》5，10，7）所谓“行善”，就是安分守己、敬奉神祇，遵照婆罗门教所制定的一系列行为规范、典章制度而生活，不能越雷池一步。

在这里，婆罗门教所制定的符号法则也像儒家的礼乐制度一样，具有非常明显的等级意义，甚至比后者还要苛刻。不同种姓的人不仅不能通婚、共食，而且在祭祀活动中所处的地位也明显不同。“根据婆罗门法典规定，前三种姓可以诵读吠陀经并参加宗教祭仪，从父母亲那里获得第一生命，通过‘入法礼’再获得第二次生命，因而被称为再生族；首陀罗不准读或听吠陀，亦不能参加宗教仪式，被称为一生族。对各个种姓在社会地位、权利、义务和生活方式等方面都有不同的规定。”[10]显然，这套宗教仪式不仅要沟通人与神的关系，而且要区分人与人的地位。有了这套符号系统，人们的言谈举止便自然而然地具有了等级上的差别。“种姓决定了一个印度教徒应在哪里出生，应举行怎样的出生仪式，应在哪里居住和居住怎样的房子，吃什么样的食物和怎样吃，穿什么衣服和怎样穿，从事什么职业和怎样从事，应得到怎样的报酬和多少报酬，同什么样的人交往和怎样交往，同什么样的人结婚和怎样结婚，享有怎样的社会地位和权力以及负有怎样的责任，应在哪里死去和怎样死去，在哪里埋葬和怎样埋葬，甚至死后如何对待他，等等。”[11]例如，婆罗门在妊娠后的第八年即可举行“入门式”，刹帝利要等到第十年，吠舍则要晚至第十二年。又如，婆罗门的木杖长达发端，刹帝利的木杖长至前额，吠舍的木杖则仅及鼻端……这种等级差别的符号体系当然不仅仅具有神学意义，从社会历史的角度上看，等级制度的出现，恰恰是野蛮社会进入文明社会、原

9 参阅尚会鹏《种姓与印度教社会》，北京大学出版社，2001年，第17页。

10 《中国大百科全书·宗教》，中国大百科全书出版社，1988年，第302页。

11 尚会鹏：《种姓与印度教社会》，北京大学出版社，2001年，第2页。

始社会进入奴隶社会的重要标志。而作为印度早期文明社会之符号体系的建构者，婆罗门教使当时的人们离开了浑然一体的蒙昧时代，将其引入了一种尊卑有序的文明时代。

然而，历史总是在“二律背反”中前进的，“文明”与“异化”是一对孪生兄妹，“文明”给人们带来了物质的积累、财富的增多、阶层的确立、信仰的传播；与此同时，“异化”给人们带来了贫富的悬殊、贵贱的差异、繁缛的礼节、苛刻的刑法。正像恩格斯在《反杜林论》中所说的那样，“文明每前进一步，不平等也同时前进一步。随着文明而产生的社会为自己所建立的一切机构，都转变为它们原来的目的的反面。”[12]随着婆罗门教的发展，僧侣阶级日益强大起来，婆罗门种姓被抬到了神圣不可侵犯的崇高地位，被称为“人间的神”。这一贵族等级不仅有着垄断宗教事务和文化知识的特权地位及政治势力，而且享受着处理各种布施、豁免赋税、重大犯罪免死等特权。于是许多婆罗门便利用这些特权而极力追求物质享受，大量积聚财富。而作为婆罗门教义的各种等级制度和繁文缛节，不仅限制了人与人之间的正常交往，为不同的社会阶层之间制造了重重隔阂，而且也加剧了整个社会的离心倾向。显然，这种文明制度的出现，是以异化现实为前提的。正是作为这种异化现实的反动，佛教出现了。公元前6世纪，一种坚决反对种姓血统论、神创四姓说的早期佛教，在婆罗门教影响较薄弱而城市经济最发达的恒河流域中下游诸国逐渐形成。在宗教信仰上，佛教构成了对婆罗门教三大纲领的直接挑战：针对婆罗门教“吠陀天启”的学说，早期的佛教不仅不承认《吠陀》为经典，而且主张“诸法皆空”，“它对当时在印度受到崇拜的无数常常是怪诞的神的真实性，既不维护，也不否定。它对它们置之不理。”[13]针对婆罗门教“祭祀万能”的理论，早期的佛教主张以“八正道”（正见、正思、正语、正业、正命、正精进、正念、正定）的修行和乐善好施来取代祭祀。“原始的佛教主要是一种行为的宗教，不是一种遵守仪式和献祭的宗教。”[14]针对婆罗门教“婆罗门至上”的观点，佛教提出了“四姓平等”乃至“众生平等”的主张，认为所有的生灵在本性上都是一样的，并没有什么种姓之分，任何人都可以通过修行而得到解脱，得阿罗汉果，既不需要特殊的神职人员加以引导，也不需要遵从

12　《马克思恩格斯选集》第3卷，人民出版社，1995年，第482页。

13　安修·李:《宗教的故事》，内蒙古人民出版社，2002年，第326页。

14　安修·李:《宗教的故事》，内蒙古人民出版社，2002年，第326页。

任何礼仪规范。“它没有庙宇，没有献祭，也就没有祭司的圣职。”[15]一言以蔽之，佛教不仅是当时印度社会等级制度的否定者，而且是当时印度文化符号体系的解构者。

作为文化符号的解构者，印度的佛教和中国的道家一样，也从三个方面进行了一些颠覆性的工作。首先，在“解构文饰”方面，与婆罗门教豪华而奢侈的生活方式相反，早期佛教主张过一种简单、质朴、甚至贫穷的生活。在佛教徒看来，与其在衣食住行方面处处显示出自身的等级身份和优越条件，倒不如将多余的财务“布施”给别人。因此，凡出家为僧者，都必须甘于贫穷、甘于寂寞，在暮鼓晨钟、青灯黄卷中悉心领悟人生的苦难，在静坐修禅、托钵乞讨中不断培养慈悲的情怀。其次，在“解构法则”方面，与婆罗门教处处显示种姓差异的文化努力不同，佛教僧团的内部成员不分种姓高低，仅以入教先后为序，他们对外部成员也持有一种谦卑和恭敬的态度，没有任何垄断信仰的优越感。最后，在“解构语言符号体系”方面，与婆罗门教神化《吠陀》经典、垄断宗教信仰的文化努力不同，作为释迦牟尼生前语录的佛经，不仅有用当时“雅语”的梵文版本，而且有用当时“俗语”的巴利文版本，这样做的目的，显然是为了让那些文化程度较低的大众能够理解。从以后佛教传播的历史来看，该教从来不歧视没有文化的大众，反而想方设法地为他们提供手转经筒（“玛尼轮”）、口念六字名号（“南无阿弥陀佛”）、吟诵六字大明咒（“唵嘛呢叭咪吽”）等简便易行的方法。有些禅家悟道者，甚至到了“以心传心”“不立文字”的地步。《五灯会元》卷一、《禅宗正脉》卷一及《无门关》第六则记载：“世尊云，吾有正法眼藏、涅盘妙心、实相无相、微妙法门，不立文字、教外别传，付嘱摩诃迦叶。”宗密《中华传心地禅门师资承袭图》云：“达摩西来，唯传心法，故自云：我法以心传心，不立文字。……欲求佛道，须悟此心，故历代祖宗唯传此也。”《兴禅护国论》卷中云：“所谓佛法者，无法可说，是名佛法。今谓禅者，即其相也。……若人言佛、禅有文字言语者，实是谤佛谤法谤僧，是故祖师不立文字，直指人心，见性成佛，所谓禅门也。”在他们看来，佛法的奥秘是不能用有限的文字来加以传达的，只有彻底解构掉作为符号载体的文字，人们才能去文化之蔽、明

15　安修·李：《宗教的故事》，内蒙古人民出版社，2002年，第326页。

佛理之妙。而所有这一切，都使我们想起道家对儒家的解构。

然而，原始佛家所解构的对象毕竟不是中国的儒家，而是印度的婆罗门教。正如婆罗门教所导致的异化现象比儒家更严重一样，佛教解构文化符号的努力比道家更彻底。道家反抗文明的束缚，只是为了回归自然而已，其“道法自然”的思想毕竟有个归宿。而佛教超越人生的苦难，却要达到“涅槃”的境界，其“四大皆空”的思想根本就没有给感性生命留有任何余地。佛教的这一思想，是以其著名的“缘起说”为理论基础的。所谓“缘起性空”，是强调世间的万事万物都是有条件的、相互依存的，“此有则彼有，此生则彼生，此无则彼无，此灭则彼灭”[16]，因而是偶然的、暂时的、没有“自性”的。譬如人，就是由“五蕴”（色蕴、受蕴、想蕴、行蕴、识蕴）和合而成的存在体，任何一蕴都不能单独构成并承载其生命的存在。五蕴合而人存，五蕴散而人亡，这种思想带有很大的唯物主义色彩。因此，早期佛教不仅认为任何生命都没有“自性”，甚至不承认“灵魂”的存在。在这种否定性的学说看来，“‘无常’就是生灭相续，它包括了‘因果相续’的意义。‘无我’就是没有主宰，既没有一身之主宰，也没有宇宙万有之主宰。‘无造物主’之义也就包括其中了。”[17]“这个道理很简单，佛教既以‘诸法皆空’（即俗语中的‘万法皆空’）为教义，当然神也是空的。神既然空，何来创造世界之事。”[18]所以佛教的“三法印”主张：诸行无常、诸法无我、一切皆苦。所以，真正有智慧的人，不是要经过现世的努力好在来世脱生于婆罗门，而是要彻底脱离人生的苦，进入无知、无欲、无我的涅槃境界。

这种以“涅槃”为旨归的学说虽然对婆罗门的神学思想有着巨大的解构作用，但其解构的结果却使自身陷入了一种空、幻、寂、灭的境界。当这种学说传入中土之后，尤其与中国传统的重生思想发生矛盾，于是在“解构”的同时又开始了一种“重构”的努力。这种“重构”的努力是多方面的，为了达到劝善惩恶的目的，佛家在追求“涅槃”的同时又发扬了婆罗门教的“轮回”思想；为了给轮回的思想提供理论根据，佛家在否认“自性”的同时又承认“佛

16 《杂阿含经》卷第十二，见高楠顺次郎：《大正新修大藏经》（第二卷），日本大正一切经刊行会1934年版，第85页。（以下所有《大正藏》引文皆出自此版本。）

17 赵朴初：《佛教与中国文化的关系》，《中印文化交流与比较》，中国华侨出版社，1994年，第91页。

18 赵朴初：《佛教与中国文化的关系》，《中印文化交流与比较》，中国华侨出版社，1994年，第92页。

性”的存在；为了能让人们能够在这个苦难的世界上活下去，佛家在倡导“无常”的同时又承认“名色”的意义……

佛家所谓的“色”，泛指一切能够触及感官的经验世界，组成这个经验世界的万事万物都是由形状、有功用的，但其形状、功用背后却没有一个恒昌不变的主宰，因而又是“空”的。所谓“空”，并不是在诸色之外有一个绝对空寂的存在，而恰恰是让人们在诸色之中领悟到它的存在。这就是所谓的“色不异空，空不异色；色即是空，空即是色”。《般若经》中的这种思想在东土的影响很大，尤其表现在佛教艺术方面。不难设想，如果只承认“空”而不承认“色”，就不可能有辉煌的寺庙、优美的佛像、动人的壁画、妙曼的音乐；反之，如果只承认“色”而不承认“空”，这些艺术作品也就会流于感官刺激，从而失去佛教的内涵和意义。“色”与“空”之间的辩证关系，不仅造就了大量既不同于儒家又不同于道家的佛教艺术，而且指向了一种既不同于儒家之“写实”又不同于道家之“浪漫”的新的艺术追求——“意境”。

就本土文化资源而言，魏晋玄学中所涉及的“形”与“神”的关系和“言”“象”“意”三者的关系都对后来的“意境”理论有所助益，但是真正为其奠定理论基础的还是佛学。佛家将人的眼、耳、鼻、舌、身、意称之为“六根”；将这“六根”所获得的色、声、香、味、触、法称之为“六境”；将这“六根”和“六境”所构成的眼识、耳识、鼻识、舌识、身识、意识称之为“六识”；又将“六根”“六境”“六识”总称为“十八境界”。正像熊十力所指出的那样：“佛家于法相，解析精严，根、识、境三法，相互依住，识依根及境生，而不从根境亲生。一切现象，相依有故。”[19]这种“相依有故”的特点，使得“境界”既是主观的、又是客观的，既是真实的、又是虚幻的，既是有限的、又是无限的。这种人生“境界论”的思想，显然会对艺术“意境说”的理论有着直接的启发意义。

不仅如此，按照《大乘起信论》的原理，尽管诸种“境界”均缘根而起，但又有不同的层次。第一种是“凡夫之境”；第二种是“初悟之境”；第三种是“成佛之境”。具体说来，凡夫俗子的欲望太强，因而用观念性的“六识”去干扰原本清净的“六根”，从而无法保证“六境”的纯洁、完整；有所觉悟的

19 熊十力：《佛家名相通释》，东方出版中心，1985年，第9页。

人心性则比较平静，能够像一面镜子一样映照出较为清晰的周遭景致；而成佛得道的高僧则能够进一步因色悟空，从五彩缤纷的大千世界中洞彻宇宙的本来面目。“在唯识宗看来，人对于外物之境，人对于其认取对象的执着有着极其强烈的、旺盛的欲求，所以，境也便成为唯识宗破除‘识’执的契机与入口。”[20]与这种“因色悟空”的佛学路径不同，艺术家则要达到“思与境偕”（王昌龄《诗格》）和“境与意会”（苏东坡《题渊明饮酒诗后》）的目的，即通过有限的“境”而获得无限的“思”，通过客观的“境”而启迪主观的“意”。在这里，艺术家虽然不指望通过“境”之“色”来破除“识”之“执”，但同样需要采取一种超越功利的“静观”态度来审美。不仅如此，佛教的虚幻世界和艺术的虚拟世界也有着极为相似的内在联系。这样一来，佛家的“境界论”便自然而然地转化出诗家的“意境说”。

作为中国古代“意境说”最早、最明确的表述，王昌龄在其诗论著作《诗格》中提出了“诗有三境”的观点：“诗有三境：一曰物境，二曰情境，三曰意境。物境一：欲为山水诗，则张泉石云峰之境，极丽绝秀者，神之于心。处身于境，视境于心，莹然掌中，然后用思，了然境象，故得形似。情境二：娱乐愁怨，皆张于意而处于身，然后驰思，深得其情。意境三：亦张之于意而思之于心，则得其真矣。”从佛学的角度分析，所谓“物境”“情境”，仅“物累”“情累”而已。唯有“意境”作为“真”境，才是无悲无喜、无善无恶、无染无净、无死无生之空灵的一种“元美”境界。因此，有学者认为，王昌龄“诗有三境”的观点主要由熔裁佛学“三识性”而来。[21]作为“三境”中的最高形态，“意境”既包含了客观景象的外在模拟，又囊括了主观意志的内在抒写；与此同时，它既超越了外在的“物累”，又超越了内在的“情累”，从而真正达到了主客相融、内外统一的境界。

与“诗有三境”的观点相对应，王昌龄在《诗格》中还提出了“诗有三思”的主张：“诗有三思：一曰生思，二曰感思，三曰取思。生思一：久用精思，未契意象。力疲智竭，放安神思。心偶照境，率然而生。感思二：寻味前言，吟讽古制，感而生思。取思三：搜求于象，心入于境，神会于物，因心而得。”“生思”是一种刻意之思，有着过多的主观能动色彩；“感思”是

20 王耘：《隋唐佛教各宗与美学》，上海古籍出版社，2010年，第151页。

21 参见王振复：《唐王昌龄“意境”说的佛学解》，《复旦大学学报》2006年第2期。

一种随感而思，有着过多的客观受动色彩。唯有“取思”才真正做到取象于思，“心入于境，神会于物”，即主观与客观的统一、能动与受动的结合。或许我们可以这样理解：“生思”和“感思”只能获得“物境”和“情境”的水准，唯有“取思”才能达到“意境”的高度。因此，有学者认为：“王昌龄的‘诗有三境说’与‘诗有三思说’是一个统一的整体，均为今之意境学说的有机组成部分。而且，它在意境学说的形成过程中，起到了承前启后的历史作用。所谓‘承前’，不仅指他对前人诗论的借鉴与发展，也指他对诗歌创作经验的总结，更重要的则指他完成了由佛教之‘境’向文学理论之‘境’的转变，使意境学说的进一步成熟成为可能。所谓‘启后’，则指他对于此后意境学说的发展、完善具有巨大的启发作用。仅以意境学说之集大成者——近代王国维之论证之，便知此言不虚。其在《人间词话》中，王先生有言：文学之事，其内足以摅已，而外足以感人者，意与境二者而已。上焉者意与境浑，其次或以境胜，或以意胜。苟缺其一，不足以言文学。”[22]

正是由于佛家之“境界论”向诗家之“意境说”的转变，才使得中国古代艺术家对虚与实、动与静、有限与无限、主观与客观的统一更为自觉，并通过文学向绘画、戏曲等一切艺术门类相渗透。由此可见，佛家对中国艺术精神的影响，或许并不在儒、道之下。其实质，就是在儒家注重伦理的形式主义建构和道家反抗异化的自然主义解构之外，形成了一种主观之“意”与客观之“境”的双向重构。惟其如此，中国美学中的含蓄、意蕴、妙悟、回味等一系列特征，也便得到了淋漓尽致的表现。

四

如上所述，儒家从维护文明秩序的角度出发，以“建构”的方式来装点逻辑化、秩序化、符号化的美学世界；道家从反抗异化现实的目的入手，以“解构”的方式寻求着一个非逻辑、非秩序、非符号的审美天地；佛家则从人生觉悟的高度出发，以“重构”的方式创造一种具有深度模式的审美意象。如果说，儒家的努力是一种从无到有、由简而繁的过程，其追求的是“充实之

22　王红丽：《王昌龄“三境说”浅探》，《名作欣赏》2006年第7期。

谓美”（《孟子·尽心下》）、“不全不粹之不足以为美”（《荀子·劝学》）的境界；道家的努力是一种删繁就简、去蔽澄明的过程，其追求的是“大音希声，大象无形”（《老子·四十一》）、“朴素而天下莫能与之争”（《庄子·天道》）的境界；那么佛家的努力是一种外繁内简、似有实无的过程，其追求的是“明心见性”“因色悟空”的境界。

从逻辑的意义上讲，这三种境界在中国美学的范畴中有许多变体，如果说儒、道两家常常在“实”与“虚”、“动”与“静”、“繁”与“简”、“形”与“神”、“有法”与“无法”、“自觉”与“自由”、“阳刚”与“阴柔”之间取其两端的话，那么佛家则往往在这些对立的双方之间寻求一种富于张力的辩证关系……分而言之，这些范畴可说是儒、道两家美学精神的分裂和对立；合而言之，每对范畴的对立统一则正是儒、道两家在美学问题上的“互补”关系，以及儒、释、道三家在美学问题上的“鼎足”关系。过去，美学界对这些范畴不乏重视和研究，但很少有人站在三种文化精神的高度上加以分析，因而难免有着知其然而不知其所以然的局限。站在儒、释、道的立场上来看待这些范畴，我们就会发现，中国美学的范畴体系受制于一种民族的文化模型，致使每对范畴都可能是这一模型的全息缩影；反过来说，通过这无数个具体而鲜活的全息缩影，我们就可以把握到中国美学的真正底蕴，及其相当稳定的结构系统。

从历史的意义上讲，这三种文化精神在中国审美文化的演变过程中又构成了一种相互批判、彼此消长的动力形态。一般说来，当儒家思想在社会意识形态中占主导地位的时候，该时代的文学艺术作品在内容上便呈现出一种注重群体实践的、干预或美化现实的功利主义倾向，在形式上便呈现出一种注重形式、注重规则的纷繁而华丽的美；当道家思想在社会意识形态中占主导地位的时候，该时代的文学艺术创作在内容上便呈现出一种尊重个体价值的、渴望或美化自然的自然主义倾向，在形式上便呈现出一种强调自由、蔑视法则的自由而清新的美；而当佛家思想在社会意识形态中占主导地位的时候，该时代的文学艺术创作在内容上便会呈现出一种超越感官经验、注重内心体验的超功利主义倾向，在形式上便呈现出一种注重体悟、追求境界的隽永而含蓄的美。

为了说明这一问题，我们可以对汉代以降的艺术实践加以简单地回顾。从语言艺术的角度上讲，辞赋可以作为汉代文学的代表形式。汉武帝初年至东汉中叶的二百年间，是汉赋的全盛时期；而这一时期，也正是“罢黜百家，独尊儒术”的时期。在“兴废继绝，润色鸿业”之精神的鼓舞下，这一时期的作品大都着力描写威震四邦的国势、新兴都邑的繁荣、水陆产品的丰饶、宫室苑囿的富丽，而在形式上则以夸饰华美的辞藻、铺张扬厉的笔触、韵散结合的语言、规模浩大的气势而令后世的文人不敢望其项背。不可否认，这的确是一种美，一种金玉满眼、富丽堂皇的美，一种人工雕琢、气势开张的美。从这一意义上讲，其《子虚》《上林》者，确实应该在文学史上占据一个永恒的位置。正像扬雄在《法言·吾子》中所评论的那样：“如孔氏之门用赋也，则贾谊升堂，相如入室矣。”然而，这种由儒家思想所引发出来的艺术精神，在其不断“建构”的努力中，便陷入了一种堆砌与夸饰的误区。如西晋的挚虞在以后所批评的那样：“假象过大，则与类相远；逸辞过壮，则与事相违；辩言过理，则与义相失；丽靡过美，则与情相悖。”（《文章流别论》）于是，自汉末以降，随着意识形态权威的儒、道易手，这种盛极而衰的艺术形式便被一种新的文学、新的美所取代。

魏晋时期，玄学大张，曹氏集团的自觉提倡自不用说，即使司马王朝对名教的修复也未能动摇老、庄在知识分子心中的地位。在“越名教而任自然”的口号下，一种全新的美学风范在诗文领域中出现了。从内容上看，魏晋文人的注意力已由社会转向自然、由宫廷转向山川、由讴歌建功立业的努力转向赞美置身世外的自由。于是便有了玄言诗、游仙诗、田园诗、山水诗。从形式上看，铺张扬厉的大赋再也无法占据文坛的主导地位，而代之以言简而意长的四言诗、五言诗。正像刘勰所说的那样，“若夫四言正体，则雅润为本；五言流调，则清丽居宗。”（《文心雕龙·明诗》）这种诗体的繁荣，显然与当时注重“雅润”和“清丽”的审美趣味有关。我们知道，在审美趣味上，魏晋人士极为推崇一种超凡脱俗、神姿澄澈的美，打开《世说新语》，到处可以看到“标鲜清令”“秀出清和”“穆然清括”“风华清靡”，乃至“清蔚简令”“清风朗月”“清露晨流”“清便宛转”之类的文句。只有在这种社会环境下，才可能出现阮籍那“夜中不能寐，起坐弹鸣琴。薄帷鉴明月，清风吹我襟”的《咏怀诗》；才可能出现嵇康那“淡淡流水，沦胥而逝。泛泛柏舟，载浮载滞”的《酒会诗》；才可能出现陶渊明那“采菊东篱下，悠然见南山。……此中有真意，欲辩已忘言”的《饮酒诗》。正如宗白华所言：“魏晋六朝是一个转变的关键，划分了两个阶段。从这个时候起，中国人的美感走到了一个新的方向，表现出一种新的美的理想。那就是认为‘初发芙蓉’比之于‘错采镂金’是一种更高的美的境界。在艺术上，要着重表现自己的思想，自己的人格，而不是追求文字的雕琢。陶潜作诗和顾恺之作画，都是突出的例子。王羲之的字，也没有汉隶那么整齐，那么有装饰性，而是一种‘自然可爱’的美。”[23]这种将艺术现象统一于时代精神的分析不可谓不精到，只是我们不应站在晋人的立场上，简单地将道家的情怀看成是比儒家的境界“更高的美”。事实上，儒道两家在中国美学史上的每一次“建构”和“解构”，都有着不同层次的审美品格和理论意义。较之先秦的“朴实无华”而言，两汉的“错彩镂金”无疑是一种历史的进步，因为只有经过这一环节，魏晋的“初发芙蓉”才可能在更高的层次上回到原来的起点。从另一个角度来看，魏晋的“初发芙蓉”也绝不是一种终极意义上的理想境界。它也需要经过南北朝时期佛家美学的“重构”，才可能进入唐诗的更高阶段。

南北朝是中国佛教全面持续高涨的时期，无论是寺院还是僧尼的数量都较之东晋时期有成倍的增长[24]。这一点，我们不仅可以借助“南朝四百八十寺，多少楼台烟雨中”的文学描述加以想象，而且可以从北魏、北齐、北周所留下的大量石窟佛像中得到验证。“南朝佛教到了梁武帝达到极盛。梁武帝以为道有96种，唯佛为尊。他先后四次舍身同泰寺，又令臣下以亿万钱奉赎；施舍财物，动辄以千万计。他所建的诸大寺院，立丈八佛像，其富丽宏大在南朝都是罕见的。他还明令禁断食肉，只许食素；又创立忏悔法，号‘梁皇忏’。这些行动，促进了佛教向社会深层的广泛流布。……他的长子昭明太子、三子简文帝、七子元帝，也都以好佛理著称。”[25]然而正是在这样一个佛学鼎盛的时代，文坛上却出现了一股以描写女性仪态、闺阁起居为内容的诗

23 宗白华：《美学散步》，上海人民出版社，1981年，第29页。

24 参见杜继文：《佛教史》，江苏人民出版社，2007年，第161页。

25 杜继文：《佛教史》，江苏人民出版社，2007年，第162页。

风——“宫体诗”。这究竟是为什么呢?

历代的文学史家一般对南朝文学评价很低:“南朝文学的根本缺陷,是在作品中几乎看不到对于社会矛盾和人民生活的反映,也较少看到作家在政治上失意的牢骚,出现这种情况的原因是政治形势的动荡、作家生活的优裕和思想的消沉。”[26]闻一多对宫体诗的评价更是如此。其实,“政治形势的动荡”与“作家生活的优裕”之间本来就存在着矛盾之处,因而在政治、经济原因之外,我们似应加入文化环境的思考。换言之,从佛教自身的信仰来分析,此一思潮的出现或许并不是偶然的。我们知道,曾为乔达摩·悉达多太子的释迦牟尼在修道成佛之前,享尽了人间的荣华富贵、儿女情长。为了阻止这位太子出家修行的意愿,净饭王曾为其提供了常人所没有的优渥条件。《佛行所瓒·离俗品第四》曾写到:“太子在园林,围绕亦如是。或为整衣服,或为洗手足;或以香涂身,或以华严饰;或为贯缨珞,或为安枕席;或倾身密语,或世俗调戏;或说众欲事,或作诸俗形,规以动真心。”然而一切非但未能使之沉湎于感官的快乐,反而使之判然觉醒,领悟到生命的局限:“菩萨心语静,坚固难可转,闻诸采女说,不忧亦不喜,信声厌思惟,叹此为奇怪,始知诸女人,欲心盛如是,不知少壮色,俄顷老坏死。哀哉此大感,愚痴覆其心。尝思老病死,尽夜动勖励,锋刀临其颈,何如犹嬉笑?见他老病死,不知自观察,是则泥本人。”于是,他便毅然决然地离家出走,放弃安逸的世俗生活,去探索宇宙的本源、生命的意义。比释迦牟尼的生活经历更有甚者,《维摩诘经》中所记载的维摩诘是一位生活在闹市中的居士,他不仅结交权贵、积蓄财富、娶妻生子,甚至出入于酒馆妓院,博弈戏乐。然而维摩诘生活于世俗却不沉湎于世俗,他精通佛理、富于雄辩,以至于达到“无缚无解,无乐无不乐”的人生境界,仍为佛界所推崇。

与释迦牟尼、维摩诘这种“因色悟空”的生活态度相类似,梁武帝曾做《净业赋》,用佛教的观点猛烈抨击和否定世俗生活,认为人们以眼、耳、鼻、舌、身、意称之“六根”追逐色、声、香、味、触、法称之为“六境”是不足为取的,甚至会产生祸国殃民的后果。梁简文帝也著有《六根仟文》,同样表达了对世俗生活的反省与批判。然而在另一方面,他们却并不回避显示

26 《中国大百科全书·中国文学I》,中国大百科全书出版社,1986年,第587页。

艺术技巧、表达感官享乐的作品，甚至成为“宫体诗”的倡导者。其实，这种看似矛盾的行为在佛教中早已存在。佛学主张“空”不在“色”外，而只在“色”中，教导人们只有看透了世间万象，才能放下世俗的欲念。于是佛经中多有对生活百态，乃至男女色相的描绘。有故事说，佛曾化为妇女，专门供人淫欲，然后又变为骷髅，以教人看破红尘，就如同《红楼梦》中的“风月宝鉴”一样。如果以中国的儒学传统的标准来看，印度佛学中的许多文字是极为轻艳的，如《方大庄严经》卷第九《降魔品》叙述波旬魔女以三十二种媚态来迷惑佛陀，等等，其色情的程度比“宫体诗”有过之而无不及。从这一角度出发，我们或许会对“宫体诗”在南朝的盛行有一种新的认识了。

过去，文学史家或是受传统伦理观念的影响，认为“宫体诗”是一种趣味庸俗、有伤风化的“黄诗”；或是受闻一多《宫体诗的自赎》一文的影响，认为“宫体诗”的最大缺陷，不仅在于其描写男女之事，而在于这些作品“没筋骨”“没心肝”，缺少创作的激情和生命的活力。然而，如果这些作品的真正用意并不是表现男女爱情，而恰恰是要通过感官的描写而“因色悟空”，那么它们又怎么可能有活力、有激情呢？与传统的艳情民歌相比，宫体诗是“艳诗”，却不是“情诗”，因为其对女性体态、容貌的描写虽然细致入微，却往往不带情感，有一种以我观物的“体物”特征。对此，有些学者认为，这是因为受到佛经中注重“观”的结果。[27]在佛教的“观无”态度的启发和影响下，宫体诗人以“无染眼”的体物方式去观察女性的体态、容貌，并进而通过美女之“色”而体悟世界之“空”。于是，在宫体诗人看来，不管是嫔妃、妻妾，还是舞女、歌妓，她们之间没有什么本质的差异，都不过是物象的呈现而已。

当然了，“宫体诗”的作者们是否都有这种自觉的佛学意识，这本来就是一个值得讨论的问题；即使他们都有这种自觉的佛学意识，是否都能够将其贯穿于创作之中，也还是一个值得分析的问题。在“上有好者，下必甚焉”的情况下，保不齐有一些并无坚定信念的“滥竽”会将“劝诫”的调门吹成了“诱惑”旋律，这一切都是不难理解的。从文本分析的角度上看，“宫体诗”中确乎存在着“因色悟空”的佛学痕迹，如梁武帝有《欢闻歌》之一云：“艳艳金楼女，心如玉池莲。持底极郎思，俱期游梵天。”又如汤僧济《咏藻井

27　参见张伯伟：《禅与诗学》，浙江人民出版社，1992年，第219页。

得金钩》曰："昔日倡家女，摘花露井边。摘花还自插，照井还有怜。窥窥终不罢，笑笑自成妍。宝钩于此落，从来不忆年。翠羽先泥去，金色尚如先，此人今不在，此物今空传。"再如王僧孺的《为人述梦》云："已知想成梦，未信梦如此。皎皎无片非，的的一皆是。以亲芙蓉褥，方开合欢被。雅步极嫣妍，含辞恣萎靡。如言非倏忽，不意成俄尔。乃寤尽空无，方知悉虚诡。"细读《玉台新咏》，此类借"色"悟"空"的作品亦不在少数。如此说来，正如美丽的山川景物不过是玄学家言说玄理的由头一样，香艳的金肢玉体不过是佛学家因色悟空的道具。正因如此，我们能够理解这些诗作没有激情、没有活力、没有情感，甚至没有欲望的原因所在。正如徐陵《谏仁山深法师罢道书》云："法师未通返照，安悟卖花？未得他心，哪知彼意？"总之，在我们看来，"宫体诗"的取材不仅囿于宫闱闺阁，而且模仿佛经故事，因而有写世俗为了勘破肉欲、写女色为了超越情思的佛学目的。无论这些目的是否达到或在多大程度上达到，都为重构艺术形象的深层模式提供了某些有意义的探索，因而是不可一概抹煞的。

五

无论是逻辑的结构还是历史的意义，最终都是由具体的艺术家来体现并完成的。隋、唐以后，原来此起彼伏、阶段性发展的儒、释、道三家，却又进入了三教并奖、齐头并进的社会环境，这一切体现在诗歌艺术上，便出现了被称为"诗圣"的杜甫、被称为"诗仙"的李白、被称为"诗佛"的王维。

睿宗以后的盛唐时代，儒、释、道同兴并举，不分先后的局面不仅以皇帝诏书的形式被确定下来，而且在广大民众之中产生了深刻的影响。处在这样一种特殊的文化背景之中，几乎没有任何一个流派、任何一个作家能够拥有一种纯而又纯的宗教信仰和哲学理念。以流派而论，"边塞诗"体现了儒家积极进取、建功立业的入世思想，却不乏道教奇异的想象和幻觉的色彩；"山水诗"体现了道教回归自然、遗世高蹈的浪漫情怀，却不乏佛教恬淡的趣味和静谧的境界；"田园诗"体现了佛教超凡脱俗、因色悟空的境界，却不乏道教出世的追求和独善的理想……就作者而论，杜甫世代书香，常以“穷儒”自命，但又“身许双峰寺，门求七祖禅”，成为北宗的信徒；李白受过道教的符箓，每以“谪仙”见称，但又自名“青莲居士”，用佛典作为自己的别号；王维深受佛教的影响，写过《能禅师碑》，但也“愿奉无为化，斋心学自然”，颇似老、庄的传人……因此，那种想在文学领域中为儒、释、道三家找到一一对应的现象，并泾渭分明地将其罗列出来的做法显然是徒劳的。然而，儒、释、道三家的影响虽然是复杂的、交叉的、相互渗透的，但又是至深至远、不可忽视的。相对而言，以儒家世界观为主的艺术家，不仅其创作的内容有着较大的伦理属性和社会意义，而且其创作的形式也往往自觉或不自觉地遵循传统的法则并加以完善；以道家或道教世界观为主的艺术家，不仅在创作内容上喜欢突破伦理的规范和政治的约束，而且在艺术形式上也常常无视既有的法则和传统的习惯；而以佛家或佛教世界观为主的艺术家，不仅在创作内容上很少涉及政治或民生题材，而且在艺术形式上也很少有自觉的“建构”或肆意的“解构”，他们很少把注意力放在作品的伦理内容或语言形式上，而是全身心地“重构”诗歌的意象和境界。这种“建构”“解构”“重构”三种诗歌形态，在杜甫、李白、王维那里得到了集中而又典型的体现。

就文化背景来看，杜甫是晋代名将兼宿儒杜预的后代，其家族具有“奉儒守官，未坠素业”的传统，因而很容易使其产生“致君尧舜上，再使风俗淳”（《奉赠韦左丞丈二十二韵》）的入仕抱负。就历史境遇而论，杜甫比李白和王维晚生十一年，其主要的生活和创作经历均在“安史之乱”以后，因而很容易使其产生“穷年忧黎元，叹息肠内热”（《自京赴奉先县咏怀五百字》）的济世情怀。因此，他的诗主要不是面向自然的，而是面向社会的；不是抒发个人理想的，而是描写时事苍生的。这也正是他被誉为“诗圣”的原因所在。

杜甫的诗歌所反映的社会内容要远比李白和王维更为丰富，上至帝王、将相，中至文人、官吏，下至田父、船夫，都是他诗中的人物。社会的动荡，仕途的坎坷，使诗人在颠沛流离之中广泛接触到了下层生活，从而在

《哀江头》《悲陈陶》《塞芦子》《洗兵马》以及著名的“三吏”“三别”中具体而微地反映了“安史之乱”期间民间的痛苦和不幸，使这些作品具有了“诗史”的意义。更为难能可贵的是，在那个“白骨露于野，千里无鸡鸣”的时代里，他能够以一种真正的“仁者之心”将普通人的悲欢离合化为自己的喜怒哀乐；在那个“朱门酒肉臭，路有冻死骨”的社会里，他能够以“民为本，社稷次之，君为轻”的立场来痛斥人间的不平。因此，在他的作品中，既有“夜深经战场，寒月照白骨”（《北征》）的描写，也有“请为老父歌，艰难愧深情”（《羌村三首》）的感伤；既有“吏呼一何怒，妇啼一何苦”（《石壕吏》）的叙述，也有“人生无家别，何以为蒸黎”（《无家别》）的喟叹；既有“朝廷虽无幽王祸，得不哀痛尘再蒙”（《冬狩行》）的劝谏，又有“安得广厦千万间，大庇天下寒士俱欢颜”（《茅屋为秋风所破歌》）的期望……读之令人下千秋热泪、断百转愁肠。

杜甫的诗歌不仅在思想上极富有儒家的民本思想和入世情怀，而且在艺术上也充分体现了儒家美学严谨整饬的形式特点和沉郁顿挫的忧患意识。

> 国破山河在，城春草木深。感时花溅泪，恨别鸟惊心。烽火连三月，家书抵万金。白头搔更短，浑欲不胜簪。（《春望》）
>
> 细草微风岸，危樯独夜舟。星垂平野阔，月涌大江流。名岂文章著，官应老病休。飘飘何所似，天地一沙鸥。（《旅夜书怀》）
>
> 昔闻洞庭水，今上岳阳楼。吴楚东南坼，乾坤日夜浮。亲朋无一字，老病有孤舟。戎马关山北，凭轩涕泗流。（《登岳阳楼》）
>
> 风急天高猿啸哀，渚清沙白鸟飞回。无边落木萧萧下，不尽长江滚滚来。万里悲秋常作客，百年多病独登台。艰难苦恨繁双鬓，潦倒新停浊酒杯。（《登高》）
>
> 丞相祠堂何处寻，锦官城外柏森森。映阶碧草自春色，隔叶黄鹂空好音。三顾频烦天下计，两朝开济老臣心。出师未捷身先死，长使英雄泪满襟。（《蜀相》）
>
> 玉露凋伤枫树林，巫山巫峡气萧森。江间波浪兼天涌，塞上风云

接地阴。丛菊两开他日泪，孤舟一系故园心。寒衣处处催刀尺，白帝城高急暮砧。(《秋兴》之一）

杜甫显然比李白更讲究格律，但他不像南朝及初唐诗人那样刻意求工、寻章摘句，而是将那些外在的规定积淀为内在的要求。正所谓“文质半取，风骚两挟。言气骨则建安为传，论宫商则太康不逮”（殷璠《河岳英灵集集论》）。由于他能够将严格的法度和开张的气势完美地结合在一起，从而使人们在抑扬顿挫的旋律中感受到“风骨”的力量。如果说，李白以独特的气质，冲破了南朝文学的藩篱和桎梏，那么杜甫则以罕见的才华，使得晋、宋以来对音韵规律的探索自觉地服务于艺术境界的追求。相比之下，杜甫诗虽不及李白诗的宏伟、瑰丽，虽不及王维诗的含蓄、隽永，却自有李、王二人所不具备的雄浑、深沉。他的作品虽然苍凉，但绝不凄惨；尽管悲怆，却毫不绝望。在那“星垂平野阔，月涌大江流”的诗句中，我们仍然可以感受到一种在压力面前崛然而起的雄健之风；在那“无边落木萧萧下，不尽长江滚滚来”的诗句中，我们依然可以感受到一种在危难面前从容不迫的阳刚之气。这胸襟中，有一种儒生的民本情怀；这气度里，有一种儒者的浩然之气。这种儒家的情怀和气度，使杜甫的诗歌很少拘泥于私人的恩怨和一己的情感，总是以民族和社稷为重心，因而呈现出一种独特的“忘我之境”。

与杜甫的积极入世不同，李白的一生始终挣扎在“仕”与“隐”的纠葛之中，这位“十五游神仙，仙游未曾歇”，“云卧三十年，好闲复爱仙”的“谪仙人”显然是热衷于功名、渴望于官场的，但他没有像大多数儒家学者那样，沿着寻常的科举道路，一科一试地寻求功名，而是遍干诸侯、游历天下，在大自然的湖光山色中一路求仕、一路访仙、一路拜师、一路狎妓、一路吟诗、一路弹琴，因风流倜傥而受到了当时的道教大师司马承祯的高度评价，最终以罕见的文才而受到玄宗皇帝的破格召见，先有“降辇步迎，以七宝床赐食于前”的礼遇，后有“力士脱靴”“才人研墨”的佳话。然而，这条“终南捷径”没走多远，他的生活道路便出现了坎坷，先是以“赐金放还”而再次飘泊，后又入“永王幕府”而获罪朝廷。因此，他痛苦、他愤怒，他总有一种怀才不遇的不满，他总有一种壮志未酬的遗憾。然而所有这一切，并不能说明李白对道教的信仰只是一个幌子，更不能说明道教的文化对他的熏染不深。恰恰相反，如果没有道教的习性，李白或许不会被“赐金放还”；如果没有道教的影响，李白也不可能有这样的诗风。

李白不仅正式履行过入教仪式，成为受过符箓的道士，而且在生活方式和情感方式上也丝毫没有儒家的严谨和佛家的悲观，而是一派道家的洒脱、道教的狂放。我们知道，与佛教的普度众生和祈求来世不同，道教是一种珍视个体生命并渴望现世快乐的宗教。因此，道教没有空、幻、寂、灭的禁欲色彩，而是充满了喝酒谈玄、散发弄舟、长生不老、成仙成神的享乐情绪。与此同时，道教还网罗了当时医学、化学、物理学的成果，一方面把老、庄哲学中固有的主静全真的理论变成养生疗法，一方面又企图炼出使人长生不老的仙丹妙药。除此之外，道教还广泛采集了南方的巫术，将悬苇刻桃发展为驱邪的符箓，将膏唾禁祷发展为逐魔的咒语，将祭祀巫仪发展为求仙的斋醮。这种神仙、养生、服丹、避疾之术无非是表现了道教所追求的终极目的——生存的欲望和享乐的欲望。为了实现自己的欲望，唐代的道士不乏交结政要、甚至直接做官的人物，因而素有“外道内儒”之称；为了实现自己的欲望，唐代的女冠不乏交结名士、甚至卖弄风流的行为，因而素有“外道内娼”之说。这种过分自由的生活态度或许并不值得效法，但它大大地破除了艺术的禁忌、充分地拓展了审美的空间。而所有这一切，在李白的生活和创作中都得到了淋漓尽致的体现。

李白的一生可谓潇洒。少年时代，他便显示出惊人的天赋、罕见的才华，他“五岁诵六甲”“十岁观百家”，不仅诗写得好，而且能骑能射、能剑能舞、能琴能书。即使是在获罪于朝廷之后，仍然以诗名受到朝野人士的广泛关注，所谓“新诗传在宫人口，佳句不离明主心”，直至赋《临终歌》而与世长辞，仍不其改文人的浪漫、道士的洒脱。李白诗作散失颇多，然至今尚存900余首，内容丰富多彩，风格清新豪放，充分显示了道教文化的审美品格。从文化资源上看，道教不仅承继了老、庄“彷徨乎尘垢之外，逍遥乎无为之业”的浪漫情怀，以及《南华经》“以卮言为曼衍，以重言为真，以寓言为广”的创作态度，而且大量吸收了《山海经》《楚辞》乃至民间传说中的神话成分，构成了一个等级森严、体系庞大的神仙谱系，描绘了一群长生不死、童颜永驻、悠哉游载的至人真人，有着巨大的想象空间和夸张余地。

受道教的影响，李白的诗歌充满了大胆的想象和奇异的夸张，常常出语惊人、行文迭宕，其中一些作品带有明显的游仙色彩，显然受道教的直接影响。例如，《古风》第五首中先写其“西上莲花山，迢迢见明星。素手把芙蓉，虚步蹑太清”的游仙之举，继之与“俯视洛阳川，茫茫走胡兵”的人间现实形成鲜明的对照。《梁甫吟》先以“我欲攀龙见明主，雷公砰訇震天鼓”，“阊阖九门不可通，以额扣关阍者怒”的仙路不通来隐喻仕途的受阻，继之“猰貐磨牙竞人肉，驺虞不折生草茎”的神化传说来影射现实的黑暗。《西岳云台歌送丹邱子》则在九重天、蓬莱境的环境下先将明星、玉女、麻姑、天帝这些道教传说中的仙人与自己的好友元丹邱混杂在一起，最后写自己与道友二人饮玉液琼浆、骑茅龙升天的故事。奇奇怪怪，不可端倪。在传说与想象中幻化着自己真实的情感。至于《梦游天姥吟留别》，更是借梦游的方式写出了“霓为衣兮风为马，云之君兮纷纷而来下。虎鼓瑟兮鸾回车，仙之人兮列如麻”的群仙起舞的景象，并以仙界的美好来反衬世俗的龌龊……

与其说游仙是为了寻道，不如说是为了寻己，因为寻道成仙者不是别人，正是自己。因此，李白诗中始终有着一个愤世嫉俗、遗世高蹈、特立独行的主体形象。

懒摇白羽扇，裸袒青林中。脱巾挂石壁，露顶洒松风。（《夏日山中》）

肠断枝上猿，泪添山下樽。白云见我去，亦为我飞翻。（《题情深树寄象公》）

这种道教的“有我之境”既有别于儒家的“忘我之境”，又有别于佛教的“无我之境”。即使在反映世俗生活的诗歌中，李白的主体形象也是极为鲜明的。失意时，他大喊“大道如青天，我独不得出！”得意时，他高唱“仰天大笑出门去，我辈岂是蓬蒿人！”既不似儒家的温柔敦厚，也不似佛教的空澈澄明。

道教美学对李白的影响是广泛的、全方位的，除上述“游仙色彩”和“有我之境”的直接体现外，更多的情况是具有想象、夸张、神化色彩的间接影响。

> 君不见黄河之水天上来，奔流到海不复回。君不见高堂明镜悲白发，朝如青丝暮成雪。人生得意须尽欢，莫使金樽空对月。天生我材必有用，千金散尽还复来……（《将进酒》）
>
> 弃我去者，昨日之日不可留；乱我心者，今日之日多烦忧……抽刀断水水更流，举杯消愁愁更愁。人生在世不称意，明朝散发弄扁舟。（《宣州谢朓楼饯别校书叔云》）
>
> 噫吁嚱，危乎高哉！蜀道之难，难于上青天！蚕丛及鱼凫，开国何茫然。尔来四万八千岁，不与秦塞通人烟。西当太白有鸟道，可以横绝峨眉巅。地崩山摧壮士死，然后天梯石栈相钩连……（《蜀道难》）
>
> ……头陀云月多僧气，山水何曾称人意，不能鸣笳按鼓戏沧流，呼取江南女儿歌棹讴。我且为君捶碎黄鹤楼，君亦为吾倒却鹦鹉洲。赤壁争雄如梦里，且须歌舞宽离忧。（《江夏赠韦南陵冰》）

如果说，杜甫在有限的形式中开拓着无限的境界。那么李白则是以无限的激情冲破了有限的形式。从内容上讲，李白在和谐的意境中加入了一些不和谐的成分。使诗人那桀骜不驯的气质和愤世嫉俗的情怀同环境的险恶、仕途的艰难形成了鲜明的对比和强烈的冲突，诗的意境也便随之而波澜起伏、动荡不安。其气魄之宏大、言辞之激烈，是前所未有的。从形式上看，李白具有娴熟的律诗功底，但又善于在古体中大作文章，常常在稳定的结构中，有意加入一些不稳定的因素。这些诗虽然以七言为主要格式，但随着情感的起伏又不断打破这一格式，既以七言为主，而又长短不一。在用韵上，诗人也十分随便，仿佛一时兴起，冲口而出，时而一韵到底，时而频频换韵，不受约束，浑然天成。这样一来，李白诗给人的感受便不再是单纯的舒适和轻松的快感，还夹杂着动荡中引起的振奋，冲突中获得的高扬。这一切，在美学上便不再是优美，也不仅是壮美，而是接近于崇高了。

正像“诗仙”李白将道家的美学理想推向了盛唐时代的历史峰巅一样，被誉为“诗佛”的王维则将佛家的美学境界演绎到了出神入化的地步。同李白一样，王维也具有罕见的才华，他不仅诗文绝佳，而且精通音律、书法和绘画，所到之处，“诸王附马豪右贵势之门无不拂席迎之”，其才气不可谓不大。然而他却不像李白那样，哭着喊着要去施展自己的才华，说什么“天生我材必有用，千金散尽还复来!”在他的眼里，似乎有才没才，有用没用，有金没金，并不是人生最为重要的事情，用不着为此而天天烦恼、愤愤不平。因此，什么“文人相轻”啦，什么“恃才傲物”啦，这些中国古代知识分子很难克服的毛病，在他的身上却丝毫也找不到踪影。王维20岁便进士及第，然后几乎是步步青云，直作到尚书右丞的位置，仕途不可谓不显达。但是他不像杜甫那样，怀着一腔忠贞报国之心，非要得到明主的顾遇不可。而是亦官亦隐，急流勇退，一再请求皇帝把他“放归田里”，好让他“苦行斋心”，“奉佛报恩”。《旧唐书》本传说他：“在京师，日饭十数名僧，以玄谈为乐，斋中无所有，唯茶铛、药臼、经案、绳床而已。”这与“赐金放还”后仍“著宫服锦袍坐舟中，旁若无人”的李白形成了鲜明的对比。中国古代虽有“大隐住朝市，小隐入丘樊”的说法，但很少有人能够像王维那样，身在九五之侧，却始终能够与统治集团保持心理上的距离。这或许正是王维令人着迷、令人羡慕、令人百思不得其解的地方。

是王维天性木讷、生来如此吗? 读过王诗的人都知道，王维其实是一个既具豪狭之气，又具儿女情长的人。倘非如此，他又怎么可能写出“新丰美酒斗十千，咸阳游侠多少年。相逢意气为君饮，系马高楼垂柳边。”的游侠之诗呢? 若非如此，他又怎么可能留下“红豆生南国，春来发几枝。愿君多采撷，此物最相思。”的怀旧之作呢? 是王维生活平淡、缺乏体验吗? 读过王诗的人都知道，王维其实是一个经验丰富、经历复杂的人。若非如此，他又怎么可能写出“身为仕汉羽林郎，初随骠骑战渔阳。孰知不向边庭苦，纵死犹闻侠骨香”这类壮怀激烈的文字呢?若非如此，他又如何能够留下“渭城朝雨浥轻尘，客舍青青柳色新。劝君更进一杯酒，西出阳关无故人”这类脍炙人口的诗篇呢?究其原因，是由于王维的内心深处始终潜藏着一汪清溪、一片净土、一块四大皆空的修为之地。

王维的母亲曾师事北宗神秀的弟子大照禅师三十余载，是一个笃信禅宗的佛教徒。王维本人则与南宗有着更多的交往，曾在六祖圆寂之后亲笔撰写《能禅师碑》。因此，他虽然仕途畅达，却长期过着亦官亦隐的生活。就个人修养和造诣而论，王维不仅诗文、书画、音律样样精通，而且早年有儒家的抱负、中年具道家的风采、晚年得佛家的精髓，很符合中国古代知识分子“入于儒，出于道，逃于佛”的人格理想。因此，如果说李白的诗歌是借助道教的意象而导致的壮怀激烈、辉煌绚烂；那么王维的诗歌则是借助佛教的休养而于绚烂之极归于平淡。这种登峰造极的平淡之作便是其晚年在《皇甫岳云溪杂题》和《辋川集》中的那些山水田园诗。

> 人闲桂花落，夜静春山空。月出惊山鸟，时鸣春涧中。(《鸟鸣涧》)
> 独坐幽篁里，弹琴复长啸。深林人不知，明月来相照。(《竹里馆》)
> 空山不见人，但闻人语响。返景入深林，复照青苔上。(《鹿柴》)
> 木末芙蓉花，山中发红萼。涧户寂无人，纷纷开且落。(《辛夷坞》)

在这里，所有的怀疑彷徨、急躁紧张、焦虑烦恼都不见了，所有的功名利禄、是非恩怨、荣辱毁誉都消失了。从“人闲桂花落”到“深林人不知”，再从“空山不见人”到“涧户寂无人”，创作主体一步一步地退出了诗歌的境界，隐藏在大自然的春山明月、茂林修竹之中，伴花开花落而起舞，随碧涧红尘而飘荡。在这里，我们既看不到杜甫那种沉郁顿挫、大济苍生的“忘我之境”，也看不到李白那种遗世独立、愤世嫉俗的“有我之境”，而是一种身世两我、物我皆非的“无我之境”了。在这里，我们无法深究“人闲”与“桂花落”是一种什么样的关系，也无须深究“夜静”和“春山空”是一种什么样的关联。一切是那样的寂静，一切是那样的晶莹，仿佛那一山一石、一草一木都蕴含着一种神秘的、不可抗拒的美……难怪胡应麟感到“读之身世两忘，万念皆寂”呢！难怪沈德潜称其“不用禅语，时得禅理”呢！原来，这便是“诗中有画”，这便是“画中有诗”；这便是“空”，这便是“寂”，这便是“禅”了。因此，尽管王维的才能是多方面的，但其最大的才能莫过于在方寸之中显示宇宙的宏大、在空寂之中包容人生的无穷；尽管王维的贡献是多方面的，但其最大的贡献莫过于将佛家的境界转化为艺术的境界、将禅宗的精神转变为艺术的精神。

总之，如果没有儒、道、佛这三大文化资源的长期酝酿，就不可能有三重旋律的“盛唐之音”，也就不可能有杜甫、李白、王维的各领风骚。抛开信仰体系和价值观念不谈，三大文化资源在他们身上的审美体现也是极具特征的。从创作过程来看，如果说杜甫依靠的是勤奋，是“读书破万卷，下笔如有神”（《奉赠韦左丞丈二十二韵》）；李白仰仗的是天才，是“敏捷诗千首，飘零酒一杯”（杜甫《不见》）；王维则凭借的是悟性，是“兴来每独往，胜事空自知”（《终南别业》）。从创作结果来看，如果说杜甫以功力胜，如老吏断案、庖丁解牛，游刃有余而又不失法度，所谓“为人性僻耽佳句，语不惊人死不休”（《江上值水如海势聊短述》）；李白以激情胜，如黄河决口、洪水泛滥，一发而不可收，所谓“笔落惊风雨，诗成泣鬼神”（杜甫《寄李十二白二十韵》）；王维则以境界胜，如霁云微雨、古潭幽涧，令人气静而神宁，所谓“白法调狂象，玄言问老龙”（《黎拾遗昕裴秀才迪见过秋夜对雨之作》）。从美学风格来看，杜甫的诗善凝聚、善浓缩，能够将包罗万象的世界汇集为只言片语，把错综复杂的情感表述得井然有序；李白的诗善渲染、善夸张，能够把微小的事情搞得轰轰烈烈，将隐蔽的情感弄得沸沸扬扬；王维的诗则善隐藏、善含蓄，既不像杜诗的力透纸背，也不像李诗的天马行空，而是要在天外行马、纸外写诗，给人以想象的空间和回味的余地。简言之，杜诗注重外界的物象，李诗注重自我的情怀，王诗则物我两忘了。打个不恰当的比方，杜诗是曲香老酒，口感绵厚；白诗是高粱二锅头，提神醒脑；那么王诗呢，或许是一杯无色无味、晶莹剔透，而又不乏微量元素的矿泉水，同样上得了大席面……

很难想象，如果没有儒、释、道三种文化资源的滋养和浸润，唐代诗坛上会出现这三位风格迥异而又成绩斐然的大诗人。他们的存在，不仅得益于盛唐时代的经济基础和政治环境，而且得益于当时所特有的文化生态。

（此文发表于《第十八届世界美学大会论文集》，中国社会科学出版社2014年版）

科学精神对西方艺术的双重影响

西方人的艺术观念，是从“摹仿说”开始的。而摹仿作为一种人类活动，又与科学认识有着极为密切的联系。当然，不同的哲学家对艺术摹仿的效能与意义又有着不同的看法。从特有的“理念论”入手，柏拉图认为，我们所生活的现实世界是变化不居的，因而是靠不住的。在转瞬即逝的“现实世界”之上，有一个永恒不变的“理念世界”，那才是世界的本体。“现实世界”是对“理念世界”的摹仿，“艺术世界”又是对“现实世界”的摹仿。从摹本必然低于蓝本的观点看，“现实世界”必然低于“理念世界”，“艺术世界”又必然低于“现实世界”，因而是“影子的影子”“摹仿的摹仿”，与真理隔着两层。据此，柏拉图要将诗人阻拦在“理想国”的大门之外，由于他们的作品无助于认识真理，反倒会伤风败俗，所以只配到别的城邦去讨生活。

柏拉图的学生亚里士多德试图在两个方面修正柏拉图的观点：首先，他认为“理在事中”而非“理在事先”，柏拉图所谓的“理念世界”只不过是从具体的物质世界中抽象而来的，从而重新肯定了现实世界的基元属性。其次，他认为尽管艺术世界是对现实世界的摹仿，但不是消极的、被动的、机械的摹仿，而是集中的、概括的、能动的摹仿，摹本并不必然低于蓝本。譬如，画家可以集中无数女人身上的优点而创造出一个海伦娜的形象，使画布上的女神比现实中的女人更理想。从而在“摹仿说”的理论前提下重新肯定了艺术的存在价值。

从表面上看，柏拉图和亚里士多德一个否定艺术、一个肯定艺术，似乎是尖锐对立的，然而他们肯定或否定的标准却是同样的，即艺术品能否反映现实、认识真理。他们思考的是，艺术作品与历史文献之间，究竟何者更接近真理？他们却都没有意识到，接近真理是否就是艺术创作的全部目的？他们思考的是，艺术创作与史书撰写之间，究竟何者更接近于哲学？他们却没有意识到，倘若艺术创作完全等同于哲学的思考，是否还将具有独立的价值？

在相当长的时间内，由柏拉图发端、经亚里士多德修正后的“摹仿说”，成了西方古典艺术最为主要的理论依据，并相继发展出了“古典主义”“现实主义”和“自然主义”。为了提高艺术对现实生活的反映与认识能力，西方人借助大量的科学手段，从代数角度来研究音乐，从几何角度来研究建筑和园林，从解剖角度来研究雕塑，从透视角度来研究绘画，从历史学角度来研究小说……结果是，研究来研究去，唯独忘却了艺术自身的美学目的。

一、从代数的角度研究音乐

在整个西方文明的艺术谱系中，音乐是最发达、最奇妙、最具有形而上学色彩的一种形式。一方面，音乐艺术通过声音高低、长短、快慢的有机组合，直接诉诸人们的听觉器官，从而调动人们的情绪、激发人们的情感，是一种极为感性的文化形态；另一方面，在这些高低、长短、快慢的声音背后，又隐藏着极为复杂的数量关系，并引发人们形而上的思考。[1]

生活在公元前6世纪的毕达哥拉斯既是一位古希腊的数学家，也是一位哲学家。他曾说过一句名言：“数学的本原就是万物的本原。”[2]然而，毕达哥拉斯不仅是哲学家和数学家，而且还是一位音乐家。他之所以将“数学的本原”看成是“万物的本原”，最初就与音乐有着极为密切的关系。

毕达哥拉斯学派发现了两个事实：一是一根拉紧的弦发出的声音取决于

1 陈炎：《西方音乐的数学式探索与形而上诉求》，《求是学刊》2011年第5期。

2 北京大学哲学系外国哲学史教研室编译：《西方哲学原著选读》上卷，商务印书馆，1981年，第18页。

弦的长度；二是要使弦发出和谐的声音，就要使每根弦的长度成整数比。这样，他们就可以使音乐简化成简单的数量关系。[3]

事实上，增加一倍的长度我们就得减慢一倍的速度；而减掉一倍半的长度，我们就得增加一倍的速度。每一个长度似乎都有一个自然的节奏与之对应。这就是毕达哥拉斯定律。[4]

正是从"毕达哥拉斯定律"出发，西方人开始了对音乐的数字化思考与形而上探究。这种研究是从记谱方式入手的。从古希腊开始，西方人就尝试运用字母和符号记录音乐的节奏。大约在8世纪前后，西方人发明了用一种特殊符号来表示音高的"纽姆记谱法"（Neuma）。这种纽姆符号虽然能够帮助演唱者记忆、了解各种曲调的进行特征，但它不能表示音的长短，也没有固定的高低位置，于是后人便划出一根直线，将纽姆符号写在线的上下，用位置来确定音高，这便有了"一线谱"。到了11世纪，人们为了把声音的相对高度记录得更加准确，于是便把纽姆符号放在四根线上，形成了"四线乐谱"。17世纪，"四线谱"又被改进为"五线谱"，成为当今世界上公用的音乐记谱法。比"五线谱"更晚，西方的"数字简谱"萌生于16世纪，当时的天主教修道士苏埃蒂开始用1、2、3、4、5、6、7代表七个音来谱写歌曲。到了18世纪，法国哲学家卢梭写了一篇题为《音乐新符号建议书》，向当时的科学院推荐了这种"数字简谱"，从而使之获得了世人的重视。受其影响，一些音乐家、数学家对"数字简谱"进行整理，并经19世纪的加兰、帕里斯和谢韦三人的完善与推广，才在群众中得到广泛使用。[5]

不难看出，无论是"五线谱"还是"数字简谱"，其目的都是为了对声音进行数量化的记录和描述。如果没有这一前提，复杂的音乐作品既不能创作，也难以演出。从这一意义上讲，正如数学是所有科学中最为抽象的科学一样，音乐是所有艺术中最为抽象的艺术，它们都可以被简单的符号体系加以表述。所以，德国哲学家莱布尼茨指出："音乐就它的基础来说，是数学的；就它的出现来说，是直觉的。"[6]而西方人所要做的，就是在音乐的直觉背

3　［美］克莱因,《西方文化中的数学》，张祖贵译,复旦大学出版社，2005年，第75页。

4　［美］爱德华·罗特斯坦:《心灵的标符——音乐与数学的内在生命》，李晓东译,吉林人民出版社,2001年，第18页。

5　陈炎:《西方音乐的数学式探索与形而上诉求》,《求是学刊》2011年第5期。

6　何乾三:《西方哲学家、文学家、音乐家论音乐》，人民音乐出版社，1983年，第44页。

后，发现数学的基础及其“演算”规律。于是，此后的西方音乐不仅和算数、几何、天文一起成为教会必修的四门功课，而且被13世纪著有《神学大全》的天主教神学家托马斯·阿奎那送上了“七大文艺之冠”的宝座。在那个时代里，音乐既是艺术，又是数学，还是宗教，因为音乐家要根据数学的原理创造出符合宗教精神的艺术。

《牛津英文辞典》将“古典音乐”表述为intraditional and serious style，这其中既有“传统”（traditional）的内涵又有“严肃”（serious）的意味。在英语中，serious除了“严肃”之外，还有“启发思考”的意思。作为德国古典音乐的代表人物，巴赫是一个虔诚的宗教徒。在他看来，音乐本身就是天堂的奇迹，是人们通向天国、与上帝对话的云梯。在这种对话式的音乐语言背后，则充满了复杂的数理逻辑。我们知道，《平均律钢琴曲集》（48首前奏曲与赋格）是巴赫键盘音乐中最伟大的作品之一。所谓“十二平均律”，是指将八度的音程（二倍频程）按频率等比例地分成十二等份，每一等份称为一个半音即小二度，一个大二度则是两等份。巴赫所奠定的“十二平均律”有着特殊的数学意义：它的纯五度音程的两个音的频率比（即2的7/12次方）与1.5非常接近，它的纯四度和大三度两个音的频率比分别与4/3和5/4比较接近。这意味着“十二平均律”的几个主要的和弦音符中的基音和泛音的频率成整数倍序列，因而都是和谐的。这样一来，毕达哥拉斯关于“基音”与“泛音”之间成比例的“音倍”关系可以产生乐音的思想，便在巴赫的键盘上得到了淋漓尽致的表现。

音乐不是数学，我们不能指望将一组数学公式能够直接转变成五线谱；音乐不是哲学，我们也不能指望将一个哲学命题直接转变为交响乐。然而，一方面，“数学和音乐拥有一些共同的技艺、共同的形式、一样的思维方式。贝多芬对单个主题的探索需要抽象和并列的方法；巴赫在他的《序曲》中在大音程结构中创造了小音程细节的回声。一个数学家面对同样抽象的形式会提出同样的问题，可能也会作出同样的回答。这里存在着类似，因为数学和音乐具有抽象探索方案的特征，在探索中由类推和变奏来引导”[7]；另一方面，哲学与音乐也拥有一些共同的世界观、共同的生活态度、共同的信仰模式。

7 ［美］爱德华·罗特斯坦：《心灵的标符——音乐与数学的内在生命》，李晓东译，吉林人民出版社，2001年，第119页。

格里高利圣咏对教会音乐的改造与奥古斯丁《忏悔录》中的宗教禁欲主义情绪是一致的，海顿的奏鸣曲式与黑格尔《逻辑学》中的哲学思辨方法也是一致的。不仅如此，音乐与哲学的一致性，往往又要通过数学来加以实现。正像一位西方学者所指出的那样：

> 我们必须开始找出数学是怎样工作的。我们必须寻找它的音乐灵魂，数学风格的变化，相似与形式的游戏，在抽象思想中创造的联系和判断。我们要跟随一个数学的主题在一些应用中寻找它演进的足迹和线索。只有到那时，我们才能回到音乐，在它最深层结构是如何工作的，它抽象的观点是如何推进的问题中看到相似。我们必须追求音乐真正的数学精神，它相似和转变的严格的建立，它的不妥协地投入我们的智力。只有到那时，我们开始提出的问题才可以回答（如果我们不是完全回答的话）：神圣的形象是怎样出现的，美是如何在科学和艺术中出现的，一个既神秘又具体的力量是如何从美中生长出来的。[8]

最初，西方人对数字的崇拜、对乐音的崇拜、对宇宙本体的崇拜是交织在一起的。“除了将数作为他们哲学中的‘实体性的’要素外，毕达哥拉斯学派还赋予单个数字以十分有趣的类比和解释。他们将数‘1’说成是理性，因为理性只能产生一个连续的整体；将数‘2’说成是观点；‘4’代表正义，因为它是第一个两个相同数的乘积……‘5’是婚姻的象征，因为它是第一个奇数与偶数结合而成的；‘7’表示健康；‘8’则代表着爱情与友谊……”[9]显然，这种“数字拜物教”的观点是简单的、幼稚的，其发展水平大约与上帝创造世界的思想相一致。然而，正是从这种“数字本质主义”的观点出发，西方人才会竭尽全力地去探索和谐音符背后的数学秘密。在这种筚路蓝褛的探索过程中，音乐家发现，任何单一数字所对应的音响都不能产生美，和谐的音乐产生于不同音响之间的数学关系。这个观点显然比以往的“数字拜物教”有了很大的进步，其意义相当于理性哲学对宗教神学的取代。然而，数学是

8　［美］爱德华·罗特斯坦：《心灵的标符——音乐与数学的内在生命》，李晓东译，吉林人民出版社，2001年，第26页。

9　［美］克莱因：《西方文化中的数学》，张祖贵译，复旦大学出版社，2005年，第76页。

发展的，音乐是发展的，哲学也是发展的。数学家对“无理数”的发现不能不引发音乐家的恐慌：

> 这个无理数和极不和谐之间的隐喻的相似，比我们有权期望的更为深远更为神秘。一个音乐音程和一个数学的数字被人们同样地判断：人们认为它们都在可允许的界限之外。它们对于一个已经建立起来的秩序来说，被认为是不仅不使人愉快，而且是危险的，不仅有威胁，而且是魔鬼性的。[10]

这种数学家对无理数的恐惧、音乐家对不和谐音程的恐惧，不啻哲学家对非理性世界的恐惧。正像加缪在《西西弗斯的神话》中所说的那样：“一个能用理性方法加以解释的世界，不论有多少毛病，总归是一个亲切的世界。可是一旦宇宙中间的幻觉和光明都消失了，人便自己觉得是个陌生人。他成了一个无法召回的流放者，因为他被剥夺了对于失去的家乡的记忆，而同时也缺乏对未来世界的希望；这种人与他自己的生活的分离、演员与舞台的分离，真正构成了荒诞感。”[11]然而，无论数学家是否喜欢，无理数确实是存在的；无论哲学家是否高兴，这个世界确实不是按照我们的理性模式被创造出来的；无论音乐家是否愿意，不和谐的音响也确实构成了音乐世界的一部分。于是，正像数学家必须正视无理数，哲学家必须正视非理性一样，西方的音乐家们也必须正视不和谐音在作曲中的地位。[12]

从西方音乐史的角度上看，如果说从巴洛克到维也纳古典主义乐派时期，西方人都在竭尽全力地寻找着音乐背后的数理逻辑，并通过这一逻辑的运用而企及上帝的和谐；那么从浪漫主义到印象派阶段，西方人则是在将和谐的技法运用圆熟之后，转而利用不和谐的音乐来补充和谐的内容，从而使音乐变得更加丰富多彩并具有个性。如果说古典主义音乐有着“启发思考”的“严肃”意味，那么浪漫主义音乐则有着“诉诸激情”的“幻想”色彩。从形而上学的意义上讲，古典主义相信上帝，或至少相信一个理性的本体，因

10 ［美］爱德华·罗特斯坦：《心灵的标符——音乐与数学的内在生命》，李晓东译，吉林人民出版社，2001年，第25页。

11 伍蠡甫主编：《现代西方文论选》，上海译文出版社，1983年，第357页。

12 陈炎：《西方音乐的数学式探索与形而上诉求》，《求是学刊》2011年第5期。

而渴望和谐的永恒秩序；而浪漫主义则看到了上帝与魔鬼之间的冲突，或感性与理性之间的对立，因而并不回避矛盾冲突。开始的时候，西方音乐家对不和谐音的利用还是小心翼翼的，只有当歌剧中的反面形象或音乐中的负面主题出现的时候，他们才会利用噪音。到了后来“不和谐音的不断增长的自由——领域的扩大——意味着音乐的界限必须越来越在音乐自身内设定，而不是从美学形式或社会功能的观念上设定”[13]。

在美学效果上，与追求和谐的古典音乐不同，直面冲突的浪漫音乐不是让人身心愉悦，而是令人血脉贲张！在艺术技巧上，与古典主义恪守传统的调性和调式，以及和声、对位的创作法则不同，为了制造音乐的情感性起伏和戏剧性冲突，浪漫主义艺术家尝试着各种各样的大胆试验。例如，贝多芬曾首次将声乐合唱带入《第九交响乐》；柴可夫斯基在《1812年序曲》中使用过真正的大炮；瓦格纳在创作中则采用了许多半音化和弦的处理方式，把和声从调式主音的束缚下解放出来，动摇了传统的大小调式和调性关系，导致了“不谐和音的解放”。

如果说，从“古典”到“浪漫”再到“印象”，西方的音乐家们走过了一条从建立规范到超越规范的创作历程；而继印象派之后，20世纪以后的西方音乐，则干脆走上了瓦解规范、践踏规范的极端。当然，即使是对规范的践踏与瓦解，也不是没有哲学原理作背景的。尽管西方后现代哲学观点复杂、流派纷呈，却有着反对深度模式、消解形而上学的共同特征。这种反本质主义的哲学思潮，显然为西方音乐家超越法则、解构传统的努力提供了精神上的支撑。于是，与五花八门的后现代哲学同步，20世纪以来的西方也出现了许多光怪陆离的音乐流派，如以巴托克、斯特拉文斯基为代表的“原始主义”；以欣德密特为代表的“新古典主义”；以舒恩伯格为代表的“十二音主义”；以瓦雷兹为代表的“未来主义”；以普罗科菲耶夫、肖斯塔科维奇为代表的“社会主义现实主义”等，此外还有所谓的“序列音乐”“偶然音乐”“镶贴音乐”“具体音乐”，等等。[14]

与此同时，即使是对规范的践踏与瓦解，也不是没有数学原理作支撑的。现代作曲家如巴托克、舒恩伯格、凯奇、克赛纳基斯、施托克豪森、马

13 ［美］爱德华·罗特斯坦：《心灵的标符——音乐与数学的内在生命》，李晓东译，吉林人民出版社，2001年，第112页。

14 陈炎：《西方音乐的数学式探索与形而上诉求》，《求是学刊》2011年第5期。

卡黑尔等人，都曾对音乐与数学的结合进行过大胆的实验，以至于出现了用数学方法来代替音乐思维的所谓“算法音乐”、用运算过程来代替创作过程的所谓“几何音乐”、用计算机编程来代替艺术家构思的所谓“程序音乐”等。“在20世纪，数学语言中弥漫着许多音乐思想。舒恩伯格（Schoenberg）用来处理数值范围的十二声调的系列方法影响巨大。音乐学者已经借鉴了‘集合论’‘马尔科夫链’（Markovchains），以及其他一些数学概念。一些杂志发表文章，详细陈述使用微机程序来分解、演奏、作曲的尝试。亚尼斯·施那克斯（Lannis Xenakis）在他的作曲中就使用了复杂的数学理论。约翰·凯奇（John Gage）在他的有序缺失研究中使用了微机生成的随机数进行创作。”[15]

混乱而复杂的哲学和混乱而复杂的数学导致了混乱而复杂的音乐。从创作实践上看，艾伍士尝试创作多重调性的、极不协调的音乐作品，其旋律的复杂程度几乎到了不可能被演奏的地步。亨利·柯维尔在演出自己的钢琴独奏乐曲时，使用了在钢琴内部弹拨琴弦并且同时敲击琴键的方法。查尔斯·西格阐述了不和谐对位法的概念，这项技巧后来被卡尔·拉格尔斯、鲁思·克劳佛–西格等人使用。大流士·米尧和亨德米特探索了多调性音乐的领域。罗旦将特地设计的打击音乐嵌入到传统的作曲技巧之中，这个想法立刻被瓦雷兹等人所仿效。最具有代表性的是，斯特拉文斯基的芭蕾舞剧《春之祭》于1913年在法国香榭丽舍大街巴黎剧院首演时，曾因其冲突的和弦、复杂的调性与混乱的节奏而引起了一场骚动。从技术手段上看，由于计算机模拟技术的发展，电子合成器不仅能够成功地模仿各种乐器的音色，而且可以再现自然界的各种音响。在这种情况下，不仅风雨雷电、鸟叫虫鸣可以成为音乐作品的一部分，重金属、噪音也闯入了音乐艺术的殿堂。不仅如此，音乐家丢掉钢琴和五线谱而利用电子程序进行数字化创作甚至也成为一种可能。[16]于是，历史上长期积累起来的创作技巧和准则被完全颠覆了。从美学风格来看，与传统音乐力求发现和谐法则的美学努力不同，20世纪以来的当代音乐企图全面颠覆传统的艺术原理，标新立异地创作着无调性、无旋律、不和谐的音乐。

15 ［美］爱德华·罗特斯坦：《心灵的标符——音乐与数学的内在生命》，李晓东译，吉林人民出版社，2001年，“引言”第2页。

16 陈炎：《西方音乐的数学式探索与形而上诉求》，《求是学刊》2011年第5期。

总之，从西方音乐的发展历程来看，无论是追求和谐的古典音乐，还是强调冲突的现代音乐，抑或是瓦解和谐的后现代音乐，其背后始终伴随着数学的原理的演算和支撑。

二、从几何的角度研究建筑

建筑是凝固的音乐。正像在声音的高低、长短、强弱，以及决定音色在基音和泛音之关系的背后隐藏着数学的奥秘一样，在建筑形体的大小、高低、长短，以及各种拱门和穹顶的弧度和角度的背后，同样隐藏着数学的奥秘。

> 古希腊罗马时期的建筑师一般都是数学家，深谙数理之道。拜占庭建造于公元6世纪的圣索菲亚大教堂，其设计师伊索多拉斯（Isodrus）和安提莫斯（Anthemius）同时也是数学家。在希腊语中，“对称”这个术语原来指的就是一座建筑、一件雕塑或一幅绘画的形状和比例从其最小部分到整体的重复。纵观西方建筑的发展历程我们更会发现，从古希腊时代开始，一代又一代西方建筑师穷其一生心智所孜孜探索的，不外乎是一座建筑的整体及其各个部分在比例、尺度上的和谐与完美。[17]

维特鲁威撰写的成书于公元前1世纪的《建筑十书》，总结和叙述了古希腊及罗马初期建筑坚固、实用、美观的三大目标，以及实现这些目标的六项原则：秩序、安排、韵律、对称、装饰、分配。而所有这些背后，均隐藏着数学的奥秘。譬如，为了将石制的屋顶擎入云天，希腊人必须创造一些石柱。那么，什么样的石柱才是美的呢？希腊人认为，人是神创造的，因此人的身体比例便体现了神对美的理解。于是，他们便参照男人的脚长与身高的比例创造出了“陶立克”柱式。“因为了解到男子的脚长是身长的六分之一，所以就把同样的情形搬到柱子上来，而以柱身下部粗细尺寸的六倍举起作为包括柱头在内的柱子的高度。这样，陶立克式柱子就在建筑物上开始显出男子

17 李华东：《西方建筑》，高等教育出版社，2010年，第27页。

身体比例的刚劲和优美。”[18]同样的道理，希腊人还参照女人和少女的脚长与身高的比例创造出了“爱奥尼克”柱式和“科林斯”柱式，以显示女性的阴柔之美。又如，为了在现实剧场建筑内部的回声效果，希腊人借助与音乐一样的数学法则，“又在剧场阶梯坐席下面的凹间里按照数学法则分别音程而设置青铜缸。这些缸——希腊人称它们为厄刻亚——布置成为圆周形状，分为四度、五度、八度直到重八度，作出音乐上的和声或和弦。因此，演员的声音交混起来到达各个席位而激动（缸）时，其声音就会增长扩大，清晰而愉快地到达观众的耳里。水力共鸣器或类似这种共鸣器的其他乐器，如果缺乏乐理，恐怕谁也不能制造出来的。”[19]

早在两千多年前，古希腊雅典学派的第三大数学家欧道克萨斯就发现了“黄金分割律”，也就是指把一条线段分割为两部分，使其中一部分与全长之比等于另一部分与这部分之比，其比值约为0.618。因为西方人认为按照这个比例的构图是最美的，所以就像在音乐中推崇“毕达哥拉斯定律”一样，他们在建筑中推崇“黄金分割律”。

> 如同将雕刻标准化一样，希腊人使他们的建筑也标准化了。他们简朴的建筑总是呈长方形，甚至长、宽、高的比例都是确定的。“雅典的废墟”（The Parthenon of Athens）就是几乎所有希腊庙宇共有的风格和比例的典范。顺便说一句，希腊人坚持理想的比例与坚持抽象的形式紧密地相关，当然，这与我们今天的原则也不矛盾。在古希腊，艺术和抽象实际上是同义语。[20]

进入中世纪以后，为了显示上帝的伟大，西方的建筑师们便在教堂的造型上进行了不懈的努力。哥特式建筑在设计中除了利用十字拱、飞券、立柱等手段之外，还特意使用了石头的骨架券和飞扶壁等构造。骨架券是在一个正方形或矩形平面四角的柱子上做双圆心骨架尖券，四边和对角线上各一道，屋面石板架在券上，形成拱顶。采用这种方式，可以在不同跨度上作出矢高相同的券，拱顶重量轻，交线分明，减少了券脚的推力，简化了施工。

18 ［古罗马］维特鲁威：《建筑十书》，高履泰译，中国建筑工业出版社，2001年，第83页。

19 ［古罗马］维特鲁威：《建筑十书》，高履泰译，中国建筑工业出版社，2001年，第7页。

20 ［美］克莱因：《西方文化中的数学》，张祖贵译，复旦大学出版社，2005年，第33页。

飞扶壁则由侧厅外面的柱墩发券，平衡中厅拱脚的侧推力，以增加因建筑过高而要求的稳定性。由于采用了这种几何图案，使哥特式教堂的内部空间空旷、单纯，外观宏伟、挺拔，给人以直至苍穹、弃绝人寰的神秘感。

建造于1248~1880年的科隆大教堂共用了600多年的时间，整座大教堂全部由磨光的石块建成，耗费40万吨石材。它的中厅内部高达46米，双塔高152米，极为壮观。而从教堂内部所收藏的成千上万张当时的设计图纸可知，倘若没有高超的几何学知识，是不可能建造这样庞大而伟岸的建筑的。建造于1386~1897年的米兰大教堂历时5个世纪。教堂长158米，最宽处93米，塔尖最高处达108.5米，是世界上最大的哥特式教堂。顶上有135个大理石精雕细刻而成的尖塔，每个塔尖上还有一位圣人的雕像。这些争相矗立、直至苍穹的哥特式建筑仿佛是在同地心引力做着顽强的抗争，以证明上帝的伟大。

同哥特式建筑一样，拜占庭式建筑也在力图证明上帝的伟大，只是证明的方式有所不同，即不以高度为旨归而以跨度为目的。同哥特式建筑一样，拜占庭建筑的主体也是十字架式的，不同之处只是横向与竖向长度差异较小，其交点上为一大型圆穹顶。最初，拜占庭式的穹顶建立在方形的平面上，并把重量落在四个独立的支柱上。到5世纪以后，人们创立了一种新的建筑形制，即集中式形制。这种形制的特点是把穹顶支撑在四个或更多的独立支柱上的结构形式，并以帆拱作为中介连接。同时可以使成组的圆顶集合在一起，形成广阔而有变化的新型空间形象。如果说哥特式建筑中的飞扶壁是古代西方建筑在纵向发展中的伟大创举，那么拜占庭式建筑中的帆拱则是古代西方建筑在横向发展中的杰出创造。

除了哥特式和拜占庭式建筑之外，以后的文艺复兴式和巴洛克式建筑也都充分采用了美妙的几何图案。例如佛罗伦萨花之圣母大教堂那最著名的“神话穹顶”，就同时体现了高度和跨度的两个极限。1418年佛罗伦萨市政府公开征集能够设计并建造大圆顶的方案，精通罗马古建筑风格的菲利波·布鲁内列斯基（Filippo Brunelleschi）经过竞争而成为总建筑师。他在教堂中殿十字交叉点上建造了直径43.7米、高52米的八角形圆顶。在建造拱顶时，他没有采用当时流行的“拱鹰架”圆拱木架，而是采用了新颖的“鱼刺式”建造方式，从下往上逐次砌成。

与这个“神话穹顶”相媲美的，是梵蒂冈的圣彼得大教堂。这座重建于1506～1626年的圣彼得大教堂总面积2.2万平方米，主体建筑高45.4米，长约211米，最多可容纳近6万人同时祈祷，是现在世界上最大的教堂。圣彼得大教堂不仅以其双重构造的圆顶体现了优美的几何造型，而且以其井然有序的广场体现了精致的图案设计。著名的建筑大师贝尔尼尼在圆形的广场周围安置了284根托斯卡拉式柱子以显示永恒的生命，这些柱子由内而外排成4排，但如果人们站在广场的正中央，便会发现4排石柱会丝毫不差地叠加在一起，拼凑出一幅完美无缺的几何图案。

从较为宽泛的意义上讲，园林也是建筑的一部分。同古希腊建筑一样，古希腊的园林也具有强烈的理性色彩，即通过几何的原理来谋篇布局，将草坪、花卉和景物切割成有序的图案。这种图案在作为住宅式园林典型的“柱廊园”得到了淋漓尽致的体现：

> 园子将居室围绕在中心，而不在居室一边。因其四周以柱廊围绕成庭院，因而特称之为柱廊园（Peristyle）。柱廊园有明显的轴线，把四周柱廊以内的居室和绿化部分串联在一起，因而形式上还是规则方整的。廊内壁画描绘林泉花鸟，代替真实尺度，造成幻觉，远望可得空间扩大效果。园内种植葡萄和花树，配置喷泉雕像。特别需要指出的是，希腊的柱式明确体现了当时的几何审美观点。[21]

古罗马征服希腊之后，也继承了这种园林艺术的理念，并凭借其强大的国力而将园林的规模放大开来：

> 几何布局是古罗马园林的基本特征……在共和国后期特别是帝国时期的罗马城，包括局部组群在内的建筑多是对称有序的，空间和形体组成依据中轴线或十字交叉轴，而大的城市格局则在七丘地形中具有随机性。古罗马的园林艺术市场同这种

21 梁隐泉、王广友：《园林美学》，中国建筑工业出版社,2004年，第82—83页。

特点相吻合。在形成整体园区的时候，除了庭院内的情况外，局部几何图案化的园林可以同建筑形体交织，在建筑之外朝各向伸展，而不是规则地被围在建筑内、围合着建筑或位于建筑的一面。[22]

这些早期的欧洲园林一般都以中轴对称或规则式建筑布局为基本构图，以切割整齐的花木、草坪为图案，以大理石或花岗岩雕塑为点缀。所有这一切，都体现了人对自然界的改造和征服，体现了理性至上的科学精神。

“文艺复兴”后，欧洲园林渐趋成熟，先后涌现出“意大利台地园林”“法国古典园林”和“英国风景式园林”等诸多流派。作为“文艺复兴运动”的发源地，意大利受古罗马园林艺术的滋养丰厚，同时也利用其多山的自然环境，并汲取巴比伦空中花园的艺术灵感，发展出了一种借助山峦坡地的台地园林。这种台地园林的最大特点是不在平地上造园，而将园林有意建筑在具有一定斜度的山坡上，这样建造的园林至少有三个特点。首先是营造了气势：台地园林一般是将城堡和别墅之类的主体建筑置于山顶，而将花卉、林木、草坪等其他元素置于山坡之上。这样一来，园林和建筑相得益彰，给人以气势宏大之感。其次是获得了层次感：由于台地园林的建筑、花卉、林木、草坪等园林要素不是平铺直叙地摆放在平地上，而是错落有致地安排在山坡上，这就使得人们在同一视点中可以看到不同层次的内容，并在仰观和俯察中获得不同的感受。最后是利用了水流：精美的台地园林常常会利用坡地的优势，将山上的水源通过不同的渠道流淌下来，时而跌宕起伏，时而叮咚作响：

这一时期的意大利庄园，在结构上虽仍为台地园，但格调严整，有明确的中轴线，依此而前后左右对称布局。在中轴线上，或是轴线的延伸部分，风景线的焦点线局部的构图中，其主体均是理水的形式，或为喷泉，或为水池，或为承水槽，或为雕塑，还常有为欣赏流水而设的装置，甚至有意识地利用激水之声，构成音乐的旋律。[23]

22 王蔚：《外国古代园林史》，中国建筑工业出版社，2011年，第68页。

23 梁隐泉、王广友：《园林美学》，中国建筑工业出版社，2004年，第85页。

尽管台地园林在古希腊、古罗马园林的基础上有所创新，但仍然保持了平衡对称的基本格局。为了体现这种理性的精神，人们宁愿用大量的人力和物力来改造山坡的自然环境，而不要因势利导、委曲求全。欧洲园林的这一特征，与中国古典园林刚好相反。

法国在文艺复兴时期受意大利园林艺术的影响，17世纪以后则渐渐有了自己独特的风格。与山峦起伏的亚平宁半岛不同，法国拥有广袤的土地和富饶的平原。在路易十四统治的时代，法国的君主专制政权发展到了登峰造极的地步，古典主义园林应运而生，成为烘托国力、彰显王权的文化表征。与意大利的台地园林不同，法国的古典园林也有三大特征。首先是气魄恢弘：这些园林一般是在平地营造，因而有着视野开阔、气势宏大的特征。例如，位于巴黎郊外的凡尔赛宫，占地面积为110万平方米，其中建筑面积为11万平方米，园林面积为100万平方米，是意大利台地园林的几倍、几十倍。其参天的古树、深邃的水池和一望无际的草坪，显然不是为了突出环境的优美和典雅，而是为了显示国力的强大与繁盛。它不仅是当时世界上最大的园林，而且是法国君王绝对权力的充分体现。其次是结构严谨：由于平原的土地更少受自然环境的限制，因而也更容易进行整齐划一的理性设计。仍以凡尔赛宫为例，宫殿为古典主义风格建筑，立面为标准的古典主义三段式处理，即将立面划分为纵、横三段，建筑左右对称，造型轮廓整齐、庄重雄伟，被称为是理性美的代表。与宫殿的建筑相呼应，园林不仅有长达两公里的中轴线，而且还有笔直的次轴线和严整的放射线。这些道路把整个园林切割成井然有序的若干部分，布局匀称、有条不紊，充分体现了理性主义的美学原则。最后是人工痕迹明显：从十字交叉的大小运河到修剪整齐的林木和草坪，从几何形状的植被构图到排列对称的雕塑和喷泉，园林内的所有细节都经过细致的人工处理，真可谓是“人化的自然”艺术标本。虽然继古典主义园林之后，欧洲出现的巴洛克式园林和洛可可式园林更注重于曲线的构图和圆形的造型，但在整体格局上仍未超出理性主义的基本原则。

如果说法国古典主义园林是西方理性精神登峰造极的表演，那么英国风景式园林则是对这种科学主义传统在一定程度上的偏离。导致这种偏离的原因是双重的：从外部影响看，这种变化与接受中国、日本等东方古典园林的影响有关；从内部原因看，这种变化又体现了最先完成工业革命的英国人对机械、呆板、规则、有序的几何式园林的厌倦。然而，传统的力量是强大而又深入人心的，尽管英国风景式园林曾经一度为欧洲的园林艺术带来了一股清新的风气，但也遭到了很多世人的不解和诟病，其实际影响无论是在地域的广度还是在时间的长度上，都无法与法国古典园林相比拟。说到底，这种园林在欧洲缺乏文化的根基。因此，直至今天，绝大多数的欧洲园林仍然是几何化的设计，显示出理性精神和科学精神的强大动力。

三、从解剖的角度研究雕塑

同音乐家和建筑师一样，古希腊的雕塑家最初也受毕达哥拉斯的影响。为了创造美，著名的雕塑家波利克里托斯曾著有《法则》一书，专门探讨人体的比例关系。他认为，人体的比例要依靠“数”的关系而达到美的境界，而最理想的人头与全身的比例应该为1∶7。最能体现波利克里托斯理论的雕像是《持矛者》和《束发运动员》，这两位裸体青年男子雕像是完全依人体比例为1∶7的法则创造的。而另一位古希腊雕塑家利西普斯则继续探讨人体的比例结构，得出了人头与人体比例应为1∶8的新结论。按照这一比例创作出来的雕塑，更显得灵巧纤长、轻盈敏捷，符合新的审美理想。

当然，光靠人体的比例关系还不足以创作出形象逼真的雕塑作品。西方人不仅从代数的角度研究音乐、从几何的角度研究建筑，而且从解剖的角度研究雕塑。由于时代的久远、资料的匮乏，我们已无法确知古希腊、古罗马的艺术家们从事解剖学研究的具体情况。但就那些雕塑精准的造型来看，如果没有足够的解剖学知识，是不可想象的。根据文艺复兴以后的记载我们得知，达·芬奇曾研究解剖学达40年之久，他亲手解剖了30余具不同年龄的男女尸体，绘制了精确的解剖图；米开朗琪罗也从事过多年的解剖实验，从而对人在强烈情感冲突和剧烈运动中的人体外形变化规律有了透彻的把握；拉斐尔、丢勒以及后来的荷加斯、鲁本斯等人也都进行过解剖学研究。由这些艺术大师所开辟的创作道路渐渐成为西方古代造型艺术的传统，并最终形成了艺术解剖学这门独立的学科。

1543年维萨里的著作《人体的构造》出版，标志着近代人体解剖学的诞生，这意味着人类对其自身组织结构的认识进入了实证研究的阶段。与生理解剖学的历史进程相联系，为了更为准确地进行人体雕塑，西方人逐渐建立起了有别于生理解剖学的艺术解剖学。按照《中国大百科全书》的解释，艺术解剖学与生理解剖学有三个方面的不同。首先是研究对象的不同：生理解剖学注重特殊个体的生理结构；艺术解剖学注重正常人体的外部特征。其次是研究方法的不同：生理解剖学主要进行尸体解剖和生理分析；而艺术解剖学除了尸体解剖之外，还要注意活体观察。最后是研究目的的不同：生理解剖学最终要揭示人体健康或疾病的生理基础；而艺术解剖学最终要揭示人体姿态或表情的肉体规律。尽管这两种解剖学有着这样那样的不同，但都是要从认识论的角度来揭示一种纯粹客观的事实或规律。

必须承认，这种从解剖学角度研究雕塑的传统有其积极的意义。它极大地发挥了造型艺术的认识论功能，使雕塑家们能够准确、逼真地将人体的形象和姿态“摹仿”出来。惟其如此，西方的人体艺术才能够如此地形态毕露、栩栩如生。站在古希腊、罗马、文艺复兴时代留下的雕塑面前，我们不仅会惊叹那些人体雕塑准确的比例、逼真的造型，甚至会感受到那些大理石雕刻的人体所散发出来的肌肤感、柔韧性。但是，当我们对西方造型艺术的准确、逼真程度叹为观止的时候，又不得不提出这样的问题：难道造型艺术的目的就是为了将一个个真实的人体形态准确无误地再现出来吗？这种逼真的摹仿和再现与医学意义上的人体解剖图又有什么本质上的差异？当我们通过认真的研究而达到了这一目的之后，雕塑艺术又将向何处发展？这正是现代艺术家们必须回答的问题。

事实上，当西方人借助于艺术解剖学的知识而将人体的骨骼、肌肉、血管、皮肤研究得一清二楚，并可以准确无误地加以再现之后，雕塑艺术反而走向了一种绝境。换言之，当雕塑艺术的认识论功能完全实现之后，欣赏者便没有可能再通过艺术而获得什么新的知识了。于是，西方现代的雕塑艺术开始由科学认识转向哲学思考，由逼真仿像转为刻意变形，从而出现了西方现代雕塑艺术的美学转向。于是，便有了罗丹。

他的第一件成名作品是1876年完成的《青铜时代》。这幅作品在1877年的巴黎秋季沙龙展上引起了巨大的轰动。由于作品雕造得太逼真，以至于许多同行和艺术评论家认为他的这件作品是从真人身上翻制下来，而非真正雕塑出来的。于是指责他欺骗公众，并打算起诉他。后来，经过法国政府组织的专门委员会进行调查，结果证明了罗丹的清白，他也因此而声名鹊起。在随后的几年里，他的那种完全忠实于自然的雕塑风格达到了顶峰状态，并确立了他在雕塑领域的主导地位。1880年以后，正当罗丹的这种雕塑风格日臻完善并达到巅峰状态的时候，他开始转变风格，自觉地接受印象主义，走向了一条求新求变的艺术道路。[24]

所谓物极必反，当罗丹沿着“摹仿说”的理论足迹将雕塑作品创造得酷似真人，以至于引起人们对其是否“翻制”的怀疑时，这条以认识论为基础的美学路线自然走到了尽头。如果罗丹还想在艺术上有所作为的话，就只能“求新求变”，另辟蹊径了。

《巴尔扎克纪念雕像》是罗丹受法国文学院委托而创作的一幅雕塑。为了表现巴尔扎克百科全书式的头脑和强悍的精神力量，罗丹在其原有形象的基础上进行了大胆的夸张和变形，突出了其宽广的额头、深邃的眼窝，以及傲视世俗世界的英雄气概，甚至在雕塑的细节上也打破了光滑、细腻的传统手段，有意使用斑驳陆离的纹路和不拘小节的笔触，从而引起了当时雕塑界的一片哗然。“评论界抨击罗丹的这件作品是对巴尔扎克的亵渎，法国文学院也因此而拒绝接受，支持他的院长被迫辞职。于是，这件饱受争议的作品也因此而从1897年开始，始终躺在他的工作室。直到1939年，他去世后的22年，才被官方重新认可，并耸立在巴黎蒙巴纳斯大街的街口。”[25]正像许多开风气之先的艺术作品起初不被世人所接受那样，这幅内容大于形式、精神溢出肉体的作品最终引起了人们的重视，并成为西方由以科学认识为主要目标的古代雕塑向以哲学思辨为主要目标的现代雕塑发展的一个历史转折点。

艺术观念的转折一旦发生，就像脱缰了的野马那样一发而不可收。西

24　王昌建：《西方现代艺术欣赏》，中国电力出版社，2007年，第210页。

25　王昌建：《西方现代艺术欣赏》，中国电力出版社，2007年，第211页。

方的雕塑艺术一旦离开了“摹仿”的写实传统，便像断了线的风筝一样无法控制自己的航程。如果说罗丹的《巴尔扎克纪念雕像》还只是通过夸张的手法用艺术家心中的“印象”取代雕塑人物客观的“形象”而已，那么毕加索的《费尔南德·奥利维尔头像》则进一步通过变形的手段用艺术家心中的“理念”取而代之了。根据“立体主义”的美学原则，雕塑家不再需要从解剖学的角度出发，尽可能真实地还原三维空间中的立体形象，而是将不同视角中所可能观察到的对象，集中地表现于单一的侧面上，造成一个总体经验的效果。在这种观念的支配下，毕加索用有棱有角的块面取代了平滑整洁的肌肤，使人物的头像仿佛是一朵凹凸不平的花瓣。沿着这种抽象化、几何化的路线发展下去，西方的现代雕塑与生活中的客观物象渐行渐远，直至变得面目全非了。

如果说“立体主义”还只是在三维空间的外观上加以变形，那么与此同时，各种五花八门的主义和流派则纷纷在材料、观念、手法上别出心裁，肆无忌惮地解构着写实主义的美学传统。一时间，对现代社会的反叛、对理性传统的亵渎、对人类文明的绝望，成为一种时髦的艺术哲学。在这种情况下，西方的雕塑艺术也便从科学的婢女转而沦落成为哲学的附庸。当杜尚以其“破坏就是创造”的无政府主义勇气将一个小便器搬进美术馆的时候，也便将西方的雕塑艺术送进了自己的坟墓。

对于西方雕塑艺术的现代转向，笔者不想像许多艺术评论家那样，挖掘其背后“反文明”的哲学思想、“反异化”的美学主题，而只想指出的是，无论其“思想”如何深刻、其“主题”如何明确，都不能掩饰其情感的淡薄、品位的粗鄙。说到底，艺术不是科学的附庸，不是哲学的婢女，它要在感性与理性之间获得必要的张力。

四、从透视的角度研究绘画

在古代西方艺术家的心目中，如果说雕塑的任务是在三维的空间中再现客观对象，那么绘画的使命则要在二维的平面上摹仿客观物象。要使这种

“再现”和“摹仿”准确、逼真，画家就要解决这样两个问题：在造型上，如何使画面具有立体感；在颜色上，如何使色彩具有丰富性。为了解决前一个问题，西方人发明了“透视法”；为了解决后一问题，西方人发现了“三原色”。

首先，以“摹仿说”为理论根据，古代的西方人不仅从解剖学角度研究雕塑，而且从透视学角度研究绘画。从辞源学的角度上讲，“透视”一词来源于拉丁文Perspicere（看透），有人解释为“透而视之”。所谓“透视学”，是一种运用理性来观察、看待和呈现事物的方法，即运用几何学和物理学的原理在二维的平面上再现三维的空间物像，并使之具有立体感的科学理论和方法，自从有了绘画以来，西方人便注意总结这套理论和方法。即通过大与小、高与低、斜与正、清楚与模糊、鲜艳与昏暗等方式来体现不同物体的空间位置和远近特征。到了文艺复兴时期，透视学理论逐渐成熟。达·芬奇（Da Vinci）在总结前人经验的基础上，通过实验来研究物象的体积、色彩、形状与人眼距离的关系，并在《画论》中对解剖、雕刻、透视、明暗和构图知识进行了系统的梳理，指出“透视是绘画的舵和缰”。他发现由于空气对视觉产生的阻隔作用，物体距离越远，形象就越模糊，偏色就越严重，并按照这一原理创造了“空气透视”理论。16世纪，德国画家丢勒（Albrecht Duret）专门到意大利学习透视学，并利用“透视窗”对“线性透视”理论进行了研究，他将几何学原理融入视觉呈像，写下了题为《圆规直尺测量法》的透视学专著。17世纪初，法国建筑师沙葛（Shage）在数学的基础上探究了透视理论，其《透视学》一书奠定了几何形体透视的正确方法。18世纪的英国人泰勒（Taylor）出版了《线性透视学》和《线性透视学新法》，全面总结了焦点透视法和几何画法的所有原理。19世纪初，法国人蒙诺（Gaspard Monge）在《画法几何学》一书中把正投影当作独立的学科加以论述，形成了“线性透视”的科学体系。

“线性透视”的核心是“焦点透视”，它是研究从一个固定视点出发向一个方向看待景物的透视方法。简单地说，假设我们只用一只眼睛，穿过一层玻璃朝着一个方向凝视，那个方向的物体所映在玻璃上的大小、方位便是透视的结果。

这些人把艺术家的画布想象为一块玻璃屏板，通过它，艺术家能看到所要画的景物，就如同我们能够通过窗户看见户外的景物一样。从一只认为是固定不动的眼睛出发，设想光线能透射到景物中的每一点。这样的一束光都标出一个点子。这样的点集称为一个截景（或称截面，section）。这一截景给眼睛的印象，与景物自身产生的效果是一样的。然后，艺术家们断言，写实主义绘画——作画逼真的问题，就是将眼睛看景物时透射在插入其间的玻璃屏板上物体的大小、位置及其相互关系，在画布上表现出来。事实上，阿尔贝蒂就曾明确地宣称一幅画就是射线的一个截景。[26]

其次，以“摹仿说”为理论根据，西方人不仅从透视学角度研究所画对象的空间形态，而且从光学角度研究所画对象的色彩构成。我们知道，大千世界上的事物是五彩缤纷的，因此自从有了绘画以后，西方人就不断尝试着用各种颜料将不同的色彩还原出来，以便实现对客观世界的忠实“摹仿”。最初，西方的“油画”就是将不同颜色的矿物质研磨成粉末，再用易于挥发的油料调和成颜料，画在画布上，以再现色彩斑斓的客观世界。1666年，牛顿通过玻璃三棱镜的反射发现，从白色的阳光中分析出一个由红、橙、黄、绿、青、蓝、紫等不同的颜色所组成的光谱；反过来说，由红、橙、黄、绿、青、蓝、紫等不同颜色也可以组合成白色的光。这一发现揭示了光与色之间的内在联系，从而也拉开了现代色彩学的帷幕。1802年，英国物理学家扬（Thomas Young）发表《色觉三原色说》，假设人的视网膜具有感知红、绿、蓝三种颜色的功能，可以依照三种颜色的刺激程度合成各种颜色的感觉。1839年，法国化学家谢夫勒（Michel Eugene Chevreul）发表了《色的调和与对比定律》。1865年，英国物理学家麦克斯韦尔（James Clark Maxwell）通过演示纠正了前人将光的三原色与色料的三原色相混淆的观点，以《色光三原色（R红、G绿、B蓝紫）》为后来的彩色照片、彩色电视机的出现奠定了基础。1868年，德国生物学家海姆霍兹（Ferdinand vom Helmholtz）进一步完善了扬的三色觉说。1869年，法国科学家奥伦（Louis Duclosdu Hauron）将加法混合与减法混合组合起来，确定了以黄、绿、红为三原色的彩色印刷原理。

26 ［美］克莱因：《西方文化中的数学》，张祖贵译，复旦大学出版社，2005年，第133页。

尽管不同的科学家们对“三原色”的理解和表述不尽相同，但都揭示了光与色之间由量变导致质变的关系。以数学的向量空间来解释色彩系统，则原色在空间内可作为一组基底向量，并且能组合出一个“色彩空间”。由于人类肉眼有三种不同颜色的感光体，因此所见的色彩空间通常可以由三种基本色所表达。当这种可以用数学加以表示的由量变到质变的色彩原理被发现之后，西方人开始自觉地利用三种原色在调色板上调配出各种各样的中间色和过渡色，以“摹仿”多姿多彩的大千世界。

随着透视学和色彩学的发展，西方的绘画艺术逐渐具备了科学的理论和方法，可以相当准确地在二维空间的画布上再现出三维空间的立体造型，并制造出极为逼真的色彩效果。然而，与雕塑中的情况一样，这种借助科学手段的物象还原，只能达到认识论的目的，其审美的价值反倒被搁置一旁了。说到底，当现实中有了一个苹果之后，艺术家能否在画布上准确、逼真地将这个苹果的形态再现出来，这是一个认识论的问题；而画布上的苹果能否引起我们的情感愉悦，则是一个美学问题。而煞费苦心地利用透视学和色彩学原理在画布上还原这只苹果的西方艺术家们只注意到了前一个问题，却忽视了后一个问题，甚至用前一个问题掩盖了后一个问题，从而用认识论遮蔽了美学。于是，当前一个问题解决之后，尤其是当照相技术出现之后，当人们可以轻而易举地拍摄出比艺术杰作更加准确的生活物象的时候，绘画的美学价值在哪里？这一原本被遮蔽掉的问题却又重新出现在西方现代艺术家们的面前。

事实上，当西方人借助于透视学和色彩学的原理而将客观物象的远近、高低、明暗关系研究清楚，并将其千差万别的色彩还原殆尽之后，绘画艺术反而走向了一种绝境。——当绘画艺术的认识论功能完全实现之后，欣赏者便没有可能再通过艺术而获得什么新的知识了。于是，西方现代的绘画与雕塑一样，由科学认识转向哲学思考，由逼真的摹仿转为刻意的变形。于是，便出现了西方现代绘画艺术的美学转向。

作为对传统认识论美学的艺术反叛，西方现代绘画所选取的变革途径主要有两条：一是在构图的处理上彻底颠覆传统的透视学原理，一是在颜色的运用上彻底反叛传统的色彩学原理。为了说明这一问题，我们可以从理解塞尚和梵·高这两位后印象派代表人物入手。

多少世纪以来，画家们都在解决一个问题，就是如何在画布或画板的平面上，表现出立体的世界。从15世纪起，画家们遵循透视的原则，把近处的东西画得大，远处的东西画得小，这种方法使图画看起来似乎有景深。到19世纪，法国画家保尔·塞尚试行一种新方法，他仔细研究了自然景象，把房屋、树木和山丘上的几何形状一一记下来，但不一定是从同一角度加以观察。一般人看东西也许就是这种情况，因为人的眼睛从来不会固定在一个点上。然后，他把这些形状重新加以安排，把他想画的那些东西组成一张画。观众可以认出画中的单个形状，但整个风景是靠想象连接起来的。在我们观察事物的时候，这本是个持续不断的过程，但用它来组织一幅画，却是一种全新的方法。它实际上意味着：要抛开传统的透视方法。[27]

为了抛开传统的透视方法，塞尚曾经就同一题材反复画过20多幅画，结果每一幅画的景色都是全新的，这就是著名的《圣维克图瓦山》系列。在他的画中，无论是近景还是远景，都具有同样的清晰程度，各种具体物像的几何形状和色彩特征得到了强调，而其明暗过渡等细节处理则有意被淡化。这种主观而又概括的处理方式，使他的作品都很简约，富有几何意味，使原本明暗过渡物象变成了秩序化的构图和色彩性的乐章。这样一来，绘画便不再是对客观物象的忠实摹仿，而成为各种色彩和形体元素的自由组合。换言之，到了塞尚这里，画什么已经不再重要了，重要的不是绘画的内容，而是绘画的形式，是怎么画。这种摆脱透视原理的艺术努力，将西方现代绘画的形体造型从实际的客观物象中解放出来。

如果说塞尚的突出贡献主要在造型上，那么梵·高的杰出成就主要在色彩上。梵·高主张："为了更真实地表达我见到的东西，我更自由地运用彩色，使其更具表现力。"过去，西方人利用三原色的不同比例，调配出各种各样的中间色和过渡色，以接近现实世界的真实面目。"今天我们要求的，是一种在色彩上特别有生气、特别强烈和紧张的艺术。"[28]为了达到这一目的，梵·高大胆地使用了夸张的色彩，甚至直接使用一向被人们回避的原色作画，于是便有了著

27 ［英］苏珊·伍德福特、安尼·谢弗、克兰德尔、罗莎·玛丽亚·莱茨：《剑桥艺术史》第3卷，罗通秀、钱乘旦译，中国青年出版社，1994年，第206—207页。

28 《中国大百科全书》第1卷，中国大百科全书出版社，1987年，第213页。

名的《向日葵》。在梵·高这里，色彩已不再是还原对象的手段，而成为表达情感的工具。当画布上的颜料与客观物象的实际色彩出现巨大反差的时候，一种从来未有的张力出现了。色彩本身就成为一种制造氛围、表达情感的手段，它生动、紧张，并富有表现力。因此，如果说塞尚的价值是将西方现代绘画的形体造型从实际的客观物象中解放出来，那么梵·高的意义则是将西方现代绘画的色彩从自然的实际颜色中解放出来。质言之，塞尚开辟了形体革命的先河，梵·高则成就了色彩造反的力作。于是，塞尚被誉为“西方现代绘画之父”，梵·高被视作“西方现代绘画的天才”。

由于塞尚和梵·高还处在西方现代艺术的初始阶段，对传统的“革命”和“反叛”只是初露端倪。由于他们的作品与传统的写实艺术相去不远，还是比较容易被我们所接受的；但是，他们所开辟的背离“再现”以追求“表现”的美学方向，却将西方艺术引入了另一种新的歧途。从塞尚的《圣维克图瓦山》到达利的《永恒的记忆》，西方人所尊崇的透视学原理渐渐地被解构得七零八落了；从梵·高《向日葵》到康定斯基的《有一排房屋的画》，西方人所依赖的色彩学准则渐渐被涂抹得面目全非了。

> 随着绘画上各种流派的兴起，出现了抵制传统透视空间的表现方式，逐渐削弱了透视学在绘画中的统治地位。过去那种“透视”即“空间”的理念不再牢靠，现代绘画在原来透视物理空间的基础上注入时间纬度和心理学、生物学等方面的观念。而且主观意识的大量介入，强调意象化的空间表现，使得传统透视的原则、模式和形象受到颠覆，出现了组合透视、反透视、变形透视、幻觉透视，等等。[29]

画家选择了一个主题，它依旧是我们很容易辨识的东西，但是他随心所欲地加以处置，比如说，他可以夸张其某一方面，强调这个方面，就如同戈雅所做的那样；他可以使用人们预想之中的色彩，但也可以用一些完全出乎大家预料之外的颜色，而这些颜色就是他个人的风格，就像梵·高所做的那样；他可以用色彩做科学实验，如同修拉所做的那样；他可以用移动的目光

29　刘广滨:《透视学》，广西美术出版社，20010年，第14页。

在风景或静物中摄取某些部分，然后把它们重新安排在一幅图中，就如同塞尚所做的那样；他还可以把物体分解开，再用不同的方式拼凑在一起，就如同立体主义画家那样；他可以表现物体形象，而这个物象却是被他自己的感觉所歪曲的，就如同表现主义所做的那样；他还可以学康定斯基，把形体都弄得几乎不可辨认，而只在空间填满颜色和似有似无的东西，以表现他的感情和感觉。[30]

如果说传统的西方绘画所追求的目标是如何忠实地再现客观物象，那么现代的西方绘画却来了一个180度的大转弯，以表现画家的主观感受、意识、观念为旨归了。在这一思潮的影响下，绘画领域中的各种流派风起云涌，如野兽主义、立体主义、象征主义、表现主义、抽象主义、未来主义、达达主义、超现实主义，等等。

显然，在这场形体造反和色彩革命的背后，隐藏着西方绘画艺术由科学认识而向哲学思考的历史性转型。问题在于，思想是抽象的，感知是具体的，用具体的艺术造型来"感知" 抽象的哲学命题，便无异于观念的"图解"。当艺术家主要不再依靠视觉经验来认识世界而是凭借理性观念来图解世界的时候，西方的绘画艺术也便从科学的奴仆变成了哲学的附庸，其自身的美学价值仍付之阙如了。

> 长久以来，就有哲学家和某些画家认为，较少的现象可以表达更多的真实。他们认为，在我们所见的东西之后，还有一些其他的东西。……但绘画是一种视觉媒体，即使画家认为他知道是什么东西藏在可见的物体之后，他也必须让我们在视觉上感知这一点。如果我们不能在某幅画上亲眼看见一件东西，那么哪一种哲学也不能叫我们相信这种东西。[31]

从艺术史的角度上看，如果说西方古代美术的发展是一种逐渐使艺术作品接近客观物象的过程，那么西方现代美术的发展则是一种逐渐使艺术作

30 ［英］苏珊·伍德福特、安尼·谢弗、克兰德尔、罗莎·玛丽亚·莱茨:《剑桥艺术史》第3卷，罗通秀、钱乘旦译，中国青年出版社，1994年，第201—202页。

31 ［英］苏珊·伍德福特、安尼·谢弗、克兰德尔、罗莎·玛丽亚·莱茨:《剑桥艺术史》第3卷，罗通秀、钱乘旦译，中国青年出版社，1994年，第214页。

品远离客观物象的过程。在这种渐行渐远的过程中，艺术作品与现实生活之间若即若离的张力关系终于被打破，脱离了视觉经验的艺术作品也便远离了客观物象，变得面目全非了。说到底，艺术既不是科学认识，也不是哲学思辨，它必须将感性与理性融合在一起并获得一种情感的张力。

五、从历史的角度研究文学

我们知道，西方文学的表述方式自古就与历史性的言说方式有关。

早在公元前2800年前后，位于爱琴海之中的克里特岛就已进入了金石并用的时代。考古资料显示，大约在公元前1700～前1400年期间，克里特进入了青铜时代的全盛期，不仅出现了相当宏伟的宫殿式建筑群，而且出现了尚未被后人所破译的“线形文字A”，从而满足了“文明”所规定的金属、文字、城池这三项指标。然后，或许是由于火山、海啸、地震灾害等原因，全盛时期的克里特文化却突然湮灭了。于是，爱琴的文明中心便转移到希腊半岛的迈锡尼。与克里特文化相类似，迈锡尼文化不仅有金属、有城池，而且留下了后来被成功破译的“线性文字B”，这些文字大多保存于公元前13世纪的泥板上。然而不幸的是，或许是由于战乱和外族的入侵，辉煌一时的迈锡尼文化也从公元前12世纪起渐趋衰落、乃至消失了。于是，希腊文明进入了一段没有文字的“黑暗时代”。

从公元前11世纪到公元前9世纪，这段没有文字记载的“黑暗时代”被一位叫做荷马的盲诗人以口头吟诵的方式记载了下来，并经过几代人的传诵，最终于公元前6世纪被用希腊文字写成了书，那就是著名的《伊利亚特》和《奥德赛》。于是，这一时代也被称之为“荷马时代”。根据荷马史诗的记载，以迈锡尼国王为首的希腊联邦军队曾与位于小亚细亚的特洛伊进行了长达10年之久的战争。19世纪后期的德国考古学家谢里曼根据史诗所提供的线索，成功地发掘了小亚细亚西北部古城特洛伊及南希腊（伯罗奔尼撒半岛）的迈锡尼、太林斯等遗迹，使长期湮没的爱琴文化再现于世。于是我们相信，作为西方最早的文学形态，荷马史诗并非一种全然虚构的作品，而是具有记录历史的功能。

正是出于对这种文学功能的理论总结，才有了柏拉图和亚里士多德的“摹仿说”。首先，从内容上讲，柏拉图认为：“从荷马起，一切诗人都只是摹仿者。”[32]从而确立了文学艺术的认识论内涵。其次，从价值上讲，柏拉图认为，文学家对生活的摹仿，就如同“拿一面镜子四面八方地旋转，你会马上创造出太阳，星辰，大地，你自己，其他动物，器具，草木以及我们刚才所提到的一切东西”[33]。这种摹仿显然只能反映生活的表面现象，不能认识生活的本质。“无论摹仿德行，或是摹仿他们所写的一切题材，都得到影象，并不曾抓住真理。”[34]最后，从效果上讲，柏拉图认为，摹仿是儿童和妇女心智未熟的表现，而诗人正是“种下恶因，逢迎人心的无理性的部分，并且制造出一些和真理相隔甚远的影像”[35]。因此，在其对话《斐德诺篇》中，柏拉图把包括诗人在内的“摹仿的艺术家”置于社会的第六层，其地位与底层的工人、农民相接近，可见其对摹仿的文学是持否定态度的。

作为柏拉图的学生，亚里士多德继承并超越了柏拉图的“摹仿说”。首先，他认为包括诗歌在内的所有的艺术门类都是对生活的摹仿：“史诗和悲剧、喜剧和酒神颂以及大部分双管箫乐和竖琴乐——这一切实际上是摹仿，只是有三点差别，即摹仿所用的媒介不同，所取的对象不同，所采的方式不同。”[36]从而进一步确定了文学艺术的认识论属性。其次，亚里士多德认为，摹仿的文学艺术是具有真实内容的，艺术所摹仿的不是感性世界中的偶然现象和外在形式，而是现实世界所具有必然性和普遍性的本质和规律。“写诗这种活动比写历史更富于哲学意味，更被严肃地对待，因为诗所描述的事带有普遍性，而历史则叙述个别的事。所谓‘有普遍性的事’，指某一种人，按照可然律或必然律，会说的话，会做的事。”[37]因此，从认识论意义上讲，亚里士多德对包括史诗在内的文学艺术是持肯定态度的。最后，亚里士多德也很重视文学艺术对人类精神的启迪作用。但是与柏拉图不同，他认为摹仿不是儿童和妇女弱智的表现，而是人类共有的天性，是人类有别于禽兽的特殊功

32 ［古希腊］柏拉图：《文艺对话集》，朱光潜译，人民文学出版社，1963年，第76页。

33 ［古希腊］柏拉图：《文艺对话集》，朱光潜译，人民文学出版社，1963年，第69页。

34 ［古希腊］柏拉图：《文艺对话集》，朱光潜译，人民文学出版社，1963年，第76页。

35 ［古希腊］柏拉图：《文艺对话集》，朱光潜译，人民文学出版社，1963年，第84—85页。

36 ［古希腊］亚里士多德：《诗学》，罗念生译，人民文学出版社，1962年，第3页。

37 ［古希腊］亚里士多德：《诗学》，罗念生译，人民文学出版社，1962年，第17页。

能。“人从孩提的时候起就有摹仿的本能（人和禽兽的分别之就在于人最善于摹仿），他们最初的知识就是从摹仿得来的，人对于模仿的作品总是感到快感，经验证明了这一点：事物本身看上去尽管引起痛感，但惟妙惟肖的图像看上去却能引起我们的快感，例如尸首或最可鄙的动物形象。”[38]正是由于人类善于摹仿，才能够获得知识。而人们之所以从文艺作品中获得快感，也正是由于其认识能力在欣赏的过程中得到了锻炼。

柏拉图和亚里士多德的上述观点，奠定了西方反映论文学的理论基础。中世纪，亚里士多德的《诗学》一度在西方失传，柏拉图的“摹仿说”占据主流地位。在他的影响下，奥古斯丁认为，文学是对社会生活虚构性的摹仿，其目的主要是为了满足人们的好奇心和哀怜癖，即满足于人们世俗的情感和欲望。因此，从宗教神秘主义的立场出发，他认为文学作品越摹仿得真实越偏离上帝的美与真。文艺复兴时期的卡斯特尔维屈罗不仅用意大利语翻译了亚里士多德的《诗学》，而且写下自己的提要和注疏，即《亚里士多德〈诗学〉的诠释》，从“摹仿说”的角度进一步论证了文学与历史之间的区别与联系。他认为：尽管从题材上讲，历史是世间发生的事件，诗歌则可能是文学家想象出来的场景；从语言上讲，历史学家所使用的语言是推理的、逻辑性的，而诗人所使用的语言则是形象的、修饰性的；然而从最终的意义上讲，文学家和历史学家所指向的对象则是一致的，都是生活的本质。进入17世纪，新古典主义文论家布瓦罗强调“理性”与“自然”的统一，认为文学家必然从理性的观念出发去摹仿感性的自然对象，才能够揭示具有普遍意义的人性。这种理性观念与感性自然的矛盾与统一，演绎出了文学创作中的“典型论”，即从“个性”与“共性”的关系中获得文学艺术的认识论意义。18世纪以后，从鲍姆嘉通把美定义为“感性认识的完善”，到黑格尔提出“美是理念的感性显现”，都显示出这种反映论文学理论对认识论美学的影响。正是在这种观念的影响下，西方的一些著名学者，常常将反映生活的广度和深度作为衡量一部文学作品的价值标准，将文学的价值等同于历史的价值。于是，便有了恩格斯在《致玛·哈克奈斯》的信中对巴尔扎克《人间喜剧》的下述评论：

38 ［古希腊］亚里士多德：《诗学》，罗念生译，人民文学出版社，1962年，第11页。

他在《人间喜剧》中为我们提供了一部法国“社会”特别是巴黎“上流社会”的卓越的历史，他用编年史的方式几乎逐年地把上升的资产阶级在一八一六年至一八四八年这一时期对贵族社会日甚一日的冲击描写出来……在这幅中心图画的四周，他汇集了法国社会的全部历史，我从这里，甚至在经济细节方面（如革命以后动产和不动产的重新分配）所学到的东西，也要比从当时所有职业的历史学家、经济学家和统计学家那里学到的全部东西还要多。[39]

然而，无论这部“历史”如何卓越，无论这其中所体现的“知识”如何丰富，历史只不过是历史，知识只不过是知识。“文学”毕竟不是“经济学”或“统计学”，它所包含的历史和知识与其所应该具备的美学价值完全是两个范畴的东西。

在这种将文学变成“百科全书”的科学化倾向的同时，西方人的理性冲动还有着用艺术进行“形而上思考”的宗教化、哲学化的倾向。如果我们对但丁的《神曲》、歌德的《浮士德》，甚至莎士比亚的《哈姆雷特》这些被西方人所称道的文学名著加以分析的话，就会发现，它们与其说是艺术上的成功，不如说是哲理上的胜利。前者通过作者游历“地狱”“炼狱”“天堂”的过程，思考的是人与神之间的关系；中者通过浮士德与靡菲斯特的订约来反思有限的感性生命与无限的精神追求之间的关系。至于后者，曾有人写过一本英文版研究专著：《从莎士比亚到存在主义》（from Shakespeare to existentialism）。书中把哈姆雷特有关“生存还是毁灭，这是一个值得思考的问题”干脆理解为“存在还是不存在，这是一个值得思考的问题”，因为这其中最为关键的“to be or not to be”，与存在主义的开山鼻祖海德格尔著名的哲学著作Being & Time思考的是同一问题。

经典的文学创作如此，现代的西方文学更是如此。这种将文学艺术科学化、哲学化的倾向与西方其他艺术门类的发展趋势是一致的。在这种理性精神的推动下，西方的文学家们在认识世界和反思生活的层面上确实取得了丰硕的成果，但在美学上则未必成功。因为知识的丰富和思想的深刻并不能取代

39　陆梅林辑注：《马克思恩格斯论文学与艺术》，人民文学出版社，1982年，第189—190页。

情感的愉悦。前者是一个认识论的问题，后者才是一个美学问题。传统西方学者的错误，就是用前者取代了后者，从而用认识取代了欣赏，用知识取代了情感，用科学取代了文学，用历史取代了诗歌，用哲学取代了戏剧。今天，如果我们仍将这些问题放在西方文化的体系内部加以思考，可能会觉得是完全合理、无懈可击的。然而，如果我们将这些问题放在中国与西方的文化谱系中加以分析，就会发现原来以为的那些不言自明的标准内部其实隐藏着很多问题。

总之，受科学精神的影响，从古希腊开始，西方人就从“摹仿说”入手，将艺术创作看成是认识世界的手段和工具。于是，他们从代数的角度研究音乐，从几何的角度研究建筑，从解剖的角度研究雕塑，从透视的角度研究绘画，从历史的角度研究文学。这种研究既造就了西方艺术的辉煌成果，又导致了西方艺术的观念误区。因为科学手段的介入，确实能给艺术创作带来某种手段上的支撑；但科学精神的渗透，又常常遮蔽了艺术创作的美学目的。就前者而言，如果没有数学、力学、解剖学、透视学、历史学的介入，西方的音乐理论、建筑方法、雕塑技巧、绘画原理、文学描写绝不会达到如此高超的境界；就后者而言，这种高超的境界并非指向美，而是指向真。当音乐成为代数的方程演练、建筑成为几何的变化魔方、雕塑成为人体的解剖模型、绘画成为透视的彩色图片、文学成为历史的文字记载的时候，艺术便在高超的技巧帮助下沦为认识世界的手段和工具了。

（此文发表于《山东师范大学学报》2014年第2期，《人大复印资料·造型艺术》2014年第5期全文转载）

再论文学艺术的超符号性质
——兼答唐小林先生

笔者于2012年第6期的《文学评论》上发表的《文学艺术与语言符号的区别与联系》一文，以索绪尔的符号学理论为基础，提出了不同于卡西尔将文学艺术等同于符号的观点："根据索绪尔的观点，包括语言在内的符号系统是由可供辨识的'能指'和具有意义的'所指'组成的。而'能指'和'所指'之间的关系又是任意的，是作为特定社会群体的人们'约定俗成'的。按照这一标准，艺术作品虽然具有可供辨识的形式特征，而且这些形式也要承载一定的意义，但其'形式'和'意义'之间的关系却不是任意的，也不是'约定俗成'的。正是由于艺术作品并非严格意义上的符号，所以在欣赏中往往会产生解释不清的意义纠纷，与此同时又可能获得超越民族的情感共鸣。作为一种特殊的艺术门类，文学恰恰是以语言符号为载体的，文学的这一符号特征使之比其他艺术门类有着更多的传达社会信息的可能性，与此同时也限定了其跨越民族语言而进行传播和欣赏的可能性。更为重要的是，文学之所以能够成为艺术的一个门类，是由于其具有借助语言而超越语言、借助符号而超越符号的特殊意义。"[1]

由于此文使"一个似乎自明的命题，遭到了质疑或颠覆"[2]，因而引起了学术界的关注和争鸣，唐小林教授在2014年第1期的《南京社会科学》上发表了

1　陈炎：《文学艺术与语言符号的区别与联系》，《文学评论》2012年第6期。

2　唐小林：《文学艺术当然是符号：再论索绪尔的局限——兼与陈炎先生商榷》，《南京社会科学》2014年第1期。

《文学艺术当然是符号：再论索绪尔的局限——兼与陈炎先生商榷》，对拙作提出了学理性的质疑：“是否只有非理据性（即约定性），才是判断符号的标准？文学是否超越了语言符号就不是符号？然后在此基础上讨论：索绪尔语言符号学在处理文学艺术问题上的局限。”正像唐先生对拙作的褒奖一样，这篇诘难性的论文也是一篇严肃的“讲事实，摆道理”的文章，使我受益匪浅、获益良多。这样良好的学风正是国内学术界所需要的，而随着争鸣的继续，我们也将对这一重要的学术问题产生更加深入的理解。

显然，拙作与唐文的区别，主要不是论证方式的不同，而是理论基础的不同。因为人们使用不同的符号学理论，必然会导致对“符号”概念的不同理解；而对“符号”概念的不同理解，又必然会影响人们对文学艺术是不是符号这一命题的不同看法。因此，拙作曾开宗明义地指出：“在讨论‘艺术究竟是不是符号’这一问题之前，我们需要对‘符号学’做一个简单的介绍，或者至少要说清楚，我们所说的‘符号’是哪种符号学派意义上的概念。”“‘符号学’在英语中有两个意义相同的术语：semiology和semiotics，它们的区别就在于，前者是由索绪尔创造的，欧洲人出于对他的尊敬，喜欢用这个术语；操英语的人喜欢使用后者，则出于他们对美国符号学家皮尔斯的尊敬。”“法国当代符号学家罗兰·巴特（Roland Barthes）曾经指出：‘在索绪尔找到能指和所指这两个词之前，符号这一概念一直含混，因为它总是趋于与单一能指相混淆，而这正是索绪尔所极力避免的。经过对词素与义素、形式与理念、形象与概念等词的一番考虑和犹豫之后，索绪尔选定了能指和所指，二者结合便构成了符号。’因此，本文将延用索绪尔的经典概念，从‘能指’与‘所指’的关系入手来理解‘符号’。”显然，这种开宗明义的解释，就是为了避免不必要的误解和纷争。

作为一个对符号学颇有研究的学者，唐先生深知皮尔斯的“符号”要比索绪尔的“符号”宽泛得多：索绪尔的“符号”主要是指以语言为主体的“规约符号”，皮尔斯的“符号”则包含了“相似符号”“指示符号”和“规约符号”三种。在他看来，这种差别的要义在于，“索绪尔的符号观是建立在‘非理据性’基础上的，而皮尔斯的符号观却奠基于‘理据性’。”他进而认为，在索绪尔那里，“能指”与“所指”之间关系是参与约定俗成的群体“任意”建立起来的。也只有经过“约定”后的意义关系，才是真正意义上的“符号”。而在皮尔斯看来，“再现体”与“对象”之间的关系未必是“任意”的，它们之间的意义联系也并非都需要“约定”才可能建立起来。显然，我是在前一种意义上得出“艺术作品并非严格意义上的符号”这一结论的；而唐先生则是在后一种意义上得出“文学艺术当然是符号”这一结论的。我们两人的前提不同，结论自然不同，并没有什么可以争论的。

关于这一点，唐先生是十分清楚的：“文学艺术不是符号，我们不能同意。但陈炎先生通篇所要证明的，文学艺术不是‘非理据’符号，我们却完全赞同。”既然完全赞同，为什么还要“商榷”呢？让我们重温一下唐文的标题：《文学艺术当然是符号：再论索绪尔的局限——兼与陈炎先生商榷》。显然，唐先生的真正用意，是要指出索绪尔的符号学理论用于解释文学艺术问题的局限性，而由于拙作恰恰运用了索绪尔的符号学理论来解释文学艺术问题，所以才一并商榷之。也就是说，唐文并不否认拙作论证方式的逻辑严谨性，而只是质疑何以拙作不使用皮尔斯的符号学理论而使用索绪尔的。

现在，让我们回到索绪尔和皮尔斯的分歧上来。从表面上看，二者的符号学理论有着“广”“狭”之别：索绪尔的“符号”是狭义的，以语言为主；皮尔斯的“符号”是广义的，它不仅包括语言，还包括一些指示性、象征性的声音、图像和动作。从实质上看，二者的符号学理论有着“约定”和“非约定”之别：索绪尔的“符号”是约定俗成的，因而是包含确切含义的；皮尔斯的“符号”未必需要约定，但仍然可以包含确切含义。从前一种意义上看，皮尔斯的符号学理论更宽泛，似乎更容易包容和解释文学艺术现象，因而被唐先生所推崇；从后一种意义上，皮尔斯的符号学理论却容易混淆“符号”与“艺术”的本质区别，因而未被笔者所采纳。

让我们从唐文中提到的一个具体的例子说起：如果我们在厕所门上看到一个烟斗的图形，就知道应该是男厕所；如果我们在厕所门上看到一个高跟鞋的图形，就知道应该是女厕所。在唐先生看来，“烟斗”的图形作为“能指”与“男厕所”作为“所指”之间的关系并不是“任意”的，因而也没有必要事先“约定”，“高跟鞋”的图形作为“能指”与“女厕所”作为“所指”之间的关系也不是“任意”的，因而也没有必要事先“约定”。换言之，这种“能指”与“所指”之间的关系不是被“约定”的，而是被人们“猜到”的，人们猜测的“理据”就是二者之间的“相似性”和“联系性”。据此，唐文似乎既推翻了索绪尔关于“能指”与“所指”之间的“任意”关系，也推翻了索绪尔关于“能指”与“所指”之间的“约定”关系，并进而指出：由于艺术作品包含的“意义”内容也不是“任意”的，而有其“理据性”，因而其无需事先“约定”也可以加以表达和传递。于是，作为一种能够表达和传递意义的文本，文学艺术也是一种“符号”……所有这一切，正是唐先生之所以摒弃索绪尔而推崇皮尔斯的原因。

然而，如果我们站在索绪尔的立场上却可以在“任意”“约定”“艺术”这三个关键问题上得出不尽相同的判断。

首先，我们来看“任意”问题。人们可以在男厕所门上画上烟斗的图形，也可以画上礼帽的图案；人们可以在女厕所门上画上高跟鞋的图形，也可以画上裙子的图案。这正如人们可以用汉语中的“男”指称前者、用“女”指称后者，也可以用英语的“men”指称前者、用“women”指称后者一样。换言之，在索绪尔这里，符号形式的“理据性”与其选择和使用上“任意性”之间，并不存在着必然的矛盾和冲突，除非我们人为地将其对立起来：将男人的用具贴在女厕所门上、将女人的服饰贴在男厕所的门上。然而唐先生对我提出的第一个质疑却是：“是否只有非理据性（即约定性），才是判断符号的标准?”在这里，唐先生显然把“非理据性”等同于“任意性”，再把“任意性”等同于“约定性”；反过来，也就把“理据性”等同于“非任意性”，再把“非任意性”等同于“非约定性”。他似乎忘记了自己曾经引用过的那句话：“理据性与任意性并行不悖。”[3]当然了，如果去掉括号中的“即约定性”四个字，即把这句话简化为“是否具有非理据性，才是判断符号的标准?”这个疑问还是成立的。而对于这种质疑，我的回答当然是否定的，因为在现实生活中具有“理据性”的符号，即具有“相似性”和“联系性”的符号是大量存在的。然而按照索绪尔的观点，即使是这类具有“理据性”的符号，其“能指”与“所指”

3 丁尔苏：《符号与意义》，南京大学出版社，2012年，第158页。

之间的关系也仍然是“任意”的，从而需要约定!

或许从发生学的意义上讲，许多“非理据性”的符号最初就是从具有“理据性”的符号演变过来的，这使我们联想起唐文列举过的另外一个例证：汉字。就像“六书”中所提到的“象形”“指事”“会意”“形声”等造字原理一样，包括汉字在内的许多古老的文字符号最初与对象之间确是存在着某种“相似性”和“联系性”。然而即便如此，这种文字图案作为“能指”与其意义对象的“所指”之间的联系，仍然存在着很大的“任意”关系，从而留下很多的不确定性，所以需要“约定”，关于这一点，在秦始皇实行“书同文”之前的六国文字就是一个明证。从更大的范围看，如果真的像唐先生所理解的那样，具有“理据性”的符号就不是“任意”的，从而也不需要“约定”的话，埃及古代的象形文字与中国古代的甲骨文就不会成为两个截然不同的系统了，我们也无需学习就可以认识它们了。

其次，我们来看“约定”问题。就像法律的发展有着从“习惯法”到“成文法”的演变过程一样，符号的发展也有着从“习惯性约定”到“条文性约定”的发展过程。在第一部字典之类的工具书出现之前，任何一种符号系统都只是一种习惯性约定，这与他们是否“象形”（即唐文所说的“理据性”）无关；而当一种符号系统发展得丰富而复杂之后，都必然会导致辞书之类“条文性约定”的出现，这也与它们是否“象形”（即唐文所说的“理据性”）无关。按照这种观点，唐文所列举的厕所门上的“烟斗”和“高跟鞋”显然属于“习惯性约定”，虽然没有“条文性约定”那样严格，但还是必须遵守的。否则的话，就像在现实生活中一个男人以未经“约定”、无需遵守为由而随便进入女厕所一样，其结果是可想而知的。

当然了，尽管这类“习惯性约定”的图像同样可以起到“符号”的作用，却还处在符号的初级阶段：一方面，这类符号由于受“理据性”的限制，因而比较直观和简单，很难建立复杂的符号系统和语言逻辑；另一方面，这类符号由于受“语境”的限制较大，因而比较随意和多义，不容易在更广阔的领域中推广和使用。如若不信，则不妨将“烟斗”的图形贴车门上试试，将“高跟鞋”的图形画在柜台上试试，那时候，人们恐怕就不会得出“男厕所”和“女厕所”的结论，而可能会得出“车里可以抽烟”，“这里只卖女鞋”之类的猜想了。因此，在更为广阔和更为复杂的环境下，当一种符号系统发展得丰富而多样的时候，即使其具有“理据性”，人们也必须将“习惯性约定”上升为“条文性约定”。这正如我们在考取驾驶执照之前，必须认真学习《交通规则》上的“条文性约定”一样，尽管大量的交通符号都是具有“理据性”的。因此，如果把唐先生对我提出的第一个质疑“是否只有非理据性（即约定性），才是判断符号的标准”改为“是否只有约定性，才是判断符号的标准”，我的回答是肯定的，因为从索绪尔的符号学理论来看，无论是具有“理据性”的符号，还是“非理据性”的符号，“能指”与“所指”之间的关系，都需要“约定”。从表面上看，“能指”与“所指”之间的关系被“约定”与否只是一个程序问题。而在实际上，只有被纳入理性网络并具有确切概念的东西才可以被“约定”，而这正是艺术作品与符号相区别的关键点！

最后，我们来看“艺术”问题。唐先生也许会追问：厕所门上的“烟斗”和“高跟鞋”是不是艺术品呢？必须承认，这是一个非常机智而又非常深刻的问题。我们知道，将一种生活用品作为艺术题材是完全合理的，这很容易使我们联想起马格里特笔下的那只烟斗和梵·高笔下那双农鞋。然而，厕所门上的“烟斗”和“高跟鞋”却与之不同，当它们不是符号的时候，它们有可能是艺术品；而一旦它们成为符号的时候，它们就失去了艺术的价值和功能。关于这一点，可以借用唐文中说过的一句话：“相似符号由于较为充分的‘理据性’，使‘再现体’与‘对象’之间具有某种‘透明性’”。这种“透明性”将具体的“能指”与意义的“所指”一一对应起来，从而将“所指”之外的所有“意味”统统抽空了。这样一来，“能指”就变成了“所指”的皮囊，成为一个抽象“概念”的“标记”，没有任何可供回味的“形式”了。而这些被抽掉的“意味”和可供回味的“形式”，则正是艺术品之为艺术品的价值所在。

首先说“形式”。我们知道，作为符号的形式图像一般都是没有个性的，而且越简约、越概括就越容易被辨识，这就像厕所门上的“烟斗”和“高跟鞋”一样。因为任何具有个性的形式都会吸引我们的注意力，从而干扰从“能指”

导向“所指”的过程，减低符号的使用效率。而艺术形象却恰恰相反，它一定是有个性的，而且越具体、越独特，就越有价值。这就是为什么标准的印刷体汉字只是“符号”不是“艺术”，而真正的“书法”必须具有个性才能成为“作品”的原因所在。其次说“意味”。我们知道，符号的内容一般都是具有明确内涵与外延的概念，而且越具体、越清晰，越容易被理解，就像厕所的使用非男即女一样。因为任何矛盾性、模糊性的意义内涵都会导致“能指”和“所指”之间的暧昧关系，最终失去符号的功能意义。而艺术的内涵却恰恰相反，它一定是丰富而复杂的，而且越深邃、越含蓄越有意义。这就是为什么会出现“蒙娜丽莎神秘的微笑”和“说不尽的哈姆雷特”的原因所在。显然，艺术在“形式”与“意味”这两个方面与符号的尖锐对立，正是拙作得出“艺术作品并非严格意义上的符号”这一结论的原因所在，也正是笔者从索绪尔那里得到的启发之处。反之，如果我们像唐先生那样采取皮尔斯的概念，认为任何携带意义的形象都是符号，那么我们则不难判断：艺术也有形象，艺术形象也携带意义，进而得出“艺术当然是符号”的简单结论。而这一结论，却恰恰忽视了艺术作品的独特属性。其实，人们不仅在理论上有可能忽视艺术作品的独特属性，在实践中更是如此。在创作上，人们常常用艺术形象来图解某种思想观念，使作品成为“时代精神的传声筒”；在欣赏中，人们常常将艺术作品概括成某种“主题思想”，以认识符号的形式来理解作品。然而在我看来，正是为了反驳前者，才有了马格里特创作“烟斗”的动机；正是为了纠正后者，才有了海德格尔解读“农鞋”的言论。

我们知道，《图像的背叛——这不是一只烟斗》是比利时画家马格里特著名的系列绘画中的一幅。他画了一只烟斗，一只普普通通、没有个性的烟斗，然后却用文字庄严地在画布上写上：“这不是一只烟斗。”这种相互矛盾的表述意义何在呢?因为在人们的阅读习惯中，这只普普通通、没有个性的烟斗很像符号的“能指”，很容易让人们陷入符号性的思维方式，从认识论的角度得出“这是一只烟斗”的逻辑判断。这种判断将“能指”的所有意涵都指向人类意识的一个网节点，一个理性思维的逻辑空间，一个能被语言所表述的概念。而艺术形象的独特性和艺术内涵的丰富性则在这种判断中荡然无存了。

在这便是我们面对厕所门上的“烟斗”时的符号化的思维方式：图像=烟斗=男厕。这也正是许多所谓艺术工作者的创作方式：用艺术来表达思想，用形象来图解理念。这种符号化的处理方式是何等的简便、何等的快捷、何等的富有效率！然而，也正是在这种符号化的运作过程中，艺术作品的独特价值被磨损掉了。这无疑是一种“图像的背叛”！所以，正是为了反其道而行之，马格里特才别出心裁地完成了那幅充满悖论的绘画：《图像的背叛——这不是一只烟斗》！以警示人们：不要用习惯性的思维方式，以处理符号的方式来理解艺术！然而，人们的习惯是如此的顽固，以至于很少有人能够理解马格里特的真正用意。于是，在若干年之后，马格里特对这个母题又做了新的拓展：他将原来的烟斗连同画框画在新的画布上，又在此画的上方重新添置了一幅一模一样的巨大烟斗。在完成了这幅画中画的奇特组合之后，他再一次用文字斩钉截铁地写道：“这不是一只烟斗”！可见，要将人们从符号运作的思维习惯中拯救出来有多么的困难！

与马格里特这一创作可以相提并论的，是海德格尔对梵·高的另一幅作品的赏析。正像马格里特的油画不同于男厕所门上的“烟斗”一样，梵·高的油画也不同于女厕所门上的“高跟鞋”。“从梵·高的油画上，我们根本无法说出这双鞋是放在什么地方。除了一个不能确定的空间外，这双农鞋的主人及用途只能归于无。鞋上甚至连地里的土块或田垄上的泥浆也没有粘带一点，这些东西本可以暗示出它们的用途。只是一双农鞋，其他什么也没有。但是，从农鞋那内部磨损了的黑洞洞的敞口中，凝聚着劳动者步履的艰辛。在这硬邦邦、沉甸甸的破旧农鞋里，显示着在寒风凛冽中迈动在一望无际的永远单调的田垄上的脚步的坚韧和迟缓。鞋面上粘着湿润而肥沃的泥土。当暮色降临之际，这双鞋底在田野小径上踽踽而行。在这鞋里，回响着大地无声的召唤，显示着大地对成熟谷物的宁静的馈赠，表征着大地在冬闲的荒芜田野里朦胧的冬眠。这器具弥漫着对于面包来源的无怨的焦虑，以及再一次战胜了贫困的无言的喜悦，隐含着分娩阵痛时的哆嗦、死亡迫近时的战栗。这器具归属于大地，并在农妇的世界里得到保存。正是在这种保存的归属关系中，这器具在其自足的存在中得以显现。”[4]海德格尔的这番鉴赏曾引起评论家夏比罗的异议，后者通过精心考证，认为这幅作品应来自梵·高一幅名为《三双皮鞋》的画，他进而指出：这些作品分明画的是艺术家自己的鞋而不是某位农民的鞋！夏比罗的这番考证使我们联想起唐文中所说过的一句话："最直接的像似符号，是电影、摄影、绘画、雕塑等一类作品。……看到我的近照，亦如看到我自身。" 如果从这种符号学的逻辑来看，海德格尔的鉴赏显然出现了"错误"：因为他没有从"能指" 的背后发现"所指"，而是信口开河地谈论了一番自己的感受。然而我们知道，海德格尔所使用的方法既不是考据学，也不是符号学，而是现象学，即"让人从显现的东西本身那里，如它从其本身所显现的那样来看它"[5]!也就是所谓"走向事情本身"！——"走向事情本身"，而不是走向事情背后，不是从"能指" 的背后发现"所指"，而是从"作品" 的本身发现"存在"！而他所说的"存在"，就是"此在" 的在世过程。于是，在农鞋那黑洞洞的敞口中，海德格尔所发现的不是一个僵死的概念，而是一种活着的意义。在这里，农鞋挣脱了其自身所固有的实用性，把我们带进了农妇那充满艰辛和喜悦的世界之中。"世界世界化了，它比我们自以为十分亲近的那些可把握、可认识的东西在存在中更加完整。世界从来不是立于我们面前让我们可以观看的对象。只要世界作为诞生与死亡、祝福与诅咒从而使我们进入存在的道路，那么世界便从来不是作为相对于我们主体的对象。无论在哪里，只要那些与我们的存在密切相关的历史性决断发生了，被我们采纳或放弃了，或者因新的询问被重新认识和重新发现了，那里的世界也就世界化了，一块石头是无世界的，植物和动物同样也没有世界。只不过，它们属于与之相依为命被遮蔽的环境群体。与此相反，那位农妇却拥有一个世界，因为她居于存在者以及世界万物的敞开之中。她的器具也随之而可靠地产生了对于这个世界的必要性与亲和性。”[6]在海德格尔看来，美与真之间并没有什么原则性的区别。真理不是什么先验的本质和规定，也不单单是符合对象形态的逻辑命题。"迄今为止，真理长期以来被视为知识和事实的一致或者符合。

4　[德]海德格尔:《诗歌·语言·思想》，孙周兴译，文化艺术出版社，1991年，第33—34页。

5　[德]海德格尔:《存在与时间》，陈嘉映、王庆节译，生活·读书·新知三联书店，1987年，第43页。

6　[德]海德格尔:《诗歌·语言·思想》，[美]阿尔伯特·霍夫斯达特编，文化艺术出版社，1991年，第44—45页。

然而，事实必须首先显示自身为事实，知识和用于构成和表达知识的命题才能够去符合事实；否则，事实根本不可能去约束命题。如果事实不可能从遮蔽之中挣脱出来，它又如何能够显示自身呢？”[7]因此，真理不是某种现成的结论或经验的判断，也不是什么符合“能指”的“所指”内容，它首先是存在物之存在意义的揭示，是一种不断“去蔽”“澄明”的过程。而这个“去蔽”“澄明”的过程也正是审美活动的关键所在。因此，为了走向事情本身！不，是走向作品本身！我们必须事先扔掉符号运作的认识方式，把图像作为“作品”来加以“欣赏”，而不是作为“能指”来加以“辨识”！因此，正像卢西恩·米勒所指出的那样：“海德格尔认为，艺术是一种超功能指向的功能性工具，也就是说，它具有一种揭示存在、真理以及存在与存在者关系的超越性品质。美，并非某种做成的东西，而是真理的显现、存在的揭示。”[8]

在这里，我们甚至可以用唐文所举过的照片这种最为极端的例子来说明问题。一张照片究竟属于符号还是艺术品，既不在于照片上的人物是否美丽，也不在于照片上的人物是否酷似本尊，而在于我们究竟在这张照片上看到了什么？如果我们像唐先生那样：“看到我的近照，亦如看到我自身。”那么这张照片只是一个符号，一个极为接近“所指”的“能指”；反之，如果我们像海德格尔那样，在这张照片本身中看到了一种生命的状态和存在的意义，那么这张照片就不再是一个符号而是一部作品。从这意义上讲，艺术品之所以为艺术品，既取决于创作者的能力和水平，又取决于欣赏者的感受和态度，这正是海德格尔的现象学最终会导向解释学的原因。倘使唐先生进一步追问：如果我们把马格里特的“烟斗”和梵·高的“农鞋”分别挂在男女厕所的门上，那么它们究竟属于符号还是作品呢？ 回答这一问题并不困难：如果我们看到这些图案时立即想到的是男厕还是女厕，它们就是符号；如果我们在它们面前流连忘返，甚至忘记了上厕所的事情，那么它们就是作品。总之，就一个对象的完整意涵而言，至少在同一时间和同一环境下，它们不可能既是符号又是作品，这也正是笔者所要论证的“艺术作品并非严格意义上的符号”的理据所在。

7　［德］海德格尔：《诗歌·语言·思想》，［美］阿尔伯特·霍夫斯达特编，文化艺术出版社，1991年，第51页。

8　［美］卢西恩·米勒：《为旋风命名：曹雪芹与海德格尔》，段小光、刘东译，载《文化：中国与世界》第一辑，生活·读书·新知三联书店，1987年，第147页。

或许，将这种判断用于一般的艺术门类还是比较容易理解的，但将其用于以符号为媒介的文学作品则需要特别加以说明。我们知道，文学是一种“语言艺术”，而“语言”本身就是“符号”。然而，在艺术作品中，“语言”之于“文学”，就像“物象”之于“绘画”一样，只不过是材料而已。在绘画艺术中，我们常说画什么并不重要，重要的是怎么画！同样的，在文学艺术中，写什么并不重要，重要的是怎么写！从符号学的角度上讲，绘画中的“物象”和文学中的“语言”都会携带某种信息，从而具有某种程度上的符号功能。但是，如果说绘画是借助符号而超越符号的艺术，那么文学则是借助语言而超越语言的艺术。因为无论是绘画中的“物象”还是文学中的“语言”，其作为符号的功能只是携带某种既可“意会”又可“言传”的“概念”，而借助“物象”的“绘画”和借助“语言”的“文学”则要表达某种“只可意会、不可言传”的“意味”。从这一意义上讲，无论是绘画，还是文学，其作为艺术作品的特殊意义就是要弥补人类符号行为所剩余的那一部分意义空间，使那些超越概念、超越逻辑的感受和体验得到呈现与传递。这不由地使我们联想起有人对“诗”所做的颇为俏皮的解释：什么是诗？ 诗就是在一种语言被翻译成另一种语言的过程中遗失的那部分意味。因为概念性的“意义”是可以被翻译的，而概念之外的“意味”是无法翻译的。

行文至此，唐先生对我提出的另一个质疑，即“文学是否超越了语言符号就不是符号”的问题，似乎就不需要再回答了。对于这一问题，唐先生自己的回答方式是：“文学是符号的集团作战。或者说‘集团符号’才构成文学作品。文学是以文本为单位的符号。借助索绪尔‘能指’和‘所指’的概念，文学作品的全部语言符号的能指所指之和，才构成文学符号。而这个文学符号还仅仅是‘能指’，它还有自己的‘所指’。文学符号的‘理据性’就发生在这个新的‘能指’和‘所指’之间。如果按罗兰·巴特的分类，文学属于‘二级符号系统’。进入‘二级符号系统’的文学符号与‘一级符号系统’的语言符号之间，已经发生了‘质’的改变。不仅《红楼梦》的一个词、一句话、一个段落、一个章节，不是《红楼梦》，即便是贾宝玉和林黛玉两人的故事，也不是《红楼梦》，贾史王薛四大家族、金陵十二钗的所有故事，总之，整个全文本才构成《红楼梦》这个文学符号的‘能指’，隐藏在这个‘能指’背后的‘意义’才是《红楼梦》的所指。”

在我看来，文学与符号的关系确实不是“量”的差别，而是“质”的差别。正如断臂的维纳斯仍然是艺术一样，八十回本的《红楼梦》仍然是文学！因为无论是《红楼梦》中的一个词、一句话、一个段落、一个章节，还是《红楼梦》中贾宝玉和林黛玉两人之间的爱情故事，以及《红楼梦》中贾、史、王、薛四大家族之间的利益纠葛，都不能被彻底地还原为某种主题、某种思想、某种概念。从这一意义上讲，即使以全部文本为单位，《红楼梦》也不是一个指向确定“所指”的“能指”！也正是在这一意义上，我愿意重申一下自己的观点：“艺术作品并非严格意义上的符号！”

（此文为教育部人文社会科学重点研究基地重大课题“文明的结构与艺术的功能”的阶段成果，发表于《南京社会科学》2014年第5期，《人大复印资料·文学理论》2014年第9期全文转载）

西方艺术中的感性迷狂

同理性与感性分裂的民族心理结构相对应，西方的艺术精神也呈现为理性思辨与感性迷狂彼此分裂的两种倾向。从宗教的角度上讲，前者起源于阿波罗精神，后者起源于狄俄尼索斯精神；从美学的角度上讲，前者起源于“摹仿说”，后者起源于“迷狂说”；从艺术的角度上讲，前者体现为从代数的角度研究音乐、从几何的角度研究建筑、从解剖的角度研究雕塑、从透视的角度研究绘画、从历史的角度研究文学等一系列理性思辨行为，后者体现为死尸满台的悲剧、挑动欲望的舞蹈、狂放不羁的摇滚、人欲横流的电影等一系列感性迷狂现象。关于前者，笔者已在《科学精神对西方艺术的双重影响》一文中进行了详尽的描述，这里仅就后者进行必要的分析。[1]

著有《悲剧的诞生》一书的德国哲学家尼采，曾十分重视酒神精神对西方艺术的影响：“在某种状态中，我们置光彩和丰盈于事物，赋予诗意，直到它们反映出我们自身的丰富和生命的快乐；这些状态是：性冲动；醉；宴饮；春天；克敌制胜；嘲弄；绝技；残酷；宗教感和狂喜。三种因素是主要的，即性冲动、醉和残酷，它们都属于人类最古老的节庆快乐，也都在原初的‘艺术家’身上占据优势。”[2]尽管古希腊的酒神精神中未必包含着哲学本体论在自觉意识，然而与尼采的理解相类似，笔者也认为以感性迷狂为特征的狄俄尼

1　陈炎：《科学精神对西方艺术的双重影响》，《山东师范大学学报》2014年第2期。

2　［德］尼采：《悲剧的诞生——尼采美学文集》，周国平译，生活·读书·新知三联书店，1986年，第354页。

索斯崇拜确实有助于西方人在艺术行为中释放自己的生命快感和肉体冲动。因此，就像受日神影响的西方艺术有着“泛科学”的理性冲动一样，受酒神影响的西方艺术则有着“泛体育”的感性迷狂。这种与理性思辨刚好对立的感性迷狂也可以上溯到古希腊的柏拉图。

柏拉图不仅是“摹仿说”的奠基人，而且是“迷狂说”的始作俑者。他认为，摹仿的诗人对所摹仿的事物一无所知，本身也不具备什么艺术才能，只有依靠神灵的启示和灵感的获得，才有可能创作出美好的诗篇。在《伊安篇》中，他曾借用磁石的比喻来说明这个道理，认为诗神就像一块磁石一样，给人以灵感。“凡是高明的诗人，无论在史诗或抒情诗方面，都不是凭技艺来做成他们的优美的诗歌，而是因为他们得到灵感，有神力附着。”“有这种迷狂的人见到尘世的美，就回忆起上界里真正的美，因而恢复羽翼，急于高飞远举，可是心有余而力不足，像一个鸟儿一样，昂首向高处凝望，把下界一切置之度外，因此被人指为迷狂。”[3]总之，在柏拉图看来，虽然人们通过理性的认识途径无法摹仿到“理念世界”的原貌，但可以在一种非理性的迷狂状态中把握其本质。换言之，只有陷入迷狂的人才能产生艺术的灵感，从而创作出美的佳作。在这里，柏拉图首次揭示了艺术创作中的非理性因素，他曾借一位雅典陌生人的口说：“当诗人们一旦坐在缪斯的三脚凳上就不再有他自己的头脑了。他自觉自愿地让他进入他心中的东西像喷泉一样源源不断地流出。”[4]这种说醉话一样的创作状态，很可能来自狄俄尼索斯的宗教灵感。

与“摹仿说”不同，这种“迷狂说”不是寻求艺术与客观生活之间的联系，而在寻求艺术与主观情感之间的联系。或许是受柏拉图的影响，亚里士多德提出了自己有关Katharsis的著名观点——悲剧效用说：“借怜悯与恐惧来使这种情感得到Katharsis。”[5]根据罗念生、朱光潜等人的研究，“Katharsis”一词含义复杂，在医学的意义上可译为“宣泄”，在伦理学的意义上可译为“陶冶”，在宗教学的意义上可译为“净化”。然而无论从哪种意义上讲，它都是一种强烈情感或狂热情绪的释放。用亚里士多德自己的话来说，“因为像哀怜和恐

3　［古希腊］柏拉图：《文艺对话录》，朱光潜译，人民文学出版社，1963年，第125页。

4　转引自《伽达默尔论柏拉图》，光明日报出版社，1992年，第47页。

5　亚里士多德：《诗学》，罗念生译，人民文学出版社，1962年，第19页。罗念生将Katharsis译为“陶冶”，现据其注释及《卡塔西斯笺释》一文，将引文改为原文。

惧或是狂热之类情绪虽然只在一部分人心里是很强烈的，一般人也多少有一些。有些人在受宗教狂热支配时，一听到宗教的乐调，卷入狂热状态，随后就安静下来，仿佛受到一种治疗和净化。这种情况当然也适用于受哀怜恐惧以及其他类似情绪影响的人。”[6]于是，艺术也便像狄俄尼索斯仪式那样，成为情绪释放的手段和途径。

一、死尸满台的悲剧

最为直接地体现“酒神精神”和“Katharsis”的，当然要属希腊悲剧了。这种起源于狄俄尼索斯祭祀仪式的艺术行为有其独特的美学特征。希腊悲剧大都取材于神话、史诗和英雄传说，反映了人与自然、人与社会的矛盾冲突。出于对剧中人物的怜悯和对命运无常的恐惧，希腊悲剧常常笼罩着一种宿命论色彩。然而，在那死尸满台的悲剧故事中，我们又可以看到悲剧人物不屈不挠的坚强意志和视死如归的英雄气概。在埃斯库罗斯的笔下，被缚的普罗米修斯为了从天堂“盗窃”火种给人类，甘愿忍受众神的惩罚。宙斯命令威力神和火神将他钉在高加索的悬崖上，暴露在雨雪风霜和烈日炙烤之中，以警告他以后不要再对人类滥施同情。在索福克勒斯的笔下，一心为城邦免去瘟疫的俄狄浦斯王决心去追查那位“杀父娶母”的罪魁祸首，当他最终发现自己竟然正是那个无意中犯下这一罪行的元凶时，并没有借助国王的权利来宽恕自己，而是刺瞎双眼，自我流放……在欧里庇得斯的笔下，先是被忘恩负义的丈夫抛弃，后又被冷酷无情的国王驱赶的美狄亚，决心实施残酷的报复。她一方面设计毒死了丈夫要娶的新娘，一方面亲手杀死了自己与丈夫的子嗣，变生离为死别，玉石俱焚地完成了自己的悲剧人生。所有这些悲剧的结局大都充满了暴虐和血腥，但与此同时却又酝酿着一种快感和激情。

这样的悲剧不唯古希腊所独有，在文艺复兴、新古典主义，乃至西方现代、后现代艺术中，它始终是一种不可或缺的品种。在莎士比亚的笔下，哈姆雷特一再“延宕”，复仇故事中充满了鬼魂和乱伦，奥赛罗鲁莽的报复

6　北京大学哲学系美学教研室：《西方美学家论美和美感》，商务印书馆，1980年，第45页。

情节里埋藏着嫉妒和悔恨，李尔王悲惨的遭遇中包含着痛苦和绝望，麦克白无谓的挣扎中充满了残暴和血腥；在拉辛的笔下，安得罗玛克痛苦的抉择中交织着责任与情感；在席勒的笔下，斐迪南的追求中潜伏着阴谋与爱情；在斯特林堡的笔下，老人亨梅尔和木乃伊之间甚至演绎了一场鬼魂奏鸣曲。

人类欣赏艺术是为了获得一种精神上的享受。所以，从娱乐的角度上讲，人们喜欢喜剧是很容易被理解的事情。但是，何以西方人却始终对这种惊心动魄、死尸满台的悲剧情有独钟呢？这种独特的文化现象，甚至引起了哲学家们持续不断的思考。亚里士多德认为，悲剧的主人公不应该是完美无缺的好人，也不应该是十恶不赦的坏人，而应该是和我们一样的常人。“这些人不具十分的美德，也不是十分的公正，他们之所以遭受不幸，不是因为本身的罪恶或邪恶，而是因为犯了某些错误。”[7]正是由于常人犯了错误，遭受了不幸，才能引起我们的同情和怜悯，并借此获得教益。黑格尔认为，悲剧的冲突双方是“绝对精神”外化、分裂后的产物。由于他们所体现的“是在人类意志领域中具有实体性的本身就有理由的一系列的力量”[8]，如人伦之爱、国家观念、宗教信仰等，因而都有一定的合理性。但是，由于他们又都以否定对方为条件来肯定自己的合理性，因而又都是片面的。“基本的悲剧性就在于，这种冲突中对立的双方的各有它那一方面的辩护理由，而同时每一方拿来作为自己所坚持的那种目的和性格的真正内容的却只能是把同样有辩护理由的对方否定掉或破坏掉。因此，双方都在维护伦理理想之中而且就通过实现这种伦理理想而陷入罪过中。”[9]而悲剧的意义就在于一方面弘扬了冲突双方的正义感，一方面又扬弃了冲突双方的片面性。马克思从唯物史观的角度入手，将这类戏剧的产生归结为“历史的必然要求与这个要求的实际上不可能实现之间的悲剧性冲突”[10]。叔本华既不愿意站在“绝对精神”的立场上来俯瞰人类的不幸，也不愿站在人类历史的长河中来分析悲剧的原因，而宁愿站在个体人的立场上来发现原本无辜的冲突双方却要玉石俱焚地相互摧残。因此他认为：“写出一

7　［古希腊］亚里士多德：《诗学》，罗念生译，商务印书馆，1996年，第97页。
8　［德］黑格尔：《美学》第3卷下，朱光潜译，商务印书馆，1981年，第284页。
9　［德］黑格尔：《美学》第3卷下，朱光潜译，商务印书馆，2009年，第246页。
10　《马克思恩格斯选集》第4卷，人民出版社，1995年，第346页。

种巨大的不幸是悲剧里唯一基本的东西。”[11]这种不幸既不是来自异乎寻常的恶人，也不是来自闻所未闻的意外，而只是由于悲剧的双方所处的相互纠葛的现实关系。所以他主张，悲剧的意义不是宣布什么“绝对精神”的合理性，而恰恰是要宣布人类命运的荒谬性。尼采则认为，尽管宇宙是荒谬的、人类是痛苦的，但我们仍然勇敢地面对痛苦而又荒谬的人生。“肯定生命，哪怕是在它最异样最艰难的问题上，生命意志在其最高类型的牺牲中，为自身的不可穷竭而欢欣鼓舞——我称这为酒神精神，我把这看作是通往悲剧诗人心理的桥梁。不是为了摆脱恐惧和怜悯，不是为了通过猛烈的宣泄而从一种危险的激情中净化自己（亚里士多德如此误解）；而是为了超越恐惧和怜悯，为了成为生成之永恒喜悦本身——这种喜悦中自身中也包含着毁灭的喜悦。”[12]这种非理性的生命冲动，或许正是西方悲剧艺术的动力所在。在这样的悲剧舞台上，冲突、苦难、挣扎、毁灭顷刻间打破了往日生活的宁静，原始的欲望、人类的本能、伦理的意志、宇宙的力量，在一种比喻的形式下粉墨登场了。于是，在那瞬息万变、一触即发、惊心动魄、死尸满台的悲剧艺术里，我们所看到的，已不再是矜持优雅的阿波罗，而是疯狂放纵的狄俄尼索斯了。

二、狂放不羁的舞蹈

尼采曾经指出：“在狄俄尼索斯的醉之中有性欲和情欲。”[13]谈到艺术行为对性欲和情欲的表达，不能不涉及舞蹈问题。因为与其他艺术门类不同，舞蹈所使用的媒体是人类自身的肉体。这种被科林伍德称之为“一切语言之母”的肉体，是最基本、最天然、最原始的生命载体，因而也最具有表达性欲和情欲的吸引力。从艺术符号学的角度上讲，如果说以语言为载体的文学最接近于理性、接近于“灵”，那么以肢体为载体的舞蹈则最接近于感性、接近于“肉”。而从发生学的意义上讲，这种被苏珊·朗格称之

11　［德］叔本华：《作为意志和表象的世界》，石冲白译，商务印书馆，1982年，第352页。

12　［德］尼采：《悲剧的诞生——尼采美学文集》，周国平译，生活·读书·新知三联书店，1986年，第345页。

13　［德］尼采：《悲剧的诞生——尼采美学文集》，周国平译，生活·读书·新知三联书店，1986年，第349页。

为“人类第一艺术”的舞蹈，在现存的许多原始民族中也确实有着两性之间求偶的功能。难怪古希腊哲学家琉善说“舞蹈像爱情一样古老”呢。当然了，除了求偶之外，早期的人类舞蹈还常常具有巫术的功能，即通过疯狂的肉体动作而达到祛妖降魔、与神沟通的目的。或许，在原始人的行为中，“性”与“神”的关系本来就是合二为一的，人们可能会通过“性”的比喻来祈求“神”的佑助，从而获得丰收，求得吉祥。研究表明，早期的酒神祭祀中就有此类舞蹈。

妇女通过一些类似性交的巫术仪式，在纵酒狂欢中，裸体奔行舞蹈，祈祷大地丰收。酒神之所以在这种仪式中被崇拜，主要因为酒能把妇女带入迷狂沉醉状态。[14]

我们从雅典卫城里的那幅红色素描的花瓶图案上，看到一个全身裸露的迷狂舞女正在心醉神迷地舞动着一根男性生殖器模型。在出土文物的挖掘过程中，人们不仅挖掘出大小不同的人体塑像，而且还发现了大量用石头和其他材料做成的阴茎模型。[15]

有人把古希腊本土的舞蹈分成三种类型：诗、乐、舞三位一体的“荷马式舞蹈”，发扬尚武精神的“斯巴达式舞蹈”，以及赞颂太阳神阿波罗的理性精神、讴歌酒神狄俄尼索斯的狂欢精神和崇拜三女神的阴柔之美的“雅典式舞蹈”，后者最能充分地体现感性迷狂的美学特征。

与古希腊的文化气质不同，古罗马有着尚武轻文的特征。据普卢塔克记载，古罗马早期有着跳战舞的习俗，即把舞蹈作为一种军事训练的准备。但汉尼拔战争之后，随着社会的安定，享乐主义的提升，娱乐性的舞蹈渐渐风行。这一时期，古罗马开始有了专门的舞蹈学校，“贵族出身的青年男女与那些堕落的人混杂在一起，在舞蹈学校学跳舞。”[16]“不仅如此，职业舞女表演时往往进行性挑逗。大量资料表明，他们这方面技艺高超，无与伦比。奥维德周《爱情诗》第2卷第4章第29节中说：

14 李咏吟：《原初智能形态——希腊神学两大话语系统及其历史转换》，上海人民出版社，1999年，第242页。

15 ［德］利奇德：《古希腊风化史》，杜昌忠译，辽宁教育出版社，2000年，第130页。

16 ［德］奥托·基弗：《古罗马风化史》，姜瑞璋译，辽宁教育出版社，2000年，第186页。

她手臂优美，动作细腻，
她摆动柳腰，有所暗示。
任何新奇的美都能打动我，
可是她却能使纯洁的希波吕斯
难以抑制。[17]

“罗马人一方面认为体面的女性热衷于跳舞有伤大雅，另一方面又喜欢观看职业舞女的色情表演，而且喜欢将美丽的舞女纳入他的诗歌、雕塑和绘画中。”[18]

进入中世纪以后，这种对待舞蹈的矛盾态度转化为“灵”与“肉”的对立。受宗教禁欲主义的影响，人们认为挑动肉体欲望的舞蹈会玷污灵魂的纯洁，于是舞蹈也就难登大雅之堂了。

文艺复兴时期，人们的感性生活开始有了萌生的机会，于是就有了芭蕾。作为一种欧洲的经典舞蹈，芭蕾一词来自法语ballet音译，特指有一定动作规范、技巧严格的欧洲古典舞蹈；或泛指以这种舞蹈形式表达思想情感、推动故事情节的舞剧。芭蕾作为舞台艺术形式，始见于文艺复兴时期意大利宫廷盛大的宴饮娱乐活动之中，后来由佛罗伦萨美第奇家族的公主凯瑟琳将这种舞蹈形式带入了法国宫廷。从文化渊源上讲，与其说芭蕾源自狄俄尼索斯，不如说芭蕾源自阿波罗。1581年，法国宫廷所表演的第一部芭蕾舞剧《皇后的喜剧芭蕾》其内容就是表现女妖西尔瑟如何征服阿波罗的故事。该剧的编导博若耶认为，芭蕾是“几个人在一起跳舞的几何图案组合”。17世纪的路易十四十分喜爱这种具有理性精神的舞蹈形式，他本人也受过良好的训练，15岁时曾参加宫廷芭蕾《卡珊德拉》的演出，扮演过阿波罗神。在路易十四的倡导下，芭蕾开始在法国发展起来，并在不断革新中风靡了整个欧洲。由于受日神精神的影响，芭蕾的舞蹈形式极具理性化、程式化、标准化、规范化、精致化的特征。

如果说芭蕾舞体现了日神精神，那么交谊舞则体现了酒神精神。交谊舞原名“社交舞”，英文为Ballroom Dancing，它最初也起源于文艺复兴的宫

17 ［德］奥托·基弗：《古罗马风化史》，姜瑞璋译，辽宁教育出版社，2000年，第187页。

18 ［德］奥托·基弗：《古罗马风化史》，姜瑞璋译，辽宁教育出版社，2000年，第188—189页。

廷。“当时各国宫廷流行的正式舞蹈，很像今日的波罗乃兹舞，一对对男女在音乐伴奏下在舞厅里移动；跳舞的人肯定比较古板。……即使在这种古板的礼仪性舞蹈中，姿势、节奏、动作和舞者的鞠躬行礼，也都是由性感决定的。这些也无非是男女之间爱情的象征性表现，无非是相互求爱的模拟形式。”[19]法国大革命以后，这种社交性舞蹈从宫廷流传到民间。第二次世界大战之后，美国人将这种舞蹈传播到世界各地，成为一种国际化的标准交谊舞。

现代交谊舞吸收了南欧、南美一些民间舞蹈的成分，一般分为摩登舞和拉丁舞。摩登舞是在传统宫廷舞蹈的基础上改造而成的，包括华尔兹、探戈、狐步、快步四种舞蹈类型，其动作轻盈、舒展。拉丁舞是拉丁和美洲的缩写，而不是指地理上的拉丁美洲。我们知道，现在的法语、西班牙语、葡萄牙语和罗马尼亚语均起源于古老的拉丁语，哥伦布发现美洲新大陆之后，随着西班牙、葡萄牙和法国人向美洲的移民，将这三种语言带到美洲，并与当地的土著结合形成一种文化。标准的拉丁舞包括桑巴、伦巴、斗牛、恰恰、牛仔五种舞蹈类型。与优美、典雅的摩登舞不同，拉丁舞更为狂放和性感。

尽管拉丁舞融会了美洲黑人舞蹈和本土文化的元素，但其真正的根源还是在欧洲，在那个不死的狄俄尼索斯身上。“在某一具体时刻，您应该不知道为什么变得阴郁、忧愁、怀旧，而在一分钟之后又像酒神女祭司一样发起疯来。在需要时必须同时感受这一切。必须既快乐又忧伤，既冷漠又热情——总之，必须跳舞，寻欢作乐。”[20]毫无疑问，交谊舞中包含着两性之间挑逗的内容，这种内容可以采取桑巴式的狂热，也可以是探戈式的冷漠。就像库尔特·萨克斯在《世界舞蹈史》中所说的那样：“西班牙舞蹈所表现的经常是冷漠多于热情，这种舞蹈和恋爱一样，拒绝与冷漠是诱惑男人最有效的手段，可以逼得男人们发疯。”[21]无论是服装还是表情，无论是音乐还是动作，这种直接利用人的肢体、充分表达人的欲望的舞蹈已成

19 ［德］爱德华·傅克斯：《欧洲风化史（文艺复兴时代）》，侯焕闳译，辽宁教育出版社，2000年，第493—494页。

20 ［德］爱德华·傅克斯：《欧洲风化史（资产阶级时代）》，侯焕闳译，辽宁教育出版社，2000年，第413—414页。

21 ［比利时］库尔特·萨克斯：《世界舞蹈史》，郭明达译，上海音乐出版社，1992年，第328页。

为最原始、最现代，最个人、最集体，最淋漓尽致、最扣人心弦的酒神精神的艺术载体。

三、声嘶力竭的摇滚

我们知道，传统的西方音乐长期以来致力于借助数学手段来追求一种声音的和谐，这种和谐在古典音乐、尤其是交响乐中达到了一种登峰造极的地步。从音乐内容上看，交响乐中和声、配器极为讲究，其目的就是要实现多样性统一的完美和谐；从欣赏方式来看，欣赏者必须衣冠楚楚、盛装出席，以一种高雅的姿态来享受文明的盛宴。然而，与这种日神式的古典音乐刚好相反，19世纪以后，来自民间的蓝调、爵士乐、福音音乐、节奏蓝调、乡村音乐异军突起，以一种酒神式的野性汇聚成20世纪中叶在美国大行其道的摇滚音乐，并成为当今世界流行音乐的主干。

“蓝调”（Blues）音译为“布鲁斯”，是一种基于五声音阶的声乐和乐器混合体，它起源于过去美国黑人奴隶的灵魂乐、赞美歌、劳动曲。这种音乐有一种很鲜明的特点，便是采取“一唱一和”（Call and Response）的对应方式。早期的“蓝调”音乐往往具有松散的叙事内容，以讲述一个人的不幸遭遇、苦难生活、情感经历。一般来说，蓝调音乐作品的起始常常会营造一种忧伤、哭诉、无助的感觉，接着便像是在安慰、舒解受苦的人们，宛如受苦受难的人们在哭诉后得到上帝的安慰与响应。所以“蓝调”一词又有着与“蓝色魔鬼”（Blues devils）一致的意思，以显示情绪的低调、哀伤、忧郁。蓝调音乐的形式并不复杂，起初甚至没有和声的明确定义，后来以12节蓝调为基础，形成了标准的12巴和声，节奏为4/4或2/4拍。在这种简单音乐套路的基础上，“蓝调”很重视即兴式的表演和原创式的发挥，以实现自我情感的自由宣泄。

“爵士乐”（Jazz）是在“蓝调”和拉格泰姆（Ragtime）基础上的综合，后者起源于蓄奴制解体后的美国。当时获得自由的南方黑人纷纷涌入新奥尔良、孟菲斯、芝加哥等大城市中寻找工作。他们除了出卖体力之外，也常以音乐为生，在咖啡店和酒馆里演奏那些蓄奴时期曾被禁止的黑人音乐，并在精疲力竭的演奏中催生出一种高音和低音相互侵略、混杂后再次分开的音乐形式。由于这些乐手没有受到专业训练，因而只以节奏为主，不太顾及旋律方面的要求，从而形成了对西方古典音乐的解构。在此基础上，讲究即兴和摇摆的爵士乐出现了。作为黑人文化和欧洲白人文化的结合，爵士乐以英美传统音乐为基础，混合了“蓝调”即兴创作的特点和拉格泰姆节奏鲜明的特色，形成了一种全新的音乐表达形式。一般地说，爵士乐都是二拍子的，每小节两拍或四拍。这种二拍子的节奏背景在低音部始终存在，使得爵士乐有一个稳定的、规则的节奏基础，以便配合身体的摇摆。在节奏性低音的上方，则是重音位置不规则的旋律、和声和对位声部，它们惯常使用的切分音效果与规律的低音声部之间形成了强烈的对比。20世纪初期，爵士乐主要集中在新奥尔良发展，后来转向芝加哥、纽约，直至风靡全世界。

福音音乐（Gospel Music）起源于黑奴的祈祷，后来演变为即兴的音乐表演，演唱风格以运用单音节装饰音与歌词高声喊唱为特点，常常用击鼓和电吉他伴奏来形成亢奋的节拍。20世纪20年代，福音音乐开始作为一种独立的音乐类型出现。20世纪中期，著名的歌手埃尔维斯·普莱斯利（猫王）把福音音乐引进到自己的风格中，并使之商业化。

“节奏蓝调”（Rhythm and Blues）也译作“节奏布鲁斯”，或者简化为R&B，它是一种融合了蓝调、爵士乐、福音音乐的音乐形式。大部分“节奏蓝调”作品以4拍为一小节，12节为一段落，并强调每节中的第2和第4拍，以制造出一种新鲜、强烈的节奏感，所以又有人将其称之为“跳跃的布鲁斯”。“节奏蓝调”还常常在作品中多次反复一些乐句、句子，以产生痛快淋漓的效果。除了强化节奏感之外，“节奏蓝调”的歌词内容也更加坦率直白，绝无温柔敦厚、不忸怩作态之感，有的甚至只是一些符合节奏的顺口溜、大白话。

“乡村音乐”（Country music）于20世纪20年代兴起于美国南部，其根源来自英国民谣，是当时美国白人的流行音乐。“乡村音乐”的曲调流畅而简单，节奏自由而平缓，多为歌谣体，伴之以吉他或口琴。歌曲的内容，除了反映劳动生活之外，也常常表现厌恶孤寂的流浪生活、向往家园的乡村记忆、失去爱情的痛苦情感等，具有较浓的乡土气息，亲切热情而不失流行元素。

由于这种音乐代表了下层民众的趣味，因而表演者常常不穿演出服，而代之以牛仔裤、休闲装、皮草帽、旅游鞋。

正是在上述乐音的基础上，摇滚乐（Rock and Roll）出现了。作为一种综合性的音乐形式，摇滚乐不仅内容丰富，而且形态驳杂，有民谣摇滚、艺术摇滚、迷幻摇滚、乡村摇滚、山地摇滚、重金属、后车库、朋克等，其共同的特点与其说是一种音乐形式，不如说是一种人文情怀：民间的、下层的、在野的、边缘的、自由的、反叛的、抗争的、异端的、野性的、反商业的、反文明的……不再是和谐优美的动听，不再是多愁善感的抒情，不再是浅吟低唱的含蓄，不再是端庄优雅的姿态，而是简单的、直白的、强烈的、有力的、激越的、震撼的、战栗的、无拘无束的、奋不顾身的、撕心裂肺的、几近癫狂的。在乐器上，摇滚乐偏爱电吉他、打击乐、重金属；在服装上，摇滚乐手喜欢无拘无束、奇装异服；在生活上，为了保持其疯狂的状态，摇滚乐手常常酗酒，甚至吸毒。尤其需要说明的是，在演出环境上，摇滚乐并不常在标准的音乐厅中表演，而是喜欢体育场、露天舞台。在这里，摇滚乐所追求的，与其说是一种音乐的效果，毋宁说是要给观众提供一种全民狂欢式的场所。在这里，演员要做的，不是给观众提供一种美妙的音乐，而是要点燃观众心中的火种，煽动观众潜藏的激情，从而在一种感性迷狂的状态中宣泄内心的情绪。如果仅从赏心悦目的艺术效果来看，充斥噪音的摇滚乐和动作古怪的太空步都不能算是上乘之作，但任何亲临现场的观众都会发现，那人声鼎沸的环境与其说是一个艺术的圣殿，毋宁说是一个狄俄尼索斯的集会。观众们来这里的目的，与其说是为了欣赏，毋宁说是为了发泄，就像那些亲临比赛现场的足球球迷们一样，是要借助这样一种群体狂欢的场所而进入一种酒神式的迷狂。而舞台上的歌者和舞者，则不啻于当代的狄俄尼索斯。

四、人欲横流的电影

随着影视技术的发展，今天的人们已经很少走进剧院去欣赏那些动人心魄的悲剧了。然而在西方，作为取代戏剧艺术的影视艺术，却在很大程度上继续负载着狄俄尼索斯的灵魂。走进电影院、打开电视，今天的人们随时都可以看到那些所谓“大投入”“大制作”的好莱坞式的“巨片”。那些以性爱、警匪为内容，以追车、枪战为模式，不惜调动高科技手段，并通过大量的惊险动作和破坏性镜头来刺激人们的感官、满足人们的欲望的用金钱堆积起来的作品，始终占据着当代西方影视的主要屏幕。这些作品的意义何在呢?

在这一方面，我们可以拿那部英国制作的经久不衰的系列影片《007》作为个案分析。这是一部花样翻新而又一成不变的电影：说它花样翻新，是指其不断放映，不断拍摄，不断制造着新的感官刺激；说它一成不变，是指其万变不离其宗，永远是那种单一的创作模式：

> 人物：潇洒、冷峻而又智勇双全的詹姆斯·邦德和美丽、性感而又神秘莫测的邦德女郎（前者的演员是相对固定的中年男子，以满足女性崇拜者从一而终的追星欲望；后者的演员是不断变换的妙龄女郎，以满足男性猎艳者见异思迁的求新口味）。
>
> 环境：或冰川，或荒漠，或海岛，或森林，或其他什么足以同城市生活造成巨大反差的地方（因为越是陌生的环境就越能引起观众的好奇心）。
>
> 对手：或专制帝国，或邪教组织，或秘密团伙，或阴谋集团，这些恐怖的活动最好发生在异国他乡，再加上一点儿风化场面和浪漫情调。
>
> 工具：具有科幻色彩的交通、通讯设施，足以毁灭人类的武器装备，令人眼花缭乱的间谍的手段，再加上迷宫一样的地下防空设施或海底秘密世界（以此来满足青少年观众的好奇感）。
>
> 情节：主人公出生入死，经受了反间计、苦肉计、美人计，或其他种种三十六计、七十二计的考验，最终在千钧一发的危急关头凭借自己的勇敢和智慧而旋转乾坤，挽救了国家或人类。
>
> 细节：追车！或比追车更加刺激的游艇、飞机，甚至宇宙飞船之类的追杀场面，还有那永远也演不够的床上戏，等等。

总之，是要最大限度地调动高科技手段（理性之产品），以最大限度地满足观众的感官愉悦（感性之欲望）。需知，这一模式不仅适用于《007》系列产品，而且几乎适用于所有的好莱坞大片。难怪马尔库塞在去世前的一次谈话中会愤然地指出，现代西方的艺术已经变成了一种智力上的自淫。

尼采在谈到狄俄尼索斯崇拜对艺术的影响时曾经指出："醉感——它实际上同力的过剩相应——在两性动情期最为强烈。""对艺术和美的渴望是对性欲癫狂的间接渴望。"[22]按照弗洛伊德后期的思想，人类被压抑的潜意识"本我"，可以分为"爱欲的本能"和"死亡的本能"两部分，而上述艺术作品，无非是通过爱与死这两大"永恒的主题"来释放人们内心深处被压抑的"利必多"（libido）本能。当然了，除了永恒不变的追车场面和翻来覆去的床上镜头之外，这种"智力上的自淫"还会不断地进行花样翻新，为了给人们已经疲惫的感官带来更加强烈的刺激。当今的好莱坞的导演们已经不再满足于替身演员的危险动作，而可以通过高科技手段使死去了上万年的恐龙重新复活，使失事了上百年的轮船重新触礁，甚至使无法被证实的外星人活灵活现地出现在银幕上。于是，除了色情和暴力之外，恐怖、神秘、荒诞和变形也已经成为现代艺术的常态，就在美术馆里的作品越来越丑陋、越来越荒唐、越来越刺激，音乐会上的演出越来越嘈杂、越来越凌乱、越来越刺耳的同时，电影院里的场面越来越宏大、越来越奢华、越来越恐怖。

该怎样评论当代艺术呢？一提到这个问题，数量惊人、支离破碎、商品化、怪诞、活力四射等字眼就闪现在我们的脑海里。肯·贝恩斯在20世纪60年代评论当代先锋派时宣称："艺术家争取自由的勇敢呼号已变成为小丑式的呐喊了。"对于艺术界，有这样一种看法，即它已经分解成了一个又一个哗众取宠的噱头。尼采曾经预言，一旦脱离古典规则和界限的束缚，就会出现"艺术的解体"。第一代试验艺术家体验过一种令人振奋的自由；但是，用斯蒂芬·斯彭德的话说，"接下来就会导致一种更新的和更彻底的支离破碎局面，晦涩难懂，没有任何目的地讲求形式（或者说无形式可言）。"[23]永无休止地寻求新奇会导致越发怪诞的浅薄空洞，这是严肃艺术死亡的先兆。

22　［德］尼采：《悲剧的诞生——尼采美学文集》，周国平译，生活·读书·新知三联书店，1986年，第349页。

23　［美］罗兰·斯特龙伯格：《西方现代思想史》，刘北成、赵国新译，中央编译出版社，2005年，第620页。

离开具体的历史背景，简单地指责当代西方艺术是有欠公允的。或许这种感性自由的泛滥来自西方民族心理结构中的感性一极，一种至深至远的狄俄尼索斯精神。离开具体的社会环境，简单地指责当代西方艺术也是有欠公允的。或许这种感性自由的泛滥恰恰出自抵御理性生活的需要，“为了抗击理性化的科技社会——工作的单调、闲暇时间的无聊、科学以及商业扼杀灵魂的实用倾向——人们需要艺术，就像需要宗教一样。艺术挺身而出，对抗骨子里与审美背道而驰的社会主流。艺术批评社会主流而且提供取代它的办法，或者说解脱方法——为群众提供娱乐，即无神论社会里麻醉人民的鸦片。”[24]其实这种情况不仅为西方所独有，在分工日益细化、异化不断加深的现代社会中，包括拥有悠久历史和灿烂文化的中国观众在欣赏口味上也越来越西方化了。在抽象的符号世界里思考了一天或在机械的流水线上忙碌了一日之后的人们，宁愿让自己已经麻木的神经和已然疲惫的身体去接受《007》式的刺激，也没有闲情逸致去吟咏那余音绕梁的唐诗、宋词了。

“今天，个体可能更加孤独，或许因为密切的人类接触几乎不存在；孩子越来越少，家庭生活远不如以前丰富，而家人住处更加分散，相隔甚远。人们更有可能在图书、电影、电视节目中寻找发泄情感的途径。”[25]换言之，当我们的生产方式与生活方式已经被西化之后，我们又有什么可能拒绝或避免西方式的情感方式和艺术方式呢？因此，不独今日的西方人，在全球化浪潮日甚一日的今天，几乎整个人类都陷入了感性与理性分裂对立的心理—文化格局。理性的极端发展需要感性的极端发展加以补救，以相反相成的方式重新获得心理上的平衡。

（此文为教育部人文社会科学重点研究基地重大课题“文明的结构与艺术的功能”[07JJD751079]的阶段成果，发表于《山东师范大学学报》2015年3期）

24 [美]罗兰·斯特龙伯格：《西方现代思想史》，刘北成、赵国新译，中央编译出版社，2005年，第622页。

25 [美]罗兰·斯特龙伯格：《西方现代思想史》，刘北成、赵国新译，中央编译出版社，2005年，第627页。

美学研究的三种路径

Aesthetics应否被译为“美学”，这在学术界一直存在着争议，因为这个词在西语中的意思一般被理解为“感性学”，而将其译为“美学”之后便出现了许多问题：事实上，Aesthetics不只是研究“美”的学问，“崇高”“滑稽”甚至“荒诞”“丑陋”都是其研究的对象。在西方，也有人将Aesthetics理解为“艺术哲学”，如黑格尔，然而这同样会带来许多问题：事实上，Aesthetics也不只是研究“艺术”的学问，很多能够引起人们情感变化的自然现象和社会现象也在其研究的范围之中。于是有人主张，干脆把Aesthetics直接翻译成“感性学”，然而这还是会引发一些问题：因为在汉语中，“感性”是与“理性”相对应的一个概念，一般是指认识活动的低级阶段；如果我们将Aesthetics翻译成“感性学”，便容易将其视为认识论的一个环节，从而取消了这门学科的独立性。

在我看来，既然我们已经习惯于将Aesthetics称之为“美学”，不妨仍沿用这种译法，然而我们必须清楚：美学不只是研究“美”的学问，也不只是研究“艺术”的学问，更不只是认识论的一个环节，美学是研究人与对象世界“情感关系”的学问。当然了，这同样会引发很多问题，或许有人会问：难道日常生活中的一些情感问题也应被纳入这门学问的研究范围吗？在我看来，这些问题之所以未被纳入美学的研究范围，不是因为这些问题过于复杂，美学无法研究；而是因为这些问题过于简单，美学不必研究。简言之，凡是能够用语言符号清晰表达的情感问题，都是过于简单的问题，从而不必依靠美学来加以回答；凡是因“形象”（这里所说的不仅包括“视觉形象”而且包括“听觉形象”）而非“概念”引发的情感问题，都是比较复杂的问题，因而需要依靠美学来加以研究。这样一来，全部美学问题便可归结为“形象”与“情感”两大要素。换言之，美学所要回答的问题无非是：为什么客观的“形象”会引发主观的“情感”？为什么不同的“形象”会引发不同的“情感”？什么样的“形象”会引发什么样的“情感”？以及什么样的“情感”可以用什么样的“形象”加以承载和传递？[1]

我们知道，人与对象世界之间主要有三种关系：我们面对的客观世界究竟是什么？从而知识如何可能？这是一个认识论的问题。我们应如何对待这个世界乃至他人？从而道德如何可能？这是一个伦理学的问题。对象世界为什么会引发我的情感变化？从而传达这种情感的艺术如何可能？这是一个美学问题。解答这第三个问题并不比前两个问题来得容易，因为对象世界是外在于我们而独立存在的，它与我们在没有利害关系的情况下何以会引起我们的情感变化呢？这种情感变化在没有事先约定、甚至不借助概念的情况下又何以能够传达给别人呢？这个问题已经困扰了人类两千多年！

要想走出困境，必须找到路径。在我看来，美学研究的有效路径或许有三：一条是生物学路径，一条是实践论路径，一条是符号学路径。首先，人是动物，我们身上包括审美在内的精神能力并不是凭空产生的，而是在自然进化的基础上出现的。因而研究人类审美能力的生物学前提，便成为美学研究的第一条路径。其次，人不是一般的动物，而是能够制造和使用工具的动物。人在制造和使用工具的过程中改变了人与对象世界的关系，从而使陌生的自然变成了为我的自然，能够引发我们的情感变化。因而从社会实践的角度出发来研究人与对象世界的情感关系，便成为美学研究的第二条路径。最后，人不仅是制造和使用工具的动物，而且是能够创造并使用符号的动物。人在创造和使用符号的过程中形成了社会组织，变成了社会动物，使观念乃

1 参见陈炎：《“美学”=“感性学”+“情感学”》，《美学》2010年第3期；陈炎主编《美学》，高等教育出版社，2013年。

至情感的传递成为可能。因而从符号学的角度研究符号、以及符合以外的形象如何承载并传递情感的问题，便成为美学研究的第三条路径。这三条路径便形成了三种不同形态的美学，即“生物美学”“实践美学”“符号美学”。

一

“人是动物”，这是我们不愿意承认又不得不承认的一个重要的事实。进化论告诉我们，人不是上帝创造的，而是大自然经过极其漫长的发展，由无机物到有机物、由植物到动物而进化出来的一个物种。与其他的物种不同，人具备了制造和使用工具的能力，从而改变了整个世界，同时也改变了人与自然之间的关系；与其他的物种不同，人具备了创造和使用符号的能力，从而建立了社会组织，同时也改变了人与人之间的关系。这一切，使人这种动物似乎有了骄傲的资本，将自己定义为“宇宙之精华、万物之灵长”，常常俯瞰乃至蔑视其他动物。因此，在以往研究人类精神现象的学术领域中，人们很不情愿将自身的精神能力与动物性本能联系起来。尤其是在宗教、道德、艺术等人类自身所独有的意识形态领域中，人们往往采取一种与自然界一刀两断的做法：不承认这些现象的生物性前提。然而辩证法关于普遍联系的观点却告诉我们：无论人类多么进步，无论社会多么发达，我们毕竟是一副血肉之躯。我们那些引以为傲的精神能力并不是凭空产生的，也不是一蹴而就的，而是在大自然的进化过程中逐渐生成，然后才在人类社会的演变过程中逐渐发展起来的。从这意义上讲，自然进化的终点恰恰是人类进化的起点。因此，在审美发生学问题的研究中，我们不能在无视肉体进化之“终点”的前提下来抽象地研究精神进化的“起点”。

“人是动物”，为了使这句我们不愿意承认又不得不承认的话更容易被接受，我们可以将其表述为：“人首先是动物，然后才是人。”“用这种观点来分析问题，我们一方面必须分清人类的美感与动物性快感之间所存在的原则性差异，另一方面又要看到人类的美感恰恰是从动物性快感中演变、发展、升华的历史结果。”[2]我们知道，动物性快感与个体或族类的生存欲望密切相关，前者表现为“食”，后者表现为“性”。如果没有“食”的欲望，人的个体生命就无法延续；如果没有“性”的欲望，人的群体生命就无法繁衍。从目的论角度上讲，大自然要想使人类生存与繁衍下去，就必须赋予其“食”与“性”的快感；从进化论角度上讲，那些并不具备这些快感的动物或许曾经存在过，但恰恰是因为没有“食”与“性”的欲望而自行灭绝了。问题在于，这种“食”与“性”的生物性快感与我们所要研究的审美情感究竟有没有联系呢？

先说“食”与“美”的联系。许慎《说文解字》云：“美，甘也。从羊，从大。羊在六畜主给膳也。”[3]对于原始的狩猎或游牧民族来讲，羊是其生活的重要来源。羊肉好吃，羊奶好喝，“羊在六畜主给膳也”，故羊大为美。这里的“美”显然尚未脱离人的生理快感，而是以个体的生物需求为前提的。然而，这种口腹之欲或许正是人类美感的前提。在先秦典籍中，我们常常可以看到将“味”“声”“色”与“美”联系起来的说法。例如，“人之情，口好味而臭味莫美焉；耳好声而声乐莫大焉；目好色而文章致繁，妇女莫众焉……”[4]直至汉魏以后钟嵘、皎然、司空图等文论家，还常常用“滋味”来形容艺术作品的美学性质。正像有学者指出的那样，“我国古代文献的记载说明，最初所谓的‘美’，在不与‘善’相混的情况下，是专指味、声、色而言的。这对于了解我国古代美学思想的发展有重要意义。”[5]其实不仅中文如此，英文中的“taste”与德文中的“geschmak”，都同时具有审美、鉴赏和口味、味道的含义。

从艺术史的发展来看，人类早期的艺术作品往往是以食物为对象的。例如，被视为西方最早美术作品的阿尔塔米拉洞穴壁画中的野牛；例如，被视为中国最早美术作品的仰韶彩陶上的鱼、蛙、鸟。不难想象，上古的先民们在洞穴中分享了一顿美味的牛肉大餐之后，便兴致勃勃地将这些野牛的形象绘制在洞穴的岩壁上；上古的先民们在用陶器烹煮了一顿渔猎而来的食物之后，便含着满口的余香而将这些吃过的猎物仔仔细细地描绘在陶器上。或许，他们这样做的目的是为了将这些美好的感受永久地保存下来罢了；然而，正是在这种“快感”经验的满足中，“美感”能力诞生了。于是，人们渐渐有

2　陈炎：《人类审美意识的发生》，《北京师范大学学报》2004年第2期。

3　许慎：《说文解字》卷四，中华书局，1978年。

4　《荀子新注》“王霸篇”，中华书局，1979年。

5　李泽厚、刘纲纪：《中国美学史》第一卷，中国社会科学出版社，1984年，第79页。

了远离味觉的视觉获得，有了对形式美的理解和把握。甚至，这种形式感的把握还会上升为一定时期的审美理想："和如羹焉。水、火、醯、醢、盐、梅，以烹鱼肉，燀之以薪。宰夫和之，齐之以味，济其不及，以泄其过。君子食之，以平其心。……声亦如味，一气，二体，三类，四物，五声，六律，七音，八风，九歌，以相成也。清浊，小大，短长，疾徐，哀乐，刚柔，迟速，高下，出入，周疏，以相济也。君子听之，以平其心。"[6]这种对于"和"之审美理想的认识，最初也是从"食"的生理快感中总结出来的。古人发现，任何单一滋味的食材都不能最大限度地满足我们味觉系统的需要；要创造出真正意义上的美味佳肴，就必须将酸、甜、咸、辣等各种调料配合在一起，使其产生一种"和"的效果，以避免"同"的单调。这种从"吃饱"到"吃好"再到"吃美"的延伸，从"和如羹焉"到"声亦如味"的演变，或许经历了一个极为漫长的过程。但是，当以"和为贵"的审美理想产生之后，人们便不仅可以用这样的标准来鉴赏美食、美味，而且可以欣赏美声、美色，即不仅可以用味觉来鉴赏人类的食物，而且可以用听觉和视觉来欣赏与我们的营养需求并无直接关系的任何对象了。这种在主体方面超出自身的物种局限，在客体方面超出对象的功利内容，以"情感"来把握"形象"的活动，正是美感不同于快感的关键所在。

再说"性"与"美"的联系。人类最早的艺术品不仅常常以食物为对象，而且常常以性欲为内容。被视为西方最早的雕塑作品的是奥地利出土的"温林多府的维纳斯"，这尊石灰石雕像的面部形象并不明显，四肢萎缩，而突出其乳、腹、臀、阴等与生殖有关的部分；与此同时，头发则被雕刻成精细的波浪纹，据推测可能是当时妇女的时髦发式。对于这件最早的艺术品，我们很难弄清楚当时作者的创作动机主要是出于性的考虑还是美的需求：其硕大的乳房很容易使我们接受前一种答案，其精致的发型则很容易使我们得出后一种结论，这或许正是由动物性快感向人类美感演进的过渡形态。此类现象并非西方所独有，中国红山文化遗址中出土的"女神像"也同样具有明显的性特征。事实上，这种潜伏在"美感"之下的"快感"需求至今仍然在暗暗地起着作用。例如，有人就曾经指出，选美活动中的"三围"指数，恰恰

6 《左传》，岳麓书社，1988年，第333页。

是女性中最易受孕者的体形指标。

从古代文献中可知，同“美”与“味”的关系一样，“美”与“色”也有着紧密的联系。所谓“口之于味也，有同耆焉；耳之于声也，有同听焉；目之于色也，有同美焉。”（《孟子·告子上》）在中国古代，“色”泛指人的容颜，专指女色，因而与性有关。从物质的层面上追问：人在“吃饱”的前提下为什么还要“吃好”？这或许是由于人对不同“美味”的欲求恰恰符合了营养多样化的需要；人在“交配”的前提下为什么还要“择偶”？这或许是由于人对不同“美色”的欲求恰恰符合了生殖遗传合理化的需求。从精神的层面上追问：在这些“食”与“性”之“快感”所升华出来的“美感”背后，是否也还存在着更为深刻的秘密呢？

“进化论”的创始人达尔文认为，早在动物进化成人以前，就已经具备了对美的爱好与欣赏能力。而且这种爱好最为集中地表现为择偶时的“选美”活动中，即能领略异性的色相之美。“当我们看到一只雄鸟在雌鸟面前展示它的色相俱美的羽毛而惟恐有所遗漏的时候，而同时，在不具备这些色相的其他鸟类便不进行这一类表演，我们实在无法怀疑，这一种的雌鸟是对雄鸟的美好有所心领神会的，……如果雌鸟全无鉴赏能力，无从领悟雄鸟的美色、盛装、清音、雅曲，则后者在展示或演奏中所花费的实际劳动与情绪上的紧张岂不成为无的放矢，尽付东流？而这是无论如何难于承认的。”[7]达尔文相信，“公的百眼雉的美丽是通过母雉，在许多世代之中，不断挑取装饰得更为美好的公雉，而逐渐取得的。而母雉的审美能力则通过练习与习惯而也逐步获得了进展，像我们自己的鉴赏能力逐步得到改进一样。”[8]

当然了，母雉之所以能够将公雉艳丽的羽毛和响亮的鸣叫“定义”为“美”，绝非由于意识形态之类的社会功能，而是有着生物学的根据。就像越具有生育能力的女性其身材越接近标准的“三围”尺度一样，越接近发情期的公雉其羽毛的光泽越好看、其鸣叫的声音越性感。更为重要的是，不仅公雉羽毛的色泽和鸣叫的声音与雄性激素的水平是一致的，而且与其自身的健康程度也是一致的。“一般地说，精力旺盛和形貌美丽是二而一的事，即健者

7 ［英］达尔文：《人类的由来》，潘光旦译，商务印书馆，2008年，第136页。

8 ［英］达尔文：《人类的由来》，潘光旦译，商务印书馆，2008年，第935页。

必美，美者必健。”[9]这样一来，选择“美者”进行交配的母雉就可能获得健康的遗传基因，这就难怪那些求偶的公雉为什么会不厌其烦地在母雉面前卖弄自己的羽毛和歌喉了。当然了，母雉不懂得什么是“荷尔蒙”，也不知道“美”与“健”之间在学理上的因果关系；母雉何以会在这两者之间建立一种情绪上的本能反应，这对于我们来说至今仍然是一个深藏的秘密。现代神经科学的实验表明，当人看到一些美丽的形体或听到一些悦耳的声音的时候，便会在体内产生多种化学反应，分泌出包括多巴胺在内的多种能够可以给人带来兴奋和快乐的精神传导物质，以形成一种“奖赏机制”。[10]“有机体的行为可以由一个反馈环来引导——一组信息自感官送至脑中的基膜，又回到感官，如此循环直至正确的行动完成，而基膜也从中‘满足’了其自身。”[11]因此，正像“正常的”女人会在男人矫健的身躯和磁性的声音面前怦然心动一样，“正常的”母雉在公雉艳丽的羽毛和悦耳的鸣叫面前也会血脉偾张。我们这里所谓的“正常”也许恰是遗传变异的结果。换言之，那些“不正常”的母雉或许也曾存在，但由于它们没有获得更好的遗传基因，从而繁殖健康幼雉的几率较小，所以在“物竞天择、适者生存”的自然法则中被逐渐地淘汰了。反过来说，由于有着艳丽羽毛和响亮歌喉的公雉容易受到母雉的青睐从而获得更多的交配机会，这就使得“美的”公雉在适者生存的竞争中获得了更大的优势。从这一意义上讲，美代表了生物进化的方向！

公雉如此，其他动物也大致如此。在两性选择的动物世界中，通常都是雄性将自己的体貌之美展示给雌性，雌性拥有选择的权力。与此相对应，通常都是雄性的动物比雌性的动物毛发更丰满、色泽更艳丽、啼鸣更响亮。直到今天，当我们人类评价一个男子美丑的时候，不也主要是看其身材是否高大、肢体是否匀称、五官是否端正、皮肤是否光泽、声音是否浑厚吗?“对此可以做出一般的解释，因为人类普遍以和谐、平衡为美。但据生物形态学理论，个体身体的稳定和平衡能够作为信息标示出个体对遗传变异、寄生虫、毒素等有害影响的抵抗能力。而且，人类中身体较为对称的男性也被证明比其他普通男性拥有更多的欲望、能量和性交机会，而且较为健康。由此，对

9 ［英］达尔文：《人类的由来》，潘光旦译，商务印书馆，2008年，第416页。

10 参阅崔宁、丁峻：《当代西方的神经美学实证研究进展》，《美育学刊》2014年第5期。

11 ［美］爱得华·威尔逊：《人类的本性》，甘华鸣译，福建人民出版社，1988年，第72页。

于对称面容的偏好可能也是一种基于配偶选择的生物性评价。”[12]由此可见，今人所谓的“颜值”，并不是由某些人随意杜撰出来的，而是有着深厚的生物学基础的。

当然了，在动物世界里，也有雌性将自己的体貌之美展示给雄性，雄性拥有选择权的相反例证。而人类似乎同时继承了这两种不同的性选择模式：男女交互选择。所以，人类不仅注重男性的美，而且注重女性的美。尽管男性之美与女性之美有着迥然不同的标准，但在未被社会观念扭曲和异化的前提下，这些美的标准大都符合生物进化的规律：“健者必美，美者必健”。“面部性别特征量值由激素水平决定，二者的关联已得到生物医学的证明。一张充满女性特征的面容可以显示主体的高雌激素水平，如嘴唇的厚度与依赖于高雌激素的脂肪积累有关，饱满、轮廓鲜明的嘴唇所显示的女性生物信息是主体的高雌激素水平。而雌激素水平正是丰腴多产的基础和标志。”[13]因此，就像“快感”与“美感”并不矛盾一样，“性感”与“美感”也常常是一致的。

当然了，笔者并不主张像达尔文那样，将动物性的“快感”完全等同于人类的“美感”。因为动物只是按照遗传基因所决定的行为模式对某种声、光、色、相做出积极或消极地生理反应，而不可能具有超出这一范围的精神愉悦。这种生物性“快感”与人类的“美感”之间仍然有着质的差异：雌鸟只能“欣赏”雄鸟的羽毛，但却无法欣赏野兽的皮毛；而男人不仅能够欣赏女人的身材和容貌，而且可以欣赏飞禽的羽毛和走兽的皮毛。因此，我们绝不可以将复杂的审美问题简单地归结为荷尔蒙的含量。然而本文所要强调的是：人类的社会性“美感”恰恰是在生理性“快感”的基础上生发出来的。不仅如此，即使在今天，人类的社会性“美感”中仍然可能潜伏着某些不为我们所知的生理性“快感”。

20世纪40年代以来，生物学吸收了化学、数学、物理学等其他科学的成就，逐渐发展成一门精确的、定量的、深入到分子层次的科学。人们对生命的形成、遗传的基因、大脑的运作、情感的模式等方方面面有了更为深入的理解，认识到生命是物质的一种运动形态，从而对这种运动形态的研究有助于对人类社会现象的理解。于是，在生物学的基础上又有了生物

12　张悦、卢兆麟：《论人类面孔审美的生物共性》，《西南大学学报》2010年第2期。

13　张悦、卢兆麟：《论人类面孔审美的生物共性》，《西南大学学报》2010年第2期。

社会学。“在传统的人学理论中，人的生物性与社会性是对立的，但在20世纪70年代兴起的生物社会学中，两者被结合起来。生物社会学的创始人威尔逊（E·O·Wilson）说，生物社会学是‘系统地研究一切社会的生物学基础’的科学。”[14]过去，我们以为人类的一切社会行为都是由社会意识所决定的，但随着生物社会学研究的深入，人们才开始明白：在很多决定我们行为的社会动机背后，往往潜伏着极为隐秘的生物动机。“威尔逊关于人类行为的基本思想大体上是这样的：人类的行为受到两个方面因素的影响。一个是先天，即遗传；另一个是后天，即环境，基本上也就是文化。人类行为既不完全是由遗传决定的，也不完全是由环境决定的。单纯的遗传决定论是错误的，单纯的环境决定论也是错误的。”[15]“威尔逊认为。过去存在着两种文化，一种是自然科学，一种是社会科学和人文科学，在自然科学与社会科学、人文科学之间有着一条鸿沟。现在终于到了弥合这条鸿沟的时候，时代的发展已经创造出了条件，社会生物学就是进行这种努力的最恰当的工具。”[16]

从生物社会学的角度进行美学研究，比较容易解释人体美的问题。扩大一些，也可以追溯到对全部自然美的理解。在宏观的视野中，我们可以从自然进化的角度上说，自然美的性质取决于对象的多样性、有序性、合目的性。首先说“多样性”，因为自然界的发展就是一个由简单到复杂的过程。如果我们从俯瞰地球的角度每百年、每千年或者每万年拍摄一张照片的话，就会发现这个单调的星球是如何变得越来越多样、越来越复杂、越来越精彩的。而这个自然进化的过程，也可以说是越来越美的过程。其次说“有序性”，因为自然界的发展不仅是一种从简单到复杂的过程，而且是一种从无序到有序的过程。从简单的不含碳原子的无机化合物，到复杂的各部分相互关连协调的有机化合物；从原子或分子在空间按一定规律周期重复地排列从而具有明确衍射图案的晶体，到纹理清晰从而具有规则对称形状的树叶、花朵；从虽然自洽但却没有主动协调能力的植物，到各种肢体和感官可以相互配合的动物……自然进化的有序性越来越强。如果用普利高津关于“耗散结构”的语言加以表述的话，多样的自然物质可以在远离平衡

14 赵敦华：《人学研究的“达尔文范式”》，《复旦大学学报（社会科学版）》2002年第4期。
15 甘华鸣：《译者的话》，选自威尔逊：《人类的本性》，福建人民出版社，1988年，第2页。
16 甘华鸣：《译者的话》，选自威尔逊：《人类的本性》，福建人民出版社，1988年，第4页。

态的状态下形成一种自组织的有序结构，并通过与系统外部交换能量，以引入“负熵”的形式而形成生命。而作为这种生命自组织形式最高形态的人，不仅是自然进化的成果，而且能够反过来感受自然进化的有序特征。有人试图通过观察昆虫的形体构成而总结出美的规律，发现这种最简单的动物身上居然也存在着“平衡构成美”“重复构成美”“近似构成美”“分割构成美”“发射构成美”“特异构成美”“对比构成美”“色彩构成美”等多种有规律性的形式要素。“按照这些法则形成的构成比例完成的图形通常具有秩序和明朗的特性，给人以清新之感。昆虫界中大凡体型优美的，身体比例都遵循这样的分割构成，其中尤以遵循黄金分割比例者为最佳。‘正因为黄金分割符合人体躯干的宽高比，人类在长期的社会实践中，它与人的特殊生理和心理结构形成了协调关系，因而对它感到习惯并进而转为喜爱，并形成拟人化的审美尺度。’”[17]从这意义上讲，人与自然是“异形同构”的，于是自然对象的有序性便能引发人的美感共鸣。最后，自然美不仅具有“多样性”与“有序性”的特点，而且具有“目的性”的特征。在以往的研究中，人们常常将“规律性”与“目的性”对立起来：将对前者的探讨视为科学，将对后者的探究归为宗教。但达尔文的“进化论”则通过“遗传变异”与“自然选择”的双向互动而将二者辩证地统一起来，使物种“无目的”的变异与“合目的”的选择有了耦合的理论根据。于是，大自然的发展便会呈现出一种“无目的的合目的性”。从这一意义上讲，不仅最有组织性和秩序性的人体是自然进化的“最高目的”，“人体美”也便成为“自然美”的最高形态。进而言之，“美”的对象也便成为自然进化、动物进化乃至人类进化的发展方向了。

于是，经过上述分析，我们虽然无法对某个微观对象的美丑得出明确的结论，但却可以从宏观的角度上说：多样性的自然比单调的自然美，有序的自然比无序的自然美，合目的的自然比无目的的自然美。这很容易让我们联想起那句名言：“自然只有接近于艺术的时候才是美的”！

在当代中国美学的诸家思想中，蔡仪关于“美在客观、美是典型”的观点最接近于生物学的研究路径。他指出：“所谓美的事物，就是种类的属性条

17　周详、石娟：《略析观察昆虫的构成美》，《自然杂志》2011年第1期。

件较之个别的属性条件是优势的事物，也就是‘个别里显现一般’的典型。这是我们对于美的基本规定。”[18]“个体的客观事物，不用说，是种类的属性条件和个别的属性条件的统一。这统一中种类的属性条件和个别的属性条件，并不是等量的配合，而是有机的构成，便有以种类的属性条件为优势的，或以个别的属性条件为优势的，于是有典型的和非典型的，美的和不美的之分。例如，一般所谓美人，她的身体的‘纤秾得中，修短合度’，肤色的‘着粉则太白，施朱则太赤’，正是以种族的一般性为标准来看，她的种族的一般性是优势的，她是合乎这个准则的，其他的动物或植物等也有种类的一般性是优势的个体美的事物，正如这里所说的美人一样。”[19]从生物进化的角度上讲，典型的生命个体符合生物进化的一般规律，同时也符合人们的心理习惯，因而容易引发正面的情感；反之，畸形的生命个体违背生物进化的一般规律，同时也背离了人们的心理预期，因而容易引发负面的情感。当然了，即使是从生物进化的角度上讲，“典型即美”也只是一种较为粗略的表达。更为准确的表达应该是，个体生命的美是在种类属性平均值的基础上向进化方向的适度偏离。以人体的身高为例，如果说人体的进化方向是逐渐增高的，那么个体美的标准既不是大大地高于平均值，更不是明显地低于平均值，甚至也不是完全等同于平均值，而是适度地高于平均值。因为这个高度既符合人们的心理习惯，又符合人们的心理期待；既与以往的经验相吻合，又与进化的方向相一致，所以才是美的。如果说，人类的进化有着一个从四条腿爬行到两条腿走路的过程，那么身躯挺拔的人便比身躯佝偻的人美；如果说，人类的进化有着一个逐渐褪去体毛的过程，那么皮肤细腻的人便比皮肤毛糙的人美；如果说，人类的进化有着一个逐渐增加身高的过程，那么身材高大的人便比身材矮小的人美……总之，美的价值判断，应该与生物进化的方向是一致的。

尽管蔡仪的观点并不十分完善，但仍然是有一定价值的。因此，他完全有理由回答那些诸如“典型的老鼠是否美”“典型的癞蛤蟆是否美”之类刁钻的质疑。因为从生物进化的角度上讲，典型的老鼠确实比畸形的老鼠美，典型的癞蛤蟆确实比畸形的癞蛤蟆美。然而遗憾的是，蔡仪并没有将自己的美

18　蔡仪：《新美学》，上海益群出版社，1949年，第171页。

19　蔡仪：《新美学》，上海益群出版社，1949年，第175页。

学思想建立在生物进化的理论之上，而是建立在主客观反映的认识论哲学之上。这样一来，他不仅无法回答“典型是典型，美是美，典型何以为美”之类的问题，而且更不应将建立在生物进化基础之上的自然美原理扩大到社会历史领域。——我们纵然可以宣称：典型的老鼠确实比畸形的老鼠美，典型的癞蛤蟆确实比畸形的癞蛤蟆美；但我们却无法承认：典型的流氓确实比非典型的流氓美，典型的恶棍确实比非典型的恶棍美。因为前者是属于自然领域中的美学问题，后者则属于社会领域中的美学问题。对于后者，美学研究需要开辟出一条新的路径。

蔡仪出版于20世纪40年代的《新美学》一书开启了50年代“美学大讨论”的先河，因为他率先发动了对朱光潜“唯心主义美学思想”的批判。然而让他感到意外的是，自己批判别人的作品到头来却成了众矢之的。因为除了蔡仪本人之外，吕荧、朱光潜、李泽厚等其他三派的美学家所关注的都不是自然美的问题，而是社会美的问题。于是，在当代中国，美学研究的第一条路径尚未开启就立即被堵死了。与此同时，第二条路径则被打开，并结出不少成果。而要说明这第二条路径的合法性，我们还必须重新回到人的基本属性上来。

二

“人是动物”，这固然是一句颠扑不破的真理，但如果我们把这句话理解为“人只是动物”，则便将真理变成了谬论。因为人不仅是动物，而且是一种“能够使用并制造工具的动物”。当然了，使用并制造工具的能力也是大自然长期进化的结果。我们知道，一些高级的灵长类动物已经具备了使用、甚至制造简单工具的能力，但是这种“量变”的积累只有到了人这种动物身上才真得出现了“质变”的突破：对于那些偶然获得使用、甚至制造简单工具能力的动物来说，这种生存的技巧还只是其四肢和五官能力的额外延伸；对于必须通过制造和使用工具才能够存活的人类来说，这种劳动能力的获得则已经构成了其类存在的前提和保障。“动物也使用甚至制造工具，如某种类人猿能使用19种以上的工具，也能制造某些工具来获取食物。这只能说明人类制造——使用工具有其生物学上的潜在条件及可能，但要发展为不使用工具便不能维持存在这一普遍性的现实原则，却仍然是当时（数百万年前）各种内（如脑容量和结构的发展，等等）、外（自然环境的变迁使直立行走成为必需，等等）条件所造成的适机生存结构所造成的。"[20]这种从自然进化中所获得的能力极为重要，它不仅大大提高了人在自然环境下的生存竞争能力，从而确保其物种的有效延续，而且在很大程度上改变了人与对象世界的关系。其他动物都只能凭借天然的肉体能力从物质世界中获取有限的生存资料，而人却可以凭借不断创造和无限发展的工具全面地改造自然，使原始的自然成为"人化的自然"。

我们说"自然进化的终点，正是人类进化的起点"。这并不意味着有了人类之后，自然就不再进化，而是不再以其原有的速度和轨迹进化了。我们知道，如果从埃塞俄比亚所发现的猿人化石算起，人类的历史大约有300万年左右。在这300万年的时间里，人类用了将近299万年的时间来敲打石头。不难想象，在这种原始的旧石器时代里，人类对自然界的改造是极为有限的。直到距今一两万年的时候，人类才不仅敲打石头，而且学会了研磨石头和烧制陶器。在有了原始的农业、畜牧业和手工业的新石器时代，人类对自然界的改造有了进展，但其速度仍然缓慢。大约到了距今六七千年的时候，人类才开始从石器时代陆续进入到了以使用金属为标志的文明时代。自此之后，整个世界在人类的改造之下出现了一种不断加速度的变化过程，威尔逊在《社会生物学》一书中将其称之为"自体催化模型"。在这个过程中，人类每前进一步，自然便后退一步。结果是原始的自然越来越少，人化的自然越来越多。原来是世界中的人，却创造出了一个属于人的世界。于是，在我们面前，自然美的对象越来越少，社会美的对象越来越多，甚至人们越来越习惯于用欣赏社会美的态度来欣赏自然美。

吕荧在1953 年7 月的《文艺报》上发表了《美学问题——兼评蔡仪教授的〈新美学〉》一文，认为蔡仪"美在客观，美是典型"的观点是把"生物学上的规律——种类""任意移植于社会中"的"社会生物学"。他进而指出："美

20　李泽厚：《历史本体论·乙卯五说》，生活·读书·新知三联书店，2008年，第242页。

的观念即为阶级的意识形态所制约。如农夫的美女观不是贵族那样娇弱的，而贵族的美女观也不是农夫那样健壮的，这一则是由于他们的实际的社会生活，二则也由于他们的阶级意识形态所规定的。”从表面上看，蔡仪和吕荧都在讨论女人的美，但在实际上，蔡仪讨论的是女人的自然美，吕荧讨论的则是女人的社会美，或者更准确地说，是社会观念对自然美标准的影响或扭曲。因此，如果说蔡仪是把“生物学上的规律——种类”“任意移植于社会中”，从而推论出社会生活中的“典型”也是“美”的观点；那么，吕荧则是把“社会学上的观念——意识”“任意移植于自然中”，从而否认女人身上有着超越阶级属性的“自然美”。

批判蔡仪的吕荧如此，被蔡仪所批判的朱光潜同样如此。在《谈美》一书中，朱光潜曾提出人们面对古松的三种不同态度：“实用的态度以善为最高目的，科学的态度以真为最高目的，美感的态度以美为最高目的。”[21]其实，即使是所谓的“美感的态度”也可以分为两种：一种是把古松仅仅看作是自然的对象，从生物进化的角度上理解古松的美；一种则要加上社会的联想，即从古松的自然属性出发，进而从社会伦理的角度上来理解古松的美。在朱光潜这里，显然更倾向于后者：“他只在聚精会神地观赏它的苍翠的颜色，它的盘屈如龙蛇的线纹以及它的昂然高举、不受屈挠的气概。”[22]在这里，“苍翠的颜色”是古松的自然属性，“昂然高举、不受屈挠的气概”则是外加的社会联想。用他自己的话说，“古松的形象一半是天生的，一半是人为的。”[23]在朱光潜看来，人们可以通过“移情”的方式将自己的社会品格移植到自然对象上去，然后再加以欣赏：“古松的形象引起清风亮节的类似联想，我心中便隐约觉到清风亮节所常伴着的情感。因为我忘记古松和我是两件事，我就于无意之中把这种清风亮节的气概移植到古松上面去，仿佛古松原来就有这种性格。”[24]

吕荧和朱光潜都重视和强调审美活动中的社会因素，却又不认为这种因素是自然对象所固有的，而是审美主体所附加的。于是前者直接否认美的客

21 《朱光潜全集》第五卷，安徽教育出版社，1989年，第11页。
22 《朱光潜全集》第五卷，安徽教育出版社，1989年，第9页。
23 《朱光潜全集》第五卷，安徽教育出版社，1989年，第9页。
24 《朱光潜全集》第五卷，安徽教育出版社，1989年，第22—23页。

观性，主张“美是人的社会意识”[25]；后者则将美视为客观对象与主观意识的统一，主张“美的社会性属于物的形象，起于社会意识形态”[26]。不难看出，朱光潜也并未真正实现“主客观的统一”。正像许多批评者所指出的那样，其观点的实质是让“客观的形象”统一于“主观的意识”。

在50年代美学大讨论中，除了蔡仪、吕荧、朱光潜之外，持有类似观点的还有黄药眠、高尔泰等众多学者，“在他们那里，美的客观性与社会性是非此即彼、互相排斥的不可统一的对立，以为如果承认了美的社会性就必须否认美的不依存于人类主观条件（意识、情趣等）的客观性；或者是以为承认了美的这种客观性，就必须否认美的依存于人类社会生活的社会性。”[27]与这些观点不同的是，李泽厚发表了《美的客观性与社会性》《论美感、美和艺术》等文章，他认为：“自然本身并不是美，美的自然是社会化的结果，也就是人的本质对象化的结果。”[28]从而为“实践美学”奠定了基础。

我们知道，所谓美学问题，即是要从根本上解释对象世界何以会引发人类主体情感变化的问题，而“实践美学”的意义就是要从“实践”这一主观见诸于客观的历史活动入手，进而打通客观与主观、物质与精神之间的内在联系：一方面是“人化的自然”，“我们看到，工业的历史和工业的已经生产的对象性的存在，是一本打开了的关于人的本质力量的书，是感性地摆在我们面前的人的心理学”[29]；另一方面是“自然的人化”，“所以社会的人的感觉不同于非社会的人的感觉。只是由于人的本质的客观地展开的丰富性，主体的、人的感性的丰富性，如有音乐感的耳朵、能感受形式美的眼睛，总之，那些能成为人的享受的感觉，即确证自己的人的本质力量的感觉，才一部分发展起来，一部分产生出来……五官感觉的形成是以往全部世界历史的产物。”[30]从这一意义上讲，人与对象世界的情感联系，就不仅仅可以从生物学的意义上加以理解了。如果说，在自然美的领域中，美的价值判断应该与自然的进化方向相一致；那么在社会美的领域中，美的价值判断则应该与社会进步的方向相吻合。

25 吕荧：《美是什么》，《人民日报》1957年12月3日。

26 朱光潜：《论美是客观与主观的统一》，《哲学研究》1957年。

27 李泽厚：《美的客观性与社会性》，《人民日报》1957年1月9日。

28 李泽厚：《论美感、美和艺术》，《哲学研究》1956年第5期。

29 《马克思恩格斯全集》第42卷，人民出版社，1979年，第127页。

30 《马克思恩格斯全集》第42卷，人民出版社，1979年，第126页。

由于“实践美学”以马克思的《1844年经济学——哲学手稿》为依据，从社会实践的角度“重新找到了”沟通主观世界与客观世界的中介环节，将人类主体在情感上“享受”客观世界的精神活动建立在人类主体在实践上“改造”客观世界的物质活动的基础之上，从而开辟了美学研究的第二条路径，并迅速成为当代中国美学的主流学派。然而，我们在充分肯定“实践美学”之历史贡献的同时，又必须看到此一学说所存在着的两个不容忽视的弱点：首先，由于“实践美学”强调的是人类主体群体实践对客观世界的“物质性改造”以及这一改造对人类审美情感的历史性“积淀”，而非人类主体个体实践对客观世界的“精神性超越”以及这一超越对人类审美习惯的现实性“突破”，因而有着重视群体、忽视个体，重视必然、忽视自由，重视继承、忽视创造的缺陷。这一缺陷使其容易解释审美欣赏而不容易解释审美创造，因为历史上任何一部艺术杰作的诞生都不是群体性的社会实践简单“积淀”的结果，而恰恰是作为个体的艺术家对以往审美经验的历史性“突破”。[31]其次，由于“实践美学”强调的是人类主体的“社会实践”以及这一实践在对象世界所打上的“人类印记”，而非对象世界固有形态所可能具有的审美价值，因而有着重视主体、轻视客体，重视社会、轻视自然的缺陷。这一缺陷使其容易解释社会美而不容易解释自然美，因为像张家界、九寨沟之类的自然景观，恰恰是未经人化的原始自然。[32]无论李泽厚先生用广义的“人化”还是狭义的“人化”来扩充自己的观点，用“自然的人化”理论来解释这类自然美的现象，总显得有些削足适履、力不从心。“实践美学”的上述两大弱点，既涉及其理论内部的张力问题，又涉及其逻辑起点的定位问题。

对于前者，笔者曾经指出：“这种学说旨在说明某种文化意识和心理结构的独立性、历史必然性，而非着重强调如何改造和更新这种现存的‘文化—心理结构’。因此，它更适合解释历史，而不足以说明未来。因为所谓‘积淀’只是历史留给我们的精神遗产，它既是财富，也是包袱；既有其历史的合理性，又有其现实的不合理性。因为，每一个生活于历史进程中的人，不仅需要依靠历史遗留给我们的‘文化—心理结构’判断世界的真、善、美，

31　参阅陈炎：《试论“积淀说”与“突破说”》，《学术月刊》1993年第5期。

32　参见陈炎：《儒、释、道的生态智慧与艺术诉求》“绪论”第三节，人民出版社，2012年。

而且有权力去自觉地改变和更新我们现有的知识结构、价值尺度和审美标准。……设想一下，如果历史上没有第一个人站起来声称：不是太阳围着地球转，而是地球围着太阳转！那么人类的知识结构怎么能够更新？如果没有第一个人站起来宣告：上帝死了！他把昔日的道德规范也一同带进了坟墓，那么人类的伦理标准如何能够发展？如果没有第一个人穿起牛仔裤而周游于大庭广众之中，那么人类的审美趣味又何以能够演变？……而当上述'第一个人'作出与众不同的选择和实践的时候，他实际上正是对传统的'文化—心理结构'的背叛！而'积淀说'的最大缺陷，就在于忽视了这种'背叛'。"[33]对于类似的批评，李先生似乎也有所回应，他甚至激情洋溢地指出："于是，回到人本身吧，回到人的个体、感性和偶然吧。从而，也就回到现实的日常生活（everyday life）中来吧！不要再受任何形而上学观念的控制支配，主动迎接、组合和打破积淀吧。"[34]然而，这种表态式的观点是无法从"积淀说"本身的理论体系中推导出来的，因为这个以"积淀"为核心的理论体系并没有给个体人的自由"突破"留出应有的地位和空间。

对于后者，汪济生在一部批评李泽厚美学思想的专著中指出："他的理论'体系'的一切问题，首先就出自他所认定的这个所谓的'逻辑起点'是错误的。"[35]其错在"是对'劳动创造了美'这一描述性文句的外延，作了超越极限的扩展，变成了没有'劳动'，就不会出现'美'。"[36]"仿佛不但是美的事物、实体，而且连美的'本体'、美的原始动机、感受美的欲望、感受美的器官，都是劳动创造的。"[37]我们知道，人类本身就是自然进化的产物，人类使用和制造工具的劳动能力本来就是生物进化的结果。但是李泽厚却斩断了生物进化的历史过程，将美学的逻辑起点设定为劳动实践。这也就将作为社会实践前提的自然乃至人类进化的生物属性完全逐出了美学研究的领地，因而被汪济生戏称为是一种"误认奶娘作亲娘的美学"。[38]对于类似的批评，李泽厚似乎早有准备。他曾经指出："生、性、死是属于个体的，却又仍然从属于社会，它们是自然生物性能，却同时也是历史的遗产。但人类的历史遗产首先

33　陈炎：《试论"积淀说"与"突破说"》，《学术月刊》1993年第5期。

34　李泽厚：《华夏美学·美学四讲》，生活·读书·新知三联书店，2008年，第407页。

35　汪济生：《实践美学观解构》，上海人民出版社，2007年，第233页。

36　汪济生：《实践美学观解构》，上海人民出版社，2007年，第238页。

37　汪济生：《实践美学观解构》，上海人民出版社，2007年，第238页。

38　汪济生：《实践美学观解构》，上海人民出版社，2007年，第247页。

是工具本体，不同时代、社会的物质文明，历史具体地提供或实现个体的不同的生（如生活方式）、性（如婚姻形态）、死（如战死或寿终的不同意识）和语言（Sapirwhorf理论）。”[39]从表面上看，李先生既承认了人的自然属性，又重视人类的社会属性，似乎是十分辩证的。然而让人费解的是，李泽厚何以一口断言“人类的历史遗产首先是工具本体”呢？正如人类首先是动物，然后才进化成人一样，人类的特点首先应该是自然进化的“历史遗产”，其次才是什么“工具本体”。诚如李先生所言，“生、性、死是属于个体的，却又仍然从属于社会，它们是自然生物性能，却同时也是历史的遗产。”然而，“生”首先是一种自然现象，然后才是一种社会现象；“性”首先是一种生理现象，然后才具有社会属性；“死”首先是一种生物事实，然后才具有社会意义！李泽厚不仅颠倒了人的“生物属性”与“工具本体”之间的逻辑顺序，而且要彻底取消前者的现实意义。他甚至指出：“具有血肉之躯的个体的‘我’，历史具体地制约于特定的社会条件和环境，包括这个个体的物质需要和自然欲求都有特定的历史内容。看来是个体的具体的人的需要、情欲、存在，恰好是抽象的、不存在的；而看来似乎是抽象的社会生产方式、生产关系，却恰恰是具体的、历史现实的、真实存在的。不变的共性也许只是动物性，不同的生存、婚姻、美味、爱情都具体地制约和被决定于社会环境和历史。”[40]这样一来，李泽厚就像变魔术一样“辩证地”抽空了人的动物性本能，从而将人的“主体性”界定为“超生物族类的社会存在”[41]，并进而将美学研究仅仅限制在社会实践的基础之上。然而让人感到困惑的是：就算人的动物性本能要受到社会环境和历史条件的限制，难道它们就“不存在”吗？就算人的动物性本能是“不变的共性”，难道它就不在审美的过程中产生作用了吗？于是，在李泽厚那里，正像以“历史积淀”为核心的理论体系没有给个体人的自由创造留出应有的地位一样，以“工具本体”为核心的理论体系也没有给人的生物性本能留下任何研究的空间。

对于“积淀说”的前一个弱点，一些批评者们祭起了“生命美学”的大旗，认为只有作为群体“实践”对立面的个体“生命”，才具有创造美的原始动力。美是自由的象征，而自由来自非理性的个体生命。对于“实践美学”的

39　李泽厚：《华夏美学·美学四讲》，生活·读书·新知三联书店，2008年，第264页。

40　李泽厚：《批判哲学的批判——康德述评》，人民出版社，1984年，第432页。

41　李泽厚：《批判哲学的批判——康德述评》，人民出版社，1984年，第94页。

后一个弱点，一些否定者们则希望用“生物美学”取而代之，主张“用生物学家们考察生物进化的各个阶段的方法，从美的最低级、最简单、最稳定的初级阶段，向它的高级阶段依次考察，以寻出其统一性质和一以贯之的线索。”[42]美是人对外界的情感反应，而情感决定于人的生物机能。

然而在笔者看来，尽管这两类学者均指出了李泽厚美学思想的一些局限，但其解决问题的方案又各有偏颇。就前者而言，无论是“生命美学”之前就主张“美是自由”的高尔泰，还是作为“生命美学”哲学基础的现代西方“人本主义”思潮，都把人的自由与物质实践对立起来；而李泽厚则又把劳动实践与自然进化割裂开来。其实，人之所以有了不同于其他动物的自由，正是由于人类在漫长的自然进化中获得了使用和制造工具的能力，从而具备了超出物种限制的行为方式和选择能力。从人类创造出第一把石斧开始，这种“无中生有”的创造根本不是什么社会“积淀”的成绩，而恰恰是自然“进化”的结果。这种自然进化的能力通过个体的“创造”突破了物种的原有局限，使人开始获得了自由的可能！——其他动物只能按照固有的行为模式活着，而人却可以按照不同的行为模式创造别样的世界和多彩的人生。用马克思的话来说，“一个物种的全部特性就在于物种的生活活动方式，而人的物种的特性就在于他的生活是自由的、有意识的。”[43]因此，尽管笔者并不否认群体性的社会实践也会反过来影响个体人的思维方式和行为方式，从而构成了“积淀”与“创造”之间的双向互动。然而这里需要强调的是，正如“自然进化”的终点恰恰是“人类进化”的起点一样，“生物美学”研究的终点恰恰应该是“实践美学”研究的起点。就像只有符合自然进化方向的“变异”才有可能获得生物性“遗传”而被保留下来一样，只有符合社会发展方向的“创造”才有可能获得社会性的“积淀”而被保留下来。在这里，“创造”与“积淀”之间的辩证关系无非是生物进化中“变异”与“遗传”之间的辩证关系在社会生活领域中的延伸罢了。就后者而言，尽管“生物美学”的研究路径有助于揭示人类审美能力的生物学前提，以及由生物进化而带来的情感偏好；然而，要想从生物进化的角度出发，寻找到人类欣赏包括自然美和社会美在内的“一以贯之的线索”恐怕是困难的。因为在

42　汪济生：《系统进化论美学观》，北京大学出版社，1987年，第6页。

43　［德］马克思：《1844年经济学—哲学手稿》，《美学》，上海人民出版社，1979年，第5页。

人类不断改造自然的过程中，人与对象世界的关系已经出现了质的变化。所以，正如我们不能用“实践美学”来取代“生物美学”一样，我们也不应该用“生物美学”来取代“实践美学”。我们应该既看到二者之间的联系，又看到二者之间的区别，从而以阶段性的方式将两条路径连接起来，使二者得到相互的补充：前一条路径有利于探索自然美，后一条线索有利于探索社会美。

“威尔逊用‘文化基因’的概念来解释一个社会文化行为的总和。‘文化基因’不完全是先天的，它包含着对文化行为的后天选择。但是，威尔逊强调，后天选择受遗传倾向和禀赋的影响，而遗传特征又是自然选择的结果。所以，归根到底，能够有效地适应环境的文化选择是自然选择的基因倾向。”[44]“‘文化基因’的概念解释了先天基因控制与后天文化习俗之间同步互动的进化过程。”[45]这个过程在美学研究中本应构成“生物美学”与“实践美学”之间薪火相传的关系。然而无论是汪济生还是李泽厚，他们只死抱着自己手中的薪火，却拒绝接受或传递给对方。

然而，即便我们承认了“生物美学”与“实践美学”的双重合法性，仍然是有所欠缺的，我们还需要努力开辟美学研究的第三种路径：“符号美学”。而要说明这第三条路径的理论意义，还必须再次回到人的基本属性上来。

三

严格来说，人不仅是动物，也不仅是能够制造和使用工具的动物，而且是能够创造并使用符号的动物。其他动物只能靠天生的肉体机能与同类沟通，而人类却可以通过语言符号而思考问题、沟通信息、积累经验、表达情感。恩斯特·卡西尔（Ernst Cassirer，1874—1945）认为：“因此，我们应当把人定义为符号的动物（animal symbolicum）来取代把人定义为理性的动物。只有这样，我们才能指出人的独特之处，也才能理解对人开放的新路——通向文化之路。”[46]当然了，与人类使用和制造工具的能力一样，人类创造和使用符号的能力也是经过漫长的自然进化而获得的。如果说前一种能力的获得，改变

44　赵敦华：《人学研究的“达尔文范式”》，《复旦学报》2002年第4期。

45　赵敦华：《人学研究的“达尔文范式”》，《复旦学报》2002年第4期。

46　［德］恩斯特·卡西尔：《人论》，甘阳译，上海译文出版社，1985年，第34页。

了人与自然的关系；那么后一种能力的获得，则改变了人与人的关系，使人类社会成为可能。

作为社会组织的成员，人不仅要通过符号来传递思想，而且要通过符号来表达感情。于是，艺术美的问题便与符号之间有了千丝万缕的联系。在卡西尔看来，"人不再生活在一个单纯的物理宇宙之中，而是生活在一个符号宇宙之中。语言、神话、艺术和宗教则是这个符号宇宙的各部分，它们是织成符号之网的不同丝线，是人类经验的交织之网。""艺术可以被定义为一种符号语言"，"美必然地、而且本质上是一种符号"，这类包含着艺术和美在内的"符号体系"，"在对可见、可触、可听的外观中给予我们以秩序"，"使我们看到的是人的灵魂最深沉和最多样化的运动"。[47]卡西尔的这一观点获得了美国学者苏珊·朗格的响应和支持，并在美学和艺术理论界产生了重要的影响。于是，从符号学角度出发去进行美学研究，也便成为一条行之有效的理论途径。

我们知道，古人纯粹为了"欣赏"而"创作"的东西并不多：在中国，青铜器的铸造与祭祀活动密不可分，韵文的撰写同时也是应用文体，就连看似纯粹的诗、乐、舞也只是行为规范、典章制度的一部分；在西方，神话与宗教信仰密不可分，史诗有着记录史实的目的，喜剧由娱神的狂欢游行演变而来，悲剧则起源于对亡灵的祈祷。所以，中国的"六艺"泛指礼、乐、射、御、书、数等六种技艺；西方的"七艺"泛指文法、逻辑、修辞、算术、几何、音乐和天文学。直到中国的魏晋之际，才进入"文学自觉"乃至"艺术自觉"的时代；而西方"自从十七世纪末，art专门意指之前不被认为是艺术领域的绘画、素描、雕刻与雕塑的用法越来越常见，但一直到十九世纪，这种用法才被确立，且一直持续到今。"[48]

艺术的自觉会给美学研究带来哪些改变呢？我们知道，"实践美学"所谓的"实践"是从发生学意义上讲的，因而其强调的始终是物质实践；但艺术实践却有着更加直接的现实意义，因为它恰恰是一种精神实践。为了强调二者之间的区别，李泽厚曾经指出："在五、六十年代，我曾用过'人的本质对象化'的提法，但我发现这个提法引起了好些滥用，后来我就只讲'自然的人

47 ［德］恩斯特·卡西尔：《人论》，上海译文出版社，1985年，第33、212、175、214、189页。

48 ［英］雷蒙·威廉士：《关键词》，刘建基译，巨流图书公司，2003年，第14页。

化’和‘自由的形式’，不再讲‘人的本质对象化’了。因为我讲的‘人的本质对象化’本是指上述物质性的现实实践活动，主要是劳动生产，可是许多人却由之而把人的意志、情感、思想都说成是‘人的本质力量’。难道人的情感、思想、意志不是人的本质力量吗？于是认为只要人们赋予对象以人的这种‘本质力量’，就是‘人的本质力量对象化’，就是美了。于是，这也就和朱光潜的说法没有区别了：即人的主观意识、愿望、想象、情感、意志（‘本质力量’）一对象化，来作为象征、符号、艺术作品，亦即主（意识）客观统一，就产生美。这当然不是我所同意的。这并不是说人的主观意志、情感、思想不重要，不起作用，而是说从哲学看，它们不能在美的终极根源和本质这个层次上起作用，只能在美的现象层即构成审美对象上起作用。”[49]然而，这番辨析却恰恰暴露了李泽厚美学思想的局限性：他没有告诉我们，为什么作为“人的本质力量”的情感、思想、意志在对象化的过程中不能够创造美？即便是“它们不能在美的终极根源和本质这个层次上起作用，只能在美的现象层即构成审美对象上起作用”，那便不值得美学家去进行研究吗？反过来说，如果一种美学理论只能停留在“美的终极根源和本质这个层次上”，而不能解释“美的现象层即构成审美对象上”，那么这种理论体系能够说是完整的吗？因此，如果说蔡仪的美学观点可以在自然美的领域中给李泽厚的“实践美学”以必要的修正，那么吕荧和朱光潜的美学思想则可以在艺术美的领域中给李泽厚的“实践美学”以适当的补充。

我们知道，在艺术尚未“自觉”的时代里，人类绝大多数的创作实践都要受到实用目的干扰和实践手段的限制，因而其艺术想象力的解放程度和情感表现力的复杂程度都会大打折扣。只有在作为纯粹精神活动的艺术创作中，人们才最大限度地摆脱了实用目的和现实条件的束缚，从而展开想象的翅膀，在情感的世界里自由地翱翔。因此，艺术领域中的美学研究，确实与实践领域不同，它似乎可以被当作是一个更为纯粹也更为复杂的情感问题而从符号学的角度来加以探讨。因此，如果说在自然领域中，美学研究的是一种基于生理而又超越生理的情感问题；在社会领域中，美学研究的是一种基于工具而又超越工具的情感问题；那么在艺术领域中，美学研究的则是一种

49　李泽厚:《华夏美学·美学四讲》，生活·读书·新知三联书店，2008年，第283—284页。

基于符号而又超越符号的情感问题。

我们知道，卡西尔只是文化哲学家而不是符号学家，尽管他宣称“人是符号的动物”，但却没有界定过什么是“符号”，更没有论证过为什么“艺术可以被定义为一种符号语言”？为什么“美必然地、而且本质上是一种符号”？因此，要厘清“艺术”与“符号”之间的复杂关系，还要从“符号学”的基本概念说起。我们知道，作为一门研究符号种类及其传递信息原理的人文学科，“符号学”在英语中有两个术语：semiology与semiotics，前者是由瑞士语言学家索绪尔（Ferdinand de Saussure，1857~1913）创造的，后者则来自美国哲学家皮尔斯（Charles Sanders Peirce，1839~1914）。法国符号学家罗兰·巴特（Roland Barthes，1915~1980）曾经指出：“在索绪尔找到能指和所指这两个词之前，符号这一概念一直含混，因为它总是趋于与单一能指相混淆，而这正是索绪尔所极力避免的。经过对词素与义素、形式与理念、形象与概念等词的一番考虑和犹豫之后，索绪尔选定了能指和所指，二者结合便构成了符号。”[50]因此，让我们先从索绪尔的经典概念出发，从“能指”（signifiant）与“所指”（signifie）的关系入手来破解“符号”的秘密。

索绪尔指出：“我们把概念和音响形象的结合叫做符号，用所指和能指分别代替概念和音响形象。”[51]

例如，在交通规则上，“停止”的概念是用“红灯”的形象来体现的，“通行”的概念是用“绿灯”的形象来体现的。有了这种“所指”与“能指”之间的对应关系，“形象”便有了承载“意义”的“深度模式”。从表面上看，艺术也有一种“深度模式”。因为艺术作品也有形象，很像是一个能够诉诸我们感官的“能指”，而这个作品背后又确实包含着类似“所指”的意义。我们观赏凡·高的《向日葵》，看到的当然不只是一些线条和色彩所构成的形象，而是要领悟形象背后的“意义”！我们欣赏莫扎特的《小步舞曲》，听到的当然不只一些丝竹管弦所构成的旋律，而是要体会旋律背后的“意义”！从这一意义上讲，艺术似乎可以被称之为符号。

然而，问题并不那么简单。在索绪尔看来，“能指和所指的联系是任意

50 ［法］罗兰·巴尔特：《符号学原理》，王东亮译，生活·读书·新知三联书店，1988年，第133页。

51 ［瑞士］索绪尔：《普通语言学教程》，高名凯译，商务印书馆，1980年，第102页。

的”[52]，是作为社会群体的人们“约定俗成”的。人们可以用“红灯”代表“停”，用“绿灯”代表“行”；也可以反过来，用“红灯”代表“行”，用“绿灯”代表“停”。只要大家都按照这种新的“约定”来行车，同样可以保证交通安全。不仅如此，人们还可以用不同的“能指”来指涉相同的“所指”，如警察在指挥交通时也可以用“交叉”手臂的姿势代表“停止”，用“伸直”手臂的姿势代表“通行”。与之不同的是，艺术“作品”与其所包含的“意义”之间的关系却不是“约定俗成的”。《向日葵》代表了什么？没有人事先告诉我们。《小步舞曲》意味着什么？也没有人事先告诉我们！但是我们却可以在凡·高那朴拙的笔触和炽热的色彩中感受到一种原始生命的力量，在莫扎特那欢快的节奏和优雅的旋律中体验到一种生活的喜悦。不仅如此，无论是前者给予我们的“生命的力量”还是后者给予我们的“生活的喜悦”，都是独一无二的，它们不可能被其他的作品所取代，也无法还原为一段文字的逻辑内涵！

不仅从作品的性质上讲，艺术不是符号；而且从创作的过程上讲，艺术也不是符号。在语言之类较为复杂的符号体系中，不仅“能指”和“所指”之间的关系有明确的约定，而且不同“能指”之间的运作，也需要遵循约定俗成的语法规则。我们知道，“语言是思维的外壳”，语法的规则与思维的逻辑显然有着极为密切的内在联系。然而，艺术家的创作却没有固定的规则，其思维的逻辑也往往是跳跃性的。艺术家在灵感的触发下，常常利用想象和联想、隐喻和象征等方式将音乐中的节奏和旋律、绘画中的色彩和线条、舞蹈中的肢体和动作、雕塑中的材料和形状组合起来，形成特定的作品和形象，而不是依靠概念、判断、推理的方式。所以，人们常将艺术活动称为“形象思维”，而与符号活动中的“逻辑思维”相区别。

不仅艺术的创作的过程不是符号活动，艺术的欣赏过程也不是符号活动。人们在利用符号之前，首先应该学习和掌握“能指”与“所指”的对应关系，以及“能指”与“能指”之间的语法规则；否则，就像一个不懂外语的中国人一样，永远也无法理解外文的意义。然而，人们在欣赏并非符号的艺术作品时，其情况却刚好不同：莫扎特是奥地利人，他所说的德语中国人听不懂，但我们完全可以欣赏他那轻松而又欢快的《小步舞曲》；阿炳是中国人，

52 ［瑞士］索绪尔：《普通语言学教程》，高名凯译，商务印书馆，1980年，第102页。

他所说的汉语外国人听不懂，但他那凄楚而又悲凉的《二泉映月》却完全可以引起外国人的情感共鸣。

当然了，对于作为语言艺术的文学来说，情况要复杂得多。因为包含诗歌、散文、小说在内的文学恰恰是以语言符号为载体的。正因如此，文学比其他任何艺术形式都能够传达更加复杂的思想信息，文学比其他任何艺术形式都能够反映更为丰富的社会生活。然而，正是由于文学使用了约定俗成的符号载体，也就使其具有了民族语言的局限性。不会德语的人可以听得懂莫扎特的《小步舞曲》，但却看不懂歌德原版的《浮士德》；不会法语的人可以看得懂凡·高的《向日葵》，但却看不懂雨果原版的《悲惨世界》。如果我们要欣赏另外一个民族的文学作品，就不得不首先掌握这个民族的语言符号。从这一意义上讲，文学确实与其他种类的艺术有着非常重要的区别。然而，“使用符号的艺术”并不等同于“承载艺术的符号”！文学家虽然大量使用了语言符号，但其作品的“文学性”并不等于这些符号所指涉的逻辑对象，而恰恰是“文外之旨”“言外之意”，即在通常的语言符号体系之外给读者留下的感觉的空间、回味的余地。所以，真正的文学家必须具有驾驭语言的独创性，即将其对生活的独特感受用独特的语言方式表达出来。正因如此，文学家常常勇于挑战既有的修辞方式和语法规则，采取陌生化的、反常规的、超逻辑的手法而突破日常语言的既有模式，形成对传统符号体系的挑战。“这一点，只有当诗人具有把日常语言中的抽象和普遍的名称投入他诗意想象力的坩埚，把它们改铸为一种新的形态时，才是可能的。他由此便能够表现快乐和忧伤、欢愉和痛苦、绝望和极乐所具有的那些精巧微妙之处，而这却是其他所有表现方式所不可企及和难以言说的。”[53] 文学使死亡的语言复活，使凝固的概念燃烧，使僵化的符号体系又有了新的生命。从这意义上讲，文学是使用语言而又超越语言、使用符号而又超越符号的艺术。[54]

通过以上分析可以看出，至少在索绪尔符号学的意义上，我们完全可以得出与卡西尔相反的观点：艺术无法被定义为一种符号语言，美必然地、而且本质上具有超越符号的意义！这里需要指出的是，在西语中，卡西尔使用的“符号”是symbol，而索绪尔所使用的“符号”则是sign，后者曾经指出：“曾

53 ［德］恩斯特·卡西尔：《符号·神话·文化》，李小兵译，东方出版社，1988年，第109页。

54 参见陈炎：《文学艺术与语言符号的区别与联系》，《文学评论》2012年第6期。

有人用symbol一词来指语言符号，我们不便接受这个词……symbol的特点是：它不是空洞的，它在能指与所指之间有一种自然联系的根基”。[55]在这里，我们不得不引出前面提到过的另外一个符号学（semiotics）的创始人：美国哲学家皮尔斯。

首先，与作为语言学家的索绪尔不同，作为哲学家的皮尔斯不仅关心语言符号，而且关心语言之外的其他符号，因而其“符号”的概念要比索绪尔宽泛得多。其次，与索绪尔二分法的符号概念不同，皮尔斯使用了三分法，即把符号分为“表征物”（representament）“对象”（object）和“解释项”（interpretant）三部分组成。其中的“表征物”和“对象”大致相当于索绪尔的“能指”和“所指”，不同之处在于：索绪尔的“所指”只是概念，而皮尔斯的“对象”则可以是客观事物。在皮尔斯这里，“表征物”在人们心目中产生的实际效果便是“解释项”。这样一来，人们主观上对符号的理解便与其客观上的所指对象之间有了一定的距离，从而为对符号的多重解释留下了空间。最后，与索绪尔强调“能指”与“所指”之间的任意性关系不同，皮尔斯把符号分成相似符（icon）、标志符（index）、象征符（symbol）三种类型，认为“表征物”与“对象”之间的关系可以是任意约定的，也可以是有联系、有理据的。这样一来，皮尔斯至少在一定程度上接受了卡西尔对symbol的使用，从而使符号与艺术之间关系变得更为复杂了。

简言之，以索绪尔相对狭窄的符号学看，艺术不是、至少不是严格意义上的符号；以皮尔斯相对宽泛的符号学看，艺术则是一种特殊的符号。其实，问题的关键还不在于“艺术”是否可以被称之为“符号”，而在于符号学研究对艺术的美学本质所带来的挑战，以及这些挑战所可能具有的启发意义。索绪尔的挑战是：既然艺术作品与语言符号不同，其“作品”和“意义”之间的关系没有被事先约定，那么人们又何以能够理解作品背后的意义呢？皮尔斯的挑战是：作为“表征物”的艺术作品与“对象”之间存在着某种相似性或象征性的理据，因而可以在未经约定的情况下在人们的心目中唤起“解释项”，即获得理解，然而这些理据究竟是什么呢？

我们知道，艺术家所使用的媒介往往是具体的、生动的感性材料，如音

55 ［瑞士］索绪尔：《普通语言学教程》，高名凯译，商务印书馆，1980年，第103—104页。

乐中的音响和节奏、绘画中的色彩和线条、舞蹈中的肢体和动作、雕塑中的材料和形状。这些感性材料并不规范，即使将这些材料塑造成物象也不是严格意义上的“能指”，因为它们并不指向明确的“所指”。这就是文学形象不同于新闻人物、绘画作品不同于普通照片的缘故。然而，这些节奏和音响、色彩和线条、肢体和动作、材料和形状，乃至由它们所构成的形象并不是与生活无关的，更不是没有意义的。由于它们与我们的日常生活有着千丝万缕的联系，因而能够引发人们的情感。比如，我们面前有一个瓷瓶，其稳定的造型可能与自然进化物的对称结构有关，其优美的弧线可能引发我们对少女溜肩细腰的联想，其光洁的釉面可能“有素肌玉骨之象焉”，其精湛的工艺可能体现了人类改造自然的伟大力量……。其实，这些能够被说出来的联想还只是显在的、意识层面的，在真正的艺术欣赏中还有许多潜在的、无意识层面的经验在起作用。从这一意义上讲，如果说，在自然美的领域中，美的情感判断应该与自然的进化方向相一致；在社会美的领域中，美的情感判断应该与社会进步的方向相吻合；那么在艺术美的领域中，美的情感判断则是对前两者的继承与扬弃。

正是由于人们与对象世界之间有着这种错综复杂、千丝万缕的联系，使得许多对象的形式对于我们来说已不是纯然“客观”的，而是带有一定“情感”的了。正如杜威在《经验与自然》一书中指出的那样，“从经验上讲，事物是痛苦的、悲惨的、美丽的、幽默的、安定的、烦扰的、舒适的、恼人的、贫乏的、粗鲁的、慰藉的、壮丽的、可怕的。”[56]因此，如果我们把这些节奏和旋律、色彩和线条、肢体和动作、材料和形状也当作“能指”的话，那么它们所暗含的“所指”不是确切的事物或概念，而是复杂而精微的情感。在这里，由于“能指”与“所指”之间的关系不是约定俗成的，而是潜移默化的，因而还不能说是一种严格意义上的符号。正因如此，它们之间的关系常常是多元的、复杂的、似是而非的，而不是清晰的、明确的、溢于言表的。这便是艺术作品“形象大于思想”的原因所在。然而也正因如此，它们之间的关系又常常是超越民族、超越社会的。这也正是中国人能够理解莫扎特那轻松而又欢快的《小步舞曲》、奥地利人能够欣赏阿炳那凄楚而又悲凉的《二泉映月》的

56　转引自［德］恩斯特·卡西尔：《人论》，甘阳译，上海译文出版社，1985年，第100页。

原因所在。这里的原因可能不只是几千年的文化“积淀”，而且承载了整个人类乃至自然进化的奥秘!

说到底，大千世界是无限丰富和复杂的，我们能感受到的只是其中的一小部分，而能够用语言概念加以表述的又只是感受到的一小部分。因为“概念”只是思维的网结点，而思维这只网即使织得再密也会留下漏洞。因此，由“感性”上升到“理性”、由“形式”上升到“概念”、由“现象”上升到“本质”的过程，既是一种获得的过程，也是一种失去的过程。从这一意义上讲，“感觉经验”并不低于“理性认识”，也不仅仅是理性认识的初级阶段，而有其独特的价值。开掘这一价值，正是“感性学”或称之为“美学”（Aesthetica）的意义所在。所以，在笔者看来，Aesthetica作为“美学”，并不是要追求什么“感性认识的完善”，而是要探究我们何以会获得那种“只可意会、不可言传”的情感体验。“换言之，如果我们的对象既不可‘意会’，也不可‘言传’的话，我们便无法把握任何信息；如果我们的对象既可‘意会’，又可‘言传’的话，我们便能够将其提升到概念、范畴的高度，在符号系统中加以理解。但是，无论我们的符号系统多么完善，无论我们的语言体系多么丰富，我们总是无法将所有的感觉形式都上升到符号概念和语言逻辑的高度来加以理解。也就是说，我们总会有一些‘只可意会、不可言传’的东西需要表达，而这种表达的形式，就是艺术。因此，面对一部成功的艺术作品，我们总有一种说不清、道不尽的情感体验，就像我们品尝一杯美酒、一壶好茶一样。因此，对于一部成功的艺术作品来说，‘形象大于思想’是一种普遍的现象。说穿了，所谓‘形象大于思想’，就是感性的艺术形式所承载的信息多于理性的逻辑描述，这也就是一部真正的艺术作品无法被归约为符号的真正原因。”[57]

如果说，“生物美学”有助于探讨自然美的奥秘，“实践美学”有助于探讨社会美的奥秘，那么“符号美学”则有助于探讨艺术美的奥秘。因为在艺术活动中，人们不仅能够最大限度地排除功利目的和实践条件的干扰和限制，最大限度地发现和探讨人类复杂而又精微的情感世界，而且能够最为自觉地与既有的逻辑符号体系进行挑战。因此，如果说“生物美学”研究的终点正是“实践美学”研究的起点，那么“实践美学”研究的终点则应是“符号

57　陈炎：《文学艺术与语言符号的区别与联系》，《文学评论》2012年第6期。

美学”研究的起点。

当然了，这个“起点”性的工作还刚刚“起步”。“全球性符号学或者符号学全球化的趋向显示，目前符号学研究正在向比较学方向发展。其结果是，全球化符号学可以相当于广义的比较符号学，从而导致对一般符号学或理论符号学身份、方向、对象的再反省。符号学运动在全球化时代将获得一种新的动力。新时代的符号学在理论上应该同时与欧美的和非欧美的学术—文化传统相联系，它也将与一切人文社会科学相联系。实际上，符号学将成为对人类全体人文科学进行重组和改造的理论基础之一”[58]

（此文为教育部人文社会科学重点研究基地重大课题“文明的结构与艺术的功能”的阶段成果，以《创新与超越：美学研究的三种路径》为题发表于《中国社会科学》2016年第6期）

58　李幼蒸：《符号学的认识论转向——从自然和文化世界中的记号到学术话语的语义学制度》，《外国社会科学》2007年第2期。

陈炎学术文集
CHENYAN XUESHU WENJI
文艺美学卷·二

策划编辑 云慧霞　　责任校对 高 歌
责任编辑 云慧霞　　责任印制 韩 刚
书籍设计 张申申

图书在版编目（CIP）数据

陈炎学术文集．文艺美学卷．二 / 陈炎著．-- 北京：
高等教育出版社，2016.12
ISBN 978-7-04-045312-6

Ⅰ．①陈… Ⅱ．①陈… Ⅲ．①社会科学－文集②文艺美学－文集 Ⅳ．①C53②I01-53

中国版本图书馆CIP数据核字(2016)第098791号

出版发行	高等教育出版社	网　址	http://www.hep.edu.cn
社　址	北京市西城区德外大街4号		http://www.hepmall.com.cn
邮政编码	100120	网上订购	http://www.hepmall.com.cn
印　刷	北京汇林印务有限公司		http://www.hepmall.com
开　本	787mm × 960mm 1/16		http://www.hep.cn
本册印张	21	版　次	2016年12月第1版
本册字数	300千字	印　次	2016年12月第1次印刷
购书热线	010-58581118	总 定 价	298.00元
咨询电话	400-810-0598		

本书如有缺页、倒页、脱页等质量问题，请到所购图书销售部门联系调换

版权所有 侵权必究
物 料 号 45312-004

陳炎學術文集

文藝評論卷

高等教育出版社·北京

目　　录

（按文章发表时间先后排序）

双重的性格

一

刘再复先生在《文学评论》1984年第3期上发表的《论人物性格的二重组合原理》一文提出了艺术创作中的一个十分重要的理论问题。对于这篇文章的主要观点，我是赞同的。同时还觉得有必要将这一研究进一步深入下去。我认为，现在问题的关键不在于艺术家笔下的人物性格是否有必要二重化或多重化，也不在于是否应该在这种二重化或多重化的基础上进一步地统一起来。对于这两个问题，刘文已做出了令人信服的、肯定的答案。现在问题的关键是怎样将人物性格的各个侧面有机地统一起来，使人物既不是某种孤立的性格特征的寓言式的抽象品，又不是一盘无规则、无生命的散沙。我认为，对于这一关键性的问题，刘文的论述是不够充分的。

所谓“美恶并举”“美丑泯绝”只不过是对艺术形象的经验形态的描述，而这类描述往往只能让我们知其然而不知其所以然。

——诚然，十全十美的“十景病”是一种病态的美，然而故意在美人脸上添一小块黑痣的“缺陷美”就一定是健康的吗?

——诚然，一个每时每刻、一言一行都在表现吝啬的悭吝人算不上真正的艺术典型，然而在他的吝啬之外再加上机敏、伶俐、仇念深重和慈爱子女的特点就一定会成为不朽的形象吗？

——诚然，阿Q时而表现出农民的质朴，时而表现出游手之徒的狡猾；时而不满权势者对他的凌辱，时而又愚弄比他更弱的弱者；时而拥护“男女之大防”，时而又向吴妈求爱……然而这一切与阿Q的性格核心——精神胜利法之间究竟有什么样的联系呢？

不错，这是一种“一”和“多”的关系，“纯”与“杂”的关系。但是关键不在于承认这种关系的存在，而在于怎样解释“多”何以统一于“一”，“杂”怎样归结为“纯”。正像刘文中所指出的那样：“作家仅仅意识到性格的二重结构是不够的，还必须意识到二重结构是一元化的二重结构。只有这样，才能完整地了解性格的二重组合原理。”为了解释这个“一元化的二重结构”，他使用了时间和空间、质和量、“熵”和“平衡态”等范畴。然而我认为，这并没有找到解决问题的关键性的钥匙。

刘再复先生提出的问题，实质上就是在人物性格的塑造上如何运用艺术辩证法的问题。因此，我认为对立统一规律才是解决这一问题的最好的钥匙。然而，作为刘文的补充，这里并不想进行单纯思辨性的理论研究，而是想通过对周朴园形象的分析来阐述一下我自己对于这一问题的粗浅的看法。

二

如同莫里哀笔下的答尔丢夫一样，曹禺笔下的周朴园也以伪善为其性格核心，如果失去了这一核心，周朴园也就不再是周朴园了。然而周朴园的伪善与答尔丢夫的伪善却有很大的区别。正如普希金所说的那样，作为法国新古典主义的范本，“莫里哀的伪君子追求自家恩人的妻子时是伪善的，侵占财产时是伪善的，讨一杯水时也是伪善的。”[1]言行是内心世界的外在表现，因此莫里哀为观众提供的是一个单纯的、无差别的、除了伪善之外什么也没有的简单的灵魂。而我们在《雷雨》中所看到的，却远远不止这些。

大幕一拉开，我们首先看到的是周家的陈设。“触目的是一张旧照片，很

1　转引自布罗茨基主编《俄国文学史》三卷本，蒋路等译，作家出版社，1962年，第387页。

不调和地和这些精致的东西放在一起”[2]。——那照片是周朴园曾经抛弃的“下等人”的女儿侍萍的。接下去，我们又发现周朴园有许多怪习惯：客厅里的家具要按侍萍在时的老样子摆着，不能变；自己要穿侍萍补过的旧衬衣；甚至无论天气怎样热，也要保持侍萍的习惯——不开窗户。

这一切究竟是为了什么？难道仅是像有些人理解的那样是做出来欺骗别人的吗？显然不是。那么是出于对侍萍的真心怀念吗？我认为起码在一定程度上是这样的，起码周朴园自认为是出于真心的。

第一幕中有这样几句台词：

周朴园：怎么，这窗户谁开开了？

周萍：弟弟跟我开的。

周朴园：关上。（擦眼镜）这屋子不要底下人随便进来，回头我准备一个人在这里休息的。

“回头我准备一个人在这里休息的。”这句话说明了什么？请不要忘记，这是出自戏剧大师曹禺的手笔，它是有潜台词的！

既然周朴园喜欢侍萍，那他当年为什么要抛弃她呢？既然周朴园为此事忏悔了三十年，那当侍萍又一次出现的时候为什么又要逼她走呢？这样解释，人物的思想和行为不是自相矛盾了吗？岂止是思想和行为有矛盾，人物的内心世界本身就是一个矛盾着的世界。

列宁在《谈谈辩证法问题》中指出，对立统一的法则就是“承认（发现）自然界（精神和社会两者也在内）的一切现象和过程都含有互相矛盾、互相排斥、互相对立的趋向”。[3]这里所说的“一切现象和过程”自然也包括人的思想和人的社会活动在内。因此，承认不承认人的内心世界的矛盾性和复杂性，实质上就是承认不承认辩证法关于矛盾的普遍性和绝对性学说的问题。我们常常引用马克思在《关于费尔巴哈的提纲》中的名言：“人的本质并不是单个人所固有的抽象物。在其现实性上，它是一切社会关系的总和。”[4]正如

2　本文有关《雷雨》的引文都出自《曹禺选集》，人民文学出版社，1961年。

3　列宁：《谈谈辩证法问题》，《列宁全集》第55卷，人民出版社，1990年，第306页。

4　马克思：《关于费尔巴哈的提纲》，《马克思恩格斯全集》第3卷，人民出版社，1960年，第5页。

没有抽象的爱、抽象的恨、抽象的人性一样，也没有抽象的吝啬、抽象的伪善、抽象的阶级性。所以，莫里哀笔下的伪君子、悭吝人和我们看够了的那些“高大全”式的英雄们无非是作者利用知性分析法从具体的生活现象中所抽象出来的最稀薄的概念的影子。黑格尔说：“知性的活动，一般可以说是在于赋予它的内容以普遍性的形式。不过由知性所建立的普遍性乃是一种抽象的普遍性，这种普遍性与特殊性坚持地对立着，致使其自身同时也成为一特殊的东西了。知性对于它的对象既持分离和抽象的态度，因而它就是直接的直观和感觉的反面，而直接的直观和感觉只涉及具体的内容，而且始终停留在具体性里。”[5]这使我们想起了车尔尼雪夫斯基的名言：“茶素不是茶，酒精不是酒。”（《生活与美学》）而辩证法却认为，任何真理都是具体的，艺术典型也应该是具体的。“每一个人都是一个整体，本身就是一个世界，每个人都是一个完满的有生气的人，而不是某种孤立的性格特征的寓言式的抽象品。”[6]

那么周朴园内心世界的矛盾又是从何引起的呢？还是在年轻的时候，他曾经爱过一个姑娘，但是为了自己的利益却又不得不把她抛弃了。在听说那姑娘为此而自杀之后，他心里十分明白，自己就是杀害她的凶手！一个自己喜爱的姑娘，无辜地被自己逼死了，这对于一个具体的而非抽象的人来说能无动于衷吗？周朴园是一个刽子手，为了发一笔昧心财，他“故意淹死了两千二百个小工”，而在精神上却可以不负任何责任。可唯独那个下等人家的女儿侍萍，他却是永远也忘不了的，这块心病一直在他身上埋藏了三十年。因为这件事不仅损害了别人的利益，而且违背了自己的感情。——“你不要以为我的心是死了，你以为一个人做了一件于心不忍的事都会忘了么？”周朴园这话并不是用来欺骗别人的，他的内心世界已经陷入了不可自拔的矛盾之中，所以他才那么认真地保持着侍萍的习惯。他以为自己这样做是虔诚的，只有这样做自己的灵魂才可以得到安宁，才算是对得起那死去的姑娘了。

可见，曹禺发现了这个人物内心的秘密，他知道“伪善”这个词的更深刻、更内在的含义——不仅欺骗别人，而且欺骗自己。于是，虚伪和虔诚这两个截然对立的极端，在同一个人物身上出现了。这大概就是刘再复所说的“美恶并举”和“美丑泯绝”吧。

5　[德]黑格尔：《小逻辑》，商务印书馆，1980年，第172—173页。

6　[德]黑格尔：《美学》第1卷，商务印书馆，1958年，第295页。

三

但是，正如我们上面所说的那样，问题不在于正视人物性格所具有的二重性或多重性，而在于理解人物性格的各个侧面是如何统一的。黑格尔在《小逻辑》中指出：“分别仅是认识历程的一方面，主要之点乃在于使分别开了的各分子，复归于联合。”[7]用他自己所举的例子来说，肉的本质不等于单一的氮。同时也不等于氮、碳、氢等从肉中分析出来的所有单纯元素的机械的相加。“联合”不是“相加”，它是要从相互联系的整体中，从多样性的有机统一中来进一步地把握的对象。

那么怎样实现这一科学的把握呢？毛泽东在《矛盾论》中指出：“为要暴露事物发展过程中的矛盾在其总体上、在其相互联结上的特殊性，就是说暴露事物发展过程的本质，就必须暴露过程中矛盾各方面的特殊性。”“所谓了解矛盾的各个方面，就是了解它们每一方面各占何等特定的地位，各用何种具体形式和对方发生互相依存又互相矛盾的关系，在互相依存又互相矛盾中，以及依存破裂后，又各用何种具体的方法和对方作斗争。”[8]

周朴园说他抛弃侍萍是做了一件“于心不忍的事”，既然“于心不忍”为什么又要做呢？对于这一具体矛盾，就要进行具体的分析了。周朴园是一个具有浓厚的封建思想的资本家，他在中国这块封建的土壤中长大，又到德国受过现代资本主义的熏陶。因此，他既可以不择手段地去干出只有资产阶级冒险家们才能干得出来的卑鄙的勾当，又有着一副维护封建纲常的卫道士的嘴脸。而这两个剥削阶级的共同本性——唯利是图，则构成了他生活的唯一准则。财产、地位、名誉是他一生所追求的对象，是他的生命。在不妨碍这些的情况下，他是一个有感情、有教养的人；可是一旦他的“生命线”受到威胁的时候，一切面纱都没有了，一切感情都不要了（包括自己的感情），他那“一对沉鸷的眼睛”便死死地盯住自己的利益，是那样的专注、执著、果敢，以至于其他的一切都要为此让路了。就这样，他做了许多伤天害理的事，这些事情就连他所推崇的封建礼教都是不能允许的。所以他在做完坏事之后就常常念经吃素，用忏悔的行动来平息内心的不安。可是，当利益再一次出现在

7 [德]黑格尔：《小逻辑》，生活·读书·新知三联书店，1957年，第124页。

8 毛泽东：《矛盾论》，《毛泽东选集》第1卷，人民出版社，1964年，第299—300页。

他眼前的时候，他的本性又暴露了，继续不顾一切地去干那类“于心不忍”的勾当。这一点，在《雷雨》中表现得十分清楚。

第二幕中，当周朴园听说鲁妈是从无锡来的之后，便十分关切地打听起侍萍的下落，并打算给她修坟墓。对他来说，这些话是沉痛的，是出自内疚、发自内心的。可是，当他听说侍萍还活着的时候，态度就发生了急剧的变化——“周朴园：（惊愕）什么？”注意：是“惊愕”而不是“惊喜”。接下去：

> 鲁侍萍：老爷想见一见她么？
>
> 周朴园：（连忙）不、不、不用。

多么犀利的笔触！一个“连忙”，三个“不”字，就把这个“伪君子”的灵魂活生生地掷到观众面前。在关键的时候（当侍萍的存在可能威胁到自己利益的时候），周朴园会毫不犹豫地抛弃“感情”而抓住“利益”。这个时候，他不再怜悯和怀念侍萍了，他甚至希望侍萍真的死了，而不要来妨碍他这由别人的生命而换来的幸福生活。

可见，在矛盾的主要方面不受威胁的情况下，矛盾的次要方面可以相对自由地表现自己，甚至在表面上占据上风，从而显示出事物内涵的丰富性和复杂性；而当矛盾的主次双方发生对抗性的冲突的时候，矛盾的主要方面就会千方百计地压倒矛盾的次要方面，以显示出该事物的质的规定性。这也就是刘再复先生所说的，人物性格在不同的时空中时而表现出异向性、差异性，时而又表现出定向性、稳定性的原因所在。

对立统一规律告诉我们，矛盾的主要方面规定着事物的性质，贯穿于事物的始终。但是矛盾的主要方面又不能孤立地存在，它必须是在与矛盾的次要方面相联系、相对立、相斗争的情况下才能证实自身的存在。这种对立和斗争非但不会使事物的性质变得模糊、暧昧，反而使之更加清晰、鲜明。因为“事实上，只有抽象理智的有限思维才畏惧怀疑主义，才不能抗拒怀疑主义。与此相反，哲学把怀疑主义作为一环节包括在它自身内，——这就是哲学的辩证阶段。但哲学不能像怀疑主义那样，仅仅停留在辩证法的否定结果方面。怀疑主义没有认清它自己的真结果，它坚持怀疑的结果是单纯抽象的否定。辩证法既然以否定为其结果，那么就否定作为结果来说，至少同时也可说是肯定的。因为肯定中既包含有它所自出的否定，并且扬弃其对方（否定）在自身内，没有对方它就不存在。”[9]也就是说有矛盾有斗争才有存在。而那种无差别的同一则是一种虚无。

周朴园的性格是复杂的。他有专横、凶残的一面，又有软弱、空虚的一面；对侍萍，他害死了又要怀念；对蘩漪，他并无歹意却又那样凶残；对周冲，他出于护佑而又那样威严……这些矛盾，看起来似乎是不合理的，其实人物的性格正是在这种矛盾之中才得到充分的体现。上面提到的周朴园同侍萍重逢的一场戏就很能说明问题。人死了他要怀念，而人活着他却不见，前后几秒钟简直判若两人。这是多么的不合情理！可是仔细想一想，观众不正是通过这一矛盾看到他丑恶的灵魂吗？

正因为每个人物不但都处在特殊的矛盾环境之中，而且自身内部又都具有特殊的矛盾结构，所以曹禺笔下的伪君子，非但不同于莫里哀笔下的伪君子，而且也不同于莎士比亚笔下的伪君子。然而这种特殊的矛盾结构又有着一定的普遍意义，它们分别从不同的角度反映了某一类伪君子的共同本质，这就是所谓共性与个性相统一的艺术典型。

揭示人物内心世界的矛盾，并不妨碍作者对他所进行的歌颂或鞭笞。因为人物内心世界的无数侧面，并不是偶然地堆积起来的一盘散沙，而是一个具有性格核心的有机的统一体。周朴园的行为举止纵有千变万化，然而他的生活准则、他的性格核心则是万变不离其宗的。同所有的资本家一样，在周朴园眼里，钱是万能的。为了钱，他可以抛弃自己所喜爱的姑娘，而去娶一个素不相识的有财产、有门第的小姐；为了钱，他可以故意让江堤出险，淹死两千二百个无辜的小工；他用钱，去收买工贼，破坏罢工；他觉得，用钱也可以赎去自己的罪孽。——“这是一张五千块的支票，你可以先拿去用，算是弥补我一点罪过”；“好，痛痛快快的！你现在要多少钱吧！”杀了人用钱来还，血腥味和铜臭味扑鼻而来，还有比这更无耻的吗？！

正如好人比神更可亲，坏人则比魔鬼更可恶。从这个意义上，我们的确

9　[德]黑格尔：《小逻辑》，商务印书馆，1980年，第181页。

可以说："文学是人学。"而塑造人的形象则要比塑造神魔的形象困难得多。因为人是一个个充满矛盾的活的世界。

（此文原以《从周朴园的形象谈人物性格的二重组合原理》为题，发表于《山东大学文科论文集刊》1984年第2期）

“样板戏”与法国“新古典主义”

十多年来，理论界和批评界一直对“样板戏”问题保持着沉默。然而在理论界和批评界之外，我们常常可以听到两种截然不同的意见：一种意见认为，所谓“样板戏”，无非是江青一伙搞的“阴谋文艺”，因而它也将随着“四人帮”的垮台而永远退出艺术舞台；另一种意见则认为，无论江青一伙从主观上如何利用“样板戏”，作为中国古典戏曲的改造与革新“样板戏”本身取得了非常显著的成绩，因而它还会焕发其旧有的艺术魅力……当由电子琴伴奏的“打虎上山”重新出现在文艺舞台上的时候，有人斥之为“非驴非马”“不伦不类”；有人则赞之为“别开生面”“大胆创新”……看来问题并不简单，历史本身就是复杂的。

作为特定历史条件下所产生的特殊的文艺现象，“样板戏”的出现绝不是偶然的。因此，既不应一任历史的洪流将其淹没而不复理睬，也不应只看到它戏剧形式的革新而忽视其所负载的特定内容的局限性。民族空前的浩劫，应当孕育出空前的觉醒。今天，我们有责任深刻反思“样板戏”产生的历史根源，揭示其赖以存在的社会土壤，汲取其历史教训。

这里所说的“样板戏”，不是单纯的几个剧目，而首先是一个具有独特社会意义和美学特征的文艺思潮。如果我们从人类艺术史这个宏观的角度来考察问题，不妨把“样板戏”和法国十七世纪的“新古典主义”加以比较。因为这两个互不相关的文艺思潮竟有着十分惊人的相似之处。

一、历史选择了戏剧

同“八亿人看八出戏”的时代一样，十七世纪的法国也是一个戏剧的时代。这个时代没有造就出第一流的诗人和小说家，却为高乃依、拉辛、莫里哀的创作提供了适宜的环境，使戏剧艺术在文坛乃至整个社会生活中都占有非常重要的地位。这种体裁上的巧合并不是偶然的，我们知道，京剧是一种高度综合的艺术，它既有客观再现的功能，有故事、有情节，又有主观表现的功能，有音乐、有舞蹈。西方的戏剧虽然较早地放弃了舞蹈和音乐，但同样注重演员的表情和动作，而且直到高乃依和拉辛的时代，悲剧大多还是以诗的语言为台词，很讲究音律的美，富于抒情意味。因此，这种综合艺术对于将主观表现因素和客观再现因素调和起来的古典主义，是最为合适的体裁，从而受到了特定时代的厚爱。[1]

二、时代只承认英雄

法国新古典主义剧作家以古希腊、罗马的典范作品为楷模，并在此基础上把悲剧和喜剧的界限划分得更为显明。在他们那里，阳春白雪的悲剧只能描写王侯将相的生活，而下里巴人的喜剧则应以平民百姓为主角。因为只有叱咤风云的英雄人物才能干出轰轰烈烈的悲剧事业，而微不足道的小人物则只能成为讽刺、鞭笞与嘲弄的对象。在这条无形的原则约束下，莫里哀的喜剧稍有越轨，便立即遭到非难。这种题材上的界限明显地表现出了崇尚英雄、贬低群众的创作倾向，因而为后来的启蒙主义者狄德罗所反对。

“样板戏”的创作固然没有悲剧与喜剧、贵族与平民之分，但著名的“三突出”原则却指示人们：要在所有人物中突出正面人物，在正面人物中突出英雄人物，在英雄人物中突出主要英雄人物。

1　这里对于“古典主义”的理解，参见周来祥先生的《文学艺术的审美特征和美学规律》一书，贵州人民出版社，1984年。

十七世纪以后，亨利四世、路易十三的雄才大略和黎塞留、马扎林的铁血政治，使得在长期的宗教战争中陷入封建割据、停滞不前的法兰西，逐渐向民族的统一、权力的集中发展。在此基础上，伟大的路易十四终于缔造了高度统一、高度集中的君主专制帝国。历史的发展需要王权，因为羽翼未丰的资产阶级必须在王权的庇护下才能与教会势力相抗衡，而王权的巩固又必然导致个人崇拜，因为不受约束的封建君主必然要把自己凌驾在整个民族之上。正是在这种情况下，路易十四用“朕即国家”“君权神授”的信条来建立自己的绝对权威，从而成为法国人民的“太阳王”。

1949年，毛泽东同志领导中国人民经过长期的革命战争，终于结束了旧中国封建割据、军阀混战的局面，建立了统一、完整的中华人民共和国，为中华民族的历史发展开辟了新的局面。但是，由于我们这个社会主义国家并不是在高度发展的资本主义社会的基础上产生的，从某种意义上可以说是从封建社会的襁褓之中挣脱出来的，因而它自身还保存着许多先天的弱点。新中国成立以后，由于我们始终是把斗争的主要矛头指向资产阶级而非封建阶级，这就使得某些先天的弱点得到了后天的发展。当民主被挂上资本主义的头衔而被反复批判之后，个别党和国家领导人便进入了一种“失控”的状态，使自己的权力、意志和形象得以膨胀。加之一些野心家、阴谋家的推波助澜，便使得个人崇拜的歪风甚嚣尘上。“伟大的导师、伟大的领袖、伟大的统帅、伟大的舵手”的每一句话，都成为“最高指示”，无数公民则天天进行“早请示、晚汇报”。与十七世纪的法国不同，社会主义的中国不讲“君权神授”，但人们却相信世界几百年、中国几千年才会出现一个天才人物。中国的领袖不是法国的“太阳王”，而是全中国人民心中“最红最红的红太阳”……

可见，英雄的时代必然产生英雄的艺术，只要生活中还需要“大救星”，舞台上就少不了“高大全”。在那三呼万岁的日子里，艺术家怎么能不崇尚英雄、贬低群众呢？

三、理性抑制情感

法国“新古典主义”的悲剧艺术虽多取材于古希腊、罗马的文学和历史，却根据时代的需要赋予这些古老的题材以新的主题。这一主题就是感性与理性、情感与理智的冲突。

如果说，在法国新古典主义剧作中，爱情的出现只是为了把它引向可悲的结局或唤起理性将它战胜，那么在“样板戏”里，理性已经强大到这种地步，以至于容不得爱情在舞台上出现了。作为一个独特的文艺思潮，“样板戏”几乎完全回避了男女性爱，致使主要人物非鳏即寡，“永恒的主题”荡然无存。这在中外艺术史上的确是十分罕见的。

法国“新古典主义”文艺思潮，是以笛卡尔的理性主义哲学为理论基础的。从社会内容上看，笛卡尔所宣扬的理性既是主体的，又是先验的，因而包含着正反两方面的双重涵义。一方面，人们可以用主体的理性来反抗中世纪的宗教迷狂，因而便具有进步意义；另一方面，人们又可以用先验的理性来压抑自己的感性欲望和个体情感，因而又具有保守性质。而在当时的历史条件下，笛卡尔哲学的双重意义，恰恰是法国的君主专制政体所需要的。作为平衡封建贵族和市民阶层这两大势力的中介人物，路易十四一方面要用人的理性同教会势力作斗争，另一方面要用先验的理性来禁锢市民阶层新的欲望和思想。因此在他那里，理性的实际内容，就是公民义务、民族情操、国家观念等一整套服务于君主专制制度的伦理精神。在这种理论基础和政治环境下，法国新古典主义剧作既脱去了古希腊、罗马戏剧中的宿命色彩，又缺乏十九世纪批判现实主义剧作中的个性意识，而是以崇尚理性、贬低情感为其内容核心的。

中国的“文化大革命”表面上打着“破四旧、立四新”的旗号，而实质上却是一场封建文化在新形势下的全面反扑。不错，“文化大革命”的确破除了烧香、拜佛、算命、许愿等封建文化的外在形式，但它在更深的层次上恢复了封建伦理的内在精神。众所周知，汉文化与世界上其他几个古老的民族文化有着一个重大的区别，这就是它最少宗教而最尚伦理。两千年来的封建统治者主要不是靠宗教信仰而是靠伦理精神来统治人民的。这种封建伦理巧妙地从亲子之爱的血缘关系出发，把这种自然情感扩大到民族、国家等社会领域中来，从父父、子子到君君、臣臣，用忠君爱国的思想来代替理性的思考和真理的追求，来约束感性行为，压抑个体欲望，最终实现其维护封建政体的目的。这种自然情感的扩大和延伸，较之天外的上帝和来世的阴曹具有更大的欺骗性，因此被历代统治者视为治世法宝。历史上多少男人不是为真理而是为国家献出了自己宝贵的生命，多少女人不是为爱情而是为贞操牺牲了自己美好的青春。而那些聪明透顶的统治者又反过来把这些“忠臣”“烈女”树为楷模，以愚弄更多的民众，制造更多的牺牲品。在那个时代里，“国家”“民族”“德行”“贞操”这些至高无上的字眼其精神实质究竟是什么呢？一方面是“战士军前半死生”，另一方面是“美人帐下犹歌舞”；一方面是“好女不嫁二夫”，另一方面是“六宫粉黛三千”！这不能不说是我们民族封建社会的悲剧。而“文化大革命”则是在新的形势下使这一悲剧得以重演。当全国人民都去发扬“龙江精神”的时候，“四人帮”一伙又在干些什么勾当呢？当爱情成为艺术创作中的“禁区”的时候，又是谁在那里堂而皇之地成立“选美小组”呢？……惨痛的历史不得不使我们对于长期以来深信不疑的伦理标准加以重新反思。

四、共性淹没个性

塑造范本式的人物，是法国新古典主义戏剧的共同特征。新古典主义的批评家沙坡兰指出：“艺术所要求的是事物的普遍性，它须要把历史由于它严格的规律而不得不容纳的特殊的缺点和非正规的东西从这些事物里排除出去。”[2]另一位理论权威布瓦洛则说：“谁能知道什么是风流才子、守财奴，什么是老实、荒唐，什么是糊涂、吃醋，则他就能成功地把他们搬上剧场，使他们言、动、周旋，给我们妙呈色相。”[3]用这种思想去指导创作，自然只会雕塑出缺乏个性的类型人物。

“样板戏”中的人物形象也是如此。《红灯记》中的李奶奶，《沙家浜》中

2　《古典文艺理论译丛》第5册，人民文学出版社，1963年，第105页。

3　缪朗山：《西方文艺理论史纲》，中国人民大学出版社，1985年，第403—404页。

的沙奶奶，《平原作战》中的张大娘，《杜鹃山》中的杜妈妈，作为“革命的老妈妈”，只是所处的环境不同而已，个性上的差异是极为有限的。同样，马洪亮与阿坚伯，钱守维与王国禄，龟田与鸠山，又有多少不同呢？说到“高大全”式的“主要英雄人物”，个个都是真、善、美的化身、“石头般的英雄”，都能出生入死，力挽狂澜，临危不惧，视死如归，都要站在高坡上，挥手向前方……至于那些“反面人物”，则是假、恶、丑的体现，仿佛是一个模子里刻出来的。

马克思曾经指出：“我们越是往前追溯历史，个人，从而也是进行生产的个人，就越表现为不独立，从属于一个较大的集体。”“有个性的人与阶级的个人的差别，个人生活条件的偶然性，只是随着那个自身是资产阶级产物的阶级的出现才出现的。”[4]早在前资本主义时代的十七世纪，法国君主路易十四以严厉的法律规定了社会各个阶级的界限，把全国臣民划分为“僧侣阶级”“贵族阶级”和由“平民”及“贱民”组成的“第三等级”，每个阶级又分若干阶层。不同阶级、不同阶层的人物，有着不同的权利与地位，大家都应安分守己，各司其职，甚至连言谈举止也都要符合自己的阶级身份。贵族要有繁文缛节的礼制，平民不应有越雷池一步的妄想……总而言之，在这种严格的封建专制制度下，身份和等级就是人的一切，它将人的个性无情地淹没了。生活中的人物如此，艺术中的人物便不可能不是类型化的了。

在我国的“文化大革命”中，人的个性也遭到了空前的扼杀和摧残。人们不仅要说一样的话，做一样的事，唱一样的歌，跳一样的舞，而且连穿的衣服、留的发式也都要一种样式的。人的价值也不在他的个性与创造，而在于他所属的那个等级。这个等级，当然不是什么公、侯、伯、子、男，而是什么“红五类”，“黑五类”，或什么“造反派”“保皇派”……在这种社会环境下，艺术家又怎么能够创造出富有个性特征的人物形象呢？

五、外在的技巧限制了内在的激情

在法国新古典主义剧作中，精工典雅的艺术追求，对于减少外来语言的

4　马克思：《政治经济学批判导言》，《马克思恩格斯全集》第46卷（上），人民出版社，1979年，第21页。

芜杂不纯，克服民间艺术的粗制滥造，的确产生了积极的影响。但是，在古典主义艺术家手中，这种对于形式要素的过分追求同时又带来了呆板和机械的弊端。首先，新古典主义艺术家把古希腊、罗马的创作经验作为不可逾越的法则，用“三一律”来束缚自己的手脚。其次，新古典主义艺术家只重视外在的技巧而忽视内在的激情，因而把艺术创造混同于工艺制作。布瓦洛曾以权威的口吻指出：“你说你笔头很快，一篇诗走笔而成，这不说明你多才，只说明你欠精审。我宁爱一条小溪流过细软的沙上，徐徐地蜿蜒流过那开花的草场，而不爱泛滥的洪流像骤雨一般翻滚，在泥泞的地面上夹着砂石而奔腾。劝你从容地忙着，总不要失掉耐心，还要十遍、二十遍修改你的作品。要不断地润色它，润色、再润色才对。”[5]显然，这种无视灵感的创作是没有生气的。

必须承认，“样板戏”作为戏之“样板”，在艺术形式上也是十分考究的。在语言上，它取消了传统京剧中道白的变音，使之更接近于现代汉语，同时又摒弃了旧京剧中的插科打诨，使之更为严肃、纯正。在唱腔、伴奏、表演、服装和舞台设计上，也都较之传统京剧有所突破。所有这些“改革”，都使得京剧这一传统的艺术形式更容易被现代人所接受。然而，与法国新古典主义剧作相同，“样板戏”在人物设计和情节安排上也为自己设置了许多条条框框，什么多冲突、多浪潮、三突出、三陪衬等等。其次，“样板戏”在创作上也是只承认理智和技巧而否定灵感和激情，主张字斟句酌，所谓“十年磨一戏”。这种理性分析式的反复“斟酌”，一方面使许多粗糙的地方得到了应有的修正，另一方面却又使得一些情节和语言失去了固有的色彩，显得呆板生硬。

马克思说过：“君主专制是作为文明中心、社会统一的基础出现的。”[6]为了加强对文学艺术的控制，法国君主专制政权采取了一整套措施。首先是利用奖金和津贴来吸引和控制艺术家。其次是建立检查制度，对于那些违背君主意愿和国家利益的作品，严格加以限制、禁止上演。第三是创建法兰西学士院并以此作为权威机构，对当时的作家、作品进行批评。如沙坡兰对于《熙德》的批评，就是在宰相黎塞留的授意下进行的。在这种环境下产生出来的

5 [法]布瓦洛：《诗的艺术》，见伍蠡甫主编《西方文论选》上卷，上海译文出版社，1986年，第294—295页。

6 《马克思恩格斯全集》第10卷，人民出版社，1962年，第462页。

法国新古典主义剧作便在很大程度上宫廷化了，而典雅与呆板的艺术风格，则正是宫廷艺术的主要特征。

“文化大革命”中，“四人帮”直接插手和控制文艺界，千方百计使艺术家为其政治目的服务。首先，他们把艺术创作和政治升迁紧密联系起来，“达者”可为中央委员，“穷”者便是牛鬼蛇神。其次，他们对每出戏都要反复审查，严格把关，稍不如意，便横加指责。第三，他们随时可以授意“梁效”式的写作班子，对作品进行权威性的吹捧或批判。在这种情况下，艺术家便完全失去了自己的意志而成为图解概念的工匠，即所谓“领导出思想，群众出生活，作家出技巧”。在既失去了思想，又失去了生活的情况下，缺乏激情的艺术家便只能在遣词造句上做文章了。

当然，作为两个不同历史时期的产物，法国“新古典主义”艺术与“样板戏”，不能不各自打上本时代、本民族的烙印。而且，作为西方文学发展史上的重要一环，法国“新古典主义”在当时还是具有一定的历史进步意义的。对理性的崇尚，客观上削弱了对宗教的迷狂；在促进语言的规范化和某些文学形式的发展上，对法国民族文化的形成起了重要的作用。作为新兴资产阶级成长时期出现的文艺现象，它多少曲折地反映了资产阶级某些情绪及愿望——尽管这种情绪及愿望时时被封建专制主义所抑制。而“样板戏”的出现，却对新中国的文学发展主要起到了阻碍、窒息的消极作用。它不仅成为“四人帮”篡党夺权、愚弄人民的政治宣传工具，而且给全民族文化事业的发展带来灾难性的影响。

我们对两者的对比，并不是仅就外部现象加以牵强的比附，而是力图揭示其内在的社会本质的相似。发生在十七世纪法国的文艺思潮，竟以特殊的形式重现于二十世纪社会主义的中国，这难道不是值得我们深思的吗？

（此文发表于《山东社会科学》1997年第2期）

感性与理性的反思

所谓感性与理性之争，是在东、西方文化激烈碰撞的社会背景下出现的，是从近两年来有关“文化热”的历史反思之中引申出来的。作为一种价值判断，传统文化的利弊得失并不仅仅取决于作为评价对象的传统自身，而且要取决于作为评价主体的现代人。对于在长期的商品社会中丧失了人伦情感的西方人来说，东方社会保存至今的“天伦之乐”无疑具有动人的魅力；而对于企图冲破宗法观念的中国人来说，那种看似无害的“血缘纽带”也许恰恰会成为束缚个性独立的历史枷锁。对于进行了几百年大机器生产的工业社会而言，东方古老的“天人合一”的思想传统也许将成为挽救其生态平衡的新的世界观：而对于将要结束小农经济的中国社会而言，那种“物我两忘”的庄禅境界绝不可能焕发出任何伟大的首创精神……总之，由于东、西方社会具有完全不同的功利需求和价值尺度，以至于使得同一传统文化会在它们面前呈现出完全不同的色调与光泽。

对于西方人来说是财富的一切，对于东方人来说也许恰恰是包袱。而我们的学术界近年来关于“优根”与“劣根”的讨论之所以聚讼纷纭、莫衷一是，在很大程度上并不是由于对象性质的不同，而是由于主体立场的差异。

具体说来，李泽厚的困境，并不像他自己所说的那样，是“在两面夹攻中奋斗”所致，而是由于他在上述两种立场上不断徘徊的结果。从变革中国社会的现实需要出发，他讲启蒙，讲个性，痛斥传统文化对于主体能力的束缚；然而从西方人的角度出发，即从所谓“中国要对世界文化做出更大贡献”的角度出发，他又大谈什么“天人宇宙图式”“阴阳五行系统”，声称中国文化可以解决后工业社会所出现的一系列问题。由此而得出的对于传统文化“一分为二”的评价，并不是传统文化自身内容的一分为二，而是作为评价主体的李泽厚本人的一分为二。前一个李泽厚是有着深切的时代感和危机感的中国人；后一个李泽厚则是妄自尊大的早熟的中国人。前者所批判的对象，正是后者所歌颂的内容，于是自以为公允、全面的李泽厚，便时时陷入一种以己之矛、攻己之盾的尴尬境地。

与李泽厚不同，刘晓波不求稳妥、不求全面，他深知今日之中国人对世界所能做出的最大贡献是使自己富强起来，在“球籍”问题尚无保障的情况下，中国人根本没有资格侈谈什么后工业社会的危机问题。所以，刘晓波敢于走极端，敢于反传统。他那种矫枉过正的态度，在当前的形势下不仅需要足够的勇气，而且有其现实的意义。然而遗憾的是，由于缺乏对传统文化的深刻反省和对人类历史的全面考察，使得刘晓波的思想过于简单而幼稚。他把传统文化归结为伦理，又将传统伦理等同于理性，于是便得出：反传统就是反理性，反理性就能够救中国的结论。

与刘晓波不同，我认为在中国的文化传统中，人与自然、人与社会始终没有得到彻底的分裂，因而无论是在感性方面，还是在理性方面都没有得到充分的发展，而是素朴和谐地统一在一起的，这一点与西方刚好相反。在西方，自古就有酒神精神和日神精神的对立，并体现为体育精神和科学精神的发达，在社会结构方面也就形成了相反相成的两极对立。在感性方面，有个性自由；在理性方面，有严格的法律。西方人以个体为本位，每个人并不以血亲和家族为其生活的依据，而是以财产和能力为其存在的保障，夫妻双方往往具有独立的产权，父子之间完全可以构成雇佣关系，至于兄弟姊妹不分彼此的金钱往来则简直是不可思议的事情。这种社会存在所造成的后果是双重的。从消极意义上讲，物重人轻、世态炎凉必然会成为一种不可避免的社会风尚；从积极的意义上讲，个性自由、人格独立毕竟能成为一种可望实现的生活理想。如果说，西方人的个性自由充分体现了酒神式的感性冲动，那么西方社会的法律制度则充分体现了日神式的理性冲动。西方的法制传统是十分悠久的，早在古希腊时期就有过著名的“梭伦改革”，古罗马时代的“元老院”在立法功能上可视为近代“国会”的前身。进入资本主义社会之后，法律更加具有了至高无上的地位，这既表现为法律条文的严密，又表现为法律程序的严格。所以，律师在西方社会中是一个非常重要的职业，总统触犯了法律也要求助于律师，弄不好还要被弹劾。个性自由的西方社会之所以没有陷入一种人欲横流的境地，就是因为有着健全的法律制度构成了社会结构中相反的一极……在中国，古代的儒、道两家虽有偏重于理性和偏重于感性的差别，但儒家的理性探索是不以牺牲个体的感性生存为代价的，道家的感性追求也绝不会陷入肉体的沉醉，因此儒、道两家不是对立的而是互补的。这种感性与理性的谐调不仅体现为以艺术（包括工艺）而不是以体育和科学见长的中国文化，而且使中国社会结构的重要环节不在两极，而在中间——伦理。刘晓波把传统伦理说成是“理性的板结层”，这恰恰没有抓住伦理之所以为伦理的关键。众所周知，儒家伦理的基础是原始的血缘纽带，它本身就带有浓厚的感性成分和情感因素，所谓“仁者爱人”“孝悌也者，其为仁之本欤!”儒家学者只是把这种家族的亲伦关系扩大为社会的人际关系罢了。什么“君恩臣忠”“父慈子孝”“夫唱妇随”之类的道德戒律，无一不笼罩着一层温情脉脉的情感面纱，而绝非清明冷峻的理性。由于重视伦理这一感性与理性相交融的中间层次，充分的个性自由和严格的法律制度便都被磨去了各自的棱角。中国人以群体为本位，个人的价值主要不取决于其自身的能力和财产，而是由其在家族和社会中的地位来决定的。因此，每个人都应根据自己的地位和身份选择特定的行为方式，对低于自己地位的人应该如何表现，对高于自己地位的人应该怎样应酬，所谓“世事洞明皆学问，人情练达即文章”。一个人从懂事的时候开始就应该学着去怎样“做人”，一直学到七十岁才可能达到“从心所欲，不逾矩”的境界。在这种环境中，中国人的个性自由自然是极为有限的，所谓“君君、臣臣、父父、子子”“非礼勿视，非礼勿听，非礼勿言，非礼勿动”。就连喜怒哀乐也不能过分放纵、乱了礼法。所谓“乐而不淫，哀而不伤，怨而不怒”。在这种情况下，人的感性生命要得以充分的伸张，必然要碰得头破血流。传统伦理不仅吞没了个性，而且也取代了法律。由于“亚细亚生产方式”的特殊性质，使得先秦的法家必然要被儒家所取代。中国古代虽然也有法律，然而无论是在社会生活中，还是在人们心目中，法律的地位远远不如伦理和权势重要。虽说是“王子犯法，与民同罪”，但那只不过是说说而已，谁敢拿此话当真呢？如果有严明的法律，又何必将希望寄托在为民除害的“青天大老爷”身上呢？直到今天，我国的法律制度仍有待于进一步健全，有关“权大还是法大”的讨论本身就说明了这一问题。在日常生活中，我们更为重视的是政策，而政策较之法律却有着更大的伸缩性、灵活性和随意性，它可以时而“左”时而“右”、时而“放”时而“收”，于是翻来覆去的政治运动便成了习以为常的生活内容。关于“思想解放”“学术自由”的口号，我们已不知喊了多久了，然而如果没有严格的法律保障，真正的自由是不可能的……

在面向世界、改革开放的今天，最大限度地发挥每一个中国人的能动性和创造性，并用科学和法制精神来治理我们的生产和生活，是中华民族能否真正崛起的关键。要实现这一点，就必须使被传统文化长期压抑的感性和理性因素得到充分发展，也只有在这充分发展的前提下，我们才能够真正实现二者在更高层次上的辩证统一。

（此文曾发表于《文学评论家》1988年第4期）

弱者的哲学

——由阿城小说引起的文化反思

要表达某种文化——哲学思想，似非文学评论力所能及，倘若阿城不打出“文化小说”的旗帜，我也不会挂起“文化批评”的招牌。在这里，不管是作者还是论者，都有意要超出文学自身的范畴，不再以审美愉悦为目的了。

其实这种做法，也是当今评论界的普遍倾向，那些高深莫测的批评家们，最喜欢用的就是哲学辞藻。困难在于，他们常常只是虚晃一枪，并不露真底，尽管弄得你肃然起敬，却并非心悦诚服。关于阿城的小说，眼下就有这么两个例子。

——“阿城的小说，其内在的精神形态和价值，几乎都能达到一种对故事本身的超越。它们呈现出一种精神形态和社会环境的矛盾；但精神形态却又可以作超越时空的历史观照。阿城作品的深刻之处，正是挖掘到了一种结晶于我们民族文化结构中的精神价值。”[1]

——“阿城小说之所以风靡一时，相当重要的乃在于它所流露出来的那种极富审美情致的超然态度。阿城欣赏的是人的‘状态’，进入‘状态’，就能达到某种‘不为物喜，不以己悲’的审美境界，自得其乐，从而保持了人在困境中的自我完整性。这种思想蕴含了相当丰富的人生哲理。”[2]

首先，我不知道“精神形态”还有着什么内在、外在之分；其次，我也不

1　罗强烈：《关于阿城小说的三点思考》，《文艺研究》1985年第6期。

2　蔡翔：《早熟的挑战》，《批评家》1988年第2期。

知道这种“精神形态”一旦“可以作超越时空的历史观照”之后，会呈现出一种什么样的色彩。仅是在“超然态度”“人生哲理”面前，已足以使我自惭形秽了，更何况是一种“极富审美情致的超然态度”和“相当丰富的人生哲理”呢？……可见，对于像我这样生性愚钝的读者来讲，仅仅“点到为止”是远远不够的。我要知道“结晶于我们民族文化结构中的精神价值”究竟是一种什么东西，我还要知道“自得其乐”与“自我完整”之间到底有没有差别。老实讲，我是不想随着作家和评论家一起贸然进入那种“状态”的，也许进去之后我就出不来了，所以还是悠着点好。

一

这究竟是一种什么样的“状态”呢？“在阿城的小说中，人物的生存需求往往与客观社会环境处于不协调状态。他们既无法改变这种状态又要求得内心平衡。因此，王一生就只有用‘呆在棋里舒服’来自欺自慰，来逃避精神和物质的双重困扰。‘孩子王’被遣返后，也只能用送字典给王福来取得主观感觉的协调。李二干脆就离情断知，物我双泯，如同一截生命完结了的‘树桩’。而肖疙瘩就因为这种内心平衡被打破，仅有的一点精神寄托被剥夺，便只有郁郁死去。”[3]然而我不明白，这种“自欺自慰”的“状态”何以竟赢得了那么多评论家的赞许。当然，我绝不妄想限制作家选择生活素材的自由，我也绝不否认阿城笔下的人物在我们的日常生活中确实存在。问题不在于写什么，而在于怎么写。塞万提斯写唐·吉诃德，绝不是让读者去追随这位中世纪的骑士；鲁迅写阿Q，也绝不会让看客去摹仿那位“精神胜利”的英雄。然而阿城笔下的人物及其“状态”，却委实使我们心向往之了。

“夜黑黑的，伸手不见五指。王一生已经睡死。我却还似乎耳边人声嚷动，眼前火把通明，山民们铁了脸，掮着柴火在林中走，咿咿呀呀地唱。我笑起来，想：不做俗人，哪儿会知道这般乐趣？家破人亡，平了头每日荷锄，却自有真人生在里面，识到了，即是幸，即是福。”（阿城《棋王》）在这种忘乎天、忘乎地、忘乎人、忘乎己的庄禅境界中，连我这样的读者也不免有点

3　苏丁、仲呈祥：《论阿城的美学追求》，《文学评论》1985年第6期。

飘飘然、悠悠然，不知其所以然了。

应该承认，阿城小说对于庄禅境界的追求，绝无忸怩作态之势，而是发自内心的赞赏，出于本能的追求。其精诚所至，使读者不能不为之而感染、随之而陶醉。惟其如此，他才能为那些本来并不神圣的东西罩上一层神圣的外衣，为那些本来并不伟大的精神赋予一种伟大的品格。——明明是任人宰割，却从而获得了天机的完整；明明是家破人亡，却从中找到了真正的人生！这种让我们无法理解却又不敢怀疑的“辩证法”，正是阿城小说的奥秘所在。

有位叫冯骥才的作家曾深有感触地指出，除了惰力之外，“传统文化有种更厉害的东西，是魅力。它能把畸形的变态的病态的，全变为一种美，一种有魅力的美，一种神奇神秘令人神往的美。……当人们浸入这美中，还会自觉不自觉丰富和完善它，也就成为自觉自愿发自内心而不再是外来强加的东西了。由外加的限定变为自我限定，由意念进入潜意识，文化的力量方到极限。”[4]从这一意义上讲，阿城的确深谙传统文化之真谛，不愧为“寻根学派”的掌门人，他可不是花拳绣腿，而是有一身地地道道的真功夫，可谓是“溶化在血液里，落实到行动中”了。

在中国知识分子的心目中，老聃和庄周的形象甚至比孔丘更为迷人，因为他们超脱、潇洒、淡薄功名，不畏权势，从而是理想人格的化身。我记得小时候曾听过这样的故事：某某钢琴家，参加重大的演出时从来不带乐谱只带一本《庄子》，就像西方宇航员上天时要带上本《圣经》一样。这故事曾使我幼小的心灵产生出对道家哲学的无限崇敬，然而长大之后却不禁怀疑：倘若心里真的洒脱，又何必非要将书本带在身上呢？古人云：“穷则独善其身，达则兼济天下。”可谓是左右逢源、进退有路了。不过我又想：既然老、庄哲学那么迷人，为什么非要等到官场失意之后才去选择它呢？当然，道家还有一套韬晦之计，即所谓以柔克刚、以弱胜强、以不变应万变。然而我不明白：为什么道家从来也没想过如何以刚克刚、以强胜强、以万变应万变呢？……这些疑问加在一起，使我对老庄哲学的信仰产生了动摇。我怀疑那迷人的超脱和潇洒只不过是庸人的自欺和弱者的自慰，是一种高层次、高水平的“精神胜利法”。翻开我们民族的词典，到处都是知足常乐、能忍自安、无为人先、不耻人后，吃亏是

4 冯骥才：《我为什么写〈三寸金莲〉》，《文艺报》1987年9月19日。

福、难得糊涂、急流勇退、逆来顺受等格言警句，这种压抑主体欲求、蔑视竞争意识的民族弱性，不正是来自那貌似超脱、潇洒的老庄哲学吗?

记得有一次我同一位日本留学生交谈，我说：你们日本人很难让人理解，为什么像川端康成这样的大文学家也要自杀呢? 谁知他却答非所问：我们日本的国花是樱花，这种花的花期很短，然而一旦开放，便灿烂异常，几星期以后便完全凋谢了。你们中国的国花是梅花，这种花在任何恶劣的自然条件下都可以开放，然而它的花却总是那么一点点……我一时无言以对，因为我的确无法判断：究竟是艳而短暂的樱花好呢，还是小而长开的梅花好。然而我却明白，如果这位日本学生得知我国农村那种为了使孩子好养活而故意称之为阿狗阿猫的风俗之后，他也一定无法理解，就像我们不能理解川端康成为什么自杀一样。

由梅花又使我联想起另外一件往事。记得有一次乘江轮顺三峡而下。船靠码头时，不少商贩向我们兜售当地的土产，有涪陵的榨菜、万县的竹椅，还有五颜六色的三峡石。让我感到奇怪的是，为什么商贩们偏要在这如此美丽自然的石块上写下种种字迹呢? 更让我费解的是，这些字迹中最常用的竟是一个“忍”字……

行文至此，绝非信马由缰，而是按图索骥，因为我自信已经找到了阿城小说的“状态”。这种“状态”不是别的，就是一个“忍”字。正像历代文人曾把梅花那“不争春”的弱性美化为一种高洁的品格一样；阿城则把国民那“忍气吞声”“忍辱负重”的弱性美化为一种宝贵的德行。有了这个“忍”字，王一生才可能进入那种“不以物喜，不以己悲”的审美境界，“孩子王”方可能保持那种“进亦不喜，退亦不忧”的人格完整，李二才可能像一截“树桩”那样默默地度过自己的残生……

然而，在这种“相当丰富的人生哲理”面前，我却忍无可忍了。

二

也许忍无可忍是一种缺乏涵养的表现，阿城的隐忍却另有深意。有人指出："阿城显然接受了我们的先哲关于齐物顺性，保持天机完整的思想。他正是从这一哲学意识出发对'文化大革命'的主观和狂妄进行深刻批判的。"[5]然而他却不知，传统的"隐忍"与"文化大革命"的"疯狂"貌似水火不容，实则互为表里。这一点，也正是我和许多批评家的分歧所在。

——"痛苦的时代易于产生超脱的哲学。……王一生以有所不为而有所为的人格操守，在没有正当实践可能的时代，完成了一次人生价值的积极证明，最集中地反映了阿城对一个时代痛苦的超越。"[6]

——"棋呆子天资聪颖，或可有济世之才，但家中死活供他念完初中，只是为了让他学得本事，将来养家糊口。王一生对自己的生存道路已没有选择的权利，他便更加清醒，也更加自觉，选定了自己的精神道路。这一点，透露了最基本的心理原则，即，人在无法塑造现实的时候，他只能实现在对自身的塑造中。"[7]

上述论者的共同之点，即在于将主体选择的权利归结于社会，因为王一生生活在那个"没有正当实践可能的时代"，因为"王一生对自己的生存道路已没有选择的权利"，所以他只能以有所不为而有所为的人格操守来完善自己，所以他只能放弃对现实的塑造而塑造自身。然而我却拒绝接受上述评论家所总结出来的这种"最基本的心理原则"。也许，这种原则对其他生物是适用的，却唯独不能适用于两条腿的人！我们常说，人是宇宙的精华、万物的灵长，这不仅意味着人比其他动物更聪明，而且是比其他动物更自由。自然辩证法告诉我们，动物只能被动地适应自然，而人却可以能动地改造自然；动物的历史是自然为之创造的，而人的历史却是人类自身创造的。在具有主体性的人面前，从来也没有什么"没有正当实践可能的时代"，从来也没有什么"无法塑造现实的时候"，即便是在野蛮透顶的奴隶时代，即便是在愚昧无知的封建时代，即便是在白色恐怖的"文革"时代。否则，我们便无法解释斯巴达克的起义、布鲁诺的牺牲以及"四五"青年的流血；否则，我们便可以心安理得地祖祖辈辈做奴隶、世世代代当白痴，永永远远"呆在棋里"……

人对现实生活永远具有选择的优先权，或肯定，或否定，或反抗，或顺从，用一句曾经时髦但现在已经不太时髦的话说，不选择也是选择，因为你

5　苏丁、仲呈祥：《论阿城的美学追求》，《文学评论》1985年第6期。

6　季红真：《宇宙·自然·生命·人》，《读书》1986年第1期。

7　郭银星：《阿城小说初论》，《当代作家评论》1985年第5期。

选择了不选择。可悲的是，我们的国民太习惯于这种不选择了。回首那不堪回首的“文化大革命”，我们所有这些“过来人”都曾经做过什么样的选择呢？不可否认，这里面确有一个思想认识问题，即所谓受骗上当的问题。然而用“受骗上当”一词就可开脱全部责任吗？在那些可耻的岁月里，我们究竟有没有说过违心的话、做过违心的事？究竟有没有随波逐流、助纣为虐？究竟有没有逆来顺受、苟且偷生？如果没有的话，“文化大革命”可能不会发生，即便发生了也不会持续十年之久。常听有人讲，中国知识分子太不幸了，每次运动都要拿他们开刀；然而反过来想一想，那些写文章、做报告、批知识分子的人不也都是知识分子吗！人们会说，那也是不得已而为之嘛，运动来了，谁能不表态呢？然而这种违心的表态难道不正是一种选择吗？记得有谁说过这样的话：有些人从不杀人，但可以在看到别人行凶时保持沉默。这种人在中国究竟有多少？当然，“王一生们”还没有坏到这个地步，他们还有自己的良心，有自己的操守，但是他们绝对不敢用自己的良心和操守来反抗社会的邪恶。这种人在中国究竟又有多少？正是由于有了如此雄厚的“群众基础”，有了这些自愿放弃主体能动性的“王一生们”，毛泽东才可能兴致勃勃地发动这场“文化大革命”，林彪、“四人帮”才可能肆无忌惮地将这场“革命”推向极端。从这一意义上讲，“文化大革命”不是毛泽东一个人选择的结果，也不是林彪、“四人帮”一伙人选择的结果，而是几亿中国人共同选择的结果。正因如此，我才赞成“全党全民共忏悔”的主张。

不知道那些爱谈哲学的评论家们是否考虑过这样的问题：为什么第二次世界大战之后，存在主义的中心由德国移到了法国？以我之见，这是因为法国在这场战争中曾经扮演过一个不甚光彩的角色：维希政府领导下的法国人曾一度将选择生活的权利交给了纳粹。而以萨特为代表的法国思想界决不想推卸这一责任，面对战争所留下的疮痍，他们所做的绝不仅仅是感伤和控诉，而是自我的拷问和民族的自责，他们要通过哲学重新唤起主体的自由和民族的自觉，以避免悲剧的重演……再看看我们“文化大革命”之后的文学艺术吧，除了感天动地的血泪控诉之外，就是超凡脱俗的伦理感伤，真正像巴金《随想录》那样从自我批判入手、从民族劣根入手来剖析这场运动的作品实不多见。所以我担心，如果再来一场“文化大革命”，那些该表态的还要去表态，那些该下棋的还要去下棋，大家都是牺牲品，都是同情的对象。

同情弱者，这也许是我们民族的传统美德，但同情本身能否解除弱者的不幸呢？鲁迅在创作中是绝不止于同情的，因为他深知，广大民众不仅受旧制度的迫害，而且其本身就是旧文化的载体。如果他们不自觉、不自救，任何人也不可能使他们成为真正的主人。因此，鲁迅的作品不仅“哀其不幸”，而且“怒其不争”，即使对孔乙己、祥林嫂这类善良的人物，鲁迅也从不放弃批判的权利，这正是鲁迅作品的深刻之处。而阿城的作品只是“哀其不幸”，而决不“怒其不争”；相反，他还要把这种“不争”的奴性提升到哲学的高度来加以赞赏，把“王一生们”对现实生活的认可和逃避描绘成令人神往的“孔颜乐处”，美化成“人生价值的积极证明”。因此，这种对“文革”的“批判”究竟能够产生什么样的结果，是不能不让人深思的。

三

当然，阿城的小说绝不止于对“文化大革命”的批判，作为“文化小说”的倡导者，他不仅要通过文化的视野来洞悉人与社会的关系，而且要站在哲学的高度上去审视人与自然的关系。如此宏大的气魄在当代作家中实属罕见，难怪有人要用《宇宙·自然·生命·人》之类骇人的题目来评价他的作品呢。然而遗憾的是，除了“天人合一”的老生常谈之外，阿城在小说中并没有给我们提供什么新的东西。这种传统观念的图解，最为突出地表现在《树王》中。

——“肖疙瘩浑身抖了一下，垂下眼睛，说：‘你们有那么多树可砍，我管不了。’李立说：‘你是管不了！’肖疙瘩仍垂着眼睛：‘可这棵树要留下来，一个世界都砍光了，也要留下一棵，有个证明。’李立问：‘证明什么？’肖疙瘩说：‘证明老天爷干过的事。’李立哈哈笑了：‘人定胜天。老天爷开过田吗？没有，人开出来了，养活自己。老天爷炼过铁吗？没有，人炼出来了，造成工具，改造自然，当然包括你的老天爷。’”

在这里，李立和肖疙瘩的争论，实际上是两种世界观的冲突，然而阿城却将这种纯理论性的问题放在特定的社会背景下加以描写，从而通过李立的特定身份和特殊行为将“人定胜天”的思想同“文化大革命”的狂妄自大联系起来，以反衬“天人合一”的高明。其实在我看来，李立的行为尽管幼稚，但毕竟有其可贵之处，即他敢于通过实践来证实人的本质力量。尽管这种实践可能会因不合客观规律而遭到暂时性的失败，甚至反过来受到自然界的惩罚，但这种实践过程中的失败并不能证明实践本身的荒谬。恰恰相反，通过实践来改造物质世界，过去曾是将来也还是人类历史的唯一出路。与之不同，肖疙瘩只想去“证明老天爷干过的事”，却不敢证实人的本质力量。因此，即使他不会违背自然规律、不会犯错误，但是从长远的观点看，他那种顺应自然的消极态度终究是没有出路的。然而在阿城的小说中，这种理论上的是非黑白，却被一场大火烧得一干二净了。

问题在于，这种老而又老的思想却因受到海外读者的欣赏而被视为最先进的东西，这大概与所谓“新儒学”的理论抱负是一致的。我们常说，中国文化是一种“早熟”的文化，这种“早熟”不应仅仅被视为古人的习性，直至今天的作家和学者们又何尝不愿意摆出一副“小大人”的面孔呢？明明是尚未展开真正的自由竞争，却已为“人情味儿”的淡薄而心神不宁；明明是尚未彻底摆脱土地的羁绊，却已发出了“回归自然”的呼声。于是，哲学界出现了“新儒学”，要用传统文化来解决“后工业社会”在天人关系和人际关系中所存在的问题；于是，文学界出现了“寻根派”，要用静谧、和谐的田园牧歌来抚慰那些被现代文明扭曲了的魂灵……这种少年老成的“高瞻远瞩”在民族虚荣心的刺激下不断膨胀。尽管现在不再提什么“要去解救世界上三分之二的受苦人”了，但是“中国文化必将占领世界”的奢望却有增无减。仿佛国外有几个汉学家的出现就意味着“西学东渐”将改为“东学西渐”了。

不错，在东、西方文明相互碰撞的今天，一些西方学者已开始自觉地从东方文明中汲取该民族所需要的营养。然而这种汲取只是为其所用而绝非完全照搬，因为后工业社会所要完成的人与自然、人与社会重新协调的历史课题，与我们传统文化的素朴和谐尽管有着某些外貌上的相似，但绝非本质上的相同。这是一种分裂之后的统一，否定之后的肯定。因此，在这种文化传播的过程中，我们务必应该保持头脑的清醒，不要以为人家学我们，我们就一定比人家高明。如果我们把传统文化放在生产力发展的历史坐标中加以考察，就会发现，这种温情脉脉的素朴和谐是以主体创造性的被压抑和社会能动性的被削弱为代价的。因此，一味去宣扬那种高洁的“操守”和迷人的“状态”，尽管可能会引起海外读者的青睐，却不利于我们民族自身的发展。这种与改革潮流相违背的文艺现象不能不引起我们的注意。例如，经济体制改革的直接目的就是为了引进竞争机制，从而最大限度地发挥每个劳动者的积极性和创造性，然而我们的文艺却偏偏要把自我克制、自我压抑作为一种美德来加以宣传，到处是什么“没有花香，没有树高”“从不寂寞，从不烦恼”的陈词滥调，叫人们甘心情愿、心满意足地去做一棵无知无欲、“无人知道的小草”。又如，发展生产力的迫切任务需要我们的民族充满一种敢于改造自然、敢于承担风险、敢于变革物质世界的雄心和活力，然而我们的文艺却常常要把主静全真、顺乎自然看成是人生在世的最高境界，于是那刚刚返城的“知青”便频频回首那“南方的岸”；而流放边塞的“右派”则恋恋不舍那北方的土……仿佛我们这个有着八亿农民的民族早已经厌倦了都市的文明，而真正需要返璞归真了。

如果承认否定之否定是事物发展的普遍规律，那么我们只有在人与自然、人与社会彻底分裂的基础上才有资格谈论更高层次的统一。然而，由早熟的“亚细亚的古代社会”所产生出来的传统文化，却恰恰是未能实现这种彻底的分裂。“在西方，由于私有制的利刃彻底斩断了人与自然、人与社会的纽带，使得遭受异化痛苦的西方人不得不在感性的肉体生存或神秘的彼岸世界中去寻找寄托，于是便产生了酒神精神和日神精神。而在早熟的中国古代社会里，由于社会分工和私有财产发展得不够充分，使得人与自然、人与社会之间的分裂很不彻底，这就为道家和儒家思想的出现提供了社会土壤。”[8]道家讲究“齐物”，主张“天地与我并生，而万物与我合一”，把人看成是自然界的一个组成部分，在自然的怀抱中去寻找精神上的安慰；儒家讲究“爱人”，主张“入则孝，出则悌，谨而信，泛爱众，而亲仁”。把人看成是社会的一部

8 拙作《中国的儒家、道家与西方的日神、酒神》，《文史哲》1986年第6期。

分，在以亲子血缘为基础的人际关系之中来确定人的价值和地位。因此，无论是道家与自然的统一，还是儒家与社会的统一，都只是一种原始的、素朴的、未经分裂的统一。所以，道家将人从社会的束缚下解救出来，是以将人重新投入自然的怀抱为前提的，作为“天人合一”这一哲学命题的思想材料，道家所强调的只是人对自然的顺应而非改造。

顺应自然似乎可以避免异化，但是这种异化的杜绝却是以牺牲进化为代价的。正像自然界的每一次进化同时也是退化一样，人类历史的每一次进化同时也都必须付出一定的代价和牺牲。问题在于，我们敢不敢正视这些代价和牺牲。过去，我们常常批评西方人际关系的冷漠和天人关系的失调，殊不知这正是西方人在创造工业文明的过程中所曾付出的代价和牺牲。现在，轮到我们为实现工业文明而付出代价和牺牲的时候了。——随着商品生产的发展，原始情感必然瓦解，人际关系必然淡化，金钱观念必然上升……随着竞争机制的引进，素朴和谐必然打破，生计平衡必然失调，贫富差距必然出现……历史就是这么不尽如人意，使我们绝无两全其美的可能：或者在虽然残酷却充满活力的自由竞争中发展现代文明，或者在尽管贫穷却充满“人情味儿”的田园生活中保持“天机完整”，这是当代的每一个中国人所必然做出的历史抉择。

马克思在《不列颠在印度统治的未来结果》一文中曾这样写道：“从纯粹的人的感情上来说，亲眼看到这无数勤劳的宗法制的和平的社会组织崩溃、瓦解、被投入苦海，亲眼看到它们的成员既丧失自己的古老形式的文明又丧失祖传的谋生手段，是会感到悲伤的；但是我们不应该忘记：这些田园风味的农村公社不管初看起来怎样无害于人，却始终是东方专制制度的牢固基础；它们使人的头脑局限在极小的范围内，成为迷信的驯服工具，成为传统规则的奴隶，表现不出任何伟大和任何历史首创精神。”[9]这就是伦理与文明的“二律背反”。在这里，伦理是动人的，而文明却是残酷的。阿城喜欢写动人的故事，而我却专爱作残酷的文章。

（此文发表于《文学自由谈》1988年第5期）

9 《马克思恩格斯选集》第2卷，人民出版社，1972年，第73页。

《红高粱》酿造出来的酒神精神

《红高粱》的主题不是战争，不是歌颂中国人民抗击日本侵略者的英雄业绩，否则，它就没有必要花掉一半的篇幅去叙述“颠轿”“野合”之类与抗战无关的故事了。《红高粱》的主题也不是民俗，不是去再现我们古老民族的传统风情；否则，它就没有必要花掉另一半篇幅去描写“剥人皮”“炸军车”之类与民俗无关的内容了。战争与民俗只是作品主题所得以体现的生活题材，真正的主题则都借上述题材所表现出来的对于生命意志的弘扬、对于酒神精神的赞美。惟其如此，《红高粱》才能够为古老的题材赋予现代意识，才能够获得超历史、超民俗的审美价值，才能够引起中外观众的普遍共鸣……

“肯定生命，哪怕是在它最异样、最艰难的问题上；生命意志在其最高的类型的牺牲中，为自身的不可穷竭而欢欣鼓舞——我称之为酒神精神，我把这看作是通往悲剧诗人心理的桥梁。不是为了摆脱恐惧和怜悯，不是为了通过猛烈的宣泄而从一种危险的激情中净化自己；而是为了超越恐惧和怜悯，为了成为生成之永恒喜悦本身——这种喜悦在自身中包含着毁灭的喜悦……”[1]这就是悲剧哲学家尼采对于酒神精神的界说。生活是短暂的、艰辛的、不幸的，一切存在着的生命都必须随时准备去迎接那异常痛苦的毁灭，从这一意义上讲，生命本身注定是悲剧性的。但是，人们并没有被这种可怕

1　[德]尼采：《悲剧的诞生：尼采美学文选》，周国平选编，生活·读书·新知三联书店，1986年，第345页。

的命运所折服，相反，一种不可遏止的生命冲动使人们敢于正视那即将来临的苦难与不幸，并以生命为赌注做出那拼死的一搏，从而在与命运的抗争中获得生存的狂喜、体验生命的意义。这种不可遏止的生命欲望就是狄俄尼索斯精神，也正是那片一望无际的红高粱向我们所昭示的一切……

我们的祖先是以什么样的生存状态来谱写着生命的乐章呢？只为了一匹骡子，“奶奶”那蓬勃的青春竟然被送到了麻风病人的手中；只为了争得起码的生存，“罗汉爷爷”那健壮的身体竟然遭受凌迟之苦……然而这一切，绝不是要去渲染生活的苦难和战争的残酷，而恰恰是为了反衬那永不屈服命运的生存意志。惟其如此，我们才能够理解“野合”的场面为什么被表现得如此惊心动魄——阳光下，那一片迎风鼓荡、飒飒作响的红高粱，不仅掩藏着“爷爷”和“奶奶”的血肉之躯，而且本身就象征着强烈的生命欲望（在这里，张艺谋充分利用了电影的综合手段，使影片优于小说）。惟其如此，我们才能理解“牺牲”的场面为什么被描写得如此美丽动人——血泊中，“奶奶”那苍翠的面颊、鲜红的双唇、彩虹般的目光、高贵的微笑，处处表现出了对于生命价值的肯定（在这里，莫言充分发挥了文学的想象能力，使影片有所不及）……由此可见，任何怪异的才华也不能无端滥用，只有使它们服务于特定的主题，才能够产生出特有的魅力。因此，在莫言和张艺谋的手中，无论是有伤风化的悍妇，还是杀人越货的强贼，都自有其洒脱自然之美、纯真可爱之处。这真是一群“最美丽最丑陋，最超脱最世俗，最圣洁最龌龊，最英雄好汉最王八蛋，最能喝酒最能爱”的活脱脱的生灵，是一股压抑不住、堵塞不绝的山泉，是一团扑打不灭、燃烧不尽的野火，是生命意志的体现，是酒神精神的象征……

不知从什么时候起，这最辉煌、最灿烂、最可宝贵的生命冲动竟然变成了最肮脏、最邪恶、最见不得人的东西了。人们似乎只有在压抑生命、贬低生命、作践生命的时候，才能够显示自己的高尚与圣洁；艺术似乎只有在宣扬牺牲、宣扬忍让、宣扬自我克制的时候，才能够实现其应尽的义务。在这种“没有花香、没有树高”“从不寂寞，从不烦恼”的艺术园地中，竟然杀出了一批活泼泼、赤条条、纵欲妄为、唯我独尊的蛮夫勇士，怎不使人目瞪口呆，以奇景相观呢？……

“哀莫大于心死”，一个民族贫不怕、弱不怕、愚昧不怕、落后不怕，怕只怕没了一点要生存、要发展、要征服命运、要表现自我的雄心和野性，怕只怕丢了那点女人所特有的“泼”和男人所特有的“蛮”，而成为什么“刚柔相济”“阴阳互补”“文质彬彬”“乐天安命”的道德君子……故此，梁启超鼓吹少年之中国，要我们恢复那青春的活力；故此，陈独秀提倡青年之兽性，要我们重生那原始的蛮勇；故此，莫言和张艺谋创作了这部鲜血淋漓的《红高粱》，要把那野蛮人的血液重新注入我们老迈龙钟的躯体，使我们兴奋起来、年轻起来，好在当今世界的舞台上与别个民族去争夺生存的权力。

（此文发表于《文艺报》1988年6月18日）

强力的意志

一

面对着这部虚虚实实、真真假假、神奇而又质朴、潇洒而又凝重的《红高粱家族》，我们常用的文论术语似乎显得过于贫乏了。说它是一部真实地反映社会生活的现实主义小说吧，恐怕连高密东北乡的老百姓也并不赞许，说不定有人会指着莫言的鼻子责问:“你小子去打听打听，谁他妈的往酒里撒尿了?”说它是一部表现革命理想的浪漫主义作品吧，也许连莫言本人也不好意思承认，因为小说曾把“杀人越货”与“精忠报国”描写得同样英勇壮烈，却丝毫没有表现出对任何社会制度的期待与渴望。说它的意义在于象征吗?然而红狗、绿狗、黄狗、黑狗果真就是不同党派和武装力量的图解和符号吗?这种分析显然很有点“文化大革命”的味道了……于是，大部分评论家便聪明地绕过了上述问题而将笔墨用在作者的感觉和才华上，以“感觉世界的爆炸”和“审美领域的突破”来评论这部作品。不错，莫言的艺术感觉能力是出色的，他能够以独特的目光观察人们视而不见的一切，从而给我们一幅彩色的而不是黑白的，立体的而不是平面的艺术画卷。不错，莫言是个不可多得的怪才，他敢于肆无忌惮地践踏人们深信不疑的模式，从而在丑恶之中发现惊人的魅力，将死亡描绘得楚楚动人……然而这一切能否仅仅归结为大胆和新颖呢？难道莫言只是为感觉而感觉、为怪异而怪异吗？难道真像一些人所鼓吹的那样，艺术家只是一种感觉敏锐的天才，只要"找准了感觉"就会像神灵附体一样制造出惊人的杰作吗？抑或真像另外一些人所讽刺的那样，文人们只是殚思竭虑地去挖掘愚昧、野蛮、荒谬、怪诞的民俗和历史以迎合读者的好奇心吗？这里也许要涉及一个已为近来的批评家们所不屑重提的范畴：主题——作品的主题，莫言的主题，《红高粱家族》的主题。

《红高粱家族》的主题不是战争，不是歌颂中国人民抗击日本侵略者的英雄业绩。否则，它就没有必要花掉一半的篇幅去叙述"颠轿""野合""出殡"之类与战争无关的故事了；《红高粱家族》的主题也不是民俗，不是去再现我们古老民族的传统风情。否则，它就没有必要花掉另外一半篇幅去描写"炸军车""分武器""打伏击"之类与民俗无关的内容了。战争与民俗只是作品的表层意象，只是作品主题得以体现的生活素材，而真正的主题则是作品的深层意蕴，是借上述题材所表现出来的对于生命意志的弘扬，对于酒神精神的赞美。惟其如此，《红高粱家族》才能为古老的题材赋予现代意义，才能够获得超历史、超民俗的审美价值，才能够引起海内外读者的普遍共鸣。因此，当我们常用的观念不太够用的时候，我们便不得不翻开尼采的著作，用他的悲剧精神来解释这部作品了。

作为叔本华之后的唯意志论者，尼采也认为世界的本质是意志，是一种无目的的本能、无止境的冲动、无法满足的欲望。不仅如此，尼采也承认在这种意志和欲望的驱遣下，人生不可避免地面临着无穷的追求与幻灭，无尽的苦难与不幸。然而不同的是，尼采并不满足于叔本华禁欲主义的悲观哲学，而要在他所描绘的这种非理性的苦难现实中，为生命的存在找到新的支点和根据。——"我们应当认识到，存在的一切必须准备着异常痛苦的衰亡，我们被迫正视个体生存的恐怖——但是终究用不着吓瘫，一种形而上的慰藉使我们暂时逃脱世态变迁的纷扰，我们在短促的瞬间真的成为原始生灵本身，感觉到它的不可遏止的生存欲望和生存快乐。现在我们觉得，既然无数竞相生存的生命形态如此过剩，世界意志如此过分多产，斗争、痛苦、现象的毁灭就是不可避免的。正当我们仿佛与原始的生存狂喜合为一体，正当我们在酒神陶醉中期待这种喜悦长驻不衰，在同一瞬间，我们会被痛苦的利刺刺中。纵使有恐惧和怜悯之情，我们仍是幸运的生者，不是作为个体，而是众生一体，我们与它的生殖欢乐紧密相连。”[1]一切都会像那枯枝败叶一样不可避免地死去，然而一切又将像那新苗嫩芽一样不可遏止地再生，因为那死去的一切，都只是世界的表象，而这表象背后的意志，却是永不枯竭的生命源泉，这种不可遏制的生命欲望就是狄俄尼索斯精神，也正是我们在那一望无际的高粱地里所发现的生命本体。

——“八月深秋，天高气爽，遍野高粱红成汪洋的血海，他们是真正的、本色的英雄。如果秋水泛滥，高粱地成了一片汪洋，暗红色的高粱头颅擎在浑浊的黄水里，顽强地向苍天呼吁。”

——“残忍的四月里，墨水河里趁着灿烂星光交媾过的青蛙甩出了一摊摊透明卵块，强烈的阳光把河水晒得像刚榨出的豆油一样温暖，一群群蝌蚪孵化出来，在缓缓流淌的河水里像一团团漶漫的墨汁一样移动着。河滩上的狗蛋子草发疯一样生长，红得发紫的野茄子花在水草的夹缝里愤怒地开放。”[2]

莫言笔下的红高粱之所以如此地吸引我们，不在于它有色彩，而在于它有生命，就像狗蛋子草“发疯一样生长”，就像野茄子花“愤怒地开放”，就像红狗、绿狗、黄狗、黑狗在相互厮杀之中培养起自己矫健的体魄和美丽的皮毛一样，在这生存竞争的大千世界之中，高密东北乡的红高粱也从那一片浑浊的黄水里，顽强地擎起了自己的头颅，向着苍天呼唤着自己生存的权力……正是在这片生机勃勃的高粱地里，爷爷和奶奶们相亲相爱、耕云播雨，唱出了一曲曲风流倜傥的民歌；正是在这片野性十足的高粱地里，爷爷和父亲们杀人越货、精忠报国，演出了一幕幕惊心动魄的悲剧……

过去，我们喜欢用“典型环境中的典型人物”来作为评价艺术作品的常用概念，事实上，若仅就环境与人物的关系而言，恐怕很少有哪部作品能够像《红高粱家族》这样达到如此深透的彼此交融。用尼采的观点来看，生命意志不仅是人类的意志，而且是宇宙的意志，是众生万物求生存、求发展、

1 尼采：《悲剧的诞生》，见《悲剧的诞生：尼采美学文选》，周国平译，生活·读书·新知三联书店，1986年，第71页。

2 莫言：《红高粱家族》，解放军文艺出版社，1987年。文中引小说中原文均出于此书。

求增殖的意志。正是在这一意义上，莫言笔下的万事万物无不表现出一种生命的感觉和生命的欲望，在这里，人物和环境共同构成了一个富于活力、充满生命的艺术世界。

二

“肯定生命，哪怕是在它最异样最艰难的问题上，生命意志在其最高的类型的牺牲中，为自身的不可穷竭而欢欣鼓舞——我称之为酒神精神，我把这看作是通往悲剧诗人心理的桥梁。不是为了摆脱恐惧和怜悯，不是为了通过猛烈的宣泄而从一种危险的激情中净化自己，而是为了超越恐惧和怜悯，为了成为生成之永恒喜悦本身——这种喜悦在自身中包含着毁灭的喜悦……”[3]这就是悲剧哲学家尼采对酒神精神的界说。生活是短暂的、艰辛的、不幸的，一切存在着的生命都必须随时准备去迎接那异常痛苦的毁灭，从这一意义上讲，生命本身注定是悲剧性的。但是，人们并没有被这种可怕的命运所折服。相反，一种不可遏止的生命冲动使人们敢于正视那即将来临的苦难与不幸，并以生命为赌注做出那拼死的一搏，从而在与命运的抗争中获得生存的狂喜、体验生命的意义。“创造——这是对于生命的痛苦及其消亡的伟大的拯救方式，然而为了使创造者得以出现，过量的痛苦和消亡又是必要的。是的，对于你们这些创造者来说，生命中确实需要充满面临死亡的痛苦，惟其如此，你们才能成为一切有限存在物的辩护者。”[4]

那么，莫言笔下的人物是在什么样的生存环境下创造着自己的生活呢?只是为了一匹骡子，奶奶那蓬勃的青春竟然被送到了麻风病人的手中；只是为了两匹骡子，罗汉爷爷那健壮的躯体竟要遭受凌迟之苦……然而这一切，绝不是要去渲染生活的苦难和战争的残酷，而恰恰是为了反衬那永不屈服于命运的生存意志，是将生命放在死亡的悬崖上加以考验的绝妙选择。惟其如此，我们才能够理解“野合”的场面为什么被表现得如此惊心动魄：阳光下，那一片迎风鼓荡、飒飒作响的红高粱，不仅掩盖着“爷爷”和“奶奶”的血肉之躯，而且本身就象征着强烈的生命欲望。这绝不是一场普通的男女做

3　尼采：《偶像的黄昏》，见《悲剧的诞生：尼采美学文选》，周国平译，生活·读书·新知三联书店，1986年，第334页。

4　尼采：《查拉斯图拉如是说》，Thomas Common英译本，纽约现代丛书，第92页。

爱，而是生命对于自身权力的伸张！正像奶奶在临死前面对苍天所申述的那样：“天，你认为我有罪吗？你认为我跟一个麻风病人同枕交颈，生出一窝癞皮烂肉的魔鬼，使这个美丽的世界污秽不堪是对还是错？天，什么是贞节？什么叫正道？什么是善良？什么是邪恶？你一直没有告诉过我，我只有按着我自己的想法去办，我爱幸福，我爱力量，我爱美，我的身体是我的，我为自己做主，我不怕罪，不怕罚，我不怕进你的十八层地狱。我该做的都做了，该干的都干了，我什么都不怕，我不想死，我要活……”惟其如此，我们才能够理解奶奶的牺牲为什么被描写得如此美丽动人，血泊中，奶奶那苍翠的面颊，鲜红的双唇，彩虹般的目光，高贵的微笑，处处表现出了生命的骄傲！“奶奶死后面如美玉，微启的唇缝里，皎洁的牙齿上，托着雪白的鸽子用翠绿的嘴巴啄下来的珍珠般的高粱米粒，奶奶被子弹洞穿过的乳房挺拔傲岸，蔑视着人间的道德和堂皇的说教，表现着人的力量和人的自由，生的伟大和爱的光荣”，这也绝不仅仅是一种普通的死亡，而是生命通过死亡对于自身价值的最后肯定。

正是在这种爱和死的紧要关头上，生命意志却突然发射出夺目的光辉，正像尼采所指出的那样：“美在哪里？在我全部意志所向往的地方，在我愿爱和死，从而使形象发生变化的地方，爱和死，是共同来自永恒的生命节奏。”[5]

爱，如火如荼；恨，咬牙切齿；生，自由自在；死，壮烈辉煌……这就是《红高粱家族》的人生境界。——爷爷那叱咤风云的气魄，奶奶那如饥似渴的爱情，父亲那胆大妄为的野性……使我们很容易联想起尼采那富于挑衅的话语：“最美好的一切都属我们和我自己，如果不给我们，我们就去夺取，——夺取那最优质的食物，夺取那最纯净的天空，夺取那最强健的思想，夺取那最美丽的女人！[6]于是，在这个不断创造，不断毁灭的世界上，生命为了得到自由的扩展和增殖，便不惜孤注一掷，以死相拼了。因此，无论是在尼采还是在莫言看来，生命的意义都不在于活得长久、活得安全，而在于活得伟大、活得潇洒、活得有气魄。

由此看来，任何独特的感觉都不是凭空产生的，任何怪异的才华也不能无端滥用，只有使它们服务于特定的主题，才能够产生出特殊的魅力。因

5　尼采：《查拉斯图拉如是说》，Thomas Common英译本，纽约现代丛书，第134页。

6　尼采：《查拉斯图拉如是说》，Thomas Common英译本，纽约现代丛书，第319页。

此，在莫言的笔下，无论是脏言秽语的帮工，还是胡作非为的酒徒；无论是有伤风化的悍妇，还是杀人越货的强贼，都自有其洒脱自然之美，纯真可爱之处。这真是一群“最美丽最丑陋，最超脱最世俗，最圣洁最龌龊，最英雄好汉最王八蛋，最能喝酒最能爱”的活脱脱的生灵，是一股压抑不住、堵塞不绝的山泉，是一团扑打不灭、燃烧不尽的野火，是生命意志的体现，是酒神精神的象征……

三

不知从什么时候起，这最辉煌、最灿烂、最可宝贵的生命冲动竟然变成了最肮脏、最邪恶、最见不得人的东西了。人们似乎只有在压抑生命、贬低生命、作践生命的时候，才能够显示自己的高尚和圣洁；艺术似乎只有在宣扬牺牲、宣扬忍让、宣扬自我克制的时候，才能够实现其应尽的义务。在这种“乐而不淫、哀而不伤、怨而不怒”的文化氛围中，在这种“没有花香，没有树高”“从不寂寞、从不烦恼”的艺术园地里，《红高粱家族》的出现，充分显示了与众不同的价值取向。因此，同尼采一样，莫言的艺术精神也有着明显的反伦理色彩。

我们知道，尼采的“重估一切价值”的口号，是作为基督教文化的反动而出现的。在他看来，“基督教道德是一种最有害的虚伪意志，是使人类腐化的真正巫婆。……教人去轻视原有的生命本能；欺骗地创造一个灵魂、一个‘精神’以压倒肉体；教人在生命里主要的东西中——性中发现不洁；教人在谋求扩展的深切需要中去寻求邪恶原则，而以相反的方式去看较高的道德价值——但我在说些什么呢？——我是指在典型的最没象征的‘无我’观念里对本能的敌对……”[7]因此，他把艺术作为抵御基督教文化，维护和强化生命意志的唯一手段，认为“我们的宗教、道德和哲学是人的颓废形式。相反的运动是艺术”，“艺术，除了艺术别无他物！它是使生命成为可能的伟大手段，是求生的伟大诱因，是生命的伟大兴奋剂”。[8]与尼采不尽相同，莫言的反伦理精神，矛头则是指向以儒道互补为核心的中国传统文化的。在这种东方文

7　尼采：《瞧，这个人》，中国和平出版社，1986年，第114页。

8　尼采：《强力意志》，见《悲剧的诞生：尼采美学文选》，周国平译，生活·读书·新知三联书店，1986年，第348、385页。

化与基督教文化之间也许存在着无法尽数的差异，但是作为封建时代遗留下来的传统文化，它们都有着践踏肉体欲求，压抑竞争意识，蔑视主观情感的共同特点，即都是作为生命意志的反动而出现的。也许儒家文化比基督教文化更为"聪明"，它不是依靠外在的宗教信条来规范人们的思想观念，而是利用人对血缘和家族的原始情感，从"父父、子子"过渡到"君君、臣臣"，把儿子对待老子的情感转化成下级对待上级的态度，从血液中制造出自觉的奴性。或许道家思想比基督教文化更有"魅力"，它不是依靠彼岸的宇宙主宰来压抑人们的感性欲望，而是依靠人对土地和自然的原始情感，从"物我两忘"过渡到"无知、无欲、无我"，把忍辱负重、苟且偷安美化成知足常乐、与世无争的境界，从骨髓里制造着民族的懦性。在这种蔑视竞争意识、压抑感性欲求的文化环境下，莫言所塑造的这批活脱脱、赤条条、"一人敢走青杀口，见了皇帝不磕头"的蛮夫勇士，确实具有"重估一切价值"的意义。

作为传统文化的叛逆者，不论是尼采还是莫言，都以其敏锐的忧患意识发现了人类在其进化的过程中所带来的退化现象。尼采曾痛心疾首地指出，"道德可以使一切变得谦虚而驯服，这样，他们就能使狼变成了狗，使人变成了驯良的家畜"。[9]如果说，使狼变成狗是一种文明的驯化，那么让狗变成狼则是一种野性的复归。如果说，尼采是在理论上憎恶这种驯化，那么莫言则是在创作中实现了这种复归。在他的作品中，人是野人，高粱是野高粱，就连狗也重新恢复了狼一般的野性，从而在人与人、狗与狗、人与狗之间展开了一场你死我活的斗争。在这场斗争中，人为了生存下去就不得不接受狗的挑战，而狗是不可能接受"人道"的，这就使人狗之争只能依照"狗道"的原则而进行，即依照弱肉强食的自然规律展开一场真正意义的生存竞争。在这场斗争中，人获得了胜利，同时也恢复了原始的野性，而这种被文明的重负所压抑的人的求生存、求发展、求增殖的原始野性，正是《红高粱家族》的最最可贵的遗传基因。正像莫言在全书的末尾所陈述的那样："我的整个家族的亡灵，对我发出了指点迷津的启示：可怜的、孱弱的、猜忌的、偏执的、被毒酒迷幻了灵魂的孩子，你到墨水河里浸泡三天三夜——记住，一天也不能多，一天也不能少，洗净了你的肉体和灵魂，你就回到你的世界里去。在白马

9 尼采：《查拉斯图拉如是说》，Thomas Common英译本，纽约现代丛书，第188页。

山之阳，墨水河之阴，还有一株纯种的红高粱，你要不惜一切努力找到它。你高举着它去闯荡你的荆棘丛生，虎狼横行的世界，它是你的护身符，也是我们家族的光荣的图腾和我们高密东北乡传统精神的象征!"

四

正如我不想站在一个绝对的高度来批判尼采一样，我也不想从绝对的意义上来分析《红高粱家族》的主题是否正确，因为我深知所谓"绝对的意义"实际上就是毫无意义。我只想指出：在20世纪80年代，在长期贫困落后而急需变革现实环境的中国，在重新正视个体欲求，重新肯定竞争意识的改革开放的今天，这种对生命意志的弘扬，对酒神精神的赞美，绝不是一种审美的奢侈，而是一种生存的必需。正像沈从文曾指出的那样："爱国也需要生命，生命力充溢者方能爱国。至如阉其性的人，实无所爱。对国家，貌作热诚；对事，马马虎虎；对人，毫无情感；对理想，异常吓怕。也娶妻生子，治学问教书，做官开会，然而精神状态上始终是个阉人，与阉人说此，当然无从了解。"[10]正是从这一紧迫的现实需要出发，20世纪以来真正爱国的仁人志士，在批判民族文化劣根性的同时，无不致力于民族精神的强化。因为他们深知，"哀莫大于心死"，一个民族穷不怕，弱不怕，愚昧不怕，落后不怕，怕只怕没了一点要生存、要发展、要征服命运、要表现自我的雄心和野性，怕只怕丢了那点女人所特有的"泼"和男人所特有的"蛮"，而成为什么"刚柔并济""阴阳互补""文质彬彬""乐天安命"的道德君子。故此，梁启超鼓吹少年之中国，要我们恢复那青春的活力。故此，陈独秀提倡青年之野性，要我们重生那原始的蛮勇。故此，莫言写下了这部鲜血淋漓的《红高粱家族》，要把那"野蛮"人的血液重新注入我们老迈龙钟的躯体，使我们兴奋起来，年轻起来，好在当今世界的舞台上与别个民族争夺生存的权力。

（此文原以《生命意志的弘扬，酒神精神的赞美——以尼采的悲剧观释莫言的〈红高粱家族〉》为题，发表于《南京社联学刊》1989年第1期）

10 沈从文：《烛虚》，转引自黄苗子《生命之火长明——记沈从文先生》，见《花城》1980年第5期。

死亡的诱惑

时下，评论界关于文本的研究很是流行，然而我却想在文本之外做做文章，写一组借题发挥式的东西，即从作家、作品生发开去，引出某种文化—哲学思想。我之所以敢逆潮流而动，完全是由于潮流敢逆时代而动的原因所致。这倒不是说文本的研究没有价值，恰恰相反，那类从语言、从符号、从结构入手的文学评论对纯文学的发展可能是很有意义的。问题在于，中国人是否已经获得了从事纯文学活动的资格，这是我始终怀疑的问题。在我看来，那帮“玩文学”“玩评论”的哥们儿无非是一种装出来的潇洒，你要真的潇洒，为什么不敢去玩玩政治什么的呢？……所以我认为，新潮小说的最主要的贡献，并不在于进一步争得了文学的自主性，而在于进一步深化了文学的启蒙性，即从生活方式、思维习惯和价值尺度等各个方面，向传统文化展开了全面的挑战。这也就是我要“借题发挥”的原因所在。

虽然说“爱与死是永恒的主题”，但这两大主题在不同民族的艺术中所占有的地位是不同的。翻开中国文学史，我们的祖先非但没有留下《神曲》式的篇章，而且也不曾有过“生存还是毁灭”之类的烦恼。直至今天的文学界，也常常只是“爱”得一塌糊涂，而对“死”却缺少应有的关注。不难看出，我之所以选择洪峰的小说作为谈论死亡问题的出发点，首先是由于它们在这方面显然属于一种例外。从《生命之流》到《生命之觅》，从《降临》到《湮没》，从《奔丧》到《极地之侧》，洪峰的绝大部分小说都要涉及死、谈论死和关注死。正像史铁生在为《瀚海》所作的序文中说的那样：“我看洪峰这人主要不是想写小说，主要是借纸笔以悟死生，以看清人的处境，以不断追求那个俗而又俗却万古难灭的问题——生之意义。……洪峰之所以写小说，不过是因为这种思维方式于他更适合，哲学不免艰涩而且更多地用着大脑，文学便能亲近更多的人而且全部是心声。”既然洪峰是想用文学的语言来进行哲学的思考，那么我在这里用哲学的语言来阐发洪峰的作品便不会被认为是无事生非了。

一

记得叔本华说过这样一句话：“死亡的困扰是每一种哲学的源头。”起初我还以为这位不得志的哲学家是在故作惊人之语，然而当我认真翻了翻中外哲学史之后，才似乎明白了此话之中的深意。

从毕达哥拉斯关于“灵魂”轮回的思想，到柏拉图关于“理念”不灭的学说；从普罗提诺关于“太一”万能的理论，到基督教关于“上帝”永恒的信条……古代的西方人似乎有着一种先天的形而上学倾向，总想在自然与社会之外去寻找一种永恒的精神寄托，这究竟是为了什么？伯奈特在《早期希腊哲学》中分析了当时人们的心理：“我们在这个世界上都是异乡人，身体就是灵魂的坟墓，然而我们决不可以自杀以求逃避：因为我们是上帝的所有物，上帝是我们的牧人，没有他的命令我们就没有权力逃避。”[1]这就是说，当社会分工和私有财产的利刃彻底斩断了人与自然、人与社会的原始纽带之后，孤立无援的西方人便开始尝到了异化的痛苦。他们必须在继续忍受这一痛苦或以自杀来逃避这一痛苦这两条道路上作一次重大的历史抉择，而哲学和宗教则正是这一抉择的产物，是不幸的人们得以活下去的借口。

与西方世界不同，中国古代是一种早熟的“亚细亚形态”，也就是说，我们的先人是在社会分工和私有财产尚未完备的情况下提前进入文明社会的。

1　转引自罗素《西方哲学史》上册，商务印书馆，1963年，第59页。

因此，当异化的苦果随着文明的鲜花一同降临于人世间的时候，我们的祖先便无需到超验的宇宙主宰或神秘的彼岸世界去寻求生命的归宿，而只要在未被完全斩断的人与自然、人与社会的原始纽带之中就可以找到精神的寄托了，这样便形成了儒、道两种思想体系，即两种对抗死亡的方式。道家讲究“齐物”，主张“天地与我并生，而万物与我为一”，把人看成是自然的一个组成部分，因而可以“不知说（悦）生，不知恶死”“无古今而后不死不生”，在自然的怀抱中寻求精神上的安慰，以达到一种“无知、无欲、无我”的“死而不亡”的境界。儒家则倡导“爱人”，主张“入则孝，出则悌，谨而信，泛爱众，而亲仁”，把人看成是社会的一个组成部分，从而声称“未知生，焉知死？未能事人，焉能事鬼？”在以亲子血缘为基础的人际关系之中来确定生命的价值和意义，以实现“朝闻道，夕死可矣”的精神追求。

这就是说，无论是西方的宗教、哲学观，还是中国的伦理、自然观，都与死亡问题有着极为密切的联系。因此，当原有的观念发生动摇的时候，死的问题也就会重新冒出来了。

在西方，传统的基督教文化是在文艺复兴、启蒙运动的冲击下逐渐趋于解体的，而与这一过程相同步，“生存还是毁灭”的问题也变得日益严峻起来。当尼采说出那句惊世骇俗的断语之后，失去了上帝的西方人便重新陷入了精神危机。“上帝死了！”这句话在中国人听来似乎平淡得很，因为在我们看来，个体人的存在与任何天外的宇宙主宰并没有什么联系。中国人一向以群体为本位，坚信“我死了之后还有儿子，儿子死后还有孙子，子子孙孙无穷尽也”，因而有限的个体可以在无限的种族延续之中求得不朽。然而在血缘关系十分淡薄的西方人眼里，上帝却有着十分重要的意义。西方人以个体为本位，认为人与人之间是无法沟通的，只有上帝才永远不会抛弃我们，它给我们的生命以价值和意义，使我们有限的存在可以达到无限。因此，“上帝死了”这句话对西方人来讲，与其说是轻松的，毋宁说是沉重的，甚至是痛苦的。尽管这种痛苦是具有进步意义的，然而它毕竟是一种真实的痛苦。

就在西方的基督教文化陷于全面崩溃的同时，东方传统的天人关系和人际关系也在商品生产的冲击下逐渐趋于瓦解。与古朴宁静的自然经济不同，商品生产所带来的市场竞争迫使人们不得不以最大的限度去改造自然、利用自然，即将自然放在人的对立面上去征服和占有；与温情脉脉的宗法社会不同，商品社会以公开的、露骨的金钱关系取代了建立在宗族血缘和政治幻想基础之上的人伦关系。因此，尽管我国目前的商品经济发展得还很不充分，但是任何敏感的思想家和艺术家都不可能无视社会现实所带来的天人关系和人际关系的变革。于是，正像失去了上帝的西方人不得不去重新考虑生与死的问题一样，失去了天人感应和血缘纽带的中国人也不得不在儒、道传统之外去重新感受生存的意义和死亡的威胁。从这一意义上讲，东西方社会带着其各自不同的历史经验和文化传统在“死亡”这一问题上碰到了一起；也正是从这一意义上讲，洪峰小说所涉及的问题才可能具有广泛的时代意义。

二

波伏娃曾经说过：“一个人从诞生之时就开始走向死。但在生与死之间存在着生命。”[2]这也许是句人人都会讲的大实话，然而这话中的道理却并不是人人都能理解或愿意理解的。当我们说“人总是要死的”这句话时，常常显得十分轻松，因为我们在潜意识之中已将死亡看成是一个无限遥远的未来而排斥在切身的体验之外了，也就是说，这种对死亡抽象的肯定本身就包含具体的否定。因此，要研究或反思死的问题，就必须首先正视死，正视那每分每秒都在向我们步步逼近的不可逃脱的归宿。而洪峰的《降临》，说的就是这些。在这篇几乎不成其为小说的小说中，作者描写了两位行将就木的老人在病榻上等待死亡的过程，并通过他们那极度清醒而又无限平静的对话反映出了死亡的残酷性和不可抗拒性。——“‘我一直想问你，年轻的时候想到过这一天吗?’‘没有，年轻的时候谁会想到这些。’她叹了口气：‘我想过。’‘但你没说过。’‘想完了就忘了。那时候觉得老了就会死的。’‘是会死的。’‘但没想到死也不容易。’‘不容易。’‘也容易。’‘容易。’……”说死也不容易，是因为谁也没有真正尝受过死的滋味。说死是容易的，是因为他们每时每刻都感受到死亡的降临：当阳光从他身上渐渐移到她身上的时候，当外边的街灯

2　[法]波伏娃：《所有的人终有一死》，见《现代外国哲学》第5辑，人民出版社，1985年，第332页。

越来越亮而屋里的光线越来越暗的时候，当旧的一天过去新的一天到来的时候……如果说死亡的必然性在《降临》之中表现得过于直露的话，那么这一主题在《生命之觅》中却以象征的形式出现了——生命是可以觅到的，但生命之觅却恰恰要以全部的生命为代价的，这也许是人类所难以克服的悖论。

死是必然的，而生却是偶然的，也许正是死的必然性才反衬出生的偶然性。萨特曾这样写道："每个存在着的东西的产生都没有任何道理，由于自身弱点而持续，因偶然的机会而死亡。"[3]生者必死，这是一个不证自明的命题；而死者能否再生，却是一个永无答案的问号。在无尽的宇宙里，在茫茫的大地上，我们人类的出现本身就具有极大的偶然性，至于我们每一个活生生的个体，则更是无端地被抛在世界之中的。也许最早发现这一问题的不是萨特，而是尼采，他在《偶像的黄昏》中写道："没有谁可以对下述情形负责：他存在了，他是这样的和被造成这样的，他在这样的环境中生活。他不是一个意图、一个意愿、一个目的的产物，不能用他尝试去实现一种'人的理想'或'幸福的理想'或'道德的理想'——想要按照任何目的铸造他的天性是荒谬的。"[4]正是这种生的偶然性和死的必然性所共同构成的荒谬感折磨着洪峰写下了那篇光怪陆离的《极地之侧》。

这无疑是洪峰小说中最令人费解的一篇了，一方面是作品中的洪峰在寻找着一个也许并不存在的恋人，另一方面则是洪峰的朋友章晖在讲述着一系列稀奇古怪的死亡故事，到了结尾之处，恋人没有找到，死亡却终于兑现了。"我不知道你听了这件事有何感想。反正我没有什么更多的感想。我只觉得它莫名其妙。后来我才知道，这个莫名其妙正是它的全部意义所在。"这也许是作者在作品中所留下的唯一注脚了。不，还有一处，那就是小晶在结尾处告诉洪峰的："洪峰，我告诉你……那本《心灵的激情》我早就读过。那里有一段话，是弗洛伊德对他的朋友约瑟夫讲的。他说：'约瑟夫，我有一个奇怪的感觉，觉得拿坦知道自己正在把自己逼上绝路，他追求那个不幸的姑娘，只是为了给自己找一个最终解脱的借口。'"读到这里，我们的心情或许会比作品中所描绘的大自然还要寒冷，然而仔细想想，生活不正是如此吗？

应该看到，承认生命的偶然性和世界的荒诞性，这无疑是残酷的，但也

3 [法]萨特：《恶心》，见《现代外国哲学》第5辑，人民出版社，1985年，第326页。

4 [德]尼采：《偶像的黄昏》，见《尼采：在世纪的转折点上》，上海人民出版社，1986年，第95页。

许并不愚蠢，愚蠢的倒是那些毫无荒诞感的道德家和神学家。在他们看来，伦理和宗教不是人创造的，人反倒成了伦理和宗教的产物，似乎早在人类产生之前，其价值和意义就已被写进了经书和圣典，因此，大家只要按部就班，循规蹈矩，就可以成为地地道道的完人了。问题在于，洪峰不信这类经典，他也不想做什么完人，他只知道一个非常简单而又不容回避的事实：人总是要死的。因此他借章晖那稀奇古怪的故事无非是要表达这样一个哲学命题，用海德格尔的话说："死亡作为此在的终结乃是此在最本己的、无所关联的、确知的，而作为其本身则不确定的、超不过的可能性。"[5]因此，他借小晶那闪烁迷离的感想无非是要表达这样一种人生哲理，用尼采的话说："说真的，善与恶不是取来的，不是发现的，也不是上帝赐予的，而是人类自制的。人类为了生存下去，必须给万物以价值——一种人的价值。"[6]而人类之所以要追求这些价值，只不过是作为抗拒死亡的借口。

在洪峰那里，抗拒死亡的借口只有一个，那就是爱情，因此，每当他在作品中涉及死亡、涉及生命的时候，必然要以爱情来与之抗衡，尽管这些爱情的方式和层次是多种多样的：从《生命之流》中那从雪堆里扒出来的、仅供睡觉用的"爱情"，到《湮没》中那从湖水里捞出来的、用以证明自我的"爱情"；从《勃尔支金荒原牧歌》中那实实在在、富于质感的"爱情"，到《奔丧》中那恍恍惚惚、扑朔迷离的"爱情"……用他的话来说："文学的主题和生活相同，和生命相联系的，就是爱情，接下去就是死亡，接下去就是生命，接下去就是爱情，接下去……"[7]显而易见，洪峰的这套生命哲学似乎过于简单、过于幼稚了，然而他毕竟用这种简单而幼稚的目光发现了那些老成持重的人们所不敢正视的问题。

三

总之，正像雅斯贝尔斯所指出的那样，"对人生的恐怖是现代人的可怕伴侣，就其激烈程度而言，可能是前所未有的"。[8]然而恐怖本身并不一定就是

5 [德]海德格尔：《存在与时间》，生活·读书·新知三联书店，1987年，第310、156页。

6 [德]尼采：《查拉斯图拉如是说》，Thomas Common英译本，纽约现代丛书，第61页。

7 洪峰：《我的说话方式》，《文艺争鸣》1987年第2期。

8 [德]雅斯贝尔斯：《现代的人》，见《现代外国哲学》第5辑，人民出版社，1985年，第330页。

坏事，克尔凯郭尔就曾认为，“恐怖是自由的可能”。[9]

恐怖何以竟会成为自由的可能呢？这是由于，唯有这种对于死亡的恐怖，才可能把我们从“常人”之中区分开来，使我们意识到自己是一个独立的、自主的、不可重复的个体，因为我们是以自己的全部个性去面向死亡的。然而在此之前，为了逃避死亡所带来的恐怖，我们则喜欢将自己混迹于“常人”之中。正如海德格尔所说的那样：“常人怎样享乐，我们就怎样享乐；常人对文学艺术怎样阅读怎样判断，我们就怎样阅读怎样判断；竟至常人怎样从‘大众’中抽身，我们也就怎样抽身；常人对什么东西愤怒，我们就对什么东西‘愤怒’……”[10]这种没有个性特征、没有自我意识的“常人”似乎是不会死的，也正是在这种死亡的避难所里，我们才放弃了自己应有的自由，从而以一种模棱两可、随波逐流的生活态度耗费着自己宝贵的生命。因此，人要获得自由，必须首先正视个体存在的有限性，只有彻底领会了未来的死才能真正懂得如何去生。在这里，死的恐怖非但没有导致颓唐沮丧，反而激发了生的活力，从而将“未知生，焉知死”这句古老的名言改造成“未知死，焉知生”了。这就是海德格尔所说的“向死而在”。

要真正达到这一境界，至少要经历以下三个阶段。首先，要有对死亡的深切体验，这种体验不是肉体感受，也不是知性认识，而是一种“先行到死”的哲学领悟。其次，要在体验死亡的基础上将自己与他人区别开来，因为死亡最终总是我个人的事情，是任何他人所替代不了的。既然他人不能代替我去死，那么他人也就没有权力左右我的生。最后，要通过行动自由地面向死亡，即通过对生活道路的选择表现出自己独特的人生观和价值观，勇敢而自觉地肩负起自己的生命历程。如果我们以这三个阶段来对照洪峰的小说，那么，《降临》《奔丧》和《湮没》则分别表现了他的三重探求。

关于《降临》的分析无须重复。对于《奔丧》，我这里也无意指责它在题材、立意和手法上与加缪的《局外人》有着多少相似之处，而只是沿着我的思路将它放在一定的位置上。——在这部小说中，除了“我”之外的所有人，都在为死人而忙碌，而除了“我”之外的所有人，却都不理解死亡的真正含义。因此，他们按部就班，他们循规蹈矩，他们人云亦云，他们将对死

9 [丹]克尔凯郭尔：《恐怖的概念》，见《现代外国哲学》第5辑，人民出版社，1985年，第330页。

10 [德]海德格尔：《存在与时间》，生活·读书·新知三联书店，1987年，第310、156页。

者的哀悼当成了一种约定俗成的程序，应该悲伤的时候便悲伤，需要哭泣的时候便哭泣，他们一丝不苟地安排着这一程序、津津有味地咀嚼着每一个细节。总之，他们在为死人而耗费着自己活着的生命，却丝毫没有意识到，在这种与死者并无益处的程序中，他们自己也在一步步地走向死亡。因此，面对着这些毫无个性的“常人”，头脑清醒的“我”反倒显得很不正常。“我”不懂规矩，不知礼数，在应该沉默的时候号啕大哭，在需要哭泣的时候却默默无语。“我”越是模仿和适应别人，就越是弄巧成拙、捉襟见肘。因此，作为死者的爱子，“我”却成了葬礼过程中的“局外人”。如果说，《奔丧》中的“我”还不敢将内心的自由付诸实施，而只能在爱情的梦幻中寻求独立的话，那么《湮没》中的“我”则终于忍不住要奋起抗争了，尽管这种抗争带有一种变态的神经质。——由于受不了相遇、交谈、结识、拥抱、接吻、抚摸这一套约定俗成的恋爱程序，“我”不得不突发奇想，把女友推入湖水之中，以此将自我从“常人”那里区别开来，从而证实自己毕竟是自由的……无论这篇小说在手法上多么生硬，在艺术上多么单薄，然而它毕竟展示了这样一个真理：对死的恐怖和对生的渴望迫使我们向往自由。再借用一次萨特的话说：“每个理解生活的人的选择都是一种真正的选择，因为它使我们面对死亡……”[11]

说得形象一点，我们每一个活着的人都被命运抛上了一辆飞驰的列车，每时每刻都在向“卡桑德拉大桥”挺进。那里是我们生命的终点，而我们的生命只在于到达终点的过程之中。意识到终点的意义，对每一个人都是一种严峻的考验，而越是敢于正视这终点的人，就越不会放弃自由、坐以待毙……

（此文原以《“向死而在”——洪峰小说引起的哲学思考》为题，

发表于《时代文学》1989年第1期）

11 [法]萨特：《寂静的王国》，见《现代外国哲学》第5辑，人民出版社，1985年，第333页。

国人的生存困境

——刘恒小说三题议

刘恒的小说算不上新派，这两年，就在别人痛痛快快“玩文学”的时候，他却结结实实地抛出了《狗日的粮食》《伏羲伏羲》《两块心》等让人看后无论如何也潇洒不起来的沉甸甸的东西。说实话，看刘恒的小说，与其说是一种享受，不如说是一种折磨，因为它时时刻刻在提醒你：不要忘记国人的生存困境。说起来让人脸红，这困境绝不是什么超英赶美、领导世界新潮流的问题，而是如何解决饮食男女、为人处世的问题。谁都会认为，此类问题层次不高；然而高明的国人如果走不出这些困境，就无法成为堂堂正正的世界公民。至于什么“信息时代”“后工业文明”，只好瞪着眼睛看别人去折腾了……

一、“饮食”

“民以食为天”，这是中国人的一句老话，可见生活在我们这片土地上，食是十分重要的事情。现在有一种说法，说中国文化是“食文化”，那是说中国人讲究吃，吃得好。北京的“仿膳”自不必说，就连广州的一顿“早茶”，也足以让人眼花缭乱了：五六十个碟子轮流摆到桌上，那新鲜美味的小吃绝不会有重样的。如果你傻乎乎地感谢主人的这顿“早饭”，主人便会十分谦虚地告诉你："这哪里算吃饭呀，只不过是吃吃茶啦"。难怪有位外国领导人在访华期间会盛赞中国美味佳肴，而我们的新闻机构也会同样谦虚地将这则消息转载在《参考消息》上呢。至于那大大小小的人情饭、会议饭、合同饭、鉴定饭、上边到下边视察工作时吃的饭和下边向上边汇报工作时吃的饭就更不必说了。可是刘恒却不像陆文夫那样，据此炮制一篇令人馋涎欲滴的《美食家》，使中外读者叹为观止；而偏要拣那些吃不上饭的故事来写，而且写得如此惊心动魄，这就难免不有些"暴露黑暗面"之嫌了。

自古以来，令人惊心动魄的故事只有两种，一种离生活最远，是人们料想不到的事情；一种则离生活最近，是人们视而不见的事情。制造前一种故事，需要超越生活的想象力；制造后一种故事，则需要有正视生活的洞察力。《狗日的粮食》显然属于后一种。在这篇朴实无华的小说里，既没有见所未见的恶人，也没有闻所未闻的厄运，整个悲剧只是由于缺少那最最普通、最不起眼的东西——粮食。同世世代代、祖祖辈辈的中国农民一样，杨天宽和那外号瘿袋的老婆从来也不曾有过什么过高的奢望，他们甚至连"三十亩地一头牛"的念头也没敢生过，因为历史发展到了他们这一代，三十亩地，已经成为一个不可企及的数字了。然而与此同时，嗷嗷待哺的孩子却一个接着一个地落地了，尽管他们以大谷、二谷、红豆、绿豆之类的字眼为孩子命名，然而粮食却恰恰因人口的增多而减少了。这就是杨天宽一家的困境，也就是11亿中国人的困境。可悲的是，这困境已经威胁到了人们最最原初的生命本能，因而便有了将人的本性彻底扭曲的可能。我们知道，巴尔扎克曾塑造了为数众多的金钱拜物狂，但从未写过粮食拜物狂，这便使刘恒笔下的瘿袋具有了前所未有的开创意义。

她因粮食而来，又为粮食而去，在她的一生中，粮食给她带来了无限的屈辱和乐趣。对于她来说，粮食究竟意味着什么呢？意味着温饱，意味着活命，意味着可以将她从一个男人的手里转移到另一个男人的手里。因此，粮食便成了她全部神经的唯一兴奋点，成了她毕生追求而又永无止境的唯一目的。她可以为粮食不辞辛劳，她可以为粮食与人争吵，她可以为粮食向丈夫发威，她可以为粮食向队长赔笑……最后，她竟然丢失了购买返销粮的"购粮证”，终于经受不住这一打击而服毒自杀了。命运简直是在有意捉弄这位几近痴魔的乡村妇女，就在她临死前的一瞬间，“购粮证”却又出人意料地被找到了。于是，面对着如此残酷的命运之神，她张开那因缺粮而变得苍白的嘴唇，吐出了带有控诉意味的最后一句话：“狗日的……粮食。”

从情节上看，《狗日的粮食》有点像莫泊桑的小说《项链》。然而瘿袋的不幸却不是因为虚荣而是为了吃饭，为了养活孩子，为了最起码的生存。这样一来，刘恒的小说便不是喜剧而是悲剧了。我们尽可以说什么“人不是为了吃饭才活着，而是为了活着才吃饭”，我们尽可以说什么“人与动物的不同，不在于食、性的生物属性，而在于这些活动所表现出来的社会属性”；然而当粮食，这一类生存的基本条件真正发生危机的时候，一切政治的观念，一切伦理的法则，竟然如此不堪一击。似乎只有在这个时候，我们才能够真正理解马克思所发现的“历来为繁茂芜杂的意识形态所掩盖着的一个简单事实：人们首先必须吃、喝、住、穿，然后才能从事政治、科学、艺术、宗教等等”；[1]似乎只有在这个时候，我们才能够甘心承认：人并非首先是人，然后才是动物，而是首先是动物，然后才是人。当人连起码的生物需求也得不到保障的时候，也就是说，当人连动物都不如的时候，人还有理由被要求去做人吗？因此我认为，一切真正的人道主义，应该从肯定人的动物本能开始，正是从这一意义上讲，《狗日的粮食》闪耀着诚实的而非造作的人道主义的光辉。当然了，评论家们可以有自己的独特见解，然而在我看来，如果我们的评论家不摘下那付戴惯了的变色镜，就不可能发现这部小说的真正含义。

二、“男女”

中国人的悲剧还不仅仅出在“食”上，而且也常常出在“性”上。尽管我们在摘取“食文化”之桂冠的同时，把“性文化”的帽子远远地抛给了西方，然而这并不意味着我们在这方面就一定比人家落后。在世界文学史上，最富有“性”色彩的小说，不是《十日谈》而是《金瓶梅》。当然了，这本可以使我们引以为骄傲的小说并不是什么人都可以看的。据说五十年代曾印过一批，

1　恩格斯：《在马克思墓前的讲话》，《马克思恩格斯全集》第23卷，人民出版社，1972年，第97页。

是专门给那些高级干部和有地位的文化人看的，因为他们有着常人所不具备的批判能力。由此可见，中国的“性文化”是分层次的。然而刘恒却恶习不改，专拣那些低层次的来写，于是便有了《伏羲伏羲》。

如果说杨天宽与瘿袋的不幸是一种求“食”而不得的悲剧，那么杨天青与菊豆的不幸则是一种求“性”而不得的悲剧，然而这两种悲剧却带有同样的民族特征。谁都知道，在我们的民族文化中，历来也没有压抑“性”的禁欲主义精神；然而从反面上讲，儒家文化对“性”的肯定，从来也没有超出生儿育女、传宗接代的界限；也就是说，性行为只能作为一种手段而不能作为目的而存在。而天青与菊豆的悲剧就出在这里。天青并不是穷得娶不上老婆，如果他像叔叔那样，把自己和别人当成一架生儿育女的机器来使用，绝不会遭到任何非议。相反，当他把“性”作为一种独立的价值加以追求的时候，便陷入了一种不可自拔的绝境。这样，他与菊豆的私通，便不仅仅是对叔父的叛逆，而且是对整个文化环境的叛逆了。因此，即便是叔叔瘫了、死了，他也不可能在这场斗争中获得胜利，最终便只能落得一个侄儿不像侄儿，丈夫不像丈夫，哥哥不像哥哥，父亲不像父亲的可悲下场。因此，正像瘿袋临死前对自己毕生所追求的粮食感到绝望乃至于憎恨一样，杨天青则将绝望与憎恨集中到自己的性器官上来，赤身裸体地溺水自杀了。

杨天青当然算不上什么英雄，无论按照过去的标准，还是按照现在的标准，他的行为都是不道德的。这不由地使我们联想起尼采的一句话：“在道德（尤其是基督教道德即绝对道德）面前，生命不可避免地永远是无权的，因为生命本质上是非道德的东西。”这当然已算不上什么新鲜的发现了。问题在于，就在西方人文主义者捣毁基督教道德的同时，我们的理论家们却在大踏步地向儒家文化复归。在不少人看来，只要能发现西方道德的沦丧，就可以证明东方伦理的永恒了。谁知，就在儒家文化为即将占领世界而高奏凯歌的时候，刘恒却不识时务地抛出了这部《伏羲伏羲》，这不免太让人扫兴了。

认真反思起来，我们这个民族对于“性”的蔑视，就像对于“食”的蔑视一样，历来就掺杂着一些不健康的因素。正因如此，被压抑的欲望一旦有了道德或权势的保障，便必然会出现恶性的发展与膨胀。翻开中国的性史，一方面是授受不亲，一方面是嫖娼纳妾；一方面是“性”饥饿，一方面是“性”垄断；一方面有《女儿经》，一方面有《肉蒲团》。顺便说一句，西方的“选美”是选给大家看的，而中国“选美”则是少数人的特权。不难想象，如果林彪不是在政治上垮台的话，林立果的“选美”内幕恐怕至今也难见天日。总之，当正常的性行为被视为不洁的丑事受到压抑的时候，不正常的性行为却正在大张旗鼓或偷偷摸摸地进行着，这难道不是我们这个民族特有的困境吗?

三、“做人”

除了“饮食”与“男女”之外，中国人的第三大困境便是“做人”了。从某种意义上讲，中国人是最讲究“做人”的。所谓“做人”，就是区别出长幼尊卑、亲疏远近，在复杂的人际关系之中确立好自己的地位和行为，对高于自己的人应该如何应酬，对低于自己的人应该怎样发落。这套学问必须从小学起，学到七十岁才能达到一种“从心所欲，不逾矩”的境界，像庖丁解牛那样，以无厚入有间，游刃有余，哗然霍然。乍听起来绝对是门艺术，然而真要做到这一地步又谈何容易，操心劳神不算，还必须以牺牲人的全部个性为代价。难怪有人认为中国人与西方人有着演员和角色的不同：西方人的角色是固定的，约翰就是约翰，他老子叫他“约翰”，他儿子也叫他“约翰”；而中国人却始终是演员，要在不同的环境下扮不同的角色。张三并不就是张三，他时而是父亲的儿子，时而是儿子的父亲，不仅如此，他还可能是赵局长的助手，刘秘书的上级，李处长的同乡，王书记的女婿……要在如此复杂的社会关系中演好不同的角色，的确不是一件轻松愉快的事情。而刘恒的新作《两块心》恰恰揭示了中国人的这一困境。

从表面上看，人“做”得好坏与“食”“性”之间并没有多少直接的联系，看不透这一点的乔文政只觉得自己努力工作就一定能得到应有的尊重和报偿，直到栽了跟头之后才终于明白：自己并不处在公平竞争的社会环境之中。正当他心烦意乱并企图抗争的时候，老同学的秘密却使他懂得了“食”“性”的好处原来尽在“做人”之中，他似“一下子就耳聪目明了”，从此便放弃自己固有的个性，戴上面具去学着“做人”了。

从标题上看，“两块心”当指乔文政和他的老同学郭尚真的心。然而这两个人却绝不仅仅是老同学，他们之间的关系随着环境和时间的不同而不断产生着微妙的变化。单独相处的时候，他们两人可以称兄道弟，彼此开心；可一旦有外人在场，尚真便马上会板起面孔，发号施令了。起初，乔文政对这种变化还很难适应，从心里埋怨这位当了秘书和厂长的老同学在官场上“学得油滑了”。然而到了后来，自己油滑得比尚真更有水平，竟然把这位尚有一丝真情的老同学也装进了自己的圈套。最后，自投罗网的郭尚真似有所悟地对他讲：“乔文政，真看不透呀!”而文政却已经大彻大悟了：“都看透了咱还咋做人哩?”生活早已使他明白：“人是靠不住的。人什么都干得出来。人为了干他想干的事什么都肯做。人是没有指望的。”“心外有骨，骨外有皮，皮外有衣，心和心隔得委实太远啦。”因此“两块心”是无论如何也不可能沟通的。

应该看到，文政的成功，也正是他的失败。因为当出人头地的乔文政满脸堆笑地走进厂长办公室的时候，那个敢作敢为、堂堂正正的乔文政已经不复存在了。从这一意义上讲，不是文政改造了环境，而是环境征服了文政。因此，乔文政的故事，不是喜剧而是悲剧。这同样也是一种国人的悲剧，是在这种既不尊重个人的创造性劳动、也不需要社会的平等性法则，而仅仅依靠人际关系的社会环境所必然产生的悲剧。这种悲剧纯然是消极的，因为在悲剧人物的相互倾轧之中，历史并没有前进，财富并没有增多，文明并没有发展，因此它甚至比那种公开的、残酷的、直接的、露骨的资本主义商业竞争所造成的悲剧更加阴暗、更加腐朽。谁都明白，这种“做人的悲剧”绝不是什么社会主义的悲剧，而是封建主义的悲剧。

从《狗日的粮食》到《伏羲伏羲》再到《两块心》，刘恒似乎已经完成了其思想探索的一个周期，即从自然到文化再到社会，从这三个层面上揭示了国人的生存困境。正像他自我表白的那样：“写来写去熟透了两个字，一个悦，一个愁。悦不多，笔里笔外缺的正是它。愁却不少，甚至太多，一抬笔准来，扔了笔还来。时时感到面对了一个蛮横的仇人，受尽捉弄，却无还手之力。念及人世苍苍，不生则死，决定干！偶然抡中对方一个半个嘴巴，得儿小说，然而终究放不倒也杀不死它，倒是自己在踉跄着速朽了。抽刀断水水更流。这是愁的解，也是墨客的伦常和宿命”。为了走出瞒和骗的大泽，刘恒不敢以“龙的传人”而沾沾自喜，他深知我们这个民族要真正有点出息，就必须先具备正视现实的勇气。没有这种勇气的人们，不可能真正走出现实的困境；没有这种勇气的作家，也不配坚持真正的现实主义。

（此文发表于《理论与创作》1989年第4期）

张怀瓘书法美学思想初探

张怀瓘是唐代最大的、也是整个中国古代美学史上最为重要的书法美学思想家之一。首先，他的著作之丰富是空前的。这主要有:《书断》三卷，《书议》《书估》《六体书论》《评书药石论》各一卷，此外，还有《玉堂禁经》《文字论》《用笔十法》等。其次，他的理论体系之完整是空前的。其《书断》一书，史论结合，上卷列古文、大篆、籀文、小篆、八分、隶书、章草、行书、飞白、草书十体，各述其渊源，系之以评判。中卷、下卷，分神、妙、能三品，每品又各以体分，其中神品二十五人次，妙品九十八人次，能品一百零七人次，前列姓名，后为小传，传中附录又三十八人次，不仅记述详尽，而且评价精当，为我们留下了一部自上古至唐初的书法艺术及其美学流变的历史。最后，他的美学思想之深刻性，也是空前的。这既表现在他对不同朝代、不同书体的艺术作品多样性审美趣味的分析上，又表现在他对唐代新的美学理想的建立上……从某种意义上讲，中国古代的书法美学，只有到了张怀瓘手中，才开始进入了成熟阶段。而仅凭上述三方面的贡献，也使得张怀瓘在中国书法美学史上的地位，足以同刘勰在中国诗歌美学史上的地位相媲美了。然而，有关刘勰的论文和专著，现在已是汗牛充栋，而对于张怀瓘的研究与评价，至今却是寥若晨星。故而，笔者不揣冒昧，在此仅从审美理想问题入手，对张怀瓘的书法美学思想做一尝试性的探究，以期引起学术界的注意。

张怀瓘的生卒年不详，据米芾《书小史》记载，他曾为玄宗时期的翰林供奉，大抵是与张旭同时代的人物。如果说，张旭的贡献，是在书法实践上开创了汪洋恣肆的“盛唐气象”；那么，张怀瓘的功绩，则是从书法理论上阐述了阳刚宏烈的“盛唐理想”。二者都是那个特定时代所特有的产物，而各自又从不同的层面分别达到了那个时代所能够达到的高度。

唐代是中国封建社会的黄金时代，而盛唐则又是唐代社会的鼎盛之年。唐代政权的建立者一方面吸取了隋朝统治者荒淫误国的教训，一方面又继承了隋朝所实行的具有进步意义的政治变革，从而在江山一统的局面下，很快建立起一整套较为完备的政治、经济制度。政治上的统一、安定，给民众创造了休养生息、恢复生产的条件；经济上的均田法和租庸调法，维护了农民生产上的独立性和积极性；军事上的府兵制，则减少了加在人民头上的军费开支。因此，在开国仅十余年的时间内，唐代就出现了著名的“贞观之治”。接下去，武则天、唐玄宗继承和发展了唐太宗的政治路线，把“贞观之治”推向“开元之治”——“是时，海内富实，米斗之价钱十三，青、齐之间斗才三钱，绢一匹钱二百。道路列肆，具酒食以待行人；店有驿驴，行千里不持尺兵。”（《新唐书·卷五十一·食货志》）“家给户足，人无苦窳，四夷来同，海内晏然。”（《通典·卷十五·选举典·历代制》）新的时代要求新的艺术，在这样一个前所未有的太平盛世里，人们审美活动中的阳刚之气也随之而达到了一个前所未有的高峰。在诗歌领域里，起初是“四杰”“由宫廷走到市井”，“由台阁移到江山与塞漠”的创作，扩大了原有的题材和意境；继而是陈子昂“前不见古人，后不见来者”的革新，扫荡了昔日的柔气与颓风；最终才迎来了李白与杜甫的鸾凤齐鸣……在绘画领域中，一方面是由尉迟乙僧发明“屈铁盘丝”的线条运用，突破了前人的旧法；一方面是由阎立本首创“泥银打底”的用色方式，超越了往日的陈规；最后才有了吴道子和李思训的各领风骚……谈及雕刻，是潇洒飘逸的“昭陵六骏”引出了气宇轩昂的“乾陵双狮”……说到乐舞，则由发扬蹈厉的《破阵舞》（一百二十人舞）迎来了热烈壮观的《神宫大乐舞》(九百人舞)……规模越来越宏伟、气势越来越磅礴、骨力越来越刚健、色彩越来越鲜明……在这样一股汹涌澎湃的历史激流中，书法艺术又该怎样在点划纵横之间追求时代的理想、体现盛唐的精神呢?这正是当时的书法理论家们所要考虑的问题。

我们知道，自东晋以来，王羲之潇洒、飘逸的作品一扫秦汉质朴、古拙的书风，从而在书苑中占据了统治地位。尽管后来的北朝也曾出现过不少粗犷、刚烈的作品，但始终未能取代王书的地位。南朝人争相效法二王，把羲之抬到了无以复加的高度，学王而不及者便只得其柔媚而失其风韵。面对这样一种局面，想要在新的历史条件下超越前人已有的成就，就必须在书法领域中建立起一种新的审美理想，于是，与王、杨、卢、骆在诗歌美学史上的地位大体相当，唐初的虞世南、欧阳询、李世民，以及稍后一点的孙过庭，便在书法美学上开始了由阴柔至阳刚的转折与过渡，而这一转折与过渡的最终结果，就是由张怀瓘所建立起来的新的壮美理想。

作为唐初著名的书法家，虞世南兼工行、真二体，笔致圆融，风神潇洒，外柔内刚，自开生面。然而他在自己的《笔髓论》中，却不仅有“释真”“释行”，而且存“释草”，对于擅长表现阳刚之美的草书艺术也十分重视。

> 草即纵心奔放，覆腕转蹙、悬管聚锋，柔毫外拓，左为外，右为内，起伏连卷，收揽吐纳，内转藏锋也。既如舞袖挥拂而萦纡，又若垂藤樛盘而缭绕。蹙旋转锋，亦如腾猿过树，逸虬得水，轻兵追虏，烈火燎原。或气雄而不可抑，或势逸而不可止，纵狂逸放，不违笔意也。

尽管虞世南还没有在真、草之间做出更进一步的对比与权衡，然而在此之处，他已经开始注意到草书艺术所表现出来的动态之美、奇异之美和雄健之美，从而表现出了对于壮美理想的向往和探求。

张怀瓘则在此基础上更进一步，他从崇尚阳刚之美的角度出发，开始了扬草抑真。

然草与真有异，真则字终意亦终，草则行尽势未尽。或烟收雾合，或电激星流，以风骨为体，以变化为用。有类云霞聚散，触遇成形；龙虎威神，飞动增势。岩谷相倾于峻险，山水各务于高深，囊括万殊，裁成一相。或寄以骋纵横之志，或托以散郁结之怀，虽至贵不能抑其高，虽妙算不能量其力。是以无为而用，同自然之功；物类其形，得造化之理。皆不知其然也。可以心契，不可以言宣。观之者，似入庙见神，如窥谷无底。俯猛兽之牙爪，逼利剑之锋芒。肃然巍然，方知草之微妙也。(《书议》)

作为两种书体，真、草各有所长，本无优劣之分。然观此处文字，则不难看出，张怀瓘之所以扬草抑真，绝不是出于书体上的偏见，是由于审美理想上的追求。在他看来，用草书来表现那种充满速度、力量和节奏的壮美理想，是再合适不过了，所以才倍加推崇。说到这一问题，我们还可以联系张怀瓘的创作实践加以分析。张怀瓘兼通真、行、草三体，自谓真、行“可比于虞、褚而已”。自然要比钟、王差上一大截子；然而说到草书，他便目无前辈了。他说：“仆今所制，不师古法，探文墨之妙有，索万物之元精，以筋骨立形，以神情润色，虽迹在尘壤，而志出云霄，灵变无常，务于飞动。或若擒虎豹，有强梁拏攫之形；执蛟螭，见蚴蟉盘旋之势。探彼意象，如此规模，忽若飞电，或疑星坠。气势生乎流便，精魄出于锋芒。如观之欲其骇目惊心，肃然凛然，殊可畏也。数百年内，方拟独步其间。”(《文字论》)可见，在张怀瓘看来，以优美取胜的真书、行书，在前人那里已经达到了一个不可企及的高度，而以壮美取胜的草书，则大有用武之地。他要在这个领域中去实现那具有划时代意义的审美理想，把阳刚之美发展到新的高峰。事实上，张怀瓘的草书并没有完全达到这一要求和愿望，然而他的理想也并未因此而落空，而是在张旭和怀素那里实现了。所以，张怀瓘对壮美理想的追求，绝不仅仅出于个人的爱好，而是体现了历史的要求和时代的风尚。

欧阳询是与虞世南同时而又齐名的书法家，他兼善真、行，曾取法二王，但笔力劲险，自成一家。受传统的素朴辩证法思想的影响，欧阳询很注意保持书法创作中诸对立因素的和谐与适度，从而寻求一种中和之美。他指出：“墨淡则伤神彩，绝浓必滞锋毫。肥则为钝，瘦则露骨。勿使伤于软弱，不须怒降为奇。四面停匀，八边具备。短长合度，粗细折中。心眼准程，疏密敧正。筋骨精神，随其大小。不可头轻尾重，无令左短右长。斜正如人，上称下载，东映西带，气宇融和，精神洒落。”（《八诀》）然而在这种中和之美的原则下，欧阳询并非无所侧重，他在前人的基础上所总结出来的书法“八诀”就充分体现了自己的偏爱：

如高峰之坠石。

似长空之初月。

若千里之阵云。

如万岁之枯藤。

劲松倒折，落挂石崖。

如万钧之弩发。

利剑截断犀象之角牙。

一波常三过笔。

在这里，欧阳询不仅开了唐书“重法”的先河，而且在这种法度中注入了自己对阳刚之美的向往。所谓高峰坠石、千里阵云、劲松倒挂、万钧弩发等等，都是对这种理想境界的描绘。只不过欧阳询对壮美理想的追求还不敢过分，还没有上升到理论的高度罢了。

同欧阳洵一样，张怀瓘也十分讲究“法度”，他的《论用笔十法》《用笔法》《玉堂禁经》《书诀》，都是专讲法度的文章。然而他在欧阳询的基础上又前进了一步，即不但讲有法之法，而且讲无法之法，要求在从师传授的基础上达到一种变化自如的境界。而这种境界的获得，显然与对壮美理想的追求是一致的。

夫人工书，须从师授。必先识势，乃可加工；功势既明，则务迟涩；迟涩分矣，无系拘跼；拘跼既亡，求诸变态；变态之旨，在于奋斫；奋斫之理，资于异状；异状之变，无溺荒僻；荒僻去矣，务于神采；神采之至，几于玄微，则宕逸无方矣。设乃一向规矩，随其工拙，以追肥瘦之体，疏密齐平之状，过乃戒之于速，留乃畏之于迟，进退生疑，臧否不决，运用迷于笔前，震动惑于手下，若此欲速造玄微，未之有也。(《玉堂禁经》)

因此，他敢于突破浓淡适宜、肥瘦得体，不偏不倚、不长不短的中和状态，把大开大阖、无所顾忌的险劲境界推向极端。

> 剡纸易墨，心圆管直。浆深色浓，万毫齐力。先临《告誓》，次写《黄庭》。骨丰肉润，入妙通灵。努如直槊，勒若横钉。虚专妥帖，殴斗峥嵘。开张凤翼，耸擢芝英。粗不为重，细不为轻。纤微向背，毫发死生。工之未尽，已擅时名。(《玉堂禁经》)

的确，这种“骨丰肉润”“殴斗峥嵘”的要求不是在颜真卿、张旭的手中实现了吗？从这里，我们也可以看出，张怀瓘的美学思想与当时书法创作实践之间的联系。

与虞世南和欧阳询的时代背景相一致，作为唐代开国皇帝的李世民在其书法理论中也体现了新旧审美理想的交织与过渡。一方面，他亲自写了《王羲之传论》，沿袭并助长了晋宋以来崇王的风尚，认为：“所以详察古今，研精篆、素，尽善尽美，其惟王逸少乎！观其点曳之工，裁成之妙，烟霏露结，状若断而还连；凤翥龙蟠，势如斜而反直。玩之不觉为倦，览之莫识其端。心慕手追，此人而已；其余区区之类，何足论哉！”把这种潇洒飘逸，阳刚中暗含阴柔的作品作为书法实践的楷模，显然缺乏新的时代精神。然而另一方面，他又直接批评了梁代具有代表性的书法家萧子云，指出其缺乏刚力的弱点：“子云近世擅名江表，然仅得成书，无丈夫之气。行行若萦春蚓，字字如绾秋蛇，卧王濛于纸中，坐徐偃于笔下。虽秃千兔之翰，聚无一毫之筋；穷万谷之皮，敛无半分之骨。以兹播美，非其滥名邪！”(《王羲之传论》) 很明显，李世民这里所追求的筋骨之力、丈夫之气，并不是王羲之书法的主要特征，而只是其中尚未泯灭的某种阳刚之气。正如他自己所说的那样："今吾临古人之书，殊不学其形势，惟在求其骨力，而形势自生耳"。(《论书》)因此，李世民所推崇的审美理想和他所拥戴的艺术楷模并不完全一致，而二者之间的矛盾也恰恰体现了处在过渡时期的李世民美学思想的二重组合。

然而，不打碎旧的偶像，就不可能建立新的理想。在这一问题上，张怀瓘既显示了理论上的远见卓识，又表现了思想上的大胆解放。他敢于发前人未发之难，对王羲之的书法实践作了一分为二的分析和评价。在《书议》中，他一方面实事求是地肯定了王羲之的真书和行书，把它们放在众艺术珍品的首位，并认真分析了其援阴柔以助阳刚的美的奥秘："虽逸少笔迹遒润，独擅一家之美，天质自然，风神盖代，且其道微而味薄，固常人莫之能学；其理隐而意深，故天下寡于知音。"另一方面，他又一针见血地指出了王羲之章草和草书的不足，把它们分别排在诸艺术佳作的第五位和第八位（即最后一位），并对此安排做了令人信服的说明。

> 或问曰："此品之中，诸子岂能悉过于逸少？"答曰："人之材能，各有长短，诸子于草，各有性识；精魄超然，神彩射人。逸少则格律非高，功夫又少，虽圆丰妍美，乃乏神气，无戈戟铦锐可畏，无物象生动可奇，是以劣于诸子。得重名者，以真、行故也，举世莫之能晓，悉以为真、草一概。若所见与诸子雷同，则何烦有论。……逸少草有女郎才，无丈夫气，不足贵也。

这的确是真知灼见，使人耳目一新。既然美有阴柔、阳刚之分，那么逸少的真、草又岂能一概而论呢?

张怀瓘破除了前代的偶像，是为了建立起本朝的理想。其实，在此之前的孙过庭，也曾有过这方面的尝试。《书谱》云："假令众妙攸归，务存骨气，骨既存矣，而遒润加之。亦犹枝干扶疏，凌霜雪而弥劲；花叶鲜茂，与云日而相晖。如其骨力偏多，遒丽盖少，则若枯槎架险，巨石当路，虽妍媚云阙，而体质存焉。若遒丽居优，骨气将劣，譬夫芳林落蘂，空照灼而无依；

兰沼漂萍，徒青翠而奚托。”然而从总体上讲，孙过庭仍不能放弃众美兼得，刚柔并济的老调：“虽篆、隶、草、章，工用多变，济成厥美，各有攸宜。篆尚婉而通，隶欲精而密，草贵流而畅，章务检而便。然后凛之以风神，温之以妍润，鼓之以枯劲，和之以闲雅”。可见，由于王羲之所确立的传统书风的影响，使得孙过庭在追求新的壮美理想的同时，仍不敢完全放弃固有的优美理想，不敢在二者之间做出进一步的抉择。而张怀瓘请则“破”中有“立”，公然提出了“风神骨气者居上，妍美功用者居下”（《书议》）的评书标准，从而最终在理论上将盛唐艺术家所应追求的审美理想确立了下来。

就这样，在虞世南、欧阳询、李世民、孙过庭等人的基础上，张怀瓘从书体、法度、范本和标准四个方面全面阐述了他对于新的壮美理想的渴望与追求，从而彻底扭转了东晋以来的固有书风，为阳刚宏烈、气势开张的唐代书法开辟了新的途径。这种理论上的贡献并不意味着唐书的美就一定高于晋书的美，而在于唐人不能重求晋人之美。惟其如此，张旭、怀素、颜真卿、柳公权等书法大师才可能在新的时代做出新的贡献，从而在中国书法艺术史上留下了前所未有的不朽篇章。康德说：“天才……为艺术制定法规。”而张怀瓘的“风神骨气者居上，妍美功用者居下”的理论就是为唐代的书法艺术家所制定的“法规”。这“法规”，符合了艺术变更的历史规律，适应了唐代社会的时代精神；这“法规”，也表现了一位审时度势的美学思想家的远见卓识。

（此文曾发表于《理论学刊》1990年第1期）

中国当代文艺的五大思潮

当我们写完《西方历史上的五大文艺思潮》之后，便不得不去考虑现在这个题目了。显然，用同一种理论模式来规范中国与西方不同的文艺现象，难免有些削足适履的感觉，更何况前者囊括了几千年的历史而后者则仅限于数十年的光阴呢。然而无独有偶的现象确实存在，或许我们恰恰可以在这种“巧合”之中发现一点什么，这便是本文的意义所在了。

在上一篇文章中我们指出，尽管几千年来的西方文艺复杂而又漫长，但大致可以分成三个阶段和五大思潮，亦即古代的一元艺术：主客体未经分化的“古典主义”；近代的二元艺术：主客体分裂对峙的“浪漫主义”与“现实主义”；现代的多元艺术：以“表现主义”和“自然主义”为代表的主客体极端性发展的现代思潮。前者是农业社会的产物，中者是工业社会的产物，后者则是后工业社会的产物。

在这篇文章中，我们将说明：在中西文化剧烈碰撞的历史条件下，在中国由农业社会急欲向现代化社会的转变过程中，我们的文艺在短短的几十年里也恰恰经历了类似的三个阶段和五大思潮，这其中的成败得失亦可值得总结与回味一番。

一

我们在进行当代文艺思潮研究的过程中，常常有意无意地忽略了这样一个显而易见的事实：所谓新时期的文艺运动是在反抗和挣脱“样板戏”的精神束缚下走出低谷的。这样一来，历史在其拨乱反正的辩证过程中，便自然而然地呈现出一种合乎逻辑的承继关系：旧时代的逻辑终点也正是新时期的逻辑起点。于是，作为这一终点亦复起点的文艺现象，“样板戏”便从一种相反的方向制约着新时期文艺运动的发展轨迹；于是，作为这一起点亦复终点的文艺现象，“样板戏”自身的历史特征及其美学属性，也就成为一种不容回避的研究课题了。

然而遗憾的是，不知是出于一种复杂的精神依恋，还是出于一种简单的理论蔑视，翻开十余年来的文艺研究，我们竟会发现这一至关重要的研究课题几乎仍处在一片空白之中。当然，倘若我们真能不假思索地将一种旧的精神现象完全留给历史，倒也未尝不是一件好事。问题在于，时至今日，有谁能够保证“样板戏”的鬼火不会死灰复燃呢?

大约是出于一种杞人忧天的思虑，笔者在数年前曾就“样板戏”和法国新古典主义文艺思潮进行过一种粗略的比较，在我看来，无论是从历史意义上还是从美学意义上讲，“样板戏”都可以称之为当代中国的“新古典主义运动”。

所谓“新古典主义运动”，是在新的历史条件下以新的理由和新的面目而实现的古典主义的全面复辟。也就是说，无论这一运动的口号和形式是如何的花样翻新，其骨子里仍然是几千年来回避矛盾、反对冲突、追求和谐的素朴的、原始的、僵化的美学原则。

从“天人合一”的古典境界出发，古典主义艺术家从来也不敢正视主观与客观、理想与现实的真正对立。于是，现实因理想而受到美化。理想则因现实而遭到阉割。古代文学史上之所以有那么多穷秀才因爱恋贵族小姐而考中状元，这绝不是由于他们发愤读书的结果，而完全是那些既希望实现婚姻自由又不敢触动等级观念的艺术家们（他们多半是既没有考中状元又没有得娶高门的真正的穷秀才）自欺欺人的结果。这很容易使人们联想起那出成名于“文化大革命”之前，光大于“文化大革命”之后，直到今天仍家喻户晓的评剧《刘巧儿》，该戏中坚持自主婚姻的刘巧儿和其主张包办婚姻的家长竟然选中的是同一对象，于是新与旧、理想与现实的尖锐冲突便在这种廉价的巧合之中化为乌有了。问题在于，这种早已被鲁迅先生批判的“团圆模式”之所以能够不厌其烦地重复下去，除了说明我们天生的那种小生产者的固有视野没有得到彻底转变之外，同时也显示了那种喜爱和谐（快感）而逃避冲突（痛感）的古典类型的审美心理有着多么强大的历史惰性。

正是借助于这种传统的心理惰性，“样板戏”的炮制者们才可能在一种新的环境下重温“瞒和骗”的历史旧梦，从而以一种见惯不惊的形式去进行戏剧情节的改编。当“多浪潮、多起伏、直至最后胜利”的结构程序被抬到“反映革命斗争之历史规律”的高度之后，敢于直面惨淡人生的悲剧创作反倒成了一种思想上的叛逆行为。由此，“光明的尾巴”便成为特定时期的特殊产物而在众多艺术家的臀部真正生根了。

理想与现实的妥协，要求表现与再现的互补。我们知道，生活是客观的，观念（我们对生活的认识）是主观的；前者丰富多彩而又包含了很多偶然的因素，后者整齐明确却又失去了许多生动的精华。古典主义艺术家在再现前者的同时却又不愿放弃后者，因而只能将那种与观念相吻合的生活内容纳入自己的艺术作品，而将那些不符合认识成见的东西全部舍弃。这种表现与再现的互补既导致了生活的纯净化，又导致了艺术的观念化。

这种缺乏个性的艺术现象不仅植根于等级制度的封建社会，而且培养出一种追求可把握性和易包容性的古典类型的审美心理。而“样板戏”的出现，则恰恰吻合了这种审美积淀的历史层次。对于那些习惯于京剧舞台上脸谱化人物的观众来讲，少剑波=“智慧”、杨子荣=“勇敢”、刁德一=“狡猾”、胡传魁=“愚蠢”……这样一些艺术形象的出现非但不会感到意外，反而比那些过于复杂的人物性格更加亲切易懂；而对于那些“包青天”们的崇拜者来说，“高大全”式的人物性格非但不会使他们感到厌恶，反而会成为一种情感的寄托……问题的严重性还不仅限于这些形象自身的真实性和可信性，而在于古典主义的类型法则将再度成为一种时髦的艺术规范。当表现与再现相互制约的美学原则被改造成“生活真实不等于艺术真实”“写真实不如写本质”等貌似辩证的理论术语之后，任何违背认识成见的形象塑造都将成为一种政治上的冒险行为。

在创作过程中，理想与现实的和解、表现与再现的妥协，必然要求情感与理智的相互制约。与浪漫主义不同，古典主义一向反对情感的自由宣泄；与现实主义不同，古典主义也不完全依赖理智的判断能力。古典主义的拿手好戏，就是用理智来节制情感、用情感来软化理智，从而达到一种“乐而不淫”“哀而不伤”“怨而不怒”的中间状态。在这种“发乎情，止乎礼义”的状态下，艺术家的真情实感和真知灼见都必须通过相互制约来适应一种先验的伦理模式；而在既失去真情实感又失去真知灼见的情况下，艺术家所剩下的便只是一种职业性的技巧和手段了。

我们认为，理想与现实的和解必然导致“大团圆”的结构模式，表现与再现的妥协必然产生“类型化”的人物性格，而情感与理智的约束则最终会扼杀艺术家的独立人格……因此，就情节而言，古典主义艺术是和谐的、有序的，亦可称之为美的，但是这类美常常是虚假的、梦幻般的；就人物而言，古典主义艺术是单纯的、稳定的，亦可称之为明确的，但是这类明确往往是幼稚的、缺乏历史深度的；就创作活动的心理因素而言，古典主义艺术是兼容的，不走极端的，亦可称之为全面的，但是这类全面则是以牺牲艺术家的独特个性为代价的……正如马克思在《〈政治经济学批判〉导言》中对于希腊神话所作的评价那样，作为一种历史的现象，这种素朴和谐的古典主义艺术是人类童稚时期的产物，自有其纯真可爱之处；而作为一种反历史的现象，古典主义艺术在当代中国的复辟，则是令人深思的。如果我们同意接受美学关于一部文艺史不仅是艺术家的历史，而且是艺术家和欣赏者共同创造的历史这一基本结论的话，那么我们就不能把“样板戏”的出现仅仅归结为“四人帮”的政治阴谋。对于一切曾经告别过去并企图面向未来的艺术家和欣赏者来说，我们必须在自己的内心世界和情感深处尽力清除古典主义的历史积淀，而这一工作的彻底和深入程度，便决定了我们将以一种什么样的姿态冲出“样板戏”的历史怪圈。

二

作为完整而自觉的文艺思潮，浪漫主义和现实主义并不是什么“源远流长”“自古即有”的，而是人与自然、人与社会分裂对峙的近代历史的产物。在西方，浪漫主义是携带着自由、平等、博爱的理想，伴随着法国大革命的炮声，于18世纪末登上文艺舞台的；而现实主义则是面对着铜臭和血腥的社会现实，伴随着资本主义制度的确立，于19世纪30年代开始占领艺术阵地的。在中国，由于近代因素的出现几度遭到传统势力的扼制，因而浪漫主义和现实主义在反抗古典主义的斗争中走过了更为艰难曲折的道路。明中叶，由李贽、徐渭、汤显祖等人所掀起的“浪漫洪流”可说是近代资本主义萌芽在意识形态领域中的最初体现；继而，清代的金圣叹、吴敬梓、曹雪芹等人则以其现实主义的新潮相呼应。“五四”运动以后，“创造社”和“文学研究会”作为自觉的文学流派显示了浪漫主义和现实主义的进一步成熟。而粉碎“四人帮”之后，“朦胧诗”和“伤痕文学”“反思文学”“改革文学”则再一次从主、客体两极承担起了反对古典主义的历史使命。

理想与现实的分裂对峙，是浪漫主义和现实主义的首要特征。浪漫主义艺术家绝不用客观的现实来规范主观的理想，现实主义艺术家也不用主观的理想来美化客观的现实。在他们看来，理想是美好的，惟其美好才值得追求；现实是丑恶的，惟其丑恶才需要暴露。当理想与现实间的张力真正形成的时候，浪漫主义的反叛色彩和现实主义的批判精神便不再是一种难以理解的怪现象了。

同历史上一切浪漫主义的文艺思潮一样，中国当代的“朦胧诗”最初也是作为现实生活的反动而出现的。大约从1972年开始，一批不愿继续被现实政治所愚弄的青年人，开始用诗的语言来展示自己幼稚却又真挚的理想。由于他们的理想已不再是被现实所认可的伦理规范和政治教条，因而一开始就被视为一种离经叛道的东西。尽管如无数评论家所申诉的那样，“朦胧诗”的表现形式自有其“朦胧的美”，然而更为重要的是，这种形式的美既不是艺术先驱者的全部追求，也不是这派诗歌在广大青年中所得以产生深刻影响的真正原因。从舒婷的“我无法反抗/只有反抗的愿望”，到杨炼的“绝望是最完美的期待/期待是最漫长的绝望”；从顾城的“黑夜给了我黑色的眼睛/我却用它寻找光明”，到江河的“为了让兄弟们的肩头/担起整个大地/摇醒千千万万个太阳”，我们在这些朦胧而又执着的诗句中看到了一代人的怀疑和一代人的梦想。这怀疑，使他们对不容怀疑的现实拉开了距离；这梦想，使他们对不准梦想的未来心驰神往……

如果说，“朦胧诗”是在对现实生活的反叛中去憧憬美好的理想，那么“伤痕文学”则是在理想光环的幻灭下去正视那残酷的现实。假如单从创作技巧上看，我们很难说“伤痕文学”就一定比“样板戏”高明多少。这些朴实无华的作品在当时之所以能够产生如此强烈的社会反响，仅只是由于它们在正视现实的道路上走出了古典主义“瞒和骗的大泽”。在那《天云山传奇》中，在那《剪辑错了的故事》里，历尽沧桑的读者再一次重温了自己真实的而非被美化了的历史；在那“没有航标的河流”上，在那“被爱情遗忘的角落”里，饱经忧患的人们又一次看到了自己现实的而非被理想化了的生活。当生活和历史以其本来的面目呈现在我们面前的时候，十几年来的团圆旧梦便再也无法继续下去了。肉体的“伤痕”唤起了心灵的“反思”，心灵的“反思”又促成了“改革”的行动。我们常常习惯于将这一时期的文学分成“伤痕文学”“反思文学”“改革文学”三种类型，这实际上只是现实主义在其自身的复兴和发展中所经历的合乎逻辑的三个环节而已。作为这一过程的逻辑起点，“伤痕文学”虽以其涉足“禁区”的“问题小说”在各个领域中不断地产生轰动效应。但其“我该怎么办?”式的血泪控诉和“救救孩子!”式的大声疾呼尚缺乏现实主义的大家风度。换言之，这些作品只是急于向人们展示社会生活中的累累伤痕，而没有将这些伤痕放在民族和历史的维度下进行深入的透视。于是，“伤痕文学”未及完成的这一使命便自然而然地留给了“反思文学”。反思的深度是没有节制的，人们不仅要谴责林彪、“四人帮”的历史罪恶，而且要反思这些罪人所得以出现的社会根源；反思的对象是没有限制的，人们不仅会同情深受摧残的干部、群众和知识分子，而且也会反思其自我摧残而又摧残他人的心理依据。从时间上看，“伤痕文学”是面对过去历史的，“反思文学”则是由过去的历史引向现在的生活，而“改革文学”才完完全全地植根于当今的事业。在经过“伤痕”与“反思”之后，“改革文学”已不同于“大跃进”式的民歌，它具有变革现实的热情，但更有正视生活的勇气。于是，继《乔厂长上任记》之后，蒋子龙又写下了《一个工厂秘书的日记》。因为生活中的乔厂长并没有“喝令三山五岳让路”的本领，反而要面对新的“伤痕”去进行新的“反思”。历史是无法割断的，我们不仅要在困难成山、麻烦成山、问题成山的情况下，举起“沉重的翅膀”，而且要在思想的屏障和关系的屏障下，去升起那颗并不纯洁的“新星”。不仅如此，历史和伦理之间的二律背反，更是搅得人们心烦意乱，于是在“古船”和“老井”之间还夹杂着“鲁班的子孙们”深切的叹息……生活永远不是理想，因而有写不尽的悲剧。然而，也只有敢于正视这些悲剧的人，才有权利去创造新的生活。

一般来说，“典型”属于叙事文学的范畴，而以抒情为主的诗歌和音乐通常讲究的是“意境”。然而在古典主义那里，即使“意境”也大都是类型化的。如果说“朦胧诗”超越了古典主义类型化的“意境”，那么“伤痕文学”则突破了古典主义类型化的“典型”。作为“伤痕文学”的开篇之作，刘心武的《班主任》之所以获得成功，不仅在于他塑造了一个遍体鳞伤的宋宝琦，更在于他塑造了一个心灵扭曲的谢惠敏。前者以一种流氓式的破坏来表现自己的逆反心理；后者则以一个教徒式的虔诚来实现自己的政治盲从。在这里，再没有什么魔鬼一样的恶人，也没有什么上帝一样的英雄，有的却是单纯与无知为伍、正直与褊狭共生。而这种复杂、多义的内心世界，才呈现出活脱脱的人物个性。沿着这条道路，作者以《我爱每一片绿叶》为题，宣告了“伤痕文学”世俗化、平民化、个性化的创作倾向。而这一倾向，在“反思文学”和“改革文学”中又得到了进一步的继承和发扬。当高加林合理的愿望只能用不合理的手段去实现的时候，我们才感到“人生”的困惑；当李向南反传统的意向重又表现为传统姿态的时候，我们才发现“新星”的悲哀。同样，在隋抱朴忍辱负重的生活里，在孙旺泉挖井不止的行为中，我们既看到了生命的毁灭，又看到了生命的升华；既憎恨国人的保守，又赞叹国人的伟大……

从创作心理上讲，理想与现实、表现与再现的相互对峙，依赖于情感与理智的分化和发展。浪漫主义以情感、想象、天才为旗帜，现实主义则以理智、思维、勤奋为武器。在这里，古典主义关于情感与理智相互制约的心理格局也得到了拆解，而正是在这种历史性的拆解之中，艺术家的人格主体才真正出现了。

“在诗的国土上，‘我’是合法的公民。无‘我’之诗，是诗的异化。”[1]因此，在十年浩劫之后，诗人的第一件任务，就是去找回那失去了的自我。“在偌大的世界上/我痛楚地寻找一个人——我自己。”（舒婷）“我一直唱着颂歌/现在/也该唱唱我。”（雷抒雁）这个被寻找回来的我，一定是一个有欢乐也有痛苦、会思考也会怀疑的自我；这个值得歌唱的我，一定是一个有感情也有个性、会奉献也会抗争的自我。也许这个小小的“自我”并不高大、完美，但至少真诚、本色；也许这个小小的“自我”不能垄断真理，但同样有权利为理想而讴歌……

当诗人们开始用自己的心灵去感受世界的时候，小说家们也开始用自己的眼睛去观察世界。在“实践是检验真理的唯一标准”这一重大哲学命题的背景下，现实主义艺术家再也不需要任何先验的教条来指导自己的艺术实践。他们终于明白，谁要想知道生活的本来面目，就必须像鲁迅先生那样“睁了眼看”。于是，相信自己的观察、相信自己的思考、相信自己的判断，重又成为艺术家再现生活、批判现实的前提。在这一前提下，艺术家对生活的再现也许并不圆满，却可能有独到的发现；艺术家对现实的批判也许并不全面，却可能有真知灼见……

总之，在我们看来，理想与现实的对峙必然突破“团圆模式”而产生真正的悲剧；表现与再现的分离必然粉碎“类型化的典型”而创造“个性化的典型”；情感与理智的充分发展则必然破坏“发乎情，止乎礼义”的古典心态而导致艺术家独立人格的出现……因此，作为古典主义艺术的逻辑分化和历史推演，首先，浪漫主义和现实主义艺术在情节上强调的是冲突和对立，因而不是美的，而是崇高的；其次，浪漫主义和现实主义艺术在意境和典型上

1　冯牧，等:《谢冕文学评论选》，湖南文艺出版社，1986年，第206页。

强调的是个性和特殊性，因而不是明确的，而是复杂的；最后，浪漫主义和现实主义在创作心理的发挥上强调的是情感和理智的独立发展，因而不是全面且肤浅的，而是片面且深刻的。

三

当浪漫主义和现实主义冲出了古典主义和谐而僵死的怪圈之后，仍然凭借着固有的惯性向着主、客体两端继续发展，并最终由量变而导致质变，于是便形成了现代意义上的表现主义和自然主义。

在西方，这一结果同人与自然、人与社会进一步分离的后工业时代恰好同步，它充分体现了基督教文化解体之后西方人的迷惘与困惑。而在中国，这一现象则恰好与改革开放以来东、西方文明剧烈碰撞，儒家文化受到冲击的社会现实相吻合。

1985年，在中国当代文艺史上似乎可被视为一个新的转折点，因为在这一年里，“朦胧诗”开始遇到“第三代”的公开挑战，而现实主义小说也开始受到“新潮小说”的猛烈冲击，至于话剧中的“实验”和电影中的“探索”也在这一年里给人以目不暇接之感。仿佛一切都在分流、瓦解和裂变，中国的文艺界不再是古典主义一统天下的时代，也超出了浪漫主义和现实主义平分秋色的历史，似乎真的进入了一种无中心、无主流的多元状态。然而在这纷纭复杂的“主义”和“流派”中，仍然可以发现两个最具有代表性和倾向性的文艺思潮，这就是我们所要研究的表现主义和自然主义。

限于篇幅，本文不可能对众多艺术部门中的表现主义和自然主义思潮进行逐个的分析，试仅借小说之一斑以窥艺术之全豹。众所周知，1985年以后的小说新潮大致有两个极端的走向，一个是更为主体化、更为观念化的“先锋派”（包括“寻根文学”和各种各样的“实验小说”）；一个是更为客体化、更为世俗化的“写实派”（包括“新写实主义”和各种各样的“纪实文学”）。说“先锋派”的主导倾向为“表现主义”，这难免会招致诸多的非议，因为所谓“先锋派”的出现本身并不是一种集团性的自觉行为，而是众多小说家根据自己对艺术的理解和期望进行独立探索的共同结果，其本身的多元构成是不容忽视的。但是，尽管“先锋派”艺术家各有各的主张，除了部分强调语言、结构、“文本”意义的形式主义倾向之外，他们共同的用意旨在进一步凸显艺术创作中的主体。同样，说“写实派”的主导倾向为“自然主义”，也难免会遭到强烈的不满和抗议。在国内通行的教科书中，我们通常只强调自然主义与现实主义之间的区别而忽视了二者之间的承继关系。事实上，在面对物质世界、再现社会生活方面，二者实际上是一致的。不同之处只在于自然主义要将艺术的再现功能发挥得更加绝对、更为彻底罢了。作为不同历史时期的文学巨匠，巴尔扎克自有巴尔扎克的价值，左拉也自有左拉的意义。只有在弄清这一前提的情况下，我们对“写实派”的理论研究，才可能做到平心静气。

首先，在理想与现实的关系上，表现主义和自然主义比浪漫主义和现实主义分裂得更加彻底。从广义上讲，浪漫主义和表现主义都可以称为“理想主义”，因为它们都是以主观愿望而不是以客观生活为其审美依托的。但是，浪漫主义所要表达的主观愿望还主要停留在社会理想、社会意愿的层面上，它虽然反叛现实却并不抛弃现实，它的最终理想恰恰要在现实生活的改造中得以实现；而表现主义所要表达的主观愿望却已经超出了理性和社会的层面，在这里，主体已不再是作为某一群体中的成员而同某种现行的社会制度相抗衡，而是作为孤独的个体来同整个宇宙和人生相抗衡了。这种存在与本质、有限与无限、“此在”与“共在”的对立，使理想与现实的矛盾彻底陷于无法调和、彼此乖张的地步，致使表现主义完全失去了浪漫主义建立在伦理自信基础上的悲剧精神，从而由积极的参与者变成了冷漠的局外人，由严肃而激烈的反抗变成了玩世不恭的嘲讽，由崇高转向荒诞。正是在这一意义上，才有了滑稽可笑的“奔丧”、嬉皮笑脸的“顽主”以及那一群不知好歹的“少男少女”所进行的荒唐透顶的“突围表演”……在这里，生的烦恼、性的苦闷、死的畏惧都已被提到形而上学的高度加以淋漓尽致的表现。

另一方面，从广义上讲，无论是现实主义还是自然主义，都可以称为“写实主义”，因为它们都是以现实而不是以理想为其审美依托的。但是现实主义并不全然排斥主观理想，只是要求艺术家的主观倾向应该从场面和情节中自然而然地流露出来，而不应特别地把它指点出来。而自然主义则根本反对任何政治的或道德的主观倾向，它要求艺术家在创作中保持绝对的中立态度，就像左拉所说的那样："我看见什么，我说什么，我一句一句地记下来，仅限于此；道德的教训，我留给道德家去做。"[2]当主观的社会理想和道德倾向被完全排斥在创作过程以外的时候，自然主义也就失去了现实主义所具有的那种愤世嫉俗而又悲天悯人的人道主义激情。于是它不再强化和渲染那大起大落的悲剧冲突，转而以一种更加冷静甚至更加冷酷的笔触，去再现那平凡而又琐屑的人生。于是，李锐有了他写不完的吕梁山，杨争光有了他说不尽的陕北高原，刘恒有了那并非神话的《伏羲伏羲》，刘震云有了那一点儿也不浪漫的《新兵连》……在这里，人生的一切愿望、苦闷、情感和欲求统统被还原为形而下的生存状态，被事无巨细地加以再现。

其次，理想与现实的彻底决裂，必然导致表现与再现的极端性发展。一般说来，再现是对生活的接近与还原，而表现则是对生活的疏离与背叛。从"手法"上讲，为了使理想的内容得以显现，浪漫主义艺术已开始运用想象和夸张来改变客观物象的固有形态，从而在一种"似与不似"之间获得主观表现的可能性。而表现主义则在此基础上更进一步，即通过更大程度的变形甚至抽象来实现对生活常态的大胆超越。在残雪的小说中，生活的原型已被肢解为一条"萎缩了的腿"和一张"发了霉的脸"；在莫言的小说中，愤怒的情感已经化为遮天蔽日的"蝗虫"和宣泄不止的"大便"，还有韩少功笔下的那个老而不死的刑天氏后裔、那个只会叫"×妈妈"的宝贝丙崽，还有王安忆笔下的那个死而不僵的时代、那个只会讲仁义道德却不知今夕何夕的小鲍庄……这里的人物多半没有正常的容颜，更没有什么典型性格可言，然而我们同样可以从这些古怪而又荒唐的幻象中获得异常深刻的体验。就"结构"而言，浪漫主义对生活的超越已经表现为运用大胆的时空跳跃来适应情感节奏的起伏与变幻，而表现主义则并不以此为满足，它要使整体的结构形式完全服务于主观的表现。谁能肯定马原那吊人胃口的《冈底斯的诱惑》本身不是一种叙事方式的诱惑？谁能断言莫言那尽情宣泄的《欢乐》本身不是一种

2　《书简》，转引自《中国大百科全书·外国文学》第2册"自然主义"条，中国大百科全书出版社，1982年。

语言形式的欢乐？还有洪峰那古里古怪、莫名其妙的《极地之侧》，难道不正是以特有的形式来预示人生的无常与险恶？还有格非那似断非断、欲说还休的《褐色鸟群》，不如此又怎能曲尽那种对于性的渴望与恐惧交织在一起的困惑？……这里的故事多半并不遵循生活的逻辑，更没有什么典型环境可言，然而我们同样可以在这类支离破碎、千变万化的形式中获得一种完整的心理图案。

另一方面，作为客体艺术的极端性发展，自然主义则在再现生活方面比现实主义走得更远。从“量”上讲，自然主义者要求反映更加广泛的、无所不包的真实。在他们看来，现实生活中的任何事物都可以成为艺术再现的对象，即使是卑污的事物、丑陋的事物、令人尴尬的事物、使人的道德观念所无法容忍的事物，都有如实进入艺术领域的权利。关于这一点，只要我们浏览一下近几年来不断“爆炸”的“纪实文学”就会完全清楚了。从《中国大学生》到《世界大串联》，从《鸳鸯大逃亡》到《人工大流产》，从《唐山大地震》到《南京大屠杀》，从《中国的“小皇帝”》到《中国的乞丐群落》……纪实文学几乎以包打天下的气势，迅速填补了被现实主义故意遗漏下来的一切空白，从而将社会生活的犄角旮旯通通暴露在艺术透视的显微镜下。从“质”上讲，自然主义要求以更加冷静、更加客观的态度去反映未经任何人工雕琢过的社会生活。为了保留客观世界的“原生质”，自然主义者宁肯牺牲典型化的艺术手段以杜绝人为的提炼和概括。有人说《单位》“写得不像小说”，刘震云对此保持沉默；有人说《血色黄昏》只是一堆“生活素朴”，老鬼则干脆以“奶油小生之见”反唇相驳。由此说来，这些作家并非没有能力，只是不屑于去进行人为的提炼和概括。在他们看来，“存在”永远先于“本质”，故而艺术只需提供生活的“谜面”，至于“谜底”是否能够揭穿，则只能依赖于读者。因此，在放弃典型化的同时，他们都不约而同地向着感觉还原的方向进行探索。李锐的“厚土”系列和杨争光的“高原”小说都写得不动声色，前者让人物的思想和行为以其固有的方式自由运作，后者甚至成功地还原了其潜在的生命欲求和寻找释放的“利比多”。因此，尽管这些人物不像典型那样具有“普遍的社会意义”，但同样可以引起我们对于人类自身的关注和思索。

最后，艺术功能的两极分化必然依赖于创作心理的极端性发展。在浪漫主义和现实主义那里，情感与理智的心理功能已开始有所偏重，但还不到偏废的程度。在此基础上，表现主义要进一步强调审美情感中的非理性因素，以“直觉”来排斥理智的干扰；而自然主义则尽力强调艺术实践中的科学精神，用“观察”来抵御情感的侵入。在西方，表现主义以反理性哲学为先导，将审美变成对个体生存状态的体验；而自然主义则以实证科学为榜样，把艺术引向对人类经验行为的研究。与此相同，中国当代的“先锋派”在很大程度上接受了西方生命哲学和存在主义的影响，从而在审美观照中注入了形而上学的直觉意味；而“写实派”则主张“从情感的零度写起”，因而在艺术创作中始终不超出现象描述的经验领域。难怪有人惊呼近几年的艺术正在向“哲学”和“新闻”两极“流失”，这种创作心理的裂变确乎已形成对于文艺审美本质的破坏或挑战。

总之，在我们看来，理想与现实的彻底背离不仅粉碎了令人陶醉的团圆梦境，而且破坏了激动人心的悲剧冲突，最终竟导向了一种发人深思的荒诞境界；表现与再现的彻底背离则不仅粉碎了“类型化的典型”，而且破坏了“个性化的典型”，最终竟导向了“反典型”；而情感与理智的彻底背离则不仅粉碎了自我约束的古典心境，而且破坏了相对片面的人格特征，最终竟导向了绝对单一的心理类型。因此，就情节而言，表现主义和自然主义既超越了古典主义的和谐，又超越了浪漫主义和现实主义的不和谐，从而获得了彻底的反和谐。从这一意义上讲，我们可以说这些艺术既不是“美”的，也不是“崇高”的，而是“丑”的，尽管这种“丑”的出现是以人类审美视野的拓宽为前提的。就人物而言，表现主义和自然主义既超越了古典主义单纯的共性，又超越了浪漫主义和现实主义复杂的共性，从而获得了彻底的个性，从这一意义上讲，我们可以说这些形象既不是“一般”的，又不是“特殊”的，而是“个别”的，尽管这类形象的出现是以审美主体接受能力的健全为条件的。就创作心理因素而言，表现主义和自然主义既超越了古典主义虚假的全面，又超越了浪漫主义和现实主义深刻的片面，从而获得了彻底的单面，尽管这种专业化心理类型的出现可能是以艺术之审美本质的解体为代价的。

记得恩格斯在《自然辩证法》中曾经指出，“人类的每一步进化同时也是退化”。我们不知道是否可以用这一思想来解释人类迄今为止的艺术进步，但我们所经过的历史确乎表明，艺术的发展既没有永恒不变的模式，也不是以那些善良而幼稚的意愿为转移的。我们追求进步，为此也就不可避免地失去了很多。也许，没有审“丑”的勇气便不配把握更高意义上的“新美”；也许，只有经过彻底的分化才能导致更高层次上的综合。

（此文发表于《文学评论家》1991年第2期）

也谈“大团圆”

——与郝亦民同志商榷

读毕郝亦民《“大团圆”新论》一文(《晋阳学刊》1991年第3期)，受益之余也想提出几点难解之疑，以便使这一问题的研究能够深入下去。

一、“大团圆”是中国的规律吗?

郝文认为“大团圆心理恰恰表明了我们民族不断向往和追求幸福快乐的乐观精神”，并借赵树理之语和盘托出了“外国人不懂团圆”，“团圆是中国的规律”这一观点。且不论在全世界众多的民族中，是否唯独我们这个民族才有“不断向往和追求幸福快乐的乐观精神”，单就世界艺术史来看，就已经不符合事实了。试以17世纪法国“新古典主义”为例，我们知道,《熙德》是这一时期最著名的悲剧了，因为无论是男主人公罗狄克还是女主人公施曼娜，都面临着荣誉和爱情的两难选择。他们或者是为了爱情而丧失荣誉(不去为自己的父亲雪耻)，或者是为了荣誉而割舍爱情(杀掉自己情人的父亲)，其结果都将是悲剧性的。但是，作者高乃依却不忍心让这对模范青年惨遭不幸，于是就请国王出面做主完婚，使两位情人终成眷属，从而既维护了封建伦理的尊严，又实现了理想情感的意愿，形成了一个标准的“大团圆”结局。我们知道，《伪君子》是当时最著名的喜剧，然而这部喜剧的结局本应是悲剧性的。因为答尔丢夫利用奥尔恭对自己的信任，已经抓住了足以置后者于死地的把柄，可以依据法律轻而易举地将奥尔恭一家扫地出门。但是，为了不让好人落难，坏人得逞，莫里哀便只能求助于既明察秋毫又宽容大度的“青天大老爷”来挽回这难以收拾的局面。于是，又形成了一个“大团圆”结局。当然了，死尸满台的悲剧也是有的，拉辛著名的《安德洛玛克》便是如此。但是，只要我们略加分析便可以看出，死者全部都是追逐情欲、丧失理性的人物，而作者唯一歌颂的主人公安德洛玛克却恰恰在不幸之中幸存了下来……当时法国著名的评论家艾弗蒙曾一语道破了这些艺术家的创作动机：“对于我们说来，罪恶都逃不掉惩罚，美德也很少没有善报。”[1]这是否也显示了所谓“不断向往和追求幸福快乐的乐观精神”呢？我不知道。但有一点是可以肯定的：“大团圆”绝不是什么“中国的规律”，而是人类历史上具有普遍意义的文艺现象。这种现象的出现与消失取决于特定的时代、特定的生产方式和思维方式，而非特定的民族。

二、“大团圆”是浪漫主义吗？

郝文认为，文艺创作有两大趋向：一种是深刻揭露现实的黑暗和腐朽，表现人生的最大真实的现实主义；另一种则是充分表现自己的思想和愿望，把现实中并不存在而自己所向往的东西创造出来的浪漫主义。“中国的大团圆式作品，从本质上说大都是属后一种类型的。”而在我看来，传统的“大团圆”既不是现实主义，也不是浪漫主义，如果一定要“从本质上说”的话，它只能属于古典主义。

所谓“古典主义”是农耕时代人与自然、人与社会未经分化的历史产物，它与古代人素朴辩证法的思维方式相同步，强调的是理想与现实、表现与再现、情感与理智未经分化的原始统一。我们知道，无论是在中国还是在西方，在没有商品生产和市场竞争的古代社会里，人们没有必要像现代人那样以最大的限度去征服、占有和开掘自然界的一切资源，人与自然尚处在一种

1 [法]艾弗蒙：《论古代和现代悲剧》，见伍蠡甫主编《西方文论选》上卷，上海译文出版社，1979年，第297页。

相依为命的朴素和谐的关系之中。同样，无论是在中国还是在西方，在血缘纽带和宗法观念笼罩下的古代社会里，全部社会成员还没有分化成截然对立的两大阵营，人与社会的矛盾和对立尚处在一种温情脉脉的伦理面纱的笼罩之下……在这种人与自然、人与社会的关系之中，古代人无法将理想与现实的矛盾充分展开，他们既不可能像浪漫主义那样，以一种藐视现实的态度去追求理想；也不可能像现实主义那样，以一种丢掉幻想的精神去批判现实。他们描写现实，却又不敢正视理想屡遭破灭的生活本身；他们追求理想，却又不敢触动阻碍理想实现的社会制度和伦理秩序。于是，他们所能做的就只有用理想来美化现实，用现实来迁就理想。其结果便产生了被鲁迅先生斥之为“瞒和骗”的团圆模式。

在我看来，中国古代的“大团圆”不外乎两种模式，一种是“状元模式”，一种是“青天模式”。前者的主题是婚姻，后者的主题是政治。所谓“状元模式”，就是让穷书生通过考取状元的方式来填平门第沟壑，以实现平等婚姻的爱情故事。我们知道，在等级森严的封建社会里，出身低微的书生要想迎娶豪门贵族的小姐，完全是一种不可能实现的事情。在这里，平等婚姻的理想与等级制度的现实之间便构成了一种无法调和的矛盾。面对这一矛盾，古典主义的艺术家既不敢于破坏宗法等级的现实秩序，使男女青年以私奔等形式去实现其美好的理想；又不愿意放弃平等婚姻的主观理想，从而正视理想遭受毁灭的现实悲剧。因此，他们唯一能想出来的办法就是让男主人公考取状元，从而在不触动现实秩序的情况下实现其非现实的主观理想。于是乎便有了数也数不清的张生、李生、王生们，他们不仅纷纷爱上了丞相、尚书的女儿，而且个个考中了状元。而所谓“青天模式”，就是依靠封建官吏来克服封建弊端，以实现美好生活的故事。我们知道，在阶级压迫的封建社会里，平民百姓要想受到平等而公正的政治待遇，完全是一种不切实际的幻想，在这里，人民当家做主的主观意愿与腐朽罪恶的现实政治之间，存在着不可调和的矛盾。面对这种矛盾，古典主义艺术家既不敢否定封建制度本身，使被压迫的人民通过反抗而获得民主的权利；又不愿放弃美好的幻想，从而揭露人民惨遭压迫的黑暗现实。因此，他们唯一能想出来的办法就是让封建官吏中出现能够除暴安良、为民作主的清官，从而在不触动封建吏制的情况下，去实现政治清明的主观理想。于是乎便有了无处不在的包青天、徐九经、唐知县们，他们不是人民的敌人，反倒成为人民的希望……

我并不想否认，在如此漫长的封建社会里，也许会出现个别布衣获取功名而少数官吏清正廉洁的事情，但那绝不可能是具有普遍意义的社会现象。由于这些现象与封建的等级制度和专制制度是相互矛盾的，因而只能是偶然的、个别的、非本质的。在这种情况下，文学艺术是正视和反映具有普遍意义的生活形象，还是抓住偶然的、非本质的现象大做文章，乃是现实主义和古典主义的原则分野；文学艺术是通过否定和超越现实生活本身而获得理想，还是将希望寄托在对现实秩序的认同上，乃是浪漫主义与古典主义的区别所在。由于古典主义艺术总是人为地弥合理想与现实之间的历史性冲突，因而它所反映的现实是虚假的，它所追求的理想是廉价的，这也就是“大团圆”既不同于现实主义，也不同于浪漫主义的原因所在。

三、“大团圆”是否应当发扬光大?

郝文的目的在于，通过对“大团圆”的分析，使人们得到这样一些启示：“对于我们民族传统的东西，只要合理地加以改造，尤其是按新的时代要求注入新的精神，是完全可以而且应当加以继承和发扬的。因为我们的传统本身就已经包含着对我们民族来说是合理的东西。”对于这种“存在即合理”结论，笔者仍然不敢苟同。首先，我们已经说过，“大团圆”并非我们民族的专利，因而不应把它看成是什么“民族传统的东西”，其次，即使退一步讲，就算是民族传统的东西，也并非都应发扬和继承的。关于这一问题，毛泽东同志在《新民主主义论》中曾经明确指出，在清理古代文化遗产的工作中，要“剔除其封建性的糟粕，吸收其民主性的精华”。可见，我们的传统本身，不仅“已经包含着对我们民族来说是合理的东西”，而且确实包含着对我们时代来说是不合理的东西。而“大团圆”则正是这种不合理的东西，是“封建性的糟粕”，而非“民主性的精华”。对此，我们所采取的态度只能是批判而不是继承。

根据辩证唯物主义和历史唯物主义的基本观点，任何文艺思潮和审美理想都是一种历史现象，当它们赖以出现的社会土壤发生变化的时候，其自身也就失去了历史存在的合法性。在古代，由于没有新的生产力和新的生产关系，整个社会处在一种相对静止的循环状态之中，即使出现了农民起义，最终也只能成为封建统治改朝换代的工具。在这种情况下，中外古代艺术家不约而同地选择了古典主义的团圆模式，完全是一种可以理解的现象，对此，我们不应作超出历史可能性的苛求。但是，随着新的生产力和新的生产关系的出现，整个社会的上层建筑和意识形态都会随之而出现历史性的调整，文学艺术也不可能永远停留在同一水平上。于是，古典主义的团圆理想，必然会被浪漫主义和现实主义的崇高精神所取代。在西方，浪漫主义的文学运动是随着法国大革命的炮声于18世纪末而登上历史舞台的；紧接着，随着资本主义自身矛盾的暴露，现实主义也于19世纪30年代开始逐渐占领文坛。前者高张自由、平等、博爱的旗帜，热情地讴歌着反封建的理想；后者直面现实世界的铜臭和血腥，冷静地批判了资本主义的制度。它们从主、客体两个方面打破了古典主义的团圆旧梦。在中国，随着资本主义萌芽的出现，明中叶即开始出现了“浪漫洪流”；到了清中叶，具有批判精神的现实主义作品也开始成批出现。它们同样必然地从主、客体两个方面冲破了古典主义的团圆枷锁。作为浪漫主义的第一部杰作，汤显祖的《牡丹亭》虽然还保留着“状元模式”的一些踪影，但是柳梦梅与杜丽娘的结合，已不再以其考中状元为条件了。因为在其赶考之前，他们已是名义上和实际上的真正夫妻了。正如作者在该剧《题词》中所说的那样：“如丽娘者，乃可谓之有情人耳。情不知所起，一往而深，生者可以死，死可以生。生而不可与死，死而不可复生者，皆非情之至也。”这种情之所至，生死可通的爱情理想，显然是对封建礼教的蔑视而非认同。而作为现实主义的伟大作品，曹雪芹的《红楼梦》不仅写出宝黛爱情的悲剧性结局，而且预示了封建大厦行将倾倒，“只留得白茫茫一片大地真干净”的历史性归宿。正像鲁迅先生所评价的那样，“自有《红楼梦》出来以后，传统的思想和写法都打破了。”[2]由此可看，任何传统都不是永恒的、一成不变的，它不仅有其民族性，而且有其时代性。因此，如果说我们对古

2　鲁迅：《中国小说史略》，《鲁迅全集》第8卷，人民出版社，1973年，第350页。

代人的“团圆模式”不应过分指责的话；那么我们对近代以后的“团圆模式”却不应随意姑息，这也就是鲁迅为什么执意要批“大团圆”“十景病”的原因所在。

让人费解的是，为什么现在有些人不去继承汤显祖、曹雪芹为我们留下的宝贵遗产，不去发扬鲁迅为我们树立的民族精神，反倒对他们所抛弃和批判过的东西恋恋不舍呢？这其中必有原因。

根据上层建筑具有相对独立性的原理，我们知道，作为最抽象、最稀薄、最远离经济基础的意识形态，人们的审美理想和审美趣味有着比政治见解和思维方式更为顽固的历史惰性。这就是说，我们虽然在生活方式上已经进入了现代文明，但在审美心理上却并不一定具备了现代人的素质。更何况中国还有八亿农民，他们的生活中至今依然保留着一定程度的自然经济和宗法观念。因此，对于那些不具备现代心理承受能力的人来说，“无论如何，大团圆总是美好的”，因为它容易把握，可供玩味，不会给我们带来心理痛感和压力，一句话，它是和谐的。但是，如果我们从现代人的角度来看，就会发现，这种和谐不具有内在的情感张力，因而是初级的、低层次的、无法令人满足的。在这种情况下，我们的文艺理论家应该站在时代的前列，去引导人民完成审美心理的历史性变革，而不是对旧有的审美趣味迁就、纵容，并为其寻找永恒不变的理论根据。

（此文曾发表于《晋阳学刊》1991年第6期）

客体艺术的极端性发展

——自然主义新探

长期以来，在我们的文艺理论研究中，“自然主义”一直是作为一个否定性的概念而出现的，甚至常常同所谓的“暴露文学”“色情文学”画等号。这种理解如果不是错误的，至少也是肤浅的、表面化的。事实上，作为一种意义深远的文艺现象，“自然主义”同“古典主义”“现实主义”等美学思潮一样，既有其出现的逻辑根据和历史条件，又有其独特的艺术特征和美学理想，还有其无法克服的内在矛盾。澄清这些问题，不仅可以克服我们以往对于“自然主义”的模糊认识，而且也有利于分析和理解当前的某些文艺现象。

一、逻辑前提与历史背景

首先需要考虑的问题是，作为一种整体性的文艺思潮，“自然主义”为什么是在“现实主义”之后才出现的？这种现象是否能仅仅被理解为“现实主义”的蜕化？进言之，如果我们把“自然主义”看成是“现实主义”的蜕化，那么我们又将如何去解释和理解这种“蜕化”？是将其仅仅归结为某种偶然的现象呢，还是要在这现象背后去发现逻辑的和历史的必然根据？

我们知道，文艺是主体与客体、理想与现实、表现与再现相统一的审美的意识形态，然而上述矛盾的两个方面在不同历史时期的文艺作品中却又有着不同的存在方式。受原始的素朴辩证法的影响，古代的文艺作品常常将主体、理想、表现与客体、现实、再现素朴未分地结合在一起，它们所表现的主观理想，只是被现实的社会秩序所认可的伦理精神，它们所再现的客观现实也只是被主体的情感意愿所能接受的生活模式。正如亚里士多德在《诗学》中所指出的那样，古代艺术家既不是从主体出发，按照应当有的样子去抒写；也不是从客体出发，按照本来有的样子去描写；而是将主体与客体未经分化地统一在一起，即“按照它们应当有的样子去描写”。不难看出，这种创作原则必然会导致“类型化”人物的出现，导致“大团圆”的结构模式，导致既远离生活又缺乏个性的雍容典雅的语言规范，这也就是我们所认为的广义的“古典主义”，是一种和谐而又虚假的美的艺术。

艺术的发展随着时代的发展而演进。进入近代社会以后，随着形而上学思维方法的出现，素朴的“古典主义”艺术必然会出现解体，从而向主、客体两个方向分流，于是便有了强调主体、强调理想、强调表现的“浪漫主义”和强调客体、强调现实、强调再现的“现实主义”，前者按照应当有的样子去抒写，“在我们的人生中替我们创造另一种人生”（雪莱语）；后者按照本来有的样子去描写，“它的任务是无条件的、直率的真实”（契诃夫语）。于是便出现了“个性化”的典型，出现了不和谐的结构，出现了充满激情而又富于现实感的语言，出现了导致主客体之间内在张力的近代的崇高艺术。

但是，历史并没有到此停息，艺术也绝不会就此止步。正如近代社会只不过是衔接古代社会和现代社会的中间环节一样，近代艺术也自然会成为联系古典艺术和现代艺术的过渡阶段。从主体艺术的角度来看，“浪漫主义”向主观、理想、表现的方向前进，必然会突破具象性的艺术造型，从而进入“表现主义”的新领域；而就客体艺术而言，“现实主义”对于客观、现实、再现的不断追求，则终将会摆脱观念的统摄和束缚，从而步入“自然主义”的新天地。因此，无论好也罢，坏也罢，“自然主义”的出现是不依我们的意志为转移的，是客体艺术逻辑发展的必然结果。“自然主义”的出现不仅具有其逻辑演进的必然前提，而且具有其历史发生的特定背景。十九世纪后期，随着

“工业革命”在整个欧洲大陆的实现，原始的宗教神学和古典的形而上学开始解体，意识形态领域中出现了“人文思潮”和“科学思潮”彻底分流的局面。前者对人类主体之超验价值的反思进入了非理性的层次，从而成为以“表现主义”为代表的现代主体艺术的理论依据；后者对客体世界之经验规律的认识进入了实证论的阶段，从而成为以“自然主义”为代表的现代客体艺术的思想根源。

我们知道，“自然主义”的发祥地是在法国，而在此之前，法国却率先出现了属于“科学思潮”的“实证哲学”。其代表人物孔德这样写道：“我们每一种观点，每一个知识部门都先后经过了三个不同的阶段：神学阶段，又名虚构阶段；形而上学阶段，又名抽象阶段；科学阶段，又名实证阶段。”[1]按照这一思想，我们可以把“古典主义”艺术看成是第一阶段的产物。因为人类精神在这一阶段的主要特点是追求万物的内在本质，以期达到一种超验的、根本的、终极的目的，这与“古典主义”对于完美无缺的艺术范本的追求恰好是同步的。而“现实主义”艺术，则可被视为第二阶段的产物。因为作为由“神学阶段”到“实证阶段”的过渡环节，人类在形而上学阶段中虽然已摒弃了外在的超验本体，但仍然企图从经验的现象中归纳出某种内在的本质属性，这与“现实主义”企图用艺术形象来概括生活本质的审美理想刚好是吻合的。至于“自然主义”艺术，则无疑是第三阶段的成果。因为人类精神在这一阶段已经全然放弃了对任何超验本体和内在本质的追求，而将注意力集中在可供证实的经验现象的总结与归纳之中。

孔德的这一思想显然对法国的“自然主义”者有着直接或间接的影响。左拉这样指出：“我们的观点是新的，不再是哲学的观点，而成了实验的观点。总而言之，一切都可以归结为下面这个伟大的事实：实验方法，在文学中如同在科学中一样，正在确定自然的、个人的和社会的现象。迄今为止，形而上学对这些现象只作出了非理性的和超自然的解释。”[2]由此可见，摒弃超验的、非理性的、形而上学的抽象和臆断，而将对象严格限制在经验现象的领域之内，并运用实验的方法得出切实可靠的结论，这不仅是当时自然科学发展的潮流，而且也是再现艺术所努力的方向。“我将努力证明，既然实验方

1　[法]孔德：《实证哲学教程》，《西方现代资产阶级哲学选集》，商务印书馆，1964年，第25页。

2　[法]左拉：《实验小说论》，《自然主义》，中国社会科学出版社，1988年，第498页。

法引导人们认识了肉体现象，它也可以引导人们认识情感和精神现象。这不过是同一条道路上的不同阶段，由化学发展为生理学，然后由生理学发展为人类学和社会学，实验小说即为其终点。”[3]因此，我们不能只看到“自然主义”与生物学、遗传学、病理学之间的表面联系，而应该把这些联系放在大的历史背景下加以思考。当实证科学所带来的生产力的洪流冲垮了神学的堡垒和哲学的堤坝之后，新的科学神话迅速填补了意识形态领域中的空白。在这种情况下，那种试图使艺术实证化、科学化的“自然主义”思潮的出现便不再是偶然的了。

总而言之，说它是“进化”也好，说它是“蜕化”也罢，“自然主义”对“现实主义”的取代既然有着如此深刻的逻辑前提和历史背景，便不能使我们等闲视之。

二、艺术特征和美学品性

作为客体艺术极端性发展的必然结果，“自然主义”以其特有的四个“还原”表现出独到的艺术品性。

首先是艺术形象的还原，即由典型回归到个性。左拉曾经明确指出：“作家和科学家的任务一直是相同的，双方都须以具体的代替抽象的，以严格的分析代替单凭经验所得的公式。因此书中不再是抽象的人物，不再是谎言式的发明，不再是绝对的事物，而只是真正历史上的真实人物和日常生活中的相对事物。一切都从头再来过，首先须从人生的真源来认识人，然后才像一些发明典型的理想主义者那样来作出结论。”[4]我们知道，“典型”（Typos）一词在希腊文中的原义是铸造用的“模子”，用同一模子铸造出来的东西自然是一模一样的。因此，“典型”所强调的是事物的普遍性，而非特殊性。关于这一点，“古典主义”的“类型化典型”确实符合“典型”的原始义项。但是，自近代“现实主义”出现之后，艺术家已不满足于概念化的类型人物，而要求突破类型、引进个性。这种新的形象的出现，被后来的理论家概括为“个性化典型”，也就是我们现在所常说的个性与共性相统一、普遍性与特殊性相

3　[法]左拉：《实验小说论》，《自然主义》，中国社会科学出版社，1988年，第467页。

4　[法]左拉：《戏剧上的自然主义》，见伍蠡甫主编《西方文论选》下册，上海译文出版社，1986年，第246页。

统一的理想的艺术形象。然而细想起来，所谓“个性化的典型”犹如“个性化的模子”一样，本身在逻辑上就是一种悖论。也正因如此，个性与共性如何统一、普遍性与特殊性如何统一的问题长期以来并没有得到真正的解决。我们知道，包括偶然性在内的丰富多彩的个性因素永远属于社会生活，而只含必然性因素在内的普遍有效的一般结论则只能是人们抽象和概括的结果，我们不可能在保留前者之偶然性的同时而达到后者之必然性，我们也不可能在得到后者之普遍性的同时而不削弱前者之丰富性。因此，在共性与个性之间，我们或选择前者，或选择后者，根本不可能达到一种二者兼得的理想状态。因为所谓二者兼得必然是以二者皆失为代价的。从好处讲，它既部分得到了共性中的某些必然因素，又部分得到了个性中的某些丰富内容；然而从坏处讲，它既不是严格的必然性，也不是彻底的丰富性，只不过是介于二者之间的中介状态罢了，而我们所说的“个性化典型”则正处在这样一种状态之中。这种逻辑的中介性同时体现为历史的过渡性，即是由古代的类型化典型向现代的充分的个性相过渡的中间环节。如果我们不再把这一过渡环节看成是不可逾越的终极目的的话，那么由“自然主义”所导致的典型形象的历史性解体便不再会成为不可理解或不能接受的事情了。综观色彩纷呈的现代艺术，尽管头绪繁多、流派各异，然而无论何种“主义”都已将“典型”视为历史的陈迹而非尊崇的圭臬。从这一意义上讲，“自然主义”对艺术形象的个性还原并不是一个偶然的、孤立的现象，而可被视为现代艺术之滥觞了。

“自然主义”的第二大特征是结构的还原，即是由结构到解构，由重情节到重细节。我们知道，所谓情节，是艺术家对生活素材进行加工、整理，并使之集约化、条理化、戏剧化的结果。因此，越是受主体制约的再现艺术就越是注重情节的构思。于是，亚里士多德理所当然地将“情节”置于悲剧六元素的首位，并根据线性的因果关系，将复杂的情节分成“突转”“发现”“苦难”“穿插”“结局”等若干部分。而自“文艺复兴”至17世纪所确立下来的“三一律”的核心内容也正是将复杂的人物行为集中在短暂的时、空之中以完成情节的需要。然而，对情节的过分重视虽然会产生紧张、强烈的戏剧性效果。但同时又因其偏离生活的固有形态而给人以人为的、做作的、甚至虚假的感觉。因此，随着客体艺术的逻辑延伸，“现实主义”艺术家已经开始了由重“情节”到重“细节”的历史性转变。司汤达认为，作家应该描写“关于某一种情欲或某一种生活情境的最大量的细小的真实的事实”。巴尔扎克也指出，“只有细节才形成小说的优点”。然而，作为一种历史的过渡阶段，现实主义艺术家在注重细节的同时并没有放弃对情节效果的追求，因而将彻底完成这一转变的历史任务留给了“自然主义”。我们知道，客观生活并非是呈现为复杂而有序的线性因果结构，所以主张尊重自然的“自然主义”者便有意不去追求人为的情节构思，而将注意力从“起、承、转、合”的戏剧性效果转向生活细节的观察与摹写。“当然，小说家还是要虚构，他要虚构一套情节，一个故事，只不过他所虚构的是非常简单的情节，是信手拈来的故事，而且总是日常的生活提供给作家的。”[5]在这里，“自然主义”对情节的淡化并不是缺乏构思能力的结果，而恰恰是一种还原生活本色的追求。乍看上去，这些作品仿佛只是一些生活片段的简单堆积，然而作者却试图通过这些表面上似乎并无逻辑联系的若干细节将生活的本色按照其固有的形式呈现给人们。事实上，这种情节的淡化非但没有给创作带来什么便利，反而增添了艺术处理的难度。因为无论对于观众还是对于读者来说，倘若没有扣人心弦的情节做诱饵，便很难会产生观赏和阅读的持久热情，除非艺术家真正能够捕捉到人们视而不见的东西，将那些复杂而微妙的生活细节淋漓尽致地呈现出来。因此，与自然科学的发展趋势大致相同，由“情节”向“细节”的历史性转变，便使得再现艺术由宏观走向微观。

“自然主义”的第三个特征是艺术内容的还原，即由题材的精心选择到素材的兼收并蓄。众所周知，无论是在中国还是在西方，由于受创作主体视野和趣味的限制，“古典主义”的艺术题材大致局限在帝王将相、才子佳人的范围之内，而将大量世俗的、民间的生活内容视为不登大雅之堂的东西排斥在外。这种宫廷化、贵族化的创作倾向在“现实主义”的艺术中已经得到了部分的纠正。例如，巴尔扎克就试图以更加宽广的视野来摄取社会生活的全貌。他曾经雄心勃勃地指出：“法国社会将是一个历史家，我只能当它的书记。”但是，作为过渡阶段的现实主义艺术家，巴尔扎克这位“书记”所记载

5 [法]左拉：《论小说》，《自然主义》，中国社会科学出版社，1988年，第500页。

的还主要是“巴黎上流社会”的历史，因而给“自然主义”留下了巨大的空间。正如柳鸣九在《自然主义》一书的序中指出的那样，“应该看到，由于自然主义，人类的文学才完全超出了沙龙、舞会、林荫道、乡间别墅的天地，而才有了矿井、坑道、小酒店、贫民窟、洗衣坊、工场里的车间、农村里的市集、大城市中的菜市场，以及农民在地头的劳动、工人的操作技术、乡间酿酒的程序、交易所里的各种金融业务……而且，所有这些都不是作为背景被粗略地加以勾画，而是作为文学表现的内容被加以细致详尽的描写。由此，自然主义的巨著《卢贡·马加尔家族》的确堪称为一部几乎无所不包的‘第二帝政时代的社会史’，整整一个历史时期的百科全书式的图景，其反映社会现实之广泛与详尽，比巴尔扎克的《人间喜剧》有过之而无不及。”可见，从现实主义的《人间喜剧》到自然主义的《卢贡·马加尔家族》，从“一部法国‘社会’特别是巴黎‘上流社会’的卓越的现实主义历史”（恩格斯语）到“一部几乎无所不包的‘第二帝政时代的社会史’”，客体艺术对社会生活的再现才终于走进了一个不受任何主体趣味和成见所约束的空前广泛、空前自由的天地。在“自然主义”者看来，现实生活中的一切事物都可以成为艺术再现的对象，即使是渺小的事物、卑污的事物、丑陋的事物、尴尬的事物、使人的道德观念所无法容忍的事物，都有如实进入艺术领域的权利。因此，他们甚至将大量的史料、文献、档案不加修饰地搬进作品之中，将题材还原为素材。

最后，在文学创作中，“自然主义”的第四个特征是艺术语言的还原，即由典雅而规范的书面语言还原为生动而朴实的口头语言。我们知道，“古典主义”者一向致力于语言的典雅和规范，从但丁的《论俗语》到布瓦洛的《论诗艺》无不主张对大量的口语词汇进行严格的过滤和筛选，以摒弃“粗俗”和“低贱”的成分。这一行为尽管保证了语言的纯正和严谨，却减少了其固有的活力，并渐渐产生了远离生活的贵族化倾向。而这种倾向则显然与再现艺术的美学宗旨相悖离，因而首先遭到了“现实主义”的反拨。库尔贝曾尖锐地指出“创作诗歌是不正当的事情；用与全世界人们不同的方式来说话，这是贵族式的装腔作势。”[6]于是，便有了巴尔扎克那粗犷的文风，果戈理那辛辣的笔触和萧伯纳那俏皮的语言……而所有这一切都成了对“古典主义”语言规

6 《库尔贝——友人回忆录》，转引自吉尔伯特·库恩《美学史》，上海译文出版社，1989年，第632页。

范的挑战。在此基础上，“自然主义”者更进一步，他们根本否认语言中有所谓“高雅”与“粗俗”的界限，为了反映自然，只要是生活中使用的语言，通通可以在作品中出现。正像莫泊桑在《爱弥尔·左拉研究》中所说的那样，“他爱表现赤裸裸的真实，有时甚至做到挑战的地步；他喜欢描写一些明知会激怒读者的事情，并且把粗鲁的字眼硬塞给读者，使他们学会消化这些字眼，并且不再感到恶心。”[7]这其实不只是左拉个人的风格，而是整个自然主义对人类艺术语言的挑战。

作为客体艺术的极端性发展，“自然主义”的以上艺术特征共同导致了人类审美理想的嬗变。首先，通过塑造个性来取代典型，“自然主义”实现了由必然向偶然的过渡；其次，通过强化细节来淡化情节，“自然主义”完成了由有序向无序的过渡；第三，通过客观的取材来取代人为的择优，“自然主义”完成了由有限向无限的过渡；最后，通过口头语言来代替书面语言，“自然主义”又完成了由纯正向驳杂的过渡。而所有这些偶然的、无序的、无限而又驳杂的艺术特征则共同完成了由古代的“和谐”到近代的“不和谐”再到现代的“反和谐”的过渡，完成了由古典主义的“美”到现实主义的“崇高”再到自然主义的“丑”的过渡……

三、理论危机和实践意义

归根结底，“自然主义”的种种艺术手段通通出自一个根本性的动机，那就是以牺牲主体的认识成见和选择能力为代价，而达到最大限度地接近和还原社会生活的目的。因此，它既不像“古典主义”那样，去完成所谓“寓教于乐”（贺拉斯语）的政治目的；也不像“现实主义”那样让倾向性“从场面和情节中自然而然地流露出来”（恩格斯语）；而是以一种“完全中立”的态度去面对自在的客观世界。就像左拉所宣称的那样：“我看见什么，我说什么，我一句一句地记下来，仅限于此；道德的教训，我留给道德家去做。”[8]

“自然主义”的这一根本立场既导致了其独特的历史贡献，又决定了其无

7 [法]莫泊桑：《爱弥尔·左拉研究》，见《中外作家谈创作》，山西人民出版社，1980年，第91页。

8 《书简》，转引自《中国大百科全书·外国文学》“自然主义”条，中国大百科全书出版社，1982年。

法克服的内部危机。从积极的方面看，由于“自然主义”艺术家意识到，任何先验的认识成见和主观的趣味标准都可能干扰和妨碍人们对客观世界的正确态度，从而在艺术再现的活动中导致不可避免的误解或歪曲。因此，他们试图打破一切主体的束缚，无保留、无成见、无目的地接纳来自客观世界的一切现实，并将其原原本本地再现出来。这样一来，他们便冲破了种种来自宗教的、政治的、道德的甚至审美趣味的历史禁忌，使再现艺术进入了一个广阔、自由、冷静而客观的新天地。

但是，从消极的方面看，“自然主义”片面地否定人的能动性而强调其受动性的观点，有着将艺术推向科学而取消其审美价值的危险。我们说过，文艺是主观表现和客观再现相统一的审美的意识形态，因此，如果破坏了这种主客体的矛盾统一，则势必瓦解导致情感发生的内在张力，从而使作品变成一堆理智认识而非情感观照的经验事实。从这一意义上讲，作为客体艺术的极端性发展，“自然主义”已经达到甚至超出了文艺本质的审美阈限。从作品形态看，它对于“丑”的大量引进，本身就说明了这一事实。

退一步讲，即使是科学认识，也并非是一种纯然客观的被动摹拟，因为哲学认识论的发展早已超出了机械唯物主义的“白板”理论。皮亚杰的“发生认识论”证明：“认识既不是起因于一个有自我意识的主体，也不是起因于业已形成的（从主体的角度来看）、会把自己烙印在主体之上的客体；认识起因于主客体之间的相互作用，这种作用发生在主体和客体之间的中途，因而同时既包含着主体又包含着客体。”[9]马克思的“能动反映论”也告诉我们：“对象怎样变成人的对象就要取决于对象的性质和与对象性质相适应的（人的）本质力量的性质；因为正是根据这二者之间的关系的具体（特定）性质才可以作出特殊的具体的肯定方式。”[10]由此说来，尽管与艺术审美活动相比，人在科学认识活动中的受动性占有较为重要的地位，但也不是取消能动性的受动性。因此，说到底，“自然主义”的根本原则不仅超出了文学艺术的本质规定，而且也不符合科学认识的内在规律。事实上，那种绝对冷静的中立态度，那种纯然受动的客观立场，即使在“自然主义”的经典作品中也从来没有得到真正彻底的贯彻执行。因为，任何认识活动都是要以认识主体的存在

9 [瑞士]皮亚杰：《发生认识论原理》，王宪钿译，商务印书馆，1981年，第21页。

10 马克思：《1844年经济学—哲学手稿》，《美学》第2期，第10页。

为前提的，当人们突破了一种旧的主体视角之后，必然代之以一种新的主体视角。例如，左拉等人所主张的用遗传学、病理学的知识来分析和再现社会生活的观点，不正是一种新的主体视角吗？

由于“自然主义”者为自己制定了一个无法实现的艺术准则，因而便不可避免地导致了理论与创作之间的矛盾和差距。当他们用自己的理论去突破旧的艺术模式的时候，或许在创作中留下了一些有益的艺术成果；而当他们将自己的创作当成新的艺术模式的时候，则又使自己的理论陷入了不可避免的危机……

按照唯物辩证法有关发展的学说，包括文学艺术在内的一切历史现象都处在不断演变、不断发展的过程之中，任何理想的、终极的、永恒不变的创作模式都只不过是人们的幻想而已。从这一意义上讲，作为再现艺术的历史形态，“自然主义”同“古典主义”“现实主义”一样，既有其特殊的价值和意义，又有其不可克服的弱点和危机，这似乎不应是一种难以理解和接受的事情。但是，由于我们长期以来采取了一种孤立的、静止的、片面的观点，企图在“现实主义”与其他艺术形态之间进行非此即彼的机械选择，结果便在理论上造成了一种罢黜百家、独尊“现实主义”的局面。然而，人类艺术的发展是不以我们的思想规范为转移的。既然“自然主义”有其存在的逻辑前提与历史条件，因而它的出现便会成为一种不可避免的事实。面对这一事实，我们的理论界既不能无视其独立的艺术特征和美学品性，又不敢承认其“自然主义”的合法地位，于是只能将它看成是“现实主义”的一种特殊形态。正如我们曾经将“古典主义”称之为“旧现实主义”一样，我们现在又为“自然主义”戴上了“新现实主义”的头衔。就像苏联有所谓“开放的现实主义”“无边的现实主义”一样，这种泛现实主义的尴尬局面不正是由理论上的独断所导致的理论上的混乱吗？

正是为了结束这种混乱，本文才呼吁学术界来重新研究和考察“自然主义”的种种理论问题。不如此，我们便无法解释历史上的“自然主义”所已经取得的艺术成果；不如此，我们便无法在目前的艺术实践中利用其宝贵的活力而克服其内在的危机。

总的来说，作为客体艺术的极端性发展，“自然主义”是一种片面而又深刻的美学思潮。其片面性孕育着自身的否定因素，其深刻性则刚好是实现其自我否定的辩证前提。因此，我们只有在充分汲取其深刻内涵的前提下，才有资格实现更高层次的否定，从而将“自然主义”真正还给历史。

（此文发表于《学术月刊》1991年第6期）

近年来文学史学研究述评

文学史研究的繁荣，有赖于文学史方法论研究的深入，因此，当人们不再满足于千部一腔、千篇一律的“作家小传+作品分析”的文学史撰写模式的时候，“文学史学研究”便成为近年来国内学术界的热门话题，而这一话题的展开，同时也伴随着对于国外各种派别的文学史学研究成果的引进、阐释与吸收。

大抵说来，近年来文学史学研究的主要内容似乎可以分成以下三个部分，（一）“文本”与“前文本”的关系，也就是文学作品与产生这些作品的作家、社会的关系。（二）“文本”与“后文本”的关系，也就是文学作品与接受这些作品的读者、评论者的关系。（三）如何在“文本”与“前文本”和“文本”与“后文本”之间的关系中来确定文学史的研究角度、研究方法等问题。显然，在具体的研究中，以上三个方面实际上是一个不可分割的整体，然而为了叙述上的方便起见，我们还是分开来加以评述。

一

在具有庸俗社会学倾向的传统文学史模式中，我们的文学史家常常将“前文本”与“文本”的关系看成是简单而直接的因果联系，于是便把作品向社会的内容还原看成是文学史研究的全部任务，从而相对忽视了文学自身发展的内部规律的研究。为了突破这种旧有的模式，近年来的文学史学研究将很大的精力放在“文本”自身的价值、意义、结构方式、语言形态的研究上，因而尽可能地在国外的形式主义、结构主义、新批评派和符号学派等理论中吸取营养，以期在“文本”自身的更迭关系中，寻找其内在的演变规律。

尚定认为，文学史研究的目的就是要从系统的结构出发，揭示系统的变化与发展，进而揭示文学发展与演变的整体风貌。一部具有结构意义的文学作品、一个相对独立的文学时代，为文学史的发展与进化所提供的实际上是一个具体的意义单位或称个体意义，代表着一个相对独立的审美规范。这个意义单位同时又被整体观念或整体意义（即文学史的系统质）所规范。文学史进程的实质就是具有相对独立意义的审美规范的历史转换。文学史研究就其本质而言，属于审美研究范畴。[1]张弘也认为，文学史不是简单地由外部因素来说明事物，而是通过内部的剖析以透视同外部的联系，始终面向对象本体，因而它往往能深入并接触到事物的内在联系。而文学史规律的总结也应致力于把握文学发展的生动变化，在展现文学进步的总趋势的同时，反映出文学现象的丰富多样性。[2]不难看出，这类受“新批评”派和“结构主义”影响的文学史观，所要突出的是“文本”的地位而非“前文本”的地位，所要研究的是文学的美学价值而非社会学价值，所要强调的是文学发展的自身动力而非外部动力，尽管他们在原则上都没有将文学的意义单位同更大范围的外部世界割裂开来，却均未找到沟通二者之间的中介环节。这样一来，他们在否定传统模式中由“因”及“果”的线性关系的同时，几乎又在客观上剪断了“前文本”与“文本”的关系，从而有着由一个极端走向另一个极端的倾向。

陶东风似乎发现了上述观点的偏颇所在，于是便提出了“他律论”与“自律论”相统一的原则。所谓的“他律论”即认为文学发展的根本动力是文学自身形式以外的社会文化或个人因素，否定文学有所谓的“自主的历史”，传统的社会学派、文化学派以及现代的心理分析学派基本上都属于这一大类。而形式主义、结构主义、新批评派和符号学派的倡导者则力图由“他律”转向“自

1　尚定：《关于文学史观的重构》，《北京大学研究生学刊》1990年第1期。

2　张弘：《论文学发展的动因和轨迹》，《江海学刊》1988年第4期。

律”，即把文学艺术史看成是文艺形式自我生成、自我转换的历史，认为推动文艺发展的不是社会文化等外在因素，而是文学形式、结构、技巧等“内在因素”。他说，要完成对文学史的阐释，出路只能是对“他律论”和“自律论”的超越。这种超越显然不是对于内因与外因二元要素的简单相加，而是要寻找到内因向外因转化的中介。对此，他指出：“真正起沟通作品与外在世界的中介就只能是作家的审美心理结构”。“文学史的直接存在形态是作品的形式结构的不断交替演变，而这种交替演变是人类审美心理结构演变的物质对应物，审美心理结构是一种美的形式感，是对世界的审美感受方式，它受人类生存状态、生存方式的影响和制约，同时人类在特定的生存状态中所产生的种种经验、感受只有经过它而得以内形式化，并最终在创作活动中通过外在的语言符号而外形式化。”[3]这种将“自律”与“他律”、“结构”与“建构”统一起来的思想，显然受到了戈德曼“发生结构主义文学史学”的影响。与之相同，张碧波、张晓琦等人也认为，文学本体是由心灵本体和形式本体所共同构成的，具有本体论意义上的文学史，只能是人的心灵史和文学的艺术史。[4]

应当承认，在目前的情况下，强调和突出“文本”自身结构、嬗变规律，显然具有矫枉过正的现实意义：但是，当这种对“文本”的强调和突出需要以牺牲对“前文本”的关注为代价的时候，它便只是具有了片面的新颖与深刻。因此，如果说尚定、张弘等人的作用在于舍弃旧的模式而开辟新的天地，那么陶东风、张碧波等人的作用则在于扬弃这种新现点的片面性，以期在一个更高的层次上将新、旧两种研究倾向联系起来。值得注意的是，以上两种观点的价值和意义绝不仅仅取决于其新颖程度或公允程度，更为主要的是：前者是否真正找到了“文本”自身演变的动力和规律，后者是否真正发现了“文本”与“前文本”之间信息交换和能量反馈的集点。从这一意义上讲，二者的工作才刚刚开始。

二

在以“反映论”为主要模式的传统文艺理论中，我们常常只注意到了社

3 陶东风：《文学史：走出自律与他律的双重困境》，《文学评论》1990年第3期。并请参阅《超越他律与自律——文学史研究的新视角》，《文论报》1989年第2期。

4 张碧波、张晓琦：《关于文学史重构的两点设想》，《东北师大学报》(哲社) 1990年第5期。

会→作品→读者之间反映与被反映的顺向影响，而相对忽视了读者→作品→社会之间反馈与制约的逆向作用。在这种理论指导下的文学史一般只能是作品向社会内容还原的历史，而不可能是读者参与创造的历史。因此，作为对传统模式的另一纠偏，近年来的文学史学研究则在国外阐释学和接受美学的影响下，企图将作为"后文本"的欣赏主体也纳入文学史的范围里。

朱立元、杨明认为，我国现有的几部文学史著作，一般对古代作家、作品都只按照今人的眼光、观点给以评价，而较少揭示这些作家、作品的价值浮动、变化的情况，更没有对这种价值浮动情况从读者审美时尚的变化方面作出令人信服的说明，而按照接受美学的观点，文学的历史性不同于政治等其他事件的历史性。政治事件是一种可以被解释为由一系统环境的先决条件和动机所造成的必然结果的客观独立的事实，而文学的历史性只与读者的历时性接受相关联，离开了历代读者主体的接受，文学就无所谓历史。因此，他们认同于尧斯有关"接受史""效果史"的理论，主张将文学史与批评史结合起来进行研究。[5]

我们知道，"接受美学"是以现代"阐释学"为哲学基础的，而按照后者的观点，人们对于任何"文本"的理解总是以意识中的"先结构"为前提条件的，即总是根据自己在特定历史环境中所构成的"期待视野"来理解和确定"文本"的意义，从而使读者与"文本"之间依照特殊的"对话逻辑"相互解释、提问和交流，并在这一过程中不断更换视野和前景。这就出现了一个问题：如果我们承认文学作品的价值存在于历史上不同读者的不断读解过程中，那么我们就不能不承认，我们对历史上不同读者的读解的读解，又是以我们当下意识中的"先结构"为条件的。如此推论下去，我们不可避免地陷入一种"批评的循环"中，即尧斯所说的"文学史悖论"。

针对这一问题，潘凯雄、贺绍俊认为，文学史与一般历史的区别在于：文学史是一个审美接受和审美产生的过程，它具有动态生成的特点。同时，文学史又是历史上的文学作品与现在视野的直接交融，因此，在考察文学史构架与批评本体论之间的关系时，就不能仅仅是"论从史出"或"史从论出"，在史与论间，仅仅用"先""后"来表达就难免失之粗疏和简单。[6]李春青和

5　朱立元，杨明：《接受美学与中国文学史研究》，《文学评论》1988年第4期。并参阅《试论接受美学对中国文学史研究的启示》，《复旦学报》（社科版）1989年第4期。

6　潘凯雄、贺绍俊：《文学史的构架及其基本规律初探》，《文艺理论研究》1990年第5期。

黄卓越等人甚至认为：绝对的文学史本体虽然存在过，但并不存在于当下的研究中，两者之间存在着双重的间离，对于研究者来说，绝对的本体已成为一种客观的幻觉，没有绝对客观的文学史，只有主体判断的文学史。[7]杨春时则指出：文学在历史中的变化与文学的历史是两个不同的概念，前者不是文学史，而后者作为文学史不同于自然史，同时又不同于一般的历史，它是特殊意义的历史，文学既是人类历史活动的产物，具有现实层面，因而属于历史；同时又是超越现实的审美活动，具有审美层面，而审美是超历史的，因而不属于历史，文学的现实与审美双重层面与双重属性是造成“文学史悖论”的根本原因。[8]吴亮在接受了早期结构主义的“结构与历史无关”的理论基础上，将这种思想推向了极致。他认为，文学史著作虚构出一种历史深度，虚构出一种结构，文学史永远是共时性的。我们是在共时性的状态中，想象那个历史性。没有什么外在于今天的文学史，文学史在今天涌现，它压缩在今天的空间中。历时性是以共时性的形态出现的。离开今天的生存和今天的价值及其冲突，文学史什么都不是。文学史是以今天的阐释形态出现的。[9]由此可见，当“后文本”的内容不仅包含了历史上的读者而且包括了今天的读者；不仅包含了历史上的文学理论家而且包括了今天的文学史家的时候，克罗齐关于“一切历史都是当代史”的观点便历史性地复现出来了。

当然，相反的意见仍然存在，杨义坚决主张：“文学史是一个具有相对稳定性的体系，因而它对当代文学思潮应该保持清醒的态度和选择的权利。它汲取的应该是当代文学理论中具有实质价值的突破性成果，而不是浮面的时髦术语和易于成为过眼云烟的怪论”。[10]问题在于，当代文学理论中究竟哪些属于“具有实质性的突破性成果”呢？这当然离不开文学史家的“选择”和“汲取”，而这些“选择”和“汲取”却不能离开主体的“期待视野”而独立进行。

不难看出，当人们敞开了“后文本”的大门之后，不仅为文学史学研究展开了新的天地，而且为文学史学研究带来了新的危机，毫无疑问，承认“文学史悖论”的存在，恰恰就是超越这一悖论的前提。然而，承认本身却又不

7 黄卓越：《文学史主体思维的重创》，《文学评论家》1990年第1期。李春青：《文学史与文学价值阐释》，《求索》1989年第2期。

8 杨春时：《文学史与文学史悖论》，《北方论丛》1992年第5期。

9 吴亮：《对文学史和重写文学史的怀疑》，《上海文论》1989年第6期。

10 杨义：《应该创立文学史学理论体系》，《人民日报》1989年4月11日。

等同于超越，如果我们拒不承认读者的“期待视野”对创作活动的影响和制约，拒不承认评论家的审美趣味对作品价值的肯定和影响，拒不承认文学史家的“先结构”对文学史的渗透和参与，那么我们所面对的只能是一部僵死的、凝固的，没有生命的文学史；反之，如果我们过分夸大读者对作家创作的影响、评论家对作品价值的制约、文学史家对文学史料的取舍，那么我们所面对的则又会是一部随心所欲、任人阉割的文学史，由此可见，如何处理好“文本”“前文本”和“后文本”之间的辩证关系，从而将历史的材料与当代的视野、历时的构架与共时的准则恰到好处地统一起来，确实是一个非常重要而又极为艰巨的课题。而面对这一课题，国内的文学史学研究才刚刚起步。

三

对“前文本”“文本”“后文本”三者关系的理解，也就是对于文学史存在方式的认识；而对文学史存在方式的认识，必然影响着人们对文学史研究角度和研究方法的确立。

在文学史研究的方向性问题上，孙津指出：“从历史存在的价值根据和价值取向来讲，历史就是当下的某种观念，这并不是说可以任意解释或‘篡改’历史，而是说，这些解释或‘篡改’正是‘历史’本身的行为”。根据这一观点，“所谓文学史，就是文学现象对人所具有的价值的承继。这个‘承继’并不意味着‘从古到今’这样的顺序，恰恰相反，它是在将来的意义上为此刻的人作自己的某种参照而成立的‘历史’本身。”这便是他主张“倒过来写”文学史的原因。[11]在此之前，钱念孙也强调对文学史进行“顺向研究”的同时，还要对文学史进行“逆向研究”。[12]与他们的见解不同，滕云认为：文学史研究的当代性与“历史当代化”是不可同日而语的，所谓的“历史当代化”，实际上意味着：历史被当代意识涵盖、改造、取代，被当代价值观念同化、解构、消解；意味着历史研究以当代为本、为体，以历史为末、为用。他详细地分析了文学史研究的当代性所包含的具体含义，并认为加强文学史研究的当代性是无可厚非的。但肯定“历史当代化”将导致肯定研究对象、目标以历史

11　孙津：《“倒过来写”的文学史》，《文学评论家》1990年第2期。

12　钱念孙：《文学中我的逆向研究》，《人民日报》1989年6月6日。

向当代的本体漂移、转移，这就可能引起对待历史的新的实用主义、功利主义，从而造成对历史本来面目的新的屏蔽。[13]尚定则认为：当代性实际上是以文学史发展与进化系统的开放性为内在依据，就其实质而言，仍蕴含于文学史研究的"历史感"范畴。科学的文学史观是将文学史研究的历史性与现实性同置于文学史发展与进化过程业已形成与正在形成的价值规范之下，用业已形成的历史性的价值尺度（过去时代的尺度）或现实性要求的价值尺度取代这种规范都是不科学的。[14]

在文学史研究的层次问题上，陶东风把文学史研究主体的角色结构分成三个维面。首先是作为认识主体的角色；其次，是作为体验主体的角色；第三是作为评价主体的角色。作为动力结构，这三种角色以及由此产生的主体性的三个维面是互相制约的。如果认识主体淹没了体验主体，这时的研究主体就会成为一个没有情感的"机器人"，他或者放弃对对象进行价值评价，或者用一种异己的标准进行评价。相反，如果体验主体吞并了认识主体，那么研究主体就会不适当地将评判完全建立在自己的情感上，以至于作出与认知结果相违背的评判或由于个人情感态度的过于强烈而影响了认识的可靠性。[15]税海模主张从审美意识的流变、文学形态的流变和接受形态的流变三个层面上对文学的发展进化过程进行审美研究，用审美社会学和审美心理学的研究将上述三个层面连接贯通，使之成为一个有机的动态过程。[16]

在文学史研究的方法论问题上，最近的文学史学研究更具有明显的多元倾向。有人主张用符号学的方法，有人推崇心理分析的方法，有人倡导文化—哲学的方法，有人则坚持美学—历史的方法。杨立民指出采用心理批评方法、"神话—原型批评方法"等等我们以往的文学史研究中所没有过的模式，可以概括出文学发展中的"创作史"或"主题史"。[17]唐世春则认为，文学的意义并不完全在于审美，或者说，文学并不只是一个审美的本体，社会的、时代的、思想的养料也会浸透在艺术表现形式及其关系之间，从而也成为一种本质性的东西。因此，他反对"用纯审美标准重写文学史"，主张确立

13　滕云：《"历史当代化"平议》，《文艺争鸣》1989年第6期。

14　尚定：《关于文学史观的重构》，《北京大学研究生学志》1990年第1期。

15　陶东风：《文学史研究主体的角色结构——兼谈文学史主体性的三个维面》，《文学评论家》1990年第1期。

16　税海模：《文学史的审美研究》，《文学评论》1987年第4期。

17　杨立民：《方法与范式》，《文学评论家》1990年第2期。

马克思主义的“美学的、历史的”文学史原则。[18]

雷达针对我们在评价和反思以往的文学史时所出现的问题指出：过去我们就有用一般的政治历史观念或一般意识形态来概括文学历史的弊病，而现在又借用一般的文化哲学观念，或把正在建设中的哲学理性观念直接搬来概括当代文学史现象。观念有时能刺激文学研究向纵深发展，然而文学史不是政治观念史、经济观念史、思想观念史，文学史就其实体而言，只能是形象和意象构成的历史，作品和作家构成的历史。它具有极大的客观性，观念不能直接产生文学，我们的文学史，就不能只研究历史的观念，也不能只还原为观念的历史。[19]钱中文在阅读和研究多种文学史的基础上，把已有的文学史编写方式归为七种类型，即：编年史方式，进化论思想原则，文化史派原则，社会学派或历史社会学派原则，形式主义文学史原则，接受理论文学史原则和全景文学史观，他分别具体分析并指出了以上各种文学史观的缺陷，进而认为：“我的文学史观念是审美本体论的文学观念，文学是一种审美意识形态，我的方法是以这种观念为主导的多样与结合，既有自身的主导特点，又广泛吸收人文主义、科学主义文艺学中大量的合理因素与方法。”他把这种文学史方法称为“审美的历史的社会学方法”。[20]

从以上材料中可以看出，在文学史研究的方向性、文学史研究的层次性、文学史研究的方法论等一系列问题上，人们已开阔了眼界，拓宽了思路，提出了各种各样解决问题的方法。当然，在办法的提出与问题的解决之间，还存在着很大的距离。因此，几乎在任何一个课题的处理上，都还没有形成广泛的共识。其实，这种一时间众说纷纭、莫衷一是的现象是极为正常的。它标志着我们的文学史研究已经走出了单一的模式和狭窄的轨道，从而走入了一个五彩缤纷的世界。

然而，我们也必须看到，在进入这一新世界的同时，我们的文学史学研究还存在着严重的缺陷与不足，这主要表现在以下三个方面。

第一，引进国外新观点多而自己创见少。由于我们长期以来不太重视对文学史方法论的研究，而国外则对此积累了不少经验。在这种情况下，大量引进和吸收国外的科研成果，不仅是必然的，而且是必要的。但是，文学不

18 唐世春：《不能用纯审美的标准重写文学史》，《文艺理论与批评》1990年第6期。

19 雷达：《文学史并非观念史》，《文学评论》（京）1991年第1期。

20 钱中文：《文学史的类型、构架与问题》，《文艺报》（京）1989年9月9日。

仅是人类历史的产物，而且也是各民族文化的成果，各民族的文学不仅有着符合于人类文学发展的共同规律的一面，而且有着不同于其他民族文学发展的独特规律的一面，因此，在引进和运用国外的文学史研究方法和理论成果时，必须采取极为审慎的态度。由于国外各种流行的文学史理论的方法自身所具有的内部自我规定性、封闭性、排他性，在看似可行的外表下，却隐藏着新的困惑和混乱。所以，要真正建立起具有中国特色的文学史理论，就不能简单地停留在对国外研究成果的引进和借鉴上，而必须在此基础上有新的建树。这一点，正是我们近年来文学史学研究所欠缺的。

第二，宏观的把握多而微观的分析少。虽然我们的文学史学研究已基本上形成了以“文本”为核心而向“前文本”和“后文本”两翼展开的新格局，但对于这三大部分及其相互关系的研究还主要停留在原则性的总体把握上，缺乏具体而微的分析。例如，注重“文本”研究的人一般都强调语言、结构自身的意义及转换规律，而对于如何解读“文本”，如何分析结构等具体方法，却言之甚少。再如，注重“后文本”研究的人一般都强调读者的“期待视野”对文学创作的反馈和制约作用，但对于“期待视野”形成和演变的历史规律与逻辑层次，却缺乏深入的分析。特别是如何将“后文本”纳入文学史整体构架的建构中，论者大都言之不详。问题的提出并不等于问题的解决。很多论者提出文学史应该如何如何写而不应如何如何写，而要将这些看法纳入文学史的整体构造中时，就显得建设性不足。凡此种种，都使我们的研究显得过于笼统而不够具体，缺乏应有的可操作性。

第三，理论高谈多而实际应用少。从研究队伍上看，我们目前热衷于文学史学研究人员主要来自文艺理论和文学批评队伍。他们的优势在于有较高的理论素养；而劣势则在于缺乏治史的经验。于是，在文学史学研究中，他们往往对文学本质问题津津乐道，而对文学史学的建设，只能提供一些印象式的判断和印象式的理论。这种“史”“论”脱节的状态使研究中常常出现“空对空”的现象：懂得新理论的人写不出文学史，而撰写文学史的人又不懂得新理论。这就使我们的文学史学研究从总体上看显得步履维艰。因此，要使文学史学的研究真正落实到实处，并结出丰硕的成果，必须在深化理论研究的同时，实现“史”“论”的结合。也就是说，我们现在不仅需要具有较高理论水准的文学史理论家，更需要颇具眼光和勇气的文学史著作家。

此外，如何认识文学史研究中的客观性与主体性、当代性与历史性相统一，怎样保持二者之间适度的张力等老话题，还需要进一步研究。

总之，正如王瑶先生所言，每个时代的文学史都应该达到自己时代的高度，我们正处于一个思考的时代，已经到了重新来研究文学史学如何发展的时候了。[21]

（此文为陈炎、王维强合作，发表于《文学评论家》1991年第6期）

21 王瑶:《文学史著作应该后来居上》,《上海文论》1989年第1期。

从“自然主义”的艺术还原看“新写实主义”的美学品性

自“先锋派”艺术陷入低谷之后，“新写实主义”便成为当今文坛上最有影响的思潮了，于是，各种各样的评论纷至沓来，其理论的焦点全在一个“新”字。但是，如果我们不满足于名词的创造，而将人类艺术的发展过程作为一种历史的参照系统加以认真考察的话，便会发现：“写实主义”=“现实主义”；“新写实主义”=“自然主义”。于是，就像当年法国的龚古尔兄弟、左拉出现在司汤达、巴尔扎克之后一样，当今中国的方方、池莉们也在刘心武、蒋子龙们之后出现了。这种现象绝非偶然，作为客体艺术的极端性发展，“自然主义”实为“现实主义”逻辑延伸的必然产物，这也许是我们不想承认而又不能不承认的事情。

现实主义艺术大师契诃夫认为，文学应该“按生活的本来面目描写生活，它的任务是无条件的、直率的真实”。但是，契诃夫的话并不符合现实主义的根本原则，相反，如果按照他的话走下去，“现实主义”则必将导向“自然主义”，因为“现实主义”与“自然主义”的原则分野就在于前者是有条件的真实，后者是无条件的真实。而为了突破“现实主义”的先验条件，“自然主义”必须实现对于生活现象的四大“还原”。

首先是艺术形象向生活形象的还原，即由典型回归到个性。左拉曾明确指出：“作家和科学家的任务一直是相同的，双方都须以具体的代替抽象的，以严格的分析代替单凭经验所得的公式。因此书中不再是抽象的人物，不再是谎言式的发明，不再是绝对的事物，而只是真正历史上的真实人物和日常生活中的相对事物。一切都从头再来过，首先须从人生的真源来认识人，然后才像一些发明典型的理想主义者那样来作出结论。”[1]不难看出，“自然主义”对于典型理论的挑战，实际上是对于一切先验原则和认识成见的挑战。如果遵循传统的典型理论，李锐不能写《厚土》、方方无法写《落日》、刘恒写不出《两块心》、刘震云也写不出《新兵连》……我们知道，生活是客观的，观念是主观的；前者丰富多彩而又包含了许多偶然的因素，后者抽象概括却又失去了许多生动的精华。作为客体艺术的极端性发展，“自然主义”者为了追求前者而宁肯放弃后者。在他们看来，存在永远先于本质，因而任何脱离生活现象的抽象与概括都可能成为对客观世界的篡改与歪曲。

其次是艺术结构向生活结构的还原，即由结构到解构，由重情节到重细节，我们知道，所谓情节，是艺术家对生活素材进行加工、整理，并使之条理化、集约化的结果。这种结果虽然会产生紧张、强烈的戏剧性效应，但同时也会因其偏离生活的固有形态而给人以人为的、做作的、甚至虚假的感觉。因此，作为客体艺术的极端性发展，“自然主义”便有意打破“现实主义”仍然保留的那种“起、承、转、合”的结构模式，从重情节转向重细节。当然，小说家还是要虚构，“只不过他所虚构的是非常简单的情节，是信手拈来的故事，而且总是日常的生活提供给作家的。”（左拉语）在这里，“自然主义”对情节的淡化并不是缺乏构思能力的结果，而恰恰是一种还原生活本色的追求。乍看上去，方方的《风景》、池莉的《金手》、刘震云的《单位》仿佛只是一些生活片段的简单堆积，然而作者试图通过这些表面上似乎并无逻辑联系的若干细节将生活的本色按照其固有的形式呈现给人们。事实上，这种情节的淡化非但没有给创作带来什么便利，反而增添了艺术处理的难度。对于广大读者来说，倘若没有扣人心弦的情节做诱饵，便很难会产生阅读和欣赏的持久热情，除非艺术家真正能够捕捉到人们视而不见的东西，将那些复杂而又微妙的生活细节淋漓尽致地呈现出来，“按照生活的本来面目描写生活”。

1 [法]左拉：《实验小说》，见伍蠡甫主编《西方文论选》下卷，上海译文出版社，1979年，第256页。

第三是艺术内容向生活内容的还原，即由题材的精心选择到素材的兼收并蓄。与“现实主义”不同，“自然主义”不仅要反映上流社会的历史，也绝不限于庄严而伟大的题材，作为客体艺术的极端性发展。“自然主义”者要求反映更加广泛的、无所不包的真实，在他们看来，现实生活中的任何事物都可以成为艺术再现的对象。即使是渺小的事物、丑陋的事物、尴尬的事物、令人的道德观念所无法接受的事物，都有如实进入艺术领域的权力。正如柳鸣九在《自然主义》一书的前言中所说的那样，“应该看到，由于自然主义，人类的文学才完全超出了沙龙、舞会、林荫道、乡间别墅的天地，而才有了矿井、坑道、小酒店、贫民窟、洗衣坊、工场里的车间、农村里的集市、大城市里的菜市场，以及农民在地头的劳动、工人的操作技术、乡间酿酒的程序、交易所里的各种金融业务……而且，所有这些都不是作为背景被粗略地加以勾画，而是作为文学表现的内容被加以细致详尽的描写，由此，自然主义的巨著《卢贡·马加尔家族》的确堪称为一部几乎无所不包的‘第二帝政时代的社会史’，整整一个历史时期的百科全书式的图景，其反映社会现实之广泛与详尽，比巴尔扎克的《人间喜剧》有过之而无不及。”[2]于是，平凡如《烦恼人生》（池莉）、琐屑如《一地鸡毛》（刘震云）、尴尬如《伏羲伏羲》（刘恒）、丑恶如《黑风景》（杨争光），“自然主义”在生活的各个角落里都闯入了“现实主义”所遗留下来的那些不成文的“禁区”，从而给读者以社会人生的真正全景。

最后是艺术语言向生活语言的还原，即由典雅而规范的书面语言还原为朴拙而真切的口头语言。莫泊桑在《爱弥尔·左拉研究》中说：“他爱表现赤裸裸的真实，有时甚至做到挑战的地步；他喜欢描写一些明知会激怒读者的事情，并且把粗鲁的字眼硬塞给读者，使他们学会消化这些字眼，并且不再感到恶心。”[3]这其实不只是左拉个人的风格，而是整个“自然主义”对人类艺术语言的挑战。于是，我们在方方肆无忌惮的语言中看到了这种挑战，在池莉平淡无奇的语言中看到了这种挑战，在杨争光磨磨叨叨的语言中也看到了这种挑战……在“自然主义”者看来，语言根本无所谓“高雅”与“粗俗”，为了真实地反映自然，只要是生活中这么说了，就可以这么写。

2 柳鸣九：《自然主义·前言》，中国社会科学出版社，1988年，第4页。

3 [法]莫泊桑：《爱弥尔·左拉研究》，见《中外作家谈创作》，山西人民出版社，1980年，第91页。

我们从“自然主义”的艺术还原来确证“新写实主义”的美学品性，其目的是为了正视这一现实。似乎可以肯定，“新写实主义”的这些作家并非都对以左拉为代表的“自然主义”思潮有过认真的研究，然而他们却不约而同地走上了这条道路，这本身就是一件值得深思的事情。按照唯物辩证法有关发展的学说，包括文学艺术在内的一切历史现象都处在不断演变、不断发展的过程之中，任何理想的、终极的、永恒不变的创作模式都不过是人们的幻想而已。然而长期以来，我们的理论界却习惯于停留在这种幻想之中，从而造成了一种罢黜百家、独尊“现实主义”的局面。因此，当新的艺术思潮凭借其不可避免的客观规律出现在我们面前的时候，我们的理论界既不能无视其独立的艺术特征和美学品性，又不敢承认其“自然主义”的合法地位，于是只能将它看成是“现实主义”的一种特殊形式。正如我们曾经将“古典主义”称之为“旧现实主义”一样，我们现在又为“自然主义”戴上了“新现实主义”的头衔。就像苏联有所谓“开放的现实主义”“无边的现实主义”一样，这种泛现实主义的尴尬局面不正是由理论上的独断所导致的理论上的混乱吗?

要结束理论上的混乱局面，绝不能用一种新垄断来代替旧的垄断。作为客体艺术的极端性发展，“自然主义”要以牺牲主体的认识成见和选择能力为代价，以达到最大限度地接近和还原生活本色的目的。因此，与“现实主义”相比，它不仅具有更大的深刻性，而且具有更强的片面性；而我们只有在充分汲取其深刻性的同时，才能彻底扬弃其片面性。这也许就是艺术发展的辩证法。

（此文发表于《作家报》1991年6月7日）

成人的童话

——杨争光的《棺材铺》及其他

当那些未谙世事的少男少女们为汪国真那甜甜蜜蜜的顺口溜所陶醉的时候，我们这些稍有阅历的“过来人”倒宁愿去品味杨争光那凄凄厉厉的小故事。

杨争光写小说已有十年的历史。在这十年中，他不打旗号、不赶时髦，一头埋进黄土高原，力图写出一点自己所独有的东西。他写过那些被文明所遗忘了的麻木而迟钝的人生，他写过那些被生活所扭曲了的单纯而原始的冲动……去年他笔锋一转，在《收获》上发表引人注目的《黑风景》，紧接着，在今年《小说家》第二期的“点将台”上，他又抛出了与之异曲同工的《棺材铺》。这两篇小说，标志着他新的探索和新的追求，即要将人性中冷酷、残忍、阴暗的一面揭露出来，以引起人们的警觉和注意。

与《黑风景》一样,《棺材铺》的情节也颇为离奇。它写的是开棺材铺的土匪杨明远，为了使自己的棺材得以畅销，便千方百计地挑动村民进行械斗，并最终得逞的故事。显然，这个近乎荒诞的故事纯属虚构，然而杨争光却能够将这类题材处理得如此冷酷，如此真实，使人们不仅会信以为真，而且会感到不寒而栗。在这里，我们似乎又遇到了那个老而又老的问题：艺术的真实与生活的真实究竟是一种什么样的关系？针对这一问题，我们可以将所有作家分成四种类型：一是真实地描写真实的故事，二是不真实地描写不真实的故事，三是不真实地描写真实的故事，四是真实地描写不真实的故事。在这之中，最后一类技法最高，难度最大，它也正是杨争光所努力追求的。说他描写的是“不真实的故事”，因为这些荒诞离奇的小说不仅不是他自己的“亲身经历”，而且也不是任何别人的“经历”；说他“真实地描写”这些故事，是因为他在用自己的“经验”去描写这些故事，因而也唤起了我们类似的生活“经验”。于是我们才能够信以为真，于是我们才能够不寒而栗。套用著名美学家杜威的一部书名《艺术即经验》，历史才是“经历”。而我们那些花里胡哨的“现代派”之所以被斥之为“伪”，不也正是由于它们的作者缺乏真正“现代人”的经验吗？

现代人有现代人的经验，古代人有古代人的经验，这差别就同成年人与青少年的差别一样。如若不信，我们可以将米诺的《维纳斯》与罗丹的《老妓》摆在一起：前者表现了人类童稚时代天真无邪的美好憧憬，后者则反映了人类成年之后饱经忧患的历史反思。作为现代的欣赏者，我们当然没有权力去指责希腊人的天真与幼稚，而只能倾倒于历史留给我们的这种去而不返的“永恒的魅力”；但是作为现代的艺术家，我们又何以能够故作天真与幼稚，用那种虚幻的美景来取代历史的深度呢？这正是“真古典主义”与“伪古典主义”的区别所在。也正是在这一意义上，我们说杨争光的小故事要比汪国真的顺口溜高明得多，也深刻得多。它或许也是童话，但那已经是成人的童话了。

由于是写给成人的童话，杨争光充分信赖欣赏者的读解能力，因而他不张扬、不说教，只是不动声色地写下去。当他在那种荒诞离奇的故事中写出了我们似曾相识而又切身感受到的罪恶的时候，我们不仅会不寒而栗，而且会义愤填膺了。然而杨争光却仍然置身事外，对于那个心狠手辣、并已得逞了的杨明远，他所能表现出来的最多也只是一种轻微的蔑视。

从某种意义上讲，杨争光才是棺材铺的真正老板。然而他要装进棺材的，却不是死去的生灵，而是活着的罪恶。当他把这种罪恶装进棺材之后，留给读者的工作就只是往上面砸钉子了。

（此文发表于《作家报》1991年9月28日）

“多余人”和“局外人”
——两类世界意义的文学形象

在文学史上，有两类最苦闷、最无聊、最无所作为而又最发人深省的人物形象，这就是我们所要研究的“多余人”和“局外人”。这是两类具有历史意义的文学形象，也是两类具有世界意义的文学形象。因此，对于它们的研究本身并不是多余的，也不是局外人所能做到的。这既需要有文学的知识，更需要有生活的体验。

提起“多余人”，人们首先想的也许并不是屠格涅夫的中篇小说《多余人日记》，而是普希金的《叶甫盖尼·奥涅金》、赫尔岑的《谁之罪》、莱蒙托夫的《当代英雄》、屠格涅夫的《罗亭》以及冈察洛夫的《奥勃洛摩夫》……这些作品大都出自贵族知识分子之手，而作品中的人物则通通染上了那个时代俄国知识分子所特有的一种“贵族病”，这病症集中体现为思想水准和行为能力之间的巨大差异。换言之，他们仿佛都是一种生了软骨病的巨人，因而无法在现实生活中实现其惊人的理想，只能在既远离理想又远离现实的游戏中耗费其宝贵的生命，于是便成了“多余人”。

“多余人”之所以多余，自然有其深刻的社会背景。我们知道，与英、法等先进国家不同，十九世纪的俄国尚处在愚昧与野蛮的农奴制时代，因而与崛起的欧洲之间形成了鲜明的反差。这种反差首先导致了贵族知识分子的不满情绪，因为自彼得大帝之后，俄国人已经打开了通往欧洲的精神门户，贵族阶层更是以法国的语言、礼仪为时尚，以那些先进国家的文明程度作为本国发展的参照对象；而拿破仑的东征则在客观上进一步传播了资产阶级的新思想，在这种情况下，作为俄国社会眼界最开阔、思想最敏锐的青年一代，那些有头脑、有良知的贵族知识分子深深体会到了变革现实的需要。于是，最初的不满情绪并不是在劳苦大众之中，而是在统治阶级的叛臣逆子之间蔓延开来了。然而，“十二月党人”的失败却充分暴露了这些知识分子的软弱无能。由于他们只是作为某种理性的代表、良知的化身而并不是任何阶级利益的具体承载者，所以他们的行动不仅因触犯了本阶级的利益而遭到了统治者的残酷镇压，而且也因脱离民众而不被广大的被压迫者所理解和认同。在这场斗争中，少数有文化的先觉者并没有真正的实践能力，而真正有力量的广大民众却因为没有文化而尚未觉醒。不难看出，这种文化的落差必然导致历史的盲动，而盲动的结果则只能是悲剧性的。悲剧的根源似乎在于：在那个时代，导致少数贵族知识分子叛逆思想的文化教养却恰恰是统治阶级精神生活的一种特权。在外来新文化的感召下，那些优秀的贵族青年既不甘心继承祖先遗留下来的那笔有罪的遗产，又无能力旋转乾坤去开创新的生活，于是，文化使他们超越时代，文化使他们与众不同，文化使他们无所事事，文化使他们成了“多余人”……

因此，只有在这种背景下，我们才能够理解，博学多识的奥涅金何以只能将自己的智慧运用到决斗中，睿智机敏的毕巧林何以只能将自己的才华浪费在情场里，心境高远的罗亭何以只能将自己的理想停留在口头上，气度不凡的奥勃洛摩夫何以只能将自己的蓝图埋没在睡梦中……历史酿成了这种特殊的悲剧，它将有价值的人生在无价值的耗费中毁灭给人看。正因如此，我们才不得不对杜勃洛留波夫的那篇《什么是奥勃洛摩夫性格》的著名长文采取部分的保留态度。在我们看来。历史需要的不是轻松的嘲讽，而是沉痛的反思。通过反思，使我们认识到，令人唾弃的并不是“多余人”本身，而是造成“多余人”的社会。

“多余人”不仅是一种具有历史意义的文学形象，而且也是一种具有世界意义的文学形象。因为在不同的民族、不同的国度里，历史会有着惊人的相似之处。远的不说，中国文学史的第一号作品中的第一号人物就是这样一种“多余人”。与奥涅金等人的情况相似，《红楼梦》中的贾宝玉同样是一种生不逢时的贵族青年，凭着天姿的聪颖和未泯的人性，他在未经外力的引导下便已经悟到了走向末路的贵族制度的不幸。因此，他既不屑于像贾政等人那样，在仕途经济的道路上重温祖先那貌似辉煌的历史；也不愿意像贾赦等人那样，在穷奢极欲的日子里耗费自己那猪狗不如的人生。由于他既不能认同于已有的生活方式，又无力改变现存的社会秩序，因而只能被抛在创造历史的活动之外，在诗词笔墨之中抒写一点人生的慨叹，在粉黛裙衩之间寻找一点人生的真情。这就是那个时代的贵族阶层中所可能出现的最为优秀的知识分子，他不仅最为优秀，而且最为无能、最为无用……这种于人无益、于世无补的“多余人”不仅在古代文学中存在，而且在现代作品中也有其独特的位置。别的不讲，《围城》中方鸿渐就是一个绝妙的例证。这位外表平实、内心孤傲的留学生既懒得在考场上耗费自己的心智，又无意在沙龙里展示自己的才华。由于他既不愿意违背自己的良知去干那些顺乎时弊的事情，又无能力凭借自己的良知去干那些反抗时弊的事情，于是，在婚姻与事业的“围城”中，他无论冲进去也好，冲出来也罢，总归逃脱不了“多余人”的历史宿命……

由此可见，所谓“多余人”实际上是一种早开的人生花朵。当寒冷的季节即将过去而温暖的日子尚未来临的时刻，它以那种卓然不群的风采展现在一片荒凉与萧瑟的原野上，并以自己的飘零与陨落来宣告严冬的破产。由于缺乏必要的营养与光泽，这朵花所结下的果实必定是苦涩的。而每一位品尝这一苦果的读者，则不能不在文学的形象面前进行历史的思索……

正如“多余人”的形象最早并非产生于《多余人日记》一样，“局外人”的形象也不是到了《局外人》一书中才出现的。萨特笔下的《恶心》首先揭示了这种新的病症：“有一种变化在我的身上发生，对于这一点我再也不能够怀疑了。它像疾病一样到来，它不像通常事物那样确实地、明显地出现，却是偷偷地、逐渐地安顿下来的……”然而与“多余人”不同，“局外人”的这种病症并非表现为行为能力的障碍，而是心理能力的障碍。这种障碍的最初表现，就是洛根丁式的“恶心”——一种无形无色、无影无踪而又无法摆脱、漫无边际的荒诞感。由此出发，洛根丁觉得生活是那样的丑恶，事业是那样的无聊，情人是那样的陌生。一切都被偶然性所笼罩；偶然的主体，偶然的客体，以及二者偶然的相遇……不难看出，这种令人“恶心”的偶然性同样会使生命成为多余。正如洛根丁所揭示的那样：“这是人对于树木、栏杆、石子等所能建立起来的唯一关系……多余，我的身体，我的血液在这微笑的花园尽头对于这些石子，在这些植物中间是多余的……而被咬噬的肉体在接受它的大地中已经是多余的，我的被洗刷、被去掉皮的赤裸无遮的筋骨像牙齿一样仍然还是多余的；对于永恒，我是多余的。”然而与“多余人”不同，“局外人”的多余已经远远超出了社会、历史的形而下的意义范围，从而具有了宇宙、人生的形而上的哲学高度。关于这一点，加谬在《西希斐神话》中说得更加清楚：“一个能用理性方法加以解释的世界，不论有多少毛病，总归是一个亲切的世界。可是一旦宇宙中间的幻觉和光明都消失了，人便自己觉得是个陌生人。他成了一个无法召回的流放者，因为他被剥夺了对于失去的家乡的记忆，而同时也缺乏对未来世界的希望；这种人与他自己生活的分离、演员与舞台的分离，真正构成了荒诞感。”[1]当上帝的存在本身都遭到质疑的时候，西叙福斯的那种顽强的与地心吸引力相抗争的行为便不再被视为一种英雄壮举了。当他在神祇的处罚下一次又一次地将那滚落下来的石头徒劳无功地推上山坡的时候，人们所看到的与其说是庄严的悲剧不如说是荒诞的喜剧了。正因如此，我们才能够理解《局外人》中的默尔索为什么会以一种无动于衷的心态来对待母亲的死、情人的爱以及自己的自由和生命……

因此，与“多余人”不同，“局外人”的不幸并非由于其无法实现自己的理想，而是由于他们根本就没有理想。这种因失去上帝而导致的精神危机，在失去儒家传统的中国人身上也会得到类似的体现。这是由于，在信仰宗教的西方人眼里，只有上帝才是维系生存与永恒、此岸与彼岸的绝对中介；而在崇尚伦理的中国人心中，则只有血缘才是连接个体与群体、有限与无限的唯一纽带。而当这种“中介”和“纽带”在科学技术和商品生产的冲击下统统断裂的时候，无论是西方人还是中国人都会产生必然的孤独感和幻灭感，从

1　转引自[英]埃斯林：《荒诞派之荒诞性》，陈海梅译，《外国戏剧》1980年第1期。

而也就使“局外人”成为具有世界意义的文学形象。正因如此，我们才能理解,《你别无选择》中的李鸣为什么不想在小个子的“功能圈”和森森的“妈的力度”之间做出任何选择，而宁愿以一个“局外人”的身份一天到晚躺在床上；正因如此，我们才能理解,《奔丧》中“我”何以会在亲人的丧礼上敷衍了事，竟然能以个“局外人”的眼光来看待这场人生的不幸；也正因如此，我们才能理解,《无主题变奏》中的主人公为什么会对周围所发生的一切始终采取一种既无兴趣参预、也无兴趣否定，甚至连嘲讽的情绪也没有的彻头彻尾的“局外人”心态……

如果说,“多余人”是一株早开的人生花朵，那么“局外人”则是一枚拒绝开放的人生蓓蕾。在后者看来，春来冬去、花谢花飞，只不过是大自然的一种毫无意义的轮回。因此它既不想争春，也无意斗艳，而只是将那满腔的绝望禁闭在自己那狭小的体内……如果说，作为观赏对象，鲜花虽自有鲜花的风采，蓓蕾也自有蓓蕾的韵味。那么，面对着这枚拒绝开放的人生蓓蕾，我们的欣赏者们则不能不陷入一种哲学的思考……

波德莱尔曾经指出:“美是这样一种东西：带着热忱，也带着愁思……我并不主张‘欢悦’不能与‘美’结合，但我的确认为‘欢悦’是美的装饰中最庸俗的一种，而‘忧郁’却似乎是‘美’的灿烂出色的伴侣；我几乎不能想象……任何一种美会没有‘不幸’在其中。”[2]作为既具有历史意义又具有世界意义的文学形象，无论是“多余人”还是“局外人”都是人生的一种不幸，尽管这些“不幸”使我们感到压抑甚至窒息，但毕竟比那些浅薄的“欢悦”更为真实而深刻。当然，我们欣赏这些形象，并不是为了使自己永远停留在无尽的愁思之中，而是要通过正视人生的不幸而战胜不幸的人生。

（此文发表于《青岛文学》1992年第1期）

2 [法]波德莱尔:《巴黎的忧郁》，见伍蠡甫主编《西方文论选》下卷，上海译文出版社，1983年，第215页。

健康的文艺批评所应正确处理的三重关系

提出这一问题也许并不具有太多的理论价值，却无疑有着突出的现实意义，因为至少在我个人看来，前一时期的文艺批评中确实存在着许多不健康的成分，这主要表现在未能正确处理好以下三重关系。

首先是批评与反批评的关系。所谓批评，就是一种交流、一种对话、一种各抒己见而又去伪存真的活动。从这一意义上讲，任何限制、约束、甚至禁止反批评的批评，都只能是一种不健康或至少是不全面的批评。长期以来，我们的一些“批评家”并不习惯于理论上的“百家争鸣”，而是喜欢借助政治风潮而进行“批评运动”。换句话说，他们不想去追求真理，只想去占有真理，而当着被批评的对象无权申辩的时候，他们便成了真理的唯一占有者。这样一来，双向的交流就变成了单向的批判；文艺批评中无数复杂、细微的问题，就变成了简单的是与非、对与错、革命与反革命。于是，“不是东风压倒西风，就是西风压倒东风”，文艺批评也便成了路线斗争。

对待一部作品、一个作家、一种文艺思潮存在各种各样的看法，应该是十分正常的现象，而且这些不同的观点之中或许同时都含有合理或不合理的成分，因此，健康的文艺批评应该是通过不同思想的相互碰撞而实现彼此扬弃的辩证过程，绝不是什么一窝蜂、一边倒、一锤定音式的运动。从历史上看，那些意见越纷繁、观点越复杂、批评与反批评开展得越激烈的时期，常常是文艺批评能够发现问题、解决问题的时期；反之，越是众口一词、千部一腔、批评压倒反批评的时候，则往往是文艺批评表面繁荣、实则僵化的表现。这种僵化的直接恶果还容易导致简单的“翻烧饼”；当政治风潮发生变化的时候，批评者便由“乘风破浪”变成了“望风而逃”，而被批评者则不仅重新获得了探索真理的权力，而且也同时获得了占有真理的资格……从表面上看，情况似乎发生了根本性的变化，然而仔细想一想，所有这些变化都不是文艺批评本身所造成的，这不能不说是批评界的悲哀。

其次是批评与自我批评的关系。对于真理的探求者来说，批评的要义并不在于谁是谁非，而在于何是何非。从这一意义上讲，一贯正确的批评家是没有的。而当我们一旦发现自己的观点并不正确的时候，就需要在批评的基础上进行自我批评，并通过自我批评而实现自我超越。这种批评与自我批评相结合的做法，不仅符合文艺批评的内在规律，而且也符合我们党的“三大作风”。然而遗憾的是，我们有的“批评家”只具有批评他人的勇气，而缺乏自我批评的本领。反“左”的时候，他批评别人思想不解放、观点不新颖；反右的时候，他又批判别人思想不革命、观点不正统。翻来覆去总是他有理、他正确。

从学术发展与繁荣的角度来看，激进并不可怕、保守也不可怕，激进和保守至多只是研究成果的不科学，而非研究态度的不严肃。事实上，科学的研究成果，往往取决于激进与保守之间所形成的必要的张力，因此，在文艺批评中，我们尽管可以不赞成，但必须尊重那些与自己意见不同的人。然而，那些翻手为云、覆手为雨的“批评家”，却无权获得任何形式的尊重，因为他们根本就不是抱着一种严肃的态度而进入批评界的，他们所进行的只是一种机会主义的冒险和赌博。正是由于这些风派“批评家”的存在，倒使得那些真正有价值的不同意见反而无法进行严肃的争鸣。

最后是批评与建设的关系。批评只是手段，建设才是目的。我们之所以要展开充分、乃至激烈的文艺批评，并不是要把谁批倒、批臭、让他永世不得翻身，更不是要造成一种万马齐喑、百花凋零的局面；而是要通过批评与反批评、批评与自我批评的进行去发现问题、辨明真伪、澄清是非，以实现更高层次上的繁荣。从这一意义上讲，能否促进文艺创作的繁荣和发展，是衡量特定时期文艺批评健康与否的重要标志。“打棍子”“扣帽子”的批评非但没有促进文艺创作的繁荣，反而大大地损害了艺术家的积极性和创造性，致使我们的艺术生产无法满足广大人民日益提高的对于精神生活的要求，从而出现了“唱来唱去港台歌，演来演去港台戏”的怪现象。与此同时，公式化、概念化的创作倾向重新抬头，“样板戏”亦有死灰复燃之势……所有这一切，都必须引起批评界的注意与反省。

中共中央政治局在最近的决议中指出：判断姓“社”姓“资”，应主要看是否有利于发展社会主义的生产力。按照这一原则，判断文艺批评健康与否的主要标志，也要看其在客观上对文艺生产力的发展产生了何种影响。从最终的效果上讲，凡是促进、提高、强化文艺生产力的批评，就是健康的文艺批评；凡是束缚、破坏、腐蚀文艺生产力的批评，就是不健康的文艺批评。在这一点上，我们的文艺批评家们有必要达成新的共识。

（此文发表于《作家报》1992年4月25日）

在文化的变革中寻找文学的坐标

在我们的物质产品进入国际市场并参与真正意义上的竞争时，作为精神产品的文学不可能例外。关于这一点，马克思和恩格斯在《共产党宣言》中早已预料到了。而要使我们的民族文学在这种文化转型的历史过程中自觉地进入“世界的文学”（马克思语）的总体格局，首先就必须探索其在“历史”这一时间坐标系和“世界”这一空间坐标系中的准确位置。对于这一问题，不同的理解会导致不同的参与方式。

最近一个时期，有人提出了所谓“后现代性”的概念，以此来为中国的先锋派文学定位。这一定位无疑具有双重涵义：从时间坐标看，它意味着这种文学是“各种后工业和后现代文化因素渗入当代中国文化生活的各个方面”的结果；从空间坐标看，它意味着我们已经有资格从两个方面进行国际性的对话和迎接世界性的挑战，“一方面从比较文学的接受与影响角度对它进行经验研究；另一方面则以后现代主义在中国的创造性和批评性接受为例，对这一国际性的前沿理论课题提出中国学者的见解”[1]尽管这一见解已为不少人所接受，从而“后现代”已成为当今文学评论中最为时髦的用语，但我却不敢苟同。这是因为：从时间坐标看，在我们这个农业人口占绝大多数的民族所进行的为实现工业化的历史努力中，现代化的文学艺术与现代化的社会生活始终都会为

1 王宁：《中国90年代文学研究中的若干理论课题》，《天津社会科学》1992年第5期。

共同的目标而经受苦难的历程并享受胜利的喜悦。至于所谓的“后现代”文学对于我们这些“前现代”的读者来说，只不过是一种“超前消费”的奢侈品。从空间坐标看，尽管我不否认国外后工业和后现代文化因素对中国文坛的影响和渗透，但迄今为止的结果表明，这种影响和渗透不仅未能改变中国文坛的主流性质，而且对所谓先锋派的影响也不应做过高的估价。例如被视为“后现代”标本的“新写实小说”，在我看来其美学价值并未超出19世纪法国“自然主义”的水平，尽管在我这里“自然主义”并不是一个贬义的概念。[2]总之，“后现代”的倡导者只是抓住了文学表现上的一些细节问题，就急于将中国文学拉入世界文学的“前沿领域”，以此来表达“中国学者的见解”，其结果不仅会使中国的文学创作因脱离本民族的文化土壤而失去生命力，而且也会使中国的文学理论因急于漂洋过海而陷于一种东施效颦的尴尬境地。

在我看来，与其用“后现代”不如用“后宗法”来为中国文学确定自己的位置更加合适。严格说来，所谓“后宗法”并不是一个纯文学的概念，而是一个泛文化的概念，它也包含两层意思：从时间坐标来看，它意味着在商品经济冲击下的当代文学要挣脱宗法社会泛伦理主义的思想枷锁，以获得独立的美学品性；从空间坐标来看，它可以鲜明地表现出与西方的“后宗教”文学相同与相异之处：其同在一个“后”字，即都是作为一种传统文化的否定形式和逆反阶段而出现的文学实践，都在进行一种粉碎旧的价值观念、树立新的人文理想的文化努力；其异在“宗法”与“宗教”这两字之间，即其所要克服的历史障碍、所要超越的文化前提各有不同——中国文学是要在失去宗法温情的状态下为中国人的情感需求找到新的寄托，西方文学则要在失去宗教庇护的情况下为西方人的精神需求找到新的归宿。这种相同或相异之点，不仅为中西文学的历史性对话找到了共同的课题，而且为中西文学的民族性互补提供了文化的依据。

文学是文化的写意符号和情感表征，从这一意义上讲，任何离开文化母题的审美宣泄都将找不到存在的家园。从历史上看，由于“亚细亚生产方式”的特殊性质，使得中国在进入文明社会的历史进程中较好地保存了原始氏族的血缘关系，这便为宗法文化的建立奠定了基础。[3]在这种以宗法血缘为轴

2　参阅拙作《客体艺术的极端性发展——自然主义新探》，《学术月刊》1991年6期；《从“自然主义”的艺术还原看“新写实主义”的美学品性》，《作家报》1991年6月7日。

3　参阅拙作《试论中国伦理世俗精神的形成》，《学习与探索》1992年第5期。

心的泛伦理文化的笼罩下，中国古典文学的文化母题就是国—家观念的认同感，与这一母题相对立的文化副题就是挣脱国—家观念的自由感。前者从屈原“虽九死其犹未悔”的忠君思想，到杜甫“穷年忧黎元”的爱国观念；从《三国演义》“拥刘反曹”的政治导向，到《聊斋志异》“善有善报”的道德信念……这条线索一直占据了正统文学的主导地位；后者从庄子那目空一切的《逍遥游》，到陶渊明那归去来兮的《桃花源记》；从汤显祖“是这般花花草草由人恋，生生死死遂人愿，便酸酸楚楚无人怨”的《牡丹亭》，到曹雪芹“好就是了，了就是好”的《红楼梦》……这条线索一直占据着非正统文学的辅助地位。从某种意义上讲，一部中国文学史，就是这两大主题相互变奏的结果。只是越到后来，随着宗法文化的日益解体，非正统文学的颠覆作用便越显得突出：从明中叶的浪漫洪流，到清中叶的现实主义批判，最终迎来了“五四”新文学运动。从文化的意义上讲，“五四”新文学运动的历史任务，就是要彻底颠覆宗法社会的文化母题，使文学从“君君、臣臣、父父、子子”政治血缘网络下解放出来，以获得情感自由的新声。

与这一过程相同步，在西方，由于“古典的古代”在进入文明社会的历史进程中破坏了民族社会的血缘纽带，致使陷于孤独个体的西方人不得不在彼岸世界中寻找寄托，这便为其宗教文化的建立奠定了基础。[4]在那种以宗教信仰为轴心的神秘主义文化的笼罩下，西方古典文学的文化母题就是神—人观念的归属感，与这一母题相对立的文化副题就是挣脱神—人观念的自由感。前者从受尽苦难的普罗米修斯（《被缚的普罗米修斯》），到被钉在十字架上的耶稣（《新约》）；从奥古斯丁那忠实于信仰的《忏悔录》，到但丁那奉献给上帝的《神曲》……这些作品一直占据着意识形态的主导地位；后者从向命运抗争的《俄狄浦斯王》，到亵渎教会的《十日谈》；从弥尔顿笔下的撒旦（《失乐园》），到歌德心目中的靡非斯特（《浮士德》）……这些作品一直处于意识形态的非正统地位。从某种意义上讲，一部西方文学史的发展动机，就是这两大主题之间所形成的必要的张力。只是越到后来，随着宗教文化的日益解体，非正统文学的颠覆作用便越显得突出：从“文艺复兴”到“启蒙运动”，最终迎来了20世纪非理性的文艺思潮。从文化的意义上讲，所谓“非理性的文艺思潮”，就是要彻底颠覆宗教社会的文化

 4 参阅拙作《宗教与准宗教》，《山东大学学报》1987年复刊号。

母题，从而拒绝上帝为人们事先确定下来的人生意义。[5]

如此说来，“后宗法”时代的中国文学和“后宗教”时代的西方文学，都具有摆脱旧意识形态的奴役地位，以获得自由的意义。然而，自由的获得却并不轻松：当商品经济的利刃割断了宗法血缘的纽带之后，失去家园的中国人又往哪里去寻求情感的寄托？当科学技术的炮火摧毁了上帝的偶像之后，失去信仰的西方人又将怎样确立生命的意义？于是，在鲁迅那愤世嫉俗的《呐喊》之后，只留下疾风苦雨中的《野草》；在闻一多那支唯美的《红烛》燃灭之后，却剩下一潭绝望的《死水》……这种个体存在的危机感一直到“新时期文学”中仍不绝如缕，于是才有了那一眼填不尽生命与热血的《老井》，于是才有了那只载不尽苦难与不幸的《古船》，于是才有了你想选择却《你别无选择》的烦恼，于是才有了你要变奏却弄成了《无主题变奏》的苦闷，更为尴尬的是，当你想同过去的生命和历史告别的时候，你甚至会发现你已经《无处告别》了……这些作品，虽不能否认其受外来文化的影响，但在“后宗法”的历史背景下都有其民族的特殊意义。这是一种文化转型期的焦虑，这是一种价值失落期的烦恼，这同时也是一种世纪之交的追求。惟其如此，它们才不仅仅具有文学的价值，而且具有文化的意义。

如果说，血缘关系构成了中国人的“家”，那么上帝的存在则构成了西方人的“家”。因此，失去上帝的西方文学与失去血缘的中国文学一样，都具有一种无家可归的失落感。只有在这个意义上，我们才能够真正理解贝克特《等待戈多》中的绝望、斯特林堡《鬼魂奏鸣曲》中的阴冷、萨特《厌恶》中的恶心、加谬《局外人》中的无聊……这是一种没有压力的沉重，是“生命中不能承受之轻”从而也是严肃的、具有哲理性的艺术探索。这种探索将在绝望中为人类生存找到新的意义。

总之，正是一个“后”字，使中国与西方文学走出了“宗法”与“宗教”的历史阴影，从而在当今的世界格局下有了对话、交流和彼此借鉴的可能。尽管其共同的话题并不轻松，但其沉重的步履将迈向人类共同的前程。

（此文发表于《山东社会科学》1993年第1期）

5　参阅拙作《反理性思潮的三重背景》，《文史哲》1989年1期。

重评《与元九书》

白居易在给元稹的一封长信中集中地阐述了自己的诗歌主张和文艺思想，这就是被后人交口称赞的《与元九书》。对于这篇文章的看法，目前学术界似乎已成定论。论文且不说，单是新中国成立后刊行的几部中国文学批评史，就足以说明这种局面。

刘大杰说："白居易继承和发展了过去儒家关于诗乐理论中的进步成分。"[1]

郭绍虞说：白居易的《与元九书》"虽不用现实主义的名称，却接触到现实主义的实际。"[2]

敏泽说："白居易的理论批评中，带着鲜明的，具有进步倾向的功利主义。"[3]

黄海章说：《与元九书》"突出地显示文学的政治性、人民性、战斗性，在他以前的文学批评家，从来没有这样自觉地、鲜明地来表示自己的文学见解的，这是很珍贵的文学遗产。"[4]

罗根泽说："元白（元稹，白居易）居陈杜（陈子昂、杜甫）诸人之后，

1 复旦大学中文系古典文学教研组编：《中国文学批评史》上册，上海古籍出版社，1979年，第257页。

2 郭绍虞：《中国文学批评史》，新文艺出版社，1956年，第32页。

3 敏泽：《中国文学理论批评史》，人民文学出版社，1981年，第321页。

4 黄海章：《中国文学批评史》，广东人民出版社，1962年，第105页。

社会诗和社会诗论，已由他们揭示序幕，循次而进，自然要唱出压轴好戏。”[5]

但我认为，《与元九书》中的文艺思想与其说是“进步的功利主义”，不如说是“狭隘的功利主义”；与其说是“现实主义”，不如说是“实用主义”；与其说是“发展了儒家关于诗歌理论中的进步成分”，唱出了“压轴好戏”，不如说是“进一步否定了前儒们相对忽视的艺术规律，使儒家的文艺观变得更加狭窄，僵化。”

“夫文尚矣！三才各有文。天之文三光首之，地之文五材首之，人之文六经首之。就六经言，《诗》又首之。何者？圣人感人心而天下和平。”《与元九书》中开宗明义的这段话与《文心雕龙》将“原道”同“征圣”“宗经”依次相连的方法是一脉相承的。把自然界的规律与人类社会的伦理简单地混淆起来，于是乎就为特定的社会制度和意识形态找到了永恒的依据，使“圣人感人心而天下和平”的东西获得了与日月同辉、人文之首的地位。这样一来，所谓诗文便自然成为圣人“载道”的工具了。有了它，就可以“上下通而一气泰，忧乐合而百志熙。五帝、三皇所以直道而行，垂拱而理者，揭此为大柄，决此为大宝也”。从这里，又使我们不由地想起孔老夫子关于“行夏之时，乘殷之辂，服周之冕，乐则《韶》《舞》”之类的名言了。因此，《与元九书》在理论研究的出发点上与前儒丝毫没有两样，也就是说，它不是把诗歌作为一个独立的、有自身规律的对象来加以研究，而是把它作为维护统治阶级政治局面的一个组成部分来看待的。因此，尽管白居易的确提出过一些反映社会生活，甚至反映民间疾苦的诗歌主张，但是这种观点绝不是从创作方法的角度，而是从社会功用的角度提出的。也就是说，白居易的“意激而言质”“一吟悲一事”与孔子的“乐而不淫，哀而不伤”之间的区别只在于手段而不在于目的；只在于政治观点而不在于艺术观点。所以，我们可以说白居易的诗作有很高的人民性，但不能简单地将他的诗论誉之为“现实主义”。

正是由于这个特定的出发点，使得在创作中曾经是诗人的白居易，在理论上则变成了一谏官。在《与元九书》中，白居易对前人的诗作进行了一番系统的评论，而评论的唯一标准，就是看它有无讽喻。用这个标准来衡量，《诗经》以下的创作，便一代不如一代了。

5　罗根泽：《中国文学批评史》，商务印书馆，1957年，第68页。

"苏、李、骚人，皆不遇者，各系其志，发而为文。故河梁之句，止于伤别；泽畔之吟，归于怨思。彷徨抑郁，不暇及他耳。"所谓"不暇及他"，无非是不暇劝谏，于是屈原以来，"六义始缺矣。"

"晋宋以还，得者盖寡。以康乐之奥博，多溺于山水，以渊明之高古，偏放于田园……于时六义寝微矣，陵夷矣。"不仅"止于伤别"者不可，"归于怨思"者不可，而且"溺于山水"者，"放于田园"者也都不是诗之正道。因此，白居易在这里为人们指出的究竟是一条宽广的现实主义大道，还是一条狭窄的功利主义小路，便可不辩自明了。

——"至于梁、陈间，率不过嘲风雪，弄花草而已。噫！风雪花草之物，《三百篇》中岂舍之乎？顾所用何如耳。设如'北风其凉'，假风以刺威虐也。'雨雪霏霏'，因雪以愍征役也。'棠棣之花'，感华以讽兄弟也；'采采芣苢'，美草以乐有子也。皆兴发于此而义归于彼。反是者可乎哉！然则'余霞散成绮，澄江净如练'、'离花先委露，别叶乍辞风'之什，丽则丽矣，吾不知其所讽焉。"且不说梁、陈以来的写景诗究竟应该怎样评价，也不论汉儒以来对《诗经》的理解到底有多少牵强附会的成分，可怜的是这位描绘过无数良辰美景的白居易在这里却矢口否认自然美有任何独立的欣赏价值了，这不仅否定了自己的许多名诗佳句，就连刚刚说过的"天之文，三光首之；地之文，五材首之"这类的话，也都统统丢到一边了。在这里，再没有"清新庾开府，俊逸鲍参军"这样广泛的趣味了（杜甫《春日忆李白》），再没有"别裁伪体亲风雅，转益多师是汝师"这样宽广的胸怀了（杜甫《戏为六绝句》）。有的只是"丽则丽矣，吾不知其所讽焉"。这就是白居易继杜甫之后"自然要唱出"来的"压轴好戏"！读到这里，我们不禁要问，中唐诗歌之所以在艺术上低于盛唐，恐怕与元白在诗论上的这出"压轴好戏"不无关系吧！

用这样的标准来衡量，谁又是合格的诗人呢？李白自然不行。"李之作，才矣奇矣，人不逮矣；索其风雅比兴，十无一焉。"就连杜甫的千余首诗中，合格的"亦不过三四十首"。呜呼，哀哉我诗国也！

那么白居易怎样评价自己的诗歌呢？他把自己的诗分成讽喻、闲适、感伤、杂律四类。四类之中，以讽喻诗为首，谓之"兼济天下"之诗；闲适诗次之，谓之“独善其身”之诗，“其余杂律诗，或诱于一时一物，发于一笑一吟，率然成章，非平生所尚者，但以亲朋合散之际，取其释恨佐欢。今铨次之间，未能删去，他时有为我编集斯文者，略之可也。”“今仆之诗，人所爱者，悉不过杂律诗与《长恨歌》已下耳。时之所重，仆之所轻。”不仅严以待人，而且严以律己，何等的公道！然而渺小的谏官白居易，要抹杀伟大的诗人白居易的历史功绩，又是何等的不公道！历史才是最公正的评论家，一千年以后的今天，不知好歹的读者们却仍然不知好歹地把《长恨歌》《琵琶行》这两首并非“篇篇无空文，句句必尽规”（《寄唐生》）的诗篇翻来覆去背诵个没完。看来这个矛盾不仅仅是白居易的文艺思想和创作实践之间的矛盾，而且是广大群众的欣赏要求与传统的批评标准之间的矛盾了。

作为谏官的白居易，他要“补察时政”“泄导人情”，他要“救济人病，裨补时阙”。这在当时的情况下不仅是合理的，而且是进步的。然而问题不在于如何评价白居易的政治思想，而在于如何评价他的文艺思想。问题也不在于文艺是否应有鲜明的政治内容和直接的功利作用，而在于是否只有这一内容和作用。真理前面再走一步就会变成谬误，一旦白居易把诗歌的政治、伦理内容看成是它唯一的价值和生命的时候，他就把儒家文艺思想中的合理的成分发展为谬误了。这样一来，文学就不再是观照的对象而只是使用的工具了：“国家以文德应天，以文教牧人，以文行选贤，以文学取士……”（《策林六十八》）这样一来，不仅谏官可以或为文学家，而且文学家又只能是谏官了：“故惩劝善恶之柄，执于文士褒贬之际焉；补察得失之端，操于诗人美刺之间焉。”（同上）于是，文学家的任务就只是“惟歌生民病，愿得天子知”，须得“篇篇无空文，句句必尽规”了，因而除此之外的任何写景抒情，记事感怀，统统都属于左道旁门了。这就是他不仅苛求前人，而且抵毁自己的原因所在。

然而文学不仅是善的，而且是真的、是美的，这个连“士庶、僧徒、孀妇、处女”都明白的道理，我们著名的诗人是不会感觉不到的。所以，当白居易作为诗人去进行创作的时候，就必然自觉或不自觉地突破自己理论上的藩篱，写了大量不限于讽喻内容而又具有很高文学价值的诗篇。只可悲这些妇孺皆知的艺术佳品反都得不到诗人自己的肯定，可见其理论与实践之间的矛盾有多么深了。

当然，作为一种文学现象，白居易的《与元九书》和他的讽喻诗的出现，是有着深刻的社会原因的。作为大历年间重新泛起的形式主义、唯美主义文艺思潮的对立面，白居易的思想中有些矫枉过正的成分也是不难理解的。因此，如果站在今人的高度上去指责或要求当年的白居易，全然否认他的诗歌理论在当时的历史条件下所起到的某些进步作用，那当然是可笑的；然而反过来说，历史的估价并不是要离开科学的分析，如果我们今天仍然站在白居易的高度去评价《与元九书》，把古人在当时的情况下不可能不犯的错误也当成“珍贵的文学遗产”来加以无批判地继承，却又近乎可悲了。

对白居易文艺思想的评价，牵涉到对整个儒家文艺思想的评价问题。我们认为，儒家文艺思想既有其进步的一面，又有其狭隘的一面，其进步之处就在于看到了文艺与社会生活的必然联系，看到了文艺作品的政治、伦理作用，从而在我国文学史上一直成为抵制一切唯美主义和形式主义者的有力武器，其狭隘之处就在于片面地夸大政治、伦理的作用以否定文艺自身的价值和规律，以至于把文艺作品简单地当成政治事业的附庸，因此它对于形式主义、唯美主义的批判就只能是从一个极端走向另一个极端，于是我国的文学史就在这两个极端之间产生了一种周期性的摆动，如果说以徐、庾两父子为代表的南朝文学在实践上摆向一个极端的话，那么以元、白、韩、柳为代表的中唐文论则在理论上摆到了另一个极端。正因为它是由一个极端来否定另一个极端，所以它自身也不能保持长久，于是到了晚唐五代又必然地摆了回去……这种历史的教训是值得我们汲取的，而要汲取这一教训就必须真正实行我们反复强调的对于历史上的文学遗产应采取的历史的、具体的、一分为二的分析方法，也就是说这种方法不仅是对于那些有明显缺陷的对象是适用的，而且对于那些长期以来被大家当做经典来称道的观点也同样是适用的。例如所谓“为君、为臣、为民、为物、为事而作，不为文而作也”（《新乐府》）。且不说把“为民”放在“为君”“为臣”之后的历史局限，单是将它们与“为文”对立起来的说法就大可值得怀疑。这就是说，白居易在反对唯美主义的同时，连前儒关于“文质彬彬”“衔华佩实”的合理主张也一同废弃了……

总之，我们既要看到《与元九书》在当时出现的历史必然性和曾经起到的进步作用，又要看到它在理论上的缺陷及其对后世的不良影响。换言之，我们既不能站在今人的高度上去要求白居易，也不能站在白居易的高度上来评价白居易，更不能站在白居易的高度上来衡量今人。

（此文发表于《天府新论》1993年第1期）

有才可去补苍天

——评《秦可卿之死》

无论如何,《秦可卿之死》是一个叫做刘心武的现代人写的小说，从这个意义上讲，它和历史上的《红楼梦》永远是两回事儿；然而作为一部“学术小说”,《秦可卿之死》又不可避免地包含了作者对于曹翁及其作品的分析、研究和理解，从这一意义上讲，它又的的确确是在为历史上的《红楼梦》“打补丁”。

为名著“打补丁”，这显然是一件极为冒险的事情，因为一件艺术珍品一旦在人们心目中占据了至高无上的地位，就容不得后人再去玷污它，以至于任何增删、填补、改动都会被视为对圣典的冒犯，并很难逃脱“狗尾续貂”的定评。据说，欧美许多雕塑家曾经对《米诺的维纳斯》进行过这种劳而无功的努力，试图根据自己的审美理想而将那双折断了的玉臂重新接上。但迄今为止，还没有任何一次尝试能够得到欣赏者的普遍认同。

那么，是什么样的原因支配着刘心武非要在旁人不敢望其项背的曹翁笔下寻找漏洞，并甘冒如此之大的风险，进行一种女娲补天式的努力呢?

漏洞确实存在

由于“脂批”所提供的证据，致使人们谁也不怀疑曹翁对第十三回确实做过大的删节和修改。早在70年前，俞平伯、顾颉刚等人就曾对此做过研究，证明秦氏并非病死，而是在天香楼上自缢身亡。在此基础上，刘心武做了进一步的研究，并将研究的重点由秦氏的死因转移到秦氏的出身上来。因为在他看来，只有弄清楚了秦氏的出身，才可能真正解开秦氏之死的谜案，才可能真正理解曹翁此删的真正动机，以及这一删改对于小说的真正影响。在《秦可卿出身未必寒微》《再论秦可卿出身未必寒微》等论文中，刘心武一口气对秦氏的出身及其在贾家的地位提出了二十几个疑问，现择其大端，将它们简化为10个方面：第一，可卿养父秦业何以会在尚有生育能力的情况下抱养既非同族、亦非男性的可卿？第二，作为一个小小的营缮郎，秦业何以敢用"从养生堂抱来的"可卿与贾家的嫡传玄孙结亲？第三，出身低贱的可卿何以备受贾母的恩宠、凤姐的厚爱？第四，就连仆人焦大都知其有"爬灰"行为的可卿何以会受到包括尤氏在内的全家人的普遍尊敬？第五，可卿卧室内哪儿来的那么多皇亲国戚的物品？而她自己又哪儿来的高贵举止、大家气派？第六，可卿根据什么样的出身和阅历而在死前给凤姐托那个富有政治经验的梦？第七，作为最晚辈的重孙媳妇，可卿之死何以会使得贾家如此心神不宁、如此兴师动众？第八，北静王水溶、宫内太监戴权何以会破例来亲祭可卿？第九，贾珍何以坚持要让可卿享用那"义忠亲王老千岁"遗留下来的"非常人可享"的棺木？第十，在"金陵十二钗"中，这位"从养生堂抱来的"可卿何以在"血缘"上比其他人都高贵，竟然是警幻仙姑的妹妹！凡此种种，确实使这位秦可卿成了《红楼梦》中的一大谜案。

漏洞非补不可

在以上研究的基础上，刘心武作出了一个大胆的推测："谜底只有一个……她的血统其实是高贵的，甚或比贾府还要高贵，也许根本就是皇族的血统。"[1]这一惊人的推测还不仅仅以上述文本中的疑点为依据，而且参考了作者的家族背景。据史料分析，雍正六年，曹家败落的原因之一，就是查出曹雪芹叔父曹頫替雍正的政敌、其九弟允禟藏匿了一只逾制私铸的金狮子。这

1　刘心武：《秦可卿出身未必寒微》，《红楼梦学刊》1992年第2辑。

宗史料给了刘心武以灵感："金银财物可以帮着寄顿、藏匿，人呢？特别是刚落生不久尚未引起人们格外注意，甚至不及登入户籍的婴儿呢？难道不可以表面上送往养生堂，表面上托付给有瓜葛的不引人注意的、处于权力斗争漩涡之外的如营缮郎之类的小官吏抱去收养，而实际上却在大家庭的隐蔽角落中加以收留、教养，待到时来运转时，再予以曝光吗？"[2]照此推测，秦可卿进入贾府便不再是一桩门不当、户不对的婚姻，而是贾家押在虽然已经失势，却可能东山再起的皇亲国戚身上的一笔政治赌注；照此推测，秦可卿之死也便不再是一种简单的病逝或自杀，而是贾家为了挽救这场失败了的赌博与皇室达成的一笔新的交易。更为重要的是，这样一来，不仅使上述疑点都得到了合乎逻辑的解释，而且也为处在"文字狱"威胁下的曹雪芹删改秦可卿的故事找到了更为合理的根据；这样一来，不仅使刘心武有理由认为"这一删，是伤筋动骨的"，同时也为其撰写《秦可卿之死》赋予了非常重要的意义。

漏洞补得意味深长

如果我们认为，《秦可卿之死》的意义只在于要将那些原本说不通的情节加以理顺，那么我们显然并没有真正理解刘心武的苦心。文学不是数学，作为叙事文学的小说确实需要情节的严谨，但情节的严谨只是文学价值的一小部分。我们现在需要考虑的是，在修补情节的同时，刘心武还为《红楼梦》的现存文本提供了哪些新的东西？关于这个问题，我们至少可以从主题意蕴、人物塑造、结构设置三个方面加以分析。

作为一个家族、乃至整个封建社会没落历史的艺术缩影，《红楼梦》的现有文本是如何完成这一主题意蕴的呢？——贾家的前辈出生入死，创立了这份家业，使得子孙们得以享尽荣华富贵。而子孙们只会坐吃山空，甚至横行不法，触犯朝纲。结果败坏祖业、削爵抄家，"好一似食尽鸟投林，落了片白茫茫大地真干净"……这一主题意蕴的表达自然没有什么错误，但似乎过于简单了。在外人看来，像贾家这样的豪门望族，一定富贵安康，不会有什么犯愁的事情。然而那只是表面现象。生活经验告诉我们，越是接近上层的政治

2　刘心武：《秦可卿出身未必寒微》，《红楼梦学刊》1992年第2辑。

角逐，其风险性就越大，因而贾家这条大船在其宦海浮沉的过程中，不可能不被卷入政治的漩涡，甚至经受惊涛骇浪。而刘心武这块“补丁”的意义，就在于通过秦可卿那神秘而曲折的故事，为我们揭示了这锦衣玉食、温柔富贵背后所隐藏着的另外一种阴冷而可怕的生活方式，这种杀机四伏，险象环生的生活方式一般只在密室中进行，因而是外人所看不到的。但是这些不为人知的生活方式却恰恰是大观园中那些亭台楼阁所得以存在的基础。刘姥姥只看到大观园的雕梁画栋，如何知道那背地里的铜臭与血腥？这正如我们那些看热闹的读者，只看到秦可卿的丧事办得如何排场，哪里知道发生在死者身上的赌博与交易呢？如果曹雪芹没有政治上的顾忌，而真正能够用其“史笔”（脂斋劝其删改十三回的原因正在于这个“史笔”）展开这一层面的撰写，其主题意象岂不显得更加深刻、完整？

生活层面的拓宽不但丰富了主题意蕴，而且使人物形象也更加丰满、复杂起来。从理论上讲，每个人的性格都是一个具有矛盾的多元系统，而矛盾的哪些方面得以表现，则有赖于人物具体的生活环境。常跟孙子、孙女们一同玩耍的贾母，自然会表现出其慈祥、宽厚的一面；而《秦可卿之死》，却为其提供了表现另一性格层面的可能，作为贾家的长老，作为曾伴随其丈夫经历过宦海沉浮的女人，在这个家族又一次面临灭顶之灾的危难关头，她不仅表现出了自己应有的决断，而且也透露出了从未有过的冷酷和狰狞。——“贾母面色铁青，追问道：‘只是欲绝么？欲而不绝，又将奈何？’……‘如今天灭她家，想是神佛要这样，也只得识命。只是她也该明理，她亲爹既已殉，她娘即时殉了，她是怎么个打算？难道苟活下去不成？’……”这里的贾母，与我们常见的那个笑口常开的“老祖宗”、那个惜贫怜弱的“老寿星”相去可谓十万八千里，然而仔细想想，又是合情的、可信的，非但没有生编硬造之感，反而使这个人物显得更加丰富、更加完整。同样，在一般的家庭琐事面前，贾政通常表现出其忠厚、正经的一面，只有在《秦可卿之死》所营造的特定氛围中，曹翁原有的关于棺木评价一句，才真正成了神来之笔，从而表现出了这位自私、怯懦的封建官吏“假正经”的一面儿。此外，如贾元春那真人不露相的几句“圣旨”，也给这位贾家大小姐添色不少，使读者想起她那花容月貌，多少有点儿不寒而栗了。当然，《秦可卿之死》中最重要的人物还要算可卿、贾珍二位。在现存文本中，作为“金陵十二钗正钗”的秦可卿，只是在第五回到十三回之间昙花一现的人物，其性格特征又因文本的改动而显得很不完整。而刘心武的处理，既保留了其淫荡放纵的一面，又增添了其浪漫、成熟、刚烈、果敢的多重因素。天香楼之死，写得如泣如诉、如怨如慕、如火如荼，从而使这个人物真正“立”起来了。与《红楼梦》的现存文本相比，《秦可卿之死》中改动最大的人物，其实还不是可卿，而是贾珍。从情理上讲，像贾家这样一个名门望族，子孙中不可能没有个把顶天立地的汉子，他应该既不同于贾琏的下流放纵，也不同于宝玉的百无一用，而应该继承一点祖宗传下来的才智、胆略和野心，从而挑起这个家族的重担。而这副担子，按照刘心武的理解，毫无疑问地应落到这位长房嫡孙、世袭三品威烈将军贾珍的身上，但是，尽管“天将降大任于斯人也”，而曹雪芹却出于种种非艺术的原因而无法让其担起这一重任，甚至不敢让他以赌徒的身份到政治的赌场上去掷两把骰子。于是他只能过早地“退居二线”，顶多起一点儿背景、铺垫的作用，在性格上也似乎与贾琏、贾赦相雷同。这对于一向反对“千部一腔、千人一面”的曹翁来说，确乎是一种令人费解的事情。而在刘心武的笔下，这位珍大少爷或许真的“现了原形”，他有野心、有胆略，他自命为贾家这条大船上的最后一名舵手，他敢于冒着生命的危险在惊涛骇浪中航行……凡此种种，真可谓“非一个‘淫’字了得。”退一步讲，即或是淫，他也要淫得深切、淫得忘情、淫得刻骨铭心、淫得轰轰烈烈。倘若照这样写下去，《红楼梦》中岂止有一个怜花惜玉的宝玉，必当再有一个惊世骇俗的贾珍。

由于主题意蕴的丰富，人物性格的调整，使我们有理由对《红楼梦》现有文本的结构布局进行整体上的反思与观念上的修正。不知道那么多的红学家是否注意到，曹雪芹笔下宁、荣二府的艺术价值极不均衡，大抵丰满的人物和动人的情节全在荣府，宁府则相形见绌，甚至有些死气沉沉。这种大面积的笔力失衡，对于曹雪芹这样一位惜墨如金的艺术大师来说，难道不是一件可疑的事情？我们是否有理由猜疑：曹翁在荣府之外要再写一个宁府，其真正的初衷何在呢？这不禁使我们想起秦氏“判词”中的那句话：“漫言不肖皆荣出，造衅开端实在宁。”也许对于这个家族的没落来说，贾珍的“造衅”与宝玉的“不肖”具有同等重要的意义。

所谓“造衅”，从字面上讲，显然不仅仅是打死几个穷人，抢夺几个丫环的事情，而带有犯上作乱的内容。倘若贾珍能按照刘心武的思路“造衅”下去，不仅能够形成与宝玉相映生辉的形象，而且势必会因性格上的特征而推动情节的发展，从而宁府的“戏”也就“活”了。而对于贾家来说，这“珍”“宝”二位因人生态度和性格特征上的相反相成，又必然形成一种内在的张力，它不仅使宁、荣二府可以在艺术上平分秋色，而且使悲剧的整体意蕴更加丰厚、更加完整……

“补了”中也有漏洞

当然了，作为一部难度极大的“学术小说”，《秦可卿之死》也并非无懈可击。例如在人物形象上，尤氏的性格就有待于完善，在情节安排上，更有几处虽不显眼但确乎存在的漏洞；甚至在细节上，还有着弄错人物辈分的硬伤。然而凡此种种，都可以通过修改而加以弥补。换言之，与那些已被补上的漏洞相比，这些新的漏洞所造成的损失则显得微不足道了。

那么说到底，我们在充分肯定《秦可卿之死》所带来的具有想象性的启发意义的同时，是否在亵渎曹翁呢？当然不是，因为倘使上述漏洞确实存在，那也不是曹雪芹本人所造成的，而是他所生活的雍、乾时代残酷的“文字狱”造成的。在当时的历史条件下，作为没落家族的叛逆子孙，曹翁任何有关上层权力斗争的描写，都会被视为政治的影射或家族的仇恨，并招来杀身之祸。因此他只能用自己的生花妙笔在儿女情长上做文章了。这不禁使我们想起了《红楼梦》开篇处的那段偈语：

> 无才可去补苍天，枉入红尘若许年。
> 此系身前身后事，倩谁记去作奇传？

这其中显然寄予了作者深刻的时代愤懑和人生感慨。倘若反其意而用之，我们是否也可以给《秦可卿之死》的作者也送上四句呢？这正是：

有才可去补苍天，潜心研究若许年。
可卿身前身后事，心武记去作奇传。

（此文发表于《时代文学》1994年第1期；《新华文摘》1994年第2期全文转载）

诗学与哲学的对话

——读《中国诗哲论》

王国维曾言，古今大学问家、大艺术家必须首先是大哲学家。这一点，我们常常可以在欧洲文学史的研究中得到印证。荷马不是大哲学家吗？如果不是的话，他怎么可能将人与神的关系描写得如此精彩？索福克勒斯不是大哲学家吗？如果不是的话，他又怎么能够将人与命运的关系挖掘得这般深刻？类似这样的结论，我们还可以在对于《神曲》的作者但丁、《浮士德》的作者歌德、《恶心》的作者萨特、《局外人》的作者加谬等人的研究中找到。几年前，我曾看到过瓦尔特·科夫曼的《从莎士比亚到存在主义》，书中将存在主义的哲学概念一直追溯到《哈姆雷特》的台词，将“生存还是毁灭”的议论转换成“存在还是不存在”的命题。前不久，我还读过刘小枫的《诗化哲学》，书中将德国浪漫美学视为一种诗化哲学，认为它的终极问题不是宇宙的本体，而是人生的诗化……凡此种种，都说明人们对于欧洲文学现象中的哲学问题或欧洲哲学作品中的诗学问题，已经有了一个自觉的认识，并已经或正在进行一种换位式的读解和补偿式的研究。

然而这一点，对于中国文学史的研究却似乎是例外。我们欣赏庄子文风的汪洋恣肆、陶潜笔触的恬淡自然，却很少涉及他们思想中的形而上问题；我们盛赞曹雪芹预示了封建社会的没落，鲁迅探讨了传统礼教的罪恶，却很少谈及他们作品的本体论意义……仿佛“浪漫主义”“现实主义”“倾向性”“典型性”这些常用的概念，已经足以囊括文学中的所有问题；仿佛除了人与社会政治的关系之外，中国的文学家就不曾考虑过更高层次的哲学问题。

这显然是一种极大的曲解、极大的误会，是由于研究的视角的局限而导致的文本价值的或缺。也许，正是为了弥补这一空白、挽回这一缺憾，刘士林才匆匆抛出了他这本虽不成熟、却富有创意的《中国诗哲论》(济南出版社1992年12月出版)。在这里，庄子那漫不经心的寓言、屈原那激扬慷慨的文字、嵇康那超凡脱俗的风度、陶潜那简约淡泊的情怀，都被提升到形而上的高度加以认识。在这里，李白手中那注满痛苦和欢乐的酒杯，杜甫身上那承载历史与道德的重负，苏轼笔下那阅尽人间沧桑的山水，纳兰性德眼中那饱经风雪摧残的花朵，以及曹雪芹的那块孤独寂寞的顽石，鲁迅的那株苍凉悲壮的野草，都被赋予了本体论和生命哲学的意义……

这是不是另一种方式的误解或拔高呢?不是的，在刘士林看来，中国文化是一种诗性文化，这就是说，诗是中国文化的典型形态，一切非诗的文化表征(包括哲学)都可以在诗中找到根据。运用这一观点，他不仅可以对中国传统的科学理论并不发达这一事实作出合理的解释，而且可以对中国传统的哲学思维落后于西方这一现象作出恰当的说明，从这一意义上讲，中国早期哲学的不发达恰恰应归因于诗学的太发达，以至于哲学的许多任务在一开始的时候就已经被诗学所分担了(而不像西方，一直到了海德格尔那里，才开始求助于贺尔德林的诗)。因此，真正需要从哲学角度来读诗的，恰恰是中国文学而不是西方文学，由此看来，传统文艺研究中的读解方式，岂不是一种天大的误会?

要消除这一误会，或者说，要选择一种新的阅读视角，并不是一件容易的事，这既需要艺术的感受能力，也需要哲学的思辨能力，还需将二者统一起来的语言综合能力。而在这三个方面,《中国诗哲论》的作者，确乎做出了难能可贵的努力。

他写过诗，故而对艺术有着异常敏锐的感受能力，更为重要的是，他可以从做诗而不是从读诗的角度去体验诗的艰辛、诗的痛苦、诗的魅力；他搞过研究，故而对于哲学有着较为坚实的理论功底，更为重要的是，他能够从生命中而不是从书本上去理解哲学的意义。在他看来，所谓艺术，不过是生命体验的情感升华；所谓哲学，不过是生命体验的理性凝聚。于是，艺术与哲学，不过是水结为冰，或冰溶于水的关系，二者以生命为中介，展开了其所谓“本体论的结构”。而历史上的诗人或哲人，都在以本真的自我和独特的形式向着这一结构进行了文化的努力。而解释这一努力，剖析这一文化背后的生命本体，便构成了他这部专著的独特意义。

生命是不可重复的，因而发自生命的艺术——哲学努力，便不可能陷于完全雷同的“本体论格局”。拒绝做官的庄子，不同于壮志未酬的屈原，所以前者那信马由缰、漫无边际、潇洒飘逸而又句句悲凉的寓言不同于后者那热情奔放、专注执着、绚丽夺目而又声声血泪的诗句。极想超脱而又无法超脱政治角逐的嵇康，不同于可以做官而又无意做官的陶潜，所以前者所弹奏的谢绝人世而又渴望人生的《广陵散》，便不同于后者所吟诵的回归自然而又超越自然的《归去来兮辞》。同样，以美酒佳人为伴，以名士侠客为伍的才子李白，不同于蓬头垢面、麻衣见天子的仕者杜甫，所以前者那“立德立功复立言”的幻想，便不同于后者那“为经为骚复为史”的业绩……在刘士林看来，正是这种不可重复的生命所创造的不可重复的艺术——哲学，才可能具有不断更新的活力。

生命是不可重复的，但历史却又是不可割断的，因而产生于历史进程中的艺术——哲学探索也不可能陷于完全孤立的“本体论格局”。苏轼那大起大落的人生阅历不同于纳兰性德那优越而平庸的生活经验，但是共同的历史境遇和共同的人生追求却使前者的“人生有味是清欢”与后者的“便无风雨也摧残”相为表里；“深得佛家壶奥”的曹雪芹，不同于“进化论”兼“无神论”者的鲁迅，但是由于共同的文化背景和共同的生命渴望，却使前者“好就是了，了就是好”的悲歌与后者“前面？前面，是坟”的呐喊遥相呼应……在刘士林看来，正是这种不可割断的历史所创造的不可割断的文化，才可能具有永垂不朽的魅力。

如此说来，不可重复的生命所创造的不可重复的高峰体验，与不可割断的历史所积累的不可割断的文化积淀，便构成了《中国诗哲论》的思想内涵，这内涵既有诗学与哲学的对话，又有个人与历史的交谈。而这交谈、这对话或许真能给我们以意料不到的联想、想象、乃至惊喜。

（此文发表于《社科与经济信息》1994年第2期）

痛苦而执着的精神历程

在我看来，作为英国经验派和大陆理性派的发展和继续，现代西方哲学乃至美学皆可分成科学思潮和人文思潮两条泾渭分明的路线。[1]然而，在西方，启蒙主义由“人的发现”到“人的觉醒”，又从“人的行动”到“人的困境”，也就是说，当人把自己从上帝的怀抱中解脱出来之后，又不能不感到生命的有限；当人使自己从社会网络中摆脱出来之后，又不能不感到个体的渺小；当人将自己从理性的压抑下解放出来之后，又不能不感到感性的盲从。从这一意义上说，西方现代人文思潮可以说是一派痛苦而执着的反理性。

反理性，必须以一个强大的理性作为其“反”的前提和背景。正因如此，所以，叔本华从康德体系中走了出来，孤身一人与黑格尔抗争；尼采以反基督的面目出现，借助酒神的迷狂而冲出知识与道德的迷宫；弗洛伊德则发现了意识背后的欲望与本能，看到了文明对人的压抑已经深入到了生命的底层；柏格森拆解了时间与空间的完整构架，要在“滑稽”中发现灵魂的扭曲，并在“绵延”里体验生命的流动；海德格尔放弃了对人所进行的一切先验的本质规定，让“此在”在没有剧本和导演的情况下出场、行动；萨特让主体凭借“虚无”去进行“选择”，并通过选择而完成人类的历史和个体的生命……对于这一切的一切，我们尽可以斥之为“不科学”（事实上，绝大多数人文主

1　参见陈炎：《当代西方美学的内在张力》，《中国图书评论》1990年第4期。

义者也从来不以“科学”为最高目的)，但不能说他们“不严肃”。在我看来，恰恰是由于他们对生命的价值有着过高的期望、对存在的意义有着过分的执着，才会生出如许的烦恼和这般的绝望。而在他们那里，全部美学问题也尽在这些执着与烦恼、期望与绝望之中。显然，要对这一思潮中的美学问题进行阐释和梳理，仅仅就美学而谈美学是不行的，必须同时兼顾这些思想家在认识论、本体论、伦理学等各方面的学说，才能将作为其有机系统中的美学问题真正澄清。因此,《反理性思潮的反思》中的纯美学含量大约只占三分之一。不过，对于那些对现代西方人文思潮感兴趣的读者来讲，本书或许能够帮助他们较为便捷地接近康德、叔本华、尼采、弗洛伊德、柏格森、海德格尔、萨特等人或枯燥乏味、或晦涩难懂的思想，并发现他们之间相互承继和不断推进的关系，从而产生以下双重意义：首先，没有这一接近的理解（或理解的接近)，我们就很难对现代西方人的精神追求及其这一追求的形象表征——艺术，有一个较为公正的评价和认识。那样的话，我们就很容易把那些含泪的喜剧看成是荒唐的闹剧（如《等待戈多》)，把那些沉重的绝望看成是无聊的消遣（如《局外人》)，把那些生命的体验看成是物质的拼接（如《喧哗与骚动》)，把那些悲壮的徒劳看成是徒劳的悲壮（如《西西弗斯》)。那样的话，我们对现代西方整体性的人文科学成果，也就谈不上什么“批判地吸收”了。其次，作为现代意义上的中国人，我们对于现代西方人文思潮的理解，还不仅仅是一种文化修养问题，它同时也具有极为迫切的现实意义。这是因为，尽管我们与西方人的历史传统和文化背景有着巨大差异，但同样处在一个社会转型和文化变革时期。从人文主义的角度来看，如果说西方人所面临的问题，是在失去上帝庇护的情况下（这种上帝存在的质疑是科学进步的必然结果)，如何为自身的存在寻找更新的理由和根据；那么中国人所面临的问题，则是在失去血缘依托的情况下（这种血缘情感的淡漠是商品经济的必然结果)，如何为自身的存在确立更新的价值和意义。从这个意义上讲，无论是西方还是东方，现代人都同样面临着一个文化重建的问题。我将这两种有待出现的新文化分别称之为西方的“后宗教文化”和中国的“后宗法文化”[2]。尽管这两种新的文化形态仍然会有着这样那样的差异，但它们之间的共同点至

2　参见陈炎：《寻找文学的坐标》,《山东社会科学》1993年第1期。

少会远远大于西方原有的宗教文化和中国原有的宗法文化。在这种情况下，我们对西方现代人文思潮的了解便绝不仅仅是一种隔岸观火式的“欣赏”，而是一种战地考察式的“参观”了。这种“参观”的目的，无非是让我们不要无视别人已有的成果，也不要重蹈他人留下的覆辙。

早在大学时代，我就对哲学很感兴趣，先是读了马、恩的书籍，后又迷上了黑格尔的《小逻辑》。我不仅反复阅读过这本非常晦涩的书，而且还将其中的文字大段大段抄到自己笔记本里。直到今天，我在科研上的主要成果，包括我的思维方式和行文方式，都仍然保留着一点黑格尔主义的痕迹。对于这一点，我自己是十分矛盾的：一方面，我钦佩黑格尔那恢宏的历史感和高度的概括能力，他教会我如何将纷纭复杂的社会现象纳入纯洁和有序的概念体系，并为一切事物的发展找到正、反、合的规律；另一方面，面对着被纳入逻辑范畴之中的历史活动，我又常常感到一种类似“宿命论”式的厌倦和危机。我怀疑：规范历史的行为本身是不是在阉割历史？然而如果不规范历史，不找出所谓规律性的东西，社会科学又将有什么意义？我怀疑：作为一套完整观念的完整表达，所谓“体系”是否本身就必然意味着封闭？然而放弃了范畴，放弃了逻辑，放弃了体系，科学的语言岂不只能还原为素朴的格言或感伤的诗句？我怀疑：人的存在是否仅仅是为了实现历史目的的一种工具？然而如果离开了社会的进程和历史的规律，人的存在又将到哪里去寻求意义？我怀疑：人的理性是否真的将我们带入了一个自由的王国而非生命的牢狱？然而离开了理性，感性的生命又将与野兽何异？带着这些怀疑，我离开了黑格尔，并企图在黑格尔的反对派那里找到一点新的东西。因此，当我发现叔本华以极尽嘲讽的口吻向黑格尔那金碧辉煌的独断论体系发起了致命的一击，心中便产生出一种隐隐的快意；当我看到，尼采用铿锵作响的诗句去解构西方自苏格拉底以来所努力建造的禁锢生命的观念体系，自身竟引起一种喜悦的战栗。接下去，由弗洛伊德而柏格森，由海德格尔而萨特……我在这一系列精疲力竭而又激动不已的阅读中，确实发现了一种与传统理性哲学迥异的东西。在这里，哲学所竭力寻求的不再是客观世界的法则和社会历史的规律，而是主观存在的价值和个体行为的意义。在这里，哲学与其说是让人们去思考、去认识，不如说是让人们去体验、去行动、去为自己的生命制造目的……

从解释学的角度来看，一切理解都是理解者以其生活经验和知识背景所构成的“前理解”为前提的。在过去，我是以马克思主义为“前提”来理解黑格尔哲学的，因此，用马克思的实践论来改造黑格尔的辩证法，便成为这一理解过程中的有效内容。而现在，我再用马克思和黑格尔作为“前理解”来理解现代西方的反理性思潮，因而如何整合人与自然、人与社会、主体与客体、自由与必然、感性与理性之间的关系，便成为这一理解中的突出问题。显然，这些问题的难度要远远大于马克思与黑格尔之间的距离，而这一难度本身也包含着极大的魅力；思想史的发展告诉我们，越是经过批判而将两种截然相反的思想统一在一起，就越能获得巨大的张力。在这一点上，人们所付出的劳动和所得到的收获大约应该成正比。但是，思想的劳作并不单单取决于素朴的努力，它还要受到主、客观条件的种种限制。尽管我在本书的撰写过程中受到了思维上的训练和精神上的磨砺，但由于种种限制，使我并没有完全达到预期的目的。说得准确一点，这本书还算不得真正意义上的“研究”，而只不过是一种“读解”而已。

（此文发表于《美学与文艺学研究》1994年第2辑）

第一千零一个哈姆雷特

——《哈姆雷特》新解

"有一千个观众，就有一千个哈姆雷特"。从这句英国人的名言，就可以看出莎士比亚笔下的这个人物是如何引起争议的了。从1877年以来的统计数字表明，欧洲平均每12天就有1部（篇）有关《哈姆雷特》研究的论文或专著问世，直到今天仍意犹未尽、不绝如缕；这不能不说是世界艺术史上的一大奇观了。

这一奇观是如何产生的呢？我们知道，《哈姆雷特》的剧情既不复杂也不奇特，它可以说是一出经由历史故事改编而来的老掉牙的复仇剧。显然，引人注意的不是复仇本身，而是哈姆雷特有意"拖延"复仇所产生的问题。这一"拖延"不仅使《哈姆雷特》由正剧变成了悲剧、由情节剧变成了心理剧，而且引出了无数文人、学者的阐释和推测。

歌德认为，哈姆雷特的悲剧是思想大于行动的结果；泰纳主张，激情压倒了理智才是哈姆雷特不幸的根源；别林斯基指出，哈姆雷特虽具有巨人的雄心却只有婴儿的意志；弗洛伊德则声称"恋母情结"才是哈姆雷特优柔寡断的潜在的心理根据……这真是公说公有理，婆说婆有理，于是便有了"说不尽的《哈姆雷特》"。

然而所有这些分析都企图在哈姆雷特的性格与天性之中去寻找其不幸的

根据。关于这一点，赫尔岑在比较哈姆雷特和与之同时出现的另一位文学形象堂·吉诃德时所说的一番话可算是具有普遍意义——“我觉得，这两个典型体现着人类共性中的两个根本对立的特性，就是人类天性赖以旋转的两极。我觉得，所有的人都或多或少地属于这两个类型中的一个，我们几乎每一个人或者接近堂·吉诃德，或者接近哈姆雷特。”[1]如果说，堂·吉诃德是一个浅薄得可爱的乐观主义者，那么哈姆雷特则是一个深沉得可叹的悲观主义者；如果说，堂·吉诃德是一位渴望征服外部世界的一往无前的蛮夫，那么哈姆雷特则是一位不断探索内部世界的装疯卖傻的哲人；如果说，堂·吉诃德行动多于思想，因而常常陷于喜剧式的尴尬，那么哈姆雷特则思想大于行动，因而不免陷入悲剧式的感伤……这类分析不可谓不精确，也不可谓不精彩，但缺乏历史主义的深度。因此，甚至与我们现行的大学讲义相比，都还只能算是低层次的评论。

杨周翰等人指出，“哈姆雷特的性格和性格的变化以及悲剧的结局，最深刻地反映了人文主义思想的历史进步和致命弱点。作为人文主义者——新兴的资产阶级进步思想家，他具有美好的理想和善良的愿望，他看到封建社会衰亡、资本主义兴起这一历史转折时期的种种矛盾，也看到和痛恨资本主义带来的罪恶，并认为有责任改变这种状况，勇于反对。他对于这种状况最终会得到改变抱有信心。但是他的理想是抽象的，在冷酷的、充满罪恶的社会面前是没有力量的。他把社会斗争归结为抽象的善恶好坏的道德问题，在消灭罪恶、实现理想的途径问题上，他只想到个人的作用。尽管他为人民所爱戴，尽管人民已经起来反抗暴君，他也只想用个人力量来消灭‘压迫者的虐待’等恶迹。他强调思想的力量，因而思考多于行动，他的理想是他唯一的精神支柱，不愿也不能放弃，因而造成不可解决的内心矛盾和悲剧结局。[2]这种评论显然要比那些抽象的性格分析有着巨大的历史进步，但是，企图将艺术形象直接套入阶级模式的做法，显然又是机械的、生硬的、缺乏中介环节的，因而也是简单化的。

那么，如何才能在哈姆雷特的个性与文艺复兴的历史之间找到复杂而又令人信服的联系呢？关于这一点，瓦尔特·考夫曼的《从莎士比亚到存在主义》

1　《莎士比亚评论汇编》上册，中国社会科学出版社，1979年，第466页。

2　《欧洲文学史》上册，人民文学出版社，1979年，第177页。

一书给了我们新的启示。从“存在主义”的角度入手，评论家将哈姆雷特在复仇行为中的拖延与犹豫看成是个体存在的危机，这样一来，“生存还是毁灭，这是一个值得考虑的问题”便应译为“存在还是不存在，这是一个值得考虑的问题”了。这样翻译绝不应被认为是一种文字游戏，它可以在剧本中找到许多根据。例如，面对父死母嫁的事实，哈姆雷特出场后的第一段独白并不是想到报仇而是想到自杀：“啊，但愿这一个坚实的肉体会融解、消散、化成一堆露水！或者那永生的真神未曾制定禁止自杀的律法！”[3]对于哈姆雷特来说，这种想死的念头不是偶然的，而是贯穿全剧始终的：“谁愿意负着这样的重担，在烦劳的生命的压迫下呻吟流汗，倘不是因为惧怕不可知的死后，惧怕那从来不曾有一个旅人回来过的神秘之国，是它迷惑了我们的意志，使我们宁愿忍受目前的折磨，不敢向我们所不知道的痛苦飞去？[4]

那么，这位才华横溢、前程似锦的丹麦王子为什么对死念念不忘呢？这显然与其特定的遭遇有关。弗洛伊德和厄内斯特·琼斯等人认为，哈姆雷特与其母亲有着特殊的情感联系。关于这一点，如果我们超出“性”的狭隘理解，未尝没有一定的道理。对于绝大多数人来说，父母对其人格的成长一般都具有着重大的意义，因为人生中最初的道德规范——“超我”常常是父母为其制定的。于是，父母不仅具有养育的恩德，而且是其人格的典范，但是，对于哈姆雷特来讲，作为典范的父母双亲却发生了惊人的分裂——其中的一个完全背叛了另一个。于是，这灾难在他身上所引起的，绝不仅仅是现实的仇恨，而且伴随着精神的危机（“超我”的崩溃）——“想不到居然会有这种事情！刚死了两个月！不，两个月还不满！……她那流着虚伪之泪的眼睛还没有消去红肿，她就嫁人了。啊！罪恶的匆促，这样迫不及待地钻进了乱伦的衾被，决不是好事情，也决不会有好结果！”[5]母亲的行为让他感到如此深刻的震惊，以至于使他对一切的一切都产生了怀疑。他不仅无法再信任自己所钟爱的奥菲莉娅，用“美丽使贞洁变成淫荡”的眼光来看待一切女性；而且对自己的思想和行为也产生了怀疑：“我很骄傲，有仇必报，富于野心，我的罪恶是那么多，连我的思想也容纳不下，我的想象也不能给他们形象，甚至于我都没有充分的时间可以把它们实行出来。像我这样的家伙，匍匐于天地之间，有

3　《莎士比亚全集》第9卷，人民文学出版社，1978年，第14页。

4　《莎士比亚全集》第9卷，人民文学出版社，1978年，第64页。

5　《莎士比亚全集》第9卷，人民文学出版社，1978年，第15页。

什么用呢？我们都是些十足的坏人；一个也不要相信我们。”[6]因此，理想的幻灭，生存的危机，不能不说是导致哈姆雷特行动迟疑，并最终导致悲剧结局的真正原因。

“存在主义”哲学家雅斯贝尔斯这样写道：“人类的困境在《哈姆雷特》的戏剧寓言中获得了成功的表达。真理可以被发现吗？能够依靠真理而过活吗？人类的状况为这一问题提供了答案：所有的生命力都源自盲目。它来自虚幻的知识，被当做信仰的神话，神话的代用品，以及轻率绝对的接受和使人灵魂狭隘浅仄的虚假。在人类的困境中，追求真理是项不可能的任务。”[7]在这里，如何将这种“存在主义”的命题与“文艺复兴”的历史有机地联系起来，便成为我们能否既超越简单的社会学考察，又超越抽象的哲学分析的关键所在。

叔本华有句名言：“死亡的困扰是每一种哲学的源头。”但是对于这一困扰，东、西方的哲人们却有着截然不同的解答方式。在早熟的中国古代社会里，由于我们的先人是在社会分工和私有财产尚未完备的情况下提前进入文明社会的，因而当异化的苦果随着文明的鲜花一同降临于人世间的时候，我们的祖先便无需到超验的宇宙主宰或神秘的彼岸世界去寻求生命的归宿，而只要在未被完全斩断了的人与自然、人与社会的原始纽带之中就可以找到精神的寄托，于是便出现了儒与道两种解脱方式。道家讲究“齐物”，主张“天地与我并生，万物与我合一”，把人看成是自然的一个组成部分，因而可以“不知说（悦）生，不知恶死”“无古今而后不死不生”，在自然的怀抱中寻求精神上的安慰，以达到一种“无知、无欲、无我”的“死而不亡”的境界。儒家则倡导“爱人”，主张“入则孝，出则悌，谨而信，泛爱众，而亲仁”。把人看成是社会的一个组成部分，从而声称：“未知生，焉知死？未能事人，焉能事鬼？”在以亲子血缘为基础的人际关系之中来确定生命的价值和意义，以实现“朝闻道，夕死可矣”的精神追求……但是，与这种早熟的“亚细亚形态”不同，西方人是在生产力和生产关系较为完备的情况下进入文明社会的。当社会分工和私有财产的利刃斩断了人与自然、人与社会之间的原始纽带之后，孤立无援的西方人便无法像中国的儒家和道家那样去寻求某种世俗的解脱。当他们必须在继续忍受异化的痛苦或以自杀来逃避这一痛苦这两条道路上做

6　《莎士比亚全集》第9卷，人民文学出版社，1978年，第65页。

7　[法]雅斯贝尔斯：《悲剧的超越》，工人出版社，1988年，第67—68页。

出一种重大的历史性选择的时候，形而上学和宗教便应运而生了。从毕达哥拉斯关于“灵魂”轮回的思想到柏拉图关于“理论”不灭的学说；从普罗提诺关于“太一”万能的理论，到基督教关于“上帝”永恒的信条……古代的西方人似乎有着一种先天的形而上学倾向，总要在自然和社会之外去寻找一种超验的寄托，这之后的生存背景应该是显而易见的。伯奈特在《早期希腊哲学》中分析了当时人们的心理：“我们在这个世界上都是异乡人，身体就是灵魂的坟墓，然而我们决不可以自杀以求逃避：因为我们是上帝的所有物，上帝是我们的牧人，没有他的命令我们就没有权力逃避。”[8]因此，在早期的希腊宗教和中世纪的基督教文化中，人只不过是上帝的奴仆。在《圣经》明确规定禁止自杀的情况下，“存在还是不存在”的问题是人类所无权考虑的。

问题在于，莎士比亚所生活的“文艺复兴”时代却恰恰是“人学”向“神学”挑战的时代，当上帝的宇宙图式在哥白尼的观察和布鲁诺的判决下宣告破产的同时，神作为人类存在的精神主体，作为人类共同的“超我”也开始受到了冲击，只有在这种情况下，我们才能够真正理解哈姆雷特的精神危机。换句话说，也只有在这样的背景下，哈姆雷特对生存意义的怀疑才可能具有历史的进步意义。正像另一位“存在主义”大师加缪所形容的那样，“一个能用理性方法加以解释的世界，不论有多少毛病，总归是一个亲切的世界。可是，一旦宇宙中间的幻觉和光明都消失了，人便自己觉得是个陌生人。他成了一个无法召回的流放者，因为他被剥夺了对于失去的家乡的记忆，而同时也缺乏对未来世界的希望；这种人与自己生活的分离、演员与舞台的分离，真正构成了荒谬感。”[9]这真是一种痛苦的进步，当人类离开了上帝的伊甸园去独自闯荡世界的时候，才突然发现自己实际上是赤身裸体的。换言之，当人类还没学会独立生活的时候，上帝的缺席必然会造成一种混乱。“这是一个颠倒混乱的时代，唉，倒霉的我却要负起重整乾坤的责任。”[10]

当然，重整乾坤的责任既不是哈姆雷特，也不是莎士比亚所能担负得起的，因而在他们那里只能是悲剧性的。但是，“人文主义”者的觉醒却为以后的人们提出了一个极其尖锐而又无法回避的问题——人，如何在摆脱神的束缚下独自承担起自己存在的意义。对于每一个《哈姆雷特》的欣赏者来说，

8　[英]罗素：《西方哲学史》上册，何兆武等译，商务印书馆，1963年，第59页。

9　转引自《现代西方文论选》，上海译文出版社1983年，第357—358页。

10　《莎士比亚全集》第9卷，人民文学出版社，1978年，第33页。

存在还是不存在，以及如何存在，确实都是一件值得考虑的问题。

试想，如果没有这种形而上的深层涵义，《哈姆雷特》又怎么能够成为超越时空的不朽杰作呢？然而，这种超越时空的哲学思考也只有在历史主义的解释下才有意义。这就是我们既不同于以往的社会学评论，也不同于“存在主义”哲学诠释的关键所在。自然了，在没有止境的学术探讨中，我们这种解释也无权成为定论。如果说，“有一千个读者，就有一千个哈姆雷特”的话，那么，作为一个新的读者，我们所发现的只不过是第一千零一个哈姆雷特。

（此文发表于《文学世界》1994年第4期）

经典的多元化与淡化

随着世纪末的临近，从事文学研究的人们不得不频频回首，看看这百年的文坛究竟给我们留下了些什么。换言之，到底应该将哪些现象写进我们的文学史？究竟应该奉什么样的作品为我们民族文学的经典？也许，这是两个相互联系的问题，但毕竟有所不同。细心观察，我们还会发现，经过不断的风云变幻，在前一个问题上，人们彼此的立场似乎正在不断地接近。例如，大陆和港台学者所撰写的"现代文学史"，在其涉猎的对象方面已不再像过去那样泾渭分明了，大陆学者已不得不考虑类似"自由人""第三种人""新月派"乃至"鸳鸯蝴蝶派"这些在政治倾向上不很进步的作家在文学上所取得的成就；港台学者也不得不正视鲁迅乃至"左联"作家在历史上的贡献。人们已经开始学会以宽容的态度来对待不同流派乃至政治倾向的文学思潮了。但是，在后一个问题上，人们彼此的态度非但没有接近，而且更加复杂、更加多元了。例如，最近有人编纂的"二十世纪文学大师精品文库"收入金庸而将茅盾除名的做法，便引起了不少非议；而一家出版社以推出经典的方式将浩然的《金光大道》隆重再版的做法，则无异于火上浇油。于是，"什么是经典"的问题，便再一次成了评论界的热门话题。

对于上述具体作家和作品的地位问题，我不想作更多的评论；关于这一热门话题所涉及的“经典”的定义问题，我也不敢作任何断语。因为我相信，分歧的出现是不可避免的，即使我们制定出了规范“经典”的标准定义，人们在具体的运用上，也会因各自对这一定义的不同理解而重新产生分歧。因此，我们所应做的只是，将事实分析与价值判断区别开来，认清作品的思潮性与经典性是两个概念。从接受美学的角度来看，这里面存在着双重主体或双重态度的问题：一种是史学家的立场，一种是经学家的态度。

史学家所从事的工作是事实分析，他所要弄清楚的是历史上究竟发生了什么。从这意义上讲，他没有理由将那些客观上确实存在，而在历史上发生过正面或负面影响的文学现象，排斥在文学史的研究范围之外。因此，无论我们对《金光大道》这类明显具有政治工具意义的作品持何种态度，我们都不能否认它在那段特定的历史时期所产生的特殊影响，这正如我们没有理由将“宫体诗”之类的文学现象排斥在古典文学研究的范围之外一样。类似的情况还很多，我相信，将来我们在写“文革”以后这段文学史的时候，卢新华的《伤痕》、刘心武的《班主任》、阿城的《棋王》、刘索拉的《你别无选择》等作品都会被写进去的，但这并不意味着这些小说都能算得上中国文学的经典之作。尽管它们在文学史上所起的作用与《金光大道》有着方向性的不同，但其首要价值，仍然是一种思潮性。

然而，与史学家的立场不同，经学家所重视的不是经学文本在历史上曾经产生过的影响，而是这些文本在今天乃至将来所仍然具有的意义。显然，这种“意义”的存在不仅决定于历史文本自身，而且决定于今天的读者对待文本的态度，因而也就具备了相当程度的“主体性”。从这一意义上讲，有多少种不同类型的接受主体，也就会出现多少种不同种类的经典文本。关于这一点，瞿秋白在很多年以前就曾从接受主体的文化水准入手，对中国文坛进行了所谓“三个城池”的著名描绘：“第一个城池里面，只有勉强认得千把汉字的‘愚民’，所以他们文坛上称王霸道的是《西游记》，《封神榜》，‘几侠几义’，《阎瑞生惊梦》，《蒋老五殉情》，《陆根荣黄慧如轧姘头》，十八模，五更调……第二个城池里面，只有不懂得欧化文和上古文的‘旧人’，所以他们文坛上称王霸道的，是张恨水，严独鹤，天笑，西神等等，什么黑幕，侠义，艳情，宫闱，侦探……小说。第三个城池里面，方才有懂得欧化的‘新文人’，在这里的文坛上，才有什么鲁迅等等，托尔斯泰，易卜生，莎士比亚，高尔基，哥尔德等等。”[1]因此，相对于接受主体来说，即使有“经典”，这些经典也只能是多元的。从这一意义上讲，我并不反对视金庸的武侠小说为通俗文学之经典，但硬要将这类作品与鲁迅、巴金放在一起，便未免有些不伦不类了……“经典”意义的多元性，不仅取决于接受主体文化层次的多元结构，而且取决于接受主体价值观念的多元构成。从词源学的角度来看，“经典”一词最初便与信仰问题紧密关联。国外的不同教派且不谈，仅就中国历史上的先哲来看，儒家的经典是“五经”、道家的经典是“三玄”，如果我们硬要将“五经”与“三玄”混为一谈，则不仅会引起儒家学者的不满，而且会遭到道家学者的非议。具体到文学问题上，随着各种思潮、各种流派的涌现，我们今天已经进入了一个“多元化”的时代。这种多元的价值取向，不仅决定了我们在对于《金光大道》这类作品的分歧上，而且影响着我们对待茅盾这类作家的态度上。对于相信“主旋律”万岁的批评家来说，《金光大道》无疑是“社会主义艺术”的光辉样板；而对于力戒政治干预艺术的欣赏者来说，茅盾的作品便仅仅是一种政治宣言。尽管在我看来，这两种态度均过于片面，但我又有什么理由来改变他们心中的“经典模式”呢？

鉴于以上分析，在目前的情况下，明智的选择似乎只有两条：一是在实践上承认经典的多元化，二是在观念上实现经典的淡化。

（此文发表于《文学世界》1995年第1期）

1　转引自王永生主编：《中国现代文学理论批评史》（上），贵州人民出版社，1988年，第320—321页。

竹林遗恨长

不见那涧绿水/我钓秋风。

多想捞起那个冤魂/垂一条思念的绳……

翻开《嵇康评传》[1]，孔孚先生的一首诗，把我带进了一千七百年前的一个中国文人的生命历程……

生命是偶然的、短暂的、不可重复的，从这个意义上讲，任何能够将自己生命的印记刻在史书上的人，都是幸运的。然而尽管如此，他们在史书上的形象却难免抽象、单薄，甚至有点面目全非了。关于嵇康，我们知道，他是“竹林七贤”的重要代表；我们知道，他写过《声无哀乐论》等著名文章；我们还知道，他因为藐视攫取天下的司马氏而慷慨就义……然而，尽管如此，却仍然拼凑不出一个完整的嵇康的形象。而《嵇康评传》的意义，就在于借助史书上的朱痕墨迹，在作者理解中还原了这一形象。显然，这里面不仅需要有知识，更重要的还需要有感悟、有体验、有理解，有一种把嵇康作为一个同自己一样的人而与之促膝谈心的过程。否则的话，历史研究岂不成了一堆缺乏灵魂的考证和没有生命的资料？

然而真要做到这一点，又殊非易事，甚至不仅仅是通过努力所能够实现

1 王晓毅：《嵇康评传》，广西教育出版社，1994年。

的。所谓同声相和、同类相知，一种人也许永远也无法理解另一种人。而作者之所以能够对嵇康作出自己的理解，就在于他自己就是一个文人，一个中国式的文人。因而他能够理解这种文人内心深处的高贵与卑贱、骄傲与软弱、痛苦与彷徨，因而他能够理解这种文人在价值与功利、历史与现实、灵魂与肉体之间进行选择的艰难。也许，封建社会的现实对于中国文人过于苛刻了，致使他们的理想似乎总要伴随着罢官、抄家乃至断头的宿命；也许，辉煌灿烂的历史却有意要在事后作出补偿，致使那些生前的冤魂在死后却总是让人们念念不忘。

> 行刑时间到了，嵇康从容伸颈。刽子手屠刀起落，一颗头颅落地，嵇康解脱了，彻底地解脱了。在场的活人都会衰老，而嵇康却永远不会变老，在千秋万代的历史记忆中，永远是三十九岁。

问题在于，对于永远三十九岁的嵇康来说，千秋万代的历史记忆却已经不复存在了。因此，尽管人们、包括嵇康的一些具有人文修养的政敌都不得不仰慕嵇康的人格；然而经过认真的盘算之后，绝大多数的朋友，包括向秀在内的“竹林七贤”，却又不得不放弃这种选择。问题还在于，当人们放弃了这种选择，而走上了荣华富贵的康庄大道之后，他们还会频频回首，以一种说不出的牵挂遥视那远远被留在身后的孤坟……

> 自东晋到现代，纪念嵇康的赞美诗文多得不胜枚举，但细细读来，总觉得有些空洞，桂冠多而情感少。写得最好的，还是最早的那篇写得模模糊糊的文章，即向秀所著《思旧赋》。鲁迅曾说：“年轻时读向子期《思旧赋》，很怪他为什么只有寥寥的几行，刚开头却又煞了尾。”后来，“民国”的子弹使他终于懂了：细读《思旧赋》，在那躲躲闪闪的文字后面，可以感到一种几乎心死的悲哀，它比哭更强烈、更震撼。

在这里，作者不仅理解了嵇康式的壮烈，而且理解了向秀们的悲哀，同样在这里，除了理解，我还能说什么呢?

（此文发表于《读书》1995年第3期）

多元的手法

马尔库塞在《美学方面》一文中曾经写道："艺术的批判功能，它对解放斗争的贡献，寓于美学形式之中。一件艺术品真实与否，不看它的内容（即社会条件的"正确"表现），也不看它的'纯'形式，而要看内容是否已变成了形式。"[1]从这一意义上讲，一种时代艺术的更新，绝不仅仅是其"思想内容"的更新，也不仅仅是其"艺术形式"的更新，而是要看这种新的思想内容如何自觉地"变成了"新的艺术形式。"新时期"以来，中国文学的创作者们首先从"思想解放"的方面入手，进行了文学内容的更新，这主要表现在对于传统的种种"禁区"的打破上；其次是从"文体革命"的角度出发，进行了文学形式的更新，这主要表现在对于西方的诸多"手法"的借鉴上；而接下去的第三步，便是如何将二者有机地统一到一起，以实现一种真正美学而非政治思想或文体表述意义上的"更新"。在这一问题上，张宏森的长篇小说《狂鸟》，显然是一个值得注意的现象。

一

《狂鸟》描写了80年代的大学生活，但它却没有采取类似题材作品所惯

1 [美]马尔库塞等：《现代美学析疑》，绿原译，文化艺术出版社，1987年，第8页。

用的平铺直叙的结构方式，而是别出心裁地制造了一个悬念、制造了一个隐喻。全部情节是以几个人物在寻找一个叫做“凯”的研究生而展开的，重要的是，这个始终未被找到的高材生不仅起到组织情节和人物的作用，他本身就变成了一个符号、一个隐喻、一个涉及作品要义的谜底。在寻找者看来，“凯”太完美了，他不仅有着惊人的才华、无畏的勇气，而且还具有理论的素养、学术的功底。然而，这位刚刚崭露头角的青年评论家，这位学术界的新星、理论界的黑马，却在一夜之间捐弃了自己如花的女友、似锦的前程、生死与共的铁哥们儿，无声无息地逃之夭夭、溜之大吉了。显然，“凯”的出走是费解的，然而正是这费解之处却令人琢磨出作品的深意。在我看来，“凯”者“楷”也，因而“凯”的缺席便隐含着80年代中国大学中所普遍存在着的楷模的丧失和行为的失范之寓意。这也正是作者所竭力寻找、并邀请读者也一起来寻找的全部作品的主题。

“主题”，这是一个老而又老的术语，然而这部作品的主题却是一个正在寻找的、并未解决的问题。正因如此，“凯”的缺席就如同“戈多”的缺席一样，具有了异乎寻常的意味，从而“寻找凯”也就像“等待戈多”一样，使结构本身具有了意义。过去，我们常常将“文本”与“意义”割裂开来，仿佛“文本”只是一个与“意义”无关的纯形式、纯技巧的问题。然而，正如马尔库塞独具慧眼的发现那样：美既不在内容，也不在形式，而只在由内容转变而成的形式。在这一点，《狂鸟》的尝试不能不引起我们的注意。

“凯死了，死在流行谎言如鼠疫蔓延的文艺理论版图上。凯在死亡的最后时刻忏悔自己为什么莽撞地闯入了这个被上帝遗忘了多少世纪而被尘土一般的人们把持了多少光阴的文艺理论码头；他忏悔自己为什么突发奇想去做一个杰出的批评家，其实这顶桂冠多少年以前就被猢狲们争夺得落花流水然后又面具一般罩在敢撒弥天大谎的嘴巴上面；凯在最后的时刻想起了溜冰鞋、红草莓、金黄的啤酒和葡萄架下十四岁的芹芹姑娘。相比之下，这一切不是更真实更轻松更动人吗？凯掉下几滴泪表示自己的真诚就想开了，凯想开就走了，凯走了凯就死了。”[2]从社会环境上看，“杀死”凯的凶手不仅是传统的思想学术观念（势力），而且是现实的世俗生活。“据说，哲学系以充分

2　《狂鸟》，贵州人民出版社，1994年。本文未注明出处的引文均出于此。

的民意测验和广泛投票表决，评出了这年东方大学两个之最：精神之最是迈克尔·杰克逊，物质之最是marlboro香烟。而获此殊荣的迈克尔·杰克逊和marlboro香烟，全部是由目不识丁的个体商贩牵引而来的。到底谁在生产文化?”在这样严峻的疑问面前，倘若凯真像人们传说的那样，到南方发了大财，然后乘着TAXI叼着marlboro回来了，那他同样也是“死了”。从这一意义上讲，作为一个从事人文专业的大学生，凯的生活和成长环境确实是艰难的、严酷的，同时也是真实的、令人困惑的。

正是由于这一主题所具有的迷惑性和费解性，才最适于在“寻找”的结构中加以展开，并使这种“寻找”本身就具有了一种奇特的魅力。应该看到，作者为自已设定了一个绝非轻松的悲剧性的主题，但他对待这一主题的态度却并非是悲观的。“凯死了，可王人哲没死，阿里没死，他们都在极其刻苦极其努力地活着。活着本身就是积极的，有力度的，注定要崛起的。王人哲被惩罚在桌前不停地写，阿里被惩罚在床上不停地想，这一切在未来的高度看，都是一个奇迹。”是的，这确乎是一个奇迹，一个“寻找”的奇迹。寻找者在寻找的过程中超越了被寻找者，这难道不是一个奇迹吗?

二

如果我们把《狂鸟》比做一座大厦，其整体结构有着一种隐喻性的内在逻辑，那么附着在这一结构之上的建筑材料便是一块块具有象征意义的类似意象式的东西，如凯所留下的那本古老的《本草纲目》、那把锈迹斑斑的钥匙，王人哲家族不幸失传了的那把神奇的簧剑，肖小妹门上张贴的那只凶神恶煞的孟加拉虎，陈秋生家中永远也吃不完的土豆，杨楠嘴里吹来吹去的泡泡糖，东方大学由硕士楼而变成的“死亡碉堡”、由越煮越白的白菜而引发的“最后的晚餐”、由不甘寂寞的“孤独者”而组成的“孤独者协会”……我之所以把它们叫做“意象性的东西”，是因为它们并不是、或不仅仅是真实可信的叙事实体，而是虚拟的、在其背后可以发现寓意的象征性的符号。从这一意义上讲，《狂鸟》可谓是一部意象纷呈的长篇小说，其象征手法的广泛运用，至少在当今中国尚不多见。

这些象征性的“建筑材料”，有的可解，有的不可解，有的在可解与不可解之间，只有将其放在整体的建筑结构之中，才能体会其只可意会不可言传之奥秘。以陈秋生的土豆为例，这种最最廉价的食品不仅使其手中的《周易》也戏剧性地呈现为土黄色，而且使其没有足够的能量来实现自己的“裂变”理论。“陈秋生倡导裂变，自己却没有裂变的能量，他一方面弘扬精神自由，一方面又忠诚地恪守着他对疯女人的职责，恪守着一个月的工资如何分解开来应付五花八门的开支项目。他裂变不了自己，就渴望儿子去完成这种裂变，裂变掉陈秋生身上的那条灾难的逻辑锁链……”问题在于，他可以将儿子取名为“背生”，却无法使其背离由土豆而构成的生存环境。“同样油腻的十四平米，同样的土豆，同样去领略疯女人的惊心动魄，儿子凭什么有能力裂变出去呢？一切美好的渴望都是虚拟。”如果说，陈秋生与土豆之间的纠葛从反面的意义上显示了物质与精神之间的制约关系，那么王人哲受土豆的滋养，则又从正面的意义上显示了物质为精神的基础和前提。就在东方大学的同学们正在为瘟疫所困扰的时候，是那位慈眉善目的老妈妈以其松软可口、酱色俱佳的红烧土豆使王人哲完成了那部超越了凯的理论杰作。然而，精神与土豆之间的关系并没有到此为止。当王人哲捧着那摞厚厚的书稿而爬上出版社的十二层大楼时，土豆的力量又在作怪了……不要以为这种写法只是一种花样或游戏，当读者的神经被无所不在的土豆弄得疲惫不堪时，作者的目的便真正达到了。

与“土豆”相似，“硕士楼”的意象也是较为明确的，这座硕士楼本来应成为东方大学学术与知识的象征，但在特定的环境下却成了令人望而生畏的“死亡碉堡”。这很容易使读者想起卡夫卡的《城堡》或钱锺书的《围城》，然而与钱锺书那“进来的人想出去，出去的人又想进来”的“围城现象”不同，这座被瘟疫所困扰的“死亡碉堡”是“进来的人出不去，出去的人也进不来”。显然，从象征的意义上讲，造成这种现象的根源并不是生物学意义上的瘟疫，只有当我们将其放在“要出学术著作，必须先写《情场老手》的背景下，将其放在“小摊贩引导学界新潮流”的背景下，将其放在“博士生满街走，硕士生不如狗”的背景下，才能真正领会其中的荒诞与尴尬。

相比之下，“土豆”和“硕士楼”的意象是明晰的、可解的，而除此之外，还有许多意象是暧昧的、不可解的。然而后一种意象也并不一定是不成功的，因为正是在其暧昧和难解之处，能够引发人们多重的臆测和联想，从而导致意象的叠加和美感的重构。如此说来，《狂鸟》这座大厦便不再是一座普普通通的建筑，而简直就是一座光怪陆离的迷宫了。与普通的大厦不同，迷宫自有迷宫的用处，我们虽然不易在迷宫中生活，却可以在此游乐。这里需要提醒人们的是，切不可以生活的态度来对待迷宫中的现象，不然的话，我们便难免会闹出许多笑话的。

对于需要游乐的人来说，对于懂得以审美的态度来看待世界的人来说，《狂鸟》这座迷宫确实是一个好去处。

三

倘若我们继续把《狂鸟》比做一座大厦，其隐喻性的设计结构和象征性的建筑材料之间仍需要砂石水泥的填补和衔接。在作品中，充当这些砂石水泥作用的便是语言。语言是一个老而又老的问题，也是一个最难突破的问题，因为语言的突破不仅有赖于观念，而且有赖于素养，而素养的形成，显然又不是一朝一夕的事情。令人欣慰的是，年仅30岁的张宏森，在《狂鸟》一书中勇敢而成功地进行了一系列的语言实验。

我们究竟能够以一种什么样的语言来进行小说创作呢？小说的语言同诗歌、散文的语言是否需要有区别呢？看了《狂鸟》以后，我们对此问题也许会产生一些新的看法了。简言之，《狂鸟》采用了一种非常自由、非常宽松、非常多元的语言方式，也就是说，它在语言材料的取舍上是没有限制的：诗歌、散文、政论、哲理、名人语录、市井流言、流行歌词、广告用语……任何我们日常遇到的语言材料都可以信手拈来、随意点化，从而产生意想不到的效果。因此，翻开《狂鸟》，我们随时可以看到这样一些有趣的句子：

——“春天毕竟来了，所有的人们都在追逐自然，都在情愫蓬勃春心荡漾，哪个系的女同学已经在中午展览了自己的新裙子和贮藏了一冬的大腿，令男生赞美春天热爱生活。”

——“凯对他的导师无限敬重，而现在，凯却走在远离东方大学十五天之遥的路程中，他绝对想不到，那声如铜钟、鹤发童颜的导师已突然躺在了讣告上。”

——“凯被他们打败了。凯自从被一根根针捻到了苦穴，就承认自己打败了。权威们可以再度恢复元气，以高贵的修养，高喊费厄泼赖，继续进行他们一锅老汤煮来煮去的理论。”

——“凯的最大悲剧在于所有人都把他背负的侮辱看成是智囊，把他的穷途末路看成左右逢源。凯现在穿着用外汇券购买的进口西服，而裹起的是一具死亡之躯；凯叼着特长精制的marlboro，燃烧的是九死一生的灵魂。”

——“月亮像谎言一般悬挂在天上，源源在幽明的夜色里到处寻找王人哲。”

——“老刀是一个又黑又瘦又明显衰老的壮志少男，他穿一件早已淘汰的志愿军式竖条棉袄，留着小平头和大胡子。”

——“朋友是英语系，爱用英文骂人，让不懂英文的人崇拜他。阿里也很崇拜他。因为他就像一条有利的竹棒，能把很多鲜艳的姑娘糖葫芦一样串在他身上。……朋友说：‘你身边真没有女性？’ 阿里说：‘真没有。朱门酒肉臭，路有冻死骨。’”

——“据说，云集门诊所挂吊瓶的硕士们，自然形成了一个沙龙。他们把那个忧国忧民的主题具体化：是先救亡还是先启蒙？”

在这里，诱人的大腿可以像越冬的白菜一样加以贮藏；神圣的理论被形容成一锅煮来煮去的老汤；肉体能够像糖葫芦一样被竹棒串起；灵魂则燃烧在万宝路牌的香烟上……对于不甘寂寞的“孤独者”来说，最好用明显的衰老来形容老刀那壮志少年的形象；在自以为受骗的源源看来，月亮确实就像谎言一样挂在天上……如果说阿里对唐诗的曲解仅仅是一种调侃而已，那么病号们对“救亡”的称道则无疑具有了反讽的力量……

重要的是，这些五颜六色的语言显然符合着光怪陆离的意象，因此，它不是一种即兴的尝试而是一种匠心的独创。我不知道这种语言的尝试是否具有普遍的意义，然而至少在这部小说中，它确乎发挥得淋漓尽致而又恰到好处。至此，当我们回过头来将上述对《狂鸟》之结构、手法和语言的分析加以综合的话，便不得不承认这确实是一部具有探索意义的力作了。

新时期以来，文坛上不断出现花样翻新的探索与尝试，但其中有不少引进西方并加以模仿的痕迹。从这一意义上讲，《狂鸟》的作者显然也接受了许多域外的东西，然而尽管如此，他似乎已超越了模仿的阶段而是通过消化并加以创新了。

（此文发表于《小说评论》1995年第6期，此处做了部分改动）

是"儒道互补"还是"儒道转化"

——关于孔孚诗歌与传统文化的通信

尊敬的孔孚先生：

您好！惠赐两部大作收到，非常感谢！

此前，我曾拥有一本济南出版社出的《孔孚山水》，那是我在街头书摊上买的。说实话，当时我之所以买这本书，与其说是出于对您这位大诗人的仰慕，倒不如说是被其不俗的装帧所吸引。您的大名，我当然熟悉，但我自知没有诗心，不配读诗，故而不敢假充研究者或爱好者，所以在济南和曲阜召开的有关尊诗的两次讨论会我都没有参加。然而那天在书摊上，我却在一地花花绿绿的书刊中发现了这本洁白而素朴的诗集。翻开其与众不同的封面，里面仍然是与众不同的：每一页雪白的纸上，都只有三五行简短的诗句，给人以计白当黑、大音希声的感觉。于是我未及细读，当即便买下了这本书。根据自己的习惯，在买回一本新书后，都要先看看它的后记。这时我才发现，原来书的装帧是按照您自己的意思而设计的，于是我在未读大作之前，似乎已经理解您的美学追求了……

然而尽管如此，您的诗我却读得很少很少，因为这些诗不能"读"，只能"品"，就像那西湖龙井一样，虽有一股淡淡的幽香，终不若雀巢咖啡那样提神、刺激。而俗人俗趣的我，在这个雀巢咖啡的时代里，便自然失却了"品"

的闲暇与情怀了。说到“闲暇”，不由地使我想起了一位朋友前些时写的一本书的名字，叫做《闲暇无价》。当初我以为只是胡侃，现在想来，似有深意。在这个“时间就是金钱，效率就是生命”的社会里，人们不缺吃，不缺穿，最缺的恐怕就是闲暇了。这闲暇，看似是对生命的浪费，却给人以想象的空间和创造的活力。而这种自由的想象与创造，则正是文学存在的根本依据。最近，我谢绝了几家报刊索要文学随笔的稿约，说是太忙，这也是实情，不过更为重要的是，我在接到您赠书的那天似乎突然发现，自己在不知不觉的忙碌中，已经离文学很远很远了。不错，我有时也要读一些文学作品，但那多半是出于职业的需要，为了写文章、搞研究而读的。可以想象，当文学的阅读也要考虑到“投入与产出比”的时候，文学还能有什么诗意？当大家都在为稿酬、为职称而将短篇抻成中篇、将中篇抻成长篇的时候，有谁能够像您那样一字一句地将自己苦吟而得的诗句删去？

闲暇的丧失不仅削弱了人们创作的活力，而且剥夺了人们欣赏的情趣。一位日本留学生告诉我说，日本男人晚上经常要出去喝酒、跳舞，这并不是因为他们有钱，而是由于他们白天工作压力太大，晚上需要发泄一下而已。这很容易使我联想到每晚那永远是打打杀杀的电视剧，尽管人们明白这些东西无聊透顶，但仍要借助于侠客的刀光剑影或美人的娇容玉体来消遣、宣泄一番，并以这种方式将敏感而脆弱的神经磨砺得坚硬而又迟钝。可以想象，这种钢筋一样的神经又如何能够接受您笔下那过于空灵的诗句？因此，我对于您关于“二十一世纪，‘远龙’将成为中国诗坛之风尚”的预测深表怀疑。相反，我认为您绝对是一个生不逢时的天才，也就是说，您的诗绝对不会成为“六幺水调家家唱，散曲梅花处处吹”之类风靡一时的东西。且不言未谙世故的少男少女会被诗坛上的流行歌手席卷而去，即使是绝大部分“文忙”（文化忙人）又有何心绪来品味您的诗句？但是，我同样坚信，天才总归是天才，因此您会拥有一批为数不多却死心塌地的读者，他们不仅在白天而且在梦中也能背诵您的诗句。然而遗憾的是，我不是其中的一员，至少在目前还不是。因此，我不敢、也不配和您谈诗。

但是，为了趁表示感谢的机会向您请教，我还想谈一点有关文化问题的思考，这与您的诗作不无关系。显而易见，您的诗在很大程度上得之于中国传统文化的素养。在《远龙之扪》一书中，您多次谈到禅宗与道家对您的影响，这一点也多被明眼的评论家所论及。但是，在谈到儒家时，您的态度却基本是否定的，您说美学、哲学上，我多的是道家的东西。……虽然我坚决反儒，但由于受儒家影响太深，刮骨很难。”“我们的儒家，从某种意义上讲，就是‘文化强人’。他把诗引入歧途，就不止是‘二百多年’了。”“命里注定，儒家只能走圣贤路，迈着方步。儒家是不愿意飞的。”“中国新诗一旦挣脱了‘儒’的羁绊，将会显示出无限生命力与冲刺力。”要在以前，我会完全赞同这些观点的，因为儒家在艺术上的负面影响，似乎已成为海内外学人共识。但是，最近当我试图用系统论和结构主义方法来研究传统文化时，原来的这些观点便开始产生了动摇，至少显得不那么全面了。按照现在的观点，我认为在中国文化的整体结构中，儒家的作用是“建构”，道家的功能则是“解构”，正是两者不断的“建构”与“解构”共同促进着中国文化（包括文学）的演变和发展。

从文化源头上讲，儒家的最初努力就是企图通过内在的伦理与外在的礼乐使我们的祖先由原始的人变为文明的人，以铸造中华民族的文明形象。在孔子看来，人如果不讲伦理、没有礼乐，那么与动物又有什么区别呢？所以，《论语·颜渊》曰：“克己复礼为仁。”要求人们“非礼勿视，非礼勿听，非礼勿言，非礼勿动。”打开《周礼》《仪礼》和《礼记》，我们看到，儒家为人的衣食住行和言谈举止所制定出的行为规范与典章制度，其复杂、精细程度是举世罕见的。应该承认，在文明社会的初始阶段，儒家的这种努力并非没有道理。事实上，它也的确在华夏文明的建构过程中起到了应有的作用。但是，正像恩格斯在《反杜林论》中指出的那样：“文明每前进一步，不平等也同时前进一步，随着文明产生的社会为自己建立的一切机构，都转变为它们原来的目的的反面。”[1]而道家的创始人，则以其敏锐的目光在儒家的君君臣臣之中发现了不平等，在礼乐的进退俯仰之中发现了不自由。于是，作为儒家的对立面，老子和庄子正是在批判仁义、解构礼乐的过程中建立着自己的自然哲学。黑格尔在《小逻辑》中指出，纯粹的逻辑起点只能有一个，那就是“有”，

1　恩格斯：《反杜林论》，《马克思恩格斯全集》第20卷，人民出版社，1971年，第152页。

即不加任何规定的“纯有”，倘若连这个纯有也不复存在的话，那么以后一切的逻辑环节都不可能出现；但是，当这个“有”纯而又纯，不带有任何规定的时候，它便转化为自己的反面，出现了另外一个逻辑范畴——“无”。过去，我一直以为黑格尔这里是在玩弄文字游戏。现在看来，并非如此。如果我们拿这两个范畴来思考中国哲学的话，那么儒家的学说就是“有”，道家的学说则是“无”，而且“有”在前，“无”在后，二者不可易位。因为说到底，道家的“解构”是针对儒家的“建构”的，如果没有儒家所建构的这套礼乐文化，道家的非礼非乐又将从何说起？倘若没有儒家所建构的这种远离自然的生活方式，道家的回归自然又有什么意义？过去，我们常常称赞道家所具有的反异化的人文精神，而把儒家的学说看成是一种异化的产物。其实，异化与文明常常只不过是一枚银币的两面花纹而已，若无儒家的异化，道家连“反”的对象都没有，而“人”之无“文”，也就真的成了“卧则居居，起则于于”，“与麋鹿共处”的野兽状态了，何来“人道”之有？

从美学的角度上讲，素朴本身并不美，只有返璞归真才是美。听说国外有一位音乐家，创造了一部题为《2分零41秒》的作品，实际上就是让听众在没人奏乐的舞台前静静地坐上2分41秒而已。显然，这部作品的真正价值就在于对丝竹管弦的反动而已，如果没有其反动的对象作对比，它本身并没有存在的意义。譬如您那本素朴而洁白的诗集，只有在花花绿绿的书刊之中才显出独特的魅力，倘使在彩色印刷术发前之明，其素朴仅仅是素朴而已。我想，老子所谓“大音希声，大象无形”，庄子所谓“静而圣，动而王，无为也而尊，朴素而天下莫能与之争美”，都只有在这种“解构”的意义上才能够成立。人们在加拿大的“天体浴场”中是赤身裸体的，但这种赤身裸体与太平洋荒岛上的野人不同，其意义就在于，与习惯于遮羞蔽体的文明人相对比，前者是自然的，后者只是追求自然而已。顺便说一句，您一定知道，关于服饰的起源，历来就有两种不同的解释：一种意见认为，服饰的遮避功能，最初是来自羞耻心，以避免异性的过多注意；另一种观点则刚相反，认为用服饰来装点身体的某些部位，最初恰恰是为了引起异性的注意。由于时间的久远，要证明谁是谁非是相当困难的。但从服饰的现代意义上看，这两种功能似乎同时存在，并且复杂地交织在一起。撇开性不谈，从另一个角度上看，服饰的繁与简、脱与穿，同样都具有美学意义。仅以视觉效果而言，一个美人的全部魅力，并不在于赤身裸体，也不在于过于臃肿的装点，而是在繁与简、脱与穿的不断变化之间……

回到咱们的问题上，我认为儒道两家的“建构”与“解构”，正是以繁与简、脱与穿这两种方式，共同装扮中华民族这位千姿百态的文化美人。比如说吧，汉武帝实行“罢黜百家，独尊儒术”的政策，于是便有了辞赋的兴盛，其《子虚》《上林》者，可谓铺张扬厉、雍容华贵到了极点。您不能不承认这在当时也是一种美。然而物极必反，否极泰来，无论是社会风气还是美学趣味，都不可能永远停留在同一点上。曹魏以降，玄学振兴，道家代替儒家成为占主导地位的意识形态，于是在艺术上便有了萧散简约、自由奔放的“魏晋风度”。当然了，按照大多数文学史家的观点，汉赋常常只是作为批判的对象。然而在我看来，它却是中国文学所必不可少的一个阶段。没有汉代的铺张扬厉，就没有魏晋的萧散简约。从艺术思潮来看，前者是“建构”，后者是“解构”，当前者的“建构”进入了一种“异化”状态之后，就需要后者来加以“解毒”，而后者的“解构”又只有在反叛前者的过程中才可能进入一种新的层次，从而使魏晋的“简约”不同于先秦的“素朴”。从审美类型来看，前者是杨玉环，后者是赵飞燕，各有各的美，也各有各的缺陷。不难想象，漫长的中国文学史，如果只有一种类型的美，那将会是多么的单调……

具体到诗歌问题上，窃以为应该将您那句“上帝的创造是‘从无到有’，诗人的创造则是‘从有到无’”的名言改造为“儒家的创造是‘从无到有’，道家的创造则是‘从有到无’”。这当然不是对您以“减法”作诗之经验的否定。作为一个具体的诗人，您完全有权力选择道家独特的文化立场，而不必面面俱到。但是，作为一个迎接21世纪的当代诗人，我却衷心地希望您至少在理论上能够从中国文化的整体结构出发，跳出儒、道之外来看待这一问题。这样，您不仅可以对儒家在历史上的美学贡献给予更多的肯定，而且可以在创作上更加自觉地明确自己要“减”的对象究竟是什么，以及在“减”的过程中如何保持被减对象的“意义”。您曾经不无遗憾地说，“由于受儒家影响太深，刮骨很难”。而我却觉得，您所推崇的，以及您自己创作的诗，最好的，还恰恰是这些“刮骨未尽”的东西。比如您最喜爱的陈子昂的《登幽州台歌》吧，从其“前不见古人/后不见来者//念天地之悠悠/独怆然而涕下”的诗句中，我们难道不曾感受到“子在川上曰：逝者如斯夫”式的历史感和忧患意识吗？再从您喜欢的王尔碑的那首“亿万年鱼的泪晶莹了海//海很宽/不要去填”来看，这里面难道就没有一点儒家的文化积淀和入世情怀？还有您自己的那首“不见那涧绿水/我钓秋风//多想捞起那个冤魂/垂一条思念的绳……”恐怕也不全是老、庄的东西吧。《庄子·大宗师》说：“泉涸，鱼相与处于陆，相呴以湿，相濡以沫，不如相忘于江湖，与其誉尧而非桀也，不如两忘而化其道。”照此说来，人与人之间不应该有什么是非观念，也不需要有那么多的亲情、友情和温情，那么，还有什么样的“冤魂”需要您去“思念”呢？然而，正是这种超越个人情感的文化观照，正是这种超越现实利害的历史思念，使得这些诗篇具有了很高的文化品位。这使我想起中国历史上的许多文化名人，从嵇康到鲁迅，他们都反儒，但骨子里又都去不掉儒家的入世精神和社会责任感，并以“知其不可而为之”的态度完成着自己悲剧的人生。如果诗歌完全“减去”了这种人生的“意义”，岂不是过于“空灵”，过于“虚玄”？因此，我认为道家作为儒家的“解构”，是要超越儒家艺术中虚假的、琐屑的、束缚人的东西，而不应该抛弃其社会的、人生的、文化的内涵，否则，道家就真要升天了。换言之，您那尊无鳞无爪的“远龙”，虽然可以无拘束地游在天上，但其魂灵则必须来自人间，惟其如此，它才是人类精神的象征，它才能引起人们的观照和共鸣……

儒、道之间所形成的这种艺术的张力，不仅表现在内容上，而且表现在形式上。从共时的形态来看，同是盛唐时代的诗人，杜甫受儒家的熏陶很重，因而在格律方面就比较严整；李白向往道教的神仙状态，因而便多采用形式自由的古体。我不知道这种联系和区别是否具有普遍的意义，但显然是一个值得研究的课题。而且更为重要的是，我们不能简单地在李、杜的自由和法度之间进行非此即彼的取舍和判断。从历时的形态来看，诗歌艺术的历史就呈现在建立形式和打破形式的不断变化之间。过去，我们曾简单地斥责齐、梁时代的诗歌探索为“形式主义”，其实若没有这一阶段的形式探索便很难想象唐诗的繁荣。更进一步讲，您今天所说的“叛韵”也只是对于原有韵律的一种超越，它和不懂音韵的“大白话”完全不是一个层次的东西。还是那句话，它是“返朴”而不是“素朴”……

本来想给您写封短信，没想到拉拉杂杂竟说了这么多。您肯定不耐烦了，心想：这后生小子真也不知天高地厚！好心送他两本书却惹出这么多的废话来！实在抱歉！按照中国人的习惯，用电脑写信是不太礼貌的，尤其是给长者。不过我知道您深通书法，所以不敢以拙字辱先生之慧眼。请您海涵！

本来也想回赠您两本小书，但实在拿不出手，且西方的东西您也不感兴趣，遂将近日在《哲学研究》上发表的《论儒、墨、道、法系统》一文奉上，也算是先生赠我以珠玑，我送先生以瓦砾。这不由地使我想起古人关于做学问“北人穷其枝叶，南人得其英华”那句话。对此，王晓毅曾将它改为“学人穷其枝叶，诗人得其精华”。我自知比不上王博士，故而连枝叶也穷不得，所以称不上“学人”；至于“诗人”嘛，晓毅兄曾有特指，说：诗人者，孔孚先生也！

恳请先生指正！给您拜年！

（此文发表于《诗探索》1996年第2期）

附：孔孚之信

陈炎君：

收到了你的长信。大约有七千字吧？单单这一数字，也就够令人肃然起敬的了。当今这个世界，能有几人坐得住呢？写信上千字？况是写给一位未曾识面的老朽呢？

我想你是看到了我对于儒家过于苛刻，而建议我：从中国文化的整体结构出发，跳出儒道来看待这一问题。说这样，不仅可以对儒家在历史上的贡献给予更多的肯定，而且可以在创作上更加自觉地明确自己要减的对象究竟是什么，以及在减的过程如何保持住被减对象的意义。这段概括，不知是与不是？

你的思维很严密，从理论到实践提出了一个很完备的问题。这一问题朋友们多会感兴趣。也是我所思忖的。

我特别关心的是“而且”以下的提示：“用减”是否得当。自然这与前边所提出的问题是相联系的。为了诗，也为了争取你对我进一步了解，想说说自己的一些想法。

正襟论道，非我之所愿。我喜欢闲聊，想到哪，说到哪。你很诚挚，我也是个直肠子，就随便扯扯，如何？

你来到我心里，始于晓毅说到你喜欢我的一首诗。晓毅甚至背诵得出你喜欢的句子：“这山谷多么寂寞/空有多情的风。”那是写灵岩寺一只哑了的钟。我真是高兴！为又得一知音。且是搞美学的著名学者。近中还看到《读书》上你评介晓毅《嵇康评传》一篇文字，开头也引用了我的诗。这也使我感到欣慰。说明你真的喜欢上了孔孚。晓毅为把这首诗印到扉面上去，费了不少周折。因为他看到这诗时，书已临近发排了。孔孚能有这样痴情的朋友，心里怎能不暖煦煦，一江春水向东流呢？

你和晓毅所喜欢的这类含蕴世情儒家层面的诗，我也喜欢。自认为算得“上品”。但是我也不得不说，这还是在“有限”之内，尚非我之全部诗作的“上乘”。尽是儒家一个面目不行。都在儒家这个层面上，诗就窄了。停留在文化层面，也还是“有限”，亦然窄。

诗该是“无限”。过去、现在、未来，全在其中。我总认为：诗是道家的事。于是就来了宇宙层面，来了“无鳞无爪的远龙”。我的第一个集子《清音》，第二个集子《灵音》中，这种东西已经有了。只是很少。多的是“人生”。虽非有意“为”之，但终归是“为”了。这是没有法子的事。因为孔孚是人，且受儒家影响极深。我的第三个集子《峨眉卷》，无疑已进入“无”境。这是由“悟无”到“用无”，自觉超越的结果。

你认为：道家作为儒家的“解构”，是要超越儒家艺术中虚假的、琐屑的、束缚人的东西，而不应该抛弃社会的、人生的、文化的内涵，否则，道家就要升天了。我只能同意你这句话的前半句，因为后半句难以成立。古往今来，大概没有人能“抛弃”得了社会的、人生的、文化的内涵。怎么可能呢？作为现世界的人？超越而已！

如果说“弃”，只能是“扬弃”。在《复王尔碑》一信中，我曾提到“反儒”问题，说到“刮骨很难”。但接着又说：“不想尽刮。因为我的老祖宗那里也还是有点儿好东西。比如早期儒者从《周易》之以‘乾’为首卦那里受益，贵刚尊阳的思想就刮不得。”此一阳刚之气，已化入我的灵魂、血液，并视之为美，从来没想丢弃过。说到底吧，就是想丢，也丢不掉的。在我的诗里，不管是第一本，第二本，还是第三本，无一灰色，即可以说明。第三本书《蛾眉卷》，对儒家世情虽有所超越，进入“无”境，但这恰恰是“大有”，那一时空流动中的“现时”一截是含蕴其中的。自然是隐得很深，不大容易把捉。《易》从宇宙那里抽象出阴(⚋)阳(⚊)，以阴阳涵盖一切，我正是遵循阴阳秩序，“构建”宇宙自然和社会道德一体化“框架”的。“构建”“框架”这种词儿，我不怎么习惯。总觉得硬了一点，不适于诗。但脑子里缺少合适的词汇，借西方的嘴一用。信中你说到清醒“保持”住“被减对象的意义”，我想这一阳刚之气，便是“被减对象的意义”。我曾对人说过，我对于我的家乡那个古城没有多少好感，唯独对那些古柏感兴趣，它们有的肚腹都空了，打的被雷火烧焦，但依然绿它的不止。有的仅伸出细细的一枝，也还是拼命地绿。我对一位陪我的朋友刘君说：“看！儒家的阳刚之气，在那枝头上呢！”刘君善解人意，出口成章：“信哉斯言！也是在先生笔头子上呢！”此言大致不差。阴中有阳，诗就会活得精神，而且生生不已。所以我说，你不用担心在我这里会发生“道家升天”这种事。不会的。

即便在老子那里，也不会。单说《德经》那一“德”字，就透露了消息。你的那篇宏文《论儒、墨、道、法系统》，就说到道家也有“外王”的一面。“外王”，就是“无不为”吧？这“外王”“无不为”，就是阳。所以老子虽然贵阴，但阴中也有阳。不然，就不会从他指间流出那个“道生一，一生二，二生三，三生万物”了。如果他那里只有一个阴，无论如何是出不来生生不已的。

有趣的是，老子也搞宣传。花费那么多唇舌，出五千余言，那是为了什么呢？所以，命里注定，道家不会升天。

其实，升天也没有什么不好。在地上走腻了，能到外宇宙散散步，也很有意思。说不定会看到什么，灵觉到什么。我在一首《赠钱锺书》的诗中写："你随便行走/不在意地撒一路珠子//一玄鸟啄衔一颗/种于太空//有暗香阵阵/透过云层。"也还是执着于人生。"透过云层"四字，暗示了那"暗香"是情及人间。写这首诗时，我的思维不在多维，脑子里只有我们这个星球。而我是应该想到外层空间，情及那里的高级生命的。湖南的刘强君有篇文章让孔诗之暗香扩及到了外宇宙，超越了孔孚。诗评家比诗人高明，是有此权利的。这种"升天"的诗，未必不可以有一点儿。让我们这个星球上的人开阔一下眼界，未必不是件有趣的事。也还有，大可以启迪人的灵性。不知怎的，我就爱想入非非。不是在梦里，我真的想飞。

扯得远了。但又不远。又远又近。这也合乎诗的态势。诗就是离而不离的。前边说到的看起来远离世情的我的第三集子《峨眉卷》，其实离开得并不怎么远，有的甚至是很近的。举个例子：台湾著名女学者唐亦男于去年召开的海峡两岸谈玄会上发言之煞尾，就曾引用了一首并不在我心坎上的峨眉诗，说这诗"预言"了这次会议。借孔孚之"无"，唐先生巧妙地出"有"，对这次会议作了评价。孔孚只是写峨眉白水普贤寺一带山涧之琴蛙操琴，与海峡两岸谈玄完全是风马牛。然而却又是相及。唐先生我看是以不说出来为方法，达到了她不大容易说得清楚也不便说得清楚的目的。真是尽无言之美之能事！这一方面说明唐先生只眼独具，另一方面也得说是诗走到了宇宙层次这一步。如果这诗不在"无限"层次，无论如何，二者是拉扯不在一起的。在宇宙层面上，风马牛相及。这是因为宇宙全息。

刘强君在题为《风马牛相及》一篇文章中，引《万佛顶夜立》一诗，也说到过拙作具有预言性。他这样写："孔孚先生的峨眉诗，其中蕴蓄和潜现的思想是超前的，对历史具有预应和预感性。他之对于人类、宇宙的超前思索，使人震惊。在峨眉诗中，大自然全息重演了人类社会和人类精神的某种先导信息。"我基本上同意他的这一论断。五百年或一千年之后，也许会有人看出孔孚的某一首诗活灵活现对现世所发生的事情作了预言。这不奇怪，因为宇宙本身具有全息重演规律。写到宇宙这一层次，一切尽在其中矣！重要的是诗的灵性，调动人之潜能，倒不在乎预言不预言。道家美学这条路子上的诗，是愈减愈大，愈减愈多。减到了“无”，就是“无限”。从这一点看，也可以说是“保持”住了被减对象的意义。

李心田兄说过我“底气、中气足”。我笑回以“上气不接”。大病之后，更是如此。休息了几天。再写：

前边主要说到诗中的“用减”问题，以及社会人生、自然宇宙两个层面。现在想来说说与之相联系，也是你所关心的我同儒家的关系问题。在给周继旨兄的一封信中我曾写道：“儒家之‘有’风光了两千多年，已到了极处。如今该是向道家之‘无’转化的时候了。”概言之，这便是我对于儒家的态度。

萌生这一念头，是从诗之反思开始的。我看诗之“现实主义”已经实到了不能再实，难以再往前走了。“深化”喊了多少年，未见成效。只能是否定之否定，往“虚”处走。前几天袁忠岳兄出一篇文章，列举近二十位老诗人的近作，称之为“东方智慧型”。所引之诗，皆超越“实”“有”之作，而味道无一不浓。很有意思。我的大女儿看了，说是“大趋势”。从“实”走向“虚”，从“有”到“无”，实大势之所趋。自然，并非所有的老诗人晚年注定会走到这条路子上来。也并非所列举之老诗人所有的诗作都达到了这一境界。只不过是说呈现出“解构”儒家这样一个趋势而已！

这就出现了这样一个问题“无鳞无爪的现代东方远龙”是否有可能成为二十一世纪中国诗之艺术风尚？对此，你表示怀疑。而我，则认为极有可能。

打量世界风云，也看出一点儿眉目。俄国独联体所推行的经济政策，我看就是放任主义。这是道家的东西。我们也搞，比如农村前几年实行包产到户，搞特区实验，行的就是“减法”“用无”，应纳之于老子的“无为无不为律”。我看这同古典经济学家（马克思主义三来源之一）亚当·斯密主张的经济放任主义是一码事。亚当·斯密给近代西方带来一个资本主义。老子的“无为”主义，也曾一段时间给中国封建主义带来过繁荣。如西汉前期秦末大乱之后，当政者就是利用这一原理，坚持“与民休息”的黄老学派政策，使西汉帝国始建期六七十年的社会得以稳定，恢复了社会经济的繁荣。胡适晚年也看到，老子“无为”哲学是世界思想史上自由放任主义学派的老祖宗。（胡适：《中国古代政治思想史的一个新看法》。转引自伊洛：《谈谈‘用无’》。）这里要说一下的是：中国现行政策与独联体有所不同。这一问题说不清楚。我只是觉得独联体转得过于陡，而中国则平稳一些。更为重要的是中国多少有“儒”的参与，因此阴气就不是那么盛。经过阵痛，独联体经济我看是有可能上得去。中国比较聪明，所以一直保持着比较健康的发展势头。前几年，英国的撒切尔，日本的中曾根，不同程度地也搞经济放任主义，看他们不断地从肩上往下卸包袱便知。这都说明道家思想的生命力。自然，这些政治家们未必都读过《老子》。但他们每人都是一个小宇宙！宇宙全息，有悟性的人是可以“通”的。

既然当今“用无”已呈现为一种明显的趋势，则“远龙”将成为中国二十一世纪诗之艺术风尚，实为事物发展之必然。你所看到的少男少女们被诗坛上的流行歌曲席卷而去，只是现象。严格说，流行歌曲是不属于诗坛的。不能说流行歌曲没有一点儿意义，但总是极浅极浅的层次，代表不了我们这个时代的精神。真正代表我们这个时代精神的是哲学，是不局限于“现实”涵融整个时空的真正的诗。这才是本质性的东西。问题不在于多数，少数。一万年之后，真正的诗的读者，我想也不会是多数。这也是本质。我总认为，诗这种东西，和之者永远也不会成为多数，似乎命里定了。过去我说过，真正的好诗应是“大雅大俗”“阳春白雪”“下里巴人”的统一体。现在看来，不过是愿望，理想主义，根本做不到的。我曾因我的诗作有工人、小学生读者，兴奋不已。现在想来，这些工人、小学生，也是工人、小学生中的极少之极少数。前几年，有人私下里议论：“孔孚的诗是贵族文学”。我想，可能是这么回子事。不过这“贵族”二字，当有不同于《辞海》的解释。如果说“贵族”，那些工人、小学生，也应视之为“贵族”的。未来的一个世纪，还有一百年呢！这段时间不算长，也不算短。一百年呀！什么事情都有可能发生。况“远龙”乎？也还有二十二世纪呢！二十三世纪呢！即便再过五百年也罢！“远龙”必将成为“大气候”。儒家的根基太坚实，撼动它不那么容易。事实是：它的根基已经动摇了。一些事情很敏感，无须多说。我写过一首《春雨》：“没有云/也是要落的//仰起脸来/等待着”，暗示的就是时候到了。中国诗从儒家之重“实”“有”，向道家之贵“虚”“无”转化，其势不可挡。

我看，你过于强调了“系统”“整体结构”，似乎忽视了“转化”；虽然也说到“解构”。我的想法是：应该强调矛盾的特殊性、矛盾的主要方面，强调质变。落到诗，则是儒家之“现实主义”（借现代词汇 一用。其实，儒家没有什么“现实主义”不“现实主义”。）向道家之“神秘主义”转化。儒家之“现实主义”是“小功利”“小为”，道家之“神秘主义”才是“大功利”“大为”。作为一个诗人，应具有哲学家的洞彻性，立足于矛盾的主要方面，勇往直前，以期取而代之。

艺术上体现“多元”，让杨玉环，赵飞燕两种美并肩，是文化部长的事。作为一个具体的人，三郎只能是喜欢杨玉环，刘骜只能是喜欢赵飞燕。也还有，周作人只能是喜欢吃苦茶。不好要求他们“兼爱”。至于一个具体的诗人，就更是要偏执，甚至偏执到狂。唯“狂”方看出拼命的劲头。我偏执狂，你偏执狂，诗坛就有看头了！就有了竞赛，就会向前发展。在这种宏观处，就是要“执着”。执着于某一艺术原理，在别人看起来是钻牛角尖。流派有排他性。诗来不得折衷主义。折衷主义是一步也走不动的，如波特莱尔所说的靠着四面八方风势行驶的那只船。

前几天徐北文兄来看我，谈诗扯到李贺，他说希望“比李贺还李贺”。接着又说，希望孔孚“比孔孚还孔孚”。他也是倾向极端。几年前，他看我狠命地“减”，不断地往隐深处走，曾为我捏一把汗。说过“走走看看，不行，就退回来”的话。看来现在他有了新的认识。大概是看我有些累，未及深谈。他希望我“比孔孚还孔孚”，说得我心花怒放。我还没有告诉他，在整理《孔孚集》一书时，我把《春日远眺佛慧山》一诗中的“知性”也减去了。这就走得更远了。不知北文看到这般“损之又损”，该是一种怎样的心情？还会希望“比孔孚还孔孚”否？这首诗的本来面目在《孔孚山水诗选》中可以看到，“用减”后仅余“佛头/青了”四字。很想听到你的意见。

陈炎君：就到此为止吧！已不知所云矣！也不知该怎么收底。糊涂一盆，糨子一盆也！脑子里少逻辑这根弦儿，奈何！奈何！

谬误一定不少。能再推心置腹谈谈才好。打住。

近安

孔孚

1995年4月5日—10日

藏在审美幻象背后的秘密
——评《审美幻象研究》

坦率地说，王杰教授的《审美幻象研究——现代美学导论》绝不是一本语言优美、内容生动，能够给读者以阅读快感、给书商以经济效益的书，却是一本值得从事美学和文学评论的专业人员为此而耗费脑筋的书。

首先需要耗费脑筋的是该书的核心概念，即那个在当今国内美学界并不常用的“幻象”一词，以此来展开全书的构架，既容易使人摸不着头脑，又容易给人以故弄玄虚之感。其次需要耗费脑筋的是该书的研究方法，即那个在当今国内学术界已不太常用的“意识形态”理论，以此来分析本书的议题，既容易产生落伍之嫌，又容易给人以似曾相识之感。然而，只要我们深入到作品所揭示的理论空间，便会发现，那将是一个神秘而又真实、复杂而又生动的艺术世界。

面对这样一个世界，作者坚持使用马克思主义的研究方法，但又不是人们常用的艺术反映论和现实主义的美学原则，他认为：“艺术不是一面平整的镜子，也不是一个自我封闭的万花筒，审美幻象是一个蕴含着无数审美变形可能性的现实对应物。人们需要艺术，不是为了从平整的镜面中直观现实的表象，而是要通过审美变形的折射看到现实生活中看不到的东西。”[1]基于这样一种信念，作者既要否定所谓“艺术自律”等形式主义的美学思潮，又必

1　王杰：《审美幻象研究》，广西师范大学出版社，1995年，第3页。以下引文，只注页码。

须超越所谓“反映生活”等现实主义的艺术观念。从这样一种立场出发，我们既不可能在作品自身的符号世界中去解决全部的美学问题，也不可能在艺术形象和生活形象之间的现象联系之中来解决全部的艺术问题。换言之，艺术之象虽然来源于生活之象，但艺术之象却不可能、也不应该等同于生活之象；艺术之象的价值不在于它与生活之象的相似之处，而恰恰在于它与生活之象的不似之处。从而，艺术之象与生活之象的联系，既不是简单的对应关系，甚至也不仅仅是什么“源于生活、高于生活”的关系；因为，在艺术之象与生活之象之间，有着一个将意识形态输入进去并使之发生变形的能动的主体在起作用。所以，一言以蔽之，艺术形象不可能是别的，而只能是一种“幻象”。又由于，艺术形象不是用于直接的功利目的，而是向欣赏者呈现的，故而这种幻象不可能是别的，而只能是一种“审美幻象”。这样一来，全部丰富而复杂的艺术问题，便都可以通过对于“审美幻象”的分析来加以揭示了。“在这一意义上，只要猜透文学和艺术作品中沉默着的东西，关于自律性的美学理论就不再是挡路的斯芬克斯了。”（第4页）

“在上层建筑的领域，意识形态的概念无疑是理解一切问题的基础，其重要性也许相当于生产方式的概念在整个经济基础领域的中心地位，与此相应，审美幻象在马克思主义美学中的地位则大体相当于商品的概念在马克思主义经济学中的地位。”（第123页）我们知道，通过商品之间的价值交换，人们可以享受他人在物质劳动中所创造的使用价值；而通过审美幻象之间的价值交换，人们则可以享受他人在精神劳动中所创造的使用价值。在这一点上，商品中所包含的价值与使用价值之间的矛盾关系，在审美幻象中同样存在。然而，按照王杰的这一思路探索下去，审美幻象中所包含的矛盾因素却远比普通商品复杂得多。在我们看来，它至少包括以下几个方面：

第一，一般商品中所包含的使用价值是中性的、非意识形态化的，而审美幻象中所包含的使用价值则是有倾向性的、意识形态化的。这样一来，审美幻象就不仅仅是不同劳动者之间的交换物品，而且是不同的权力阶层、甚至是不同的国家形态（如第一世界国家和第三世界国家）之间的精神武器。事实上，不同的社会阶层和国家集团都会自觉或不自觉地借助于自己在精神上的代言人而通过审美幻象来影响整个社会乃至全人类。例如，当今学界所热烈讨论的“后殖民主义”问题便是如此。

第二，一般的商品交换基本上是由供求关系来决定的，因而它所遵循的是价值规律。而即使是在现代化的市场经济体制下，一个社会的统治集团对于审美幻象的干预和影响却总是巨大的。这种干预和影响不仅表现在国家机器对于大众传播媒介的控制上，而且还表现在国家集团通过特定的知识群体对于符号系统的使用与操作方式上。这也就是当今学界所极为关注的“话语权力”的问题。这样一来，审美幻象之间的交流与交换就不仅仅要遵循价值规律了。然而，审美幻象毕竟不同于国家的法律与政策，它的欣赏与接受不可能是强制性的，因而其社会价值的实现过程又不可能过多地偏离人们与作品之间的供求关系，其偏离的程度也许大致与一个社会的现代化程度成反比。

第三，一般商品的现代化程度是以其科技含量为标志的，而科学技术是普适的，所以它的价值基本上是一元的；审美幻象的进步标准却只能体现在它对于人类审美经验的适应与超越程度上，而人类的审美经验既有“人化自然”的历史尺度，又有个人、阶级、国家、民族主体选择的诸多合法性，所以它的价值既是一元的，又是多元的。这又刚好是当今学界所积极探讨的民族与世界、时代与历史、“一元”与“多元”的价值关系问题。

第四，一般商品是根据不同购买者的实用需要制作的，因而它的形态尽管多种多样，但其形态与功能之间的关系却是直接的、显在的、容易把握的。而审美幻象却往往是由诸多的生活表象、价值观念和情感因素叠加在一起的，因而它的形态不仅多种多样，而且与其功能之间的关系则往往是间接的、潜在的、难以琢磨的。这便涉及当今美学界比较关注的“审美变形”问题。

不难看出，上述重重矛盾不仅可以将诸多学术的前沿问题汇集到一起，同时也恰恰说明：要揭开审美幻象背后所隐藏着的意识形态的秘密，不仅有着相当大的理论难度，而且有着同样大的现实意义。正因如此，王杰认为，所谓现代美学体系的建立，不应在抽象的理论思辨中去寻找什么逻辑起点，这一切的一切，都应该从“审美幻象”的剖析开始。——“怎样从幻觉性的状态达到真确性的现实，这是现代人面临的真正难题，也是美学理论的难题。”（第286页）

作为“现代人”的一部分，我们今天要解决这一难题，也许不必一切都从头做起，因为另一部分现代人已经为此而做出了不少的努力。王杰认为，以卢卡契、布洛赫、本杰明、萨特、马尔库塞、阿多诺、阿尔杜塞为代表的现代西方马克思主义者，尽管其彼此之间也存在着这样那样的分歧，但其理论研究的直接目的，就在于探索这一秘密。不仅如此，甚至像德里达、福柯、贝尔、哈贝马斯、列奥塔、詹姆逊、保罗·德曼、伊格尔顿等后现代主义的理论大师，也都自觉或不自觉地从马克思主义那里汲取必要的营养，以期揭穿这一谜底。这一切，都为我们的研究提供了必要的前提，而他本人的《审美幻象研究》则正是在前人的基础上所作的进一步努力。在这部著作中，作者从马克思主义的意识形态理论出发，对于上述思想家的理论成果进行辩证的分析和清理，力求在此基础上建立起一个以“审美幻象”为核心的现代美学体系。尽管这一体系的建立尚处在草创阶段，因而难免有不少不尽如人意的地方，然而在我们看来，这一努力显然比跟在西方学者的后面支离破碎地探讨局部问题有着远为重要的理论和现实意义。

从人类文化发展的角度上讲，今天我们研究“审美幻象”问题，也许比以往任何时候都更加具有“现实意义”，因为在宗法和宗教等精神产品已日渐失去其影响力的现代乃至后现代社会的文化语境中，艺术对象（包括广义的审美对象）已无可争议地占据了意识形态的主导地位。既不去教堂也不去祠堂的现代人，已越来越多地将个体的社会性恐惧转化为对审美对象的需要与依赖。“对于现代小说的读者来说，小说家从一开始就是隐秘的上帝，一些在冥冥之中给我们精神和情感力量的人。在夜深人静的斗室里，在全是陌生面孔的车站候车室里，在医院的病床上，我们打开小说，倾听那来自遥远地方的陌生的声音。我们通过小说这个透镜窥视别人的生活，从而深深地确认了自己的孤独，找到了真正属于自己的情感世界。”（第197页）其实，即使这个世界也并非纯然属于读者自己，如果说人们过去有关宗教问题的研究曾剥去了教会世界中的“皇帝”的新衣，那么我们今天有关审美幻象问题的研究将摘掉艺术世界中的“上帝”的面具。

（此文与张秀泽合作，发表于《东方丛刊》1996年第4期）

初级的关怀

当《绿化树》中的章永璘，手捧着马缨花给他的那个带有指纹的馒头时，他的全部渴望和寄托便热气腾腾地呈现在面前了：那馒头意味着“食”，那指纹体现着“性”，这一切当然算不上什么高雅的东西，离我们常说的人生的意义、社会的理想、存在的价值等“终极关怀”显然还差得很远。但是，在一个人连起码的“食”“性”权力都要被剥夺的年代里，他首先所需要的则恰恰是这种能维系其肉体生存条件的“人”的关怀，我把这称之为“初级关怀”。

提出这一概念显然是与时下已被评论家们炒热了的“终极关怀”相对而言的。我绝不否认，历史上一切伟大的艺术品都必须体现人的“终极关怀”，并对其具有独特的理解和体验。准此，我认为《金瓶梅》之所以比不上《红楼梦》，并不在于它过多地描写了性经验，而在于它没有“终极关怀”。我也绝不否认，当今国内的文学作品所真正欠缺的也还是真正意义上的“终极关怀”，它使我们的作品平庸、呆板，只限于某种无聊的调侃而难以上升到“形而上”的层面。但是，我必须指出的是：正像人首先必须吃、穿、住，然后才能从事宗教、艺术、哲学一样，在“初级关怀”没有得到真正落实的情况下，侈谈“终极关怀”往往是一种曲高和寡并显得有些滑稽的事情。

在吃掉了那个带有指纹的馒头之后，章永璘似乎不再满足于“食”与

“性”的安慰和快感了，于是，他要在马缨花的炕头上学习《资本论》了。这当然是一种“终极关怀”，而且在张贤亮式的作者看来，这种对人类命运和社会理想的思索绝对没有任何反讽的意味，而是真诚的、严肃的，是出于一个知识分子的生命体验和学术良知。问题在于，以“我是流氓我怕谁”相标榜的王朔式的作家并不是传统意义上的知识分子，当然了，他们也不是传统意义上的流氓，说穿了，他们只代表了当今中国的市民阶层有限的人文要求与合理的美学趣味而已。事实上，这些要求和趣味在相当长的时间里是被有能力从事意识形态生产的政府和知识分子严重地忽视了。于是，在广大的市民阶层还没有得到带有指纹的馒头之前，他们对各种各样的理想和主义是不感兴趣的。因此，当政府为整肃带有“异端思想”的知识分子而不厌其烦地在意识形态领域中展开名目繁多的政治运动时，作为这种“二元对立格局”之外的“他者”，只消费而不生产意识形态的市民阶层连冷笑两声的机会都没有，于是便只得沉默不语，作壁上观了。问题还在于，当着我们从“以生产决定消费”的计划经济时代转移到“以消费决定生产”的市场经济时代以后，市民阶层这一意识形态产品的消费主体已不再仅仅是一个沉默的“他者”了，他要通过那只“看不见的手”来影响并操纵着无数个王朔先生，并以“我是流氓我怕谁”的姿态向一切政治的或道德的乌托邦进行报复性的冷笑乃至嘲弄了。

从文本流变的意义上看，这种冷笑和嘲弄有着一个温和的渐进过程。这里首先要提到的是具有转折意义的《渴望》。在这部以“文革”为背景的电视剧中，我们似乎既看不到任何对现实矛盾所进行的终极意义上的批判，也看不到任何对理想社会所进行的终极意义上的憧憬，甚至对人之存在的终极价值也不作劳而无功的思索与探询。说穿了，《渴望》所渴望的，只不过是一点点微不足道而又不可或缺的“人间的温情”。然而，正是这种典型意义的“初级关怀”却引起了家家户户的关心和街头巷尾的议论，这不能不说是一件值得思考的事情。显然，对于广大的市民观众来说，宋大成搬运蜂窝煤的举动要远比章永璘学习《资本论》的行为更具有感染力，也更能够引起情感上的共鸣。这不由得使我们想起那首流行歌曲中的词来，叫做“平平淡淡总是真”了。

如果说《渴望》作为这一文本流变的逻辑起点只是把意义的重心由“终极关怀”转移到了“初级关怀”而已，并没有将二者人为地对立起来，那么在此之后的《编辑部的故事》则无疑地开始了对“终极关怀”的消解与嘲弄。《人间指南》，这是一个多么具有反讽意味的刊名，仿佛人间确实存在着一个可靠的终极目标需要他人来指引一样，然而事实上，在这个“解构”的年代里，任何高瞻远瞩的明断和语重心长的教诲都会变得那么滑稽可笑，而《编辑部的故事》之所以要比《海马歌舞厅》高明，就在于它并不企图去建构什么价值系统，而只是解构原有的价值系统。于是，作为旧价值体系的承载者，那些以“老一代”或“革命家”自居的人，便成了不可或缺的嘲弄的对象。这一点，在最近走红的《我爱我家》中可以看得更加清楚：从人物设计的角度来讲，这部电视剧中的任何角色都是可有可无的，而唯有“敬爱的老傅同志”是不可或缺的，因为少了他，作品便没了解构的对象，观众便没有了宣泄的目标，喜剧便没有了可笑的内容。

公允地讲，市民文艺也并非只具有恶作剧式的调侃或反讽，例如在前一阶段获得普遍好评的《过把瘾》，就是一部颇为严肃并颇为动人的电视剧。然而即便在这部作品中，我们也同样看不到“终极关怀”的影子。从结构上看，这部作品是以死亡（徐静）开始并以死亡（方言）告终的，而死亡则显然最能诱发人们形而上学的思考和对终极关怀的渴望，所以，有人甚至曾把哲学叫做“死亡的练习”。但是，作为这种“练习”的电视剧显然并不想与哲学来争高低，也就是说，它并不要把死亡作为可供超越的对象来加以对待，而是把精力集中在生与死的过程之中。这很容易使我们想起《过把瘾》的原名，叫做《过把瘾就死》。于是，全部剧作的魅力便只集中在杜梅那极端自私而又极端无私、极端病态而又极端纯洁的爱情之中了。显然，这样的作品是不可能成为传世之作的。而且，评论家们也会以感官性、过程性、无深度模式性等“后现代术语”加以批评。然而，作为普通的观众，我们在粗糙而平凡的日子里又确实需要这类虽属“初级”却有效的“关怀”。

就批评界来说，难办的不是针对具体作品的评价，而是对于艺术方向的引导。也许，今天的文艺正处在一个岔路口上：或者我们坚持《绿化树》式的曲高和寡的模式；或者我们满足于《过把瘾》式的平庸而又动人的过程。舍此之外，还有第三条路可走吗？二百多年前，康德曾说过那句沉甸甸的话："我爱形而上学，形而上学却不爱我。"而时至今日，我们是否也面临着这样一种尴尬的处境，即"我爱终极关怀，终极关怀却不爱我"呢？

（此文原以《"初级关怀"与"终极关怀"》为题，发表于《中国文化报》1996年6月25日）

黑格尔、叔本华、尼采的悲剧哲学

德意志民族是一个既长于哲学思辨又喜爱艺术鉴赏的民族，其二者的结合，最集中地表现在对于悲剧问题的探讨上。至少从18世纪的赫尔德、莱辛开始，这个民族的哲学家就养成了一种独特的兴趣，即喜欢通过希腊悲剧的读解来表达自己独特的世界观和人生态度。[1]这其中，最著名的自然要属黑格尔、叔本华、尼采三位具有世界影响的美学家了。关于他们的悲剧理论，国内学术界均有介绍，但对其彼此之间在思想上的承继和价值上的分歧方面，却仍有未尽人意的理解：（1）我们常常只看到他们三者观点上的差异而忽视其相互之间的内在联系，从而将连续的问题孤立化了；（2）我们往往只站在黑格尔的立场上以理性主义的态度来评判叔本华、尼采二人具有反理性色彩的悲剧观，从而把复杂的问题简单化了。在这种情况下，显然有必要将其三人的悲剧理论放在一起进行分析，以通过比较来发现这一理论在不同的时代背景和哲学思潮的影响下不断发展与演变的逻辑过程。

一

哲学家的美学思想往往只是其世界观的艺术阐释，在黑格尔那里，悲剧

1　参见陈炎：《尼采的悲剧理论与德国的思想传统》，见《文艺研究参考》1987年第9期。

的本质与世界的本质是相通的。我们知道，在黑格尔看来，整个世界是由一个先验的精神实体演化而来的。这个先验的精神实体在外化成现实世界之前是完整的、和谐的，因而是不具有悲剧意义的。只有当这个完整而和谐的精神实体在自我否定的辩证运动中外化出具体的物质世界之后，才可能因绝对精神的现实分裂而导致悲剧性的冲突。因此，悲剧之所以具有震撼人心的力量，在于它揭示了实体之间的冲突，而这一冲突，则又是由于作为实体的“绝对精神”在其外化出具体的物质世界的过程中所不可避免的分裂造成的。具体说来，这种分裂可划分为三个层次。

第一个层次是所谓的“一般世界情况”。“在这里我们谈到情况，所指的是有实体性的东西成为现实存在的一般性质，这种有实体性的东西作为心灵现实范围之内真正本质的东西，就把这心灵现实的一切现象都联系在一起。举例来说，我们说教育、科学、宗教乃至于财政、司法、家庭生活以及其他类似现象的‘情况’，就是采用了这个意义。”[2]由此可见，所谓“一般世界情况”，也就是我们常说的“社会历史背景”。所不同的只是，“一般世界情况”本身并不是基元的、第一性的存在，而是由绝对精神派生出来的。这个“绝对精神”对于“一般世界情况”而言，如果不是历史在先的，也是“逻辑在先”的。下面我们将会看到，这种逻辑在先的“绝对精神”不仅决定了物质世界的客观存在，而且决定了人类主体的伦理准则。

第二个层次是所谓的“情境”。“一般地说，情境一方面是总的世界情况经过特殊化而具有定性，另一方面它既具有这种定性，就是一种推动力，使艺术所表现的那种内容得到有定性的外观。”[3]由“绝对精神”到“一般世界情况”再到“情境”，体现了黑格尔“由抽象上升到具体”的逻辑行程：“绝对精神”是抽象的，其自身是完满的、无差别的，它既没有时间性，也没有空间性；“一般世界情况”开始有了具体的物质形态，但这种形态还只具有“一般”的意义，其自身的差别只具有时间性，只显现为此一时代与彼一时代在综合形态上的差异；“情境”则不仅是具体的，而且是特殊的，它不仅具有时间性，而且还具有空间性。也就是说，即便是在同一时代的同一“一般世界情况下”，每一个具体的人都会有着独特的生存“情境”。例如，同在古

2　[德]黑格尔：《美学》第1卷，朱光潜译，商务印书馆，1979年，第229页。
3　[德]黑格尔：《美学》第1卷，朱光潜译，商务印书馆，1979年，第254页。

希腊时代生活的人们，其共同的“一般世界情况”均为奴隶社会的经济、政治、文化；但对于每一个人来说，其具体的生活“情境”却有着千差万别：奴隶不同于奴隶主，一般的自由民也不同于皇宫贵族，即使在同一阶级、同一集团内部，每个人也会因其在错综复杂、瞬息万变的社会关系中所处的地位不同而有着不同的处世方式和行为准则。这种因不同的生活“情境”而产生的不同的处世方式和行为准则，便导致了黑格尔所要论述第三个层面——“动作”。

“按照我们上文所遵循的阶段，动作是一般世界情况和受到定性的情境之后的第三阶段。”[4]在这个阶段中，经不同的“情境”而受到分化的“一般世界情况”体现为具体人物的具体“动作”，并由于动作之间的矛盾与纠葛而形成了“冲突”。我们知道，冲突是一切戏剧尤其是悲剧所不可缺少的因素。但是，在黑格尔看来，并非一切冲突都具有悲剧意义。为了说明这一问题，他把“冲突”分为以下三类：“第一，物理的或自然的情况所产生的冲突，这些冲突本身是消极的，邪恶的，因而是有危害性的。”[5]例如，仅仅是由自然所带来的疾病、灾害或罪孽这类事情，虽然也能导致一些冲突并引发悲惨的结局，但是这些冲突和结局本身并不具有严肃的悲剧意义。因此，像《阿尔克斯提斯》和《斐罗克特》这类戏剧一样，艺术家之所以选择疾病或灾祸为题材，只是为了借此而引发出更有价值的冲突而已。从这一点我们也可以看出，单纯的所谓“苦戏”虽然能够赚得人们同情的眼泪，但不具有庄严的震撼人心的力量，因而算不上严格意义的悲剧。“第二，由自然条件产生的心灵冲突，这些自然条件虽然本身是积极的，但对于心灵，却带有差异对立的可能性”。[6]从“存在的即是合理的”这一保守主义的政治立场出发，黑格尔认为，由自然所决定的亲属关系、继承权、阶级地位等差异所造成的对立和冲突虽然有一定的必然性与合理性，但是这类冲突仍然未能充分展现人类普遍的生活理想和行为准则。同样，由自然禀赋而获得的不同的性格、气质及其相互之间的矛盾、冲突，也常常只是低级的、病态的。因而他反对像《李尔王》这类近代戏剧那样，过多地表现情欲、疯狂、罪恶之类的东西。与前两种冲突不同，“第三，由心灵的差异而产生的分裂，这才是真正重要的矛盾，因为

4　[德]黑格尔：《美学》第1卷，朱光潜译，商务印书馆，1979年，第276页。

5　[德]黑格尔：《美学》第1卷，朱光潜译，商务印书馆，1979年，第262页。

6　[德]黑格尔：《美学》第1卷，朱光潜译，商务印书馆，1979年，第262页。

它起于人所所特有的行动。”[7]这种行动的动机究竟是什么呢?“如果要找一个名词来称呼这种不是本身出现的而是活跃在人心中，使人的心情在最深刻处受到感动的普遍力量，我们最好跟着希腊人用παθos这个字。这个字很难译，因为‘情欲’总带有一种低劣的意味，所以我们常要求人们不要受制于情欲。我们这里用‘情致’这个名词是取它的较高尚较普遍的意义，不带‘可贬的’‘私心的’那些附带的意味。”[8]“这些普遍力量就是艺术的伟大动力，就是永恒的宗教和伦理的关系：例如家庭，祖国，国家，教会，名誉，友谊，社会地位，价值，而在浪漫传奇的世界里特别是荣誉和爱情等等。这些力量在有效的程度上是不同的，但是却必须本身符合理性。”[9]由此可见，黑格尔之所以要在人们的行为动机中清除各种自然的、非本质的因素，其目的是要保持悲剧冲突的庄严与崇高。

这里所谓的“符合理性”，显然是与黑格尔的哲学体系有关。作为一个典型的客观唯心主义者，黑格尔所谓的“理性”，绝不是主体自身所固有的，也不仅仅是客观的物质生活在人们头脑中的反映，说到底，它可以通过“情境”“一般世界情况”等中介环节一直上溯到“绝对精神”这一宇宙本体，惟其如此，它才具有实体性的意义。那么，同样源于“绝对精神”、同样“符合理性”的“情致”何以会发生相互的冲突，并且造成悲剧呢?这是由于“一切外化为实际客观存在的概念都要服从个别具体化的原则。根据这一原则，各种伦理力量和各种发出动作的人物性格，无论在内容意蕴上还是个别显现形式上，就得互相区别开来，各不相同。按照戏剧体诗的要求，这些相互区别开来的力量就须显现于活动，追求某一种人类情致所决定的某一具体目的，导致动作情节，从而使自己获得实现。在这个过程中，所涉及的各种力量之间原有的和谐就被否定或消除掉，它们就转到互相对立，互相排斥：从此每一动作在具体情况下都要实现一种目的或性格，而这种目的或性格在所说的前提之下，由于各有独立的定性，就片面孤立化了，这就必然激发对方的对立情致，导致不可避免的冲突。这里基本的悲剧性就在于这种冲突中对立的双方各有它那一方面的辩护理由，而同时每一方拿来作为自己所坚持的那种目的和性格的真正内容的却只能是把同样有辩护理由的对方否定掉或

7 [德]黑格尔:《美学》第1卷，朱光潜译，商务印书馆，1979年，第262页。

8 [德]黑格尔:《美学》第1卷，朱光潜译，商务印书馆，1979年，第295页。

9 [德]黑格尔:《美学》第1卷，朱光潜译，商务印书馆，1979年，第279页。

破坏掉。”[10]

我们说过，逻辑在先的“绝对精神”在没有外化为物质世界之前，是和谐的、完美的、无冲突的。但是，当它外化为“一般世界情况”并进一步分化为具体的“情境”时，这种一元的本体便产生出多元的现象，从而一元的精神也便产生出多元的情致。而所谓悲剧，正是这种由一元的“绝对精神”所产生的多元的“情致”之间的“冲突”。以索福克勒斯的著名悲剧《安提戈涅》为例，黑格尔指出，国王克瑞翁为了捍卫国家的荣誉，完全有理由使安提戈涅的哥哥这个国家的罪人暴尸街头；而安提戈涅为了维护家族的伦理，也确实有理由违背国家的法令去为哥哥收尸。在这里，矛盾的双方都有其伦理的合理性，因而冲突是庄严的、无可回避的。这种庄严的、无可回避的冲突之所以具有美学意义，就在于矛盾双方所坚持的伦理观念和行为准则都不仅仅是功利的、偶然的、非理性的。“在真正的美里，冲突所揭示的矛盾中每一对立面还是必须带有理想的烙印，因此不能没有理性，不能没有辩护的道理。”[11]但是，当这种具有理想色彩的价值观念要以破坏同样具有合理意义的行为准则为目的的时候，它便不仅具有合理性，而且具有片面性，不仅具有了辩护的道理，而且具有了毁灭的根据。克瑞翁只坚持国家的荣誉，而无视家族伦理的尊严；安提戈涅则为了家族伦理，而置国家荣誉于不顾。他们只是从各自的“情境”出发，用自己的伦理观念来否定他人的行为准则，因而使原本和谐、统一的“绝对精神”在现实世界中相互冲突起来。可以想象，这种冲突的结局必定是悲剧性的。作为国家制度的反叛者，安提戈涅为了坚持自己的价值观念而献出了年轻的生命；作为家族伦理的蔑视者，克瑞翁也为了贯彻自己的行为准则而牺牲了亲生的儿子（克瑞翁的儿子是安提戈涅的未婚夫，他因安提戈涅的死而自杀了）。但是，这种两败俱伤的结局只能毁灭冲突双方的肉体，却不能毁灭他们的精神。相反的，他们那种为了坚持自己的理性追求而不惜牺牲感性生命的行为，却愈发使其人格和精神显得崇高而庄严，并产生出一种震撼人心的力量。说到底，冲突所否定的，只是他们行为所具有的片面性而已；至于他们所坚持的伦理精神，则恰恰通过肉体的毁灭而得到升华。从哲学意义上讲，外化为“一般世界情况”并在不同的“情境”

10 [德]黑格尔:《美学》第1卷，朱光潜译，商务印书馆，1979年，第285—286页。

11 [德]黑格尔:《美学》第1卷，朱光潜译，商务印书馆，1979年，第279页。

中得到分化的“绝对精神”，并没有在这种不幸的冲突中遭受毁灭，反而是借助于这种辩证的扬弃而实现了向自身的回归。于是，站在世界本体的角度来考虑这一问题，所谓悲剧无非是“绝对精神”经“外化”—“分化”—“冲突”—“扬弃”而实现自我“回归”的过程。

拨开唯心主义的迷雾，我们可以看到，黑格尔的悲剧观至少有以下三个特点：第一，他关于悲剧展现了两种实体性的力量所不可避免的冲突的观点，强调了这一艺术的严肃性和必然性。第二，他对于冲突双方“情致”属性的规定，突出了这一艺术的理性内容。第三，他对于悲剧精神在毁灭中得到高扬的辩证分析，揭示了这一艺术所独具的美学特征。

二

作为黑格尔同时代的哲学家，叔本华猛烈抨击了前者的本体论，认为那种至高无上、和谐有序的“绝对精神”无非是所谓“独断论”的产物，是黑格尔本人运用其泛逻辑的头脑杜撰出来的。与之相反，他从主体的内心体验出发，认为人的本质完全是自我生存意志的冲动，他认为整个生物界乃至全部宇宙，都由这种被称为“意志”的非理性的本体所主宰着。

作为“意志”本体的承载者，每一个人的生活欲望都是盲目的、没有止境的；而作为具有“表象”的存在形式，每个人又都生活在有限的、具体的时空之中。这种有限条件与无限欲望之间的矛盾，便注定了人生所不可避免的悲剧性。于是，人在“意志”的驱遣下去满足每一个甚至微不足道的欲望时，都可能在现实环境中遇到种种的阻力和困难，从而使其历尽艰辛、疲于奔命。即使某种欲望得到了满足，那么这种满足也只是暂时的，随着满足而来的是厌倦，厌倦之后又生出新的欲望……照此说来，人生就像一只上紧发条的钟摆，不断地在欲望与满足之间无聊地摆动着。更何况，疾病、衰老和死亡又是任何人所不可避免的。因此，从这种悲观主义的哲学立场来看，“任何个别人的生活，如果是整个的一般的去看，并且只注意一些最重要的轮廓，那当然总是一个悲剧；但是细察个别情况则又有喜剧的性质。这是因为一日之间的蝇营狗苟和辛苦劳顿，一刻之间不停的别扭淘气，一周之间的愿望和忧惧，每小时的岔子，借助经常准备戏弄人的偶然巧合，就都是一些喜剧镜头。可是那些从未实现的愿望，虚掷了的挣扎，为命运毫不容情地践踏了的希望，整个一辈子那倒霉的错误，加上愈益增高的痛苦和最后的死亡，就经常演出了悲剧。”[12]

从这种悲观主义的人生哲学出发，叔本华认为，“写出一种巨大的不幸是悲剧里唯一基本的东西”[13]，与黑格尔相似，他也将导致不幸的来源分为三种。首先，它可能来自异乎寻常的恶人，像《奥赛罗》中的雅葛、《威尼斯商人》中的夏洛克、《安提戈涅》中的克瑞翁等。其次，他可能由盲目的厄运所至，如索福克勒斯的《俄狄浦斯王》、莎士比亚的《罗密欧与朱莉叶》、伏尔泰的《梅新纳的新娘》等。最后，这不幸仅仅是由于剧中人物彼此不同的地位、由于他们之间相互的关系造成的，像《哈姆雷特》中的哈姆雷特与奥菲莉娅、《浮士德》中的甘泪卿兄妹等。这第三类悲剧最符合叔本华的悲观主义哲学思想，因而也最受他的推崇。在这类悲剧中，既没有异乎寻常的恶人，也没有闻所未闻的意外，一切都像我们的日常生活那样平淡无奇；然而我们却眼睁睁地看着那些并无过失的人们，为了实现其各自的欲望而在“意志”的驱遣下相互残杀。这简直是一种无声无息而又震撼人心的悲剧！在这类悲剧面前，人们没有理由再去怨天尤人了，因为它们所反映的不是生活的例外，而是世界的本质。“因为人类所遭遇的灾祸的最大根源，乃是人类本身，‘人便是吃人的狼’。若能正视这最后的事实，那么这世界看起来即是地狱，比之但丁所描写的地狱，有过之而无不及，人类相互间都成了恶魔。”[14]

通过比较我们不难发现，叔本华与黑格尔的悲剧观在结构上有着很大的相似之处：在黑格尔那里，冲突双方所持的“情致”是由“绝对精神”分化而来的，因而这种冲突便具有了形而上的性质；在叔本华这里，冲突双方所持的“欲望”是由“意志”派生而来的，因而这一冲突也便具有了本体论的意义。然而，由于黑格尔的精神一元论与叔本华的意志一元论有着理性与非理性的区别，因而这种相似结构的冲突理论也就具有了完全不同的悲剧意义：黑格尔站在“绝对精神”的立场上，宣告悲剧冲突的意义在于否定冲突

12　[德]叔本华：《作为意志与表象的世界》，石冲白译，商务印书馆，1982年，第427页。

13　[德]叔本华：《作为意志与表象的世界》，石冲白译，商务印书馆，1982年，第352页。

14　[德]叔本华：《爱与生的烦恼》，刘越峰译，中国和平出版社，1986年，第124页。

双方所代表的伦理价值的片面性，进而在两败俱伤的冲突中高扬“绝对精神”的胜利；叔本华则站在个体的立场上，发现悲剧的意义在于反映了有价值的冲突双方在无辜地相互摧残，进而在玉石俱焚的冲突中宣告宇宙本身的荒谬性。后者明确指出：“文艺上这种最高成就以表现人生可怕的一面为目的，是在我们面前演出人类难以形容的痛苦、悲伤，演出邪恶的胜利，嘲笑着人的偶然性的统治，演出正直、无辜的人们不可挽救的失陷；（而这一切之所以重要）是因为此中有重要的暗示在，即暗示着宇宙和人生的本来性质。”[15]在这样的悲剧舞台上，哲学家所一再描述的荒唐、可怕、罪恶的人生以典型的形态突出地展现在观众面前——透过麦克白斯贪婪的欲望，苔丝德蒙娜不幸的死亡，俄狄浦斯无谓的挣扎，哈姆雷特沉痛的反省……人们终于领悟到了生命存在的全部内容，于是在痛苦和怜悯之中得以觉醒，进入否定意志、超越生命的境界。当人们满眼泪花从剧院中走出来的时候，平时那难以割舍的欲望、越理越乱的烦恼，以及无数伤筋切肤的是非恩怨，在这一瞬间竟像过眼云烟一样变得微不足道了。此时的人们面对自己的生活就像弈棋高手面对一盘下完了的棋子一样，完全超然了。说它是净化也好，说它是陶冶也好，说它是升华也好，这，就是叔本华对悲剧的理解。

显然，与黑格尔那崇高壮烈、富有诗意的悲剧理论相比，叔本华这种伤心绝望、愤世嫉俗的悲剧哲学是过于悲观了。但是，悲观并不等于肤浅。朱光潜就曾指出：“叔本华也许比黑格尔更接近真理。”[16]因为他不仅深刻，而且真诚，因而他不愿以救世主的身份站在“绝对精神”的高度来俯视人类的不幸，而是从一个感性的、个体的、活生生的人的角度出发来看待人生的悲剧。因此，他并不特别看重那些叱咤风云的人物和轰轰烈烈的场面，而是要在普普通通的生活中去发现悲剧的意义；因此，他并不特别看重悲剧冲突的伦理价值，而是要在这不可避免的冲突中来反思人生的价值和存在的意义。尽管这价值和意义在叔本华那里是荒谬的，因而是寻找不到的；但这种寻找本身不已经具有了一定的价值和意义了吗？

通过以上的分析，我们可以看出，叔本华之于黑格尔的悲剧观，既有其结构上的继承，又有其精神上的反叛。他所开创的非理性的悲剧哲学，尽管

15 [德]叔本华：《作为意志和表象的世界》，石冲白译，商务印书馆，1982年，第350页。

16 朱光潜：《悲剧心理学》，人民出版社，1983年，第140页。

有着内部的重重矛盾，但已确实构成了对黑格尔那种以体系的自足性、完美性、有序性为目的的乐观主义的悲剧理论的严峻挑战。

三

与黑格尔不同，叔本华敢于承认世界的偶然性和人生的荒谬性，这可以说是一个了不起的进步，它实际上是基督教文化解体之际人们用自己的眼睛正视世界的结果。但是，叔本华在断定生命的本质为非理性的“意志”之同时，却要出于理性的思考而将这一意志否定掉。换言之，他那种带有禁欲主义色彩的悲剧哲学，是要用非本质的东西来否定本质的东西，用生命之意义来否定生命之存在，这显然是难以做到的。正像朱光潜所指出的那样：“意志可以表现为肯定，也可以表现为否定。弃绝求生的意志本身毕竟也是一种意愿支配的行动。就是在摆脱意志的这一行动当中，意志也没有被摆脱掉。”[17]事实上，就连叔本华本人，也不可能真正摆脱意志的纠缠。正因如此，他那些爱恋生命、吝惜钱财、渴望荣誉的行为，便成为以后的哲学史家冷嘲热讽的口实了。正是为了解决这一矛盾，尼采才从叔本华的哲学体系中冲了出来，以肯定意志的方式写下了自己的《悲剧的诞生》。

与叔本华一样，尼采也认为世界的本质是无目的的意志，生命的本质是无止境的欲望；与叔本华一样，尼采也认为在这无目的的意志和无止境的欲望驱遣下，人生不可避免地面临着无限的追求与幻灭、苦难与不幸。然而与叔本华不同的是，尼采并不满足于禁欲主义的悲观哲学，他要在叔本华所描绘的这种非理性的苦难现实之中，为生命的存在找到新的支点和依据。在他看来，不独当时的叔本华主义者，就连古代的希腊人也早就以其敏感的心灵体验到了生活的苦难与不幸，那么，是什么力量使希腊人幸免于禁欲主义的绝路而勇敢地活了下来？——是艺术！为了解释这一问题，他决心“用艺术家的眼光考察科学，又用人生的眼光考察艺术”。

在尼采看来，这种能够给希腊人以生活勇气的艺术可分为两大类，一类叫做“日神艺术”，一类叫做“酒神艺术”：“在我看来，日神是美化个体化原

17　朱光潜：《悲剧心理学》，人民出版社，1983年，第41页。

则的守护神，唯有通过它才能真正在外观中获得解脱；相反，在酒神神秘的欢呼下，个体化的魅力烟消云散，通向存在之母、万物核心的道路敞开了。这种巨大的对立，像一条鸿沟分隔作为日神艺术的造型艺术与作为酒神艺术的音乐……”[18]

作为“美化个体化原则的守护神”，日神艺术犹如美妙的梦境，以典雅、静穆的雕塑与和谐、优美的史诗使人们忘却生活的苦难和现实的不幸，在“令人振奋的外观”和“充满快乐的幻觉”中获得暂时的解脱。显然，这种梦幻般的、为神圣光辉所笼罩的“日神艺术”是虚假的、不真实的，然而对于渴望求得内心安宁以恢复生活勇气的人来说，艺术的梦境却比生活的真实更有价值。这样一来，尼采就完全放弃了西方自亚里士多德以来从认识论角度判定艺术价值的传统方法，转而从生命本身的需求出发来寻找艺术作品存在的意义。

但是，仅仅停留在虚假的外观面前，而不去正视生活的本质，这毕竟只是一种消极的逃避；因此，人们除“日神艺术”之外，还需要有一种更高的、真正具有形而上意义的艺术，这就是以音乐为代表的“酒神艺术”。我们知道，认为音乐是意志的直接写照，以此将它同再现理念的造型艺术区别开来，这不是尼采的发明，而是叔本华的创见。然而在叔本华那里，音乐表现意志，并不意味着强化意志，而毋宁说是意志的“清洗剂”。相反的，尼采却别出心裁地将音乐交给了酒气熏天的狄俄尼索斯，让人们在跌宕起伏的旋律中激发生存的快乐和生命的欲望。在瞬息万变的音乐中，“我们应该认识到，存在的一切必须准备着异常痛苦的衰亡，我们被迫正视个体存在的恐怖——但是终究用不着吓瘫，一种形而上学的慰藉使我们暂时逃脱世态变迁的纷扰。我们在短促的瞬间真的成为原始生灵本身，感觉到它的不可遏止的生存欲望和生存快乐。现在我们觉得，既然无数竞相生存的生命形态如此过剩，世界意志如此过分多产，斗解、痛苦、现象的毁灭就是不可避免的。正当我们仿佛与原始的生存狂喜合为一体，正当我们在酒神陶醉中期待着这种喜悦长驻不衰，在同一瞬间，我们会被痛苦的利刺刺中。纵使有恐惧和怜悯之情，我们仍然是幸运的生者，不是作为个体，而是众生一体，我们与它的生

18 [德]尼采:《悲剧的诞生》，周国平译，生活·读书·新知三联书店，1986年，第67页。

殖欢乐紧密相连。”[19]是的，一切都会像那枯枝败叶一样不可避免地死去，而一切又将像那新苗嫩芽一样不可遏制地再生，就像那古老的东方传说中所描绘的那只凤凰，经过涅槃而获得新生。因为那死去的一切，都只是意志的表象，而这表象背后的意志，却是永不枯竭的生命源泉。这源泉汩汩而涌，涛涛作声，并形成生命之大河，滚滚奔腾。作为表象和意志的统一体，我们每一个活着的生命，都不仅是这将要干枯的水，而且是这永远奔腾的泉。惟其如此，我们才能在变幻之中，获得新鲜的活力；在死亡之中，感受生命的永恒。这就是尼采对酒神精神的赞美，这就是尼采对生命意志的肯定！显然，这种追求情欲、导致癫狂的“酒神艺术”似乎是不道德的；而在尼采看来，艺术作品也确实没有承担道德说教的义务。这样一来，他便完全废除了西方自苏格拉底以来用伦理学观点来判定艺术的传统方法，转而以能否促进肉体生存的强健作为衡量作品有无价值的唯一尺度。

作为两种原始的艺术形式，“日神艺术”与“酒神艺术”不仅是彼此对立、相互斗争的，在适当的情况下还可能相互渗透、彼此融合，这后一种结果，便导致了悲剧的诞生。——本来，作为音乐的“酒神艺术”，虽然是意志的直接写照，却是无概念、无形象的；只有美化表象的“日神艺术”，才可能具有动人的造型与外观；然而日神的外观是和谐宁静的，它从不触及意志的痛苦，因而也就不具备形而上的意义。但是在悲剧中，情况却发生了变化：酒神的灵魂钻进了日神的躯体，从而借助比喻性的形象将自己在音乐中所体验的一切宣泄出来。于是，冲突、苦难、挣扎、毁灭顷刻间撕破了日神领地的宁静，原始的欲望、人类的本能、宇宙的力量，在一种比喻的形式下粉墨登场了。于是，在那一触即发、瞬息万变、惊心动魄、死尸满台的悲剧舞台上，我们所看到的，已不再是矜持优雅的阿波罗，而是疯狂放纵的狄俄尼索斯了……因此，尼采坚决主张，就希腊悲剧而言，最原始的存在形式不是演员，而是合唱队——全部可供观照的舞台形象，都是由这个属于酒神精神的音乐组织派生出来的。“从通常依据外观和单一范畴来理解艺术的本质，是不能真正推导出悲剧性的。只有从音乐精神出发，我们才能理解对于个体毁灭所产生的快感。因为通过个体毁灭的单个事例，我们只是领悟了酒神艺术

19 [德]尼采：《悲剧的诞生》，周国平译，生活·读书·新知三联书店，1986年，第71页。

的永恒现象，这种艺术表现了那种隐藏在个体化原理背后的永恒生命。”[20]于是，人们欣赏辉煌灿烂的舞台世界，却又渴望破坏它的完美；人们敬佩一往无前的悲剧英雄，却又快意于他的灭亡；人们喜欢条理分明的戏剧情节，却更加迷恋这情节背后的神秘力量。这，也许就是人们几千年来尚未吃透的悲剧的魅力：它可以让人们在破坏面前重生建设的勇气，在痛苦之中激发振奋的热情，在死亡脚下燃起生命的欲火……“‘肯定生命，哪怕是在它最异样最艰难的问题上，生命意志在其最高类型的牺牲中，为自身的不可穷尽而欢欣鼓舞——我称这为酒神精神，我把这看作通往悲剧诗人心理的桥梁。不是为了摆脱恐惧和怜悯，不是为了通过猛烈的宣泄而从一种危险的激情中净化自己（亚里士多德如此误解）；而是为了超越恐惧和怜悯，为了成为生成之永恒喜悦本身——这种喜悦在自身之中也包括着毁灭的喜悦……’在这个意义上，我有权把自己看作第一个悲剧哲学家——也就是悲观主义哲学家的极端的对立者和相反者。”[21]

将自己称之为“第一个悲剧哲学家”，这未免有些过于狂妄了。因为，即使是就“悲观主义哲学家的极端对立者和反对者”而言，我们在叔本华之前的黑格尔那里就已经看到一种相当积极的悲剧观了。只是，黑格尔的“积极”来自于对“绝对精神”的盲目信仰，它不仅有着一种理性神学的意味，而且潜藏着一种忽视个体的禁欲主义情绪。不难理解，当“绝对精神”的信仰大厦在叔本华的心目中彻底坍塌之后，这种禁欲主义的情绪便得到了片面的膨胀，从而演变成一种消极、悲观乃至于绝望的悲剧哲学——原有的悲剧观便走向了自己的反面。如果说，叔本华的悲剧观是对黑格尔的否定，那么尼采的悲剧观则是否定之否定。从表面上看，与叔本华不同，尼采再一次回到了“悲观主义哲学家的极端对立者和反对者”的立场上，让人们以饱满的激情来迎接悲剧的挑战。但是，这种激情的获得，并不来自于理性神学的盲目信仰，而是来自于对感性生命的无条件肯定。因此，如果说尼采又一次回到了黑格尔的立场，那也是带着叔本华的魂灵而回来的。这种回归从文化的意义上讲，是基督教神学破产之后人们重新肯定生命价值的一种尝试，但是由于这种对生命价值的重新肯定离开了历史的价值坐标，因而不可避免地陷入一

20 [德]尼采：《悲剧的诞生》，周国平译，生活·读书·新知三联书店，1986年，第70页。

21 [德]尼采：《悲剧的诞生》，周国平译，生活·读书·新知三联书店，1986年，第345页。

种反文化的感性冲动；这种回归从哲学的意义上讲，是旧形而上学破产之后人们重新建立生命本体论的一种尝试，但是由于这种尝试只关注生命的原始欲求，因而不可避免地陷入一种非理性的艺术激情中。就艺术而言，这种悲剧性的生命激情是动人的、富有魅力的；然而从历史科学的角度来看，这种动人的、富有魅力的悲剧观又不可避免地有其局限性和片面性。

总之，对于黑格尔、叔本华、尼采三人的悲剧观，我们不必采取非此即彼、择一而从的态度，而应在其三者之中发现各自的局限性与合理性。黑格尔的悲剧观虽然有着理性神学的某种痕迹，但其对于伦理精神和道德观念的高扬显然又具有理性辩证法的内容；叔本华的悲剧观虽然有着悲观绝望的禁欲主义色彩，但其对于感性个体的强调与尊重又确实具有反抗宗教神学的进步意义；尼采的悲剧观虽然有着反文化、非理性的特征，但其对于生命创造力的讴歌与赞美却又富于积极乐观的态度。在这三者面前，我们很难简单地判定谁对谁错、谁比谁更加高明，也许正因如此，人类的悲剧哲学才显得如此丰富、如此生动……

（此文发表于《外国美学》1997年第13辑）

文坛四才子

小引

文章人人会写，才气各有不同。不同者，一在写作过程，一在写作结果。

无才之人写作，禁忌颇多：灯不明不写，案不平不写，纸不细不写，墨不浓不写，刮风不写，下雨不写，打雷不写，上级没有精神不写，领导没有指示不写……好不容易等这些条件统统具备了，他才能泡壶好茶，点颗好烟，然后头悬梁，锥刺骨，一笔一斟酌，一字一推敲，直写得满地浓痰，一桌废纸，最终才能用颤颤巍巍的双手把那宝贝文章和盘托出，真可谓“吟安一个字，捻断数茎须”！

小时候上学，不止一次听老师们津津有味地讲解贾岛老先生如何在“推”与“敲”之间折腾了数日，然而这类典故实在引不起我的兴趣，心中暗想：吟诗作文也要如此受罪，还不如不作为好。可是时至今日，自己干上了文人的营生，方知道“才气”这个东西，原是由不得自己的。自知无才，也只好搜肠刮肚，绞尽脑汁了。

有才之人写作，则不拘纸笔，不论场合，一时兴起，奋笔疾书，所谓文章似万斛泉涌，不择地而出，“大略如行云流水，初无定质，但常行于所当

行，常止于所不可不止，文理自然，姿态横生。”（《苏东坡集》后集卷十四《答谢民师书》）

大学时读古书，每逢读到《庄子·养生主》的时候，常为其“手之所触，肩之所倚，足之所履，膝之所踦，砉然向然，奏刀騞然”“以无厚入有间，恢恢乎其于游刃必有余地矣”的写作心态所感染，眼前出现的，竟不是捉刀的庖丁，而总是提笔的庄周。可毕业以后，才知道这类汪洋恣肆、法无定法的文章，绝不是任何人都能写的。因而在庄子“提刀（笔）而立，为之四顾，为之踌躇满志”的时候，我等无才小辈便只能寻章摘句、引经据典了。

平心而论，无才之人写作，也并非篇篇八股、句句废话，所谓“十年磨一剑”“百炼能成钢”，偶尔也可以做出精美的佳作。然而观其妙处，却总有些人工斧凿的痕迹，而缺乏自然天成、浑然一体的气派。

与之相反，有才之人写作，也绝非篇篇妙语、字字珠玑，所谓“大意失荆州”“良马失前蹄”的情况也是常有的。然而其“佳处自不必言，即疵处亦多本色独造语”（《袁中郎全集》卷三《叙小修诗》），故常令人有冷水浇背、突然一惊的感觉。

要之，才之于文，犹如魂之于体。故席勒主张“游戏说”，康德鼓吹“天才论”。然而人之造化不同，才性迥然相异，糊涂者会陷入“文人相轻，自古而然”的误区，明白者也难免会生出“既生瑜，何生亮?”的慨叹。晋宋之际的大诗人谢灵运是人人都知道的，此公门第既高，天资过人，恃才傲物，目空文坛。可是即便如此，他却对那个“七步作诗”的曹植倍加推崇，说什么“天下‘才’有一石，曹子建独占八斗，我得一斗，天下分一斗”。一时传为笑谈。“扬州八怪”中的郑板桥是人人都晓得的，此人怪才四溢，笑傲江湖，很难将他人放在眼里。可是即便如此，对于那个真有才学的徐渭，他却佩服得五体投地，竟将自己的印章上刻上“青藤门下牛马走”之类的字样，一时传为佳话。

放下历史上的佳话不提，环顾今日之文坛艺海，似乎很难找到能与曹子建、谢灵运、石涛、郑燮相提并论的人物，文章虽时时在作，诗歌虽天天在写，却很难看到“苏、李之天成，曹、刘之自得，陶、谢之超然”之类的上品了。然而降格以求，可圈可点的才子或有四位，他们是京都英才、江浙秀才、津门怪才、巴蜀鬼才。看官若是不信，听我细细道来。

京都英才

刘邵《人物志》云：“夫草之精秀者为英，兽之特群者为雄。故人之文武茂异，取名于此，是故聪明秀出谓之英，胆力过人谓之雄，此其大体之别名也。”乍观刘心武之外貌，与其说类“英”，不如说似“雄”：宽大的面孔并无才子之气，健壮的体魄倒有武将之风。然而，人不可貌相，海不可斗量，歪瓜裂枣式的刘罗锅尚能写得一笔好字，何况我们这位仪表堂堂的刘心武呢？也许这个人的秘密全藏在他的名字里：“心武”岂不是“内秀”之别名？

刘先生不仅貌不惊人，出身也很平常，“家有五斗粮，不当孩子王”，在我们这个口头上最尊重教育的社会里，又有什么比中学教师更让人看不起的职业呢？然而，正是这位普普通通的中学教师，在被“四人帮”践踏得一片荒芜的文坛上，“聪明秀出”了。

从所谓“纯文学”的意义上讲，刘心武的小说也许算不了什么，然而，我们的后人在写这段文学史的时候，一定少不了这位筚路蓝缕、以启山林的汉子。是他的《班主任》，率先开启了“伤痕文学”的历史；是他的《爱情的位置》，首次打破了男女情感的禁区；是他的《我爱每一片绿叶》，独自提出了尊重个人隐私的问题；也是他的《如意》大胆接触到了人在“阶级性”以外的情感和秘密……设想一下，倘若不是这位体魄健壮、貌似武将的刘心武，挥动其有力的拳头将一块块坚冰打破，那些“纯文学”的孤舟们又如何能够启航呢？

也许有人会说，打破禁区需要的是思想和胆魄，而这一切并不等于文人的才气，这种看法自有道理。其实，在相当长的一段时间里，我对刘心武的天分亦无过高的估计，直到有一天，偶然在《红楼梦学刊》上读到他那篇《秦可卿出身未必寒微》的考证文章之后，才不得不对他刮目相看了。众所周知，《红楼梦学刊》是一份相当严肃、乃至有几分学究气的杂志，其撰稿人大都是些从事“红学研究”的专家们。中国的“红学研究”就像英国的“莎士比亚研究”一样，是一门神秘的“显学”。或许是由于伟大人物的特殊爱好，即使是在“十年浩劫”之中，这一研究也没有被全部禁止。据说北京有好几座“红学楼”，住的都是些皓首穷“楼”的大人物，什么“考据派”“索引派”“社会批评派”一应俱全。别说外行人，就连一般的文学研究者都很难在这个圈子里讨得一碗饭吃。记得我上大学的时候，著名红学家周汝昌先生来校作报告，开场便说，“红学，是门相当专业的学问，对一般大学生是不宜讲的……”听得我们肃然起敬。然而，正是这位大名鼎鼎的周汝昌，却对刘心武的考证及其在研究基础之上的创作刮目相看了。

单看题目，让人有几分泄气：这社会好不容易进步到已不再追究家庭成分、社会关系了，怎么刘心武却对秦可卿的“出身”产生了如此之大的兴趣？原来这里面大有文章！稍有“红学”知识的人都知道，曹雪芹在对秦可卿这一人物的描写过程中曾有过重大的改动，以至于删改了第十三回的部分内容。对此，刘心武提出了与以往“红学家”不同的解释：“曹雪芹删‘秦可卿淫丧天香楼’，并不是因为写‘黄’了，自己‘扫黄’，而实在是经合作者脂砚斋的严肃提醒，为了非艺术的原因，才被迫忍痛删去的，这一删，是伤筋动骨的，不仅影响了原来构思中的一个重要意蕴的表达，而且也影响了艺术的完整性，当然，如果曹翁能终于完成《红楼梦》全书，他是会将其弄妥的，可惜命运没给他这一机会，我们后人也只有望阙兴叹了。”[1]“兴叹”之余，刘心武连续发表了《秦可卿出身未必寒微》《再论秦可卿出身未必寒微》《秦可卿出身之谜》《张士友到底有什么事？》等一系列考证文章。就像那位目光敏锐、头脑灵活的大侦探福尔摩斯一样，他从小说的字里行间和作者的家族历史中发现重重疑点、理出条条头绪，令人信服地提出了自己对于秦可卿出身、秦可卿之死，及其这两者被删被改之谜的独到见解。看了这些文章，你不禁会惊叹，作为小说家的刘心武，竟然会有如此之深的学术功底！更为重要的是，与那些引经据典、寻章摘句的冬烘之作不同，这些引人入胜的考据文章使你感到，不仅艺术创作需要天分，学术研究也同样需要才气！

当然了，对于刘心武来说，研究和考证只是一种客串而已，只有当那些

1 《刘心武致周汝昌》，《文学世界》93年第5期。

住在“红学楼”里的人们未能完成这一工作的情况下，他才不得不染指于此。接着，在研究和考证的基础上，一部“补天”之作诞生了。作为一部“学术小说”，刘心武的《秦可卿之死》或许有这样那样的问题，然而其笔下敢作敢为的贾珍、情天情海的可卿，及其二人如火如荼的生死之恋，确实令读者震撼!更为重要的是，作者企图以此来重新反思《红楼梦》的结构和意义，以写出曹雪芹想写而又不能写的东西：儿女情长中的政治风险，舞榭歌台背后的秘密交易，这真是：实非一个“淫”字了得! 或许人们会怀疑，这一切别不是艺术家捕风捉影的想象吧? 相信在读了文章和作品之后，大家会作出正确评价的。作为专家，周汝昌在给刘心武的信中说：“我以为，兹事难度极大，而你决意下笔，仅此亦值得十分钦佩! 此其一。其二，你有些部分写得已见功夫，能够‘站得住’……”（见《时代文学》1993年第6期）而作为外行，我在一篇文章中则仿照《红楼梦》中的“石头诗”送给刘先生四句：“有才可去补苍天，潜心钻研若许年。可卿身前身后事，心武记取作奇传。”据说，这篇小说已被搬上银屏，相信更多的朋友们可以一饱眼福了。

江浙秀才

在当今散文满天、随笔遍地的文坛上，余秋雨可算是一枝独秀了。这位曾小有名气的戏剧理论家，在完成了《戏剧理论史稿》《中国戏剧文化史》等学术著作之后，竟一反常态地写起随笔来，潇潇洒洒地抛出了一本《文化苦旅》，于是名声大噪。

有人说，余秋雨成名于他的“转行”，倘若是一门心思地研究戏剧文化，他永远也成为不了现在的余秋雨，这话没错。有人讲,《文化苦旅》顺应了时代的潮流，倘若是一本学术著作，它绝不可能印上几十万册，这话有理。可是，转行写作的大有人在，顺应潮流的也绝非一家。然而，为什么在大浪淘沙的书海里，却只浮现出了一本《文化苦旅》呢?

余秋雨的随笔，内容相当单纯，严格说来，他的所有散文只有一个主题，即是对那个古老而又灿烂、饱经沧桑而又苦受磨难的中国文化的反思和追忆。但是其反复演绎的这个主题却并不令人感到厌烦，而能让你津津有味地读下去。究其原因，或许是由于这些作品背后隐藏着一种深厚的文化底蕴，一种才子的敏感、文人的忧郁、学者的书卷气……一句话，余秋雨之所以是余秋雨，就在于他在学者和才子之间找到了一个最适合表现自己、发挥自己、淋漓尽致地展示自己的结合形式，这，就是所谓的“文化随笔”。

作为学者，余秋雨算不上第一流的；作为才子，余秋雨也不是独一无二的；可是，我们要在学者中找到余秋雨式的才子，或在才子中找到余秋雨式的学者，却不是一件容易的事。或许是由于研究工作的异化，那些“学富五车”的人物往往将自己的才华耗费在资料的爬梳、整理和观点的演绎、证明上，久而久之，就显得有些拘谨、木讷，除了咬文嚼字地引经据典，就会之乎者也地著书立说，才气也便渐渐地被学问所侵蚀了。与之相反，或许是出于放荡不羁的性格，那些“才高八斗”的文人却常常厌倦于资料的繁琐和文献的浩瀚，不愿将有血有肉的生命耗费在汗牛充栋的故纸堆里，久而久之，就显得过于空灵、随意，除了随心所欲地山吹海侃，就是天马行空地吟诗作文，学问也便渐渐地被才气所冲淡了。在这个意义上，余秋雨可说是一个难得的例外。他有学问，认认真真地读过不少书，但是作为一个学者，他却并未泯灭才子的性灵，因而随时能将书本中的知识转化为生命中的体验；他有才气，挥挥洒洒地撰过不少文章，然而作为一个才子，他却并未放弃学者的功夫，因而随时能将山光水色中的感受赋予历史和文化的内涵。就这样，在其个体生命的结合点上，一种严格意义上的“文化随笔”诞生了。

余秋雨的成功，不仅在于他的学识和才华，而且来自他对“文化”的理解与信念。大家知道，任何文化都是人类创造的，因而它不属于“形而上”的彼岸世界；但是，人类创造的文化一旦经过历史的升华和积淀之后，又不等于“形而下”的日常生活。从这一角度上看，文化或许是一种“形而中”的东西：较之前者来说，它具有经验的价值；较之后者而言，它又具有超验的意义。对于我们这个历史悠久而又饱经忧患的民族来讲，超验的文化价值恰恰是在苦难的生活经验的基础上建构起来的。在这一意义上讲，文化价值的寻踪，也便成了人生经验的苦旅。正是这种“形而中”的文化，使余秋雨可以在一片湖光、几分山色之中捕捉到某种看不见、摸不着的东西，于是便有了《寂寞天柱山》《风雨天一阁》之类的遐想；正是这种“形而中”的文化，使得余秋雨可以在一片残碑、几块旧瓦之中激发起某种剪不断、理还乱的情怀，于是便有了《道士塔》《柳侯祠》之类的感伤……于是，遐想和感伤也便构成了余秋雨的精神世界：这世界充满了现实的苦难，却超越了世俗的污浊；这世界没有上帝的护佑，却具备了终极的关怀。这简直是一种准宗教式的文化信仰!也许正是这一信仰，支撑着那些历史上的知识分子，为了收藏几本旧书不惜引来杀身之祸，为了吟咏两句好诗敢于承担极大的风险。说得大一点，也许正是这一信念，支撑着我们这个民族，在缺乏超验主宰的监督下没有彻底地堕落下去，而是在曲折而又泥泞的旅途上一直跋涉到了今天。

这种亦真亦幻、似有似无的“文化”，被随意点化的自然景观和俯拾皆是的历史典故串联在一起，始终如怨如慕、如泣如诉地萦绕在作者那极度敏感而又有些忧郁的笔端，就像江南那淅淅沥沥的秋雨那样，洒在读者心头，让人感到几分寂寞的凄楚、几分人世的苍凉。

令人感叹的是，这秋雨下得是那样从容，那样含蓄，那样地有章有法、不紧不慢……

津门怪才

前几年，有所谓“玩文学”的主张，口号喊得十分潇洒，可行动起来却相当笨拙。有一个人不玩文学，可文学在他笔下，倒真是小菜一碟了。此人姓冯名骥才，这名字里有几匹“马”我们暂且不论，反正那些马拉的都是“才”。

冯骥才的小说算不上太好，但其写作心态却是极佳的，当年读他那篇《三寸金莲》不得不为作者静观默察的态度和游刃有余的笔法所叹服。作家笔下的小说，大都与自己的生活经历有关，可冯骥才却偏偏爱写那些自己没有经历过的事情，什么缠辫子啦、裹小脚啦，都能写得绘声绘色、有滋有味，就好像他亲自干过似的。也不知他究竟是从哪个犄角旮旯儿搞到的这些民俗学材料，稍加点化就构成了一篇曲折生动的历史小说。这种用间接经验来代替直接经验的做法显然需要想象的才能。有人要问：你冯骥才放着祖国的大好河山不去描写，却偏偏要捣鼓那些陈谷子、烂芝麻，这不是出国人的丑吗？可谁知他却正色说道："传统文化有种更厉害的东西，是魅力。它能把畸形的变态的病态的，全变成一种美，一种有魅力的美，一种神奇神秘令人神往的美。……当人们浸入这美中，还会自觉不自觉丰富和完善它，也就是成为自觉自愿发自内心而不是外加的东西了。由外加的限定变为自我限定，由意识进入潜意识，文化的力量方到极限。"[2]您不是深刻吗，我比您还深刻！联系起他的小说来想一想，也的确是那么个理儿！于是乎，那些手拿着"后殖民主义""东方主义"大帽子的批评家们，尽可以将张艺谋骂得狗血喷头，却从未找过冯骥才的麻烦。其实在我看来，用小说来进行文化批判或思想启蒙，虽然也是冯骥才的用意之一，但绝不是他的全部用意；对于这位才子来说，小说在更大程度上，还只是发挥想象、施展才能的一种游戏而已。只是为了堵那些批评家们的嘴巴，他才不得不"深刻"两句。一不留神，竟说得那些批评家们哑口无言了。

冯骥才不仅能写小说，偶尔也玩玩散文。去年，他的第一本散文集《性灵》和十卷本的《冯骥才名篇文库》同时问世，给出版界带来了一场小小的轰动。大约也是去年，我在曲阜参观了一个书画展览，楼上楼下转悠了半天，就瞅着一幅书法作品才气四溢，上前细瞧，竟出自天津冯骥才的手笔。早就听说这位作家兼擅丹青，还真有那么两刷子！其实，冯骥才不仅擅长书法绘画，而且几乎是个"全能健将"。前不久，中央电视台要拍摄一部历史文化巨片《人类的敦煌》，急需一位既有广博的艺术修养又有深厚之文化底蕴的编剧，选来选去还是冯骥才最为合适。这不，他正携带着一本尚未完稿的有关文人画的书，马不停蹄地踏上了充满戈壁和沙漠的丝绸之路，而留在身后的则是几本有关保留天津城市历史文化形态的画册《天津老房子》……也许，普通的天津市民更关心的是那篇刊载于《今晚报》上的有关征婚广告的小说，冯骥才这一走，谁来给小说结尾呢？

2　《我为什么要写〈三寸金莲〉》，《文艺报》1987年9月19日。

巴蜀鬼才

自古秦川险峻而楚人多才。

前不久，在深圳举办的首届文稿竞价会上，一部10万字的杂文散文集《巴山鬼话》以8万元的价格一锤定音，在国内开了私人购买并出版文稿的先例。在该书的《自序》中，作家这样写道："蛰居巴蜀小城，半生从事戏文。敝姓魏，这个字不能简化，一半委，一半鬼。姓氏注定委身于鬼，写起戏来便有些鬼聪明、鬼点子、鬼狐禅，总爱离经叛道，闯关探险，于是招来褒贬不明的绰号——戏鬼。"

提起巴蜀鬼才魏明伦，人们都很熟悉，早在80年代，他就曾以《易大胆》《四姑娘》《巴山秀才》连获三项全国优秀剧本奖。尤其是那部光怪陆离的川剧《潘金莲》，更是引起了前所未有的轰动效应：据不完全统计，全国上百个剧团纷纷自发移植，仅广东一省就有六个剧团演出，仅西安一地就上演了近百场，仅福建一次广场公演就有万人争看，各种演出总计超过两千场，观众约在二百万以上。全国一百八十几家大小报刊发表评论和报道，大至专家分析，小有百姓评说，近及街谈巷议，远达港台欧美……真可谓是"家家争看《潘金莲》，户户评说'杀夫案'"。

其实，潘金莲的故事几乎无人不晓，戏剧史上的改编也已不乏先例，何以魏明伦的剧本能够引起如此之大的轰动呢？原来，他在这部川剧中大胆运用了布莱希特的"间离效果"，贝克特的"荒诞手法"，乃至马尔克斯的"魔幻现实主义"，所谓移花接木、借尸还魂，把这个川剧舞台整得是天翻地覆、精彩纷呈。在这里，武则天跨朝越代而来，安娜·卡列尼娜跨国越洲而至，贾宝玉从《红楼》奔来，小红娘由《西厢》飞出，《水浒》作者现身说法，《花园街五号》女记者莎莎代鸣不平，现代阿飞哥们趁势起哄，七品芝麻官束手无策，人民法庭女庭长评说古案……各路来客不止是站在戏外叙事抒情，并且跳进戏中和剧中人交流感情、比较命运、展开冲突。例如，现代阿飞与西门庆合伙，红娘与景阳冈老虎对话，莎莎偕潘金莲游街，施耐庵指挥武松杀嫂，潘金莲求武则天作主，安娜携潘金莲卧轨自杀……如此荒诞无稽之戏，却有意在言外之情！可谓形散而神不散，皮怪而瓤不怪！野笔不拘一格，鬼话活人明白——以鬼才写鬼戏，何足怪哉！

魏明伦确实是个“鬼才”，他曾在《小鬼自白》一文中自报家门道：“鄙人从小被梨园始祖‘太子菩萨’摸了‘脑壳’。7岁学戏，9岁登台，台上演生净末丑，台下自修诗词歌赋，逐渐脱下剧装，爱上秃笔，由‘三尺戏子’转为‘一介书生’。”这位自称“拿不出小学文凭”的鬼才，却自幼遍览诗书，满肚子都是学问，故而嬉笑怒骂，皆成文章。那年，我在深圳蛇口公园观看韩美林的巨型雕塑，见塑像旁边立碑一方，刻有魏明伦撰写的《盖世金牛赋》，读之令人忍俊不禁。

魏明伦的诗文，并非只是卖弄才学，更为重要的是其很有胆色。他自述其写作秘诀有十六个字：“喜新厌旧，得寸进尺，见利忘义，无法无天。”（这其中“利”指有利于适应时代，争取观众；“义”指僵化的教义、定义。）故而其笔锋所到之处，绝无半点含含混混、遮遮掩掩的扭捏，倒有几分称孤道寡、打家劫舍的气概。他的那部《巴山鬼话》有题为“神坛鬼辩”的杂文辑，收了几篇很有血性的文字，所谓“厉鬼不能夺其正，利剑不能折其刚”，让人读之如尝四川火锅，麻辣过瘾!电视连续剧《淮阴侯韩信》并不是所有人都看过的，然而凡是看过的人都忘不了魏明伦为该剧写的主题歌。歌词中，他将韩信在战场上的“埋伏”与刘邦在宫廷中的“埋伏”巧妙地结合在一起，从而烘托出了“功臣末路断头颅”“将才不及帝王术”的悲剧主题，发人深省、令人深思。90年代中期，面对商潮滚滚，人欲横流的现实，魏明伦悲愤投“海”、佯狂经商，开了家“魏明伦文化经济公司”，请出陶朱董事长、西子总经理、司马相如大亨、卓文君老板等等古代嘉宾，说明中国的文人早在两千年前就有经商下海的优良传统，并撰就一副平平仄仄的欢喜对联以代卡拉OK：

西施弄桨，范蠡荡舟，美女功臣皆下海；
红袖当垆，青衣掌勺，佳人才子早经商！

酸甜苦辣，淋漓尽致！即使对于自己，魏明伦也从来都是一副具有“自知之明”的才子气派，自称要在其墓碑上留下两行字：

没有白活的人，值得研究的鬼！

小结

清人叶燮在《原诗》中指出，一个真正的文学家，需要具备“才、胆、识、力”四大要素：“大凡人无才则心思不出，无胆则笔墨畏缩，无识则不能取舍，无力则不能自成一家。”以此论之，冯骥才得其“才”，魏明伦得其“胆”，余秋雨得其“识”，刘心武得其“力”。如此说来，四人皆属“偏才”而俱非“全才”。故而，冯骥才虽才思敏捷，却魄力有限；魏明伦虽胆色超群，却底蕴不足；余秋雨虽见识深广，却稍乏胆色；刘心武虽魄力过人，却略输灵性……倘若有人能兼此四家之长而补此四子之短，便是真正的“大家”了。所谓物华天宝，人杰地灵，在我们这片曾经产生过苏东坡、曹雪芹的土地上，人们自然有理由期待着比上述四子更辉煌、更耀眼的巨宿了，为此，我们抬起头来，遥望着寂静的星空……

（此文发表于《文学世界》1997年第6期）

儒、释、道对初唐诗歌的影响

关于唐诗繁荣的原因，学术界有着各种各样的研究：从外部环境看，国家的统一，国力的强盛，为诗歌的发展提供了必要的物质保障和创作的动因；从内部规律看，经过六朝的准备而导致的格律诗的成熟，为诗歌的发展提供了飞跃的条件；而除此之外，还有着“南北融合”“士庶之变”等多重原因。而本文则从儒、释、道三教入手，探讨多元并存的意识形态对初唐诗歌所产生的影响。

隋、唐开国伊始，仍受南朝宫廷诗风的影响，以描写妇女的生活和体态为主要内容，兼及抒情咏物、卖弄才学，视野狭窄、格调柔靡，表现出宫廷生活的浮华和空虚。隋末唐初，先有虞世南、李百药等朝廷命官雍容奉制，后有许敬宗、上官仪等侍从文人朝夕献纳，最终把诗歌变成了宫廷的摆设、皇帝的玩偶。其中，尤以精巧细致、柔媚婉转的“上官体”最为著名。宫体诗对女性的描写大多仅限于体态、服饰、歌容、笑貌，带有娱乐、游戏、观赏、把玩的性质，而没有些许的真情实感，读之不可能给人带来任何触动。正像闻一多所竭力挖苦和讽刺的那样：“宫体诗在唐初，依然是简文帝时那没筋骨，没心肝的宫体诗。不同的只是现在辞藻来得更细致，声调更流利，整个的外表显得更乖巧，更酥软罢了。说唐初宫体诗的内容和简文帝时完全一样，也不对。因为除了搬出那僵尸‘横陈’二字外，他们在诗里也并没讲出什么，这又叫人疑心这辈子人已失去了积极犯罪的心情。恐怕只是词藻和声调的试验给他们羁縻着一点作这种诗的兴趣（词藻声调与宫体有着先天与历史的联系）。宫体诗在当时可说是一种不自主的，虚伪的存在。原来从虞世南到上官仪是连堕落的诚意都没有了。此真可谓‘萎靡不振’！”[1]

其实从艺术自身的发展来看，宫体诗也并非一无是处。即以“上官体”来说，其声律的考究、对仗的工整都对以后沈佺期、宋之问等人为律诗的定型做了准备。而将宫体诗的罪责归咎于一代诗人，则更有以偏概全之嫌。事实上，杨广和李世民也并非尽如萧纲、萧绎，隋炀帝也写过《早渡淮》《饮马长城窟行示从征群臣》等颇具豪情胜慨的作品，而唐太宗反映戎马生涯和抒发政治抱负的诗作亦应在文学史上占有一席之地。

然而，真正从脂粉绮罗走向荆钗布裙，从帝王将相走向凡夫俗子的，却要数王绩和王梵志这一道一佛二位诗歌奇才。

一、从脂粉绮罗走向荆钗布裙

王绩出身北朝士族，其家不仅历代簪缨，而且以儒学名世。但是生于隋末唐初的王绩却似乎是一个叛逆者。在仕途上，他虽然三次出任下层官员，但意不在江山社稷，实只为美酒三升。在思想上，他虽然钦佩身为大儒的三兄王通，却自字“无功”，以老、庄为宗。因此，在他弃儒从道、挂印归田的一生中，写下了120余首山水田园、寄兴感怀之作，体现出独具一格的美学追求。

在艺术内容上，与当时软绵绵、色迷迷的宫体诗作不同，王绩的诗歌很少写蛾眉粉黛，也不爱绮罗金钗，而是将目光从空虚无聊的宫廷台阁转向淳朴生动的乡野田园，在大自然的一山一水一草一木中发现生活的真趣[2]：

北场芸藿罢，东皋刈黍归。相逢秋月满，更值夜萤飞。（《秋夜喜遇王处士》）

1　《闻一多全集》，第3卷，上海开明书店，1982年，第13—14页。

2　王绩诗句均见《全唐诗》，中华书局，1960年。

石苔应可践，丛枝幸易攀。青溪归路直，乘月夜歌还。(《夜还东溪》)
促轸乘明月，抽弦对白云。从来山水韵，不使俗人闻。(《山夜调琴》)
春来日渐长，醉客喜年光。稍觉池亭好，偏宜酒瓮香。(《初春》)

这些诗清新明快、淳朴自然，就像从自家的瓷缸陶瓮中倒出的陈年老酒一样，充满了泥土的芬芳。阅读齐、梁以来的诗歌，恍如纠缠于病态的贵妇丛中，尽管金玉满眼、香脂扑鼻，但其苍白的面色和造作的呻吟总使人感到空虚和倦怠。跃出六朝的宫墙，来到初唐的草地，不料迎面碰到一群荆钗布裙的村姑。她们那朴素健康的肤色、宛若天籁的笑声，一下便攫住了读者的心。这就是王绩给人的最初印象。

在创作形式上，与隋末、唐初的侍从文人不同，王绩从来不写奉制、应酬之作，也没有无病呻吟的宫廷气息。他在《答处士冯子华书》中说："题歌赋诗，以会意为功，不必与夫悠悠闲人相唱和也。"因此他的诗坦诚、自然、淳朴、真挚：

旅泊多年岁，老去不知回。忽逢门前客，道发故乡来。敛眉俱握手，破涕共衔杯。殷勤访朋旧，屈曲问童孩。衰宗多弟侄，若个赏池台。旧园今在否，新树也应栽。柳行疏密布，茅斋宽窄裁。经移何处竹，别种几株梅。渠当无绝水，石计总生苔。院果谁先熟，林花那后开？羁心只欲问，为报不须猜。行当驱下泽，去剪故园莱。(《在京思故园见乡人问》)

写这首诗的时候，作者已羁留京城数年之久。一个"忽"字，表现出异地逢亲的意外和喜悦。惊喜之余，羁旅的惆怅、人世的感慨、思乡的渴望便一齐涌上心头，"敛眉俱握手，破涕共衔杯"一句，生动地表达出诗人由惊而喜、百感交集的复杂心绪。接下去，诗人不厌其烦地用一连串的询问来打探故园的近况：由亲朋、好友问到庭院、池台，由故园、新树念及柳行、茅斋，由青竹、红梅想到渠水、藓苔，甚至关心果树哪株先熟？林花哪棵后开？这一连串貌似琐细繁杂的询问，没有只言片语涉及“相思”的概念，但其拳拳的怀旧之心、浓浓的思乡之意溢于言表，袒露无疑。问询之后，诗人似乎也感到了自己的唐突，还请乡亲谅解：“羁心只欲问，为报不须猜。”这番会晤非但没有化解诗人的思乡之情，反而增添了自己归隐的信念：“行当驱下泽，去剪故园莱。”这是一首发自诗人肺腑的诗歌，不修饰，不造作，无拘无束，浑然天成。尤其是诗中那一连串的问句，更有脱口而出、一唱三叹之妙。

从审美文化史的角度来看，王绩那隐逸高蹈、放浪形骸的诗歌创作，上承陶渊明，下启李白，从而形成了道家、道教美学中的一个重要环节。《论语·子路》云：“不得中行而与之，必也狂狷乎？狂者进取，狷者有所不为也。”儒家本身是讲究“中庸之道”的，而道家、道教人士则不然，他们或以反叛者的姿态狂放进取，或者以逃避者的姿态狷介孤洁。如果说，陶渊明是以狷为主，狷中有狂；李白是以狂为主，狂中有狷；那么介于他们二者之间的王绩则恰恰是半狷半狂。狷气来时，他洁身自好；狂气来时，他笑傲王侯。因此，他有的诗酷似陶渊明，有的诗又接近李白。下面是两个相反的例证：

> 薄暮东皋望，徙倚欲何依。树树皆秋色，山山唯落晖。牧人驱犊返，猎马带禽归。相顾无相识，长歌怀采薇。（《野望》）
>
> 百年长扰扰，万事悉悠悠。日光随意落，河水任情流。礼乐囚姬旦，诗书缚孔丘。不如高枕枕，时取醉消愁。（《赠程处士》）

同陶渊明和李白一样，王绩也是著名的酒徒，他的诗即使不是篇篇言酒，至少也是处处皆醉。酒给他以激情，给他以灵感，给他以摆脱世俗生活的勇气，给他以捣毁陈规陋俗的力量。在《解六合丞还》一诗中，他写道：“我家沧海白云边，还将别业对林泉。不用功名喧一世，直取烟霞送百年。彭泽有田惟种黍，步兵从宦岂论钱。但使百年相续醉，何辞夜夜瓮间眠。”或许，这种狂放不羁的酒神状态，并不利于建设，而只适于破坏：在生活上，它破坏着功名利禄；在信仰上，它破坏着修齐治平；在礼法上，它破坏着等级制度；在诗歌上，它破坏着宫体遗风。

由于王绩在初唐文学史上似乎是一个卓尔不群的特例，因而以往的学术界对他的重视不够。事实上，他不仅成为联系陶渊明和李白的过渡环节，而且他的田园山水诗对以后的“王孟诗派”也有着深远影响。明人杨慎《升庵诗话》云：“王无功，隋人。入唐，隐节既高，诗律又盛，盖王杨卢骆之滥觞，陈杜沈宋之先鞭也，而人罕知之……古云盖棺事乃定，若此者，千年犹未定也。”

二、从帝王将相走向凡夫俗子

如果说王绩是初唐诗坛中道家美学的代表，那么王梵志则是此一时期佛家美学的先驱。同王绩一样，王梵志也是一个“千年犹未定”的人物。历史上对他的记载很少，直到20世纪初敦煌藏经洞发现了唐、宋之人手抄的“王梵志诗五种”之后，这位比王绩更加边缘、更不被重视的唐代诗人，才受到文学史家的重新肯定。胡适在《白话文学史》中将他放在“初唐白话诗人”的专章中进行系统地论述；郑振铎也对他的诗集进行了校录、编辑和整理。一般认为，王梵志也是跨越隋、唐两代的历史人物，其生活的年代与王绩相仿佛。然而，与王绩不同的是，王梵志的信仰背景不是道家而是佛家，王梵志的写作目的也不是陶冶性情而是教化民众。同王梵志诗风相近的还有寒山、拾得两位诗僧，其生活年代亦未确考，或以为初唐，或以为盛唐，或以为中唐。本书取初唐一说，并将他们与王梵志同算作“化俗诗僧派”。

此派诗僧的出现与六朝以后佛教传播的下移有关。隋、唐以来，为适应儒、释、道三教并立的局面，佛教一方面通过各宗派的确立而实现其中国化的过程，一方面借助通俗化的传播而实现其民间化的过程。于是，寻常巷陌、山野田间便出现了一些以诗言佛、托钵化缘的化俗诗僧。他们用诗歌来传达佛理，用诗歌来开导众生[3]：

我有一方便，价值百疋练。相打长伏弱，至死不入县。（《我有一方便》）

见恶须藏掩，知贤唯赞扬。但能依此语，秘密立身方。（《见恶须

3　王梵志诗均见张锡厚：《王梵志诗校辑》，中华书局，1983年。

藏掩》)

他人骑大马，我独跨驴子。回顾担柴汉，心下较些子。(《他人骑大马》)

他人马上坐，我且步擎卓。种得果报缘，不须自烦恼。(《他人马上坐》)

以上几首小诗都是宣扬佛教义理的。有些现代学者认为这些诗作具有反讽意味，其实不然，若以佛家的思想看，这种知足常乐、能忍自安的态度恰恰是一种生存哲学。至于其他进退操守、戒奢去贪、尊重佛法、孝敬父母、结交良善、远离恶人、不赌博、少喝酒等等，都是化俗诗僧津津乐道的内容。显然，这其中有佛学禅理，也有儒教伦常，它们生动地显示了佛教在世俗化、本土化的过程中的转换和变形。从创作动机上讲，化俗诗僧曾明确表达了自己的写作目的："凡读我诗者，心中须护净。悭贪继日廉，谄曲登时正。驱遣除恶业，归依受真性。今日得佛身，急急如律令。"(寒山诗)[4]就社会效果而言，此类诗歌在当时也确乎起到了教化民众、移风易俗的作用："远近传闻，劝惩令善。贪婪之吏，稍息侵渔；尸禄之官，自当廉谨。各虽愚昧，情极怆然! 一遍略寻，三思无忘。纵使大德讲说，不及读此善文。"(《原序》)[5]

与那些出入宫廷、朝夕献纳的宫体诗人不同，由于化俗诗僧接近下层民众，因而有不少作品反映了民间的疾苦。如：

你道生胜死，我道死胜生。生即苦战死，死即无人征。十六作夫役，二十充府兵。碛里向前走，衣甲困须擎。白日趁食地，每夜悉知更。铁钵淹干饭，同火共纷争。长头饥欲死，肚似破穷坑。

生儿拟替翁，长大抛我死。借主暂过来，征我夫妻泪。父母眼干枯，良由我忆你。好去莫再来，门前有煞鬼。

带刀拟开杀，逢阵即相刑。将军马上死，兵灭地君营。血流遍荒野，白骨在边庭。去马犹残迹，空留纸上名。关山千万里，影绝故乡城。

4　《全唐诗》，中华书局，1960年。

5　张锡厚：《王梵志诗校辑》，中华书局，1983年。

与那些无情强咏、无病呻吟的宫体诗完全不同，这是一种发自生活底层的控诉和呐喊，是一个佛教徒对既无神性、也无人性的社会现实的否定和抨击，因而它不仅充实、生动，而且富有力量！

在审美形式上，与那些调弄宫商、参差平仄的宫体诗人不同，化俗诗僧的诗歌无题无序，却夹杂着生活的泥土气息，语言朴实无华，自然生动，有时甚至还将大量的俗词俚语引入诗歌。在修辞手法上，就像《四库提要》中所说的那样，“有工语，有率语，有庄语，有谐语”。如：

> 只见母怜儿，不见儿怜母。长大取得妻，却嫌父母丑。耶娘不睬聒，专心听妇语。生时不供养，死后祭泥土。（王梵志诗）
>
> 我住在村乡，无爷亦无娘。无名无姓第，人唤作张王。并无人教我，贫贱也寻常。自怜心的实，坚固等金刚。（寒山诗）[6]

从某种意义上讲，这是一种不够工整、不够讲究、不够典雅的艺术形式，然而从另一意义上讲，这也未必不是一种矫枉过正的艺术追求：

> 有个王秀才，笑我诗多失。云不识蜂腰，仍不会鹤膝。平侧不解压，凡言取次出。我笑你作诗，如盲徒咏日。（寒山诗）
>
> 有人笑我诗，我诗合典雅。不烦郑氏笺，岂用毛公解。不恨会人稀，只为知音寡。若遣趁宫商，余病莫能罢。忽遇明眼人，即自流天下。（寒山诗）
>
> 寒山出此语，复似癫狂汉。有事对面说，所以足人怨。心真出语直，直心无背面。临死度奈何，谁是喽罗汉。冥冥泉台路，被业相拘绊。（寒山诗）

可见，在这种诗歌背后，亦有其别具匠心的美学追求。有学者这样评价王梵志：“他将前人的萎靡烦琐的作风击成粉碎，在他无拘无碍的音韵中却含有醒人眼目的异美，我们对他的印象正像惯见千金小姐的三寸金莲的人突然看见

6　寒山诗均见《全唐诗》，中华书局，1960年。

一位乡下姑娘的天足!”[7]

三、从宫廷台阁走向江山朔漠

尽管王绩和王梵志等人在破除宫体遗风、清除诗坛污垢方面确实做了十分有益的工作，但是前者不可能为唐诗的创作提供新的内容，后者也不可能为唐诗的发展提供新的形式。于是，真正英姿勃起，文采飞扬，并企图扫荡文场、扭转诗风者，还要属高宗、武后时代的“初唐四杰”和陈子昂。

武后时代之所以成为唐代诗风真正发轫的起点，是因为创作主体发生了根本性的变化。由于推广科举制和重修《姓氏录》等重大举措，使得这一时期的庶族地主真正步入了政坛，他们不可能再像六朝士族那样以罕关庶务、挥麈谈玄为时尚，支配他们的主要思想也已不再是虚玄出世的道家理论，而是积极入世的儒家学说了。历史给了他们前所未有的机遇，使他们能够成为真正意义上的布衣卿相。因而，他们笔下的诗歌，便不再是显露修养、卖弄才华的工具，而是指点江山、言志抒怀的手段。

“初唐四杰”属于“年少而才高、官小而名大”一类的人物，代表了那些亟欲跻身政坛，渴望施展抱负的下层知识分子。仕途的波折，命运的坎坷，使他们的诗歌更多的是用来抒写其“幽忧孤愤之性”“耿介不平之气”[8]：

> 城阙辅三秦，风烟望五津。与君离别意，同是宦游人。海内存知己，天涯若比邻。无为在歧路，儿女共沾巾。（王勃《送杜少府之任蜀州》）
>
> 烽火照西京，心中自不平。牙璋辞凤阙，铁骑绕龙城。雪暗凋旗画，风多杂鼓声。宁为百夫长，胜作一书生！（杨炯《从军行》）
>
> 陇阪高无极，征人一望乡。关河别去水，沙塞断归肠。马系千年树，旌悬九月霜。从来共呜咽，皆是为勤王。（卢照邻《陇头水》）
>
> 西陆蝉声唱，南冠客思侵。那堪玄鬓影，来对白头吟。露重飞难进，风多响易沉。无人信高洁，谁为表予心？（骆宾王《在狱咏蝉》）

7　吴经雄：《唐诗四季》，辽宁教育出版社，1997年，第12页。

8　下述诗句均见《全唐诗》，中华书局，1960年。

这里面有仕途的坎坷，但坎坷并非绝望；有命运的悲凉，但悲凉并非消沉；有羁旅的乡愁，但乡愁并非凄凄楚楚；有人生的不平，但不平并非恩恩怨怨。说到底，就像王勃在《夏日诸公见访诗序》中所说的那样，他们毕竟是“坎坷于唐尧之朝，憔悴于圣明之代”的知识分子，因而可以将毕生的坎坷和内心的悲凉化为一身正气，满腔热忱地喷涌出来。至此，诗歌才开始大规模地走出宫廷台阁，重新移向江山朔漠，重新恢复了创作的活力；至此，真正意义上的唐诗才揭掉了六朝的面纱，露出了自己青春的容颜。

“四杰”的诗歌成就是多方面的。除了清新隽永的五律之外，铺张扬厉的歌行体也具有较高的成就。这后一方面，要首推卢照邻的《长安古意》和骆宾王的《帝京篇》。闻一多认为，卢、骆的歌行体是用铺张的赋法膨胀过了的乐府新曲，而乐府新曲又恰是宫体诗的一种新的发展，所以它们实际上是改造了的宫体诗。这说法能否成立还有待于进一步的研究，但是，其“玉辇纵横过主第，金鞭络绎向侯家”的浪子气度比那些遮遮掩掩的臣妾情怀确有几分潇洒可爱；其“俱邀侠客芙蓉剑，共宿娼家桃李蹊”的任侠风格比那些偷偷摸摸的变态心理确有几分坦荡自如；其“专横意气本豪雄，青虬紫燕坐春风”的得意之状比那些蝇营狗苟的侍从嘴脸确有几分动人之处。此外，还有那“三条九陌丽城隈，万户千门平旦开”的视野，还有那“小堂绮帐三千户，大道青楼十二重”的奢华……总之，这肆无忌惮的语言，这龙腾虎跃的节奏，是前此以往的宫体诗中不曾有过的，“这癫狂中有战栗，堕落中有灵性”[9]，即便说它是宫体诗，也同样显示出了万象更新的初唐英姿。

初唐诗坛真正起领军作用的是陈子昂。首先，就生活经历而言，“初唐四杰”虽已经表达了庶族地主阶级建功立业的激情和抱负，但他们毕竟没有在重大的政治活动中起到重要的社会作用，而官至麟台正字、右拾遗的陈子昂则是一位很有胆略的政治家。他经历坎坷，饱受宠辱，既曾献策于宫廷，也曾杀敌于疆场，既曾被武后垂顾于台阁，也曾被奸佞陷害于牢狱。丰富的政治经验使他的思想更为成熟，而较高的社会地位也使他的观点更受重视。可以说，他是已经成熟的庶族政治家的真正代表。其次，与生活经历相关，在审美创造上，“初唐四杰”虽然对扭转六朝遗风起到了不可抹杀的作用，但毕

9 《闻一多全集》，第3卷，开明书店，1982年，第14页。

竟属于积极的尝试和朦胧的探索。而陈子昂则不仅有更加自觉的否定精神，而且有更为明确的建设意图。他在《与东方左史虬修竹篇序》一文中写道：

> 东方公足下：文章道弊五百年矣。汉、魏风骨，晋、宋莫传，然而文献有可征者。仆尝暇时观齐、梁间诗，彩丽竞繁，而兴寄都绝，每以永叹。思古人常恐逶迤颓靡，风雅不作，以耿耿也。一昨于解三处见明公《咏孤桐篇》，骨气端翔，音情顿挫，光英朗练，有金石声。遂用洗心饰视，发挥幽郁。不图正始之音，复睹于兹，可使建安作者相视而笑。[10]

此文在唐代审美文化的历史进程中，具有十分重要的经典意义。我们知道，早在王勃的《上吏部裴侍郎启》、杨炯的《王勃集序》、卢照邻的《乐府诗杂序》等文章中，即已表现出对六朝文风的不满，卢照邻的《南阳公集序》中甚至已出现了“两班叙事，得丘明之风骨；二陆裁诗，含公干之奇伟”的文句。但他们还没有像陈子昂这样明确地标举“风骨”、倡导“兴寄”，以回归汉魏的“复古”途径来实现超越晋宋的“革新”目的。此文一出，震聋发聩！它既符合了历史的要求，亦明确了前进的方向；既打出了鲜明的旗帜，又设计了可行的策略。因此，陈子昂的这篇短文，一向被视为重新确立唐代诗文风气之“主旋律”的纲领性文献。

陈子昂不仅有自觉的理论，而且有丰富的实践。他的感遇诗雄浑沉郁，对杜甫倡导“风雅”的诗风产生了直接的影响；他的写景诗遒劲爽朗，对李白注重“风骨”的诗风形成了重要的启示；他的边塞诗刚健朴实，对高适倾心“寄兴”的诗风开辟了崭新的途径；他甚至还写过几首清新隽永、颇具禅味的山水诗，很难说没有对后来追求“平淡”诗风的王维产生过影响……或许，陈子昂本人并没有留下第一流的艺术文本，但盛唐诗歌中的所有萌芽似乎都在他这里滋生着、孕育着。因此，方回称其为“唐诗之祖”（《瀛奎律髓》），韩愈赞其曰：“国朝盛文章，子昂始高蹈。”（《荐上》）[11]杜甫称誉道：“有才继骚雅，哲匠不比肩。公生扬马后，名与日月悬。”（《陈拾遗故宅》）[12]元好问赞

10　郭绍虞：《中国历代文论选》第2册，上海古籍出版社，1979年。

11　《全唐诗》，中华书局，1960年。

12　《全唐诗》，中华书局，1960年。

扬道："沈宋横驰翰墨场，风流初不废齐梁。论功若准平吴例，合著黄金铸子昂。"（《论诗三十首》）[13]

（此文为陈炎、李红春合作，发表于《齐鲁学刊》2001年第6期）

13　郭绍虞：《中国历代文论选》第2册，上海古籍出版社，1979年。

儒、释、道与李、杜、王

盛唐是经济繁荣的时代、是政治昌明的时代，同时也是一个儒、释、道三足鼎立、多元并存的时代。处在这样一种特殊的文化背景之中，几乎没有任何一个流派、任何一个作家能够体现一种纯而又纯的宗教信仰和哲学理念。以流派而论，“边塞诗”体现了儒家积极进取、建功立业的入世思想，却不乏道教奇异的想象和幻觉的色彩；“山水诗”体现了道教回归自然、遗世高蹈的浪漫情怀，却不乏佛教恬淡的趣味和静谧的境界；“田园诗”体现了佛教超凡脱俗、因色悟空的境界，却不乏道教出世的追求和独善的理想……就作者而论，李白受过道教的符箓，每以“谪仙”见称，但又自名“青莲居士”，用佛典作为自己的别号；杜甫世代书香，常以“穷儒”自命，但又“身许双峰寺，门求七祖禅”，成为北宗的信徒；王维深受佛教的影响，写过《能禅师碑》，但也“愿奉无为化，斋心学自然”，颇似老、庄的传人……因此，那种想在文学领域中为儒、释、道三家找到一一对应的现象，并泾渭分明地将其罗列出来的做法显然是徒劳的。然而，三家的影响虽然是复杂的、交叉的、相互渗透的，但又是至深至远、不可忽视的。换言之，尽管我们不能从绝对的意义上分清某一流派或某一作者的艺术品纯为某家思想的直接体现，却可以从相对的意义上将某一流派或某一作家的作品看成是某家思想的典型表征。

正是在这一意义上，探讨道、儒、释与李、杜、王之间的内在联系，便有了个案分析的典型意义。此一研究，不仅有助于理解不同的宗教信仰和意识形态在诗歌艺术中的不同体现，而且可以从另一个层面上来揭示唐诗繁荣的深层原因。

一

道教之所以成为唐代的“国教”，从一开始就有着很大的功利动机。我们知道，李氏宗族虽系北周贵姓，但依传统观点看，这种关陇贵族远不能与山东士族比高低。因此，出于政治上的需要，初唐时期的李渊、李世民都自称是李耳的后代，利用道教来抬高自己的门第，以同门阀势力相抗衡。直至高宗、中宗等皇帝，也都给道士以很高的地位，把道教排在儒、佛的前面。相反，武则天、韦皇后所代表的外戚势力在争夺皇位的时候，又都弘扬佛法而贬低道教，置僧尼于道士之上。到了睿宗以后的盛唐时期，儒、释、道三家不分先后、同兴并举的政策以皇帝诏书的形式被正式确定下来，而人们对道教所采取的实用主义的功利态度也不知不觉地被保存了下来。因此，唐代的道士，大多是一些既要成仙、又要成名，既要长生不老、又要大济苍生，既要躲进深山、又要垂顾于圣上的复杂人物。而“诗仙”李白，正是这其中的一位代表。

李白的一生始终挣扎在的“仕”与“隐”的纠葛之中，这位“十五游神仙，仙游未曾歇”“云卧三十年，好闲复爱仙”的“谪仙人”并没有像大多数热衷于功名、渴望于官场的儒家学者那样，沿着寻常的科举道路，一科一试地寻求功名，而是遍谒诸侯、游历天下，在大自然的湖光山色中一路求仕、一路访仙、一路拜师、一路狎妓、一路吟诗、一路弹琴，因风流倜傥而受到了当时的道教大师司马承祯的高度评价，最终以罕见的文才而受到玄宗皇帝的破格召见，先有“降辇步迎，以七宝床赐食于前”的礼遇，后有“力士脱靴”“才人研墨”的佳话。然而，这条“终南捷径”没走多远，他的生活道路便出现了坎坷，先是以“赐金放还”而再次漂泊，后又入“永王幕府”而获罪朝廷。

因此，他痛苦、他愤怒，他总有一种怀才不遇的不满，他总有一种壮志未酬的遗憾。然而所有这一切，并不能说明李白对道教的信仰只是一个幌子，更不能说明道教的文化对他的熏染不深。恰恰相反，如果没有道教的习性，李白或许不会被“赐金放还”；如果没有道教的影响，李白也不可能有这样的诗风。

李白不仅正式履行过入教仪式，成为受过符箓的道士，而且在生活方式和情感方式上也丝毫没有儒家的严谨和佛家的悲观，而是一派道家的洒脱、道教的狂放。我们知道，与佛教的普度众生和祈求来世不同，道教是一种珍视个体生命并渴望现世快乐的宗教。因此，道教没有空、幻、寂、灭的禁欲色彩，而是充满了喝酒谈玄、散发弄舟、长生不老、成仙成神的享乐情绪。与此同时，道教还网罗了当时医学、化学、物理学的成果，一方面把老、庄哲学中固有的主静全真的理论变成养生疗法，一方面又企图炼出使人长生不老的仙丹妙药。除此之外，道教还广泛采集了南方的巫术，将悬苇刻桃发展为驱邪的符箓，将膏唾禁祷发展为逐魔的咒语，将祭祀巫仪发展为求仙的斋醮。这种神仙、养生、服丹、避疾之术无非是表现了道教所追求的终极目的——生存的欲望和享乐的欲望。为了实现自己的欲望，唐代的道士不乏交结政要、甚至直接做官的人物，因而素有“外道内儒”之称；为了实现自己的欲望，唐代的女冠不乏交结名士，甚至卖弄风流的行为，因而素有“外道内娼”之说。这种过分自由的生活态度或许并不值得效法，但它却大大地破除了艺术的禁忌，充分地拓展了审美的空间。而所有这一切，在李白的生活和创作中都得到了淋漓尽致的体现。

李白的一生可谓潇洒。少年时代，他便显示出惊人的天赋、罕见的才华，他“五岁诵六甲”“十岁观百家”，不仅诗写得好，而且能骑能射、能剑能舞、能琴能书，即使是在获罪于朝廷之后，仍然以诗名受到朝野人士的广泛关注，所谓“新诗传在宫人口，佳句不离明主心”，直至赋《临终歌》而与世长辞，仍不改其文人的浪漫、道士的洒脱。

李白诗作散失颇多，然至今尚存900余首，内容丰富多彩，风格清新豪放，充分显示了道教文化的审美品格。从文化资源上看，道教不仅承继了老、庄“彷徨乎尘垢之外，逍遥乎无为之业”的浪漫情怀，以及《南华经》“以卮言为曼延，以重言为真，以寓言为广”的创作态度，而且大量吸收了《山海经》《楚辞》乃至民间传说中的神话成分，构成了一个等级森严、体系庞大的神仙体系，描绘了一群长生不死、童颜永驻、优哉游哉的至人真人，有着巨大的想象空间和夸张余地。

受道教的影响，李白的诗歌充满了大胆的想象和奇异的夸张，常常出语惊人、行文跌宕，其中一些作品带有明显的游仙色彩，显然受道教的直接影响。例如，《古风》第五首中先写其“西上莲花山，迢迢见明星。素手把芙蓉，虚步蹑太清”的游仙之举，继之与“俯视洛阳川，茫茫走胡兵”的人间现实形成鲜明的对照。《梁甫吟》先以“我欲攀龙见明主，雷公砰訇震天鼓”“阊阖九门不可通，以额扣关阍者怒”的仙路不通来隐喻仕途的受阻，继之“猰貐磨牙竞人肉，驺虞不折生草茎”的神化传说来影射现实的黑暗。《西岳云台歌送丹邱子》则在九重天、蓬莱境的环境下先将明星、玉女、麻姑、大帝这些道教传说中的仙人与自己的好友元丹邱混杂在一起，最后写自己与道友二人饮玉液琼浆、骑茅龙升天的故事。奇奇怪怪，不可端倪。在传说与想象中幻化着自己真实的情感。至于《梦游天姥吟留别》，更是借梦游的方式写出了“霓为衣兮风为马，云之君兮纷纷而来下。虎鼓瑟兮鸾回车，仙之人兮列如麻”的群仙起舞的景象，并以仙界的美好来反衬世俗的龌龊……

与其说游仙是为了寻道，不如说是为了寻己，因为寻道成仙者不是别人，正是自己。因此，李白诗中始终有着一个愤世疾俗、遗世高蹈、特立独行的主体形象。

> 懒摇白羽扇；裸体青林中。脱巾挂石壁，露顶洒松风。（《夏日山中》）
>
> 肠断枝上猿，泪添山下樽。白云见我去，亦为我飞翻。（《题情深树寄象公》）

这种道教的“有我之境”显然有别于佛教的“无我之境”。即使在反映世俗生活的诗歌中，李白的主体形象也是极为鲜明的。失意时，他大喊“大道如青天，我独不得出!”得意时，他高唱“仰天大笑出门去，我辈岂是蓬蒿人!”既不似儒家的温柔敦厚，也不似佛教的空澈澄明。

道教美学对李白的影响是广泛的、全方位的，除上述“游仙色彩”和“有我之境”的直接体现外，更多的情况是具有想象、夸张、神化色彩的间接影响。

> 君不见黄河之水天上来，奔流到海不复回。君不见高堂明镜悲白发，朝如青丝暮成雪。人生得意须尽欢，莫使金樽空对月。天生我材必有用，千金散尽还复来……（《将进酒》）
>
> 弃我去者，昨日之日不可留；乱我心者，今日之事多烦忧……抽刀断水水更流，举杯消愁愁更愁。人生在世不称意，明朝散发弄扁舟。（《宣州谢朓楼饯别校书叔云》）
>
> 噫吁戏！危乎高哉，蜀道之难，难于上青天。蚕丛及鱼凫，开国何茫然。尔来四万八千岁，不与秦塞通人烟。西当太白有鸟道；可以横绝峨眉巅。地崩山摧壮士死，然后天梯石栈相钩连……（《蜀道难》）
>
> ……头陀云月多僧气；山水何曾称人意，不能鸣笳按鼓戏沧流，呼取江南女儿歌棹讴。我且为君槌碎黄鹤楼，君亦为吾倒却鹦鹉洲。（《江夏赠丰南陵冰》）

从内容上讲，李白在和谐的意境中加入了一些不和谐的成分。使诗人那桀骜不驯的气质和愤世嫉俗的情怀同环境的险恶、仕途的艰难形成了鲜明的对比和强烈的冲突，诗的意境也便随之而波澜起伏、动荡不安。其气魄之宏大、言辞之激烈，是前所未有的。从形式上看，李白具有娴熟的律诗功底，但他又善于在古体中大做文章，常常在稳定的结构中，有意加入一些不稳定的因素。这些诗虽然以七言为主要格式，但随着情感的起伏又不断打破这一格式，既以七言为主，而又长短不一。在用韵上，诗人也十分随便，仿佛一时兴起，冲口而出，时而一韵到底，时而频频换韵，不受约束，浑然天成。这样一来，李白诗给人的感受便不再是单纯的舒适和轻松的快感，还夹杂着动荡中引起的振奋，冲突中获得的高扬。这一切，在美学上便不再是优美，而是壮美，乃至接近于崇高了。

当然了，将这一切仅仅归因于道家和道教的影响，也不确切，如果没有盛唐时代强盛的国力和开明的政治为背景，恐怕任何诗人也不可能有如此之大的胸襟和气魄。明人高棅《唐诗品汇》云："诗至开元、天宝间，神秀声律，粲然大备，李翰林天才纵逸，轶荡人群。"论之可谓恰切。事实上，所谓李诗者，正是由于道家、道教的美学种子在"开元盛世"的历史土壤中生根、发芽，并最终结成的艺术花朵，惟其如此，它才显得那样清纯、烂漫，那样绚丽、多姿。

二

佛教虽非唐代的国教，却比道教有着更为深厚的文化土壤。与追求长生不老、羽化升仙的道教不同，佛教对现实世界抱有极大的悲观态度，因而禁欲、出世、忘我不是其扬名的手段，而是其真正的追求。尽管佛教的经籍甚广、派别甚多，但究其大意则尽在一个"空"字。所谓"有法知不染""无心世界闲"，只要心空、意不乱，整个世界自然也就成了清凉之所、寂静之地，白云苍狗也好，飞鸟鸣蝉也罢，只不过是心的幻影、意的杂念而已。不仅对象是"空"的，就连主体自身也是"空"的，"僧问：'如何是解脱？'师曰：'谁缚汝？'问：'如何是净土？'师曰：'谁垢汝？'问：'如何是涅槃？'师曰：'谁将生死与汝？'（《五灯会元》卷五）说到底，只有放弃对主体自身的执着，才能够真正做到"四大皆空"。于是，诗歌中的"有我之境"便自然过渡到了"无我之境"，这便是佛教美学的精华所在了。

正像"诗仙"李白将道家的美学理想推向了盛唐时代的历史峰巅一样，被誉为"诗佛"的王维则将佛家的美学境界演绎到了出神入化的地步。同李白一样，王维也具有罕见的才华，他不仅诗文绝佳，而且精通音律、书法和绘画，所到之处，"凡诸王附马豪右贵势之门，无不拂席迎之"，其才气不可谓不大。然而他却不像李白那样，哭着喊着要去施展自己的才华，说什么"天生我材必有用，千金散尽还复来!”在他的眼里，似乎有才没才，有用没用，有金没金，并不是人生最为重要的事情，用不着为此而天天烦恼、愤愤不平。因此，什么“文人相轻”啦，什么“恃才傲物”啦，这些中国古代知识分子很难克服的毛病，在他的身上却丝毫也找不到踪影。王维20岁便进士及第，然后几乎是步步青云，直做到尚书右丞的位置，仕途不可谓不显达。但是他却不像杜甫那样，怀着一腔忠贞报国之心，非要得到明主的顾遇不可，而是亦官亦隐，激流勇退，一再请求皇帝把他“放归田里”，好让他“苦行斋心”，“奉佛报恩”。《旧唐书》本传说他：“在京师日饭十数名僧，以玄谈为乐，斋中无所有，唯茶铛、药臼、经案、绳床而已。”这与“赐金放还”后仍“着官服锦袍坐舟中，旁若无人”的李白形成了鲜明的对比。中国古代虽有“大隐住朝市，小隐入丘樊”的说法，但很少有人能够像王维那样，身在九五之侧，却始终能够与统治集团保持心理上的距离。这或许正是王维令人着迷、令人羡慕、令人百思不得其解的地方。

是王维天性木讷、生来如此吗?读过王诗的人都知道，王维其实是一个既具豪侠之气，又具儿女情长的人。倘非如此，他又怎么可能写出“新丰美酒斗十千，咸阳游侠多少年。相逢意气为君饮，系马高楼垂柳边”的游侠之诗呢?若非如此，他又如何能够留下“渭城朝雨浥轻尘，客舍青青柳色新。劝君更进一杯酒，西出阳关无故人”这类脍炙人口的诗篇呢?究其原因，是由于王维的内心深处始终潜藏着一汪清溪、一片净土、一块四大皆空的修为之地。

王维的母亲曾师事北宗神秀的弟子大照禅师三十余载，是一个笃信禅宗的佛教徒。王维本人则与南宗有着更多的交往，曾在六祖圆寂之后亲笔撰写《能禅师碑》。因此，他虽然仕途畅达，但长期过着亦官亦隐的生活。就个人修养和造诣而论，王维不仅诗文、书画、音律样样精通，而且早年有儒家的抱负、中年具道家的风采、晚年得佛家的精髓，很符合中国古代知识分子“入于儒，出于道，逃于佛”的人格理想。因此，如果说李白的诗歌是借助道教的意象而导致的壮怀激烈、辉煌绚烂，那么王维的诗歌则是借助佛教的休养而于绚烂之极归于平淡。这种登峰造极的平淡之作便是其晚年在《皇甫岳云溪杂题》和《辋川集》中的那些山水田园诗。

人闲桂花落，夜静春山空。月出惊山鸟，时鸣春涧中。(《鸟鸣涧》)

独坐幽篁里，弹琴复长啸。深林人不知，明月来相照。(《竹里馆》)

空山不见人，但闻人语响。返景入深林，复照青苔上。(《鹿柴》)

木末芙蓉花，山中发红萼。涧户寂无人，纷纷开且落。(《辛夷坞》)

在这里，所有的怀疑彷徨、急躁紧张、焦虑烦恼都不见了，所有的功名利禄、是非恩怨、荣辱毁誉都消失了。从“人闲桂花落”到“林深人不知”，再从“空山不见人”到“涧户寂无人”，创作主体一步一步地退出了诗歌的境界，隐藏在大自然的春山明月、茂林修竹之中，伴花开花落而起舞，随碧涧红尘而飘荡。在这里，我们无法深究“人闲”与“桂花落”是一种什么样的关系，也无须深究“夜静”和“春山空”是一种什么样的关联。一切是那样的寂静，一切是那样的晶莹，仿佛那一山一石、一草一木都蕴含着一种神秘的、不可抗拒的美……难怪胡应麟感到“读之身世两忘，万念皆寂”呢！难怪沈德潜称其“不用禅语，时得禅理”呢！原来，这便是“诗中有画”，这便是“画中有诗”；这便是“空”，这便是“寂”，这便是“禅”了。

因此，尽管王维的才能是多方面的，但其最大的才能莫过于在方寸之中显示宇宙的宏大，在空寂之中包容人生的无穷；尽管王维的贡献是多方面的，但其最大的贡献莫过于将佛家的境界转化为艺术的境界、将禅宗的精神转变为艺术的精神。这，便是“盛唐之音”的第二重旋律了。

三

与道教和佛教不同，儒家思想虽不是一种宗教，却始终支配着唐代社会的政治生活，从而也间接地影响着盛唐时代的美学风貌。具体来说，从“安史之乱”以前，此一影响主要表现为“边塞诗派”的崛起，而“安史之乱”以后则诞生了以“诗圣”著称的第三位文学巨人——杜甫。

杜甫与李白和王维的差异，既表现在文化资源的不同取舍上，又表现在历史境遇的不同感受上。就文化背景而言，杜甫是晋代名将兼宿儒杜预的后代，其家族具有“奉儒守官，未坠素业”的传统，因而很容易使其产生“致君尧舜上，再使风俗淳”（《奉赠韦左丞丈二十二韵》）的入仕抱负。就历史境遇而论，杜甫比李白和王维晚生十一年，其主要的生活和创作经历均在“安史之乱”以后，因而很容易使其产生“穷年忧黎元，叹息肠内热”（《自京赴奉先县咏怀五百字》）的济世情怀。因此，他的诗主要不是面向自然的，而是面向社会的；不是抒发个人理想的，而是描写时事苍生的。这也正是他被誉为“诗圣”的原因所在。

杜甫的诗歌所反映的社会内容要远比李白和王维更为丰富，上至帝王、将相，中至文人、官吏，下至田父、船夫，都是他诗中的人物。社会的动荡，仕途的坎坷，使诗人在颠沛流离之中广泛接触到了下层生活，从而在《哀江头》《悲陈陶》《塞芦子》《洗兵马》以及著名的“三吏”“三别”中具体而微地反映了“安史之乱”期间民间的痛苦和不幸，使这些作品具有了“诗史”的意义。更为难能可贵的是，在那个“白骨露于野，千里无鸡鸣”的时代里，他能够以一种真正的“仁者之心”将普通人的悲欢离合化为自己的喜怒哀乐；在那个“朱门酒肉臭，路有冻死骨”的社会里，他能够以“民为本，社稷次之，君为轻”的立场来痛斥人间的不平。因此，在他的作品中，既有“夜深经战场，寒月照白骨”（《北征》）的描写，也有“请为父老歌，艰难愧深情”（《羌村三首》）的感伤；既有“吏呼一何怒，妇啼一何苦”（《石壕吏》）的叙述，也有“人生无家别，何以为蒸黎”（《无家别》）的喟叹；既有“朝廷虽无幽王祸，得不哀痛尘再蒙”（《冬狩行》）的劝谏，又有“安得广厦千万间，大庇天下寒士俱欢颜”（《茅屋为秋风所破歌》）的期望……读之令人下千秋热泪、断百转愁肠。

杜甫的诗歌不仅在思想上极富有儒家的民本思想和入世情怀，而且在艺术上也充分体现了儒家美学严谨整饬的形式特点和沉郁顿挫的忧患意识。

国破山河在，城春草木深。感时花溅泪，恨别鸟惊心。烽火连三月，家书抵万金。白头搔更短，浑欲不胜簪。（《春望》）

细草微风岸，危樯独夜舟。星垂平野阔，月涌大江流。名岂文章

著，官应老病休。飘飘何所似，天地一沙鸥。(《旅夜抒怀》)

昔闻洞庭水，今上岳阳楼。吴楚东南坼，乾坤日夜浮。亲朋无一字，老病有孤舟。戎马关山北，凭轩涕泗流。(《登岳阳楼》)

风急天高猿啸哀，渚清沙白鸟飞回。无边落木萧萧下，不尽长江滚滚来。万里悲秋常作客，百年多病独登台。艰难苦恨繁霜鬓，潦倒新停浊酒杯。(《登高》)

丞相祠堂何处寻，锦官城外柏森森。映阶碧草自春色，隔叶黄鹂空好音，三顾频烦天下计，两朝开济老臣心。出师未捷身先死，长使英雄泪满襟。(《蜀相》)

玉露凋伤枫树林，巫山巫峡气萧森。江间波浪兼天涌，塞上风云接地阴。丛菊两开他日泪，孤舟一系故园心。寒衣处处催刀尺，白帝城高急暮砧。(《秋兴八首》之一)

如果说，李白是以无限的激情冲破了有限的形式，那么杜甫则是在有限的形式中开拓着无限的境界。杜甫显然比李白更讲究格律，但他却不像南朝及初唐诗人那样刻意求工、寻章摘句，而是将那些外在的规定积淀为内在的要求。正所谓“文质半取，风骚两挟。言气骨则建安为传，论宫商则太康不逮”(殷璠《河岳英灵集集论》)。由于他能够将严格的法度和开张的气势完美地结合在一起，从而使人们在抑扬顿挫的旋律中感受到“风骨”的力量。如果说，李白以独特的气质，冲破了南朝文学的樊篱和桎梏，那么杜甫则以罕见的才华，使得晋、宋以来对音韵规律的探索自觉地服务于艺术境界的追求。相比之下，杜甫诗虽不及李白诗的宏伟、瑰丽，虽不及王维诗的含蓄、隽永，却自有李、王二人所不具备的雄浑、深沉。他的作品虽然苍凉，但绝不凄惨；尽管悲怆，却毫不绝望。在那“星垂平野阔，月涌大江流”的诗句中，我们仍然可以感受到一种在压力面前崛然而起的雄健之风；在那“无边落木萧萧下，不尽长江滚滚来”的诗句中，我们依然可以感受到一种在危难面前从容不迫的阳刚之气。这胸襟，这气度，非盛唐诗人所不能具有，非盛唐作者所无法驾驭。所以，我们不能接受那种将杜诗排斥在“盛唐之音”以外的做法（参见李泽厚《美的历程》），而应将其看成是“盛唐之音”的第三重旋律。

总之，如果没有道、佛、儒这三大文化资源的长期酝酿，就不可能有三重旋律的“盛唐之音”，也就不可能有李白、杜甫、王维的各领风骚。抛开信仰体系和价值观念不谈，三大文化资源在他们身上的审美体现也是极具特征的。从创作过程来看，如果说李白仰仗的是天才，是“敏捷诗千首，飘零酒一杯”（杜甫《不见》）；杜甫依靠的是勤奋，是“读书破万卷，下笔如有神”（杜甫《奉赠韦左丞丈二十二韵》）；王维则凭借的是悟性，是“兴来每独往，胜事空自知”（王维《终南别业》）。从创作结果来看，如果说李白以激情胜，如黄河决口、洪水泛滥，一发而不可收拾，所谓“笔落惊风雨，诗成泣鬼神”（杜甫《寄李十二白二十韵》）；杜甫以功力胜，如老吏断案、庖丁解牛，游刃有余而又不失法度，所谓“为人性僻耽佳句，语不惊人死不休”（杜甫《江上值水如海势聊短述》）；王维则以境界胜，如霁云微雨、古潭幽涧，令人气静而神宁，所谓“白法调狂象，玄言问老龙”（王维《黎拾遗昕裴秀才迪见过秋夜对雨之作》）。从美学风格来看，李白的诗善渲染、善夸张，能够把微小的事情搞得轰轰烈烈，将那些隐蔽的情感弄得沸沸扬扬；杜甫的诗善凝聚、善浓缩，能够将包罗万象的世界汇集为只言片语，把错综复杂的情感表述得井然有序；王维的诗则善隐藏、善含蓄，既不像李诗的天马行空，也不像杜诗的力透纸背，而是要在天外行马、纸外言诗，给人以想象的空间和回味的余地。简言之，李诗注重自我的情怀，杜诗注重外界的物象，王诗则物我两忘了。打个不恰当的比方，李诗是高粱二锅头，提神醒脑；杜诗是曲香老酒，口感绵厚；那么王诗呢，或许是一杯无色无味、晶莹剔透，而又不乏微量元素的矿泉水，同样上得了大席面……长期以来，学术界关于是扬李抑杜还是扬杜抑李的争论几成公案，然而以审美文化的宏观视野来看，正如儒、释、道同兴并举的局面是古代社会不可多得的历史机遇一样，李、杜、王各放异彩的盛况正是古代艺术不可逾越的峰巅。这个峰巅不叫别的，它名之为“盛唐”！

（此文发表于《中国文化研究》2001年9月秋之卷）

儒、释、道对中唐诗歌的影响

一般认为，唐代诗歌有两个高峰，一个是在开元、天宝前后的盛唐时期，一个是在贞元、元和前后的中唐时代。就气势的恢弘、兴象的饱满、大师的成就而言，中唐似不及盛唐；然而若就个性的显露、种类的繁多、流派的纷呈而论，中唐则有过于盛唐。受社会风尚的影响，中唐虽然没有出现李白、杜甫、王维之类的一流大师，但也出现了白居易、李贺等举足轻重的人物，更为重要的是，在他们的前后左右，出现了一大批各有追求、各具特色的诗人，形成了一幅英才辈出、群星灿烂的审美画卷。

处在中国封建社会由前期向后期的转折阶段，中唐时期的审美风尚出现了前所未有的分流乃至裂变。在儒、释、道不同文化资源的助动下，盛唐时代即已出现的不同美学倾向进一步分裂、对峙，并向着极端的方向发展。在这里，不同的诗人、作家都在寻求着、探索着，并逐渐形成了较为自觉的审美理想和相对明晰的流派界限。在这诸多的美学流派中，我们择其大端，似可分成“浅切派”“险怪派”“隐逸派”三支。不难看出，它们的思想源流亦与儒、释、道三家有着相当紧密的内在关联。

一、元、白“浅切派”

随着社会生活的不断发展，儒家的美学思想在不同时期有着不同方式的展露和体现。初唐时代，由于科举制度的实施、士庶地位的转变，使得这个新王朝中的知识分子有了实现个人理想、参与社会变革的历史机遇，故而儒家的美学理想主要体现在知识分子急欲建功立业、渴望大济苍生的社会抱负上，于是便有了王、杨、卢、骆的“扫荡文场”和陈子昂的“风骨”“兴寄”。盛唐时代，由于国家实力的增强与转变，庶族地主阶级在政治上的成熟与发展，使得个人的理想与社会的环境更加紧密地融合在一起，这时的知识分子已真正面临着江山与朔漠，故而儒家的美学理想便不再体现为笼统的积极入世，而具体为切实承担的改变社会现实的历史责任，于是便有了边塞诗派的壮怀激烈与杜甫等人的忧患黎元。中唐时代，情况又发生了新的变化，抱着“中兴”的幻想，这一时期的知识分子急需要解决“安史之乱”所遗留下来的一系列社会矛盾和社会问题，因而不得不以更加急功近利的态度来择取儒家美学思想中的“美刺”与“讽喻”，于是便有了以白居易、元稹为代表的“新乐府运动”，从而在诗歌艺术上形成了我们所要说的“浅切派”。

所谓“乐府”原是指掌管音乐的官方机构。从秦始皇陵墓附近出土的编钟上的篆刻文字可知，早在秦代即已有乐府机构的设置。汉因秦制，并逐渐扩大了乐府机构的规模和职能，尤其是汉武帝时代，曾大规模地利用这一机构采集民歌，遂有了“感于哀乐，缘事而发”的汉乐府民歌。于是，“乐府”一词便逐渐由音乐机构转变为诗体的名称。最初的乐府诗都是入乐的歌辞，且大多来自民间，语言生动、形式自由、主题明确，有点类似于流行歌曲。两汉、南北朝以来，不少文人袭用旧题曲名，进行拟乐府的创作。开始的时候，这些拟作仍然可以入乐，且主题与原作相去不远，如《行路难》写山川险恶、《将进酒》写饮酒放歌等。但到后来，大部分拟乐府已无法入乐，有的甚至连主题也与原作相去甚远了。如汉代的乐府名篇《有所思》原是用来描写男女恋情的，而南朝宋代的何承天则用此旧题来写思念双亲，唐代的李白竟用它来写求仙问道。到了杜甫那里，则更进了一步，即在用旧题的同时大胆自创新题，其《悲陈陶》《哀江头》《兵车行》《丽人行》等歌行之作，率多“即事名篇，无复依傍”，开创了“新乐府”的先河。

既然这种新的诗歌创作在音乐和主题方面均与乐府旧题之间失去了联系，又何以称之为“乐府”呢？原来这新、旧乐府之间有着貌离而神合的关系：在内容上，新乐府继承了汉乐府“感于哀乐，缘事而发”的民歌精神；在形式上，新乐府继承了汉乐府语言生动、篇章自由的民歌体式。而这一切，刚好符合元、白等人利用诗歌来“补察时政”“泄导民情”的需要，遂被自觉地发扬光大，以至成了一场声势浩大的文学运动。

从内容上看，这类作品涉及社会生活的方方面面，尤其是下层民众的苦难现实。如女工之劳（《缭绫》）、农夫之困（《杜陵叟》）、宫市之苦（《卖炭翁》）、冤民之哀（《秦吉了》）等，无不被诗人咀嚼咏叹，并通过他们展示了一幅五光十色的生活画卷。更为难能可贵的是，这些身为封建官吏的诗人作家却往往能够站在受剥削、受压迫的普通劳动者的立场上，来申诉他们的不幸遭遇，以控诉贫富的悬殊、社会的矛盾、人间的不平。显然，这些作品继承了儒家传统的民本思想，并发扬了杜甫诗歌的忧患意识。从形式上看，这些作品语言简朴、篇章自由，不作过分的渲染和描绘，也不去进行情景之外的意象探求，而是善于用“夫死战场子在腹，妾身虽存如昼烛”“农死有儿牛有犊，誓不遣官军粮不足”等白描手法来感动读者，常常以“一丛深色花，十户中人赋”“我愿此水作平田，长使水夫不怨天”等直白方式来抒发情感，以造成通俗易懂、明白晓畅的艺术效果，确乎具有汉乐府民歌的情趣和韵味。

然而，元白诗派进步的政治企图并不能保证其艺术和美学思想的合理性。我们知道，传统的儒家美学虽然强调“诗教”“乐教”，但总是力求在“情”与“理”、“物”与“我”、“文”与“质”等一系列矛盾冲突之中达到某种中庸调和的状态。而白居易等人为了使“新乐府运动”直接实现“救济人病，裨补时阙”（《与元九书》）的政治目的，企图创作一种“篇篇无空文，句句必尽规”（白居易《寄唐生》）的讽喻诗，因而便将“为君、为臣、为民、为物，为事而作”的政治标准与“为文而作”的艺术目的对立起来，从而使儒家美学中所固有的内在矛盾分裂、对峙，直至失衡。这种失衡和对立，既是儒家美学自身发展的必然结果，也是中唐时期社会矛盾的历史产物。

不过，尽管存有上述不足，我们也不能完全抹煞元白诗派的艺术成就。何况，在审美和艺术问题上，优点与缺点往往是一枚硬币的正反两面。元白诗派的浅显、质朴和直露有时也会产生特定的美学效应，成为他们得以扬名的优点所在。他们既不求文字的古奥怪诞，又不慕形式的花样翻新，一切都娓娓道来，恰似老翁面诉，从而造成一种明白如话、平易近人的美学风格。这种美学风格不但鲜明地体现在那些讽谏君王、揭露时弊、哀恤百姓的诗作之中，即便是那些一时逞才使气的闲适之作也在此种美学风格的浸染之下，如：

一道残阳铺水中，半江瑟瑟半江红。可怜九月初三夜，露似真珠月似弓。（白居易《暮江吟》）

自从江树秋，日日望江楼。梦见离珠浦，书来在桂州。愿同鱼比目，终恨水分流。久不开明镜，多应是白头。（王建《望行人》）

曾经沧海难为水，除却巫山不是云；取次花丛懒回顾，半缘修道半缘君。（元稹《离思诗五首》之四）

浅白平易的诗作，虽然难以博得士大夫阶层的赞誉，却往往能获得平民百姓的欣赏。这一点，从元稹对老友白居易诗歌流行盛况那不无夸张的描绘中可略见一斑。他曾在《白氏长庆集序》中说："然而二十年间，禁省、观寺、邮候墙壁之上无不书，王公妾妇、牛童马走之口无不道。至于缮写模勒，衒卖于市井，或持之以交酒茗者，处处皆是。其甚者，有至于盗窃名姓，苟求自售，杂乱间厕，无可奈何……自篇章已来，未有如是流传之广者。"从表面上看元白诗派之浅切平易美学风貌的形成与以王梵志为代表的初唐化俗诗僧派的影响不无相关，但两者又有明显的不同。就创作目的而言，化俗诗僧派意在为佛国净土多添一些佛种释子，而元白诗派则是出于为现实人生服务的动机；就所承继的艺术渊源而言，化俗诗僧派诗歌显然与佛偈一脉相承，而元白诗派则是对古乐府诗歌的刻意模仿。尽管如此，二者同为下层百姓所喜爱并得以远近传播，倒是一个不争的事实。

总之，作为中唐时代的儒家知识分子，元、白等人主动承担起拯时救世的义务与责任，遂将诗歌的社会功能发扬光大，求其为现实服务，从而走上了浅切、质朴的创作道路。作为中唐时代要确立自己艺术个性的诗人，元、白等人力图继盛唐杜甫之后出奇变新，独树一帜，因而也选择了浅切、质朴的创作风格。正是在这两种因素的交互作用下，儒家美学由极盛之后开始走向蜕变，从而为新的整合与生成提供了可能。

二、险怪之美的探索

就在以元稹、白居易为首的“新乐府运动”将诗歌引向功利、引向浅显的同时，另一批复杂而矛盾的人物则将诗歌引向超功利、引向险怪。赵翼《瓯北诗话》云：“中唐诗以韩、孟、元、白为最。韩、孟尚奇警，务言人所不敢言；元、白尚坦易，务言人所共欲言。”我们知道，作为“古文运动”的代表人物，韩愈曾举起“文以载道”的大旗，主张用儒家的思想来彰明道义。但作为“险怪派”诗歌的代表人物，韩愈在诗歌创作中却更多地汲取了道家和道教遗世高蹈的美学风格。如果说元、白等人的诗歌创作将杜甫原本已经贴近现实的新题乐府进行更加急功近利的发展，那么韩、孟等人的诗歌实践则是将李白原本已经远离生活的古体诗进行一种光怪陆离的引申。

韩愈在《调张籍》一诗中较为集中地表达了韩、孟诗派的美学思想：

> 李杜文章在，光焰万丈长。不知群儿愚，那用故谤伤。蚍蜉撼大树，可笑不自量。伊我生其后，举颈遥相望。夜梦多见之，昼思反微茫。徒观斧凿痕，不瞩治水航。想当施手时，巨刃磨天扬。……帝欲长吟哦，故遣起且僵。剪翎送笼中，使看百鸟翔。平生千万篇，金薤垂琳琅。仙官敕六丁，雷电下取将。流落人间者，太山一毫芒。我愿生两翅，捕逐出八荒。精诚忽交通，百怪入我肠。刺手拔鲸牙，举瓢酌天浆。腾身跨汗漫，不著织女襄。顾语地上友，经营无太忙。乞君

飞霞佩，与我高颉颃。

针对当时有人扬杜抑李的美学倾向，韩愈在这里不仅将李、杜二人相提并论，而且把李白放在了杜甫的前面。同李白一样，韩愈的诗作也以古体见长，不求工整，惟务自由；与李白一样，韩愈的诗歌也常作“独携无言子，共升昆仑颠”（《杂诗》）之类的神言仙语。然而，李白是一个真正的道教徒，尽管狂放不羁，但在神仙面前却自认无知：“遗我鸟迹书，飘然落岩间。其字乃上古，读之了不闲。”而韩愈却并不信道，因而在神仙面前并不买账：“乃知仙人未贤圣，护短凭愚邀我敬。我能屈曲自世间，安能从汝巢神山。”（《记梦》）可见，韩愈只不过是利用道教美学波诡云谲、想落天外的神秘意象来丰富自己的艺术表达能力罢了。由于没有信仰上的约束，使得其想象更加大胆、思绪更为奇特，不仅是奇思妙想，而且颇有些光怪陆离的味道了。更为重要的事，韩愈的这种创作倾向并不是孤立的，在他的前后左右，还有孟郊、卢仝、马异、皇甫湜、刘叉、李贺等一批以险为奇、以怪为美的诗人，从而形成了与元、白诗风截然不同的文化景观。

韩、孟诗派的险怪奇崛之风首先表现在艺术内容的开拓与美学趣味的深化上。尽管韩愈等人也有如《早春呈水部张十八员外二首》那样恬淡清丽、柔和婉约的轻快作品，但他们似乎更钟情于对丑陋可怖之意象的搜取，对动荡神秘之意境的营造，从而创造出一种惊心动魄、摄人心神的美学风格，如：

皇甫补官古贲浑，时当玄冬泽乾源。山狂谷很相吐吞，风怒不休何轩轩。摆磨出火以自燔，有声夜中惊莫原。天跳地踔颠乾坤，赫赫上照穷崖垠。截然高周烧四垣，神焦鬼烂无逃门。三光弛隳不复暾，虎熊麋猪逮猴猿。水龙鼍龟鱼与鼋，……项冥收威避玄根，斥弃舆马背厥孙。缩身潜喘拳肩跟，君臣相怜加爱恩。命黑螭侦焚其元，天关悠悠不可援。梦通上帝血面论，侧身欲进叱于阍。帝赐九河湔涕痕，又诏巫阳反其魂。……（韩愈《陆浑山火和皇甫湜用其韵》）

从文化根源上讲，韩、孟等人这些意象恐怖险怪、意境动荡神秘的诗歌与道家、道教有着千丝万缕的联系。分而言之，道家在深层的哲学层面为丑、怪、奇、异的事物走进诗歌提供了可能性；道教则在浅层的物象层面使这种可能转变为现实。道家以“道”为最高范畴，“道”无形无声，却赋予万物以活跃的内在生命；或者说，万事万物都是“道”的化身。在“道”的天平上，万事万物无分善恶，无分美丑，同作为“道”的派生物而获得平等的地位，即《庄子·齐物论》中所谓的“厉与西施，恢诡谲怪，道通为一”。有了这种思想，韩孟诗派就可以超越“子不语怪、力、乱、神”的儒家传统，顺理成章地将怪异之景引入诗歌领域了。但是，现实生活中的物象往往是平庸的，难以满足韩孟诗派求怪求异的审“丑”情趣，他们于是将眼光投向色彩缤纷、瑰玮怪诞的道教神仙体系。在道教神仙体系中，那些象征死亡、痛苦的牛鬼蛇神、山精鬼火往往丑得可怕、怪得出奇，它们恰恰符合了韩孟诗派的审美趣味。于是他们不但采之入诗，而且加以艺术地营造和渲染，使其出神入化，险怪奇崛。作为审美对象，这些作品尽管与盛唐边塞诗一样写得奇绝壮大，但给人的审美感受却迥然不同。盛唐边塞诗，如岑参的《白雪歌送武判官归京》《走马川行奉送封大夫出师西征》，给人的快感是直接的，是不掺杂痛感的，而韩愈们给人的快感却是间接的，是由痛感转化而来的。从美学意义上讲，如果说前者还只是壮美，那么后者则接近崇高，甚至于丑了。

“险怪派”诗人的美学追求不仅表现在艺术内容上，而且表现在艺术形式上。韩、孟等人往往任由情感的宣泄流荡，不顾惯有的诗词格律，甚至于时时打破语句的长短，如：

> 鸢肩公子二十余，齿编贝，唇激朱。气如虹霓，饮如建瓴，走马夜归叫严更。……得明珠十斛，白璧一双，新诏垂金曳紫光煌煌。马如飞，人如水，九卿六官皆望履。……能教刻石平紫金，解送刻毛寄新兔。三皇皇后七贵人，五十校尉二将军。当时飞去逐彩云，化作今日京华春。（李贺《荣华乐》）

这里对于诗歌格律的突破，较之盛唐更进了一步。我们知道，与近体诗相比，古体诗的格律原本就不太严格，而盛唐李白等人虽在此基础上有所变通，但还保持了七言、五言等基本形式。但从上述诗篇看，从字数上已经很难说是七言、五言，还是三言、四言了；在韵律上也很难说是诗歌、辞赋，还是小说、散文了。如果说李白的诗歌还只是根据内容的需要而对形式进行必要的扩大或修正，那么李贺的作品则是内容压倒形式，趋于无形式了。从而在美学的意义上讲，前者仍然属于美，后者则近于崇高了。值得注意的是，李贺等的上述尝试并不是偶然的、孤立的。在险怪诗派中，此类作品大量存在，像韩愈的《醉留东野》《嗟哉董生行》，卢仝的《月蚀吟》《与马异结交诗》，皇甫湜的《出世篇》等，都是很好的例证。在这里，道家、道教美学对自由的向往，对规范的蔑视和破坏更加鲜明地表现了出来。

值得注意的是，同样受道家、道教文化的影响，为什么李白的诗歌潇洒飘逸、自然舒畅，以“壮美”为主，而韩孟诗派的作品却险怪奇崛、佶屈聱牙，接近于“崇高”甚至“丑”了呢？这不仅与当时社会生活中崇奇尚怪的风气相关，而且更直接地与这批诗人生活经历的坎坷相连。与官至宰相、刑部尚书、尚书省左丞等显要位置的李绅、白居易、元稹等“浅切派”诗人不同，“险怪派”诗人大都出身贫苦、仕途蹭蹬。韩愈自幼丧失父母，由兄嫂抚养成人，好不容易在政治上有了起色，又因上书谏迎佛骨而触怒皇帝，险些掉了脑袋。孟郊一生缺衣少食，46岁才中进士。李贺出身皇室宗亲，本可以施展一番抱负，可仅因其父李晋肃的“晋”字与进士之“进”同音，遂因“避讳”的礼法而被剥夺了参加吏部考试的资格，终身只做了一个从九品的奉礼郎。刘叉少年时代因酒杀人，遇赦后折节读书，后归齐鲁，不知所终。卢仝干脆隐居少室山，过着穷困潦倒的生活。如此说来，他们的经历与“位卑而才高，官小而名大”的“初唐四杰”倒有几分相似之处。然而不同的是，处在国力上升时期的王、杨、卢、骆，只是不满于自己的政治抱负无法施展罢了，而处在国力下降时代的韩、孟诸子，却要眼睁睁地看着挽救大唐的最后机遇从身边错过，“中兴”的希望化作泡影。在这种情况下，他们那一腔爱国之志、报国之心，又怎能不激扬愤怒、鼓荡而出呢？正像韩愈所说的那样：“大凡物不得其平则鸣。草木之无声，风挠之鸣。水之无声，风荡之鸣。其跃也或激之，其趋也或梗之，其沸也或炙之。金石之无声，或击之鸣。人之于言也亦然，有不得已者而后言，其歌也有思，其哭也有怀。凡出乎口而为声者，其皆有弗平者乎!”（《送孟东野序》）于是便有了呕心苦吟、独辟蹊径、神出鬼没、磊落不平的“险怪派”。

三、超然之美的追求

中唐佛教，尤其是经中国传统文化精神同化而成的禅宗对中唐诗歌有着至深至远的影响。这不仅是因为禅宗打破了传统教义的封闭观念，使一大批才华横溢的僧人走上诗歌创作的道路，成为著名的诗僧，如灵一、皎然、法振、景云、无可等；更为重要的是，由于禅宗的心灵化、艺术化、生活化特色特别适合封建士大夫的口味，使许多身存宦海、心系禅门的文人居士也写出了体现佛禅美学特色的诗篇，从而为中唐诗坛带来朵朵奇葩。这些带有佛教情怀的中唐诗人在艺术创造中自觉不自觉地表现出共同的审美倾向，进而形成了中唐诗坛的第三个流派——“隐逸派”，大致包括刘长卿、韦应物、贾岛、钱起、司空曙、戴叔伦等人。

与元、白和韩、孟诸子不同，这一创作群体没有提出共同的创作纲领，也没有掀起明确的诗歌运动，而大多是在不相往来的情况下分别进行着各自的创作和探索。但是，他们在创作手法和美学趣味上，又的确是在不知不觉地形成了一个共同的潮流。与“险怪派”不同，他们的诗歌毫不晦涩艰深，也绝不怪诞离奇；与“浅切派”不同，他们的诗歌虽然平易，却不直露，不仅自然，而且含蓄。也许，他们是在精神上最先进入封建社会后期的一批知识分子。在他们身上已经见不到盛唐艺术家们昔日那饱满的热情和阔大的胸襟，但同时却又有前人所不具有的细腻的手法、敏锐的心灵、恬淡的情趣。

在此，我们需要特别提及既是诗僧，又是文学理论家的皎然，其诗歌理论著作《诗式》恰好可以为刘韦诗派弥补创作纲领的不足。《诗式》中所表现出来的美学理想与这一批诗人的审美趣味有着惊人的相似，对超然之美表现出同样强烈的偏嗜。在皎然看来，艺术作品中所真正值得追求的，不是眼前的形象，而是形象背后的韵味和情趣。而这一点恰恰为韩愈和白居易以及中唐以前的大多数艺术家普遍忽略。他们往往重视艺术作品的外在形象与价值而忽略了形象背后的意趣。皎然则另辟蹊径，为美的艺术开拓出一片崭新的天地。

且如："池塘生春草"，情在言外；"明月照积雪"，旨冥句中。风力虽齐，取兴各别。(《诗式》卷二)

评曰：两重意已上，皆文外之旨。若遇高手如康乐公，览而察之，但见情性，不睹文字，盖诣道之极也。向使此道尊之于儒，则冠六经之首；贵之于道，则居众妙之门；崇之于释，则彻空王之奥。(《诗式》卷一)

这里的"情"，实际上就是指形象背后的情趣和韵味。《诗式·辨体有一十九字》："缘境不尽曰情。"所谓"情在言外"，就是要求诗歌能在有限的容量中寄托无限的情思，表达无尽的意趣。而"两重意已上，皆文外之旨"，也是要求对诗歌的欣赏要把握住不可穷尽的意旨、情趣，进行反复体察玩味。皎然之所以对"文外之旨""言外之情"如此推崇，多是因为，外在形象的渲染与夸饰只能增强我们对物质世界的理解，反不如对形象背后之意趣、韵味的捕捉更能提高诗歌的艺术感染力。此时，艺术与审美不再为对象的有限特征（形象、色彩、体积、外貌等）所制约、所局限，而是自由地超越它们，在它们有限的特征之外寻求无限的韵味、神趣和意兴。

如果说皎然是这种"文外之旨"的理论探讨者，那么"隐逸派"诗人则是这种"超然之美"的艺术实践者。他们的追求大致表现在两个方面：就物象选取而言，多为与主观意趣相契合的清淡之象、幽渺之音、浸凉之色；就诗境营造而言，则追求空寂朦胧，含不尽之情思于字表言外的佛禅境界。

"隐逸派"诗人是一群在佛禅影响下冷却热情、淡化理想的文人，其眼界由执着进取转向任运随缘，其情感由粗重豪放转向细淡绵软。特殊的精神状态，使他们更倾向于似实似幻、飘渺不定、把捉不着的物象，而不是那些“险怪派”诗人所钟情的质实拙大、狠硬艰涩的景观。因此在他们笔下，更多的是飞来飞去的闲云，游走不定的轻烟，疏影婆娑的翠竹，似有似无的远磬，以及那浅浅的苔痕，淡淡的月影，蒸腾的水汽，朦胧的远山：

犬吠寒烟里，鸦鸣夕照中。（刘长卿《赠西邻卢少府》）

孤灯寒照雨，湿竹暗浮烟。（司空曙《云阳馆与韩绅宿别》）

萝木静蒙蒙，风烟深寂寂。（刘长卿《奉陪萧使君入鲍达洞寻灵山寺》）

第一句诗很容易使人联想起陶渊明的“狗吠深巷中，鸡鸣桑树巅。”同样是犬吠、鸡鸣，但因所处背景不同，一为寒烟、夕阳，一为深巷、树巅，所产生的艺术效果也就随之而异。后者多为指实，给人以田园生活般的温馨；前者则竭力务虚，使本来就无形无象的犬吠、鸦鸣迅速在背景中淡化，所能给人的只有冷寂、空幻与缥缈。物象的空虚性、绵延性与不定性将人的主观情思由实变虚，由浓变淡，由近变远。此时的诗句缺少了前人面向世界所具有的广阔外在的物理空间，但内在的精神空间却得到前所未有的开拓与延展。外在时间中的动，转化为内在空间的静；物理学意义上的远，转化为精神意义上的无……至于孤灯照雨，湿竹浮烟，同样使人于流动中见寂静，于充斥中见虚无，于近摹中见深远。这就是“超然之美”的魅力所在。说它是佛教的“因色悟空”，应不为过。

由于文化背景的不同，“隐逸派”诗人不仅在取景上与“险怪派”诗人有着虚实之分，而且在用色上与“险怪派”也有着浓淡之别。现代物理学证明，色彩并不具有实体意义，它只是长短不一的光波在人类视网膜上所造成的印象，或者可以说是人类以光波为基础的经验感受，从而带有很大程度的情感性、虚拟性和主观性。从主观感受出发，色调可以分为两类：一为暖色调色彩，如红、黄、紫、橙等，往往给人以温和、扩散甚至于热烈的感受；一为冷色调，如黑、蓝、绿、白等，往往给人以清冷、平淡甚至于内敛的感受。

就深受佛禅影响的刘韦诗派而言，虽不必再避讳任何一种色彩，但其意识底层更倾向于后者。这便与李贺等着色浓艳的诗作形成了鲜明的对比：

青山空向泪，白月岂知心。（刘长卿《赴新安别梁侍郎》）
寒潭映白月，秋雨上青苔。（刘长卿《游休禅师双峰寺》）
青冥台砌寒，绿缛草木香。（韦应物《游琅琊山寺》）

青、白、绿两两搭配一起，不仅以其简洁、明净造成爽快、浏亮、清空的审美效果，同时以其冷色调色彩所能产生的内敛倾向，使人由对外在物象的执着转向对内在情思的观照玩味。解放了的主观精神不必再胶着于实在物象，而是自由驰骋，去追逐象外之象，景外之景，最终获得一种淡远、超然的审美感受。

在诗歌意境营造上，“隐逸派”诗人在很大程度上得益于王维诗歌的滋养。尤其是王维那些物小情深、语淡意浓的禅境小诗往往被刘、韦诸人直接借来作为潜心摹写的范本：

日暮苍山远，天寒白屋贫。柴门闻犬吠，风雪夜归人。（刘长卿《逢雪宿芙蓉山主人》）

松下问童子，言师采药去。只在此山中，云深不知处。（贾岛《访羊尊师》）

仅就题材而言，这些诗歌均为生活琐事，简单之极，平淡之极。然而，诗人偏偏就从这些不足挂齿的小事入手，寥寥数笔，平实如话，将一个个辽远、空幻、柔美、恬淡的诗境呈现在读者面前。如果说，宁静的氛围、淡雅的色调、和谐圆融的面貌，构成刘、韦诗境的外在特征，那么，诸多复杂朦胧而又意味深长的人生意趣则构成诗境的内在精神实质。前者存在的意义在于导向后者，后者才是诗歌价值的核心，它导引人走向更加平淡、自然，更加生气流转的空灵之境、佛禅之境，从而在超越自然物象的基础上，达到对超然之美的追求。正像后来的《诗品二十四则》中所说的那样，“超以象外，得其环中”了。

“隐逸派”诗人在对盛唐王维禅宗美学继承的同时，又表现出自己新的开拓。尤其是在诗境创造方式上与王维有着明显的分野。王维与盛唐诗人保持一致，讲求“缘起”，即诗人与自然物象不期然而遇，客观物象在刹那间触发诗人早已酝酿胸中的某种情感，以此为基础，主观情感与客观物象两相契合，形成圆融之境。“隐逸派”诗人就不同了，他们讲究以心造境，常常为涌动于心中的某种情思去刻意寻找相关的物象，并在意识之中完成物象间的层次构造、位置排列。物象的来源也并不必是此时此地的客观现实，更多乃是来自于诗人主观的心理表象。正如这一派的理论代言人皎然所言：

> 评曰：或云，诗不假修饰，任其丑朴，但风韵正，天真全，即名上等。予曰：不然。无盐阙容而有德，曷若文王太姒有容而有德乎？又云，不要苦思，苦思则丧自然之质。此亦不然。夫不入虎穴，焉得虎子，取境之时，须至难至险，始见奇句。成篇之后，观其气貌，有似等闲，不思而得，此高手也。（《诗式·取境》）
>
> 或曰：诗不要苦思，苦思则丧于天真。此甚不然。固须绎虑于险中，采奇于象外，状飞动之趣，写冥奥之思。夫希世之珠，必出骊龙之颔，况通幽含变之（文）哉？但贵成章之后，有其易貌，若不思而得也。（《评诗》）

皎然在理论上的表现与他本人作为禅僧的身份不无相关，其创作态度与佛禅的影响亦有千丝万缕的联系。佛禅认为，客观物象并非实有，乃心灵的幻象。世间万物不在心外而在心内，千载万代也只是一瞬，正如《坛经·般若品第二》所言：“心量广大，犹如虚空……能含万物色像，日月星宿，山河大地……自性能含万法是大，万法在诸人性中。”所以，在皎然看来，取境不必向外搜求，胶着于物象，反观内照就可以获得一个生气流转的形象世界。与外部世界相较，这个心造的寰宇反而更真实，更有生机。这种通过人工努力而达到自然之境的想法，不仅为皎然所独有，而且也是“隐逸派”诗人的共识。从积极的方面讲，这种创作更加自觉；从消极的方面讲，此类创作常常失于生硬。

总之，进入中唐以后，儒、释、道三家对诗歌的影响更为直接，更为明确，也更有普遍意义。无论是以元、白为首的“浅切派”，以韩、孟为首的“险怪派”，还是以刘、韦为首的“隐逸派”，都表现出更为极端、更加彻底的美学追求，将各自的艺术趣味表现得淋漓尽致。但是，也正是这种极端的努力和刻意的追求，使得其各家各派均失却了盛唐诗歌的通脱与圆融，从而为晚唐诗歌的重新整合提供了条件。

（此文为李红春、陈炎合作，发表于《求是学刊》2009年第5期）

足球比赛：酒神仪式的现代隐喻

假使真有一位外星人光临地球的话，让他感到震惊的，当不是我们人类所发明的类似原子弹之类的秘密武器，而是这个地球村的村民们对于那个黑白相间的圆滚滚的皮球所表现出来的匪夷所思的兴趣：在三四十度的高温下，一群穿短裤的村民们为了这只皮球去拼、去抢、去用头顶、去用脚踢；与此同时，地球上的另外几十亿村民，则在看台上，在电视前，为他们这种看似滑稽的行为而着迷，而呐喊，而振臂高呼，而痛哭流涕。除此之外，那些为之而打架、为之而游行、为之而服药、为之而坐牢的极端行为，更让那位天外来客大惑不解。他一定会想方设法搞到一只足球，“带回去研究研究”了。

其实，不了解足球魅力的人在地球上也并不罕见。前不久，一位旅居美国的华裔学者就曾向我表露了这个经济大国而足球小国之广大民众的“普遍看法”。他说，美国是一个最讲究效率和公正的国家，而足球比赛则既没效率，又不公正。若论效率，橄榄球的进球速度可以用分钟来计算，篮球的进球速度甚至可以用秒钟来计算，而足球比赛则常常会在90分钟，乃至120分钟的时间内踢成0:0。这样的“工作效率”在美国人看来是难以容忍的。至于说到公正问题，他主要举了罚点球的例子。从表面上看，在踢平的淘汰赛中，以互罚点球来决定胜负是再公平也不过的事情了：双方一人一脚，机会均等。

但是，美国人所讲究的公平则不仅要保证机会的均等，而且要显示能力的不等。而互罚点球则恰恰是用机会的均等来掩盖或至少削弱了能力的不等：对于射手来说，要在12码的距离内将足球踢入大门儿，这很难显示其独特的功力；对于门将来说，要在同样的距离内将足球扑出门外，则恐怕要依靠上帝的保佑了……所以，对美国人来说，橄榄球和篮球永远高于足球的地位。

不光美国人不了解足球的魅力，中国人也未必尽能了解。不信你去问问那些指手画脚的球评专家：足球运动的魅力何在？他会用怎么怎么美啦、如何如何艺术啦之类的话语加以形容，仿佛足球比赛仅仅是一种技巧的竞争。再不然你就去问问那些哭着喊着上街游行的人们：足球运动的魅力何在？他会向你讲一番什么民族感情啦、什么为国争光啦之类的大道理，仿佛足球比赛仅仅是一种政治的较量。

无论是美国人公平至上、效率至上的传统，还是中国人艺术至上、政治至上的精神，都不能真正理解足球运动的奥秘。事实上，这项曾在14世纪被英格兰国王明令禁止的运动，在其开始之时便伴随着一种非理性的迷狂。而这种迷狂可以上溯到古希腊时代的酒神崇拜。据考证，“希腊人以野外纵酒狂欢的方式来尊奉葡萄酒之神狄俄尼索斯，在此期间，女性崇拜者们通宵达旦地一边跳舞一边狂叫。”[1]这里边有酒，有性，有暴力，有生吞活剥野兽的癫狂，有对刚刚逝去不久的母系社会的追忆和留恋。对此，罗素在其著名的《西方哲学史》中曾做了一番令人满意的解释：“正像许多开化得很快的社会一样，希腊人，至少是一部分希腊人，发展了一种对于原始事物的爱慕，以及一种对于比当时道德所裁可的生活方式更为本能、更加强烈的生活方式的热望。对于那些由于强迫因而在行动上比在情感上来得更加文明的男人和女人，理性是可厌的，道德是一种负担与奴役。这就在思想方面、情感方面与行为方面引向一种反动。”[2]本来，原始的人们是自由自在、无拘无束的，他们充沛的精力和原始的欲望随时都能够像山泉一样尽情地流淌。但是，在进入文明社会以后，人们便不得不用后天的道德准则来规范自己的行为，压抑自己的情欲，从而把那种最初支配人们感性行为的原始驱动力压抑到意识的底层，以至于形成了那种暂且屈服于理性而又时时准备犯上作乱的潜在的心理

1 [美]沃伦·霍利斯特：《西方传统的根源》，鲁品越、许苏明译，河南人民出版社，1990年，第72页。

2 [英]罗素：《西方哲学史》上卷，何兆武等译，商务印书馆，1963年，第38页。

能量。因此，在这种情况下，据说是由色雷斯人传至希腊的酒神仪式之所以能在广大平民中得到广泛的流传，便不是一件难以理解的事情了。换言之，当感情和欲望在现实生活中找不到出路的时候，人们就只能求助于宗教了。接下来，当这种充满野性的宗教仪式被禁止之后，它的一些较为“文明”的“变体”便先后出现了。在我看来，这其中有狂欢节，有假面舞会，有斗牛表演，也有足球比赛。

换言之，所谓足球比赛，可视为酒神仪式的一种现代化的隐喻：在特定的时间、特定的地点、特定的规则下，那些被人类文明所压抑的原始欲望粉墨登场了。早就有人指出，足球中的射门具有“性”的意味；至于比赛中的暴力释放，更是一个无法回避的问题。惟其如此，我们才能够对屡禁不止的球迷闹事做出一个合乎逻辑的解释；惟其如此，我们才能够理解，何以一只小小的足球，竟会引起十几亿，甚至几十亿人的癫狂——仿佛长期被压抑在生命底层的原始欲望终于在绿茵场上得到了释放：那疯狂似的进攻、那闪电般的反击，那竭尽生命创造力的临门一脚，把我们带入了狄俄尼索斯式的沉醉与迷狂。当然了，你可以说足球比赛是为了锻炼身体，你可以说这项运动就是要为国争光，也许你说得并没有错，但是倘若你有意回避了那潜藏在文明背后的非文明要素，倘若你视而不见那驱动着人类潜在情感的原始的力量，你便永远不会发现足球运动的奥秘所在。

恩格斯在《反杜林论》中曾经指出：“文明每前进一步，不平等也同时前进一步。随着文明产生的社会为自己建立的一切机构，都转变为它们原来的目的的反面。”[3]这就是所谓文明的异化。正因为如此，我们越是文明，就越需要一种反文明的发泄方式；而这种反文明的发泄方式又必须在文明的规则下加以进行。如果我们混淆了两者之间的界限，那么足球就会导致疯狂，导致骚乱，导致趁火打劫式的犯罪行径；如果我们掌握了两者之间的辩证关系，那么足球则会成为一种最文明、最伟大、最富有人道主义色彩的体育活动。

值得注意的是，作为一种反抗文明异化的体育活动，足球本身也在其进化的过程中发生着异化。首先是金钱的异化。在这个以“包装”和“炒作”为

3　恩格斯：《反杜林论》，《马克思恩格斯全集》第20卷，人民出版社，1971年，第152页。

常态的商业化了的社会里，任何有头脑、有心计的人们都不会错过一场国际大赛的天赐良机：商贾们盘算着如何打着“世界杯”的旗号而将积压多年的库存商品推销出去；媒体策划着怎样借此机会提高自己的发行量和收视率以扩大广告的刊载和插播；至于赛事的组织者们，则更是要彻头彻尾地运作一番了：从门票的定价到卫星的转播，从有形的足球到无形的商标，一切的一切都将变成滚滚而来的美金、花花绿绿的欧元或依然坚挺的人民币。总之，是要以“浪漫主义”的名义来实现“现实主义”的理想了。其次是权力的异化，那些打入决赛圈的国家显然要借此机会来一番爱国主义乃至民族主义的宣传和教育，而名落孙山的政府则发誓要卧薪尝胆、卷土重来，以“不忘国耻”为口号来加强民族的凝聚力，甚至转移国内的矛盾视线了。至于没事儿找事儿的知识界，更是非要将一场球赛上升到意识形态的高度来“反思”和“认识”不可。于是，一场盛大而轻松的游戏却变得只盛大而不轻松了。最后是技术的异化。不知从何时开始，意大利人在球场上建造起了一种钢筋混凝土式的防线；不知从何时开始，德国人将整个球队变成了一架精密而机械的日耳曼战车；不知从何时开始，人们不再凭借那无法遏制的感性冲动，而是凭借聪明的头脑去踢球了。于是，大刀阔斧的长传冲吊让位于精雕细刻的短传配合，奋不顾身的个人突破让位于各就各位的整体配合；于是，为了打败对手，为了夺取金杯，足球也变得实用了，世故了。

然而，尽管如此，足球毕竟是足球。不必去喝球星们推荐的矿泉水，不必去用组委会指定的剃须刀，不必去听那些专家、准专家或自认为专家的非专家们对每一场球赛所进行的这样那样没完没了的预测、展望和评说，也不必去打听某某球员的身高、体重、转会费和私生活；当宁静的夜晚取代了喧闹的白天，当漆黑的夜色掩盖了繁华的街景，也就是说，当人们“君君、臣臣、父父、子子”，“修身、齐家、治国、平天下”地忙活了一天之后，你只要静下心来，凝视那荧屏上还没有被人类所彻底异化了的绿茵场，便总能发现：一种来自欧罗巴的古老的酒神沉醉，一种源于南美桑巴舞的现代的感性迷狂，一种根植于非洲大陆那热带丛林中的淋漓尽致的个性张扬，以一种野蛮的、原始的，同时也是最富于创造性的力量敲击着我们胸口那扇被文明紧紧锁闭的大门，给我们这些渐渐有些衰老的躯体重新注入生命的力量。

我不知道那些外星人的世界里有没有比这更加迷人的游戏，如果没有，纵使他们的文明程度比我们更高，又有什么值得羡慕的呢?

（此文发表于《粤海风》2002年第4期）

《随园诗话》中的儒、道、屈、禅

中国审美文化以儒、道、屈、禅四大传统为主干，四家的美学思想有区别又有联系，相互对立又相互依赖、相互补充，构成了协调统一的整体功能系统。在历史上，四家往往是此起彼伏、此消彼长；在不同的时期，各家的作用或潜隐，或显著，情况错综复杂。只要面对一些具体的作家、作品，去探究其更多地接受了哪一家传统的影响，更侧重于表现哪一家的文化精神，就会感到相互之间的千差万别、形态各异。值得注意的是，到了清代，人们的思想观念日趋复杂，审美文化中不仅呈现出多元并存的局面，同时，能够将四家的美学精神融为一体的文艺理论和文学作品也逐渐多了起来。本文即着眼于此，通过对袁枚的《随园诗话》这一个例的研究，说明正因为四家的艺术追求始终存在着这样那样的分歧，才得以在中国审美文化史上形成“分久必合”的发展趋势。

一

袁枚写作《随园诗话》的时代，是一个集封建文化之大成的时代，尽管哲学领域里有自然人性论的呼唤，文艺潮流中有个性自我和性爱情欲的激荡，但在总体上，占统治地位的仍然是古老的封建文化，尽管世风俗尚到乾隆中叶正由极盛走向衰败，袁枚也被视为放诞风流的“无行文人”，其《随园诗话》却毕竟生长在中国传统诗学的根基上，所以仍然受制于儒道互补的民族文化模型，并成为这一模型的具体而鲜活的全息缩影。

清代乾隆年间，正值讲究训诂考据的学风盛行，有一些迂儒曲士，以钻研经学的方式写诗，认为先要精通考据之学，然后才能写出好诗。对此，袁枚根据自己在诗歌上的艺术理想和创作经验，提出了几点看法：一是考据与写诗毫无相同之处，不能混为一谈；二是必要的考据知识也应该懂得，否则会因为太无知而闹出笑话；三是以考据为主题的诗，只要作者确是有见识、有感触、有激情，写法得当，仍然可以写好。由此可以看出，袁枚并非一味反对考据之学，他是从自己的艺术追求和创作体会出发，去权衡利弊、决定取舍的。

袁枚最厌恶宋儒之学对当时诗坛的消极影响，他批评那些按照理学的要求写出的篇章，都只是押韵的语录、讲话，而不是诗。宋代理学在诗歌方面虽也强调美善相融，但由于其道德理性的极端性发展，这时已经完全走向了僵化和异化，写什么都要讲究纲常名教，设置了无数的迂腐条规，扭曲了诗的艺术本性。袁枚之前，先后有明七子、沈德潜等人，从儒家传统诗教的立场上竭力修补、调整理学的诗文观念，试图延续这一道统；而李贽、汤显祖、袁宏道、金圣叹、李渔等，则从自然人性论及个性自我的角度对其伦常法规进行反向的消解，以求保持文艺领域的创造活力。

与这些人有所不同的是，袁枚论诗，在内容上，针对宋儒的伦理道德纲常，他直接提出异议，不仅宣扬男女之情、香奁之诗，而且从儒家经典中找来理论根据，并指出如果按照宋儒的苛刻要求，就连《易经》《诗经》中的一些重要的思想观念，也应当视作不恰当和应予否定的。他还大讲狎妓好色，以此作为冲出理学道德观念的突破口。在创作上，针对沈德潜的格调说，袁枚特别推重“天才清妙”的艺术追求：“汪大绅道余诗似杨诚斋。……余惊曰：诚斋，一代作手，谈何容易！……其天才清妙，绝类太白，瑕瑜不掩，正是此公真处。”[1]可见他用以消解理学影响的“天才清妙”，主要来自道家思想，体现着道家的审美理想。

“从对华夏美学的贡献而言，儒家的功能主要在‘建构’，即为中国人的

1　袁枚：《随园诗话》，人民文学出版社，1982年，第272页。

审美活动提供某种秩序化、程式化、符号化的规则和习惯；道家的功能则主要在‘解构’，即以解文饰、解规则、解符号的姿态而对儒家美学在建构中所出现的异化现象进行反向的消解，以保持其自由的创造活力。”[2]在文学艺术作品的内容和形式上，儒家思想会带来注重群体实践的、干预或美化现实的功利主义倾向和注重形式、注重规则的纷繁而华丽的美；道家思想则带来尊重个体价值的、渴望或美化自然的非功利主义倾向和强调自由、蔑视法则的清新而淡泊的美。袁枚以“天才清妙”的道家美学标准去消解宋代理学所导致的异化现象，正说明了儒道之间的这种互补关系。

二

袁枚对当时诗歌创作中内容和形式的双重异化给予了相当有力的反拨，他的出发点其实很单纯，那就是要让诗歌艺术按照美学规律健康地发展。由此出发，他一方面以道家的感性个体去消解宋代理学的被极端发展了的理性；另一方面又以儒家的理性态度去制约感性的本能欲求，以精神的追求去超越感性个体。他有一首读《会真记》的题诗，被恪守程朱之学的程鱼门“判”了个一无是处，袁枚却认为自己的这首题诗具有深厚的用意，可以选入诗集，使其流传下去。《随园诗话》选录狎妓诗、香奁诗，虽有不忍割舍一些细腻风光的“佳句”的因素，但毕竟坚持了情理并重的原则，没有降低其中的艺术标准。正因为完全是出于艺术上的考虑，袁枚的诗论才始终不敢违背儒家的诗教传统。

袁枚以道家的“解构”去消除儒家的极端性发展所导致的“异化”，又以儒家的重新“建构”去防止道家无节制的“解构”所造成的虚无化，这正说明了“儒家与道家的互补，则使得古代的中国人在理性和感性的分裂上显得不够充分”[3]，“由于感性与理性的和谐统一，使得中国艺术很少陷入一种纯粹感性的欲望宣泄，也很少进入一种纯粹理性的思辨误区”[4]。这也就为深入理解《随园诗话》中的一些似乎是自相矛盾的说法，理清了头绪。针对宋代理学的极端性发展所导致的僵滞、沉闷，袁枚突出了“天才清妙”；针对当时一些空

2　陈炎：《多维视野中的儒家文化》，中国人民大学出版社，1997年，第69页。
3　陈炎：《多维视野中的儒家文化》，中国人民大学出版社，1997年，第111页。
4　陈炎：《多维视野中的儒家文化》，中国人民大学出版社，1997年，第128页。

虚无聊的才子表现出的狂妄、庸俗，他又强调“气局见解”：“盖士君子读破万卷，又必须登庙堂、览山川，结交海内名流，然后气局见解，自然阔大。”[5]而这个“气局见解”，其实就是宋代理学“胸次悠然，直与天地万物上下同流”的那种审美的人生境界投映在袁枚诗论上的一片霞光。如果说宋代理学是在吸收了道、屈、禅之后，从“天地境界”的更高层次上向原始儒学的“吾与点也”复归，那么袁枚则是在转向了道家美学的“天才清妙”之后，从“气局见解”的更高层次上向宋代理学的“天地境界”复归。这也正说明了，儒道美学的“这两种境界在中国审美文化的演变过程中又构成了一种相互批判、彼此消长的动力形态”[6]，“并形成着‘否定之否定’式的阶段性变革”[7]。

三

有人曾经指出过，袁枚在哲学思想上和诗歌创作上，都是“感情至上”的。按照袁枚自己的说法：“情从心出，非有一种芬芳悱恻之怀，便不能哀感顽艳”[8]，这个“情”，当然含有道家的由精神的超脱而得到的审美快乐，也含有儒家的伦理道德性的群体情感，而这“芬芳悱恻之怀”，又分明是以“屈原式的深情美丽”作为深层意蕴的。从屈原的纵情伤感传统，到以“情”为核心的魏晋美学，再到袁枚的“芬芳悱恻之怀”，这里面是有着一定的承续关系的。李泽厚说：“那种屈原式的情感操守却一代又一代地培育着中国知识者的心魂，并经常成为生活的和创作的原动力量。”[9]这当然只是就大的发展脉络而言。若具体分析，袁枚之“情”，不仅流露着重情的屈骚传统，同时又有一些复杂的表现。他所追求、所陶冶的那种情感形式，已经突破了儒家的伦理政教，同时也不符合道家的飘逸高远的理想人格，而实际上是以屈骚的“深情”融合并改造了儒家的“温柔敦厚”和道家的浪漫不羁。特定的时代风尚，特殊的情爱方式，使得儒、道、屈三大美学传统在他那里交织出一种特别的情感心灵。

袁枚还在严羽《沧浪诗话》以禅喻诗的基础上，对禅与诗的相似相通形

5　袁枚：《随园诗话》，人民文学出版社，1982年，第112页。

6　陈炎：《多维视野中的儒家文化》，中国人民大学出版社，1997年，第81页。

7　陈炎：《多维视野中的儒家文化》，中国人民大学出版社，1997年，第68页。

8　袁枚：《随园诗话》，人民文学出版社，1982年，第183页。

9　李泽厚：《华夏美学》，中外文化出版公司，1989年，第134页。

成了一些自己的意见。《随园诗话》不仅说明了禅悟与诗悟都讲究象外之象、言外之意的超验之悟，而且已经触及禅与诗能够相互沟通的最主要的原因，即二者的追求都指向“短暂却可永恒的人间情爱”，都以建设人类心理的情感本体为目的。

袁枚以“清旷”二字来概括这种充满了禅机妙悟的审美意境，如说“芜湖令陈岸亭湛深禅理，诗故清旷”[10]。其不同于儒、道、屈的地方在于，“清旷”乃空幻之美，“清旷”的禅境与诗境，都是一种悟境，进入“清旷”的心灵境界，要靠禅的妙悟自得。“清旷”的禅境诗意所展现、所留下的，是“淡而有味”的“神韵”，而“清旷”的审美境界并不仅仅限于“神韵”一格。“清旷”的艺术境界和审美理想，又与儒家所追求的气势磅礴相通。袁枚授意弟子梅冲作《诗佛歌》，以表明自家的一些诗学意旨，其中就强调了禅境不仅与儒的“气局见解”彼此沟通，而且与道的“天才清妙”相互衔接。就“清旷”以“淡”的韵味为审美特点而言，禅更接近于道。

四

袁枚标举“性灵”“性情”，本是针对“误把抄书当做诗”的习气而言，有人产生误解，以为袁枚主张写诗全取性情，这就会使人生疑：“人谁无性情？但并非人人都能诗。”其实，“性灵”或“性情”之说，只是袁枚诗论中的一个要素，还应看到另外一些要素，看到袁枚诗学的整体结构，看到其各个要素之间相互制约、相互补充、相互转换的结构关系。

还有人提出过另一个问题：“性灵者，即性情也，性情有平和宽厚、暴躁邪恶之不同，如不加区别，而以不良性情去写诗，如何能写出好诗？”其实，袁枚在《随园诗话》中已经充分注意到了这个问题，如，他对“性情有厚薄之分，则诗亦有浅深之别”的说法倍加赞赏，并批评那些只满足于“作拗语以为古”“填浮词以为富”的诗人，是孟子说的“终身由之而不知其道”。这说明他已深知离开了对于诗的艺术追求，就无法去陶冶塑造人的心理情性。因此，《随园诗话》并不只讲“性情必真”这一个方面，其中反复强调的，还

10　袁枚：《随园诗话》，人民文学出版社，1982年，第628页。

有“诗之必根于学”的方面，而且，袁枚常常将两个方面放在一起讲，兼顾到“真”与“雅”两个方面。

相对而言，道家更崇尚“真”，儒家更强调“雅”，而屈原式的“芬芳悱恻之怀”与禅的“清旷”之境，则分别补充了德的“气局见解”之“雅”，同时又提高了道的“天才清妙”之“真”。诗要成为“真”与“雅”的统一，就需要建立在各家的审美理想之上。袁枚所追求的最高艺术境界和审美理想，也正是由儒、道、屈、禅各家的美学精神协调统一的整体功能系统整合并塑造而成的，其中积淀着丰富的文化内涵，凝聚着各家的审美理想。图示如下：

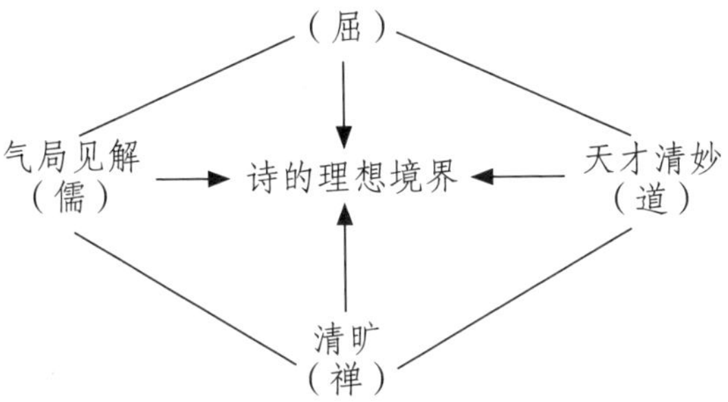

各家的美学精神在这里形成了既相互牵制又相互补充、相互转化的关系，并形成一个网状结构的系统。诗的理想境界依赖于这一结构系统，以此为文化与美学底蕴。

郭绍虞指出：“我们须知随园的天分既高，其所持论也确能成立系统。”“由其诗论而言，则四方八面处处顾到，却是无懈可击。……却是千门万户，无所不备。”[11]而我们只要从历史文化根源上，从儒、道、屈、禅之间的逻辑关系上，对这一“千门万户”的“系统”进行功能性的分析和结构性的把握，就可以具体指出，袁枚实际上是将中国传统诗学的四大主脉融会成了一个有机整体，当然，这一有机整体是散落在《随园诗话》全书之中的，是以他所追求的诗的理想境界为中心，而向着儒、道、屈、禅四面衍射、扩展的。

（此文为陈炎、邓东合作，发表于《理论学刊》2002年第4期）

11 郭绍虞：《中国文学批评史》，上海古籍出版社，1979年，第565—566页。

儒、释、道对晚唐诗歌的影响

儒、释、道三家经中唐的分裂、对峙，终于导致了剧烈的摩擦，这就是规模浩大的武宗“灭佛运动”。就外在的功利目的而言，打击佛、道的气焰，重建儒学的权威，显然有利于国家的稳定；就内在的思想发展而言，儒、释、道三家经过初唐的并行、盛唐的融合、中唐的摩擦，亦到了需要彼此渗透、重新整合的时候了。于是，一种以儒学为核心，融释、道于一体的新的思想形态正在形成，这就是以后的宋明理学。

简单地说，宋明理学是以儒家的道德理想为核心，将道教的“太极”学说改造成外部世界千古不变的“理”，将佛教的“心性”学说内化为主体世界万古不移的“心”，从而构造出一个性命一体、心理相通、天人感应的形而上的价值体系。显然如果没有此前三足鼎立的多元意识形态，就没有此后三位一体的宋明理学。而我们要谈的晚唐，正处在这样一个前后相交的过渡阶段。因此，与初唐、盛唐、中唐的特点不同，晚唐时期的诗歌创作既没有相互排斥的理论分野，也没有彼此对立的艺术派别：正像未来的宋明理学有着杂糅诸家、重铸一体的整合能力一样，此时的不同诗人正在自觉或不自觉地向着同一个目标靠拢，长期以来多元裂变的诗歌派别正在逐渐统一在一种新的审美体系之中；正如未来的宋明理学有着崇尚人格、开拓心性的内部转向一样，此时的众多诗人也在实现着由外向内的审美转型，一种长于抒情、偏于写意、善于表现、贵于朦胧的新的审美理想——优美正在崛起和生成。

优美作为美学范畴，与壮美、崇高相区分。晚唐以降，随着创作主体抗争意愿的减退，那种气势宏大的壮美和险怪奇崛的崇高渐渐退出了诗坛，沿着刘韦诗派所开创的道路，一种单纯的、和谐的、宁静的优美境界重新占据了主导地位。与壮美和崇高相比，优美境界的获得少了几分能动性，多了几分受动性。在这里，审美主体不是能动地征服自然、改造自然，而是受动地观察自然、顺应自然，其外部的张力减少了，但内部的感受却增多了。当主体不是通过外向的追求来实现与客观世界的拥抱与合一，而是在内心的自省、知觉的感悟中达到物我两忘、意境相融时，每一个细枝末节都可能触发心灵深处那隐蔽的情感。优美理想的这种内向性也决定了审美和艺术的重心必然以表情、写意为主。换言之，审美和艺术不再为对象的感性特征（形象、色彩、体积、外貌等）所制约，所局限，而是自由地超越他们，去在他们的具体性之外寻求无限的韵味、神趣、意兴等。

从表面上看，由壮美、崇高，重新走向优美，诗歌的发展似乎走了一个圆圈，仿佛又回到了六朝时代的起点。但是，如果我们细加分析，便不难发现，历史可能会出现反复，却不可能重复。六朝的优美是以纤弱、绮靡为特征的，而晚唐的优美却增添了许多含蓄、朦胧的韵致。经过了初唐、盛唐、中唐各派的洗礼和实践，晚唐诗人虽然将精神的触角重新龟缩于内心的深处，却丰富得多，也深刻得多了：它细腻而不纤弱，它婉约而不绮靡，它不再是无病呻吟、不再是花里胡哨，而是平添了几分历史的沧桑感。如果说是圆圈，那也不是一个封闭性的圆圈，一种平面式的回归，而是一种螺旋式的上升，一种否定之否定。

一、不光是怀古的咏史诗

正像一个人到了垂暮之年便喜欢怀旧一样，一个王朝到了垂暮之年便喜欢咏史。从这一意义上说，咏史诗在晚唐诗坛的大量涌现，并不是一个偶然的现象。早在中唐的刘禹锡就写下了不少脍炙人口的咏史诗，如《乌衣巷》《石头城》等，从诗境和题旨上为后人开辟了道路。晚唐以降，咏史怀古蔚然成风，除最为著名的杜牧外，李商隐、许浑、李群玉、刘沧、皮日休、韩偓等人也都悉心咏史，各有千秋。

从文学史上看，咏史诗在东汉班固时就已经出现，到魏晋时期的左思达到一个小高潮。左思之前，所谓的咏史诗大都以叙述史实为内容，一诗专咏一事或一人，其特色正如《围炉诗话》卷三所言："古人咏史，但叙事而不出己意，则史也，非诗也。"左思之后，咏史诗已经开始注重主观情意的表达，往往借古讽今，发泄对社会不合理现象的不满与义愤，但这些诗歌又往往流于直露、浅白，很难给人留下美感。因此只有到唐代尤其是晚唐，咏史诗才达到其成熟完美的巅峰状态。清人黄白石于《贺黄公载酒园诗话评》中不无叹羡地说："唐人妙处，正在随手拈一事，而诸事俱包括其中。若如许意，必要将社稷存亡等字面真真写出，然后赞其议论之纯正。具此解诗，无怪宋诗远隔唐人一尘耳。"这是一个相当高的评价。

在艺术内容上，晚唐咏史诗大多把目光聚焦在东吴、东晋以来的六朝上，以至于形成了一种剪不断、理还乱的"六朝情结"。这也许是因为宋、齐、梁、陈等朝代转瞬即逝、更替频繁的历史事实，最能体现历史的教训，也最能体现人生的幻灭感，很契合晚唐诗人的时代心理：

> 六朝文物草连空，天澹云闲今古同。鸟去鸟来山色里，人歌人哭水声中。深秋帘幕千家雨，落日楼台一笛风。惆怅无因见范蠡，参差烟树五湖东。（杜牧《题宣州开元寺水阁阁下宛溪夹溪居人》）
>
> 六代兴衰曾此地，西风露泣白蘋花。烟波浩渺空亡国，杨柳萧条有几家。楚塞秋光晴入树，浙江残雨晚生霞。凄凉处处渔樵路，鸟去人归山影斜。（刘沧《经过建业》）
>
> 野花黄叶旧吴宫，六代豪华烛散风。龙虎势衰佳气歇，凤凰名在故台空。市朝迁变秋芜绿，坟冢高低落照红。霸业鼎图人去尽，独来惆怅水云中。（李群玉《秣陵怀古》）

晚唐咏史诗的内容是广泛的，晚唐诗人不但擅长于从六朝吸取素材，而且往往能从逝去不远的本朝史实中择题入诗，寄托复杂的人生感慨。杜牧的《过勤政楼》一诗就十分典型："千秋佳节名空在，承露丝囊世已无。唯有紫苔偏称意，年年因雨上金铺。"诗中的"勤政楼"乃是当年唐玄宗处理朝政的地方，现在却紫苔丛生，荒凉已极。这景象象征着唐王朝的没落，也暗含了诗人悲凄、无奈、失落、留恋等复杂的人生感慨。唐玄宗为政前期曾一度使唐王朝走向封建社会的极盛，这一不可重现的历史阶段往往成为后世文人建功立业、济世安邦的最高理想。对此，不少诗人都怀有向往与留恋的情绪。在当时的情况下，这种向往和留恋并非无病呻吟。历史是一面镜子，如果人们不从这面镜子中反观自身，必将有重蹈覆辙之苦："故都遥想草萋萋，上帝深疑亦自迷。塞雁已侵池籞宿，宫鸦犹恋女墙啼。天涯烈士空垂涕，地下强魂必噬脐。掩鼻计成终不觉，冯籞无路虁鸣鸡。"韩偓的这首《故都》已不再是六朝时代的金陵了。天祐元年，宣武节度使朱温控制了朝廷，为了实现其夺权的野心，强迫唐昭宗由长安迁都洛阳。同年八月，弑昭宗，立哀帝。自此，"山河千里国，城阙九重门"的长安已沦为"故都"，而唐王朝的气数也只剩下三年了。

在美学风格上，晚唐咏史诗既不像唐以前那样见物不见人，也不像唐以后那样见人不见物[1]，而是寓主观情思于客观物象，避免简单的影射比附，从而使诗歌得以深文隐蔚、余味曲包，表现出含蓄蕴藉、情韵绵邈的阴柔之美，给人一种水中观月，雾里看花般的审美感受；

千里莺啼绿映红，水村山郭酒旗风。南朝四百八十寺，多少楼台烟雨中。（杜牧《江南春绝句》）

烟笼寒水月笼沙，夜泊秦淮近酒家。商女不知亡国恨，隔江犹唱后庭花！（杜牧《泊秦淮》）

紫泉宫殿锁烟霞，欲取芜城作帝家。玉玺不缘归日角，锦帆应是到天涯。于今腐草无萤火，终古垂杨有暮鸦。地下若逢陈后主，岂宜重问后庭花。（李商隐《隋宫》）

1　对于宋代咏史诗，《围炉诗话》有"出己意，发议论，而斧凿铮铮，又落宋人之病"的评论。

龙槛沉沉水殿清，禁门深掩断人声。吴王宴罢满宫醉，日暮水漂花出城。(李商隐《吴宫》)

敏感的心灵，细腻的情感，使晚唐诗人更愿意用感性生命的每一条神经去感知接洽瞬息万变的世界。无论是花落水流，云起云消，还是江山巨变、沧海桑田，都似一粒或大或小的石子，在诗人心头荡起层层涟漪激起朵朵浪花。在这里烟雨楼台、梁台歌管、垂杨暮鸦、禁门深掩，都已经不再是简单的外在物象，此时它们既是历史的场景，又是现实的心境，包含着无限丰富的感慨和情思：既有对南朝覆灭于顷刻的伤悼，也有对其穷奢极侈、昏聩无能的谴责；既有对当朝君王现状的不满，也有对唐王朝前景的担忧。如果细心体味，还可以察觉到一种更为深刻、更为隐约的历史沧桑之感和现实孤独之叹。这种种复杂浓郁的情思与迷蒙的烟雨和缥缈的歌声相交融，不仅变得沉婉曲折，而且十分含蓄朦胧，耐人寻味，果真是“不着一字，尽得风流”，表现出优美含蓄的艺术特色。

然而，同样是咏史之作，同样是表达历史的沧桑之感和现实的无奈之叹，盛唐诗人与晚唐诗人又有着很大的差别。李白也写过金陵怀古诗，其“苍苍金陵月，空悬帝王州”（《月夜金陵怀古》）的文句，其“空余后湖月，波上对江州”（《金陵三首》其一）的景致，虽然也包含着迷茫和感叹，但在全诗中，我们感到的更多是一种挥斥方遒的理想主义信念，一种努力外拓、建功立业的乐观主义精神。盛唐诗人的意志与情感是指向外部世界的，甚至于连他们的感叹都充满了力量，激人向上。晚唐诗人则不同了，外部世界的点点滴滴都可能触发他们诸种不同的人生感受，但他们又无法改造和征服这个世界。他们不再是外拓，而是静守；不再是批判，而是伤悼。因为批判不仅需要社会力量的坚强后盾，也需要人生信念的有力支撑，而既失去社会力量又失落人生信念的杜牧等人只能将批判化作无可奈何的哀叹，或是一种连自己也说不清楚的情绪。然而，作为艺术家，杜牧虽不及李白潇洒豪迈，却有李白所不具备的敏感和多情。在这些意境朦胧、意旨含蓄的诗篇中，我们时时可以通过一些复杂的暗示和微妙的象征来体验诗人所特有的那种迷离惆怅的心绪。尽管有时我们也说不清这心绪到底是什么，却能得到水中月、雾里花般的审美享受，这就是所谓阴柔之美的独到之处。

从文化的角度上讲，这里有儒家的忧患意识，但这意识并不能转化为建功立业的社会行动；这里有道家的出世情怀，但这情怀并不能彻底摆脱尘世的烦恼；这里有佛教的虚幻体验，但这体验并不能做到空彻澄明。如果说，诗歌中的一往情深、含蓄蕴藉来自于儒家的社会信念，诗歌的冲虚浑融、流转飘逸来自于道家的自然观念，那么诗歌中的超旷空灵、虚幻意识则来自于佛家的人生宇宙观念。它们是杂糅的，又是一体的，这种有机的杂糅就构成了晚唐咏史诗无穷的韵味、特有的伤感。从某种程度上讲，晚唐诗歌的味外之旨，象外之致，就是经佛、道两家广阔的宇宙意识冲淡、提升、冷却了的儒家情感。

不可否认，咏史诗在晚唐已失去了往昔的批判力量，它常常将对社会的讽刺与建议化成一声无可奈何的叹息，很难激发人意，助以行动的力量。然而，从诗歌艺术及美学自身发展的角度而言，晚唐咏史诗却走上了此类诗歌的高峰。它不但有完整的意境，而且有悠长的韵味；不但有鲜明的形象，且有深厚的寓意。它的朦胧性、含蓄性，使其既包含着对古人古事的咏叹，又蕴藉着对今人今事的伤怀，以及其他诸种更为深刻，更具普遍意义的人生感叹，让人体味不尽，玩味不穷。正是从这个角度出发，我们才称其为“不光是怀古的咏史诗”。

二、不仅是言志的无题诗

特定的审美情趣不仅使晚唐的咏史诗表现出含蓄的特色，而且使晚唐的言志诗呈现出斑斓的色彩。《尚书·舜典》云：“诗言志，歌咏言，声依咏，律和声。”因此，“言志说”曾被视为中国古代诗歌“开山的纲领”。但是相对而言，古代的“志”还是一种偏重伦理性、规范性、普遍性的思想观念，它要转换为形象思维的艺术创作还必须加入一些个性化的情感因素。于是，到了西晋陆机的《文赋》那里，便有了“诗缘情而绮靡”的新语。显然“缘情说”

对“言志说”的补充丰富了诗歌创造的内容，有其进步意义。然而在封建社会前期，一般意义上的“情”是服从于“志”的，均有较为明确的理性色调，比较容易把握。到了晚唐时代，随着社会风尚的变化，不仅作为思想范畴的“志”变得迷离起来，作为体验范畴的“情”也愈加恍惚，理性与非理性、意识与潜意识的内容常常搅在一起，不仅让读者难以把握，而且连作者也很难说清。于是，便出现了“无题诗”的问题。

一般说来，诗之有题犹如文之有目，起到提纲挈领、画龙点睛的效果。但是，当诗人本身的思想不太清晰、目的不太明确、情感不太单纯的时候，为作品设题目便成了一件困难的事情。过去，有人将同一情感类型的诗篇排在一起用一个笼统的名字一以贯之，就是为了解决这一问题。如阮籍的《咏怀诗》八十二首，陈子昂的《感遇诗》三十八首。但是，真正大张旗鼓地以《无题》为题，并创作出极有特色之诗篇者，还要数晚唐时代那位“制造诗谜的专家”李商隐。在中国古代诗歌的历史上恐怕没有谁比李商隐的“无题诗”更加婉曲幽深、隐晦含蓄，让人猜不透、想不清、坐不实了。然而这些难以索解的诗篇却同样让人牵肠挂肚，难以割舍，爱不释手：

> 来是空言去绝踪，月斜楼上五更钟。梦为远别啼难唤，书被催成墨未浓。蜡照半笼金翡翠，麝熏微度绣芙蓉。刘郎已恨蓬山远，更隔蓬山一万重。(《无题四首》之一)
>
> 飒飒东风细雨来，芙蓉塘外有轻雷。金蟾啮锁烧香入，玉虎牵丝汲井回。贾氏窥帘韩掾少，宓妃留枕魏王才。春心莫共花争发，一寸相思一寸灰。(《无题四首》之二)
>
> 重帷深下莫愁堂，卧后清宵细细长。神女生涯原是梦，小姑居处本无郎。风波不信菱枝弱，月露谁教桂叶香。直道相思了无益，未妨惆怅是清狂。(《无题二首》之二)

从内容上看，这些诗歌既像是讲述爱情，又像是诉说命运，或许是合二为一吧。从格调上看，诗人既像是哀挽，又像是洒脱，也许是兼而有之吧。从总的特色上看，这些无题诗始终处在可解与不可解之间。如果对之进行理性的分析，常常感到云山雾罩，无从下手，不管我们付出多大的努力，思想与理性的力量总不能穿透它的外壳。但倘若我们放弃了这种思想的努力，而是用感情去体验它、用心灵去拥抱它时，它却又毫不犹豫地向你敞开自己全部的心扉。这里有缤纷艳丽的色彩，和谐圆润的音律；这里有精深华美的意境，瑰丽绵密的物象；这里有迷离朦胧的氛围，一往情深的风致……总之这里琳琅满目，一应俱全。保证让你体会不尽，回味无穷。

广义地讲，李商隐的无题诗不仅包括以“无题”命名的作品，而且泛指那些以诗歌首句前两字做题目的作品，比如《碧城》《如有》《相思》《东南》《昨日》等，以及那首脍炙人口而又令人费解的《锦瑟》：

> 锦瑟无端五十弦，一弦一柱思华年。庄生晓梦迷蝴蝶，望帝春心托杜鹃。沧海月明珠有泪，蓝田日暖玉生烟。此情可待成追忆，只是当时已惘然。

与其他“无题诗”相比，《锦瑟》诗似乎更具有扑朔迷离的朦胧美。就其所选取的意象而言，无论是庄生之梦为蝴蝶，望帝之化为杜鹃，也无论是沧海遗珠，鲛人泣泪，蓝田日暖，良玉生烟，都带有不可指实的朦胧性与模糊性，它们之间的排列也没有明显的必然联系。因此，诗境之下到底隐藏着什么样的秘密，真是很难揣知了。我们所能感知的只是笼罩弥漫于诗境之上的那层浓重复杂、挥之不去的人生情绪：伤感、迷惘、惆怅、无奈、悲伤……近代学者梁启超曾说：“义山的《锦瑟》……等诗，讲的什么事，我理会不着。拆开一句一句叫我解释，我连文义也解不出来。但我觉得他美，读起来令我精神上得一种新鲜的愉快。须知美是多方面的，美是含有神秘性的；我们若还承认美的价值，对于这种文字，是不容轻轻抹杀啊。”[2]在我们看来，梁启超所谓的神秘性的美，是儒、释、道三家交融会合后，在诗歌中所表现出来的必然的艺术张力。

作为封建文人，李商隐具有儒家学者积极入世的精神。他执着于人生、

2 《梁启超文选》下册，中国广播电视出版社，1992年，第82页。

理想、功名、事业、爱情、亲情等，并将之升华为一种人间至美，甘愿为之泣血生烟。甚至于明知无望，仍然要“一寸相思一寸灰”地不懈追求，真正凸显了儒家“知其不可为而为之”的悲剧精神。从而，为诗歌提供了内在的、深层次的情感跃动，并呈现出深挚真纯的精神面貌。与这种入世精神相反，佛禅恰恰要求超越一切人生执着，超越是非、毁誉、美丑、善恶等一系列价值标准，甚至于要求泯灭物质与精神二者的界限，让人走进清澈澄明的佛禅之境。李商隐在遭遇一系列人生打击，尤其是晚年丧妻之后，便终于走上了佛禅之路。用他自己在《樊南乙集序》中的话说就是：“三年以来，丧失家道。平居忽忽不乐，始克意事佛，方愿打钟扫地，为清凉山行者。”无疑，这两种截然相反的人生态度，恰似两股巨大的激流在诗人心底不期然而遇了。诗人力图在儒、佛之间找到出路，寻求于执着中实现超越，超越中坚持执着的途径。这种极难实现的努力在给诗人内心带来激烈痛苦的同时，更给诗人以排遣不尽的诸种人生情绪：迷惘中有伤感，无奈中有惆怅，……而此时，道家与道教恰恰为这种复杂难理的人生情绪提供了升华为诗歌艺术的审美意象。所谓庄生化蝶、望帝啼鹃、鲛人泣泪、良玉生烟等都来自于道家或道教的神话故事体系。这些意象本身又具有空幻、神秘、模糊、美丽、纯洁等特质，故而给复杂缥缈的人生情绪带来无限的迷离美，朦胧美。

除了含蓄朦胧之外，李商隐无题诗的另一个特点就是悲观。处在晚唐这样一个无力回天的时代，晚唐文人产生了比中唐文人更多的无奈与绝望。他们不仅难以驰骋才情，建功立业“虚负凌云万丈才，一生襟抱未曾开”（崔珏《哭李商隐》），而且难以笑向春风，与所爱的人终生厮守，“刘郎已恨蓬山远，更隔蓬山一万重”（李商隐《无题》）。生活的潦倒、亲人的离散，给他们带来了苦涩的情感体验，他们在夕阳的美景中看到的是落日的消沉，在绚丽的晚霞中感到的是晚景的凄凉。此时此刻，他们已无法生成一种慷慨悲歌的壮美情怀，而只能转化为一种真挚深沉的优美思绪：

相见时难别亦难，东风无力百花残。春蚕到死丝方尽，蜡炬成灰泪始干。晓镜但愁云鬓改，夜吟应觉月光寒。蓬山此去无多路，青鸟

殷勤为探看。(《无题》)

昨夜星辰昨夜风，画楼西畔桂堂东。身无彩凤双飞翼，心有灵犀一点通。隔座送钩春酒暖，分曹射覆蜡灯红。嗟余听鼓应官去，走马兰台类转蓬。(《无题二首》之一)

凤尾香罗薄几重？碧文圆顶夜深缝。扇裁月魄羞难掩，车走雷声语未通。曾是寂寥金烬暗，断无消息石榴红。斑骓只系垂杨岸，何处西南任好风。(《无题二首》之一)

如果说“悲”可以转化为一种“美”的话，那么古今中外的诗歌恐怕无过于李商隐的这几首《无题》诗了。在这些作品中，我们感受到一种不可企及而又刻骨铭心的爱，一种万念俱灰而又至死不移的情，一种无法言传而又心心相印的思。人生是宝贵的，也是短暂的，然而在这宝贵而短暂的一生中，人们又将留下多少刻骨铭心的遗憾呢？也许，让李商隐甘愿在寂寞中燃烧自己的已经不仅仅是美好的爱情、辉煌的事业、灿烂的青春，他已经将这一切升华凝聚为一种人间“至美”，超乎一切，悬浮半空可望而不可即。但诗人却锲而不舍，甘愿像青鸾一样为之哀鸣不止，直到蚕丝吐尽，蜡炬成灰，这怎能不使人心灵颤动呢？

总之，时代的不同导致了诗风的骤变。如果说盛唐诗歌是行至中天的太阳，将光芒向广袤浩大的宇宙间泼洒，强烈而充沛；那么晚唐诗歌则是静静燃烧的烛光，只给很小范围内的事物涂上一层微黄玄妙的光泽，柔和而宁静。如果说盛唐诗歌如同一望无际的大海，汹涌澎湃；那么晚唐诗歌恰似跳跃在山涧之中的潺潺小溪，幽微曲折。如果说盛唐诗歌像一首气势壮大的交响乐；那么晚唐诗歌则似一曲轻巧明快的小夜曲。前者固然以其劲健沉雄给人带来高亢昂扬的审美感受，后者也因其柔婉幽深、含蓄细腻而具有了特殊的魅力。

三、不限于男女的爱情诗

如果说“咏史诗”的大量写作表明晚唐文人并没有完全熄灭其拯时救世

的“兼济”之志，如果说“言志诗”的晦涩难懂表明晚唐文人的济世情怀已变得幽暗深重，那么“爱情诗”的广泛出现则表明晚唐文人越来越倾向于个体感性生命的沉醉与满足了。

时代的战火丧乱与个人的悲苦际遇相互交织成一张无形的大网，不但束缚住封建文人向外在空间伸展的触角，也给个体生命带来了从未有过的窒息感与压迫感。他们既无法运筹帷幄、施展自己的智慧和才能，也难以驰骋疆场、表现自己的勇气与决心。然而，生命能量毕竟要求释放，精神触角也渴望得到伸展，迫不得已的晚唐文人便将目光由江山朔漠、楚塞荆门等阔大的境界收回，转向了闺阁绮楼、舞榭歌台等狭小的生活天地。他们以“得即高歌失即休，多愁多恨亦悠悠。今朝有酒今朝醉，明日愁来明日愁”（罗隐《自遣》）的态度放情于烟花柳巷，踯躅于秦楼楚馆。而晚唐社会日渐发达起来的城市经济与市民文化，以及由此而兴起的歌楼、妓院、酒肆，恰恰为他们提供了适合这种生活方式滋生蔓延的客观土壤。

杜牧就是一位政治失意后沉浸于美酒、美女的诗人，一生风流韵事颇多。李商隐虽无纵情酒色的记录，早年却有一段与道观女冠、宫廷嫔御恋爱的历史。温庭筠则一生从未间断过游娼戏妓、眠花宿柳，因此被目为“有才无行”之人，致使仕途失意，生活潦倒，晚年更变本加厉地沉醉于酒色粉香之中。不过晚唐文人的放狂并不像宫体诗人那样流于轻薄浮浪。即使在那些放纵情感的诗歌中，我们也能够清楚地感觉到一种极其复杂的矛盾心理：一方面把纵情酒色看做是人生的一大乐趣，一方面又视其为生命的无聊和额外的负担；一方面希望永远沉湎其中、乐此不疲，一方面又渴求尽快结束堕落、摆脱沉沦；一方面要在卿卿我我中获得感官的享受、肉体的抚慰，一方面又要在寻寻觅觅中乞求精神的寄托、人间的真情……在晚唐诗坛上，如果说杜牧是“咏史诗”的代表，李商隐是“无题诗”的代表，那么温庭筠则是这类“爱情诗”的代表。

从内容上看，这些作品超越了感官的刺激而重视情感的抒发，并将男女之情扩展为对社会人生及天地间至美的感慨，求得情感的朦胧美与含蓄美：

珠箔金钩对彩桥，昔年于此见娇娆。香灯帐望飞琼鬓，凉月殷勤碧玉箫。屏倚故窗山六扇，柳垂寒砌露千条。坏墙经雨苍苔遍，拾得当时旧翠翘。（温庭筠《经旧游》）

银烛秋光冷画屏，轻罗小扇扑流萤。天阶夜色凉如水，卧看牵牛织女星。（杜牧《秋夕》）

自有春愁正断魂，不堪芳草思王孙。落花寂寂黄昏雨，深院无人独倚门。（韦庄《春愁》）

依依脉脉两如何，细似轻丝渺似波。月不长圆花易落，一生惆怅为伊多。（吴融《情》）

在奸佞当道、战火纷飞的晚唐社会，登龙门、居庙堂者毕竟是少数，大多数知识分子则仕途失意，腾达无望。他们往往因生计的缘故，不得不为一官半职而抛妻别子，千里赴任，颠沛流离，饱受辛苦。在这种情况下，对妻子、儿女温柔体贴的追忆，对恋人、艺妓音容笑貌的回想，往往与其对人生的感慨交织在一起，成为他们不自觉的精神需求。由于时代的原因，诗人们逃避到绣房闺阁、甚至秦楼楚馆做人生的休憩。然而，同样是时代的原因，又给诗人笔下的男女之情赋予更多的人生感慨和社会情绪。与“人人眼角里是淫荡”，“人人心中怀着鬼胎”（闻一多语）的宫体诗人不同，温庭筠等人的这些“爱情诗”在微妙迷离的男女之情中融入了排遣不尽的家仇国恨，漂泊无依的羁愁旅苦，以及贫困潦倒的身世之悲。尽管他们的作品仍不离男女之情，但已包含进更为广泛复杂的人生情感与生命体验了。

中唐诗人白居易曾将“老大嫁作商人妇”的京城艺妓与“谪居卧病浔阳城”的自己两相对比，发出“同是天涯沦落人，相逢何必曾相识”（《琵琶行》）的人生感叹。到了晚唐时代，诗歌中的女性形象越发多了起来。幽禁深宫的少女、倚门闲立的少妇、“以色事人，色衰爱弛”的妓女等人之所以能拨动晚唐诗人的心弦，大概是因为他们之间往往有相同的不幸与类似的遭遇，最能引起情感的共鸣。这些女性也因此成为晚唐文人自我观照和精神投射的“镜像”，她们的死亡则不可避免地意味着人生理想的幻灭、爱的追求的落空。

所以，晚唐诗人的悼亡诗写得特别多，其中所表现出来的感慨与意绪也更为悲凉、复杂：

玉貌潘郎泪满衣，画罗轻鬓雨霏微。红兰委露愁难尽，白马朝天望不归。宝镜尘昏鸾影在，钿筝弦断雁行稀。春来多少伤心事，碧草侵阶粉蝶飞。（温庭筠《和友人悼亡》）

丽质仙姿烟逐风，凤凰声断吹台空。多情草色怨还绿，无主杏花春自红。堕珥尚存芳树下，余香渐减玉堂中。唯应去抱云和管，从此长归阿母宫。（李群玉《和吴中丞悼笙妓》）

凤去鸾归不可寻，十洲仙路彩云深。若无少女花应老，为有姮娥月易沉。竹叶岂能消积恨，丁香空解结同心。湘江水阔苍梧远，何处相思弄舜琴。（韦庄《悼亡姬》）

在自然界，与女性之美丽娇娆最为切近的莫过于鲜花了。其芬芳的气息、娇艳的颜色、招展的花枝，总让人禁不住想起初长成人的美丽少女。也正是这一份相似，本无情感、灵魂的花草总是最先闯入诗人的视野，被打上爱恨、苦痛的情感痕迹：

皱白离情高处切，腻香愁态静中深。眼随片片沿流去，恨满枝枝被雨淋。总得苔遮犹慰意，若教泥污更伤心。临轩一盏悲春酒，明日池塘是绿荫。（韩偓《惜花》）

曾愁香结破颜迟，今见妖红委地时。若是有情争不哭，夜来风雨葬西施。（韩偓《哭花》）

如果说对舞伎笙姬的伤悼歌咏中还掺杂着诗人于声色之欢、肉爱之乐的驳杂回忆与留恋，那么，对榴花、落红的咏叹则表明诗人的情感已变得越发纯洁深厚起来，同时也昭示着晚唐诗人对“至美”的追求、迷恋、伤悼超越了有限的感性生命，已扩展到人世间一切美好的事物上了。他们对流水而无言，见落花则生恨，以至于放声悲歌为委地不起的“妖红”送行了。从这种悲天悯人的情怀中，已能让人深切地感觉到晚唐文人的心灵越来越敏锐，情感也越来越细腻，大自然中每一次声光色影，甚至于极其微小的变化都可能激发起他们复杂的诗兴。这里所有的已不仅仅是性爱的惆怅了，仕途失意的悲叹，青春虚度的哀伤，生活困顿的愁苦，甚至于人生之悲剧性与美之短暂性的痛苦无奈也一同在里面奏响。

从形式上看，这些作品笔触细腻华美，意境婉约幽深，具有了许多“词”的审美特质。它们给人的审美感受既不是振奋昂扬，也不是惊惧战栗，而是低昂中的幽静，回旋中的闲美，如飞花般的轻盈，似细雨般的迷蒙，往往能侵入心灵的更深处，于不知不觉间打动人，感染人，很有一些由诗入词的味道了：

> 红丝穿露珠帘冷，百尺哑哑下纤绠。远翠愁山入卧屏，两重云母空烘影。凉簪坠发春眠重，玉兔煴香柳如梦。锦叠空床委坠红，飔飔扫尾双金凤。蜂喧蝶驻俱悠扬，柳拂赤栏纤草长。觉后梨花委平绿，春风和雨吹池塘。（温庭筠《春愁曲》）
>
> 景阳妆罢琼窗暖，欲照澄明香步懒。桥上衣多抱彩云，金鳞不动春塘满。黄印额山轻为尘，翠鳞红稚俱含嚬。桃花百媚如欲语，曾为无双今两身。（温庭筠《照影曲》）
>
> 百舌唤朝眠，春心动几般。枕痕霞暗澹，泪粉玉阑珊。笼绣香烟歇，屏山烛焰残。暖嫌罗袜窄，瘦觉锦衣宽。昨夜三更雨，今朝一阵寒。海棠花在否，侧卧卷帘看。（韩偓《懒起》）
>
> 日射纱窗风撼扉，香罗拭手春事违。回廊四合掩寂寞，碧鹦鹉对红蔷薇。（李商隐《日射》）

以上几首诗歌都旨在刻画青春少女因春心萌动而产生的种种惆怅、慵懒、无聊的哀怨之情。不过温庭筠等人并没有正面落笔，直涉怨情，而是用其精雕细刻之笔对周围环境、人物、衣着、体态、动作等展开多方面、多层次的铺陈描绘。同时，诗人还善于选取典型的事物、景象创造出某种情绪氛围，用以烘托暗示主人公复杂微妙的情感，取得了意想不到的审美效果。这些以闺阁绣楼、男欢女爱为表现内容的诗歌显示出与前人、尤其是盛唐人相去甚远的美学面貌：其意境由阔大混莽转向深细幽微，其色泽由平淡自然转向富丽精工，其气貌由劲健雄奇转向柔弱缠绵，其情感由清空浏亮转向迷离朦胧，其视野则由外在的广阔天地转向身边的饮食起居，进而走向内心的情感世界。李泽厚认为，“诗常一句一意或一境，整首含义阔大，形象众多；词则常一首（或一阕）才一意或一境，形象细腻，含意微妙，它经常是通过对一般的、日常的、普通的自然景象（不是盛唐那种气象万千的景色事物）的白描来表现，从而也就使所描绘的对象、事物、情节更为具体、细致、新巧，并涂有更浓厚更细腻的主观感情色调，而不同于较为笼统、浑厚、宽大的‘诗境’。”[3]以此标准来看，晚唐这些细腻纤柔的“爱情诗”正处在由“唐诗”向“宋词”的转折关头：在体裁上，他们仍然是诗；可在格调上，它们却已步入了词的境界。

就温庭筠等人的艺术造诣来说，他们既可以写出气格遒劲、意气风发的作品，也可以写出色调清新、韵味悠长的诗行。前者如“铁马云雕共绝尘，柳荫高压汉宫春。天清杀气屯关右，夜半妖星照渭滨。下国卧龙空寤主，中原得鹿不由人。象床宝帐无言语，从此谯周是老臣。”（《过五丈原》）后者如“晨起动征铎，客行悲故乡。鸡声茅店月，人迹板桥霜。槲叶落山路，枳花明驿墙。因思杜陵梦，凫雁满回塘。”（《商山早行》）然而，由于时代精神已不在马上，而在闺房。所以，温庭筠等人便将更多的笔墨倾注到一起，于是便有了不限于男女的爱情诗。

（此文为李红春、陈炎合作，发表于《北方论丛》2003年第2期）

3 李泽厚：《美的历程》，文物出版社，1981年，第156页。

留 住 历 史

2001年2月，塔利班的神秘领袖奥马尔下令摧毁阿富汗境内的所有佛像，包括具有千年历史的世界最高的石雕立式佛像巴米扬大佛。塔利班这一“光荣之举”立即遭到了包括联合国人类文化遗产保护组织在内的许多国际组织和国家的纷纷谴责，美国国务卿鲍威尔认为“这是人类文明史上的犯罪行为”。

2003年4月，由于美国入侵伊拉克首都巴格达所造成的无政府状态，伊拉克国家博物馆惨遭洗劫，价值数十亿美元的17万件几千年前的文物被破坏和掠夺。该馆副馆长阿明指责美国侵略者应该为此而承担责任：“如果他们在这里安置一辆坦克和两名士兵，就不会发生这样的情况”。

或许，阿富汗的佛像被毁和伊拉克的文物被盗有着不同的原因，但其所造成的结果却是相同的：人类文明史上的一些“印记”在我们这个地球上永远地消失了。

我们的人类每天都在创造着自己的历史，每天也在毁灭着自己的历史。正是在这种创造与毁灭的夹缝之中，文物具有了独特的意义。当然了，我不是文物工作者，对文物的理解顶多是一孔之见而已。在我看来，所谓“文物”，就是那些难以被人类创造而又易于被人类毁灭的文化物品。它的价值，既与创造的难度成正比，又与毁灭的难度成反比。

人类与其他动物不同，动物只生活在当下，人类却同时生活在历史之中。海德格尔有部重要的哲学著作，叫做《存在与时间》。在这里，“存在”与“意义”相关，“时间”与“历史”相联：离开了“时间”中所创造的“历史”，人类的“存在”也便没有了“意义”。既然历史是在时间中被创造出来的，它便具有了与时间同样的一维性。所谓“子在川上曰，逝者如斯夫”；所谓“滚滚长江东逝水，浪花淘尽英雄”；所谓“长沟流月细无声，杏花疏影里，吹笛到天明”……通通包含着一个意思：时间是不可逆转的，历史是不可失而复得的。

如果我们把历史比做滚滚而去的河水，那么它所留下的便只有河床上的泥沙、碎石，以及那些经过千淘万漉而最终发现的稀有金属了。我们无法留住那逝去的河水，但我们却可以凭借这些河水的“积淀物”在观念中还原它的存在。显然，这里所谓的“积淀物”，便是我们要讨论的文物。譬如，我们想知道1 500年前的印度佛教对阿富汗地区产生过什么样的影响，我们便可以去看一看巴米扬大佛；如果我们想知道作为人类四大文明古国之一的巴比伦文化究竟是一种什么样的状态，我们便可以去参观一下伊拉克国家博物馆。可是现在，巴米扬大佛被毁了，伊拉克博物馆被盗了。我们的人类将如何来理解、想象和证明这段历史呢？在这里，损失不仅是惨重的，而且是无法弥补的。

作为人类历史的“积淀物”，文物的意义首先是“真”，其次是“善”，再次是“美”。这其中，“真”是最基本的层次，也是最必要的层次。一件物品，如果不能反映人类历史的真实面目，也就不成其为文物，这也就是为什么最粗糙的真迹也要比最精美的赝品更有价值的原因所在。在这个层面上，文物的意义是共同的，没有种族、教义、阶级之分的。无论是教堂、庙宇，还是清真寺，只要其年代久远，就是一座有文物价值的建筑。从这意义上讲，蒋介石使过的砚台和毛泽东用过的毛笔同样是值得收藏的。问题在于，我们能否撇开“善”的群体标准和“美”的个性趣味来平心静气地对待“真”的问题。在奥马尔看来，巴米扬大佛是邪教的造物，因而可以心安理得地将其摧毁。

这很容易使我们联想起那场史无前例的“无产阶级文化大革命”，在那个年月里，多少有价值的文物在“破四旧，立四新”的口号下被焚毁、撕碎、砸烂了呢？当然了，这种类型的破坏并非自“文革”始，遍览祖国的四大名山、四大石窟，有几座古代的石佛、泥塑不是缺胳膊断腿才保存到今天呢？

几年前，我到黄山脚下的西递村去参观那里的民居，这个小小的村落之所以享有“中国明清古代民居博物馆”的美誉，一是由于这里在明清时代出了不少徽商，他们将赚来的钱财寄回家乡，建造起了雕梁画栋式的住所；二是由于这里地处偏远，很少被战争所侵害。然而，村里那十几座曾经幸免于日本鬼子“三光政策”的清石牌坊，却在“大跃进”时代被视为“封建主义的遗物”而烧成了石灰。不知是出于什么样的考虑，村里人在欲毁掉最后一座牌坊的时候竟动了“恻隐之心”，或者是为了留下一个“反面教材”来警示后人的目的，总之，那最后一座牌坊竟在一念之间幸免于难了。远远看去，它那饱经沧桑的青石梁柱上刻满了精致的花纹，匾额上刻有“膠州刺史”四个大字。看来这西递村不仅出商人，而且也产政客，至于这里的刺史姓甚名谁，只有留待专家去考证了。夕阳西下，巨大的青石牌坊静静地在那里矗立着，仿佛积攒了几百年的人生经验，默默地向人们诉说些什么。

我不知道，我们还有多少这样的牌坊、这样的村落，但愿它们能够免于巴米扬大佛或伊拉克博物馆那样的厄运，尽可能长久地保存下来，向后代子孙继续诉说……

（此文发表于《东南文化》2003年第6期）

“初级关怀”与“终极关怀”：新时期文艺的双重使命

一

“当《绿化树》中的章永璘，手捧着马缨花给他的那个带有指纹的馒头的时候，他的全部渴望和寄托便热气腾腾地呈现在面前了：那馒头意味着‘食’，那指纹意味着‘性’，这一切当然算不了什么高雅的东西，离我们常说的人生的意义、社会的理想、存在的价值等‘终极关怀’显然还差得很远。但是，在一个人连起码的‘食’‘性’权利都要被剥夺的年代里，他首先所需要的则恰恰是这种能维系其肉体生存条件的‘人’的关怀，我把这称之为‘初级关怀’。”[1]——十几年前，我之所以写下这样的文字，旨在为中国大陆“文化大革命”之后的文艺作品中所出现的一定程度上的“感性解放”寻找理论上的合法性。而时至今日，我之所以写下这篇文章，则是要在新的历史条件下重新召唤文学艺术“终极关怀”的历史使命。

在我看来，文艺这种东西之所以能在文明社会中长期存在，是因为文明社会中有着一种无法根除的痼疾。我们把这种痼疾称为“异化”（alienation）。“alienation这个具有广泛意义的英文字，虽然看似当代的词汇，但其实它已存在语言中好几个世纪。最接近的字源是中古法文aliénacion，它是由拉丁

1 陈炎：《积淀与突破》，广西师范大学出版社，1997年，第369页。

文alienationem演变而来；可追溯的最早的字源为alienare——意指疏远、疏离。”“alienation在意指‘人类与本质天性产生疏离’的这个含义中，又有两个最普遍的变异用法。其一是在宗教上意指与其内心的神性产生疏离；其二是在弗洛伊德或受弗洛伊德影响的心理学中，意指人在文明中或在文明过程中的某个阶段，与他们原始的利比多（libido）或性欲产生疏离”[2]。前者我称之为“精神的异化”，后者我称之为“肉体的异化”。正是由于有了这双重的异化，才需要文学文艺来加以医治。对前者的治疗，为“终极关怀”；对后者的治疗，为“初级关怀”。

回到那个精神迷狂、领袖崇拜、标语口号满天飞的“文革”时代，人们在宗教学意义上与其“内心的神性”是否产生了疏离？这是需要具体问题具体分析的。从价值多元的角度上讲，所谓宗教学意义上的“内心的神性”是指某种超越肉体存在的精神寄托，它本身只是一种主观信仰，并没有什么对错之分。对于那些笃信“革命”、崇拜“伟人”、虔诚地认同所谓“理想”的人来说，他们当时的所作所为与其“内心的神性”并没有产生疏离，至少他们自己没有意识到这种疏离的存在。恰恰相反，这些人的所谓“内心的神性”被大大地激发乃至膨胀起来了。正因如此，他们才能够赴汤蹈火、视死如归地进入一种宗教性的迷狂状态。与此相反，对于那些并不虔诚的参与者来说，他们虽然也不得不在运动的裹挟之下做一些匪夷所思的事情，但并不是自觉的、自愿的、发自内心的。对于这些人来说，他们的所作所为与其“内心的神性”便有着程度不同的疏离。有疏离便有异化，有异化便有痛苦，这便是“文革”时代有人陷入精神的迷狂，有人则陷入灵魂痛苦的原因所在。

如果说在“文化大革命”时代，不同的人在精神上的“异化”有着质的不同，那么在肉体上的“异化”则只具有量的差异。在那个生活资料严重短缺、感性欲望备受压抑的年代里，从“饮食”到“男女”，几乎所有的生理欲求都会受到贬低、践踏和节制，任何正常的物质享受都会被视为“腐朽的资产阶级情调”而遭到禁止。在这种情况下，无论是工、农、商、学、兵还是地、富、反、坏、右，人们与其“原始的利比多”之间都会出现某种程度的疏离。当然由于当时的人们精神追求的向度不同，其“利比多”的“升

2 [英]雷蒙·威廉士：《关键词：文化与社会的词汇》，巨流图书公司，2003年，第4、5页。

华”渠道不同，因而对“肉体异化”的感受也会有这样那样的差异。然而无论如何，在当时的情况下，“肉体的异化”比“精神的异化”更具有普遍意义，从而也更迫切地需要获得一种文化的治疗。只有在这个意义上，我们才能够真正理解那个带有指纹的馒头对章永璘的意义所在。也只有在这个意义上，我们才能够真正理解张贤亮另一部作品《男人的一半是女人》中的主人公何以会出现生理疾患（阳痿）的社会原因。这种人在特定环境下“与他们原始的利比多或性欲产生疏离”的现象，是整个“文化大革命”时代异化现实的艺术缩影。

因此，正是针对这种“肉体的异化”，“文化大革命”之后的文学艺术开始了其具有医疗作用的“初级关怀”。所谓“初级关怀”，是对人们生活情绪的放松、抚慰、宣泄，并通过这种形式使其恢复到健康状态。这其中包含着对感性欲望的满足，包含着对世俗生活的肯定，也包含着对禁欲主义的批判。

新时期文学伊始，对感性欲望的“满足”还是极有分寸的。人们更多的是像张贤亮那样，通过对特定时期的回忆来抚慰欲望匮乏的创伤。这匮乏，有来自“食”的，也有来自“性”的。其抚慰的方式，有悲剧风格的，也有喜剧手法的。前者如刘恒的《狗日的粮食》，后者如王小波的《黄金时代》。在那个特定的时代里，尽管人们常说：“人不是为了吃饭才活着，而是为了活着才吃饭。”“人与动物的不同，不在于食、性等生物属性，而在于这些活动中所表现出来的社会属性。”然而，当“食”和“性”这些最最起码的生理需求也得不到正常满足的时候，一切政治的准则、道德的说教、法律的条款、哲学的理念都会显得苍白无力，甚至荒谬可笑。似乎只有到了这个时候，我们才能够真正理解马克思所发现的“历来为繁茂芜杂的意识形态所掩盖着的一个简单的事实：人们首先必须吃、喝、住、穿，然后才能从事政治、科学、艺术、宗教等等”[3]；似乎只有到了这个时候，我们才能够心甘情愿地承认：人并非首先是人，然后才是动物，而是首先是动物，然后才是人！似乎只有到了这个时候，我们才能够真正理解《芙蓉镇》中的那句台词所具有的人道主义意义：“活下去，像牲口一样地活下去！”似乎只有到了这个时候，我们才能够

3 恩格斯：《在马克思墓前的讲话》，《马克思恩格斯全集》第19卷，人民出版社，1963年，第374页。

真正理解《男人的一半是女人》中的主人公与大青马对话的潜在涵义。

在满足感性欲望的同时，新时期的文学艺术还对世俗生活进行了前所未有的肯定。所谓“前所未有”，当然不是相对于唐传奇或明清小说而言，而是相对于“样板戏”和“十七年文学”而言的。那个时代的文学艺术素以反映革命斗争的“重大题材”为首选内容，从而将日常生活中的凡人琐事丢在一边。这种对世俗生活的无视和否定，反过来证明了那个意识形态至上时代的禁欲主义特征。这些特征，甚至在新时期的文学作品中仍然留下了某些挥之不去的阴影。“在吃掉了那个带有指纹的馒头之后，章永璘似乎不再满足于‘食’与‘性’的安慰和快感了，于是，他要在马缨花的炕头上学习《资本论》了。这当然是一种‘终极关怀’，而且在张贤亮式的作家看来，这种对人类命运和社会理想的思索绝对没有任何反讽的意味，而是真诚的、严肃的，是出于一个知识分子的生命体验和学术良知。问题在于，以‘我是流氓我怕谁’相标榜的王朔式的作家并不是传统意义上的知识分子，当然了，他们也不是传统意义上的流氓，说穿了，他们只代表了当今中国的市民阶层有限的人文要求与合理的美学趣味而已”[4]。按照这种要求和趣味，宋大成搬运蜂窝煤的举动要远比章永璘学习《资本论》的行为更具有感染力；按照这种要求和趣味，刘慧芳式的贤良要远比马缨花式的奉献更具有真实感。这便是作为一部平平常常的家庭肥皂剧，《渴望》在当时能够引起街谈巷议的原因所在。在一个长期政治挂帅、思想领先的时代里，“心中渴望真诚的生活”似乎已成为一种很难实现的奢望了。如果一个作家不让小说里的人物装模作样地学学《资本论》，便显得过于肤浅而不够深刻了。然而，随着中国社会经济生活的宽松和市民阶层的崛起，《锅、碗、瓢、盆进行曲》重新闯入了艺术的殿堂，柴、米、油、盐、酱、醋、茶重新唤醒了人们的兴趣。于是才有了《风景》《塔铺》和《烦恼人生》，于是才有了《渴望》《空镜子》和《浪漫的事儿》。正像《顽主》中“三T公司”的“业务范围”一样，一向高雅而又神圣的文学艺术，已经变成了“替人解难、替人排忧、替人受过”的生活用品，实现着人们渴望的“初级关怀”。

4 陈炎：《积淀与突破》，广西师范大学出版社，1997年，第370页。

二

在文学艺术自觉地回归日常生活的同时，作家和艺术家们也开始了对以往的政治教条和哲学理念的颠覆和批判。因为说到底，正是这些空洞的教条和虚假的理念以“终极关怀”的形式压制了人们对感性欲望的满足和对世俗生活的渴望。因此，当传统的“终极关怀”与现实的“初级关怀”发生矛盾的时候，一种颠覆“神性”、回归“人性”的思想解放运动出现了。于是，新时期的文学艺术在形而下的层面上不断挑战原有禁区的同时，在形而上的层面上不断颠覆着原有的理念。这种颠覆可以是刘恒式的控诉，也可以是王小波式的反讽；可以是北岛式的怀疑，也可以是王朔式的戏谑。作为这一文本流变的逻辑起点，如果说《渴望》还只是把文学艺术的意义中心由“终极关怀”转移到了“初级关怀”，尚未将二者对立起来；那么《编辑部的故事》则开始了对“终极关怀”的消解与嘲弄。《人间指南》，这是一个多么具有反讽意味的刊名，仿佛人间确实存在着一个真实可靠的终极目标需要他人来指引一样。然而在一个“解构”的时代里，任何高瞻远瞩的指南和语重心长的教诲都会变得滑稽可笑。于是，作为原有价值体系的承载者，那些以“老一代”和“革命家”自居的“正面人物”开始沦为被嘲讽和戏谑的对象。正像《甲方乙方》延续了《顽主》形而下的诉求一样，《我爱我家》则进一步发展了《编辑部的故事》形而上的反叛：从人物设计的角度上讲，这部电视剧中的任何角色都是可有可无的，唯独“敬爱的老傅同志”是不可或缺的。少了他，喜剧便缺乏了可笑的内容，观众便没有了宣泄的目标，作品便没有了解构的对象。

在中国大陆从政治社会向商业社会转变的宏观背景下，新时期以来的文学艺术面向“初级关怀”历史性转折不仅是可以理解的，而且在很大程度上是值得肯定的。因为它不仅实现了市民阶层对世俗情感的回归，而且完成了对异化现实的反叛。然而，随着中国大陆市场经济体系的确立，随着商品经济对文学艺术的侵袭和影响，这种形而下的文艺诉求愈演愈烈，从而陷入了一种新的危机。

如果说新时期伊始，文学艺术对感性欲望的满足还是适可而止的，是对人为疏离的“利比多本能”的回归；那么，随着社会“超我”的瓦解和颠覆，这种感性欲望的满足却演变成感性欲望的宣泄。这一点在同一个作家于不同时期撰写的小说中可以看得十分清楚。曾几何时，张贤亮笔下那个在社会压力下丧失了性功能的知识分子（《男人的一半是女人》），居然走进了情色场所，用纵欲的手法来医治禁欲的创伤了（《习惯死亡》）。不仅男性作家肆无忌惮，女性作家更是不让须眉。在商家的炒作下，“美女作家”不仅以文本的挑逗为能事，而且将自身的容貌作为商标了。至于所谓“身体写作”“下半身写作”之类的行为，更是把文学艺术变成了两性狂欢的场所，于是那个曾被关进“潘多拉盒子”的“利比多”居然破茧而出，风行于世了。

如果说新时期伊始，文学艺术对世俗生活的肯定还是留有余地的，是对人为疏离的日常生活经验的重新温习；那么，随着市民阶层的逐渐崛起，这种身边琐事的描写越来越变得没有节制了。这一点，在标榜“从感情的零度出发”“只记录不创作”的“新写实主义”和“原生态写作”中表现得最为明显。在这些作者看来，“这个世界原来就是复杂得千言万语都说不清的日常身边琐事”，“我们似乎看到生活像一个宏大的虎口在吞噬我们”[5]。于是，在他们笔下，艺术已不再是一片《风景》，而成为《一地鸡毛》乃至《一腔废话》了。

如果说新时期伊始，文学艺术对形而上学的围剿还有着挣脱窠臼、反叛传统的积极意义，而随着“后现代思潮”的到来，那种“反对承载意义”“消解深度模式”的创作已成为一种时尚。一些作家宣称：“因为在不敢说太多的阅人阅事之后，发现许多事这么办和那么办是殊途同归；许多问题直截了当地解决和千回百转地解决没有什么区别；一个所谓的机会来临，使劲折腾和不折腾都一样。”[6]在这种“无可无不可”的创作心态下，文学艺术不再是面对《人生》的思考，而是《无所谓》《就那么回事》，是一种《过把瘾就死》的游戏，是一个《没有文化的俱乐部》。

总之，当“肉体的异化”解除之后，“精神的异化”更加凸显出来。或许，矫枉必须过正。然而过正之后，又必须重新矫枉。在中国几千年的文明史上，我们的物质生活或许从来没有像今天这样富足，而我们的精神生活也或许从来没有像今天这样贫困。在这种情况下，中国的文学艺术已不应满足于

5　刘震云：《磨损与丧失》，《中篇小说选刊》1991年第2期。

6　张欣：《守我本分》，《小说家》1995年第2期。

“初级关怀”的形而下诉求，而应重新承担起“终极关怀”的神圣使命，即帮助读者和观众重新招回内心世界中疏离已久的“神性”。当然了，这里所说的“神性”绝不限于对某种宗教组织或社会团体的认同，而是泛指一切超越肉体生命的精神追求，一切超越有限存在的无限意义。因为说到底，人就是这样一种实为有限却渴望无限的存在者。值得注意的是，这种形而上学的重建，绝不是对以往历史的简单回归，绝不是对传统价值的简单重建，而应是一种“否定之否定”的发展。在自由、平等而又多元的当今世界里，任何企图建立一种垄断人生目标和行为准则的价值体系都是徒劳的、自以为是的。然而这并不妨碍不同的文学艺术家在不同的纬度上进行多元的探索。或许每一部作品只能给读者和观众提供一种形而上的可能性，但是无数部作品便可能给读者和观众提供无限多的意义空间。

（此文发表于《天津社会科学》2009年第1期）

西方现代艺术："革命"还是"骗局"？

西方艺术沦落为一场骗局？

所谓"范式"，应该有一种行为区别于他种行为的独特性，而不应该与他种行为混淆，西方现代艺术恰恰抹杀了艺术与非艺术之间的界限。

陈炎：西方现代艺术是一种极具轰动效应而又聚讼纷争的审美文化现象，有人将其称为视觉领域的一次"革命"，有人则斥之为文化市场上的一场"骗局"。孰是孰非，莫衷一是。对于这一问题的思考，不仅会触及"什么是艺术"之类的美学基本命题，而且也涉及中国与西方不同的情感表达方式和艺术观照方式，乃至中国与西方文化的根本差异等问题。

王祖哲：亚菲塔的《艺术对非艺术》或许是西方美学中第一本明确否定现代艺术的著作。亚菲塔的看法是：西方艺术发展至今，已变成了一场骗局。他认为，由于传统再现艺术的创造潜力已经耗尽；另外，古腾堡的印刷术、康德的哲学、现代科学深刻地改变了人们的世界观，艺术家不满足于反映世界的表面现象，试图创立一种超越再现艺术的新的艺术范式。不幸的是，现代艺术的始作俑者不具备必要的知识，他们试图建立的艺术新范式，只是把传统的形象艺术还原或者分解为其构成因素，如颜色和线条，或者还原为真实的物件。这种实践，不曾建立新的艺术范式，却抹煞了艺术与非艺术的界限，艺术批评因此失去了评价标准。与此同时，商业和媒体介入了艺术，从而使艺术的宣传和销售成为一种有利可图的行为，因此本来是为艺术寻找新范式的尝试，却逐渐沦落为一场“骗局”。

曹砚黛：现代艺术家的确已经不满足于再现现象世界，他们以反映人类的文化、心理、经验、感受和思想作为新的艺术诉求。现代艺术不再以提供审美感受为首要任务，它的价值主要在于引起人们的思考。以表达观念引起人们的哲思，这就是新的艺术范式。

王祖哲：现代艺术家的这个初衷或许是值得称道的，但是在亚菲塔看来，现代艺术与哲学流派或者社会运动之间的联系，完全是艺术家和批评家穿凿附会的结果。换言之，如果不经过他们勉强的解释，任何人也看不出那种联系。事实上，这种穿凿附会的用意，无非是为了掩盖自身的空虚。

陈炎：我倒不认为现代艺术与哲学流派或者社会运动之间的联系统统是虚构的，有些作品确实是以厌恶战争、对抗异化、反省文明为内容的。问题在于，即使这些联系是真实的，这种“新的艺术范式”仍然是值得怀疑的。所谓“范式”，应该有一种行为区别于他种行为的独特性，而不应该与他种行为混淆，西方现代艺术恰恰抹煞了艺术与非艺术之间的界限。因此，这种“表达观念，引起人们的哲思”的“初衷”也未必值得称道。

艺术“让位”于哲学?

亚瑟·丹托和乔治·迪基的理论存有简单化甚至循环论证的毛病，但有一点是值得我们重视的，那就是：他们不把艺术的本质和形态看做一成不变，而是不断发展的。

曹砚黛：想在艺术与非艺术之间划一条明确的界限，这种观点显然是基于对艺术本质主义的肯定。事实上，为艺术下一个本质主义的定义，在任何东西都有可能成为艺术的今天，虽然似乎是有必要，却是不可能的。西方许多不乏勇气的哲学家在这一问题上作出了一些不同于本质主义的努力和尝试，美国艺术哲学家亚瑟·丹托和乔治·迪基是其中影响较大的两位。丹托提出了“艺术界”理论，认为一件物品被看做艺术品需要艺术史的知识和艺术理论的氛围；迪基在丹托的基础上提出了“艺术习俗论”，认为一件物品要成为艺术品，需要某些代表特定习俗的人给予其待欣赏的候选地位。这些理论显然没有指出艺术之所以为艺术的那个本质属性，而更类似于对目前一种文化现象的描述，因而被称为“文化学理论”。丹托和迪基的理论意义在于他们跳出以往从艺术的显明特性入手来为艺术下定义的旧的理论模式，而首先注意到艺术的非显明特性，并以此为基础思考艺术的本质问题。尽管他们的理论仍有这样那样的缺憾，但无疑是具有启发意义的。

王祖哲：自从分析哲学出现以来，本质主义似乎成了一个贬义词；然而，我却认为应该对本质主义持开放态度。如果一个东西要成为艺术品的理由，完全是像丹托和迪基解释的那样，跟这个东西的内在本质毫无关系，那么的确什么东西都可能成为艺术品，“艺术”这个概念的内涵便化为乌有，它就失去了分类功能，艺术与非艺术之间的界限就丧失了，正如西方现代艺术的实践所表明的那样。比方说，极简主义的单色画，即一幅画布上只有一种颜色，丹托和迪基认为它是艺术品，因为他们所谓的“艺术界”已把单色画认定为艺术品；但是，在亚菲塔和我看来，单单一种颜色虽然可能使我们产生生理性的愉快，却难以使我们产生艺术经验，因此要求我们听从一种不见得可靠的理论权威的解释而无视我们的经验，硬把一个东西叫做艺术品，那就是一种奇怪的要求。单色画之所以难以使我们产生艺术经验，显然是它的客观属性太简单，它不可能构成创造力和想象力必需的一种相对复杂的结构。因此，一个东西要成为艺术品，一定和它的本质有关系，它的某种本质必定是它成为艺术品的必要条件，尽管不是充分条件。

陈炎：亚瑟·丹托和乔治·迪基的最大问题还不在于简单，而在于循环论证。前者用“艺术界”来论证“艺术”，再用“艺术”来论证“艺术界”；后者用“艺术习俗”来论证“艺术”，再用“艺术”来论证“艺术习俗”……这种循环论证的方法，并不能使原本复杂的问题变得简单，反而使原本复杂的问题更为复杂了。

曹砚黛：我并不否认亚瑟·丹托和乔治·迪基的理论存有简单化甚至循环论证的毛病，但有一点是值得我们重视的，那就是：他们不把艺术的本质和形态看做一成不变，而是不断发展的。在历史上，艺术或许是美的，但西方现代艺术却从“美”变成了“崇高”“荒诞”甚至“丑”，艺术或许是抒情的，但西方现代艺术却从情感的抒发变成了观念的表达；艺术与哲学之间或许是泾渭分明的，但正如黑格尔所预言的那样，西方现代艺术已渐渐让位于哲学……对于这样一种不断变幻的艺术现象，我们又怎么能用一种一成不变的艺术观念加以衡量呢？

王祖哲：我们确实不应该用一成不变的观念来衡量不断变化的现象，但也不应该被那些花样翻新的假象迷惑。亚瑟·丹托和乔治·迪基的问题，就是对西方所谓的现代艺术实践不抱任何分析和批判的态度，他们首先承认马瑟尔·杜尚的“小便器”或者安迪·沃霍尔的“包装盒”是艺术品，然后再煞费苦心地为这些无聊的东西寻找所谓的“哲学意义”。这样，艺术也就自然而然地“让位”于哲学了。

理性的宰治

对于一件艺术品来说，无论其思想内容如何深刻，都不能取代其美学价值。而西方现代艺术的问题，就是用哲学思考替代了科学认识，即从一种偏颇转向了另一种偏颇。

曹砚黛：如果艺术不“让位”于哲学的话，它还有什么道路可走吗？难道还要让它走回头路，再去摹仿现实吗？不是连亚菲塔都承认，传统再现艺术的创造潜力已耗尽了吗？

陈炎：非此即彼，是我们很难超越的一种习惯性的思维方式。许多否定西方现代艺术的学者，确实对古代的西方艺术抱有充分的眷恋和崇敬。可显而易见的是，要让西方现代艺术重新回到写实主义的老路上去，不仅是不可能的，而且是无意义的。在此，我想提出一种不同的思维路径：我们为什么非要在肯定西方古代艺术的前提下来否定西方现代艺术，为什么不能将它们一起加以反思和批判？谁都知道，西方古代艺术确曾取得过惊人的成绩，然而在我看来，它在价值取向上始终都存在着问题。由柏拉图提出、亚里士多德奠定的“摹仿说”一开始就把艺术能否反映现实、再现真理作为其合法存在的唯一根据，这样，艺术便丧失了独立存在的合法性，只能依附于科学认识。事实上，西方古代艺术也确实是沿着这条反映论的道路向前发展的。以绘画艺术为例，为了真实再现五光十色的大千世界，西方人借助“三原色”的理论，科学地调和出各种各样的过渡色和中间色。为了在二维平面上体现三维空间的立体感，西方人发明了“空气透视”和“焦点透视”的原理，科学地布置好画面物体的远近高低……

曹砚黛：这种借助于科学手段去反映现实的努力难道不应给予肯定吗？

陈炎：问题在于，当现实世界已有了一个杯子的时候，我们为什么还要煞费苦心地在画布上去再现这个杯子呢？如果说在过去，这种再现还有着保留形象、传播信息的认识论意义，那么随着艺术家再现能力的不断提高，当人们可轻而易举地在画布上完成这一任务时，艺术还将向哪里发展呢？尤其是照相技术出现后，当摄影师可以在不到一秒的时间内完成画家一生都难以企及的再现成果时，再现艺术还有什么发展前途呢？这是古代西方艺术发展的困境，也是现代西方艺术出现的原因。

曹砚黛：西方现代艺术确实有着对古代艺术进行反思和批判的功能，杜尚的“小便器”和沃霍尔的“包装盒”或许就有这种功能，而不是什么简单的标新立异。

陈炎：对于一件艺术品来说，无论其思想内容如何深刻，都不能取代其美学价值。而西方现代艺术的问题，就是用哲学思考替代了科学认识，即从一种偏颇转向了另一种偏颇。如果我们从文化的角度进行深入思考，就会发现这两种偏颇实际上反映出西方文化中的同一问题，即理性的宰治。

审美价值：想象与情感兼备

一部艺术品的美学价值，既取决于其“想象”的丰富程度，更取决于其“情感”的复杂程度。用概念来表达思想是哲学家的工作，用形象来表达情感才是艺术家的事情。

曹砚黛：什么是美学价值？过去我们常常认为艺术与审美是天然联系在一起的，而西方艺术的发展历程却给我们提出了一个新的问题：艺术何以必须是审美的呢？回过头去看艺术史，安格尔的《泉》是美的，籍里柯的《梅杜萨之筏》是崇高的，毕加索的《格尔尼卡》是荒诞的，罗丹的《老娼妇》甚至是丑的……如果我们一定要坚守审美的原则，那就只能否认西方艺术实践的合理性，从而用观念来阉割历史。

陈炎：我说艺术品要有其自身的美学价值，并不是说艺术品只能是美的，而不可能是崇高的、荒诞的甚至是丑的，这是两个完全不同的概念。

曹砚黛：那您所说的“美学价值”究竟指的是什么呢？

王祖哲：这就涉及你所厌倦的那个艺术本质问题了。在我看来，具体的艺术品可以是多种多样的。但它们都必须具有一种最为基本的共同属性，这或许就是陈老师所说的“审美价值”。在我看来，这个价值就是体现了人类高水平的想象力的创造活动。我之所以否定绝大多数的西方现代艺术，不是因为它们表达了崇高、荒诞甚至丑，而是因为它们没有体现人类高水平的想象力：从单一颜色的“绘画”到没有声音的“乐曲”，从杜尚的“小便器”到沃霍尔的“包装盒”……这一切非但没有体现人类想象力的进步，反而显示了其创造力的贫乏。我不知道陈老师是否同意我的观点。

陈炎：部分同意，还需补充。除了想象之外，还有情感。从创作的角度来看，是情感推动着艺术家想象力的展开，因而没有情感的想象是贫乏的；从欣赏的角度来看，人们通过作品的形象最终获得情感，因而没有情感的作品是空洞的。因此，对于艺术作品的“审美价值”而言，“情感”是较之“想象”更为内在、本质的内容。换言之，一部艺术品的美学价值，既取决于其“想象”的丰富程度，更取决于其“情感”的复杂程度。从符号学的角度讲，复杂而又具有个性化的情感是无法用抽象而又具有普遍意义的概念加以表达的，因而所谓“抽象艺术”“概念艺术”是难以成立的。用概念来表达思想是哲学家的工作，用形象来表达情感才是艺术家的事情。这二者之间，既不存在谁高于谁的问题，也不存在谁终将“让位”于谁的问题。而自黑格尔以来，西方艺术理论中的最大问题，就是认为哲学高于艺术并将取代艺术，于是才有了现代艺术的美学冒险。所以我坚持认为，这种貌似深刻的美学冒险，既不是一次值得肯定的“革命”，也不是一场人为制造的“骗局”，而是由西方文化自身逻辑所导致的“误区”。

（此文为陈炎、王祖哲、曹砚黛合作，发表于《中国社会科学报》2009年8月4日）

西方艺术的文化困局与美学败绩

众所周知，西方现代艺术起源于绘画领域中的后印象派。在此之前，西方的绘画艺术是以“摹仿说”为理论根据的。在长期的美学实践中，为了实现真实地再现客观物象的美学目的，西方人一方面摸索出了“空气透视”和“焦点透视”等原理，在一个二维的平面上创造出三维立体的纵深感；另一方面，西方人掌握了“三原色”等理论，即利用红、黄、蓝三种基本颜色的色差关系，自觉地调配出各种各样的中间色和过渡色，以摹仿五彩缤纷的大千世界。有了这两条建立在科学原理之上的绘画技术，西方绘画再现世界的能力有了显著的提高，可以几近逼真地将客观物象的形状和颜色呈现在画布上。然而，就在西方美术界感到大功告成的时候，新的问题却出现了，尤其是当照相技术出现之后，当人们可以轻而易举地拍摄出比艺术杰作更加逼真的生活情景时，艺术应该如何发展呢？于是便有了印象派和后印象派。

与传统的绘画艺术不同，印象派画家不追求客观事物原本的形状和颜色，而去表现这种形状和颜色给作者留下的主观“印象”，如莫奈的代表作《日出·印象》等。然而无论如何，主观的印象总还是来自客观的物象。真正使西方绘画艺术离开客观再现而走向主观表现的，是继之而起的后印象派。从时间上看，后印象派是继印象派之后发展起来的，因而也叫做“后期印象派”；从性质上讲，后印象派对印象派绘画中的主观成分进行了大胆的发挥和极端的发展，从而完成了西方现代绘画艺术的美学转向，有着量变导致质变的阶段性差异。尽管被统称为后印象派的画家们理论主张不同、艺术风格各异，但都是对传统认识论美学的反叛。

作为对传统认识论美学的艺术反叛，西方现代绘画所选取的变革途径主要有两条：一是在构图的处理上彻底颠覆传统的透视学原理，一是在颜色的运用上彻底反叛传统的色彩学原理。为了说明这一问题，我们可以从理解塞尚和凡·高这两位“后印象派”代表人物入手。“多少世纪以来，画家们都在解决一个问题，就是如何在画布或画板的平面上，表现出立体的世界。从15世纪起，画家们遵循透视的原则，把近处的东西画得大，远处的东西画得小，这种方法使图画看起来似乎有景深。到19世纪，法国画家保尔·塞尚试行一种新方法，他仔细研究了自然景象，把房屋、树木和山丘上的几何形状一一记下来，但不一定是从同一角度加以观察。一般人看东西也许就是这种情况，因为人的眼睛从来不会固定在一个点上。然后，他把这些形状重新加以安排，把他想画的那些东西组成一幅画。观众可以认出画中的单个形状但整个风景是靠想象连接起来的。在我们观察事物的时候，这本是个持续不断的过程，但用它来组织一幅画，却是一种全新的方法。它实际上意味着：要抛开传统的透视方法。”[1]

为了抛开传统的透视方法，塞尚曾经就同一题材反复画过二十多幅画，结果每一幅画的景色都是全新的，这就是著名的《圣维克图瓦山》系列。在他的画中，无论是近景还是远景，都具有同样的清晰程度，各种具体物象的几何形状和色彩特征得到了强调，而其明暗过渡等细节处理则有意被淡化。这种主观而又概括的处理方式，使他的作品都很简约，富有几何意味，使原本杂乱的物象变成了秩序化的构图和色彩性的乐章。这样一来，绘画便不再是对客观物象的忠实摹仿，而成为各种色彩和形体元素的自由组合。换言之，到了塞尚这里，画什么已经不再重要了，重要的不是绘画的内容，而是绘画的形式，是怎么画。这种摆脱透视原理的艺术努力，将西方现代绘画的形体造型从实际的客观物象中解放出来。如果说塞尚的突出贡献主要在造型

1　[英]唐纳德·雷诺斯、罗斯·玛丽、苏珊·伍德福：《剑桥艺术史》第3卷，罗通秀、钱乘旦译，中国青年出版社，1994年，第206—207页。

上，那么凡·高的杰出成就主要在色彩上。凡·高主张："为了更真实地表达我见到的东西，我更自由地运用色彩，使其更具表现力。"过去，西方人利用三原色的不同比例，调配出各种各样的中间色和过渡色，以接近现实世界的真实面目。"今天我们要求的，是一种在色彩上特别有生气、特别强烈和紧张的艺术。"[2]为了达到这一目的，凡·高大胆地使用了夸张的色彩，甚至直接使用一向被人们回避的原色作画，于是便有了著名的《向日葵》。换言之，色彩在凡·高那里已不再是还原对象的手段，而成为表达情感的工具。当画布上的颜料与客观物象的实际色彩出现巨大反差的时候，一种从来未有的张力出现了。色彩本身就成为一种制造氛围、表达情感的手段，它生动、紧张，并富有表现力。如果说塞尚的价值，是将西方现代绘画的形体造型从实际的客观物象中解放出来；那么凡·高的意义，则是将西方现代绘画的色彩从自然的实际颜色中解放出来。质言之，塞尚开辟了形体革命的先河，凡·高则成就了色彩造反的力作。于是，塞尚被誉为"西方现代绘画之父"，凡·高被视作"西方现代绘画的天才"。

由于塞尚和凡·高还处在西方现代艺术的初始阶段，对传统的"革命"和"反叛"只是初露端倪。由于他们的作品与传统的写实艺术相去不远，还是比较容易被我们所接受的；但是他们所开辟的背离"再现"以追求"表现"的美学方向，却将西方艺术引入了另一种新的歧途。从塞尚的《圣维克图瓦山》到毕加索的《亚维农少女》，西方人所尊崇的透视学原理渐渐地被解构得七零八落了；从凡·高《向日葵》到康定斯基的《有一排房屋的画》，西方人所依赖的色彩学准则渐渐被涂抹得面目全非了。在这一思潮的影响下，绘画领域中的各种流派风起云涌，如野兽主义、立体主义、象征主义、表现主义、抽象主义、未来主义、达达主义、超现实主义……名目繁多，不一而足。究其共同的美学目标，都是要反叛以往的写实传统，背离客观物象，表达主观的思想或情绪。

作为一种反映社会思潮的审美文化现象，这种"历史性转型"不仅表现在绘画领域，而且表现在雕塑、戏剧、文学、音乐等所有艺术领域。所不同的是，绘画反叛的是二维平面上的物象，雕塑反叛的是三维立体中的物象，

2 《中国大百科全书》第1卷，中国大百科全书出版社，1990年，第213页。

戏剧反叛的是现实生活中的时空关系，小说反叛的是社会历史领域中的人物和故事，音乐反叛的是符合自然法则的节奏和旋律……值得注意的是，尽管这些艺术种类不同、媒介各异，但所要表达的思想和情绪却基本上是一致的，所以许多“主义”在不同的艺术领域中常常是跨界出现的，如绘画中有未来主义，雕塑和文学中也有未来主义；绘画中有表现主义，文学、戏剧乃至音乐中也有表现主义……不仅如此，在这些“主义”的背后，不同艺术所遵循的美学准则和哲学理念也往往是一致的，如柏格森的直觉主义之于印象主义，弗洛伊德的精神分析学之于超现实主义，萨特的存在主义之于表现主义……以至于有什么样的哲学派别，就有什么样的艺术流派。

如果说传统的西方绘画所追求的目标是如何忠实地再现客观物象，那么现代的西方绘画却来了一个180度的大转弯，以表现画家的主观感受、意识、观念为旨归了。在这种由客观再现转向主观表现的艺术实践背后，隐藏着由科学认识转向哲学思考的美学观念的变迁。“长久以来，就有哲学家和某些画家认为，较少的现象可以表达更多的真实。他们认为，在我们所见的东西之后，还有一些其他的东西。……但绘画是一种视觉媒体，即使画家认为他知道是什么东西藏在可见的物体之后，他也必须让我们在视觉上感知这一点。如果我们不能在某幅画上亲眼看见一件东西，那么哪一种哲学也不能叫我们相信这种东西。”[3]问题在于，思想是抽象的，感知是具体的，用具体的艺术造型来“感知”抽象的哲学命题，便只能使艺术沦为对哲学观念的“图解”。当艺术家主要不再依靠感觉经验来认识世界，而是凭借理性法则来图解世界的时候，西方的艺术也便从科学的奴仆变成了哲学的附庸，其自身的美学价值仍然是无源之水、无本之木，因而是没有根据的。对于西方现代艺术的这一历史性转型，不少学者都看到了其哲学流派与艺术流派之间的内在联系，并着重挖掘其“厌恶战争”“反抗异化”的思想意义。然而，对于一部艺术品来说，无论其思想意义怎样深刻，都不能取代其美学价值。说到底，艺术既不是科学认识，也不是哲学思辨，它必须将感性与理性融合在一起并获得一种情感上的张力。

今天，肯定西方现代艺术的人们常常是用这些作品所包含的思想价值

3　[英]唐纳德·雷诺斯、罗斯·玛丽、苏珊·伍德福:《剑桥艺术史》第3卷，罗通秀、钱乘旦译，中国青年出版社，1994年，第214页。

来取代其美学价值。这种取代显然是站不住脚的，正如哲学取代不了艺术一样，深刻的思想内容也取代不了隽永的审美情感。今天，否定西方现代艺术的人们往往无条件地肯定西方古典艺术，认为只有回到古代的认识论美学传统之中才有可能拯救现代艺术。这种回归显然是没有可能的，事实上，正是由于西方古代的认识论美学出现了偏差、走上了绝境，才会导致由客观再现到主观表现、由科学认识到哲学思考的历史性转折。因此，我们的反思不仅要针对西方现代艺术，而且要上溯到西方古代艺术；不仅要批判作为哲学附庸的现代艺术，而且要批判作为科学奴仆的古代艺术。进而言之，这种反思甚至不能拘泥于艺术实践本身，而且要探讨造成这种艺术观念的历史原因、文化根据。

在我看来，由于感性与理性分裂得比较彻底，使得西方文化中的两极十分发达：在感性的一极是体育，在理性的一极是科学。然而这种分裂也会带来一些负面的影响，使得西方人在艺术这类感性与理性相结合的领域中陷于困境：或是从“摹仿说”的角度出发，注重艺术的理性功能，将其看做是科学认识的手段、哲学思辨的工具；或是从“迷狂说”的角度出发，注重艺术的感性功能，将其当成是感官享受的手段、欲望宣泄的工具。[4]进入现代艺术以后，这种源于西方古代的分裂精神愈演愈烈，其理性的一极指向抽象思辨的观念领域，其感性的一极指向欲望宣泄的肉体领域。前者往往以“先锋艺术”的姿态出现，后者常常以“大众艺术”的姿态出现。而本文所涉及的，主要是前一种现象。因之，在我看来，西方现代艺术既不是一场“革命”，也不是一场“骗局”，而是感性与理性极度分裂、片面发展的必然结果，它所遵循的是西方文化的内在逻辑。

从艺术史的角度上看，如果说西方古代艺术的发展是一种逐渐使作品接近生活物象的过程，那么西方现代艺术的发展则是一种逐渐使作品远离生活物象的过程。在这种渐行渐远的过程中，艺术作品与现实生活之间若即若离的张力关系被打破，脱离了感性视觉经验的艺术作品也便远离了客观物象，变得面目全非了。按照“格式塔心理学”的原理，人们对世界的理解和把握是以长期形成的经验模型为前提的：完全符合经验模型的规则图像——“完

4　参见陈炎：《多维视野中的儒家文化》第8章，山东教育出版社，2009年。

型”，尽管很容易被主体理解和把握，却不会引起人们情感上的波澜；反之，完全背离“完型”经验模型的不规则图像，则很难被主体所理解和把握，同时也不容易引起人们情感上的共鸣；最能引起人们情感变化的图像，则应该是适度远离经验模型又能够被理解和把握的图像，唯有这种图像才最能诱发情感上的“张力”。从这一原理中我们可能得出以下结论：第一，完全符合对象世界的再现艺术是没有太大的美学价值的（这恰恰是西方古典艺术的美学追求）；第二，完全脱离对象世界的表现艺术也是没有太大的美学价值（这恰恰是西方现代艺术的美学追求）；第三，最能引发人们审美情感、最有美学价值的艺术则介于这二者之间。换言之，艺术作品既不能等于生活，亦不能背离生活，它的价值恰恰来源于这种似与不似之间所形成的审美张力。这种张力之所以是审美的，是由于其不似之处不是力所不及的缺陷，而是有意为之的变形，其有意为之的动力就是作者的主观情感。惟其如此，在“情感”与“形式”之间，才可能建立起一种隐蔽的联系；惟其如此，艺术才可能成为一种“有意味的形式”。

（此文发表于《学术月刊》2009年第9期）

“艺术”与“工艺”
——关于艺术本质的对话

王祖哲（以下简称王）：陈老师，我知道您最近在研究“艺术”与“工艺”的关系，发表了一些很有意义的见解。我对这一问题也很感兴趣，觉得从这一问题入手，可以触及到一些我们长期以来视而不见或有意回避的关键问题，如人类的艺术能力和艺术制度的问题，艺术与工艺分离的问题，古典艺术与现代艺术的性质问题，以及艺术的本质问题。

陈炎（以下简称陈）：我知道你对上述问题有着长期的思考，我们可以逐一讨论一番。

王：先是人类的艺术能力问题，我在那篇题为“论艺术的本质以及艺术在人类生活中的作用”的博士论文中曾有论证。我的基本看法是，应该把“艺术能力”与“艺术操作”区分开来：艺术能力是全人类共同具有的创造和欣赏艺术品的能力，这种能力是基因赋予的，因而不具有人类的历史性，基本上不随人类历史的发展而变化；而艺术操作是艺术能力的具体展现，在不同文化以及同一文化不同的历史阶段中，艺术能力的展现是不同的，因此艺术操作是具有历史性的。这一对概念，正如乔姆斯基对“语言能力”和“语言操作”所作的区别一样：全人类具有相同的语言能力，是非历史性的；每一种语言以及每一个人的语言行为，是共同的语言能力的具体展现，是历史性的。

陈：基本上同意你的想法，这也是我作为导师同意你论文答辩并授予博士学位的理由。但你说人类的艺术能力是生物进化的结果，是基因所赋予的，很多人就会指责你缺乏证据，并进一步谴责你违背了历史唯物主义的基本观点。

王：即便是生物学家，现在也分析不出人类的哪组基因负责想象力和创造力，从而使人类先天具有了艺术能力。但我可以反过来证明，除人类之外，任何动物都不可能超出其物种的本能之外去创造一个现实世界原本并不存在的作品并加以欣赏。这正如马克思在《资本论》中所指出的那样："蜘蛛的活动与织工的活动相似，蜜蜂建筑蜂房的本领使人间的许多建筑师感到惭愧。但是，最蹩脚的建筑师从一开始就比最灵巧的蜜蜂高明的地方，是他在用蜂蜡建筑蜂房以前，已经在自己的头脑中把它建成了。劳动过程结束时得到的结果，在这个过程开始时就已经在劳动者的表象中存在着，即已经观念地存在着。他不仅使自然物发生形式变化，同时他还在自然物中实现自己的目的。"[1]乔姆斯基认为语言能力是一种生物学能力，现在已经成了语言学家们的共识，尽管这一断言在目前也不可能得到生物学的精细证明，但人类的许多语言表现暗示这一断言是正确的。生物学家会理所当然地同意这种断言，而人文学者对社会达尔文主义心有余悸，对一切从生物学角度来理解人类本性的努力都几乎本能地怀疑甚至愤怒；但是，因噎废食是不妥的。

陈：在你的那段引文的前面，马克思说"我们要考察的是专属于人的劳动"。人们一般将这段话理解为马克思对人类劳动能力而非艺术能力的阐发。

王：马克思和恩格斯确实说过："劳动创造了人。"但我们可以进一步发问："是什么创造了劳动?"或者换一种问法："人类的劳动能力包含了哪些必备的要素?"试想一下，一个原始的人如果不具备艺术的想象力和创造力，他怎么可能将一块顽石打磨成一把石斧呢?而当他千辛万苦地完成了这项工作之后，那把体现了其想象力和创造力、凝结了其心智和汗水的石斧不正是"艺术"和"工具"的统一体吗?在这一意义上，说"人类是能够创造和欣赏艺术的动物"

1 马克思：《资本论》，《马克思恩格斯全集》第23卷，人民出版社，1972年，第202页。

与说“人类是能够制造和使用工具的动物”之间有什么矛盾吗?

陈:在人类的本质和起源问题上，我们确实不应该采取那种非此即彼的排他态度，而应该采取亦此亦彼的兼容态度。说“人类是能够制造和使用工具的动物”没有错，说“人类是能够制造和使用符号的动物”没有错，说“人类是能够创造和欣赏艺术的动物”也没有错!我们大可不必对从人类心智能力的角度来描述和探讨人性这一方法过分敏感，动不动就贬义地斥之为“唯心主义”。在我看来，自然界进化的终点正是人类历史的起点。如果我们不承认上帝造人的说法，就只能承认自然界在千百万年的进化过程中最终演变出了一个物种，这个物种具有了独特的想象力和创造力，既可以创造出世界上原本并不具备的作品，又可以创造出世界上原本并不具备的符号，还可以用这些作品来改造世界、用这些符号来传递信息，这个物种，我们称之为“人”。

王:这正是我的意思。承认人类的身体与心智能力都是进化的产物，这才是社会文化领域中的唯物主义基础。我说“人类是能够创造和欣赏艺术的动物”，是为了强调想象力和创造力在人类生活中的重要性，而且正是因为人类先天具有唯物主义性质的、基因决定的想象力和创造力，人类的劳动才可能是“劳动”，而非动物性的活动。

陈:回到我们的问题上来，与“艺术”相对应的是“作品”，与“工艺”相对应的是“工具”，而在古代社会，这二者原本是一回事儿。所以在古希腊，“艺术”这个概念“包括一切人工制作在内，不专指我们所了解的艺术”[2]。因为那个时代的制造业还没有复杂的工艺流程和大规模的批量生产，而是以手工艺为主。所以在古希腊人看来，制造就是创造，工艺就是艺术。在中国古代，从孔子时代的“六艺”和“游于艺”等用法来看，“艺”这个概念也有着相当广泛的内涵。“自从十七世纪末，art专门意指之前不被认为是艺术领域的绘画、素描、雕刻的用法越来越常见，但一直到十九世纪，这种用法才被确立，且一直持续到今。”[3]

王:是的，在古代似乎没有专门的“为艺术而艺术”的职业艺术家。达·芬奇既是一位思想深邃、学识渊博的学者，又是一位多才多艺的画家、

2 朱光潜:《西方美学史》上卷，人民文学出版社，1963年，第70页。

3 [英]威廉士:《关键词：文化与社会的词汇》，巨流图书公司，2003年，第14页。

寓言家、雕塑家、发明家、音乐家、医学家、生物学家、地理学家、建筑工程师和军事工程师；米开朗基罗不仅是伟大的画家、雕塑家，而且是著名的建筑师和诗人。中国古代的王维、苏轼们也都是琴、棋、书、画样样精通，可他们都不是专门的艺术家。另外，即便在分工精细的现代社会，工程师也仍然是艺术家，如汽车造型和建筑造型完全属于艺术范畴；仅仅因为工程师的工作量中的艺术比例相对较小，因此按照某种方便的分类法，工程师才不被认为是艺术家。

陈：是的，自从人类进入现代社会以后，随着社会分工的细化，那些在很大程度上单纯依靠经验的、机械的、重复性的劳动越来越多，因而普通人展现想象力和创造力所需要的空间受到了限制。在这种情况下，艺术活动便从工艺实践和日常生活中分离出来，成为一种专门的、超越功利需求的、实现人类想象力和创造力的活动。

王：从积极的意义上讲，这种独立将艺术从工艺原本所具有的直接的功利目的中解脱出来，就为想象力和创造力提供了一片自由的天地。或者从更为长远的目的看，艺术这种看似无目的的自由活动，事实上在为人类想象力和创造力的训练做着积极的准备。但是，从消极的意义上讲，这种艺术与工艺的分离，将人类的想象力和创造力从社会生活的有机体中割裂开来，将艺术家与普通人区别开来，好像艺术家具备常人完全不具备的某种能力；将艺术捧到神圣的象牙塔中，好像艺术是在根本上不同于人类生活现实的另外一种行为，从而造成了人们对艺术的迷信和误解。

陈：正是在这种环境下，康德出现了。大家都知道，“美学”一词是由德国哲学家鲍姆伽登创造的，但真正使美学成为一门独立学科的人是康德。因为在鲍姆伽登那里，审美还被视为认识活动的初级阶段，即“感性认识的完善”；而康德则用“判断力”的方式为审美活动开辟了一个独立的情感空间。一方面，康德用“无利害的快感”来理解审美与功利实践活动的联系与区别；一方面，他用“无概念的普遍必然性”来理解审美与科学认识活动的联系与区别。从一个角度看，康德美学是高明的；从另一个角度看，它又是武断的。其高明之处，就在于用“无概念”的方式强调了审美的形象性，用“无利害”的方式强调了审美的情感性，而形象性和情感性正是审美和艺术活动的关键所在；其武断之处，就在于用“单纯美”的方式将审美活动与人类的实践活动和认识活动决然地区分开来，用“依存美”的方式再将二者统一起来，而这种既分又合的方式不仅无助于问题的解决，反而造成了很多的误解和混乱。

王：从历史的角度上看，康德美学是“艺术”与“工艺”分离之后的必然产物。在此之前，人类的审美活动不见得与功利活动相矛盾。一把造型别致、装饰考究的宝剑，既可以取人性命，亦可以供人把玩；饰有饕餮纹样的青铜器，既可以煮饭盛酒、祭祀祖先，也不妨是一件艺术品；“米罗的维纳斯”在被搬进博物馆之前，是摆在神庙里供人膜拜的，但在膜拜之余，人们也不妨欣赏它，等等。人类的每一件实用的器具，就发生学的角度看，都是艺术的想象力和创造力取得的一次辉煌的胜利，都是艺术生养的漂亮女儿。不仅器物之“趣”是想象力的产物——康德看到了这一点，而且器物之“用”同样是想象力的产物——可惜康德不曾看到这一点，因此他把艺术与实用看做敌对的。他关于审美非功利性的奇怪想法，只能出现在艺术制度建立之后，出现在博物馆的墙壁把维纳斯的雕像从希腊宗教背景中隔离起来之后。对前人而言，这种想法是不符合事实的；对后人而言，这种想法是极容易产生误导的。

陈：康德美学的第一个误导，就是容易使人们将“美”和“艺术”等同起来。因为在康德美学出现以前，西方艺术的重要形态确实是美的，或最多再增加一些崇高的因素。因此在《判断力批判》中，康德只提到“美”与“崇高”这两个概念，仿佛人类的情感判断只涉及这两种类型，而不可能与“滑稽”“荒诞”，甚至“丑”相关似的。其实，鲍姆伽登所创造的Ästhetik这个概念，本不应该像日本学者所翻译的那样叫做“美学”，而应该翻译成“感性学”或“情感学”。由于那个时代人类感性或情感的主要兴奋点在“美”，由于那个时代人类艺术的主要内容是“美”，于是后人不仅把Ästhetik翻译成“美学”，而且误以为艺术的本质就是“美”。

王：这个历史性的大误解使后来的艺术哲学深陷泥潭。其实，艺术和美的联系仅仅是历史性的巧合，是人类无限的“艺术能力”在这一历史阶段的“艺术操作”中所表现出来的有限形态和特别趣味。而当这一历史阶段过去之后，当“滑稽”“荒诞”，甚至“丑”以及其他一切艺术趣味和表现相继出现，并堂而皇之地走近艺术殿堂之后，那些把艺术理论和“美之学”等量齐观的学者们就傻眼了。他们或者将那些“滑稽”的、“荒诞”的，甚至“丑”的现象也称之为“艺术美”，以编造出什么“现实丑转化为艺术美”之类的牵强附会的学说；或者干脆将这些作品斥之为堕落的艺术！

陈：康德美学的第二个误导，是容易使人们将“艺术”和“生活”割裂开来。在康德将审美与科学认识和功利实践区别开来之后，那些艺术理论家们便自然而然地要将艺术与认识和实践等其他活动区别开来。于是，“什么是艺术的本质？”便成了一个众说纷纭而又莫衷一是的问题。由于艺术与工艺之间的复杂关系，又由于人类艺术活动的漫长性和多样性，致使人们很难找到一个既能够包容所有作品又能够体现其纯粹品格的艺术概念。分析哲学出现以后，这个问题本身受到了批判，被视为既不能证伪又不能证实的“伪命题”悬置起来。有人放弃了这一努力，有人则以“家族类似”的方法进行搪塞，更有人采取了一种不同于本质主义的描述策略，如亚瑟·丹托有关“艺术界”的理论和乔治·迪基的“艺术习俗论”。这两位美国学者都企图抛开艺术本身而到艺术制度中寻找问题的答案，问题在于，这种将“艺术”与“工艺”区别开来的艺术制度恰恰是17至19世纪之后才逐渐建立起来的。不仅如此，他们都存在着循环论证的弊端：前者用“艺术界”来论证“艺术”，再用“艺术”来论证“艺术界”；后者用“艺术习俗”来论证“艺术”，再用“艺术”来论证“艺术习俗”。这种循环论证的方法，并不能使原本复杂的问题变得简单，反而使原本复杂的问题更为复杂了。

王：“艺术是不是制度性的”这个问题本身是含混的。“艺术能力”断然不是制度性的，因为它是基因决定的，不因为人类自己的实践而受影响；“艺术操作”是具有历史与传统的，因此是制度性的。但这种制度的建立不仅有其社会的、历史的偶然性，而且具有人类的、本质的必然性。说到底，“艺术操作”的现实根据是“艺术能力”，而亚瑟·丹托和乔治·迪基并没有看到二者之间的联系，他们认为不存在独特的“艺术判断”和“艺术欣赏”；所谓“艺术判断”和“艺术欣赏”仅仅依赖于“艺术世界”中的“习俗”和“制度”。所以我认为，这两位大名鼎鼎的艺术哲学家根本就没有什么艺术哲学，他们的观点甚至算不上什么“理论”，而只是关于现代西方艺术实践的描述和报道。他们忠实地描绘了那个名为“艺术世界”的制度中的艺术操作，至于这一操作是否合理，是否有意义，是否隐藏着巨大的骗局？他们则缄口不语。他们的学说又似于行为主义的学说，这种学说仅仅注意可观察的人类的外在行为，至于这种行为是否与心智有关，则存而不论。于是乎，与这种学说相伴而生的，是那些五花八门、光怪陆离的所谓现代、后现代“艺术”。

陈：看到你刚刚翻译并由商务印书馆出版的以色列学者齐安·亚菲塔的《艺术对非艺术》，这或许是西方美学中第一本明确否定现代艺术的著作。作者认为，由于传统再现艺术的创造潜力已经耗尽，由于康德的哲学和印刷术、照相术等现代科技深刻地改变了人们的世界观，使得西方艺术家们不再满足于反映世界的表面现象，试图创立一种超越再现艺术的新的艺术范式。不幸的是，现代艺术的始作俑者在博物馆的高墙内丢弃了人类艺术原有的想象力和创造力，而只把传统的形象艺术还原或者分解为其构成因素，如颜色、块面、线条，等等，或者干脆还原为真实的物件。这种实践，不仅没有建立新的艺术范式，反而失去了艺术的本质属性。与此同时，商业和媒体介入了艺术，从而使艺术的宣传和销售成为一种有利可图的行为。渐渐地，本来是为艺术寻找新范式的尝试，却沦落为一场可笑的骗局。

王：或许杜尚也偶尔读读艺术哲学的论文，他或许听说了那种对康德的普遍误解：艺术性总是和功利性矛盾的。因此，杜尚发了善心，他处心积虑地把一个小便器这种实用的、容易引起人们不快联想的物件，从功利主义的苦海中挽救了出来，这么一种“选择”，照他自己的说法，是表达了一种思想。这样一来，小便器似乎就成了艺术品。这样的推理是简单而又明确的：你需要做的，仅仅是根据康德的暗示，把一个物件从功利性那里斩断联系，这个物件立刻就变成了一个艺术品。要斩断这种联系，所需要的不是什么了不起的想象力和创造力，而是需要一种蔑视传统美学的勇气，一种在原有艺术制度背景下的反叛姿态：在那个小便器上签上名字和日期，送到一个艺术博物馆中。所以，我赞同亚菲塔的观点，这些标新立异的现代艺术，其实在想象力和创造力方面并没有多少新意。

陈：很多肯定西方现代艺术的人都强调这些作品的思想性，认为它们有多么多么的深刻，如果你不喜欢它们，是因为你没有看懂。然而，在我看来，懂与不懂是一个认识论的问题，喜欢不喜欢才是一个美学问题，这两个问题是不应该被混淆的。还有人认为，西方现代艺术完成了由感性到理性、由形象向观念的历史性转折，从而应验了黑格尔有关艺术将让位于哲学的预言。然而，在我看来，艺术与哲学各有各的内容、各有各的形式、各有各的功能、各有各的意义，前者以具体可感的形象诉诸人的感官，引发人的情感；后者以抽象思辨的概念诉诸人的思想，引发人的思考，二者之间既不存在谁高于谁的问题，也不存在谁替代谁的问题。

王：我们不应该把认识论的问题与美学问题混淆起来，也不应该把艺术制度与艺术哲学混淆起来。艺术制度存在的目的，只是为了维护和保存最富于想象力的艺术家及其杰作，并不是为艺术哲学而创立的。我们不可以根据人类的艺术制度来理解艺术的本质，这正如我们不能把中药的概念局限在中药铺里一样。中药铺里的药草，通常是一些既有治疗作用又不容易找到的植物，也因此而具有比较大的商业价值。但是，如果我们在中药铺里找不到萝卜，这并不能否认萝卜也有治疗作用。如果我们把“具有治疗作用的植物”看做“中药”的定义，我们就应该肯定萝卜也是一种中药。同样，博物馆的存在只是为了保存这些最好的艺术品，并不能说明最好的艺术品只存在于博物馆里，更不能说明存在于博物馆里的东西就一定是艺术品！我之所以否定绝大多数的西方现代艺术，不是因为它们与人类的日常生活没有直接或间接的联系，也不是因为它们是否表达了崇高、荒诞，甚至丑，而是因为它们没有体现人类高水平的想象力：从单一颜色的“绘画”到没有声音的“乐曲”，从沃霍尔的“包装盒”到杜尚的小便器，等等，这一切非但没有体现人类想象力的进步，反而显示了其创造力的贫乏。

陈：小便器究竟是不是艺术品？这里面至少有三重含义：第一，从发生学的角度上讲，人类发明的第一个小便器就像人类发明的第一把石斧一样，体现了人类的想象力和创造力、凝结了人类的智慧和情感，因而是“艺术”和“工艺”的统一体；第二，从日常生活的角度上看，我们每天使用的小便器虽然也有光洁的外表和流畅的弧线，但是这种司空见惯的工艺已很难（即便并非完全不可能）引起我们的审美情趣，很少有人会在小便之后对其爱不释手，因而只具有“工艺”价值而没有多少“艺术”价值；第三，从艺术制度的角度上看，一个被视为艺术家的叫做杜尚的人将他的名字签到一个小便器上并将它搬进了艺术馆里，我们必须承认这是人类艺术史上的一个“事件”，但未必要承认这个小便器具有艺术价值。正如摆在中药铺里的秤砣不是中药一样，搬进博物馆里的小便器也不是艺术品。它无法诱发我们的审美情感，至多能引起我们对“艺术”这个概念的反思而已。

王：这就涉及我们要讨论的最后一个问题，也就是艺术的本质问题了。其实在我看来，这个问题原本并不复杂，与是否实用、是否美丑也没有什么必然的关系。“艺术是什么”这个问题之所以变得那么复杂，是因为我们受了滥用词语的蒙蔽。比方说，“陈皮”不过是橘子皮在中医制度中获得的一个雅号；如果有人不知道“陈皮”是什么，这不是因为他们理解力弱，而是因为他们把陈皮误认为另外一种不同于橘子皮的东西。与此相似，“艺术”或许就是想象力的创造活动，而我们把它误认成了不同于想象力的创造活动的另外一种东西，如“再现”“表现”或者“有意味的形式”，等等。这种误解是很有可能的，因为现代意义的“艺术”概念在西方的文艺复兴时期才开始存在，而艺术的历史或许和人类历史一样久远。在我看来，作为一个一般概念，即广义的艺术，不是别的，仅仅是想象力的创造活动；而现代意义的艺术，即狭义的艺术，是在一种社会制度的框架中进行的没有外在功利目的的、高水平的想象力的创造活动。亚瑟·丹托和乔治·迪基的理论仅仅把艺术看做制度的产物，却奇怪地无视艺术必须是一种具有高水平的想象力的创造活动，这就好像是声称某些植物之所以是中药，并不是因为这些植物本来就有明显的治疗作用，却仅仅是因为真正的医生或者骗人的郎中说它们是中药。

陈：这个观点我部分同意，但也需要补充。除了想象之外，我认为情感也很重要，甚至更为重要。从创作的角度来看，是情感推动着艺术家想象力的展开，因而没有情感的想象是贫乏的；从欣赏的角度上看，人们通过作品的形象最终获得的是情感，因而没有情感的作品是空洞的。因此，对于艺术的本质而言，“情感”是较之“想象”更为内在、更为根本的内容。换言之，一部艺术品的美学价值，既取决于其“想象”的丰富程度，更取决于其“情感”的复杂程度。这就回到了康德美学中精华的部分，即不但要有“无概念的普遍必然性”（形象），而且要有“无利害的快感”（情感）。其实这两个判断之间是有着内在联系的，艺术情感的复杂性是无法用因抽象而具有普遍意义的概念来加以替代的，因而只能借助于具体而独特的形象来加以传达。从符号学的角度上讲，艺术形象也是一种符号，但这种符号不是抽象的、约定俗成的，而是具体的、富有原创性的。因此，它并不指向一种确定的、可供理解的思想内容；而是指向一种模糊的、可供感受的精神状态。这种可供感受的精神状态是无法用抽象的概念加以穷尽的，因而是只可意会、不可言传的。所以我坚持认为，表达观念是哲学家的工作，表达情感才是艺术家的事情。表达情感的艺术不可能替代表达观念的哲学，表达观念的哲学也不可能替代表达情感的艺术，所以也就不存在艺术与哲学孰高孰低的问题，所以也就不存在艺术让位于哲学的问题。

王：我把“想象”置于艺术的核心，甚至认为现代意义的艺术不过就是在一种制度框架内进行的高水平的想象力的操作，并不排斥“情感”甚至“理性”在艺术中的作用。另一方面，我同意陈老师关于哲学不可能代替艺术的看法，原因正如我们已经说过的，艺术能力是基因决定的，因此，人类这种至深的原始能力是不会因特殊的社会历史条件的变化而消失或衰亡的，也不可能变成别的东西。只要人类存在，艺术就永远存在。再说，哲学和科学这种体系性地表达观念的事业存在多时，现在有人突然声称艺术也成了这么一种东西，听起来也很奇怪。如果我们仔细考察一下现代艺术究竟表达了什么观念，我们就会发现它在观念上的贫乏一如其在想象力和创造力上的低下。现代艺术这种徒有虚名的现象，自我放逐于艺术的园地之外，怎么能指望哲学的殿堂会收留它呢?

（此文为教育部人文社会科学基地重大项目“文明的结构与艺术的功能”[07JJD751079]的阶段成果，陈炎、王祖哲合作，发表于《求是学刊》2010年第2期）

西方音乐的数学式探索与形而上诉求

自毕达哥拉斯开始，西方人便发现了音响背后的数量关系，并通过这种关系的掌握而制造乐音。于是，在可被感知的音乐背后，发现一种可被计算的数量关系，进而获得超验主宰的形而上意蕴，便成为无数西方音乐家的共同追求。然而，正像哲学的发展经历了一个从宗教哲学、理性哲学到非理性哲学的过程一样，数学的发展经历了一个从认识有理数到理解无理数再到利用无理数的过程，音乐的发展也经历了一个从追求和谐到利用不和谐再到肯定不和谐的过程。如果说从巴洛克到古典主义，西方的音乐家们都在竭尽全力地寻找着音乐背后的数理逻辑，并通过这一逻辑的运用而企及上帝的和谐或理性的本体，那么从浪漫主义到印象派，西方的音乐家们则是在将和谐的技法运用圆熟之后，转而利用不和谐的音响来补充和谐的内容，从而使音乐变得更加丰富多彩并具有个性，而20世纪以来的西方音乐家则企图全面颠覆传统的理性法则和数学逻辑，标新立异地创作着无调性、没旋律、不和谐的音乐。

一

在整个西方文明的艺术谱系中，音乐是最发达、最奇妙、最具有形而上学色彩的一种形式。一方面，音乐艺术通过声音高低、长短、快慢的有机组合，直接诉诸人们的听觉器官，从而调动人们的情绪、激发人们的情感，是一种极为感性的文化形态；另一方面，在这些高低、长短、快慢的声音背后，又隐藏着极为复杂的数量关系，并引发人们形而上的思考。惟其如此，我们才能够理解，何以在西方音乐学院中从事作曲专业的学生，一定要学习十分深奥的高等数学；惟其如此，我们才能够理解，何以使用语法结构最为森严的德语，从而擅长哲学思辨的德国人和奥地利人，在音乐艺术上会取得如此之高的成就。事实上，正是由于对音乐艺术的数学式探索与形而上诉求，才成就了西方音乐的丰功伟绩；也正是由于对音乐艺术的形而上思考和数学式探究，才导致了西方音乐的现代危机。要理解西方音乐艺术的成就与不足、长处与短处，都不能不从音乐与数学，乃至哲学的关系说起。

谁都知道，生活在公元前6世纪的毕达哥拉斯是一位古希腊的哲学家，因为他曾说过一句名言，叫做“数学的本原就是万物的本原”[1]。然而并非所有人都知道，毕达哥拉斯不仅是一位哲学家，而且是一位数学家。他不仅发明过“勾平方+股平方=弦平方”的“毕达哥拉斯定理”（勾股定理），而且根据普罗克洛《欧几里德〈几何原理〉注释》中的记载，就连“数学”这个词也是由毕达哥拉斯学派最先使用的。并非尽人皆知的事情还有，毕达哥拉斯还是一位音乐家。他之所以将“数学的本原”看成是“万物的本原”，最初就与音乐有着极为密切的关系。

毕达哥拉斯做过这样的试验：用手指拨动一根固定长度的琴弦，会产生一个音；再去拨动另外一根长度是其一半的琴弦，则会得到音高是其2倍的另一个音；后者与前者其实是同一个音，只是高了八度而已。不仅如此，“毕达哥拉斯发现整数决定着音乐的和谐，这使他确信，复杂的宇宙背后是和谐与精心的安排。他推断，如果整数创造了与噪声迥然不同的和声，那么宇宙每一层面——从行星的轨道，到七弦琴的琴弦——的和谐必定也有数在起作用”[2]。这样一来，毕达哥拉斯似乎在音乐这种可以被感知的经验现象的背后，发现了一个超验的、可以被推论的数学理念，并认为后者是比前者更为本原的存在。数并非人为规定的计数符号，而是客观世界本身的统治力量。正像

1　《西方哲学原著选读》上卷，商务印书馆，1981年，第18页。

2　[英]斯蒂芬·斯金纳：《神圣几何》，湖南科学技术出版社，2010年，第16页。

黑格尔所指出的那样，“因此，我们在这种将宇宙视为数的尝试中看到了向形而上学迈出的第一步。……那么，正是毕泰戈拉哲学的原则仿佛构成了感性事物与超感性事物之间的桥梁”[3]。

回到音乐上来。作为一种听觉艺术，音乐的本质是由声音构成的，而声音是由物体的运动所引发的空气振动诉诸人的听觉器官所产生的。从听觉的角度来讲，声音主要有“高低”“长短”“强弱”“音色”等四种属性。这其中，声音的高低是由发音物质在一定时间内的振动的频率所造成的，其振动的频率与音高成正比；声音的长短是由发音物质振动所持续的时间来决定的，其持续的时间与音长成正比；声音的强弱是由发音物质振动的幅度决定的，其振动的幅度与音强成正比；而音色的形成较为复杂，它是由发音物质的材质和结构等决定的。不同材质和结构的物体在振动时不仅会产生一种叫做“基音”的基本频率，往往还会产生一系列叫做“泛音”的谐振频率，正是这种“基音”与“泛音”的复杂关系决定了音色的不同……在这里，无论是物体振动的“频率”、振动的“时间”，还是振动的“幅度”都可以进行数字化的测量，甚至“基音”与“泛音”之间的比例关系也可以进行一种数字化的理解。而这一切，正是毕达哥拉斯等人所发现的秘密。

“毕达哥拉斯学派发现了两个事实：首先，一根拉紧的弦发出的声音取决于弦的长度；第二，要使弦发出和谐的声音，则必须使每根弦的长度成整数比。这样，他们就可以使音乐简化成简单的数量关系。”[4]例如，弦长为2:1时为八度，3:2时产生五度，4:3产生四度，9:8产生全音等。“基音”与“泛音”之间成比例的“音倍”关系，可以产生和谐的乐音。“事实上，增加一倍的长度我们就得减慢一倍的速度；而减掉一倍半的长度，我们就得增加一倍的速度。每一个长度似乎都有一个自然的节奏与之对应。这就是毕达哥拉斯定律。”[5]“这样，音乐和数字已有了内在的联系。它们之间的联系不是人为的。这不是一个隐喻：如果我们的解说不错的话，那么声音就是可听到的数字，而数字就是潜伏的声音。”[6]“我们已经看到，在颤动的琴弦上，和谐与比率的

3 [德]黑格尔：《逻辑学》，梁志学译，人民出版社，2002年，第204页。

4 [德]克莱因：《西方文化中的数学》，复旦大学出版社，2005年，第75页。

5 [美]爱德华·罗特斯坦：《心灵的标符——音乐与数学的内在生命》，吉林人民出版社，2001年，第18页。

6 [美]爱德华·罗特斯坦：《心灵的标符——音乐与数学的内在生命》，吉林人民出版社，2001年，第19页。

起源有一个数的特征。一种和弦的语言创造一个可以看似数学的秩序的系统和规律，但这是最小的关系，最简单、最明显，可能也最不重要。如果我们想确信相似和联系的主张，那么就有一些东西让数学和音乐分享我们对于宇宙的观念和我们对心灵的观念以及我们对美的观念。”[7]

正是从这种“最简单、最明显，可能也最不重要”的关系出发，西方人开始了对音乐的数字化思考与形而上探究。“首先意识到数学理性力量的希腊人，他们虔诚地认为诸神在设计宇宙时利用了数学，并且极力敦促人类去揭示这种设计的图式。希腊人不仅在他们的文明中给予数学以重要的位置，而且首先创造了对人类文化有深刻影响的数学思想的榜样。”[8]在毕达哥拉斯那里，无论是天体的运行轨道，还是音乐的节奏旋律，都体现了某种神秘而和谐的数量关系，于是，从事数学研究也便具有了形而上学的意义。从此，在西方文化史上，音乐与数学乃至形而上学之间便结下了极为深刻的不解之缘。

二

从表面上看，数学与音乐，一个属于科学，一个属于艺术；一个探索真，一个追求美；一个冷漠、枯燥、乏味，一个丰富、多情、绚丽，二者之间是风马牛不相及的。但在实际上，不仅不同的音响之间有着复杂的数量关系，而且同数学一样，音乐也是用一种不同于语言文字的特殊符号来加以记录的。在这里，我们首先来看西方人发明的记录音乐的符号体系：“五线谱”和“数字简谱”。

在西方，“古希腊有两种不同类型的记谱方式，以字母和符号分别用于记写歌词和器乐的演奏，除了有表示音高的记号外，还有表示音的长短和停顿休止的记号”[9]。古希腊的记谱法在中世纪失传。大约在8世纪前后，人们开始用另外一种特殊的符号来表示音的高低，这种记谱法被称为“纽姆记谱法”(Neuma)。这些纽姆符号虽然能够帮助演唱者记忆、了解各种曲调的进行特征，但它不能表示音的长短，也没有固定的高低位置，于是后人便画出一根

7 [美]爱德华·罗特斯坦:《心灵的标符——音乐与数学的内在生命》，吉林人民出版社，2001年，第25页。

8 [德]克莱因:《西方文化中的数学》，复旦大学出版社，2005年，前言vii。

9 余润洋:《西方音乐通史》，上海音乐出版社，2001年，第7页。

直线，将纽姆符号写在线的上下，用位置来确定音高，这便有了“一线谱”。到了11世纪，人们为了把声音的相对高度记录得更加准确，于是便把纽姆符号放在四根线上，形成了“四线乐谱”。17世纪，“四线谱”又被改进为“五线谱”，成为当今世界上公用的音乐记谱法。

比“五线谱”较晚，西方的“数字简谱”萌生于16世纪，当时的天主教修道士苏埃蒂开始用1、2、3、4、5、6、7代表七个音来写谱歌曲。到了18世纪，法国哲学家卢梭写了一篇《音乐新符号建议书》，向当时的科学院推荐了这种“数字简谱”，从而使之获得了世人的重视。受其影响，一些音乐家、数学家对“数字简谱”进行整理，并经19世纪的加兰、帕里斯和谢韦三人的完善与推广，才在群众中得到广泛使用。因此这种简谱在西方也被称为“加-帕-谢氏记谱法”。

不难看出，无论是“五线谱”还是“数字简谱”，其目的都是为了对声音进行数量化的记录和描述。如果没有这一前提，复杂的音乐作品既不能创作，也难以演出。从这一意义上讲，正如数学是所有科学中最为抽象的科学一样，音乐是所有艺术中最为抽象的艺术，它们都可以被简单的符号体系加以表述。德国哲学家莱布尼茨曾说过：“音乐就它的基础来说，是数学的；就它的出现来说，是直觉的。”[10]而西方人所要做的，就是在音乐的直觉背后，发现数学的基础及其“演算”规律。在发明并完善记录音乐的符号体系的同时，西方人也在不断探索着表达音乐的和谐规律。一方面，至少在古典时期，许多人都认为，音乐的奥秘在于体现了宇宙的和谐，这种和谐的源头在中世纪甚至直接被表述为上帝；另一方面，音乐的和谐又是由振动物体背后的数量关系造成的。正像音乐美学家汉斯立克指出的那样：“自然界的‘音乐’和人类的音乐艺术是两个不同的领域。从第一到第二个领域必须经过数学的途径。这是一个重要的，具有深远后果的命题。”[11]

西方声乐艺术的发展在很大程度上与宗教有关。早在古希腊的悲剧中，就有著名的合唱团。据专家考证，合唱团的咏唱具有祈祷亡灵的意义。随着基督教文化的兴起，声乐艺术又与教堂的祈祷有着密不可分的联系。早期的

10 北京大学哲学系美学教研室：《西方美学家论美和美感》，商务印书馆，1980年，第86页。

11 [奥]爱·汉斯立克：《论音乐的美——音乐美学的修论新议》，人民音乐出版社，1978年，第96页。

基督教会曾沿用犹太教音乐，以唱诵《诗篇》为主，又称福音颂歌，糅合了希伯来音乐与希腊音乐的特点。公元6世纪末，罗马教皇格里高利一世为了统一教会仪式中的音乐，将教会礼仪歌曲、赞美歌等收集、整理成一本《唱经歌曲》，共收集整理了三千多首歌曲，它后来就被人们称作“格里高利圣咏”。“格里高利圣咏”歌词采用拉丁文，一般只使用无伴奏的单声部纯人声，旋律简单，不分小节，没有和声，音域也很窄，一般不超过八度，但较好地配合了拉丁文歌词的抑扬顿挫。进入10世纪以后，这种庄严肃穆而又呆板单调的“格里高利圣咏”被复调音乐所取代。教堂中先是有了多声部的重唱或合唱，后又出现无伴奏合唱赞美诗。与简单朴素的“格里高利圣咏”不同，复调音乐的出现旨在创造一种天籁般的宗教氛围。而复调音乐的发展，又需要更加精深的乐理知识。于是，此后的西方音乐不仅和算数、几何、天文一起成为教会必修的四门功课，而且被13世纪著有《神学大全》的天主教神学家托马斯·阿奎那送上了“七大文艺之冠”的宝座。在这个时代里，音乐既是艺术，又是数学，还是宗教，因为音乐家要根据数学的原理创造出符合宗教精神的艺术。在这种思想的支配下，音乐家要澄清刚问世的复调音乐的混乱，确定节奏的小节，并找出一种表示音响时值和高度的记号。换言之，在经院哲学家的心目中，音乐创作与其说是一种想象或情感的产物，毋宁说是一种理性或数学的成果。因为只有理性和数学，才有可能揭示宇宙的规则和上帝的秘密。

16世纪末17世纪初，随着文艺复兴时期声乐艺术的世俗化发展，以声乐为主体的综合艺术——近代西洋歌剧应运而生。歌剧中的角色依照其不同的音域被区分为男低音、男中低音、男中音、男高音、假声男高音（一般为阉伶演唱）和女低音、次女高音、女高音（也可细分为花腔女高音和抒情女高音）等不同种类。这些不同的角色或独唱、或重唱、或合唱，就像不同的几何曲线或数学公式一样，演绎出比多声部的教堂音乐更为复杂、更为多样的艺术形式。作为近代歌剧的前身，无论是古希腊的悲剧，还是中世纪的宗教剧、神秘剧（Mystery）、奇迹剧（Miracles）、田园剧，都有着浓重的神秘主义色彩；文艺复兴以后的近代歌剧虽然有了明显的世俗化倾向，但仍然保留了一些形而上的精神诉求。莫扎特的《安魂曲》和贝多芬的《庄严弥撒》具有浓重的宗教色彩，可以被视为世俗化的宗教音乐。至于悲剧，这种艺术常常被西方哲学家作为思考人生意义的重要题材，因而更被赋予了形而上的意义。

与声乐歌唱艺术相比，西方的器乐演奏艺术发展得较晚，直至17世纪才占据了主导地位。这是因为与声乐歌唱艺术所依赖的天然的歌喉不同，器乐演奏艺术的发展要依赖乐器的发明与创造。在以数学为基础的乐理知识的支撑下，西方的乐器不断发展和进步，到了17世纪以后，已大致可分为木管乐器、铜管乐器、弦乐器、键盘乐器、打击乐器等几大种类。由于不同乐器的材质、构造、发音原理不同，因而表现出不同的音域和音色，如木管乐器圆润、铜管乐器嘹亮、弦乐器婉转、键盘乐器庄重、打击乐器激昂等，就像不同年龄、性别、嗓音的歌手一样，各有各的特点，各有各的优势。

《牛津英文辞典》将“古典音乐”表述为in traditional and serious style，这其中既有“传统”（traditional）的内涵又有“严肃”（serious）的意味。在英语中，serious中除了“严肃”之外还有“启发思考”的意思。尽管巴洛克时期的西方音乐带有很浓的宗教色彩，但其理性的成分渐渐凸显，技巧的运用日趋成熟，协奏曲、奏鸣曲等主要形式也被相继创造出来。在西方，“巴洛克”一词最初具有贬义的成分，它被看作一种奇怪的、过分雕琢的、独特的、炫耀技巧的艺术风格。事实上，在这些华丽、复杂、藻饰、扭曲的音乐风格背后，潜藏着作曲家对音乐的数学式追求与形而上探索。作为巴洛克音乐的代表人物，德国作曲家巴赫是一个虔诚的宗教徒。在他看来，音乐本身就是天堂的奇迹，是人们通向天国、与上帝对话的云梯。在这种对话式的音乐语言背后，则充满了复杂的数理逻辑。我们知道，《平均律钢琴曲集》（48首前奏曲与赋格）是巴赫键盘音乐中最伟大的作品之一。所谓“十二平均律”，亦称“十二等程律”，是指将八度的音程（二倍频程）按频率等比例地分成十二等份，每一等份称为一个半音即小二度，一个大二度则是两等份。巴赫所奠定的“十二平均律”有着特殊的数学意义：它的纯五度音程的两个音的频率比（即2的7/12次方）与1.5非常接近，它的纯四度和大三度两个音的频率比分别与4/3和5/4比较接近。这意味着，“十二平均律”的几个主要的和弦音符中的基音和泛音的频率成整数倍序列，因而都是和谐的。这样一来，毕达哥拉斯关于“基音”与“泛音”之间成比例的“音倍”关系可以产生乐音的思想，便在巴赫的键盘上得到了淋漓尽致的表现。今天我们听巴赫的这些钢琴曲，或许会感到有些机械、有些呆板、有些单调，因为这里没有激情、没有冲突，甚至也没有动人的旋律，有的只是一连串的乐音不断地拆装组合、反复搭配，就像一道道由点、线、面、体交织成的几何体。事实上，如果没有巴赫这种不厌其烦地反复试验，就不可能出现莫扎特那随心所欲的旋律组合。作为维也纳古典乐派的代表人物，莫扎特融会了巴洛克音乐娴熟的技巧，他一生创作了五百余部作品，为人们奠定了美妙绝伦的和谐典范。即使是在其贫困交加的状态下所写的那部未完成的《安魂曲》中，我们也听不到任何不和谐的成分，有的只是安宁、静穆、完美。那声音仿佛要引领人们超越污浊的尘世，走向纯净的天堂!

乐器种类的发展，不仅使钢琴协奏曲、弦乐四重奏成为可能，而且出现了交响乐。我们知道，自毕达哥拉斯学派开始，西方人便致力于音响背后数量关系的和谐追求。到了古罗马时期，这种追求演变成为一切器乐合奏曲和重奏曲的“交响”。文艺复兴时期，“交响乐”这一名称被当作了一切有和声性质的、多音响器乐曲的标志。而到了巴洛克音乐的初期，它又主要指歌剧、神剧和清唱剧等作品中的序曲及间奏曲。18世纪初期，交响乐作为一种独立的艺术形式，其规模和样式渐渐有了明确的含义。当时的意大利歌剧序曲（sinfonia）以它特有的“快—慢—快”三个段落而成为了古典交响乐的基本雏形……从上述发展趋势中可以看出，交响乐所追求的是诸多乐器、诸多声部、诸多节奏的交响组合、多样统一。而在这些交响组合所遵循的和声、对位、配器原则的背后，又都隐藏着更为复杂的数学关系。作为维也纳古典乐派的代表人物之一，奥地利作曲家海顿在前人的基础上将诸多音乐元素纳入到一个相对固定的有机模式，并因此而赢得了“交响乐之父”的美誉。他把交响乐固定为四个乐章的形式，并在配器上形成一套完整的交响乐队编制，从而为现代交响乐的发展奠定了基础。一个标准的交响乐团（管弦乐团）通常由弦乐、管乐、打击乐三大声部组成，按建制可分为双管乐团和三管乐团，小规模的交响乐团一般有20~30名乐手，而大型的乐团演出阵容可达百余人。在这里，快板和慢板、大调和小调、独奏和重奏、管乐和弦乐……就像由各种数字所组成的四则运算题一样，得到了最大限度的多样性统一。

除了和声与配器的掌握之外，作曲家在音乐结构的摸索中也有了新的进展，最早由马克思在《作曲法教程》中提出的传统的奏鸣曲式，经过普拉蒂、斯卡拉第、巴赫等人的实践，到海顿时期发展为由三部分组成的经典奏鸣曲式。这种作曲结构在协奏曲、奏鸣曲、交响曲等大型音乐作品的相应乐章广泛使用，它一般由“呈示部”“展开部”与“再现部”三大段依序组成：“呈示部”将主部主题（往往是强健的、有力的、沉重的、粗暴的）与副部主题（常常是抒情的、哀婉的、细腻的、动人的）呈现出来，并通过调性的对比以形成矛盾关系；“展开部”将这种矛盾关系逐步展开，并通过新材料的增加或复调性的处理而使之更为丰富；“再现部”使主部主题仍在原调上再现，并通过连接段，使副部主题在主调上出现，即通过矛盾斗争而重新获得调性的统一……这种“三段论”式的作曲结构，很像黑格尔“肯定、否定、否定之否定”式的思维方式，因而反映出当时的音乐家与哲学家对宇宙发展规律的共同理解。

三

音乐不是数学，我们不能指望着将一组数学公式能够直接转变成五线谱；音乐不是哲学，我们也不能指望将一个哲学命题直接转变为交响乐。然而，一方面，“数学和音乐拥有一些共同的技艺、共同的形式、一样的思维方式。贝多芬对单个主题的探索需要抽象和并列的方法；巴赫在他的《序曲》的大音程结构中创造了小音程细节的回声。一个数学家面对同样抽象的形式会提出同样的问题，可能也会做出同样的回答。这里存在着类似，因为数学和音乐具有抽象探索方案的特征，在探索中类推和变奏引导”[12]。另一方面，哲学与音乐也拥有一些共同的世界观、共同的生活态度、一样的信仰模式。“格里高利圣咏”对教会音乐的改造与奥古斯丁《忏悔录》中的宗教禁欲主义

12 [美]爱德华·罗特斯坦：《心灵的标符——音乐与数学的内在生命》，吉林人民出版社，2001年，第119页。

情绪是一致的，海顿的奏鸣曲式与黑格尔《逻辑学》中的哲学思辨方法也是一致的。不仅如此，音乐与哲学的一致性，往往又要通过数学来加以实现。正像一位西方学者所指出的那样，“我们必须开始找出数学是怎样工作的。我们必须寻找它的音乐灵魂，数学风格的变化，相似与形式的游戏，在抽象思想中创造的联系和判断。我们要跟随一个数学的主题在一些应用中寻找它演进的足迹和线索。只有到那时，我们才能回到音乐，在它最深层结构是如何工作的，它抽象的观点是如何推进的问题中看到相似。我们必须追求音乐真正的数学精神，它相似和转变的严格的建立，它的不妥协地投入我们的智力。只有到那时，我们开始提出的问题才可以回答（如果我们不是完全回答的话）：神圣的形象是怎样出现的，美是如何在科学和艺术中出现的，一个既神秘又具体的力量是如何从美中生长出来的”[13]。

最初，西方人对数字的崇拜、对乐音的崇拜、对宇宙本体的崇拜是交织在一起的。“除了将数作为他们哲学中的‘实体性的’要素外，毕达哥拉斯学派还赋予单个数字以十分有趣的类比和解释。他们将数‘1’说成是理性，因为理性只能产生一个连续的整体；将数‘2’说成是观点；‘4’代表正义，因为它是第一个两个相同数的乘积……‘5’是婚姻的象征，因为它是第一个奇数和偶数结合而成的；‘7’表示健康；‘8’则代表着爱情与友谊……”[14]显然，这种“数字拜物教”的观点是简单的、幼稚的，其发展水平大约与上帝创造世界的思想相一致。然而，正是从这种“数字本质主义”的观点出发，西方人才会竭尽全力地去探索和谐音符背后的数学秘密。在这种筚路蓝缕的探索过程中，音乐家发现，任何单一数字所对应的音响都不能产生美，和谐的音乐产生于不同音响之间的数学关系。这个观点显然比以往的“数字拜物教”有了很大的进步，其意义相当于理性哲学对宗教神学的取代。然而，数学是发展的，音乐是发展的，哲学也是发展的。数学家对“无理数”的发现不能不引发音乐家的恐慌，“这个无理数和极不和谐之间的隐喻的相似，比我们有权期望的更为深远更为神秘。一个音乐音程和一个数学的数字被人们同样地判断：人们认为它们都在可允许的界限之外。它们对于一个已经建立起来的秩序来说，被认为是不仅不使人愉快，而且是危险的，不仅有威胁，而且是

13　[美]爱德华·罗特斯坦：《心灵的标符——音乐与数学的内在生命》，吉林人民出版社，2001年，第26页。

14　[德]克莱因：《西方文化中的数学》，复旦大学出版社，2005年，第76页。

魔鬼性的”[15]。这种数学家对无理数的恐惧、音乐家对不和谐音程的恐惧，不啻于哲学家对非理性世界的恐惧。正像加缪在《西西弗斯的神话》中所说的那样：“一个能用理性的方法解释的世界，不论有多少毛病，总归是个亲切的世界。可是一旦宇宙的幻觉和光明消失了，人便觉得自己是一个陌生人，他成了一个无法召回的流放者，因为他被剥夺了对于失去的家乡的记忆，而同时也缺乏对未来世界的希望：这种人与他自己的生活的分离、演员与舞台的分离，真正构成了荒诞感。”[16]然而，无论数学家是否喜欢，无理数确实是存在的；无论哲学家是否高兴，这个世界确实不是按照我们的理性模式被创造出来的；无论音乐家是否愿意，不和谐的音响也确实构成了音乐世界的一部分。于是，正像数学家必须正视无理数，哲学家必须正视非理性一样，西方的音乐家们也必须正视不和谐音在作曲中的地位。

开始的时候，西方音乐家对不和谐音的利用还是小心翼翼的，只有当歌剧中的反面形象或音乐中的负面主题出现的时候，他们才会利用噪音。到了后来，“不和谐音的不断增长的自由——领域的扩大——意味着音乐的界限必须越来越在音乐自身内设定，而不是从美学形式或社会功能的观念上设定”[17]。从西方音乐史的角度上看，如果说从巴洛克到维也纳古典主义乐派时期，西方人都在竭尽全力地寻找着音乐背后的数理逻辑，并通过这一逻辑的运用而企及上帝的和谐。那么从浪漫主义到印象派阶段，西方人则是在将和谐的技法运用圆熟之后，转而利用不和谐的音乐来补充和谐的内容，从而使音乐变得更加丰富多彩并具有个性。如果说古典主义音乐有着“启发思考”的“严肃”意味，那么浪漫主义乐音则有着“诉诸激情”的“幻想”色彩。从形而上学的意义上讲，古典主义相信上帝，或至少相信一个理性的本体，因而渴望和谐的永恒秩序；而浪漫主义则看到了上帝与魔鬼之间的冲突，或感性与理性之间的对立，因而并不回避矛盾冲突。

作为古典主义的集大成者和浪漫主义的奠基人，贝多芬不仅创作了《田园》那样和谐、淳朴的作品，而且也创作了《命运》那样充满矛盾、冲突的杰

15 [美]爱德华·罗特斯坦：《心灵的标符——音乐与数学的内在生命》，吉林人民出版社，2001年，第25页。

16 《现代西方文论选》，上海译文出版社，1983年，第357页。

17 [美]爱德华·罗特斯坦：《心灵的标符——音乐与数学的内在生命》，吉林人民出版社，2001年，第112页。

作。在前一部作品中，作曲家虽然在第四乐章表现暴风雨来临时也运用了不和谐音：让大提琴发出痛苦的呻吟、让短笛发出凄厉的尖啸、让铜管和定音鼓发出霹雳的巨响，然而在整个乐曲中，这只不过是一种必要的调剂，以衬托雨过天晴时的温馨、草长莺飞下的田园。然而在后一部交响乐中，情况就不同了。作品一开始就以象征命运敲门的四个音符撞击着听众的心灵，给人以不稳定、不安宁的警示。接下来，惊慌不安却又激昂有力的主部主题与优美动人却又柔弱惆怅的副部主题在第一乐章辉煌的快板中形成了非常不稳定的平衡关系；在通常为行板的第二乐章中，作曲家并没有给人们以喘息的机会，仍然以双重主题的变奏曲式积累和深化着已有的矛盾纠葛，只不过是让这种矛盾更内敛、更深刻罢了；就是在第三乐章的诙谐曲中，听众也不会过于轻松，在这里大提琴发出了跃跃欲试的音调，小提琴却发出无可奈何的叹息：命运主题依然凶险逼人，主体的生存仍须奋力抗争；通过反复而激烈的抗争之后，第四乐章再次回到原来的快板，先是由乐队全体演奏辉煌的主部主题，后是由弦乐拉出欢乐的副部主题，到发展部高潮时，狂欢突然中断，远远地又响起了命运的威吓声，虽已柔弱无力，却一息尚存……与主体性哲学的建构相同步，这一时期的西方音乐家们已渐渐放弃了对上帝的皈依、对宗教的幻想，而开始直面人生的艰辛、命运的挑战！就像白昼与黑夜、光明与阴影相互交替才能够反映出完整的自然一样，和谐与冲突、乐音与噪音相互交织才能够表现出丰富的音乐。舒伯特、柏辽兹从贝多芬晚期所开辟的新路中发展起来，使浪漫主义形成一种独特的流派；门德尔松、舒曼、肖邦和威尔第等人则进一步完善了浪漫主义乐音的创作技巧；到了柴可夫斯基、李斯特、瓦格纳那里，浪漫主义的音乐达到了一个新的巅峰。

从哲学的角度上讲，如果说古典主义音乐与古典主义哲学的精神相一致，那么浪漫主义音乐则与唯意志论哲学相吻合。柴可夫斯基的音乐时而细腻婉转，时而热情奔放，但始终笼罩着一种忧郁与哀伤，一种苍凉与悲怆。这种剪不断、理还乱的悲观主义的情绪与叔本华的唯意志论哲学是一致的。在叔本华看来，作为非理性的宇宙本体，意志体现在每个人的身上，就是对生命的无限渴望和欲求，然而生命存在的时间和空间却是有限的，因此意志是不可能得到真正满足的。从这一意义上讲，悲剧比喜剧更能反映人生的本质。“文艺上这种最高成就已表出人生可怕的一面为目的，是在我们面前演出人类难以形容的痛苦、悲伤，演出邪恶的胜利，嘲笑着人的偶然性的统治，演出正直、无辜的人们不可挽救的失陷；（而这一切之所以重要）是因为此中有重要的暗示在，即暗示着宇宙和人生的本来性质。”[18]无论是柴可夫斯基的舞剧《天鹅湖》还是他的交响乐《悲怆》，都能让人们感受到爱情的美好、生命的可贵，然而这美好而又可贵的一切终将化为一段凄美绝艳的旋律，演绎出一种悲怆哀婉的美。这种美似乎就是一种暗示，暗示着人生的苦难与不幸。当然了，浪漫主义音乐并不总是悲观的，唯意志论哲学也并不总是绝望的。同叔本华一样，尼采也认为生命的本质是无止境的意志和欲望；同叔本华一样，尼采也承认在这种意志和欲望的驱遣下，有限的人生不可避免地会遭受苦难与不幸；然而与叔本华不同的是，尼采认为，既然意志不仅是个体人的本质，而且是世界的本质，它便不会随着个体生命的毁灭而消亡，因此我们也就不必因人生的苦难和不幸而退缩。“肯定生命，哪怕是在最异样最艰难的问题上，生命意志在其最高类型的牺牲中，为自身的不可穷尽而欢欣鼓舞——我称这为酒神精神，我把这看作通往悲剧诗人心理的桥梁。不是为了摆脱恐惧和怜悯，不是为了通过猛烈的宣泄而从一种危险的激情中净化自己（亚里士多德如此误解）；而是为了超越恐惧和怜悯，为了成为生命之永恒喜悦本身——这种喜悦在自身中也包含着毁灭的喜悦……”[19]怀着这样一种对生命意志的无限憧憬和执着，尼采曾一度在瓦格纳的音乐中找到了自己精神的寄托。事实上，在1848年欧洲资产阶级革命失败以后，瓦格纳也确实接受了叔本华的唯意志论和尼采的超人哲学，并与后者维持了长达十年的友谊。他那激情澎湃而又略具病态的音乐作品，也确实与尼采的思想和文风有着异曲同工之处。

在美学效果上，与追求和谐的古典音乐不同，直面冲突的浪漫音乐不是让人身心愉悦，而是令人血脉偾张。在艺术技巧上，与古典主义恪守传统的调性和调式，以及和声、对位的创作法则不同，为了制造音乐的情感性起伏和戏剧性冲突，浪漫主义艺术家尝试着各种各样的大胆试验。例如，贝多芬

18 [德]叔本华:《作为意志和表象的世界》，石冲白译，商务印书馆，1982年，第350页。

19 [德]尼采:《悲剧的诞生：尼采美学文选》，周国平译，生活·读书·新知三联书店，1986年，第334—335页。

曾首次将声乐合唱带入《第九交响乐》；柴可夫斯基在《1812年序曲》中使用过真正的大炮；瓦格纳在创作中则采用了许多半音化和弦的处理方式，把和声从调式主音的束缚下解放出来，动摇了传统的大小调式和调性关系，导致了“不协和音的解放”……总之，与古典主义庞大的规模、严谨的结构、凝重的乐思、典雅的气质、端庄的风格不同，浪漫主义以其多样的形式、灵活的手法、明快的节奏、奔放的激情追求着自己的审美理想。

只有白昼而没有黑夜的日子是不完整的，只有黑白对比的日子也是不真实的。在白昼与黑夜之间，还常常存在着一些过渡的瞬间，如薄雾中的晨曦，如暮霭中的午后。而这种转瞬即逝的片刻则正是印象派所要捕捉的。1894年12月22日，法国音乐家德彪西的《牧神的午后》首次公演，从而标志着印象派音乐的成熟。此曲是在半音阶阶进波状起伏的藤蔓形音型主题基础上，加入不同和声润色的十段变奏，它融合了奏鸣曲式、变奏曲式和歌调形式，以创作出一种模糊的轮廓、朦胧的色彩、不易分辨的色调变化。就像暮霭中的午后和晚霞中的斜阳一样，给人以安详、静谧而又神奇、暧昧的印象……除德彪西之外，法国的杜卡、拉威尔，西班牙的法雅，英国的德留斯、司各特，意大利的雷斯庇基，德国的雷格，俄国的斯克里亚宾等人，都在以这种新的印象主义的方式试图超越古典主义和浪漫主义的审美风范。这些新时代的音乐家既厌倦了古典主义堂皇、僵硬的不朽气派，又不满浪漫主义夸张、直白的情感方式。在他们那里，音乐所要表达的既不是深思的哲理，也不是张扬的意志，而只是朦胧的感觉、瞬间的印象。为了捕捉稍纵即逝的复杂意象，他们不再坚持对调性的执着，同时也弱化了传统音乐对和声和旋律的种种规范。他们勇敢地发问：为什么和弦连接必须依据从紧张到松弛、从不协和到解决的固定模式？为什么音乐的表达一定要遵循呈示部、展开部、再现部的条条框框？……他们认为，音乐只能暗示或者提供一种意象或心境，而不宜转述一则故事或表达一种理念。因此，在他们的作品中，音色与力度的重要性绝对不亚于和声与旋律。在他们的音乐里，和声与配器要完全服从于音色效果。而为了突出音乐印象或恬淡、或纤秾、或妩媚、或忧伤的情调，他们常常使用弱奏和极弱奏，让乐曲中的力度高潮只是短暂地闪现。他们的作品中往往没有大段的旋律，而是将一些互不连贯的短小动机连缀在一起，跳跃多于连续，变化多于稳定。与此同时，他们不仅在和声方面进行了种种新的尝试，而且用一些不协和和弦的并列创造出不断闪烁迷离的音乐印象。

从“古典”到“浪漫”再到“印象”，西方的音乐家们走过了一条从建立规范到超越规范的创作历程。而继印象派之后，20世纪以后的西方音乐，则干脆走上了瓦解规范、践踏规范的极端。当然了，即使是对规范的践踏与瓦解，也不是没有哲学原理作背景的。尽管西方后现代哲学观点复杂、流派纷呈，却有着反对深度模式、消解形而上学的共同特征。这种反本质主义的哲学思潮，显然为西方音乐家超越法则、解构传统的努力提供了精神上的支撑。于是，与五花八门的后现代哲学相同步，20世纪以来的西方也出现了许多光怪陆离的音乐流派，如以巴托克、斯特拉文斯基为代表的“原始主义”；以欣德密特为代表的“新古典主义”；以舒恩伯格为代表的“十二音主义”；以瓦雷兹为代表的“未来主义”；以普罗科菲耶夫、肖斯塔科维奇为代表的“社会主义现实主义”等，此外还有所谓的“序列音乐”“偶然音乐”“镶贴音乐”“具体音乐”……

与此同时，即使是对规范的践踏与瓦解，也不是没有数学原理作支撑的。现代作曲家如巴托克、舒恩伯格、凯奇、克赛纳基斯、施托克豪森、马卡黑尔等人，都曾对音乐与数学的结合进行过大胆的实验，以至于出现了用数学方法来代替音乐思维的所谓“算法音乐”、用运算过程来代替创作过程的所谓“几何音乐”、用计算机编程来代替艺术家构思的所谓“程序音乐”……“在20世纪，数学语言中弥漫着许多音乐思想。舒恩伯格（Schoenberg）用来处理数值范围的十二声调的系列方法影响巨大。音乐学者已经借鉴了‘集合论’，‘马尔科夫链’（Markov chains），以及其他一些数学概念。一些杂志发表文章，详细陈述使用微机程序来分解、演奏、作曲的尝试。亚尼斯·施那克斯（Lannis Xenakis）在他的作曲中就使用了复杂的数学理论。约翰·凯奇（John Gage）在他的有序缺失研究中使用了微机生成的随机数进行创作。”[20]

混乱而复杂的哲学和混乱而复杂的数学导致了混乱而复杂的音乐。从创作实践上看，艾伍士尝试创作多重调性的、极不协调的音乐作品，其旋律的

20 [美]爱德华·罗特斯坦：《心灵的标符——音乐与数学的内在生命》，吉林人民出版社，2001年，“引言”第2页。

复杂程度几乎到了不可能被演奏的地步。亨利·柯维尔在演出自己的钢琴独奏乐曲时，使用了在钢琴内部弹拨琴弦并且同时敲击琴键的方法。查尔斯·西格阐述了不和谐对位法的概念，这项技巧后来被卡尔·拉格尔斯、鲁思·克劳佛-西格等人使用。大流士·米尧和亨德米特探索了多调性音乐的领域。罗旦将特地设计的打击音乐嵌入到传统的作曲技巧之中，这个想法立刻被瓦雷兹等人所仿效。最具有代表性的是，斯特拉文斯基的芭蕾舞剧《春之祭》于1913年在法国香榭里舍大街巴黎剧院首演时，曾因其冲突的和弦、复杂的调性与混乱的节奏而引起了一场骚动……从技术手段上看，由于计算机模拟技术的发展，电子合成器不仅能够成功地模仿各种乐器的音色，而且可以再现自然界的各种音响。在这种情况下，不仅风雨雷电、鸟叫虫鸣可以成为音乐作品的一部分，重金属、噪音也闯入了音乐艺术的殿堂。不仅如此，音乐家丢掉钢琴和五线谱而利用电子程序进行数字化创作甚至也成为一种可能。于是，历史上长期积累起来的创作技巧和准则被完全颠覆了。从美学风格来看，与传统音乐力求发现和谐法则的美学努力不同，20世纪以来的当代音乐企图全面颠覆传统的艺术原理，标新立异地创作着无调性、没旋律、不和谐的音乐。如果说传统音乐意在抚慰人们的情感、引导灵魂的升华，那么这些当代音乐则意在撩拨人们的欲望、搅扰心灵的平静。否则，又如何解释那些不和谐的噪音、无调性的旋律、震耳欲聋的音响、混乱无序的节奏呢?

这是一场未经上帝安排的搏斗，这是一次没有理性担保的角逐，这是一次没有数学公式的计算，其结果如何是尚未可知的。

（此文为教育部人文社会科学重点研究基地重大项目“文明的结构与艺术的功能”[07JJD751079]的阶段成果，发表于《求是学刊》2011年第5期）

徘徊于“现代”与“后现代”之间的大学校园

无论是从经济基础还是从上层建筑的角度上分析，有着最佳节约目标和功能取向的现代建筑必然成为当代中国大学校园的主要选择。然而，在工具理性和经济效益的引导下，千篇一律的现代建筑又会使我们的大学校园失去特有的个性色彩和文化内涵。于是，如何在建设以现代建筑为主体的大学校园的同时，适度引进古典建筑、尤其是后现代建筑的美学元素，便成为历史赋予我们的艺术使命。在这一探索中，既有成功的经验，也有失败的教训，其中“二元对立”和“适度统一”的两种模式值得我们反思。

2011年，坐落于济南的山东大学中心校区南大门的拆除，可被视为中国当代大学建筑史上的一个耐人寻味的事件。它似乎意味着：现代建筑与后现代建筑在大学校园中的融合，存在着某种问题，受到了严峻挑战。

山东大学中心校区南大门始建于21年前，其造型颇似山东大学校徽，其超功能的符号化特征十分突出，是中国大学校园中较早的后现代建筑。但是，尽管其造型别致，却与其整个校园的现代建筑极不协调，从而饱受非议。重建以后的新校门以主次塔楼连接柱廊的形式，形成张开双臂、海纳百川的“怀抱”姿态，大门两侧的塔楼与校园内最高的标志性建筑形成巨大的“山”字形，在突出文化内涵的同时较好地解决了与周围环境的统一，因而得到了广大师生的认可。然而，反对的呼声依然存在，这其中既包含了一些离校校友的怀旧情绪，也包含了一些在校师生对原有大门的精神认同。在这一事件中，抛开那些与建筑无关的因素之外，我们似乎可以发现一个具有普遍意义的重要课题，那就是在以现代建筑为主体的当代中国大学校园的建设中，将如何吸收和采纳后现代元素？

一

从历史发展的过程来看，人们一般把建筑分为古典、现代、后现代三种类型。对于这一问题，笔者曾经撰写并发表过《中国与西方建筑的古代、现代、后现代特征》一文，从材料、形态、功能三个方面进行了必要的分析[1]。

在我看来，西方古代建筑在材料上以石料为主，在形态上以纵向为主，在功能上以体现人与神之间的宗教关系为主；中国古代建筑在材料上以木料为主，在形态上以横向为主，在功能上以体现人与人之间的宗法关系为主。

进入现代社会以后，随着西方宗教文化与中国宗法文化的衰落，以及钢筋混凝土建筑材料的出现，使得中国与西方的现代建筑纷纷抛弃了传统的石料和木料，并不再追求宗教与宗法的意义内涵。当这些外在的制约消失之后，建筑的唯一目的只剩下服务于人类自身的生产与生活需要。这样一来，如何最大限度地节省材料，如何最为合理地分布空间，如何最为充分地利用光线，便成为东西方建筑共同努力的方向。于是，便有了我们今天随处可见的现代建筑。然而，尽管现代建筑有着最佳的节约目标和人性取向，并能够借助钢筋混凝土的建筑材料而在纵向与横向两个纬度上尽情拓展，但是，这种在工具理性和经济效益引导下的趋同性发展，不仅使东西方建筑渐渐失去其超越使用功能之外的文化内涵，而且其民族性、地域性的美学特征也不可避免地消亡了。

在这种情况下，作为现代建筑的反叛，后现代建筑出现了。从材料上

1　陈炎：《中国与西方建筑的古代、现代、后现代特征》，《天津社会科学》2003年第3期。

看，后现代建筑不仅可以使用传统的石料与木料，也不仅可以使用钢筋混凝土，还可以使用钢铁、玻璃、塑料等任何可以造型的物质媒介；从形态上讲，后现代建筑不仅可以在纵向与横向两个纬度上直线拓展，而且可以创造任意的曲线与不规则造型，不断向建筑力学发起挑战；从功能上讲，后现代建筑既没有宗教与宗法的文化内容，也不受理性与经济的限制，而是在汲取古今中外所有文化元素的基础上尽情地拓展着想象的空间，实现着艺术的理想。后现代建筑这种超越功能取向的美学追求和标新立异的设计理念，使其往往需要花费昂贵的代价。

总之，如果说古代建筑有着宗教或伦理的内涵，现代建筑有着经济与实用的倾向，那么后现代建筑则有着艺术与美学的目的；如果说古代建筑是类型化的，现代建筑是标准化的，那么后现代建筑则是个性化的。

回到当代中国的现实中来：由于我们在意识形态上已经摆脱了宗教与宗法的限制，因而不必取法于古代建筑；由于我们在经济基础上尚未达到极端富裕的程度，因而又不可能大量建造后现代建筑；于是有着功能化取向和节约型目标的现代建筑便不可避免地成为大学校园建设的主要建筑类型。然而，这也正是不少新的大学校园缺乏个性特征的内在原因。因为说到底，大学建筑的基本功能是一样，而实现这些功能的建筑科学路径也基本上是一样的，于是“千校一面”的局面就在所难免了。

仍以山东大学为例，除承续齐鲁大学的趵突泉校区保留了一些古典建筑的遗迹之外，其他在济南的五个校区以及在威海的分校均以现代建筑为主。尽管设计师们也作了这样那样的努力，但这种以钢筋混凝土结构为主要材料、以方形或长方形为主要形式的火柴盒式的现代建筑，虽然最大限度地节约了材料、完善了功能，实现了其科学化、经济化、人性化的目标，但也在很大程度上失去了建筑艺术的个性特征。

二

正是为了防止这种个性化的缺失，一些大学的新校区建设在以现代建筑为主的同时，又不得不加入一些古典建筑或后现代建筑元素。于是，便有了山东大学济南中心校区那座被拆除了的造型诡异的大门。事实上，在二十多年的时间里，那座大门恰恰以其独一无二的造型而成为山东大学的标志。

其实，这种在现代建筑群体之中加入了一些古典建筑和后现代建筑作为标志性点缀的做法不仅为山东大学所独有，不少学校也纷纷效尤。例如，上海交通大学闵行校区有三个校门，一个是古典的、一个是现代的、一个是后现代的。这种跨越时空的大胆设计确实富有个性，但也同样破坏了整个建筑群体的和谐与完整。因为如上所述，古代、现代、后现代建筑无论是在材料的使用、空间的布局，还是在功能的追求上都有着完全不同的价值取向，把这些不同价值取向的建筑摆在一起，就如同让一个长袍马褂的财主、一个西装革履的绅士和一个身穿超短裙的摩登女郎站在一起合影留念一样。

然而，在这样一个渐趋多元化的时代里，个性的诱惑总是巨大的。尽管类似失败的教训反复出现，仍有不少大学的新校区在现代建筑与古代建筑，尤其是现代建筑与后现代建筑的结合上进行着不懈的努力。或许，从我国由古代社会向现代社会、后现代社会转型的更为宏观的历史背景上看，如何实现现代建筑与古代建筑，尤其是现代建筑与后现代建筑的结合，正是历史时代赋予我们的重大课题。

具体到大学校园的建设中，这一课题的解答方式通常是这样的：由于受经济条件的限制，人们不可能将一所大学全部建造具有超越功能取向的后现代建筑；由于对个性特征的追求，人们又不甘心将一所大学的全部建筑统统建造经济实用而没有独特风格的现代建筑；于是，校门、图书馆、体育馆等标志性建筑便常常成为人们进行后现代尝试的实践目标。还以山东大学中心校区为例，就在其拆除了那座后现代大门的同年，却又建造了一座颇具后现代意味的体育馆，很有一点儿“失之东隅，收之桑榆”的味道。然而“桑榆”也好，“东隅”也罢，得来的和失去的都是后现代建筑，因而也都有着与现代建筑相协调的问题。或许，地处主楼背面的体育馆没有大门那么显眼，却在造型和材料上仍然与主楼之间有着某种程度的龃龉。

当然了，这样的例子也不只山东大学所独有。例如：华南师范大学、重庆邮电大学、温州大学等新校区独具特色的大门，南京大学仙林校区、苏州大学独墅湖校区、深圳大学城别具一格的图书馆，中国石油大学黄岛校区、广州大学城不同凡响的体育场馆……

从单体建筑的角度上看，这些校门、图书馆、体育馆的设计都可谓是别出心裁、匠心独运的，并以其独一无二的造型而成为该校的标志性建筑；但是，它们又都未能解决如何将后现代建筑与现代建筑统一协调的问题，从而未能很好地融入学校整体的建筑群体。因为说到底，这两种建筑不仅有时代的差别，而且有形态的差别，更有审美理想的差别。差别就会导致矛盾，矛盾就会导致冲突。当然了，从技术的角度上讲，减少这种矛盾冲突的办法也还是有的。一种方法是在空间上尽可能地将作为地标的后现代建筑在校园中孤立起来，使其不与诸多的现代建筑形成直接的对比；另一种方法是在现代建筑与后现代建筑之间制造一些障景，从而弱化它们之间的冲突。

然而这种技术手段并不能从根本上解决问题，因为它的实施不仅是以足够的水陆空间为条件的，也不仅是以过多的建筑材料为代价的，更重要的是，它仍然无法使整个校园的建筑群浑然一体，真正实现多样性统一的美学目的。因此，人们不禁要问：除了这些技术性的手段之外，还有没有更好的观念途径？在当代中国大学的新校区建设中，还有没有更多的经验样板？

三

其实，除了这种将现代建筑与后现代建筑并置而立的“二元对立”的模式之外，也还有一种“适度统一”的全新探索。在这一方面，中国美术学院南山校区和象山校区的建设似乎具有特殊的启发意义。

首先，这两个新校区都在整个建筑的群体上追求一种“适度”的后现代。这里所谓的“度”，是指后现代建筑远离现代建筑的程度。如果我们把一座建筑超功能取向的多少视为其后现代程度之高低的话，那么这两个新校区都没有刻意挑战建筑的空间造型和力学难度，因而每个单体建筑并不像许多典型的后现代建筑那样显得过分夸张。其次，这两个新校区都不把后现代特征集中到少数标志性建筑上，而是对整个校园进行统一设计，使某些后现代特征在许多建筑中反复出现，以形成整体性的后现代氛围。最后，这两个新校区各有各的风格特征，即通过对后现代元素的不同筛选而表现出不同的特色。

比如，在线条的选择上，南山校区紧紧抓住后现代建筑注重弧线而非直线的特点，将不同楼宇的立面或衔接处处理成弧线，进而将不同的弧线交织出优美的图案，给人以余音绕梁的灵动之感；象山校区则要在屋顶的起伏上大做文章，对屋顶进行了统一的风格化处理，给人以波涛起伏的遐想。在色彩的搭配上，南山校区以灰、白的冷色为基调，给人以清新、冷峻的整体效果；象山校区则以橙、黄的暖色为基调，给人以温馨、怀旧的艺术气息。在材料的使用上，除钢筋混凝土之外，南山校区多选择硬度较高的钢板与玻璃，现代色彩鲜明；象山校区则更偏爱硬度较小的木料和砖瓦，乡土气息浓郁……

由此可见，中国美术学院的这两个新校区在客观上为我们提供了一条探索现代建筑与后现代建筑相结合的新途径，即不再过分追求某个后现代建筑的超功能取向，从而制造惊世骇俗的轰动效应；而是尝试将后现代建筑的某些元素吸引进来，将其落实在整个建筑的群体之中，以期实现某种风格化特征。或许，这种新的探索较之众多校区将现代建筑与后现代建筑“二元对立”的做法更为和谐、更为自然，但受制于不同高等学校办学性质、文化传统、地理环境等不同条件，也不应该将其视为中国高校新校区建设的唯一途径。

（此文发表于《美与时代》2012年第7期上）

《反理性思潮的反思》后记

1994年版后记

自1988年以来，我陆续为我的老师们的研究生开设了“西方美学专题”“西方美学史”等课程，这对于我这样一个知识水准、理论素养，乃至生活阅历都十分欠缺的青年教师来说，似乎是一件力所不及的事情。然而，做学问有时候也和打仗一样，有所谓“置之死地而后生”的诀窍。当我面对着那些年龄与我相仿、学识与我相近的“听众”的时候，唯一的出路就只有发愤苦读了。于是，在真正意义上的“教学相长”中，我的课由勉为其难到差强人意，并最终有了这本书。

这本书是我在讲稿的基础上写成的，但它并不是一部《西方美学史》。首先，从时间上看，它只保留了现代部分，而删掉了古代和近代部分。其次，从内容上看，它只涉及“哲学美学”，而未容纳“科学美学”。之所以要删掉古代和近代部分，是因为我觉得自己在那些部分中已经没有多少发挥的余地了。之所以未容纳“科学美学”的内容，是因为对于我这样一个缺乏自然科学素养的人来说，要想对那些从心理学、统计学、逻辑学角度所探讨的美学问题作出一种科学的评判，更是一件力所不及的事情。

在我看来，作为英国经验派和大陆理性派的发展和继续，现代西方哲学乃至美学皆可以分成科学思潮和人文思潮两条泾渭分明的路线[1]。

我之所以抓住后者而放弃前者，除了学识的原因之外，还有着个人兴趣上的原因：早在十几年前，我选择美学作为自己的研究方向，并不是为了将其作为一种工具理性以获得经验式的成果，而是作为一种价值哲学以获得思想上的启蒙。然而在西方，启蒙主义由“人的发现”到“人的觉醒”，又从“人的行动”到“人的困境”。也就是说，当人将自己从社会的网络中挣脱出来之后，又不能不感到个体的渺小；当人将自己从理性的压抑下解放出来之后，又不能不感到感性的盲从。从这一意义上讲，现代西方人文思潮可说是一派痛苦而执着和反理性。

反理性，它必须以一个强大的理性作为其“反”的前提和背景。正因如此，叔本华从康德的体系中走了出来，孤身一人与黑格尔抗争；正因如此，尼采以反基督的面目出现，借助酒神的迷狂而冲出知识与道德的迷宫；正因如此，弗洛伊德发现了意识背后的欲望与本能，看到了文明对人的压抑已经深入生命的底层；正因如此，柏格森拆解了时间与空间的完整构架，要在“滑稽”中发现灵魂的扭曲，并在“绵延”里体验生命的流动；正因如此，海德格尔放弃了对人所进行的一切先验的本质规定，让“此在”在没有剧本和导演的情况下出场、行动；正因如此，萨特让主体凭借“虚无”去进行“选择”，并通过选择而完成人类的历史和个体的生命……对于这一切的一切，我们尽可以斥之为“不科学”（事实上，绝大多数人文主义者也从来不以“科学”为最高目的），却不能说他们“不严肃”。在我看来，恰恰是由于他们对生命的价值有着过高的期望，对存在的意义有着过分的执着，才会生出如许的烦恼和这般的绝望。而在他们那里，全部美学问题也尽在这些执着和烦恼、期望与绝望之中。显然，要对这一思潮中的美学问题进行阐释和梳理，仅仅就美学而谈美学是不行的，必须同时兼顾这些思想家在认识论、本体论、伦理学等各方面的学说才能将作为其有机系统中的美学问题真正澄清，因此，本书中的纯美学含量大约只占1/3。在这一意义上，书的副题《现代西方哲学美学述评》亦可写作《现代西方哲学、美学述评》。而作为这样一种写作尝试，我

1 参见拙作《当代西方美学的内在张力》，载《中国图书评论》1990年第4期。

希望本书不仅适于爱好美学的读者，而且适于一切对现代西方人文思潮感兴趣的读者。

对于这些读者来讲，本书或许能够帮助他们较为便捷地接近康德、叔本华、尼采、弗洛伊德、柏格森、海德格尔、萨特等人或枯燥乏味、或晦涩难懂的思想，并发现他们之间相互承继和不断演进的关系，从而产生以下双重意义：首先，没有这一接近的理解（或理解的接近），我们就很难对现代西方人的精神追求及其这一追求的形象表征——艺术，有一个较为公正的评价和认识。那样的话，我们就很容易把那些含泪的喜剧看成是荒唐的闹剧（如《等待戈多》），把那沉重的绝望看成是无聊的消遣（如《局外人》），把那些生命的体验看成是物质的拼接（如《喧哗与骚动》），把那些悲壮的徒劳看成是徒劳的悲壮（如《西西弗斯》）。那样的话，我们对现代西方整体性的人文科学成果，也就谈不上什么“批判的吸收”了。其次，作为现代意义上的中国人，我们对于现代西方人文思潮的理解，还不仅仅是一种文化修养问题，它同时也具有极为迫切的现实意义。这是因为，尽管我们与西方人的历史传统和文化背景有着巨大差异，但同样处在一个社会转型和文化变革时期。从人文主义的角度来看，如果说西方人所面临的问题，是在失去上帝庇护的情况下（这种上帝存在的质疑是科学进步的必然结果），如何为自身的存在寻找更新的理由和根据；那么中国人所面临的问题，则是在失去血缘依托的情况下（这种血缘情感的淡漠是市场经济的必然结果），如何为自身的存在确立更新的价值和意义。从这一意义上讲，无论是在西方还是在东方，现代人都同样面临着一个文化重建的问题。我将这两种有待出现的新文化分别称之为西方的“后宗教文化”和中国的“后宗法文化”[2]。尽管这两种新的文化形态仍然会有这样那样的差异，但它们之间的共同点至少会远远大于西方原有的宗教文化和中国原有的宗法文化。在这种情况下，我们对西方现代人文思潮的了解绝不仅仅是一种隔岸观火式的“欣赏”，而且是一种战地考察式的“参观”了。这种“参观”的目的，无非是让我们不要无视人家已有的成果，也不要重蹈他人留下的覆辙。

除了上述双重意义，本书的撰写还隐含着一个属于我个人的特殊目的，

2　参见拙作《寻找文学的坐标》，载《山东社会科学》1993年第1期。

那就是为我将来的学术研究打下一点必要的哲学功底。我所从事的专业是美学，用通俗一点的话说，也可以叫做“艺术哲学”。从这个名词也可以看出，它显然是一个跨学科的研究领域。而对于我这个中文系出身的人来说，从事此项研究的最大障碍，显然不在“艺术”而在“哲学”。早在上大学的时候，我就对哲学很感兴趣，先是读马克思、恩格斯的书籍，后又迷上了黑格尔的《小逻辑》。我不仅反复阅读过这本非常晦涩的书，而且还将其中的文字大段大段抄到自己的笔记本里。而且直到今天，我在科研上的主要成果，包括我的思维方式和行文方式，都仍然保留着一些黑格尔主义的痕迹。对于这一点，我自己是十分矛盾的：一方面，我钦佩黑格尔那恢弘的历史感和高度的概括能力，他教会我们如何将纷纭复杂的社会现象纳入纯洁而有序的概念体系，并为一切事物的发展都找到正、反、合的规律；另一方面，面对被纳入逻辑范畴中的历史活动，我又常常感到一种类似“宿命论”式的厌倦的危机。我怀疑：规范历史的行为本身是不是在阉割历史？然而如果不规范历史、不找出所谓规律性的东西，社会科学又将有什么意义？我怀疑：作为一套完整观念的完整表达，所谓“体系”是否本身就必然意味着封闭？然而放弃了范畴、放弃了逻辑、放弃了体系，科学的语言岂不只能还原为素朴的格言或感伤的诗句？我怀疑：人的存在是否仅仅是为了实现历史目的的一种工具？然而如果离开了社会的进程和历史的规律，人的存在又将到哪里去寻求意义？我怀疑：人的理性是否真的将我们带入了一个自由的王国而非生命的牢狱？然而离开了理性，感性的生命又将与野兽何异？……带着这些怀疑，我离开了黑格尔，并企图在黑格尔的反对派那里找到一点新的东西。因此，当我发现叔本华以极尽嘲讽的口吻向黑格尔那金碧辉煌的独断论体系发起了致命的一击，心中便产生出一种隐隐的快意。因此，当我看到尼采用铿锵作响的诗句去解构西方自苏格拉底以来所努力建造的禁锢生命的观念体系，自身竟感受到一种喜悦的战栗。接下去，由弗洛伊德而柏格森、由海德格尔而萨特……我在这一系列精疲力竭而又激动不已的阅读中，确实发现了一种与传统理性哲学迥异的东西。在这里，哲学所竭力寻求的不再是客观世界的法则和社会历史的规律，而是主观存在的价值和个体行为的意义。在这里，哲学与其说是让人们去思考、去认识，不如说是让人们去体验、去行动、去为自己的生命制造目的。

从解释学的角度来看，一切理解都是理解者以其生活经验和知识背景所构成的“前理解”为前提的。在过去，我是以马克思主义为“前理解”来理解黑格尔哲学的，因此，用马克思的实践论来改造黑格尔的辩证法，便成为这一理解过程中的有效内容。而现在，我再用马克思和黑格尔作为“前理解”来理解现代西方的反理性思潮，因而如何整合人与自然、人与社会、主体与客体、自由与必然、感性与理性之间的关系，便成为这一理解中的突出问题。显然，这些问题的难度要远远大于马克思与黑格尔之间的距离，而这一难度本身也包含着极大的魅力：思想史的发展告诉我们，越是经过批判而将两种截然相反的思想统一在一起，就越能获得巨大的张力。在这一点上，人们所付出的劳动和所得到的收获大约应该成正比。但是，思想的劳作并不单单取决于素朴的努力，它还要受到主、客观条件的种种限制。由于受外语水平的限制，我在本书的写作中不得不尽可能地利用已有的中译本材料，只有在万不得已的情况下才动手从英文本中转译。由于受学术视野的限制，我对国外关于反理性思潮的研究状况所知甚少，大致上只能从一个中国人的角度上来看待这些问题。由于受理论修养的限制，我对述评过程中的许多细节问题并没有绝对的把握，因而难免存在“述”之不准、“评”之不当的地方……总之，尽管我在本书的撰写过程中受到了思维上的训练和精神上的磨砺，但由于上述种种限制，使我并没有完全达到预期的目的。说得准确一点儿，这本书还算不得真正意义上的“研究”，而只不过是一种“读解”而已。

“读解”是一种面对文本的主体性行为，但愿本书的读者们也能够从这里读出他们各自所需要的东西。

陈炎

1993年11月于山东大学

（此文为陈炎著《反理性思潮的反思》后记，山东大学出版社，1994年）

2012年版后记

书是人写的，但写法不同。有人用手写，有人用脑写，有人用心写。用手写的书可以很漂亮，但未必严谨；用脑写的书可以很严谨，但未必鲜活；用心写的书可以很鲜活，但未必漂亮和严谨……如果一个人同时用手、用脑、用心去写一本书，则可以赋予其漂亮、严谨、鲜活的生命。

虽然在残酷的时间面前，任何生命都将是短暂的。但我总觉得，一个写书的人，其精神生命至少应该比肉体生命长久一些。这就是古人所说的“太上有立德，其次有立功，再次有立言”的“三不朽”吧。

然而遗憾的是，在这个需要用“成果”来评职称、评奖、评头衔的时代里，我们不乏“著作等身”的教授，却罕有“以言立身”的学者。很多作者身体健在，但其作品却已被人们、甚至也被自己淡忘了。这真是所谓的“得鱼而忘荃，得意而忘言”；得了教授，忘了“科研”。因此，在我分管山东大学文科科研工作的时候，曾经提出过这样一个问题：如果一个人一生写了十本书，每本只印刷了一次，另一个人一生只写了一本书，却重印了十次，究竟谁应该当教授呢？回答应该是后者，但实际却只能是前者。于是，我们便不可避免地进入了一个书刊泛滥的时代。

相信每位读者都会和我一样，在步入琳琅满目的书店、面对装帧精美的图书时，常常会陷入一种“选择性焦虑”：不知道哪本书值得去买、值得去读。正是在这种泥沙俱下、鱼龙混杂的情况下，一些真正具有生命的作品，反而被埋没了。与此同时，用来制造纸张的森林则在迅速地减少，自然界的生命也受到了威胁。

坦率地说，我虽然有些愤世嫉俗，却也未必能够独善其身。仔细检讨起来，自己这些年来出版和发表的东西也不见得都有价值，一些充数的、应景之作也还是有的。这种情况，甚至可能随着自己的年龄和所谓学术地位的提高而变得越来越严重。因此，我虽然发表过“少作无悔”的豪言，却未必能有“人书俱老”的自信。好在呈现在读者面前的是一本“少作”，即我独立出版的第一本学术专著。此书于1994年在山东大学出版社初版，2002年再版，

2004年第三次印刷，现在转交给高等教育出版社，应该是第三版、第四次印刷了。

作为无悔的“少作”，自然有一些稚嫩的地方，但它确实是用手、用脑、用心去写的，可以说是凝聚了我当时对西方哲学的理解、对人生意义的探求。而且，至少对于我个人来说，这种理解和探求至今未变。因此，作为一本给研究生使用的教材，15年来，它一直顽强地在一些大学的课堂里生存着。每当我在山东大学给研究生开设“西方美学课”的时候，它都会成为学生们反复研读的对象。打开一扇思想的大门，我们在研读中交流，在研读中讨论……每每讨论到下课铃声响后，同学们还意犹未尽、依依不舍。而这种状态，对于作为教师的我来说，也是人生最大的享受。

也许是机缘巧合，这本书被高等教育出版社的徐莉萍女士选中，她要在该社再版，并萌生了以此为起点，做一套精品研究生教材书系的想法。我不敢说自己的著作算不算“精品”，但显然为此而欣慰和感激！所谓“文章千古事，得失寸心知”。但愿这“寸心”既包括作者之心，也包括编者之心，还包括读者之心。

是为后记。

陈炎

2012年2月20日

（此文为陈炎著《反理性思潮的反思》后记，高等教育出版社，2012年）

《中国风尚史》绪论

“风尚”是一个颇为模糊、颇为多义的概念。“风”为风格，“尚”为时尚。无论“风格”还是“时尚”，都属于“文化”范畴。问题在于，同“风尚”相比，“文化”是一个更为模糊、更为多义的概念。这个概念不仅在国内“文化热”的讨论中聚讼纷纭，而且在国外的学术界也莫衷一是。有学者指出，“英语中文化的定义有260多种，据说是英语词汇中意义最丰富的二、三个词之一。”[1]因此，在提笔撰写《中国风尚史》之前，有必要交代一下我们自己对“文化”的理解。

谈到“文化”，又不能不涉及与之相关的“文明”一词，因为这两个概念之间又有着极为复杂的内在联系。我在《“文明”与“文化”》一书中曾经指出：

> 所谓“文明”，是指人类借助科学、技术等手段来改造客观世界，通过法律、道德等制度来协调群体关系，依靠宗教、艺术等形式来调节自身情感，从而最大限度地满足基本需要、实现全面发展所达到的程度。因为在我看来，人作为一种“类存在”，至少具有使用和制造工具（包括一切科技手段）、依赖和凭借社会关系（包括一切社会制度）、渴望和追求情感慰藉（包括一切精神享受）这三个基本特征。惟其如

1　金元浦：《定义大众文化》，《中华读书报》2001年7月25日。

此，人类才可能有对真的探索、对善的追求、对美的创造。反过来说，只有在对真、善、美的探索、追求、创造之中，人类才能最大限度地满足自身的基本需要、实现自身的全面发展。在这一点上，任何时代、任何地域、任何种族的人类群体概莫能外。从这一意义上讲，人类文明有着统一的价值标准。而所谓“文化”，则是指人在改造客观世界、在协调群体关系、在调节自身情感的过程中所表现出来的时代特征、地域风格和民族样式。由于人类文明是由不同的民族、在不同的时代和不同的地域中分别发展起来的，因而必然会表现出不同的特征、风格和样式。[2]

如此说来，“文明”与“文化”是两个既相联系又相区别的概念：文明是文化的内在价值，文化是文明的外在形式。文明的内在价值通过文化的外在形式得以实现，文化的外在形式借助文明的内在价值而有意义。举个例子，如果说穿衣有着一种文明的内在价值，那么穿西服还是穿和服则是一种文化的外在形式，——我们很难设想有一种不带民族、时代、地域特征的，没有任何风格和样式的抽象的服装；如果说吃饭有一种文明的内在价值，那么吃中餐还是吃西餐则是一种文化的外在形式，——我们很难设想有一种不带民族、时代、地域特征的，没有任何风格和样式的抽象的饭菜；如果说使用器皿有一种文明的内在价值，那么用中式的陶瓷酒盅还是用西式的高脚玻璃杯则是一种文化的外在形式，——我们很难设想一种不带民族、时代、地域特征的，没有任何风格和样式的抽象的容器……在前一种意义上，我们可以说衣衫褴褛是不文明的表现；在后一种意义上，我们却不能说穿中山装是没有文化的标志。在前一种意义上，我们可以说茹毛饮血是不文明的表现；在后一种意义上，我们却不能说吃美国快餐是没有文化的标志。在前一种意义上，我们可以在石器时代、陶器时代、青铜器时代之间排列出一个文明的序列；在后一种意义上，我们却不能说色调单一而又质地细密的黑陶没有文化品味……

我们可以从“文明”与“文化”的关系中来理解“文化”，也可以在“存在”

2　陈炎：《文明与文化》，山东大学出版社，2006年，第3—5页。

与“意识”的关系中来理解“文化”。我在《反理性思潮的反思》一书中也曾经分析，我们所说的“文化”，是指介于“存在”与“意识”之间的一个特殊层次：

> 对于客观的物质存在来讲，文化属于社会意识方面的东西。尽管我们可以从仰韶的彩陶和殷商的饕餮中发现那个时代的“文化”，但是我们所指的并不是这些彩陶和饕餮本身，而是指通过它们所反映出来的那种看不见摸不着的东西：一种时代的风尚、一种民族的习惯、一种社会的心理、一种集团的气质……对于主观的社会意识来讲，文化似乎又属于社会存在方面的东西。因为它既不是偶然的思想观点，又不以个人的主观意志为转移；相反，它是决定具体观点、影响个人意志的一种相对稳定的社会存在。尽管这种存在并不是以物质的形态摆在人们面前的，但又是每一个社会的人所无法摆脱、难以超越的。这种文化不仅体现在人们外在的行为规范和典章制度之中，而且还会渗透到人们内在的心理习惯和思维方式之中，在历史的长河中积淀成所谓“文化—心理结构”，所谓“集体无意识”……因此，如果要用一种哲学的语言来概括上述含义的话，那么我们将把“文化”界定为：一种非物质形态的社会存在。[3]

在我们从两个角度上界定了“文化”的概念之后，让我们再来看一看“风尚”与“文化”之间的关系。在我看来，“风尚”是“文化”中最有时代、地域特色，从而最具有民族个性特征的生活样式和行为方式。如果我们把文化比作一顿美味大餐，那么风尚就是其中的味精和调料；如果我们把文化比做一件华丽的衣服，那么风尚就是衣服上的纽扣和装饰；如果我们把文化比作一场盛大的晚会，那么风尚则是晚会上的灯光和焰火……

当然了，比喻永远是蹩脚的。从最概括的意义上讲，历史是由时间和空间中所发生的一系列具有因果关系的事件组成的自然或社会现象。而历史学的任务就是要确定这些事件所发生的时间和地点，并揭示其相互之间的因果

3　陈炎：《反理性思潮的反思》，山东大学出版社，1994年，第9—10页。

关系。“风尚”既为一种社会现象，也便有着时间性和空间性的双重特征。从时间上看，“风尚”是一种“流行一时的”社会现象；反过来说，任何长期稳定的生活样式和行为方式都不可能成为“风尚”。这样一来，“风尚”便有了“历史”的意义。从空间上讲，“风尚”是一种“局部发生的”社会现象；反过来说，任何人类共有的生活样式和行为方式都不可能成为“风尚”。这样一来，“风尚”便有了“民族”的特征。于是，我们的研究和写作也便有了“时间”与“空间”、“历史”与“民族”的双重维度。首先，我们要告诉读者，中国历史上曾经出现过、流行过什么样的社会现象？其次，我们要告诉读者，这些曾经出现过、流行过的社会现象又有哪些时代性、地域性的社会根据？最后，这些具有时代性、地域性的生活样式和行为方式，便最终构成了我们中华民族的风尚史。

时间是世间万物生命的尺度，在这一尺度的丈量下，任何事物都不可能是一成不变的。就算是坚硬的岩石，也会随时间的演变而风化为泥土；就算是浩瀚的沧海，也会随时间的发展而演变成桑田。然而，在人类出现以前，自然界的演变是自发的，从而也是缓慢的。在人类出现之后，社会生活的演变则是自为的，从而也是迅速的。正像英国社会学家安东尼·吉登斯所说的那样：“现代世界的生活模式和作为其特征的社会机构与哪怕是最近的过去也截然不同，仅仅经历了两三个世纪——人类历史长河中的一瞬——人类社会生活就脱离了持续数千年之久的社会秩序类型。”[4]考察几千年的人类文明史，我们不仅处在一个不断变化的世界之中，而且处在一个加速变化的世界之中。蓦然回首，我们或许会觉得上古时代的“卜筮”是那样的可笑，我们或许会觉得先秦时代的“殉葬”是那样的残忍，我们或许会觉得魏晋时代的“谈玄”是那样的滑稽，我们或许会觉得宋明时代的“贞烈”是那样的愚蠢……我们知道，在几千年的文明史中，人类的生理进化是微乎其微的，甚至可以是忽略不计的。那么，和我们同样聪明的古人何以会做出这些匪夷所思的事情呢？这便是“风尚”研究的“历史”意义所在。换言之，我们在这部著作中不仅要给读者提供一系列五光十色的“现象”，而且要为读者分析这些光怪陆离的现象背后所隐藏着的“原因”。

4　[英]安东尼·吉登斯：《社会学》，北京大学出版社，2003年，第37页。

如果说时间是生命的尺度，那么空间则是个性的依据。按照黑格尔的理解，所谓个性就是无限规定的总和。就像“橘生淮南则为橘，橘生淮北则为枳”一样，这种“无限的规定性”显然与具体的空间环境有着错综复杂的联系。正如《礼记·王制》所说的那样：“凡居民材，必因天地寒暖燥湿，广谷大川异制，民生其间者异俗”。以中国人的饮食为例，所谓“东酸西辣南甜北咸”，看上去似乎仅仅是一种毫无道理的习惯而已，细加分析却不难发现，这些习惯的形成或受制于不同地域的物产条件，或归因于人体在不同气候环境下的生理需求，各有各的道理。某些文化现象，在该文化圈以外的人看来似乎是十分荒谬的，但经过认真考察却往往能发现其潜在的功能和意义。就像中国人不太理解西方式宗教的迷狂一样，西方人也不太接受中国式礼教的繁琐。事实上，作为文化的“代偿”模式，正是由于中国古代宗教信仰的薄弱，才导致宗法礼教的繁琐；也正是由于西方古代宗法礼教的薄弱，才导致了宗教信仰的迷狂。而这一切，又可以在“古典的古代”之海洋文明和“亚细亚的古代”之黄河文明中找到根据。因此，在全球化进程不断加速的今天，对于中国古代风尚的研究，显然有利于其他民族对我们的理解和认同。换言之，我们在这部著作中不仅要给读者提供一系列色彩绚丽的“形式”，而且要为读者分析这些五彩斑斓的形式背后所隐藏着的“意味”。

俄国思想家别林斯基曾经指出：

> 每一个民族的独特性，表现在什么地方呢？就在于他特殊的、只属于它所有的思想方式和对事物的看法，就在于宗教、语言，尤其是风俗。……在每一个民族的这些差别之间，习俗恐怕起着最为重要的作用，构成着他们最为显著的特征。我们不可能想象一个民族没有采取顶礼膜拜的宗教形式；不可能想象一个民族没有为一切阶层共通的语言，尤其不可想象一个民族没有一种特殊的，仅属于它所有的习俗。这些习俗，包括着服装的样式，其原因应该求之于这国土的气候；包括着家庭及社会生活的形式，其根源隐藏在这民族的信仰、迷信和理解之中；包括着不可分割的国家之间的交换形式，其浓淡色度是由

社会法制和社会阶层判别造成的。一切这些习俗，被传统巩固着，在时间的流转中变成神圣，从一族传到另一族，从一代传到另一代。正像后代继承着祖先一样。它们构成着一个民族的面貌，没有了他们，这个民族就好像是一个没有脸的人物，一种不可思议，不可实现的幻象。[5]

当然了，并不是说任何社会现象都具有天然的合理性，也不是说中国古代的民族风尚中没有需要改造的陈规陋习。“凡是现实的就是合理的，凡是合理的就是现实的。”这句出自辩证法大师黑格尔的名言，只能在辩证法的意义上才能够被理解。包括“风尚”在内的任何现象只要存在，便有其历史的理由和社会的根据，而随着历史的进步和社会的发展，当这些理由和根据不复存在的时候，这种“风尚”也便失去了其存在的价值和意义。正像恩格斯在《路德维希·费尔巴哈和德国古典哲学的终结》一书中所说的那样，“这样一来，黑格尔的这个命题，由于黑格尔的辩证法本身，就转化为自己的反面：凡在人类历史领域中是现实的，随着时间的推移，都会成为不合理性的。”[6]于是，任何流行一时的风尚，都会在人类历史的长河中呈现出由不合理到合理再到不合理、由不存在到存在再到不存在的辩证运动。于是，一部风尚史也变成了人类经验由戏谑到庄严再到荒诞、由悲剧到正剧再到喜剧的运动过程。于是，揭示我们民族经验的这一辩证发展的复杂过程，也便成为本书的趣味所在、价值所在、意义所在。

本书没有采取编年史或断代史的方式，而是将不同的风尚编纂成不同的词条，再以大致的时间顺序加以排列。这样一来，我们便给读者提供了一个有关中国古代民族风尚的“万花筒”，其中词条就是万花筒中的彩色玻璃渣，读者可以随便旋转、穿插组合，以获得五彩缤纷的图案……。

（此文为陈炎主编《中国风尚史》绪论，山东友谊出版社，2015年）

5 《别林斯基选集》第1卷，上海译文出版社，1979年，第26—27页。

6 《马克思恩格斯选集》第4卷，人民出版社，1995年，第216页。

由“乐”到“戏”：中国综合艺术的发展轨迹

作为中国古代最为传统的艺术形式，“乐”本是一种集赋诗、唱歌、跳舞于一体的综合艺术。这种综合艺术中的三大元素，后来分别发展成为诗歌、音乐、舞蹈三种相对独立的艺术门类。而这三种艺术的再一次综合，便成为“合歌舞以演故事”的“戏”。与西方由“合”到“分”的戏剧发展路径不同，由“分”到“合”的中国戏曲在艺术元素上没有形成话剧、歌剧、舞剧的历史分流，而是始终保持着综合艺术的美学品性；在表演体系上没有形成以再现生活为指归的“体验派”和以表现理念为指归的“表现派”的双峰对峙，而是形成了将客观规律性与主观目的性统一在一起的“写意派”；在剧情模式上没有形成“悲剧”与“喜剧”的二元对立，而是保持了“大团圆”式的“正剧”……所有这一切，都可归因于中国古代的“乐以教和”的审美理想，即追求一种综合的、中和的、和合的审美理想和艺术境界。

一

中国古代艺术形成伊始便表现出综合性特点，这集中表现在“乐”上。从发生学的角度上讲，“乐”是与“礼”相伴而生的一种艺术形式。周初的统治者一方面根据人们血缘的远近与功勋的高低实行“分封诸侯”的政治制度，一方面根据人们在宗族中的地位和在政治上的爵位实行“制礼作乐”的典章制度。

周人之“礼”对今人的文明礼貌行为而言，其内涵丰富得多，也复杂得多。它不仅规定了不同人在祭祀祖先活动中的权利和地位，而且规定了不同人的生活方式与行为方式。根据现有的资料可知，周礼的内容极为广泛，无论是冠、婚、葬、祭、享、燕，还是朝聘、衣服、车马、宫室，都被一一纳入“礼”的规范之中。从衣、食、住、行到婚、丧、嫁、娶，可谓无处不见礼制之法则，无处不见等级之规定。如《礼记·聘义》记载：“聘礼：上公七介，侯伯五介，子男三介，所以明贵贱也。”《周礼·春官宗伯》记载：“以玉作六瑞，以等邦国：王执镇圭，公执桓圭，侯执信圭，伯执躬圭，子执谷璧，男执蒲璧。”《周礼·巾车》记载：“服车五乘：孤乘夏篆，卿乘夏缦，大夫乘墨车，士乘栈车，庶人乘役车。”对衣着配饰、行为举止作出了须遵从的法则约束，就连人死后的埋葬方式也作出了须遵从的法则规定。所谓“天子棺椁七重，诸侯五重，大夫三重，士再重。”（《庄子·天下》）可见《礼记·礼器》中所说的“经礼三百，曲礼三千”，绝非夸大其辞。

这种礼制的政治意义非同小可，正像王国维在《殷周制度论》中所指出的那样：“使天子、诸侯、大夫、士各奉其制度典礼，以亲亲、尊尊、贤贤，明男女之别于上，而民风化于下，此之谓‘治’，反是，则谓之‘乱’。是故天子、诸侯、卿大夫、士者，民之表也。制度典礼者，道德之器也。周人为政之精髓，实存于此。”[1]这样一来，“礼”作为一种行为规范，使得国人的生活方式和行为方式有了制度性的保障，从而有利于政治权力的稳定运行。

然而，任何社会规范都有其难以克服的两面性。遵守严苛的礼制必然会束缚人的天然情感，以至于陷入“非礼勿视，非礼勿听，非礼勿言，非礼勿动”（《论语·颜渊》）的异化状态，使人与人之间形成等级壁垒、精神隔阂。所以“礼”的实施还需要用“乐”来加以补充。

“乐”原本是“礼”的一部分。中国古人在进行人际交往、集会、典礼等活动时，大都伴之以赋诗、唱歌、跳舞等活动。“诗，言其志也；歌，咏其声

1 王国维：《观堂集林》第1册，中华书局，1959年，第457页。

也；舞者，动其容也。三者本于心，然后乐器从之。”（《礼记·乐记》）这种广义的艺术活动，被称之为“乐”。在《左传》《国语》《战国策》等典籍中，我们常常可以看到古人在举行盛大典礼的过程中一边赋诗、一边奏乐、一边唱歌、一边跳舞的情景。而上古时代的艺术行为和艺术作品，也常常带有很大的综合性。“古者教以诗乐，诵之，歌之，弦之，舞之”（《毛诗传·〈郑风·子衿〉》）“诵诗三百，弦诗三百，歌诗三百，舞诗三百。”（《墨子·公孙篇》）因此，作为学“礼”的准备，古人从小就必须学习和掌握诗歌、音乐、舞蹈的知识及技能。“十有三年学乐，诵《诗》，舞《勺》，成童舞《象》，学射御。二十而冠，始学礼。”（《礼记·内则》）。

从功能上看，三位一体的“乐”是主观情感的抒发：“在心为志，发言为诗，情动于中而形于言，言之不足故嗟叹之，嗟叹之不足故永歌之，永歌之不足，不知手之舞之足之蹈之也。”（《诗大序》）因此，它与作为外在规范的“礼”有着相反相成的关系：“乐者为同，礼者为异。同则相亲，异则相敬。乐胜则流，礼胜则离。合情饰貌者，礼乐之事也。”（《礼记·乐记》）“礼”要区别人的身份、等级，“乐”要沟通人的心理、情感。区分了身份、等级，才会显得尊卑有别、长幼有序；沟通了心理、情感，才会变得上下同心、其乐融融。“礼”若过度发展，就会使人离心离德；“乐”若过分繁盛，就会导致情感泛滥。因此，要将外在的“行貌”与内在的“情感”处理得恰如其分，才符合“礼”“乐”二者的辩证关系。在此角度上，我们才能真正理解“忠孝安邦、礼乐治国”的意义所在。

从审美理想上看，“乐”的出现，反映了中国古代社会的“中和”观念。这种“中和”观念可能源于“冶炼”和“烹调”两方面实践。古人在铸造青铜器的过程中发现，单一的矿石并不能冶炼出好的青铜，只有将不同的矿石合理地搭配起来，才能冶炼并铸造出精美的铜器；古人在烹饪食物的过程中发现，单一的食材并不能做出美味的饭菜，只有将不同的材料合理搭配，才能烹制出滋味丰富的佳肴。正是在这种“声一无听，色一无文，味一无果，物一无讲”（《国语·郑语》）的生活经验基础上，古人形成了这种多样性统一的“中和”观念。正所谓“中也者，天下之大本也；和也者，天下之达道也”

（《中庸》）。

“乐”的存在，须借助赋诗、唱歌、跳舞等具体行为而实现多样统一的审美感受，亦须通过与“礼”的对立统一以处理好“情”与“理”的辩证关系。从理论上讲，这种“中和”观念就是儒家的“中庸”原则。孔子曰：“中庸，其至矣乎！民鲜能久矣。”（《中庸》）在他看来，做任何事情都要适度，“执其两端，用其中于民”（《中庸》）才是极为高明的大智慧。将这种智慧运用于艺术实践，便是“发乎情，止乎礼”的审美追求。一方面，儒家承认人类原始欲望的合理性，孔子曰：“饮食男女，人之大欲存焉。”（《礼记·礼运》）告子也说：“食色，性也。”（《孟子·告子上》）正是在这种基本欲望的基础上，才能够生发出人类的情感，而人类情感是艺术创作的动力之源；另一方面，儒家又反对纵欲，要求限制艺术情感的肆意宣泄，主张“喜怒哀乐之未发，谓之中。发而皆中节，谓之和”（《中庸》）。正是从这一标准出发，孔子才特别推崇《诗经》的首篇《关雎》，认为它达到了“乐而不淫，哀而不伤”（《论语·八佾》）的最高境界。正是从这一目的出发，古人才将“乐”的作用提高到安邦治国的高度：“乐也者，圣人之所乐也。而可以善民心，其感人深，其移风易俗，故先王著其教焉。”（《乐记》）

二

然而，随着人类社会历史的发展，“乐”中所包含的赋诗、唱歌、跳舞等元素渐渐独立起来，成为文学、音乐、舞蹈三种不同的艺术门类。据《史记·孔子世家》记载：“三百五篇，孔子皆弦歌之。”也就是说，直至春秋末年，作为语言艺术的诗歌与音乐和舞蹈还是密不可分的。继《诗经》之后的《楚辞》，是在楚地民歌的基础上经过加工、提炼而发展起来的，其常用的“兮”字仍然带有南方音乐的痕迹。宋人黄伯思《翼骚序》云：“屈宋诸骚，皆书楚语，作楚声，纪楚地，名楚物，故可谓之《楚辞》。”这就是说《楚辞》是指具有楚国地方特色的乐调、语言、名物而创作的诗赋，在形式上与北方诗歌有明显的区别。有人认为，楚辞的直接渊源应该是以《九歌》为代表的楚地民歌。这种原为祭祀时演唱的巫歌，后经屈原在《离骚》等作品中保留并发展起来。这种文学与音乐相融合的现象，在秦汉以后的“乐府”“歌诗”中仍然存在。《汉书·礼乐志》云：“至武帝定郊祀之礼……乃立乐府，采诗夜诵，有赵、代、秦、楚之讴。以李延年为协律都尉，多举司马相如等数十人造为诗赋，略论律吕，以合八音之调，作十九章之歌。以正月上辛用事甘泉圜丘，使童男女七十人俱歌，昏祠至明。”与此同时，作为语言艺术的诗歌的独立性也在渐渐地增长。据载，在春秋战国时代来自民间的“新声”中，即已出现了“士女杂坐，不歌而诵”的现象，而根据《汉书·艺文志》的说法，“不歌而诵谓之赋”。尽管由楚辞衍化而来的汉赋仍须押韵，却不必配乐，是一种独立的文学样式了。这种现象，在诗歌内部也逐渐扩大起来。事实上，后来很多冠名为“乐府”的诗，形式自由、长短不一，而且也不必配乐。至于五言诗、七言诗乃至四六骈文和志怪小说，更是独立的文学样式。尽管从“乐”中独立出来的文学体裁在一定程度上仍保留了对音律美的追求，但其对语言自身的发掘和探究又有了更多的发展空间。至魏晋，作为语言艺术的文学体裁悉数独立，而且在创作观念上也渐渐摆脱了对伦理价值的依附，进入了所谓“文学自觉的时代”。作为这种“文学自觉”的理论总结，曹丕的《典论·论文》、陆机的《文赋》，以及后来刘勰《文心雕龙》、钟嵘《诗品》相继出现，都说明文学已经完全脱离“乐”的母体，进入到“诗缘情而绮靡，赋体物而浏亮”（《文赋》）的审美时代。

与文学的独立相同步，音乐也从综合艺术中渐渐抽身，寻求独立的发展空间。《左传·襄公二十九年》曾记载孔子八岁时吴公子季札到鲁国观乐的情景，其中有《周南》《召南》等《诗经》中的篇章，而且包括《象箾》《南籥》等乐舞的篇名，可见当时的“乐”还是一种综合艺术，是为“观”之。而《列子·汤问》中所记载的钟子期听伯牙古琴的故事，则只有音乐而没有诗歌和舞蹈相伴，是为“听”之。“伯牙善鼓琴，钟子期善听。伯牙鼓琴，志在高山。钟子期曰：‘善哉，峨峨兮若泰山！’志在流水，钟子期曰：‘善哉，洋洋兮若江河！’伯牙所念，钟子期必得之。”如果说这段“高山流水遇知音”的故事说明了器乐演奏的独立，那么下面一段“曲高和寡”的故事则说明了声乐演唱的独立。战国宋玉《对楚王问》曰："客有歌于郢中者，其始曰《下里》《巴人》，国中属而和者数千人；其为《阳阿》《薤露》，国中属而和者数百人；其为《阳春》《白雪》，国中属而和者不过数十人。"不难想象，集赋诗、唱歌、演奏、跳舞于一体的"乐"只有在盛大的典礼中才能进行，而这些诗人、歌手、乐手、舞者离开了整个"艺术团队"之后，则只能使其一技之长单独发挥了。到了汉末、魏晋之际，出现了《胡笳十八拍》《广陵散》之类单独的乐曲，以及《声无哀乐论》之类独立的音乐论文。在此文中，嵇康讨论了音乐能否影响人类的情感、音乐能否移风易俗等外在功用问题，还探讨了音乐有无哀乐、音乐何以为美等音乐的本质问题。嵇康主张"声无哀乐"，并认为音乐有其独立于道德、独立于情感甚至独立于语言的独特美学规律。这种观点正确与否，尚且不论，仅凭其鲜明的立场、大胆的言辞，在当时就已经振聋发聩了。如果将此文与此前的《乐论》《乐记》相比较，便不难发现，前人所论之"乐"，在形态上还只是原始的综合艺术，在功能上还只是作为"礼"的补充；而嵇康所论之"声"，在形态上已经是单纯的音乐艺术，在功能上已经是独立的"美"的形态。从这一意义上讲，魏晋时代不仅是"文学自觉的时代"，还是"音乐自觉的时代"。

与文学、音乐的发展相同步，舞蹈作为综合艺术之"乐"的一部分，也有了独立的发展。先秦时代，"乐"作为"礼"的补充，同时囊括了赋诗、唱歌、跳舞等形式，这种情况在汉代仍然存在。据说，汉高祖刘邦作《大风歌》，在酒酣耳热时一边击筑，一边唱歌，一边跳舞。这里的"乐"虽然保持了综合艺术的美学品性，但已不再是"礼"的补充，而是一种自娱自乐的形式。这种综合性的娱乐形式在汉代发展为"百戏"，其中的"百"字自有多元的含义，包括赋诗、唱歌、跳舞，以及吸收了各种民间的武术、魔术、杂耍，是一种全民同乐的艺术形式。与此同时，独立的舞蹈也在发展。汉代有不少以舞蹈见长的女性被选入宫中的例子，如汉高祖刘邦的宠姬戚夫人"善为翘袖折腰之舞"，汉武帝刘彻第二任皇后卫子夫自幼精习舞蹈，汉成帝刘骜第二任皇后赵飞燕因其舞姿轻盈如燕而得名。从这些舞女入宫的经历中可知，当时的统治者已经把舞蹈作为一种艺术观赏的对象而非礼乐教化的形式。与传统的“雅乐”不同，汉魏以降出现了所谓的“清乐”。作为统治阶级专供享乐的女乐之舞，“清乐”又称“清商乐”，它吸收了“江南吴歌”和“荆楚西曲”等民间元素，一方面背离了“礼”的约束，一方面减少了文学的内容，出现了《巾舞》《拂舞》《铎舞》《白鸠舞》等注重形式要素的舞蹈。除了来自南方的民间舞蹈外，北方少数民族舞蹈也促进了这门艺术的独立。魏晋南北朝时期，西北的“龟兹舞”、东北的“高丽舞”陆续进入中原，“西、伧、羌、胡诸杂舞”盛行。这些来自少数民族的舞蹈一则没有“礼”的束缚，二则缺少“文”的修饰，因而将艺术表现力集中在肢体语言的表达之中。例如，风靡一时的“胡旋舞”，不需要赋诗的点缀，也不需要繁复的音乐，只是在快乐的节奏中不断地旋转，便体现出舞蹈艺术的独特性。

总之，自春秋战国“礼崩乐坏”之后，作为配合“礼”的“乐”一方面失去了伦理的束缚，有了更多的审美发展空间；一方面解构了综合艺术的形式，有了分化、独立的可能。于是，原本在“乐”中包含的赋诗、唱歌、跳舞这三大元素，渐渐发展成文学、音乐、舞蹈这三种门类。这种分化是很有意义的，因为只有通过分化及重构，各种艺术才可能充分发挥其审美功能，达至穷尽其艺术的可能。

三

中国古代素有“合久必分，分久必合”的古训，黑格尔的辩证法观点也强调事物发展都要经过“肯定、否定、否定之否定”的辩证过程。如果说上古的“乐”是最初的“合”，是“肯定”；中古的文学、音乐、舞蹈是“分”，是“否定”，那么近古的“戏”则是再次的“合”，是“否定之否定”。

与由“合”到“分”的西方戏剧不同，由“分”到“合”的中国戏曲没有出现单纯的话剧、歌剧、舞剧，而是将文学、音乐、舞蹈重新融为一体。因此，这种综合艺术不应叫“戏剧”，而应称“戏曲”。首先，从文学语言元素来看，西方早在古希腊戏剧中便包含着大量的诗体对话，直到莎士比亚时代的戏剧中，韵文和散文还常常交替出现。但随着还原生活的努力，诗体语言渐渐让位于生活语言，最后形成了严格意义上的话剧。其次，从音乐元素来看，早在古希腊戏剧中就有合唱队，在必要的时候烘托气氛，有些朗诵甚至也以歌唱的形式出现。中世纪的宗教剧是从教会的唱诗班发展起来的，强化了音乐的成分。文艺复兴时期，作曲家从用牧歌的形式来谱写一些戏剧性场面，形成了具有简单故事情节的牧歌剧。17世纪初，随着音乐成分的渐渐丰富，在意大利的佛罗伦萨形成了严格意义上的歌剧。与其他形式的戏剧不同，歌剧的主要剧情是通过歌唱或音乐而非通过语言或舞蹈来加以交代的。演员的台词通常是运用咏叹调、宣叙调等美声唱法，通过独唱、对唱、重唱、合唱等形式加以表现。扮演不同年龄、身份、性格角色的歌手依照各自不同的音域和音色来加以分类，男歌手分为男低音、男中低音、男中音、男高音、假声男高音，女性歌手分为女低音、次女高音、女高音（女高音也可细分为花腔女高音和抒情女高音）等不同种类。歌手和合唱团通常有一队乐器手负责伴奏，有的歌剧只需要一支小乐队，有的则需要一个完整的管弦乐团。再次，从舞蹈元素来看，古希腊戏剧原本也包含着一些舞蹈的元素，演员要用夸张的动作、艳丽的服装、奇特的面具来吸引观众。文艺复兴时期，在欧洲各民间舞蹈基础上形成的芭蕾舞走上了戏剧舞台。用这种具有严格规范和结构形式的舞蹈动作来表现戏剧情节，便形成了起源于意大利、兴盛于法国的芭蕾舞剧。最初的芭蕾舞剧有舞蹈和器乐，有声乐和朗诵，到后来才发展成为演员在台上不说也不唱，完全依靠形体的表现力来完成所有剧情的舞剧。19世纪以后，芭蕾舞在技术上要求女演员要穿特制的舞鞋跳足尖舞。20世纪以后，随着现代舞的出现，有了以古典芭蕾技术为主、结合现代舞蹈技巧的现代芭蕾。后来，芭蕾一词也用来泛指用其他各种舞蹈为主要表现手段的舞剧。

如果说西方戏剧的发展历程是由“合”到“分”，即由综合性的古希腊戏剧发展成为单纯的话剧、歌剧、舞剧。中国戏曲的发展则是由“分”到“合”，即由诗歌、音乐、舞蹈重新组合成综合性的戏曲。从时间上看，中国戏曲出现较晚，最早“合歌舞以演故事”的戏曲作品是南宋的“南戏”。“一般认为，中国戏曲发展成完整的、独立的艺术样式，是12世纪宋代的永嘉杂剧，又称

‘南戏’。”[2]“中国戏曲艺术有着800年以上的历史，由南宋戏文、金元杂剧、明清传奇、近代地方小戏直到现代新戏曲，不断蔓延发展，出现了关汉卿、王实甫、高则诚、汤显祖、孔尚任、洪昇、李玉等知名剧作家，并且创造了丰富的、在世界戏剧中自成体系的舞台艺术，对世界戏剧宝库作出了可贵的贡献。”[3]与西方的戏剧相比，中国戏曲尽管出现较晚，却具有一定的后发优势。早在南宋以前，原本包含在古“乐”中的文学、音乐、舞蹈都得到了充分的独立发展。在此基础上，戏曲又吸收了美术、武术、杂技等诸多元素，形成了一种包罗万象的综合艺术。中国戏曲剧种繁多，据不完全统计，各民族各地区戏曲剧种约有三百六十多种。而且，无论哪种戏曲，大都有说有唱、载歌载舞，集“唱、念、做、打”于一体，实现了多种艺术元素的完美统一。

所谓“唱”，是指戏剧中的声乐成分。中国戏曲中的唱词极为讲究，它不仅要交代剧情，而且要抒发情感，是建立在“诗”“词”基础之上的“曲”。从字面意义上看，汉语中的“曲”字有“婉转”“波折”的意思，与“直”相对。表现在语言运用上，就是讲话不唐突、不直白，而要达到曲径通幽、曲尽其妙、婉转动听的效果。从词源学的角度上看，“曲”和“由”是一对关系词，“曲”字是从“由”字改变而成的。而“由”与“田”又是一对关系词。从字形上看，“由”突破了“田垄”，有“权变”的意思。从文体学的角度上看，比“由”又多一划的“曲”是突破了“诗”“词”格律之后所形成的一种新的韵文。我们知道，中国古代素有“诗乐合一”的传统：“乐府作而声律盛，自汉以来然矣。”（虞集《中原音韵序》）然而，汉乐府和古体诗的音律还较为粗糙，在南齐“永明体”的基础上，人们逐渐掌握了汉字的音律规律，并将其运用到诗歌创作中，形成了讲究字数、行数、平仄、押韵和对仗的“格律诗”。格律诗虽然读起来抑扬顿挫、和谐有序，但失之呆板，缺少变化，因而在格律诗极度兴盛的唐代之后，又有人发明了句子长短不一但却合乎音律格式的“词”。被称为“长短句”的“词”，是配合乐曲而填写的歌诗，有若干种“词牌”。不同的词牌在句数、字数、平仄、押韵上都有严格的规定，既符合音律的要求，又有了多样的变化，可以说把汉语音韵的美发挥到了极致。然而，正因为“词”的格律过于严格，且变化多端，所以创作起来十分困难。人们往往要照

2 《中国大百科全书：戏剧卷》，中国大百科全书出版社，1989年，第1页。

3 《中国大百科全书：戏剧卷》，中国大百科全书出版社，1989年，第9页。

着“词牌”一字一句地填写，是为“填词”。于是，在唐诗、宋词之后，又有了元曲。元曲具有一定的格律定式，每一曲牌的句式、字数、平仄等都有固定的格式要求，这一点与“词”相近。但“曲”在“词”的基础上又有所变通，允许在固定的格式中加一些“衬字”，部分曲牌还可增加句子，押韵上也允许平仄通押，有较大的灵活性，因而适于戏曲的创作。“曲”作为一种独立的文学样式，是继“诗”“词”之后而兴起的一种韵文，也叫做“散曲”，分为单独一支的“小令”和两个以上由同一宫调的曲子按照一定规则连缀起来的“套曲”。将这种韵文写进戏曲唱词，就成了杂剧。因此，元曲虽然来自民间，却吸收了唐诗、宋词的文学精髓。这种音乐艺术与语言艺术的再度融合，使戏曲的唱词具有了极高的美学价值。作为早期的汉族戏曲剧种之一，明传奇是由“南戏”发展而来的。“南戏”在元代末年出现了复兴的局面，从“南戏”到“传奇”的发展，一方面是格律从自由趋于严整，一方面是语言由本色趋于文雅。于是，这种源于村坊里巷的汉族民间艺术逐渐上升为都市艺术以至于宫廷艺术，作家也由下层的书会才人逐步替换成文人雅士，以至于像汤显祖这样的词坛名宿也参与创作，使得像《牡丹亭》这样的唱词典雅动听：

[绕地游]梦回莺啭，乱煞年光遍，人立小庭深院。炷尽沉烟，抛残绣线，恁今春关情似去年？[乌夜啼]晓来望断梅关，宿妆残。你侧著宜春髻子恰凭栏。剪不断，理还乱，闷无端。已吩咐催花莺燕借春看。云髻罢梳还对镜，罗衣欲换更添香。

[步步娇]袅晴丝吹来闲庭院，摇漾春如线。停半晌、整花钿，没揣菱花、偷人半面，迤逗的彩云偏。步香闺怎便把全身现。

[皂罗袍]原来姹紫嫣红开遍，似这般都付与断井颓垣，良辰美景奈何天，赏心乐事谁家院！朝飞暮卷，云霞翠轩，雨丝风片，烟波画船，锦屏人忒看的这韶光贱！

[山桃红]则为你如花美眷，似水流年。是答儿闲寻遍，在幽闺自怜。转过这芍药栏前，紧靠着湖山石边。和你把领扣松，衣带宽，袖稍儿揾着牙儿苫也，则待你忍耐温存一晌眠。是那处曾相见，相看俨

然，早难道这好处相逢无一言？

从音乐的角度讲，由于不同时代、不同地区的曲种取材于不同的民间音乐，因而有各种不同的音乐结构、不同的唱腔体制、不同的发音方法、不同的节奏旋律、不同的器乐伴奏、不同的风格气质，如秦腔的高亢、黄梅的婉转、豫剧的豪放、昆曲的细腻……但都给人以声情并茂的艺术美感。所以“唱”在中国戏曲中占有极为重要的地位，以至于老戏迷不说去“看戏”，而说去“听戏”。

所谓“念”，是指戏剧中的语言成分。与生活中的语言不同，戏曲中的念白同样要求具有高超的发音技巧和深厚的朗诵功底，就像吟咏诗歌那样，充满了节奏和旋律。戏曲念白的节奏变化一般表现为紧、慢、疏、密、强、弱、缓、急等特点。演员在舞台上念引子、念诗文、念对联、数干板等，虽然没有音乐随奏，但亦须有腔调、有工尺，要求念出气势、念出韵味来。在中国戏曲中，不同身份、角色的人，念白的技巧和方式各有不同的讲究，有的娇嗔俏皮，有的稳重深沉，有的高亢明亮，有的低沉婉转，有的绕梁三日，有的掷地有声。演员之间在戏剧舞台上的对白亦须根据身份和剧情的需要有轻重缓急、抑扬顿挫之分，讲气势、讲节奏、讲韵味、讲快慢、讲长短，有时候还要用声音叫锣鼓、止锣鼓、候锣鼓，并与丝竹管弦密切配合，呈现出音乐的效果。不仅念白如此，就连哭、笑、嗔、怒、咳嗽、叹息等细微的声音也要有特殊的表现方式，与角色、行当及其所处的音乐、腔调背景相协调与配合。演员在戏曲艺术舞台上的一切发声均要与音乐协调和配合，而且不同类型的发声之间也要相互协调、密切配合。这种语言艺术与音乐艺术的再度融合，使得戏曲作品形成了一个完整而有机的音乐系统。不仅如此，戏曲中的台词往往是在诗词基础上加工创造的，具有极高的文学水平，有些台词本身就是诗歌。如《西厢记》中张生到后花园内偷看小姐烧香，随即吟诗一首：“月色溶溶夜，花阴寂寂春；如何临皓魄，不见月中人？”莺莺也随即和诗一首：“兰闺久寂寞，无事度芳春；料得行吟者，应怜长叹人。”这种源于生活并高于生活的舞台语言，使得中国戏曲达到了一种很高的审美境界。

如果说“唱”“念”既是文学，也是音乐，那么“做”“打”则是舞蹈。“做”指做功，指的是身段和表情技法。具体说来，“做”大致包括手、眼、身、法、步五种技法。“手”指各种手势动作。仅以“兰花指”为例，这种过去男演员专用的指法被王瑶卿、梅兰芳等京剧大师移用在旦角身上，发展出“护蕊”“滴露”“花态”“含苞”“映水”“避风”“双翘”“含笑”“握蒂”“逗花”“媚篁”“散馥”“斗芳”“映日”“初篡”“耐寒”“掬云”“含香”“翻莲”“茁芽”“伸萼”“蝶损”“指风”“浮香”“吐蕊”“怒发”“垂露”“舒瓣”等五十三式指法。不同的指法反映了不同人物的不同姿态和心态，真可谓是风姿绰约、仪态万千。“眼”指各种眼神表情。俗话说“眼睛是心灵的窗户”，因而备受中国古代艺术家重视，以至于有所谓“传神写照，正在阿堵中”，“手挥五弦易，目送归鸿难”之说。不仅画家注重刻画人的眼神，戏剧表演艺术家也十分重视表现人的眼神。根据剧情的需要，有时候要金刚怒目，有时候要眉目传情，有时候要挤眉弄眼，有时候要醉眼惺忪。“身”指各种身段功夫。以京剧中的“卧鱼”身段为例：踏右步、双抖袖、双翻袖、右手高、左手平、右腿往前伸出再往后绕、撇在左腿后、立稳、缓缓下蹲往右卧、背着地、压在右脚上、左手往后背、右手放在胸前。这种动作对身体的柔韧性要求极高，且难度极大。梅兰芳在《贵妃醉酒》中曾成功地运用这一动作来展现杨贵妃嗅花时的动人姿态，被称为“醉人的美”。“法”有两种解释，一种是指各种表演技术的规程和法则，一种是“发”的讹传，专指甩发、捋髯之类的动作。传统戏曲中的生、净、丑等角色在头顶上常扎束一绺长发，叫做“甩发”；旦角则在脑袋的右边分出一绺头发，叫做“发绺”。这些头发不仅具有静态的装饰效果，而且具有动态的表演功能。演员可以通过舞动甩发或发绺来表现人物的激动心情，这种表演技术叫“甩发功”。具体说来，此功又包括甩、扬、带、闪、盘、旋、冲等多种方法和前、后、左、右等不同方位，以表达激愤、疯癫、恐惧、焦虑、张皇、挣扎、绝望的心理状态。除了假发之外，传统戏曲中的生、净、末、丑等角色也常带有用牛尾、马尾或假发制成的胡须，又称“髯口”。髯口的种类很多，可以通过其形状、样式、长短、疏密来表示剧中人的年龄、身份、容貌和所处的境遇，具体可分为满髯、三绺髯、扎髯、二涛髯、丑三髯、八字髯、一字髯、吊搭髯、四喜髯、五嘴髯、虬髯、一戳髯、王八髯等。髯口不仅具有遮盖角色演唱时口型的美化效果，而且具有刻画人物心情与神态的表现功能。演员可以做出搂、撩、挑、推、托、摊、捋、抄、撕、捻、甩、绕、抖、吹等多种动作，这种通过摆弄胡须来表达人物心情与神态的功夫叫做“髯口功”。其中，有些是单项动作，有些是组合动作，须与舞蹈身段密切配合才能表达人物的思想情绪。如“搂髯”多用于昂首观望与低头俯视，“撩髯”多表现思忖和自叹，“推髯”多反映慨叹，“捋髯”多显示安闲，“抖髯”多用于惊恐，“吹髯”则表示生气，等等。“步”指各种形式的台步。演员在戏剧台上的脚步是很有讲究的，大致可分为“行动之步形”和“静止之步形”两大类。有人将其归纳为十八个字：“登、趟、踩、曲、摆、撇、扣、勾、麟、错、垫、箭、剪、偷、站丁、行八”。其中“站丁”是最基本的静止步形，要求演员在台上站立时要使脚下站成丁字步形，具体又可分为“正丁”（前竖后横）、“斜丁”（斜竖斜横）、“远丁”（横竖拉开距离）、“反丁”（前横后竖）四个形式；而“行八”则是行动时最基本的八字步伐，起步、抬腿、迈足、落脚都具有一定的规格，要掌握其“提、蹲、踹、勾、撇、沉、迈、落”之八字要领。当演员掌握了这些基本要领之后，还要根据人物和剧情的需要灵活运用，时而昂首阔步，时而步履蹒跚，时而健步如飞，时而磕磕绊绊。

与“作”相并行的“打”，专指表演中的武打动作，是在中国传统武术基础上形成的舞蹈化武术技巧组合。传统戏曲的演员一般都练有一定的武功，尤其是担任武生、武旦、武丑行当的男女演员，要将各种武术动作化为舞台动作，在武戏中大显身手。在京剧中，武生一般分成两大类，一种叫“长靠武生”，一种叫“短打武生”。长靠武生身披甲胄，脚踏厚底靴，手持长兵器。这类武生常常扮演战场上的将帅，因而不但要求武功好，还要有风度和气魄，工架要优美、稳重、端庄。短打武生身着短装，穿薄底鞋，兼用长短兵器。这类武生常常扮演战场上冲锋陷阵的下级兵士，因而要求身手矫健，动作敏捷，干净利索。在武生行当里，还有一种不发声说话，专门翻跟头或以跌扑为主的“翻扑武生”。这类武生一般扮演跑龙套之类的辅助角色，因而要求做出一些令人眼花缭乱的惊险动作或令人忍俊不禁的滑稽动作。除此之外，为了表现美猴王机敏、灵巧、活泼、敏捷的动作，猴戏中孙悟空的扮演者一般也出自武生。武旦是一些精通武艺的女性角色，也分成两大类。一类是身着盔甲的“长靠武旦”，这类武旦常常表演骑马的动作，因而也叫“刀马旦”。长靠武旦常常扮演女将军、女英雄之类的人物，因而不仅要有很好的武功，掌握抛、掷、踢、接等利用武器间接打斗的特技表演，同时要兼具唱功、念功、做功，身段要好看，扮相要漂亮。另一类是身穿短衣的短打武旦，这类武旦常常扮演仙女、妖精之类的角色，因而要掌握翻、打、扑、跌等直接打斗的功夫。武丑是戏曲中丑角的一种，常常扮演武艺高强又性格滑稽的绿林好汉、侠盗小偷等，一般穿紧身衣裤，步履轻盈，动作灵活、迅捷，不仅武功好，还要有绝活儿。传统戏曲中的武打戏并不是将武术中的动作和兵器直接搬上舞台，而是根据人物和剧情的需要对其进行了美化处理，不仅要打得准、打得狠，更要打得漂亮，把那些“花拳绣腿”都派上了用场。除武术之外，传统戏曲还从杂技、戏法中汲取了丰富的营养，如川剧中的“变脸”，秦腔中的“喷火”。在京剧中，为了突出女将的身材，演员可以在舞台上踩着高跷表演；为了表演武大郎身材的矮小，演员可以在舞台上屈着双膝走路。很多表演难度极大，功夫极深。例如，在“端蜡台，耍灯花”的表演中，丑角端着油灯或蜡台照着旦角的脸，以便让观众看清旦角的美貌，但同时要结合自己的舞蹈，无论在舞台上如何行动，哪怕是翻跟头、打把式，也要做到油不洒，灯不灭。

中国戏曲在艺术元素的综合程度上与西方不同，而且在表演体系上也与西方迥异。西方戏剧艺术形成了相互对立的两大体系：一是被俄国戏剧大师斯坦尼斯拉夫斯基归纳而成的“体验派”，一为被德国剧作家布莱希特总结出来的“表现派”。“体验派”的最终目的是要真实地再现客观世界。首先，它要求在舞台上创造出逼真的“生活幻觉”。为了实现这一目的，布景和道具要尽量使用实物，以贴近戏剧所反映的生活内容。其次，它要求演员与角色合二为一，设身处地地“体验”人物在特定境遇中的真实情感。为了实现这一目的，要假设在演员和观众之间有一个虚拟的“第四堵墙”：这堵墙对观众来说是透明的，而对演员来说是不透明的。只有这样，才能使演员忘记观众的存在，从而在舞台上真实地“生活”，而不是刻意地“表演”。最后，它要求让观众对舞台上的生活和人物产生“共鸣”，同角色一起宣泄自己的情感。于是，“体验派”戏剧便获得了“演员像疯子，观众像傻子”一样的效果。与“体验派”刚好相反，“表现派”的最终目的是表现剧作家对生活的理解和判断。首先，它认为舞台不是生活本身，而是反省和认识生活的场所。因而不应该用真实的道具在舞台上创造“生活幻觉”，而应使用特殊的方法将舞台变得异乎寻常，即通过“陌生化效果”来揭示事物的因果关系，暴露生活的矛盾性质。其次，它认为演员不是角色，而应该高于角色、驾驭角色，成为观察和理解角色的批判者，因而主张运用“间离”的方法将演员从角色身上剥离开来，拆掉“第四堵墙”，使演员有意识地在观众面前进行表演。最后，它认为观众不仅仅是剧情生活的体验者，还应成为舞台故事的审视者，即通过戏剧冲突而实现对生活意义的重新理解和认知。于是，在“表现派”剧作中，“演员像导演，观众像评论家”。显然，“体验派”与“表现派”的龃龉体现了西方艺术感性与理性的长期对立：前者追求的是客观再现，后者追求的是主观表演。

有人将中国京剧表演艺术家梅兰芳与斯坦尼斯拉夫斯基和布莱希特相提并论，认为他代表了中国古典戏曲既不同于“体验派”、也不同于“表现派”的第三大戏剧体系：“写意派”。首先，在舞台环境的布置上，“写意派”不主张“写实”，不要求戏剧舞台拘泥于真实的物理空间，而主张用虚拟的方法创造出一个假定的环境；这一假定环境不是要凸显生活中的问题或矛盾，而是为演员的艺术创造提供条件。戏者，“戲”也。“虚”“戈”为“戲”。说白了，就是用虚拟的道具比划比划而已。传统戏曲中的道具都很简单，具有明显的假定性，如用摇桨代替划船、用挥鞭代替骑马、用旗帜代替军队等。一把扇子的开合，可以象征门窗之开合；一条绸缎的舞动，可以代表波涛的起伏。道具的假定性与人物的象征性是一致的。清人刘墉曾为蓟县盘山“江山一览阁”戏台题过一副对联：“三五人可作千军万马，六七步如行四海九州。”道具的假定性与空间的假定性也是一致的。如京剧《三岔口》表演两个人在伸手不见五指的夜里捉对厮杀，一张桌子既可以代表墙，也可以代表门，还可以代表洞。两人在桌上桌下翻腾对打，戏随人走，景随境迁。从这一意义上讲，舞台道具越简单，演员表演的空间则越大。其次，在演员的表演上“写意派”既不像“体验派”那样，要求演员完全进入生活状态，与角色合而为一；也不像“表现派”那样，要求演员刻意脱离生活状态，与角色保持距离；而是要在似与不似之间寻找到一种主客相统一的传达模式：“神似”。一方面，它要求演员的行为、举止与角色的身份、心理相吻合；另一方面，它又反对照搬生活中的语言和行动，而是要用一种“写意”的方式反映人物的性格气质、表现人物的精神世界。正像清代另一位官员为戏台所题的第二副对联那样：“似我非我，我看我我也非我；装谁像谁，谁装谁谁就是谁。”如果说“体验派”主张建立“第四堵墙”，“表现派”主张拆掉“第四堵墙”，那么“写意派”则要在演员与观众之间建立一堵“透明的墙”：一方面，演员要学会“当众孤独”，即忘记观众的存在而进入角色的内心世界；另一方面，演员又要学会与角色“间离”，即使进入人物的内心世界，仍然在举手投足之间遵循美的规律，是程式化的“表演”而不是生活化的“再现”。这种既“入乎其内”又“出乎其外”的分寸把握十分难得，也十分重要。最后，在演出效果上，“写意派”既不是让观众进入“无我”的“体验”状态，也不是让观众进入“有我”的“认知”状态，而是让观众进入“忘我”的“品味”状态。或许，这种戏曲的欣赏效果既不如“体验派”来得强烈，也不如“表现派”那样深刻，却能产生一种余音绕梁、回味不尽的审美感受。正像清代第三位官员为戏台所题的第三副对联那样：“听律吕，点破世态炎凉；见衣冠，描尽人间冷暖。”因此，如果说“体验派”力求再现生活的“真”，“表现派”力求表达主观的“善”，那么“写意派”则要在客观的规律性与主观的目的性之间寻找一种“有意味的形式”——“美”。

中国戏曲不仅在艺术元素上是综合的，在表演体系上是中和的，在剧情模式上也是中庸的。由于主观与客观、感性与理性、理想与现实的分裂对峙，使得西方戏剧一开始就分为悲剧和喜剧两种截然不同的类型：前者再现主观理想在残酷的客观现实面前被无情地毁灭，后者表现客观现实在高傲的主观理想面前被有意地羞辱。就像鲁迅所说的那样：“悲剧是将人生有价值的东西毁灭给人看，喜剧将那无价值的撕破给人看。”[4]中国戏曲也要反映现实生活，但却不忍心让客观现实无情地毁灭主观理想；中国戏曲也要表达主

4 《鲁迅全集》第1卷，人民文学出版社，1981年，第192—193页。

观理想，但却不主张让主观理想彻底地鞭挞客观现实。这种客观现实与主观理想的原始统一，便形成了中国戏曲的“大团圆”模式。“剧中的主人公十有八九是上京赶考的穷书生，金榜题名时中了状元，然后是做大官，衣锦还乡，与相爱很久的美人终成眷属。或者主人公遭受冤屈，被有权势的奸臣迫害，受尽折磨，但终于因为某位钦差或青天大老爷的公正，或由于他本人得宠而能够报仇雪恨。戏剧情境当然常常穿插着不幸事件，但结尾总是大团圆。”[5] 尽管中国戏曲的团圆模式远不止朱光潜这里所说的“赶考式”和“清官式”，还包括“复仇式”“赦赐式”“调和式”“梦圆式”“仙化式”“再生式”“冥判式”等不同种类，但大多是始悲终喜，始离终合，始贱终贵。这种“大团圆”的剧情模式与“诗教”“乐教”的传统一样，符合儒家所倡导的“温柔敦厚”，“乐而不淫，哀而不伤”，“怨而不怒”，“发乎情，止乎礼”的审美理想。“书会谁将杂曲编？南腔北调两皆全。若于伦理无关紧，纵是新奇不足传。”（丘濬《五伦全备记》）说到底，就像中国古代审美的“乐”最终要配合道德的“礼”一样，作为艺术的“戏”最终也要服务于作为伦理的“道”。于是，在这种“美”“善”统一的思维模式下，主观理想与客观现实最终在戏剧中形成了妥协，故而中国古代并无严格意义上的悲剧或喜剧，而多为正剧。

总之，如果把中国古代的“乐”视为综合艺术的发展母体就会发现，作为其“否定之否定”的戏剧，一方面充分汲取了作为“否定”形态的文学、音乐、舞蹈的多种要素，将综合性发展到了一个空前的高度；一方面仍然保留了作为“肯定”阶段的“乐”的伦理思想，仍然停留在素朴“中和”的古典状态。究其原因，是因为艺术的发展尽管有其独特的规律，但在最终的意义上却不得不受到政治、经济、文化、社会的束缚。然而在政治、经济、文化、社会环境已然发生历史巨变的今天，如何自觉剔除其历史性的糟粕，发扬民族性的精华，则是中国戏曲发展的根本所在。

（此文为2007年度教育部人文社会科学重点研究基地重大课题“文明的结构与艺术的功能”[07JJD751079]的阶段成果，发表于《河北学刊》2015年第4期）

5 朱光潜：《悲剧心理学》，人民文学出版社，1985年，第210页。

汉字之美何处寻?

——傅合远先生书展观后

汉字何以为美? 在美学研究领域，这个问题与“抽象绘画何以为美”具有同样的难度。因为从反映论的角度上讲，无论是汉字还是抽象绘画，都不是对生活物象的直接模仿，既不能以柏拉图的“模仿说”加以解释，也无法纳入我们曾经笃信不疑的“反映论”的理论模式。带着这个问题，笔者参观了傅合远先生在山东大厦举办的书法展览。

这个展览的名字就叫“汉字之美”，因为它以书法作品的形式系统地展示了汉字由甲骨文、金文、篆书，到隶书、草书、行书、楷书等不同书体的演变过程。令人感到惊讶的是，这些不同的书体在傅合远先生的笔下竟然如此得心应手、仪态万千：甲骨的朴实、金文的凝重、篆书的古拙、隶书的闲雅、草书的张狂、行书的从容、楷书的端庄……真可谓是各具特色、各领风骚。

从格式塔心理学（gestaltpsychology）的角度上讲，一种人们熟悉的物象形式，可以形成一种心理上的“格式塔”（完形）从而容易被人们理解和接受，然而这种理解和接受只具有认识论意义。换言之，越是标准的格式塔形式，就越是容易被人们认识的对象，从而不会引起人的情感变化；反之，完全背离标准格式塔的形式，则是很难被人们理解和接受的对象，从而只能引起人们的反感；而在这两者之间，还有一种适度偏离标准格式塔而又可以被人们理解和接受的形式，从而引发人们的心理张力，获得一种情感共鸣，而这种情感共鸣，就是美！

用这种理论来分析汉字的美：如果说标准的汉字就是一个个的格式塔（完形），从而容易被人们理解和接受；但这种理解和接受并不会引起人们的情感变化，这就如同我们面对一个个印刷体汉字一样。因此，标准的汉字不是书法，没有艺术价值！反过来说，毫无章法的涂鸦完全背离了格式塔（完形），从而只能引起人们的反感。因而毫无章法的涂鸦也不是书法，没有美学价值！而在这两者之间，还有一种适度偏离标准汉字而又能够被人们理解和接受的作品。这种"适度偏离标准汉字"的作品既要符合汉字的书写规律，又要表现写者的情感追求，从而既挑战着人们的欣赏习惯，又暗合了人们的心理需要，使其不得不驻足凝视、流连忘返，即在克服心理张力的过程中获得一种情感的享受。只有这种作品才是书法，才具有审美和艺术价值。而这一切，则正是傅合远先生所追求的。

在汉字的发展史上，作为不同阶段、不同类型的书体形式，甲骨文、金文、篆书、隶书、草书、行书、楷书形成了不同类型的格式塔，而把握这些"完形"并突破这些"完形"则是傅合远先生孜孜以求的事业。为此，他必须从临帖入手，先是通过反复练习而接近"完形"，再是通过不断尝试而远离"完形"；前者需要功夫，后者需要才气；而只有在"功夫"和"才气"兼备的情况下，一幅好的作品才能够浑然天成、跃然纸上！从而所谓"汉字之美"，也就了然于心了！

其实不仅来自西方的格式塔心理学可以解释汉字的美，中国传统的绘画理论也可以揭示汉字的美。我们知道，与西方建立在"模仿说"基础之上的绘画理论不同，中国绘画从来不追求刻意地再现生活，而是主张"在似与不似之间"探索一种情感表达的可能性。当然了，虽说是"书画同源"，但书法中的"似"显然不是对外在物象的模仿效果，而是与标准字形的接近程度；书法中的"不似"也不是对外在物象的偏离，而是对标准字形的变形。这种变形化的处理有点类似于西方的"抽象绘画"，即在改变客体形象的同时加入主体的情感。

在这一方面，傅合远先生也做了有益的尝试。由于不同的书体对标准汉字的偏离程度不同，因而表达主观情感的张力不同，如果说甲骨只能是“传移模写”，那么草书则必须“离形写神”了；如果说篆书宜于“古雅”，那么草书则可以追求“闲适”了……。值得注意的是，即便是同一种书体，也可以表现不同的风格。为此，傅合远先生试图用二十四种不同的艺术风格来书写司空图的《二十四诗品》，以期在笔墨之间获得或“雄浑”、或“冲淡”、或“纤秾”、或“洗炼”、或“劲健”、或“典雅”、或“绮丽”、或“自然”的美学效果。

总之，作为“汉字之美”的艺术探索，傅合远先生的尝试是成功的、有益的。当然了，同时也是初步的。如果我们将“汉字之美”比作一座高大的山峰，傅合远先生还只在山脚的路上。未来还有无数崎岖的山路和险峻的沟壑在等待着他，期待他迈出坚实的每一步。

（此文发表于《山东大学报》2015年11月25日）

后　记

1982年大学毕业之后，陈炎开始了他的教学与科研生涯。他常说，这辈子最热爱并自认为最擅长的就是教学生与写文章。30多年来，他徜徉在自己所钟情的文艺学、美学领域，勤奋耕耘，孜孜以求，“衣带渐宽终不悔，为伊消得人憔悴”，直至2015年秋查出身患绝症。命运无情，他旺盛的学术生命就这样戛然止步！

得知噩耗的他，首先想到的就是给自己几十年来的研究成果做一个梳理与总结。即将住院之前，他召集自己的学生们，把打算出一套文集的想法与学生们商讨，得到了大家的积极响应。陈静、邹强、李梅、王彬四位弟子主动请缨，承担文集的篇目搜集与文稿编纂任务。随后，陈炎将自己的想法与高教出版社的云慧霞女士商议，得到云女士的热情支持并报请出版社达成出版协议。

陈炎的学术成果十分丰硕，既有专著、论文等鸿篇巨制，也有杂文、随笔等小品形式，这套《陈炎学术文集》则主要收集的是他发表在各类学术刊物上的论文。编纂过程大致是这样的：先由陈静等四人搜集文稿，列出目录，然后经陈炎过目审定后，确定出整套文集的框架。文集共分为五卷，由176篇论文组成。具体为：文化哲学卷一（33篇）、文化哲学卷二（34篇）、文艺美学卷一（36篇）、文艺美学卷二（24篇）、文艺评论卷（49篇），总计160万余字。

这套文集的形成凝结着许多人的心血。由于陈炎的一些早期文章原稿已佚，发表的刊物也无从找寻，使得搜集文稿的过程十分艰辛。王彬、邹强

在网上搜集了一部分，陈静则专门去国家图书馆搜集到剩余部分，2015年12月，全部文稿收集完成。随后，他们将全部176篇文章录为文本并开始校对，2016年2月第一遍校对完成。在校对过程中，得到了王祖哲、刘晓燕、杨天奇、刘乾阳、朱翠凤、郭玉越、刘汉林、尹德辉、黄一、张晓辉等同学的鼎力协助。

《陈炎学术文集》得以问世，首先要感谢高教出版社领导的大力支持，感谢责任编辑云慧霞女士的辛勤劳动；其次要感谢山东大学徐超先生的封面题字及篆刻作品，感谢陈静等同学们的辛苦付出；另外，也感谢儿子陈烨为父亲的文集所做的封面设计！

文集在动议与编辑之初，陈炎尚在；即将付梓出版之时，却斯人已去。睹书思人，不禁唏嘘！可以告慰陈炎的是，在大家的共同努力下，他的心愿终于得以实现！

由于编纂时间仓促，文集中肯定有许多错漏与不足，恳请专家学者批评指正。

张艳华

2016.7.26

陈炎学术文集
CHENYAN XUESHU WENJI
文艺评论卷

策划编辑 云慧霞　　责任校对 刁丽丽
责任编辑 云慧霞　　责任印制 韩　刚
版式设计 张申申

图书在版编目（CIP）数据
陈炎学术文集．文艺评论卷 / 陈炎著．-- 北京：
高等教育出版社，2016.12
ISBN 978-7-04-045312-6
Ⅰ．①陈… Ⅱ．①陈… Ⅲ．①社会科学－文集②中国
文学－文学评论－文集 Ⅳ．①C53②I206-53
中国版本图书馆CIP数据核字(2016)第090201号

出版发行	高等教育出版社	网　址	http://www.hep.edu.cn
社　址	北京市西城区德外大街4号		http://www.hepmall.com.cn
邮政编码	100120	网上订购	http://www.hepmall.com.cn
印　刷	北京汇林印务有限公司		http://www.hepmall.com
开　本	787mm×960mm 1/16		http://www.hep.cn
本册印张	23.5	版　次	2016年12月第1版
本册字数	340千字	印　次	2016年12月第1次印刷
购书热线	010-58581118	总定价	298.00元
咨询电话	400-810-0598		

本书如有缺页、倒页、脱页等质量问题，
请到所购图书销售部门联系调换

物 料 号　45312-00